崔東壁遺書

（清）崔述 撰
顧頡剛 編訂

第一册

國家圖書館出版社

圖書在版編目(CIP)數據

崔東壁遺書:全八册/(清)崔述撰;顧頡剛編訂. -- 北京:國家圖書館出版社,2018.8

ISBN 978-7-5013-6042-0

Ⅰ.①崔… Ⅱ.①崔… ②顧… Ⅲ.①中國歷史—史評—三代時期 Ⅳ.①K221.07

中國版本圖書館CIP數據核字(2017)第013285號

國家圖書館出版社官方微信

書　　名	崔東壁遺書(全八册)
著　　者	(清)崔述　撰　顧頡剛　編訂
責任編輯	張愛芳
助理編輯	王若舟
封面設計	北京得銘文化傳播有限公司
出　　版	國家圖書館出版社(100034　北京市西城區文津街7號) (原書目文獻出版社　北京圖書館出版社)
發　　行	010-66114536　66126153　66151313　66175620 66121706(傳真)　66126156(門市部)
E-mail	nlcpress@nlc.cn(郵購)
Website	www.nlcpress.com→投稿中心
經　　銷	新華書店
印　　裝	北京華藝齋古籍印務有限公司
版　　次	2018年8月第1版　2018年8月第1次印刷
開　　本	850×1168(毫米)　1/32
印　　張	129
書　　號	ISBN 978-7-5013-6042-0
定　　價	1600.00圓

前言

《崔東壁遺書》爲清代學者崔述的著作集。崔述（一七四〇—一八一六），字武承，號東壁，直隸大名（今屬河北）人。乾隆舉人，曾任福建羅源、上杭等縣知縣。後以老乞休，閉門著述。崔氏畢生致力於搜集整理後世關於上古三代歷史的史料記載，『以懷疑、辨僞、考信三者爲主旨……尋其所考辨者，名爲治經，實爲研治中國之古史』（金毓黻《中國史學史》）。他所提出的古史辨僞學説及其方法論直接影響了近代疑古思潮。崔氏傳世著作多種，以《考信録》三十二卷最令學者矚目。崔氏亦自謂『一生之學問精力略盡於此矣』（《〈考信録〉自序》）。梁啓超則評之云：『極嚴正態度以治古史，於是自漢以來古史之雲霧撥開什之八九……考證方法之嚴密犀利，實不讓戴（震）、錢（大昕）、段（玉裁）、王（念孫父子），可謂豪傑之士也。』（《中國近三百年學術史》）

崔述著作首次面世即由其弟子陳履和於清嘉慶二年（一七九七）彙編刊刻，名曰《東壁先生書鈔四種》十一卷。自首刊後百年間，單行本、鈔本亦有若干，但均因『無裨於科舉』而未受重視。明治三十六年（一九〇三），日本史學家那珂通世校點的《崔東壁遺書》鉛印本由日本史學會印行，該版本也是崔氏著作最早的整理本，使崔述的學術思想，在日本産生了重大影響，後該版本經胡適發現并推介給國内學界。

一九二〇年代，經胡適提議，顧頡剛、洪業、趙貞信等學者圍繞崔述及其相關著述作了大量的調查研究、版本搜集、輯佚補闕工作，終在民國二十五年（一九三六）由上海亞東圖書館排印出版了顧頡剛先生重加編定點校的《崔東壁遺書》（亞東版）。該書收有崔氏著作及其佚文，同時附有崔述親友詩文，前後還彙録了大量有關崔述生平學術的相關資料。此版本是國内最早點校排印的崔氏著作，也是其後近五十年時間裏研究崔氏及其古史學説的權威版本，具有承上啓下的重要作用。

本次出版所據即亞東版《崔東壁遺書》，爲顧頡剛先生生前自藏。此本每册卷首均鈐『頡剛劫餘藏書』『吴縣顧氏純熙堂書庫』兩印（後者爲著名學者羅福頤所刻），頁内偶見訂誤批注。值得一提的是，凡在顧氏舊藏圖書中有『劫餘』字様的藏書印，乃抗戰勝利後篆刻并鈐印在幸免於戰火的藏書之上者（參見王菡《顧頡剛藏書之聚散》，《光明日報》二〇〇三年一月三十日）。國家圖書館出版社曾於二〇〇七年據日本史學會鉛印本影印出版了《崔東壁先生遺書十九種》一書，深受學界好評。今年恰逢顧頡剛先生誕辰一百二十五周年，故特將此書影印出版，既滿足海内外學界研究之需，同時也爲文獻收藏機構和傳統典籍愛好者提供寶貴的收藏與閲讀機會，更是對前賢的最好追思與紀念。

王煦華

二〇一八年五月

總目録

第一册

第二册

第三册

第四册

第五册

第六册

第七册

第八册

第一册目録

崔東壁遺書

顧頡剛編訂

錢玄同題

前編

崔東壁遺書

容庚

亞東圖書館新印顧頡剛標點本崔东壁遺書題词

當科學尚未發展，魔術与宗教尚在盛行之時，而有王仲任氏，著論衡以反對種々迷信。雖在科學昌明以後，比較的不免有幼稚之見解，然其摧陷廓清之精神，迄今猶不朽也。當吾國史學考古學尚未萌芽之時，而有崔東壁氏，舉秦以前之史實，考互比校，作考信錄，因其可疑者而疑之，因其可信者而信之。雖間有證據不周之點，然其實事求是之精神，則至今猶新，雖蓋以清代之王仲任，無不可也。顧君頡剛作古史辨，印辨偽叢刊，對於甄別古書之工作，幾認為終身事業；其於崔氏之書，傾倒已久，所不待言。今又費十五年之力，標點是書，並搜集一切與崔氏有關係之材料，使讀其書者稍知世人之樂，其足以傳播崔氏實事求是之精神，更無疑矣。

廿五年五月十五日蔡元培

崔東壁遺書總目

十三　考信附錄（二卷）　以上後錄五種

十四　王政三大典考（三卷）

(1)　三代正朔通考

(2)　經傳禘祀通考

(3)　三代經界通考

十五　讀風偶識（四卷）

十六　古文尚書辨僞（二卷）

十七　論語餘說（一卷）　以上翼錄四種

十八　五服異同彙考（三卷）

十九　易卦圖說（一卷）　以上雜著二種

二十　無聞集（四卷）　以上文集一種

廿一　崔東壁遺書引得（洪業）

丙　後編

序

顧頡剛先生開始標點崔東壁遺書是在民國十年，到現在民國二十五年，快滿十五年了。這部大書出版期所以延擱到今日，顧先生自己在序文裏曾有詳細的說明。最重要的原因當然是顧先生不肯苟且的治學精神。他要搜羅的最完備，不料材料越搜越多，十幾年的擔擱竟使這部書的內容比任何東壁遺書加添了四分之一。在這些新發見的材料之中，最重要的是嘉慶本的東壁書鈔，東壁先生的詩稿和荍田賸筆，他的兄弟崔邁的遺集四種七卷。嘉慶本書鈔使我們可以看見東壁先生屢次改訂他的著作的不苟精神，借此也可以推見他的見解演變的痕跡。他自己的詩稿和他兄弟的詩文稿給我們增添了不少的傳記材料。崔邁的遺著裏很有一些有見解的文字；他研究尙書，議論古史，討論文學，都有點不隨流俗的創見。這些遺著的發見使我們格外明瞭崔述不但受了他父親的大影響，並且得了這一個天才很高的弟弟不少幫助。荍田賸筆雖是殘稿，但其中保存的東壁遺札二十一封，很多重要的傳記材料。

其與陳介存第一札中有云：

> 雖素好考核，然常不敢自信。今歲所爲，明歲輒復竄易。補上古及洙泗兩考信錄近已多所更定。乃吾介存竟以舊本付梓，令人駭絶！是彰吾過於天下耳，豈愛我乎！朱子將易簀時猶改『誠意』章注，何況吾輩庸人？王右軍一點一畫失所，輒若眇目折肱，愚亦同有此癖。介存何不相諒也！

這是何等可敬可愛的治學精神！這樣一位「好求完備」的學者的遺著在一百多年後居然得着一位同樣『好求完備』的學者顧頡剛先生費了十多年的精力來搜求整理，這眞是近世學術史上最可喜的一段佳話！

崔述生於乾隆五年（一七四〇），四年後（民國二十九年，一九四〇）就是他的二百年紀念了。他的著作因爲站在時代的前面，所以在這一百多年中只受了極少數人的欣賞，而不曾得着多數學人的承認。現在我們可以捧出這一部搜羅最完備校點最精細的『崔學全書』來準備做他二百年祭壇上的供品了。我們對於顧頡剛先生和他的同志洪業先生趙貞信先生等等都應該表示最大的感謝，並且慶賀他們的成功。

* * *

我在十四年前曾說：

> 我深信中國新史學應該從崔述做起，用他的考信錄做我們的出發點，然後逐漸謀更向上的進步。……我們讀他的書，自然能漸漸相信他所疑的都是該疑，他認為偽書的都是不可深信的史料：這是中國新史學的最低限度的出發點。從這裏進一步，我們就可問他所信的是否可信？他掃空了一切傳記讖緯之書，只留下了幾部『經』。但他所信的這幾部『經』就完全無可疑了嗎？萬一我們研究的結果竟把他保留下的幾部『經』也全推翻了，或部分的推翻了，那麼我們的新史學的古史料又應該從那裏去尋？等到這兩個問

題有了科學的解答，那才是中國新史學成立的日子到了。簡單說來，新史學的成立須在超過崔述以後；然而我們要想超過崔述，先須要跟上崔述。（科學的古史家崔述，頁五一六）

這一段十四年前的預言在今日看來，有中有不中，有驗有不驗。在古史研究的某些個方面，中國的新史學確然是已超過崔述了。崔述的材料只是幾部『經』之中他認為可信的部分。近十幾年的新古史學居然能夠充分運用發掘出來的甲骨文字，金文，和其他古器物了。試用崔述的商考信錄來比較最近十年中出版的關於殷商史料的著作，我們就可以知道古史料的來源不限於那幾部『經』，『經』之外還有地下保藏着的許多古器物，其年代往往比『經』更古，其可靠性往往比『經』更高；他們不但是不曾經過漢以後的學者的改竄誤解，並且是不曾經過先秦文士的洗刷點染。這樣擴大的材料範圍，是考信錄的作者當日不曾夢見的。所以在這些方面，我們可以說今日的古史學是超過崔述的了。

我那一段預言裏曾說：『他所疑的都是該疑；他所信的是否可信？』但依這十幾年的古史學看來，崔述所信的，未必無可疑的部分；他所疑的，也未必『都是該疑。』例如他作洙泗考信錄，不信緯書，不信家語，不信孔叢子，不信史記的孔子世家，這都是大致不錯的。但他不信檀弓，終不能使我們心服。檀弓一篇的語言完全是和論語同屬於魯國語的系統，決非『後儒』所能捏造。崔述不信『孔子少孤，不知其墓，』又不信孔子一家有再世出妻的事，就以爲『檀弓之文本不足信。』這都是因爲崔述處處用後世儒生理想中的『聖人』作標準，凡不合這種標準的都不足憑信——這樣的考證是不足服人之心的。

又如崔述最尊信論語，但他因爲論語有公山弗擾和佛肸兩章，都不合他理想中的『聖人』標準，所以他疑心論語『非孔門論語之原本，亦非漢初論語之舊本，』『乃張禹所更定。』我們當然不否認論語有被後人添改的可能，但我們也不能承認崔述的論證是充分的。最可注意的是崔述要證明佛肸不曾『召』孔子，於是引韓詩外傳，新序，列女傳三書作證，證明『佛肸之畔乃趙襄子時事，……襄子立於魯哀公之二十年，孔子卒已五年，佛肸安得有召孔子事乎？』（洙泗考信錄二，頁三七）崔述最不信漢人記古事的傳記，然而他在這裏引證的三部書都是漢人的記載，豈不是自壞其例嗎？何況左傳哀公五年（孔子死之前九年）明明有『趙鞅圍中牟』的記載呢？這樣，凡不合於理想中的『聖人』標準的，雖然檀弓論語所記，都不可信；凡可以助證這個標準的，雖是漢人的韓詩外傳新序，也不妨引證。這豈不是很危險的去取標準嗎？

總而言之，近十幾年的古史研究，大體說來，都已超過崔述的時代。一方面，他所疑爲『後儒』妄作妄加的材料，至少有一部分（例如檀弓）是可以重新被估定，或者竟要被承認作可靠的材料的了。另一方面，古史材料的範圍是早已被古器物學者擴大到幾部『經』之外去了。其實不但考古學的發掘與考證擴大了古史料的來源；社會學的觀點也往往可以化朽腐爲神奇，可以使舊日學者不敢信任的記載得着新鮮的意義。例如檀弓左傳等書前人所謂『誣』『妄』的記載，若從社會學的眼光看去，往往都可以有歷史材料的價值。即如檀弓所記孔子將死時『坐奠於兩楹之間』的一個夢，崔述以爲『殊與孔子平日之言不類，』然而在我們今日看來，卻正是很有趣味的史料。

以上所說，只是要說明今日的新史學確已有超過崔述的趨勢，所以有人說『崔述時代已過去了，』這也並不是過分的話。

然而我這番話絕不是要指出崔述的古史學在今日已完全沒有價值，崔述是一百多年前的史家，他當然要受那個時代的思想學術的限制，他的許多見不到的地方，都是很可以原諒寬恕的。他的永久價值並不在這一些隨時有待於後人匡正的枝節問題。崔學的永久價值全在他的『考信』的態度，那是永永不會磨滅的。我在十四年前說的『先須要跟上崔述，』也正是要跟上他的『考信』的態度。『考信』的態度只是要『考而後信。』崔述自己說的最好：

大抵文人學士多好議論古人得失，而不考其事之虛實。余獨謂虛實明而後得失或可不爽。故今爲考信錄，專以辨其虛實爲先務，而論得失者次之。（提要上，頁三四）

虛實即是僞與眞。『虛實明而後得失或可不爽』是一切史學的根本方法。『考信』的態度只是要人先考核某項材料的眞僞實虛，然後決定應疑應信的態度。崔述著書的本意在此，故全書稱爲『考信錄』。可惜他受傳統的儒家思想的影響太大了，有時也不能『先考而後信』，有時竟成了『先信而後考』！例如上文說的幾個例子，他先信孔子決不會不知道他的父親墳墓，決不會出妻，決不會受公山弗擾與佛肹之召，然後去考定論語檀弓的眞僞，——這就不是『考信』的眞義了，這就成了先論其『得失』而後考其虛實眞僞了。他自己也曾警告我們：

人之情好以己度人，以今度古，以不肖度聖賢。往往遥庭懸隔，而其人終不自知也。……以己度人，雖耳目之前而必失之。況欲以度古人，更欲以度古之

聖賢，豈有當乎？……故考信錄但取信於經，而不敢以戰國魏晉以來度聖人者遂據之為實也。（提要上，頁六—八）

崔述自己不知道他自己也往往用宋明以來『度聖人者』來做量度聖人的標準，先定了得失的標準，然後考其虛實，所以『逕庭懸隔，而不自知也。』

這都是時代風氣的限制，不足為崔述的罪狀。他這一部大書之中，大體都是能遵守他的基本方法：先定材料的虛實，而後論其得失。他很大膽的定下一條辨別史料虛實的標準：『凡其說出於戰國以後者，必詳為考其所本（考其所本即是尋出他的娘家）而不敢以見於漢人之書者遂眞以為三代之事也。』這樣一筆掃空了一切晚出的材料，就把古史建立在寥寥幾部他認為最可信的史料之上。在那些他認為可信的材料之中，他又分出幾種等級來：第一等為『經』的可信部分，第二等為『補』（源出於經，而今僅見於傳記），第三等為『備覽』，第四等為『存疑。』這都是辨其虛實眞偽的態度，最可以作史家的模範。他的細目或有得失可以指摘，這種精神與方法是無可訾議的。

我們必須明白崔述生於二百年前，不但時代的限制不易逃避，當時所有的古史材料實在是貧乏的可憐。我們現在讀他的古史諸錄，總不免覺得古史經過他的大刀闊斧的删削之後，僅僅賸下幾十條最枯燥的經文了！我們不要忘了他自己勸慰我們的話：

昔人有言曰『買菜乎？求益乎？』言固貴精不貴多也。……吾輩生古人之後，但因古人之舊，無負於古人可矣，不必求勝於古人也。（提要上，頁二七）

他在那個時代，無法『求勝於古人』，只能做一番删除虛妄的消極工作。但我們深信，『考信』的精神必不會否認後來科學的史家用精密的方法搜尋出來的新材料。例如商考信錄，固然只是薄薄的兩卷枯燥材料。但今日學者實地發掘出來的甲骨，石刻，銅器，遺物等，其真實既已『考』定，當然是可『信』的。故『不必求勝於古人』只是崔述警告我們莫要濫收假古董來冒充真史料，而不是關閉了擴大古史料之門。王國維，羅振玉，李濟，董作賓，梁思永諸先生尋出新史料來『求勝於古人』正是崔述當日所求之不得的，正是他最歡迎的。

最後，我要指出崔述的『考信』態度是道地的科學精神，也正是道地的科學方法。他最痛恨『含糊輕信而不深問』的惡習慣。他一生做學問，做人，做官，聽訟，都只是用一種精神，一種方法—就是『細爲推求』—就是『打破沙鍋問到底』。他要我們凡事『問到底』（提要下，頁一九）他要我們『爭』，要我們『訟』，要我們遇事『論其曲直』（無聞集二，頁一五—二一）。他要我們『觀理欲其無成見』（考信附錄，頁三四），遇事『細爲推求』，『歷歷推求其是非眞僞』（提要下，頁二一）。這都是科學家求眞理的態度。這個一貫的態度是崔述留給我們的最大的遺訓。

廿五，一，廿七晨六時。在上海滄洲飯店。

附記：我本想寫一篇較詳細的介紹，現在只能拿這篇短序來塞責，這是我很抱歉的。我盼望全書出版後我能利用新出現的傳記材料，繼續寫成我的『崔述年譜，』完成我十四年前介紹崔述的志願。

胡適

序

距今一百四十四年以前，大名老儒崔東壁應禮部試至京師，有雲南舉人陳履和遇之逆旅，讀其所著書上古洙泗考信錄而大服，北面請師事，相懽遊如父子然。如是者兩月餘而別去，自此不復相見。越二十有五年，履和重來省其師於彰德之里第，則東壁已先五月卒，無子嗣。家人聞叩門聲，曰『是雲南陳舉人乎？』出遺囑哭授。遺囑曰『吾生平著書三十四種，八十八卷，俟滇南陳履和來親授之。』履和再拜柩前，捧全書去如京師，遂次第付梓焉。當是時，世稍稍知有大名崔東壁也。嗚呼，學術之精微，其相契於心髓，相要以生死，有如是哉！

然東壁之學傳矣而不廣，存矣而不著，浮沉淹沒於書海之底者又百年，乃迄於今而始大顯。初，胡君適之自海外歸，唱爲新文化運動，舉世奔走響應惟恐後。胡君於古今人多評騭少所許，多所否，顧於東壁加推敬，爲作長傳曰科學的古史家崔述，流布僅半篇未完稿，然舉世想見其人，爭以先覩遺書爲快。胡君友錢君玄同，主廢漢字爲羅馬拚音，讀東壁書，自去其姓而姓疑古，天下學人無不知疑古玄同也。而最以疑古著者曰顧君頡剛：顧君爲胡君弟子，亦交遊於錢君，深契東壁之治史而益有進，爲古史辨，不脛走天下；疑禹爲蟲，信與不信，交相傳述。三君者，或仰之如日星之懸中天，或畏之如洪水猛獸之泛濫縱橫於四野，要之凡識字人幾於無不知三君名。『推倒一世豪傑，開拓萬古心胸，』於三君乎見之。而東壁以百年前一老儒，聲名闇淡，乃留遺此數十種書，得身後百年如三君者之推挹，一旦大顯於天下。其遇合之奇，較之當日陳舉人之叩門拜柩，抱遺書而去者，其爲度越又何如耶？

顧君於東壁書，謀爲標點行世，顧鄭重其事，不欲倉卒潰於成，積十年乃卒業，而所收遺稿視前益豐。本約胡君錢君同爲之序，值錢君病腦，不能構思，胡君牽於事，顧君亦冗忙，均自恨不能盡其意。一日，告余曰，『東壁書標點久定，方脫版子，試有以序其端。』余於三君無當爲僕役，惶慚不敢遽諾。他日，顧君又敦促。余念亦聞三君者之風而始讀東壁書，並稍稍識其涯略，義不當固辭。而是時華北之風雲驟緊，日處危城，震盪搖撼，奇詠遙起，所見所聞，疑非人境，則亦何意於爲之！及事稍定，而北平各大學青年愛國運動驟起，牢獄之呻呼，刀刃之血滴，觸於目，刺於耳，而傷於心，一室徘徊，胸沸脈竭。而顧君之限期既屆，則我又將何以序崔氏之書而應顧君之命乎？

無已，請捨崔氏書而言時事；時事之壞無足言，請言其所以壞。夫時事之所以壞，其來有漸，非一日也。爲窮源探本之論者，乃研討及於吾中華民族文化之眞價。此其事若明若昧，反覆縈繞於吾學人之胸海，自晚清以迄今茲，亦既數十年。獨至胡君乃始大聲疾呼，戒國人勿以已往之文化自傲自安，而錢君顧君承之。古史者，吾民族自謂四千年光明燦爛文化所託始，又羣認以爲黃金時代所在也。我民族之光榮何在？曰，在古史。我民族文化之眞價何在？曰，在古史。唐虞三代孔孟幾於爲後世想慕追求之極規，而三君者起而疑之。其爲辨僞考信，夫亦曰將告人以我民族文化淵源眞相乃不過若是而已；其有取於崔書，夫亦曰辨僞考信之事昔人已爲之，不徒以爲解嘲，亦將以奮起信而已。方其時，三君之立說固已深慮夫國難之無日，而思大爲之申儆，則今日者國難雖殷，崔氏之遺書顧君之深意固猶當有待於洗發也。

主於尊經而爲之考信，以堯舜禹湯文武周公孔孟爲古史之骨幹，此崔書之要旨也。然古史果若是乎？曰，不然，堯舜禹湯文武周公孔孟之傳統載於六經，傳之儒家，而六經之結集，儒家之獨尊，其事始於漢，中衰於魏晉，復於唐而定於宋，未必遽爲古史之眞也。漢武立五經博士，罷黜百家，兩漢四百年利祿之途在是，而學術亦在是；宋人以經義試進士，迄元明清勿革，千年來之利祿在是，而學術亦在是。合乎是者謂之正學，背乎是者謂之邪說。雖有一二大儒雜出乎其間，未嘗以學問牟祿利，而其所以爲學者卒亦無以大異乎朝廷之功令。崔氏之書，蓋亦是也。

顧君之辨古史則異是，疑乎尊經者之爲見蔑乎堯舜禹湯文武周公孔孟之爲統而辨之者也。是其立說果何若？曰，此在古已多有，先秦如莊周韓非，下及魏晉之際，凡異乎儒說者皆然。稱道堯舜，固非自今而始開懷疑之口也。二家之辨，易辭言之，一則考諸經以信史，一則求於史以疑經，其對於經學之見解不同，斯其對於古史之觀點亦異爾。

然則儒家之所傳，六籍之所載，固於古史爲若是其不可信歟? 曰，又不然，儒家亦古學一大宗，六經亦古籍一大類，儒家之與六經，其自身即爲古史一大部，謂必捨此二者而後可以求古史之眞相，我未見其有當也。治東周不能無取於春秋與左氏，治西周不能無取於詩書，此皆儒家所傳六籍所統，可信多於可疑，司馬遷所謂載籍極博，猶必考信於是也。唐虞不敢言，請論三代。孔子曰，『殷因夏禮，周因殷禮，所損益可知。』又曰『夏禮我能言，杞不足徵；殷禮我能言，宋不足徵：文獻不足故也。』此孔子以夏殷周爲三代之說也。此西周之君臣已言之，其在周書之召誥有之，曰，『烏呼，皇天上帝改厥元子，茲大國殷之命；惟王受命。相古先民有夏，今時既墜厥命；今相有殷，今時既墜厥命；我不可不監於有夏，亦不可不監於有殷。有夏不敬厥德，乃早墜厥命；有殷受天命，惟不敬厥德，乃早墜厥命；今王嗣受厥命，我亦惟茲二國命。』則三代受命之說其來甚早，非孔子之創說也。司馬遷爲殷本紀，序列自契至湯十四世，今安陽出土甲骨頗多爲之互證者；馬遷夏本紀，又載自禹至桀十四世，年世略與自契至湯相當。馬遷論殷事可信，何以論夏事不可信？馬遷記殷事有據，何以記夏事獨無據？馬遷之所覩記，其不復傳於後者夥矣，若必後世有他據，乃爲可信，則是馬遷者獨爲殷商一代信史，以掩其於夏周之大爲欺僞者耶？曰『桀紂之惡不如是之甚，』此孔門已疑之；曰『伊尹五就桀，五就湯，』則孟子又稱之；然而曰『湯武革命，』則歷古相傳，初不以稱述於儒家，記載於六籍，遂遽失其可信之價值也。然則上古雖未能如嬴秦以來之一統，而君臣大小上下之分，不惟周文王之於殷紂有之，即商湯之於夏桀，已早有之矣。此三代之說所由來也。

何以言周文王與殷紂有君臣大小上下之分也？曰，此周人自言之，著於詩書，歷有其徵，詩大雅『摯仲氏任，自彼殷商，來嫁于周，曰嬪于京，乃及王季，維德之行，』此殷周早相聞接之證也。書召誥曰『大國殷，』此召公言之也；多士曰『天邑商，』此周公言之也；顧命曰『大邦殷，』此康王言之也；大誥曰『小邦周，』此成王言之也。以此合之於三代受命之說，當時殷周國際往還，其爲有君臣大小上下之分顯然矣。今出土甲文乃有『命周侯』一片，不足證詩書之非無稽乎？

夫殷周之爲國，既非絕不相聞接，而復有君臣大小上下之分，歷有年數，則紀年所傳文丁殺季歷，諸書所載商紂囚文王，其說亦與季歷娶於商摯，文王受命爲西伯等耳，烏見彼可信而此必不可信？ 若謂詩書不言，此或周人之自諱；此如建州入關，往日告天七大恨，避而不述，努爾哈赤亦寧遠之創，諱而不布，自謂『念累世之宿好，棄近日之小嫌，義切同仇，用申弔伐』也。 以後例昔，豈必建州知之而周人不知！ 今既謂見於六經，傳於儒家，其說未必絕不信，亦豈得謂六經不載，儒書不傳，即盡爲無稽不根之說耶！

崔氏之於古史，有信之太深者，亦有疑之太勇者。 崔氏因不信文丁殺季歷，文王囚羑里，而遂謂周之立國與商無涉。 又謂『今日修貢，明日擾邊，弱則受封，強則爲寇，曾謂聖人而有是？』 蓋所以如是說者有二，一則誤以漢唐之情形例商周之時勢，一則惑於諸子百家之言而不求之經傳。』 彼不知三代之與漢唐固不如天壤之懸絕，百家之與經傳亦並非即是非之分限；以『昔謂聖人而有是』之見治史，此所以終不免於信之深而疑之勇也。

崔氏深信經傳，常以『昔謂聖人而有是』之見遇之，此我所謂其信古太深也；而結果所至，遂不得不并經傳而疑之，此我所謂其疑古太勇也。 崔氏先橫一後世君臣之倫理於胸中，遂謂文王必不立紂之朝而爲紂臣；因不肯信紂囚文王之事，因亦不信有文王見幽演周易之說。 然易之彖傳有之，曰『內文明而外柔順，以蒙大難，文王以之。』（引此非以證周易演於文王，特證紂囚文王之說，儒者亦言之也。） 崔氏則曰，『易傳本非孔子作。』 然文王見幽不僅見於易傳，即左氏亦有之。 崔氏則曰，『余寧從經而缺之，不敢從傳而妄言也。』 然周書之無逸明言之，曰『文王受命惟中身，厥享國五十年。』 詩大雅亦言之，曰『文王受命，』曰『有命自天，命此文王。』 而崔氏轉引歐陽氏之說以爲辨，曰，『孔子曰，「三分天下有其二，以服事商，」使西伯不稱臣而稱王，安能服事於商乎！ 且謂西伯稱王者起於何說？ 而孔子之言，萬世之信也。』 然崔氏又曰『論語所謂「服事，」乃湯事葛文王事獯鬻之類，與稱臣不同。』 夫文王於紂不稱臣，既可自稱西伯，又何獨不可以自稱王？ 凡此之類，皆轉展矛盾，無法相通。崔氏乃據此生信，據此獻疑，進退失守，兩無可立。 是則崔氏之病在於所信之過狹，其弊遂陷於所疑之過多也。

『盡信書不如無書，』孟子已言之。 然輕立一例以判往古之眞僞，則其所謂眞僞者固得古人之眞乎？ 殷鑒不遠，卽如崔氏之辨紂與文王之事者是已。 夫崔氏所疑未必是，卽古說之相傳未必非。 周之爲周，自太王王季文王武王四世相傳垂百年，雖僻處豐鎬岐周之地，而國際交接乃遠逾其東至於千里之外，有國於淇洹之間者，其相與往還略相當於後世天子之與方伯焉。 而此爲當時所推天邑大邦受命爲元子之共主，則自盤庚以來迄於受辛已歷七世十二帝，垂三百年，一綫相承，繼繩不絕，此自最近出土甲文證之當時經傳諸子百家之書而可信者。 則縱謂文武周公之爲大聖乃詩書六經之誇詞，儒家孔孟之飾說，而當時我先民之立國於大河兩岸，上自渭，下及淇，東西廣士，其規模之恢宏，垂世之永恒，必別有其相當之文化。固不得謂抹去堯舜禹湯文武周公聖君賢相之傳說，中國古史卽全是一段草昧，其見之文字傳之載籍者全屬自古之虛謠也，（堯舜禹湯文武周公一系非古史眞相，然亦古代一學派卽儒學理想之所寄，治古人學術思想者仍不能不講究。）

言古代哲學者每據易謂易經四聖時歷三古，此其說今人已無信者。謂十翼非孔子作，則崔氏已辨之。然姑捨十翼，就周易上下篇六十四卦言之，縱謂易是卜筮書，然卜筮之判吉凶，孰爲吉而孰則凶，其事有出於卜筮之外矣。乾之初九何以當爲潛龍之勿用？九二何以在田而利見大人？九三何以必終日乾乾夕惕若？九四何以或躍在淵而无咎？九五何以在天而亦利見大人？上九何以亢龍有悔？循是推之，周易六十四卦各有其教訓，卽各有其義趣，寧得不謂是古代關於人生哲學一部甚有價值之經典乎？今苟不能確定周易上下篇亦戰國人所僞造，則治古代哲學思想者烏得不援引及之耶！

故謂六經不盡出於孔孟可也，謂堯舜禹湯文武周公之聖統無當於古史之眞相亦可也，然苟將從事於古史，儒家要爲古學一大宗，六經要爲古籍一大類，儒家之與六經要爲估古文中主要一大部。拘拘乎是二者，而以定古史之眞相，其觀點爲已狹；若將排擯乎是而求以窺古史之全體，其必無當又斷可識也。

且豈僅於古爲然哉！儒家之與六經，自秦以來迄於今茲，歷二千年，蓋無往而不佔我國史最要之一頁矣。故將有志於治國史而探討我民族已往二千年文化之積累，使不通乎儒家之說，不究乎六經之旨，是猶登山未躋其巔，涉海未達其岸，終必將晻黯而有所不覩，茫洋而有所未逮矣。

當漢之初興，君相在上以黃老淸淨主無爲，百官小吏奉行於下，則因循苟簡，一遵亡秦之成法。不安於野而思騁其智力者，則奔走諸侯王國，師戰國之縱橫；或侍從飮宴遊獵，惟迎導其主之侈心奢慾爲容悅，而習爲辭賦。當是時，有唱禮樂教化之爲治，一反乎因循苟簡，踏越亡秦而上希三代，以開一世人之心思才力而進之歷史文化之域，探天人之大原立仁義之正軌，而使策士縱橫，文人辭賦，皆有以自見其操術之卑下，此則賈董公孫之功也。故博士惟限於經術，而後方技神仙旁門雜流始不得預學官之選；博士有弟子員，郡國守相歲得察舉，而朝廷始彬彬有文學，代軍功任廕貲選而進仕：兩漢文治之隆，不得謂非儒術之明效也。今人率謂漢武表章六經，窒思想文化進展之途，是未明當時之情實矣。

迄乎漢季，儒術衰熄，法家之名檢激而爲老莊之放蕩，然名士風流，一時眉目，既盡隨典午而南渡，衣冠之留北方者大率猶守晚漢之經術。五胡雲擾，一綫未絕，東及遼燕，西暨秦涼，下迄元魏而儒學卒於復興，建周隋之規模，啟唐室之盛運。北朝儒統雖不能媲美炎漢，而其守先待後，以自完於亂世，使民生未盡塗炭，生機待之萌發，其間線索，治史者固猶可按指也。

唐人以科第取士，門蔭漸衰，家教亦落，進身之資決於詞華，稍事學問則皈依佛氏，風俗日偷，弊害日顯。天寶以往，內亂外憂紛起迭乘，陷極於五季，宛轉於北宋，而乃有大謀所以振起之者，於是而爲北宋中葉以下之學術。（宋代積種積病，上起唐玄宗時，下迄宋眞宗，久已根深柢固。宋學起天聖以下，乃欲拯拔而無力。後世謂當時情勢全由學術，誤也。）其始也，范仲淹歐陽修之徒振於上，胡瑗李覯之倫應於下；其繼也，乃所謂『爲天地立心，爲生民立道，爲去聖繼絕學，爲萬世開太平』，士以此爲抱負，亦以此爲學業，精究之於伊洛，大成之於南宋。晚近世之學術，人才，政事，胥於是焉奠之基。或者謂近世之中國乃程朱之中國，其言殆非盡誣。故不通儒術，不明經義，終無以見國史之精神，亦無以澈悟我先民文化之眞態也。

蓋嘗論之，中國二千年來之人才幾於皆儒教之人才，故二千年來之歷史亦不啻儒術之歷史，二千年來之文化亦不啻儒術之文化也。而儒家之所誦習則曰六經，所稱道則曰堯舜禹湯文武周公孔孟，故中國之古史遂爲學者所必治，而堯舜禹湯文武周公孔孟遂永爲古史之骨幹，爲後世所謳歌而夢想。（古史之眞相爲一事，某一時代人對古史之想像爲又一事。　當知某一時代人一種活潑之想像，亦爲研究某一時代之歷史者一極端重要之事項也。」　迄乎今，以國運之日頹，憂時之士途窮思變，而儒術遂爲衆矢的。　而崔氏之書固一本乎儒家六經堯舜禹湯文武周公孔孟之見以爲之者，乃未顯於當身而忽行於今日，此又遇合之奇之不爲崔氏所逆料者也。

曰懷疑，曰辨僞，曰考信，此顧君之深有取於崔書者也；曰儒術，曰六經，曰堯舜禹湯文武周公孔孟，此顧君之未必有取於崔書者也。　然嘗試取顧君書而讀之，凡其所辨，大要仍是儒術之與六經，堯舜禹湯文武周公之與孔孟焉。　故疑，可也，信，可也，考而辨之，無不可也，要之治古史不能不通儒術，不能不知經義，不能不牽連而及於堯舜禹湯文武周公孔孟，則固顧君之所不能大異於崔書者也。　數年以來，有聞於辨僞疑古之風而起者，或幾於枝之獵而忘其本，細之搜而遺其鉅，離本益遠，歧出益迷。　彼以爲儒術之與經義，此我之所吐棄不屑道者然；『不入虎穴，不得虎子，』瑣瑣之疑，節節之辨，豈所謂能疑辨者耶！

夫一民族之文化，有其長不能無其短，有其利亦不能無其病；故一民族之歷史，有其盛即不能無其衰，有其漲即不能無其落。當此民族歷史入於盛漲之期，即此民族能善運其文化之長處優點而發揚光大之徵也；不幸而陷入衰落之期，即其民族不能善用其文化之長處利點而遂發露其弱徵病態之候也。（東漢博士章句誠爲經學之末路，然不得并西漢董劉諸儒之學術而一例譏之。明人八股爲中國近代之病害者深矣，然與程朱學術不能混爲一談。西漢立五經博士，宋人以經義取士，皆利害互見，不能一概論。要之利病一源，得失同體，不明此意，終搔不到國史痛癢也。）苟此民族而盡喪其固有之文化，即盡忘其已往之歷史，而民族精神亦日萎枯以盡，而前途之生命亦竭。此如人之罹大病，病在其身，而所以爲健復之資者亦即在其身；捨身而求健復，身之既死，健復何由！良醫治病，亦曰治其所以病，不能曰病在其身，必去身乃可以去病也。今日者，我誠大病且死之候矣，然有良醫必求其病之源，病源何在，必在其受病之日，不能謂在其有身之辰也。

然則我民族今日之病源何在？曰，在吾當躬；推而上之，曰在我父若我祖之世。

求之於近百年近數十年之際則得，遠索之數千年之上而輕曰其病在我民族整個之文化，是不啻曰病在吾身，始於吾有生之辰也。或曰『我民族篤古情深，遂窒自新之機，』此亦未盡然。夫思古之情，亦懷生之倫所同具耳；惟他族之有史不能如我之緜歷久遠，繼繩不絕，遂若我爲於古獨殷焉。然希臘羅馬埃及巴比倫之於歐西英法諸邦，孰與唐虞夏商周之在我？不聞彼邦學者蔑古不談，亦不聞彼邦學者以研古窒其自新。我不能深識我今日之所由病，雖絕口不道古，無益也；我能深識我今日之所由病，而痛洗滌之，民族自有其向上之機，不必先遺棄忘失其民族之古史於不聞不問之境而後可也。若曰『我族之有古與彼不同，凡我之不能自新向上皆古人遺毒浸沉，必奮迅脫去而後可，』是不啻曰我之有身與彼不同，苦我之病，羨彼之強，乃忽然欲脫身以爲快也。夫文化之演進，時時有其創新，即時時有其轉變，遠古遺骸何足以遙制歷史命運於數千載之下！以古擬古，我未見絀；以今準今，我乃實遜。我不自負責而巧卸其罪於古人，古人寧受之耶！然則尊古固失之，譴古亦烏得爲是哉！

一民族之復興，必將於其民族文化自身為內力之新生；而求其文化自身有內力之新生者又必於其已往之歷史有清明之別擇。崔氏之書止僅於古代，不足以窮國史之演變；繼自今沿流尋脈，自秦以下蓋莫不有待於國人之闡發。必使我民族文化演進之眞態昭然豁然重顯露於國人之前，如宿酲之乍醒，如久矇之忽視，而後奮耀踴興，灑然不知沉疴之既去。及是而反視己身，乃將悅然失笑於往日之求脫此軀以為快者之無當也。

然則我國史之重光，文化之更新，國運之轉步，肯將於顧君之鄭重介紹此書於國人者發之端。謹述此意，以請教於顧君，並質之國難深重下之讀是書者。

民國二十四年十二月廿八日，錢穆謹序於北平。

序

我敬對於亞東圖書館和本書的讀者致無盡的歉忱！當民國十年，適之玄同兩先生和我計畫辨僞叢刊時，我們都以爲這部書亟應表章，就由我自告奮勇，擔任標點。（此事經過，詳見古史辨第一册上編。）十一年，亞東圖書館經理汪孟鄒先生和我會面，約定由館中出版。自十一年起，到十四年，我在業務餘閒把這項工作做完。到十五年，館中已排印完成了，照例作一篇序文即可出版。不幸我的好求完備的癖性總覺得應當把有關本書的材料輯出列爲附錄，作『論世知人』之一助；這樣一來，範圍就放寬了，出版之期就延長了。更不幸的，那時受內戰的影響，國立大學的經費積欠了兩年，使我不得不爲衣食而奔走，於是先到廈門，再到廣州，三年後又返北平；每搬動一次，半年內的生活就不能上軌道，讀書且難，何論作文，因此這篇序文竟不得作。適之先生曾在北京大學國學季刊上發表了半篇科學的古史家崔述未寫畢而他於十五年遊歷歐洲，臨行時把草稿交給我，囑我續成了編入此書；我亦未能報命。許多朋友早知道我點成了，而久久不見印出，常來問我；使我慚愧得怕聽他們的問話。亞東圖書館又屢次告我，說常接到各方人士的函訊，問此書究竟何時可以出版；這些館中來信，眞使我沒有拆開看的勇氣。然而眼見上海的書肆，北平的書肆，已把這書一印再印，三印，常有人對我說『你這書出版時，已成了過時貨了！』唉，我擔負這良心上的罪過已有九年了，除了對於出版者和讀者們鄭重道歉伏罪之外，更有什麼話可說！

但有一事比較可以自慰的，就是爲了出版期的延長，收集的材料也逐漸增多了。起先，我們所看見的只是道光本遺書而已。不久，嘉慶本書鈔找得了，書鈔的改訂本也找得了。在這方面，使我們對於東壁先生的學問進展得到更淸楚的認識。還不止這些，東壁夫人的二餘集發見了，東壁先生的知非集和荍田賸筆也發見了，他的幼妹的針餘吟稿也發見了，甚而至於他的弟弟德皋先生的詩文集和雜著一大宗都發見了。以前，我們要求知道他的事蹟，只有死守着一部遺書和陳履和所作的一篇行略，要去分年繫事，終有許多闕疑的地方；現在則因新材料的發見而得確定了，他們的家庭狀況也更明瞭了。最高興的，是我們於民國二十年結伴到大名，憑弔他們的家墓和家宅遺址，又瞻仰他們的讀書之堂，徘徊於曾被漳水湮沒的魏縣故城，想見他自幼至壯的生活狀態。

我敬致感謝於適之玄同兩先生：若沒有他們的提倡與鼓勵，這部大書必點不成，就是點成也未必能出版。我敬致感謝於趙肖甫先生（貞信）：他用了一年的工夫續成適之先生的一文，又作本書初刻各本的校勘記，又續輯各種附錄的材料。我更致感謝於洪煨蓮先生（業）：他給我以許多興奮，知非集是他找出來的，荻田臏筆是他考證的，版本表是他排比的，引得是由他主幹的引得編纂處編成的，大名的訪問也是他所發起的。至於搜集材料，助我工作的同志，大名方面有范廉泉，姚晉槃，李和軒，王守眞，李仲九諸先生；廣平方面有楊靜庵，張文炳兩先生；雲南方面有袁丕明，張春暉，李貫之諸先生。悉心讎校，使本書不至有錯字的，是胡鑑初，章希呂，余昌之諸先生。

這都是不能忘記的厚惠！我有了這許多熱心的師友，如果再編不出一部像樣的書來，豈不是違背了他們的期望！

現在這一部遺書和各件附錄都編成了，只有這篇序還是一個『殭局』。這篇序文，我十年之內起了三回稿，可是沒有一次能寫成。所以然者何？我原想乘這個機會，把過去二三千年中造僞和辨僞的兩種對抗的勢力作一度鳥瞰，從而評論東壁先生在學術界的成績，使人知道他這種工作並不是突然發生的，他本人也決不是專發怪議論的怪物，而只是用了堅強的意志把前代所已積累的成績聚集起來，加上自己的貫串，使得古人的辨僞的苦心和精力不致虛靡而已。我們既知道辨僞工作的演進史，又知道他在這演進史中的地位，自然容易明白我們這班研究史學的人當前所負的責任是什麽。這十餘年中，一般人對于我們的工作，只覺得有意跟古人過不去；我希望大家讀了這篇序文之後，肯平心靜氣地給我們一個批評。不幸這『辨僞學史』的題目太大了，要憑了一個人的力量在業務餘閒去幹，實在不是一件容易辦到的事。漢以前書籍還少，讀盡不難；漢以後則浩浩瀚瀚的四部書，有什麼法子可以一口氣把它吸完？ 與其爲了這篇一時寫不成的序，弄得這部書不能出版，不如把這部書先行出版而後慢慢地去做一部辨僞學史，使將來可和這書並行。 因此，就把已寫成的一部分擱下了。 我誓言于此：只要我有時間，我決不捨棄這個志願；我一定要使一般人會得用了歷史演進的眼光來看東壁先生和我們。

再有一件事也應得說明。 標點之法，本沒有一定的標準。 幾個人同點一部書，點號的多少，句子的長短，可以各不相同；只要文義不亂，語氣不變，就是不同也沒有什麼大關係。 不惟幾個人同點時有出入而已，就是一個人先後所點也往往不能一律。我這件工作，原由零碎時間拼湊而成，自然說不上一氣貫注，而且點成一種則寄滬付印，須彼此對勘時，前稿已不在手邊，所以不一致的地方當必不少。 至于古書文句，解釋紛歧，既要勉強標點，不得不任擇一說，這裏邊又必有自己見不到的錯誤。 凡此種種，敬待讀者諸君嚴格糾正。 倘將來有重排版的機會，能改得一律，改得無誤，那眞是厚幸了！

又，可作附錄的材料，搜羅起來，本無窮盡。一編剛印好，新材料又出來了。如果要等待材料完全而後出版，則此書至少在我的世裏是得不着出版的日子的。所以本書未收的材料，只得待將來的逐漸補錄。讀者聞見所及，萬祈告我！

請大家原諒我，讓我暫時留着這幾點缺憾！

顧頡剛。　民國廿四年四月廿八日。

序目

目　　二

按，崔氏自訂目及自序，今本遺書（金華府學印本）或有或無。陳氏校刊例言謂：總目曾刻置於三代考信錄之首，以提要中具載考信錄目，餘書亦載於行略，故省去；則遺書中不載此目者，自因於此。其無自序者，不知陳氏亦爲其已節入行略之故而省之，抑由於印刷之者之偶失之也？然自訂目實即校出綴語之薄皮繭總目（觀跋尾可知），篇中備列其未刊箸述之名，致可寶貴；自序則縮提要與附錄二書爲一文，亦足以增進讀者對於崔君學行全體之認識，不當棄也。東壁箸述，自道光以後至今日刊本凡六（一，定州王氏畿輔叢書本；二，光緒初年聚珍版本；三，日本史學會本；四，上海古書流通處石印本；五，上海羣學社鉛印小字本；六，北平文化學社鉛印大字本）然皆出於金華府學本，無所殊異。惟嘉慶道光之間，則其本至爲紛歧，而其修改亦至多，崔氏則有彰德羅源諸刻，陳氏則有南昌太谷北京東陽諸刻，非悉心鉤稽無以得其實。洪煨蓮先生讀之，有年作版本表一篇，先以年繫書，更以書繫年，而後其先後次第朗若列眉。日本那珂先生點印此書之前，曾作考信錄解題，載於史學雜誌。承于式玉女士譯以賜登，不勝銘感。民國二十一年二月十五日，顧頡剛記於杭州。

又按六年前編錄此卷時，尙未見劉大紳所撰崔東壁先生行略跋（見傳狀），故標畿輔書徵所引語，其起訖有誤（見十四頁）；予所作跋語亦有誤（見廿五頁）。今因版已刊成，未易追改，用記於此：『謬而削之』以上爲劉氏語，『全編立言』以下爲徐氏附增語，曩皆以爲劉文，非也。又崔氏自序云『不以傳注雜於經，不以諸子百家雜於經傳』，劉氏文中誤將『經傳』書爲『傳注』，已不檢矣；而劉氏所作爲行略跋，徐氏乃認爲考信錄序，蓋又沿陶樑畿輔詩傳之誤也。　頡剛又記。

序目

東壁先生自訂全集目錄（本書）

考信錄共三十六卷

考信錄提要二卷

補上古考信錄二卷

右前錄四卷

唐虞考信錄四卷

夏考信錄二卷

商考信錄二卷

豐鎬考信錄八卷

洙泗考信錄四卷

右正錄二十卷

豐鎬別錄三卷

洙泗餘錄三卷

孟子事實錄二卷

續說二卷

附錄二卷

右後錄十二卷

余自三十以後，即條記古帝王聖賢之事而次第之。四十以後，遂爲此錄。至七十而始成。暇中復加增改又五年而始定。前後四十餘年，畢生之精力盡在此書矣！內上古、洙泗二錄前已刻於江西，然係初本；今已訂正，寫有定本，未能刻也。唐虞錄後亦刻於江西，亦初本，非定本，洙泗餘錄係在彰德時用聚珍板所印定本。

雜著十六卷

王政三大典考三卷

讀風偶識四卷

尙書辨僞二卷

論語餘說一卷

讀經餘論二卷（本遺書缺此）

右十二卷，並爲考信翼錄。

五服異同彙考三卷

易卦圖說一卷

右四卷，自成書。

外有春秋類編四卷，尙未成書，以故未入目中。

三大典考，五服彙考，易卦圖說，皆中年所作。餘六種，（韻削紊，六，疑是四之誤）則自閩歸後所作也。

內三大典考前已刻於江西（正朔，禘祀），福建（經界），至彰德後復加訂正，取舊印板改刻補抄，今所存者是也。

文集十六卷

知非集三卷

無聞集五卷

右正編八卷

小草集五卷

右別編五卷

細君詩文稿一卷

莜田賸筆二卷

右附編三卷

知非，無聞二集，皆余中年以前所作。小草集，係在閩中作。惟無

聞集附錄之水道考曾用活板印出，餘俱抄本。

志四卷

桑梓文獻志二卷

水木本源志二卷

存篋書四卷

大怪談一卷（五行辨，天問）

桑梓外志二卷

涉世雜談一卷

餘編六卷（餘編篇皆別存，故目皆分載之）

菽田雜錄二卷

自訂全集目錄

右書三十四種，八十八卷自名爲薄皮繭。「薄皮繭」者，余魏人之方言也。魏人於凡人之科名不遂僅以舉貢終其身，與仕宦不遂，僅以州縣終其身者，皆目之爲薄皮繭。蓋蠶有强有弱，故其繭亦有厚有薄；人所樹立者淺，謂之無所成則不可，遂謂之有所成則瑣瑣不足道，故目之爲薄皮繭也。余幼受先人之教，耳提面命，無閒晨夕，望其爲良臣，爲碩儒也；而余所成就者止於如是，故目之爲薄皮繭也。世之論者皆謂經濟所以顯名於當時，著述所以傳名於後世。余之意竊以爲不然。人惟胸有所見，茹之而不能茹，故不得已假紙筆以抒之；猶蠶食葉既老，絲在腹中，欲不吐之而不能耳。名不名，非所計也。謂之爲薄皮繭，稱其實矣。崔述自識。

崔東壁遺書目（畿輔叢書書目，定州王氏編，光緒五年校刊）

考信錄提要二卷
補上古考信錄二卷
唐虞考信錄四卷
夏考信錄二卷
商考信錄二卷
豐鎬考信錄八卷
洙泗考信錄四卷
豐鎬別錄三卷
洙泗餘錄三卷
考信附錄二卷
孟子事實錄二卷

考古續說二卷

王政三大典考

讀風偶識

尙書辨僞

論語餘說

讀經餘論

五服異同彙考

易卦圖說

大名縣水道考

漳河源流利弊策

與呂樂天論漳水事宜書

右目寫自叢書舉要。取與畿輔叢書中東壁遺書校，自尙書辨僞以下，惟五服異同彙考一種刊出，餘俱未刊。讀經餘論一書及大名縣水道考以下數篇，陳氏刻本並缺，王目載之，不知得其稿本耶，抑存其目以待訪耶？不可知矣。又目中於東壁遺書總題下注『未校』，亦不詳其故。頡剛記。

崔述（大清畿輔書徵卷三十三）　徐世昌

述字武承，號東壁，大名人，緝麟曾孫。乾隆二十七年舉人；嘉慶元年授羅源知縣。述博極羣書，不爲空談無補之學；自上古唐虞以來，凡經，傳，子，史，傳記，雜說，悉爲考究眞僞異同，裒成巨帙。學者宗之。嘉慶二十一年卒，年七十七。詳文學傳。

考信錄三十六卷（刊本）

案，是書：補上古考信錄三卷，唐虞考信錄四卷，夏考信錄二卷，商考信錄二卷，豐鎬考信錄八卷，別錄二卷，洙泗考信錄六卷，餘錄三卷，孟子事實錄二卷，考古續說二卷，考信錄提要二卷，共三十六卷。

陳履和撰行狀略云，『公生平孝友廉介，讀書涉世，卓然有所樹立。仕閩，多惠政。告歸，著作自娛，成考信錄三十六卷，翼錄十二卷，文集十六卷；遺書共三十四種，八十八卷；而考信錄一書尤爲五十年精神所專注。』

陳履和跋云，『吾師東壁先生，直隸大名縣人，壬午舉於鄉，今爲福建羅源令。乾隆五十七年，履和拜先生於京邸，固請，得爲弟子。先生授所著書數種。旣歸，復賜之序，所以開示化誨甚至。於今六年矣，南北奔走，未嘗不與是書偕也。履和竊惟先生之書，考古必確，析理必精，或獨申己見，或更暢前說，要天下之公言，非一人之私論。因以所鈔補上古考信錄三卷，洙泗考信錄六卷，經傳禘祀通考一卷，三正通考一卷，付諸剞劂。他著作未及鈔者，俟異日重刻焉。先生敎履和曰，「說經欲其自然，觀理欲其無成見；於古人之言無所於必從，無所於必違，唯其適如乎經而已。」嗚呼，至矣！讀先生書者，亦即是以求之而已矣！故此刻以序文殿。履和少時，聞鄉先輩大名守朱公試童子，奇先生兄弟才，館諸署；一時二崔名藉甚。又嘗見先生所爲太守公墓志，憾不從先生遊。越二十年而事先生，事先生數月而別，別六年而未能合幷。回首在京師時，皸車蹇驢，宛轉風雪中，從問經義，何其樂也！「及瓜載酒，」竟未由復斯言耶！（履和送先生還大名詩，有「及瓜應載酒，親造子雲居」之句。）先生方宰閩，而履和侍家君於豫章，相距不二千里，求先生之書，並以覲先生之政，或者會有期乎？手是編，益心向往之矣！嘉慶二年丁巳夏四月甲申，石屏門人陳履和謹跋於南昌寓館。』

又跋云『是書刻既成，使人呈於先生，先生不許也。答以「三正禘祀兩考差可自信，餘二種尚多應更定者。近日胸中別有一部上古考信錄矣。」先生在羅源三年，引疾乞歸。大吏方重先生，調署上杭。而先生歸興益濃，惟欲以著書老。戊午秋，示履和以唐虞考信錄六卷，三代經界通考一卷，皆二十餘年不輕示人者。且言「三代考信錄當復貽吾介存；唯與介存約，毋復以吾未定書輕付梓人，乃敢相寄耳。」先生之心，視世之易足而求炫者爲何如！甚矣履和之淺也！嘉慶五年春正月丙辰，履和謹識於廣豐署中。』

劉大紳序云，『先生仕閩六年，歸。以十餘年家居暇日，肆力成書。自叙著書之旨「不以傳註雜於經，不以諸子百家雜於傳註。以經爲主；傳註之與經合者著之，不合者辨之；異說不經之言則闢其謬而削之。」全編立言大旨，備具於自作提要一書。尙書汪廷珍稱其書爲古今不可無之書，其功爲世儒不可及之功，其心折如此。』

唐虞考信錄自識云，『唐虞之事，較諸三代尤多難考。戰國處士橫議之言，僞書僞傳揣度附會之說，（詳見提要總目篇中，）其事之失實固不待言矣。即傳記之文，亦有未可概論者。孔子之作春秋也，隱桓莊閔之世多缺文，襄昭定哀之世多備載。無他，遠近之勢然也。況自唐虞下逮春秋，千數百年，傳聞異詞，乃事之常。以春秋之世而談唐虞，猶以兩漢之世而況豐鎬也：苟非聖人，安能保無一二言之誤采者！是故唐虞之事惟堯典諸篇爲得其實，雅頌所述次之，至春秋傳則得失參半矣。豈非以遠故哉！雖以論語孟子之純粹，而其稱唐虞事亦間有一二未安者。何者？以其爲後人所追記（如堯命舜之類），或門弟子所言（如舜完廩之類），而不皆孔孟所自言而自書之者也。（雖孟子所自言，亦有記者之誤，觀於禹注淮泗入江可見。）故今於唐虞之錄尤致愼焉，必其詳審無疑，乃敢次經一等書之。否則甯列之「備覽」，甚或竟置之「存疑」。至若事在不疑而時無的據，文非紀載而義足發明，則列之「附錄」，「附論」。唯「備考」，「存參」，事或春秋，言或秦漢，但取其可參伍相證，雖有不醇，不區別矣。其餘揣度附會之言，雜家小說之語，則概不敢列。而於前人所已駁者采之，所未駁者辨之；或其失尚小，及其言不甚爲世所信者，時亦往往從簡。非敢過爲吹求，妄行去取，誠欲袪異說之紛紜，還本來之面目，使二帝經營之次第，設施之先後，瞭然如指諸掌。蓋凡廿餘年而稿始成，而尙未知其有合焉否也。好學深思之士當必有以正其不逮也。』

陳履和跋云，『嘉慶十三年夏五月，履和侍家大人由贛州至南昌，將還滇。念從此去先生日遠，而舊藏唐虞考信錄未刻，乃以七月付梓；並使人詣大名，以行告，且求書。八月哉生明，得讀夏考信錄二卷，商考信錄二卷，洙泗考信餘錄四卷，考信錄釋例二卷，易卦圖說一卷，重訂前刻正朔經界禘祀三考各一本。其已成而未錄寄者，豐鎬錄，別錄，雜著，伏櫪寤言，尙三十餘卷。先生自閩歸後，三遷而居彰德府。老年善病，又未有子，亟欲全刻所著書，印贈文學交遊之士。蓋寓書京師，與履和商此者屢矣。而履和久不與禮部試，未得見。年來侍家大人於豐谿章貢之間，簿書束縛，重以肺病足傷，閉戶不出，乃如婦人女子。每病中夜坐，北風起，慨然遠念，則取所刻諸錄讀之，以當侍側。計與先生別，且十有六年矣。先生日以北，履和日以南，設使今不求書，則此十餘卷者，又不知何日登堂而與其所未見之三十餘卷親受之也。書至，家大人行有日矣，不及刻，乃取考信錄自序一首繫之唐虞錄後，俾讀者知先生生平著書原委如此。於戲，先生視履和猶子也，履和視先生不敢不猶父也！凡書之成而未見，見而未刻者，其敢不盡心焉！署中碌碌少暇，故三錄先生書皆在南昌閒居之日。自今以往，則又不患無暇而患無力矣。有志者事竟成，況諸書顯晦關經史大綱，天下之公言也，天下之公事也，非師弟子一二人之私也，終勉之而已！謹識諸唐虞錄後以自策焉。』

豐鎬別錄自識云，『周一代之政事經制，有相爲首尾，不可以年世分係之者，有經傳本無正文，後人猜度而爲之說，以致失其實者，亦有前人所未及詳而今補釋之者，皆未便以參於正錄，故爲別錄以考辨之。』

洙泗考信錄自識云，『初余爲洙泗考信錄既成，尚未敢以自信。壬子秋，偶攜至京師，遇石屏陳履和，見而鈔之。既而履和隨任江西，余亦選得閩之羅源。履和遂於南昌授梓，寄至羅源。然是時余亦多所增易，與初本不同。既歸河北，山居無事，乃復益加删改，録爲定本。以貧未及梓也。恐閲者以兩本互異致疑，故特具首尾簡端。庚午二月。』

餘録自識云，『余於洙泗考信録成之後，類輯顔閔以降諸賢之事，别爲餘録以訂正之。但自周秦以上，典册罕存，今惟取見於經傳者少加編次，而於其失實者考而辨之。一以表衞道之功，一以正流傳之誤，或亦稽古者所不容缺者乎？』

考古續説自識云，『考信録成，其義有未盡者，有事在周室東遷以後者，亦有泛論古書不可分係於一代者，故爲續説以補録之。』

讀風偶識四卷（刊本）

按是書，陳履和癸酉十二月自雲南寄彰德書作國風螽測。

自序云，『六經自秦火後，漢初諸儒傳而習之，遂大著於當世。然自後漢之末，下逮六朝初唐，而經義之晦者亦復不少。何以言之？尚書伏生傳今文，歐陽大小夏侯説之；孔安國傳古文，馬鄭注之。自永嘉之亂，今文亡而古文孤行；晉宋之際，遂有妄人僞作古文尚書及孔氏傳。至唐，用以取士，而孔鄭之古本亡，尚書之旨遂晦。詩在漢初，有魯申公齊轅固生各以詩傳其弟子；其先蓋皆本之於七十子。雖不能無傳流之誤，要大概爲近古。其後燕韓嬰亦傳詩，然其源流未必能逮齊魯之醇。最後毛詩始出，衞宏爲之作序，多傅會於春秋傳文以欺當世，否亦强爲之說而實以人與事。學者不加細考，以爲眞有所傳，遂謂其書優於三家，從而註之箋之。由是毛詩盛行，三家漸微。逮於晉魏，齊魯之詩遂亡，韓詩亦不復行於世，學者所見惟有毛詩，童而習之，不復知有他說。雖淹博好古之士皆以爲經之本旨固然，而詩之旨亦晦矣。蓋嘗思之，易道高深，聖人猶欲假年以學之，固非學者所能輕窺，而春秋游夏莫贊一詞，雖有左公羊穀梁三賢者爲之作傳，而聖人之意究難窺測；惟詩書與禮乃學者所可幾，是以聖人以爲雅言。然禮多係儀文之末，且其殘缺太多，不足盡先王之大經大法，故惟詩書爲最要。而皆爲漢末晉隋諸儒之所雜亂，良可惜也！良可嘆也！幸而論語一書明白易曉，後有孟子一書以羽翼之，何晏集解雖無所大發明，而未嘗偏執一人之見，趙岐之解尤爲醇正，及宋朱子爲作集註，聖人之旨益顯，學者賴之得以稍窺聖賢之蘊。然終不能不爲詩書惜也。朱子雖作詩傳，又命其門人蔡氏作書傳，然皆未能盡駁詩序及僞孔傳之誤，而世猶以朱子爲非，非傳而從序者不可指數。自余所見，惟鄉野孤陋之士但知爲時藝者不與傳異同耳；稍有學識，則據序以議朱傳者十八而九。余獨以爲朱傳誠有可議，不在於駁序說者之多，而在於從序說者之尙不少。何則？世所以信序者，以其近古耳。齊，魯，韓，毛均出於漢，且三家俱在前，何以此獨可信而彼皆可疑？三家之書雖亡，然見於漢人之所引述，尙往往有之，其說率與今之詩序互異。如謂近古者皆可信，則四家之說不應相悖。相悖，則必有不足信者矣。豈非後世學者但見毛詩之序，而遂不知其可疑耶！朱子既以序爲揣度附會矣，自當盡本經文以正其失，何以尙多依違於其舊說？此余之所爲朱子惜者也。余之爲考信錄，凡詩書之文有關於帝王之事者既已逐時逐事而辨之矣，顧二南既不詳其時世，而邶以下十二國風其事多在東遷以後，是以罕有及者。然亦往往於暇日就其所見，筆而記之。考信錄既成，乃復綴輯而增廣之以拾其遺而補其缺。竊謂經傳既遠，時事難考，甯可缺所不知，無害於義。故余於論詩，但主於體會經文，不敢以前人附會之說爲必然。雖不盡合朱子之言，然實本於朱子之意。朱子復起，未必遂以余言爲妄也。嘉慶乙丑六月。』

又序云『余見世人讀詩，嘗初學時卽取「詩柄」連經文合讀之（朱子集傳略說本篇大意者，俗謂之「詩柄」。）及長，遂不復玩經文，而但橫一詩柄於其胸中以爲足矣。其聰明者，則多厭舊喜新，偶見衞宏詩序，輒據以爲奇貨秘笈，自謂會見漢人之說，宋人書不足復觀也。於是序所言者必以爲是，而朱子所言者必以爲非。大抵今世之說詩者，此兩端盡之矣。余家舊藏有讀風臆評一册，刻本甚楷而精，但有經文，不載傳註，其圈與批則別有硃印套板。余年八九歲時，見而悅之，會先大人有事，不暇授余書，（余幼不記憶爲何事，）乃取此册擱向空屋中讀之。雖不甚解其義，而頗愛其抑揚宛轉，若深有趣味者。久之，遂皆成誦。至十歲後，始閱朱子詩傳，亦不知何爲詩柄。又數年後，始見詩序，亦不知其可寶貴者何在。以故余於國風，惟知體會經文，卽詞以求其意，如讀唐宋人詩然者，了然絕無新舊漢宋之念存於胸中。惟合於詩意者則從之，不合者則違之。但朱傳之合者多，衞序之合者少耳。嗟夫，嗟夫，安得世有篤信經文之人而與之暢論斯旨乎！』

考信附錄二卷（刊本）

自識云，『考信錄之後何以復有附錄也？此錄之作，非余一人之力所能，必有爲之前者而後有所受，有爲之後者而後有所授，故歷歷溯其由來以附於後也。』

尚書辨僞二卷（刊本）

論語餘說一卷（刊本）

易卦圖說一卷（鈔本）

經傳禘祀通考一卷（刋本）

三正通考一卷（刋本）

五服異同彙考三卷（刋本）

讀經餘論二卷

大名水道考一卷（鈔本）

按，是編已載入大名縣志。

桑梓文獻志二卷

水木本源志二卷

荍田雜錄二卷

荍田瑣記二卷

荍田綴語二卷

荍田賸筆二卷

見聞雜記四卷

知味錄二卷

存篋書四卷

知非集三卷

無聞集五卷

小草集五卷

按，此目譌謬甚多。上古，洙泗諸錄沿初刊本卷數，致擯考信附錄于考信錄三十六卷之外，一也。易卦圖說刊于東陽，今本遺書中皆有之，而此題，『鈔本』，二也。有三正，禘祀兩考，無經界考，三也。無聞集不知有刊本，四也。推其致誤之故，蓋僅有初刊零種本與畿輔叢書不全本，而無道光中重刊足本，又不檢書目，故左右失據也。

又按，劉大紳序，畿輔詩傳亦引之，而皆不全，惟此較詩傳多末二句耳。劉著寄庵文鈔倉卒難覓，（京師圖書館只有一不全本）其詳不可知。當訪求之，備補錄焉。

頡剛記。

考信錄自序

考信錄何爲而作也？魏臺崔述述其先君闇齋先生之志而作也。先君諱元森，字燦若。先世於明初以軍功起家，爲指揮使。永樂中，由大寧小興州遷保定之新安。九世至段垣公，諱綎麟，於順治中始隨其伯父大理寺卿諱維雅者遷於大名之魏；績學砥行，爲一鄉之望（語詳魏縣舊志）恬退自安，不慕榮進。由舉人授大城縣學敎諭，以老乞歸。段垣公生三子，次周溪公，諱濂。周溪公生二子，先君其長也。幼侍段垣公寢食，已略知聖賢學問大義，長而好學，有遠志，思有所建白於世，聲色服玩未嘗一寓目，自理學及經世致用書靡不究覽。値家貧，無燈，則讀書月下；或焚殘香，逐字映而讀之。凡五試於順天，皆報罷，遂絕意仕進，杜門敎授，終不復出，時年未三十也。魏故小縣，學者以爲舉業外不復有他事。先君獨以道統之邪正，諸儒之純駁，朝夕聒而語之。敎人治經，不使先觀傳註，必使取經文熟讀潛玩，以求聖人之意；俟稍稍能解，然後讀傳註以證之。常搆前人解論語孟子書盈案上，毫釐之疑，必爲學者參考詳辨之。顧學者習於時俗所尙，咸務取科第，莫肯沉心殫力以探其奧者。惟述兄弟日侍膝下，頗略得其梗概。

初，述之生也未彌月，先君卽抱述懷中而指謂吾母李孺人曰，『願兒他日爲理學，足矣！』甫解語，卽敎之識字。四歲，卽敎之讀書。未嘗令與羣兒戲；蒱博管弦鬭鷄獵犬之事未嘗令一涉於耳目也。少長，則告之曰，『爾知所以名述之故乎？吾少有志於明道經世之學，欲爾成我志耳。爾若能然，則吾子也！』述聞之，悚然愧勉，不敢自暴棄以負先人之敎。會漳水決入城，城沼，縣廢，屢遷徙，貧困奔走，饔飧不能給；或夜中涉波濤冒風雨：凡數歲未有寧居。知大名府朱公煐，知大名縣秦公學溥，時時贍恤之。

及乾隆二十七年，述兄弟同舉於鄉，始稍稍假廬舍葺屋宇。顧先君業以積勞成病，時方以食廩久次貢入大學，亦不能赴也。

迨辛卯春，先君棄世；述遂無志仕進，日惟與弟邁以讀書自勵。胸中偶有所見，時亦發爲文章，然終自以學疏識淺，不敢大有所論著。積久，胸中益多，而年已逾四十。母氏旣歿，弟邁旋故。自念受先人之敎，提撕講解，得有所窺測，先人望其能自樹立也，而述旣不能奮身當路，以先人之所欲爲者建白於朝廷，敷施於百姓，以光大前德，恐一旦與草木同腐，致先人之學泯然無所傳示於後，則述抱恨寧有終窮！乃思以其平生尺寸之所得者抒寫檢正，錄之於楮。

竊謂聖人之道，自唐宋諸儒以來，闡發精詳，固非末學小生所能參其末議，然亦似尚有未盡者。蓋自周道既衰，楊墨並起，欲絀聖人之道以伸其說，往往撰爲堯，舜，禹，湯，文，武，孔子之事以誣之而絀之；其游說諸侯者又多嗜利無恥之徒，恐人之識己也，則僞撰爲聖賢之事以自解說；其他權謀術數之學欲欺世以取重，亦多託之於古聖人：而眞僞遂並行於當世。然當其初，猶各自爲敎而不相雜，至秦漢之間，學者往往兼而好之，雜采其書以爲傳記；其後復有讖緯之書繼出，而劉氏向歆父子及鄭康成皆信之，復采其文以釋六經；兼以斷簡殘編，事多缺佚，釋經者强不知以爲知，猜度附會，顚倒訛誤者蓋亦不少矣。惟漢譙周作古史考，頗糾史記謬誤；其後晉司馬彪復據竹書紀年，條古史考中不當者百餘事：然其持論既不盡允，而史記以外，邪說謬解所未及者尤多。晉宋以降，復有妄庸之徒僞造古書以攻異己，亦往往采楊墨之言以入尚書家語：學者以爲聖人之經固然，益莫敢議其失，而異端之說遂公行於天下矣！隋唐以降，學者惟重科目，故咸遵功令，尚排偶，於是詩自毛傳，尚書自僞孔傳，五經自孔氏正義以外，率視以爲無用之物；於前人相沿之訛，皆習以爲固然而不爲意；甚或據漢魏以後之曲辨駁周秦以前之舊文。至宋，一二名儒迭出，别撰傳註，始頗抉摘其失，然亦不過十之一二，其沿舊說之誤而不覺者尚多不可數；其編纂古史者則又喜陳雜家小說之言以鳴其博：由是聖人之道遂與異說相雜，聖賢之誣遂萬古不能白矣！蓋嘗思之，古之異端在儒之外，後世之異端則在儒之內：在外者距之排之而已，在內者非疏而剔之不可。譬如漳與御河（卽古淇水）合流之初，淸者在右，濁者在左，人皆見而知之；流數十里而淸濁斯雜矣，又數十里而混然一色矣。故居今日而欲考唐虞三代之事，是非必折衷於孔孟，而眞僞必取信於詩書，然後聖人之眞可見而聖人之道可明也。

子貢曰：『文武之道未墜於地，在人。賢者識其大者，不賢者識其小者。』述雖愚陋，萬不能窺測聖人之一二，然自讀書以來，奉先人之敎，不以傳注雜於經，不以諸子百家雜於經；傳久之而始覺傳注所言有不盡合於經者，百家所記往往有與經相悖者，然後知聖人之心如天地日月，而後人晦之者多也！於是歷考其事，彙而編之，以經爲主，傳注之與經合者則著之，不合者則辨之，而異端小說不經之言咸闢其謬而删削之，題之曰考信錄。　顧家貧多病，衣食於授徒，焦勞於禦侮，碌碌苦無暇日，加以居僻書少，檢閱爲難，蓋八年而洙泗考信錄始成，補上古考信錄亦旋脫稿。　會吏部文下，至京待選，遇滇南陳履和，悅而抄之。　又數年，唐虞考信錄甫脫稿。　其他尚未訂正成卷，而述選得福州之羅源縣，遂不得竟其業。時嘉慶元年也。　羅源地居邊海，民蠻俗敝，兼以事多掣肘，不能一有所爲；自念坐而曠職，何如歸而讀書，由是屢以病辭。　而上官中有惜之者，迄不肯許。　至六年冬，始得授政新令。　越明年春北旋，乃得取夏商豐鎬等錄從容撰訂，數年而後脫稿。　然猶不敢自信，暇中復取新舊諸錄細閱而增改酌定之，又數年而後成。　凡爲錄者九，爲卷者三十；加以提要，續說，附錄，共三十有六卷：一生之學問精力略盡於此矣！　其中亦有名物之微無關大義，而辨之頗詳者，比事觸類，不能獨從略也。　嗟夫古帝王聖賢之事遠矣，其書之缺者亦多矣，欲以末學小生眇見寡聞爲之一一考正，其亦可謂不量力矣！　然卽其所竊者錄而識之，拾韓朱之遺，以待後人采擇，亦未嘗非『不賢識小』之義也。

昔者遷承談命，史記斯成，固衍彪餘，漢書爰作，是以皆以末篇自序家世。世異古今而事同一轍，故今追述先人之志，及夫作書之由，附於目錄之後。雖述鄙陋少文，學問不廣，其中缺漏差誤不敢自必，然於先人之學或庶幾有萬一之發明云爾。

校刊考信錄例言九則

考信錄一書，有前人未發之蘊而特及之者，有前人已抽之緒而引伸之者，亦有聯屬衆論以成一篇而不能專指爲何人之說者。其所以著書之故，提要及自序詳之，毋庸贅說。謹將校刻大略記之於左：

履和見先生上古，洙泗兩錄及禘祀，三正兩考，在乾隆五十七年下第留京之日。其後五年，隨先考宦江西刻之。逮嘉慶三年先生自羅源寄以唐虞考信錄，十三年，使人省先生於彰德，先生復寄以夏商考信錄，經界考諸書。於是又以唐虞錄，經界考兩種付梓。然自經界考外，皆非定本也。

自江西還滇後十八年冬，託同鄉公車北上諸君求先生書。明年，同州藹林鄭君吉士自京南旋，往見先生，先生寄豐鎬別錄，尚書辨僞，讀風偶識諸書。家居，未能刻也。

二十一年六月，履和至彰德，先生歿已半載。奉遺命受書九函，計三十四種，八十八卷，皆先生晚年定本。是冬，作令太谷，擬刻全書；明年秋，丁母憂去，僅及刻三代考信錄十二卷而已。太谷諸生時有抄存洙泗錄及孟子事實錄者。越三年，孔生廣沅遂刻洙泗考信錄於太谷，而吾友武鄉令欒山王君崧爲之序，致可感也。

道光元年，履和服闋如京，齎先生書以來，謀續刻之而無其力。幸陽曲太史靜生張君廷鑑，同鄉桃源令筤園譚君震好古樂善，分金成美，乃刻提要二卷，重刻補上古考信錄二卷，唐虞考信錄四卷。合之前刻之三代考信錄十二卷，孔刻之洙泗考信錄四卷，於是前錄正錄定本皆已授梓。惟後錄僅刻孟子事實錄一種，而履和將出宰浙之東陽，事又中止矣。

向欲求人序書，不可得。大宗伯汪公，今之韓歐也，到京後欲往求之，未敢遽請。今年夏，乃乞顧南雅先生先以書就正。公大加賞歎，尤愛其論湯武諸則，致南雅先生書云『事覈理明，足定千秋之案。孟子云「知人論世」，史公云「好學深思」，東壁先生信其人矣！』履和讀之狂喜，乃踵門求序。一見許可，不數日即賜之文。往謝，再得見，復歷舉其書，津津樂道不絕口。嗚呼，考信錄可不朽矣！豈惟是書之幸，抑亦門下士傳是書者之幸也！

先生五十歲以前事見於知非集附錄；五十歲以後事見於小草集諸書。嘉慶戊寅歲，曾於湖南舟中據之以作行略。今載諸卷首，俾閱考信錄者知先生生平大概，亦論世知人之意云爾。

三代考信錄之刻，曾將全書八十八卷總目置諸篇首。今提要中考信錄具載下卷，其餘諸書亦皆具於行略，故不再刻總目，避複也。

付梓諸書剞劂未工；最後數種以出都期迫，尤匆匆蒇事，校讎亦未精審。他日擬並其後錄，翼錄，雜著及詩文各種別行開雕。有志竟成，其卽在浙東之行乎？

道光二年十月二十日，履和謹識於京師宣武門外寓齋。

考信錄序

僕少不慧，然於古人之事有疑不能明者，必求得其解而後安。竊以爲聖人，人倫之至也，後世取則焉，而湯武之於桀紂，何以倒行逆施如是？以臣事君，天下之通義也，非至無道，莫敢越焉，而文王之服事何爲以至德稱？思之不得其解。旣而觀蘇氏論武王非聖人，而僕之惑猶是也。夫以臣犯君，大惡也，豈特非聖人而已乎！旣又聞宋儒『天命一日未絕則爲君臣，一日旣絕則爲獨夫，』而僕之惑滋甚也。夫天命何常，人心而已。人心之離，非一日之故也。今以一日而斷其已絕未絕，此一日者果何日乎？且未識人倫，又焉知天道也？懷此有年，間以質諸師友，無有能解其惑者。

長而讀書略多，析理漸熟，參考時代，統觀古今，而後恍然曰，封建之世非郡縣之世也，成湯文武非桀紂之臣也。孟子齊宣所云君臣，特以正朔名分言之，而非如後世立朝事主之臣策名委贄，貳乃辟焉者也。於是生平之惑豁然以解；且推此以求古今之事，引伸觸類，無不可相說以解者。然以之告人，則疑信半焉；則以時世久遠，衆說紛紜，先入之見非一言所能易故也。

道光壬午，顧南雅學士以滇南陳大令履和所刊大名崔東壁先生三代考信錄示僕。僕受而讀之，不覺躍以起，忭而舞，曰，嗟乎，當吾世而竟有先得我心者乎！既復取其書，反復讀之。已復得其所著提要及各考信錄而讀之，見其考据詳明如漢儒，而未嘗墨守舊文而不求夫心之安也；辨析精微如宋儒，而未嘗空執虛理而不核夫事之實也。舉凡僕平日所疑不能明者，無不推極至隱得其會通。然後知先生志大而學正，識高而心細，洞然有以見古聖賢之心於千載之上而不忍使邪說詖論得而淆之；其書爲古今不可無之書，其功爲世儒不可及之功也！

抑僕觀先生行略，而知先生學道有得者也。向使得見知當世，出其所學以建功業，豈非生民之幸；顧僅小試一邑，而又不得行其志，卒且孤煢貧病垂老以死；天殆故嗇其遇，使之盡志畢力以成此古今不可無之書耶？而大令者，以數千里外素不相知之人，一見其書，遂心悅誠服，北面請業，終之服勤至死，盡刻其書，以幸天下後世；豈非天之欲傳是書，因而生能傳是書之人，邂逅傾心，莫知其然而然者耶？夫曲高和寡，先生固嘗言之；是書之行，吾不敢必觀者皆能知而信之；然而彝倫必不容斁，聖賢斷不可誣，斯文未喪，心理相同，當時來世當必有心悅誠服如大令躍起忭舞，傾倒而不能已如僕者，斷斷如也！

大令求序，爰書此以遺之。

時季秋月朔，賜進士及第，光祿大夫，經筵講官，實錄館正總裁，武英殿總裁，上書房行走，禮部尙書，兼署戶部尙書，敎習庶吉士，加六級，隨帶加二級，紀錄四次，山陽汪廷珍序。

崔東壁先生遺書序

是書黜百家之妄，存列聖之眞，誠古今不可無之書。而陳君海樓一見是書，執弟子禮甚恭，前後刋刻不少懈。刋既成，亦遂謝世。天若特生崔君使成是書，又若特生陳君使傳是書事非偶然者已！

顧天之待陳君者甚嗇：歲乙酉，卒於東陽，宦囊蕭然，且有負累；一子甫五齡，幷無以爲歸計。予是時適奉檄署郡事，既爲籌所負之欵，又恐所刻棗木不能携歸，付託非其人，卒以湮滅，乃商之陳君之弟存郡學署，作官物交兌；更商之諸同寅，稍助刻資，爲家屬歸滇之費。一時署金華羅明府河嶽，蘭谿孫明府巖，東陽黨明府金衡，義烏孫明府若筠，永康劉明府垂緒，武義崔明府之煒，浦江方明府功鉞，湯溪沈明府芝田，各捐廉俸待六百金以成美舉。是不可以不誌。用弁數語於卷首，以識板存郡學之緣始云爾。

道光六年，歲次丙戌秋七月，署金華府知府蕭元桂叙。

崔東壁先生遺書題詞

羣言淆亂千百祀，東壁先生慨然起。慨自楊墨誣聖言，重以七雄權詐士，漢興傳記紛紛出，雜采其書味厥旨。讖緯之說以入經；黃老之言以入史。陵夷至於晉宋間，以僞入眞情益詭。自是厥後科目興，引据但誇鴻富爾！非無有宋諸名儒就中剔抉亦無幾。況自考亭是正後，經籍相沿敢復訾！

先生早歲稟庭訓，歷涉艱劬志不弛。小試一邑無足爲，退而著書益亹亹。上探疏仡至循蜚，下溯豐岐迄泗水。中閒卦畫及詩篇，政典皇皇書與禮。道有孔孟不知餘；學無漢宋惟其是。百家傳說質諸經，不經之經斷以理。積五十年先志成，自謂談遷彪固比。噫嘻習俗競科名，摭拾陳言徒靡靡；自非崛起昌黎公，世人那識子輿氏！陳侯志節特高亮，蹤跡與世恆殊軌；一見先生京邸間，翻然卽席稱弟子。春風雨月各天涯，惟有閩中差密邇。西江又復侍親還，從此滇南八千里。相見無期眷益深，可知廿載情何已。及至開關抵魏都，叩門問訊先零涕，蕭條一室書九函，先生沒已六月矣！可憐承嗣尙無人，傳之其人又誰委！

明年太谷甫開鐫，銜恤南歸輒中止。感此怵怵又有年，及今始克重雕梓。崇臺南望三邱山，東峴西峴相對峙，碧梧翠竹翳脩檐，下有流泉清瀰瀰，最是芙蕖出水時，賓朋列坐秋空裏，散衙一卷事無餘，啜茗看花只來此。此心自有九泉知，此書終當百世俟！

海樓先生刻是書既竣，蒙惠示全部，幷索詩紀其事。詩成，先生頗加稱賞，且曰「一生心事，於茲盡矣！宦途擾擾，得歸爲幸，書板二十箱，携歸不易；欲得一可信者付之而難其人。』殆將以致託，而予未敢應也。今府尊此舉，用意至厚，又適如先生之心，豈亦莫之爲而爲者與！爰刻拙詩於卷末，幷誌數語，以告慰於先生云。

道光六年，歲在丙戌，秋八月，金華府學訓導楊道生識。

書重刊崔東壁遺書目錄後

崔東壁先生遺書凡三十四種，八十八卷，詳見先生自訂全集目錄。（本書一之二九。）門人陳介存欲刻全書，公諸天下，屢寄書先生，求其鈔本。（見考信附錄卷二陳履和刻書始末。）先生在時，已刻上古，唐虞，洙泗三錄，王政三大典考。先生諒其志，臨歿，聚其書爲九函，作遺囑，命家人藏焉，俟介存來親授之。於是介存以傳師說於世爲己任，清嘉慶廿二年（我文化十四年），在太谷縣署刻三代錄；道光二年（我文政五年），在京師刻篇首提要，孟子錄，重刻上古唐虞二錄四年（我文政七年），在東陽縣署刻豐鎬別錄，洙泗餘錄，續說附錄，讀風偶識，尙書辨僞，論語餘說，易卦圖說，五服彙考，無聞集，重刻洙泗錄，三大典考。刻成者凡十九種，五十四卷，而介存以翌年卒於東陽矣。

考信錄十二種，三十六卷，尤爲先生精神所專注；全部得傳於世，無復遺憾。雜著七種，十六卷，唯讀經餘論二卷未刻；外有春秋類編四卷，尙未成書，不入目錄中。文集五種，十六卷中，知非集三卷，小草集五卷，細君詩文稿一卷，莜田賸筆二卷，皆未刻；無聞集五卷，唯刻四卷，其第五卷爲附錄，有錄無書。自訂目錄曰，『無聞集附錄之水道考曾用活板印出』，是無聞集目錄所載大名縣水道考，論漳水御河者也，世當有傳其印本者。陳氏例言曰，『先生五十歲以前事見於知非集附錄，五十歲以後事見於小草集諸書』，諸集不傳，可惜也。按行略配成孺人著有爨餘詩文二卷，先先生二年卒，先生爲之傳，系於詩後。所謂爨餘詩文，即細君詩文稿也。自訂目錄作一卷，蓋先生删定也。其外遺書載於目錄者，『志』二種四卷，曰桑梓文獻志二卷，曰水木本源志二卷；『存篋書』三種四卷：曰大怪談一卷，曰桑梓外志二卷，曰涉世雜談一卷；『餘編』三種六卷：曰荍田雜錄二卷，曰荍田瑣記二卷，曰荍田綴語二卷；『贅編』二種六卷：曰見聞雜記四卷，曰知味錄二卷。先生著書八十八卷，而未刻者凡三十四卷。行略曰，『先生歸林以後，頗有瑣屑之事偶然涉筆者，然經學世務及勸懲大義亦往往散見於其中，毋論洋洋大篇也。』又刻三代錄序曰，『雜著十六卷，文集十六卷，皆不可以不刻。五行辨，天問二篇，題為大怪，實「大好」也，亦宜刻。餘且從存篋之命。』然則如讀經餘論，知非，小草諸集，及大怪談，皆介存欲刻而未果者也。按無聞集目錄，卷二有五行辨，卷三有知非集自序，而集不載其文，蓋介存欲刻大怪談及知非集，故無聞集省之，避複也。又先生所撰成孺人傳，附細君詩文稿後，而詩文稿未刻，故侍妾麗娥傳猶得附無聞集以傳於世，而成孺人則竟失其傳矣。

介存卒時，家甚貧，一子甫五歲；婺之守令醵金為家屬歸滇之費，以刋版附金華府學作官物。而今其版蓋已焚毀矣。鈔本未刻者，不知家屬能攜歸與否，其存亡不可復問。可勝歎哉！

明治三十七年五月，盛岡那珂通世識。

考信錄解題（日本明治三十五年七月史學雜誌第十三編第七號）

那珂通世著　于式玉譯

考信錄三十六卷，考信翼錄十卷，合爲四十六卷，清崔述之所撰也。崔述，直隸大名府大名縣人，字武承，號東壁。幼時從其父闇齋先生（元森）讀。十一歲應魏縣童子試，爲縣令所賞識；十四歲應大名府試，補弟子員。年二十三，中乾隆二十七年舉人。三十歲後，覺百家之說多可疑，悔以往濫讀之誤，乃專研經史，對先儒之箋注必究其所本，考其眞僞，欲自著一書闢衆說之謬誣，正僞書之附會；自是以後，遂棄科舉之學而不爲。年五十七，知福建福州府羅源縣事；六十，遷汀州府上杭縣：任地方職者凡六年，乃辭歸。對於二縣政務雖勞績頗多，然亦未輟著書之業。歸後十餘年，乃成考信錄全書。以嘉慶二十一年（一八一六）年七十七歲歿。生平事蹟，有門人陳履和所撰之崔東壁先生行略，載於考信錄卷首。

崔東壁著此書之本意，其自序中所述甚詳，茲舉一段如後：

聖人之道，自唐宋諸儒以來，闡發精詳，……然亦似尚有未盡者。蓋自周道既衰，楊墨並起，欲絀聖人之道以伸其說，往往撰爲堯，舜，禹，湯，文，武，孔子之事以誣之而絀之；其遊說諸侯者又多嗜利無恥之徒，恐人之譏己也，則僞撰爲聖賢之事以自解說；其他權謀術數之學欲欺世以取重，亦多托之於古聖人而眞僞遂並行於當世。然當其初，猶各自爲教而不相雜，至秦漢之間，學者往往兼而好之，雜采其書以爲傳記；其後復有讖緯之書繼出，而劉氏向歆父子及鄭康成皆信之，復采其文以釋六經，兼以斷簡殘編，事多缺佚，釋經者強不知以爲知，猜度附會，顚倒訛誤者蓋亦不少矣。……晉宋以降，復有妄庸之徒僞造古書以攻異己，亦往往采楊墨之言以入尙書家語，學者以爲聖人之經固然，益莫敢議其失，而異端之說遂公行於天下矣！隋唐以降，學者惟重科目，故咸遵功令，尙排偶，於是詩自毛傳，尙書自僞孔傳，五經自孔氏正義以外，率視以爲無用之物；於前人相沿之訛，皆習以爲固然而不爲意；甚或據漢魏以後之曲解駁周秦以前之舊文。至宋，一二名儒迭出，別撰傳註，始頗抉摘其失，然亦不過十之一二；其沿舊說之誤而不覺者尙多不可數；其編纂古史者則又喜陳雜家小說之言以鳴其博，由是聖人之道遂與異說相雜，聖賢之誣遂萬古不能白矣！蓋嘗思之，古之異端在儒之外，後世之異端則在儒之內；在外者拒之排之而已，在內者非疏而剔之不可。故居今日而欲考唐虞三代之事，是非必折衷於孔孟，而眞僞必取信於詩書，然後聖人之眞可見而聖人之道可明也。

崔氏依此主旨，對於唐虞三代之事跡，費四十年之精力加以詳密之考查，誠如自序所云『一生之學問精力略盡於此矣。』

欲論述考信錄之內容頗非易事；今祇能揭其目錄，附以二三案語如次：

（一）考信錄三十六卷：

（甲）前錄四卷：

（1）考信錄提要二卷　上卷謂讀書應重考信，並論戰國之邪說寓言之不可徵信；漢人解詁之誤謬；東晉以後之僞書；經傳記註內亦有不可信之語；徒知務博不加詳考之過失；以及作考信錄之緣由。下卷述前錄，正錄，後錄十二種之要領，並論本書之體例。

（2）補上古考信錄二卷：因唐虞以前之事不見於經，僅就傳記之稍足信者考之，故曰『補』云。

（乙）正錄二十卷：

（3）唐虞考信錄四卷：創見甚多。

（4）夏考信錄二卷：考夏后氏一代之事。附考皐陶事。

（5）商考信錄二卷：考商一代之事，始自契，附考伊尹事。

(6)豐鎬考信錄八卷：詳考自后稷公劉以至文武周公之事實。論周禮，儀禮，小雅，周頌，月令，爾雅等皆非周公之作。附載泰伯，虞仲，伯夷，叔齊，太公望，召康公，召穆公，衞武公諸人之事於第八卷中。

(7)洙泗考信錄四卷：此書爲孔子之詳傳，指摘史記世家之誤謬，排擊孔子家語之誣罔、謂老子乃楊朱之徒所假造之人物，並非眞有其人，焉有問禮之事；佛肸之叛在孔子卒後，弗擾之叛適在孔子爲魯司寇之時，嘗躬自征伐，焉得有應之之事；謂論語中亦有誤謬；考證明確，足解千古之惑。

(丙)後錄十二卷：

(8)豐鎬考信別錄三卷：第一卷通論周政之盛衰。第二卷論封建之制，職官之制與周之遺跡。第三卷爲周制度雜考及洪範補說。

(9)洙泗考信餘錄三卷：記孔子門人之事跡；糾正史記家語之誤點甚多。

(10)孟子事實錄二卷：孟子事跡因史記記載齊梁之年代多有錯誤，遂使歷來學者因誤就誤；崔氏依史記索隱與水經注所引竹書紀年之文，考得孟子適梁遊齊居滕至魯等年代，爲序其先後。

（11）考古續說二卷：第一卷首錄前人史論之可取者；又載觀書餘論七則以補提要之所未盡；末列三代經制通考及刑法同異考。第二卷論東周三大事，與齊桓公之霸業；辨今之竹書紀年爲僞書；並論伏生傳經之功。

（12）考信附錄二卷：第一卷首述家學淵源與其亡弟邁之事跡；繼述其少時受恩之朱煐，秦學溥，史貽謨諸人事。第二卷爲門人陳履和所撰之考信錄跋三則，與崔氏所撰之陳履和刻書始末。陳履和爲稀有之篤學士，初遇崔述於京師寓所，一讀述之上古，洙泗考信錄與正朔，禘祀通考，即強請爲述弟子。自是以至崔述之歿二十四年間，雖師生未再會面，然書簡實不斷往返。陳氏專以刋行考信錄爲懷，居江西時，遂刋上古唐虞，洙泗諸錄與禘祀，正朔諸通考，事詳刻書始末。餘錄亦於東壁歿後之道光四年在浙江金華府東陽縣刻成。

履和歿後，書版皆歸金華府學收藏；現今似已散失。

(二)考信翼錄十卷：

(13)王政三大典考三卷：爲正朔，禘祀，經界三考，皆歷來羣儒聚訟之問題；崔氏概爲之明瞭分析，不遺疑義。其考禘祀，則據春秋經傳之文以證明羣廟皆有禘；又辨證王制，禮運，郊特牲，明堂位，祭統，祭義諸篇所言禘義之異同，更證喪服小記及大傳『王者禘其祖之所自出』之說之誤，謂祭法中『禘嚳』之文乃承國語之謬，因之變本加厲。凡此諸說，皆爲崔氏之卓見。

(14)讀風偶識四卷：謂齊魯韓三家之說亦不可廢，不可拘拘於衞宏之詩序；周南召南之『南』字乃詩之一體，德化並非自北而南。此等皆爲讀詩要訣。

(15)尙書辨僞二卷：崔氏未見閻若璩之疏證與惠棟之考，但其說與二儒正合符節，實燗眼可畏。

(16)論語餘說一卷：謂今之論語，自張禹有所取捨，卽有邪說混入，乃指出其可疑諸章。

以上計十六種，四十六卷。 此外，雜著有易卦圖說一卷，五服異同彙考三卷；文集有無聞集四卷合前十六種共爲十九種，五十四卷。 皆由陳履和刋成名曰崔東壁先生遺書，版歸金華府學所有。

按之遺書卷首所附刻之東壁自訂全集目錄，知考信翼錄內尚有讀經餘論二卷；文集十六卷內尙有知非集三卷，無聞集第五卷一卷，小草集五卷，細君詩文槁一卷，荍田賸筆二卷。 此外有志四卷爲桑梓文獻志二卷，水木本源志二卷。 又存箧書四卷：爲大怪談（五行辨天問）一卷，桑梓外志二卷，涉世雜談一卷。 又餘編六卷爲荍田雜錄，荍田瑣記，荍田綴語各二卷。 又贅編六卷爲見聞雜記四卷，知味錄二卷。 以上共三十四種，八十八卷；除已刋出之十九種，五十四卷外，未刋出者尙有十五種，三十四卷。 東壁歿後，陳履和因東壁遺言承受其全部遺書，俾以公之於世；但刋刻未終，陳氏遽歿於東陽縣署，殊堪痛惜！ 東壁四十年心力所專注之考信錄四十六卷，得以一字不遺而傳於斯世者，皆陳氏之功也。

考信錄之價値，中國儒者解者甚尠， 陳履和之言曰：『其持論實不利於場屋科舉，以故人鮮信之；甚有摘其攷證最確，辨論最明之事，而反用爲詆譏者。 四海之大，百年之久，必有眞知天亦必默相此書傳之無窮；履和惟有愼守遺編以待其人而已。』當時有汪文端公廷珍深服其論，謂『考據詳明如漢儒，而未嘗墨守舊文而不求夫心之安也；辨析精微如宋儒，而未嘗空執虛理而不核夫事之實也。 與凡僕平日所疑不能明者，無不推極至隱，得其會通。 然後知先生志大而學正，識高而心細，……其書爲古今不可無之書，其功爲世儒不可及之功也。』 然文端所最佩服者不過湯武放伐之論而已；東壁之學涉經史，識通古今，考據辨析高出漢宋諸儒之上，卽文端亦未能知之也。 中國學者拘於漢儒之訓詁，耽於宋儒之空理，其弊固不待言。 尙古之念旣深，對於古書皆如宗教徒之崇拜經文；三禮雖有抵觸，亦必附會遷就，務使互相爲助。 故有二千年之硏究，竟無眞理之發見也。 崔氏處於羣迷之中，獨能建樹己說，排擊三皇之存在，羲農之製作，五帝之世次，與夫五德終始之學說，而曰唐虞以前之帝位，既無禪讓，亦無承繼；又曰三代王國僅限於畿內之地，成湯文武皆非夏商朝臣；並斥太伯之斷髮文身；伯夷叔齊之控馬而諫，而謂首陽窮餓並非餓死；又曰成王卽位已非年幼，周公攝政，乃因成王居武王之喪；夏臺之囚，羑里之厄，皆非事實；周易非文王所作，易傳非孔子所爲；儀禮與周禮亦非出自周公之手，且謂禮記記也而非經，春秋書法非如三傳之所云；禘乃羣廟之祭，不限於始祖，不限於王者；郊僅祀天，並無北郊；更謂孔子之事附會最多，如問禮，學琴，被拒於晏子，爲中都宰，誅少正卯，攝魯相，以蘧伯玉爲主，欲見趙簡子，疑於蒲，笑於鄭，困於陳蔡，被拒於楚子西之類，皆爲造作之事；大學中庸非曾子子思所作；論語乃弟子之弟子所記，後儒所輯；孟子亦非孟軻所自著；新序，說苑，列女傳假作最多；逸周書，孔叢子，家語皆爲僞書；竹書紀年乃魏國之史，戰國之事雖足證史記之誤，但今之紀年乃明人所作，非汲冢舊本。凡此種種，雖皆破壞之論，但書中並非盡爲破壞，亦有建設之說，只破壞多於建設而已。卽在我國（日本）研究史傳之結果，因兒島高德之消失，曾高唱抹殺之聲。而向中國之迷信學者謂老子全無其人，伯夷之諫諍與首陽之餓死亦無其事，或謂周禮乃後世之作，易傳非出孔子之手，則皆一般學者所不敢設想；無怪乎此書之不行於中國也。

然而此書亦非史論之盡善者。東壁唯據經以排斥傳記，據經與傳而排斥百家之說，至於經傳之可疑者尚未能十分研究也。依正確研究史學之法研究中國古史之時，卽東壁所尊信之聖經如尚書首篇之堯典，亦有可疑之處。如羲和之四子分於四方分掌四時，居於東者主春，居於南者主夏；夏南巡狩，冬北巡狩；更如洪水多年，禹乃平水土，濬畎澮以至川，濬九川以至海等，皆就字面觀之卽知其不可信，而東壁乃竟信之不疑。古書之貴，隨其古而益貴；東壁對論語雖亦往往有所疑，但至尚書則爲尚古之念所制而無所疑。我國史學家之硏究中國古史者多據史記之五帝三代本紀與通鑑前編；研究孔子之事跡者則依孔子世家，孔子家語等以爲當。依此少量之史料，不拘其人之歷史哲學如何通達，研究法如何得宜，亦難得滿足之結果。建築房屋於散沙之上，不論如何堅牢，亦必因地基不固而傾倒。然而讀中國經傳子史百家之書，鑑定其新舊，甄別其眞僞，皆難望之於我國人；今幸賴此書得省其勞。總之，東壁之所排斥者爲俗傳，爲僞書，爲異端邪說，爲後儒之誤謬；其所信者爲古傳，古書，聖人之道。聖人之道暫置不論，若就古書古傳更加以研究，於明瞭吾西鄰古代文化之眞相，必勞少而功多；故此書爲我國史學家所不可闕之良書也。陳履和之所謂『必有眞知』者雖難望於其國人，若行之於吾國，又何待乎『百年之久』哉！

那珂通世博士，日本盛岡人，生於嘉永四年（清咸豐元年，西一八五一），爲彼國教育界及學術界之鉅子。生平著述甚富，以晚歲所譯注之成吉思汗實錄最膺盛名。年五十八卒（清光緒三十四年，西一九〇八）。卒後八年，其友三宅米吉博士爲之傳，吾國黃君孝可嘗譯之，登於第一期師大史學叢刊。

考信錄解題，爲彼約叙考信錄之內容加以評論而介紹與其國人之作，載於明治三十五年（清光緒二十八年）七月所出之史學雜誌第十三編第七號。其敘述雖殊簡略，惟議論則似尙多精當。至稱崔氏年十四應大名府試補弟子員，蓋沿陳撰行略之誤。

那珂氏旣成此文，卽校點崔氏遺書印行之，不二年而迄事（第一二三册出版於明治三十六年四月—六月，第四册及重刊崔東壁先生遺書目錄出版於三十七年五月—七月。）崔氏遺書自陳履和刻成後，至光緒元年始有聚珍翻印本（北平圖書館有此一部，其主印之人及印成之地尙未檢得）光緒五年始爲定州王灝文泉刻入畿輔叢書。施以句讀引號，加列細目，詳爲整理，汰複（如祭朱公文上汪韓門先生書，贈陳履和序等，皆留一去一）補闕（如『爲魯司寇下』之題，附刻遺經樓文稿之目等，皆原無今補）並間附校於嘉慶丁巳東壁書鈔之校語而重印者，則由那珂氏剏也。

崔氏之書初不甚見稱道於吾國人，自那珂氏爲翻印之始，漸知其可注意。那珂氏悅服崔書之誠摯，及其理由見於此文。其友三宅米吉博士亦嘗言曰：

『崔述專據經典以斷定支那古代之事實，殆與日本闡明古典之木居宣長相似。宣長之古事記傳排中古儒佛之僻見闡明古典之眞義；崔述之考信錄亦斥古來百家之異說曲解，發揮古傳之眞面目。其議論精確，超絕支那古今之儒家者流。但當時不廣傳於學者間，僅得少數人之景仰，以之比較日本國學之隆興，可知淸代學者之頹弊已久矣』（那珂通世傳。）觀此二人之言可知崔書在日本學界之地位與影響。然至今日吾國人之論崔氏者，猶有或惡其疑古太過，自信太勇，致寖漸釀成當世抹殺古書，推翻古史之風尙；或貶其過於信經崇孔，思想不能澈底，辨證亦有未當。夫人之勝人僅能創獲若干點，較前人爲進步，決不能完全擺脫時代影響，作一概盡善之超人。承前以開後，遞變而逐蛻之歷史過程，固無有能幸免者。當乾嘉漢學威權極盛之時代，處崔氏理學淵源極深之家庭，而有規模弘而論辨精若考信錄之一書出於其間，其偉大可欽崇，實無人得不表同情。國之強弱，不僅繫於武備，日本學人能採擷人長爲己長不憚師效其學術得以猛晉自非苟然倖致者。疑所當疑，不爲傳統之謬論曲說所囿，此崔氏特長吾人是以尊敬。若其思想猶有所痼，考辨未盡無疵，則正之補之，又本屬吾人之責，以歷史演進之程而言，後者自宜勝前，有弗容辭也。以己所處之時代較前人爲優越，因而菲薄前人，輕議苛詆，當非學人態度。承前人之遺業而作更進之努力，使學術因時代之日前而亦日趨於光明恢弘，則文化之勝人未始非救國強國重要之助也。蒙式玉女士應信之請譯此文，敬誌感謝！二十一年五月十日，趙貞信附記。

崔東壁書版本表

洪業

崔東壁竭四十年之力以著書，稿必屢改而後定。陳介存竭一生之力，罄一家之財，以爲其師刻書，前後創刻，重刻，修刻，而未竟其志以死，蓋學術史中僅見之事。各刻本，余所見者僅爲道光六年版存金華府學之遺書本，嘉慶丁巳原刻之書鈔本，嘉慶乙丑修刻增補之書鈔本。然參檢後人翻印本及原書所含之序跋函件，而燕，晉，豫，贛，閩，浙，諸本之源流，可得而考焉。友人某君言昔曾見書鈔一部，中粘貼紙條，印修改之文於其上。此書余惜未見。以意度之，丁巳之書鈔曾印四百部，除贈送親友者外，尚有餘本，雖知板應修刻，然不忍棄已印之本，故出粘貼之計也。

甲　以年繫書表（上行書名卷數，皆照自訂目錄。）

	書名卷數	年	版本
一	考信錄提要，二卷。	一八二二	北京刻定本。
二	補上古考信錄，二卷。	一七九七	南昌刻三卷本。
		一八二二	北京刻定本。
三	唐虞考信錄，四卷。	一八〇八	南昌刻本。
		一八二二	北京刻定本。
四	夏考信錄，二卷。	一八一七	太谷刻定本。

五 商考信錄，二卷、

六 豐鎬考信錄，八卷。

七 洙泗考信錄，四卷、

八 豐鎬別錄，三卷。

九 洙泗餘錄，三卷、

一〇 孟子事實錄，二卷、

一一 續說二卷。

一二 附錄二卷。

一八一七 太谷刻定本。

一八一七 太谷刻定本。

一七九七 南昌刻六卷本。

一八〇五 南昌修刻六卷本。

一八一八 大谷刻本。

一八二四 東陽刻定本、

一八二四 東陽刻定本。

一八二四 東陽刻定本。

一八〇九—一八一〇 彰德聚珍版本。

一八二三 北京刻定本、

一八二四 東陽刻定本。

一八二四 東陽刻定本。

一三　王政三大典考，三卷。

(a)〔三代正朔通考，一卷〕

(b)〔經傳禘祀通考，一卷〕

(c)〔三代經界通考，一卷〕

一四　讀風偶識，四卷。

一七九七　南昌刻本。

一八〇五　南昌修改本。

一八〇六—一八〇九　彰德改刻本。

一八二四　東陽刻定本。

一七九七　南昌刻本。

一八二四　東陽刻定本。

一八〇一　羅源刻本。

一八〇五　南昌重刻本。

一八〇六—一八〇九　彰德修刻本。

一八二四　東陽刻定本。

一八二四　東陽刻定本。

一五　尚書辨僞，二卷。　一八二四　東陽刻定本。
一六　論語餘說，一卷。　一八二四　東陽刻定本。
一七　讀經餘論，二卷。　未刻，
一八　五服異同彙考，三卷。　一八二四　東陽刻定本。
一九　易卦圖說，一卷　一八二四　東陽刻定本，
二〇　知非集，三卷。　未刻。
二一　無聞集，五卷，　一八二四　東陽刻四卷不全本。
按東陽刻本無卷五。然其中之水道考，據自訂目錄，曾有活版印本。活版印於何時，不可考；唯乾隆五十五年之大名縣志曾引其文，不知印時是否在其前。
二二　小草集，五卷。　未刻。
二三　細君詩文稿，一卷。　未刻。
二四　玻璃璃筆，二卷。　未刻。

二五 桑梓文獻志，二卷。 未刻。

二六 水木本源志二卷。 未刻。

二七 大怪談，一卷、 未刻，

二八 桑梓外志，二卷。 未刻。

二九 涉世雜談，一卷、 未刻。

三〇 荍田雜錄，二卷。 未刻、

三一 荍田瑣記，二卷。 未刻、

三二 荍田綴語二卷。 未刻。

唯其中之薄皮繭總目即自訂目錄，一八一七刻於太谷，裝於夏考信錄前。

三三 見聞雜記，四卷、 未刻。

三四 知味錄，二卷、 未刻。

乙 以書繫年表（書名卷數，皆照本書或徵引所舉。）

一七九七　嘉慶二年，丁巳：
四月陳在南昌刻
二　補上古考信錄，三卷，
七　洙泗考信錄，六卷。
一三　(a)三正異同通考，一卷。
(b)經傳禘祀通考，一卷。
右四種合稱東壁先生書鈔，版首皆有『嘉慶二年四月刻，映薇堂藏版』字樣。卷首有總目，一三(b)居一三(a)之前。又有附刻贈陳履和序一首，陳氏跋一首。
一八〇一　嘉慶六年，辛酉：
六月，崔在羅源縣署補刻
一三　(c)三代經界通考，一卷。

此本余未見。據一八〇五重刻本頁一上，所謂補刻者，一三之(a)(b)(c)合稱王政三大典考，一七九七已刻其二，茲補之也。

一八〇五　嘉慶十年，乙丑：

二月，陳在南昌照一八〇一本重刻

一三　(c)三代經界考，一卷。

據曾經修補之書鈔內本書頁一上及考信附錄卷二頁十五下，　校刊考信錄例言謂陳於嘉慶十三年使八省崔於彰德，崔『復寄以夏商考信錄，經界考諸書。　於是又以唐虞錄，經界考兩種付梓。　然自經界考外皆非定本也。』　例言倉卒作於北京逆旅中；疑其未考來往函件而致誤。　戊午秋，崔寄陳以唐虞考信錄六卷三代經界考一卷；庚申正月，陳識其事於後跋中。　辛酉六月，崔既自刻三代經界考於羅源，陳謂是定本，故乙丑二月重刻之。　戊辰夏秋之間崔寄陳十種書中有經界考二本，殆崔於羅源本又有刪補修刻之舉。　然此增訂

本陳實未曾於戊辰付梓，故自南昌自貴州道中寄彰德書中俱只道及刻唐虞考信錄一事，陳又照崔所改訂之文修刻

七　洙泗考信錄，六卷。

據考信附錄卷二頁十五下。　按修刻之法，或將原版全片抽換，或就版中削去一段，取兩本校之即得。

一三　(a)三正異同通考，一卷。

按修刻三正考一事例言及各書札俱未道及。　但取兩書鈔本互校，即可見乙丑本乃修刻本。　如頁四上第四行版上挖增『癸酉』二字；卷末自識下加注：『今改爲三代正朔通考。』　改名一事，當在乾隆己酉仲春之後，嘉慶乙丑季秋之前，　道光四年刻本中之自識謂於戊申秋改名，殆因移注入文中，遂致與事實不符。

一八〇六—一八〇八　嘉慶十一年至十三年丙寅至戊辰：

在此兩三年中不知何時崔在彰德改刻

一三　(a)正朔考，二本，

(b)經界考，二本

右據正朔考後又識，自訂目錄，及考信附錄卷二頁十六下。此二本余皆未見。

按正朔考爲『新刊』本，殆以乙丑季秋删改後之定本從新刊印。其本似不應與道光四年刻本多有出入。經界考似即取羅源舊版改刻數頁，蓋取乙丑本與道光四年本互校，所不同者僅數處也。

按自訂目錄『三大典考前已刻於江西（正朔，禘祀）福建（經界）至彰德後復加訂正，取舊印版改刻補抄，今所存者是也。』又按上所引考信附錄謂禘祀考內抽換兩頁。初疑禘祀考亦曾於彰德改刻二頁。但取丁巳本與道光四年本互校，其所更易者似非改刻二頁之版所能辨，故又疑禘祀考只補抄而未曾改刻。

一八〇八　嘉慶十三年戊辰：

七月，陳在南昌刻

三　唐虞考信錄，四卷。

據考信附錄卷二頁七下至九上，又頁十七上至十八上；又夏商豐鎬〔三代〕考信錄序。　此本後應有崔之考信錄自序及陳之戊辰中秋跋，　此本余未見。

一八〇九—一八一〇　嘉慶十四年至十五年己巳至庚午：

崔在彰德以聚珍版印

九　洙泗餘錄，三卷。

據自訂目錄及考信附錄卷二頁十八下至二十上。　二處雖未明言印在何年，然戊辰夏秋之間崔寄與陳『洙泗考信餘錄稿四本』，是當時尚未擬自印；然陳於庚午四月至石屏得崔寄印本，是彰德印時不在己巳即在庚午之春也。　此本余未見。

一八一七　嘉慶二十二年丁丑：

二月，陳在太谷刻定本

四　夏考信錄，二卷。

五　商考信錄，二卷。

六　豐鎬考信錄，八卷。

右三本均在道光六年，版存金華府學之遺書中。版首皆有『嘉慶丁丑二月，太谷縣署中刻』字様。在丁丑年似曾合裝單行，稱三代考信錄。前有陳序（民國甲子上海古書流通處所從翻印之原本以此序置遺書卷首，）王崧三代考信錄序（余所見原刻遺書本誤訂王序於唐虞考信錄前，）崔之考信錄自序及自訂目錄（二者今在遺書卷首，）而後有崔之考信錄書後（今在豐鎬考信錄後。）

一八一八　嘉慶二十二年戊寅：
太谷生孔廣沅刻定本
七　洙泗考信錄四卷。
據戊寅九月王崧序。然梭刊考信錄例言謂陳於丁丑丁憂，越三年孔生乃刻洙泗錄，是刻時當爲己卯或庚辰。但例言往往有誤，未可遽信。太谷本，余未見。

一八二二　道光二年，壬午：
陳在北京刻定本
一　考信錄提要二卷。
二　補上古考信錄，二卷。
三　唐虞考信錄四卷。
一〇　孟子事實錄，二卷。

右四本均在道光六年版藏金華府學之遺書中。　版首皆有『道光二年刋，遺經樓藏版』字樣。　刋刻始末具見例言中。　考信錄提要之目錄中有自序而書中無之，疑東壁稿本之自序原在提要後，陳既於戊辰刋自序置之唐虞考信錄後，丁丑又重刻之置諸三代考信錄前，玆又移之於提要前之卷首，故於提要中省去也。　提要前之卷首似爲汪廷珍之考信錄序，東壁之自序，陳之校刋考信錄例言，崔東壁先生行略及考信錄總目。　總目共二葉，刻工各不同，而與壬午所刻各書之工手亦不相同。　疑第一頁乃移自三代考信錄前，其第二頁（版心無數目）則遺書全部成時改刻以符所含之種類卷數也。　此外，今遺書卷首尚有楊道生詩，蕭元桂敘，東壁先生自訂全集目錄（版心作東壁先生全集總目，）及欽定四庫全書總目提要三則。　壬午，北京如有合裝之考信錄，此四項必不在其卷首。　楊詩，蕭敘皆作於陳死後，蓋道光六年所加者。　四庫提要三則與道光四年所刻之尚書辨僞前所有者重複，亦爲後加無疑。　自訂目錄原在三代考信錄前，亦後來所移置也。今古書流通處之翻印（石印）本遺書卷首無自訂目錄而有崔東壁遺書總目，無論彼所從翻之原本如何不以先生稱東壁可斷非介存所擬。

一八二四 道光四年甲申：

正月，陳在東陽刻定本

七 洙泗考信錄四卷。（蓋重刻太谷本）

八 豐鎬考信別錄三卷，

九 洙泗考信餘錄，三卷。

一一 考古續說二卷。

一二 考信附錄，二卷，

一三 王政三大典考：

(a)三代正朔通考，一卷，

(b)經傳禘祀通考，一卷。

(c)三代經界通考，一卷。

一四 讀風偶識，四卷。

一五 尙書辨僞，二卷。

一六 論語餘說，一卷。

一八 五服異同彙考，三卷。

一九 易卦圖說，一卷。

二一 無聞集，四卷。

右十四種皆在道光六年版歸金華府學之遺書中。 版首皆有『道光四年正月東陽縣署中刻』版末皆有『道光四年東陽署中刻』字樣。

無聞集中卷一闕與楊贊府論漳水情形條議；卷二闕封建論上，封建論下，五行辨；卷三闕知非集自序；皆目錄有名而書中無文。 卷四之末篇爲侍妾麗娥傳，版末已刻『無聞集卷之四終』矣，其後又有江西贛縣知縣鯤池陳公墓碑一篇，版心又爲崔東壁先生文集卷之四，頁數又爲一二、三。又其後則遺經樓文稿共十四葉，爲文三：敬書廣豐縣志先君子傳後，顯考鯤池府君行略，恭錄廣豐縣志循吏一則。書後似不應在錄志一則之前。又自訂目錄，無聞集有五卷，今乃僅四卷，此皆頗難索解。然日本明治三十六年（一九〇三）史學會所從翻印之本無聞集目錄有『卷之五附錄大名縣水道考（漳水御河），漳河源流利弊策，與呂燮天論漳水事宜書』。民國甲子，上海古書流通處所從翻印之本亦然。卷四目錄之末一篇皆爲『江西贛縣知縣鯤池陳公墓碑銘（歸里後續作）』，亦與余所見遺書本不同。疑陳公墓碑銘原不在無聞集中，陳氏擬加入，故目錄有之；然刻時雅不欲以其父之墓碑銘居侍妾麗娥傳之後，故版心另編頁數也。陳原擬刻集卷五，後殆以病或以事不果刻，僅以遺經樓文稿附焉。今所見本目錄卷四之侍妾麗娥傳居版之末一行，以較那珂通世所見之本似其後曾棄闕一葉而遺書卷首之考信錄總目第二葉有『無聞集四卷』，卽因此改刻以符數目也。古書流通處翻印本遺經樓文稿有敬書廣豐縣志先君子傳後二篇文完全相同，一在行略之前，一在錄縣志一則之後：如彼所從翻之原本亦如此，則先後次序之倒置或重複乃裝訂手民之過耳。

無聞集卷一至卷三所闕之文似皆有故而闕。封建論與豐鎬二錄所論多重複，故省去。漳水情形條議與無聞集附錄多重複故省去。五行辨擬刻大怪談中。知非集自序擬刻知非集中。然附錄，大怪談，知非集皆未果刻，則又介存初未料及者也。

一九三一，三月，十四日。

右表既脫稿數月，承胡適之先生以所藏東壁先生書鈔一帙示余，卽余前問諸友人中有粘貼紙條之本也。其書無書簽版首亦不明稱爲東壁先生書鈔；而有總目一葉，與在丁巳書鈔中者無異。　書共四種，茲為分述如下：

（一）補上古考信錄三卷，蓋取丁巳本而改刻其十葉，又重刻修改文一段凡七行，粘貼於丁巳本原文之上。　刻工各不同，疑其曾經兩度改刻也。　墨筆塗改數處。第一葉眉端有批云，「此係未成之書今已更定，另有抄本。」　丁巳書鈔刻就，陳以數十部寄崔；崔答以「三正禘祀兩考差可自信，餘二種尚多應更定者，近日胸中別有一部上古考信錄矣。」（見陳後跋中。）　版既不在崔處，故崔只能另刻改文。　然終不愜於意，故另為更定抄本而於刻本眉端加識語，誌其廢也。　今本眉端之字甚幼稚，疑崔使人徧抄其識語於所藏各刻本上，此蓋為其中之一也。　崔既廢此本，而又未以更定之抄本與陳，此陳於乙丑修刻丁巳本時所以未將上古錄有所更易之故歟？

（二）洙泗考信錄六卷改刻者十二葉，寫補者一葉又二行。　卷五葉二十四以後，版心卷數葉數顛倒淆亂，或以硃筆改之，自卷五葉二十五起至卷六葉十九止。

卷五葉二十五之眉端批云，『此下經先生重改補版，頁數多與原第不同，文中亦有紊亂處，再三分析乃歸原次。』又云，『重改本五六卷合看補版時，五六字何未挖去耶？』又以硃筆鈎去版首標題三行，於第四行眉端書『連上』二字。書眉及版心之硃筆係出一手，蓋誤會東壁刪改次序者所爲也。丁巳原本卷五葉二十四以後，共爲三十七葉。東壁嘗留其十六，改刻其十而刪其十一。爲硃筆書者未悟十一頁已被刪去，乃取丁巳原本以爲再三分析之標準，致凡原本卷五卷六即顯然在改版中刪去者仍無不在；甚至原版改版數條重見者亦並存不棄。有原版中一大段已見於改版中者，乃取其前後另寫一葉以補焉。字爲刻字匠所寫，似備刊印者也。然則爲再三分析者何人？豈即陳履和耶？但陳之乙丑修刻本則已盡依東壁改法。豈丁巳乙丑之間彼師生往返函件之不見於考信附錄中者，有足以解此謎者耶？

（三）經傳禘祀通考一卷與丁巳本乙丑本完全相同。雖有墨筆校改數十條，皆係後人取道光四年之定本以反校者。葉三十七下『則堯享國百年而徂落』既改『徂』爲『殂』矣，旋復圈去『殂』而仍從『徂，』蓋定本亦用『徂』字也。

（四）三代正朔通考一卷，版首書『丙寅九月彰德城中改刻，』與丁巳本乙丑本皆不同。以校道光四年定本則除二段外完全相同，蓋定本即從此本删改而成者也。

綜而論之，此本書鈔可補余前表者計有二端：

（一）前表中余謂嘉慶丙寅至戊辰兩三年中，不知何時，崔在彰德改刻三代正朔考。玆乃可確定其事在丙寅九月。

（二）補上古考信錄及洙泗考信錄，崔皆曾取丁巳本抽改重刻若干頁。重刻在何時，不可考。然似在丁巳之後而乙丑之前也。在此七年中，崔所居之地，爲羅源，爲上杭，爲大名，而刻工亦三手各不相同，豈其重刻不在一時亦不在一處歟？

二十年八月十一日，洪業附識。

序目終

各種書鈔遺書版本攝影

崔氏之書由我儕所見爲其自刻者一種（彰德本正朔考），自行重定次序及另版刻印若干頁抽換者兩種（胡本書鈔中之補上古錄洙泗錄，）履和所刻者二十四種（嘉慶丁巳南昌刻補上古錄，洙泗錄，禘祀考三正考；乙丑南昌刻經界考；丁丑太谷刻夏考信錄，商考信錄，豐鎬考信錄；道光壬午北京刻提要，補上古錄唐虞錄，孟子事實錄；甲申東陽刻洙泗錄，豐鎬別錄，洙泗餘錄，考古續說，考信附錄，三大典考，讀風偶識，尚書辨僞，論語餘說，五服彙考，易卦圖說，無聞集）及單行之行略一篇，修刻者兩種（館本書鈔中之洙泗錄三正考，）不知誰何所鈔者一種（知非集。）根據履和所刻而翻刻翻印者則有光緒元年之聚珍本，光緒五年之畿輔叢書本，光緒二十九年之日本鉛印本，民國十三年之古書流通處石印本，繼此而付印者即爲亞東圖書館之鉛印本矣（始印於民國十五年）今選擇舊刊各本中之若干頁，一一為影印於此，聊覩一斑；亦以作亞東本前諸本之總結束。第為聞見所限，搜羅不得，如崔氏自刻之三種（嘉慶辛酉羅源刻經界考己巳彰德聚珍版印洙泗餘錄及不知何時活版印之水道考，）修改之兩種（彰德改刻補鈔之經界考及抽換兩頁之禘祀考，履和刻之一種（嘉慶戊辰南昌刻唐虞錄，）孔廣沅刻之一種（嘉慶戊寅太谷刻洙泗錄，）及履和未刻之諸稿本。然即此已得者，皆由顧先生采訪頻年，隨處着意，或求得，或幸遇，或承親知所嘉貽惠假，蓋甚不易也！而自道光至民十五間之翻刻本，因隱僻而遺漏者，恐亦屬意中事矣。

民國二十一年一月三十日，趙貞信記於北平。

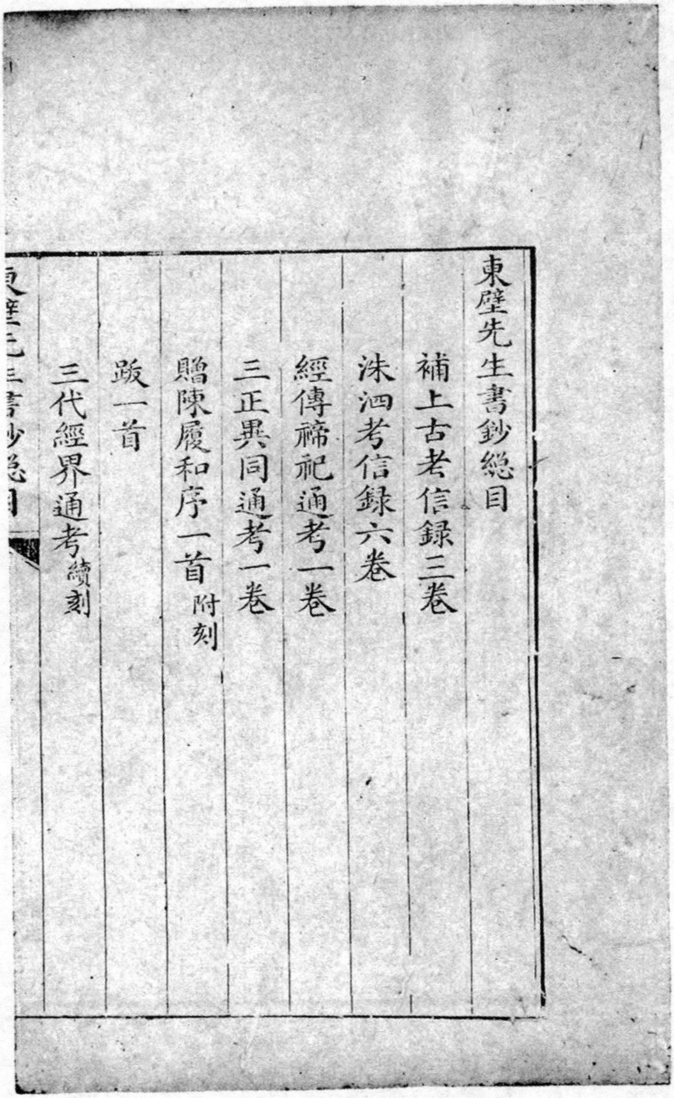
東壁先生書鈔総目

補上古考信録三卷

洙泗考信録六卷

經傳禘祀通考一卷

三正異同通考一卷

贈陳履和序一首 附刻

跋一首

三代經界通考 續刻

館本書鈔之總目 (1)

洙泗考信錄　目錄

過宋　厄於陳蔡之間　反衛

卷五

歸魯上　歸魯下

卷六

遺型　附總論

（2）　館本書鈔洙泗錄目錄下半頁

史事而易之以俗語。加之以枝葉。以悦世人之耳目。彼固不問其義理時勢之合與否也。三子者不察而誤采之耳。

至家語在厄篇。則又兼采三書而合之者。是以其文亂雜無章。遷既非遷。嬰向復非嬰向。且於勾踐子胥二語。亦存之而不删。是明明以其書之僞告後人矣。而後之人方且信之以爲眞。引之以

館本書鈔洙泗錄卷四第二十頁下半頁（頁中空行係挖板所致）

(3)

此頁爲此錄內另板刻印抽換十頁中之一頁第一行之『述而篇』胡本作『述而』

洙泗考信錄 卷五 二十五

附録○子溫而厲威而不猛恭而安論語述而篇○子之燕居申申如也夭夭如也同上

戴記儒行篇云魯哀公問於孔子曰夫子之服其儒服與孔子對曰某少居魯衣逢掖之衣長居宋冠章甫之冠某聞之也君子之學也博其服也鄉某不知儒服余按此篇語夸而複文淺而放乃戰國之風氣非春秋之語言李氏固已辨之矣孔子見君自有大夫朝服乃一定之制哀公亦不得疑而問之也且玩其語意乃謂宋

(4) 館本書鈔洙泗錄卷五第二十五頁上半頁

此頁爲此錄內另板刻印抽換十頁中之一頁二至五四行之字數與他頁不同與胡本內之此頁亦不同

以示人其言未足信今不取

備覽。孔子葬魯城北泗上。弟子及魯人。往從冢而家者百

有餘室。因命曰孔里。魯世世相傳以歲時奉祠孔子冢。而諸

儒亦講禮鄉飲大射於孔子冢。孔子冢大一頃。故所居堂內

後世因廟藏孔子衣冠琴車書。至於漢二百餘年不絕。孔子世家

論衡云。孔子將死遺秘書曰。不知何男子。自稱秦始皇。

上我堂。踞我床。顛倒我衣裳。行至沙丘而亡。後始皇至

魯。觀孔子宅。至沙丘而亡。余按前知之術。聖人能之。而

(5) 館本書鈔洙泗錄卷六第五頁上半頁

言之而各述其所聞以詔門人或但一言之而所
聞不同皆未可知後儒纂輯之時未及刪耳至八佾
篇太廟章鄉黨篇止有入太廟每事問六字子罕篇
齊衰章鄉黨篇作雖狎必變雖褻必以貌此則後人
記孔子之事其文之有詳畧異同不足異也又有語
相似而人地異者雍也篇哀公章先進篇作季康子
問子罕篇畏匡章述而篇作為桓魋發是也此未必
果為兩事或所傳聞小異後儒尊之不敢復異相沿

此頁爲此錄內另板刻印抽換十頁中之一頁每行作二十字比他頁少一字

(6) 館本書鈔洙泗錄卷六第九頁上半頁

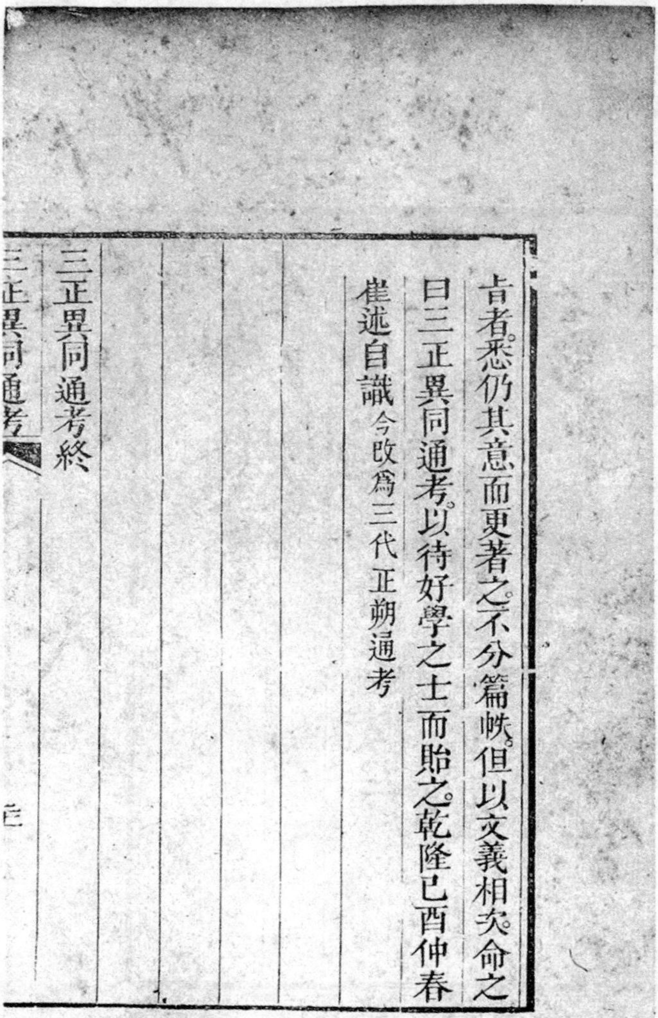

旨者悉仍其意而更著之不分篇帙但以文義相次命之
曰三正異同通考以待好學之士而貽之乾隆己酉仲春
崔述自識 今改爲三代正朔通考

三正異同通考終

三正異同通考

巳

館本書鈔三正考之末頁（第三行九小字之注係就板增嵌爲顧本所無）

(7)

總目

(8) 顧本書鈔之總目

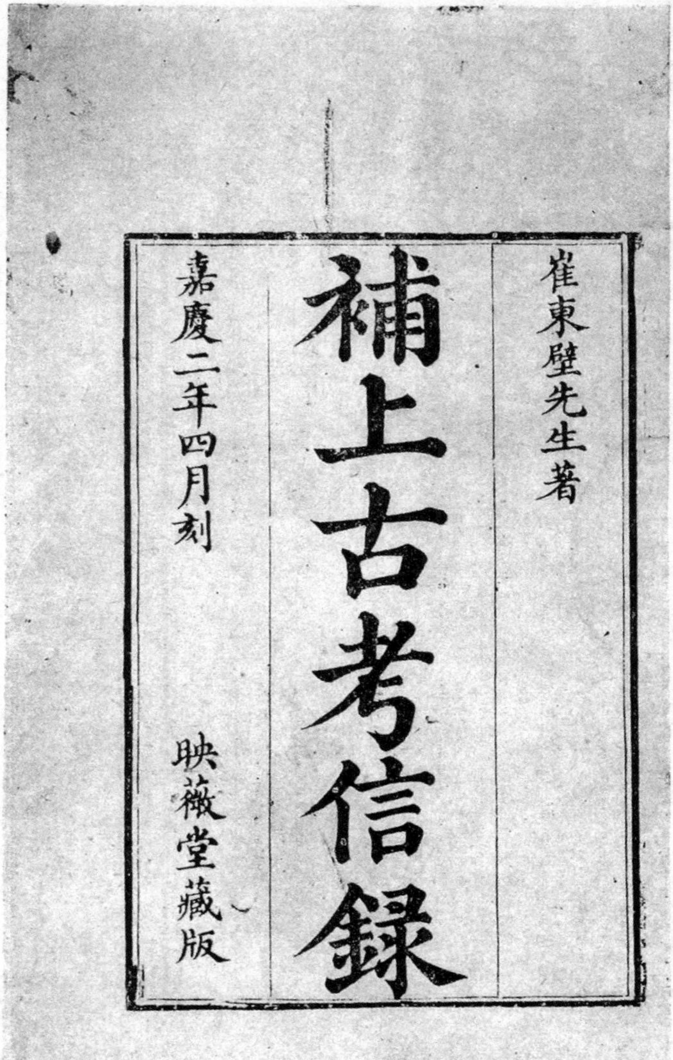

崔東壁先生著

補上古考信錄

嘉慶二年四月刻

映薇堂藏版

(9) 顧本書鈔補上古錄之書首

洙泗考信錄目錄

(10)　顧本書鈔洙泗錄目錄上半頁

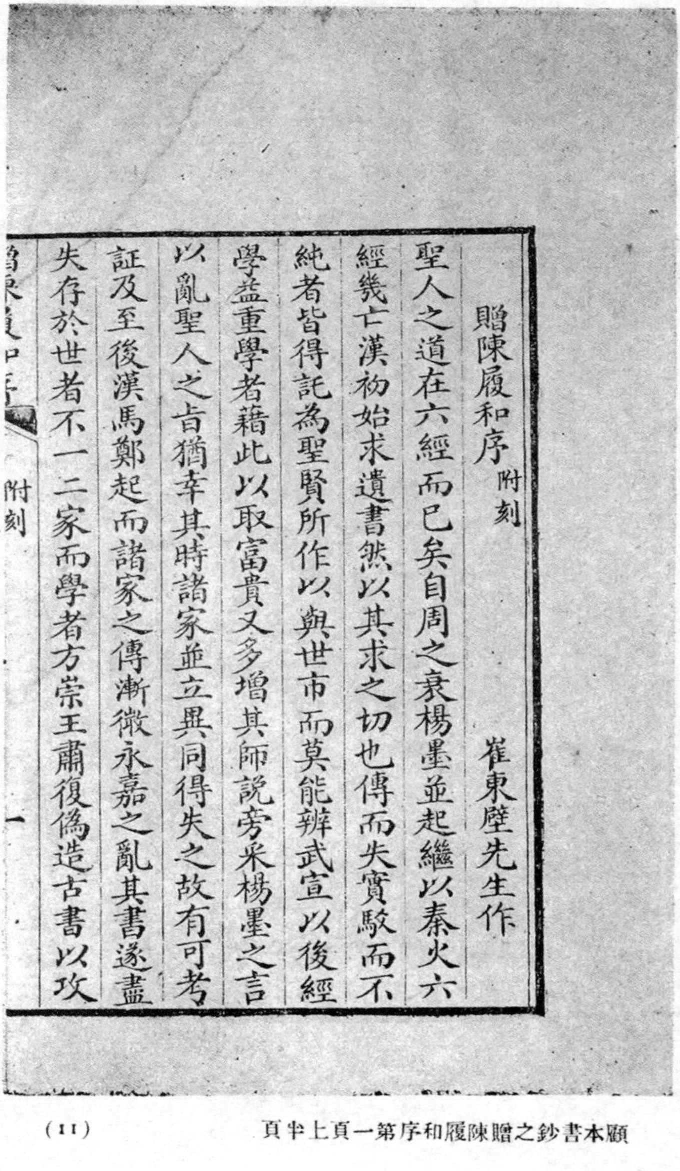

贈陳履和序 附刻

崔東壁先生作

聖人之道在六經而已矣自周之衰楊墨並起繼以秦火六經幾亡漢初始求遺書然以其求之切也傳而失實駁而不純者皆得託為聖賢所作以與世市而莫能辨武宣以後經學益重學者藉此以取富貴又多增其師說旁采楊墨之言以亂聖人之旨猶幸其時諸家並立異同得失之故有可考証及至後漢馬鄭起而諸家之傳漸微永嘉之亂其書遂盡失存於世者不一二家而學者方崇王肅復偽造古書以攻

贈陳履和序 附刻 一

(11) 顧本書鈔之贈陳履和序第一頁上半頁

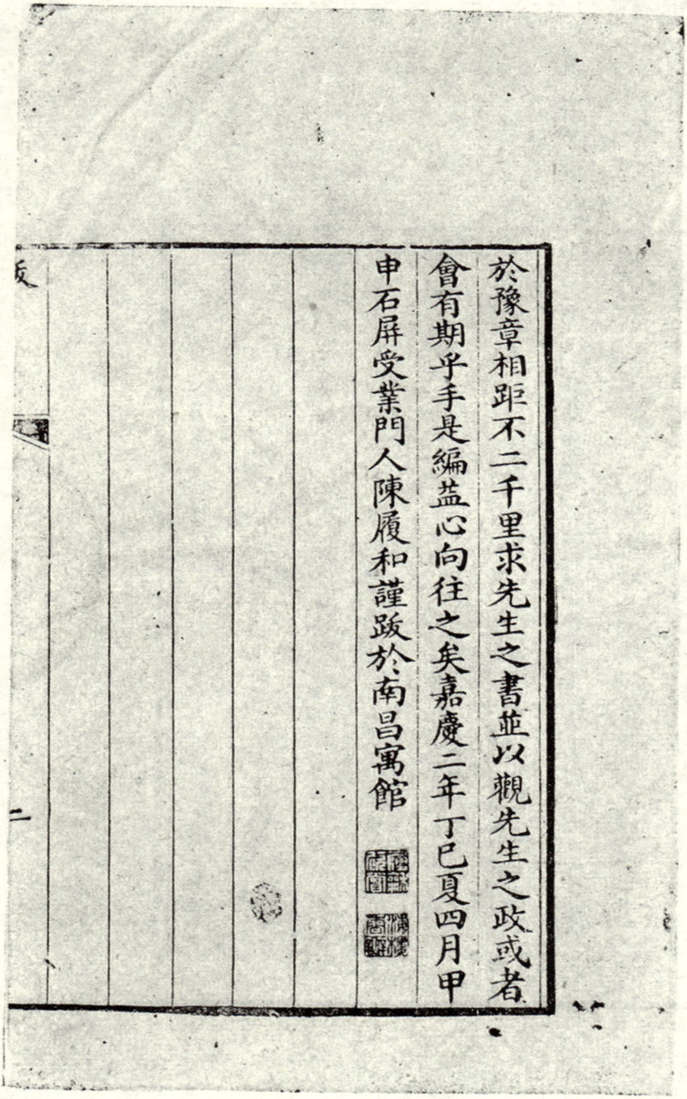

於豫章相距不二千里求先生之書並以覲先生之政或者
會有期乎手是編益心向往之矣嘉慶二年丁巳夏四月甲
申石屏受業門人陳履和謹跋於南昌寓館

(12) 顧本書鈔第六冊之末頁

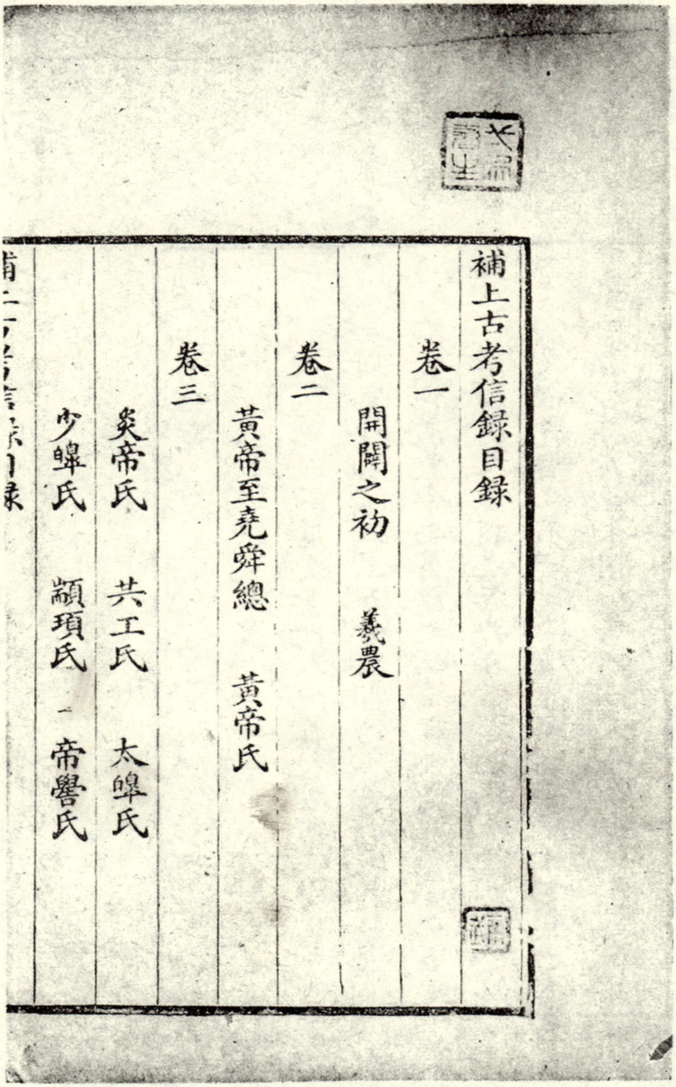
補上古考信錄目錄

卷一

開闢之初　羲農

卷二

黃帝至堯舜總　黃帝氏

卷三

炎帝氏　共工氏　太皞氏

少皞氏　顓頊氏　帝嚳氏

胡本書鈔之補上古錄目錄（上印陽篆『弌介書生』下印陽篆『棨武』）

(13)

此係未成之書今
已更定另有抄本

補上古考信録

大名崔述東壁著

石屏受業門人陳履和校刊

周官。外史掌三皇五帝之書。僞孔安國尚書序云。伏羲神農黃帝之書。謂之三墳。言大道也。少昊顓頊高辛唐虞之書。謂之五典。言常道也。孔子覩史籍之煩文。懼覽者之不一。討論墳典。斷自唐虞以下。後之儒者。皆尊其説。余獨以爲不然。夫古帝王之書果傳於

補上古考信録　卷一　一

胡本書鈔補上古錄卷一第一頁上半頁（格上之十四字爲愚筆所書）

而夷吾所記者十有二焉神農封泰山禪云云炎帝
封泰山禪云云夫十有二家而有神農復有炎帝其
爲二人明甚烏得以炎帝爲神農氏也哉戰國策曰
神農伐補遂黄帝伐涿鹿而擒蚩尤亦列神農於黄
帝前而不云炎帝晋語曰黄帝以姬水成炎帝以姜
水成亦列炎帝於黄帝後而不云神農春秋傳云炎
帝為火師。姜姓其後也。與國語炎帝姜姓之説合。皆
云炎帝。不云神農。孟子書。有許行者為神農之言。並

胡本書鈔補上古錄卷一第九頁上半頁（前六行之文係另板刻印於另紙掩貼此上）

（15）

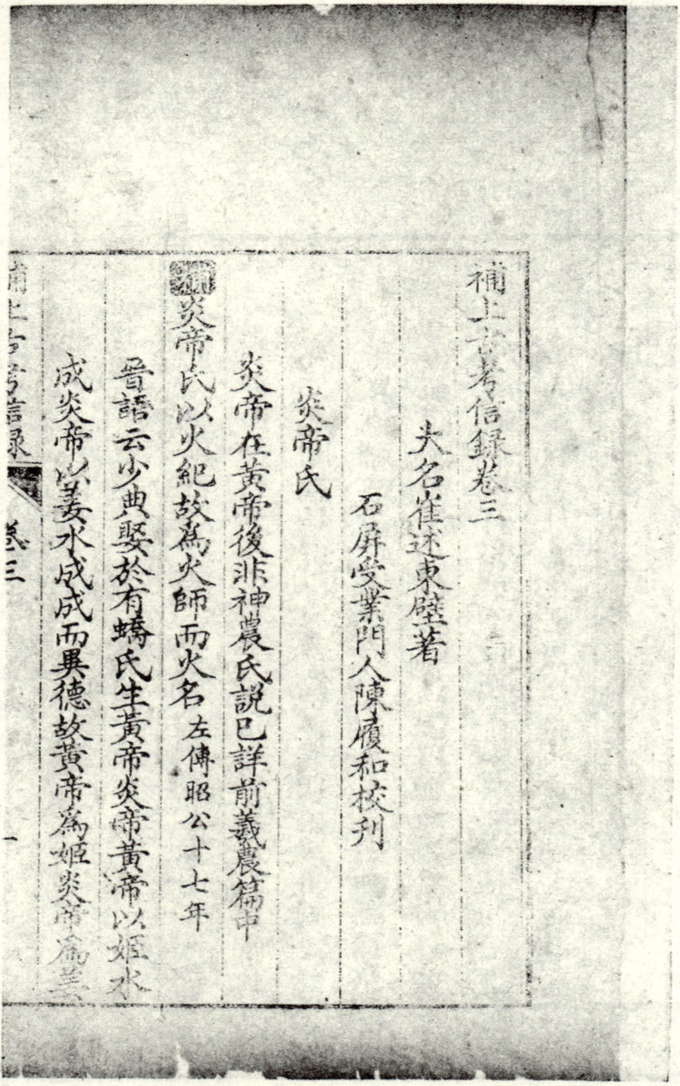
補上古考信錄卷三
大名崔述東壁著
石屏受業門人陳履和校刊
炎帝氏
炎帝在黃帝後非神農氏說已詳前羲農篇中
補炎帝氏以火紀故爲火師而火名 左傳昭公十七年
晉語云少典娶於有蟜氏生黃帝炎帝黃帝以姬水
成炎帝以姜水成成而異德故黃帝爲姬炎帝爲姜
補上古考信錄 卷三 一

胡本書鈔補上古錄卷三第一頁上半頁（此頁爲此錄另板刻印抽換十頁中之一頁）

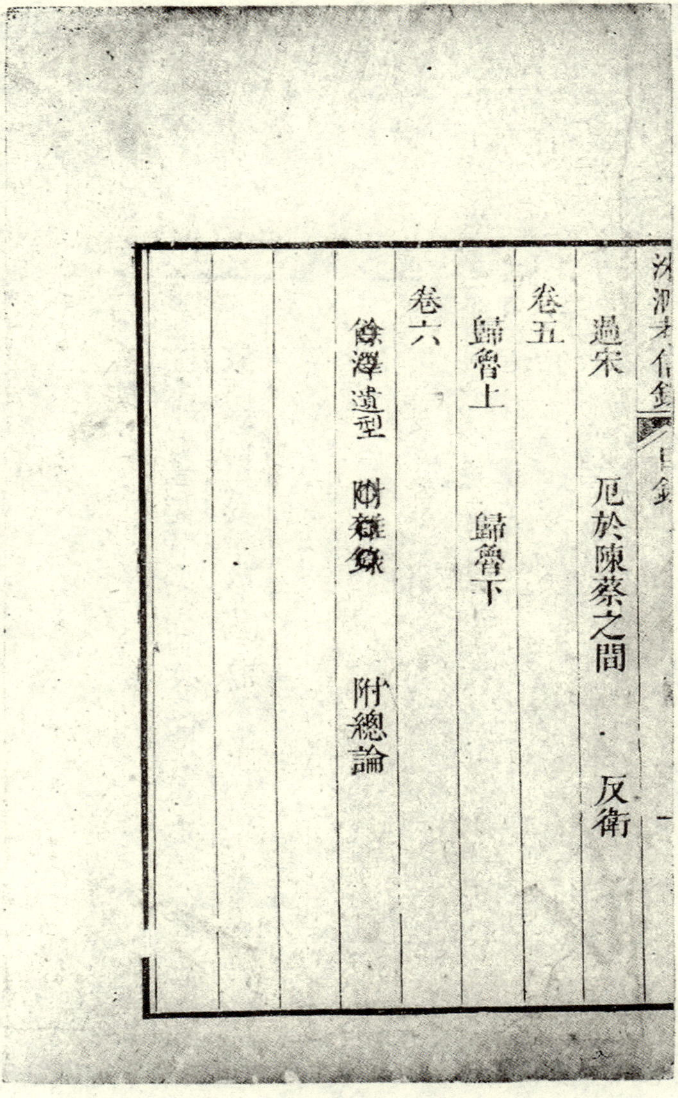
洙泗考信錄　目錄

過宋　厄於陳蔡之間　反衛

卷五

歸魯上　歸魯下

卷六

餘澤遺型　附雜錄　附總論

『餘澤』『附雜錄』上均有硃色紅圈『遺型』二字係墨筆所書

（17）　胡本書鈔洙泗錄目錄下半頁

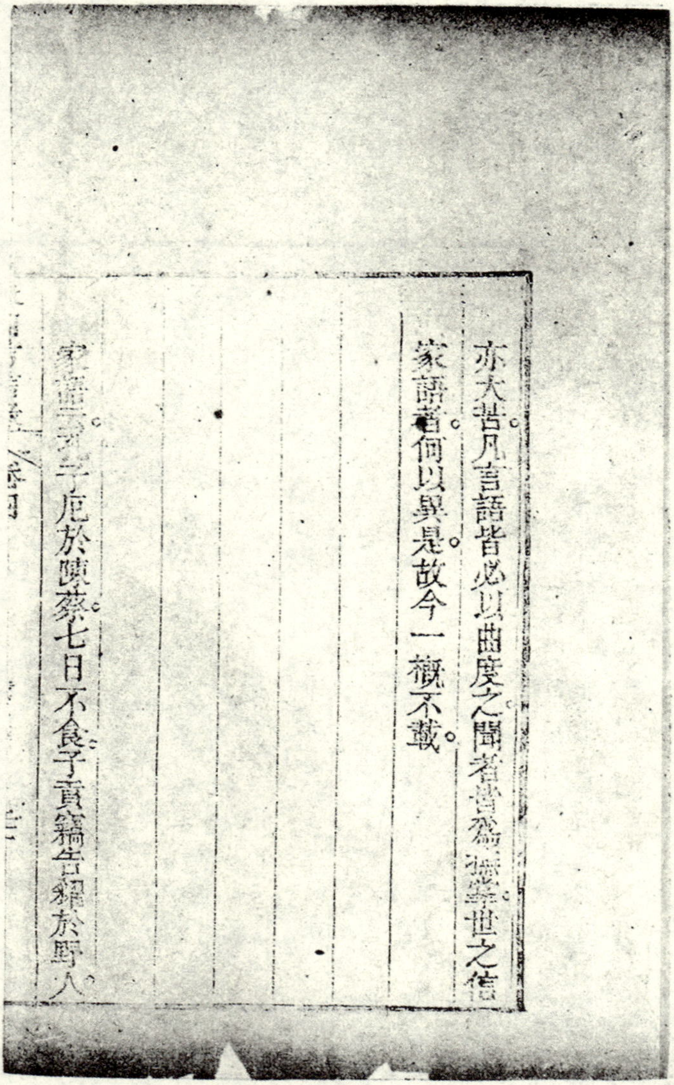
亦大甚。凡言語皆必以曲度之閒者皆爲撫弊世之信
家語者。何以異是。故今一概不載。
家語。孔子厄於陳蔡七日不食子貢竊告糴於野八

胡本書鈔洙泗錄卷四第二十一頁上半頁（此頁係此卷另板刻印抽換兩頁中之一頁）

(18)

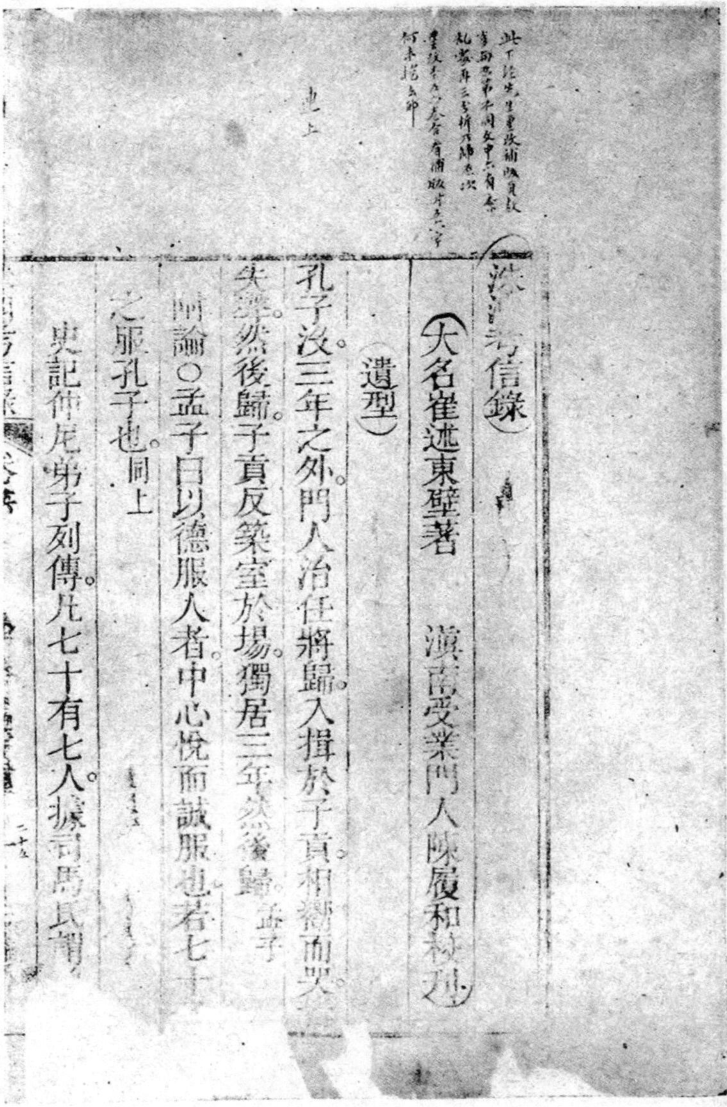

洙泗考信錄

大名崔述東壁著　濮陽受業門人陳履和校刊

遺型

孔子沒。三年之外。門人治任將歸。入揖於子貢。相嚮而哭。皆失聲。然後歸。子貢反築室於場。獨居三年。然後歸。孟子

附論○孟子曰。以德服人者。中心悅而誠服也。若七十子之服孔子也。同上

史記仲尼弟子列傳。凡七十有七人。據司馬氏謂

胡本書鈔洙泗錄卷六第一頁上半頁（此頁係此錄卷五六內另板刻印抽換十頁中之一頁格上之字格中之（　）板心之『五』『二十五』均爲硃筆所加）

(19)

胡本書鈔洙泗錄板心無卷數有硃書『十二』二字之上半頁（此頁之字之行格完全係用墨筆印鈔而成）

餘澤

子謂伯魚曰女爲周南名南矣乎人而不爲周南名南其猶

正牆面而立也與 論語陽貨篇

子曰鯉也死有棺而無槨吾不徒行以爲之槨以吾從大夫

之後不可徒行也 論語先進篇

存疑○陳亢問於伯魚曰子亦有異聞乎對曰未也嘗獨

十二

祭文王。祭於莊公非也。故書之以示譏。曰、禘果以祭文王。則祭於莊公不得謂之禘矣。魯自時祭莊公。春秋何得強名爲禘而譏之。祭天之謂郊。祭山之謂旅〔望〕。今謂其旅〔望〕於天而郊於山。而從而譏之。可乎。趙氏亦自知其說之不合。故又曲爲之解曰。禘於莊公。蓋用禘祭禮物耳。誠如是也。僭則有之矣。遂謂之禘則非也。設使用郊之牲。奏郊之樂。亦遂可謂之郊於莊公乎。然則禘果專以祭文王。春秋必不書曰禘于莊公。

兩『旅』字上之點及旁書之兩『望』字皆墨筆所加

(21)　胡本書鈔禘祀考第二頁下半頁

以爲禘太祖。蓋以文王爲太祖。猶祭法之云祖文王
也。此於說詩雖出揣度。然言禘則固與春秋經傳合。
不以爲禘始祖所自出也。朱子乃云。禘嚳於后稷之
廟而詞無及嚳稷者。恐序者之誤。不知禘原不於嚳。
亦不皆於稷。故詞不及嚳稷。而序以爲禘。非序誤。乃
以禘爲祭始祖所自出者誤也。

長發。大禘也。同上

按此即王制所謂祫禘也。此詩徧述契相土湯。故序

『者』上『祭』上之點及『禘爲』之鈎轉皆墨筆所爲

(22) 胡本書鈔禘祀考第十一頁上半頁

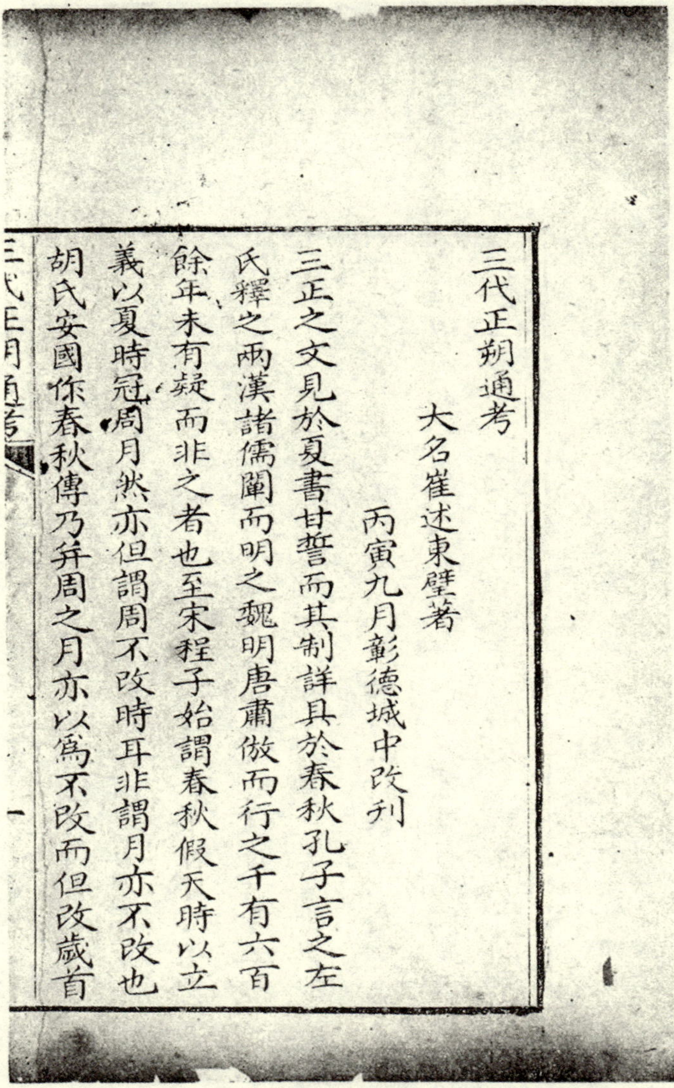
三代正朔通考

大名崔述東壁著

丙寅九月彰德城中改刊

三正之文見於夏書甘誓而其制詳具於春秋孔子言之左氏釋之兩漢諸儒闡而明之魏明唐肅倣而行之千有六百餘年未有疑而非之者也至宋程子始謂春秋假天時以立義以夏時冠周月然亦但謂周不改時耳非謂月亦不改也胡氏安國條春秋傳乃并周之月亦以爲不改而但改歲首

(23) 胡本書鈔正朔考第一頁上半頁

此三十七字，今本删。

始於虞夏其時方用寅正其後遂以相沿猶唐詩之多沿漢魏六朝語也亦可據唐詩以証唐書之誤乎「猶周以歲爲年而詩稱三歲爲婦曰爲改歲歲亦莫止也亦可謂周之紀事仍稱歲而不稱年乎」且純用夏正者惟四月維夏六月徂暑一詩耳其餘則周夏之正義皆可通者較多若豳風則自巳月至亥月用夏正子月至卯月兼采周正而辰月謂之蠶月此蓋當時里巷之語云然後世去古遠而不可考耳猶天津泰安之爲府已數十年而民猶呼之爲天津衞泰安州猶亦

格上之『此三十七字，今本删。』及格中之「　」皆適之先生用硃筆所加

(24)　胡本書鈔正朔考第十一頁下半頁

是書刻既成使人呈於先生先生不許也答以三正禘祀兩考差可自信餘二種尚多應更定者近日胸中別有一部上古考信錄矣先生在羅源三年引疾乞歸大吏方重先生調署上杭而先生歸興益濃惟欲以著書老戊午秋示履和以唐虞考信錄六卷三代經界通考一卷皆二十餘年不輕示人者且言三代考信錄當復貽吾介存唯與介存約毋復以吾未定書輕付梓人乃敢相寄耳先生之心視世之易足而求炫者為何如甚矣履和之淺也嘉慶五年春正月丙辰履

（25） 胡本書鈔第六册末頁之陳履和後跋

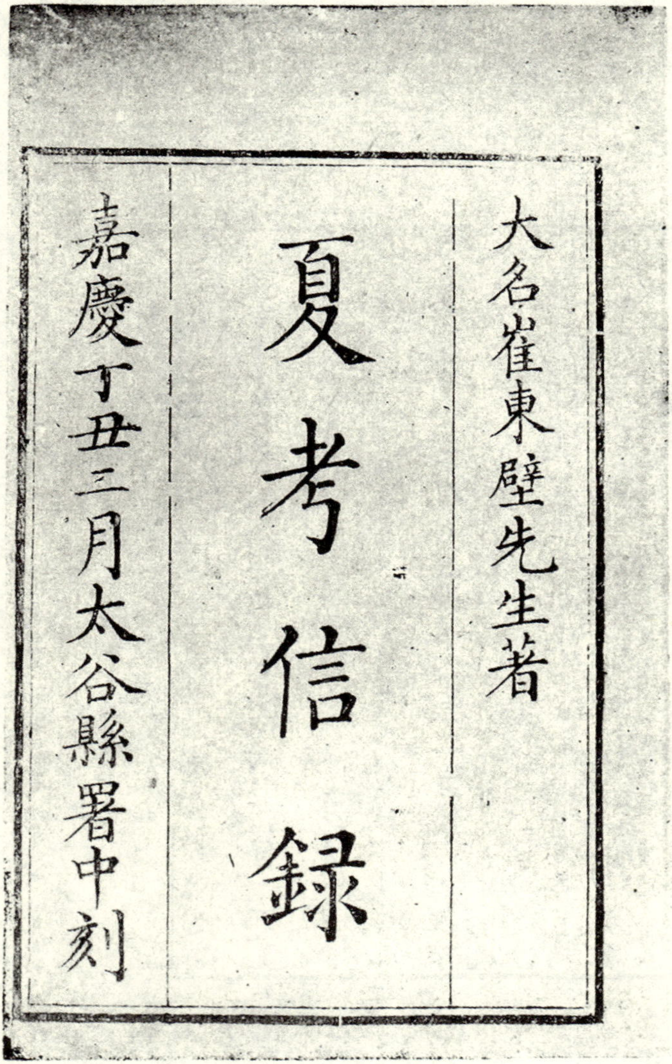
大名崔東壁先生著

夏考信録

嘉慶丁丑三月太谷縣署中刻

嘉慶二十二年太谷刻遺書夏考信錄之書首（在板存金華府學本內）

(26)

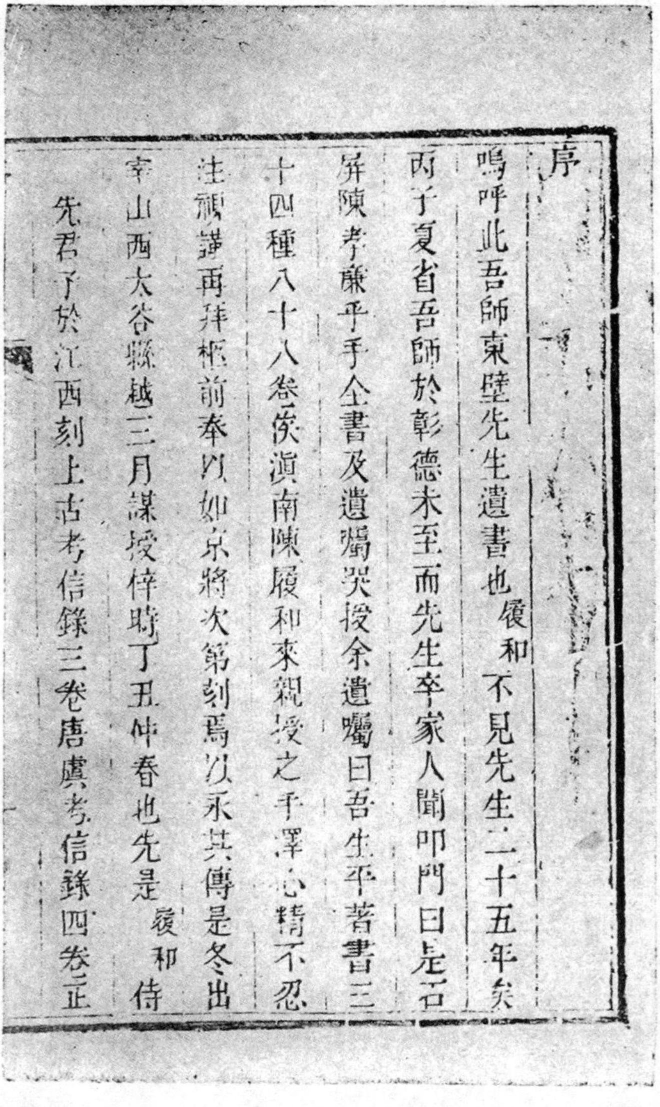

序

嗚呼此吾師東壁先生遺書也履和不見先生二十五年矣丙子夏省吾師於彰德未至而先生卒家人聞叩門曰是石屏陳孝廉乎手全書及遺囑哭授余遺囑曰吾生平著書三十四種八十八卷俟滇南陳履和來親授之手澤心精不忍注視謹再拜柩前奉以如京將次第刻焉以永其傳是冬出宰山西太谷縣越三月謀授梓時丁丑仲春也先是履和侍先君子於江西刻上古考信錄三卷唐虞考信錄四卷正

嘉慶二十二年太谷刻遺書陳履和序第一頁上半頁（在板存金華府學本內）

（27）

嘉慶二十二年太谷刻遺書夏考信錄第一頁上半頁（在板存金華府學本內）

夏考信錄卷之一

大名崔述東壁謹考

受業門人石屏陳履和校刊

禹上

鯀陻洪水汨陳其五行帝乃震怒不畀洪範九疇彝倫攸斁鯀則殛死禹乃嗣興書洪範

大戴記帝繫篇云黃帝產昌意昌意產高陽是為帝顓頊顓頊產鯀鯀產文命是為禹史記夏本紀因之

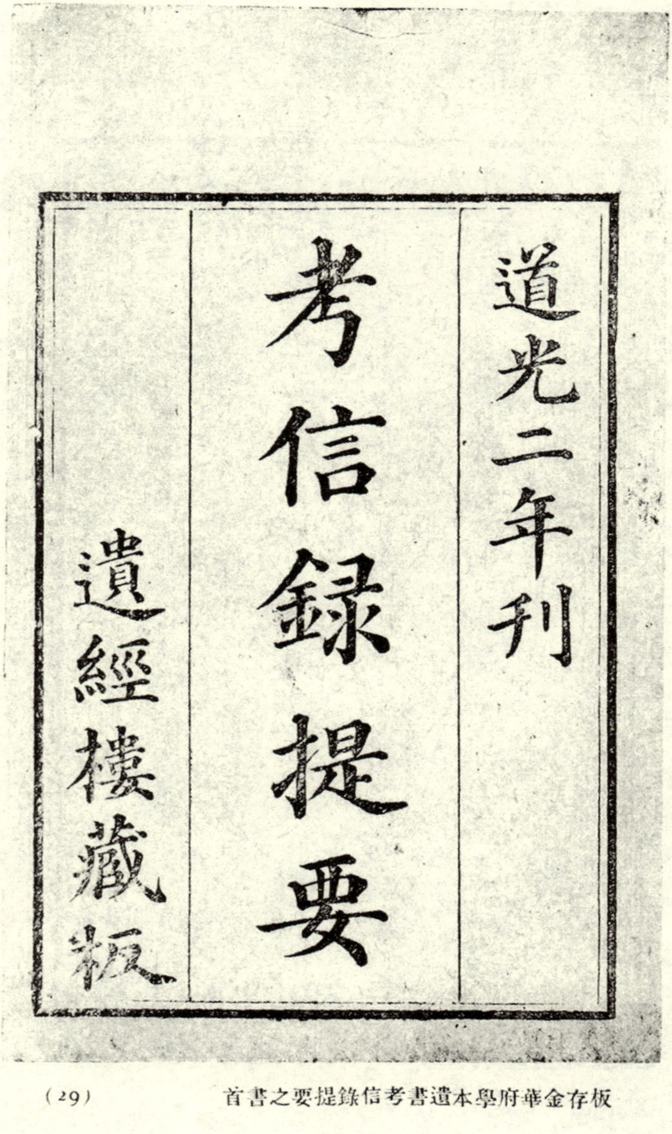
道光二年刊
考信録提要
遺經樓藏板

（29）　板存金華府學本遺書考信錄提要之書首

板存金華府學本遺書汪廷珍考信錄序第一頁上半頁

僕少不慧然於古人之事有疑不能明者必求得其解而後安竊以為聖人人倫之至也後世取則焉而湯武之於桀紂何以倒行逆施如是以臣事君天下之通義也非至無道莫敢越焉而文王之服事何為以至德稱思之不得其解既而觀蘇氏論

(30)

考信錄提要卷上

大名崔述東壁著　石屏門人陳履和校刊

釋例

聖人之道在六經而已矣二帝三王之事備載於詩書（書謂堯典等三十三篇）孔子之言行具於論語文在是即道在是故孔子曰文王既沒文不在茲乎六經以外別無所謂道也顧自秦火以後漢初諸儒傳經者各有師承傳聞異詞不歸於一兼以戰國之世處士橫議說客託言雜然並傳於後而其時書皆

板存金華府學本遺書考信錄提要卷上第一頁上半頁

（31）

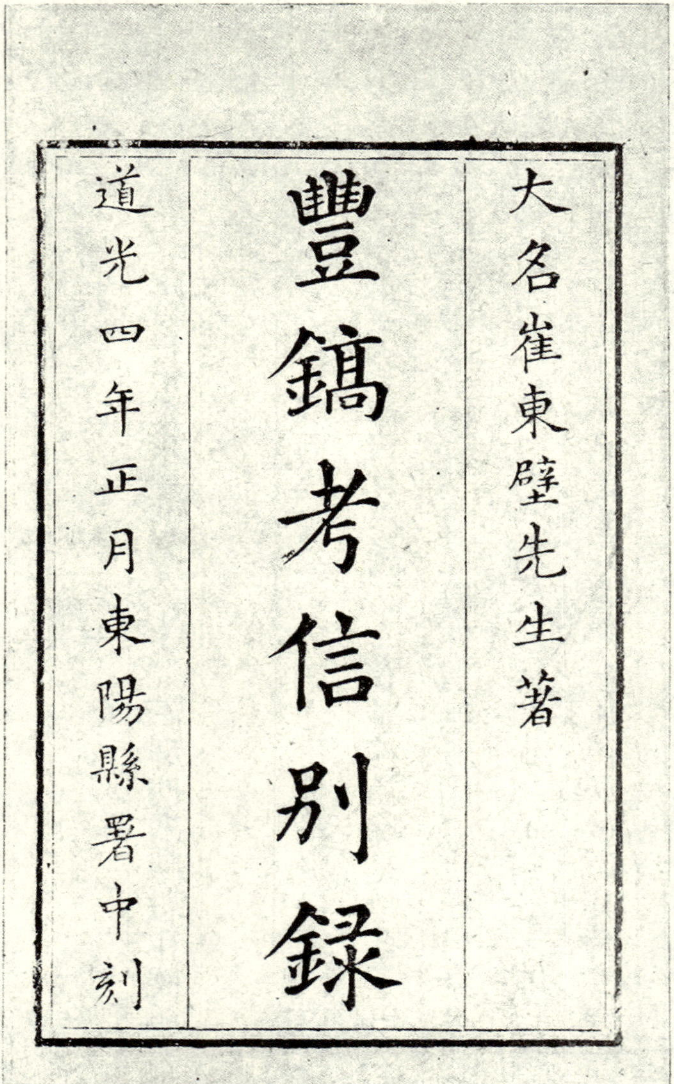

大名崔東壁先生著

豐鎬考信別錄

道光四年正月東陽縣署中刻

道光四年本遺書豐鎬考信別錄之書首（在板存金華府學本內）

板存金華府學本之崔東壁先生遺書，計十九種，五十四卷，三十二册，完全爲陳履和所刻成。內夏商，豐鎬三錄係刻於嘉慶二十二年太谷縣署，第一册之卷首及提要，上古錄，唐虞錄，孟子事實錄則於道光二年在京師所刻，洙泗錄，豐鎬別錄，洙泗餘錄，續說，附錄，三大典考，讀風偶識，尙書辨僞，論語餘說，易卦圖說，五服彙考，無聞集及附刻之遺經樓文稿則皆屬道光四年在東陽縣署中所刻；其爲後人在道光六年所刻以加入者，僅卷首中之楊道生詩，蕭元桂序與一頁遺書書首。　無聞集後之鯤池陳公墓碑銘，既列於無聞集卷四之外矣，而板心猶刻作無聞集卷四者，殆此篇崔氏未及收入集內，履和刻無聞集卷四既畢，始思列入此篇而已不及，又不欲舍之，祇得附於其後，故成此式耳。　每半頁八行，每行二十三字。　板心高營造尺六寸二分，寬四寸二分。　毛太紙印。　國內外存此本者尙多，惟其板則似已久毁於兵燹矣。

敕授文林郎福建羅源縣知縣崔東壁先生行略

石屏受業門人陳履和謹撰

先生姓崔氏諱述字武成號東壁直隸大名府魏縣人乾隆二十二年以漳水屢決入魏城廢魏縣并入大名縣故又為大名縣人先世居大寧衛小興州明初有諱義者以軍功起家世襲指揮使奉詔還保定之新安　國朝順治中諱向化者始遷魏再傳至先生曾祖諱繩麟號段垣以舉人官大城教諭學行載縣志祖諱濂字周溪武學生考諱元森字燦若號闇齋歲貢生周溪公次子也妣李太孺人闇齋先生承段垣公之學精研儒書博綜時務補縣

(33)　寫刻之崔東壁先生行略首頁

壽七十五歲先生為之傳係於詩後二十二年二月伯龍以先生
與孺人之喪歸瘞於故魏縣城南閻齋先生墓下將謁彰德室而
迎先生妻與母居伯龍初以墓志命履和履和不能為亦不及為
也今先生既葬而履和奔喪在塗豈復敢忘哀戚以作文字顧自
念大節在三先生之歿亦履和心喪之年也且表墓事不可緩而
他人無能悉先生志事者乃於湖南舟中取先生事親治民著書
大略見於本集者和淚濡墨次其梗概如右將求海內有道君子
表墓序書以乘永久而先錄一通復伯龍焉嘉慶戊寅二月石屏
受業門人陳履和謹撰

寫刻之崔東壁先生行略末頁 （34）

傳狀目

按東壁先生於考信附錄及考信錄序中自道其遭際者略備。其未刊書中，如文壇憶舊錄，索居尋夢錄，于豳日錄，入閩程途錄，青山歸去錄，青山歸去續說，似皆自敘生活之文字，而七十歲自述一篇，尤爲自敘中之甚重要者。其他若涉世雜談，見聞雜記，所見證所聞，則爲記其耳目之所接觸，亦可備傳狀之選材。惜遺命存篋，陳氏從之，未付剞劂；其後陳氏謝世於東陽，遺稿已不知散失與否，及石屏之廬舍被焚而益不可復問矣。惟陳氏所作行略，多僅存之材料；東壁一生事實之有系統之記載，此一篇而已。遺書既刊布，張維屏讀之，鈎玄提要入其詩人徵略。其後李元度作先正事略，未見東壁遺書，而但見張氏之書，則盡取資焉，爲東壁先生事略。惟於上古考信錄條贅出一人皇，又洙泗考信錄條謂『公山佛肸兩章蓋戰國之士欲自便其私』，『欲』字作『顧』則誤寫也。光緒畿輔通志卷二百四十崔述傳，除摘錄陳作行略外全鈔李文，此兩誤亦因仍未改。今避複出，不更錄。徐世昌畿輔先哲傳固與畿輔志同一藍本，然其前半篇猶能自原書取材，故存之。劉師培覩日本史學會所刊東壁遺書而作崔述傳，亦但節縮陳氏行略以校諸家，其所增益者但考信提要中數條耳。蓋東壁交游不廣，舍本書即無從得其學行事蹟，秉筆者之陳陳相因，固其所也。年來以二餘集知非集之發見，繼以實地之調查，乃有溢出於行略外之史料可得。趙肖甫先生踵成適之先生科學的古史家崔述一文時盡量用之，而後按年隸事可無舛誤，縱事實之失傳者尚多，亦聊可自慰矣。

又按今本遺書，行略之外更無他文。十五年十一月，石屛張春暉先生訪得行略原版，重印以貽予。此版爲嘉慶二十三年所刋，字作眞書體，時歷百年猶未殘蝕，可謂奇遇。取以校遺書本文字，偶有不同，蓋其後略有點改。因請余昌之先生對勘一過，擇其善者從之。越三年，趙肖甫先生又爲作校勘記，附於書末。至劉大紳行略跋，夙所未見，賴此而知之。昔在畿輔詩傳中見所引『劉大紳序』，詫其何不見於遺書；求劉氏寄庵文鈔，又倉卒不可得，蓄疑者久矣。自得此，乃知詩傳誤認行略跋爲遺書序也，爲之大快。今仍附之行略後。日月逾邁，忽經五臘，未悉春暉先生于故里中續有所得否？側身西望，我勞如何！

目

四

民國二十一年二月二十二日，顧頡剛記。

傳狀

勅授文林郎福建羅源縣知縣崔東壁先生行略（本書）

嘉慶二十有一年二月初六日，大名崔東壁先生卒。越五月，其門人石屏陳履和至；奉遺命受書柩前去。越三年乃取先生學行見於本集者撰次之而於著書事尤詳慎，不敢苟也。

先生姓崔氏，諱述，字武承，號東壁，直隸大名府魏縣人。乾隆二十二年，以漳水決入魏城，廢魏縣，幷入大名縣，故又爲大名縣人。先世居大寧衞小興州。明初有諱義者，以軍功起家，世襲指揮使，奉詔遷保定之新安。國朝順治中，諱向化者，始遷魏，再傳至先生曾祖，諱緝麟，號段垣，以舉人官大城教諭，學行冠一時，詳載縣志。祖諱濂

二

字周溪，武學生。考諱元森，字燦若，號闇齋，歲貢生，周溪公次子也。妣李太孺人。闇齋先生承段垣公之學，精研儒書，博綜時務，補縣學生；後五試順天，皆報能，遂閉門敎授，至老不倦。錢塘汪侍講師韓志其墓，以爲北方自蘇門孫徵君宗姚江王氏之學，遠近信從，君獨恪遵紫陽而尤愛玩當湖陸淸獻公之書，躬行以求心得，因推爲「河朔眞儒」云。

先生生平孝友廉介，讀書涉世，欲卓然有所樹立，爲名儒以顯父母。五六歲時，即從父受書。闇齋先生敎之嚴：市井之言，游蕩之行，常不使接於耳目。少長，告之曰，「爾知爾所以名述之故乎？吾少有志於明道經世之學，欲爾成我志耳。」十一歲，應童子試，已爲縣令所賞。十四歲，試於府，太守石屏朱公煐待以國士，擢冠其曹。弟邁亦前列，遂同補弟子員。闇齋先生喜兩子皆可敎，先生益率弟朝夕砥礪，泛覽羣書，巨細不擇。十五歲，太守招至署中讀書晚香堂者數年；詩賦詞章，應制舉業，風發泉湧，見者莫不嘆爲奇才。

家故貧，自丁丑戊寅歲漳決城壞，十月之中四遷其宅。二親嚴冬猶着單衣；無麥食，豆羹而已。辛巳七月，城再沒，一月三徙家。先生屢自郡歸，附舟省視，泛城脊以達；洪波千頃中，仍與弟讀書鄰家空樓，以娛親意。時先生已中庚辰副榜；壬午秋，復與弟同榜中式。乙酉歲，知大名縣秦公學溥爲買室禮賢臺上；室不過數椽，而相傳爲魏文侯處段干木之地；水落臺高，殊宜遠眺，闇齋先生樂之。又見先生學日富，而新娶成氏婦才且賢，炊爨餘閒，佐讀不輟，時復呈詩於翁姑以博歡笑，益怡然忘所苦。

居數年，先生覺百家言多可疑，悔從前泛覽之誤，曰：『此非吾父所謂明道經世之學也！』乃反而求之六經，以考古帝王聖賢行事之實，先儒箋註，必求其語所本而細核之；欲自著一書以正僞書之附會，闢衆說之謬誣；舉子業置不復爲。時先生三十歲也。

辛卯二月，闇齋先生卒，貧無以葬。越三年，始能營新兆於城東南隅，終葬事。庚子三月，以長姊適陳氏者十年未葬，往成安自葬之。六月，子天祐殤。十月，李太孺人卒。明年六月，弟邁卒。壬寅三月，葬母及弟於城南新兆。自闇齋先生卒後，十年之間，疊遭變故，積哀勞病作，幾死者屢矣。母喪既除，痛弟邁篤學而年不永，所恃以成先志者孑然一身，益發憤自勵，始作考信錄。疾病憂患中，奔走衣食又十年，而考古著書弗輟也。

壬子秋，如京師。是時履和留滯都門，下第者再三，負性硜硜，不與人妄通一刺；偶於逆旅中見先生，獲讀上古、洙泗考信錄及正朔、禘祀通考，請師事焉。受業兩月餘，師弟相視如父子。逮十二月，先生還魏，而履和自是不復見先生矣。

先生少有志於功名，讀書時即悉心以究世務，若救荒策、漳水考、漳河利弊策、直隸水道記，皆成於村居授徒，感時觸事之餘；且家貧無以養，故祿仕之念甚切。既數試禮部無所遇，二親又相繼以逝，考信錄亦未成，自分以著書老矣。會吏部截取文至，又念先人嘗望我爲陸清獻，本欲其明道經世也，而四十年讀書論世，數遊四方，嘗艱難，知情僞，亦宜發揮於政事，以自驗其所得，故自奉文後凡四如京師。乃以嘉慶元年正月選福建羅源縣知縣。四月，挈眷行。羅源近海而衙，向稱難治；當淸查後，前官罣吏議者三人。先生治官如治家，不美食，不華服，不優伶宴會，卯起亥休，事皆親理，日與士民接見，書役稟事皆許直入二堂，兼聽並觀，往往談詢移晷，而無敢干以私者，是以包苴自絕，而地方百姓情形無壅蔽，從人胥役俱無所容其奸。聽訟不預設成見，俾兩造證佐各盡其辭，而後徐折之。數年，案無枉者。

初元年七月七日，有寧德縣鹽商之哨丁李枝陳祁等爲鹽梟拒捕者所傷；陳祁落水死。其事起於東冲，屍亦撈獲於東冲。東冲者，霞浦縣地也。寧霞兩邑恐罹處分，則以陳祁等由東冲口捕梟駛入羅源之吉壁村，村人助梟毆祁淹斃具詳，而移羅源拘兇手。是時先生到任，距陳祁死七日矣；鄰邑以爲老書生初來，不習爲吏，且事在前任，或者不極力爭辯，而先生駁詰甚力。二年夏，案猶未決；鄰邑既護前，大吏亦必責羅源捕吉壁人。先生以數十人軀命所關，豈可誣置死地，況兩邑先後移文又時地自相矛盾，乃自爲文據實詳辨，至再至三。理直辭達，兩邑無以復難。然後同官者服先生之明察而練事；顧不知其剖斷疑似，細入毫芒，皆自讀書考信中來也。是時桐城汪公志伊由本省布政陞任巡撫，激濁揚清，吏治肅然，稱州縣廉善者以羅源爲最，飭他縣當效崔令所爲。顧公與某公意見多不合，而三年六月適有黃玉興上控之案。黃玉興者，羅源松山澳漁戶也。自海寇興，武弁欲藉以邀功，兵役欲藉以漁利，漁戶效之，遇商船操下南土音者（閩人以漳泉二府爲下南）則要而索其賄；不與，則報縣審訊。一經詳報，則良民經年羈押，或生意外之虞。黃玉興前獲之廖君端等是也。先生洞悉其弊，無辜之人審明卽釋；往往同官張皇而先生以靜鎭處之。玉興所續獲，訊而釋者又數十人矣。縣有武舉鄭世輝者，効用閩安協，告假回籍，與玉興及其弟玉明約『吾與若火食，得盜勿報縣，徑至閩安，隨我獻功。』由是玉興等出洋，遇三船，獲十三人，掠其物而拷問之，卽駛船南赴閩安；而濂澳口南風急，不得進，反駛入羅源境避風。於是營弁遂上報，而後送先生訊之。訊之，則先獲之兩船六人但因下南音疑之耳。惟後獲一船，鄭世輝到案堅指爲賊者二人：一林孫，不肯受賊染，曾以二年六月牵衆投首於閩安莊協鎮麾下，屢出洋立功，營中詳稟有案；一連元二年十二月莊協鎮巡洋拿獲，經在洋緝捕之烽火營千總楊淡稟係其同鄉良民，釋放有案。此二人者，先生札詢協鎮，復書明白；協鎮復差弁黃捷凱至羅詳白其事。然則此船七八，亦皆未可指爲賊匪也。顧營旣通報，七八者已提省，而先生方欲據實詳釋，世輝等恐不能邀功，反羅罪，而世輝父鄭豪倉房蠹吏也，先生在任，豪不能有所爲，乃主黃玉興訟先生屢次擅釋巨盜。某公怒，飭先生自陳。先生遂以先後各案原委具詳，而副以通稟，有「卑職焉能殺八娼人」之語。某公益怒，欲參之；汪公持不可。是冬，某公去，案乃定。

四年四月，調署上杭縣。地闊訟多，難治倍於羅源；獨關稅向有贏餘，人皆以爲利藪，不料先生拙宦竟得署此也。於是從者皆舞蹈以往。先生至，則關稅所餘數千金悉解充洋面緝匪之費。聞者或議其矯，或哂其愚，不知先生安貧守介數十年，雖多財無所用，且恐虛擁厚貲，將來求歸不得，如某某可鑒也。一切政事如羅源，而勤勞過之；訟漸稀。先是縣中聽訟，營弁必遣兵雜衆中竊聽而刺其陰事，持短長相挾制，故令長必多爲宴會贈遺以要結之。至是竊聽者皆自撤去，文武過從殊少，亦無怨也；而從者大失意。一日至汀州，有以北地菘粥者，先生命盡買之。他日有粥者，又盡買之。諸長隨笑曰『有肉不會喫，要喫白菜絕好。上杭縣被崔老爹做壞矣！』（閩人稱官爲老爹。）

五年十月，回任。將至境，羅源人懸綵頌德，持兩端夾道而迎，大有兒童竹馬之趣。先生雖駕輕就熟，而勤慎之治終始不懈。其清理社穀以甦民困，建風雲雷雨壇及城西石橋，皆前在任時所欲爲而未及者。

所至御書役不惡而嚴，人無敢犯亦無敢欺。百姓犯法，不肯稍事姑息，然以豈弟慈祥爲本，唯恐誤刑一人。而洋面捕盜之案所昭雪全活尤多，雖以此忤大吏弗恤，不止黃玉興數案也。地方儉俗惓惓思有以易之。羅源侈婚嫁而不恥溺女，每歲正月，則飾新婦，聽人入室觀之，過元宵乃止。上杭則元夜端陽爲燈船之戲，男女雜沓，數釀大案。先生力行勸戒，自爲示文，眞意流溢，讀者感悟；而人或以此笑先生之迂。羅源文廟將圮，先生至，即倡修之，集多士訓課講學。嘗爲諸生講孟子好辨章，因及經學之廢興，聖道之明晦，古書之眞僞，舊說之是非，日下昃娓娓不倦。其教上杭士亦然。兩縣之士有見先生書者，然後知先生政事皆經術也。

先生初至閩，見州縣事多掣肘，不能自行其意，有退志，而以代賠前任虧項未淸，難之。兩年後，倉庫無虧，屢求病免；汪公不許。自上杭回任，求益力；汪公益不許。會捐例開，始得以捐主事離任。往辭汪公，公方告病謝客，延先生至榻前，謂曰：『好官難得！吾不能薦汝，吾愧汝！汝去自佳，吾知汝不能逢時也。』是爲六年十月事。

明年春，出仙霞嶺，與成儒人酌酒相賀，蓋自幸全大節，脫險阻，而生平未成之書可以從容脫稿也。魏故無定居：既歸，居大名；又居安陽西山；又遷彰德府城。數値歲荒，典衣而炊，著作自娛，於是十餘年中全書告成。曰考古提要二卷，補上古考信錄二卷，是爲前錄。曰唐虞考信錄四卷，夏考信錄二卷，商考信錄二卷，豐鎬考信錄八卷，洙泗考信錄四卷，是爲正錄。曰豐鎬考信別錄三卷，洙泗考信餘錄三卷，孟子事實錄二卷，考古續說二卷，附錄二卷，是爲後錄。此三十六卷者，考信錄之全篇也。又以生平所著與考信錄相涉者，曰王政三大典考三卷，讀風偶識四卷，尙書辨僞二卷，論語餘說一卷，讀經餘論二卷，爲考信翼錄十二卷。又有五服異同彙考三卷，易卦圖說一卷，與翼錄十二卷皆爲雜箸。而春秋類編四卷，則未成之書也，不入目錄中。文集凡十六卷：無聞集文也，知非集詩也，爲正編。小草集，閩中宦牘偶存稿也，爲別編。細君詩文稿，成孺人作也，荍田賸筆，詩文拾遺及偶存尺牘也，爲附編。志二種，凡四卷：曰桑梓文獻志，曰水木本源志。存篋書三種，凡四卷：曰大怪談，曰桑梓外志，曰涉世雜談。餘編三種，凡六卷，篇皆別存，目亦分載：曰荍田雜錄者，其目五；曰荍田瑣記者，其目七；曰荍田綴語者，其目七。贅編二種，凡六卷，則見聞雜記（又名一消遣法）與知味錄也。大凡先生遺書共三十四種，八十八卷。歸林以後，頗有瑣屑之事偶然涉筆者，然經學世務及勸懲大義亦往往散見於其中，毋論洋洋大篇也。而考信錄一書尤爲五十年精神所專注。其所以著書之故，則提要及自敘盡之矣。

敘略曰，『聖人之道，自唐宋諸儒以來，闡發精詳，固非末學小生所能參其末議，然亦似尚有未盡者。蓋自周道既衰，楊墨並起，欲絀聖人之道以伸其說，往往撰爲禹湯文武孔子之事以誣之而絀之；其游說諸侯者又多嗜利無恥之徒，恐人之譏己也，則僞撰聖賢之事以自解說；其他權謀術數之學欲欺世以取重，亦多託之於古聖人，而眞僞遂並行於世。然當其初，猶各自爲敎而不相雜，至秦漢間，學者往往兼而好之，雜采其書以爲傳記；其後復有讖緯之書繼出，而劉氏向歆父子及鄭康成皆信之，復采其文以釋六經；兼以斷簡殘編，事多缺佚，釋經者强不知以爲知，猜度附會，顚倒訛誤者，蓋亦不少。晉宋以降，復有妄庸之徒僞造古書以攻異己，亦往往采楊墨之言以入尙書家語；學者以爲聖人之經固然，僉莫敢議其失，而異端之說遂公行於天下矣！隋唐以後，學者唯重科目，故咸遵功令，尙排偶，於是詩自毛傳，尙書自僞孔傳，五經自孔氏正義以外，率視以爲無用之物；於前人相沿之訛，皆習以爲固然而不爲意；甚或據漢魏以後之曲解駁周秦以前之舊文。至宋，一二名儒迭出，別撰傳註，始頗抉摘其失；其沿舊說之誤而不覺者尙多不可數；其編纂古史者則又喜陳雜家小說之言以鳴其博：由是聖人之道遂與異說相雜，聖賢之誣遂萬古不能白矣！ 蓋嘗思之，古之異端在儒之外，後世之異端在儒之內：在外者距之排之而已，在內者非疏而剔之不可。 故居今日而欲考唐虞三代之事，是非必折衷於孔孟而眞僞必取信於詩書，然後聖人之眞可見，聖人之道可明也。 子貢曰「文武之道未墜於地，在人賢者識其大者，不賢者識其小者。」 述雖愚陋，萬不能窺測聖人之一二，然自讀書以來，奉先人之敎，不以傳註雜於經，不以諸子百家雜於經傳；久之，始覺傳注所言有不盡合於經者，百家所記往往有與經相背者，然後知聖人之心如天地日月，而後人晦之者多也！ 於是歷考其事，彙而編之：以經爲主，傳註之與經合者則著之，不合者則辨之，而異端小說不經之言則闢其謬而删削之，題曰考信錄。 蓋八年而洙泗考信錄始成；補上古考信錄亦旋脫稿。會至京待選，遇滇南陳履和，悅而抄之。 又數年，唐虞考信錄甫脫稿。 其他尙未訂正成卷，而嘉慶元年，述選得福州之羅源縣，遂不得竟其業。 七年春，北旋，乃得取夏商，豐鎬諸錄從容撰訂，數年而後脫稿。然猶不敢自信，暇中復取新舊諸錄細閱而增改酌定之，又數年而後成。凡爲錄者九，爲卷者三十；加以提要、續說、附錄，共三十有六卷：一生之學問精力略盡於此矣！』嗚呼，先生之自敘云爾，亦可以見窮年著作之苦心矣！

方履和之事先生於京邸也，受書數種。越四年，隨先考於江西之廣豐，與閩接壤，先生又寄以書，皆刻之矣；顧尚非定本。逮先生全書訂定，履和已侍親還滇，南北數千里，相見無期。而先生年已七十餘，膝下未有子嗣。弟子伯龍奉母於魏，不得常常見。外人未有好先生書者；獨成孺人爲閨中老友，盡悉生平著書事耳。甲戌四月，孺人卒，室僅一妾，先生益漠然無所向。自念衰病日甚，乃聚其書爲九函，作遺囑，命妾藏焉，以待履和之至。時乙亥歲九月二十二日也。於是師弟子相念二十有三年矣。明年閏六月，既望，履和至，而先生歿已六月。謹稽首柩前，受遺書。手澤淋漓，不敢注視。居十日，待伯龍商葬事，乃如京謁選。丁丑二月，履和刻先生書於太谷縣，著以三代考信錄先之。　三月，使人詣彰德會葬，則先生喪已歸，綏不及事，履和罪也。　夫古人事師，有左右而就養者矣，有數百里而負笈者矣，有千里而奔喪者矣，有棄官而行服者矣；今皆未能，計唯有早刻全書，公諸天下，以稍盡弟子之職。　迺三代錄甫成，而履和丁母憂南奔。　嗚呼，全書之刻又當在何日耶！

先生服官六年，未得大有所展布。　羅源上杭之治，不知與陸清獻嘉定靈壽何如，要之清風惠澤，視古儒吏無愧。　至其辨僞書，正謬說，以明古帝王聖賢之道者，雖有時與前人舊解若方鑿圓枘之不可入，而證以詩書之文，孔孟之論，則泯然爲一而無復離合之迹，眞不朽之業，天壤間不可少之書也！　老未登第，官又不達，且其持論實不利於場屋科舉，以故人鮮信之；甚有摘其考證最確，辨論最明之事而反用爲詆諆者。　四海之大，百年之久，必有眞知天亦必默相此書，傳之無窮：履和唯有愼守遺編以待其人而已！

先生頎頎，美鬚髯，善談論，往往以諧語箴俗，令人解頤；其著書亦時復如是。　至性肫篤事親能承其志數遭水患遷徙流離，必以仁者之粟養。爲諸生，試於郡，有託闇齋先生之命，欲與先生換卷者，先生曰，『吾父必無是命』，弗應也。兩遭姊喪，皆哀慟致疾，弟卒子女皆先生婚嫁之。成孺人生一子，一女，皆早殤，撫弟子夢熊將以爲子；十五歲又殤，先後娶兩妾，皆無子；而伯龍生子亦屢殤，先生乃命伯龍以一人承兩房宗祀，待其生子以後夢熊。在上杭時手書貽謨篇畀伯龍；歸魏，復書承嗣條例畀之。

生於乾隆五年七月二十九日，卒於嘉慶二十一年二月初六日，壽七十有七歲配成孺人，邠州通判大名成公懷祖女以賢能事先生者五十年。其在羅源上杭，殆不讓朱孺人之佐清獻也。著有爨餘詩文二卷。生於乾隆五年某月某日，卒於嘉慶十九年四月某日，壽七十五歲。先生爲之傳，系於詩後。

二十二年二月，伯龍以先生與孺人之喪歸葬於故魏縣城南闇齋先生墓下，將粥彰德室而迎先生妾與母居。伯龍初以墓志命履和，履和不能爲，亦不及爲也。今先生既葬，而履和奔喪在塗，豈復敢忘哀戚，以作文字！顧自念大節在三先生之歿亦履和心喪之年也，且表墓事不可緩，而他人無能悉先生志事者，乃於湖南舟中展遺書，取先生事親治民，著書大略見於本集者，和淚濡墨，次其梗概如右，將求海內有道君子表墓序書，以垂永久，而先錄一通復伯龍焉。

嘉慶二十三年二月，石屏受業門人陳履和謹撰。

右行略之作，初未知黃玉興誣控之林公後事如何。道光元年，余至都，始知其由行伍積功，累陞至福建金門鎮總兵，皆在先生解組北旋之後。其陞任浙江提督，在二十二年，則先生沒已年餘矣。方先生詳釋案內諸人時，亦但期昭雪其寃而已，他日功績官職豈能逆料，然已爲國家儲一將才。彼必欲誣之者果何心哉！附書於此，以補當日序事之缺。

二年冬十月十有六日，履和識。

附崔東壁先生行略跋

嘉慶二十有三年戊寅四月，寧州劉大紳讀石屏陳海樓撰大名崔東壁先生述行略既竟，而竊嘆先生以北方大儒得一弟子於古梁之南，以書授之而道遂傳於天下，師弟子之遇合固非偶然間事也！ 然竊計海樓之師先生也爲乾隆五十七年壬子，而紳之友海樓也爲乾隆六十年乙卯：海樓之爲先生弟子也四年矣，受書數種矣，海樓曾不一爲紳言之。 使海樓一爲紳言之，則自乙卯以至丙子先生卒之日且二十年，紳雖老且愚，尙能負笈及先生之門，此二十年中豈不當與海樓共爲先生弟子哉！ 將毋海樓私其師而不欲公之於世耶? 抑豈當時有於先生疑之謗之者，故海樓不敢復以語人耶? 不然，則是海樓知紳之老且愚，不足與聞先生之道也。 今雖得讀先生之書，而紳益老且愚矣，是不能無憾於海樓也。

且夫先生之得以書著於世也，則亦有成之者矣。 先生固仕於閩六年矣；使先生不與時齟齬，荏苒不即歸，不數十年死矣，書之成不成未可知也。 幸而先生不媚悅上官，竟全大節，脫險阻，以十餘年家居暇日，肆力於其書，書成而授海樓，以傳終儒林不終循吏也。夫循吏生養敎訓，苦心勞力，遠不過數百里間，久亦不數十年內，湮沒泯滅矣；視儒林何如也？天下往往恨小人敗君子，夫惡知其所成固如此哉！

若夫先生著書之旨，則自敍之言曰『不以傳註雜於經，不以諸子百家雜於傳註；以經爲主，傳註之與經合者著之，不合者辨之，而異端小說不經之言則闢其謬而刪削之』，斯言也盡之矣，可勿贅也。

寧州劉大紳謹跋。

大名崔先生學案（學案小識卷十四經學學案）

唐鑑

先生諱述，號東壁，舉人，官知縣。泛覽羣書，巨細不擇，而一反求之於六經，以考古帝王聖賢行事之實。著有考信錄全書。其門人陳履和述其目錄曰『考古提要二卷，補上古考信錄二卷，是爲前錄。唐虞考信錄四卷，夏考信錄二卷，商考信錄二卷，豐鎬考信錄八卷，洙泗考信錄四卷，是爲正錄。豐鎬考信別錄三卷，洙泗考信餘錄三卷，孟子事實錄二卷，考古續說二卷，附錄二卷，是爲後錄。共三十六卷。又有王政三大典考三卷，讀風偶識四卷，尙書辨僞二卷，論語餘說一卷，讀經餘論二卷，爲考信翼錄十二卷。又有五服異同彙考三卷，易卦圖說一卷，無聞集，知非集正編，（頡剛案，『正編』三字，唐氏誤鈔）小草集。』

先生學主見聞，勇於自信。雖有考證，而從橫軒輊任意而爲者亦復不少。況其間得者又强半爲昔賢所已言乎！

崔東壁先生事略（附陳履和）（先正事略卷三十六）

二〇 李元度

崔先生述，字武承，號東壁，直隸大名人。乾隆二十七年舉人。嘉慶元年，授羅源知縣。武弁多藉海寇邀功，誣商船爲盜；先生屢平反之。於是奸徒控其擅釋巨盜。臺使者故知先生，得免議。四年，調上杭。關稅向贏數千金，先生悉解充緝盜公費。未幾，投劾歸。

著書三十四種，而考信錄一書尤生平心力所專注。

其上古考信錄二卷，謂易傳僅溯至伏羲，春秋傳僅溯至黃帝，不應後人所知反詳於古人。凡緯書所云『十紀』，史記所云天皇、地皇、人皇，皆妄也。謂龍馬負圖出緯書，乃方士之言。謂庖羲非太皞，神農非炎帝；以五行配五帝乃陰陽家言。謂楊墨欲高於儒者，故稱述上古以求加於唐虞三代之上。凡稱引上古，多異端假託之言；不可謂實事。謂上古各君其國，各子其民，有聖人出則天下尊之爲帝，既沒則已焉。自唐虞而後有禪，自夏商而後有繼，不可以後世之事例上古。

其唐虞考信錄四卷，謂舜事統於堯，古但有堯典；今本割『愼徽五典』以下爲舜典，始於齊代姚方興，其謬有三。謂堯非帝嚳子；堯之德能協和萬邦，故天下歸之，非藉父兄之業。謂『歷數在躬』非聖人之言，聖人豈有置人事不言而以歷數爲據，使後世闇干者藉爲口實乎！謂舜以前未有州，舜始設之，故曰『肇十有二州』。其後水患既平，乃併其三而爲九。僞孔傳謂禹別九州之後，舜改爲十二州者，謬。謂舜竄三苗於三危，何以復命禹征之？何以舜之德久不能格，舞干羽而七旬遂格？此僞書采韓詩外傳而增飾之耳。

其夏商考信錄四卷，謂彭蠡別一地，非鄱陽。彭蠡自在江北，爲漢水所匯。鄭樵以『東匯澤爲彭蠡，東爲北江，入於海』十三字爲衍文，固謬；朱子、蔡傳不疑以鄱陽爲彭蠡之誤，而反疑經爲誤，亦非。謂庭堅非皋陶，當是兩人。謂胤征乃僞書。羲和廢職，黜之可也，何必興師！且羲和黨羿，羿必助之，仲康安能征之！至六卿分掌六師，甘誓所記甚明。自周官始言『司馬掌六師』，而僞書周官篇因之；夏時必無是語也。

謂『奡盪舟』非陸地行舟，乃力能搖斟尋之舟而覆之也。謂『玄鳥生商』當從毛傳『春分玄鳥至祈於郊禖而生契』，不當從史記吞鳥卵之說。謂湯誓言『率割夏邑』則知夏之政不行於諸侯；言『夏罪其如台』，則知桀不能囚湯湯固未嘗立桀之朝，爲桀之臣也。謂外丙仲壬當從孟子，不當從僞孔傳削去外丙仲壬兩代；程子胡氏之說皆謬。謂祖甲乃武丁子，非太甲，當從馬鄭。

其豐鎬考信錄八卷，謂夏商周未有號爲某公者：『公亶父』相連成文，猶所謂公劉，公非，公叔類也；『古公亶父』猶言『昔公亶父』也。謂太王流離播遷之不暇，何暇謀商；閟宮詩語夸誕。僖公乞師於楚以伐齊，而此詩反謂『荆舒是懲』則『翦商』一語豈可信以爲實。謂齊魯韓三家皆以關雎爲康王時詩：關雎取與『河洲』，而岐陽距河絕遠；況序但言『后妃』，尚未指爲何王之后，安得據一言而廢三家之說乎！謂周自立國於岐，與商無涉。文王未嘗立於紂之朝；所謂『服事殷』者，不過玉帛皮馬卑禮以奉之耳，非委贄而立於其朝也。謂文王羑里之厄，詩書不言，論語孟子亦不言至易傳始言之，易傳本非孔子所作，是以汲冢周易有陰陽篇而無十翼；卽所云『大難』亦未言爲何難。謂武王牧野以前其事殷之心與文王不異。孔子言『周之德』，周者文武之統稱；況上文所記者武王之言，以爲論武而兼文則可，若以爲專論文而不及武，則上下文不相屬矣。謂僞泰誓云『惟十有三年春，』不書月而反書時，尙書有是文體乎！又云『惟戊午，王次於河朔，』蒙日於時而反無月，不特尙書，卽春秋亦無此文體也。謂周介戎狄之間，乃商政所不及；至寖昌寖大，又商所不能臣。紂與文武原無君臣之分，但爲名號正朔所存；故論文武者但問其實爲紂臣與否，而不必問其伐商不伐商。果君臣也，則曹操雖不篡漢而罪與丕無殊。非君臣也，則武王雖伐商而至德與文王不異。謂『雖有周親』二句承『周有大賚』而言，言周雖有親戚，不敵善人，故大賚之也。上句『周』指武王，下句『周』豈可指紂！謂唐叔乃成王母弟，周公之東也，唐叔實往歸禾，則成王非幼明矣。蓋成王居喪不言，周公以冢宰聽政；後人但聞周公攝政，遂誤以成王爲幼耳。謂管蔡二叔以殷畔，漢以前皆不言霍叔；至晉皇甫謐始稱監殷有管蔡霍三叔，而僞尚書采之。　謂微子之命難於措辭，而語皆通套，其僞尤易明。　謂儀禮非周公之制。　古禮臣拜君於堂下，雖君有命，仍拜畢乃升；今儀禮，君辭之，乃升成拜，是拜上非拜下矣。　古者公之下不得復有公；今儀禮諸侯之臣所謂『諸公』者，是春秋之末大夫僭也。　覲禮，大禮也，聘禮，小禮也；今儀禮聘禮之詳反十倍於覲禮，蓋周衰覲禮缺失而聘禮通行故也。　王穆后崩，太子壽卒，晉叔向曰，『王一歲而有三年之喪二焉』；今儀禮喪服篇爲妻期年：果周公所制之禮，叔向豈有不知，何以所言喪服與儀禮迥異？　且十七篇多係士禮而文繁物奢已如此，然則此書之作當在周末文勝之時，周公所制必不如是。　謂周禮條理詳備，然以爲周公所作亦非也。　書曰，『弼成五服，至於五千，』孟子曰，『海內之地方千里者九；』今周禮封國，諸公方五百里，侯方四百里，伯三百里，子二百里，男百里，天子邦畿之外分九畿，畿每而五百：海內安得如許地而封之畿之耶！　古者建國，必本大而末小；今周禮，天子之地僅四諸公，而諸公之地乃二十五倍於男邦，正賈誼所謂『脛大如腰，指大如股』者，是豈先王之法制乎！孟子『其實皆什一也』，公羊曰『什一者天下之中正也』；今周禮乃云『遠郊二十而三，甸稍縣都皆無過十二』，其非周公之法明矣。孟子曰，『廛無夫里之布』，是正賦之外無課於民者；今周禮使不毛者無職事者出夫里之布，其非周公之法又明矣。古者止有一郊，祭天乃如郊祭地則如社；今周禮云，『祭天南郊祭地北郊』，果爾則周公於洛何以一郊即兼祭天地？且南北郊亦不當同日。春秋書郊凡九，皆但書『郊』；果有南北兩郊，不應混而同之。謂『共和』因周召二相和衷共攝而稱之，以爲共伯和者謬。謂龍漦事荒誕不足信。謂伯夷叔齊無扣馬諫伐紂事。辟紂故餓，餓故思養而歸於周。論語但言『餓於首陽，』不言餓死於首陽。蓋戰國時楊墨橫議，常非堯舜薄湯武以快其私，毀堯則託諸許由，毀禹則託諸子高，毀孔子則託諸老聃，毀武王則託諸伯夷。太史公尊黃老，故好采異端雜說。學者但當信論孟，不當信史記。

其洙泗考信錄四卷，餘錄三卷，謂今論語非孔門論語之原本，亦非漢初魯論之舊本。齊論語章句多於魯論，是齊魯互異也。張禹本授魯論，晚講齊論；後刪而合之，號張侯論；然則今之論語乃張禹所更定也。禹但知媚王氏以保富貴耳，何足以知論語；其不當刪而刪，不當采而采，蓋不少矣。如公山佛肸兩章，蓋戰國之士顧自便其私，故誣聖人以自解，而張禹誤采之。夫佛肸叛乃趙襄子時事，其時孔子已卒矣，何往之有！此誣聖之大者也。謂孔子家語原書已佚，今之家語乃魏晉間人雜取子史中孔子事跡增益而成者。謂孔子事見於異端雜說者人猶不信，至世家及家語載之而人始信之矣。至孔子年譜則又采之世家家語及諸雜說者，其謬尤甚。謂左傳言『孔子相』者，相禮也，非相國也；史記誤以爲相國之相。謂匡爲宋邑，似『畏匡』『過宋』本一事。『匡人其如予何！』『桓魋其如予何！』似一時一事之言，記者小異耳。謂孔子無刪詩書之事。先儒以春秋爲託南面之權，行黜陟之事，其說亦非。蓋春秋所關者天下之治亂，所正者天下之名分，不可仍以諸侯之史目之，故曰『天子之事』耳。春秋得孔子修之，則善不待褒而自見，惡不待貶而自明，大義懔然，功罪昭著，故曰『成春秋而亂臣賊子懼。』謂孔子所謂『一貫，』曾子以爲忠恕，是卽忠恕也。先儒釋之曰『一理渾然，』此渾然者果何物乎？從曾子之言，則學者皆有所持循；從宋儒之言，則聖道反入於虛杳。吾寧從曾子，不敢從宋儒也。謂南容非南宮敬叔，以爲一人，其誤有六語詳本書。謂論語左丘明非作傳之左丘明；作傳之左丘明未嘗親炙孔子：劉歆謂『親見夫子，』無所據。

其論語餘說一卷，謂天下之理皆寓於事，非聞見閱歷不能知，故聖人敎人『多聞，擇善而從之，多見而識之，』曰『我非生而知之者，好古，敏以求之者也，』又曰『以思無益，不如學也。』至宋儒，始好以窮理爲說，以靜坐爲功，以明心見性爲道。然則聖人何爲敎人多聞多見乎？

其孟子事實錄二卷，謂孟子至梁不在惠王三十五年，當在後元十二年，襄陵既敗之後。蓋惠王三十七年始僭稱王，惟既稱王，故孟子稱之曰『王』；惟既敗，故有『喪地』之語。謂後人疑孟子當尊周室，不當勸齊梁行王政，不知周顯王時周已失國，至東周西周君判爲兩國，已降同諸侯；是時民困已極，孟子急欲救民，故勉以王政保民之事。此時而責以尊周，是不識時勢而妄議也。

其三代正朔考一卷，謂孔子修春秋以尊王室，斷無改本朝正朔之理。『王正月』卽周正月也。謂三正並行於侯國，列國自用其歷，聖王不强使從己。故周十二月，卜偃謂之十月；周三月，絳老人謂之正月：可見周用周正，晉自用夏正也。

其三代經界考一卷，謂聖王治天下，惟期安民，必不紛更以擾民。夏貢，殷助，周徹，各因其宜。至諸侯之國，各仍其舊。公劉當夏殷之際而『徹田爲糧』，可知夏殷貢助不盡行於天下也。謂方田法田不盡方而算自方，井田之制亦若是耳。

其禘祀通考一卷，謂禘見於春秋者二：閔二年『吉禘於莊公，』僖八年『禘於太廟，』觀此則太廟羣廟皆有禘祭，非祭始祖所目出之帝也。禘見於左傳者三：昭十五年『將禘於武公，』二十五年『將禘於襄公，』定八年『禘於僖公，』此三事皆禘羣廟，非祭始祖所自出也。禘見於論語者二：所以不欲觀，所以不答或問之故，皆無明文。

禘見於王制，禮運，郊特牲，明堂位，祭統，祭義，皆無祭始祖所自出之說。惟喪服小記及大傳云，『王者禘其祖之所自出以其祖配之』；亦無祭始祖所自出之說。加『始』字於『祖』之上，其誤始於趙匡，謂國語多自相矛盾，不足據；即據國語『禘嚳』之文，亦以其有功而祭，非以其爲始祖所自出而祭也。祭法一篇出於漢儒，蓋襲國語之文，其謬有三。

其讀風偶識四卷，謂齊魯韓毛均出於漢，三家之詩雖亡，然見於漢人引述者有之，與今詩序互異：豈毛詩獨可信而齊魯韓皆不可信耶！謂前人以詩序爲子夏毛公所作，非有實據，而衞宏作詩序則後漢書實有明文。夫申公說詩，疑者不傳，衞宏在後，何以每篇皆能悉其爲某人之事？謂風，雅，南，皆詩之體；江沱汝漢皆在岐周之東，不當言『化自北而南』。

其古文尚書辨僞二卷，謂東漢以後，杜林，賈逵，馬融，鄭康成，傳古文尚書，皆止二十九篇；史記所引尚書皆二十九篇之文，並無今書二十五篇一語。謂後人尊僞書不敢廢者，以『人心道心』數語爲宋以來理學諸儒所宗也。不知『危微』二語出荀子，荀子凡引詩書皆稱『詩云』，『書云』，獨此稱『道經曰「人心之危，道心之微，」』則知荀子所見秦火以前之尙書無『危微』二語也。

先生之學，考据詳明如漢儒，而未嘗墨守舊說而不求其心之安；辨析精微如宋儒，而未嘗空談虛理而不核乎事之實。　山陽汪文端序，稱其書爲古今不可無之書，其功爲世儒不可及之功，其心折如此。

先生卒於嘉慶二十一年，年七十有七。

弟子陳履和，雲南石屏舉人，遇先生於京邸，見考信錄，卽執弟子禮。　先生歿，爲刊其遺書。

崔述傳（附弟邁）（大淸畿輔先哲傳卷二十三，文學傳五）　徐世昌崔述，字武承，號東壁，大名人。乾隆二十七年舉人。嘉慶元年，授羅源知縣。明察詳愼，能以經術飾吏治。武弁有藉海寇邀功，誣商船爲盜者，前後平反凡數十人。姦徒控其擅釋巨盜，巡撫汪志伊故知述者，察其誣，得免議。四年，調上杭。關稅向贏數千金，悉解充緝盜公費。縣中聽訟，營弁必遣兵竊聽，刺其陰事，持短長要賄；述聽決勤明，竊聽者皆愕嗟去。再任羅源。無名之征悉蠲之，民有餘之稅悉解之上。及投劾歸里，囊無一錢，僦居山村隘巷中，飯一盂，蔬一盤，而孜孜嗜古，著書不倦。

嘗謂「古之異端在儒之外，後世之異端在儒之內：在外者拒之排之而已，在內者非疏而剔之不可。余少讀書，見古帝王聖賢之事往往有可疑者。壯歲記錄其事，則向所疑者皆出於傳記，而經文純粹無不可信者。惟尚書中多可疑，論語後五篇亦間有之。後覆加檢閱，則尚書中可疑者皆在二十五篇之內，而三十三篇皆無之，始知齊梁古文之僞。最後考論語源流，始知今所傳者乃漢張禹彙合更定之本，而非漢初諸儒所傳之舊也。至於禮記，原非聖人之經，唐孔穎達強以經目之：余幼即聞其說，無足異者。由是言之，古人之書高下眞僞本不難辨，但人先有成見者多耳。』於是編陳古事，抉摘眞贋，折衷於孔孟；取信於詩書。不以傳注雜於經；不以諸子百家雜於經傳。傳注之與經合者著之，不合者辨之；異說不經之言則闢其謬妄而削除之。

平生著書甚夥，而心力所萃尤專在於考信錄一編。

其議之大者，謂唐虞以前未嘗有繼世爲天子之事，有聖人者出，則天下尊之爲帝，聖人者沒則已耳；又有聖人者出，然後天下又尊之：無所爲繼，亦無所爲禪也。自唐虞而後有禪，自夏殷而後有繼。故孔子曰，『唐虞禪，夏后殷周繼。』齊桓之霸也，僅一世，而晉文之霸也乃十一世：不得以其後之繼霸而遂謂其前之亦繼霸也。晉文襄之霸也，其卿未有世者，間有父子皆爲卿者，初不襲位於其父卒之日；景厲以後，荀林父卒而子庚代之，士會老而子燮繼之，而卿遂爲世；及魯鄭亦然：不得以其後之繼卿而遂謂其初之亦繼卿也。古之天子，亦若是而已。

謂摯非繼嚳，堯非繼摯，堯與摯皆非高辛之子。堯之有天下也，經固嘗言之矣。

經曰，『克明峻德，以親九族，九族既睦，』言堯能明其德以施於同姓，同姓皆歸之，而堯始立家也。姓同，故以族別之。柳子所謂『智而明者所伏必衆，故近者聚而爲羣』是也。經曰，『平章百姓，百姓昭明，』言堯能推其德以漸於異姓，而異姓之長亦各率其九族歸之，而堯始建國也。邦同，故以姓別之。柳子所謂『德又大者，衆羣之長又就而聽命焉，於是有諸侯之列』是也。經曰『協和萬邦，黎民於變時雍，』言堯能推其德以大布於天下，而天下之君亦無不各率其百姓歸之，而堯始爲海內生民主也。柳子所謂『德又大者諸侯之列，方伯連帥之類又就而聽命焉，然後天下會於一』是也。古之天下原無父子相傳之事，有德則人皆歸之。堯之天下果傳之父兄，則堯當世守之；丹朱雖不肖，廢而他立可也，舜雖大聖，相堯之子治天下，如伊尹之於太甲可也：堯安得而授之舜，舜安得而受之堯哉！孟子曰，『子噲不得與人燕，子之不得受燕於子噲，』非獨以子之非其人也，卽令其賢能治燕，而世傳之業亦非子噲所得專。父兄之天下，堯安得而專之哉！乃自秦漢以來，世之論者皆謂堯以天下與舜，舜以天下與禹；於是撰僞古文大禹謨者補綴以實其事。不知堯以天下讓舜，經言之，舜以天下讓禹，經無言之者。蓋自舜崩之後，天下諸侯皆歸於禹，皋陶稷契皆讓於禹，禹辭之不獲而遂受其朝覲，治其訟獄耳。故禹終身不稱帝而稱王，蓋以天下無主，姑稱王以鎮撫之，所謂『天下歸往謂之王』也。不然，堯以帝位授舜而舜帝，舜以帝位授禹，禹何以獨不帝而王也哉？天下者，天之天下也，非天子所得而予奪之者也。堯以洪水未平，生民未安，禮樂亦未興，己不能終其事，故使舜代己治天下。若舜之世，則洪水已平，生民已安，禮樂已興，初無待於人之終其事也。身沒之後，聽天下自歸於有德，舜不必挾天之天下而自授之人以示其恩也。蓋堯之禪舜乃創千古未有之奇，故二帝合爲一書而統名曰堯典。明乎兩帝之猶一代也，不可以此爲例而謂有一天子必復傳之一天子也。晉羊祜欲伐吳，未及而卒，薦杜預以自代；既克吳，不聞薦人以代己也。何者？事未畢而自擇代者，臣之忠也；事已畢而聽君之擇所以代者，臣之分也。必人人自擇夫代者，是臣侵君權也。夫堯舜之事天亦若是而已。且堯之使舜攝政也，在位七十二載，其年已老，而舜年始三十有二，故堯以身後屬之。若禹之年則與舜相近，舜沒甫十年而禹沒矣，舜安知己之必先禹而沒而預以身後之事屬之哉！

謂啓之有天下亦非禹之自傳之也。孟子曰，『天與賢則與賢，天與子則與子。』唐虞以前，天下諸侯皆擇有德者歸之，不惟無傳子者，亦併無傳賢者。獨堯以天下多難，故讓舜而使治之，非慮身後之爭天下而傳之以絕覬覦也。堯之初意原非傳舜，舜亦未嘗以傳禹；禹之不傳人何怪焉！故舜以禹爲相，舜之事畢；禹以益爲相，禹之事亦畢。禹崩之後，天下之歸益歸啓，禹不得過而問之也。天下不歸益，亦不歸啓，而別歸有德之諸侯，禹亦不得過而問之也。後人但見商周以來天子世世相繼，遂以爲禹傳之啓，於是乎有『德衰』之譏。不則以爲禹傳之益而啓奪之，於是乎有『殺益』之謗。不則又以爲禹陽傳之益而陰傳之啓，於是乎有『以啓人爲吏』之誣。即能尊信聖人如韓子者，亦但以爲憂後世之爭，故傳之啓。其說雖不同，其失聖人之眞一也。

且啓繼禹而王，僅一世止耳。太康失國，相居帝丘，夏已降同於諸侯矣；有過之難，厥祀遂殄，適羿浞淫暴，民不歸心，而少康能布德以收夏衆，是以天下復歸之。藉令少康僅屬中材，或雖有茂德而先有聖人者出，滅羿㚖以安天下，則少康不得復中興矣。是故少康之興，禹之所不料也。又幸而杼能帥禹，天下歸於夏者先後四世，其間干天位者皆以惡終，於是天下之人耳濡目染，安於夏政，若天下乃夏之故物者；雖庸主撫之而諸侯皆懲於羿㚖，不敢生心，然後夏遂家天下耳。由是言之，夏之家天下，天也，非禹也。故孟子曰，『莫之爲而爲者，天也；莫之致而致者，命也。』非但禹無家天下之心，縱使有之，而唐虞禪讓之天下，禹亦安能獨取而畀之於子孫，至四百餘年也哉！至有商，繼世而王，已有成迹，又適有伊尹之輔，太甲之自艾，故復循夏故轍。其後甫衰，卽有賢聖之君出而興之，由是家天下六百餘年。至周，遂爲一定之例而不可變。然則三代之家天下，其端萌於啓，其事遂於少康、杼，而其局定於商之賢聖六七君，與禹初無涉也。故論唐虞三代之事，惟孟子得其梗概。孟子之智足以知聖人，又幸生秦火以前，古書未失，得以考而知之也。

謂史記夏本紀有『桀召湯囚之夏臺』之語，儒林傳載黃生與轅固生爭論湯武事，而後之儒者遂以征誅爲湯武病，此皆誤以湯爲桀臣故爾，其實不然。湯誓曰，『夏王率遏衆力率割夏邑，』是桀之政不行於諸侯也。使桀猶爲天下共主，則當云『割萬方，』豈得但云『割夏邑』而已乎！湯誓曰，『今爾有衆女曰「我后不恤我衆，舍我穡事而割正夏，」』使桀與湯有君臣之分，商民何不以大義責之，反但言舍穡之細事乎！商頌曰，『受小球大球，爲下國綴旒，』是湯未伐桀時已受諸侯之朝覲矣。若湯果臣於桀，安得宴然受之？以桀之暴，雖無罪猶囚之，況受諸侯之朝而能容之乎！商頌曰，『韋顧既伐，昆吾夏桀，』是湯未伐桀時已滅數大國矣。若桀果爲天下共主，湯安得擅滅之？桀既力能囚湯，豈有聽其坐大不問，而束手以待其伐己者乎？由詩書之言觀之，則湯與桀之事固不如世所傳云云也。蓋三代封建之制，與後世郡縣法異；夏嘗家天下之始，其事又與商周不同。昔禹有聖德，天下歸之；啓賢，則又歸之。太康失德，民視之猶虞夏之視朱均耳。羿浞迭起，后相遠逃，天下無主已數世矣。少康布德收衆，然後祀夏配天，不失舊物。　當是時，人以繼爲適然，非以繼爲必然也。　孔甲旣衰，諸侯復叛，韋顧昆吾迭起，夏之在天下若一大國然，但一二小弱諸侯畏其威力耳。是以湯之『受球受共伐韋伐顧』安然而無所疑，桀亦聽之而不復怪。　何者？　諸侯本不臣屬於桀也。　桀安能召湯而囚之夏臺哉！　天下者，天之天下，非一姓之天下也，故舜繼堯，禹繼舜，人以爲固然。　適禹有賢子，間兩世而又得少康后杼之孫，天下附於夏者數世，由是遂以傳子爲常；猶齊之伯僅一世而晉之伯遂至數世也。　然一姓子孫不能世皆有德，旣已傳子，又不能復傳之賢，故揖讓之不能不變爲征誅者，天也，聖人之所不能違也。　戰國以後，楊墨竝起，而楊氏之言尤橫，非堯舜，薄湯武，毀孔子，以自張大其說；一變而託於黃老，再變而流爲名法。　習黃老者務以清淨無事爲貴，故以堯舜爲擾民，以湯武爲弒君。　習名法者務以苛刻慘忍先發制人爲强，故謂啓嘗殺益，太甲嘗殺伊尹以保其國，桀嘗釋湯於夏臺，紂嘗釋文王於羑里而卒亡其身。　司馬談受道論於黃公，兼通名法之學，遷踵之而成書，故其中多載異端之說。　然觀轅固生之與黃生爭論，則漢初儒者猶不惑於楊墨，但以景帝諱言放伐之事，是以後此學者莫敢昌言明湯武之受命耳。至魏晉以後，狐媚相仍，遂公然借禪讓之僞，訾征誅之眞；而曲學阿世之徒從而和之。相沿既久，反若爲不刊之論者，良可歎也。曰，然則齊宣何以謂之『臣弒其君』也？曰，齊宣之問亦爲楊氏邪說所誤；春秋傳中賢士大夫曾有一人之爲是言者乎？然其所謂君臣云者，亦但就天子諸侯之名分言之，非以爲食其祿治其事之君臣也。故孟子曰，『殘賊之人謂之一夫；聞誅一夫，未聞弒君也。』但孟子之意在於警人主，故以仁暴大義斷之，未暇詳申其說耳。

謂文王未嘗親立紂朝，北面爲臣。史記殷本紀謂『紂以西伯昌，九侯，鄂侯爲三公；後醢九侯，脯鄂侯。西伯聞之竊歎；崇侯虎知之，告紂，囚西伯羑里。西伯臣閎夭之徒求美女奇物善馬以獻紂，紂乃赦西伯。西伯獻洛西之地，賜弓矢斧鉞，使得征伐，爲西伯。』此妄也。君臣之義，千古之大防也。文王既立紂之朝矣，諸侯叛紂歸文王，文王當拒其歸而討其叛，安得儼然受之！文王生死懸於紂手，紂親見其三分有二，其勢將移商祚而漠然不復問，此在庸主猶或不能，況紂之猜忌暴虐者哉！古者天子之地一圻，列國一同。文王果受紂命爲西伯，伐密伐崇滅之，可也，人臣之義不待自私其地，皆當歸諸天子，安得據之而遷都焉！晉四卿滅范中行氏而分其地，當是時，晉之公室已卑，出公猶欲討之；紂果能制文王之死命，安有聽其坐大而不問者乎！書曰，『予違汝弼；汝無面從，退有後言。』紂脯醢大臣，文王身爲殷相，則當諫；若知紂不可諫，則當去；不言不去而竊歎之，可乎！楚欲戮叔孫豹，樂王鮒求貨於叔孫而爲之請，弗與。晉之執叔孫婼也，申豐以貨如晉，叔孫曰，『見我，』見而不使出。叔孫父子，賢大夫耳，猶不欲貨免，豈文王反以貨免，且以貨得高位乎！文王之事，詩書言之詳矣，與國若虞芮，仇國若崇密，下至昆夷亦得附見；紂果文王之君，不應詩書反無一言及之。況羑里之囚乃文王之大厄，斧鉞之賜，周王業之所自始，較之虞芮之質，崇密之伐，其事尤鉅，尤當鄭重言之，何以反不之及，若文王與紂初不相涉者，而文王之至德又無所容於諱，豈非文王原未嘗立於紂之朝哉！紂囚文王之事始見於春秋傳。傳云，『紂囚文王七年，諸侯皆從之囚紂於是乎懼而歸之，』固已失於誕矣，然初未言文王立於紂之朝也。其後戰國策衍之，始以文王爲紂三公而有竊歎九鄂脯醢之事，然尚未有美女善馬之獻也。尚書大傳再衍之，始謂散宜生閎夭等取善馬怪獸美女大貝以賂紂而後得歸，然亦尚未有弓矢斧鉞之賜也。逮至史記，遂合國策大傳之文而兼載之，復益之以爲西伯專征之語。豈非去聖益遠則其誣亦益多，其說愈傳則其眞亦愈失乎！且春秋傳以爲囚七年，戰國策以爲拘百日，其久暫固已懸殊；尚書大傳以爲在西伯戡耆之後，史記以爲在虞芮質成之前，其先後亦復牴牾；春秋傳以爲諸侯從之而紂歸之，尚書大傳以爲散宜生賂之而紂釋之，其所以得出之故又不一說：學者將何所取信乎？尤可異者，殷本紀以爲竊歎九侯而被囚，周本紀則以爲積善累德而見譖；殷本紀以爲獻洛西而後賜斧鉞，周本紀則以爲賜斧鉞而後獻洛西：此一人之書也，而先後矛盾亦如是，其尚可信以爲實耶！曰，紂，天子也，文王，諸侯也，安得不立其朝而生死懸於其手乎？曰，此後世郡縣之法然耳。古者天子有德則諸侯歸之，無則諸侯去之。故孟子曰，

『武丁朝諸侯，有天下，猶運之掌也。』 然則武丁以前，諸侯固多不朝，天下固不皆商有也。 故商頌曰，『昔有成湯，自彼氐羌，莫敢不來享，莫敢不來王。』 然則成湯以後中衰之世固多有不來享不來王者也。 周介戎狄之閒，去商尤遠，是以太王侵於獯鬻，商之方伯州牧不聞有救之者；事以皮幣珠玉，不聞有責之者；去而遷於岐山，亦不聞有安集之者。 蓋當是時商之號令已不行於河關以西，周自立國於岐，與商固無涉也。

自馮辛至紂六世，商日以衰，而紂又暴，故諸侯叛者益多，特近畿諸侯或服屬之耳。 是以文王滅密則取之，滅崇則取之，商不問，文王亦不讓也；三分有二之國相率歸周，商不以爲罪，文王亦不以爲嫌也。 何者？ 諸侯久已非商之諸侯也，文王自以其德服之，其力取之，於商何與焉！ 由是言之，文王蓋未嘗立商之朝，紂焉得囚之羑里而錫之斧鉞也哉！ 曰，然則論語之『以服事殷，』傳之『帥叛國以事紂，』其皆不足信與？ 曰，孟子曰，『湯事葛，太王事獯鬻，』湯與太王豈嘗臣於葛與獯鬻者哉！ 所謂『服事殷』者，不過玉帛皮馬卑詞厚幣以奉之耳；非必委質立於其朝也。 春秋傳韓厥之言，以喻晉楚也。晉楚敵國而以爲喻，則亦非謂文爲紂臣也。其後晉司馬侯之諫平公，亦以文喻晉而紂喻楚。假令文果嘗委質於紂，則二子之取義爲不倫矣。蓋自滅崇以後，周日以大而亦漸近於商，不能不爲紂之所忌，而文王委曲退讓，不肯與抗，其實紂無如文王何也。

謂文王之不伐紂與武王之不得不伐紂，皆天也。孟子曰，『取之而民不悅，則勿取，文王是也。取之而民悅，則取之，武王是也。』蘇氏以孔子贊堯舜禹爲不足於湯武；又謂『使文王在，必不伐紂，紂不見伐而以考終，或死於亂，殷人立君以事周，君臣之道豈不兩全，而以兵取之而殺之，可乎！』不知文王之時諸侯新服，周化未大行，紂賢臣尚多，其虐亦未甚，故文王可以不伐商。至武王之世，商之賢臣已盡，民困而無所告，爲武王者安能晏然聽其斮首以就死乎！當商之末，諸侯相呑併，西方則崇爲大，東方則奄爲大，中州之地，大河南北，則殷之王畿也。文王起於西陲，故先伐崇與密，至武王而克商，至成王周公而後踐奄；自西而東，化以漸及，先後之勢然也。故曰，『文王之德百年而後崩，猶未洽於天下；武王周公繼之，然後大行，』言其三世相承以共安天下也。但武王適當其中耳，不得遂以此爲聖人之優劣也。　記曰，『仲尼祖述堯舜，憲章文武，』子貢曰，『文武之道未墜於地在人，夫子焉不學，』皆以文武並稱從未有岐而二之者。　是孔子於文武，其尊信無以異也。　且論語，後人之所記，非孔子所自著也。　其論堯舜禹亦僅一見，則聖言之遺者尚多於今也。　據孔子之贊舜禹而遂誣孔子之罪湯武，則孔子嘗稱稷，即可謂之罪契，嘗稱周公，即可謂之罪召公矣。　矣可以取信者，孔孟而已：孔子未嘗斥湯武也，則曲爲之說曰『孔子爲尊者諱，爲親者諱』也；然則孟子不必諱矣，而孟子不惟不斥，且表章之，蘇氏不復能曲爲說，則直曰『孟子之言不可爲訓』而已。　孔子既未嘗言，孟子之言又不可爲訓，則雖欲不入於楊墨，不可得矣！　至所稱『兩全』之術，尤繆。　武王之伐紂，不過欲救民耳，非貪其地而滅之也。　若殷別立賢君，武王又何必强之事己！　且夫力能靖殷，使之不至於亂，而不肯一援手，乃冀幸其自相屠戮而享其利，以脫己之惡名，此豈聖人正大光明之心也哉！　蘇氏之計，皆曹操司馬懿狐媚竊國者之所爲，蓋以利天下之心揣武王，故欲進之以此，而不自知其肝膽之楚越也。至謂紂見殺於武王，則亦承史記之謬；武王豈有是事也哉！張子厚云，『一日之閒天命未絕則爲君臣當日命絕則爲獨夫。諸侯不期而會者八百，武王安得而止之哉！』以此爲武王解，似矣；然天下事未有不以漸者，天命之絕豈在一日！況君臣之分猶天澤之不可更，昨日竭忠貞而奉之，今日稱干戈而加之，可乎！孟津之會，諸侯不期而至，史記文耳，武王未必不告之也。縱果諸侯自來，要亦聞武王之伐商而會之耳。武王早至孟津則諸侯早會，遲至則遲會。如之何其可以一日之閒爲天命去留之界也！天命之去殷，當在文王之世。故書曰，『天乃大命文王，殪戎殷，誕受厥命；』詩文王之篇曰，『周雖舊邦，其命維新。』天命已去而久不肯伐商，是以謂之『至德』。若至孟津之會而後決，則文王之伐密伐崇三分有二，庸得不謂之跋扈乎！凡論周事者，皆爲史記所誤，而以文王爲西伯專征伐爲紂之所賜，故以後世君臣之分斷武王之是非。不知殷衰以來，聖賢之君不作，諸侯固以漸而叛矣；周介戎狄之聞，乃商政所不及，及其寖昌寖大，諸侯歸之，又商所不能臣。自文王之世固已未嘗一日臣於商矣，況武王乎！牧誓曰，『惟四方之多罪逋逃，是崇是長，是信是使，是以爲大夫卿士，俾暴虐于百姓，以奸宄于商邑。』夫曰『于百姓』而不曰『于萬方，』曰『于商邑』而不曰『于下國，』則是紂之號令止行於其畿內之明證也。故凡眞古書之文未有謂桀紂之令行於天下者。惟僞書往往有之。如湯誓及此篇，皆馬鄭相傳之眞古文尙書，其文但曰『率割夏邑，』『奸宄于商邑，』而已。而僞古文尙書之湯誥則曰『夏王滅德作威，以敷虐於爾萬方百姓，』泰誓則曰『殘害於爾萬姓，』曰『毒痛四海。』何者？僞書撰於東晉以後，彼固以漢晉之事例之也。學者苟能分別觀之，則不但古聖人之眞可識，而古書之眞僞亦可辨矣。是故，論文武者但當問其實爲紂臣與否，而不必問其伐商與不伐商。果君臣也，則雖以曹操之不篡漢而罪與丕無殊。果非君臣也，則雖以武王之伐商而至德與文不異。惜乎世之論者皆不折衷於此，信楊墨者則以湯武爲罪人，尊聖人者亦但以天命爲解釋六經之晦，聖人之受誣也久矣！

述痛後世儒者雜採傳記異端小說之言，論聖人之事而無所取裁，故作是書，上下討論，剏言强辨而力以維持聖經爲己任。

嘗論唐虞，謂舜以前未有州，舜始設之，故曰『肇十有二州』。其後水患既平，乃併其三而爲九。僞孔傳謂禹別九州之後，舜改爲十二州者，謬。謂舜竄三苗於三危，何以復命禹征之？何以舜之德久不能格，舞干羽而七旬遂格？此僞書采韓詩外傳而增飾之者。

其論夏商，謂彭蠡別一地，非鄱陽。彭蠡自在江北，爲漢水所匯。鄭樵以『東匯澤爲彭蠡，東爲北江，入於海』十三字爲衍文，固謬；朱子，蔡傳不疑以鄱陽爲彭蠡之誤，而反疑經爲誤，亦非。謂庭堅非臯陶，當是兩人。謂胤征乃僞書。羲和廢職，黜之可也，何必興師！且羲和黨羿，羿必助之，仲康安能征之！至六卿分掌六師，甘誓所記甚明。自周官始言『司馬掌六師，』而僞書周官篇因之；夏時必無是語也。謂『冪盪舟』非陸地行舟，乃力能搖斟尋之舟而覆之也。謂『玄鳥生商』當從毛傳『春分玄鳥至祈於郊禖而生契，』不當從史記吞鳥卵之說。謂外丙仲壬當從孟子，不當從僞孔傳削去外丙仲壬兩代；程子胡氏之說皆謬。謂祖甲乃武丁子，非太甲，當從馬鄭。其論豐鎬，謂夏商周未有號爲某公者；『公亶父』相連成文，猶所謂公劉，公非，公叔類也；『古公亶父』猶言『昔公亶父』也。謂太王流離播遷之不暇，何暇謀商閟宮詩語夸誕，僖公乞師於楚以伐齊，而此詩反謂『荊舒是懲，』則『翦商』一語豈可信以爲實！謂齊魯韓三家皆以關雎爲康王時詩：關雎取與『河洲，』而岐陽距河絕遠，況序但言『后妃，』尙未指爲何王之后，安得據一言而廢三家之說！謂文王羑里之厄，詩書不言，論語孟子亦不言，至易傳始言之，易傳本非孔子所作，是以汲冢周易有陰陽篇而無十翼，卽所云『大難』亦未言爲何難。謂武王牧野以前，其事殷之心與文王不異。孔子言『周之德，』周者，文武之統稱；況上文所記者武王之言，以爲論武而兼文則可，若以爲專論文而不及武，則上下文不相屬矣。謂僞泰誓云『惟十有三年春，』不書月而反書時，尚書無是文體。　又云『惟戊午，王次於河朔，』蒙日於時而反無月，不特尚書，即春秋亦無此文體也。　謂『雖有周親』二句承『周有大賚』而言，言周雖有親戚，不敵善人，故大賚之也。　上句『周』指武王，下句『周』豈可指紂！　謂唐叔乃成王母弟，周公之東也，唐叔實往歸禾，則成王非幼明矣。　蓋成王居喪不言，周公以冢宰聽政；後人但聞周公攝政，遂誤以成王爲幼耳。　謂管蔡二叔以殷畔，漢以前皆不言霍叔；至晉皇甫謐始稱監殷有管蔡霍三叔，而僞尚書采之。　謂儀禮非周公之制。　古禮，臣拜君於堂下，雖君有命，仍拜畢乃升；今儀禮，君辭之，乃升成拜，是拜上，非拜下矣。　古者公之下不得復有公，今儀禮，諸侯之臣所謂『諸公』者，是春秋之末大夫僭也。　覲禮，大禮也，聘禮，小禮也；今儀禮聘禮之詳反十倍於覲禮：蓋周衰覲禮缺失而聘禮通行故也。　王穆后崩，太子壽卒，晉叔向曰，『王一歲而有三年之喪二焉；』今儀禮喪服篇爲妻期年：果周公所制之禮，叔向豈有不知，何以所言喪服與儀禮迥異？　且十七篇多係士禮，而文繁物奢已如此，然則此書之作當在周末文勝之時，周公所制必不如是。 謂周禮條理詳備；然以爲周公所作亦非也。 書曰，『弼成五服，至於五千，』孟子曰，『海內之地方千里者九；』今周禮封國，諸公方五百里，侯方四百里，伯三百里，子二百里，男百里；天子邦畿之外分九畿，畿每面五百；海內安得如許地而封之畿之耶！ 古者建國，必本大而末小；今周禮天子之地僅四諸公，而諸公之地乃二十五倍於男邦，正賈誼所謂『脛大如腰，指大如股，』者，是豈先王之法制乎！ 孟子『其實皆什一也，』公羊曰『什一者天下之中正也；』今周禮乃云，『遠郊二十而三，甸稍縣都皆無過十二，』其非周公之法明矣。 孟子曰，『廛無夫里之布，』是正賦之外無課於民者；今周禮使不毛者無職事者出夫里之布，其非周公之法又明矣。 謂古者止有一郊，祭天乃如郊，祭地則如社；今周禮云『祭天南郊，祭地北郊，』果爾，則周公於洛何以一郊卽兼祭天地？且南北郊亦不當同日。 春秋書郊凡九，皆但書『郊；』果有南北兩郊，不應混而同之。 謂『共和』者因周召二相和衷共擯而稱之，以爲共伯和者謬。 謂龍漦事荒誕不足信。 謂伯夷叔齊無扣馬諫伐紂事。 辟紂故餓，餓故思養而歸於周。論語但言『餓於首陽，』不言餓死於首陽。蓋戰國時楊墨橫議，常非堯舜，薄湯武以快其私：毀堯則託諸許由，毀禹則託諸子高，毀孔子則託諸老聃，毀武王則託諸伯夷。太史公尊黃老，故好采異端雜說。學者但當信論孟，不當信史記。

其論孔孟，謂今論語非孔門論語之原本，亦非漢初魯論之舊本。齊論語章句多於魯論，是齊魯互異也。張禹本授魯論，晚講齊論，後刪而合之，號張侯論；然則今之論語乃張禹所更定也。禹但知媚王氏以保富貴耳，何足以知論語；其不當刪而刪，不當採而採，蓋不少矣。如公山佛肸兩章，蓋戰國之士自便其私，故誣聖人以自解，而張禹誤採之。夫佛肸叛乃趙襄子時事，其時孔子已卒矣，何往之有！此誣聖之大者也。謂孔子家語原書已佚；今之家語乃魏晉人雜取子史中孔子事跡增益而成者。謂孔子事見於異端雜說者人猶不信，至世家及家語載之而人始信之矣。至孔子年譜則又採之世家家語及諸雜說者，其謬尤甚。謂左傳言『孔子相』者，相禮也，非相國也；史記誤以為相國之相。謂匡為宋邑，似『畏匡』『過宋』本一事。『匡人其如予何！』『桓魋其如予何！』似一時一事之言，記者小異耳。謂孔子無删詩書之事。先儒以春秋爲託南面之權，行黜陟之事，其說亦非。蓋春秋所關者天下之治亂，所正者天下之名分，不可仍以諸侯之史目之，故曰『天子之事』耳。春秋得孔子修之，則善不待褒而自見，惡不待貶而自明，大義懔然，功罪昭著，故曰『成春秋而亂臣賊子懼』。謂論語左丘明非作傳之左丘明；作傳之左丘明未嘗親炙孔子；劉歆謂『親見夫子』無所據。謂天下之理皆寓於事，非聞見閱歷不能知，故聖人敎人『多聞，擇善而從之，多見而識之』曰，『我非生而知之者，好古敏以求之者也，』又曰，『以思無益，不如學也。』至宋儒，始好以窮理爲說，以靜坐爲功，以明心見性爲道。然則聖人何爲敎人多聞多見乎？謂孟子至梁，不在惠王三十五年，當在後元十二年襄陵既敗之後。蓋惠王三十七年始僭稱王，惟既稱王，故孟子稱之曰『王』；惟既敗，故有『喪地』之語。謂後人疑孟子當尊周室，不當勸齊梁行王政，不知周顯王時周已失國，至東周西周君判爲兩國，已降同諸侯；是時民困已極，孟子急欲救民，故勉以王政保民之事。此時而責以尊周，是不識時勢而妄議也。

書出，石屏陳履和見之於京師，卽執弟子禮，爲刊之行世。其立言大略畢具於自作提要一書。論者謂述之學考据詳明如漢儒，未嘗墨守舊說而不求其心之安；辨析精微如宋儒，未嘗空談虛理而不核乎事之實。尙書汪廷珍稱其書爲古今不可無之書，其功爲世儒不可及之功，其心折蓋如此。

嘉慶二十一年卒，年七十七。

所著又有王政三大典攷三卷，讀風偶識四卷，論語餘說一卷，尙書辨僞二卷，五服異同彙考三卷，易卦圖說一卷，大名水道考一卷，讀經餘論二卷，桑梓文獻志二卷，水木本源志二卷，荍田雜錄二卷，荍田瑣記二卷，荍田綴語二卷，荍田賸筆二卷，見聞雜記四卷，知味錄二卷，存篋書四卷，知非集三卷，無聞集五卷，小草集五卷。

弟邁，字德皋。幼穎悟，十歲能文。年十二，與兄同補諸生。乾隆二十七年，復同舉於鄉。文名噪一時。性喜博覽，有異書未見，如負刺於背；必求得之然後已。敏於記憶：少嘗與述讀海賦，述未及成誦，而邁已熟之不遺一字。好爲詞賦：擬上林七發諸篇，繽紛陸離，讀者幾不能句。愛倣宋柳耆卿小詞，名其稿曰步柳。三十以後，文益進，潮湧瀾翻，浩浩汨汨，不可涯涘。其究考名人事蹟，必辨其終始同異。著有魏墟雜誌四卷，魏郡瑣談二卷，訥菴筆談一卷，尚友堂說詩一卷，大名文存四冊，大名詩存三冊。自訂其詩曰寸心知集二卷，詞曰夢窗囈語一卷，文集一卷。又有魏郡叢譚，金石遺文記略，雜記凡三種，未成書而卒。

崔述傳（國粹學報第三十四期史篇）

劉師培

崔述，字武承，號東壁，初爲直隸大名府魏縣人；後魏縣廢，併入大名，遂爲大名縣人。父元森，治朱子之學。述幼承父學，父語之曰：『爾知吾名汝之故乎？吾素有志于明道經世，欲爾述吾志耳。』 年十四，即泛覽羣書；里人驚爲奇才。 時漳決城壞，轉徙流連，衣敝糧罄，誦讀不輟。

乾隆壬午，舉於鄉。 及嘉慶初，選授福建羅源縣知縣。 羅源近海而衝，號稱難治。 述既蒞官，卯起亥休，日接士民，從人胥吏無所容奸。 有某弁誣良民爲海盜，述持之急，且投牒大府，謂『卑職焉能殺人媚人，』乃調署上杭縣。 縣饒關稅，官閩者視爲利藪。 及述爲令，以關稅所餘數千金解爲洋面緝匪之用，日食蔬飲粥。 人或笑其迂，自若也。 繼復反任羅源；邑人迎者萬餘人。 乃革弊俗，修文廟，課諸士講學，日昃不遑。 閩人誦爲文翁復生。 然廉介自持，不鶩聲氣，遂以老病乞休。 時桐城汪志伊撫閩，重述爲人，且惜其去，乃語之曰，『好官吾不能薦汝，吾愧汝！ 汝去，吾知汝不能逢時也。』 是爲嘉慶六年事。

述既去閩，乃往來河北，以著述自娛。 先是述覽羣書，篤信宋學；繼覺百家言多可疑，乃反而求之六經，以考古帝王聖賢行事之實。 以爲『周道既衰，楊墨並起，欲紬[illegible]

人之道以伸其說，往往撰爲禹湯文武孔子之事以誣之而絀之；其游說諸侯者又多嗜利無恥之徒，恐人之譏己也，則僞撰聖賢之事以自解說；其他權謀術數之家，欲欺世以取重，亦多託之於古聖人：而眞僞遂並行於世。然當其初，猶各自爲教，而不相雜；至秦漢間，學者往往兼而好之，雜采其書以爲傳記；其後復有讖緯之書繼出，而劉氏向歆父子及鄭康成皆信之，復采其文以釋六經；兼以斷簡殘編，事多缺佚，釋經者强不知以爲：知，猜度附會，顚倒訛誤者蓋亦不少。晉宋以降，復有妄庸之徒僞造古書以攻異己，亦往往采楊墨之言以入尚書家語：學者以爲聖人之經固然，益莫敢議其失，而異端之說遂公行於天下矣！隋唐以後，學者惟重科目，故咸遵功令，尚排偶，於是詩自毛傳，尚書自僞孔傳，五經自孔氏正義以外，率視爲無用之物；於前人相沿之訛，相率以爲固然而不爲意；甚或據漢魏以後之曲解，駁周秦以前之舊文。至宋，一二名儒迭出，別撰傳注，始頗抉摘其失；其沿舊說之誤而不覺者尚多不可數；其編纂古史者則又喜陳雜家小說之言以鳴其博：由是聖人之道遂與異說相雜，聖賢之誣遂萬古不能白矣！蓋嘗思之古之異端在儒之外，後世之異端在儒之中；在外者距之排之而已，在內者非疏而剔之不可。故居今日而欲考唐虞三代之事，是非必折衷於孔孟，而眞僞必取信於詩書，然後聖人之眞可見，而聖人之道亦可明。』

其所著書，有考古提要二卷，上古考信錄二卷，唐虞考信錄四卷，夏商考信錄各二卷，豐鎬考信錄八卷，別錄三卷，洙泗考信錄四卷，餘錄三卷，孟子事實錄二卷，考古續說二卷，附錄二卷，是爲崔氏考信錄。其與考信錄相輔者，別有王政三大典考三卷，讀風偶識四卷，尙書辨僞二卷，論語餘說一卷，讀經餘論二卷，五服異同彙考三卷，易卦圖說一卷，爲翼錄十二卷。惟春秋類編四卷未成。

其自叙考信錄曰，『泝自讀書以來，奉先人之敎，不以傳注雜於經，不以諸子百家雜於經傳。久之始覺傳注所言有不盡合於經者，百家所言往往有與經相背者。於是歷考其事，彙而編之，以經爲主，傳注之與經合者則著之，不合者則辨之，而異端小說不經之言則闢其謬而删削之，題曰考信錄。』

然述書之凡例，咸見於考古提要中。

述之言曰，『漢初傳經各有師承，傳聞異詞，不歸於一；於戰國處士說客之言難於檢覈，流傳既久，學者習熟見聞，不復考其所本，但以爲漢儒近古其言必有所本。近世諸儒類多掇拾陳言，盛談心性，以爲道學，而於唐虞三代之事罕所究心。復參以禪學，自謂明心見性，反以經傳爲膚末。而向來所沿之誤遂莫復過問。而淺學之士，一語一言必據秦漢之書；見有駁其失者，則攘臂而爭。但殉其名，莫窮其實，故舛誤乖刺，罔可詰窮。』

又謂『凡人多所見則少所誤，少所見則多所誤。而凡人之情好以己度人，以今度古，以不肖度聖賢；至於貧富貴賤，南北水陸，通都僻壤，亦莫不互相度：往往徑庭懸隔而其人終不自知。故以戰國秦漢之人言唐虞三代之事，有移甲爲乙者，有以今度古者。加以戰國之時，說客辨士往往借物以寓意，後世以虛言爲實事，篤信不疑。故有古有是語未必有是事者，如列女傳采漆室之女是也。亦有古有是語而相沿失其眞解者，如以羲和日馭爲御車之御是也。　非惟秦漢之書述春秋之事多誤也，即近代之書述近代之事，其誤者亦復甚多。　舉是以推，則古書所紀聖賢之事，其有年世不符者，均不可盡憑。　又非惟漢儒多信戰國策士寓言也，即前人所言本係實事而遞傳遞久，因以致誤。　舉是以推，則古史既亡，若僅據傳記，古人之受誣者豈可勝道。　蓋傳記之文，有傳聞異詞而致誤者，有記憶失眞而致誤者，有兩人分言而不能悉符者，有數人遞傳而失其本意者，又有因傳聞異詞遂誤而兩載者。　後人之書，又往往因前人小失，巧爲曲全，互相附會，以致大謬於事理。　學者不察其致誤之由，遂信其說爲固然，不敢少異，良可嘆也。』

又謂『二帝三王去今甚遠，言語不同，名物各別，且易竹而紙，易篆而隸，遞相傳寫，豈能一一得其眞。　故漢人說經，多出於意度，漢代以後，兼從事於作僞，致帝王聖賢之行事爲異說所淆誣，雖有聰明俊偉之才，亦俯首帖耳，莫敢異詞。　故辨異端於戰國之時易，辨異端於兩漢之世難，辨異端於唐宋之世尤難中之難。　蓋人之信僞也久矣，但震其名而不復察其是非，此考信所由難也。』復謂『經傳之文賢哲之語亦往往過其實。學者惟當求其意旨所在，不必泥詞而害意。況傳雖美不可合於經；記雖美不可齊於經。後世廢經而崇記，故古制雜亂不可考。本末顛倒，於斯而極。』

此皆闡前人未發之隱。

及自述其著書之旨，則謂『古人之學貴精，後人之學貴博，故世益古則取舍益愼，世益晚則采擇益濫。而文人學士又好議論古人是非，而不復考其事之虛實。不知虛實旣明則得失是非昭然不爽。故今爲考信錄，專以辨其虛實爲先務。凡無從考證者，輒以不知置之，寧缺所疑，不敢妄言以惑世。若摘發古人之誤，則必抉其致誤之由，使經傳之文不致終晦。』又曰，『以予所見所聞，其人之僨事者均由含糊輕信不復深問；未有細爲推求而僨事者。』其語均前人所未發。

述卒於嘉慶二十一年，年七十有七。弟子滇南陳履和刻其遺書。

嘗述之著書初成也，自爲諧語以評之曰『薄皮繭。』 蓋北方有諺，於人之科名不遂，僅以舉貢終身與仕宦以州縣畢世者，皆稱薄皮繭。 其意以爲蠶有强弱，繭有厚薄，而人之樹立淺者謂之無成不可，謂之有成又瑣屑不足道，故目爲薄皮繭云。 崔氏既歿，其書不顯。 近歲日人那珂通世復刋其遺書，閱者始稍衆。 崔氏學術之不墮者，其以此夫？

論曰：近世考證學超越前代，其所以成立學派者，則以標例及徵實二端。 標例則取舍極嚴而語無哤雜；徵實則實事求是而力矯虛誣。 大抵漢代以後，爲學之弊有二：一曰逞博，二曰篤信。 逞博則不循規律；篤信則不求眞知。 此學術所由不進也。 自毛奇齡之徒出，學者始悟篤信之非；然以不求眞知之故，流於才辯。 閻若璩之徒漸知從事於徵實，辨別僞眞，折衷一是；惟未能確立科條，故其語多歧出。 若臧琳惠棟之流，嚴於取舍，立例以爲標；然篤信好古，不求眞知，則其弊也。 惟江戴程淩起於徽歙，所著之書均具條理界說，博徵其材，約守其例，而所標之義，所析之詞，必融會貫通以求其審；

縝密嚴栗，略與晳種之科學相同。近儒考證之精，特有此耳。述生乾嘉間，未與江戴程凌相接，而著書義例則殊途同歸。彼以百家之言古者多有可疑，因疑而力求其是。淺識者流僅知其有功於考史；不知考信錄一書自標界說，條理秩然，復援引證佐以爲符驗，於一言一事必鈎稽參互，剖析疑似，以求其眞，使即其例以擴充之，則凡古今載籍均可折衷至當，以去僞而存誠。則述書之功在於範圍謹嚴，而不在於逞奇炫博。雖有通蔽，然較之馬氏繹史固有殊矣。近人於考證之學多斥爲煩蕪；若人人著書若崔述，彼繁蕪之弊又何自而生哉！

傳狀終

THE ORIENTAL BOOK COMPANY

上海亞東圖書館

崔東壁遺書

顧頡剛編訂

錢玄同題

前編

科學的古史家崔述

崔東壁先生故里訪問記

科學的古史家崔述目

年譜目

民國二十三年，甲戌（一九三四）　張文炳尋得鈔本德皋遺書　卒後一一八年

民國二十五年，丙子（一九三六）　顧頡剛標點之東壁遺書出版　卒後一二〇年

科學的古史家崔述

胡適

（一七四〇——一八一六）

『大抵戰國秦漢之書皆難徵信，而其所記上古之事尤多荒謬。然世之士以其流傳日久，往往信以爲實。其中豈無一二之實？然要不可信者居多。乃遂信其千百之必非誣，其亦惑矣！』（崔述考信錄提要上，頁一〇。凡本帙所引崔書頁數，均照亞東圖書館新印顧頡剛先生標點本。）

『今考信錄中，凡其說出於戰國以後者，必詳爲之考其所本，而不敢以見於漢人之書者遂眞以爲三代之事也。』（同上，頁九）

『今爲考信錄，不敢以載於戰國秦漢之書者悉信以爲實事；不敢以東漢魏晉諸儒之所注釋者悉信以爲實言。務皆究其本末，辨其同異，分別其事之虛實

而去取之。雖不爲古人之書諱其誤，亦不至爲古人之書增其誤也。』（同上，頁一八）

『大抵文人學士多好議論古人得失，而不考其事之虛實。余獨謂虛實明而後得失或可不爽。故今爲考信錄，專以辨其虛實爲先務，而論得失者次之。』（同上，頁三四）

西曆一八二四年，當清道光四年，一個雲南石屏州人陳履和，在浙江金華府東陽縣做知縣，把他的老師崔述的一部不朽的遺著（崔東壁先生遺書）刻成。刻成的次年，陳履和遂病死了。他死後『宦囊蕭然，且有負累；一子甫五齡，並無以爲歸計』；幸虧當時署金華府知府的蕭元桂替他設法彌補虧空，把東壁遺書的板本二十箱留存金華府學作爲官物，交發他並且邀集金華府各縣的同官捐助刻資六百兩，方才把陳履和的家眷送回雲南去。（以上據蕭元桂東壁遺書序。）

明年（一九二四），就是東壁遺書刻成的百年紀念了。這一百年中，這部不朽的奇書幾乎沒有人過問。約二十年前（一九〇三——四）日本學者那珂通世把陳履和刻本加上標點排印出來，中國人方才漸漸知道有崔述這個人。崔述的學說，在日本史學界頗發生了不小的影響。近來日本的史學早已超過崔述以經證史的方法，而進入完全科學的時代了。然而中國的史學家，似乎還很少賞識崔述的史學方法的。劉師培在國粹學報第三十四期曾發表一篇崔述傳，頗能指出他的方法的重要；他說：

> 述生乾嘉間，未與江戴程淩相接，而著書義例則殊途同歸。彼以百家之言古者多有可疑，因疑而力求其是。淺識者流僅知其有功于考史，不知考信錄一書自標界說，條理秩然，復援引證佐以爲符驗；于一言一事必鈎稽參互，剖析疑似，以求其眞。使即其例以擴充之，則凡古今載籍均可折衷至當以去僞而存誠。

劉氏之言並非過譽。但此外竟沒有別人作同樣的介紹了。梁啟超的清代學術概論，雖有專論清代史學的一節，但竟不曾提及崔述的名字。

當崔述生時，他自己也知道他的著述在那個漢學統一全國的時代是不合時宜的。陳履和做他的行略時，也說他『老未登第，官又不達，且其持論實不利於場屋科舉，以故人鮮信之。甚有摘其考證最確，辨論最明之事，而反用為詆諆者。』然而崔述却不很介意。他到了晚年，自己編定全集的目錄，並且自己加上一篇短跋（見今陳刻本遺書第一册）；在這跋裏，他很慷慨的告訴我們道：

世之論者皆謂經濟所以顯名於當時，著述所以傳名於後世。余之意竊以為不然。人惟胸有所見，茹之而不能茹，故不得已假紙筆以抒之；猶蠶食葉既老，絲在腹中，欲不吐之而不能耳。名不名，非所計也。

他的考信錄做成之後，他自己作一篇書考信錄後說：

君子當盡其在己。天地生我，父母教我，使天地間有我，而我又幸有此牖隙之明，如之何其可以自安於怠惰而不一言，以負天地而負父母乎？傳與不傳，聽之時命，非我所能預計者矣。

這兩次莊嚴的宣言都可以表示他著作的精神。他自己只是『欲不吐之而不能，』故發爲文章，並不計較他的著作傳與不傳。然而這樣一個偉大的學者，這樣一部偉大的著作，竟被時代埋沒了一百年，究竟不能不算是中國學術界的奇耻！明年到了東壁遺書刻成的百年紀念，若還沒有一篇鄭重的介紹出來，我們就未免太對不住這位新史學的老先鋒了。況且我深信中國新史學應該從崔述做起，用他的考信錄做我們的出發點；然後逐漸謀更向上的進步。崔述在一百多年前就曾宣告『大抵戰國秦漢之書多難徵信，而其所記上古之事尤多荒謬。』我們讀他的書，自然能漸漸相信他所疑的都是該疑；他認爲僞書的都是不可深信的史料：這是中國新史學的最低限度的出發點。從這裏進一步，我們就可問：他所信的是否可信？他掃空了一切傳記讖緯之書，只留下了幾部『經』；但他所信的這幾部『經』就完全無可疑了嗎？萬一我們研究的結果竟把他保留下的幾部「經」也全推翻了，或部分的推翻了，那麼，我們的新史學的古史料又應該從那裏去尋？等到這兩個問題有了科學的解答，那才是中國新史學成立的日子到了。簡單說來，新史學的成立須在超過崔述以後；然而我們要想超過崔述，先須要跟上崔述。

我爲以上種種原因，作這篇崔述的紹介。

一 家世

崔述考信錄做成之後，自己做了兩卷的附錄，詳敍他的家學淵源和少年遇合。家學淵源章的自敘說：

人之登顯位享厚奉也，有崛起於寒微者，有蒙先世之業而得之者。其於學問也亦然。漢王充鄭康成，崛起者也。漢司馬遷班固，晋王隱，唐姚思廉李延壽，則皆蒙業者也。

他自認也屬於蒙業的一類，故他詳敘曾祖崔緝麟和父崔元森的生平。我們初次認識他的著作的時候，看見這樣偉大的一位學者崛起於那學術貧乏的大名府，已很詫異了；後來讀他的行略和他自己替父母做的行述，知道他家十分貧窮，當他十八歲時，漳水把他的故鄉都衝沒了，他的父母每日只吃扁豆充飢，霜降節後還穿單衣，冬夜沒有爐火，他的母親把磚藏在竈中，夜間取出來暖被；這樣貧苦困難的環境裏居然能產生一個崔述，這更可詫異了。然而我們研究他的家世，便可以知道他的學問成就確不是偶然的事，是可以用遺傳和早年教育來幫助解釋的。

崔先世居大寧衛小興州；明初有崔義，以軍功起家，世襲指揮使，奉詔遷居保定之新安。清順治中，有崔向化，始遷於大名之魏縣。向化之子維雅，字大醇，中順治三年的舉人，任濬縣教諭，秩滿，授河南儀封縣知縣，因他治水有功，陞淮安府同知，改開封府南河同知。當順治十七八年（一六六〇——一六六一）的河患，他很有功，康熙元年（一六六二）河決山東曹縣的石香爐村，總督河道朱之錫調維雅去視察，他又有勞績，因此陞寧波府知府。　後來王光裕總督河道，知道崔維雅的才幹，薦他做河南河道按察司副使。　他在河工上屢立大功，王光裕奏上他的勞績，累遷江南按察使，湖南布政使，補廣西布政使，後來內調爲大理寺卿。　他有經濟才，於治水功尤著，著有河防芻議，明刑輯要等書。　他是崔述的高伯祖，東壁遺書稱爲『先布政公』的就是他。

（以上採乾隆五十四年大名縣志卷三十六，頁五；無聞集四，頁一－三）

崔述的高祖名維彥，是向化的小兒子。　維彥生緝麟，是爲崔述的曾祖。　崔緝麟字振侯，康熙戊午（一六七八）副榜，庚午（一六九〇）舉人，選大城縣教諭，兩年後即告病歸家，年八十二卒。　他雖不曾做大官，却也是一個很有才幹德行的人。　他少年時很得他的伯父維雅的器重，跟他宦游，凡維雅的河防民政，都和他商議，靠他的幫助。　李光地巡撫直隸時，漳水氾濫，光地知緝麟熟悉河事，致書訪問他，答書數千言，主張開渠疏水，以洩水勢而興水利，不當專恃隄防。　晚年築園隱居，著書十餘卷。　相傳他住的地方是戰國時段干木的故居，故自號段垣；故東壁遺書中稱他爲『先曾祖段垣公。』魏縣舊志稱他『德行文藝，咸推第一』。崔述撰他的行狀，稱他「獨以文學行誼風流儒雅，照映一時。』（以上據段垣公行狀，考信附錄一，頁三—五）考信附錄一（頁五—六）載有崔緝麟的備廬說一篇，我們摘鈔一部分於此：

戊寅冬（康熙三八，一六九八）築室一間，士爲壁，蘆爲蓋，僅容一几，坐可三人。客有訪者，俯首屈腰而入，見其床無席，寒無火，一茶盞主客遞飲，笑曰『過蕭條矣！盍稍爲備乎？』予曰『子謂我弗備耶？……吾有此室，爲之置經而帝王聖賢備在焉；爲之置史而治亂興廢備在焉；爲之置筆墨，而天地之大，日月星辰之遠，風雨之變，山川之奇，鬼神之異，物類之繁，兵農水火禮樂之事，忠佞賢好之人，歌舞嘯咏之況，無不可由我記載考核，抒寫論斷焉；不可謂之不備。……孟子曰「萬物皆備於我。」此室也亦有皆備之我在，烏可謂之不備？……』

這篇文章頗可以表現崔緝麟的文學和他的人格。

崔緝麟娶趙氏，生子三人。長子名瀚，字春海；次子名濂，字周溪；少子名沂，字魯瞻。崔濂是崔述的祖父，是一個武秀才。崔濂兄弟似乎都沒有什麽可紀念的事蹟，故東壁遺書竟不大提及他祖父一輩。崔濂生二子，元森與元鼎。瀚與沂皆無子。元森即是崔述之父，後來過繼爲崔瀚後嗣。

崔元森字燦若，自號闇齋。他少時跟祖父緝麟讀書，很得他的影響。十七歲時，受作文法於泰安趙國麟（後爲大學士，是當日的一位時文大家）；那年就進了學。崔述作先府君行述，說他讀書的情形如下：

自理學及經世致用書，靡不究覽。每夜閉門後，必移燈榻側，擁衣坐被中看書，至倦極乃眠，以爲常。値家貧無燈，則讀書月下，或焚殘香，逐字映而讀之。遇佳書，即無錢，必典衣以買。人見其書非世所恆習而不切於用也，皆笑之，亦不顧。（無聞集四，頁六）

他在雍正丙午至乾隆丙辰之間（一七二六——一七三六），曾考過五次順天鄉試，皆不中。以後他就絕意仕進，不再應科舉了。他生於康熙四十八年（一七〇九），死於乾隆三十六年（一七七一），享年六十三歲。

他的事蹟和教育的方法，我們暫留作下文崔述年譜的材料。現在我們單說他的學問的要點。錢塘汪師韓（字抒懷，號上湖，雍正間進士，官編修，有上湖分類文編）作他的墓誌銘（考信附錄一，頁九——一一）說：

君爲學嚴儒釋之分。北方自蘇門孫徵君（孫奇逢，生一五八五，死一六七五，爲北方大儒）宗姚江王氏之學，遠近信從。君獨恪遵紫陽（朱熹），而尤愛玩當湖陸清獻公之書（陸隴其，生一六三〇，死一六九三，有三魚堂全集，四書講義，困勉錄，問學錄等），躬行以求心得。

崔述先府君行述也說他教門人，

雖授以舉業，必爲辨別人品之高下，學術之邪正，儒禪朱陸之所以同異。尤闢陽明所論良知之失，謂爲學必由致知力行，博文約禮而入。薛（薛瑄，一三九二一四六四），胡（胡居仁，一四三四—一四八四）王（王守仁，一四七二—一五二八），陳（陳獻章，一四二八—一五〇〇）必不可以並稱。

於經則搆自明以來諸家詮解，盈架上。毫釐之疑，必為諸生詳辨之。務求聖人之意，不拘守時俗所訓釋。……讀書之暇則取諸衞道書，為門人及述等解說。神異巫覡不經之事，必為指析其謬。而陸清獻公三魚堂文集，尤愛玩不忍去手。

這裏說崔元森的學派的性質是很可注意的。他屬於朱熹的一派，而不滿意於王守仁的良知說。他主張學問不是從良知來的，是從『致知力行，博文約禮』進來的，他雖是北方人，却不很贊成當日盛行北方的孫奇逢一派；他信服的人倒是那南方代表朱學的陸隴其。他是宋學中的朱學；他的兒子崔述也是宋學中的朱學。

崔元森娶同縣監生李九經之季女，生子三人：長燡庭，年十一而殤；次即述；又次為邁。

李氏之先世自山西襄垣遷於魏縣；這一支李氏最著名的有明末的李養正，官至刑部尚書，崇禎三年（一六三〇）卒於家。（大名縣志卷三十四）李孺人曾教她的兒子讀大學中庸，可見她是讀過書的。她的教育法也附見於崔述年譜中。

我們總結以上的材料，作一個世系表：

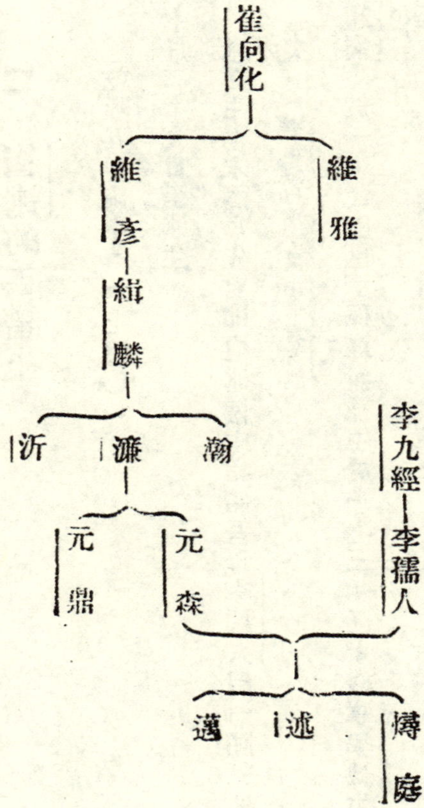

二　崔述的年譜上

乾隆五年，庚申（一七四〇）

七月二十九日，崔述生。

述之生也，未彌月，先君即抱述懷中，指謂吾母李孺人曰：『願兒他日爲理學，足矣。』（考信錄自序；又先府君行述）

趙翼生於一七二七，已十四歲；姚鼐生於一七三一，已十歲；章學誠生於一七三八，已三歲。

乾隆六年，辛酉（一七四一）

二歲。是年惠士奇死。

乾隆八年癸亥（一七四三）

四歲，弟邁生。

甫解語先君即教述識字；四歲即教之讀書，未嘗令與羣兒戲；蒲博管絃，鬬鷄獵犬之事未嘗令一涉於耳目也。（自序；參先府君行述）

自述解語後即教之識字；遇門聯扁額之屬，必指示之；或携至藥肆，即令識藥題，務使分別四聲。字義淺顯者即略爲詮釋。識字稍多，則令讀三字訓若神童詩；隨讀隨爲講說。以故，述授書時已識之字多，未識之字少；亦頗略解其義，不以誦讀爲苦。即先君有事，或不暇授書，述亦能擇取其淺顯者自讀之（考信附錄一，頁一二）

先君教述自解語後，即教以日數官名之屬。（同上，頁一四）

述自能行後先君多以自隨，不使與羣兒戲。先孺人亦然。（同上，頁一五）

是年邵晉涵生戚學標生於去年(一七四二),已二歲。

乾隆九年甲子(一七四四)

五歲。伯祖崔瀚死。(先府君行述)

述五歲,始授論語。每一字旁,先君必硃書平上去入字,不使誤於方音。每授若干,必限令讀百徧,以百錢置書左,而遞傳之右。無論若干徧能成誦,非足百徧,不得止也。既足,則令少憩,然後再授如前。(附錄一,頁一二)

是年汪中生,錢坫生,王念孫生,任啟運死。

乾隆十年乙丑(一七四五)

六歲。父元森奉父命出嗣爲崔瀚後。

論語既畢,繼以孟子,小學。每日不過一生書,一温書,不令多讀,恐心不專故也。

惟大學中庸乃先孺人於黃昏時口授述而成誦者，大約亦在五六歲時也。小學乃日用躬行之要，而文義亦易解，宜於初學。以故述自居家以至作吏，皆不敢有蹉跌，以有先入之言爲主故也。（附錄一，頁一一——一二）

乾隆十一年至十八年，丙寅至癸酉（一七四六——一七五三）七歲至十四歲。繼續受家庭教育，我們仍引他自己的話來敘述這一個極重要的時期：

南方人初讀論孟，即合朱子集註讀之；讀大學中庸章句，亦然。北方人則俟四書本文皆成誦後，再讀經一二種，然後讀四書註；而讀註時，亦連本文合而讀之。先君教述讀註，皆不然。經，文雖已久熟，仍令先讀五十徧，然後經註合讀，亦五十徧。於溫註時，亦然。先君謂讀註當連經文，固也；讀經則不可以連註讀。讀經文而連註讀之，則經之文義爲註所間隔，而章法不明，脈絡次第多忽

而不之覺。故必令別讀也。（附錄一，頁一三）

這一段是極有關係的。崔述在他處也詳叙這個讀經的方法。考信錄自序云：

先君教人治經不使先觀傳註；必先取經文熟讀潛玩以求聖人之意俟稍稍能解，然後讀傳註以證之。

這個方法是崔述一生最得力的方法。這個法子實在是從朱熹得來的。朱熹論讀詩經的方法道：

今欲觀詩不若且置小序及舊說，只將元詩虛心熟讀，徐徐玩味；候髣髴見個詩人本意，却從此推尋將去方有感發。如人拾得一篇無題目詩再三熟看，亦須辨得出來；若被舊說一局局定，便看不出。（朱子全書三十五，頁一五）

崔述的考信錄的基礎，便建築在這個方法上，所以他的自序又說：

自讀書以來，奉先人之教不以傳注雜於經，不以諸子百家雜於經傳。久之，而始覺傳注所言有不盡合於經者；百家所記往往有與經相悖者。

這個方法雖然也有過任主觀的危險，但大可以醫盲從古人和墨守舊說的毛病，崔述自敍他少時讀詩經的經驗如下：

余家舊藏有讀風臆評一册，刻本甚楷而精；但有經文，不載傳注；其圈與批，則別有硃印套板。 余年八九歲時，見而悅之。 會先大人有事，不暇授余書，乃取此册，携向空屋中讀之。 雖不甚解其義，而頗愛其抑揚宛轉，若深有趣味者。 久之，遂皆成誦。 至十歲後，始閱朱子詩傳，亦不知何爲『詩柄』。 又數年，始見詩序，亦不知其可寶貴者何在。 以故余於國風，惟知體會經文，卽詞以求其意，如讀唐宋人詩然者；了然絕無新舊漢宋之念存於胸中。 惟合於詩意者則從之，不合者則違之（讀風偶識）

這裏他用的方法與上文說的正相同。

他讀易也是如此的。

易自朱子始復古本之舊。 至明，復用今本刻朱子本義，坊間遂無復鬻古本者。

先君乃遵古本手自鈔錄，俾述讀之。

他讀尚書似乎很晚他在他的古文尚書辨僞裏說他十三歲始讀尚書。以下引的材料雜論崔述的家庭教育的其他方面：

先君課述兄弟讀書務令極熟每舉前人『書讀千徧其義自見』之語以勗之。十餘歲時，每夕侍寢，必令背誦舊所讀書若文。 旦醒後，亦如是；從行道中，亦然。今人讀書惟重舉業；自四書講章時文外，他書悉所不問。 先君教述，自解語後，即教以日數官名之屬；授書後，卽教以歷代傳國之次，郡縣山川之名。 凡事之有益於學問者，無不耳提而面命之。 開講後，則教以儒禪之所以分，朱陸之所以異。 凡諸衛道之書，必詳爲之講說。 神異巫覡不經之事，皆爲指析其謬。以故述自成童以來，閱諸經史百家之書，不至『河漢而無極』。先君教述兄弟，從不令閱時下講章；惟卽本文朱註細爲剖析。 有疑義，則取諸家論辨之書，別其是非得失而折衷之。 若陸稼書先生之大全困勉錄，松陽講義，尤所愛玩，不時爲述講授者。

先君教述爲舉業必令先自化（成化）治（弘治）名家入手；以秦安趙相國（趙國麟）所著制義綱目及所選文統類編爲金針，使之文從字順，章法井然，合於聖人語氣，然後使讀嘉（嘉靖）隆（隆慶）以後之文。每曰，『作文只是發揮聖賢道理；此外別無巧法。』於天（天啟）崇（崇禎）諸家內有議論精卓，切於世事者，尤所深賞，使述熟讀而效法之；不令其揣摩風氣，敷衍墨調也。（以上均見附錄一，頁一三——一五）

他的父親的教育方法，很有令今人驚歎佩服之點。如下引的一段，竟是很新的教育法：

先君教述兄弟雖嚴，然不禁其游覽。幼時，不過旬月，即攜之登城（城在宅後，故附觀城外水渺茫無際，不覺心爲之曠。外城上禮賢迓旭兩臺，亦往往攜之登眺，蓋恐其心滯而不靈故也。其後述每遇佳山水，輒覺神識開朗，詩文加進，

知幼時得力於景物者多也。（同上，頁一五）

有這種慈愛的美感夾在裏面便使人不覺得這種家庭教育的嚴肅可畏了。崔述自己常常稱道他父母的慈愛如云：

> 述上有一兄年十一而殤先君愛之甚。故述之生也鍾愛莫與比。行坐多自提抱之。飲食居處，無刻不縈於心。有疾，則顧復撫摩，殊不自惜也。然雖愛之而未嘗縱之；惟愛之愈不肯縱之。幼時，兩餐皆為之限，非食時，雖饑，不敢擅食。市中所鬻餅餌，從不為買食之。衣取足以禦寒，不令華美。有過輒督責之，不少貸。（附錄一，頁一六）

他的母親李孺人也是一個很了不得的婦人。崔述說：

> 先孺人最慈愛子女。述幼時，在家中讀書，常令之服手足之勞。或讀於外塾，歸家後，亦必令之少事奔走，恐其坐多而血氣滯，身弱易病也。北方晝長，盛夏未有不假寐者。述每自塾午歸，母即按之床上令睡；飯熟，乃喚之起，恐其飯後

吨睡，致停飲食也。（附錄一，頁一五—一六）

述幼而羸弱，見者皆以余爲不壽。使非吾父吾母調護周備，斷不能至三十以後。猶記十四五歲時嘗得腹疾，先孺人百方爲之營救，竟以漸愈。（同上，頁一六）

我們看約翰彌兒（John Stuart Mill）的自傳，知道他的兒童時代和少年時代受他父親詹姆彌兒（James Mill）的家庭教育的影響最大。詹姆彌兒的成績雖遠不如他兒子那樣偉大，然而沒有那樣的一個父親也決沒有那樣的一個兒子。崔元森碌碌一生，沒有一點著作傳下來；然而他的兒子就是他一生絕大的作品。他對於他的兒子抱有無窮希望。崔述少年時，他父親曾對他說：

爾知所以名述之故乎？吾少有志於明道經世之學，欲爾成我志耳。爾若能然，則吾子也。（序目，頁二七，自序）

以此推測，他的第二個兒子名邁，有超越的意思，當然也是他的期望的表示。崔邁天才更高，可惜三十九歲就死了，不能有大成就。

九歲時，祖父濂死。（先府君行述）　十一歲時，叔祖沂死。（同上）

這七年之中同時名人的生死有可記者如下：七歲（一七四六），洪亮吉生；十歲（一七四九），方苞死；十三歲（一七五二），孔廣森生；十四歲（一七五三），孫星衍生。

乾隆十九年，甲戌（一七五四）

十五歲　與弟邁（年十二）同至大名府應童子試。時雲南石屏州人朱煐（字臨川，雍正甲辰進士）做大名知府，『見而奇之，命坐於大堂煖閣之側。文既成，召入內署晚香堂後池上，侍坐良久。復命入內室見呂恭人，各賜以荷包銀錠一；且命設食，使子士琬具賓主之禮。食畢已夜，以府堂燭籠送歸寓。』榜發，崔述名第一。至秋，兄弟同入學。（附錄一，頁二三）

是年吳敬梓（儒林外史作者）死。

十六歲。乾隆二十年，乙亥（一七五五）知府朱煐召崔述到府衙內晚香堂讀書，和他的兒子士琬等同學。初延安慶張前讚爲師，繼延歸德李桓，李桓去後，朱煐自教他們。（附錄一，頁二三）

是年全祖望死。

十七歲。乾隆二十一年，丙子（一七五六）在朱煐衙內讀書。

十八歲，乾隆二十二年，丁丑（一七五七）在朱煐衙內讀書。

五月，漳水決，魏縣城沒於水。崔家屋盡頹，財產器用都沉在水裏。他的父母移家城外，數月未有寧居，日惟以扁豆充飢；霜降後，他們還穿單衣，冬不能具爐火；寒甚，李孺人藏磚竈中，夜間取出以暖被。（先府君行述；先孺人行述）

乾隆二十三年，戊寅（一七五八）

十九歲。在大名讀書。

春，水退，父母復移入城，稍稍葺茅屋以庇風雨。

三月，魏縣知縣王沛生因朱煐的囑托，聘請崔元森到本縣義學去教書，他家才勉強可以餬口。

十月，政府廢除魏縣，併入大名縣。（以上均據先府君行述）

是年除夕，崔元森有示兒詩：

壯強都浪擲，衰病此侵尋。奮力難追昔，修持不懈今。閑家情嗃嗃，啟後意深深。率教違嚴訓，賢愚爾自斟。（附錄一，頁一六）

崔元森的著作現在只存這一首詩；故可寶貴；這首詩也可以寫出他家父子在那極困窮的時候互相勉勵的情狀。

是年汪師韓五十二歲，北遊至京師及保定，制府方觀承（字遐穀，號問亭，安徽桐城人，官直隸總督，謚恪敏，有述本堂詩問亭集等書）延之主廣平清暉書院。（上湖紀歲詩編四，頁一一二）他生於康熙丁亥年（一七〇七）。

是年惠棟死

乾隆二十四年己卯，（一七五九）

二十歲。在大名讀書。

大名縣知縣秦學溥（字耐圃，山西鳳臺人）的父親秦嶠聞崔述之才學，延之往見，并囑學溥厚邮崔家。（附錄一，頁二七；此事不知在何年，以文中有『年甫弱冠』之句，故繫於此年。）

崔述少年時代讀書已有疑古的傾向。今附載兩件事於此：

(1)論語　余五六歲時，始授論語，知誦之耳，不求其義也。近二十歲，始究心書理；於公山佛肸兩章頗疑其事不經，然未敢自信也。踰四十後，考孔子事蹟先後，始知其年世不符，必後人所僞撰。然猶未識其所以入論語之由也。六十餘歲，因酌定洙泗餘錄，始取論語源流而細考之，乃知在秦漢時傳齊魯論者不無有所增入，而爲張禹采而合之。始決然自信而無疑。（洙泗餘錄三，頁三八—三九）

(2)尚書　余年十三，初讀尚書，亦但沿舊說，不覺其有異也。讀之數年，始覺禹謨，湯誥等篇文義平淺，殊與三十三篇不類。然猶未敢遽疑之也。又數年，漸覺其義理亦多刺謬。又數年，復覺其事實亦多與他經傳不符。於是始大駭怪。……（古文尚書辨僞一，頁一）

近二十歲時的懷疑，直到六十歲以後始能解決，可見懷疑眞是一種麻煩的習慣。怪不得絕大多數的懦夫終身不敢一叩懷疑之門！

是年顧棟高死。

乾隆二十五年，庚辰（一七六〇）

二十一歲，在大名讀書。

秋，應順天鄉試，中副榜。有中副榜後戲作詩：

應是天憐失意頻，秋來暫許住成均。藍衫已覺開箱舊；黃頂都驚入眼新。半喜半憂今日意；欲歌欲泣此時身。鄉鄰未識長安事，問是生員是舉人（知非集）

乾隆二十六年，辛巳（一七六一）

二十二歲，在大名讀書。朱煐延松江丁夏陛教他們。（考信附錄一，頁二三）

四月，祖母徐氏死。

七月，水復沒城，全家移居村中，月餘始入城，時水尙深數尺，出入皆其父親自操舟。十一月，水復至，全家復移村中。（先府君行述）

是年陳履和生（據陳履和上東壁先生書，及顯考行略），張惠言生。

乾隆二十七年壬午（一七六二）　二十三歲。在大名讀書。

七月，水盡退，移家入城。他家屢被水患遷徙無定，家更貧落，至無隔宿之糧。大名知縣秦學溥時賙恤他們。（先府君行述）

是年朱瑛調永州府知府。崔述與崔邁送他到臨淸。崔述十四年後（一七七五）祭朱公文有云：

不階尺書，羅之署內；扶持吹噓，飲食敎誨。八年終始，雨夕風晨；經傳馬帳，雪立程門。……

他在朱煥署中讀書凡八年（一七五五——一七六二）受的益處極多。他自己說：

余自入署後非但從公學舉業，且得縱觀海內之書，交遊天下之士，以擴其耳目而開其知識。向使余不遇公，即不窮餓以死，亦不過爲鄉人以終其身，何由能著此書？ 然則考信錄之作，由於公之玉成者不少也。（附錄一，頁二四）

崔述少年時遇朱煐，得他的幫助，方才有讀書的機會；晚年時遇陳履和，結師弟之誼，履和犧牲一切替他刊刻遺書，他的著作始得保存於世。這兩個人都是雲南的南部石屏州人，離大名縣萬餘里：這眞可算是一段遇合奇緣了！

崔述兄弟送朱煐行後，遂入京鄉試，兄弟同中式舉人。是科溧陽史貽謨（大學士史貽直之弟）爲順天鄉試分校得『易一』房。崔述之卷適在他的房中；他見其文清眞，甚愛之，細爲之圈點。至論亦大賞識之。欲擬以元，閱卷面，知爲『北皿，』始大失望。蓋故事，十八房官以一人科目最久者爲領房，領房中無可爲元者始於他房選取。崔述以副榜貧格入場，故與河南山東山西陝西四省貢監同居『北皿』號中，恐其非直隸人，故不以擬元；擬元必在『貝』號中也。　榜發之次日，史問知此卷爲崔述，連呼『可惜可惜！　此本擬元卷也。』（附錄一，頁二九—三〇）

崔述兄弟同榜中舉人後，始稍稍假廬舍葺屋宇。　然他們的父親已積勞成病了。（考信錄自序）

是年江永死。

乾隆二十八年，癸未（一七六三）

二十四歲。　崔述兄弟在京應會試。　尙未會試之前，中翰李君（直隸長垣人）對崔邁道：『壬午科的房考，一點不通關節的，只有史公和李公宗文兩人；其餘的但能分半以薦佳文就算好了。』　史貽謨眞是一個公忠正直而又識得文章的人，崔述逢在他手裏，所以中了舉人。　崔述在考信附錄中記云：

其後余五入會闈，未嘗得邀一薦，無他，房考中無公在也。　向使壬午一科公不得與房考之數，或余卷分入他房，中式與否固未可知也。 余年四十以後始爲考信錄，而家計艱難，碌碌苦無暇日。 幸有脫稿者，亦無人爲鈔錄之。 自揆選得作吏閩中，歸里後尚可謀數年之食，始得陸續成稿，傭人鈔錄，今且謀梓行矣。然則余書之所由成，公之功固不可沒也！（考信附錄一，頁三〇）

考信錄的成功，間接也受史貽謨的幫助，但史貽謨自己卻因秉性耿直，不喜附和流俗，致做不到大官，僅做到司經局洗馬便止了。

是年焦循生，黃丕烈生。

乾隆二十九年，甲申（一七六四）

二十五歲。 入關迎娶成孺人。 我作崔述的年譜初稿時，尚不知道他娶妻在何年，又不知道他何年遊陝西。 前年顧頡剛先生尋得二餘集，今年洪業先生尋得知非集，纔知道他的遊關中，就是去迎娶成孺人；洪先生考定在這一年。

崔述兄弟自去年（一七六三）在京會試之後，同行回里本年（一七六四）崔述將往邠州，有將赴邠州次韻留別舍弟的詩：

同歸才數月，此日復東西。分袂暮雲暗，回頭春草迷。花臨河水發；鳥傍華山啼。明夜知何處！臨歧手暫攜。（知非集）

看詩意，像他離家的時候是在春天。他一路上做的詩很多，過華陰時，曾登嶽廟後閣去望華山，作水龍吟一闋，首句云，

憑欄目極秦川，桃花零落春將暮。

過永壽縣時有永壽縣詩，首句云，

縣僻戍樓稀，春寒鳥不飛。

可見他到邠州約在春暮。他這年秋冬均在邠州，知非集中的懷舊賦和邠州步月詩是秋天做的，雪後登邠州城和歲暮即事詩是冬天做的。他結婚在何時，不能確知，做懷舊賦的時候似尚未婚，詩集中有寄酬韓邠州的詩，中云：

昔余少年猶未婚，婦翁監州永興路，看山懷古西入關，執雁迎親邠之署。當此之時公守邠，吐握曾蒙國士譽。逢人說項不啻口華筵爲我開者屢。豳風九月寒授衣，塞雲關月爭入句。……

或許婚期是在九十月間。他的丈人成懷祖，字蘭田號尙義後又更號北樵，大名人由乾隆六年的拔貢除邠州直隸州州判。他在邠州凡十七年；初任爲乾隆庚午（一七五〇）至丙戌（一七六六）告休，撰有邠志續筆備一方之典故。兼判乾州，歷攝三水，長武，永壽，三原等縣所至有聲。他又是一個有名的詩人，著有塞上草一卷，關西槖草四卷，關西槖草曾由汪師韓爲他作序。他當乾隆十九年準噶爾之役，曾在劉統勳（字延清，號爾純，諸城人，康熙進士，官東閣大學士，謚文正）幕府裏是一個很有辦事才的人，塞上草便是此時做的。（上湖文編補鈔下成君墓誌銘，頁三〇—三二；知非集）他的事蹟見大名縣志（三十五，頁一三—一五）和汪師韓爲他作的墓誌銘（上湖文編補鈔下，頁三〇—三二）。他的著述已不易得，見陶樑畿輔詩傳裏尙錄有他的詩十二首（畿輔詩傳二十五）成家爲大名第一大族，我從大名志裏鉤出一個世系表如下：

- 成郁—成基命（明崇禎朝宰相）—成克鞏（清順治朝宰相）
  - 成光（湖南糧儲道參議）
  - 成亮
    - 成泰清（光祿寺署正）
      - 成文昶（湖口知縣，懷祖本生父）
      - 成文昭（詩人；王士正，田雯，宋犖皆賞識他；他有尊鶴詩集八卷，朱彝尊爲之序）
        - 成懷祖（詩人，有關西槖草，塞上草）
          - 成孺人
          - 成諟（乾隆三十九年舉人）
          - 成誠（諸生，有悔齋詩草）
    - 成泰陞
    - 成泰壎

成孺人承着這樣豐厚的遺傳，所以富於文學上的修養，能作詩歌，能做他丈夫的一個佐讀的伴侶。她著有二餘集，未出閣時所做的詩名繡餘吟，既出閣後所作的詩名爨餘吟，後來她丈夫編入遺書中名爲細君詩文稿。她自序云：

余從先大人宦關中時年十有一矣；先孺人始教之識字，讀唐人詩數十首；先君公事之暇時命與兄姊爲偶語。曁年十四五，侍先君側，……輒不自揣，遂學弄韻。…… 然先孺人課女紅嚴，無暇讀書，亦未知講求聲律，是故所作多小兒語，亦有不成章者。

她死後，她的丈夫曾經替她做了一篇傳附在細君詩文稿之後。但不幸細君詩文稿，陳履和不及刻出，這篇傳遂也連帶的遺失了。所以對於她的事蹟，我們很少明白，顧頡剛先生得到的二餘集鈔本，內容只有寥寥的一首賦，四首詞，三十六首詩，也沒有多少事蹟可考。她在自序篇末具名成靜蘭，她的字叫紉秋，是最近（二十年四月）洪（業）顧（頡剛）二君到大名看了崔述墳上陳履和書的墓碑纔曉得的。

崔述這年在邠州上有成懷祖這樣一個詩家又有知州韓成基也是一個既愛才而又好詩的人知非集中說：

憶我親迎西入關，君子之光始窺牖。論詩從此得津梁；飲酒寧須計石斗（題婦翁成北樵先生愛蓮圖）

豳風九月寒授衣，塞雲關月爭入句。千言立就飛相酹，輿臺傳送走若鶩。（寄酹韓邠州）

可見他這時對詩很努力，他在知非集自序中說：『年二十五始致力於古詩，』以後他很做了不少的古詩。

是年阮元生。

乾隆三十年，乙酉（一七六五）

二十六歲。崔述和成孺人出關回大名。知非集中有留別韓邠州詩云：

驛臨渭水冰初綻，……梅花片片促離愁。

又寄酧韓邠州詩中也說：

春風催別楊柳新，扁舟東渡咸陽渡。

可見他們離邠的時候是在二三月間。成孺人繡餘吟的最後一首是曉發，也是在東歸途中作的，她說：

雲埋古戍驛樓空，回首秦川失舊蹤。……遙憶天涯雙白髮，歸寧何日淚千重。

初嫁女的聲口宛然。

是年漳水復滿進城，乙酉丙戌兩年之間，水三次進城。

大名縣知縣秦學溥買屋於禮賢臺畔，送給崔述居住。禮賢臺在魏城東南隅，俗傳是魏文侯館段干木的故址。崔述有禮賢臺新居記云：

禮賢臺……南倚郭，北望城。其前則漳水環郭而東折，岸狹流駛，林木蓊蔚，其上則敞亭三楹，矗塔數丈，左右房序，庖湢之處悉具。後則湖水迴環，周十餘里；城處其中，若島嶼然。湖中植荷數頃，夏秋花發，香滿亭內。雨後啟軒，則太行諸峰蜿蜒起伏，畢列檻外。柴門煙井，歷落於蘆洲蓼渚間，亦可謂魏城之巨觀矣。

乾隆丁丑（一七五七），城沒於漳，官舍民廬，椽薪壁礫，而臺亦就荒。又八年，予始卜居來此；亭榭軒檻已無復有存者。惟孤塔巋然插雲，及柏下斷碑數片而已。若乃清秋雨霽，倚籬極目，則平沙遠浦，禾黍上下，昔日之佳花芳樹所敷披也。頹垣廢屋，荒榛平楚，昔日之樓臺廛市所錯繡也。牧童樵叟，悲吟嘔啞，昔日之遊人士女蘭槳桂棹所歌舞而喧闐也。…… 猶記曩爲童子時，從父兄鄉先生遊憩於此，倚樹下瞰，平波萬頃，菡萏揚華，紅素間映；北望迎賓門，隱隱如洞，行人往來，蠕蠕然若蟻之出入於穴中；怦心駭目，慄慄欲墜。今乃得玩之几席之上，而盛蹟已盡矣！（無聞集三・頁一四—一五）

是年成孺人有水後九日呈姑詩云：

野水猶環屋，荒城三兩家。……　爨罷吟新句；鍼餘奉晚茶。　曾聞敬姜語，勞亦不須嗟。（二餘集）

又有魏臺晚眺詩云：

野水繞孤臺，月明曠遠目。……　雨過暑全消，雲盡天新沐。　星月落水中，微風碎珠玉。　祇此可忘機，何須覓林麓！

這多是在極困苦的環境之中能自己排遣愁煩的詩。　二餘集自序云：

于歸後，家綦貧無人代操井臼，諸勞苦瑣事無不身親，是〔以〕更無暇學詩。　然舅姑喜讀書，因未盡棄舊業。　舅多病，每呈詩至，則爲一破顏失所苦。　而小娘亦略知聲律，常唱和於鍼線刀尺間。

陳履和根據了這段話，所以在東壁先生行略上說：

闇齋先生……見先生學日富，而新娶成氏婦才且賢，炊爨餘閒，佐讀不輟，時復呈詩於翁姑以博歡笑，益怡然忘所苦。

是年崔述入都，成孺人有送君子入都詩：

悲兮生別離，況是新相知。…… 螢窗須努力，春色莫教遲。 八口溝隍裏，雙親望眼穿。 敢將兒女淚，沾灑向君前。（二餘集）

又有懷遠詩是同衣裳寄給崔述的：

惆悵連宵風雨頻，征衣製就寄無因。 遙憐臥病長安客，誰解綈袍贈故人？（同上）

崔述也有細君寄衣並詩至賦此答之詩：

讀罷迴文淚滿巾，鴛幃剛是一年新。 不嫌德曜如卿醜；却惜梁鴻似我貧。 客館病遲歸去夢，征衣瘦稱別來身。 明年準擬攀喬本，款語妝臺莫愴神（知非集）

從這幾首詩中，很可看出他們的恩愛和艱困的境況。

秋間崔述在京遇董公常，晨夕過從，暢論書史者數月、至歲暮始別。（無聞集三，頁一）

有送董公常南歸詩：

……與君同鄉更同客，欲共君歸歸未得。 爲君今夜發清歌，明日君歸奈我何！（知非集）

又有憶舊遊詩寄朱松田：

憶我與君惜年少，把酒晚香（堂名，在郡署東偏）乘夜涼。…… 自謂與君有仙骨，世人未許同翺翔，…… 年年此時共歡樂，豈知一旦成參商。 惆悵清原分手去，湘水茫茫蒼梧暮。 湖南已恨信音稀，何況雁飛不到處。 我亦漂泊風塵間，數年未得開心顏。 回首舊遊如天上，惟有夢中時往還。…… 問君南歸何日來？…… 胸中無限磈磊語，留待松田來時吐。（知非集）

松田即朱煐之子士琬，天資聰慧，崔述在朱煐署中讀書之時，和他甚相知愛。 有時崔述回家省親，或旬月未返，松田常很記念崔述；崔述不見松田，也覺得不爽快。 松田隨

朱煐到永州去時，曾將道中題詠寄給崔述；崔述也以入關道中所作報松田。至此又作此詩寄他。（考信附錄一，頁二五—二六）

是年汪師韓五十九歲，主保定蓮池書院。（上湖紀歲詩編）他在蓮池凡十年（一七六五——一七七四）。

崔述在京度歲，有乙酉除夕詩：

一身辭故園，千里度新歲。不如田舍翁，骨肉同一醉。（知非集）

乾隆三十一年，丙戌（一七六六）

二十七歲。　是年大名知縣秦學溥陞保定同知，崔述送行詩有云：

我時弱冠喜文翰，閉戶恥作陽橋魚。（說苑政理篇：『夫投綸錯餌，迎而吸之者，陽橋也。』陽橋，是一種白魚；橋亦作鱎。）伯樂一顧傾冀北，羅之門下眞吾徒。

又云：

文侯昔館段干木，遺址今在東南隅。誅茅作室俾我宅，伯夷所築聊可娛。

後來秦學溥陞易州知州，眞定府知府，補順德府知府，崔述都曾到他衙裏去過。後來他做到蘇松糧道，因事免職。（附錄一，頁七—二八；秦學溥離開大名的年，是從大名縣志官師表裏尋出的）

仲春，崔述崔邁在北京和內黃紀聞歌（字東川）相遇。（知非集紀序）

是年成懷祖移疾東歸，其子成誠請崔述題愛蓮圖。（大名縣志，知非集）

是年程廷祚死，顧廣圻生。

乾隆三十三年，戊子（一七六八）

二十九歲。館于武安（彰德府屬），與紀聞歌相得甚歡，時或杯酒相往來。紀氏見到他的古文有封建論二篇，治漳策一篇。此三篇文章現在均已缺失，無聞集卷二目錄內封建論尙著錄，不知陳履和何故未刻其文。

八月，紀聞歌序他的詩集弱弄集。（知非集紀序）

館武安時，嘗自選其古唐體詩若干首，題曰弱弄集。內黃紀東川爲序之。（知非集自序）

知非集有武安雨夜詩：

齋閣和愁臥山城入夜淸。驟雷驚客夢；寒雨暗歸程。多病思家室；長貧望友生。憐才無復古，高枕獨傷情。

二餘集也有武安卽事詩：

蓬門晝逈野花香，自捲重簾對夕陽。山色入庭青似黛；泉聲過雨沸於湯。塵中蹤跡憑誰識？廡下蕭條已共嘗。從此不須施絳帳，與君歸去伴滄浪。

知非集又有九日與紀東川登儒山兼以誌別詩：

……歸心浩莫遏，欲去仍盤桓。佳節古所重，別離況無端，遙知同樂處，他日夢中山。

可見他在這年九月間離武安回家了。

乾隆三十四年，己丑（一七六九）三十歲。考信錄提要云：

余年三十，始知究心六經，覺傳記所載與註疏所釋往往與經互異；然猶未敢決其是非。乃取經傳之文，類而輯之，比而察之，久之，而後曉然知傳記註疏之失。顧前人罕有言及之者；屢欲茹之而不能茹，不得已乃爲此錄以辨明之。……

行略也說：

先生覺百家言多可疑，悔從前泛覽之誤，曰：『此非吾父所謂明道經世之學也』，乃反而求之六經，以考古帝王聖賢行事之實。先儒箋註，必求其語所本而細核之。欲自著一書以正僞書之附會闢衆說之謬誣。舉子業置不復爲。時先生三十歲也。

據這兩段可知崔述著考信錄的志願是定於三十歲時。

他著書的目的是想要『正僞書之附會，闢衆說之謬誣；』他著書的基本方法一是『反而求之六經，』一是『先儒箋註，必求其語所本而細核之。』

這幾點都是極可注意的。當日的南方大師正在做一種大規模的運動；這種運動，因爲缺乏確當的名稱我們姑且叫牠做『漢學運動。』漢學運動的目的也可以說是要『正僞書之附會，闢衆說之謬誣。』但他們攻擊的對象，乃是宋儒，不是秦漢百家之言。他們要『正』的，是太極圖說，皇極經世一類的書；他們要『闢』的，是宋儒自出新意的種種經解。他們的方法也可以說是『先儒箋註，必求其語所本而細核之；』但他們所求的『本，』乃是爾雅，說文解字，廣雅一類的古辭書和兩漢魏晉間人的古訓詁。他們也想『反而求之六經，』但他們知道直接回到六經是無用的，結果必至於『望文生義，』用主觀的見解來解釋古書。所以他們不用直接回到六經的方法，而採用間接的方法：他們想從漢儒間接回到六經。

在這一點上，我們可以看崔述是否代表『時代的精神。』在精神一方面，崔述和漢學運動是很一致的：同是『考信』的精神。在方法的方面便不同了：漢學運動走的路是間接的，崔述是直接的；漢學運動想假道於漢儒以至六經，而崔述要推翻秦漢百家言以直接回到六經。漢學運動因爲不滿意於宋儒，所以回頭去推崇漢儒；崔述因爲不信任漢儒，所以崇拜宋儒疑古辨僞的精神而願意爲他們作後繼的援助。崔述父子都是宋學，而且都是宋學中的朱學。

『漢學』和『宋學』，表面上似乎很不同，其實清代的漢學大師，除了惠棟江藩一班迷信漢儒的人之外，和漢儒的精神相去最遠，和宋儒朱熹一派倒是最接近的。他們無論怎樣菲薄宋儒，無論怎樣抬高漢儒，但學術史上演進的線索是終究瞞不住的。

於今事過境遷了，我們冷眼觀察清代三百年的學術，不能不認那推崇朱子的崔述和那攻擊朱子最厲害的毛奇齡戴震同是一條路上的人。他們都很接近朱熹而很不接近毛公鄭玄！要知道，到了十八世紀，還想回到第一二世紀的許慎鄭玄，是不可能的。歐洲『文藝復興時代』的人，自以爲推翻中世紀而回到希臘時代了；然而他們所謂希臘，究竟還只是十四五世紀的歐洲，絕不是紀元前四世紀的希臘。『希臘』不過是近世歐洲人對於中古作戰的一種武器罷了。對中古作戰，就是他們不能脫離中古影響的鐵證。清代的學者也是這樣的。『漢學』是清儒對宋儒作戰的一種武器。他們反對宋明，然而他們攻擊朱子便是直接明儒的一個證據。至於他們講究音韻，訓詁，考據等等，更是朱熹以後的宋學嫡派！試問古韻的研究，古書的考訂，古訓詁的整理，那一樣不是宋儒發起的？不過學術界的趨勢總是後來居上，清儒的成績超過宋儒，那是很自然的事。但我們決不可因此就忽略了學術演進的歷史。

宋儒不承認中古佛教道教的傳統和影響，自以爲回到子思孟子，直接周公孔子的『道統』；然而他們賴掉的債，終究被毛奇齡黃宗羲胡渭等翻出舊帳，加利算還。清儒否認宋明學者的傳統與影響，自以爲回到許愼鄭玄的漢學；然而他們賴掉的債，終究被一位同事章學誠（一七三八——一八〇一）翻開老帳查了出來。 章學誠說：

今人有薄朱氏之學者，即朱氏之數傳而後起者也。 朱子求一貫於多學而識，寓約禮於博文，其事繁而密，其功實而難。…… 然沿其學者，一傳而爲勉齋（黃榦），九峯（蔡沈），再傳而爲西山（眞德秀），鶴山（魏了翁），東發（黃震），厚齋（王應麟），三傳而爲仁山（金履祥），白雲（許謙），四傳而爲潛溪（宋濂），義烏（王禕），五傳而爲寧人（顧炎武），百詩（閻若璩），則皆服古通經，學求其是，而非專己守殘之流也。生乎今世，因聞寧人百詩之風，上溯古今作述，有以心知其意，此則通經服古之緒，又嗣其音矣。（此指戴震）…… 夫實學求是，與空談性天不同科也。 考古易差，解經易失，如天象之難以一端盡也。 曆象之學，後人必勝前人，勢使然也。因後人之密而貶羲和，不知即羲和之遺法也。 今承朱氏數傳之後，所見出於前人，不知即是前人之遺緒，是以後曆 貶羲和也。（朱陸篇）

章學誠能指出戴震是『朱氏之數傳而後起者，』這眞可算是一種驚人的歷史眼光。

我們明白了戴震是朱學，然後可以明白崔述世傳朱學而仍不失爲那個漢學時期的時代精神的偉大代表。

崔述作考信錄的志願雖定於此時，然而他少年時即富於觀察力，勇於懷疑，勤於求證。修養有素，積累有漸，所以他中年以後，發爲著述，有那樣的精碻。我們可彙記他少年時代懷疑態度的表現於下。

(1) 余自幼時，聞人之言多矣。日食止於十分，月食有至十餘分者。世人不通曆法，咸曰，月一夜再食也。甚有以爲己嘗親見之者。余雖尙幼，未見曆書，然心獨疑之。會月食十四分有奇，夜不寢以觀之，竟夜，初未嘗再食也。唯食既之後，良久未生光，計其時刻，約當食四分有奇之數。疑即指此而言。然同人皆不以爲然。又數年見諸家曆書，果與余言相同。人之言其安從而信之？

(2) 郡城劉氏家有星石二枚。里巷相傳，咸謂先時嘗落星於其第，化而爲石。

余自幼即聞而疑之。稍長，從劉氏兄弟遊，親見其石，及其所刻篆文楷字。細詰之，則曰『實無是事。先人宦南方，得此石，奇其狀，非人世所有，聊刻此言以爲戲耳。』此現有石可據，有文可徵，然且非實。人之言其又安從而信之？（提要上，頁三）

(3)余幼時嘗見先儒述孔子言云『吾志在春秋，行在孝經。』稽之經傳，並無此文。後始見何休公羊傳序，唐明皇孝經序有此語，然不知此兩序本之何書。最後檢閱正義，始知其出於孝經緯之鉤命決也。……讖緯之書，學者所斥而不屑道者也。讖緯之書之言，則學者皆遵守而莫敢有異議。此何故哉？此何故哉？（提要上，頁一一）

是年會試，在北京遇孔廣森。洙泗餘錄首（今印本已移在末）載孔廣森大戴禮補註序錄中論孔子家語一節，跋中說『余昔會試時，曾與檢討相識，年甚少也。』孔廣森（一七五二——一七八六）十七歲中舉人（一七六八），後三年辛卯（一七七一）進士。崔述父死於辛卯二月，是年似未赴會試，故他識孔廣森似在己丑。崔述與當日的經學大師多不相識；以我們所知，他只認得孔廣森一人，故記之。

是年有送栗太初赴納溪任序。太初名元，廣平人，與崔述同學於朱煐衙中；辛巳成進士，選得納溪縣。（無聞集三，頁四——六；廣平府志）

三十一歲。

乾隆三十五年，庚寅（一七七〇）

知非集『有庚寅仲夏書事』一詩，記去年大旱，本年又旱，四月始種黍。五月將割麥時，被土匪搶割而去。結語道：

頃刻莖穗盡，一粒不得煮。始信爲盜樂，不似爲農苦。方今太平時，豈宜縱狐鼠！況乃近城市，非有山澤阻。縣令不行法，我爲嗟何補！

是年崔邁生子龍官，後改名應龍，又改騰蛟，又改伯龍。崔邁共生三子：長應龍，次夢熊，次躍鯨。崔述晚年無子，將撫夢熊爲子，不幸夢熊十五歲上死了。後來崔述乃命伯龍以一人承祧兩房的宗祀，候他生了兒子再後夢熊。（先孺人行述，東壁先生行略，崔元森墓碑）

乾隆三十六年，辛卯（一七七一）

三十二歲。二月十五日，父崔元森卒，年六十三歲（一七〇九——一七七一）。

先府君行述云：

先君捐館之前一年，預知將終，命家人治後事。未幾，果病。病中聞異香滿室者三，遂不粒食，十餘日而終。（無聞集四，頁一〇）

在考信錄的作者的書裏，居然有這種很近於迷信的記載，豈非大可怪的事？然而這也不很可怪。崔元森究竟是一個聞見很狹陋的理學先生；他生平很想在孔子廟裏陪吃冷猪肉後來五次鄉試，不能中舉人，遂把全副精神用在兩個兒子身上，希望借兒子的成功間接吃得冷猪肉。崔述很天眞爛縵的述他父親的話道：

獨不見夫崇聖祠諸先儒從祀者耶？是皆以其子故。爾若能然，則吾子也。

（先府君行述）

他的最大奢望只是做到程珦（二程子之父）朱松（朱子之父）的地位，在崇聖祠裏做一個『太』聖賢；怪不得他在病中也恍恍惚惚的聞着崇聖祠的異香了。

約翰彌兒受了他父親莫大的益處，然而他父親的『樂利主義』究竟牢籠了他的一生。崔述也受了他父親絕大的益處，然而他父親的崇聖祠觀念也就限制了他一生的發展。所以我們雖然很感謝崔元森，終不能不指出他臨死時的一點陋相。

四月二十九日，丈人成懷祖死，年六十五歲（一七〇七——一七七一）汪師韓成君墓誌銘云：

洎來淸苑，君之子諟從學於蓮池，因得讀君關中稾草詩而爲之序。乾隆戊子（一七六八），君已歸田，載通音問。至辛卯（一七七一）而君凶問至。……君本……湖口知縣諱文杲之仲子，而出爲過村先生後。……庚午，除邠州直隸州判，甫涖任，盡革諸陋規，而自題其廳事曰『佐牧倡僚，期共致安民緝盜；判邠懷古，竊自方強恕求仁。』其後神君慈父之交稱，已略具此兩言矣。……十七年中，先後兼判乾州，權知三水、長武、永壽、三原諸縣事；又入佐賓筵，出理屯戍，所至皆有聲。…… 君屢報善最，顧屢爲忌者齮齕，不克上遷。…… 生子二人，長即麇生諟也，次誠，國學生。女三人，磁州諸生張鑑，國學生張錀，魏縣壬午舉人崔述，其壻也。（上湖文編補鈔下，頁三〇一—三二）

六月，適成安陳郕之長姊死。（先府君行述）

乾隆三十七年壬辰（一七七二）

三十三歲。

作先府君行述至保定乞汪師韓作墓誌銘。　誌中說，『有孝廉素衣冠而過蓮西，則君之子述也。』　似汪師韓與崔述爲初次相見。　後來汪頗能賞崔述的見解，故崔述上汪韓門先生書自跋云，『余自三十以後，頗有所窺測；先達中嘗鑒余者，惟汪上湖先生。』（考信附錄一，頁三五）

乾隆三十八年癸巳（一七七三）

三十四歲。

元旦，開始著文五篇題曰春王正月論。　及秋，復增删爲三篇題爲三正辨。　十五年後（戊申一七八八），復增改一遍，合爲一篇改名三正異同通考。　己酉（一七八九）以後又改爲三代正朔通考。　此篇初刻於江西（一七九七，）此本顧頡剛先生有一本。　其後又就原板挖改數十處，抽換一頁，此本燕大圖書館有一本。　嘉慶乙丑

（一八〇五），又删改一遍，其先後亦頗有所更定。次年丙寅（一八〇六）一刻於彰德城中，是爲彰德本。此本我有一本，較今本僅多三十七個字。今本是道光四年（一八二四）浙江東陽縣署中刻的，此書初稿原文如何，我尚未見。今就彰德改本，摘其大意於此，以見崔述第一部著作的方法。

原稿名春王正月論，此名最確切，因爲此文主意在於辨明春秋「春王正月」是周正。春秋隱元年杜註『周王之正月也』；正義說『正是時王所建，故以王字冠之，言是今王之正月也。』此義本無可疑。後人因論語有『行夏之時』一句話，以爲孔子既主張夏正（夏正建寅，周正建子），春秋不應沿用周正；於是程頤說『春秋假天時以立義，以夏時冠周月，』而胡安國遂謂周不改月，但改歲首，春秋的正月乃是孔子自己改的。家鉉翁作原夏正，又以爲春秋之月也不曾改，只改了舊史的歲首，子改爲寅；於是春秋之正月遂成夏正建寅之正月（與今日陰曆的正月同；周之正月，當陰曆十一月）了。

崔述以爲孔子是一個尊周室的人，必不敢替王室改正朔，故說：

周果名爲十有一月，孔子必不書曰正月；孔子既書曰正月，周必不名爲十有一月也。（東陽刻本，頁二）

此言似近於肊測，但他全書『考經傳之文，綜異同之故，溯流窮源，分條別貫，』已可表示他後來著書之方法。　如他駁家氏云：

隱九年三月癸酉，大雨震電；庚辰，大雨雪。　夏正之三月，震電非災也。　家氏欲以夏正通之，乃云『震電非異，震電而雪所以爲異。』　夫雪距震電八日，其與震電無涉也明矣。　震電苟當其時，豈得以後日有雪之故而追異之乎？……（頁三）

若三饑兩有年之書於冬，雨雪隕霜殺菽之書於十月，其斷斷不可謂之夏正者，蓋不可以枚數。　家氏乃云『外此亦有一二之疑，皆可以義例而通。』　嗚呼，吾不知家氏又將以何義例通之也？（頁五）

崔述此文中最有價值的是他能研究前人所以致誤的原因，指出古代的正朔並不統一，新舊曆皆有沿用之侯國，而文人學士之篇章與民間的歌謠中時時沿用舊曆。

這種歷史的眼光打破整齊畫一的古史觀念實可佩服的。他說：

至於經傳之用夏正亦有故焉。古之時，三正雖迭建於帝廷，亦並行於侯國。……蓋諸侯之曆其先皆有所授，行之既久，其民安焉。有王者作，苟……無大過，聖人亦不強改其曆使從己也。…… 故商之建丑，周之建子，非改曆也，湯以前本建丑而文武以前本建子也。（頁九）

這種見解眞可驚人。他舉的例是：

晉封於夏故墟，民習於夏正者久，其曆仍用夏正。以竹書紀年考之，曲沃莊伯之元年正月，乃周平王之三十八年三月也。是以周十二月，卜偃謂之十月；周三月，絳老人謂之正月。……此乃晉用夏正，非周亦用夏正也。而左氏作傳，亦多采舊史夏正之文而未及改。如卓子之弒，申生丕鄭之殺，經在明年春，傳皆在前年冬。韓之戰，經在十一月壬戌，傳在九月壬戌，是也。

其紀他國之事，亦間有用夏正者。如齊桓之卒，經在十二月乙亥，傳在十月乙亥，是也。此或其國亦用夏正，或此國之事旁見於彼國之史，均未可知。……左氏既未及盡考而正之；而杜氏經傳集解既成，始見竹書，又未及追改原註，因致後人茫然莫得其解。逮顧寧人（日知錄卷四）始揭此義，而余以推之傳文，不但正月不同，即置閏亦互異。如王子朝之亂，衞侯輒之奔，經傳皆差一月。乃知列國皆自用其曆，固不得以傳宋郡縣之法而概商周封建之時也。（頁一〇）

他又說：

古之時，三正既竝行於侯國，亦通用於文人學士之篇章。猶封建廢為郡縣，而刺史太守節度使觀察猶謂之諸侯；猶知府知縣猶謂之守令也。蓋詩之為體，與紀事不同；歌謠之興始於虞夏，其時方用夏正，其後遂以相沿。猶唐詩之多沿漢魏六朝語也；亦可據唐詩以證唐書之誤乎？且純用夏正者惟『四月維夏，六月徂暑』一詩耳。其餘則周夏之正皆可通者較多。若豳風則自巳月至亥月用夏正，子月至卯月兼采周正，而辰月謂之蠶月。此蓋當時里巷之語云然。（頁一二）

向來說『春王正月』四字的人，往往憑空杜造許多不相干的微言大義。崔述只給他一個極平實近情的解釋：

孔子何以冠王於正月也？古之時，三正並行於侯國，亦通用於篇章。孔子懼民聽之惑亂，後之學者無所考證，故屬正月於王，以別嫌而傳信：不曰周而曰王者，以別於夏商之丑正寅正，則曰周正月；以別於諸侯之丑正寅正，則曰王正月也。猶之乎詩之別於商頌則曰周頌；別於十五國風，則曰王風也。春秋於諸侯之大夫，書曰齊人晉人；其師書曰齊師晉師。獨其於周也，人曰王人，師曰王師，女曰王姬，正曰王正，皆不云周。……後儒不知三代正朔之制，因而不知孔子書王之意，……遂疑聖人別有深意，而以欲行王道之義訓之，

謬矣。（頁一三）

是年館於胡村店。主人趙生談及內黃盜案，崔述爲作楊村捕盜記。（無聞集三，頁二三——二六）此文紀事甚樸實，讀之可以想見清代北方民間產生的許多盜俠小說的背景。

十一月十六日回家，遇大霧三日；霧散後，遠近樹上皆成了『樹稼』奇景。崔述爲作『霧樹』詩；次年冬復見此奇景，遂作霧樹詩序。『樹稼』今亦名『樹掛』，爲北方冬間一種奇景。我於民國八年冬間南下，經直隸山東之間，在火車中見遍野樹木皆成玉樹瓊枝，歎爲奇觀；詢之車上北方人，始知此爲『樹掛』；當時尙不曾見無聞集，故不知『樹稼』之名。崔述之詩今不存，但霧樹詩序乃是一篇很精密的辨證文章，可以表見他的科學態度，又可以表見他的審美能力；故我摘鈔於下：

北方寒厲之時，晨起往往見庭樹若懸冰雪日出則消。俗謂之樹稼，然莫能名其故。或云雪爲之，或云霜爲之，不知此皆霧之所凝。吾先君與羣從兄弟言云爾。

余每驗之，夜有霧則曉必如是，未嘗爽焉。

這已可見他立說必求證驗的精神，他又說：

乾隆三十八年，余館於御河之陽。十一月十六日歸省，適大霧隱空，親見霧爲風颺凝於物杪，人鬚馬鬣裘毛之末未有免者。又其爲物甚黏，愈凝愈黏，至倒懸寸許不能墜。如是三日，霧斂日開，則遠村近圃，編珠貫玉，彌望無際矣……於是益信向說之不誣，

他因舉三證證明樹掛不是雪霜所成，是霧所凝成的：

(1) 蓋地液之初生而後降者有三：曰雨，曰露，曰霧。雨露之升也高，其凝之時猶未成乎水也。故霜最經，雪次之。霧之升也卑，其凝之時成乎水矣。但其點

滴微細故輕於冰而重於雪。其不同一也。(2)雪霜平地爲多枝上雖有雪，然易落不能厚。霧則專凝枝杪，及一切纖芥物；雖繁纓髮庭中，無不著者而平廣處反泯然無迹。其不同二也。(3)雪霜皆覆物上，不能集其旁下。霧則隨風所颺，集於枝旁。故自上風視之，則如縞帶瓊絲下風則枯枝而已。無風處則四面皆著而不盈。或繫於下，亦不墜落，其不同三也，

這三條都很有理，第三證尤精細，成孺人說：

古人詠雪之章如林此殆過之而反寂寂。以意度之，於古必希不如今之繁也。

崔述初也信『古今異同容或有之』他的霧樹詩做成一年之後又遇大霧『無日不霧，無霧不凝；子懸午墜日以爲常，遇陰寒則竟日不落。其物象之妍，鏤嵌之巧，晶瑩玲瓏，細碎曲折，較之往年殆逾十倍。』然而近縣的文士竟沒有人和他的霧樹詩，『亦竟未聞有賞此奇觀顧盼而低徊之者！』於是他歎口氣道：『烏知古人之不亦

如是，而余之所好之獨不可解也？』

崔述之霧樹詩，最近發現的知非集中竟沒有收入；但成孺人的二餘集中却有霧樹一首，不知是否和崔述的：

雙扉破曉開，滿目飛霧雪。庭樹玉雕鏤；砌草珠攢結。望遠不分明，迷離光皎潔。天地造化頃刻成，瑤草琪花不可名。蓬萊瀛洲竟何處？恍疑身在玉京仕。須臾霧盡白日見，滿庭無路花零亂。

集中又有贈君子一首，不知他作於何時，因有『五行三正細剖分』之語，故附寫於此，

崔郎卓犖志不羣，胸藏經濟人莫聞。有時慷慨論時務，沛如黃河向東注。近來學古益成癖，獨坐搔首常寂寂，喚之不應如木石。忽然絕叫起狂喜，數千餘言齊落紙。五行三正細剖分，創論驚天思入雲。直欲掃除千載惑，豈效小兒弄筆墨。半生辛苦文幾篇，才高可惜無人識。長安雖去每空還，十年憔悴長途間；且同煮酒開心顏。一朝飛騰遂厥志，平盡人間不平事！

行略說：『外人未有好先生書者；獨成孺人爲閨中老友，盡悉生平著書事耳。』這一首詩寫崔述著書的神態如畫；而成孺人善於排除窮愁，覓解其夫，實爲崔述平生學問上一大幫助。

是年冬汪師韓有信給崔述。（考信附錄二，頁三二）

乾隆三十九年，甲午（一七七四）

三十五歲。

葬父於舊魏城東南隅禮賢臺之西。（行略，頁三及闇齋墓誌銘）

寫定救荒策四篇。（無聞集一，頁一——一八）四篇之目如下：

(1)有雨暘而無愆伏策，

(2)有愆伏而無水旱策，

(3)有水旱而無饑饉策，

(4)有饑饉而無死亡策。

其第一策多迂腐之言如云『煤窟何衆乎？…… 洩地氣不已甚乎？…… 是以古者建國必多樹木……古之炊爨皆取之於林麓不取之深山重泉之下，夫是以天地之氣完而其力厚。』 此說甚謬。 多種樹固可以減災，然種樹不是供炊爨的。

第二策主張近川之田多開溝渠，遠川之田多鑿井；其說甚是。 第三策欲使民『力專於田，用嗇於家，』以爲積粟之計；又主張減汰不耕而食之人。 其說有可行，有不可行。 第四策論如何（救於已荒）凡有四道：曰糶，曰借，曰役，曰賑。 他說，『救荒之道，必先料民糶者不籍，其餘皆籍。』 此說極是。 末段痛言吏胥之害，亦很有理。

救荒策有乾隆三十九年四月二十八日自跋云：

曩余館於太行之麓，五月未雨，往來道塗間，見諸縣祈雨者，或焚香插柳以禱神祠，或取水數百里外，或閉南門開北門，或缸貯壁虎，令童子環擊之。 無法不施，迄無一效。 南北開閉之說，雖出董子，然屋不露日，故南戶向陽，北戶向陰。 城

> 門內外均露天日，南北有何分別？ 正所謂東家之西即西家之東也。 陰陽果何屬焉？…… 而不學之人尚詫爲奇策，亦可悲矣。 余雖布衣，哀民之不聊，傷吏之無術，乃於鞍間枕上殫思研精，略得四策，而館事少閒，不克成稿。 會雨，遂姑置之（此不知在何年）。
>
> 去年（一七七三）自七月朔，逮霜降，無雨。 大名府縣禱雨者數，皆俟雲已合後乃禱，略得涓滴，即往謝神。 其意欲見禱之有驗，以美觀聽。 以此事神，宜其不能感格也。 余復感前事，遂卒著之，欲獻當路，亦竟未及繕寫。
>
> 今夏（一七七四）復旱，始乘閒繕之。 而連日陰雲四合，垂垂欲下，時作微雨，竊幸余言之無用矣。 會府屬諸生耆民各以役繁吏蠹，訟於縣上官，命縣桎梏而榜掠之。 次日天忽開霽，雲斂日烈，如炎如焚。 乃知感應之機，其速如此！…用是復秘篋中，誌其顛末。

此可見崔述終不脫天人感應的迷信。 他一面譏彈董仲舒，一面却又被董仲舒的鬼迷了！

是年汪師韓六十八歲，秋末離開蓮池書院，有『南歸有期，留別蓮西諸友』詩云：

一年人住尙餘情，何況林蟬十度鳴。……

他在蓮池凡十年。在此詩之後尙有並蒂蓮詩一首，也是將南歸時作的。

考信附錄中有上汪韓門先生書一篇，是在這年託鄉試之人寄去的，書中有云：

述幼癡鈍，長益迂拙，人事悉所不解；獨好參伍古今事跡，辨其是非眞僞。日積月聚，似少有所見，嘗欲著之於文。顧自以爲年少識淺，又方勞心於科舉，衣食，未暇爲也。……自先君見背，後功名之念頓灰，家貧多病，益疎懶。自度難以進取，欲遂一抒所見。愧不能文，乃於去歲取昌黎柳州廬陵三家文，熟玩其理。然執筆之時，故態輒見，百不一似。……述爲文非欲貌爲古人色澤，誠欲自抒所見，如孔子所謂辭達者可矣。然言固有能達，有不能達者；有雖少而達，有必多而達，有雖多而愈不達者。……若之何其能使文不煩而意畢達也？

……

這一個意思很可注意。崔述已決意要著書，但他還怕文不能達意，故先做一番古文工夫，熟玩韓柳歐陽三家之文，並且殷勤問業於古文家汪師韓。他這一番工夫實在不曾白費；掉他雖不以文名，但他的文章在清朝古文之中要算是第一流的了。和他同時的史學家章學誠也講究文章，故能自抒所見；那作王荊公年譜考略的蔡元鳳因爲文筆煩冗，使令讀者生厭了。又如近代廖平與康有爲同治今文學，康的思路明晰，文筆曉暢，故能動人；廖的文章多不能達意，他的著作就很少人能讀了。要知文章雖是思想的附屬工具，但工具不良，工作也必不能如意。崔述於著作之先，力求能『自抒所見』的預備，這一層很可以做後人的模範。

此一書內他也提及他著作的宗旨。他說：

自戰國以來，邪說並作，皆託聖人之言以取信於世。亦有聖人之徒傳而失其眞者。漢晉諸儒罔能辨識。至唐宋時，尊信日久，益莫敢以爲非。六經之文有與傳記異者，必穿鑿遷就其說以附會之。又好徵引他書以釋經義；支離紆曲，強使相通。雖有一二有識之士論其舛謬，顧其考證抉摘猶多未盡，而世亦不盡然其說。二帝三王之事周公孔子之意，其晦於後世者豈可勝道哉！述之所見，雖未知其是否，然存之以待有識者之去取，或亦君子之所不罪也。……

此書是寫給一位老前輩的，故說的話沒有與董公常書（見下文）那樣痛快明瞭，但兩書都可以表示他三十歲以後四十歲以前準備著書的心理。

是年冬，罷館歸漳上。（霧樹詩序）

乾隆四十年，乙未（一七七五）

三十六歲，

朱煐於前一年死於雲南，年七十六。本年訃至，崔述作祭石屏朱公文。（考信附錄一，頁二四—二五）文中有云：

……公之南行，送公汶水。從此夢魂，湘江滇海。猶冀微官，驅馳王事，或能見公於滇之澨，十有三載屢躓文場；私心未遂，公已云亡。沒不知日，葬不知處；萬里南天，攀號無路。緘辭六詔，以寫哀思；公靈在天，尙其鑒之！

朱煐對崔述確有知己厚恩，故崔述終身不忘他。

乾隆四十一年，丙申（一七七六）

三十七歲。

我們在上文曾說崔述三十歲時已立志著一書，『以正僞書之附會，闢衆說之謬誣。』此言在他處未得旁證；但在這一年，崔述有與董公常書（無聞集三，頁一—四）可以作這話的旁證。此書極重要，故鈔於此：

……往述幼時喜涉覽山經地志權謀術數之書，常雜陳於几前。……近三十歲，始漸自悔，專求之於六經，不敢他有所及。日積月累，似若有得。乃知秦漢以來傳註之言往往與經抵捂，不足深信。

陳履和行略之言，恐即是根據此一節而撰；但此書舉例稍詳。他說：

如炎帝本與黃帝同時，太皞在其後，而世以爲伏羲即太皞，神農即炎帝。

稷契皆在帝嚳之後百數十年，而世以爲高辛氏之子。

周公本因成王諒陰而攝政，而世以爲成王年止十三。

平王本畏楚偪而戍申呂，而世以爲私其舅家。

周本三正並行，而世乃雜取傳記夏正之文爲周不改月之證。

周本郊遂用徹，采邑用助，而世乃因孟子『雖周亦助』之言，謂徹亦畫爲井，亦以中爲公田。

推此而求，不可悉舉。要皆不肯細讀經文，過信傳註百家之言，故致舛誤。

這裏舉的例，共有六個：三正一例，已見上文三代正朔通考一節。用徹用助一例，也可見他此時已有三代經界通考的初稿本。其餘四例，皆見各種考信錄中。可見考信錄的材料的收集此時已着手了。

書中又說：

舊嘗閱一小說，載孔子適陳時，有采桑女及樵夫詩二首，鄙俚不可入口。且曰：『按此卽今七言絕句，而世儒謂始於柏梁，不學之過也。』閱至此，不覺失聲大笑。嗚呼，今世所傳戰國秦漢之書托名於聖人者豈有以異於此乎？特以其傳旣久，學者遂不敢議。而今乃欲據六經以正其失，求其不掩耳而走，不可得也。

崔述見世人富於信仰心，什麼東西都聽得進，吞得下，信得過；他眞不能了解這種心理！采桑女之歌是他生平最氣憤不過的例。所以他晚年作考信錄釋例，也曾用這個妙例：

後人之學遠非古人之所可及！……近世小說有載孔子與采桑女聯句詩者，

云：『南枝窈窕北枝長。九曲明珠穿不過，回來問我采桑娘。』謂七言詩始此，非柏梁也。夫柏梁之詩，識者已駁其僞，而今且更前於柏梁數百年，而託始於春秋！嗟夫！嗟夫！彼古人者誠不料後人之學之博之至於如是也！（提要上，頁三二）

考信錄之作只是要醫世人信心太強之大病。考信只是『考而後信，』只是『疑而後信。』

與董公常書還有不少的傳記材料。如云：

若逑者其學固無足取，而亦絕無人相問難者。少年才俊，皆高視濶步，一揖猶以爲浼，一問猶以爲辱。……間有一二來者，皆初學無所解得一諸生，即都颺去。讀書雖有所得，而環顧四壁茫然無可語者。

此可見他當日無師友之樂。又云：

述本無祖遺田產，又值洪波毀室，先人所遺書蕩然無存，至無容膝所，依人廡下。辛卯之春，先君見背；今惟家母在堂，差爲康健，而菽養色養又都不能。一二年來，增患目病，翻閱盡廢。年垂四十矣，而一介子女杳然不聞消息。家貧不能蓄妾。……夜間就枕，怛然無生人之樂，不覺其淚之濡衾也。……

此可見他當日的家庭困境。

乾隆四十二年，丁酉（一七七七）

三十八歲。

生一子。他們結婚後，久未生子，母甚憂之。今年始生子，母名之曰天祐。（先孺人行述）

朱煐之子士琬寄書請他爲朱煐作墓誌，因作朱公墓誌銘。（無聞集四，頁一七——二〇）

有宿青石滚詩寄殷廣文（名希文，字憲之，號闇亭，天津人。乾隆二十七年舉人）寫鄉村貧苦之狀，是重要史料。詩中云『有兒甫彌月，』故知作于是年，贈東明沈銘亭詩有『龍門點額十五載』之句，亦作在此年。（知非集）

是年戴震死。

乾隆四十三年，戊戌（一七七八）

三十九歲。

是年大名大饑，人不自存。（讀風偶識三，頁三二）

知非集中有邯鄲七夕詩一首，題下注云：『是歲閏六月，』故知作在此年。詩云：『天上乍逢歡好夜，人間初別悵新秋。』可見他是方從家中出來的。又云：『閏遲烏鵲三旬會，貧折鴛鴦兩地愁。』想來是離開他夫人到外面來坐館；但不知這年是否就在邯鄲。

歲暮有『迂歌贈別王懋勷。』（知非集）歌中有『十六遊府宅，……至今二十有四載』句，推算當作於是年。

乾隆四十五年，庚子（一七八〇）

四十一歲。館於北皐（大名屬）在此年，見扶病贊（無聞集四）『館北皐時，復自訂其四十以前詩，題曰樂飢集』（知非集自序）是年母死，明年弟死，『由是輟吟數年』（同上）

三月，以長姊適陳氏者死後十年未葬，自往成安葬之。（行略）

六月，兒子天祐死。二餘集中，成孺人有『哭天祐』詩二首。又有『遙題陟庭叔浮雲圖』詩亦作於此年。知非集中之『爲成陟庭題浮雲圖』詩，似崔述在去年（一七七九）作的。

十月初九日母李太孺人死。崔述中年始得一個兒子，李太孺人很愛他，天祐死後，李太孺人哀慟發病，四個月後遂不起。死時年七十五歲。（先孺人行述）

是年陳履和與他父親陳萬里同榜中舉人（陳履和顯考行略）；那時陳履和年二十歲。

乾隆四十六年，辛丑（一七八一）

四十二歲

六月二十八日，弟邁死，年三十九歲（一七四三——一七八一）。（先孺人行述附）

崔邁，字德皐，號辟巖，幼而聰慧，十歲能文，十二歲與兄述同入縣學，二十歲又與兄同榜中舉人。 性喜博覽，讀書目力甚捷，日覽十餘册。 嘗與兄述同讀海賦，述成誦未及半，邁已熟誦全賦了。 他少年喜詞賦，尤好爲小詞，倣柳耆卿，自名其稿曰步柳集 三十以後，文格漸老，多直抒所見。 常好考究名人事蹟，次其終始，辨其同異。 這一層是他們兄弟同有的歷史的興趣。（先孺人行述附）

崔邁著有魏墟雜誌；又欲搜輯大名文存及鄉賢行事，各爲一書，均未成。（大名縣志三十六，頁七） 又著有古文尚書考及訥庵筆談，駁僞古文尚書經傳之僞，較顧炎武李紱尤詳。 筆談今摘入考信各錄中；尚書考也採入崔述的尚書源流眞僞考中。 此外尙有『讀古文尙書黏簽標記』一卷，『於僞尙書各篇中簽出字句所本，及勦襲而失其意，與措語之不當者。』次卷雖未成書，祇附在他哥哥古文尙書辨僞之末，但他的方法與結果却和梅鷟閻若璩諸人往往相暗合。他們兄弟皆不曾見梅閻兩家之書，但他們用同樣的方法得同樣的結果，更可見考據學的方法若用的精密時，確有客觀的眞實。（參考古文尙書辨僞二，頁二一—三五）

崔邁是崔述的學問伴侶，他的夭折使崔述十分痛心。崔述一年之內，三遭骨肉之喪，故自敍云：

期年之內，血屬凋殘，驚心駭目。……孑然一身，慘慘悽悽。惟弟遺孤三四日在側，幼者猶啼索果餌。……身非木石，何以爲情！（先孺人行述）

是年崔述在喪中，始作五服異同彙考。此書至戊申（一七八八）凡八年，始成書，今爲遺書之一。（本書自叙）

是年冬，張維祺自肥鄉縣移知大名縣。 張維祺，號雲嵋，膠州人，乾隆戊戌進士，是章學誠的朋友。 本年章學誠往投張維祺於肥鄉縣，因留在淸漳書院主講。 張移大名後，章學誠也到大名衙中，至歲暮始辭歸。（參看胡適章實齋年譜，頁三三—三四） 此時這兩位南北大史家，崔述與章學誠同在大名縣，不知曾否相見曾否會談。 他們的文集中，彼此都不提起姓名，令人悶煞！

乾隆四十七年，壬寅（一七八二）

四十三歲。

二月，將葬母及弟，作先孺人行述。（弟邁附載）

三月，葬母及弟於城南。

六月，病瀉痢，愈而復病；既愈又病寒，幾死；…… 病稍愈，作扶病贊。（扶病贊序）

乾隆四十八年，癸卯（一七八三）

四十四歲。行略云：

自闇齋先生卒後十年之間（一七七一——一七八一），疊遭變故，積哀勞病作，幾死者屢矣。母喪既除，痛弟邁篤學而年不永，所恃以成先志者，孑然一身，益發憤自勵，始作考信錄。疾病憂患中奔走衣食又十年（一七八二——一七九二），而考古著書弗輟也。

崔述作考信錄的志願，定於三十歲時；中間爲作古文的預備工夫，爲衣食奔走往來，爲憂患死喪所累凡十餘年；至是，他已四十四歲了，始發憤著書。自此以後三十餘年中（一七八三——一八一五），爲著書的時期。

三　崔述的年譜下

乾隆四十九年甲辰（一七八四），

四十五歲。

大名縣知縣張維祺發起修大名縣志。分纂四人：

舉人成謖，

舉人崔述，

舉人晉尙易，

廩生徐淶。

成謖是成懷祖之子，是崔述的妻兄弟。南方史學家章學誠的朋友主纂的縣志，却是北方史學家崔述的分纂，這也是一段巧遇。大名縣志中有崔述的大名水道考兩篇，一考漳水，一考御河。這兩篇今本無聞集卷五有目無文；（崔述自編全集總目中有云，『無聞集附錄之水道考，曾用活板印出』。）幸得在大名志中尋出，甚可貴也。（無聞集卷五全闕，疑是時陳履和已病倒，故不曾刻完。除此二篇已覓得外，尙有漳河源流利弊策，與呂樂天論漳水事宜書，無法覓補了。）他的集中（卷三，頁一五—一八）又有直隸水道記一篇。合觀這三篇，可以看出崔維雅以來他家仍舊保存治河專家的門風。

大名縣志的風土志中，有方言一門，後附崔述只當行一篇，足以表示其考信的態度。附錄於此：

只當行

只當，邑之方言，已知其誤而自恕之辭，猶云『只以爲』也。野之夫好以意度人。所行事具在目前，了不一睹；聒而與之語，亦終不信。幸而情狀終露，詰之，則曰『我只當云云耳』。若其料本屬意中而其事反出意外者然。作只當行。

只當，只當水炎火漲；日自西升，魚遊樹上。英雄氣短冤難伸，泣盡鮫珠人不聞。夷齊讓國採薇蕨，只當西山來行刼。盜跖日日生食人，只當閉戶安清貧。黔婁萬鍾只當取；楊朱一毫只當與。只當婁公慣罵座，只當灌夫不拭唾。不視所以觀所行，『只當』二字胸中橫。儀秦辨口如懸河，技窮其如『只當』何！
前者『只當』已知誤，後者『只當』仍不悟。世間萬病皆可醫，惟有『只當』
無法施。『只當』『只當』何所極！忠臣孝子無顏色。天生『只當』困
聖賢，莫怪世人昧不識。

這一篇雖算不得好詩，但很可顯現崔述的考信主義的精神。他生平最恨『含糊輕信』的惡習慣。世間懶人不肯細心研究事實，只糊塗相信；及至錯誤已證明，始恍然道：『原來如此！我只當是那麼回事。』這就是崔述所痛罵的『只當』了。

乾隆五十年，乙巳（一七八五）

四十六歲。

正月，大名縣志稿成。會張維祺遷河間同知，尋以罣悞免官。繼他做大名縣的是休寧吳之衍；張維祺把志稿托他而自爲序。序文約二千字，述『往歲在肥鄉官舍，

同年友會稽章君學誠與余論修志事。』以下設爲問答體述章氏對於修志的主張，中有云：

郡縣志乘，即封建時列國史官之遺，而近代修志諸家，慢倣唐宋州郡圖經而失之者也。…… 規矩法度，必明全史之通裁。…… 知方志非地理專志，則山川，都里，坊表，名勝，皆當彙入地理，而不可分占篇目，失賓主之義也。 知方志爲國史取裁，則人物當詳於史傳，而不可節錄大略；藝文當詳載書目，而不可類選詩文也。 知方志爲史部要刪，則胥吏案牘，文士綺言，皆無所用，而體裁當規仿史法也。…… 夫家有譜，州縣有志，國有史，其義一也。 然家譜有徵，則縣志取焉；縣志有徵，則國史取焉。 今修一代之史，蓋有取於家譜者矣，未聞取於縣志以〔其〕荒略無稽，縉紳先生所難言也。 然其故實始於慢仿圖經纂類之名目。 此則不可不明辨也。……

今日所存乾隆大名縣志刻本，乃永安李棠任大名縣時修成的。 吳之衍不久即去官；

後任爲桐城葉暘，也不久卽去，皆不及修志事。李棠到任後，知道成諟家中有志稿筆削本，乃取來重訂成書，書成於乾隆五十四年（一七八九）而署張維祺李棠二人之名。張序中說原書分十六編，圖說一，表二，志七，傳五。今本分四十卷，計圖說十，表五，志十二，傳十二，雜記一，在形式上已和張氏原本不同了；內容究竟有何差別，我們在此時已無從知道了。

是年崔述有曹氏家譜序（無聞集三，頁八—一一），序中有『去歲吾縣明府張公修縣志』一句，故定是這一年作的。這一篇序最可以表見崔述中年成熟的史學見解，故我們摘鈔於此。第一段泛論古史：

世近則所聞詳，學深則所記多，此必然之理而無可疑者也。然吾嘗讀尙書，孔子之所序也，乃僅斷自堯典以下。其後五百餘年，有司馬遷，其學不逮孔子遠甚，而所作史記乃始於黃帝。至司馬貞，又後於遷者近千年，其學亦益不逮；乃爲遷補本紀（三皇本紀），又始於伏羲氏，前於黃帝者千數百年。下至於明世益晚，其人如王世貞（刻本作王士正，今改正；上又司馬貞，刻本亦因避清世宗諱改作正）；鍾惺輩，學亦益陋，而其所續綱鑑捷錄等書乃反始於開闢之初盤古氏之時。是何世益遠，其所聞宜略而反益詳；學益淺，其所記宜少而反益多哉？蓋世近則其考之也易，而學深則其辨之也精。夫〔如是〕，故僞者不能以亂止（此書『眞』字皆以避諱作『正』）而其書自不能不略且少。世益遠則僞者益多，而亦益難辨。學益淺則益不能辨其爲正與僞，而視六經三傳，諸子百家，齊東野語，漢人小說，均之爲可信矣。如是而欲其書之不詳且多，其勢固不能也。

這個觀念『世益遠其所聞宜略而反益詳，學益淺其所記宜少而反益多』乃是崔述的一個重要見解。

第二段論『志』與『譜』的重要，第三段論曹氏的家譜。曹松巖（名養元，廣宗縣訓導）自作家譜，始於他的曾祖，『曾祖以上，非不盡知，而所傳異詞，恐紊世代先後之次，則竟略而不書，且爲辨疑說以明之，蓋恐後人之妄補之也。』崔述很贊成這種大胆懷疑的態度，他說：

先生原籍武淸，嘗往求其疎族，得其遠祖之墓，其訪之也必周矣。然而終缺之者，蓋惟其訪之也周，故知其可信者之少。凡輕於紀載而不自疑者，皆其訪之不周者也。

這又是崔述的一個重要見解。因爲『世益遠，其所聞宜略而反益詳，』所以我們不能不把後世隨時堆積上去的部分一層一層地剝下來。凡人的大毛病在於貪多，在于捨不得抛棄。假古董也捨不得，假書也捨不得，假歷史也捨不得，甚至於假祖宗都捨不得！這都是因爲普通的人都不肯思想，從不會發生眞假的問題。『別的可假，祖宗那有假的？』殊不知道祖宗也常有假造的，也常有錯認的，正同古史上的許多帝王一樣。所以連我們自己的祖宗都得考而後信。『惟其訪之也周，故知其可信者之少，』這是崔述作考信錄的信條。

第五段論『得姓之始，』便是說祖宗可假：

余又嘗觀通志新唐書表，其所載得姓之始及其世系，皆歷歷可指。及考之於傳記，有一氏而出於數國者，有一國而不止一家者。然則其餘將盡無子孫乎？是皆考之不詳，辨之不精，見其一而不知其有十，而後之人作家譜者乃引之爲權輿，甘於自誣其祖而無所惜，良可歎也！

我在幾年前給績溪旺川曹氏顯承堂支譜作序，也曾說：

中國的族譜有一個大毛病，就是『源遠流長』的迷信……家家都是古代帝王和古代名人之後，不知古代那些小百姓的後代都到那裏去了？……如果當初各姓各族都老老實實的把本族的來源記在族譜上，我們現在研究中國的民族豈不省了多少事嗎？可惜各姓各族都……不肯承認自己的祖宗，都去認黃帝堯舜等等不相干的人作遠祖。……

我希望以後各族修譜，……每族各從始遷祖數起。始遷祖以前但說某年自某處遷來，以存民族遷徙的踪跡，就够了。各族修譜的人應該把全副精神貫注在本支本派的系統事跡上，務必使本支本派的家譜有信史的價值。……（胡適文存四，頁二五一—二五二）

我那時還沒有讀過東壁遺書，但這段論族譜的話頗可以和崔述的見解相印證。

這部家譜是曹松巖做的，他的兒子阿周續作的。崔述在序的末段贊美阿周道：

> 雖然，使阿周有求勝前人之志，如索隱之於史記，前編之於通鑑綱目，先生且奈之何！今茲之續之也，但於其後有所增，而不於其前有所補。先生之視龍門紫陽，不厚幸乎？

阿周名衡姬，也是一個有見識的人。考信附錄卷二之首載他的洙泗考信錄題詞云：

> 攷据詳明，推勘周至，眞必傳之書也。

是年崔述納妾周氏，名麗娥。麗娥受了成孺人的訓諫，很能幫助他的丈夫。崔述自己說：

余善病，娥侍藥餌頗勤。余素有不寐之症，常中夜怔忡，身如焚，輒呼娥起，閒話良久，心漸安，遂復倦睡。娥見余睡，則默坐假寐，或屏氣潛退，恐驚余之眠也。凡十餘年皆如是。是以余雖病弱，終不至困劇，以有娥也。（侍妾麗娥傳，無聞集四，頁二五）

乾隆五十三年，戊申（一七八八）

四十九歲

五服異同彙考成書；此書作於辛丑（一七八一），凡八年，始成書。此書其實是一部喪服沿革史。每一種親屬，先記古經的喪服，次記後世的沿革，次論其得失。例如

父在爲母

經『齊衰杖期。』開元禮改『齊衰三年，』家禮因之。明復改「斬衰三

年。（卷一，頁二）

這是加重的例。又如

爲妻

古本三年。經，『齊衰杖期』，開元禮，家禮，明並因之。

按春秋傳（昭十五年），文則古者爲妻亦服三年也……而經乃言『期』者，蓋其後之所改，記云『孺悲學士喪禮於孔子，士喪禮於是乎書』，則此經乃後儒之所記非周初之所作矣……（卷一，頁八—九）

爲長子

經，『斬衰三年』。開元禮家禮，並因之。明改『齊衰期』，（卷一，頁一一）

這都是變輕的例。

這種變輕或變重都是社會學的好材料。這樣有統系的歷史的研究，很可以表示崔述的歷史眼光與歷史方法。他的論斷雖然不能完全脫離時代的影響，却也有很驚人的見解。如他論『厭降』一條云：

考經文士之服三年者四期者十有八，齊衰無受者五，大功者七，小功者十有五，緦者三十，而遭變故服他服者不與焉。……計所為服者不下一二百人。……十分去其七尚不下二三十年在喪服中。……傳云『宗子之母在，則不為宗子之妻服。』……然則五服之人皆有『厭降，』可例推也。自開元至明，服益以增，而亦未有能推厭降之詳者。以余目之所見，有一人而終身於喪服中者，有十年而斬衰居其五六年者！是以今世之人未有能行古喪禮者，此固勢之所至，非盡人情之薄，雖聖人亦無可奈何者也。（卷一，頁三二—三三）

又如他論『為舅』一條云：

按古母族之服，由母推之。從母與母同居閨中，而舅在外，故為從母服重，為舅服輕。後世時勢不同，甥多見愛於舅，為舅加服，時也，即禮也。然從母之情較疏；既加舅之服，即當減從母之服為緦，而從母昆弟不相為服。乃自唐以來，但有加服而無減服，服逾於古者幾十倍。豈古人之情獨薄而後人之情獨厚歟？然則名爲有服而實無服，名爲加之使重而幷求其如古人之輕者而不可得，夫亦何待言耶！（卷一，頁三五）

這都是富有歷史眼光的議論，古人很少能見到的。

約二十年後，崔述近七十歲了，他又補作『五服餘論』十一條，附在此書之後。其中尤多可佩服的議論。如云：

服者，非第『服』而已也。飲食居處，必有其相稱者焉……何以如是也？此人子之至情所不能已者也……然亦有不必甚拘者。家之貧富不同，人之強弱亦異。疏食苟能下咽，雖未虞而疏食焉可也……故記云，『不能食粥，羹之以菜可也』。又云，『五十不成喪，七十惟衰麻在身』。總之，禮本乎情，非強人以所不能行者也。……（卷二，頁三八—三九）

又云：

考經與記所載喪禮之繁可謂極矣。說者以爲周公所制，非也。此乃周末文勝之弊，當時習於禮者載之册耳……父母初喪，爲人子者心肝崩裂，哀痛之不暇，何暇一一詳辨其儀節而遵行之？而喪本凶禮，又非可嘗試演習於平日者。故孔子曰，『喪與其易也寧戚。』子游曰，『喪致乎哀而止。』苟篤於哀，必不能致詳於儀節。……今世貧士尤不能然。棺槨衣衾之屬，何一非人子所當致愼者？……安有餘暇以事繁文末節！是故學者之於古禮，但當謹其大經大法；至於繁文末節，勢不能行，亦正不必行也。（卷三，頁三四——五）

這眞是一個歷史家說的話；眼孔細小的經生決不敢這樣說。

是年五月，作段垣詩訂後序。（考信附錄一，頁七——九）這是他的曾祖崔緝麟的詩集，經乾隆丁丑年的水患散失了，後來崔述兄弟搜尋得大部分，編爲三卷；後又删存二卷，故名爲詩訂。此書今不傳了。陶樑編的畿輔詩傳卷二十五有崔緝麟的詩一首，今鈔在這裏：

秋懷

節序暗推移，景物不停逝。有家恆蓬飄，無官亦匏繫。秋山黃葉深，孤懷誰與契？獨有月上時，淸風吹短袂。

是年秋，披覽舊作三正辨，增改編定，不分篇，但以文義相次，改名爲三正異同通考。

次年（己酉，一七八九）二月作跋。（詳見上文乾隆三十八年條下）

是年除夕有戊申除夕詩：

兒時曾記戲庭闈，轉眼風光鬢已稀。才薄敢言將服政；過多猶恐未知非。擬

以久慣何須賣；家至漂搖不羨歸。但使有男綿祖德，此身甘老釣魚磯。（知非集）

乾隆五十四年己酉(一七八九)

五十歲。

是年漳水決了北杜村小王莊兩口會而東下，直趨大名府城，環城都是大水。但不過幾天，上面三臺的口子又決了，水遂南流到洹水去，於是杜村等口的水流絕了，大名的水才漸漸退去。

大名道查問水從那裏來，縣丞某某說水從三臺來。大名道也是個糊塗人，便行文到河南省，——因爲三臺在河南臨漳縣，——要河南方面塞三臺的口子。幸而水勢太大，口塞不住。若塞了三臺而不塞杜村和小王莊

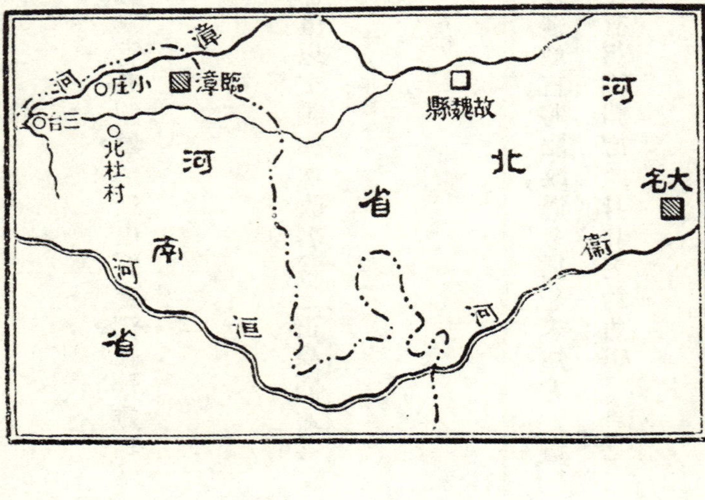

一〇〇

兩口，大名府城便完全淹沒了，『然終以此故，明年大名元城兩縣田禾盡沒。』崔述記此事論曰：『若此者豈非其問之不周察之不審以致是與？然而世皆以含糊為大方，以過詳為瑣碎，雖僨事而不悔，其亦異矣！』（考信錄提要下，頁二〇）

崔述是個眞能知行合一的人，他要人用『考信』的精神去做事做人。『考信』只是考而後信，只是先疑而後信，只是要有充分的證據而後信。 他把那位大名道的糊塗故事記在他的考信錄提要的最後部分，借此說明他的『考信』的方法。 他說：

諺云『打破沙鍋紋到底。』 蓋沙鍋體脆，敲破之則其裂紋直達於底。 紋與問同音，故假借以譏人之過細而問多也。 然余所見所聞，大抵皆由含糊輕信而不深問，以致僨事，未見有細為推求而僨事者……

余自……中年以後，所見少於余者則多責鹵莽而厭分明，其發言也，務不使之分曉，若惟恐人之解之者；其聽言也，亦不肯問之使分曉，而但以意度之，以此為彼者常十之六七，然皆自以為已知也！

至於聽訟，尤爲要事；然人皆漫視之，以曲爲直，以直爲曲者，比比皆然。余爲吏，每聽訟，未有言余誤斷者，然有謂余過細者。况於考信一錄，取古人之事歷歷推求其是非眞僞，以過細譏余者當更不知幾許。嗟夫！嗟夫！此固難爲世人道也。（提要下，頁一九—二一）

提要成於全書之後，因記漳水決口事發爲上面一段議論；我們把它全載於此，使讀者們略見他的治學的態度即是做人治事的態度。

崔述自幼作詩：初作律詩，至二十五歲時始用功作古體詩。館武安時（一七六八，年廿九；武安屬彰德府，）他自選其詩若干首，題爲弱弄集。三十歲以後，他專心做經學的工夫，頗悔少年時所作；但有時感覺無聊，還作詩消遣。四十一歲館於北皐，他自己删定他四十以前的詩題爲樂飢集。自此以後，作詩甚少。

今年五十『乃合其前後所爲詩賦，重删而再錄之，凡爲賦三首，爲詩二百首，題之

曰知非集。綜計少時所作，存者不及十三。時館於西山之乞伏村也。』（知非集自序）

知非集，陳履和未刻。道光年間，陶樑輯畿輔詩傳時，曾見着知非集故得選刊崔述的詩。到了今年（民國二十年），洪業先生在燕京大學圖書館的破書堆中尋得知非集鈔本，凡得賦三首，詩一百六十四首，詞十四首。

是年二月，他跋三正異同通考云：

此文創於癸巳元旦……今十有六年矣。去秋偶自披覽，猶惜其說未備，乃復增而次之。間有前人之所已言而未暢其旨者，悉仍其意而更著之，不分篇帙，但以文義相次，命曰三正異同通考以待好學之士而貽之。

此據丁巳（一七九七）刻本（四種書鈔）；至乙丑（一八〇五）修刻本（五種書鈔），跋文之末已註有『今改爲三代正朔通考』九字；至丙寅（一八〇六）彰德刻本，則又將跋中之『三正異同通考』改爲『三代正朔通考』矣。

是年他有黃鸝詩一篇。 序云：

余嘗讀少陵詩其杜鵑篇首云：『西川有杜鵑，東川無杜鵑；涪萬無杜鵑，雲安有杜鵑』 蓋敘地氣之殊，以開下文意耳。 後人不識文體，求其字句之工而不可得，遂謂此本詩序而誤合之；或又從而爲辭以爲其古在此；皆謬論也。 古人論詩，但觀通篇命意所在及其頓挫結構之奇，原不以三四語判工拙也。 淺學之士，求新奇於字句，其於論詩下矣；況欲以此繩少陵乎。 余居河之北，未嘗見黃鸝；遊關中始遇之。 及來鄴西，此鳥頗多，乃知河北固自有之。 喜之，爲吟一篇而不覺其句勢之與少陵同也。 高下殊科，由才之異；而詞旨相犯，則境之同。古今事原有極相類者，此何足怪！ 且其工拙亦不在是。 然論少陵詩者，使見余作，又必以爲襲少陵矣。(知非集)

崔述的詩，依現存的知非集看來，不能算是很好的。 但他論詩，頗有主張。 他在知非集自序中說：

自沈約始調四聲，陳隋之際，競尙徘偶，永徽神龍以後，穩順聲勢，謂之律詩，遂驅意以就詞；於是詩爲矯揉造作之物，不暢其情。……　然自宋元以前，雖有高下巧拙之殊，要皆自寫其意，自琢其詞。　自明前後七子出，始揣摩唐人之音響以爲詩，鍾譚錢吳王朱之倫，相繼而起，其體迭相改易，其論亦迭相訾毀，要其大旨皆不出於勦襲依倣以求工於語言；於是詩爲假設僞造之言，無涉於我，……而詩幾於亡矣。　余幼奉先人之教，即以達意爲詩，不求佳於聲音笑貌之間。……嗟夫！世之談詩者衆矣，其高者爭於體格之升降，其下者爭於面貌之彷彿；貴唐，貴宋，貴初盛，貴中晚，貴建安正始，貴元嘉永明，其言不可車載而斗量，然皆非余所知。

他反對律詩的『驅意就詞，』更反對明人的專事摹倣。　他自己是奉先人之教，以達意爲詩，不求佳於聲音笑貌之間的。　他的意思是要擺脫格律聲調的束縛，有要和古人同的地方不妨同，不可同的地方不必同，但須着力於個性的表現。紀聞歌替他做弱弄集的序，亟稱他的做詩是陶寫自己的性情，發抒自己的學問，不是斤斤焉斬合於古而留摩古之跡；所以和一般不歡而笑，不痛而哭，專學着他人而不懂表現自己的眞性情的大不相同。

乾隆五十六年，辛亥（一七九一）

五十二歲。

洙泗考信錄的初稿寫成，補上古考信錄亦旋脫稿。（序目，頁三〇）

考信諸錄之中，洙泗一錄最先着手，最早成書；直到諸錄完成之後，他還繼續刪改洙泗一錄，到嘉慶庚午（一八一〇）方才錄爲定本。此一書凡八年而成初稿（一七八三——一七九一），又刪改了十九年（一七九一——一八一〇）方才寫成定本，前後共費二十七年的工夫！這是很可以注意的。崔述著書的最早動機是要做一部可靠的孔子傳。他在此書的初稿裏說：

余每怪先儒高談性命，竟未有考辨孔子之事蹟者，以致沿訛踵謬而人不知有聖人之眞。孟子曰『誦其詩，讀其書，不知其人，可乎？』學者日讀孔子之書而不知其爲人，不能考其先後，辨其眞僞；僞學亂經而不知，邪說誣聖而不覺，是亦聖道之一憾也（洙泗考信錄，嘉慶二年本，卷六，頁三二；道光四年本，卷四，頁三六）

這是他做書的動機：他要把孔子的事實『考其先後，辨其眞僞，』要使僞學不能『亂經』，邪說不能『誣聖』。所以他一生的精力可以說是貫注在洙泗一錄的。

但他未動手之先，就感覺困難了。他要考信史料，却處處發現史料的不可靠。要考訂關於孔子的史料，不能不考證『經』與『傳』與其他種種『傳說』。他想根據六經以正羣書之失，（與董公常書）然而『經』即是古史，於是發生了全部古史的史料問題。於是考信錄的範圍不能不擴大了。所以洙泗考信錄作成之後，第二部即是補上古考信錄。從孔子一個人的傳記推廣到全部上古史，這是考信錄的來源。崔述的偉大成績在於他能抱定『考其先後，辨其眞僞』的宗旨一直做去。然而他究竟不能脫離他的根本出發點。他的出發點是衛道，衛聖，衛經。他又不能拋棄他理想中的聖人觀念，因爲他著書的最初動機並不是要考證古史，不過是要推翻傳說回到古經以存理想中的『聖人之眞』，所以他依然落在過於尊經，過于尊聖人的窠臼裏。

洙泗考信錄與補上古考信錄兩書後來修改甚多，版本也有幾種，分見下文。

乾隆五十七年壬子（一七九二）

五十三歲。

是年秋崔述因選官的事到北京。行略云：

先生少有志於功名，讀書時即悉心以究世務……家貧無以養，故祿仕之念甚切。……會吏部截取文至，又念先人嘗望我爲陸淸獻本欲其明道經世也，

而四十年讀書論世，數遊四方，嘗艱難，知情僞，亦宜發揮於政事，以自驗其所得，故自奉文後，凡四如京師。（傳狀頁四）

他在北京時，有一件極重要的奇遇，就是他和陳履和的相識。陳履和，字介存，雲南石屏人。他因會試到北京，幾次下第，却不肯妄交接人。他在少年時就聽到他的同鄉朱煐奇崔述兄弟之才，館他們於大名署內這一樁事，後來又看見崔述給朱煐撰的墓誌，即恨不能得做崔述的弟子。這時候他已三十二歲，在客中竟偶然遇着了崔述，得讀洙泗補上古兩錄和三正禘祀兩通考。讀了之後，十分傾倒，寄書贊歎道：

旬月以來，捧讀大著，辨古書之眞僞，折羣言之是非，期於尊經明道，無所淆亂而後已。比於武事，可謂敵愾禦侮之師。……生平謁見所及，一人而已。（考信附錄二，頁一一）

他就托他的朋友朱奕簪（字笏山）介紹，要拜崔述爲師。崔述再三推辭，陳履和寫了一封很懇切的信，說他二十年不得師之恨。崔述感他的誠意，方才受了弟子之禮。

陳履和對於崔述眞是心悅誠服的崇拜。從此以後，他的志願只是傳播這位老師的著述。

無聞集（卷一，頁二八—三〇）有書陳履和東山詩解後一篇，大概是作於此年的。，冬在京遇秦苞文（朴）之從弟知苞文謫限將滿，可望赦還，作書寄之。後二年，始得苞文覆書。（考信附錄一，頁二九）

十二月崔述還大名，陳履和有送別詩四首，有云：

黃鐘開大夢，白日散窮陰；不奉先生教，安知迷誤深！

又云：

一旦爲師弟，平生積恨消。任人驚雪日，從此樂簞瓢。（考信附錄二，頁一三）

崔述與陳履和相聚只有兩個多月，以後他們就沒有見面了。兩月餘的相逢發生了三十多年的相敬愛，成就了百餘年的學術淵源：這一段很美的故事是很能使後世讀者感動懷念的。

乾隆五十八年癸丑（一七九三），五十四歲。

作贈陳履和序，此序首論秦漢雜說之興，及魏晉以後僞書之來源；次述他自己治學的方法說：

每觀先儒箋註，必求其語所本而細核之，欲以探聖經之原，不惑於衆說。

次記陳履和求爲弟子之誠；最後一段綜論治學的方法以教之。他說：

余嘗聞之，學以專而精，知以少而當。不使百家之言雜於經而後經之旨可得，不強求其所不能知者而必欲知之，而後所知者無所淆。故說經欲其自然，觀理欲其無成見。於古人之言，無所必於從，無所必於違，惟其適如乎經而已。苟如是，異日必大有得焉，於以正羣言之淆亂而明六經之旨……（考信附錄一，頁三四）

這是崔學的方法論。

他在五十歲時，已删詩存二百首；是年『於暇日又删其三十首，而區別爲三等。擇其言情感事義近於諷諭者二十有八首，首列之，曰近古編。其次抒懷贈答遊覽之作，無足爲重輕者三十有八首，曰遺興編。又其次則聲病徘偶之言，……凡九十有二首，曰諧俗編。而又附以詠物等詩十二首，曰諧俗附編。』（知非集自序）此一百七十首三等四編的知非集，現在未見。僅此序附燕京大學所藏之寫本知非集而傳耳。

仲冬作知非集自序，論詩有三變：

詩自唐虞至今凡幾變矣；要其升降之故，大略有三：雅頌以紀盛德告成功；而風以觀政治風俗之得失……，周衰，楚人始縱其荒唐悠謬之詞。漢興，揚馬班張競陳繁麗。建安以降，益沉溺於風雲月露之中，於是詩爲浮靡綺麗之詞，無適於用，而詩一變。……自沈約始調四聲，陳隋之際，競尚徘偶，永徽神龍以後，穩順聲勢，謂之律詩，遂驅意以就詞；於是詩爲矯揉造作之物，不暢其情，而詩又一變。……自明前後七子出，始揣摩唐人之音響以爲詩：鍾譚錢吳王朱之倫相繼而起，其體迭相改易，其論亦迭相訾毀，要其大旨，皆不出於剿竊依倣以求工於語言，於是詩爲假設僞造之言，無涉於我，而詩又一變。——而詩幾於亡矣。

這是崔述對於詩的歷史觀。

乾隆五十九年，甲寅（一七九四）

五十五歲。

再至北京，陳履和已南行，見着他的父親陳萬里。（無悶集四，頁二八）

是年汪中死。

乾隆六十年，乙卯（一七九五）

五十六歲。

陳萬里會試大挑一等，分發江西試用。（無聞集四，頁二九）

五十七歲。

嘉慶元年，丙辰（一七九六）

崔述於正月選得福建羅源縣知縣。時他的唐虞考信錄甫脫稿，其他尚未訂正成卷。四月，他帶了家眷南下。七月十三日到任；十六下學講書，使諸生黃文治講『魯欲使樂正子爲政』章以見志。（黃文治詩注，附錄二，頁五；孟子事實錄下，頁二五）

他初到任就遇着陳祁的案子。行略記此事甚詳：

初，元年七月七日，有寧德縣鹽商之哨丁李枝、陳祁等爲鹽梟拒捕者所傷，陳祁落水死。其事起於東冲，屍亦撈獲於東冲。東冲，霞浦縣地也。寧霞兩邑恐罹處分，則以『陳祁等由東冲口捕梟，駛入羅源之吉壁村，村人助梟毆祁淹甕」具詳而移文羅源拘兇手。……　先生駁詰甚力。二年（一七九七）夏案猶未決。　鄰邑旣護前大吏亦必責羅源捕吉壁人。　先生以數十人軀命所關豈可誣置死地，況兩邑先後移文又時地自相矛盾乃自爲文據實詳辨至再至三理直辭達，兩邑無以復難……　其剖晰疑似細入毫芒皆自讀書者信中來也。

稱他的長於吏事是由讀書考信中來，這不是虛爲恭維的話，眞能辨古事的眞僞便也能判人情的誠詐。崔述在考信錄提要中有一段話頗可與此相印證。他說：

平日所聞所見皆如是，習以爲常而不自覺，則必有自呈露於忽不經意之時者。少留心以譬之，甚易知也。

宋時，有與其從兄子訟析貲者，幾二十年不決。趙善堅以屬張淏。訟者云，『紹興十三年從兄嘗鬻祖產，得銀帛楮券若干，悉輦而商，且書約，期他日復置如初』。淏曰『紹興三十年後方用楮幣，不應十三年汝家已預有若干；汝約僞矣！』由是其訟遂決。

此豈非自呈露於忽不經意之時者乎！淏以考古名於時，宜其不長於吏事矣，然乃精於聽訟若此，何哉？考古之與聽訟，固一理也。（提要下，頁一一二）

是年成孺人有寄從子應龍及寄姪作肅詩：

艱難絕不數仙霞，別汝南來到海涯。覺後涕痕雙袖濕，夢魂畏險不歸家。（寄繼龍）

艱辛歷盡暫時安，萬里相從侍伯鸞。官舍環山朝霧重；女牆臨海夜潮寒。才疎事簡親操易德薄民蠻佐化難。若問羅源近消息，新詩寄與阿咸看。（寄作霖）

是年邵晉涵死。

嘉慶二年，丁巳（一七九七）

五十八歲。在羅源。

陳萬里補江西廣豐縣知縣。陳履和跟他父親在任上刻崔述的書四種：

(1)補上古考信錄三卷，

(2)洙泗考信錄六卷，

(3)經傳禘祀通考一卷，

(4)三正異同通考一卷。是爲嘉慶丁巳本（四種書鈔） 此本今甚不易得，惟顧頡剛先生在杭州得着一部；我也得有一部，但我的已不是丁巳的原書，其中三正考全用嘉慶丙寅（一八〇六）的彰德刻本補上古考信錄有一兩處補板，洙泗一錄卷五卷六更動也很多。 我的本子曾經一位用功的學者收藏；這位學者大概是嘉道間人，曾見崔述後來修改的本子，所以他在補上古考信錄首頁批云：

此係未定之書，今已更定，另有抄本。

他又把洙泗錄的末二卷拆開，依着後來的本子，重新移定先後，每頁用硃筆註明改本的頁數。 他在卷六首頁批云：

此下經先生重改補版頁數多與原第不同，文中亦有紊亂處。 再三分析，乃歸原次。

又批云：

重改本五六卷合看（刊，？）補版時『五』『六』字何未挖去耶？

這位有心的讀者的硃批使我們可以考見洙泗錄的幾次修改的情形。丁巳本爲六卷，改本爲五卷，最後定本（即太谷刻本，刻于一八一八）爲四卷。三本目次的不同如下：

丁巳本	改本	太谷本
卷一　先世　初服	同上	原始　初仕
始仕		在齊　自齊反魯
卷二　在齊　自齊反魯	同上	爲魯司寇上下
爲魯司寇上		適衛
卷三　爲魯司寇下	同上	過宋　厄於陳蔡
適衛		反衛　歸魯上
卷四　過宋　厄於陳蔡	同上	歸魯下　考終
反衛		遺型

洙泗考信錄只是一篇新考定的孔子傳。這書不但推翻了種種神話，並且推翻一切雖非神話而不足信的材料。他不信緯書，不信家語，不信檀弓，不信孔叢子，不信國語，不信史記的孔子世家，——這種大胆的懷疑已是很可佩服的了。他用春秋左氏傳及論語爲主要材料，但他也不全信這兩書。他說論語的後五篇多可疑的材料，『皆後人之所續』。（丁巳本卷六，頁一〇——一一；改本卷五，頁三〇——三一；太谷本卷四，頁二五——二六）就是那可信的十五篇也逃不了他的懷疑。他發見了一條原則：

蓋其初篇皆別行。傳其書者，續有所得，輒附之於篇末。以故醇疵不等，文體

互異。(丁巳本六，頁一一；改本頁三一；大谷本頁二六－二七)

這篇『篇末附加』的公式可以適用于許多古書。 如荀子每篇之末的附加品，是很易見的。 如莊子內篇每篇末總有幾條故事，那也是後人添上去的。

崔述的洙泗考信錄確然可算是二千年來洗刷最乾淨，最富於評判精神的一部孔子傳。 但他也不能完全沒有可指摘的地方。 他曾說：

語經欲其自然，觀理欲其無成見。(贈陳履和序)

丁巳本的後面，陳履和附刻了崔述贈他的序。 他記道：

壬子冬，先生還大名，履和援昌黎師說之例，以文爲請。 明年乃貽此序，皆先生自得之言，履和對病之藥也。……

最後又是他的一篇跋道：

乾隆五十七年，履和拜先生於京邸，固請得爲弟子，先生授所著書數種，既歸，復賜之序，所以開示化誨甚至。……履和竊惟先生之書，考古必確，析理必精，或獨，申己見或更暢前說，要天下之公言，非一人之私論。……　先生教履和曰，『說經欲其自然，觀理欲其無成見，於古人之言，無所必於從，無所必於違，唯其適如乎經而已。』　嗚呼，至矣！　讀先生書者，亦即是以求之而已矣。

但他對於孔子卻處處抱着一種『理想的聖人』的成見。　如辯史記孔子世家孔子『嘗爲季氏史』節，則曰『孔子豈爲季氏家臣者哉！』　『孔子適齊，爲高昭子家臣，欲以通乎景公』節，則曰『聖人而爲小人之家臣以干時君乎！』　『行攝相事，有喜色』節，則曰『攝相而有喜色，亦非聖人之度。』　又如辯劉向新序『孔子爲魯司寇，沈猶氏不敢飲其羊，公愼氏出其妻，愼潰氏踰境而走，鬻牛馬者不豫價』云云，則曰『此數事皆理之所有，然聖人盛德感人，綏之斯來，動之斯和，其化當不止此。』　何休公羊春秋序有『孔子曰「吾……行在孝經」』之語，則曰『孝雖莫大於聖人，然聖人之心必不自以爲孝』等，皆不能考定這件事的眞不眞來做判斷，而惟以是否聖人所應有的標準爲去取，丁巳本刻成後，履和即寄了數十部和一封信到羅源給崔述。信略云：

茲先生書四種已刻竣，謹先印數十部寄呈。先生之書不待序而傳，而非其人亦不可序，故不敢妄求人序。……所呈本有已改正而後印者，有未及改正而先印者。……履和質劣心亂，不能讀先生之書，竊欲使天下能讀之士皆得受而讀之。（考信附錄二，頁一四）

他在後三年（一八〇〇）又作了一篇跋，繫於前跋之後。此跋在顧頡剛先生所得的那部丁巳本上還沒有。跋說：

是書刻既成，使人呈於先生，先生不許也。答以『三正禘祀兩考差可自信。餘二種尚多應更定者。近日胸中別有一部上古考信錄矣。』

是年王鳴盛死。畢沅死。袁枚死，

嘉慶三年戊午（一七九八）

五十九歲，

六月，有黃玉興上控之案。

黃玉興者羅源松山澳漁戶也。…… 縣有武舉鄭世輝者，効用閩安協，告假回籍，與玉興及其弟玉明約『吾與若火食，得盜勿報縣，徑至閩安，隨我獻功』。由是玉興等出洋，遇三船，獲十三人，掠其物而拷問之，即駛船南赴閩安；而濂澳口南風急，不得進，反駛入羅源境避風。於是營弁遂上報而後送先生訊之。訊之，則先獲之兩船六人但因下南（閩人以漳泉二府爲下南）音疑之耳。惟後獲一船，鄭世輝到案堅指爲賊者二人，一林孫，不肯受賊染，曾以二年六月率衆投首於閩安莊協鎮麾下，屢出洋立功，營中詳稟有案；一連元，二年十二月莊協鎮巡洋拿獲，經在洋緝捕之烽火營千總楊淡稟係其同鄉良民，釋放有案。此二人者，先生札詢協鎮，復書明白；協鎮復差弁黃捷凱至羅詳白其事。然則此船七人亦皆未可指爲賊匪也。顧營既通報，七人者已提省，而先生方欲據實詳釋，世輝等恐不能邀功，反罹罪，而世輝父鄭豪，倉房蠹吏也，先生在任，豪不能有所爲，乃主黃玉興訟先生，屢次擅釋巨盜。某公怒飭先生自陳。先生遂以先後各案原委具詳，而副以通禀，有『卑職焉能殺人媚人』之語。某公益怒，欲參之；汪公（名志伊，字稼門，桐城人，乾隆舉人，官至兩湖總督，有近腐齋集）持不可。是冬，某公去，案乃定。（行畧）

此所指某公，當爲總督魁倫。（滿洲正黃旗人，嘉慶元年任，三年去） 案內之林孫，後由行伍積功累陞至福建金門鎮總兵。到嘉慶十二年，他已陞做浙江提督了。

陳履和有書寄維源，略云：

去歲差旋，得讀老夫子大人先後來書，諄諄以刻書爲過舉。……既又念先生之書，即果有一二條未定處，而使海內承學之士相與考訂而商論之，未始非先生之所願也。版成，印四百部，計寄閩及爲人乞去者幾二百部矣。洙泗考信

錄今所更定者義例更爲精嚴。 他日復將定本重刻，自無不可。……（考信附錄二，頁一四）

函中所說更定的洙泗錄就是後來履和在南昌修刻的乙丑本。（五種書鈔之一）

秋，崔述以唐虞考信錄六卷，三代經界通考一卷寄陳履和，皆二十餘年不輕示人者。

且言『三代考信錄當復貽吾介存，惟與介存約毋復以吾未定書輕付梓人乃敢相寄耳。』（丁巳本陳後跋）

據此，是唐虞錄原有六卷，而夏考信錄陳序言在江西（一八〇八年）所刻唐虞錄爲四卷，今本（一八二三北京刻本）亦祇四卷。 此後跋作於嘉慶五年（一八〇〇）正月；改六卷爲四卷，當在其後。

是年朱松田（士琬）來視留署中數月。 以詩爲別。（考信附錄一，頁二六）

其第二首有『別經三十七年餘』句，他和崔述別於乾隆二十七年（一七六二），故知他的來視在此年或下一年；

是年成孺人作黃鶯兒詞四首，描寫在羅源爲官艱苦之況。（二餘集）

是年韓夢周死。

嘉慶四年己未（一七九九），

六十歲。

四月調署上杭縣。（行略）『供張祖道，自縣治達郊外，梗塞不可行，先生乃從小西門出』。（考信附錄二，頁五，黃文治詩注）

上杭地瀾訟多，難治倍於羅源；獨關稅向有贏餘，人皆以爲利藪，……於是從者皆舞蹈以往。先生至則關稅所餘數千金，悉解充洋面緝匪之費，……一日至汀州，有以北地菘粥者，先生命盡買之。他日，有粥者，又盡買之。諸長隨笑曰；『有肉不會喫，要吃白菜；絕好一上杭縣，被崔老爹做壞矣』！（閩人稱官爲老爹）

（行畧）

陳履和自廣豐寄書至上杭略云：

先生所著諸書，不欲遽出問世，是以唐虞考信錄，經界通考未敢續刻。第思先生之書，先生亦不宜終以自私；而校字之責實受業者所不得辭。今先生既有歸志，履和亦擬於一二年中奉親南還……伏祈吾師出全書令人別錄副本，俟到豐時盡以見賜，……（考信附錄二，頁一五）

是年手書貽謨篇給猶子伯龍，後歸魏又書承嗣條例給他。（行略）自訂目孜山瑣記內有記承嗣條例一篇，今不傳。

是年江聲死。

嘉慶五年，庚申（一八〇〇）

六十一歲。

解上杭任。至將樂，妾麗娥病劇卒，年三十一。麗娥善奉侍調護她丈夫的病，又能辛勤儉約幫助她丈夫。故她死了，崔述和成孺人都很痛惜。（無聞集四，侍妾麗娥傳）

十月，回羅源任。『將至境，羅源人縣綵頌德，持兩端夾道而迎，大有兒童竹馬之趣。』（傳狀，頁八）

崔述在羅源上杭兩縣，『嘗爲諸生講孟子好辨章，因及經學之廢興，聖道之明晦，古書之眞僞，舊說之是非，日下昃娓娓不倦。』（傳狀，頁九）

是年章宗源死。

嘉慶六年，辛酉（一八〇一）

六十二歲

六月，在羅源縣署補刻三代經界通考。（乙丑本經界考，頁一） 他因四年前陳履和已替他刻了三正禘祀兩考，故他這年補刻經界考，使王政三大典考完全。 經界考據他自訂目說是中年所作；丁巳本陳後跋說，『戊午秋，示履和以……三代經界通考一卷，……二十餘年不輕示人者』。 由此推算此書之作當在三十多歲，是和三正考同時的作品。 此書嘉慶十年（一八〇五）陳履和又替他重刻於南昌，和三正禘祀兩考並訂在一冊燕京大學圖書館藏有一本。 嘉慶十一年他在彰德重刻三正考的時候，又取羅源板改刻了數處，是爲定本；其後陳履和在東陽替他刻的，就照這本子。 南昌刻本和東陽刻本相對校，不同的地方僅五六處，且係不關重要的。

三代經界制度，本來是儒家的一種理想制度，根本並沒有那回事，或許其中的一小部分是有歷史上的根據的，但絕不至如儒家所傳說的那麼統一整齊。 儒家所說，本是一些模糊影響之談，但因爲牠『具於孟子而雜見於論語詩書春秋經傳之文』，雖以崔述那樣大胆的疑古也不得不信爲眞是『三王體國經野之政』。 但他的見解究不同於頑固迂腐的經生；他有很多超闢的議論，言人之所未言，發人之所未發。他因承接了他父親的崇拜宋儒思想所以起來尊經衞道；但被『尊經衞道』的思想束縛住了，無論他的眼光怎樣犀利見解怎樣高超，不打破這一關，總只在這圈子內旋繞。他有些見解和現代人只差了一綫。這一綫是十八世紀和二十世紀的界綫，也就是『聖經王道』的迷夢揭發之前和揭發之後的區分。他說：

三代經界之制，……自周……衰，王制缺微，舊典散失，學士之所稱述或不免有傳聞附會之言。及至後世，去古益遠，益不悉其時勢之詳；或以近代郡縣之規裁中古封建之世，或以春秋既變之法爲先王初立之章。至於先儒之說與經傳相齟齬者，咸莫敢議其失；往往反取經傳之文曲爲之解，以斡旋而兩全之。（經界考）

這對於經界說的演變，觀察的多麼地明瞭。

本來就沒有經界這回事，是衰周時的學士所稱述的一種傳聞附會之言，後人或以今度古，或穿鑿牽連增加上許多揣測想像，說得他很具體圓滿。儘有些互相衝突講不通的地方，但更後的人因他是先儒的說話，不好反對，只好曲解文字來調和。這樣的一變再變就成了最後的經界說。其實如果回頭去一考查，不過是一種趨時託古的謠言。這是崔述的獨到處；不過他已經上了『尊經衛道』的捆仙繩，再也跳不出這個圈子，纔發出驚人的創見，即已被這道防線攔住了，所以他的話不能這麼爽快。

他駁正前人對於三代貢助徹法的見解，說三代貢助徹之法截然不同，貢助徹之名分於法，不分於形勢，既謂之爲徹，不得復謂之爲貢爲助；徹法田無公私，助法田有公私，判然不能相兼；孟子之『雖周亦助』，是周之都鄙用助，鄉遂未嘗用助。他做三正經界兩考時，似頗和當時的學人反覆論議；二十七歲給董公常的信上提起這話，問董公常『以爲然耶否耶』，董公常有怎樣的信覆他，我們不得而見。不知何時他又有和當時精究小學的戚學標（字翰芳，號鶴泉，浙江太平人，乾隆辛丑進士，官河南涉縣；有漢學諧聲，鶴泉詩文鈔等書）討論這兩事的信，去信無聞集未收，戚氏的回信却由國粹學報

（第八十二期）發表出來了。戚氏對於他的『周改時月三正並行』說大致贊同，對於他的『徹無公田與助法異，』及『鄉遂用徹都鄙用助』說則很表反對。他說『鄭大夫讀耡爲「耤，」耤即「藉」；孟子曰「助者藉也。」……助以借民力立名，徹以君民一體爲義助藉無二音助徹亦非兩法。孟子言「雖周亦助，」乃指實非借義。必謂徹無公田所不敢信。』他又說『「鄉遂用貢都鄙用助，」此說出鄭氏私肊。遽以都鄙爲野鄉遂指國中未見其允。書「魯人三郊三遂，」二地在郊外。周官遂人「五鄰爲鄙，」鄙又即在遂中。周官六鄉明言「九夫爲井，」是田亦井授。今以鄉遂概屬國中而行貢法，可乎？……先生有「助行於國」之說，誠通人之論惜信朱之太過也。』信朱太過，誠是崔述的病證；但崔述的考證法其精密而超豁，似乎遠過戚氏。

在現在我們拿戚氏的說話，來比看崔述的經界考，就覺得是駁不倒崔述的。

崔述在經界考中，指出夏之五十而貢，殷之七十而助，周之百畝而徹，多是夏殷周圻內的制度，諸侯之國未必多要這樣。他拿詩經來證他說詩經上有『徹田爲糧，豳居允荒』之語，公劉當夏商之際，不行貢助而行徹，是夏商之貢助，不必盡行天下之明驗；而徹爲周先世之法，故文武居豐居鎬皆因之而不改。詩有『王命召伯，徹申伯土田』之語，是申伯未封以前謝不行徹，封申以後乃行徹。詩有『江漢之滸王命召虎式闢四方徹我疆土』之語，是江漢間諸侯多不用徹。他又引左傳『魯衛疆以周索，晉疆以戎索』來證周初封之國亦有行徹不行徹者，不是要天下一概多行徹法。他總括夏殷周授田不同之理，他說『夏居安邑，地陿人衆；殷在大河南北，稍平廣；周起西陲，近戎狄，多曠土：此因乎地者也。古者風氣初開，制作未備，力不能以多及，故授田少；後世器日利，人日巧，故授田亦漸多：此因乎時者也。』這多是富有歷史眼光的人的一種比較合理的推想。

崔述的五服異同彙考在戊申(一七八八)已成書，本年署中稍暇，復自檢閱訂正，錄而藏之。(五服異同彙考小引)

是年陳履和有書，略云：

伏念吾師窮年著作，非徒一人一時之私論，而度前尙未有讀其書者。古人師弟視猶父子，卒業校字責有攸歸。敢求全集而藏之，爲吾師存此書，爲天下後世人存此書，此履和區區之私而不敢不再請於吾師者也。（考信附錄二，頁一五—一六）

陳履和自從拜崔述做老師後，最大的志願便是『爲吾師存此書，爲天下後世人存此書。』使他的老師的這部大著作得以留傳到今，開示了我們不少的見識，他的功眞不可沒。

是年成孺人編成二餘集，序曰：

近歲從良人宦於閩之羅源，署中少暇，因集舊稿爲一帙，題曰爨餘吟；又閣中所作，未忍盡棄，另爲一帙，題曰繡餘吟，附於其後，未忍忘初也。

十月，捐主事離任。崔述到閩兩年後，就屢求病免，但汪志伊不許。自上杭回羅源，求免吏力，汪更不許。至是捐例開始，得以捐主事離任。時汪方告病謝客，崔述去告辭，汪特請他至榻前，對他道：『好官難得！吾不能薦汝，吾愧汝！汝去自佳，吾知汝不能逢時也。』（傳狀，頁九）

羅源黃文治作詩送其歸，有句云，

先生初下車，韜晦無人識。好問察邇言，能貧澟冰檗。民曰是嬌情；胥謂不知律。……勞形案牘餘，不改耽書癖。……日坐廣益堂，如聞民啾唧。闢人繭足行，不輕假辭色。讒言忤上官，同列爲撟舌。崎嶇犯世嫌，徇人意終不。小民父母之，猾吏始股慄。

對於他在羅源數年爲吏情形，頗具大略。又如云，

經史踵訛謬，眞贋久莫別。正學雜異端，聖賢事荒忽。卓哉考信錄，千古鴻濛闢！五行三大典，創論超前哲。（考信附錄二，頁四—五）

可見這個學生也受了崔述的陶冶而已能識得崔述。 此時唐虞，夏商豐鎬諸錄及五行辨者未刋，但黃文治已均見到稿本。 五行辨無聞集有目無文，自訂目註在大怪談下，大怪談陳履和未刻，故此篇今不存。 黃文治稱五行論改論爲辨，當在此後。 崔述卸篆後自題聯句云：『向山野藏其迂拙，把功名付與英豪。』（考信附錄二，頁六，黃文治詩註）

是年章學誠死。

嘉慶七年，壬戌（一八〇二）

六十三歲。

春北歸，『出仙霞嶺，與成孺人酌酒相賀。 蓋自幸得全大節，脫險阻，而生平未成之書可以從容脫稿也。』（傳狀，頁九）

崔述於一七八一至一七八八之間著五服異同彙考三卷，因唐之改制詳載於開元禮；明之改制詳載於孝慈錄；而二書皆未見，但據唐書明史所述而已；故他擬見此兩書之後重加訂錄。北歸日過蘇州，至各書肆尋訪，俱莫知孝慈錄爲何書；開元禮亦不可得。至丁卯（一八〇七）他始作序敘求書始末，並云『世有博學之士曾見此兩書者，爲之重加酌定，是余之志也夫！』（五服異同彙考自序）

在蘇州書肆買書時，他見有張宗泰（字登封，號鷃巖，甘泉人，乾隆拔貢，著書甚富）的校補竹書紀年，因買歸而閱之。（考古續說二，頁二〇）

去年（一八〇一）十一月，陳萬里奉調采銅於雲南，（無聞集四，頁二九）本年（一八〇二）三月，陳履和隨之赴滇任。（考信附錄二，頁一六）

是年張惠言死。

嘉慶九年，甲子（一八〇四）

六十五歲。

作竹書紀年辨僞。以文中有『前歲余自閩還』之語，故知在是年。

竹書紀年十三篇出於晉太康二年（二八一），乃汲縣人發魏襄王之冢所得，自魏至宋，引用之人頗多。崔述說牠『大抵記東周事多與春秋經傳相應，而自獲麟以後，載籍多缺，覩之尤足以證史記之舛誤而補其缺漏。惟其紀述三代事多荒謬。』此本後來不知怎樣亡失了，宋元以後，乃有人僞造二卷行世。崔述在少年時，即已見此僞書，『以其疎略舛謬，不足欺人，稍有識者自能辨之，不暇爲之糾摘。』自從見張宗泰的校補竹書紀年，怕後人覆刻此書，有存其文而遺其註，如僞尚書武成篇，淳于長夏承碑者；乃於三代錄做成之後，詳考杜預的春秋經傳集解後序，和水經，史記索隱，史記正義，史通諸書之文，並采張宗泰之說，辨證紀年之僞。

他辨紀年之僞，共提出了十種證據：

(1)杜序說紀年起自夏殷周，而此書乃起於黃帝；雖荀勗述和嶠言有『紀年起於黃帝』之語，但和嶠之言特出於荀勗之口，荀勗之言又僅見於魏世家注所引，不如杜氏親見其書，親著之序之可信，況晉書亦云『記年十三篇，記夏以來』。

(2)史通晉書引紀年並有啟殺益之文，而此書稱伯益出就國，伯益薨，秦漢前亦無稱益冠伯者。

(3)史記正義引紀年自盤庚徙殷至亡二百七十三年更不徙都，而此書自徙殷至亡有三百五十二年，武乙二遷，文丁一遷，已三遷矣，亦非更不遷者。

(4)據杜序，紀年記晉事以晉紀年，記魏事以魏紀年，今此書概以周年紀之。

(5)據杜序，紀年莊伯即位之年當先於史記二年，所紀之事皆當先於春秋二月，今此書乃與史記春秋相同。

(6)史記索隱所引紀年之文，此書漏去甚多。

(7)依史記索隱之敘述推之，紀年當有列國諸侯之年與世，及智伯之滅，梁惠王十三年後齊威王事，今此書皆無。

(8)依史記索隱之文之義例推之，紀年當有諸侯之名與謚，當載諸侯之生卒廢立，今此書率略而不見。

(9)史記索隱與今書並有之條，亦多有不符，有缺者，有誤者，有年相異者。

(10)凡災異記則當盡記，不記則概不記，今此書自夏商逮西周之日食惟記仲康五年一條，春秋時之日食，惟記平王五十一年一條。是作者僅見僞尙書及憶其在春秋之初者。（考古續說二，頁二一—二七）

紀年之譌謬百出，出於僞撰，並不難見。但在崔述以前，如孫之騄的考定竹書，張宗泰的校補竹書紀年，多是增訂其書而不指黜其僞。當塗徐文靖（字位山，雍正擧人）作竹書統箋，更深信不疑。崔述能在少年時即一見便知，眼光之銳利，眞不尋常。考信的反面便是辨僞，辨僞不是空口說白話的事情，必定要搜出令人心服的證據。看見一部書，能不爲前人成說所局，自己起來檢査牠一下，定一個虛實，這是崔述的特長。他的考查竹書紀年，雖不能算很周密，但就他提出的十種證據來看，很可以看出他考辨古書的方法的精細。他的做考信錄，全是施用了這種方法來考比的。他以爲作僞的人必有若干掩不住的漏洞。他在考信錄提要上曾有下列的一段話：

> 唐虞有唐虞之文，三代有三代之文，春秋有春秋之文，戰國，秦，漢以迄魏，晉，亦各有其文焉。非但其文然也，其行事亦多有不相類者。是故戰國之人稱述三代之事，戰國之風氣也；秦，漢之人稱述春秋之事，秦，漢之語言也。史記直錄尙書春秋傳之文，而或不免雜秦，漢之語；僞尙書極力摹唐，虞，三代之文，而終不能脫晉之氣。無他，其平日所聞所見皆如是，習以爲常而不自覺，則必有自呈露於忽不經意之時者。少留心以察之，甚易知也。……是故易傳之述包羲，帝而稱王（唐，虞以前無稱『王天下』者，說見補上古錄中），蔡傳之引史記，益而加伯（史記以前稱益未有加以伯者，說見唐虞錄中），此行文者所不自覺也。傳之三墳，五典，八索，九邱，杜註但云『皆古書名』；及僞書序既出，而林註遂歷歷數之，無他，文必因

乎其時故也。所以漢人好談讖緯，則所撰之泰誓『烏流』『火覆』，祥瑞先呈；晉人喜尚排偶，則所撰之泰誓『斮脛』『剖心』對待獨巧。誓誥不及二帝，而僞古文書虞世有伐苗之誓；盟詛不及三王，而呂氏春秋武王有四內之盟。甚至王通之元經，以隋人而避唐諱。是知僞託於古人者，未有不自呈露者也。考古者但準是以推之，莫有能遁者矣。（提要下，頁一二）

作僞者『必有自呈露於忽不經意之時，』辨僞者但須『少留心以察之。』然而世之學者往往惑焉，何也，一則心粗氣浮不知考其眞僞，一則意在記覽，以爲詩賦時文之用不肯考其眞僞；一則尊信太過，先有成見在心，即有可疑亦必曲爲之解而斷不信其有僞也（同上）

是年錢大昕死。

嘉慶十年，乙丑（一八〇五）

六十六歲。

二月，陳萬里回廣豐任。（無聞集四，頁二九）

陳履和重刻經界考於南昌（照羅源板），洙泗錄亦照改訂處修好。（考信附錄二，頁一七）

三正考亦挖改若干處。（東壁書鈔五種本）

五月陳履和下堂傷足，不下床者踰月不出戶者數月，扶杖行者又數月，一年之久蹣跚學步。至十三年（一八〇八）雖愈十之六七，但右股終不得力。（考信附錄二，頁一六）

考信錄成。（三正考跋；讀風偶識序）崔述盡畢生精力為考信錄三十六卷，至此始成書。然尚非定本，以後逐年有增改。其書考信錄後一篇言至沈痛，今盡錄於此：

初余幼學為時文，應童子試時縣人爭譽之，其後與弟同入學，歲試常在前列；同郡人亦爭譽之。既而與弟同舉於鄉，數百里之內人莫不交口豔稱之。近三十歲，漸學為古詩文，三十以後，益留心於經史，而會試數不第，自是稱之者漸少惟學問之士始推重焉。四十以後，爲考信錄及王政考自二三君子外，非惟不復稱之，抑且莫肯觀之。惟滇南陳履和於京師見余書，即執弟子禮，旋於江西刻上古洙泗兩錄正朔禘祀兩考。是時余宦閩中，閩之士大夫見此書，頗亦有貴重之者。而自余歸後，全錄陸續皆成，相魏數百里之間少年才俊之士惟篤志時文，當務之爲急，其肯寓之目而掛之齒頰者不過一二人，其餘罕有肯過而問焉者。是何學愈淺則稱之者愈多，學益進則願觀之者益少哉！

昔宋玉稱『其曲彌高，其和彌寡。』余之所言，不過耳目之前六經三傳三史之文，人人所可與知者，非有高遠深微之論，如引商刻羽之調者可比，何以亦至於是，殊不可解也！此當余生前已如是，況於身後，又安望其美斯愛而愛斯傳！然則余之爲此，不亦徒勞矣乎？雖然君子當盡其在己，天地生我，父母教我，使天地間有我而我又幸有此牖隙之明，如之何其可以自安於怠惰而不一言以負天地而負父母乎！傳與不傳，聽之時命，非我所能預計者矣！（考信附錄，末頁）

六月，作讀風偶識序。　崔述因二南既不詳其時世，而邶以下十二國風其事多在東遷以後，故做考信錄時很少引用。　但暇日亦往往就其所見筆而記之。　考信錄既成，乃復綴輯而增廣之，以拾其遺而補其缺，爲讀風偶識（初名國風蠡測）。　他不滿意毛詩，衞序，——他認大小序皆出於衞宏之手，——不滿意鄭箋，并不滿意詩傳。　他說：

詩，在漢初有魯申公，齊轅固生，各以詩傳其弟子；其先蓋皆本之於七十子，雖不能無傳流之誤，要大概爲近古。　其後燕韓嬰亦傳詩，然其源流未必能逮魯齊之醇。　最後毛詩始出，衞宏爲之作序，多傅會於春秋傳文以欺當世，否亦強爲之說而實以人與事。……　逮於晉魏，齊魯之詩遂亡，韓詩亦不復行於世，學者所見惟有毛詩，童而習之，不復知有他說。……　朱子雖作詩傳，……然……未能盡駁詩序。……　而世猶以朱子爲非，非傳而從序者不可指數。　自余所見，……　稍有學識，則據序以議朱傳者十人而九。　余獨以爲朱傳誠有可議，然其可議不在於駁序說者之多，而在於從序說者之尚不少。　何則？　世所以信序者，以其近古耳。齊魯韓毛均出於漢，且三家俱在前，何以此獨可信而彼皆可疑？三家之書雖亡，然見於漢人之所引述，尚往往有之，其說率與今之詩序互異。如謂近古者皆可信，則四家之說不應相悖。相悖則必有不足信者矣。……朱子既以序爲揣度附會矣，自當盡本經文以正其失，何以尚多依違於其舊說？此余之所爲朱子惜者也。（讀風偶識序）

衞序鄭箋之說詩也，不過一家如是言耳，齊詩不如是也，魯詩不如是也，即韓詩亦不如是也。……且考之史略漢書，不合也；考之春秋經傳國語，不合也；即細玩本詩之詞意而亦不合也。……然而說者皆不之問，有如不見不聞然者，此何故哉？（讀風偶識四，頁三六）

季秋，跋三代正朔通考云：

今秋考信錄既成，復取而閱之，仍有未愜心處，因復有所删改，其先後亦頗有所更定乃復錄而存之。

此更定本即丙寅（一八〇六）彰德刻本，比後來東陽刻的定本祇多三十七字。

成易卦圖說。序云：

> 余家世傳周易，至余凡四世矣。然余獨未敢輕談易。雖然，讀易有年矣，於先儒之說亦間有一二未安者，初不敢自謂是，數十年來蓋屢思之，久而終不能易所見。考信錄既成，乃取平日所見之一二，繪為圖而繫以說，以待後世通於易者正其得失焉。

他對於易的見解是重象數的，如說卦次云：

> 先儒為之說者多矣，然皆未有以見其必然而不可易。何者？先儒之說多以卦義言之，而不及象與數。易雖以義為歸，然義皆由象數而起。遺象數而言義，故未有以見其必然而不可易也。（易卦圖說，頁一八）

他又言朱子本義勝於程傳和王註，朱子所釋卦爻之詞多本象數言之。

作家學淵源與少年遇合記略：

余幼而愚魯，長而鈍拙，於人事一無所長。所幸先君邃於學而勤於教，雖寢食出入時，耳提面命，曾不少懈，以此得少有所窺……先君既未及有所著述，而述安敢不溯其所由來乎！然先君之學又皆自段垣公來也。故於考信錄成之日，備載家學淵源於後。（考信附錄一，頁一）

余何以能著考信錄也？祖宗父母之所教養，亦師長先達之所扶持而長育之者也。余幼而家貧，少長即被水患，田廬悉沒，性又拙於逢世。然往往有先達諸公重其才而憐其遇，導其前而恤其艱者，以故衣食粗給，聞見漸廣，以至於今。……余不才不能有所建白於世，使天下後世指而目之曰某人知人某人知人，而僅於有此書，其何忍不溯其所由來乎！書既成，乃追記其少年遇合之略，

以附於考信錄之後云。（同上，頁二一—二二）

節錄韓愈論道之言數則冠於考古續說之始；又采前人辨古事是非古書眞僞之舊說八則編入考古續說中。（考古續說一，頁四）

始見孔廣森大載禮記補注，摘錄其序錄末論孔子家語一節載於洙泗考信餘錄之首（今印本爲移於末）。（洙泗餘錄末頁）

是年紀昀死。

嘉慶十一年，丙寅（一八〇六），六十七歲。

九月改刻三代正朔通考於彰德。（彰德本三正考，頁一）

經界考亦取羅源舊板挖

改數處。（序目，頁四；及考信附錄二，頁一八）

按：行略崔述自閩歸後，初居大名，後居安陽西山；又遷彰德府城。其遷彰德，不知始於何時，惟此年可證其在彰德。

十二月，作讀風偶識序後識語，謂世之說詩者不是胸中橫一詩柄（朱子集傳暑說本篇之大意者，俗謂之『詩柄』。）以爲足者，便是據衞宏詩序爲奇貨，是漢非宋。他『於國風，惟知體會經文，卽詞以求其意，如讀唐宋人詩然者，了然絕無新舊漢宋之念存於胸中，惟合於詩意者則從之，不合者則違之。』（讀風偶識一，頁四一五）

是年，錢坫死。

嘉慶十二年，丁卯（一八〇七）

六十八歲

二月陳萬里調贛縣。（考信附錄，頁一七）

是年崔述作五服異同彙考小引與五服餘論。（五服考首頁及卷三頁三三）

考信附錄末附邊印金書，蓋崔述在彰德時從學門人因將北歸，奉書告行。　語辭誠摯，可謂實心崇拜崔述者。　此書無年月可考，姑繫於是。

嘉慶十三年戊辰，（一八〇八）

六十九歲，

二月，陳萬里卸事。（考信附錄二，頁一七）

五月陳履和侍父由贛州至南昌，將還滇，乃於七月刻唐虞考信錄，　並使人詣彰德（時崔在彰德，唐虞錄跋作『詣大名』，疑誤）崔述處告行，且求書。（唐虞錄跋，（考信附錄二，頁九二）　有自南昌寄彰德書。（考信附錄二，頁一六—一八）　八月，得讀夏考信錄二卷，

商考信錄二卷，

洙泗考信餘錄四卷，

考信錄釋例二卷，

易卦圖說一卷，

重訂前刻正朔經界禘祀三考各一本。

其已成而未錄寄者，豐鎬錄，別錄，雜著，伏櫪寤言尚三十餘卷。（唐虞錄跋，〔考信附錄二，頁九〕）

按考信附錄（三，頁一八—一九）載是時崔述帶給履和的書，除上數種外，尚有『段垣詩粹二本，二餘集一本。』 正朔考係彰德改刻本，禘祀考內抽換兩頁。 此所云之考信錄釋例，即後來之考信錄提要；雜著，即自訂目雜著十六種之雜著；惟伏櫪寤言不知爲後來何書。 洙泗餘錄此時尚作四卷，及一八〇九年用聚珍版印時，則改成三卷矣。

中秋陳履和作唐虞考信錄跋云：

先生自閩歸後，三遷而居彰德府，老年善病，又未有子，亟欲全刻所著書，印贈文學交遊之士，蓋寓書京師與履和商此者屢矣。而履和久不與禮部試，未得見。年來侍家大人於豐谿章貢之間，簿書束縛，重以肺病足傷，閉戶不出，乃如婦人女子。每病中夜坐，北風起，慨然遠念，則取所刻諸錄讀之以當侍側。計與先生別且十有六年矣，先生日以北，履和日以南。設使今不求書，則此十餘卷者（指新得讀之夏考信錄等十四卷）又不知何日登堂而與其所未見之三十餘卷親受之也。書至，家大人行有日，不及刻；乃取考信錄自序一首繫之唐虞錄後，俾讀者知先生生平著書原委如此。

於戲，先生視履和猶子也，履和事先生不敢不猶父也。凡書之成而未見，見而未刻者，其敢不盡心焉！署中碌碌少暇，故三鋟先生書，皆在南昌閒居之日。自今以往，則又不患無暇而患無力矣。『有志者事竟成』，況諸書顯晦關經史大綱，天下之公言也，天下之公事也，非師弟子一二人之私也，終勉之而已！

謹識諸唐虞錄後以自策焉。（考信附錄二，頁九—一〇）

這眞可算是陳履和盡心事師的一篇懇切誠摯的宣言。

陳履和校刊考信錄例言說經界考也刻於這年，這是他錯記的。經界考初刻（一八〇一）是在羅源十年（一八〇五）二月履和照羅源板重刻于南昌（見陳書，附錄二，頁一七）

嘉慶十四年，己巳（一八〇九）

七十歲。

春，陳履和有書及唐虞考信錄刻本寄彰德。（附錄二，頁一九—二〇）

七月七日，崔述作『先君教述讀書法』，其末云：

先君……每語述，『異日若居官當以稼書陸先生爲法。』而述學行既無所成，僅治一縣，亦未克有所展布，所爲承先志者止有考信錄一書。所以命名爲

述者，如斯而已乎？故備錄先君子所以教述之方，以見述之不才，有負於先君之善教（考信附錄一，頁一六）

在彰德用聚珍版印洙泗餘錄三卷，是爲定本。（自訂目，及考信附錄二，頁二一）

是年洪亮吉死。

嘉慶十五年，庚午（一八一〇）

七十一歲。

二月，弁洙泗考信錄改定本。

既歸河北山居無事乃復益加删改錄爲定本。（洙泗錄一，頁一）

三月，陳履和自南昌歸滇，已至貴州，道中寄崔述兩函。（考信附錄二，頁二〇—二一）

四月，陳履和抵石屏。得崔述託盧孝廉寄他的信及洙泗餘錄刻本；又在朱松田

處得崔述的五行辨救荒策各一本雜文稿二本。（考信附錄一，頁二一）

崔述因眼疾艱於翻閱往往背誦風詩以自遣，吟諷既久覺他少年時所最愛的七月一詩先儒之說亦尙有未備未安，暇日乃爲之解是年六月乃成七月篇解。（讀風偶識四，頁二一—二二）

十一月陳履和寄書至彰德，中云：

……夏商二錄雖得稿本不識後來有無改定？至於豐鎬二錄，尙未見也。詩古文集在先生固屬餘事，而生平蹤跡往來師友淵源，卽此可以考見，似亦未可令其散失。……凡鄴中已刻各書，及周考信錄詩古文稿均乞……寄賜。（考信附錄二，頁二一—二二）

嘉慶十六年辛未（一八一一）

七十二歲

崔述託石屏應試返里之人帶三代考信錄各書給陳履和履和於冬季接讀。（陳書，考信附錄二，頁三三）

嘉慶十七年，壬申（一八一二）

七十三歲。

跋楊村捕盜記。言二十餘年前訂集時已將此篇刪去；今偶一閱之，以其有關於地方之利弊，因復存之。（無聞集三，頁二六）

是年二月，陳履和奉文截取。（遺經樓文稿，鯤池府君行畧）

嘉慶十八年癸酉（一八一三），七十四歲。

是年崔述病中飲食起居多不自適，不覺憶及其母之慈愛，因附記『其母待子女法』於家學之後。（考信附錄一，頁一六—一七）

五月陳履和擬取道四川至北京，八月復自蜀折回。

十月十八日，陳萬里死。

十二月陳履和託雲南公車北上之人寄書及其父行略至彰德，請撰文並求著作。略云：

吾師老矣，履和亦復衰病。吾師未竟之業付與何人？履和未了之志酬於何日？……倘蒙賜之……志銘或墓表，……則先考不啻復生。吾師著作，履和未得見者十五種，乞全賜之。或抄寫一時難終，則請將考信附錄，五服考，國風

蠡測古文尚書辨僞，讀經餘論先發。（考信附錄二，頁二三）

嘉慶十九年甲戌（一八一四）

七十五歲，

三月得陳履和書；作鯤池陳公墓碑。（無聞集四，頁二八）　帶與陳履和書七種：

考信錄總目一本，

考信附錄二本（未全），

豐鎬別錄周政盛衰通考一篇，

五服異同彙考三本，

尚書辨僞上卷，

讀風偶識摘帶二本（即國風蠡測），

讀經餘論一本（考信附錄二，頁二三—二四）。

崔述著成考信錄的年歲，雖他嘗自言爲六十六歲（一八〇五），但未定本尙多。自訂目言『余自三十以後，即條記古聖王之事而次第之。四十以後，遂爲此錄。至七十而始成。暇中復加增改，又五年而始定。』則知定本成於是年。然觀寄陳書於附錄註『未全』，豐鎬別錄僅一篇，似全書之定尙在此後也。

跋救荒策。崔述作救荒策在乾隆三十九年（一七七四）。他說：『作此策時，余鄉風俗尙未甚壞，所患惟在吏胥；……其後……風氣大變，諸生多與吏胥相結，表裏爲奸，……偶閱舊文，猶自惜其所言之未盡也。然天下大夲，豈可以一縣槪之，故仍其原文不改，而附識其說於後。』（無聞集一，頁一七）

四月，成孺人卒，年七十五歲。崔述爲她作傳，附在她作的詩集後。自成孺人死後，室僅一妾，崔述益漠然無所向。（傳狀，頁一三）成孺人傳今不存。

是年趙翼死。

嘉慶二十年乙亥（一八一五）

七十六歲。

自訂全集八十八卷總目。

九月二十二日，聚其書為九函，作遺囑，命妾藏焉，以待履和。（傳狀，頁一三）遺囑曰：

吾生平著書三十四種，八十八卷，俟滇南陳履和來親授之。（三代考信錄陳序）

後陳履和共替他刻成十九種，五十四卷；未刻者尚有十五種，三十四卷，今皆不知流亡何所。其不入總目之段垣詩，訂段垣詩粹，更影響毫無了。據他自訂目說，尚有春秋外編四卷，因未成書，故不入目；如他遲死數年，大概即可加上此一種。

是年姚鼐死。

嘉慶二十一年丙子（一八一六）

七十七歲

二月初六崔述卒。（傳狀，頁一五）行略說：『先生頎碩，美鬚髯，善談論，往往以諸語箴俗令人解頤；其著書亦時復如是。』此可見崔述的狀貌和神態。

閏六月旣望，陳履和至，受遺書。居十日，待伯龍商葬事，乃如京謁選。（傳狀，頁一三）

冬，陳履和出宰山西太谷縣。（三代考信錄陳序）

嘉慶二十二年丁丑（一八一七）

崔述卒後一年。

二月，陳履和刻三代考信錄於太谷。（三代錄陳序）

伯龍以崔述和成孺人之喪歸葬於故魏縣城南闇齋先生墓下。（傳狀，頁一五）

三月，陳履和使人詣彰德會葬，則喪已歸。（同上，頁一四）

七月陳履和丁繼母憂去官，時豐鎬考信錄僅刻七卷；治喪後勉將第八卷刻成，而以全集總目及考信錄總序冠於前，總跋附於後。（三代考信錄陳序）今三代考信錄首頁皆有『嘉慶丁丑二月太谷縣署中刻』字樣。

十月，陳履和撰三代考信錄序（夏考信錄陳序）

望日陳履和之友王崧（字樂山，浪穹人，嘉慶進士，有說緯，滇南志略）撰三代錄序。（夏考信錄王序）

嘉慶二十三年，戊寅（一八一八）

崔述卒後二年。

二月陳履和在湖南舟中據知非集附錄，小草集諸書作東壁先生行略。（行略，及校刊考信錄例言）

四月、陳履和之友劉大紳（字寄菴，雲南晉寧人，乾隆三十七年進士，官山東新城知縣，有寄雜文鈔）跋東壁先生行略云：

竊嘆先生以北方大儒得一弟子於古梁之南，以書授之而道遂傳於天下，師弟子之遇合固非偶然間事也！……海樓曾不一爲紳言之；使海樓一爲紳言之，……豈不當與海樓共爲先生弟子哉！……先生固仕於閩六年矣；使先生不與時齟齬，荏苒不即歸，不數十年死矣，書之成不成未可知也。……天下往往恨小人敗君子，夫惡知其所成固如此哉！若夫先生著書之旨則自叙之言曰：『不以傳註雜於經，不以諸子百家雜於傳註（此誤，原文作『雜於經傳』）；以經爲主，傳註之與經合者著之，不合者辨之，而異端小說不經之言則闢其謬而刪削之』，斯言也盡之矣，可勿贅也。（傳狀，頁一七—一八）

是年太谷諸生孔廣沅重刻洙泗考信錄於太谷，因武鄉令王崧前曾作三代錄序，故又請他作序。九月望日他序云：

孔生師介存介存師東壁，皆能不負所傳，庶幾古人師承不絕之義乎？（洙泗餘錄王序）

是年孫星衍死。

道光元年辛巳（一八二一）

崔述卒後五年。

陳履和服闋回京，帶了崔述的遺書而往。張廷鑑（字靜生，陽曲人）譚震（字艮園，雲南人，桃源令）捐金助他刻書。乃刻提要二卷，重刻補上古考信錄二卷，及唐虞考信錄四卷。至是前錄及正錄已均刻全後錄中惟刻孟子事實錄一種。（序目，頁三二，校刊考信錄例言）

此書當刻成於第二年（一八二二）故現在遺書之書首作『道光二年刊』字樣。提要及孟子事實錄尙爲初刻，唐虞錄一八〇八已刻於南昌，和此本有何同異，不得而知。惟補上古考信錄，顧頡剛先生藏的四種書鈔，和燕大圖書館藏的五種書鈔一字未改，我藏的也是四種書鈔，雖貼改了七行，抽去九頁而換入十頁但和此本也不相同。書鈔本是嘉慶丁巳（一七九七）刻板他的目錄如下：

卷一　開闢之初　羲農

卷二　黃帝至堯舜總　黃帝氏

卷三　炎帝氏　共工氏　太皞氏　少皞氏　顓頊氏　帝嚳氏

此本則將三卷改爲上下二卷目錄也變作敘述體：

生民之始渾渾噩噩，其理可推，而其事不可知錄『開闢之初』。

洪荒漸啟，書契未興，而其名號事蹟間有一二見於傳者不敢遺也錄『包羲氏，神農氏』。

書契雖興，史册尙缺，而追述者衆，故世代略可辨：蓋有功德於世者；錄『黃帝氏，炎帝氏，共工氏，太皞氏，少皞氏，顓頊氏，帝嚳氏，諸帝通考。』

綜其始終，舉其義例，『作前後論二則。』

全書移易很多，删去的很少，加入的倒不少。在提要下卷裏面的補上古錄序，在丁巳本是列在開闢之初題前的；這年刻本的前後論二則在丁巳本是均列在卷二黃帝至堯舜總題下的。

崔述他放大了歷史的眼光來看古史，說『以情度之，亦當至唐虞以降然後有史書。』他也未敢決定易春秋傳所載上古之事悉爲實錄；但他偏大胆根據這兩種書的材料來做這部史前史的補上古錄；他的理由是因爲古今儒者多好言五帝，往往雜以百家之言，鄙陋不經；而易春秋傳上的材料，雖不知道牠靠得住靠不住，要其理不悖於聖人，拿牠來證百家之謬也許可以。他並用了歎息的口氣來訴說他的心事道：

『司馬遷曰：「學者載籍極博，猶考信於六藝，」是余之志也夫！』拿了六藝做標準來考信古書，不問其事的有沒有只問其理的悖不悖於聖人，在我們的眼光看起來這自然是很不可靠的。但在西漢時的司馬遷，乾嘉時的崔述，用了這種方法在史學上收了許多摧陷廓清之功，我們也不能不佩服他們。

崔述在這部書上推翻了秦本紀的三皇，春秋緯的十紀，削去了世傳的上古十七天子，斷包犧神農氏沒，子孫不復嗣爲帝，使中國史頓時縮短了一大段，這一動手眞不可說不痛快。他更有許多富於歷史推想力的議論，如說：

唐虞以前，初未嘗有繼世爲天子之事也，有聖人者出，則天下尊之爲帝，聖人者沒則已耳，其子孫皆不嗣爲帝也。又有聖人者出，然後天下又尊之，無所爲繼，亦無所爲禪也，

他批評後人論古多謬之病也很精到，說：

後世之儒，所以論古之多謬者，無他，病在於以唐宋之事例三代，以三代之事例

上古，以爲繼世有天下自羲農已然。

他在這部書中最大的發明有幾點：(1)他分太皞伏羲爲兩人，又分神農炎帝爲兩人；(2)他指出五德終始說始於騶衍；(3)他指出以母傳子說始於向歆父子。 現在摘鈔他的『後論一則』，以見大概：

……五德終始之說，起於鄒衍，而其施諸朝廷政令則在秦幷天下之初，……皆以所不勝者遞推之。 是以秦之代周，自謂水德；而漢賈誼公孫臣皆謂漢當土德；太初改制，服色尙黃，用衍說也。…… 以秦之愚至於焚書求神仙，其爲衍說所欺固宜。…… 然衍雖有五德終始之說，而初不以母傳子，固未嘗以木火土金水爲五帝相承之次第也。 以母傳子之說，始於劉氏向歆父子，而其施諸朝廷政令，革故說從新制，則在王莽篡漢之時。…… 是以王莽自言火德銷盡土德當代，而光武之起，亦据赤伏符之文改漢爲火德，用歆說也。 蓋自呂氏春秋始以五帝分配五行，春帝太皞，夏帝炎帝，秋帝少皞，冬帝顓頊，季夏之帝黃帝。

向見此文，遂以爲其世之先後固然，而太皞炎帝乃庖羲神農之異名，不知炎帝太皞自在黃帝之後，秦漢以前從未有以爲卽庖羲神農者。呂紀所云，但謂五帝之德各有所主，正如句芒以下五官各擅其神者然，非以此爲先後之序也。……且衍之說雖誣，然殷尙白，周尙赤，猶有可附會之端。若歆所說，周爲木德，則何爲不尙青而尙赤也？乃強爲之解曰，『尙其德所生也』；不尙其德而尙其德所生，有是理乎！而殷又不尙其所生而尙其所由生，此又何說焉？……以王莽之詐，方且借虞書，託周官，以飾其篡；其用歆說以欺天下，固宜。後之學者何爲而皆祖述其欺人之言耶？……

道光二年，壬午（一八二二）

崔述卒後六年。

夏、陳履和託顧蒓（南雅）以崔述遺書呈禮部尙書汪廷珍（字玉粲，號瑟菴，山陽人，乾隆己酉進士，謚文端，有實事求是齋詩文集。）汪大加歎賞，尤愛其論湯武諸則，致南雅書云，『事覈理明，足定千秋之案。孟子云，「知人論世，」史公云「好學深思，」東壁先生信其人矣。』履和因踵門求序（序目頁三一，校刊考信錄例言）

季秋，汪廷珍作考信錄序。有云：

見其考据詳明如漢儒，而未嘗墨守舊文而不求夫心之安也；辨析精微如宋儒，而未嘗空執虛理而不核夫事之實也。……然後知先生志大而學正，識高而心細，……其書爲古今不可無之書，其功爲世儒不可及之功也！……當時來世，當必有心悅誠服如大令（指履和，）躍起忭舞傾倒而不能已如僕者，斷斷如也。（序目，頁三六）

十月，陳履和跋行略，補敘黃玉輿案之林孫後事（行略跋）

作校刊考信錄例言九則，記校刊考信錄大略。（例言）

刻孟子事實錄及補上古考信錄成。今本皆題有『道光二年刊。』

道光三年癸未（一八二三）

崔述卒後七年。

二月，陳履和上東陽縣任。（無聞集附刻，頁一）

他出京時，開宜興任泰（字階平，道光丙戌進士，有經學質疑，徑蹊詩草）喜讀崔述的書，作詩嘆賞，有「大譴乃如狂至允反不平」之語。（古文尚書辨僞跋）

道光四年，甲申（一八二四）

崔述卒後八年。

正月，陳履和在東陽縣署中刻：

豐鎬考信別錄三卷，

洙泗考信餘錄三卷，

考古續說二卷

考信附錄二卷

王政三大典考三卷，

讀風偶識四卷，

尚書辨僞二卷，

論語餘說一卷，

五服異同彙考三卷，

易卦圖說一卷，

無聞集四卷；　重刻

洙泗考信錄四卷

以上均据各書的首頁或末頁所標明的。

陳履和錄廣豐縣志循吏傳一則及作敬書廣豐縣志先君子傳後。　此二文及陳萬里行略，皆附刻在無聞集後（今印本爲移印在附錄內）名遺經樓文稿。

九月，陳履和跋尙書辨僞說他刻辨僞時，特錄四庫提要中論尙書三則別爲一册冠篇首。（尙書辨僞跋）

道光五年，乙酉（一八二五）

崔述卒後九年。

陳履和死於東陽任所，年六十五歲（一七六一——一八二五），『官囊蕭然，且有負累，一子甫五齡，幷無以爲歸計』。時蕭元桂（字鏡巖）署金華府知府，爲籌還虧空；東壁遺書書板二十箱不能攜歸，蕭君商之於履和之弟存郡學署作官物交兌，並商之於金華各縣知縣，捐成六百金，稍助刻資以爲家屬歸滇之費。

番禺張維屏（字子樹，一字南山，道光進士）松軒隨筆說：

東壁……先生所著書，履和一人刋行。先生之書不朽，履和爲弟子，其篤於師弟之誼若此，亦當附之以不朽矣。

科學的古史家崔述終

後記

胡適

民國十二年（一九二三）我開始作崔述的年譜，寫成了大半部分；因為我南下養病，這工作就擱下了。國學季刊第一卷第二號曾登出此文的第一章（家世）和第二章（年譜上）。十二年秋後我從南方回北京，我的興趣已變換了，崔述的年譜只寫到了嘉慶初年，其餘的部分只剩一些隨筆劄記的卡片。後來國學季刊也停刊了，我不久（十四年）也離開北京大學了，這篇長文就沒有續下去。

這一擱就是八年，我自然很感覺慚愧。但這幾年之中顧頡剛先生尋得了崔述夫人成靜蘭的二餘集，洪業先生尋得了崔述的知非集，增添了不少的傳記材料。這眞是『塞翁失馬安知非福？』

顧頡剛先生近年整理崔述的全部著述，功力最勤，對於崔述的了解也最深。所以我去年提議請他把這篇年譜續完，把新得的材料都補進去。他已允許了我的請求，不幸他今年因太辛苦得了失眠的病，不能不休息，所以他把這件事轉托他的朋友趙貞信先生。趙先生也是專門研究崔述的，他不但把我的舊稿從嘉慶三年續到崔述死後，他還把許多新得的材料分別補在我已寫定的各年之下。我當初考證的年代有些不正確的，他都代我校正了。這篇開始在八年前的崔述年譜，現在靠了趙貞信先生的幫助，居然完功了。我十分誠懇的感謝他。

我的舊稿有一個妄想：我想在年譜裏作批評的工作，在崔述的每一部書寫定或刻成之年，就指出這部書的貢獻和他的缺點。這件工作是不容易的，年譜的中間擱置，這也是一個重要原因。趙貞信先生續成的部分也採用這個方法，他評論諸書的得失，我認為都很有見地，承他的好意，仍用我的口氣補作這未成的部分；但我不敢掠奪他的成績，所以在這裏聲明一句，並且謝謝他的好意。

二十，七，七。

補叙

趙貞信

大名姚晉槃先生，這次在他的同鄉范老先生處找得了一册針餘吟稿，使我們新認識一位崔述的妹妹幼蘭女士，這眞是意外之獲。姚先生搜求的努力眞可佩感。

我們從無聞集先府君行述中，知道崔元森共有四女，其第四女嫁給魏縣劉觀成，與現在發現的鈔本知非集後面附的闇齋墓誌銘中語一樣。在先孺人行述中則於劉觀成下加了『後改名文樸』五字；而在上湖文編補鈔中的闇齋墓誌銘內則作劉孟集，在考信附錄中的闇齋墓誌銘內則又作『劉孟集，後改名文樸。』一人之名乃隨文隨處歧書，大足奇訝。由我推想，必須崔述原撰之先府君行述內作劉孟集，斯在上湖文編補鈔內者能作劉孟集；必須崔述曾一度將先府君行述及墓銘內之劉孟集改爲劉觀成，斯先府君行述與鈔寫之墓銘內能作劉觀成；當撰先孺人行述時，已由觀成改爲文樸，故於『觀成』下加『後改名文樸』一句；當改定墓銘入考信附錄時，因觀成之名既早不用，故仍於『孟集』下增入『後改名文樸』五字。此推想如不誤，則由孟集改爲觀成，由觀成改爲文樸，當均在崔元森死後或竟在崔述母死前。此劉文樸即爲崔幼蘭女士之丈夫。

從這次洪（業）顧（頡剛）二先生在大名雙井村崔家聽到的說話（見崔東壁先生故里訪問記），知道劉文樸於水災後遷居在大名王村，他的子孫劉光遠還藏有成孺人畫的菊花一幀，至民國十五年方才被土匪所燒，則可知幼蘭女士的夫家是由魏縣徙居大名王村的。

從野紀便覽（鈔本，道光間大名拔貢劉老恭著，亦爲姚晉繁先生新得於范先生者）崔氏詩人條看，知幼蘭女士的字是叫綠芬，幼蘭女士會做詩，在東壁遺書中固然沒有提及，即今本知非集中也毫不能見到，惟於成孺人的二餘集序內有『小娘亦略知聲律，常唱和於針線刀尺間』之語，但集中亦無一首二人相與唱和的詩。

針餘吟稿中共有五十八首詩和一篇不全的婦女奇談論，婦女奇談論實係她替她的媳婦楊氏做的一篇傳，可惜後半已缺佚，否則對於她自己的事蹟或許更有些發現。

她於姊妹行居最次，但他比崔述確實小幾歲則不能曉得。她詩集裏有一首丁丑年六月亢旱京都大雪因而有感的詩，接下去便是一首七旬自嘆，丁丑年是嘉慶二十二年（一八一七）——崔述卒後一年，我疑心她七旬自嘆這詩便做在這年，故假設她比崔述小八歲。她替她的大兒子娶妻是在乾隆五十六年（辛亥，一七九一），這年她的媳婦二十歲，兒子和媳婦的年齡當略相等，如照我假設的年歲，則她娶媳之年為四十四歲，也頗合式。

我續編的年譜於崔述二十五歲條下說崔述兄弟於一七六三年由京同行回里，並引知非集將赴邢州次韻留別舍弟的詩推測崔述離家入關是在春天；現在針餘吟稿裏有一首和次兄赴館高兒寨原韻送大兄入關的詩云：

同歸方半載，雁侶又東西。轆轆征車遠；蕭蕭班馬迷。孤村風俗異；長路燕鶯啼。去去難爲別，一樽淸酒攜。

從這一首詩中使我們知道了五件事：(1)這年崔邁坐館在高兒寨；(2)崔邁曾於這年有一首赴館高兒寨的詩；(3)崔述是次崔邁赴館高兒寨這詩的原韻；(4)他們弟兄回來剛半年；(5)崔述離家入關是在『長路燕鶯啼』的二三月間。

崔述二十六歲那年的秋天是在北京，大概一直住到第二年會試過後纔回來。故下列的幾首詩我都認爲是幼蘭女士在乙酉年（一七六五）秋天作的：

(1)雨夜書懷和大嫂韻：

颯颯西風吹薄裳，更煩苦雨送秋涼。寂寥旅館愁孤客；迢遞關山思故鄉。蟋蟀聲中催夜漏；鶺鴒飛處憶行裝。塤篪孺慕誰同我（大兄在都，時二兄就館院家堡）問視晨昏慰北堂！

從這首詩看，可知成孺人曾有一首這樣韻脚的詩；但今本二餘集裏沒有，這不是成孺人所删，便是今本二餘集有缺佚。又可知崔邁這年是坐館在院家堡。

(2)秋雨步家大人原韻時大兄在北都：

風雨瀟瀟滿碧苔，繡餘閒自繞樓臺。已憐滿目秋將暮，無限離愁雁送來。

崔元森的著作，除在考信附錄中留下了一首戊寅除夕示兒詩之外，已絕無可見。從這詩上使我們知道他在這年曾有這樣之題之韻的一首詩，亦很可寶貴。

(3)和二兄歸城中故居原韻：

蟋蟀燈前促補衣，杏梁又見燕南歸。水餘破屋猶容膝；風過閒庭忽掩扉。
三姊于歸魚信杳；長兄出外雁書稀。雙親獨累吹篪客，幼妹癡憨未識機。

此自爲漳水退出魏城後之作；崔邁這年有這樣之題之韻的一首詩，亦賴此而知。此詩之所以也定在這年，因爲自此年之後，他們已移居禮賢臺新宅，不須容膝於水餘之破屋中了。

乙酉年的赴京，與崔述一人，丙戌年的會試，則和崔邁同應，這由紀聞歌弱弄集序內的『丙戌春仲，……於都下見其伯仲翩翩』之語而知，故我定幼蘭女士送二兄會試時大兄先已在都這首詩是作在丙戌年（一七六六）的春天。詩云：

草綠瀛洲暖，鶯啼上苑春。聯飛雙鳳客，同作看花人。

她的二兄在都夢中寄二兄這首，大約也是做在這時因下兩句和成孺人的懷遠詩相同，故此兩詩當是先後的作品：

千里馳驅祇一身，離家數月傍風塵。遙憐秦市單衣客，誰解綈袍贈故人！

崔述二十九歲時是館於武安，這也從知非集紀序中知道；幼蘭女士有兩首長嫂借兄館武安詩當作在此年（一七六八）

(1)一行雁字幾何曾，地豈衡陽到不能。應是左芬新有賦，武安紙價一時增。

(2)殘燈獨對小窗幽，寂寂蟲聲欲替愁。多少襟懷無計寫，一行雁字正橫秋。

成孺人於嘉慶元年隨崔述到羅源後，曾作了一首詩寄給她的姪子應龍，此詩幼蘭女士有和詩，題爲成氏長嫂寄姪原韻：

曾聞閩地有仙霞，不許閨人到海涯 貧苦只因兒女累，飢寒凍餒向誰家！

此可見她的晚景的困苦她大概有好幾個兒女她的長子名叫永寧，是不肖的；她的大媳婦楊氏是極孝極賢的，但不幸死得很早；她的次女聰慧異常，惜僅七齡而殤；她的丈夫不好學問，除青一衿外似無甚成就，死也在她之前；在詩集中很有些她訴苦的詩使我們不勝同情於這位女士的老年身世。

她的詩題有寄陳氏大姊，寄張氏三姊，憶遂氏四姊成安等等，而她稱崔述崔邁則爲大兄二兄，似述邁兄弟當居其大姊之次。又她在寄張氏三姊這題下，注有『隨任貴州八年，始歸寧一面，別又六年，有懷奉寄磁州』之語，詩亦作『八年離別作相親，西望雲山又六春』；似三姊之年尚大於崔述。崔述的母親生子女凡九，其三子四女是我們所知，尚有兩個未長成的不知是男是女，不知誰居嫁陳嫁張者之間？磁州張珖，在無聞集先孺人行述中未寫有功名，而此云其三姊隨任貴州，則張珖係作官的，不知其在貴州曾任何職。

成孺人能詩之外又能畫，這是我續年譜時所未知。她有一幀畫菊在劉家，而幼蘭女士有題畫菊一詩，故我很疑心此詩即是題在此畫上的，詩爲：

醉後楊妃別樣妝，裁成婀娜玉肌香。生前不與羣花比，留取芳魂獨傲霜。

她的三位姊姊是不是都能詩殊不可知，但生爲崔元森夫婦的女兒，實有都能詩的可能；可惜不能向成安磁州兩處去訪尋一下。在年譜中對於崔述姊妹的敘述太寂寞了，故現在靠了這册新發現的材料爲之補敘於此。

另外還有一些有關年譜的零碎話，就藉敘寫的方便，將牠一起記在此下：

我們在無聞集先孺人行述中知道崔邁的夫人是魏縣庠生劉蘭生的女兒，她和她的兒子伯龍長住在魏，至崔述死後，伯龍將在彰德的屋子賣去，迎崔述的後妾到魏和他的母親同住。今據野紀便覽知這位夫人也頗能詩，但比較成孺人崔幼蘭稍劣，故沒有詩傳下來。

崔述的後妾，僅一二見於東壁行略之末，他處皆未言及，故其姓名及納娶之年月都不得而知；但其前妾麗娥係卒於嘉慶五年（一八〇〇），則此妾之娶，自必在崔述六十一歲以後。

東壁行略，係陳履和奔母喪時在湖南舟中翻閱崔述之遺書而作者，倉卒間不無略有誤處。如記崔述十四歲補弟子員，十五歲入晚香堂讀書，均與考信附錄內所載者差一年。故我讀『乙酉丙戌間水三次入城，卒徙於禮賢臺上』（先府君行述）之語，終疑崔述之徙居新宅是在丙戌，不在乙酉。

嘉慶十三年七月，陳履和在南昌刻唐虞考信錄，曾繫考信錄自序於唐虞錄後，（見考信附錄二，頁九—一〇唐虞錄跋，及頁一九自南昌寄彰德書）但這時自訂目錄尚未撰就，而現在的自序末有『附於目錄之後』之語，故我頗疑此序後來曾經改過。幸能發現戊辰刻本唐虞錄，其自序恐必與今見者有異也。

年譜五十八歲（一七九七）條下所記適之先生所藏的書鈔本洙泗錄一節，適之先生以爲此本頁數之移易爲原藏者曾見崔述修改的本子而依之以移定，故疑丁巳本，太谷本之間尚有一五卷本的洙泗錄；我頗疑其非是。但現在尚未能將該書細加審核，故於此處仍暫存適之先生的原文，俟作遺書校勘記時再爲詳考。

年譜之補續，爲時頗僅，其中大部分多未能愜心，以亞東索稿迫急，不容再延，粗率訛謬之處知必很多，伏希明達之士惠予教正！敬謝適之先生過分的獎飾和頡剛先生的殷勤指導！

二十，十，二十。

崔東壁先生故里訪問記目

予讀東壁遺書，神遊於崔氏之故鄉者久矣。民國十七年，承李仲九先生委託王證先生就崔氏墓宅遺址，攝影若干幀見寄，得略識禮賢臺面目。去年春間，又承仲九備告旅行之術及其當注意者。適值燕京大學國學研究所同人訪古河北，得抽暇至大名魏縣作三日遊。雖初到，若舊相識；一一訪問，導者為詫驚焉。歸後作記，備列其事。崔氏家譜一册，歷亂無序，洪煨蓮先生清理多日，始有統紀可尋。既向郭頤清先生乞取大名縣圖，又在彰德購得安陽縣圖，幷屬趙肖甫先生集錄遺書中邑里之名，而由張頤年先生合繪為圖；肖甫又作附說，以說明之。於是讀東壁書者得瞭然於其所稱舉之地及其往來遷徙之程。此亦尚論古人之應有事也。姚晉槃先生敬恭前哲，於予等行後又繼續蒐訪，得未知者三事，貽書述之；茲錄以殿本記，且以誌感。民國二十一年二月十五日，顧頡剛記。

崔東壁先生故里訪問記

洪煨蓮　顧頡剛

我們這一次出外旅行調查，是要走河北河南山東三省的各一部分。我們的目的是要看看在這連年兵災大禍之後，我們歷史文化的遺物還保存得怎樣。但大名一行却不是爲這目的而去。前年頡剛正在整理崔東壁遺書的時候，得着由大名王守眞先生（譔）寄來的崔東壁太太成孺人二餘集的抄本，今年煨蓮又從燕京大學圖書館破書堆中找出崔東壁的知非集。這兩種詩集現擬都放入新印編目標點的崔東壁遺書裏面。兩三月來我們討論崔東壁遺著，興致正濃，故趁着這一次邯鄲旅行道過之便，要往大名調查崔東壁先生故里，並希望能得點新材料。未離北平前，頡剛接得前在廣州中山大學的同事大名人李一非先生自張家口來函，極勸作此行，且附寄介紹函件。我們到大名時頗承學界諸君殷懃招待，我們感謝他們，更感謝李先生的介紹。

民國二十年四月七日：我們到邯鄲，住和順棧中，購邯鄲至大名汽車票。

四月八日天明即起，捲了鋪蓋草草吃些小米粥，即上汽車。七點十六分，汽車開行，共載十餘人，還不甚擠；惟車既老而無力，路又壞而未修，時要下車步行。車走不動時，汽車行中備有二人下車盡力推之。據同行者言：邯鄲大名之間原無汽車道；民國九年華洋義賑會利用飢民力以築道，頗便交通；十年來訖未修理，故破壞不堪。然細審其道，每數里往往有長數百步之一小段，還算平穩。初不解其故，後乃覺凡未大壞之道，皆任小橋之前後。橋之製皆以木，樹幹數條，上橫釘木板，板長不過三尺；故橋之左右各爲板一行，中央露空一條。平常騾車走橋上，牲口之腿有落入露空處之虞，必折而走大道下之小道，橋前後之路殆因此而得保全耳。吾國北方大車之輪，其邊甚薄，護以鐵，車載重，任斡轉，乃如利刃割裂道路。有司既不能令平民廣其輪邊，又不能禁大車走馬路上，得此木橋妙製，或可以保全道路吧？九點三十二分，車到成安，我們藍布大褂，厚積塵土，已變綠黃色。再行一小時許，過舊魏縣城，路旁有大石牌坊若干，湮沒土中，僅露其頂，羣訝爲奇景，因下車攝影數片，復行。十二點三刻到大名。車過魏縣時，有大名縣第六區區長郭壽榮先生（鴻恩）上車，與之談，知爲李一非先生同學，頗表歡迎我們之意。到大名後，由郭先生導至北門內豫豐館洗臉，吃午飯。飯後，頡剛持李先生介紹函往謁教育局郭頤清（延年）局長。郭先生卽邀我們到局，住局中大廳。大名縣城甚小，周圍不過九里。教育局在城西南隅，舊爲普照寺。大廳後有佛殿，今僅留一大佛，聞前年馮軍用鐵索牽之不倒，開鎗擊之，傷其鼻。局中房屋多係新蓋者，爲半洋式。庭中石砌半爲斷碎碑碣，往往尚有殘字畫像可辨，惜未能保全。我們布楊大廳中，稍整頓行李，卽應接來訪諸君。是日下午及晚上所接談者如下：

郭頤清先生（延年），大名人，縣教育局局長。

郭壽榮先生（鴻恩），大名人，縣第六區區長。

李和軒先生（春堂），大名人，縣建設局事務員。

姚野浣先生（諭），大名人，北平民國大學經濟學系學生。

郭漢岑先生（英傑），大名人，縣立第二高級初級小學校長，

趙貢岑先生（畸），大名人，縣視學，

魯秀軒先生（世英），清豐人，省立第五師範學校教務主任，

高配三先生，大名人，縣教育局事務員。

高警世先生（象震），大名人（職業未詳），

我們就諸人打聽崔東壁的家世及遺址，雖所說不完全一致，然以下諸點頗可注意：——

（一）崔東壁之子孫某原住魏縣河里（一名河下），今住大名城內，以賣杏仁茶爲業。

（二）東壁有二女：一嫁廣平某家，一嫁廣平馬虎莊某家。

（三）魏縣正南八里崔家莊原有東壁所刻書板，民國九年被火燒了。

（四）魏縣正南稍西二十七里雙廟集某家存有東壁印書之活字板；但有人取

以燒火。

(五)東壁曾自編家譜，現尚存於魏縣正南稍東三十一里雙井村他的子孫崔衍隨處。

(六)縣中某家原藏有東壁所書一聯，但三年前已爲其家婦女剪作鞋樣。

(七)民國七八年間，大名縣縣長張昭芹爲崔東壁立碑開會演劇，渠囑東壁子孫代覓東壁手稿，得大名水陸考於廣平某家。

(八)在開會時，崔家子孫曾取出東壁及成孺人的遺像來懸掛。遺像現在魏縣南三十五里許之小清化村。

(九)頡剛前得成孺人的二餘集抄本，抄本乃姚野涚先生所手抄者。其原本亦爲抄本；姚先生借自高配三先生，高先生又借自他人。

以上所舉的(一)(二)兩條，我們頗疑其不可靠。據東壁詩文集及陳履和的東壁先生行略，東壁一子一女皆早殤。然家譜，遺像，書籍，存板，我們應仔細調查。二餘集的原抄本亦應借來再校對一次。是晚我們仍往豫豐館晚餐，十一時睡。未睡前，我們計劃將旅行團分作兩組，容希白吳文藻鄭德坤三君留在大名調查古蹟，並就便訪成孺人娘家的後裔，有無崔家的遺稿字畫。煨蓮頡剛，及林悅明君則往魏縣，雙井，小清化一帶調查關於崔東壁的事蹟。計劃既妥，當夜即雇定一個小汽車，並約郭壽榮李和軒二先生同行。

四月九日：早起，由局中僕役代買梨，燒餅，油炸果等早餐，訖，即上汽車；八點一刻開行。汽車較昨日所乘者更破壞不堪；四輪之硬皮帶皆破裂，司機者二人取麻繩捆之，藉護其內之軟帶。（插圖二）每行約半小時，必停止一次，修理捆繩，重打空氣入軟帶中。每次修理恆費半小時。我們等候得不耐煩，輒向前步行三四里，俟汽車由後趕來，再上。魏縣在大名西北，僅四十餘里，倘有好汽車，半點鐘可到；我們行路乃費二小時。十點一刻到舊城中，在東門內第六區公所下車。

區公所舊為關帝廟，有光緒丁丑碑。郭區長延我們入坐少息，即復外出觀舊城。

一望盡爲田園，綠者麥苗，黃者油菜，白者梨花，尙未凋謝，房屋十餘處，皆爲廟宇公所之屬；似水湮舊城縣併大名之後，居民盡移城外，習久不返。城爲圓形，土墻周圍僅二里許；所謂門者，僅有闕處而已。按大名縣志（乾隆五十五年本），魏縣於正統十四年築土爲城，周五里，闢四門，又設東北一小門。弘治四年，造門樓，立甕城，列垛，復闢西北一小門，統爲六門，其形如龜，俗名龜背城。又環城築隄，以備漳水。正德六年，築隄爲外城。八年，於外城開東北西北二小門。其後二城時有修飾。乾隆二十一年，縣丞楊琪以城中多水，於東小門外開涵洞以洩之，而城外被漳水淤高於城內，水不能出。次年河決朱河下口（按朱河下今地名在魏縣西五里），遂自涵洞灌入，城垣坍損，廬舍漂沒。又按今城中城隍廟內有同治八年大名縣知縣張仲麟撰魏縣城碑記，咸豐十一年，東匪西竄，鄉學單公倡團練，議修寨。同治二年，知縣劉杰乃因城基修寨，久未成；梟捻各匪之擾，縣丞黃師淦，訓導和紹宗，督修之，八年成。可見舊城在乾隆時已被水冲壞，現在土垣乃同治中築墻之遺迹耳。現時城中地面，較之乾隆時似高丈許，故大石牌坊之頂端僅露五六尺或七八尺不等。（插圖二） 大碑之頂有竟與地面平者，（插圖三）意碑之湮沒於地下者必多。 數百年後此廢城必爲考古者搜求材料之好場所也。

大牌坊之排列殆皆跨當時大街道而立，其中頗有與崔家文獻有關者。 南門內，從南數至北第二牌坊立於康熙二十八年，南面刻『紫誥重封』，北面刻『榮褒三世』（插圖四，五） 三世者，崔世耀及妻劉氏崔向化及妻唐氏，王氏，及廣西布政使內陞通政使崔維雅也。 維雅爲東壁之高祖維彥同產兄，無聞集卷四有上本縣先布政公行狀頗具事略。 城之西南角又有兵部進士崔士章石牌坊一座。 北刻『材壯風雲』，南刻『策對彤墀』。 按大名縣志士章爲順治十一年武解元十二年武進士曾隨康親王平耿，以軍功授副將，親老未赴。 後見崔氏族譜，士章爲維雅弟維彥兒，是亦東壁高伯祖也。 此外東門內尚有工部屯田司主事崔謙亨，順天府大興縣知縣崔謙光之石牌坊各一座， 謙亨謙光之名不見崔氏族譜中，又謙亨牌坊立於萬曆二十八年，是在東壁祖宗遷居魏縣之先，此二人當係另一家者。 雖然，卽就上述舊牌坊觀之，已足見崔家在魏縣之勢力。東壁之上本縣先曾祖段垣公行狀說：『吾宗爲魏望族；自先布政遷魏以來，甲第相接，僕馬喧闐里閭。』更就崔維雅及崔士章牌坊之位置考之，這些崔姓望族似都住在城中南部。段垣公行狀中說：『爲園於城南，構亭水上。』考信附錄說東壁的父親常携兩子登城觀城外水，自注：『城在宅後故爾。』可見東壁未遷禮賢臺以先之故居乃在南墻根一帶，又必稍近南門，故使於上城墻。現時在這塊地上已無崔家遺跡可尋。當時備廬中之經史筆硯和擬刻段垣詩文稿之梨板數十方，如果未被數十年漳水漂流而猶可尋者，要在地下丈許。今地面上所見者，不過梨樹數十株耳。林悅明君就崔維雅牌坊照相數片。我們最注意者，乃坊上雕像，其一爲官家差送誥封到門之圖；不知是否實畫當時崔家房子狀況，映照畢我們又回第六區公所。郭區長作東，邀我們午飯。

午後我們先到區公所之東南數十步縣立第三完全小學校。此地據殘碑，爲洹陽書院舊址。現時學生有二百餘人，住宿者半。我們見校長苗長華先生，及教員邢中道先生。邢先生已老，對於崔氏的掌故頗熟。參觀學校畢，我們踰土城牆出城，看禮賢臺。禮賢臺在魏縣城之東南約半里許，其地爲一小土阜，上有一塔。塔磚製，上刻有八卦，中祠奎星。(插圖六) 按大名縣志魏縣舊有臺相傳爲魏文侯所築以禮賢士；湮沒不知其處。嘉靖間知縣陸東築臺東隄上以存其名。所謂東隄者，即弘治四年，鮑鮚所築之環城隄，而正德六年(志卷十七頁五上誤刻二年)高夔所就以爲外城者也。陸東於嘉靖三十二年任魏縣知縣，涖魏二年而去，是建臺時當在三十二年，三十三年中。然明郭思極魏臺奎光塔記曰『吾邑古有魏臺，父老相傳以爲其地即向者段干木所廬而文侯所式焉者也。迨歲久遠，臺榭遂以蕪沒不存，僅僅遺一土址耳』。是陸東築台之後數十年又毀，萬曆十九年知縣梅守相乃修之。臺之後爲室，堂之後建塔，塔之稍次而東西各爲小室。今塔前有一碑已傾側欲倒，字殘不可讀，細審之，知爲萬曆二十年魏侯梅公重建魏臺碑，殆即記其事者。又有一碑已倒，只見其一面，字亦殘，僅得『本府易震吉捐銀二百兩』及『本縣王廷諫，訓導張國賢』各字。按大名府志，易於崇禎中任大名知府。按縣志，土於七年至十三年任魏縣知縣，張於十二年任訓導。是萬曆十二年時又曾修理一次。至康熙二十餘年間，知縣金協廣又重修一次，有記文載縣志中。此後至乾隆初年，東壁幼時，常游覽其上。禮賢臺新居記中說『敞亭三楹，矗塔數丈，左右房序庖湢之處悉具，』可見還甚繁盛。然又說『乾隆丁丑（二十二年），城沒於漳，官舍民廬椽薪壁礫而臺亦就荒。又八年予始卜居來此，亭榭軒檻已無復有存者，惟孤塔巋然插雲，及柏下斷碑數片而已。』則荒廢在乾隆丁丑後也。

當時東壁纔二十六歲，正講究制藝詞章，還未改入考據一途。又少年自負之氣頗盛，儼以段干木自擬，故記中說『後之人之居此者，且未必知為段干君之臺，況能知余之棲息於是乎？』考信附錄中送秦學溥詩亦說『文侯昔館段干木，遺址今在東南隅。誅茅作室俾我宅，伯夷所築聊可娛。』其實魏文侯與段干木之故事見呂氏春秋，淮南子，史記，新序，高士傳各書，全未說到文侯曾為干木築臺。築臺一事，自是後世附會之說。況臺又爲陸東所建，姑置隄上以存其名者，東壁知非集後桂留樂府選有金縷曲一闋中說『齊東野語從來巧。漫譏評，離騷屈子，南華莊老。太史文章千古重，舛謬依然不少。還未算全無分曉。最是而今談古蹟，試推求，人地皆荒渺。堪一笑，問囊槖。』以此相律，東壁之信禮賢臺爲段干木舊址，得無亦將供一笑之資乎？

東壁當時住這土阜上的地所，現時已不可詳，乾隆五十五年之大名縣志卷七有舊魏縣圖，圖中有禮賢臺在長隄上，塔之左右有房子幾所，不過上面寫着漳河丞署駐防等名，是當時東壁雖已移家住西山乞伏村，而臺旁尚有屋宇，現時則一塔以外更無所有了。

我們站在土阜上四望，都是田地，一點水也沒有。（插圖七）想到東壁記中『湖水迴環，周十餘里，城處其中，若島嶼然，』成孺人魏臺晚眺詩中『雙櫂何處來，漁歌斷復續，』各語，眞有滄海桑田之感。現時的漳水，已改道到魏縣之南五十里了。

看完了禮賢臺，去看崔氏墓。墓在禮賢臺之西，魏城之南，北頭有神道碑一，曰『淸大儒羅源縣知縣崔東壁先生神道』，額曰『表揚先嘉』『佑啓後人。』碑爲民國九年四月縣長張昭芹所立者，文如下：

捐贖崔東壁先生墓田記

大名崔東壁先生以學行彪炳於世，照芹嘗讀其遺書，心嚮往之。迨奉檄涖茲土，過禮賢臺，訪先生故廬，則蔓草荒煙，遺跡無有存者。惟魏縣舊治南門外邱壟故在；然荆棘叢穢，馬鬣不封。問先生之裔，則嫡派中絕已久，族親式微，墓田亦轉質於他姓。明德不昌，良可慨已。然則興舉廢墜，固守土責也。爰捐俸洋一百七元，從邑人劉振清贖回所質墓田，歲徵其租，繳送縣立第三高等小學校收存，爲修理祭掃之費。學校距墓數十武而近，經理其事既甚便，每當春秋佳節，校長躬率諸生敬謹致祭，楮錢麥飯，憑弔松楸，莘莘學子，知必有景仰前徽礪節懋修於不能自已者，則昭芹之願也。墓田在魏縣舊城外東南，東至韓國賓界長五十二步二尺，西至郭書田界長八十三步，南至崔之桂界濶三十一步三尺，北至陳金正界濶三十三步二尺，中闊二十九步二尺，共計小地八畝七分三厘零四絲八忽。 校長王君登明囑泐石以垂久遠，因記其梗概如此。 至租戶仍爲劉振清贖回文約及現訂執照均存縣署。 後之君子有能崇其堂斧而增其祭田者乎？ 先生在天之靈實式憑之。

大名縣知事樂昌張昭芹記。 試用巡檢邑後學李貴三書，

由北入墓道後有二小冢其一有小碑書曰『妾周氏之墓』這是侍妾麗娥了，無聞集中有她的傳。 又其一無碑，疑是東壁的次妾，卽陳履和到彰德時所見者，不知然否。

往南更進數步爲主穴崔元森墓。 碑題：

皇清勅贈 文林郎羅源縣知縣眞儒闇齋崔先生 / 孺人李氏 之墓。

嘉慶九年十一月大名縣分防縣丞余元泰敬題。

碑陰書：

公諱元森字燦若號闇齋，行一，歲貢生，隱居不仕。 生於康熙四十八年五月初八日，卒於乾隆三十六年二月十五日，□□（當是孺人）生於康熙四十五年

二月初九日，卒於乾隆四十五年十月初九日。 男述，乾隆庚辰副榜，壬午舉人，福建羅源縣知縣；邁，乾隆壬午舉人，揀選知縣。 孫應龍（改名騰蛟），夢熊，

稍東南為東壁墓墓碑中書：

大名老儒崔東壁先生暨德配成孺人墓，（插圖八）

兩旁書：

先生諱述，字武承，乾隆壬午科舉人，福建羅源縣知縣。 著書八十八卷，今先刻考信錄三十六卷行世，餘書次第授梓。 孺人諱靜蘭，字紉秋，著有繡餘詩一卷，爨餘詩一卷，擬附刻於先生詩文集之後。 嘉慶二十四年歲次己卯十一月吉日，滇南受業門人陳履和頓首拜題。 姪伯龍立石。

這一塊碑，我們以為很重要：（）可見陳履和不僅為東壁刻書作行略，而且為他題墓碑。⑵成孺人字紉秋，我們在前並不知道，這是一個新發見。 ⑶當我們讀二餘集的時候，我們以其中只有爨餘吟附繡餘吟，除序一首外並無文，而東壁之自訂目錄有細君詩

文；稿一卷陳履和之東壁先生行略謂成孺人有䜌餘詩文二卷；因疑她的集裏應有她的文。現在照這墓碑看來，也許我們所見的二餘集已是足本，不過其中短了東壁爲成孺人所作的一篇傳而已。(4)從前我們以爲東壁弟邁之子龍官改名應龍又名伯龍的乃是過繼與東壁者；今墓碑上伯龍自稱姪，我們乃理會東壁雖命伯龍以一人承祧兩房，實未嘗過繼。東壁曾作承嗣條例，可惜其文已不可見矣。此外在墓田上還有兩墓均有碑可考。崔邁墓在闇齋墓之西南，有碑曰，『皇清壬午舉人揀選知縣崔邁德皋之墓』，在東壁墓之

崔氏墓圖

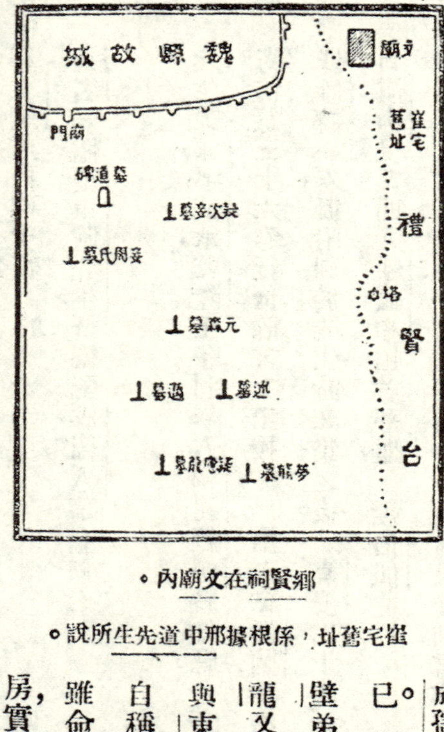

鄉賢祠在文廟內。

崔宅舊址，係根據邢中道先生所說。

東南者，爲『夢熊之墓』 夢熊爲邁次子，據行略十五歲而殤；殤於何年不可考，二、餘集中雨中有感一首下注云『時久客於外，夢熊新亡，』似在東壁五十歲後。 就夢熊墓之位置而論，似曾過繼與東壁爲子。 崔邁墓之東南有一墓無碑，疑是伯龍之墓。其西南又有三墓均無碑，不知屬何人也。（插圖九） 林悅明君在墓田上照了幾張相片。我們又取出白紙及黑蠟，就各碑上搨下碑文。 雖苗校長邢先生李先生郭區長與兩位衞兵及司汽車者二人都來帮忙，竟以風大，紙在碑上站不住，所以搨得不好。（插圖十）

搨碑畢，別了苗邢二先生，由李先生和郭區長帶了二名衞兵同我們上車，往雙井村。

因沿途壞車，到時已近下午五時，我們見崔衍隨先生（號從龍，年五十五歲）及其從弟衍恆先生（號月波，年二十五。）衍隨先生係秀才，現在村中設塾，有小學生約三十人。

他曾在開封購得考信錄讀之，故能道東壁事。 我們問他有無家譜，他說在小淸化崔鴻藻先生處。

於是我們趕緊要到小淸化去。 汽車夫說汽油已用完，索取大洋二元去買煤油代之。以煤油開汽車這是我們從來沒有聽見過的；但用後車竟開得動。不幸纔出村外，輪帶又壞了，不能走。因此我們只得步行到小清化，共走了八里路，汽車隨後也趕到，時已七點，天色將黑了。

崔家在村的北頭，門前環植椿樹，門上粘有紅紙，書曰：『博陵舊家』，聯云『清朝從來紳衿第，民國依然詩禮家。』我們來得不巧，崔鴻藻及其弟鴻濱（二人皆業農）適均進城。鴻藻之長子可畏來接見。我們先問東壁像，遲疑久之。經李和軒先生解說我們來意，乃取畫像三軸出。細審三像，我們疑其全與東壁無關，其理由如下：

（一）三像皆畫在洋布上，顏色甚新，斷非百餘年前舊物，

（二）三軸裏外均無字樣說明是誰的像。

（三）三像中，戴紅頂者二，戴藍頂者一；東壁做官，外不過知縣，內不過主事，紅藍頂皆不宜戴。

（四）三像皆為壽身像，觀其面貌神氣，最老者不過五十餘歲；東壁壽至七十七

歲，且生平多病，不如意事多，老態當甚顯然，（插圖十一，十二，十三）

我們卽舉三像以問可畏君，那一個是他的祖宗崔東壁先生，他也說不出來。再問成孺人像，答以無有，亦可怪。更問家譜，取一寫本來給我們看。首有二序，一爲乾隆五十四年崔楷元所作，內說康熙中崔維雅迎父向化，叔仰化，並楷元的五世曾叔祖鳴霄三支，同居魏縣；原先的譜乃維雅所編，乾隆二十二年，鈔本沒於漳水，三十年中譜未修，乃就記憶爲譜，急與合族並本支桂元，檜元等繕鈔本以備刋刻。一爲崔鴻藻先生所作，未明言乾隆五十四年後之譜爲誰所補，然就譜觀之，似卽彼所自爲也。現將譜中東壁一支與諸崔之關係，簡單爲表錄下。表中實線代表血統，括弧代表過繼子，數目字代表世系，直線下無名字者，皆因簡去不錄，問號（？）代表譜中原稱『失諱』之名字。

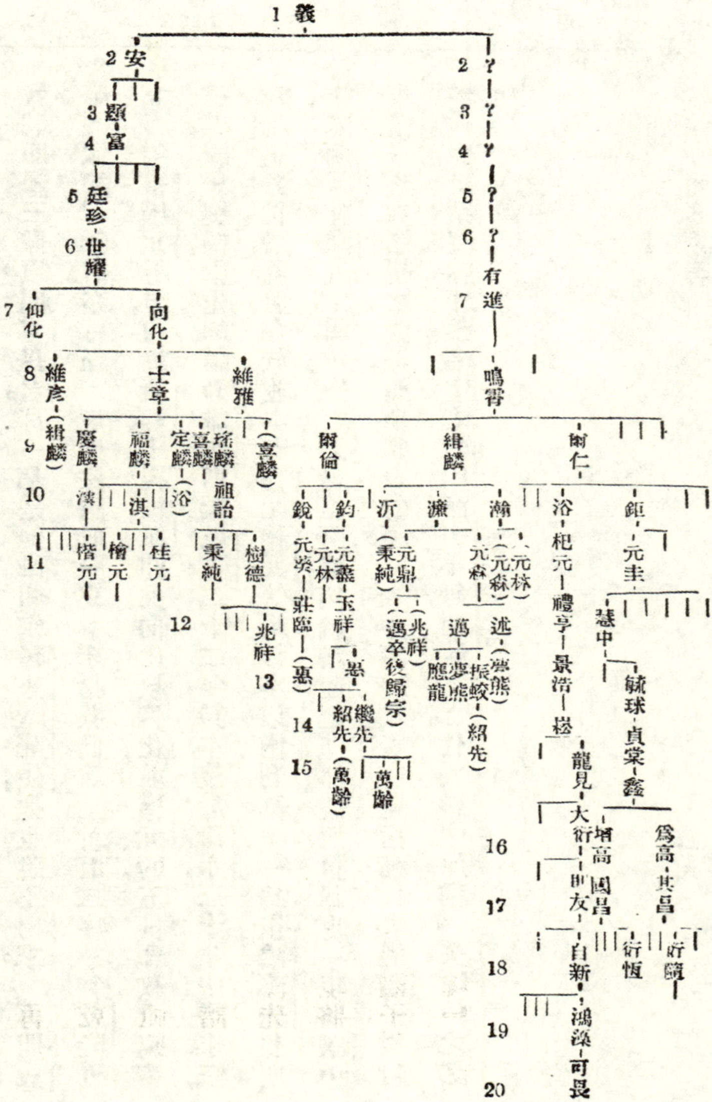

此譜若完全可信，則我們不僅知崔維麟是崔維彥的承嗣子，可以補東壁所未道，且崔邁的兒子之後還承嗣有兩代，然後絕，亦我們以前所不知。然而這個譜裏顯然有錯誤。據譜，則崔邁之三子爲振蛟，夢熊，應龍。但據東壁的先府君行述及先儒八行述，崔邁的三子是長應龍，初名龍官，次夢熊，次躍鯨。在崔闇齋的墓碑碑陰上應龍改名爲騰蛟，而躍鯨之名不見，疑乾隆四十七年，嘉慶九年之間，躍鯨已死，故不及。今譜把應龍變作第三，而添出振蛟一人做崔邁的長子，可見編譜者對於崔元森一支的昭穆並不熟悉。其所以不熟悉的理由，大概因他們宗族中有不很妥協的地方，致頗少聯絡。且看譜中過繼之出入，也可猜到他們因分產而起之糾紛。闇齋幫助了立秉純爲崔沂後一事，且打起官司來，而他自己本是奉父命出繼於伯父崔瀚的，今譜中過繼與瀚者乃又有元林。先府君行略中所謂『侵取田宅』，所謂『骨肉多難言之隱，族戚有毀譽之嫌，』也許都與這些事有關係。

這一本譜編排殊亂，行輩不齊，宗支不清，檢讀頗難。我們看時，天色已黑，不能多抄，只得託李和軒先生於暇時代抄一分，並將三軸像各照一相，寄與我們。後來，他都辦到，眞可感謝。

我們離了小清化，本擬趕回大名，但汽車無燈而鄉間路又難辨；幸虧林悅明君帶有手電燈，勉強認道而行。然而時要下車辨路，車屢停屢開，機器熱起來，車內充滿了煤油汽，人如在蒸籠中，好不難受。車夫說黑夜走道無法保險，且大名每晚六時閉城門，卽到大名亦進不去。我們問郭區長有法叫開城門否，他說這事從未辦過，且勸不如在鄉下住宿一晚。因此，我們又轉入雙井村求宿。頡剛笑謂煨蓮曰：『今晚也許我們要親嘗東壁宿青石滾詩所道的生活了。』幸而崔衍隨衍恆兄弟頗歡迎我們到他家中住。但其時已近九點，所以我們先到村街進晚飯。據飯館夥計說，只有豬肉餃子可喫。我們食時，覺得所謂豬肉其實乃是肉皮，且往往皮中多毛；勉強食了幾個了事。又到崔家談東壁事。座中衍隨衍恆兄弟外，又有王楊二君，年皆六十以上。所談與東壁有關者，有下數則：

(一)傳聞彰德城內鼓樓下埋有錫箱中藏東壁著作，此事似不可信，不過有此傳說而已。

(二)東壁妹夫劉某(按，當是劉觀成)，水災後遷至王村。後裔劉光遠家中藏有成孺人畫菊一幀，民國十五年爲土匪所燒。

(三)李鴻章作直隸總督時，以東壁入祀鄉賢祠，以衍恆之父國昌爲東壁奉祀孫，載在木主。

(四)雙井村東南八里范駢村中有范鑑古先生，號廉泉，爲衍隨之師，於東壁事頗熟，可往一詢。

(五)東壁書之刻版及活字版，均不曾聞得。

談過十一點，纔分散去睡。我們二人和林君共睡一大炕上。床既硬，被又薄，我們和衣而臥，終夜輾轉，未得睡好，且皆感寒傷風。

四月十日未明卽起。散步庭中，見一屋內有神座，旁置槍劍之屬若干，就而祀之，始恍然悟其爲紅槍會中之佛堂。（插圖十四）據我們昨日所聞，紅槍會之勢力在此帶地方頗盛。村中往往有製鎗廠，廠裏工人有五十人者，每兩日可造洋鎗五枝，每枝成本約五十元，較舶來者（約一百五十元）爲賤。村中各街民戶商家都得買鎗，民戶按五十畝買一桿，一頃地買兩桿，商家則以買賣大小規定鎗數多寡。村中夜常游街以砲響爲號，砲響後，故意遶行街上者，鎗斃。凡抵抗土匪時，紅槍會皆鼓勇作戰。其臨陣被對方鎗殺者，皆功夫未至之流；功夫至即不怕鎗彈。因爲此間鄉村中大抵都有紅槍會，所以近年土匪不敢來搶，即官兵亦不敢騷擾。這可算是民衆自衛的武力的表現。

威鎮北方

道德鎮華夏

一桿皂旗遮日月

掌旗將黑虎

供　周公祖鄧勺臨馬溫雷靈官之神位

祖師老爺勅令萬法教主玄天仁威上帝神闕蕩天遵之神位

奉　桃花仙辛單陶趙劉龜蛇二之神位

金剛將將軍

七星寶劍定乾坤

佛法保乾坤

（佛堂中神位式）

只要傳統的迷信能不因此揚其將盡之燄，這就好了。

早飯仍到村街中去喫，喫的雖是小米粥，比昨晚的猪肉餃子實在好得多了。 早飯後本擬去雙廟集及范駢村，但昨晚未回大名，又無電話可通知容、吳、鄭諸君，恐怕他們發急，且時已有微雨，故即命車歸大名。 當車夫修理汽車時，衍隨兄弟導頡剛到村北觀其祖墓。 從墓碑上知崔元圭於嘉慶元年始遷雙井。 按縣志，元圭爲乾隆丙辰舉人。 按族譜，彼爲東壁族叔。 既同時，又同是科第中人，而東壁詩文集中絕未提及其人，怪甚。 元圭六世孫增高的墓表却云：

五世祖東壁公，當代經師大儒也，而桑梓多有不能舉其名者。 公請於教諭曹公榮績，稟明督憲，祀入鄉賢。 未幾，兩姪衍謙、衍隨同賦采芹，人謂崔氏之書香可稱世代矣。

又豫立崔公懿行碑云：

公諱增高，字豫立，洹陽名族也。 五世祖東壁公，乾隆壬午舉人，仕福建羅源知縣著書三十四種，而考信錄一書尤精力所專注，推爲經術大儒，祀入鄉賢。公以家學淵源，束髮受讀，將冠卽補弟子員，……邑富人劉姓者，公姻戚也，出金數百緡俾於皋比坐講之餘，兼權子母。公天資敏銳，出持籌入課藝，兩無廢事。，未幾試冠其曹食廩餼……不數年，購田數百畝。……邑有大興作，多賴公提倡。……大名道常熟龐公特書『義著解紛』四字以額其楣……民國十三年甲子梅月立，

增高生於道光三十年，卒於光緒三十一年。東壁之得入祀鄉賢，實出於增高之力。他既以東壁爲五世祖，他的兒子國昌自然是東壁的奉祀孫了。

上午十時許，我們回到大名城裏。道上車壞的延擱較昨日爲少。像這樣破車，以蔴繩捆輪帶，以煤油代火油，竟運載九人走了百餘里的路，來回未生危險，我們不得不十分佩服車夫二人的本領。我們到教育局時，容吳鄭三君早已打發人騎脚踏車到鄉間去打聽我們如何失落，並正在討論如何作廣告，如何出賞格，想法子把這三張

窮『票』從土匪手中贖回了。他們昨日不僅枵腹多時等待我們一同食飯且因憂慮我們的失落而不曾睡好，眞是白擔了心只可埋怨交通的不便而已。他們昨日往觀宋北京故城的遺蹟並調查成家後裔有無東壁遺稿，結果無有這亦是意料之中的事。

我們本擬即日下午僱一汽車回邯鄲，搭火車到安陽去，故立刻捆起行李來。事畢，容吳鄭三君先到豫豐館。煨蓮頡剛及林君則往縣署（即舊時府署）去看晚香堂。在縣署西有茶棚，一司鑪者年三十左右，狀頗魁梧，詢之爲崔之桂，不識字，不能言其祖，但云曾在廣平韓家找得東壁的『大名水陸考』一書送給了張縣長。

縣署中時聞喪樂之聲，蓋縣長谷芝瑞昨日沒於任也。晚香堂在署之東部，凡五楹，已頹敗，院子頗大，壁上嵌有李光地方觀承等碑刻，有已倒臥地上者。堂南之土堆上有銅佛二：一爲文殊像，不詳年月，一爲彌勒像，爲順治戊戌製，聞均從他處遷來者。我們在院中照相數張，想及東壁當時與知府朱煐的諸子在此間讀書時狀況，徘徊久

之。（插圖十五）

午時，我們同到豫豐館食飯。飯畢，吳文藻先生外出打聽汽車消息；回報云，汽車行以下雨人少不肯開車。同時有省立十一中學校長薛起昌先生，第五女子師範校長周之廉女士偕魯秀軒先生到飯館來訪邀請演講。堅辭不得，允之。回教育局打開鋪蓋，已近四時。未幾催者來，遂冒雨往十一中學校。時省立第七師範校長謝丕闓先生亦來。聽講者爲三校師生，全堂擠滿，約六七百人。頡剛講自己中學時生活；煨蓮講訪問東壁故蹟事。六時，三校校長及魯秀軒先生在豫豐館設宴招待。座客中，我們六人外，有郭頤清局長。九時，別諸君，冒雨返教育局。是日下午雨頗大，想到男女諸生整隊走泥途中來聽我們沒有準備的演講，心中甚抱不安。未睡前，頡剛取高配三先生手抄之二餘集本校對前年所得姚野浣先生見贈之抄本。姚先生所抄者，與高先生抄本完全相同。

四月十一日天明即起。偶談及繡餘吟中送三兄歸里詩『迢遙故歸情』一句，友人中昔有改『歸』爲『鄉』者，亦有改爲『里』者；然『鄉』於平仄不叶，『里』與下一聯『千里復孤征』句中字重複，皆未當。容希白先生忽曰，『「歸」字應改「舊」字，蓋兩字俗寫體相似（归旧），故抄譌也。』其說甚精，這也算是大名一行的好結果。早飯訖，即捲行李別郭局長及送行諸君往北大汽車行。八時半車開。車新，機器好，故無前三日破車的苦。昨日下雨二尺，故途中塵土少，但此車走的快，顛簸甚，坐客及所帶物時從座位上跳起，頡剛額上受一小箱之打擊，幸未傷。十二點午正，到邯鄲。

插圖一　由大名城往鄉下去之破汽車

插圖二　魏縣半沒土中之石牌樓

插圖三　魏縣故城中僅露之碑額

插圖四　魏縣崔維雅坊之遠影

插圖五　魏縣崔維雅坊之近影

插圖六　魏縣之禮賢臺

插圖七　禮賢臺畔

插圖八　崔東壁先生墓碑

插圖九　崔東壁一之家墓

插圖十　摹拓碑文

插圖十一　畫像一

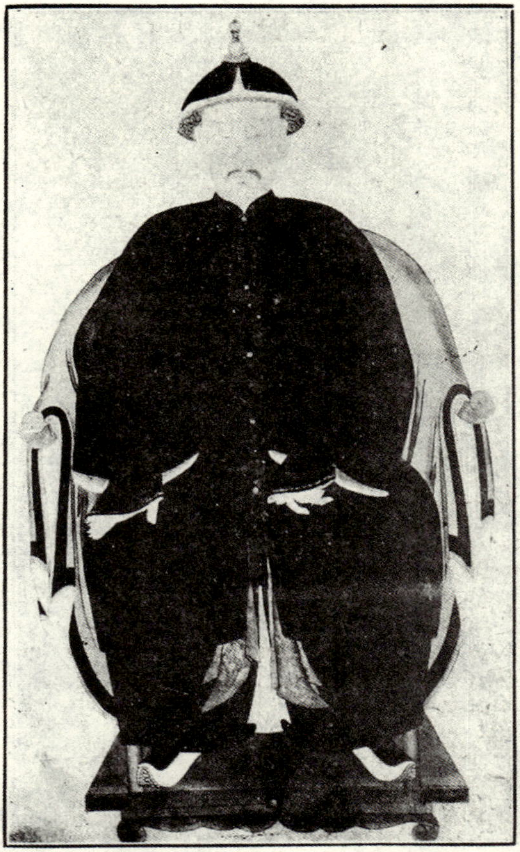

插圖十二　畫像二

插圖十三　畫像三

插圖十四　大名紅槍會佛堂

插圖十五　大名縣署中之晚香堂

圖後附說

趙貞信

在洪顧二先生將崔東壁先生故里訪問記這篇文章撰成以後，顧先生忽然想再附印兩張圖在文內，就是崔氏墓圖和大名縣及其附近略圖，遂命我來把這事辦一下，崔氏墓圖在顧先生日記簿上畫有草樣，這張圖原本很簡單，沒有什麼大斟酌，現在就請張先生根據了那個草樣畫就。

大名縣及其附近略圖，顧先生有兩點意思：一就是要畫上這一次他們在大名所跑到的幾個地方；二更要我在東壁遺書中找出幾個地名在這張圖中可以加入的儘量把牠加入。 我們畫這張略圖的根據圖是民國十四年出板的河北武學易畫的一幅大名縣詳圖，這幅圖畫得頗周到，小地名也多容易尋出。洪顧諸先生們這次在大名跑到的地方並不多，現在不但將他們行蹤所至的皆見於圖，即他們欲去未果的范駢村和雙廟集及未嘗欲去而文中叙及的王村朱河下等也多畫上。 在大名縣詳圖上沒有而儘有可以加入的餘地因參攷別的圖加入的，只有磁縣縣城臨漳縣和安陽縣的一部分。本想在東壁遺書中仔細搜檢一下，凡有可畫入此圖的地方，一律加入；但因急於付印時間來不及的關係，未能如願。現在雖加進了些僅係記憶熟習者，恐怕遺漏的還不少不過大致可算不背顧先生要畫此圖之意，因此就由我的意思決定，請張先生這樣畫了。

圖中很有幾處和文中不相符的，如在文中言『東壁當時住這土阜上的地所已不可詳』但在崔氏墓圖中禮賢臺畔又寫上了一個『崔宅舊址』這並不是自相矛盾，因為顧先生畫草樣的時候，根據了邢中道先生指說這處是崔宅舊址，使隨手把它畫入。但邢先生這句話的可靠不可靠是一問題，從崔先生『考而後信』的原理來講，實不敢說邢先生的口說就算有憑，所以在文中依然說『不可詳。』文中說『魏縣正南八里崔家莊』在詳圖上找不到；和小清化相近的這個崔莊雖確是在魏縣正南，但離魏縣很遠，想來總不會就是崔家莊，故現在雖把崔莊畫上，不過備以俟考而已。

大名水『道』考，在大名人及崔之桂口中便變爲大名水『陸』考；道教所稱的某某『天尊』到大名紅槍會佛堂裏便變爲『天遵』這種錯誤眞不知將從那裏說起。

一句說話，經幾個人的遞傳一椿事情，經若干年的演變，愈去愈失其眞，結果將離奇得不可究詰，怪不得崔先生要定出一個『考而後信』的實例來。

圖中所以有邯鄲，固然是因爲洪顧諸先生們從這處乘汽車到大名去的；但也緣知非集中有一首邯鄲七夕詩。在邯鄲七夕詩的題下他注了一句『是歲閏六月，』知他這首詩是做在乾隆四十三年（一七七八）他三十九歲的時候的。這時候不知他在邯鄲做什麼，但看他詩中說：『天上乍逢歡好夜，人間初別悵新秋。』可見他是纔從家中出來的。他接下去說：『閨遲烏鵲三旬會，貧拆鴛鴦兩地愁。』想來是離開他夫人到外面來坐館，但不知這年是不是就在邯鄲。成安也是洪顧諸先生們到大名去經過的地方，從東壁遺書中看，我們知道東壁先生的姊妹，長的是嫁給成安陳郾的，第三個是嫁給成安逯絙的。乾隆四十五年（一七八〇），東壁先生因他的長姊死了十年未葬，曾親自跑到成安去替她安葬。

凡因洪顧諸先生們跑到的地方而畫入圖中者，已可在訪問記中看明白，毋庸我說了。我所要說的，就是因在東壁先生的著述中提起而畫者。以下所說的都爲此：

東壁先生，他雖是宋儒朱子的信徒，但他却不學一板一腔的僞道學家。他最愛講故事，喜就眼前事物取譬，故他的書中鄉土故事獨多。他要證明『人之情好以己度人，』他就講到肥鄉僧修路的一樁故事。他說：

邯鄲至武安六十里，山道居其大半，向不可車。有肥鄉僧募修之，人布施者甚少，乃傾己囊以成之。議者咸曰『僧之心本欲多募以自肥，以施之者少也，故不得已而傾其囊。』夫僧之心吾誠不知其何如，然其事則損己以利人也。損己利人，而猶謂其欲損人以利己，其毋乃以己度人矣乎？（考信錄提要上）

他要證明『人之所貴者名而已矣，非有能知其實者也，』他就講幾樁磁縣的故事：

磁州故產磁器，有孫某者，仿古哥定汝窰之式造之，既成，擇其佳者埋地中。踰

兩年取出，市於京師保定諸貴人家，見者莫不以爲眞也。 由是獲利十倍。（考信錄提要上）

州中鬻煙草者，楊氏最著名，價視他肆昂甚，貿易者常盈肆外。 肆中物不給則取他肆之物印以楊氏之號而畀之，人咸以爲美，雖出重價不惜也。（同上）

磁粉天下之名藕粉也。……然以其名也，故僞多而眞少。 州中粉肆數十，皆用綠豆若蜀黍粉爲之，雖華門廣廈皆然。 惟南門杜氏及北門外張氏粉皆以藕，不僞；然肆殊狹陋。 又有某氏，居村中，粉尤美。 近人或知之，四方來者倉卒不能辨，苟以磁之名焉而已。 見華門廣厦，爭往市之，以故僞者反易售。 人競趨爲僞，京師士大夫罕有能食眞磁粉者，然磁粉尚名京師不少衰。（無聞集四喩僞）

他最恨人的含糊輕信，凡事不肯細爲推求，考而後信；所以他引一件大名道的糊塗故事記在他的考信錄提要『打破沙鍋紋到底』這句名言之下，以證明『問之不周察之不審』的僨事之大：

乾隆己酉（一七八九），漳決北杜村小王莊，會而東下，直趨大名府城，環城大水。未數日，上決於三臺，水南注於洹，杜村等口流絕，大名水始漸退。大名道問水所自來，縣丞某遂以三臺對；大名道亦不復詳察，遽移文河南（三臺乃河南臨漳縣境）以妨運道爲詞，俾塞三臺之口。幸而水勢難挽，塞之無功。若三臺果塞而杜村等口如故，大名之城其能不爲沼乎？然終以此故，明年大名元城兩縣田禾悉沒。

這種知行合一，治學做人作事多要來施用『考信』的精神，不幾乎生活科學化，怎得令人不佩服他。

在無聞集中有一篇送栗太初赴納谿任序，太初名元，是廣平人。與董公常書中，他曾說：『每讀書有會心處輒屈指私計可與語此者，惟廣平栗太初及我公常先生二人。』在讀風偶識中論『徇名定論』之非，也曾引以太初場屋雖無憑，然尚微有愚』的說話。可見他們二人交誼之厚。在知非集中有一首和廣平孫學師寄贈原韻的詩，孫學師不知是何人，看他詩的末句云：『何處好風吹好句，有人猶解惜狂生。』大概與他頗同調。

他欲得一子之心甚切，不幸成孺人久而不孕，在三十七歲（一七七六）的時候，他寫給董公常的信上，眞說得淒涼之至。他道：

年垂四十矣，而一介子女杳然不聞消息。家貧不能畜妾，……夜中就枕，怛然無生人之樂，不覺其淚之濡衾也。

好容易到三十八歲（一七七七）總算生了一子，不幸雖名之曰『天祐』天仍不祐，過了三年（一七八〇）死了。在四十六歲（一七八五）時，纔得了周氏麗娥來做侍妾，畜妾之願於斯實現，但兒子的不來依然如故。故他在戊申（一七八九）除夕明晨五十詩中又要唏噓地說『但使有男綿祖德，此身甘老釣魚磯』的訴苦語了。嘉慶五年（一八〇〇），他自上杭解任回羅源，麗娥於將樂道中病死。到羅源後，他撰侍妾麗娥傳，說麗娥本來是館陶南鄙人，後來她的父親遷到朝城扶翼集，十六歲（一七八五）那年至魏求鬻由成孺人買下來他納了的。她護侍東壁先生的疾病頗周至，又很勤儉，故她死了，東壁先生和成孺人都很痛惜她。

知非集中有宿青石滾一詩，是他三十八歲（一七七七）的時候作的；寫鄉村貧苦之狀深刻切至，是研究鄉村狀況史的好資料。現在摘鈔幾句在此，讓讀者來比較與洪顧諸先生們的喫豬皮餃子和睡薄被硬床相差多少；並希望人們腦子裏留一些可憐民衆的印像。

暮投青石村，村小乏逆旅。有屋陋且狹，再三請乃許。入屋惟灰塵，其深寸四五。……溫言白主人『爲我暫炊煮；但求得粗糲，不敢論雞黍。』……坐久杳無聲，徬徨見河鼓。飢腸枵欲鳴，渴舌焦難語。食至更已深，草草充肺腑。解衣就枕欹，無床代以戶。飽蚤躍被中，飢馬喧簷下。竟夜眠未成，遲明天復雨。……屋漏墜泥多，紛紜汚藍縷。推枕起披衣，中庭浩無滸。前途〔潦〕

（原作遂）水深何以能達府！

無聞集中楊村捕盜記一文是他三十四歲（一七七三）館於胡村店時做的。適之先生說：『此文紀事甚樸實，讀之可以想見清代北方民間產生的許多盜俠小說的背景』（科學的古史家崔述）。楊村係屬內黃。捕盜記文後嘉慶壬申（一八一二）自記說：『此篇於訂集時已删去，今二十餘年矣。偶一閱之，以其有關於地方利弊也，因復存之。』可見他訂無聞集時，是在五十歲（一七八九）左右。我初看無聞集目錄中於侍妾麗娥傳題下注『閩中續作，』江西贛縣鯤池陳公墓碑銘題下注『歸里後續作，』不解其故；今始悟其緣作於文集訂成後，故注『續作』也。觀圖知胡村店密邇楚土鎮，而舊衛河本在內黃大名兩縣界中，故盜由楚王鎮渡水便達大名陳生家。現在河日南徙，胡村店久已非御河之陽而改爲漳河之陽了。（知非集中酬呂東山詩，自稱『漳南衛北一狂生』，現亦早不適用。）東壁先生文中之御河，即是圖中的衛河（即衛風之淇水，漢書之白溝）；據他考據衛河這個名稱是錯的，應當名御河，故他文中皆書御河。他在大名水道考中有一篇專考御河的文章，對於御河考得很詳細。大名水道考在今本無聞集中是有目無文，幸由適之先生把它在乾隆大名志中尋出，現在也印入顧先生編目標點的那部東壁遺書中了。東壁先生的高伯祖崔維雅和曾祖崔緝麟，本來都是治河專家。無聞集中著錄了四篇關於治水的文章，結果只留下來一篇（直隸水道記），連現在尋得的合起來也祇有兩篇，尚有兩篇不知有再獲得之望否？但就這兩篇看來，也可見到他依舊接續着治河專家的家學。

無聞集中之與呂樂天論漳水事宜書雖已失去，但從他在豐鎬考信錄裏引用了兩處呂君的著述，故知呂君著有戊申記疑己酉記疑二書。而呂君究竟是何處人何等樣人，迄無法曉得。後來我在汪師韓的上湖紀歲詩編中瞧見了一條，方纔明白。因爲他是東壁先生的好友，而且與圖中的地名好幾處有關聯，故把有關於他的幾句話也鈔在這裏：

呂君名游，字樂天，臨漳諸生。嘗注易，又好管子書，授徒磁州。壬午（一七六

二〕夏，謁余廣平，因贈此硯。（摘錄呂君贈銅雀瓦硯歌序）

魏國先生雅鑒古，說易滏陽稱易祖。權衡輕重管夷吾；心胸開拓陳同父。詒我硯材雀不渴，鮮斑着骨波紋活。章求歐奪兩抱慚，但日鈔書忘腕脫。古來書厄秦與新，五厄遞及湘東焚。此硯與書僅有存，幾回濡筆傷斯文。（摘錄呂君贈銅雀瓦硯歌）

知非集中有酬呂東山詩四首，東山不知是否即呂游。

有關於楚王鎮的，除捕盜記外，知非集中尚有一首楚王鎮懷古，不知他何時曾到這處而做的。

無聞集中之漳南俠士傳，也是關於大名（紫莊）內黃（甘周）兩縣的糾葛的。他對於文中李越尋的俠義行爲，非常贊歎。他說：『〔魏地〕土厚而曠，負大行，俯大河，其迅鷙勁悍，天性然也。』現在我們看了大名紅槍會的舉動，覺得他的說話猶信。

他從福建羅源縣卸任以後，起初是住在大名，後來遷到安陽西山，最後纔遷在彰德府城。彰德府已於民國廢除，其舊治即今之安陽縣，東壁先生於五十歲時移住在安陽西山乞伏村，已在知非集中得到兩處證據：一處是知非集自序，他說刪編知非集是在五十歲館於西山乞伏村這年。一處是黃鸝詩中有『我昔游秦川，豳原初結褵……可憐廿五載，煩囂少寧時。豈知今年春，西來山之陲』等句。他的入關結婚是在二十五歲，詩中說在結婚二十五年後，故知他住到安陽西山是在五十歲那年春天。

自羅源歸後，住的安陽西山是否仍爲乞伏村，行略未言；想來或許沒有改換。清流附近乞伏，詩集中的晚秋清流道中，當亦爲在乞伏時作也。

他的母親李孺人也是魏縣人。從考信附錄段垣詩訂後序中看有『又數年，弟邁於仕望集舅氏家復得數册』之語，可知他的母親是仕望集人。

北臯木爲魏縣大鎮，在明嘉靖二十一年（一五四二）知縣馮惟訥（字近仁，山東臨朐人）即檄使作堡。東壁先生四十一歲（一七八〇）時曾館於此，無聞集扶病贅內曾經說及；自知非集發現，又知道他編訂樂飢集那帙詩集也在此處。

知非集中有兩首過河南村題隆天部土地祠的七絕，因爲他在祠中碑上瞧見題着『即唐昌黎韓退之』之字樣，故又發了些感慨。

大名府治本爲大名元城兩縣（大名府城中央爲十字街，由十字街中分之，北隸元城，南屬大名）自民國把府改爲縣，同時也把元城省入大名，故圖中雖未寫及元城，而元城實已在內。

畫了北杜村和甘固，很應當畫上小王莊和紫莊，奈此兩處倉卒不能尋到其位置，致付缺如，實爲徵憾。

禮賢臺，大清一統志作禮賢堂，云『舊名魏臺……；久廢，明萬曆十九年（一五九一）重築，易今名。』據此則禮賢臺之名當起於梅守相；但今禮賢臺塔前之碑，明書『魏侯梅公重建魏臺』，則似非起於梅氏時也。

晚香堂最初的創建者，據圖書集成是大名守王叔杲。他字陽德，浙江永嘉人。明隆慶四年（一五七〇）夏膺任。先在儀門之東造了一個賓館，遂於賓館前起了一座挹芬亭，賓館後建了一所晚香堂。　他用『晚香』兩個字來做堂名，是有兩重意義的：一是大名本來有個晚香亭，晚香亭是宋朝韓魏公築的，遺蹟早已湮沒，故王叔杲特以晚香名堂，藉存魏公之舊。——按大名舊府治本是宋時北京城；韓琦爲留守時，曾於重九日讌諸監司於後園，賦九日之章以見志。他詩中有『不羞老圃秋容淡；且看寒花晚節香』之句，故以晚香名亭。——一是因爲他自己家居時，曾闢有一菊園，也名晚香；他既出外來做官，不能親近那個園了，把這個堂名爲晚香，算做園的替代者。　故沈懋孝做晚香堂記稱他說：

> 蓋昔之君子之愛人也，不忍沒其名，所以景哲也；游於轂市，不敢忘山林，所以養志也：一役而二義兼焉，豈斯堂之謂耶？

此堂在當時，環堂有翠竹幽槐，庭盈名菊，爲太守公暇讀書之處。　王叔杲曾自榜一聯曰：『秋色猶慚元亮逕；晚香漫擬魏公亭。』以後雖時有修理，但堂名便這樣的沿襲下來，迄今不改。

東壁先生的所以能够著成考信錄，開出治歷史學的一條大門徑，有嘉惠與後人，値得我們今日崇拜，固然有多方面的原因，但得在晚香堂讀書八年，實爲諸原因中的一大原因。他的幼年家中可說赤貧，如無朱煐招他到署內晚香堂讀書的機會，勢非改作他事不可。他在考信附錄中說：

余自入署後非但從公學舉業，且得縱觀海內之書，交遊天下之士，以擴其耳目而開其知識。向使余不遇公，卽不窮餓以死，亦不過爲鄉人以終其身，何由能著此書！然則考信錄之作，公之玉成者不少也。

在晚香堂讀書八年（一七五五——一七六二）是他建立成功根基之處，故我把此堂的來由也詳細敍它一敍。

宋北京故城本爲唐僖宗中和中（八八一——八八四）節度使樂彥禎所築，周八十里。

自宋仁宗慶曆二年（一〇四二）建爲陪都，於城郭頗有增修。金元時皆因舊城。明洪武三十一年（一三九八），漳水泛溢，全城淪沒，由是遂廢。今已成爲一片荒野，遺蹟不復可識;惟尙兀立一碩大無朋之王強碑(土名),亦不知其來歷如何也。

這篇文章是圖後附說,主旨是在要寫些說明圖的說話;但我現在所講的有若干處似已軼出題外;然大致多緣想補訪問記所未說而說,故不把它嚴格地删削去了。

二十七,六。

按,關於王強碑,茲讀埜紀便覽(鈔本,道光時大名拔貢劉老恭自號知非軒主人著)考古第一內有下列的一段記載:

王強碑

舊府治皇城儀門有北宋大觀(徽宗年號)五禮碑,高四丈有奇,廣一丈三尺,厚四尺,蓋徽宗御題也。明建文三年城爲水圮,都指揮吳成徙築今治,舊治遂廢,屢受水患,碑亦淹沒。嘉靖戊申(廿七年)春三月,知府顧玉柱(常熟人)命人穿土發之,碑復見。書法宕逸,絕類黃庭經。乃士人皆以王強碑呼之，實不詳其得名之由。按，府古蹟志，此碑止稱御題而不言另有題碑之人，即兵道孔公胤樾（號心一，至聖六十五代孫，順治九年任），刑部郎中劉元徵（順治十二年乙未進士，明工部尙書遵憲孫，官刑部郎中），進士孫郁（元城人，康熙三年甲辰桐鄉知縣），古碑寒烟諸什亦止有『猶憶大觀』之句，而王強之說不見也，茲何以故耶？近有以王強即王欽若者，其言尤屬不經。夫欽若乃眞宗時臣，至道君大觀改元幾百年，正恐其人已亡，又焉能書此碑乎？謹識之以俟考。

據此，則此碑實爲五禮碑，王強蓋訛名耳。乾隆大名縣志中之古蹟及金石兩志均未提及此碑，不知何故？僅孫郁大雄懷古詩有『鎖鑰曾傳宋北京……殘碑偃臥荒烟裏』，郜煥元魏博懷古詩有『斷碣與豐碑，土蝕前朝字』；袁佑故城道中詩有『蒼烟五禮碑』等句，略見痕跡。

乾隆大名縣志古蹟志稱『宋慶曆二年建大名府爲北京，宮城周三里一百九十八步京城周四十八里二百六十步門一十七』則是較唐樂彥禎所築者爲略小。此城淪沒之年圖書集成有兩說，一洪武三十一年，一洪武三十六年；按洪武終三十一年，即連建文四年算入亦祇三十五年，故初從前說今據大名志及埜紀便覽均作建文三年（一四〇一），則集成所記誤也。

酬呂東山詩中有『同鄉諸子多英傑，珠玉相形愧不才』之語，呂游爲河南人，與崔述異省，可知東山非呂游，

乾隆二十九年（一七六四）崔邁館於高兒寨，三十年（一七六五）館於阮家堡，這是新由針餘吟稿中知道的。此二處均畫在大名志疆域圖內，疆域圖說列高兒寨於西北路注『有集，建有義倉』；列阮家堡於西路注『有集，建有義倉，堡後有渡通成安縣。』

此數端皆近頃所知，因亞東重印此文之便，用爲補誌於末。

二十，十一，十五，貞信識，

致顧頡剛先生書

頡剛先生：

今春先生不遠千里，赴大名搜集吾鄉先賢崔東壁先生史料；雖經各方幫助、設法尋覓，然終無相當結果。夫遺書軼事之搜集本非易事，如前所寄之二餘集，在未搜得以前已費兩三年之工夫矣，雖逢人便問，終是踪影毫無。民國十七年秋，因病家居，仲九兄由廣州來函言先生索尋二餘集甚急，囑竭力搜覓。信到時，適友人王君探病在座，當以相告，並託代爲搜集。不意王君於三數小時內，卽將此書尋得。此誠所謂可遇而不可求者也。先生此次赴大名，僅留數日，其無所獲也實亦意料中事耳。

自先生來平後，曾槃仍繼續向各處搜尋。有范廉泉先生者，前清舉人，以博學聞，大名之碩儒也，藏書素富。私計東壁之遺書軼事，范先生或有所存所聞歟？因其與先嚴爲摯友，遂逕往訪之。談頃刻，告以來意，范先生大喜，取架上書之有關於東壁者十數册見示，並爲談東壁軼事數小時，興致勃勃不稍倦。詳檢各書，頗有以前所未聞未見者；當以擬借原書攜之至平之意相商榷，蒙范先生慨然允諾，晉槃不勝歡欣之至！即擇其有關於東壁史料者凡三種，攜帶來平。計爲：

（一）針餘吟稿抄本一册。（東壁季妹幼蘭女士作）

（二）爨餘吟，繡餘吟，針餘吟合抄本一册。

（三）野紀便覽抄本一册。（此書著者姓劉，名不詳，號老恭，大名劉深屯人，道光間拔貢。）

玆將三書所載，及范先生所談，有關於東壁而又未見於他處者，列爲三項，分述於左，用供先生參考：

（一）崔邁之著作

（一）針餘吟稿

(三)崔家現存之遺像

(一)崔邁之著作

崔邁的著作有一部是我們現在新發現且值得十分注意的，就是他的尙書辨僞一書，這部書我們從未看到過，不見於東壁遺書，也不見於野紀便覽，只在東壁的尙書辨僞內略見一些，然而范先生卻竟有部手抄本這是怎樣可慶幸的事喲！ 但偏偏的不幸數年前被他的一位朋友王君借去轉抄，這位王先生竟客死在河南了！ 現在這個抄本究竟是已經遺失在河南呢，還是隨著柩櫬又回到大名，連范先生也知道不清楚，他現在正在設法尋找中。 我們十二分虔誠的祝禱著這個抄本能夠重新出現！ 我們讀到東壁的尙書辨僞，現在德皐的尙書辨僞也有出現的希望，更可領略他們的塤篪之應。 據范先生說『這兩部書的內容大致是相同的；惟德皐之書，在量數上卻倍於東壁的那一部。』

(二)針餘吟稿

針餘吟稿一書我們以前既未看見過也未聽到過，這次却既見之於野紀便覽之中，而又得之於范先生之手，眞是一件湊得很巧的事。在范先生處找到的有兩個抄本：一個是單抄本，共有詩五十八首，姑名之爲『甲本』；一個是合抄本，共有詩四十八首，姑名之爲『乙本』。但是乙本內的四十八首却與甲本內的前四十八首完全相同，大概乙本是照甲本轉抄下來的。

針餘吟稿的著者崔幼蘭女士，字綠芬，是東壁的妹妹，適同縣庠生劉觀成。因爲她在行輩中最幼，故名幼蘭。

幼蘭女士所處的家庭環境，在精神方面是非常優越的，她的父母兄嫂都是些文士詩人，所以她能很順利地在文藝上發展。同時，在生活方面，因爲她的年齡最幼，並且很聰穎能詩文，所以一家人都視之如掌上明珠。於是她少年的閨中生活便成了她一生的黃金時期了。我們且從詩中看她在閨中的愉快生活：

雨後天初霽，停針倚畫櫳。萋萋芳草碧，淡淡野花紅。入坐茶香薄，穿簾日氣融。閨中同阿姊，攜手笑東風。——雨霽

繡罷看窗午，吟餘覺晝長。簾開來燕語；人困厭鶯簧，柳色侵衣碧；花風過枕香。重樓幽靜地，隨意到羲皇。——夏日偶興

幼蘭結婚以後的生活便不如在閨中時那樣快樂了。她的丈夫不喜歡念書，到外邊去就學，不到兩天便逃學跑回家來了，所以幼蘭很感傷，痛心，失望，因作詩道：

君乃樂羊子，愧妾未斷機；所以學不成，相對空噓唏！

她的晚景很可憐，貧窮得不堪，故她的感懷詩云：

獨坐殘燈夜，淒然心俱灰；白嗟新舊事，何若在天台。

不但如此，並且她的家庭遭遇也很使人痛心，她的丈夫死了，家中也析居了，新婦做了

餓鬼，次女葬在路旁，而她的生活也更加貧困起來。她有篇自悼詩，敘述這種情形以自悼，眞是聲聲血淚。詩云：

拜佛常求壽，吟詩慰北堂。課兒思曹母，舉案愧孟光。昔時比翼鳥，倏忽參與商。衆人同炊食，娶婦各分漿。泉水兒女飲，藜藿權成糧。新婦爲餓鬼，次女葬路傍。夜寐缺氈被，日出無完裳。險釁成疲病，顚沛方寸狂。追思父母言，何可怨衷腸。仰天惟歎息，嗟乎空自傷！

這種夫死女殤無衣無食的生活，眞惹得讀者不忍卒讀呵。她有時受不了這種顚連困苦，竟至羨慕起鳥獸的生活來，在悲痛詩中道：

愧我貧窮天地間，不如走獸與飛鳥！

這樣一位女詩人，晚景竟如此的悽慘，不禁使我們後人爲之掬一把同情之淚！

（三）崔家現存之遺像

大名河里村崔氏的後裔家中，現存有遺像一幀，相傳是崔東壁的遺像。其實，這並不是東壁。按東壁僅做過七品知縣，而這幀遺像的服制卻比知縣的品級高的多，凡稍有淸代服制常識的人一見便知。但這究竟是誰的像呢？據范先生說，這幀是崔胤昭的遺像。胤昭初名瑩，是東壁的族弟，乾隆五十一年副榜，後考取國子監敎習，於是他便在監裏敎起書來。當時有個滿洲貴族學生那爾經額在國子監裏讀書，他是胤昭的得意學生，所以師弟子間甚相融洽。後來那爾經額做了直隸省總督，聲勢赫赫，威震一時；崔胤昭遇着了這個機會，便做了大同府知府。現在崔氏家中所存的，就是這位大同知府崔胤昭的朝服遺像。因爲一般人都景仰着東壁先生的學問名聲，所以便把張三的帽子給李四戴上了。

姚晉棨。

一九三一，七，五，於北平。

崔東壁先生故里訪問記終

THE ORIENTAL BOOK COMPANY
上海亞東圖書館

崔東壁遺書

（清）崔述 撰　顧頡剛 編訂

第二册

國家圖書館出版社

第二册目録

崔東壁遺書

顧頡剛編訂

錢玄同題

本書細目

崔東壁遺書細目

考信錄提要 第四冊

卷下——總目

補上古考信錄

自序

目錄

卷上

黃帝氏……二〇

卷下

唐虞考信錄

自序　　三

目錄

卷一

卷二

舜命官考績上

卷三

舜命官考績下……一

舜禮國經野上……二三

卷四

三代考信錄 第五冊

王崧序

陳履和序

夏考信錄

自序

目錄

卷一

禹下……一二

卷二

商考信錄

卷一

成湯下（外丙，仲壬附）……二〇

卷二

豐鎬考信錄 第六册

卷二

文王下……一

卷三

武王中

卷五

周公事蹟附考

卷六

卷七

卷八

洙泗考信錄 第七冊

初仕……一五

自齊反魯……三六

卷二

卷三

歸魯上……三〇

卷四

豐鎬考信別錄 第八冊

自序

目錄

卷一

卷二

卷三

洙泗考信餘錄

曾子

卷二

卷三

孟子事實錄 第九册

自序

目錄

卷上

卷下

雜記……………………………………………………………一六

附錄……………………………………………………………二三

考古續說

自序

目錄

卷一

三代經制通攷……………………………………………………………二七

卷二

考信附錄

自序

目錄

卷一

附錄……………………………………三一

卷二

題詞……………………………………一

贈詩……………………………………四

陳跋三則……………………………………六

附陳履和刻書始末……一一

書考信錄後……一

王政三大典考

第十冊

目錄

卷二——經傳禘祀通考

卷三——三代經界通考

讀風偶識

目錄

卷一

卷二

讀風偶識

邶，鄘，衛風……一九

卷三

卷四

古文尚書辨僞

恭錄欽定四庫全書總目提要論尚書三則

目錄

卷一

卷二

堯典分出舜典考辨……一四

論語餘說 第十一冊

易卦圖說

五服異同彙考

卷二

五服異同彙考　一五六

臣爲君及君黨之服（報服附）……二一〇

卷三

附禮經殤服考……二八

無聞集

目錄

卷一（策，議，雜著）

卷二（論，辨，解，說）

卷三（書，序，後序，記）

卷四(行狀，行述，碑誌，祭文，傳，贊)

本書徵引繁博，讀者每苦不易得其綱要。那珂氏本有詳目一卷，頗便翻檢。今師其意，重為標題，且列於書眉，庶綱舉目張，易於省記。惟是全書非一時所點，先後之標題容有繁簡出入之處，幸讀者諒而正之！民國十七年一月十六日，顧頡剛記。

第十二冊　引得

THE ORIENTAL BOOK COMPANY
上海亞東圖書館

崔東壁遺書

顧頡剛編訂

錢玄同題

本書

考信錄提要　補上古考信錄　唐虞考信錄

考信錄提要自序

（剛案，舊本無此序，今依夏商豐鎬諸錄之例，由總目內錄出補入。）

考信錄何以有提要也？所以自明作考信錄之故也。薛敬軒先生云：『自考亭以還，斯道已大明，無煩著作，直須躬行耳。』此不過因世之學者心無實得，而但剿襲先儒道學陳言以爲明道，以炫世而取名，故爲是言以警之耳。朱子以後，豈無一二可言者乎！朱子以書傳屬蔡沈，以喪祭二禮屬黃榦，至於春秋經傳，絕無論著，是朱子亦尚有未及爲者。鴟鴞，詩傳沿用僞傳舊說，及與蔡沈書，始改以從鄭，是朱子亦尚有未及正者。況自近世以來，才俊之士喜尚新奇，多據前人注疏，强詞奪理以駁朱子，是朱子亦尚有待後人之羽翼者。苟有所見，豈容默而不言。故先之以提要，以見茹之而不能茹者良有所不得已，閱者當有以諒其苦心也。

考信錄提要目

考信錄提要卷上

釋例

聖人之道在六經而已矣。二帝三王之事備載於詩書（書謂堯典等三十三篇），孔子之言行具於論語。文在是，即道在是，故孔子曰，『文王既沒文不在茲乎？』六經以外，別無所謂道也。顧自秦火以後，漢初諸儒傳經者各有師承，傳聞異詞，不歸於一，兼以戰國之世，處士橫議，說客託言，雜然並傳於後，而其時書皆竹簡，得之不易，見之亦未必能記憶，以故難於檢覈考正，以別其是非眞僞。東漢之末，始易竹書爲紙，檢閱較前爲易，但魏晉之際，俗尙詞章，罕治經術，旋值劉石之亂，中原陸沉，書多散軼，漢初諸儒所傳齊詩，魯詩，齊論，魯論，陸續皆亡，惟存毛詩序傳及張禹更定之論語，而伏生之書田何之易，鄒夾之春秋，亦皆不傳於世。於時復生妄人僞造古文尚書經傳，孔子家語，以惑當世。二帝三王孔門之事於是大失其實。學者專己守殘，沿訛踵謬，習爲固然，不之怪也。雖間有一二有識之士摘其疵謬者，然特太倉稊米，而亦罕行於世。直至於宋名儒迭起，後先相望，而又其時印本盛行，傳布既多，稽覈最易，始多有抉摘前人之悮者。或爲文以辨之（如歐陽永叔帝王世次圖序，泰誓論，蘇明允嚳妃論，王介甫伯夷論之類），或爲書以正之（如鄭樵詩辨妄，趙汝談南塘書說之類），或作傳注以發明之（如朱子論語，孟子集註，詩集傳，蔡氏書傳之類）。蓋至南宋而後六經之義大著。然經義之失眞已千餘年，僞書曲說久入於人耳目，習而未察，沿而未正者尚多，所賴後世之儒踵其餘緒而推廣之，於所未及正者補之，已正而世未深信者闡而明之，帝王聖賢之事豈不粲然大明於世！乃近世諸儒類多撫拾陳言，盛談心性，以爲道學，而於唐虞三代之事罕所究心。亦有參以禪學，自謂明心見性，反以經傳爲膚末者。而向來相沿之誤遂無復有過而問焉者矣！余年三十，始知究心六經，覺傳記所載與註疏所釋往往與經互異。然猶未敢決其是非，乃取經傳之文類而輯之，比而察之，久之而後曉然知傳記註疏之

人言不可盡信

失。顧前人罕有言及之者；屢欲茹之而不能茹，不得已乃爲此錄以辨明之。非敢自謂繼武先儒，聊以效愚者千慮之一得云爾。（以下三章，通論讀書當考信之意。）

人之言不可信乎？天下之大，吾非能事事而親見也，況千古以上，吾安從而知之！人之言可盡信乎？馬援之薏苡以爲明珠矣；然猶有所因也。無兄者謂之盜嫂，三娶孤女者謂之撾婦翁，此又何說焉！舌生於人之口，莫之捫也；筆操於人之手，莫之掣也：惟其意所欲言而已，亦何所不至者！余自幼時聞人之言多矣，日食止於十分，月食有至十餘分者。世人不通歷法，咸曰月一夜再食也；甚有以爲己嘗親見之者。余雖尚幼，未見歷書，然心獨疑之。會月食十四分有奇，夜不寢以觀之，竟夜初未嘗再食也。唯食既之後，良久未生光，計其時刻約當食四分有奇之數，疑即指此而言。然同人皆不以爲然。又數年，見諸家歷書果與余言相同。人之言其安從而信之！郡城劉氏家有星石二枚，里巷相傳，咸謂先時嘗落星於其第，化而爲石。余自幼即聞而疑之。稍長，從劉氏兄弟遊，親見其石，及其所刻篆文楷字，細詰之，則曰，「實無是事。先人宦南方，得此石，奇其狀非人世所有，聊刻此言以爲戲耳。』此現有石可據，有文可徵，然且非實，人之言其又安從而信之！周道既衰，異端並起，楊，墨，名，法，縱橫，陰陽諸家莫不造言設事以誣聖賢。漢儒習聞其說而不加察，遂以爲其事固然，而載之傳記。若尙書大傳，韓詩外傳，史記，戴記，說苑，新序之屬，率皆旁采卮言，眞僞相淆。繼是復有讖緯之術，其說益陋，而劉歆，鄭康成咸用之以說經。流傳既久，學者習熟見聞，不復考其所本，而但以爲漢儒近古，其言必有所傳，非妄撰者。雖以宋儒之精純，而沿其說而不易者蓋亦不少矣。至外紀，皇王大紀，通鑑綱目前編（六字共一書名，與溫公通鑑，朱子綱目無涉）等書出，益廣搜雜家小說之說以見其博，而聖賢之誣遂萬古不白矣！孟子曰，『盡信書則不如無書，吾於武成，取二三策而已矣。』聖人之讀經，猶且致愼如是，況於傳注，又況於諸子百家乎！孟子曰，『博學而詳說之，將以反說約也。』然則欲多聞者非以逞博也，欲參互考訂而歸於一是耳。若徒逞其博而不知所擇，則雖盡讀五車，偏閱四庫，反不如孤陋寡聞者之尙無大失也。

少見者多誤

凡人多所見則少所誤，少所見則多所誤。唐衞退之餌金石藥而死，故白居易詩云，『退之服硫黃，一病訖不痊。』而宋人雜說遂謂韓退之作李于墓誌戒人服金石藥，而自餌硫黃。無他，彼但知有韓昌黎字退之，而不知唐人之字退之者尚多也！故曰，少所見則多所誤也。余崔在魏，族頗繁，然外縣人罕識之，多知有余兄弟。族人有病於試場者，則相傳以爲余兄弟病也。族人有畜優者，則相傳以爲余兄弟畜優也。此耳目之前，身親之事，猶若此，則天下之大，千古以上可知已。故好德不如好色，許允事也，而近世類書以爲許渾。韓魏公在揚州與客賞金帶圍，王珪與陳旭王安石也，而近世類書以爲王曾。晉宋之事且猶不免傳訛，況乎三代以上，固當有十倍於此者。是以顏闔之事載爲顏淵，闞我所爲移之宰我，諸如此類蓋不可數。但此幸而本書尚存，猶可考而知之；若不幸而呂氏春秋亡，人必以論東野畢者爲顏淵，左傳亡，人必以陳恆所殺者爲宰予。雖聒而與之語，終不見聽，必曰，『古者言如是，夫豈無所傳而妄記者！』然則唐虞三代之事，戰國秦漢所述，其移甲爲乙，終古不白者，豈可勝道哉！故堯之臣多矣，乃見『重黎』，遂以為必羲和也；紂之臣亦多矣，乃見『父師少師』，遂以為必箕比也。禹之佐豈止一人，乃見『大費』，遂以為必益；太甲之佐亦豈止一人，乃見『阿衡』，遂以為必伊尹，無他，彼心中止有此一二人，故遇有彷彿近似者，遂以為必此人。　猶之乎許允之事移之渾，王珪之事移之眘也。　甚至南宮載寶，公然移之南容，使三復白圭之賢，受誣於百世。　猶之乎衞退之餌金石藥，而以餌藥而死為昌黎罪也。故今錄中凡事之不見於經者，度其不類此人之事，則削之而辨之。　嗟夫，嗟夫，此難為眇見寡聞而粗心浮氣者道也！（孔毅夫雜說，昔人有辨其係偽撰者，故今但稱『宋人雜說』，不欲古人之受誣也。）

以己度人

人之情，好以己度人，以今度古，以不肖度聖賢。　至於貧富貴賤，南北水陸，通都僻壤，亦莫不互相度。　往往逕庭懸隔，而其人終不自知也。　漢疏廣為太子太傅，以老辭位而去，此乃士君子常事；而後世論者謂廣見趙蓋韓楊之死，故去。　無論蓋韓楊之死在此後，藉使遇寬大之主，遂終已不去乎！何其視古人太淺也！昭烈帝臨終託孤於諸葛武侯，曰，『嗣子可輔輔之；若不可輔，君可自取，毋令他人得之。』此乃肺腑之言，有何詐僞；而後世論者謂昭烈故爲此言以堅武侯之心。然則將使昭烈爲袁本初、劉景升而後可乎！此無他，彼之心固如是，故料古人之亦必如是耳。然此猶論古人也。邯鄲至武安六十里，山道居其大半，向不可車。有肥鄉僧募修之；人布施者甚少，乃傾己囊以成之。議者咸曰，『僧之心本欲多募以自肥；以施者之少也，故不得已而傾其囊。』夫僧之心吾誠不知其何如，然其事則損己以利人也，損己利人而猶謂其欲損人以利己，其毋乃以己度人矣乎！然此猶他人事也。余之在閩也，無名之征悉蠲之民，有餘之稅悉解之上；淡泊清貧之況非惟百姓知之，即上官亦深信之。然而故鄉之人隔數千餘里終不知也，歸里之後，人咸以爲攜有重貲。既而僦居隘巷，移家山村，見其飯一盂，蔬一盤，猶曰，『是且深藏，不肯自炫耀也。』故以己度人，雖耳目之前而必失之；況欲以度古人，更欲以度古之聖賢，豈有當乎！是以唐、虞、三代之事，見於經者皆

虛言衍成實事

醇粹無可議，至於戰國秦漢以後所述則多雜以權術詐謀之習，與聖人不相類，無他，彼固以當日之風氣度之也！故考信錄但取信於經，而不敢以戰國魏晉以來度聖人者遂據之爲實也。（以下七章，皆論戰國邪說寓言不可徵信。）

戰國之時，說客辨士尤好借物以喻其意。如『楚人有兩妻』，『豚蹄祝滿家』，『妾覆藥酒』，『東家食西家宿』之類，不一而足。雖孟子書中亦往往有之。非以爲實有此事也。乃漢晉著述者往往誤以爲實事而采之入書，學者不復考其所本，遂信以爲眞有而不悟者多矣。其中亦有原有是事而衍之者。公父文伯之卒也，見於國語者，不過其母惡其以好內聞，而戒其妾無瘠容，無洵涕，無掐膺而已。戴記述之，而遂謂其母據牀大哭，而內人皆行哭失聲。樓緩又衍之，遂謂婦人自殺於房中者二八矣！又有無是事，有是語，而遞衍之爲實事者。春秋傳，子太叔云，『嫠不恤其緯而憂宗周之隕，爲將及焉』，此不過設言耳。其後衍之，遂謂漆室之女不績其麻而憂魯國。其後又衍之，遂謂魯監門之女嬰憂衛世子之不肖，而有『終歲不食葵，終身無兄』之

古籍失解後之妄說

言，若眞有其人其事者矣！由是韓嬰竟采之以入詩外傳，劉向采之以入列女傳。傳之益久，信者愈多，遂至虛言竟成實事。由是言之，雖古有是語亦未必有是事；雖古果有是事，亦未必遂如後人之所云云也。況乎戰國游說之士，毫無所因，憑心自造者哉！乃世之士但見漢人之書有之，遂信之而不疑，抑亦過矣。故今考信錄中凡其說出於戰國以後者，必詳爲之考其所本，而不敢以見於漢人之書者遂眞以爲三代之事也。

戰國秦漢之書非但託言多也，亦有古有是語而相沿失其解，遂妄爲之說者。古者日官謂之日御，故曰『天子有日官，諸侯有日御。』羲仲和仲爲帝堯臣，主出納日，以故謂之日御。後世失其說，遂誤以爲御車之御，謂羲和爲日御車，故離騷云，『吾令羲和弭節兮，望崦嵫而勿迫』，已屬支離可笑。又有誤以御日爲浴日者，故山海經云，『有女子名羲和，浴日於甘淵』，則其謬益甚矣！古者羲和占日，常儀占月。常儀古之賢臣，古者占驗之占，常儀之占月，猶羲和之占日也。儀之音古皆讀如娥。故詩云，『菁菁者莪，在彼中阿。既見君子，樂且有儀。』又云，『親結其縭，九十其儀。』其新孔嘉其舊如之何？』皆與『阿』『何』相協。後世傳訛，遂以『儀』爲『娥』而誤以爲婦人。又誤以占爲『占居』之意，遂謂羿妻常娥竊不死之藥而奔於月中。由是詞賦家相沿用之；雖不皆信爲實，要已誣古人而惑後世矣。諸如此類，蓋不可以勝數。然此古語猶間見於經傳，可以考而知者，若夫古書已亡，而流傳之誤但沿述於諸子百家之書中者更不知凡幾矣。大抵戰國秦漢之書皆難徵信，而其所記上古之事尤多荒謬。然世之士以其傳流日久，往往信以爲實。其中豈無一二之實，然要不可信者居多。乃遂信其千百之必非誣，其亦惑矣！

儒者采讖緯語

先儒相傳之說，往往有出於緯書者。蓋漢自成哀以後，讖緯之學方盛，說經之儒多采之以註經。其後相沿，不復考其所本，而但以爲先儒之說如是，遂靡然而從之。如龍負河圖，龜具洛書，出於春秋緯。黃帝作咸池，顓頊作五莖，帝嚳作六英，帝堯作大章，出於樂緯。諸如此類，蓋不可以悉數。即禘爲祭其始祖所自出，亦緣緯書之文而遞變其說者。蓋緯書稱三代之祖出於天之五帝，鄭氏緣此，遂以禘爲祭天，而謂小記

『禘其祖之所自出』爲禘其始祖之所自出。王氏雖駁鄭氏祭天之失，而仍沿始祖所自出之文。由是始祖之前復別有一祖在，豈非因緯書而誤乎！余幼時嘗見先儒述孔子言云『吾志在春秋，行在孝經』；稽之經傳，並無此文。後始見何休公羊傳序，唐明皇孝經序有此語；然不知此兩序本之何書。最後檢閱正義，始知其出於孝經緯之鉤命訣也。大抵漢儒之說，本於七緯者不下三之一；宋儒頗有核正，然沿其說者尙不下十之三。乃世之學者動曰，漢儒如是說，宋儒如是說，後生小子何所知而妄非議之！嗚乎，漢儒之說果漢儒所自爲說乎？宋儒之說果宋儒所自爲說乎？蓋亦未嘗考而已矣！嗟夫，讖緯之學，學者所斥而不屑道者也，讖緯之書之言，則學者皆遵守而莫敢有異議，此何故哉？此何故哉？吾莫能爲之解也已！

劉知幾用左傳駁秦漢之失

近世淺學之士動謂秦漢之書近古，其言皆有所據；見有駁其失者，必攘臂而爭之。此無他，但狥其名而實未嘗多觀秦漢之書，故妄爲是言耳！劉知幾史通云『秦漢之世，左氏未行，遂使五經（此五經指公羊穀梁禮記之文，非古經也），雜史百家諸子，其言河漢，無所遵憑。故其記事也：當晉景行霸公室方強，而云韓氏攻趙（按史記攻趙者屠岸賈，非韓氏，此文蓋誤）；有程嬰杵臼之事（原註，出史記趙世家）；子罕相國，宋睦於晉，而云晉將伐宋，覘其哭於陽門介夫（原註，出禮記）。其記時也：秦穆居春秋之始，而云其女為荊昭夫人（原註，出列女傳）；韓魏處戰國之時，而云其君陪楚莊王葬焉（原註，出史記滑稽傳），列子書論尼父而云生在鄭穆之年（原註，出劉向七錄），扁鵲醫療虢公，而云時當趙簡子之日（原註，出史記扁鵲傳）；欒書仕於周子，而云以晉文如獵，犯顏直言（原註，出劉向新序），荀息死於奚齊，而云觀晉靈作臺累碁申誡（原註，出劉向說苑）。或以先為後，或以後為先，日月顛倒，上下翻覆。古來君子曾無所疑；及左傳既行而其失自顯。由是論之，秦漢之書其不可據以為實者多矣。特此未有如知幾者肯詳考而精辨之耳。顧吾猶有異者，知幾於秦漢之書紀春秋之事，考之詳而辨之精如是，至於虞夏商周之事，乃又采摭百家雜史之文而疑經者，何哉？夫自春秋之世，下去西漢僅數百年，而其舛誤乖剌已累累若此，況文武之代去西漢千有餘年，

洪邁駁近代淺妄書

唐虞之際，去西漢二千有餘年，即去戰國亦二千年，則其舛誤乖剌必更加於春秋之世數倍可知也。但古史不存於世，無左傳一書證其是非耳，豈得遂信以爲實乎！故今爲考信錄，於殷周以前事但以詩書爲據而不敢以秦漢之書遂爲實錄，亦推廣史通之意也。

非惟秦漢之書述春秋之事之多誤也，即近代之書述近代之事，其誤者亦復不少。洪景盧容齋隨筆云：『俗間所傳淺妄之書，所謂雲仙散錄，開元天寶遺事之屬，皆絕可笑。其一云「姚崇開元初作翰林學士，有步輦之召。」按崇自武后時已爲宰相，及開元初三入輔矣。其二云，「郭元振少時美風姿，宰相張嘉貞欲納爲壻，遂牽紅絲線，得第三女。」按元振爲睿宗宰相，明皇初年即貶死，後十年，嘉貞方作相。其三云，「楊國忠盛時，朝之文武爭附之，惟張九齡未嘗及門。」按九齡去相位十年，國忠方得官耳。其四云「張九齡覽蘇頲文卷，謂爲文陣之雄師。」按頲爲相時，九齡元未達也。此皆顯顯可信者，固鄙淺不足攻，然頗能疑誤後生也。』至於孔氏野史，後山叢談所載張杜范楊歐陽司馬諸公之事，亦皆考其出處日月而糾駁之。然則雖近代之書述前數十年之事亦有未可以盡信者，況於戰國秦漢之人述唐虞商周之事，其舛誤固當有百倍於此者乎！惜乎三代編年之史不存於今，無從一一證其舛誤耳。然亦尚有千百之一二，經傳確有明文顯然可徵者。如稷契之任官，皆在嚳崩之後百十餘年，而世乃以爲嚳之子，堯之兄弟。成王乃武王元妃之長子，武王老而始崩，成王不容尚幼，而世乃以爲成王年止十三，周公代之踐阼。公山弗擾之畔，孔子方爲司寇，聽國政，佛肸之畔，孔子卒已數年，而世以爲孔子往應二人之召。其年世之不符，何異於開寶遺事之所言！然而世莫有疑之者何哉？安得知幾景廬復生於今日，移其考辨春秋唐宋之事之心，以究帝王孔門之事而與之上下今古也！

雜說流行之故

自宋以前，士之讀書者多，故所貴不在博而在考辨之精，不但知幾景廬然也。至明，以三場取士，久之而二三場皆爲具文，止重四書文三篇，因而學者多束書不讀，自舉業外茫無所知。於是一二才智之士務搜覽新異，無論雜家小說，近世贋書，凡昔人所鄙夷而不屑道者，咸居之爲奇貨，以傲當世不讀書之人。曰吾誦得陰符，山海經矣！曰吾誦得呂氏春秋，韓詩外傳矣！曰吾誦得六韜，三略，說苑，新序矣！曰吾誦得管晏，申，韓，莊，列，淮南，鶡冠矣！公然自詫於人，人亦公然詫之以爲淵博，若六經爲藜藿而此書爲熊掌雉膏者然，良可慨也！

實事之傳誤

戰國之時，邪說並作，寓言實多，漢儒誤信而誤載之，固也。亦有前人所言本係實事，而遞傳遞久以致誤者。此於三代以上固多，而近世亦往往有之。晉陶淵明桃花源記言武陵漁人入深山，其居人自言先世避秦時亂，率妻子邑人來此，遂與外人間隔。此特漢晉以前，黔楚之際山僻人稀，以故未通人世，初無神仙誕妄之說也。而唐韓昌黎桃源圖詩云，『神仙有無何渺茫，桃源之說誠荒唐！』又云，『自說經今六百年，當時萬事皆眼見。』劉夢得桃源行亦云，『俗人毛骨驚仙子；』又云，『仙家一出尋無蹤。』皆以淵明所言者爲神仙，雖有信不信之殊，而其誤則一也。至宋洪興祖始據淵明原文以正韓劉之誤，然後今人皆知其非神仙，淵明之寃始白。向使淵明之記不幸而亡於唐末五代之時，後之人但讀韓劉之詩，必謂桃源眞神仙所居；不則以爲淵明之妄言；雖百世與祖言之，亦必不信矣，——而豈有是事哉！晉石崇王明君（即昭君，避晉諱，故作「明」）辭序云，『昔公主嫁烏孫，令琵琶馬上作樂，以慰其道路之思。其送明君，亦必爾也。』其後唐杜子美詠昭君村，遂有『千載琵琶曲中怨恨』之句。由是詞人相沿用之，世之學者遂皆以琵琶爲昭君嫁時之所彈矣。然此現有石崇之詞可證，少知讀書者猶能考而知之。若使此詞遂亡，後之人但見前代詩人羣焉稱之如此，雖好學之士亦必皆以爲實，誰復知其爲烏孫公主之事者乎！嗟夫，昌黎大儒也，自漢以來學未有過於昌黎者，而子美號爲詩史，說者謂其無一字無來歷，然其言皆不可指實如是，然則漢晉諸儒之所傳者其遂可以盡信乎哉！乃世之學者多據爲定案，惟宋朱子間糾駁其一二，而人且曰『漢世近古，漢儒之言必非無據而云然者。』然則韓杜之詩豈皆無據而云然乎！嗟夫，古之國史旣無存於世者，但據傳記之文而遂以

記憶失眞之彌縫

爲固然，古人之受誣者尚可勝道哉！故余爲考信錄，於漢晉諸儒之說，必爲考其原本，辨其是非；非敢詆諆先儒，正欲平心以求其一是也。（以下五章，論漢人解詁之有誤。）

傳記之文有傳聞異詞而致誤者，有記憶失眞而致誤者。一人之事，兩人分言之，有不能悉符者矣。一人之言，數人遞傳之，有失其本意者矣。是以三傳皆傳春秋，而其事或互異。此傳聞異詞之故也。古者書皆竹簡，人不能盡有也，而亦難於攜帶纂書之時無從尋覓而翻閱也。是以史記錄左傳文往往與本文異。此記憶失眞之故也。此其誤本事理之常，不足怪，亦不足爲其書累。顧後之人阿其所好，不肯謂之誤，必曲爲彌縫，使之兩全，遂致大誤而不可挽。如九州之名，禹貢詳之矣，而周官有幽幷而無徐梁，誤也；必曲爲之說曰『周人改夏九州，故名互異。』爾雅有幽營而無青梁，亦誤也；必曲爲之說曰『記商制也』（說詳唐虞考信錄中），此非大誤乎！春秋傳成公之母呼聲伯母曰姒，伯華之妻呼叔向妻曰姒，是長婦稚婦皆相呼以姒也。衞莊公娶於陳曰厲嬀，其娣戴嬀；孟穆伯娶於莒曰戴己，其娣聲己：是妹隨姊嫁者稱娣也。而爾雅云，『長婦謂稚婦爲娣，稚婦謂長婦爲姒，』誤矣。必曲爲之說曰，『長婦稚婦據妻之年論之，不以夫之長幼別也。』此非大誤乎！鄭氏之注禮也，凡記與經異及兩記互異者，必以一爲周禮，一爲殷禮；不則以一爲士禮，一爲大夫禮。此皆不知其本有一誤，欲使兩全而反致自陷於大誤者也！夏太康時，有窮之君曰羿，而淮南子有堯時羿射日之事，說者遂謂羿本堯臣，有窮之羿襲其名也。晉文公舅子犯，戴記謂之舅犯，或作咎犯，而說苑誤以爲平公時人，說者遂謂晉有兩咎犯，一在文公時，一在平公時也。凡茲之誤，皆顯然易見者。推而求之，蓋不可以悉數。而東周以前，世遠書缺，其誤尤多。故今爲考信錄，不敢以載於戰國秦漢之書者悉信以爲實事，不敢以東漢魏晉諸儒之所注釋者悉信以爲實言，務皆究其本末，辨其同異，分別其事之虛實而去取之。雖不爲古人之書諱其誤，亦不至爲古人之書增其誤也。

傳聞異詞之重出

傳記之文，往往有因傳聞異詞，遂誤而兩載之者。春秋傳，鄢陵之戰，『韓厥從鄭伯，曰，「不可以再辱國君，」乃止。郤至從鄭伯，曰，「傷國君有刑，」亦止。』按此時晉四軍，楚三軍，晉非用三軍不足以敵楚；若鄭則國小衆寡，以一軍敵之足矣；必無止以兩軍當楚，復以兩軍當鄭之理。此二事必有一誤，顯然易見者。按後文云，『郤至三遇楚子之卒，』襄二十六年傳云，『中行二郤必克二穆，』然則是郤至以新軍當楚右軍，而後萃於王卒，無緣得從鄭伯；從鄭伯者，獨韓厥一軍耳。襄二十七年傳，齊慶封聘於魯，其車美，叔孫譏之；叔孫與慶封食，不敬，爲賦相鼠。二十八年傳，慶封奔魯，獻車於季武子，美澤可以鑑，展莊叔譏之；叔孫食慶封，慶封氾祭，使工爲之賦茅鴟。此二事絕相似，亦必有一誤。且叔孫既食慶封以不敬故而譏之矣，踰年而又食之，又譏之，胡爲者！鄭之葬簡公也，將毀游氏之廟，而子產中止。鄭之爲蒐除也，復將毀游氏之廟，而子產又中止。此二事亦必有一誤。不然，前既不肯毀人之廟矣，後又何爲而欲毀之乎！春秋左傳於諸傳記中爲最古，然其失猶如是，則他書可知矣。是以史記記周公請代武王死，又記周公請代成王死，一本之金縢，一本之戰國策，而不知其實一事也。列子稱孔子觀於呂梁而遇丈夫厲河水，又稱息駕於河梁而遇丈夫厲河水，此本莊周寓言，蓋有采其事而稍竄易其文者，僞撰列子者誤以爲兩事而遂兩載之也。戰國策中如此之類不可枚舉，而家語爲尤甚，亦不足縷辨也。由此觀之，一事兩載乃傳記之常事，或因傳者異詞，亦有兩事皆非實者。正如唐人小說，以餅拭手之事，或以爲肅宗，或以爲宇文士及，誤稱猶子之事，或以爲趙需，或以爲何儒亮耳。必盡以爲兩事，誤之甚矣！以此例之，漢以來之書以誤傳誤者甚多，不得盡指以爲實也。

曲全與誤會

後人之書，往往有因前人小失而曲全之，或附會之，遂致大謬於事理者。大戴記云，『文王十二而生伯邑考，十五而生武王。』小戴記云，『文王九十七而終，武王九十三而終。』信如所言，則武王元年，年八十有四，在位僅十年耳。而序稱十有一年伐殷，書稱十有三祀訪範，其年不符。說者不得已，乃爲說以曲全之云，『文王受命九年而崩，武王冒文王之年，故稱元年爲十年。』（說詳豐鎬考信錄中。）春秋書齊桓公之卒在十有二月乙亥，周正也。殯於十二月辛巳，距卒僅七日耳。而傳采夏正之文，以爲卒於十月乙亥；則卒與殯遂隔六十七日。說者以其日之久也，遂附會之以爲尸蟲出於戶。此豈近於情理哉！前人之爲此言，不過一時失於考耳，初不料後之人引而伸之，遂至於如是也。然此猶皆前人之誤之有以啓之也，若乃經傳本無疑義，而註家誤會其意，及與他文不合，不肯自反而反委曲穿鑿以靳其說之通者，亦復不少。如堯典之『四岳，』注者誤以爲四人，因與二十二人之文不合，遂以稷契皋陶爲申命以治水明農爲在堯世矣。書序之『以箕子歸，』說者誤以爲本年之事，因與伐殷之年不合，遂以伐殷爲觀兵以序之度孟津爲有月日而無年矣（說並詳唐虞豐鎬兩考信錄中）。凡茲之誤，其類甚多。展轉相因，誤於何底。姑舉數端，以見其概。乃學者但見其說如是，不知其所由誤，遂謂其事固然而不敢少異，良可歎也！故今爲考信錄，悉本經文以證其失，并爲抉其誤之所由，庶學者可以考而知之，而經傳之文不至於終晦也。

強不知以爲知

夫聖人豈不樂於人之盡知，然其勢必不能。強不知以爲知，則必并其所知者而淆之。孔子曰，『知之爲知之，不知爲不知，是知也。』又曰，『吾猶及史之闕文也。』是故無所不知者非眞知也；有所不知者，知之大者也。今之去二帝三王遠矣，言語不同名物各異，且易竹而紙易篆而隸，遞相傳寫，豈能一一之不失眞！韓文考異閣杭蜀本互相異同，石本亦有舛誤。宋祁所藏杜詩與行世本迥異。近者如此，遠者可知。以爲不知，夫亦何病。而學者必欲爲之說以通之，此古書之所以晦也！偶閱雲谷雜記，記蘇子瞻集二事，其事雖小然可喻大。其一，子瞻過虔州，有『行看鳳尾詔郤下虎頭州』之句，虎頭蓋指虔也虔與虎皆從虍董德元言『虔州俗謂之虎頭城』是也。注者乃云『虎頭，顧愷之也；愷之常州人，蓋是時先生乞居常州也。』夫不知虎頭之爲虔，固其學之不廣；然天下之書豈能盡見，缺之未爲大失也。强以意度之而屬之顧愷之，則其失何啻千里！彼漢人之說經有確據者幾何，亦但自以其意度之耳，然則其類此者蓋亦不少矣，特古書散軼，無可證其誤耳，烏在其可盡信也哉！其一，子瞻所記韓定辭事見於北夢瑣言。以瑣言校蘇集，則蘇集誤以『幕客』作『慕容』，『銀筆之僻』作『銀筆之譽』，『從容』作『從客』，『江表』作『士表』，『李密』作『孝密』，諸本皆然，遂至於不可讀。夫以宋人讀宋人之書，時代甚近，宜無誤也，然其誤尚如此，況二千年以前之書又無他書可校者乎！ 故今爲考信錄，凡無從考證者，輒以不知置之，寧缺所疑，不敢妄言以惑世也。

取名捨實

磁州故產磁器。 有孫某者，仿古哥定汝諸窰之式造之。 既成，擇其佳者埋地中。踰兩年取出，市於京師保定諸貴人家，見者莫不以爲眞也。 由此獲利十倍。 州中鬻煙草者楊氏最著名，價視他肆昂甚，貿易者常盈肆外。 肆中物不能給，則取他肆之物，印以楊氏之號而畀之。 人咸以爲美，雖出重價不惜也。 由是言之，人之所貴者名而已矣，非有能知其實者也。 鄭康成，東漢名儒也，所註雖不盡是，然亦未嘗盡非，而王肅百計攻之以求勝。 然而公道難奪，卒不可勝。 於是其徒雜取傳記諸子之文，僞撰古文尚書、孔子家語（家語雖有王肅序，然玩其文，亦係其徒僞撰，非肅自作），以欺世人而伸肅說。 至於隋唐之際，復遇劉焯、孔穎達者，不學無識，妄爲表章，由是鄭學遂微，鄭書遂亡，後之學者遂信之而不疑。 嗟夫，聖人之經猶日月也，其貴重猶金玉也，僞作者豈能襲取其萬一；乃世之學者聞其爲『經』輒不敢復議名之爲『聖人之言』遂不敢有所可否，卽有一二疑之者，亦不過曲爲之說而已，是猶人之買磁器而市賈之販煙草也！司馬遷，漢武帝時人也，而今史記往往述元成時事。劉向，西漢人也，而今列女傳有東漢人在焉。謂此二子者有前知之術乎？抑亦其書有後人之所作而妄入之其中者邪！周秦行紀，李德裕之客所爲也，而嫁名牛僧孺。碧雲騢，小人毀君子者之所爲也，而嫁名梅堯臣。然則天下之以僞亂眞者，比比然矣，若之何以其名而信之也！漢董仲舒疏論災異，武帝下羣臣議，仲舒弟子呂步舒不知爲其師書，以爲大愚，由是下仲舒吏。然則是其師書則尊信之，非其師書則詆諆之，而不復問其是與非矣！是故辨異端於戰國之時最易，爲其別名爲楊墨也。辨異端於兩漢之世較難，而人亦或不信，爲其雜入於傳記也；辨異端於唐宋以後最難，而人斷斷乎不之信，爲其僞託之聖言也。故余謂讀經不必以經之故浮尊之，而但當求聖人之意；果知聖人之文之高且美，則僞者自不能亂眞。嗟夫，嗟夫，此固未易爲人道也！（以下三章論東晉以後僞書。）

僞書誣古人

自明以來，儒者多闢象山陽明，以爲陽儒陰釋，而罕有辨尚書家語之僞者。然吾謂象山陽明不過其自爲說之偏，而聖人之經故在，譬如守令不遵朝廷法度，而自以其臆見決事，然於朝廷無加損也。若僞撰經傳，則聖人之言行悉爲所誣而不能白，譬如權臣擅政，假天子之命以呼召四方，天下之人爲所潛移默轉而不之覺，其所關於宗社之安危者非小事也。昔隋牛宏奏請購求天下遺逸之書，劉炫遂僞造書百餘卷，題爲連山易，魯史記等，錄上送官；其後有人訟之，始知其僞。陳師道言王通元經，關子明易傳，及李靖問對，皆阮逸所僞撰，蓋逸嘗以草示蘇明允云。然則僞造古書乃昔人之常事，所賴達人君子平心考核，辨其眞僞，然後聖人之眞可得，豈得盡信以爲實乎！然亦非但有心僞造者之能惑世也，蓋有莫知誰何之書而妄推奉之，以爲古之聖賢所作者；亦有旁采他文以入古人之書者。莊周，戰國初年人也，而其書稱陳成子有齊國十二代；孔叢子，世以爲孔鮒所作也，而其中載孔臧以後數世之事：然則其言之不出於莊周孔鮒明甚。古書之如是者豈可勝道，特世人輕信而不之察耳。故吾嘗謂自漢以後諸儒功之大者，朱子之外，無過趙岐；過之大者，無過漢張禹，隋二劉，唐孔穎達，宋王安石等。何者？趙岐刪孟子之外四篇使孟子一書精一純粹，不爲邪說所亂，實大有功於聖人之經。禹采齊論章句雜入於魯論中學者爭誦張文，遂棄漢初所傳舊本。焯炫等得江左之僞尚書，喜其新奇，驟爲崇奉。穎達復從而表章之，著之功令，用以取士。遂致帝王聖賢之行事爲異說所淆誣而不能白者千數百年。雖有聰明俊偉之士，皆俯首帖耳莫敢異詞者，皆此數人之惑之也。至王安石揣摩神宗之意，以行聚斂之法，恐人之議己也乃尊周官爲周公所作以附會之，卒致蔡京紹述（京亦以周官附會徽宗之無道者），靖康亡國之禍，而周公亦受誣於百世。象山陽明之害未至於如是之甚也。孰輕孰重，必有能辨之者。

買菜求益

昔人有言曰，『買菜乎？求益乎？』言固貴精不貴多也。韓昌黎文集，李漢所訂也。其序自稱『收拾遺文無所失墜，』此外更無他文甚明。而好事者復別訂有外集，此何爲者邪！陳振孫書錄解題云，『朱侍講校定異同，定歸於一，多所發明，有益後學。外集獨用方本，益大顛三書，但欲明世間問答之僞，而不悟此書爲僞之尤也。方氏未足責，晦翁識高一世，而其所定者迺爾，殆不可解。案外鈔云「潮州靈山寺所刻；」末云「吏部侍郎，潮州刺史。」退之自刑部侍郎貶潮，晚乃由兵部爲吏部，流俗但稱「韓吏部」爾，其謬如此。又潮本韓集不見有此書，使靈山舊有此刻，集時何不編入？可見此書妄也。」（原文太繁，今節錄之如此。） 由是言之，吾輩生古人之後，但因古人之舊無負於古人可矣，不必求勝於古人也。論語所記孔子言行不爲少矣，昔人有以半部治天下者，況於其全！學者果欲躬行以期至於聖人，誦此亦已足矣。乃學者猶以爲未足，而參以晉人僞撰之家語。尙恨家語所采之不廣也，復別采異端小說之言爲孔子集語及論語外篇以益之，不問其眞與贋而但以多爲貴。嗟乎，是豈非買菜而求益者哉！余在閩時，嘗閱一人文集（忘其姓名），皆其所自訂者，其序有云，『異日有人增一二篇及稱吾外集者，吾死而有知，必爲厲鬼以擊之！』嗚呼，爲人訂外集，而使天下之能文者痛心切齒而爲是言，夫亦可以廢然返矣！故今爲考信錄，寧缺毋濫；卽無所害，亦僅列之『備覽』：寧使古人有遺美，而不肯使古人受誣於後世。其庶幾不爲厲鬼所擊也已。

孟子不可信處

經傳之文亦往往有過其實者。武成之『血流漂杵，』雲漢之『周餘黎民，靡有孑遺，』孟子固嘗言之。至閟宮之『荆舒是懲，莫我敢承，』不情之譽，更無論矣。戰國之時，此風尤盛，若淳于髡，莊周，張儀，蘇秦之屬，虛詞飾說，尺水丈波，蓋有不可以勝言者。卽孟子書中亦往往有之。若舜之『完廩浚井，』『不告而娶，』伊尹之『五就湯五就桀，』其言未必無因，然其初事斷不如此，特傳之者遞加稱述，欲極力形容，遂不覺其過當耳。又如文王不遑暇食，不敢盤于遊田，而以爲其囿方七十里，管叔監殷，乃武王使之，而屬之周公，此或孟子不暇致辨，或記者失其詞，均不可知，不得盡以爲實事也。蓋孟子七篇皆門人所記，但追述孟子之意，而不必皆孟子當日之言；旣流俗傳爲如此，遂率筆記爲如此。正如蔡氏書傳言史記稱朱虎熊羆爲伯益之佐，其實史記但稱爲益，從未稱爲伯益，蔡氏習於世俗所稱，不覺其失，遂誤以伯益入於史記文中耳。然則學者於古人之書，雖固經傳之文，賢哲之語，猶當平心靜氣求其意旨所在，不得泥其詞而害其意，況於雜家小說之言，安得遽信以爲實哉！（以下三章，論經傳記注亦有不可盡信之語。）

傳記不可合於經

傳雖美不可合於經，記雖美不可齊於經，純雜之辨然也。曲臺雜記，戰國秦漢諸儒之所著也，得聖人之意者固有之，而附會失實者正復不少。大小兩戴迭加刪削，然尚多未盡者。若檀弓，文王世子，祭法，儒行等篇，舛謬累累，固已不可爲訓。至月令乃陰陽家之說，明堂位乃誣聖人之言，而後人亦取而置諸其中，謂之禮記，此何以說焉！周官一書，尤爲雜駁，蓋當戰國之時，周禮籍去之後，記所傳聞而傳以己意者。乃鄭康成亦信而注之，因而學者羣焉奉之，與古禮經號爲三禮。魏晉以後，遂並列於學官。迨唐，復用之以分科取士，而後儒之淺說遂與詩書並重。尤可異者，孔氏穎達作正義，竟以戴記備五經之數，而先儒所傳之禮經反不得與焉。由是，學者遂廢經而崇記；以致周公之制，孔子之事，皆雜亂不可考。本末顛倒，於斯極矣！朱子之學最爲精純，乃亦以大學中庸躋於論孟，號爲四書。其後學者亦遂以此二篇加於詩，書，春秋諸經之上。然則君子之於著述，其亦不可不愼也夫！

朱子之誤

朱子易本義，詩集傳及論語孟子集註，大抵多沿前人舊說。其偶有特見者，乃改用己說耳。何以言之？孟子『古公亶父』句，趙注以爲太王之名；朱註亦云，『亶父，太王名也。』大雅『古公亶父』句，毛傳以字與名兩釋之；朱傳亦云，『亶父太王名也；或曰字也。』是其沿用舊說，顯然可見。豳風鴟鴞篇傳采僞孔傳之說，以『居東』爲『東征，』遂以此詩爲作於東征之後。及後與蔡九峯書，則又言其非是；以故蔡氏書傳改用新說。然則朱子雖采舊說，初未嘗執一成之見矣。今世之士，矜奇者多尊漢儒而攻朱子，而不知朱子之誤沿於漢人者正不少也。拘謹者則又尊朱大過，動曰『朱子安得有誤！』而不知朱子未嘗自以爲必無誤也。即朱子所自爲說，亦間有一二誤者。衞文公以魯僖二十五年卒，至二十六年甯莊子猶見於經，則武子固未嘗逮事文公矣。而論語甯武子章註云，『武子在位，當文公成公之時；文公有道，而武子無事可見，』誤矣。蓋人之精神心思止有此數，朱子仕爲朝官，又教授諸弟子，固已罕有暇日，而所著書又不下數百餘卷，則其沿前人之誤而未及正者，勢也；一時偶未詳考而致誤者，亦勢也。所謂『智者千慮，必有一失。』惟其不執一成之見，乃朱子所以過人之處。學者不得因一二說之未當而輕議朱子，亦不必爲朱子諱其誤也。

世益晚則采擇益雜

大抵古人多貴精，後人多尙博；世益古則其取舍益愼，世益晚則其采擇益雜。故孔子序書，斷自唐虞，而司馬遷作史記乃始於黃帝。然猶删其不雅馴者。近世以來，所作綱目前編，綱鑑捷錄等書，乃始於庖羲氏，或天皇氏，甚至有始於開闢之初盤古氏者，且並其不雅馴者而亦載之。故曰，世益晚則其采擇益雜也。管仲之卒也預知豎刁易牙之亂政，而歷詆鮑叔牙賓須無之爲人，孔子不知也，而宋蘇洵知之，故孔子稱管仲曰『如其仁，民到于今受其賜，』而蘇氏責管仲之不能薦賢也。禘之禮，爲祭其始祖所自出之帝，而以始祖配之，左氏、公羊、穀梁三子者不知也，而唐趙匡知之，故三傳皆以未三年而吉祭爲譏，而趙氏獨以禘爲當於文王，不當於莊公也。漢李陵有重答蘇武書，陵與武有相贈之詩，班婕妤有團扇詩，揚雄有劇秦美新之作，司馬遷、班固不知也，而梁蕭統知之，故史記、漢書不載其一字，而其詩文皆見於昭明文選中也。由是言之，後人之學遠非古人之所可及：古人所見者經而已，其次乃有傳記，且猶不敢深信；後人則自諸子百家，漢唐小說，演義，傳奇，無不覽者。自莊，列，管，韓，呂覽，說苑諸書出，而經之漏者多矣。自三國，隋唐，東西漢，晉演義，及傳奇，小說出，而史之漏者亦多矣。無怪乎後人之著述之必欲求勝於古人也！近世小說有載孔子與采桑女聯句詩者，云『南枝窈窕北枝長，夫子行陳必絕糧。九曲明珠穿不過，回來問我采桑娘。』謂七言詩始此，非柏梁也。夫柏梁之詩，識者已駁其僞，而今且更前於柏梁數百年，而託始於春秋，嗟夫，嗟夫，彼古人者誠不料後人之學之博之至於如是也！（以下二章，泛論務博而不詳考之失。）

不考虛實而論得失

有二人皆患近視，而各矜其目力不相下。 適村中富人將以明日懸扁於門，乃約於次日仝至其門讀扁上字以驗之。 然皆自恐弗見，甲先於暮夜使人刺得其字，乙幷刺得其旁小字。 暨至門，甲先以手指門上曰，『大字某某。』 乙亦用手指門上曰，『小字某某。』 甲不信乙之能見小字也，延主人出，指而問之曰，『所言字誤否?』 主人曰，『誤則不誤，但扁尙未懸，門上虛無物，不知兩君所指者何也?』 嗟乎，數尺之扁有無不能知也，況於數分之字，安能知之! 聞人言爲云云而遂云云，乃其所以爲大誤也。

史記樂毅傳云，『毅留狥齊五歲，下齊七十餘城，唯獨莒卽墨未服。』 是毅自燕王歸國以後，日攻齊城，積漸克之，五載之中共下七十餘城，唯此兩城尙未下也。 此本常事，無足異者。 而夏侯太初乃謂毅下七十餘城之後，輟兵五年不攻，欲以仁義服之，以此爲毅之賢。 蘇子瞻則又謂毅不當以仁義服齊，輟兵五年不攻，以致前功盡棄，以此爲毅之罪。 至方正學則又以二子所論皆非，是毅初未嘗欲以仁義服齊，乃下七十餘城之後，恃勝而驕，是以頓兵兩城之下，五年而不拔耳。 凡其所論，皆似有理，然而毅初無此事也！是何異門上並無一物，而指之曰『大字某某小字某某』者哉！大抵文人學士多好議論古人得失而不考其事之虛實。余獨謂虛實明而後得失或可不爽。故今爲考信錄專以辨其虛實爲先務而論得失者次之，亦正本清源之意也。

讀書者與考古界

嗟夫！古今之讀書者不乏人矣。其事帖括以求富貴者無論已。聰明之士，意氣高邁，然亦率隨時俗爲轉移：重詞賦則五字詩成，數莖鬚斷；貴宏博則雪兒銀筆，悅服縮交。蓋時之所尙能之則可以見重於人，是以敝精勞神而不辭也。重實學者惟有宋諸儒，然多研究性理以爲道學，求其考核古今者不能十之二三。降及有明，其學益雜，甚至立言必出入於禪門，架上必雜置以佛書，乃爲高雅絕俗；至於唐虞三代孔門之事，雖沿訛踵謬，無有笑其孤陋者。人之讀書爲人而已，亦誰肯敝精勞神，矻矻窮年，爲無用之學者！況論高人駭，語奇世怪，反以此招笑謗者有之矣，非天下之至愚，其孰肯爲之！雖然，近世以來亦未嘗無究心於古者也。吾嘗觀洪景盧所跋趙明誠金石錄及黄長睿東觀餘論，未嘗不歎古人之學之博而用力之勤之百倍於我也。一盤盂之微，一杯勺之細，曰此周也，此秦也，此漢也。蘭亭之序，羲之之書，亦何關於人事之得失，而曰孰爲眞本，孰爲贗本。若是乎精察而明辨也！獨於古帝王聖賢之行事之關於世道人心者，乃反相與聽之而不別其眞贋，此何故哉？拾前人之遺，補前人之缺，則考信錄一書其亦有不容盡廢者與！（此章自述作考信錄之故。）

考信錄提要卷上終

考信錄提要卷下

總目

考辨古書之方法

唐虞有唐虞之文，三代有三代之文，春秋有春秋之文，戰國秦漢以迄魏晉亦各有其文焉。非但其文然也，其行事亦多有不相類者。是故戰國之人稱述三代之事，戰國之風氣也；秦漢之人稱述春秋之事，秦漢之語言也。史記直錄尚書春秋傳之文而或不免雜秦漢之語；僞尚書極力摹唐虞三代之文而終不能脫晉之氣：無他，其平日所聞所見皆如是，習以爲常而不自覺，則必有自呈露於忽不經意之時者。少留心以察之，甚易知也。宋時有與其從兄子訟析貲者，幾二十年不決。趙善堅以屬張淏。訟者云，『紹興十三年從兄嘗鬻祖產，得銀帛楮劵若干，悉輦而商；且書約，期他日復置如初。』淏曰，『紹興三十年後方用楮幣，不應十三年汝家已預有若干；汝約僞矣！』

由是其訟遂決。此豈非自呈露於忽不經意之時者乎！夫湨以考古名於時，宜其不長於吏事矣，然乃精於聽訟若此，何哉？考古之與聽訟，固一理也。是故易傳之述包羲，帝而稱王（唐虞以前無稱『王天下』者，說見補上古錄中，）蔡傳之引史記，益而加伯（史記以前稱益，未有加以伯者，說見唐虞錄中，）此行文者所不自覺也。傳之三墳五典，八索九邱，杜註但云『皆古書名』，及僞書序既出，而林註遂歷歷數之：無他，文必因乎其時故也。所以漢人好談讖緯，則所撰之泰誓『烏流』，『火覆』，祥瑞先呈；晉人喜尙排偶，則所撰之泰誓『斮脛』，『剖心』，對待獨巧。誓誥不及二帝，而僞古文書虞世有伐苗之誓；盟詛不及三王，而呂氏春秋武王有四內之盟。甚至王通之元經，以隋人而避唐諱。是知僞託於古人者未有不自呈露者也。考古者但準是以推之，莫有能遁者矣。然而世之學者往往惑焉，何也？一則心粗氣浮，不知考其眞僞；一則意在記覽，以為詩賦時文之用，不肯考其眞僞；一則尊信太過，先有成見在心，卽有可疑，亦必曲為之解，而斷不信其有僞也。正如紹興三十年後方行楮幣，此宜當日人人知之，卽不知，亦不難考而得之，乃歷二十年而訟不決也。最可笑者，月令中星明明戰國時之躔度，少通歷法者皆能辨之，而僞周書有之，人遂以此爲周公之制。嗟夫，嗟夫，此考信錄一書之所以不能已於作也！

上淺與下學

自明季以來，學者大抵多爲時文，購買講章墨卷，晨夕揣摩，以爲祕笈；此外不復寓目。其能讀書不專爲時文者，千百人中或僅得一二人耳；然又多以文士自居，以記覽爲宏博，以詩賦爲風雅。其能不僅爲記誦詞章之學者，又千百人中之一二人耳。就此一二人，已爲當世不可多得之人，然又多以道學自命，謹厚者惟知恪遵程朱，放佚者則竟出入王陸。然考其所言，大抵皆前人之陳言，其駁者固皆拾莊子佛氏之唾餘，即其醇者亦不過述宋儒性理之賸說。其眞殫精經義，留心治術，爲有用之學者，殊罕所遇。然後知學問之難言也！述自讀諸經孟子以來，見其言皆平實切於日用，用之修身治國無一不效，如布帛菽粟，可飽可煖，皆人所不能須臾離者。至於世儒所談心性之學，其言皆若甚高，而求之於用，殊無所當。正如五色綵紙，爲衣可以美觀，如用之以禦寒蔽體,則無益也。 孟子曰,『天下之本在國,國之本在家,家之本在身,』蓋本於書堯典『克明俊德』七句之意。 自大學篇始推之於正心,誠意,致知,格物,然要仍以修身爲本。 逮宋以後,諸儒始多求之心性,詳於談理而略於論事,雖係探本窮源之意,然亦開後世棄實徵虛之門。 及陸王之學興,并所謂知者亦歸之渺茫空虛之際,而正心誠意遂轉而爲明心見性之學矣。 余竊謂聖人之道大而難窺,聖賢之事則顯而易見,與其求所難窺,不若考所易見。 子貢曰,『賢者識其大者,不賢者識其小者。』 述賦性愚鈍,不敢言上達之事,惟期盡下學之功,故於古帝王聖賢之事,嘗殫精力以分別其是非眞僞,而從無一言及於心性者。 固自知其不賢,甘爲識小之人,亦有鑒於魏晉之談名理而尙老莊,卒至有陸沉之禍也。

自述考辨古書之經歷

余少年讀書,見古帝王聖賢之事往往有可疑者,初未嘗分別觀之也。 壯歲以後,抄錄其事,記其所本,則向所疑者皆出於傳記,而經文皆可信,然後知六經之精粹也。 惟尙書中多有可疑者,而論語後五篇亦間有之。 私怪其故,覆加檢閱,則尙書中可疑者皆在二十五篇之内，而三十三篇皆無之，始知齊梁古文之僞；而論語終莫解其由。最後考論語源流，始知今所傳者乃漢張禹彙合更定之本，而非漢初諸儒所傳之舊本也。至於禮記，原非聖人之經，乃唐孔穎達强以經目之，前人固多言之，余幼卽飫聞之，更無足異者矣。由是言之，古人之書高下眞僞本不難辨，但人先有成見者多耳。昔有顯官之任，遇陸羽於江滸，邀共品茶，使僕以十餘盎渡江往取潭水。歸舟遇風，盎水半傾，乃取江水代之。旣至，羽揚而視之，但云『非是。』過半，乃云，『此潭水矣。』顯官詰僕，僕以實告。蘇子瞻使人買金華豬，中途而逸，以他豬代之。及宴客，莫不稱美者。旣知非金華豬，始相視而笑。此無他，子瞻座上之客皆有成見在心，而羽無成見故耳。余生平不好有成見，於書則就書論之，於事則就事論之，於文則就文論之，皆無人之見存。惜乎今之讀書者，皆子瞻座上客，果有識古書之眞僞，如陸羽之辨水者，必不以余言爲謬也。

考古提要二卷

考信錄何以有提要也？所以自明作考信錄之故也。薛敬軒先生云，『自考亭以還，斯道已大明，無煩著作，直須躬行耳。』此不過因世之學者心無實得，而但勦襲先儒道學陳言以爲明道，以炫世而取名，故爲是言以警之耳。朱子以後，豈無一二可言者乎！朱子以書傳屬蔡沈，以喪祭二禮屬黃榦，至於春秋經傳，絕無論著，是朱子亦尚有未及爲者。鴟鴞，詩傳沿用僞傳舊說，及與蔡沈書，始改以從鄭，是朱子亦尚有未及正者。況自近世以來，才俊之士喜尚新奇，多據前人注疏强詞奪理以駁朱子，是朱子亦尚有待後人之羽翼者。苟有所見，豈容默而不言。故先之以提要以見茹之而不能茹者良有所不得已，閱者當有以諒其苦心也。

補上古考信錄二卷

周官，『外史掌三皇五帝之書。』僞孔安國尚書序云，『伏羲，神農，黃帝之書，謂之三墳，言大道也。 少昊，顓頊，高辛，唐虞之書，謂之五典，言常道也。 孔子覩史籍之煩文，懼覽者之不一，討論墳典，斷自唐虞以下。』 後之儒者皆尊其說，余獨以爲不然。 夫古帝王之書果傳於後，孔子得之，當何如而表章之，其肯無故而删之乎！ 論語屢稱堯舜，無一言及於黃炎者，孟子溯道統，亦始於堯舜，然則堯舜以前之無書也明矣。 周官一書，所載制度皆與經傳不合，而文亦多排比，顯爲戰國以後所作，先儒固多疑之，不足據也。 春秋傳云，『左史倚相能讀三墳，五典，八索，九邱，』杜氏註云，『皆古書名，』悉不言爲何人所作。 使此序果出於安國，杜氏豈容不見。 而林氏堯叟乃取僞序之文以釋左傳，甚矣宋儒之不能闕疑也！

虞書曰，『愼徽五典，五典克從，』又曰『天叙有典，勅我五典，』是知堯舜之世已有五典之名；蓋卽五倫之義，書之策以敎民，所謂『敬敷五敎』者也。 不得舍經所有之五典，而別求五典以實之也。 典籍之興，必有其漸。 倉頡始制文字；至於大撓，然後作甲子以紀日；至於羲和，然後以閏月定四時成歲以紀年；必無甫有文字卽有史官之理。以情度之，亦當至唐虞以降然後有史書也。自易春秋傳始頗言羲農黃帝時事，蓋皆得之傳聞，或後人所追記。然但因事及之，未嘗盛有所鋪張也。及國語，大戴記，遂以鋪張上古爲事，因緣附會，舛駁不可勝紀。加以楊墨之徒欲絀唐虞三代之治，藉其荒遠無徵，乃妄造名號，僞撰事跡，以申其邪說；而陰陽神仙之徒亦因以托之。由是司馬氏作史記，遂託始於黃帝。然猶頗刪其不雅馴者，亦未敢上溯於羲農也。逮譙周古史考，皇甫謐帝王世紀，所采益雜，又推而上之，及於燧人包羲。至河圖，三五歷，外紀，皇王大紀以降，且有始於天皇氏，盤古氏者矣。於是邪說詖詞雜陳混列，世代族系紊亂厖雜，不可復問，唐虞三代之事亦遂爲其所淆。竊謂談上古者，惟易春秋傳爲近古，而其事理亦爲近正；以此證百家之謬，或亦有不可廢者。故余雜取易春秋傳文，以補上古之事。司馬氏曰，『學者載籍極博，猶考信於六藝，』是余之志也夫！

右前錄四卷

唐虞考信錄四卷

考信錄何以始於唐虞也？遵尙書之義也。尙書何以始於唐虞也？天下始平於唐虞故也。蓋上古之世，雖有包羲神農黃帝諸聖人相繼而作，然草昧之初，洪荒之日，創始者難爲力，故天下猶未平。至堯在位百年，又得舜以繼之，禹皐陶稷契諸大臣共襄盛治，然後大害盡除，大利盡興，制度禮樂可以垂諸萬世。由是炙其德，沐其仁者，作爲典謨等篇以紀其實，而史於是乎始。其後禹湯文武迭起，撥亂安民，制作益詳，典籍益廣，然亦莫不由是而推衍之。是以孔子祖述堯舜，孟子叙道統亦始於堯舜。然則堯舜者，道統之祖，治法之祖，而亦卽文章之祖也。周衰，王者不作，百家之言並興，堯舜之道漸微，孔子懼夫愈久而愈失其實也，於是訂正其書，闡發其道，以傳於世。孔子既沒，異端果盛行，楊墨之言盈天下，叛堯舜者有之，誣堯舜者有之，稱述太古以求加於堯舜者有之，於時則有孟子辟而闢之。迄乎孟子又沒，而其說益誕妄。司馬氏作史記，遂上溯於黃帝；雖頗删其不雅馴者，而所采已雜。逮譙周古史考，皇甫謐帝王世紀等書，又以黃帝爲不足稱述，益廣搜遠討，溯之羲農以前，以求勝於孔子，而異說遂紛紛於世。何者？唐虞以前，載籍未興，經既無文，傳亦僅見，易於僞托，無可考驗，是以楊墨莊列之徒得藉之以暢其邪說。唯唐虞以後，載在尙書者乃可依據；而僞孔氏古文經傳復出，劉焯孔穎達等羽翼之，猜度附會，而帝王之事遂茫然不可問矣。唐宋以來，諸儒林立，其高明者攘斥佛老以伸正學，其沉潛者居敬主靜以自治其身心，休矣盛哉！然於帝王之事皆若不甚經意，附和實多，糾駁絕少。而爲史學者，則咸踵訛襲謬，茫無別擇，不問周秦漢晉，概加采錄，以多爲勝。於是荒唐悠謬之詞，相沿日久，積重難返，遂爲定論，良可歎也！且夫孔子，布衣士耳，未嘗一日見諸事業，而楊墨佛老之徒各持其說以鳴於世，何所見孔子之道之獨是？正以孔子之道非孔子之道，乃堯舜之道，人非堯舜則不能安居粒食以生，不能相維繫無爭奪以保其生，不能服習於禮樂教化以自別於禽獸之生。然則堯舜其猶天乎！其猶人之祖乎！人不可悖堯舜，故不可悖孔子也；不可不宗孔子，卽不可不宗堯舜也。余故作考信錄自唐虞始，尚書以經之，傳記以緯之，其傳而失實者則據經傳正之。至於唐虞以前紛紜之說，但別爲書辨之，而不敢以參於正錄，旣以明道統之原，兼以附闕疑之義，庶於孔子之意無悖焉爾。

夏考信錄二卷

夏考信錄者何？繼治也。堯崩，天下歸于舜。舜崩，天下歸于禹。唐虞之政，千古未有能及之者。況宅百揆而熙帝載，皆禹所同更定，而啓又賢能承繼禹之道，然則夏於唐虞之政，其必因之而不改者，理勢之自然也。但太康以後不能無廢墜耳。故考夏政者不必別求夏政，唐虞之政卽夏政也，禹之繼治然也。太康以後何爲以中衰別之也？羿浞迭興，權力雄於天下，諸侯從之者多，仲康微弱，后相失國，夏政不行於天下也。皋陶何以附於禹之後也？其功德大也。孟子曰，『若禹皋陶則見而知之，』又曰，『舜以不得禹皋陶爲己憂，』皆以禹皋陶並舉，故特表之也。

商考信錄二卷

商考信錄者何？　革亂也。　夏自太康失道，已非禹之舊矣，況至於桀，善政尙有復存者乎！　且湯之事與禹不同：湯承先世之業，崛起一方，自相土、上甲微以來，必有良法善政，宜於民而不當變者，此固不得改之而復遵夏政也。　蓋湯之心無以異於堯舜禹之心，然湯之事不能不異於堯舜禹之事，湯所處之勢然也。　何以不言殷考信錄也？　殷其所居地名，非國號也。　商何爲始於契也？　莫爲之前，則崛起者難爲功，契敷敎以啓商，故叙湯之政必追述之也。　伊尹何以附於湯之後也？　伊尹相湯以王天下，歷相數世，卒定商業，故特表之，猶皋陶之附於禹也。

豐鎬考信錄八卷

夏商皆以代稱，周何爲獨係以豐鎬也？　周至幽王之世而止也。　周何爲止於幽王也？　東遷以後，載籍較多，稱引亦繁，辨之不勝其辨，且非聖王賢相得失所關，故從簡也。何爲於成王獨係之以周公之相也？曰，周公者，上繼文武，下開孔子者也，故孟子曰，『周公思兼三王以施四事，』又曰，『悅周公仲尼之道，』韓子曰，『文武周公傳之孔子，』此非特表之不可也。而周公之事即成王之政，又非可分係者，故係之以『周公相成王』也。周何爲始於稷也？稷播種以開周，故叙文武之政必追述之，猶商之始於契也。周之賢臣哲輔何以統附之於後也，曰，周之人才盛矣！太公召公創業守成之功固已，他如泰伯之讓，伯夷之淸，召穆公之闢四方，衛武公之稱睿聖，亦卓卓者，皆不可以從略，故別爲一卷，統附於後也。

洙泗考信錄四卷

唐虞三代諸錄之後，何爲繼之以洙泗也？曰，二帝，三王，孔子之事，一也；但聖人所處之時勢不同，則聖人所以治天下亦異。是故二帝以德治天下，三王以禮治天下，孔子以學治天下。堯舜以聖人履帝位，故得布其德於當世，命官熙績，以安百姓而奠萬邦，天下莫不遂其生而正其命。故曰二帝以德治天下也。禹湯文武雖亦皆有聖德，然有天下至數百年，其後王不必皆有德，其所恃以維持天下者，有三王所制之禮在。故啓賢，能承繼禹之道，則天下之朝覲訟獄者歸之；太甲顚覆湯之典型，則伊尹放之於桐。傳曰，『周禮未改，今之王，古之帝也。』故三王之家天下也，非以天下私其子孫也；其子孫能守先王之禮，則德衰而天下有所賴以不亂。故曰三王以禮治天下也。夏之禮將敝也，湯起而維之。商之禮將敝也，文王起而維之。至周之衰，禮亦敝矣，非聖人爲天子不能維也。而孔子以布衣當其會，以德則無所施，以禮則無所著，不得已而訂正六經，敎授諸弟子以傳於後。是以孔子既沒，楊墨並起，非堯舜，薄湯武，天下盡迷於邪說，及至於秦，焚詩書，坑儒士，盡滅先王之法，然而齊魯之間獨重學，尚能述二帝三王之事。漢興，訪求遺經，表章聖學，天下咸知誦法孔子，以故帝王之道得以不墜，至於今二千餘年，而賢人君子不絕跡於世，人心風俗尚不至於大壞。假使無孔子以承帝王之後，則當楊墨肆行之後，秦火之餘，帝王之道能有復存者乎！故曰孔子以學治天下也。是以孟子幾希諸章述舜禹湯文武周公之事而繼之以孔子；好辨章敘禹周公救世之功而亦繼之以孔子。韓子曰，『堯以是傳之舜，舜以是傳之禹，禹以是傳之湯，湯以是傳之文武周公，文武周公傳之孔子。』二帝三王之與孔子，無二道也。是以三代以上，經史不分，經卽其史，史卽今所謂經者也。後世學者不知聖人之道體用同原，窮達一致，由是經史始分。其敍唐虞三代事者，務廣爲紀載，博采旁搜，而不折衷於聖人之經。其窮經者，則竭才於章句之末，務殫精於心性之空談，而不復考古帝王之行事。其尤刺謬者，敍道統以孔子爲始，若孔子自爲一道者。豈知孔子固別無道，孔子之道卽二帝三王之道也。故曰，『仲尼祖述堯舜憲章文武』；又曰，『文武之道未墜於地，夫子焉不學！』假使孔子別有一道，則亦何異於楊墨佛氏，而獨當尊信之乎！故今採撫經傳孔子之事，考而辨之，以繼二帝三王之後云。

右正錄二十卷

豐鎬別錄三卷

周一代之政事經制，有相爲首尾，不可以年世分係之者。有經傳本無正文，後人猜度而爲之說，以致失其實者。亦有前人所未及詳，而今補釋之者。皆未便以參於正錄，故爲別錄以考辨之。

洙泗餘錄三卷

唐虞三代皆以聖人爲天子，故能布其德澤於四方萬國，而後王有所遵守以安其民。孔子則不然。位不過大夫，然亦僅數年耳，權不過聽一國之政，然亦僅數月耳，其德澤初未布於天下。雖聖與堯舜齊，後世何由知之而遵守之？然乃能繼堯舜禹湯文武之統而垂敎萬世者，皆門弟子與子思相與羽翼而流傳之也。是以戰國之時，人皆騖於功利，縱橫之徒方盛，楊墨之說肆行，而孔子之道卒以不墜。及秦焚詩書，而齊魯之間猶皆誦法六經論語。至漢，訪求遺經，其道遂大布於天下。藉非有羽翼而流傳之者，則當橫議之時，焚書之後，孔子之所傳述能有復存者乎！非惟孔子也，即堯舜禹湯文武之事業亦且泯然俱盡。然則諸弟子與子思之爲功於後世也大矣！又按論語前十五篇，言簡義宏，深得聖人之旨。大小兩戴所記，則多膚淺，不類聖人之言。他書所述，尤多舛謬。意此十五篇者，雖後人所彙輯，然皆及門諸賢取聖言而書之於策以傳於後者，故能久而不失其意。向無論語一書，後世學者但據兩記百家之言，何由得識聖人之眞！至於春秋一書，尤聖人之大經大法。左傳雖不盡合經意，而紀事詳備，學者賴之，得以考其事之首尾而究春秋之義。此其功皆不可沒也。顧戰國秦漢之間稱其事者往往失實，而後世說經者亦不能無揣度附會之失。故余於洙泗考信錄成之後，類輯顏閔以降諸賢之事，別爲餘錄，以訂正之。但自周秦以上，典册罕存，今惟取見於經傳者少加編次，而於其失實者考而辨之。一以表衞道之功，一以正流傳之誤。或亦稽古者所不容缺者乎！

孟子事實錄二卷

孟子何以別爲錄也？ 傳道之功大也。 孔子之時，王道猶存，異說未起，故子貢曰，『文武之道未墜於地，在人，賢者識其大者，不賢者識其小者，莫不有文武之道焉。』 戰國時則不然，處士橫議，楊墨之言盈天下；即儒者所著述亦多傳而失眞。 賴孟子縷陳而詳辨之，井田封建之制，仁義性善之旨，帝王聖賢之事，然後大明而得傳於後世。 向無孟子，不但異端之說之惑世也，即周官，戴記，國語，逸周書等書所述，亦無從辨其是非眞僞而識聖道之眞。 故唐韓子稱『文武周公傳之孔子，孔子傳之孟某』；又云，『學聖人當自孟子始。』 然則孟子之於孔子，猶周公之於文武：文武非周公則制作不詳，孔子非孟子則傳流多失。 甚矣，孟子之有功於道者大也！ 孔子門人之事雖旁見於他書，而首尾多難考。 惟孟子七篇中，適梁，游齊，居滕，至魯，皆備載之，不難考其先後，故別爲錄以明之也。 又此七篇，皆弟子所纂述以傳於後世者，其功亦不可沒，故並附於孟子之後。

考古續說二卷

考信錄成，其義有未盡者，有事在周室東遷以後者，亦有泛論古書，不可分係於一代者故爲續說以補錄之。

附錄二卷

考信錄之後，何以復有附錄也？此錄之作，非余一人之力所能：必有爲之前者而後有所受；有爲之後者而後有所授。故歷歷溯其所由來以附於後也。

右後錄十二卷

答過細之譏

諺云『打破沙鍋紋到底。』蓋沙鍋體脆，敲破之則其裂紋直達於底；『紋』與『問』同音，故假借以譏人之過細而問多也。然余所見所聞，大抵皆由含糊輕信而不深問，以致僨事，未見有細爲推求而僨事者。唐何文哲趙贊鄰居，並爲侍御史。趙需應舉至京，投刺於贊，誤造何第。何，武臣，以需進士，稱猶子謁之，喜召入宅。不數日，値元日，骨肉皆在坐，文哲因謂需曰，『姪名宜改，「何需」似涉戲也。』需乃自言姓趙。文哲大愧，乃遣之去。當時傳以爲笑（唐國史補作何儒亮誤謁趙需，今從唐語林）。

然此猶小事，無足爲大得失也。乾隆己酉，漳決北杜村小王庄，曾而東下，直趨大名府城，環城大水。未數日，上決於三臺，水南注於洹，杜村等口流絕，大名水始漸退。大名道問水所自來，縣丞某遂以三臺對。大名道亦不復詳察，遽移文河南（三臺乃河南臨漳縣境）。以妨運道爲詞，俾塞三臺之口。幸而水勢難挽，塞之無功，若三臺果塞，而杜村等兩口如故，大名之城其能不爲沼乎！然終以此故，明年大名元城兩縣田禾悉沒。若此者，豈非其問之不周，察之不審，以致是與！然而世皆以含糊爲大方，以過詳爲瑣碎，雖債事而不悔，其亦異矣！余自中年以前，所見長於余者，言多分明，於事亦罕鹵莽。中年以後，所見少於余者，則多貴鹵莽而厭分明：其發言也，務不使之分曉，若惟恐人之解之者；其聽言也，亦不肯問之使分曉，而但以意度之。以此爲彼者常十之六七，然皆自以爲已知也。至於聽訟，尤爲要事，然人皆漫視之；以曲爲直，以直爲曲者，比比皆然。

余爲吏，每聽訟，未有言余誤斷者，然有謂余過細者。況於考信一錄，取古人之事歷歷推求其是非眞僞，以過細譏余者當更不知幾許。嗟夫，嗟夫，此固難爲世人道也！

本書體例

例

降一字，補

曰，傳記所載，何爲多降一字書之？何爲或冠之以『補』也？曰，降而書者，不敢以齊於經，且懼其有萬一之失實也。然或提綱挈領，爲事所不可缺，而經無文，不得不以傳記補之，亦有其文本出於經而今旁見於傳記者，故以『補』別之也。曰，洙泗錄及餘錄何以不降一字而書也？曰，聖賢之事，記於經者少而見於傳記者多，不可概用降書。且傳記之作，率在百年以內，世近則其言多可信，非若帝王之事久遠而傳聞者易失實也，故不復分之也。

備覽，存疑

曰，何以有『備覽』『存疑』也？曰，其書所載之事可疑者多，而此事尚無可疑，不敢遂謂其非實也，則列之於『備覽』。其書所載之事可信者多，而此事殊難取信，不敢概謂其皆實也，則列之於『存疑』。皆愼重之意也。曰，國語史記諸書概列之於『備覽』何以有時但降一字書之，不復別於傳也？　曰，其文雖見於此書，而其事實本於經傳，信而有徵，不得因其書而疑之，故躋之於傳也。

附錄，附論

曰，何以有『附錄』『附論』也？　曰，唐虞錄序例中言之矣。　其時不可詳考，而其事不容遺漏，則從其類而附載之，不敢淆其次也。　其文雖非紀事而與事互相發明，則因其事而附見之，不敢概從略也。

備考，存參

曰，何以有『備考』『存參』也？　曰，唐虞錄序例中亦言之矣。　事雖後日之事而有關於當時之得失，言或後世之言而足以證異說之紛紜，雖不能無醇疵之異，要皆當備之以俟考，存之以相參也。

答詞費之問

曰，子之說誠善矣，然其文繁而不殺，毋乃費於詞乎！　余曰，誠然，然余之所不得已也！　堯典禹貢之文簡矣，而商周書則繁。　論語之文簡矣，而孟子書則繁。　左傳之紀事簡矣，而史記則繁。　古之人豈好為其繁哉！夫亦世變所趨，不得已而然耳。　昔人云，

『夏以寅爲正，商以丑爲正，周以子爲正。』 正者，正月也，一月也。 子爲正月，則丑寅爲二三月可知。 丑爲正月，則寅卯爲二三月可知。 而宋儒之說，皆謂商周雖以子丑爲正，而仍以寅爲正月，卯辰爲二三月。 於是說者紛紛，而後儒辨之者亦紛紛，其書至於不可車載而斗量。 設當日云『以子爲正月，丑爲正月，寅爲正月，』止須加三『月』字，而後人自不能爲此說，亦無庸瑣瑣而辨之，車載斗量之言皆可省矣。 由是言之，商周之書非故欲繁於虞夏也，孟子史記之文非故欲繁於論語左傳也，世變所至，異說爭鳴，歧之中又有歧焉，少省其詞則因端附會者遂啟後世無窮之疑，故不得已而寧爲其繁耳。 余之詞費，固因於才短，亦慮省之而獻疑者且百出而靡所底也。 後有君子，當有以諒其苦心耳！

考信錄提要卷下終

補上古考信錄序

（原本無此序；今依三代考信錄例，由考信錄提要下卷錄出補此。）

周官，外史掌三皇五帝之書。僞孔安國尙書序云『伏羲，神農，黃帝之書，謂之三墳，言大道也。少昊，顓頊，高辛，唐，虞之書，謂之五典，言常道也。孔子覩史籍之煩文，懼覽者之不一，討論墳典，斷自唐虞以下。』後之儒者皆尊其說，余獨以爲不然。夫古帝王之書果傳於後，孔子得之，當何如而表章之，其肯無故而删之乎！論語屢稱堯舜，無一言及於黃炎者；孟子溯道統亦始於堯舜：然則堯舜以前之無書也明矣。周官一書所載制度皆與經傳不合，而文亦多排比，顯爲戰國以後所作，先儒固多疑之，不足據也。春秋傳云『左史倚相能讀三墳，五典，八索，九邱，』杜氏註云『皆古書名，』悉不言爲何人所作。使此序果出于安國，杜氏豈容不見。而林氏堯叟乃取僞序之文以釋左傳，甚矣宋儒之不能闕疑也！虞書曰，『愼徽五典，五典克從，』又曰，『天叙有典，勅我五典』是知堯舜之世已有五典之名蓋即五倫之義，書之策以敎民，所謂『敬敷五敎』者也。不得舍經所有之五典而別求五典以實之也。

典籍之興，必有其漸。倉頡始制文字；至于大撓，然後作甲子以紀日；至于羲和，然後以閏月定四時成歲以紀年；必無甫有文字即有史官之理。以情度之，亦當至唐虞以降然後有史書也。

自易春秋傳始頗言羲農黃帝時事，蓋皆得之傳聞，或後人所追記；然但因事及之，未嘗盛有所鋪張也。及國語大戴記，遂以鋪張上古爲事；因緣附會，舛駁不可勝紀。加以楊墨之徒欲絀唐虞三代之治，藉其荒遠無徵，乃妄造名號，僞撰事跡，以申其邪說；而陰陽神仙之徒亦因以托之。由是司馬氏作史記，遂託始于黃帝；然猶頗刪其不雅馴者，亦未敢上溯于羲農也。逮譙周古史考，皇甫謐帝王世紀，所采益雜，又推而上之，及于燧人包羲。至河圖，三五歷，外紀，皇王大紀以降，且有始于天皇氏，盤古氏者矣。於是邪說詖詞雜陳混列，世代族系紊亂龐雜，不可復問，而唐虞三代之事亦遂爲其所淆。

竊謂談上古者惟易春秋傳爲近古，而其事理亦爲近正，以此證百家之謬或亦有不可廢者，故余雖取易春秋傳文以補上古之事。

司馬氏曰，『學者載籍極博，猶考信于六藝，』是余之志也夫！

補上古考信錄目

生民之始，渾渾噩噩，其理可推而其事不可知，錄『開闢之初』。

洪荒漸啓，書契未興而其名號事蹟間有一二見於傳者不敢遺也，錄『包犧氏』『神農氏』。

書契雖興，史册尙缺，而追述者衆，故世代略可辨，蓋皆有功德於世者，錄『黄帝氏，』『炎帝氏』『共工氏』『太皞氏，』『少皞氏，』『顓頊氏，』『帝嚳氏，』『諸帝通考』。

綜其始終，舉其義例，作『前，後論』二則。

補上古考信錄卷之上

前論一則

古無三皇五帝之說

三皇五帝之文見於周官，而其說各不同。呂氏春秋以黃帝，炎帝，太皞，少皞，顓頊為五帝；蓋本之春秋傳而月令因之。大戴記以黃帝，顓頊，帝嚳，堯，舜為五帝，蓋本之國語而史記因之。至三統歷則又以包羲，神農，黃帝，堯，舜為五帝，其說以易傳為據而近代五峯，雙湖兩胡氏並用之。秦本紀有天皇，地皇，泰皇之名而鄭康成則以女媧配羲，農為三皇；譙周易以燧人；宋均又易以祝融；惟三五歷本秦本紀為說而易泰皇為人皇，其語尤荒唐不經（鄭康成以下，並本補三皇本紀）。後之編古史者各從所信，至今未有定說。余按書云，『皇帝哀矜庶戮之不辜，』『皇帝清問下民，』是『帝』亦稱『皇』也。詩云，『皇王惟辟，』

『皇王烝哉，』是『王』亦稱『皇』也。書云，『惟皇作極，』又云，『皇后憑玉几，』詩云，『皇尸載起，』又云，『獻之皇祖，』傳云，『皇祖文王，』又云，『皇祖伯父昆吾，』離騷云，『朕皇考曰伯庸，』然則『皇』乃尊大之稱，王侯祖考皆可加之，非『帝』『王』之外別有所謂『皇』者也。且經傳述上古皆無三皇之號，春秋傳僅溯至黃帝，易傳亦僅至伏羲，則謂羲農以前別有三皇者妄也。燧人不見於傳，祝融乃顓頊氏臣，女媧雖見於記而文亦不類天子，則以此三人配羲農以足三皇之數者亦妄也。春秋傳云，『黃帝氏以雲紀；炎帝氏以火紀；共工氏以水紀；太皞氏以龍紀；少皞摯之立也鳳鳥適至，故紀於鳥；自顓頊以來，不能紀遠，乃紀於近，』此但歷叙古帝紀官之不同耳，初無五帝之名，亦無五德之說也。呂氏緣此，遂删共工氏而以五德分屬之，失傳之本意矣。國語云，『黃帝能成命百物以明民共財；顓頊能修之；帝嚳能序三辰以固民；堯能單均刑法以儀民；舜勤民事而野死，』但序此五人之功，為下郊禘張本耳，亦不稱為五帝而謂帝必限以五也。 大戴記遂獨取此為五帝而他不與焉，亦非國語意也。 至於易傳五帝，亦偶舉之，而劉歆遂附會其說，以為少皞顓頊諸帝，周遷其樂，故易不載，誣矣！ 僞孔傳書序云，『伏羲，神農，黃帝之書謂之三墳；少皞，顓頊，帝嚳，堯，舜之書謂之五典，』其意蓋以『墳』為皇書，『典』為帝史。 然黃帝以帝稱而反為皇，名實迕矣！ 少皞與太皞炎帝均列於春秋傳呂紀月令，而去彼存此，可乎！ 作此序者亦為劉歆所誤，而以炎帝，太皞為卽羲，農，故獨取少皞以代黃帝而為五，然則序之出於劉歆以後而非安國所撰明矣！ 蓋三皇，五帝之名本起於戰國以後，周官後人所撰，是以從而述之。 學者不求其始，習於其名，遂若斷不可增減者；雖或覺其不通，亦必別為之說以曲合其數，是以各據傳註，互相詆譏。 不知古者本無皇稱，而帝亦不以五限，又何必奪彼以與此也哉！ 故今但取古天子之見於傳者次第列之，而絕不以三五約其數焉。 『五德』之謬，三皇，女媧，炎帝，太皞之誤，說並見後篇中。

駁邵雍元會運世之說

開闢之初

宋邵堯夫作皇極經世書，謂『天地之一終始爲一元，元十二會，會各萬八百年。天開於子；地闢於丑；人生於寅。堯舜當巳午會之間。自會而下，爲運，爲世，爲年，爲月，爲日，爲時，皆以十二與三十遞乘之。』後之儒者奉爲玉律，莫有異辭矣。余獨以爲不然。夫人之所以異於禽獸者，以其有禮義也。夫婦之道，自生民之初而已然矣。有夫婦於是乎有父子，有父子於是乎有君臣，有君臣於是乎有書契，政事，宮室，粒食，冠裳，葬埋之制。此數者，皆人道之不可廢者，而皆始於羲農，以後然則羲農之上距開闢之初固無幾時也。若如經世書之言，則是生民僅有九會，而前四會之人養生送死初無以大異於禽獸，及其稍知禮義而天地之化已將半矣，豈不誣哉　日三十而爲月，月十二而爲歲，其偶然者耳，然且有朔虛有閏餘，不能齊也。至於三十年爲一世，以父子相繼之歲約略計之耳，日有十二時，歷家隨意分之以辨刻漏耳，非如日之有出入月之有朔望，爲一終始而不可增減者也。春秋傳云『日有十時，』今又分時爲二十四，時豈有定數乎！今因是二者之偶同，遂皆以此兩數乘之，其亦鑿矣！且歷法十九年而閏餘一終始，二萬數千餘年而歲差一終始，與元會運世之說皆不合，則經世書之不足信也明矣。曰，堯舜不爲中天，然則何以獨盛？曰，物之良者，皆於其朔，不於其中也。是故，日莫良於旦，歲莫良於春，人莫良於孺子。堯，舜之時其猶平旦乎！是天地清明之候也。自堯舜以後，生聚之蕃，文物之盛未必不過於昔，而其氣益昏而雜，其治益卑而淆，猶之自春徂夏，物生日衆而毒螫亦日多；自少及壯，人知日開而變詐亦日甚也。是故，西漢之午在孝武，而孝文則其平旦也；李唐之午在天寶，而貞觀則其平旦也。故孟子亦以平旦之氣爲性善之驗。吾故曰『羲，農之上距開闢之初固無幾時』也。

補『有天地，然後有萬物。有萬物，然後有男女。有男女，然後有

夫婦。有夫婦，然後有父子。有父子，然後有君臣。』（易序卦傳。）

存參　「蓋上世嘗有不葬其親者，其親死，則舉而委之於壑。他日過之，狐狸食之，蠅蚋姑嘬之；其顙有泚，睨而不視。夫泚也，非為人泚，中心達於面目。蓋歸，反虆梩而掩之。』（孟子。）

敍三皇及十紀之說

史記秦本紀云，『古者有天皇，有地皇，有泰皇。』封禪書云，『古者封泰山，禪梁父者七十二家。』此言上古者之所始也。春秋緯稱『自開闢至於「獲麟」凡三百二十七萬六千歲分為十紀：一曰九頭紀，二曰五龍紀，三曰攝提紀，四曰合雒紀，五曰連通紀，六曰序命紀，七曰修飛紀，八曰回提紀，九曰禪通紀，十曰流訖紀，——流訖當黃帝時。』河圖及三五歷稱『天皇氏十六頭，澹泊無所施為而俗自化，木德王，歲起攝提，兄弟十二人立，各一萬八千歲。地皇十一頭，火德王，亦各萬八千歲。人皇九頭，乘雲車，駕六羽，兄弟九人，分掌九州，凡一百五十世，合四萬五千六百年。』（春秋緯以下，並本唐司馬貞補三皇本紀所采文。）後世序古史者往往采之。以余觀之，謬莫甚焉。傳曰『上古結繩而治，後世聖人易之以書契，』世又傳倉頡始作書契，然則書契之起於羲農以後必也。羲農以前未有書契，所謂三皇十紀帝王之名號後人何由知之？且其歷年如此之久，聖人爲天子者如此之多，其間名臣賢相，哲人知士，且不知凡幾，必無至於羲農之世而書契猶未興，生者猶無衣服，死者猶無棺槨之理也。夫尙書但始於唐虞，及司馬遷作史記乃起於黃帝，譙周，皇甫謐又推之以至於伏羲氏，而徐整以後諸家遂上溯於開闢之初，豈非以其識愈下則其稱引愈遠，其世愈後則其傳聞愈繁乎！且左氏春秋傳最好稱引上古事，然黃炎以前事皆不載，其時在焚書之前，不應後人所知乃反詳於古人如是也。又按史記鄒衍始爲閎大不經之言，稱引天地剖判以來五德終始，治各有宜；中國名曰赤縣神州，如赤縣神州者九，有裨海環之，莫能相通；如此又九，乃有大瀛海環其外，天地之際焉。然則其說本出於衍而後世學者又各以其意增飾之耳。當衍之時，列國分爭，疆理不遠，故莫能窮其妄。自隋唐以降，征伐所及，海賈所通，至於夜不能熟羊胛，目可以盡南極，何嘗有所謂『裨海九區天地之際』者！衍言之妄，居可覩矣。則其所謂『天地剖判五德轉移』者，亦如是而已矣。嗚呼，史記猶以其言為不經，奈何後人自命為儒學者反取之以補經之缺乎！故余於包犧氏之前，但取易序卦傳文冠之篇首，附以孟子上世葬親之語，以見太古之大凡。其餘三皇十紀之說概不載也。

包犧氏

包犧，作伏羲，一作庖羲，一作宓羲。今傳既作包犧，當從之。包犧非太皞，說見後炎帝，太皞篇中。

駁龍馬負圖之說

補「古者包犧氏之王天下也，仰則觀象於天，俯則觀法於地，觀鳥獸之文與地之宜，近取諸身，遠取諸物，於是始作八卦，以通神明之德，以類萬物之情。」（易繫辭下傳。按唐虞以前未聞有稱「王」者。『王天下』云者，據三代之稱而加之上古者也。此傳之所以不逮經，學者不可以辭害意也。）

朱子論語集註云，『河圖，河中龍馬負圖，伏羲時出。』余求其所本經傳皆無之。書云『大玉夷玉天球河圖在東序，』易大傳云，『河出圖，洛出書，聖人則之，』皆未言為龍馬所負，亦不言聖人為誰何也。春秋傳史記皆不及伏羲時事，無可證其眞僞者。惟漢書五行志引劉歆語以為伏羲繼天而王，受河圖而畫八卦，論語集解引孔安國語亦以河圖為八卦，而皆不言所本何書（書孔傳有「伏羲王天下，龍馬出河，遂則以畫八卦」之語，此係後人僞撰，故不引。）孔氏穎達周易正義云『禮緯含文嘉曰，「伏羲德合上下，天應以鳥獸文章，地應以河圖洛書，則而象之，乃作八卦，」故孔安國等並云伏羲得河圖而作易。』又云，『春秋緯云，「河以通乾出天苞，洛以流坤吐地符；河龍圖發，洛龜書感，」孔安國以爲河圖則八卦是也，洛書則九疇是也。』 然則龍馬負圖之事乃出緯書，而孔劉采之者。 緯書者，異端方士之言耳，朱子何爲而信之哉？ 且如緯書之言，則河圖洛書同出於伏羲之世；而孔劉乃以八卦，九疇分屬之，尤不可解。不知後儒何以皆用之也？ 傳云，『包犧氏之王天下也，仰則觀象於天，俯則觀法於地，觀鳥獸之文與地之宜，於是始作八卦』，不言則河圖以爲卦也。 使畫卦果本於河圖，則此乃當時大事，千古異祥，傳當特舉之，何得概等諸鳥獸之文而已乎！ 孔氏穎達固已疑及於此，但以前人舊說不敢駁證，乃爲扶同遷就之詞，以爲易理寬宏，何妨更法河圖，亦可謂游移而失據矣！ 外紀又謂伏羲氏有龍馬負圖之瑞，故以龍紀官，蓋見補本紀有龍瑞之文，因附會之以爲巧合。 不知以龍名官者乃太皞，非伏羲也，適見其誣而已矣！ 故今於伏羲氏不載龍馬負圖之事。 孔子曰，『吾猶及史之闕文也，』余惟孔子之言是從焉耳。

補「作結繩而爲網罟以佃以漁」（同上。按傳文所謂取諸某卦者，不過言其理相通耳，非謂必規摹此卦然後能制器立法也。而古未有書，後人亦無由知其所由作，故稱蓋爲——蓋者，疑詞也。今並删之，後不復註。）

駁伏羲氏造書契制嫁娶之說

補三皇本紀稱伏羲氏造書契以代結繩之政，始制嫁娶，以儷皮爲禮。余按易大傳文，易結繩以書契在『黃帝堯舜氏作』之後，則必起於黃帝以來明矣；謂造於伏羲氏，乃僞書孔安國序文。此序晉以後人所撰，前人辨之詳矣。至以儷皮爲禮，經傳亦無文；惟譙周古史考言之，不足信。故並不載。

駁伏羲氏爲六甲之說

外紀稱伏羲氏支干相配爲十二辰，六甲而天道周；又稱黃帝命大撓作甲子，十幹十二枝，相配以名日。夫伏羲氏既造六甲矣，又何待於黃帝之作之？此蓋所傳異詞而兩采之，故致自相矛盾。要之，謂黃帝時爲近。故今不載於此。

燧人等十七氏

世傳上古之天子有燧人氏，女媧氏，大庭氏，柏皇氏，中央氏，卷須氏，栗陸氏，

者無不
可知

驪連氏，赫胥氏，尊盧氏，渾沌氏，昊英氏，有巢氏，朱襄氏，葛天氏，陰康氏，無懷氏。

譙周古史考以燧人備三皇謂在庖犧之前。補三皇本紀則本春秋緯，以女媧備三皇而謂在庖犧之後。至於大庭以下十有五氏，皇甫謐帝王世紀以爲並在庖犧之後，補三皇本紀則據三五歷而以爲並在庖犧之前，其說紛紛不一。余按春秋傳國語最好稱引上古事，然亦但述黃炎以後，未有稱羲農者也；獨易傳以易故言及於羲農耳。孟子書中，有許行爲神農之言，而莊子，楚辭尤多稱引黃帝以前者，然則此等語言皆當在戰國以後。蓋是時楊墨盛行，楊氏疾儒者之禮法刑政而矜言無爲之化，墨氏惡當時之厚斂奢用而欲敦儉樸之風，故好稱述上古君臣以求加於三代之法，大抵皆寓言之類，不可以爲實者也。惟『大庭氏之庫』見於春秋傳，『女媧氏之笙簧』見於明堂位，然府庫之興當在唐虞以後，況庫猶存於春秋時，世之相隔亦必不遠，而明堂位亦戰國後之書，且序女媧於垂叔之後，未見其必爲上古也。推此而求，則彼十五氏者，縱使果有其人，亦必非黃帝以前之天子矣。 補本紀乃據管子，謂古封泰山七十二家，夷吾所識十有二，首有無懷氏，不知管子乃後人所僞撰，而封禪亦漢儒之邪說，彼固采戰國時異端小說之言而附會之者，又烏足爲據也哉！ 且炎帝，太皞在黃帝之後，傳記之文甚明也，猶誤以爲庖羲，神農而列之於黃帝之前，況彼十五氏者，傳記之所不言，又惡知其果有與無，果在庖羲之前與其後乎！ 故今十七氏者皆不載。

神農氏

補三皇本紀云，「神農本起烈山，故左氏稱『烈山氏之子曰柱』，亦曰厲山氏，禮曰，『厲山氏之有天下』是也。」 余按左傳稱烈山氏，初不言有天下；若禮記祭法之文乃采之國語者，國語記上古事率荒唐，此蓋亦想當然之詞，不足以爲據也。 古者『烈』，『厲』同音，祭法之厲山乃傳寫之誤，亦非有兩號也。鄭氏以神農制耒耜，遂以神農當之而云『厲山，神農所起，』小司馬氏從而采之誤矣！杜氏左傳註云，『烈山氏，神農氏諸侯，』較鄭氏爲近理。然左傳，國語皆未有稱及黃帝以前者，亦未敢必其然，故今並不載。神農非炎帝說見後炎帝條下。

補『包犧氏沒，神農氏作，斲木爲耜，揉木爲耒；耒耨之利，以敎天下。』(同上。)

補『日中爲市，致天下之民，聚天下之貨，交易而退，各得其所。』(同上。)

駁神農氏重八卦作蜡祭鞭草木之說

補本紀稱『神農氏重八卦爲六十四，作蜡祭，以赭鞭鞭草木。』余按，易大傳言包犧作八卦，網罟，至神農氏則但言其爲耒耨，市易，初無一言及於重卦者。果有此事，曷爲連類及之而獨遺之乎！康成之徒因傳文內有取諸益與噬嗑之語，遂臆度而附會之，以爲神農所重，謬矣！傳特泛言其理，何嘗以爲

駁神農氏作本草之說

伏羲時止有三畫之離；神農時乃有六畫之噬嗑哉！郊特牲云，『伊耆氏始爲蜡，』今移之神農時，於經傳亦未有確據，蓋亦以爲耒耜故臆之耳。 至以赭鞭鞭草木，乃方士荒唐之說，尤爲不經。 故並不取。

世傳神農始爲本草（今所謂本經者），漢書藝文志有神農黃帝食禁七卷，神農雜子技道二十三卷，外紀因之，遂謂炎帝嘗藥一日遇七十毒，遂作方書以療民疾。所謂炎帝乃沿補本紀之誤，意卽謂神農也。 余按書契始於黃帝，以後然猶未有簡策，神農之世安得有策書乎！ 且本草文淺陋，多用後世地名，少有識者自能辨之。 補本紀謂始嘗百草，始有醫藥，此或然耳；然傳記皆無文，而後世方技之士多託之古聖人者，難以徵信。 故今闕之。

備覽 『神農伐補遂。』（戰國策。）

存參 『有爲神農之言者許行……陳相見孟子，道許行之言曰，「賢者與民並耕而食，饔飧而治。」……又曰，「從

駁神農氏八世五百餘年之說

許子之道，則市賈不貳，國中無僞，雖使五尺之童適市，莫之或欺。」」（孟子。）

補三皇本紀云，『神農立一百二十年，納奔水氏之女曰聽詙爲妃生帝哀；哀生帝克；克生帝榆罔。凡八代，五百三十年，而軒轅氏興焉。』 綱目前編云，『神農在位百四十年；子臨魁八十年；臨魁子承六十年；承子明四十九年；明子宜四十五年；宜子來四十八年；來子襄四十二年；襄曾孫榆罔五十五年。』 此說世皆信以爲然。 余按易傳曰，『包犧氏沒，神農氏作；神農氏沒，黃帝，堯，舜氏作，』 夫人謂之沒，國謂之亡，不曰包犧，神農氏亡而曰包犧，神農氏沒則是二帝既沒，其子孫卽不復嗣爲帝也，烏有所謂八世五百餘年者哉！ 且經之所不書，傳之所不述，彼晉以後之人何從而知之？ 補本紀以榆罔爲神農曾孫，則榆罔之後尚當有五世，而綱目前編卽以榆罔爲第八世，其年數亦不符，然則二家之說已自不合，學者又何由知其孰是而信之乎？ 夫事略者易知，詳者難考，神農

古之天子無禪無繼

之與炎帝，經傳之文甚明，此易知者也，而二家尚不知其爲兩人，況其子孫之名，之年之譜牒，反能知之而歷歷不爽，有是理耶！　且唐虞以前初未嘗有繼世爲天子之事也：有聖人者出，則天下尊之爲帝，聖人者沒則已耳，其子孫皆不嗣爲帝也；又有聖人者出，然後天下又尊之；無所爲繼，亦無所爲禪也。　自唐虞而後有禪，自夏殷而後有繼，故孔子曰，『唐虞禪，夏后殷周繼。』　如之何其可以後世之事例上古也！　齊桓之霸也，僅一世，而晉文之霸也乃十一世：不得以其後之繼霸而遂謂其前之亦繼霸也。　晉文襄之霸也，其卿未有世者；間有父子皆爲卿者，而初不襲位於其父卒之日；景厲以後，荀林父卒而子庚代之，士會老而子燮繼之，而卿遂爲世；及魯鄭亦然：不得以其後之繼卿而遂謂其初之亦繼卿也。　夫古之天子亦若是而已矣！　故今於諸家所載神農以後諸帝概削之不錄焉。　嗚呼，後世之儒所以論古之多謬者無他，病在於以唐宋之事例三代，以三代之事例上古，以爲繼世有天下自羲農已然，故於虞夏授受之際妄以己意

引柳宗元文駁包犧女媧神農蛇身牛首之說

揣度，以致異說紛然而失聖人之眞。故余於神農之世先發其端。學者知唐，虞以前原無禪繼，然後堯舜禹啓相承之事可得而論。說並詳後通考及堯舜禹啓篇中。

補本紀稱包犧氏，女媧氏皆蛇身人首，神農氏人身牛首。余按唐柳子厚觀八駿圖說辨此甚明，今載其文於左。惟其所引書，以牛首爲伏羲，與此小異；要之其誣則一，亦不足分別也。

【柳子厚觀八駿圖說】『古之書有記周穆王馳八駿升崑崙之墟者，後之好事者爲之圖，觀其狀甚怪，咸若騫，若翔，若龍，鳳，麒麟，若螳螂然。世聞其駿也，因以異形求之，則其言聖人者亦類是矣！故傳伏羲曰牛首，女媧曰其形類蛇，孔子如倛頭，若是者甚衆。孟子曰，「何以異於人哉，堯舜與人同耳！」今夫馬者，駕而乘之，或一里而汗，或十里而汗，或千百里而不汗者，視之，毛物尾鬣，四足而蹄，齕草飲水，一也。推是而至於駿，亦類也。今夫人有不足爲負販者，有不足爲吏者，有不足爲士大夫者，有足爲者，視之，圓首橫目，食穀而飽肉，絺而淸，裘而燠，一也。推是而至於聖，亦類也。然則伏羲氏，女媧氏，孔子氏，是亦人而已矣，驊騮，白羲，山子之類若果有之，是亦馬而已矣，又烏得爲牛，爲蛇，爲倛頭，爲龍，鳳，麒麟，螳螂然也哉！」

駁包犧神農作瑟之說

補本紀稱包犧氏作二十五絃之瑟，神農氏作五絃之瑟。余按，風會之開必有其漸，故包犧氏教佃漁，神農氏教耕耨，黃帝氏垂衣裳，雖聖人不能一世而盡創也。然則禮樂之興當在唐虞之世，包犧，神農未暇此也；安有茹毛飲血而吹笙鼓瑟者哉！苟能制繭成絲，則何不先爲衣冠而乃以爲絃；苟能斵木成器，則何不先爲棟宇棺槨而乃以爲瑟也！此皆後人猜度附會之言，故並不取。

駁連山歸藏爲羲農時書說

周官太卜有三易之名，一曰連山，二曰歸藏，三曰周易。杜子春云，『連山，伏羲，歸藏，黃帝。』孔穎達云，『神農曰連山氏，亦曰烈山氏；黃帝曰歸藏氏。』余按，易傳言易詳矣，春秋傳亦多說易者，然皆未有連山，歸藏之名。周官乃後人所撰，其然否未可知也。即使果然，亦當出於後世，鄭氏以爲夏，殷者，或有之；

若羲農之世，則未有篇策，安得有文字傳於後世哉！ 至因康成以厲山爲神農之誤，而並連山之名歸之，則尤謬矣！ 故今不取。

黃帝氏

辨黃帝姓名之謬

史記五帝本紀云，『黃帝姓公孫，名曰軒轅；』又云，『黃帝爲有熊氏。』按國語云黃帝姓姬；且公孫者，公之孫也，公族未及三世則無氏，氏之以公孫，非姓也，況上古之時安有是哉！ 大戴記云，『黃帝曰軒轅，』又曰，『黃帝居軒轅之邱，』其意蓋謂因所居以爲號耳，非謂軒轅爲黃帝名也。 有熊之稱亦不見於傳記，本紀乃以軒轅爲名而號有熊，殊失大戴之意。 漢書律歷志云，『黃帝始有軒冕之服，故號曰軒轅，』謂軒轅爲號，似矣；而謂因始有軒冕之故，則亦出於臆度而已。 又大戴記，史記皆以黃帝爲少典子，蓋本之國語；然國語本不足

大戴記稱黃帝德無事實可指

據，故今並闕之。說並見後戰於阪泉條下。

補 『神農氏沒，黃帝、堯、舜氏作。』（易繫辭下傳。）

備覽 『神農氏世衰，諸侯相侵伐，暴虐百姓，而神農氏弗能征，於是軒轅乃習用干戈以征不享，諸侯咸來賓從。』（史記五帝本紀。）

大戴記五帝德篇云，『黃帝生而神靈，弱而能言，幼而叡（或作『慧』，史記作『詢』）齊，長而敦敏，成而聰明。』又云，『順天地之紀，幽明之故（史記作『戰』），死生之說，存亡之難，時播百穀草木，故教化淳鳥獸昆蟲（此八字，史記作『淳化鳥獸虫蛾』），歷離（史記作『旁羅』）日月星辰，極田（史記作『水波』）土石金玉，勞（史記『勞』下有『勤』字）心力耳目，節用水火材物。』余按，『神靈』五句乃後人想像推崇之詞，聖人大抵如是，非獨黃帝然也。而『叡齊』『敦敏』，『聰明』亦初無先後可分。『死生』，『存亡』數語頗類楊氏

（卽所謂黃老家）。『時播』以下文多難解，不如史記之文明順：不知戴記之文久而訛邪？抑司馬氏潤色之邪？要之皆係膚闊之辭，初無可指事實，且文亦卑弱，與堯典臯陶謨首節大不類，顯爲後人所撰，故並不錄。

駁黃帝舉四相之說

補『黃帝氏以雲紀，故爲雲師而雲名。』（左傳昭公十七年。）

本紀云，『黃帝舉風后，力牧，常先，大鴻以治民。』漢書藝文志敘兵書，有風后十三篇，力牧十五篇。世紀遂從而附會之，言『黃帝夢風吹塵垢皆去；人執千鈞之弩，驅羊萬羣。曰，「天下豈有姓風名后，姓力名牧者哉？」於是求而得之，以爲將相。』余按黃，炎之世，卿相之名未有見於傳者，則四人恐亦後人之託言。縱使有之，而其時未有典册，則兵法非其所著明矣。后者，君也。風后蓋謂風國之君。古未有姓名連稱者，烏得以「風，」「力」爲姓而『后，』『牧』爲名也哉！至垢去土爲后，人驅羊爲牧，此特後世之謎語耳；稍知文學者恥言之。而綱目前編，廣輿記皆從而采之，嘻，亦異矣！今一概不錄。

駁黃帝制十二律之說

世之言律者云『律有十二，六爲律，六爲呂。黃帝使伶倫採竹於解谷，雄聲六，雌聲六，以應十二月數，曰黃鐘，曰大呂，曰大蔟，曰夾鐘，曰姑洗，曰仲呂，曰蕤賓，曰林鐘，曰夷則，曰南呂，曰無射，曰應鐘。』余按律之見於經傳者莫先於典謨；然臯陶謨但云六律，不言爲十二也。春秋傳云『一氣，二體，三類，四物，五聲，六律，七音，八風，九歌，以相成也。』孟子云『師曠之聰，不以六律，不能正五音。』皆云六律，無云十二律者。如果律有十二，不當咸稱爲六；果有六律六呂，亦不當皆舉律而遺呂也。惟國語載伶州鳩言，六律之外復有六間，自大呂至應鐘云云，然亦未嘗與黃鐘等平列爲十二也。自呂氏春秋始以律與歷强相附會，以十二律應十二月，而劉歆，班固等遞述之，非古也。國語之文固已多所附會，至呂氏春秋所採乃鄒衍陰陽家之言耳。學者不信經傳之文，而聞異端之說則喜道之，甚哉其可異也！又按大呂，姑洗，無射，皆古鐘名；黃鐘，夾鐘，林鐘，應鐘，其名雖不見於經傳，然皆名之爲鐘，則亦本鐘名也。謂其以律名名鐘乎，當鐘未鑄之時，何由預知後世之以名鐘，而先以夾鐘，應鐘名之？ 蓋古六律之名本不可考，後人因某鐘之聲近於某律，遂取鐘名以名之耳，非黃帝所制也：且十二律果制於黃帝，伶州鳩何不述之，而但泛稱爲『古之神瞽』乎？ 由是言之，黃鐘大呂之名皆起於春秋戰國以後，尚未知其與舜之六律果相應否，況於其度之長短廣狹有何確據，而乃苦爭之於九分十分之異，亦惑矣！ 劉歆豈聖人，與何以後之學者奉歆之說如奉聖人言也！

附錄 『遇黃帝戰於阪泉之兆。』（左傳僖公二十五年。）

備覽 『修德振兵，與炎帝戰於阪泉之野，三戰，然後得其志。』（史記五帝本紀。）

黃帝炎帝非兄弟

晉語云，『少典娶於有蟜氏，生黃帝，炎帝。黃帝以姬水成；炎帝以姜水成。成而異德，故黃帝爲姬，炎帝爲姜。二帝用師以相濟也，異德之故也』 余按，春秋傳云，『黃帝氏以雲紀，故爲雲師而雲名；炎帝氏以火紀，故爲火師而火名，』觀其文義，乃二帝各自爲國，各自爲代，非兄弟也。易傳云，『神農氏歿，黃帝，堯，舜氏作，』又云『黃帝，堯，舜垂衣裳而天下治，』則是黃帝聖人也，炎帝雖不可知，然在上古而爲人所歸，則亦賢人也：果聖賢與，必無同胞兄弟而用師以相攻伐之理。且所謂異德者果何哉？舜之與象，周公之與管叔，皆不異姓也。如之何其可以德異而並姓異之乎！蓋晉語此文特欲掩文公納懷嬴之失，而假託於古之聖人，正如齊東野人之語謂堯北面而朝舜者；後人柰何遽從而信之邪！故今並不從。說並見後條及炎帝篇中。

附錄『蚩尤惟始作亂，延及于平民，罔不寇賊，鴟義姦宄，奪攘矯虔。』（書呂刑。）

備覽「黃帝伐涿鹿而擒蚩尤。」（戰國策。）

備覽「蚩尤作亂，不用帝命，於是乃徵師諸侯，與蚩尤戰於涿鹿之野，遂禽殺蚩尤，而諸侯咸尊軒轅爲天子。』（史記五帝本紀。）

漢書藝文志叙兵法有黃帝十六篇圖三卷。馬鎬中華古今注引河圖文云，『黃帝攝政前，有蚩尤兄弟八十一人，並獸身人語，銅頭，鐵額，食砂石子，造立兵仗，刀，戟，大弩，威震天下。天遣元女授黃帝兵法符制，以服蚩尤。』余按易大傳文書契之興，弓矢之作，皆在黃帝以降，黃帝之時安得有兵書及圖傳於後世哉！此乃戰國之時權謀之士所作，僞託之黃帝耳。至於獸身人語，元女授法語尤不經。蓋唐以前人多好怪，見此等語以爲新奇，輒采之以入書，而不知其惑世爲甚大也。故今並論之。

駁黃帝傳兵法之說

古今注云，『指南車起黃帝。與蚩尤戰於涿鹿之野，蚩尤作大霧，兵士皆迷，於是作指南車以示四方，遂擒蚩尤。』又云，『華蓋，黃帝所作也。與蚩尤戰於涿鹿之野，常有五色雲氣，金枝玉葉，止於帝上，有花葩之象，故因而作華蓋

駁黃帝作指南車及華蓋之說

也。』余按易大傳文，『服牛乘馬』在『黃帝，堯，舜氏作』之後，則黃帝時尙未必有車也，縱使有之，制車之始亦豈遂能工巧如是！至於華蓋之作，文飾益盛，尤非上古儉樸之風。蓋皆後人之所託稱，故今不錄。

存參　『黃帝能成命百物以明民共財。』（魯語。）

此語雖未必確實，然尙無大謬，姑列之存參。

駁黃帝巡遊封禪之說

本紀云，『黃帝披山通道，未嘗寧居：東至於海，登丸山及岱宗；西至於空桐，登雞頭；南至於江，登熊湘；北逐葷粥，合符釜山，而邑於涿鹿之阿。遷徙往來無常處，以師兵爲營衞。』又云，『置左右大監，監於萬國，萬國和，而鬼神山川封禪與爲多焉。獲寶鼎，迎日推策。』余按此皆戰國，秦，漢之間方士異端所述，所謂黃老家言，陰陽家言是也。蓋旣託其術於黃帝，因僞撰黃帝之事以實之耳。

堯自舉舜以前，其事尙不可詳考，況黃帝蹤跡之所至乎！故今不錄。

駁黃帝作素問

世所傳素問一書，載黃帝與岐伯問答之言，而靈樞，陰符經或亦稱爲黃帝

靈樞之說

啟黃帝諸子別十二姓之說

所作。至戰國諸子書述黃帝者尤衆（若莊子書稱黃帝問道於廣成子之類）。余按，黃帝之時尚無史冊，安得有書傳於後世；且其語多淺近，顯爲戰國秦漢間人所撰。蓋戰國時楊墨之徒欲絀堯舜，故稱堯舜以前之黃帝以駕乎其上；而工於藝術者亦欲藉古聖人之名以取重於世，因假託之以爲言耳。此類甚多，不足縷辨，亦不勝縷辨也。姑擧其略，以例其餘。

晉語云：『黃帝之子二十五人，其同姓者二人而已。唯青陽與夷鼓皆爲己姓——青陽，方雷氏之甥也；夷鼓，彤漁氏之甥也。其同生而異姓者，四母之子，別爲十二姓。凡黃帝之子二十五宗，其得姓者十四人，爲十二姓，姬，酉，祁，己，滕，箴，任，荀，僖，佶，儇，依是也。惟青陽與倉林氏同於黃帝，故皆爲姬姓。』後之言姓者多宗之。余按，上古之時，人情樸略，容有未受姓者，故因錫土而遂賜之，所以禹貢有『錫土姓』之文，非每人皆賜之以姓也。安有同父而異姓者哉！姓也者，生也；有姓者，所以辨其所由生也：苟同父而各姓其姓，則所由生者無可辨，有姓曷取焉？　且十二姓之見於傳者，姬，祁，己，任，姞五姓而已，然皆相爲昏姻：后稷取於姞，王季取於任，春秋時晉之欒與祁昏，魯之孟與己昏，而姬，劉，祁，范乃世爲昏姻，皆無譏者。　果同祖也，可爲昏乎？　若同祖者易其姓而即可爲昏，則吳之孟子何譏焉？　春秋傳云，『任，宿，須句，顓臾，風姓也，實司太皞與有濟之祀，』又云『炎帝爲火師，姜姓其後也，』觀其文皆似古帝王之子孫世守其姓而不改者。　唯虞後本姚姓，而陳乃嬀姓，故晉史趙以爲周之所賜，蓋偶然之事。時或有他故焉；要之，嬀猶姚耳，非姚與嬀之遂可以相爲昏也。　自國語始有一人子孫分爲數姓之說，而大戴記從而衍之，史記又從而采之，遂謂唐虞三代共出一祖，而帝王之族姓遂亂雜而失其眞矣！　然則是誣古聖而惑後儒者，皆國語爲之濫觴也。　且前既云『青陽與夷鼓爲己姓，』後又云『青陽與倉林爲姬姓，』是青陽一人而有兩姓矣！　此文既云『黃帝之子青陽，夷鼓皆爲己姓，』鄭語又云『祝融之後己姓，昆吾蘇顧溫董，』是己一姓而又有兩祖矣！

其自相矛盾如是，烏可爲信哉！晉語此文本因文公之納懷嬴而爲之掩飾者，是以其情誣而不忌，其辭游而自窮。縱令果出胥臣，亦不足以爲據，況後人之所僞託乎！而世之學者乃皆相沿以爲受姓之原，固然亦可異矣！故今並不取。說並見前條下。

引王充書駁黃帝騎龍上天之說

史記封禪書稱「齊人公孫卿有札書，言黃帝僊登於天，因所忠欲奏之。所忠視其書不經，疑其妄書。卿因嬖人奏之，上大說，乃召問。卿對曰，「黃帝采首山銅，鑄鼎於荆山下。鼎既成，有龍垂胡髯下迎黃帝。黃帝上騎，羣臣後宮從上者七十餘人，龍乃上去。餘小臣不得上，乃悉持龍髯；龍髯拔，墮，墮黃帝之弓。百姓仰望黃帝既上天，乃抱其弓與胡髯號。後世因名其處曰鼎湖，其弓曰烏號。」」漢王充論衡嘗辨其謬，今錄於左：

【論衡道虛篇】「世稱堯若腊，舜若腒，心愁憂苦，形體羸癯。使黃帝致太平乎，則其形體宜如堯，舜；堯，舜不得道，黃帝升天，非其實也。使黃帝廢事修道，則心意調和，形體肥勁，是與堯，舜異也，異則功不同矣；功不同，天下未太平而升封，又非實也。五帝三王皆有聖德之優者，黃帝不在上焉。如聖人皆仙 仙者非獨黃帝；如聖人不仙，黃帝何爲獨仙？ 世見黃帝好方術，方術，仙者之業，則謂帝仙矣；又見鼎湖之名，則言黃帝採首山銅鑄鼎，而龍垂胡髯迎黃帝矣——是與說會稽之山無以異也。夫山名曰會稽，卽云「夏禹巡狩，會稽於此山上，故曰會稽。」 夫禹至會稽治水，不巡狩，猶黃帝好方伎，不升天也；無會稽之事，猶無鑄鼎，龍垂胡髯之實也。 里名勝母，可謂實有子勝其母乎？ 邑名朝歌，可謂民朝起者歟乎？』

余按黃帝升天之說本不足辨，司馬氏載之，正以見其荒謬耳。王氏以爲非實，是矣。 然言『黃帝好方術，』則尤惑於世之邪說而未之察也。 上古原無方術，而黃帝垂衣裳而天下治，亦豈至爲方士之所欺哉！ 世之言神仙者多託之於黃帝，老子，類此者非一，而文學之士亦有采之入書者。 恐其久而惑世，故錄此篇以例其餘。

補上古考信錄卷之上終

炎帝非神農氏

補上古考信錄卷之下

炎帝氏

漢書律歷志以炎帝爲神農氏，太皞爲包羲氏，後之學者編纂古史皆遵之無異詞。以余考之不然。易傳曰，『庖羲氏沒，神農氏作；神農氏沒，黃帝堯舜氏作』是庖羲，神農在黃帝之前也。春秋傳曰『黃帝氏以雲紀，故爲雲師而雲名；炎帝氏以火紀，故爲火師而火名；共工氏以水紀，故爲水師而水名；太皞氏以龍紀，故爲龍師而龍名』是炎帝，太皞在黃帝之後也。庖羲，神農在黃帝之前，炎帝，太皞在黃帝之後，然則庖羲氏之非太皞，神農氏之非炎帝也明矣！史記五帝本紀曰，『軒轅氏之時，神農氏世衰，諸侯相侵伐，暴虐百姓，而神農氏弗能征，』又曰，『炎帝欲侵陵諸侯，軒轅乃脩德振兵以與炎帝戰於阪泉之野，三戰然後得其志』夫神農氏既不能『征諸侯』矣，又安能『侵陵諸侯』既云『世衰』矣，又何待『三戰然後得志』乎！ 且前文言衰弱，凡兩稱神農氏皆不言炎帝，後文言征戰，凡兩稱炎帝皆不言神農氏，然則與黃帝戰者自炎帝與神農氏無涉也。 其後又云『諸侯咸尊軒轅爲天子，代神農氏，』又不言炎帝，然則帝於黃帝之前者自神農氏，與炎帝無涉也。 封禪書云，『古者封泰山，禪梁父者七十二家，而夷吾所記者十有二焉：神農封泰山，禪云云；炎帝封泰 ，禪云云，』夫十有二家中既有神農，復有炎帝，其爲二人明甚，烏得以炎帝爲神農氏也哉！ 戰國策曰，『神農伐補遂，黃帝伐涿鹿而擒蚩尤，』亦列神農於黃帝前而不云炎帝。 晉語曰，『黃帝以姬水成，炎帝以姜水成，』亦列炎帝於黃帝後而不云神農。 春秋傳云，『炎帝爲火師，姜姓其後也，』與國語『炎帝姜姓』之說合，皆云炎帝，不云神農。 孟子書有許行者爲神農之言，並耕同賈之說，語雖不經，然亦因神農有作耒耜，爲市廛之二事，故託之，亦云神農，不云炎帝。

蓋自史記以前，未有言庖羲風姓爲龍師，神農姜姓爲火師者；亦未有言太皞畫八卦，作網罟，炎帝制耒耜，爲市廛者。然則庖羲氏之非太皞，神農氏之非炎帝也明矣！自戰國以後，陰陽之術興，始以五行分配五帝，而呂氏春秋采之月令又述之，遂以太皞爲木爲春，炎帝爲火爲夏，少皞爲金爲秋，顓頊爲水爲冬，黃帝爲土爲中央；然亦但言其德各有所主，不謂太皞先於炎帝，炎帝先於黃帝也。宣元以後，讖緯之學日盛，劉歆不考其詳，遂以五行相生之序爲五帝先後之序，而太皞遂反前於炎帝，炎帝遂反前於黃帝矣！然考之易傳，前乎黃帝者爲庖義，神農，其名不符；考之春秋傳，炎帝，太皞皆在黃帝之後，其世次又不合。於是不得已謂太皞卽庖羲氏，炎帝卽神農氏，而春秋傳文爲逆數，謂少皞受黃帝，黃帝受炎帝，炎帝受共工，共工受太皞，故先言黃帝，上及太皞也。嗚呼，有是文理也哉！傳云，『火出，於夏爲三月，於商爲四月，於周爲五月，』又云，『自虞以上爲陶唐氏，在夏爲御龍氏，在商爲豕韋氏，在周爲唐杜氏，晉主夏盟爲范氏，』此皆由今溯昔然，且不用逆數，況於泛舉古帝王之沿革，乃反無故而逆數耶！杜氏不察其謬，乃用歆說以釋左傳，固已誤矣。而小司馬史記索隱釋封禪書非惟不斥其誣，反欲曲全歆說，謂『神農後子孫亦稱炎帝，黃帝與炎帝戰於阪泉，豈黃帝與神農身戰乎！』夫神農果即炎帝，其子孫對黃帝而言，稱炎帝，猶可也，繼神農之後而別之曰炎帝，可乎！且封禪十二家皆易姓受命者，史記，詩傳之文甚明，若炎帝為神農子孫，則是十一家非十二家矣。或云，譙周古史考即以神農炎帝為兩人，與史記同，惜余未得見其書也。由是言之，誤劉歆，班固者，呂紀，月令；而誤杜預，司馬貞者，歆與固也。自是以後，學者益以口耳相傳，而黃炎之世次歷二千年遂無復有正之者矣！曰，然則史記黃帝之後何以不列炎帝，太皞？曰，史記亦不列少皞，不但太皞炎帝也，將亦謂少皞在黃帝之前乎！蓋遷之敘五帝本之大戴記（記雖删於大戴，而書實在遷前），而記本之魯語，然魯語但舉其有功者言之，實未嘗有五帝之名，亦不謂其間不得復有帝也。若月令之五帝，則本之春秋傳，然傳實亦未有五帝之說。大抵後人之說皆沿之古人而附會之，以致浸失其意。要之，自司馬遷以前，未有言炎帝、太皞之爲庖羲、神農者，而自劉歆以後始有之。學者當取信於古傳記，不必斤斤焉執異端讖緯之說，後儒附會之言以自益其惑也！

炎帝與黃帝同時

補 「炎帝氏以火紀，故爲火師而火名。」（左傳昭公十七年。）

晉語云，「少典娶於有蟜氏，生黃帝、炎帝。黃帝以姬水成；炎帝以姜水成。成而異德，故黃帝爲姬，炎帝爲姜。二帝用師以相濟也。」韋昭國語解云，「神農在黃帝前，黃帝滅炎帝，滅其子孫耳；言生者，言二帝本所生出也。」小司馬索隱又云，「少典者，諸侯國號，非人名也。炎、黃二帝凡隔八帝五百餘年，若以少典是其父名，豈黃帝經五百餘年而始代炎帝後爲天子乎！」後之纂古史者咸以其言爲然。余按國語所云「生」者，本謂一父一母所生，文甚明也。幼同生而長不同德，故曰「成而異德」。如韋氏之說，是與炎帝同生者乃黃

姜姓所自出

帝之遠祖，與黃帝用師者乃炎帝之耳孫，則所謂『成而異德』者，其祖乎？其孫乎？ 如小司馬之說，是生炎帝者一少典氏，生黃帝者一少典氏，則所謂娶於有蟜氏者，炎帝之父乎？黃帝之父乎？ 於文皆不通矣！ 況炎帝既在黃帝前數百年，則當先言炎帝，不當每文皆先言黃帝也。 蓋二家之失，在誤信劉歆，班固之言以炎帝爲神農，是以世代不符；雖委曲以爲解，卒輾轉而不通。 若但據左傳，史記文則炎帝承黃帝自可同時，不必曲爲之說也。 然國語之文本亦出於附會，故今並不載。 說已詳前黃帝篇中。

備考 『炎帝爲火師，姜姓其後也。』（左傳。）

按左傳原姜姓者二：一，此文以爲炎帝之後；一，莊二十三年，以爲太嶽之後。或太嶽卽出於炎帝與？其說猶可通也。 國語原姜姓者三：一，晉語謂炎帝姓姜，與此文合。 一，周語謂共工之從孫四嶽賜姓姜，蓋卽傳之太嶽。 但炎帝既姓姜，則非至四嶽而始賜姓；共工承炎帝後而改制度，則非出於炎帝明甚：二篇必有一誤也，一鄭語謂姜爲伯夷之後。伯夷與四嶽比肩事舜，齊一國安得祖兩人乎！大抵國語所述姓氏皆不足據。竊意左傳猶近古，故列之以備考。

共工氏

共工世次

漢書律歷志列共工於神農之前。余按春秋傳，共工在黃炎後，其文甚明；劉歆泥於呂紀五德之說，誤以傳爲逆數，遂以炎帝爲神農，太皡爲伏羲，因致失共工之世次耳。今旣據傳文正其失，則共工固當次之於此。說已詳前炎帝篇中。

駁觸山補天之說

補「共工氏以水紀，故爲水師而水名。」（左傳昭公十七年。）

存參「共工虞於湛樂，淫失其身，欲壅防百川，墮高堙庳，以害天下。皇天弗福，庶民弗助，禍亂並興，共工用滅。」（周語。）

魯語云，「共工氏之伯九州也，其子曰后土，能平九土。」補本紀云，「女媧末年，諸侯有共工氏，任智刑以强，霸而不王，與祝融戰，不勝而怒，乃頭觸不周山崩，天柱折，地維缺。女媧乃鍊五色石以補天，斷鼇足以立四極，聚蘆灰以止滔水，於是地平天成，不改舊物。』 余按共工氏之爲帝爲霸，不可考矣；但以春秋傳推之，則與黄炎二皞固未有差別也。 不知國語有所傳耶？ 抑以共工似官名，不似代名，遂臆度之而云然耶？ 大抵國語之文附會者多，『后土』本非人名，乃不云其子曰勾龍，而云其子曰后土，其舛如是，固不可爲據也。 所稱『虞於湛樂』云者，或其子孫之事，亦未可知。 『少皞之衰，九黎亂德』『神農氏世衰，諸侯相侵伐，』楚語史記並有是言，則於共工亦何怪焉。 故姑存之於此。 至於『觸山』『補天』之說，本之淮南子，淮南又因楚辭之文而附會之者。 楚辭，淮南本皆荒唐之藪，不可爲實。 而楚辭但言地傾，初無觸山補天之說，亦絕不言爲共工也。 頭能觸山而使之崩，山能傾天地而使之缺折，則魯陽之揮日，愚公之移山，眞可謂平平無奇矣！ 小司馬乃信以爲實而載之史，吾恐千百年後將有采稗官小說以補正史之缺者。況祝融乃顓頊之裔，安得越千百年之前而與共工戰乎！大抵唐人好奇而輕信，不辨黑白而一概取之，率皆如是，亦不足盡辨也。

太皞氏

太皞非包羲氏

補「太皞氏以龍紀，故為龍師而龍名。」（左傳昭公十七年。）

太皞或作太昊。按春秋傳作太皞，傳文近古，或當不誤，今從之。

備考「任，宿，須句，顓臾，風姓也，實司太皞與有濟之祀。」「陳，太皞之虛也。」（並左傳。）

漢書律曆志以春秋傳之太皞氏為即易傳之包羲氏；患其世次不合，遂以春秋傳文為逆數。余按傳文如果逆數，則當由少皞以至極前之包羲：乃由黃帝逆數以至包羲，而忽以極後之少皞承之，文理尚可通乎！且太皞，少皞二帝不同姓，若其時又不相及，則何爲皆以『皞』名？ 而太皞紀官爲龍，少皞紀官爲鳳，亦似相比然者。 然則少皞氏固當繼太皞而帝，左傳非逆數，太皞非包羲矣。 又按春秋傳，太皞之後曰任，宿，須句，顓臾，其虛在陳；少皞之後曰郯，其虛在魯；顓頊之後曰陳，其虛在衞；而黃，炎，共工三代惟炎帝之後見於傳，至其虛則皆無聞焉，豈非以近者易考而遠者難詳乎！ 國語雖嘗述黃帝，共工之後，然其文殊乖舛，不足據。 然則郯子所言之世次其非逆數亦明矣。 故今列太皞氏於共工之後，從左傳也。 餘並見前炎帝篇中。

少皞氏

金天氏非少皞

漢書律歷志云，『少皞號曰金天氏。』 余按，金天氏之名見於春秋傳但云『裔子爲玄冥師』而已，不言爲少皞也。 劉歆蓋以月令秋帝少皞，秋於行爲金，故謂金天氏爲少皞耳。 不知五德之說本鄒衍之妄談；且顓頊不取號於水，寧少皞必取號於金乎！少皞氏之子雖嘗爲玄冥，然烈山氏之子柱爲稷，周棄亦爲稷，顓頊氏之子黎爲火正，高辛氏之子閼伯亦爲火正，則玄冥一官亦不必少皞氏之子孫而后可爲也。故今寧闕之。說並詳前黃帝以下諸帝篇中。

皞，或作昊；今從左傳作皞，已詳前篇。

【補】『少皞摯之立也，鳳鳥適至，故紀於鳥，爲鳥師而鳥名。』（左傳昭公十七年。）

【備考】『秋，郯子來朝，公與之宴。昭子問焉，曰，「少皞氏鳥名官，何故也？」郯子曰，「吾祖也，我知之。」』『因商奄之民，命以伯禽而封於少皞之虛。』（並左傳。）

【補】『鳳鳥氏，歷正也。玄鳥氏，司分者也。伯趙氏，司至者也。青鳥氏，司啓者也。丹鳥氏，司閉者也。祝鳩氏，司徒也。雎鳩氏，

大戴記之青陽玄囂俱非少皞

司馬也。 鳲鳩氏，司空也。 爽鳩氏，司寇也。 鶻鳩氏，司事也。五鳩，鳩民者也。 五雉爲五工正，利器用，正度量，夷民者也。 九扈爲九農正，扈民無淫者也。」（左傳昭公十七年。）

備考 「昔爽鳩氏始居此地，季荝因之，有逢伯陵因之，蒲姑氏因之，而後太公因之。」（左傳。）

大戴記帝繫篇云，『黃帝產玄囂，玄囂產蟜極，蟜極產高辛。黃帝產昌意；昌意產高陽。』 又云，『黃帝取於西陵氏之子，謂之嫘祖氏，產青陽及昌意。青陽降居泜水，昌意降居若水。』 自史記始以青陽爲玄囂，而漢書律歷志遂並以青陽爲少皞，而其子孫名摯。 由是皇甫謐以來諸編古史者皆以少皞爲黃帝之子矣。 余按大戴史記之文本難徵信，然大戴云『青陽降居泜水，』是明謂青陽不爲天子矣。 史記云，『自玄囂與蟜極皆不得在位，至高辛卽帝位，』是亦謂玄囂不爲天子矣。 青陽，玄囂皆不爲天子，惡得以爲少皞氏也哉！

且以摯爲少皞子孫之名，則當鳳鳥未至之前，將以何者名其官乎？蓋此皆緣劉歆誤以春秋傳郯子之言爲逆數，而炎帝，共工，太皞皆在黃帝前，至少皞則不可復謂其在太皞前，而大戴，史記又皆無少皞之代，故妄意其卽青陽耳；不知四代實皆在黃帝後，史記自沿大戴之文以顓頊直繼黃帝而遺之，不必曲爲說以附會之也。然史記以玄囂爲青陽，亦非大戴本文之意。蓋其前文云『黃帝產玄囂，產昌意』者，乃因叙高陽，高辛之世系而溯及其祖父，非謂黃帝止有此二子也。後文云『黃帝取於西陵氏之子，產青陽及昌意』者，乃因二人同母，故因昌意而並及之，非必此二人卽前二人也。司馬氏見其前有玄囂而無青陽，後有青陽而無玄囂，遂妄意爲一人，誤矣！又國語以青陽爲方雷氏之甥，亦與大戴文異。大抵國語，大戴，史記本皆不足爲據，而漢志以爲少皞，說尤荒唐，皆由於不察前人之言而妄以意度之，是以愈轉愈誤。而更後之人又震於其名，以爲必有所據而云然，是以帝王之事顚倒錯亂，不可復正；而不知其所據皆此類也！　故今並不取。

顓頊爲高陽或高辛不可考

大戴記稱顓頊

顓頊氏

大戴記云，『高陽，是爲帝顓頊。』　按春秋傳有高陽氏，有顓頊氏，而爲一爲二無明文。　唯離騷自謂高陽之苗裔，而鄭語以楚爲祝融之後，左傳以祝融爲顓頊氏之子，則似高陽果顓頊也。　然鄭語云，『黎爲高辛氏火正，』楚語云，『顓頊命火正黎司地，』又似顓頊爲高辛者。　要之，唐虞以前事多難考，國語，離騷皆難據以立說，與其誤斷而顛倒之，不若闕疑而姑置之之爲愈也！

補『自顓頊以來，爲民師而命以民事。』（左傳昭公十七年。）

備考『陳，顓頊之族也。』『衞，顓頊之虛也故爲帝邱。』（並左傳。）

大戴記五帝德篇云『顓頊，洪淵以有謀，疏通而知事，養材以任地，履時以

德無事實可指

國語始稱嚳

象天，依鬼神以制義，治氣以教民，潔誠以祭祀。北至於幽陵，南至於交趾，西濟於流沙，東至於蟠木。動靜之物，小大之神，日月所照，莫不祇勵。』余按『洪淵，』『疏通』二語乃賢哲之常事；『養材，』『履時』二語卽黃帝之『順天地之紀，歷離日月星辰，時播百穀草木』等事也。其餘云云，亦皆古賢帝王通用之言，非有事實可指不可移之他人者也。其爲後人所撰甚明，故今並不錄。說並見前黃帝篇中。

帝嚳氏

按春秋傳有高辛而無嚳；至國語始稱嚳；大戴記始以嚳爲高辛。國語固多附會，然妄合姓氏，謬舉神怪則有矣，若無故撰此一代，恐國語尙未至是。且言之不一而足，理固當有之，不容略也。傳旣無文，故卽以國語文補之。唯以嚳爲高辛，則未敢決，寧闕之可也。說並見前顓頊篇中。

大戴記稱帝嚳德與黃帝顓頊不異

補「帝嚳能序三辰以固民。」（魯語。）

存參「星與日辰之位皆在北維，顓頊之所建也，帝嚳受之。」（周語。）

大戴記五帝德篇云，『帝嚳生而神靈，自言其名；博施利物，不於其身；聰以知遠，明以察微；順天之義，知民之德；仁而威，惠而信，取身而天下服；取地之財而節用之，撫敎萬民而利誨之，歷日月而迎送之，明鬼神而敬事之；其色郁郁，其德嶷嶷；其動也時，其服也士；執中而獲天下。日月所照，風雨所至，莫不從順。』余按此所稱『生而神靈，自言其名』者，卽黃帝之『生而神靈，弱而能言』也。『聰以知遠，明以察微』者，卽黃帝之『成而聰明』也。『明鬼神而敬事之』者，卽顓頊之『潔誠以祭祀』也。『日月所照，風雨所至，莫不從順』者，卽顓頊之『日月所照，莫不祇勵』也。『順天之義，取地之財』者，卽黃帝之『順天地之紀，』顓頊之『養材以任地，履時以象天』也。蓋撰此文者亦苦於無可言，故少竄易其詞，而實仍即前之所云云也。故今並不錄。說並見前黃帝，顓頊篇中。

黃帝以後諸帝通考

傳文有不能詳其世代者，統錄於此。

補「黃帝，堯舜垂衣裳而天下治。」（易繫辭下傳。）

補「刳木爲舟，剡木爲楫，舟楫之利，以濟不通。」

補「服牛乘馬，引重致遠，以利天下。」

補「重門擊柝，以待暴客。」

補「斷木爲杵，掘地爲臼，臼杵之利，萬民以濟。」

補「弦木爲弧，剡木爲矢，弧矢之利，以威天下。」

補「上古穴居而野處；後世聖人易之以宮室，上棟下宇，以待風雨。』

補『古之葬者，厚衣之以薪，葬之中野，不封不樹，喪期無數；後世聖人易之以棺槨。』

補『上古結繩而治；後世聖人易之以書契，百官以治，萬民以察。』（並同上。）

引歐陽修文闢大戴記帝繫篇之說

大戴記帝繫篇云，『黃帝產玄囂；玄囂產蟜極；蟜極產帝辛，是爲帝嚳。帝嚳產稷；產契；產放勳，是爲帝堯。黃帝產昌意；昌意產高陽，是爲帝顓頊。顓頊產窮蟬；窮蟬產敬康；敬康產勾芒；勾芒產蟜牛；蟜牛產瞽瞍；瞽瞍產重華，是爲帝舜。顓頊產鯀；鯀產文命，是爲禹。』其後司馬遷之五帝本紀，皇甫謐之帝王世紀並因之。世之學者莫不信之。至宋，歐陽永叔帝王世次圖序及後序始闢其謬。今載其文於左：

【歐陽永叔帝王世次圖序】『堯，舜，禹，湯，文，武，此六君子者，可謂顯人矣，而後世猶失其傳者，豈非以其遠也哉！ 是故君子之學不窮遠以爲能，而闕其不知，愼所傳以惑世也。 方孔子時，周衰，學廢，先王之道不明而異端之說並起。 孔子患之，乃述詩，書，史記以止紛亂之說；而欲其傳之信也，故略其遠而詳其近。 於書斷自唐，虞以來，著其大事，可以爲世法者而已。 至於三皇，五帝君臣世次皆未嘗道者，以其世遠而愼所不知也。 孔子既沒，異端之說復興，周室亦益衰亂，接乎戰國，秦遂焚書，先王之道中絕。 漢興，久之，詩，書稍出而不完。 當王道中絕之際，奇書異說方充斥而盛行，其言往往反自託於孔子之徒以取信於時。 學者既不備見詩，書之詳，而習傳盛行之異說，世無聖人以爲質，而不自知其取捨眞僞，至有博學好奇之士務多聞以爲勝者，於是盡集諸說而論次，初無所擇，而唯恐遺之也。 如司馬遷之史記是已。 以孔子之學上述前世，止於堯，舜，著其大略而不道其前；遷遠出孔子之後，而乃上述黃帝以來，又詳悉其世次，其不量力而務勝，宜其失之多也。 遷所作本紀出於大戴禮，世本諸書。 今依其說，圖而考之：堯，舜，夏，商，周皆同出於黃帝。 堯之崩也，下傳其四世孫舜，舜之崩也，復上傳其四世祖禹，而舜，禹皆壽百歲。稷契於高辛爲子，乃同父異母之兄弟；今以其世次而下之，稷與王季同世。湯下傳十六世而爲紂；王季下傳一世而爲文王，二世而爲武王：是文王以十五世祖臣事十五世孫紂，而武王以十四世祖伐十四世孫而代之王，何其謬哉！嗚呼，堯，舜，禹，湯，文，武之道，百王之取法也，其盛德大業見於行事而後世所欲知者，孔子皆已論著之矣；其久遠難明之事，後世不必知，不知不害爲君子者，孔子皆不道也。夫孔子所以爲聖人者，其智知所取捨皆如此』。

【永叔後序】『予既略論帝王世次而見世紀之失，猶謂文，武與紂相去十五六世，其謬較然不疑，而堯，舜，禹之世相去不遠，尚冀其理有可通，乃復以尚書，孟子孔安國，皇甫謐諸書參考其壽數長短，而尤乖戾不能合也。據書及諸說云，「堯壽一百一十六歲，舜壽一百一十二歲，禹壽百歲。堯年十六卽位，在位七十年，年八十六，始得舜而試之；二年乃使攝政，時舜年三十；居試攝通三十年，而堯崩。舜服堯喪三年畢，乃卽位；在位五十年而崩。方舜在位三十三年，命禹攝政；凡十七年而舜崩。禹服舜喪三年畢，乃即位；在位十年而崩。」 由是言之，當堯得舜之時，堯年八十六，舜年三十；以此推而上之，則是堯年五十七，已見四世之玄孫生一歲矣！ 舜居試攝及在位通八十二年，而禹壽百年，以禹百年之間推而上之，禹即位及居舜喪通十三年，又在舜朝八十二年，通九十五年，則當舜攝試之初年，禹纔六歲：是舜爲玄孫年三十時，已見四世之高祖方生六歲矣！ 至於舜娶堯二女，據圖爲曾祖姑；雖古遠世異，與今容有不同，然人倫之理乃萬世之常道，必不錯亂顚倒之如此。 然則諸家世次，壽數長短之說，聖經之所不著者，皆不足信也決矣！」

顓頊堯舜皆不出於黃帝

余按春秋傳云，「黃帝氏以雲紀；炎帝氏以火紀；共工氏以水紀；太皞氏以龍紀；少皞氏以鳥紀；自顓頊以來，乃紀於近。」 夫自黃帝以至顓頊，中間四五代而各有制作，不相沿襲，則顓頊與嚳之上距黃帝也遠矣，烏得以顓頊爲黃帝之孫，而嚳爲黃帝之曾孫也哉！ 傳云，「高辛氏有才子八人，高陽氏有才子八人，此十六族者世濟其美，不隕其名，以至於堯。」 夫高辛高陽之子孫至於堯時已各有分族而傳數世，則高辛高陽之下逮堯也又遠矣，烏得以堯爲高辛之子而高陽之從孫也哉！書云『釐降二女于嬀汭，嬪于虞。』孟子云，『堯之於舜也，九男事之，二女女焉。』夫男女辨姓，人道之大防也，況於同高祖以下，其親屬尤近，果如大戴所記，堯與舜之高祖爲同高祖昆弟，堯安得以其女妻舜，舜安得遂取之！縱使上古之時禮制未詳，然使堯舜而非聖人也則可，堯舜而皆聖人也，必不爲是亂倫瀆禮之事明矣！且不告而娶，萬章猶疑之，孟子猶數辨釋之，若以近屬而爲姻婚，其所關者更大，何得萬章孟子反皆不置一言？至其世數之參差，則歐陽子已言之，不待智者而知之矣。烏得謂堯，舜，禹之同出於黃帝也哉！惟舜出於顓頊，春秋傳嘗言之，而其名亦不符。然於陳言舜而但及於顓頊，不及於黃帝，則是以顓頊爲不出於黃帝也。於陳言舜而必及於顓頊，於范氏言陶唐而不及於黃帝，則是亦不以堯爲出於黃帝也。至國語始好牽連數姓以爲同出一祖，固已誣矣，然其所稱黃帝之後十二姓者，有祁而無姚，有娀而無子，姒，則是猶未以唐虞三代爲皆出於黃帝也。自戰國以後，楊墨並起，而楊氏尤好爲大言：以儒者之稱堯舜而述孔子也，乃稱黃帝以求加於堯舜，述老聃以求加於孔子，故其後遂稱爲黃老。猶以爲未足快其意，乃又誣孔子爲老聃之弟子，堯，舜，禹，湯，文，武爲黃帝之子孫，以見夫儒者之所推崇而尊重者實皆吾師之末流餘派也。大戴諸篇本戰國以後所撰，是以惑於其說而載之。而司馬氏故崇黃老，其信而采之尤不足怪。獨怪漢晉以降千有餘年，文人學士自命爲聖人之徒者不知凡幾，而皆以爲實然，此何說也？唯歐陽子獨能取信於經而不從楊墨之邪說，其識可不謂卓哉！乃此論既出，而自宋以來編纂古史者猶沿大戴史記之謬，則尤可怪矣！豈以歐陽子之論猶有未盡耶？故余既全錄歐陽子之文，而於黃帝，堯舜篇中復爲推其前後而詳辨之，期於永絕世儒之疑，杜楊墨之說，雖其詞煩於古人而不敢避也。後世果有大儒出焉，庶知余心之獨苦耳！說並見後唐虞錄中。

少皞至堯四代皆非相繼而立

史記五帝本紀云，『黃帝崩，高陽立，是爲帝顓頊；顓頊崩，高辛立，是爲帝嚳；帝嚳崩，摯代立；帝摯立不善，崩，弟放勳立，是爲帝堯』——以爲古帝皆相繼而立者。帝王世紀衍之，復據漢書而小變其說，謂黃帝在位百年，年百一十一歲；其後少皞在位八十年，年百歲；其後乃爲顓頊，在位七十八年，年九十八歲；帝嚳在位七十年，年百五歲；摯在位九年，造唐而致禪。後之輯古史者大率本其年數以爲上古甲子之實。余按少皞，顓頊不繼黃帝，前篇固已詳言之矣，然卽少皞至堯四代中，更無他天子，而亦前後不相及也。國語云，『少皞之衰，九黎亂德，顓頊受之』，少皞既衰，顓頊乃興，是顓頊與少皞不相及也。傳云，『高陽氏有才子八人，高辛氏有才子八人，此十六族者世濟其美，不隕其名，以至於堯』，高陽，高辛至堯時已數世而分數族，是堯與二代亦不相及也。然則上古帝王其交會之間皆當有數十百歲，此衰而後彼興，正如春秋之霸者然，安得有相繼爲天子者哉！蓋凡說上古者皆以後世例之，故誤以爲相承不絕；不知古之天子無禪無繼，有一聖人出焉，則天下皆歸之而謂之帝，聖人既沒則其子孫降而夷於諸侯，又數十百年復有聖人出則天下又歸之，如是而已。自唐虞逮夏初，天子相繼而天下之局始一變；少康以後又一變；至周又小變；而秦漢以下則又大變。學者知上古自上古，虞夏自虞夏，商周自商周，則經傳之文皆了然不待解；啓之繼統，湯武之革命，皆顯然無可疑矣。余嘗讀春秋傳，襄昭之世較之定，哀已不同，閔僖又不同，隱桓之世則迥乎判然矣。二百餘年之間猶如此，況自平王以上，上至於羲農黃帝之時，上下三千年，安得以一例例之乎！至其年歲尤屬無徵。上世既無典籍，經傳又乏明文，即廣搜博采不辨眞僞如司馬遷者猶且不能言其年歲，彼皇甫謐生於晉代，又安從而知之？東方朔告武帝云，『陛下以臣爲欺妄，願便人上天問之，』世之述上古之年歲者何以異是！故今概不之采，但取傳所載之帝因其先後次第之。說並見前神農及後堯舜禹諸篇中。

駁大墳等八師之說

韓詩外傳載子夏之言云，『黃帝學乎大墳；顓頊學乎祿圖；帝嚳學乎赤松子；堯學乎務成子附；舜學乎尹壽；禹學乎西王國；湯學乎貸乎相；文王學乎錫疇子斯。』余按大墳以下八人無見於經傳者，而有間見於莊，列異端之書者，則此語乃楊墨之所托言可知也。商周之世，詩書具在，何以無一言及之乎？詩傳妄採異端之說，又僞托爲子夏之言，不亦誣古人而惑後世乎！新序亦載此語而文小異，蓋卽本之詩傳而記有差池者。故今皆不錄。

駁堯以前樂名

世傳上古樂名，樂記有大章，咸池，周官有雲門，大卷，大咸，而皆不言何人所作。樂緯以咸池爲黃帝樂，大章爲堯樂。如是則當先言咸池，何以樂記乃先大章而後及咸池也？鄭注謂『咸池卽大咸，乃黃帝樂，堯增修而用之，』以曲爲解。然特出於猜度，非有確據；而一代之樂，功德所存，堯亦不應無故改黃帝之樂，使後人不得見其眞也。孔賈二疏又曲爲鄭注解，謂『大章卽大卷，與咸池皆黃帝之樂；堯增修者，存其本名曰咸池；不增修者別爲立名曰大章；至周，又改名爲雲門，』其說尤爲紆曲。何者？堯亦聖人，何爲不自作樂而但增修前代之樂，改前代之樂名以爲己樂？且增修者宜改名而反仍其舊名，不增修者不當改名而反別立新名，倒行逆施，莫此爲甚！而堯既改之矣，周又改之，義何取焉？　按，堯以前之樂無見於經傳者。春秋傳，季札之觀樂亦上至韶而止。蓋上古天下未平，民害尚多未去，聖人爲之制衣服飲食宫室書契之屬，日不暇給，以故未遑作樂；不則有之而世遠年湮，不傳於後世也。戰國以來，學者多好揣度附會談上古之事，記者各據所聞記之，是以互相差異。爲注疏者輕於取信而不加別擇，務曲爲之說，使之兩全不悖，是以展轉反覆而卒不可通也。樂緯又稱『顓頊作五莖，帝嚳作六英，』而周官，樂記皆無之；劉歆以爲周遷其樂；賈氏以爲遵黃帝之道，無所改作。夫古聖人之樂果存於周，周人當愛護之不暇，何故而反遷之？豈必改黃帝之道然後其樂可存乎！然則自堯以前本無樂傳於後，而樂緯妄名之也明矣。嗟乎，後之儒者皆知尊聖經而黜讖緯矣，然所述帝王之事大率皆本於緯書，雖襲緯書之說而殊不自知也，其亦可歎也已！故今一概不錄。

駁三帝乘龍之說

大戴記五帝德篇云，『黃帝黼黻衣，大帶黼裳，乘龍扆雲；顓頊乘龍而至四海；帝嚳春夏乘龍，秋冬乘馬，黃黼黻衣。』余按乘龍之說最爲荒唐，蓋本方士之言；黼黻衣裳亦屬約略之詞；本紀刪之，是也。所謂『其文不雅馴』者，蓋謂此等。故今亦不錄。嗟乎，司馬遷猶惡其不雅馴而刪之，後之學者反或廣搜不雅馴之文以增之，亦獨何哉！

補 『木正曰句芒；火正曰祝融；金正曰蓐收；水正曰玄冥；土正曰后土。』（左傳昭公二十九年。）

補 『少皞氏有四叔，曰重，曰該，曰修，曰熙，實能金木及水。使重爲句芒，該爲蓐收，修及熙爲玄冥。世不失職，遂濟窮桑。』（同上。）

重黎五疑

補「顓頊氏有子曰犂，爲祝融。共工氏有子曰句龍，爲后土。」（同上。）

補「有烈山氏之子曰柱，爲稷。」（同上。）

存參「少皞之衰也，九黎亂德，民人雜揉，不可方物，夫人作享，家爲巫史……顓頊受之，乃命南正重司天以屬神，命火正黎司地以屬民，使復舊常，無相侵瀆。」（楚語。）

存參『黎爲高辛氏火正。』（鄭語。）

按傳文，重乃少皞氏之子，『世不失職，遂濟窮桑，』似卽官於少皞世者；而楚語謂『顓頊命重司天，』又似重於顓頊世乃爲勾芒者：可疑一也。黎本顓頊氏之子，故楚語稱『顓頊命黎司地；』而鄭語又云『黎爲高辛氏火正，』大戴記云，『高辛是爲帝嚳，』則是黎於嚳世乃爲祝融：可疑二也。周書云，『遏絕苗民，無世在下，』其後乃云『乃命重黎絕地天通，』三苗之竄在堯舜世；又似重黎非顓頊所命者；楚語雖云『堯育重黎之後，使復典之，』要是曲全其說，究與周書文義不合：可疑三也。鄭語以楚爲祝融之後；而楚語云，『其在周，程伯休父其後也當宣王時失其官守而爲司馬氏，』則又不似楚之先君也者：可疑四也。重，黎本二人：程伯與司馬氏，重之後與，黎之後與，何得不別而言之？可疑五也。上古本無典籍可稽，而國語文多附會，又不出於一人之手，是以互相矛盾；卽呂刑亦非典謨可比，伯夷典刑之誤，昔人已言之矣：皆未容據此而駁彼也。烈山氏亦不知爲何代人，鄭氏以爲神農，杜氏以爲神農時諸侯，要皆想當然，非有所據也。故今統列之於諸帝之後而不敢以某代繫之，闕疑也，志愼也。

後論一則

近代纂古史者咸云，『伏羲以木德王；神農以火德王；黃帝以土德王；少皞

終始之說

以金德王；顓頊以水德王；帝嚳，堯舜以降，皆以五行周而復始。』余按，帝王之興果以五德終始，則此乃天下之大事也，二帝之典，三王之誓誥，必有言之者。即不言，若易春秋傳窮陰陽之變，徵黃炎之事，述神怪之說詳矣，亦何得不置一言也？下至國語大戴記，所稱五帝事最為荒唐，然猶絕無一言及之。然則是戰國以前原無此說也明矣。洪範曰，『水曰潤下，火曰炎上，木曰曲直，金曰從革，土爰稼穡，』不言其為帝王受命之符也。夫天下之事孰有大於帝王受命者，『曲直』『從革』之屬抑末矣，何故舍其大者不言而但言其細者乎？傳曰，『黃帝氏以雲紀，炎帝氏以火紀，共工氏以水紀，太皞氏以龍紀，少皞氏以鳥紀，』是帝王之興各因物以取義，不必於五行也；各因義以立名，無所謂終始也。不然，以水，以火，可矣，以雲，龍，鳥，何說焉？傳曰，『陳，水族也，』又曰，『衞，顓頊之墟也，其星為大水，』此自謂顓頊之應乎水耳，非謂帝王皆以五行相終始也。若皆以五行相終始，則舜以土德王，何以論陳者不近係之舜之土，而反遠係之顓頊之水乎？ 夫五行之說昉於洪範，上古帝王之事詳於春秋傳，洪範不言，春秋傳之說不合，然則是爲五德終始之說者乃異端之論而非聖賢之旨也明矣。五德終始之說起於鄒衍而其施諸朝廷政令則在秦幷天下之初——史記封禪書及始皇本紀，孟子荀卿列傳言之詳矣。 其說以爲『黃帝得土德，黃龍地螾見；夏得木德，青龍止於郊；殷得金德，銀自山溢；周得火德，有赤烏之符，皆以所不勝者遞推之。』 是以秦之代周，自謂水德，而漢賈誼，公孫臣皆謂漢當土德，太初改制，服色尙黃，用衍說也。 蓋自周道旣衰，異端並起，大略分爲六術，史記自叙所謂儒，墨，道德，名，法，陰陽是也。 陰陽之術，其初疑亦本於楊氏，而衍以專門名家，遂別爲一術，是以漢志九流，次陰陽於道家，法家之間；而其書目有騶子四十九篇，騶子終始五十六篇。 史記亦云，『騶衍以陰陽主運顯於諸侯，燕，齊海上之方士傳其術，怪迂阿諛苟合之徒自此不可勝數也，』則是司馬遷固已非之矣。 且『龍止，』『銀溢』皆荒唐無可證；『赤烏之符』雖見於河內女子之泰誓，然『白魚入舟』不又爲金德乎？此固大雅君子所不道也。以秦之愚，至於焚詩，書，求神仙，其爲衍說所欺固宜，後之學者何爲而亦爲其所欺耶？然衍雖有五德終始之說，而初不以母傳子，固未嘗以木，火，土，金，水爲五帝相承之次第也。以母傳子之說，始於劉氏向，歆父子；而其施諸朝廷政令，革故說，從新制，則在王莽篡漢之時——漢書律曆，郊祀兩志及王莽傳言之詳矣。其學以爲『庖羲繼天而王，爲百王先，德始於木，其後以母傳子，終而復始。自神農，黃帝下歷唐，虞，三代，而漢得火焉，故高祖始起，神母夜號，著赤帝之符。共工氏以水德間於木，火，與秦同運，非其次序，故皆不永。』是以王莽自言火德銷盡，土德當代，而光武之起，亦據赤伏符之文改漢爲火德，用歆說也。蓋自呂氏春秋始以五帝分配五行，春帝太皞，夏帝炎帝，秋帝少皞，冬帝顓頊，季夏之帝黃帝，向見此文，遂以爲其世之先後固然，而太皞，炎帝乃庖羲，神農之異名。不知炎帝，太皞自在黃帝之後，秦，漢以前從未有以爲即庖羲，神農者；呂紀所云，但謂五帝之德各有所主，正如勾芒以下五官各擅其神者然，非以此爲先後之序也。安得公然遂取帝王相繼之序顛倒置之，廢傳記之明文，任揣度之私智乎！且衍之說雖誣，然殷尚白，周尚赤，猶有可附會之端；若歆所說周爲木德，則何爲不尚靑而尚赤也？乃强爲之解曰，『尚其德所生也。』不尚其德而尚其德所生，有是理乎！而殷又不尚其所生而尚其所由生，此又何說焉？至於蛇母之哭，野人相傳之妄語耳，不然，則篝火狐鳴之小智耳，豈遂得以此定千古之疑，斷帝王之前後哉！若夫水之繼木，其世不永，謂秦可也，唐，虞以前皆不傳子，不得獨以不永貶共工也。莽以土繼火，可謂次序矣，何爲亦不永乎？以莽之詐，方且借虞書，託周官以飾其篡，其用歆說以欺天下固宜，後之學者何爲而皆祖述其欺人之言耶？嗟夫，自光武以之爲國典，班固載之於國書，魏，晉以後遂皆以爲其事固然；至於唐，宋，讖緯之學雖衰，而學者生而即聞五德之說，遂終身不復疑，亦不復知其說之出於衍與歆矣！且夫衍，歆之學，稍知道術者所不屑稱也，然其所創之說，則後世之大儒碩學皆遵之不敢異，寧背經傳而不敢背此二人之言，亦可謂愼矣！故今概不取。

太皞、炎帝在黃帝後，說已詳前篇中。

補上古考信錄卷之下終

唐虞考信錄自序

（剛案，舊本無此序，今依三代考信錄例，由總目內錄出補此。）

考信錄何以始於唐虞也？遵尚書之義也。尚書何以始於唐虞也？天下始平於唐虞故也。蓋上古之世雖有包羲神農黃帝諸聖人相繼而作，然草昧之初，洪荒之日，創始者難爲力，故天下猶未平。至堯在位百年，又得舜以繼之，禹皋陶稷契諸大臣共襄盛治，然後大害盡除，大利盡興，制度禮樂可以垂諸萬世。由是炙其德，沐其仁者，作爲典謨等篇以紀其實，而史於是乎始。其後禹湯文武迭起，撥亂安民，制作益詳，典籍益廣，然亦莫不由是而推衍之。是以孔子祖述堯舜，孟子叙道統亦始於堯舜。然則堯舜者道統之祖，治法之祖，而亦卽文章之祖也。

周衰，王者不作，百家之言並興，堯舜之道漸微；孔子懼夫愈久而愈失其實也，於是訂正其書，闡發其道，以傳於世。　孔子既沒，異端果盛行，楊墨之言盈天下，叛堯舜者有之，誣堯舜者有之，稱述太古以求加於堯舜者有之；於時則孟子辟而闢之。　迄乎孟子又沒，而其說益誕妄。　司馬氏作史記遂上溯於黃帝；雖頗删其不雅馴者，而所采已雜。逮譙周古史考皇甫謐帝王世紀等書又以黃帝爲不足稱述，益廣搜遠討，溯之羲農以前，以求勝於孔子，而異說遂紛紛於世。　何者？　唐虞以前，載籍未興，經既無文，傳亦僅見，易於僞託，無可考驗，是以楊墨莊列之徒得藉之以暢其邪說。　唯唐虞以後，載在尚書者乃可依據；而僞孔氏古文經傳復出，劉焯孔穎達等羽翼之，猜度附會，而帝王之事遂茫然不可問矣。　唐宋以來，諸儒林立，其高明者攘斥佛老以伸正學，其沈潛者居敬主靜以自治其身心：休矣盛哉！　然於帝王之事皆若不甚經意，附和實多，糾駁絕少。而爲史學者則咸踵訛襲謬，茫無別擇：不問周秦漢晉，概加采錄，以多爲勝。　於是荒唐悠謬之詞相沿日久，積重難返，遂爲定論：良可歎也！

且夫孔子，布衣士耳，未嘗一日見諸事業，而楊墨佛老之徒各持其說以鳴于世，何所見孔子之道之獨是？正以孔子之道非孔子之道，乃堯舜之道：人非堯舜則不能安居粒食以生，不能相維繫無爭奪以保其生，不能服習於禮樂敎化以自別於禽獸之生。然則堯舜其猶天乎！其猶人之祖乎！人不可悖堯舜，故不可悖孔子也；人不可不宗孔子，卽不可不宗堯舜也。

余故作考信錄自唐虞始：尙書以經之，傳記以緯之，其傳而失實者則據經傳正之。至於唐虞以前紛紜之說，但別爲書辨之而不敢以參於正錄：旣以明道統之原，兼以附闕疑之義，庶於孔子之意無悖焉爾。

唐虞考信錄目

唐虞考信錄卷之一

序例三則

堯舜之典不可分

伏生所傳今文尚書，有堯典無舜典。孔安國杜林等所傳古文尚書，於堯典外別有舜典一篇，而殘缺不全，不行於世。東晉以後，僞古文尚書出，有大禹謨以下二十五篇，仍無舜典。至齊代，有姚方興者，稱於大航頭得『曰若稽古帝舜』以下二十八字，乃割堯典『愼徽五典』以下置於其後，謂之舜典。其本漸傳於北。至唐，孔穎達遂黜孔杜相傳古本而遵之作正義；至今相沿用之。

余按堯舜之事果分二典，則堯典當盡於堯殂落後；豈有堯尙爲天子，舜但攝政，而遽以其事屬之舜典！崇臣而祧君，舜逼之邪？衆棄之邪？雖後世阿世之史官不至此。悖禮傷敎，其謬一也。堯典首云『曰若稽古帝堯，』故其後文承之，以『帝』稱堯而不復名。舜典首云『曰若稽古帝舜，』則其後文亦當以帝稱舜：乃上自帝舜，下自帝堯，帝者誰耶？稱名不正，其謬二也。『帝曰欽哉』與『愼徽五典，』前後文義相承也。乃畫堯典至『欽哉』止，則堯典文散漫無尾，而『愼徽五典』等語無所因。文理不通，其謬三也。孟子云，『堯典曰，「二十有八載，放勳乃殂落，百姓如喪考妣：三載，四海遏密八音。」』然則秦火以前原通爲堯典，不分舜典矣。梁武帝云，『伏生誤合五篇，皆文相承接；舜典首有「曰若稽古，」伏生雖昏耄，何容合之！』然則孔門所授果分舜典，傳經者必不通以爲堯典矣。故『堯』之稱止於篇首一見，而舜於堯崩之後，尙稱舜格于文祖，曰『舜』；咨于四岳曰『舜』；咨禹以下蒙上咨岳之文，乃稱爲『帝』；而及其陟，仍曰『舜』焉，不若堯之殂落稱爲『帝』也。何者？此篇堯典也，故於舜必別白言之，義例甚明，後之學者自不察耳。曰，然則二帝何以合爲一典也？曰，天下之所以治，萬古之所以開，由於禹稷契皐陶諸聖人，

本錄識

而諸聖人之用由於舜，舜之舉由於堯：故虞書記天下之治必歸功於堯，而記堯之功必放於舜命官熙績之後，然後堯得人之仁可見也。堯之遜位也，曰，『汝能庸命巽朕位？』舜之命官也，曰，『有能奮庸熙帝之載？』然則一篇之中所命皆堯之命，所爲皆堯之事，舜特終堯之事云爾，舜固不自有其功也。二帝之身雖異，二帝之治則相首尾，史臣不得而分之也。故幷舜之事而統名曰堯典：稱堯則足以兼舜，稱舜則不足以兼堯也。史記於兩人事相首尾者則爲合傳，夫堯典亦若是而已矣。曰，舜之事統於堯典，堯之典何以反屬之虞書也？曰，虞書者，兼九共，汨作，皋陶謨等篇而統命之者也，諸篇皆紀虞事，無涉於唐，不可通名爲唐書；而虞之成功實始於堯，堯典實兼虞事，故以堯典冠虞書也。余初爲考信錄，倣司馬氏本紀，分唐虞爲二；既十餘年，始自覺其謬，乃因尙書之舊合爲一云。

堯典之體，與書他篇不同。他篇但紀一事之始終，堯典則統二帝之始終

例一｜堯典爲主而補以禹貢皋陶謨

而紀之：其文簡，其義宏，其首尾完密，其脈絡條貫，雜他文於其中不可也。故今於三代之事，皆雜輯詩書之文，辨其先後而次之；獨於唐虞，但列堯典本文，而其事之散見於他篇及逸書者，則皆從傳例低一字書之，如綱挈目，如經持緯，不敢淆也。然堯典所記，特其梗概；其經畫之制，誥誡之言，則皋陶謨九共等篇實備之。蓋典文至命官分苗，舜致治之大綱已具；其後皆諸臣所自爲事，故各隨其事之首尾載之，典不勝其載也。譬諸後世之史：典，本紀也；汨作，九共，志也；禹貢，皋陶謨，列傳也。其文本互相發明，而自秦漢以來缺亡者多，存於今者僅二三篇，說經者又莫肯平心考其先後次第，往往顚倒錯亂，重複混淆，致二帝之治法不彰。故今於『分苗』之後，典所不載，取禹貢皋陶謨之文補之，而分爲篇者七。其前三篇皆堯事；其後三篇皆舜事。第一篇堯之所以建始；第七篇，舜之所以成終。第二篇堯之所以成天；第六篇，舜之所以平地。而第三第五兩篇則堯舜之爲天下得人，所謂『堯以不得舜爲己憂，舜以不得禹皋陶爲己憂』

者也。惟第四篇當唐虞之交會乃政事之紀綱，而天地人皆兼有之，三才之道備矣，二帝之治全矣！譬諸器然：堯之事猶蓋也，舜之事猶底也，蓋與底相覆而相承。則信乎堯舜之事不可分，而堯舜之治法爲千古之祖也！

唐虞之事，較諸三代尤多難考。戰國處士橫議之言，僞書僞傳揣度附會之說（詳見提要總目篇中），其事之失實固不待言矣；即傳記之文亦有未可概論者。孔子之作春秋也，隱桓莊閔之世多缺文，襄昭定哀之世多備載：無他，遠近之勢然也。況自唐虞下逮春秋千數百年，傳聞異詞乃事之常。以春秋之世而談唐虞，猶以兩漢之世而說豐鎬也，苟非聖人安能保無一二言之誤采者。是故，唐虞之事惟堯典諸篇爲得其實，雅頌所述次之，至春秋傳則得失參半矣：豈非以遠故哉！雖以論語孟子之純粹，而其稱唐虞事亦間有一二未安者。何者？以其爲後人所追記（如『堯命舜』之類），或門弟子所言（如『舜完廩』之類），而不皆孔孟所自言而自書之者也（雖孟子所自言，亦有記者之誤，覯於

「禹注淮泗入江」可見）。故今於唐虞之錄尤致愼焉：必其詳審無疑，乃敢次經一等書之；否則寧列之『備覽』，甚或竟置之『存疑』。至若事在不疑而時無的據，文非紀載而義足發明，則列之於『附錄』『附論』。唯『備考』『存參』，事或春秋，言或秦漢，但取其可參伍相證，雖有不醇，不區別矣。其餘揣度附會之言，雜家小說之語，則概不敢列；而於前人所已駁者采之，所未駁者辨之。或其失尚小，及其言不甚爲世所信者，時亦往往從簡。非敢過爲吹求，妄行去取；誠欲袪異說之紛紜，還本來之面目，使二帝經營之次第，設施之先後，瞭然如指諸掌。蓋凡二十餘年而稿始成，而尚未知其有合焉否也。好學深思之士當必有以正其不逮也。

堯建極

大戴記稱堯德之膚闊

『曰若稽古帝堯，曰放勳，欽明文思安安，允恭克讓，光被四表，格于上下。』（書堯典。）

大戴記稱堯云，『其仁如天，其知如神；就之如日，望之如雲；富而不驕，貴而不豫（史記作「舒」）；黃黼黻衣（史記作「黃收純衣」），丹（史記作「彤」）車白馬。』余按經云『欽明文思安安，』『欽』以法天，『明』以治民，『文思』其條理之精密，『安安』其中道之從容，僅六言而聖人之德備矣。至戴記則膚闊語耳！『如天，』『如神，』可也，抑有本焉。『如日，』『如雲，』則形容之詞，非德之實也。『不驕，』『不舒，』以言聖人淺矣。車服之色尤無當焉。學者試取經文熟讀而對勘之，若黑白冰炭之不相似矣。故今不載。

辨堯與稷契爲

『克明俊德，以親九族；九族既睦，平章百姓；百姓昭明，協和萬邦，黎民於變時雍。』（同上。）

大戴記帝繫篇云，『帝嚳上妃姜嫄氏產后稷；次妃簡狄氏產契；次妃陳隆

（史記作『鋒』，世紀作『豐』）氏產帝堯；次妃陬訾氏產帝摯。』史記云，『帝嚳崩，摯代立；帝摯立不善崩，弟放勳立，是為帝堯。』帝王世紀云，『帝嚳在位七十年，年百五歲。摯在位九年，政微弱，而唐侯德盛，諸侯歸之，乃受帝禪，封摯於高辛。』後之學者皆信之不疑；余獨以為不然。書云，『帝曰，「棄，黎民阻饑，汝后稷，播時百穀，」帝曰，「契，百姓不親，五品不遜，汝作司徒，敬敷五教，在寬。」』是稷契皆至舜世然後授官，暨禹播奏庶艱食也。若稷果嚳元妃之子，則嚳之崩，稷少亦不下五十歲，又歷摯之九年，堯之百載，百有六十歲矣；契於此時亦當不下百數十歲；有是理乎！堯之兄弟有如此兩聖人而終堯之身不知用，四岳亦不之薦，迨舜然後舉之，可謂不自見其眉睫者矣，尚何『明』之『明』而『側陋』之『揚』哉！傳云，『高辛氏有才子八人，高陽氏有才子八人；此十六族者，世濟其美，不隕其名，以至於堯，』是高辛氏之子孫當堯之時已傳數世而分數族矣，堯安得為高辛之子哉！傳云，『高辛氏有二子，伯曰閼伯，季曰

堯有天下之故

實沈，日尋干戈以相征討；后帝不臧，遷閼伯於商丘，遷實沈於大夏，』若堯親高辛之子，則閼伯實沈當爲堯之兄弟傳文何得乃云爾乎！ 唐虞以前，未有父子相繼爲天子者。 黃帝之子不繼，顓頊之子不繼；摯非賢聖也何以獨繼嚳而帝！傳云『少皥摯之立也鳳鳥適至』則是摯本少皥氏之名；或者後世傳訛而誤以爲在嚳之後因疑爲嚳之子，未可知也。 由是言之不但堯與稷契非嚳之子，卽摯之繼嚳亦未必然也。 且卽以大戴記之文論之其五帝德篇云，『高辛聰以知遠，明以察微，執中而獲天下，』然則高辛亦賢聖之君也；乃其立後既不於稷之嫡，又不於堯之聖，獨取一庶而不善之摯立之，以致爲諸侯所廢，尙得爲『聰明執中』乎！ 曰然則堯何以有天下？ 曰，經固嘗言之，但後人不之察耳。經曰『克明俊德以親九族，九族旣睦，』言堯能明其德以施於同姓，而同姓皆歸之，而堯始立家也。 姓同，故以族別之。 柳子所謂『智而明者所伏必衆，故近者聚而爲羣』是也。 經曰，『平章百姓，百姓昭明，』言堯能推其德以漸於異姓，而異姓之長亦各率其九族歸之，而堯始建國也。 邦同，故以姓別之。 柳子所謂『德又大者，衆羣之長又就而聽命焉，於是有諸侯之列』是也。 經曰，『協和萬邦黎民於變時雍，』言堯能推其德以大布於天下，而天下之君亦無不各率其百姓歸之，而堯始爲海內生民主也。 柳子所謂『德又大者，諸侯之列，方伯連帥之類又就而聽命焉，然後天下會於一』是也。 蓋古之天下原無父子相傳之事，故孰爲有德則人皆歸之；雖有一二敗俗拒命之人待兵刑而後服，要之上古人情淳厚，慕義嚮風者爲多，故其得天下之次第大概如此，不必盡藉於先業也。 若堯不藉父兄之業，卽不能有天下，則羲農黃帝又何所藉而能得天下也哉？ 且使堯之天下果傳之於父兄，則堯當世守之；丹朱雖不肖，廢而他立可也，舜雖大聖，相堯之子以治天下，如伊尹之於太甲可也，堯安得而授之舜，舜安得而受之於堯哉！ 孟子曰，『子噲不得與人燕，子之不得受燕於子噲。』 非獨以子之之非其人也，卽令其賢而能治燕，而世傳之業亦非子噲之所得專父兄之天下，堯安得而專之哉！漢儒考古不詳，誤信戰國無稽之說而列之於記，載之於史，遂致王莽假之以篡嬰，曹操假之以篡獻。不獨嬰與獻之實未嘗禪也，卽令果禪而其臣亦不可以受。何者？漢之天下非嬰獻之所得專也。使莽操之得自託於禪讓者，乃漢儒考古不詳之有以啓之也。故今於大戴史記之文幷不載而爲之辨。

堯授時

『乃命羲和欽若昊天，歷象日月星辰，敬授人時。』（書堯典。）

漢書律歷志云，『歷數之起上矣。傳述顓頊命南正重司天，火正黎司地。其後三苗亂德，二官咸廢，而閏餘乖次，孟陬殄滅，攝提失方。堯復育重黎之後，使纂其業，故書曰，「乃命羲和欽若昊天，歷象日月星辰，敬授人時。」』余按

羲和非重黎

經，文四時之紀，閏之疏密，朞之日數多寡，皆至堯而後定；非舊已有成法而中廢，至堯又修復之也。重黎之司天地，本於楚語。然楚語云，『重司天以屬神，黎司地以屬民，』所司者乃天神之祭祀，非天象之贏縮也。故曰『九黎亂德，民神雜糅，』曰『夫人作享，家爲巫史，』皆謂宗祝祭祀事耳；與羲和之司歷法者無涉也。歷象之官自在帝畿，三苗之亂自在蠻夷，相距數千餘里，三苗安能廢帝廷之二官而乖其閏餘乎！至楚語所稱『堯復育重黎之後，』者乃本呂刑之文，非襲堯典之語。堯自命羲和，自育重黎；今因其皆爲堯所命，遂取而合之，然則堯在位百年所命之官止有此二族乎？嗟夫，自劉歆班固誤合楚語於堯典，後學祖而述之，遂謂黃帝以來歷數已有成法，然則堯典之累累而驗之諄諄而命之，與夫史臣之瑣瑣而記之者，不皆贅乎！韋昭國語解及尙書僞孔傳蔡傳並以重黎爲羲和，皆沿漢志而誤。今正之。

『分命羲仲，宅嵎夷曰暘谷寅賓出日，平秩東作；日中，星鳥，以殷仲

求歲率先定四時之中

春；厥民析，鳥獸孳尾。』（同上。）

『申命羲叔，宅南交；平秩南訛，敬致；日永，星火，以正仲夏；厥民因，鳥獸希革。』（同上。）

『分命和仲，宅西，曰昧谷；寅餞納日，平秩西成；宵中，星虛，以殷仲秋；厥民夷，鳥獸毛毨。』（同上。）

『申命和叔，宅朔方，曰幽都；平在朔易；日短，星昴，以正仲冬；厥民隩，鳥獸氄毛。』（同上。）

此其命二仲二叔何也？ 蓋曆有三率：一晝夜爲『日率』，一盈虧爲『月率』，皆易知者；獨一寒暑爲『歲率』，其間贏縮奇零最爲難齊，故曆法以成歲爲要。 然歲之終始非有定界，不可以徒求，故分以爲四時而命二仲二叔分居四方以考驗之。 時之終始尤無定界，益不可以徒求，故但求定夫四時之中。

中得，則前推之卽爲始，後推之卽爲終。此聖人建中之治，雖歷法亦不能外焉者也。『日永』『日短』者，考之以晷漏；『星鳥』『星虛』者，考之以躔度；猶懼其末也，復驗之於人物出入變化之節，而後四時可定。四時定則日數可得，月閏不差而歲成矣。故其綱曰『敬授人時。』而孔子告顏淵亦曰『行夏之時。』所重在時，故不言日月歲也。

『帝曰「咨汝羲暨和：朞三百有六旬有六日，以閏月定四時，成歲。允釐百工，庶績咸熙！」』（同上。）

歷法始於堯

曰，此其記堯之命羲和，何也？曰，記歷法所自始，四時所由定，而歲所由成也。蓋歷數自黃帝以來有之，故傳云『少皞氏鳥名官，鳳鳥氏，歷正也。』然歷之爲法，必積久而後差數可見，創始者勢不能以周詳盡善也，故必行之數百年，至堯而後朞之日數多寡可校，閏之疎密可推。堯猶懼其未符，又命官分驗於四方，漸損漸益，而後四時不爽，乃始定爲畫一之法以垂後世。故史記其命

夏世撰典得之傳聞

書，以志歷所自始。漢志六歷雖有黃帝顓頊之稱，然但其源出於二帝，後人迭加損益而推廣以成書，非黃帝顓頊之所自爲也。曰，歷法政事之一端耳，何爲詳記之如是也？曰，帝王之治莫先於授時。四時不爽，然後農桑可興，政令可布，人物之性可盡，天地陰陽之化可得而輔相燮理，書契史冊之文可得而次第考核，故堯典載堯之政特詳於此，而孔子答顏淵『爲邦』之問亦以『行夏時』爲第一義也。所謂『夏時，』卽堯所定之歷。蓋殷周皆別起一方，故用其國舊歷；而夏承虞，虞承唐，故歷皆不改：漢志所以有三代歷而無唐虞歷也。故此章之文與禹貢相表裏。四時之授，所以成天；九州之別，所以平地。天時正，然後政典舉，故堯舜之治始於授時；土功度，然後政化成，故堯舜之治終於敷土也。曰，然則堯在位七十載止有授時一事，別無功可紀乎？曰，亦非也。堯以聖人之德在天子之位，至於『光被四表，』『黎民於變，』其豐功仁政超前古而貽後世者蓋不知凡幾矣。但唐虞時人情淳樸，雖有簡策，尚未有史籍；二帝既崩，夔龍之徒以爲堯舜功德隆盛，實開萬世之天，生民以來未有倫比，不可不著之策以傳於後，故撰堯典一篇，於是始有史耳。　而時已當夏世，舜在位之政及見者或多，若舜攝政時則見者希矣。　至堯七十載前，則多得之傳聞，難可依據；而古人又愼重不肯傳疑，故但叙其功德之大概。　惟此章乃命羲和之策，蓋二氏所世守弗替者，故得以采而錄之耳。　然堯開天救世之功實成於舜，故堯之事業尤以舉舜敷治爲最大。　既已載堯求舜之切，用舜之奇，與舜攝政命官之事，則堯之功卽此已見，政不必取七十載以前之政條舉而縷叙也。　不善讀書者不能推求及此，遂若堯之生平碌碌無所表見，有賢而不能用，有奸而不能去，直待舜而後能用人行政，創制顯庸者，其失尚書之旨亦大矣。　故今因記堯之授時而備論之。

附錄　『放勳曰，「勞之，來之，匡之，直之，輔之，翼之，使自得之，又從而振德之。」』（孟子・）

孟子引放勳語非命契詞

集注疑此文為命契之詞，蓋以孟子載於「契教人倫」之後也。然按堯典，契為司徒在舜即位以後，恐此文別有所謂，孟子以其意足相發故引之耳。堯能使民「於變時雍」七十載以前豈無命官敷教之事，不必定屬之契也。又按典謨之文質直，無用韻者；惟歌乃有韻。獨論語孟子所引堯之命皆有韻（躬，中，窮，終，一韻；來，直，翼，得，一韻），而其文亦較淺，與典謨皆不類，恐後人所潤色非當日之原文。然於理可取，故附錄於此。

附錄「陶唐氏之火正閼伯居商丘，祀大火而火紀時焉。」（左傳襄公九年。）

此二事皆無從考其先後。以皆命官之事，故並附錄於命羲和之後。

備覽「高辛氏有二子，伯曰閼伯，季曰實沈，居於曠林，不相能也；日尋干戈以相征討。后帝不臧，遷閼伯於商丘，主辰；遷實沈於大夏，主參。」（左傳昭公元年。）

此以上條證之，其爲堯事無疑。故杜氏云，『后帝，堯也。』然傳此篇頗近鋪張，不能保無失實。故與下條並列之於備覽。

備覽　『臺駘能業其官，宣汾洮，障大澤，以處大原。帝用嘉之，封諸汾川。沈，姒，蓐，黃實守其祀。』（左傳昭公元年。）

此『帝』杜氏以爲顓頊。余按，經傳徒稱帝者多謂堯舜；況上文之帝方謂堯，此文之帝又謂顓頊，殊爲不類：恐亦堯時事耳。故隨上文而次於此。

左傳述闕伯實沈

左傳述臺駘

堯求舜

『帝曰，「疇咨若時登庸？」放齊曰，「胤子朱啓明。」帝曰，「吁，嚚訟可乎！」』（書堯典。）

胤字之

僞孔傳云，『胤，國子爵。』按，史記以『胤子』爲嗣子，『朱』爲丹朱；蔡

滔天字誤

呂刑記苗民

傳從之於義爲長。僞傳非是。

『帝曰「疇咨若予采？」驩兜曰，「都，共工方鳩僝功！」帝曰：「吁，靜言庸違，象恭滔天！」』（同上。）

『滔天』，蔡傳云『與下文相似，疑有舛誤。』或云衍文也。說近是。

附錄 『苗民弗用靈，制以刑。惟作五虐之刑曰法，殺戮無辜；爰始淫爲劓，刵，椓，黥，越兹麗刑，幷制，罔差有辭。民興胥漸，泯泯棼棼，罔中于信，以覆詛盟。虐威庶戮，方告無辜于上。上帝監民，罔有馨香德，刑發聞惟腥。』（書呂刑。）

按舜攝政後，四罪而天下咸服。『靜言』兩章記共驩鯀之事；獨三苗以在外而不與。故今取呂刑之文附錄於此，以補其缺。

『帝曰，「咨，四岳：湯湯洪水方割，蕩蕩懷山襄陵，浩浩滔天，下民其

二〇

咨；有能俾乂？」僉曰，「於，鯀哉！」帝曰，「吁，咈哉！方命圮族。」岳曰，「异哉！試可，乃已。」帝曰，「往，欽哉！」九載，績用弗成。」

（書堯典。）

流四凶本堯心

此其記放齊驩兜及鯀之用，何也？曰，所以為舉舜張本，亦所以為流四凶之張本也。朱既不足以付大事，而共工驩兜相與比周，鯀功又不克成，是以堯之心迫欲得一人以代己而敷治也。共工驩兜皆為堯所斥絕，即鯀之用亦非堯意，是以舜攝政後流之放之於遠方也。曰，然則堯何以不流放之而必待夫舜也？曰，當堯之時，或其才有可取，罪尚未著，猶欲冀其成功，望其悔過；及舜攝政後而情狀日以顯著，功既難冀其成，過亦無望其悔，然後流之放之。但典文簡質，未及詳載其由耳；非堯不能去，必待舜而後始去之也。蓋堯之心但欲庶績咸熙，黎民得所，原不私此數人，故舜流之放之而無所嫌。故虞書於舜未攝政之先記此數章，以見四凶之流放本皆堯之心，舜特體堯之心，終堯之事，以成堯之美，而初未嘗反堯之政也。 由是言之，知堯之心者莫如舜，而能知堯舜之心者莫如作堯典之人，然則此篇亦非聖人不能爲矣。

四岳非羲和四子

僞孔傳以四岳爲羲和之四子。 朱子云，『堯咨四岳以「汝能庸命巽朕位，」不成堯欲以天下與四人』。 蔡傳因之，謂一人而總四岳諸侯之事者。 余按國語以四岳爲一人；春秋傳有大嶽，杜氏謂卽四岳，亦一人也。 且四岳相職也，故位在九官十二牧之上，有大事則咨之；羲和四子歷官之屬耳，況又在外，安得常與朝廷之事乎！ 蓋唐虞之有『四岳』，猶漢之有『五官中郎將』；唐之有『四門博士』耳。 當從朱子無疑。（或云，「說本孔平仲」，未見也。）

『當堯之時，天下猶未平，洪水橫流，氾濫於天下；草木暢茂，禽獸繁殖，五穀不登，禽獸偪人，獸蹄鳥跡之道交於中國。』（孟子。）

『當堯之時，水逆行，氾濫於中國，蛇龍居之，民無所定；下者爲巢，上者爲營窟。』（同上。）

洪水不自堯時始

說者多云『堯有九年之水，湯有七年之旱，』其語蓋本堯典『九載』之文。然九載而鯀功不立非水患止此九年也。孟子曰，『天下猶未平，洪水橫流，氾濫於天下，』則是水不自堯始也。舜曰，『咨禹，汝平水土，維時懋哉！』則是水亦不自堯除也。蓋上古之時水原未有定道，聖人制衣食，宮室，器用，書契日不暇給，而其初水患亦未大甚，不過洿下之地注之，故猶得以苟安，積久而水日多，至堯時遂至『懷山襄陵』耳。自禹始開水道，使歸於海，至今沿之；非唐虞以前即然也。故曰，『禹之明德遠矣，微禹，吾其魚乎！』若但堯時偶然有水而禹治之，亦不足爲難矣。世於此多汶汶，故今本堯典孟子之文而正之。

稱舜爲

『帝曰，「咨四岳，朕在位七十載，汝能庸命巽朕位？」岳曰，「否德忝帝位。」曰，「明明揚側陋。」師錫帝曰，「有鰥在下，曰虞舜。」』（書堯典。）

古者三十而娶，三十未娶，常事耳，何以『鰥』稱也？以下『釐降二女』

鰥之故

故於此稱鰥焉。明舜之未娶也。 此古文之簡而周也。

「自幕至於瞽瞍無違命；舜重之以明德。」（左傳昭公八年。）

辨舜出於黃帝之說

存參 「幕能帥顓頊者也。」（魯語。）

大戴記帝繫篇云，『黃帝產昌意；昌意產高陽，是為帝顓頊。 顓頊產窮蟬；窮蟬產敬康；敬康產勾芒（史記作「望」）； 勾芒產蟜牛；蟜牛產瞽瞍；瞽瞍產重華，是為帝舜。』 史記五帝本紀因之。 余按春秋傳云，『陳，顓頊之族也；自幕至於瞽瞍無違命，』國語云，『幕能帥顓頊者也；有虞氏報焉，』則舜之先，顓頊之後之有一幕必也，何以記之世次無之？ 而勾芒，據春秋傳乃少皞氏之子，亦不得為顓頊裔也。 且大戴記以堯為黃帝之玄孫，則是堯與舜之高祖敬康為同高祖兄弟，男女辨姓，人道之大防也，況於近屬，堯安得以其女妻舜，舜安得遂取之而上下相距至四五世，舜之年又安得與堯之女等乎！ 蓋謂舜之出於顓頊，可也；謂顓頊舜與古帝王之皆出於黃帝，則不可。 謂幕有功德而傳於世，可

韋昭以幕爲舜後之誤

；信也謂舜先世之名無不歷歷皆傳於世，則不可信。然則大戴之文不若春秋傳之爲近理矣。而傳文又與國語同，或當不誣，故棄彼而采此。說並見前黃帝及堯建極篇中。

韋昭國語解云「幕，舜之後虞思也，爲夏諸侯。」按傳此文，則幕乃舜祖，非舜後也。且國語稱「上甲微帥契」，「高圉大王帥稷，」皆在湯武前，惟杼在禹後則以爲「帥禹」。若幕果在舜後，何不謂之「帥舜」，乃謂之「帥顓頊」乎！韋氏蓋因大戴史記叙舜先世無幕，故曲爲之說；而以幕爲思，所謂因誤而益誤也。今正之。

「舜發於畎畝之中。」（孟子。）

附論　「孟子曰，「舜之居深山之中，與木石居，與鹿豕遊，其所以異於深山之野人者幾希。及其聞一善言，見一善行，若決江河，沛然莫之能禦也。」」（同上。）

辨歷山讓畔之說

歷山雷澤河濱皆冀州地

史記五帝本紀云『舜耕歷山，人皆讓畔；漁雷澤，人皆讓居；陶河濱，器皆不苦窳。一年而所居成聚，二年成邑，三年成都。』余按此皆後人追美舜德之詞，不必實有此事。舜尚不能化象之傲，歷山雷澤之人豈皆賢而無不肖哉！『成邑』『成都』，卽孟子『士多就之』之意而極爲形容者。都，邑，聚，皆後世之名，顯爲後人所撰，非古本有是語也。大抵稱古人者多過其實：以舜之不順乎親也則謂舜既升庸之後，瞽瞍猶欲殺之；以舜之德能型俗也則謂舜當耕稼之時人已化而歸之。試比而觀之，無乃感一家太難而感一方太易乎！且孔子惡鄉原，孟子稱『士憎茲多口』，故曰『不如鄉人之善者好之，其不善者惡之』；『有不虞之譽，有求全之毀。』雖上古人情淳篤，與後世不同，要未敢信爲必然也。故不載。

歷山，雷澤，河濱，說者各異：或以爲皆冀州地，或以爲皆靑兗州地。自晉唐以來，相爭駁不已。按虞乃冀州境，舜不應耕稼陶漁於二千里外，則以爲冀州者近是。孟子雖有『東夷』之語，然但較文王而東耳。傳稱『桀走鳴條，』鳴條亦冀州境，豈得遂以爲青兗哉！要之，史記所稱有無本不可知，亦不足深辨也。

『帝曰，「俞，予聞；如何？」岳曰，「瞽子。父頑，母嚚，象傲；克諧以孝，烝烝乂，不格姦。」』（書堯典・）

辨舜象異母之說

此後堯必召舜見之，觀其氣象，語言，行事，果有德者，乃妻以女；經文簡耳。史記云，『舜母死，瞽瞍更娶妻而生象；愛後妻子，常欲殺舜。』余按史記此文采之書及孟子，而書，孟子皆未言爲後母，則史記但因其失愛故億之耳。鄭武姜惡莊公而欲立共叔段，隋文帝以獨孤后之言立廣而廢勇，豈必皆異母哉！漢劉表前妻生子琦，琮，後妻蔡氏之姪，琮妻也，遂愛琮而譖琦；而世俗相傳，謂琦與琮異母：亦以其愛故億之也。吾惡知舜之於象不亦如琦之於琮乎？經既無文，闕之不失爲愼。

瞽瞍允若在釐降之前

「舜往於田，號泣于旻天，于父母。」（孟子。）

附論 「萬章問曰，「舜往於田，號泣于旻天；何爲其號泣也？」孟子曰，「怨慕也。」」（同上。）

『祗載見瞽瞍，夔夔齊栗；瞽瞍亦允若。』（逸書。）

附論 「孟子曰，「舜盡事親之道而瞽瞍厎豫。瞽瞍厎豫而天下化；瞽瞍厎豫而天下之爲父子者定。此之謂大孝！」」（孟子。）

按，經但言舜之父母頑嚚，未言不順於父母也。孟子中引古語，始有『號泣旻天』之事。以聖子而遇頑嚚之父母，不順固理所有然；云『往于田，』則亦在四岳舉舜之前，非嬀汭嬪虞之後矣。且逸書云，『祗載見瞽瞍，夔夔齊栗，』即堯典之『克諧以孝烝烝乂』也；云『瞽瞍亦允若，』即堯典之『不格姦』也。然則『允若』亦在釐降以前，釐降以後不得復有不順之事明矣。惟孟子稱九男二女事舜百官牛羊倉廩備，而舜尚如窮人之無所歸，則是釐降以後猶未允若。蓋孟子一書亦出於門人所記，特欲極言舜之慕親非外物所能移，而詞氣抑揚不無過當，非果登庸攝政之時尚有號泣于天之事也。故今『號泣』『允若』之文並置於經『頑嚚』『諧孝』之後，非敢與孟子有異，要期無悖於經而已。說並見後愼徽條下。

釐降後之舜職

「帝曰，「我其試哉！女于時，觀厥刑于二女。」釐降二女于嬀汭，嬪于虞。帝曰，「欽哉！」」（書堯典。）

此後堯必授舜以職，乃有『愼徽五典』等事。經不詳者，或舜所歷不一官，不可詳記，或舜陟後故老多沒，上古史冊未備，其詳不可得知，故但記其所可知者而已。

「舜尚見帝；帝館甥於貳室，亦饗舜，迭爲賓主。」（孟子。）

辨不告而娶之說

附論『萬章問曰，「詩云，『娶妻如之何？必告父母。』信斯言也，宜莫如舜。舜之不告而娶何也？」孟子曰，「告則不得娶。男女居室，人之大倫也。如告，則廢人之大倫以懟父母，是以不告也。」』（同上。）

按經記嬪虞事絕未見有不告之意。孟子之言或有所本。然堯爲天子，瞽瞍卽不欲舜娶，勢亦無如之何；而『烝烝乂不格姦』之後何至尙欲其鰥以終身乎？且瞽瞍果制舜使不得娶，亦必將制舜使不得仕；卽不告而仕矣，瞽瞍知之，獨不能迫之使去禁之使不得行其志乎？安得事事皆避之而不使知也！大抵戰國時多好談上古事，而傳聞往往過其實；孟子但以義裁之，苟不害於大義，亦不甚核其事實之有無也。故今仍存之而附識其說如此。

『愼徽五典，五典克從。納于百揆，百揆時敘。賓于四門，四門穆

左傳孟子言舉舜以後事之失實

穆。

納于大麓，烈風雷雨弗迷。』（書堯典。）

此舜既舉以後，未攝政以前事。 據春秋傳引此文以證舉元愷，去四凶，地平天成，內平外成之事，則舜此時已執大政成大功矣。 據孟子稱『帝使其子九男二女百官牛羊倉廩備，以事舜於畎畝之中，』則舜此時猶在田間，未受職也。 余按，經云『納于百揆，』『賓于四門，』舜之不在田間明甚。 且堯求材如彼之急，既得舜，即當試之，不容厚奉養之而不畀以職事。 則孟子所稱爲不然矣。 經云『詢事考言，乃言厎可績三載，』三載爲時無幾，安能即建平成之績！ 且果天地內外俱已平成，後此之命禹平水土，命契敷五教，又何爲者？ 則春秋傳所稱亦不然矣。 蓋立言者欲暢其旨於此，往往不暇復顧於彼；孟子但欲明舜不以富貴而減慕親之心，而忘既舉之後不容復在畎畝；傳但欲明舜進賢退不肖之功大，而忘經所稱者乃三年以內事，其化尚未至此。 傳言固多夸，即孟子亦其門人所記，或不無言過其實者也。 讀者當察其意，不可泥其詞，以

引司馬光語辨完廩浚井之說

致失其事實。故舉元愷，去四凶事置於後篇；而孟子此文亦不錄。

【存疑】「父母使舜完廩，捐階，瞽瞍焚廩。使浚井，出，從而揜之。象曰，『謨蓋都君咸我績！牛羊父母；倉廩父母。干戈朕；琴朕；弤朕；二嫂使治朕棲。』象往入舜宮，舜在牀琴。象曰，『鬱陶思君爾！』忸怩。舜曰，『惟茲臣庶，汝其于予治。』」（孟子。）

此事，宋司馬君實史剡嘗辨之。今載其文於左。

【史剡一則】「頑嚚之人不入德義則有矣；其好利而惡害則與衆不殊也。或者舜未爲堯知而瞽瞍欲殺之則可矣；堯已知之，四岳舉之，妻以二女，養以百官，方且試以百揆而禪天下焉，則瞽瞍之心豈得不利其子之爲天子而尙欲殺之乎！雖欲殺之亦不可得已。藉使得而殺之，瞽瞍與象將隨踵而誅；雖甚愚人，必不爲也！」

余按，經曰，『克諧以孝，烝烝乂，不格姦，』舜之德能感其父母使不至於姦，安有不能感其父母使不殺己者乎！　瞽瞍且欲殺舜，何以謂之不格姦；舜且不能使瞽瞍不欲殺己，何以能使之不格姦哉！　舜既見舉受官，則慎徽五典，納百揆，賓四門，將惟日不足，何暇閒居家中而完廩浚井，而鳴琴也！　使瞽瞍之掣舜肘至此，舜亦安能為堯盡職乎！　象之惡舜，雖封之猶不使得有為於其國，況乃使之治己臣庶，使象得肆其虐彼臣庶何罪焉！　蓋舜之家事見於經者，『父頑，母嚚，象傲』而已；因其頑嚚而傲也，遂相傳有不使娶之說，相傳有欲殺舜之事。諺曰，『尺水丈波，』公明賈曰，『以告者過也，』天下事之遞述而遞甚其詞者往往如是。　君實之辨是也。　程子蘇氏亦皆以此事為烏有。　故今列之存疑。但君實子由皆譏孟子之言之失，程子亦有『以意逆志』之說，而按此文乃萬章之語，孟子但云『象喜亦喜，』明聖人於弟之無藏怒耳，非必謂萬章所言歷歷皆實事。　況孟子七篇乃門人所記，亦未必無遺漏潤色，恐不當遂以是疑孟

史記不采大戴記舜德

僞舜典言舜德之謬

子也。

附論『舜明於庶物，察於人倫；由仁義行，非行仁義也。』（孟子。）

大戴記稱舜云，『好學，孝友，寬裕，溫良，敦敏而知時，畏天而愛民，恤遠而親親，承受天命依於倪皇（字疑誤）；叡明通知爲天下王。』余按此語至爲膚淺，且百王羣聖之所同，不得獨以稱舜。五帝本紀亦不之采，豈以其陋而削之耶？大抵此篇史記所采者尙成文理；所不采者尤淺謬；其文與史記異同者皆不如史記之完善。或史記有所刪定邪？抑今之大戴非古本，其中有譌誤增益邪？故今不載。

僞舜典首云，『濬哲文明，溫恭允塞，玄德升聞，乃命以位。』『玄德』乃老莊氏語，六經所不道。（經傳稱『玄』，皆色也。契稱『玄王』，亦非以德名。）蓋宋齊間老莊方盛行，故其言如是。此文之僞，說已見前序例。

附論 『孟子曰，「分人以財謂之惠；教人以善謂之忠；爲天下得人者謂之仁。是故以天下與人易，爲天下得人難。」』（孟子。）

堯典何以紀堯求舜如此之詳也？ 堯功之大大於舜，堯功之成成於舜也。蓋朝覲，巡狩，制禮作樂，地平天成之績，皆自舜而熙，則舜者萬古之一人也。以萬古之一人而隱於田間，困於頑父傲弟，而有一人焉能知之而授之以天下，則此一人者亦萬古之一人也。吾故讀尙書而見舜之奇，而見堯之尤奇也。故堯在位七十載，其濟世之功亦必不少，而史獨於求舜之事致詳焉者，堯之事業莫有大於舉舜者也。然則舉舜以前何以歷記放齊驩兜之事也？ 所以著堯憂民之切也。 堯之心無一刻不以天爲念，無一刻不以民爲念，所以無一刻不以得一大聖人爲念。即使天下並無舜，而堯求之之心終不能已。 夫是以卒得一舜而爲堯敷治理於天下，垂治法於萬世也。 大哉堯之爲君也，孔子所以

堯之事業莫大於舉舜

深歎美之而擬之於天也！讀尚書者於此求之，庶可得聖人之萬一。不然，徒津津於『危微執中』之云，以漸入於空虛無用之學，其視聖人何以異於近世講學之儒也！

唐虞考信錄卷之一終

唐虞考信錄卷之二

舜相堯

舜攝政之不得已

『帝曰，「格汝舜；詢事考言，乃言底可績，三載；汝陟帝位！」舜讓于德，弗嗣。正月上日，受終于文祖。』（書堯典。）

『堯老而舜攝也。』（孟子。）

按經文堯之命舜曰『汝陟帝位，』是堯之心欲舜此時即居天子位，猶讓岳之云『巽朕位』也。舜之承命『讓于德，弗嗣，』是舜之心欲己終身不行天子政，猶岳之辭以『忝帝位』也。其下文乃云『受終于文祖。』『受終』者何？孟子所謂『堯老而舜攝』者是也。蓋堯欲舜即居天子位而舜不肯，舜欲己終不行天子政而堯又不肯，於是乎堯不得已降心以從舜而使之攝政，舜亦不得已降心以從堯而爲堯攝政。兩聖人各欲行其心之所安，而時勢所迫，遂創千古之奇而適得乎天理人情之正。故攝之云者，前此未有也，理與勢相摩而聖人之權生焉。故曰堯舜爲萬世之法也。然則何以謂之『受終？』堯之事未畢，授之舜使終之，故曰受終也。

堯曰篇命舜詞之可疑

存疑 『堯曰「咨爾舜！天之歷數在爾躬！允執其中。四海困窮，天祿永終。」』（論語堯曰篇。）

按，漢儒所傳之古文尚書（謂史漢所稱，馬鄭所傳之孔壁古文；非隋劉焯所傳之僞古文孔氏傳），二帝三王之言具在也。堯之讓岳也，曰『朕在位七十載汝能庸命巽朕位？』其授舜也，曰『詢事考言，乃言底可績，三載汝陟帝位：』皆欲其代己熙庶績以安天下耳，未嘗以天下爲重而欲其常保而無失也。舜之咨岳也，曰『有能奮庸熙帝之載？』其賡載歌也，曰，『股肱喜哉，元首起哉，百工熙哉！』惟欲熙庶績以終堯之功耳，亦未嘗以天下爲重而欲常保而無失也。下至湯武之誓，亦但以救民撥亂爲言，絕無一毫沾沾於天位之心。逮成王時，周公召公迭進相誡，始多儆以保守先業之難：此爲守成之主賢人以降言耳，固不足爲唐虞大聖人道也。然周公之立政無逸猶僅微露其意，惟召誥乃諄諄焉。吾故讀尙書而有以知夫帝王之升降，聖賢之淺深也。孔子曰，『巍巍乎舜禹之有天下也而不與焉』孟子曰，『舜視棄天下猶棄敝蹝也，』又曰，『遵海濱而處，終身訢然，樂而忘天下，』然則天祿之去留初不在舜意念中也明矣。今論語所載堯命舜之詞乃云『四海困窮，天祿永終。』堯授舜以天下，豈但欲其不令四海困窮；舜之不令四海困窮，又豈徒爲永終天祿計哉！且舜，固嘗『讓于德，弗嗣』者也。舜之命禹也，禹讓之於稷，契，皋陶；命伯夷也，伯讓之於夔龍，垂則讓之殳斨伯與，益則讓之朱虎熊羆：是知古之聖人其於進退得失之際無容心焉。故舜之命之亦止告以『汝平水土，惟時懋哉，』『夙夜惟寅，直哉惟清』而已，不惕之以失職之罰也。『三載考績』雖有『黜陟』之文，然此特爲庶官言之，非此數聖人亦待此而後勉也。舜方讓而不居，而堯乃以『天祿永終』戒之，是何其待舜之太薄也耶！孟子曰，『天與賢則與賢，天與子則與子，』又曰，『莫之爲而爲者天也，』此特事後推原其故云爾；若禪讓時，則曰『愼徽五典，五典克從；納于百揆，百揆時敘，』不徵之於天也。其後三王誓師，始稱天以令衆。然曰『威侮五行，怠棄三正，』乃曰『天用勦絕其命；』曰『有夏多罪，天命殛之，』必曰『夏王率遏衆力，率割夏邑，有衆率怠弗協，』曰『時日曷喪，予及汝皆亡：』未有不徵之於人事而徒索之於杳冥者。何者？天道遠，人道邇；天無迹而難憑，人有爲而共見；豈有置人事不言而但以歷數爲據，使後世闇干者得藉爲口實乎！無怪乎曹丕之自謂知舜禹而晉宋以後篡弒之主之咸徵符瑞也！且歷數在躬，於何見之？於民之視聽見之耶，則何不言人之所共見而但言人之所不見乎？孟子曰，『湯執中。』記曰，『執其兩端，用其中於民。』中也者，無定位者也，故必酌乎兩端乃有中。然此皆論古人云爾：自事後觀之，則爲得中矣，若事前教之曰執中，則不知中果何在也。故失中之事，其人亦自以爲中：中不難於執而難於知也。使舜而不知所謂中，雖告之何益；使舜而固知所謂中，又何待於告！安有絕口不及天下大事而但以空空一『中』詔之乎！且堯典紀堯禪舜之事詳矣，此文果係堯命舜之要言，果係帝王傳授之心法，較之璿璣玉衡封山濬川，孰爲輕重，何以反略之而不載乎！曰，然則論語之文亦可疑乎？曰，孟子曰，「盡信書則不如無書。」吾於尚書深信之，然至呂刑稱伯夷之播刑則吾不敢信矣。吾於雅頌深信之，然至閟宮述太王之翦商則吾不敢信矣。固因其爲衰世之文，非愼言之君子所撰，亦以所追叙者數百年或千年以前之事，傳聞失實乃理勢所常有。故此章紀湯武事皆不謬於聖人，而記堯舜事獨可疑，遠近之分然也。且此篇在古論語本兩篇，篇僅一二章；魯論語以其少，故合之；蓋皆斷簡，無所屬，附之於論語之末者，初不知其傳自何人。學者當據尚書之文以考證其是非得失而取舍之，不得概信爲實然也。故列之於存疑，以俟知言之君子決之。

「在璿璣玉衡，以齊七政。」（書堯典。）

此舜成天之政，所以補堯授時之未備，故首及之。

「肆類于上帝，禋于六宗，望于山川，徧于羣神。輯五瑞，既月乃日覲四岳羣牧，班瑞于羣后。」（同上。）

羣牧未有定數

此記布政於內之事。先事神而後治人者，奉天以出治明不敢自專也。

按『羣牧』云者，數不定之詞也。蓋其初但因地之相近而董率之，未有分界，故亦未有定數。自舜肇十二州，始定爲十二人，使各統一州耳。堯舜之事皆夏時所追記，十二州既未肇，不可的知其爲幾人，故曰『羣牧』，亦闕疑之意也。若果已有九州，豈得不云九牧邪！說並見後肇十二州條下。

「歲二月，東巡守，至于岱宗，柴，望秩于山川，肆覲東后，協時月，正日，同律度量衡，修五禮，——五玉，三帛，二生，一死，贄，——如五器；卒，乃

史記五岳名不足據

復。五月，南巡守，至于南岳；如岱禮。八月，西巡守，至于西岳；如初。十有一月，朔巡守，至于北岳；如西禮。歸，格于藝祖，用特。』（同上。）

此記布政於外之事。亦先神而後人者，內外一也，無所不用其敬也。

史記封禪書云：『岱宗，泰山也；南岳，衡山也；西岳，華山也；北岳，恆山也；中岳，嵩高也。』後世傳尙書者皆因之。余按四岳惟岱宗見於經，無可疑者。華山山高大而道里亦近，或當不誣。若衡乃在荆州南境，獨爲窵遠，使汝洛間諸侯涉數千里而往會焉，殊不近於人情。且禹貢以霍山爲大岳，春秋傳亦稱四岳爲大岳，則大岳似當爲四岳之一，北岳亦未必果恆山也。大抵三代以上年遠文缺，不可考者較多，不如闕之爲善。至增嵩爲五岳，尤爲無據。堯典但稱四岳，而春秋傳亦云『四嶽，三塗，陽城，大室，荆山，中南，九州之險也』——大室，卽今嵩高——然則岳止有四而嵩之非岳也明矣。此蓋秦漢之間方士之所指目。故今皆無所採。爾雅亦載五岳之名，與史記大同小異；皆不足據也。

舜立朝覲巡狩之制之故

八

附論 「使之主祭而百神享之，是天受之；使之主事而事治，百姓安之，是民受之也。」（孟子。）

「五載一巡守，羣后四朝。」（書堯典。）

此總上內外之政言之。

堯典於舜攝政之日，何以詳記其朝覲巡狩也？ 曰，朝覲巡狩之制始於舜也。 自堯以前，聖帝迭興，其時亦必有朝覲巡狩之事，但尚未有定制；至舜而後垂爲常典，故記之也。 曰天下政事多矣：舜之攝也，必有大變革，大號令，以新天下之耳目；而所記他事殊少，獨記朝覲巡狩乃過半焉，何也？ 曰，此聖人御天下之要道也。 蓋天子以一人而臨四海，雖有如天之仁，而遠方遐國，窮簷蔀屋，勢不能以周知，故所重惟在『明』：是以稱堯之德，先以『欽明，』述堯之事，先以『克明峻德，』紀舜之命官先以『闢四門，明四目』也。 然天下之大，何以明之？ 今夫人主數與其大臣接，則宦官宮妾左右之臣不能欺矣：然則人主數與天下牧民之吏接，則大臣不能欺可知也；人主數與天下之耆老庶民接，則牧民之吏亦不能欺可知也。是故朝覲巡狩者天子之所以爲明也。蓋以天下之廣，諸侯之衆，其仁與暴勤與惰政事之修舉廢墜天子皆無由知之。雖有百即墨大夫而不勝毁言之日聞；雖有百阿大夫而不勝譽言之日至。雖堯舜之臣必無擁蔽者，然聖人之心常以不能周知天下爲懼，故使之歲一朝以盡諸侯之情而考其職；又慮其暴而飾爲仁，惰而飾爲勤，廢墜而飾爲修舉也，故又五歲一巡狩，以盡天下耆老庶民之情而證所述之職之虛實。由是言之，朝覲之典，非以媚天子，效嵩呼也，將以詢其政事也——故孟子曰，『諸侯朝於天子曰「述職；」述職者，述所職也。』巡狩之典非以極觀遊博景物也，將以驗其政事也——故孟子曰，『天子適諸侯曰「巡狩；」巡狩者，巡所守也。』蓋堯舜雖躬聖人之德，而常恐天下之一民一物不得其所，故『子貢曰，「博施於民而能濟衆，何如？」孔子曰，「堯舜其猶病諸！」』惟其病也，是以定爲朝覲巡狩之永制也。後世相沿日久，以爲典禮固然，能知聖人之深意者少矣。蓋聖人之明有二：曰用人，曰察吏，二者交相爲用，不可偏廢。故堯典於舜攝政時紀察吏之事，必終之以『敷奏以言，明試以功』，所以明徒察之無益也；於舜即位後紀用人之事，必終之以『三載考績，黜陟幽明』，所以明徒用之未周也。

一〇

舜之進賢

『敷奏以言，明試以功，車服以庸。』（同上。）

此因上布政之文，遂及其進賢之大略。

此卽記十二牧，禹、皐陶之倫登用之事也。十二牧之任職，在舜未卽位前，固已；卽九官雖命於舜卽位後，而其初登用亦多在堯時：史記所謂『自堯時而皆舉用，未有分職』是也。顧此文殊略者，古者俗淳事樸，史册未興，而堯典之作在舜崩以後，事隔七八十年，官之名稱，時之先後，無由詳考；而古之史皆傳信不傳疑，故但渾舉其概。猶舜卽位後稱『十有二牧』，而『肇十二州』前但云『羣牧』，其人數不可得詳也。且命官，大事也，其功由此人成，其人以此職終，故詳之；若登用之始則小事耳，爵或屢進，官或屢遷，所登用者亦當不僅此數十人，固不勝其詳也。然此三言者雖略，而用人之道已備：不先以『奏言』則無由辨其賢否而試之；不繼以『試功』則無由決其賢否而庸之，孟子所謂『察之，見賢焉，然後用之』者，正謂此也。後世恩澤之舉，資格之授，詩賦時文之取，固非『敷奏』之政，不足道矣；即一言契主，朱紱旋加，若漢嚴助、朱買臣、主父偃，其後卒以罪殛，甚者如元載、王安石，爲國大姦，貽害無窮，豈非『明試』之道疎乎！然則此三言者，何異班超平平之論，聽之若老生之常談，而行之實經驗之良方，百用而百效者哉！前後兩篇皆記堯舜用人之事，此篇述舜布政之事；而此文之進賢與後流共工章之退不肖亦用人事也。此文之進賢開後篇命官咨牧之端，後文之退不肖結前篇舉共用鯀之案，亦章法也。

【備覽】『高陽氏有才子八人，蒼舒，隤敳，檮戭，大臨，尨降，庭堅，仲容，叔達，齊聖廣淵，明允篤誠，天下之民謂之八愷。高辛氏

左傳記八元八愷之失實

有才子八人，伯奮，仲堪，叔獻，季仲，伯虎，仲熊，叔豹，季貍，忠肅共懿，宣慈惠和；天下之民謂之八元。此十六族也，世濟其美，不隕其名，以至於堯。舜臣堯，舉八愷，使主后土，以揆百事；莫不時序，地平天成。舉八元，使布五教於四方；父義，母慈，兄友，弟恭，子孝，內平外成。』（左傳文公十八年。）

傳於此文後引書『五典克從，百揆時敘』之語以證之；史記因此，遂載其事於舜未攝政時。余按經云，『詢事考言乃言底可績三載』，則舜未攝政時僅三年耳。史記謂舜舉二十年而後攝政，故云然；若僅三載，則當在舜攝政時明矣。舜初自田間來，安能悉知元愷之才，而『地平天成』之效亦非三年所可致；傳但引書以證舜功，非謂其必在此時也。且傳語頗夸，未必不失實，故列之備覽而次之於此。此即『車服以庸』之一事也。又傳稱『堯不能用，』

肇十二州以前無九州

語亦非是。堯亦聖人，舜亦聖人，堯何遽不如舜！堯能舉舜於田間，獨不能舉元愷於世族乎！元愷之末用，或其年尚未逮，才尚未著耳。史克但欲極稱舜功，遂不暇爲堯地，此乃文人通病。故今亦刪之。說並見前愼徽五典及後四罪殛落條下。

「肇十有二州，封十有二山，濬川。」（書堯典。）

此舜平地之政，所以開「禹敷土」之先聲。首咸天，次治人，次平地，三才之道備矣。

存參 「堯遭洪水，懷山襄陵，天下分絕，爲十二州。」（漢書地理志。）

蔡氏書傳云，「古但爲九州，禹治水作貢，亦因其舊。及舜卽位（當是「攝政」耳，文誤），以冀青地廣，始分冀東（當是「北」，文誤）恆山之地爲幷州，其東北醫無閭之地爲幽州，又分青之東北遼東等處爲營州」。余按，「濬川」之

十二州名無可考

文既在『肇十二州』之後，則治水之事必不在『肇十二州』之前，此其誤固不待言矣（詳見後篇）。然卽古之九州亦初無是事也。何者？『肇』之爲言『始』也前此未有而始設之之謂肇；若前此固有九州而但增之，非肇也。且析九以爲十二，細事耳，非舜代堯致治之大政也：特書之何居焉？然則古固未嘗有州，自舜巡狩以後始分爲十二州以屬之十二牧，故史臣特記之曰『肇十有二州』以誌州所自始。『州』之爲文，本取兩川相抱而象形者，故說文云，『水中可居曰州』；徐鉉曰，『今別作洲，非是』。是時洪水滔天，其域在中若州渚然，是以名之爲州。故舜攝政之初但曰『日覲四岳羣牧，』不曰『九牧，』牧未有定數也；及舜卽位則曰『咨十有二牧，』不曰『咨於羣牧，』牧已有常額也。其後禹別九州，亦曰『九牧，』不曰『羣牧，』州之肇於舜而非增於舜明矣。至十二州之名，經傳皆無之。幽幷營之爲州雖見於周官爾雅，然彼自記九州之名，與舜之十二州初無涉也。冀，帝畿也，地雖少廣，尚不逮雍荊揚梁；若分裂之以爲幽幷，則冀之所餘者幾何！畿內不應若是小也。漢以後，河南徙，兗地大半入於河北，又東滅朝鮮置樂浪，乃幷建冀幽幷三州；然幷猶跨河而侵入雍州之界。當舜時，河猶在大伾洚水；若又以遼東爲營，其間安得容三州乎！書云，『海岱惟青州，』東際海，西界岱，則遼東之不在青州域內明矣。爾雅云，『齊曰營州，』齊，今之青州府，則爾雅之營州卽青州而非遼東明矣。又安得以遼東爲營，爲青之故境也哉！周官一書本非先王之制：封國之不合，章章可見矣。傳曰，『冀之北土馬之所生，無興國焉，』正指今忻代以北而言，則是周人亦以爲冀未嘗以爲幷也。至於爾雅，乃漢儒釋經之書，其於九州亦初不言爲商制。孫炎以其非夏非周，不得已故疑爲商制。作爾雅者非商人也，何爲不述周制而述商制？果商制邪，又何不明書爲商而乃以周之國名冠之乎？蓋自戰國以來，古書散軼，卽有之而簡策繁重，得見者少，見之亦或不能記憶，非若後世印本之書輕便而有之者多之便於檢覈也；故秦漢間書多與經傳異者，公羊子所謂『所傳聞異詞』者是也。　是以周官有幽幷而無徐梁，爾雅有幽營而無靑徐，乃事理之常，不足爲怪。　而後儒必欲曲爲之解，使之並行不悖，過矣！況欲以此補舜十二州之缺乎！　大抵儒者之患，皆好强不知以爲知。古書旣缺，十二州名無可考證，則亦已矣；適見周官爾雅有幽幷營三州名爲禹貢所無，遂附會之以補舜十二州之數。　巧則巧矣，而不知其誤且誣也！　或者又謂陶唐都冀，聲名文敎自冀四達，冀之北土所及固廣，則又從而爲之辭者：使北之所及果廣，則其山川亦當有一二見於禹貢，何以太原碣石而北寂然一無所記載乎？　故今概無所採，而以『肇十二州』之文列於九州未定之前。說並見後舜命禹及禹別九州條下。

「象以典刑；流宥五刑。　鞭作官刑；扑作敎刑；金作贖刑。　眚災肆赦；怙終賊刑。　欽哉，欽哉，惟刑之恤哉！」（書堯典。）

此舜恤刑之事。　所以次於此者，聖人尙德緩刑，先賞後刑，故待庶政畢敘

刑有大小常變之分

然後及之。

『象以典刑，流宥五刑，』刑之大者也。『五刑，』呂刑所述『墨，劓，剕，宮，大辟』是也，刑重則流遠，刑輕則流近，故刑有五，流亦有五。後章所稱『五刑有服，五流有宅』是也。當刑而宥之者，蔡傳所謂『情可矜，法可疑，與夫親貴勳勞而不可加以刑者』是也。『鞭作官刑，扑作敎刑，金作贖刑，』刑之小者也。官刑者，在官之人因官事而得罪；敎刑者，居學校而不率師長之敎訓；贖刑則常人之犯小罪者（說見後條）。三者皆不麗於五刑，故不殘其肢體，不流之遠方。然縱之不問，勢必至於無所忌憚以病人而妨政，故以此三者懲之也。『眚災肆赦，怙終賊刑，』刑之變也。刑之事以施罪，刑之意以止惡，故論其事尤論其心。非其心之所欲，時勢所迫，不得已而誤陷於罪，從而刑之，則民無所措其手足，故赦之——康誥所謂『適爾，時乃不可殺』者也。怙惡不悛，恃法之止於是而故屢犯之，以常罪罪之則不足以止姦而善良罹其毒，故賊之——康誥所

贖刑之義

謂『自作不典式爾乃不可不殺』者也。『欽哉！欽哉！惟刑之恤哉！』統前事而言之愼之至仁之至也。或謂此章乃命官之詞，其上疑有缺文。說近是。

『金作贖刑，』僞孔傳通承上文而言，謂『誤而入刑，出金以贖罪。』蔡傳但承上兩句而言，謂『所贖者官府學校之刑』（呂刑篇題下）；『蓋罪之極輕，雖入於鞭扑之刑而情法猶有可議者也』（舜典本文下）。余按此章文云，『象以典刑，流宥五刑，』則是流與五刑相表裏，五刑有當宥者則流之也。云『鞭作官刑，扑作敎刑，金作贖刑，』則是五刑五流之外別有此三種刑各用於所宜用而與五刑不相涉也。若謂誤入於五刑者以金贖罪，則文當云『流宥五刑，金贖五刑』；卽所贖者官刑敎刑，亦當變文以明之：皆不當言『作贖刑，』與上『作官刑』『作敎刑』之語文同義均平列而爲三也。且下文云『眚災肆赦，』誤入於刑非眚災乎，何以或赦或贖而官刑敎刑皆許之贖？倘有恃其多金而違誤官事，不率敎典者，又何以處之？然則此三刑者本各自爲一法，不但在五刑之外，卽三者亦迥不相涉也。　蓋官刑專以治官府，敎刑專以治學校，贖刑不言所施，則爲泛言可知；但所犯罪小，不麗於五刑，是以不忍殘其肢體，亦或未宜加以鞭扑，故以贖爲之刑，卽後世所謂「罰」也。　古未有罰名，故謂之贖刑耳。　大抵其罪多由財物細事而起，如近世侵占田宅，攘取錢帛之屬。彼懼於失金則不敢輕犯；亦有畏罰甚於畏鞭扑者，故罰之自足以止姦，不必其刑之也。　不然，死者不可復生，斷者不可復續，五刑非可以輕用也，而流止以宥五刑，鞭扑止用之於官府學校，則輕罪將何以治之？　傳曰，「刑罰淸而民服。」孔子曰「刑罰不中則民無所措手足。」　然則有刑則必有罰，各視其所犯以加之，非罪當刑而可以罰代也。　自周穆王以刑聚財，始取五刑之疑者而罰之，漢世建入穀贖罪之法，遂幷不問其疑與否而概許之贖，於是刑罰相亂，或當罰而遽罹於刑，或當刑而僅致其罰，以致貧者含冤而富者輕於犯法；寧唐虞之治而有是哉！　兩傳所言，蓋皆習於後世之事，欲曲全之而未得其解者。　故今正

左傳言殛鯀之誕

之。

『流共工于幽州；放驩兜于崇山；竄三苗于三危；殛鯀于羽山：四罪而天下咸服。』（同上。）

此因上恤刑之文，遂及其退不肖之大略。

左傳子產對韓起云，『堯殛鯀于羽山，其神化為黃熊以入于羽淵；實為夏郊，三代祀之。』余按此說殊為荒誕，且與昭元年對叔向事絕相似，而彼於義為長。蓋本一事而傳之者異詞，著書者遂兩載之耳。故今不採。

『皇帝哀矜庶戮之不辜，報虐以威，遏絕苗民，無世在下。』（書呂刑。）

『乃命重黎絕地天通，罔有降格。羣后之逮在下，明明棐常，鰥寡無蓋。』（同上。）

【備覽】『三苗復九黎之德。堯復育重黎之後不忘舊者，使復典之；以至于夏商。故重黎氏世敘天地而別其分主。』（楚語。）

【存疑】『帝鴻氏有不才子，掩義隱賊，好行凶德，醜類惡物，頑嚚不友，是與比周；天下之民謂之渾敦。少皞氏有不才子，毀信廢忠，崇飾惡言，靖譖庸回，服讒蒐慝，以誣盛德；天下之民謂之窮奇。顓頊氏有不才子，不可教訓，不知話言，告之則頑，舍之則嚚，傲狠明德，以亂天常；天下之民謂之檮杌。此三族也，世濟其凶，增其惡名，以至于堯。縉雲氏有不才子，貪於飲食，冒於貨賄，侵欲崇侈，不可盈厭，聚斂積實，不知紀極，不分孤寡，不恤窮匱；天下之民以比三凶，謂之饕餮。舜臣堯，賓於四門，

左傳四凶爲傳聞之誤

流四凶族，——渾敦，窮奇，檮杌，饕餮，——投諸四裔，以禦螭魅。」（左傳文公十八年。）

此文，史記載於舜本紀歷試時，而載「四罪咸服」於堯本紀舜攝政時，則是以爲二事也。杜氏左傳集解謂渾敦即驩兜，窮奇即共工，檮杌即鯀，張氏史記正義謂饕餮即三苗，則一事矣。余按以爲二事，則彼稱「四罪」，此言「四凶」，事既不異，數亦適符，不應如是之巧；況合而計之，當爲八罪八凶（剛案，當作「四罪四凶」），又不應經獨記彼，傳獨言此，各述其半而止也。以爲一事，則同此四人，傳何不明言之而但爲隱詞？況鯀有過人之才，如傳所云，四岳及廷臣無因共薦之；而三苗之殺戮無辜，亦不應僅斥其貪冒聚斂而已也。公羊氏云，「所見異詞，所聞異詞，所傳聞異詞。」蓋本一事而傳之者各異，猶皐陶典刑而或以爲伯夷也。謂別爲一事固不可，謂即此四人亦不可也。況史克之語夸甚，安能保其不失實；必委曲爲之說，使之並行不悖，此學者之大病也。故列之於存疑，而即附之『四罪咸服』之後。又傳『堯不能去』之語尤非是，故刪之。

說已詳前元愷條下。

附錄『舜之罪也殛鯀，其舉也興禹。』（左傳僖公三十三年。）

綱目前編以堯之七十一載爲舜殛鯀之年，七十二載爲舜用禹之歲。余按：鯀，大臣也，其德雖不可用，其才未必無可觀；使其誅果不可暫緩，堯不待舜之攝政當即殛之；使猶可暫緩而責其後效，舜必不於攝政之初而即殛之也。舜之攝政，不過堯老而代之理事以終堯之功，非堯有所不能，必待舜而後能之也。學者亟於稱舜，遂至往往無以處堯，亦已過矣！書曰，『鯀則殛死，禹乃嗣興，』但言禹興於鯀殛之後耳，非謂鯀甫殛而禹即興也。若鯀甫得罪而禹即任事，揆諸人情亦殊不可；舜何獨不少爲禹地乎！况舜之即位，禹雖已爲司空，然尚未平水土，則是舜之舉禹雖在堯世而爲時亦不甚久也。然則鯀之殛當在舜攝政數年以後，禹之舉當在堯殂落數年以前，乃於事理爲近。故附次此文於

殛鯀與禹非一時事

益掌火在作虞前

辨堯時歌謠祝語

堯之末載。 說並見後命禹條下。

附錄 『舜使益掌火，益烈山澤而焚之，禽獸逃匿。』（孟子。）

按書益『奏鮮食』與禹『隨山刊木』同時，而孟子此文在治水前者，蓋禹導山在前，導水在後，——隨山刊木，導山事也；決水距海，導水事也——益之烈山澤在導山時，故在導水之前也。 舜之卽位，禹已前爲司空，則導山當自堯之末年始；導水乃在舜世耳。 然則益此事當在舜命禹平水土之前，堯之末年矣。 其作虞也，乃水土既平後，生民已安，而蕃育草木鳥獸耳；與烈山澤事無涉也。 但益之事於經無明文，故附次於此。 說並詳後命禹及夏禹導山條下，

『二十有八載，帝乃殂落。 百姓如喪考妣：三載，四海遏密八音。』（書堯典。）

世傳堯在位時，有康衢之謠曰，『立我蒸民，莫匪爾極；不識不知，順帝之則。』 有擊壤之歌曰，『日出而作，日入而息；鑿井而飲，耕田而食：帝力何有於

我哉』有華封之祝曰，『願聖人富壽多男子』云云。余按，康衢之謠乃剽竊雅頌之文，『帝力何有』乃楊氏爲黄老之言者所爲，而『富壽多男』之說義亦淺近，皆後人所擬作，不足采。故不錄。

舜攝政年數

附論『舜相堯二十有八載，非人之所能爲也，天也。』（孟子。）史記稱舜得舉二十年而堯使攝政，攝政八年而堯崩，蓋以經之『二十八載』爲自舉舜時數之也。蔡傳云，『歷試三年，居攝二十八年，』則是自舜『受終』時計之矣。余按經云，『乃言底可績三載，』不容舜舉已二十年而底可績者止三載。孟子云，『舜相堯二十有八載，』不容初舉歷試之時卽以相堯稱之。蔡氏之說是也。

堯讓舜舜傳舜

『堯崩，三年之喪畢，舜避堯之子於南河之南。』（孟子。）尙書大傳云，『堯爲天子，丹朱爲太子，舜爲左右。堯知丹朱之不肖，必將壞其宗廟，滅其社稷，而天下同賊之，故堯推尊舜而尙之，屬諸侯焉。』史記五帝本紀云，『堯知子丹朱之不肖，不足授天下；授舜，則天下得其利而丹朱病；授丹朱，則天下病而丹朱得其利。堯曰「終不以天下之病而利一人」，卒授舜以天下。』由是世之論者皆謂堯舍其子丹朱而以天下與舜。余按，不以天下與子，自古聖人皆然，不獨堯也。蓋上古之時，諸侯各君其國，各子其民，有大德之聖人出焉，則相率而歸之；聖人沒，則已耳；非若後世創業之主，以兵受命，征伐攻取而後能得天下，而子孫世守其業者比也。是以上古有天下者，其前皆無所受，其後皆無所授。自羲農黃帝以降皆若是而已矣，非堯以丹朱不肖故獨不傳之子也。且堯亦未嘗傳天下於舜也，堯之初意但欲讓舜以天下耳。故堯典曰，『咨四岳：朕在位七十載，汝能庸命，巽朕位？』又曰，『格汝舜：詢事考言，乃言厎可績；三載汝陟帝位。』是堯本期得舜之後，卽以天下與之，但以舜不肯受而讓於德弗嗣，不得已乃使舜受終攝政，至堯崩而後踐位焉；初非慮身後之天下無所屬而始屬之舜也。曰，堯不慮身後之天下無所屬，何爲汲汲焉以天下與舜也？曰，此堯之所以爲大也。堯以天下未治，故授之舜使治之也。蓋當洪荒之世，天下未平，生民多患，人猶蠢蠢焉去禽獸不甚遠，此之爲治，猶闢荒田而驟生馬，不但非一聖人所能獨理，亦幷非數十年所能奏功。使非堯與舜兩大聖人耘鉏馴擾，相繼於百五十載之久，則治功不成。且夫禹皐稷契數聖人者，亘古不再得之人也，而非堯七十載之培植涵濡則無以鍾其秀，非舜八十載之試功考績則無以盡其材。是以堯之治至於『於變時雍』而猶以爲未足，自惟年老不能終其事，乃咨於衆而得舜於畎畝之中，授之天下而使治之。雖舜不肯陟帝位，而受終攝政，固已代堯敷其治；至堯崩而天下諸侯卒共戴舜以爲天子，然後水土平，禮樂興，庶績咸熙而開萬世無窮之業，使後世賢聖之君有所遵守以安其民。由是言之，生萬世之人者天也，治萬世之人者堯也，堯之心一天而已矣。故孔子曰，『唯天爲大，唯堯則之，』此堯之所以創前古所未有而授舜以天下也。是故，堯之所以爲聖，在乎能爲天下得舜而不在乎能以天下與人。孟子曰，『以天下與人易，爲天下得人難。』聖人之視天下，猶敝蹝也，其去其留，無所關其意焉。當其生也且欲巽位，况其子與天下之利病尙何待於較量！大傳所言固與聖人之心剌謬，卽史記以爲不私其子者其視堯亦甚淺：蓋二子皆以己之心揣度聖人而爲之說，而不知聖人天地日月之心之不如是也。後之人不肯細繹經文，——堯讓舜以天下，非傳舜以天下，——又不知堯所以與舜天下之故，但見舜繼堯爲天子，遂以大傳史記之言爲實，誤謂堯不傳子而傳之舜，不以爲善爲子謀則以爲不私其子，因而以之度舜，遂幷以之疑禹，聖人之心之晦於後世也久矣！故今於堯首發明之，而概不載後人揣度之言。說並詳前章及後舜禹篇中。

附錄 『無若丹朱傲，惟慢遊是好，傲虐是作，罔晝夜頟頟，罔水行舟，朋淫于家，用殄厥世！』（書益稷。）『堯有丹朱。』（楚語。）

備考 「穆叔如晉，范宣子逆之，問焉，曰，「古人有言曰，『死而不朽，』何謂也？」穆叔未對。宣子曰，「昔匄之祖，自虞以上爲陶唐氏，在夏爲御龍氏，在商爲豕韋氏，在周爲唐杜氏，晉主夏盟爲范氏。」』（左傳襄公二十四年。）

舜命官考績上

『「月正元日舜格于文祖。」』（書堯典。）

『天下諸侯朝覲者不之堯之子而之舜，訟獄者不之堯之子而之舜，謳歌者不謳歌堯之子而謳歌舜：夫然後之中國踐天子位焉。』（孟子。）

『「堯崩，而天下如一，同心戴舜以爲天子。」』（左傳文公十八年。）

辨舜讓石戶北人之說

呂氏春秋云，『舜讓其友石戶之農；石戶之農去之，終身不反。又讓其友北人無擇；北人無擇曰，「異哉后之爲人也！居於畎畝之中而游於堯之門；又欲以其辱行漫我！」遂自投於蒼嶺之淵。』余按堯舜之德至矣，天下豈有能加於堯舜者哉！如以堯舜爲不屑，則是喪心病狂之人而已。此乃楊氏之徒爲黃老之說者假設此言以遂其『非堯舜，薄湯武』之私，呂氏無知而妄採之耳。

附論　『子曰，「巍巍乎舜禹之有天下也而不與焉！」』（論語泰伯篇。）『孟子曰，「舜之飯糗茹草也，若將終身焉；及其爲天子也，被袗衣，鼓琴，二女果，若固有之。」』（孟子。）『詢于四岳；闢四門，明四目，達四聰。』（書堯典。）

附論　『子曰，「舜其大知也與！舜好問而好察邇言；隱惡而揚善；執其兩端用其中於民。其斯以爲舜乎！」』（中庸。）

『孟子曰，「大舜有大焉：善與人同，舍己從人，樂取於人以爲善。自耕稼陶漁以至爲帝，無非取於人者。」』（孟子。）

辨朱熹舜其大知章之釋

按中庸孟子之言相表裏：孟子所言，其綱也；中庸所言，其目也。其義，則朱子章句盡之矣。惟所云『非在我之權度精切不差何以與此』者，尙未盡善。何者？此章之意，本謂舜之大知不在乎己有過人之識而在於能集衆人之知耳。如章句所言，則是舜所以過人者，乃在『好問好察』之前別有操持以成其爲『大知』；非此章本意也。蓋人之性非甚狂愚本皆能辨是非，故孟子曰，『是非之心人皆有之。』所患者，自以爲是則不『好問』，自以爲高明則不『好察邇言』，有好名妬忌之心則不肯『隱惡揚善』，偏聽阿好，喜諛惡直，而於事多鹵莽滅裂則不能『執其兩端用其中於民』：是以雖有諫臣拂士，遠猷高識，皆阻而不得達，達而不之采，而但任一己之聰明，以致處事失當。惟舜不然，是以其知為獨大也。聖人之敎人也，皆就人人所可能者敎之，故曰『人皆可以為堯舜』。好問好察之屬，夫誰不能，但不肯耳。若歸其功於在我權度之精切，則人必曰『聖人天亶之聰明，非人所可及。』即不然，而不求諸明白易為之事，乃求之於空虛難見之心，聽之若愈精而學之乃愈遠矣。

備考　『許，大岳之胤也。』（左傳隱公十一年。）『姜，大嶽之後也。』（左傳莊公二十二年。）

辨四岳為共工從孫之說

杜氏云，『大岳，堯四岳也。』按，周語亦稱齊許申呂為四岳後，其說或不誣。但周語謂『共工之從孫四岳佐禹有功，命為侯伯，賜姓曰姜，』則語殊失實。何者？四岳乃堯舜之相，薦鯀及禹者，不得復為禹佐；而四岳本長諸侯，亦不待佐禹而後『命為侯伯』也。且傳及晉語皆稱炎帝為姜姓祖：炎帝在四岳前，非至四岳始賜姓矣。至共工氏，乃繼炎帝為水師者，與炎帝不同族：四岳果炎帝後，又安得為共工之從孫乎！大抵國語之文本多荒誕，自相矛盾，乃其常事而後人必曲爲之說；——如賈侍中之以共工爲諸侯，與高辛爭王者；韋氏之以爲炎帝世衰，其後變易帝復賜之祖姓，使紹炎帝，——愈斡旋而愈不可通，亦可謂勞而罔功矣。故今但載傳文而國語文不載。說並見命伯夷條下。

岳牧與稷契等之區別

「咨十有二牧，曰，「食哉惟時，柔遠能邇，惇德允元而難任人，蠻夷率服！」」（書堯典。）

四岳十二牧皆舊官；以舜新卽位，故申儆之，使敬厥職也。舊官，故書其官於前而曰『詢』曰『咨』，見其非新命也。然則稷契皐陶之非舊官可知矣。四岳不載命詞者，統率羣僚，無專責也。十二牧共一命詞者，域異職同，無分別也。

「舜曰，「咨四岳：有能奮庸熙帝之載，使宅百揆，亮采惠疇？」僉曰，「伯禹作司空。」帝曰，「兪，咨禹：汝平水土，惟時懋哉！」禹

九官先命禹之故

禹已前爲司空

舜命官必諏於衆

拜稽首，讓于稷、契暨皐陶。帝曰，「俞，汝往哉！」』（書堯典。）

唐虞之時，洪水滔天，下民昏墊，五穀不登，禽獸逼人，水土之治不可以須臾緩也，而禹又前爲司空，故命禹在九官之先。

禹非顓頊孫，說見夏禹篇中。

命禹何以先咨於岳也？重其事也。何以但戒以職而不命以官也？禹已前爲司空，無庸複也。且云『汝作司空』則嫌於始爲司空，但云『汝平水土』又不可知禹爲何官，故冠『伯禹作司空』於命詞之上。語簡意明，其斯爲聖賢之文。自有追美前功之說，經義盡晦矣。

『僉曰，「伯禹作司空，」』僞孔傳以爲四岳同詞而對，蔡傳以爲四岳及諸侯也。余按，僞傳誤以四岳爲四人；蔡傳更之，是已。然用大臣當謀之廷臣，不當專謀之諸侯；諸侯朝覲有時，在廷者亦未必多也。然則『僉』也者，廷臣僉耳。舜咨四岳，廷臣何以僉對也？蓋古文簡質，所記特其梗概：以四岳相臣，

禹治水在舜世

故特咨之特記之；其實咨岳之後於衆無所不諏，故曰「舜好問而好察邇言。」當時廷臣亦未必人人薦禹，但薦禹者多；「僉」也者，舉其大凡耳。舜察禹材果可用，是以從薦禹者之言，故曰「執其兩端，用其中於民。」讀者當善會其意，不得但泥其詞也。此九官之首，故發例於此。

「禹掘地而注之海，驅蛇龍而放之菹；水由地中行，江淮河漢是也。險阻既遠，鳥獸之害人者消，然後人得平土而居之。」（孟子。）

禹平水土，據經此文在舜即位以後；而僞孔傳誤以爲堯時事，乃以此章爲命禹作百揆而稱其前功以勉之。蔡傳因之，云「帝使禹仍作司空而兼行百揆之事，錄其舊績而勉其新功也。」由是南氏綱目前編遂以堯之七十三載爲命禹治水之年，八十載爲禹告成功之歲。余按：經云，「僉曰，『伯禹作司空，』帝曰，『俞，咨禹，汝平水土，惟時懋哉！』」則是禹於堯之季年已爲司空，但涖事不久，水土猶未平，故舜仍其官而專責之以平水土，詞意甚明。若別有百揆之官，使禹由司空而進居之，則文當曰『汝作百揆，惟時懋哉！』今舜絕口不以告禹而但稱其以前之功，禹尚不知己爲何官，將何所遵循邪？古今來有如是之命官者哉！且『汝平水土，惟時懋哉』文相承也；今以『平水土』爲錄舊績，以『惟時懋』爲勉新功，則上句語氣未畢，下句語意無根，於文義亦不通矣。帝曰『疇若予工？』則命垂曰『汝共工』；曰『疇若予上下草木鳥獸？』則命益曰『汝作朕虞』；曰『有能典朕三禮？』則命伯曰『汝作秩宗』：凡舜所命者即其所咨者也。然則禹之平水土即所謂熙帝載而宅百揆，不待言矣。蓋洪水者帝之所憂，而六府之修，三壤之則，定貢賦，布聲敎，則百揆實兼之，故舜之咨岳云云。惟禹已爲司空，故但云『汝平水土』而不云『汝作司空』，止此與八人小異耳。若以『平水土』爲前功，『宅百揆』爲新職，是所命自爲一事，所咨自爲一官；然則秩宗之外亦將謂別有典三禮之一官乎！舜之命禹昌言也，禹曰『予何言！予思日孜孜』，又曰，『予乘四載，隨山刊木，』

又曰，『予決九川，距四海；濬畎澮，距川，』然則是當舜初載，禹尙以洪水之故日孜孜而不暇有言也。若堯八十載前水患已平，歷三四十年之後復何待禹之孜孜此事乎！禹曰，『弼成五服，至於五千；州十有二師；外薄四海，咸建五長；各迪有功，』然則是舜禹問答之時土功始畢，故禹擧其略以告舜；若水土久平於堯世，舜之知之悉矣，禹於是時猶爲此言不幾贅乎！是則禹之治水，於典爲舜世，於謨亦爲舜世。而自舜攝政後，堯未崩前，初未嘗有一言及於禹者。由是言之，禹之初爲司空當及堯世，至其決九川，弼五服，斷斷爲舜時事明矣。故論語云，『舜有臣五人而天下治，』而史記五帝本紀及夏本紀亦皆以禹治水爲舜卽位後事，良有以也。蓋僞傳之失皆由誤以四岳爲四人，則幷九官十二牧爲二十五人，必減其三人而後符於『二十二人』之數，故不得已以稷契皋陶之命爲稱其前功而不與焉。然敎稼明倫皆在平水土後，而幷禹減之又僅二十一人，故又不得已而以平水土爲前功，宅百揆爲新職。是因一誤而又三四

百揆非官名

誤也！　於是唐虞之事靡不顛倒錯亂：禹功之告成反在堯典『濬川』之前；三苗之分北反在禹貢『丕敘』之後；而禹所別九州，舜改之爲十二；禹又改之爲九。　展轉相因，誤無所底，遂使聖人經世之略晦而不彰者幾二千年，而皆自誤以四岳爲四人始。　嗟夫，釋經一字之誤，其流弊乃至於此，如之何其可不愼也！

曰，然則『百揆』非官名乎？　周官云，『內有百揆四岳』；朱子以百揆爲朝廷之長，四岳爲十二牧之長，何也？　曰，經曰，『愼徽五典，五典克從；納於百揆，百揆時敍；賓於四門，四門穆穆』五典四門皆非官名，百揆安得獨爲官名！　傳曰，『百揆時敘，無廢事也，』然則百揆者猶言『百事』耳，豈得以爲官名也哉！　堯之用鯀也咨於岳，舉舜也咨於岳，舜之命禹命伯夷也皆咨於岳，而百揆無聞焉：堯舜之用朝臣何以反謀之外之長而不謀之內之長乎？　蓋僞書與僞傳本出一人，彼於堯典既以百揆爲官名矣，故於周官遂撰是語：是亦因誤而誤耳，豈得以僞書證僞傳乎！　且朱子與蔡氏既以四岳爲一人，則僞傳之誤解無庸復

孟子言禹績有誤

遵矣，乃亦以百揆爲官名，治水爲往事：是僞傳因堯典而誤周官，宋儒反因周官而誤堯典也。故今取經文正其誤，而以孟子所稱禹治水事列於其後。說並見後命皐陶與分北三苗條下及舜體國經野篇中。

按，禹治水事又見於有爲神農章；然誤以汝淮泗爲入江，與禹貢水道皆不合。朱子以爲記者之誤，是也。故舍彼而錄此。

唐虞考信錄卷之二終

唐虞考信錄卷之三

舜命官考績下

命稷

『帝曰，「棄：黎民阻飢，汝后稷，播時百穀！」』（書堯典。）『后稷教民稼穡，樹藝五穀；五穀熟而民人育。』（孟子。）

水土平，然後耕耨可興，故命稷次之。是以孟子之叙教稼穡亦在禹治水之後。

稷非嚳子，說見前堯建極篇中。履跡之誣，說見商周稷契篇中。

『帝曰，「契：百姓不親，五品不遜，汝作司徒，敬敷五教，在寬！」』（書堯典。）

『人之有道也，飽食煖衣逸居而無教，則近於禽獸。聖人有憂

二

之，使契爲司徒，敎以人倫：父子有親，君臣有義，夫婦有別，長幼有序，朋友有信。」（孟子。）

命契

衣食足，然後禮義可敎，故命契次之。　是以孟子之敍敎人倫亦在稷敎稼之後。

契非嚳子，說見前堯建極篇中。　呑卵之誣，說見商周稷契篇中。

「帝曰，「皋陶：蠻夷猾夏，寇賊姦宄，汝作士，五刑有服，五服三就；五流有宅，五宅三居；惟明克允！」」（書堯典。）

『舜以不得禹皋陶爲己憂。』（孟子。）

『舜有天下，選於衆，舉皋陶。』（論語顏淵篇。）

命皋陶

不敎而殺謂之虐，敎之不從然後齊之以刑，故命皋陶次之。　此四官皆救民之急務，正民之要術，故舜先之。

命禹與稷契等不同之故

稷契皋陶均非申命

皋陶似非庭堅，說見夏皋陶篇中。

命稷契皋陶何以不咨也？因禹之讓，帝已知其才也。命詞何以詳於禹也？因咨而命者事略具於所咨，故從省也；因讓而命者事專見於所命，故從詳也。

僞孔傳以禹垂益伯夷夔龍六人爲新命，以稷契皋陶爲美其前功以勉之。蔡傳因之云，『此因禹之讓而申命之，使仍舊職以終其事也。』余按，經之命官凡九，於棄曰『汝后稷，』於契曰『汝作司徒，』於皋陶曰『汝作士，』於垂曰『汝共工，』於益曰『汝作朕虞，』於伯夷曰『汝作秩宗，』於夔曰『命汝典樂，』於龍曰『命汝作納言，』八人之命詞如一：稷契皋陶爲申命，何所見垂益等五人之獨爲新命？垂益等五人既爲新命，則稷契皋陶之亦非申命可知矣。稷契皋陶因禹之讓而命之者也，夔龍因伯夷之讓而命之者也：苟因讓而命之者即爲申命，則夔龍何得獨不爲申命乎？禹之爲司空，自堯時者也，則其命必別白言之先云『伯禹作司空』以見其官之非新命，後云「咨禹，汝平水土』以見其功之尚未畢，不云『汝作司空』也。若稷契皐陶亦舊爲此官則亦當著之於命詞之上，必不云『汝爲稷司徒，士』也。四岳十二牧皆舊職也，然所謂『闢四門』『食哉惟時』云者皆新命非美其前功；稷契皐陶卽使果仍舊職，亦豈得獨爲美其前功乎？且三人之功果在堯時，堯未崩以前何以不書？舜卽位後紀新政之不暇，乃於此時敍舜之追美其前功，有如是顚倒舛謬之史官邪？孔子曰，『無爲而治者其舜也與！』論語曰，『舜有臣五人而天下治』子夏曰，『舜有天下，選於衆，舉皐陶，』然則茲數人者任官效職皆在舜時明甚。或初仕於堯世要之必未爲后稷司徒士，——故史記云，『自堯時皆舉用，未有分職；』——不得以舜爲申命也。蓋僞傳之失在誤以四岳爲四人，是以與下『二十二人』之文不符，乃不得已而曲爲之解，謂稷契皐陶之命皆美其前功而不得與二十二人之數；由是凡舜時事皆以爲堯時事，顚倒錯亂，而二帝治天下之大法不彰。至蔡傳出，始以四岳爲一人，然則稷契皋陶無庸謂爲申命矣，乃亦沿僞傳舊說而不改，豈非習聞其說遂不覺其非邪！故今補其未備而詳辨之。說並見前命禹條下。

『帝曰，「疇若予工？」僉曰，「垂哉！」帝曰，「俞，咨垂汝共工！」垂拜稽首，讓于殳斨暨伯與。帝曰，「俞，往哉，汝諧！」』（書堯典。）

附錄 『垂之竹矢。』（書顧命。）『垂之和鐘。』（明堂位。）

『帝曰，「疇若予上下草木鳥獸？」僉曰，「益哉！」帝曰，「俞，咨益汝作朕虞！」益拜稽首，讓于朱虎熊羆。帝曰，「俞，往哉，汝諧！」』（書堯典。）

存參 『垂益夔龍，其後不知所封。』（史記陳杞世家。）

命垂益

諧爲偕義

本務畢而後末務可圖，人性盡而後物性可遂，故命垂命益次之。

命垂益何以不咨於岳而咨於衆也？以其職少輕，故泛言之也。何以但命以官而不戒以職也？以其職少輕，故略言之也。

蔡傳云，『史記曰，「朱虎熊羆爲伯益（史記稱益未有加以『伯』者，傳誤）之佐，」則殳斨伯與當亦爲垂之佐也。』余按，禹之讓稷契皋陶也，帝曰『汝往哉，』伯之讓夔龍也，帝曰『往欽哉，』獨於垂益之讓則曰『往哉汝諧。』『諧』猶偕也，謂偕垂益而同治一官也。『往哉』者，不允垂益之讓；『汝諧』者，允垂益之薦而用之也。稷契皋陶夔龍皆別命之，殳斨伯與朱虎熊羆皆不別命旣僉其薦，安有置之不用之理，其爲垂益之佐明甚。古之人固多以所能名（本蔡傳文），亦多以所職名：垂共工而所讓者曰殳斨，益作虞而所讓者曰熊羆，則所讓之人後卽爲二人之佐可知也。細核前後文義，諧之當爲偕義顯然。僞孔傳乃釋爲『諧和此官』；蔡傳因之而引史記之文以見其爲二人

垂益之佐之人數

伯翳非益

之佐：不知史記卽因『汝諧』之文知之，故云，『舜曰，「往矣汝諧，」遂以朱虎熊羆爲佐。』於垂不言之者蓋史記引尚書文至『垂爲共工』而止，無讓殳斨伯與之語此或司馬氏誤脫尚書文或後人傳寫誤脫史記文均不可知非史記別有所據，書但有朱虎熊羆佐益之事而無殳斨伯與佐垂之文也。 因傳說未明，故今詳釋之。

『殳斨伯與，』僞孔傳以爲二人，蔡傳以爲三人。 今以上『讓於稷契曁皐陶』之文推之，蔡傳說是。『朱虎熊羆，』僞孔傳亦以爲二人，蔡傳以爲四人。 疑亦蔡傳得之。

鄭語云，『嬴伯翳之後也。』 史記秦本紀云，『大費與禹平水土，佐舜調馴鳥獸，是爲柏翳；舜賜姓嬴氏。』 是秦之祖乃伯翳也。 陳杞世家云，『伯翳之後，至周平王時封於秦，項羽滅之。 垂益夔龍，其後不知所封。』 是伯翳自伯翳，益自益也。 乃漢書地理志云，『秦之先曰柏益，出自帝顓頊；堯時助禹治水，爲舜朕虞養育草木鳥獸賜姓嬴氏。』顏氏註云，『柏益一號伯翳，蓋翳益聲相近故也。』是謂伯翳卽益，而益爲伯益矣。自是學者相沿，皆信之而不疑。雖朱子註論語亦稱之爲伯益（舜有臣章註云，『禹，稷，契，皐陶，伯益』）。葉大慶攷古質疑云，『伯益，柏翳，一人也；史記於陳杞世家則以爲二人。』本註云，『益翳乃一人，聲轉，故字異耳。』余按『益』『翳』聲相近而致誤，理誠有之；然非史記因聲之轉而誤分爲兩人，乃漢書因聲相近而誤合爲一人耳。書堯典云，『僉曰「益哉！」帝曰，「俞，咨益，」』皐陶謨云，『曁益奏庶鮮食，』孟子曰，『舜使益掌火，益烈山澤而焚之，』『禹薦益於天，』『益避禹之子於陽城（剛案，「陽城」當作「箕山之陰」），朝覲訟獄者不之益而之啓，』皆稱以益，未有冠以『伯』者；而國語稱『伯翳，』史記作『柏翳，』亦未有徒稱『翳』者。如果益翳通用，何以遇益則概不稱『伯，』遇翳則必加以『伯』與『柏』也？春秋傳於列國最好溯其先世：於齊許稱炎帝，大岳；於陳稱顓頊，幕舜；於杞鄗稱夏稱后相；於宋稱商稱相土；於薛稱奚仲仲虺；於六蓼稱皋陶庭堅；於郯稱少皞；於任宿須句顓臾稱大皞：凡古帝王名臣之裔未有不及其先世者。 乃至周初封建之國晉楚魯衞之倫，亦往往及之。 獨於益之膚功，秦之大國，絕無一語。 班氏生於漢代，何所見而知伯翳之必爲益也？ 將謂二人之功相類邪，則禹之佐固非一人，卽虞之職亦不止於調馴鳥獸。 且秦本紀之文采之秦史，秦人自稱其祖亦未必不涉於附會；鳥身人言信邪否邪？ 如之何其可以據此文而遂以柏翳爲益，以益爲伯益也！ 黍稷之稷，漢以來謂之粟，今北方農人謂之穀（南方人或呼爲小穀）；穄（稷去聲）乃黍屬之不粘者：經傳之文甚明，說文之訓尤顯，迥然兩物也（語詳稷穄辨中）。 而今北方往往讀入爲去，或遂有讀稷與穄同音者。 作本草羣芳譜者不考之古，遂誤以稷爲穄。 班氏之誤，與此正同：不得據班書而疑遷史也。 且『朕』者舜之自稱，『虞』者官名，而漢志云『爲舜朕虞，』其誤會經文如是：若必謂班氏不應有誤，將『朕虞』亦果爲官名乎！ 嗟乎，漢書合之誤也而反信之；史記分之，是也而反譏之：是者必以爲非，非者必以爲是，吾眞不解其何故矣！ 師古大慶皆精於考核者，然猶如此，甚矣考古之難言也！ 大抵古人文字異者，非有顯然之證，寧可從古而分之，不可妄意而合之。 幕之與思，合之而祖孫易位矣。 羲和之與重黎，合之而族姓紊亂矣。 伊尹之與阿衡，合之而名臣湮沒矣。 羲農之與太皞炎帝，合之而世代顚倒矣。 南容之與南宮敬叔，合之而賢哲受誣矣。 故不必分而從古而分之，其失小；不當合而妄意而合之，其失大。 故今於益之命不載國語伯翳、文史記大費之事。

益非皐陶子

孔氏尚書正義稱益爲皐陶之子。 張氏史記正義云，『列女傳云，「陶子生五歲而佐禹。」 注云，「陶子者，皐陶之子伯益也。」 按此即知大業是皐陶。』（大業乃伯翳父，張氏以益爲柏翳，故云然。） 近世有人據此立說，遂謂朱子論語集註，蔡氏書傳之有缺略。 且云，『舜五臣，禹，稷，契，皐陶而不及益者，實囙益爲皋陶子也。』（此說太陋，故不欲擧其名，見其書者自知之耳。） 余按，鯀用於堯世，禹用於舜世，前後不相及也；而益與皋陶同時登用，比肩授職，絕不類爲父子者然。 禹爲鯀之子，尚書言之，春秋傳言之，大戴記史記皆言之；益果皋陶之子，何以傳記絕無言及者乎？ 劉向之書誣者多矣，而列女傳尤爲紕繆：藥酒之覆，餘光之分，皆以策士喩言記爲實事，唐劉知幾譏之詳矣；而五歲佐禹亦必無之事。 藉令向果明言益爲皋陶之子，猶不可信；況向但言『陶子，』何以見其當爲皋陶之子？ 而禹之佐亦不一人，又何所見言佐禹者之必爲益也？此特注家屈曲猜度之言，豈得遂以爲實！ 朱子蔡氏蓋已深知其妄，故不之采；而今反用此爲譏議，人之無識何至於此！ 至以論語『五臣』爲證，其說亦謬。謂五臣有益者，集註文耳。 或以爲四岳，或以爲伯夷，義皆可通，安知其決爲益？且舜賢臣多矣，禹安得人人而讓之！經言五人則以爲四人者皆當讓，如經言十人則以爲九人者皆當讓乎！ 此論尤爲無理；恐後人爲其所惑，故亦附辨之。

呂刑言伯夷折民惟刑之非

『帝曰，「咨四岳有能典朕三禮？」僉曰，「伯夷。」帝曰，「俞，咨伯汝作秩宗夙夜惟寅直哉惟清！」伯拜稽首，讓于夔龍。帝曰，「俞，往欽哉！」』（書堯典。）

存疑 『伯夷降典，折民惟刑。』（書呂刑。）

說此篇者皆以下文『士制百姓于刑之中』之士為臯陶。吳氏云，『二典不載有兩刑官蓋傳聞之謬也。』蔡氏云，『臯陶未為刑官之時，豈伯夷實兼之與？』余按此篇後章文云，『今爾何監非時伯夷播刑之迪；其今爾何懲，惟時苗民匪察于獄之麗，』明明分承上章『苗民弗用靈』及『士制百姓于刑之中』兩項而言，則所謂士者非臯陶即伯夷明矣。稷棄之世官也，故今（剛案，『今』當作『經』。）傳多稱之；若臯陶則未聞有稱士者。且既謂伯夷典刑矣，又謂臯陶為士，不但於政體有乖，即以文義論亦不可通。然則所謂『制百姓于刑之中』者即承上文『伯夷』而言，非臯陶明矣。蓋盛世之文多謹

鄭語言姜爲伯夷後之非

嚴，衰世之文多輕易；況事在千餘年前，傳聞不一，蓋有誤以皋陶之事爲伯夷者，作誥者因本之以爲言。吳氏以爲傳聞之謬，是矣。蔡氏疑在皋陶之前，猶未免於曲爲說也。孟子曰，「盡信書則不如無書。」吾於書之呂刑，詩之閟宮，皆不能無疑：非但其作之晚，亦以所稱述者久遠之事，不能保其不失實耳。故列之於存疑。

鄭語云，「姜，伯夷之後也。伯夷，能禮於神以佐堯者也。」余按，春秋傳或以姜爲大嶽之後，或以姜爲炎帝之後；周語晉語亦然。四岳在炎帝後，容或出於炎帝：則謂四岳之後卽炎帝之後，理尚可通也。若伯夷則與四岳比肩事主，又四岳之所薦，安得四岳之後卽伯夷之後乎！且伯夷乃舜所命官，以爲「佐堯」亦誤。故今不載。

「帝曰，『夔：命汝典樂，敎胄子，直而溫，寬而栗，剛而無虐，簡而無傲；詩言志，歌永言，聲依永，律和聲，八音克諧，無相奪倫，神人以和！』」

（書堯典。）

夔一足非指人

孔叢子稱『或問孔子，「夔有一足，信乎？」孔子曰，「皐陶為夔請佐，舜曰，『夔一，（句）足矣，』非一足也。」』余按夔本獸名，故魯語云，『木石之怪，夔蝄蜽；水之怪，龍罔象，』——夔之名夔猶龍之名龍也，猶朱虎熊羆之名朱虎熊羆也。所謂『夔一足』者，謂夔之獸一足，非謂夔之人一足也。儒者知其不經而不知所由誤，乃撰為此事，又托諸孔子之言以曲解之；嘻，亦勞矣！且九官皆官屬之長，未有無佐者：垂之佐殳斨伯與，益之佐朱虎熊羆；禹稷契皐陶之倫亦必有佐，但不見於經耳。典樂敎冑豈一人所能理，夔安得獨無佐乎！以無佐解一足，則龍之兩角又何說焉？今不載。

樂以志為本

世儒論古樂者皆求之律。自班固以來，娶妻生子之喻，十分九分之疑，王朴蔡元定之所定，范景仁司馬君實之所爭，紛然不一。余之意獨以為不然。經之言樂，此章詳矣。曰，『詩言志，歌永言，聲依永，律和聲，』四言而樂之事備矣：何者？凡樂必有其本，——本也者，志是也。有志而後有詩，——詩者，取志而宣諸喉舌者也。有詩而後有歌，——歌者，取詩而暢其音節者也。有歌而後有聲，——聲者，取歌而布之於絲竹者也。是故，詩曰『言志，』歌曰『永言，』聲曰『依永，』『言』卽其言志之詩也，『永』卽其永言之歌也；卽其詩而長之之謂『永，』隨其歌而應之之謂『依。』然則聲之抑揚疾徐視其歌，歌之抑揚疾徐視其詩，而詩之抑揚疾徐視其志矣。是故，志者本也，聲者末也。其志必中正和平也，而後其詩其歌其聲從容舒暢，而俯仰遲速無不適其宜者。志不美，求之於詩，無益也；詩不美，求之於歌，無益也；歌不美，求之於聲，無益也。故曰『作樂崇德，』『見其樂而知其德』也。然又制律以和聲者何居？八音並作，彼此恐其不均，數章迭奏，先後恐其不符，故爲律以考驗之，使歸於一耳；非以律爲樂也。書曰，『同律度量衡，』律之於音也，猶度之於布帛，量之於粟，衡之於金也。長短之形，目能察之，而一左一右不能必其無分杪之差，故受之以度而後齊。高下之音，耳能辨之，而一彼一此，不能必其無幾微之異，故受之以律而後調。是故律者所以均高下，而非所以爲高下也；度者所以均長短，而非所以爲長短也；量與衡者所以均多寡輕重，而非所以爲多寡輕重也。後世儒者之爲古樂也則不然，不求其原於志與詩，而惟斤斤於律聲，從律起而不自歌生，詩緣歌作，而非由志出，取命夔之語而顚倒施之；正使所制之律毫釐不爽於古，亦與古樂無與，況未必然乎！如但持古人之律，卽可爲古樂，是得周尺而卽可以制周禮也。曰，然則何以淑其志？曰，經言之矣，曰『直而溫，寬而栗，剛而無虐，簡而無傲。』剛直，乾之德也；寬簡，坤之德也。有其德者必有其偏；溫也，栗也，無虐且無傲也，德之不偏不倚，純粹至善，所以爲中正而和平也。由是而發之詩，著之歌，播之聲，舜之樂所以爲至也。故『詩言志』云云者，所以爲樂也，古樂之與後世異者也；『直而溫』云云者，所以爲韶也，舜樂之與三代異者也。故古今知樂者莫如孔子孟子。孔子曰，『樂則韶舞，』『謂韶，「盡美矣，又盡善也，」』『聞韶，曰，「不圖爲樂之至於斯也」』——此論樂之品也，爲夫不能『直而溫，寬而栗，剛而無虐，簡而無傲』者言之也。孟子曰，『今之樂由古之樂也，百姓之疾首蹙頞而相告者，不與民同樂也；欣欣然有喜色而相告者，與民同樂也，』——此論樂之本也，爲夫不知『詩言志，歌永言，聲依永，律和聲』者言之也。蓋樂猶文也：文之本在明理達意，不如是則非文，孟子之論樂是也；文之品則有高下精粗純雜之分，當求其上者而法之，孔子之論樂是也。孔子之論樂，與顏曾之徒知樂者言之也；孟子之論樂，與戰國之君臣不知樂者言之也。彼且不知樂之本，何暇與之論高下。譬諸近世之文，不求之理而但揣摩西漢盛唐之體格於語言音響之間，此姑使之返而求所以明理者，未可遂以文之高下語之；非謂文之遂無高下也。宋韓魏公琦上仁宗疏云，『不若窮作樂之原，爲致治之本，使政令平簡，民物熙洽，斯則古之樂也，可以器象求乎！』嗚乎，三代以還，知樂者一人而已矣！若夫諸儒所論累黍爲尺，由尺生律，以黍尺之多寡長短爲古樂者，吾不知樂，吾知其非樂也！

備考 『有仍氏生女，黰黑而甚美，光可以鑑，名曰玄妻。樂正后夔取之，生伯封，實有豕心，貪惏無饜，忿纇無期，謂之封豕。有窮后羿滅之，夔是以不祀。』（左傳昭公二十八年。）

『帝曰：「龍，朕堲讒說殄行，震驚朕師，命汝作納言，夙夜出納朕命，惟允！」』（書堯典。）

九官以龍終之故

民生厚而德正，用利而物成，萬物之理得矣，天地之氣和矣，夫然後禮樂可興，故命伯夷命夔次之；而又慮讒殄之害正也，故以命龍終焉：此治化之成也。顏淵問爲邦，孔子曰：『行夏之時，乘殷之輅，服周之冕，』言禮也；曰：『樂則韶舞，放鄭聲，』言樂也；而又繼之曰：『遠佞人，』何？ 蓋佞人不去，雖有賢臣不能爲治，即治亦不能久；故欲久安長治者，必以近佞人爲永戒。 舜之堲讒殄於制禮

命伯夷夔龍

作樂之後，亦此意也。

命伯夷何以亦咨於岳也？猶命禹之咨於岳也，亦重之也。命夔龍何以亦詳於伯夷也？猶命稷契皋陶之詳於禹也，亦因讓而命也。

九官非一時所命

『帝曰，「咨，汝二十有二人，欽哉，惟時亮天功！」』（書堯典。）

『三載考績，三考，黜陟幽明，庶績咸熙。』（同上。）

自『詢，四岳』以後，鄭氏以為皆『格於文祖』時所勑命。綱目前編因之，悉載之於舜即位時，而以舜之三載為『考績』之年，九載為『熙績』之歲。余按舜之攝政二十有八載矣，自棄以下八人，為知其材邪？為不知其材邪？知其材邪，何以二十八載而不用？不知其材邪，何以一日而盡用之？如云咨於衆而知之，則何以二十八載之久而不一咨，獨於此一日而徧咨之也？向之為此官者，為稱職邪，為不稱職邪？稱職邪，不應一日而盡易之。不稱職邪，不應二十八載而不易。即云向無其官而今設之，亦不應二十八載之久而無一

，設忽於此一日而偏設之也。由是言之，舜之咨，衆之舉，皆非朝夕之故：蓋以漸
，而知之，遂以漸而用之，而記事者連類而記之耳，不得以爲一日之所命也。冉
有曰，『既庶矣，又何加焉？』孔子曰，『富之。』曰，『既富矣，又何加焉？』
孔子曰，『敎之。』聖人立政自有先後次第。況巢窟者切膚之急禍，敎養者
治民之大綱，皆非可以須臾緩者；工虞之事固已末矣。至於禮樂乃盛治之成
，功非厚生正德之後未易言也，安得一日而同亮大工，三載而咸奏厥績哉！帝
之命禹，昌言也，禹以『決川距海』『烝民乃粒』告之帝，則是此時水土固已
，平樹藝固已成矣；而帝方諄諄焉以『山龍黼黻』『六律五聲』與『庶頑讒
說』爲憂，則是此時禮樂猶未興，讒殄猶未絀也。然則禹稷功成之日，伯夷夔
龍始各任職耳。若與六官者同命而同考，何至此時尚廑帝憂乎！曰，然則舜
有『咨二十二人』之言，何也？曰，古人之文簡質，貴得聖人之意耳：其事皆當
，日之事，其言不必皆當日之言也。而『典』之爲體，綜其始終本末言之，又與

春秋之編年紀事者不同。 卽如『疇若予工』『疇若予上下草木鳥獸』者，豈果臨朝一問而已乎！僉曰『垂哉』『益哉』者豈果同朝一應而已乎！帝曰，『汝共工』『汝作朕虞』者豈果漫不加察，付以重任而已乎！ 如此，則不惟舜能之，人人皆能之矣。 書曰，『敷奏以言；明試以功；車服以庸。』 記曰，『舜好問而好察邇言。』 然則舜之訪蓋不知幾何，而衆多稱垂益平日之才略者，舜乃詢以言，試以功，待其有效而後授以此官；而書之所云特其梗概耳。 故曰，其事皆當日之事，其言不必皆當日之言也。 不寧惟是，韓子平淮西碑云，『曰「光顏，汝爲陳許帥，」曰「重胤，汝故有河陽懷，今益以汝，」曰「度，維汝予同，汝遂相予」』者豈果一日之事，當日之言乎哉！ 夫堯典之文亦若是而已矣！嗚乎，聖主賢臣之心與其經綸設施之次第，其晦於拘牽文義之儒者豈可勝道哉！ 故識其說如此。

『苗頑弗卽工。』（書益稷。）

三苗丕敍在頑弗卽工之後

『皋陶方祗厥敍，方施象刑惟明。』（同上。）

『分北三苗。』（書堯典。）

『舜有臣五人而天下治。』（論語泰伯篇。）

附論 『子曰，「無爲而治者其舜也與！ 夫何爲哉，恭己正南面而已矣！」』（論語衛靈篇。）

按三苗之見於虞夏書者凡四。 其一，『竄三苗於三危，』乃堯時事：此在最前，不待言矣。 其二，『分北三苗，』乃舜命官之後考績時事。 其三，『苗頑弗卽工，皋陶方施象刑，』乃舜禹問答語：考其時勢，當卽分北之事。 蓋『苗頑』者原分北之由；『分北』者記象刑之實，所謂『五流三居』者也。 然則典正如春秋，直書其事；謨正如左氏傳，詳誌其本末耳。 其四，『三危既宅，三苗丕敍，』惟此當在最後：蓋因頑而分北，因分北而後丕敍也。 若先已丕敍，則禹不當謂之頑弗卽工，舜亦不當分北之矣。蓋水土雖平於分北之前，而禹貢實作於分北之後，故有「作十三載乃同」之文，「聲教訖於四海」之語，是知此篇乃賦定功成後所記，故云丕敍也，三篇之文正相發明。自僞孔氏古文以禹貢爲作於堯世，又撰禹攝政後征苗一事，於是丕敍之後復謂之頑而分北之；既分北之而惟命是聽矣，無故而又動大衆以征之。首尾衡決，事實淆亂，莫此爲甚。故今載丕敍於後篇，删征苗之僞誓而取謨中禹舜之言列於典文「分北」之前，庶學者可以一見而瞭然也。說並見後治定功成篇中。

舜體國經野上

「禹敷土，隨山刊木，奠高山大川。」（書禹貢。）

存參「禹乃遂與益后稷奉帝命，命諸侯百姓興人徒以傳土行山表木定高山大川。』（史記夏本紀。）

此篇與堯典羲和之命相表裏。四時之定，堯之所以成天；九州之制，舜之所以平地。授時者損益前古而集其成，敷土者範圍後世而開其始。故授時命於『庶績』之先，敷土記於『咸熙』之後。

本錄義例三——敷土置咸熙後

『冀州：既載壺口，治梁及岐。既修太原，至于岳陽。覃懷底績，至于衡漳。厥土惟白壤。厥賦惟上上錯。厥田惟中中。恆衞既從；大陸既作。島夷皮服。夾右碣石入于河。』（書禹貢。）

篇名以貢，紀貢制也。貢冠以禹，誌禹功也。水土既平，經制既定，天下諸侯懷舜之德，感禹之勤，已各擇其土宜之貴重者以薦於帝畿，以致其愛戴之誠，史臣因而紀之於冊以表禹之功，以見舜德化之盛。是故九州之文皆主言貢。篚亦貢也，包亦貢也，貢之盛於篚包者也。有賦而後有貢，——賦者，庶人所以奉國君；貢者國君所以奉天子也，——故以賦先之。有田而後有賦，有土而後

九州之章法次第

冀州平治之序

有田，故又以土與田先之。然使九山未刋，九川未滌，九澤未陂，何由辨土之色與性，而況於田賦貢乎，故又以平水土之事先之。水土之平，往日事也，——故其文曰『既載，』『既修，』『既作，』於山則曰『既藝，』『既旅，』於水則曰『既道，』『既入，』於澤則曰『既澤，』『既豬，』皆以明其爲前日之事，——而因原貢所由致，故追溯之也。每州爲一章，章各分三節：第一節平水土之事，第二節土田賦之別，第三節貢篚包之制；而以辨州域始之，以識貢道終之。此九州之章法次第也。

『既載壺口，治梁及岐，』言治河也。水之患河爲大，故先治河，冀之患在西河，兗之患在東河，故西河之治記於冀，東河之治記於兗，壺口梁岐皆山之當河衝者，壅隔阻塞，河不得順流而南下，則東溢於太原岳陽之間，故以三者爲始事也。『既修太原，至于岳陽，』言治河東之平地也。河既軌道，太原岳陽乃可施功，故次及之。『覃懷厎績，至于衡漳，』言治河內之平地也。冀地太原最高，岳陽次之，覃懷又次之，衡漳之南又次之：高者易涸，下者徐安，故其平治之序如此。『恆衛既從，大陸既作，』言治山東之平地也。自衡漳以東北至海，地益下，多積水，二泊貫于南，兩淀橫于北，故自太原至于衡漳，田既墾，賦既成，然後山東乃平治也。漳言衡者，漳踰山出東流，然後北折貫泊以入于河，故謂其東流者爲衡，北流者爲從也。次恆衛大陸於田賦後者，衡漳以下，土疏而水涸遲，田瘠賦輕，連覃懷衡漳言之，則嫌於田賦與全州無異，故先言田賦，次乃及之也。治水之文獨詳於冀州者，帝畿也，大河之所環也。不言貢者，蔡氏所謂『天子封內之地無所事於貢』者是也。九州治水之文皆有先後難易輕重之異，而冀尤爲明著，故詳釋之，八州可以類而推也。

『奕奕梁山，維禹甸之。』（詩大雅。）

備考 『梁山崩，晋侯以傳召伯宗。』（左傳成公五年。）『梁山，晋望也。』（爾雅。）

梁山在河東

僞孔傳云，『壺口在冀州；梁岐在雍州。』蔡傳云，『梁山，呂梁山也，在今石州離石縣東北。岐山在今汾州介休縣狐岐之山。先儒以爲雍州梁岐者，非是。』余按梁岐果雍州山，經必不載之於冀州章內；況雍之岐山距河數百里，與河何涉而連及之！蔡傳駁之是也。然不本大雅文，求梁山於古韓墟，乃取水經注之呂梁當之。注稱呂梁在離石之東北二百餘里，其距河遠矣，況注自有梁山在雍州境，與僞傳同，非呂梁也，而介休之狐岐亦非河所經，皆不得指爲禹貢之梁岐也。夫詩詠梁山而云『維禹甸之，』則此梁山卽禹貢之梁山明甚。然則梁山當在韓地。其後韓滅於晉，故春秋傳爾雅皆以梁爲晉山。水經注謂卽龍門者近之（水經注云，『大禹疏決梁山，卽經所謂龍門』），但不當又以爲在河西耳（水經注又云，『梁山原在馮翊夏陽縣之西北』）。蓋緣說者誤以陝西之韓城縣爲古韓國，因謂梁山當在河西；不知韓實河東國也。何以言之？詩云，『韓侯入覲，』又云，『王錫韓侯，其追其貊，』則韓乃畿外之諸侯，河，西周畿內地，不得謂之『入覲，』亦不得錫之爲連帥也。 春秋傳云，『秦伯伐晉，涉河，三敗，及韓，晉侯謂慶鄭曰「寇深矣，若之何？」』則韓乃晉之近郊，地若在河西，秦伯不容涉河，晉侯亦不容謂之『寇深』也。 晉惠公之入也，『賂秦伯以河外列城五，東盡虢略，』其地在今河南，不在河西，河西近秦而不以賂，則是河西無晉地也。 魏壽餘之僞叛也，『旣濟，魏人譟而還，』秦晉以河爲界，則是河西無晉地也。 韓晉旣在河東，梁山安得在河西乎！ 唯岐無可考者。 然山同名者多，雍荆之有荆山，梁徐之有蒙山，皆兩書於經文，烏得以雍州有岐，遂謂冀州不得復有岐乎！ 蓋此二山皆當跨河，在雍冀之界上，故能阻塞河流；而梁岐又當在壺口之下，因其利害在冀而不在雍，故記之於冀，猶九河之記於兗也。 但古今山名更易者多，而梁又屬崩頹之餘，難以辨識，是以不得其實。 要之，經傳之文具在，不得以他地之山冒之也。 故今取詩春秋傳爾雅之文悉載之於冀州章下，以見其爲一云。

碣石在海岸

【存參】『三十二年，始皇之碣石，使燕人盧生求羨門高誓，刻碣石門。』（史記秦始皇本紀。）

僞孔傳云，『碣石，海畔山。禹夾行此山之右，而入河逆上。』蔡傳云，『冀州北方貢賦自北海入河，南向西轉，而碣石在其右轉屈之間，故曰「夾右」。歷世既久，爲水所漸淪入于海，已去岸五百餘里矣。』余按僞孔傳不知『皮服』之爲貢，故以『右』且『入』者爲禹；蔡氏以爲貢道，是也。然謂『淪入于海，』則不若僞孔傳之以爲『海畔山』者爲可據也。經曰，『太行恆山，至于碣石，入於海。』古今之山名雖不同，而山勢則不改。今太行恆山自易定東折，過古北喜峯等口轉而南行，至臨渝縣東境海岸仡然而止，故燕趙間說者皆以其山爲古碣石。何所見海岸之山之必非碣石而必當求之於海中乎？史記云『三十二年，始皇之碣石，』是秦時碣石未淪於海也。漢志云，『右北平郡有碣石山，』是漢時碣石亦未淪於海也。烏得以爲『去岸五百里』乎！

且如蔡傳所言，則與恆山太行之勢中斷者數百里，證之經文亦不合矣。　蓋蔡傳之失皆由誤信臣瓚之說，謂此山在河口，求之河口而無此山，故遂以爲淪於海耳。　不知此山原未嘗在河口。　何者？　此文承上「島夷」而言，島夷在渤海東，必由海道乃入于河，而海道漫瀾無可指，故以山誌之曰「夾右碣石」，言由海道夾右碣石而西行，然後入于河也，非謂夾右碣石之處卽入河之處也。貢道言河凡七：兗徐豫之「達于河」，荆之「至于南河」，梁之「亂于河」，未有誌其山者；入河自有常處，不必繫此文也。　惟雍州章上言「積石」，下言「渭汭」，皆河也，不誌其山則不知爲何地，故變文云「至于龍門西河」。　由海入河豈有兩地，而煩誌其山乎！　且禹貢固有誌其山者矣，「導河」之文是也：其東折也誌「華陰」焉；其北折也誌「大伾」焉。　禹之於河防詳且愼矣，況於入海之要地，豈容有大山而反不書碣石之不在河口明矣。　至謂入河者爲「冀州北方貢賦」，亦非是。　經所謂「入河」者，但承上「島夷」文耳；冀

徒駭等水未必即爲九河

固無貢，而冀北境之至帝都非惟不必浮海，亦無事於達河也。

『濟河惟兗州：九河既道；雷夏既澤；灉沮會同。桑土既蠶，是降丘宅土。厥土黑墳；厥草惟繇；厥木惟條。厥田惟中下。厥賦貞作十有三載乃同。厥貢漆絲。厥篚織文。浮于濟漯，達于河。』（書禹貢。）

備考　『徒駭，太史，馬頰，覆鬴，胡蘇，簡，潔，鉤盤，鬲津，』（爾雅釋地。）

朱子以『簡潔』爲二水，幷其七而爲九。蔡傳以『簡潔』爲一水，幷其七則爲八，其一則河之經流也。余按經既統稱九河，其水勢當相等，不容別有經流，餘皆支派，似以朱子之說爲長。然九河之名不見於經傳而爾雅記九州之名與禹貢殊異，——故郭氏不得已疑以爲商制，——其他文亦往往有與經傳異者，然則爾雅所載且未知果爲禹之九河與否，況『簡潔』之爲一爲二乎哉！故今但列之備考而不強爲之說。

九河湮塞非淪于海

存參『古說九河之名，有徒駭，胡蘇，鬲津；今見在成平，東光，鬲界中。自鬲以北至徒駭間，相去二百餘里』（漢書溝洫志。）通典謂覆釜在德州安德，寰宇記謂鉤盤在樂陵東南；馬頰在棣州滴河北。輿地記謂簡潔在臨津；鉤盤在樂陵，馬頰卽篤馬河。（以上並本蔡傳文。）蔡傳皆以爲非是，獨據漢王橫言『往者天常連雨，東北風，海水溢西南出，浸數百里；九河之地已爲海所漸』。又據程大昌言引碣石爲九河淪海之證，謂『九河入海之處有碣石在其西北岸：今在平州（今永平府）正南海中，去岸五百餘里。則是古河自今以爲海處向北斜行，始分爲九，其道已淪入于海矣。』余按，漢世近古，九河之跡容或有一二未湮者，許商所言雖未敢必其果是，然惟高津差南，徒駭胡蘇皆傍禹河故址，或不盡誣。若通典寰宇記等書所指，則多在今德州濟南之間，地直大陸以東，於經文當云『又東播爲九河，』不當云『又北播爲九河』矣。兼其地勢東下，水不北流，必東行由海豐入海；無由與成平之徒駭，東光之胡蘇同爲逆河以達天津也。 至篤馬河，則漢志已明謂其在九河南矣，烏得以爲馬頰！ 且漢人僅知其三，更歷千年理宜益加湮塞，而唐宋人所知反倍於漢人而有餘，有是理乎！ 蓋緣魏晉以後，河日南徙，旁決分流往往而見，故川舊渠所在有之，學者僻於好古，遂附會之以爲九河故道；猶今清河之有大河故道，乃宋時北流之跡，而淺學者遂以爲禹河也。 大抵談古跡者多無依據，故晉人避亂之城而以爲文王之羑里，孔子時衞在今開濮二州間而衞輝城南有孔子擊磬亭：此皆不學之人强不知以爲知者。 蔡傳非之，是矣。 然謂九河之地已淪於海，則其說亦不經。 何者？ 秦漢以上載籍固多缺略，然海水溢出至數百里之廣，其所漂沒國邑民居不知幾何，此非常之大變，豈得傳記皆不之載。 傳記既不之載，橫又何從得其說而傳之乎？ 永平之南，海岸南北相距僅數百里；果去北岸五百餘里，則山當在南岸，何由復在海中！ 九河果自今渤海岸東北斜行以趨永平，則及其入海時已抵北岸，何由復至碣石之下！ 且以碣石爲河入海之處特出臣瓚之說，非經意也。經之『夾右碣石』自記海道所經，非與『入于河』相連爲文也。凡貢之入河，未有記其山者，有常地也；唯導河乃誌其山，重河防也。今碣石不誌之於導河，反記之於貢道，其非河口之山明矣。然則碣石卽在海中尙不足爲九河之證，況不在海中乎！由是言之，謂九河之尙存與九河之悉淪者皆非也。惟鄭康成以爲八流皆塞，說獨近是；然謂齊桓塞以自廣，則誣。朱子與蔡氏據孟子『曲防』之禁駁之，固也。然卽使桓公無曲防之禁，而此八流亦非一時之所能塞，乃水勢與人事積漸而爲之耳。蓋水之在山，勢峻流急，故岸易崩，水常挾沙而下。若水盛而源遠，挾沙必多，故河水一石，其泥至數斗。至平地則流緩而沙停，旁出之派停沙尤易。停久沙高，其流必梗，其勢必併於一而旁皆塞，——水勢然也。古者川有涯涘，田有封洫，各有疆界，故民不能與水爭地。自阡陌開，井田廢，民盡其力之所至以爲田，苟有沙涸，斯田之矣。田之旣久，則突者漸夷，凹者漸滿，不數百年遂成平土，——人事然也。以余耳目之所聞見河北諸水故道之在百年前者，尚皆斷續零落，十不二三；甚至有今歲暢流，明歲已爲平田者。況自禹以來數千年，歲歲沙之，歲歲田之，九河之道杳不復存乃其常事。而說者俱未言及，是將天下之水勢各別邪？抑說經者下帷之日多，未嘗久處河干，躬履水澨，而莫知其故邪？且水之分而爲九，與其合而爲一，孰大孰小，孰廣孰狹，孰當先塞，孰能久存，不問而可知也。今大陸以上及逆河合流之道，其闊且大者尚皆蕩然平原，無復遺跡（余鄉即禹時大河所經處）．況九河之狹且小者乃欲歷歷求其道乎！開州城南，唐宋時大河故道也，其地高於旁者數仞，州民謂之南閜（藍河兩岸有縷水堤，日久沙與堤平，故爾），但中有微凹耳，人亦不知其爲河也。此數百年前之全河已依稀如是，況數千年前之分流乃欲強求其所在，不得則曲爲之說，亦可謂不達於事理矣！故今但載漢志許商之言以爲參考之助，其餘諸家之說概無取焉。碣石見前冀州條下；大陸見後夏禹篇中。

唐虞考信錄卷之三終

唐虞考信録卷之四

舜體國經野下

『海岱惟青州：嵎夷既略；濰淄其道。厥土白墳；海濱廣斥。厥田惟上下。厥賦中上。厥貢鹽絺海物惟錯，岱畎絲枲鉛松怪石，萊夷作牧。厥篚檿絲。浮于汶，達于濟。』（書禹貢。）

『海岱及淮惟徐州：淮沂其乂；蒙羽其藝。大野既豬；東原厎平。厥土赤埴墳；草木漸包。厥田惟上中。厥賦中中。厥貢惟土五色，羽畎夏翟，嶧陽孤桐，泗濱浮磬，淮夷蠙珠暨魚。厥篚玄纖縞。浮于淮泗，達于河。』（同上。）

三江非吳之三江

『淮海惟揚州：彭蠡既豬，陽鳥攸居。三江既入；震澤底定。篠簜既敷；厥草惟夭；厥木惟喬；厥土惟塗泥。厥田惟下下。厥賦下上上錯。厥貢惟金三品，瑤琨篠簜，齒革羽毛惟木，島夷卉服。厥篚織貝。厥包橘柚錫貢。沿于江海，達于淮泗。』（同上。） 二

朱子云，『有欲以揚州之「三江」卽爲荆州之「中江」「北江」，（文在導水章，「荆州」字疑誤），而猶病其闕一，乃顧彭蠡（謂鄱陽；鄱陽實非彭蠡，說見夏禹篇導江漢條下）之餘波適未有號，則姑使之僭冒「南江」之名以足之。然自湖口而下，江本無二，安得有三，且於下文之「震澤」又懸隔遼夐而不相屬也。問諸吳人，震澤下流實有三江以入于海。彼旣以目驗之，恐其說之必可信也。』蔡傳云『庾仲初吳都賦注，「松江下七十里分流，東北入海者爲婁江，東南流者爲東江，併松江爲『三江。』」其地今亦名三江口，吳越春秋所謂「范蠡乘舟出三江之口」者是也。蘇氏謂岷山之江爲中江，嶓冢之江爲

北江，豫章之江爲南江，然江漢會於漢陽合流數百里至湖口而後與豫章江會，又合流千餘里而後入海，不復可指爲三。蘇氏知其說不通，遂有味別之說。禹之治水本爲民去害，豈如陸羽輩辨味烹茶爲口腹計邪！』余按導漢章云，『東匯澤爲彭蠡，東爲北江，入于海，』導江章云，『北會于匯，東爲中江，入于海，』夫江有北有中，其有南可知也。有北有南，則爲三江無疑矣。而朱子之言，乃若其強增一南江以求合於此文之『三江』者：不知有中江北江可謂之無南江乎！有中江北江南江可謂之非三江乎！禹自言之，禹自註之，朱子與蔡氏乃不之信而反信庾氏吳都賦註，豈禹所自言者反自不知而庾氏反代禹知之耶！凡水之敵者，雖合流，經必並書之。故泗沂合流入淮，而導淮曰『東會于泗沂；』漆沮合流入渭，而導渭曰『東過漆沮；』敵故不可以偏舉也。江漢之水所受皆數十百川，勢均力敵，相持而東，不容舉漢而略江，亦不容據江而遺漢。故導江云『入于海，』導漢亦云『入于海，』明二水之不相下，二名之不可以偏廢也。伊瀍澗皆小於洛，導水章文皆統之於洛，然豫州章猶云『伊洛瀍澗既入于河』；況江漢同爲大川，導水章固已不相統，安見入海之不可以並舉也哉？濟之入于河也，經曰『溢爲滎』，何以知溢者之爲濟而非河？其伏于滎也，經曰『東出于陶丘北』，何以知出者之仍爲濟而非他水？然則禹固有以別之矣。聖人之於水也，固不靳于其味，然亦未嘗不辨其性。禹能別濟於河，豈獨不能別漢於江；禹能於滎與陶之相隔數百里者而知其爲一，豈獨不能於江漢之合流者而知其爲二？謂必辨味烹茶爲口腹計而後江漢可分，則禹之別濟於河，係陶於滎，又何說焉？惟以豫章江（即鄱陽）爲南江則未有以見其必然。何者？此水既與江漢並列，不應經無一語及之（彭蠡非鄱陽，說見導江漢條下；且既北江，亦不得復爲南江）。見於經者，惟九江爲大。荊州章云，『江漢朝宗于海，九江孔殷』，揚州章云『三江既入』，其文亦似相首尾者。恐所謂南江者當以九江爲是。然經既無明文，揣度而言之不如不知而闕之也。　且江之稱爲三，猶其稱爲九也。　朱子蔡氏之於九江既皆主胡氏洞庭之說矣，洞庭之水未嘗不合流也；彼合流則可以云九，此合流則不可以云三，何其事同而論異乎！　蓋南方之水多呼爲江，故「三江」之名楚蜀黔粵之間往往有之，不但震澤下流然也。　卽水之入海者，大江以南亦無慮數十，豈得以其「實有三江」卽當必爲此文之三江邪！　古者河東河內河南謂之三河；而今順天府亦有三河縣，潼關西又有三河口。　周世宗取三關，在今高陽雄霸之間；而山西之雁門寧武偏頭，直隸之居庸紫荊倒馬，亦稱三關。　由是言之，卽吳都賦之三江果如庾氏所注，亦不得遂指爲禹貢之三江也。　至於「既入」之文記已然之事耳，不連下爲義也。　雍州章云，「弱水既西，涇屬渭汭，」弱水去涇數千里，其懸隔遼敻豈但如大江震澤而已哉！　其他若「九江既道，」「滎波既豬，」「漆沮既從」者甚衆，皆自爲文義。　而冀州「恆衛既從，大陸既作」之下，乃次以「島夷皮服」。　由是言之，「三江既入」之文與震澤之「厎定』毫不相蒙，不得以下文有震澤遂牽帥三江而屬之松江也。歷觀說三江者，大抵四方之士多主禹貢惟東南吳越之間率主庾注（自朱子蔡氏以後，若明歸氏有光夏氏允彝等皆然）。無他，但據其所見聞而不求之於經傳也。故舜之歷山河濱雷澤，晉人以爲在晉，齊人以爲在齊，浙人則又以爲在浙。余鄉臨古淇水（漢以後呼爲白溝；隋以來稱爲御河）。近世與夫舟子往往以衛呼之（泉水俗呼爲衛河，駕舟者皆由泉水入淇，或遂并淇亦呼爲衛；幕友書吏不能辨也，故文移書啓中皆稱爲衛河；詳見大名縣水道考中），而修縣誌者遂誤以爲禹貢『恆衛既從』之衛，修府誌者遂謂淇水不知所在。此豈非由目驗而得之者而舛誤乃如是！故論地理於今，當驗之以目；論地理於古，仍當斷之以經。若信目而疑經，非余所敢出也。朱子蔡氏以中江北江之文爲誤，詳見夏禹篇導江漢條下。

『荊及衡陽惟荊州：江漢朝宗于海；九江孔殷；沱潛既道；雲土夢作乂。厥土惟塗泥。厥田惟下中。厥賦上下。厥貢羽毛齒革，惟金三品，杶幹栝柏，礪砥砮丹，惟箘簵楛，三邦底貢厥名，包匭菁茅。厥篚玄纁璣組。九江納錫大龜。浮于江沱潛漢，逾于洛至于南河。』（書禹貢。）

【補考】『齊侯以諸侯之師侵蔡，遂伐楚，曰，「爾貢包茅不入，王祭不共，寡人是徵！」』（左傳僖公四年。）

『荊河惟豫州：伊洛瀍澗既入于河；滎波既豬。導菏澤，被孟豬。厥土惟壤，下土墳壚。厥田惟中上。厥賦錯上中。厥貢漆枲絺紵。厥篚纖纊。錫貢磬錯。浮于洛，達于河。』（書禹貢。）

【存參】『滎，今塞爲平地；滎陽民猶謂其處爲滎澤。』（書正義引鄭云。）

『華陽黑水惟梁州：岷嶓既藝；沱潛既道。蔡蒙旅平；和夷底績。

禹貢作

厥土青黎。厥田惟下上。厥賦下中三錯。厥貢璆鐵銀鏤砮磬，熊羆狐狸織皮。西傾因桓是來，浮于潛，逾于沔，入于渭，亂于河。』（書禹貢。）

『黑水西河惟雍州：弱水既西，涇屬渭汭。漆沮既從，灃水攸同。荊岐既旅，終南惇物，至于鳥鼠。原隰底績，至于豬野。三危既宅，三苗丕敍。厥土惟黃壤。厥田惟上上。厥賦中下。厥貢惟球琳琅玕織皮。崑崙析支渠搜西戎卽敍。浮于積石，至于龍門西河，會于渭汭。』（同上。）

『豐水東注，維禹之績。』（詩大雅。）

『信彼南山，維禹甸之。』（詩小雅。）

唐宋學者承僞孔傳之說，皆謂禹別九州之後，舜復改爲十有二州。而稽

予舜治定功成之後

之經傳，夏稱『九牧，』商詠『九圍』『九有，』其數皆不符；則又曲為之解，以為禹即位後復改之為九州。綱目前編因之，遂以堯之八十載為禹治水告成，定九州貢賦之年；八十一載為舜『肇十有二州，封山濬川』之歲；舜之三十三載，禹既攝政，乃復九州。余按禹之治水，大事也，唐虞之政未有大於此者，果在『肇十二州』之前，史臣不應不書；九州既平無事矣，明年肇十有二州，乃忽書曰『濬川，』然則其所濬者何川邪？呂氏知其不合，乃以『水平復濬安不忘危』之言曲為之解。夫既平之濬與未平之濬孰為輕重？何為於其輕者反記之而於其重者反略之乎？聖人立一代之制，未有苟然者：既定為九州矣，舜無故分之為十二，未數十年，禹又合之為九，是苟然而已。合為是，則舜不當分；分為是，則禹不當合：聖人立法不如是之輕易也。且田賦之制，九等之差，竭十數年之經營始成此畫一之法，謂宜萬世由之而不改也；行之甫踰年而即取而易置之以為十二，其紛更孰甚焉！蓋凡論唐虞之事者皆誤以禹之治水為在堯世，是以其說顛倒舛謬而不能合。 今但以經爲據，則禹之平水土自舜卽位後事，舜攝政之初固無有所謂州者，自舜肇設之。 而是時洪水方橫流，疆宇分裂，道路不通，故舜因其地勢之宜分之以爲十二，——故漢書云，『堯遭洪水，懷山襄陵，天下分絕，爲十二州。』 及水患旣平，則向之澤藪或爲平陸，向之險阻或爲坦塗，故舜復倂其三而爲九，——故漢書云『水土旣平，更制九州，列五服，任土作貢。』 唐虞之事，先後之次本自了然分明；但唐人拘於功令，咸遵僞孔傳之說以爲取科第計，而不求之經，不求之史，自宋以後遂相沿爲固然，以致聖人經世之苦心大略盡爲其所掩耳。 至於禹貢之作，尤在最後：不但不在堯世，亦幷非水土初平時書也。 何以言之？ 兗州章云，『作十有三載乃同，』則是九州成賦之後又歷十三年以外乃著此書矣。 雍州章云，『三危旣宅，三苗丕敍，』則是三苗分北之後又數年或十數年乃著此書矣。 況三壤之則，九等之賦，必歷數年而後高下可較；珠玉金貝貢篚之屬亦非巢窟甫離之急務也。 然則此書乃舜治定功成之後所作。故其末章云，『東漸於海，西被於流沙，朔南暨聲教訖於四海。』蓋舜之命禹雖重於平水土，實兼夫宅百揆；故禹於水土既平之日遂相舜以定貢賦布聲教，待夫經制大定治化大行，而後可以告成功也。故今於『九州』『五服』之文悉載之『熙績』『分苗』以後。說並見前肇十二州及舜命禹條下。

『九州攸同，四隩既宅，九山刊旅，九川滌源，九澤既陂，四海會同。』(書禹貢。)

此結上九州平水土及導山導水之文。

『六府孔修，庶土交正，厎慎財賦，咸則三壤成賦中邦。』(書禹貢。)

此結上九州土田賦之文。

『錫土姓，「祗台德先，不距朕行。」』(書禹貢。)

此結上九州貢篚包之文以起下分五服之意。

錫土姓之一例

『洪水芒芒，禹敷下土方。外大國是疆，幅隕既長，有娀方將，帝立子生商。』（詩商頌。）

『誕后稷之穡，有相之道。茀厥豐草，種之黃茂，實方實苞，實種實褎，實發實秀，實堅實好，實穎實栗，卽有邰家室。』（詩大雅。）

按，封商封邰所謂『錫土』也。立子，所謂『錫姓』也。蓋姬姓始於黃帝，故於稷不言賜姓；子姓則始於契，故獨言之也。唐虞錫土姓之事蓋亦多矣，顧經傳缺略，不可詳考；惟此二事因商周而傳。故錄之。一隅可以反三，一斑可以窺全也。

『象至不仁，封之有庳。』（孟子。）『象不得有爲於其國，天子使吏治其國而納其貢稅焉。』（同上。）『不及貢，以政接於有庳。』（同上。）

有庳非鼻亭

封象亦錫土之事，故附錄於此。說者謂今道州鼻亭爲古之有庳國。按孟子謂『欲常常而見之，故源源而來，』道州在九州之極南，北去帝都三四千里，安得源源而來！然則有庳當去帝畿不遠；好事者因鼻與庳同音，故附會之耳。今不取。

『五百里甸服：百里賦納總，二百里納銍，三百里納秸服，四百里粟，五百里米。』（書禹貢。）

備考 『邦畿千里。』（詩商頌。）『天子之地一圻。』（左傳襄公二十五年。）

附論 『天子之地方千里；不千里，不足以待諸侯。』（孟子。）

『五百里侯服：百里采，二百里男邦，三百里諸侯。五百里綏服：三百里揆文教，二百里奮武衛。』（書禹貢。）

五服里數以絕長補短計

備考『越在外服,侯甸男衞邦伯。』(書酒誥。)『小臣屛侯甸,矧咸奔走。』(書君奭。)『周公乃朝用書,命庶殷侯甸男邦伯。』(書召誥。)『侯甸男邦采衞,百工播民和,見士于周。』(書大誥後錯簡。)『庶邦侯甸男衞。』(書康王之誥。)『曹爲伯甸。』(左傳定公四年。)『卑而貢重者甸服也。』(左傳昭公十三年。)『五百里要服:三百里夷,二百里蔡。五百里荒服:三百里蠻,二百里流。』(書禹貢。)

備考『先王居檮杌于四夷,以禦魑魅。』(左傳昭公九年。)

蔡傳云『每服五百里,五服則二千五百里,然堯都冀州,冀之北境幷雲中涿易亦恐無二千五百里。藉使有之,亦皆沙漠不毛之地;而東南財賦所出則反棄於要荒。以地勢考之,殊未可曉。但意古今土地盛衰不同:當舜之時,冀北之地未必荒落如後世耳。』余按，禹貢山川，以今地圖考之具在也。『淮海惟揚州，』『荆及衡陽惟荆州，』東南之地未嘗棄也，恆山碣石而北，別無山川見於經者，沙漠之地未嘗不荒落也。孟子曰，『今滕，絕長補短，將五十里也。』說者亦謂周之王畿，豐鎬八百里，郟鄏六百里，共爲百同以成千里。然則古之所謂千里百里皆絕長補短而計之，非必四面八方截然不可增損於其間也。蓋九州之地約方三千餘里，故孟子云，『海內之地方千里者九，』記云，『四海之內九州，州方千里。』內除甸服千里，故侯服綏服共二千里。然則侯綏二服乃九州以內地，所謂『州十有二師』者也。其外羈縻之國則附於九州而謂之要服。又外則來去不常，聖人聽其自然，不勤於遠，不受其貢，謂之荒服。其遠近略與內地等，故亦以二千里計之。然則要荒二服乃九州以外地，所謂『外薄四海，咸建五長』者也。由是言之，五服之地蓋南有餘而北不足，綜計之爲五千里耳，非拘拘焉必四面皆二千五百里，無少欹斜，無少有餘不足而後可也。 蔡傳又稱周官九畿四方相距萬里，漢地理志東西南北亦彌萬里，禹服狹而周漢地廣，疑荒服之外別爲區畫，如所謂『咸建五長』者。 余按，冀揚有島夷，靑有嵎夷萊夷，徐有淮夷，梁有和夷，夷也者，要服也。 要服僅附見於九州，若荒服則又在外矣。 荒也者，遠也，略也。 荒服已屬區畫之餘，不在九州之內，安得荒服之外復別有區畫，別有所謂『五長』者乎！ 周官一書，本非周公所撰，所載封國之制乃至方數百里。 春秋以後吞併之餘，魯衞陳蔡尙僅二三百里，況建國之初安所得此地而封之乎！ 至漢志所言，乃驛道之遠近，非經界之廣狹，先儒所謂『以人跡屈曲取之』者是也。 大名之距京師，南北不踰八百里，而驛道則千有一百餘里。 至隔大山洪川，所差尤不止此， 若之何據驛道之里數疑經界之定制哉！ 余恐聖人體國經野之制不明白於後世，是用剖析其故如右。

『東漸于海，西被于流沙，朔南暨，聲教訖于四海。 禹錫玄圭，告厥

本錄義例四—禹貢分隸兩錄

成功。』（書禹貢。）

存參　「水土既平，更制九州，列五服，任土作貢。」（漢書地理志。）

此篇史記載之禹本紀中，漢儒因而謂之夏書。余按別九州，弼五服，乃舜體國經野之要，四海會同之實，不容於舜之世略而弗載。且既各爲一篇不相聯屬，是以後人失其先後之次。故今詳加考核，置於堯典命官之後，以見舜經制之大凡。惟導山導水二章事專治水，時在初年，而九州諸章亦足以互見，無庸複舉，故仍列之於禹篇中，以見禹治水之梗概次第。非敢割裂聖經，惟欲時事相從，使後人易考耳。

舜治定功成

『夔曰，「戛擊鳴球，搏拊琴瑟以詠，祖考來格，虞賓在位，羣后德讓。

下管鼗鼓，合止柷敔，笙鏞以間，鳥獸蹌蹌。簫韶九成，鳳凰來儀。」夔曰，「於！予擊石拊石，百獸率舞，庶尹允諧。」』（書益稷。）

韶樂與夔言

子貢曰，『見其禮而知其政，聞其樂而知其德，』傳曰，『先王以作樂崇德，』則舜德化之成莫如韶矣。皋陶謨記皋陶之交贊於帝前，他官皆不與焉，而獨載夔之言二章，蓋非地平天成，上下同流，莫能有此樂也！故以此爲治定功成之驗。

附論　『吳公子札來聘，見舞韶箾者，曰，「德至矣哉！大矣！如天之無不幬也，如地之無不載也。雖甚盛德其蔑以加於此矣！」』（左傳襄公二十九年。）『子在齊聞韶，三月不知肉味，曰，「不圖爲樂之至於斯也！」』（論語述而篇。）『子謂韶，「盡美矣，又盡善也。」』（論語八佾篇。）

辨擬作之舜歌一

尙書大傳載舜時作大唐之歌，其詞曰，『舟張辟雍，鶬鶬相從。八風回回，鳳皇喈喈。』又載舜之歌云，『卿雲爛兮，糺縵縵兮！日月光華，旦復旦兮！』八伯和曰，『明明尙天，爛然星陳。日月光華，宏予一人！』帝乃載歌曰，『日月有常，星辰有行。四時從經，萬姓允誠。於予論樂，配天之靈。遷于聖賢，莫不咸聽。鼚乎鼓之，軒乎儛之。菁華已竭，褰裳去之。』余按此數歌者，淺而無味，泛而不切；惟『鼚乎』以下四句頗有意義，而語意又與上文不倫，蓋錄他人之作而不知其不合者：其爲後人所擬顯然。試取『元首股肱』之歌比而熟玩之，則知其僞矣。而唐虞之時但有十二牧九牧之官，亦無有所謂『八伯』者也。乃近世言詩者竟有錄此詩於唐虞之世者，殊可笑也！

【備覽】『舜作五絃之琴以歌南風。』（樂記。）

辨擬作之舜歌二

俗傳舜南風之歌云，『南風之薰兮，可以解吾民之愠兮！南風之時兮，可以阜吾民之財兮！』余按，賡載之歌詞渾厚而意深遠，此歌則詞露而意淺，聲曼而力弱，不類唐虞時語：蓋後世工於琴者所擬作，正如韓子拘幽操之擬文王，履霜操之擬伯奇耳。傳之旣久而淺識者遂以爲舜自作誤矣 且所謂「歌南風」者，謂其聲之協於南風耳，傳所稱「節八音而行八風」是也；非其詞之爲「南風」也。遂以南風爲歌，亦屬附會。故今不載。又按樂記此文下云，「夔始制樂以賞諸侯。」石梁王氏曰，「夔制樂豈專爲賞諸侯！」其言良是。故今删之。

左傳述董父

備覽 「昔有飂叔安有裔子曰董父，實甚好龍，能求其耆欲以飲食之。龍多歸之。乃擾畜龍以服事帝舜。帝賜之姓曰董，氏曰豢龍，封諸鬷川，鬷夷氏其後也。故帝舜氏世有畜龍。」（左傳昭公二十九年。）

嘗疑此事近於荒誕；後思經言「鳳凰來儀，」「百獸率舞，」聖人之德之感鳥獸如此，則此亦容或有之也。德可以致鳳，何獨不可以致龍乎！ 且但言龍歸之而不言帝賜之，但言畜之而不言醢之，與劉累事亦似有別。故列之備覽而附於『鳳凰來儀』之後。

賡載之歌

『帝庸作歌曰，「勑天之命惟時惟幾。」乃歌曰，「股肱喜哉，元首起哉，百工熙哉！」皐陶拜手稽首颺言曰，「念哉！率作興事，愼乃憲，欽哉！屢省乃成，欽哉！」乃賡載歌曰，「元首明哉，股肱良哉，庶事康哉！」又歌曰，「元首叢脞哉，股肱惰哉，萬事墮哉！」帝拜曰，「兪往欽哉！」』（書益稷。）

按，舜之致治曠古今而獨絕矣，然治定功成之後猶君臣相儆戒如此，宜乎其久而彌盛也。故皐陶謨以此終焉。

舜無禪禹之事

自秦漢以來，世之論者皆謂堯以天下與舜，舜以天下與禹。故世所傳東晉古文尚書大禹謨云，『帝曰，「格汝禹，朕宅帝位三十有三載，耄期倦于勤；汝

舜治定功成

惟不怠總朕師。」正月朔旦，受命于神宗，率百官若帝之初。』 三二 余按，堯以天下與舜，誠有之矣；若舜以天下與禹，以經考之，則殊不然。堯之禪舜也，經書之詳矣。曰，『帝曰，「咨四岳，朕在位七十載，汝能庸命，巽朕位？」』是堯未得舜而久欲以天下與人矣。曰，『師錫帝曰，「有鰥在下，曰虞舜，」帝曰，「我其試哉！」』是堯舉舜之意，卽欲以天下與之矣。曰，『帝曰，「格汝舜：詢事考言，乃言底可績，三載，汝陟帝位，」舜讓于德，弗嗣；正月上日，受終于文祖，』是堯旣試舜，欲與以天下，舜讓不肯受，而堯乃使之攝政也。自舜卽位以後，但記其詢岳，咨牧，命官，考績，而禪禹之事未有一言及之者，則舜未嘗以帝位授禹明矣。以天下授人，千古之大事也。堯之授舜也，言之詳，詞之累；舜果亦以天下授禹，何得終舜之身略之而不記乎！典者，所以記事也；謨者，所以載言也。典猶春秋也，事無大小必書；謨猶訓誥之文也，取其言之足以爲世法而已，其人之事不載之於篇中也。故堯典於二帝四岳九官之事無不書者；皋陶謨則但載皋陶之言而明刑作相之事皆不列焉。舜果嘗授禹以天下，其事當載於典，不當載於謨明矣。今典反不言而謨反有之，然則是僞撰尚書者習於世俗所傳舜禪於禹之言而采摭傳記諸子之文以補之耳，烏足爲據也哉！孟子曰，『帝使其子九男二女，百官牛羊倉廩備，以事舜於畎畝之中，將胥天下而遷之焉，』又曰，『舜受堯之天下，不以爲泰，』而獨於舜禹未有一言及其授受者。孟子曰，『堯以不得舜爲己憂，舜以不得禹皋陶爲己憂，』於舜之得人乃以禹皋陶並稱，則舜禹之事與堯舜之事固不得而同矣。蓋自舜崩之後，天下諸侯皆歸於禹，皋陶稷契皆讓於禹，禹辭之不獲而遂受其朝覲，治其訟獄耳。故禹終身不稱『帝』而稱『王』。何者？二帝之德難以爲繼，禹謙不敢遂陟帝位與堯舜齊；但以天下無主，姑稱王以鎮撫之，所謂『天下歸往謂之王』也。不然，堯以帝位授舜而舜帝，舜亦以帝位授禹而禹何以獨不帝而王也哉！曰，堯既以天下授舜矣，舜何爲不以天下授禹？然則舜之聖將不逮堯乎？且舜既不授禹將授之商均乎？　曰，天下者，天之天下也，非天子之所得而予奪之者也：是以唐虞以前天子未有以天下授人者，各自以其德服之而已，不強身後之天下使之從一人也。　惟堯以洪水未平，生民未安而禮樂亦未興，己不能終其事，故舉舜而授之，使代己治天下。　若舜之世，則洪水固已平矣，生民固已安矣，禮樂固已興矣，初無所待於人之終其事也：身沒之後，聽天下之自歸於有德可也，舜不必挾天之天下而自授之人以示其恩也。　蓋堯之禪舜乃創前古未有之奇，故二帝合爲一書而統名曰堯典。　明乎兩帝之猶一代也，不可以此爲例而謂有一天子必復傳之一天子也。　晉羊祜欲伐吳，未及而卒，薦杜預以自代；預既克吳，不聞薦人以代己也。　何者？　事未畢而自擇代者，臣之忠也；事已畢而聽君之擇所以代者，臣之分也。　必人人自擇夫代者，是臣侵君權也。　夫堯舜之事天亦若是而已矣！　且堯之使舜攝政也，在位七十二載，其年固已老矣，而舜年始三十有二，故堯以身後之事屬之。　若禹之年則與舜相近，舜沒後甫十年而

引李紱語辨僞書人心道心之說

禹沒矣，舜安知己之必先禹而沒，而預以身後之事屬之也哉！　堯之世，大臣賢者莫如四岳，堯固已讓之而辭之矣；共驩之屬則罪人也，其餘無可與舜肩隨者：故舜之受禪無嫌焉。　若禹皐陶稷契夔益之倫則其年與名位略相埒，雖禹之功德尤茂而亦比肩伯仲也：即舜獨拔禹而授之帝位，恐禹此時亦未必遂受也。由是言之，堯之禪舜特也；舜之未嘗禪人常也；自古天子皆然者也。　後人但見商周之繼，而遂以爲自堯以前亦然；但見舜禹之相繼爲天子，而遂以爲堯傳之舜，舜傳之禹。　舜既然矣，禹何以獨不然，由是傳賢傳子之疑紛紛於世。　故必明於舜禹之事，然後禹啓之事可以迎刃而解。　故今不載僞大禹謨之文而爲之辨。　說並詳前後堯啓篇中。

僞尚書大禹謨舜命禹之言云，『人心惟危，道心惟微。』　朱子云，『人莫不有是形，故雖上智不能無人心；亦莫不有是性，故雖下愚不能無道心。　二者雜於方寸之間而不知所以治之，則危者愈危，微者愈微矣。』　余按，人之心一而已矣，若道則安得有心！道也者，日用當行之路也：今以人心為道心已不可，況謂人心之外別有一道心乎！孔子曰，『操則存，舍則亡。』孟子曰，『心之官則思，思則得之，不思則不得也。』謂心有操舍思不思則可，謂有兩心則不可也。聖賢之敎曰『存心，』曰『盡心，』曰『仁人心也，』所存所盡皆此一心而已，未有以人心為不美而於此外別求一心者也。惟莊子佛氏乃以心為己累，而謂去之忘之然後可至於道。然則蔑視人心而別立一道心之名者，乃異端之說而必非聖賢之敎也明矣。余少讀尚書及中庸序時，固已疑其語之不經；今二十餘年，得李巨來紱古文尚書考而後知其語果本於道家也。因錄其文於左：

【李巨來古文尚書考】『古文尚書，凡今文所無者如出一手，蓋漢魏人贋作。朱子亦嘗疑之而卒尊之而不敢廢者，以「人心道心」數語為帝王傳授心法，而宋以來理學諸儒所宗仰之者也。余友萬編修云，「即此數言，可證其贋。『危,微』二語出於荀子而荀子又得之於道經,非尚書語也。梅鷟嘗言之矣」余覆攷之,蓋荀子解蔽篇言「舜之治天下也不以事詔而萬物成;處一之危,其榮滿側;養一之微,榮矣而未知。故道經曰,『人心之危道心之微。』危微之幾,惟明君子而後能知之。」荀子之論危微者如此,而引道經以爲證,則尚書必無「人心惟危道心惟微」之語。何也?荀子爲李斯之師,其所著書在詩書未燔之前。荀子凡引詩書並稱「詩云」「書云」,而此獨稱「道經曰,」則秦火之前荀子所見之尚書無危微語也。楊倞勉强遷就,註云,「今虞書有此語而云道經者,蓋有道之經。」不知漢以前從未嘗稱易詩書春秋爲經;論語孟子所引亦無經字。且孔孟爲儒家而黃老爲道家,自戰國至漢無異辭。道家之書則曰經,如老子道德經,莊子南華經,列子冲虛經,關尹子文始經,皆是。道經之非尚書也明矣。

按晉王坦之作廢莊論,亦引『道心惟微人心惟危』二語,而不言其本於虞書；且與莊子『吹萬不同，孰知正是』二語連舉，則此語之出於諸子明甚。蓋道家者流小仁義而外形骸，故分心以爲二；荀子以性爲惡，采之亦不足怪。若舜則必無此言明矣。　朱子宗孔孟之道，闢異端之說，而乃以道家之言爲聖人傳心之要旨，無怪乎明季講學者之盡入於禪也！　故今不載。

引崔邁語辨僞書伐苗之說

僞尚書大禹謨，禹既攝政之後，舜命禹伐有苗三旬，苗民不服，禹乃班師，舞干羽於兩階七旬而有苗格。　余按堯典曰，『竄三苗於三危，』是舜未卽位前三苗固已服罪而遷之矣。　卽位以後，雖禹有『頑弗卽工』之語，史有『分北』之文，然亦止於舊俗未改，是以分而遷之，使之漸漬王化，正如多方多士之於殷遺民然，非尚據險自恣也。　果據險自恣，舜安能分北之乎！　至其後『三危既宅，三苗丕敍，』則固已革心而從化矣。　及舜末年，尚安得有負固不服之三苗哉！　聖人舉事未有苟然者，況征伐尤天下之大事乎！　使苗而可以德感也，舜必不輕命禹征之；使苗而當伐也，則當遂平之。　周公東征至於三年之久，伐苗僅三旬耳，師未老，財未匱，何以遽班師也？ 且舜之敷文德六十餘年矣，卽干羽之舞亦非始於此時，然卒不能感苗；七旬之間，有苗何以遽格？ 苗之去帝都遠矣，七旬之內，何以遽知其有干羽之舞乎？ 孔子曰，『無爲而治者，其舜也與！』子謂『韶，盡美矣，又盡善也。』 蓋舜自中年以後，治定功成，萬邦寧謐，道德一而風俗同，是以恭己南面而樂極其盛；若待末年使禹攝政時而苗尙未服，豈得謂之『無爲』『盡善』也哉！ 僞書此文，乃采之韓詩外傳而增飾之者。 外傳云，『當舜之時，有苗不服；禹請伐之，而舜不許，曰「吾喩敎猶未竭也。」久喩敎而有苗請服。 天下聞之，皆薄禹之義而美舜之德。』 此本亦揣度之詞，非當時事實，然但云『舜時有苗不服，』未嘗以爲舜末年禹攝政之後也；但云『禹請伐之而舜不許，』未嘗以爲輕舉大衆無功而遽班師也；但云『久喩敎而有苗請服，』未嘗以爲干羽之舞所化，七旬之內所格也。 是其事尙近於情理。 自僞書增飾之而遂爲天下必無之事，豈不謬哉！ 傳曰，『誓誥不及二帝，』又曰，『夏人作誓而民始叛，』是舜之時尙未有誓明矣。湯誓之文古於牧誓，甘誓又古於湯誓；此文又在甘誓前，乃反卑靡蕪弱出秦費二誓之下，然則其爲秦漢以後文人之所擬作無疑也。余弟邁訥菴筆談中亦嘗辨之，今載於左：

【訥菴筆談一則】『戰國策云，「舜伐三苗，」又云，「禹伐三苗，」而作大禹謨者遂撰一禹承舜命往伐三苗之事。其數三苗之罪，如「君子在野，小人在位，民棄不保，天降之咎，」等語，皆想像郛廓通套語，與「苗頑弗卽工」及呂刑所言皆不類。至於「敷文德」「舞干羽」而「有苗格，」蓋倣文王伐崇因壘而降之事；而此獨覺迂闊可笑。堯典云，「竄三苗於三危，」呂刑云，「遏絕苗民，無世在下，」則三苗非干羽可感格，而刑竄有不能已者也。』

余謂左傳子魚之言固過其實，而伐崇之事究與此不類。崇，敵國也，雖不能服之而不得不伐之，雖伐之而原不期於一舉而卽滅之；豈得以之例舜也哉！

兕云『復伐，』則亦非不用師而自格也。故今不載征苗之事。說並見前分北條及周文王篇伐崇條下。

舜自舉迄崩之年

『舜生三十徵庸，三十在位；五十載陟，方乃死。』（書堯典。）

史記稱舜三十而舉，五十而攝，五十八而堯崩，六十一而踐位，踐位三十九年而崩。僞孔傳言舜三十徵庸，三十在位，服喪三年，爲天子五十年，壽百一十二歲。蔡傳言舜三十召用，歷試三年，居攝二十八年，通三十年乃即帝位，又五十年而崩。余按經云，『五十載陟，』孟子云，『舜相堯二十有八載，』則史記之誤不待言矣。二傳之說皆爲近理；但僞傳增服喪之三年，與經文似微異；蔡傳無服喪之三年，於事理亦頗乖。竊疑古文皆約言其梗概，故於舜事以十計之，未必無奇零也。且古所謂『三載，』皆兼首尾兩年數之；然則歷試，攝政，服喪，實止三十一年。如此則舜當於六十一歲踐位，百一十歲而崩，於經文事理皆可通矣。但年世久遠，載籍缺亡，不知其果然否。姑附識之於此。要非大義所關，亦不必深究也。

『舜生於諸馮，遷於負夏，卒於鳴條。』（孟子。）

引韓愈文辨舜崩蒼梧之說

戴記檀弓篇云，『舜葬於蒼梧之野，蓋三妃未之從也。』 史記云，『舜南巡狩，崩於蒼梧之野，葬於江南九疑，是爲零陵。』 僞孔傳云，『「方，」道也；升道南方巡狩，死於蒼梧之野而葬焉。』 唐韓子黃陵廟碑，宋司馬君實史剡皆嘗駁之。 史剡之說未安；今載韓子之說於左：

【韓子黃陵廟碑】（節錄）『竹書紀年帝王之沒皆曰「陟。」 陟，升也，謂升天也。 書曰「殷禮陟配天。」 故書紀舜之沒云「陟。」 其下言「方乃死」者，所以釋陟爲死也。 地之勢東南下；如言舜巡狩而死，宜言「下方，」不得言「陟方」也。』

余按：堯典之記巡狩皆至四岳而止。 蒼梧，百越之地，在九州之外，乃古荒服，舜不當遠涉於此。 孟子之說近是。 戴記之文本多駁雜，而史記則又采諸戴記，僞傳則又因戴記史記之文而曲爲附會者，皆不足信；韓子之辨是也；故今但載孟子之文，餘悉不錄。

附錄 「舜有商均。』（楚語。）

備考 「少康逃奔有虞，爲之庖正，以除其害。虞思於是妻之以二姚而邑諸綸。』（左傳哀公元年。）『鄭子產獻捷于晉，曰，「昔虞閼父爲周陶正，以服事我先王；我先王賴其利器用也，與其神明之後也，庸以元女大姬配胡公而封諸陳，以備三恪。」』（左傳襄公二十五年。）

存參 『遂世守之，及胡公不淫，故周賜之姓，使祀虞帝。』（左傳昭公八年。）『箕伯直柄虞遂伯戲其相胡公大姬已在齊矣。』（左傳昭公三年。）

堯舜孔子不可軒輊

附論　『子曰，「大哉堯之爲君也！巍巍乎唯天爲大，唯堯則之；蕩蕩乎民無能名焉！」』（論語泰伯篇。）『孟子曰：「堯舜，性之也。」』『孟子曰「由堯舜至於湯，五百有餘歲，若禹皋陶則見而知之，若湯則聞而知之。」』（並孟子。）

宰我曰，『以予觀於夫子，賢於堯舜遠矣！』程子曰，『語聖則不異，事功則有異。夫子賢於堯舜，語事功也。』後世學者尙論古聖，往往以宰我之言爲實然。余按世道民生所賴，莫不始於堯舜：安居樂業，堯舜之奠之也；禮樂敎化，堯舜之開之也；天地萬物之宜，堯舜之平成經理之也；禹之繼治，繼堯舜也；湯武之撥亂反正，反之乎堯舜也；孔子之述而不作，述堯舜之道也。堯舜何遽不如孔子哉！堯舜爲天子，權可以施之，則創制顯庸以垂萬世；孔子爲布衣，權不足以施之，則修明六經以垂萬世。其功之殊者，其遇之殊也。堯舜，孔子，易地則皆然。非孔子則堯舜無以傳於後；非堯舜則孔子亦無所述於前。故謂禹湯文武周公之不逮孔子，或然；謂堯舜之不逮孔子，則吾未有以見其必然也。孔子曰『巍巍乎唯天爲大唯堯則之蕩蕩乎民無能名焉！』曰，『無爲而治者，其舜也與』！聞韶曰，『不圖爲樂之至於斯也！』其稱堯舜至矣；雖甚盛德，其蔑以加於此矣！ 此或聖人謙衷過於推崇前聖。 若顏淵子貢輩其稱孔子可謂極矣，然『彌高，彌堅』之喻何殊『巍巍，蕩蕩』之稱，『立，道，綏，動』之功何異『無爲而治』之效，『猶天之不可階』即所謂『惟天爲大，惟堯則之』也。顏淵子貢之尊孔子，亦不過如堯舜而已。 惟孟子書中載宰我語以爲『賢於堯舜』，而子貢有若之言亦似有所軒輊者：皆與論語所言不類。 竊疑其皆七十子之徒所追述而甚其詞者：其意但欲致崇於此而遂不暇復顧於彼，猶論舜者亟於稱舜而遂無地以處堯耳，豈必皆的論哉！ 孟子論聖人，於夷惠伊尹皆言其不若孔子；而敍道統，於堯舜孔子無軒輊焉：固未可以宰我一言爲定論也。程子之言雖未免於迴護宰我，要其意尙近於持平；若之何後人置其不異者而但取其異者軒輊之也！　蓋戰國之俗好爲大言，楊墨之徒莫不自尊其師，非堯舜，薄湯武，而遠稱黃農以駕乎其上；儒者較爲醇謹，不敢放言高論，然亦不免染於風氣，故欲尊孔子而遂不免於卑堯舜。　漢晉以降，異端横行，其說益誕，其言益無所忌，又以堯舜爲不足卑而卑天地；故奉佛敎者謂未有天地以前已先有佛，奉天主敎者謂天地皆天主之所造，而生於後世者特佛與天主之化身。　嗟夫，嗟夫，吾不意世俗之誕妄乃至於如是也！　夫宇宙之間莫大於天地，自有天地以來，其德之崇，功之廣，莫過於堯舜。　孔子以堯舜之道敎天下後世，是以其聖與堯舜齊。　堯舜猶太祖也，孔子猶太宗也；尊堯舜者必尊孔子，禮所謂『尊祖故敬宗』者是也。　若謂孔子別有一道加於堯舜之上，則楊墨佛氏天主之敎皆自謂別有一道，不但藐堯舜，抑且藐天地，亦何以見道統之正而服異端之心乎！　故今於唐虞錄通考聖賢先後所論而權衡之，而洙泗錄中宰我子貢有若推崇之語仍載之，孟子言中不使與論語門人之言相混，庶學者可以察其故云。

說並見總目唐虞，洙泗錄序中。

唐虞考信錄卷之四終

THE ORIENTAL BOOK COMPANY
上海亞東圖書館

崔東壁遺書

（清）崔述撰　顧頡剛編訂

第三册

國家圖書館出版社

第三册目録

崔東壁遺書

顧頡剛編訂

錢玄同題

本書

夏考信錄　商考信錄

三代考信錄王序

大名崔東壁奧學達識，閔古帝王聖賢之事爲羣言所淆亂，著書正之，曰考信錄。其上古唐虞二錄，門人石屏陳介存刻於南昌。東壁歿後，介存遊宦山西，復刻夏考信錄二卷，商考信錄二卷，豐鎬考信錄八卷。於是上古逮西周之事皆備。

唐虞已上載籍罕徵。六經既定，三代之治亂興亡已昭如日星矣。戰國之際，異端蠭起，尙清靜者賤功業，用法術者棄禮義，道既不同，幷於其事多所造設詆誣以伸己意。孟子雖奮雷霆之舌，振聾啓聵，而其說之已行於世者猶浸淫漸染而不能絕。紀三代莫詳於尙書，孔子手定之百篇所存惟二十有八，而晚出之經傳二十四篇，文人託爲聖言，後世臆度往古，雖非有心違背經義，已不啻爲異端推波助瀾，而三代之昭如日星者復晦於作僞矜奇不善讀書之士。

夫事之至大莫如帝王之統。帝王者，平天下之天子也。書始唐虞，爲天下之平自唐虞始；而天下之常有一人相繼爲天子亦始於唐虞，其前無之也。由禪受而爲征誅，由異姓嬗代而爲一姓相傳，其事以漸而然，非洪荒甫闢而卽能如是也。生乎秦漢以後，習見其革命繼體之故，而謂三代亦然，因以附會經文，是何異執楷隸以衡籀篆，執唐律以衡三百篇之詩乎！三代之統：禹紹舜爲天子；啓賢能承繼之；中經羿浞之難，少康嗣夏配天，不失舊物，歷傳十有二君，——一姓之世爲天子，實時勢之適然；——洎乎商周，遂相習爲固然。湯武之伐暴救民，猶夫唐虞之平天下也，不征誅則天下不能平；一姓相傳，猶夏啓以後之天子也，不相傳則天下不能常有天子。故湯武之有天下與舜禹之有天下，跡異而義同。東壁之言曰，『三代之家天下，其端萌於啓，其事遂於少康杼，而其局定於商之賢聖六七君。』嗚呼，可謂得其要領矣！

上古唐虞諸錄，予集說緯一書，於古義有不能通者，往往藉以開悟。今三代之錄，體例與諸錄同，一以經文爲主，而諸家之說附焉；其悖謬不經者，削而明辨之，使人曠若發朦。

名曰考信，誠哉其可考信也夫！

嘉慶二十有二年十月望日，浪穹王崧（舊名藩）

三代考信錄陳序

嗚呼，此吾師東壁先生遺書也！ 履和不見先生二十五年矣。 丙子夏，省吾師於彰德，未至而先生卒。 家人聞叩門曰，『是石屏陳孝廉乎？』 手全書及遺囑哭授余遺囑曰，『吾生平著書三十四種，八十八卷，俟滇南陳履和來親授之。』 手澤心精不忍注視。 謹再拜柩前奉以如京將次第刻焉以永其傳。 是冬，出宰山西太谷縣。 越三月，謀授梓時丁丑仲春也。 先是履和侍先君子於江西，刻上古考信錄二卷，唐虞考信錄四卷，正朔經界禘祀通考各一卷，洙泗考信錄六卷。 此數書者雖復經先生更定，而大段由舊，其板尚存，故今日之刻自夏商豐鎬考信錄始。 竊謂考信錄三十二卷，雜著十六卷，文集十六卷，皆不可以不刻；五行辨天問二篇題為大怪，實『大好』也，亦宜刻；餘且從存篋之命。 一二年間蒇此役，以盡吾二十五年事師之職，以慰吾師四十餘年著書之心於願足矣！　履和不肖，罪重孽深，昊天降割，七月中遽聞先母大故；時豐鎬錄僅及七卷。　治喪後，勉將第八卷刻成，而以先生全集總目及考信錄總序冠於前，總跋附於後，俾觀者知著作之大概。　其餘皆不復措手。

嗚呼，人生大節在三：履和居官無狀，不能爲聖天子牧養百姓，在家授徒，無一雞一豚以養吾親，捧檄作令，無一升一斗以奉吾親：其戾大矣！　鄉舉以來，奔走垂三十年，所得惟一師耳。　自乾隆壬子歲事先生於京邸；數月遂別，不可合并。　先生既遷居彰德，而滇人如京師必取道鄴中；去年之來，以爲必見先生無疑也，而竟如此！　且先生不幸無子，卒以其書傳之弟子；弟子猶子也，而履和忽忽去官，不克竟刻書之志。　今而後精力之盛衰不可知，他日之出處亦未可必：先生全書其竟無傳耶？其將傳之吾朋友子弟耶？其竟終傳之履和之身耶？抑不必吾身吾朋友子弟，而天下好古之士將有愛慕而共傳之者耶？　雖然，讀已刻諸錄亦可以見先生之學博而約，大而精矣。衰絰中不敢爲文，謹叙刻書始末以紓吾哀。　至於先生所以著書之由，則自序盡之，門下士更不能贊一辭也！

十月十一日，受業門人石屏陳履和書。

樂山撰。

夏考信錄自序

夏考信錄者何？纘治也。堯崩，天下歸于舜；舜崩，天下歸于禹。唐虞之政千古未有能及之者，況『宅百揆』而『熙帝載』，皆禹所同更定，而啓又賢，能承繼禹之道，然則夏於唐虞之政，其必因之而不改者，理勢之自然也。但太康以後不能無廢墜耳。故考夏政者不必別求夏政，唐虞之政卽夏政也，禹之纘治然也。

太康以後何爲以中衰別之也？羿浞迭興，權力雄於天下，諸侯從之者多；仲康微弱，后相失國，夏政不行於天下也。

皐陶何以附於禹之後也？其功德大也。孟子曰，『若禹皐陶則見而知之，』又曰，『舜以不得禹皐陶爲己憂，』皆以禹皐陶並擧，故特表之也。

夏考信録目

夏考信錄卷之一

禹上

鯀非顓頊之子

「鯀陻洪水，汨陳其五行；帝乃震怒，不畀洪範九疇，彝倫攸斁。鯀則殛死，禹乃嗣興。」（書洪範。）

大戴記帝繫篇云：「黃帝產昌意；昌意產高陽，是爲帝顓頊；顓頊產鯀；鯀產文命，是爲禹。」史記夏本紀因之。余按上古天子本不相繼，而帝顓頊至堯其世蓋遠。自史記及帝王世紀始皆謂其相繼；然云帝嚳在位七十五年，帝摯在位九年，則顓頊之崩下至堯之七十二載舜受終時亦當百有五十七歲；而鯀之用乃在堯世，鯀之殛乃在堯七十二載以後，鯀安得爲顓頊之子也哉！唯漢志謂顓頊五世而生鯀，於事理較近；然傳記無所見，而舜禹不同姓，（舜，姚姓；

大戴記稱禹德之膚闊

禹，姒姓，）恐亦出於臆度，未敢據以爲實然也。由是言之，禹斷非顓頊之孫，而亦未必果顓頊之裔。與其誤信之而誣聖人之祖，何如姑闕之而不失君子之正乎！故今不錄。說並詳前黃帝堯舜篇中。

『鯀殛而禹興』（左傳襄公二十一年。）

大戴記稱禹云，『敏給克濟（史記作『勤』），其德不回（史記作『違』）；其仁可親，其言可信；聲爲律，身爲度，稱以上士（史記作『稱以出』）；亹亹穆穆，爲綱爲紀。』余按此皆後人贊禹之詞，然文皆淺近膚闊，不足以稱禹之德；且自古聖賢之所同，亦不得獨以稱禹也。故不采。又考大戴記所稱五帝及禹之德，其文皆略與史記同；然史記所無者皆其所不必增，所有者皆不如史記文義之明潔。疑古本大戴此篇已亡，而後人采史記之文以補之者。附識於此，俟好學深思者決之。說並詳前唐虞堯舜篇中。

『禹稷躬稼。』（論語憲問篇。）

躬稼非敎稼

論語集注云，『禹平水土，暨稷播種，身親稼穡之事。』近世說者遂以后稷之『敎民稼穡』爲『躬稼，』且云『禹未躬稼而言躬稼者，水土既平，稼穡乃可敎也。』余按，南宮适之意，以爲羿奡才力絕人，若可以無患，而反不得其死；禹稷身居畎畝，若不能自奮，而反受天明命：以見天之所眷者在德耳。故孔子曰，『尙德哉若人！』語意甚明，無可疑者。若以『躬稼』爲治水明農之事，則此乃濟世之大功，固宜有天下；不但本句文義齟齬，而與上句語意亦不倫。禹稷因躬稼故當有天下，豈羿奡因有材力卽當不得其死乎！『躬』者，身也。身自耕稼，乃可謂之躬稼；敎民爲之，非躬稼也。許行爲並耕之說，孟子闢之，引稷之敎民稼穡而以爲不暇耕，然則敎稼不得謂之躬稼明甚；況禹未嘗敎稼者乎！蓋禹自鯀殛後，亦卽降同庶人，親歷畎畝，而詩稱稷匍匐以藝荏菽，則亦生長於田間者，故南宮适云然：不得以治水明農之事當之也。

『天乃錫禹洪範九疇，彝倫攸敘。』（書洪範。）

逾河言山脈非言禹迹

「導岍及岐，至于荆山，逾于河；壺口雷首，至于太岳；厎柱析城，至于王屋；大行恆山，至于碣石，入于海。西傾朱圉鳥鼠，至于大華；熊耳外方桐柏，至于陪尾。」（書禹貢。）

蔡傳云：「『逾』者，禹自荆山而過於河也。孔氏以爲荆山之脈逾河而爲壺口雷首者，非是。禹之治水，隨山刋木，其所表識諸山之名，必其高大可以辨疆域，廣博可以奠民居，故謹而書之，以見其施功之次第；初非有意推其脈絡之所自來，若今之葬法所言也。」余按導水諸章文云「至于合黎」「至于三危」者，水至之也；云「過三澨」「過九江」者，水過之也；乃至云「迤」云「會」云「溢」云「入」者，皆水也，非禹也。何獨導山諸章則「至」爲禹至之，「過」爲禹過之，「逾」爲禹逾之哉！文同說異，何以別焉？且禹八年於外，所至所過之地多矣，其來而復往，往而復來者，蓋不可以悉數，何以獨記此數章乎？禹之導山，固非若今術士爲葬法計，然豈容不問其脈絡首尾！況山之脈絡正與治水相表裏：欲使水之軌道，必先取地高下左右俯仰之形而詳辨之，然後能知某水當左，某水當右，某水於某處可出，某水與某水可合；而凡地之高下，左右俯仰，皆視山之起伏分合屈折：山脈安可以不問也！故同一不龜手之藥也，宋人用之以洴澼絖，吳王用之以與越戰。此自用之者有大小耳，不可謂洴澼洸用之，行師者遂必棄之也；不可謂葬法用之，治水者遂必不貲之也。今術士皆據五行以推人禍福，亦遂謂聖人不言五行乎！聖人但不以五行推人禍福耳，未嘗不修五行以利民用也。且術士何足以知山脈；術士之談山脈，正如其談五行，非沿訛踵謬則穿鑿附會耳。知山脈者，莫聖人若也，奈何反屬之術士哉！蔡傳又云，『河北諸山皆自代北乘高而來，其脊以西之水西流以入西河；以東之水東流以入于海。一支爲壺口太岳；一支南出爲析城王屋，西折爲雷首；一支爲大行；一支爲恆山：其間各隔沁潞諸川，不相連屬。豈自岍岐跨河而爲是諸山哉！』余按此說特因堪輿家言有所謂『兩山間必有水，兩水間必有山』者，故疑隔水則山遂不相連屬耳。不知此二語特言其大概，非以爲盡然也。凡水固有循山而流者，亦有穿山而出者。大行自天井關東行北轉歷邢相抵易定環燕京而東南以至于海二千餘里絕無斷處，而漳沁滹沱桑乾（卽今永定）皆自山西踰山而東，安見隔水遂不相連屬乎！余嘗自洛入秦，循河而西，見河南之山皆如趨如赴，與河北諸山遙相連接；若河南地平，則河北亦平。然則冀南之山顯然自雍豫來，僞傳之說是也。且太原東卽大行，山勢北向不南行；其西山則在汾水（卽蔡傳所謂『西流入西河』者），西與河西山相連屬，其中坦然平地，竟無處可指爲脊者。河北諸山何由自代北來，特堪輿家猜度而爲之說耳。吾故曰，術士不足以知山脈，知山脈者聖人也。由是言之，經之『逾于河』當屬山，不當屬禹，明矣。

『導嶓冢，至于荆山；內方，至于大別。岷山之陽，至于衡山；過九江，至于敷淺原。』（同上。）

山分四重

導山凡兩章，其山分四重，由近而遠，由北而南。河渭以北爲第一重：岍岐至太岳爲西幹，厎柱至碣石爲東幹；『壺口』二句與冀之『壺口』『太原』四句相表裏，『厎柱』四句與冀之『覃懷』『恆衞』四句相表裏。河渭以南爲第二重：西傾以下爲西幹，熊耳以下爲東幹。淮漢以南爲第三重：嶓冢爲西幹，內方爲東幹。江南爲第四重：惟岷山一幹耳。近者文詳，遠者文略，故岍岐以下所記凡十二山，西傾以下八，嶓冢以下四，岷山以下幷敷淺原乃三耳。猶導水之獨詳於河，九州之獨詳於冀也。

此以上幷記禹導山之事。

山海經爲漢人作

世傳山海經爲禹與益所撰。余按：書中所載，其事荒唐無稽，其文淺弱不振，蓋蒐輯諸子小說之言以成書者。其尤顯然可見者，長沙零陵桂陽諸暨等郡縣名皆秦漢以後始有之，其爲漢人所撰明甚。甚矣，學者之好奇而不察眞僞也！故悉不采。

『導弱水，至于合黎，餘波入于流沙。』

『導黑水，至于三危，入于南海。』

『導河積石，至于龍門；南至于華陰；東至于底柱；又東至于孟津；東過洛汭，至于大伾；北過洚水，至于大陸；又北播爲九河，同爲逆河，入于海。』（同上。）

存參　『禹以爲河所從來者高，水湍悍，難以行平地，數爲敗，乃釃二渠以引其河，北載之高地，過洚水，至于大陸，播爲九河，同爲迎河，入于勃海。』（漢書溝洫志。）

按禹釃二渠之文不見於經；鄭漁仲謂『自秦時河決，始有二流』者，說近是。然所謂『水湍悍難行平地，乃北載之高地』者，則殊得其事實。故列之於存參。

大陸在北泊之北

顏師古云，『洚水在信都；大陸在鉅鹿。』蓋鉅鹿有廣阿澤，孫炎以爲大陸，故師古云然。然廣阿澤即今北泊，信都即今冀州；冀州在鉅鹿北，正承泊水下流，則是河過洚水反在大陸之下，於經文爲倒置，師古之說非也。蔡傳於洚水亦云，『今信都縣枯洚渠也，』於大陸則云，『信洚之北，四無山阜，曠然平地，』是矣。然謂『隋改昭慶爲大陸縣，唐割鹿城置陸澤縣，以邢趙深三州爲大陸者得之，』不知昭慶（即今隆平）鹿城（即今束鹿）雖與鉅鹿分隸三州，而實同臨廣阿一澤，故地理今釋云『廣阿澤跨今直隸保定府束鹿縣，順德府鉅鹿縣，正定府隆平縣，寧晉縣（二縣今並分隸趙州）．深州（今直隸兩司）．』則是其地仍即孫炎所指，未嘗在信洚北，蔡氏之說亦非也。蓋其誤在洚水。河之所受數十百川，然所紀者獨洛與洚，而濟沁淇漳滹沱桑乾不與焉，則洚必非小水明矣。今西山洺滏沙淩諸水皆入于泊，漳之故道亦穿泊行，自泊以外更無餘水可指以爲洚者。由此言之，則洚水非枯洚，乃泊水也。孟子曰，『洚水者，洪

九河逆河非西山諸水

水也。』洚之得名，蓋取茫無津涯之義。今泊水浩渺環數百里，正與洚之名義相符，而『高平曰陸』，亦未聞有以之名澤者。由此言之，則泊水乃洚水，非大陸也。洚水既在泊，則大陸必在泊北；以其相近也，故後人因以其名名之，猶今人之呼爲寧晉泊，非謂泊之遂爲寧晉也。蓋河自大伾而北，距西山僅百里，漸北漸斜而東，距山漸遠，而又有南北二泊直其地，皆不可謂之『大陸』；過泊而北，然後平原迤邐亘數百里。然則大陸當在二泊以北，兩淀以南，以其西山東河，南泊北淀而中地廣且平，故云大陸；不得如顏蔡之說也。

錢氏（名字未審）云，『班固以滹沱爲徒駭，蓋禹時黃河北流，西山諸水皆東注入河，滹沱其一也。九河，卽恆山以東諸水。逆河，卽易水與河合流而東，故曰「同爲逆河。」』余按，章首旣云『導河，』則『至』也者河至之也，『過』也者河過之也，『爲』也者亦河爲之也。『播』也者，布也；布也者，分之義也。由合而分則曰『播爲九河；』由分而合則曰『同爲逆河。』若別有九河逆河，則當曰『過九河』『過逆河』，不當曰『播爲九河』『同爲逆河』矣。漳汾渭洛諸水皆入于河，亦可曰河播爲漳汾渭洛，同爲漳汾渭洛乎！逆河云者，蓋因海潮西來，河水東去，兩水相迎而名，故漢志謂之『迎河』。今天津三岔口以下水正如是，不得以易水當之也。至於漢志以滹沱爲徒駭，言之不詳；然竊揆其意，似以滹沱所流即徒駭之故道，非以徒駭滹沱爲一水也。蓋九河，徒駭最北，而滹沱在河西，必由徒駭入河明甚；其後九河上游雖沙，而滹沱之流不能改，必仍由徒駭入河以達海，故謂漢之滹沱即古徒駭之故道耳。猶曹操遏淇水以入白溝，而水經云，『淇水東過內黃縣南，爲白溝』，非謂內黃以上之淇皆古之白溝也。遂以滹沱爲古徒駭，誤矣！況幷其南之八河而悉以爲西山之水乎！且西山諸水皆不出冀州境，禹何得反記之於兗州邪！此說至爲可笑，然學問之士亦有信之者，故略摘其謬如右云。

禹下

『嶓冢導漾，東流爲漢；又東爲滄浪之水；過三澨，至于大別；南入于江；東匯澤爲彭蠡；東爲北江，入于海。岷山導江，東別爲沱；又東至于澧；過九江，至于東陵；東迆北會于匯；東爲中江，入于海。』（書禹貢。）

存參　『彭澤縣：禹貢彭蠡澤在西。』（漢書地理志。）

彭蠡非鄱陽

此文『彭蠡，』說者以爲鄱陽。朱子謂番陽在江南，非漢水所匯（文與蔡傳略同，故不備載），乃從鄭氏漁仲之說，以『東滙澤爲彭蠡，東爲北江，入于海』十三字爲衍文。後又以衍文爲未安，遂斷以爲禹貢之誤。蔡氏作傳，復申其說，略云『番陽在江之南，去漢水入江之處已七百餘里，所蓄之水則合饒信徽撫等州（今江西諸府及江南之徽州府）之流，非自漢入而爲匯者；又其入江之處，石山峙立，水道狹甚，不應漢水入江之後七百餘里乃橫截而南入于番陽，又橫截而北流爲北江。且旣在大江南，於經宜曰南匯，不應曰「東匯」；宜曰南會于匯，不應曰「北會于匯」；宜曰北爲北江，不應曰「東爲北江」。以今地望參校，絕爲反戾。意當時龍門九河等處，禹親歷而身督之；若江淮則地偏水急不待疏鑿固已通行，或分遣官屬往視亦可。況洞庭彭蠡之間，乃三苗所居彼方負其險阻，頑不卽工，官屬之往者亦未必遽敢深入。是以但知彭蠡之爲澤而不知其非漢水所匯也。以此致誤，謂之爲「滙」，謂之「北江」，無足怪者。』余按番陽非漢所匯明甚，前人委曲遷就，殊無別白；朱子乃親察山川之形勢以證其誤，而蔡氏之辨復指畫詳明如是，可謂精核也已。顧吾獨異朱子與蔡氏旣知其誤，乃不疑以番陽爲彭蠡者之誤，而反以經爲誤，爲大不可解也！導漢文云，『東匯澤爲彭蠡』，故導江承之曰『北會于匯』；若無『東滙』之文，則所謂『北會于匯』者何滙也？導漢文云，『東爲北江』，故導江承之曰『東爲中江』；若無『北江』之文，則謂之『中江』者何因也？漢江濟淮皆入于海，故文次于導河；渭洛皆入于河，故又次于濟淮；若導漢之文至入江而止，則當次于渭洛之後，不當反在導江之前也。且文之衍必與上下之文乖剌；而此十三言者承上開下，文相屬，意相貫，烏得謂之衍乎！ 禹貢所記，治河爲多，其次卽莫若江漢，而淮濟皆略焉；於梁言岷嶓之藝，於荊言江漢之朝宗，於揚言彭蠡之豬，三江之入，詳矣，卽沱潛雲夢亦江漢之水耳：三州之文言江漢者大半焉，則禹之致力於江漢者不少矣，烏得謂之『不待疏鑿固已通行』乎！孟子曰，『禹八年於外，三過其門而不入，』禹之治水勞且久如是，必無以江漢大川而不親往，但遣官屬之理；若禹八年之胼手胝足止爲一河而餘皆不暇往，亦淺之乎視禹矣！ 禹治水時，三苗竄已久矣；『頑弗卽工』者未革其舊俗耳，非負固不服也。（禹無征苗之事，說見唐虞治定篇中。） 果負固不服，舜安能『分北』之？ 竄之則從，分之則從，獨治水之天使不敢一涉其境，豈理也哉！ 且以禹之聖，所辟官屬必賢，果未親歷其地，必不強不知以爲知；度禹亦必不至受人之欺而妄載之策也。由是言之，經固非衍而亦不容有誤，其所以不合者乃以番陽爲彭蠡者誤也。蓋漢之滙而爲彭蠡，猶濟之溢而爲滎也。春秋傳云，「潘黨逐魏錡，及滎澤，見六麋，射一麋以顧獻；」鄭氏云，「滎，今塞爲平地，其民猶以滎澤呼之。」是滎在春秋時已通車馬，至兩漢時遂爲田疇矣。蓋此二地本卑，又適近漢濟入江河之處，是以豬此二澤；日久沙高，遂成平陸。彭蠡與滎一耳，何獨異焉！梁山泊在宋時迴環號八百里，今僅數百年已坦然平地，況數千年以前之藪澤乎！由是言之，經之彭蠡自別一地，自在江北，爲漢水之所滙，而今亡耳，非番陽也。惟其在江北也，故導漢曰「東滙，」不曰南滙，導江曰「北會于滙，」不曰南會于滙。惟其在江北也，故不待橫截而南而已滙爲彭蠡，不待橫截而北而已流爲北江。禹貢所云無一語之不符，無一字之可疑矣！豈惟禹貢爲然，漢書地理志豫章郡（即今江西全省）彭澤縣下注云，「禹貢彭蠡澤在西。」番陽在彭澤南而云「在西，」則彭蠡自別一地，非番陽明矣。又云，

『水入湖漢者八，入大江者一，』不以彭蠡稱番陽，而稱為湖漢，則番陽自名湖漢，非即彭蠡又明矣。且不云有彭蠡澤，而云『彭蠡澤在西』，似彭蠡原不在縣境中者；不直云彭蠡澤在西，而云『禹貢彭蠡澤在西』，又似彭蠡已塞，但其地尚約略可指，如人之呼滎澤者然。蓋江雖東流，然常斜迤而北，故江南亦稱江東，江北亦稱江西；彭澤臨江而縣，則視上游江之北岸為西，故以為『在西』耳。然則班氏但因縣之得名由於彭蠡，故注其地所在，非謂彭蠡必在彭澤境也。因彭澤之無彭蠡，遂南移之番陽，失之遠矣！朱子乃云『漢志不知湖漢之即為彭蠡而兩言之，』豈知彭蠡自在江北，湖漢原非彭蠡；不但禹貢不誤，即漢志亦不誤，乃後人以為番陽者誤耳。又按春秋傳云，『楚師還自徐，吳人敗諸豫章，』『吳伐楚，舍舟于淮汭，自豫章與楚夾漢。』徐淮皆在郢之東北，而漢之豫章乃在郢東南千數百里，去漢水遠甚，故杜氏註云，『此豫章皆當在江北淮水南，蓋後徙在江南豫章。』然則不但彭蠡在江北，即豫章亦本江北地。

名也。晉之渡江也，於淮漢之南僑置雍豫徐兗諸州以處其民，豫章彭澤之在江南蓋亦類此，如傳所稱『遷郢於都』，然者；不得以彭澤縣在江南遂謂彭蠡亦當在江南也。以數千年之後地名水道改易之餘，沿訛踵謬而據之以斷古書之是非，誠未可輕言也。此與三江之說皆無關於大義，然據註駁經，其端不可不杜，故備論之如此。說並見唐虞體國經野篇揚州條下。

導水次第有五

『導沇水，東流爲濟；入于河，溢爲滎；東出于陶丘北；又東至于菏；又東北會于汶；又北東入于海。導淮自桐柏；東會于泗沂；東入于海。』（書禹貢。）

『導渭自鳥鼠同穴；東會于灃；又東會于涇；又東過漆沮，入于河。導洛自熊耳；東北會于澗瀍；又東會于伊；又東北入于河。』（同上。）

導水凡九章，其次第有五。弱水黑水在九州之上游，故先之。中原之水患，河爲大，故次河。　自河以南，水莫大於江漢，故次江漢。　河以南，江漢以北，惟濟淮皆獨入于海，故次濟淮。　雍水多歸于渭，豫水半歸于洛，然皆附河以入于海，故以渭洛終之。　先漢於江，先濟於淮，先弱水於黑水，先北而後南也。　先渭於洛，先上而後下也。

附論　『孟子曰，「禹之治水，水之道也。」』　『孟子曰，「禹之行水也，行其所無事也。」』（並孟子。）

行所無事之義

按，孟子以『行所無事』稱禹，後世論治水者往往以爲當任水所自趨，非也。　水之決，情形各不同，或疏或塞，當審其全局之高下而權衡之，不得以一時一地之決爲斷也。　若但任其決而不治，在決之地或可無事，在下流之受害者事乃不可勝言矣。　所謂行其所無事者，正以能審地勢高下之宜，當任則任，當改則改，當疏則疏，當塞則塞，順其自然而已，無所與焉，是之謂行所無事耳；非任水之所自趨也。　果任水所自趨，何賴有禹；孟子何以有『疏，瀹，決，排』之文乎！

世於此多未及，故附論之。

此以上幷記禹導水之事。

先導山而後導水

『禹曰，「洪水滔天，浩浩懷山襄陵，下民昬墊。予乘四載，隨山刊木；暨益奏庶鮮食。予決九川距四海，濬畎澮距川；暨稷播奏庶艱食鮮食，懋遷有無化居。烝民乃粒，萬邦作乂。」』（書益稷。）

按，『隨山刊木，』卽禹貢之導山事也；『決川距海，』卽禹貢之導水事也。而隨山暨益同功，決川暨稷同功，則是導山旣畢然後導水顯然兩事無疑也。蓋洪水之患山居者多，故先隨山而導之，使高田之害先除，然後循水而導之，使平田之害盡去；而不先導山亦無以察地勢之高卑而蓄洩之。潛心玩之，猶可見禹致功之次第云。

備覽 『陸行乘車，水行乘船，泥行乘橇，山行乘檋。』（史記夏本紀。）

附論『禹思天下有溺者，由己溺之也。稷思天下有飢者由己飢之也。是以如是其急也。』（孟子。）

『「娶于塗山，辛壬癸甲，啓呱呱而泣，予弗子。惟荒度土功，弼成五服，至于五千；州十有二師；外薄四海，咸建五長：各迪有功。」』（書益稷。）

『禹八年於外，三過其門而不入。』（孟子。）

附論『天王使劉定公勞趙孟於潁，館於雒汭。劉子曰，「美哉禹功，明德遠矣！微禹，吾其魚乎？吾與子弁冕端委以治民臨諸侯，禹之力也。」』（左傳昭公元年。）

禹以前無水道

禹治水事，世人多不詳考；因見『「堯有九年之水」』之語，遂謂堯時偶然有水而禹治之，非也。上古之時本無水道，此乃開闢以來積漸之水，日積日多，遂至『懷山』而『襄陵』耳。至禹，然後相視地形高卑，疏爲水道使皆流入于海，由是地皆涸出，人有寧居。孟子嘗言之矣曰，『當堯之時天下猶未平，洪水橫流，氾濫於天下』；曰，『禹掘地而注諸海。』然則今之水道皆自禹始有之，禹以前固無所謂水道也。故定公曰，『微禹吾其魚乎？』春秋之時去古未遠，故當時人人皆知之；今則知之者鮮矣。學者詳加考核，庶知禹之爲功大也！

辨始亂之說

補「舜薦禹於天。十有七年，舜崩。三年之喪畢，禹避舜之子於陽城。天下之民從之，若堯崩之後不從堯之子而從舜也。」（孟子。）

備覽『禹立，而舉皋陶薦之，且授政焉；而皋陶卒。封皋陶之後於英六，或在許；而後舉益，任之政。』（史記夏本紀。）

呂覽云，『堯治天下，伯成子高立爲諸侯。堯授舜，舜授禹，伯成子高辭諸侯而耕。禹往見之，問曰，「何也？」伯成子高曰，「當堯之時，未賞而民勸，未

辨泣問罪人之說

罰而民畏。今賞罰甚數而民爭利，德自此衰，利自此作，後世之亂自此始。』」

余按，禹之德或尙遜於堯舜，若其道則未有異也。禹所行者卽堯舜之政，初未嘗有所變革，而何爲遂至於生亂乎？洪水之災，非禹莫能治之；禹之功大矣，而反謂禹始亂，豈不謬哉！蓋楊氏之徒爲黃老之說者皆好援古而非今，故造爲此言，借唐虞以毀三代；呂氏之客無知而妄採之耳。此事雖至無理，然亦有信之者，故不可以不辨。

說苑云，『禹出見罪人，下車泣而問之。左右曰，「君王何爲痛之至於此也？」禹曰，「堯舜之人皆以堯舜之心爲心；今寡人爲君，百姓各自以其心爲心，是以痛之也。」』余按，此亦後人推度聖人愛民之心以爲言者，其意則善而不必實有是事也。至禹自謂不如堯舜，禹之存心固應如是；若論者遂以是爲優劣則固矣！且其言亦淺俗，故今不錄。

補「禹惡旨酒而好善言。」（孟子。）

「儀狄作酒，禹飲而甘之，遂疏儀狄而絕旨酒。」（戰國策。）

按此雖見於國策，然與孟子之言合，當非誤引。故從傳記之例。

『禹聞善言則拜。』（孟子。）

辨縣鐘鼓磬鐸之說

淮南子云，『禹縣鐘鼓磬鐸，置鞀，以待四方之士。為幡曰，「教導寡人以道者擊鼓；喻以義者擊鐘；告以事者振鐸；語以憂者擊磬；有獄訟者搖鞀」』

余按此皆形容聖人好善之誠，非眞有此事也。後世君門萬里，下情不能上達，於是設鼓以防壅蔽；當禹之時，君與民如一身，誰能阻之，而尚賴於鐘鼓之縣乎！齊威王之求言也，令初下而羣臣進諫，門庭若市，何況於禹！且其文殊淺弱，非虞夏時語，而道義與事亦不得分為三，其為後人形容之語甚明。故今不錄。

「禹合諸侯於塗山，執玉帛者萬國。」（左傳哀公七年。）

辨戮防風氏之說

魯語云，『吳伐越，墮會稽，獲骨焉，節專車。吳子使來好聘，且問之仲尼曰，「敢問骨何為大？」仲尼曰，「昔禹致羣神於會稽之山，防風氏後至，禹殺而

禹崩年與崩地

戮之，其骨節專車，此爲大矣」（云云。）』 余按，四凶之罪大矣，然堯舜所以處之者不過流放；今防風氏但後至耳，遽殺而戮之，禹亦殘忍矣哉！ 防風氏者，人邪？神邪？ 人也，則與『致羣神』之言不相蒙；神也，又安得有骨乎！ 且定公十二年，孔子已去魯適衞矣，而吳棲越於會稽乃在哀之元年，孔子在陳之時；然則不但禹必無戮防風之事，即孔子亦初不得有答吳使之言也。 此乃好談神怪而不考其實者之所爲，故不載。

【備覽】『十年，禹東巡狩，至于會稽而崩。』（史記夏本紀。）

按，孟子稱禹薦益七年而崩，而此篇謂禹立而薦皋陶，皋陶卒乃薦益，凡立十年而崩，則與孟子之文約略相符，其年或有所據。 惟崩於會稽，未見其必然；恐係戰國之時傳流之誤，如舜之崩於蒼梧者然。 但會稽，揚州地，尚非蒼梧之比，姑存之。

【附論】『吳公子札來聘，見舞大夏者，曰，「美哉！勤而不德，非禹其誰能修之！」』（左傳襄公二十九年。）

附論『子曰，「禹，吾無間然矣！菲飲食而致孝乎鬼神；惡衣服而致美乎黻冕；卑宮室而盡力乎溝洫。禹，吾無間然矣！」』（論語泰伯篇。）

附　皋陶

『曰若稽古皋陶曰，「允迪厥德，謨明弼諧。」禹曰，「俞，如何？」皋陶曰，「都，愼厥身修思永，惇叙九族，庶明勵翼，邇可遠在茲。」禹拜昌言曰，「俞！」』（書皋陶謨。）

『皋陶曰，「都，在知人，在安民。」禹曰，「吁，咸若時，惟帝其難之！知人則哲，能官人；安民則惠，黎民懷之。能哲而惠，何憂乎驩兜！何遷乎有苗！何畏乎巧言令色孔壬！」』 皋陶曰，「都，亦行有九德，亦言其人有德乃言曰，載采采。」』（同上。）

『禹曰，「何？」 皋陶曰，「寬而栗，柔而立，愿而恭，亂而敬，擾而毅，直而溫，簡而廉，剛而塞，彊而義，彰厥有常，吉哉！ 日宣三德，夙夜浚明有家。 日嚴祗敬六德，亮采有邦。 翕受敷施，九德咸事，俊乂在官，百僚師師，百工惟時，撫于五辰，庶績其凝。 無教逸欲有邦；兢兢業業，一日二日萬幾；無曠庶官，天工人其代之。 天敘有典，勑我五典五惇哉！ 天秩有禮，自我五禮有庸哉！ 同寅協恭和衷哉！ 天命有德，五服五章哉！ 天討有罪，五刑五用哉！ 政事懋哉！懋哉！ 天聰明，自我民聰明；天明畏，自我民明威。 達于上下，敬哉有土！」』

（同上。）

庭堅非皋陶字

『皋陶曰，「朕言惠可底行。」禹曰，「俞，乃言底可績。」皋陶曰，「予未有知，思日贊贊襄哉！」』（同上。）

附錄 『臧文仲聞六與蓼滅，曰，「皋陶庭堅不祀忽諸！」』（左傳文公五年。）

春秋文公十八年傳，高陽氏才子八人有曰『庭堅』者，杜氏註云，『庭堅，卽皋陶字。』余按文五年傳，楚成大心滅六，公子燮滅蓼，臧文仲曰，『皋陶庭堅不祀忽諸！』乃似六蓼兩國之祖一爲皋陶，一爲庭堅者。不知杜氏別有所據邪？若卽因此文而合之，則未有以見其必然也。史記夏本紀云，『皋陶之後封於英六，』亦不言蓼，則似六乃皋陶之後而蓼乃庭堅之後者。正義因杜氏之說，遂謂英卽蓼，亦恐未然也。且堯舜禹天子也而尙書皆稱其名，是唐虞之時未有字也；九官惟伯夷似字，然舜亦稱之爲『伯』，是唐虞之時名字未分，伯夷卽其名也；皋陶何以獨有字乎？典謨之稱皋陶多矣，帝稱之，同朝之臣稱之，史臣稱之，皆以臯陶，乃至後世之詩人稱之，儒者稱之，亦同詞焉，從未有一人稱爲庭堅者：何所見而知庭堅之爲臯陶乎？故今闕之。

夏考信錄卷之一終

夏考信錄卷之二

啓

補「禹薦益於天。七年，禹崩。三年之喪畢，益避禹之子於箕山之陰。朝覲訟獄者不之益而之啓，曰「吾君之子也！」謳歌者不謳歌益而謳歌啓，曰「吾君之子也！」」（孟子。）

附論「孔子曰，「唐虞禪，夏后殷周繼，其義一也。」」（同上。）

附論「萬章問曰，「人有言，至於禹而德衰，不傳於賢而傳於子，有諸？」孟子曰，「否，不然也！天與賢則與賢；天與子則與子。丹朱之不肖，舜之子亦不肖；舜之相堯，禹之相舜也，

禹無家天下之心

啓 二

歷年多，施澤於民久。啓賢，能敬承繼禹之道；益之相禹也，歷年少，施澤於民未久。舜禹益相去久遠，其子之賢不肖，皆天也，非人之所能爲也。莫之爲而爲者天也；莫之致而至者，命也。」』（同上。）

世之論者皆云，『二帝官天下，三王家天下。』唐韓子對禹問云，『堯舜之傳賢也，欲天下之得其所也，禹之傳子也，憂後世爭之之亂也。』又云，『舜如堯，堯傳之；禹如舜，舜傳之。得其人而傳之者，堯舜也；無其人，慮其患而不傳者，禹也。』又云『傳之人則爭，未前定也；傳之子則不爭，前定也。前定雖不當賢，猶可以守法；不前定而不遇賢，則爭且亂。』余按韓子之說，以後世之時勢論之則當矣，遂以此爲古聖人之心事則非也。經傳之文多以堯舜並稱，而禹常與皋陶稷契同舉；書合堯舜事爲一典，而禹與皋陶皆有謨，禹之德未必遂與堯舜齊也。益與禹同在九官之列，佐禹『烈山澤，』『奏鮮食，』以成大功益之德亦未必遠下於禹也。然則益之視禹恐亦當如禹之視舜（剛案，『亦當』疑『不當』之誤。）今因堯舜禹之相繼爲天子而益不得與，遂謂禹爲其人而益非其人，其毋乃以成敗立論也哉！舜之命禹也，禹讓之於稷契皐陶；益亦稷契倫也，度禹之心亦必不以己爲其人而益非其人也。且禹果慮其爭，則尤不可傳子。何者？唐虞之天下非一姓之天下也，而禹獨欲傳之子，天下必有議其私者矣。不見吳光之弒僚乎？故傳子之不爭，論謂則可，若至夷末兄終弟及已三世矣，傳弟則不爭而傳子則必爭，此理甚易見也：禹安得以傳子爲憂後世也哉！若慮益再傳而致爭，則啓之再傳亦何嘗不爭也！羿浞之禍，民生塗炭，王嗣流離，使益再傳而得賢者，或未必遂至是；即不然，亦不過如是止耳，安見傳賢之不若傳子乎！曰，然則禹何以傳之啓？抑禹傳之益而啓奪之耶？曰，孟子言之是已。「天與賢則與賢，天與子則與子，」禹固未嘗傳之啓，亦未嘗傳之益也。蓋自唐虞以前，天下諸侯皆自擇有德之人而歸之，天子不能以

四

天下傳之一人也：不惟無傳子者，亦併無傳賢者。獨堯以天下多難，故讓位於舜而使治之；非堯慮身後之爭天下而傳之舜以絕覬覦也。（說已詳前唐虞考信錄中。）堯之初意原非傳舜，故舜亦未嘗以傳禹；禹之不傳人何怪焉。故舜以禹爲相，舜之事畢矣；禹以益爲相，禹之事亦畢矣。禹崩之後，天下之歸於益與歸於啓，禹不得過而問之也。天下不歸於益，亦不歸於啓，而別歸於有德之諸侯，禹亦不得過而問之也。何者？上古之天子原無以天下傳之人之事也。自羲農黃帝以來，皆若是而已矣。（神農黃帝皆無傳子之事，說詳上古考信錄中。）若謂禹必傳之一人，然後爲憂後世，則包羲黃帝顓頊豈皆不憂後世者乎！後人但見商周以來天子世世相繼，遂以之例虞夏，而以爲天子之後必當更以天下授之一人，不傳於賢，則傳於子。以啓之繼禹而王也，故遂以爲禹傳之啓，於是乎有『德衰』之譏；不則以爲禹傳之益而啓奪之，於是乎有『殺益』之謗；不則又以爲禹陽傳之益而陰傳之啓，於是乎有『以啓人爲吏』之誣。即能尊信聖人如韓子者，亦但以爲憂後世之爭故傳之啓而已。其說雖不同，而其失聖人之眞則一也。且啓繼禹而王，亦僅一世止耳。太康失國，相居帝丘，夏已降同於諸侯矣；有過之難，厥祀遂殄。適會羿浞淫暴，民不歸心，而少康能布其德以收夏衆，是以天下復歸於夏。藉令少康僅屬中材，或雖有茂德而先有聖人者出，滅羿奡以安天下，則少康不得復中興矣。是故，少康之興，禹之所不料也。禹何嘗有家天下之心哉！又幸而杼『能帥禹，』天下歸於夏者先後四世，其間干天位者皆以惡終爲天下笑，於是天下之人耳濡目染，安於夏政，若天下乃夏之故物者，雖庸主撫之而諸侯皆懲於羿奡而不敢生心，然後夏遂家天下耳。由是言之，夏之家天下，天也，非禹也。故孟子曰，『莫之爲而爲者，天也；莫之致而至者，命也。』非但禹無家天下之心，縱使有之，而唐虞禪讓之天下，禹亦安能獨取而畀之於子孫，至四百餘年也哉！及至有商繼世而王，已有成迹，而又適有伊尹之輔政，太甲之自艾，故復循夏故轍。其後甫衰而即有賢聖之君出而振之，由是遂家天下六百餘年。至周，遂爲一定之例而不可變。然則三代之家天下，其端萌於啓，其事遂於少康杼，而其局定於商之賢聖六七君，與禹初無涉也。故凡論唐虞三代之事者，惟孟子得其梗概。蓋孟子之智足以知聖人，而又幸生秦火以前，古書未盡散失，得以考而知之：固非後人所當輕議也。韓子乃不之信，而信流俗之言，以爲禹傳之啓；又以聖人不私其子，復爲前定不爭之說以曲全之：過矣！嗟乎，孟子，亞聖也，韓子，大儒也，孟子之言猶不能取信於韓子，况以余之愚陋，乃獨排世儒之論而推闡孟子之說，其亦可謂不量力矣！說並詳前堯舜及後少康篇中。

『大戰於甘，乃召六卿。王曰：「嗟，六事之人，予誓告汝！有扈氏威侮五行，怠棄三正，天用勦絕其命；今予惟恭行天之罰。左不攻于左，汝不恭命。右不攻于右，汝不恭命。御非其馬之正，汝不恭命。用命，賞于祖。不用命，戮于社；予則孥戮汝。」』（書甘誓。）

辨僞尚書引郤缺語

【備覽】『有扈氏不服，啓伐之，大戰于甘。將戰，作甘誓。遂滅有扈氏，天下咸朝。』（史記夏本紀。）

【補】『夏啓有鈞臺之享。』（左傳昭公四年。）

【附錄】『戒之用休；董之用威；勸之以九歌，勿使壞。』（逸夏書，見左傳文公七年。）

僞古文尚書大禹謨以『戒之用休』四語爲禹之言於舜世者。其文云，『禹曰，「於，帝念哉！德惟善政，政在養民。水，火，金，木，土，穀，惟修；正德，利用，厚生，惟和。九功惟叙；九叙惟歌。戒之用休；董之用威；勸之以九歌，俾勿壞。」』余按左傳郤缺所引書文止此四語，而自以己意釋之，曰，『九功之德皆可歌也，謂之九歌。六府三事，謂之九功。水，火，金，木，土，穀，謂之六府。正德，利用，厚生，謂之三事。』然則尚書原文必無『水火』『正德』等語明矣。余弟邁肇談云，『今大禹謨明係掇拾郤缺之語，後世盡爲所欺，不知書果說明郤缺又何必費解；郤缺何不全引書文而乃隱其詞而詳解之乎！』又按，左傳引此文，以爲夏書。離騷云，『啓九辨與九歌兮，太康娛以自縱。』則是九辨九歌皆作於啓之世，不但非禹之言，亦必不在舜之時矣。今楚辭中亦有九辨九歌，然則九辨九歌乃古樂章之名，而楚人擬爲之，如晉唐人之擬漢樂府也。故今附錄於此。

附錄『古之人迪惟有夏，乃有室大競，籲俊尊上帝。迪知忱恂于九德之行，乃敢告敎厥后曰「拜手稽首后矣」，曰「宅乃事，宅乃牧，宅乃準，茲惟后矣。謀面用丕訓德，則乃宅人，茲乃三宅無義民。」』（書立政。）

附錄『昔夏之方有德也，遠方圖物，貢金九牧，鑄鼎象物，百物而爲之備，使民知神姦。故民入川澤山林，不逢不若；螭魅罔兩，莫能逢之。用能協於上下，以承天休。』（左傳宣公三年。）

按，立政篇『有室大競，』不言何王之時，則非專指禹可知也。九鼎之鑄，世皆以爲禹事；然傳既不稱禹，而禹在位不久，恐亦未暇及此，或啓或少康未可知也。故今附錄於啓之後，亦闕疑之義爾。又按，傳文『遠方』以下十有二字，註以四字爲句，以『貢金九牧』爲九州之牧貢金，於文理殊未協。且九州不必皆產金，安得九牧皆貢金乎！余謂當以六字爲句，遠方之國圖物貢金，而九州之牧鑄鼎象物，庶於文理爲順。

【備覽】『夏后啓崩，子太康立。』（史記夏本紀。）

夏中衰之世

夏裔太康　仲康　相

辨僞書五子之歌

引崔述語辨僞書胤征

補「啓九辯與九歌兮，太康娛以自縱。」（楚詞。）

備覽「太康失國，昆弟五人須于洛汭，作五子之歌。」（史記夏本紀。）

按，世所傳僞尚書五子之歌，其語多采之春秋傳。若春秋傳所無者，則皆詞意淺陋，不類三代時語。至「鬱陶予心」兩句，采之孟子，尤失萬章之意。其爲後世淺人之所僞托，顯然可見。故今不采。

備覽「太康崩，弟中康立。」（同上。）

存疑「羲和湎淫，廢時亂日，胤往征之，作胤征。」（同上。書序文同。）

僞古文尚書胤征篇首云，「惟仲康肇位四海，胤侯命掌六師。羲和廢厥職，酒荒于厥邑；胤侯承王命徂征。」後儒多疑荒酒罪小，不足加以六師，於是曲爲之解：或謂羲和忠於夏，羿假仲康之命征之；或謂羲和黨於羿，仲康藉荒酒之罪除之。金氏通鑑前編因之爲說曰，『仲康繼立於外，命胤侯掌六師，其規模舉措固已有大過人者。羲和不共王職而歸於有窮者，是以有徂征之師。君子是以知仲康之能自振，而胤侯之爲王室倚重矣。』余按此篇係僞古文尚書，本不足信；就令可信，而其文但言廢職荒酒，則忠於夏與黨於羿均無可徵。止據我之猜度定古人之功罪，可乎！且羲和黨於羿，仲康安能征之！仲康在內，則權不在己，征之，羿必沮之；在外，則國勢微弱，征之，羿必救之。仲康無如羿何，又安能如黨羿者何！蓋此篇本因書序之言而附會之者，後人遞加附會，遂至以無爲有，憑空造一羲和罪案，誣矣！余弟邁訥菴筆談嘗辨此篇之謬，今錄於左。

訥菴筆談一則：『書序云，「羲和湎淫，廢時亂日，胤往征之，作胤征。」古文本此而作，其事深爲可疑。蓋古文不足信，而書序亦未敢以爲然也。堯典有羲仲和仲羲叔和叔之文，羲和非一人也。今云「羲和湎淫，」又云「羲和廢厥職，」一人乎？非一人乎？　可疑一也。　堯典「乃命羲和，欽若昊天，」蓋羲伯和伯也。　羲伯和伯在國都，而仲叔宅於四方，此湎淫之羲和必在國都者，在國都何用以六師征之乎？　胤征巧爲之辭曰，「酒荒于厥邑。」　卽在其采邑而未嘗據地拒命，則亦無事於張皇六師也。　可疑二也。　湎淫之罪，昏迷之愆廢之可矣，刑之可矣，何用興師動衆乎？　可疑三也。　不曰「胤侯往征之，」而曰「胤往征之，」胤似人名，非國名也。　不曰「王命胤往征之，」而曰「胤往征之，」胤征未必出於王命也。　可疑四也。　書序無仲康字，不著其時。　史記謂當帝中康時。　唐志以爲日食在仲康之五年。　經世書以爲征羲和在仲康之元年。　然夏代未必止仲康時日食，而篇中仲康不足以爲據也。　可疑五也。蘇氏以爲羲和貳於羿，忠於夏，羿假仲康命命胤侯征之者，固未必然。　蔡氏謂以經考之，羲和蓋黨羿惡，仲康畏羿之强，不敢正其罪而誅之，止責其廢厥職，荒厥邑。今經中亦全不見此意，則亦工於猜疑者耳。　說仲康者，有河北河南之異。

此時仲康不知實在何地：在安邑，則號令未必能自己出；在太康，則羲和黨羿，自在安邑，恐非仲康之力所能及也。可疑六也。陳氏大猷曲說羲和所以當征之故，至云「葛伯不祀，不過其身自得罪於祖宗，而湯以爲始征；學者不疑湯之征葛，而疑胤侯之征羲和者，過也。」此說亦殊憒憒。即果如所言，羲和之罪過於葛伯，而湯於葛爲敵國，仲康於羲和爲天子，其理勢同乎否乎？且謂「葛伯不祀，湯始征之」者，書序之陋也。觀孟子所言，湯非以不祀征葛也，爲其殺童子而征之也。陳氏未讀孟子，不足與辨也！』

按：書序之文往往失經本意，固不敢謂然，而僞胤征之文亦未必盡書序之意；筆談所論備矣。且古者六師皆六卿分掌之，甘誓所記甚明；至春秋時猶然。自周官（今謂之周禮）始謂司馬掌六師，而僞書周官篇因之；春秋以前無是言也。果夏時書，安得有是語哉！故今僞書及前編之語概不載，而列史記所采書序之文於存疑。

辨羿立仲康與分河而治之說

備覽『中康崩，子相立。』（同上。）

補『昔有過澆殺斟灌以伐斟鄩，滅夏后相。』（左傳哀公元年。）

備考『衞遷於帝丘，卜曰三百年。衞成公夢康叔曰，「相奪予享」。公命祀相。甯武子不可，曰，「鬼神非其族類，不歆其祀。杞鄫何事！相之不享於此久矣，非衞之罪也。」』（左傳僖公三十一年。）

太康失國之事，史記不載其詳。僞孔傳云，『羿廢太康，而立其弟仲康爲天子。』正義云，『以羿距太康於河，於時必廢之也。傳云「羿因夏民以代夏政，」則羿於其後篡天子之位。仲康不能殺羿，必是羿握其權。知仲康之立，是羿立之矣。』由是叙古史者皆謂羿相仲康而握其柄，如莽之於嬰，操懿之於獻帝齊王然者。金仁山通鑑前編駁之云，『自唐虞以來，都於冀州，而冀自有牧，非天子自治，則甸服之地跨河南北也。薛氏謂今拱州太康縣即太康故城，而傳亦稱相居帝丘，然則太康爲羿所拒，不能濟河，而更都南夏，以傳仲康；迄於后相皆在兗豫之境古大河之東南。羿據冀方，因夏民以代夏政稱帝夷羿寒浞代之皆在冀州之境，大河之北。至浞滅相而夏統始中斷。』又云『傳稱羿代夏政，號「帝夷羿，」豈立仲康而爲之臣者！仲康雖立國於外，然「肇位四海，」諸侯之尊夏固自若也。』余按古之所謂篡者，奪也：德不足服天下而以力強奪之之謂篡，非有若後世之陽奉其名而陰操其柄，待其勢固而後移其社稷，若曹操司馬懿狐媚竊國者之所爲也。況當唐虞之後，夏有天下僅及二世，原不以繼爲常；羿既力能奪夏之國，正不必奉仲康以號令於民也。且仲康既在故國，相何以又在帝丘；羿既篡仲康於故國，澆何以又滅相於帝丘哉！此蓋作僞傳者習於魏晉之事，而以今例古，以爲亦然耳。前編之辨是也。然謂分河南北而治，諸侯尊夏自若，則仍惑於僞書之說而不免乖謬於事理。何者？王畿雖或跨河而南，然禹貢冀州不言貢而豫州之文無異於他州，故逸書云，『維彼陶唐，有此冀方，』是王畿之在河南者固無多也。 仲康后相流離播遷之餘，微弱不振，安能朝諸侯有天下哉！ 平王之東也，天下安於周者已十餘世，然朝覲者不過晉鄭近畿諸侯，亦僅羈縻之耳。 齊晉迭霸，天下始知尊王，猶但以空名相維繫，號令不能行也。 況夏有天下未久，太康失道，卽與朱均無異，而安能使諸侯戴之如故乎！ 且使諸侯果仍服屬於夏，而羿但有冀州之地，則以天下之力不難恢復一州，何以聽其坐大而卒爲其所滅？ 以羿之强，方且幷夏而逐其君，乃於諸侯之百里五十里者聽其朝覲於夏而不問，此亦事之必不然者也。 蓋夏之失國以德衰，羿之幷夏以力强：以力爭者必蠶食以歲月，其取冀方也蓋非一日之故，漸漬吞噬，而夏乃避於河外，遷於帝丘，日浸微弱，卒至於相而滅於浞。 然當時亦必有二三强大諸侯，若商相土者，能坐鎮一方而不事羿，以故羿之力不能及遠，而夏得苟安於帝丘耳。 烏有所謂分河而治，尊夏自若者哉！ 太康之時，去天子不相繼之時，僅二百年，去異姓相繼爲天子之時僅數十年，是以天下諸侯畏羿者自事羿，親夏者自附夏，而稍遠者則各自保其土；不得以漢晉之事例夏初也。故僞傳前編之說概不採。說並見前條下。

干位夷羿　寒浞

補「昔有夏之方衰也，后羿自鉏遷於窮石，因夏民以代夏政。恃其射也，不修民事而淫於原獸。棄武羅伯因熊髡尨圉而用寒浞。寒浞，伯明氏之讒子弟也。伯明后寒棄之，夷羿收之，信而使之，以爲己相。」（左傳襄公四年。）

存參「羿善射。」（論語憲問篇。）「羿焉彃日？烏焉解羽？」（楚詞。）

補「浞行媚于內而施賂于外，愚弄其民而虞羿於田，樹之詐慝以取其國家。外內咸服，羿猶不悛。將歸自田，家衆殺而亨之，以食其子。其子不忍食諸，死于窮門。靡奔有鬲氏。」（左傳襄公四年。）

「逢蒙學射於羿，盡羿之道，思天下惟羿爲愈己，於是殺羿。」（孟子。）

附論 『孟子曰，「是亦羿有罪焉。」公明儀曰，「宜若無罪焉。」曰，「薄乎云爾，惡得無罪！」』（同上。）

辨射日之說

說者云『羿，堯時人，善射。堯時十日並出，金爍草木焦枯。堯命羿射之，中其九。其後有窮之君亦善射，故人以羿號之，實非羿也。』余按羿射日事，揚氏愼嘗辨之。語云『羿射日落九烏，』言羿善射，一日之中獲九烏耳。後人誤讀『羿射日』爲何，遂謂『日中有烏落九烏落九日也，』謬矣！且『十日並出』者，狀堯德之明天下無所不見耳。舜『明四目，』豈舜面實生四目乎！說者因有此語，遂附會之，以羿爲堯時人，謂羿射落其九而存其一，則益謬矣！

至楚詞中此語，觀二『焉』字，亦似不以爲然而駁之者。後人反取此文以爲羿射九日之證，亦非是。此事之荒唐本不足辨，然觀此可知秦漢以後不經之談皆由誤會古人之意，或誤讀古人之句，轉相傳述，轉相附會，以至大誤；後人習聞其說，以爲所從來久，遂不敢輕議耳。故舉之，以爲能以一隅反三隅者之助。

盪舟之義

補 『浞因羿室生澆及豷，恃其讒慝詐僞而不德於民，使澆用師滅斟灌及斟尋氏。處澆於過，處豷於戈。靡自有鬲氏收二國之燼，以滅浞而立少康。少康滅澆於過，后杼滅豷於戈。』（左傳襄公四年。）

『奡（『奡』『澆』古通用）盪舟。』（論語憲問篇。）

『覆舟斟尋，何道取之？』（楚詞。）

存參 論語集註以『盪舟』爲『陸地行舟』。或引此文爲據，以『盪舟』爲『覆舟』。余按，以舟行陸，於事無取；釋盪爲覆，於義未圓。春秋傳云，『齊侯與蔡姬乘舟於囿，蕩公；公懼變色，禁之，』則蕩乃搖動之意。蓋古字「蕩」「盪」通用：奡以一人之力搖斟鄩氏之舟而覆之也。蔡姬所蕩者囿中游戲之小舟，奡所盪而覆之者兩軍交戰之大舟，此所以爲材力之絕人也，如此，於文義似平允。

少康　杼

補「后緡方娠，逃出自竇，歸於有仍，生少康焉。爲仍牧正；惎澆，能戒之。澆使椒求之；逃奔有虞，爲之庖正，以除其害。虞思於是妻之以二姚，而邑諸綸，有田一成，有衆一旅；能布其德，而兆其謀，以收夏衆，撫其官職。使女艾諜澆，使季杼誘豷，遂滅過戈，復禹之績，祀夏配天，不失舊物。』（左傳哀公元年。）

家天下之始

皇王大紀於少康生之年卽書『少康元載，』以紹夏統。綱目前編因之。

余按上古之世本無相承之統，由黃帝至帝嚳皆隔百數十年而後代興；自堯舜禹而後相繼，然皆異姓也。至禹崩時，皐陶已亡，益亦避去，其餘稷契之倫大抵皆已前沒，而啓又賢，能承繼禹之道，是以天下歸之：此乃適然事耳，非以夏爲一代之統而必世世子孫相承不絕也。啓崩之後，天下諸侯之朝覲訟獄者斷不能歸於太康也明矣；況仲康相之微弱者乎！但此時別無聖人能得天下心者，是以天下未歸於一。適會少康復有令德，諸侯歸之，而又得賢子杼繼之，然後天下久歸於夏，久則難變，而槐芒不降得以蒙業而安耳。由是言之，夏之世守天下至少康杼之後始然，當其初固與上古之代興者無以異也。然則羿浞之在當時，與蚩尤之在上古，嬴秦之在戰國略相似，初非若新莽周曌之竊統於漢唐者可比，而何必繼其統使相承不絕哉！況少康仕於諸侯，爲其牧正，爲其庖正，方且北面而臣事之，亦斷不可於此時嗣天子之統也。學者不知夏所以家

夏后名號

少康 杼 二三

天下之故，故論禪讓繼統革命之事多謬於理而乖於勢。故今申而明之，而以羿浞附於啓太康之後。說並見前啓太康篇中。

備覽 「少康崩，子予立。」（史記夏本紀。）

補 「杼，能帥禹者也。」（魯語。）

備覽 「予崩，子槐立。槐崩，子芒立。芒崩，子泄立。泄崩，子不降立。不降崩，弟扃立。扃崩，子廑立。廑崩，立不降之子孔甲。」（史記夏本紀。）

按，禹之後嗣見於傳記者，曰啓，曰相，曰杼，曰皐，皆其名也。上古質樸，故皆以名著，無可異者。惟太康，少康則不似名而似號。不知二后何故獨以號顯？且太康失國，少康中興，賢否不同，世代亦隔，又不知何以同稱爲『康』也？仲康見於史記，當亦不誣；何故亦沿康號而以仲別之？至孔甲則又與商諸王之號相類，豈商之取號於甲乙已彷於此與？古書散失，不可考矣。姑識其說於此。

孔甲 皋

左傳史記冒孔

備覽「孔甲立，好方鬼神，事淫亂。夏后氏德衰，諸侯畔之。」（史記夏本紀。）

存疑「有夏孔甲擾於有帝，帝賜之乘龍，河漢各二，各有雌雄。孔甲不能食而未獲豢龍氏。有陶唐氏既衰，其後有劉累，學擾龍於豢龍氏，以事孔甲，能飲食之。夏后嘉之，賜氏曰御龍，以更豕韋之後。」（左傳昭公二十九年。）

按春秋傳稱「孔甲擾於帝，」而史記謂其「德衰，諸侯畔之，」語殊相左。

考傳所言「帝賜乘龍」及「醢以食夏后」事頗荒誕，不可取信，不如史記之爲近理。故采史記之文載之列傳文於存疑而刪「醢龍」之語。

備覽 「孔甲崩，子皐立。」（史記夏本紀。）

備考 「殽有二陵焉，其南陵夏后皐之墓也。」（左傳僖公三十二年。）

備覽 「皐崩，子發立。發崩，子履癸立，是爲桀。」（史記夏本紀。）

桀

「惟帝降格于夏，有夏誕厥逸，不肯慼言于民，乃大淫昏，不克終日勸于帝之迪，乃爾攸聞。」（書多方。）

「上帝引逸，有夏不適逸，則惟帝降格，嚮于時夏；弗克庸帝，大淫泆有辭。」（書多士。）

辨酒池糟丘之說

備覽『夏桀伐有施，有施人以妹喜女焉。』（晉語。）

韓詩外傳云，『桀爲酒池可以運舟，糟丘足以望十里，而牛飲者三千人。』新序云，『桀作瑤臺，罷民力，殫民財，爲酒池糟堤，縱靡靡之樂。』 余按，古者人情質樸，雖有荒淫之主，非有若後世秦始隋煬之所爲者。 且桀豈患無酒，而使之『可運舟，』『望十里，』欲何爲者？ 此皆後世猜度附會之言，如子貢所云『紂之不善不如是之甚』者。 故不錄。

附錄『夏桀爲仍之會，有緡叛之。』（左傳昭公四年。）

此事無年可考，不知在伐施之前與，抑在其後與？ 姑附錄於此。

『桀德惟乃弗作往任，是惟暴德。』（書立政。）

備覽『自孔甲以來，諸侯多畔。 夏桀不務德而武傷百姓，百姓弗堪。』（史記夏本紀。）

引崔邁語辨數虐萬方之文

桀

僞古文尚書湯誥云，「夏王滅德作威，以敷虐于爾萬方百姓；爾萬方百姓罹其凶害。」余弟邁訥菴筆談嘗辨之，今載於左。

訥菴筆談一則：「桀紂暴虐止行於畿內耳，四方諸侯之國，彼不能暴虐也。故湯誓數桀之罪，曰，『夏王率遏衆力，率割夏邑，有衆率怠弗協，』而湯之民亦曰『夏罪其如台。』牧誓數紂之罪，曰，『乃惟四方之多罪逋逃，是崇是長，是信是使，是以爲大夫卿士，俾暴虐于百姓，以姦宄于商邑。』而僞湯誥則曰，『夏王滅德作威，以敷虐于爾萬方百姓，爾萬方百姓罹其凶害，』僞泰誓則曰『毒痡四海，』此皆作者疎妄，而不顧其理之所安也。」

余按多方篇稱『有夏之民叨懫日欽，劓割夏邑，』微子篇稱『殷罔不小大，好草竊姦宄，』『天毒降災荒殷邦，』皆但言『夏邑』『殷邦』而不及天下，與湯牧二誓同。蓋因其暴也，故諸侯叛之。是以微子篇云，『我其弗或亂正四方，』四方皆分崩離析，不受其約束，故惟畿內罹其虐政而已。筆談之說是也。撰僞書者本皆以後人，故以秦漢之事例之耳。說並見後商湯及周文武篇中。

『夏王率遏衆力，率割夏邑。有衆率怠弗協，曰，「時日曷喪？予及汝皆亡！」』（書湯誓。）

辨伊尹聞歌勸桀之說

尚書大傳云，『夏人飲酒相和而歌，曰，「盍歸于薄，薄亦大矣！」伊尹退而閒居深聽樂聲，更曰，「覺兮較兮，吾大命假兮！去不善而就善，何樂兮！」伊尹入告于王，王僩然嘆，啞然笑曰，「天之有日，猶吾之有民也；日亡則吾亦亡矣！」』新序云，『羣臣相持歌曰，「江水沛沛兮，舟楫敗兮。我王廢兮！趣歸薄兮，薄亦大兮！」又曰，「樂兮樂兮！四牡蹻兮，六轡沃兮。去不善而從善，何不樂兮！」伊尹知天命之至，舉觴而告桀，桀拍然而作，啞然而笑曰，「子何妖言！吾有天下，如天之有日也。日有亡乎？日亡，吾亦亡矣！」』余按，二書所載歌詞言語小異，然皆淺近不類夏商以前，明係後人擬作；或有其事而附會之，以致失其眞者。且伊尹，聖人也，雖曰『治亦進，亂亦進』，要必可以格君之非，然後爲之；安有桀之阽危至此，伊尹尙立其朝而不肯去，坐待與之同亡同死；此微箕之所不爲也，況伊尹異姓之臣乎！又按湯誓之文本以日比桀；大傳乃以日比民，新序又以日比天下，而皆以天自比，殊非尙書之意，亦與下『日亡吾亡』之言不相應。故皆不錄。

備覽　『桀殺關龍逄。』（韓詩外傳。）

此事不見於經傳，即史記夏本紀亦無之。然相傳皆以爲如是，於理固當有之。姑列之於備覽。

附錄　『桀克有緡而喪其國。』（左傳。）

附錄　『伊洛竭而夏亡。』（周語。）

按，克有緡與伊洛竭皆無年可考，姑附錄於此。

『桀有昏德，鼎遷於商。』（左傳宣公三年。）

湯放桀之事實

「湯放桀。」（孟子。）

備覽 「桀奔南巢。」（魯語。）

備覽 「湯修德，諸侯皆歸湯；湯遂率兵以伐夏桀。桀走鳴條，遂放而死。」（史記夏本紀。）

存參 「湯放桀，居中野；士民皆奔湯。桀與屬五百人南徙十里，止於不齊；不齊士民往奔湯。桀與屬五百人徙於魯；魯士民復奔湯。桀曰，「國君之有也，吾聞海外有人。」與五百人俱去。」（尚書大傳。）

按，湯之伐桀，傳記皆未詳載其事。孟子書中有「湯放桀」之文，國語云，「桀奔南巢，」史記云，「桀走鳴條，遂放而死，」則是桀兵敗出奔，未嘗死也。尚書大傳亦稱「士民奔湯，桀與屬五百人南徙，」則是桀逃於外，湯未嘗追要

史記言禹裔有誤

之，以是謂之『放』也。雖其言未雅馴，或不能無附會，要其情形大概於理爲近。姑附存之以備參考。

【附論】『孟子曰，「桀紂之失天下也，失其民也。失其民者，失其心也。」』（孟子．）

【備考】『禹爲姒姓；其後分封，用國爲姓，故有夏后氏，有扈氏，有男氏，斟尋氏，彤城氏，褒氏，費氏，杞氏，繒氏，辛氏，冥氏，斟氏，戈氏。孔子正夏時；學者多傳夏小正云。』（史記夏本紀．）

按此所記禹之後裔，得失參半。有扈氏爲啓所伐，戈爲殪所封，其非禹後明甚；疑司馬氏誤也。辛，冥，有男，彤城，亦莫知其所本。姑存之以備考。殷後倣此，不悉論也。

夏考信錄卷之二終

商考信錄自序

商考信錄者何？革亂也。夏自太康失道，已非禹之舊矣；況至於桀，善政尙有復存者乎！且湯之事與禹不同。湯承先世之業，崛起一方，自相土上甲微以來，必有良法善政，宜於民而不當變者，此固不得改之而復遵夏政也。蓋湯之心無以異於堯舜禹之心，然湯之事不能不異於堯舜禹之事，湯所處之勢然也。

何以不言殷考信錄也？殷其所居地名，非國號也。

商何爲始於契也？莫爲之前，則崛起者難爲功，契敷敎以啓商，故敘湯之政必追述之也。

伊尹何以附於湯之後也？伊尹相湯以王天下，歷相數世，卒定商業，故特表之；猶皋陶之附於禹也。

商考信錄目

商考信錄卷之一

契

「天命玄鳥，降而生商，宅殷土芒芒。」（詩商頌。）「洪水芒芒，禹敷下土方。外大國是疆，幅隕既長，有娀方將，帝立子生商。」（同上。）

備覽 「契母，有娀氏之女。契長而佐禹治水有功，封於商，賜姓子氏。」（史記殷本紀。）

引蘇洵文辨契母吞卵之說

史記殷本紀云，「殷契母曰簡狄，行浴，見玄鳥墮其卵，取吞之，因孕生契。」其說蓋因商頌玄鳥之詩而附會者。鄭氏康成遂采之以箋詩，由是世多信之。

余按，毛詩傳云『春分玄鳥降，簡狄祈於郊禖而生契，故本其爲天所命，以玄鳥至而生焉。』歐陽永叔云『秦漢之間學者喜爲異說，鄭學博而不知統，又特喜讖緯諸書，故於怪說尤篤信。由是言之，義當從毛。』而明允蘇氏辨尤詳，今載其文於左。說並詳周后稷篇中。

【蘇明允嚳妃論】『商周有天下七八百年，是其享天之祿，以能久其社稷；而其祖宗何如此之不祥也？使聖人而有異於衆庶也，吾以爲天地必將儲陰陽之和，積元氣之英以生之，又焉用此二不祥之物哉？燕墮卵於前，取而呑之，簡狄其喪心乎？巨人之跡隱然在地，走而避之，且不暇，忻然踐之，何姜嫄之不自愛也？又謂行浴出野而遇之，是以狄簡姜嫄爲淫泆無法度之甚者。帝嚳之妃，稷契之母，不如是也！雖然，史遷之意，必以詩有「天命鳦鳥，降而生商」，「厥初生民，時惟姜嫄，生民如何，克禋克祀，以弗無子，履帝武敏歆，攸介攸止，載震載夙，載生載育，時惟后稷」而言之。吁，此又遷求詩之過也！毛公之傳詩也，以「鳦鳥降」爲祀郊禖之候，「履帝武」爲從高辛之行。及鄭之箋而後有吞踐之事。當毛之時未始有遷史也。遷之說出於疑詩，而鄭之說又出於信遷矣。故天下皆曰聖人非人，人不可及也。甚矣遷之以不祥誣聖人也！或曰，然則稷何以棄？曰，稷之生也「無菑無害」，或者姜嫄疑而棄之乎？鄭莊公寤生，驚姜氏，姜氏惡之：事固有然者也。吾非惡夫異也，惡夫遷之以不祥誣聖人也！棄之而牛羊避，遷之而飛鳥覆，吾豈惡之哉！

按說詩者當求其意，不得泥其文。若以「玄鳥降」爲吞卵，則「維嶽降神」亦將謂之吞石；以「履帝武」爲踐跡，則「繩其祖武」亦將爲束縛其跡乎！蘇氏之論得之矣。故今不載吞卵之事。惟以稷契之母爲嚳妃，則亦沿史記之誤。說已詳前唐堯篇中。

『玄王桓撥，受小國是達，受大國是達。率履不越，遂視既發。』

（詩商頌。）

備覽 『契卒，子昭明立。昭明卒，子相土立。』（史記殷本紀）

相土

『相土烈烈，海外有截。』（詩商頌）

『陶唐氏之火正閼伯居商丘，祀大火，而火紀時焉。相土因之，故商主大火。』（左傳襄公九年）

備覽 『相土卒，子昌若立。昌若卒，子曹圉（韋昭國語注作『根圉』）立。曹圉卒，子冥立。』（史記殷本紀）

存參 『冥勤其官而水死。』（魯語）

備覽 『冥卒，子振立。振卒，子微立。』（史記殷本紀）

存參 『上甲微，能帥契者也。』（魯語。）

備覽 『微卒，子報丁立。報丁卒，子報乙立。報乙卒，子報丙立。報丙卒，子主壬立。主壬卒，子主癸立。主癸卒，子天乙立，是爲成湯。』（史記殷本紀。）

按，商先世詩書多缺，不可詳考。竊以時世推之，相土爲契之孫，當在夏太康世。蓋因太康失國，羿浞淫暴，諸侯無所歸，而相土能修其德政，故東方諸侯咸歸之。商邱在東而西北阻於羿浞，是以號令東訖於海，而云『海外有截』也。又相土居商邱而湯居亳，相距絕遠。疑上甲微以後亦嘗中微，如不窋之竄戎，太王之遷岐者然；但不可知其爲何世耳。

成湯上

成湯爲本號

按尚書，酒誥多方立政等篇皆稱爲『成湯，』無但稱湯者。蓋禹，名也；成湯，號也，古多以一字名未聞有以一字號者。然則成湯乃其本號，湯則後世之省文也。商頌般武亦稱『成湯』玄鳥稱『武湯；』唯長發或但稱『湯，』或稱爲「武王。」蓋史册主於紀實，詩人主於頌美，故其稱參差不一。武王者，子孫追崇之稱，卽後世諡法所自彷；既或省文爲湯，因以『武』加之爲武湯耳。春秋戰國以後，率但稱湯，稱成湯者鮮矣。今從本號稱爲成湯，不敢從省，亦致愼之義也

『帝命不違，至于湯齊。湯降不遲，聖敬日躋，昭假遲遲；上帝是祗。』（詩商頌。）

『湯之盤銘曰，「苟日新，日日新，又日新」！』（大學。）

附論

『孟子曰，「湯，武反之也。」』（孟子。）

『湯以七十里。』（孟子。）

備覽『自契至湯八遷。湯始居亳，從先王居，作帝誥。』（史記殷本紀。）

以上乃湯修身立國之略，故錄之於篇首。

補『葛伯仇餉。』（逸書。）

『湯事葛。』（孟子。）

備覽『湯居亳，與葛爲鄰。葛伯放而不祀。湯使人問之曰，「何爲不祀？」曰，「無以供犧牲也。」湯使遺之牛羊。葛伯食之，又不以祀。湯又使人問之曰，「何爲不祀？」曰，「無以供粢盛也。」湯使亳衆往爲之耕，老弱饋食。葛伯率其民，要其有酒食黍稻者奪之；不授者殺之。有童子以黍肉餉，殺而奪之。』（孟子。）

孟子葛伯仇餉事不盡實

征葛在最前

按此事殊瑣細不類夏商間事，亦不類國君之所爲。牛羊既可遺，何難復與之以黍稻，而葛民非少，亦何至用亳衆往耕？且其文頗繁碎，與詩書皆不類。蓋亳嘗有童子以黍肉餉父兄而爲葛伯所殺，是以書有『葛伯仇餉』之文；而當時說尚書者傳其事如此，孟子因而述之：其大概則不誣，而其事之曲折則未必悉如此文云云也。或孟子但言其略而門人累累記之，亦未可知，不敢盡據爲實錄也。故但列之備覽。

補「湯一征，自葛始。」（逸書）

按逸書以葛爲始征，則是征葛在最前也。葛小國而愍不畏湯，則是此時諸侯尚未歸於商也。是以商頌於『受共球』之後記湯之伐韋顧昆吾夏而無葛，葛之征蓋前此矣。故次之於此。

「爲其殺是童子而征之，四海之內皆曰，『非富天下也，爲匹夫匹婦復讎也！』」（孟子）

史記征葛事失孟子意

存參「葛伯不祀，湯使伐之。湯曰，「予有言，人視水見形，視民知治不。」伊尹曰，「明哉！言能聽，道乃進；君國子民，爲善者皆在王官。勉哉勉哉！」湯曰，「汝不能敬命，予大罰殛之，無有攸赦。」作湯征。」（史記殷本紀。）

按孟子文，湯以仇餉征葛，非以不祀征葛也。史記此言殊失孟子之意。至湯伊尹之言，不知采於何書；孔壁古文所多十六篇中無湯征，豈別有所本與？要之史記所采經傳之文往往有所竄易而失其眞，觀此篇後文所采湯誥之文可見矣。故但列之存參。

「帝命式于九圍。受小球大球，爲下國綴旒。何天之休，不競不絿，不剛不柔，敷政優優，百祿是遒。受小共大共，爲下國駿厖。何天之龍，敷奏其勇，不震不動，不戁不竦，百祿是總。」（詩商頌。）

諸侯歸商

按此文在『有虞秉鉞』之前，則是湯自征葛以後，諸侯已陸續歸商也。湯德已為四方所歸，然後乃有韋顧昆吾之伐以除暴安民，故孟子云『為天吏則可以伐之』；非地醜德齊而專以兵力勝也。 然則未伐夏以前湯已非復人臣之度矣。 說詳見後伐夏條下。

備覽 『湯出，見野張網四面，祝曰，「自天下四方，皆入吾網。」 湯曰，「嘻，盡之矣！」 乃去其三面，祝曰，「欲左，左；欲右，右。 不用命，乃入吾網。」 諸侯聞之，曰，「湯德至矣！及禽獸。」』（史記殷本紀。）

征伐次序

『武王載旆，有虔秉鉞。 如火烈烈，則莫我敢曷。 苞有三蘖，莫遂莫達；九有有截。 韋顧既伐，昆吾夏桀。』（詩商頌。）

按，此文稱『韋顧既伐，昆吾夏桀』則是湯先伐韋顧，次乃伐昆吾，最後乃伐夏也。蓋湯之初國小，其力不能伐昆吾；而桀之虐未甚，其心亦不忍伐夏。逮至韋顧既滅，地廣兵強，已無敵於天下，然後乃伐昆吾。昆吾既滅，而桀猶怙惡不悛，視諸大國之亡藐不以介意，然後不得已乃伐夏耳。然則未伐夏以前，湯非復七十里之侯服明矣。說詳見後伐夏條下。

武王非自號

史記云，「湯曰『吾甚武，號爲武王。』」余按，論語載湯言云，「有罪不敢赦，帝臣不蔽，簡在帝心，」聖人之謙且愼如是，烏有自高其功爲號以自標美者哉！蓋謚法雖相傳爲周制，而其實亦由漸而起。成湯既沒，其子孫羣臣以爲撥亂反正，創業垂統，功莫之及，故追崇之而號之爲武王。周人因之，以文武謚二王，而其後子孫羣臣遂相沿以爲例耳。不得泥大戴記之文遂謂周以前必無謚，而武王爲湯之自號也。說詳見豐鎬別錄中。

『十一征而無敵於天下。東面而征，西夷怨，南面而征，北狄怨，曰：「奚爲後我？」民之望之若大旱之望雨也。歸市者弗止；

芸者不變。誅其君，弔其民，如時雨降，民大悅。』（孟子。）

『徯我后，后來其無罰！』（逸書。）

備覽 『夏桀爲虐政淫荒，而諸侯昆吾氏爲亂，湯乃興師，率諸侯，伊尹從湯，湯自把鉞以伐昆吾，遂伐桀。』（史記殷本紀。）

辨阻貢觀動之說

說苑云，『湯欲伐桀，伊尹曰，「請阻乏貢職以觀其動。」 桀怒，起九夷之師以伐之。 伊尹曰，「未可，彼尙能起九夷之師。」 乃謝罪請服，復入貢職。明年，又不供貢職， 桀起九夷之師，九夷之師不起。 伊尹曰，「可矣！」 湯乃興師伐而殘之。』 余按，聖人之伐暴，以民困已極，不得已往而救之耳，非有心於取天下也。 烏有姑試伐之以觀其可取與否者哉！ 且九夷之去夏遠矣，湯與桀近在千里之內，而夏民方引領以待『偕亡』，九夷之師於緩急何濟焉！此乃戰國之時智取力爭者之所爲；彼固習見當世之如此，而遂自以其不肖之心度聖人而爲是說耳。 故今不錄，而爲之辨。 說並見豐鎬錄武王篇中。

『王曰，「格爾衆庶，悉聽朕言！非台小子敢行稱亂；有夏多罪，天命殛之。今爾有衆，汝曰，『我后不恤我衆，舍我穡事而割正夏』？予惟聞汝衆言。夏氏有罪；予畏上帝，不敢不正！今汝其曰，『夏罪其如台？』夏王率遏衆力，率割夏邑。有衆率怠弗協，曰，『時日曷喪？予及汝皆亡！』夏德若茲，今朕必往！爾尚輔予一人，致天之罰！予其大賚汝。爾無不信，朕不食言。爾不從誓言，予則孥戮汝，罔有攸赦！」』（書湯誓。）

備覽「桀敗於有娀之虛，犇於鳴條；夏師敗績。湯遂伐三㚇，俘厥寶玉。義伯仲伯作典寶。湯既勝夏，欲遷其社，不可，作夏社。」（史記殷本紀。）

附論『湯武革命，順乎天而應乎人。』（易彖下傳。）

辨囚湯夏臺及湯爲桀臣之說

附論　『齊宣王問曰，「湯放桀，武王伐紂，有諸？」孟子對曰，「於傳有之。」曰，「臣弒其君，可乎？」曰，「賊仁者謂之『賊』；賊義者謂之『殘』；殘賊之人謂之『一夫』。聞誅『一夫紂』矣，未聞弒君也！」』（孟子。）史記夏本紀云，『桀召湯而囚之夏臺，已而釋之。湯修德，諸侯皆歸湯；湯遂伐桀。桀走鳴條，遂放而死，曰，「吾悔不殺湯於夏臺，使至此！」』儒林傳載黃生與轅固生爭論湯武事，云，『桀紂雖失道，君也；湯武雖聖，臣也。夫主有失行，臣不能正言匡過，反因而誅之，代立踐南面，非弒而何！』由是後之儒者皆以征誅爲湯武疚。余按，爲是說者皆誤以湯爲桀之臣故爾；而其實不然。湯誓曰，『今爾其曰，「夏罪其如台」』，是桀固無如湯何也。使桀果嘗囚湯，商民安得曰『夏罪其如台』乎！湯誓曰，『夏王率遏衆力，率割夏邑』，是桀之政不行於諸侯也。使桀猶爲天下共主，則當云『割萬方，』豈得但云『割夏邑』而已乎！湯誓曰，『今爾有衆女曰「我后不恤我衆，舍我穡事而割正夏，」』是湯之伐桀，民亦有竊議之者也。使桀與湯有君臣之分，商民何故不以大義責之而反但言舍穡之細事乎？商頌曰，『受小球大球，爲下國綴旒，』是湯未伐桀時已受諸侯之朝覲矣。若湯果臣於桀，安得晏然受之？以桀之暴，雖無罪猶囚之，況受諸侯之朝而安能容之哉！商頌曰，『韋顧既伐，昆吾夏桀，』是湯未伐桀時已滅數大國矣。若桀果爲天下共主，湯安得擅滅之？桀既力能囚湯，豈有聽其坐大而不問，乃束手以待其伐己者乎！由詩書之言觀之，則湯與桀之事固不如世所傳云云也。蓋三代封建之制，與後世郡縣之法異，而夏當家天下之始，其事又與商周不同。昔者禹有聖德，天下歸之，啓能繼禹之道，則又歸之，禹初未嘗傳之子也。大康既失德，則民之視之猶虞夏之視朱均耳。羿浞迭起，后相遠逃，天下之無主已數世矣。少康能布其德以收夏衆，然後祀夏配天，不失舊物，當是時，人以繼爲適然，非以繼爲必然也。　孔甲既衰，諸侯復叛，韋顧昆吾迭起，夏之在天下若一大國然，但一二小弱諸侯畏其威力耳。　是以湯之受球，受共伐韋伐顧，安然而無所疑，桀亦聽之而不復怪。　何者？　諸侯本不臣屬於桀也。　桀安能召湯而囚之夏臺哉！　天下者，天之天下也，非一姓之天下也。　故舜繼堯，禹繼舜，人以爲固然也。　適會禹有賢子，間兩世而又得少康后杼之孫，天下附於夏者數世，由是遂以傳子爲常；猶齊之伯僅一世，而晉之伯遂至於數世也。　然一姓之子孫必不能歷十百世而皆賢，不賢則民受其殃，必更歸於有德而後民安；而既已傳子，又必不能復傳之賢，則其勢必出於征誅而後可。　故揖讓之不能不變而爲征誅者，天也，聖人之所不能違也；雖堯舜當之亦若是而已矣！　聖人之道，猶水也。　清而不汚，柔而能受，潤物而使遂其生者，水之德也。　紆徐縈洄，一瀉千里者，水所遭之勢也。　水非有心於紆徐縈洄與一瀉千里也，水不能違地故也。　以一瀉千里之水爲有異於紆徐縈洄之水而優劣之者，誣水者也。以征誅之聖人爲有異於揖讓之聖人而優劣之者，誣聖人者也。自戰國以後，楊墨並起，而楊氏之言尤橫，常非堯舜，薄湯武，毀孔子，以自張大其說；一變而託於黃老，再變而流爲名法。是以史記自敘，六術之中有墨而無楊。何者？黃老，名法，即楊氏也。習黃老者務以清淨無事爲貴，故以堯舜爲擾民，以湯武爲弒君。習名法者務以苛刻慘忍，先發制人爲强，故謂啓嘗殺益，大甲嘗殺伊尹以保其國；桀嘗釋湯於夏臺，紂嘗釋文王於羑里而卒亡其身。其意惟欲人主之果於殺戮耳，豈顧其事之虛實哉！司馬談受道論於黃公，兼通名法之學，遷踵之而成書，故其中多載異端之說。然觀轅固生之與黃生爭論，則漢初儒者猶不惑於楊墨，但以景帝諱言放伐之事，是以後此學者莫敢昌言明湯武之受命耳。（詳史記儒林傳。）逮至魏晉以後，狐媚相仍，遂公然借禪讓之僞售征誅之眞，而曲學阿世之徒從而和之。相沿既久，習爲固然，雖儒者亦不敢駁其謬，反若爲不刋之論者然，良可嘆也！曰，然則齊宣何以謂之『臣弒其君』也？ 曰齊宣之問亦爲楊氏邪說所誤；春秋傳中賢士大夫曾有一人之爲是言者乎？ 然其所謂君臣云者，亦但就天子諸侯之名分言之，非以爲食其祿而治其事之君臣也。 故孟子曰『殘賊之人謂之一夫；聞誅一夫，未聞弒君也』 正謂夏商失道，政不行於天下，故不得謂之共主，非謂湯武親立桀紂之朝而其君不仁，遂可不謂之君也。 但孟子之意在於警人主，故以仁暴大義斷之，而未暇詳申其說耳。 後儒惑於異端先入之言，不察其實，遂疑孟子之言不可爲訓，誤矣！ 嗟夫世之陋儒斥楊墨爲異端而薄湯武以爲虧君臣之義，不知湯武之弒君，其說乃出於楊朱，而孔孟無是言也！ 此無他，不學而已矣！ 故今不載夏臺之事，而并糾黃生之謬。 說並詳後文王武王篇中。

備覽 『諸侯心服，湯乃踐天子位，平定海內。 湯歸，至於泰卷（陶），中𤱳作誥』（史記殷本紀・一）

偽書仲虺之誥之謬

辨卞隨務光自沈之說

僞古文尚書有仲虺之誥，乃掇拾經傳之文而參以己意聯屬成篇者；淺弱排比，絕不類夏商間語，不但與誥體不相似也。尤可笑者：隨季所引止「取亂侮亡」四字，子皮所引止「亂者取之，亡者侮之」八字，即前文而有詳略耳；其「兼弱攻昧」乃隨季自述武經之語，「推亡固存」乃子皮自告大夫之言；今乃悉取以入篇中，而云「兼弱攻昧，取亂侮亡，推亡固存」，重復堆砌，不成文理，亦足以見其窘於詞而窮於湊矣！故今不采其文。其篇首所稱「惟有慚德」者，亦非是。說見後篇吳公子札條下。

存參 「湯放桀而歸于亳，三千諸侯大會。湯從諸侯之位，三讓。三千諸侯莫敢即位，然後湯即天子之位。」（尚書大傳。）

呂氏春秋云，「湯將伐桀，因卞隨而謀，卞隨曰，『非吾事也。』又因務光而謀，務光曰，『非吾事也。』湯遂與伊尹謀夏伐桀，克之。以讓卞隨，卞隨乃自投於穎水而死。又讓於務光，務光乃負石而沉於募水。」余按湯之伐夏，謀於國之卿大夫則有之，必不謀之隱士。天下者，天之天下，非湯所得私也，豈容私讓之一二人！故史記云「諸侯心服，湯乃踐天子位，」正與朝覲訟獄之歸舜禹者同。大傳亦稱『湯會三千諸侯，三讓，莫敢卽位，』其言雖淺近，要其大概當如是。若呂氏春秋所云，乃楊氏爲黃老說者之所僞撰以非湯武者，其二人姓名亦假設言之。而後世之人稱隱士者遂以隨光爲首，謬矣！故今載史記語，并取大傳之文刪而存之，而呂氏春秋之言削之不錄。

成湯下 外丙仲壬附

補「曰，『予小子履，敢用玄牡，敢昭告於皇皇后帝：有罪不敢赦，帝臣不蔽，簡在帝心。朕躬有罪，無以萬方；萬方有罪，罪在朕躬！』」

（論語堯曰篇。）

按此文與湯誓立政相表裏，非聖人不能爲此言也。蓋聖人之伐國，非以

引湯誥可信

辟土地，創大業也；聖人之用賢，非以示己恩，希厚報也：凡皆奉天以行事耳，聖人無所容心於其間也。且其人曰『帝臣』，明不敢私以爲己臣也；擧而用之，謂之『不蔽，』明此爵祿乃賢人所固有，己但不沮抑之，非分己所有以予之也。其於所擧之人猶如是，況天下之民，天下之土地乎！然則聖人之心，一天也；聖人之心之光明，一日月也。漢高帝云『賢士從吾遊者，吾能尊顯之，』其市恩之念固不足以相方。僞尚書伊訓云『敷求哲人，俾輔於爾後嗣，』其氣量之大小，心體之廣狹，亦豈可以同日語哉！嗚呼，此湯之所以繼堯舜而得列於『聞知』者也！此章前載堯之命詞，頗失聖人之意；後載周之新政，雖無可疑，然亦不若此文純粹，蓋由所采之書不一，斯其文亦不均。此必當日史臣實錄，故今獨取此文以補詩書之缺。學者卽是求之，庶聖人之心猶可見其萬一云。

此文據孔注，以爲伐桀告天之詞。而僞古文尚書在湯誥中。玩其詞意，似克夏後而告天者。故置之於此。

史記引湯誥

補『商湯有景亳之命。』（左傳昭公四年。）

備覽『既絀夏命，還亳，作湯誥。——「維三月，王自至於東郊，告諸侯羣后：「毋不有功於民，勤力迺事。予乃大罰殛女，毋予怨。」曰：『古禹皐陶久勞於外，其有功乎民，民乃有安。東爲江，北爲濟，西爲河，南爲淮，四瀆已修，萬民乃有居。后稷降播，農殖百穀。三公咸有功於民，故后有立。昔蚩尤與其大夫作亂百姓，帝乃弗予，有狀。先王言，不可不勉。』曰：『不道，毋之在國，女毋我怨。』——以令諸侯」』（史記殷本紀。）

按史記所載尚書諸篇，凡今文所有者，若堯典禹貢臯陶謨之屬，皆全錄其文；其餘或僅載其略，或但記其由，雖小有異同而大意不失。若今文所無，獨孔壁古文有者，惟此篇頗載其略，而語亦似欠醇古；其餘未有錄者。竊疑科斗書廢已久，時不能識其二十八篇（今文所有），幸有今文書存，可以參證而得之；至二十四篇（今文所無），則安國但以己意揣度讀之，不能無闕誤；故史記漢書並言「得多十餘篇」，而不言其文之可讀。然則此十六卷（卽二十四篇），不待王莽之亂，固已非全書矣，是以儒者多不傳也。然與劉焯所傳古文尙書湯誥之文無一語相同者，則彼爲後人所僞撰，而不出於安國，不待言矣。

「亦越成湯，陟丕釐上帝之耿命；乃用三有宅，克卽宅，曰三有俊，克卽俊。嚴惟丕式，克用三宅三俊。其在商邑，用協於厥邑。其在四方，用丕式見德。」（書立政。）

按此文言「陟耿命」，又言「四方丕式見德」，蓋統湯之始終言之。故次之於此。

「伊尹相湯以王於天下。」（孟子。）

立賢無方之故

「仲虺（卽中鼺，古字通用）居薛，以爲湯左相。」（左傳定公元年。）

按，伊尹之爲相與湯相始終，仲虺之封薛亦當在湯有天下之後。 故因「三宅三俊」之文，並次之於此。

備覽

「伊尹作咸有一德。 咎單作明居。」（史記殷本紀。）

「孟子曰，『湯執中，立賢無方。』」（孟子。）

附論

按，三王皆以進賢爲務，而孟子獨以「無方」稱湯者，其時勢不同也。 禹承二帝之治，百僚皆得其人，十年而崩，無大變革。 周則世有哲王，賢多出於親舊；且其得天下緩，則其舉直錯枉亦當以漸；卽有一二遺佚驟起，如伯夷太公者，要之爲數無多。 若湯則崛起於七十里，承夏失政之後，賢人失職者多，驟滅諸大國而一天下，「徯后」之民非悉擇人以安輯之不可，是以廣搜巖穴，惟日不足，而用人多不次，其時勢然也。 故湯告天之詞曰，「有罪不敢赦，帝臣不蔽，簡在帝心，」蓋不伐暴則雖有賢而無所用，不舉賢則伐暴亦徒然而已。 然則宅後之用與夏昆吾之伐正相表裏，不分輕重。故湯生平所汲汲者惟此二事爲要，而孟子亦專以是歸於湯也。故今於伐夏事畢之後，悉次以湯得人之事。

『昔有成湯，自彼氏羌，莫敢不來享，莫敢不來王，曰商是常。』（詩商頌）

引張栻李九我言辨以身爲犧之說

世傳『湯時大旱，太史占之曰，「當以人禱。」湯遂齋戒，剪髮斷爪，素車，白馬，身嬰白茅以爲犧牲，禱于桑林之野，以六事自責曰，「政不節與？民失職與？宮室崇與？女謁盛與？苞苴行與？讒夫昌與？」言未已，大雨乃數千里。』宋南軒張氏，明九我李氏皆辨其謬，今載於左。

張南軒曰，『史載成湯禱雨，乃有剪髮斷爪，身爲犧牲之說。夫以湯之聖，當極旱之時，反躬自責，禱於林野，此其爲民籲天之誠自能格天致雨，何必如史所云！且人禱之占理所不通，聖人豈信其說而毀傷父母遺體哉！此野史謬談不可信者也。』

李九我曰，『大旱而以人禱，必無之理也。聞有殺不辜而致常暘之咎者矣，未有旱而可以人禱也！古者六畜不相爲用。用人以祀，惟見於宋襄楚靈二君。湯何如人哉？祝史設有是詞，獨不知以理裁而乃以身爲犧，開後世用人祭祀之原乎！天不信湯平日之誠而信湯一日之祝；湯不能感天以自修之實，而徒感天以自責之文：使後世人主一遇水旱，徒紛紛於史巫，則斯言作俑矣！』

余按，公羊桓五年傳云，『大雩者，旱祭也。』註云，『君親之南郊，以六事謝過自責，曰，「政不一與？民失職與？宮室崇與？婦謁盛與？苞苴行與？讒夫倡與？」（疏云，『皆韓詩傳文』。）使童男女各八人舞而呼雩，故謂之雩。』然則是以六事自責乃古雩祭常禮，非以爲湯事也。僖三十一年傳云，『三望者何？望祭也。然則曷祭？祭泰山，河，海。』註云，『韓詩傳曰，「湯時大旱，使人禱于山川」是也。』然則是湯但使人禱于山川，初未嘗身禱而以六事

季札言慙德不

自責也；況有以身爲犧者哉！　且雩，祭天禱雨也；三望，祭山川也；本判然爲兩事，——雖今詩傳已亡，然觀注文所引亦似絕不相涉者，——不識傳者何以誤合爲一，而復增以身爲犧之事以附會之也？　張李二子之辨當矣。　又按，諸子書或云，「堯有九年之水，湯有七年之旱；」或云，「堯時十年九水，湯時八年七旱。」堯之水見於經傳者多矣，湯之旱何以經傳絕無言者？　堯之水不始於堯，乃自古以來積漸氾濫之水至堯而後平耳。　湯之德至矣，何以大旱至於七年？　董子云，「湯之旱乃桀之餘虐也。」　紂之餘虐當亦不減於桀，周克殷而年豐，何以湯克夏而反大旱哉？　然則湯之大旱且未必其有無，況以身爲犧乃不在情理之尤者乎！　故今倂不錄。

【附論】「吳公子札來聘，見舞韶濩者，曰，『聖人之弘也，而猶有慙德，聖人之難也！』」（左傳襄公二十九年。）

「慙德，」杜氏註云，「慙於始伐。」　撰僞尚書者因之，遂云，「成湯放桀於南巢，惟有慚德，曰，「予恐來世以台爲口實！」』余按，象箾南籥，文王樂也，而季札云，『美哉，猶有憾！』大武，武王樂也，而季札云，『美哉周之盛也，其若此乎！』文王不伐商而反憾之，武王伐商而反不憾，然則慚德不必以伐夏故矣。所慚所憾，蓋皆自樂論之，後世古樂亡，遂不可考耳，不得以揣度之詞斷之也。聖人舉事，皆奉天而行者也，故必審度再四，無毫髮之疑，然後敢爲之。伐夏果有未安，聖人必不輕舉；果無未安，何容既伐之後復有慚德！故論語記湯之言曰，『有罪不敢赦』，赦之既不敢矣，伐之又何慚焉！若赦之不可，伐之又不可，是無一途可免於罪戾也，天下有是理乎！蓋凡爲是說者，皆爲楊氏邪說所誤，以爲湯嘗立桀之朝，故爾，而不知其未嘗有是事也。然自異端言之，人有多疑之者；註經者采之，而人遂往往信之。至采其文以入僞書，而人遂無復敢議之。而烏知夫僞經之反本於注，注反本於異端之說哉！且卽使季札果有此意，湯亦必不容有此言也。說已詳前伐夏條下。

湯樂名之異

存參『宋公享晉侯於楚丘，請以桑林。荀罃辭。荀偃士匄曰「諸侯宋魯於是觀禮。魯有禘樂，賓祭用之。宋以桑林享君，不亦可乎！」舞師題以旌夏，晉侯懼而退入於房。去旌，卒享而還。』（左傳襄公十年。）

按杜註云，『桑林，殷天子之樂名，』則是湯之樂也。湯樂名韶濩，又名大濩，此何以稱桑林？豈一樂而兩其名與？抑有兩樂與？姑存之以參考。

附論『孟子曰，「由湯至於文王，五百有餘歲，若伊尹萊朱則見而知之，若文王則聞而知之。」』（孟子。）

補『湯崩，太丁未立，外丙二年，仲壬四年。』（孟子。）

『湯崩，太子太丁未立而卒，於是迺立太丁之弟外丙。外丙即位三（當作二）年，崩；立外丙之弟仲壬。仲壬即位四年，崩；伊

辨太甲繼湯之說

尹迺立太丁之子太甲。太甲，成湯適長孫也。』（史記殷本紀。）

外丙仲壬二王，自孟子史記逮帝王世紀皆同，無異詞者。至僞孔傳及唐孔氏正義因書序有『成湯既沒，太甲元年，伊尹作伊訓』之文，遂謂湯沒之歲卽太甲之元年，並無外丙仲壬兩代。由是唐宋諸儒皆叛孟子而信其說。蔡傳駁之云『儒者以序爲孔子所作，不敢非之，反疑孟子所言與本紀所載，是可歎也』。其論是矣。然僞孔傳所言亦初非書序意。何者？序言『成湯既沒，』但爲太甲失敎，伊尹作書張本，非謂必沒於作書之年也。傳云，『神農氏沒，黃帝堯舜氏作』，孟子云，『堯舜既沒，聖人之道衰，暴君代作。』神農沒之年，黃帝固猶未作，何況堯舜！堯舜之後尚有禹啓，何得遂云『暴君代作』也！古人於文不過大概言之，烏得以詞害其志乎！遂以此爲太甲繼湯之據，誤矣。乃元明以來編古史者因程邵皆從僞傳之故，遂以蔡傳爲謬，而削外丙仲壬兩代，因復論之如左。

程子云，『古人謂歲爲年。湯崩時，外丙方二歲，仲壬方四歲；惟太甲稍長，故立之也。』東齋陳氏深以此說爲然。余按人君在位稱幾年，常事也；若其生之年則必言『生』以別之。春秋傳云，『逆周子於京師而立之，生十四年矣』；又云，『盈生五年而武子卒』；而楚共王亦云，『不穀不德，生十年而喪先君』；未有徒言『年』而不言『生』者。且外丙生二年，仲壬生四年，則仲壬長於外丙矣，於文當先言仲壬，何以先弟而後兄乎？

邵堯夫皇極經世書譜帝王世次，湯起乙未，太甲起戊申，無外丙仲壬。於是東齋陳氏，雙湖（當考）胡氏並據此以立說，以爲堯夫精於數學，必能推知帝王世數，無可疑者。余按，天下之事有可以思而得者，有必待學而後知者，——理，可以思而得者也；事物名數，必待學而後知者也，——堯夫安能以數而知三千年以前帝王之名與世哉！孔子曰，『夏禮吾能言之，杞不足徵也；殷禮吾能言之，宋不足徵也：文獻不足故也。』故其作春秋也，有不知則缺之。孔子不能以數知之，而堯夫能以數知之，將堯夫更聖於孔子乎！孟子生於戰國之初，典籍猶存，其言必本之於古史。堯夫之書不過據前人傳記以爲說，既相傳以爲然，因亦以爲然，而未暇考耳，豈果以數知之，而乃據宋人之書疑孟子之言乎！且凡術數之學，可以得其彷彿而已，從未有能眞知確見者也。漢眭孟知當有匹夫爲天子者矣，而不知其應乃在宣帝。宋孔熙先知文帝以骨肉相殘，非道晏駕，又知江州當出天子矣，而以爲義康當之，不知其應乃在元凶劭與孝武。此其術皆不可謂不工，然卒不能得其實，而反以殺身。是以術數之學，儒者之所不道；奈何欲以此折衷經傳之是非乎！嗟夫，不求之經傳而求之數，此東方朔『上天』之說也，惡乎其窮之！瞽者以生辰推人禍福，有不合，則曰『必爾時誤也，移以爲某時則合矣。』二子之信經世書而疑孟子也，毋乃類是？

辨胡宏立嫡孫之說

胡氏大紀云，『二帝官天下，定於與賢。三王家天下，定於立嫡。立嫡者，敬宗也，尊祖也。』成湯伊尹以元聖之德，戮力創業，乃舍嫡孫而立諸子，亂倫壞制，開後世爭奪之端乎！ 公儀仲子舍孫而立子，言偃問曰，「禮與」 孔子曰，「否立孫。」 孔子，殷人也，而不以立弟爲是，此以義理知其非也。」 南氏綱目前編遂遵其說以紀商年，而世亦多信之。 余按，三王惟禹在湯之前，而禹薦益於天，初不傳啓，豈惟未嘗定於立嫡，抑且未嘗定於立子。 立嫡之所由來，非定也，乃漸也。 蓋上古之時，天子本不相繼；至唐虞而後相繼，然惟其德，不惟其一姓也。 啓之繼禹，偶然者耳；以德而繼，雖傳子猶之乎傳賢也。 太康失道，羿浞迭起，天下之亂由於異姓之爭；是以少康中興，遂以一姓相繼爲常，然後異姓之覬覦息。 然雖蘄於一姓，仍惟其德，不惟其嫡與庶，弟與子也。 及商中葉，兄弟爭立，亂至數世，昔日異姓之患移於同姓；於是遠慮之主復以嫡長相繼爲常，然後同姓之覬覦息。 是故，一姓之傳非禹爲之，羿浞爲之也；嫡長之立亦非禹湯爲之，商之中葉爲之也 由是言之，由傳賢而爲傳子，由傳子而爲傳嫡，皆漸耳。 夫誰定於立嫡，而乃以責湯之遵守！ 是猶責史籀李斯之不能爲楷，而笑陶潛鮑昭之不能爲律也，豈不可笑也哉！　然所謂立嫡者，特立子耳，尙未聞有立孫者也。　記云，『文王舍伯邑考而立武王，微子舍其孫腯而立衍，』然則嫡孫之立當在成康以後。　孔子所謂『立孫』者，自謂仲子當然耳；古今不同，時勢各異，非謂古聖賢皆當立孫也。　胡氏據此，遂謂湯必無立外丙之事；然則文王亦無立武王之事，微子亦無立微仲之事乎！　當湯之沒，天下之定未久，此非少主所能臨也明矣。　武王之疾，周公請以身代，慮成王之不能安天下也；幸而武王又數年而始崩；然成王之立，天下猶幾至於亂。　況太甲本非令主，立之必至顚覆湯之典刑；寧坐視天下之亂，宗社之墟乎？抑將立庶子以安宗社，以靖天下也？　是故，太甲之放，伊尹所不得已也；藉令二王得永其世，伊尹可以無桐宮之事矣。　爲伊尹者，必立嫡而放之乎？抑立庶而事之之爲愈也？　況放君與立庶孰爲輕重：胡氏不怪放君之爲亂倫壞制，而獨怪立庶之爲亂倫壞制乎！　且嫡長之立，未見其必勝於立弟與立庶也。　秦成公之立穆公，周明帝之立武帝，皆弟也；韓獻子之立起，趙簡子之立毋恤，皆庶也；然卒興其國家。而晉武帝之不肯易嫡，周武帝之不肯廢其子贇，唐太宗之不立庶子吳王恪，齊武帝之不廢太孫而立庶子子良，皆可謂不亂倫壞制；然其後竟以致亂，或遂亡國。是故，立賢，上也；立嫡，非盡善也。顧靳於立嫡者，非以是爲義也；賢否無形而嫡庶易見，靳於立賢則必至於立愛，故無寧立嫡之爲可常耳，非謂遭人倫之變者少易之而即得罪於名教也；況商周以前淳樸之世哉！嗟夫，聖人者，義之的也，經傳者，聖人之案也，故求義必於聖人，求聖人必於經傳；今胡氏乃自以其臆見斷湯之事而絀孟子之說，二王之有無不足計，吾恐此說行而世之無忌憚者皆將挾其私見以懸斷帝王之事而致失聖人之眞也！故不可以不辨。

附伊尹

「成湯既受命，時則有若伊尹，格于皇天。」（書君奭。）

年七十不遇之說

「伊尹耕於有莘之野而樂堯舜之道焉。非其義也，非其道也，祿之以天下，弗顧也，繫馬千駟，弗視也。非其義也，非其道也，一介不以與人，一介不以取諸人。湯使人以幣聘之，囂囂然曰「我何以湯之聘幣爲哉！我豈若處畎畝之中，由是以樂堯舜之道哉！」」（孟十・）

附論　「萬章問曰「人有言『伊尹以割烹要湯』，有諸？」孟子曰，「否，不然。吾未聞枉己而正人者也，況辱己以正天下者乎！聖人之行不同也，或遠或近，或去或不去，歸潔其身而已矣」」（同上・）

帝王世紀云，『伊摯豐下銳上，色黑而短，僂身而下聲，年七十而不遇。湯聞其賢，設朝禮而見之。』（見後漢書馮衍傳註・）余按，伊尹相湯以王天下，其在湯朝必歷有年所，其後又相外丙仲壬，太甲沃丁，不下數十餘年，則伊尹之遇湯當在中年；以爲七十，謬矣！至於短黑僂身云者，亦皆戰國策士抑揚之詞，非實事。故不錄。

「湯三使往聘之。既而幡然改曰，「與我處畎畝之中，由是以樂堯舜之道，吾豈若使是君爲堯舜之君哉！吾豈若使是民爲堯舜之民哉！吾豈若於吾身親見之哉！天之生此民也，使先知覺後知，使先覺覺後覺也。予，天民之先覺者也。予將以斯道覺斯民也！非予覺之而誰也！」思天下之民，匹夫匹婦有不被堯舜之澤者，若己推而內之溝中。其自任以天下之重如此，故就湯而說之以伐夏救民。』（同上。）

『伊尹曰，「何事非君！何使非民！」治亦進，亂亦進。」（同上。）

附論 『孟子曰，「伊尹，聖之任者也。」』（同上。）

備覽 『伊尹去湯適夏。既醜有夏，復歸於亳。入自北門，遇女鳩女房，作女鳩女房。』（史記殷本紀。）

孟子書中有『伊尹五就湯，五就桀』之語，論者因之，或以爲伊尹罪。余按，孟子辨伊尹要湯事，稱其非義非道，祿以天下弗顧，湯以幣聘猶不肯往，必無一旦無故去商而欲輔桀之事。卽就桀矣，桀之暴戾不可化誨，伊尹豈不見之：卽由亳而適夏，復由夏而歸亳，一已足矣，五何爲焉！孟子稱伊尹言『何事非君，』而史記載書序復有「醜夏歸亳」之事，然則伊尹固嘗適夏，或仕於桀，或未嘗仕於桀，或如孟子在梁爲齊客卿者然，皆未可知。惜乎女鳩女房之篇已亡，其事不可詳考。要之五就湯，五就桀，則必無之事也。戰國游說之士多喜妄談古人，既流俗相傳有至夏之事，遂從而甚其詞，以爲五就桀耳。且伊尹初就者湯也，若果五就湯，五就桀，則當終於夏，何由復至商！其非實事，亦已明矣。

辨五就湯桀之說

大抵相傳之言往往過甚其詞。論語中記子張言云，『令尹子文三仕爲令尹，無喜色；三已之無慍色，』然以傳文考之，初未嘗有此事。子文初代子元爲令尹，見於傳；後讓令尹於子玉，見於傳。其間何時已之，何時再仕，何時再已，何時三仕，何以傳無一言及之？楚自成王以後，令尹無不見於傳者；代子文者何人，何以獨不見於傳？且子文之不爲令尹，乃自欲授政於子玉，初未有人已之。然則其事爲無徵矣。春秋之世，列國執政之人從未有忽廢忽用者，非若後世之以罷相復相爲常事也；子文何以獨有此事？子文之爲令尹，始終皆在楚成之世；子文忠於楚者，楚子何故已之？已之後又何故用之？揆之事理，亦殊乖剌。然則此亦莫須有之事矣。蓋子文之初爲令尹也，自毀其家以紓國難，故相傳以爲『無喜色』也。其後授政子玉，絕無戀位之心，故相傳以爲『無慍色』也。相傳日久而甚其詞，故遂以爲三仕三已而無喜慍焉耳。竊意伊尹之事亦當類此：記孟子者習於流俗所傳，因誤采之入於孟子言中耳，——正如汝淮泗皆入海而以爲入江也。蓋聖賢言之，聖賢初未嘗自書之；後人記其言者但取其大意如是，原不保無一二語之失實。論語前十篇中猶不免有之，況孟子書中乎！此章乃辨淳于髡言道之不同，偶及伊尹，非其意所專注；若要湯章乃專辨伊尹事，必得其實。學者當取信於彼，不必以此爲疑也。故今不載孟子此文。

補『天誅造攻自牧宮，朕載自亳。』（逸書。）

補「伊尹曰，『予不狎于不順。』放太甲于桐，民大悅。太甲賢，又反之，民大悅。」（孟子。）

附論『公孫丑曰，「賢者之爲人臣也，其君不賢則固可放與？」孟子曰，「有伊尹之志則可，無伊尹之志則篡也！」』（同上。）

僞古文尚書伊尹之書凡五篇：曰伊訓，曰太甲三篇，曰咸有一德。然其文

阿衡保衡非伊尹

義率多淺易，文勢頗雜排偶，非惟不類夏商間語，亦幷不類秦漢時文。 其中雖有名言佳論而皆掇拾經傳之文及經傳所引逸書之語（如『昧爽丕顯』及『天作孽，猶可違』之類）而聯綴以成篇者，正如集腋爲裘者然；其爲魏晉後人之所擬作無疑。 且伊訓與漢書所引之文不同；太甲三篇據史記乃褒太甲之書，而今乃戒太甲之語；咸有一德據史記乃作於湯世，而今乃以爲太甲時伊尹歸政之後。 故今皆不錄。

備覽 『沃丁之時，伊尹卒。 既葬伊尹於亳，咎單遂訓伊尹事，作沃丁。』（史記殷本紀。）

史記殷本紀云，『伊尹名阿衡。』 鄭康成云，『阿，倚；衡，平也。 伊尹，湯倚而取平，故以爲官名。』 是以伊尹阿衡爲一也。 僞古文尚書因之，遂曰，『惟嗣王不惠于阿衡，伊尹作書』云云。 又曰，『昔先正保衡作我先王，一夫不獲，則曰「時予之辜」』 皆以伊尹之事爲阿衡保衡之事。 余按書云，

『成湯既受命，時則有若伊尹，格于皇天；在太甲，時則有若保衡，』則是伊尹保衡爲二人明甚。安有同是一人而兩舉之，一則屬之成湯，一則屬之太甲，變其稱謂以爲奇乎！謂保衡卽伊尹，亦可謂巫賢卽巫咸乎！詩曰，『昔在中葉，有震且業：允也天子，降于卿士；實維阿衡，實左右商王。』夫曰『中葉，』卽太甲世也；曰『有震且業，』卽太甲居桐宮事也。但言阿衡之輔太甲耳，初未嘗見有輔成湯之事也。傳曰，『伊尹放太甲而相之，卒無怨色。』孟子書記伊尹事尤多，皆無有稱之爲保衡阿衡者。何由而知保衡阿衡之必爲伊尹也哉？考古稱謂之例，多以官名冠人名者。詩曰，『維師尙父，』師，官名也；尙父，太公字也。書曰，『保奭，其汝克敬，』保，官名也；奭，召公名也。春秋傳中所載史佚，卜偃，祝鮀，師曠之屬尤多，不可悉數。然則『阿』『保』當爲官名，而『衡』當爲人名矣。古者有師，有傅，有阿，有保；傳記所載，未聞有以『衡』名官者。蓋衡嘗爲阿，又嘗爲保，故或稱阿衡，或稱保衡耳。若以二字皆爲官名，則一官旣不應兩稱，兩官又不必俱以衡名而又皆使伊尹兼之：其不然審矣。嗟夫，伏羲之與太皞，神農之與炎帝，南容之與南宮敬叔，明明爲兩人也，而後世皆以爲一人；則皋陶之與庭堅，伊尹之與保衡，其兩舉於經傳者，吾又安敢附和之而概以爲一人乎！然王良，伯樂，國語明明一人者，後世又分爲兩人；復何怪夫宋人之以堯舜爲一人，而唐人之以班固與班孟堅爲兩人也！是皆可爲之一噱也。故今保衡，阿衡之文俱不載於伊尹篇中。

商考信錄卷之一終

商考信錄卷之二

太甲（沃丁以後諸王附）

【補】『惟太甲元年十有二月乙丑朔，伊尹祀於先王，誕資有牧方明。』（逸書伊訓，見漢書律曆志。）

【備覽】『太甲元年，伊尹作伊訓，作肆命，作徂后。』（史記殷本紀。）

【補】『太甲顛覆湯之典刑，伊尹放之於桐。三年，太甲悔過，自怨自艾，於桐處仁遷義三年，以聽伊尹之訓己也。復歸於亳。』（孟子。）

【補】『伊尹放太甲而相之，卒無怨色。』（左傳襄公二十一年。）

【備覽】『太甲修德，諸侯咸歸殷，百姓以寧。伊尹嘉之，迺作

辨太甲殺伊尹之說

太甲訓三篇，褒太甲，稱太宗。」（史記殷本紀。）

竹書紀年云，『仲壬崩，伊尹放太甲于桐，乃自立也。伊尹卽位於太甲七年，太甲潛出自桐，殺伊尹；乃立其子伊陟伊奮，命復其父之田宅而中分之。』杜氏云，『左氏傳「伊尹放太甲而相之，卒無怨色，」然則太甲雖見放還殺伊尹而猶以其子爲相也。此爲大與尚書敘說太甲事乖異。不知老叟之伏生或致昏忘？將此古書亦當時雜記，未足以取審也？』余按，孟子云，『太甲悔過，自怨自乂，於桐處仁遷義三年，以聽伊尹之訓己也，復歸於亳。』又云，『太甲賢，又反之，民大悅。』傳云，『伊尹放太甲而相之，』史記云，『沃丁之時，伊尹卒；既葬伊尹于亳，咎單遂訓伊尹事作沃丁。』則是伊尹自復太甲，太甲並無潛出之事；太甲復位之後，伊尹仍爲之相，至沃丁時始卒，未嘗死於太甲之世明矣。且祁奚之所謂『無怨』者，正以太甲復位之後仍以爲相，仍聽其言爲無怨耳，非謂其立陟也。若既殺其身矣，安得復謂之無怨乎！蓋自戰國以後，風俗日頹，見利忘義，世俗之人習見而以爲固然，遂妄意古聖人之亦如是，是以有舜囚堯，啓殺益，太甲殺伊尹之說。其意以爲不如是，堯益伊尹必將據天下於己而不肯與人。而豈知古聖人之心廣大若天地，光明若日月，其視富貴猶敝蹝然，故孔子曰，『巍巍乎舜禹之有天下也而不與焉！』孟子曰，『伊尹耕於有莘之野而樂堯舜之道焉：非其義也，非其道也，祿之以天下，弗顧也。』蓋惟聖賢然後能知聖賢之心，彼世俗之『乾餱以愆』者烏足以知之哉！漢昭烈帝將終，謂諸葛武侯曰，『嗣子可輔，輔之；若不可輔，君可自取。』此乃至誠肺腑之言，有何詐僞，而後世論者乃謂其以不肖之心待武侯，故爲是言以堅其意。甚矣，世人之好以小人之心度聖賢也！嗟夫，嗟夫，此考信錄之所以不得不作也！說並見前夏啓篇中。

『昔在中葉，有震且業：允也天子，降于卿士。實維阿衡，實左右商王。』（詩商頌。）

『在太甲，時則有若保衡。』（書君奭。）

按，經傳中稱相湯以治天下者，曰『成湯既受命，時則有若伊尹，格于皇天』（書君奭），曰『天誅造攻自牧宮，朕載自亳』（逸書伊訓），曰『伊尹耕於有莘之野（云云）故就湯而說之以伐夏救民』曰『伊尹相湯以王於天下』（並孟子）曰『伊尹去湯適夏，既醜有夏，復歸於亳』（書序），皆稱爲伊尹，未有一語稱爲保衡阿衡者。　稱放太甲而復之者，曰『惟太甲元年十有二月乙丑朔，伊尹祀于先王』（逸書伊訓），曰『伊尹放太甲而相之』（春秋傳），曰『太甲顛覆湯之典型，伊尹放之於桐』，曰『伊尹曰，「予狎于不順，」』曰『有伊尹之志則可，無伊尹之志則篡也』（並孟子），皆稱爲伊尹，亦未有一語稱爲保衡阿衡者。　然則保衡阿衡之非伊尹明矣。　其稱佐太甲者，則曰『在太甲，時則有若保衡』，曰『昔在中葉（云云）實維阿衡，實左右商王。』　然則相成湯，放太甲者，自伊尹；事太甲，復位之後，佐太甲者，自阿衡保衡事迥非一人明矣。惟劉焯所傳僞古文尚書於伊訓曰，『惟嗣王不惠于阿衡，』於說命曰，『昔先正保衡作我先王，』皆以伊尹之事加於阿衡保衡。無他，彼見史記有『伊尹名阿衡』之文，不知其誤，遂從而稱之耳。故凡尚書出於西漢時者，與司馬遷劉歆王肅之說多有異同；出於東晉後者，則皆本司馬遷劉歆王肅之誤而不之改。然則書之眞僞如黑白之分明，苟非矇瞍，無不辨者。而近世文人乃謂其書非二帝三王不能作，嗚乎其亦不思而已矣！說並見前伊尹篇中。

備覽 『太宗崩，子沃丁立。沃丁崩，弟太庚立。』（史記殷本紀。）

備覽 『太庚崩，子小甲立。小甲崩，弟雍己立；殷道衰，諸侯或不至。雍己崩，弟太戊立。』（同上。）

祥桑穀生當在太戊時

太戊（中丁以後諸王附）

『昔在殷王中宗，嚴恭寅畏天命自度，治民祗懼，不敢荒寧。肆中宗之享國七十有五年。』（書無逸。）

備覽　『太戊立，伊陟爲相。亳有祥桑穀共生於朝，一暮大拱。太戊懼，問伊陟。伊陟曰，「臣聞妖不勝德，帝之政其有闕與？帝其修德！」太戊從之，祥桑枯死。』（史記殷本紀。）

此事，尚書大傳以爲武丁祖己之事；韓詩外傳以爲成湯伊尹之事，但云穀生而不言桑；說苑則於太戊武丁兩載之。余按此必一事而傳之者異詞，或以爲成湯，或以爲太戊，或以爲武丁耳；遂兩載之，誤矣。成湯聖敬日躋，遂有天下，豈待爲天子後然後懼而修德！尚書稱『武丁亮陰，三年不言；其惟不言，言乃雍，』則亦非因災而後自警者。惟太戊，尚書稱其『嚴恭寅畏，治民祗懼，』則史記以此事為太戊時者近是。且太戊之書無存於世者固當有遺美在；若湯武丁則經傳述之者多，似不應遺此事也。而其文亦多淺易，惟史記較為簡古，似司馬氏所採之書獨得其實。故惟載史記之文於太戊之世，而湯武丁之篇不錄。

巫咸非巫

『在太戊，時則有若伊陟臣扈格于上帝，巫咸乂王家。』（書君奭。）

楚詞云，『巫咸將夕降兮，懷椒糈而要之！』註云，『巫咸，殷中宗時神巫。』後世文人往往相沿用之。余按巫者氏也，其先世或嘗為巫祝之官，或其采邑在巫，子孫因以為氏，皆未可知。要之，咸乃商之大臣安社稷者非巫也。屈宋生長蠻方沿訛踵謬固宜；後世文人何為而皆效之乎！

巫咸不始作筮

呂覽云，『巫咸作筮。』余按易傳卦畫於伏羲氏，不容歷二千年至巫咸而後有筮。恐係後人之所附會，故不敢載。

太戊之政無考

僞尚書缺太戊

備覽「伊陟贊言于巫咸，巫咸治王家有成，作咸艾，作太戊。太戊贊伊陟於廟，言弗臣，伊陟讓，作原命。殷復興，諸侯歸之，故稱中宗。」（史記殷本紀。）

按周公無逸篇稱太戊德至矣，而君奭篇所紀賢臣亦較多，其書有咸乂原命等篇，皆君臣相得之事，則太戊之於商乃成湯以後最盛之世也。惜乎其書皆亡，其善政之詳無可考矣！

又按僞古文尚書，太甲時有伊訓太甲及咸有一德，太戊時則咸乂太戊原命皆無之。蓋太甲之事經傳多言之，而其文亦間有引於傳記者，故有所倚傍以成篇；若太戊事則罕見於經傳，故無從而擬之耳。惜乎後人之不之察也！

備覽「中宗崩，子中丁立。中丁崩，弟外壬立。外壬崩，弟河亶甲立；殷復衰。」（同上。）

備覽 『仲丁遷於囂（史記作『隞』）河亶甲居相。』（書序。）

備覽 『河亶甲崩，子祖乙立。』（史記殷本紀。）

祖乙（祖辛以後諸王附）

『在祖乙時則有若巫賢。』（書君奭。）

備覽 『祖乙圮于耿。』（書序。史記作『遷于邢』。）

備覽 『祖乙崩，子祖辛立。祖辛崩，弟沃甲（世本作『開甲』）立。』（史記殷本紀。）

備覽 『沃甲崩，立祖辛之子祖丁。祖丁崩，立沃甲之子南庚。』（同上。）

史記言中丁以來九世亂

備覽『南庚崩，立祖丁之子陽甲。自中丁以來，廢適而更立諸弟子；弟子或爭立，比九世亂，於是諸侯莫朝。陽甲崩，弟盤庚立。』（同上。）

大紀云，『仲丁當作沃丁。自沃丁至陽甲，立弟者九世，則仲丁之名誤也。』余按自仲丁以後，有外壬，河亶甲，祖乙，祖辛，沃甲，祖丁，南庚，至陽甲正得九世，仲丁字不誤也。今胡氏乃專取兄終弟及之九世當之，則自沃」至陽甲凡十四世，豈得間隔數之，統謂之『比九世亂』乎！且史記所謂『亂』者，諸弟子爭立耳，非立弟則當遂謂之亂也。若本不相爭，而但因無子或子幼及不肖而立弟，豈得概謂之亂！而太戊『格於上帝，』享國七十五年，尤不可以謂之亂也。故今仍用史記原文。

盤庚（小辛小乙附）

『盤庚遷于殷，民不適有居，率籲衆慼出矢言。……王若曰，「格汝衆，予告汝訓！汝猷黜乃心，無傲從康。古我先王，亦惟圖任舊人共政。王播告之修，不匿厥指，王用丕欽。罔有逸言，民用丕變。今汝聒聒，起信險膚，予弗知乃所訟！……汝不和吉言于百姓，惟汝自生毒；乃敗禍姦宄，以自災于厥身。乃既先惡于民，乃奉其恫，汝悔身何及！相時憸民，猶胥顧于箴言，其發有逸口，矧予制乃短長之命！汝曷弗告朕，而胥動以浮言？恐沈于衆。若火之燎于原，不可嚮邇，其猶可撲滅。則惟汝衆自作弗靖，非予有咎。』（書盤庚。）

按，盤庚上篇乃誥羣臣者。 蓋卿士大夫者，萬民之望，觀篇中所云『先惡于民，』云『胥動以浮言，』則是民之梗化皆卿士大夫之倡之也，故先誥之。盤庚其可謂知本矣。 卿士大夫不與君一體，於此見殷道之衰。 幸而盤庚能正其本以義責之以刑惕之，使之有所畏憚而不敢恣其所欲爲，所以卒能保守先業而有以開武丁之中興也。

『遲任有言曰，「人惟求舊；器非求舊，惟新。」 古我先王暨乃祖乃父胥及逸勤，予敢動用非罰！ 世選爾勞，予不掩爾善。 茲予大享于先王，爾祖其從與享之。 作福作災，予亦不敢動用非德！……無有遠邇，用罪伐厥死，用德彰厥善。 邦之臧，惟汝衆；邦之不臧，惟予一人有佚罰。』（同上・）

按，此文乃申明上文遲任『求舊』之義；然云『世選爾勞，予不掩爾善，』

則雖世家子弟亦必擇其賢者而用之，非概以嫡長世及爲常也。蓋商世俗猶近古，雖天子亦有立弟立庶者，況於卿大夫猶皆成景以前，卿雖世及，猶擇其人，至平頃以後而遂以父死子繼爲固然也。觀此可知世變。

『盤庚作，惟涉河民遷，乃話民之弗率，誕告用亶。其有衆咸造，勿褻在王庭。盤庚乃登進厥民，曰「明聽朕言，無荒失朕命！……殷降大虐，先王不懷厥攸作，視民利用遷。汝曷弗念我古后之聞？承汝俾汝，惟喜康共。非汝有咎，比于罰。予若籲懷茲新邑，亦惟汝故，以丕從厥志。今予將試以汝遷，安定厥邦。汝不憂朕心之攸困，乃咸大不宣乃心，欽念以忱，動予一人。爾惟自鞠自苦。若乘舟，汝弗濟，臭厥載。爾忱不屬，惟胥以沈。不其或稽，自怒曷瘳！……往哉生生！今予將試以汝遷，永建乃家！」』

盤庚中篇

此盤庚中篇乃誥萬民者。觀其諄諄訓誡，猶有上下一體之意。若在後世，惟以政率之以刑驅之耳。於此知殷道雖衰而古風猶未泯也。

『盤庚既遷，奠厥攸居，乃正厥位，綏爰有衆，曰「無戲怠，懋建大命！今予其敷心腹腎腸，歷告爾百姓于朕志。罔罪爾衆，爾無共怒，協比讒言予一人。……今我既羞告爾于朕志若否，罔有弗欽。無總于貨寶，生生自庸。式敷民德，永肩一心」』（同上）

盤庚下篇

此盤庚下篇乃既遷之後通告臣民者。『無總于貨寶』與孟子『先義後利』之意同。於此知盤庚之使民以義，是以卒能成其志也。

備覽　『盤庚之時，殷都河北。盤庚渡河南，復居成湯之故居；殷道復興，諸侯來朝。』（史記殷本紀）

辨改商

世儒多謂盤庚改商為殷。綱目前編因之，於陽甲以前皆書曰『商王』

爲殷之說

於盤庚以後者書曰『殷王,』於盤庚之元祀書曰『遷都於殷改國號曰殷。』

余按商書盤庚篇云,『殷降大虐先王不懷厥攸作,』是盤庚未遷以前已稱殷也。 商頌殷武篇云,『商邑翼翼,四方之極,』是盤庚既遷以後猶稱商也。詩云,『殷商之旅,』又云,『咨汝殷商,』而書微子一篇或稱殷,或稱商,參差不一,是殷與商可以連稱,亦可以互稱也。 安在其爲改號也哉! 蓋商者湯之國號,而殷者則商之邑名,後世所謂建都之地是也。 其稱爲殷商,猶其稱爲京周也。商邑於殷而遂號爲殷,猶韓邑於鄭而遂號爲鄭,魏邑於梁而遂號爲梁也。 商遷於他邑而皆名之爲殷,猶晉遷於新田而仍名之爲絳,楚遷於都而仍名之爲郢也。 不得以爲盤庚所改。 故今不從其說。

備覽 『盤庚崩,弟小辛立;殷復衰。 小辛崩,弟小乙立。』(同上。)

備覽 『小乙崩,子武丁立。』(同上。)

武丁

『其在高宗時舊勞于外，爰暨小人。作其卽位，乃或亮陰，三年不言；其惟不言，言乃雍。不敢荒寧，嘉靖殷邦；至于小大，無時或怨。肆高宗之享國五十有九年。』（書無逸。）

備覽『昔殷武丁能聳其德，至於神明，以入於河，自河徂亳，於是乎三年默以思道。卿士患之，曰「王言以出令也；若不言，是無所稟令也。」武丁於是作書曰「以余正四方，余恐德之不類，茲故不言。」』（楚語。）

附論『子張曰，「書云，『高宗諒陰，三年不言，』何謂也？」

子曰，「何必高宗，古之人皆然。君薨，百官總己以聽於冢宰三年。」』（論語憲問篇。）

『在武丁，時則有若甘盤。』（書君奭。）

補『傅說舉於版築之間。』（孟子。）

存參『使以象夢求四方之賢聖，得傅說以來，升以爲公而使朝夕規諫曰，「若金，用女作礪；若津水，用女作舟；若天旱，用女作霖雨。啓乃心，沃朕心。若藥不瞑眩，厥疾不瘳；若跣不視地，厥足用傷。」』（楚語。）

辨夢賚良弼之說

僞尚書說命云，『王宅憂，亮陰三祀。既免喪，其惟弗言。羣臣咸諫于王曰，「嗚乎，知之曰明哲，明哲實作則。天子惟君萬邦，百官承式。王言惟作命；不言，臣下罔攸稟令。」王庸作書以誥曰，「以台正于四方，台恐德弗類，茲故弗言。　恭默思道，夢帝賚予良弼，其代予言。」　乃審厥象，俾以形旁求于天下。說築傅巖之野，惟肖，爰立作相，王置諸其左右』云云。　余按，夢，恍惚之境也。傳曰，『國將興，聽於人；將亡，聽於神。』　『子不語怪，力，亂，神』　自古帝王賢聖未有以夢為據者。　況命相尤天下之大事乎！　孟子曰，『國君進賢如不得已：左右皆曰賢，未可也；諸大夫皆曰賢，未可也；國人皆曰賢，然後察之。』　是以古之聖人必稽於衆，奏以言，試以功，歷試皆效，然後用以為相，其難也如此，烏有決之於一夢者乎！　且使天果可以夢賚良弼，則誠能格天者莫堯舜若矣，堯之舉舜，舜之舉禹皋陶，皆稽於衆，奏以言，試以功，而後得之，天皆不以夢示之也。　惟春秋傳叔孫氏之豎牛以夢進，史記田單之神師以夢進；然是妖耳，詐耳，豈所以語於聖賢之事也哉！　泰誓曰，『天視自我民視，天聽自我民聽』，古之聖人言天者皆以人，未嘗求之於冥漠也。　秦漢以後，妖言迭興，漢光武始以讖命三公，明肅帝至以乩行賞罰，而或不慊於衆，或藉以濟其私，史冊炯然，為世永戒。　嗚乎，寧武丁之賢聖而有是哉！　或謂武丁嘗歷民間，知說之賢，既立，欲用爲相，恐卿士不服，故托之於夢，其說巧矣。　不知今說命之文實采諸史記，而史記又本諸國語而衍之者。　然國語載武丁之書祇自明不言之故，絕無『帝賚良弼』之文；所謂『求四方之賢聖』，亦初不謂專求說也。　『四方之賢聖』者，衆詞也，說其最賢聖者耳。　云『以象夢』者，據象之所示，夢之所感，以爲求之之端，非不考其言行而但求其形之肖也。　若如今說命所云，則當云『以象夢求良弼於四方』，不當云『以象夢求四方之賢聖』矣。　蓋國語象夢之文本近附會，自史記衍之，遂眞以爲夢中見之；僞尚書再衍之，遂若天召武丁而面賜之，古今之書愈轉而愈失其眞者大抵如此，亦不必强爲之說也。　然使此事見於莊列呂覽，則唐宋諸儒必有斥其妄者；以其名爲尚書之故，遂相視不敢議，即或疑其不經，不過曲爲之解而已。　卓識之難，亦可慨矣！　故今不采僞書史記之文，而但載國語之言以存參，學者從容考其眞僞可也。

武丁

『撻彼殷武，奮伐荊楚，罙入其阻，裒荊之旅，有截其所，湯孫之緒。』（詩商頌。）

『高宗伐鬼方，三年，克之。』（易既濟卦。）

『由湯至於武丁，賢聖之君六七作，天下歸殷久矣；久則難變也。武丁朝諸侯，有天下，猶運之掌也。』（孟子。）

歸殷之義

按，孟子既云『天下歸殷久矣，』而下復云『武丁朝諸侯，有天下，』則所謂『歸殷』者，乃當『賢聖之君』之時；非謂天下無一日不歸於殷也。以賢聖之君之多也，故統言之曰『久』耳。

附錄 『高宗肜日，越有雊雉。祖己曰，「惟先格王，正厥事。」』（書高宗肜日。）

重譯來

尚書大傳載祖己言，謂遠方將有來朝者；三年，編髮重譯來朝者六國。其說與尙書文不合，蓋後人妄爲附會者。今不錄。

【附錄】『武丁孫子，武王靡不勝。龍旂十乘，大糦是承。』（詩商頌。）

按高宗肜日篇，或以爲高宗祭成湯，或以爲後王祭高宗。然篇首旣云『高宗肜日，』高宗，廟號也，則以爲祭高宗者近是。而詩稱『武丁孫子，』則亦作於武丁之後者。但皆不知爲何王事，故並附於武丁之後。

【備覽】『武丁崩，子祖庚立。祖庚崩，弟祖甲立。』（史記殷本紀。）

祖甲（廩辛以後諸王附）

『其在祖甲，不義惟王，舊爲小人。作其卽位，爰知小人之依，能保惠于庶民，不敢侮鰥寡。肆祖甲之享國三十有三年。』（書無逸。）

引蔡沈傳辨祖甲卽太甲之說

祖甲

僞孔傳釋無逸篇祖甲云『湯孫太甲，爲王不義，久爲小人之行；伊尹放之桐，三年起就王位。此以德優劣立年多少爲先後，故祖甲在下。殷家亦祖其功，故稱祖。』 蔡傳駁之，今載其說於後。

【蔡九峯無逸篇傳】『孔氏以祖甲爲太甲，蓋以國語稱「帝甲亂之，七世而殞」，意以爲帝甲必非周公所稱者；又以「不義惟王」與太甲「此乃不義」文似，遂以此稱祖甲者爲太甲。然詳此章「舊爲小人，作其卽位」，與上章「爰曁小人，作其卽位」文勢正類。所謂「小人」者，皆指微賤而言，非謂憸小之人也。「作其卽位」，亦不見太甲復政思庸之意。況殷世二十有九，以「甲」名者五王，以「太」，以「小」，以「沃」，以「陽」，以「祖」別之，不應二人俱稱祖甲。國語傳訛承謬，旁記曲說，不足盡信；要以周公之言爲正。又下文周公言「自殷王中宗，及高宗，及祖甲，及我周文王，」及云者，因其先後次第而枚舉之詞也。則祖甲之爲祖甲而非太甲，明矣。』

余按，馬鄭舊說皆以祖甲爲武丁子；自王肅恃其門閥，好攻鄭氏，始以祖甲爲太甲。僞傳所云實本於此。細核僞書僞傳之說，大抵皆出於肅，故正義云，『傳說絕無傳者；至晉世王肅註書，始似竊見孔傳。』不知此乃王肅之徒采肅之說，僞撰此書以爲攻鄭氏之助，正與僞撰家語之旨相同。齊梁之代，經學斷絕，因以爲實；隋世焯炫苟喜新異，遂廢鄭註；穎達不能爲乃祖辨其誣，反從而袒護之，以致鄭學失傳千有餘年，皆遵王肅之謬說。甚矣，人之重名而不重實也！蔡氏之辨當矣，然吾猶惜其不能直抉孔傳之僞而使安國抱不白之寃也！

【備覽】『帝甲崩，子稟辛（漢書及帝王世紀皆作「憑辛」。）立。稟辛崩，弟庚（字疑誤）丁立。』（史記殷本紀。）

『自時厥後立王，生則逸。生則逸，不知稼穡之艱難，不聞小人之勞，惟耽樂之從。自時厥後，亦罔或克壽，或十年，或七八年，或五六年，或四三年。』（書無逸。）

備覽『庚丁崩，子武乙立；殷復去亳，徙河北。武乙無道，爲偶人，謂之天神，與之博，令人爲行；天神不勝，乃僇辱之。爲革囊，盛血，仰而射之，命曰「射天。」』（史記殷本紀。）

備覽『武乙獵於河渭之間，暴雷，武乙震死；子太丁（按竹書紀年，當作「文丁」）立。』（同上。）

備覽『太丁崩，子帝乙立。』（同上。）

帝乙

『自成湯咸至於帝乙，成王畏相，惟御事厥棐有恭，不敢自暇自逸；矧曰其敢崇飲！』（書酒誥。）

帝乙前不皆賢君

『至於帝乙，罔不明德愼罰，亦克用勸。』（書多方。）

『自成湯至于帝乙，罔不明德恤祀。』（書多士。）

備覽 『帝乙立，殷益衰。』（史記殷本紀。）

按，書無逸篇稱祖甲以後諸王『生則逸，惟耽樂之從，』而此三篇乃云『不自暇逸』『罔不明德，』何哉？蓋古人之文多大略言之：以其不若紂之酣身，卽謂之『不自暇逸』；不若紂之暴虐，卽謂之『明德，愼罰，恤祀』耳。且此乃爲殷衆而言，故不暇細辨其優劣也。言各有所當，學者當善求其意，不可以詞害志而謂帝乙以前皆賢君也。

歸妹文必有本

『帝乙歸妹其君之袂不如其娣之袂良。』（易歸妹卦。）

按此文必有所本；若但用卦爻起義，則何所見必歸之帝乙乎？故今全載其文。

微子長少嫡庶不可知

『微子啓，帝乙之元子也。』（左傳哀公九年。）

『宋祖帝乙。』（左傳文公二年。）

史記殷本紀云，『帝乙長子曰微子啓，啓母賤，不得嗣；少子辛，辛母正后，立爲嗣。』是以微子與紂爲異母也。呂氏春秋乃云，『紂母之生微子啓與仲衍也，尙爲妾；已而爲妻生紂。紂之父母欲置微子啓以爲太子，太史據法而爭之曰，「有妻之子，不可立妾之子。」紂故爲後。』由是敘次古史者多因之。余按，書微子篇但以『王子』稱之；至於同母，異母，爲兄，爲弟，經傳皆無明文。惟牧誓篇有云，『昏棄厥遺王父母弟不迪，』『王父』似指箕比而言，『母弟』似指微子而言：恐微子乃紂之同母弟，未必果紂之異母兄也。至於呂覽之說，尤爲乖謬。古者本無以妾爲妻之事；春秋時雖有之，然亦但以妾冒妻之稱耳，未有正名而立妾以爲妻者也。卽令帝乙果有此事，彼既已妻妾不辨矣，復何辨於嫡庶而堅持立嫡之議如此哉！夫妾既爲后矣，則妾之父母卽后之父母也，妾之子女卽后之子女也：不子其故子，則亦將不父其故父乎？　湯武皆以諸侯爲天子：若如太史之說，亦當立其爲天子後所生之少子，而不得立其爲諸侯時所生之長子乎？　此雖至愚者不至是也。　且太史誠能據法而爭，何不爭之於立妾爲妻之日，而爭嫡庶於一人之子也？　妾反可以爲后，而妾之子反不可以爲太子乎？　蓋史記呂覽之言皆因春秋傳『元子』之文而附會之者。　呂覽以爲元子者嫡長之稱，而嫡長尤不當不立，故意其生時而母猶爲妾也。　不知元子之文本不必泥：紂死無後而微子承殷祀，卽謂之元子也可。　武王非長也，而金縢稱爲『元孫』。　魯仲孫氏亦稱爲孟氏。　漢文帝乃高帝第四子，而淮南王稱爲『大兄』。　『孟』與『大』皆長之義也，安得執其一字而疑之乎！　然史記之言雖未必果然，而固有此理；若呂覽乃必無之事，而世之論者咸信之，或以太史泥立嫡之說爲非，或以太史持立嫡之議爲是，皆可謂夢中而說夢者矣！　至

微仲非微子弟

以微仲爲微子弟，其說亦謬。記曰，『文王舍伯邑考而立武王，微子舍其孫腯而立衍，』則衍乃微子之子明矣。果帝乙之子，當別有祿邑，何得乃冒其兄之封爵乎！史記亦謂衍爲微子之弟，蓋沿此說之誤。故今皆不載。

孟子言暴君代作

附錄　『聖人之道衰，暴君代作：壞宮室以爲汙池，民無所安息；棄田以爲園囿，使民不得衣食；邪說暴行又作；園囿汙池沛澤多而禽獸至。及紂之身，天下又大亂。』（孟子。）

按此文所稱不見於他傳記，不知爲何王之事。孟子生秦火以前，古書存者尚多，蓋必有所考而知之。然云『暴君代作，』則固統夏商兩代言之，非一人之事矣。姑附錄於此。

備覽　『帝乙崩，子辛立。』（史記殷本紀。）

爵生烏事劉向書兩說

紂

補「紂之去武丁未久也，其故家遺俗，流風善政，猶有存者；又有微子，微仲，王子比干，箕子，膠鬲，皆賢人也，相與輔相之。」（孟子。）

備覽「紂資辨捷疾，聞見甚敏，材力過人，手格猛獸；知足以距諫，言足以飾非；矜人臣以能，高天下以聲，以爲皆出己之下。」（史記殷本紀。）

說苑云『帝辛時，爵生烏於城隅，占之曰，「小以生巨，國家必祉。」帝辛喜，亢暴無極，遂亡殷國。』余按，『小而生巨』，新序以爲宋康王事，向所推爲『黑眚』者也。蓋傳聞者異詞，向遂兩載之耳。今不錄。

『箕子者，紂親戚也。』（史記宋微子世家。）

箕子非紂諸父

『王子比干者，亦紂之親戚也。』（同上‧）

世儒謂箕子比干皆紂之叔父。余按史記但稱爲『紂親戚』，孟子稱比干爲『王子』，以爲諸父似矣；若箕子，則未有以見其爲紂諸父也。世儒蓋因誤讀孟子『王子比干，箕子膠鬲』之文而謂『王子』兼下二人言之。不知比干爵邑不著，故連『王子』爲文，箕子自有爵邑，豈得復以『王子』冠之。若云『王子箕子』，尚復成文義乎！告子篇稱微子比干，皆以爲紂叔父，乃文義之小誤，然無箕子，則箕子或商宗室世卿亦未可知，不得懸斷爲紂之諸父也。

備覽　『紂始爲象箸，箕子歎曰，「彼爲象箸，必爲玉桮；爲玉桮，則必思遠方珍怪之物而御之矣。輿馬宮室之漸自此始，不可振也！」』（史記宋微子世家‧）

『膠鬲舉於魚鹽之中。』（孟子‧）

晉語呂覽言膠鬲事之誣

晉語云，『殷辛伐有蘇，有蘇氏以妲己女焉；於是乎與膠鬲比而亡殷。』呂氏春秋云，『武王使叔旦就膠鬲於次四內而與之盟曰，「加富三等，就官一列。」為三書同詞，血之以牲，埋一於四內，皆以一歸。』余按，孟子以膠鬲與傅說並稱，又與微子箕比皆稱為賢，烏有與妲己比，與周人盟，以傾其國者哉！蓋國語亦戰國人所作，戰國之士固多毀聖賢以快其意者；至呂氏春秋尤不足為怪。說並見後豐鎬別錄伯夷叔齊篇中。

『今商王受惟婦言是用，昏棄厥肆祀弗答，昏棄厥遺王父母弟不迪。』（書牧誓。）

『在今後嗣王酣身厥命罔顯于民，祇保越怨不易，誕惟厥縱淫泆于非彝，用燕喪威儀，民罔不衋傷心，惟荒腆于酒。』（書酒誥。）

備覽　『殷辛伐有蘇，有蘇氏以妲己女焉。』（晉語。）

荒酒色

備覽 『愛妲己，妲己之言是從。於是使師涓作新淫聲，北里之舞，靡靡之樂。厚賦稅，以實鹿臺之錢而盈鉅橋之粟。益收狗馬奇物，充仞宮室；益廣沙邱苑臺，多取野獸蜚鳥置其中。』（史記殷本紀。）

此言紂荒於酒色事，故先列之。

『惟四方之多罪逋逃是崇，是長，是信，是使，是以爲大夫卿士，俾暴虐于百姓，以姦宄于商邑。』（書牧誓。）

『其在受德暋，惟羞刑暴德之人同于厥邦，乃惟庶習逸德之人同于厥政。』（書立政。）

備覽 『用費中爲政；費中善諛好利，殷人弗親。又用惡來；惡來善毀讒，諸侯以此益疏。』（史記殷本紀。）

辨商容欲伐紂之說

用舍失宜

失民心

備覽 「商容賢者，百姓愛之，紂廢之。」（同上。）

韓詩外傳云，『商容嘗執羽籥，馮於馬徒，欲以伐紂，而不能遂，去伏於太行。』

余按，商容，紂之臣也，豈容有伐紂之心，又豈能有伐紂之力！微箕比干，皆商貴戚大臣，尙不敢萌此念，況容之微賤乎！此後人所妄托，故不錄。

此言紂用舍失宜事，故次列之。

『厥終，智藏瘝在，夫知保抱攜持厥婦子以哀籲天，徂厥亡出執。』（書召誥。）

此言紂失民心事，故又次列之。

附錄 『商紂爲黎之蒐，東夷畔之。』（左傳昭公四年。）

此事不知當在何年，姑附錄於此。

『西伯旣戡黎，祖伊恐，奔告於王曰，「天子！天旣訖我殷命，格人元龜，罔敢知吉。非先王不相我後人，惟王淫戲用自絕。故天棄我，不有康食，不虞天性，不迪率典。今我民罔弗欲喪，曰，『天曷不降威，大命不摯？』今王其如台？」王曰，「嗚呼，我生不有命在天！」祖伊反，曰，「嗚呼，乃罪多參在上，乃能責命于天！殷之卽喪！指乃功，不無戮于爾邦！」』（書西伯戡黎。）

『微子若曰，「父師，少師！殷其弗或亂正四方？我祖底遂陳于上，我用沈酗于酒，用亂敗厥德于下。殷罔不小大，好草竊姦宄。卿士師師非度。凡有辜罪，乃罔恆獲。小民方興，相爲敵讎。今殷其淪喪！若涉大水，其無津涯！殷遂喪，越至于今！」曰，「父師，少師！我其發出狂，吾家耄遜于荒。今爾無指告予顚隮，若之何其？」』（書微子。）

『父師若曰，「王子，天毒降災荒殷邦，方興沈酗于酒；乃罔畏畏，咈

父師少師非箕子比干

其耇長舊有位人。 今殷民乃攘竊神祇之犧牷牲，用以容，將食無災。 降監殷民，用乂讎斂召敵讎不怠罪合于一，多瘠罔詔。 商今其有災，我興受其敗。 商其淪喪，我罔爲臣僕。 詔王子出迪。 我舊云刻子。 王子弗出，我乃顛隮。 自靖，人自獻于先王；我不顧行遯。」』（同上。）

『父師，少師，』史記以爲『太師疵，少師彊，』僞孔傳及蔡傳皆以爲箕子比干。 余按史記稱疵彊抱其樂器而奔周，則是皆樂師耳；玩書父師所言，殊不類樂官語，傳不之從是也。 然以爲箕比，亦初無所據。 且比干稱王子，似爵卑而無祿邑者；若爲少師，尊矣，不應微箕皆以封爵著而比干獨以名稱。 尤可異者，世既以父師爲箕子矣，而又以箕子爲紂叔父：夫紂叔父則王子也，箕子身爲王子，乃以『王子』稱微子乎！ 大抵後儒之失皆在於强不知以爲知，古書既缺，不知其名則亦已矣；必欲强指其人，無怪乎其舛也！ 孔子曰，『吾猶及史之

紂

闕文也，』是余所深慕爾。

按，微子與父師所言紂失道事，不過沉酗于酒而已；而所言殷民之失乃居大半焉。曰『殷罔不小大好草竊姦宄，』曰『小民方興，相爲敵讎，』曰『攘竊神祇之犧牷牲，』曰『斂召敵讎，』曰『罪合于一，』此皆殷民風俗之敝非謂紂也。然風俗之敝由於所用之非人，故言『草竊姦宄』即繼之以『卿士師師非度，』言『攘竊』『敵讎』必先之以『咈其耇長』也。而老成所以不用，羣臣所以失職，則皆由於紂之荒於酒色而不愼於用舍，不勤於政事，是以微子父師皆先言其『沉酗于酒，』而戡黎亦以『民罔弗欲喪』歸咎於『淫戲』也。是知立國之道當正其本，而用人尤在所當愼。孔子言衞靈公之無道也，季康子曰『夫如是，奚而不喪？』孔子曰，『仲叔圉治賓客，祝鮀治宗廟，王孫賈治軍旅，夫如是，奚其喪！』以衞靈之失道，猶能保其國，況於中主，又況於賢主乎！然則人君之要務可知已矣。

風俗之敝之由來

紂之不善五端

附論 「子貢曰，「紂之不善，不如是之甚也。是以君子惡居下流，天下之惡皆歸焉。」」（論語子張篇。）

戰國策稱紂醢九侯，脯鄂侯，史記稱紂有酒池肉林，倮逐之戲，炮烙之刑。新序稱紂爲鹿臺，七年而成，其大三里，高千尺，臨望雲雨。帝王世紀稱紂剖比干妻以視其胎，烹伯邑考爲羹以賜文王。水經注稱老人晨將渡水而沈吟難濟，左右曰，『老者髓不實故也，』紂乃斮脛而視髓。由是僞古文尙書遂以『焚炙忠良，刳剔孕婦，斮朝涉之脛』等語入泰誓篇中。余按紂之不善尙書微子牧誓等篇言之詳矣。約其大概有五。一曰聽婦言，牧誓所謂『牝鷄之晨』者也。二曰荒酒，酒誥所謂『酣身，』微子所謂『酗酒』者也。三曰怠祀，牧誓所謂『昏棄肆祀，』微子所謂『攘竊犧牷牲』者也。四曰斥逐貴戚老成，牧誓所謂『昏棄王父母弟，』微子所謂『耄遜于荒，咈其耇長』者也。五曰收用憸邪小人，牧誓所謂『多罪逋逃是信是使，』立政所謂『羞刑暴德同于厥邦，』微子所謂『草竊姦宄，罪合于一』者也。　論語之稱『三仁，』皆語之述妲己皆與此合。　即大雅蕩之篇爲後人之託言，而其譏切紂失亦不外此五端。　蓋惟迷於酒色，是以不復畏天念祖，以致忠直逆耳，讒人倖進，故牧誓必推本於『婦言，』酒誥悉歸咎於『荒腆；』惟仁賢不用而掊克在位，是以民罹其殃，故召誥於『徂亡出執』必推本於『智藏瘝在』也。　經傳之文互相印證，紂之不善了然可見，初無世俗所傳云云也。　然則世所傳紂之事，猶今人語讖必歸之諸葛孔明劉伯溫，語奸詐必歸之曹操也；猶以周新折獄之事盡加之海瑞也。　其意不過欲甚紂之惡耳，不知君子之論貴於持平，不但當爲聖王辨其誣，亦不必爲暴主增其罪。　且使人知紂之惡未至如世所傳而已足以亡國，其爲後世炯戒不更大乎！　故今但載尚書之文及晉語之與尚書合者，於史記則采其近似者列之，備覽其餘不近情理之事概弗載焉亦子貢之意也　紂之虐不及於天下；說已見前夏桀篇中。

三仁行事之次第

補 「微子去之；箕子爲之奴；比干諫而死。」（論語微子篇。）

附論 『孔子曰，「殷有三仁焉。」』（論語微子篇。）

史記殷本紀微子之去在箕奴比死之前，而宋世家則載之於箕比受禍之後。且記微子言云，『父子有骨肉而臣主以義屬；故父有過子三諫而不聽則隨而號之；人臣三諫不聽，則其義可以去矣。』於是太師少師乃勸微子去，遂行。其意似懲於箕比之事而云然者。余按：諫不聽而去，乃異姓疎遠之臣然耳；微子，商之懿親，豈得以此爲比！且本紀世家之文既相矛盾，而世家又載尚書微子篇文於箕比未諫之前，則是司馬氏原無定見也。細玩微子一篇，似微子雖紂兄弟而實不與於政事者，所處之地與春秋傳衛文公頗相類，與箕比之有官守者不同，是以父師少師皆不以諫勸之，而但云「王子弗出，我乃顛隮，」不必待箕比之受禍而後去也。史記以爲數諫不聽，大抵亦出於揣度耳。故今但以論語原文次之，而世家之文不錄焉。

箕比受禍非出自期

韓詩外傳云，『紂作炮烙之刑，王子比干曰，「主暴不諫非忠也；畏死不言，非勇也。見過卽諫，不用卽死，忠之至也！」遂諫，三日不去朝，紂囚殺之。』又云，『比干諫而死，箕子曰，「知不用而言愚也；殺身以彰君之惡，不忠也。二者不可然，且爲之，不祥莫大焉！」遂解髮佯狂而去。』是比干死而後箕子奴，箕子以比干之死爲非也。史記宋世家云，『紂爲淫泆，箕子諫不聽，人或曰，「可以去矣！」箕子曰，「爲人臣，諫不聽而去，是彰君之惡而自說於民，吾不忍爲也」。乃被髮佯狂而爲奴。』又云，『王子比干見箕子諫不聽而爲奴，則曰，「君有過而不以死爭，則百姓何辜！」乃直言諫紂。紂怒曰，「吾聞聖人之心有七竅，信有諸乎？」乃遂殺王子比干，刳視其心。』是箕子奴而後比干死，比干以箕子之奴爲非也。余按箕比之奴與死皆由所遇之殊，非必自期於奴死也。且箕子不諫紂則已，被髮佯狂欲何爲者？此必箕比皆驟諫紂，幸而紂怒未甚則取而奴之，不幸而紂怒甚則取而殺之耳。謂箕子不辭奴則然，謂箕子自欲奴則不然；謂比干不畏死則可，謂比干必欲死則不可也。二書之文皆後人因二人之奴與死而代爲之言者，是以其言淺近輕率而亦不得聖賢之心也。殷本紀載此事其先後與詩傳同而與宋世家互異，然則子長亦自無定見矣。所稱『箕子懼，乃佯狂爲奴』者，亦非是。箕子固非懼死之人，而死不死亦不在於爲奴與否也。要之，三仁者賢同心同事之先後原可不必區別，但論語文簡直疑得其實；宋世家之先後與論語合，而所稱剖心者詩傳無之，恐亦出於附會。故今但載論語之文，而本紀世家詩傳之言悉不錄。

『箕子之明夷。』（易明夷卦。）

附論　『內難而能正其志，箕子以之。』（易彖下傳。）

附錄　『紂克東夷而隕其身。』（左傳。）

附錄　『河竭而商亡。』（周語。）

克東夷與河竭俱不知何年事，姑附錄於此。

『載祀六百，商紂暴虐，鼎遷于周。』（左傳宣公三年。）

備覽『周武王於是遂率諸侯伐紂，紂亦發兵距之牧野。甲子日，紂兵敗。紂走入，登鹿臺，衣其寶玉衣，赴火而死。』（史記殷本紀。）

春秋傳云，『蔡穆侯將許僖公以見楚子於武城；許男面縛銜璧，大夫衰絰，士輿櫬。楚子問諸逢伯，對曰，「昔武王克商，微子啓如是。王親釋其縛，受其璧，焚其櫬，禮而歸之。」楚子從之。』史記云，『武王克殷，微子持其祭器造於軍門，肉袒面縛，左牽羊，右把茅，膝行而前。武王乃釋微子，復其位如故。』金仁山通鑑前編駁之曰，『武王伐紂，非討微子也。使微子未遯，面縛銜璧，亦非其事也。且武王豈不聞微子之賢；賓王家，備三恪，何不以處微子而顧首以處武庚也？故面縛銜璧，必武庚也，後世失其傳耳。若微子則遯於荒野；武王釋箕子之囚，封比干之墓，百爾恩禮，舉行悉徧，而未及微子，以微子遯野未獲

辨微子銜璧之說

也。』（此文據綱目前編刪節之，當考本書。）

何孟春曰，『按書，殷紂無道，微子去之在武王克殷之前，何應當日而有是事？已去之後無復還之理，而牧野之戰亦必不從人而伐其宗國也。意此殆非微子事，而逢伯之言特託之古人以規楚子乎？』徐孚遠曰，『武王既立武庚而又復微子之位，則是微子與武庚同在故都也。厥後武庚之叛，微子何以初無異同之迹？然則武王克商微子未嘗來歸也。』由三子之言觀之，則微子之不在殷明矣。蓋武庚既誅之後，乃求得微子而立之，若魯召叔孫豹於齊，齊召鮑國於魯者；然初無所謂銜璧面縛之事也。然仁山謂面縛銜璧爲武庚，孟春謂逢伯託古人以規楚子，則猶過於信傳而曲爲之解者。蓋不但微子無銜璧事，即許男亦無銜璧事也。何者？楚之圍許，非爭許也，特以齊帥諸侯伐鄭，楚欲救鄭而畏其强，故不得已圍許，冀齊之移師以救許耳。是以齊師一來，楚師即退，楚之不爭許明矣。藉使許欲叛齊即楚，亦當在楚圍許之時，豈有待楚歸國，始帥其臣棄國遠涉而因蔡以求

辨商容觀軍之說

降者！且許果降於楚，則以後當遂從楚，何以此後許仍事齊而楚亦聽之乎？此其前後觀之，此乃必無之事；蓋楚人自張大之言，左氏蒐羅太廣而誤采之耳，不必別爲之說也。

帝王世紀云，『商容及殷民觀周軍之入，見畢公至，民曰，「是吾新君也；」容曰，「非也。」太公及周公至，皆然。武王至，民曰，「是吾新君也；」容曰，「然，（云云。）」』余按商容殷之賢臣，當此時非去則隱耳，必不率百姓而觀其國之亡也。且周之君臣興衞各別，豈容屢誤！此乃後人形容之詞，非其事實，故不錄。

備考「契爲子姓；其後分封，以國爲姓，有殷氏，來氏，宋氏，空桐氏，稚氏，北殷氏，目夷氏。孔子曰，「殷路車爲善，」而色尚白。」（同上。）

商考信錄卷之二終

THE ORIENTAL BOOK COMPANY
上海亞東圖書館

崔東壁遺書

顧頡剛編訂

錢玄同題

本書 豐鎬考信録

豐鎬考信錄自序

夏商皆以代稱，周何爲獨係以豐鎬也？　周至幽王之世而止也。　周何爲止於幽王也？　東遷以後，載籍較多，稱引亦繁，辨之不勝其辨，且非聖王賢相得失所關，故從簡也。

何爲於成王獨係之以周公之相也？　曰，周公者，上繼文武，下開孔子者也，故孟子曰，『周公思兼三王以施四事，』又曰，『悅周公仲尼之道，』韓子曰，『文武周公傳之孔子，』此非特表之不可也。　而周公之事卽成王之政，又非可分係者，故係之以『周公相成王』也。

周何爲始於稷也？　稷播種以開周，故敍文武之政必追述之，猶商之始於契也。

周之賢臣哲輔何以統附之於後也？　曰，周之人才盛矣，太公召公創業守成之功固已，他如泰伯之讓，伯夷之淸，召穆公之闢四方，衛武公之稱『睿聖』，亦卓卓者，皆不可以從略，故別爲一卷，統附於後也。

豐鎬考信錄目

卷八

豐鎬考信錄卷之一

后稷（不窋附）

『厥初生民，時維姜嫄。生民如何？克禋克祀，以弗無子。履帝武敏歆，攸介攸止，載震載夙，載生載育；時維后稷。誕彌厥月，先生如達，不坼不副，無菑無害，以赫厥靈。上帝不寧，不康禋祀，居然生子。誕寘之隘巷，牛羊腓字之。誕寘之平林，會伐平林。誕寘之寒冰，鳥覆翼之。鳥乃去矣，后稷呱矣；實覃實訏，厥聲載路。誕實匍匐，克岐克嶷，以就口食。蓺之荏菽，荏菽旆旆，禾役穟穟，麻麥幪幪，瓜瓞唪唪。誕后稷之穡，有相之道。茀厥豐草，種之黃茂；實方實苞，實種實褎，實發實秀，實堅實好，實穎實栗。卽有邰家室。』（詩大雅。）

『赫赫姜嫄，其德不回。上帝是依，無災無害，彌月不遲，是生后稷。降之百福：黍稷重穋，稙稺菽麥，——奄有下國，俾民稼穡。有稷有黍，有稻有秬，——奄有下土，纘禹之緒。』（詩魯頌。）

『思文后稷，克配彼天。立我烝民，莫匪爾極。貽我來牟，帝命率育。無此疆爾界，陳常于時夏。』（詩周頌。）

附錄 『姞，吉人也，后稷之元妃也。』（左傳宣公三年。）

辨踐跡孕棄之說

史記周本紀云，『后稷母曰姜原，出野，見巨人跡，心忻然欲踐之，踐之而身動如孕者；居期而生子棄。』其說蓋因大雅『履帝武』之文而附會之者。鄭氏箋詩遂用其說。至宋，歐陽永叔蘇明允出，皆從毛氏，以爲從帝嚳之行，而駁史記鄭箋之非，然後經義始明，聖人之誣始白。而朱子作詩傳獨從鄭氏，且云，『古今諸儒多是毛而非鄭，然按史記亦云然，則非鄭之臆說矣。』又云，『稷契皆天生之，非有人道之感，不可以常理論也。漢高祖之生亦類此。』又引張子厚之言云，『天地之始固未嘗先有人也，則人固有化而生者矣：蓋天地之氣生之也。』余按生民之初固由氣化，然氣化則純以氣化，必無以半形半氣相雜而化者。氣既可以爲父，寧獨不可以爲母，而必待人然後能孕乎！氣化如蚤蝨生於土，生於襦之縫，不生於雌之腹中也。形化如鷄鶩，無雄則卵而毈矣。故凡不本於雄則必不孕於雌；若孕於雌，必本於雄：無古今，無靈蠢，皆若是而已矣。且鳥卵者，氣耶？形耶？人之精血爲人道，鳥之卵何以獨爲天地之氣乎！巨人者何耶，鬼神耶，則不得有足跡；有跡，是有形也，有形，是亦一物而已，安得爲天地之氣乎！凡物皆以同類相交爲正，異類相交爲妖；況不待交而但以卵與跡，是戾氣之所鍾耳。丹朱馮身，龍漦孕女，其說雖不經，然其意猶以爲妖也。吞卵踐跡何以獨得爲瑞乎！至於漢高之生，母與龍交，亦出史記說耳，不得即以遷言證遷言也。假令果有此事，則其母爲不貞而太公不得爲高帝父矣。若之何欲以此誣聖人哉！天主之教邪教也，其說荒誕難憑，故自誣其始爲教之人曰不父而孕。儒者不當爲是言也。況其所稱者女也非婦也，則是猶以有夫者爲不可也。儒者何反不逮焉！由是言之，毛鄭之說是非判然。朱子乃以史記之故，獨非毛而從鄭。遷與康成皆漢人也，出之鄭氏爲臆說，出之司馬氏獨非臆說耶！司馬氏之誣多矣，其顯與經傳異及前後自相矛盾者無慮數百，奈何欲盡以爲實乎！甚矣說之貴於怪也：怪則人信之，不怪則人不信之矣！嗟乎蘇明允之議論紕繆者蓋不乏矣，朱子之解經最爲純粹者，然至稷契之事，則蘇之論反純粹而朱子之說反荒唐，斯誠理之不可解者矣！故今不載踐跡之事。說並見前商契篇中。

補『昔我先世后稷以服事虞夏。及夏之衰也，棄稷弗務；我先王

不窋非棄子

不窋用失其官而自竄於戎翟之間。』（周語。）

附錄『文武不先不窋』（左傳文公二年。）

備覽『不窋卒子鞠立，鞠卒子公劉立。』（史記周本紀。）

史記周本紀云，『后稷卒，子不窋立。』帝王世紀云，『后稷納姞氏，生不窋。』後世說者遂以不窋失官爲在太康之世。余按國語云，『昔我先世后稷以服事虞夏。』譙周云，『言世稷官，是失其代數也。若不窋親棄之子，至文王千餘歲，惟十四代，亦不合事情。』史記正義又引毛詩疏云，『虞及夏殷共有千二百歲；每世在位皆八十年，乃可充其數耳。命之短長，古今一也。而使十五世君在位皆八十許載，子必將老始生，不近人情之甚。以理而推，實難據信也。』以此二說觀之，則不窋之父乃棄之裔孫，襲爲后稷者，不窋非棄子也。國語所稱『夏衰』，蓋謂孔甲以後，謂在太康之時，誤矣。故今不從本紀世紀之說。

公劉（高圉亞圉附）

『篤公劉，匪居匪康：迺埸迺疆，迺積迺倉。迺裹餱糧，于橐于囊，思戢用光。弓矢斯張，干戈戚揚，爰方啓行。篤公劉，于胥斯原。既庶既繁，既順迺宣，而無永歎。陟則在巘，復降在原。何以舟之？維玉及瑤，鞞琫容刀。篤公劉，逝彼百泉，瞻彼溥原；迺陟南岡，乃覯于京。京師之野，于時處處，于時廬旅，于時言言，于時語語。篤公劉，于京斯依。蹌蹌濟濟，俾筵俾几，既登乃依。乃造其曹，執豕于牢，酌之用匏，食之飲之，君之宗之。篤公劉，既溥既長，既景迺岡，相其陰陽，觀其流泉。其軍三單。度其隰原，徹田爲糧。度其夕陽，豳居允荒。篤公劉，于豳斯館。涉渭爲亂，取厲取鍛，止基廼理，爰衆爰有，夾其皇澗，遡其過澗。止旅廼密，芮鞫之卽。』（詩大雅。）

匪居匪康

按此篇首章云，『匪居匪康，廼埸廼疆，廼積廼倉，』此三句義相生。蓋惟其不自安逸，所以盡力於疆埸之間而農事無不治；惟其勤於農事，所以歲豐不茂，積貯日盛也。然亦非但此也，通篇之文皆自『匪居匪康』來。陟岡覯京，度原徹田，以至涉渭取厲，何一非『匪居匪康』之事乎！詩人誠善於立言哉！

徹法之始

按此詩則周之徹法始於公劉，不始於武王也。蓋自不窋竄戎以後，地非安樂，事多草創；歷三世至公劉，有令德而生聚亦漸蕃，物力亦漸充，於是始擇善地而遷，立法定制以垂永久；其後遂守之而不改耳。綱鑑乃於武王克商之初書『立徹法，』誤矣。說並見三代經制通考中。

公劉篇章義

首二章敘公劉經營遷國之事；次二章言遷居於京；末二章敘其疆宇之闊，生聚之繁，幷記徹法所由始也。前二章言京，後二章言豳者，京其建國之地，豳則統一國而言之故至『既溥既長』之後始言豳也。

備覽 『公劉卒，子慶節立。』（史記周本紀。）

本紀稱，『慶節立國於豳』，與大雅文不合，非是。

備覽 『慶節卒，子皇僕立。 皇僕卒，子差弗立。 差弗卒，子毀隃立。 毀隃卒，子公非立。』（同上。）

備考 『公非，辟方，高圉，侯牟，亞圉，雲都，太公，組紺，諸盩。』（索隱引世本文。）

存參 『衞齊惡告喪于周，且請命。 王使成簡公如衞弔，且追命襄公曰，「叔父陟恪，在我先王之左右，以佐事上帝；余敢忘高圉亞圉！」』（左傳昭公七年。）

存參 『高圉大王，能帥稷者也。』（魯語。）

世本世數較史記可信

按索隱所引世本之文，自公非至大王凡九世。史記周本紀則云『公非卒，子高圉立；高圉卒，子亞圉立；亞圉卒，子公叔祖類立；公叔祖類卒，子古公亶父立，』僅五世耳。帝王世紀以『辟方』爲公非字，『雲都』爲亞圉字，『組紺諸盩』爲一人名，卽公叔祖類也。余按，不窋下至文王，據本紀僅十有四世，其數之不符，前已辨之矣。然卽使不窋當夏末造，其世數亦仍不止於是也。不窋之竄在夏桀前，至文王時不下六七百歲，安得每君皆享國至五十年之久乎！漢書古今人表以雲都爲亞圉弟，然則辟方，侯牟，諸盩皆當別爲一人，非其字矣。況毀隃以前皆但舉其名，何以公非以後四世皆兼舉其字？蓋史記因國語之文而遺此四世，世紀又因史記之文而強爲說以曲全之者也。世本之文雖亦不能保無漏誤，然多此四世則較之史記於事理爲近。故今列之備考。

一〇

大王（卽公亶父）王季（卽季歷）

古公非號

史記周本紀稱大王曰『古公；』朱子詩傳因之曰，『古公，號也。』余按，周自公季以前未有號爲某公者；微獨周，卽夏商他諸侯亦無之：何以大王乃獨有號？書曰，『古我先王，』古猶昔也；故商頌曰，『自古在昔。』『古我先王』者，猶言『昔我先王』也。『古公亶父』者，猶言『昔公亶父』也。『公亶父』相連成文，而冠之以『古，』『古』猶所謂公劉，公非，公叔類者也，故今以公季例之，稱爲公亶父云。

『厥亦惟我周大王王季克自抑畏。』（書無逸。）

『古公亶父復修后稷公劉之業，積德行義，國人皆戴之。』（史記周本紀。）

補『大王事獯鬻。』（孟子。）

『大王居邠，狄人侵之。事之以皮幣，不得免焉。事之以犬馬，不得免焉。事之以珠玉，不得免焉。乃屬其耆老而告之曰，「狄人之所欲者吾土地也。吾聞之也，君子不以其所以養人者害人。二三子何患乎無君！我將去之。」』（同上。）

沮漆之穴居

『民之初生，自土沮漆。古公亶父，陶復陶穴，未有家室。』（詩大雅。）

按自公劉居邠至大王已十餘世矣，必無未有家室而尚穴居之理。況公劉一詩所稱『几筵鞞琫，厲鍛』之屬，服用咸備，亦絕不似穴居者。然而此詩乃云爾者，疑大王去邠之後先暫居於沮漆之上，陶復穴以棲身，迨定居岐山，始築宮室耳。公劉篇中亦無一言及沮漆者，則似沮漆非邠地也。故今錄此章於去邠之後。

『古公亶父，來朝走馬，率西水滸，至於岐下。爰及姜女，聿來胥宇。

辨太伯不從翦商之說

周原膴膴，堇荼如飴。 爰始爰謀，爰契我龜；曰止曰時，築室於茲。」（同上。）

「去邠，踰梁山，邑於岐山之下居焉。 邠人曰，「仁人也，不可失也！」 從之者如歸市。」（孟子。）

「迺慰迺止，迺左迺右，迺疆迺理，迺宣迺畝；自西徂東，周爰執事。 乃召司空，乃召司徒，俾立室家。 其繩則直，縮版以載，作廟翼翼。 捄之陾陾，度之薨薨，築之登登，削屢馮馮；百堵皆興，鼛鼓弗勝。 迺立皐門，皐門有伉。 迺立應門，應門將將。 迺立冢土，戎醜攸行。」（詩大雅。）

朱子論語註云，「大王之時，商道浸衰，而周日彊大；季歷又生子昌，有聖德；大王因有翦商之志。 而大伯不從；大王遂欲傳位季歷以及昌。 大伯知之，即與仲雍逃之荆蠻。夫以大伯之德，當商周之際，固足以朝諸侯，有天下矣；乃棄不取，而又泯其迹焉，則其德之至極爲何如哉！』其後元金仁山駁之，以爲非是。而近世稼書陸先生復申朱子之意，以仁山之說爲謬。余按，大王欲傳季歷以及昌，其說本之史記；史記但載大王言云，『我世當有興者，其在昌乎！』初未嘗有大王欲翦商之說也。朱子從而增之，以爲大王當己之身卽欲奪商天下，誤矣！仁山駁之，是也；且其辨亦甚明，而後儒猶云云者，無他，震於孔子『至德』之稱，以爲避弟之節小，存商之義大，故不肯舍彼而就此耳。夫論古之道當先平其心而後論其世，然後古人之情可得；若執先入之見，不復問其時勢而但揣度之以爲必當然，是『莫須有』之獄也，烏足爲定論乎！大王之事，詩孟子言之詳矣。詩云，『古公亶父，來朝走馬，率西水滸，至於岐下。』孟子曰，『大王居邠，狄人侵之，去之岐山之下居焉。』大王流離播遷之不暇，而暇謀商乎！詩云，『天作高山，大王荒之；』又云，『帝省其山，柞棫斯拔，松柏斯兌，帝作邦作對自大伯王季。』孟子曰，『文王以百里。』是大王雖遷岐而生聚猶未衆，田野猶未闢；至於王季始啓山林，文王然後蕃盛，而疆宇猶僅於百里也。大王之世周安得日彊大哉！且使大王如果彊大，則何不恢復故土，逐獯鬻於塞外，以雪社稷之恥，乃反晏然不以爲事，而欲伐天下之共主，是司馬錯之所不爲也，大王豈爲之乎！記曰，『君子素其位而行，不願乎其外，』古之帝王皆非有心於得天下者也，天與之，人歸之，不得已而受之耳。南河陽城之避，不待言矣；即鳴條牧野，亦如是而已。『受球受共』以後，『三分有二』之餘，但使桀紂之惡未甚，猶不肯伐之也；況大王新造之邦，蕞爾之土乎！且夫大王，天下之仁主也：當其在邠也，獯鬻無故侵之，而猶不與之角，事之不免而遂去之，大王之心亦可見矣，烏有喘息甫定而欲翦商者哉！今論者但欲表大伯之忠貞，遂不惜誣大王以覬覦，但取其論之正大，遂不復顧其事之渺茫，過矣！凡己所有而以與人曰讓；人以所有與己而己不受則不曰讓，而猶或謂之讓；未有以不肯無故奪人所有而亦謂之讓者。天下，商素有之天下也，於周何與焉，而大伯得以讓之！若大伯可謂之讓商，則伊尹亦可謂之讓大甲，周公亦可謂之讓成王，諸葛武侯郭汾陽亦可謂之讓漢唐乎！然則非但時勢之不符也，卽文理亦難通矣。由是言之，大伯自讓王季耳，與商初無涉也。曰，然則詩何以稱『大王翦商，』傳何以言『大伯不從，』論語何以與文王皆謂之『至德』也？曰，孟子曰，『說詩者不以文害辭，不以辭害志。』況閟宮一詩，語尤夸誕：僖公乞師於楚以伐齊，爲楚戍衞，又會楚於薄於宋，而此篇反謂之『荆舒是懲，則莫我敢承；』其叙現在之事猶誣如此，況追敍數百年以前之事，烏在可信以爲實耶！左傳之文，史記嘗采之矣：皆世家云，『大伯亡去，是以不嗣，』以不從爲亡去，是所謂不從者謂不從大王在岐耳，非有他也。杜氏始有『不從父命』之言；然云『不從父命，俱讓適吳，』則似亦謂立己之命耳，未見其爲翦商之命也。微子去之，箕子爲之奴，比干諫而死：三人之行不同也，而孔子曰，『殷有三仁焉。』

遷岐不在小乙世

大伯之與文王，何必同爲一事，然後可以同謂之『至德』乎！ 然史記大王欲立季歷之言本不足信，後儒紛紛之說，實皆此言有以啓之。 惜乎仁山之辨之未及於是也！ 說見後大伯虞仲篇中。

『古公有長子曰大伯，次曰虞仲。 大姜生少子季歷，季歷娶大任，皆賢婦人。』（史記周本紀。）

『古公卒，季歷立，是爲公季。 公季修古公遺道，篤於行義。』（同上。）

綱目前編，殷王小乙二十六祀古公遷岐。 又四十四年，當武丁之四十一祀，而季歷生。 又五十四年，當祖甲之二十八祀，而文王生；是年古公卒。 自遷岐至是，凡九十七年。 又四十七年而後季歷卒。 說者遂據此年以曲全朱子翦商之說，謂小乙之世，殷道已衰，故大王有翦商之志；賴大伯不從而逃之，是以武丁得以中興。 余按，尙書無逸一篇歷紀古賢君享國之久，自中宗高宗祖甲以及文王；而於大王王季但云『克自抑畏』不言其年，則是享國不甚久也。若大王享國百餘年，壽百有數十歲，季歷亦年百歲，何得周公皆略而不言乎！殷自小乙至紂凡十世，去兄終弟及者二君實凡八世。文王與紂同時，而大王乃在小乙之世，以三世當八世，此必無之事也！况遷岐之日姜女同來，則季歷之生，大姜當不下六七十歲：舛誤如此，其可據之以定經義之是非乎！且姑無論其年之不足信也，縱使果然，而遷岐之後三年武丁已立，樫椐猶未及攘，柞棫猶未及拔，翦商安得如是之易！季歷於後四十四年始生，文王於後九十七年始生，大王何以預知其有聖孫而大伯又將讓之於誰乎！蓋大王原無翦商之志，而遷岐亦斷不在小乙之時，當在祖甲既沒，商政浸衰之後，是以獯鬻憑陵而無復有問之者耳。自庚丁至紂凡五世，則與周之三世前後相距尙不甚遠，而於理爲可信矣。學者知大王立國之時商政已衰，自是遂不復振，然後商周之事可得而論。

辨王季爲殷牧師之說

『帝省其山，柞棫斯拔，松柏斯兌。帝作邦作對，自大伯王季。維此王季，因心則友，則友其兄，則篤其慶。』（詩大雅。）『維此王季，帝度其心，貊其德音，其德克明，克明克類，克長克君；王此大邦，克順克比。』（同上。）

竹書紀年有文丁（史記作太丁）殺季歷事。後漢書註引紀年文稱『王季伐西落鬼戎，俘二十翟王』；又『伐燕京之戎，周師大敗』；又『伐余無之戎，克之，命爲殷牧師』；其後又『伐始呼之戎，克之』；又『伐翳徒之戎，獲其二大夫』。而孔叢子亦言『帝乙之時，王季以功九命作伯，受圭瓚秬鬯之錫』。由是皇王大紀及綱目前編皆采其文，而世亦往往信之。余按大雅稱周先世功德詳矣，而於王季獨略，惟皇矣之三章四章稱之，然亦不過曰『柞棫斯拔，松柏斯兌』而已，曰『因心則友，克明克類，克長克君』而已。然則王季乃謹愼受民之主，能修先業者，原無多事功可紀也。藉令果有爲牧之事，克戎之功，錫圭纘秬鬯之典，詩人何得不一述之，而但稱其家庭之雍穆，田野之墾闢乎！　王季之事雖不可詳考，然以大王文王推之，大王侵於獯鬻而事之，而去之，如無商也者，文王伐密伐崇而取之，而居之，亦如無商也者，則王季之世，商政固不行於河關以西，而是時周亦尚微不能自通於商也；安得受商命而爲侯伯而見殺於商也哉！　且紀年以殺季歷者爲文丁，孔叢子以命季歷者爲帝乙，帝乙，文丁子也：季歷既死於文丁之世，帝乙安得而命之！　蓋自詩書以外，凡戰國秦漢之間言商周事者皆出於揣度，是以互相矛盾；而後儒猶欲據以爲實，復爲說以曲全之，疎矣！　嗟夫，世之論周者，於大王則以爲有翦商之志，於王季則以爲爲商牧師侯伯而見殺於商，於文王則以爲爲商三公而囚於羑里，於武王則以爲父死不葬而伐商，爲伯夷叔齊所斥絕；似後世羈縻之屬國，桀驁之君長，若晉之慕容苻姚，宋之西夏，今日修貢而明日擾邊，弱則受封而强爲寇者：嗚乎，曾謂聖人而有是哉！　蓋其所以如是說者有二：一則誤以漢唐之情形例商周之時勢，一則惑於諸子百家之言而不求之經傳；故致彼此抵牾，前後不符。今但取詩書孟子言商周之事者熟讀而細玩之，則其事了然可見：周固未嘗叛商，亦未嘗仕於商；商自商，周自周；總因商道已衰，政令不行於遠，故周弱則爲獯鬻所迫而去之，周强則伐崇密之地而有之；聖人之事本自磊磊落落，但後儒輕信而失其眞耳。故今於諸家所言王季之事概不載。說並見前大王及後文王武王篇中。

『公季卒，子昌立，是爲西伯。』（史記周本紀。）

文王上

『摯仲氏任，自彼殷商，來嫁于周，曰嬪于京。乃及王季，維德之行。大任有身，生此文王。』（詩大雅。）

『思齊大任，文王之母。』（同上。）

文王之形不可知

備覽『文王在母不憂，在傅弗勤，處師弗煩。』（晉語。）

備覽『文王之爲世子，朝於王季日三。雞初鳴而衣服，至於寢門外，問內豎之御者曰「今日安否，何如？」內豎曰「安」，文王乃喜。及日中又至，亦如之。及莫又至，亦如之。其有不安節，則內豎以告文王；文王色憂，行不能正履。王季復膳，然後亦復初。食上，必在視寒煖之節；食下，問所膳。命膳宰曰「末有原；」應曰「諾，」然後退。』（禮記文王世子。）

此原文王之始。

帝王世紀稱文王龍顏虎眉，身長十尺，有四乳。余按，文王之聖以德不以形；且古未有影堂，何由得知其詳；皆後人之所附會耳。惟『文王十尺』見於孟子；然特曹交傳聞之語，不足據，孟子固曰『奚有於是』矣。故今不錄。

文王之德不勝舉

『穆穆文王，於緝熙敬止。』（詩大雅。）

『雝雝在宮，肅肅在廟；不顯亦臨，無射亦保。』（同上。）

此文王修身事。

按詩書中稱文王之德者不可枚舉，且亦人所共知，無庸悉載。載此二章之文以見大凡。

『文王初載，天作之合；在洽之陽，在渭之涘。……親迎于渭，造舟爲梁。』（同上。）

『刑于寡妻，至于兄弟，以御于家邦。』（同上。）

此文王宜家事。

周南前五篇非詠太姒

詩周南自關雎以下五篇，序皆屬之后妃。朱子本之作傳，遂以文王太姒當之。余按齊魯韓三家皆以關雎爲康王時作，而魯詩出於申公，史稱『申公教無傳疑，疑者則缺不傳，』當非無據而云然者。惟所云『陳古刺今，』則篇中初無此意，疑漢時其徒附會爲之。成康正當周道之隆，必世後仁，豈無『君子，』豈無『淑女，』而必以爲文王之世乃有之乎！且關雎取興於『河洲荇菜，』而岐陽距河絕遠，少水多山，風土殊不相類；葛覃之刈，卷耳之采，亦不似諸侯夫人事：恐未可直以爲太姒也。況序但言后妃，原未指爲何王之后，安得據此一言黜三家之說乎！朱子辨柏舟篇序云，『文意事類可以思而得，時世名氏不可以强而推：』至哉斯言，可謂善於讀詩者矣！獨於此五篇而必屬之文王太姒者何哉？余從朱子之意，不敢盡從朱子之言，故於文王太姒之事惟採大雅明白可據之文，而周南前五篇不錄焉。

『天作高山，大王荒之。彼作矣，文王康之。彼徂矣岐，有夷之行。』（詩周頌。）

『文王以百里。』（孟子。）

緜皇矣天作之文互相首尾

用賢不及太公之故

文王時無周召分岐事

此文王立國事。

按緜之迹大王，皇矣之迹王季，及此天作之迹文王，其文互相首尾。蓋岐自大王疆理之，至王季之世而柞棫始拔，至文王之世而道路始平夷也。緜之八章，卽兼王季文王言之，故承『拔兌』之文，遂叙文王之事。然則謂大王王季之世周已彊大者，其誣明矣。

『「惟文王尙克脩和我有夏，亦惟有若虢叔，有若閎夭，有若散宜生，有若泰顚，有若南宮括。」又曰，「無能往來茲迪彝敎文王蔑德降于國人。」』（書君奭。）

按此文，則文王所以澤被生民者，皆由能用賢臣之故。不及太公者，蓋太公老始歸周，其後又相武王成王，則在文王之朝當不甚久，故不列也。

先儒說二南者，皆謂文王徙都于豐，分岐故地爲周公召公之采邑，使周公爲政於國中，而召公宣布於諸侯；於是德化大成於內，而江沱汝漢之間莫不從化。余按經傳，二公皆至武王之世始顯；迨成王朝，始分陝而治。當文王時，二公年皆尚少，況有虢叔閎夭之屬親舊大臣在朝，必無獨任二公分治內外而反不任舊臣之理；況分故國之地不以與諸弟諸大臣而獨賜二公乎！蓋由說者誤以二南爲文王時詩，故曲爲之解耳。今不采。

『虢仲，虢叔，王季之穆也，爲文王卿士；勳在王室，藏于盟府。』（左傳僖公五年。）

此文王用人事。

辨鬻子爲文武師之說

史記記文王臣有鬻子。劉向別錄云，『鬻子名熊，封於楚；今所傳鬻子書，有與文王武王問答之語，列子及賈誼新書頗述之；由是世稱鬻熊爲文武師云。』余按書中所載問答之言，皆淺陋無深意義，亦多近黃老，明係後人之所僞托。且熊繹之事康王，楚靈王嘗述之矣；靈王好爲夸張大言者，若其祖果爲文武師，何容默而不述乎！故今不載。

辨文王之囿方七十里之說

『文王卑服，卽康功田功，徽柔懿恭，懷保小民，惠鮮鰥寡，自朝至于日中昃，不遑暇食，用咸和萬民。』（書無逸。）

孟子書中載有齊宣王問『文王之囿方七十里，有諸？』孟子對以『於傳有之。』余按文王懷保小民，惠鮮鰥寡，不遑暇食，其必無七十里之囿明矣。蓋春秋戰國間好事者有爲此說而筆之書者；孟子以爲囿之大小不足深辨，而仁暴所由分在同民不同民，是以云然。且果芻蕘雉兎者皆得往，則是卽傳記所云『山澤林麓與民共之』者，豈得概謂之囿乎哉！故今不錄。

『文王之治岐也：耕者九一，仕者世祿，關市譏而不征，澤梁無禁，罪人不孥。老而無妻曰鰥，老而無夫曰寡，老而無子曰獨，幼而無父曰孤，此四者天下之窮民而無告者；文王發政施仁，必先斯四者。』（孟子。）

辨遇疾改行之說

伐犬戎與虞芮成之先後

此文王勤民事。

韓詩外傳云，『文王莅國八年，寢疾五日而地動。有司請興事動衆以增國城，文王不可。請改行重善，遂謹其禮節皮革以交諸侯（云云。）無幾何而疾止。』余按，文王孔子皆聖人也，孔子疾病，子路請禱，孔子曰，『丘之禱久矣！』文王豈待遇疾遇災而後能改行爲善乎！且其所稱『謹其禮節』云云者，皆尋常之事，後世賢君之所優爲，不足爲文王貴，何待八年之後始能遇災而自勉乎！國語列女傳皆謂文王生而即有聖德，其言雖過，要必不至遇災變而始能爲善也。又其詞意淺弱，乃後人所妄撰。故不錄。

『混夷駾矣，維其喙矣。』（詩大雅。）

附錄

『文王事昆夷。』（孟子。）

尚書大傳，文王伐犬夷（或作『昆夷』）在虞芮成後之四年。史記周本紀，文王伐犬戎（正義，『犬戎，昆夷是也』）在虞芮成之明年。余按，緜之詩八章

虞芮成與伐崇密之先後

史記記質成不

稱『昆夷駾矣，』九章稱『虞芮質厥成，』則其先後恐不當如大傳史記所列。或昆夷犬戎各一國，後人誤合之邪？故今依經次之。

『虞芮質厥成，文王蹶厥生。』（詩大雅。）

此與崇密之伐未知孰爲先後；而尚書大傳及史記皆以爲在伐崇密前。按，虞芮在雍冀間，去周不甚遠，於理尚可通。今姑從之。

備覽 『虞芮之君相與爭田，久而不平，乃相與朝周。入其境，則耕者讓畔，行者讓路。入其邑，男女異路，斑白不提挈。入其朝，士讓爲大夫，大夫讓爲卿。二國之君感而相謂曰，「我等小人，不可以履君子之庭！」乃相讓，以其所爭田爲閒田而退。天下聞而歸者四十餘國。』（毛詩傳。）

史記載此事與此傳小異。史記云，『虞芮之人有獄不能決，乃如周。入

及毛傳

界』云云。又云，『未見西伯，皆慙遂還。』余按國各有君，虞芮之民不得越其君而質於文王；入界而還，亦不得遂謂之『質厥成』也。似以傳說爲長。故棄彼而錄此。

遷程之說可疑

『密人不恭，敢距大邦，侵阮徂共。王赫斯怒，爰整其旅，以按徂旅，以篤周祜，以對于天下。依其在京，侵自阮疆，陟我高岡。無矢我陵，我陵我阿；無飲我泉，我泉我池。度其鮮原，居岐之陽，在渭之將。萬邦之方，下民之王。』（詩大雅。）

僞周書言『周王宅程三年，遭天之大荒。』外紀亦稱『伐密須後都於程。』余按文王之居程不見於詩書史記，詹桓伯之辭皆也；但稱『魏駘芮岐畢，』亦無有所謂程者。或謂程卽孟子所稱『畢郢』之郢；然既由郢遷豐，何得復卒於郢？或又以皇矣之『度其鮮原，居岐之陽』爲遷程之證；然云『岐陽，』則是仍在岐山之下，未必別一地也。大抵春秋以前事多難考，或傳聞異

伐邘之事未必實

辨伐崇報仇之說

詞，或傳寫異文，均不可知，不如缺之為善。故不錄。

附錄　『密須之鼓與其大路，文所以大蒐也。』（左傳昭公十五年。）尙書大傳及史記復有文王伐邘事。按崇密昆夷之伐皆見於經傳，而邘未有及者，不敢信其必實。且大傳在伐密前一年，史記在伐密後二年，其時亦不同。故今寧缺之。

『帝謂文王：詢爾仇方，同爾兄弟，以爾鉤援，與爾臨衝，以伐崇墉。』（詩大雅。）史記周本紀云，『崇侯虎譖西伯於紂曰，「西伯積善累德，諸侯皆嚮之，將不利於帝！」紂乃囚西伯於羑里。閎夭之徒乃求美女文馬他奇怪物獻之紂。紂乃赦西伯，曰，「譖西伯者，崇侯虎也。」其後西伯乃伐崇侯虎而作豐邑。』余按聖人以救天下為心，是以東征西怨，南征北怨；必不因一身之私恨而興師勞民，絕人之宗祀，若齊之於譚，晉之於曹衛者然。況崇侯果恐其不利

伐密崇
當在三

於商而告之紂，其事則惡，而其心不可謂非忠於紂也：豈容遽以為罪而滅之乎！史記此說蓋因皇矣詩有『詢爾仇方』之語，故附會之。不知『仇方』云者，乃國之仇，非身之仇也。傳云『令尹不尋諸仇讎；』又云，『以魯國之密邇仇讎。』此必崇侯暴虐侵噬小國，而周亦被其害，故云『仇方；』奚必譖文王而後可謂之仇哉！傳云，『文王聞崇德亂而伐之，』是伐崇明以無道故，非以譖己故也。果因譖文王而伐之，傳豈得但謂之『德亂』乎！且周本紀謂崇侯以積善累德譖之紂，殷本紀又謂崇侯以竊歎九侯告之紂，司馬氏已自無定說矣。烏在其可信哉！故今不載。說並見後帥殷叛國條下。

『臨衝閑閑，崇墉言言，執訊連連，攸馘安安，是類是禡，是致是附，四方以無侮。臨衝茀茀，崇墉仡仡，是伐是肆，是絕是忽，四方以無拂。』（詩大雅。）

史記周本紀以虞芮質成為文王受命之年，而云『明年，伐犬戎。明年，伐

分有二之前

密須。明年，敗耆國（即書戡黎。）祖伊懼，以告紂。明年伐邘。明年，伐崇；自岐下徙都豐。明年，西伯崩。』通鑑綱目前編悉用其年以紀周事，遂以伐密伐崇爲在三分有二之後。余按文王伐國多矣，而皇矣詩獨稱崇密，則是崇密爲大國也。然於密但言『侵自阮疆』而已，於崇則記其戰勝攻取之略，而云『崇墉仡仡，』『崇墉言言，』則是崇尤强也。豐者，崇之境也，故詩云，『既伐於崇，作邑於豐；』傳云，『崇在鄠縣；豐在鄠縣杜陵西南，』則是漢唐建都之地，崇實據之。當文王在岐時，地偏國狹，介居戎狄，而崇以大國塞其衝，文王安能越崇而化行於東南之諸侯乎！諸侯卽慕文王之德，安能不畏崇之侵陵遮擊而遠從於周乎！且崇去周僅三百里，文王尙不能以克之服之，又安能懸師二千里外以伐密邇王室之黎，致商人憂旦夕之不保乎！由是言之，伐密伐崇當在文王中年三分有二之前，其時不過西方諸侯歸之而已；自滅崇後，周始盛强，通於河洛淮漢之間，然後關東諸侯得被其化而歸之耳。故詩於滅崇之後曰，

崇之再伐始克之故

『四方勿拂，』於作豐之後曰『四方攸同』也。史記之言疑亦有所本；然觀魏惠王之後元而以爲襄元年，則固不能無誤。惟易緯以伐崇爲文王二十九年事，其書雖不經，而此事於理爲近。故今虞芮密崇之事雖仍史記次之，而皆載之文王受方國造區夏之前。

存參『文王聞崇德亂而伐之，軍三旬而不降。退修教而復伐之，因壘而降。』（左傳僖公十九年。）

按皇矣篇前云『是致是附，』後云『是絕是忽，』則是文王於崇固嘗再伐而後克之，傳言不無據也。但子魚之意欲襄公之自修無闕而後動，措詞不審，遂若文王之輕舉於初者非也。經曰『臨衝閑閑，』曰『是致是附，』是文王之初伐原無意於滅崇也。經曰『臨衝茀茀，』曰『是伐是肆，』是文王之再伐原志在於必克也。故朱子詩傳曰『始攻之緩戰之徐也，非力不足也，非示之弱也，將以致附而全之也；及其終不下而肆之也，則天誅不可以留，而罪人不可以不得故也：』可謂得當日之情矣。蓋文王之自修，原不待於臨時，而亦無滅國以辟土地之心：苟其畏威而修德，則聖人亦樂與之更始；必其怙惡而阻兵，然後不得已而滅之耳。細玩經文，事理自明。然所云『聞崇德亂而伐之』者，則得聖人之實，足證史記崇侯虎譖文王之誣。故存之。讀者不以詞害意可也。說並見前舜治定功成篇征苗條下。

豐鎬考信錄卷之二終

豐鎬考信錄卷之二

文王下

作豐當在三分有二之前

『文王受命，有此武功：既伐于崇，作邑于豐。』（詩大雅。）

『王公伊濯，維豐之垣。四方攸同，王后維翰。』（同上。）

按虞芮質成，諸侯固有歸周者矣，是以伐崇章云『同爾兄弟』。然崇以大國當周東出之衝，其勢固不能多也。伐崇之後曰『四方以無拂』，作豐之後曰『四方攸同』，則化之所被者廣矣。三分有二，固當在此後也。

『文王不敢盤于遊田，以庶邦惟正之供。』（書無逸。）

備覽

『西伯行於野，見枯骨，命吏瘞之。吏曰，「此無主矣。」西伯曰，「有天下者，天下之主；有一國者，一國之主。吾卽

二南非文王時詩

二 其主！」以棺衾而葬之。天下聞之曰，「西伯之澤及枯骨，況於人乎！」」（呂氏春秋。）

自毛鄭以來，說詩者皆以二南爲文王時詩；於是漢廣，汝墳，摽梅，小星，江有汜，野有死麕諸篇皆訓以爲文王德化所被風俗之美。余反覆玩之，殊不其然。何者？盛世之音有貞無慝；『女』而『游，』『士』而『誘，』求偶而不能以少待其不可以爲訓明甚。卽『宵征』之嘆『命，』『不與』之知『悔，』與至治之時讓德施惠敬事懷恩上下交孚景象何啻千里之隔！雖說者曲爲稱美，終不免於瑕瑜互見。謂其猶有先王之遺風，可也；遂以此爲文王之化，亦淺之乎論文王矣！至於汝墳一篇，明明東遷時詩：『王室如燬』卽指宗周之隕，『父母孔邇』卽謂其邑大夫之來，詞意顯然。若以文王與紂之事當之，則紂之暴原不行於畿外，而詩人亦不必代爲之憂；汝之距豐千數百里，亦無緣謂之『孔邇』也。且二十五篇中，文王與凡商周間人未嘗一見；所見者二人，『召

靈臺非文王所立

伯，』『平王，』皆在武王以後。孔子曰，『舉一隅不以三隅反，則不復也。』然則其餘特不見其名無可考耳，其必皆在成康以後無疑矣。乃後之說者於甘棠何彼襛矣二篇必委曲遷就以求合於傳說；即有一二有識之士斷然以此二篇爲武王以後詩而其餘仍以爲文王時詩，甚矣，先入之言之中於人心者深也！今概不敢采。說並見上篇宜家條下。

存疑 『文王以民力爲臺爲沼，而民歡樂之，謂其臺曰靈臺，謂其沼曰靈沼。』（孟子。）

詩鄭箋云，『文王受命而作邑于豐，立靈臺。』余按，靈臺一詩前詠『靈臺，』後詠『辟雍，』首尾相聯，似詠一王之事者。然而後篇稱『鎬京辟雍』，武王始遷於鎬，故先儒皆以辟雍爲始於武王。苟辟雍自武王始，則靈臺亦非文王事矣。大明有聲二篇兼詠文武之功，皆有明文以分別之；此乃文體應爾；必無詠武王之事而雜入於文王事中者。且大雅中凡稱前王者皆舉其謚，其

靈臺非觀祲象之所

稱今王者乃無諡此云『王在靈囿，』文王未嘗稱王，則非文王明矣。蓋孟子引詩斷章取義者多。『憂心悄悄，』衞風也，而以爲孔子。『肆不殄厥愠，』大王也，而以爲文王。『戎狄是膺，荊舒是懲，』僖公也，而以爲周公。然則此詩亦未必果文王之事，孟子但欲勸梁王之與民同樂，故不暇辨其時世耳。況孟子一書乃其門人所記，苟非大義所關，亦不保無語言之小誤。故列之於存疑。說並見後成康篇中下武條下。

詩鄭箋云，『天子有靈臺者，所以觀祲象察氣之妖祥也。』春秋傳云，『公既視朔，遂登觀臺以望，而書雲物，爲備故也。』余按靈臺果爲占天而建，則詩人亦當有一語及之，何爲但稱魚鳥觀游之樂？且二章云『王在靈囿，』三章云『王在靈沼』（毛詩舊本五章，章四句。朱子始改前兩章各六句。今玩文義及韻，當從古本爲正。）豈囿與沼亦爲察妖祥之具乎？若囿與沼止爲觀游而設，則亦不必因察妖祥而後建靈臺矣。考靈臺之占天不見於他經傳；春秋傳雖

三分有二不當以九州配合

有『登觀臺以望』之文，然特因南至在朔，故因視朔而遂登之，非以此爲常禮，亦非因書雲物而後建此臺也。蓋緣孟子之對梁王以靈臺爲文王之事，文王非盤于游田者，故注詩者以『觀祲象』爲言。後世相沿，因建靈臺爲占天之所。其實靈臺未必果文王所建，不必曲爲之說也。

附論 『孟子曰，「文王視民如傷，望道而未之見。」』（孟子・）

『三分天下有其二，以服事殷。』（論語泰伯篇。）

朱子論語集註云，『天下歸文王者六州，雍，梁，荊，豫，徐，揚也；惟靑，兗，冀，尙屬紂耳。』余按三分有二，但大略言之，以見周盛商微，無庸服事殷耳，不必取九州而縷分之也。詩曰，『虞芮質厥成，』虞芮在冀州境；成王世始踐奄，奄在徐州境；是西北固不止於雍，豫，而東南猶未逮夫徐，揚也。卽所餘一分亦不盡屬紂。商政既衰，諸侯多叛，叛商者自叛商，歸周者自歸周；不得以宋金之畫疆而守例商周也。

帥殷叛國

辨囚羑里及賜弓矢之說

『文王帥殷之叛國以事紂。』（左傳襄公四年。）

按，此文與論語舜有臣章意同。所謂『叛國，』即三分有二之國也。然則此在三分有二之後明矣。故次之於此。

史記殷本紀云，『紂以西伯昌，九侯，鄂侯爲三公。九侯有女，入之紂；不憙淫，紂怒殺之，而醢九侯。鄂侯爭之彊，辨之疾，幷脯鄂侯。西伯聞之竊嘆；崇侯虎知之以告紂，紂囚西伯羑里。西伯臣閎夭之徒求美女，奇物，善馬以獻紂，紂乃赦西伯。西伯獻洛西之地以請除炮烙之刑，紂許之。賜弓矢斧鉞，使得征伐，爲西伯。』周本紀云，『崇侯虎譖西伯於殷紂曰，「西伯積善累德，諸侯皆嚮之，將不利於帝。」紂乃囚西伯於羑里。閎夭之徒患之，乃求有莘氏美女，驪戎之文馬，有熊九駟，他奇怪物，因殷嬖臣費仲而獻之紂。紂大悅，乃赦西伯，賜之弓矢斧鉞，使得征伐。西伯乃獻洛西之地以請紂去炮烙之刑，紂許之。』由是後之儒者皆謂文王親立於紂之朝，北面爲臣。余獨以爲不然。君臣之義，千古之大防也。文王既立紂之朝矣，諸侯叛紂而歸文王，文王當拒其歸而討其叛，安得儼然而受之！文王生死懸於紂手，紂親見其三分有二，其勢將移商祚，而漠然不復問，此在庸弱之主猶或不能，況紂之猜忌暴虐者哉！古者天子之地一圻，列國一同。文王果受紂命而爲西伯，伐密伐崇，滅之可也；人臣之義不得自私其地，皆當歸諸天子，安得據之而遷都焉！晉四卿滅范中行氏而分其地，當是時，晉之公室已卑，出公猶欲討之，紂果能制文王之死命，安有聽其坐大而不問者乎！書曰：『予違汝弼，汝無面從，退有後言。』紂脯醢其大臣，文王身爲殷相，則當諫；若知紂不可諫，則當去；不言不去而竊嘆之，可乎！楚欲戮叔孫豹，樂王鮒求貨於叔孫而爲之請，弗與。晉之執叔孫婼也，申豐以貨如晉，叔孫曰：『見我，』見而不使出。叔孫父子，賢大夫耳，猶不欲以貨免；豈文王而反以貨免，且以貨得高位乎！文王之事，詩書言之詳矣，與國若虞芮，仇國若崇密，下至昆夷亦得附見焉；紂果文王之君，不應詩書反無一言及之。況羑里之囚乃文王之大厄，斧鉞之賜乃周王業之所自始，較之虞芮之質，崇密之伐，其事尤鉅，尤當鄭重言之，何以反不之及，若文王與紂初不相涉者，而文王之至德又無所容於諱，豈非文王原未嘗立於紂之朝哉！ 紂囚文王之事，始見於春秋傳。 傳云『紂囚文王七年，諸侯皆從之囚，紂於是乎懼而歸之』（在襄三十一年） 固已失於誣矣；然初未言文王立於紂之朝也。 其後戰國策衍之，始以文王爲紂三公，而有竊歎九鄂脯醢之事；然尚未有美女善馬之獻也。 尚書大傳再衍之，始謂散宜生閎夭等取美馬怪獸美女大貝以賂紂而後得歸；然亦尚未有弓矢斧鉞之賜也。 逮至史記，遂合國策大傳之文而兼載之，復益之以『爲西伯，專征伐』之語。 豈非去聖益遠則其誣亦益多，其說愈傳則其眞亦愈失乎！ 學者奈何不取信於詩書孟子而獨世俗傳聞之是信哉！ 且春秋傳以爲囚之七年，戰國策以爲拘之百日，其久暫固已懸殊矣。 尚書大傳以爲在西伯戡耆之後，史記以爲在虞芮質成之前，其先後亦復抵捂矣。 春秋傳以爲諸侯從之而紂歸之，尙書大傳以爲散宜生賂之而紂釋之，其所以得出之故又不一說矣。學者將何所取信乎？尤可異者，殷本紀以爲竊歎九侯而被囚，周本紀則以爲積善累德而見譖；殷本紀以爲獻洛西而後賜斧鉞，周本紀則以爲賜斧鉞而後獻洛西：此一人之書也而先後矛盾亦如是，其尙可信以爲實耶！曰，紂，天子也，文王，其諸侯也，安得不立其朝而生死懸於其手乎？曰，此後世郡縣之法然耳。古者天子有德則諸侯皆歸之，無則諸侯去之。故孟子曰，『武丁朝諸侯，有天下，猶運之掌也，』然則武丁以前，諸侯固多不朝，天下固不皆商有也。故商頌曰，『昔有成湯，自彼氐羌，莫敢不來享，莫敢不來王，』然則成湯以後中衰之世固多有不來享來王者也。周介戎狄之間，去商尤遠；是以大王侵於獯鬻，商之方伯州牧不聞有救之者也；事以皮幣珠玉，不聞有責之者也；去而遷於岐山，亦不聞有安集之者也。蓋當是時，商之號令已不行於河關以西，周自立國於岐，與商固無涉也。自憑辛至紂六世，商日以衰而紂又暴，故諸侯叛者益多，特近畿諸侯或服屬之耳。是以文王滅密則取之，滅崇則取之，商不問，文王亦不讓也；三分有二之國相率歸周，商不以爲罪，文王亦不以爲嫌也。何者？諸侯久已非商之諸侯也。文王自以其德服之，其力取之，於商何與焉！由是言之，文王蓋未嘗立商之朝，紂焉得囚之羑里而錫之斧鉞也哉！曰，然則論語之『以服事殷，』傳之『帥叛國以事紂，』其皆不足信與？曰，孟子曰，『湯事葛，大王事獯鬻，』湯與大王豈嘗臣於葛獯鬻者哉！所謂『服事殷』者，不過玉帛皮馬卑詞厚幣以奉之耳，非必委質而立於其朝也。春秋傳韓厥之言以喻晉楚也：晉楚，敵國也，而以爲喻，則亦非謂文王爲紂臣也。其後晉司馬侯之諫平公，亦以文王喻晉而紂喻楚。假令文王果嘗委質於紂，則二子之取義爲不倫矣。蓋自滅崇以後，周日以大而亦漸近於商，不能不爲紂之所忌；而文王委曲退讓，不肯與抗，其實紂無如文王何也。故今不載羑里之事，及賜斧鉞征伐等語。說並見前成湯王季及後武王篇中。

辨羑里演易之說

曰，文王未嘗囚於羑里，則易何爲演也？ 曰，此亦史記言耳。 易傳但言其作於文王時，不言文王所自作也；但言其有憂患，不言憂患爲何事也。 史記因傳此文，遂以文王羑里之事當之，非果有所據也。 且其自序文云，『西伯拘羑里，演周易。 孔子厄陳蔡，作春秋。 屈原放逐，著離騷。 左邱失明，厥有國語。 孫子臏脚，而論兵法。 不韋遷蜀，世傳呂覽。 韓非囚秦，說難，孤憤。』 所引者凡七事。 然以今考之，孔子作春秋在歸魯以後，非厄陳蔡之時。 呂覽之成，懸諸國門，是時不韋方爲秦相，亦未遷蜀。 屈原傳作離騷在懷王之世，至頃襄王乃遷之江南，非放逐而賦離騷也。 韓非傳作孤憤說難皆在居韓時，秦王見其書而好之，韓乃遣非使秦，亦非因秦而作說難孤憤也。 此三傳及孔子世家皆遷之所自著，而皆自反之，烏在其可信乎！ 至國語與左傳事多抵牾，文亦不類，必非一人所作，失明之說恐亦以其名明而致誤耳。 孫武傳既以十三篇爲武書矣，而於臏又云『世傳其兵法，』然贊但稱『孫武吳起兵法，』又似臏無書

辨拘幽操

者。七事之中，其謬之顯然易見者四焉，渺茫恍惚不可究者二焉。孔子曰，『舉一隅不以三隅反則不復也』，況已舉三隅而猶不能以一隅反乎！由是言之，易即文王所作，亦斷不在羑里時矣。說並詳後文武周公通考易之興也條下。

曰，琴錄何以載有文王拘幽操也？曰，琴錄之文詞意淺近，不惟非聖人之言，亦不類三代時語，乃後人聞相傳有此事而擬作者耳。唐韓子亦嘗有擬拘幽操，近世琴譜亦有稱爲文王所自作者。但此幸而有韓詩存，少知讀書者猶得辨其非實；若傳之日久，不幸而韓詩亡，則雖大儒亦必以爲實矣。彼琴錄所載，亦如是而已矣！竊謂周秦以前事難詳考，不宜輕爲擬作；倘失其實，貽誤後人不淺。然宋人且有以韓子此詩爲能得文王之心者。茫茫天下，吾將與誰言之！悠悠後世，當必有人知之！

存疑 『內文明而外柔順，以蒙大難，文王以之。』（易彖下傳。）

易傳大難語可疑

存參

『紂不說諸侯之聽於周昌，則嫌於死，乃退伐崇許魏，以客事天子。』（大戴記。）

按：孔子之在厄，論語言之，孟子言之。文王之在厄，詩不言，書不言，論語孟子亦無有言之者；至易春秋傳始言之；戰國策尚書大傳史記以降言之者更多。何邪？謂實無是事邪，何以傳記言之者累累。謂果有是事邪，六經孟子不當皆諱之而不言。且祇此一事耳，何以傳記言之者紛紛而各異乎？蓋嘗思之，孔子之在厄也，於論語不過云『絕糧』，於孟子不過云『無交』；而傳記增而衍之，遂有陳蔡大夫合謀以兵圍之之說，與夫顏淵埃墨之墮，子貢乞師之行。由是言之，傳記之好因端附會乃其常事。竊疑文王固嘗見忌於紂，紂欲伐之而甘心焉，而文王不肯舉兵相抗，委曲退讓以承順之，如太王之事獯鬻，勾踐之事吳然者；而後之人遞加附會，各以其意而爲之說，是以紛紛不一。孔子之去戰國僅二百餘年，猶如彼，況文王之下迄戰國至八百年乎！余寧從經而缺之，不敢從傳而妄言也。易傳本非孔子所作，乃戰國時所撰，是以汲冢周易有陰陽篇而無十翼，其明驗也。而所云「大難」者，亦未言爲何難。大戴「嫌於死」句亦殊難解；然上云「不說諸侯之聽於周」，下云「伐崇許魏」，則文王之征伐非紂之所賜矣；不云「臣事天子」而云「客事天子」，則文王亦未嘗立紂之朝而爲之三公矣。大戴記乃秦漢間人所撰，此語不知何本，疑戰國以前道商周之事其說有如此者，是以晉韓厥司馬侯皆以之喻晉楚也。不知易傳所謂「大難」，亦如大戴記之所云云邪？抑作傳者卽因見他傳記有羑里之事而爲是言邪？既無明文，未便懸揣而臆斷之，姑列之於存疑；而大戴記雖不足徵信，然亦可以資考證，故幷列之存參。易傳非孔子作，說見洙泗錄歸魯篇中。

附錄

「文王受命惟中身，厥享國五十年。」（書無逸。）

『殽有二陵焉：其北陵，文王之所避風雨也。』（左傳僖公三十二年。）

附論『吳公子札來聘，見舞象箾南籥者，曰，「美哉！猶有憾。」』（左傳襄公二十九年。）

文王未嘗稱王

「文王生於岐周，卒於畢郢。」（孟子。）

附論『孟子曰，「由文王至於孔子，五百有餘歲；若太公望，散宜生，則見而知之；若孔子，則聞而知之。」』（孟子。）

『西伯崩，太子發立，是爲武王。』（史記周本紀。）

史記周本紀於西伯崩武王立之後又云，『西伯蓋卽位五十年。其囚羑里，蓋益易之八卦爲六十四卦。詩人道西伯，蓋受命之年稱王而斷虞芮之訟。後十年而崩，謚爲文王。』後世說者遂有謂文王嘗稱王者。歐陽永叔云，「書稱商始咎周以乘黎。其伐黎而勝也，商人已疑其難制而惡之。使西伯赫然見其不臣之狀，與商並立而稱王，如此十年，商人反宴然不以爲怪，其父師老臣如祖伊微子之徒亦默然相與熟視而無一言，此豈近於人情邪！由是言之，謂西伯受命稱王十年者，妄說也。』又云，『孔子曰，「三分天下有其二，以服事商。」使西伯不稱臣而稱王，安能服事於商乎！且謂西伯稱王者，起於何說；而孔子之言，萬世之信也。由是言之，謂西伯受命稱王十年者，妄說也。』余按，史記此文係於『西伯崩』後，且連用數『蓋』字，則是本非本紀正文，蓋司馬氏別紀異聞而傳寫者誤合之也。果演易於羑里，何不敘於被囚之時；果稱王於斷訟之年，何不記於斷訟之文之下而乃別見於崩後乎？蓋當時相傳有如此說者，子長不敢必其果然，故於崩後補載其說而云『蓋』焉。蓋也者，疑之也，非遂決以爲如是也。酈生陸賈列傳，先載沛公召酈生，及生說沛公事，至國除而止；及陸賈朱建二傳既畢，忽又云『初沛公引兵過陳留（云云），酈生上謁，沛公謝不見，』其事與前文大相反；故說者謂此乃別記異聞，原下一字，而後人誤合之。然則周本紀之文亦當類是。且史記諸世家往往敍至元成間，則史記一書固不盡司馬氏本文矣，學者不得以是爲疑也。歐陽子之論善矣。

文王未嘗繫易說見後通考中易之興也條下。

武王上

『有命自天，命此文王于周于京；纘女維莘，長子維行，篤生武王。』（詩大雅。）

『大姒嗣徽音，則百斯男。』（同上。）

『文王舍伯邑考而立武王。』（戴記檀弓。）

伯邑考非妄撰

按：檀弓語多失實，而伯邑考不見於經傳；然諸家書多言伯邑考者，當非妄撰。且管叔乃周公之兄，不稱『仲』而稱『叔』，亦似武王有伯兄者。惟謂

檀弓脫文

武王不冒文王元年

伯邑考爲紂所烹，則恐未然。說已見前商紂篇中。

又按檀弓此章乃辨立孫立子之異，以下文『舍其孫腯』例之，則文當云『舍伯邑考之子而立武王。』或記偶脫『之子』二字，亦未可知。姑識其說於此。

『武王之母弟八人：周公爲太宰，康叔爲司寇，聃季爲司空，五叔無官。』（左傳定公四年。）

備覽　『文王有疾，武王不說冠帶而養。文王一飯，亦一飯；文王再飯，亦再飯。旬有二日乃閒。』（文王世子。）

大戴記云，『文王十二而生伯邑考，十五而生武王。』（語本尚書正義及儀禮疏。今所傳大戴記無此語。據孔檢討補注，考各家注疏所引大戴記文，今本往往無之，知今本較唐時舊本不無遺漏。）　小戴記云，『文王九十七而終；武王九十三而終。』據是，則文王崩時，武王當年八十三；至九十三而崩，則在位僅十年。（漢書律歷志作『十一年』。）而泰誓序云，『十有一年武王伐殷，』洪範篇云，『十有三祀王訪於箕子，』其數不符。說者不得已乃曲爲之解謂武王之年繼文王受命九年而數之。（說詳漢書律歷志及泰誓篇序正義。）宋歐陽永叔曰，『古者人君卽位，則稱元年以計其在位之久近，常事也。自秦惠文始改十四年爲「後元年，」漢文帝亦改十七年爲「後元年，」自後說春秋者因以改元爲重事。果重事與西伯卽位已改元年，中間不宜改元而又改元；至武王卽位，宜改元而反不改元，乃上冒先君之元年，並其居喪稱十一年；及其滅商而得天下，其事大於聽訟遠矣而又不改元。由是言之謂文王受命改元，武王冒文王之元年者，妄也！』余按，永叔之論當矣，然其誤之所由則猶未之及也。古者男子三十而娶，雖未盡然，然要必近二十乃可成婚。況聖人人倫之至，其行事必可爲後世法若文王十二而生子，則當以十一成婚，安得如是之早；太姒之年當更幼於文王，或僅相若，又安得有生子事乎！書云，『文王受命惟中身，厥享國五十年,』孟子書公孫丑亦稱『文王百年而崩,』是文王百年有徵也,卽九十七亦可云百年。若武王之年則不見於經傳。況人之修短命也,父不可以與子,兄不可以與弟而記乃述文王言云『我百,爾九十,吾與爾三焉,』其不經甚矣!就令可與,何不多與之而斤斤於區區之三年也? 由是言之,戴記之文本不足信明矣。雖然,二篇固屬附會,要但各記所聞,原不期於相合;後人務欲合之,使之並行不悖,是以理窮勢屈,不得不割文王之年益武王之數耳。嗟乎,旣爲古人所愚,至於兩妨,又欲巧爲之說以曲全之,安得而不誤哉! 故今一概不取。說並見周公相成王篇武王旣喪條下。

補

『武王曰,「予有亂臣十人。」』(論語泰伯篇。)

辨商容觀周軍之說

帝王世紀云,『商容及殷民觀周軍之入,見畢公至,民曰,「是吾新君也;」容曰,「非也。」太公及周公至,皆然。武王至,民曰,「是吾新君也;」容曰,「然」(云云。)』余按商容,殷之賢臣,當此時非去則隱耳,必不率百姓而觀其國

亂臣十人不可指實

之亡也。且周之君臣與衞各別，豈容屢誤！此乃後人形容之詞，非其事實。故不錄。

附論 『孔子曰，「才難，不其然乎！唐虞之際，於斯爲盛；有婦人焉，九人而已。」』（同上。）

按馬氏稱『十人』謂周，召，太公，畢公，榮公及散宜生等四人與文母也。朱子謂子無臣母之義而以邑姜當之是已。然武王之臣見於經傳者尚有蘇忿生，史佚，而畢榮皆不甚顯；畢公雖見於逸周書，而與衞叔毛叔同舉：何所見十人之必爲畢榮而無他人者？既無明文，不如缺之爲是。

附錄 『周公若曰，「太史司寇蘇公，式敬爾由獄，以長我王國。茲式有慎，以列用中罰。」』（書立政。）

補 『有攸不爲臣，東征。綏厥士女，匪厥玄黃，紹我周王見休，惟臣

東征非伐紂

附于大邑周。』（孟子。）

按此文云『有攸不爲臣』，則非伐紂之事明矣；紂安能爲周之臣哉！僞武成篇采此文於武王伐紂之時而又患其不合，乃删其首句及末句『臣』字以求合於其事。若然，則孟子何故增此數字，使其文理不通乎？至引泰誓之文，特以證『取殘』之意，原不必即爲此事；況泰誓既亡，安知當日之非追述往事邪？自武王即位至伐紂凡十一年，其間豈能絕無征伐，故史記有觀兵之文，而金仁山以戡黎爲武王之事。此或即書之『戡黎』，或即史之『觀兵』，均未可知；要之當在伐紂之前。故次之於此。

備覽『九年，武王上祭於畢，東觀兵，至於盟津。』（史記周本紀。）

備覽『諸侯不期而會盟津者八百，皆曰「紂可伐矣！」武王曰「女未知天命，未可也，」乃還師歸。』（同上。）

此與『東征』未知爲一事，爲兩事；姑附次於此。

觀兵與伐紂之年

僞孔傳以伐紂爲十三年，而序之『十有一年，武王伐殷』爲觀兵於孟津。蔡傳駁之云，『十一年者十三年之誤也。序本依倣經文，無所發明；偶「三」誤而爲「一」，漢孔氏遂以爲十一年觀兵，十三年伐紂。武王觀兵，是以臣脅君也。張子曰，「此事間不容髮：一日而命未絕，則是君臣；當日而命絕，則爲獨夫」豈有觀兵二年而後始伐之哉！ 司馬遷作周本紀，因亦謂十一年觀兵，十三年伐紂。訛謬相承，展轉左驗，遂使武王蒙數千百年脅君之惡。一字之誤，其流害乃至於此哉！』 余按：僞孔傳以一事而誤分兩年，故以序之十一年伐殷爲觀兵。蔡傳駁之，當矣；然謂武王未嘗觀兵，謂史記承孔氏之訛謬亦謂十一年觀兵，十三年伐紂，則猶未免於考之未詳而論之未審也。史記云，『九年，武王上祭于畢，東觀兵至於盟津』，是觀兵自在九年，不在十一年，非以伐殷而觀兵也。史記云，『居二年，聞紂昏亂暴虐滋甚，乃東伐紂』，是伐殷元在十一年，不在十三年，非以序之十一年伐殷爲觀兵也。以伐紂爲在十三年者，乃漢志所載劉歆三統歷之說;撰僞泰誓經傳者因之,故以序之『十有一年,武王伐殷』爲觀兵,其說與史記正相悖。蔡氏不詳閱史記本文,乃謂史記亦言十一年觀兵,十三年伐紂,疎矣!不知僞泰誓之十三年乃襲三統之誤,而反謂史記之觀兵爲襲僞孔傳之誤,抑又傎矣!孟子曰,『有攸不爲臣,東征,』而說者亦或謂戡黎爲武王事。然則武王未伐紂前十年之中不無用兵之事,或河洛間有諸侯無道者,武王伐之,因而會於孟津,此固理之所有;不得遂以觀兵爲伐紂也,不得因武王之先二年未嘗伐紂遂謂武王先二年亦不應觀兵也。猶是商與周也,猶是紂與武王也,苟先二年觀兵即爲脅君,則後二年伐紂安在遂得爲無過乎!況史記言『諸侯皆曰「紂可伐」武王曰「未可」』則是此舉乃武王不伐紂之明證,正得聖人之心,而何謬之有哉!故今删節其文而仍存之,以見武王不忍伐商之至德。十一年之非誤,三統謂在十三年之謬,說並見後伐殷訪範條下。當日命絕之非是,詳見後甲子條下。

辨白魚赤烏之說

尚書大傳云，『太子發升于舟中流，白魚入于舟中；跪取，出涘以燎。羣公咸曰，「休哉休哉！」有火流於王屋，化爲赤烏三足。武王喜，諸大夫皆喜。周公曰，「茂哉茂哉！」』史記周本紀云，『爲文王木主，載以車中軍；武王自稱「太子發，」言奉文王以伐，不敢自專。渡河中流，白魚躍入王舟中；武王俯取以祭。旣渡，有火自上復于下，至於王屋，流爲烏，其色赤，其聲魄云。』余按，孟津，河津，河南河北皆可謂之孟津（今孟津縣在河南岸）；武王旣自孟津還師，必不渡河而北，復渡河而南也。白魚赤烏，其事荒誕不經，君子之所不道。蓋漢人尙讖緯，是以其言如是；大傳本紀不知其謬而誤采之耳。且伐商之役，武王卽位久矣，孔子曰，『名不正則言不順，』武王安得變而稱『太子發』也哉！果稱『太子，』牧誓篇中何以又稱爲『王曰』也？故今並不錄。

附論 『孔子曰「周之德其可謂至德也已矣！」』（論語泰伯篇。）

至德不尊屬文王

註采范氏言云，『孔子因武王之言而及文王之德，且與泰伯皆以「至德」稱之，其旨微矣。』 余按，孔子但言『周之德，』未嘗言文王之德也。『周』也者，文武之統稱，何由而知其專屬文王？ 況上文所記者武王之言，則以爲論武而兼文也可；若以爲論文而删武，則上下之文不相屬矣。 范氏之意，但以武王嘗伐商，故改而屬之文王，以曲入武王之罪耳。 不知武王牧野以前，其不忍伐商而服事之心，初與文王不異；而孔子之言，亦非謂紂之終不可伐也，但謂其勢足以代商而不革命，必待紂惡既盈，萬不得已，然後伐之爲『至德』耳。 奈何反以伐商罪周也哉！ 嗟夫，孔子斥臧文仲不仁不知，而宋儒曰『數其事而責之，其所善者多也；』 孔子稱子產有君子之道，而宋儒曰『數其事而稱之，猶有所未至也；』 孔子稱周德至，而宋儒曰『以至德稱周者，以伐商罪周也：』 凡孔子之所褒務貶之，所貶務褒之，以此爲尊信聖人，吾不信也！ 故今以『服事』之文係之文王伐崇作豐以後，『至德』之論係之武王觀兵還師之時，以見自

三分以下不可斷爲一章

作豐至此，無時非不忍伐商之心，庶不至歧文武而兩視之也。說並詳後甲子條下。

朱子集註此章末云，『或曰，宜斷「三分」以下，別以「孔子曰」起之，而自爲一章。』余按此章本通論周事：上節論周之才，此節論周之德，皆兼文武言之。書云，『武王維茲四人，尚迪有祿，』則武王之臣大半皆文王所遺，但十人至武王時始備耳。其章首記武王言者，但爲後文『九人而已』張本；因有『唐虞之際』一語，故幷記舜五臣，正如左傳記宋攻蕩氏事，先稱『二華，戴族；司城，莊族；六官，桓族，』不過爲後魚府『是無桓氏』一語張本耳。其實孔子自專論周事，非泛論古今人才，故曰『於斯爲盛，』不曰『於周爲盛；』不得因章首記舜武王之臣，遂割上節屬之，而此又別爲一章也；亦不得謂上節自論武王，而此自論文王也。

補『惟一月壬辰，旁死霸，若翌日癸巳，武王乃朝步自周，于征伐紂。』

辨使人候殷之說

（逸書武成。）

呂氏春秋云，『武王使人候殷反報岐周曰，「殷其亂矣！」 武王曰，「焉至？」 對曰，「讒慝勝良。」 武王曰，「尚未也。」 又復往反報曰，「賢者出走矣！」 武王曰，「尚未也。」 又往反報曰，「百姓不敢誹怨矣！」 武王曰，「嘻！」 遽告太公，選車三百，虎賁三千，朝要甲子之期，而紂爲禽。』 余按聖人之心無私，如天地光明如日月，當行當止，惟義所在，初無利天下之心也。 藉令紂惡未甚，可以不伐，武王之所樂也，烏有志在取商而按兵觀釁，冀紂之不道以蘄得志者哉！ 此與湯阻貢職一事皆戰國之人習於權謀術數之俗而妄意聖人之亦如是，遂從而造爲此言耳。 後世文學之士好博覽而不知所擇，乃以雜家小說之言與經傳齊觀，遂以爲聖人果如是，於是非湯武者接踵而起；其所關於世道人心非小也。 故今並不錄而仍爲之辨。 說並見商錄成湯篇中。

備覽 「武王伐殷，歲在鶉火，月在天駟，日在析木之津，辰在

伐殷歲在鶉火

斗柄星在天黿。』（周語。）

按，春秋之末上距周初未遠，此言當有所據。武王以十一年伐殷，歲在鶉火，則武王之元年歲當在壽星也。其謂十三年伐殷者亦謂歲在鶉火，但武王之卽位先二年耳（元年，歲亦在鶉火；）其謂冒文王之九年者，亦謂伐殷歲在鶉火，但武王之卽位遲數年耳（元年，歲在大梁）其伐殷之年無異也。故采此文以表其年。至漢志所推，雖未必盡符，要得其大略，故列之存參。說並見後革車三百及前觀兵條下。

『惟十有一年，武王伐紂。』（書序，見漢書律歷志。）

存參 『師初發，以殷十一月戊子，日在析木箕七度；是夕也，月在房五度。後三日得周正月辛卯朔，合辰在斗前一度。明日壬辰，晨星始見。癸巳，武王始發。』（漢書律歷志。）

辨迎太歲及楯折天雨之說

荀子云，「武王之誅紂也，行之日，以兵忌東面而迎太歲。」韓詩外傳云，「武王伐紂，楯折為三，天雨三日不休。太公曰，『折為三者，軍當分為三也。天雨三日不休，欲洒吾兵也。』」余按聖人舉事，惟義所在；異端術數之學，世俗忌諱之說，不但君子之所不道，而周以前亦無此等言也。況武王奉天罰罪，會朝清明，當致休祥，安得反致災異！國語記武王伐紂事，亦無此等一語。則此皆戰國人之所附會無疑也。說苑亦述此事而文稍異，要之皆不足信。故並不採；但載漢志之文以為參考之助云爾。

補「武王之伐殷也，革車三百兩，虎賁三千人。」（孟子。）

備覽「居二年，聞紂昏亂暴虐滋甚，殺王子比干，囚箕子，太師疵少師彊抱其樂器而犇周，於是武王徧告諸侯曰，『殷有重罪，不可以不畢伐！』遂率戎車三百乘，虎賁三千人，甲士四萬五千人，以東伐紂。」（史記周本紀。）

伐紂在十一年

書序云，『惟十有一年，武王伐殷（漢書『殷』作『紂』；）一月戊午，師渡孟津，作泰誓三篇』是以武王伐商爲在十一年也。史記云，『九年，武王上祭於畢，東觀兵至於孟津；居二年，聞紂昏亂暴虐滋甚，於是武王徧告諸侯以東伐紂：一』是亦以伐商爲在十一年也。東晉以後僞泰誓經傳出，乃以爲十三年，而分序之四語爲兩年事，云，『周自虞芮質厥成，諸侯並附，以爲受命之年；至九年而文王卒；武王三年服畢（謂序之「十一年」）觀兵孟津，以卜諸侯伐紂之心；諸侯僉同，乃退以示弱。十三年正月二十八日（謂序之「一月戊午」）更與諸侯期而共伐紂』。正義云，『序不別言十三年而以一月接十一年下者，序以觀兵至而卽還，略而不言月日；誓則經有年有春，故略而不言年春，止言一月，使其互相足也』。余按史之記事，以日係月，以月係年，容有有年無月，有月無日，及有月日而無年者，未有以他年之月日係於此年之下者。若渡河果在十三年，序必不係之於十一年下明矣。蓋伐殷非一朝之事，而渡河則一日可畢，故係伐殷

武王上

以年，係渡河以月日，乃史之常；正如春秋柯陵之盟，先書『夏，公會某某伐鄭，』而後書『六月乙酉，同盟於柯陵；』戲之盟，先書「冬，公會某某伐鄭，」而後書『十有二月己亥，同盟於戲』也。若因年下有事，遂以月日屬之後年，則顧命之首云『惟四月哉生魄，王不懌；甲子，王乃頮水，』亦可謂甲子為六月之甲子乎！蔡傳云（在泰誓序文下，）『序言「惟十有一年，武王伐殷，」繼以「一月戊午，師渡孟津，」即記其年其月其日之事也。孔氏乃離而二之：於「十有一年，武王伐殷，」則釋為觀兵之時；於「一月戊午，師渡孟津，」則釋為伐紂之時。上文則年無所繫之月；下文則月無所繫之年。』其論當矣。顧吾獨異蔡氏既知偽孔傳為說之不通，乃不取所謂十三年之事（謂『渡孟津』）而還之十一年，反取前後之文（兼『伐殷』句在內）盡屬之十三年，而謂序文之『十一年』為十三年之誤，欲正前人之誤而反更甚其誤，為可惜也！蔡氏以為今泰誓文果周太史之所書耶？姑勿論其誓中所言淺陋勦襲，即以篇首紀事一語言之：

尙書之事有係於年者，有係於月與日者，從未有係於四時之名者。何者？古固不以時紀事也。金縢之『大熟』言『秋』也，猶之乎言『禾』也；猶盤庚篇之云『乃亦有秋，』不可謂『乃亦有春，』『乃亦有夏』也。惟春秋一書專以時紀事，——或有時而不月者，未有月而不時者，——故名之曰春秋，言此書與他書不同者在此也。若他書皆有春秋，則此書不得獨名春秋明矣。今僞泰誓上篇之首乃云『惟十有三年春，大會於孟津，』不書月而反書時，尙書有是文體乎！中篇之首又云『惟戊午，王次于河朔，』蒙日於時而反無月，不但尙書無此文體，卽春秋亦無此文體也。序也者，本經而作者也，其文雖不能無誤，然誤亦依傍經文；故康誥篇首有錯簡，而序遂誤以爲成王之書，其明驗也。若此泰誓果在序前，則序何得取經文中明明十三年之事而係之十一年；而司馬遷親見古文，又親從安國問故，若此泰誓經傳果出安國，則遷又何得以明明十三年者而載之十一年，明明十一年者而載之九年乎！且序與經異者，當從經，謂義理也事實也，恐作序者之未必精審耳。 若文字之誤，則非作經作序者之事也，傳經與序者誤之也。 苟誤在於傳者，則序文可誤，經文亦可誤： 然則卽使此泰誓果孔氏古文，亦未見夫『一』之必誤而『三』之必非誤也。 蓋僞泰誓文之稱十三年，實本於漢書律歷志所采三統曆之文；而三統之爲是說，乃劉歆因洪範序文而揣度言之者，其初本無的據，而相沿既久，撰僞泰誓者因亦靡然從之。 蔡氏以其名爲經也，遂不敢議，而反變易西漢以前之說而從之： 噫，亦已過矣！ 書序史記之文雖不必悉合於經，然較劉歆以後之書則爲近古，而所謂十一年者於事無所刺謬，亦無以見其必不然，故今備列其文以正漢志二傳之失。 說並見前觀兵後孟津條下。 三統之誤，詳見後訪箕條下。

豐鎬考信錄卷之二終

豐鎬考信錄卷之三

武王中

辨逆流疾風之說

補 『周武有孟津之誓。』（左傳昭公四年。）

『一月戊午，師渡於孟津。』（書序，見漢書律歷志。）

淮南子云，『武王渡于孟津，陽侯之波逆流而擊，疾風晦冥，人馬不相見；武王操鉞秉旄而撝之（云云）。』余按此亦『風折楯，雨洒兵』之事而傳聞異詞者，不可信。故不採。

存參 『戊午，度於孟津。孟津去周九百里；師行三十里，故三十一日而度。明日己未冬至，晨星與婺女伏，歷建星及牽牛，至於婺女天黿之首。』（漢書律歷志。）

備覽「十一年十二月戊午，師畢渡盟津，諸侯咸會。武王乃作泰誓，告於衆庶「今殷王紂乃用其婦人之言，自絕於天，毀壞其三正，離逷其王父母弟，乃斷棄其先祖之樂，乃爲淫聲，用變亂正聲，怡說婦人。故今予發，維共行天罰。勉哉夫子！不可再，不可三。」』（史記周本紀。）

齊梁以來所傳泰誓三篇，語多淺陋，先儒往往有疑之者。吳氏云，『湯武皆以丘受命，然湯之辭裕，武王之辭迫；湯之數桀也恭，武王之數紂也傲，學者不能無憾。疑其書之晚出，或非盡當時之本文也。』蔡氏跋牧誓篇後云，『此篇嚴肅而溫厚，與湯誓相表裏，眞聖人之言也。泰誓武成，一篇之中似非盡出於一人之口。豈獨此爲全書乎？』顧氏云『商之德澤深矣，尺地莫非其有也，一民莫非其臣也。武王伐紂，乃曰「獨夫受洪惟作威，乃汝世讎；」曰「肆

吳棫蔡沈顧炎武疑泰誓

僞泰誓掇拾之謬

古籍稱

予小子誕以爾衆士殄殲乃讎』何至於此！紂之不善亦止其身，乃至幷其先世而讎之，豈非泰誓之文出於魏晉間人之僞撰者邪！吳氏蔡氏蓋已見及乎此，特以註家之體，未敢直言其僞耳。』

余按，紂之無道，尚書言之詳矣。牧誓嚴而不怒，直而不絞，聖人之言也。微子意存規戒，指陳無隱，語曲而憂深，情切而意悲，忠臣義士之言也。酒誥，無逸，立政等篇亦皆和平莊雅，無可議者。獨此泰誓三篇，數紂之罪，切齒腐心矜張夸大，全無聖人氣象。聖人伐暴救民，何至於此！豈惟武王必無此言，三代以上從未有如是之言也！至其語雖皆有所本，而重複雜亂，絕無章法：即移上篇語於中篇，移中篇語於下篇，亦未見其不可。然則何所見而必分爲三度言之乎！先儒之論當矣。惟是篇中所采經傳之文舛謬累累，先儒尚多有未及者，略綴數則於左：

『天視自我民視』二句，本之孟子。『我武維揚』五句，本之孟子而少

泰誓者五條

雖有周親條之分割

天佑下民條之刪改

改之。『民之所欲』二句，本之春秋傳；『紂有億兆夷人』四句，本之春秋傳而少改之。『予克受』六句，本之坊記。原文皆稱泰誓云云。雖於上下文義未甚融洽，然於理無大謬，不必深論。

『雖有周親，不如仁人；百姓有過，在予一人』四語，今見於論語堯曰篇，而不言其所引何書；玩之殊與誓詞不類。且其文本相連，兼與上下之意相屬；今割而分之，以『雖有周親』係『同心同德』下，『百姓有過』係『自我民聽』下，則於文義不屬。況六句中刪其中二句而但引首尾，亦非引書之體。

孟子引書云，『天佑下民，作之君，作之師，惟曰其助上帝，寵之四方；有罪無罪，惟我在，天下曷敢有越厥志！』今改其文云『惟其克相上帝』，可也；云『寵綏四方』，則不可。寵也者，尊之也，貴之也；天可以寵君師，君師安能寵四方乎！蔡傳以寵爲愛，亦强爲之說耳。又刪『惟我在天下』五字，而云『予曷敢有越厥志』，全失孟子之意，而語氣亦不完。且孟子引泰誓『我武維

同德度義語失萇宏意

除惡務本爲伍員語

時哉弗

揚，』『天視自我民視，』皆稱其篇名而此但稱『書曰，』亦恐非泰誓中語也。春秋傳萇宏對劉子云『同德度義泰誓曰「紂有億兆夷人亦有離德；予有亂臣十人同心同德，」』則是泰誓之文止後四句而『同德度義』乃萇宏之言。『同德』云者，卽下『同心同德』之謂也。今采此四語而改之以入中篇，又采『同德度義』句入上篇而增『同力度德』於上，如此，則『同德』乃孟子『德齊』之意，而德猶不足恃，又視其義何如：不但與下『同心同德』之語不倫，失萇宏之本意，而德之與義豈容有淺深輕重之別乎 況此五句果皆出於泰誓，萇宏何得獨掠此一句以爲己言也！

『樹德務滋除惡務本，』本春秋傳伍員諫吳王語而少改之。不但不如原文之善而此言乃霸主之臣施之於敵國者若王者則必無是言，況可施之於共主乎！且伍員不稱『書云，』則非尙書文明矣。

『時哉弗可失，』本春秋傳吳公子光語而少改之。 夫武王之伐紂，以救

可失爲鬬廉語

史記采泰誓無三篇中語

民耳，豈當天下哉！　使紂改過，或紂死而嗣君賢，武王之所深幸也。　今如此言，則是武王幸紂無道，惟恐過此以往，後人改紀其政而不得滅之耳，——正與楚鬬伯比策隨之意略同，——豈聖人之心乎！

歷觀三篇，無非掇拾前人之語而引用失當者十之八九，小者乖於文義，大者傷於名敎。使武王光明磊落之心，忠厚和平之意不白於後世者，皆此三篇之惑之也！　嗟夫，王肅之徒僞撰此書，不過欲絀鄭學而伸肅說耳，而豈知其誣聖人而惑後世至於如是乎！　昔司馬遷親從安國問古文，而史記所采泰誓文無三篇中一語，則三篇非孔壁中原書明矣。　乃後儒反以史記所載者爲僞。豈親承其人者反得其僞，而數百餘年後絕滅失傳之餘反得其眞乎！　余不解其爲何理也！　故今三篇之文概不采。　至其年月之謬，紂罪之附會，說已見前商紂篇中及前篇初伐紂條下。

備覽　『王以二月癸亥夜陳，未畢而雨。』（周語。）

辨膠鬲候周師之說

存參「庚申，二月朔日也。四日癸亥，至牧野，夜陳。甲子昧爽而合矣。」（漢書律歷志。）

呂氏春秋云，『殷使膠鬲候周師。武王曰，「將之殷。」膠鬲曰，「何至？」武王曰，「將以甲子至殷郊。」膠鬲行。天雨，日夜不休。武王疾行不輟，果以甲子至殷郊。』余按武王伐殷，諸侯會者八百，烽燧所及，紂豈容不知之而待膠鬲之候！膠鬲，商之賢臣而不見用，至伐殷時非已死則去或廢耳，安得尙爲紂所倚任！若鬲懷祿不去，坐視殷亡，則亦不成爲膠鬲矣！此皆後人妄撰以見武王之有信耳，非實事也。故不錄。

『時甲子昧爽，王朝至于商郊牧野，乃誓。王左杖黃鉞，右秉白旄以麾，曰，「逖矣西土之人！」王曰，「嗟！我友邦冢君，御事，司徒，司馬，司空，亞旅，師氏，千夫長，百夫長，及庸，蜀，羌，髳，微，盧，彭，濮人：稱爾戈，比爾干，立爾矛，予其誓！」王曰，「古人有言曰，『牝雞無晨；牝雞之晨，惟家之索。』今商王受惟婦言是用，昏棄厥肆祀弗答，昏棄厥遺王父母弟不迪；乃惟四方之多罪逋逃是崇，是長，是信，是使，是以為大夫卿士俾暴虐于百姓，以姦宄于商邑。今予發惟恭行天之罰！今日之事，不愆于六步七步乃止齊焉：夫子勗哉！不愆于四伐五伐六伐七伐乃止齊焉：勗哉夫子！尚桓桓，如虎，如貔，如熊，如羆于商郊；弗迓克奔以役西土：勗哉夫子！爾所弗勗，其於爾躬有戮！」』（書牧誓。）

牧誓與偽秦誓之相反

吾讀泰誓，而知武王之必斬紂頭懸諸太白，必不封武庚於商也。吾讀牧誓，而知武王之必封武庚於商，必不忍斬紂頭而懸諸太白也。何者？牧誓數紂之罪，不過曰『惟婦言是用』而已，『惟多罪逋逃是崇，是長，是信，是使』而已；其暴虐百姓，姦宄商邑，雖紂主之而實大夫卿士之成之也。玩其詞，揆其意：克商之後必將此暴虐姦宄者盡誅之以快人心；至於紂，即使不死，亦不過廢而遷之，使不得一有所爲，不得復用此暴虐姦宄之人，如越句踐之居吳王於甬東者而已，非惟不肯滅其社稷，亦必不肯殘其身，況於已死而尙毀其屍乎！而泰誓數紂之罪，則曰『淫酗肆虐』，曰『罪浮於桀』，曰『殘害萬姓』，曰『毒痛四海』，曰『焚炙忠良，刳剔孕婦』，曰『斮朝涉之脛，剖賢人之心』；甚至斥爲『獨夫』，名爲『世讎』，念除惡之務本，必殄殲之乃止。玩其詞，揆其意：克商之後必生執紂而甘心焉，然後始洩其忿；至於武庚，不殺亦已幸矣，亦必竄之流之，其尙肯封之乎！由是言之，牧誓與封武庚之武王一武王，泰誓與懸紂頭之武王又一武王也；言牧誓之言者必不忍言泰誓之言，言泰誓之言者必不能言牧誓之言也；忍懸紂頭於太白者必不肯封武庚於商，肯封武庚於商者必不忍懸紂頭於太白也。然則此二篇必有一眞一僞，此二事亦必有一是一非，顯然而可見也。猶之乎匡章不忍欺死父之必不欺生君，胡廣不肯舍一豬之必不舍身命也。牧誓一篇出於伏生孔安國壁中而先行於兩漢；泰誓三篇出於齊梁之際，而晚行於隋唐。武庚之封，與詩鴟鴞，東山合，與書金縢，大誥合；紂頭之懸，則經傳從未有一言及之者。此果孰是孰非，孰眞孰僞，學者苟平心而察之，不難辨也。如牧誓果武王之言，封武庚果武王之事，則僞孔氏古文與逸周書所記不可信也明矣。吾與作僞書者無怨，顧傷古聖人之事見誣於後世，故不忍於不言。說並見前孟津之誓及後條下。

高定論牧誓之謬

唐國史補云，『高定讀牧誓，問其父曰，「奈何以臣伐君？」父曰，「應天順人。」曰，「『用命賞于祖，不用命戮于社，』豈是順人？」父不能答。』

余按，武王與紂原非君臣；但商紂世爲天子，周乃一侯國耳。故晉韓厥及司馬侯皆以周喻晉，以紂喻楚；孟子齊人伐燕章中亦嘗以周喻齊，以紂喻燕，皆若敵國然者。至以『賞于祖，戮于社』爲非順人語尤乖謬。行軍必有賞罰，豈無賞罰始爲順人乎！費誓云『汝則有大刑，』『汝則有常刑，』魯公之征徐戎亦不得謂之順人乎！且此乃甘誓語，何得用之以譏武王！不知其父何以不能答作書者又何以載之爲美談也？說並見前文王篇中及後條下。

『殷商之旅其會如林；矢于牧野，維予侯興。「上帝臨汝，無貳爾心！」』（詩大雅。）

補『王曰，「無畏，寧爾也，非敵百姓也！」若崩厥角稽首。』（孟子。）

備覽『諸侯兵會者車四千乘，陳師牧野。帝紂聞武王來，亦發兵七十萬人距武王。紂師皆倒兵以戰，以開武王。武王馳之，紂兵皆崩畔紂。紂走，反入登於鹿臺之上，蒙衣其珠玉，自燔於火而死。』（史記周本紀。）

武成咸劉之可疑

存疑 『粤若來三月既死霸，粤五日甲子，咸劉商王紂。』（逸書武成。）

按，武王之伐紂，據孟子以民爲『崩角稽首』，據史記以紂爲『自燔於火』；而此文乃云『咸劉商王紂』，若大行誅殺者語殊可疑。蓋武成一篇本多言過其實，故孟子止取二三策，而謂『血流漂杵』之事無之。況此篇乃安國得多十六篇者，非若二十八篇以今文讀之者可比，蝌蚪之文本不易識，亦豈能保無文字之偶誤；故漢儒稱爲殘缺不全，絶無師說，固未可盡執爲實也。惟其出師月日可與他書互證，有不容盡廢者。故列之於存疑。

附錄 『闕鞏之甲，武所以克商也。』（左傳昭公十五年。）

附論 『孟子曰，「盡信書則不如無書。吾於武成，取二三策而已矣！仁人無敵於天下；以至仁伐至不仁，而何其血之

辨蘇軾孔子罪湯武之說

流杵也！」』（孟子・）

蘇氏云，『孔子蓋罪湯武：曰「大哉，巍巍乎堯舜也！」「禹，吾無間然，」其不足於湯武也明矣。使文王在，必不伐紂。紂不見伐而以考終，或死於亂，殷人立君以事周，君臣之道豈不兩全！而以兵取之而殺之，可乎！』由是世之論者皆以文王不伐商，而武王伐之為非是。余獨以為不然。聖人者，奉天而行者也，故孟子曰，『天與賢則與賢，天與子則與子。』文王之不伐紂與武王之不得不伐紂，皆天也。故孟子曰，『取之而民不悅，則勿取，文王是也；取之而民悅，則取之，武王是也。』蓋文王之時，諸侯新服，周化猶未大行，而紂賢臣尚多，其虐未甚，故文王可以不伐商；至武王之世，商之賢臣已盡，而紂暴虐滋甚，民困而無所告，為武王者安能晏然聽其駢首而就死乎！當商之末，諸侯相吞併；西方則崇為大，東方則奄為大，中州之地，大河南北，則殷之王畿也。文王起於西陲，故先伐崇與密；至武王而克商，至成王周公而後踐奄，自西而東，化以漸及，先後之勢然也。故曰『文王之德百年而後崩，猶未洽於天下；武王周公繼之，然後大行，』言其三世相承以共安天下也，但武王適當其中耳，不得遂以此爲聖人之優劣也。『高子曰，「禹之聲尙文王之聲。」孟子曰，「何以言之？」曰，「以追蠡。」曰，「是奚足哉！城門之軌，兩馬之力與？」』夫禹與文王之樂未必即無高下，然必不在於追蠡，則武與文之優劣亦不在於伐商與不伐商，王與帝之升降亦不在於征誅與不征誅也。如以其迹斷之，是以追蠡而論樂耳。記曰，『仲尼祖述堯舜憲章文武，』子貢曰，『文武之道未墜於地，在人；夫子焉不學，』皆以文武並稱，從未有歧而二之者。是孔子於文武，其尊信無以異也。且論語者，後人之所記，非孔子之所自著也，其論堯舜禹亦僅一見，則聖言之遺者尙多。今也據孔子之贊舜禹而遂誣孔子之罪湯武，則孔子嘗稱稷，即可謂之罪契，嘗稱周公，即可謂之罪召公矣：欲誣聖人亦何患於無辭乎！夫可以取信者孔孟而已：孔子未嘗斥湯武也，則曲爲之說曰，孔子爲尊者諱，爲親者諱也；然則孟子不必諱矣，而孟子不惟不斥，且表章之，蘇氏不復能曲爲說，則直曰『孟子之言不可爲訓』而已。孔子既未嘗言，孟子之言又不可爲訓，則雖欲不入於楊墨，不可得矣！至所稱兩全之術，尤爲紕繆。何者？武王之伐紂，不過欲救民耳；以民困於水火而不能待紂之死，是以伐之，非貪其地而滅之也。若殷別立賢君，武王又何必強之事己。且夫力能靖殷，使之不至於亂，而不肯一援手，乃冀幸其自相屠戮而享其利，而脫己之惡名，此豈聖人正大光明之心也哉！詳蘇氏之計畫，皆曹操司馬懿狐媚竊國者之所爲；蓋以利天下之心揣武王，故欲進之以此，而不自知其肝膽之楚越也！至謂紂見殺於武王，則亦承史記之謬耳，武王豈有是事也哉！張子厚云『一日之間，天命未絕，則爲君臣；當日命絕，則爲獨夫。諸侯不期而會者八百，武王安得而止之哉！』以此爲武王解，似矣。然天下事未有不以漸者，天命之絕豈在一日；况君臣之分猶天澤之不可更，昨日竭忠貞而奉之矣，今日稱干戈而加之，可乎！且夫孟津之會諸侯不期而至，史記文耳，武王未必不告之也。　縱果諸侯自來，要亦聞武王之伐商而會之耳；武王早至孟津則諸侯早會，遲至則遲會：如之何其可以一日之間爲天命去留之界也！　蓋殷天命之去當在文王之世，故書曰，『天乃大命文王殪戎殷誕受厥命；』詩文王之篇曰，『周雖舊邦其命維新。』　天命已去而久不肯伐商，是以謂之『至德。』　若至孟津之會而後決，則文王之伐密伐崇，三分有二，庸得不謂之跋扈乎！　蓋凡論周事者皆爲史記所誤，而以文王之爲西伯專征伐爲紂之所賜，故以後世君臣之分斷武王之是非。　不知殷衰以來，聖賢之君不作，諸侯固以漸而叛矣；周介戎狄之間，乃商政所不及，及其寖昌寖大，諸侯歸之，又商所不能臣，自文王之世固已未嘗一日臣於商矣，況武王乎！　牧誓曰，『惟四方之多罪逋逃，是崇是長，是信是使，是以爲大夫卿士，俾暴虐于百姓，以姦宄于商邑，』夫曰『于百姓』而不曰『于萬方，』曰『于商邑』而不曰『于下國，』則是紂之號令止行于其畿內之明證也。　故凡眞古書之文，未有謂桀紂之令行於天下者；惟僞書乃往往有之。如湯誓及此篇，皆馬鄭相傳之眞古文尚書也，則其文但曰『率割夏邑』『姦宄于商邑』而已；而僞古文尚書之湯誥則曰『夏王滅德作威，以敷虐于爾萬方百姓』矣，泰誓則曰『殘害于爾萬姓』曰『毒痛四海』矣。何者？僞書撰於東晉以後，彼固以漢晉之事例之也。學者苟能分別觀之，則不但古聖人之眞可識而古書之眞僞亦可辨矣。由是言之，紂與文武原無君臣之分而但爲名號正朔所存，苟非大無道則聖人亦不忍輕黜之，苟其大無道則聖人亦不敢擅庇之，文武豈有二道也哉！是故論文武者但當問其實爲紂臣與否，而不必問其伐商與不伐商。果君臣也則雖以曹操之不篡漢而罪與丕無殊；果非君臣也則雖以武王之伐商而至德與文不異。惜乎世之論者皆不折衷於此，信楊墨者則以湯武爲罪人，尊聖人者亦但以天命爲解釋：六經之晦，聖人之受誣也久矣！余既有見於此，不忍不言，然言之亦未必其有信之者也。嗟夫，自戰國至秦，世道之一大升

辨黃鉞斬紂之說

降也，殺人動數十萬，民之死者十而七八，卒滅先王之法，焚詩書，廢禮樂而後已：何以至於是也？以自文武以後八九百年，無聖人爲天子者以救之也。然則使湯不放桀，武王不伐紂，將不待後世而卽爲戰國可知也。夫果不待後世而卽爲戰國，則當孔孟未生而堯舜之道久已泯沒，孔孟且無所承以傳於後，人類幾何而不盡，卽不盡而幾何不爲禽獸也！嗚乎後世之人所以尙能生全而異於禽獸者，湯武之功也；賴湯武之功以生，而遂奮其筆以訾湯武，以爲千古之罪人，世之背本忘恩未有如是之甚者也！且夫以湯武之放伐爲罪者，黃老氏之言也；黃　氏之言，楊氏之言也。後之儒者恥言楊墨而自以爲能闢異端，然論聖人之事則皆祖述楊墨之賸言而不自知：嗚乎，吾不知其所闢者何異端也！故今於湯武王之事特詳辨之。說並見成湯，王季，文王，伯夷篇中。

史記周本紀云，『武王至紂死所，自射之三發而後下車，以輕劍擊之，以黃鉞斬紂頭，縣太白之旗。已而至紂之嬖妾二女，二女皆經自殺；武王又射三發，

辨革殷與祝之事

擊以劍，斬以元鉞，縣其頭小白之旗。』 余按，聖人之伐暴，以救民也，非讎之而欲甘心焉者也。 桀雖虐，湯放之而已；使紂不死，武王必不殺紂；況於已死而殘其屍，何爲也者！ 春秋時滅國多矣，於其君也遷之而已，尙未有殺之者；況商周之間風俗尤厚，而武王，聖人也，安有已死而殘其屍者哉！ 觀於武王之封武庚，聖人之心可以見矣，必無懸紂頭於旗以示僇者。 若武王之讎紂如是，則必盡殺其子若孫；卽不然，亦必囚之放之，烏有反封之者哉！ 史記之言蓋本之逸周書，劉向所謂『孔子所論百篇之餘』者也。 此本戰國時人所撰，其中舛謬良多，不可爲實；史記誤采之耳。 惟賈誼新書謂『紂死之後，民之觀者皆進蹴之；武王使人帷而守之，』爲彷彿於聖人之心。 然古者風俗淳厚，厲王之暴，周人流之於彘而遂已，不甘心焉也，烏有紂死而商民殘其屍者哉！ 故並不錄。

本紀又云，『叔振鐸奉陳常車，周公旦把大鉞，畢公把小鉞，以夾武王，散宜生，太顚，閎夭皆執劍以衞武王，立於社南；毛叔鄭奉明水，衞康叔封布茲，召公奭

大賚事實

眞孔與僞孔解周親之

贊采師尚父牽牲，尹佚筴祝』云云。 余按，此亦采逸周書之文，非其事實。 執劍牽牲，自有有司職之，非師傅大臣之事，觀顧命之篇可見矣。 其祝文亦依傍牧誓之語以成文者： 故皆不錄。 又按周書之文多與史記異，同而皆不若史記之語完善，疑史記所采者本書而今周書則傳寫而致誤者也。

武王下

補 『周有大賚，善人是富。』（論語堯曰篇。）

按史記稱武王克商，散財發粟，所謂『大賚』蓋卽指此。 故次之於此。

『雖有周親，不如仁人。 百姓有過，在予一人。』（同上。）

朱子論語集註云，『孔氏曰，「周，至也。」 言紂至親雖多，不如周家之多仁人。』 是以『周親』爲商 親戚也。 余按論語集解，孔安國云，『親而不賢

不同

不忠則誅之，管蔡是也。仁人謂箕子微子，來則用之。』安國初未嘗以『周親』屬商以『仁人』屬周也。蓋此本承上文『大賚』二句言周雖有親戚，不敵善人，故賚之耳。上文之周既指武王，何爲此文之周反屬之紂，上下作兩解乎！至以爲武王所自言而謂商親之不如周，抑又夸矣。朱子此文本之僞書僞傳，僞書僞傳乃晉以後攻康成者之所僞撰，朱子乃不從眞安國之論語註而反引僞安國之尚書傳，且云孔氏云云，安國之誣將望何人爲白之乎！然安國之所釋亦尚未盡。此本記武王事，管蔡尚未惎間王室，何由誅之；『仁人』兼天下之遺賢言之，亦豈得專指微箕！細玩此文，乃聖人不私其親而惟求天下之賢才與共天祿，正與上章成湯之言相表裏。『周親』二句，卽所謂『帝臣不蔽，簡在帝心』也。『百姓』二句，卽所謂『萬方有罪，罪在朕躬』也。故孟子曰，『先聖後聖其揆一也。』故讀此章可以見聖人貴德尊賢大公無我之心；而約非劉氏不王，特秦漢以後之事，未足語於唐虞三代聖帝哲王之度量

辨存詢周公而散財發粟之說

也。以『周親』爲商親，失其旨矣。『百姓有過，』蔡氏書傳以爲『民皆有責於我，謂我不正商罪，』亦非是。故今考而正之。此文非泰誓語，說已見前篇中。

備覽『命召公釋箕子之囚，命畢公釋百姓之囚，表商容之閭。命南宮括散鹿臺之財，發鉅橋之粟，以振貧弱萌（疑與氓同）隸。命南宮括史佚展九鼎保（一作寶）玉。命閎夭封比干之墓。命宗祝享祠于軍。』（史記周本紀。）

尙書大傳云，『紂死，武王召太公而問焉。太公曰，「愛人者兼其屋上之烏；不愛人者及其胥餘。」召公曰，「有罪者殺，無罪者活，咸劉厥敵，毋使有餘。」周公曰，「各安其宅，各田其田，毋故毋新，惟仁之親。」武王於是乃封墓，表閭，發粟，散財（云云）。』呂氏春秋云，『武王命周公進殷之遺老而問衆之所說，民之所欲，乃發鉅橋之粟（云云）。』余按散財，發粟，表閭，封墓諸大政，皆武王未克商時心所欲為而不能者，一旦克商，自當即時舉行，不待訪之於人；而太公召公皆聖賢之臣，何容見不及此，而但以殺戮導武王乎！此皆後人附會之言，故並不錄。

三王追尊當在牧野時

備覽 『牧之野，武王之大事也。既事而退，柴于上帝，祈于社，設奠于牧室，遂率天下諸侯執豆籩，逡奔走，追王太王亶父，王季歷，文王昌。』（大傳。）

追王之說凡三。史記以為文王受命稱王，而追尊古公公季皆為王。文王稱王，先儒固多駁之；苟文王未嘗稱王，則二王亦非文王之所追尊明矣。中庸以為周公追王大王王季，而無文王。然書金縢篇文大王王季於武王之世已皆稱王，則中庸所稱亦不然矣。唯大傳以為武王在牧野時，三王同時追尊，於理為近，與尚書文亦合。故今從之。說詳見前文王及後周公篇中。

按本紀之散財發粟，即論語大賚之典；大傳之設奠追王，即史記享祠之事。

封殷當在散財後

僞武成不必改定

故連類而次之。

【備覽】『封商紂子祿父殷之餘民。武王爲殷初定未集，乃使其弟管叔鮮蔡叔度相祿父治殷。』（史記周本紀。）

史記此文在散財發粟之前。按，散財發粟與釋囚表閭皆如救焚拯溺，不可旦夕緩者；若封殷立監，似當從容議之。故移置於此。監殷止管蔡二叔，無霍叔，說見周公相成王篇管蔡甚商條下。

【備覽】『乃罷兵西歸，行狩，記政事，作武成。』（同上。）

僞尚書中有武成篇，乃綴輯經傳孟子戴記之語而采漢書律歷志所引武成原文以冠之者。雖無大謬於理，而亦毫無所發明。且既爲誥體，而通篇皆敘事，殊不相稱；其文亦雜亂無章。蔡傳疑之，是也；顧不肯糾其僞而但爲改定其文，豈知改定更不免於雜亂乎！況既敘伐商之文於誥前，則所謂誥者僅寥寥數語，而亦仍是敘事，初無所白於諸侯者：尚書寧有此誥體邪！故今不采其文而但載漢志所引之原文。

備覽　『濟河而西，馬散之華山之陽而弗復乘，牛散之桃林之野而弗復服；車甲衅而藏之府庫而弗復用；倒載干戈，包之以虎皮，名之曰建櫜。』（樂記。）

備覽　『散軍而郊射，左射貍首，右射騶虞，而貫革之射息也。裨冕搢笏而虎賁之士說劍也。』（樂記。）

附論　『楚子曰，「夫武，禁暴，戢兵，保大，定功，安民，和衆，豐財者也，故使子孫無忘其章。今我使二國暴骨，暴矣！觀兵以威諸侯，兵不戢矣！暴而不戢，安能保大！猶有晉在，焉得定功！所違民欲猶多，民何安焉！無德而强爭諸侯，何以和衆！利人之幾而安人之亂以爲己榮，何以豐財！武有七德，我無一焉，何以示子孫！」』（左傳宣公十二年。）

楚莊論武王之可信

余按，春秋之時，周室微弱，楚地方千餘里，僭王問鼎，其目中固已無周矣，且距武王僅四百年，文獻俱存，藉使武王有一二端未滿人意，詩書所言之有虛美，楚子必無不知，必不代爲之諱：乃其頌武王如是，則是武王原無可議，詩書所言皆實事也。　春秋時諸侯，自桓文以降，莫如楚莊賢者：縣陳而復封之，克鄭而復舍之，雖漢高光及宋祖唐宗能之乎！　是其才識蓋有大過人者；是以士會稱其『德立，刑行，政成，事時，典從，禮順，』蓋深賢之也。　乃其稱武王，若於己有天淵之限，雲泥之隔者，雖自謙之詞，然何至於是！　然則武王實大聖人，非後世賢君所能及；雖賢君莫不心折於武王，未有敢致不滿於武王者也。　蓋當其時，湯武之世未遠，楊墨之說未起，故知之眞而服之篤。　自戰國以後，異端橫行，非堯舜，薄湯武，學者習聞其說而不能辨其是非眞僞，以故從風而靡；不但劉知幾蘇子瞻之屬以爲可議，以爲非聖，卽篤信好古之儒亦往往於武王有憾詞焉：豈非邪

堯曰篇紀武王新政

說之易惑特識之難遇哉！吾願世之學者以三代以上論武王者論武王，而毋以戰國以後之論武王者論武王也。

補『惟四月既旁生霸，粵六日庚戌，武王燎於周廟。翌日辛亥，祀於天位。粵五日乙卯，乃以庶國祀馘於周廟。』（逸書武成。）

存參『大寒，在周二月（即夏正十二月）己丑晦。明日，閏月庚寅朔。三月二日庚申，驚蟄（古本正月中氣，近世誤爲雨水）。四月己丑朔，甲辰望，乙巳旁之。』（漢書律歷志。）

『謹權量，審法度，修廢官，四方之政行焉。』（論語堯曰篇。）

『興滅國，繼絕世，舉逸民，天下之民歸心焉。』（同上。）

論語之記此兩節何也？所以紀武王之新政也。聖人之征不道也，非利天下也，以正天下也。權量法度古聖人之所以定民志而正風俗者也。權量不謹，則巧僞日滋，姦民得其利而良民受其害；法度不審，則姦吏得以上下其手，而民無所措手足：虞舜所以『同律度量衡』也。古之聖帝名臣皆有大功於世，其子孫皆當世守其祀而不改。當商之季，賢聖之君不作，諸侯惟以力爭强呑弱，衆暴寡，聖帝名臣之裔殄滅者蓋亦不少矣。至於任官用人，尤經世之大政：官廢則民事無由理；不得其人則雖有官而事不治，反以病民者有之矣。觀於伯夷之居北海，太公之居東海，天下之大老且猶如是，則賢才之伏處於草茅者固不可以枚舉，但無由盡歸於周耳。賢才不用，百姓何由得安，是以武王起而伐商以正之也。使武王不伐商，則聖帝名臣之祀遂聽其滅絕乎？姦民亂俗，姦吏害民，遂聽其縱恣乎？職廢而不舉，賢才隱居而不任職，遂聽其自然任斯民之重困乎？吾知上帝之心必有所不忍，而聖人敬事上帝之心亦必有所不安也。故曰聖人非利天下也，以正天下也。興滅繼絕即史記所稱封薊祝陳杞之事。舉逸民即上文『周親不如仁人』，周頌『求懿德，肆時夏』之意，即成湯所云『帝臣不蔽』也。後世學者習見漢晉以後之事，遂以爲三代亦復如是，而以利天下之心度古聖人，甚至有以湯武之征誅爲得罪於名敎者；而豈知聖人光明正大之心不若是哉！故今表而出之。

邦諸侯

【備覽】『武王既勝殷邦諸侯，班宗彝，作分器。』（書序。）

按，諸侯之封當在歸自商以後。故次之於此。

不泄邇

【附論】『孟子曰，「武王不泄邇，不忘遠。」』（孟子。）

按，此文似指克商後諸大政而言。故次之於此。

宅鎬

『鎬京辟廱，自西自東，自南自北，無思不服。』（詩大雅。）

『考卜維王，宅是鎬京。維龜正之，武王成之。』（同上。）

武王宅鎬未知的在何時，史記周本紀亦無之。然此似不可缺。故因『無思不服』之文次之於此。

辨武王

本紀云『武王徵九牧之君，登豳之阜，以望商邑。』武王至於周，自夜不寐。

營洛之說

周公旦曰，「曷爲不寐？」王曰，（云云，）又云，「我南望三塗，北望嶽鄙，顧瞻有河，粤瞻洛伊，毋遠天室。」營周居於洛邑而後去。』余按此本逸周書之文，其意淺而晦，其詞煩而澀，與尚書大不類。且周公之宅洛，以殷民之遷也；是時不惟未遷，兼亦未畔，宅洛何所取焉？將以爲朝會道里均也，則又無一言及之。蓋後世之人聞周公之宅洛而不得其故，揣度之而以爲武王之所命耳。而商邑豳阜相距千里餘，亦非能望見者。故不錄。

克殷年豐之可疑

『綏萬邦，屢豐年。』（詩周頌。）

存疑　『周饑，克殷而年豐。』（左傳僖公十九年。）

按詩但謂克殷之後年豐耳，非必謂克殷之前而饑也。饑以興師，聖人恐不如是。甯子但欲贊文公以伐邢，遂不覺其言之過當，將使後世好戰而不恤民者以是藉口。故列之於存疑。

「既克商二年，王有疾，弗豫。二公曰，「我其爲王穆卜！」周公曰，「未可以戚我先王。」公乃自以爲功，爲三壇同墠；爲壇於南方北面，周公立焉，植璧秉珪，乃告太王王季文王。史乃册祝曰，「惟爾元孫某，遘厲虐疾。若爾三王，是有丕子之責于天，以旦代某之身。予仁若考，能多材多藝，能事鬼神。乃元孫不若旦多材多藝，不能事鬼神。乃命于帝庭，敷佑四方，用能定爾子孫于下地，四方之民罔不祗畏。嗚呼，無墜天之降寶命，我先王亦永有依歸！今我卽命于元龜：爾之許我，我其以璧與珪歸俟爾命；爾不許我，我乃屏璧與珪。」乃卜三龜，一習吉。啓籥見書，乃幷是吉。公曰，「體，王其罔害！予小子新命于三王，惟永終是圖，茲攸俟，能念予一人。」公歸，乃納册于金縢之匱中。王翼日乃瘳。」（書金縢。）

金縢祝代當在訪範前

按，此事在書金縢篇，乃因成王之迎周公而追記此，非謂其必在洪範旅獒後也。史記以爲十三年事，故記之於『訪範』之後。然余觀三代以上皆以踰年爲二年，恐當在訪範之前一年。故次之於此。

洪範稱祀

「惟十有三祀，王訪于箕子。王乃言曰「嗚呼，箕子！惟天陰騭下民，相協厥居，我不知其彝倫攸敘。」」（書洪範。）

此篇據春秋傳以爲商書，故稱『十有三祀』，用商制也。今篇在周書中。

『箕子乃言曰，「我聞在昔，鯀陻洪水，汨陳其五行；帝乃震怒，不畀洪範九疇，彝倫攸斁。鯀則殛死，禹乃嗣興；天乃錫禹洪範九疇，彝倫攸敘。」』（同上。）

『初一曰「五行。」次二曰「敬用五事。」次三曰「農用八政。」次四曰「協用五紀。」次五曰「建用皇極。」次六曰

訪箕之年

「又用三德。」次七曰「明用稽疑。」次八曰「念用庶徵」次九曰「嚮用五福，威用六極。」」』（同上。）

備覽『武王釋箕子之囚。箕子不忍爲周之釋，走之朝鮮。武王聞之，因以朝鮮封之。箕子既受周之封，不得無臣禮，故于十三祀來朝。武王因其朝而問鴻範。』（尙書大傳。）

箕子之訪，據尙書大傳及史記皆當在克商後二年；而劉歆三統歷獨據書洪範序，以爲卽在克商之歲，因移克商事於武王之十三年。余按洪範云『惟十有三祀，王訪於箕子，』序云『武王克殷，以箕子歸，作洪範』（見漢書，今序與此小異），此但追敘箕子至周之由，爲作洪範張本，非謂作範必在克商年也。奄之踐在成王之初，武之章稱武王之謚，然詹伯楚子皆蒙『武王克商』之文言之，蓋特原其事之所始，與傳文之先經以首事，後經以終義者同，不必其事定

僞書經傳多本劉歆王肅

在此一時也。劉歆不達其意，遂誤以爲武王克殷在十三年，是猶史記闕里志見春秋傳孟懿子學禮之文載於昭公七年而遂以爲孔子十七歲時事也亦鑿之至矣！惟大傳以爲封朝鮮而後陳洪範，史記以爲陳洪範而後封朝鮮，其說較爲小異；然亦無大關於得失。要之，皆在克商之後二年；陳範在十三祀則克商固當在十一年也。嗟夫，自漢書載劉歆之說以克商爲在十三年，僞古文經傳因之，遂分書序四言爲兩年事，蔡傳駁之，又并歸之於十三年，而武王之事遂雜亂不可考：一語之誤解，其所關豈小事哉！故今載大傳之文以正三統之誤，使其源清而後其流可得而漸釐也。說並詳前卷中觀兵伐殷兩條下，彙而考之，事理自曉然矣。

大抵僞古文經傳多本之劉歆王肅：豈孔安國所傳，司馬遷，趙岐，鄭康成，杜預諸家皆不之見而獨歆與肅二人見之乎！借令歆與肅獨見之，又何故不明言其出於書之某篇而竊之爲己說以欺人乎！然則其書出於歆肅之後明甚。

奈何世儒皆不之察也！

辨麥秀詩

【存參】『武王封箕子於朝鮮。箕子教以禮義田蠶，又置八條之教。其人終不相盜，無門戶之閉，婦人貞信，飲食以籩豆。』（後漢書。）

史記宋世家云，『箕子朝周，過故殷墟，感宮室毀壞，生禾黍，乃作麥秀之詩曰，（尚書大傳作微子事。）「麥秀漸漸（大傳作『蘄蘄』）兮，禾黍油油（大傳作『蠅蠅』。）彼狡童兮，不與我好兮！」』（大傳作『不我好仇』。）余按此歌有怨君之心，無傷舊之意，其詞亦大不敬，必後人所擬作，非微箕所為。故不載。

【存疑】『武王克商，作頌曰，「載戢干戈，載櫜弓矢；我求懿德，肆於時夏，允王保之。」又作武，其卒章曰，「耆定爾功；」其三曰，「鋪時繹思，我徂惟求定；」其六曰，「綏萬邦，屢豐年」』

（左傳宣公十二年。）

備覽　『武始而北出；再成而滅商；三成而南；四成而南國是疆；五成而分周公左召公右；六成復綴以崇天子。　夾振之而駟伐，盛威於中國也。　分夾而進，事蚤濟也。　久立於綴，以待諸侯之至也。』（樂記。）

附論　『吳公子札來聘，見舞大武者，曰「美哉，周之盛也，其若此乎！」』（左傳襄公二十九年。）　『子謂武「盡美矣，未盡善也。」』（論語八佾篇。）

辨武王作大武之說

呂氏春秋云，『武王伐殷，薦俘馘於太室，乃命周公作為大武。』　綱鑑大全因之，於武王十四年書『作樂曰大武。』　余按，楚子所引武樂三章中有『於皇武王，』『桓桓武王』之語，則斷非武王所自作矣。　故鄭孔及朱傳皆以爲武王崩後，周公作此以象武王之功。然則「載戢干戈」之頌亦未必卽武王所作，傳但本武王之克商而言之耳。不但此也，禹之夏，湯之濩，文王之南籥，亦未必皆其人所自作。但樂以象德，季札所贊者其樂也，卽其人也，故幷附於其人之篇後。遂皆以爲其人所自作，則誤矣。

「太子誦代立，是爲成王。」（史記周本紀。）

豐鎬考信録卷之三終

豐鎬考信錄卷之四

周公相成王上

『武王既喪，管叔及其羣弟乃流言於國曰，「公將不利於孺子！」』（書金縢。）

辨周公攝政之說

金縢一篇並無周公攝政之文，唯戴記文王世子篇云，『成王幼，不能涖阼；周公相踐阼而治。』明堂位云『武王崩，成王幼弱，周公踐天子之位以治天下。六年，朝諸侯於明堂，制禮作樂，頒度量而天下大服。七年，致政於成王。』由是史記漢書及諸說尚書禮記者幷謂周公居天子位，南面以朝諸侯，而以洛誥之『復子明辟』為復政成王之據。蔡氏書傳駁之云『有失然後有復：武王崩，成王立，未嘗一日不居君位，何復之有！』王莽居攝，幾傾漢鼎，皆儒者有以啓之，是不可以不辨。』 石梁王氏亦云，『周公爲冢宰時，成王年已十四，非攝位，但攝政，豈可以天子爲周公！』 二子之言誠足以糾先儒之失，絕後世之惑矣。然以余考之，周公不但無南面之事，並所稱成王幼而攝政者亦妄也。 古者男子不踰三十而娶，況君之世子乎。 邑姜者，武王之元妃；成王者，邑姜之長子，而唐叔其母弟也。 武王之娶邑姜，邑姜之生成王，皆當在少壯時明甚。 而今文王世子篇乃云『文王九十七而終，武王九十三而終；成王幼，不能涖阼，』則是武王年八十餘而始生成王，六十餘而始娶邑姜也，此豈近於情理哉！ 均之父子也，且均之聖賢也，王季之愛文王與文王之愛武王當無以異。 乃作記者言文王則云『十二而生伯邑考，十五而生武王』（說見武王上篇）；言武王則八十餘而始生成王之嫡長子。 王季之爲文王婚何其太早，文王之爲武王婚何其太遲乎？ 由是言之，凡記所載武王成王之年皆不足信。 況周公之東也，唐叔實往歸禾，則成王之不幼明矣。 蓋古者君薨，百官總己以聽於冢宰三年。 子張曰，『書云「高宗諒陰三年不言，」何謂也？』孔子曰，『何必高宗，古之人皆然。』然則武王崩時，周公蓋以冢宰攝政；不幸羣叔流言，周公東辟，遂不得終其攝。及成王崩，召公鑑前之禍，遽奉子釗以朝諸侯，由是此禮遂廢。後之人但聞有周公攝政之事而不知有冢宰總己之禮，遂誤以成王爲幼；又見洛誥之末有『周公誕保文武受命惟七年』之文，遂誤以爲攝政之年數耳。不思周公居東二年，東征三年，七年之中，周公之在外者四五年，此時何人踐阼，何人聽政？成王之自臨朝視政明矣。何故能踐阼聽政於四五年，而獨此二三年中必待周公之攝之也？鄭氏謂『成王居喪不言，周公以冢宰聽政，而二叔流言，』是已；然又謂『成王親迎以歸，然後攝政，』則亦未免惑於史記漢志之言也。且『復』之爲言，下告上也。春秋傳曰，『燮將復之；』又曰，『辯將復於寡君。』孟子曰，『有復於王者。』王命周公作洛，故周公使人復王耳；豈謂其復政哉！曰，然則成王何以稱爲『孺子』也？曰，孺子之稱不必其皆嬰兒也。晉文公出亡數年而獻公卒，其齒長矣，而秦使及狐偃皆稱之爲『孺子。』有大夫之嫡子而稱爲孺子者，孟莊子武伯於其父時皆稱爲『孟孺子』是也。有未成乎大夫而稱爲孺子者，季孫之稱秩，高氏之臣之稱子良是也。而子旗於子良亦曰『彼孺子也。』則是親之，少之，皆可以孺子稱之也。是故，金縢之『孺子』，流言也，未成乎君之稱也；立政洛誥之『孺子，』則周公自以親之少之之故而稱之耳：豈得遂以爲童子哉！晉慕容盛謂『周公專權代主，管蔡忠於王室，故有「不利孺子」之言；』又謂『周公知文王與武王三齡，而求代其死者，詐也。』雖盛本詐諼之人，故以小人之腹度君子，然要亦傳記之邪說之有以啓之也。故今但載金縢本文，而文王世子，明堂位及史記漢志諸說概不妄附。說並見前武王伐紂條下。

辨周公追王太王王季

戴記中庸篇云，『武王末受命，周公成文武之德，追王大王王季，上祀先公以天子之禮。斯禮也，達乎諸侯大夫及士庶人。』余按，尚書金縢篇云，『乃

之說

告大王王季文王，』又云，『若爾三王是有丕子之責于天，』又云，『予小子新命于三王，』則是武王未崩以前大王王季已追王也；周公烏得有追王之事哉！且二王果周公所追王，則文王以何時稱王邪？ 謂生而稱王邪，則文王爲西伯，傳記之文甚明，宋歐陽永叔固已辨之矣。 謂武王克商之後追王邪，則既追王文王，何難復追王二王。 若武王但追王文王而不追王二王，則是以爲不當追王也。 武王以爲不當追王而周公追王之，可乎！ 考其首尾，乃必無之事；而儒者咸信之，其亦異矣！ 原其所以如是信者無他，以中庸爲子思所作而此章爲孔子之言；至朱子列中庸於四書，遂愈莫敢有議者。 不知此章斷非孔子之言，而中庸亦不出子思之手，乃戰國之儒者采輯前人之言以成此書：『獲上』一節采諸孟子，實顯然可見者。 其冠以『子曰』者，雖相傳爲孔子之言，而爲後人之所附益及假託者蓋亦有之。 是以中庸之言，高者不減尙書論語，而間亦有剌謬於經傳者。 爲是說者蓋亦習於世俗所傳文王受命稱王之說，故但以爲追王二王而不言追王文王耳豈足爲據也哉！　且武王克商之後，祀於周廟者屢矣，用諸侯禮邪？用天子禮邪？　武王旣爲天子而仍用諸侯之禮，必有所未安；若用天子之禮，則武王固已上祀先公矣，何勞於周公之成其德哉！　嗟夫，聖人之言萬世所取信也；然必眞爲聖人之言然後可以取信，非可徒以名焉已也。魯襄仲之將立宣公也，以君命召惠伯。　其宰公冉務人止之曰，「入必死。」叔仲曰，「死君命可也。」　公冉務人曰，「若君命可死；非君命，何聽！」　弗聽，遂入；卒弑其君而殺其身。　然則言亦不可以妄信也！　是以余於傳記，必其與經合者然後載之；不敢信一人率爾之談，遂以爲眞聖人之言也。

七月非周公作

衞宏毛詩序云，「七月，陳王業也：周公遭變，故陳后稷先公風化之所由，致王業之艱難也。」　鄭氏謂此詩在周公居東之日；朱子謂此詩在成王初立之時。　余按鴟鴞以下六篇皆周公時所作，此篇若又出於周公，則是七篇皆與豳無涉，何以名之爲豳？　曰，述豳俗也。　然「流火，授衣，烹葵，剝棗，」在在皆然，以民間通行之事而獨謂之豳俗，豳何在焉？且玩此詩醇古樸茂，與成康時詩皆不類。竊嘗譬之，讀大雅如登廊廟之上，貂蟬滿座，進退秩然，煌煌乎大觀也；讀七月，如入桃源之中，衣冠樸古，天眞爛熳，熙熙乎太古也。然則此詩當爲大王以前豳之舊詩，蓋周公述之以戒成王，而後世因誤爲周公所作耳。竊疑豳之舊詩當不止此，此篇因周公識之，傳之，而獨存，猶商頌當時亦必多，而正考父獨得其十二篇也。至於鴟鴞以下，則以其詩皆爲周公而作，而音節亦近豳，故附之於豳風之後；而此一篇則豳之正風也。故今不載之於周公之篇。

『周公乃告二公曰，「我之弗辟，我無以告我先王。」周公居東二年，則罪人斯得。于後，公乃爲詩以貽王，命之曰鴟鴞。王亦未敢誚公。』（同上。）

『鴟鴞鴟鴞！既取我子，無毀我室！恩斯勤斯，鬻子之閔斯！迨天之

引朱熹蔡沈語辨僞傳東征之說

未陰雨，徹彼桑土，綢繆牖戶：今女下民，或敢侮予！予手拮据，予所捋荼，予所蓄租，予口卒瘏，曰予未有室家！予羽譙譙；予尾翛翛；予室翹翹，風雨所漂搖，予維音嘵嘵！』（詩豳風。）

金縢『弗辟』之『辟』，鄭氏以爲『退辟』（同避）；『居東，』以爲『辟位而居於東。』自僞孔傳出始訓『辟』爲『法』，而以誅殺之意解之：於是以『居東』爲『東征』，以鴟鴞詩爲在黜殷之後。隋唐之際，鄭學浸微，孔穎達作疏，遂棄鄭而用僞傳，唐宋學者靡然從之。雖朱子詩傳，初亦采其說；及後答蔡沈書，始覺其謬。而蔡氏作書傳，乃本朱子之意以正其失。今載其說於左。

【朱子覆蔡沈書說】『弗辟之說，只從鄭氏爲是。向董叔重得書，亦辨此，一時信筆答之，謂當從古註說（即謂僞傳，蓋以孔在鄭前也）。後來思之，不然。三叔方流言，周公處骨肉之間，豈應以片言半語遽然興師以征之，聖人氣象大

鴟鴞篇作于東征前

不如此，」又成王方疑周公，周公固不應不請而自誅之；若請之於王，亦未必見從。雖曰聖人心事公平正大，區區嫌疑似不必避，然舜避堯之子，禹避舜之子，自是合如此。』

【蔡氏尚書金縢篇傳】『辟讀爲避（古字避皆作辟），鄭氏詩傳言「周公以管蔡流言辟居東都」是也。漢孔氏（卽僞傳，蔡氏誤以爲眞安國作）以爲誅殺之。夫三叔流言，以公將不利於成王，周公豈容遽興兵以誅之邪！（此下數句，已見朱子書中，今節之。）「我之弗辟，我無以告我先王，」言我不辟則於義有所不盡，無以告先王於地下也。公豈自爲身計哉！「居東，」居國之東也。孔氏以爲東征，非也。方流言之起，成王未知罪人爲誰；二年之後，王始知流言之爲管蔡。「斯得」者，遲之之詞也。』

余按，朱子之論正矣，蔡傳之釋此文義尤詳盡，復何疑焉！然後儒尚多從僞傳而非蔡者，豈以詩傳出於朱子故邪？抑未取詩書之言而深思之邪？書云

『流言於國，』不云『殷畔，』則是殷猶未畔，但聞流言而遂辟也。『流言』者，道路之言；事後知其所起，乃追書之；當時尚未知爲誰，何周公可以疑似而遽殺其兄乎！周公之東征，討武庚也；武庚未畔，討之何名？未畔而已伏誅，則是初無殷畔之事而周公誣之也。若謂武庚之畔卽在流言之時，則史當特書之以爲討之張本，不得但記流言，遽云當誅。誅流言者邪？誅畔者邪？雖初搦筆之童子不至如是，況史臣而有此文理邪！詩云，『曰予未有室家，』又云，『予室翹翹，風雨所漂搖，』則是王室不安，諸侯攜貳而尚未知其所定也。細玩通篇惓惓慮患之心溢於語言之表，然則此詩作於東征之前明矣。若以爲在東征之後，則王室已安，天下已靖，而爲岌岌憂危不保終日之言，於事爲不切，於人爲不情矣！而說者乃以『旣取我子』爲東征後之證，曰，『「子」喩管蔡，「室」喩王室；言「旣取我子」，則管蔡旣已受誅矣。』（朱氏公遷說。）信如所云，管蔡誅則武庚亦誅矣，泉下游魂其尙能毀我王室乎！嗟夫，朱子之於傳豈能無千慮之一失，況其晚年已不吝於自改其說，而後儒反代爲朱子吝之，何邪？故今遵蔡傳之說而以東征之事次於成王親迎周公之後。

『秋大熟，未穫，天大雷電以風，禾盡偃，大木斯拔。邦人大恐。王與大夫盡弁，以啓金縢之書，乃得周公所自以爲功代武王之說。二公及王乃問諸史與百執事，對曰，「信。噫，公命我勿敢言！」王執書以泣曰，「其勿穆卜！昔公勤勞王家，惟予沖人弗及知。今天動威以彰周公之德，惟朕小子其新迎，我國家禮亦宜之。」王出郊，天乃雨，反風，禾則盡起。二公命邦人，凡大木所偃，盡起而築之。歲則大熟。』（書金縢。）

引呂游語辨居東非東征

按書此文居東之非東征益明。臨漳呂樂天先生游已酉記疑嘗辨之，今錄於左，

【己酉記疑一則】（節錄）『周公居東，去京師必不甚遠，周公此時亦無大責任，故感風雷之變，啓金縢之書，執書以泣，隨卽出郊迎公，天乃雨，反風也。若以居東卽爲東征，則武庚所都去國千餘里，豈有不下班師之詔，又不待風止，卽出郊迎公之理！由此看來，論此事者當以蔡註金縢爲正，鴟鴞詩傳雖不觀可也。』

余按，此說深中事理。蓋武庚未平，周公必不能中道班師；武庚既平，周公又不可擁兵居外，其爲無事顯然。不得謂之爲東征也。

辨揃蚤祝神之說

史記云『成王少時病，周公自揃其蚤沈之河以祝於神。及成王用事，人或譖周公，周公奔楚。成王發府見周公禱書，乃泣反周公。』譙周云，『秦既燔書，時人欲言金縢之事，失其本末，乃云然耳。』余按，一事而所傳聞異詞，遂誤而兩載之，傳記如是多矣。慶封之聘魯也，叔孫食之不敬，賦詩譏之；其奔魯也，叔孫又食之汜祭，亦賦詩譏之。鄭之葬簡公也，將毀游氏之廟，而子產中止；

鄭之爲蒐除也，亦將毀游氏之廟，而子產中止。此皆顯然一事，而傳悉兩載之；無他，采之太博而擇之未精耳。左傳猶然，況其下焉者乎！後人過於信古，遂不敢議，惑矣！譙周之言是也。然卽此可見史記之文傳而失其眞者甚多，學者不可以其近古謂其必有所本，遂概信之以爲實也。

補「管蔡啓商，惎間王室。」（左傳定公四年。）

「管叔以殷畔。」（孟子。）

存參「奄君蒲姑謂祿父曰：『武王旣死矣，今王尚幼矣，周公見疑矣，此百世之時也，請舉事！』」（尚書大傳。）

管蔡之誅不因流言

僞古文尚書云，「惟周公位冢宰，正百工，羣叔流言，乃致辟管叔于商，囚蔡叔于郭鄰（云云）。」余按傳稱「管蔡啓商，惎間王室，」孟子書中亦有「管叔以殷畔」語，則是管蔡之誅以畔，故不以流言故也。烏有但聞流言而遂誅其親戚者哉！僞書之文，其誣聖人不小，故今載春秋傳孟子之文以正之。至大傳所言，乃伐奄張本；雖不敢必其實，而理容或有之。故附存之。

『王若曰，「猷，大誥爾多邦越爾御事：弗弔天降割于我家，不少延。洪惟我幼沖人，嗣無疆大歷服，弗造哲，迪民康，矧曰其有能格知天命！……殷小腆，誕敢紀其敘；天降威，知我國有疵，民不康，曰『予復，』反鄙我周邦。……予永念曰，天惟喪殷，若穡夫，予曷敢不終朕畝！天亦惟休于前寧人。予曷其極卜，敢弗于從率寧人有指疆土；矧今卜并吉！肆朕誕以爾東征。天命不僭，卜陳惟若茲。」』（書大誥。）

備覽 『武王崩，三監（傳云，『三監：管，蔡，商』）及淮夷叛。周公相成王，將黜殷作大誥。』（書序。）

按大誥篇首當有數語序誥之所由作，若盤庚，多士，多方者；而今無之，蓋缺

闕文

誅管蔡係奉王命

僞書增出霍叔之非

文也。故今取書序之文補之。

（補）『王於是乎殺管叔而蔡蔡叔，以車七乘，徒七十人。』（左傳定公四年。）

戰國人多稱周公誅管蔡；晉慕容盛遂以擅誅管蔡為周公罪。余按，周公東征乃奉成王之命，尚書春秋傳之文甚明，不得以其事專屬之周公也。蓋周公輔相兩朝，勳崇望重，故說成周事者多歸之於周公，正如陳賈所云『周公使管叔監殷。』是時武王在上，太公望散宜生等共佐之，周公安得自使管叔乎！

僞古文尚書云『致辟管叔於商，囚蔡叔於郭鄰，以車七乘；降霍叔為庶人，三年不齒。』宋堯叟林氏春秋傳『周公弔二叔之不咸』註云，『周公傷夏殷之二叔世疏其親戚，不能同心以至滅亡。或以二叔為管蔡者非；管叔蔡叔霍叔三叔不得稱二叔。』（杜註『二叔』說同，無管蔡霍三叔之說。）余按，春秋傳云『管蔡啓商，惎間王室，王於是乎殺管叔而蔡蔡叔，』又云，『管蔡為戮，周公右王』無有一言及霍叔者。史記殷本紀云，『武庚與管叔蔡叔作亂，』周本紀云『武王爲殷初定未集，乃使其弟管叔鮮蔡叔度相祿父治殷，』又云，『周公奉成王命伐誅武庚管叔放蔡叔，』皆與左傳文合而無霍叔。其尤顯然無疑者，管蔡世家稱『封叔鮮於管，封叔度於蔡，』下云，『二人相紂子武庚；』稱『封叔處於霍，』則不言是：然則霍叔未嘗監殷明矣。而魯周公衞康叔宋微子各世家亦俱但稱『管叔蔡叔傅相武庚，』『管叔蔡叔作亂，』『周公誅管叔放蔡叔，』若霍叔果同監殷而同作亂，不應數篇之文如合符然皆有管蔡而無霍也。尙書大傳云，『武王使管叔蔡叔監祿父，』漢書地理志云，『周旣滅殷，封其畿內爲三國——邶以封紂子武庚；庸，管叔尹之；衞，蔡叔尹之——以監殷民，』皆與左傳史記說同，不言霍叔。由是言之，以殷畔者止管蔡二叔而無霍，故傳云『弔二叔之不咸，』不稱三叔也。至晉皇甫謐作帝王世紀，始稱『自殷都以東爲衞，管叔監之；殷都以西爲鄘，蔡叔監之；殷都以北爲邶，霍叔監之』僞尚書緣此，遂采左傳語而增以『降霍叔』之文。然則此書之撰於晉以後而非安國之所傳也彰彰明矣！如果安國所傳，不應兩漢諸儒皆不知有霍叔，獨至皇甫謐始知之；而左氏生於周世，在焚書之前，尤不應不知有霍叔而每文皆但言管蔡也。杜氏以下文稱『管蔡』之故，因釋『二叔』爲『二代之叔世』；固已强詞至林氏乃據世俗相傳之語以駁二叔之稱，而不復考左傳他文及史漢舊說，尤疎之甚矣！且『降爲庶人』者漢以後法耳；三代以上，大臣有罪，可殺可放，而未嘗有降其爵者，先王所以辨上下，別嫌疑，定民志也。春秋之時，卿奔他國，乃有降從大夫之位者：彼原非此國之卿故然耳，本國固無是也。烏有朝齒公卿而暮同編戶者哉！且蔡叔罪重於霍叔，尙有車七乘，徒七十人，以大夫之奉奉之，而霍叔之罪遞輕，乃反降爲庶人，一何其賞罰之顚倒乎！或疑金縢有『羣弟流言』之文，當不止蔡叔一人。然則蔡霍二叔，亦不得遂稱『羣』。蓋流書者自多人，監殷者自管蔡，不得謂流言之人盡監殷之

引崔邁語辨僞書微子之命

人也。故今但據春秋傳文載之；無稽之說不敢以妄增也。

『周公既承成王命，誅武庚，殺管叔，放蔡叔，乃命微子開（本『啓』字，避景帝諱改）代殷後，奉其先祀，作微子之命以申之，國于宋。』（史記宋微子世家。）

僞古文尚書有微子之命篇，余弟邁訥庵筆談嘗辨之。今錄於左。

【訥庵筆談一則】『封微子非封他人比也。改革之際，難爲言矣。當時命之者之言，其於理於勢必有其懇摯而婉篤者；今皆不可得見。作書者以其難於措辭，故但爲膚廓通套之語，於當日情勢無一語及之，譬若扶牆而行，不敢少動，惟恐其有破綻以貽後世口實。此正可見作者伎倆；而後世乃猶以爲眞聖人之言也！試使後世能文之士代爲此篇，其揣情度勢亦必有可以感動人心而慰安殷之遺民者。寥寥數語，苟且了事，必不然矣』

伐奄不在武王世

周公相成王中

補『伐奄三年討其君。』（孟子。）

近世讀孟子者，以『周公相武王』爲句，『誅紂伐奄』爲句，遂以伐奄爲武王事。朱子亦云『奄助紂爲惡者。』余按，經傳無武王伐奄事。書多方云，『惟五月丁亥，王來自奄』；多士云，『昔朕來自奄，予大降爾四國民命』；是伐奄乃成王事也。詩東山云，『我徂東山，慆慆不歸』，又云，『自我不見，于今三年』；是『三年討其君』即周公東征事也。尚書大傳亦稱奄君謂武庚請舉事，書序又稱成王伐淮夷，遂踐奄；然則伐奄決在成王之世無疑。孟子此文，當以『周公相武王誅紂』爲句；『伐奄三年討其君』自爲一句，非武王時事也。蓋緣初學讀書多不能誦長句，率於四五字處讀斷，如『知和而和』，『何必讀書』，『飽食煖衣』，『夫子循循然』之類；相沿既久，遂以爲固然耳。嗟

驅飛廉當在伐奄後

辨帝賜石棺之訛

夫章句之學，通儒所鄙，然章句之士亦何可多得！韓子云，『凡爲文宜略識字。』爲文而能識字說經而能知句讀此固非易易事也！故今伐奄一事載之周公相成王時。僞孔傳又謂『成王之世奄凡再叛，』乃因多方多士篇第失次而誤。說見後多方多士條下。

附錄「驅飛廉於海隅而戮之。」（孟子。）

此事時世無可考者。然玩孟子此文曰『驅飛廉於海隅，』似前嘗討飛廉而飛廉逃於海隅也者，疑即武王伐紂之時，史記所謂『不與殷亂』者也。奄負東海，海隅乃奄東境蓋因奄未臣服，故得苟延殘喘至克奄後始得而戮之耳。然則此事當在伐奄之後，是以孟子連而及之。但於經傳皆無明文，故附錄於此。

史記秦本紀云，『周武王之伐紂，時蜚廉爲紂石北方；還，無所報，爲壇霍太山，而報得石棺。銘曰，「帝令處父，不與殷亂；賜爾石棺以華氏。」死，遂葬於

辨禾苗盈車之說

霍太山。』余按武王既已克殷，蜚廉何由至霍？果還，至霍安能逃於武王之誅而得從容以終天年？且蜚廉助紂爲虐者，何以帝反嘉之而賜之石棺乎？此事至爲荒謬，蓋秦趙之人諱其戮而妄造此說以欺人者，是以譙周古史考深所不信，而司馬氏索隱亦以爲非實也。當從孟子爲正。

【備覽】『唐叔得禾，異畝同穎，獻諸天子；王命唐叔歸周公於東，作歸禾。』（書序。）

【備覽】『周公既得命禾，旅天子之命，作嘉禾。』（同上。）

按史記載此事與書序同。尚書大傳及說苑皆以爲『三苗貫桑而生，大幾盈車，』恐係傳聞而甚其詞者。故不采。

『我徂東山，慆慆不歸。我來自東，零雨其濛。鸛鳴于垤，婦嘆于室。洒埽穹窒，我征聿至。有敦瓜苦，烝在栗薪；自我不見，于今三

年！』（詩豳風・一）

東山篇即伐奄事

按此詩稱『我徂東山，』又稱『于今三年，』是卽周公『伐奄三年討其君』事也。故次之於此。衞宏詩序以爲周公東征而歸勞歸士，大夫美之而作。朱傳以爲周公自勞歸士之詞。余按，此篇毫無稱美周公一語，其非大夫所作顯然然亦非周公勞士之詩也。細玩其詞，乃歸士自叙其離合之情耳。三年東征不爲不久，破斧缺斨，不爲不勞；而其詞絕無一毫怨意，若邶之擊鼓，雅之漸石者，卽此可見盛世景象。以爲勞歸士美周公，此意索然矣。至序所稱『說以使民，民忘其死，』云者，雖得詩人之旨，然謂『序其情而閔其勞，所以民說，』亦非也。聖人之於民，必有撫愛於平日，矜恤於臨時者，是以民忘其死；非徒用一詩勞之之虛文，卽能有此效也。然則謂序其情而民說，何若謂歸士自述其情，雖極勞苦思念而毫無怨上之心，由於上之愛民有素，是以上下一體者，爲得其眞乎！

『既破我斧，又缺我斨。周公東征，四國是皇。哀我人斯，亦孔之將！』（詩豳風。）

毛詩釋破斧篇之非

衞宏毛詩序云，『破斧，美周公也。周大夫以惡四國焉。』傳云，『四國，管，蔡，商，奄也。』箋云，『四國流言，既破毀我周公，又損傷我成王。』余按，『破斧缺斨』即敍東征之事；東征三年，爲日久矣，斧破斨缺，則其人之辛勤可知，猶宋人詞所云『征衫着破着衫人可知矣』之意；不得以『我』屬之大夫而謂『斧』爲周公，『斨』爲成王也。朱傳以爲從軍之士所作，『破斧缺斨』自言其勞，是已。又援『斬伐四國』之文斥序以爲『管，蔡，商，奄』之謬，其說尤正。然謂『答前篇周公之勞，己故作此詩以美周公』，則尚似有未盡合者。詳味此詩之意，乃東征之士自述其勞苦，絕無稱美周公一語；惟其勞而不怨，由於周公勤勞王室，不自暇逸，是以其民皆悉周公之心，敵愾禦侮，不辭况瘁，至於斧破斨缺而無異言，即此見周公之美耳。以爲

『美周公，』淺矣！以爲『大夫所作以美周公而惡四國，』尤失之遠矣！

備覽　『成王東伐淮夷，遂踐奄。』（書序。）

備覽　『成王既踐奄，將遷其君於蒲姑。』（同上。）

按，唐叔之歸禾，周公在東土，成王在周京也。此文則成王亦至東土矣。疑克奄之後，淮夷尙負固不服，成王因自往視師也。抑不知周公班師之後，淮夷復畔，而成王始東征與？要之，當在伐奄之後，多方之前。故次之於此。

成王踐奄當在克奄後

『惟五月丁亥，王來自奄，至于宗周。……王曰，「嗚呼！猷，告爾有多方士暨殷多士。今爾奔走臣我監五祀，越惟有胥伯小大多正，爾罔不克臬！自作不和，爾惟和哉！爾室不睦，爾惟和哉！爾邑克明，爾惟克勤乃事！爾尙不忌于凶德，亦則以穆穆在乃位，克閱于乃邑謀介。爾乃自時洛邑，尙永力畋爾田，天惟畀矜爾；我有周

遷民之誥

引顧炎武語辨僞傳淮奄再叛之說

惟其大介賚爾，迪簡在王庭。尙爾事，有服在大僚！」』（書多方。）

附錄 此多方篇又乃初遷殷民後誥之者。

『王曰，「猷告爾多士。予惟時其遷居西爾，非我一人奉德不康寧，時惟天命無違！朕不敢有後，無我怨！」』（書多士。）

附錄 『王曰，「多士，昔朕來自奄，予大降爾四國民命；我乃明致天罰，移爾遐逖，比事臣我宗多遜。」』（同上。）

書序云，『成王東伐淮夷，遂踐奄；』鄭康成云，『此伐管蔡時事。』僞孔傳云，『成王卽政（謂武王崩七年之後，）淮夷奄國又叛；王親征之，遂滅奄而徙之』二說不同。其後王顧諸儒皆以僞傳爲誤。王論余未之見。顧云，『多方之誥曰，「惟五月丁亥王來自奄，」而多士「王曰，『昔朕來自奄』」是多方當在多士之前，後人倒其篇第耳。奄之叛周，是武庚旣誅而懼，遂與淮夷徐戎並興；而周公東征乃至於三年之久，孟子曰「伐奄三年討其君」是也。既克而成王踐奄，蓋行巡狩之事，書序「成王既踐奄，將遷其君於蒲姑」是也。孔傳以爲奄再叛者，拘於篇之先後而强爲之說。』

多士在多方後之證

余按多方多士二篇，首二章皆敘殷周革命之由，次二章皆敘伐奄後遷殷民之事，其文大同小異，則多方之『來自奄』即多士之『來自奄，』多方之『自時洛邑』即多士之『遷居西爾』無疑也。多士後一章敘作洛之事，多方絕無一言及之；則多方在作洛之前，多士在作洛之後無疑也。且多方文繁，多士文簡，豈非前日既言其詳，故後日但舉其略與？然則多方固當在多士前，而奄初無再叛之事明矣。王肅說書，專攻康成；僞傳本王肅之徒所撰，故好與康成爲異。顧說是也；惟謂奄因武庚既誅而懼，則尚未盡。蓋奄乃東方大國，武王克商之後未必深服於周，但聖人不窮兵於遠耳。尚書大傳謂武庚之舉事，奄實趨之，然則武庚之叛必與奄連兵，是以周公因黜殷而並伐之也。故今以多方之文次於東征之後，而取多士篇中追敘自奄歸後遷殷遺民之事附於其左以見其爲一時之事。說並見後立政多士條下。

備覽 『成王既伐東夷，肅慎來賀。』（書序。）

『周公若曰，「拜手稽首告嗣天子王矣。」用咸戒于王曰，「王左右，常伯，常任，準人，綴衣，虎賁。」周公曰，「嗚呼，休茲，知恤鮮哉！……嗚呼，孺子王矣！繼自今，我其立政，立事，準人，牧夫，我其克灼知厥若，丕乃俾亂，相我受民，和我庶獄庶慎；時則勿有間之。自一話一言，我則末惟成德之彥，以乂我受民。嗚呼，予旦已受人之徽言，咸告孺子王矣！繼自今，文子文孫其勿誤于庶獄庶慎；惟正是乂之。自古商人，亦越我周文王，立政，立事，牧夫，準人，則克宅之，克由繹之，茲乃俾乂。國則罔有立政用憸人；不訓于德，是罔顯

多方立政當在召誥前

周公作立政宗旨

在厥世。繼自今，立政其勿以憸人，其惟吉士，用勱相我國家。」』（書立政。）

世傳尚書篇次，多方立政二篇並在多士無逸之後。余按多方既當在多士前，則立政無逸之先後亦未必果如今之次第也。立政言『孺子王矣，』似是成王即位未久時語。無逸戒其逸豫，勉以享國之久，當是天下無事，恐其狃於安樂，有初無終之意。然則多方立政二篇皆當在召誥前，如康誥酒誥之當在金縢前也：傳經者失其篇次耳。故今仍以立政次多方後。說並見前多方條下。

周公何以作立政也？蓋治國以用人爲要，而用人以知人爲先，一有不當則民受其殃；大都小伯之衆，庶獄庶愼之繁，人主安能一一而察之；待其不才已著而後舍之，亦已晚矣：故必克灼知厥若，乃使之治我受民也。然欲庶官皆得其人，非廣搜博采不可：巖穴之內具有良材，羈旅之中不乏奇士，惟其賢則用之，不拘於親舊也。　吾故讀此篇而知東周之世卿非先王之制也。　觀孟子稱『文王治岐，仕者世祿，』則是卿大夫之子孫但世守其宗邑，初不世爲卿大夫也。　周衰，卿大夫始多世爲之，賢才不復進用，以故王室日卑，政不行於天下。匪惟王朝，卽侯國亦如是。　春秋時，齊晉最强，然皆至戰國之初而遂亡。　魯衞享國雖久，然皆微弱，役於大國。　惟楚與齊晉迭霸，至秦幷天下而後滅，强且久莫如楚者。　楚有何功德而能如是？　余少讀春秋傳，心常異之；久之，始悟其故，蓋春秋自成襄以後，齊晉魯衞卿皆世傳，大夫亦多世者，世則不必其賢；而楚獨能用賢故也。　孫叔敖舉於海，觀丁父彭仲爽皆舉於俘囚已。　伯州犂然丹皆鄰國之逃臣，初無蚍蜉蟻子之援，而仕至右尹太宰。　然此猶自來奔而用之者，至申鮮虞僕賃於魯，以喪莊公，而楚聞其賢，遂召爲右尹。　其汲汲於求賢如是。厥後王孫圉聘於晉，猶以觀射父左史倚相誇于鄰國，而曰『楚惟善以爲寶。』是知楚人專以用賢爲事，是以强且久而莫與比也。　甚矣，周公之訓之爲至言也！至秦以法令馭天下，惟取吏能守法，不復問其賢否，故吏闒冗者多。漢興，始下求賢之詔，以故守令多以循良著者；然由恩澤佞倖鑽營權貴而得進者亦復不少。元魏既衰，始循資格；隋唐以降，競尙科目；由是授官惟憑科目，遷官但用資格，不復以度德量才爲事矣。宋太宗論科目，『豈敢謂拔十得五，拔十得一二足矣！』夫果拔十僅得一二，彼八九人之相我受民者，固已不勝其弊也。信乎文武成康之治之非後世所能及也！（說並見別錄周政通考中）

備覽 『越裳氏重譯而朝，曰「道路悠遠，山川阻深，恐一使之不通，故重三譯而來朝也。」周公曰，「德澤不加，則君子不饗其質；政令不施，則君子不臣其人。」譯曰，「吾受命於吾國之黃髮久矣，天之無烈風淫雨，意中國有聖人邪？」』（說苑。）

越裳氏重譯來朝事可存

存參『越裳氏重譯來貢白雉一，黑雉二，象牙一。使者迷其歸路。周公錫以文錦二疋，輧車五乘，皆為司南之制，使越裳氏載之以南。緣扶南林邑海際，期年而至其國。』（古今注。）

按此事不見於經，惟尚書大傳及說苑有之，然於理無所害。但大傳文有脫誤及不經之語，故采說苑之文載之。大傳以此事為在歸禾之時，說苑以為在三年之後；要之當在成王歸宗周後。故附列於此。至古今注所言頗近附會，恐係後人增飾；然亦未有以見其必不然。姑附存之於後。

『惟二月既望，越六日乙未，王朝步自周，則至于豐。惟太保先周公相宅。越若來三月惟丙午朏，越三日戊申，太保朝至于洛，卜宅。厥既得卜，則經營。越三日庚戌，太保乃以庶殷攻位于洛汭。越五日甲寅，位成。』（書召誥。）

『若翼日乙卯周公朝至于洛，則達觀于新邑營。越三日丁巳，用牲于郊牛二。越翼日戊午，乃社于新邑牛一，羊一，豕一。越七日甲子，周公乃朝用書，命庶殷侯甸男邦伯。厥既命殷庶，庶殷丕作。』（同上。）

『周公拜手稽首曰，「朕復子明辟，王如弗敢及天基命定命；予乃胤保大相東土，其基作民明辟。予惟乙卯朝至于洛師，我卜河朔黎水。我乃卜澗水東，瀍水西，惟洛食。我又卜瀍水東，亦惟洛食。伻來，以圖及獻卜。」』（書洛誥。）

『成王合諸侯城成周，以爲東都，崇文德焉。』（左傳昭公三十二年。）

『成王定鼎于郟鄏，卜世三十，卜年七百。』（左傳宣公三年。）

按此文則遷鼎於洛者成王也。而桓二年傳云，『武王克商，遷九鼎于洛邑，』與此異者。蓋古人之文多大略言之遷鼎由於克商克商武王之事，不可云『成王克商遷九鼎於洛邑，』故統之於武王耳。猶之魯晉諸國皆封於成王世而成鱄謂『武王克商，封兄弟之國十五，姬姓之國四十』也。猶之武樂篇中稱『桓桓武王，』『於皇武王，』必非武王所自作，而楚子謂『武王克商作頌』云云『又作武』云云也。猶之成王之世周公東征而奄始滅，而詹桓伯謂『武王克商，蒲姑商奄吾東土也。』且王孫滿以周人專敍周鼎沿革，不應誤引而臧哀伯魯大夫因諫納郜鼎而語及之，非其意之所重，其詳固不暇深求也。故今棄彼而錄此。

『戊辰，王在新邑烝祭歲文王騂牛一，武王騂牛一。王命作册，逸祝册，惟告周公其後。王賓殺禋咸格。王入太室祼。王命周公後作册逸誥在十有二月。』（書洛誥。）

此上皆記成王周公營洛之事。

周公其後與作册逸誥

康誥篇首文不

『惟告周公其後』僞孔傳以爲立周公之後於魯，蔡傳以爲使周公留治洛邑，蔡說是也。『作册逸誥』僞孔傳以爲使史逸誥伯禽，蔡傳以爲誥册史逸所作，二說皆非也。何者？凡諸祝誥皆當成於史臣之手，然他篇悉不載其名，不應此獨記之；且無關於事理，於文可省。蓋『逸』者失也，乃逸書逸詩之逸。此篇後日之所追記，故其中多缺文，其祝與誥蓋失之矣。然祝誥雖失，其大意則可知，故綴其下云『惟告周公其後』，冠其上云『王命周公後』，文義甚明，不煩曲解。且傳作『史佚』不作『逸』，恐不得以此爲彼也。

附錄　『惟三月哉生魄，周公初基作新大邑于東國洛；四方民大和會，侯甸男邦采衞百工播民和見士于周。周公咸勤，乃洪大誥治。』（周書。）

此文在書大誥之後，康誥之前，舊誤以爲康誥篇序。蘇氏以爲當在洛誥篇首；然以文義揆之亦不甚合。蓋不知爲何篇之序，而其誥已逸耳。『三

知爲何篇之序

作洛之誥

時命有申

月，』僞傳以爲作洛之三月；然庶殷猶未丕作，何以四方卽大和會，安知其非次年周公尹洛之三月也。皆未有以見其必然，姑附錄於此。

『惟三月，周公初于新邑洛，用告商王士。……王曰，「告爾殷多士：今予惟不爾殺，予惟時命有申。今朕作大邑于茲洛，予惟四方罔攸賓，亦惟爾多士攸服奔走臣我多遜。爾乃尙有爾土，爾乃尙寧幹止。爾克敬，天惟畀矜爾；爾不克敬，爾不啻不有爾土，予亦致天之罰于爾躬。今爾惟時宅爾邑，繼爾居，爾厥有幹有年于茲洛，爾小子乃興從爾遷。」』（書多士。）

此多士篇文，乃作洛後誥殷民者。

按此篇云『予惟時命有申』，『時』，是也。『時命』者，蒙上『大降爾四國民命』之文，卽多方之命也。『申』，重也。多方已命，多士又命，故云中也。蓋多方以遷民故作誥，多士以營洛故作誥：故多方云『爾乃自時洛邑尚永力畋爾田；』多士云『今朕作大邑于茲洛，予惟四方罔攸賓，亦惟爾多士攸服奔走臣我多遜。』營洛以後更無他事，何誥之有。然則此篇在多方後益無疑矣。蔡傳亦謂遷民在作洛前，然不知多方即以遷故誥遷民；既在前，多方安得獨在後邪！故今次多方於東征，次多士於作洛，庶其事之次第一望了然。說並見前多方條下。

『周公曰，「嗚呼，君子所其無逸！先知稼穡之艱難乃逸，則知小人之依。相小人，厥父母勤勞稼穡，厥子乃不知稼穡之艱難，乃逸，乃諺，既誕；否則侮厥父母曰，『昔之人無聞知！……』」周公曰，「嗚呼，繼自今嗣王，則其無淫于觀，于逸，于遊，于田，以萬民惟正之供！無皇曰『今日耽樂，』乃非民攸訓，非天攸若；時人丕則有愆！無若殷王受之迷亂酗于酒德哉！」』（書無逸。）

周公作無逸宗旨

此篇仍當次於多士之後。說已見前立政條下。

周公何以作無逸也？大凡人主值四方多難之日，則憂勤惕厲之心易生；當太平無事之時，則驕奢安佚之念漸啓。方成王之初政，商奄迭畔，王室不靖，成王之不自暇逸，固也。商奄既定，天下宗周，飛廉戮，淮夷服，肅愼來，越裳貢，此正人主逸樂將萌之時也。然人主一有逸樂之念，則於庶政必有略不經意之時；一有逸樂之念，則左右臣僚之窺伺我者必有逢迎意旨以惑君心而自固其寵者。昔梁武帝以開國之君，及其晚節，百度廢弛，竟致侯景之亂。唐明皇帝躬戡大難，致開元之盛治，其後亦以荒淫無度，馴致安史之亂，播遷於蜀。周公知其如是，是以作此戒王以預遏其萌也。故周頌云『成王不敢康，夙夜基命宥密。』惟成王能服習周公之言，是以不敢荒寧，克基天命於無窮也。唐魏徵謂『創業易，守成難』；宋李沆數以四方水旱入奏，以爲太平無事恐啓人主泰侈之心：其意蓋皆本之此篇。此治忽興亡之大要，故古人皆兢兢於是也。

周書與政事

吾讀洪範而知武王之所以繼唐虞夏商而成一代之盛治也。吾讀立政，無逸，而知成王周公之所以紹文武而開八百年之大業也。六經中，道政事者莫過於尙書；尙書中自堯典，禹貢，皐陶謨以外，言治法者無如此三篇。然虞夏書文簡意深而此則明切曉暢。學者於此三篇熟玩而有得焉，於以輔翼天子致太平之治綽有餘裕矣！惜乎世之學者惟務舉業而於此多不究心也！唐李德裕幼而敏捷；武元衡問其所嗜何書，德裕不應。其父吉甫責之，對曰，『武公身爲宰相，不問理國調陰陽而問所嗜書，所以不應。』然則分詩書與政事爲二，自唐已然。朝廷以六經取士，果何爲邪？其亦可歎矣夫！

豐鎬考信錄卷之四終

豐鎬考信錄卷之五

周公相成王下

周公相業前兩篇詳之矣。惟記多稱周公制禮，而春秋傳亦嘗及之，必非無故而妄言者。但經未有明文，而傳亦不多見。兩漢傳經之儒遇有古書莫知其出自何人者，輒目之爲周公所作，往往互相乖剌，遂致聖人之制淆亂而不可稽，而釋經亦多失其旨，學者惑焉而莫適從也。故今復條之以此篇，考而辨之。

補『周公思兼三王以施四事。其有不合者，仰而思之，夜以繼日。幸而得之，坐以待旦。』（孟子・）

按孟子言『兼三王以施四事』，詳其語意，蓋卽周公制禮事也。周公制

事

禮經作於春秋以降

禮者監前代而損益之，是以有所不合，待思而後能得之也。

附錄　『先君周公制周禮』（左傳文公十八年。）

附論　『子曰，「周監於二代，郁郁乎文哉！吾從周。」』（論語八佾篇。）

古禮經十七篇（今謂之儀禮，）世皆以為周公所作。余按，此書周詳細密，讀之猶足以見三代之遺，識其名物之制，以考經傳之文，大有益於學者，不可廢之書也。然遂以為周初之禮，周公所作之書，則非也。周公曰，『享多儀，儀不及物，曰不享，惟不役志於享。』孔子曰，『先進於禮樂，野人也；後進於禮樂，君子也。如用之，則吾從先進。』然則聖人所貴在誠意，不在備物；周初之制，猶存忠質之遺，不尚繁縟之節，明矣。今禮經所記者，其文繁，其物奢，與周公孔子之意判然相背而馳，蓋即所謂後進之禮樂者，非周公所制也。且古者公侯僅方百里，伯七十里，子男五十里；而今聘食之禮，牲牢籩豆之屬多而無用，費而無當度其禮每歲不下十餘舉，竭一國之民力猶恐不勝。至於上士之祿僅倍中士，中士僅倍下士，下士僅足以代其耕；而今士禮，執事之人實繁有徒，陳設之物燦然畢具，又豈分卑祿薄者所能給乎！此必春秋以降，諸侯吞併之餘，地廣國富，而大夫士邑亦多，祿亦厚，是以如此其備；非先王之制也。襄王賜齊侯胙曰，『以伯舅耋老，加勞，賜一級，無下拜！』齊侯曰，『小白余敢貪天子之命，無下拜！』下拜，登受。是古禮，臣拜君於堂下；雖君有命，仍俟拜畢乃升；未有升而成拜者也。齊桓爲諸侯盟主，權過於天子，然猶如是，則尋常之卿大夫可知矣。秦穆公享晉公子重耳，公子賦河水，公賦六月。公子降拜稽首；公降一級而辭焉。是古禮，君自行君之謙，臣自循臣之節，辭者自辭，拜者自拜；不因其辭而遂不成拜於下也。晉文乃鄰國之公子，旦夕爲晉君，與秦穆同列，然猶如是，則本國之卿大夫可知矣。故孔子曰，『拜下，禮也；今拜乎上，泰也。』今禮經，臣初拜於堂下，君辭之，遂升而成拜，是孔子所謂『拜上』矣。齊桓晉文所不敢出而此書乃如是，然則其爲春秋以降沿襲之禮而非周公之制明矣。朱子篤信禮經爲周公所作，乃曲解孔子之言，謂『禮，必待君辭而後升成拜；今不待辭而拜於上，故謂之「泰」。』不知升成拜者果拜下邪？抑拜上邪？不辭而拜於上，與辭而後成拜於上，均之爲拜上也，豈得謂之拜下！孔子曰，『拜下，禮也；』朱子則曰，『拜上，禮也。』吾寧從孔子而悖朱子，不敢從朱子而悖孔子也。孔子曰，『名不正則言不順，言不順則事不成；』又曰，『惟名與器不可以假人。』名也者，聖人之所尤重者也。吳楚之僭王也，春秋書之曰『子』，愼其名也。故曰『王臣公，公臣大夫；』曰，『一國三公，吾誰適從。』王之下不得復有王，卽公之下不得復有公明矣。今禮經諸侯之臣有所謂『諸公』者，此何以稱焉？說經者無可置詞，乃以『大國之孤』當之。大國之孤僅見於周官，經傳未嘗有也。宋，公爵也，春秋之世誰爲之孤者？卽使大國果有孤，旣名爲孤矣，亦不當復稱爲公；而孤止一人，亦不當稱之爲『諸公』也。或又以爲『寄公』；然寄公偶有一人然耳，何緣得有諸公而寄公於國君爲賓，亦不應從臣禮也。蓋自春秋之末大夫浸以上僭：齊有棠公，鄭伯有之臣稱伯有曰『公焉在，』此卿大夫僭稱公之始也。其後晉韓趙魏氏滅知伯，亦僭稱諸侯，而仍朝事晉君：竹書紀年所謂『桓公邑哀侯于鄭，』『鄭哀侯來朝』者是也。而魯三桓亦僭稱公，孟子所謂『費惠公，』史記年表所謂『三桓勝魯如小侯』者是也。竊疑宋衞諸邦亦當類是，但春秋戰國間百數十年載籍不存，無可考耳。然則此書乃春秋戰國間學者所記，所謂『諸公』即晉三家魯三桓之屬，周公時固無此制也。覲禮，諸侯朝於天子，天下之大禮也。聘禮，諸侯使大夫聘於諸侯，禮之小焉者耳。覲禮之詳，雖百聘禮不爲過：而今聘禮之詳反十倍於覲禮，此何故哉？此無他，春秋以降，王室微弱，諸侯莫朝，覲禮久失其傳矣；但學士大夫聞於前哲者大概如此，因而記之；若聘禮乃當世所通行，是以極其詳備。然則此書之作當在春秋以後明甚。若果周公所爲，豈容於其大者反略而其小者反詳，輕重之顛倒如是乎！　蓋凡傳記所稱『周公制禮』云者，亦止制其大綱而已。　古者風尚簡質，周初雖視夏商為文，然較之春秋時已有『野人』之目而聖人創制顯庸以範圍天下，欲其欣然樂就，亦必不過為繁賾難知之事。　故傳曰『簡則易從；』仲弓曰，『居敬而行簡以臨其民，不亦可乎！』況此十七篇中多係士禮推而上之為大夫，為諸侯，為天子，位益尊則其禮名益衆而其禮文亦益繁，度不下數百篇而後可：而古者以竹為簡策，重墜難舉數百篇者非十餘車不能勝，天下之人何由盡得之，盡知之而盡遵守之乎！　唐之開元，宋之開寶，非不詳矣然止存諸秘府以美觀聽耳，學士大夫猶多目不經見者，況於蚩蚩之民！　周公之制必不如是，明矣！　蓋春秋之書法即周禮之大綱，正名定分，尊尊親親，其大較也。　故晉韓起聘于魯，見易象與魯春秋，曰『周禮盡在魯矣！』　然則周公之禮固不在於繁文縟節而在於大綱大紀也。　由是言之，周公所制特其大略，至於潤澤則亦各隨其國之俗；而自東遷以後，世變風移，亦頗有所更改。故鄭世子忽取於陳，陳鍼子送女，先配而後祖，鍼子曰，『是謂不夫婦，誣其祖矣！』今昏禮篇正先配而後祖。然則鄭人昏禮先配後祖；陳人昏禮先祖後配也。果周公所制之禮頒行天下，不應陳人獨不知；卽不知亦不當反以此爲譏也。王穆后崩，太子壽卒，晉叔向曰，『王一歲而有三年之喪二焉。』今喪服篇爲妻期年。叔向博通古今，楚欲傲以所不知而不能；果周公所制之禮，叔向何容不知！叔向不知，天下之人又誰知之！蓋古者父母，妻，長子，其體略同，又皆主人自主喪：妻之子爲母三年，長子之子爲父三年，故主喪者亦三年。其後蓋以婦人之故，不欲以大喪行之，故減而爲期；其子亦降爲期，故喪服篇『父在爲母期，』爲是故也。說者拘於此篇爲周公所制，乃曲爲之說，謂『天子絕期，故改而爲三年。』夫位尊則服降，尊尊也，重正統也；今以絕期之故，反改期爲三年，以尊故而加服，豈不倒行逆施矣乎！記曰，『恤由之喪，哀公使孺悲學士喪禮於孔子，士喪禮於是乎書，』是士喪禮之文昉於孔子也。以一反三，則他篇亦必非周公之筆。蓋自周衰，禮樂散佚，聖賢採列國之文獻，參互考訂。故孔子曰『吾自衞反魯，然後樂正，雅頌各得其所』。樂旣有之，禮亦宜然。故曰，『多聞，擇其善者而從之，多見而識之，知之次也』。然今士喪禮篇亦未必即孔子之所書。司馬氏之史記，褚先生補之，後漢人續之矣。劉向之列女傳，後漢人續之矣。許愼之說文，徐鉉更定之矣。況於秦火以前，安能必其爲當日之原本！猶不敢必爲孔子之書，況欲篤信其爲周公之書乎！惟是此書周密詳備，學者藉是可以考經傳之遺文，可以識三代之聲名文物，而聖人之大經大法亦於是焉可以得之，如是而已。儒者必欲執爲周公之制，遂使世之人疑古禮之斷不可復行於後世，而是今非古者接踵而起；儒者亦不得不分其咎也。故今十七篇之作不載於周公之篇，而附論之如此。

周官作於戰國之世

西漢末，周官一書出，向歆之徒皆崇尚之；然猶以爲記，未以爲經也。迄東漢末，鄭康成註之，名曰周禮，與禮經戴記並行，於是世之學者咸以周官爲經，且以爲周公所作；雖有宋諸大儒，莫不信之不疑。 余按，此書條理詳備，誠有可觀然遂以爲周公所作，周一代之制，則非也。 九州之內，約方三千餘里，外盡四海，不過五千里。 故孟子曰，『海內之地方千里者九。』 記曰，『四海之內九州，州方千里。』 書曰，『弼成五服至于五千；州十有二師，外薄四海，咸建五長。』 今周官封國之制，諸公方五百里，侯方四百里，伯三百里，子二百里，男百里；天子邦畿之外，分九畿，畿每面五百里：通計爲方萬里。 四海之內，安所得如許地而封之而畿之！ 今自洛陽東際海，西踰積石而西，亦不過五千餘里，經傳之文較然可徵，周官之誣亦已明矣。 國家之建，必本大而末小。 天子於諸侯，君臣也；公，侯，伯，子，男，伯仲也。 故天子之地百諸侯，公侯倍伯，伯倍子男，本末之別也。 今周官天子之地僅四諸公，而諸公之地乃二十五倍於男邦，正賈誼所謂『脛大如腰，指大如股』者，豈先王『辨上下，定民志』之大法乎！ 且春秋時列國吞併之餘，宋，魯猶不過二三百里，鄭，許猶不過一二百里，其故墟具在而可按也。

故孟子曰，『今魯，方百里者五。』 當封國之初必小於是，不大於是，明矣。 魯卽今曲阜，若果方四百里，則曹邾滕薛皆在境內，何容復有此四國乎！ 春秋宣十五年，『初稅畝。』 公羊傳曰，『古者什一而藉；』又曰，『什一者天下之中正也，多乎什一，大桀小桀。』 孟子曰，『夏后氏五十而貢，殷人七十而助，周人百畝而徹，其實皆什一也。』 是三代取民之制，未有過於十一者也。 今周官乃云『遠郊二十而三；甸稍縣都皆無過十二，』其非周公之法明矣。 孟子曰，『廛無夫里之布，則天下之旅皆悅而願爲之氓矣。』 是三代正賦之外，未有絲毫課於民也。 今周官乃云『宅不毛者有里布；民無職事者出夫家之征，』其非周公之法又明矣。 後儒乃曲爲之解，謂『戰國時宅雖毛，亦有里布；民雖有職事，亦有夫家之征。孟子所謂「無夫里之布」者，謂宅毛及民有職事者耳，非謂一概無之也。』 夫不毛無職事而使出夫里之布，是有夫里之布乎？是無夫里之布乎？ 孟子謂『無夫里之布，』而儒者謂『有夫里之布，』吾未見其可信也！蓋此書撰於戰國之時，彼固見當時有此法而遂以爲其初固然耳，不必強取孟子之言以曲就之也。書云，『越三日丁巳用牲于郊，牛二，越翼日戊午，乃社于新邑牛一，羊一，豕一。』記云，『郊特牲而社稷太牢；』又云，『帝牛不吉，以爲稷牛；』又云，『郊社之禮所以事上帝也。』是古者止有一郊，祭天乃於郊，而祭地則於社也。今周官乃云『冬至祭天於南郊，夏至祭地於北郊。』果爾，則周公於洛何以止一郊？即兼祭天地，亦不當同日而郊。況如此鉅典，記禮者尤不應竟無一人知之也。春秋中書『郊』者凡九，皆但書郊，未有書南北郊者。果有兩郊，不應混而同之。則其說之出於後人所臆度明矣。統言之則曰『朝』；切指之則曰『覲』。故書曰，『羣后四朝；』詩曰，『君子來朝；』春秋曰，『公朝於王所。』覲，猶『見』也。故書曰，『乃日覲四岳羣牧；』詩曰，『以其介圭，入覲于王；』春秋傳曰，『王覲爲可；』又曰，『受策以出，出入三覲。』朝之外別無所謂覲也。『遇』者，不期而值之謂，故春秋曰，『公及宋公遇于淸。』 諸侯修歲事於天子，不可謂之遇也。 書曰『江漢朝宗于海，』 朝卽朝廷之朝，宗卽宗子之宗；記所謂『宗人莫之宗』史記所謂『學者宗之』是也。 朝者，君臣之事；宗者，族姓之事。 以人喻水故謂之『朝宗』 非諸侯于天子又有所謂『宗』者也。 今周官之文乃以爲『春朝，夏宗，秋覲，冬遇』 經傳有此事乎！有此文乎！ 蓋撰此書者亦當夫籍去之後，故不得其實而妄以意度之也。 若夫土圭之法，景朝景夕之言，尤爲乖謬。蓋景但有長短之殊，並無朝夕之異。 今東去數百里則日出入先一刻，西去數百里則日出入後一刻；無論何地，置表待晝漏之半，日莫不在正南安得有所謂景朝景夕者！ 此必不通歷法，不遊四方者之所爲；寧周公之才之美而有是言乎！ 此宜少知人事者卽不能欺，而沈酣經傳之儒或反信之其亦異矣！ 至於史記所稱『周公作周官，作立政』者，乃指周書中周官篇而言，書序所謂『成王還歸在豐，作周官』者，與此書無涉也。 嗟夫，自周官一書出，漢人據之以釋

『頌及小雅首數篇皆作於成王以後

經，其有不合，則穿鑿附會，以致離經而畔道者不少矣！ 至宋，王安石遂據『泉府』之注以行青苗，蔡京復據『王及后世子不會』之文以啓徽宗之奢侈，而宋卒以此亡。 雖二子之意但假此以濟其私，然不可謂非周官之有以啓之也！ 可不爲世之大監戒與！ 乃儒者猶奉此以爲周公之書而反疑諸經孟子之誤，亦可謂倒行而逆施矣！ 間有不信此書者，無識之徒必力排而痛詆之，以故相視而莫敢議，遂使三代之經制爲後人所雜亂，良可歎也！ 或以爲劉歆所僞作，固不其然，然必非周公之書則明甚也。 余故詳爲之辨，而周公之篇不載作周官之事。

周頌三十一篇，說詩者以爲皆周公所作。 小雅鹿鳴以下諸篇，說者亦以爲周公作。 余按周頌云『成王不敢康，夙夜基命宥密，』又云，『噫嘻成王，既昭假爾，』又云『自彼成康，奄有四方，』詩中明舉二王之謚，則非成王時詩明甚。 由是言之，周頌或有周公所作，必不盡周公所作也。 季札觀於周樂，爲之歌小雅曰，『美哉思而不貳，怨而不言，其周德之衰乎？』當周公時，固不可謂之『衰』。說者曲爲之解，訓衰爲小，謂周德尚小也。夫衰者，衰（音縗）也，由盛而漸降焉之謂也，故曰『自是以衰。』卽未大盛亦不得謂之衰；況周公之世，周德方隆，謂之衰可乎！且常棣乃小雅第四篇，據左傳已爲召穆公作；出車乃小雅第八篇，據漢書已爲宣王時詩：然則小雅之爲周衰時詩，顯然無可疑者，不得以爲周公之所作也。蓋聖人所以爲聖人者，非必事事皆躬爲之，亦非必事事皆勝於人也，正以不自有其善而能有天下之善，爲人所不可及耳。不必雅頌皆自己作而後足見周公之才之美，惟其能致太平之盛而使天下後世有此雅頌，是乃周公之大功也。大抵世俗之情，有惡則惡皆歸之，有善則善亦皆歸之。顧作詩之時世不符，讀者必致失其本意，穿鑿附會，而詩之教遂荒。故今正之，而於周公之篇不載作雅頌事。周頌不皆周公所作，說詳見後成康之際篇中。鹿鳴以下諸篇非周公作，說詳見後宣王及召穆公篇中。

月令作於戰國之世

月令一篇，世多以爲周公所作。鄭康成云，『此本呂氏春秋十二月紀之首，禮家好事者抄合之；其中官名時事多不合周法』：是漢儒固已非之矣。而唐語林云，『月令出於周書第七卷周月時訓兩篇，蔡邕云，「周公作，」是呂紀采於周書，非戴記取於呂紀明矣』：則又以康成爲非是。余按逸周書本後人所僞撰，所言武王之事皆與經傳剌謬，其非周初史官所記顯然。然則周月時訓兩篇或卽采之呂氏春秋，或與呂紀同采之於一書，均未可知；烏得以逸周書有之遂斷以爲周公之書也哉！況月令所言多陰陽家說，所載政事雖有一二可取，然所係之月亦未見有不可移易者；蓋撰書者雜采傳記所載政事而分屬之於十二月，是以純雜不均，邪正互見，豈惟非周公之書，亦斷非周人之制。康成之言是也。至於所推中星日躔，尤彰彰較著者。周公上距堯世止千二百餘年，而月令『季春昏七星中，』『季秋昏虛中，』上距堯典之『仲春星鳥，』『仲秋星虛，』已差一月。周公下至西漢之末千餘年，至劉宋又數百年，而月

爾雅作於秦漢間

辨葬周

令『孟春之月，日在營室。』下至三統歷，正月中日猶在室十四度，至元嘉歷，正月中日猶在室一度，才差十餘度耳。雖測驗或有疏密，然不至大相逕庭。上溯唐虞之世何太遠？下逮漢宋之世何太近？其爲戰國時人所撰，毫無疑義。不知前人論者何以不考之此而遽信以爲周公之書也！故今於周公之篇不載作月令之事。

世或以爾雅爲周公所作。或云，『周公止作釋詁一篇，餘皆非也。』余按，釋詁等篇乃解釋經傳之文義，經傳之作大半在於周公之後，周公何由預知之而預釋之乎！至於他篇所記制度名物之屬，往往有與經傳異者，其非周公所作尤爲明著。大抵秦漢間書多好援古聖人以爲重，或明假其名，若素問靈樞之屬，或傳之者謬相推奉，若本草周官之類，皆不可信。故今不載。

附錄　「公薨，成王葬于畢。」（書序。）

書序云，『周公在豐，將沒，欲葬成周。公薨，成王葬于畢；告周公，作亳姑。』

示臣之說

史記載成王親迎於周公卒後之非

尚書大傳云，『周公老于豐，公疾，曰「吾死，必葬于成周，示天下臣於成王。」周公死，成王不葬于周而葬之于畢，示天下不敢臣也。』 余按大傳之說蓋卽本之書序，而語殊淺陋無倫理。周公爲成王臣，天下誰不知者，何待葬以示之；而成王尙存，亦不得稱其謚也。 史記魯世家與大傳略同，蓋卽采大傳之文而少更定之。 惟書序之言較無大謬，然序之失經意者亦多，而亳姑之篇已亡，無由決其是非。 故今删而存之；而大傳世家之文概不錄。

成王感風雷之變而親迎周公一事，史記載於周公卒後。 今按尙書金縢篇在作鴟鴞後，伐武庚前。 惟顏師古引尙書大傳文，以此爲成王將葬周公於成周時事。 然則史記蓋因傳而誤也。 夫以爲在周公卒後，則所謂親迎者迎何人乎？所謂出郊者欲何爲乎？ 史記不能解說，遂以郊爲郊祀之郊，而謂魯之得郊因此；是因一誤而再誤矣！ 此事幸金縢之篇猶存，故人不之信；不幸而此篇或逸，人未有不以爲實然者。 然則史記中因所采之書已亡無所考證而人

戩黎之四伯未可指定

莫由知其誤者，可勝道哉！吾願世之讀史記者聞一知二，舉一反三，勿執先人之言以致失古人之實也！

文武周公通考

經傳之文有兼言文武者，有莫知其爲文王事武王事者，亦有文武之事與周公相屬者。不可强斷而分係之。今通列之於此。

『允文文王，克開厥後。嗣武受之勝殷遏劉，耆定爾功。』（詩周頌）

『西伯既戡黎，祖伊恐，奔告于王。』（書西伯戡黎。）

尚書大傳言『西伯戧（戡同）耆，紂囚之牖里。』史記周本紀稱『文王伐密須，明年敗耆國；殷之祖伊懼，以告紂。』則是所謂耆者即商書之黎，可以戡黎爲文王事也。蔡氏書傳云，『或曰，「西伯，武王也。」』史記嘗載紂使膠

八士氏族未詳

鬲觀兵，膠鬲問之曰：「西伯何爲而來？」則武王亦繼文王爲西伯矣。」金氏通鑑前編云：『觀祖伊之言曰，「天旣訖我殷命」，「殷之卽喪」，則是時殷已阽危亡無日矣，其非文王也明矣。』綱目前編因之，遂係之於武王觀兵之日。余按：黎近殷土，則以爲武王者近是；而文王旣未稱王，則武王自當仍稱西伯。但傳記皆無明文，亦未敢決爲武王之事。至綱目前編以此事爲卽史記之觀兵於孟津，則亦未合。何者？黎在東山，孟津在南河，戡黎不必由孟津渡河也。黎近朝歌，在孟津之東北數百餘里，亦不得謂至孟津而還師也。戡黎，觀兵，當是兩事，恐不容合以爲一也。故今統載之於文武篇中，寧闕其所不知，不敢誤也。

附錄 『周有八士：伯達，伯适，仲突，仲忽，叔夜，叔夏，季隨，季騧。』（論語微子篇。）

或以八士爲南宮氏，伯适爲南宮括，其說近是。然經傳未有明文，故附錄於此。

文武不可歧視

附論　『子貢曰，「文武之道未墜於地，在人：賢者識其大者，不賢者識其小者，莫不有文武之道焉。夫子焉不學！」』（論語子張篇。）

自漢以來，學者多稱文王而毀武王，其意以為文與武若黑白之判然也。余觀聖門論列，則多以文武並稱，未有歧而視之者，然則是文武無二道也。惟孟子書多稱文王，蓋武王之道即文王之道，言文則足以兼武，猶言伯夷而不及叔齊也。故文王之與武王，其德有高下，其道無異同。故今於通考錄此章，以見學者於古聖人不可妄有所低昂也。

『文王之德百年而後崩，猶未洽於天下；武王周公繼之，然後大行。』（孟子。）

滅國五十非一時事

易彖爻詞不可定爲文王周公

『滅國者五十，驅虎豹犀象而遠之，天下大悅。』（孟子。）

按，伐紂爲武王時事，伐奄爲成王時事，經傳皆有明文；而此數語未有確據，無由決其時世。竊意滅國至五十之多，必非一時之事；疑此數語皆兼武成兩世言之。故並錄於此。

附錄 『易之興也，其當殷之末世，周之盛德邪？當文王與紂之事邪？』（易繫辭下傳。）

附論 『晉侯使韓宣子來聘，觀書於太史氏，見易象與魯春秋，曰，「周禮盡在魯矣！吾乃今知周公之德與周之所以王也！」』（左傳昭公二年。）

近世說周易者皆以彖詞爲文王作，爻詞爲周公作。朱子本義亦然。余按傳前章云，『易之興也，其於中古乎？作易者其有憂患乎？』初未言『中

作

古』爲何時而『憂患』爲何事也。　至此章始言其作於文王時，然未嘗言爲文王所自作也。　且曰『其當』曰『其有』曰『邪』曰『乎』皆爲疑詞而不敢決。　則是作傳者但就其文推度之，尙不敢決言其時世，況能決知其爲何人之書乎！　至司馬氏作史記，因傳此文，遂附會之以爲文王羑里所演；是以周本紀云『西伯之囚羑里蓋益易之八卦爲六十四卦』，自序亦云『西伯拘羑里演周易』（演者，增也，卽本紀所云『益八爲六十四』者也）。　自是遂以易卦爲文王所重。　及班氏作漢書，復因史記之言，遂斷以詞爲文王之所繫；是以藝文志云，『文王重易六爻作上下篇』；又云『人更三聖，世歷三古』（謂伏羲，文王，孔子）。　自是遂以易彖爻之詞爲文王所作矣。　然其中有甚可疑者。　明夷之五稱『箕子之明夷』，升之四稱『王用亨於岐山』，皆文王以後事，文王不應預知而預言之。　史漢之說不復可通，於是馬融陸績之徒不得已乃割爻詞謂爲周公所作以曲全之。　而鄭康成王弼復以卦爲包羲神農所重，非文王之所演；然後後儒始獨以彖詞屬之文王，而分爻詞屬之周公矣。由是言之，謂文王作彖詞，周公作爻詞者，乃漢以後儒者因史記漢志之文而展轉猜度之，非有信而可徵者也。夫以卦爲羲農所重，雖無確據，而理固或有之；若周公之繫易，則傳記從未有言及之者，惟春秋傳有見易象而知周公之德之語；然此自謂易象，非謂易詞也。晉文公之謀迎襄王也，筮之，遇大有之睽，曰，『吉，遇「公用享于天子」之卦。』則是易詞晉固有之，不待至魯而後見。且卽使起所見者果易之詞，而卦爻之詞果文王與周公所分係，則於文當兼言文王周公之德，亦不得但美周公而不及文王也。秦漢以後，司馬班氏最爲近古，然皆但言文王，不稱周公。乃至易緯乾鑿度通卦驗等書最善附會者，亦但稱羲文孔三聖人而無一言及於周公。烏得分卦爻之詞而屬之兩人也！且繫詞傳文云，『其初難知，其上易知，』又云『二與四同功而異位，三與五同功而異位，』又云，『爻有等，故曰物；物相雜，故曰文；文不當，故吉凶生焉，』然後承之曰，『易之興也，其當殷之末世，周之盛德邪？當文王與紂之事邪？　是故其辭危，危者使平，易者使傾』（此文朱子分爲兩章，古本合爲一章），　前呼後應，詞意甚明。　所謂『其辭危』者，正指諸爻之詞而言；若果詞內有文王以後事，或易非文王作而史漢誤稱之，不得獨摘彖詞屬之文王，而別以爻詞屬之周公也。　乃朱子本義既不正其猜度之失，又不詳其展轉之因，而直曰此文王所繫，此周公所繫，若傳記確有明文可據，傳經以來即如是說者；無乃非闕疑之義，而使後之學者靡所考證乎！　故今但錄易春秋傳原文以存疑義；而不敢據漢儒展轉猜度之說，遂直斷何者爲何人所作。　仍略記其爲說之因，庶使學者有所考焉。

周公事蹟附考

經傳所記周公之事，不當入於成王篇中及無從辨其先後者，統載於此。

保命七年事未可確知

周召分陝不在武王時

『惟周公誕保文武受命，惟七年。』（書洛誥。）

按，明堂位韓詩外傳皆以七年為周公踐阼之年；僞傳從之：前篇已辨之矣。蔡傳以為周公在洛之年，其說較正。然竊疑此文但當自成王親迎周公之日數之，乃於事理為近；特不當有攝政踐阼之事耳。但經傳皆無明文，未敢臆斷。今統載於篇後，以存缺疑之義。

『自陝而東者，周公主之。自陝而西者，召公主之。』（公羊傳隱公五年。）

王制云，『八伯各以其屬屬於天子之老二人，分天下以為左右，曰二伯。』

按，書康王之誥，『太保率西方諸侯入應門左；畢公率東方諸侯入應門右，』春秋傳，『郤犨將新軍，且為公族大夫，以主東諸侯，』則是所主者朝覲會同事耳。至於政令之布，仍當二相共理之。若取天下而平分之二人，亦非體制也。樂記云，『五成而分周公左，召公右。』世儒緣此遂有謂二公分陝在武王世者。

按史記燕世家，此文載於成王之世。 蓋武王時太公爲師，位在召公之右，似不應以周召分陝；而武樂亦成王時所作：則分陝固不必定指武王時也。 書君奭篇序云，『召公爲保，周公爲師，相成王爲左右。』 觀此文，似史記爲得之。 今從之。

說文『陝』字註云，『宏農陝也。』 以故說者皆以此陝爲今陝州。 按陝州之名陝，古無所考；既非都會之地，又無長山大川直亘南北，若大行鴻溝可辨疆域者，於此分界將何取焉？ 且自陝州以東，青兖徐揚四州，及冀豫荆三州地十之八九；陝州以西，雍梁二州，及冀豫荆三州地十之一二：廣狹亦大不倫。 傳云，『成王定鼎於郟鄏，』 周語云，『晉文公既定襄王於郟，』 是洛亦稱郟也。 洛邑天下之中，當於此分東西爲均。 『陝』『郟』字形相似，或傳寫者之誤。 而古今地名同者亦多，或別有地名陝，非宏農之陝，亦未可知也。

陝或郟字之誤

附錄 『周公謂魯公曰，「君子不施其親，不使大臣怨乎不以故舊無大故則不棄也；無求備於一人。」』（論語微子篇。）

辨握髮吐哺之說

韓詩外傳云『周公踐天子之位七年，布衣之士所贄而師者十人，所友見者十二人，窮巷白屋先見者四十九人，時進善百人，教士千人，宮朝者萬人。成王封伯禽於魯，周公戒之曰「往矣！子無以魯國驕士！吾文王之子，武王之弟，成王之叔父也，又相天下，吾於天下亦不輕矣；然一沐三握髮，一飯三吐哺，猶恐失天下之士。」』余按周公無踐天子位之事，前固已辨之矣；卽所稱師事友見，握髮吐哺，亦無此事也。古者天下有道，進賢使能，鄉有舉，里有選，有一賢人，未嘗不知，知之未嘗不用也；凡卿大夫士皆賢才也，凡賢才皆卿大夫士也：周公安所得布衣之士而見之而禮之乎？古者士敦節義，咸自重而輕功名，不爲臣則不見：段干木踰垣而辟之，泄柳閉門而不納，春秋以後猶然，況成周之世乎！天下之賢士誰肯自枉以見周公者，而煩周公之吐哺握髮乎！戰國之世，卿大夫多世祿，不則其姻族嬖倖之人，賢才伏處而無由進，由是爲士者不恥干謁以求榮顯；是以有孟嘗信陵之屬以好士聞。彼蓋見當時之風氣如是，而因億料周公大聖之必有更甚於是者，遂撰爲是說耳；而豈知其不然也哉！此說本之荀子，其詞與此少異；而尚書大傳史記說苑皆有之，殊失聖人之眞。故今不錄而爲之辨。

辨觀橋觀梓之說

尚書大傳云，『伯禽與康叔見周公，三見而三笞；乃見商子而問焉。商子曰，「南山之陽，有木曰橋。」二三子往觀之，高高然而上。商子曰，「橋者，父道也。南山之陰，有木曰梓。」二三子復往觀焉，晉晉然而俯。商子曰，「梓者，子道也。」明日見周公，入門而趨，登堂而跪。拂其首，勞而食之曰，「爾安見君子乎！」』余按：孟子曰，『孩提之童無不知愛其親也；及其長也，無不知敬其兄也。』父子之道，天性也。或椎野之人，頹敝之俗，容有不知敬其親者；若文王周公世濟其聖，其家庭之間，禮法之美，伯禽必有習而安焉者，何待見橋梓而後知哉！且聖人之於子，有不及，教之而已；不教而笞之，何取焉！使伯禽

辨成康賜魯重祭之說

終不悟，不徒傷其恩乎！ 即使伯禽能悟，亦何如明告之之爲省且易也！ 此說至爲淺陋，而學者多貪用此典，遂致傳布而信爲眞，故今辨之。

戴記祭統篇云，『周公既沒，成王康王追念周公之所以勳勞者而欲尊魯，故賜之以重祭：外祭則郊社是也，內祭則大嘗禘是也。 夫大嘗禘升歌清廟，下而管象，朱干玉戚以舞大武，八佾以舞大夏，此天子之樂也』 程子曰，『周公之功固大矣，皆臣子之分所當爲，魯安得獨用天子禮樂哉！ 成王之賜，伯禽之受，皆非也。』 余按天子諸侯名器之異，所以辨等威，別上下，定民志耳，非以得之則爲優，不得則爲絀也。 孔子疾病，子路使門人爲臣，孔子曰，『予與其死於臣之手也，無寧死於二三子之手乎！』 孟懿子問孝，孔子曰，『無違。』 樊遲曰，『何謂也？』 孔子曰，『生事之以禮；死，葬之以禮，祭之以禮。』 故無識者以僭爲榮，稍有識者方且以僭爲恥。 成康皆周令主，其不肯以非禮尊周公也明矣。 且春秋以降，僭禮者多矣，管仲之塞門反坫，季氏之八佾雍徹，此又誰實賜之？蓋魯之君自僭天子禮樂，相沿既久，莫知所始，其國人遂爲是想當然之說以曲護其失耳。楚公子圍設服離衞，諸侯之大夫譏之，伯州犂曰，『此行也，辭而假之寡君，』其事與此正同。安得據戴記無稽之言，遂定爲古人罪案也！不然，賜祭，一事耳，胾則成，康則康，何以概云『成王康王』乎！故今不錄。

豐鎬考信錄卷之五終

毛詩釋執競篇成康之非

豐鎬考信錄卷之六

成康之際

「自彼成康，奄有四方，斤斤其明。」（詩周頌。）

衞宏毛詩序云，「執競，祀武王也。」「不顯成康，」傳云，「不顯乎其成大功而安之。」由是鄭孔以來皆以此「成康」爲稱武王語。余按「自彼成康」猶所云「自彼氐羌」也。惟氐羌之爲二國名也，故自氐羌以東則云「自彼氐羌」；惟成康之爲二王謚也，故自成康以降則云「自彼成康」。若訓以爲「成大功而安之」，豈得謂之「自彼」乎哉！宋歐陽永叔作詩時世論，朱子詩序辨說，皆以此篇爲昭王以後詩，以昊天有成命篇爲康王後詩，其說良是。今從之。說詳見後條下。

引歐陽修朱熹語辨毛詩釋昊天有成命篇成王之非

『成王不敢康，夙夜基命宥密，於緝熙，單厥心肆其靖之。』（詩周頌。）
『昊天有成命，頌之盛德也。 其詩曰「昊天有成命，二后受之。成王不敢康，夙夜基命宥密，於緝熙，亶厥心肆其靖之。」 是道成王之德也。 成王，能明文昭，能定武烈者也。』（周語。）

衞宏毛詩序云『昊天有成命，郊祀天地也。』 鄭氏詩箋云，『文王武王受其業，成此王功不敢自安逸。』 韋氏國語解云，『文武修己自勤以成其王功，非謂周成王身也。』 後之說詩者皆從之。 至宋，歐陽永叔始駁其謬；朱子詩序辨說論之尤詳。 今載其說於左。

歐陽永叔作詩時世論：『昊天有成命曰，「二后受之，成王不敢康」 所謂「二后」者文武也；則「成王」者成王也。 當爲康王以後之詩。 而毛鄭以頌皆是成王之作，遂以「成王」爲成此王功。 執競曰，「不顯成康，」「自彼成康。」 所謂「成康」者，成王康王也，猶文王武王謂之「文武」耳。 然則執競當是昭王以後之詩。而毛以爲「成大功而安之，」鄭以爲「成安祖考之道，」皆以爲武王也。噫嘻曰「噫嘻成王」者，亦成王也。而毛鄭皆以爲武王。由其以頌皆爲成王時作耳。以爲成王康王，豈不簡且直而於詩文理易通。如毛鄭之說，豈不迂而曲文理亦不完而難通。學者何苦從其迂曲而難通者哉！』

【朱子詩序辨說一則】『此詩詳考經文而以國語證之，其爲康王以後祀成王之詩無疑。而毛鄭舊說定以頌爲成王之時周公所作，故凡頌中有「成王」及「成康」字者，例皆曲爲之說以附己意。其迂滯僻澀，不成文理，甚不難見而古今諸儒無有覺其謬者。獨歐陽公著時世論以斥之，其辯明矣。然讀者狃於舊聞，亦未遽肯深信也。小序又以此詩篇首有「昊天」二字，遂定以爲郊祀天地之詩。諸儒往往亦襲其誤。殊不知其首言「天命」者止於一句，次言「文武受之」者亦止一句，至於「成王」以下然後詳說不敢康寧，緝熙，安靜之意，乃至五句而後已；則其不爲祀天地而爲祀成王，無可疑者。故今特上據國語，旁采歐陽以定其說，庶幾有以不失此詩之本指耳。或曰，國語所謂「始於德讓，中於信寬，終於固龢，故曰『成』」者，其語成字不爲王謚之謚，而韋昭之注大略亦如毛鄭之說矣，此又何耶？曰，叔向蓋言成王之所以爲成，以是三者；正猶子思所謂「文王之所以爲文，」班固所謂「尊號曰昭，不亦宜乎」者耳。韋昭何以知其必謂文武以是成其王道，而不爲王謚之謚乎？蓋其爲說本出毛鄭，而不悟其非者。今欲一滌千古之謬，而不免於以誤而證誤，則亦將何時而已耶！』

余按，詩與國語之文明矣；歐陽子朱子之辨詳且盡矣。蓋周之受命始於文王，克商始於武王，然奄淮夷未平而商遺民亦未心服；迨成王之世，周公東征而後四方始靖；至康王而後安享之。故傳云，『武王克商，成王靖四方，康王息民；』不云『成王息民』者，成王之初四方猶未靖也。故文王謚『文』，言始

周頌作於成康以後

以文德受天命也；武王謚『武，』言始以武功戡大難也；成王謚『成，』言商奄始靖，王業成也；康王謚『康，』言天下無事，但撫安之也。故此詩言『昊天有成命，二后受之，』言文王武王始受天命有天下也。至於成王蒙故業爲天子，可以康矣，而不敢也，猶夙夜敬畏天命，益懋其德，是以能克商奄淮夷以靖四方：『肆其靖之』之靖，卽『成王靖四方』之靖。然則此詩卽無成王明文，亦斷斷必爲成王之詩；而況已明言成王也！卽國語不言爲成王之德，亦斷斷不得移置之於文武；而況國語又明言爲成王也！故今從歐陽子朱子之說，當之成王篇中。

又按，自宋以來，釋此詩及執競篇者多從序說。或云，「成王非「基命」之君；而周之「奄有四方」非自成康始。」然則洛誥之『王如弗敢基命定命，』亦將以爲非告成王；魯頌之『奄有龜蒙，』亦將謂魯至僖公時始有龜蒙之地哉！況傳稱『成王靖四方，』靖也者，亂而安之之謂也；方且可謂之『靖四方』乃反不可謂之『奄有四方』乎！　或云，『酒誥稱「成王畏相」「惟助成王德顯」』皆非周之成王。　夫『成王』『畏相』相對爲文，『助成』二字相連爲義，皆與此文不類。　此文『成王』上無他文下有『不敢康』之語，『成王』之爲一人甚明；況執競之『成康』連言之者哉！　若以酒誥故，凡言『成王』者皆不得爲成王，則傳所稱『夾輔成王』『成王定鼎』『成王周公之命祀』亦皆將以爲武王乎！　原其所以穿鑿附會，務以成康爲武王者無他，狃於前人之說，以爲頌皆周公所作；周公制禮作樂，不應無祀大地及祀武王之詩；自周公後，不當復有作頌者耳。　不知以此詩爲祀大地武王者，序之言耳，非經自言之也。　周頌三十一篇，其中稱天及武王者甚多，何所見必此二詩然後可以祀天地武王？　詩之逸者多矣，又安知祀大地武王者之非已逸乎？　周公以後不當有頌，則何以宣幽之世尚有大雅？　又何以春秋之時魯尚有頌？　豈侯國可以作頌，天子反不可乎？　若謂成王非世室，不當有祀成王之詩，則祀成王時將遂無樂乎？而武王當周公時亦不得遂立世室也。嗟夫，國語以常棣爲周公之詩，與傳相抵捂者，則人皆信之；此詩之言爲成王，與經相合者，則人不之信。朱子沿序之誤而未正者，雖委曲難通，皆相安爲固然；至此詩正序之誤，辨語詳晰而反極力以攻之。宋玉曰，『其曲彌高其和彌寡。』韓子曰，『小慙亦蒙謂之小好；大慙亦蒙謂之大好。小稱意，人必小怪之；大稱意，人必大怪之。』吾始未以爲然，及讀周頌而後深信其不謬也！豈是所非而非所是，人情固當然乎？周頌非周公所作，說已見前周公相成王篇中。

蒐岐之年無考

補『成有岐陽之蒐』（左傳昭公四年。）

此未知爲周公存時事，抑周公沒後事。既無可考，未便置前篇中，故錄於此。

辨僞書君陳及書序

僞古文尚書有君陳篇；其序云，『周公既沒，命君陳分正東郊。』余按此篇『嘉謨嘉猷』數語見於坊記，玩其語意，乃人臣相誥誡之詞，非君命其臣之言也。何者？君人之道以能受言爲賢，但取其謀之益於民而不必其謀之出於己，故曰「禹聞善言則拜；大舜有大焉，舍己從人，樂取於人以爲善。」臣人者則不然，但求其國之受其益而不必己之擅其名，是以善則歸君，過則歸己。故此言出於人臣之口則爲忠，出於人主之口則不可以爲訓。成王，周之令主，其必不出此言明矣。又按，書君奭篇乃周公誥召公之詞，周召位皆三公，同朝事主，是以相稱爲「君」。春秋傳鄰國諸侯皆相稱以「君」，若「君處北海，」「君命敝邑」之類是也。未聞君而稱其臣爲「君」者。然則「君陳」當爲同僚相稱之語，是以篇中有此文；非成王語也。且君陳分正東郊，非居帷闥而拾遺補闕者可比，成王告以此言欲何爲乎？此序不見於史記周本紀，疑與僞書同出一手。然則君陳之尹洛亦未必有此事矣。又按論語孔子曰，「書云「孝乎惟孝友于兄弟施於有政，」』所謂政者，一家之政也，故曰，『是亦爲政，奚其爲爲政！』今僞書以爲國政，亦與孔子之意相背。包氏之註論語以

鳳鳴岐山之時無考

『孝乎惟孝』爲句，然則包氏未嘗見此篇矣。包氏不見，則是書不出於安國也。大抵此篇之語多采之古傳記，故今不錄。

附錄 『鳳凰鳴矣，于彼高岡。梧桐生矣，于彼朝陽。菶菶萋萋，雝雝喈喈。』（詩大雅。）

附錄 『周之興也，鸑鷟鳴于岐山。』（周語。）

存參 『卷阿，召康公戒成王也，言求賢用吉士也。』（詩序。）

按，鳳鳴岐山不知的在何時；大雅周語皆無明文。惟詩序以卷阿爲成王時所作，或鳳鳴卽在此時與？然未有以見其必然。姑附錄於成王之世而存序文以待參考。

『惟四月哉生魄，王不懌。甲子，王乃洮頮水，相被冕服，憑玉几。乃同召太保奭，芮伯，彤伯，畢公，衞侯，毛公，師氏，虎臣，百尹御事。王

一〇

曰，「嗚呼，疾大漸，惟幾，病日臻；既彌留，恐不獲誓言嗣，茲予審訓命汝！昔君文王武王宣重光，奠麗陳教，則肄肄不違，用克達殷，集大命。在後之侗，敬迓天威，嗣守文武大訓，無敢昏逾。今天降疾，殆弗興弗悟。爾尚明時朕言，用敬保元子釗弘濟于艱難！柔遠能邇，安勸小大庶邦。思夫人自亂于威儀。爾無以釗冒貢于非幾！」茲既受命還，出綴衣于庭。越翼日乙丑，王崩。太保命仲桓南宮毛俾爰齊侯呂伋，以二干戈，虎賁百人，逆子釗于南門之外，延入翼室，恤宅宗。丁卯，命作册度。越七日，癸酉，伯相命士須材。』（書顧命。）

『王麻冕黼裳，由賓階隮。卿士邦君麻冕蟻裳，入即位。太保，太史，太宗皆麻冕彤裳。太保承介圭，上宗奉同瑁，由阼階隮。太史秉書由賓階隮御王册命曰「皇后憑玉几道揚末命命汝嗣訓臨君周邦率循大卞燮和天下用答揚文武之光訓！」王再拜，興答曰，「渺渺予末小子，其能而亂四方，以敬忌天威！」乃受同瑁王三宿三祭三咤上宗曰「饗。」太保受同，降盥以異同秉璋以酢授宗人同拜；王答拜。太保受同，祭嚌宅授宗人同，拜；王答拜。太保降收；諸侯出廟門俟。」（同上。）

『王出在應門之內。太保率西方諸侯入應門左，畢公率東方諸侯入應門右，皆布乘黃朱，賓稱奉圭兼幣曰，「一二臣衛，敢執壤奠！」皆再拜稽首。王義嗣德答拜。太保暨芮伯咸進相揖；皆再拜稽首曰「敢敬告天子！皇天改大邦殷之命，惟周文武誕受羑若，克恤西土。惟新陟王畢協賞罰，戡定厥功，用敷遺後人休。今王

顧命有葬成王之脫簡

敬之哉！張皇六師，無壞我高祖寡命！」』（書康王之誥。）『王若曰，「庶邦侯甸男衞惟予一人釗報誥。昔君文武丕平富，不務咎，底至齊信，用昭明于天下；則亦有熊羆之士，不二心之臣，保乂王家，用端命于上帝。皇天用訓厥道，付畀四方。乃命建侯樹屏，在我後之人。今予一二伯父，尚胥暨顧，綏爾先公之臣服于先王，雖爾身在外，乃心罔不在王室，用奉恤厥若，無遺鞠子羞！」羣公既皆聽命，相揖趨出。王釋冕，反喪服。』（同上。）

蘇氏云，『成王崩，未葬，君臣皆冕服，禮歟？曰，非禮也。使周公在，必不爲此。』余按康王之誥，諸侯咸在，九日之間安能遽至此：必成王葬後之事，『狄設黼扆』之上蓋有闕文，非皆癸酉一日內事也。故顧君云，『傳言「天子七月而葬，同軌畢至，」而今「太保率西方諸侯，畢公率東方諸侯，」是七月之餘也。因其中有脫簡，而後之說書者並以繫之「越七日癸酉」之下，所以生後儒之論。而不思初崩七日之間諸侯何由而畢至乎！又云，『「狄設黼扆綴衣」以下，卽當屬之康王之誥；自此以上，記成王顧命登遐之事；自此以下，記明年正月上日康王卽位朝諸侯之事也。』又云，『洛誥「戊辰王在新邑」則王之至洛可知：乃二公至洛並詳其日月而王不書，金氏以爲其間必有闕文。然則顧命之脫簡又何疑哉！』由是言之，則康王與卿士之冕服在成王葬後，非未葬而冕服明矣。蓋顧命，康王之誥，伏生本合爲一；因其間有脫簡，前後首尾不具，故後人分兩篇之時不知當於何處畫斷，誤以『王出在應門之內』爲康王之誥之首，是以『狄設黼扆』之文遂割屬於上篇之末耳。蘇氏不知其有脫簡，故於諸侯之至不能爲解，乃以問疾之諸侯當之。然觀康王之誥尤重諸侯，故曰『建侯樹屏』，曰『爾身在外』；此篇之作尤重於朝諸侯，故曰『卿士邦君麻冕蟻裳入卽位』，曰『諸侯出廟門俟』，曰『東方諸侯入應門左，西方諸侯入應門右』則是諸侯畢至明矣。若止問疾之諸侯，其人數必不多何得舍在內之百官卿士不言而反斤斤焉於其少者詳記之乎！至顧君以此爲周公所制，禮謂『釋三年之喪以盡斯須之敬，』又謂『康王當太平之時爲繼體之主，而史錄其遺文訓誥以爲一代之法，』則於事理亦尚未合。古者君薨，百官總己以聽於冢宰三年；其見於書傳者，舜禹啓太甲武丁之事皆然。及武王崩，周公以冢宰攝政，不幸羣叔流言，周公東避，遂不得終其攝。至成王崩，召公鑒前之禍，故於葬後遽奉康王以朝諸侯。其後春秋之世，嗣君皆於葬後踰年即位，蓋始於此。故史錄之爲書，誌此禮所由變。故曰『王麻冕黼裳，』曰『王釋冕，反喪服。』喪未畢而朝諸侯者，前未有此禮，是以詳記其服，謹其始耳；非以此爲當然而著之篇以垂法也。子張曰，『書云，「高宗諒陰，三年不言，」何謂也？』孔子曰，『何必高宗，古之人皆然。』傷周公召公處事之變而不得復然也。故今申其說而正之。說並見前周公篇中。

關雎非刺詩

補『康有酆宮之朝。』（左傳昭公四年。）

齊魯韓三家詩皆以周南之關雎篇爲康王時陳古刺今之作；故漢書云，『佩玉晏鳴，關雎歎之；』列女傳云，『康王晏出朝，關雎預見。』余按論語孔子稱關雎『樂而不淫，哀而不傷，』則關雎乃和平中正之音，詠歌當時之盛事者，非刺詩也；而細玩通篇之詞，亦絕無刺時之意。且康王之世乃周久道化成之時，君子淑女莫如此時爲多；然則謂爲康王之世或未必誣，謂爲刺詩則斷非也。故今不采漢書列女傳文。說並見前文王篇中刑于寡妻條下。

豐刑與畢命

附錄『惟十有二年六月庚午朏，王命作策豐刑。』（逸書。）

按史記書序並云『康王命作策畢公分居里成周郊，作畢命；』與此文意似異。但此乃漢書所錄孔壁古文，似不應誤；又未見其下文如何；難以懸斷，姑列之於附錄。至僞書畢命篇語多勦襲，文亦雕琢，乃因史記書序之言而衍之者。故不載。

刑措

「成康之際，天下安寧，刑措四十餘年不用。」（史記周本紀。）

此語似有所本；於理亦當如是。故存之。

頌美詩不應盡屬文武

附錄　「永言配命，成王之孚。成王之孚，下土之式。永言孝思，孝思維則。…… 永言孝思，昭哉嗣服。昭茲來許，繩其祖武。於萬斯年，受天之祜！」（詩大雅。）

衞宏毛詩序云，『下武，繼文也。武王有聖德，復受天命，能昭先人之功焉。』鄭箋釋『成王之孚』云，『孚，信也，成我周家王道之信也。』余按文王之什稱文武之功德者凡六篇，皆明稱爲『文王』云云，『武王』云云，未有含混其詞者。蓋詩作於成康之世，不舉其謚則無以別於今王故也。其餘四篇則不然。棫樸言『勉勉我王』，似稱現在之君者然。旱麓言『豈弟君子』，正與洞酌卷阿文同，皆不似追述文王語；而文王時亦初無『六師』也。靈臺一詩，前於文王篇中已辨之矣。至此篇所云『昭哉嗣服』，『繩其祖武』者，玩其語意皆似指繼體之君，尤不類創業之主。恐所謂『成王之孚』者卽謂成王，非武王也。蓋文武受天命者也，成王纘而述之，是以永保無失，故曰『永言配命，成王之孚』。繼成王者必法成王，乃謂之孝，故三章曰『永言孝思，孝思維則』。欲嗣成王之功，必履文武之跡，故四章曰『昭哉嗣服』，五章曰『繩其祖武』也。如此訓釋，似於事理爲近；較之以『成王』爲『成我周家之王道』者，於文理亦殊自然矣。大抵三代以上賢臣哲輔於守成之世尤致愼焉：不但召誥無逸聖賢之儆戒然也，卽詩人亦多於頌禱之中默寓勸勉之意。洞酌卷阿，其顯然較著者。下至穆王之世，祈招之詩猶以『如玉如金，而無醉飽』爲詞。則知古人立言之體往往如是，固不得盡以爲稱功頌德詩也。況成康之際正當王化之成，當時羣臣豈得絕無贊揚箴規之語見於經傳，亦不得盡以爲詠歌文武詩也。但傳註皆未有言及此者，故今不敢直斷爲然。姑附錄此文於成康之世以見其大凡，而識其說如此。後世有卓識之儒出，當有以

郇伯未必爲文王子

決之也。

【附錄】『昔我先王熊繹，與呂伋，王孫牟，燮父禽父並事康王』（左傳昭公十二年。）

【附錄】『四國有王郇伯勞之』（詩曹風。）

按，丁公之仕王朝，見於尚書；其餘諸人則未知其果仕王朝否也。郇伯，舊說以爲文王之子；然郇世爲諸侯，則亦未有以見其必爲文王子也。故並附錄於後。

【備覽】『康王卒，子昭王瑕立。』（史記周本紀。）

昭王

南征不復事未可確知

辨丹朱馮房后之說

補「昭王南征而不復」（左傳僖公四年。）

備覽「昭王之時，王道微缺。昭王南巡狩，不返，卒於江上。其卒不赴告，諱之也。」（史記周本紀。）

帝王世紀云，「昭王德衰；南征，濟于漢，船人惡之，以膠船進王。王御船，至中流，膠液船解，王及祭公俱沒于水中而崩。」 余按昭王不復之故，經傳文缺，不可詳考。若果別無他故，但見惡於船人，何至遽行弑逆！船人自以私怨弑王，其國之君何以不討，嗣王何以亦不問乎？「船人」或作「楚人」，然是時楚境尚未至於漢也。恐皆後人之所附會。故今但錄左傳史記之文，庶不失闕疑之義。

備覽「立昭王子滿，是爲穆王。」（同上。）

周語云，「昭王娶於房，曰房后，實有爽德。協於丹朱；丹朱馮身以儀之，生穆王焉」 余按此與史記所載劉媼夢與龍交事正相類，皆里巷不經之談耳。

丹朱鬼矣，安能馮生人而生子！ 穆王果丹朱所生，則非昭王子矣，又安得繼周之統而爲天子乎！

穆王

補『穆有塗山之會。』（左傳昭公四年。）

備覽『穆王閔文武之道缺，乃命伯臩申誡太僕之政，作臩命。』（史記周本紀。）

『穆王將征犬戎，祭公謀父諫曰，「不可！先王耀德不觀兵。夫兵，戢而時動，動則威；觀則玩，玩則無震。」 王不聽，遂征之；得四白狼四白鹿以歸。 自是荒服者不至。』（周語。）

按，國語之作，主於敷言，與左傳主於紀事者不同，故以『語』名其書，猶孔

事較記言爲可信

門之有論語家語也。然其語亦非當日之語，乃後世之人取前史所載良臣哲士諫君料事之詞而增衍之以成篇者，是以言中所述古事率多荒誕不經，與經傳相悖者十而八九，而其文亦弱而不振，繁而不節也。且以左傳較之，有同一事而所言亦同一意者，在左傳不過以數語了之而意已足，至國語則鋪張支蔓，旁引疊出，累牘而未肯已，其爲後人所衍明甚。惟其篇首所記之事以爲言張本者，及篇末所記以驗其言者，雖不悉實，要之合於經傳者多，而其文亦簡直，疑此本之舊史原文，是以獨爲可據耳。故今於篇中所稱引往事，即無顯然之謬，亦僅列之備覽，而篇首尾所記本國本時之事，審無可疑，則仍從傳例，次經一格書之；至篇中所敷之言，則但摘取其一二語以見大意，而所衍繁文弗盡錄焉。均此一書，夫豈有所低昂於其間，亦信其可信者而已矣！

『穆王欲肆其心，周行天下，將皆必有車轍馬跡焉。祭公謀父作祈招之詩以止王心，王是以獲沒於祗宮。』（左傳昭公十二年。）

穆王

史記秦本紀云：『造父以善御幸於周繆王；得驥、溫驪、驊騮、騄耳之駟，西巡狩，樂而忘歸。徐偃王作亂，造父爲繆王御，長驅歸周，一日千里，以救亂。』後漢書云：『偃王處潢池東，地方五百里，行仁義，陸地而朝者三十有六國。穆王後得驥騄之乘，乃使造父御以告楚，令伐徐；一日而至。於是楚文王大舉兵而滅之。偃王仁而無權，不忍鬭其人，故致於敗。乃北走彭城武原縣東山下，百姓隨之者以萬數，因名其山爲徐山。』韓文公衢州徐偃王廟碑亦本此以爲說。余按前乎穆王者有魯公之費誓曰：『徂茲淮夷徐戎並興；』後乎穆王者有宣王之常武曰：『震驚徐方，徐方來庭：』則是徐本戎也，與淮夷相倚爲邊患，叛服不常，其來久矣，非能行仁義以服諸侯，亦非因穆王遠遊而始爲亂也。且楚文王立於周莊王之八年，上距共和之初已一百五十餘年，自穆王至是不下三百年，而安能與之共伐徐乎！故張氏史記正義引古史考文云，『徐偃王與楚文王同時，去周穆王遠矣。且王者行有周衞，豈得救亂而獨長驅日行千里乎！並言此事非實』是前人固已非之矣。蓋穆王本巡遊無度者，故傳稱『周行天下，將皆必有車轍馬跡焉。』後世稱造父者欲神其技因取偃王之事附會之以見其有救亂之功；稱偃王者欲表其美因又取穆王之事附會之，以爲能行仁義而諸侯歸之耳。初未暇計其乖舛於事理，刺謬於經傳也。韓子之文雖出於酬應不得已而作，然采邪說以惑後世，亦非大賢所宜爲也。故今悉不錄。

『惟呂命：王享國百年，耄荒，度作刑以詰四方。……王曰，「吁，來，有邦有土，告爾祥刑！在今爾安百姓，何擇非人？何敬非刑？何度非及？兩造具備，師聽五辭。五辭簡孚，正于五刑。五刑不簡，正于五罰。五罰不服，正于五過。五過之疵，惟官，惟反，惟內，惟貨，惟來：其罪惟均，其審克之。五刑之疑有赦，五罰之疑有赦，其審克之。

簡孚有衆，惟貌有稽；無簡不聽，具嚴天威。　墨辟疑赦，其罰百鍰；閱實其罪。　劓辟疑赦，其罰惟倍；閱實其罪。　剕辟疑赦，其罰倍差；閱實其罪。　宮辟疑赦，其罰六百鍰；閱實其罪。　大辟疑赦，其罰千鍰；閱實其罪。　墨罰之屬千；劓罰之屬千；剕罰之屬五百；宮罰之屬三百；大辟之罰其屬二百。　五刑之屬三千，上下比罪，無僭亂辭，勿用不行，惟察惟法，其審克之。　上刑適輕下服，下刑適重上服；輕重諸罰有權，刑罰世輕世重，惟齊非齊，有倫有要。　罰懲非死，人極于病。非佞折獄，惟良折獄，罔非在中。　察辭于差，非從惟從。　哀敬折獄，明啓刑書胥占，咸庶中正。　其刑其罰，其審克之。　獄成而孚，輸而孚。　其刑上備，有并兩刑。」』（書呂刑。）

按，舜典之『贖刑』自別一法，以處夫罪不至於刑而不可竟赦者，非罪本

刑爲周道始衰

當刑而許以金贖也。若五刑果有疑，自當酌量減免，豈得反因之以爲利！蔡氏書傳云：「穆王巡遊無度，財匱民勞，至其末年，無以爲計，乃爲此一切權宜之術以斂民財，夫子錄之，蓋亦示戒。」其論當矣。蓋周之衰自穆王始，故錄此篇以志文武成康之法之所由變，爲後世變祖宗之法以聚斂者之戒，與後錄文侯之命篇意同。此見周道之始衰，彼見周勢之所以不再振也。蔡傳又言書傳多稱「甫刑」，疑呂之後爲甫。按「呂」與「甫」古多通用，故詩崧高揚水皆作「申甫」，而春秋傳皆作「申呂」。此蓋傳寫異文，非改之也。舜之贖刑，說已見唐虞舜相堯篇中。

備覽 「穆王崩，子共王繄（世本作「伊」。）扈立。」（史記周本紀。）

共王，懿王，孝王

三女奔

引呂游語辨詩序以采薇篇為遣戍役詩之非

備覽『共王游於涇上，密康公從；有三女奔之。一年，王滅密。』（周語。）

按，征，戎監謗，皆彰彰耳目者；此細事耳，有無未可知也。故列之備覽。

備覽『共王崩，子懿王囏（世本作堅）立。』（史記周本紀。）

備覽『懿王之時，王室遂衰；詩人作刺。』（同上。）

備覽『懿王時，戎狄交侵，中國被其苦；詩人始作，疾而歌之曰，「靡室靡家，玁允（玁狁通用）之故！」』（漢書匈奴傳。）

衞宏毛詩序云，『文王之時，西有昆夷之患，北有玁狁之難；以天子之命命將帥，遣戍役，以守衞中國，故歌采薇以遣之。』余按，漢書以為懿王之世『詩人疾而歌之，』史記稱懿王時『詩人作刺，』似亦指此而言，則是漢時齊魯諸家說詩皆如此也。今玩其詞，但有傷感之情，絕無慰藉之語，非惟不似盛世之音，亦無一言及天子之命者：正與史漢之言相符。然則齊魯說此篇者必有所傳而然，非妄撰也。且文王之世初無有所謂玁狁者，而文王亦未嘗奉紂命以征伐，前於文王篇中固已詳辨之矣。故朱子云『此未必爲文王之詩；「以天子之命」者，衍說也。』其論當矣。然亦以爲遣戍役之詩，則猶依違於序說而未得其實。臨漳呂樂天游戊申記疑嘗辨之，今錄於左。

【戊申記疑一則】「采薇明是役畢還歸之詩，序以爲「遣戍役」，未出門而曰「昔我往矣」，是「今日適越而昔至」也。又言將來「雨雪霏霏」，何由而知之？方出門不鼓其銳氣，乃言「載渴載饑，我心傷悲」，豈欲其軍心之懈怠耶？小序之謬類如此。朱子於此條獨無論辨，不知何故。』

按此辨明甚；以史記漢書證之，尤無可疑者。詩序之謬，不待言矣。故今采史漢之文載之。但謂爲懿王之世，則經傳皆無明文，故僅列之備覽。說並見後宣王篇中南仲條下。

史記以秦非子爲附庸之非

備覽「懿王崩，共王弟辟方立，是爲孝王。」（史記周本紀。）

備覽「非子居犬丘，好馬及畜，善養息之。犬丘人言之周孝王，孝王召使主馬於汧渭之間，馬大蕃息。邑之秦。」（史記秦本紀。）

史記稱孝王欲以非子爲大駱嗣，以申侯言，迺分土爲附庸。按，秦本周畿內國邑，故秦仲爲宣王大夫，伐西戎，莊公爲西垂大夫，居犬丘，非附庸也。詩曰，『錫之山川，土田附庸。』孟子曰，『不能五十里，不達於天子，附於諸侯，曰附庸。』今秦不惟直達於天子，且爲王官矣，安得復屬諸侯而爲之附庸乎！蓋秦與鄭虢其初皆王朝之卿士大夫，食采於畿內；周室東遷，各君其國，乃列於諸侯會盟。子長以其初未成爲諸侯，未暇詳核，遂疑以爲附庸，至襄公乃受王命而爲諸侯：失之矣！且所載申侯語亦淺陋不足信；而是時申亦未封爲諸侯。故今删而存之。

懿王孝王不傳子之故不可考

王室强弱與下

備覽 『孝王崩，復立懿王太子燮，是爲夷王。』（史記周本紀。）

按，懿王之崩子若弟不得立而立孝王，孝王之崩子又不立而仍立懿王子，此必皆有其故，史失之耳。否則孝王乃懿王弟，兄終弟及而仍傳之兄子，於事理爲近；然不可考矣。史記又稱『諸侯立懿王太子燮』，按立君大事，自有朝廷大臣主之，非若春秋之世王室微弱，乃藉外兵以復國也，諸侯安得操其權乎！恐子長亦以春秋時事例之耳。今刪『諸侯』之文。

夷王

補 『至于夷王，王愆于厥身。諸侯莫不並走其望，以祈王身。』（左傳昭公二十六年。）

戴記郊特牲篇云，『下堂而見諸侯，天子之失禮也，由夷王以下。』唐柳子厚遂據此文謂夷王害禮傷尊，為王室微弱之證。　余按書康王之誥云，『王出在應門之內，畢公帥東方諸侯入應門左，召公帥西方諸侯入應門右』，但云『在應門內』而無『躋階』之文，則王非在堂上明甚。　然則夷王以前未必絕不下堂也。　春秋傳，齊桓公受胙，天子命無下拜，下拜，登受；晉文公受策，再拜稽首，出入三覲；其事天子皆未嘗敢失禮。　王室微弱，號令不行，則有之；朝覲之文未之改也。　然則夷王以後亦未必皆下堂也。　且記此篇於『庭燎之百』云『由齊桓公始』，於『肆夏之奏』云『由趙文子始』，於『大夫之強』云『由三桓始』，獨此文不云『由夷王始』而云『由夷王以下』。　玩其上文語意，乃作記者生於周室積衰之後，傳聞其初之不然，而無從考其所仿，但約略之以為當在夷王以降，非斷以為夷王時也。　觀小雅中大東，菀柳諸篇，幽厲之世，諸侯猶苦於王室之誅求；則夷王時不應遽至微弱，而此傳亦稱『諸侯並走其望以祈王身』，烏得遽謂下堂而見決為夷王事乎！　故今不錄。　又按，古有師其臣者，有賓其臣者。成王之於周公，拜手稽首。故凡經傳稱君弱臣強者，多自臣之僭禮言之；若天子過於降抑，此自其君之謙，不必皆微弱而後然。故漢光武與子陵同寢，唐神堯引羣臣升座，而宋度宗亦嘗拜賈似道：雖其是非得失不同，要不因於君弱臣強之故。然則王室之強弱亦未必盡在下堂與否也。

備覽「夷王崩，子厲王胡立。」（史記周本紀。）

豐鎬考信錄卷之六終

豐鎬考信錄卷之七

厲王

說榮公

補『至于厲王，王心戾虐。』（左傳昭公二十六年。）

『厲王說榮夷公。芮良夫曰「王室其將卑乎！夫榮公好專利而不知大難，若用，周必敗！」』（周語。）

采國語事而於其言但節錄之，說已見前穆王篇中。後並倣此。

諸侯多叛

備覽『秦仲立三年，周厲王無道，諸侯或叛之；西戎反王室，滅犬丘大駱之族。』（史記秦本紀。）

按桑柔詩稱『亂生不夷，靡國不泯，』則厲王之世諸侯叛者蓋多。但古書缺軼，事無可考。惟秦史尚存，故史記得以采而錄之耳。餘可以例推也。

居彘

辨召公以子代宣王之說

補『萬民弗忍，居王于彘。』（左傳昭公二十六年。）

按厲王之在彘，左傳稱「居」，國語稱「流」。王，天子也，豈可言流！云居，是也。 國語不及左傳，此其一端。

『榮公爲卿士，諸侯不享，王流於彘。』（周語。）

『厲王虐，國人謗王。 召公告王曰，「民不堪命矣！」 王怒，得衞巫，使監謗者，以告，則殺之。 國人莫敢言，道路以目。 三年，乃流王於彘。』（同上。）

國語云，『彘之亂，宣王在召公之宮，國人圍之。 召公曰，「昔吾驟諫王，王不從，以及此難。 今殺王子，王其以我爲懟而怒乎！（云云）」 乃以其子代宣王。 宣王長而立之。』 余按，周民之居厲王於彘，苦其暴虐，不得已而出之，使不得肆虐於己耳，非必殄滅之無遺育而後甘心也。 使民果欲甘心於王，王何以能安然而居於彘？ 果欲甘心於王，王出之後何不更立他人而虛王位者十四年，王崩之後又何以共戴宣王而無異言乎？ 蓋古者人情淳樸，上下之間不甚猜疑；故衞出成公以說於晉，及晉許其復國，盟于宛濮，而國人無貳者。 況文武之德未忘於民心，但以身在水火之中，遂冒然不暇顧慮而爲此舉；王出則已，不讎王也，況大子乎！ 是以宣王之立，民不畜怨，亦不自危，而宣王亦不復追理前事；是其君臣相待，猶然先代忠厚之遺，安得有如後世所謂斬草除根之頹俗乎！ 且召公，賢臣也，於王子固當全之，豈必避懟王之嫌而後如是！ 諫王，爲社稷也，免王子，亦爲社稷也：藉令召公未有諫王不從之事，將遂執太子以與國人而聽其殺之乎！ 然則謂宣王避亂而奔召公之宮，或有之；若謂國人圍而欲殺之，召公避嫌而後以子代之，則必無之事也。 蓋緣春秋戰國以降，風俗日偷，君與民相疾視如仇讎然，故疑此時宣王必不能自免於難，因揣度附會之而爲此說耳。 今不錄。

竹書紀年以共和為共伯和干位之非

厲王　四

備覽「召公周公二相行政，號曰共和。」（史記年表，元年，庚申。）「共和十四年，厲王死于彘。太子靜長於召公家，二相乃共立之為王，是為宣王。」（史記周本紀。）

竹書紀年稱『共伯和干王位。』蘇氏古史采之，云『厲王居彘，諸侯無所適從；共伯和者，時之賢諸侯也，諸侯皆往宗焉，因以名其年，謂之共和。』余按人君在外，大臣代之出政，常也。襄公之執，子魚攝宋。昭公之奔，季孫攝魯。厲王既出，周召共攝周政，事固當然，不足異也。若以諸侯而行天子之事，則天下之大變也。傳曰，『干王之位，禍孰大焉！』又曰，『周德雖衰，天命未改。』共伯果賢諸侯，詎應如是！　春秋至閔僖以後，天下之不知有王久矣，然齊桓晉文猶藉天子之命以服諸侯，不敢公然攝天子事也；況西周之世，烏得有此事！且夫召穆公，周之賢相也，能諫厲王之虐，能佐宣王以興，夫豈不能代理天下事，而諸侯必別宗一共伯和乎！　齊桓晉文之霸，傳記之紀述稱論者指不勝屈；況攝天子之事尤爲震動天下，而經傳反泯然無一語稱之，亦無是理也。竹書紀年唐人多有稱述之者，其文往往與史記異。以經傳考之，自周東遷以後，史記不如紀年得實（如梁惠王有後元年，齊伐燕在宣王世之類）；自周東遷以前，紀年不如史記近正（如大甲殺伊尹，文丁殺季歷之類）。蓋此書乃戰國時所撰，東遷以後本之晉魏舊史，而東遷以前則簡策多逸，或旁采異端之說以補之，是以不能無謬。猶之史記紀漢事多得實，紀三代事多失眞也。共和之名年，意本因二相和衷共攝而稱之；傳之既久而失其詳，遂誤以爲有共伯和攝之，撰紀年者因從而載之耳。至於今世所傳紀年一書，則又不知何人所撰，唐人所引大半無之，而其文往往反採之漢書律歷志及僞古文尚書經傳，此尤不足論矣。古史又據春秋傳『諸侯釋位以間王政』及莊子『共伯得之於共首』之語爲共伯和之證。然莊子所稱述本不皆實，有共人而亦未見此文共伯之卽爲干王位人也。故今但據史記載之，而紀年之文不錄焉。其釋『間王政』之誤，說見後宣王篇中。

宣王（史記年表，元年，甲戌。）

諸侯釋位以間王政

補『諸侯釋位以間王政。宣王有志而後（『而後』諸本多同；或作『二公』，非是）效官。』（左傳昭公二十六年。）

杜氏左傳註云，『「間」，猶「與」也；去其位與治王之政事。』林氏以此爲周召事云，『二公與治王之政事，號曰共和。』蘇氏古史以此爲共伯和事，云，『厲宣之間，諸侯有去其位而代王爲政者。』余按，周召皆王室之相，厲王雖出，二公之在相位自若也，不得謂之『釋位』。當厲王在國時，政固已共理之，亦非待流於彘而後得與於王政也。若以共伯和當之，謂『釋位』爲去諸侯之位，『間王政』爲干天子之權，則『而後效官』將何解焉？且子朝之爲此言，因晉之納敬王，故述諸侯之忠於王室以責晉之不輔己耳：故曰，『並建母弟以蕃屏周』，曰『諸侯莫不並走其望以祈王身』，曰『攜王奸命，諸侯替之而建王嗣』。周召皆王卿士，不得謂之『諸侯』以比晉，而共伯和干天子之權，亦非忠於王室者，此皆與前後文義不類；子朝之述此何居焉？蓋『釋位』『效官』本相對爲文，『釋』，猶解也；『釋位』者，解官也。『間王政』者，待王政之間也。諸侯爲王卿大夫者因厲王在外，故解官而歸其國，以待王室之定；宣王有志振作，而後來效王官之職。上下呼應，本極了然分明；但說者先有共和及共伯和之成見在心，務强合之爲一，是以乖剌不通而不知彼自一事，此自一事也。今正之。共伯和之誤說已見前厲王篇中。

【存參】『雲漢，仍叔美宣王也。宣王承厲王之烈，內有撥亂之志，遇災而懼，側身修行，欲銷去之。天下喜於王化復行，百姓見憂，故作是詩也。』（詩序。）

雲漢爲宣王初年詩

姜后待罪事可存

綱鑑大全載此事於宣王六年『征伐四方，封申城齊』之後；繹史亦載之於常武崧高諸詩之末。余按序文云『承厲王之烈，』則是以爲初卽位時事也。且大雅自民勞以後，篇次未有錯亂此詩旣在崧高烝民之前，則爲宣王初年之詩無疑。故列之於此。

存參 『周宣姜后賢而有德。宣王嘗早臥晏起；姜后脫簪珥，待罪於永巷。王遂勤於政事，早朝晏退，卒成中興之名。』（列女傳。）

此事未知有無，然於理無所害。惟其文太冗弱，必後人所敷衍。故今刪而存之。綱鑑大全從外紀，載此於二十二年則此後乃宣王德衰之時，與『勤於政事』語不符。當以在初年爲是。

『宣王卽位，二相輔之修政，法文武成康之遺風。諸侯復宗周。』（史記周本紀。）

二相輔政但稱召公

詩序以采薇出

按此文卽本詩春秋傳所述而言。『二相，』謂周公召公也。蓋宣王初政，皆由大臣匡贊而成。然二雅多稱召公者，而周公無聞焉：或者亦如唐蘇頲之於宋璟乎？藉使周公不賢，召公亦未必能獨行其志也。

『玁狁匪茹，整居焦穫；侵鎬及方，至于涇陽。』（詩小雅。）

『薄伐玁狁，至于大原。文武吉甫，萬邦爲憲。吉甫燕喜，既多受祉：來歸自鎬，我行永久。』（同上。）

『王命南仲，往城于方。出車彭彭；旂旐央央。天子命我，城彼朔方。赫赫南仲，玁狁于襄！……赫赫南仲，薄伐西戎！』（同上。）

存參

『宣王興師命將，詩人美大其功，曰「薄伐獫允，至于大原；」「出車彭彭，城彼朔方。」』（漢書。）

衞宏毛詩序云，『文王之時，西有昆夷之患，北有玁狁之難：以天子之命命

辨杕杜爲文王之非

宣王 一〇

將帥，遣戍役，以守衛中國，故歌采薇以遣之，出車以勞還，杕杜以勤歸也。』由是鄭孔以來諸儒之說詩者咸以出車爲文王詩，南仲爲文王臣，而詩所謂『王』者紂也。余按春秋之義莫嚴於辨名分：文王果受天子命伐玁狁，則文王當自行，不得但遣陪臣帥師；詩當稱『王命西伯』，不得稱『王命南仲』。今直稱天子之命以命陪臣，若其間初無文王者，僭邪？亂邪？非惟不知有君，抑亦非所以尊天子也。蘇氏知其不通，於是又曲爲說，以『天子』爲紂，以『王』爲文王，後人之追稱云然耳。然王卽天子也：一篇之中，自『天子』，紂自『王』文王，名實雜糅，君臣同稱，尙可以爲訓乎！天子之命陪臣則述之，文王之命其大夫則又述之，獨天子之命文王則無一語及之，有是理乎！且經傳記文王之臣多矣，未有稱南仲者；而常武宣王時詩，有南仲（舊說以南仲爲皇父之祖，誤；說見後常武詩下。）太王時有獯鬻，文王時有昆夷，未有稱玁狁者；而六月，采芑宣王時詩，稱玁狁。然則此當爲宣王時詩，非文王時詩矣。不特此也：六月稱『侵鎬及方，』此詩稱『往城于方，』其地同；六月稱『六月棲棲，戎車既飭，』此詩稱『昔我往矣，黍稷方華，』其時又同。然則此二詩乃一時之事，其文正相表裏；蓋因鎬方皆爲玁狁所侵，故分道以伐之，吉甫經略鎬而南仲經略方耳。故漢書以出車六月同爲宣王時詩，古今人表宣王時有南仲而文王時無之；而馬融上書亦稱『玁狁侵鎬及方，宣王立中興之功，是以「南仲赫赫」列在周詩；』然則是齊魯韓三家皆以此爲宣王詩矣。朱子云，『詩所謂「天子」，所謂「王命」，皆周王耳，』是矣。然云『南仲，此時大將，』不質言爲何時，則猶未免以先儒『正雅』『變雅』之說爲疑也。夫雅本無正變之分，而詩篇亦不無錯簡。春秋傳吳季札聘於魯，請觀於周樂，爲之歌小雅，曰，『美哉思而不貳，怨而不言，其周德之衰乎？』召穆公思周德之不類，故糾合宗族於成周而作詩曰，『常棣之華，鄂不韡韡，』（杜註誤說，見召穆公篇中。）則小雅固不在文武世，而鹿鳴什中固有宣王詩矣。南陔以下九篇皆笙歌之詩，當次之鹿鳴之三而今反在杕杜之後。常棣、伐木、天保與蓼蕭以下四篇皆燕享之詩，采薇、出車、杕杜與六月、采芑二篇皆征戍之詩，本當以類相從，而今皆迭相間。則今小雅篇次非當日之舊第明矣。先儒既誤以詩為周公所作，又不知篇次之有錯簡，但見六月篇中有稱『吉甫』，明文勢不可并以為文武之詩，遂斷菁莪以上謂之正雅，六月以下謂之變雅。出車既在正雅，又在南陔、白華之前，因不得不以南仲為文王時人，伐玁狁為文王時事。是以委曲遷就，百方解說，而理卒不可通。然不可通，其失猶小，而使商周革命之際事跡失實，聖人之心不白于後世，其失大。故次之於六月之後，以正其失。說並見前文王篇中。

鄭玄分別西戎與玁狁之非

鄭氏以西戎為昆夷，玁狁為北狄。孔氏詩疏云：『玁狁大於西戎，出師主伐玁狁，故戒敕戍役以玁狁為主，而略于西戎也。』余按大原（即今陝西固原）及方，皆在周之西北，玁狁之國當在涼鞏之間，所謂西戎，蓋即玁狁，而變其文以叶韻耳。玁狁之為周患，見于出車、六月、采薇、采芑四篇詳矣，而傳記初未有言者。國語有犬戎，有姜氏之戎，而史伯則但稱西戎，足爲周患者皆戎：然則玁狁亦戎也。史記秦本紀，厲王時，西戎反王室，滅犬丘大駱之族。宣王時，以秦仲爲大夫誅西戎；西戎殺秦仲（在宣王之六年）。宣王召其子莊公，與兵七千，使伐西戎，破之。幽王時，戎圍犬丘，莊公子世父爲戎所虜（在幽王之六年）。厲宣間能爲周患者惟西戎，然則詩之玁狁卽西戎也。是以一篇之中，或稱『玁狁，』或稱『西戎；』非兩事也。蓋西戎之國不一，而玁狁爲最强，專言之則曰『玁狁，』概言之則曰『西戎；』猶赤狄有潞氏甲氏，留吁，鐸辰，而潞氏爲最强，傳或專言『潞氏，』亦或概言爲『赤狄』也。玁狁文皆從『犬，』疑卽周語之『犬戎；』『犬戎』猶鄭瞞之或稱爲『長狄』也。以玁狁西戎爲二國而曲爲之解，誤矣！程子疑西戎兵不加而服，朱子疑旣却玁狁而還師以伐昆夷，亦沿鄭孔之誤。按，雅之詠文武事者，事實多而鋪張少；詠宣王事者，事實少而鋪張多：此亦

詩多鋪張

世變之一端也。故今於小雅六月出車等篇，大雅崧高烝民等篇，每篇止摘切要數言載之，以備當日之事，實見中興之梗概；其餘鋪張之詞，不暇錄，亦不勝錄也。

備覽　『周宣王卽位，乃以秦仲爲大夫，誅西戎。西戎殺秦仲。秦仲立二十三年，死於戎；有子五人，長者曰莊公。周宣王乃召莊公昆弟五人，與兵七千人，使伐西戎；破之。於是復予秦仲後及其先大駱地犬丘，幷有之，爲西垂大夫。莊公居其故西犬丘。』（史記秦本紀。）

此以上宣王征西北之事。

「亹亹申伯，王纘之事；于邑于謝，南國是式。王命召伯，定申伯之宅。……王命申伯，「式是南邦；因是謝人，以作爾庸。」王命召伯，徹申伯土田。」（詩大雅。）

『王命仲山甫，「式是百辟，……出納王命，王之喉舌。」……袞職有闕，維仲山甫補之。……王命仲山甫，城彼東方。……仲山甫徂齊，式遄其歸。』（同上。）

『王錫韓侯其追其貊，奄受北國，因以其伯。』（同上。）

此以上宣王經略中原之事。

『蠢爾蠻荊，大邦爲讎！方叔元老，克壯其猶。方叔率止，執訊獲醜。……顯允方叔，征伐玁狁，蠻荊來威。』（詩小雅。）

『江漢浮浮，武夫滔滔；匪安匪遊，淮夷來求。……江漢湯湯，武夫洸洸；經營四方，告成于王。……江漢之滸，王命召虎，「式辟四方，徹我疆土。」』（詩大雅。）

詠宣王詩次序可信

「赫赫明明，王命卿士，南仲大祖，大師皇父：「整我六師，以修我戎。」……王謂尹氏：「命程伯休父，左右陳行，戒我師旅，率彼淮浦，省此徐土。」……徐方既同，天子之功。四方既平，徐方來庭。」（同上。）

此以上宣王經略東南之事。

按詩所詠宣王之事，其先後雖未敢盡以篇次爲據，然以其言考之，采芑稱方叔『征伐玁狁，蠻荆來威，』是玁狁之伐在東南用師之前也。江漢稱『經營四方，告成于王，』常武稱『四方既平，徐方來庭，』是徐淮之役在四方略定之後也。以其理推之，西戎逼近畿甸，患在切膚，所當先務；封申城齊，皆關東事，似可稍緩；若淮漢荆徐，則距畿較遠，服之爲難：近者未安，不能遠圖，理之常也。而史記秦仲之死，戎莊公之破戎，亦在宣王初年。故今略依詩之先後次之，要不至大相逕庭也。

朱蔡以南仲爲皇父之祖之非

朱子詩傳釋『南仲大祖，大師皇父』二句云，『謂南仲爲大祖，兼大師而字皇父者』。余按春秋傳云，『昔我皇祖伯父昆吾，』離騷云『朕皇考曰伯庸，』皆係祖考之名號於祖考之文之下，未有反係子孫之名於祖考之文之下者。其或由祖考而及其子孫，則云某人子某某人孫某。若南仲果皇父之祖，則文當云『南仲曾孫大師皇父，』不當反云『南仲大祖大師皇父』也。南與皇氏也；仲與父字也：猶春秋傳之稱智伯趙孟也。其子孫當世以南與皇冠之：故宣王時有皇父，幽王時亦有皇父；詩有家父，春秋亦有家父；春秋莊公時有單伯，文公時亦有單伯，成公以後又有單子。然則南仲皇父當各自爲一族，不得以此二人爲祖孫也。古有以『祖』爲名者，有以『祖』爲氏者；古之彭祖，書之祖己祖伊是也。『大祖』或南仲之稱號，未可知也。詩之『假以溢我，』據春秋傳乃『何以恤我』；『假樂君子，』據戴記乃『嘉樂君子』。『大祖』或音之轉，字之誤，亦未可知也。缺所疑焉可矣，不得遂以爲祖考之祖也。蓋

宣王

朱子之誤由信毛鄭正雅變雅之說，而以出車爲懿王以前詩，南仲爲懿王以前人，故不得已而曲爲之解耳。說已見前命南仲條下。

『魯武公以括與戲見王，王立戲。樊仲山父諫曰，「不可立也！不順，必犯；犯王命，必誅。故出令不可不順也。」王卒立之。魯侯歸而卒。及魯人殺懿公而立伯御，三十二年，宣王伐魯，立孝公，諸侯從是而不睦。』（周語。）

『宣王欲得國子之能導訓諸侯者。樊穆仲曰，「魯侯孝。」乃命魯孝公於夷宮。』（同上。）

『三十九年，戰於千畝。王師敗績於姜氏之戎。』（同上。）

『宣王既喪南國之師，乃料民於大原。』（同上。）

余考宣王之事，據詩則英主也，據國語則失德實多，判然若兩人者；心竊疑

宣王與詩不同之故

之。久之，乃覺其故有三：詩人之體主於頌揚，然大雅之述文武者多實錄，而魯頌閟宮篇則專尚虛詞：『荆舒是懲，莫我敢承，』僖公豈足以當之！此亦世變之爲之也。宣王之時雖尚未至是，然亦不免小事而張皇之；城方封申，亦僅僅耳，而其詞皆若威震萬里者。是詩言原多溢美，未可盡信。其故一也。國語主於敷言，非紀事之書，故以『語』名其書，而政事多不載焉。然其言亦非當日之言，乃後人取當日諫君料事之詞而衍之者。諫由於君之有失道，故衍諫詞者必本其失道之事言之；非宣王之爲君盡若是，亦非此外別無他善政可書也。其故二也。古之人君，勤於始者多，勉於終者少。梁武帝創業之主，勤於庶政，而及其晚年百度廢弛，卒致侯景之禍。唐明皇帝躬勘大難，致開元之治，而晚年淫侈，亦致祿山之患。其始終皆判若兩人。宣王在位四十六年，始勤終怠，固宜有之。故國語所稱伐魯在三十二年，千畝之戰在三十九年，皆宣王晚年事；而詩稱封申伐淮夷皆召穆公經理之，穆公，厲王大臣，又歷共和之十四年，其相宣王必不甚久，則此皆宣王初年事無疑也。且使宣王果能憂勤振作四十餘年，何至幽王之世無道十一年而遽亡其國！由是言之，詩固多溢美，國語固專紀其失，要亦宣王之始終本異也。其故三也。蓋召穆公，周之賢相，宣王初政實穆公主之，故能致中興之盛；猶晉悼公任韓厥，荀罃而復霸，及荀偃爲政而釋衞不討，伐秦遽還，霸業遂衰也。若以宣王比之大戊，武丁，誠爲不倫。而東萊呂氏因王子晉『厲宣幽平而貪天禍』之語，遂疑宣王無大異於幽厲，則亦未免於太過矣。故今載二雅之文於前，國語之文於後，庶宣王始終盛衰之故可考而知焉。

「四十六年，宣王崩，子幽王宮湦立。」（史記周本紀。）

辨杜伯死而射王之說

國語云，『杜伯射王于鄗。』墨子云，『宣王殺其臣杜伯而不辜，杜伯曰，「死而有知，不出三年，必使吾君知之！」三年，宣王合諸侯而田於圃田；杜伯乘白馬素車追宣王，射入車上，中心折脊，殪車中，伏弢而死。』余按君臣之義猶父子也：子不可以讎父，臣豈可以讎君乎！ 使杜伯果賢臣，必無射王之事；杜伯可以死而射王，則亦可以生而弑王矣。 此事不見於經傳，惟國語有之，然語之亦不詳，不知杜伯究爲何人，射王究爲何故，而亦未言王之死於射也。 果如墨子之言，則是人臣見殺而非其罪者皆可爲厲鬼以弑其君，而豈不悖也哉！ 春秋傳云：『齊侯游于姑棼，遂田于貝丘，見大豕。 從者曰，「公子彭生也」！ 公怒曰，「彭生敢見！」射之，豕人立而啼。 公懼，隊于車，傷足喪屨』。 竊疑宣王之事，當時言者或亦類是。 蓋人之將死，鬼神乘其衰氣而見形焉；久之而好事者遞相附會，遂以爲宣王之死於杜伯之射也。 故今並不錄。

幽王（史記年表，元年，庚申。）

補「至于幽王，天不弔周，王昏不若，用愆厥位。」（左傳昭公二十六年。）

節南山與十月篇非一時事

寵褒姒之年

「幽王二年，西周三川皆震。……」是歲也，三川竭，岐山崩。」（周語。）

附錄　「赫赫師尹，不平謂何！……尹氏大師，維周之氐，秉國之均。……家父作誦，以究王訩。」（詩小雅。）

按此詩專咎尹氏，謂尹氏『秉國之均』，而十月篇歷敍助虐之臣，自皇父以下凡七人，獨無尹氏，則似此二詩非一時作也。且此詩家父所作，而十月篇有家伯，雖未知其爲父子爲兄弟，然要之必非一時之事矣。豈此在幽王之初與？抑非幽王時之詩與？詩無明文，未敢臆斷。姑附錄之於此。

「赫赫宗周，褒姒威之！」（詩小雅。）

按史記稱幽王三年見褒姒而愛之；雖其年未必有確據，然觀正月十月二詩所稱，則褒姒之寵固當在六年日食前也。故次於『三川震』之後。

辨龍漦生褒姒之說

存參

「周幽王伐有褒，有褒人以褒姒女焉。」（晉語。）

鄭語云：「宣王之時，有童謠曰：『檿弧箕服，實亡周國。』於是宣王聞之，有夫婦鬻是器者，王使執而戮之。夏之衰也，褒人之神化爲二龍，以同于王庭而言曰：『余褒之二君也。』夏后卜殺之與去之與止之，莫吉；卜請其漦而藏之，吉。及厲王之末，發而觀之；漦流於庭，不可除也。王使婦人不幃而譟之，化爲玄黿，以入于王府。府之童妾未既齔而遭之，既笄而孕，當宣王而生。不夫而育，故懼而棄之。爲弧服者方戮在路，夫婦哀其夜號也，而取之以逸，逃於褒。褒人褒姁有獄，而以女入于王，王遂置之，而嬖是女也，使至於爲后而生伯服。」其後司馬氏史記、蘇氏古史咸采此文錄之。余按：神有氣而無形，龍則有形物也，神安能化爲龍？漦在櫝中千年而不化，何以一譟而遽爲黿也？且童妾未既齔而遭黿，既笄而後孕，何以知其孕之因於黿？厲王以後，歷共和十四年，宣王四十六年，凡六十年，幽王乃立，若褒姒生於宣王之初年，則至幽王之時已老；

若生於宣王之末年，則是童妾受孕四十餘年而始生也。其荒唐也如是，而司馬氏蘇氏咸信之，其亦異矣！唯晉語所稱，理或有之，然亦不敢必其果然。故列之於存參，而鄭語不錄焉。說並見後伯服條下，及前穆王篇中。

補「周幽爲大室之盟，戎狄畔之。」（左傳昭公四年。）

戎圍犬丘之年

備覽「戎圍犬丘，世父，世父（二字疑衍）擊之，爲戎人所虜。歲餘，復歸世父。」（史記秦本紀。）

按：犬丘之圍，卽傳所稱「戎狄畔之」者。史記以爲秦襄公二年，則幽王六年也。故次之於此。

十月篇日食之年

「十月之交，朔日辛卯，日有食之。」（詩小雅。）

按：歷家推此詩日食在幽王六年。故次之於圍犬丘之後。

「皇父卿士，番維司徒，家伯冢宰，仲允膳夫，棸子內史，蹶維趣馬，楀

鄭玄以十月篇爲刺厲王之非

維師氏；豔妻煽方處。」（同上。）

「皇父孔聖，作都于向；擇三有事，亶侯多藏；不憖遺一老，俾守我王；擇有車馬，以居徂向。」（同上。）

此詩，衞序以爲刺幽王，鄭箋以爲刺厲王。鄭云，「節彼刺師尹不平；此篇譏皇父擅恣。正月惡褒姒滅周；此篇疾豔妻煽處。又幽王時司徒乃鄭桓公友，非此篇之所云番也。」余按，「豔妻煽處」與大雅瞻卬篇「哲婦傾城」意同，卽指褒姒而言，不得分爲二人。且十月日食與曆合，川沸山崩與周語合，則在幽王之世明矣。鄭桓公之爲司徒，據鄭語在幽王八年，八年以前固不妨於他人之爲之也。故今從序，次之幽王之時。唯不及師尹，未詳其故。豈師尹在幽王之初與？說已見前師尹條下。

備覽 「褒姒不好笑。幽王欲其笑，萬方；故不笑。幽王爲

十月篇無虢石父

立伯服

烽燧大鼓，有寇至則舉烽火，諸侯悉至；至而無寇；褒姒乃大笑。幽王悅之，爲數舉燧火。其後不信，諸侯益亦不至。』（史記周本紀。）

存參『虢石父，讒諂巧從之人也，而立以爲卿士。』（鄭語。）

按十月詩所刺助虐之臣七八，無虢石父。豈石父與七八不同時與？抑國語稱其字而詩稱其名與？要之，國語本難盡信，姑列之於存參。

『懿厥哲婦，爲梟爲鴟。婦有長舌，維厲之階。亂匪降自天，生自婦人！』（詩大雅。）

存參『褒姒有寵，生伯服；於是乎與虢石甫比，逐太子宜臼而立伯服。』（晉語。）

按，伯服，字也：太子名之，伯服何以字之？況王之幼子亦不應字以伯也。

事可疑

小弁未必爲平王詩

此事不見於他傳記，即周語亦無之，獨晉鄭二語史蘇史伯之言有是。然觀所載二子之言，荒誕殊甚；伊尹膠鬲之事既誣，安見此文之獨爲可信也！大抵西周之亡，載籍缺略，其流傳失實以致沿訛踵謬者，蓋亦有之；撰國語者聞有此說，遂從而采之耳。又按，左傳稱『攜王奸命，諸侯替之，』杜氏集解以『攜王』爲伯服。考竹書紀年云，『虢公翰立王子余臣于攜，』則攜王乃余臣，非伯服也。事固有在疑似之間，而揣度言之致失其眞者，安知晉語之不亦類是也！故與伐褒之文均列之於存參。說並見後條下。

衞宏毛詩序云，『小弁，刺幽王也；太子之傳作焉。』朱子詩序辨說云，『此詩明白爲放子之作無疑，但未有以見其必爲宜臼耳。序又以爲宜臼之傳，尤不知其所据也。』余按，趙岐孟子注云，『伯奇仁人，而父虐之，故作小弁之詩曰「何辜于天！」親親而悲怨之詞也。』王充論衡亦云，『伯奇放流，首髮早白，詩云，「維憂用老。」』是此篇在漢以前，齊魯諸家說詩者皆以爲伯奇，不以爲平王也。且玩通篇語意，亦未見其果爲王世子者固未敢決以爲伯奇，卽何容遂斷以爲平王也！朱子之言深得古人愼重缺疑之意。故今不錄此詩。

朱熹以白華爲申后詩之非

詩序又云，『白華，周人刺幽后也：幽王取申女以爲后，又得褒姒而黜申后，故下國化之，以妾爲妻，以孽代宗，而王弗能治，周人爲之作是詩也。』朱子詩序辨說云『「幽后」字誤，當爲申后刺幽王也。「下國化之」以下，皆衍說耳。』余玩此序詞意似以此詩之所稱者乃下國之人以妾爲妻耳；但下國之所以如是由於褒姒干后而人效之，故推其本而以爲刺幽后；非謂詩所言卽申后事也。且詩中『樵彼桑薪，卬烘于煁』等語，皆似里巷人之言，不類王后語氣，故序以下國之人當之。但詩序之僻好以詩爲『刺王』，不論何人何事務委曲而歸其故於王，此其所蔽耳。朱子反據首三句爲說，而以『下國化之』云云爲衍說，失序之本意矣。朱子於小弁篇序之明指爲宜臼者猶不敢必其果然，況此序初未明指爲申后，又安得遽以爲申后作乎！ 大抵詩序之說揣度附會者多，朱子所駁深中其病；然亦間有誤會序意而反失其實者。 故今不錄此詩。

周亡由於饑饉

『降喪饑饉，斬伐四國。』（詩小雅。）

『瘨我饑饉，民卒流亡。』（詩大雅。）

按，饑饉之患衰世爲多，而盛世亦往往有之。 但盛世政事淸明，上下一體，而民亦有儲積以備不虞，故不足爲大患。 衰世政事廢弛，上下之情不通，而民亦多耽於逸樂，不知慮遠，故遇荒歲卽不免於流亡。 百姓既無固志，是以戎得乘其弊而攻之。 善乎秦鍼之言曰，『國無道而年穀和熟，天贊之也。』 是知驪山之禍固因於幽王失政，亦因於饑饉流亡。 故錄此詩以著幽王失國之由。

『邦君諸侯，莫肯朝夕。』（詩小雅。）

『今也日蹙國百里。』（詩大雅。）

周之衰微由來者漸

世皆謂申侯啓戎，戎遂克周，殺幽王驪山下。夫周之王畿號爲千里，有百二山河之險，關東諸侯皆堪徵調；戎雖强大，豈能一旦而遂破之！蓋其來有漸矣。觀雨無正之二章，則諸侯固已多不至者矣。觀召旻之卒章，則戎之蠶食亦非一日矣。周已衰微不振，是以戎得一舉而滅之。但尚書無宣幽之篇，而傳記復多缺軼，無從考其詳耳。故今采此二篇之文以補其缺。

「幽王八年而桓公爲司徒，九年而王室始騷。」（鄭語。）

「十一年，幽王乃滅，周乃東遷。」（周語。）

備覽　「犬戎攻幽王。幽王舉燧火徵兵，兵莫至。遂殺幽王驪山下。於是諸侯乃共立故幽王太子宜臼，是爲平王，以奉周祀。平王立，東遷於雒邑。」（史記周本紀。）

辨申侯

晉語，史蘇云，「王逐太子宜咎而立伯服，太子出奔申。申人繒人召西戎

召戎滅周之說

以伐周，周於是乎亡。』鄭語，史伯云，『王欲殺太子以成伯服，必求之申；申人弗畀，必伐之。若伐申而繒與西戎會以伐周，周不守矣！』史記周本紀云，『王廢申后，去太子。申侯怒，與繒，西夷犬戎攻幽王。幽王舉燧火，徵兵，兵莫至。遂殺幽王驪山下，虜褒姒，盡取周賂而去。於是諸侯乃卽申侯而共立故幽王太子宜臼，是爲平王。』余按此事揆諸人情，徵諸時勢，皆不宜有。申在周之東南千數百里，而戎在周西北，相距遼越，申侯何緣越周而附於戎！黃與弦之附齊也，其國在楚東北，然楚滅之，齊桓猶不能救，遠近之勢然也。王師伐申，豈戎所能救乎！陘庭之啓曲沃以伐翼也，蔡之召吳與伐楚也，其地皆相鄰接，故曲沃吳得以因之。申與戎相距數千里，而中隔之以周，申安能啓戎；戎之力果能滅周，亦何藉于申之召乎！申之南，荆也。當宣王時，荆已強盛爲患，故封申伯于申以塞其衝。周衰，申益微弱，觀揚水之篇，申且仰王師以戍之。當幽王時，申畏荆自保之不暇，何暇反謀王室！且申何不近附于荆以抗周，而乃遠附于戎也？ 晉獻公欲立奚齊，使人殺重耳夷吾，重耳奔狄，夷吾奔梁：獻公未嘗必求而殺之也。 楚平王信讒，欲殺大子建，建奔鄭：楚之强可以求建於鄭，然平王亦竟聽之。 宜臼既逐，伯服得立，則亦已矣，幽王何故必欲殺其子而後甘心也？ 魯子赤，齊甥也，襄仲反請於齊侯而殺之。 邾捷菑，鄭驪絲，皆甥也：文公卒，邾人立貜且，子游卒，鄭人立駟乞，晉雖伐之問之，卒亦不强其必從也。 此其相與爭者皆兄弟之屬，其舅大國盟主也，然猶如是；况宜臼之於王，父子也，申侯之於王，君臣也，王逐宜咎，聽之而已，申侯亦不應必欲助其甥以傾覆王室也。 君臣，父子，天下之大綱也：文武未遠，大義猶當有知之者。 况晉文侯，衞武公，當日之賢侯也，而鄭武公秦襄公亦皆卓卓者，宜臼以子仇父，申侯以臣伐君，卒弑王而滅周，其罪通于天矣，此數賢侯者當聲大義以討之；卽不然，亦當更立幽王他子或宣王他子，何故必就無君之中而共立無父之宜臼哉？ 西周之亡，詩書無言及者，於經無可徵矣。 然春秋傳往往及東遷時事而不言此，至周語述西周事衆矣而亦未有此：此君臣父子之大變，動心駭目，不應皆無一言紀之，而反旁見於晉鄭之語，史蘇史伯追述逆料之言。　且所載二人之言荒繆亦多矣。　伊尹，聖人也而以爲與妹喜比而亡夏，膠鬲賢人也，而以爲與妲己比而亡殷，誣矣！褒君也而化龍，龍漦也而化黿，童妾也而生女，而孕至數十年，又妄矣！　吾聞以一隅反三隅者，未聞三隅不足以反一隅者，此言之非實亦明矣。　若之何史記遂據追述逆料之語而紀之爲實事也！　蓋吾嘗讀大雅瞻卬召旻二篇，及小雅之節南山；正月十月雨無正等篇，所刺幽王失德羣姦擅政之事正亦多端，不但褒姒，一事已也而周之患戎，其來亦久，穆王時嘗征犬戎，宣王時玁狁內侵至于涇陽，出車六月等篇屢言之，至幽王時而周益衰，故戎益肆耳。　傳云，『周幽爲大室之盟，戎狄畔之，』詩云，『今也日蹙國百里，』然則戎之滅周非一朝一夕之故。　蓋緣幽王昏縱淫暴，搢克在位久矣，失民之心，是以戎來侵伐而不能禦；日漸蠶食，至十一年而遂滅；戎之力自足滅周，初不待於申侯之怒也。　乃世之論者遂據此以爲平王與於弑父；其戍申也，以爲平王德其立己而忘不共戴天之仇：其亦過矣！且晉語鄭語但稱西戎，史記分爲西夷犬戎二國而疊言之，亦非是。故今但取大雅周語之文及鄭語篇終紀事之語次之，以著周亡之由；而於史蘇史伯所稱者不采，於史記所述者删而存之，懼誣也。

豐鎬考信錄卷之七終

豐鎬考信錄卷之八

太伯虞仲

補『太伯，虞仲，太王之昭也。太伯不從，是以不祀。』（左傳僖公五年。）『太伯端委以治周禮，仲雍嗣之，斷髮文身，臝以爲飾。』（左傳哀公七年。）

附論『子曰，「泰伯，其可謂至德也已矣！三以天下讓，民無得而稱焉！」』（論語泰伯篇。）『謂虞仲，夷逸，「隱居放言，身中淸，廢中權。」』（論語微子篇。）

辨太伯

史記吳太伯世家云，『吳太伯，弟仲雍，皆周太王之子而王季歷之兄也。

太伯虞仲

二

季歷賢，而有聖子昌，太王欲立季歷以及昌，於是太伯仲雍乃奔荆蠻，文身斷髮，示不可用，以避季歷。』 余按，太王周之賢主也。 廢長立少，庸主猶或不爲，況太王乎！ 聖人之生固有異於常兒，然其德亦必待壯而後成；生而有聖德，特國語列女傳事後之推崇云爾，豈得以此爲據也哉！ 且太王安知王季之必傳之文王也哉？ 己旣欲廢長而立少矣，安知王季之不亦然？ 吳諸樊欲傳季札矣，卒傳之於州于。 晉武帝欲傳愍懷矣，卒爲賈氏所殺。 宋杜后欲傳廷美德昭矣，卒皆死於太宗之手。 故凡人主之欲相傳而至某人者，皆愚主之所爲也。以太王之賢智，必不如此左計明矣。 況太伯之德固自足以興周，而何爲舍之而待夫不可必立之文王乎？ 由是言之，太伯之讓王季，乃太伯自欲讓之耳，太王初無欲立季歷之事也。 曰，然則泰伯何以讓國？ 曰，古人讓國，常事耳，不足異也。 宋襄公嘗讓子魚矣，韓無忌嘗讓起矣，即吳諸樊亦嘗讓季札矣：春秋時猶有以兄弟爲賢而讓之者，況商周之際淳樸之世哉！ 且古人非但讓國也，即

太伯與虞仲事不同

授官亦多有讓者。禹垂益伯夷之讓，不待言矣；春秋之世，齊鮑叔讓相於管仲，衞免餘讓卿於大叔儀，魯臣句須讓宰於鮑國，晉大夫之讓軍帥者尤不可一二數。是知讓本古人常事，不必有所爲不得已而後讓也。但自戰國以後，人惟知有利而不知有義，爭國者多，讓國者少，遂以古人之讓爲異，往往揣度附會，曲爲之說。故見益之不有天下，則意度之以爲禹傳啓也，不則以爲啓殺益也。見伊尹之不有天下，則意度之以爲大甲潛出自桐而殺之也。見泰伯之長而不爲周君，則意度之以爲太王欲傳聖孫，泰伯知而逃也。後人之說古人，大抵皆如是矣。韓詩外傳亦載此事而語尤詳，且云，『太王薨，季之吳告伯仲，伯仲從季而歸，羣臣欲伯立季，季遂立。』其語尤不近於情理。古者列國各有疆界，岐之去吳數千餘里，使命所不能通，王季安能捐社稷而遠去！果羣臣皆欲立王季，則是太伯不得已而讓也，又豈足爲賢哉！又按詩云，『柞棫斯拔，松柏斯兌，帝作邦作對，自大伯王季，』似太伯已嘗君周而後讓之王季也者。論語

仲雍與虞仲

記逸民，有虞仲而無太伯，亦似獨虞仲未嘗爲君也者。 或者太伯既立之後讓之虞仲，虞仲逃之而後讓之王季乎 春秋傳又云，『太伯端委以治周禮；仲雍嗣之，斷髮文身，贏以爲飾，』然則斷髮文身亦非太伯事矣。 學者奈何不詩論語春秋傳之信，而獨史記外傳之信也哉！ 故今世家外傳之文皆不載。 說並見前大王篇中。

世家又云，『太伯自號勾吳。 荊蠻歸之千餘家。 太伯卒，無子，弟仲雍立。仲雍子季簡，季簡子叔達，叔達子周章。 周武王克殷，求太伯仲雍之後，得周章。周章已君吳，乃封周章弟於故夏墟，是爲虞仲。』 余按，傳所稱虞仲，乃太王之子，非周章之弟也。 若至仲之曾孫始遷於虞，則傳不得稱爲虞仲太伯君吳而稱吳太伯，仲君吳而稱虞仲，有是理邪！ 且論語以虞仲爲逸民：若嗣太伯而有國，豈容復謂之逸！ 然則哀七年傳之仲雍，非太王之子；太王之子自號虞仲，非傳之仲雍矣。 疑史記因見哀七年傳仲雍嗣太伯之文，遂誤以仲雍爲太伯之弟，因以傳之虞仲別屬之周章之弟也。大抵史記之言皆難取信。故今但取經傳之文次第列之，以俟學者熟玩而自得焉；而凡世家之言概不敢載。

伯夷叔齊

補『逸民：伯夷，叔齊』（論語微子篇。）

備覽『伯夷，叔齊，孤竹君之二子也。父欲立叔齊。及父卒，叔齊讓伯夷。伯夷曰「父命也，」遂逃去。叔齊亦不肯立而逃之。國人立其中子。』（史記伯夷列傳。）

附論『冉有曰「夫子爲衛君乎？」子貢曰，「諾，吾將問之。」入曰，「伯夷叔齊何人也？」曰，「古之賢人也。」曰，「怨乎？」曰，「求仁而得仁，又何怨！」出曰「夫子不爲也。」』（論語述而篇。）

補「伯夷叔齊餓於首陽之下。」（論語季氏篇。）

補『伯夷辟紂，居北海之濱；聞文王作，興曰，「盍歸乎來！吾聞西伯善養老者。」』（孟子。）

附論『子曰「不降其志，不辱其身，伯夷叔齊與？」』（論語微子篇。）

辨笑盟微膠之說

呂氏春秋云，『武王使叔旦就膠鬲於四內，而與之盟曰，「加富三等，就官一列。」爲三書同詞，血之以牲，埋一於四內，皆以一歸。又使保召公就微子開於共頭之下，而與之盟曰，「世爲長侯，守殷常祀，相奉桑林，宜私孟諸。」爲三書同詞，血之以牲，埋一於共頭之下，皆以一歸。伯夷叔齊聞之，相視而笑，北行至首陽之下而餓焉。』余按，書微子篇深切懇摯，無非愛君憂國之言，正與箕比之心無絲毫異，但補救無方，不得已而去耳；是以孔子稱仁，孟子稱賢：烏有佐周以覆宗國者乎！膠鬲事雖不詳，然孟子與傅說箕比並稱，則亦必無私與周盟以邀利之事矣。文王三分有二，武王孟津之會，諸侯八百，是周之力本足以滅商，故孔子曰，『以服事殷，可謂至德』，謂其能代商而不代商也：何待於周召私與微子膠鬲盟而後能滅商哉！微子膠鬲之與武王皆不應有此事，然則伯夷叔齊亦必無此事也明矣。蓋戰國之世，邪說並作，皆喜毀古聖人以便其私：但聞微子封於宋而不知其故，則以不肖之心揣之，而以爲私與周盟也；但聞伯夷嘗餓於首陽而不知其故，則又以不肖之心附會之，而以爲惡武王之伐商也。武王果許封微子於宋，何以克殷之後不封微子，乃封武庚？夷齊果避周而餓於首陽，何以經傳皆無一言及之，而但見於戰國諸子之書乎？此宜少讀書者皆知其妄，而儒者往往信之，其亦異矣！故今首陽之餓載之讓國之後，歸周之前，以證其謬。史記扣馬之諫，蓋卽本之於此等書。說詳見後條下。

『伯夷叔齊不念舊惡，怨是用希。』（論語公冶篇。）

「伯夷目不視惡色，耳不聽惡聲；非其君不事，非其民不使；治則進，亂則退。橫政之所出，橫民之所止，不忍居也。思與鄉人處，如以朝衣朝冠坐於塗炭也。當紂之時，居北海之濱，以待天下之清也。故聞伯夷之風者，頑夫廉，懦夫有立志』（孟子。）

附論「孟子曰，「伯夷聖之清者也。」』（同上。）

『伯夷，非其君不事，非其友不友；不立於惡人之朝，不與惡人言。立於惡人之朝，與惡人言，如以朝衣朝冠坐於塗炭。推惡惡之心，思與鄉人立，其冠不正，望望然去之，若將浼焉。是故，諸侯雖有善其辭命而至者，不受也。』（同上。）

附論『孟子曰，「伯夷隘。」』（同上。）

引王安石文辨扣馬而諫之說

史記伯夷列傳云，『西伯卒，武王載木主，號爲文王，東伐紂。伯夷叔齊扣馬而諫曰，「父死不葬，爰及干戈，可謂孝乎！以臣弑君，可謂仁乎！」左右欲兵之。太公曰，「此義人也，」扶而去之。武王已平殷亂，天下宗周，而伯夷叔齊恥之，義不食周粟，隱於首陽山，采薇而食之。及餓且死，作歌（云云）。遂餓死於首陽山。』此說自漢以來皆信之不疑；獨宋王安石嘗闢之。今節錄其文於左。

【王安石伯夷論】（節錄）『伯夷，古之論有孔子孟子焉。孔子曰，「求仁而得仁，」「餓於首陽之下，」逸民也。孟子曰，「非其君不事，」「不立惡人之朝，」「避紂居北海之濱，」百世之師也。孔孟皆以伯夷遭紂之惡，不忍事之，以求其仁，餓而避，不自降辱，以待天下之淸而號爲聖人耳。然則司馬遷以爲武王伐紂，扣馬而諫，義不食周粟，是大不然也。夫商衰而紂以不仁殘天下，天下孰不病紂，而尤者伯夷也。嘗與太公聞西伯善養老，則往歸焉。當是

辟紂與扣馬理無兩是

時，欲夷紂者，二人之心豈有異耶！　及武王一奮，太公相之，伯夷乃不與，何哉？蓋二老所謂「天下之大老」，春秋固已高矣；文王之興以至武王之世，歲亦不下十數，如是而言，伯夷其亦理有不存者也。』

余按：天下之是非一而已矣：此是則彼非，此非則彼是，無兩是之理也。　是故，啓之繼統爲是，則有扈之阻兵爲非；桀紂之暴虐爲非，則湯武之弔伐爲是：湯武是，則佐湯武以伐桀紂者皆是，桀紂非，則助桀紂以抗湯武者皆非。　戰國以降，地醜德齊，各以力爭，爲君者各樹私恩以結其士，爲士者各懷私恩以報其君，而不復顧天下之大義，於是各爲其主之說始興：而豫讓以死報智伯矣，聶政以死報嚴仲矣。　自世俗論之，則以爲賢矣；而自聖賢觀之，特徒死而已。　故紂之臣未必無殉國者，而孔子概未之論，及其於殷臣而仁之者凡三，其一則去紂，其二則皆諫紂者也。　何者？　理固無兩是也。　齊桓能尊周室，存亡國，則以管仲之佐之爲仁。　楚僭王，滅諸姬，則其臣雖忠如子文而不得爲仁，而子西且有

『彼哉』之嘆矣。宗魯之殉公孟，子路之殉孔悝，未嘗非忠臣之節，而孔子深罪宗魯，亦不取於子路。然則聖人之心可以見矣。故伯夷之扣馬果是，則殷紂之虐民無譏；苟武王之救民不非，則以伯夷之聖安得有扣馬之事哉！且伯夷固嘗辟紂而居北海以待天下之清者也；欲天下之淸，必無紂而後可；欲無紂，必有人伐之而後可。紂死既不可待，紂讓又必不能，不伐之，無策也。既不欲有紂而又不欲人伐之，然則伯夷之心將兮如何而後可也？紂之暴甚矣，民之困於紂極矣，『夫知保抱攜持厥婦子，徂厥亡出執』，是人人皆欲辟紂而不能也。伯夷既自辟紂矣，則人之欲辟紂而不能者，必伯夷之所哀憐而欲救之者也。若但自免其身而已，人之不能免者已不能救，而又禁人救之，是伯夷但知有己，不知有人也，惡足以爲聖哉！然則叩馬信則辟紂必誣，辟紂信則叩馬必誣，孟子與史記亦無兩皆是之理也。史記記東遷以後事，采之春秋經傳，猶多乖謬，況克商以前乎！世家之與年表，此傳之與彼傳，抵牾至不可數，自所作者自猶反之，況經傳乎！ 伊尹之割烹，孟子辨之矣；然史記猶信而采之，烏在其可以誣伊尹而獨不可以誣伯夷也！ 孟子之述伯夷，詳矣，言之重焉，詞之複焉，辟紂之文至於三見，而無一言及於叩馬，則首陽之餓因辟紂，不因叩馬，明矣。 辟紂故餓，餓故思養而歸於周，是以論語但云『餓於首陽』而不云『餓死於首陽』；不然，何爲無故而思『善養老者』，間關數千里而歸於周也哉！ 學者但屏史記而不讀，則論語孟子之文正相發明，經旨自了然而無疑矣。 蓋當戰國之時，楊墨並起，處士橫議，常非堯舜，薄湯武，以快其私，故或自爲論以毀之，或託諸人以毀之；是以毀堯則託諸許由，毀禹則託諸子高，毀孔子則託諸老聃，其大較也。 伯夷既素有清名，又適有餓首陽一事，故附會爲之說以毀武王；若莊子及呂氏春秋（說詳前條）其明驗也。 太史公習聞其說，不察其妄而誤采之耳。王氏之辨是也。 然太史公尊黃老而齊六術，其采之固無足怪；獨怪唐之韓子，自命爲抵排異端，宋之程朱人以爲接孟子之傳，而亦信楊墨之邪說而闢其謬者，乃出於逢君之安石；是猶魯之逆祀，更數賢大夫莫能正而正之於陽虎也，豈不惜哉！異端之害莫甚於楊墨，楊墨之罪莫大於非堯舜薄湯武；此之不闢而但撫拾其他，其毋乃豺狼當道而問狐狸乎！至於『父死不葬』之言，荒唐殊甚，『西山命衰』之歌，淺陋已極，而舉世皆信之；吁，其眞可怪也夫！

太公名號

齊太公

史記稱太公曰『呂尚，』而云『文王遇於渭陽，與語大說，曰，「吾先君太公望子久矣」！故號之曰「太公望。」』其後譙周遂謂太公名牙；索隱又謂尚名，牙字，而官名爲尚父。余按孟子春秋傳皆稱爲『太公，』果如史記之說，則太公乃王季，豈可去『望』而以太公稱之！蓋望，其名也；尚父其字也；呂，其氏也；姜，其姓也；師，其官也；公，其爵也；太公，齊人之追號之也。是時諸侯尚未有謚（周之大臣有謚自周公始），而太公爲齊始封君，故號之曰『太公』，猶亶父之號爲太王也。『師尚父』者，連官與字而稱之者也，猶所謂保奭史佚也。『太公望』者，連號與名而稱之者也，猶所謂周公旦召公奭也。『呂尚』者，連氏與字稱之而省文者也，猶子游之稱爲言游，子華之稱爲公西華也。『牙』之名，『尚父』之官，皆不見於經傳，蓋由不知望之即名，尚父之即尚，而妄爲之說者也。余性素狹，每見古人世系名姓爲世所淆亂，常不平焉，故正之。

辨漁釣屠牛之說

補『太公辟紂，居東海之濱；聞文王作，興曰，「盍歸乎來！吾聞西伯善養老者。」』（孟子。）

史記齊世家云，『呂尚窮困年老，以漁釣干西伯。西伯將出獵，卜之，曰，「所獲非龍非彲，非虎非羆；所獲霸王之輔。」果遇太公於渭之陽。與語，大悅；載與俱歸，立爲師。』余按，戰國時人以割烹要湯誣伊尹，以食牛干秦誣百里奚；孟子皆嘗辨之。太公，伊尹儔也，其不以漁釣干文王也明甚。然卽所謂『文王田渭濱與語而載與俱歸』者，亦恐未必然也。書曰，『文王武王克知三有宅心，灼見三有俊心』傳曰，『文王之朝士讓爲大夫，大夫讓爲卿』太公旣歸於周，見太公者必爭薦之文王，文王必早知之，不必待田獵而後遇之也。後世大臣多固寵而不肯下賢，是以英主往往求士於邂逅之中；好事者遂以之度太公而以爲亦然耳。世家又云，『或曰，「太公嘗事紂，紂無道，去之；游說諸侯，無所遇而卒歸周，」或曰「西伯拘羑里，散宜生閎夭招呂尚爲西伯求美女奇物獻紂，以贖西伯」』而索隱引譙周言亦謂太公屠牛於朝歌，賣飯於孟津。

余按孟子云，『太公辟紂，居東海之濱』則是太公不仕紂也。太公方辟紂之不暇，而寧肯自投于朝歌孟津，紂之國中哉 觀孟子之言，太公之事蓋與伊尹相類，躬耕自給，安貧樂道，而無求於外者；必無游說諸侯，屠牛賣飯，求美女奇物以自汚辱之事也。故今但載孟子之語，而史記及諸家之言皆不錄焉。

六韜非太公作

『牧野洋洋，檀車煌煌，駟騵彭彭。維師尚父，時維鷹揚，涼彼武王，肆伐大商，會朝清明。』（詩大雅。）

世傳六韜爲太公所作 戰國策稱蘇秦得太公陰符之謀。史記亦云『西伯之脫羑里歸與呂尚陰謀修德以傾商政，其事多兵權與奇計，故後世之言兵及周之陰權皆宗太公。』 唐以後因尊太公爲武成王，專司武事，如孔子之爲文宣王者然。 余按孟子云，『由文王至於孔子，五百有餘歲：若太公望散宜生則見而知之，若孔子則聞而知之，』則太公者乃述堯舜禹湯之道以佐文武而開孔子者，非徒以兵事見長也。 古者有文事者必有武備，是以三代以上，文武之途不分，無事則用之治國，有事則用之行師。 故詩云，『維師尚父，時維鷹揚，涼彼武王，肆伐大商，』要不過以仁義之道敎民於平時，儆民於臨事，率有勇知方之衆爲伐暴救民之舉耳。 後世儒者泥於章句之俗學，沉於性命之陳言，不通達於世務，故不知兵者多，而所謂知兵者咸屬之於權謀術數之流，由是

丹書之讖未可信

文武遂分，豈知三代以上不如是乎！晉文公作三軍，謀元帥，趙衰曰，『郤縠可，說禮樂而敦詩書』。霸者之佐猶能以詩書禮樂行兵，況太公王者之佐而反爲此權謀術數之言乎！且六韜所言，術淺而文陋，較之孫武吳起之書猶且遠出其下，必秦漢間人之所僞撰，蓋以太公嘗相武王伐商，故託之耳。後人信之爲實，過矣！故今不載。

大戴記云，『武王踐阼三日，召師尙父而問焉，曰，「黃帝顓頊之道存乎？」師尙父曰，「在丹書。王欲聞之則齊」。王齊三日，端冕，師尙父亦端冕奉書而入，道書之言曰，「敬勝怠者吉，怠勝敬者滅；義勝欲者從，欲勝義者凶。凡事，不强則枉，弗敬則不正。枉者滅廢，敬者萬世」。』此事或以爲在武王即位之初，或以爲在武王克商之後。余按，『敬勝』數言，文簡而意周，事約而功廣，誠爲聖賢儆戒之言，帝王修持之要術也。然武王有文王之聖父，太姒之聖母，其庭幃之敎訓豈不以『小心翼翼』『緝熙敬止』之義朝夕而提撕之，而必

辨伯禽太公報政遲速

待爲君之日，致齊三日，而後得聞此創論乎！ 且以此爲在卽位之初，則與後文『所監不遠，視爾所代』，及『予一人』之語不合；若以此爲在克商之後，則尙父乃武王之師，十餘年中所啓沃者何事，而此語乃秘之而不以告乎！ 要其先後實爲矛盾。 或太公嘗以敬義之旨告武王，而後人遂附會之而爲此說與？ 故今不錄。

附論 『吳公子札來聘，請觀於周樂。 爲之歌齊，曰，「美哉，泱泱乎大風也哉！ 表東海者，其太公乎！ 國未可量也。」』

（左傳襄公二十九年。）

『周公太公股肱周室，夾輔成王。 成王勞之而賜之盟，曰，「世世子孫無相害也！」』（左傳僖公二十六年。）

史記魯世家云，『伯禽受封之魯，三年而後報政。 周公曰，「何遲也？」伯禽曰，「變其俗，革其禮，喪三年然後除之，故遲。」 太公亦封於齊，五月而報

之說

政。周公曰，「何疾也？」曰，「吾簡其君臣禮從其俗為也。」及後聞伯禽報政遲，乃嘆曰，「嗚呼，魯後世其北面事齊矣！」』說苑云，『伯禽與太公俱受封而各之國。三年，太公來朝。周公曰，「何治之疾也？」對曰，「尊賢者先疏後親，先義後仁也。」周公曰，「太公之澤及五世。」五年，伯禽來朝。周公曰，「何治之難也？」對曰，「親親者先內後外，先仁後義也。」周公曰，「魯之澤及十世。」』余按太公伯禽皆聖賢也，其為治不必盡同，然大要不甚相遠；至其久近強弱之異，則其後世子孫之故，烏有立法之初而即相背而馳者哉！齊封於武王世，魯封於成王世，其相隔遠矣，安得同時而報政！且報政之日，史記以齊為五月，說苑以為三年；史記以魯為三年，說苑以為五年，傳聞之異顯然。孔子曰，『苟有用我者，朞月而已可也，三年有成。』子路冉有之言志也皆云『三年可使有勇足民。』子產之治鄭，亦三年而後輿人誦之。三年政成，常也；伯禽之三年何得為遲，太公之三年亦何得為疾，而周公乃異之乎！

此乃後人據其後日國勢而撰爲此說者，不足據。呂氏春秋亦載此事，而其文尤支離。故今皆不錄。

二〇

【備考】『齊侯以諸侯之師侵蔡。蔡潰，遂伐楚。楚子使與師言曰，「君處北海，寡人處南海，唯是風馬牛不相及也。不虞君之涉吾地也，何故？」管仲對曰，「昔召康公命我先君太公曰，「五侯九伯，女實征之，以夾輔周室。」賜我先君履：東至于海，西至于河，南至于穆陵，北至于無棣。」』（左傳僖公四年。）

韓非云『齊有居士曰狂矞華士，昆弟二人者立議曰，「吾不臣天子，不友諸侯，耕作而食之，掘井而飲之，吾無求於人也。」太公使吏殺之。周公發急傳而問之，太公曰「不臣天子，是望不得而臣也。不友諸侯，是望不得而使也。耕作而食，掘井而飲，是望不得以賞罰勸禁也。是以誅之。」』余按，太

韓殺狂矞華士之說

辨殺營蕩之說

公佐文武以開周，孟子列太公於『見知』之數，則太公必以仁義治國者也；烏有怒人之不仕而殺之者哉！齊國之民衆矣，耕田掘井而不仕者不可勝數也，太公又安能盡殺之！曰，爲其賢而不仕也。然則是以其賢而後殺之，齊國豈復敢有爲賢者哉！人臣之患患在於貪爵祿，貪爵祿則必不能直道而行，故孔子曰『苟患失之，無所不至。』今以其不貪爵祿而殺之，是驅一國而使之皆惟利是圖也。堯舜在上，不廢巢由；箕子不臣於周，則封之於朝鮮：聖賢之心亦可見矣。漢光武欲仕嚴子陵，子陵曰，『士各有志，豈相强哉！』光武猶能容子陵，太公之賢乃反不能容二子之不仕乎！此乃法家之徒疾士之高尚，欲强天下賢人使入己彀，而僞託之於太公者。故今不錄而爲之辨。

春秋繁露稱『營蕩爲齊司寇，太公問以治國之要，對曰，「仁者愛人，義者尊老；愛人者有子不食其力，尊老者妻長而夫拜之。」太公立而誅之，以定齊國。』余按此說至爲無理。三代以上從無此等語言；藉令果有此人，太公必不仕之以官而訪之以政也。此乃名法之徒毀仁義者之所爲說，繁露誤采之耳。今不錄。

召康公

『昔先王受命，有如召公日辟國百里。』（詩大雅。）

『文武受命，召公維翰。』（同上。）

備覽　『召公奭與周同姓，姓姬氏。』（史記燕召公世家。）

辨僞書旅獒及書序

僞古文尚書有旅獒篇云，『惟克商，遂通道于九夷八蠻；西旅底貢厥獒，太保乃作旅獒，用訓于王。』余按此篇之文淺弱細碎，乃雜綴傳記之嘉言以成篇者。『狎侮君子，』數言與篇意全不類；『爲山九仞』二語，則剽括論語之文爲之者：其僞固不待言。而於召公稱爲『太保，』亦與事理不合。何者？

古之師保皆所以輔導人主，體隆禮重，故常以耆宿大臣爲之；非若後世止爲官階以寵貴臣，雖子弟武夫皆可循次而遷轉也。 故傳云『无有師保，如臨父母；』又云，『其爲太子也師保奉之，以朝于嬰齊而夕于側也。』 召公在文王時無所知名，而至康王時猶存，則其年當與周公相若。 少於武王，若不得爲武王之太保也。 是以史記周本紀於文王時無一言及於召公者；武王即位，乃云『召公畢公之徒左右王；』其後召公凡屢見皆稱爲『召公，』不稱爲太保；至成王世，遷殷遺民之後，乃云『召公爲保，周公爲師。』 而書君奭篇序亦云『召公爲保，周公爲師，相成王爲左右。』 然則是召公於成王時始爲太保，不得於武王時豫書爲太保也。 周公不得爲武王師，召公安得遂爲武王保也！作僞書者蓋見召誥顧命之於召公皆稱之爲『太保，』不求其故而遂於武王之世亦以是稱之；正如呂覽之稱『武王使保召公與微子盟』者，然皆由於臆度而僞撰，是以考其時勢而不符耳。 凡史記多采書序之文，而此篇之序獨不見於本紀，疑書與序出於一人之手，故今並不錄。

『太保乃以庶邦冢君出取幣，乃復入錫周公曰，「拜手稽首旅王若公誥告庶殷，越自乃御事。嗚呼，皇天上帝改厥元子，茲大國殷之命，惟王受命無疆惟休，亦無疆惟恤！嗚呼，曷其奈何弗敬……嗚呼，若生子，罔不在厥初生，自貽哲命！今天其命哲，命吉凶，命歷年；知今我初服。宅新邑，肆惟王其疾敬德；王其德之用，祈天永命。其惟王勿以小民淫用非彝，亦敢殄戮用乂民，若有功。其惟王位在德元，小民乃惟刑用于天下，越王顯。上下勤恤，其曰我受天命，丕若有夏歷年，式勿替有殷歷年：欲王以小民受天永命。」』（書召誥。）

『周公若曰，「君奭，弗弔，天降喪于殷。殷既墜厥命，我有周既受，我不敢知曰厥基永孚于休，若天棐忱，我亦不敢知曰其終出于不祥！」……公曰「君告汝朕允。保奭，其汝克敬以予監于殷喪大否，肆念我天威。予不允惟若茲誥，予惟曰襄我二人。汝有合哉，言曰在時二人。天休滋至，惟時二人弗戡。其汝克敬德，明我俊民，在讓後人于丕時。嗚呼，篤棐時二人，我式克至于今日休！我咸成文王功于不怠，丕冒海隅出日，罔不率俾！」（書君奭。）

辨召公不說周公攝政之說

書序云，「召公為保，周公為師，相成王為左右；召公不說，作君奭。」史記燕世家云，「成王既幼，周公攝政，當國踐阼；召公疑之，作君奭。」馬氏融云，「召公以周公既攝政致太平，功配文武，不宜復列在臣位，故不說。」孔氏穎達云，「成王即政之初，召公以周公嘗攝王之政，今復在臣位，其意不說。」蔡傳以為「諸家之說皆為序文所誤，乃召公自以盛滿難居，欲避權位，退老厥邑，周公反覆告諭以留之爾』。 余按，史記之意以爲此篇作於周公踐阼之初，馬孔之說則在周公還政之後，然書序皆不見此意，但云『召公不說，』未言不說者何事；云『相成王爲左右』則亦與周公踐阼無涉也。 蓋諸家皆因戴記中有周公踐阼之說先入而爲之主，故司馬氏億料之而爲是言，馬氏孔氏又以史記之說與序『相成王』之文不合，故曲爲之解，以爲周公還政之後而召公不說：其實皆非書序意也。 惟蔡傳謂『召公欲避權位，周公留之，』於義爲近。然細玩篇中之語，無非勉厲召公同心協力，共輔大業，不但不見召公有不說周公之意，亦殊不見召公有盛滿難居之心。 然則此篇乃周公自與召公相勸勉之言，初無別故，如後人所云云也。 禹皐陶之相舜也，既各以讜言告舜矣，而二人者亦互相勸勉；不必相疑而後然也。 今周公既作立政無逸以勉成王，召公亦作召誥以勉成王矣，則二公之相處亦必有互相勉厲之語，乃人情之常，大臣憂國之心之所必至；初不必於經文之外別尋事端而曲爲之說也。 召公當亦有告周公之篇但史逸之耳。故今於書序史記諸家之言概不載。周公無踐阼之事說已詳前周公相成王篇中。

『蔽芾甘棠，勿翦勿伐！召伯所茇。蔽芾甘棠，勿翦勿敗！召伯所憩。蔽芾甘棠，勿翦勿拜！召伯所說。』（詩召南。）

附錄 『武子之德在民，如周人之思召公焉：愛其甘棠，況其子乎！』（左傳襄公十四年。）

召穆公

宣王之中興，召穆公之功爲大，故特錄之。

『召穆公思周德之不類，故糾合宗族于成周而作詩曰，「常棣

周語以常棣篇爲周文公作之非

之華，鄂不韡韡；凡今之人，莫如兄弟。」其四章曰，「兄弟鬩于牆，外禦其侮」。」（左傳僖公二十四年。）

周語云，「周文公之詩曰，「兄弟鬩于牆，外禦其侮。」」衞宏毛詩序云，「常棣燕兄弟也閔管蔡之失道，故作常棣焉。」其說皆與春秋傳異。韋氏昭孔氏穎達咸謂「召穆公重述此詩而歌之。」杜氏林氏註左傳，遂亦沿其說云，「周公作詩召公歌之；富辰以爲召穆公所作者，蓋樂章久廢召穆公始作周公樂歌也。」余按「作」也者，前此未有而創之之謂也：故曰「述而不作」。若此詩果周公所作而召公但歌之，則文當云「糾合宗族於成周而歌常棣焉，」不當云「作詩」也。周公之事此傳前文言之矣曰，「周公弔二叔之不咸故封建親戚以蕃屛周」。若此詩果周公所作，則文當云「封建親戚以蕃屛周而作常棣焉其詞云云」不當於周公絕口不言而於召公反歷歷述之也。且其詩云，「死喪之威，兄弟孔懷，」又云，「喪亂既平，既安且寧，」皆似中衰之後，不類初定鼎時語。 況作亂者管蔡兄弟也，以殷畔者管蔡兄弟之親其所疏而疏其所親也，而此詩反云『兄弟急難，良朋永歎』『兄弟外禦其侮，良朋烝也無戎』語語與其事相反，何邪？ 若周公果因閔管蔡而作此詩，則當自愧無德以化兄弟，使陷於大戾；不然，則述管蔡之悖間王室以爲兄弟戒；不當反護兄弟之罪而斥異姓之疏，使天下勤王之賢侯，從征之義士，聞之而投戈太息也。 蓋此傳後文云『周之有懿德也，猶曰「莫如兄弟」，故封建之；其懷柔天下也，猶懼有外侮，扞禦侮者莫如親親，故以親屛周。召穆公亦云，』撰周語者誤會其意，遂疑『莫如兄弟』『外禦其侮』之句爲周公之所作；撰詩序者又爲國語所誤，因臆度之而遂以管蔡之事當之耳。 不知所謂曰『莫如兄弟』者，但謂其意如此，其言如此，非謂其詩如此也；所謂『懼有外侮』者，但言其心懼有外侮，非必作詩言『外禦其侮』然後得爲懼也；周公之意，召公之詩，如合符節，故云『召穆公亦云，』非以歌周公之詩爲『亦云』也。 所以鄭唐舊說皆以此詩為召穆公所作。自韋氏杜氏曲護周語詩序之失，於是傳之明明稱為召公所作者，巧辭強說百計以屬之周公；雖以朱子之最不信序，亦從而附和之；遂致詩人之意大半晦於說詩之人，亦可為之長太息矣！且夫說經者惟期定於一是耳；周語詩序既與左傳不同，左傳果是則周語詩序必非，周語詩序果是則左傳必非。周則周，召則召，雖三尺童子皆知其不能兩是也。乃必欲使之皆是而無非，委曲展轉以求兩全，而卒不可通，其亦拙矣！故今從左傳載之。

此說並見正錄中六月出車條下。

黍苗篇之釋美

『肅肅謝功，召伯營之。烈烈征師，召伯成之。原隰既平，泉流既清，召伯有成，王心則寧！』（詩小雅。）

宣王封申之功具在崧高一詩，已摘錄之於宣王篇中矣。此篇專美召公，故錄於此。

『「釐爾圭瓚秬鬯一卣。告于文人，錫山土田。于周受命，自召

江漢篇之冊賜

祖命。」虎拜稽首，「天子萬年！」』（詩大雅。）

此詩前三章敍召公經略江漢之事，乃國家大政，故摘錄之於宣王篇中。後三章耑言召公受賜事，故摘錄之於此。

衞武公

西周之世，諸侯賢者莫如武公，且武公亦似爲王卿士者，故特錄之。

『昔衞武公年數九十有五矣，猶箴警於國曰，「自卿以下至於師長士，苟在朝者，無謂我老耄而舍我；必恭恪於朝，朝夕以交戒我！」……在輿有旅賁之規，位宁有官師之典，倚几有誦訓之諫，居寢有暬御之箴，臨事有瞽史之導，宴居有師工之誦。……

史記載襲殺共伯事之非

於是乎作懿戒以自警也（原註，『懿』讀曰『抑』。）及其沒也，謂之叡聖武公。（楚語。）

存參『柏舟，共姜自誓也。衛世子共伯蚤死，其妻守義；父母欲奪而嫁之，誓而弗許，故作是詩以絕之。』（詩序。）

附論『吳公子札來聘，請觀於周樂。爲之歌邶、鄘、衛，曰，「美哉淵乎！憂而不困者也。吾聞衛康叔武公之德如是，是其衛風乎？」』（左傳襄公二十九年。）

史記衛康叔世家云，『釐侯卒，太子共伯餘立。共伯弟和襲共伯於墓上；共伯入釐侯羨自殺。衛人立和爲侯，是爲武公。』司馬貞索隱云，『季札美康叔武公之德；國語稱武公年九十五猶箴誡於國，恭恪於朝，作抑自警，至於沒身，謂之叡聖。詩著衛世子共伯早卒，不云被殺。若武公殺兄而代立，豈可爲訓，而形之於國史乎！蓋太史公采雜說而為此記耳。』其論當矣。近世說者乃謂武公前後善惡自不相掩，不必以其弒君為諱；反若眞有其事，索隱之言為非是者。余按，樂以象德，故曰『見其樂而知其德；』若武公弒兄自立，大本失矣，其樂復何足觀，而季札讓國之賢，亦必不服膺於弒兄之賊也。逆取順守，以結民心，世有之矣，然必無稱以『睿聖』者；苟非喪心病狂，何至加此不情之名！倚相引此以譏史老，史老其無詞乎！武公之未嘗弒兄亦明矣。毛詩諸序固不能無附會，然以其說與史記互較之，柏舟在鄘風之首，牆茨之前，其世近是也；『我儀我特』之稱，『之死靡他』之語，其事亦近是也。迴環諷誦，但有以死自守之心，而絕無傷其夫死於非命之意；以為早卒而非被弒，此固無從見其為誤者也。康誥曰，『王若曰，「孟侯，朕其弟，小子封，」』是武王誥康叔而封為衞侯也；而衞世家乃采世俗之說，謂周公以康誥命康叔，謂頃侯賂周夷王，命為衞侯；其前文既與經剌謬如是，此又不可據以為實者也。由是言之，共伯

入相事或可信

賓筵非刺王

之死當從詩序，不當從史記，斷斷然矣。索隱之說是也。又按『髦』者，子事父母之飾，父亡則脫左髦，母亡則脫右髦；今云『髧彼兩髦，』則是共伯死時父母固猶存也。父母猶存，則非立後爲弟所弒明矣。乃孔氏詩正義謂共姜追述其父母在時之飾：嗚乎，但欲曲全前人之說，遂不難於委曲宛轉以誣聖賢而入其罪，吾誠不知其何心也！故今復申索隱之意而詳辨之。

存參 『淇奧美武公之德也，有文章，又能聽其規諫，以禮自防，故能入相于周，美而作是詩也。』（詩序。）

按衛之賢君無如武公者，序說近是。至稱『入相于周，』雖無左證，然賓筵與抑二詩皆列于雅，則理亦或有之。故列之于存參。

存參 『賓之初筵，衛武公飲酒悔過也。』（後漢書注。）

按賓筵詩意與抑略相類，但重在飲酒耳。此說近是。至詩序以爲『刺王，』則篇中未見此意。故舍彼而采此。

平戎事未可信

史記，武公立於周宣王十五年；武公四十二年，犬戎殺周幽王，武公將兵佐周，平戎有功。余按大雅篇次無顚倒者；而抑在桑柔雲漢之前，故序以爲厲王時詩。若武公於厲王時已爲諸侯，則非立於宣王之世，而犬戎之亂不當武公世矣。恐史記有誤也。觀史記於齊威宣二王皆移前數十年（說見孟子事實錄中），則此年世寧可深信。故今不敢輒載。

豐鎬考信錄卷之八終

THE ORIENTAL BOOK COMPANY
上海亞東圖書館

崔東壁遺書

〔清〕崔述 撰
顧頡剛 編訂

第六册

國家圖書館出版社

第六册目録

崔東壁遺書

顧頡剛編訂

錢玄同題

本書

論語餘說　五服異同彙考　易卦圖說　無聞集

學在聞見閱歷

論語餘説

孔子曰，『學而時習之。』又曰『十室之邑必有忠信如某者焉，不如某之好學也。』聖人何爲如是之重學也？蓋凡天下之理皆寓於事，而事非聞見閱歷不能知聞見，閱歷，所謂學也。故曰，『我非生而知之者，好古敏以求之者也；』又曰，『多聞闕疑，多見闕殆；』又曰，『多聞擇其善者而從之，多見而識之。』傳曰，『晉侯在外十九年矣，險阻艱難，備嘗之矣；民之情僞，盡知之矣。』諺曰，『不經一事，不長一智。』學之爲功大矣！聖人之教人如是而已。至宋，始好以格物窮理爲説，若事理可以坐而通之者。由是學者相率談理，而不復留意於事。其甚者，至以靜坐爲功，以明心見性爲知道。然則聖人何爲斤斤焉教人以多聞多見而不憚其勞乎？吾鄉臨漳水，凡近漳者皆不患水而遠漳者反皆患水，吾鄉人知之，遠人不知也。蓋漳水多淤沙，近漳則得淤沙而肥，淤沙久而地高，水雖至而不留，故不患水；遠漳則水弱，淤沙不能至，地卑而水不洩，故反患水耳。 吾嘗吏於羅源，凡山上田皆苦潦不苦旱，海旁田皆苦旱不苦潦，縣人知之，遠人亦不知也。 蓋山上多泉水，而峯巒糾繞，其去不速，故雨澤不徑則田皆無穫，平地大旱則山田倍收；海水鹹鹵，旱則鹹氣自地中浸入而禾不茂，雨雖多，有大海以爲歸，故不患水耳。 若此者，其理自何處窮，非聞見閱歷安從而知之！ 故孔子曰，『吾嘗終日不食，終夜不寢，以思，無益；不如學也。』 聖人之慮後世深矣！ 惜乎後儒之未達也！（此論後儒格物窮理之說不如聖人言學之善。）

學而篇大義

聖人之敎人學，欲何爲乎？ 學爲仁而已矣。 故首章言學，次二三章卽言仁也。 仁也者，天所以與我之德也。 然仁不專在心而兼在事。 仁之取數多矣，然最要者莫過於孝弟，最有害於仁者莫甚於粉飾。 故第二章卽言孝弟爲本，第三章卽以巧言令色爲戒，所以著仁之實也。 然仁非但家庭而已，忠信以待人亦仁也，敬愛以治國亦仁

聖人敎人務平

也。故四五兩章以曾子之自省，孔子之論政繼之。由是言之，聖人之所謂學者非徒文詞之末已也；故敎弟子者必先以孝，弟，謹，信，愛衆，親仁，而後以其餘力學文。爲學者果能事君，事父，重德，信友，即謂之已學可也。但觀此首七章，而學之道，仁之事已得其大端矣。推而言之，忠信，威重，敏事，愼言，擇交，改過，就正有道，亦莫非學之道也；聖人之溫，良，恭，儉，讓，賢人之愼終追遠，孝子之三年無改，亦莫非仁之事也。豈但此而已，即先王所制之禮亦仁之所著也，富貴貧賤之間亦仁之所見端也。學禮者知和之爲貴，知信之當近義，恭之當近禮，學詩者能告往知來，而不以無諂無驕自足，則學之事全而仁之道得矣。然爲己也，非爲人也。知人者，學之餘事，故猶以爲患；若人之不我知，則君子不患矣。學而一篇，蓋聖門高弟深於道者所記，示人以學之道，仁之事，深切著明，莫過於此。惜乎世之言仁者多求之於空虛而每略於事，言學者多求之於文詞而罕得其本也！（以下四條，並釋論語之義。）

聖人敎人惟務平實。顏淵問仁，子曰，『非禮勿視，非禮勿聽，非禮勿言，非禮勿

實

動。』仲弓問仁，子曰，『出門如見大賓，使民如承大祭。己所不欲，勿施於人。』所言皆視之有形而循之有迹者。莊子佛氏則惟談空虛，不屑實事，其論似高出於聖人之上；然措之於事，一毫無所用之。何者？有不可以爲無，無不可以爲有，黑不可以爲白，白不可以爲黑，此天下之定理。言無色相則有之矣，眞無色相則斷不能有。士遊於僧寺，僧見之未嘗起。一日，太守至，僧起迎之。士以勢利譏僧，僧曰，『起是不起；不起是起。』士卽持棒打僧。僧驚詰之，則曰，『打是不打；不打是打。』僧無以對也。然則打自是打，起自是起，色自是色，空自是空；一切歸之空虛無有，此必窮之說也。原其所以爲是說者，無他，前人之言多而且備，循而述之則無以見其奇，故別爲大言以自高。非惟莊子佛氏然也，雖宋以後儒者亦往往不免焉。而世之愚者遂信以爲實，過矣。昔有人好大言，曰，『吾嘗見一人首際天，足際地。』應之者曰，『此何足爲大！吾嘗見有上脣際天，下脣際地者。』好大言者駁之曰，『果如是，其身於何處安放？』應之者曰，『吾亦慮其身無安放處，但見其有此大口耳。』世之好爲空虛大言以求

仲弓問政

勝於聖人之道者，皆若是而已矣。是以聖人敎人惟務平實，非不能高，不可高也。

孔子答門弟子問政多矣，而答仲弓之語爲最精要。何者？仲弓本有南面之才，而宰乃庶官之長，有表率之任，故告之以此。『先有司』者，庶官不必皆賢，然多視長官之意而趨避之，故必正其身然後能率屬。長官廉則庶官不敢貪，長官勤則庶官不敢惰，故以先有司爲要也。人之才不必皆長，而事亦往往有棘手者。法太密，則人皆有慮患避事之心，以因循爲得計，而事之廢弛者多。是以宋人謂私罪不可有，公罪不可無。故『小過』不可不『赦』也。雖然，有治人無治法，庶官不得其人，則雖先之赦之而亦無益於事。故所重尤在『舉賢才』。有一官，卽擇一能治此官者而付之理，則身不勞而政畢舉。周公立政之篇，所以必以『三宅』『三俊』爲要務也。此雖爲爲宰者言之，其實治一國，治天下，皆若是而已矣！然賢才何以能知，無論天下也，卽一國之中亦有難以盡知者，無怪乎仲弓之以爲慮也。觀仲弓之問，則其意實欲力行此言可知。究之知亦非難，果能汲汲於求賢才以爲人倡，立之標準，樹之風聲，則人必有競於舉賢才者，必有競以賢才告我者。樂正子好善，而人輕千里而來，告之以善；燕昭王築宮事郭隗，而樂毅劇辛之徒爭趨於燕，是也。聖人此言誠知人之上策。昔人言以半部論語治天下：果能熟讀此章而力行之，即爲宰相亦綽乎有餘裕，豈待半部也哉！

子貢問政

孔子答仲弓之問政至矣。其次則莫若答子貢之問政。告仲弓者爲長官之要圖；告子貢者治一國之正務。章首但言問政而不言問政之故，則爲泛問治國之政可知，故孔子以治國之常道告之也。民非養則不能敎，故舜命稷先於命契，孔子之告冉有亦先富而後敎。故以足食先之。然當春秋之世，列國兵爭疆場頻驚，民不得安其居，非有以自固不可，文王四有所以必兼有禦侮也。故以足兵次之。然足食足兵皆爲敎民之地，非若戰國之君臣徒以富國強兵爲得計也。兵食足而不知信，何以異於禽獸，故歸之於民信而政始成。三者皆備，治國之事全矣！而子貢復問者，欲分別其輕重故也。以去兵去食告之，然後知足食足兵皆所以開敷敎之先，不如是不可以爲王道。晉文公定王以示義，大蒐以示禮，而不肯得原以致失信。霸者猶然，況王道乎！以此章與仲弓問政彙參之，天下之政無出其外者矣。此外答問政者尙多，然皆因其人而敎之，非通行之政。註已詳之，無庸更贅也。

孟懿子問孝

朱子論語集註釋孟懿子問孝章云，『「無違，」謂不悖於理。』又云，『夫子以懿子未達而不能問，恐其誤會而以從親之令爲孝，故語樊遲以發之。』余按，聖人之告人無不盡心者，旣恐懿子誤會「無違」之義，則何不直告以『生事之以禮』云云，而故藏而不發以待再問？及不能問，又語樊遲，以啓其問而暢其旨，冀樊遲之轉以告懿子，一何其不憚煩乎？懿子，魯大夫也。齊師在淸；季康子欲使其宰冉求與二子言，使俟於黨氏之溝，蓋家臣與大夫言若斯之難也。況於樊遲年益少，位益卑，何由得見懿子而告之乎？子曰，『事父母幾諫；見志不從，又敬不違，』謂不違於親也。恐此章之所謂『無違』者，卽謂體親之心，成親之志，非有他也。蓋僖子生平好禮者也，不能相禮則病之；苟能禮則從之；及其將沒，尙諄諄焉屬其大夫，使其二子學禮於孔子。爲之子者，但體此心，成此志而無違焉，於生事葬祭無一不合於禮，以安其神而慰其意，是之謂孝焉已耳。故曰『孝者，善繼人之志，善述人之事者也。』然則孔子此言已無不發之蘊，懿子不必再問，孔子亦不必申言也，行之焉已耳。至語樊遲，蓋亦偶然之事。記者以其問答之語足相發明，故連類而記之。非必樊遲能告懿子，而孔子望其委曲轉達也。（以下四條，並論集註有未愜處。）

寢衣

鄉黨篇云，『必有寢衣，長一身有半。』朱子謂，『此文當在「齊必有明衣布」之下，』是也。至云，『齊主於敬，不可解衣而寢，故別有寢衣；其半蓋以覆足，』則衣長於身，殊不便於事，讀者多不能無疑。余按說文，寢衣即今之被。蓋當齊時，恐常被之不潔，是以別有寢衣；非若明衣之着於身也，故長於身而不爲嫌。如此，似於事理爲近。

不責管仲之死

管子不死子糾之難而相桓公，子路子貢皆以未仁疑之。孔子曰，『九合諸侯，不以兵車，如其仁！如其仁！』又曰，『一匡天下，民到於今受其賜，』皆舉管仲之功以告之。

謹屬于言

而集註載程子言云，『桓公，兄也，子糾，弟也，故聖人不責管仲之死，』則又以爲不因其有功者。 余按聖人之言後世皆當尊信不疑，不必於聖人言外別立一意也。 如果孔子不責管仲之死以桓兄糾弟故，則何不直以此言告子路子貢，決是非於片言，垂名敎於萬世；乃故隱其故而不宣，以待後人之補註乎？ 且春秋之世，立子以嫡，立嫡以長，若兩皆庶子，則亦不甚拘長幼之序。 至遭國家之變而議立君，尤與尋常不同。 故趙孟欲立雍，四德兼稱，長居其一；而衞之立晉，宋之立御說，亦無一言及其爲長爲幼者。 且又安知襄公之無子而必當立弟也？ 由是言之，聖人不責管仲之死但以其有功故，不因於桓與糾之孰爲兄弟也。 使仲無匡天下之功，無論桓兄糾弟，桓弟糾兄，亦斷不爲聖人之所許矣。 況桓糾之長幼，經傳皆無確據，孔子旣稱管仲之功，吾知仲以有功故可不死而已；若孔子所不言，則吾不得而知之也。

弟子章云，『謹而信。』 註云，『謹者，行之有常也。 信者，言之有實也。』 按，謹字從言，乃愼言之義，故中庸云，『庸德之行，庸言之謹。』 下文『有所不足，不敢不勉，』言庸德之行也；『有餘不敢盡，』言庸言之謹也。謹之當屬於言，明甚。故曰『敏於事而愼於言，』曰，『訥於言而敏於行，』愼與訥皆謹之意也。詩雖稱『謹爾侯度，』然但渾言之。觀下文『愼爾出話敬爾威儀』及『白圭』數語言行皆包在內而尤重在言。惟易文言傳言『庸言之信庸行之謹，』以謹屬之於行。註說蓋本於此，然未必果此章意也。

分章

聽言觀行一節在晝寢節後，別以『子曰』字冠之。善人有恆二節在聖人節後，亦別以『子曰』字冠之。註皆疑爲衍文。世之爲舉業者咸遵用之。余按此皆當爲兩章。『朽木』數語自責予之晝寢，『聽言』數語自責予之言不顧行，善人節後但言有恆，不及君子，皆迥然爲兩意，特記者連類而及之耳。卽性相近章與上知下愚章亦然。其言足以互相發明則有之，皆不得遂以爲一章也。亦有一章而誤疑爲兩章者，孔子曰才難節與下三分有二節是也。（集註後云，『或曰，宜斷三分以下，別以「孔子曰」

起之，而自爲一章。』）　此無他，蓋見章首兩節皆記人才之盛，故疑其與末節不相涉耳。不知此章乃孔子通論周事，上節論周之才，下節論周之德，初未嘗以文武分也。　其前兩節，乃記者記此爲下『唐虞之際，九人而已』張本。（詳見豐鎬考信錄中。）如此類者甚多，此乃古人記事記言之體，不得因首二節遂疑此章專論人才，而謂『三分』以下當別爲一章也。（以下兩條，並論論語分章分句得失。）

近世讀書句讀多有誤者。　余幼時見人讀論語，或當斷而連，或當連而斷，以爲余鄉僻陋，無名師爲正其誤耳。　漸長，讀明人時藝，乃知自明中葉以來卽如是，不始於今，亦不獨余鄉爲然也。　論語禮之用章云，『有所不行，知和（讀）而和不以禮節之（句），亦不可行也。』　蓋和本可貴，但和不以禮節則不可行。　六字連讀，不容斷也。而讀者乃以『知和而和』作一句。　旣知和矣，豈容不和？　和旣貴矣，又何譏焉？　詰之，則云『註言「一於和」，此和字謂一於和也。』　不知『一於和』與下『不復以禮節之』相連成文，一於和卽是不以禮節，不以禮節方是一於和，豈容分兩句爲兩意乎！雍也章云，『居敬（讀）而行簡以臨其民（句）。不亦可乎！』『居敬，』謂自處以敬，道千乘章所謂『敬事』者也。『行簡以臨其民，』謂政令之加於民者務從簡易。敬事則無廢事；政令簡易則事不煩而民不擾。此六字亦連讀不可斷者。下文『居簡而行簡』不再言臨民者，以上文已言之，故從省也。而讀者乃以『居敬而行簡』作一句，『以臨其民』作一句。若不臨民，於何見其行簡？上既言行簡矣，以臨其民又作何事，其言不亦贅乎？仰之彌高章云，『夫子（讀）循循然善誘人』（句）。循循乃形容善誘光景，猶所謂『諄諄然命之』也。此六字亦不可斷者。而讀者乃以『夫子循循然』作一句。離卻『善誘，』不知『循循然』又當作何解乎？子羔章云『何必讀書然後爲學』（句）。子路意以學之所該者廣，政事亦卽是學，不止在讀書耳。此八字亦不可斷者。而讀者乃以『何必讀書』爲一句。子路，聖門高弟，安有敎人不讀書之理？且截斷此四字，『然後』二字又從何來？論語豈有此文理乎？諸如此類，不可枚舉。蓋緣初學童子多不能讀長句，率於四五字處讀斷，蒙師不暇爲之糾正，由是習爲固然；及長，授弟子書，仍之不改，久之遂以成俗耳。 嗟夫，章句之學其淺焉者也，猶舛誤若此，況欲以究聖賢之精義乎！

論語一書本屬明白易解；漢儒雖有訓釋，不過略擧事跡，粗訓文義而已。 至朱子，又爲作集註，詳矣，備矣，無庸加矣！ 自明始輯大全一書；中葉以後復有所謂『講章』者。 其初本爲學者作擧業計，然於論語本文委曲穿鑿，多失聖賢之意；而學者莫不觀之，甚且有讀之者；而經義日晦矣。（以下五條，論講章俗解之誤。）

冉子與子華粟。子曰，『赤之適齊也，乘肥馬，衣輕裘。 吾聞之也，君子周急不繼富。』 近世講章家釋此文，謂『弟子爲師使，分所當然，不當與粟，非以其富之故。 孔子所言，特爲之旁通一義耳，非本旨也。』 世之爲擧業及操文衡者皆宗之。 以余觀之，謬莫甚焉。 弟子之使於師固義所宜，然使子華果貧，爲之師者將坐視其母之凍餒而不恤乎？ 恐聖人不如是之不近人情也。 若貧而卽與之，則是不與粟者仍以子華富故，何得謂之旁通一義乎！ 凡聖人所自言，學者皆當尊信而不之疑：孔子言『與鄰里鄉黨，』則是粟之不當辭者以可與隣里鄉黨也；孔子言『周急不繼富，』則是粟之不當與者以其爲肥馬輕裘也。 如是，亦已足矣。 乃近世釋經者必於聖人言外別立一說，强以爲聖人之意如此，而謂聖人所自言者不足信，可不謂之侮經叛聖乎！ 故今附識其說於此。

原思辭粟九百

原思辭粟九百，子曰，『毋！以與爾鄰里鄉黨乎。』 註云，『言常祿不當辭，有餘自可推之以周貧乏。』 講章家云，『註言「常祿不當辭，」釋「毋」字之義，止思之辭祿也。 「推之以周貧乏，」釋「與鄰里鄉黨」之義，爲思旁通一義也。』 余按，王孫賈媚竈之問，子曰，『不然！獲罪於天，無所禱也。』 萬章受禦之問，孟子曰，『不可！康誥曰，「殺越人於貨，愍不畏死，凡民罔不憝，」是不待敎而誅者也。』 所謂『不然』者，卽下『獲罪於天』之意；所謂『不可』者，卽下『愍不畏死』之意：上文直決其非，下文詳申其說，初非上下爲兩義也。 然則『毋』者禁其辭，『與鄰里鄉黨』者申明所以不必辭之故，豈得以下句爲旁通一義哉！　且受官未有不受祿者。　原思雖儉，能不食不衣，旣不受祿，將何取之？　思之辭，但以多耳；思非辭祿，辭多祿也。　故論語云，『與之粟九百，』必言九百者，爲思辭故也。　若思辭祿不以多故，云『與之粟』可矣，言『九百』何爲者？　惟思以多故辭，故孔子敎以用多之道，言雖多自可以分人，不必辭也。　然則朱子所謂『常祿不當辭』者，正與『推之以周貧乏』之文相爲表裏，乃一意，非兩意也。　此說無理之至，而今之爲舉業者皆遵之，噫，可嘆也矣！　然朱子『常祿』之語亦未盡台。　春秋之世，卿大夫之家臣，其祿本無常數。　故傳云，『施氏之宰有百室之邑。』　蓋卿大夫貧富不同，其歷世久而立功多者，君之賜邑也數，則其祿厚；其宰之祿亦厚；初從政者，其祿薄，其宰之祿亦薄：不能拘之以常例也。　孔子未爲司寇以前無家臣，至是始有之，初無舊制可循，但量入以爲出，視己祿邑之厚薄爲家臣班祿之數，故與之以九百。　而思欲量出以爲入，但以己日用之奢儉爲受祿之數，無所事於九百之多，是以辭之。　初非魯大夫之宰皆有九百之祿，而思獨欲辭多受寡以鳴高也。

鄭聲淫

近世舉業家說爲邦章『鄭聲淫』云，『鄭之淫在聲，非以其詩也。故孔子云，「放鄭聲」』余按書云『詩言志，歌永言，聲依永，律和聲，』則是志者，詩之本也；詩者，歌之本也；歌者，聲之本也。蓋古人之樂皆依其詩之抑揚節奏以爲聲；非若後世之律詩詞曲先定其句之短長，字之平仄，然後矯揉其語言，按譜而塡之也。故詩淫則聲未有不淫者，不得分詩與聲爲二也。他國詩雖亦有淫者，然不淫者固多；鄭風則淫者居六七，故孔子言『放鄭聲』也。爲此說者，乃妄庸之人強作解事者。其弊將使人求聲於詩之外，所失非小，不可以不辨。

孝哉閔子騫

世俗說孝哉閔子騫章云，『聖人無字門人者。「孝哉閔子騫」一句」乃孔子述時人之言。』余按春秋傳石厚問定君於石碏，石碏曰，『陳桓公方有寵於王。』陳侯方生而稱其謚，此又述何人之言乎？君前臣名，禮也。趙衰之對文公曰，『郤穀可。』祁奚之對悼公曰，『午也可，赤也可。』韓厥之對景公曰，『成季之勳，宣孟之忠，』以其死也，故諱之若生，未有不名者。欒鍼在厲公之前曰『書退，』子且名其父矣。乃士匄之讓荀偃，則曰『伯游長，』曰『請從伯游，』此何以說焉？蓋古之記言者亦有忽不經意之處，故史記中生而稱謚者尤多。讀者貴識其意而已；必字字以爲當日實然則愚矣。孔子曰『賢哉回也！一簞食，一瓢飲』云云，曰『賜也始可與言詩已矣告諸往而知來者，』皆先稱之而後申明其說，其文勢正與此同。若以首句爲述人言，是此章有敍而無斷也。且下句兼人與父母昆弟言之，而此句獨述人言，於文義亦不相呼應。爲是說者，蓋未嘗多見經傳之文，但以作舉業，故嘗讀朱子四書，乍見此文，故驚而異之，而曲爲之解，自以爲新且巧，而不知其文義之不通，少見而多怪也。

按朱子論語集註精實切當，多得聖人之旨，遠非漢晉諸儒之所能及。然亦間有一二未合於經者，或沿舊說之誤而未及正，或過於求深而反失其平。古人云『智者千慮，必有一失，』此本事理之常，不足爲異。我苟有所見，不必徇朱子，亦不必爲朱子諱也。子貢曰，『君子之過也，如日月之食焉，』然則朱子之說卽於經不盡合，正之可也，不得以是故遂輕議朱子。乃近世聰明之士多尊漢而駁宋，雖朱註本無可議，亦必曲爲說以攻之，殊屬非是。今略舉數端以明之，其餘可類推也。（以下四條，並論後儒妄駁朱子之失。）

學之爲言效也

論語云，『學而時習之，不亦說乎！』註云，『學之爲言效也。』說者云，『學有學之事在；以效訓之，非也。若云「效而時習之」可乎？』按孟子云，『設爲庠序學校以敎之，——庠者，養也；校者，敎也；序者，射也。』若云『設爲養射學敎以敎之，』可乎不可？朱子此語，乃釋所以名學之意，故不云，『學，效也』而云『學之爲言效也，』正與孟子語意相同。蓋詩，書，禮，樂，謹言勵行，皆學之事，而所以名爲學者以其皆效法古聖賢之所爲也。此論語第一學字，故於此詳釋之，以見凡稱學者意皆如是。其說最爲精切。未達朱子之意而遽欲議朱子，過矣！

天卽理也

論語云，『獲罪於天，無所禱也。』註云，『天卽理也，逆理則獲罪於天矣。』說者云，『天者，上帝之稱。以理爲天，非也。』按朱子集註，凡正釋其意者，皆云『某，某也』若云『某卽某也，某猶某也』皆非本字之義，乃推明其意使人易曉耳。蓋天冲漠無眹，獲罪與否無可徵者，故指理以明之；但有悖於理，卽獲罪於天，非謂理爲天也。正如今人所云『心卽神，神卽心，若是欺心便是欺神』者，豈遂謂其不必祭神，但當祭心乎哉！若以此駁朱子，則前人之註無一非可駁者矣。

傷人乎不問馬

論語云『廐焚，子退朝，曰「傷人乎？」不問馬。』註云，『非不愛馬，然恐傷人之意多，故未暇問。』說者云『馬亦有知之物，安得不問。當以「不」字爲句，人旣不傷，乃問馬耳。』按，非但馬當問，比屋之有無延燒，牆壁槽櫪之有無焚毀，亦必無置之不問之理。但自有司廐者職之，當一一白於孔子之前，不待問也。獨記問傷人者，正以退朝之際，倉卒之時，惟恐人之有傷，故不待人之白而先問之；其傷邪，必慘然而悲；其無傷邪，必欣然以慰；故尙未暇問及馬耳；非謂馬可終不問也。朱子之註深得聖人當日情事。以此爲譏，亦見其不達於文理矣！

孔子答君大夫之問

論語前十篇記孔子答定公哀公之問皆變文而稱『孔子對曰』者，朱子所謂尊君是也。至答康子懿子武伯之問則但稱『子曰』者，所以別之於君，以辨上下而定民志也。乃先進篇答康子『弟子好學』之問，顏淵篇答『問政，患盜，殺無道』之問，皆稱『孔子對曰』者，何哉？先儒罕有言及此者，不知何故。惟胡氏嘗以稱與君同爲非禮，而其說亦未詳。余竊疑前十篇皆有子曾子門人所記，去聖未遠，禮制方明；後十篇則後人所續記，其時卿位益尊，卿權益重，蓋有習於當世所稱而未嘗詳考其體例者，故不能無異同也。然中庸篇記答哀公問政則又但稱『子曰』。蓋此篇乃子思以後所追記，其時益晚，故不能以論語之體例例之也。學者以此觀之，則論語載記各篇之先後亦略可見矣。（以下四條，論論語前後十篇文體之異。）

君大夫問于孔子

論語前十篇，記君大夫之問皆但言『問』，不言『問於孔子』。後十篇中，先進子路兩篇亦然。獨顏淵篇三記康子之問皆稱『問於孔子』（說詳前條）。齊景公之問政亦然；衞靈篇衞靈公之問陳亦然。蓋後十篇皆後人所追記，原不出於一人之手，而傳經者輯而合之者，是以文體參差互異。子路篇義最精密，文體亦與前十篇略同；憲問篇次之；他篇不之逮也。惟季氏篇文體最異，陽貨篇采摘最雜，學者所當分別觀之也。微子堯曰二篇中亦參差不一。惟子張篇所記皆門弟子之言，無可疑者，

門人問于孔子

論語前十篇記君大夫之問，皆不言『問於孔子』。何者？此書本記孔子之語，不必煩此文也。先進以下五篇始稱『問於孔子』；然於門人之問尚未有言之者。顏淵仲弓之問仁，子路子貢子張子夏之問政皆然。惟南宮适稱『問於孔子』，故疑适之非門人也。乃陽貨篇子張問仁，堯曰篇子張問政，皆稱『問於孔子』，何哉？且所載孔子答之之言皆未舉其實而先告以數，曰『能行五者爲仁』，曰『尊五美，屏四惡，可以從政』，皆作藏頭露尾之語以待再問，與論語他篇之文皆不類，其非孔氏遺書明甚。蓋皆後人采之他書者。然則此二篇中固不無一二之可疑，不得與前十五篇等類而齊觀也。

孔子稱謂

論語前十篇中稱孔子皆曰『子』，惟對君問始曰『孔子』，尊君也。先進以下

五篇，對大夫問亦曰『孔子，』固已失之矣；然尚未有徒稱孔子者。獨季氏篇始終皆稱孔子，其爲采之他書甚明而末三章文尤不類。齊景章末句於文全不屬；朱子雖疑『誠不以富』二句在此，然相隔太遠，錯簡何至於是。陳亢章尤不可解：詩禮乃孔子之雅言，何詳於教門人而獨祕於其子，必待獨立時然後問之乎？邦君章尤與孔子無涉，此必後人采他書附之於篇末者無疑也。微子篇亦多稱孔子，而末三章亦與孔子無涉，亦後人所附入可知。然則此二篇者皆不可不分別觀之也。惟子張篇稱孔子爲仲尼：然此本記門人之言，固不可以爲例也。

附論孟子二則

解釋之誤

孟子萬章篇舜往于田章云，『夫公明高以孝子之心爲不若是恝：「我竭力耕田，共爲子職而已矣；父母之不我愛，於我何哉！」』趙註云，「父母不我愛，於我之身獨有何罪哉！自求責於己而悲感焉』所釋殊欠分明。朱註云，『「於我何哉」自責不知己有何罪耳，非怨父母也』亦似未合孟子語意。余按，『共爲子職』有己責已盡之意；『於我何哉』並非自責己罪之語。此四句乃承上『不若是恝』之文，言我但當竭力耕田自盡其職而已；父母不我愛，我無如之何，惟聽其自然耳——正解上文『恝』字之義，非謂舜之心如是也。象殺舜章云，『仁人固如是乎：在他人則誅之，在弟則封之』文義與此正同。所謂『是』者正指下文兩句而言，所謂『是恝』者亦卽指竭力四句而言，乃倒裝文法，言舜之心不如是耳。若如舊說，則上下文義不相貫，而『是恝』二字亦無着落矣。（以下二條，附論孟子。）

句讀之誤

孟子文義最爲明顯，然句讀亦有誤讀者。鄒與魯鬨章『君之民，老弱轉乎溝壑，壯者散而之四方者，幾千人矣』幾千人兼上死散兩者而言。而近世爲舉業者但承『壯者』言之，以『老弱轉乎溝壑』別爲一句，非也。有爲神農章『飽食煖衣逸居而無斁，』九字一句，謂衣食居三者俱全而惟無斁也。與中庸篇『去讒遠色賤貨而貴德』句文義正同。而近世讀者乃以上四字爲一句，『無斁』單承『逸居』而言，非也。好辨章『周公相武王誅紂』一句，『伐奄三年討其君』一句。伐奄乃成王事，不得承上『相武王』言之。近世讀者乃以『周公相武王』爲句，『誅紂伐奄』爲句，亦非也（說詳豐鎬考信錄周公相成王篇中）。大抵近世讀書惟事講章墨卷，多不留心句讀。偶憶此三事，故記之；餘可以類推也。

論語篇章辨疑

按論語後五篇，惟子張篇專記門弟子之言，無可疑者。至於季氏陽貨微子堯曰四篇中，可疑者甚多。而前十五篇之末亦間有一二章不類者。蓋緣今本非漢初齊魯之古本，乃張禹彙合更定之本，是以如此。前考信錄中已詳言之矣，但未及摘其篇章而細論之，故復詳核之如左：

事實不可信者六章一節（以下五類，皆季氏等四篇及前十五篇末之可疑者。）

子見南子章（雍也篇。）

季氏將伐顓臾章（季氏篇。）

公山弗擾章（陽貨篇。）

佛肸召章（同上。）

齊景公待孔子章（微子篇。）

齊人歸女樂章（同上。）

以上六章皆記孔子之事不可信者。　內季氏等五章皆在後五篇內；惟南子章在第六篇，然在篇末，此後僅有兩章，疑皆後人取續得者之所續入，未敢信以爲必然也。說已詳於洙泗考信錄中，今不復贅。

堯曰『咨爾舜』至『天祿永終』（堯曰篇。）

舜亦以命禹（同上。）

此二節，皆記古帝王之事不可信者，亦在後五篇內。說已詳於唐虞考信錄中，今不復贅。

事實有可疑者六章

孺悲欲見孔子章（陽貨篇。）

楚狂接輿章（微子篇。）

長沮桀溺耦而耕章（同上。）

子路從而後章（同上。）

以上四章皆記孔子之事，雖無大可疑，然皆與前十五篇所記孔子之事不類，未敢信以爲必然也。說已詳於洙泗考信錄中，今不復贅。

陳亢問於伯魚章（季氏篇。）

大師摯適齊章（微子篇。）

以上二章皆記雜事，考其時勢亦有不敢盡信以爲實者。子所雅言，詩，書，執禮，伯魚何以獨不聞？前餘說中已辨之矣。即詩禮之外，孔子之敎門人亦甚多，而十五篇所記詳矣，何以敎門人獨詳，敎子則略乎？恐聖人不如是矯情也。師摯諸人之去，不見於他傳記。齊楚秦蔡亦非遠勝於魯國者，何以相率而去？然於理猶可曲解也。河漢海之內豈樂官所可居，而乃入於水中乎？大抵季氏微子兩篇皆雜采於傳記者，而篇末三章尤與通篇文義不倫，恐亦後人之所續入，未敢盡信爲實然也。

義無可疑而文體不類者九章

益者三友章（以下六章，並季氏篇。）

益者三樂章。

侍於君子有三愆章。

君子有三戒章。

君子有三畏章。

君子有九思章。

由也女聞六言六蔽章（陽貨篇。）

按，季氏篇記孔子之言凡十一章。顓臾章，其事與經傳不合，不待言矣。其餘十章，全用排句體者六章：何以前十五篇中曾無一章文體類此者乎？觀其章首稱『孔子曰』，其非孔門弟子所記顯然。然於義理未有出入。疑當日孔子或嘗言及於此，而後人敷衍其意以爲文者，是以文體與十五篇不類。六言六蔽一章文體亦頗類此，故幷附之於後。學者分別觀之可也。

古者民有三疾章（陽貨篇。）

不知命章（堯曰篇。）

此二章亦與前十五篇小異，不知果係聖言與否，姑附識於此。

文體大可疑者二章

子張問仁於孔子章（陽貨篇。）

子張問於孔子章（堯曰篇。）

按前十五篇中，孔子答門人之問皆平直明顯，而此二章獨先舉其數，不言其實，必待子張再問而後告之，何哉？且俱係答子張之言。疑子張之徒取聖人之意而敷衍成文者，必非孔子當日之言。說已詳見前餘說中。

門人於孔子前稱夫子而事亦可疑者二章

子路曾晳冉有公西華侍坐章（先進篇末章。）

子之武城章（陽貨篇。）

按前十篇中，門人於孔子之前未有稱夫子者。先進後五篇，自侍坐章外，亦無之。此二章何以皆稱夫子，而其事其言，亦與十五篇中所記孔子之事之言不類？陽貨篇固多不可信，即前十五篇之末亦往往有後人所續入者，以故文體多不倫。說并見洙泗餘錄中。

義理文體皆無可疑者二十章（以下三類，記季氏等四篇之可信者。）

天下有道章（以下四章，並季氏篇。）

祿之去公室章。

生而知之者章。

見善如不及章。

按，此四章理極精粹，而文體亦不甚排偶，與三友，三樂等章微異，疑得聖言之眞。

子曰『性相近也，習相遠也。』（以下二章，並陽貨篇。）

子曰『唯上知與下愚不移。』

按，此二章論性精實切當，非聖人不能爲此言。孟子言性大率皆本於此，蓋陽貨一篇乃後人雜采他書所記孔子之言行以成篇者：有實爲聖人當日之言者，亦有後人之所敷衍附會者。學者當平心靜氣以前十五篇之語較之，證之，不可一概論也。

『小子何莫學夫詩』以下七章（並陽貨篇。）

按，此七章語多精粹，疑得聖言之眞；而『鄉原爲德之賊』又見於孟子，尤其無可疑者。

『巧言令色』以下二章（並陽貨篇。）

，按巧言令色章已見於學而篇，『惡紫』三句亦與孟子文合，皆可深信。

『宰我問三年之喪』以下三章（以下並陽貨篇。）

『唯女子與小人』以下二章。

此五章亦無可疑者；而問喪章語尤精粹，深得先王制禮之意。

小有可疑而於義無失者二章

予欲無言章（陽貨篇。）

君子亦有惡章（同上。）

無言章，前人說者不一，易啓後人之疑。然竊意其卽『無行不與』之意，非有他義，亦無庸過求也。有惡章，較之前十五篇文體微覺不倫，或傳之者不無所增益，要之亦無甚大異也。

事實可信者四章，七節

陽貨欲見孔子章（陽貨篇。）

此章記孔子事與孟子合，當得其實。惟陽貨果否即陽虎，未敢遽信。說已見洙泗錄中。

微子去之章（以下三章，並微子篇。）

柳下惠爲士師章。

逸民伯夷叔齊章。

此三章記前人之事，亦有孔子論贊之言。考之經傳，皆似得其實，無可疑者。

曰『予小子履』至『罪在朕躬』（堯曰篇。）

周有大賚至公則說（同上。）

此所記湯之言深得聖人之心，蓋采於當日之原書者；所記武王之新政，亦得之皆足以補詩書之缺。惟章末數語乃後人論贊之詞附之於後者，於義亦無失也。

事無可疑而在篇末與篇中文不倫或有缺者五章（此類記諸篇末之小異者。）

色斯舉矣章（鄉黨篇。）首二句上下必有缺文；且與篇中所記朝聘之禮衣服飲食之事毫不相類。蓋後人采他書之斷簡，附之於篇末者。然於義則得之。

齊景公有馬千駟章（季氏篇，下章同。）

邦君之妻章。此二章皆與孔子之言行無涉。蓋與陳亢章皆後人采他書之文附之於篇末者，故不能無缺軼。說已詳前餘說中。

周公謂魯公章（微子篇，下章同。）

周有八士章。

按，微子篇雖不皆孔子之事，然皆記君子不遇時之事，或有孔子論贊之語；而此二章皆記盛時之事，與篇中事皆不倫。蓋與師摯一章皆後人得之他書，采而附之於後者。然此二章，其言與其事皆足補詩書之缺，不可廢者也。

觀此以上數章，可知每篇之末間有一二章爲後人之所續入：得者固多，失者亦偶有之。學者不可不分別觀之也。

論語餘說終

五服異同彙考小引

此書創於乾隆辛丑，至戊申而書成。嘉慶辛酉，在羅源署稍有暇日，復自檢閱訂正錄而藏之。然久未敢以示人者，唐之改制詳載於開元禮，明之改制詳載於孝慈錄，而二書余皆未之見，但據唐書明史所述而已，擬俟異日見此兩書之後重加訂錄，未敢遂以爲定本也。

顧余數向人訪此二書，咸云未見。北還日，過蘇州，至各書肆尋訪，俱莫知孝慈錄爲何書。雖知有開元禮，而肆中亦無鬻者；皆言欲得此書須緩以時日，當於人家有故書者徐購求之。余旣不能久居以待之，又未知果能得否，由是命棹北旋。

近數年來，漸老且病，未知將來能償此願與否。不忍遂付流水，乃弁數語於首，志其顛末。世有博學之士曾見此兩書者爲之重加酌定，是余之志也夫！

嘉慶丁卯，崔述自識。

凡例

一，禮經服制皆以服分之服同者爲一章。後世作者率多沿之。然輕重之差分在數章，雖於比照讀者往往忽而不察。而茲書記歷代沿革，尤不可不使之相次。故今以人分之，親屬同者則爲一篇，庶幾閱者於輕重之差，沿革之故，可以一目了然。

一，開元禮孝慈錄二書久購未得，今所采皆唐書明史禮志中文。俟後得此二書，再行核定。

一，家禮本之開寶通禮（或亦稱開元禮）。通禮一書，亦未嘗見。故今但以家禮爲據。不知通禮有無異同。俟後得之，再爲核定。

一，凡傳記有與經文互相發明，或補經文未備，及與經異同者，咸列於後以資考核，用硃方以成之。（通世曰，「此本易硃方以墨方」。剛按：今因墨方排印不使，改用『【】』號於所列書名之兩端。）但余學殖荒落，多不省憶，隨所記者錄之，尚容續緝。

一，凡後世一時所立之制非以後通行者，及賢哲懿行可勵澆風者，史傳所記甚多。但余見聞無幾，姑就所得者錄之，標硃於旁，以備參證。（通世曰，『此本易硃拄以墨柱』。）四方君子各據所知增之，庶可補其缺略。

五服異同彙考目錄

卷之三

五服異同彙考卷之一

至親之服

爲父，女子子在室爲父，女子子嫁反在父之室爲父：（女在室與嫁而反在室者爲母昆弟，皆當與男子同。然不言者，此章已發凡舉例，故後皆從省）

禮經喪服篇竝斬衰三年。唐中書令蕭嵩等修開元禮，宋朱子纂家禮（無女子子在室嫁反之文；惟本宗圖註云『姑姊妹女子子在室服竝與男子同；嫁反者亦同，』）明翰林學士宋濂等著孝慈錄竝因之。

【孟子】『三年之喪，齊疏之服，飦粥之食，』與此經似小異。

父卒爲母：經，齊衰三年。開元禮，家禮（圖註別出『爲嫡母』）竝因之。 明改斬衰三年。

父在爲母： 經，齊衰杖期。 開元禮改齊衰三年。 家禮因之。 明復改斬衰三年。

【唐書禮樂志】『上元元年，武后請父在服母三年。 開元五年，右補闕盧履冰言「禮，父在爲母期而服三年，非也。 請如舊章。」 乃詔幷議舅及嫂叔服，久而不能決。 二十年，中書令蕭嵩等改修五禮，於是父在爲母齊衰三年。』

【明史禮志】『洪武中，貴妃孫氏薨，敕禮官定服制。 禮部何書牛諒等奏曰，「儀禮，父在爲母服期年；若庶母則無服。」（按父在爲母之服，唐已改爲三年，庶母之服經與唐宋皆緦而此云然，未詳。） 太祖曰「父母之恩一也，而低昂若是，不情甚矣！」 乃敕翰林院學士

父母恩同義異

宋濂等考定喪禮，立爲定制。子爲父母，庶子爲其母皆斬衰三年。嫡子，衆子爲庶母皆齊衰杖期。』

按，經爲父斬衰三年而爲母則齊衰三年，非薄母也，乃尊父也。古者家無二尊，服無二斬。斬也者，明所從也；古未有爲婦人斬衰者也。父母之於子也恩雖同而義異，故子之服之也三年雖同而齊斬異。惟其同也，故曰『父兮生我，母兮鞠我；欲報之德，昊天罔極，』曰『父母在，不遠遊，』曰『事父母幾諫』——皆主乎恩而言之也。惟其異也，故曰『父在觀其志，父沒觀其行，』而不曰『母在觀其志，』且曰『夫死從子』矣——此主乎義而言之也。孝經曰，『資於事父以事母而愛同。資於事父以事君而敬同。故母取其愛而君取其敬，兼之者父也。』由是言之，三年之同，自恩生也；齊斬之異，由義別也。孟子曰，『天之生物也，使之一本。』人姓父之姓而不姓母之姓。由父之父而遞推之，百世皆吾祖也；由母之母而遞推之，三世之外有不知其誰何者矣。父雖別娶妻皆當以事母者事之；母若別嫁夫，則不得以事父者事之。何者？一本故也。此所以爲父斬衰而爲母止於齊衰也。且夫齊衰也者，非謂可以薄於母也。孔子曰，『子生三年，然後免於父母之懷；夫三年之喪，天下之通喪也。』閒傳曰，『父母之喪，既殯食粥，』又曰，『父母之喪，居倚廬，寢苫枕塊，不稅絰帶，』皆統父母言之。而他齊衰之喪則但云『疏食飲水，居堊室，芐翦不納』矣。然則父母之喪未嘗異也，所異者獨齊與斬耳。哀之隆殺固不在於斬與不斬也。曰，斬之與齊誠如是矣；父在，降而爲期，毋乃薄乎？曰，服雖降而爲期，其他一惟人子之所自盡，不禁之也。是以謂之『心喪。』古者朝無二尊，家亦無二尊。故入公門則脫齊衰，明有尊也。父既釋凶而從吉矣，子安敢以衰絰侍其側哉！古者妻之喪，夫主之；適子之喪，父主之：其練祥禫之月皆以主喪者爲斷。父既祭而除矣，子將再練再祥而再禫乎，是家有二主矣。春秋傳，昭公十五年，穆后崩，太子壽卒，叔向曰『王一歲而有三年之喪二焉，』是古亦嘗有爲妻三年者也。爲妻三年則子得服三年之服；爲妻期則子亦期而除。此特一家之體則然，豈謂人子於期之外遂可公然食稻衣錦，宴樂無忌也哉！且夫武曌之爲此議，欲諷朝臣使之尊后如尊帝耳。其意與趙高指鹿冒頓鳴鏑之事正同。故未幾而二聖臨朝矣，未幾而改唐爲周矣。彼肅嵩者不之悟耳！此五服所最重，古今更變之尤大者，故詳記其沿革，并推古禮之意如右。

說並見後庶子爲父後者爲其母條下。

庶子爲其母：經，開元禮皆統於母省。家禮別出此文，齊衰三年。明改斬衰三年。

庶子爲父後者爲其母：經，緦麻三月。開元禮、家禮因之。明不分爲父後與否，凡庶子皆爲其母斬衰三年。

晉升平四年，太宰武陵王所生母喪，表求齊衰三年。詔聽依昔樂安王故事，制大功九月。興寧三年，梁王瓊所生母喪，亦求三年。詔依太宰故事，同服大功。

晉太元十七年，太常車允上言『自頃開國公侯至於卿士，庶子爲後，各肆私情，服其庶母，同之於嫡，溺情傷敎。宜崇明禮訓，以一風俗。』十八年，尚書奏『禮，庶子與尊者爲體，不敢服其私親，此尊祖敬宗之義。宜聽允所上，可依樂安王大功爲正。班下內外，以定永制。』詔可。

明襄莊王厚熲事嫡母王太妃及生母潘太妃以孝聞。潘卒，殯之東偏。王太妃曰，『汝母有子，社稷是賴，無以我故避正寢！』厚熲泣曰，『臣不敢以非禮加臣母！』及葬，跣足扶櫬五十里。

按，庶子既爲父後，則與尊者爲一體，不敢服其私親。父爲妾緦，故子亦爲

庶子爲父後者

爲其母緦之故

之服緦也。然特其服然耳，其他一惟人子之所自盡，不禁之也。師無服也猶可爲之心喪三年，況有緦之服乎！然必降之使服緦者何也？服者，非第所以辨親疏也，亦所以別尊卑。是以有正服，有加服，有降服，服不皆以情爲斷也。服者，一家之體，公也；人子之所不敢自專者也，明有尊也。哀者，一人之情，私也；人子之所得以自盡者也，明有親也。聖人制禮，不以公廢私，亦不以私妨公。降之爲緦，乃別嫌明微之深意，以坊後世之廢公義而重私恩者也。後人不達此意，乃徇情以爲服，公私之辨亡矣！是以後唐太妃太后之尊有明離葬合葬之議，皆倒行而逆施之，由不知公私之辨故也。說竝見前爲母條下

爲繼母：經如母。（父在，齊衰杖期；父卒，齊衰三年。）開元禮亦如母，改父在父卒竝齊衰三年。家禮因之。明復改竝斬衰三年。

爲慈母：經如母。（父在，齊衰杖期；父卒，齊衰三年。）開元禮亦如母，改父在父卒竝齊衰三年。家禮因之。明復改竝斬衰三年。

慈母必有鞠育之恩

按本傳云『慈母者何也? 妾之無子者妾子之無母者，父命妾曰「女以爲子，」命子曰「女以爲母。」』 小記云『爲慈母後者，爲庶母可也，爲祖庶母可也。』 然則慈母不必拘於爲父之妾：要必其人無子，以己爲子而鞠之者，乃可喪之如母。 傳所謂『女以爲子』者，正謂其有鞠育之恩而無他子可倚，非但空空一言已也。 傳以其服過重，故以『貴父之命』釋之。 鄭氏乃謂『不命則服庶母慈己之服，』家禮亦云『不命則小功，』殊失本傳之意。 說竝見後爲庶母慈己條下。

曾子問之慈母別一義

曾子問篇『古者男子外有傅，內有慈母，君命所使敎子也，何服之有！』與此傳文慈母不同，有服無服亦異。 竊疑古者雖有爲慈母服之說，然無明據，儒者疑其過重，故各以己意而爲之說，未可決知其孰是也。 註乃曲爲之解，殊屬附會。

爲妻 古本三年。 經，齊衰杖期。 開元禮家禮明竝因之。

古爲妻服亦三年

【春秋傳】『昭公十五年夏六月乙丑，王太子壽卒。秋八月戊寅，王穆后崩。晉叔向曰，「王一歲而有三年之喪二焉。」』

按春秋傳文則古者爲妻亦服三年也。蓋至親莫如父母，次則妻與長子，其喪又皆自主之，非若昆弟之自有其子以主喪也，故服皆以三年。而經乃言期者，蓋其後之所改。記云，『孺悲學士喪禮於孔子，士喪禮於是乎書，』則此經乃後儒之所記，非周初之所作矣。或者以婦人之故，不欲以大喪喪之乎？不欲其齊於父母而踰於昆弟乎？此其義亦未嘗非也。主喪者既改爲期，則十一月而練，十三月而祥，其子自不能服三年。故父在則爲母期，統於尊也。然則爲妻三年之時子爲母雖父在亦必三年明矣。蓋尊尊親親，禮之大體，故練祥禫皆以主喪者爲斷：主喪者三年（爲長子，及古之爲妻），然後其子得以三年；主喪者期（經爲妻），則其子亦僅期。後世不達此意，輕於改古，遂致主喪者自服期而其子自服三年，練祥禫之日莫知所從，尊卑之分淆矣。按古爲妻雖服三年，若父母在亦不得服。

爲妻杖不杖之三説

【家禮附錄】『楊氏云「不杖期章當添『父母在爲妻』一條。」』（別本亦有增入之者。）

按，傳記爲妻杖不杖之說三。『大夫之適子爲妻，』傳云，『父在則爲妻不杖。』經言適子而傳無分適庶明文：不知傳謂適庶同邪？抑但適子爲然歟經文而省其詞邪？ 小記云，『父在，庶子爲妻以杖即位可也。』云『庶子爲妻可，』則是惟適子爲妻乃不可也。 云『庶子以杖即位可，』則是適子但以杖即位不可，非杖即不可也。 此說於義爲長。 不知與本傳所傳各異邪？抑彼所言者大夫而此所言者士邪？ 唯雜記云，『爲妻，父母在，不杖不稽顙，』不分適庶，雖母在亦不杖與他篇文大異。 夫舅主適婦之喪故子不敢以杖即位，辟父也；庶婦之喪，舅所不主，母則原不主喪，不知其子何嫌何疑而不杖？ 故陳氏雜記註云，『此謂適子妻死而父母俱存者。 若父沒母存，則子可以杖，但不稽

庶子不爲長子三年之可疑

明改長子服而

顈耳。此幷言之。讀者不以詞害意可也。』由是言之，雜記之言未可爲正。是以朱子家禮無之。增之非是。

爲長子：經，斬衰三年。開元禮家禮竝因之。明改齊衰期。

【本傳】『庶子不得爲長子三年。』

按古者庶子之喪，其子主之；長子之喪，父主之。父既自主之矣，則十三月而練，二十五月而祥，中月而禫，主喪者固不能不三年也。今本傳謂『庶子不爲長子三年，』然則其練祥禫之祭，亦如庶子之父，不自主而令其子主之乎？抑不以三年喪之，亦如妻之十一月而練，十三月而祥，十五月而禫乎？爲妻之期而除也，其子亦期而除。若爲長子亦期而除，不知長子之子當如何服也？傳記既皆不言，開元禮家禮亦未語及，余竊有疑焉。故表而出之，以俟達於禮者決之。

按經爲長子雖服三年，若父在亦不得服。

按長子與妻分同，故古皆爲三年。爲妻改期而爲長子仍服三年，輕重不

不改衆子適婦服之疏

古禮體卑承尊之精意

倫。明之改而爲期，是也。顧長子既改爲期，則衆子與適婦亦當改爲大功；而仍皆爲服期，親疏無別，適庶同條，可乎！且長子之喪，父主之，既改爲期，則當以十一月練，十三月祥矣，長子之子當如何服；抑令其子自主其喪如庶子乎？不知當時議禮之臣將欲何從？噫，亦疎矣！

蓋古之所謂禮者，非但儀文器數之末已也，國有國之體制，家有家之體制，尊者通其情，卑者守其法，務使尊卑相就，聯爲一體。故不但卑幼有爲尊長抑其情者，雖尊長亦有爲卑幼伸其意者。夫爲妻期，則子爲母不敢以三年；君爲妾緦，則庶子爲父後者爲其母不敢以三年，並不敢以期：此爲尊長而抑其情也。子不忍不爲父三年，故父亦爲長子三年；庶子不可不爲母緦，故士妾有子而爲之緦，無子則已：此爲卑幼而伸其意也。禮經喪服一篇雖非周公所作，其中亦未必無一二之可議，要其體制秩然，以尊體卑，以卑承尊，猶可見三代聖人之遺法。後人輕於改古，未必無一二之勝於古人，而一家之中各行其意，父自服此子自服彼家有二尊，喪有二主，尊卑若不相統屬者，體制之意徵矣！

妻爲夫：經斬衰三年。開元禮家禮明竝因之。

母爲長子：經，齊衰三年。開元禮家禮（圖註別出『嫡母爲長子』）竝因之。明改齊衰期。開元禮別出繼母爲長子齊衰三年。家禮因之。明改齊衰期。

改葬服緦之人

附 改葬：經無文。本記補，緦。開元禮同。家禮明竝無文。

按本記不言何人爲緦。鄭註云『臣爲君也，子爲父也，妻爲夫也』。孔疏益以『子爲母，父爲長子』，開元禮益以『子爲母，妾爲夫』（當云『君』，或云『家長』；云『夫』非是），是已。然爲祖父母，爲舅姑，爲女君，女子子爲其父母，服雖期而義實重；妻之喪夫主之，母爲長子，妾爲君之長子，服皆齊衰三年：皆不容以無服。然則鄭註但舉其重者以該之，固當不僅此數者而已也。

同堂之服

（古謂之『同室』。孔疏云，『大功有同室同財之義，』是也。今謂之『同堂』。）

爲祖父母：

經，齊衰期。開元禮家禮明並同。

【本傳】『父卒，然後爲祖後者（謂適孫，家禮謂之承重）服斬（亦三年）。』開元禮家禮明並同。

【小記】『祖父卒而後爲祖母後者（家禮謂之爲祖母承重）三年（亦齊衰。祖父在，則亦齊衰杖期）。』開元禮家禮並同。明改祖在祖卒並斬衰三年。

按，本傳稱『爲祖後者服斬，』謂適孫也。適孫者何？長子所生之子，故稱爲適而使之承重也。近世不達此義，長子無子而以他人子爲後者亦使之

適孫承重與主喪

承重主喪，謬矣！　吾鄉曹培眞先生（諱養元，號松岩）嘗言『長子無子而衆子之子無可繼者，不得已而繼同祖或同曾祖兄弟之子，皆當仍以次子主喪爲正，』可謂準情酌理，至當不易之論。　余因其說推之，不但繼他人之子不當使之主喪，即繼次子之子，而其子亦不得主喪，仍當以其父主喪也。　是故適孫承重，必長子所生之子乃可。　若別立嗣子，自當仍擇其親者尊者主喪，而不得以疏間親，以卑踰尊。　所謂『禮本乎人情』者，此也。　又如長子之子尙幼，不能主喪盡禮，與其使人抱之而代之拜，則何如使次子主喪盡禮之爲愈乎！　凡若此類，考禮者皆當爲論以明之，以補前人之所未及。　余又嘗考古人立後之法本不拘於適孫，故外丙以庶子繼成湯，仲康仲壬以弟繼兄，文王舍伯邑考之子而立武王，微子舍其孫腯而立微仲。　春秋以降，始有立適孫之說。　然必長子所生之子乃可謂之適孫，非取他人子强以繼長子，遂可冒名爲適孫也。　大抵古人尙實而不尙名，貴眞而不貴僞，故無適孫則立庶子，無庶子則立弟。　是以庶子承祧，兄弟相爲後者，多不可紀。　自漢王莽貪立幼主以濟其惡，乃持兄弟不相爲後之議，而曹操殺人綦多，遂以疏族承祀爲常。　由是後人爲其所惑，漸至親疏顛倒而不之悟；强取他人之子，名曰適孫，使之主喪承祀；而其人之親子親孫反不得與其數。　悖禮傷敎，於斯極矣！　甚至陳留孝靜，以及宋之度宗，皆以子臣其父。　在廷豈無儒臣，而皆視爲當然，恬不知怪；較之龐勛，亦何異焉！　嗟夫，莽操之人，駔儈之徒所羞稱也，而莽操之禮，則衣冠之族莫不遵之，其亦可歎矣夫！　此五服之要義，而開元禮家禮皆未言及此，豈當日此風尚未盛行乎？　故今補而論之。

宋制許庶子承重之得

宋熙寧八年元豐三年制，「無傳襲封爵者，嫡子死，庶子承重。　無庶子，嫡孫始承重。　無嫡孫則庶孫承重。　曾孫以下準此。」

按適子卒，則以適孫爲後，禮也。　適孫幼，或不賢，有國家者恐其不克負荷而立庶子，義也。　無故而立庶子，非也。　況無傳襲封爵，何爲而必不使適孫得

失

承重乎？然較諸近世以他人子爲長子後而承重主喪者，猶爲彼善於此。故今附列於後，得失是非之數，必有能辨之者。

庶子之子爲父之母：經開元禮竝省。家禮補齊衰期，而爲祖後則無服。宋寶元二年制，『庶子之子，父卒，爲父之母齊衰三年。』

爲世父母，叔父母：經齊衰期。開元禮增『爲姑在室者，』服同。家禮明竝同。

晉右僕射鄧攸，永嘉末，過泗水，遇賊，步走，擔其兒及其弟子；綏度不能兩全，乃棄其子而去之。卒以無嗣。弟子綏服攸喪三年。

爲昆弟：經齊衰期。開元禮增『爲姊妹在室者，』服同。家禮明竝同。

開元禮增姑姊妹等在室服之非

爲衆子：（婦人爲子孫服，惟長子與夫異，餘竝與其夫同，故自爲長子外俱不別出。）經，齊衰期。開元禮增『爲女子子在室者』，服同。家禮（圖註別出『嫡母爲衆子』）明竝同。家禮圖註別出『繼母爲衆子齊衰期』，明同。

按，經爲姑姊妹女子子服者，不別出在室之文。蓋古者二十而嫁，未及二十則爲殤，是以大功章云『姪丈夫婦人報』，小功章云，『從母丈夫婦人報』，言所爲服者皆已嫁之女，未嫁者不在此數也。且女子未嫁者爲伯叔父大功，而男子爲姑未嫁者期，兩相比照，亦殊不倫。開元禮因經文大功章有『爲姑姊妹女子子適人』之文，遂疑別有在室之服而增之；恐於古禮未合。

妾爲其子：經，士妾統於『爲衆子』，省。公大夫妾不降，亦齊衰期。開元禮別出此文，服同。家禮明竝同。

爲適孫：（本傳云，『有適子者無適孫，』然則此爲之者乃長子早亡者之父。） 經，齊衰期。 開元禮家禮明竝同。

爲姑姊妹女子子適人者： 經，大功九月。 開元禮同。 家禮，女適人者爲其私親皆降一等，私親之爲之也亦然，則此服當亦同（以後概不復註者以此例推之。） 明與開元禮同。

爲姑姊妹女子子適人無主者： 經，齊衰期。 開元禮家禮竝同。 明缺。

爲從父昆弟： 經，大功。 開元禮同。 家禮增『爲從父姊妹在室者，』服同。 明同。

家禮增從父姊妹在室服之非

按，經小功章從父姊妹條，孔疏不連下文爲義，謂『在室與適人同服，』於義似長。 家禮補之，恐未合。 說已見前爲世叔父母昆弟，衆子條下。

爲昆弟之子服期之故家禮圖增昆弟之女之服之非

爲昆弟之子：經，齊衰期。開元禮家禮竝同。家禮本宗圖增『爲昆弟之女子子在室者，』服同。明同。

爲夫昆弟之子：經，齊衰期。開元禮家禮竝同。家禮圖增『爲夫昆弟之女子子在室者，』服同。明同。

按，爲從父昆弟大功，爲庶孫大功，則爲昆弟之子與爲夫昆弟之子亦當大功矣。然而期者，因其爲伯叔父母期，以旁尊故報之也。

按，經昆弟之女及夫昆弟之女，雖未嫁，爲伯叔父母皆服大功；而家禮圖乃增伯叔父母爲之服期：服之顚倒，莫甚於此。說竝見前爲世叔父母昆弟衆子條下。

爲庶孫：經，大功。開元禮同。家禮增『爲女孫在室者，』服同。明與開元禮同。

家禮增女孫在室服之非

經于昆弟子女之服疑有缺文

明制之不稱

經不別出『女孫在室』之文，家禮增之，恐未合。說已見前諸條下。

爲從父姊妹適人者：經，小功五月。開元禮、明，竝同。

爲昆弟之婦人子適人者：經無文。開元禮補，大功。明同。

爲夫昆弟之婦人子適人者：經，大功。開元禮、明，竝同。

按，經爲昆弟之女適人者無文，而爲夫昆弟之女適人者大功；爲從祖昆弟之子緦，而爲夫從祖昆弟之子無文。不知經有缺文與？抑以爲男女各自爲服，不必相爲服與？但爲族父母服同，女子子嫁者爲伯叔父母服亦同，又似不應區別。開元禮以來補之，近是。

爲孫適人者：經，小功。開元禮、明，竝同。

按，禮期於相稱。禮爲長子三年，故爲衆子期。明爲長子期，則爲衆子亦當大功。爲昆弟之子與夫昆弟之子及適孫，妾爲其子，皆當服大功，不當服期矣。爲庶孫，爲昆弟及夫昆弟之女子子適人者，皆當服小功，不當服大功矣。

爲孫適人者，當服緦，不當服小功矣。且爲昆弟期而爲己之衆子僅大功，是親其兄弟甚於親其子，漢明帝所謂『我子安得與先帝子比』者也。以此敎孝，以此敎友，寧不足以垂訓？不知明諸臣何以改於彼而不改於此也？

同族之服

爲曾祖父母：經，齊衰無受者。開元禮改齊衰五月。家禮明竝同。

【家禮】爲曾祖父承重斬衰三年。明同。

【家禮】爲曾祖母承重（曾祖父卒，）齊衰三年（曾祖父在，缺）。

明改不論曾祖父卒在，並斬衰三年。

爲從祖祖父母：經，小功。開元禮增『爲從祖祖姑在室者，』

服同。家禮明竝同。

爲從祖父母：經，小功。開元禮增『爲從祖姑在室者，』服同。家禮明竝同。

爲從祖昆弟：經，小功。開元禮增『爲從祖姊妹在室者』與『從祖姊妹在室者報，』服竝同。家禮明竝同（不言昆弟姊妹孰爲之服；以例推之，蓋與開元禮同。下『爲從父昆弟之子，』『爲昆弟之孫，』竝同，不復註。）

開元禮增從祖姑等在室服之非

按，經緦麻章云『父之姑，』不言在室與適人者。敖氏集說云，『但據已適人者言之，其意與姑爲姪者同，』蓋謂屬疎，故在室時即逆降也。余按，古者二十而嫁，十九以下爲殤，故但有爲適人者之服而無爲在室者之服。然則『從祖姑，』『從祖姊妹』雖據適人者言之，其實此外別無未適人之服也。

開元禮增之非是。大抵古人服少而實服，後人服多而實不服。實服，則勢不能多而亦不必多。實不服，則不難於多而究無取於多，勢必幷其應服者而亦不服焉已耳。說竝見前爲世叔父母昆弟衆子條下。

爲從父昆弟之子：經，『從祖父報，』小功。開元禮增『從祖姑報，』服同。家禮同（女在室者，俱無明文。以下四條竝同。）圖增『爲從父昆弟之女在室者，』服同。明同。

爲夫之從父昆弟之子：經，『從祖母報，』小功。開元禮家禮竝同。家禮圖增『爲夫之從父昆弟之女在室者，』服同。明同。

爲昆弟之孫：經，『從祖祖父報，』小功。開元禮增『從祖祖姑報，』服同。家禮同。圖增『爲昆弟之女孫在室者，』服同。

家禮圖增從父昆弟之女在室服之非

從祖姑等不應有在室報服

明同。

爲夫之昆弟之孫：經，『從祖祖母報，』小功。開元禮家禮竝同。家禮圖增『爲夫之昆弟之女孫在室者，』服同。明同。

按經女之父黨但有爲適人者之服，而無爲在室者之服——前於從祖祖父母，從祖父母，從祖昆弟條下已言之矣，——況從父昆弟及夫從父昆弟之女子子昆弟及夫昆弟之女孫，其情疏，其分卑，尤非諸祖姑之所可同日而語者乎！家禮圖增之非是。

從祖祖姑，從祖姑不應別出在室之服，則亦不應別出在室之報服矣。說已見前從祖祖父母三條下。

爲曾孫：經，緦。開元禮家禮明竝同。家禮增『爲適曾孫』齊衰期。

爲從祖祖姑：（經云『父之姑』）經，緦。開元禮，適人者緦。明同。（家禮本宗圖祖姑嫁無服，蓋誤。）

爲從祖姑適人者：經，緦。開元禮明竝同。

爲從祖姊妹適人者：經，緦。開元禮明竝同。

爲從父昆弟之婦人子適人者：經無服。開元禮增，緦。明同。

爲夫從父昆弟之婦人子適人者：經無服。開元禮明竝同。（家禮無文，似爲服緦。）

爲昆弟之女孫適人者：經無服。開元禮增，緦。明同。

爲夫昆弟之女孫適人者：經無服。開元禮明竝同。（家禮無文，似爲服緦。）

開元禮增從父昆弟之女等服之非

按經，尊長爲卑幼服緦者甚少，『族曾祖父母，』『族祖父母』皆不報，惟『從祖昆弟之子』以屬疏而年相若報之，『曾孫』以己之後裔服之，則似爲從父昆弟之女子子昆弟之女孫適人者原無服，非缺也。開元禮以來增之，非是。說詳後章爲從父昆弟之孫四條下。

爲高祖父母：經統於曾祖父母，省。開元禮別出此文，改齊衰三月。家禮明並同。

【家禮】爲高祖父承重，斬衰三年。明同。

【家禮】爲高祖母承重（高祖父卒，）齊衰三年（高祖父在，缺。）明改不論高祖父卒在，並斬衰三年。

爲族曾祖父母：經，緦。開元禮增『爲族曾祖姑在室者，』服同。家禮明並同。

族祖姑等不應有在室之服

爲族祖父母：經，緦。開元禮增『爲族祖姑在室者，』服同。家禮明並同。

爲族父母：經，緦。開元禮增『爲族姑在室者，』服同。家禮明並同。

爲族昆弟：經，緦。開元禮同。家禮增『爲族姊妹在室者，』服同。明同。

族曾祖姑，族祖姑，族姑，族姊妹，不應別出在室者之服，說已詳前從祖祖父母，從祖父母，從祖昆弟條下。

爲從祖昆弟之子：經，緦。開元禮增『族姑在室者報，』服同。家禮同（女在室者俱無明文。以下六條並同。）圖增『爲從祖昆弟之女在室者，』服同。明同。（家禮明並不言孰報，蓋與開元禮同。下『爲從父昆弟之孫，』『爲昆弟之曾孫，』並同，不復註。）

爲夫從祖昆弟之子： 經無文。 開元禮補，緦。 家禮同。 圖增『爲夫從祖昆弟之女在室者，』服同。 明子同（女在室者缺。）

說已詳前篇爲昆弟之婦人子兩條下。

爲從父昆弟之孫： 經無服。 開元禮增，緦。 又增『族祖姑在室者報，』服同。 家禮同。 圖增『爲從父昆弟之女孫在室者，』服同。 明同。

爲夫從父昆弟之孫： 經無服。 開元禮增，緦。 家禮同。 圖增『爲夫從父昆弟之女孫在室者，』服同。 明同。

爲昆弟之曾孫： 經無服。 開元禮增，緦。 又增『族曾祖姑在室者報，』服同。 家禮同。 圖增『爲昆弟之曾女孫在室者，』服

族祖父母等不報之故

同。明同。

爲夫昆弟之曾孫：經無服。開元禮增緦。家禮同。圖增「爲夫昆弟之曾女孫在室者」服同。明孫同（女孫在室者缺。）

按經，『從祖祖父母』『從祖父母』皆報，而『族曾祖父母』『族祖父母』皆不報。自開元禮以來，皆增報服，似疑經之有缺文者。余按本記云，『童子惟當室緦』是卑幼爲尊長應服緦者非盡人服之也。尊長之於卑幼，則其情輕矣；卑幼較之於尊長則其人益衆矣：若族曾祖父母族祖父母皆報，將有不勝其服者。然則經之不報，或以此故，非缺文也。獨出『從祖昆弟之子』之服者，蓋族父母與從祖昆弟之子年相若者居半，其屬又疏，疑以此故未便直以卑幼待之故爲之報服耳。開元禮以來概增報服，恐非古人之制。大抵古禮所無者非有顯然之據，必不可已之節，不必輕補之。至家禮圖又增爲女在室者之服，尤屬無謂。說已詳前爲從祖祖父母從祖父母，從祖昆弟條下。

族祖姑等不應有在室報服

五服皆應有厭降

族曾祖姑，族祖姑，族姑，不應有在室之服，則亦不應有在室之報服矣。說已見前族曾祖父母四條下。

爲玄孫：經無服。開元禮增緦。家禮明並同。家禮復增「爲適玄孫」齊衰期。

附 丈夫婦人爲宗子，宗子之母妻：經，齊衰無受者。開元禮家禮明並删。

【本傳】「宗子之母在，則不爲宗子之妻服。」

【本記】「宗子孤爲殤，大功衰，小功衰，皆三月。親，則月算如邦人。」

按，經所記降服，「公子，」「大夫，」「大夫之子，」「爲人後者，」「女子子適人者，」凡五。其他平人厭降之服，唯「父在爲母，」「庶子爲父後者爲其母』而已。　然非獨母然也；自父以降，母爲最重，故獨於母言之，於其輕者則略之耳。　本傳云，『庶子不得爲長子三年』又云，『有適子者無適孫，』然則長子適孫之服亦非盡人而服之矣。　亦非獨長子適孫然也；自母以外，長子適孫爲重，故傳補而言之，亦於其輕者略之耳。　考經文，士之服，三年者四，期者十有八，齊衰無受者五，大功者七，小功者十有五，緦者三十，而遭變故服他服者不與焉。　自大功以下，其人益多，多者或至二三十人（若從祖昆弟，族昆弟之屬），計所爲服者不下一二百人。　其卒於未生以前及身後者，與同時而爲兩人服者，約十分去其七，尚不下二三十年在喪服中。　然則同堂伯叔父母昆弟以降，或父在而子卒，或姑在而婦卒，或夫在而妻卒，亦必皆有厭降之說，而經傳皆未之詳也。　傳云，『宗子之母在，則不爲宗子之妻服。』　『爲君之祖父母』傳云，『父卒，然後爲祖後者服斬。』　是亦言君之父在則不爲君之祖父母服也。然則五服之人皆有厭降，可例推也。　自開元至明，服益以增，而亦未有能推厭降之詳者。以余目之所見，有一人而終身於喪服中者，有十年而斬衰居其五六年者。是以今世之人未有能行古喪禮者，此固勢之所至，非盡人情之薄，雖聖人亦無可奈何者也。

外姻之服

爲外祖父母：經，小功。開元禮、家禮明竝同。

【小記】「爲母之君母，母卒則不服。」

【本傳】「出妻之子爲母期，則爲外祖父母無服。」

爲從母：經，小功。開元禮、家禮明竝同。

爲舅：經，緦。開元禮改小功。家禮明竝同。

【本記】「庶子爲後者爲其外祖父母，從母，舅，無服。不爲後，如邦人。」家禮同。

晉郗鑒値永嘉喪亂，在鄉里甚窮餒。鄉人以鑒名德傳，共飴之。時兄子邁，外甥周翼竝小，常攜之就食。鄉人曰：「各自饑困，以君賢，欲共相濟耳，恐不能兼有所存。」鑒於是獨往食訖，以飯著兩頰邊，還吐於二兒。後竝得存，同過江。邁位至護軍；翼爲剡縣令。鑒之薨也，翼追撫育之恩，解職而歸，席苫心喪三年。

【唐書禮樂志】「太宗嘗以同爨緦而嫂叔乃無服，舅與從母親等而異服，詔侍中魏徵，禮部侍郎令狐德棻等議「舅爲母族，姨乃外戚它姓，舅固爲重，而服止一時，姨喪乃五月，古人未達者也。」於是服曾祖父母齊衰三月者增以齊衰五月；適子婦大

加舅服當減從母服

功增以期；衆子婦小功增以大功；嫂叔服以小功五月；報其弟妻及夫兄亦以小功；舅服緦，親與從母增以小功。」

按古母族之服由母推之。從母與母同居閨中而舅在外，故爲從母服重，爲舅服輕。後世時勢不同，甥多見愛於舅：爲舅加服，時也，卽禮也。然從母之情較疏，既加舅之服，卽當減從母之服爲緦，而從母昆弟不相爲服。乃自唐以來，但有加服而無減服，服逾於古者幾十倍。豈古人之情獨薄而後人之情獨厚與？然則名爲有服而實無服，名爲加之使重而幷求其如古人之輕者而不可得，夫亦何待言耶！

開元禮報甥婦而不服舅妻之疏

爲舅之妻：經無服。開元禮家禮明竝無文。

按開元禮，夫之舅爲甥婦報緦，而甥爲舅之妻無服：此議禮者之疏也。古者妻從夫服，皆降一等；夫黨之爲之服也亦然。唯伯叔母服乃與其夫同。竊意，其初本亦降夫一等，其後因有撫育之恩而服乃與昆弟之子婦同，爲不倫，遂加爲期，而從祖母族母因而遞加焉耳。其他無不降夫一等者。經爲舅僅服緦，降舅一等則無服矣，是以爲舅之妻無服。恩以漸殺，理之自然，非古人之故靳之也。唐太宗與魏鄭公旣改舅之緦爲小功矣，則舅妻之無服亦當改而爲緦，始與親疏相稱，而當時之君臣慮偶不及於此。猶之乎甥爲舅服小功，已改與從母同，而舅報甥服緦，猶與從母異也。舅之報服，偶有長孫無忌者憶念及此，遂亦改爲小功；而舅妻之服偶未有及之者，遂因循而未改。蕭嵩等不能舉一反三，增爲舅妻之服，已爲疏漏，乃反獨增甥婦之報服。輕重失倫，親疏倒置，莫此爲甚！何者？舅妻之與甥婦猶伯叔母之與昆弟之子婦也，伯叔母之服期，而昆弟之子婦大功，然則甥婦之服當降舅妻一等。使之同，且不可，況甥婦有服而舅妻反無服乎！然此非其所見之偏，由於議禮之時志慮粗疏，見此忘彼，不能互相比照以致乖舛。猶之乎婦爲舅姑服期，故夫爲人後則婦爲其舅姑大功，宋旣改婦爲舅姑三年，與夫服同，而爲人後者之妻猶爲舅姑大功而未之改也。猶之乎爲衆子期而獨爲長子三年，故爲庶婦大功而獨爲適婦期，明旣改爲長子服期與衆子同，而猶爲適婦服期而未之改也。而家禮註乃引朱子之言曲爲之解云『先王制禮，父族四，母族三，恩止於舅：故從母之夫，舅之妻，皆不爲之服，推不去故也。』夫父族之伯叔父，從祖父，乃至於族父，皆可以推及於其妻，何以獨舅之妻則推不去？夫舅之與甥婦，生不相見，情相遠，勢相隔，禍福了不相關，乃反可以推而爲之緦；甥之幼也，往往隨母居于舅家，舅之妻保抱攜持，縫紝飲食，其劬勞况瘁，豈族父之妻所可同，間亦有過于伯叔母者矣，乃反謂之推不去而不得爲之服：何其悖也！且夫以從母之夫而較舅之妻，猶以姑之夫而較伯叔父之妻也：姑之夫無服而伯叔父之妻乃服期，姑之服大功而其夫無服，族祖父族父之服緦而其妻反有服，是何也？古者妻從夫服，夫不從妻服。易曰，『夫子制義，從婦凶也。』妻黨之爲之服，亦如是而已矣。故惟妻之父母與壻乃相爲服，其他皆無。如之何其可以從母之夫例舅之妻乎哉！

此似不見古經與唐志者之所爲說，非朱子之言。或其門人之說，託於其師以爲重者，亦未可知。不然，則朱子一時之誤也。余自垂髫時，卽數數聞先生長者言甥婦有服而舅妻無服爲親疏之倒置，故本其意爲說，幷爲原其所以缺漏之由，而附識於此。

爲君母之父母從母：

經，小功。開元禮家禮竝同。明缺。

爲君母之昆弟：

經緦。開元禮改小功。家禮同。明缺。

【小記】『爲君母後者，君母卒，則不爲君母之黨服。』家禮同。

按小記之言，則是爲君母之黨服者乃爲君母後者也。爲後者始服，則不爲後者之無服可知也。本經記云，『庶子爲後者爲其外祖父母從母舅無服。不爲後，如邦人。』蓋古者爲母黨無兩服：爲君母之黨服則不爲其母之黨服矣，旣爲其母之黨服則亦不爲君母之黨服矣。服問云，『爲其母之黨服則不爲繼母之黨服，』亦無兩服之義。故鄭氏云，『雖外親，亦無二統。』開元禮

外親亦無二統

以來皆未言及此，故今補而明之。

【服問】『母出，則爲繼母之黨服（繼母之父母從母並小功，繼母之昆弟緦。）母死，則爲其母之黨服。爲其母之黨服，則不爲繼母之黨服。』開元禮家禮並同（並小功。）

【小記】『爲慈母之父母無服。』

爲從母昆弟：經，緦。開元禮增『從母姊妹』（在室適人蓋同。）服同。家禮同。明但云『爲姨之子』（姊妹在內與否無明文，）服同。

爲舅之子姑之子：經，緦。開元禮家禮明並同。

從母姊妹服可無增

按經，爲族昆弟服緦，爲族姊妹無服，則此從母姊妹之服似亦可以無增。如增此服，則舅與姑之女子子皆當增矣。

婦人爲姊妹之丈夫婦人子：經，小功。開元禮『爲從母報。』

母黨所爲服亦必有別

家禮明但云『爲姊妹之子』（婦人子在內與否無明文）服並同。

爲甥：經，緦。開元禮改小功。家禮同。圖別出『爲甥女』服同。明統於『爲姊妹之子』（女甥在內與否亦無明文）服同。

【唐書禮樂志】『太宗嘗以舅與從母親等而異服，詔侍中魏徵等議，舅服增以小功。（事詳前爲舅條下。）然律疏舅報甥服猶緦。顯慶中，長孫無忌以爲「甥爲舅服同從母，則舅宜進同從母報。」』

爲外孫：經，緦。開元禮家禮明竝同。

按本經記小記服問諸篇，爲母黨服者有『君母，繼母，』『爲後，不爲後，』『母卒母出』之分，則母黨爲之服者亦必有此數者之分，記省文耳。如女係妾所生，則女卒之後，女之君母不爲外孫服；如外孫係庶子爲後者，則君母之黨爲之服而其母之黨不爲之服；非爲後者，則其母之黨爲之服而君母之黨不爲之服。如女係繼室，而其夫之前妻出者，則女之黨爲前妻之子服而前妻之黨不爲之服；卒者則前妻之黨爲前妻之子服而女之黨不爲之服。彼此互觀，理有一致，無可疑者。開元禮以來皆未言及此，故今補之。

爲妻之父母：經，緦。開元禮同。家禮增『爲妻之出母，嫁母』服同。明與開元禮同。

家禮增妻之出母嫁母服之非

妻出則夫黨皆不爲之服，婿何得反爲服？況於妻之母嫁，義更無取。家禮增之，非是。

【家禮】『妻亡而別娶，亦同。』

爲壻：經，緦。開元禮家禮明竝同。

附 **爲乳母**：經，緦。開元禮家禮明竝同。

五服異同彙考卷之一終

五服異同彙考卷之二

女子爲其私親之服

爲父母：經本三年，適人則降齊衰期。開元禮同。家禮，「女適人者爲其私親皆降一等」，則此服當亦同（其不降者皆別註之。其降者皆如男子之服，適人乃降一等。後概不復註。）明與開元禮同。

【小記】「爲父母喪未練而出則三年，既練而出則已；未練而反則期，既練而反則遂之。」家禮，「降服未滿被出，則服其本服；已除，則不復服也。」

女子爲其私親之服

爲昆弟之爲父後者：　經，齊衰期，適人不降。三　開元禮家禮明竝同。

爲衆昆弟：　經蓋本期，適人則降大功。　開元禮明竝同。

鄭氏康成曰，『父在則同。父沒乃爲爲父後者服期也。』，

爲祖父母：　經，齊衰期，適人不降。　開元禮家禮明竝同。

爲世父母，叔父母：　經，大功，適人不降。　開元禮本期，適人乃降大功。　明同。

爲姑姊妹：　經，大功，適人不降。　開元禮，文統於男子本期，適人乃降大功。　明『爲姑姊妹在室者』同（『爲姑姊妹適人者』缺。）

按，經大功章云『大夫之妾爲君之庶子』，又云『女子子嫁者未嫁者爲世父母，叔父母，姑姊妹』，本各自爲文。而傳連讀之云『嫁者，其嫁於大夫者也。』

喪服傳誤讀大功章文

辨鄭玄未嫁逆降之說

未嫁者，成人而未嫁者也。何以大功也？妾爲君之黨服，得與女君同。下言「爲世父母，叔父母，姑姊妹」者，謂妾自服其私親也。』鄭註駁之云，『卽實爲妾遂自服其私親，亦當言「其」以明之。齊衰三月章曰，「女子子嫁者未嫁者爲曾祖父母，」經與此同，足以見之矣。』朱子亦云，『女子子適人者「爲父母」及「昆弟之爲父後者，」已見於不杖期章；「爲衆昆弟，」又見於此大功章；唯「伯叔父母姑姊妹」之服無文，而獨見於此：則當從鄭註之說無疑矣。』敖氏集說又云，『凡云嫁者，皆指凡嫁於人者而言，非必謂行於大夫而後爲嫁也。又此妾爲私親大功者，亦不止於是也。傳者之意，蓋失於分句之不審，遂使一條之意析而爲二，首尾橫決，兩無所當，實甚誤也。』觀此三說，傳文之誤明甚。然則經此文乃女子子之所爲服，不待言矣。今從之。

按，傳文之不通顯然易見，而鄭朱敖三說周詳明盡，此宜無復有異議矣。然明儒多駁註而從傳者，何也？一則愚而輕信，妄謂傳之必出子夏，不應有誤。

二則矜才好異，欲駁先儒之說以見其能。三則鄭氏逆降之說本有可疑。鄭註云「女子子成人者有出道，降旁親」。夫天下豈有未嫁而逆降其服者哉！且讀且思，久之始得其理。蓋此大功非逆降，乃本服也。經之五服皆以漸殺，恩由父起，親自子推。故父之子期，殺於父也。祖之子及孫皆大功，殺於祖也。曾祖之子及孫及曾孫皆小功，所謂「三小功」者也。高祖之子及孫及曾孫玄孫皆緦，所謂「四緦麻」者也。皆至昆弟而止。自昆弟以下，則相爲報服。吾之昆弟之子，卽謂吾「伯叔父」者也。昆弟之孫，卽謂吾「從祖祖父」者也。昆弟之曾孫，卽謂吾「族曾祖父」者也。從父昆弟以下皆然。是以其服以漸而降，由期而大功，而小功，而緦。由是言之，則伯叔父母，昆弟之子，皆本大功，非期也。但兄弟同居者多，而伯叔父母與昆弟之子互相依倚，其情日親，又或父亡而伯叔父爲家長，以爲昆弟期而伯叔父母乃大功，不足以稱其恩，故其後遂加而爲期，而伯叔父母以旁尊故報之，故遂亦期也。然此皆男子事；而女子處閨中長卽適人，其情微疏，故未嘗爲加服。然亦以其恩較重，故適人而不爲之降。猶之乎爲祖父母適人而猶期也。猶之乎爲曾祖父母適人而猶齊衰無受者也。由是言之，則女子子之爲伯叔父母及姑乃本大功，適人而不降；非本期，成人而逆降也。曰，然則爲姊妹何以亦大功也？曰，不欲其踰於姑也。女子之爲姑姊妹皆大功也，猶之乎男子之爲伯叔父母昆弟皆期也。或加而同，或降而同，其義一也。曰，然則昆弟與姊妹可以異服乎？曰，女子爲昆弟之爲父後者期而不降，爲衆昆弟降而大功，男子未嘗然也。昆弟猶可以異服，況姊妹之與昆弟乎！余考經文女子爲父黨服，參差各別：在室亦不盡同男子，適人亦不盡降一等，蓋亦酌人情而分別之者。後人泥於降服一等之說，必欲皆以男子之例繩之，故於經多不通，乃別爲說以附會之。苟平心而求之，則經之條理自分明可見，正不必曲爲之說也。

爲姪：（丈夫婦人同。）經，大功，適人不降。開元禮，本期，適人乃降大

經文爲姪不連上文

姑姊妹報服似指男子

功。明，『爲姪丈夫』同（『爲姪婦人』缺，而有『爲兄弟之女在室者，』服同。）

按經文云，『姪丈夫婦人，報。』解者或連上文『女子子適人者爲衆昆弟』讀之，謂皆適人降服。然觀後文，女子未嫁者卽爲姑姊妹大功，不容姪爲姑大功而姑爲姪反期，待適人而後降；又不容姊妹同氣者皆大功而昆弟之女反期，待適人而後降也。參伍求之，當以不連上文爲正。

姑姊妹適人無主者，報：經，齊衰期。開元禮同。家禮增『爲姊妹，』服同。明與開元禮同。

雷氏次宗曰，『在室，姊妹咸得相服。若出適者，不爲無主者加服。兩無主者不得互相爲期。』

按，經云『姑姊妹女子子適人無王者，姑姊妹報，』似爲男子而言。家禮增『適人無主者爲姊妹服同，』雷氏次宗謂『在室姊妹咸得相服，』恐非經

從父姊妹當報小功

意。

爲從父昆弟：經缺。開元禮補本大功，適人則降小功。明缺。

按經，從祖姑姊妹適人者皆報；然則從父姊妹亦當報以小功，而文缺耳。

爲從父姊妹：經缺。開元禮，文統於男子，本大功，適人乃降小功。明缺。

爲曾祖父母：經，齊衰無受者，適人不降。開元禮改齊衰五月，適人不降。家禮明並同。

爲從祖祖父母：經無文。開元禮，適人爲從祖祖父降緦（爲從祖祖母缺）。明爲從祖祖父母（蓋亦適人乃降）並緦，而增『爲從祖祖姑在室者』服同。

爲從祖父母：經無文。開元禮，適人降緦。明（蓋亦降）同，而增『爲從祖姑在室者，』服同。

爲從祖昆弟：經，適人者報，緦（在室無文。）開元禮，適人乃降緦。明缺。

爲從父昆弟之子：經，適人者報，緦。（在室無文。）開元禮，適人乃降緦。明（蓋亦降）同，而增『爲從父昆弟之女』（不言在室與適人者，）服同。

爲歸孫：經無服。開元禮增適人者報，降緦。明缺。

開元禮增服之得失

按經女子子適人者無爲從祖祖父母從祖父母服之文。然此二端皆係尊長，開元禮補之，近是。至明，增從祖祖姑從祖姑在室者之服，已屬贅文，而又增從父昆弟之女之服，不益過乎！經於父之姑不言報，蓋以其年尊而卑幼人數衆多故也。開元禮補此服，似亦可已。

爲高祖父母：經，統於曾祖父母，省。開元禮別出此文，改齊衰三月，適人不降。家禮明竝同。

婦爲夫黨之服（夫黨報服附。爲夫黨卑幼服，已見前同堂同族兩篇報服中。）

爲舅姑：經，齊衰期。開元禮同。家禮分爲舅姑改斬衰三年，爲姑改齊衰三年。明不分，竝改斬衰三年。

【小記】「婦當喪而出則除之。」家禮同。

後唐改爲舅姑三年。

宋昭憲太后崩，太祖使孝明后服三年。

宋制爲舅姑三年之非

乾德三年右僕射魏仁浦等議，『三年之內，几筵尙存，豈可夫處苫塊之中，婦被綺紈之飾！ 夫妻齊體，哀樂不同，求之人情，實傷理本。 況婦爲夫有三年之服，於舅姑止服期年，乃是尊夫而卑舅姑也。 自今婦爲舅姑，竝如後唐之制三年齊斬，一從其夫。』

按，君爲臣綱，父爲子綱，夫爲妻綱，三綱者人道之尤重者也，故皆爲之斬衰。妻之從夫服也，猶子之從父服也，故皆降之一等。 父爲父母三年，故孫爲祖父母期也。 夫爲父母三年，故婦爲舅姑亦期也。 妻之服夫黨也，猶臣妾之服君黨也。 臣爲君之父母期，故婦爲舅姑亦期也。 臣爲君之妻期，故妾爲女君亦期也。 古人制禮，如權衡然，銖兩悉稱，不偏重也。 而仁浦等乃謂『尊夫而卑舅姑，』則子爲祖父母期不亦爲尊父而卑祖乎！ 三年之內，几筵尙存，婦不可以從吉，孫獨可以從吉乎？ 傳曰，『婦人不貳斬者，何也？ 婦人有三從之義，無專用之道。 故未嫁從父，既嫁從夫，夫死從子。 父者，子之天也。 夫者，妻之天也。婦人不貳斬者，猶曰不貳天也。婦人不能貳尊也。』既爲夫斬矣，而又爲舅斬，是貳斬也，將何從乎？ 舅姑也者，由夫而推之也，雖尊於夫而義不及夫重。故夫親迎而成昏禮，厥明乃見於舅姑，三月乃見於廟，事之漸也，義之差也。故夫出之則義絕，婦不得自繫於舅姑也。 若婦直爲舅姑三年，是妻擬於夫也，將置其夫於何地乎？ 人莫不本於父母，然既嫁則降三年而爲期者，不貳斬之義也，女子之所不得已者也。 人之愛女也常更甚於愛婦；而人之親其父母也未必遽不如其親舅姑。 既貳斬矣，即何得獨薄于父母而不爲之服三年乎？然則今世鄉野之女子既嫁而仍爲父母三年，未必非聞仁浦之風而興焉者也！仁浦又引內則之言『婦事舅姑如事父母，』以爲事當一例。 不知『如事父母，』正以體其夫之心耳。 陳孝婦云，『夫去時，屬妾以供養老母，』然則養姑者乃以爲夫也。 養姑所以爲夫，則婦之與子不同明矣。 世婦之事夫人也，猶大夫之事君也：然大夫爲君斬而妾爲女君則期，彼無所因而致，此有所從而然也。烏得以婦與子一例也哉！先王制禮，尤以夫婦之倫爲重，扶陽抑陰，屢致意焉，不但喪服然也。是以三代以上女子罕有敢自專者，以禮爲之坊也。後世婦人習於驕恣，卽有賢者亦但知尊舅姑而已；其意以爲舅姑乃爲尊行，夫特與我等耳。子婦一例，由來久矣。此亦議禮者所當深憂也。

明制婦分適庶之疏

爲適婦：經，大功。開元禮改齊衰期，家禮明並同。

【小記】『適婦不爲舅後者，則姑爲之小功。』

按，古爲長子三年，爲衆子期；故爲適婦大功，庶婦小功，皆降二等也。開元禮加之，止降一等矣。至明，又改長子之服爲期，則適婦之服亦應仍改爲大功；然猶用開元禮之舊，遂致爲子爲婦之服無別。子無適庶之異，而婦反有適庶之分，殊爲不倫。

開元禮加庶婦

爲庶婦：經，小功。開元禮改大功。家禮明並同。

按，舅姑之分尊，而婦與子親疏亦異。經爲適婦大功，衆婦小功，不爲薄矣。

服之非

家禮增婦從夫服承重之非

開元禮加之意欲從厚，而不知服太多者必將不勝其服而反莫之服也。當以古禮爲正。說並見後爲夫之昆弟條下。

爲夫之祖父母：經，大功。開元禮家禮明並同。

【家禮】夫爲祖承重者，婦從服斬衰三年。夫爲祖母承重者，祖父卒，亦從服齊衰三年（祖父在，缺）。

按諸傳記及開元禮，夫爲祖父母後者，妻皆無從服之文。蓋古者適孫爲後之禮爲男子而設，不爲婦人而設。如謂夫既爲後，妻當從服，藉令舅卒而姑在，姑方重服，婦豈得以重服服夫之祖父母乎！服之，是婦擬於姑也。然則夫雖服，妻不必從之服矣。如謂姑或先亡，婦當代服，藉令姑卒舅在，夫未重服，婦又豈得以重服服夫之祖父母乎！服之，是妻加於夫也。然則姑雖卒，婦亦不必代之服矣。夫服者不必妻之從，姑卒者不必婦之代，則婦之服三年何取焉？是以傳記及開元禮皆無從服之文。家禮乃增妻之從服，似非古人之意。

爲夫之世父母，叔父母：經，大功。開元禮家禮明竝同。

爲夫之昆弟，：經無服。開元禮增，小功。家禮明竝同。

按，爲昆弟之妻無服，周秦以後千有餘年未有議其薄者。獨唐太宗以爲薄而增服小功。然通巢剌王妃而欲立之爲后，厚何取焉！然則古人於此或有深意，未可增也。適婦增期，衆婦增服大功，其後亦有納壽王妃之事。與其厚也，無寧從古之薄！至明，又增爲從父昆弟之妻之服吾不知其意又欲何爲也？

唐制增夫昆弟服之非

唐韓愈生三歲而孤，隨伯兄會貶官嶺表。會卒，嫂鄭氏鞠之。鄭喪，爲服期以報。

此追念其撫育之恩而報之者：與鄧綏之服伯父，周翼之服舅意同。行之於身爲厚，著之爲例則非。

附論韓愈服嫂

爲娣姒婦：經，小功。開元禮家禮明竝同。

適孫婦服不必有

爲夫之姑姊妹，報：　經，小功。　開元禮家禮（適人不降。）竝同。明同，缺報。

爲昆弟之子婦及夫昆弟之子婦　經缺（以例推之，當爲小功。）開元禮補，大功。　家禮明竝同。

爲適孫之婦：　經，無文。　開元禮增，小功。　家禮（姑在則否）明竝同。

按，經有適婦之服而無適孫之婦之服。　傳曰，『有適子者無適孫。孫婦亦如之。』　敖氏儀禮集說云『庶孫之婦緦，則適孫之婦小功也。　小功章不見之者，文脫耳。』　其論似矣。　但不知所謂適孫之婦者，專以適婦之存亡決之乎？兼以適子之存亡決之乎？　如適子尚存，尚無適孫，安得有適孫婦。　適婦雖亡，恐不得別爲之服也。　如適婦尚存，有適婦者亦當無適孫婦。　適子雖亡，又不得別爲之服也。適子亡，不別爲之服，是有適孫者不必有適孫婦矣。適婦亡，不別爲之服，是無適婦者亦可不須有此適孫婦矣。然則適孫之婦固可有可無者，不得以適孫之事例之也。由是言之，經之不見，恐非缺文。傳旣語之不詳，開元禮及敖氏亦未推及於此，余竊疑焉。說竝見前爲夫之祖父母條下。

爲庶孫之婦：經，緦。開元禮家禮竝同。明缺。

爲夫之從父昆弟報：經開元禮家禮皆無服，明增，緦。

說已見前爲夫之昆弟條下。

爲夫之從父昆弟之妻：經，緦。開元禮家禮明竝同。

爲夫之從父姊妹報：經無文。開元禮緦，缺報。家禮（適人不降）明竝同。

諸祖父母係指從祖父母

爲夫之高祖曾祖父母： 經無明文（經『夫之諸祖父母報，』鄭註無曾祖父母） 開元禮缌。 家禮（缺父母字）明竝同。

【家禮】夫爲曾高祖承重者，婦從服斬衰三年。 夫爲曾高祖母承重者，曾高祖父卒，婦從服齊衰三年（曾高祖在缺。）

說已詳前爲夫之祖父母條下。

爲夫之從祖祖父母： 經蓋缌。 開元禮家禮竝同。 家禮圖增『爲夫之從祖祖姑在室者』，服同。 明同。

爲夫之從祖父母： 經蓋缌。 開元禮家禮竝同。 家禮「增『爲夫之從祖姑在室者』，服同。 明同。

按經緦麻章云，『夫之諸祖父母報。』 鄭氏註云，『諸祖父母者，夫之所爲小功從祖祖父母外祖父母。』 敖氏集說云，『夫之所爲服小功者，則妻爲

家禮圖增從祖姑等在室服之非

之緦。然則此經所指者，其夫之從祖祖父母及從祖父母與？』夫從祖父母之與從祖祖父母其親同，其服同，而於經別無所見，則敖氏之說信矣。鄭氏或以從祖之文足以括之，故不再舉與？故今從集說。說竝見後爲夫之外祖父母條下。

按，經小功章云，『夫之姑姉妹，娣姒婦，報，』是妻爲夫之姑姉妹概服小功，無在室適人之分也。夫之世父母叔父母服大功，而夫之姑之在室者則服小功，是夫之姑不得與夫之世父母叔父母同也。然則爲夫之從祖祖姑從祖姑之在室者亦不得與從祖祖父母從祖父母同服緦矣。故經與開元禮及家禮成服章皆無爲服之文。唯家禮圖及明皆增服緦，殊失經意。

爲從父昆弟之子婦及夫從父昆弟之子婦：經蓋緦（說見上爲夫之從祖父母條下。）開元禮家禮明竝同。

爲昆弟之孫婦及夫昆弟之孫婦：經蓋緦（經文註皆見上。）

開元禮家禮明竝同。

爲適曾孫適玄孫之婦：經蓋無服。開元禮同。家禮增，小功（姑在則否。）明無文。

爲夫之外祖父母：經似無服（鄭註緦。）開元禮，緦。家禮明竝同。

辨鄭玄以外祖父母釋諸祖父母

按，經云，『夫之諸祖父母，報，』鄭註以『從祖祖父母』及『外祖父母』釋之。且云，『或曰曾祖父母曾祖於曾孫之婦無服，而云報乎！』 夫曾祖爲曾孫緦，故知爲曾孫婦無服；外祖爲外孫亦緦，何以知爲外孫婦獨得有服乎？ 曾祖不報，故知諸祖之無曾祖；若外祖亦不報，何以知諸祖之兼有外祖乎？ 事同論異，深所未喻。 且夫爲從母亦小功而妻無服，則似夫之外姻，妻皆不爲之服。或『外』乃『從』之誤，亦未可定。 故今不敢以註決經文也。

爲夫之從母：經無服。開元禮增，緦。家禮明並同。

爲夫之舅：經無服。開元禮增，緦。家禮明並同。

爲甥婦：經無服。開元禮增，緦。家禮明並同。

女子爲姊妹之子婦：經無服。開元禮增，緦。家禮明並同。

以上四條，說已詳前外姻篇中爲舅之妻條下。

爲外孫婦：經似無服（鄭註緦）開元禮，緦。家禮明並同。

說已見爲夫之外祖父母條下。

臣爲君及君黨之服（報服附。此服，唯開元禮有國官爲君一條，餘俱無文。家禮明並無文。概不復注）

附記諸侯爲鄰國

諸侯爲天子　經，斬衰三年。

【服問】『夫人如外宗之爲君也。世子不爲天子服。』

諸侯之大夫爲天子：　經，繐衰既葬除之。

諸侯爲鄰國：　經無文。

【春秋傳】『杞孝公卒，晉悼夫人喪之。平公不徹樂，非禮也。禮，爲鄰國闕。

【春秋傳】『公薨之月，子產相鄭伯如晉。晉侯以我喪故，未見之也。』

按此，則諸侯爲鄰國之君雖無服而亦徹樂，不行吉禮矣。故附於此，以補經文之缺。

爲君：（兼天子諸侯大夫士在內。）　經，斬衰三年。　開元禮唯『國官爲

士亦可稱君

君祖有服有不服

臣爲君及君黨之服 三二

君，」服同。

按鄭註云，『天子諸侯及卿大夫有地者皆曰君。』然觀經下文云，『公士大夫之衆臣爲其君，』則此當兼士在內。後言『君』者竝同，不復註。

爲君之父，母，妻，長子，祖父母：經，齊衰期。

【小記】『與諸侯爲兄弟者服斬。』

按本傳云，『父卒然後爲祖後者服斬，』則此云『爲君之祖父母』者，乃君之父卒而爲祖後者也。若君有父，或父卒而君非適孫，則臣亦不服期。又按鄭註云『此爲君矣而有父若祖之喪者，謂始封之君也。』余考春秋之時，父子往往同爲大夫，孫亦有爲大夫士者，故經云然，蓋緣大夫士而言之也。不必曲爲之說。

【服問】『君之母非夫人，則羣臣無服；惟近臣及僕驂乘從服，唯君所服服也。』

【本記】『君之所爲兄弟服，室老降一等。』晉康獻褚皇后孝武帝太元九年崩。太后於帝爲從嫂，朝議疑其服。太學博士徐藻議曰，『「資父事君而敬同，」又禮云，「其夫屬父道者妻皆母道也，」則夫屬君道妻亦后道矣。服后以齊母之義也。魯譏逆祀，以明尊卑。今上躬奉康穆哀皇及靖后之祀，致敬同於所天，豈可敬之以君道而服廢於本親！謂應齊衰期。』從之。

爲夫之君：經，齊衰期。

爲父之君：經無文。服問，『大夫之適子爲君夫人大子如士服。』

按經，大夫士爲君無異服，而此文不曰『爲君斬』而曰『如士服』者，豈

非通禮

國君非大夫士

爲貴臣服者亦士

當時大夫士之服或有異與？大抵記禮之書，篇各自爲義例，不必悉同，故記往往與經差互，不得盡以彼而證此也。春秋之季，大夫之適子多有侍君側者，如鄭之『門子』，楚之『御士』，此固不可不如士服。服問之說，蓋因乎此。所謂禮以義起者，未必本當如是也。若晉之公族，又不當僅以士服服君矣。說者緣此遂謂大夫父子皆爲君斬，誤矣。

庶人爲國君：（不兼大夫士在內。）經，齊衰無受者。

按，言『國君』則非大夫士可知。後言『國君』者同，不復註。

爲貴臣：經，士緦。

按，經文云，『貴臣貴妾』，鄭氏註云，『此謂公士大夫之君也。士卑無臣，士妾又賤，不足殊。』敖氏集說云，『此亦士爲之也。大夫以上無緦服。』二說，敖氏爲正。此本連上『士爲庶母』之文而言；若果大夫之服，經豈得不以『大夫』冠之乎！

附記諸侯爲貴臣

【春秋傳】『晉荀盈卒，未葬；晉侯飲酒樂。膳宰屠蒯趨入，請佐公使尊，許之。而遂酌以飲工，曰「女爲君耳，將司聽也。君之卿佐，是謂股肱。股肱或虧，何痛如之！女弗聞之，是不聽也！」』

按，此則諸侯爲貴臣雖無服，而亦徹樂不燕矣。然則大夫更當不止於此。故附列傳文，以見其凡。

辨鄭玄爲舊君服者爲老疾致仕之臣之說

爲舊君君之母妻

經：齊衰無受者。

【雜記】『違諸侯之大夫不反服。違大夫之諸侯不反服。』

按，此經文語意甚明，無可疑者。云『爲舊君』而不言何人爲之，則是兼大夫士而言之也。云『爲舊君』而不言『爲舊國君』，則是所謂君者亦兼諸侯大夫而言之也。蓋大夫去國而仕於他邦，士之仕於大夫而後易其主者，皆如是服也。註乃以爲『老疾而致仕者』；集說亦云，『在國而云「舊君」

，者明其不見爲臣也。』 信如所言，則經何不直云『致仕者爲國君（云云）』而虛其文以待後人之加之乎？ 舊也者，別於新而名之也。 未嘗去國，猶吾君也，何舊之有！ 下士猶爲君斬，而大臣致仕者乃齊衰，既葬而除之，不亦傎耶！ 此皆泥於傳文『仕焉而已』及『與民同』之語；不知傳特約略言之，明其嘗仕而非民，已去國則但以民之服服之而已，非遂以爲民也。 況傳之不合於經者尚多，其反可以因傳而疑經乎！ 齊宣王問孟子曰，『禮爲舊君有服，何如斯可爲服矣？』 孟子曰，『諫行言聽，膏澤下於民。 有故而去，則君使人導之出疆，又先於其所往。 去三年不反，然後收其田里。 此之謂三有禮焉。 如此，則爲之服矣。』 然則此爲舊君服者非老疾而致仕明甚。 且經爲舊君服止有此文，若以此爲致仕之臣，則適他國者將遂不爲舊君服乎？ 至劉氏敞釋雜記文，其語尤奇，其理尤謬。 云『此皆違而仕者：不反服舊君，避新君也。 然則違而未仕者聞舊君之喪則反服爾。』 余按，古者諸侯比國而治，大夫比室而居，爲之臣者進退有禮，去此就彼事勢之常：春秋傳記之詳矣。非如後世天下一家，必降與叛者乃有舊君也。昔日嘗立其朝而食其祿矣，一旦聞其喪而漠然如路人，豈人情哉！公山不狃，叛臣耳，猶知舊君之義，況君子乎！春秋傳中，罕有至他國而不仕者。公明儀曰『古之人三月無君則弔，』仕之不待於踰時也明矣。若仕而遂不爲服，是舊君名爲有服而實無服也。且無論仕與不仕，均謂之舊君：果有有服無服之異，經何不別白而言之乎？蓋以大夫之臣而服諸侯則嫌於僭，以諸侯之臣而服大夫則嫌於褻，故有『不反服』之說，亦未必其果經意也。若概不爲反服，則記何不云『違諸侯之諸侯不反服，違大夫之大夫不反服，』而必互其詞乎？劉氏乃據此以爲證，且譏鄭氏反服之謬，甚矣其敢於叛經而誣傳也！此經與記之文本不待解，而諸家委曲穿鑿，務使之不通，以惑後世，故余不得無言。

唐崔亞典眉州，陳賀以鄉役差充廳子。亞見賀奇之，令受業於

附著陳賀服主

門，獎拔之得及第。——亞卒，賀爲衰服三年。

此受恩故主，非舊君也。　然與舊君之義相類，故附著之。

辨鄭玄大夫孥爲舊國君爲長子留而妻去之說

大夫在外，其妻長子爲舊國君：　經，齊衰無受者。

按，此專爲大夫出奔而其孥在國者言之也。　曰『爲舊國君』而不曰『爲舊君』，則是君者謂諸侯也。　大夫雖在他國而妻長子仍居本國，故服之也。　大夫無國，故士之仕於大夫而去者亦無此服也。　註乃以爲長子留而妻去，曰『妻雖從夫而出古者大夫不外娶，婦人歸宗往來，猶民也。』　若是，則爲舊君服者乃己私情，非從夫也，可乎！　且古者大夫多公族，不可以相爲婚，外娶者十而九，而婦人往來於父母家者亦絕少，其說爲不通矣。　集說又謂妻與長子皆去，曰『云「舊國君」，明妻子亦在外也。』　大夫於舊君恩深，故於己服之外，妻子又爲之服也。』　不知『舊國君』者，蒙上『大夫』之文而言之也。

妻之從夫，子之從父，其服皆降一等：故夫爲君三年，則妻服期；子服雖無明文，亦當類是。大夫而服「齊衰無受者，」則妻子無服矣。以其猶在國也，故爲之服；若皆在外，又何服焉！且使妻與長子果皆在外，則文當云『大夫之妻長子爲舊國君，』何故殊『在外』之文於『妻長子』之上？獨以『在外』殊『大夫，』則妻與長子之在國明矣。

辨鄭玄三月藏服之說

寄公爲所寓

經，齊衰無受者。

按，古者諸侯五月而葬，大夫三月，士踰月，故傳舉其中，統謂之『齊衰三月。』註乃以爲『三月而藏其服；及葬則又服之。』然則藏服之後將服何服？服輕服既不宜，服吉服又非禮。士之踰月而葬，又將服麻於卒哭之後乎？泥傳之文，失傳之意矣。

妾爲君及君黨之服（報服附）

明制增慈母爲長子衆子服之非

爲君：經，斬衰三年。開元禮家禮明並同。

爲女君：經，齊衰期。開元禮家禮明並同。

爲君之長子：經無文。小記補『與女君同；』正義謂齊衰三年。開元禮家禮並同。明改齊衰期（明誤出『慈母爲長子齊衰期。』）

爲君之庶子：經，大夫妾大功，士妾缺。開元禮改不分尊卑並齊衰期。家禮明並同（明誤出『慈母爲衆子齊衰期。』）

按本傳，則慈母者妾也。長子衆子，謂所慈之子乎？謂非其所慈之子乎？長子衆子之名，由父而生。繼母與父一體，故亦目之爲長子衆子。妾豈得目君之長子衆子爲己長子衆子乎！慈母之名，由所慈之子而生。如非所慈之子，又豈容皆目之爲慈母乎！妾爲君之長子衆子自有正服：既非所慈之子，則慈母與他妾無異，亦不得別出此文也。本傳云，『妾之無子者，父命妾曰「女

明制夫之庶母不報之疏

以爲子。』小記云，『爲慈母後者，爲庶母可也，爲祖庶母可也。』如是，則不過一人焉已。如卽所慈之子，豈容有長子衆子之名！且爲所慈之子而服，亦不當復問其爲長子與衆子也。殊不可曉。

爲君之庶子適人者：經大夫妾小功，士妾缺。開元禮明並缺（家禮蓋降大功，說見前爲姑姊妹適人者條下。）

【小記】『妾從女君而出，則不爲女君之子服。』

爲君之長子庶子之婦：經開元禮家禮明並無服。

按，爲夫之庶母本無服，故妾爲君之子婦亦無服。明制旣爲夫之庶母齊衰杖期，而妾爲君之子婦乃仍無服；伯叔父母之尊猶報，而夫之庶母反不報，亦疏漏之極矣！

君子子爲庶母慈己者：經，小功。開元禮不言『君子子』而

君子子
爲適妻
餘子

服同。

家禮因之。明刪此條，而爲庶母概服齊衰期。

按本傳云，「『君子子』者貴人之子也。爲庶母何以小功也？以慈己加也。」然則『庶母慈己者』即前之『慈母』。彼乃妾之子，故母死之而母服之；此則嫡妻之餘子，雖不爲父後然母之則嫌於嫡，故但謂之『庶母慈己者』而爲之加服小功也。經曰，『妾爲女君』，又曰，『君母之父母從母』，又曰，『君母之昆弟』，是古者稱嫡妻爲『君』也，故謂其子爲『君子子』。鄭氏註所謂『適妻子』者是也。但鄭註謂爲『公子大夫之適妻子』，則又不然。蓋鄭氏誤以此『慈己者』爲內則之『慈母』（內則云，「擇於諸母與可者使爲子師，其次爲慈母」），故疑士妻自食其子，不得復有師保，遂以爲公子大夫之子耳。內則，後人所擬，其然否未可知。藉令誠然，亦豈得舍本經自有之慈母而別求他書所云之慈母以實之乎！由是言之，前章之『慈母』即此章之『庶母慈己者』，其服之輕重但以爲君子子與非君子子而分，無他故也。開

士妾有子之緦爲士服

明制改爲庶母齊衰期之非

元禮采經文而删『君子子』三言，家禮因之則與如母之慈母何以分，而服之輕重懸殊乃至此邪？ 亦失考之甚矣！

爲庶母： 經，士緦（本傳，『大夫以上爲庶母無服。』） 開元禮不分尊卑皆緦。 家禮，父妾有子則緦。 明改齊衰杖期。

按，小記云，『士妾有子而爲之緦，無子則已，』謂士爲妾服也，非謂士之子爲父之妾服也。 家禮乃謂『父妾有子則緦，』未知所本。 呂新吾四禮疑云，『庶母之無子，無服乎？ 母之名生於父，不生於子。 若云無服，是爲庶母服者兄弟之故，非父之故也。』 此論似爲有理。 余意：父在當從父服緦，父不服則止，明有尊也。 父卒，則無論其有子無子皆爲服緦，爲父故也，不爲昆弟故也，以敎孝也。 庶乎其不謬矣！

按，庶母者父之妾也，而昆弟之母也。 從父而服之，與父爲妾不過緦，故子爲庶母亦不敢踰緦。 爲昆弟而服其母與父之父母服期矣，母之父母服小功

明制增爲夫庶

矣降於父二等也；妻之父母服緦矣，不敢與母齊也；昆弟之母不可以齊於母之母明矣，故爲之服緦也。輕重相稱若權衡然，此古禮之所以爲至也。若改之以爲期，則是昆弟之母乃與父之母齊，而加於母之母且二等矣。恐教人以孝者不若是也。且夫伯叔父母，有共撫育之恩者也，而服止於期；姑，與父同氣者也，而服降爲大功；庶母之於己何恩乎，於義何屬乎？庶母之年或與己等，或幼於己二三十年，乃以伯叔父母之服服之，而姑不敢望焉，吾恐天下之親其從子而愛其姪者，聞之而皆索然意沮也！俗之日薄，民之不親，又奚足怪乎哉！在宋濂之心，不過因孫貴妃之有寵，迎合太祖之意，欲使諸王爲之服耳，而烏知其弊之至於此也！且杖者，主喪之物也，不緣於情之厚薄也。祖父母之尊，伯叔父母之親，皆不杖，不主喪也。庶母自有其子主喪，君之適子衆子杖，何居焉？

爲夫之庶母：

經開元禮家禮並無服。明增，齊衰杖期

按，女子既適人，則爲父母服齊衰期；而爲夫之庶母亦齊衰期，可謂厚矣。

母齊衰期之非

然爲其父母僅如夫之庶母，獨不嫌於太薄乎？ 以是爲不低昂，吾不知其情焉否也？

士妾緦之異說

爲貴妾： 經，士緦。 開元禮、家禮，明竝無。

經文蒙上『士爲庶母』而言，說已見爲貴臣條下。

集說云，『此服似夫妻同之。 妻爲此妾服，則非有私親者也。 其有親者，宜以其服服之。』

【小記】『士妾有子而爲之緦；無子則已。』

按經主於『貴』，記主於『有子』。 蓋記自記所傳，是以不能與經無異，當存之以備考；不必强使相合，謂彼爲大夫而此爲士也。

妾爲其父母： 經，公妾以及士妾，並降齊衰期。 開元禮、家禮，明竝同。

【本記】『凡妾爲私兄弟，如邦人。』 家禮同。

五服異同彙考卷之二終

五服異同彙考卷之三

爲人後者之服

爲人後者：（本經文蓋『爲所後之人』古文簡質耳。）經，斬衰三年。開元禮家禮明（竝增四字於下云『爲所後父』服）竝同。

【本傳】『爲所後者之祖（字疑衍，不則缺「父母」二字）父母，妻，妻之父母，昆弟，昆弟之子，若子。』明爲所後母（古無此稱，卽傳文『所後者之妻』）斬衰三年。（餘略。）

【家禮】爲所後祖（古無此稱）承重，斬衰三年。明同，而增『爲所後祖母（古無此稱）承重，』斬衰三年。

為人後者不應呼所後者為父

為人後者之服　二

按，經但言『為人後者』而不稱『父，』則是於所後者不呼為『父』也。古者名由實立，行以義斷。　生我者謂之父，父之名由生我而起也。　其有不幸而出為大宗後，則當承大宗之重而不敢以私親干之；然不因此遂謂他人為父而生我者之反非父也。　震我者謂之母，母之名由震我而得也。　其有不幸而庶子為父後，則當以君母為重而震我者次之；然不因此遂謂震我者之獨非母也。　何者？　名從實，行從義：義有變而實無變，故行可改而名不可改也。　且夫古之為人後者皆擇親者立之，親同則擇賢，賢同則擇長，初不必盡用子行也，故有孫行而後祖行者，有兄弟行而相為後者。　魯定之後昭，弟後兄也；僖之後閔，兄後弟也。　此固不能概名之為父也。　然其義則皆如父子，故其服亦皆如父子。　故傳云，『事之如君父焉者，受國焉爾。』　此之謂行從義，非幷其名而改之也。　且此皆兄弟耳，然以君父事之，則是為之服三年者不必父行，明矣。　故經但云『為人後者』：人也者，統詞也，兼祖行，父行，兄弟行而迺言之者也。　秦漢之際，王制缺微，俗儒始有昭穆相繼之說。至漢成帝納趙飛燕之言，而飛燕納定陶王之賂，因謂兄弟不相爲後，舍中山王而立哀帝，而漢遂亂。既而王莽欲立幼主以成其篡，復伸兄弟不相後之議，以孺子繼平帝，而漢遂亡。此乃淫后逆臣一時之亂制，而後之士大夫遂舍先王之法而從之，噫，亦異矣！然猶未嘗直謂之父子也。東漢以降，俗益澆薄，務以虛僞相尙，始借父子之名以示親暱之意。故有異姓而養爲己子者，曹騰之於夏侯嵩是也。有無故而約爲父子者，董卓之於呂布是也。此自一時陋習然耳。況於同姓，且爲之後，其父子之也尤不足怪，非遂可以是爲萬世之常法也。然吾嘗觀晉宋齊梁間書，於所後者雖父之，於所由生者亦未嘗不直父之也。其後不知何時，患兩父之無別，乃別冠以『本生』之文，於是不生己者反爲父，生己者反不得直稱父，而名實大紊矣。原其改名之意，不過欲爲後者之親於此而疏於彼耳。顧名雖改而行反多不改，溺私情以滅大義者後先相望，雖名亦無如之何。何者？私不私在行不在名。漢宣帝嘗後昭帝矣，初不謂戾太子非祖而史皇孫非父也，然終不以入廟而干正統，其奉昭帝后實盡子職焉。是故名自從實，行自從義，又何必改其父子之本稱始爲不私哉！乃世之君子每力爭其名，務以父之稱歸諸所後者，幸則爲宋之『濮』，不幸則爲明之『大禮』，亦可謂矯枉而過正矣！記云『婦事舅姑，如事父母，』然則以父母事之，初不必以父母稱之也，其『實』非也；雖不以父母稱之，實不可不以父母事之也，其『義』然也。夫爲人後者亦若是而已矣！今北方之俗，父舅而母姑，其失與此正同，豈得遂以爲當然乎！開元禮家禮皆云『爲所後父，』乃沿世俗之誤，不可以垂訓。故今仍以經文爲正。

夫爲人後者： 經開元禮竝略（蓋皆齊衰期。）家禮補，斬衰三年。明同。

【明】爲夫所後母（古無此稱，）斬衰三年。

辨許浩程頤為人後者以所後為父母之說

【家禮】夫為所後祖（古無此稱）承重者，婦從服斬衰三年。

為人後者為其父母 經降齊衰期，報（字疑衍） 開元禮同。

家禮『為人後者為其私親皆降一等，私親之為之也亦然。』則為父母與開元禮同；為子當降大功不報，與開元禮異（未有明說，恐係疏略）。明，為父母同，無『報』文。

按，經文云『為其父母，』則是父母之稱不可改也。故宋歐陽永叔據此文以立論。乃世猶多議之。許氏浩曰，『不曰「為人後者為父母，」而曰「為其父母，」以見為人後者以所後為父母，故於其父母不得直謂之父母而稱「其父母」也。服既以降則名亦宜從其服。若名則存之服則降之，服違其名，亦非義也。』伊川程先生曰，『立疑義者只見禮文不杖期內有「為人後者為其父母報，」便道須是稱親。禮文蓋言出為人後則父母反呼之以為叔爲伯，故道「爲其父母」以別之，非爲卻將本父母亦謂父母也。」按，此二說巧則巧矣，然揆之經義實大謬不然。經曰，『女子子適人者爲其父母，』又曰，『妾爲其父母，』若經言『其父母』卽不得直稱爲父母，則女子適人者與爲妾者皆不得稱其父母爲父母乎？蓋『其』之爲言，別於夫之父母，君之父母者也。兼未嫁者而言則不言『其，』故曰『女子子爲祖父母，』曰『女子子爲曾祖父母，』曰『女子子嫁者未嫁者爲世父母，叔父母，姑，姊妹。』若不言『其』卽得直稱之，言『其』卽不得直稱之，則女子嫁者但當稱其『曾祖，祖，伯叔父母』爲『曾祖，祖，伯叔父母，』而不得稱其『父母，昆弟』爲『父母，昆弟』乎？爲人後者，猶之乎庶子之爲君母後也。經曰，『庶子爲父後者爲其母。』記曰，『爲君母後者，君母卒，則不爲君母之黨服。』然則庶子雖爲君母後，而於君母仍以『君母』稱之，則於其母亦仍以『母』稱之明矣。其實然，故其名然也。且女子爲父母降服期，而父母之名不改；庶子爲父後者爲其母降服緦，而母之名不改：服自降，名自存，世無有議之者。何者？服自服，名自名也。何獨爲人後者則謂其服降名存之非義哉！蓋服之所以改，由於其子之異，而父母之爲父母自若也。故經但於其子別之而不於其父母別之：曰「庶子爲父後者爲其母」，而不云「爲所生母」；曰「爲人後者爲其父母」，而不云「爲本生父母。」經義甚明，儒者自不察耳。父子者，天所生也；君臣者，人所合也。人所合者，人得改之；天所生者，人不得而改之。故仕而去焉者，謂之「舊君」；子而爲人後，爲君母後者，則不謂之「舊父，舊母。」何者？仕焉之謂君臣，生焉之謂父子，仕可以再仕三仕，生不可以再生三生：是故君可舊，父母不可舊也。若昔日謂此人爲父母矣，後日又謂他人爲父母而昔日之父母不得稱焉，是父母亦有新舊矣。經何不云「爲人後者爲其舊父母」，「庶子爲父後者爲其舊母」，豈不文明義顯，而乃曰「爲其父母」「爲其母」哉？

凡學，以知道爲貴，次則通文，下則識字而已。然未有不識字義而能通文不通

經文爲人後者之父母報服之衍

文理而能知道者難易之分，先後之序然也。今以經文之『其父母』爲『非其父母，』文理舛矣。是以儒者之論道反有時而不如文士之論道也。且爲人後而稱其所後爲父母稱其父母爲伯叔父母，庶子稱君母爲母而稱其母爲生母，婦人稱舅姑爲父母，此皆近世里巷相沿之陋習。儒者不能引古禮以證世俗之失，固已疏矣，乃反習於世俗之謬而誣經文以附會之，可乎！

按，子爲父母三年，故爲人後者降服期。父母爲衆子期，乃於爲人後之子不爲降大功而仍服期以報，何也？不杖期章曰，『女子子適人者爲其父母，』大功章曰，『女子子適人者，』是子降其父母則父母亦降其子，甚明也。今於爲人後之子獨不降服，可乎！經曰，『姑姉妹女子子適人無主者，姑姉妹報，』又曰，『大夫之子（云云）惟子不報，』是父母之於子不言報，甚明也。今於爲人後之子獨言報，可乎！且昆弟姉妹，平等服也，當言報而反不言報，爲父母不當言報而反言報，不亦傎邪！然則此經之『報』當爲衍文無疑。開元禮

明制爲兄弟之子爲人後者之服之衍

於昆弟姊妹之不言報者補之，是已；而於父母之言報者不删之，何邪？且『爲人後者爲外祖父母緦，』開元禮之所增也，不言報，而父母則言報：豈父母之尊尚不如外祖父母乎！家禮云，『爲人後者爲其私親皆降一等；私親之爲之也亦然，』是已；然未明言父母之不當報，則似亦但統昆弟姊妹等而渾言之，而忘經之所謂報者之非降等也。明則概不言報，亦不似有疑於此條者。二千餘年以來，未有疑及於此者，余不能知其故！

爲人後者爲其昆弟：經，降大功。本記補報。開元禮同，而增『爲姑姊妹在室者報，』服同。（家禮『皆降一等，私親爲之亦然，』則是其服皆與開元禮同。後不復註。）明與開元禮蓋同。

按，明史禮志大功條下云『爲兄弟之子爲人後者，』而無『爲兄弟之爲人後者。』夫既有爲人後者爲兄弟之服，何以獨無兄弟爲之之服？無爲人後者爲伯叔父服之語，何得獨出伯叔父爲之服之文？參而觀之，『子』字當爲衍文無疑。

爲人後者爲其姊妹適人者：經，降小功。開元禮同，補報，而增『爲姑適人者報』服同。明同，唯缺報。

按經，爲人後者之降服止於父母昆弟姊妹，而他不言。蓋古人立後，必擇親者，苟有期親則功緦不得立。故自祖父母以降不著其服，親同則服無所降也。卽間有萬一之不然者，而既舉同父則同祖亦可例推。而開元禮乃增爲姑之服。既增爲姑之服，則祖父母伯叔父母從父兄弟姊妹何以反皆不著其服？掛一漏萬，殊爲疏略。

開元禮增爲人後者爲姑之服之非

爲人後者爲其外祖父母：經無文。開元禮增，緦。明同。

按本經記云，『庶子爲後者爲其外祖父母，從母舅無服。』服尙云，『母出，則爲繼母之黨服。母死，則爲其母之黨服。爲其母之黨服，則不爲繼母之黨服。』鄭氏云，『雖外親亦無二統。』然則爲人後者之於外祖父母無服，

開元禮增爲人後者爲外祖父母之服

之非

宋制不改夫爲人後者之舅姑之服之疏

明矣。不然，彼爲君母繼母之黨服者，夫豈不可以降而無服也！開元禮增此服，蓋亦因時制宜，然非古人之意。

夫爲人後者妻爲其舅姑：（開元禮於舅姑上增『本生』二字，家禮明因之。古無是稱。）經略。小記補大功。開元禮家禮明竝同。

按經，子爲父母三年，婦爲舅姑降一等期，故夫爲人後降服期則妻亦降服大功。古人制禮，如魏主不作殿，梁棟榱題皆以衡較其輕重，前後左右錙銖皆相稱也；少加一木焉則偏重而傾圮矣。宋改婦爲舅姑皆服三年，與夫服同，然則夫爲人後者，妻亦當與夫同服期，乃爲相稱。然猶沿小記開元禮之舊，降服大功而不之改，何耶？夫均之舅姑也，何以於彼則當從夫之服，於此則當降夫一等？豈當時議禮者心知改古之非而不敢言，因而故留此隙以爲碩果之不食，餼羊之未去，欲待後世之人從此考而知之而正之乎？不然，不當如是疏也。

存疑

爲養母：經開元禮竝無此項人。家禮成服章亦無文；

家禮圖增養母之服之非

唯圖增此服，齊衰三年。明改斬衰三年。

按，家禮成服章唯爲人後與女子子適人者之降服不載，而統言之於後，其餘未有不載者。若果有養母之名之服，何得獨遺之而不載乎：圖註云，「養母，謂養同宗及三歲以下遺棄之子。」明制云，「謂自幼過房與人者」。果如所云，則有養母亦必復有養父。今爲養母三年而爲養父無服，何母太重而父太輕也？豈天下養同宗及遺棄之子者盡寡婦乎？是不可解也。或又以過房爲父之他妾，則又與慈母無二矣。圖註不知何人所作，其中與成服章異同者頗多，必非朱子之書；他本或無之。明采其文，遂有三父八母之稱。然於養母，余終不知其爲何人，以俟知者，余當詢之。

母出母嫁之服（母報服附）

出妻之子爲母：（家禮云，『爲出母，』今從經文。） 經，齊衰杖期。 開元禮家禮明竝同。

雷氏次宗曰，『子無出母之義，故繫夫而言「出妻之子。」』

唐天寶六載制，『出妻之子爲母三年。』

【本傳】『出妻之子爲父後者，則爲出母無服。』 家禮同。

宋景祐二年制，『爲父後者爲出母齊衰；卒哭乃除。』

【家禮】「繼母出則無服。」

徐邈許猛之說

徐氏邈曰，『經言「出妻之子爲母，」明非所生則無服也。』

許氏猛曰，『母子至親，無絕道。 非母子者，出則絕矣。 是以經無出祖母之服。』

按，二家之說深得經意，後世所當遵守。 然事亦有不同者。 若庶子或前

有未盡

妻之子蒙其撫育，恩如己出，豈能視若路人。　乳母與父何屬，猶爲之緦，則嘗母之者可知也。　又若婦嫁而姑猶未出，孫生而祖母猶未出，嘗有覆庇教養之恩，亦不能以恝然。　此皆當酌其輕重，量爲之服，如韓子之以期服嫂，鄧綏之以三年服伯父者，固不可垂以爲法也。

出妻之女子子適人者爲其母：　經開元禮並缺。　家禮圖補，大功。　明缺。

父卒母嫁爲母：（家禮云，『爲嫁母。』　今從開元禮文。）　經無文。　開元禮增齊衰杖期。　家禮明並同。

漢石渠議，父卒母嫁，何服？　蕭太傅曰，『當服周；爲父後則不服。』　韋元成曰，『父沒則母無出義。　王者不爲無義制禮，故不制服也。』　宣帝詔曰，『婦人不養舅姑，不奉祭祀，不下慈子，是自絕也，故聖人不爲之制服。元成議是也。』

父卒母嫁似不得爲母服

唐天寶六載制，『母嫁，爲母三年。』

【家禮】『子爲父後，則爲嫁母無服。』（按，家禮，『繼母出則無服，』然則嫁亦當無服，家禮省文耳。）

宋景祐二年制，『爲父後者爲嫁母齊衰卒哭乃除。』

按，經父卒母嫁，無爲母服之文，豈略也哉！『出妻之子爲母期，』有明文矣；『繼母嫁從爲之服期報，』有明文矣：此何以獨無文？ 或者以爲爲夫所出者其情可矜，背夫而嫁者其義當絕，故不敢爲之服與？ 不然，傳記何得皆無一言乎？ 若母嫁而從，則自當仍服三年矣。 繼母猶期，則母可知也。 不從則親不屬，故無服耳。 而庾氏蔚之曰，『母子至親本無絕道。 若父卒母嫁而不服，則是子絕其母，豈天理邪！ 宜與出母同制。』 此說雖似有理，然以『庶子爲父後者爲其母緦』之例推之，恐但可爲心喪，不得公然爲之服也。 開元禮增服期，雖屬人情，究不若漢制之近古。至天寶景祐之制，則大義泯然矣。

父卒母嫁，女子子適人者爲其母：經無文。開元禮缺。家禮圖補大功。明缺。

妻出母嫁，爲其子：經無文。開元禮增，竝齊衰杖期。家禮改竝齊衰期。明同。

開元禮家禮增爲子報服之非

【家禮】『嫁母出母爲其子：子雖爲父後猶服。』

按妻出則義絕，故兩不相爲服；獨子爲之服者，子無絕母之道故也。然猶必降服期，示義絕也。子爲父後則不爲出母服，示不敢服其私親也。至於母之於子，則有間矣。母也者，恩不可割者也；子也者，恩不可割而猶可割者也：以大義裁之其無服明矣。卽以俗情衡之，亦當降服。開元禮乃增爲子齊衰杖期。子爲母降，母反不爲子降，不幾於逆施乎？家禮又增子爲父後，出母猶爲之服。子已不爲母服，母猶獨爲子服，不尤爲逆施乎？至於嫁母，尤非出母可比，有夫，有舅姑，有長子，如之何其可以自服其私親不降而一無所忌也？或者又謂『經文連下句讀，云「報」者，兼出妻繼母而言，』引小記文『妾從女君而出，則不爲女君之子服，』妾不服之，明出妻有服也。其說雖若有據，然記之與經固有異同者，又無明文，恐未可以彼而證此也。且經凡言『報』者，皆其親本相屬者也。本不相屬，而但以私恩服之者，則不言報，繼父乳母是也。何者？受人之恩者不可忘，故雖不相屬而爲之服；施恩者則不必因人之受我之恩而爲之服也。韓子之以期服嫂也，嫂不必以期服韓子也。母之於子也亦然。不出則屬，屬則服之；出則不屬，不屬則不服之矣，不必以子之爲己服而亦服之也。曰，然則服可以無報乎？曰，報也者，還相爲服云耳，非報其爲我服也。未爲我服者，我爲之服，爲我服者，我未爲之服，何報之有焉！繼母嫁從之有報也，相屬也；相屬也者，相從故也，非以子之爲己服而遂服之也。如之何以此報并屬之出妻也！

妻出母嫁，爲其女子子適人者：經無文。開元禮增出母，大功（嫁母缺。）家禮圖增出母嫁母並大功。明並缺。

父卒，繼母嫁，從，爲之服，報：經齊衰杖期。開元禮同。家禮改報服不杖，餘並同。明同。

辨崔凱繼母嫁從之服爲庶子之說

按崔氏凱曰，『此服之者庶子耳；爲父後者不服也。繼母嫁，與宗廟絕，爲父後者安可以廢祖祀而服之乎！』此論不然。人而至於從繼母嫁，則必幼穉一無所依者也，尚何宗廟之有！繼母棄之，有流落以死耳。賴繼母之力，得復奉祖祀，以能奉祖祀之故而遂背之，豈義也哉！故絕之則不當從，從之則不得復絕之矣。且繼母非親也，果有兄在，何忍不撫其弟而乃使之從繼母嫁乎！然則經所言者，其父別無長子明甚，不得藉口於爲父後而不服之也。

繼父之稱可存

傳文兩無大功之親乃爲繼父

爲繼父同居者：　經齊衰期。　開元禮同。　家禮分「兩無大功之親者，」齊衰期；「繼父有子，己有大功以上親者，」齊衰三月。明同而云「兩有大功以上親者」齊衰三月。

呂新吾四禮疑云，「萬物一本。　母百可也，父可二乎！　父沒矣，可繼乎！母緣父有，父不緣母有也。　儀禮有繼父，聖人名之乎？謬矣！」　余按古人質樸，故以父爲尊稱，天子稱同姓諸侯，諸侯稱同姓大夫，曰「伯父」「叔父」是也。文侯之命，平王直以「父」稱之矣。　馮唐傳，文帝亦曰「父老何自爲郎」；母所嫁夫，無以稱之，既長於其室矣，因稱之曰繼父，俗之沿也，非聖人之制也；猶春秋傳之云「外弟」「外妹」也。　若欲正名定分，則繼父之稱自所必當革，呂氏之言是也。　然欲稱爲「母夫」，亦恐未合。

按本傳云，「夫死，妻穉子幼，子無大功之親，與之適人，而所適者亦無大功之親，所適者以其貨財爲之築宮廟，歲時使之祀焉，則繼父之道也（云云，）」

此特傳者以其服重，故爲是言以曲明之，其實經絕無此意也。且此亦非聖人之所制也。成康之世，安有此事！此乃後世禮教漸衰，有孤弱無依，攜子而嫁者，幼既受其撫育長而不忍背德，故爲之服；其後相沿，遂以成俗。君子以爲字人之孤，義不可忘，故錄之而不削之，以勉人慈而教人厚耳；非必如傳所云而後可爲服也。後世儒者多拘傳說，誤矣！藉令其有大功之親，或不立廟受其恩者，豈遂得漠然而已哉？且有期功之親而不能字其孤，至使其孤受字於異姓，孰重孰輕，必有能辨之者矣，乃欲因彼而薄此乎！且傳所以舉大功爲言者，蓋以己有大功之親則不至於適人，人有大功之親則不能以專財，如是而已；至其服之輕重，仍以居之同異分之，不係此也。家禮及明乃分『兩無大功之親者期，有大功之親者三月』，既非經意，亦失傳之本旨。

服之說不可泥

爲繼父不同居者　經，齊衰無受者。開元禮改齊衰三月。家禮明並同。

開元禮增同母異父之兄弟姊妹之服之非

【本傳】『必嘗同居，然後爲異居。未嘗同居，則不爲異居。』家禮，『其元不同居者則不服。』

存疑　爲同母異父之兄弟姊妹：經無服。開元禮增，小功。家禮明竝同、

按婦嫁則義絕，絕則兩族不相爲服。其義絕而義終不可絕者，惟子爲母一人而已。自母以外，外祖父母，從母舅皆不服也。同母異父之人，其於義何居乎？繼父同居，繼母嫁從其人，本不當有服，以受其養育之恩，故不可不爲之服也。同母異父之人，其於我何恩乎？檀弓篇雖有爲大功齊衰之語，然曰『未之前聞，』則固以爲非矣。開元禮增此服，家禮明竝沿之，殊不能知其故。

王夫人貴而田蚡相，衞子夫寵而衞青封，嗚呼，其所由來者蓋久矣！

附禮經大夫公子降服考（大夫之妻子附。）

按，大夫公子之降服，自秦漢以後皆無之，於今誠無所用。然經文中往往有與他服制相比照者，參觀互證，似不可缺。故並記之。

齊衰期不降者

『大夫爲祖父母（以尊故不降）適孫（以適故不降）爲士者。』

母妻長子不降

按，大夫爲母妻長子皆不降服。經不言者，至親之服不待言也。

『大夫之適子爲妻』（仍不杖。）『大夫之庶子爲適昆弟』（並以適故不降。）

【小記】『世子不降妻之父母。其爲妻也，與大夫之適子同。』

『大夫（此處疑缺『大夫』二字）之子爲世父母，叔父母，子，昆弟，昆弟之子，姑姊妹女子子無主者，爲大夫命婦者（以體敵故不降）惟子不報』（餘皆報。）

大夫之缺文

按，大夫之子有爲此諸人不降之服，則大夫亦當如是。經不見者，蓋缺文。

『公妾大夫之妾爲其子』（以與尊者異體故不降。）

齊衰期（齊衰三年附）降大功者：

『大夫爲世父母，叔父母，子昆弟昆弟之子爲士者』（以體不敵故降。）

大夫之子之缺文

『公之庶昆弟，大夫之庶子爲母（本齊衰三年及杖期，）妻（本杖期，）昆弟（本期。並以厭故降。此下疑有缺文。）

按，大夫，大夫之子，期服可降者凡四。然經惟於大夫兼言之，而大夫之子但言爲昆弟降服而不及爲世父母，叔父母子昆弟之子降服者，蓋經缺文。

【本記】『公子爲其母，練冠麻，麻衣縓緣；爲其妻縓冠葛絰帶，麻衣，縓緣：皆既葬除之。』

公之庶子父在爲母既葬除服之非人情

【孟子】『王子有其母死者其傅爲之請數月之喪。公孫丑曰,「若此者何如也?」曰,「是欲終之而不可得也。雖加一日愈於已!」』

按,經文云『公之庶昆弟,』則是父在不如是服也。本傳云,『先君餘尊之所厭,不得過大功,』鄭氏云,『公之庶昆弟,則父卒也,』然則公子於父在時不爲其母服矣。故本記稱『練冠麻衣縓緣,既葬除之,』而孟子書亦載『王子母死其傅爲之請數月之喪』也。然父之與母義異而恩則同,適之與庶分殊而情則一,屬毛離裏之愛誰獨無之,但不當以私勝公耳。是以爲父斬衰,爲母齊衰,父在爲母不服三年而但服期,大義所在,不敢以私恩匹也。庶子爲父後者爲其母緦,承父之重不敢以私情間也。如是亦已足矣。若凡公之庶子於父在皆爲母練冠縓緣,既葬除之,是幾於無服矣,毋乃非人情乎?且母與妻豈可同日語者,而必使之大同小異,義何居焉?至於公之昆弟,先君餘尊之所厭，降爲期，亦可矣，何必使之與妻服同乃爲孝邪！大抵唐宋以後人多徇私情而不揆大義，故但知親親而不知尊尊；秦漢以前人皆重名分而不體人情，故伸尊尊之義遂不復顧親親之心。雖亦防微杜漸之意，然要之二者皆過也。蓋東周之世，習俗相沿如此，非周公所制，孟子固曰『雖加一日愈於已』矣。然則矯枉過正，亦不得遂爲中道也。

『大夫之妾爲君之庶子』（以厭故降。）

齊衰無受之服不降者：

傳注舊君之誤解

『大夫爲宗子（以適故不降），舊君，曾祖父母（並以尊故不降）爲士者，如衆人。』

按此文『舊君』，與上文『爲舊君君之母妻』之舊君同。而傳於上文以『仕焉而已』釋之；於此文以『以道去君』釋之。鄭氏緣此，遂以上文『爲舊君』爲『老疾致仕者』，此文『爲舊君』爲『待放於郊者。』非惟文同不應異解而穿鑿附會亦大失經旨。經云，『大夫爲宗子，舊君，曾祖父母爲士者如衆人，』此十七字本係一句。此三項人皆已見於上文。所以複出此文者以大夫爲士有降服嫌於或降故言此三項人分尊誼重雖爲士而大夫不敢降耳。蓋經凡稱諸侯，必別之曰『國君，』故曰『庶人爲國君，』曰『大夫在外，其妻長子爲舊國君。』若但稱『君』者皆兼大夫士在內，『公士大夫之衆臣爲其君布帶繩屨，』是也。春秋時，齊之鮑國，衛之僎，其初皆嘗爲大夫臣。然則當亦有爲士之臣者。其後位雖升爲大夫，然於舊君之爲士者不敢降服，尊之也天澤之名分終其身不可易也。且不杖期章云，『大夫爲祖父母適孫爲士者，』文勢與此正同。彼之爲士既兼『祖父母』言之，此之爲士何得不兼『宗子，舊君』言之乎？此文本極明白易解，但因先儒誤分經文句讀於『舊君』處讀斷，不知指『爲士者』而言，因而別爲之解，以致乖舛若是。故今正之。說竝見前臣爲君服篇中。

庶孫之缺文

從父昆弟之爲大夫者之缺文

大功不降者（不絕者附。）

『公之庶昆弟，大夫之庶子（此十字蒙上文『爲母妻昆弟』句）爲從父昆弟（此處疑缺『庶孫』二字）之爲大夫者』（以體敵故不降。）

按小功章大夫之子，公之昆弟有爲從父昆弟庶孫降服，則此章之不降服，亦當有庶孫在內，蓋經缺文。

『大夫，大夫之妻，大夫之子，公之昆弟爲姑姊妹女子子嫁於大夫者。』『君爲姑姊妹女子子嫁於國君者』（並以體敵故不降。）

按小功章，大夫有爲從父昆弟庶孫降服，則於爲大夫者亦不降服可知。今經文不言者蓋因其兼『大夫之子，公之昆弟』在內。其爲從父昆弟已見上文，故於大夫遂缺此文。大抵經文多簡，其義可互見者往往從略，要宜參觀互證以會其全，不可遂謂無此服也。

大功降小功者：

『大夫，大夫之子，公之昆弟爲從父昆弟，庶孫（鄭注，『從父昆弟及庶孫亦謂爲士者，』）姑姊妹女子子適士者』（並以體不敵故降。）

大夫之妻之缺文

按，大功章有大夫之妻爲姑姊妹女子子不降服之文，則此章爲姑姊妹女子子之降服亦當有大夫之妻在內。蓋因其兼從父昆弟庶孫言之，未便冠以大夫之妻（大夫之妻，惟爲姑姊妹見於經；其他私親，若世父母叔父母昆弟姪，凡男子，皆無文），故缺此文。

『大夫之妾爲庶子適人者』（以厭故降。）

附禮經殤服考

此亦人所不講，然不可以不知，故竝記之。

本期，爲服大功者

『叔父之長殤中殤。』『昆弟之長殤中殤。』『姑姊妹之長殤中殤。』『子，女子子之長殤中殤。』『適孫之長殤中殤。』『夫之昆弟之子女子子之長殤中殤。』

按後小功章有『爲昆弟之子女子子之下殤，』則此章亦當有『長殤中殤』之服，蓋經缺文。

昆弟之子之缺文

附『公爲適子之長殤中殤。』『大夫爲適子之長殤中殤。』『大夫之庶子爲適昆弟之長殤中殤。』『其長殤，皆九月，纓絰。其中殤，七月，不纓絰。』

【本傳】『年十九至十六爲長殤；十五至十二爲中殤』

本期，爲服小功者：

『叔父之下殤。』『昆弟之下殤。』『爲姑姊妹女子子之下殤。』『適孫之下殤。』『昆弟之子女子子，夫之昆弟之子女子子之下殤。』

按，前大功章有『爲子女子子之長殤中殤，』則此章亦當有『爲子下殤』之服，蓋經缺文。

子女子子之缺文

附『大夫庶子爲適昆弟之下殤。』

按，前大功章有『公與大夫爲適子之長殤中殤。』此章不言『爲適子之下殤』者，蓋經缺文；或下殤遂不爲服邪？

適子之缺文

【本傳】『十一至八歲爲下殤不滿八歲以下爲無服之殤。』

本大功爲服小功者：

『爲人後者爲其昆弟從父昆弟之長殤。』『爲姪，庶孫，丈夫婦人之長殤。』『爲夫之叔父之長殤。』

『大夫，公之昆弟大夫之子爲其昆弟庶子，姑姊妹，女子子之長殤。』『大夫之妾爲庶子之長殤。』

附

本大功爲服緦者：

『庶孫之中殤。』『從父昆弟姪之下殤。』『夫之叔父之中殤下殤。』

經文長中下殤之錯落與傳注之誤解

按，庶孫有中殤，無下殤；從父昆弟姪有下殤，無中殤；夫之叔父則中下殤皆有之；爲人後者爲其昆弟則中下殤皆無之：參差錯落，殊不可解。小功章傳云，『中殤何以不見也？大功之殤，中從上；小功之殤，中從下。』鄭氏據此傳文，遂謂『從父昆弟姪庶孫之中殤皆與長殤同服小功，而經文內庶孫之中殤乃下殤之誤。』然緦麻章傳又云，『齊衰之殤，中從上；大功之殤，中從下。』兩傳互異，將何從焉？ 鄭氏曲爲之解，謂『小功章傳據丈夫爲殤服言之；緦麻章傳據妻爲夫之親服言之。』 然傳初無明文，特鄭氏以意度之耳。 且緦麻章夫之叔父中從下者既兼言中殤下殤，則小功章從父昆弟姪庶孫之中從上者亦何難兼言長殤中殤乃不省文於彼而獨隱其文於此，何邪？ 至爲人後者爲其昆弟則又中殤下殤皆無文，又當以何說解之乎？ 細核經文，不但鄭氏之說可疑，即傳說亦未有以見其必然。 此或經文錯舉中殤下殤互見其意，否則經有缺文亦未可知，不得遂以臆斷之也。

按，前小功章有『大夫，公之昆弟，大夫之子爲其昆弟，庶子，姑姊妹，女子子之長殤』，又有『大夫之妾爲庶子之長殤』，則此章爲此諸人亦當有中殤下殤之文。 今經皆不見者，豈以前章既言長殤則中殤下殤可推而得之，故省此文邪？ 抑經文有缺邪？ 姑識其說於此。

有長殤無中下殤者二條

本小功爲服緦者：（皆長殤之服。 中殤下殤並無服。）

『從祖父，從祖昆弟之長殤。』『從父昆弟之子之長殤。』『昆弟之孫之長殤。』『從母之長殤，報。』『夫之姑姊妹之長殤。』

【本記】『宗子孤爲殤，大功衰，小功衰，皆三月。親則月算如邦人。』

五服餘論

余曩嘗作五服異同彙考，今已二十年矣，而意有未盡者，暇中隨筆錄出數則以補其缺。

尊尊與親親

喪非獨服然也，其飲食，其居處，其言行，皆與尋常有異；而古人獨於服致詳焉者，所以立紀綱，正名分，殊親疏而別尊卑也。故喪服一篇兩言足以蔽之，曰『尊尊』『親親』而已。子生三年，然後免於父母之懷，故服皆以三年。由父而上推之，旁推之，則

經記所載爲文勝之弊

由期而大功，而小功，以至於緦；由母而推之，則爲小功，爲緦：皆親親之義也。　斬衰之服子爲父也，臣爲君也，妻爲夫也，尊尊也。　父在爲母期，庶子爲父後者爲其母緦，爲尊者所厭也。　婦爲夫黨則有從服，女爲父黨則有降服，爲人後者服有變焉，母出母嫁服有變焉，尊尊親親不使兩相悖也。　故服也者，紀綱名分之所係也；猶之乎治國者必使上下有服，都鄙有章也。　是以古人必於此致詳也。

考經與記所載，喪禮之繁可謂極矣。　說者以爲周公所制，非也。　此乃周末文勝之弊，當時習於禮者載之冊耳。　孔子曰，『先進於禮樂，野人也；後進於禮樂，君子也：如用之，則吾從先進。』豈有於喪禮而多爲是繁文末節者哉！　且父母初喪，爲人子者心肝崩裂，哀痛之不暇，何暇一一詳辨其儀節而遵行之。　而喪本凶禮，又非可嘗試演習於平日者。　故孔子曰，『喪，與其易也，寧戚；』子游曰，『喪致乎哀而止。』　苟篤於哀，必不能致詳於儀節。　若此時尚能一一致詳於儀節，吾恐其必滅於哀也。　若今世貧士，尤不能然。　棺槨衣衾之屬，何一非人子所當致愼者：分陰之惜，不啻千金，安有餘暇以事繁文末節！是故學者之於古禮，但當謹其大經大法；至於繁文末節，勢不能行，亦正不必行也。

服何以三年也？聖人制之乎？非也。此人情之必至，行乎其所不得不行者也。何者？凡哀莫重乎感，而感多因乎時。期也者，歷時之一周也。故見新麥則感焉，見新穀則感焉，乍寒則感焉，乍煖則感焉；乃至蔬果新登，雨雪乍至，亦莫不覩之而感，而哀生焉。凡至親之喪，期之內無乎不哀也。故曰『至親以期斷』也。至於父母之喪，恩尤深，義尤重，不但初見之而感而哀也，卽再見之而猶不能不感，不能不哀，但感漸淺而哀漸殺耳。必至再期之後，三見之，然後其情漸習，其心漸平，可以勉強復其故常，故親喪皆以三年爲斷也。故曰『三年之喪再期也。』然是理也，愚昧者不知，卽賢知而未嘗經三年喪者亦未必能知也。

至親以期斷

三年之喪，再期也，再期而祥，可以從吉矣，何爲乎二十七月而禫，禫而後從吉也？曰，此亦人子之至情也。父母恩深，服雖已滿，猶不忍於一日之閒遽易常服，是以中月

中月而禫

三年之喪倍期

而禫，——中者間也；中月，間一月也。何爲必間一月？古者釋服必於祭，祭必於朔。祥之日無有定也。使祥於月之二十八九日，至次月朔而遂禫，是踰兩三日而遂釋服也，猶之乎無禫也。故必間一月，至又次月之朔而後禫，然後其哀漸殺而可以釋服耳。古人以歷一年爲一年，歷一月爲一月，故曰『三年之喪，再期也，期之喪，二年也』，故曰『十三月而練，二十五月而祥』（今俗謂之二十四月）。是所云『三年』者，止二十五月也。然則所謂『九月』者，二百四十一日之服也；所謂『五月』者，一百二十一日之服也；所謂『三月』者，六十一日之服也。今人乃以周一年爲一年，匝一月爲一月，誤矣。余鄉皆遵王制，二十七月而釋服；內黃淸豐以南則皆三十六月（古人謂之三十七月）而後釋服，至於功緦，益無復有識之者矣。夫娶妻之三日而反馬（俗謂之回門）也，是歷三日，非盡三十六時也；初喪之七日而受奠也，是歷七日，非盡八十四時也；婦人受胎之十月而產也，是歷十月，非盡三百日也。何獨至於喪服而乃以匝月始爲一月，周年始爲一年乎？吾魏有婦人屆期將產，其夫適他出，乃强制之，不使兒產。夫歸

練祥禫皆葬後事

喪服等殺以倍爲率

見其狀問之以告。夫曰，『是產期矣！』婦曰，『甫及九月，何得遂產？』夫曰，『此卽所謂十月者也！』乃俾之產，而兒已垂死矣。今人之於喪服，亦猶此婦之見也夫！

然所謂練祥禫者，皆謂葬後事耳，非未葬而至其時卽可變服也。記曰，『斬衰三升，旣虞卒哭，受以成布六升，冠七升。爲母疏衰四升，受以成布七升，冠八升。去麻服葛，葛帶三重。』然則古人未葬，非惟不除服，且不受以成布矣。是故小祥之練冠縓緣，大祥之素縞麻衣，皆爲旣葬者言之；未葬則無所謂大小祥也。今之人豈惟去麻，且公然除服矣。問之，則曰『吾三年之喪已畢矣。』嗚呼，親未入土，不知爲子者何以能安，而公然食稻衣錦，宴樂無忌也？無怪乎其停柩十數年，或至數十年而不葬也！而說者猶或譏宰我之爲期喪，齊宣之欲短喪，吾恐今之人遠不逮夫古也！

古人立制，其等殺皆以倍爲率。三年之喪倍期，固已；卽功緦之服亦然。大功何以九月？倍小功也，取期而減其三之一者也。小功何以五月？倍緦也，取期而減其三之二者也。緦何以三月？據自殯至葬而計之者也。葬之遲速雖異，要皆以三月爲大凡。故齊衰無受者，傳皆以三月爲言也。緦之服最輕，故至葬而止也。猶之乎封國之制，公侯之百里倍於伯之七十里，伯之七十里倍於子男之五十里也。若以九匝月始爲九月，五匝月始爲五月，而五服之制遂參差而不得其說矣。

計日計月計年

三日而殯，五日而殯，七日而殯，計日也。計日，則朔虛之一日在所必計矣。緦三月，小功五月，大功九月，計月也。計月，則朔虛之一日在所不計，而惟計閏餘之一月矣。期而小祥，再期而大祥，計年也。計年則閏餘朔虛皆所不計矣。惟自祥至禫，乃復計閏耳。

飲食居處與人情

服者非第服而已也，飲食居處必有其相稱者焉。『斬衰』文下傳云，『居倚廬，寢苫，枕塊，歠粥。既虞，翦屛柱楣，寢有席，疏食水飲。既練，舍外寢，始食菜果，飯素食。』何以如是也？此人子之至情所不能已者也。蓋父母既沒，創鉅痛深，食必難以下咽，且又恐其食爲哀氣所結而致疾也，故食粥焉，——粥者易咽而又易化之物也。虞則哀少減，可以食矣；然美食猶不忍食也，而菜果初登，亦不免覩之而感而痛生焉，故惟疏食水飲。待既練而後食菜果焉。此乃人情，非有他也。即居處亦如是而已矣。然亦有不必甚拘者。家之貧富不同，人之强弱亦異，疏食苟能下咽，雖未虞而疏食焉可也。粗惡之菜非親平日所嗜，雖未練而少用之以佐疏食亦可也。故記云，『不能食粥，羹之以菜可也；』又云，『五十不成喪，七十惟衰麻在身。』總之禮本乎情，非强人以所不能行者也。若親初喪而即能飲酒食肉，恬然不以爲事，是其心已死矣，强之使必疏食，夫亦何益！故孔子曰，『女安則爲之；』孟子曰，『亦敎之孝弟而已矣。』聖賢之論何嘗不本於人情哉！且即三年喪畢亦有不能以忘情者。曾晳嗜羊棗而曾子不忍食羊棗。歐陽永叔之父間御酒肉，則必涕泣曰，『昔常不足而今有餘，其何及也！』此豈載於禮文者哉！故曰『人子之至情不能已者也。』

近世居喪惟服異

近世之居喪也，惟服而已。期功之喪幾與無服者同，其飲食如常也，其居處如常也，其宴會慶賀觀優者如常也。服雖多於古人何益焉！惟父母之喪間有一二能守禮者；然亦殊不多觀。然則所謂喪者惟服而已！余幼時讀小學，至漢昌邑晉阮籍事，

名有服而實不服

未嘗不深歎古人風俗之美。何者？千餘年間而止傳此數人，此數人者又皆當世所譏，則其能守禮者固自多也。近數百年，遂以此爲常事。其有三年不食酒肉及不入內者，至書之史冊以爲美談；然則是此等事至近代已爲絕無僅有之事。甚矣風俗之日敝也！

雖然，卽所謂服者亦但其名然耳。余幼時見余鄉風俗，尙有一二近古者：父母之喪，袍褂皆用粗白布爲之，縫而不齊；練而後齊之；祥而後易素服；禫而後卽吉。祖父母之喪，惟袍用粗白布，褂則皁之。伯叔父母之喪，則褂用粗白布而袍皁之。大功，則衣不復用白，惟履用白布耳。小功，用灰色布履；緦，用皁布履：其衣皆無異於尋常，但不吉服耳。此於服已爲最輕，然他州外縣尙不能如是，卽余鄉近日亦不能如是矣。通都大郡尤不可問。甚者，父母之喪以墨衰爲常服，則其他可知矣。無怪乎古人之服制如彼其少，今人之服制如此其多！古人實服之故其勢不能多；今人實不爲服，是以多多而無害也。嘗有人問余曰，「何以制爲五服？一祖之所生皆吾宗族也；五世而服

增服與守禮

絕，不亦薄乎？』余曰，『誠然。今之人，名爲有服而實不服，如此，雖百世皆有服，可也！』蓋彼不知古之所謂服者皆實著之身也。俗之敝也，其來久矣！

自唐以前居喪者多能守禮，然於古五服之制無所增加；由唐以逮宋明，代增其服，至數倍於古人，而守禮者反少：何也？蓋凡人期於行，則必有所躊躇審量而不敢過。故言而多者其行必少；言而過者其行必不及。故孔子曰『其言之不怍，則爲之也難。』明金川門之變前一日，解縉，胡廣，王艮竝集於吳溥舍，縉陳說大義，廣亦憤激慷慨，獨艮流涕不言。既去，溥子與弼尚幼，歎曰，『胡叔能死，是大佳事！』溥曰，『不然，獨王叔死耳！』語未畢，隔牆聞廣呼云，『外喧甚，謹視豚！』溥顧與弼曰，『一豚尚不能捨，肯舍生乎！』夫服制之更變亦如是而已矣！自唐以前之人實欲行古喪禮，故不覺古人之薄。若蕭嵩魏仁浦輩則原不期於人之能行，不過姑以是求勝於古人而已，是以服愈多而其加者愈無幾也。嗟夫，俗之不古，夫亦何怪於今人哉！

五服異同彙考卷之三終

易卦圖說

序

甚矣易理之難知也！孔子曰，『誦詩三百，授之以政不達，使於四方不能專對，雖多亦奚以爲！』蓋學詩如是之易也。孔子曰，『假我數年，卒以學易，可以無大過矣。』蓋學易如是之難也。

然近世學者談易者頗多，余竊怪之。嘗試舉以問人，『彖爻之詞與十翼何人所作？』則曰，『彖詞，文王作；爻詞，周公作；十翼，孔子作也。』問其何以知之，則曰，『朱子本義云爾。』問朱子何以知之，則瞠目不能對也。此其最淺近者猶且如是，若欲通於易理，知聖人所以命卦繫詞之意，吾恐其難也。

余家世傳周易，至余凡四世矣。然余獨未敢輕談易。何者？聖人之義蘊宏深，固非後學所能輕窺也。雖然，讀易有年矣，於先儒之說亦閒有一二未安者，初不敢自謂，是數十年來蓋屢思之久而終不能易所見。考信錄既成，乃取平日所見之一二，繪爲圖而繫以說，以待後世通於易者正其得失焉。

大名崔述識。

易卦圖說目錄

易卦畫圖

奇偶兩畫三重爲八卦圖

八卦各重八卦爲六十四卦圖

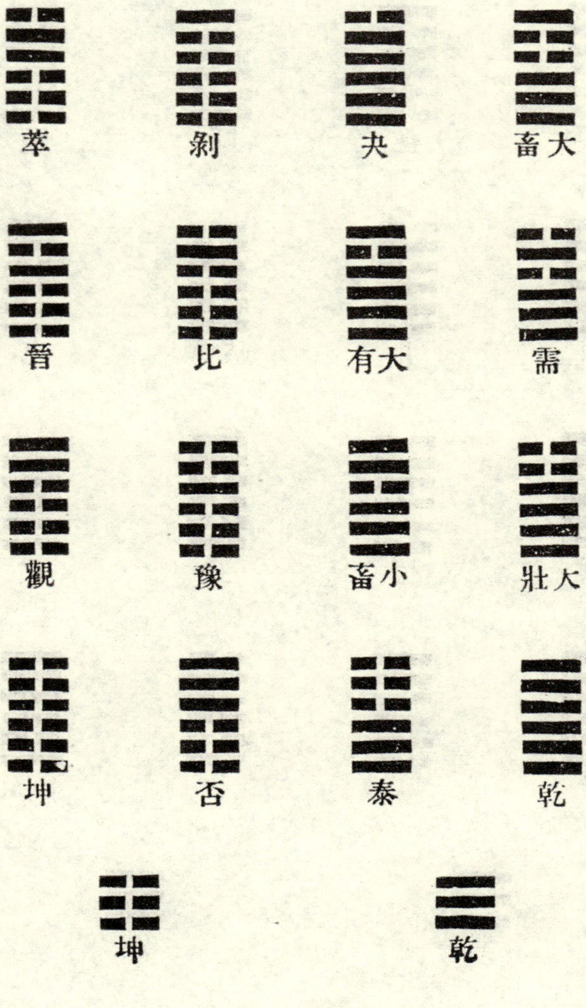

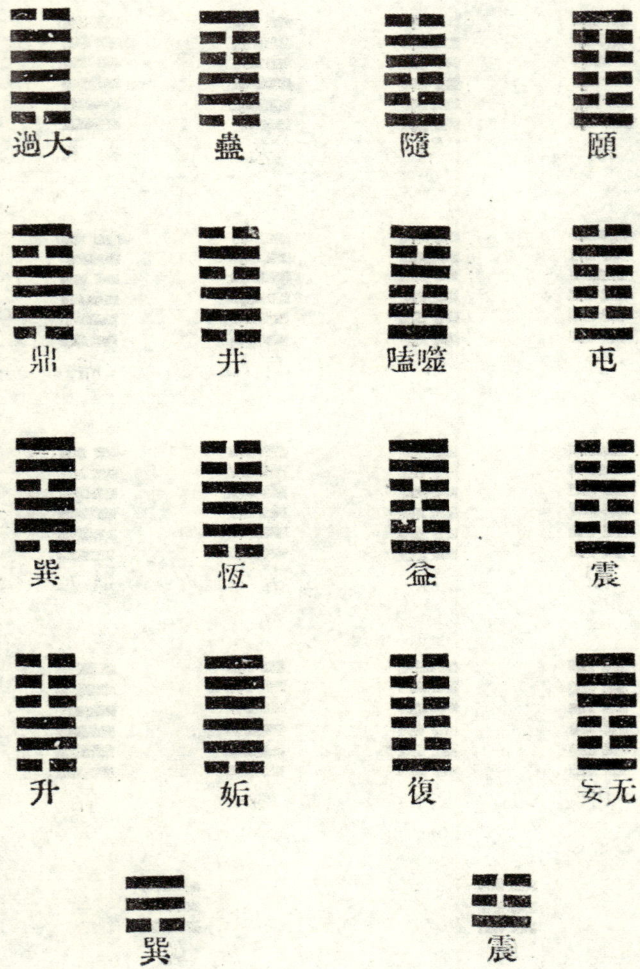
頤
隨
蠱
大過
屯
噬嗑
井
鼎
震
益
恆
巽
无妄
復
姤
升
震
巽

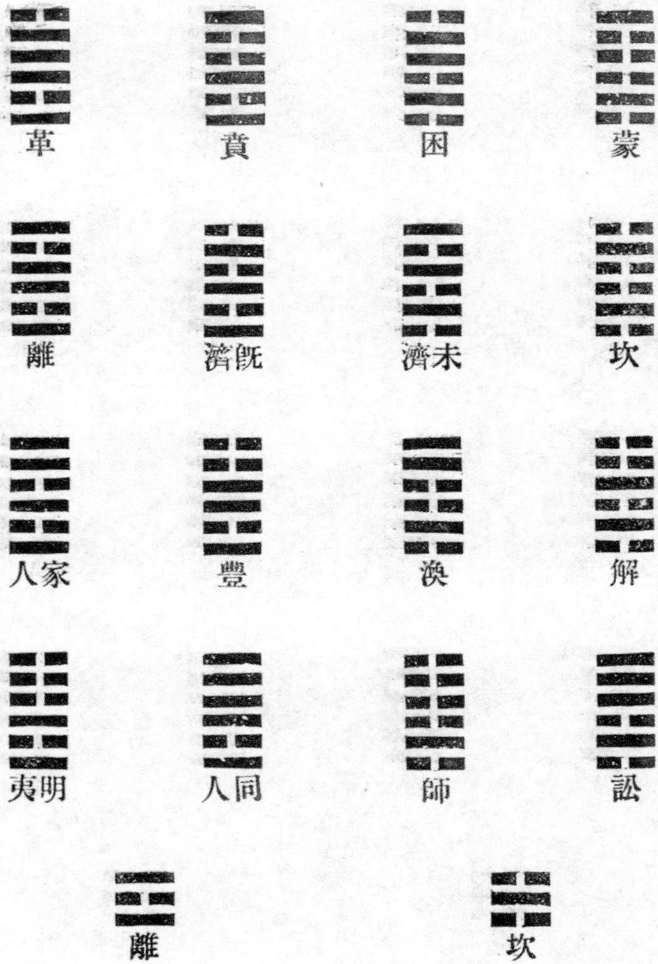
革
賁
困
蒙
離
既濟
未濟
坎
家人
豐
渙
解
明夷
同人
師
訟
離
坎

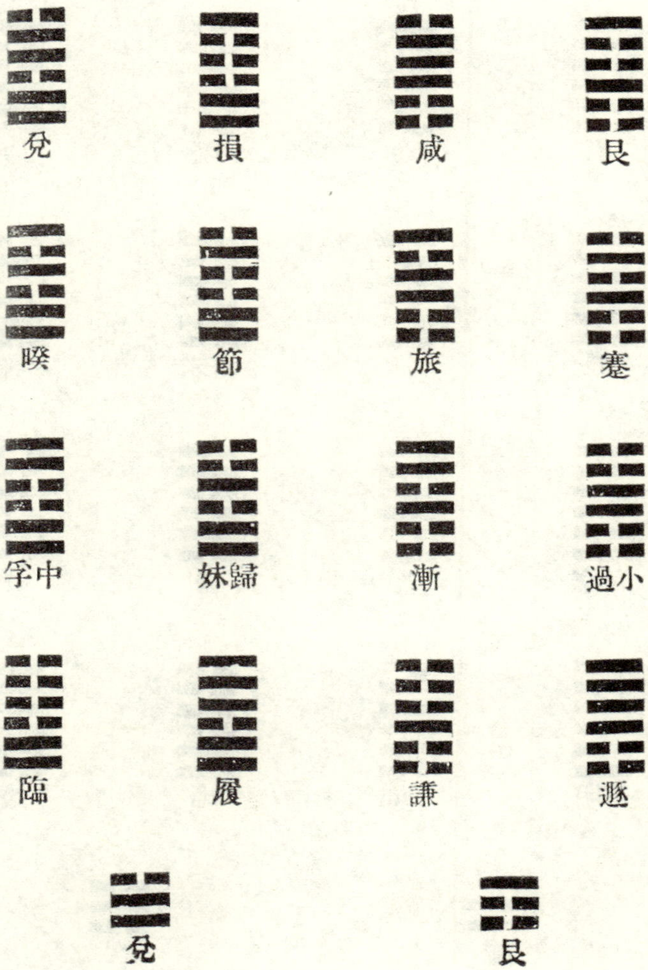
艮
咸
損
兌
蹇
旅
節
睽
小過
漸
歸妹
中孚
遯
謙
履
臨
艮
兌

易卦畫圖說

陰陽畫

易之卦爻於何起乎? 蓋起於一陰一陽也。 陽體實，陰體虛，陽常有餘，陰常不足，故陽之象凸，陰之象凹。 陽益以凸，故其數三而爲奇；陰損以凹，故其數兩而爲偶也。然則畫卦之始，但一盈一缺，不必扁也。 其後益以三，又益以六，累積重疊，勢不可厚，乃爲扁長形耳。

陰陽畫三重

陰陽分矣，陰陽之變未之盡也，聖人觀於天道人事，位有上中下之別，時有始中終之異，於是取畫而三重之，而得八焉，名之爲卦。 天地者，陰陽之體也，故以純陽純陰象之。 水火者，陰陽之用也，故以陽中有陰，陰中有陽象之。 震巽者，陰陽之初交也，未成乎形，故爲雷風。 艮兌者，陰陽之既凝也，已成乎形，故爲山澤。 法象之大，盡乎此矣。

八卦再重

然而人事之賾，非卦所能概也，聖人於是又取八卦而再重之，得六十四，而每卦分之爲六爻。 合兩象而爲一體，兼二德以成一義，然後剛柔判，尊卑分，德有中不中之分，

卦非陰陽畫上累加一畫所成

情有應不應之殊，而人事之賾於是乎全矣。故曰，『八卦成列，象在其中矣；因而重之，爻在其中矣』。是故八卦者，取陰陽之畫而三重之者也；六十四卦者，非取陰陽之畫而六重之者也，乃取八卦而再重之者也。故畫之重而三也，有必當三者也；爻之積而六也，有必當六者也。故曰，『有天道焉，有人道焉，有地道焉：兼三才而兩之，故六』。又曰，『分陰分陽，迭用柔剛，故易六位而成章』。

昔人說易卦者，乃謂於陰陽畫之上各加一畫而爲四，兩畫之上又各加一畫而爲八卦，又各遞加一畫而爲十六，爲三十二，然後爲六十四卦。然則是累一畫而爲六，非重八卦而爲六十四也。然則是三才不必兼全，剛柔不必迭用也。大傳雖有『兩儀』『四象』之文，然未詳其所指，下文所言之象乃謂天地日月，何所見四象之當爲兩畫者？至於四畫五畫者，言一卦則有餘，言兩卦則不足，內外剛柔之位既恍惚而難指，天地水火雷風山澤之象復破碎而不全，而中與不中，應與不應，亦無自而見，於義復何取焉？

擬易諸家根本之說

由是言之，二之分爲八，非期於八也，八之分爲六十四，非期於六十四也，聖人但取一畫而三重之，取一卦而再重之而已。不知者乃謂聖人作易皆以二相乘：二分爲四，四分爲八，以二迭乘，以至於六十四。於是聰明之士，學問之儒紛然而爭擬易。或以三起數，而迭乘之爲九，爲二十七，爲八十一，於是乎有太玄。或以四定數，天道則分「元，會，運，世，」人事則分「皇，帝，王，霸，」典籍則分「詩，書，易，春秋，」於是乎有皇極經世。嗟夫易道深遠，非吾之所能知，若卦爻所由起，則大傳言之詳矣，吾不能棄古人之訓而從後儒之曲說也！

易卦次圖

純卦交卦綱領之圖

上經以純卦始

反對仍乾

乾 ䷀ 乾

乾坤平對

坤 ䷁ 坤

反對仍坤

兩卦仍爲兩卦

交卦繼純卦後

反對即否

泰 ䷊ 否

泰否平對

否 ䷋ 泰

反對即泰

兩卦仍爲兩卦

上經以純卦終

兩卦仍爲兩卦

下經以交卦始

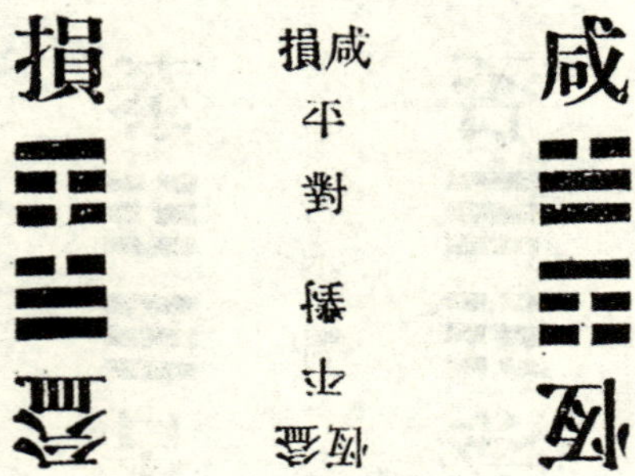

兩卦化爲四卦

純卦繼交卦後

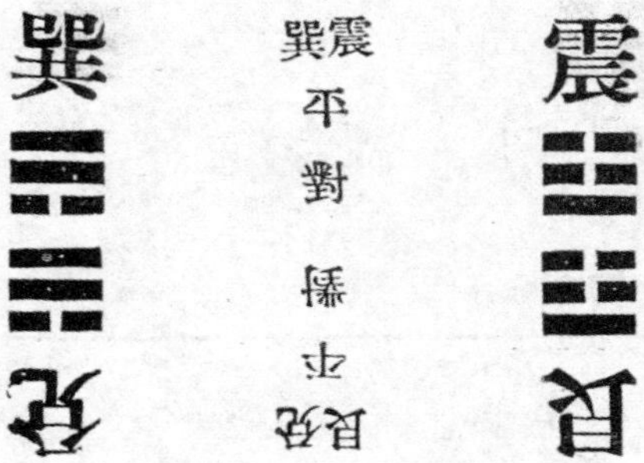

兩卦化為四卦

下經以交卦終

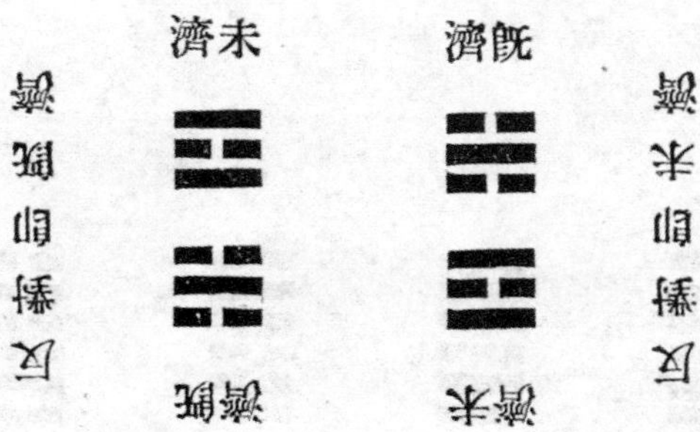

兩卦仍為兩卦

乾坤共統八卦

乾 坤

屯 蒙 需 訟

師 比 小畜 履

泰否共統十有六卦

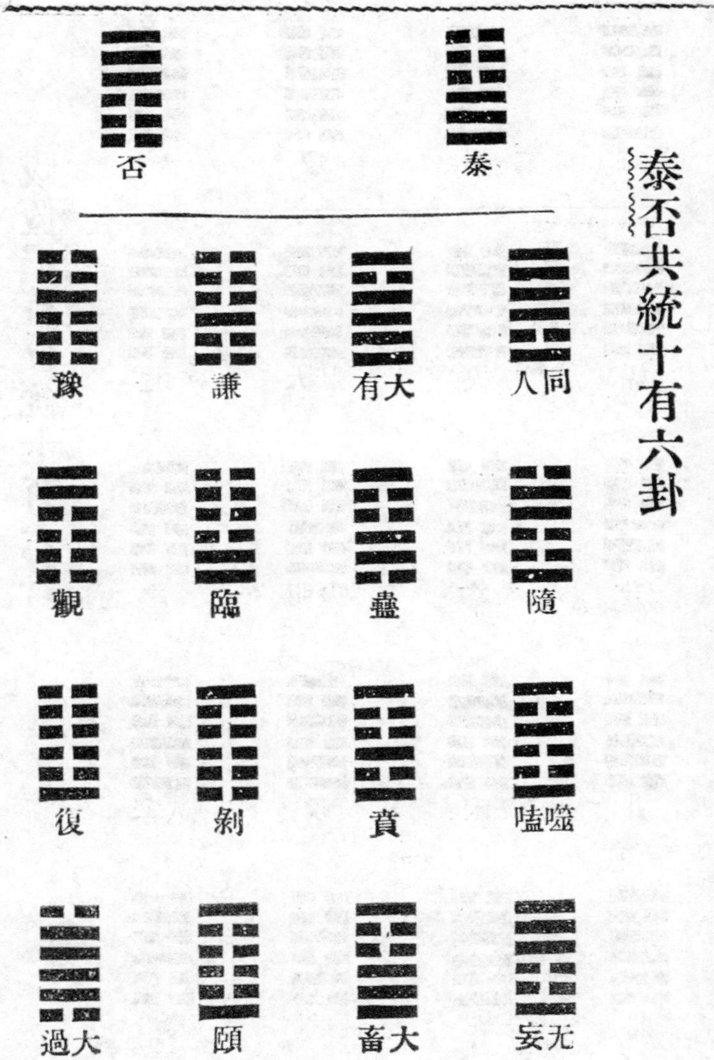

咸恆損益分統十有六卦

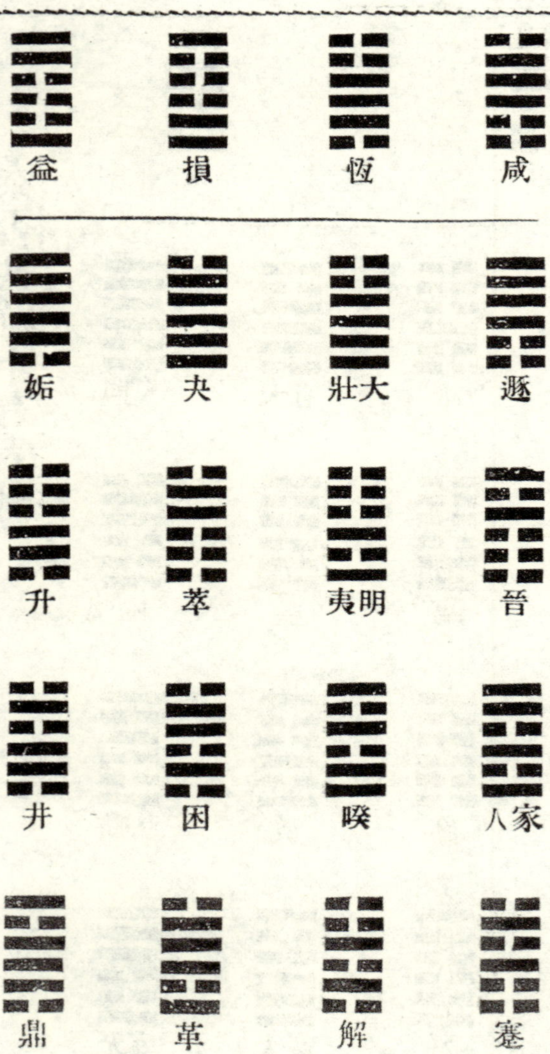

震艮巽兌分統八卦

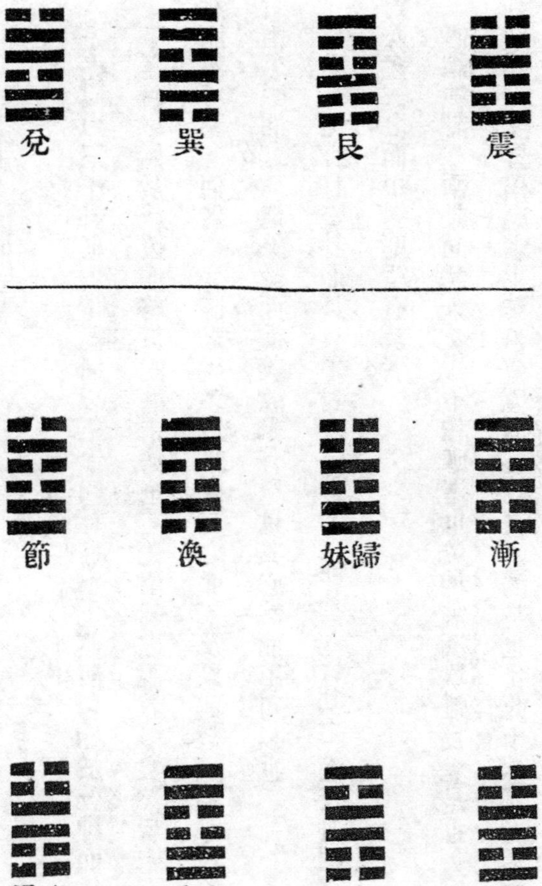

易卦次圖說

卦次與象數

上經何以三十卦也？　下經何以三十四卦也？　上經何以始於乾坤而終於坎離也？　下經何以始於咸恆而終於旣濟未濟也？　先儒爲之說者多矣，然皆未有以見其必然而不可易。　何者？　先儒之說多以卦義言之，而不及象與數。　易雖以義爲歸，然義皆由象數而起。　遺象數而言義，故未有以見其必然而不可易也。

純卦與交卦

蓋易有純卦，有交卦，而卦有平對，有反對。　純卦，人皆知之，而交卦則罕有言者。反對，人多言之，而平對則罕有及者。

何謂純卦？　兩卦同體，六爻皆不相應者也；乾坤震巽坎離艮兌是也。　何謂交卦？　兩卦敵體，六爻皆相應者也；泰否咸恆損益旣濟未濟是也。　此十六卦者易之綱領也。其餘四十八卦，則兩卦皆異體而六爻或應或不應，皆散卦也。　故上經以乾坤泰否爲綱，而統二十四卦；下經以咸恆損益震艮巽兌爲綱，亦統二十四卦：而以坎離旣濟未濟終之。故曰，純卦交卦者易之綱領也。

平對與反對

何謂平對？陰陽之爻互易者也。何謂反對？上下之爻互易者也。乾坤有平對，無反對：乾之平對坤，而反對仍乾也；坤之平對乾，而反對仍坤也。震艮巽兌有平對，有反對：震與巽平對，而反對則艮也；兌與艮平對，而反對則巽也，——兩體而四卦具焉，故四卦乃當乾坤之兩卦。泰否則平對卽反對：泰之平對否，而反對亦否也；否之平對泰，而反對亦泰也。咸恆損益有平對有反對：咸與損平對，而反對則恆也；益與恆平對，而反對則損也，——亦兩體而四卦具焉，故四卦乃當泰否之兩卦。坎離有平對，無反對，與乾坤同；旣濟未濟則平對卽反對，與泰否同：故以下經之旣濟未濟當上經之坎離也。

上下經卦次

上經以純卦爲主，故首乾坤而後以泰否之交卦繼之，其末也仍以純卦終焉。下經以交卦爲主，故首咸恆損益而後以震艮巽兌之純卦繼之，其末也仍以交卦終焉。純卦統八卦，故乾坤之後繼以屯蒙需訟師比小畜履；交卦統十六卦，故泰否之後繼以同人大有謙豫隨蠱臨觀噬嗑賁剝復无妄大畜頤大過也。咸恆損益以四卦乃當泰否之兩卦，故泰否共統十六卦，咸恆損益則分統十六卦；故咸恆之後繼以遯大壯晉明夷家人暌蹇解損益之後繼以夬姤萃升困井革鼎也。震艮巽兌以四卦乃當乾坤之兩卦故乾坤共統八卦，震艮巽兌則分統八卦；故震艮之後繼以漸歸妹豐旅，巽兌之後繼以渙節中孚小過也。

由是言之，純卦交卦，綱領也；四十八卦，條目也。凡易卦之次序，皆由象數而起。但易主於交易，故多錯落相對，乍觀之若參差而不齊，然細玩之，則參差錯落之中具有條理，均平而不偏，分明而不紊。惟在讀者細心體會之耳。

易十二卦應十二月圖

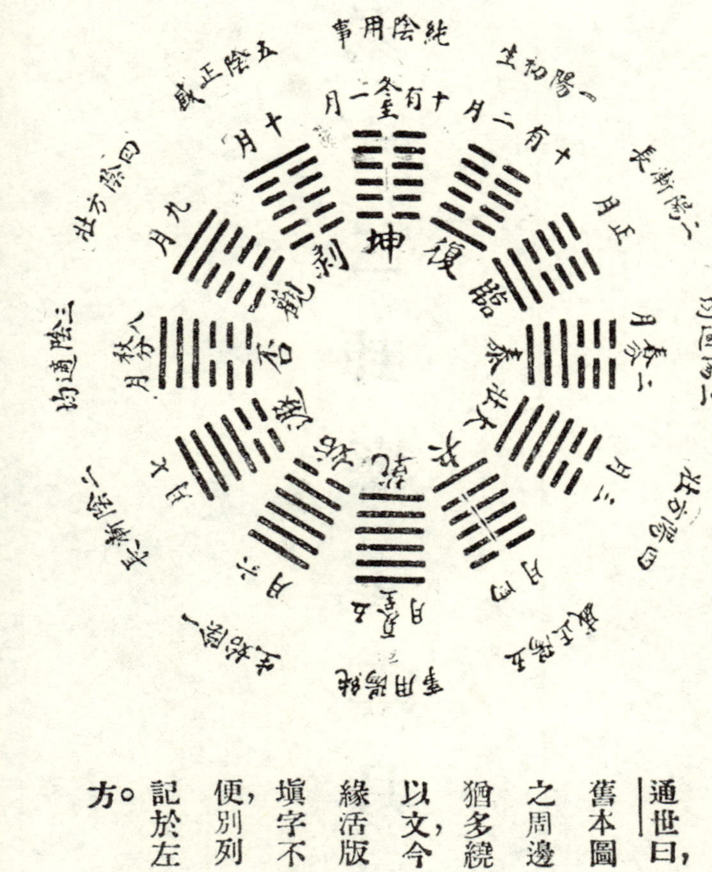

通世曰，舊本圖之周邊猶多繞以文，今緣活版塡字不便，別列記於左方。

坤䷁十一月，純陰用事。陽極消，陰極盛，晝極短，夜極長。陰陽有消無盡，盡於下，即生於上。但氣尚微，未成一爻之體。

復䷗十二月，一陽初生。晝夜短長與十月相對，是以同爲一陽。

臨䷒正月，二陽漸長。

泰䷊二月，三陽適均。晝夜短長適均，陰陽多寡適均。

大壯䷡三月，四陽方壯。

夬䷪四月，五陽正盛。晝未極長，則是陽未極盛，不得以爲乾。

乾䷀五月，純陽用事。晝極長，陽極盛；夜極短，陰極消。

姤䷫六月，一陰初生。晝夜短長與四月相對，是以同爲一陰。

遯䷠七月，二陰漸長。

否䷋八月，三陰適均。晝夜短長適均，陰陽多寡適均。

觀䷓九月，四陰方壯。

剝䷖十月，五陰正盛。夜未極長，則是陰未極盛，不得以爲坤。

易十二卦應十二月圖說

舊說

舊說，易十二卦應一歲十二月：夏正之十一月爲復，十二月爲臨，正月爲泰，二月爲大壯，三月爲夬，四月爲乾，五月爲姤，六月爲遯，七月爲否，八月爲觀，九月爲剝，十月爲坤。學易者咸遵之，無異言矣。

陰陽消長與太陽行度

余按，陰陽之盛衰消長驗於氣候，氣候之升降寒煖因於晷刻，而晷刻之短長則本於行度之進退。由冬及夏，太陽行度日進而北，故晝日以長，氣日以升，候日以煖，以此故知其陽之長而陰之消也。由夏及冬，太陽行度日退而南，故晝日以短，氣日以降，候日以寒，以此故知其陰之長而陽之消也。以晝夜之長短驗陰陽之消長，無不符者。舍此以外，亦別無他術可驗也。

十一月與五月

晝之極短何時乎？非十一月也邪！然則陰之盛而陽之微莫此月若矣。晝之極長何時乎？非五月也邪！然則陽之盛而陰之微莫此月若矣。今乃以十一月爲

十月與十二月

十一月非一陽生

積一月成一爻

復，五月為姤，則是陽氣已長而晝刻反縮而短，陰氣已長而晝刻反贏而長，其於陰陽之消長不亦顛倒乎？

十月者，陽氣已消而未盡者也。十二月者，陽氣已長而未著者也。雖一由長而消，一由消而長，而其消長之數乃正相敵。是以小雪（十月中氣）之晷與大寒（十二月中氣）之晷同。今乃以十月為坤，十二月為臨，則是陽消未盡而已為純陰之卦，陽長無幾而已成兩爻之體，晷刻之短長無異，而陰陽之盛衰迥殊也。

說易之家但見冬至以後晝刻漸長，遂以此月為一陽初生，而以十月當純陰之卦。不知冬至一日乃晝極短之時，但此後由短而長，非謂此日已長也。且此後所長亦不過分杪較之十月，實更短耳，烏得反以十月為純陰，此月為一陽也哉！

蓋陰陽之氣有消長，無絕滅，消之極即長之始，盡於上即生於下。但爻止有六，卦止有十二，故消而存者無多，長而益者無幾，皆不足當一爻。朱子所謂『積至一月，始成一爻之體』是也。夫積於何始乎？冬至以前，日漸以短，陽漸以消，其必自冬至始

二月與八月

視舊說移前一月

明矣。自冬至始，則至大寒乃足一月。然則是十一月尚爲純陰之坤，至十二月乃爲復耳。若謂冬至已積至於一月，則是陽氣初萌乃在小雪之日，於理不可通矣。夫夏至亦若是而已矣。

且泰否兩卦，陰陽之畫適均。而正月晝刻尚短，夜刻尚長，陽氣猶微，陰氣猶盛，何得遂屬之泰！七月晝刻尚長，夜刻尚短，陰氣猶微，陽氣猶盛，何得遂屬之否！惟二月與八月，短長適均，陰陽消長，正當其中。然則是泰當爲二月，否當爲八月，不得如昔人之說也。

由是言之，二至者，氣消長之極也；乾坤者，卦消長之極也；二分者，氣消長之中也；泰否者，卦消長之中也。凡昔人所配之卦，皆當移前一月，然後氣候與卦爻皆適相符而無差矣。

曰，然則『至日閉關，』大傳何以係之於復卦也？曰，古者原未以十二月分屬於十二卦，大傳不過約言其理然耳。蓋陽氣尚微，當安靜以養之，而陽氣之萌，由至日始，故推本至日言之，非謂止此一日當閉關，亦非以此一卦宅屬於此一日也。剝之傳曰，『上以厚下安宅，』夬之傳曰，『君子以施祿及下，』姤之傳曰，『后以施命誥四方，』豈必至其月而後當行此政乎！

故今爲圖，以十一月係於純陰之卦，五月係於純陽之卦，而復爲十二月，姤爲六月，泰否爲二八月，庶於陰陽消長之理不相悖云。

十二月與正月

凡卦六爻，上二爻象天，中二爻象人，下二爻象地。 故乾之二曰『見龍在田，』其五曰『飛龍在天。』 十二月，井泉溫於地中，堅冰凝於地上，則是陽氣尙伏於下，卦當爲復。 正月，蟄蟲始振，魚陟負冰，則是陽氣始達地面，卦當爲臨。 若以十二月爲臨，則二陽之氣已達地上，何以反爲冰堅地凍之辰乎？

六月與七月

夏至後第三庚爲初伏，第四庚爲中伏，皆在六月內，則是陽方用事，陰尙伏於地中，卦當爲姤。 七月止初旬一伏，至中旬卽不復伏，則是陽氣漸退，陰氣得施，卦當爲遯。 若以六月爲遯，則陽氣已遯，何以反爲盛暑而陰氣猶伏而不能

二月與八月

夏與冬

卦變之說不可廢

發乎?

二月，雷乃發聲，是陽氣由地而升於空中，三陽爻之象也，天地交之義也。八月，雷始收聲，是陰氣由地而升於空中三陰爻之象也，天地不交之義也。若以正月爲泰，七月爲否，與氣候不符矣。

凡爻初上皆在卦外，中四爻乃用事之爻 夬乾姤三卦，中四爻皆陽，陽氣瀰淪於天地間，故爲盛夏，四月，五月，六月，是也。 剝坤復三卦，中四爻皆陰，陰氣瀰淪於天地間，故爲隆冬，十月，十一月，十二月，是也。

附讀易瑣說

卦變之說，世多疑之。 余謂朱子卦變之圖所推或不盡合則有之矣，若謂無卦變之說則誤也。 大抵卦之取義於變，三陰三陽爲最。 非但卦義采之也，卽卦名亦往往因之，如損益漸歸妹其最著者也。 何者? 三陰三陽之卦皆自泰否而來，漸與歸妹其變之始也。漸何以名漸也？否，三陽在上，三陰在下者也：然治亂循環，否必漸而之治，於是三之一陰漸進居四，故名爲漸。四爻之陽，下居於三，男下女之象也，故其詞曰，『女歸吉。』陽居三爲得正，陰居四爲得正，故其傳曰，『進得位，往有功也；進以正，可以正邦也。』歸妹何以名爲歸妹也？泰，三陽在下，三陰在上者也：以四之一陰下居於三，以妹歸之之象也。陰下居三，陽上居四，則皆不得其正，故其詞曰，『征凶，无攸利；』其傳曰，『征凶，位不當也；无攸利，柔乘剛也。』惜乎先儒說易皆未推及於此，但以二體言之，則漸歸妹之所由名皆未見有確切不移之理。朱子於漸雖以卦變言之，然謂自渙來者九進居三，自旅來者九進居五，則諸卦皆有變有進，何獨此卦當名爲漸，當以『進』釋之乎？至於損益，尤爲明晰。損雖自節而來，然實泰之三爻變而極於上者，故爲損下益上之卦，而其傳曰『其道上行。』益雖自渙而來，然實否之四爻變而極於下者，故爲損上益下之卦，而其傳曰『自上下下。』但先儒所推卦變向有未盡合者，以故其義未著。如以卦變之說爲非是，則損益兩卦何以名焉？

小畜大畜之名義

小畜卦所由名，彖傳未釋其義。惟大畜傳文有『剛健篤實輝光，日新其德』之語，而亦未嘗詳申其說。王氏訓畜爲止。至程朱始頗以畜聚爲說，而亦以止爲正義，皆謂『上卦之陰當止下卦之陽而不使進。』其說蓋本彖傳中『能止健』之文言之。然余觀經傳中未有訓畜爲止者。且下卦之陽何害於事而在上之陰必當止之而後爲美？井之上曰『井收勿幕，』豐之五曰『來章有慶，』皆以陰居上者能進下之陽，來下之陽爲美德，未聞有以抑之不使進爲賢也。況大畜上卦爲艮，猶可强以止附會之，小畜上卦爲巽，與止之義何涉，而乃以名卦乎？余每讀易至此，深致疑焉。竊謂畜，蓄，古字通用；小畜，大畜，謂其蓄積之有大小，非以畜爲止也。彖傳之『能止健，』乃自一人言之，謂自止其剛健之氣，非分上下卦而爲說也。蓋兩卦之內卦皆乾，有剛健之德者也。剛健則有用世之具；剛健則有銳進之虞。而大畜上卦爲艮，艮者止也，內有其具而外止而不進，是其所蓄者大；故傳以『日新其德』釋之也。小畜上卦爲巽，巽者從容以進之義，內有其具而外不肯銳進，是亦有所蓄者，但尙小耳。故以小畜大畜名之。所蓄者小，則能爲雲而不能爲雨，故曰『密雲不雨，自我西郊。』所蓄者大而守貞不輕進，進則可以立功立德而利於行，故曰『利貞，不家食吉，利涉大川。』皆與止之義無涉也。蓋凡士之居下位者，皆當有所蓄積以期有用於世，而不可銳進以自輕，故兩卦諸爻多以進爲戒。直至蓄極而通，然後畜之大者可以『何天之衢，』即小者亦可以『旣雨旣處。』非謂上卦之陰當止下卦之陽而不使進也。

豐卦名義

下火上雷，卦名爲豐。豐，何義也？何爲以豐名此卦也？傳但以大釋豐，而謂『明以動，故豐，』究未詳釋其所以然。王註程傳及朱子本義亦但以盛大爲說，而於此卦所以名豐之故皆未深言。且豐旣爲盛大之義，何以爻詞動云『豐其蔀』『豐其沛』『豐其屋，』絕無一語及於盛大者，而惟以障蔽爲詞，卦義與爻詞判然不相涉乎？余幼讀周易時，卽竊疑之；久之始悟其故。蓋豐與豆之文本皆象形，與日月山川同。其名卦，亦以象形，故與頤鼎兩卦同。何者？豆乃飲食之器，所謂『俎豆之事，』『爲豆孔庶，』『豚肩不掩豆』者是也，上一畫象蓋，下一畫象底，圓者象腹，歧者象足。

貯豆實於豆中，不必滿也，滿之謂甚矣。　而豐之爲文，於豆之上復有高出如山然者，如丰然者，更甚於滿矣。　是故豐者，滿之甚也，故曰豐滿：此豐之本義也。　其後借爲豐年之豐，蓋取千倉萬箱粟高於囷之意，亦非有他義也。　此卦下一陽象豆底，次一陰象豆足，次兩陽象豆腹，而上復有兩陰，葺葺然，鬱鬱然，高出於豆之上，故名其卦爲豐。　大凡人事不可過滿，過滿則心漸以侈泰而多所忽；器實亦不可過滿，過滿則物爲所障蔽而不之見。　故彖詞曰，『勿憂，宜日中，』戒其過滿而侈泰也，猶欹器之云『滿則覆』也。　爻詞曰『豐其蔀日中見斗，』『豐其沛日中見沬，』甚者曰『豐其屋蔀其家，』言其過滿而障蔽也。　獨六五曰『來章有慶譽』者，以其柔而得中，可以受善，故戒之，使賢人之明以祛己之蔽也。　聖人垂戒之意深矣。　若但以盛大釋之，非但此卦取名之義未見了然，而爻詞亦殊覺不倫也。

訟卦第五爻非聽訟人

訟之九五曰，『訟元吉。』　舊說，『他爻皆赴訟之人，獨五爲聽訟之主。　九五剛健中正，以斷枉直，訟得其平，故其占爲元吉。』　余意不然。　九五果爲聽訟之人，則文當云『聽訟元吉，』何以但云『訟元吉？』經明言『訟，』而註謂之『聽訟，』可乎？蓋卦既爲訟，則六爻皆赴訟之人；猶卦爲困則六爻皆當困境，卦爲歸妹則六爻皆取象於女子，雖五居尊位，亦不過曰『困于酒食，』（剛按「困于酒食」爲困卦二爻語，其五爻曰「困於赤紱」，此誤）『象貴女之下嫁者』而已，不別爲之說也。訟卦六爻，四剛二柔，柔主不能訟，剛主能訟。故三曰『食舊德，』初曰『不永所事，』皆不能訟者也。二四兩爻以陽居陰，且在下位，故主訟而不勝。然四在上之下，進不能勝，退猶可以自守，故云『復即命，渝安貞吉。』二，位最下，不勝則無以自安，非逃避不可，故云『歸而逋，其邑人三百戶，』安貧守約，然後可免，亦但止於『无眚，』不能如九四之吉也。五與上爻皆居上位，故其訟皆主勝。而五居中得正，其訟也，必本於大義之是非而不僅爲一身之利害，必得當而即止而不肯過求以激怨，而其力又足以副之，故訟而得元吉。上不中不正而居訟之極，則其訟不必本於義，亦不能無過求，但好訟而不止耳，故雖得勝而不能無後患，所以鞶帶雖錫，不免終朝而三褫也。然則五卽彖之『中吉，』上卽彖之

『終凶』爻彖之義互相發明，不得以五爲聽訟之人也。原舊說所以如是者，無他，一則拘於五爲君位之說，二則誤以人之訟者爲非。不知五但較他爻爲尊耳，不必定爲君位；而大義所關亦有不能不訟者，古人原不禁也。是以唐虞盛世，猶有訟獄之歸；春秋時伯與叔孫婼皆賢大夫也，亦不以訟爲諱。若以五爲聽訟之人，則是訟一卦中更無一人訟而得吉者，非惟事理所無，亦與彖詞之義不相符矣。

親下親上非分指動植物

文言傳云『本乎天者親上，本乎地者親下。』王氏不解其義；惟孔氏穎達據周官之文，以動物植物分屬之天地。宋張子厚亦稱『動物本乎天，首在上，爲親上；植物本乎地，根在下，爲親下。』朱子本義遂用以釋傳文，（語類稱本邵康節說，當再考之。）余竊疑焉。動植之物皆本天地之氣而生，不得以動物分屬之天，植物分屬之地。且謂植物根在土，爲親下，可也；動物惟人首在上耳，禽獸之旁出又何所本乎？惟程傳以日月星辰爲本天，蟲獸草木爲本地，其說獨爲合理。大抵本天本地，皆以形氣言之。天，氣也，凡氣之屬皆本乎天。地，形也，凡形之屬皆本乎地。凡氣莫不上升，故曰親上。

朱子本義勝王弼注

凡形莫不下墜，置諸空中則必墮地乃止，故曰親下。火，氣之屬也，故炎上。水，形之屬也，故就下。夫是之謂親上親下而已，不當以動物植物當之也。

近世談易者多謂朱子本義不及王輔嗣注；又有以漢儒多言象數，宋儒不言象數爲病者。余按漢儒所言象數，大抵委曲穿鑿以附會於事理，非經傳之本旨，故輔嗣一掃其榛蕪，專以談理爲事。然於經義罕所發明，其註之不合於經者蓋亦不少矣。余嘗取王註與本義比而觀之，王註所未言者本義發之，其未合者本義正之，周詳明盡，使人心目了然。雖其中亦間有未合於經意者，然易理賴之以明者不下十之六七。程傳猶遠不逮，況王註邪！且姑無論其他，但以十翼言之。王註彖象文言之傳皆附於經，至朱子始離而二之：卽此一端已有雲泥之隔，而奈何欲崇王而薄朱也！且朱子何嘗不言象數，朱子所釋卦爻之詞多本象數言之，但不肯言穿鑿附會之象數耳。大抵近世學者惟務舉業，漢魏之書不復寓目，偶有一二聰明之士頗嘗涉獵漢魏書者，遂自以爲奇貨可居，欲以誇世自詡，以故薄朱子而談漢魏耳。正如余鄉之藝菊者重雜色

自述井革二卦之致用

而輕黃，藝蜀葵者貴黑而賤紅。　夫菊本以黃爲正色，故云『菊有黃華，』紅白則皆失其本性。　蜀葵以紅爲美，故別名『一丈紅，』黑者有何足觀。　乃反以紅與黑爲勝者，無他，以其罕耳。　此正足見其學識之淺陋，亦無庸深辨也。

易者，聖人致用之書，無事不包羅於其內，但淺學者一時難領略耳。　然余亦尙有一二得力處。　自爲吏數年來，百姓相安，政事得以無大失者，大抵得於井革二卦爲多。何者？　井以陽剛爲泉，上出爲功，故三爲『可用汲，』五爲『寒泉食』也。　獨上乃陰爻，無德可以及物，然其占反曰『元吉，』何哉？　蓋居上位者不在乎己有才，而在乎能盡人之才，秦誓所謂『斷斷無他技，休休如有容』者也。　上位當井口而爻拆不揜，諸陽之泉皆由此以上行，是以『井收勿幕』而元吉耳。　余爲吏，自知才短，地方利弊罔不咨詢於人，遇人務使得盡其言，用人務使得盡其能，皆資人之明以爲明，以故下情上達，幸無僨事。　此其得力於井者也。　凡法之已弊者在所必革，然其彖乃曰『已日乃孚，』其初曰『鞏用黃牛之革，』其二曰『已日乃革之，』何其愼也？　蓋法行已久，人多習而安之，不革固足以害民，革之或反以擾民，甚且有革之而害更甚於未革者。故昔人云『利不百不興，害不十不去。』余爲吏，凡前任弊政當革者，必與衆共議之，先自擬一章程以咨於人，或言某條未善，則再擬之，務使盡善無弊，然後試而行之；行之而人便之，然後悉取而盡革之。故余每變一法，常歷數月之久，然人皆以爲便，此其得力於革者也。嗟乎，窮經所以致用，果能通經，何所用之不宜！惜乎世之學者，惟用之於記誦時文，而有負於聖人之苦心也！

附論易舉正

宋洪景盧跋易舉正，稱『唐郭京撰易舉正三卷，云「得王輔嗣韓康伯手寫註定傳授眞本，比較今世流行之本，舉正其訛，凡一百三節。」一今略取其明白者二十處，載於此。』余細玩之，頗似後人揣度文義而以己意增減移易之者：且此二十處乃一百三節中之最明白者，然得者不及十之三，其餘多無足取，甚至有乖謬於文義者，則其不明白者大概可知，必非古本果如是也。今分別辨之如左：

其說當存者

如坤象傳之『履霜堅冰，陰始凝也』無『堅冰』字；屯象傳之『卽鹿無虞，以從禽也，』『以從』上有『何』字；震彖傳之『出可以守宗廟社稷』句上有『不喪匕鬯』四字，皆義明詞順，足正行世本之悞。卽豐象傳之『遇其夷主吉行也，』『行』上有『志』字，其義亦較行世本爲長。此皆當從其說，無可議者。

其說可存者

乃若鼎彖傳之『亨以亨上帝而大亨以養聖賢』無『而大亨』三字；雜卦傳之『蒙雜而著』作『蒙稚而著』：較之於行世本，義各有取，未見孰爲優劣。困象傳之『幽不明也』無『幽』字；小過彖傳之『是以小事吉也，』作『是以可小事也』：義同而語小異，亦不足爲得失。惟謂既濟彖傳『亨』下當有『小』字，深爲近理；然終不如朱子本義之謂『小』字當在『亨』字之上尤爲義明而詞順也。

其說不合於文義者

又若賁之『小利有攸往，』蹇之『往蹇來反，』姤之『包无魚』象彖傳之文與經皆同；今『小利』作『不利，』『來反』作『來正，』『无魚』作『失魚』以文義論之既未見其必當然，且亦不應經傳之文同悞。而師之『利執言』作『利執之』，繫詞傳之『四多懼近也』無『近也』二字，乃反不如行世本之義爲長。此皆吾所不敢信也。

其說甚乖謬者

至其甚乖謬者：比象傳之『舍逆取順，失前禽也』，本以『禽』叶上下兩『中』字，言因舍逆取順，所以失前禽也；小過象傳之『密雲不雨，已上也』，以『上』叶下『亢』字，上也者，卽過之義也：今乃作『失前禽，舍逆取順也』『密雲不雨，已止也』既於韻全失而文理亦不合。尤無理者，中孚象傳之『信及豚魚也』作『信及也』，而無『豚魚』二字，則非惟與下『木虛』虛字不叶，而『信及』兩字豈復成語。其爲後人之所妄改，不待言者；必非古本果如是也。

以注文增傳文之誤

賁彖傳云，『柔來而文剛，故「亨」；分剛上而文柔，故「小利有攸往」：天文也，』柔來文剛，剛上文柔，乃剛柔交錯之義，故註云『剛柔交錯而成文焉，』此自註家釋傳之義，不必傳文定有此四字也。漸象傳云，『君子以居賢德善俗，』俗者風俗也，故註云『風俗以止巽乃善』亦不必傳文『俗』上定有『風』字也。今因註中有此五字，遂取傳文增之，傎矣！且『居賢德』語亦難解，固不如朱子本義之以『賢』字爲衍文者之爲得也。

以卦名加卦義之誤

卦名卽卦義。但卦義有以一字成文，有以二字成文，有以三四字成文者。一字成文者，卽以一字名之，乾坤屯蒙以下四十有五卦是也。二字成文者，則以二字名之，小畜大有至旣濟未濟十有四卦是也。至二字成文者，則不可以三字爲名，取其首一字而名之『履虎尾』『艮其背』兩卦是也。四字成文者，取其首一字或二字名之『否之匪人』『同人于野』兩卦是也。惟『習坎』止名爲坎者，蓋坎乃八卦中之卦名，故不因首二字成文而改之。今學正乃於『習坎』之上復加『坎』字，於文爲複，必不然矣。

傳文顯然之誤未舉出

亦有傳文顯然有悞而學正未嘗言及者。雜卦傳云『親寡，旅也，』當作『旅，寡親也。』何者？此傳之文皆先舉卦名而後釋其義，不容此句獨先釋之而倒置卦名

者

於後，一也。上文云，『豐，多故，』正與此文之『旅，寡親』兩兩相對，而『親寡』亦不如『寡親』之文義明順，二也。大有以下諸卦皆眞文韻，此句『親』字正與上文『親，新，信』三字相叶，三也。不知向來說周易者何以皆不及此？『多故』之下亦當有『也』字，始與前後文體相稱。

易卦圖說終

無聞集目錄

大名府故魏墟禮賢臺下村學究崔述東壁著

卷之一　策　議　雜著

卷之二 論辨解説

宋宣公論

魯隱公不書卽位論上

魯隱公不書卽位論下

爭論

訟論

五行辨（闕）

稷穄辨

禹貢田賦九等解

文說上

文說下

卷之三　書　序　後序　記

卷之四　行狀　行述　碑誌　祭文　傳　贊

無聞集卷之一

救荒策一

有天地然後有水火；有水火然後有雨暘；有雨暘然後有愆伏；有愆伏然後有水旱；有水旱然後有饑饉；有饑饉然後有死亡。死亡切於民之身而天下治且安者自古未之有也。是故聖王之治天下，有雨暘而無愆伏；其次有愆伏而無水旱；其次，有水旱而無饑饉；其次，有饑饉而無死亡。

天地者，猶人之一身也。衆人以秦越視一身，雖其疾痛痾癢有不能自爲謀者。聖人以一身視天地，故雖寒暑日月之往來，風雨雷霆之過不及，皆能知之而預爲之所。何則？天地之交水火而已。天地者，陰陽之體也；水火者，陰陽之用也。故火勢升而氣降；水勢降而氣升。火氣盛，水氣伏而不能升，則暘勝雨；水氣盛，火氣浮而不能降，則雨勝暘。　雨勝暘者，水之由也；暘勝雨者，旱之由也。　天地之有災也，猶人之有疾也；陰陽不和則災生，血氣不和則疾至。　心也者，血氣之主也；故心怒則氣逆，悲則氣結，平則氣和；氣和則血脈流通，康强而無疾。　民之在天地之間，猶心也；勇威怯，智欺愚，而上不爲之禁，則憤；憤而無可如何，則哀；積憤多則陰陽之氣逆，積哀多則陰陽之氣結。　是以古之聖人欲和陰陽之氣，必通民情；鼓以招之，匭以受之，巡行以訪之，溫言以來之，使民之陵於强而告於上者，朝訴而夕知，夕知而朝禁，民無留憾，亦無蓄憂；故太和之氣，洋溢於兩間，寒暑以時，雨暘有度。　詩曰，『綏萬邦，屢豐年』；易曰，『先王以茂對時，育萬物』，夫豈有他術哉！天地之心平，斯天地之氣和也。

夫陰陽之氣，可通而不可鬱也，可純而不可雜也，可清而不可穢也；故男女曠而不交，則生鬱疾；交不以正，則毒疽惡疾生焉。　其感於陰陽也亦然。　男曠於外，女曠於內，其於氣也，爲火亢，爲水鬱。　士大夫寵少優，蓄美童，里巷之間，踰垣牆，遊狹邪，其於氣也爲怪風，爲淫雨，爲昏霾，爲毒霧。　是以古之聖人合婚姻，別男女，禁淫邪，男而女行，女而徧男者殄滅之無遺育，故其時天地淸明，災沴不作：雖人道之當然，亦所以參贊化育也。

天之雨，人之汗也。汗必自腠理達：雖天地亦有腠理焉。深山大澤谿谷高下，林木蓊鬱，此亦天地之腠理也，是以其土常潤，其氣常蒸蒸然升而爲雲。自生聚日蕃，貧富不均，富者連阡陌而貧者無立錐，其近山者爭覓利於閒曠之地，於是懸崖幽壑靡不芟其翳，焚其蕪而闢之以爲田；鋤犂之所加，風日之所爍，焦枯燥涸，而雲之出漸稀矣。是以古者授田有制，度其人地之數，或百畝，或七十畝，五十畝，不得擅增焉；深山大澤與民共之，而有厲禁，斧斤之入必以其時：所以培養天地之力，而常使有餘，宣導天地之氣而常使易洩，雲之所以時升而雨之所以時降也。

人之氣欲其易洩，又不欲其過洩；過洩則營衛虛，將有當洩而力不能洩者矣。天地之氣亦然。銅鐵之場，地力固已耗矣；然民用不可已也，且其數猶無幾耳。今之所謂煤窟者何衆乎？驢驘之駝，首尾相銜，日日然，處處然，其洩地氣不已甚乎？且窟深則必有水注之，水注之則必以人力涸之：夫此水非他，是卽蘊於地中，以升而爲雲，流而爲泉者也，奈何以有用者置之於無用乎？ 是以古者建國必多樹木：詩云，『樹之榛栗椅桐梓漆；』又云，『瞻彼中林，侯薪侯蒸。』 然則古之炊爨皆取之於林麓，不取之深山重泉之下，夫是以天地之氣完而其力厚。 氣完力厚故常易達；易達則無久鬱，無久鬱則亦無溢量之達：夫是以時雨時暘各以其敍。

所謂『有雨暘而無愆伏』者，此也。

救荒策二

古者耜廣五寸；兩耜爲耦。 一耦之伐，廣尺深尺，其名曰畎。 夫間有遂，其廣二尺，其深倍畎。 十夫有溝，其廣四尺，其深倍遂。 百夫有洫，其廣八尺，其深倍溝。 千夫有澮，其廣二尋，其深二仞，以達於川。 凡此者，皆非以爲苟勞而已。 夏秋之交，霖雨時作；山中之水必注於川，平地之水必流於潦。 川不能容潦，無所宿，其勢必被於田。 知其必然而不可幸免，故不如先爲之所以待之。 今夫里巷小民，其智非有能過人也，然其營居室也，必於牆下預爲水道以待陰雨；水道通則流皆入竇而庭不積焉。　雖千里，雖百里，亦若是而已矣。　溝洫之制今雖未能驟復，要宜略倣古法，相視地形，下者間數里爲一渠；地近川者，首起於川以分川之水勢；地不近川者，多其首以承潦，其尾皆訖於川乃止：則水有所歸，乃不爲暴矣。

且夫聖人之制爲溝洫也，豈但水可以藉之以爲洩，雖旱亦將藉之以爲溉也。　今東南之田，渠者蓋大半矣；然而中原齊晉之間倣而行者不及十一。　不學妄庸之夫目不習見，遂從而爲之說，謂地有可渠有不可渠，渠之雖勞而無益。　不知平地之田，苟近水，未有不可渠者：但水有緩急則渠有難易，田有高卑則溉有勞佚耳。　惟其去水遠者，水力所不能至，乃不可渠。　然吾嘗見今之爲圃者，皆鑿井以溉蔬；亦有因之以種麥者，其收皆什倍於陸田，雖大旱，不害其爲小熟，其法豈獨不可通於田乎！　今誠如前法渠之地近川者，於渠左右各爲子渠百數以引川水；地不近川者，每夫耕五十畝，量擇近村之田十畝，鑿二井以溉之：則旱不能爲大災矣。

蝗也者，亦水旱之所生也。　其爲物也，不水不卵，不旱不蠕。　故凡水所不瀦之地無蝗；水所常瀦之地亦無蝗。　必秋有大水，溢入於田，然後蝗得以卵；必冬雪不降，春雨不時，然後蝗得以蠕。　水旱絕矣，于蝗復何憂焉！

六

凡水之決，由於洪曲；凡洪之曲，由於沙停。　水之大者，其旁必有停沙；停久不治，其沙遂積。　沙積於北則洪曲而南；沙積於南則洪曲而北。　沙形圓則洪圓曲；沙形銳則洪方曲。　沙勢逼洪，故洪不得不曲也。　水之全力皆在洪首：洪直則行水心；洪曲則嚙兩岸；洪圓則岸當肩；洪方則岸當首。　當肩則刷；當首則決。　刷者決之萌；決者刷之極。　洪勢嚙岸，故岸不得不決也。　欲其不決，浚其沙，順其洪，直其曲，圓其方，則沙不逼洪，洪不嚙岸矣。

凡水之溢，由於洩之不速；洩之不速，由於下流之梗。　水之相合也，其勢必爭，大者疾行則小者見奪；奪則留，留則逆，逆故不決卽溢。　於其合也浚之，十倍其素之廣，則其勢得直，其行得舒矣。

曰，浚之而塞，奈何？ 曰，浚而塞者，滯也；通之則不塞矣。

凡渠之器莫若龍尾：江南水車五不當一，河北水斗十不當一。 龍尾之制，有城有郭，如大轆轤而側立之；首出於岸，尾沒於水，如天南北極然。 城內屬於軸；軸兩端倚以床。 城郭之間虛以容水。 有牆環城，右轉如螺絲然：人持軸而左旋則水循牆而右移，——水自以爲已下也，而不知其已上也。

凡井之器莫若玉衡：桔槔十不當一，轆轤百不當一。 玉衡之制，一腹兩足：足在水中，其圓如筒，管通于腹；腹在水外，其圓如瓜，管通於口；口在井上，其圓如盤，管通於田。足之下，戶之以納水；其上，敞之以受楦。 楦之大小適可滿足，竿屬于衡；衡之高下適可過口，軸屬於床。 衡有低昂則楦有升降，楦有升降則戶有開闔。 楦升戶開則水入；戶闔則水不得出，楦降則水不得不出——水無可如何，則不得不上入於腹矣。 腹之下，兩戶共樞：不能兩開，不能兩闔。 左開受水則右闔之以禁其出；右亦如是——水又無可如何，則不得不上出於口矣。

曰，井之而竭，奈何？　曰，井而竭者，淺也；深之則不竭矣。所謂『有慾伏而無水旱』者，此也。

救荒策三

世所謂備荒者吾知之矣：曰常平，曰社倉，曰義倉。　昔者晉侯伐楚，謀所以息民，魏絳請施舍輸積聚以貸，自公以下苟有積者盡出之。　齊景公聚朽蠹而凍餒其三老，則晏嬰譏之。　然則富民之道在散而不在積也。　漢之常平始積於官，然猶不取於民；宋之社倉始取於民，然又不積於官：是以其得猶多於失。　今之義倉則取之於民而積之於官矣：其初猶存勸捐之名，其後遂爲履畝之稅，民納其十而九入於吏橐，就其一之實於倉者民亦未嘗得食之也。　古之利國者化積以爲散，後之利國者斂散以爲積；古之愛民者損上以益民，後之愛民者嗇民以豐官：如是而欲其民之不死於荒歲，有是理乎？無是理乎？

其少知治理者則曰，『積貯之法，當藏富於民，使民三年耕則有一年之蓄，九年耕則有三年之蓄；凡其粟布器畜財賄之數皆周知之而爲之制。』 夫藏富於民，誠是也；然一縣之戶至數萬，一府之戶至數十萬，人人而察之，石石而量之，日亦不足。 就令其能如是，其擾於民也必益甚。 且夫積貯也者，豈必其名與形云爾哉，亦操乎其勢所必然而已。 貯其粟於倉而曰『此若干石，』家喻而戶曉之曰，『畋爾田，積爾粟，以待凶歲，』——此積貯之形與名，庸人之所見而美，而其實皆不足恃也。 昔者梁王移民移粟，而孟子以爲無益，不若授之以五畝之宅，百畝之田，而民自足也。 子產以其乘輿濟人于溱洧，而孟子曰不知爲政，不若十一月成徒杠，十二月成輿梁，而民自不病涉也。天下事固有斤斤焉求其如是而反不如是者，有不必斤斤焉求其如是而自能如是者，勢爲之而已矣。 故粟處乎日增之勢，則不待貯之於官課之於民而其積者自多；粟處乎日減之勢，則亦無賴于貯之於官課之於民而其積者必少：此不可以不察者也。

今里巷之間，侈靡徵逐，日以益甚，優伶之戲，街喧巷咽，母呼女舅招甥，踰數十里而往觀之生子娶妻喪葬之事，中人之家常不減百餘鏹；加以不肖之徒蕩心淫博，曠時失事，傾倉倒篋蓋十而六七矣：然後以其餘力力田，地利安得而盡！以其餘粟養父母妻子，饔飧安得而給！　是以禾未登而麥已盡，麥未至而粟已空。稱貸而益猶且不足，而今乃欲課民積貯以備凶荒，嗚乎，可謂不情之至者矣！　欲民之多入則莫若務專其力；欲民之寡出則莫若務嗇其用。　且彼民者豈不知侈佚之能貧人而勤儉之可不匱乎哉，彼其習俗皆以此爲榮，故强者恥不如人而弱者懼不齒於鄉里耳。　鄉之人入城而見長衣，則相與長之；見短衣，則相與短之，彼豈有所驅迫而然哉！　然則欲俗之變亦非難事也，誠能立之標準，樹之風聲，其不染於俗者禮之以爲民望，而懲其尤甚者，幷及其容隱之里長，則弱者有所借口而强者無所競，力專於田，用嗇於家，一歲之粟十入而七出焉，求其三之毋積不可得也。

抑其事更有要者焉。　治國之智與治家異。　入於倉則謂之有，出於倉則謂之無，此匹夫匹婦之所謂智也。　治府縣者必合一府一縣而統計之：一歲之獲粟幾石，食粟幾石，則民之貧富無遁情矣；一縣之耕者幾人，食者幾人，則粟之多寡無隱數矣。　大抵民之不耕而食者九而富民，僧，道，盜丐游手之民不與焉：其可以減者六，曰官之親從，曰吏，曰胥，曰工，曰商，曰駔儈；可以去者三，曰優，曰倡，曰博徒。　今此九者其數常倍於農夫，幷其父母妻子計之，是一人耕之常有數十人食之也，爲農夫者安得不凍餒乎！　夫河之廣也百步，則其潤也十里；官貪而護其下，而欲親從吏胥之不多且富，不可得也。　農夫博負百錢，則終夜不能寐，以其得之難也。　親從吏胥博一夜之歡，纏頭至數十金而不以介意，以其得之易也。　親從吏胥之攫財也易於拾芥，而欲其不起夏屋，羅珍羞，豐裘馬，耽歌舞淫博之樂，以富天下之工商駔儈優倡博徒而多其數，不可得也。　然則一府縣之計可知已。

且夫人之不耕，非其生而不能耕也：不耕足以自食，則不耕矣，不耕不足以自食則耕矣。　使六者之數所獲不能踰農，而三者無所得食，則人將不驅而自耕。　耕者日增則食者日減：不必求積也而粟自苦於無所往。

所謂『有水旱而無饑饉』者，此也。

救荒策四

此皆救於未荒者也。失此不圖，至於已荒然後救之，晚矣。雖然，不猶勝於立而視其死者與！是故，救於已荒亦有道焉。一曰糶，商賈末業之人宜之。二曰借，有田者宜之。三曰役，無田而少壯有力者宜之。四曰賑，無田而文弱老幼廢疾者宜之——賑有以粟者，餓未久，病未甚者宜之；有以粥者，餓已久，病已甚者宜之。

救荒之道，必先料民。糶者不籍，其餘皆籍。其籍必於未事，擇近村之耆老若諸生殷實而平善者任之——未事，則欲欺我者計未成而謀未定；平善，則畏法；殷實，則輕賂；其近村也，則知之詳；耆老諸生，則不習於欺罔之術，雖有過而易發。籍分爲三等，先應賑者，次應役者，次應借者。役者，以壯者一人養老幼二人爲率；壯者少而老幼多者，其餘入賑籍。借者，以田口多寡相較爲差：有田而佃於人，與佃人田取其半者，以二當一田少而口多者，其餘入役籍。籍成登於官，然後稽之以編審之籍，則口之多寡年之壯老可得而知也。參之以地糧實徵之籍，則田之有無可得而知也。凡加損賞罰皆視此。

乃發粟：借者於倉，役者於役所，皆不爲廠；惟賑者爲廠。廠欲多，多則民近，民近則不弊。粟廠月一發，民遠來者不過十五里。先期示日，牓次其村與戶於廠前。至期，親臨視之。村爲一牌：礮三鳴，立初牌於門外。受粟者持具蟻附牌下；門啓乃入。門闔，乃授粟：左人呼名，右人呼數。受粟畢，門啓乃出；有他道則自他道先後出之。凡初牌入然後次牌立，初牌出然後次牌入；至三以下皆然。辰而始，申而畢。粥廠日一發，民遠來者不過數里。立一人監之，如料民之任。受粥者皆坐，別以行，行各兩列，背外面中，面間隙之以行粥。柝一鳴，行粥。人一器，不得遺，不得複，不得越。畢，柝再鳴，行粥如初；至三乃止。凡坐，內先至者。凡出，先外坐者。凡粟人揚粟於地，粥人泩水於粥，皆有罰。

夫官之粟有限而民之貧富不均，以民濟民者其惠廣而徧，則發粟而外，富民大賈，皆可捐之以助我也。有勸而捐者，其患在少；有迫而捐者，其患在激；有使之入穀贖罪者，罪輕而贖則所得不多，罪重而贖則壞法——法壞，則天下之害有甚於荒者矣。捐之之道，毋求其能助我賑，求其能助我借與役而已——賑者，費而不返；借與役者，費焉而未嘗費。度其力之所能，卽其居之所近，聚其人而告之數，粟不納官，但入其籍，其借有不償者，官爲督之。不如是，罰令助粟以賑。吾知其應之也不待辭之畢矣。其有有服姻族入賑格者，責之賑；有收養子女者，人當粟幾何，官書其劵，使不得輕去；願助粟以賑者，視粟多寡，免其役以勸之，則民之粟出矣。一縣之粟亦有限，而四方之豐歉又不齊，以羨補不足，則舟車馱輦莫非助我糴者，是以富民可捐，外商尤不可不召也。招之之道，先於粟熟之時使人往糴以樹之的，及其來也，强糴者有禁，高價者勿抑，市井駔儈不法之徒不得而侵漁抑勒之，則四方之粟至矣。

雖然，民有荒於歲者，有荒於人者——吏胥是也。凡吏胥之害，吾固已略言之矣。

然在豐歲民猶能供其欲；荒歲何以堪之！　且夫人而至於爲吏與胥，必非有能讀書明理廉潔愛民者亦明矣。　其取也不以賢；其養也不以祿。　不知禮義，故名不足以勸；朝斥而夕復，故威不足以懲。　其所知者，惟賂而已：賂至，則鴟鴞爲鸞鳳；賂不至，則夷齊爲跖蹻。　故其職獄訟者，則舞文鬻獄，顚倒是非；其司賦役者，則盜用官錢，徵新代舊，關通賂遺，弛富役貧；其奉差遣者，則因事索賄，計畝科錢，每營一票，費嘗至數十緡，苟不十百其利，豈肯爲此。　至於賑濟，弊尤百出：或僞造戶口，或陰受請囑。　僞造戶口，故粟多中飽而惠不及於民；陰受請囑，故富者得粟而貧者無救於死。　是以凶荒之歲，賑濟之年，吏未有不增田，胥未有不建屋者。　其在不肖有司，同利爲朋，互相倚助，猶不足怪；卽有一二愛民之吏，亦但以搏擊士類爲風烈，而輕視吏胥以爲無能爲，豈不謬哉！　諺云，『不怕官，止怕管。』　舉貢生員雖有秩而政事不與聞，吏胥雖無秩而文簿票示皆出其手，此孰能爲民禍，不待智者而知之矣。　故宋蘇軾論吏卒之害，謂如二十餘萬虎狼散在民間。　夫豈其害未甚而古人之言乃過激如是！或亦今之君子不履田畝，不詢芻蕘而未之知耳。牽虎狼以食人肉而曰己未嘗殺人焉，吾不信也。且夫懲吏胥者豈必事事察之云爾哉，如此者，上且不勝其煩而其弊究亦不能去；要使斯人知吾意之所嚮而已。吾意以爲吏胥不足害民，則受其害者必不敢訴，訴之亦必不察，而吏胥重矣。吾意以爲吏胥深足害民則民無所憚而不訴，訴之而無不杖之革之流之殺之，而吏胥輕矣。

吏胥之害除，然後可以有饑饉而無死亡。不然，則雖悉行救荒之政，吾見其徒爲具文而已矣！

曩余館於大行之麓，五月未雨，往來道塗間，見諸縣祈雨者或焚香插柳以禱神祠，或取水數百里外，或閉南門開北門，或缸貯壁虎令童子環擊之，無法不施，迄無一效。南北開閉之說雖出董子，然屋不露日，故南戶向陽，北戶向陰。城門內外均露天日，南北有何分別，正所謂『東家之西即西家之東』也。陰陽果何屬焉？至貯壁虎於缸，則昏沈寃苦之歌 昔人已傳爲笑柄，而不學之人尙詫爲奇策，亦可悲矣。

余雖布衣，哀民之不聊，傷吏之無術，乃於鞍間枕上殫思研精，略得四策。而館事少閒，不克成稿，會雨，遂姑置之。去年自七月朔逮霜降無雨，大名府縣禱雨者數皆俟雲已合後乃禱，略得涓滴，即往謝神。其意欲見禱之有驗以美觀聽。以此事神，宜其不能感格也。余復感前事，遂卒著之，欲獻當路，亦竟未及繕寫。今夏復旱，始乘間繕之。而連日陰雲四合，垂垂欲下，時作微雨，竊幸余言之無用矣。會府屬諸生者民各以役繁吏蠹訟於縣，上官命縣桎梏而搒掠之，次日天忽開霽，雲斂日烈，如炎如焚。乃知感應之機其速如此。夫在上之人識慮高遠，豈書生之見所能補其萬一，用是復祕篋中，誌其顛末。乾隆三十九年四月二十八日記。

余作此策時，余鄉風俗尙未甚壞，所患惟在吏胥，故二四兩篇所重亦惟在吏胥。其後不數年間風氣大變，諸生多與吏胥相結，表裏爲奸，以罔厚利，關說詞訟，武斷鄉曲，無所不至。遇荒歲則與吏胥共分賑濟錢米而貧民不得與焉。偶閱舊文，猶自惜其所言之未盡也。然天下大矣，豈可以一縣概之，故仍其原文不改而附識其說於後。　嘉慶甲戌三月又記。

與楊贊府論漳水情形條議（此篇舊本闕，今據目錄僅補文題。）

氣勢

凡戰，義爲上，勢次之，氣又次之，鬬爲下。奉天討罪，伐暴救民，是之謂義；義立者王。據山河之險，通饋餉之利，批亢搗虛，以逸待勞，是之謂勢；勢利者霸。臨陳决機，勇怯竝奮，乘驕待儆，使敵自潰，是之謂氣；氣盈者勝。矢鏃劍鍔，撞搪搏刺，力盡而後斃，是之謂鬬；鬬數者傷。湯之征也，曰『徯我后』，武王之征也，曰『紹我周王』，用義戰者也。亞夫堅壁於昌邑，鄧艾縋師於陰平，用勢戰者也。曹劌以一鼓破齊，項羽以沉舟救趙，用氣戰者也。

勝負之道，無衆寡，無強弱，氣而已。氣之既衰，強弩不足以穿魯縞，賁育不足以抗童子。　用兵者用其方鋭之氣而外察敵氣之盛衰，盛則避之，衰則乘之。　驟勝者其氣驕，新敗者其氣怯，轉鬬不食者其氣餒，久攻不克者其氣弛，閫內有變者其氣搖，倉卒遇敵者其氣亂：乘而擊之，一可以當百，弱可以制强。　是故，用鬬不如用氣。

有必取，有不必取，有必勝，有不必勝，勢也。　項羽百戰百克而卒爲漢王擒者，羽用氣，漢用勢也。　漢王守成皐以扼天下之吭，使韓信取河以北而羽之右臂斷矣，南連英布而羽之左臂斷矣，故楚卒滅於漢。　汴之於河東也，猶漢之於楚也。　克用破黃巢王行瑜等，所向無敵，然朱溫以輕兵襲晉絳，斷長蛇之腰，而克用坐視河中之亡而不能救，終克用之世不復能南爭中原者，失河中故也。　氣也者可以決一日之勝負耳，至於定天下之大計者，必以勢。　是故用氣不如用勢。

可以勝天下而不可以取天下者，不知勢故也。　可以取天下而不可以安天下者，不知義故也。　漢之於楚，汴之於河東，皆制勢以挫其氣，然漢遂滅楚，而汴後反滅於河東者，漢有義，汴無義也。　漢雖無湯武之義，然義於楚者三：漢仁，羽暴；羽弒義帝，漢發喪討之；漢當王關中，羽負約也。克用再造唐室，不失臣節，而溫篡唐；克用救溫，而溫負克用：其見滅焉宜也。

故用兵者曰『逆取順守，』非知兵者也。逆不可勝；逆勝，幸也。義立於素而輔之以氣勢，則無敵於天下。

輕重

用兵之道可一言而盡乎？曰，可，輕重而已。敵得輕勢，則我以重勢持之；敵得重勢，則我以輕勢掩之。

凡兵之勢，客輕主重；新起者輕，久立者重；乘勝者輕，持援者重；兵精者輕，兵多者重；騎多於步者輕，步多於騎者重。輕欲速，重欲緩。輕欲行，重欲止。輕欲戰，重欲守。輕欲致死，重欲萬全。輕欲擊虛；重欲阻險。輕欲敵之不測；重欲敵之自困。輕欲乘重之未固；重欲待輕之已衰。是故，平原曠野，輕之地也；山高水深，重之地也。因糧於敵輕之資也；糧餉有餘，轉輸利便，重之資也。　雨雪昏暗，敵不設備，輕之時也；祁寒盛暑，敵勞我逸，重之時也。　鼓行而前，遇城不攻，輕之用也；堅壁清野，絕敵糧道，重之用也。

韓信之下趙也，漢勢輕，趙勢重，成安君不守井陘口，故趙敗而漢勝。　吳楚之攻昌邑也，吳楚勢輕，漢勢重，亞夫堅壁不戰，故漢勝而吳楚敗。　鄧艾縋師於陰平而遂滅漢，得輕勢也。　慕容超棄大峴不守而遂亡，失重勢也。　李密之距王世充也，魏徵勸之堅壁勿戰，用重也；密不聽而與戰，故敗；世充能用輕而致死以逼之，故勝。　竇建德之救鄭也，凌敬勸之西出軹關，用輕也；建德不聽而攻虎牢，故敗；太宗能用重而據虎牢以待之，故勝。　徐敬業之討武氏也，倡義新起，其勢輕；不直造東都而還圖潤州，故敗。　哥舒翰之距安祿山也，據險自守，其勢重；不固守潼關而與崔乾祐戰，故敗。　由此觀之，兵之勝敗無他術也，輕重而已。

傳曰，『先人有奪人之心』，輕也；『後人有待其衰』，重也。　自古以來用兵之勢未有能外乎輕重者也。　知乎輕重之術，則百戰而百勝矣。

釋明

人有明，有不明，生而然乎？　曰，非也；用其明則明矣；不用其明則不明矣。　曰，何以知其然也？　曰，子不見夫目乎！　瞽者千萬人而不一二遇也。　上古之時有離朱者，暗室之中能察五色，千萬年而不一二遇也。　其他有目者皆相似也；或明，或不明，倍焉而已耳；又其甚者，蓰焉什焉而已耳；烏有相千百者哉！　夫心之明亦若是而已矣。

曰，然則何以相遠？　曰，孟子曰『一羽之不舉，爲不用力焉。　輿薪之不見，爲不用明焉。』　吾幼時至人家，歸而問其人之所衣，不知也。　此無他，不視之故也。　吾嘗自芟樹，不自決其當芟否也；明日行於途，見樹焉，則視之，歸而數其所見之樹幹之長短，枝之多寡，歷歷猶在吾目中也。　此無他，視之之故也。　故視則明，不視則不明。　自掩其目，則雖置泰山於其前而不知也。　夫心之明亦若是而已矣。

是故人主日與其大臣接，則宦官宮妾不能欺也；日與其羣臣接，則大臣不能欺也；

日與其庶民接，則羣臣不能欺也。是以先王之世，日有朝，時有省，五載而一巡狩，有大事，朝國人而問之，彼誠用其明也。豈惟人主，雖良吏亦然。其聽訟也勤，其接士大夫也數，則吏胥左右之人不能售其奸矣。

今之爲縣者，憚於聽訟而疎於接士大夫。訟者或待至數月焉，或待至一歲焉；不然，則委之於宗族鄉里之長焉。訟者不得盡其辭，故他人得以抑揚其說，上下其手，而無所忌。流言日入於耳，是以其聽之也愈難。向使其訟之始而卽坐而聽之，訟者無遁情，聽者無旁受，數言而立剖矣。有人焉譽之，則以爲賢，一縣之中皆以爲不肖而彼不知也。有人焉毁之，則以爲不肖，一縣之中皆以爲賢而彼不知也。事本曲也而或云直，則疑其果直也。事本直也而或云曲，則疑其果曲也。爲所誣者雖有夷由之行，具儀秦之舌，抱陳平第五倫不情之寃，可以一辨而卽明，而無如其不見不問何也！嗚乎，是自掩其耳目而已矣！

如此者，其不明之咎耶？其不用其明之咎耶？夫苟不用其明矣，則雖聖人亦無如之何焉！

喻僞

磁粉，天下之名藕粉也。自秦楚梁豫來京師者必道磁；道磁，必市磁粉以饋京師士大夫。京師士大夫莫不重磁粉者。然以其名也，故僞多而眞少。州中粉肆數十，皆用綠豆若蜀黍粉爲之，雖華門廣廈皆然。惟南門杜氏及北門外張氏，粉皆以藕，不僞；然肆殊狹陋。又有某氏，居村中，粉尤美，近人或知之。四方來者倉卒不能辨，苟以磁之名焉而已，見華門廣廈，爭往市之，以故僞者反易售。人競趨於僞，京師士大夫罕有能食眞磁粉者；然磁粉尙名京師不少衰。嗚乎，磁粉一口腹之事耳，其藕也必甘而旨，其非藕也必薄而劣，此宜盡人皆能辨之，然受其欺者比比如是，況物之難辨有百倍於磁粉者哉！物之美者往往不辭僻陋，然世之人未有不擇通都大邑華門廣廈而投足者，宜乎其不能得眞者而市之也。

有晉中客以識藥知名，過內黃止藥肆，或以紙裹羊胎示之紿曰，『鹿也。』客睨之而笑曰，『是乃羊耳是區區者而能欺我耶！』 其人歸過其友，其友裹以帛囊以錦，貯以篋復持示之。 客兩手捧之諦視良久，曰『此眞鹿也已！ 此豈囊羊胎之所能僞者！』 故均一羊胎也，徒手而示之則掩口而笑，裹以帛囊以錦，則見者改容而禮之矣。今天下之不改容於帛與錦者幾人，而雖持眞鹿以求知於世，安在其能遇哉！

俗傳有人嗜酒，醉即撻罵其妻。 一日，妻置米湯釜上；以爲酒而飲之，即往撻妻。妻曰，『曩釜上者米湯非酒也。』 其人豁然頓醒，遂止不撻。 世之不辨眞僞而强作解事者何以異此！

孟子曰『有不虞之譽有求全之毁。』 韓退之曰，『小慙，亦蒙謂之小好；大慙亦蒙謂之大好。 小稱意，人必小怪之；大稱意，人必大怪之。』 余始讀之以爲有激而言，今始知爲常事。 嗚乎，士君子讀書學古，蘄自得乎心而已，勿望世人之必我知也！

甘苦

裨諶能謀，謀於野則獲，謀於邑則否；而行人揮應對樽俎之間，沛然有餘。然揮不以所能先裨諶者，才各有短長也。司馬相如善爲文而遲；而枚皐爲文疾，受詔輒成，上有所感，輒使賦之。然皐乃自詆媟其文謂不如相如者，文固有高下也。嗟乎，美惡之故非智者不能知，而難易之形則衆人所共見，無怪乎晉宋以降遂至以『五官竝用，』『擊鉢成詩』爲美談也！

秦始皇將伐楚，問王翦用兵幾何，翦曰，『須六十萬人。』問李信，信曰，『二十萬足矣。』於是使李信爲將，將兵伐楚；大敗而歸。復使王翦，翦曰，『大王必用臣，非六十萬人不可。』始皇曰，『諾。』翦遂滅楚，虜其王。故不考其事之成敗而但以兵之多寡較之，則李信賢於王翦遠矣。

隋麥鐵杖在陳爲織戶，常下直，行百餘里，夜至京口；比旦牙時復往執織。沈光緣十餘丈，幡竿直至龍頭；繫繩畢，陵空而下，人號爲肉飛仙，而王韶自幷州馳驛入京，竟以勞卒。力之强弱相懸乃至於此。故旣爲韶則必不能復爲鐵杖光者勢也。

苗之爲物也，糞而耕之，種而耰之，猶有不能生者；又從而耘耨之。至於草，則不種而生，不糞而茂，耘之而猶不能除也。然而農夫不棄苗而取草者，爲其爲苗也。故以待草之道待苗則無苗矣。

孔子曰，『君子不可小知而可大受也。』王孫由于曰，『人各有能，有不能。』彼非其人，故無由而知其人之甘苦。世有禆諶相如其人者，必不以不病病人之病矣。

讀韓子諱辨

諱始於周，諱其名焉耳；文同而異其指，不諱也。周衰，魯始以獻武廢具敖。魏晉至唐，其諱尤嚴；官爵器用之屬音少相似，咸莫敢近。而韓子獨考經據律以正其失，可謂明於辨而卓於識矣。然當時反謂爲紕繆，今之去韓子遠矣，然讀者無賢否未有非之者。豈今之人皆智而唐之人皆愚哉！甚矣風俗之移人也！非韓子，其孰能違俗而不顧者乎！嗚呼，士之執一說守一義者，惟其是而已，世俗之臧否豈足爲定論哉！

書陳履和東山詩解後

細觀所解，分肌擘理，思曲意深，深爲嘉歎。但熟玩此篇，只是室家聚首相樂之詞，非有他也。首章自敍途中情形而結之以『車下』『獨宿』，次章代寫家中景象而結之以『可畏』『可懷』，其意了然。三章始言夫婦之聚首：『婦嘆于室』『我征聿至』兩兩相對，雙承上二章意。此下便當寫聚首之樂矣，卻忽借瓜颺開：非瓜也，其人也——瓜猶如此，而況人乎！四章又借新婚之樂以形容之，末只一句打轉：言語之妙令人想像無已。蓋聚首之樂最難言，言亦不能盡，故前兩章從對面寫，後兩章爲旁敲側擊之詞，不言樂，正深於言樂也。讀此詩，使人動思家之情，增伉儷之重。

鄙意，讀詩之法當先求其義。如此詩三年東征，不爲不久，而其詞絕無一毫怨意若衞之擊鼓，雅之漸石者，固由周公奉天伐暴，要是文武遺德在民，周公矜恤有道，是以上下一體如此。卽此可見盛世景象。易傳所謂『說以先民，民忘其勞；說以犯難，民忘其死』者，此也。然與秦風之小戎無衣又不同。彼是一團霸氣，與此有歡娛皡皡之別。此秦之所以幷六國而周之所以卜三十也。自說詩者以爲勞詩，此意索然矣。

次考其事。如此詩，卽周公伐奄事，當在書大誥之後，多方之前。蓋商季諸侯互相吞併，東方奄爲最大。武庚亡國之餘，伐之想不大段費力，而伐奄爲最久。故孟子云『三年討其君』，卽此事也。

次玩其文。如此詩，醇厚和平中有樸茂之氣，眞盛世之音也。小雅國風中，惟七月之雄偉深厚在此詩上；若出車六月等篇，雖冠冕堂皇，而氣味皆不若此醇古。卽此可驗政事盛衰，世次先後。

若詩中語有難解者，不妨姑置之。說皆可通者，不妨兩存之。今人覿面問答猶不無錯會其意者，況三千年前之言語，世變風移，名殊物異，安能決知其某字何意，某字何意哉！且由古文而隸，而楷書由竹簡而紙，而印本豈能絕無缺誤。是以武侯略觀大意，靖節不求甚解。我思古人，實獲我心。雖不能至，然心向往之。

無聞集卷之一終

無聞集卷之二

封建論上（舊本闕）

封建論下（舊本闕）

周平王論

太史公曰，『學者皆稱周伐紂，居洛邑，其實不然。武王營之，成王使召公卜居之，居九鼎焉，而周復都酆鎬。至犬戎敗幽王，周乃東徙於洛。』蘇氏曰，『周之失計未有如東遷之謬也。自平王至於亡，非有大無道者也；頣王之神聖，諸侯服享，然終以不振，則東遷之過也。』崔述曰，甚矣，蘇氏之誣也！夫國之盛衰在德不在勢；周之所以不振由其無賢聖之君，不以遷都故也。頣王之神聖，諸侯服享，此子朝之諛詞耳；考之經傳曾無一善可紀。豈得歸咎平王哉！

且平王初未嘗有遷都之事也。周之王畿，號爲千里；然當幽王之初，詩人已有『蹙國百里』之傷。至驪山之變，宗周之地盡沒於戎，所存者惟郟鄏耳；然後晉文侯迎太子宜臼而立於洛，是爲平王：非平王本都宗周，無故而棄千里之畿以東遷於洛也。平王遭家國之變，不能嘗膽臥薪，修德立政，以恢復文武成康之業，誠不爲英主矣；然遂謂其棄岐豐而東遷，豈不誣哉！

衞懿公之敗也，狄滅衞，衞人夜出濟河，男女七百有三十人，益之以共滕之民乃五千人；於是齊桓公立戴公以廬於曹。劉聰既克關洛，虜懷愍，瑯琊王睿乃立於江東。郭威既弒隱帝而篡漢，漢之州鎭皆歸於威，劉崇乃以河東稱帝。此數君者皆未嘗以國遷也：彼其故土已喪於先君之手，萬不得已而自王於一隅，保境安民以存宗祀，夫亦可謂難矣。固不能與夏少康，漢光武同列中興之數，亦何至遂與魏罃，李景避寇遷都**之主，同類而並譏也哉！**

說者又謂平王以岐豐之地賜秦襄公爲東遷之證，則又不然。人之情莫不知愛土地，人有土地猶思奪之，況己之所有乎！平王之所以畀秦者，蓋其地已盡爲戎有，自度其力不能恢復，又懼戎之東侵，而秦適有擁戴血戰之功，是以因而與之，使之自爲戰守以衞王室。不然，關中天府之國，沃野千里，文武所以成王業也，一旦無故而捐之以與秦，平王雖下，不至若是愚也！自平王之立四十有九年爲魯隱公之元年，又七十餘年而秦穆公始大，則當賜秦以後，秦雖日與戎戰，猶未能有其地，況平王乎！

桓王取鄔，劉，蔿，邘之田於鄭，而與鄭人蘇忿生之田溫，原，絺，樊，隰，郕，攢茅，向，盟，州，陘，隤，懷：凡十二邑，左氏譏之，以爲『己弗能有而以與人。』晉文公既定襄王於郟，襄王勞之，復賜之以陽樊，溫，原，攢茅之田，意與平王正同：蓋以其地既弗能有，而名猶隸於畿甸，無寧爲此不費之惠焉。但以晉之力能有之，是以左氏無譏。而東萊呂氏乃謂「襄王不許晉隧而賜之田，亦爲案王章而自削弱。」夫使此地果王所有，則王既許之，誰復拒之，亦何待於晉侯圍之以兵而後服哉！且左氏『己弗能有』之文，呂氏獨未之見乎？甚矣宋儒之不考也！

自宋以來，儒者皆好爲議論以訾前人而不考其事之終始，往往顛倒時代，錯誤方域；而後之學者識見寡陋，震於其名而不自求之六經諸史：口耳相傳，道聽塗說，遂以爲其人之定評者數百年矣。如平王者何足道！其他賢人志士，亂賊姦臣，或無端而被謗，或無故而竊名者又豈少也耶！

宋宣公論

宋宣公將卒，舍其子與夷而傳國於弟和。和將卒，復立與夷而居其子馮於鄭。與夷立十年，其臣華督弒之召馮於鄭而立之。公羊氏曰，『君子大居正：宋之禍，宣公爲之也。』余之意獨謂不然。與夷之立也十年十一戰，民不堪命，不知督有無君之心而以爲大宰，又不陰爲之備，故督得成其逆謀，不因於宣公之讓與不讓也。適會宣公有讓國之事，後世遂以爲口實；藉令宣公自傳之與夷，烏知督之遂不弒君也？春秋之世，宋之見弑者三君：莊公成公皆未嘗讓國而其子捷與杵臼亦皆見弑，豈得獨罪宣公也哉！

若謂督既弑與夷而立馮爲宣公有以啓之，則又不然。使與夷既立而馮作亂，若王子朝之於猛，衞州吁之於完，以罪宣公可也；今也馮未嘗有是也。督既弑與夷，宋國不可以無主，馮親先君子，故召而立之耳。藉令無馮，宋豈無諸公子可立者乎？齊光之弑也立杵臼，鄭夷之弑也立堅，此又誰實啓之？晉州蒲之弑也，欒書召孫周於京師而立之，周之父未嘗有國也。豈必宣公傳位於和然後馮可立哉！

且非獨與夷之死宣公不任受過也，即其立也亦不任受功。宣公之所以立和，或與夷幼而不能主社稷，或不肖而不可以主社稷：爲宣公者當立和則立和而已矣。和之復立與夷與否宣公不得而知之也。不立其子而立其兄之子，此和之賢；不知與夷之不可爲君而立之以致亂，此和之過：於宣公何與焉！觀於與夷之終見弑，則宣公之所以立和蓋非無見也。和之卒也，與夷之齒長矣，師保之敎訓夫亦可以習矣，政之得失，民之哀樂夫亦可以備知之矣，然猶不能安其民而制其臣；使宣公之卒而即傳之與夷，其見弒之不待於十年可知也。宣公之能知人如是，世不以是賢宣公而反以是罪宣公，甚矣其是非之顛倒也！

吾嘗觀於三代以上之事，而知父子相繼非一定之制也。一姓之相傳始於禹，而禹孫仲康以弟繼兄。商人兄終弟及，見於書者尤多。周孝、定、敬三王皆以別子嗣居天位，蓋國家不幸而當其變，則社稷爲重，寧割慈忍愛而立弟耳。

秦漢以來，人主各私其子，乃藉口於『君子大居正』之說，託神器於嬰兒，付生靈於不肖，以至敗國亡家覆宗絕祀者蓋不可數矣。其尤著者，晉武帝明知其子惠帝之昏愚，而其弟齊王攸之賢，乃溺於衾幬之愛，終不肯廢子立弟，以致八王劉石之亂；周武帝明知其子天元之凶惡，而其弟齊公憲之賢，亦蹈晉武覆轍，使之捫痕恨晚，憲以冤死，周亦尋滅：豈不可痛也哉！此皆公羊氏所謂大居正之君子也。然而後世之儒不聞議二武之失，反斤斤焉求宣公之瑕以爲傳弟之戒；然則爲人君者必明知其子之不克負荷而與之國，使之暴虐生民，踣其國，墜其宗，然後得免於後世之清議耶！

魯隱公不書卽位論上

魯隱公之元年，春秋不書卽位；先儒以爲攝。歐陽子曰，『隱實爲攝，孔子決不書曰公。孔子書爲公，則隱決非攝。』蘇氏軾曰，『非也。周公，攝而克復子者也——以「周公」薨，故不稱王。隱公，攝而不克復子者也——以「魯公」薨，故稱公。古者天子諸侯卿大夫之世子未生而死，則其弟若兄弟之子以當立者爲攝主。子生而女也則攝主立；男也則攝主退。故隱公亦攝主也。』崔述曰，甚矣說經之不可不愼也！攝之義不明，遂至於亂禮而誣聖人，豈天下之細故哉！

禮曰，『喪有無後，無無主，』是無後則爲之立攝主以主喪也。故君薨而世子生，未葬，則卿大夫從攝主北面於西階南，太祝裨冕告殯；已葬，則太宰太宗從太祝告於禰廟，不復有攝主。由此觀之，則攝主乃喪主，非國主也。今隱公之爲魯侯十一年矣，豈得爲攝主乎！禮曰『子幼，則以衰抱之人爲之拜，』是子雖幼，不復立攝主也。蘇氏亦曰，『子生而男也則攝主退，』今惠公之薨，桓公生矣，男也，隱公何得爲之攝主乎！國家重器也，不可以兩屬，兩屬則必爭。今蘇氏欲援一人立之，謂之攝主，俟太子長乃以授之；此二人者，皆堯舜夷齊也則可，不然，是大亂之道也。非攝主殺太子，則太子殺攝主，寧先王之制而有是哉！

洛誥曰，『朕復子明辟，』復，下告上也——春秋傳曰，『欒將復之；』又曰，『罃將復於寡君；』孟子曰，『有復於王者，』——王命周公作洛，故周公使人復王耳（蔡傳亦然）。王莽欲竊漢之天下，乃誣周公有踐位復辟之事以濟其惡，蘇氏信之，何耶？且蘇氏以周公果稱王耶，周公稱王，則吾不知成王當何稱耶：亦稱王耶，稱太子耶？成王之見周公，用何禮耶：如二君耶，抑臣於周公耶？孔子曰，『天無二日，民無二王，』周公既稱王，成王又稱王，是民有二王矣。成王既北面以朝周公矣，無何又南面而臨之，是『堯帥諸侯而朝舜』也。此在齊東野人或有是語，少知名義者豈得出此言乎！

且蘇氏知周公何爲而攝政耶？古者君薨，百官總己以聽於冢宰三年，故武王崩，周公以冢宰攝政。不幸羣叔流言，周公東辟，遂不得終其攝。及成王崩，召公鑑前之禍，遽奉子釗以朝諸侯；故史錄之爲書，誌此禮所由廢。子張曰，『書云，「高宗諒陰三年不言，」何謂也？』孔子曰，『何必高宗！古之人皆然。』——傷周公召公處事之變而不得復然也。記禮之家但聞有周公攝政之事而不知有冢宰總己之禮，遂誤以成王爲幼，又附會而爲踐位復辟之言，豈不誣與！（葉氏夢得說同。）不然，周公居東以後，成王既親政數年矣，親逆以歸，君臣相得，言聽計從可矣，何勞於周公之攝之也哉？

故凡古人之攝有三：舜，君老而攝者也；伊尹周公，君諒陰而攝者也；共和，君在外而攝者也——皆不爲君，故謂之攝。今也隱既君乎魯矣，即使果授國乎其弟，亦不過如宋宣公，元武宗焉已耳；即使果自老於菟裘，亦不過如趙武靈，魏獻文，宋高宗焉已耳：豈得遂謂之攝也哉！豈得遂不謂之即位也哉！如是而可以爲攝，則王莽張邦昌莫非攝者矣。故攝則不稱公，稱公則非攝，歐陽子之論不可易也。

雖然，先儒之以爲攝也亦有故：一曰國君必書卽位，而隱不書卽位；一曰相傳有是說。此二疑者不破，則雖明知攝之不稱公而終不敢謂隱之果非攝。惜乎其論之猶有未盡也！

魯隱公不書卽位論下

春秋之策十有二公，書卽位者八，不書卽位者四。先儒求之而不得其故，因見桓閔之弑而子般之殺也，遂爲之說曰，『繼弑者不書卽位。』而桓宣皆繼弑，又未嘗不書卽位，則又爲之說曰，『與聞乎弑者書卽位。』彼數君者旣已然矣，則隱公之不書卽位，勢不得不別爲之說以通之，此學者之所以深信其攝而不敢異也。

史也者，所以傳信也。均之卽位也，或書而或不書，是史非實錄也。史書之而孔子削之，是聖人之經非實錄也。曰，『不忍於先君之見弑也。』夫忍不忍在卽位耶？不在卽位耶？在卽位耶，則彼之卽位爲忍，孔子當著其實以明其忍，不得私庇之而私削之。不在卽位耶，則書不書等耳，何爲而削之哉？

曰，『古者有卽位之禮，先君見弒則不忍行此禮，是以不書，非削之也。』曰，『位，君位也；卽位，就君位也：既爲君未有不卽位者，不卽位是不爲君也。自天子以至於大夫皆有位：於何日始居此位卽於何日謂之卽位，不以其禮之繁簡也。所謂卽位也者，猶後世天子之云登極，百官之云到任也：今曰「某雖爲帝，未嘗登極，」「某雖爲官，未嘗到任，」可乎？不可乎？晉厲公之弒也，悼公在周；豎牛之殺叔孫仲也，昭子討而誅之：二人者其不與聞乎弒可知，然皆不廢卽位之禮。由此觀之，雖繼弒未有不卽位者。莊閔僖三君之不書卽位，皆不以繼弒故，何獨至於隱而必疑其攝耶？』

曰，『繼弒之說本之公羊穀梁，誠如子所云矣。左氏莊元年傳云，「不稱卽位，文姜出故也；」閔元年傳云「不書卽位，亂故也；」僖元年傳云，「不稱卽位，公出故也，」然則其皆非與？』曰，『君雖弒，子猶得稱卽位，豈以夫人故，亂故而不得稱乎哉！禮雖不備，其爲卽位自若也。且傳以爲僖公先卽位而後出耶？先出而後卽位耶？先卽位耶，卽位之時史固已書之矣，豈至後日旣出而追削之？先出耶，身旣在外矣，又何位之卽焉？蓋左氏亦求之而不得其故，故以意度之而爲之辭。不然，君之出入非小事也，僖公出適何地，出因何故，旣出何以復入，傳何得不置一言也哉！」

曰，「然則何以不書卽位？」曰，「春秋之策十有二公，其後七君皆書卽位，其前五君書者一而不書者四，豈不以其世遠而多闕哉！君之卽位也以正月，而定公之卽位也以六月，卽位固無常月也。故舊史失其月日，則孔子不復追書；卽舊史載其月日而所傳異詞，又不幸無可考，則孔子亦寧闕之：愼之至也。孔子曰，「吾猶及史之闕文也。」後人恥言不知，務彊爲之說，故不知聖人有如是之闕疑，反以爲別有深意焉者，而不知其過也。隱公之世，大夫卒多不日（唯公子彄卒日），桓莊之世，大夫卒多不書（唯公子牙卒書），皆遠也，皆闕也，皆愼也；烏有如先儒之所謂云云者哉！」

曰，「然則相傳之說何以故？」曰，「自古篡弑之君往往文飾其說以欺當世。

王子朝既敗，告於諸侯曰，「單劉贊私立少，以間先王。」 楚公子圍弒郟敖而自立，使赴於鄭，伍舉問應爲後之詞焉，對曰，「寡大夫圍；」伍舉更之曰，「共王之子圍爲長。」吾惡知非桓既弒隱之後恐國人之議己，僞稱其母之貴，其兄之攝，以明己之當立，不幸桓之子孫終有魯國，遂無有人爲辨其誣者乎？ 學者取信於經焉，可矣！」

爭論

廉頗爲趙將，有大功，拜爲上卿。 藺相如爲趙奉璧於秦，完璧而歸，又相趙王會秦王於澠池，亦拜爲上卿，位廉頗右。 頗羞爲之下，曰，『我見相如，必辱之！』 相如稱病不與爭；望見頗，引車避匿。 頗聞之，肉袒負荊至相如門謝罪，卒相與驩。 世皆多相如之有讓。 余獨以爲相如固賢，亦幸而遇廉頗之賢，故得成其讓也。 何者？ 天下之事，兩爭然後相爭，亦兩讓然後相讓。 使相如避而頗不悔，以爲畏己而愈肆焉，卽已辱之而猶以爲未足，相如其奈之何？ 由是言之，成相如之讓者頗也。

宋殷景仁爲領軍將軍，薦劉湛於文帝，召爲太子詹事，竝被任遇。湛以景仁位任己上，乃因彭城王義康以傾之。景仁懼，稱疾不出，以避湛者數年。湛猶不肯已，謀使盜殺之。文帝乃與景仁密謀誅湛，然後景仁始免。若此者，豈景仁之不讓哉！湛非有頗之功，又因景仁以進，固不當傾景仁；景仁之避湛，其事更難於相如，然卒不能滅其怒，必死景仁而後甘心者，何也？人心無盡，固非讓之所能化也。嗟夫，士大夫誦讀詩書，談說禮義，讓之猶不足止其爭，況於里巷不學之人，市井無賴之輩，尚力而不尙德者乎！雖有好讓之人與之處，亦不能保無相爭之事。乃世之士見其如此，不復問其曲直，輒從而兩罪之，嗚乎過矣！

古之時人心淳樸，風俗敦厚，猶有化於讓者；後世不可得矣。有讓之者，則以爲畏己而愈陵之。讓之既久，則又以爲事固當然而安之。一日少拂其意，則其怒反更甚。且讓固有不能率以爲常者。人之貪心，遏之則漸止，縱之則益甚。今日欲得其牛，與之；至明日而又欲得其車，又與之；又明日而又欲得其宅。故以讓奉貪，常不足之勢也。

爭而不已，勢必至於讓者不能復讓而亦與爭，貪者智盡力窮而無所得，然後其爭始息。故兩爭者必至之勢也。

周太王之居邠，狄人侵之，事之以皮幣犬馬珠玉，皆不得免焉；乃屬其耆老而告之曰，『狄人之所欲者吾土地也，』卒棄其國，逃之岐山而後已。 秦以山西蹙六國，六國爭割地以事之，今歲割三城，明歲又割五城，地不盡，秦兵終不止，卒滅六國，并天下而後已。 太王之與六國不可謂不讓矣，周秦以上已非讓所能化，況後世乎！ 故曰，『以讓奉貪，常不足之勢也。』

宋之於金也，初割三鎮，繼割兩河，繼而又割京東，京西，陝西諸路，求和之使旁午於道，畏避不已，至於航海， 自古以來有天下者未有如宋之讓者也，然而金師南牧未嘗爲之中止。 必待韓，岳，吳，劉屢挫其鋒，然後金人始許畫淮以和。 由是觀之，苟力之所能爭，雖百讓之不止。 國家之大，閭里之微，其理一而已矣。 故曰，『兩爭者必至之勢也。』

聖人知其然，故不責人之爭而但論其曲直，曲則罪之，直則原之，故人競爲直而莫肯爲曲。人皆不肯爲曲則天下無爭矣。然則聖人之不禁爭乃所以禁爭也。後世之論者則不然：但見其後之爭，遂不復問其前之讓，而曲者直者至是均不免於訾議。曲者以利，猶獲助於小人；直者以義，幷見棄於君子。人知讓之之後之終不免於爭，而又不能以其直見諒於人也，故競爲其曲而莫肯爲直；與其讓而不終，無寧爭之於始。俗之益爭，夫亦好爲高論者之有以驅之也！且論者於南宋之事則以其讓爲罪，於閭里之間則又以其不讓爲罪。天下傳自祖宗，田宅亦受之先世：勢同而論異，事異而罰同。嗚呼，人欲求免於後世之君子難矣哉！

朱仁軌云，『終身讓畔，不失一段。』斯言也，聽之甚美。然以余所見鄉黨之間則大不然。最甚有楊氏者田百畝，今僅餘四十畝矣，然猶供百畝之稅，遂爲子孫百世之害。不知古今之殊俗耶？抑四方風氣之不同耶？至於不肖之宗族，尤不可以常理論。唯力足以拒之斯已耳，否則必無立錐之地而後不生其心。然亦其初即然乃免於爭，若爭端已起而後然，則雖垂橐而人猶不信，懸磬而忿猶不消。故有田宅已捐，自食其力幸未至於凍餒，而爭猶不止者。況其讓猶未至於是者耶！曰，然則讓不能以化人乎？曰，其人而賢如廉頗也則能；即不然，而吾力能制其命而姑讓之，彼自知其力之不敵也，亦或有知感者：不可以是概之人人也。是故，以讓自勉則可，以不讓責人則斷不可。夫責人則亦惟論其曲直而已矣！惜乎世之君子未嘗久處閭閻，親歷險阻，而於人情多不諳也！

訟論

天下之患莫大乎其名甚美而其實不可行。白圭二十而取一，孟子曰『欲輕之於堯舜之道者，大貉小貉也。』許行使市賈不貳，孟子曰『物之不齊，物之情也；巨屨小屨同賈，人豈爲之哉！』聖人非不知薄取民而一市賈之爲美名也，顧以其勢斷不能行，姑取其美名焉而已，而人心風俗必受其大害，是以其論常不敢過高也。

訟論

自有生民以來，莫不有訟。訟也者，事勢之所必趨，人情之所斷不能免者也。故傳曰，『飲食必有訟。』柳子厚曰，『假物者必爭；爭而不已，必就其能斷曲直者而聽命焉。』訟之來也久矣。舜避堯之子於南河之南，天下諸侯訟獄者不之堯之子而之舜。魯叔孫昭子受三命，季平子欲使自貶，昭子朝而命吏曰，『婼將與季氏訟，書辭無頗！』唐虞之時何時也，諸侯猶不免於訟；昭子，賢大夫也，亦不能以無訟。然則是訟也者，聖人之所不責而亦賢者之所不諱也。兩漢之世好言黃老，始有以不與人訟博長厚之美名者；然亦其時風俗醇古，故得以自安於閭里。唐宋以降，日以澆矣：乃爲士者幸藉門戶之蔭，不見侮於市井小兒，遂以人之訟者爲卑鄙而薄之；而憚於聽訟之吏因遂得以是藉口，有訟者，則以爲好事，怒之責之，而不爲理。嗚呼，是白圭之取民而許行之治市也！

何以言之？凡有血氣，皆有爭心。必此爭而彼甘於讓，斯已耳；苟不甘於讓，則必訟之矣。故陵人者常不訟，而陵於人者常訟，其大較也。且爭而甘於讓者，惟賢與孤弱者耳。然理固有當讓，有不當讓；勢固有能讓，有不能讓。所爭者非一人之得失，則不當讓。讓之而爭者不已，讓之而爭者得逞，人皆從而效之，則亦不能終讓。故雖賢與孤弱者亦不能盡無訟也。夫使賢者常受陵於不肖而孤弱者常受陵於豪强而不之訟，上之人猶當察而治之；況自來訟而反可尤之乎！今不察其曲直而概不欲使訟，陵人者反無事而陵於人者反見尤，此不惟賞罰之顛倒也，而勢亦不能行。何者？人之所以陵於人而不與角者，以有訟可以自伸也；不許之訟，遂將束手以待斃乎？抑亦與之角力於蓬蒿之下也？吾恐賢者亦將改行而孤弱者勢必至於結黨，天下之事從此多而天下之俗從此壞矣！

余幼時，見鄉人有爭則訟之縣；三十年以來不然，有所爭，皆聚黨持兵而刦之，曰，『寧使彼訟我，我無訟彼也！』唯單丁懦戶，力不能抗者，乃訟之官耳。此無他，知官之惡訟而訟者未必爲之理也。民之好門，豈非欲無訟者使之然乎！逮至近年風俗尤敝，里巷之間別有是非，反經悖律而自謂公；以鬭傷爲偶然，以刦奪爲小事；立後則疎族與同父無殊，爭田則盜買與祖業不異。推此而論，不可枚舉。至於姑殘其媳，弟侮其師，竊田禾，毀墓木，尤恬不以爲怪。訴之宗族，宗族以爲固然；訴之里黨，里黨以爲固然。彼固不識字，卽識字而亦不知律爲何物也：不得已而訟之於官，則官以爲好事而里黨亦共非之。是以豪强愈肆而善良常忍泣而吞聲。無訟則無訟矣，吾獨以爲反不如有訟之猶爲善也。

昔韓文公爲都縣，雅重盧仝；仝爲比鄰惡少所苦，使奴詣縣訟之；公不惟不薄仝，反稱其賢而自引爲己罪。彼韓公者豈獨喜人之訟哉？誠少歷艱難而悉寒士之苦故也。然則今之君子或亦生富貴之中，席祖父之勢，居仁里，處順境，未嘗身離保傭，目覩橫逆，故不知涉世之難而妄爲是高論耳；不然，何其不近人情乃至是也？

或曰，『子未覩夫訟之害耳。書役之魚肉，守候之淹滯，案牘之株連，有聽一人一朝之訟而荒千日之業，破十家之產者矣；況有訟而誣焉者乎！』曰，『此誠有之。然此誰之過耶？苟官不護其下，書役安得而魚肉之！訟至而卽聽，當逮而後逮之，何淹滯株連之有哉！此乃己之不臧，反欲藉口以禁人之訟，可乎！且訟而果誣，反坐之可也；不治誣者而遷怒於他人而禁其訟，是使直者代曲者罹殃也，憒孰甚焉！』曰，『孔子曰，「聽訟，吾猶人也；必也使無訟乎！」然則聖人之言亦非與？』曰，『大學釋之明矣，曰，「無情者不得盡其辭，大畏民志。」然則聖人所謂「使無訟」者，乃曲者自知其曲而不敢與直者訟，非直者以訟爲恥而不肯與曲者訟也。若不論其有情無情而概以訟爲罪，不使之得盡其辭，曰，「吾欲以德化民，」是大亂之道也。且無訟之治，聖人猶難之；今之吏豈惟無德，且貪莫甚焉，民之相爭固其所也，而欲使之無訟，舛矣！』

五行辨（舊本闕。）

稷穄辨

稷，五穀之長，今俗直謂之穀。穄，黍之別種不黏者是也；或謂之飯黍，關以西謂之穈，河以北謂之穄。

韋昭國語注云『莠草似稷而無實。』 今莠正似穀，絕不似穄，此可知稷之爲今穀而非穄也。 說文云，『穄，穈也；』又云，『穈，穄也。』 穄之苗穗皆與黍同，故穈從黍。古人均謂之黍：詩所謂『其饟伊黍，』論語所謂『殺雞爲黍』者是也。 關以西亦謂黍爲黏穈。 此可知穄之爲黍屬而非稷也。 稷，入聲，子力切。 穄，去聲，子例切。 稷從畟。 穄從祭。 其義，其音，其文無一同者，則二者之非一物明矣。

粟者，黍稷未去皮之通稱：對米而言則皆云粟；數穀之名則未有及粟者。 孟子曰，『有粟米之征，』『米粟非不多也；』詩云，『黍稷稻粱，』又云，『黍稷，重穋，禾，麻，菽，麥，』皆不言粟，是也。 故米初去粗皮，謂之脫粟：呼稷之粟爲粟，非謂稷爲粟也。 以稷之多也，故但呼以粟而卽知爲稷；久之，而稷之名遂掩。 稷也而粟之，猶今之人之穀之也，猶於其米而直謂之米也；而不學者遂誤以粟爲本名，而不知其爲稷矣。

河北自漳以西舌強，能讀入聲；以東舌弱，不能讀入聲，——中原音韻所謂『入聲作平聲作上去聲』者是也，——故讀稷與穄之音相似。而鄉中人識字不多，秋禾登於場，筆而記其數，有不識穄字者，則書稷字以代之——稷字四書詩所有，穄字四書詩所無也。猶高糧之或誤書爲高粱（俗呼蜀黍爲高糧），金簪之或誤書爲金針也（俗呼黃花菜爲金簪），猶古人之誤書弄璋爲弄麞也。而不學者不知稷爲何物，遂誤以穄爲稷，反疑其民呼爲『子例切』者乃方音之轉，而笑書穄者爲誤字矣。

稼書陸子作黍稷辨，謂稷乃今之穀而非飯黍，徵之書傳，詳其形狀，以糾前人之惑。其事雖小而不肯沿訛踵謬之心卽此亦足見其萬一。然謂士人以飯黍爲稷，則猶未知北方農夫之所呼者穄而非稷也；由穄而之稷，作本草羣芳譜者不見說文，妄以己意揣度之耳。余故補其未備，作稷穄辨；於陸子所已辨者則不復言，從省文，亦不敢掠美也。

禹貢田賦九等解

禹貢九州田賦皆分九等。讀者苦其難記，或作指掌圖，以九等分配於十二辰，按指節歷數之；又作歌訣，鄙俚不經，既侮聖言，亦無倫理：余深病之。竊謂其所以難記者皆由於不究其故；不究其故，則雖強而記之，亦何得於心哉！因第其說如左：

雍徐青豫冀兗六州皆居北方；而雍居六州上流，土厚水深，雖瀕河而無河患，故田居上上。青徐皆不瀕河，故次雍：而徐上中，青上下者，徐土墳而兼埴，青土墳而兼斥故也。冀豫皆瀕河，有河患，故又次徐青：而豫中上，冀中中者，豫一面瀕河，冀三面瀕河故也。惟兗當九河之委，土薄水淺，故居中下焉。梁荊揚皆居南方，故田皆在下等：而梁居三州上流，故次兗；荊稍東，故次梁；揚最東，當三江之委，故又次荊也。此田分九等之說也。

冀爲帝畿，土廣民衆，故賦居上上。豫荊，東西之中，水陸之會，故賦皆居上等；而豫田中上，荊田下中，故豫次冀，荊次豫也。雍徐青梁揚五州皆居東西偏，而雍徐青田皆上等，故賦亦皆中等；然青次荊，徐次青，雍次徐，與田之上下相反者，東方土狹民稠，西方土廣民稀故也。梁揚田皆下等，故賦亦皆下等；然揚次雍，梁次揚，亦與田之上下相反者，其故亦猶青徐之加於雍也。惟兗受河患最深，創殘之餘，民氣未復，不可以賦之常法繩之，故曰『厥賦貞，作十有三載乃同。』此賦分九等之說也。

賦言『錯』者四州，又各不同。冀州賦重而地廣，其賦不可均也，故有『錯』焉；不言所錯者，賦上上矣，其錯必於下可知也。揚州賦輕而地廣，地兼水陸，故有錯而上者，故其文曰『上錯。』梁州賦輕而地廣，地兼水陸山林，故有錯而上者，亦有錯而下者，兼本等則爲三，故其文曰『三錯。』豫州，四方之交，土兼墳壤與壚，故其賦錯出不均；綜而計之，適得上中，故其文曰『錯上中。』此四州言錯之說也。

以是求之，皆有至理，可以得其故。何必區區效星相之術，於指節間定部位，作小兒戲哉！

文說上

畫，所以貌物；黑白之色，方圓曲直之勢皆合焉，謂之畫。　文，所以載道；是非得失之故，賢人哲士之事實皆合焉，謂之文。　物者形；道者理。　形者然；理者其所以然。　其事之大小，品之高下雖殊，其理一也。

馬焉而狗其足，花焉而竹其幹，山焉而波，水焉而岫；求之天下無是物也，可謂之工於畫乎？　何以異爲文而詖其說，謬其理者也！　累朱攢青，曲直雜設，非人，非樹，非山，非屋，見者不能名其物，可謂之工於畫乎？　何以異爲文而晦其辭，亂其章，讀之而不能通其意者也！　然而彼且曰『吾工畫，』世且曰『彼工畫，』問其所畫之物，則曰『吾工畫而已，不知物也，』何以異爲文而離乎道，且自負文士，世亦以文士目之者也！

凡論畫之美者，曰『毫髮畢似，』曰『尺寸千里；』然則爲文而能了然於口與手，簡而明，約而盡，使讀者釋然有以知夫是非得失之故，豈不可謂工於文乎！　然而世之爲畫者不求之物而徒冊上之橫斜疏密是問，此所以無工畫者也；爲文者不求之道而徒古人之文之長短難易逆順是問，此所以無工文者也。　夫匠者不必能畫器皿，遊者不必能畫山水，然未有閉置一室，目不見山川器皿之形而能畫者。賢人君子明理之士，固有不工文者，然未有於道茫然無牖隙之見而能文者也。

悲夫，知畫者世或有之，而知文者鮮，是文人之智反出畫工下也，惜哉！

文說下

道也者，物之理也：其於人也爲情，其於事也爲義爲勢。大之而天地聖人之所不能盡，小之而愚夫愚婦之所可知，一草一木之所以消長，皆道也。文也者，載此者也。其義顯，其勢悉，其情通，是文而已矣。精而論之，雖大賢之言不能皆醇；粗而論之，雖百家技藝之書亦各有其道焉，——莊周韓非是也。譬之博奕，雖非聖人之道，然工於博奕者言博奕之所以勝負較然不誣，是即博奕之道也。

雖然，道有醇駁，則文有高下，孟子所謂『詖，淫，邪，遁』者也。是故，二子之文，非天下之至美也，適投乎世好耳；天下之言道者亦非無駁於二子者也，適不爲世所詬病耳。

譬諸飮食道其物也，文其味也。六經，稻粱之味也。孟與韓，魚肉之味也。班馬歐柳之言間有羶腥焉。有其道而文不美焉者，失飪者也。摭拾六經之遺文，勦竊註疏之成說以爲明道焉者，食饐而餲，魚餒而肉敗者也。莊周韓非非聖人之道而見美於世，猶葱荽椒蒜麞鹿驢鸁之肉非味之正而人喜食之者多也，——然視烹土糞泥以求味者則不可謂無物；視世之心無所得而摹擬古人之言以爲文者則不可謂無道。余所謂文以載道者，以此。

夫韓退之，柳子厚，世所謂文士也，周茂叔，世所謂儒者也，然其言皆曰文以明道。獨近代文士則曰文自文，道自道。何者？彼以摹擬語勢爲文，以摭拾陳言爲道：非文之與道異也，彼所謂文與道者異也。

無聞集卷之二終

無聞集卷之三

上汪韓門先生書（此篇已附載考信附錄卷一少年遇合記略之末故今省之）

與董公常書

乙酉之秋，得於京邸晨夕過從，暢論書史者數月。歲終握別，至今十有二年。每讀書有會心處，輒屈指私計可與語此者惟廣平栗太初及我公常先生二人。而太初往矣，先生又無由接坐一談。興言及此，眞令人讀書之興索然欲盡也！

往述幼時喜涉覽山經地志權謀術數之書，常雜陳於几前。旣汎濫無所歸，又性善忘，過時卽都不復省憶。近三十歲始漸自悔，專求之於六經，不敢他有所及。日積月累，似若有得，乃知秦漢以來傳註之言往往與經牴牾，不足深信。如炎帝本與黃帝同時，太皞在其後，而世以爲伏羲卽太皞，神農卽炎帝。稷契皆在帝嚳之後百數十年，而世以爲高辛氏之子。周公本因成王諒陰而攝政，而世以爲成王年止十三。平王本畏楚偪而戍申呂，而世以爲私其舅家。周本三正竝行，而世乃雜取傳記夏正之文爲周不改月之證。周本郊遂用徹，采邑用助，而世乃因孟子『雖周亦助』之言謂徹亦畫爲井，亦以中爲公田。推此而求，不可悉舉。要皆不肯細讀經文，過信傳註百家之言，故致舛誤。不知先生以爲然耶，否耶？舊嘗閱一小說，載孔子適陳時有采桑女及樵夫詩二首，鄙俚不可入口；且曰『按此卽今七言絕句；而世儒謂始於柏梁，不學之過也。』閱至此，不覺失聲大笑。嗚呼，今世所傳戰國秦漢之書托名於聖人者豈有以異於此乎！特以其傳既久，學者遂不敢議。而今乃欲據六經以正其失，求其不掩耳而疾走不可得也。以此閉口，不敢與人談及經史。安得與先生重聚數月而一證其十餘年來之所得哉？

今歲偶至郡城數日，閒行入書院中，得遇胡君名光四者，問之知爲及門高弟；因詢近況，乃知令郎已長能讀父書負笈從遊者甚衆，先生杜門不出，日惟與門人講誦：不覺欣然爲之破顏。 士不能展所學於天下，固當成就後學作如是事。 若述者，其學固無可取，而亦絕無人相問難者；少年才俊皆高視闊步，一揖猶以爲浼，一問猶以爲辱，安得有所謂負笈從遊之怪事乎！ 間有一二來者，皆初學無所解；得一補諸生即都颺去。讀書雖有所得，而環顧四壁茫然無可語者。 亦可爲之長太息矣！

前在京師時，先生方刻印章文曰『四可堂主人』。 問其說，云『余有親可養，有子可敎，有田可耕，有書可讀，余何爲僕僕於京師者！』 今尊大人雖捐館，其三可者固自在。 而述本無祖遺田產，又值洪波毀室，先人所遺書蕩然無存，至無容膝所，依人廡下。 辛卯之春，先君見背；今惟家母在堂，差爲康健，而祿養色養又都不能。 一二年來，增患目疾，翻閱盡廢。 年垂四十矣，而一介子女杳然不聞消息，家貧不能畜妾。 四者無一可焉。 夜中就枕，怛然無生人之樂，不覺其淚之濡衾也。

久不與人通書，適會此便，不覺一瀉欲盡。 然書寫良艱，落筆時所裁割者尚多，幸爲心照。如遇北風，惠以德音爲望。率此佈候近祉，不宣。晚弟崔述頓首。

送栗太初赴納谿任序

四川在京師西南五千里外，有劍閣雲棧之險；而自張獻忠蹂躪後煙火幾絕。國家涵育百年，民稍稍生殖；然惟成都稱殷盛，他府州尚多曠土。民樸魯儉嗇，無珠貝珍異之饒，士大夫銓得其地者率以爲苦。而敍瀘以南，地近徼外，多瘴癘，以是人尤不樂往。

廣平栗太初，余同門友也，博學喜著述，讀書一遍輒背誦不遺。乾隆己丑，由前進士謁選於吏部，得瀘州之納谿。詢之蜀士大夫宦遊於京師者，皆云，『縣於蜀最貧；自山水幽勝外無足滿意者。』於是識栗君者皆爲栗君憂。而余獨有以知栗君之不憂也！

夫憂，生於欲之不遂。士不能讀書求古聖賢之道，欲以仕爲貿易，奔走形勢間以冀一遇，或棄產稱貸然後得注選，其心以爲一旦得官可以償其所費，且求贏焉，若賈人權子母之利：然此其憂貧固情之常，不足異。若栗君者，讀書學道人也，其富也奚以喜，其貧也奚以憂乎！且非第不憂而已。其爲富也者，方面大吏皆豔而誌之，需索之煩，供億之費少不給，則不得安其位；官雖富，常不敷所出：雖廉吏至此，其勢不得不貪。其爲貧也者，兩院以下皆知人之憚而不願爲也，其不幸而值焉者，雖小忤意，輒不肯易置；或垂橐入謁，亦往往獲無事：以此反得行其志，卽貪吏爲之亦有以廉名者。夫栗君之仕，欲以行其志也明矣，其於納谿，喜之不暇，而何憂焉！

吾又聞文章之事與名山大川相長。曩栗君與余同習業於石屛朱公之署，日以文章相砥礪。旣而栗君成進士，多交遊，攖世務；而余善病，且羈旅逐衣食，往往廢業。今栗君奉省檄，治百里，逾大河而西，越兩崤，函谷，仰躡三峯，弔秦漢之都，西度大散，入漢中，觀諸葛武侯之遺蹟，馳驅於飛梁峭壁間，山鳥異聲，秋雲幻狀，然後登大劍，俯長江，其山水之奇秀皆足以發抒其耳目。而縣又淳簡，栗君游刃治之有餘，鳴琴之暇，計必陟其山，漱其泉，婆娑嘉樹之下，極游覯之樂，以默證其平日所讀之書而悉發之於文；吾知其與曩者習業時必有異也。余方豔羨之不可得，而栗君詎反憂哉！栗君發矣！ 異日余至京師，遇有自蜀中來者，必將詢栗君之政與其文，且問蜀人之敬信栗君能如文翁少陵否。栗君所得不已多乎？ 孰與夫橫金臥內，德色妻子，窮水陸之珍，極聲色之奉，以自鳴善宦者哉！ 遂書此，以贈栗君之發。

贈陳履和序（此篇已附載考信附錄卷一少年遇合記略之末，故今省之。）

武安文昌祠籤簿序

武安張子奇昌質所學於余有日矣，一旦持一冊來曰，『此武安文昌祠籤簿也。日嘗過之，見其毀也，因重錄而易之。先生其為之序！』 余固辭，而其從叔友唐復力為之請。 余曰，『嗟乎，余安能序此簿哉！ 余少未嘗為此學，不知其所由美，而心竊以爲非宜。譽之，則失其本心；毀之，又非子之所以謂余序之之意也。余安能序此哉！

且文昌星也在紫垣之外。天官書曰：「斗魁戴筐六星曰文昌宮：一曰上將，二曰次將，三曰貴相，四曰司命，五曰司中，六曰司祿。」今北斗上六星上曲者是也。而近代所祀，稱爲梓潼帝君者，則晉魏間將蜀人張氏，以戰死而血食於蜀者。其後廟祝欲靈其祀，乃詐稱夢神謂己「上帝使我掌人間士子祿籍，」自是士大夫始爭事之。沿之旣久，遂誤以爲文昌。合天神人鬼爲一祀，舛亦甚矣！

夫文昌，星耶，固不得有言；若梓潼，神也耶，將毋亦忠直勇決之氣存於天地之間，其肯逐逐然日與斯民謀趨利避害之計，而又效唐宋以來所謂聲病俳偶之文，間雜以鄙俚之言以示天下耶！且神止一耳，而天下府州縣祠有籤者無慮數百；盡應其求，力亦不給。理勢皆無據而世信之，亦以惑矣！

夫利害歧於前，則聰明亂於內，是以有非所信而信之者。籤語之設不知其所始；然必始於人之熱於利害而迷所往，而後無稽之徒得以售其僞也。若夫君子之行惟其義而已矣，進退行止自有法度，是故有知利而不取，有知害而不避。　無論籤之僞與其利害之必不驗也，即令實且驗焉，亦奚所用之哉！

余之所見如此，是豈可以爲序乎哉！　然使余棄此不言而謬爲美言以悅子，則又非君子忠信不欺之道，論語「各言爾志」之義也。　且余所素命爲狂瀾而力不能迴者，今又安能因子之故而反決其流，揚其波哉！　然則余之序之無乃不如其弗序矣乎？」

既不獲辭，遂書此以貽之。

曹氏家譜序

世近則所聞詳；學深則所記多：此必然之理而無可疑者也。　然吾嘗讀尚書，孔子之所序也，乃僅斷自堯典以下。　其後五百餘年，有司馬遷，其學不逮孔子遠甚，而所作史記乃始於黃帝。　至司馬貞，又後於遷者近千年，其學亦益不逮，乃爲遷補本紀，又始於伏羲氏，前於黃帝者千數百年。　下至於明，世益晚，其人如王世貞鍾惺輩，學亦益陋，而其所作綱鑑捷錄等書乃反始於開闢之初，盤古氏之時。是何世益遠，其所聞宜略而反益詳；學益淺，其所記宜少而反益多哉？蓋世近則其考之也易，而學深則其辨之也精，夫是故僞者不能以亂正而其書自不能不略且少。世益遠則僞者益多而亦益難辨，學益淺則益不能辨其爲正與僞，而視六經三傳，諸子百家，齊東野語，漢人小說均之爲可信矣；如是而欲其書之不詳且多，其勢固不能也。嗟夫，史降而有州縣之志，志降而有士大夫之家譜，大小雖殊，其爲記事則一；修史者數百年而一人，猶且如是，况志與譜，盈海內，作者肩摩趾接，聘者不擇人，修者不度己，是惡得不舛哉！

吾鄉松巖曹先生，前輩中盛德君子也，與吾先君交遊。其子叔文阿周亦與余相善也。先生卒數年，阿周持其家譜示余而囑爲序，蓋先生之所作而阿周續之者也。余覽之，乃始於先生之曾祖，自曾祖以上非不盡知，而所傳異詞，恐紊世代先後之次，則竟略而不書，且爲辨疑說以明之；蓋恐後人之妄補之也。先生原籍武淸，嘗往求其疎族，得其遠祖之墓，其訪之也必周矣；然而終缺之者，蓋惟其訪之也周，故知其可信者之少。

凡輕於紀載而不自疑者，皆其訪之不周者也。昔者炎帝太皞皆在黃帝之後，傳記之文甚明也；自班固誤以炎帝爲神農氏，太皞爲伏羲氏，而後之作史者恥言不知務求勝於孔子司馬遷，遂列之於黃帝之前，世代顛倒而不自悟。見先生之譜，亦可以少愧矣！

余又嘗觀通志，新唐書表，其所載得姓之始及其世系皆歷歷可指；及考之於傳記，有一氏而出於數國者，有一國而不止一家者，然則其餘將盡無子孫乎？是皆考之不詳，辨之不精，見其一而不知其有十。而後之人作家譜者乃引之爲權輿，甘於自誣其祖而無所惜：良可歎也！曹之姓，見於春秋者，邾與小邾二國；而文王子振鐸封於曹，其後亦以國爲氏：曹之始未能決知其所出也。不能決知而遂不言，非有識者曷能如是！至於譜中所載先世族人事蹟皆紀實無虛美，瑕瑜不相掩，尤爲今世所難。然則雖古直筆之史，何以加諸！

去歲吾縣明府張公修縣志，開館延文學士：先生而在，宿學故老無出其右者，必首膺其任無疑也。苟先生以其爲譜者移之志，則於舊志之舛誤必考訂更改之而不肯苟爲同，於自漢以來沿革建置必缺其所不知，於縣人士之傳必無所緣飾避忌以徇人情而傷直道：豈不盛歟！若之何其僅以此譜著也！

雖然，使阿周有求勝前人之志，如索隱之於史記，前編之於通鑑綱目，先生且奈之何？今茲之續之也，但於其後有所增，而不於其前有所補，先生之視龍門紫陽不厚幸乎！存此譜以爲作志作史者之式，可也。

霧樹詩序

北方寒厲之時，晨起往往見庭樹若懸冰雪，日出則消。俗謂之『樹稼。』然莫能名其故，或云雪爲之，或云霜爲之；不知此皆霧之所凝。吾先君與羣從兄弟言云爾。余每驗之，夜有霧則曉必如是，未嘗爽焉。然嘗舉以示人，人未有韙之者。

乾隆三十八年余館於御河之陽，十一月十六日歸省，適大霧隱空，親見霧爲風颺，凝於物杪，人鬚馬鬣裘毛之末未有免者；又其爲物甚黏，愈凝愈黏，至倒懸寸許不能墜。如是三日，霧斂日開，則遠村近圃編珠貫玉，彌望無際矣。載陰載暘，明暗相間，麗甚幻態殆不可狀。於是益信向說之不誣。

蓋地液之初升而後降者有三，曰雨，曰露，曰霧。雨露之升也高，其凝之時猶未成乎水也，故霜最輕，雪次之。霧之升也卑，其凝之時成乎水矣，但其點滴微細，故輕於冰而重於雪。其不同一也。雪霜平地爲多，枝上雖有雪，然易落不能厚。霧則專凝枝杪及一切纖芥物，雖繫縷髮，庭中無不著者，而平廣處反泯然無迹。其不同二也。雪霜皆覆物上，不能集其旁下。霧則隨風所飈，棲於枝旁；故自上風視之則如縞帶瓊絲，下風則枯枝而已；無風處則四面皆著而不盈，或繫於下，亦不墜落。其不同三也。

按唐人諺云『凌樹稼，達官怕』，說者謂即春秋所書之『雨木冰』，樹稼之名疑出於此。然雨木冰者雨也，非霧也；空中不寒而地上寒，故雨至木乃凝爲冰。余嘗一見之，其冰與常冰同，不如是之輕白而雕鏤也；冰皆附木，如衣然，如甲然，不如是之但懸於枝杪，纍纍然如綴而如積也。 由是言之，樹稼固非木冰；說者未見木冰故臆度之而誤以爲一也。

余妻云『古人詠雪之章如林；此殆過之，而反寂寂。 以意度之，於古必希，不如今之繁也。』 余聞吾鄉老人云，『六七十年前，間數歲乃一有是，』然則古今異同容或有之矣。 不然，博物君子何得無辨其名而詳其狀者耶？ 乃爲詩以志之。

明年冬，余罷館歸漳上。 是歲，大雪尺許，既止而雪上蒸，無日不霧，無霧不凝，子懸午墜，日以爲常；遇陰寒則經日不落。 其物象之妍，鏤嵌之巧，晶瑩玲瓏，細碎曲折，較之往年殆逾十倍；似霧之故爲此奇以報知己者然。 然近縣之士非惟不屑和余之詩，亦竟未聞有賞此奇觀，顧盼而低徊之者；則烏知古人之不亦如是，而余之所好之獨不可解也！ 崔述序。

知非集自序（舊本闕・一）

段垣詩訂後序（此篇已附載考信附錄卷一家學淵源中，故今省之。）

禮賢臺新居記

禮賢臺者，魏之故老相傳以爲文侯館段干木之故墟也。南倚郭；北望城。其前則漳水環郭而東折岸狹流駛，林木蓊蔚。其上則敞亭三楹矗塔數丈左右房序庖湢之處悉具。後則湖水迴環周十餘里；城處其中若島嶼然。湖中植荷數頃，夏秋花發，香滿亭內。雨後啓軒，則太行諸峯蜿蜒起伏畢列檻外；柴門煙井，歷落於蘆洲蓼渚間。亦可謂魏城之巨觀矣！

乾隆丁丑，城沒於漳，官舍民廬椽薪壁礫，而臺亦就荒。又八年，予始卜居來此，亭榭軒檻已無復有存者，惟孤塔巋然插雲及柏下斷碑數片而已。若乃淸秋雨霽，倚欄極目，則平沙遠浦，禾黍上下，昔日之佳花芳樹所敷披也。頹垣廢屋，荒榛平楚，昔日之樓臺闤市所錯繡也。牧童樵叟，悲吟嘔啞，昔日之遊人士女，蘭槳桂棹，所歌舞而喧闐也。嗚呼，物之盛衰代謝，豈非天哉！猶記曩爲童子時，從父兄鄉先生游憩於此，倚樹下瞰，平波萬頃，菡萏揚華，紅素間映；北望迎賓門，隱隱如洞，行人往來，蠕蠕然若蟻之出入於穴中，悸心駭目，慄慄欲墜。今乃得玩之几席之上，而盛蹟已盡矣！

昔梁庾信善賦，其居乃宋玉故宅，形之於文，自以爲榮；世亦傳以爲美。余不肖，適幸得居賢人之臺，其榮與美奚止如信！然今城既墟，臺亦童，十餘年間，目之所擊，其遷變倚伏，已不可知若此，更數百年，吾又安知高者之不忽而爲泉，而下者之不忽而爲陵也！然則後之人之居此者，且未必知爲段干君之臺，況能知余之棲息於是乎！因爲記，以貽後之居者。

直隸水道記

畿內，西北倚山，東濱渤海。倚山則源衆，濱海則地卑，是故其利在通，其患在悍與積。悍者由於倚山；積者因乎濱海。積者蓄而有常；悍者遷而無定。是以治積常易，治悍常難。通者凡二，曰御，曰白。悍者凡三，曰永定，曰滹沱，曰漳。積者凡四，曰東西兩淀，曰南北二泊。以次條列如左：

御河，即南運河，本古淇水，源出河南淇縣西山。東會於衞，世遂呼為衞河。又東北會於湯洹。又東北過大名府城東南。又東北至館陶，會於漳。又東北至臨清，會於會通河。又東北過德州城西。又北過滄州城西。又東北至天津府城北三岔口，會於白。東入於海河。

漳河，源出山西。自潞安府長子縣而東者為濁漳，自平定州樂平縣而南者為清漳，至涉縣而合。踰山而東，出磁州南境。東北過大名府西北境。又東北至館陶，會於御。

南泊，古大陸澤，在順德府東境。西南受沙、洨、七里、百泉諸水。東北至趙、冀二州境，入於北泊。洺水自臨洺關城北，滏水自磁州城南，皆東北來會之。又東北會於滹沱。

滹沱，源出山西繁峙。踰山而東，出靈壽境。又東過正定府城南。又東會於泊水。又東北爲子牙河。又東北會於淀。

西淀，在保定府東境。西南受唐沙（在新樂，定州境），曹毛一畝依城（俱在保定府境）諸水。易水自雄縣城南，東南來會之；至順天府南境，入於東淀。子牙河自南來會之；東北會於永定。

永定河，即蘆溝河，古桑乾水，一名渾河，源出山西馬邑。踰山而東，出京城西南拱極城下（即蘆溝橋）。又東南會於淀水。又東會於白。

白河，即北運河，一名潞河，源出宣化府獨石口。踰山而南，出密雲縣境。又南會於潮。又南至通州，會於玉泉河。又東南會於永定。又東南至天津府城北三岔口，會於御。東入於海河。

海河，在天津府城東；上承御白二河。東至大沽口，入於海。海潮逆上，故名。

右川澤十：御最南，白最北，滹與滹沱永定分流其中，而淀與泊又界居三水間。故凡滹沱以南之水皆入泊；以北皆入淀。自泊而滹沱，而淀，而永定，皆以次北入於白；惟滹南入於御，然後與白會於海河而入於海。此直隸水道之大略也。

雞腿蘑菇蕈記

蘑菇蕈，魏之土產也。其莖長大肥澤而冠小者尤良，名曰雞腿蘑菇；烹以爲羹，鮮美異常品。惟滹之兩岸有之。他縣縉紳之士耳其名，常苦不能得；偶有得之者，如獲拱璧。每歲春秋時，有遠方賈人來就市之：摘其冠而食之；獨取其莖，載之以如江南。人爭貿之，獲利常數倍。雖宣化所產號爲口蘑者名最噪，猶莫能比焉。然是物在魏人殊不貴重。余幼時，見城中人尙有食之者；縣既廢，舊族皆零落，遂不復知此味，視之與藜藿等。或鬻之於市，竟日不售。爾後遂無鬻者。賈人之市之也，先以錢假負販者，貨紙綫，針，煙草，擔荷之入村墟；中有婦人童子於田間拾得雞腿蘑菇者，則與之交易所有：小者僅易紙一葉或綫一二縷，乃不值一錢。

嗚乎！物之美能見貴重於數百千里之外，而居其鄉乃無售者，即售或不值一錢，何哉？

今以他縣之貴且重語於魏之人，魏之人必不信；即以魏之輕且賤語於他縣之士大夫，他縣之士大夫亦必不信也，彼安知己之所謂珍奇有如是之見輕賤於人者哉；必以為過言焉已耳。設使他縣之士久居於魏之村市間，親見其輕且賤，其惋惜而不平，咨嗟而太息，扶持保護而力爭之，必也。然世之人徇耳者多，信心者少。今魏俗既輕且賤之矣，吾烏知他縣之士至此不始而貴重之，久而飫聞魏人之言亦從而疑之乎？魏人有遊江南者，歸謂余曰，『雞腿蘑菇渡江而後味美。』此無他，彼見江南之貴之也，故從而為之辭。然則易地以觀亦如是而已矣！吾又烏知江南之人至此見魏之賤之也之不亦從而爲之辭，謂是物之在其鄉本亦有不美者乎？ 諺曰，『人離鄉賤；物離鄉貴。』 余之意獨謂不然。 魏之粉皮鬻於外縣而價反廉，外縣之至魏者亦然，是何故哉？ 蓋凡物之不足珍者，其鄉人阿而好之；非其鄉人必不阿而好之也：夫是故離鄉而遂賤。 物之異常品者，流俗之人不能識也，而又以習見之故輕之，以其不適於己而訾之；即有一二知好之者，而不能勝夫輕之訾之者之衆：夫是故離鄉而後貴。 故曰，『無恩無怨，公論乃見。』 雖人亦若是而已矣！ 夫人豈與物有殊理也哉！

冉氏烹狗記

縣人冉氏有狗而猛，遇行人輒搏噬之；往往爲所傷。 傷，則主人躬詣謝罪，出財救療之。 如是者數矣。 冉氏以是頗患苦狗；然以其猛也，未忍殺，姑置之。 劉位東謂余曰，『余嘗夜歸，去家門里許，羣狗狺狺吠，冉氏狗亦迎而吠焉。 余以柳枝横掃之，羣狗皆遠立，獨冉氏狗覺前欲相搏；幾傷者數矣。余且鬬且行，過冉氏門而東，且數十武，狗乃止。當是時身憊甚，幸狗漸遠，憩道傍良久始去；狗猶望而吠也。既歸，念此良狗也，藉令有仇盜夜往刼之，狗拒門而噬，雖數人能入咫尺地哉！聞冉氏頗患苦此狗，且若遇之於市，必囑之使勿殺此狗；累千金不可得也。

『居數日，冉氏之鄰至。問其狗，曰「烹之矣！」驚而詰其故，曰，「日者冉氏有盜，主人覺之，呼二子起操械共逐之；盜驚而遁。主人疑狗之不吠也，呼之不應，徧索之無有也。將寢，聞臥床下若有微息者，燭之，則狗也，卷屈蹲伏，不敢少轉側，垂頭閉目，若惟恐人之聞其聲息者。主人曰，『嘻，吾向之隱忍而不之殺者爲其有倉卒一旦之用也，惡知其搏行人則勇而見盜則怯乎哉！』以是，故遂烹之也。」』

嗟乎，天下之勇於搏人而怯於見賊者，豈獨此狗也哉！今夫市井無賴之徒，平居使氣，暴横閭里間，或竄名縣胥，或寄身營卒，侮文弱，陵良懦，行於市，人皆遙避之；怒則呼其羣，持械圜斫之，一方莫敢誰何，若壯士然。一旦有小刼盜，使之持兵仗入府廨防守，不下百數十人，忽厩馬夜驚，以爲賊至，手顫顫，拔刀不能出鞘；幸而出，猶震震相擊有聲；發火器，再四皆不然；聞將出戍地，去賊尚數百里，距家僅一二舍，輒號泣別父母妻子，恐不復相見：其震懼如此，故曰『勇於私鬭而怯於公戰』。又奚獨怪於狗而烹之？噫，過矣！

雖然，畜貓者欲其捕鼠也，畜狗者欲其防盜也，苟其職之不舉，斯固無所用矣；況益之以噬人，庸可留乎！石勒欲殺石虎，其母曰『快牛爲犢，多能破車，汝小忍之！』其後石氏之宗卒滅於虎。貪牛之快而不顧車之破，尚不可，況徒破車而牛實不快乎！然而婦人之仁，今古同然。由是言之，冉氏之智過人遠矣。

人之材，有所長則必有所短；惟君子則不然。鍾毓與參佐射，魏舒常爲畫籌；後遇朋人不足，以舒滿數，發無不中，舉坐愕然。俞大猷與人言，恂恂若儒生；及提桴鼓立軍門，勇氣百倍，戰無不克者。若此者固不可多得也。其次，醇謹而不足有爲者。其次，跅弛而可以集事者。若但能害人而不足濟事，則狗而已矣！

雖然，吾又嘗聞某氏有狗竟夜不吠，吠則主人知有盜至：是狗亦有過人者。然則搏噬行人而不禦賊，雖在狗亦下焉者矣！

楊村捕盜記

內黃故多盜。盜皆以吏胥爲窟宅，煬於官彈壓於鄉里，然後得橫行無所忌。有刑房吏陳某者，居楊村，以賣棉花爲名窩羣盜。乾隆乙酉，盜五人將刼於御河之陽，過楚王鎭，食於縣隸司聲家，聲送之渡水。入大名境陳生家，殺生，卷衣出。復至聲家，至亭午然後去。

陳生子術雷以狀白縣；縣出批嚴緝。術復廣求所識訪之，十餘月而賊不得；陳生故所善劉五者，居近於楊村，偵知內有刑房吏之族陳二今在楊村花房，密以告術。時縣中捕役四人在術家，術遂約與同往掩捕之。役欲入城白官，專批往索賊；術不可，曰，『今出伊不意，庶賊可得；若待白官始往，賊聞風竄矣，烏能得！』役不得已，從之。

術雷復邀其族人陳生霆及賣藥人四郎同往；使劉五爲導，推車載錢，僞爲販棉花者，憩車楊村外。霆雖文諸生，然素嫻武技。乃使霆與五先入，以視棉花爲名，默識二狀貌。霆議價定，請出召商侶共視之。既出，五以二衣冠狀告霆，卽徑去。時日已將暮，霆乃與其衆推車至門，留一役守之，而已先，三役隨其後。未畢入，而二已覺，奔而出。縣役與二摩肩行，不識二，行且過，霆惶遽恐失賊，自後大呼追之。時術與二順逆奔，方交臂，聞呼，卽以手抱持二。二出刀格之，疾躍出門。而四郎適手藥劉，奔入，二躍急，不及避，着於額而仆。方轉側欲起，雷連斫其項；術亦出，又連斫之，始伏不動。

初，霆之呼而追也，刑房吏已鳴銃聚村人，至是，械而集者且百。役向衆自白：「我大名縣役，奉官命捕賊，非私鬥。」衆不聽，斫擊如雨。霆等且鬥且逃，夜暗迷罔不辨徑，衆遂擒二役，奚內黃，誣爲刦棉花賊。役以捕賊故自申理。縣官索其批，顧四役共一批，批已爲逃者持去；官遂不聽役言，搒掠之。役備受梏械，卒不承。逃役既歸，以實稟於大名縣，大名遂行關索陳二。刑房吏爲之營救至四五，不發。然二亦以傷重故不能逃。時知大名縣事者爲秦公學溥，素有風厲名，乃札內黃縣，具言其詳，且云『若必不肯發，將申於直隸制憲事且大，勿悔也！』內黃不得已使二往。霆雷慮賊黨羽多，於路復篡去，乃衞之行，因以刀脅之。二具吐實，供同盜人姓名及典衣處。雷卽馳赴典所，脫所著衣爲質，請其衣持至縣。由是二不刑而服，而二役亦得釋。

大名既得二招，卽更關四盜及刑房吏。四盜皆陸續就獲。惟刑房吏素爲縣官所信愛，事發，以重賂啗縣僕，卒不至。

嗚呼，兄弟同心報讎殺賊，此可以風世之親所疎而疎所親者矣！獨是盜賊橫行，鄉里屏息，其故皆由於吏胥而爲州縣者尙曲庇之，何也？聞刑房吏既擒二役時，將沈之水，其黨以餘人未獲難之，乃送之官；又切齒劉五，且盡殺其家。五乘夜挈妻子遁去，數年不敢歸。吏之橫一至於此！然則百姓含冤無所告訴者不可勝言矣！彼吏胥盜賊同類相庇，固無足怪，吾獨不知爲民上者何以恬然聽其所爲而不之問乎？余故備記其事以爲世鑑焉。

內黃之盜，自余十餘歲即有之；至陳生被劫而猖獗益甚。　大名屢關內黃索賊而內黃不發，秦公亦嘗向余言之，然尙未悉其詳。　乾隆癸巳，余館於胡村店，主人趙生向余言其首尾甚悉；余因筆而記之。　趙生所言被劫，捕賊，及劉五事尤詳；以無關於大要，故從簡也。　秦公辦此案後，復辦來二一案，自是盜風戢者十有餘年。　其後爲縣者多不事事，或規避處分，抑强爲竊，由是盜復大熾，環內黃數百里間橫行無所顧忌。　至六十年，魏城四面每夜火光燭天，居民夜不敢寐。　自是盜日益盛。　不數年，劫至近京之長新店，至廑聖慮，然後方面大員始行捕盜。　內黃縣官與其門丁度事不可中止，乃勸盜首張標自裁以滅口，而獻其屍；大名彰德之民始得安枕而臥。向使爲縣官者皆如秦公，人豈復敢爲盜！　故凡治盜者，貴弭其源而不在遏其流。苟非有護盜而分其利者，盜何由熾！　惜乎賢令長之不可多得也！　此篇於訂集時已删去，今二十餘年矣，偶一閱之，以其有關於地方利弊也，因復存之，幷誌其始末如右。

嘉慶壬申，崔述自記。

無聞集卷之三終

無聞集卷之四

上本縣先布政公行狀

先布政公諱維雅，字大醇，號默齋，先高祖之同產兄也。本保定府新安縣人。順治丙戌舉於順天，爲濬縣儒學教諭，因家於魏。秩滿，授河南儀封知縣。

儀封濱河，歲苦河決，公躬親畚插，不避勞暑。北岸三家莊爲從來要害地：十四年，水勢北注，岸崩五里有餘。公於上游十里故河流處疏使東行，北岸遂安。復與塞封邱大王廟決口。督撫連疏薦之，擢江南淮安府同知；旋改開封府南河同知。十七年，河決祥符之槐疙疸，露宿河上三月，卒塞之。明年，復疏三家莊新河，截舊河，築壩全河盡東，自是三家莊永無患。

康熙元年五月，河決山東曹縣石香爐村，總督河道朱公之錫檄公往視。曹人皆欲速塞之以救禾，公持不可。工將成，壩果復決，至冬乃塞，悉如公言。遷浙江寧波府知府。會東南用兵，王師雲集城外，公調劑得宜，民以不擾。是時王公光裕奉命安輯浙海，心識公才。未幾，王公以副都御史總督河道，遂荐公可用，擢河南通省管河道按察司副使。沿河千有餘里，夾河兩岸險工以數十計。公於冬春先事防之，及伏秋水汛，奔馳風雨，相度修築，皆獲無事。陽武潭口寺隄直河衝，水勢迅急，下埽輒蟄。公預於上游疏引河以待之，是夏埽果不蟄，北隄遂固。虞城縣治距河隄僅數里，隄已盡沒於河；北岸雖有引河而衝刷不利。公預迎河溜挑之，至秋，水盡歸於新河，舊河遂爲平陸。

江南桃源縣七里溝河決，屢塞屢潰，漕運爲梗。十一年夏，王公檄公往視之。公言『河頭深入囊橐中，勢不可回。盛夏水漲，人力難爭。請俟冬月，棄舊壩基，自外迎築，以避其險。』而糧艘鱗集，事難中止；後果無功。十二月，王公復檄公往勘。公議以『引河淺狹，故流緩沙停而決口仍衝。河身平衍，故激蕩無力而新河不刷。河頭不倍加寬闊，則不足以引納全河。開放非乘河水突漲之時，則不得建瓴直下之勢。儲料不廣，用柳束不分緩急，則至合尖之際，必致停工待料，缺柳誤工。且埽外止邊埽一層，埽南有舊溝一道，龍門將合，崩潰可虞。此皆事之當預籌者。』乃條列八事以獻。其後十日，道中復陳事宜，言『下流數十里已成平陸，而引河僅百丈，節短勢蹙，恐不能刷，當接挑二百丈，闊損其十之八而深半之。河將開時，必於河頭南岸下埽截河以束水勢，然後衝刷有力。』明年正月，又言『開放機宜當在河頭西北，而留近埽之五丈勿開，則河流入口有倒瀉之勢，其埽亦向西北迎溜下之。此機不可以毫釐悞。』王公悉用其言。二月，決口果塞，新河果成，漕舟通行無滯。公復陳善後之策，言『桃源之河屢塞屢決，皆由河勢北徙，去隄逼近。當於上游龍窩疏之，導河南行，則北岸永無事。』

王公上其績於朝，累遷江蘇按察使，湖南布政使，補廣西布政使。入爲大理寺卿，候補通政使；卒。著有河防芻議，明刑輯要等書，藏於家。

公有經濟才，所至皆有政績；三任河官，於治水功尤著。其按察江南也，□□楊大鶴方以訟事在江寧，以案未結，不得與鄉試，入闈之日乞於公。公爲之言於總督，不許。公遽提案中人於貢院前訊之，食頃而結，總督無以難。大鶴遂於是科中式，至大官。公子徵麟，舉人，以文學名於時，

上本縣先曾祖段垣公行狀（此篇已載考信附錄卷一家學淵源中，故今省之。）

先府君行述

先府君既捐館之期月，不孝孤子述將營窀穸之事，乃和淚濡筆述先君之行以告於當世之大人先生曰嗚呼痛哉！先君平生無所好，聲色服玩未嘗一寓目，亦未嘗與人齒；獨好讀書。自不孝述解語後，即敎之讀書識字；暇則口詔以日數，官名，典制，地理

之屬，未嘗令與羣兒戲；蒲博管絃，門鶉獵犬之事未嘗令一涉於耳目也。猶憶十餘歲時，檢架上吏治書請於先君，先君曰：『吾少有志於世務，故好覽此。五試於鄉而不中，吾知已矣。故命爾名爲述，欲爾之成我志爾。獨不見夫崇聖祠諸先儒從祀者耶！是皆以其子故。爾若能然，則吾子也！』而吾母李孺人亦數語之曰：『爾生未踰月，爾父即日抱爾懷中而指謂余曰，「願兒他日爲理學。」』嗚呼，先君之所以望不孝者重且切如是，而不孝碌碌無以異人，非止不能顯其親，揚其名，並不能奉甘旨承朝夕歡，以至於大故，長爲宇宙罪人矣！苦塊之中，每一念及，輒悲號欲絕。顧事已無可如何，計惟有條記素行以待賢人之採擇，庶幾萬一不泯。而近世以來，人子自爲行述已成故事，凡在人情莫不歸美；縱所言無一不實，豈能動人觀聽：是以垂涕陳辭，旋復中止。如是者屢矣，然終不能自已。蓋竊以爲人之遭時居位，有史官述之，可以無述也；居通邑大都，多交遊有文學之士述之，亦可以無述也；不然，雖篤行如董召南，才識如蘇雲卿，不託之簡策，更數百年誰復有知其名氏者！且即有賢士大夫思發潛德光，於何取焉！用是不敢自匿，據所見聞，摘梗概而書之。

先君諱元森，字燦若，崔者氏闇齋者號也。先君以名字皆取顯暴義，惡其文之著，故以闇名其齋。先世本大寧小興州人；當明之初，以軍功起家，世襲指揮使，奉詔徙保定之新安。至諱向化，入國朝，以子貴，誥贈通議大夫，江蘇按察使。於順治中始遷於大名之魏縣，先高祖諱維彥——通議公之季子也，——高祖母孫，皆早卒。先曾祖諱緝麟，字振侯，康熙戊午副榜，庚午舉人，順天府大城縣學敎諭，有集十餘卷。所居宅世傳爲段干木踰垣之所，因自號段垣云。曾祖母趙生子三人：長諱瀚，字春海；仲諱源，字周溪；季諱沂，字魯南。周溪公前配尙無子；繼配徐，生二子，先君其長也。

先君幼侍段垣公讀書，明於儒釋之分。年十七，受作文法於分巡副使泰安趙相國國麟。其冬，補縣學生；益自奮勵，自理學及經世致用書，靡不究覽。每夜閉門後，必移燈榻側，擁衣坐被中看書，至倦極乃眠，以爲常。值家貧無燈，則讀書月下，或焚殘香，逐字映而讀之。遇佳書，卽無錢，必典衣以買。人見其書非世所恆習而不切於用也，皆笑之；亦不顧。雍正丙午，試於順天，報罷。己酉，壬子，乙卯三試，皆報罷。乾隆丙辰又試，仍報罷。自是遂絕意仕進，閉門教授，終不復出應鄉試矣。

甲子，春海公捐館；其明年，奉周溪公命，出後春海公。戊辰，周溪公捐館。初，魯南公無子，以嫌故，不悅兄子而頗厚族人子；及年高，愈諱立後事，人莫敢言，獨先君數從容言之，怒不聽。庚午五月，疾革，乃屬先君立從弟子秉純爲後。而事有不可爲者，族人賢者皆引嫌退避，莫敢絲毫與先君勢孤甚。有受魯南公恩最深者，意必助己，邀之同治喪；亦不至。姻里皆危之，或姍笑以爲愚。而先君益慷慨不顧身，固爭之，事竟得直。於是乃牽秉純以祭魯南公之柩，爲文以告成事；退，悉覈諸田宅契券，鐍付之，絲粒無私者。

是後，不孝等日益長，門人亦日益進，先君雖授以舉業，必爲辨別人品之高下，學術之邪正，儒禪朱陸之所以異，尤闢陽明所論良知之失，謂爲學必由致知力行，博文約禮而入，薛胡王陳必不可以竝稱。於經，則搆自明以來諸家詮解盈架上，毫釐之疑必爲諸生參考詳辨之務，求聖人之意，不拘守時俗所訓釋。於制義，則以化治正嘉爲宗，而間雜以天崇，發越其才思，不令趨風氣，走捷徑。讀書之暇，則取諸儒道書爲門人及不孝等解說，神異巫覡不經之事，必爲指析其謬；而陸清獻公三魚堂文集尤愛玩不忍去手。其他嘲風弄月之章，高唐洛神之詠，古今所傳，家絃而戶誦者，悉屏絕不令子弟讀。每夜，不孝等侍寢，必命背誦舊所讀書，至睡熟乃止。從行道中亦如之。或自戚友家歸，必問所見何人，語何事；有不正，必訓飭之。家不畜鳥雀，無絲竹之器，而鬬牌擲色事尤所不喜，後輩耽之者咸相戒不敢令先君知。每正月之初，比戶皆競賭，小兒尤甚，聲常徹庭中，獨先君之庭寂如也。

丁丑五月，城沒於潦，屋盡頹，資用悉沈於水。先君徙家城外，數月未有寧居，日惟以屑豆充饑，霜降後猶單衣，冬不能具爐火。明年春，水退；二月，復移入城，稍稍葺茅屋以庇風雨。三月，知縣事王公沛生延入書院訓士，饘粥始給。十月，縣廢，併入大名。又三年四月，徐太孺人捐館。其年七月，水復沒城，居村中月餘；復入時，水尚深數尺，出入皆自操舟。十一月，蹙凌水復至，復居村中；俟水盡退然後入，時壬午秋七月也。先君旣屢被水患，數遷徙，家益落，至無隔宿糧。而不孝述方以文受知於知大名縣事秦公學溥，破格優待之。是秋，不孝述、不孝邁復同舉於鄉。然人間以訟事浼先君居間，許以金，必正色斥之。人見先君厄而介如故，後遂無復言者。秦公以是尤重先君，數恤其急。而乙酉丙戌間水三入城，卒徙於禮賢臺之上者，亦秦公力也。

是時以食廩歲滿貢入太學，而先君絕意仕進已久，遂不赴。惟蒔花種樹以自娛，庭中幾無隙地。日登荒臺絕頂，眺寒城秋水，鋤野蔬，捫殘碣，慨然有興廢之感。久之，家益貧，饔飧幾不能贍。先君亦日病，謝人事。室廬隘，寒暑無所辟。戚友皆辟水遠徙，相過從者絕少。居恆悒悒，無一足當意。獨聞講誦聲則喜見顏色。不孝等問學爲古文辭以進，則歡愉失所苦者竟日。蓋先君生平之所篤好，歷數十年之久，涉患難憂虞，至貧且病，而未之有改也。

不孝等旣才拙，竭筋力不能菽水，惟日夜引領以望祿養。而先君亦冀不孝等有尺寸進，得少紓其志。然竟不能一得當於禮部，而先君棄不孝等矣！嗚呼，痛哉！以先君之志與學，詎當不遇於世，即通塞有命而優遊於田園硯席之間亦不爲過優乃少嬰憂患茹苦含辛者二三十年，中歲苦家貧奔走流離以長養其二子，晚多疾病，起居不適，歷溯生平，未嘗有一日之逸豫，筋力疲於養子，心血盡於敎子，而竟不獲其子一日之養也！天乎，天乎，豈不悲哉！豈不恨哉！

先君平居含忍退讓，人數負先君，或侵取田宅，皆不與較，鄉人以盛德目之。然臨大事必力爭是非，未嘗少退縮徇人意，屢以此致危困，終不爲少改。自奉甚儉，雖疏糲無不飽力，即有餘褻衣未嘗用帛。平生不食烟，不佩荷包囊帨，止用布素。子婦有獻，少逾常式，即不免譴責。然義所當費，雖貧未嘗吝，遇人有急，輒傾囊助之。少年時，嘗謀刻段垣公遺集，節衣食買梨板數百方，未果刻而沒於水，每以此爲惜云。

捐館之前一年，預知將終，命家人治後事。未幾，果病。病中聞異香滿室者三，遂不粒食十餘日而終。

先君生於康熙四十八年五月初八日，卒於乾隆三十六年二月十五日，壽六十有三歲。配李孺人，同縣李公九經女。初生子焺庭，年十一而殤。未殤時已能服童僕勞以事先君。先君哀之甚，每祭必祔食焉。焺庭既殤，復生子二：長即不孝述，中式乾隆庚辰副榜，壬午舉人，吏部揀選知縣，娶成氏；次不孝邁，與不孝述同榜舉人，揀選知縣，娶劉氏。徐太孺人之捐館也，先君許以不孝邁爲弟元鼎後，而未過房。女四：長適成安陳郾，後先君百十二日而卒；次適磁州張珖；次適成安逯綖；次適同縣劉觀成。孫一，龍官，孫女一，並幼。

嗚呼，先君年三十二而生不孝，自是以前既未覯逢，幼歲愚蒙復鮮省憶，長數客遊外縣，綜計所知不踰十一；加以骨肉多難言之隱，族戚有毀譽之嫌，損之又損，微而愈微，僅能粗具始終，而昏迷顚倒，無復倫理。惟望四方大人先生操人倫鑒，負文章名者，哀此愚誠，俯垂覽察。如未信心，不妨訪之鄉論。儻果不謬，即乞採擇一二，登諸汗簡，俾異日不至泯沒無傳，而不孝等得少贖其罪惡之萬一。或遂錫之銘詞以光泉壤，豈惟徽顯闡幽，不孝述一人之私感，而表隱德以勵清風，未始非仁人君子之用心云爾！

不孝孤子崔述泣血稽顙謹述。

先孺人行述（弟邁附載）

乾隆四十五年十月初九日，吾母李孺人棄不孝等。其明年六月二十八日，弟邁病沒。又明年二月，不孝述將葬母及弟，乃和淚濡筆述先孺人之行曰，嗚呼，痛哉！吾母之逝也！母生於詩禮之家，嬪於衣冠之族，事父母舅姑以終天年，與吾父偕老，教兩子皆成立，享年七十有五，所得於天者不可謂不厚。而不孝述所最痛傷心者，吾母當中年時遭家多難，憂虞悲憤有人所不知者，既而屢被水患，艱難況瘁，寢食出入於洪波駭浪荆榛泥淖之中，晚歲少寧，而吾父旋棄世，復值家貧歲歉，不孝述數客居於外，而弟邁多病，非但不能顯親揚名，先意承志，卽所謂侍起居養口體者亦茫然不可問，而吾母已棄不孝述去矣！嗚呼，痛哉！

母之先世，自山西襄垣來遷於魏，世有隱德，爲鄉人所重。外祖，國學生，諱九經，外祖母徐氏，生三女，先孺人其季也。

年十九，歸於我父歲貢生闇齋府君。是時先曾祖段垣公年已高，家無他妯娌，甘旨之需，賓客之供，孺人以一身獨肩之，攜子女累累，左啼右牽，衣事不廢，而悉稱堂上意。先府君少多疾，孺人侍湯藥按摩，常竟夜不寐；逮中年始健；逾六十歲復病，孺人年亦六十矣，猶侍疾不少怠。家常苦貧，先君以授館爲生，子女漸成行，所入不能敷，而孺人支持計算於米鹽瑣碎間，得以不凍餒。

方不孝述之幼也，孺人常於黃昏時口授以大學中庸，由是成誦。及少長，與弟邁同筆硯，先君每出，必召使讀書於內室而自課之，不使與館中諸童狎。姻族兄弟有戲弄鬬訾者，必嚴禁不孝述不使與之接；雖至，必疏遠之。以故不孝等不在父側則在母側，市井童稚鄙倍之言不接於耳，陋劣之行不涉於目。至二十以後，出與人交，或戲訾之，亦不知其爲訾也。

丁丑之夏，城沒於漳，孺人從先君六七遷，備涉艱苦，常食扁豆，衣單襦。冬寒甚，藏磚灶中，夜取之以煖被。其明年，復入城佐先君經營，闢草萊，成室家。凡四年而水再至，復徙於外。自後水落則入，水漲則出者五六載，流離播遷，至無隔宿糧。不孝述每憶之，亦不知吾母之何以具饔飧而不匱也。

母性勤愼，好整潔，作苦常無暇時。雖高年有子婦服勞，猶躬理家務，拄杖行視，日十餘次，恐他人不如己之盡心也。飲食務儉約，常有旨蓄以豫不虞；客至則竭力營辦無所惜。人訝其備，不敢謂其貧也。

不孝等舉於鄉，親族多期其仕者。母獨不願，曰：『官不易爲，吾望汝等讀書作正人而勤儉以治生，不望汝等以祿養也。』

初，不孝述久未舉子，母甚憂之。三十八生一子，母名之曰天祐。四歲而殤，四十五年之六月也。母哀憐不自勝，凡四閱月而卒。又八閱月而弟邁殂。期年之間，血屬凋殘，驚心駭目。室猶是室也，戶猶是戶也，几席猶是几席也，庭除猶是庭除也。一花一樹，非吾母之所眷戀，則吾弟之所澆培者也。一杯一箸，非吾母之所服用，則吾弟之所摩挲者也。母何在乎？弟何在乎？子然一身，慘慘淒淒。唯弟遺孤三四日在側，幼者猶啼索果餌。秋夜悲風，春宵明月，身非木石，何以爲情？悠悠蒼天，痛何有極！

孺人生於康熙四十五年二月初九日。生子女凡九，至成人者男二女四。男長卽不孝述，次邁。述以庚辰副榜，壬午與邁同榜中式順天舉人，吏部揀選知縣。女長適成安廩膳生陳郿，先孺人九年而卒；次適磁州張珖；次適成安國學生逯絙；次適同縣庠生劉觀成，後改名文樸。不孝述取陝西邠州直隸州州判大名拔貢成公懷祖女，生子女各一，皆殤。弟邁娶同縣庠生劉公蘭生女，生三男：長應龍，初名龍官，今始十三歲；次夢熊，次躍鯨，皆幼；一女，未字。

邁幼而穎慧，十歲能文。年十二，與述同補諸生，名噪一郡中。性喜博覽，一書未見，如負芒刺於背。聞有異書，必求之，常歷十餘人轉相囑托，得觀之然後已。讀書日力甚捷，頃刻數葉，過日覽十餘册以爲常。嘗與述同讀海賦，述成誦未及半，弟已熟之矣。

少年頗好詞賦，擬上林七發等體，繽紛陸離，讀者幾不能句。尤愛爲小詞，倣宋柳耆卿，名其稿曰步柳集。三十以後，文格漸老，多直抒所見，潮湧瀾翻，浩浩汩汩，不自知其所終極。常好究考名人事蹟，次其終始，辨其同異。暇則玩弄書翰，流連花樹以自娛樂；庭中種花無隙地，不復容步武。素耽山水，常以不得遠遊爲恨。

初，弟少負才名，二十舉於鄉，士大夫往往倒屣迎延入爲上賓；里巷人亦多傾慕之者。既而久不第，家益貧，性疏懶，不能暱權要及豪民富賈以自潤，裘馬不具，人漸輕視之，常落拓不得意。而魏自經水後，舊族多遷去，屠沽倡隸雜處里閭間，咸『夜郎自大』，陵轢方正士。弟素自矜貴，驟爲此輩所挫折，不能堪，常旬月足不出庭戶；不得已一出，歸卽悵悒累日。貧不能他徙，竟鬱鬱而卒。以弟之才，不惟不能仕，乃并不能一揚眉吐氣於里閈間以死，嗚呼，其可痛也已！其可痛也已！

弟字德阜，自號薜巖，以乾隆八年八月初九日生，卒時三十有九。

嗚呼，不孝述上不能善事吾母以養遐齡，中不能體吾母之心以撫吾弟而使之勿天，下不能育吾子以無傷吾母之意，孝友慈三者無一能焉，靦然視息，不欲生者久矣！而又兩柩方營葬諸孤無所托生既無心死又不可而今而後述眞不知其所爲矣！倘有喻海文人如椽史筆采摭遺事登之簡編使長逝者有所伸，則偷生者猶可活。用敢忍泣陳詞，誌其大略。而痛深創鉅不復成文。惟望仁人君子之曲諒其心而已！

不孝男崔述泣血稽顙謹述。

永州府知府石屏朱公墓誌銘

乾隆二十七年七月，大名府知府石屏朱公移湖南之永州。將行，郡之士民供張祖道，自郡治達舟次几筵相屬如市廛者十有餘里。其後十有三年，公卒於家。述在京師，緘文於滇以祭公道公之所以待述與述之所以哀公者。又三年，得公子士琬手書於京師以公墓誌屬述。嗚呼，公之門生故吏膺顯秩者不少，述一布衣，何足以爲公重！然不敢辭者，自以應童子試時卽受公國士知，既而請業於署八載，公之行事蓋嘗親見而熟聞之，則銘公之德以托之金石，固述之責而不可辭也！

公諱㥛，字臨川，號龍坡。先世於明初遷石屏。祖諱孔陽，父諱宏裕，俱以公貴贈中憲大夫。祖母王氏，母許氏，俱贈恭人。

公年二十六，舉雍正甲辰進士。丁內艱；服闋，授宣化府赤城縣知縣。會大軍西征，上官之檄旁午於道，公應變有法，事集而民不知。總督李公衛奇其才，委攝宣化府事，將不次薦用之。會丁外艱，總督欲留公，公不可，乃奏給十月假歸葬。公葬畢，仍不出。

及服闋，始補宣化之懷安，調河間之任邱，擢趙州直隸州知州，所至皆有惠政。既去，民立碑驛道側以誌不忘。公自請改開曹，遂改廣平府同知。復擢大名府知府。大名故患漳水，往往至城下。公塞麗家莊口，而鑿渠於下流以待漫溢者，築壘道四十里，達於魏，以通往來，遏水勢，患以稍息。初公在赤城，以才能顯，上官倚重之。及爲大名，風氣稍變，院司悉更易，而公故廉直，不能隨時俯仰。保定知府嘗謂公曰，『漳河水一滴不見遺耶?』以故久不遷，公亦不樂與後進爭雌雄。

會移永州，公捧檄喜曰，『是距滇近，可爲歸計也。』將行，屬吏有請爲公立遺愛碑者，公怒之曰，『古之良二千石，吏畏民懷。今吏實懷予，是徵予之不德也，碑何爲焉！』至永歲餘，卒以與巡撫議事不合，以原官罷歸。

公兄煒，雍正甲辰舉人，性嚴厲，公事之如父。公爲縣時，兄常在署，嘗怒欲撻公，公繞床哀之；門內事悉以稟焉。兄治家儉，自恭人不得衣帛，曰，『吾家貧而弟性廉直，官不可常恃，脫歸田，能無憂凍餒乎！非儉，無以佐吾弟廉也！』公所置田屋皆與兄共之。公恐身後諸子有異議者，欲及己在析之。會兄選爲新野知縣，公念兄弟皆爲吏，貧富均，遂議析產。未及析而兄卒，遂止。及公歸，乃與兄子均分之；復別以田與兄長子使奉祖祀，滇俗所謂『長孫租』者也，獨公不以與己長子而與兄子，爲異人耳。

公所至以成就人材爲己任：才俊者招之入署自敎之，貧者恤其家使不至徙業。在任邱時得人爲最多：前提督山東學政侍講學士李公中簡，今兩淮鹽運使邊公廷掄皆公門下士也。任邱故多士，自是科第遂甲畿南。公試童子悉有常法，貧者得預爲計，覆試者不過數十人，人咸便之。獨愼於衡文，務拔殊尤材。繼公者好以己意立法，朝夕更改，覆試煩數，人咸苦之，而所取反多庸陋士。公之在任邱也，有富子行千金求榜首。公曰：『吾書生起家縣令，可爲是耶！』富子怒，入京師，援例輸金爲知州，曰：『吾以壓朱某也！』

公以乾隆三十九年二月十四日卒，享年七十有六。配呂恭人。子，士卿，國學生，先公卒於京師；士琪，乾隆庚寅舉人，揀選知縣；士琬，國學生。女二，長適楊羲欽，次適董思義，皆諸生。孫男四人；孫女八人。

銘曰，滇池之南，龍湖之滸，四山環焉，中爲平土。穿土得石，厥厚數尺，環十餘里，而平如席。山川靈奇，篤生我師，涉目能誦，操翰爲詞。匪才斯難，唯行斯勵；凡今之人，莫如公弟。維孝與友，施于有政；惠而民懷，敎而士競。不陵不援，難進易退，名臣大節，公可無愧！嗇公以位，豐公以年，丹顏白髮，杖履林泉。存順沒寧，卜吉永久，銘此數言，以垂不朽。

祭石屏朱公文（此篇已附載考信附錄卷一少年遇合記略中，故今省之。）

漳南俠士傳

漳之南，有村曰紫莊，莊有俠士曰李越尋，少讀書，爲魏諸生；及壯，苦家貧，棄舉子業，以俠聞州里間。常著短衣，僅及髂，佩兩刀以遊，人莫敢忤。紫莊有寡婦，撫一子，不肯嫁。其叔利內黃人倓六金，鬻之。及與來逆，乃分潛居側古祠中，而己紿寡婦出。旣出，則數十人突從祠中起。寡婦驚，欲入門，已閉。祠中人遂前擒婦，納輿中。其子聞，奔救不及，度不可奈何，遂往至越尋所，跪且泣。越尋以婦已往，而六素有勇名，恐倉卒不可得婦，初難之。其子固不肯起，泣愈哀。越尋意不忍，因慨然曰：『是誠在我！當卽往！不得婦，吾不生還矣！』遂出召其徒曰：『吾素以俠聞村中；今人奪吾村婦而不能救，非俠也！嗚於官，皆豎子，知納賄耳，不足了人事！且事隔省，關移動累月，彼見逼急，且成婚矣，奚歸爲！不如生刦之，卽不可得婦，因縛六歸，終當全婦耳。』衆應曰『諾。』遂以二十七人往。

侯氏居甘固，去紫莊且二十里，比至，日已暮。越尋挾所佩刀，排闥直入堂上。時賀客且滿，酒數行，突見越尋佩刀入，皆大驚，欲共擊之，而方燕樂，出不意，腰下無寸刃。越尋張目叱之，皆退走，相踐踏，覓兵梃，倉卒不可得。越尋因疾入，趨新婦室。而六已潛匿婦草屋中，欲呼衆共迎拒越尋。未及發，越尋已至戶，遂以左手把其腕，而右手拔腰下佩刀刦之，厲聲叱曰，『爾不聞紫莊有李越尋耶！胡敢入吾村奪婦！今婦何在？』六曰，『已逸矣。』越尋怒，叱其徒縛六，反接之。

縛始定，而村中少年聞侯氏有暴客，爭持兵刃，前格越尋。越尋使二十七人圜立，各持械外向，而己居中，以所佩刀置六項上，大呼曰，『越尋此來，非欲生還者也！敢死者前！』因舉刀擬六。衆惴慄汗出，不敢近。

越尋復問六婦所在，六固不肯吐實。越尋怒，曳六出。未及門，聞婦哭聲；越尋呼衆索之，遂得婦草屋中。　於是越尋使二十七人前行衞婦歸，而己持刀驅六隨其後。莫敢追者。　至半道，乃縱六歸，謂之曰：『紫莊李越尋非畏死者也！　如能相報，詰朝當待汝！』　六唯唯不敢對。

夜將分，越尋始至紫莊，乃以婦畀其子，而散遣其徒歸。　而其叔先聞子往告越尋，度必禍己，遂潛遁不復歸。

崔述曰：吾往讀史至唐五代之際，見魏之士何其銳也！　自田氏據魏以來，牙兵五千人，世爲鄰鎮所憚。　及唐莊宗，卒用以滅梁，所謂『銀槍效節都』者也。　其後李嗣源入洛，郭威入汴，皆以魏兵。　三十年中，三立奇功。　蓋其土厚而曠，負大行，俯大河，其迅鷙勁悍天性然也。　今觀越尋之俠，豈異於古所云耶！　使制而用之，効節於邊陲，豈不足奮主威而寒賊膽！　惜乎生不遇網羅跅弛之人以至於窮而自屨也！　余惜其材而悲其無以自見於世，因爲之作傳云。

扶病贊（有序）

初，余館於北皐，爲先孺人作杖成，寄之家；而母已得佳杖，遂置之。　踰數月，余歸，忽病眩暈，遂取而杖之。　其冬，先孺人卒，勞且病，不能勝喪，而俗所謂禮杖者短弱不足以扶病，病甚則復用前杖。　明年，弟病篤，余爲治後事，且哭弟，余亦病旬月，復杖之。　又明年春，營葬，憊甚，又杖之、　是年六月，病瀉痢，愈而復病；既愈又病寒，幾死；幸而愈，尚不任行立；杖之凡三月。　凡家人不在側及深夜起臥所賴以不傾側者，惟杖。　杖之有功於余大矣哉！　雖夫婦之親未若杖之久，雖卑幼之扶持未若杖之穩而健也。　然余善怒，罪初不在杖，怒則擲之於地，不自覺；久之，頗自悔。　古者名杖曰『扶老』，因師其意，字之曰扶病。　病稍愈，爲作扶病贊。　其辭曰：——

北之白梃，南之狼筅，戈戟之長，刀劍之短，其狀百出，其類無算，咸殺人以媚人，但濟惡而戕善。　惟汝一族，與物殊性，不以助暴，而以扶病。　悲夫吾見世之君子，強則比之，弱則棄之，盛則與之，衰則侮之，是何汝之渾渾，獨反其道以自處？勞汝而汝不怨，譴汝而汝不怒，此固士君子之所難，而吾初不意其得之於汝！

侍妾麗娥傳

麗娥周氏，館陶南鄙人也。父業馬醫；後遷於朝城之扶翼集，買田數十畝，躬耕自給。娥年十六，値歲荒，父貧不能自存，將鬻娥以給食；或偕之至魏。余時他出，妻爲媒定之。余歸，遂納焉，時余年四十六矣。

初至，蠢蠢無知識，惟余妻言是聽。久之，遂識道理，嫺女工，解烹調；余因亦愛之。余善病，娥侍藥餌頗勤。余素有不寐之症，常中夜怔忡，身如焚；輒呼娥起，閒語良久，心漸安，遂復倦睡。娥見余睡，則默坐，假寐，或屛氣潛退，恐驚余之眠也。凡十餘年，皆如是。是以余雖病弱，終不至困劇，以有娥也。余妻待下寬而體恤周至，娥亦殊愛戀女君，不能頃刻離也。

余之赴任羅源，娥年二十七矣。余家素儉，雖爲吏，娥仍供炊爨，無異家居時，衣飾不求美，飲食取飽而已。以故余爲吏得以廉著，娥與有功焉。余爲吏，日勞於民事，匆匆無暇，日家政皆妻主之，庖湢瑣屑之務不復能兼顧，悉付之娥。娥辛勤給奉，頗能當余意，甚爲妻所倚任。在上杭時，余與妻皆年六十，娥計畫湯飯，務求精美，恐吾兩人之不甘食也。

初至余家時，家甚窘，或有所觸忤，致詬厲，無怨父母鬻己意。其父母後遷於歸德，不見十餘年，思之甚，每謂余曰，『女子在母家不可爲好，好則嫁後父母必思念之。不如頑惡者，父母喜其去，反不致傷其心也。』此言雖激，然其情亦可悲矣。一日，泣謂余曰，『妾祖母歿時，家苦貧，未得與祖合葬，妾父每以爲恨。得十餘金寄之，君之德也。』余憐而付之。

余在閩日，爲歸計，上官未之許；娥亦屢勸余解組。余計娥年少，歸家後築室買田，可以同安樂，孰意娥之竟死於閩也！娥素肥多痰，日不晚食，晚食則停胸中。余之解上杭任，由汀赴會城也，攜眷屬以行，道中屋宇釜甑少，飲食統造於外廚：廚人懶且鈍，必至夜分乃具食。娥自早餐後饑甚，及食，嘗過飽，遂患積滯。自過清流後，日有大風，天驟寒，傷於內，復感於外，遂病。憩將樂旅店，苦無良醫，病遂日劇。於九月十四日卒於將樂。於乎痛哉，豈非命也耶！卒後，余妻痛之甚，居平常忽忽不樂，而余亦如失左右手也。

崔述曰，余閱虞初新志，見其所載妾媵之傳多矣，然無甚過人者，不過技藝容顏之見長耳。夫婦人以德爲貴，女工次之：爲妾者能善承事君子女君而佐之理，斯爲賢耳，豈在他哉！吾娥朴質無他長，然余病體賴以保全，又能辛勤儉約以佐吾爲吏，亦有足多者。余嘗謂官之貪而惰也，非盡其人之過，亦其家人共成之：其家人相矜以奢縱，則不能不貪，其妻妾相與蠱惑以聲色淫樂，則不能不惰耳。余家素無玩好之具，自作吏以來，出入贏絀上下之費委之妻，余之飲食居處疾病之給侍委之娥，故能無內顧之憂而得專心以理民事。是以娥之死，余與妻皆痛惜之。余因爲之傳。不知觀者視吾娥與虞初所載諸人爲何如也?

江西贛縣知縣鯤池陳公墓碑

乾隆壬子，余在京師，偶遇滇南舉人陳子履和，索余所著書數種觀之，即請以師事余，余辭之不可，余深異之。夫世所尚者舉業耳，何以獨好古學，輒自降抑如是，殊不類今人所爲? 甲寅，復至京師，則履和已出都，見其父鯤池公，溫良誠篤，居然古之君子，然後知履和之得於庭訓者有素也。嘉慶初，余宦閩中，鯤池亦宦於西江，音問時相通也。余歸後數年，鯤池亦解官歸。甲戌三月，得履和書，則公已卒，以墓碑囑余爲之。

公諱萬里，字飛九，雲南臨安府石屏州人，鯤池其號也。曾祖諱薪樵，康熙丁卯舉人，鶴慶府學教授。祖諱蕃穰，臨安府學生，贈文林郎。父諱憉，乾隆甲子舉人，湖南臨湘縣知縣。母李，贈孺人。

公少而孝謹，自臨湘公卒後，家綦貧，以授書自給，日恆食粥，從不干與公事。鄉人或笑其謀生之拙，公處之恬如也。乾隆庚子，與子履和同舉於鄉。乙巳，母李太孺人卒。乙卯會試大挑一等，分發江西試用。嘉慶二年，補廣豐縣知縣。初到任時，義寧州寇作。公爲治寬和簡靜，而廉介不苟取，與士民若家人父子然。縣故有書院，久廢不理。公召諸生自教之，捐膏火以資之，由是文風丕變，舉於鄉者多。有徐君者，於辛未成進士，選入翰林，人以爲公功云。縣有巨盜數人，大爲民患，官莫能捕。公密訪其聚飲之夕，親率兵役往捕之，遂皆就擒。六年十一月，奉調采銅於雲南。十年二月，回任。是年冬，値大計，或傳上官欲舉公卓異，勸公入省，公不肯往，亦不果舉也。十二年，調繁贛縣，紳士皆爲詩文誌別，民送至江干者如堵牆焉。贛爲省南大道，差使旁午，迎送供備常無虛日，理民事多以夜，公弗樂也。未數月，即以疾辭。顧上官才公，慰留之不令去。然公終不適，又數月，復詳請解任，遂於十三年二月卸事。啓行之日士民依戀，與廣豐略同。本道廖公至縣詩郵亭送公以風屬吏焉。

又年餘歸里，時年已七十餘矣，然步履飲食皆無異尋常。至十八年十月十八日卒，壽七十有四歲。卒之前一日，猶泛舟異龍湖登山而眺望也。

初，履和以奉文截取，於是年五月由四川入都，以事羈留，間忽聞石屏疫作，且夢不祥，懼二親有事，奔歸省覲，則公固無恙也。踰二日晨餐，公忽患風痰，遂卒。豈鬼神默啓之使得父子相見乎？亦異事也已！

公爲人方直，與人言是非無所迴避；而和平寬厚，人皆樂親近之。於從父兄弟及其子尤加優恤。其卒也，人皆奔視涕泣，共襄其後事云。

配任孺人，早卒。繼配爲劉孺人。子二：長卽履和；次履順，國學生。女二：長適州庠生羅廷墉，次適廖樹堂，皆早寡，以節著。孫三：長周翰，州庠生；次保慶，重慶，倘幼。曾孫一，啓曾。

銘曰：學以稽古，仕以治民；世俗靡靡，置若罔聞。惟滇僻遠，古風猶存；吁嗟陳公，殊異今人！子銳於學，深求經義。士競於敎，聯翩科第。庶民相安，不肅而治。非公盛德，曷能如是！不展其用，翻然遂歸：高風亮節，今世所稀。表而銘之，以爲世規；庶幾後學，共繼前徽。

無聞集卷之四終（此一行舊本誤在侍妾麗娥傳後，鯤池陳公墓碑前，今據目錄正之。）

THE ORIENTAL BOOK COMPANY

上海亞東圖書館

崔東壁遺書

顧頡剛編訂

錢玄同題

本書引得

崔東壁遺書引得序

東壁遺書，博大精深，雖瑕瑜互見，要不失爲方法謹嚴之名著。其價值，胡適之顧頡剛諸先生，已論之至詳，無庸再爲辭費。惟兹篇爲中國舊籍之第一次附有引得者，是不能無一言以弁其首。

引得之法，因書而異。經史之類，所涵蘊之奧義名物，往往皆有助於考據，其引得自必詳盡無遺而後可。至若雜考之作，如日知錄，十駕齋養新錄等，精要所在，端爲其對某一事一物研究之結果，初不在其文中之各種名詞，故引得僅注意考據之大綱細目卽可，固不必如經史之贍詳也。但此類述作，時代先後，各有不同，引得方法，自應有別。如容齋隨筆，考古質疑等著之在元明以前者，其所引用之書，現時或已殘缺，或已遺失，爲之引得，頗有資於校讎輯佚；若夫近世之作，其所徵引者，在今日尙皆通行；旣無裨於勘校，其引得之當從略，自不待言。東壁遺書，什九屬於考據，且問世方逾百年，故其引得，亦皆準乎後法。豈惟格於義例，抑亦避免煩瑣也。

向爲說苑引得及白虎通引得，爲讀者便利計，皆附有各版葉數推算表，俾免根據一版本所作之引得，不能適用於其他版本之弊。東壁遺書，百餘年來，初刻翻刻，雖經多次，然求其章目清晰，篇第朗然，而校對精謹者，當推此次印行之本。是其必能通行，可斷言也。遺書引得，即係根據此版所作；以舊刻搜求既不甚易，其精良又遠遜今本，故各版葉數推算表，姑從省略焉。

建國二十年九月九日燕京大學引得編纂處謹識

敍　例

(1)引得一辭，譯自英文 Index，則「索引」之改譯也。其涵義既較舊譯爲佳，又與原音相近，故採用之。

(2)本引得中字句，有目注之分。如「孔子無攝相之事」一條，「孔子」爲目，「無攝相之事」爲注，書中凡目均用五號鉛字，注則用六號，以便識別。

(3)東壁遺書之書名皆在四五字以上，本引得爲節省地位計，凡每種書名，各取一字或二字爲其代表。其對照表附於引得之前，俾便檢對。至卷數頁數則各以一書爲準。如補上古考信錄卷上第十三面則書「古上/13」，商考信錄第二卷第十一面則書「商2/11」，「考古續說卷二第二十二頁則書「古續2/22」。餘類推。

(4)本引得目字排列，一準新發明之庋擷法，以其學習較爲便捷，且重複數碼之字爲少也。其計算方法，另附說明於後，玆不贅敘。至目字在一字以上者，則第二字僅算其字體號碼及字之第一號碼，第三字以後則祇算其字體號碼。如「南宮敬叔」之號碼順序爲3/30820—3/0—5—5；「孔子」爲5 13210—1/1。但書中爲節省地位計，第二字以後號碼，概不列入；惟排列則仍暗依其號碼順序，以便檢查。又目字皆按其字體，分部排印，故字體號碼皆印在書眉上，以便翻檢。如「南」爲3/30820，則書眉上印「Ⅲ」以代「3/」，而「南」旁只印「30820」焉。

(5)古人名號兼用，稱謂不一，錯雜紛紜，令人困惑。本引得凡遇此等情事，皆用互見方法，如仲由事蹟，皆附於子路之下，而仲由之下，則書「見子路」，以免淆亂。又有一詞一字而所指不同者，如孟子一稱，有人名書名之分；晉宋二國有先秦後世之別；倘不另加標明，驟視頗難識辨。本引得爲清晰計，凡此種詞字之下，皆括以注釋，請留意焉。

(6)本引得代目之簡略符號爲「一」如「三正並行於侯國之證」一條之三正二字，即用「一」代之。凡目注相連成文者，目注之間無「，」號，如「永定河名稱及源流。」目注不相連成文者，目注之間有「，」號，如「三皇，古無，之說，」即「古無三皇之說」也。用目注中者，亦以「，」號間之，如「三遷，孟母，之說不足信，」即「孟母三遷之說不足信」也。或用目於注中適在注之句尾，即以「，」號次之，如「正月，歲首必名，」即「歲首必名正月」也。

(7)西洋引得，按字母排列；字之形相類，音相近者，自排列相近。庋擷之法，完全從形，便於尋檢。然中國文字，旣有諧聲取義之分，又不得不別爲從音引得，以補其闕。玆爲羅馬拼音引得，除「衣」「益」等字皆改拼「Yi」外，一從 Herbert Giles，Chinese-English Dictionary（Kelly and Walsh，Shanghai，1912）之拼法；音字之後，印庋擷號碼，甚便於善爲韋氏（Wade）拼音而未慣於庋擷方法者。又中國字音，隨地而異。韋氏拼法，準繩官話，既多不同南聲，復稍異於北語，倘不慣悉，疑難滋多。爰特更附筆畫引得，其筆畫相同之字，皆按康熙字典，依其部首排列，每字之後，附有庋擷號碼，俾未嫻於庋擷方法及韋氏拼音者，亦能利用本引得焉。

(8)引得之學，在中國尚屬草創。方法既待改良，工具又多未備，疏漏之處，知所難免。海內外博雅君子，幸有以教正之。

中國字庋擷

説　明

I. 庋擷(音詭絜)二字有放入取出之意,茲用以代表漢字之解剖排列法,猶英文所謂*alphabetization*也.漢字之重要筆劃,共得十種,各以號碼代之,爲表如下:—

易記		號碼	筆劃	並説明
庋	丶	0	亠 冖 氵 亠	(點)
	一	1	一 ㇀ ㇄ 乚 ㇏	(横,挑,右鈎之横)
	丿	2	丿 尸 匕 丨 亅 ㇆ 冖	(撇,直,左鈎之直及斜直)
	十	3	十 右 乜 弋 七 孑	(兩筆相交,而至少有一筆爲正横或正直者)
	乂	4	乂 乂	(兩筆相交,而皆斜行)
擷	才	5	扌 丰 夫 戈 丰 手	(直及斜直之插透兩筆以上者)
	糸	6	幺 公 虫 火 个 光 小 示 巛 灬 木 豕 氺	(糸之各部分,及各變體)
	丆	7	丆 丁 土 皿 北 非	(横或直以其中間之上下或左右通於直或横者)
	目	8	口 囟 山 目 ㇆ 乚 八 ㇕ 凵	(一筆之轉或兩筆相接而成一角者)
	八	9	八 八 ⺌ 人 人 入 ㇛ 人 ㇏ 卜 亻 才	(八與人及其變體)

注　意

凡每一號碼只代表一實綫之單筆或複筆,虛線變實時,自另爲別碼,如 亠 爲0,冖爲2,冂則爲8,凵爲0802.丆爲7,然 丅 則爲72.凡複筆可算,則不算單筆,如八爲9不爲20,亻爲9不爲22.

凡一筆算一次即足,若又遇其筆於別處,只得作0,如十之上下兩段只可算30,不可算33,然如已算之筆另與別筆結合爲號碼,則當又算 木之上爲十,而下又成个,故爲36.

Ⅱ. 庋擷之法：先認識字結構共有1,2,3,4,5.五體,次於每體中各取四角筆劃,以號碼按次序排列之,即得其字之數碼.兩字之先後次序,即依其數碼之大小而定,小者在先而大者在後也.例如口册兩字皆屬第一體.試依其體之取角次序求每字之上左,上右,下左,下右號碼,則口爲1/8888.而册爲1/8833是册字應在口字先.

五體表如下：——

易記	體	取角次序	舉例並說明	
中	1		口車毋勺亏尺司 8888,5000,8885,2820,1020,8830,1882,	單體字不得斷爲兩段者.凡試斷爲上下或內外二段,而其中一段只餘一筆(如勺亏尺)者皆不得斷.
國	2	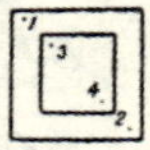	閒因全匡馬魁幽 8273,8839,3077,8177,8260,2103,2866,	包托體:三面或四面受圍,或下面受托,或上面被蓋而右面被連之字.但如試分二部而其一部只餘一筆或被外皮隔斷之兩旁者(山勺司日戍舟)皆歸中體.
字	3	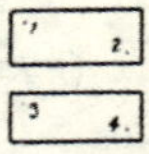	昌符墮字羔矛豆 8888,6693,8237,0213,9136,1072,1831,	上下體:可斷爲上下二段,而每段皆含二筆以上者.凡不斷而向下之橫皆屬上段.比較羔矛兩字,即明此例.凡上段有筆伸於下,或下段有筆伸於上者,皆不屬此體.與在國體,年多在庋體.
庋	4	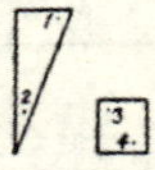	厝乍庋廬友夂欠 1238,3070,3284,0277,3084,8265,8290,	左戴體:字之上面及左邊受連戴者.凡本可歸字體,但亦似歸此體者,皆當歸字體,如衣虎萎等字.又似可歸國字體,但其最上筆劃應歸庋體,故在庋體.如臺扂.
擷	5	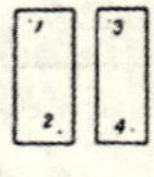	候刻梆孔胤州競 3029,0322,3632,1321,2061,2022,0101,	左右體:凡斷左右.或左爲一部,其餘又爲一部.但左部不得僅爲一點,如心字屬中體.有少數字如競.自字面觀之,似亦可歸字體,然檢時皆先左後右,故歸此體.

注　　　　　意

中體字,如最上之處只有一筆在當中,則其筆當上左角算,仍於其最右處尋上右角.又如最下只有丨一筆,則其筆爲下左角,仍於其最右處求下右角.例由爲2/5888.甲爲1/8858.中爲1/5808,夕爲1/2820.

國字庋擷四體,皆分二段,而每段中只取一角.如最上或最下處只有一筆,則其筆當左角或右角算均可.例庋爲4/0211,字爲3/0213,隙爲5/8256.擷體字,有時實三部直立,變成或二部,以一部算,取其一最高之筆,又其一最低之筆,代表二角可也.故候爲5/3029.字體字,上部之橫與下部分開時,雖與下部相連,亦不作7,如羔3/9136,忝3/0121,去3/0137.

Ⅲ. 四角號碼既得之後,更計算字内共含方格若干,而附其數於既得號之後。若無方格則以O代之.注意:——

(1)字中似方格而底不正或不成方者不算.

如:夕(1/28200),黽(1/88816),凸(1/88880),亞(1/70700).

(2)字内之大方含小方,或大方與其内之他筆另成方時,則大方不算而只算其内之小方.

如:回(2/88881)字一方,田(2/88304)字四方,目(2/88113)字三方.

(3)方格内有筆劃時,不算方.

如:曾(3/90882)字之上部,西(1/70881)四(2/88900)字之大方,皆不算方.

(4)若字内之方逾九,仍以九計.

如:晶(3/88883)轟(3/50553)等類字,仍爲九方.

(5)計算號碼時,若因字體之分别,而將字之某部,與其餘部分拆開計算,則拆開之部分與其餘部分所成之方,不再計算;但在國體内之字,雖分開計算,其方仍算.

如:隹(5/30070)無方,集(3/97363)三方,田(2/88304)四方,無(4/90363)三方.

(6)凡字之從月(肉)者,其方格皆以二計算,因鉛字多訛月爲月也. 如:肝(5/82732)二方.

附　　注

(1) 現時最通行之字爲鉛字,故度類筆劃大都以鉛字爲主。然鉛字形體,亦往往不一,故不得已擇一體以爲標準,舉其常見者,爲表如下。其不常見者凡意料所及,並爲互見,如彗彗互見,一爲3/57180;一爲3/55180.

亠	亠	户	益	善	曾	尊	兑	戶	卩	丘	几	巳	艮	及	尹	旡	羽
1/01000	1/08020	1/08281	3/31373	3/31581	3/90882	3/31331	3/30811	1/82281	1/88220	1/82701	1/88210	1/88811	4/88302	1/78240	1/78582	1/70311	5/72720
最高筆,皆以0算,不從一,丨,丿,等形.			此類字之上兩筆皆從丷不從八.					上左角皆以8算。但自己之已與已經之已作單體時,皆算1/18-81;其餘複筆內之己巳皆以巳論.						上左角,作7不作8。			上左角作7不作1.

牛	告	先	縣	吳	止	業	兆	坐	脊	幾	與	輿	盥	臾	凶	豎	監
1/25000	1/25020	3/27210	3/27604	2/23882	1/27700	3/07960	5/02210	1/33700	2/19822	2/65900	3/87900	3/87904	3/82873	1/88300	2/28400	3/86114	3/86876
上左角之撇(丿)作與直(丨)一樣高算.			上左角之直,作與其右之筆劃一樣高.			上部兩肩之筆劃,算與頭一樣高.					上部所含之𠃌,車,等雖有時鉛字缺其左右爲高,但皆以低於左右角算之.					上類字中之𠂉(6)不從𠂊,𠂉,等形.	

雲	兼	承	掾	林	水	牛	矢	年	笰	年	卉	旡	華	垂	亶	直	眞
3/73160	3/91554	1/18590	3/36720	3/36360	1/29600	1/25000	4/90390	4/90501	1/25020	4/50501	1/50001	1/70311	3/33754	1/20704	3/01813	3/30274	3/71234
下端居中之直或帶鉤之直(亅),無論鉛字如何,皆算爲比其兩旁之丿與乀低.						𠂉不與其下筆劃合而成方格.				鉛字或作卉,今皆從卉算,中有一方格.			凡此類字皆算四方.		下端從且不從且.	皆算四方,又眞之上部皆從匕不從𠂇.	

(2) 甫(1/50224),月(2/82112),等字,下右角之直因有鉤,其中雖與橫相連不爲7.

(3) 金父發蠢……等字,其上皆有似傘之蓋,(左丿右乀或乀各下伸)故一律歸圍體;聳,摩,登,等字,雖似可歸字體,但其下段有筆劃伸入上段傘蓋之中,故亦歸圍體.

(4) 熊,戀,等字,上部皆有四小部,然其左右上下不能齊分,故不得援蘩,罌,囂,等字之例,以最上左右兩部爲上段.

(5) 鹿,展,鐵,戒,暴,等字,字之第一部,不當爲與其第二部結合而成方,故鹿爲4/02312,展爲4/82-392,鐵爲2/95770,餘類推.

(6) 凡複字內之含襾,西,者,除哂西茜等字外皆從襾;如覇爲(3/78329),賈爲(3/78897).

崔東壁遺書引得

書名及略語對照表

1. 要＝考信錄提要
2. 古＝補上古考信錄
3. 唐＝唐虞考信錄
4. 夏＝夏考信錄
5. 商＝商考信錄
6. 豐＝豐鎬考信錄
7. 洙＝洙泗考信錄
8. 鎬＝豐鎬考信別錄
9. 泗＝洙泗考信餘錄
10. 孟＝孟子事實錄
11. 古續＝考古續說
12. 考附＝考信附錄
13. 典＝王政三大典考
14. 風＝讀風偶識
15. 尙＝古文尙書辨僞
16. 論＝論語餘說
17. 服＝五服異同彙考
18. 卦＝易卦圖說
19. 集＝無聞集

引　得

22602 禹 在堯晚年已爲司空, 唐 2/34-35.
—治水在舜世, 唐 2/35-37.
—,孟子言,績有誤, 唐 2/39.
—,舜命,與稷等不同之故, 唐 3/3-4.
—,舜無禪,事, 唐 4/21-5.
—,辨舜使,伐苗事, 唐 4/28-31.
—,大戴記稱,德之論闊, 夏 1/2.
—躬稼未嘗教稼, 夏 1/ .
—,禹貢逾河言山脈非言,迹, 夏 1/4-6.
—,山海經非,與益所作, 夏 1/7.
—,評漢書溝洫志所載,導河事, 夏 1/8.
—導水次第有五, 夏 1/17-18.
—評孟子論,之治水, 夏 1/18.
—先導山而後導水, 夏 1/19.
—以前無水道, 夏 1/19-20.
—時始亂之說不足信, 夏 1/21-22.
—泣問罪人之說不足信, 夏 1/22.
—,辨,縣鐘鼓磬鐸之說, 夏 1/23.
—戮防風氏之說不足信, 夏 1/23-24.
—,辨,崩年與崩地, 夏 1/24-25.
—無家天下之心, 夏 2/2-3.
—,九鼎未必,鑄, 夏 2/9.
—,史記言,裔有誤, 夏 2/20.
—,舜,之授受, 孟下 /28.
禹貢,尙書,之章法次第, 唐 3/24.

30770 式微，詩邶風，非黎侯寓衛事，　風 /23-24.

35504 載 之的義，　古續 1/34-35.

35895 戴嬀 詩燕燕非莊姜送 詩，　風 2/21.

39500 越，辨子貢霸 之說　泗 1/34-37.

越裳氏 重譯來朝當在成王歸宗周後　豐 4/31.

越椒 之性惡出於附會，　孟下 /38.

39514 奄，伐，在成王之世，　豐 4/19-20.

—，詩東山篇卽伐，事，　豐 4/21-22.

—，成王踐，當在克奄後，　豐 4/24.

—再叛周之說之誤，　豐 4/25-28.

39622 趙 之僭侯不必待王命，　古續 2/3-5

—僭侯與韓魏非一年，　古續 2/5-6.

—滅晉之時，　古續 2/6-7.

趙匡 加台於祖而續帝於所自出之謬，　典 2/41-44.

趙汝談 疑僞古文尚書，　尙 2/3-4.

趙岐 孟子注甚醇正，　風 1/2.

趙鞅 孔子無見，事，　洙 2/40-41.

50181 咸，易，所統之卦，　卦 /16.

50300 戎 圍犬丘之年，　豐 7/24.

—，辨申侯召，滅周之說，　豐 7/30-34.

戎狄 與蠻夷不同　鎬 3/7-9.

50720 成康之際，　豐 6/1-18.

成湯，　商 1/5-35.

—爲本號，　商 1/6.

—時葛伯仇餉事不盡實，　商 1/7-8.

88391	園有桃 詩魏風,非刺國削,	風 3/25.
88501	國 之稱謂,	鎬 3/13-14.
	國語 言姜氏爲伯夷後有誤,	唐 3/13.
	—記禹戮防風氏事不足信,	夏 1/24.
	—言繆商事之誣,	商 2/31.
	—記事較記言爲可信,	豐 6/20-21.
	—記宣王與詩不同,	豐 7/18-20.
	—以常棣篇爲周文公作之非,	豐 8/28-30.
	—非左氏作,	泗 3/[illegible].
	—之禘主于祀有功,	典 2/31-33.
	—,祭法竄易,之三謬,	典 2/34-35.
	國語解 以幕爲舜之誤,	唐 1/24.
88900	四凶,流,本堯心,	唐 1/20-21.
	—,左傳所載,爲傳聞之誤,	唐 2/21-22.
	四岳 非羲和四子,	唐 1/21.
	—爲共工從孫之說無稽,	唐 2/32-33.
	—與稷契等之區別,	唐 2/33.
	四時,求歲率先定,之中,	唐 1/13-14.
	四信,黃帝擧,之說不足信,	古上 /22.
90020	今,以,度古之誤,	要上 /6-8.
	今文尚書 與古文尚書篇第不異,	尙 1/16-18.
	—亦壁藏,	尙 1/18-20.
90083	倉,後世 制之弊,	集 1/8.
90400	父 子復 讎,	古續 1/41.
	——與母恩同義異故服有別,	服 1/3-5.

09893 資治通鑑 不載分周之事 古續 2/8-10.
12012 麗娥傳， 集 4/25-28.
12121 鬻熊 爲文武師之說不足信， 豐 1/25.
13873 孟子(人) 所引放勳語非命契詞， 唐 1/17.
一，辨，所言舜事親之事， 唐 1/27-28.
一謂舜不告而娶無確據， 唐 1/28-29.
一言堯舉舜以後事之失實， 唐 1/30-31.
一言禹績有誤， 唐 2/39.
一，評，論禹之治水， 夏 1/18.
一言葛伯仇餉事不盡實， 商 1/7-8.
一言天下歸殷之義， 商 2/20.
一言暴君代作非一人之事， 商 2/28.
一論孔子， 洙 4/37-39.
一在鄒， 孟上 /1-4.
一，辨，母三遷之說， 孟上 /1-2，
一，辨，母裂織買豚之說， 孟上 /3.
一，辨，母不許去婦之說， 孟上 /3.
一無受業子思事， 孟上 /4.
一適梁， 孟上 /5-13.
一不見諸侯之義， 孟上 /5-7.
一救時之旨， 孟上 /7.
一至梁在惠王後元之末， 孟上 /9-10.
一在梁未仕， 孟上 /12-13.
一游齊， 孟上 /13-40.
一至齊在至梁之後， 孟上 /14-15.

22051 舜 命禹在九官先之故，　唐 2/34,35.
—命官必諏於衆，　唐 2/34-35.
—，禹治水在，世，　唐 2/35-37.
—命稷，　唐 3/1,2-4.
—命契，　唐 3/1-2,3-4.
—命皋陶，　唐 3/2-3.
—命禹與稷等不同之故，　唐 3/3-4.
—命垂益，　唐 3/5-6.
—命官以龍終之故，　唐 3/18.
—命伯夷夔龍，　唐 3/19.
—之九官非一時所命，　唐 3/19-21.
—體國經野，　唐 3/23-4/17.
—治定功成，　唐 4/17-37.
—，大唐南風之歌非，所作，　唐 4/19-20.
—世或有龍，　唐 4/20-21.
—無禪禹之事，　唐 4/21-25.
—不禪禹之故，　唐 4/23-25.
—，辨，使禹伐苗之事，　唐 4/28-31.
—，辨，自舉迄崩之年，　唐 4/31.
—崩蒼梧之說不足信，　唐 4/32.
—，堯 孔子不可軒輊，　唐 4/34-36.
— 禹，之授受，　孟下 /28.
—，堯，之授受，　孟下 /28.
—，命九官時之稱謂，　尙 2/18-19.
—，堯典篇終又稱，名，　尙 2/19.

28133 皐陶非字庭堅， 夏 1/27-28.

28772 皇甫謐 與僞古文尚書之關係， 尚 2/10.

—,僞古文尚書未必爲,所作， 尚 2/10.

皇父,南仲非,之祖， 豐 7/17.

皇極,九疇尤重， 鎬 3/21-22.

皇極經世書 元會運世之說不足信， 古上 /4-6.

—之誤， 卦 /9.

28837 鼻亭 非有庳， 唐 4/12-13.

28973 崔邁 之軼事及所著書， 考附 /20-21.

崔邁傳， 集 4/15.

崔述 母之行述， 集 4/12-17.

—母之行述摘錄， 考附 1/19.

崔元森墓誌銘， 考附 1/9-11.

崔元森行述· 集 4/4-12; 考附 1/17-1[illegible].

崔凱 辨繼母嫁從之服爲庶子之說， 服 3/18.

崔緝麟 備廬說， 考附 1/5-7.

崔緝麟行狀， 考附 1/3-5.

崔緝麟傳， 考附 1/2-3.

崔維雅行狀， 集 4/1-4

30274 直隸水道記， 集 3/15-18.

30820 南子，孔子見,事可疑， 洙 2/32-34.

—,孔子爲,次乘說不足信， 洙 2/34-35.

南風歌 非舜所作， 唐 4/19-20.

南容， 泗 2/39-44.

—即南宮适非南宮敬叔， 泗 2/40-42.

60821 尙書，昔賢之疑僞，泰誓者， 豐 3/2-3.
—，史記所記無僞泰誓語， 豐 3/6.
—，僞，泰誓與牧誓反， 豐 3/8-10.
—，高定論，牧誓之謬， 豐 3/10-11.
—，僞，武成不必改定， 豐 3/24-25.
—金縢之祝代當在訪範前， 豐 3/31-32.
—洪範稱祀， 豐 3/32.
—，僞古文，多本劉歆王肅， 豐 3/34-35.
—大誥有闕文， 豐 4/14-15.
—，僞古文，微子之命非周公所作， 豐 4/18.
—多方乃遷殷民之誥， 豐 4/24-25.
—多士在多方篇後之證， 豐 4/26-27,36.
—立政篇當在召誥前， 豐 4/28.
—多方當在召誥前， 豐 4/28.
—周公作，立政篇之宗旨， 豐 4/29-30.
—僞孔傳解，洛誥之誤， 豐 4/33-34.
—多士當爲作洛後誥殷民語， 豐 4/35.
—周公作，無逸之宗旨， 豐 4/37.
—，言治法者莫如，洪範立政無逸三篇， 豐 4/38.
—，辨僞，君陳及書序， 豐 6/7-9.
—顧命有脫簡， 豐 6/12-14.
—，僞，畢命篇語多勦襲， 豐 6/15.
—呂刑爲周道始衰， 豐 6/24-25.
—，僞，旅獒及書序之僞， 豐 8/22-24.
—，辨孔子删，之說， 洙 3/36-38.

08331 詩,小雅采薇出車杕杜爲宣王時, 豐 7/9-12.

—記宣王與國語不同, 豐 7/18-20.

— 雅節南山與十月篇非一時事, 豐 7/22.

—小雅十月篇日食之年, 豐 7/24.

—小雅十月篇非刺厲王, 豐 7/25.

—小雅小弁未必爲平王詩, 豐 7/2 -28.

—小雅白華未必爲申后詩, 豐 7/28-29.

—小雅常棣非周公作, 豐 8/28-30.

—小雅黍苗篇美召虎, 豐 8/30.

—大雅江漢篇詠召虎受賜, 豐 8/30.

—小雅賓筵非刺王, 豐 8/34.

—,辨孔子刪,之說, 洙 3/34-36.

—大雅泂酌篇行潦之喩, 鎬 1/11.

—大雅卷阿篇吉人之媚, 鎬 1/12-13.

—大雅泂酌與卷阿之作意, 鎬 1/11-13.

—小雅鶴鳴篇之喩, 鎬 1/13-17.

—小雅祈父篇與將士之困, 鎬 1/18-19.

—小雅白駒篇與賢人之去, 鎬 1/19.

—小雅大東篇之私人之子, 鎬 1/23-25.

—小雅鹿鳴及皇華皆求言之詩, 鎬 1/28-29.

—,由,大雅板篇窺見周政之衰, 鎬 1/29.

—小雅青蠅篇之讒言, 鎬 1/29-30.

—小雅正月篇之訛言, 鎬 1/30.

—小雅巧言篇之信讒, 鎬 1/31.

—爲諸儒所亂, 風 1/1.

13210	孔子 無攝政五年事,	洙 2/28-29.
	一適衞,	洙 2/29-48,
	一適衞之所主,	洙 2/29-30.
	一,衞靈公致,粟事不可信,	洙 2/30.
	一主蘧伯玉之說不足信,	洙 2/31.
	一見南子事可疑,	洙 2/32-34.
	一爲南子次乘說不可信,	洙 2 34-35.
	一與蒲人盟事無稽,	洙 2/35-36.
	一無赴佛肸召事,	洙 2/36-39.
	一擊磬於衞似在靈公時,	洙 2/39-40.
	一學琴於師襄事有無不可知,	洙 2/40.
	一無見趙鞅事	洙 2/40-41.
	一答靈公軍旅之問與答孔文子相類,	洙 2/42.
	一去衞之故,	洙 2/42.
	一,史記載,四去衞之謬,	洙 2/42-44
	一,過宋,	洙 3/1-6.
	一過宋未必入宋都,	洙 3/1-2.
	一「天生德」語之詞氣失眞,	洙 3/2.
	一無見宋君事,	洙 3/2-3.
	一,史記載,畏於匡事多誣,	洙 3/3-6.
	一畏匡過宋似一事,	洙 3/5-6.
	一,史記載,適陳由鄭之謬,	洙 3/6-7.
	一厄於陳蔡之間,	洙 3/7-26.
	一無答吳人問大骨事	洙 3/7-8.
	一無答陳侯問楛矢事,	洙 3/8-9.

13210 孔子 無觀凌陽臺事,　洙 3/9.

—闕火億中事可疑,　洙 3/10.

—無至州來及葉事,　洙 3/11-12.

—厄於陳蔡非一日事,　洙 3/15.

—,陳蔡圍,爲莊子寓言,　洙 3/18.

—,陳蔡大夫無圍,事,　洙 3/16-18.

—,史記載,絕糧說先儒不信者多,　洙 3/18-19.

—,子西沮封,之說不確,　洙 3/21-22.

—在陳思歸之年,　洙 3/23-24.

—返衛之年,　洙 3/24-25.

—返衛時衛君爲出公,　洙 3/26.

—正名之論似爲衛出公發,　洙 3/27.

—,辨,脫驂賻喪之說　洙 3/28.

—拒孔文子問較答衛靈爲得實,　洙 3/28-29.

—在衛爲孔文子所留,　洙 3/29-30.

— 辨冉有薦之說,　洙 3/30.

—歸魯,　洙 3/30-4/11.

—,辨,息駕河梁之說,　洙 3/31-32.

—拒季孫田賦之問,　洙 3/32.

—歸魯之年　洙 3/34.

—正樂,　洙 3/34.

—雅言,　洙 3/34.

—,辨,刪詩之說,　洙 3/34-36.

—,辨 刪書之說,　洙 3/36-38.

—學易之年,　洙 3/38.

拼 音 引 得

筆畫引得

二畫

七 1/30810
九 1/58010
二 1/10100
人 1/90000
八 1/90000
十 1/30000
卜 1/20000

三畫

三 1/10100
上 1/70700
士 1/30700
大 1/30900
女 1/30400
子 1/18300
小 1/60000
尸 1/88281
山 1/22880
干 1/70300

四畫

不 1/70600
中 1/58082
丹 1/88330
五 1/70701
井 1/55001
仁 5/90110
今 2/90020
公 2/90600
六 3/01900
卞 3/01200
孔 5/13210
天 1/70390
太 1/30900
少 1/60200
文 3/01400
日 1/88882
月 2/82112
木 1/30600
比 5/71710
毛 1/20810
水 1/29600
父 2/90400
犬 1/30900
王 1/70700

五畫

世 1/33811
冉 1/58334
冬 2/24010
包 2/2[illegible]811
北 5/70710
古 3/30881
召 3/72881
史 1/58002
右 4/30881
司 1/18821
四 2/88900
外 5/22200
左 4/30770
本 1/50090
正 1/70700
母 1/88850
永 1/00600
玄 3/01660
玉 1/70700
甘 1/33882
田 2/88304
申 1/58084
白 1/28882
石 4/72881

THE ORIENTAL BOOK COMPANY
上海亞東圖書館

崔東壁遺書

（清）崔述撰　顧頡剛編訂

第八册

國家圖書館出版社

第八册目録

崔東壁遺書

顧頡剛編訂

錢玄同題

後編 崔東壁先生親友事文彙輯

崔東壁先生親友事文彙輯

頡剛案：東壁先生爲考信附錄，自述家世與遇合甚詳，蓋以示其遺傳與環境所影響於其治學者；亦以示其志力之卓，有以超出於其遺傳與環境而成其學者。人之初生，蒙昧未有知也，賴父師之誘掖，朋輩之鼓吹，始養成其擇業之趣味。及其所學益專，志氣益發，則百千途徑皆由自尋，向之誘掖鼓吹之者曾不能爲之分幾微之勞。然而功成事遂，溯其所由，則引其緒者亦勳在不廢。夫江始出於岷山，其源可以濫觴；及其會合百川，洶湧東注，呼吸萬里，吐納靈潮，遂使觀者望洋而歎。苟無彼濫觴，亦必無此洪濤焉。東壁先生，大名人也，自幼及壯，所得於大名之薰染者必甚厚。予覽大名志，見有足以補考信附錄者，輒錄出之，擬附刊於本書。蔓延所及，並得畿輔書徵，詩傳先哲傳，諸書，輯爲一帙。此民國十四五年間事。前年，趙肖甫先生（貞信）來平，囑其審訂，乃更集臨漳廣豐太谷東陽四縣志及各本大名府縣志，增益逾倍，雖與東壁遺書大都無直接關繫，而觀此一時一地之人文，或導其先路，或作爲後援，既於無意之間顯其生活方式，即於有意之間見其道揚文化之願力，而東壁先生之得著是書與其書之得以傳布，亦可由此而尋其伏脈。知人論世，庶幾有助，讀者幸毋以蛇足哂之！

又案：此輯材料既瑣碎，性質復參互。今分爲四部三類以整齊之。部甲爲崔氏，東壁先生之親屬也。部乙爲成氏，東壁夫人之親屬也。部丙爲呂游，俞光滏之屬，東壁先生之同地友人也。部丁爲朱煐，陳履和之屬，東壁先生之異地師友也。類子爲事蹟，凡傳狀，著述目錄等屬之。類丑爲投贈等，凡他人之書札，贈詩，序文及他文之有關於是人者屬之。類寅爲遺文，本人所作之詩文辭屬之。此種零星材料，實取之無盡。苟有暇閒，不難續獲。惜爲職業所拘，復搖撼於時勢之動盪，精神時間俱感不足；勢不能不即此而止。將來倘得為太平之民，容優游於藝圃，則賡輯之事固猶可為也。

民國二十二年一月二十九日，顧頡剛記於北平，

甲部 崔氏

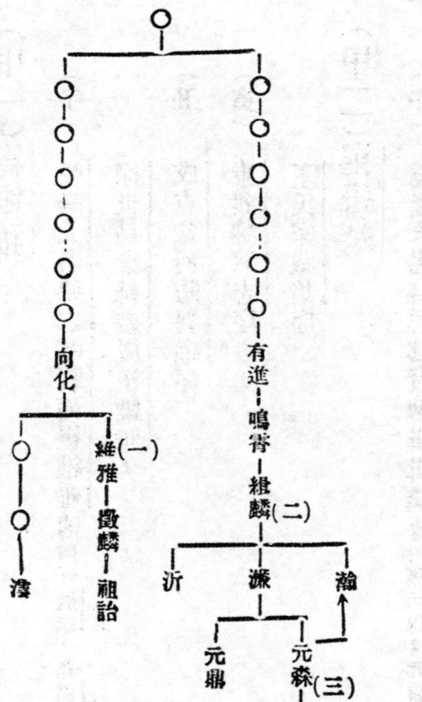

（甲一）崔維雅

（子）乾隆大名縣志鄉賢傳崔維雅傳附子徵麟，孫祖詒．從孫溪

徐世昌畿輔書徵崔維雅

（丑）成克鞏河防芻議序

（寅）康熙魏縣志序

王氏家藏集序

（甲二）崔緝麟

（子）乾隆大名縣志鄉賢傳崔緝麟傳附孫元森，元鼎

徐世昌畿輔書徵崔緝麟

（寅）雍正魏縣志序

秋懷

（甲三）崔元森

(子)徐世昌畿輔先哲傳師儒傳崔元森傳

(甲四)崔邁

(子)乾隆大名縣志鄉賢傳崔邁傳

徐世昌畿輔書徵崔邁

(寅)雜詩

薄命辭

頡剛案崔氏一門，除東壁外，可紀念者四人而已。維雅，東壁之從高祖也，大崔氏之門閭者也。其河防芻議，或足暗示東壁，使之注意於水利乎？緝麟，其曾祖也，亦練習河事者也。元森，其父也，好程朱之學而躬行之，且欲其子紹述其志者也。其教人讀經務與傳注別治，先求聖人之意，有心得後乃讀傳注以證之：此即一部考信錄之所由來也。邁，其弟也，偕兄讀書數十年而先作尚書辨僞，與東壁諸書同其方法，合其目標者也。 使不早死，當有進於是者，考信錄或不爲東壁專美乎？ 此數人之行事考信附錄中記之已詳，茲但拾其遺耳。

（甲一）崔維雅

（子一）崔維雅傳 附子徵麟，孫禑詒，從孫濬（乾隆大名縣志卷三十六鄉賢傳）

崔維雅，字大醇，號默齋，本新安人，順治三年舉人，任濬縣教諭，因家於魏。 秩滿，授河南儀封縣

儀封瀕河，歲苦河決。 維雅躬親畚插，不避勞暑。 北岸三家莊爲從來要害地；十四年，水勢北汁岸崩五里有餘，維雅於上游十里故流處疏使東行，北岸遂安。 復與塞封邱大王廟決口。 督撫連疏薦之，擢江南淮安府同知。 旋改開封府南河同知。 十七年，河決祥符之槐疙疸。 露宿河上二月，卒塞之。 明年，復疏三家莊新河，截舊河，

築壩，全河盡東自是三家莊河不爲患。

康熙元年五月，河決山東曹縣石香爐村，總督河道朱之錫檄維雅往視。士民皆欲速塞以救田禾，維雅獨持不可。工將成，壩果復決至冬乃塞，悉如維雅言。遷浙江寧波府知府。

會東南用兵，王師雲集，維雅調劑得宜，民以不擾。時王光裕奉命安輯浙海，心識其才。未幾，光裕以副都御史總督河道，遂薦維雅可用，擢河南河道按察司副使。沿河千有餘里，夾河兩岸險工以數十計，維雅常於冬春先事防之。及伏秋水汛，奔馳風雨，相度修築，皆得無事。陽武潭口寺隄直河衝，水勢迅急，下埽輒蟄。維雅預於上游疏引河待之；是夏，埽果不蟄，北隄遂固。虞城縣治距河隄僅數里，隄沒入河，北岸引河衝刷不利。維雅預迎河溜挑之；至秋，水歸新河，舊河遂爲平陸。

江南桃源縣七里溝河決，屢塞屢潰，漕運爲梗。十一年夏，光裕檄維雅往視之。維雅言河頭深入囊橐，勢不可回，盛夏水漲，人力難爭；請俟冬月棄舊壩基，自外迎築，以避其險。而糧艘鱗集，事難中止；後果無功。十二月，光裕復檄維雅往勘。維雅議引河淺狹，流緩沙停，而決口仍衝，河身平衍，激蕩無力，故新河不刷。河頭不加寬闊，則不足引納全河。開放非乘河水突漲，則不得建瓴直下。儲料不廣，用柳束不分緩急，合尖之際，必致停工待料，缺柳誤工。且埽外止邊埽一層，壩南有舊溝一道，龍門將合，崩潰可虞。此皆事之當預籌者。乃條列八事以獻。其後十日，道中復陳事宜，言下流數十里已成平陸，而引河僅百丈，節短勢蹙，恐不能刷。當接挑二百丈，闊損十之八而深半之。河將開，必於河頭南岸下埽截河以束水勢，然後衝刷有力。明年正月，又言開放機宜當在河頭西北，而留近埽之五丈勿開，則河流入口有倒瀉之勢，其埽亦向西北迎溜下之；此機不可以毫釐誤。光裕悉用其言。二月，決口果塞，新河果成，漕舟通行無滯。維雅復陳善後之策，言桃源之河屢塞屢決，皆由河勢北徙，去隄逼近；當於上游龍窩疏之，導河南行，則北岸可永無事。光裕上其績於朝，

累遷江南按察使，湖南布政使；補廣西布政使。入爲大理寺卿，候補通政使；卒。

著有河防芻議，明刑輯要等書，藏於家。

維雅有經濟才，所至皆有政績；三任河職，於治水功尤著。其按察江南也，生員楊大鶴方以訟事羈江寧，未得結，不能與鄉試，乞於維雅。維雅爲言於總督，不許。維雅遽集案中人，即貢院前訊之，食頃而結；總督無以難。大鶴遂於是科中式。

子徵麟，康熙三十二年舉人，以文學名於世。

孫祖詒，字繩菴，好讀書，博綜今古。家豐於財，求者輒應。嘗語人曰，『丈夫子擁有多金，當洒掃如意，叵耐作守錢奴！』廣平知府趙城，祖詒之外祖也，以解青海軍糧失守，當事將按其罪，祖詒急輸三萬金助之，事遂解。先是，有相者謂之曰『君之骨當無子而夭。』祖詒於是益周貧乏，邮孤寡；又於宅傍作放生池，老牛病馬網魚籠鳥之屬貲者雲屯門，常如市，歲費錢數百萬，而家遂以此中落。後果有子四人，年四十一而卒。

澐，字海門，號松崖，維雅從孫。由廩貢授武強學教諭；遷江西樂安知縣。創鶩溪書院，捐俸資膏火，以興教化。　正田賦，均徭役，除里長代催代比之弊，積困遂蘇。　民建生祠報之。　以績最移臨川。　未任，卒。　樂安士民素衣冠泣送者數十里，直達水南鎮舟次。　子楷元，以廩貢任大城縣教諭，克其家。

徐世昌

（子二）崔維雅（大清畿輔書徵卷三十二，大名府一）

維雅，字大醇，號黙齋，本新安人。　順治三年舉人，任濬縣教諭，因家於魏。　秩滿，遷儀封知縣。　儀封瀕河，歲苦河決，維雅堵築有方，得無恙。　大吏疏薦，擢河南同知，改開封同知，陞河南道按察司副使。　旋因條列治河八事，行之有效，陞湖南布政使。　入為大理寺卿，卒。　詳賢能傳。

河防芻議六卷

四庫書提要『是書治河有七法：曰引河，曰遙隄，曰月隄，曰縷隄，曰格隄，曰護埽，曰截壩。　前明潘季馴河防一覽詳於隄壩之說而不言引河；維雅獨申引河之說：蓋當河流悍激之地，不得不濬此以殺其勢耳。其書前爲總圖，後爲分圖：總圖所以審其形勢，分圖所以定其工程，圖各有說，所以明其致治之原。維雅身歷河工二十餘年，著爲此書；其意見與靳輔頗不相合。康熙二十一年，河決蕭家渡，維雅因上疏條奏河務，斥輔所築減水壩爲不可用，請變前法而更張之。上特遣大臣履勘，復召輔與維雅廷辯。輔指列情形，具陳維雅剿襲之謬，維雅無以對。卒從輔議，而河患以息。是其說亦多出於一偏之見，不可據爲定論也。』

成克鞏序（頡剛案，全文見下，不複出。）

李蔚序云，『自子輿氏稱大禹之治水曰「行所無事，」而後世論者遂曰治水之法古今異宜：古也唯避其害，今則兼資其利；古也委之天事，今則純任人功：是以三代以後無善策，而四載著績之難也。余竊以爲不然。禹貢所紀「浮濟達河」諸貢道，即後世轉漕之始。漢唐都關中，經費粟帛亦皆仰給東南，其於輸輓之難易，道理之遠近，未嘗不博諮廣攬，歲有講求，非竟漫焉寘之也。茲讀惕菴崔君河防一編，蓋深有會焉。惕菴之言曰「治河之法莫善於因。禹之治水也，順水之性順之者，因之之謂也。其要有二：曰因時制宜，因勢利導。」於戲，何其與孟子之言相發明也！君擅經濟才，釋褐爲令，所治瀕河干，羨溢時儆，遂日與陽侯從事，躬親畚鍤，不翅胥靡雜作，河隄奏績，爲諸邑最。於是總河制府特疏薦於朝，擢淮郡丞，專理河務。所在輒效，一如其爲令時。已而遷守四明以去。閱數載，後之使者睹其成績，復特舉爲管河監司，所隸益廣，任益重，深心大力益得所展拓。長河數千里，南北險工諸要害，相度疏塞，緊君一人是賴。承檄而行，不避勞怨，歲方再浹，諸大工以次告成。論功加秩，人咸榮之。會江南按察使缺，遂進今官。君雖辭兗豫，領三吳，謝版築，司奏讞，顧念治河一事生平精力所寓，猶廉頗之思用趙人，漢文之不忘鉅鹿也，乃輯成斯編。首以圖說，列形勢，詳方略也。次以條議，度事會，擇便宜也。又次以或問，折浮議，堅委任也。終之以桃源諸工事宜，又其所心目俱到，手口卒瘏，已試之成效也。其摛論扼要，擘畫周詳，或抒獨得之見，或會衆說之長，或引伸前人之所已言，或抉摘昔賢之所未發，一時良吏任事之苦心與修防之急務蓋包舉無遺矣，至其所謂「神而明之存乎其人」，者則君之匠心獨運，非楮墨之所得陳也。』

魏裔介序略云，『今江南按察使崔子惕菴，曾任滎陽令，歷淮安郡丞，改理河務，遷四明太守，特舉河道監司，於是有河防芻議一書。余披覽河之全圖，暨黃淮交會圖，及其條議五十則，或問二十五條，知其身親目覩，手口卒瘏，日與河上之勞人瘁吏斟酌籌畫而苦心以出之者。昔神禹治水，疏瀹決排而已；今則疏濬之外必以塞爲要法，蓋不塞則漫衍於上，不疏則壅滯於下也。故篇內云「在上流則塞之使歸故道，不致中潰而來；在下流則濬之使歸故道，得以順流而去。」又云，「黃河自西北而來，至淸口出雲梯關入海。淮水自西南而來，至淸口，出雲梯關入海，二水並行，淸以制濁，水行河底，海口自深，則黃河南北兩岸自無潰決。此故道也，亦舊制也。」善哉言乎！蓋已無賸義已。』

明刑輯要

頡剛按，乾隆大名縣志卷二十四于明刑輯要下注『不詳卷數，書未見』，于河防芻議下注『書進呈』。

（廿一）河防芻議序（乾隆大名縣志卷二十四）

成克鞏

天下事必辯利害，窮源委而始克有濟。甚矣議之不可以已也！然議事之人非即任事之人，則不能無臆說。任矣，而非久於其職，亦無以周知其故。即任久矣，而苟非實心經國之人，則或至因久而生玩。此事之所以難也。

今天下難事有踰於治河者乎？自古河患不能絕，然在他州止塞其害，而在淮兼欲資其利以濟漕。頻歲以來，朝廷博選精敏強幹之臣董厥事，國計民生永有攸賴。今觀惕菴崔公所著河防諸議，可以得其概矣。

惕菴起家儀封令，洊歷河官，凡所歷皆其身歷而親試之者也。圖形勢則山川聚米，審要害則發軏破的，論舊治則因病立方，不膠一轍。惟任之也久，故其慮之也周；其慮之也周，故其言之也確。其已驗者，業已砥柱狂瀾，奠安豫土；有驗而未竟者，要亦可爲後人之師，開底績之漸。以視酈道元之注水經，遷固之志河渠溝洫，其相去奚若哉！

猶憶惕菴年少時，與亮兒同舉於鄉，稱莫逆。一時言論風采，便目其爲非常人，必將出而建不世勳。已而屬家季爲結朱陳之好，則其歷仕路，已卓然爲世名臣矣。

今雖執法江左，臬蘇無出其右，而其每飯不忘者，猶深以國計民生爲鰓鰓。試由其言繹之，大抵謂黃淮交會在乎清口，必也清口能鄭濁流，而內河始不淤墊。今淮安至清江浦之淤漸，足爲漕艘患，此誠淮弱黃強，不免於濁水之瀾入也。抑思淮何以弱，則非翟壩高家堰等處溢爲巨浸，不至此。蓋上流既分，則下流自弱，故淮爲高寶七邑之災，而黃始浸清口，淤內河以滯漕，是兩害也。一旦淮復其故，則黃無滯漕之虞，而高寶等處亦可免於昏墊，是兩利也。所貴治乎其源也。然則翟壩長隄可不力圖修築乎哉！

余在田間，每以河患爲杞憂。今手是編，則不禁躍然起言石畫，夫豈以鄉黨親故之誼而阿所好哉！　方今聖天子留神問察，記勞臣之舊績，思翕河之盛治，則疇咨簡在度非意外事也。　惕菴之旦夕拜獻以竟厥功者，將不越是編矣。　噫，議論事功並照爍千古，不佞辱在世講，竊與有榮焉。

（寅一）康熙魏縣志序（乾隆大名縣志卷二十六）　崔維雅

吾邑處洹水之陽。　左氏曰，『魏，大名也。』　燕之南，梁之北，地大物衆，密邇輦轂，聲教先被，數百年來名碩接踵，與彈丸偏隅文獻無徵之邦異矣。

邑乘一書，屢經前輩修輯，或删或增，典章昭著，一國之信史也。　自有明天啓甲子邑侯濟陰陳公一修之後，幾六十載矣，其闕而應續者固多。　皇清御宇，一代之制度文物損益因革，更應紀載。　閩中李公來治吾魏，百度釐舉，謂通志一事，久奉上臺之檄，若因循仍舊，非所以遵功令，亦何以見政治耶！　乃慨然以秉筆身任，與吾友王子錫命廣稽博考，校古續今，六閱月而卒業，凡事之應傳者咸備具焉。　伏念天子睿知好學，博極羣書，一統志既裒成於史館，而一方長令偕鄉之士大夫操觚而司掌故，庶有以備採取也。非李侯有此舉，不幾爲吾邑一大闕事乎！余自都門之粵西涖司任，便道過里，得讀侯之新志，嘆服此書之精核，摭拾遺文，披訪軼事，既嚴且詳，而更加意於闡潛發幽，雖窮閻僻蔀必爲表彰，使觀者感慕興起，一遇輶軒採錄，即可登彤史而垂後世，彬彬乎盛也哉！

且夫志爲一邑之書，而六經諸史之義罔不具。其山川田土，典制，則周禮職方也。其天象人事，品物鉅細，則洪範五行，春秋，國風，先秦史記，漢書也。士大夫溯軒昊，窮遐荒，而失諸里閈故事，安在其爲知本者乎！讀茲志者，考國憲，勤職業，服先疇，法懿行，教子弟，警頹風，其有關於政治大矣。

頡剛按，『閫中李公』謂李倚娍，康熙十九年任魏縣知縣，廿一年去職。

（寅二）王氏家藏集序（王氏家藏集卷首）

崔維雅

嘗讀崧高之什，仲山甫光贊周宣中興，尹吉甫頌美之曰，『其詩孔碩，其風肆好。』蓋一代瑋人碩德鴻猷，昭耀册簡，奕世下猶切高山景行，睎溯懿爍，不能已已。

余不佞，筮仕儀封吾鄉少宰梁玉立先生輒揚扢浚川先生，余深懷仰止。甫受事，先生賢裔捧先生文集來乞蕪言弁首簡。余惟徵獻觀風，自司土者厥職，因先披先生傳讀之，且次第覽其全帙。諗其忠孝大節射斗干霄，摛爲藻采，如探珠於淵，挹火於燧，故圓折方流，吮毫伸紙，烟雲霏煜，如讀上林賦，不從人間來，裒然稱一代詞人冠冕；則弇州歷下當執鞭弭，況雕蟲礫鼠不星淵乎！當其屢蹶屢起，大節巖巖，如金在鎔，百煉彌剛，又如崑山之玉，炊七日而質不變也。終受知肅皇，歇歷中外四十餘載，氣益沉，學益邃，識益朗，故批大郤，導大窾，若庖丁之新硎，發爲詩歌，妙如慶鐻，摛爲詞賦，節中桑林。總之沈醴於道德性命，窣爲經濟，卓然自成一家，殆如翔陽然，旭然而曲阿，曙嘆然而昆吾翔，璀然而夾之雲霞，升之濛谷，宜其終古麗天，俯睞萬象焉耳。韓稚圭之言曰，『才堪八面，乃是經綸好手。』子輿氏有云，『五百年有王者興，其間必有名世。』先生於世廟時數建訏謨，懋建偉績，兩賜玉帶，錫賚駢蕃，其仰結明主之知也豈特一豹斑而已哉！余爲先生執鞭而末由也，則茲集固先生行己之外篇也乎？斯集也，得憲臺楊公，名山而國門矣。讀先生之集者，其亦飲水思崑源乎？不佞且繼吉甫而作頌也已！

文林郎，知儀封縣事，上谷後學崔維雅撰。

頡剛案，王氏家藏集爲儀封王廷相作。廷相，字子衡；弘治進士，嘉靖中官至左都御史；謚肅敏，學者稱浚川先生。是集刻版，經寇亂殘缺十之二三。河南通省驛傳鹽法兵備道，按察司僉事楊時薦爲之修補重刻，復還舊觀。時薦，字仲升，大陸人，順治丙戌進士，即此文中所稱『憲臺楊公』也。崔維雅序雖未記年月，以前後序文核之，蓋不出順治十二，十三兩年中爾。

（甲二）崔緝麟

（子一）崔緝麟傳附孫元森，元鼎（乾隆大名縣志卷三十六鄉賢傳）

緝麟，字振侯，維雅之從子也。生新安，從叔維雅遷於魏，爲所器重，攜之宦遊。及維雅服官河防，民瘼悉與謀議，倚之如左右手。維雅舉子晚，家務悉委緝麟。緝麟貧自如，諸子皆負薪汲水。維雅知之，資其家用。康熙二十九年，由副貢領鄉薦。維雅素重其才，屢欲爲援例自效，辭不願也。築室一間，讀書其中，名之曰備廬，作備廬說。又作銀鬣馬賦以見志。

漳水之氾濫於廣平也，大學士安溪李光地方撫畿內，往視漳，以緝麟練習河事，致書訪之。緝麟覆書數千言，大旨言宜開渠疏水以洩其勢，且藉以興水利，不當專恃隄防。光地韙之，以羣議不同而止。

嘗於荒歲買田數頃，明年熟，召賣田者令贖歸，鄉人德之。

選大城教諭。是時，督河副都御史黃某分司子牙河，駐大城，聞緝麟名，折節交，晨夕過從，時人兩賢之。二年，引疾歸。爲園於城南，構亭水上，題曰逸老里。居十餘載，無疾卒，年八十三。

緝麟好學，雖耄年手不釋卷，作楷書無倦色。里巷相傳，以其園爲段干木故居，晚因自號曰段垣。

孫元森，元鼎。

元森字燦若，博覽強記，尤好經濟學。五試秋闈不利，遂絕意仕進，杜門教授，時年未三十也。魏故小邑，學者治舉業外不知有他事；元森獨以先儒道德學術爲學者愷切言之。尤拳拳於治經，徧究漢唐註疏，折衷於一。教人讀經務與傳註別治，先求聖人之意，期有心得後讀傳註以證之。其教不立文字，皆口授。家素貧，刻苦自持。漳水入城半年，七徙其家，以扁豆給饘粥。其再入城，自操舟出入水中。備嘗艱苦，然終不蹈非義。卒年六十二。

元森性澹泊，於世味無所近，博弈管絃之好未嘗涉於耳目。生平與人無忤；及事有可否，持正議侃侃不可屈，雖屢危困不少挫。子述，邁，乾隆二十七年同舉於鄉。

元鼎字玉吉。元森出爲世父後，有二子長述，次邁。元鼎無子，欲乞邁爲己子，事不果，延之數年。元森既沒，元鼎亦將老矣，族人多勸元鼎別立後。元鼎曰：『我可以無子，先人不可以無祀。舍兄弟子而使疏支承祀，謂先靈何！』必使邁歸宗而後議嗣，且許割己產之半以與。鄉黨義之。無何，邁死，元鼎尋亦卒，族黨竟用其議，以產之半與邁子應龍，使之歸宗。元鼎心古貌樸，工制藝，不樂仕進，而篤於內行；鄉里稱之。邁另有傳。

(子一二)崔緝麟（畿輔書徵卷三十二）　徐世昌

緝麟，字振侯，號段垣，大名人，維雅從子。康熙二十九年舉人。築一室，讀書其中，名曰備盧，論說賦詩以見志。後選大城教諭。居二年，引疾歸。卒年八十三。

詳師儒崔元森傳。

段垣詩文集二卷

書法輯說

頡剛按，乾隆大名縣志卷二十四，于段垣詩集，段垣文集，書法輯說三種下注云：

『俱不詳卷數，書俱未見。』

（寅一）雍正魏縣志序（乾隆大名縣志卷二十六）

崔緝麟

國家設官分爵，內而宰相，次而科道，外而督撫，以至知縣，雖祿位懸殊，而知縣重與宰相等。知縣有所行，宰相乃行之。知縣所不行，宰相亦不得行之。惟是知縣勢分卑遠，凡有所行須候關牒：地方之利弊，民生之休戚，志欲行之，往往中間多有所阻而不能遂。故知縣爲最難。非有批竅導窾之才，罕能勝任而愉快也。然實未得其人也；今得其人焉，如我邑侯馬公，亦何弗勝任者！

公任魏縣二十年，其政在地方，其感在民生，善之所及非一言能罄。茲爲一一述之。其最大而異者，莫如格天。魏値大暵，草木不生，公乃自帶鐵索，持素步禱，溽暑毒日不輟，而甘霖爲之立沛。如此者二次。每歲施衣，貧民患凍，賴以獲暖。每歲施粥，貧民患饑，賴以得飽。凡理詞訟，不煩言而立判，民無冤獄。凡待紳士，惟和厚以接人樂相親近。特買民房於東門，建立義學，延師教徒，不惜束修，已二十年於茲，逢文宗科歲兩試，未嘗不誇魏之文風爲上。新科中鄉試者四人，皆由我公教之也。

今忽以老病致仕，魏民欲奔縣以挽公，公止之曰『我去自有好官來，何庸多事！』緝素叨愛下，感激莫可言喻，亦欲隨衆懇留；窺其歸志決，遂已焉。夫人孰不願爲官，若公之進退無所瞻狗者，誠鮮矣。

因其魏縣志書告成，將付諸梓人以垂永遠，故謹爲之序。

頡剛按，馬公謂馬襄，康熙四十七年任魏縣知縣，雍正四年去職。

（寅二）秋懷（畿輔詩傳卷二十五）

崔緝麟

節序暗推移，景物不停逝。有家恒蓬飄，無官亦匏繫。秋山黃葉深，孤懷誰與契？獨有月上時，清風吹短袂。

（甲三）崔元森

（子一）崔元森傳（畿輔先哲傳卷十五師儒傳）

徐世昌

崔元森，字燦若，號闇齋，大名人。祖緝麟，字振侯，康熙二十九年舉人。築室讀書，名曰備廬，作備廬說；又作銀鬣馬賦見志。漳水溢，巡撫李光地問治河事，緝麟覆書數千言，大旨言宜開渠疏水以洩其勢，且藉以興水利，不當專恃隄防。光地韙之，格於羣議而止。嘗於荒歲買田數頃，明年熟，召賣田者令贖歸；鄉人德之。授大城教諭二年，引疾歸。卒年八十三。著有段垣詩文集，書法輯說。　生三子，瀚，濂，沂，俱縣學生。

元森爲濂之長子而後於瀚；少好學，於書博覽強記，入夜猶擁衾坐誦，或無燈則映月然香誦之。　年十七，補邑弟子員；旋食廩餼。　五試於鄉，皆報罷，遂絕意進取。

其爲學，嚴儒釋之辨。　北方自蘇門孫奇逢宗姚江王氏之學，遠近皆信從。　元森獨恪守紫陽而尤愛玩當湖陸隴其之書，躬行以求心得。　治經，究漢唐註疏，折衷於一。教人讀經務與傳注別治，先求聖人之意，有心得後，讀傳注以證之。　其教不立文字，皆口授。　薄世之無知妄作者，未嘗著書。

遭父母喪，服闋，猶素服不忍即吉。　性甘淡泊，與人交必忠告，樂道人善以爲常。乾隆二十三年，漳水數入城，半年七徙其家，家益困。　然安貧自持，又喜賙人急，甚至田宅見侵，不較也。

乾隆三十六年卒，年六十有三。

汪師韓曰『今之以理學名者，類依倚達官貴人，盜襲前人之說以欺世，而行不見信於宗族鄉黨。或際困阨，遇小利害，輒變易所守。義不勝利，往往而然。」元森刻己勵行，以樸學教士，跬步皆有禮法，庶幾乎孔子所謂『行己有恥，孝弟忠信之士，』其爲眞儒無疑也。

子述，邁，皆有文行，而述尤善著書，負當世通儒之目。

(甲四)崔邁

(子一)崔邁傳(乾隆大名縣志卷三十六鄉賢傳)

邁，字德皐，聰明異常。少常與兄述讀木華海賦，述未及半而邁已成誦。年十二，入府庠。明年食餼。又數年登賢書，未弱冠也。

時意氣甚盛，謂功名可立就。既躓公車，益肆力於學。好爲詩古文詞，不屑屑舉子業。

自魏縣城圮，隨父兄移居禮賢臺側。比戶居人率多市井無賴，邁厭之，扃戶著述自任。嘗著魏墟雜志；又欲爲大名文存及鄉賢行事各爲一書，未成，而文獻稿粗具。偶一野望，輒感喟。坐是抑鬱病死。

邁卒後，述搜羅遺稿，刪訂成集，蔚然可觀。

（子二）崔邁（畿輔書徵卷三十三） 徐世昌

邁，字德皐，大名人，述弟。年十二，與兄同補諸生。乾隆二十七年，復同舉於鄉。先其兄卒。詳文學崔述傳。

魏墟雜志四卷

魏郡瑣談二卷

考信附錄，『本三卷，已成二卷。』

訥菴筆談二卷

考信附錄，『本二卷，已成一卷。』

步柳集一卷

考信附錄，『德皐少好詞賦；擬上林七發等體，繽紛陸離，讀者幾不能句。尤愛爲小詞，倣宋柳耆卿，因名稿曰步柳集。』

寸心知詩集二卷，文集一卷

夢窗囈語一卷

大名文存一册

大名詩存三册

考信附錄，「文存凡三册，選訂爲一册。詩存三册，其一册每人皆有序，二册無序。蓋皆未成書而歿也。』

尚友堂說詩一卷

考信附錄，『其所著尚有魏郡叢談，金石遺文記略，雜記三種，俱未成，藏於家。』

頡剛按，乾隆大名縣志，魏墟雜志作二卷（考信附錄作四卷）。又識韓詩傳引有德阜詩草，當即寸心知集也。

（寅一）雜詩（畿輔詩傳卷四十四，下同）

崔邁

癖性耽孤介，俗士多所忤。閉門稀出遊，狹隘迫於路。往者遊長安，求名不終遇。幡然歸故林，頗得隱居趣。入室酒滿尊，挂壁琴一具。雖無犧牛樂，且免神龜懼。嘯傲招隱詩，吟詠歸田賦。卻憐世間人，醉夢幾時寤！

（寅二）薄命辭

崔邁

宋戴石屏薄遊江西，有富家翁憐其才，妻以女。居二三年，告妻以曾娶，欲作歸計。妻白之父，父怒；妻宛轉解釋，盡以奩具贈行，作祝英臺近以餞。石屏既別，遂赴水死。詞云『惜多才，憐薄命，無計可留汝。揉碎花牋，忍寫斷腸句！道傍楊柳依依，千絲萬縷，抵不住一分愁緒。如何訴，便教緣斷今生，此身已輕許。

捉月盟言，不是夢中語。後回君若重來，不相忘處，把杯酒澆奴墳土！』余哀其志，爲賦薄命詞。

惜多才，才多情未多。松柏不可見，兔絲附女蘿。憐薄命，命似君心薄。楊花失故枝，風中自零落。君來見說身煢煢，綢繆爲結同心盟。解道良緣千載合，爭知別淚一朝零！知音誤認彈琴偶，使君自有家中婦。恩情總付道傍花，行蹤遽折亭前柳。故人恩義重新人，忍拋新特思舊姻。閨中已負娉婷胥，客裏寧憐憔悴身。高堂愛女心難忍，當時苦恨情相隱。媿非嘉耦與郎偕，自合紅顏爲君盡。君歸無計可留君，對君腸斷寫迴文。他年到此不相棄，濁酒一杯澆妾墳。

乙部　成氏

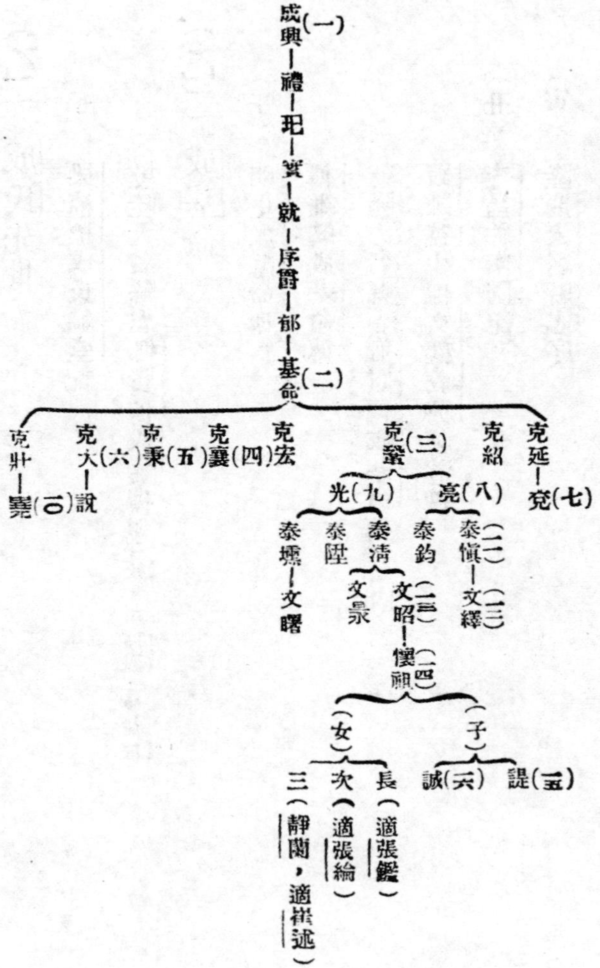
成興(一)
禮
玘
寶
就
序爵
郁
基命(二)
克延
兗(七)
克紹
克鎣(三)
亮(八)
光(九)
克宏
克襄(四)
克秉(五)
克大(六)
說
克壯
泰愼
文繹
泰鈞
泰清
泰陞
泰熛
文曙
文昭
文景
(子)
(女)
誠
提
長(適張鑑)
次(適張綸)
三(靜蘭，適崔述)

（乙一）成氏先世

（子）梁清標成氏祠堂記……

乾隆大名縣志鄉賢傳成實傳附子就，孫序爵，曾孫郁……

（乙二）成基命

（子）明史成基命傳……

傳維鱗成基命傳

乾隆大名縣志鄉賢傳成基命傳附子克延，克紹……

錢謙益少保文穆成公神道碑

（丑）李昌祚素園記……

（寅）隆慶大名縣志序……

沙隄

（乙三）成克鞏

（子）乾隆大名縣志鄉賢傳成克鞏傳

陶樑畿輔詩傳成克鞏傳

（寅）浮邱山房記

倫史自序

爲人模樣自序

重復大名縣學碑記

重復天雄書院碑記

嘉穀亭記

浮山小洞詩

北園

修素園

愜麓行春

(乙四)成克襄

(子)乾隆大名縣志鄉賢傳成克襄傳

(乙五)成克秉

(子)乾隆大名縣志鄉賢傳成克秉傳

(乙六)成克大

(子)乾隆大名縣志鄉賢傳成克大傳附子說

陶樑畿輔詩傳成克大傳

(寅)新春湞江晚泊

望洋臺

雜感(二首)

仲冬赴灤(二首)

過南贛

雨中過峽口

度嶺

保昌道中

濠鏡澳即事

海幢寺送客登眺感懷

酬張仲，張屏風山野泊之作

（乙七）成兗

（子）乾隆大名縣志鄉賢傳成兗傳：

馮金伯國朝畫識成兗傳

（乙八）成亮

（子）乾隆大名縣志鄉賢傳成亮傳：附子秦愼，秦鈞，孫文繹

（寅）村居

（乙九）成光

（子）乾隆大名縣志鄉賢傳：成光傳附子泰清，泰陛，泰熛，孫文昭，文彔，文曙

（丑）魏憲素園詩集序：

（寅）眉生再入都門

丁酉冬蒙賜貂裘恭紀

暮春夢闇招飲園中

廣平申堯盟過訪賦贈（三首）

客秋別汗朱于都門，至是造訪濮陽

客鄴下許典三世德堂賦贈

飲鄴郡李磊軒齋

滙園有懷

（乙一〇）成壜

（子）乾隆大名縣志鄉賢傳成燾傳

（乙一一）成秦慎：

（子）汪師韓大名成參議公傳

（乙一二）成文繹

（寅）題西疇情話圖

（乙一三）成文昭

（子）陶樑畿輔詩傳成文昭傳

（丑）朱彝尊成周卜詩集序

同友人過潞潭寺遇雨

賈太傅故宅

晚春侍家大人招同黃小重，過鶴言，劉書根遊嶽麓，和鶴言韻

（寅）晏起

述懷四十韻贈陳東村

寄子白百韻做香山體

信陽州

李家砦

會水嶺

廣水鎮

金口驛

羅山

蘆林潭

雷岸謁麹令祠紀事

阻風用山薑集中湯惠聯句韻

冒雪訪靈皋，留飲話舊（二首）

去秋徐行甫以『夕字七疊韻詩』見示，愛其古潔幽雋，欲屬和而未暇；今丙戌元日獨坐寡歡，偶次韻寫懷，不必示徐也。

人日再次韻柬行甫

與仝車同

暮春吳賓崖邀同人集章氏園，限『日』字

題顧俠君秀埜草堂圖

長句送舍弟歸里

送過鶴言歸當湖

倉頡廟

武昌吳故都

石鐘山

拜左忠毅公墓道

次韻贈劉太乙

疊前韻贈日容

疊前韻贈李牟山

疊前韻贈顧俠君

疊前韻贈龔孝水

疊前韻送王秋史歸濟南

疊前韻寄柯南陔

疊前韻憶舍弟爾長鄉居

虞道園硯歌爲李後圃作

題宋姜銘郡丞鷗邊洗琖圖

和杜甫杜位宅守歲

和羅隱除夜

懷李東皋

送陳秋田之官荔浦（二首）

出都

上巳日家叔舍弟小園讌集言別（二首）

憶湘南舊事再寄元叔

北行辦裝

夜坐

九日

病起雜詩示遺安，公錫，雲生諸子（二首）

百泉坐月懷友

潭勝渡漳河

邢州懷張九丰秦中（二首）

淇門

合肥

和顧俠君移居雙井書屋題壁（二首）

（乙一四）成懷祖

（子）乾隆大名縣志鄉賢傳成懷祖傳

陶樑畿輔詩傳成懷祖傳

汪師韓徵仕郎邳州直隸州判成君墓誌銘

（丑）汪師韓闗西槖草序

（寅）邳志續筆自序

對月

蒲澤谷

題三水縣署

歸烏

送陳元聲太守之任滇南

長安懷古

出關

酒泉幕府漫題

拜范文正公祠

寄懷吳三牧村

雪後寄懷靜寧牧張智原同年

送陳竹泉南旋

（乙一五）成諟

（子）陶樑畿輔詩傳成諟傳

（寅）乾隆大名縣志跋

題龔夏橋桃源圖

（乙一六）成誠

（子）陶樑：畿輔詩傳成誠傳

（寅）鳴玉池

傷伐雨前書屋老槐

寄棲霞張元奎

貴鄉故城

禮賢臺

感舊

頡剛案，成氏一門，舍懷祖與提誠兄弟，與東壁本無直接關繫；然成氏積德累數百年，文采風流，輝映河北，成孺人自宜有文學之秉賦。觀纍餘吟序，謂年十一始從母識字，十四五乃學弄韻，而母課女紅嚴，無暇讀書；

既嫁，則井臼操勞，更無暇學。以未能多受教育之身，僅覓操作之餘閒以學吟詠，竟能斐然成章若此，不歸之於遺傳之功不可也。東壁名場不遇，爲里巷小人所侮，一生處拂逆中，體又羸弱，直當以不勝抑鬱而沒，何以得享高年而成鉅著？陳履和所作行略曰，『成氏婦才且賢，炊爨餘閒，佐讀不輟，時復呈詩於翁姑以博歡笑，益怡然忘所苦。』又曰，『年已七十餘，……外人未有好先生書者；獨成孺人爲閨中老友，盡悉平生著書事耳。然則在貧困中佐東壁之讀書者爲成儒人，在舉世不見知中深得東壁著書之心者亦爲成孺人，閨中老友相依倚者五十年，一室中儘有慰安，苟不有此知己，其能有此成就乎！而推成孺人之所以能爲東壁知己者，亦以其出於累積數百年文學修養之家庭，對於其夫之不合時尙之工作能了解之而與以同情，不以勢利之見怨懟之爾。然則此數年百文學修養者，即東壁得以成功之一重大因緣也。成氏一門作品，此編蒐輯較多，即以此故。

又案，崔成二家皆大名望族，世爲婚姻，居於僻邑而漬潤於詩書，苟有達者，其不受都會學統之束縛而異軍特起，自有可能。　觀成文昭之雷岸謁鞠令祠一詩，深闢傳說之妄，與東壁金縷曲之不信任古蹟者，其態度正相似。　是知東壁之長處，即在善將此強健之地方性擴而充之耳。若置之於江浙之間，其時代又值乾嘉之際，有大師宿儒爲之輔導，其學必視今更精，而疑古之勇氣亦遂消釋矣。　天之生是，固使之獨也！

（乙一）成氏先世

（子一）成氏祠堂記（乾隆大名縣志卷十八祀典志）　梁清標

成氏祠堂者，今少傅相國所建以奉其先者也。

成之先，山西洪洞人。始祖諱興者占籍大名，遂世爲大名成氏。興生禮，禮生玘，皆世有潛德。玘生實，是爲別駕公，早歲擧於鄉，仕爲淮安府通判。有緝捕功，當不次擢；以他事與郡守隙，竟投劾歸。讀書教子，著家訓於石。別駕公生就，是爲斷事公，風期修偉，少著文譽。數奇不第，以明經仕爲應天府經歷。再遷遼東都司斷事，有賢聲；臺使者交章薦，以子喪，力請休致。能以勤儉持家，家日以起。成氏規模，至公略備焉。

公生序，爵少英敏嗜學。初習毛詩；督學使改習春秋，不逾年而業就，士林才之。屢罷秋闈，齎志而殁。

公生郁，是爲文穆公父。幼好學，嘗試聞鷄起舞論，學使賞之，補博士弟子員。公性誠朴謙謙，德讓孚於宗黨。夫人劉嘗括簪珥，可得廿金，托一內親貨之以佐饘粥，竟爲所詒。人有勸其窮索者，公輒笑曰：『彼亦爲貧使也！』安貧教子三十餘年而文穆公貴，封翰林院編修。已用文穆公恩命，三世皆贈爲宮保大學士云。

初，文穆公旣歸，謀祀先，會病不果，乃呼少傅語之。比文穆公卒，賜諡，贈，例得特祠，而時未克舉。少傅遭際本朝，入叅大政，至今皇帝三年予告回籍。旣於文穆公舊第之東建家廟祀祖宗，用成先志；又奉賜金卜元城劉忠定公鄉祠前建文穆公祠，爲前後二堂，翼以左右廊廡，高明深靚，可以奉神靈，布几筵，集冠蓋，備庖湢。將蠲吉奉主入祠，乃具狀拜緘，屬余爲記。

余稽古廟制，大夫三，適士二，官師一，庶人則祭禰於寢而已。朱考亭制家禮，依古廟不達家之義，往代因之，迄今不廢，則宗祠之由來遠矣。且古昔名賢，功德感人，則俎；豆不衰，今成之先積德修行，十世於玆，廟貌巋然，專祠不遷，禮制罔有不宜。顧少傅公居平謙抑遜讓，嘗歆然自謂『我先人越在草野，歷世滋昌，以有我先公，不肖無能爲繼，儌天幸廁綸扉，守先業以有此日也，繄惟先世之靈實陰相之。廟祠備建，示吾子孫無忘其初耳。』余喟然曰：『有是哉！安不忘親，孝也。貴不遺本，仁也。此成之所以長有此堂也！』

古者堂成則頌，魯人之美僖公，晉臣之頌文子是已。而余媿非其倫，爰筆爲記，以述少傅公志，勒貞珉，垂奕禩云。

(子二)成實傳 附子就，孫序爵，曾孫郁（乾隆大名縣志卷三十三鄉賢傳）

成實，字大信，號恕齋。其先山西洪洞人。永樂初，徙大名。父玘，性純簡，鄉人悅服，稱曰貞白先生。玘感異夢生實，慧敏寡言，授書默會大旨。年十二，補縣庠生。中正德五年舉人。屢躓公車，實笑曰：『士窮經以致用也，學以安民也，豈以進士爲重輕哉！』遂就銓，授淮安府通判。淮故稱難治，實檢身集慮，期年上下交孚。先是淮海多警，實奉檄往捕，一鼓殲其魁，餘黨解散，有金帛之獎。乞休，抵里，課子弟讀書，砥行；遠近化之。卒年七十三。

子就，丰姿修偉，好讀書，與人交，肝膽傾向。生平多長者遊，髫年文譽鵲起。數奇不第，以歲貢任應天府經歷，有聲。遷遼東都司斷事，申明職掌，不辭勞怨。臺使交薦；以子序爵亡，悼之，堅請休致。里居數年，多隱德

孫序爵，號衛川。英敏嗜學，文名冠一時。及貢而沒，士林惜之。

曾孫郁，字民式。當父序爵卒時，郁尚幼。祖就見其能哀禮也，悲且喜曰：『兒不死矣！』就外傅，自若異於常兒。既長，娶杞主簿劉耀德女，內助稱力。比遭祖及母喪，財物殆盡。里復大水，廬屋盡廢。家僅沮洳百餘畝，推其可者與同產三人，因之杞學焉。歸試有司，作聞雞起舞論，拔置諸生異等。遘劉亡，子女並幼，娶繼室范氏。於時大學士基命甫七歲，新故之際，家愈困乏，其志淡如，一意屬業基命。凡二十餘年，萬歷三十五年，基命成進士，讀書中秘。明年，郁至京師，謂基命曰：『國家自此不爲少事，汝當勉之！』居月餘歸。三十七年，迎養不復至。基命請歸省，不得報。欲徑往，郁書固止之。亡何，卒於家。郁孝友醇至，於人無所不容。嘗括囊中金得少許，屬所親爲營；其人負之，笑置弗較。微時即併日以食，有過從者輒貰酒爲懽。既貴而壺飧造

次，無異曩時。客即少賤，禮之若貴人。義聞徽行，流播里閈。後基命入參政府，爲世名臣，人以爲郁厚德之報云。

玄孫基命，另有傳。

（乙二）成基命

（子一）成基命傳（明史卷二百五十一，列傳第一百三十九）

成基命，字靖之，大名人。後避宣宗諱，以字行。萬曆三十五年進士，改庶吉士。歷司經局洗馬。署國子監司業事。天啟元年，疏請幸學，不先白政府，執政者不悅，令以原官還局。遂請告歸。尋起少詹事。累官禮部右侍郎，兼太子賓客。改掌南京翰林院事。六年，魏忠賢以基命爲楊漣同門生，落職閒住。

崇禎元年，起吏部左侍郎。明年十月，京師戒嚴。基命請召還舊輔孫承宗，省一切浮議，倣嘉靖朝故事增設樞臣；帝竝可之。踰月，拜禮部尙書，兼東閣大學士，入閣輔政。

庶吉士金聲薦僧申甫爲將。帝令基命閱其所部兵；極言不可用。後果一戰而敗。

袁崇煥，祖大壽入衞。帝召見平臺；執崇煥屬吏。大壽在旁股慄。基命獨叩頭，請愼重者再。帝曰，『愼重卽因循，何益！』基命復叩頭曰，『敵在城下，非他時比！』帝終不省。大壽至軍，卽擁衆東潰。帝憂之甚。基命曰，『令崇煥作手札招之，當歸命也。』

時兵事孔棘，基命數建白皆允行。及戒嚴，召對文華殿。帝言『法紀廢弛，宜力振刷。』基命曰『治道去太甚。譬理亂絲，當覓其緒。驟紛更，益擾亂。』帝曰，『慢則糾之以猛，何謂紛更！』其後溫體仁益導帝以操切，天下遂大亂。

三年二月，工部主事李逢申劾基命欲脫袁崇煥罪，故乞愼重。基命求罷。帝爲貶逢申一秩。

韓爌，李標相繼去，基命遂爲首輔，與周延儒何如寵錢象坤共事。以恢復永平敍功，並加太子太保進文淵閣。至六月，溫體仁，吳宗達入。延儒，體仁最爲帝所眷，比而傾基命；基命遂不安其位矣。

方崇煥之議罪也，基命病足不入直。錦衣張道濬以委卸劾之。工部主事陸澄源疏繼上。基命奏辯曰，『澄源謂臣當兩首廷推，皆韓爌等欲藉以救崇煥。當廷推時，崇煥方倚任，安知後日之敗，預謀救之！其說祖逢申，道濬，不逐臣不止。乞放歸！』帝慰留之；卒三疏自引去。

基命性寬厚，每事持大體。先是四城未復，兵部尙書梁廷棟銜總理馬世龍，將更置之，以撼樞輔。承宗基命力調劑世龍，卒收遵永功。尙書張鳳翔，喬允升，韓繼思相繼下吏，並爲申理。副都御史易應昌下詔獄，以基命言改下法司。御史李長春，給事中杜齊芳坐私書事將置重典，基命力救不聽，長跪會極門言『祖宗立法，眞死罪猶三覆奏；豈有詔獄一訊遽置極刑！』自辰至酉未起；帝意解，得遣戍。逢中初劾基命，後以礮炸下獄，擬戍，帝猶以爲輕；亦以基命言得如擬。

爲首輔者數月，帝欲委政延儒，遂爲其黨所逐。

八年，卒於家。贈少保，謚文穆。

（子二）成基命傳（咸豐大名府志卷十九藝文志）　傅維鱗

成基命字靖之，別號毖予。避御諱，以字行。少有異質，日誦數千言。萬歷癸巳，以特選入太學。時葉向高爲祭酒，每語人曰，『成子，公輔器也。』雍事竣，不受銓除，益力學。丙午，舉於鄉。明年，成進士，改庶吉士。乃取累朝舊典若方輿利弊，皆條悉不遺餘力。於詩文獨進秦漢，大歷上館閣師皆器重之。

庚戌，外艱歸。壬子，服闋，守故官。庚申，遷右中允；尋改洗馬，管司業事。敦尚風節，爲太學先。熹宗卽位，疏請視學不先關白內閣。閣臣恚，以原官回局；於是請告歸。癸亥，與修光宗實錄。成，遷右庶子，管誥勅，補日講官。每進講，敷析詳明，寓以規諷；上肅容俯聽。陞少詹事，進禮部右侍郞。時閹忠賢初竊政，附影觀風者每驟躋峻秩；公風簡澄峻，每正色講筵，獨弗修款謁。會楊漣左光斗諸獄興，搆者誣以爲漣等衿契，以激怒閹；公遂決意去。或謂之曰，『執政有瓜葛，可解也。』公曰，『講官，皇上規繩也。規繩自隳，安作皇上規繩！』遂歸。

懷宗御極，卽家拜吏部右侍郞，充經筵講官。公每奏對，鶴立玉表，懷宗每目屬之。尋回部管右侍郞事，力任澄敍，飭諸曹郞各舉其職。

未幾，邊警亟，上御平臺，集廷臣講求方略。公念綸樞爲戎行根本，無論籌略出自帷幄，文武大吏用得其人，而非綸樞所願，多螘附焉。綸樞非人，安問大吏。樞貳佐樞曾不關其說，而悠悠置之不聞。豫儲事急，則議多任少，故條議薦舉非鑿鑿可行，當盡置勿問。至於大豪傑抱兼資大略，急宜勅廷臣署舉分曹諮試，不致要人攜所暱以要當事。乃應對條四事曰，『置輔弼，廣樞貳，採讜議，廣招來。』懷宗嘉納之。

己巳，特陞東閣大學士，預機務。

一日合同官入對平臺，懷宗方勅大學士孫承宗督師關門，詢方略。公奏云，『願以戰守機宜付承宗，俾盡其才，勿掣肘，必有以仰副聖衷。』而他所敷陳，於戎務獨切；一時皆心服焉。時紛召外兵，公以爲外兵已來未定，方來當止。京營乘城之士宵旦不得下，宜分班休息之。宣雲勁卒入衞，仍當招補舊額，以備諸衝要。調集費繁，額賦當急，陳糧當運，明年領兌續運之法當行，新餉當增，屯運當緊，豆料之派當均，行糧當覈。而司空之屬給發收貯當晰，內造外造當促其期，目前見行當急，來歲當預，然而筆篇之選，或當箭括嚾頭銷懊，黄口又沓拖不可奈何。兼以還衞區士不敢密蠢，而四方選卒抵圻輙鳥獸散。至於六垣註銷不講，六曹奏報省試不聞，急做軍實緩，仍文應，即錯立旌談，未有擘肌分理。公乃一一條畫諸興革大計，仍痛言所以籌邊之策。上嘉納之。

懷宗重漕，欲復勳臣董漕運，而諸勳攻詰四騰。公極諭勳臣，削軍蠹漕諸弊，事得寢。

册立東宮禮成，加太子太保。

一日懷宗御文華殿，謂輔臣曰，『近日法紀廢弛，宜大振刷。』 公對曰，『治道第宜去其太甚。 譬理亂絲宜覓頭緒。 驟用紛更恐益撓亂。』 是時遵永戒嚴，兵部尙書恚總兵馬世龍，謀更置之。 公獨破羣忌力奏。 上乃勅世龍統五將軍下西南兩壁於灤州，又於寧夏三戰俱捷：非公力護不及此。 宣督議圖插以伐合謀，公謂力不堪兩應，但勿非其議而力爲持重；從之。 至議固根本，則請用通昌涿三鎭重臣治兵，以壯聲援。 又念兵部尙書調發不得專兵，而四方以兵爲驕，幾如藩鎭，因請一中樞大臣親提勁旅，以彈壓驕悍。 懷宗悉嘉納焉。

上方銳意精嚴，一時臣下兢兢自護不暇。 公每遇所譴誅，輒按法原情，反覆開除，不爲矯法以救時急，多平氣而奏。 如尙書張鳳翔，喬允升，胡應台，韓繼思，皆與申理得從寛典。 如副都御史易應昌，逮下詔獄，力奏改刑部。 御史李長春，給事中杜齊芳以私書論斬，公獨疏救，跪會極門，自辰至酉，上意解，遣戍。 時御史劾州邑稽運長吏，朝廷欲以軍機論罪，又以各鎮餉司收放任情，致軍丁譁譟，當遣官督察；公乃詳奏長吏稽遲之苦，又奏餉司已飭撫按考核，而將怯兵驕，動以逋給為譁，罪不在餉司也。懷宗俱從之。

以克復功，加太子太保，進文淵閣，廕一子中書舍人。以偶病不入直，遣中官持幾密，卽榻前票擬。時軍興大匱，而戚畹乞墳價數萬，公曰『此不足濟軍餉乎！戚臣誼體國事，平補給寧晚也！』

會病劇，數上疏乞骸骨；允之，賜白金綵幣，遣官護乘傳歸；然時惓惓以國事為念。於崇禎八年乙亥卒。卒之夕，猶櫛沐草遺疏，所云振國紀，肅吏治，正士習，蘇民困，戢兵淸餉，娓娓數千言。奏上，懷宗震悼，予祭葬如例，贈少保，謚文穆。

公端凝峻朗，居恒恂恂溫厚，及遇事毅然，識沉力定，確不可奪。當帝前，每發所欲言，折衷羣議，諳練典故，體合公心，曾不樹同異，而賢者自親，不肖者自遠。至於機政之否臧，刑爵之輕重，文武大吏之去留，每以一言用不用為効。天性孝友，周急恤孤，獎掖後進汲汲不倦。門無私謁；能相日，家無長物；人號爲清白相公云。

頡剛案，此文多誤字，匆遽未得明書校勘，姑仍之；以不得其解，所施標點亦容有誤也。

（子三）成基命傳附子克延，克紹（乾隆大名縣志卷三十三鄉賢傳）

基命字靖之，郁子。……（頡剛案，此下皆鈔明史列傳，今不複載。）……

子十二，知名者克延，克紹，克鞏，克宏，克襄，克秉，克大。克鞏名最著；後官大學士，世其家。

克延，號岱松。十歲喪母，哀禮如成人。以廕授太常寺博士；轉淮安府通判，著有循聲。擢戶部主事；管淮安倉。時流氛猖獗，克延先事預防，賴以安堵。丁外艱；起補南京戶部郎。甲申，承重里居；值闖逆之變，空城無守。克延倡紳士聚民兵守城，扞賊；僞官潛遁。追捕餘黨，斬土寇數十級。救清豐，魏縣，保全甚衆。疽發背，卒。

克紹，字肖甫。少有才名，補諸生，試輒前茅。天啟元年拔貢。居家孝友，與人恂恂善下。有疑事就質，輒以片言剖之。父沒，哀毀盡禮，遂不起。

自克鞏以下另有傳。

（子四）少保文穆成公神道碑（咸豐大名府志卷二十藝文志）

錢謙益

嗚呼，以天爲無意於人國乎？雖其陽九百六方蹶降割之際，光岳之氣未嘗不合也，山川之雲未嘗不出也，扶危定傾之才未嘗絕跡於世，謀王斷國之人未嘗不接踵於朝也。以天爲有意於人國乎？畀之以賢才而靳之以枋用，使之臣不遇其君，君不遇其臣，即臣與君兩相遇矣而又不得久，於是乎姦邪小人盤互於內，敵國外患交攻於外，而淪胥板蕩，忽焉不可救藥。蓋吾觀宋事至靖康諸賢之進退，輒爲塡胸撫膺，且憤且悖。今老病垂死而書文穆公墓隧之碑，乃在其即世十年之後，此所以忍淚執筆，嘆窮而繼之以泣也！

公姓成氏，諱基命，字靖之，避廟諱，請以字行，大名人也。少爲諸生，長身玉立，與高陽孫文正公齊名。萬曆丁未舉進士，選庶吉士；繼高陽列詞館，砥行積學，並著公望。迴翔詹翰，歷官吏部左侍郎。崇禎元年，枚卜閣臣，廷推居首，未果用；踰年遵永陷沒，畿輔震驚，上用廷議，十一月七日即家起高陽公以樞輔駐通州，控禦神京；次日趣召公，升禮部尚書，入閣辦事。越五日，高陽入朝，召見平臺，公颺言於上曰：『願陛下以戰守事宜一切委承宗，俾得盡其力，必能辦敵，仰副聖意！』上爲之首肯。當是時，烽火連接，警報錯至，舉朝震駭，不知所爲。公言出而聖意定，廟算一人有固志，上始悔用公晚也。高陽既出鎮，公在政地，無一日不以關門爲慮。凡所條上復奏綜覈舉行，於兵部則謂四方招兵，抵圻輒烏集獸散，當止；七萃乘城之士宵旦不得下，當更番宣雲勁卒入衞，當額招備所當敵。於戶部則謂調集費繁，額賦當急行糧當覈新餉當增，陳糧當運，明年領兌續運之法當行。於工部則謂收發辦造當稽，內造外造當促期，戰車當補，料價當先期以應。又謂六垣註銷不講，六曹奏報省試不聞，錯立挨談，緣飾故事；一一條次當興幾何，當革幾何，心計目營，手批口答，爬搔拮据，冒勞唧怨，皆以內庇軍國，外應疆圉，爲張皇修攘之計。而其最大者則處置關帥一事。蓋是時馬帥世龍出自囹圄，受命總理，方扼腕奮臂，期却敵自效，中樞惡其兀傲不善己也，使其私人監視之，又嗾他帥譁而訟之。公謂『國家所倚賴者關門也，關門所倚賴者高陽也，今以私憾齮齕世龍，掣高陽之手足而責其展布，關門之事去矣，獨不爲國家慮乎！』於是力排羣喙，取旨中飭，命世龍一意進取，不得輕議更置。又請遣科臣往薊飭厲羣帥，不得擁兵觀望，違總理節制。世龍益感奮誓死，總五大帥從高陽下灤遷，次第復遵永四日而四城皆下：皆公在政地周慮危疆，主張國論，居中調護之力也。

公感上知遇，班在一人之下，捕齒拊頰，無所鯁避。及居首，忼慨擔荷，益自發抒。常痛哭爲上言『敵警爲百年來未有，幸其暫退，因循苟安；倘控弦復起，仍前搶攘，天下事寧堪再誤！』上感動，命擬勅申諭。公一夕草四諭，漏下三鼓，猶在直；上從午門望內閣，燈火熒熒然，屏營歎息，不能成寢也。灤永師期來告天大雨，歸步中庭，竟夕不寐；家人環視，不敢問質。明晨捷書至，乃大喜語其故。公雖在禁近，心環竹山灤水間，蓋大臣心事如此。

公以辦敵無能，敵退乞罷。疏三上，溫旨慰留，敍功太子太保，蔭一子中書舍人。上深念宮常國紀廢弛日甚，不大斷割，無以振積玩。公謂『治道去太甚，求治戒太銳。』天威震疊，譙責切至，引理據法，多所寬解，上時曲意報可。一二僉壬營進者爭爲操切，逢迎上意，流言布聞，謂公委卸市德。上意雖專注，不能無動，而郎署之宵人，緹騎之惡子，乘間抵隙，交章詆公，公自是奉身退矣。

既去，高陽在關門益孤；分兵易將，曲肆撓沮。比三年，以凌河之役去。高陽去而關門之事不可爲矣！自時厥後，國勢益蹙，上心益困，登拜如踐，更罷免如傳賞，蜩螗沸羹，無復典要。譬之駕萬斛之舟，銜風逆浪，檣傾楫摧，長年三老袖手屏去，而開船捩舵之人叫號喧豗，促數更易，其不至於覆溺者鮮矣！然則國家之不蚤用公也，公之用未久而去，去未久而亡也，天而有意於人國也夫寧若是？ 葉落而知秋，壺冰而戒寒，公之進退關係於國家綦重，而世未有蚤知之也。

天啟間，公與余並官左坊，逆閹魏忠賢用事，宵小附之，引繩批根，將興大獄。 兩人私語，咋指嘆詫。 無何，余先罷去，公以少詹事南翰入賀華亦罷、 已偕起田間，朝龍迴從，相與屈指四郊多壘，君父旰食，綢密事叢，何若而可，晝灰借籌，每坐談輒移日。 既而曰。『昔人有言，「政將及子，」交相勗也。』 閣訟之興也，余既被放，公亦肯後命。 余歸一年所，公與高陽相繼柄用，用未竟而皆去、 當余之被放而公亦左次也，朝右之倚公者有以抱蔓為憂。 及公之登用功見而言立也，朝左之惜予者或以得輿為喜。 公旣不久中書，余遂長錮黨籍，於是海內正人君子扼腕世道者碩果之望滋窮，井渫之心彌惻矣。 馴至於今，國家之陵谷變遷，宵小之骨肉腐朽。 世有讀公豐碑，考公遺跡，追數其邪許推挽，嬋嫚呴沫之情事，截截之口能無重恨於諞言，夢夢之天抑或纏悲於殄瘁，淸濁同流，玉石俱燼，世運而往矣，天不可閱矣，斯余所謂『忍淚執筆，嘆窮而繼之以泣』者也！

公乞歸凡六年，以乙亥八月卒於家。櫛沐草遺疏，正襟危坐而逝。上震悼，恩卹特隆，仍予贈諡。以丙子十二月十五日大葬於郡城南關之阡。葬後數年，余與公之子翰林院庶吉士克黨相見於長安，絮語舊事，相對啜泣，以麗牲之碑爲請。余謹撰次公秉政當國二百七十日間訏謨碩畫關於危急存亡之大計者，書隧道徵信國史。其他詞林閱歷之次，綸扉奏對之詳，與夫砥行載德，飭躬善後之本末，已見於高陽之誌傳，故不具書。

銘曰：幽都祝栗，戴斗崆峒，光岳氣合，篤生俊雄。騰踔藝林，洊歷史館，玉琢金相，漆書銀管。握文椽筆，橫經細旃，淵停山峙，風節凜然。方嚚帝博，未省天醉，駕鵝雙飛，威鳳隻逝。公曰吁哉，主憂臣辱，誓捐身圖，以謀國蹙。馬飲灤河，火達甘泉，艱危受命，促數登延。公入颺言，聖明天保，請以戎索，付彼元老。神京畫地，崇關堵墻，如繳周廬，如閈扆堂。蒐討軍實，擁護節鎮，身直密勿，心履行陣。露布宵馳，日幾畫闢，帝曰念哉，頭須汝白。蹇蹇勞臣，中外鈞鎖，闕門烽燧，閤門燈火。外憂暫弭，內間遞作，雄鳴雌和，骨銷金鑠。公奕移疾，角巾襆被，敵入我入，敵退我退。比及大歸，憂國耿耿，管戒用豎，沈遺城郢。輟哭有數，班劍加崇，煌煌錫命，賁此幽宮。展也公墳，堂斧巀嶭，松楸鬱芊，羊馬行列。有美象賢，接武奎璧，斲石徵文，大書深刻。雲車霓旌，來游來觀，覛茲貞珉，嘻其永嘆。

（丑一）素園記（乾隆大名縣志卷二十一古蹟志）

李昌祚

大名郡城內之東南隅，前相國成文穆公第宅在焉。公崇禎二年登政府，尋引疾乞休，優游林下者六年。公沒未十年，今相國靑壇先生暨伾嵐太史先後入翰苑登政府。余小子得侍先生函丈數矣，又辱伾嵐交好，獨未一過公里。私意公家園亭池館花石聲伎之奉當甲於海內，常欲遊覽登眺而未得也。

順治十六年夏過大名，訪伾嵐於家，相與飲酒論文。流連數日，乃引余遊文穆公別業，所謂素園者，而屬余記之。

園在第後，南北數十丈，而東西綿亙三四倍，若畫輞川焉。東倚城垣，城上特建兩樓，蓋形家爲府治設。城下近接一壑，廣且深，第前衣帶水瀠而注此。夾岸楊柳，舊名柳塘，塘之中有靜舫，塘則園之東壁也。

由巽門入，松柏爲牆，花木茂密，一徑中行，有敞庭，庭有牡丹芍藥間植。庭北有堂，文穆公題句『臥雲驚聖代，枕石謝蒼生』，因額雲石堂。公行世詩文雲石堂全集，即此也。堂前雙青桐干霄拂雲；堂東灌木數十本。有方亭，有曲廊，逶迤而南，折而東，依東壁爲書屋，曰深柳讀書堂。屋上爲臺，登臺而柳塘雉堞可眺也。堂之西有禪悅堂，堂前方沼生菡萏，沼前有井，資灌溉，故禪悅堂聯曰『源頭通活水，初地湧青蓮。』自茲穿林而西，中有太湖石，渾厚峻嶒，傍夾數虬松。松石之北有樓，額曰攬秀巢雲。石之南有軒，竹樹掩映，六窻先生侍文穆公讀書處也。由此而西，竹樹叢蔭。忽而開霽，蔬畦平衍，中有池。池心有亭，題曰八風亭，崔文敏書贈也。池之西迢遞曲折，土石相半爲岡。岡之乾方峰巒高聳，上有草亭，亭上四望，北府治射圃，西學宮璧水，俯視東南則第宅亭樹皆在水光樹色間矣。

然所搆屋宇不雕不斲，無世俗雕繪綺麗態；其所觴客燕居之地亦無詭石怪木奇卉美箭之供。迄今數十年，雖後嗣鼎盛而無所增華焉。余爲低徊久之。嘗讀史，盛稱唐相李德裕門第人文之盛。然元和以後，海內方疲於兵革，而德裕平泉莊週回數十里，天下瑰奇之花石無不畢致，何其侈與？文穆公致政里居，可以飾泉石之勝以自奉矣，而公泊然一無所營。廿年以來，海內多故，名園之蕩爲墟者不知凡幾，而公之素園猶然無改也。易履之初九曰，『素履往，無咎。』列子曰，『太素者，質之始也。』公家相業得於素之時義者爲大，聞公之風者亦可以感發興起矣！

（寅一）隆慶大名縣志序（乾隆大名縣志卷二十五藝文志）

成基命

張若恂輯邑志成，以謁選携入都門，過示余。反覆其集，始建置，迄補遺，凡二十卷，邑之川麓，田賦，星紀，祠祀，風物，官師，文獻，禨祥，下逮池隍，坊表，遺圖，牘牒，罔不臚列，而藻采蔚然稱完璧焉。乃作而應曰：備矣，復何言！無已，請略申志義，

夫志，猶史也。史之大綱，惟不虛媺，不隱慝；而志異乎哉！然史以國著，有專職，職之所在，即君卿大夫之威靈，執簡者得以侃然擬議其後，無少顧忌；而志然乎哉！以邑之儁，取邑之人與事品隲而籍記之，勢已不容不有所避；乃其品隲者非官師之尊崇，即族黨之先生，又未可顯置雌黃，嚴爲月旦，是史之直易而志則難也，志之直難而以邑人直則難之難也。

今集中所載良吏名賢，皆琅琅數語，比於華袞，無或溢矣。而因事擘畫，如河防三說，尤最較著，蓋前此議驅漳衞環郡郭以爲美觀，而不虞沼吾邑也。賢長令與之籌堙塞，且不保其文組以去矣。他若士敏而近於偷，俗漸而聽於神，租庸侵倂之弊，寶城堞頹圮之隱憂，亦皆詳切指陳，勸志不朽，暢哉斷言之乎！

余不佞，曷敢稱引信史，妄謏若恂，而重沒作者苦心，竊爲昭揭如此。至兩明府政教雙美，後先推挽，力成茲集，則諸名公序之詳矣，又奚俟喋喋云。

（寅二）沙隄（乾隆大名縣志卷二十一古蹟志）　成基命

四野低平楚，亭亭此望賒；蜿蜒層阜起，迤邐抱村斜。樹色迎初照；風烟散暮鴉。直看屏似錦；不道隄爲沙。

（乙三）成克鞏

（子一）成克鞏傳（乾隆大名縣志卷三十五鄉賢傳）

成克鞏，字子固，號青壇，明大學士基命第三子。崇禎十六年進士。

本朝定鼎，授國史院檢討。順治二年，典試江南。三年，主口會試。九年，以宏文院學士副胡統虞主會試。元文首號悖訐，克鞏力爭不得，未署評。既被吏議，或勸以無評自解，答曰『業同事，不可獨擠人也！』遂同鐫級。

十年，遷吏部右侍郎，轉左侍郎，晉尚書，拜內秘書院大學士。時天下初定，世祖章皇帝銳於有爲，以克鞏名臣子，少參機務，鍊達政體，當任學士。時數召對稱旨，柄用不次，度越資俸在前者凡十餘人。未幾，領戶兵二部，兼理刑部事。會計舉典，都御史員缺，特命克鞏以內宏文院大學士攝理。克鞏感激，知無不言。首上修省一疏；繼參舊憲臣狥比匪人，請撤回滿漢巡按之不稱職者。又請增設御史，定曹銓置簿之條以核功過，嚴督撫考察之例以勵法廉，立劇邑久任之規以課成效，嚴誣告反坐之例以杜刁風，皆切中時要，悉見施行。

十四年，值講筵。上命內臣將畫工就邸舍圖像，內廷裝潢。屆秋試，克鞏睹科場積弊，進朝士與分校者語以愼重，又飭子弟淡於進取。後闈獄起，不用其言者皆罹於法，而克鞏子弟無可指摭者。上心善之，明年改保和殿大學士。又明年，晉少傅，以盛滿求退溫旨慰留。居常或中夜出片紙作國書密詢時事，克鞏亦入片紙占對，雖家人子弟不聞所言，其縝密如此。

十八年，仁皇帝御極。三月，主會試。克鞏屢持文衡，前後所得士如湯斌，張永祺，沈荃，李來泰，馬世俊，唐德亮，張玉書，米漢雯，許三禮，嚴我斯，皆一時名士，多所建樹，爲世名臣；而郭士望，梁化鳳，亦以忠節武功著。是時四輔臣佐政，克鞏，滿大學士巴額，同爲首揆，諸大典禮文章準古酌今，盡出其手，至停寢食。十月，以母疾請假；弗許，用原銜兼內國史院大學士。康熙元年，改內秘書院大學士。積勞致病，連疏乞休，奉諭旨，遂不復出。論者謂克鞏相業與父基命後先輝映：基命當前明黨禍未熄之時，中外交訌，以一身繫天下安危，劬勞不遑寧處；克鞏值永淸大定之後，百度具興，因革損益，酌劑均調，注措咸宜，而不動聲色，天下帖然，享和平之福。

二十六年，聞太皇太后哀詔，輿疾赴闕，歸，又四年，卒，年八十四。從祀鄉賢。

克鞏幼穎敏，八歲辨塾師解『朱弦』之誤。年十三，受知於學使左光斗，即期以公輔器。筮仕與朝，迴翔館閣，參贊機宜者十年。清端恪慎，屢荷恩綸，廕弟及子姪先後六人。既致仕，優游吟咏，又三十年。生平篤於天倫：十歲喪母，執禮如成人；暮年喪繼母，不以老自恕。營父葬，無大小必躬必親；廬墓三年。晚歲於第中築耋學臺，旦夕讀書其中。所著倫史編入四庫全書。

子亮，光另有傳。孫曾十餘，皆有名。

（子二）成克鞏傳（畿輔詩傳卷六）

陶樑

克鞏，字子固，號青壇，大名人。明進士；國朝歷官秘書院大學士，加少傅，兼太子太傅。祀鄉賢。有清慎堂集四十四卷。

四庫全書提要：『倫史五十卷，成克鞏撰。是編以五倫分五門，各有子目：君臣爲數四十五，父子爲數二十二，夫婦爲數十一，兄弟爲數十六，朋友爲數三十三。考克鞏休致在康熙三年，此書成于康熙十六年，蓋晚歲田居借編摩以送老，採摭蕪雜，固非所計也。』

畿輔通志：『克鞏清端恪愼，贊襄密勿，動中機宜，世祖有「太平宰相」之褒。聖祖登極，一切典禮文章多出其手。以疾乞歸，優游林下三十餘年。卒年八十四。』

大名縣志（顧剛案，文見上，不錄）

紅豆樹館詩話：『太傅承文穆公之後，綸扉偉望，朝野所推。舊第有素園在城東南隅，爲文穆公別業。太傅歸老後重加葺治。其中雲石堂，八風亭，攬秀巢雲樓，柳塘，靜舫諸勝，皆極水木清華之致。嘗繪素園圖，同時題詠甚多。歷數世，園漸荒圮，故址幾不可識，圖亦無存。而故老流傳，不啻與綠野平泉並留遺韻，則太傅之淸德遠矣。』

（寅一）浮邱山房記（咸豐大名府志卷十九藝文志）　成克鞏

余祖居大名邑，先文穆入居郡城，第後素園另有記。余又卜濬邑之浮邱爲別墅。濬縣東大伾山，黃河道焉。浮邱則在城內西南隅。城墻橫亘，山脊山身強半在城內，而吐其南峯於城外；峯端建碧霞宮。山之身，則余得爲山房。

入城南門，循墻西行，折而北，東向雙扉，山房門也。門以內，漸履浮邱之麓。灌木叢卉，約略數畝；修竹長松，雲日爲翳。中間有大石五色，交錯若拱坐，若蹲騰，不一狀。自石北望，短垣圍屋五楹。屋前雙虬松覆太湖一卷，錦川幾笏，謖謖作風雨聲。自石南望，蔬籬果園，梅桐杞柏與桃李間植，而安石榴依垣森列，不可株計。自石後西行，花木陰中，石磴下垂，拾級而登數丈，得平階。階上爲堂，額曰『城市山林』。堂上凭眺滿城屋宇，俯視則在灌木之巔矣。堂之後由洞中行，西上，漸見日光，則又登一峯。峯頭爲軒，軒舊名人間天上。憑軒東望，大伾青壇儼然拱揖，遂題曰小東山。北則善化，黎陽，屯子，黑山爲屛；南西則大河古道，淇流衞水，縈洄遶護，雲樹烟嵐，盡在几案。下此而西，有樓有廊，圍墻作居室。室之後，當山之背，作敞庭。登斯庭也，西城雉堞與絕壁近接，衞水帆檣，迢遞南來，時而泊於城外，如列戟；北倚浮漚菴，南對碧霞宮：庭之內觀止矣，不能名也。自茲逶迤而南，穿林越谿，折而東下，迎旭開牖，爲歸雲閣。閣之西曲曲爲池，芙蓉藻荇，游泳文魚。竹屋數椽，爲青照亭，是即入門南望蔬雞果圃之中央也。

山房主人，十八年僕僕軟紅塵夢中，每勤溉植，或就荒，或猶存，聊髣髴其梗概云爾。

(寅二)倫史自序（乾隆大名縣志卷二十四藝文志）

成克鞏

昔在虞帝之命契曰『敬敷五教。』史記武王克殷，訪箕子以天道，箕子以洪範陳，不出『彝倫攸敘』一語。我國家永清四海，皇建有極，凡厥庶民，是訓是行。謭劣如鞏者，曷能仰佐高深，乃蒙世祖章皇帝拔置詞垣，不十年而入政府，恩遇日隆，自慚非分。

今上克纘大統，而鞏以首揆席，復得妥參典禮，其不至隕越者，實兩朝之生成也。年來跧伏田間，日與二三野老鼓腹吹豳，沐聖朝之雨露，樂化日之舒長，爲平閒叟。今老矣，廊廟江湖，罔非天眷，將何以無負此餘年？間取二十一史及諸子百家，其事之關於倫常者，采而輯之，分類標由，彙爲一書，顏曰倫史。非敢謂敷五教，敘彝倫，參贊經綸，與古人比烈；而於盛世教孝作忠化民成俗之道，或不無小補云。

（寅三）爲人模樣自序（乾隆大名縣志卷二十四藝文志）成克鞏

『其爲人也孝弟』，『弟子入則孝』兩章吾人童而習之，鮮能知之。能知其根極理道，體備倫常，斯聖賢修齊治平之大化總在孝悌之中矣。凡厥生民，學人庶人，考聖賢之成法，識事理之當然，統歸孝弟之人矣。一日不能離人而有爲，一人不能不爲而成人，畢世勉爲而未必完人，一息妄爲而即羅匪人。大矣哉孝弟，嚴矣哉爲人乎！今試遇途人而詢之曰，『汝孝弟』，容有曰『我不能』；但詢之曰『汝爲人』，豈有曰『我不爲人』乎！

鄒東郭曰『仁者，人也。聖人提出做人之正脉，要做人，須仁以爲己任，方可頂天履地，立三才之極。否則無惻隱之心，便近禽獸。夫教人做聖人，便有推遜處；若只教人做人，如何推遜得！』陳白沙云『人具七尺軀，除了此心此理，便無可貴，渾是一包膿血，裹一塊骨頭。飢能食，渴能飲，着衣服，行淫慾，貧賤則思富貴，富貴則思權勢，忿而爭，爭而怒，窮則溢，樂則淫，凡百所爲一任血氣，死而後已，則謂之曰禽獸可也。』兩公之論，發明此兩章義理更透切。是以昔人嘗著人鑑等集以爲訓。

余竊慮凝人妄人或不對照自反，今即借爲十偶木偶之模樣指示之故。偶人且須型範，況人爲萬物之靈，安有不就模樣而漫言人哉！爰取先輩諸集，自父母上推祖禰，下至子孫族黨，逮及僕婢，采古今賢達亮節懿行纂輯成帙者再加訂正刪補，題曰爲人模樣，梓藏於青雲家塾。

（寅四）重修大名縣學碑記（咸豐大名府志卷十八藝文志）

成克鞏

粵惟夫子之道亙今古無顯晦；而學校之重於本朝者自開國而已然矣。其與古先哲王投戈講藝，息馬論道之風，千載一轍；宜夫絃誦之聲遍乎窮陬遐澨。而我邑學宮猶不無頽圮，則何也？蓋中西以來，羽檄交馳，征繕旁午，獻囚獻馘之時，營作概有所未遑。且我邑又當冀兗豫綰轂之區，其緩急尤不待再計也。屬後嘯聚者漸次擒定；有司治簿書，亟期會，奉法守令而已，考成所弗及，又孰過而問焉。此亦勢有固然，無足怪者。

雖然，修其教而不整飭其規制，何以肅人心而示久遠。前任丹徒陳侯慨然欲新之，經始其事，會遷秩去。別駕潛山盧公以綰銅董其役，初鳩多士誓之曰：『當我任而不臻厥成，後之人疇不以築舍置之，不至鞠為茂草不止。』爰簇爰諏，凡木石埏埴之功罔不畢舉。山陽徐侯繼之，閱數月而告竣，夫子之堂翼翼也！

邑人以余之倡捐而樂其成，請為之記。余因之有所感矣。竊謂事有近乎迂緩而實不可一旦闕者，文獻與學校其大較也。文獻所以集史而理亂之源流，制度之沿革，人物之臧否，於是乎備。學校所以育才，而講禮習射，憲老乞言，於是乎舉。曩者既申其義於朝，實錄有纂修之責，成均有文廟之新，皆不無微末助。今臥病家園，則思推度其義於鄉，若郡志，於縣學，似無庸以他諉。顧舊志之修迄於萬歷之癸未，曠絕者八十餘年所宜搜討附益，不能縷指。 夫以繫重之任屬之病廢之餘，固亦有志焉而未之逮也。 然今茲學宮業已整飭矣，則徵文考獻實與修志相表裏，斯文未墜，豈令賢公卿之嘉言懿行，循良之蹟，獨行之規，終湮沒而不彰乎！ 天下事精於勤而怠於嬉，苟勿以迂緩視之則蔑弗濟矣。 故幸茲役之成，而并述徵志如此，庶乎異時之君子有同心論次而樂盛事之以類舉者。

是役也，楊生我德首其事，破產二百餘金以襄厥成，其績尤不可泯。 學使者胡公匾旌其門，例得並書云。

頡剛案，乾隆大名縣志卷六圖說內亦列此篇，以府志所錄校之，則刪節處甚多；除刪節外，二者無多異同；故今依府志之文寫定。

（寅五）重復天雄書院碑記（咸豐大名府志卷十八藝文志）

成克鞏

魏於畿南稱雄郡。郡舊有天雄書院，創之者憲使安福劉公，大之者郡守永嘉王公，繼而復之者襄陵翟公云。三大夫者皆以名德碩望倡率開牖，故吾郡於嘉隆間人材推爲極盛，三大夫之功不可沒也。我清受命，文教聿興，而郡隸三省衝喉，萑苻未靖，特設制府鎮之，書院一區遂改爲幕府，易詩書爲韎韐矣。

歲戊申，吳江周公來守茲土，下車後即緦緦爲諸生謀肄業地。甲馬塡咽，未遑也。亡何，節鎮罷，公乃慨然曰：『是廢墺者吾多士絃誦故區也！改葺之，嘉與多士，觀維新，繄余之責！』爰鳩工庀材，爲講堂若干楹，齋舍若干楹，繚以垣墉，寢息庖湢，纖悉備舉。迤前建亭，額曰麗澤。而西爲祠二：一祀狄梁公、韓魏公、寇萊公、文潞公、歐陽文忠公；一祀劉忠定公。其後即上達樓，故守仍以祀文昌，而旁以張僊祠翼之。精整弘麗，視舊有加矣。

落成之日，乃合郡邑諸子弟員拔其尤者若干人，羣聚而課其成。月凡三試，皆手自丹黃甲乙之。郡人士無不爭自濯拔，咿唔之聲日與耳謀，擁臯比而操絃縵者無慮畧也。

於是郡士大夫屬余爲記。余聞化民成俗，興學爲先。虞廷教胄，周制樂正掌成均之法，黨庠遂序不備其官，以士大夫之旣仕而老者爲之師。秦以後經各立師，如南郡河汾是已，醇疵半焉。宋初未有郡邑文學，白鹿洞生徒嘗數十人，書院勅額皆上賜之，則書院之興有自來矣。前代學校有專官，而郡邑大夫往往別建舍宇，相與羣萃游息以懋厥成，視學校爲責專而效速，故人士往往尙之。淸興二十年，天子御講筵，親師儒文學浸浸嚮用矣。而吾郡隷在首善，我公獨於簿書會期之外首以興學育士爲亟，可謂知所重者矣。夫于闐之玉不琢不可以成器，南山之竹不揉不可以爲矢，言士貴學也。郡人士誠得公之意而用之，含經味道，砥名礪行，以之持躬端粹而冲和，以之應事光明而俊偉，居家而鄉人式之，居官而兆人懷之，如所祀六先生者，不可取而法歟！不聚徒黨，不立門戶，化不出於詩書，法不越於黨塾，而治天下之道具焉，是則公之所以爲教而士之所以爲學也。功詎出三大夫下！若夫師心泥古，采華忘實，寄情於異流，馳志於利祿，是多士有以負公而因以自負也，誼必不出矣！ 余故記其事，並爲諸士勗焉，以自附於鄉老詔里門之義云。

是役也，皆公自捐歲祿及他節省者，民不與焉。

公諱邦彬，字起三，吳江人。 若董工襄其成者，則照磨涂遇也。 其講堂三楹，州邑大夫謝述度等皆有佽助，例得並書。 至文昌閣與復緣起，詳余別記，不具贅。

（寅六）嘉穀亭記（乾隆大名縣志卷九圖說九）

成克鞏

去歲秋有嘉穀之瑞見吾郡府署之東偏。 一時，吏於茲土及郡人士皆作爲詩歌以誌厥盛。 余既附五言一章，而鮑公重光復徵余敍以弁其首，所謂雙穗集是也。 未幾，鮑公遷擢憲副，赴山左，郡人士之德公者皇皇借寇之弗獲，則又相率擁馬首曰：『昔人飲一泉遇一雨，猶不辭堵築用誌不朽。 如歐陽公之豐樂，蘇公之喜雨，後人傳誦不衰。 今粒我烝民有瑞如此，烏可以無亭！ 亭矣，烏可以無記！』 一時同事諸公咸慼歎夫輿情之近古，勸公許之。公笑應曰，『記嘉穀不猶愈於碑去思乎！』於是庀材鳩工，欣欣子來，蓋界諸襲沓挹芬之間，屹然中立也。甫落成，而請記於余。

余惟茲亭之建，實有徵於時和年豐，有裨於民生國運，非值一泉一雨僅足以寄遊觀而已。尙書大傳曰，『成王時有苗異莖而生，同爲一穗。』厥後漢有漁陽之歌，魏有魏廷之謳，宋有青暑之贊，間代一見，靡不獻之廟堂，侈陳天貺。今何幸得此於吾郡耶！是固司牧之心勤撫字，勸課稼穡，得致此以惠一方，然孰非我皇上愼簡循良，知人安民之明驗乎！則是役也，既以彰君德之仁，吏治之善，而亦欲俾後之吏茲土者，其有所觀感，以長有此瑞也！余既不獲如歐蘇二君子，創爲亭以誌一時之盛業，已有亭而無一言以記之，則自外乎棠蔭而不明於善頌善禱之義矣。故不辭諸君請，而道其實，以勒諸石。

（寅七）浮山小洞詩（畿輔詩傳卷六，下同）　成克鞏

浮山小洞俯高樹，巖端常有流雲駐。初葉繁花送夏春；紫萸黃菊催寒曙。昔日淸平汗漫遊，飛觥坐月客淹留。引滿那辭銀鑿落；當歌肯愛錦纏頭。十五年前衞上別，黎陽河畔垂楊月。旅夢幽尋洞口雲，滹沱迢迢不可越。

（寅八）北園　成克鞏

別業歸來卜，蓊然松菊存。百年誰氏墅？前日謝公墩。背郭堂成草；依流竹繞門。登樓還四望，幾處舊時村。

（寅九）修素園　成克鞏

第後園林依水灣，城隈雉堞帶烟鬟。幽豁鶴步苔痕靜；深樹雲流鳥語閒。晝錦重宮新雨露；天章分映舊湖山。花晨月夕優游處，手澤書香俯仰間。

　頡剛案，浮山小洞一詩亦見咸豐大名府志七卷十藝文志，惟『紫萸黃菊』作『黃菊白雪』，『銀鑿落』作『金叵羅』。修素園一詩亦見乾隆大名縣志卷二十一古蹟志，題『修』作『葺』，詩『流』作『留』，『天章分映』作『賜錢增築』。

（寅一〇）恆麓行春（乾隆大名府志卷二十一古蹟志） 成克鞏

買得恆山麓，果樹匝其巔。霂霂近清明，花木鬬晴妍。園圃長新蔬，轆轤瀉春泉。倚杖能登陟，林巒几席前。菜黃麥隴青，頹然醉野烟。友昆同擢秀，修禊想前賢。

（乙四）成克襄

（子一）成克襄傳（乾隆大名縣志卷三十五鄉賢傳）

克襄，字子贊，基命第七子。以兄克鞏廕，授蓬萊縣。萊瀕海而瘠，克襄悉罷一切弊費，興學造士，延醫治民間海瘴。會于七梗化，王師討賊鉅牙山，軍需空乏，克襄日夜督理，忘身盡瘁，卒於官。

（乙五）成克秉

（子一）成克秉傳（乾隆大名縣志卷三十五鄉賢傳）

克秉，字子爲，基命第十子。由拔貢中順治十一年舉人，未仕而卒。居鄉砥名節，閑禮法，不恃門閥。

（乙六）成克大

（子一）成克大傳附子訦（乾隆大名縣志卷三十五鄉賢傳）

克大，字子來，基命十一子。順治十七年舉人。克大弱齡喪父，因母老不仕。閱二十三年終養後，始授內閣中書。轉戶部廣西

司主事再遷貴州司員外郎。兩省皆用兵地度支持籌數倍他司。克大練達精密事辦暇豫，

時創設粵海關克大受命監督。過里門受教兄少傅克鞏曰『勿厭淸貧。』至粵，即以顏堂。粵之香山澳舊爲洋人所居名爲『鬼卒』俗尙火攻。其酋長率隊來迎，刀劍森列，儼若勁敵。克大宣上恩威，羣皆懾服。有商激怒鬼卒，奔訴求救。鬼卒蜂擁至門，洶洶不可測。克大神色自若手檄通譯集酋長，責以大義，事遂解。差竣，過端溪，得石硯二，歸裝所載惟此。

復本部江西司郎中。值太皇太后山陵襄事，半載告成，授貴州鎭遠府知府。府當兵燹之後，民憊兵驕，苗人雜處。克大下車招集流亡，興學校，禁奸宄，約屬下，抑兵化苗，政績歷歷可記；詳載屏山遺愛碑。

克大性激烈，齟齬不合於時；以兄克鞏卒，請歸。平生雅好詩歌，所著有歷遊詩，春秋精義；兼善顏眞卿書法。卒年六十二。

子說，康熙二十三年舉人，授內閣中書。說以父喪未得親含殮，終身不復仕，里居二十年，鄉人倚重之。

（子二）成克大傳（畿輔詩傳卷十三）　陶樑

克大，字子來，大名人，克鞏弟。順治十七年舉人，歷官貴州鎮遠府知府。有歷游詩十卷。

王原序：『先生詩寄情山水，流年（頡剛案，疑是『連』字）景物，興致蕭灑，文章淋漓；其胸次空闊，直如雲海蕩潏。吟誦之下，令人神往魂悅。』

大名縣志（頡剛案，文見上，不錄。）

（寅一）新春湞江晚泊（畿輔詩傳卷十三，下同）　成克大

度歲淩江城，頗喜山繞郭。一雨連昏朝，春陰瘴如幕。放船墨水濱，倚檻歷巖壑。曠

覽物候新況復籌景廓。夕日照灘淺，歸雲擁岫薄，疊嶂聚螺青，孤峯峻如削。茅屋隔疏林，柴門倚山脚。初月印溪流，扁舟沙岸泊。晚眺陟崇岡，但覺襟懷豁。坐石聽潺湲，風烟光參錯。銀漢縱横迴，玉繩明且灼。揮毫書所見，愧乏登高作。三月客載途，弦望感今昨。男兒志四方，氣每淩海嶽。偶爲萬里行，勿嗟滯嶺麓，釃酒對清虛，意豈在觴酌。鬱鬱胡爲乎？謝彼羈與縛。勗哉立榮名，俯仰聊寄託！

（寅二）望洋臺

成克大

峻嶺有高臺，突兀南溟岸。長風萬里來，天際帆影亂。極目荒徼外，一氣疑未判。蛟室邈難即，蜃樓聚復散。天吳時出沒，驪龍珠光燦。四海無揚波，重譯來浩瀚。百貨走如鶩，有無相易換。瀛賈罔市利，此地立龍斷。攘奪釁竇開，掩襲肆狡悍。横山起軍壘，張威護里閈。外禦異己者，會使諸彝憚。我來一登臨，狙獝信難捍。嗟彼番鬼謀，貿易操勝算。但恐恣驕縱，與世成冰炭。濫觴不在多，積微固有漸。勿令登臺人，徒作望洋嘆。

（寅三）雜感

成克大

伯牙敲清商，子期獨會心。流水猶在耳，高山杳以深。白日無顏色，意氣忽消沈。撫琴不再鼓，雅操難爲今。吁嗟失同調，幽思渺虛襟！既知所好乖，往者不可尋。鬱紆中自解，寄志聊狂吟。達士欣忘我，何必懷知音！

黃鵠非不下，徘徊失其羣。鷃雀躍蓬蒿，其意良自欣。物各有本性，所適畫然分。無端強之同，猜忌日紛紛。仰視浮雲徂，湛湛此高雯。好風自天來，爲我驅游氛。

（寅四）仲冬赴滬

成克大

嶺外朔風起，颯颯吹我裳。仰天見浮雲，將無來故鄉。故鄉隔萬里，北雁無南翔。鄉書阻逾時，竚立心彷徨！久客復行役，雲水渺相望。前路何須問，風波感慨長！

炎方霜雪少，海氣夜寒生。飄搖舟一葉，遊子衣裳輕。飢渴莫我問，骨肉萬里情。泠泠晚朝水，悽清欸乃聲。獨憐宵征客，憔悴百愁幷。顧影無儔匹，仰盼悲參橫！

（寅五）過南贛　成克大

雙江清見底，環繞古虔州。水勢奔灘險，風烟接瘴愁。菜花開野岸，梅片落汀州。歲暮嗟行役，征帆去不留。

（寅六）雨中過峽口　成克大

兩山高隔岸，亂石咽奔流。綠樹陰如夏，黃花開似秋。風來能奪纜，路去僅容舟。巖壑方生翠，先春雨未收。

（寅七）度嶺　成克大

紆鬱梅關路，層巒鑱削開。歲闌人北去，花候我南來。嵐裂蒼烟結，寒香細雨迴。使臣方叱馭，駐馬又徘徊。

（寅八）保昌道中　　成克大

驅車方度嶺，髣髴到山陰。松老晴雲護，峯奇翠黛深。濤聲來曲澗，花氣透叢林。瘴海春何早，和風滌客襟。

（寅九）濠鏡澳即事　　成克大

編竹張飛蓋，肩輿類短牀。帛羅衣尚錦，篤耨珮含香。茉莉蒸花露，檳榔當酒漿。倭絲襟底貯，但嗅不須嘗。

（寅一〇）海幢寺送客登眺感懷　　成克大

萬里浮槎至，憑高望越臺。潮平梅雨歇；天闊島雲來。霸氣餘殘壘；王宮盡刼灰。無邊惆悵意，送客酒盈盃！

（寅一一）酬張仲張屏風山野泊之作　成克大

夕陽慘淡欲黃昏，湖上孤舟山下村。廬岳峯高含雨氣；楚江潮落見沙痕。臥霜魚唱蘆花岸；得句人傾竹葉樽，萬里使車何日到，嶺雲灘樹望銷魂，

（乙七）成竞

（子一）成竞傳（乾隆大名縣志卷三十五鄉賢傳）

竞，字魯公，克延子。任河南布政司都事。以畫名。少時藍瑛遊大名，見其畫，極爲鑒賞，謂異日當出己上。求畫者日踵門，絹箑常堆几案。竞厭之，往往東之高閣，故

流傳絕少；得之者視若拱璧云。

（子一二）成兖傳（國朝畫識卷八）　馮金伯

成兖，字魯公，大名人；鄉貢參軍。游藝翰墨，山水花鳥無所不能，乃天雄之首出也。

（轉錄圖繪寶鑑續纂）

（乙八）成亮

（子一）成亮傳附子泰愼，泰鈞，孫文繹（乾隆大名縣志卷三十五鄉賢傳）

亮，字寅天，號伾嵐。幼聰慧，年十二以祖廕當次，及弗就。十九補縣庠。中順治三年舉人。六年，成進士；選庶吉士。八年，授編修。時克鞏官學士，時論榮之。後改部曹。十八年，補戶部廣西司主事。康熙二年，丁母憂；扶櫬歸葬，哀毀勞頓，遂以不起。

亮生平慷慨有志節，敦行誼。甲申之變，羣盜蜂起。亮侍父克鞏避亂；猝遇盜持挺逼父甚急。亮以身翼蔽，遂中肩；大呼『願身代父。』盜懾以刃，不動。羣盜義之，捨去。居母喪，血淚俱枯，病危，猶勉爲色笑，惟恐貽父憂。居常自奉儉約，好獎士類，卒年止四十。子泰愼，泰鈞。

泰愼，字知臣，號懷嵐。年十三，父卒，哀毀如禮。以廕授江南通州知州，多惠政。擢戶部員外郎，晉郎中。出爲陝西西寧兵備道。其地番漢雜處，事多取辦軍吏。泰愼修明戎政，號令嚴整，茶馬驛站墩堡諸務，次第經理。人始知有文吏。踰年，調浙江糧儲道，堅却旗丁供張。尋署按察司事，訪擒土豪張端木，邢于堦，置之法。巡撫疏薦賢能第一。會少傅克鞏卒，請奔喪。故事無次子承重者。泰愼力請具題，得如所請。今定例，長子亡，次子得承重，自泰愼始也。

服闋，補廣東雷瓊道。時海洋賊黨私鑄刼奪，恃漁舟資糧以導之。泰愼爲編船戶，連保甲出入以時。旋有王飛熊等五十餘人燬舟投首泰愼收付營伍，俾自効海道肅清。又兼攝雷瓊兩府。五指山生黎爲汛兵所擾，因致鼓煽，然實未離窟穴。偵事者譌言黎叛；提督慮罪歸元戎，乃媒孽文吏以卸其咎坐是解官。去日囊橐蕭然，惟圖書數簏而已。居家謹身節用，曳杖出遊，人不知其爲世宦也。泰均字無貧，由官生除浙江布政司理問，遷石屏知州。赴任，卒於湖南水次。泰均爲人醇樸持大體，鄉人重之。

泰愼子文繹，字次骩，中康熙五十三年副榜，任曲陽教諭。博學能文章，尤長於詩。秉鐸五年，文風丕振。

（寅一）村居（畿輔詩傳卷八）　成亮

秋入村居衞水新，蕭蕭蹤蹟託荆榛。桑田有政供吾課；盤味無兼愛客頻。風雨匡牀堪豹隱雲霄，枯木半龍鱗。朝朝晚起無多事，課子橫經懶不嗔。

（乙九）成光

（子一）成光傳附子泰清，泰陞，泰熙，孫文昭，文杲，文曙（乾隆大名縣志卷三十五鄉賢傳）

光字近天，號仲謙。博物洽聞，與兄亮並知名。順治十四年順天鄉試，司衡者競拔貴介子弟，而克鞏居政府，光獨刊落。章皇帝召見海子，深加解勉，解所御貂裘賜之曰『好讀書，不失作翰林！』時光年十五，退而作賜裘行以紀之。

康熙十六年以廕授工部都水司員外，奉命巡視河內。十八年，晉刑部郎中。明年，出爲武昌守道。杜姦宄，厚風俗，善政亹亹，不可殫述。嗣丁父憂。三十三年，起湖南驛鹽糧儲道。湖廣，光舊遊地，洞知漕政積弊，立兌漕法，及期行兌，民無霉濕風波之患運丁亦免近期調集之苦。時戶部尙書趙中喬撫湖南，深器重焉。光慈愛好施予，方正自持，不惑禍福之說。嚴於待下，不假辭色。事多先見。嘗守武昌時，妖人朱方旦傾動一時，所過督撫以下咸謁拜如弟子，光獨不爲禮。其徒李瞎子挾術橫鄉里，官刑不能施。光破其術，立斃之。湖南郴州人王體旦聚衆山中不法，光密使人入亂山，計誘體旦至長沙，決杖死。陳丹書叛，光偵知之，返自茶陵，嚴備以待。紅苗之役，大臣視師楚黔粤三省連師會勦一切皆光督理。三署按察司，一署布政司，均著勞績。四十六年，致仕。

光性純孝，事親色養無間，居喪哀毀逾常。治家必肅；子姪有過，不言笑者累日，必相率長跪請乃已。工書，善射。間亦作畫，淡遠入逸品。精賞鑒，收藏最富。卒年七十五。子泰淸，泰陞，泰壎。孫文昭，文景，文曙。

泰淸，字懋臣，號西齋。天性孝友，明悟絕人。甫成童，爲文章逾於成人。時克鞏致政家居，而光以參議出宦湖廣，留泰淸侍養。垂十餘年，飲食起居承事無間。五試棘闈卒不得售。 克翬卒，始以廕授光祿寺署正。 所轄買辦戶例有餽遺，泰清悉擯絕。有暮夜褱金至者，面斥去之。 故事署正四員，更迭執事；泰清委寄常兼四官。 歲終奏銷，例隸典簿；至是亦以屬之。 三載資滿當遷，丁內艱。 康熙三十五年，會西征噶爾，且戎行需馬，泰清市馬佐邊。 三十八年，復襄南河之役。 三年工成，以按察司僉事註籍。未任，卒年四十七。 泰清爲人剛介，無所撓曲；性復豁達，輕財好施。 有同官潘奕大以母病告歸，負債不得去，泰清代任之。 童蒙貞者素貧，故有負於泰清；一旦來報，閉門却之，卒勿受。 時成氏一門貴盛，泰清居鄉黨，謙和待人，卒時衢巷爲之流涕。

泰陛字安四。 性倜儻，好交遊。 一日遊濬縣，值歲饑，追呼方迫，百姓遮道乞一言以緩其徭。 泰陛出己財，代民輸當平穀千石。 民德之，立石道口鎮記其事。 由附貢生任湖州府同知，以采辦京木逾限落職。 引見，授漳州府同知。 漳爲沿海要缺，撫臣因缺久懸，奏以興化府同知調補，遂改補興化。 泰陛素以才名，于役無虛日，遣子女在署，嘗至日不再食。 上官雖憐之，而知其揮霍，不敢寄以錢穀之司，遂以閒曹終。

泰壎，任善化知縣，有政聲。致仕里居者數十年。會大名道副使杜德詢利弊，泰壎陳四事，皆允行。今臘月贖當減息一分，即其一也。

文昭，字周卜，號過村，泰清子。生長貴盛，纖瘠類山澤癯。嗜好殊俗，鄉人遠之；然文昭亦不屑一切人也。漁獵藝林甚富，雕搜摘抉，多發人所未言。新城尚書王士禎，德州侍郎田雯，商邱尚書宋犖，皆國士遇之。偶携所著詩百軸走京師，一時投贈，聲滿都下；東南譽髦咸納交恐後。以主事註籍銓曹，未及官而卒，年三十七。所著有蒼鶻書屋詩集及工集行世，世稱過村先生。子懷祖，另有傳。

文景，字爾長，號南陸，泰清子。以貢任唐山教諭，陞湖口知縣。湖口爲江右劇邑，俗獷悍，往往持令短長。文景從容展布，四境謐如。初蒞任，有汪曰明毆死周蓋臣妻，前縣論抵具獄。文景察其冤，爲之昭雪。劇盜彭城有邪術，關通上官奸胥，聚類呼羣，爲害數百里間。文景以計捕，杖斃之；羣盜望風而遁。緞商貨舟過縣，亡其貨。文景親捕獲贓，立抵法。商欲以貨酬，文景知之，即遣去。廉能著江右，遠近稱之。官署近湖山臺榭足供憑眺，葺而新之，繪圖紀勝。以直道忤布政使罷歸，年僅三十餘。里居二十年，會河道總督沈廷正、兵部侍郎吳應棻薦，文燝辭不赴。文燝質體不逾中人，瘦骨崚嶒，而神采煥發，談論傾座。居恒危坐一室，以經史自娛。人有所急，就而與謀，爲計始終成敗，如指諸掌。教子嚴，家庭肅然。常言人品如器，雖精粗不同，但使成就完好，皆有可用，惟矯揉造作，斯爲棄物。卒年六十五。

文罶，字東皋，泰壎子。乾隆十八年拔貢。性醇謹，少時受知學使吳應棻，文名籍甚。十躓秋闈，家壁立。持身以禮，不爲貧累。未三十喪耦，終身不娶。生平無所好，惟飲酒賦詩，終日不倦。聘入府通判幕者十餘年，教授府署，未嘗一干公事，長吏皆禮重之。著有香谷詩集，藏於家。自號香谷居士。

（丑一）素園詩集序（乾隆大名縣志卷二十四藝文志） 魏憲

青壇成相國謝政已三年，門館蕭然，如素士。余登其堂，與其公子論交，得以遍觀其著述，欲借以張吾選焉」 相國謙讓未遑，先以素園集相示，固公子仲謙之所爲箕裘者也。

仲謙以拖金佩玉之躬，堅白石青松之操，閉門掃軌，無雜至之賓。 時與倉督郜浚玉學憲吳星若文學飲素園。 草木欣榮，樓臺高聳，日月沐浴之奇，烟雲變幻之態，無不盡見之詩。 間爲臨池，與王右軍衛夫人爭衡於尺幅之間。 得其片楮者什襲藏之，有如拱璧。 仲謙固睎之漠如，不但無高華公子之習，並無跅弛名士之概。 噫，其古之有道者與！

心一孔觀察曰『自文穆公宰天下時已然，固其家風之所傳者遠矣。』

(寅一)眉生再入都門 (畿輔詩傳卷十七，下同) 成光

維魚歡同源，維鳥歡同林。 浮雲恣舒卷，猶自戀故岑。 況是託婚媾，何爲不同心！ 昔年省重闈，驅車返衞濱。 過君恕醉齋，飲我桑落醇。 盤桓未幾時，北來侍二人。 燕市

掩柴扉，夢想越三春。君來卽言歸，去住情倍辛。懷哉歷夏秋，物候蕭以森。朔風吹庭戶，礎杵送寒禽。陽月忽枉駕，不憚軟紅塵。屈指浹歲間，行色各駪駪。他鄉與故園，乾坤客裏身。渾忘馳驅勞，翻言會晤頻。疎窗有白月，烏几有淸樽。相對且開顏，擊筑放長吟。

(寅二)丁酉冬蒙賜貂裘恭紀

成光

翠華冉冉下乾淸，城南霜滿玉鸞鳴。貴戚公卿紛扈從，忽傳飛軺召書生。被召甘泉猶色戰，便許宮前來燕見。天顏晬穆咫尺間，天語溫仁渾不勌。肆業憑將謨典陳，託婚猶荷咨諏徧。對罷微聞天樂遙，長楊羽獵起崇朝。一發射熊驚漢武，三驅卷旆儼周郊。重來伏謁畋遊後，不待金門仙杖交。黃封賚帶擎宮監，異賞殊恩賜紫貂。我聞講武殿前密雪下，解裘曾賚西征者。數百年來此事稀，功高將相無宴假。近來我父元狐冠，寵榮禮數傾朝野。何意推恩及小臣，倘示爲裘繼良冶？一門挾纊抑何頻，人間豪貴徒紛紛。紈袴綺襦不足數；鷫鸘鶴氅誰能倫。拜歸那敢被諸身，只應長作笥中珍；長願垂衣億萬春！

（寅三）暮春夢闌招飲園中　　戍光

與君幾日不相晤，東風吹徧庭前樹。白雪紅霞色照天，氤氳馥郁香凝霧。潦倒那知花信過，韶華幾被塵緣誤。良朋歡會未易得，脫帽解衣删禮數。湘簾高捲烏几明，檀槽新滴素瓷輕。談諧曼倩金門隱；詞賦枚生梁苑淸。須臾落照映樓臺，相攜花底重徘徊。主人指點當階柏，云是『尙書親手栽』。我祖文穆知同志，城隅亦有幽棲地。雲石蒼凉舊草堂，鼯嗁鴟叫空留記。君家兄弟何賢豪，文彩歷落靑雲高。已見九賓享白璧；還能一醉揮金貂。白璧金貂去復來，莫負尊前花正開。君不見沁水園林狐兔宅，平泉花木總塵埃：人生百年草頭露，低眉局促何爲哉！

（寅四）廣平申鳧盟過訪賦贈　成光

隔歲邯鄲道，無繇問紫山。閉關方病肺；倒屣忽開顏。令弟青雲色，難兄白髮閒。相期滏上水，卜築共潺湲。

蚤斂垂天翼，高名屬隱淪。爲移忠作孝，不獨句驚人。倚劍叢臺暮；悲歌燕市春。南冠憑解脫，莫惜染緇塵。

樽酒趁宵涼，聊登伯氏堂。多君全出處；念我及存亡。子敬琴先碎；安仁鬢欲霜。更憐分手易，明日又河梁！

（寅五）客秋別汗朱于都門，至是造訪濮陽　成光

名流垂書舫才致近歸君。夜擁青藜杖；朝揮白練裙。悲歌辭上谷；握手對南薰。吾輩何搖落，同淹麋鹿羣。

（寅六）客鄴下許典三世德堂賦贈　成光

鹿洞鵝湖忝討論，愛君名理到君門。解鞍便下南州榻，送酒還傾北海尊。畫壁晚烟山入座；湘簾夜月樹移痕。獨愁孝子方鷄骨，酬倡何時共鄴園？

（寅七）飲鄴郡李磊軒齋　成光

一逢元禮羨登仙，把臂論交豈偶然。鄴下風流詞賦盛；客中心事酒盃傳。隔窗鳥語消殘暑；夾徑花枝起暮烟。舊德世傳兼嗜古，尊彝滿眼任留連。

（寅八）滙園有懷（園在城內西北隅，創自黃見心先生。）　成光

一徑誰開傍水湄，前賢曾此樂棲遲。當階樹老龍鱗合；入室人非燕子知。兒女自驚成老大；兵戈猶記滿瘡痍。徘徊二十年來事，日落晴空雲影移！

（乙一〇）成嶤

（子一）成嶤傳（乾隆大名縣志卷三十五鄉賢傳）

嶤字二酉，基命孫，武舉克壯子。以貢授泗州州同。州有案盜颶，案久不結；嶤訪得之，置之法。攝知宿州，時値災祲；嶤多方賑卹，全活者萬餘家。陞武岡知州，首革規禮，興學均徭，士民德之。再補霍州，是歲山西大饑，而霍爲甚；嶤辦賑有方。上官器其才，委攝岳陽縣。載道餓殍，官無擔儲，嶤出印劵貸富人粟賑之，兩地俱賴以安。罷官歸，載濬石數百舫於後圃，疊築成山，邱壑林麓，無不畢肖；日吟嘯其間。今石山尚存。

（乙一一）成泰愼

（子一）大名成成參議公傳（上湖文編補鈔卷上）　汪師韓

成參議公，諱泰慎，字知臣，號懷嵐；明太子太保文淵閣大學士文穆公諱基命之曾孫，我朝少傅保和殿大學士諱克鞏之孫，翰林諱口口之子也（頡剛案，泰慎父即成亮。）公本贈口口大夫諱口之子，出爲翰林公後。年十三，丁翰林公憂。從學於松江錢子璧，文日有名。

及長，以恩蔭授江南通州知州。凡四年，多惠政。有所著崇川從政錄詳其治行。內陞戶部員外郎，晉郎中；出爲陝西西寧兵備道。其地番漢雜處，凡事武弁任之。公至則修明戎政，號令嚴整，一切茶馬驛站墩堡諸務次第經理；人始知文吏之幹局有爲。踰年，調浙江糧儲道。堅卻旗丁鋪設費萬金；撫軍遂寧張公嘉其定力。尋署按察司事。訪擒地棍張端木邢於堵置之法，豪橫一時斂迹；撫軍疏薦賢能第一。會聞少傅公訃，公請奔喪。舊例無次嗣承重者；公力請具題，得如所請。今定例長嗣亡，次嗣得承重，自公始也。

服闋，補廣東雷瓊道。時有海洋賊黨，私鑄刼奪，恃奸漁餋糧以導之。公爲編船戶，連保甲出入以時。旋有王飛熊等五十餘人，燬舟投首；公移送營伍俾自効，海道肅清。又兼攝雷瓊兩府篆。五指山生黎爲汛兵所擾，因致鼓煽，然實未離窟穴，偵事者遽言黎叛；提督某慮罪歸元戎，乃媒蘖文吏以卸其咎。公坐是解官。去粤之日，囊橐蕭然，惟圖書數簏壓舟而已。

居家謹身節用而樂行善事，遇親族以急難告者，不惜罄所有賙之。課子弟教以義方。間或曳杖出遊，嘯傲烟霞，人不知其曾登顯秩也。

先是叔仲謙官參議，公同官階，鄉里稱大參少參云。

論曰：成氏自明永樂初居大名，世有隱德，閱二百四五十年，相門出相，爲海內望族。子姓代傳組綬，不墜家風。卽如參議公所至有廣譽美聲，尤卓卓在人耳目者。良由門律家規稟承有素，夫是以世濟其美，不損其名也。夫世豈無膏粱華腴之家，名節不立，初不待其淩夷衰微而慨歎乎廣陵散之絕也。卽當鼎盛時，視其少年驕矜桀驁，學術莫修，而所謂遺烈先範已索然無有。若成氏者，以云淸德不衰，庶幾其無忝歟！

（乙一二）成文繹

（寅一）題西疇情話圖（畿輔詩傳卷三十一）　成文繹

松菊猶存歸去來，蕭然琴鶴絕塵埃。　賞心惟有匡廬竹，移得千竿紙上栽。
雞肋牛刀已兩忘，盈樽酒熟足斟量。　瓦盆評泊從鄰叟，禾熟頭低麥熟昂。

（乙一三）成文昭

（子一）成文昭傳（畿輔詩傳卷二十七）　陶樑

文昭，字周卜，號過邨，又號鈍農，大名人，克鞏曾孫。候補主事。有暮觴詩集五卷，二集三卷。

大名縣志（頡剛案，文見前成光傳，不錄）

朱書序『邇來數十年詩，新城王尙書稱首，德州田侍郎抗行其間。二家之論不同：田主才識，王主氣韻。海內學爲詩者出二公之門爲多。周卜秉河北沈雄之氣，又嘗與田公游，故其詩不屑爲咿嚘柔媚學兒女子態以娛悅當世之耳目，而音諧節協，固其性有之，非強而然也。』

吳寶崖序『吾友成子過村，自少攻苦力學，無纖毫紈袴習氣。其賦質文弱，既不類北人；而發爲聲詩，復盡屏燕趙之麤豪，一歸和平雅馴。余嘗聞畿輔詩學，有明以來，如濬縣王世昌、藁城石季方及廣平申鳧盟諸家，皆詩人之表表者。要其元元本本，有典有則，未有或先我過村者也。』

紅豆樹館詩話『周卜系出相門，世其家學，嘗問詩法于德州田山薑侍郎；又與顧俠君、繆湘芷諸公往來酬唱。所作古體勝于近體，大致以韓蘇爲宗，開闔變化，自成一家。

案古夫于亭雜錄載門人大名成文昭以宋槧本南唐書見寄，則周卜亦嘗受業新城。然其詩淸刻巉瘦，絕無儀形飾貌，依傍門戶之習，亦未始非豪傑之士也。』

(丑一)成周卜詩集序（曝書亭集卷三十九）

朱彝尊

吾于幾輔友雞澤殷伯子岳焉，伯子之論曰『詩言夫志也，自唐人以之取士，而格而律，抽黃儷白，專尙比偶之工，言志之旨微矣』。故伯子于詩不作近體，尤不喜作七言近體，人怪之不顧也。

予覽觀唐人，惟杜陵香山多作七律，然集中所存，終不及諸體之半。逮蘇子瞻，陸務觀，楊廷秀多以斯體見長。至郝天挺之鼓吹，許中麗之光岳英華，專收七律，餘皆舍而不錄。其後瞿佑，朱紹，胡琰之徒，踵其故智，各事采獲，古風漸衰，宜詩教之日下矣！

予近錄明三百年詩，閱集不下四千部。集中凡古風多者其詩必工，開卷七言律者其詩必下。蓋以此自信，幷以信伯子之言，雖矯枉而得其正焉。

大名成子文昭，字周卜，相遇虎丘。風度之雍容，辭氣之和雅，望而知爲王，謝，崔，盧之子姓。酒間論詩，以不善七律自慚。予索其詩誦之，則斯體未嘗不工，特不好焉爾。

夫人心之動，音起而聲應之，九歌八風，七音六律，要以爲言志之助。自四聲既畫，而律詩之韻止取其一；五言以試士，七言以應制，久而邦國天下悉用之焉。而又唱酬之作，必次韻以見才。所言者志，而所尙者韻，其于義也何居？成子曰『然，斯則文昭助先生張目者也。』

四月維夏，成子告歸，遂述之以當詩序。

（寅一）晏起（畿輔詩傳卷二十七，下同）　成文昭

雨後天氣佳，夢回失春曉。起起復欹枕，靜意入幽眇。睎髮忘巾櫛，修廊百迴繞。婉孌城西山，弄晴呈窈窕。隔江送青來，一變一態好。偃仰與孤往，游泳愜懷抱。有時命琴樽，軒楹淨灑掃。以此悅性靈，永言謝煩懊。

（寅二）同友人過沕潭寺遇雨　成文昭

委巷穿曲塘，里許入平衍。烟中粥鼓動，般般甦塵倦。撰杖一游目，殊異在城縣。寧

知屐齒勞，取次叩禪院。幽梵空界深，古燈青紺殿。雨意四天低；暝色一時亂。迸階土氣涼，花香逗一線。駘蕩風態饒；格磔鳥舌變。已足愜孤賞；況復從羣彥。生衣濺春泥，歸路有餘戀。

（寅三）賈太傅故宅　　成文昭

瓦屋抱土垣，門響白楊樹。眢井沒蒿萊；殘碑欹石路。落徧野棠花，子規啼不住。

（寅四）晚春侍家大人招同黃小重，過鶴言劉書根遊嶽麓，和鶴言韻　　成文昭

入望麓翠濃，江烟一綫隔，兩槳破春波，絜伴曳游舄。白雲烏桕深，叩關訪名釋。杖履自蕭閒；龕爐絕華飾。經幢靜鳥音；齋鉢曬香積。斜陽沈疏鐘，投憩遠公宅。松濤上襟流；嵐氣入軒碧。峭巖新月升，雨洗晚春夕。惠休雅能詩，況不避酒客。茶烟媚

；禪心竹影繪空壁。 洽然叢薄間，一道泉聲白，撩衣坐莓苔；飛觴罄酒炙，四座寂無言，松鼠上茵席，磵風過耳根，夜迥逼境僻。 捫磴一回首，茲遊已成昔。 千古此冰輪，常照峋嶁石！

(寅五)述懷四十韻贈陳東村

成文昭

瑟瑟秋氣振，幽幽客懷怛。 盆菊橤尚苞，簷溜滴乍歇。 枕書頭卸巾；踏被脚辭韈。 寒雀啅蓬門；佳客到陋室。 排登百尺樓；直闖三層闥。 知名豈今茲；快語話疇昔。 耕硯蹈邱園；漁書臥林樾， 肝膽許屠沽；膏肓乃泉石。 醉未脫醉鄉；狂已出狂國。 四顧但庸庸；一編自矻矻。 大言天下要；小補宇宙闕。 俗累鎮縈牽；生計多隕越。 妻憂廚不爨；僕訴馬斷齕。 梟聲互噂沓；鬼伎逼突兀， 學忙踏槐花；放閒逐楓葉。 濩落亦其宜；毷氉何足咄， 涼雨阻長安；金風入短髮。 親故各酸辛；輿隸爲羞澀。 逝言避嚣雜；于役歎偪仄。 雪壓白門船；雁唳洞庭月。 塵糟冰雪腸；支離偪強骨。 三吳蹇淹留；雷湖過超忽。牢騷阮籍窮；凄切相如渴，燈耿壁蟲幽；風激窗繒裂。五更屋角鷄；三尺牀頭鐵。十年皆鑄錯；一旦空更瑟。赧瘦羞鏡明；忍寒看筆禿。徘徊沅湘旁；躑躅蘭茝側。弔古事裴懷；澆塊憤塡臆。傷心楚澤吟；痛哭漢庭策。地以怨臣傳；天爲愁人設。感君氣倍眞；信君腸倍熱。君能鑒我愚；君當恕我率。我于君首低；君覺我心折。相憐骯髒人，同是落魄客，不聞說項斯；競欲殺李白。何當大笑謔；底用長太息。身且遭世束；氣豈因俗讋。堆胸五岳起；吐口層冰釋。濁醪傾瓦盆；淋漓酒腸溼。

（寅六）寄子白百韻傚香山體

成文昭

涔涔秋日雨，泥滑街不乾。嗒焉扃戶坐，出門一步難。老屋裏江風，敗籜吹成團。四壁丮繁礁；一庭痦暮蟬。天末懷伊人，作詩聊破眠。予生駑鈍資，環堵常蕭然。緬昔乙亥冬，病痼難蠲湔。屏跡來山居，畏人逃俗緣。黎陽古名邑，山水秀且妍。大坯矶左峙，衞水濛右環。更有一峰奸，嫣嫮而蜿蜒：像形曰『浮邱，』城郭俯其巓，雄拔

干威寧秀挺盧次楩。　爲文章事業，播在天壤間，　高人去千載，山靈含辛酸。　荒蕪絕
人跡，感舊涕泗潸。　屋瓦壓墮樵，榴楹風雨穿。　頹壁挂珠絲，犖确雜枯菅。　聾聵一畦
丁，痰喘腰踽蹌。　指說當廳槐，相公手植焉。　景仰先德存，低徊發長歎！　盛衰溯今昔，
浮雲隨變遷。　頗聞張平子，投閒適歸田：　倒屣接故人，握手而言歡。　言念及門戶，咨
嗟語纏綿。　記始搆此居，癸卯歲秋寒。　少傅曾大父，予告投簪還。　頤養賦遂初，恩賜
買山錢，　眷戀此山麓，於焉樂靜便。　亂石壘牆低，枳棘編籬蟠。　百株皴裂柏；千箇青
琅玕。　歸雲閣東畔；玉照亭南偏：　偃仰二老杏；澄泓一水灣。　桐陰壓簾靜；草色上砌
繁。　窗牖極開拓；廊複相鉤連。　措置皆古朴，絕不事雘丹。　拾級漸西北，周帀護以欄。
匪巖得一堂，疎豁天何寬。　朝挹嵐氣爽；暮對翠屏間。　部曲領烟霞；風月歸平泉。　杜
門絕塵囂，著書年復年。　北地米太史（紫來），繪作圖畫傳。　一時名公輩，題咏幾百篇。
於時余未生，略記或未全。　臘風雪如掌，圍爐話惓惓。　酒盡叫童沽；燭盡呼再然。　有
時君過我，探幽劇盤桓。　瓦鉢松麈尾；竹杖鹿皮冠。　一觴復一詠，芒屩代輿從。　有時

我過君，敲門夜半天。呼君起夢中，各笑糯不襄，與人作話柄，張癡與成顛。君夙嗜唫咏，爲句皆雅嫺。得意在古調，漢魏相提攀，又夙善書法，精理特入口。楷法鄗歐虞，行草嗤蘇顏。不屑到米狂；常諱稱張癲。但爲知音者，一日書盈千。貴耀以勢臨，一畫與已竣。排常二毿童，尺幅撑以搴。淋漓驚四座，磅礴生雲烟，迅掃紙百捆，亟磨墨百丸。君於古篆法，精緊深究研。闡微出傑論，辯駁非一端。斯邕死千載，蝸扁訛相沿。不知重遒勁，但知取纖嬛，譬如美婦人，美豈在釵鈿。親君見妙技，寓內大奇觀：刀落儼槊舞；撇捩比鷹鸇。常驅馳途路，仰臥車中鐫。文彭何雪漁，齟齬難比肩。君夙擅岐黃，妙悟得眞銓，尫羸垂斃人，立活如奔獾。薪傳傅青主，心血苦盡殫。君才故磊落，君意亦騰騫，酒酣耳熱時，脫帽舞當筵，慷慨輒語我，葛城作冷官：鉛槧那束縛；佔畢不拘牽。大開矍相圃，奢侈苜蓿盤。有時飲生徒，豪唱羣嘲讙，一醉常累日，酒逋徧市廛。縣官不解事，致辭頻來前。撼呼半晌醒，踉蹌睜目睕，奮臂一咤叱，撲跌口流涎。俗物亟走避，無取汙老拳，睥睨一世人，十載雄寒氈。詫我膏粱子，裘馬恥翩翩。行身慣作逆騰踔紈袴班。款洽兩月留，般勤精粥饘，忽忽歲聿暮，踟躕整歸鞭。馬首一再回，悵怏後會慳。瞬霎裘葛易，魚雁迴渴漫。我方去吳楚，聞君入幽燕。江南媿依劉，花縣竚迎潘。天涯淪落人，形衰病淹煎。秋夜爲此歌，付之西巖看。但知歌有情，遑恤辭多瘢。歌長辭已窮，辭窮意未闌。敝廬本無恙，買棹明春旋。長鑱被短褐，躬耕浮邱山。

（寅七）信陽州（以下七首皆杜韻）

成文昭

嘹嘹鴻聲南，相偕如我謀。來茲楚豫交，千山懷一州。蒼烟漲天盡，山瘦如悲秋。日光淒以薄，耿若初月幽。牛羊點遠野，何處爲田疇？亂水漾寒澌，難可以名求。蹋冬忍揭厲，徒侶思方舟。惴惴各慰藉，艱哉歲窮遊。沙飛蔽目暗，風悲落木稠。自非老行邁，詎此將生憂。暮色爭寸晷，西輪慘欲收。冷店晚炊熟，識我款我留。戍角入雲散，哀烏叫城頭。孤檠照雙鬢，顧影有輩流。孰家又孰客？終也此生浮。投牀得大酣，勞魂信悠悠。

(寅八)李家砦　成文昭

眼從看山明，登頓得忘苦。幽江出山腹，耕畬俗近古。樵徑引市通，楚楚茅簷聚。楂枒樹隱門，藤蘿挂風雨。山尖四顧合，寒月破窗吐。淺深青幾疊，可以支枕數。天空霜正繁，白雁過夜午。村醪不貸愁，黑甜難徑取。

(寅九)會水嶺　成文昭

高鳥奮疾下，峭嶺摩雲端。我行嶺西足，東日高障寒。哀壑傳迅風，征裘淒以單。嶺前衆水匯，浩浩怒生瀾。遠遊令人瘦，自勸勤加餐。嶺背有樵唱，如歌行路難。

(寅一〇)廣水鎮　成文昭

山币得淨好，打圍嵐氣溼。略彴架溪危；酒帘招客急。清瑤透長渠，漁渡此小築。烏糯飲膠牙；白醡著灰澀。倦甦山家柝，背坐興猶及。撥火熨凍顏，哀吟續猿泣。

(寅一一)金口驛

成文昭

習習江風平，溫日滿帆席。一葉溯寒潮，孤興劇泛宅。烟中暝城郭，即目已郊僻。偃卧書初開，幸息久于役。櫓聲近耳靜；鷺行過灘適。峨峨大軍山，長林布奇石。松濤匝岸淸，崖翠濃欲滴。迎舟苦乞錢，居僧老窮慼。古寺始何代？門鎖麋鹿跡。渺渺翾江帆，疾于鶻翻翮。

(寅一二)羅山

成文昭

聯緜赤土岡，探江情有餘。霜柳末飛葉，寒媚態扶疎。古廟傳鐘磬，早市爭鹽魚。苦茀屋架竹，齒齒高下居。樵唱意自得，雞犬多閒舒。今冬水落晚，沙平溼未除。湘頭接漢尾，豈少佳村墟。奈何蠻獠俗，不解精林廬！

（寅一三）蘆林潭　成文昭

纖鉤墮寒潭，澄波瀲金赤。傍棹靡靡風，出灘礌礌石。一鏡碧千頃，清暉帶絕壁。網罟聚千家，醉歌誰主客。從不識城闉，綠波問蹤跡。生事一艓了，悠悠謝驅迫。曾見獨醒子，憔悴吟楚澤。哺糟且啜醨，我自適我適。

（寅一四）雷岸謁麴令祠紀事　成文昭

朝蕩小孤山，暮檥大雷岸。舟輕等一匏，風峭欹帆半。轉側晷刻間，左右遞褰幔。跌斜苦欠伸，局縮厭櫛盥。瞠眸盼港汊，暫繫速午爨。揮箸得一飽，復覬腰脚散。踏岸面颼颾，意行殊衍曼。背村路犖确，穿林木皆灌。荒涼古祠存，門掩溪光亂。隨檐積燕泥，蒼鼠拱几案。土封三尺碣，文字亦漫漶。掃壁尋遊題，詩歌悉里諺。競謂屈大夫，曾於此擯竄。史册浩無垠，地誌良汗漫。一笑秦中吟，與人充近玩，老嫗尚解讀；
過目則何憚。屈麴旣以淆，古近遂莫判。無忌號信陵，胡不幷置讚？一笑巾欲欹，衣
垢背貼汗。野店沽燒春，掩蓬撥爐炭。

（寅一五）阻風用山薑集中湯惠聯句韻 成文昭

人憊困如瘧；天慘晝擬夜。靈鼉撼地軸；陽侯命遠駕。隔岸盼煙火；依蘆作鄰舍。倒
掣百丈勞，斜停十幅卸。波作雷霆喧；人語蠅蚋唶。呼曹強嘲諧；答歌足悲詫。祈仙
壺可縮；倘力慕難借。守株拙有見；倖進媚無罅。久甘汝甯癡；詎赧淮陰胯。怒恐爲
我施；禍竟將誰嫁？咄者書之空，嗥而唫不嗄。澀盡思橄欖，甘回喻藷蔗。占靡恃杯
珓；悶仍藉尊斝。魄晴銀未磨；宵良金不價（明日上元節）。千計枉畫脂；一笑巧注瓦。
白雪融矮鱸；紅淚滴高樺。鼎欲顚倒扛；弓爭左右射。常哦刱忘飢；藉糟遑計嚇。觴
政酷以理；騷壇嚴無赦。騈案餓蠶鬨；倒餅長河瀉。風已三更歇；與方午潟乍。偏師

偶卒出險陣豈遽罷。 未能勾踐忍終儆宋襄霸。 規橅湯惠詞，荒陋仍莫化。

（寅一六）冒雪訪靈皋留飲話舊

成文昭

過江訪名流，長衢磑春雪。 犖确雙屐鳴，灑裘見飄撇。 蕪城記識君，懷抱爲君竭。 淮陰復判袂，離懷劇紛折。 日月忽不居，三年憂惙惙。 魚素一再通，慰寄亦更迭。 歲寒一寸心，相期無作輟。 我汎楚江來，相思腸百結。 今日叩君門，拜君謝久別。 隔牖竹風驚，排簷冰溜咽。 圍爐話一燈，佳吐霏如屑。

桐城藏褐夫，筆如劍砥鍔；灑灑千萬言，才大罔羈縛。 懷寧劉古塘，五字妙綽約；陶鎔漢魏間，峻潔不薾弱。 君嘗評兩君，愛其態磅礴；無意附時賢，有眼到古作。 充其筆所至，直欲無空闊。 鯫生抱痂癖，枯吟窮鑿鑿。 擒辭乏精英，冥搜濫糟粕。 自顧意不強，足供人嘔噱。 君獨謂『不然，試學二子學。 胡不讀離騷，三百再咀嚼？ 排奡入妥帖；纖豔歸淡泊。 我初不子欺，子無宿我諾。』 人生幾合并，難可預期擬。 龔君主我久，懷友念鄉里。花晨及月夕，有歎不容已。予時勉慰之，『君歸日可俟。君歸定念我，與今念友似。我安得奸懷，二友夢寐裏。』言之大笑樂，星霜速以駛。我忽來江南，對君念龔子。龔君念二友，此日增愁壘。我將歸對龔，語此還思爾。君寧置二友，相思復謀始。山水自高長，夢魂還尺咫。人生幾合并，天風蓬蓬耳！

（寅一七）去秋徐行甫以夕字七疊韻詩見示，愛其古潔幽雋，欲屬和而未暇；今丙戌元日獨坐寡歡，偶次韻寫懷，不必示徐也　成文昭

晨光改歲朝，爐火燼除夕。忽忽老頭顱，雙丸跳何劇。家居厭俗囂，兒女喧嘖嘖。十年八在外，茲晨最爽適。古寺封寒煙，閉門斷轍跡，軒楹潔掃除；書帙有倫脊。滔滔人海中，幸此一弓僻。梵放到耳頻，斜風仍間隔。枯吟偶會心，理從化人索。蕭寂得忝情，周旋謝殘客。玉蛆儲甕久，臘味香乍拆。

（寅一八）人日再次韻東行甫　　成文昭

居果大不易，促刺謀朝夕。賣賦不値錢，窮極仍倦劇。蒼頭對盧兒，隔面語嘖嘖。一
笑姑置之，懷人心有適。盈盈一水間，迢迢阻蹤跡。晚風捲頑陰，西山寒聳脊。新月
鑒髮冷，萬象皆荒僻。徘徊抱孤影，能不悵乖隔！把杯孰與酬？吟思枉孤索。首春日
已人，春光淡如客。詰朝期訪君，雪泥凍初坼。

（寅一九）與全東同（頡剛案，此題或有誤。）　　成文昭

四海競聲詩，誰爲蓋代豪？詰聱炫甫愈；空疎矜韋陶。時或尙纖麗，哀淫竊猿猱。欲
假温李面，無鹽強施膏。攘臂爭壇坫，牛耳代遞操。低顏貴人門，殘肴忝老饕。去年
來長安，失意心忉忉！漁洋去神武，厭次暮木高。目中無老成，不笑空號呶。所幸識
劉君，高文難輩曹。較量眼前人，惟君主風騷。天授雄鷙材，洪波釣連鼇。一燈窮古
今，萬類罔逋逃。著述欲等身，對人恒自韜。天欲窮斯人，白首猶青袍。計偕上帝里，

古寺昏燈挑。丙夜手一卷，吟答風飂飂。冰澌結髭鬚，塵榻埋脽尻。訇然一語發，壯如鳴蒲牢。我生幼放曠，二十形塵糟。譬田瘠不肥，繁氣分蓬蒿。翦除借利器，根蔓庶盡薅。奈何鈍斧斤，有力將空勞！望古無薪傳，心肝日煎熬。攢眉時苦吟，纔比寒蟲號。再嚼味何有，一笑還空鼇。劉君獨見嗜，君亦枉口褒。僉曰『寧寒瘦，肥膩惜時髦。』生能遘知己，死不恨所遭。市酤聊可醉，寒雨零山桃。

(寅二〇)暮春吳寶崖邀同人集章氏園，限『日』字

成文昭

旅食賤韶華，困眠撥書帙。誰解匡鼎頤，自鄙方干膝。不知蒿沒階，常疑窗就日。初聞友喚遊，豁如鼓愈疾。騎馬長衢來，衝塵淸境出。邱壑自窈窕，水木相明瑟。掃開羊求徑，引入芸蘭室。拂楊柳陰涼，篩簾棟香密。萍䙆暢平生，駃騠競超軼。高懷同澹蕩，豪情並崒嵂。盛賀竹林雙，能媲建安七。次公亦醒狂(謂坐中不飲諸公)；懷祖但眞

率（予自謂）。黑甚牛蠋蠶；紅樂破蔛栗。滑走櫻桃圓；脆翦蒲芽苗。政行曲流觴；墨飛爭泚筆。跛足夵望塵；纛才難縛律，鈍甚服箱牛；匿深處褌蝨。楊說項多情；元儕白增慵，坐已玉山頹；歸怕金吾叱。聊盡一日歡，長同魚鳥逸。

（寅二一）題顧俠君秀野草堂圖

成文昭

前歲客吳閶，清駛風船趠。望中逋翁家，輿闌吾未到。今年住燕市，磊落得同調。示我行看子，林泉精寫照。溪路轉幽閒，煙蘿入罥篠。鳥啼若迎人，花豔皆含笑。柳下凭藤輪；竹邊沸石銚。茅堂在佳處，鉤簾展清眺。好景會萬端，一一領其要。觀圖得長喟，佳景恨欲剽！更聞主人翁，才名自年少。哦詩儀不知，好客癖難療。如雲集冠蓋；傾心有屠釣。自從開此堂，盛事東南饒。如今暫拋擲，金門來待詔。職掌是詩篇，明堂與清廟。此圖且藏弆，等閒莫首掉。長讓山野人，閒雲宿荒嶠。

(寅一三二)長句送舍弟歸里　成文昭

枳籬瓦屋一園水，蜿蜒略彴城西隅。老柳百株紛偃仰；繁菊爛熳敷氍毹。瓜畦枕井豆壓架棗枝當戶紅扶疎。蟹螯初肥菘韭碧，十分秋色盈吾廬。命不如人常坎壈，揶揄路鬼欺狂迂。弟兄落拓走江外，吳關楚塞長馳驅。吾家世德素溫飽，耕讀豈復諳世途。即今人事屢遷變，放眼蹋足皆榛蕪。江頭送子乘秋去，握手灑淚還踟躕，禿樹昏鴉號落日；寒原敗葉吹酒壚。負載書卷一羸牸，摒擋行李兩獠奴。疲驢板橋踏霜月，油燈山店啼夜狙。爾方歸娶成人列，讀書力穡爲良圖。安貧屏跡守環堵，莫以困頓增欷歔。我昔裘馬快馳逐，味比嚼蠟兼茹荼。病態鏖糟滯天末，風雨憔悴悲三閭。魂夢故園草堂側，朋儕團坐傾醍醐。酒酣耳熱儻相憶，三歎鈍農盍歸乎！

(寅一三三)送過鶴言歸當湖　成文昭

當湖逸客過鶴言，人淡如菊才飛騫。骨瘦崚嶒健黃鵠，雅重之中風流存。力扛龍文百斛鼎勢倒三峽傾詞源。前年把臂在燕市，秋風共棹來湘沅。僦屋相依又一載，酸齏冷粥足饔飧。吾輩但爲文字飲，陶陶永夕陪春温。昨朝别我束書卷，忽忽行色還故園。我病浹旬扶不起，連宵風雨江聲昏。望鄉亭子野煙裏，絲絲柳色浮青尊。洞庭水打天破碎，漂沒一點君山痕。放眼揭袂一長嘯，雲擘絮從衣帶翻。我夢此夜逐君去，荻煙葭月招唫魂。

（寅二一四）倉頡廟

戚文昭

欲顯欲晦西日黄，乍凸乍凹路羊腸。鬖髿幾樹立傴僂，彳亍一衢行蹌踉。突兀不知何王殿，蒼蘚一寸合古牆。牓題剥蝕昏莫辨，碑石崩壞欹兩廂。白晝陰森絶可畏，狐狸魍魅應潛藏。堂上一人形貌異，偉丈夫容王者裳。九尺之軀美鬚鬢，睒睒四目含精光。疑如斷山凝不動，芒耀四射不可當。何年曾作黄帝史，雨粟泣鬼開天荒。結繩以前太樸略，史籀而後偏精詳。爰歷博學未失古，陳倉石鼓空紛張。落翮大鳥創一格，能事已極蔡中郎。魏晉已還楷法出，姿媚超入時世妝。何如省事仍舊貫，最道其或足以臧。汝州石刻卷第一，二十八字何軒昂。眞耶贋耶杳難測，但覺元氣塞混茫。人生識字憂患始，余也于此多荒唐。空階積土餘鳥跡，縱横絡繹分款行。得毋示我六書義，低徊再拜心徬徨。驚風忽起廟門閉，餓鴟飛下黄茅岡。

（寅二一五）武昌吳故都 成文昭

炎靈四百劍璽遺，鹿犄龍戰分疆陲。四世五公尸餘氣，名高倰及豚犬嗤。治賊能臣亂奸宄，沛國孝廉才果奇。早識樓桑織屨客，『英雄捨君與操誰?』南陽躬耕人忽起，涸魚値水風雲隨。隆中一語自絕識，江東有人何易窺。獅兒騰地氣蓋世，睥睨叱咤非常姿。霸功垂成付阿仲，任賢使能儂讓伊。父兄事業新料理，紫髯碧眼羆熊羆，一火赤鼻曹膽破；回烽白帝劉家危。襟吳帶楚幾千里，遙遙天塹險所基。乘時秉圭僭袞冕，飛樓叠堞開岩碕。賢豪濟濟侍帷幄；士馬驍驍張鼓旗。文章怕令子布見，曲詞誤有周郎知。風流一時照江表，六朝佳麗實創茲。再徙建業廢成蹟，降幡一片波嗚悲。未須郤正更詞費，底用徐盛空漣洏。臣亦設座待陛下，爾汝之歌差解頤。荒墟蔓草雄圖了，天淡雲閒又一時。

（寅二六）石鐘山　成文昭

石鐘之山天骨異，皺瘦透露淩崆峴。上下屹立距百武，爭雄長如齊楚邦。嵌竇俯疑探蛟窟；嶄巖仰訝垂星杠。搏入陰森萬奇鬼，撩衣銛利千鋒鏦。眩神已入諸葛壘；緣身若舞都盧橦。邃壑有風撼地軸；遙空一線開天窗。我來見形神欲王，聆其聲也心應降。函胡清越桃花汎；噌吰鏜鞳秋風縱。沙肥石涸不掩趾，微餘細罅流淙淙。韓公南岳蘇海市，將循例請眞愚惷。萬石蒲牢於茲大，奈何將以寸莛撞！去路不能無餘戀，小舠危纜牽橫矼。千帆片片滿落照；一盞燄燄燒明釭。筒書快翻徧白瓷，儲酒急倒盡半缸。酈元註古筆稱雋；眉山記好文無雙。挐舟絕壁輿可迴，一梳殘月流空江。

（寅二七）拜左忠毅公墓道

成文昭

有明二百八十載，神熹之際難具論。泰運中否遘陽九，乾綱陵替風塵昏。南牙政柄歸北寺，師保不恥甘兒孫。桓桓高顧葉李繆，兩周黄魏文萬袁。東林君子自不少，其如天聽閉九閽！刑餘羅織無遺策；當陽鳴鳳絕攀援。犴狴一時修陰火，囊頭三木哀血痕。其間領袖推楊左，上追黨錮繼武蕃。范滂有母見子死；李固無女藏孤存。若垂星日照天地，氣作河嶽彌乾坤。大名定與與高邑，砥砆堆裏分璵璠。畿內三忠犄角立，狂瀾一葦隄奔渾。小子忝爲文穆後，仰志先德帝（顗剛案，疑是『常』字）弗諼。雨過應山弔忠烈，龍眠今得窺牆垣。山高水清西日瘦，長松亂棘蒼雲屯。閩海偉人譜公節（神道碑爲黄石齋先生作），殘碑三尺纏藤根。維先少保辱公友，泊先少傅出公門。至今尺牘牢藏弆，綢繆廊廟千萬言。景行仰止如神在，小言詹詹媿莫捫。烏尾畢逋

冷荒隧，青林白月來忠魂、

（寅二一八）次韻贈劉太乙　成文昭

春鳩穀穀啼隔巷，槐陰濃過鄰牆蕩。把書旋怪睡生魔；得友還欣謦有相。日長茗淡許過從；月靜花晴遞酬唱。男兒何莫事疎脫？客子尤宜省惆悵。未云棲託得好佳；亦祇清修足爲暢。委懷要是絕塵埃，置身自可謝依傍。陋學空攀君子交；才名久讓丈人行。踢翻老鐵跨茶陵，弔古從頭悽以愴。我得公幹白首吟，何殊敬升千斛餉。載筆方將值玉堂；鼓枻只堪牽白舫。閒身欲侶李長源（謂牟山）；散人名愛陸魯望。怡樂空輸山水間，勞苦差便廟廊上。此生定分付支離，此語何曾屬謔浪。若向江湖索報書，烟波大地鷗無恙。

（寅二一九）疊前韻贈日容　成文昭

賣花聲偶到窮巷，吟情欲逐蝶蜂蕩。不是言愁即憶家，開口翻嫌乞兒相。劉乂示我匠門詩，塵土中聞小海唱。忘餐不厭讀百回，潤沃枯腸破惆悵。輦下論交什百輩，座上無君情不暢。何遜久爲沈范傾（新城，商邱），十五子外許誰傍？胡爲於我溷妍媸？識顏早締陳雷行。不嫌僑野氣不除，却憐鹵莽詞悲愴。相期相聚省折簡；一壺一盞便村餉。街塵那惜覓驢錢；醉癲忽似乘吳舫。瓦瓶芍藥香正狂；佛場境寂月初望。談旨恰當支許間；詩態特出元白上。文通才盡筆無花，牙後齦根憑孟浪。不眠一夜旋枯螺，知更煩君問無恙。

（寅三〇）疊前韻贈李牟山　成文昭

卜鄰與君不隔巷，一閣風鈴兩院蕩。入門惟怕揖俗僧；過殿何曾瞻色相，簾垂清晝靜宜人，睡起不聞午雞唱。騰踔豪情鬱怒才，詎關兒女子惆悵。對君直若飲醇醪，融入四肢得酣暢。知我能勝我自知，齊魯肯容邾莒傍。相憐且莫擬夔蚿，終漸踽踽儕行行。將軍汚足乃敢嗔，醉尉駡人空悲愴，殘杯冷炙謝侯門，胡荽澤蒜甘野餉。板壁疎欞老衲居，疑是牽來岸上舫。臥將白眼看時流，未必成仙皆脉望。無可奈何夷惠間，儘有襟情懷葛上。與天執拗費商量，一葦洪濤衝巨浪。巨山頭白好歸來，短衣匹馬夜無恙。

（寅三二）疊前韻贈顧俠君　成文昭

門才藉甚烏衣巷，九霄健翮扶搖蕩。荆璞難教時匠知，渥駒枉就圉官相。千秋業早著名山，不隨浮世淫哇唱。高山石鼓陣堂堂，作鄭無人苦惆悵。拚將歲月付雕鎪，鰲正分拏得清暢。郊島籍湜李習之，如與周旋日相傍。功臣寧獨讓蘇門，矯矯武子同輩行。我生識字愛硬語，飛霞誰乞空悲愴。得佳槧本勝指南，刮眸去翳謝奇餉。耆觴老屋插架書，曾自江南載連舫。何當歸去屏塵氛，蠡測管窺差可望。經年只似賈胡身，鴻爪深留雪泥上。節迎重午杏垂金，夢到鄉園麥吹浪。虎頭曾否我同心？厨畫御題可無恙。

(寅三二)疊前韻贈龔孝水　成文昭

記否偕棲鐵獅巷，清波十畮烟光蕩? 榆柳荒廬卽野人兒僮里諺傳丞相。古屋三間西牖明；秋花一院寒蛩唱。澆書酒綠快淋漓；聽雨燈青坐惆悵！睡來毀茗致復佳；晝裏論詩理能暢。布韈青鞵興欲闌；隱囊麈尾閒須傍。狂嫌阮籍涉支離；嬾笑嵇康有輩行。棋爭一刧亦足欣；史閱千秋半多愴。畦蔬旋翦晨露香；塘魚出網晚盤餉。夕陽留客倚孤亭；夜色催人上輕舫。橫笛短簫恰解隨；小月高山如在望。好景潛消醉醒間；塵勞忽夢蓬瀛上。也知帝里居大難，何事天涯跡同浪? 眼前游玩別升沈，況論草木能無恙。

(寅三三)疊前韻送王秋史歸濟南　成文昭

流泉鋪地柳成巷，水光倒浸山光蕩。百年遞授到詩人，一亭舊屬棠川相。淸泉白石都抛置，來啖紅綾聽臚唱。莫矜小鳳好頭銜，猿鶴相識夢惆悵。朝來鄉思見新文，擧擧歸學達夫暢。眼中之人少似君，逸態眞堪魚鳥傍。數篇吟老不知貧，男兒行處是行行。心持一瓣南豐香，淚含幾度西州愴（謂德州公）。城南蘭若棗花殘，枕簟茶瓜留客餉。話到故園墨露香，開尊正駕叉鯉舫（秋史云：『濟南夏酒名墨露；德水鯉如玉，亦夏出。』）我聞歸人述歸樂，饑食肉糜何敢望！旅魂直欲逐君飛，廿四泉邊佛巖上。風籊吹牀林弄簧，石雨濺窗硯鳴浪。屋埋黃葉一燈青，看君細詠泉無恙。

（寅三四）疊前韻寄柯南陔

成文昭

學士湖波接竹巷（張樸園學士客楚州之湖上，閻百詩徵君有學士湖之目），闌門一艬淸光蕩。烟霞結習好樓居，何人識得神仙相？溷塵時復出新吟，流入采蓮女兒唱。天公怪汝鉤物情，罰住名場暫惆悵。紛華城裏有丹邱，敝帚千金聊寄暢（南陔集名丹邱敝帚）。

怡情寫作鍊藥圃，與我周旋只我傍。　今年隨衆走長安，聞踏踏歌尋輩行。　我生常骨排頑軀形槁心灰步舍愴。　熊經鳥伸旨未諳，欲就君分麻姑餉。　執鞭賤役定不辭，亟須攜上竹葉舫。　胡爲掉頭不肯住，烟霧東溟空所望？　安得解脫御列風，霎眼追君滄海上！　虛無有路回雲車，龍鬬長空狎高浪。　釣竿寸寸碎珊瑚，詩卷人間永無恙。

（寅三五）疊前韻憶舍弟爾長鄉居

成文昭

碌礡春園桑柘巷，捫腹披襟日嬉蕩。　舊畜黃犬識客馴；新買烏犍就醫相。　南天雷動聒農歌，西疇日落聞樵唱。　耕烟耨月費斟酌；量雨占晴亦惆悵。　一年之計一身勞；十斛纔收十口暢。　睨他兒女索果隨，約得村翁結鄰傍。　甕泥旋坼雜清濁；少長開顏略輩行。　新聞縣令斷如神；故典中郎孝堪愴。　黃瓜留伴黍稷筵；紫椹檢附硃符餉。　安步能勝款段馬；駕險正怕鴟夷舫。　渭川千戶願何奢，鄉里善人名過望。　夏糧秋稅吏不來，飽飯酣眠策最上。　粗知律己免郎當，不敢勸人從漫浪。　棄家行腳噉名人，十丈塵中可無恙。

（寅三六）虞道園硯歌爲李後圃作

成文昭

人生隨地擇術先，第一計左耕石田。迂疎可笑蔡洪語，欲將元默祈豐年。淬妃有靈呼不應，豈關人事未盡虔。稟心蘭藥作供養，二螺丸子供周旋。區區瘦瘠祇一畝，窮人不怕愛逾專。佳話自古可勝計，贈貽攘奪紛駢闐。庚翼蜂來蜂矜好，陶穀碎後魚堪憐。書生癖不異今昔，千年遞授誇流涎。簣齋吟几一古物，綺文縠理溫而堅。金星眉子不敢侶，水舷角浪難比肩。攜久磨多未暫捨，鋒稜雖缺形猶全。背銘舊主人姓氏，記曾相識浙江邊。下雋城中客春客，乾明破寺參枯禪。豐碑偉立半剝蝕，伯生老手揮如椽。想見當時君被寵，學古錄助成千篇。問君今日又何幸，流落得主寧非天？道園後圃名輝映，老吏何敢攀謫仙。我病牢愁棄泓穎，墨瀋乾漬支頤輒。置爾閒處爾厚福，玉堂新樣看先穿。窗明几淨日卓午，飽聽鼻息如雷眠。

（寅三七）題宋姜銘郡丞鷗邊洗錢圖　成文昭

人生至樂惟田廬，宦成栽種計已迂。倉皇百金買不得，坡公詩語良非誣。商邱公子太瀟灑，鷗邊舊業傳新圖。古梅百本忞窈窕；蒼筤萬箇吹笙竽。層軒四面竹聲裏，老屋一片花光扶。書籤畫本裝潢好，湘牀棐几纖埃無。逶迤引人最佳處，古籐纏絡柏不枯。臨淵据石趺坐者，胸有遐寄美丈夫。目逐輕鷗汎容與；神怡流水情閒愉。髡童黠慧解人意，要是阿段青猿徒。大小錢得十餘器，柴汝官哥定名殊。沿流淨洗洗更再，主人未始煩指呼。千堆遙翠白鳥破；一灘細縠斜陽鋪。如花好景那易見，展卷使我空踟躕。三椽舊曾傍水結，今年想像應荒蕪。君方佐郡遠鄉國，我亦索米羈通都。何堪泉石擾夢寐，畫中聊復爲歡娛。

（寅三八）和杜甫杜位宅守歲　成文昭

寂寂老僧家，寒燈慳作花。年光磨鬬蟻；生事笑塗鴉。街鼓初聲急；簷風一縷斜。朝來有鄉訊，怪我戀天涯。

（寅三九）和羅隱除夜　成文昭

客餽房山酒，相依小弟傾、爇將新歲火；坐徹去年更。春好歸應遂；歌狂憤漸平。傲他騎馬客列炬入承明。

（寅四〇）懷李東皐　成文昭

燕市銜泥別，青楓白雁天。西風梁苑騎；涼雨秣陵船（時東皐之中州，予之白下）。江月悲；湘瑟春山老杜鵑。懷人如有意，一櫂洞庭烟。

（寅四一）送陳秋田之官荔浦　成文昭

斜日寒山路，行軒起細塵。情攀薊門柳；目送荔江春。墨綬迎仙令；金臺失酒人，玉溝頻悵望，六六寄書鱗。

送客春明外，離情日向西。冬迎桂嶺盡；月到楚江低。茘子千頭熟；蕉花十丈齊。黃紬散衙鼓，先試選郎嗁。

(寅四二)出都　成文昭

又整還鄉旆，依然十月中。寒雲膠復動；野水凍旋融。瘦馬穿黃葉；高鴻怨朔風。春明重回首，牢落意無窮。

(寅四三)上巳日家叔舍弟小園讌集言別　成文昭

平池高柳晚棲鴉，自羨勞筋暫息家。草草杯盤過上巳；忽忽行李又天涯。半生慣著他鄉句；兩載空辜故國花。骨肉開顏莫容易，村伶舞徹鼓三撾。

枌榆風物足安恬，來去誰教突不黔。人自躭愁同衞玠；僕何多恨似江淹。文迂乍可書驢券馬鈍猶知駐酒帘。 藥裹縱橫伴泓穎，奚囊一字未曾添。

(寅四四)憶湘南舊事再寄元叔　　成文昭

巳公屋下禮慈雲，幽唄時從竹裏聞。 牆外山光晴疊髻，檻前湘色淡拖裙。 栗留靜似迦陵囀，簷蔔香疑優鉢熏。 共笑清齋連水厄，幾多佳話袂輕分。

(寅四五)北行辦裝　　成文昭

忽忽去意不容遮，又束牛腰書滿車。 春色闌過穀雨節，小園放到鼠姑花。 十千慣買他鄉醉，一種難拋此日家。 蕭寂空齋成久坐，竹風敲戶月初斜。

(寅四六)夜坐　　成文昭

風雨江城老客思，雁聲誰遣到書帷？ 半生腹笥容澆酒，一寸眉峰正鬬詩。 螢亂疎簾窺瘦影；月低秋水照吟髭。槐花吹落知多少，打向空階不住時。

（寅四七）九日　成文昭

孤城碪杵亂寒蛩，獨倚西風數雁行。九月江濤催客鬢；兩年藥裏伴重陽。傾瓶桑落三升碧；鋪徑槐花一寸黃。不用登高舒倦眼，感時王粲久懷鄉。

（寅四八）病起雜詩示遺安，公錫，雲生諸子　成文昭

當筵鮑老笑郎當，阮籍雖貧未減狂。身世塞翁悲失馬；文章列子說亡羊。楸枰且作觀時局；紙帳翻傳獨醒方。栩栩讀殘齊物論，漆園久已混彭殤。

慷慨悲歌酒一尊，消磨壯志幾分存。赤苓白朮新朋輩；紅袖烏絲舊夢魂。厭與惡賓摹漢隸；喜聽弱弟背齊論。日晴卽算揚眉日，絮被高攤曬竹軒。

（寅四九）百泉坐月懷友　　成文昭

新雨蘇門展翠屏，閒雲淡盡露泠泠。月沈波去千丸白；樹到樓中一檻靑。風外孤飛螢寂寞；尊前瘦影蝶伶俜。故人今夜清光共，定倚萍灣柳下亭。

（寅五〇）潭勝渡漳河　　成文昭

春寒料峭到鞭絲，人耐風威馬耐飢。聒耳河聲潭勝日，夕陽喚渡記年時。

（寅五一）邢州懷張九丰秦中　　成文昭

裾聯野寺杯無算，別話秋齋燭再燒。張緒風流今不見，一株楊柳弄春條。
風聲淅瀝雨聲柔，客裏風光淡似秋。誰道相思難寄與，邢州有夢接涼州。

（寅五二）淇門　　成文昭

柳絲瑟瑟水粼粼，亭短亭長烟外村。馬上冷吟如中酒，黃梅細雨過洪門。

（寅五三）合肥　成文昭

港上寒禽比翼行，港頭拱樹接柯生。迢迢淝水東流去，不及盧江小吏情。

（寅五四）和顧俠君移居雙井書屋題壁（秀野草堂詩集卷二十三）　成文昭

家具無多寄數椽，那容俗事到吟邊。今宵狂至惟邀月，明日呼來不上船。敲戶何人非舊雨；索逋幾刺爲新篇。莫思秀野園廬好，雙井初名尺五天。

西來晴色送朝嵐，薙草澆花坐古龕。高架拂籤驅老蠹；矮箋攤案走饑蠶。居臨綠野門徧靜；地近黃壚僕乍諳。一事更饒閒意緒，奇書名酒載江南。

（乙一四）成懷祖

（子一）成懷祖傳（乾隆大名縣志卷三十五鄉賢傳）

懷祖，字尙義，晚年自號北樵文昭子。自前明大學士基命迄懷祖，六世仕宦不絕。懷祖由乾隆六年拔貢，除陝西邠州直隸州判。嘗勘涇水灘田，田淪於水者除其賦，而起涸出灘田之科以補其額；不足，請於上官免之；爭灘之訟遂息。修公劉墓，范文正公祠。撰邠志續筆，備一方典故。

歷攝三水，長武，永壽，三原諸縣，所至有聲。自長武至西安，驛道四百里。時西域用兵，而長武爲西來首站，責尤重。懷祖初至，民車數十輛聚城中，候載軍俘，而俘至未有期。懷祖悉遣歸，與約曰，『一紙出則立集。』及俘至，皆集，無後者。攝篆六月，淸漁蠹，省縻費，縣忘其衙。白洪村有九十老人，扶杖奉鵝以獻曰，『老民不至城三十年矣；今聞遠近咸稱縣有好官，願得一見。』

後回邠州長武知縣以倉儲征不及額，干吏議；上官知懷祖得民，檄之往督。民喜其至，不數日，輦輸逾萬。

其在永壽也，西安滿漢官兵方過境，而駝馬糧餉鉛藥之當達軍前者亦一時俱至。永壽於陝西縣最小而貧；是時懷祖視事僅八日，所需飲食芻秣寓舍器用之屬以千萬計，皆取辦數日中，無一缺。巡撫鍾音器重之，調署三原。

先是十九年準夷之役，大學士劉統勳爲總督，駐節肅州，懷祖隨辦軍需局事。時軍府草創，一切悉準金川例行，而故牘山積，局中十餘人常秉燭達旦，檢之不時得。懷祖言於統勳，取牘類析而標目之。統勳喜，卽以委懷祖，三日而畢，人暇而事無稽者。明年，以懷祖代記室。

既而攝毛目屯田。豺狼爲害；懷祖爲文禱於神祠，害遂絕，兵民驚以爲神。

既自三原歸，數病；嘗自恨不能事事，以病乞免。三十一年，移疾歸。又五年，卒，年六十五。

懷祖貌癯神旺，居官謹聽訟雜繁無厭，然不以才顯。性不慕榮進，以故沉滯冗官中十有餘年。尤篤內行，持家有節制，而於族黨則推分周卹。年十四喪母，有以借吉進者，峻拒之。撫幼弟，卹孀姑孀妹，生死無間。晚喜爲詩，錢塘汪師韓序行之。

子諟，三十九年舉人。孫作乂，四十八年舉人。

（子一）成懷祖傳（畿輔詩傳卷三十五）

陶樑

懷祖，字尚義，號北樵，大名人，文昭子。乾隆六年拔貢生，官陝西邠州州判。有關西槖草四卷。

大名縣志（頭剛案，文見上，不錄。）

汪師韓序（頭剛案，文見下，不錄。）

紅豆樹館詩話：『北樵負經世志，歷攝三水、長武、永壽、三原諸縣，皆有去思。性簡淡，不慕榮進，故浮沈冗官中十餘年而卒。在邠嘗修公劉墓，范文正公祠；撰邠志續筆一書。晚始爲詩，追蹤唐賢，稜稜露爽，不拾過庭餘瀋。』

（子三）徵仕郎邠州直隸州判成君墓誌銘（上湖文編補鈔卷下）

汪師韓

有明賢相大名成文穆公之來孫別駕君，今之良民吏也。余客河朔，君方宦游，未得見。洎來清苑，君之子諟從學於蓮池，因得讀君關中槖草詩而爲之序。乾隆戊子，君已歸田，載通音問。至辛卯而君凶問至，諟且狀授使者請銘。余與君神交久，銘何容辭！

按狀：君諱懷祖，字蘭田，號尙義，晚節更號北樵。我朝少傅保和殿大學士諱克鞏，君之高祖也；湖南糧驛道諱光，君之曾祖也；光祿寺署正諱泰淸，君之祖也；光祿公長子候補主事諱文昭，世稱過村先生者，君之考也。君本光祿次子湖口知縣諱文彔之仲子，而出爲過村先生後。侍母魏太孺人於家。康熙庚子，丁太孺人憂，時年十四，哀禮兼至。服闋，受業於江介龔孝水先生。雍正己酉，補邑弟子員，旋食餼；譽儁一黌，而連不得志於鄉舉。乾隆辛酉，始舉選貢。庚午，除邠州直隸州判。甫涖任，盡革諸陋規，而自題其廳事曰『佐牧倡僚，期共致安民緝盜；判邠懷古，竊自方強恕求仁。』其後神君慈父之交稱，已略具此兩言矣。

邠民耕涇河旁灘地，水發則灘徙而糧存。民爭新地，訟由此起。君親履畝計，以新漲準舊沒，而糧猶有浮者，請於上豁之：民感其惠。屬邑淳化獲盜屈錢娃等，捕役又妄牽毡匠張招爲盜黨，令以峻刑致誣服。獄具，招毋上控，司臬檄君提訊。令畏罪，縱招去，指爲脫逃；而招乃自投審。君遴得其實，民以不冤。

君雖服習儒行，上官以君名家子，鍊習時務，十七年中先後兼判乾州，權知三水，長武，永壽，三原諸縣事。又入佐賓筵，出理屯戍，所至皆有聲。

其在三水，有王三子者，以匹布聘司氏女有年矣，生員李珏復謀娶之。王來訴，而李之媒貢生張以誠代李呈婚書，且以女履爲答禮。君知邠俗不用婚書而履褻物，故論司氏『宜以原布還王。』司氏言『布久成衣，願償其值。』君笑曰：『布即古之儷皮純帛也，而奈何逐利以壞大倫！』于是李張皆語塞，而王之屈得伸。

三原有富商買三水人妻爲妾，三原令庇商匿之，不令赴審，且寓札於君。君即以札冠文牒力索之，商乃至而論如法。

其在永壽，有白洪村九十老人扶杖奉鵝以獻。詰其故，曰：『聞遠近咸頌縣有好官，此五十年來所無也，故願得一見。』

最後在三原，邑多巨族大賈，號難治。君至則包苴杜絕，務在法無枉撓。

而其尤以幹局勞績著者：甲戌乙亥間準夷之役，諸城劉相國爲總督，君從事幕府，凡而（頡剛案，疑是『需』字）盧帳馬駝芻糧，倉猝立辦。復屯田於黑河崑都崙之野。豺狼晝出爲害；君禱於神，野獸絕跡，兵民驚以爲神。桐城方恪敏公繼至，倚任一如劉公。

丁丑，將以西師俘獲分賞官兵，先期徵車以待。君自長武移永壽，念夷衆尚遠，盡遣車歸。屆期畢集，亦無廢事。其於軍臺牙纛往來，供頓如法。巡撫滿州鍾公器重之。

君屢報善最，顧屢爲忌者齮齕，不克上遷。在州修公劉墓，建范文正公祠，刻文於麗牲之石。又撰邠志續筆，以備一方典故。已而勞瘁成疾，惟寄情吟詠，自適其志。逮丙戌，遂請長休告。

竊觀漢之黄霸拜丞相，唐崔知温晉中書令，史傳皆列之循吏。而宋史以州縣他日爲名臣，則撫字之長不足盡其生平；故宋三百餘年循吏惟十二人。沿及元明，史家援以爲例。以君治行卓然，有爲有守，豈不可嗣武相門而僅僅以循吏見，是朝野所共咨嗟也！然嘗見世祿之子姓或躋顯秩，而以貪鄙機變隤其家聲，所在多有。君自初束修，克樹先門風範，歸而主盟泉石，羽可爲儀，他日傳循良者亦何必以懷黄佩緋爲末竟所用也哉！

君卒於乾隆三十六年四月二十九日，春秋六十有五。即以其年月日葬於某鄉某所。配柳孺人，大名府學訓導諱紳之女。生子二人：長即庠生諟也；次誠，國學生。女三人：磁州諸生張鑑，國學生張錀，魏縣壬午舉人崔述，其壻也。孫四人：作肅，作乂，作哲，作謀。孫女三人。

銘曰：循吏工詩，唐宋未有。君詩出塵，而與韓蘇友。嗜學則專，內行逾厚。卻婚於喪，禮教是守。於叔父族昺暨祖姑元舅衣食死喪睦姻賙捄。不隱贏金於官；亦代償逋於友。花醉柳吟，無易其所守。出處令名，年齡中壽。詎天道之不可知？抑自有其不朽！古之人云：『位不稱德者有後。』

（廿一）關西橐草序（乾隆大名縣志卷二十四） 汪師韓

自少讀漁洋長水之書，見其所交河朔詞傑，廣平則有鳧盟、覆輿、伯巖諸前輩，大名則成先生；過村文采風流，心焉嚮往。晚歲客遊廣平，訪三君之後人不能無廣陵散之嘆。

近年移寓樂鄉，有成生諟者來學於蓮池精舍，間出其尊人北樵別駕關西稾草一編，乞爲序；北樵則過村先生之子也。其詩骨峻而學邃，風淸而節和，一掃割綴浮漂之習，夐焉絕塵；此其堂構克舉者乎！

夫成氏兩世輔相，其前此矣，至北樵而遠宦監州，年非篤老，遽摧幢息機，而獨擕其文以自怡悅。余觀陶桓公勳德令族，得靖節贈祖命子之篇，益諷詠而欽慕；而如昌黎之孫袞中狀頭，翰藻無傳，世且有不能舉其名者：文章之爲重於先門若此，抑世固有躋顯秩，負盛名，所根柢者淺，索焉而才易盡；又或簪纓之徒，謬有述作，妄自刊布，而非笑隨之。詩雖小技，談何容易！古以一家之內人各有集爲難，余謂集不徒有，當問其集之如何：蓋必如北樵之正聲古音以繼譚蓍觴之集，斯足雄視乎河朔矣。序其詩，並以爲嗣賢勗也。

（寅一）邠志續筆自序（乾隆大名縣志卷二十四）

成懷祖

詩三百篇惟豳最古紀時則原夏令陳風則溯后稷公劉憂勤之遺是七月一詩，風之祖，亦雅之骨也。予諸生時丙夜一編，每嘆不能身遊其地親見桑麻葵棗之風，如詩所云者。

及釋褐入關，竊自幸曰，從此皇澗過澗之濱，庶幾偕二三父老載酒吹豳，陶然共賡，以快夙昔撫卷流連之意。適會簡書疊下，日僕僕於太華，太白，終南，渭水，及鄠，杜，汧，隴間；且更腰劍長征，走五涼，涉弱水，于役酒泉，而遠馳於玉關塞外。積歲所經，舉凡漁響，樵歌，塞笳村笛，時與旅館孤燈相應答；淋漓盃酒，發爲聲詩，而於豳終闕如也。

年來政有餘閒，觀稼勞農，因獲歷覽郡之名蹟。巘原川麓，悠然遇之。官舍數椽，亦小具幽致。倚松問月，嘯歌其間，浩浩乎眞坐我於豳風之中矣。

嗟乎，官斯土者，既不能上復淳古之風，蠶桑之舊，又不能操觚驚人，泣風雨而搖河漢，大爲山川生色，乃徒效蛩語蟬吟，作咿唔故態，豈不重負此豳哉！雖然，竹頭木屑，馬勃牛溲，儲之皆堪世用。今覩豳志殘缺，繼而修之者或苦取材無地。不揣寡陋，因取素所著關西稾草中撿其有關茲士者彙爲一帙，並文數首附之名曰邠志續筆。權衡秉取，一俟後之君子非敢自謂詩人而即此鼓吹豳風也。

頡剛按，邠志續筆凡二卷，見乾隆大名縣志。

（寅二）對月　成懷祖

明月空廊得；哀鴻獨夜聞。風吹松作雨；山縱火燒雲。幽吏閒眞似隱，寒柝靜宵分。境誰知者？孤吟寫斷文。

（寅三）蒲澤谷（宋潘邠老讀書處）　成懷祖

七字古今絕；滿城風雨寒。蘚蘿溪外影；蟋蟀月中殘。已蕭蕭蒲澤谷，邠老舊詞壇。矣先生蹟，長懷向夜闌！

（寅四）題三水縣署　成懷祖

小邑藏深塢，孤城千嶂間。花殘尉遲宅（城北地名看花宮，爲唐尉遲故第；）雨暗石門關。日進諸生課；官仍別駕閒。市聲雲外落，烟火半懸山，

（寅五）歸鳥　成懷祖

歸鳥寒梅樹，勞人淚滿裾。孤蹤千里外；一夢十年餘。日與病相約；交因貧漸疏。懷向驚歲晚，風雪暗吾廬。

（寅六）送陳元聲太守之任滇南　成懷祖

雁飛不到處；萬里肅閒關。雪棧連三輔；雲旗下百蠻。猿啼巫峽雨；人向鬥雞山。紘誦傳梅句，弓衣織幾彎。

（寅七）長安懷古　成懷祖

依然北斗拄城邊，弈局長安憶往年。英武飛騰天上策；郎當哀怨隴頭絃。兵歸中尉空惆悵；釁起諸藩幾變遷。太息昭陵餘六馬，蒼茫斷石臥秋烟。

（寅八）出關　　成懷祖

千里西風兩擔書，青山白髮感何如？關開曉月霜飛遠；河捲驚濤夢醒初。雞肋不堪回客味；鴻泥今許覓吾廬。歸來矯首柴門晚，過眼烟雲倚杖餘。

（寅九）酒泉幕府漫題　　成懷祖

帳偃牙旗夜色蒼，公餘岸幘坐焚香。怨飛塞笛春無草；醉染弓衣墨有霜。敢道太冲終記室；可憐公穆即戎行。燕南豪氣平邀月，影落天山雪壓牀。

（寅一〇）拜范文正公祠　　成懷祖

一勺西湖碧草侵，薇山幕下暮雲深。兩宮調劑朝廷淚；二輔焦勞父子心。遺像當年
通絕塞，靈祠終古對寒岑。每從瞻拜懷前哲，風雨殘碑不憚尋。

(寅一一)寄懷吳三牧村　成懷祖

雪滿溪橋未放梅，一函書報故人回。饒君湖海三年夢；負我鶯花二月杯。山寺尋詩
雲外屐；龍窩聽雨石邊苔。而今獨對題襟集，瘦影殘鐙空遡洄。

(寅一二)雪後寄懷靜寧牧張智原同年　成懷祖

香破龍團液玉塵，松窗光射地爐熏。吟從雪後狂如許；瘦比梅花賸幾分。此夕人同
千嶂月；倚樓目斷六盤雲。山陰清興誰能會？手寫溪藤寄與君。

(寅一三)送陳竹泉南旋　成懷祖

二月風光上柳條，片帆斜挂雨瀟瀟。行人板渚聞鶯處，春到揚州第幾橋？

(乙一五)成諟

(子一)成諟傳（畿輔詩傳卷四十五） 陶樑

諟字伯顧，號惺齋，大名人，懷祖子。乾隆三十九年舉人。

墨香居畫識：『成伯顧山水學清暉老人，頗得其秀逸之致。』

頡剛案，檢馮金伯畫識卷五，云諟號省齋。清暉老人，王翬號也。

(寅一)乾隆大名縣志跋 成諟

大名之有志也，自明嘉靖始，然闕略未完。萬曆間，邑人張若恂起而修之，然後稱備。時先文穆居史館，樂其成而弁其首。其重修於本朝也，先少傅致政家居，爲鑒定焉。迄今又百有餘年矣，所宜搜討附益，不能縷指況省魏倚郭以來，規制爲之一變，尤不可不急爲紀乎！

前膠州張明府允紳士之請，捐俸開館，取二縣舊志而折衷之；發凡起例，彙爲一編，草創甫成，以遷去未遑剞劂也。近年以來，建置不無小異，時事又有當增。會今明府李侯以揮霍宏才由滿城來治茲邑，慨然曰，『是余之責也夫！』披覽原稿，自臨鉛槧，蕪者薙之，漏者補之，訛者訂之，續以後事，目則仍舊而卷析爲四十；手披目覽，筆不停揮，越一載而告成，隨捐俸付梓。是書乃燦然大備，而公之政事從可知矣。

先少傅有言曰，『事近迂緩而功歸遠大，不可一旦缺者，修志其大較也。志宦蹟，則仕其地者思賢。志人物，則生其地者思奮。志節孝，則婦人女子布衣閭巷之徒皆得以垂不朽。』矧今併魏於大而封域異廣狹，職事殊繁簡，習俗雜彊獷。攷其廣狹而守土者知要，度其繁簡而蒞政者知宜，察其彊獷而司牧者知教，分者合，絕者續，事雖隱之弗彰，功雖因而實創，此其所關更何如哉！

抑余竊有感焉 邑志之修，先文穆襄之於前，先少傅嗣之於後，皆以史臣元老裁正成書。二百年來，余家式微滋甚，而余猶得以淺學薄識承先人之餘，教辱君子之垂青，濫與茲役，有餘幸焉。因綴數語於末，並以見是書成而兩明府之惠我邑人者無窮期也。

己酉夏五，邑人成諟書。

頡剛案，張明府謂張維祺；維祺，乾隆四十六年任大名縣知縣，五十年去職。李侯謂李棠；棠，乾隆五十二年任大名縣知縣。

（寅二一）題龔夏橋桃源圖（畿輔詩傳卷四十五） 成諟

小徑斜開亂石頭，春山春水柳邊舟。垂竿兀坐誰家子？不著胸中一點愁。

（乙一六）成誠

(子一)成誠傳（畿輔詩傳卷四十七）

陶樑

誠字自堂，大名人，懷祖子。諸生。有悔齋詩草。

馬允剛序：『自堂詩直抒胸臆，發洩性靈，守唐人法度而不襲其貌，用宋人氣韻而不流於弱。』

(寅一)鳴玉池（畿輔詩事卷四十七，下同）

成誠

朝出豳東門，迤邐向山曲。忽得山之幽，晶瑩絕塵俗。山峯高入雲，山根穴其足。中空剛一畝，亂泉噴自腹，歷落響玲瓏，雜佩聲聲玉。所以古命名，至今可三復。偶然遇勝地，消受林泉福。明日當再來，攜書枕流讀。

(寅二)傷伐雨前書屋老槐

成誠

『十年計樹木，百年計樹人。』斯言誠可味，失意增酸辛。吾齋有老槐，霜飽五十春。

始植拱如把，在苒翠攢雲。陰可方半畝，荒園爲之新。趨庭嘗過此，燈火日相親。花木盛一時；冠蓋集朱輪。邵子題書屋，雨前原有因。吾父偶鞅掌，執策隨風塵。十七年歸來，荒徑松猶存。頹垣爲補綴；壘石成山村。爾來餘十載，老槐虧輪囷。去歲枯一枝；今年朽半身。烏巢不能安，一體榮枯分。榮者不相顧，枯者亦何云？原憲貧非病；梁鴻竈難溫。忍心運斤斧，摧之爲爨薪。爲棟志久非；支厦願復淪。心傷前後事，感激淚盈巾！

（寅三）寄棲霞張元奎　　成誠

握手是何日？天涯有夢尋。連牀雙劍影；傾蓋百年心。雁斷空相憶；梅邊愁獨吟。一箋寄惆悵，東望海雲深。

（寅四）貫鄉故城（乾隆大名縣志卷二十一古蹟志）　　成誠

唐宋雄藩古貴鄉，高低禾黍目蒼涼。　兩河割據稱留後；五代干戈此戰場。　奇節久餘田氏傳；晚香何處魏公堂！　濁漳送盡千年事，剩有西風急雁行。

（寅五）禮賢臺（乾隆大名縣志卷二十一古蹟志）　成誠

文侯分晉版圖開，今古蒼茫剩刼灰。　此地人傳干木宅；當年誰築禮賢臺？　柳垂斷堰烏巢冷；草長荒城雁陣哀。　漫道遊蹤殊昔日，滔滔漳水去還來。

（寅六）感舊（乾隆大名縣志卷四十雜記）　成誠

少年好馳馬，蹀躞青楊道。　夾道千百株，株株皆合抱。　綠陰匝地流，好鳥啼不了。　從宦十七年，歸尋舊夢杳。　禿樹剩三五，傷心問父老。　父老前致詞，吾邑瀕水潦。　縣侯徙移郭，縣治沒芳草。　即今春盎園（隄西有別墅名春盎），墓楊吹昏曉。　盛衰事循環，榮枯誰能保。　聞之意悵然，古道入烟渺。

丙部　同地交遊

（丙一）呂游

（子）光緒臨漳縣志儒林傳呂游傳

（丑）汪師韓呂游贈銅雀瓦硯歌

（寅）衡漳考

開渠説一

開渠説二

開渠説三

漳濱築隄論一

漳濱築隄論二

漳濱築隄論三

衡漳考雜載

漳濱雜記

西門閘記

去思碑記

張公請移橋漁洋碑記

(丙二)俞光淦

(子)　陶樑畿輔詩傳：俞光淦傳

(寅)　夜泊宜城

烟波灣贈王居士

(丙三)殷希文

(子)　陶樑畿輔詩傳：殷希文傳

(寅)　徐烈女

旅思

喜晤陳廣文瑞麟

卽景

頡剛案：呂游與東壁，論學之友也。考信錄中，數引其戊申記疑等書以爲己證，知於論史爲同調。水利亦然，故呂氏有衡漳考，開渠說，築隄論諸篇，而東壁有大名水道考，漳河源流利弊策，且有與呂樂天論漳水事一書焉：其聲氣相應，非偶然事矣。俞光滏，東壁之副貢同年也。寫本知非集有俞伯源朱筆評語甚多，而光滏字伯源，則卽其人矣。殷希文，其鄉舉同年也。知非集有辛酉同年殷蘭亭見贈七言詩一篇，又宿青石瀼詩末有『寫寄殷廣文牢騷恐不取』之語，而希文字蘭亭，官淸豐教諭，則卽其人矣。此皆馳騁文辭之友也。

（丙一）呂游

（子一）呂游傳（光緒臨漳縣志儒林傳）

呂游，字樂天，邑煙落寨人。貢生，任南陽訓導。性肫篤，於桑梓興利除害意尤摯。初漳河數徙，乃築隄堵水。民罷於役，莫能除也。爲著衡漳考，有開渠、築隄等篇，極言隄工之弊。乾隆二年，大名分府往查漳河源，其從者崔廣有歸述之，與水經異，今皆采入藝文，河渠。乙未夏，河決小柏鶴，又決朱家莊。盛暑興工，甚騷擾。乃以衡漳考呈周君元謙，上大憲。役乃罷，民困蘇。其後上憲屢欲復隄，王君允楚、王君果、姚君東之皆取此書上之，卒得請。

著述甚富，有小學及算法等書。

（丑一）呂游贈銅雀瓦硯歌（光緒臨漳縣志卷十四藝文志）

汪師韓

羽陽宮瓦紀千歲，甘泉宮瓦題長生。嬴顛劉蹶劇驟驥，瓦頭零落留殘銘，建安都許袁劉喪，司空曹侯位丞相；鄴京閣道起三臺，銅雀中央屹相向。崤澠返旆繐帳懸，伎樂百戲當改元、諸夫人過自伏魄，香銷組廢荒墓田。精舍譙東迹並掃，憤懣臺郎來獻弔。將軍降趙少府誅，青雀化鸚，赤雀踔，臺更金鳳石室空，興聖改寺大魏攻。鼲鼶又見築葛履，棄瓦翻貴如璧琮。魏國先生雅鑒古，說易滏陽稱易祖。權衡輕重管夷吾；心胸開拓陳同甫。貽我硯材雀不渴，蘇斑着骨波文活。章求歐奪兩抱慙，但日鈔書忘腕脫。古來書厄秦與新，五厄遞及湘東焚。此硯與書僅有存，幾回濡筆傷斯文。

（寅一）衡漳考（光緒臨漳縣志卷一疆域志）

呂游

乾隆二年，大名府同知彭奉總河顧差查漳河源流。時有大名人崔廣有字豐年隨行，分查濁漳，歸而記其說如此。予旣錄其原文，又質以目之所見，數年來又幾更變矣，故不可爲圖。卽在山中者，亦不能無古今之異。昔人所謂人之血脈且有老少之不同，是也。故卽今日之水以記其大略云爾。

漳水發源有二：一名清漳，一名濁漳，俱在山西境內。

一，清漳發源於山西平定州樂平縣南二十五里少山，上有聖壽寺一所。泉水北流折西復南流四十里至和順縣界紫羅村；又東南流五十四里至琛村折而南流五十里至遼州界駱駝村；又南流三十里至上交漳；又折而東南流七十里至涉縣界雲頭嶺；又東南流四十里至河南店；又東南七十里至交漳口，會入濁漳合流。

其泉水自右來者一，和順縣西南六十里石猴嶺有泉水一道，東南流八十里，由駱駝村南入焉。

又和順縣西南八十里八賦嶺上有泉水一道名小漳，源水自石縫流出，積水一窪，周廣約有二十餘丈。東南流六十里至遼州界長城鎮；又東南流繞遼州南關下流六十里至上交漳，會入清漳。

其自左來者，和順縣東南有圈馬平山，上有海眼寺一所，泉水流出名清河，西南流十六里至駱駝村入焉。 其餘小泉小溝無關漳水緊要者不可勝記，俱會上交漳而入清漳。 水經注有梁榆水轑水，古今同異，不可考也。

一，濁漳發源於山西潞安府長子縣西五十里發鳩山；有靈湫廟一所，泉水一道，周廣丈餘。 東流七十里至長治縣界高河鎮；折而東流三十三里至屯留界上韓村；北流一里至潞城縣界起雲臺；西北流三十九里至襄垣縣界武揚村；折而東北，復折而東南，流六十里至黎城界樞村；又東南七十里至平順界王曲村；又折而東北流一百零六里至涉縣界張家口；東北流三十三里至交漳口，會入清漳。

其泉水自右來者，一，長子縣南六十里高平縣界丹朱嶺有泉水一道，東北流五十餘里入焉。

又長治縣西南有淘清河，北流四十餘里入焉。 又壺關縣北有石子河，西北流五十餘里入焉。或云此水無泉，天旱則竭。

其自左來者一，長子縣西七十里方山有龍泗河，流四十餘里至石折鎮入焉。

又長子縣西北三十里有雍水，東流六十里入焉。

又屯留縣西南六十里盤秀山有蘭水河，東流一百里入焉，（屯留縣南有蘭橋，相傳爲尾生抱橋處。）

又屯留縣西北有絳水河，東流五十里入焉。此水最濁，故與漳水合流之後可通名絳水，禹貢『北過絳水』是也。

又沁州西北三十五里漳源鎮，有泉水一道，東南流四十里至沁州西關又六十里至襄垣縣虒亭驛折而正東，又轉東南流至襄城縣北入焉。

又沁州西北三十五里伏牛山上有顯濟王廟一所，宋元祐勅封。下有泉水，東南流四十里入漳源鎮合流。其餘小泉小溝甚多，俱歸濁漳，由交漳口會入清漳合流。涉縣交漳口，清濁二漳相並一處。東流穿太行山五十里至磁州界吳家河；東流七十里有西門閘自閘以西，河中有文石可磨硯。又東三十里爲銅雀臺，屬河南臨漳縣，河濱多碎瓦可磨硯。（後趙石虎建武二年作東西宮，以漆灌瓦，是其遺也。世人多以爲曹魏之瓦，故予詩有『石趙高齊曾再修，臺名終是曹家物』之句。）

又東北六十里至成安縣界；又東北十五里至魏縣界；又東四十里至元城縣界；又東北三十六里至山東館陶縣界；又東北四十里至孫兒寨，會入衞河。

水經注：濁漳初出左，則陽泉水注之，右則散蓋水入焉。東過堯水，梁水；又東北過陶水；又東過壺關縣北，有洚水注之。又過銅鞮水，卽晉大夫羊舌赤銅鞮伯華之邑也。縣有上虒亭，下虒聚。會專池水，出八特山。又會女諫水。北則葦池水與公主水合而右注之，南則榆交水與皇后水合而左入焉。逕下虒聚至襄垣縣入於漳，旁流附入之。水惟此最大，蓋卽今伏牛山之水也。又東過潞縣，爲潞水；過五會之泉；有洹水，湯谿水，涅水，武鄉水，隱室水。又東經磻陽城北，倉石水入焉。

（寅二）開渠說一（同上卷十六藝文志）

呂游

西門閘爲天地自然之利。前賢創之，後人不能守之者，邑紳士之過也。又非邑紳士之過，邑乘之過也。後（疑是『從』字）來人心有覺而典籍無爲，故曰『徒法不能以自行』。今乃薄責紳士而厚誅邑乘者何也？古之立言者與立德立功同垂不朽，爲其皆有益於後人也。輪轅飾而人弗庸，弗庸者信有罪矣；若乃車折其輻，本不足以載物，亦將歸罪於弗庸之人乎！

漳邑僻壤，無古聖先賢生於其地。自銅雀建臺之後，七才子流風未墜，故邑乘所載多風雲月露之詞。其有關一邑之利病，如所謂文以載道者，則絕不之見。其註西門渠不過曰『今廢』而已。至於渠雖廢而閘存，則未嘗言也。是以漳邑八景，事多附會，連篇累牘，刺刺不休，而西門舊閘未有見於詩歌者。既爲邑紳士所不知，宰斯邑者何由而知之。是以雖有賢父母訪求民間利病，亦苦於前無所因也。請得以開渠之便者詳陳之，庶幾當事者少留意焉。

創始者百計經營，心力俱瘁；我得以因其成功，以當年之故道爲今日之支流，則不勞而事舉。其便一也。

方斯閘也，南至洹，北至滏，各三十里，皆有分渠，此人之所共見也；而滏之閘更多。水之分也則利農而商不通，及水之合也則通商而農不利，故農商之搆訟者每數年而一見焉。若漳水則止有截流橫渡之舟，並無順水行船之事，知永無農商之相爭。其便二也。

瀕河數郡之苦於築隄也，每疾首蹙額而相告。試問築隄何爲乎，爲水力之猛爲民害也。夫水之爲災數十年而一見，而隄之爲災則歲歲不免。今若分而爲二，則水之力必減其半矣。若分而爲十，則水之力必減其九矣。水力旣減則不能爲害，何用築隄。若是則下可以省小民之力，上可以省國家之費。其便三也。

分水灌田則收穫必多，不勞里老之催科而國賦自辦，賢守令不更覺安逸乎！其便四也。

民情之刁詐多訟也，生於俗之漸染者半，生於家之貧窮者半。　既分水以灌田，又無築隄之費，則菽粟可以如水火，不且『富歲多賴』乎！　其便五也。

臨邑南平回隆，北至廣府，皆有漳河故道。　西門閘一開，則相地形之高下，銅雀臺之南可再分一支，顯王之東可再分一支，而河之北岸自講武城之東亦可相其高下而分疏之，若是則南北百餘里間可以成數萬頃之沃壤，禾易長畝，田畯至喜，豳風豳雅見於今日矣！　其便六也。

漳水至館陶始入運河，而漳濱漕糧多半在楚王交納。　西門閘一通，則水之南支經韓陵之北，下同洹水入運河，且出楚王之上流矣，是於國家漕運不無涓埃之補助，其便七也。

漳濱墳墓多被沖決，貧乏者任其漂流，富厚者遷徙靡定，此仁人君子所尤痛心者也。　水既弱小，則死者各有寧宇，澤及枯骨矣！　其便八也。

丁亥七月縣試前一日，應考者爭舟溺死三十餘人，於是有子尋父屍者，號哭之聲

累日不絕，然竟不可得。水既分疏則永無此患，救將來無窮之性命，陰德眞可格天矣！其便九也

己丑十月，近閘口之北百餘步，有安水磨者，予乍見之而喜，徐察之而憂心生焉。喜者，善斯民之得利也。憂者，爲春夏之交忽遭陰雨，或被漂沖，後人將引以爲戒，則利永不興矣。若分疏之後，則沿河上下皆可爲之，有利無害。其便十也。

有此十便，既不得見諸行事，又不得載諸邑乘，此區區之心所以不能釋也。嘗讀孫學使詩有云：『南陽治陂杜母績；漳水引渠西門爲。』今詩雖傳播人口，而閘則廢而不修，不幾『誦詩三百，授之以政不達』乎！此閘既通，則有以觸詩人之逸思，百姓殷富而頌聲必作，恍如置身於西門公之世矣。

（寅三）開渠說二（同上）

呂游

古人論爲政者曰：『如保赤子，』蓋言愛民當如是耳，非必其實能之也。借曰能

之，父母之愛子，終不如子之自愛，則良有司之愛民其不如民之自愛也明矣。　又曰：『心誠求之，雖不中，不遠矣。』　既誠求矣，猶有不中者何也？　父母之知子終不如子之自知，則良有司之知民其不如民之自知也，又明矣。

幸也赤子不能言而民能自言也！　是以西門君之爲政也必問民之疾苦，民皆曰：『無過於河伯娶婦者矣。』　使西門君不問之民而謀之吏，胥彼吏胥者方以河伯娶婦爲利，豈肯言其害哉。　於是西門君深思而熟計之曰，『斯害不難除也！　然吾能必山右之不雨乎？　使水再爲災之歲，彼亂政者必將曰「是不爲河伯娶婦之故也。」　則莫若分渠以殺其勢，使水永不爲災而已矣。』　今者，築隄之害人人能言之，惜當事者之不肯下問耳。　卽有能愛民如子，欲除斯害者，又計及於水再爲災之歲，彼亂政者必將曰「是不築隄之故也。」　故必開渠而後河伯娶婦之害可除，不開渠而築隄之害終不能除也。

今試以築隄之不可解者略言之：

直隸河南皆是朝廷之赤子。今隄築於河北，則水必南遷矣，豈河北之民當生而河南之民則當死乎！其不可解一也。

漳水出太行山，卽橫流至館陶入運河，二百餘里間皆能泛溢爲災。今隄之長不過三里，僅百分之一耳，而爲河之上下流皆不爲災，有是理乎！其不可解二也。

水之來也，或遠或近，遷徙靡定。以有定之隄防無定之水，何異刻舟而求劍，徒竭萬姓之脂膏以飽吏胥之囊橐。其不可解三也。

卽使水流有定，而河水一石，其泥數斗，隄外之地日淤日高，數年之後，水流自上而下，其爲災也或相倍蓰而無算矣。何必遺害後人乎！其不可解四也。

大凡無隄之處，水皆四散分流，隨來隨去，故水雖大不能爲災，但見爲利而不見爲害。惟有隄束之歲旱則水利絕不可得，至於隄潰之時，水皆聚於一處。夫水之性散之則其力弱，聚之則其勢猛，此豈必待智者而後知乎！其不可解五也。

沙莊一隄，成安廣平兩縣之民已將累死，至戊子庚寅兩次水災，沙莊之隄毫無用

也。 不分疏其下流，使水有所歸，但壅遏其上流，使水激而愈猛，其不可解六也

且成安果欲築隄，即當爲久遠之計。 築隄於成安境內，去河漸遠，水至隄則其力緩，可以免歲歲修補之勞。 今奈何築隄於河濱，民甚利隄之成，而吏則甚幸隄之決，然則築隄果爲民乎，爲吏乎？ 其不可解七也。

即以臨邑言之，止此人工物力，分之則見少，合之則見其多， 若專用力於護城之隄，其工必倍。 今旣分之於河側，則護城之力必減矣。 然則城郭衙署府庫倉厫皆不足重乎？ 其不可解八也。

臨邑錢糧所以甲於鄰封諸縣者，以濱漳河，二麥收成有自然之利也。 今隄北之地水利絕不可得，果能減臨邑之賦稅乎？ 其不可解九也。

國家維正之供，不願絲毫累民， 今隄旁取土，皆成坑坎，誰敢阻攔，是隄占一分，所壞之地且五六倍隄也。 是皆有地不許民耕，催徵賦稅，焉得不施鞭朴，焉得不累里長。賢有司亦曾念及此乎？ 其不可解十也。

然則築隄果無利乎？曰：有利也。督丁之吏胥，漳濱之包戶，相通爲一，蓋無日不醉飽矣。青樓酒肆，爲所欲爲，雖不必其家之果富，然亦可云享盡人間之樂矣。蓋隄一決而相慶賀也，亦思所斂之怨皆歸何人乎？

總之：民窮財盡之後，萬苦千辛，難更僕數。或有能考西史之遺跡，爲一勞永逸之計者，則不能無望於今之賢士大夫矣！

（寅四）開渠說三（同上）

呂游

天下之生久矣，一治一亂。撥亂反治者，在乎人之斷而已矣。

凡利民之事，其始行之人未必不怨也。如子產稱衆人之母，曷至有未信而勞民之事；衣冠田疇，亦必待行之既久而人始安之。

凡害民之事，其始行之人未必即怨也。如河伯娶婦，其首事之人亦未可厚非也。河水一決，萬頃茫然，以弱女而救數萬之生靈，所得固已多矣。況於鬼神之事，兒女子信之爲尤篤。聞有黨將軍者，因沒於河工而得配食於河神之廟，至今河濱夫役猶有欣之不置者。況婦人女子生於釵荊帬布之家，死得爲河伯之妻，享萬人之俎豆，生平志願固已滿矣。古今人情不大相遠也。師巫三老雖視爲奇貨可居，然亦必有女之家不惑於鬼神者而後可以取其利　夫女子之入選者，大抵十五歲以上，不過四五年之間耳。即此四五年中，或因殘疾，或因貌陋，其斷不可以入選者，又往往有焉。若家本無當嫁之女，雖吏胥狼如餓豺，一錢亦不可得。卽使有女當嫁，而篤信鬼神者十家之中常得二三焉，此二三人者又非肯行賄賂者也。由斯言之，則當時之受其害者蓋甚有限。且每年不過一娶，既娶之後，小民各安其生。水之流也，任其自行自止，不勞民也，不傷財也。歲旱之時，水利固自若也。沙壓之地，可以望其更變也。所傷者僅一弱女子，而萬姓安枕，是以當日之爲政者雖明知其說之荒唐而隱忍不能斷也。以視今日築隄之害，其勞民爲何如？其傷財爲何如？其歲旱之時水利絕不可得爲何如？凡隄占沙壓者永無望其更變爲何如？

夫被災之後，正當與民休息，培養元氣，奈何復繼之以大役！是以富者貧而貧者愈貧。嗚呼，今之百姓何辜，視河伯娶婦之時其治亂爲何如哉！夫殺一無罪之女以救萬人之命，西門君猶恥焉，必繼之以開渠，使斯害永不復作而後已。今也傷萬民之財，勞萬民之力，使之勞苦飢餓而死，若令西門君見此，其傷痛不知又當何如也！

夫凡民可與樂成，難與謀始。西門君所以決志開渠，行之而不疑者，以既除河伯娶婦之害，所謂『信而後勞其民』也。今若能除築隄之害，則百姓既解倒懸之厄，即以此人工物力爲開渠之費，所謂『悅以先民，民忘其勞，因所利而利之，擇可勞而勞之，』其有不歡欣鼓舞而從上之令者，必非人情也。但一那移間而轉禍爲福，『人道敏政，地道敏樹，』西史之後二大夫可並列爲三矣，人何憚而不爲哉！

（寅五）漳濱築隄論一（同上）　呂游

禹之行水也，行其所無事也。無事者何也？順水之性而不與水爭也。物各有性。草木之性有寒熱溫涼，惟老於岐黃者知之。若水性之剛柔緩急，宜疏宜防，不問之土人而與遠方之人謀之，是問耕於婢，問織於奴也。然則禹之治水，其必不使雍梁之人治青徐，荊揚之人治兗豫也，明矣。

漳之爲水也，當其弱，可褰裳而涉也；當其盛也，則萬頃茫然，而陵谷爲之變遷。然亦有時磽瘠變爲沃壤，瀕河之民因以致富。且冀州之地高燥，大約十年九旱，水之爲災，偶然一見耳，則漳河之利民也常多，而害民也常少。是故西門豹、史起之爲政也，則見爲利而不見爲害。迨乎西史既沒，二千年來，任其自行自止，則利與害皆有之。自庚辰癸未兩次築隄，乃全乎害而不見其利矣。

夫水之爲災也，爲其占田也。試問築隄將築於天上乎？且水之占田，水去則仍還民間；隄之占田，則近隄之一草一木皆屬之官，是一隄而爲阱於國中也。又況督工有差，守隄有役，貪殘暴橫，常出情理之外，民敢怒而不敢言哉！是則二千年相安於無事者，而焉用此擾擾也！

夫庚辰之爲南隄也，大名爲之也；癸未之爲北隄也，廣平爲之也：是皆被災之處救死不贍之民，竭膏脂，勤手足，疾苦轉移而奉之者也。試問南隄果足以衞大名，北隄果足以衞廣平乎？癸未之兼爲西隄也，則漳邑爲之也。甲申而後，連年大旱，民思漳水之利而絕不可得，隄隔之也。戊子之歲，水漲隄決，環漳邑之四旁，下至成安、廣平及東昌之北境，被災者且數百里，然則隄果何用乎？

今夫水，激而行之，可使在山，其理甚明。欲爲隄以禦水，是掩目而捕燕雀也。既爲南隄以防之，又爲北隄以障之，不使之南，又不使之北，使水而有知，未必能盡如吾意，無怪乎運有盡之農功，填無窮之巨浪也。今若出築隄之費以賑被災之民，則貧民可以轉而爲富戶，此可以濟一時之急；亦若出築隄之費多開溝渠以分殺水怒，則可以成數十年之利。惜無有任其事者。

或者難之曰『其人亡則其政息，』西史既亡矣，開渠必滋訟端，吏胥中飽在所不免。然獨不曰『其人存則其政舉』乎？若得一廉能之吏，統漳濱數郡而總理之，先出一令曰『治水者宜疏而不宜防，』則由一而二由四而八，如陰陽儀象之剖分。水性就下，既順其性而不與之爭，則西史之功無難再見。禹之盡力乎溝洫者蓋如此。若恐任事者之難其人則漳濱之隄盡行停止，澇雖少受其害旱則大獲其利，亦庶乎其可也。

（寅六）漳濱築隄論二（同上）

呂游

賈讓治河三策，千古膾炙人口。其言曰，『土之有川，猶人之有口也。治土而防其川，猶止兒啼而塞其口，非不遽止，然其死可立而待也。』

然則築隄可盡廢乎？曰何可盡廢也！周禮言水利者，備於稻人一官。『以瀦畜水，』畜之以待用也。『以防止水，』防者瀦旁隄也，恐瀦不足以畜水，故爲防以止之也。『以溝蕩水，以遂均水，以列舍水，』是三者由大而小，欲水之均也。『以澮寫水，』者，有餘無用之水則寫之使去也。蓋三代以上，水利爲第一急務，故舜命九官，先平水土；孔子稱禹之無間曰『盡力乎溝洫。』大之而決九河距四海，小之而濬畎澮距川，天下無不興之水利，則天下無爲隄以禦水者，此虞夏殷周之所同也。東遷而後，列國分爭，或有利己以病隣，其名曰『曲防』。桓公惡之，見於葵邱之會。是故爲防以禦水，五伯之所必不爲也。孟子曰，『今之諸侯皆犯此五禁』。然則所謂『無曲防』者，孟子蓋未嘗親見其盛也，況至今又二千餘年哉！

故爲今之計，欲興天下之水利，當與宰相謀之；欲興數百里之水利，當與郡守謀之。今欲爲臨漳一邑之計，則數十里以外卽爲異境，雖有愛民如子者欲興利以除害，動輒掣肘。水之利既不能盡興，則水之害不得不防，此築隄之所以不容已也。雖然，不得爲而自有其得爲者。四境之內，凡有自然之溝可以疏者疏之；水力既分，則城郭可以免其害。若欲預防不測，則護城之隄增之可也。所謂隄之不可盡廢者惟此而已。但使城郭衙署府庫倉廒不淪入於洪波巨浪之中，守斯土者復何憾焉。夫合一縣之民力以築護城之隄，則用力少而成功多，民雖勞而不怨。若究其極而言之，水之遷徙靡定，或值運會之窮而人力不足以勝水，則自鄴鎮而舊縣，自舊縣而今邑，人之不與水爭者已見於前事矣。

今者城外之地日淤日高，在城內者亦不可不早爲之計。惟將四達通衢培之使高，凡富厚之家必自高其基址，富民者貧人依以爲命者也，即有非常之災，民亦有所恃而不恐。或曰：城內居民滿矣，欲取城外之土以修城內之路，其工程浩大，毋乃倍難於築隄乎？曰，無難也。四門之內皆爲浮橋，使城內四角之水皆可以相通，水必取其尤下者而歸焉，則地之不甚卑者水必涸而土可用矣。既取其土而水返歸焉，則向之水深者今反淺矣。

總之，冀土高燥，旱多而澇少，當歲旱之時而爲預防水災之計，固易易耳，又何必竭萬姓之膏脂爲無益之勞費哉！若此者，雖非聖賢法，然河濱之築隄可廢，亦今日小補之一術也。

（寅七）漳濱築隄論三（同上）　呂游

古之用人也，將欲明試以功，必先敷奏以言；謂卽其言之得失可以知其人之邪正也。自劉蕡下第之後，應試者多以直言爲戒，其有一二特出之英，又往往終身無成。如侯朝宗少負高才，自期科第唾手可得，究之主司惡其試策太直，竟擯棄不錄；其載在壯悔堂集者可考也。其言曰『今天下一家，兩岸之地皆朝廷之地也，兩岸之民皆朝廷之民也。南徙則吾避而北焉，北徙則吾避而南焉，計其財力所費，不敵治河十分之一，而固已無事矣。皇帝軫念民艱，正供之額槪從儉薄，而治河之竭民財者倍正供而五之，其以耗民之力，則又父老子弟終歲於嗟風泣雨剜肉補瘡之中而不得休息也，故今日之河，朝廷卽欲行其無事，而治河官吏借河以爲谿壑者，終不肯以爲然也。』斯言也，斯文也，豈非鎔經鑄史而出之者哉！

其他，如在周有王子晉之諫論穀洛也，在漢有賈讓之策論黃河也。至若禮所謂『鯀障洪水而殛死，』書所謂『汩陳五行帝乃震怒，』則通言天下之水也。

歷稽經史子集，隄之爲害，無智愚皆當曉然矣。而漳濱之隄，高不過六尺，而下廣七丈，欲何爲哉？晉士蔿築蒲與屈不愼，寘薪焉，欲速其壞也。今漳濱之隄，必使柳枝與土層層相間，又何爲哉？孟子曰『爲高必因邱陵，爲下必因川澤。』不知築隄一事，爲高乎？爲下乎？今乃就窪下之地多寘阡椿稍草於其下，眞所謂爲高必因川澤者矣。凡此三者，不過欲多占民田，多勞民力，多費民財，吏胥得以乘機科斂耳。隄既不可已，如取土於河濱，猶可望其墳淤肥美，不致遺害於無窮也。今漳濱之隄，必取土於隄內，又何爲哉？夫水之性好流而惡止，故流則苦者亦甘，止則甘者亦苦。今隄內坑坎，雨水停聚，烈日暴之，盡成斥鹵，轉相延引，無有窮極，是隄占一分，所壞之地且將百倍於隄。務本隄北之地，一望無際，皆成鹽鹻，非其明驗乎？

夫天下事有始則必有終，今日者築隄一事，既有始之者矣，吾不知終之者何人也？安得有如王子晉賈讓侯朝宗其人者一除其害，豈不與西門豹史起同享千秋俎豆哉！

（寅八）衡漳考雜載（同上）

呂游

予家煙落寨，在縣西南二里許。我生之初，在康熙甲午。至辛丑，八歲矣；八月，河自縣北移於縣南。壬寅七月初二日戌時，水入城，時予寄居城內；初三日居民盡逃出城，在西南城角依親居住數日，歸家已不隔河矣。問何故，曰『河又返城北矣。』癸卯雍正元年七夕大雨，河又徙城南。甲辰，乙巳，丙午，丁未，河無歲不徙。戊申冬，知縣陳公大玠新蒞政，訪問漳水利病，時有陳端進治漳策，大約以不治爲主。陳公採用其言，載其文於邑乘，因於縣考特拔取以風多士。明年春，以首卷入府庠。夫以少年童生之文，縣父母採而用之，眞從善如流者矣。不有陳公，築隄之害寧待今日哉！公善政極多，辛亥設立書院，予猶得蒙其教澤。乙卯，內陞中書科，太和門考履歷時，奏減漳邑漕米四千三百餘石，此人所共知者也。曾不得占名宦一席，不知漳邑紳士有能念及此者否？

（寅九）漳濱雜記（同上）　呂游

查明史及新舊縣志河濱之隄甚多；不但隄之遺址絲毫無存，卽舊縣城池曾見有些微踪跡否？總之，竭數十年之人工物力，不足以敵三五日之洪波巨浪，此漳濱之老少男女所共知者也。

我生之初，不聞有隄；有之，自庚辰年厲家村始。旣防其南，則決於北，故癸未年沙家莊又繼之。乙未之夏，河決小柏鶴。六月二十四日，決朱家莊。是時盛暑興工，合縣騷擾，凡墳墓有近隄者，田禾將成者，盡皆發掘，其踐踏傷毀更無論矣。予乃以衡漳考一本呈送本縣父母周公；公遂向巡撫徐中丞稟啓；中丞乃移咨直隸總督，深言築隄之害。小柏鶴所以不築隄者，徐中丞之力也。然而朱家莊隄丙申丁酉又於農忙時動工，絕不可解。究之小柏鶴河口，臨魏兩縣蒙恩多矣。此又不可不知也。

（寅一〇）西門閘記（光緒臨漳縣志卷十三藝文志）　呂游

西門閘於銅雀臺西可三十里，其南爲漳河故道，其下流則投巫之處也。閘之東南約十餘里有村名稻田淨渠，蓋河伯娶婦之害既除，引渠灌田可以種稻，至今猶嘖嘖在人口也。

予生平好古，每見前賢遺跡輒徘徊不能去，況漳濱乃桑梓之鄉，水之利害最爲詳悉，西門君事業尤所寤寐不忘者，因沿渠而上溯之至於閘口，不禁喟然曰：『思深哉，聖賢之用心固如此乎！歷年雖多而無少損壞，有以也夫！』蓋相其高下，度其土宜，厥土惟剛也，故可以久而不潰也；南流之水既少，則不能爲害也；分之而北，則臨漳成安等處之田皆可以獲其利也。爲水門者二，則其流不至於太急也；建梁於其上，則人行可通也；兩旁各砌以大石，則雖有激湍，於閘無損也。而又恐歷年既久，沖決靡定，不能無脣齒之憂也，於是大石之外附以小石，用灰塗之，蓋爲夏月水勢暴發，石子或被沖決，則隨時修補，而大石可以安然不動也。『善爲溝者水漱之，善爲防者水淫之，』觀於此皆有所不足言矣！

嗚呼，西門君之爲此也，豈非欲一勞永逸，使後之人樂其樂而利其利哉！ 孰意功難成而易廢，水變遷而無常，任其自行自止，數年之後，將合者不可復分矣。 迨乎曹魏之時，爲元武池以練習水軍，則惟恐其不合也。 極合流之害，至於伐大木，徹牆屋，毀城郭，禾稼爲之一空。 當事者憂之，於是築隄以捍之：或以至柔之土禦至剛之水，而隄爲必壞之隄。 或隄築於此，河遷於彼，而隄爲無用之隄。 勞民傷財，動以萬計，至於水大沖決，當事者束手無策，焚香默禱，曾何補哉！ 幸也，西門閘依然無恙也！ 但一反手之勞，可以分而疏之，則水之勢必弱矣，此雖至愚者可明也；較之築隄之費，其利害不大相懸殊乎！

詩有之：『高山仰止，景行行止，』予是以每攜友朋來觀斯閘，未嘗不神遊於其世也。 安知後人無聞風而興起者乎！ 今而後，知西門君之廟食百世，非偶然也。

（寅一一）去思碑記（同上）　呂游

古之君子，怨有不仇而德無不報；其報之也，或以貨，或以力，惟盡吾心焉而已。若乃編戶小民欲報公卿大夫之德，則九牛一毛，曾何關于輕重；但使天良未喪，則敬甘棠而勿伐，愛遺碑而墮淚，皆所以報也。今之人反是，怨無不仇而德有不報，此古今厚薄之分也。

曷言乎怨無不仇也？悍吏之來吾鄉，委曲以奉之，雖一家之飢寒有所不顧。及其既去，則極口相詆，而且『與子同仇』之歌不離於口，蓋其怨之者深矣。若乃數年不受吏胥之擾，四民各安其業，則本於賢守令之經猷區畫，非代遠年湮事也；有欲表章之者，或乃百計以阻滯之。問其人豈果無是非之心乎，不過妒他人有好善之名，以自飾其慳吝耳。所謂德有不報者如此。

乙未河決，今纔八年耳，每讀周縣公稟啓，雖不能如西史諸賢分水灌田，然其決志不肯築隄，雖賁育不能奪也。及讀徐撫軍咨文，則仁義之人其言藹如，雖東里潤色不是過矣。癸卯之秋，秦邦彥所築舊隄沖決，當水沖者或欲動大衆修補之，於是有好學深思，心知其意者曰『漳濱築隄，固不止七年之病，若周公之稟，徐公之咨，則直三年艾也，有能預爲畜之者乎？』乃不憚重繭，偏告友人而應之者十不一二。然則列名於此者，所謂中行獨復，豈不以附驥尾而顯哉！

再如福建陳公，從善如流，不恥下問，納童子陳端策，能一切河工，專修護城隄。又如磁州張公，滑議請遷橋漁洋民，享其利者九十年。能追述其事者蓋鮮矣！予是以每讀古人書，如『樂道人之善，惡稱人之惡，』不禁廢書長嘆也！

（寅一一）張公請移橋漁洋碑記（同上）

呂游

書曰：『以功作元祀。』大凡載在祀典，皆有功於民者也。自禹疏九河，盡力溝洫之後，西史二公既廟祀矣。自時厥後，若李仁綽，郭守敬，皆能分漳水灌田者，而祀典缺焉。亦越我朝而有翰林張公，生於漳水之濱，無守土之責，是時磁州猶屬河南也，目擊官路草橋爲民之累，乃請於郡守，移橋漁洋，其用心深且遠矣。蓋漁洋渡口在西門閘石橋之西，相去不過二里，往來行人或有觀感而興起者乎。孰意九十年中竟無有言及此者，遂使張公復古之心湮沒而不彰，總之人非困於飢渴者久，不知飲食之甘。今大橋之病民久矣，是以丁酉之歲，友人馮公爲請復舊制以蘇民困事，在磁州具呈。事雖不行，然讀其文，前賢在天之靈亦凜凜有生氣。因之有欲立石以傳不朽者，友人杜公卽慨許捐一石碣。予不禁懽欣鼓舞，何好義者之多也！若再有繼起者，卽爲西門公立廟於閘口石橋之上，凡有功於民如李郭二公及張公者皆配食於其側，使後之覽者，不能爲他鄉名宦，必勉爲本境鄉賢，豈非漳濱一大快事哉！

時乾隆癸卯十一月。

（丙二一）俞光滏

陶樑

（子一）俞光滏傳（畿輔詩傳卷四十四）

光滏，字伯源，大名人。乾隆二十五年副貢生，官望都縣教諭。有柏園詩草三卷。

于敏中序：『伯源詩多關山閱歷之作，淋漓慨歎，寄託遙深。』

（寅一）夜泊宜城（畿輔詩傳卷四十四，下同）

俞光滏

扁舟載江月，月復引舟行。風靜潮聲落；宵深客思清。沙光明夜岸；鐙火出宜城。打槳前灣泊，漁歌和濯纓。

（寅二）煙波灣贈王居士

俞光滏

屋枕清溪盡日閒，兩三竿竹一房山。他年身事酬纔了，也割煙波水一灣。

（丙三）殷希文

（子一）殷希文傳（畿輔詩傳卷四十四）　陶樑

希文，字憲之，號蘭亭，天津人。乾隆二十七年舉人，官山西長治縣知縣。有和樂堂詩鈔五卷。

鄭炯傳：『公從同邑汪堂先生學詩，得其淵源。年二十三歲舉於鄉，選清豐縣教諭；再補雞澤縣訓導；選長治令。政不紛更，民便之。以疾去。公天懷坦放，詩不假雕刻，自然意遠。』

董桂敷序：『蘭亭詩直攄所見，脫去塵氛，含孕餘味，自足以傳。』

（寅一）徐烈女（乾隆大名縣志卷三十八列女傳）　殷希文

吾邑烈女張懷清，捐軀殉夫水一泓。生未同牢死同穴，至今綽楔留芳聲。天雄更有貞娥在，鐵石肝腸絕流輩。桃夭將賦詩蕘詁，銜匐夫棺首欲碎。碎首不獲心不灰，歸吞鴆毒何雄哉！正氣那隨鴆毒盡，宛轉絕粒歸泉臺。我讀傳略已酸楚，閨秀何乃節多苦？烈女就死眞慷慨，貞娥赴義自容與。一貞一烈足千古，但惜貞魂塊獨處，荒阡歲歲愁風雨。何當共瘞一坏土，長使鴛鴦塚上雙雙舞！

（寅二）旅思（畿輔詩傳卷四十四，下同）　殷希文

旅邸日何事，神閒心亦空。蟬聲隔牆柳，花氣入簾風。二仲不相過，一尊誰與同？悠悠鄉思遠，時注海門東。

（寅三）喜晤陳廣文瑞麟　殷希文

不見陳驚座，三千六百晨。老猶黃犢健，官似白鷗馴。此會良非偶，論交復幾人。相逢益惆悵，星散舊同寅。

（寅四）即景

殷希文

池館舊來清，翛然不知午。鳴蟬斷續間，滿徑槐花雨。

部丁　異地交遊

（丁一）朱煐

（子）咸豐大名府續志宦業志朱煐傳

（丁二）陳萬里

（子）陳履和：勅授文林郎，江西廣豐縣知縣，調贛縣知縣，顯考鯤池府君行略

陳履和：恭錄廣豐縣志循吏傳一則

陳履和：敬書廣豐縣志先君子傳後

（丑）王謨：豐谿書院崇祀王有道先生議

徐謙：邑侯陳鯤池先生（萬里）惠硯

徐謙：滇山行送陳使君

（寅）豐谿書院奉祀唐王有道先生，宋張忠文公記

重修王有道先生祠小引

重修廣豐縣城碑記

(丁三)陳履和

(子)

續雲南通志稿人物志陳履和傳

光緒太谷縣志名宦志陳履和傳

道光東陽縣志名宦志陳履和傳

光緒廣豐縣志人物志湯江傳

袁丕明致胡適之先生書

(丑)

王崧與陳海樓書

王崧送陳海樓銜恤歸里序

劉大紳送陳海樓北上

劉大紳老女出嫁圖爲陳海樓明府題

孔傳性：恭送海樓陳明府旋里序

孟毓勳：送邑侯陳公丁內艱歸里

武椿年：送前任陳公起復赴選，路經太谷

趙棠榮：重修大成殿明倫堂記

徐謙：陳海樓先生（履和）修篁翠袖圖二首

徐謙：陳公子海樓隨尊人使君使滇，留別長歌，奉酬述懷近體一百韵，兼呈幕中邵芥山（緯）

徐謙：和海樓先生李將軍射虎歌

徐謙：海樓先生春明聽鳥圖

徐謙：負米詩十六韻和海樓先生

徐謙：都門重晤海樓先生，感賦長句

徐謙：送海樓先生任東陽二首

徐謙海樓先生示岳忠武硯，命賦長歌，即送之浙：

（寅）誓禁鴉片煙碑文

勸修鳳山書院序

修東陽縣城記

重修忠勳祠記

喬行簡墓碑

李氏家廟新生紫薇花記

（丁四）黃文治

（丑）黃銓乙亥冬留滯武夷，興懷鄉士舊事，兼憶一二故人：

頡剛案，此輯四人：朱烘，東壁幼年之知遇師，陶冶以成其材者也。陳萬里，其弟子之父也。陳履和，其弟子也。黃文治，其令羅源時所獎進之士也。尚有汪師韓，亦東壁曾受業者，以其名著，清代傳記悉載其行事，又有專集，無待我輩之蒐輯，故不錄。東壁若不遇陳履和，其必黯黮而弗彰，甚且亡佚。幸而萬里爲廣豐令，履和得刻之於江西。又幸而履和爲太谷令，得刻之於山西；轉兵馬司指揮，得刻之於北京；又爲東陽令，得刻之於浙江。履和固賢，即萬里亦不爲無功矣。舊刻遺書於無聞集後附遺經樓文稿，皆履和表章其父，冀附東壁以傳者。然廁之於崔集之末，終嫌不倫。今旣輯此編，遂改隸本帙，從其類也。履和寒苦之士，困而求官，自比於老女之嫁，猶節縮衣食以刋師書，愼守遺編以待百年後之眞知者，其愛好眞理之心不足以風厲百世乎！後人展讀此編，其有不振奮而起者，吾知其非有志者矣！

(丁一)朱煐

(子一)朱㷆傳(咸豐大名府續志卷一宦業志)

朱㷆，字臨川，號龍坡，雲南石屏州人。雍正甲辰進士；乾隆十六年任大名府知府。大名故患漳水往往至城下；乃築隄麗家莊口，更鑿渠於下流以待漫溢，築疊道四十里，達於故魏縣，以通往來，遏水勢，得以無患。二十年，重修府學宮，又續修府志。會移湖南永州府知府，遂以志之未完者委清豐令顧光竟其緒。

(丁二)陳萬里

(子一)勅授文林郎，江西廣豐縣知縣，調贛縣知縣，顯考鯤池府君行略(本書附刊遺經樓文稿)

陳履和

嗚呼傷哉！不可得而久者事親之日也。不孝履和罔知侍奉，違親遠遊，歸才再踰日，而吾父遽棄不孝兄弟去也！頃刻之間卒中風痰，食不及終，疾不及問，藥不及咽，遣命弗及宣也，嗚呼痛哉！伏念吾親志事不孝安能一一記憶，然其在家在官之大略亦不敢不追述，以備家乘，以請於大人先生有道德能文章者。

府君姓陳氏，諱萬里，字飛九，號鯤池。先世於元至正中有爲雲南臨安路通判者，遂家於石屏。曾祖諱新槱，康熙丁卯科舉人，鶴慶府教授。祖諱蕃纓，臨安府學生，勅贈文林郎。考諱彲，乾隆甲子科舉人，宜良縣教諭，湖南臨湘縣知縣，勅贈文林郎。母李太孺人。

府君少時及見大父母，其所以事祖考妣者，不孝不能言也。乾隆丙戌歲，府君年二十有七，不孝生已六年矣，府君率妻子隨父之宜良教諭之任者五年。竊見府君日則課徒，夜則讀書，肅立父傍，恆若屏息者。蓋教諭公之教子也嚴，不以獨子而少寬；府君之事父也敬，不以獨子而稍縱也。

辛卯冬，府君侍父還石屏。明年春，從如京師。又明年，隨任臨湘縣。甲午冬，臨湘公卒於任。乙未夏，扶櫬歸，粥饘以葬，喪除而哀未忘。是時先妣任孺人卒已六年，李太孺人左右無人，而子女煢煢無所依，府君乃繼娶劉孺人。

自臨湘公卒後，十數年間家徒四壁立，府君率不孝閉戶讀書，授徒以養，不干與公事以求升斗，不武斷鄉曲以乞絲毫。或嘆其謀生之拙，府君私語不孝曰：『是何言！吾家世清貧，寧窮餓，毋爲非也。』而太孺人偕婦日夕坐紡車旁，以手中線助薪米。天寒漏永，松火微明，讀不止，紡亦不止。當是時，日恒粥食，或竝不粥食，或具食無以佐食則嚙薑飲醋，共咽酸辛，而太孺人歡樂特甚。嗚呼，吾父所以事父者，不孝幼弗能詳也，若其事母，殆所謂『啜菽飲水盡其歡』者與！

歲庚子，鄉試，府君與履和同榜中。時不孝履順生已彌月，明年，不孝履和受室，甲辰歲，生子周翰，府君方私幸以爲可以博母歡者漸多也。不幸乙巳五月，李太孺人長逝。府君哀禮備至，喪葬之餘，負債日多，不能復家居矣。

先是太孺人在日，府君不敢就遠館，館宜良，歲必歸省。丙午歲，乃館思茅。明年，宜良門下士復延府君去。又二年，思茅門下士復爭延府君主書院講席。蓋府君敎人不專尙嚴切，寬和平易，人人樂親近之，不獨請業門下者然也。

癸丑，赴京會試。是時不孝已在京三年，曾受業於大名崔東壁先生述。府君聞之，喜不孝之能得師也。下第後，貧不能歸，且念二三年中當大挑，故府君留京以俟；而使不孝從族姪拙莊（履信）之任江西之廣豐縣。出京前一夕，景忠祠老樹啼烏，爲人不樂；吾父子悚然動心，申旦不寐。嗚呼，其聲至今猶在耳也！

甲寅冬，不孝赴京。明年，大挑，府君列一等，分發江西；不孝從行。嘉慶元年冬，拙莊調任龍泉，而廣豐遺缺適當府君名次應補。人以爲陳氏理縣之譜若有前定者。廣豐本僻邑，又當拙莊三年在官，不孝一載從游之後，故其士習民情十得八九。而是時昆明畢恥齋先生（延斌）方自上饒調赴南昌，語府君以當官不可作能員，不可博鋒利名，府君深然之。

嘉慶二年八月之任。慈祥樂易，接士民皆推心置腹，不解作官場公家言。折獄用刑，色愀然不樂，雖重囚亦感其仁，故案無大小咸得情。

三年秋，義寧州賊作亂，撫軍率參將湯公（相）等往勦，而檄州縣爲之備。廣豐城多圮，紳士議集衆醵金完之。府君恐不及事，且搖衆心，出俸廉督修，諸務咸豫，民無警焉。

豐谿書院在城西山麓，館穀少，山長去來如過客，書舍講堂蒿萊而已。府君乃親課而甲乙之，招諸生至署而訓誨之，捐置膏火而輕重獎勵之。年餘，士氣奮興，凡書院高第弟子無不爲學使者所拔。徐生（謙）詩尤工，府君屢署其卷曰『金馬玉堂人也』；命履和書『太史第』額先贈之。

在豐五年，官民相得甚懽，邑紳士習知府君無獄貨，有頌府君廉者。府君曰，『是何敢何敢！吾不能洗手奉公，一切公私用費皆豐人也。吾妻子雖在此，而家居數十口得存廉俸以養之者，皆豐人也。吾敢言廉乎！』蓋府君生平坦直，大率類是，人以此益敬愛之。百事具舉，催科不擾，而踴躍急公，歲以爲常，三年中無民欠，府君以是獲加級焉。會有以邑產煙草向府君索黃煙者，府君不悟，果以黃煙往。其人曰，

『是黃煙耶！』一笑置之。

六年十一月奉調采銅。采銅之役勞久而累重，向有通省公助銀四千兩，至是初奉文裁革。解任後，風雨空谷足音罕聞，從者亦多逃去。或爲府君難之，府君曰：『苟能盡心節用，無不可當之苦差。且吾得借此省祖宗墳墓，視兄弟子姪，甚善。』遂行。會初頤園中丞（彭齡）百菊溪方伯（齡）先後涖滇，深知金釵銅成色不足，飭廠員於原定正耗餘銅外加銅補色，於是蕆事速而受累輕。往者采銅官回，必畀鑪匠數千金；不畀金，自府君始。

十年二月回任，政事一切由舊，民益驩。十一年秋，致祭文廟，府君周視堂廡，歸而召紳士曰：『大成殿柱朽，不可不易。且殿後爲明倫堂，堂後爲尊經閣，制皆宏敞，而崇聖祠乃斜處廟東北隅矮屋數椽，蕪穢不治，非所以妥神靈也。曷易堂爲祠，而別建明倫堂乎？』遂作議，率衆助金，即日興工。未落而府君有贛縣之調，縣人爭即工以成府君志。雖後所規畫不必盡合初議，而崇聖祠正位於大成殿北，方位既合，制亦壯麗。

丁卯鄉試，登科者倍前日，而徐君（謙）後以辛未歲掇甲科，選庶常，爲國朝豐人入館之始；其所懸額，府君贈也。人皆以爲修廟之應。府君聞之曰，『事適然耳，何必相涉耶！』

江西書院皆奉其鄉賢爲先師，廣豐無之。嘉慶六年，山長仁圃王君（謨）議奉邑人唐王貞白爲先師。貞白，乾寧二年進士，授校書郎，唐亡，隱居不仕，世所稱王有道先生者也。而宋張忠文公（叔夜）亦邑人，武功甚著，忠義凜然，當欽宗北去，從至白溝河，不食死。府君以爲宜與貞白竝祀，乃亟率諸生奉木主入院，而記其事於石。是時府君已卸事將采銅矣。越五年，回任，見靈溪王氏族譜誣有道先生受梁末帝封爵，其詞甚悖，發憤太息，亟爲辨正，竝命不孝訂其詩而序之。猶恐王氏子孫不能改厥譜而展轉誣衊也，十二年春，復樹額與聯於祠墓之前，以章有道先生之志（額曰『表聖一流』，聯云，『晚節殿三唐，是乾寧進士，天祐校書，敎典勿忘其祖。悲歌傳異代，思疏廣挂冠，嚴陵垂釣，頌詩可知其人』。）是時府君已奉調將往贛矣。嗚呼，昭雪前賢，激勵後生，此移風易俗事府君雖當卸事去官之日，而皇皇若弗及，其望豐人士也何如哉！

府君之未調贛也，言大吏欲舉君卓異宜往謝。府君言卓異吾不敢當；果大吏意，斷不漏言使先知；且吾亦無先事自薦理，竟不行。而所聞亦遂不果。後數月，金蘭谿中丞（光悌）巡撫江西，甫下車，贛令怡亭邱君（安校）因公被議，議調補者皆未可。今中丞先公（福）時爲方伯，曰『然則陳廣豐乎？』議遂定。府君素未識中丞，不知中丞何以識府君也？

府君既十年不調，奉檄頗喜，以爲章貢繁劇之區，庶幾更可以自效；而事乃不然。到贛三月，送往迎來，備舟車夫馬酒食無已時，理民事率在夜分。府君慨然曰，『此大邑，當讓能者，吾才拙，不勝也。』會疾作，求解任；而中丞方以府君可調贛縣入奏，不許。方伯亦馳檄命太守張公慰留，有『陳令在江年久，賢聲頗著』之語。蓋其知府君也素矣。然府君終自以拙不勝任，志益決。越六月，復通詳告病，乃得於十三年二月受代。養疾年餘而歸。

當先後去廣豐時，豐人愛之不忍別，江干童叟送者如堵牆。廣文李彤崖先生(穆)嘆曰，『仲弓解綬，吏人追思；太邱往事，又見於今矣』。紳士詩文盈篋，而孝廉徐君悅鋘，諸生徐君偉、徐君謙之作尤懇至。府君留別詩有『政寬似水寧從弱，民靜如鷗未敢驚』之句，士民傳誦以爲誠然。去贛，如去豐。吉南贛寧觀察復堂廖公(寅)言『自陳君來無控令者』，特懸詩郵亭以送府君而風屬吏，昔所無也。其四章云，『君子愛民行所學，衆人呼母政惟寬；四郊禾黍歌餘澤，五嶺壺漿送好官』。諸生袁君獻祚至，乂手讀之，曰『信！』袁君狂而介，其送行詩故不減廣豐三徐也。

十五年四月還家，有衣十餘襲，書數千卷。而前粜銅歸時所置田，歲入租數十石，合室共之，食麤茹蔬，處之晏如。語不孝輩曰，『吾上受國恩，下得民愛，而後至此。此視秀才時何如？汝不記嚙蘆飲醋事耶？』

十七年二月，不孝奉文，截取府君[illegible]趣之行。不孝亦自以家貧親老，不能不動心於升斗之養也。且念東壁先生已遷居彰德，欲順道省視，求其書，遂以今年五月取道四川而行。嗚呼傷哉，不孝幾以是役不得見吾父矣！至蜀三閱月，展轉遲回，若或有尼之者。八月二十五日，南充署中聞石屛疫作，奔歸省覲，十月十六日抵家則城中久安堵，二親及合室皆無恙；府君病瘧久愈但色黃耳。不孝方私幸天與我以事親之日者未艾也，孰知十八日方侍晨膳，府君風痰忽作，頃刻長逝耶！嗚呼傷哉！

府君爲人寬厚和平，而與人意見或不合，即著於辭色，寧方寧直，不能作僞，亦不能剜而圓也。然胸中終不設城府，見人之急，必思有以濟之。初，邱君在贛時，府君方運銅至南雄，貧不能過嶺，遣不孝往貸於贛，無所得。既相代，或疑府君不能無隙。府君曰，『彼貧不能貸，常事耳。以此修怨者，小人也。怡亭既去而人思之，吾方敬怡亭，顧敢薄怡亭乎！』卒厚視其家而速受其代。生平居心行事類如此，不孝不能盡述，府君亦不欲不孝之盡述也。

家居三載，凡弟姪輩事，吉凶無畛域，而費多不給，常以爲愧，語不孝輩曰，『吾兩叔父不幸早世。仲叔後唯弟兩人，而皆未有子，又老且病。季叔後唯姪五雲一人，可冠矣，而未有室。吾欲修族譜，未成。欲置祭田，未就。吾老矣，兒輩可勿念耶！』與鄉閭處，平心率物，有古人風。遇老友及少年佳子弟，款款話家計，或追說兒童時讀書應試朋友舊事，時雜諧語以爲笑樂。賓川學正楊甯廬先生（皐亮）故人中相知最深，二十年不見，時時思念之。族黨招飲必赴，赴必盡歡。食飲不衰，步履尤健。每同人郊遊，羅琴山先生（觀恩）勸之杖，府君笑以應，曳而受人，終弗杖也。

未卒前一日，泛舟游異龍湖，復登東山絕頂，眺望而還；挑燈置酒，問不孝入蜀事。明日晨起，課諸孫讀書如平時。孰知不終食之頃，不孝兄弟遂爲無父之人耶！嗚呼，人之生死，性耶？命耶？父子家人之聚散，天耶？人耶？如天命也，豈其有誘不孝之歸者而俾之見其父耶？抑亦有延府君之壽者而俾之待其子耶？既已誘之而延之矣，彼蒼者天，即胡不誘之早歸而延之長壽耶？不孝歸家兩日，其侍府君也曾無一時，食不及終，疾不及問，藥不及咽，而遺命弗及宣也，豈惟不孝兄弟終天之恨，即府君亦心傷矣！是以卒後四日，忽憑長孫周翰之身，召家人而與之訣也。與吾母言慈；與子孫弟姪及諸婦言孝友勤儉；與兩女言節義；與外孫羅士葆言孝謹；與僕婢言恭順。有問及鬼神事者，不答。語次，疊呼『酒來！』酒來，則又呼不孝而告之曰，『履和，汝心即我心也。我亦無所復憾。汝歸來管家，大好。汝必管爾姪重慶，必管爾諸父，必即送祭田，明年必爲五雲迎婦。汝等聽之！吾去矣！』嗚呼，鬼神之事何敢輕言，顧府君以風痰壅遏，不能與家人一訣，其胸中所欲言者亦斷斷不能自已，而初終之時靈氣未散，憑長孫宣之，乃事理之常，且無一語涉怪誕，神道也，即人道也。不孝等不敢不識。嗚呼，吾父既卒而遺命如此，其生平可知已！是故三叔父之哭吾父也，其辭曰，『弟自成童受兄親愛，在父母者有之，在自身者有之，外內多端，筆難盡述。蓋極忠厚者，兄之性；極爽直者，兄之情；不驕吝者，兄之才；全始終者，兄之心。熱血流通，眞意浹洽，無藏怒宿怨之端，有解衣推食之願。生我者父母，愛我者大兄也。』嗚呼，斯言也何一非叔父稱心之言哉！

府君生於乾隆五年七月十一日，卒於嘉慶十八年十月十八日，得年七十有四，疾革時，聞者奔視環泣，羅君晉高（廷壇），羅君集門（士藹）實親殮之，而李君玉文（碧），羅君金門（士范）爲日夜漆其棺。微諸君厚德不及此！微我府君，亦豈易得此於諸君者乎！

府君娶任孺人，繼娶劉孺人。子二：不孝履和，與府君同榜舉人，任孺人出；不孝履順，國學生，劉孺人出。孫三：周翰，庠生；保慶，重慶，尚幼。曾孫一：啟曾，甫一歲。女二：一適庠生羅廷墉，一適廖樹堂，皆早寡守節。孫女一。

今卜以十二月二十日治喪；發引越二日，葬於書香地之先塋。碑石既礱，銘辭闕如。伏念人子之於親也，不可取其未有之善誣之，亦不忍於其實有之善沒之。府君立身行己處事待人，在官則士民信焉，在家則宗族鄉黨信焉。大椿遽萎，繪影何從？惟是枝枝葉葉圖寫難周，而本根質榦不敢稍有增損，此則不孝子孤露之餘，忍淚操觚，自矢必誠必信者。苫塊昏迷，語無倫次，惟乞大君子垂念先人，哀憐不孝兄弟，裁擇而表章之，世世子孫感且不朽！嗚呼痛哉！

(子二)恭錄廣豐縣志循吏傳一則(同上)

陳履和

嗚呼，府君既葬十有三年矣！履和昔述府君之行，求碑志於大名崔東壁先生，其文未及刻石。今乃以行略碑文合而梓之，而屬羅甥士傑塡諱焉。伏念先府君臨終之命，不孝兄弟勉強料理，而遺家多難，究無以慰先靈於地下。至族譜未有定稿，倘難付梓；倘不速修，何以上對先人耶！

府君既歿十有二年，而廣豐修志，以府君入循吏。蓋當日遺愛之在人者，行述中故多未詳也。謹將廣豐志傳錄之於左，以示後人。

陳萬里，字飛九，號鯤池，雲南石屛州人。嘉慶二年，以大挑一等舉人來令豐邑。修舉廢墜，禮士愛民，尤崇尚名教節義。三年，聞義寧州寇警，立卽捐廉修築城垣。丙寅，學宮正殿蠖蝕，倡首出金重建。奉張忠文公王有道先生木主於豐谿書院，以奉俎豆，俾諸生講習其中者有所觀法。六年於茲，士民咸被其澤。陞贛之日，送者相塡於途，若赤子之失父母有墮淚者。

右廣豐縣志循吏傳一則。　道光五年正月二十五日，履和恭錄。

頡剛案，光緒廣豐縣志文與此同，惟編入名宦志。

（子三）敬書廣豐縣志先君子傳後（同上）　陳履和

道光三年二月，履和作宰浙江之東陽去江西廣豐縣六百里而遙——廣豐，先君子作宰地也。　明年，有以志見貽者，其循吏傳以先君子殿。　履和敬讀之，喜甚，且懼甚。古之君子所居無赫赫名，而去後常令人思。　蓋去後而思者士民之眞情，不可以僞爲者也。　而非至眞不僞之情素與士民相流通，亦斷無久而相思之理。　先君子慈祥豈弟，坦易和平，其與士民交感者深矣。　死生聚散歷十餘年之久而愛之傳之，孔子曰，『斯民也，三代之所以直道而行也，』豈不信哉！　先君子由廣豐調任贛縣未一年而歸，不知贛人思先君子何如；然必不減廣豐，可以去官時之民情決之也。

履和從宦江西十有五年，一切吏事先君子皆以身教嘗言『汝他日作令，毋近名，必以慈愛爲本。』今無可以續理縣之譜者，而時時得罪於士民，恐文範家聲頓爾隳頹，所爲讀先人志傳愧悚交集者也。

五年正月二十五日，不孝履和謹記。

（廿一）豐谿書院崇祀王有道先生議（光緒廣豐縣志卷九藝文志）

王譔

予以嘉慶辛酉四月應廣豐邑侯滇南陳公聘，主豐谿書院講席。屆期，侯率諸生以師生禮見。予既抗顏受之，而特念古者學必有師，故凡入學必釋菜於其先師，黨庠術序莫不有然。以至後世，郡邑書院亦各宗奉一鄉先生祀於其中，爲之先師。江右之有書院，自澹臺子友教始也。其後鹿洞鵝湖皆以朱陸二夫子講學處爲大書院。他若袁州之有昌黎書院也以韓文公，贛州之有濂溪書院也以周元公，撫州之有興魯書院也以曾子固，建昌之有盱江書院也以李泰伯，而信屬則有紫陽象山，端明，大都以先賢過化之地風流餘韻，沒世不忘。而邦君大夫有志興學造士者遂往往以人心所同好，因其遺跡，創爲書院，而戴之爲先師，俾聞其風得所興起，而爲之山長者於其人學必先率弟子而祭焉，夫亦猶行古之道也。而豐谿書院獨闕此禮，由其始建書院未有爲之先師者也。

愚竊推論豐邑鄉賢可以爲先師者，莫有過於唐校書郎王貞白有道先生。先生丁唐末運，知時事不可爲，獨潔其身，高蹈邱園，進不與清流白馬之禍，退亦不屑依草附木爲諸侯上客，其於出處去就之際有獨得其正者。高風大節，誰能過之。而論者或疑其生平梗概，雖鄉之人不能有所論說。嗚呼，此豈足與知先生者哉！夫人生有三不朽，其立功立言者固必有事業文章，彪炳史册，獨至於立德，其道甚尊而其迹甚微。孟子言『聞伯夷之風者，頑夫廉，懦夫有立志，』范文正公記嚴先生祠堂亦云『先生之風，山高水長，』非以其有得於聖之清者歟？漢史於汝南黃叔度，謂其言論風旨略無所表見，而天下後世仰之如恐不及者，其德高也。 先生不既有其德，而又能以其詩鳴也哉！ 今廣豐祀典既以先生冠鄉賢祠，又爲之專祠，其於好德之心可謂至矣。 愚意莫若奉爲書院先師，而於入學祀之爲尤宜。 原書院之設，所以輔翼學校，昌明聖教，養育人材；顧自省會口郡邑書院各有山長，即各有先師，學者於山長稍有學行，猶口口從，至於先師，雖甚道德淸高，漠然若於我無與，不足以介意者，則以其所學者世俗科舉之業，而所志者富貴利達之事也 廣豐士習猶有樸茂美意，於聲華勢利之場若不數數然，其風氣良可尚；又得先生爲之先師，朝夕瞻仰，相與步趨其芳躅孤踪，被服其流風餘韻，因以靜審乎窮通得喪之幾，審察乎出處進退之分，即凡考試遇合，成敗利鈍，能以義命自安，一切夤緣詭遇進身之術有所恥而不爲，士品日以端，文風日以醇，斯其所學必不徒以舉業博取富貴利達，而先生於師道之以道德而不必以事業文章也彰彰矣。

先時豐有賢宰傅公，爲修先生祠墓，記曰，『志稱先生隱居教授，士風丕變，四方學者多宗師之。』 吾願信郡學者以信郡人物之冠爲之宗師，以自期於丕變，』亦似已見及此意。惜前令胡公於改建豐谿書院，未能舉行；則此墜典正有待我陳侯修舉也！書院規模本甚壯濶，前後凡三重，今惟於最後重中廳添建一神龕，前設香案奉安先生木主，每屆入學，山長率諸弟子先祭菜於此，然後賓主師生以次成禮，是即所謂『禮由義起』，而亦猶行古之道也。此舉甚不煩費，且大有裨風化，似可即行。愚忝居此席，因建此議，以獻陳侯，并以諗諸紳士，不知有當於芻蕘否？

(丑二)邑侯陳鯤池先生(萬里)惠硯(悟雲樓詩初集三，壬戌)　徐謙

我愧千秋業，公投一片心。腴田蒙割愛，暗雨想孤吟。潑墨烟雲變，餘波渤澥深。尺龍騰黑水，願灑使君霖！

(丑三)滇山行送陳使君(同上)　徐謙

大府文書迫，火急促行役，使君鞭指滇山碧。天寒馬立嘶徘徊，雪花片片飛綠杯，馬前父老聲悲哀。父老莫哀行復還，各督子弟力田間；桃花照酒春風顏。黃河湯湯民其魚，宜防千里頻飛芻，朝廷宵旰勞宸謨。小臣祇役敢休息！停杯上馬催馳驛，蜑雨蠻煙甘如蜜。

（寅一）豐谿書院奉祀唐王有道先生，宋張忠文公記

陳萬里

（光緒廣豐縣志卷九藝文志）

嘉慶六年夏五月，豐谿書院山長王君謨建議祀王有道先生，娓娓千餘言；余敬諾之而未及行。是冬，始與邑紳士奉木主入院，竝以宋張忠文公同祀。

或曰，『有道先生文學行誼，宜祀詳矣；忠文以武略顯，祀諸院何居？』余應之曰，『記言「出征者受成於學，」又云「出征執有罪反釋奠于學以訊馘告。」一書院猶學也，安見有武略者不宜祀諸此！且忠文不徒以武略顯；按史公屢獻文章成進士，今

雖著述不概見，要必非風雲月露之作。惟其以制誥之手能殺賊致果，捍患禦侮，迨時事無可如何，卒致命遂志，取義成仁，與文山疊山媲美，此忠文公所爲讀有用之書，而千百歲後生小子允宜俎豆者也。夫有道先生當晚唐，忠文公丁弱宋，皆未爲遇時。方今國家全盛，文教覃敷，直比隆於唐虞三代，諸生幸生其世，當思鼓吹休明，潤色太平，以報我皇上造士之恩，展生平讀書致用之志，則不必履二公成跡，而千百年間前後相望，二公有靈，必以爲後生可畏而大爲豐人士慶矣』

旣以解或之疑，因書以爲記，而並王君議刻諸石。惜乎王君去，不及見其議之行也！

（寅一一）重修王有道先生祠小引（光緒廣豐縣志卷九藝文志）

陳萬里

嘉慶十年，秋八月，戊子，余循故事，祭唐校書郎王有道先生於其祠。祠故以覆墓者。既成禮，徬徨周視，棟宇半新，奉祀生起銈率同族子十餘人執册請曰，『祠之弗畢修也，起銈輩之不肖也，我王氏子孫之不力也。昔在乾隆庚申歲，吾族修祠墓如今日；韓江詹侯實賜文以勸族人，遂醵金五百有奇，蒇厥事，皆載茲册。願侯覽之！』又曰，『侯之表章吾祖也至矣！侯往者以采銅暫去吾豐，臨行奉吾祖木主於書院，以爲先師，俾後生肄業者禮焉；至今遂以爲常。今侯之來，又值吾祖祠墓重修之日，然則教王氏子孫揚淸芬，肯堂構，而賜之文者，非我侯而誰！』余曰，『唯唯。』

明日，起銈復挾新册並族譜來申前請。余觀譜載先生詩文及事蹟有失實者，其以爲嘗受梁貞明六年之封勑，尤舛謬，與唐宋以來諸書不合；此宜辯正尤急於修祠。顧豈特王氏子孫事！今王氏子姓蕃衍，或不能盡通知先生志事，顧亟亟庇蔭本根，謀修祠墓，其孝思豈不可嘉也哉！昔之人既醵金五百奇矣，繼繼承承，不懈益虔，雖倍蓰可也。他日祠落成，尚有餘力，更考先生之蹟，訂先生之詩，期勿失乎先生之眞而止，而遂以梓之傳之，斯又孝子慈孫不容已之責，抑官斯土者所厚望也。余不敏，當勉爲先生一一考正論說，使豐邑後生小子無不知先生清風亮節可效可師，一事一詩皆非後人攀援附會之說所能亂，則區區辯論未必不有功於王氏靈溪之譜，而更光前德於無窮矣！ 迺先疏大意爲斯序以貽起銈。 起銈勉之，毋以余言爲河漢也！

（寅三）重修廣豐縣城碑記（光緒廣豐縣志卷九藝文志）

陳萬里

廣豐舊名永豐，屬上饒鎮，地多山，當閩浙之交；南界封禁，尤鼪鼯之所窟宅。 宋時爲縣治。 其有城自明嘉靖中巡撫胡松檄知縣斯正始築之：圍九百四十七丈，廣丈八尺，高丈六尺，爲門六。

嘉慶二年丁巳，予承乏斯邑，始至，相其形勢，雖屢廢屢葺，而城垣之傾圮者十二三，垜堞譙樓之待補葺者十六七，門扇闌柵皆無存焉。 思欲舉廢而力未遑也。 明年戊午，義寧州寇警，心益動，而巡撫張中丞公檄亦下。 於是念守土之責在我，以急先務爲本，爰度其用雉堞垣垜之需灰，需石，需堅甓者若干數，需夫役畚築工者若干數，譙樓門栅之需木需瓦者若干數，遂捐廉俸節縻費得白金千有餘始事於八月，蕆事於次年十二月，百堵安而爲宰者亦樂觀其成。因記此以示後人。

董其事者程謂賓，徐學樋，潘德銘，傅德海，俞柄東，俞拜昌，李志滂皆例得書。

(丁三)陳履和

(子一)陳履和傳（續雲南通志稿卷一百七人物志）

陳履和，字海樓，石屏人。乾隆庚子，父子同擧於鄉。父萬里，大挑一等，分發江西，補廣豐令有循聲。告歸後履和截取赴都；中途心動復還。萬里固無恙，切責之。越二日，萬里竟卒，服除，選授太谷知縣。勤於撫字，民甚安之。會丁繼母艱，士民籲大吏請留缺以待起復。奏入，上以非例不允；特降旨，以太谷士庶愛戴之忱，風示牧令。太谷故稱優缺，甲于天下。履和歸，至僦學舍以居，課徒自給。服除，需次吏部。上知其人，命署兵馬司指揮，異數也。未幾，授東陽知縣，政績如太谷。卒於官。（石屏州志）

頡剛按，雲南通志稿卷一百七十藝文志有陳履和海樓文集，但未及卷數。不知此書尚在人間否？

（子一二）陳履和傳（光緒太谷縣志名宦志）

陳履和，字介存，石屏人。嘉慶二十一年以舉人任太谷知縣。學贍才敏，勤於吏事；判狀日數十，觀者無不服其明允。未旬月，滯牘爲清。縣人多販雅片烟牟重利，履和牽商民爲文誓城隍神禁之，後遂無販煙閩廣者。修鳳山書院，刊定條約。課士手披口授，循循然若師詔弟。尤工書，人得其詩卷一二紙，輒寶貴之。莅事八月，絕奔競，抑豪橫，政聲大著。 毋憂去職，士民感泣，相率愬省院乞留；爲例所格而止。履和後官浙江東陽知縣，以勞瘁卒官。縣人至今思之（按履和祀浙江東陽名宦，事蹟採入一統志。）

（子三）陳履和傳（道光東陽縣志卷六名宦志）

陳履和，號海樓，雲南石屏州人。 乾隆庚子舉人，父子同榜。 道光癸未春蒞任。廉以治己，勤以治事，凡大小案牘必親勘定 人靜夜深，每秉燭而起。 初至任，即有修城之役；不以擾民，民并獲其利。 城甫畢，即捐廉創修邑乘，大書『集思廣益開誠布公』八字揭於志局。 嘗爲其師崔東壁校刊遺集六十餘卷。乙酉歲盡，加以公事屢出，風雪中心力交疲，暴卒於署。 初宰太谷，僅八月，丁內艱。民戴如父母，再三遮道，乞大吏奏留之。父萬里，令廣豐，有惠政；履和隨侍左右。 廣豐歸林後，履和謁選，將抵京，忽心動，遂反。既至家，廣豐並無恙。方怒其騾歸，比夜，廣豐竟卒。天性至孝若或使之。

（子四）湯江傳（光緒廣豐縣志卷八人物志文苑傳）

湯江，號鷗艇，嘉慶癸酉拔貢，廷試授教諭，爲文敏給，尤長於詩。古滇南陳海樓宰浙東，聘講主席。一日出藏岳武穆古硯，置酒集幕賓，賦詩座中。方握管拈韻，而江已成長古一篇，豪宕之氣溢於行間。海樓因笑曰『嘗謂鷗艇爲西江名宿，今觀其詠硯，眞驪珠先得矣。』

頡剛案，此傳僅節錄有關陳履和之一段，餘略。

（子五）致胡適之先生書

袁丕明

適之先生：

前日晤談甚快。復接來書，屬搜求崔東壁讀經餘論等遺著。按表章先哲本後生之責，何況海樓先生又是石屏之先輩。現已訪得海樓嫡派後裔廷偉君（當係孫或曾孫）在思茅經商。惟吾屏當咸同之間，遭杜文秀之亂，全邑半燬於火；陳家居南關，適當其衝，遂至焚燬。崔陳兩公之著作俱付浩劫，實文化上之大不幸也。然仍當設法搜求，或能得一二以報命，亦未可料。

又吾屏社會上曾有一種傳述，謂『陳先生一生篤學，收藏極富，几榻之上咸維陳書籍。卒後子孫式微，不知整理，棄擲滿地。其長媳某以愛惜字紙之心理，稍稍收理之。某夕夢陳先生告之曰，「吾辛苦半生，僅此積蓄，而後人猶不知愛惜，眞可痛心。我今已請此公代我收拾矣！」言訖，則右側立一赤面紫髯絳袍朱履之神。長媳一驚而寤。次日火起，全宅竟成灰燼』。此種神話頗可證海樓收藏之宏富及身後書籍燬散之情形。

吾屏文風甲於全滇。據同鄉張芷江先生（淸孝廉，國會議員）言，『石屏宿儒，張（名漢，字月槎，舉博學宏詞，並有專集行世）陳齊名，』則陳之博學可知。然著作則終未之見。而石屏志書又係乾隆時代所刻，海樓在後，自未採入，其大部分湮沒久矣，張君并述海樓楹聯二付，一懸于來鶴亭上（石屏名勝）『醉何妨醒；覺何妨夢。山；不在高水不在深』。又自序晚年景況一聯曰，『視茫茫，髮蒼蒼，齒牙動搖，更兼十二郎軟脚病。舟搖搖，風飄飄，琴書嘯傲，不爲五斗米折腰官。』（陳晚年患脚氣病，故次聯云云。）

弟對于徵求崔君未刻遺著及海樓之遺書軼事辦法，擬由兩方面着手：

（一）公開的徵求：致函於地方官紳及勸學所學校等請其以文告徵求。

（二）私人方面的徵求：致函於海樓家族親友，及鄉里友朋之留心學術者，請其隨時隨地採訪。至於所需費用，即由弟擔任。

照以上二法去徵求或者能於佚散焚燬之餘而得一鱗一爪，以報先生熱心學術之盛意，亦未可知。

手此，順祝健康。

袁丕明。　十五，七，六。

（丑一）與陳海樓書（樂山集卷下）

王崧

秋初都門相遇，接談之日甚尠，無以罄數載離別之懷。九月中，附鄉人周君寄達一書，不過略敍寒暄而已。吾儒爲學，讀書之外，質疑辨難，當取資於朋友。年來荔扉蘇亭相繼謝世，望山又遠官於閩，足下不日亦將出宰，相見之時與地皆難預期。今幸聞問可通，中心之所欲白，請略言之。

夫人之爲學，豈非求道乎？道費而隱，聖人有所不知，愚夫婦亦可與知。其載於書亦謂之文。秦漢以前無作文之說，凡書之傳於世者，各言其所知之道，而非以作文也。

僕少好讀書，老而不輟，至於世之所謂文，非惟不善作，亦不欲作；然因讀書而偶有所知，往往著爲篇章。薄宦以來，從遊之士輒付之梨棗，遂爲世人所見。其中說緯一書人不名之爲文；而於樂山集則曰古文，於樂山制藝則曰時文。或謂古文爲善，或謂時文爲善；譽之者以爲博洽，毀之者以爲繁蕪；而於所言之理不察其是非，所言之事不察其可否，其曰博洽，曰繁蕪，則以書中每有所陳，必徵引古籍，疏其原委之故，劉彥和云『因情造文，不爲文造情』，僕之爲書，因述古而製篇，非爲製篇而考古；其篇既就，始命以名；非如作文之法，先命一題，然後論文索理，循題布置也。謂爲博洽，固不敢當；謂爲繁蕪，勢必删其所徵引而歸於簡淨。夫旣删其徵引，則又何必爲是篇邪！

離道以爲文，始於漢之季世。歷代文集，僕未嘗不觀，然觀其於理有所發明，於事有所考證，初不計其文之高下也。書者，文也。文者，言也。著書之人以文代口，觀其書者，惟當以目代耳。搢紳談政事，野老話桑麻，其人各言所知；聽之者但衡其所言何如，豈計其語之或雅或俗，音之或南或北哉！夫流連光景，周旋世故，使人得以娛目賞心，作文之樂趣固爲學之一端；而自言所知，使人得以稽古義，繹舊聞，亦非遯於學外也。

自帖括之制興，士之習業惟取材於近代清空轉折之文，而隋唐已往之著作罕所研究；雖已屏棄帖括，別求古學，而積習難移，易其名不易其實。僕自少至老，不習帖括，是以拙於作文而但著書以自言所知也。夫有所知而著書以達之；苟其能達，則於文不求工而自工。此惟深於道者能之，非僕所可企及。就使能工，而著書之本意初不在此。

區區之見如是。他人或河漢予言；惟足下好學深思，當有以匡正之耳。

（丑二）送陳海樓銜恤歸里序（樂山集卷上）

王崧

石屏陳海樓與予同習舉子業於五華山，先後舉於鄉。同應禮部試，聚處京師。其後蹤跡或合或離；苟相見，必交勖以爲學之方。

予宰武鄉，既罷官，主講晉陽書院，而海樓來宰太谷。太谷爲太原府屬縣，府及書院皆在省城，太谷相距百二十里，每因事來謁上官，必乘間視予。故其治縣之政，無巨細，予得聞之，皆本平日所學舉而措之者。

治縣甫八月，其母太孺人卒於家。訃至，解印綬哀痛持服。其縣之士民奔走呼號，謂縣公喪母去官，使縣之人皆喪慈母。時有天使來案獄，其愛慕而未諳禮法者相率詣之陳請奪情，如不可，則請於服闋後仍官其縣。事雖格於例，而上自大吏，下至婦孺，近而隣境，遠而九府十州之人，莫不知太谷之有賢宰矣。

先是，訃至，從人僉謀匿之而先謝病解職，然後持服，服闋而以病愈補官，於例可復舊任。太谷爲山西省之膴仕，不可失也。海樓聞之，大哭曰：『親死之謂何！又因以爲利，無病而詐病，欺天乎？欺人乎？欺吾親乎？』立具牒發其事。從人之所謀，趨利而背義，不學之人時或爲之；海樓，學者也，所學何事而肯爲之邪！

予嘗謂學與政非二道：修諸己則爲學，施諸人則爲政。海樓頗韙其言。夫『事親孝則忠可移於君，』『盡己之謂忠，』海樓能爲士民所悅服者，忠於政也；其忠孝之所移也。既授政於代者，匍匐而歸，士民雖留之而不能；發乎情，止乎義也。

其將行也，陳樾齋作詩送之，能詩者和之，予故序之。

（丑三）送陳海樓北上（寄庵詩鈔續八，癸酉）　劉大紳

讀書幾千卷，行年及五紀。此去官何官？曰爲知縣耳。知縣民父母，一縣待之理。積縣爲天下，治安原有以。上官貴且驕，往往奴隸視。誰識賢宰相，須從知縣始！所以負氣人，未衰便先止。隱忍就功名，亦有天下士。二者將何從，惟子自處矣。道術弟受師，仕譜父傳子。仕學有源流，豈徒紆青紫。四馬上皇都，五月薰風起。君恩深似海，臣心清如水。

（丑四）老女出嫁圖爲陳海樓明府題（寄庵詩鈔續附卷四，己卯）

劉大紳

黃金鑄印大於斗，市兒等閒肘後有。盈庭狎客隨呼盧；環座名娼侍飲酒。憑陵意氣韶華年，自高聲價如登仙。何知浮湛下僚底，郎官白首多名賢！平生無心慕仕宦，壘綬銅章更懶綰。六十循例甘折腰，蕉鹿得失夢原幻。歸來仍荷農家鉏，心灰夕陽下平蕪。屠市築巖恨相若，天意從來困吾徒。君不見貧家賢女老裁嫁，剛夢熊羆合歡夜，糟糠之妻已下堂顧視委韭淚如瀉？且喜嫁遲棄亦遲，不然不待而今時。此身只合爲處子，深閨莫畫雙蛾眉！

（丑五）恭送海樓陳明府旋里序（光緒太谷縣志卷六藝文）

孔傳性

丁丑春二月，予自忻來祈。入館坐甫定，谷邑諸生懽然爲余言曰：『谷邑得好官矣！』問何人，曰：『海樓陳公，滇省世家子也，未冠舉於鄉，以部銓爲谷邑宰。』問何政，曰：『不可殫述。』爲略舉其廉正若何，仁明若何，去弊幾何，興利幾何。予曰：『有官如此，此谷邑之福也！』

已而又有自谷邑來者，入門寒暄數語，輒語及公，娓娓不倦，視前之告余者語加詳，事亦較夥；且言公愛才如命，喜作文，兼善書法，遂出公所作古今文各一，並手批書院課藝十數本示予。予方把玩不忍置，生又言鄰邑有以冤狀上控者，乞付公覆審，公一鞫而罷，兩造具服，且獻額焉。予聞而喟然曰：『有官如此，此不獨谷邑之福也；此當世之景星慶雲盛朝之祥麟瑞鳳也！』於是心嚮往焉，冀得一見以爲快。

會予以葬親旋里，凡三閱月而返。甫下車，諸生有迎門者，因問陳公近來德政。諸生愀然曰：『谷邑人無福，好官尋將去矣！』驚問何故，曰：『丁內艱。』予爲悵然者久之。旣乃詳述邑人哀弔之狀至瞽者丐者，以及獄中諸囚皆醵錢供祭；並欲效借寇故事，具狀請於上官。情詞愷切，亟蒙獎慰；徒以例應迴籍，不便奏請。時階下跪懇者數百人，齊聲大哭，上官爲之泣下。予聞之，亦不自知其涕之何從也。

夫人見善斯好，至於邑有良牧，飲食我，教誨我，此其感恩戴澤，口語心思，又何可言喩者。獨計公之治谷，前後僅數月耳，不矜才，不任術，琴堂端坐，遂能使人服其教，戶戴其仁，尊之如神明，親之如父母；乃至一人失恃，萬姓呼天，悲弔哀留，前號後泣，致令見者慘心，聞者墮淚，此又循吏傳中所希聞者。自非積至誠，布大德，烏能入人之深，而感人之速有如是哉！嗚呼，是亦足以風矣！

歲十一月，諸生又爲予言曰：『陳公南歸有日矣，谷邑紳士皆歌詩作序以送之。惜先生未獲一見設早見之當必有以送公者。』予曰：『予老病，愧不能文，至於爲陳公序，固所願也，何必相見哉！且予之見公久矣：於其文見其性情之眞焉；於其書見其心術之正焉；於其却苞苴絕奔競見其品格之高焉；於其奬士類培民風見其丰裁之雅焉；於其一切折獄聽政見其學問之大經濟之優焉。所未見者，其人耳。予與公非博聲氣者，又奚必通一札，謀一面，而後爲之侈述交情，誇張政蹟，詡詡焉作周旋語哉！』語畢，卽命諸生操楮握管，爲略敍所聞，並道余數月來傾慕之忱。至於公之德政，更僕難終，其足以登國書而載邑乘者，則有都人士之記序在，非予之所得而詳也。附呈俚句，聊代驪歌。歌曰：

猿啼鶴唳霜風蹙，五更歌罷人皆哭。我公歸去不可留，攀轅遮道空匍匐。噓我寒，分我燠，驅我耕，教我讀；我有父母公保持，我有子弟公澤育。來何遲，去何速，幾度呼天天不語，感恩惟有祠而祝！嗟予老病久頹唐，難束生芻唁良牧，但又曰：

願使君惜此身，重來再造蒼生福！

元龍意氣高山斗，一官小試經綸手。神君慈父仁明師，一人兼之從未有。滿縣花當階柳；雅化蒸絃歌，醇風釀羔酒。一朝哀信來南滇，闔邑悲號公失母。呼天愴弔同聲哭，市上無車巷無臼。爲思借寇赴郡城，哀求搶碎黔黎首。天使褒嘉自古[illegible]，況復豐碑常在口。勸君莫惜宦已遲，勸君莫嗟官未久！立德立功並立言，數月之間三不朽！

（丑六　送邑侯陳公丁內艱歸里（光緒太谷縣志卷八藝文）

孟毓勳

北風號長空，寒山霏遠霧。日色冷清陂，零落歲將暮。千重萬重雲，長亭短亭樹；灞陵李白詞；南浦江淹賦。今古情則同，脈脈直難訴。與君塵外緣，傾我心中慕。憶君下車始，聲稱載道路。　操守擬前哲；經濟達時務。　明決非恃才；質直非守固。　常懷一葉清，不受一錢賂。　范寧立學校，規矩勵行步。　菁莪拔其尤，胥吏去其蠹。　聽訟公生明，虛堂鏡光露。　一判不復移，與民同好惡。　良甿旣戴恩，頑囂亦畏怖。　苦口陳藥石，鍼砭起沈痾。　殷勤復殷勤，不憚再三諭。　百里喜化行，日新而革故。　君眞康濟才，撫字有其具。　幼時讀父書，出語驚穎悟。　弱冠凌秋颸，霜蹄踔騏驥。　壯歲趨鯉庭，關山勞騁騖。　先澤江湖間，萍鄉溥甘澍（公尊甫爲江西萍鄉縣宰）。　至今南康民，棠陰勤守護。　清白吏子孫，如公信非誤。　便當宣大猷，艱鉅憑委付。　經綸快所施，遊刃自餘裕。　洒作襄陽令，頗怪功名忤。　吳靖十年勤，腹笥森武庫。　班髮已垂白，不得綴鵷鷺。　猶喜爲保障，德政從容布。　惜哉半載餘，未克竟施措。　絃揮冀北琴；彩散滇南婺。　地角共天涯，茫茫不可泝。　永懷搗羽悲，莫遂烏私哺。　天地豈無心，愁煙起楂柸。　纔還合浦珠，又困涸轍鮒。　吾民亦何知，攀轅乞少駐。　歎息動父老，涕泣感童孺。　陸公像可圖；范公金可鑄。　留君苦無術，夢君屢驚寤。　君今旣行矣，繾綣情交互。　一唱陽關曲，再唱銷魂句。眠食尙愼旃，行李彌淸苦。全椒遮道民，撫膺向天籲。盤飣爭餽遺，壺漿樂委輸。徐公三字訓，勝於脫韡屣。何年竹馬迎？重沐恩膏霔。聊作五袴吟，以當一杯酤。瑣語瀆君聽，君其毋厭斁！

（丑七）送前任陳公起復赴選，路經太谷（光緒太谷縣志卷八藝文）

武椿年

文章政績兩風流，鳧舄飛來憶故遊。御李曾經容一面，瞻韓忽又隔三秋。人呼生佛絲堪繡；手植甘棠蔭尙留。父老攀轅爭問訊，可能還我舊賢侯？

（丑八）重修大成殿明倫堂記（道光東陽縣志卷十學校志）

趙棠榮

國有彝憲，興學所以明倫；俗之還淳，明倫即以興學。上行下效，捷於影響，所由來矣。

吾東建學以來，廟制惟古，崇飾有加。　我朝表彰聖道，崇禮師儒，聖聖相承，宸章褒錫，育材養士，古無倫比。　歷事修葺，勒石備載。　東陽爲子朱子所遊處，東萊白雲所會講，五經分教，三擔承傳，於是焉託。　乃自嘉慶十五年金君修理後，僅十數年而宮牆兩廡日就傾側。　歲時趨蹌，動虞隕越，豈非官斯土者之責而鄉士大夫所當亟圖者耶！

道光二年，學博鄭焜謝雲卿牒事於縣，劉侯鎔通詳，並申明有捐貲獨修者，以聞。　會蜀南李公世綬攝縣事，郡庠韋鼇商諸其弟溶以名上，咸報可，遂涓吉於其年十月，落成於四年十有二月。　時邑侯陳公履和甫蒞任二年，鳩工庀材，加之奬勵。　韋君夙興視事，如己堂構，黻座朱几，嚴事有容，法度端肅，墄平罣密，外敞止門，櫺星昭煥。　先於其年之七月日恭復聖位，以俟吹丁釋奠之禮。　侯帥儒師，潔齋蒞鬯，牲幣有飭，法齊苾芬。　神來顧歆，維肅維穆。　觀者欣慕，至於咏蹈。

既成，事書來屬記巔末。　惟榮與鼇誼屬葭莩，溶爲鼇季父弟，敦睦式好，友恭一心，故克終始蕆事，無藉勸勉。　然則興學所以明倫，而惟明倫乃能興學，聖教之入人心歟？

人心之在聖教也。君子謂韋氏兄弟有古風焉。榮適清軍吳城，未獲躬親其事。竊聞陳侯初任太谷，有政聲；今宰東陽，時和政醕，百廢具舉。韋氏兄弟能自振拔，爲名教中人，益足以徵至治涵濡，作育人才之效。繼自今必有紹古儒先而興起者，謂非吾鄉之幸歟！遂郵以爲記。

（丑九）陳海樓先生（履和）修篁翠袖圖二首（悟雪樓詩初集二，己未）　徐謙

風交翠袖娟娟影，人倚寒篁黯黯村。墨雨生綃秋色澹，分明湘水舊啼痕。

何處秋霜點鬢雲，含情無語立斜曛。空山莫悵無知己，猶有峨眉伴此君。

（丑十）陳公子海樓隨尊人使君使滇，留別長歌奉酬述懷近體一百韻兼呈幕中邵芥山（緯）（悟雪樓詩初集三，

壬戌）

徐謙

未別已魂銷，征途雨雪瀌。悲歡追歷歷，去住兩怊怊。鴻認泥中爪，鷗分浪裏瀌。擬
將奏巴曲，先辱𥈭鈞韶。片語皆披膽，高情欲薄霄。那期飛綵鷁，回念駐星軺（謂使君）。
錯節推虞詡，慈君祝鄭僑。官衙眞似水，蔀屋竟忘傜。夙駕瞻蒲杏，酬庸祭虎貓。胥
徒俱奉法，黔首不知枵。舫載隨身鶴，音懷在泮鴞。逢八蒙說項，憶我甫垂髫（公觀風
諸生，辱金馬玉堂之譽）。清俸分膏火，虛名獎幕僚。長君佐陳寔，仙令侍王喬。嗜學帷
猶下，攤書麥記漂。遠從井鬼域，來泊孝廉船。高士延徐穉，奇文愧李嶠。推襟如舊
識，謀面接芳標。華楊頻頻設，莎廳屢見招。忘年叨小友，折簡輒閒邀。鄴架牙籤壓；
郇厨官燭燒。墨池殘葉墮，苔院晚蛩嘐。花外碁彈石，樽前露滴蕉。笑言常晏晏，疑
義必嘐嘐。緒論同抽繭，新詩命續貂。驚才羨鸚鵡，工賦讓鷦鷯。附驥眞駑蹇，呼盧
預稷梟。鐙訇霆撻鼓，光焰電流熛。鏖戰塵沙走，酣歌壘塊消。靡旗敗長勺，聚米決
隗囂。樹幟安能拔，長城未敢剽。小邦信曹檜，焚硯擬君苗。下問胡卑牧，嚶鳴約振

寥。山堪容土壤，智者察芻蕘，令德誠負絕前型未寂寥。美哉繼先哲，足以厲輕佻。
著述等身左登臨逸興飄。讀騷清怨迴（公子有離騷集注）；把卷客心焦。嗚咽巴巫唱蒼
茫衡浦遙。美人空眇眇；衆女昔嘵嘵。芳草涔陽暮；悲吟濁酒澆。舊箋王逸誤；列傳
史遷昭，讐校功良瘁；經營貌已顦。夢回搴杜若；燈暗泣山魈，枕秘曾相示；瓊筵喜
惠徼。每當無賴雨，共遣可憐宵。餘事兼揮翰，通神詎易描。朶雲乞韋陟；畫被想鍾
繇。波磔黃庭善；隃麋素手調，多能儀抑抑；高會樂陶陶。北海徵名宿；南皮遠勢歊。
邵平拄筇杖；唐叟挂吟瓢（芥山庚申來豐）。蔣徑傳薪好（邵爲吾鄉蔣心餘太史高弟）；蘭亭
勝境遂（會稽人）。家居修禊地；宅泛富春潮。譚藝參今古，扶衰黜冶妖。杜陵長律細；
武仲雋聲劭。牛耳推鷲座（謂公子）；雞壇僉立幖。劈牋抽乙乙；隔牖響瀟瀟。時與銜
三雅，因之論六朝．探奇羅晉帖；聚好辨宣窯。芸館繙奇籍，清言當玉琡。大庖飫櫻
筍，風味賞江鰩。梵夾聞揮麈，招提報遠鐃。旛旌松翠撲；畫壁組纓彯。香火緣初結，
參商事不料。新知方旦旦，舊雨又僄僄（公子北上）。柳色添歸夢；槐花踏市橋。雲

龍；天路近桃李上林天。　碧漢淩輕隼；青冥鎩彩翻。　光陰傷逝水；物候過鳴蜩。　予亦
浮詩舸，（辛酉落解）重來賦洞簫。　鵬摶幾千里；獨跋第三條。　明月頻遭劍；投壺復失
驍。　湛盧遲長價，金線爲誰挑？　公子還轅緩，湘纍嘆鳳漂。　匡牀偕慰訊；俊鶚滯扶搖。
負負常呼許；巍巍幸祭堯。　莫耽元豹隱；終見阿龍超。　堵室猶羅雀；儒冠轉笑樵。　更
端訴離緒，同病慰飄飖（兩人後先皆悼亡）。　張贈符靈卜；長卿近渴痟。　霜嚴鴈北鄉；琴咽
雉飛朝。　塵掩芙蓉鏡；奩留翡翠翹。　空階啼促織；繐帳網蠨蛸。　騎省彈枯淚；休文臢
瘦腰。　儂方斷箏柱，公早濕鮫綃。　屹屹千秋業；星星兩鬢凋。　審音酬白雪；排悶倩黃
嬌。　聚首償前約；尋盟訂久要。　文園纔煖席，臥轍遽乘橇。　灞岸吹羌管；迷陽訝楚謠。
鄉山奉簪笏；宦況颯飄蕭。　蠟屐泥防滑；貂裘霰恣跳。　滇池波浩淼；荒驛路岧嶤。　客
打洪都槳（邵將之南昌）；舲揚彭澤飈。　囘思愁種種；此去別迢迢。　握手人無語；臨歧
馬不驕。　太邱留德蔭，徒御促征鑣。　嬙質虛明鑑；蕪詞叩短橈。　青門瓜倘寄，慙莫報
瓊瑤。

（丑一一）和海樓先生李將軍射虎歌（原用小倉山房集賣宮人刺虎歌韻）（悟雪樓詩初集五，丙寅）

徐謙

石攫寒雲沉戍鼓，腥風馬頭突見虎，飛矢裂石將軍來，倀鬼泣犇虎無主。將軍負能推無雙，世世受射人人降。蕭關鴈門角聲死，匈奴攬陣驕戎裝。奈何短衣射獵野飲快一醉？惜哉未遇高皇帝。右北平山塵沙黃，生駒勒風虎奪氣。白草失色風迴枝，虎耶石耶安得知。將軍目中久無虎，射虎如射匈奴時。未禽匈奴如虎縱，空山叱咤青天動。李蔡策勳侯早封，昆邪哭諫老誰用，飛將歸來龍城傾，令人千載心難平。石驚迸血虎僵立，山靈默鑒將軍之忠誠。吁嗟乎，將軍忠誠對吏竟自斬，至今咆虎白日欲射無人敢！

（丑一二）海樓先生春明聽鳥圖（悟雪樓詩初集六，丁卯）

徐謙

軟紅塵裏夢糢糊，負米遲歸淚眼枯。 風雨春明坊外路，幾人回首聽啼烏？

（丑一三）負米詩十六韻和海樓先生（悟雪樓詩初集六，丁卯）

徐謙

非爲高堂養，簞瓢敢告貧。 旨甘供有愧；豐嗇理難勻。 膳減悲荒後；煙寒息爨頻。 一囊誰貸粟；百里又離親。 行色斜暉外；回眸古渡濱。 足忘添故繭；衣不恥懸鶉。 升斗沾餘潤；饔飧寄此身。 半肩愁遠道；二老望歸塵。 雛返慈烏慰；眉舒少婦顰。 勝炊千粒玉；同坐一家春。 雲子抄方白；霞觴酒佐新。 加餐私喜健；至樂更無隣。 未捧毛生檄；疇分魯肅囷？ 但期長荷橐；何必待重茵！ 往事空流涕；勞生同負薪。 東方饑索米，遺肉乃閨人。

（丑一四）都門重晤海樓先生，感賦長句（詩中皆二人疇昔離合情

事）（悟雪樓詩二集五，辛巳）　徐謙

怪君不合注楚騷（舊示離騷圖注），君曰『否否』笑解嘲。廿載別離喜重晤，樽前白髮同蕭蕭。憶昔少賤馳紅埃，拔劍斫地歌聲哀。招我官衙醉明月，索詩酬以三百杯，謬呼李白再謫人間之仙才。讀騷曾幾時，歧路常別離。別離贈我長篇詩，詩中有淚無人知。我逐秋風攀桂枝，君亦從宦贛江湄，贛江章水交相思。一封書馳南昌府，備云醮客夜初鼓。翦燭傳看千佛經，喜倒故人楊德祖（楊茂才輝音在幕）。匹馬長安書信隔，聞君還滇侍親側。下楊莫酬國士恩；登瀛偶厠詞曹客（諸生時，先生辱書『太史第』扁額獎勉；館選後，邑人傳爲佳話）。仙骨淸羸謫玉京，臣朔執戟趨承明。銓司乍喜見君面，忽忽挈子旋西征（宰太谷）。西征雪花壓馬首，舍弟從行泣分手。五更夢繞太行雲；一月怕飲都門酒。春風芳菲傳政聲，晉祠水碧無其淸。忽奔母喪民借寇，九重洞鑒知臣名。滇山蒼蒼滇海黑，萬戶生祠壯行色。來時行李疲驢歸，如此宦歸歸亦得。誰料三年釋墨縗，饑軀萬里隨雲來。貧病交侵骨肉盡，我弗敢問淚盈腮。即今躑躅風塵吏(官兵馬司)，君不明言悲君志。香草美人感歲寒，至此略領離騷味。愛子中殂復無後，西河老淚傷心久。楊修一別亦黃泉(輝音歸沒於滬)，往事分明畏啟口。平生知己負慇懃，離合區區何足云。聞君昨夢隨侑鴈，約我同釣湘江雲。

(丑一五)送海樓先生任東陽二首(悟雲樓詩二集五，辛巳)

徐謙

去矣江東鴈，淒然薊北雲，何時報知己，非直愴離羣。才拙身將隱，年徂道未聞。波瀾愧曹植，敢曰定吾文(時校訂拙集)。

皓首師生篤，清名父老知。越人如望歲，晉水至今思(前宰太谷有令名)。樂道宦甘薄；著書歸未遲。倘尋羅隱宅，煩寄江東詩。

(丑一六)海樓先生示岳忠武硯，命賦長歌，即送之浙(有序)

徐謙

（悟雪樓詩二集五，壬午）

硯色紫，體方而長，背鐫『持堅守白，不磷不淄』八字，無款。又鐫曰，『枋得家藏岳忠武墨蹟，與銘字相若，此蓋忠武故物也。枋得記。』又曰，『岳忠武端州石硯，向爲君直同年所藏。咸淳九年十二月十有三日，寄贈天祥。銘之曰，「硯雖非鐵難磨穿，心雖非石如其堅，守之弗失道自全。」』八字行書，謝眞書，文草書，皆遒古。嗚呼！三君子者後先死宋，毅然克踐所言矣。復有小方印曰『宋氏珍藏』，朱竹垞題識曰，『康熙壬子二月四日，朱彝尊觀於西陂主人齋中。』西陂者，宋牧仲犖居也。另一行云，『雍正八年夏六月十有九日，良常王澍拜觀。』道光元年，海樓先生購於都門市中，喜甚，趣歌詩志之。謙時監督倉曹，諾而遲報命。二年十月，先生令東陽，將行矣，杯酒賦別，對硯黯然。先生前令太谷有政聲，因歎是硯昔屬忠臣，今歸循吏，不可不滿浮大白爲硯慶幸，詩不足傳也。

文山玉帶生，我弗及見欽厥名。疊山卜卦硯，公裔示我畫圖見（西陽州學正謝淮，在都曾示先人橋亭卜卦硯圖，自云，由信州遷蜀。）忠武『墨莊』字聞久（『墨莊』二字遺蹟，在江西永新劉氏，款曰：『紹興丙辰長月，征西將軍岳飛書』。）不聞遺硯人間有。誰知半壁江山淚，忽落元龍湖海手。湖海元龍性好奇，娛雅愛搜金石遺。燕市獲硯逾拱璧，貽我共賞催賦詩。驟聆岳家驚且快，口不敢諾身已拜。初開漆匣紫雲騰，怕捫鐵色蒼龍挂。硯厚二寸廣倍之，布指縱約七寸奇。疊山家藏贈文山，背鑴兩銘盤生螭。岳銘矢持堅；文銘守道全。謝公記筆同如椽，一字一淚心頭鐫。後先致命非偶然，忠貞切劘平居前。紅羊刼換幾桑田，剩水殘山空雲煙，猶憐片石傳人間。人間俗眼誰矜惜？朱宋及王附墨跡，惜哉蒼黃血戰勞，墨侯未及嘉名錫。或云『硯可疑，虎紋彪紋乏雄姿。銅駝荊棘六百載，安得波礫生動書淋漓？』予曰『否，否，此有神，不惟其硯惟其人。豈有精忠不呵護，天假兩山大筆懸千鈞。』忠武英靈鑠天地，詎屑一硯爭眞僞！金戈鐵馬想悲歌，潭月松秋無限意（『潭水寒生月，松風夜帶秋』，忠武遺句。）何年割得碧華琳，至今風雨龍悲吟。沉沉九地難埋血；耿耿孤臣未死心。憶我式墓栖霞麓，今撫公硯增慟哭。孤軍空射兩宮書；百戰竟貧三字獄。是時十月朔風哀，落葉錯愕金牌催；呵凍拂紙心徘徊，欲歌復止登燕臺。柴市日墮陰燐語，寺門雲暗吟魂來（文節授命愍忠寺）；黯然忽罷別離杯。先生聞歌未竟抱硯去，去乘白鼉錢塘千丈銀濤堆，爲硯一洗萬古英雄抑塞磊落胸懷開。硯乎硯乎長守白！昔爲幕府友，今佐琴堂客。草檄舊銷千里烽；判花新灑萬家澤。噫吁嘻！謝硯存亡已恍惚，玉帶吳中未淪滅（竹垞曾見玉帶生於吳下滄浪亭），神物倘合悲歡幷，栖霞攜拜南枝月。

（寅一）誓禁鴉片煙碑文（光緒太谷縣志卷六藝文）　陳履和

維嘉慶二十有二年，歲次丁丑，孟春月乙巳朔，越祭日戊辰，太谷縣知縣陳履和率本縣商民謹以剛鬣柔毛清酌庶饈之儀致祭於本縣城隍神位前曰：維朝廷設官治民，府廳州縣各有攸司，而又秩祀百神，令有司歲時致祭，朔望拜謁，蓋以神聰明正直而壹，冥冥之中賞善懲惡有以助官吏刑罰之所不及也。然則一州一縣之人作奸犯科，貽害地方者，必爲神明之所糾察無疑矣。

鴉片煙產自外洋，流毒中土，買食之人破身家，傷性命，犯法律，姦淫盜賊之事可以由此而生，少壯老弱之人可以由此而死，富厚豪華之家可以由此而窮，聰明英俊之子弟可以由此而愚不肖，家居美食安坐之人可以由此而枷杖，可以由此而絞候徒流；至於傷風敗俗，斁壞倫常，害在人心，更有不可言者。履和來此爲吏，地方利害志存興除。去年未到任時，卽風聞此邦愚民喜食鴉片，隱憂耿耿，兩月於茲；但事無實據，尙須訪察，且身爲民牧，未經示禁而遽行掩捕，亦履和之所不忍爲也。凡除大弊，必淸其源，縣中無販賣者，吾民何自而買；境外無販買者，吾縣何自而賣，是故禁止興販，尤除鴉片煙之本源先務也。

已往難追，將來宜戒。用是潔躬齋宿，率衆祀神，自今以往，凡吾縣中商民往閩廣蘇杭買貨之人，誓不興販鴉片煙一絲一毫入我太谷，害我百姓。倘能恪遵誓戒，神必福之！　倘復私行販賣，官必罪之！　倘官法有所未及，神必助之！　倘官吏皆貪縱容，神必與販賣買食之人同罰而共禍之！　嗚呼人不可害，神不可欺，吾商民遊閩廣蘇杭者，在水願無風波，在陸願無險阻，此身平安，何利不可圖，而必爲此犯國法干神怒之事乎！若謂神道設教，渺茫無憑，商犯法而不知官枉法，而不問聰明正直之靈必不出此！　衆商敬聽，共求昭格，　尚饗！

（寅二）勸修鳳山書院序（光緒太谷縣志卷六藝文）　陳履和

陽邑土木之工亟宜興者二：曰城垣，曰書院。　先其易者則自書院始。　書院自明中葉遷廢不常，我朝乾隆二十年，知縣呂公崇謐乃擇地重建，至今六十年而堂廡半圮矣。

嘉慶二十一年冬十有一月庚午，余作吏茲邑，受印於院，忽憶我少年讀書時風雨數椽，心怦怦久之。　越數日，與儒學家捷山先生、董辛齋先生語及與修意，諸生亦有以此來請者，顧余匆匆未有暇，抑又慮經費之無所出也。兩先生曰：『是不難！夫成天下事，心與力而已。邑多世家巨族，不可謂無力。又皆急公好義，不可謂無心。然而書院久不修者，莫爲之倡也。是故心與力兼有，而又必濟之以得爲之時，可爲之勢。夫登高而招，孰有不來；順聲而呼，孰有不應。是則宰斯土者所當從事矣！』余躍然曰：『信如是也，豈惟可以修堂廡，並將與同志諸君增置膏火，爲可大可久之計，俾吾陽邑多士相與講學於此，進德修業於此，熙朝俊乂，物望攸歸，齊民表率，風聲丕樹。書院之修，豈特爲討論文藝之地而已哉！』敢出俸廉爲闔邑諸君子倡，而先爲之序以質於捷山辛齋兩先生。

易傳有言：『同聲相應，同氣相求。』記又曰：『合志同方，營道同術。』邑多君子，必有不河漢余言，起而相應者矣。書院之役，董事諸君久伐石以待余記；工未竣而余行，不能記也。他日蕆事，自有大君子鴻篇鉅製，茲書前序以志重修之始云。

（寅三）修東陽縣城記（道光東陽縣志卷一建置志）

陳履和

東陽舊爲土城，周十里，中有子城。土城不知創自何年，或以爲吳越王時；子城則唐末縣令沈鑫憲築。歲久並圮。明嘉靖三十三年，始議築石城。縣令戴廷恣乃就土城量減之，時則嘉靖三十六年也。自始築至崇禎十六年，凡八修。我國朝順治康熙中，或易舊式，或復故，因而加築，凡三修。自是厥後，一百四十餘年，踵修者非無其人，而紀載闕如，考稽非易，則以邑志久不續修之故。

皇帝御極之二年，履和膺簡命出宰斯邑。癸未二月初四日到任，接辦繕修城垣事。始前令劉鎔詳請興修，原估續估，部有成議。又經前署令李世綬具領支項。東陽非衝要之地，民弗談溝塹，士無刺佻達；而我皇上安不忘危，治益求治，謂承平日久，備豫宜勤，雖在山陬，咸厪牖戶。自寧海、太平、黃巖、台府、嚴府及東陽等城，其繕奏呈請，俞允給修，俾資保障。履和下車伊始，左案牘而右尋丈，黽勉從事，不敢告勞，遂報興工。於其年之七月廿六日，量徒役，授計事，民庶踴躍，吏克用命，營室再中，土功告時，鼓唱杵節，表裏完固。計城身內外五百餘丈，雉堞八十有餘垛，甃洞八座，樓如之；踏道四座，門十有六扇；併估其續坍者若干丈，奉各憲於應删應續取次申報，陷者以培，缺者以補，欹者以植，裂者以完，兀者以安，而吾工適成。其門南曰雙覓，北曰通江，東曰迎暉，西曰瞻婺，徵舊名手書以勒之，志其月日，四隅亦如之。北門施於城樓，居民踰而出入，非古也，擬鑿而啟之。以沿習既久，牽於衆議，不果行。門稍西，其因城以爲臺者毀矣。尋得其故址，乃捐俸料材而建復之，高與樓等，仍其名曰北臺。

城而山而枕原，風氣四固，虬鐘司昏啟閉有節，出作入息，各執其業，商賈負任雁行而鹿從，夜則扃扉偃息，聚榛相儆，無虞鼠竊，吾爲斯民樂之。時雨初霽，水樂有聲，覓山流翠，虛亭涵碧，登南樓者賦浮雲，涉北臺者和新雪，吾爲斯士樂之。校宮偉麗，試院宏敞，宦賢忠節之祠，紺宇琳宮之飾，丹碧相間，繚垣延亘，市廛酒肆，取具咸備，征地納稼，瞻顧有赫，隱隱隆隆，暢乎八風，東人士與吾共樂之。

夫營造之役，水地而平之，土石之以性相膠固也，其功易爲緒。若因奮而葺之，非吐故無以納新，蘭石渠答無愆於素，條石盈縮先取矩焉，而後可以相入。故新者易爲堅，舊者難爲固。吾指使羣力殫心相率，特其不吾欺而已。爰集將作胥役以甲申四月十五日繕結册保固勒限，用以副各大憲拳拳委任之衷，庶勿替前邑令創建踵修之業。仰惟聖天子秉大猷以制治，先陰雨而綢繆，橐籥坤維，扃鐍土宇，無空杼軸，有固金湯，所得與黎庶同我太平，疏視淪聽，可臥而理，故外戶不閉，是爲大同，夫豈非頌之私哉！以履和今日繕修之不易，益念前人踵事之維艱，乃自康熙十九年後邑令之踵修者幾至無由考稽，然則集我同人續修縣志之舉可弗繼城工而急請也哉！

是役也，縣丞裘璘，典史陳成賓，學博鄭焜，謝雲卿，副陳廷獻，咸與有勞焉。例書名，因勒石以爲記。

（寅四）重修忠勳祠記（道光東陽縣志卷七祠祀志）

陳履和

道光四年四月十八日，我皇上允廷臣之請，發帑修浙江祠廟四，其一爲故明蘇州府常熟縣贈太僕寺少卿王公鈇忠勳廟，曠典也。於是乎死事幾三百年矣。

昔在嘉靖壬子之歲，公以進士出宰常熟，値倭寇猖獗，創新城，練民兵，製軍器，屢戰皆捷，寇不敢猖。三年秩滿當遷，諸大臣謂公不可去，疏留復任。公誓靖寇氛，挺身力戰，卒以窮追失援，罹於難，時嘉靖乙卯五月也。自公作令後，三吳兩浙咸賚保障，公死而賊亦撲滅，論者比之張許之守睢陽，朝野痛悼，贈爵賜祭。死事之烈，記載詳矣。

公大父始入籍京都，其先實東陽人。公集中有思鄉歌，思東陽也。萬曆六年，浙江撫臣徐公栻奏建忠勳廟於東陽西門內通衢之南，郡守陸公化淳請詳祭帑旌忠，錄後代，錫明禋。延及我朝，無廢休享。嗚呼，公得與文學言子並食於其土，得與正節李侯誠之並廟於其鄉，公不死矣！

廟久朽蠹，王氏曾私葺之，不足稱祀典。今其後人請帑重修，廷臣綜覈往績，錄用上聞。朝封奏而夕命下，仁風普扇，光被六幽，賁及嵓巒，載欣載抃，遂鳩工於道光四年八月，五十日而畢。

履和來宰玆土，例有事於祝𥜽。俯仰憑弔，竊歎東陽忠蓋之士，正節李侯其首著矣，而公郎次之。逮勝朝殉節諸臣褒定易名，有若張忠敏公國維，有若盧烈愍公懋鼎，有若杜節愍公學伸，莫不專祠賜祭。今城東西廟址鱗比，後先輝映，皆足以作桑梓之恭敬，抒河嶽之精靈，豈非百世而下聞者莫不興起與！廟事既蕆，寢堂有侐，朱裳赤舄，髣髴臨涖，蘋藻牲幣，神來顧歆，乃子乃孫，其所以燭揭祖烈，奉揚王休者，宜何如加勉也！

因勒石而系以詩曰：民保於信，惟臣死忠。國保於民，惟帝念功。盜憎主人，寇不可翫。殞命摘暴，公攖其難。海天砥柱，一旦而摧。雲旗風馬，江鄉往來。鴟鴞郵功，爾子爾室。誰其飄搖，曾不汝恤。廟貌不飭，曷稱明禋。榱之棟之，以命守臣。鳩爾寶泉，購材於谷。藻井刻鏤，芝栭樸屬。有嚴而幽，有邃而深。冬煦載陽，夏鑑凌陰。雲衣霓裳，歸視城郭。兕甲吳戈，返乎寥廓。彤雯四被，降自天庭。教忠資孝，永戴皇靈。嗚呼休哉！

（寅五）喬行簡墓碑（道光東陽縣志卷二十四邱墓志）　陳履和

公諱行簡，字壽朋；紹熙癸丑進士；歷官左丞相，拜少師。淳祐七年二月卒；贈太師，諡文惠。是年九月葬。

省志，府志，舊縣志稱墓在泗渡之原。康熙縣志稱在廣由寺右。家譜稱葬寶泉山之原，即今三都律字八百五十五號之山；土名碑牌塢，蓋因墓碑得名。山麓碑趺道旁，贔屭尚存。山下溪坑有石馬一，與新舊志合，可徵信也。防護錄謂墓在六十四都者，誤。六十四都在縣西，三都在縣東；六十四都乃御史喬公夢符墓。今各立之碑，以傳信。其生平行事，詳志乘，茲不載。喬氏後人樹林等立石。

（寅六）李氏家廟新生紫薇花記（道光東陽縣志卷二十五藝文志）　陳履和

道光三年冬，余因公至八都李宅莊，適李氏方修家廟成，而牆隅忽生紫薇，嘉樹也；

族中人爭賦詩以賀。越三年，復請記其事。余歷各鄉都多矣，富庶不首稱李氏；而山川清淑，風俗淳美，子弟來謁者恂恂然有詩書之氣，無市井囂凌之習，則李氏足稱矣。此不獨父兄之教也，其淵源於先人者匪朝伊夕，讀褒忠錄及桂坡詩集可以知世德焉。宜乎祖宗之澤施於子孫，山川之靈鍾於人而復發其餘秀於花木有如是也！

嘗訪東陽軼事，聞故明成化辛丑歲，鄉先輩正甫盧公格與餘姚海日王公華偕赴公車，一夕同夢薔薇王折花，盧拔本；是科同成進士；其後王官尚書，盧官御史，人艷稱之，謂是夢薇之驗也。夫夢猶如此，生庭階者當何如！余又記家七世祖荊岫公建宗祠，手植紫薇，下遂生芝，後有登鄉會試者，則芝復茁，載邑志。乾隆四十五年，余與先君子同榜中，祠中梅身產芝大小各一：一時邑人皆言陳氏靈芝之靈也。然余七試春官皆報罷，老作一令，碌碌無所建立，遲暮零落，其將何所歸咎耶？

然則以花驗人，不如以人驗花。今牆頭樹高於人矣，意諸君子讀書其間，日新月異，必將有出入絲綸之閣，如昔人所謂紫薇郎者，豈直與一樹爭尺寸之高下哉！抑尤有爲諸君陳者，科名末也，文詞藝也；樹木樹人不可同年而語，立德立功不可後時而圖。昔者廣陵郡金帶圍之開也，與宴簪花者皆大貴。數百年來士不慕荆公而慕魏公者，何也？晝錦堂中，黃花圃外，樹耶，人耶？諸君可以深長思矣。

(丁四)黃文治

(丑一)乙亥冬留滯武夷，興懷鄉土舊事，兼憶一二故人

(道光羅源縣志卷三十雜識志)　黃銓

蘭綮門庭有鳳毛，舊家氣象本清高。永嘉太守題詩處，屐齒秋風遊幾遭？(觽堂先生，梅亭提軍之文孫也，近就養長君永嘉署中。)

談詩律細愛三唐，春蚓秋蛇日幾行。更喜八分神入古，典型應溯蔡中郎。(觽堂先生善詩，工書法，八分尤精。)

風流漫詡坐彈琴，一被黃綢暖閣深。豈識古人陶士行，竹頭木屑盡關心。（邑侯崔東壁先生能勤小物。）

頡剛案，黃銓，字朝衡，號南郁，羅源人。登嘉慶丁卯賢書；道光己丑時，尙任福寧訓導。原詩共二十二首，今錄其有關於本書之三首，餘略。注中所稱之黼堂先生，即考信附錄卷二內作送東壁先生歸大名詩之黃文治。

黃文治，字本脩，黼堂其號；嘉慶二年歲貢生。曾祖英，康熙間官至金門總兵，署理臺鎮；祖正綱，乾隆中官至廣東提督；父光鑽，官至福建水師提標游擊：羅源志中並有傳，而稱文治為『亦孝友好義，世其家聲』焉。

二十一年四月十一日記。

崔東壁先生親友事文彙輯終

THE ORIENTAL BOOK COMPANY

上海亞東圖書館

崔東壁遺書

顧頡剛編訂

錢玄同題

後編

評論

評論續輯

初刻本校勘記

評論目

按，崔氏書在舊日學界中殆是外道，故甚不爲人所稱。　二年以來，畢力搜檢，僅此而已。　惟念此書自那珂氏重刊以來，中國學者如劉申叔先生之崔述傳，蛤笑先生之史學芻論皆緣此而作，則日本史學界之評論自必更多。　惜無東友，未得一收集也。　又按，王氏樂山集二文皆未明揭崔君，而文中以春秋之霸例古代天子之不繼，謂三正順國之宜而春秋爲周正，皆助東壁張目者。　王氏與陳履和爲摯交，三代洙泗兩錄皆有其序文，竊取其義以入己文，蓋應有事也。　故錄入。　民國十五年三月十四日，顧頡剛記。

又按，末三條似皆無與于評論，然觀其在目錄中之類屬，可以覘此書在時代不同之學術界中占有之地位。　十五日，頡剛又記。

目

四

評論

復崔東壁論三正及經界書（國粹學報第八十二期撰錄闕）

戚學標

奉到翰敎，具佩虛心直道，期於是非共質。惟恨客中無一本書，記憶未眞，安敢妄對。

所見三正論，黃梨洲最精核，顧寧人亦重之。閻百詩力攻古文尙書，其中年月甲子俱以歷法推步斷其不合。所論周正改時月，引詩經左氏傳，尊著固已見及，有詳有不詳耳。如春秋書「雩」二十，皆在七八九月，正百穀望雨之時。綦毋邃謂周之秋在夏爲盛陽之月，故孟子曰「秋陽」。取證原非一端。見春秋傳者，惟晉顯用夏正，宋用商正；實則周時民俗參用夏時。周官有直言「正月之吉」者，周正也；不直曰

『十有二月』而曰『歲十有二月』者，夏時也。大司徒言『正月，』又言『正歲』三正並行，見之敎令何害其爲民用。先生不信周官，概不之引，亦缺典也。古今歷法不同，又有歲差。一部春秋止兩閏月，置閏必在歲終。至漢太初歷始隨時置閏。古以斗柄初昏建寅爲歲首；宋時正月初昏斗柄建丑，見於沈存中筆談。講歷元者全取冬至，今造歷必據寅建，甲子夜半冬至則子正也。其說本之新唐書，五代史，非古法。法既不同，卽長歷未必盡準。史記所載年月更叵信。孔子生卒已與公穀兩傳不合，而穀梁言孔子生以魯襄公二十一年冬十月，據孔氏譜爲今之八月，又周改時月之證矣。

受田百畝，原論大概，大抵『畫井不始三代，區皆百畝，井法如是；易代紛紜，改定經界，能無擾乎！』鄙論一區爲一夫，以一家力不能勝百畝；先生以古人父子兄弟聚處，受田可兩三區。此意見不同處。臨淄下戶三男子，就多者遞減言之，亦料其大數；下戶更有止一二丁者。家受一區，種作已難，况二三區之多。且國家安得此多田分給。

惟後來豪家幷兼始有之。田多不能自種，因有佃雇分收。董子所謂『或耕豪民之田見稅十五，』與朱子所言『民得其九，公取其一，故謂之徹』者，所收相懸之甚。未可援貴鄉大戶例以今證古。『通力合作，計畝均收』八字疑朱子撰出。蓋通力計畝則公私內外俱可不立，於孟子『井九百畝』節難通；合作則無夫之上下，均收並無食之多寡，按之『上農夫九人』節亦礙。且『通力』之云，將君與民通力乎，無是體也；謂是衆夫均力而君不與，則貧民力以耕，仍是助君，不出力而坐得粟，又卽是貢。故謂『徹無公田，與助法異，』此理之難通者。詩經言徹無助，周官言助無徹，其實異者祇名目及受田七十百畝多寡耳。周官助作『耡，』遂人『以土宜敎甿稼穡，興耡利甿。』鄭大夫讀耡爲『藉。』耤卽『藉。』孟子曰，『助者藉也。』春秋宣十五年傳『穀出不過藉。』穀梁亦云『什一而藉。』大戴禮云，『在貧如客，使其民如藉』助以借民力立名，徹以君民一體爲義：助藉無二音，助徹亦非兩法。孟子言『雖周亦助，』乃指實非借義。必謂徹無公田，所不敢信。

唯先生更詳之！

再與崔東壁論經界書（國粹學報第八十二期撰錄闕）

戚學標

先生解孟子，愚滋有惑。『請野九一而助』云云，但就滕遠近規算分野與國中，並無鄉遂都鄙名色。『鄉遂用貢，都鄙用助，』此說出鄭氏私肊。遽以都鄙爲野，鄉遂指國中，未見其允。書『魯人三郊三遂，』二地在郊外。周官遂人『五酇爲鄙，』鄙又卽在遂中。周官六鄉明言『九夫爲井，』是田亦井授。今以鄉遂概屬國中而行貢法，可乎？君祿卿祿總自田出，傳所謂『穀出不過藉』。鄭太宰注，『都鄙，公卿大夫之采邑，王子弟所食邑，』此亦謂卿大夫王子弟食邑在都鄙中，非盡都鄙食之王者於野間無一地也。孟子言『鄉田同井，』不專用貢可知矣。國城下都並得都名，都不專屬野可知矣。先生有『助行於國』之說，誠通人之論，惜信朱之太過也。

至說論語謂『方年饑，不應君思加賦，憂用不足，何故臣請行徹』者，讀書能致其疑。徹法之行，授田則君得一，民得八；計入則民得九，君得一。民得各私所有，以為荒歲之儲；君雖薄於所收，而省賑救之費。今變為稅畝，以公田併入民田中，所借仍民力也；取民仍什一也，而輸自民間，有任輦之勞，官苛於收，增斛面之耗；君得固倍，民費實多。於是逢有歉歲，即常稅不供，而嗸嗸之狀，君不得不議賑議糴。魯病坐此。有若所言乃正本之法，非目前救荒；哀公之疑，亦恐後更不足，豈便要加賦。『二，吾猶不足』不必餘十而取二。觀魏李悝盡地力之說，云『每夫受田百畝，歲率收粟百五十石；除十一之稅十五石，餘百三十五石。』變法以愚黠首，什一名目何必便增，取下則有四五倍不止者。『二』字但以『賦稅倍他日』解之可耳。

按此二書乃從墨蹟錄出者。──鄧實記。

舜家門之難（說緯卷二，雲南叢書本）

王崧

……舜家門之事，……孟子之書言之最詳。……史記五帝本紀略同。……皆以瞽瞍象之欲殺舜在堯妻二女之後。惟新序雜事一篇以耕稼陶漁及井廩事在未爲天子時，論衡吉驗篇謂事在未逢堯時。故後人多以孟子之言爲疑。……

金履祥通鑑前編，『瞽瞍之欲殺舜也，史記謂愛後妻子之故。然瞽瞍特出於愛憎，而舜又非有大過惡，何至欲殺之哉？考左氏史趙之言曰「自幕至於瞽瞍無違命」，則虞氏自幕故有國至瞽瞍亦無違命，則粗能守其國者也。其欲殺舜，蓋欲廢嫡立幼；而象之欲殺其兄亦欲奪嫡故耳。不然，豈以匹夫之微，愛憎之故，而遽欲殺之哉！』

（近人崔述唐虞考信錄卷一，『史記云，「舜母死，瞽瞍更娶妻而生象；愛後妻子，常欲殺舜。」按史記此文，采之書及孟子，而書孟子皆未嘗爲後母，則史記但因其[illegible]愛故億之耳。……』）……

唐虞考信錄卷一，「經曰「克諧以孝，烝烝乂，不格姦。」舜之德能感其父母使不至於姦，安有不能感其父母使不欲殺己乎！瞽瞍且欲殺舜，何以謂之不格姦；舜且不能使瞽瞍不欲殺己，何以能使之不格姦哉！舜既見舉受官，則愼徽五典，納百揆，賓四門，將惟日不足，何暇閒居家中而完廩浚井而鳴琴也！使瞽瞍之掣舜肘至此，舜亦安能爲堯盡職乎！象之惡舜，雖封之猶不使得有爲於其國，況乃使之治己臣庶，使象得肆其虐，彼臣庶何罪焉！蓋舜之家事見於經者，「父頑，母嚚，象傲」而已。因其頑嚚而傲也，遂相傳有不使娶之說（崔氏此卷先辨「不告而娶」之說，謂「經記嬀汭事絕未見有不告之意，孟子之言或有所本。然堯爲天子，瞽瞍即不欲舜娶，勢亦無如之何。而「烝烝乂，不格姦」之後，何至尙欲其鰥以終身乎！且瞽瞍果制舜使不得娶，亦必將制舜使不得仕。舜卽不告而仕矣，瞽瞍知之，獨不能迫之使去，禁之使不得行其志乎！安得事事皆避之而不使知也！大抵戰國時多好談上古事，而傳聞往往過其實，孟子但以義裁之；苟不大害於義，亦不甚核其事之有無也。」）相傳有欲殺舜之事。諺曰，「尺水丈波。」公明賈曰，「以告者過也。」天下事之遞述而遞甚其詞者往往如是。君實之辨是也（案，指史剡。）程子蘇氏亦皆以此事爲烏有。但君實子由皆譏孟子之言之失，程子亦有「以意逆志」之說而按此文乃萬章之語，孟子但云「象喜亦喜」，明聖人於弟無藏怒耳。況孟子七篇乃門人所記，亦未必無遺漏潤色。恐不當遂以是疑孟子也。』

以上諸說皆謂孟子之言非實，而崔氏之辨尤審。……

崧嘗反覆推求孟子於伊尹之割烹要湯，孔子之主癰疽瘠環，百里奚之自鬻養牲，皆力辨其非，豈於舜事獨任其傳聞之訛，但發明聖人之心而不辨其有無哉！夫聖人之心必由事而見，所謂『象憂亦憂，象喜亦喜』，無可憂可喜之事，何所用其憂喜！諸儒不知上古與後世事有不同，故謂舜既爲堯所用，瞽瞍於情勢皆不能殺之。……

蓋古之天子皆一國之君，其德足以治天下則天下奉之爲天子；王畿乃其本國，而兼治天下諸侯之國。如今之直隸州知州，既有其州治，又兼統各縣也。堯由唐侯爲天子，（見論衡吉驗篇）其初固一國之君也。而舜父瞽瞍亦虞國之君，故左氏傳云『自幕至於瞽瞍無違命；舜重之以明德。』（見昭公八年。）四岳師錫，稱爲『虞舜』；二女釐降亦曰『嬪虞』。可知虞乃舜上世有國之名，而舜則虞君瞽瞍之子，非既有天下始以虞爲號也。（史記五帝本紀謂『自從窮蟬以至帝舜，皆微爲庶人』，乃誤會『匹夫而有天下』之語；說見後。）

瞽瞍有二子，曰舜，曰象。愛象而欲傳以爵土，又難於舜爲冢子，故常欲殺之，誠如金氏之說。舜順適不失子道，欲殺不可得，欲求常在側，如史記所云。於是瞽瞍殺之之意亦已寖息。書所謂『克諧以孝，烝烝乂，不格姦』者，此之謂也。無如象奪嫡之意甚迫，或與其母日讒譖之。瞽瞍聽其言，不爲之娶，逐舜於外，如殷高宗之放孝己，尹吉甫之放伯奇，又如晉獻公嬖驪姬，欲立其子奚齊而出三公子。舜亦窺見瞽瞍之心，讓國於象；又愛念父母，不敢自死，若常在側，則恐觸父之怒而啓其殺心，致貽不慈之愆，乃從父命別居，時往省其父母。其耕歷山而於田號泣，爲不能事父母也。此未受堯養時事。帝使九男二女百官牛羊倉廩事之，將胥天下而遷，尙在此後。孟子推原舜心，以爲『人悅之，好色，富貴，無足以解憂，惟順於父母可以解憂』，故類叙於『竭力耕田，共爲子職』之時。舜既見逐，備歷耕稼陶漁，一年而所居成聚，二年成邑，三年成都。（此見史記。）其在側陋之大略如此。

孟子述象呼舜爲『都君』。史記索隱引世紀，以都君爲舜字，固非；路史發揮以爲都鄙之君，亦未明顯。舜所居三年成都，都人奉以爲君，故曰都君。猶泰伯逃之荊蠻，歸之者千餘家，而泰伯遂君於吳也。舜即不爲堯所用，亦必能自立一國如泰伯，而讓虞與象矣。

崔氏考信錄謂『都邑聚皆後世之名。後人追美舜德，不必實有此事。舜尙不能化象之傲，歷山雷澤之人豈皆賢而無不肖哉！無乃感一家太難，感一方太易乎！』崧案左傳凡邑有宗廟先君之主曰都，（見莊公二十八年）安知其名不起於上古。舜見逐於父母，安知不於所居立宗廟以祀先君。泰伯君吳，歸之者千餘家，不歸者尙衆也。歷山雷澤之人賢者歸之，不肖者自不歸；不必以之爲疑。瞽象意在殺嫡立庶，舜究安然無恙，且爲都君而瞽象亦不加害，豈非化於舜而『烝烝乂，不格姦』之驗乎！……

舜既爲都君，其孝聞於帝廷。（『帝曰，「俞，予聞，如何？」』蓋堯先已聞之矣。）堯因四岳之薦而釐降二女於嬀汭以觀內，使九男事之以觀外。嬀汭者舜所居之都，不在瞽瞍之城市，故曰『畎畝之中。』瞽既逐舜，不患爵土不爲象有矣。舜之娶帝之妻，脫令告之瞽，恐其生子有後，復與象爭；或置之深室，使不得娶。若以君道臨之而誅瞽，舜且不能爲人，何以妻二女！凡娶與妻之不告，所以全舜也。瞽冢見舜爲堯所養，慮不能遂其傳國於象之謀，於是殺舜之念復生。史記謂『尙復欲殺之，』是已。……焚廩揜井，乃既受堯養，未爲堯舉時事。孟子固曰『養於畎畝，後舉而加諸上位』也。

舜既出井，潛至其宮。象往見其鼓琴，有『鬱陶思君』之語。舜誠信而喜之，以爲象已改行易慮，使治臣庶以試其才。至封之有庳而不得使有爲於其國，蓋見所治無效，且欲常常見之，故使吏代之治也。崔氏謂『使治臣庶，得肆其虐，』殆未見及此歟？

堯之九男，二女，百官，牛羊，倉廩，干戈，琴，弤，袗衣賜舜，當必有其次第，而非並在一時。初但養之於畎畝而試之，見其可用，然後使之主祭主事。玩『我其試哉』之語及史記所載可見。豈如崔氏所云『惟日不足，何暇閑居』乎！

自焚廩揜井不能殺舜，瞽象應已知舜不當死而殺念漸消。舜亦爲堯所用，日見信任，馴至禪位。瞽象益爲舜所化，且利其富貴，當必變忮害爲親愛。迨尊養兼備，象亦受封，瞽於是允若而底豫焉。『不格姦』與『亦允若』時分先後，情有淺深……當時情事，以意逆之，昭然若揭。眞古文舜典雖不得見，而孟子之言確不可易，何疑之有！

子見南子（說緯卷四，雲南叢書本）

王崧

論語雍也篇，『子見南子，子路不悅。夫子矢之曰「予所否者，天厭之！天厭之！」』

……

洙泗考信錄卷三『此章孔安國固已疑之。蓋男女之別，本不應見；加以淫亂，益非所宜。而指天爲誓，亦與論語所記聖人平日之言不倫。何晏集解全采孔說，不復別陳所見，則晏亦疑之矣。唐宋以來乃或曲爲之說。朱子謂仕於其國有見其小君之禮；且據世家之文以爲南子請見，孔子辭謝，不得已而見之。其說似矣。然古禮不可考，春秋傳中亦殊不見，則朱子亦僅出於臆度，恐不足據也。欒肇訓否爲屈，蔡謨訓矢爲陳，謂孔子爲子路陳天命，否屈乃天之所厭，見南子者時不獲已也。其說巧矣。然文義則牽强難通，事理則無所發明。且孔子在衞乃際可之仕，禮貌衰則去之，亦不至於時不獲已而自屈也。或又以南子爲南蒯。南蒯固不優於南子，而其時亦不合，所謂知其不可而强爲之辭者：其說益陋，不足辨矣。按此章在雍也篇末，其後僅兩章，蓋後人采他書之文附之篇末。其事固未必有，不必曲爲之解也。』……；

此章之難解者在『矢之』二字。『子見南子』與『孟子見梁惠王』之文一例。惠王卑禮厚幣以聘孟子而後孟子見之可知子見南子亦然。夫人與君敵體，故大饗而夫人與焉（周禮天官，『內宰，贊治后之賓客之禮。』禮記坊記，『陽侯殺繆侯而竊其夫人，故大饗廢夫人之禮』）君可見則夫人亦可見。此其不必疑者也。陽貨欲見孔子而孔子不見。子路之不悅，倘謂南子有淫行，當如拒陽貨者拒之，孔子但當告以可見之故而責之以言如『野哉由也』之類足矣。假使記者記之曰，『子見南子，子路不悅；子曰「予所否者天厭之」』復何疑之有。今於『不悅』之下特書『矢之』二字而其言若此可見詞色之厲異於平日之立教，如『「治國其如斯乎！」指其掌』者之既記其言且記其象矣……

竊謂子路之不悅非以見淫亂之人爲辱而已，必合衛君父子夫婦及夫子在衛之事旁參互證，然後此章之旨可明。

南子者，衛靈公之夫人而太子蒯聵之母也。（蒯聵後稱莊公。）蒯聵之子曰輒，

（後稱出公）於靈公爲嫡孫。南子，宋女，舊通於宋公子朝。及爲夫人，靈公爲之召宋朝於宋。蒯聵過宋野，野人歌之曰，『既定爾婁豬，盍歸吾艾豭？』所謂淫亂者此也。（事見春秋定公十四年左傳及杜注。）蒯聵恥其母淫亂，欲殺之；不果，出奔宋。（見同上。）靈公遊於郊，子南僕。（子南，靈公庶子郢。）公曰，『余無子，（謂太子蒯聵得罪出亡也，）將立女。』不對。他日又謂之，對曰，『郢不足以辱社稷，君其改圖！君夫人在堂，三揖在下，（三揖，大夫士；言立嫡當與外內同之。）君命祇辱！』衞靈公卒，夫人曰，『命公子郢爲太子，君命也。』對曰，『郢異於他子。且君沒於吾手，若有之，郢必聞之。且亡人之子輒在！』乃立輒。晉趙鞅納衞太子於戚。（見左傳哀公二年。）衞君之事如此。

靈公出公之時，孔子皆嘗在衞，孟子所謂『於衞靈公際可之仕，於衞孝公公養之仕』是也。（見萬章下篇；集注謂孝公疑是出公輒。）據史記孔子世家，以見南子爲衞靈公時。然史記舛誤最多，揣其情事，當在出公輒時。輒之立，南子主之。晉趙鞅納蒯瞶於戚，與之爭國。輒恐其位不固，欲用孔子以鎮服人心。故冉有以『夫子爲衞君乎』問於子貢，（見論語述而篇，集解引鄭注，『爲，猶助也；衞君者，謂輒也。』）子路有『衞君待子爲政』之言。（見論語子路篇。）南子探知孔子無爲輒之意，乃以聘饗之禮請見，意欲孔子之爲輒也。其時南子雖已寡居，然婦人之義，夫死從子，（見禮記郊特牲。）輒乃嫡孫，無異於子，孔子見時，輒當在側，特記者略而不書耳。（崧案，莊公二十四年，『夫人姜氏入，大夫宗婦覿用幣，』杜注，『禮，小君至，大夫執贄以見；公欲夸夫人，故使大夫宗婦同贄俱見。』又成公九年左傳，『季文子如宋致女，復命，公享之，穆姜出於房，再拜（云云）』，其時姜亦寡居也。朱子謂古有見小君之禮，殆即此類。崔氏謂傳中不見，失於考耳。）先是子路問孔子，『衞君待子而爲政，子將奚先？』子曰，『必也正名乎！』子路曰，『有是哉子之迂也！奚其正！』子曰，『野哉由也！君子於其所不知，蓋闕如也。』孔子之責子路，至嚴切矣。衞君之名不可正，則衞之政必不可爲。將見南子時，子路或他往而未及阻。然南子之請見，其欲孔子爲政，則不問可知。子路疑孔子或許南子爲政，而與前言正名相反，所以不悅。孔子嘗責子路以『知德者鮮，』又誨以『知之爲知之，不知爲不知，』今於衛君之事，前則謂正名爲迂，後復不知南子之可見，因茲不悅，而怒其德之不修，學之不講，深負平日之教，於是激而矢之。其辭云云者，言我欲正名，雖人事而本於天道，當始終如一，豈因此見而稍改。『否，』當如鄭氏繆氏之訓爲『不，』謂不正名也。『厭』者，棄絕之意。

此章之旨作如是解，而後事理允協，詞意並昭。前人但就本文尋繹而不旁參互證，宜其支離牽強，無所發明也。……

孔子刪詩（說緯卷三，雲南叢書本）

王崧

史記孔子世家，『古者詩三千餘篇。及至孔子，去其重，取其可施於禮義，上采契后稷，中述殷周之盛，至幽厲之缺，……三百五篇；孔子皆弦歌之，以求合韶，武，雅，頌之音』……

自司馬遷有三千餘篇之說，儒者遂謂三百十一篇外皆孔子所刪，有非之者，有信之者。…… 近人朱彝尊趙翼崔述則力辨刪詩之非。（曝書亭集詩論，陔餘叢考卷二，洙泗考信錄卷五。）…… 然於事理皆有所未安。

朱氏推原詩逸之故，但可解章句之闕略者耳。 三百五篇外，逸詩甚多，何以不盡遺忘？ 趙氏備列羣書所引逸詩，謂不及刪存詩二三十分之一，此但就現存之書計之也。 古詩之著錄於漢書藝文志而不傳於今者，其中豈遂無之；則二三十分之一未足盡逸詩之數。…… 崔氏謂孔子無刪詩之事，所得止有此數，然則三百五篇外何以復有逸詩？ 惟此外闕略不全之說於事實宜然。

大抵世儒所論，皆以孔子於詩一似昭明太子之於文選，但因其辭意為去取；而不知古人之詩皆樂之辭。 君卿大夫之所作無論矣。 即里巷之歌謠矢口而出，苟和之以器，無非樂也；雖不和之以器，亦可云無器之樂也。

史記之書謬誤固多，皆有因而然，從無鑿空妄說者。考漢書食貨志『孟春之月，行人振木鐸徇於路以采詩，獻之太師，比其音律以聞於天子（云云）』。史記所謂『古詩三千餘篇』者，蓋太師所采之數；迨『比其音律，聞於天子，』不過三百餘篇。何以知之？采詩非徒存其辭，乃用以爲樂章也。音律之不協者棄之，卽協者尙多，而此三百餘篇於用已足，其餘但存之太史以備所用之或闕。『詩三百』，『誦詩三百，』皆孔子之言；前此未有綜計其數者。蓋古詩不止三百五篇，東遷以後，禮壞樂崩，詩或有句而不成章，有章而不成篇者，無與於絃歌之用。孔子自衞反魯而正樂，釐訂汰黜定爲此數以敎門人，於是授受不絕。設無孔子，則此三百五篇亦將歸泯滅矣。故世所傳之逸詩，有太師比音律時所棄者，有孔子正樂時所削者。所采既多，其原作流傳誦習，後人得以引之。是則『古詩三千餘篇，去其重，取其可施於禮義，』乃太師所爲。司馬遷傳聞孔子正樂時於詩嘗有所刪除，而遂以歸之孔子，此其屬辭之未密，或文字有脫誤耳。然謂『孔子皆絃歌之以求合韶，武，雅，頌之音，』可知非獨取其辭意已。……

覽古（樂山集卷上，雲南叢書本）

王崧

曰『太易』，曰『太初』，曰『太始』，曰『太素』：列禦寇之言，吾無從質之矣。若夫『天地絪縕，萬物化醇；男女構精，萬物化生，』先氣化，後形生，其義昭然，而鷄與卵之孰先孰後不待辯而自明。『山頂之溪不通江湖，然而有魚，』吾觀萬物之自然而生，有取於王充氏之言。『生而有識者，蟲類也；生而無識者，草木也；不生而無識者，水土也；不生而有識者，鬼神也，』吾觀萬物之同生而異類，有取於崔豹氏之言。『狌狌形笑，亦二足而無毛；人之所以爲人，非特以其二足而無毛也，』吾觀動物之中惟人爲貴，有取於荀卿氏之言。『木處榛巢，水居窟穴，禽獸有芄，人民有室，各以所知，去其所害，就其所利，』吾觀萬物之並育，有取於劉安氏之言。『一伍之長，才足以長一伍者也；一國之君，才足以君一國者也；天下之王，才足以王天下者也』吾觀古之建侯涖衆，有取於仲長統氏之言。有天地而萬物生焉，有萬物而人民著焉，有人民而智愚賢否判焉，有智愚賢否而尊卑貴賤定焉，有尊卑貴賤而政教出焉；斯固上古之大略矣。

柳宗元氏之論封建也，本於墨子尙同之篇而倒置之。墨翟曰，『古者民始生，未有政刑之時，人是其義，以非人之義，內者父子兄弟作怨惡，離散不能相和合。天下之百姓皆以水火毒藥相虧害，有餘力不以相勞，腐朽餘財不以相分，隱匿良道不以相敎，天下之亂若禽獸然。是故，選天下之賢可者立以爲天子。天子立，以其力爲未足，又選擇天下之賢可者置立之以爲三公。天子三公既以立，以天下爲博大，遠國異土之民，是非利害之辯，不可一一而明知，故畫分萬國，立諸侯國君。諸侯國君既以立，以其力爲未足，又選擇其國之賢可者置立之以爲正長。譬若絲縷之有紀，罔罟之有綱。』柳宗元曰，『萬物皆生，草木榛榛，鹿豕狉狉，人不能搏噬，而且無毛羽，莫克自奉自衛，必將假物以爲用。假物者必爭；爭而不已，必就其能斷曲直者而聽命焉。其智而明者所伏必衆。告之以直而不改，必痛之而後畏。由是，君長刑政生焉。故近者聚而爲羣。羣之分，其爭必大，大而後有兵。有德又有大者，衆羣之長又就而聽命焉，以安其屬，於是有諸侯之列。則其爭又有大者焉。德又大者，諸侯之列又就而聽命焉，以安其封，於是有方伯連帥之類。則其爭又有大者焉。德又大者，方伯連帥之類又就而聽命，以安其人，然後天下會於一。是故，有里胥而後有縣大夫，有縣大夫而後有諸侯，有諸侯而後有方伯連帥，有方伯連帥而後有天子。自天子至於里胥，其德在人者，死必求其嗣而奉之。』春秋傳載芋尹無宇之言曰『王臣公；公臣大夫；大夫臣士；士臣皁；皁臣輿；輿臣隸；隸臣僚；僚臣僕；僕臣臺。』墨氏殆本諸此，乃天下治定後之制，而亦似是而非。柳氏謂『封建非聖人意，』所言何異糞土。其推原封建由起，頗有所合；而義但取相爭，抑猶疏而未盡也。

韓愈氏原道之篇歷舉古聖人爲君爲師之所制作，詳矣。夫人民之居處服食器用文物至唐虞而大備，而其先固必有剏爲之者；其剏爲之又非一人一世之悉具而必有其漸。　是故，有定三辰分晝夜者焉，有相山川畫區域者焉，有制干支辨五行者焉；政敎君臣有所起也，飲食男女有所始也；由是而粒食，而宮室，而衣裳，車馬，舟楫，書契，而城郭，兵革，冠婚，喪祭，以至於百爲皆備，人民咸知有生之爲貴。　其剏爲之者，上古諸神聖如伏羲，神農者是已。曰三皇，曰五帝，某某爲皇之三，某某爲帝之五，其說之不一，則各因其所崇奉傳聞以爲稱；亦如五伯之名，荀卿，趙岐，杜預，顏師古不相同耳。　凡諸神聖，皆君其一國而能興民之所利，除民之所害；旁國之君從而師之以治其國，爲火食者師其火食，爲衣裳者師其衣裳，爲宮室舟車者師其宮室舟車；其餘製作者然。　旣師之，自臣之：彼神聖者，制作行於一方，卽爲一方之君，行於四海，卽爲四海之君。　其時未有天子之號，以後世推之，卽所謂天子，而國君之臣之者卽諸侯也。　諸神聖者，制作爲天下所師，故其身爲天下之君；其身旣沒，子若孫無可師，則仍自君其一國，而夷於諸侯：任，宿，須句，顓臾，太皞之後，郯，少皞之後，陳，顓頊之後，並見於春秋傳，周時猶存，可證也。　緯書所載九頭，五龍，攝提，合雒，連通，敘命，循蜚，因提，禪通，疏仡十紀之君，有可稽，有不可稽要亦一國之君，或並世，或異世，或君一方，或君四海，莫不有益於人世，而未嘗相繼爲天子；一神聖出而天下奉之，既沒則已；又一神聖出而天下又奉之。其交會之間，或曠數十年，或曠數百年，正如東周之霸主，齊桓之裔未嘗繼霸，晉文之裔或霸或否，而宋襄秦穆楚莊僅霸於一方也。後人見唐虞三代天子相承不絕，而以之例上古，撰造世代名號，揣度歷年多寡，是何異圖伏羲畫卦而被之袞冕坐之明堂也哉！羲農以前未有書契；世代名號，歷年，後人何從知之？

洪荒漸遠，人事將開，堯以一國之君治萬世之天下，上古神聖之制作行於一時一方者，咸會極歸極於一人；天下之君遵其政教，而其國之利以興，害以除。孔子曰，『大哉堯之爲君也！巍巍乎唯天爲大，唯堯則之！』又曰，『巍巍乎其有成功也，煥乎其有文章！』謂其君道之範圍千古也。天下之生久矣，至此而後治也。既治天下，孰不戴之爲天子乎！

治未竟而老，必有人以繼之而治乃可長。舜固堯所舉以敷治者也，其時之天下非舜莫屬，故授之；其授之也，非予以爲天子之樂，乃使紹承其治也。易傳曰，

『地道臣道，無成而代有終。』孟子曰『不以舜之所以事堯事君，不敬其君者也。』舜之紹堯，本乎堯之所以治民者治民；其在於舜，止以終其事堯之臣道，而旣以堯之治民者治民，天下豈不以戴堯者戴之，而舜豈不爲天子乎！舜之授禹也，猶夫堯之授舜也。是則天子相承不絕，至於三代之久，往古無之，斷自堯舜禹三聖人始，而其故乃在於此。非三聖人相繼爲天子，則天下無由亘萬世而長治。三聖人雖沒而其法度常存，嗣之者但主於修舉廢墜，無事於經綸俶造。

啓賢能敬承繼禹之道，伯益無以過之，是以朝覲訟獄謳歌者不之益而之啓。草昧之天下易爲文明之天下；人往而道存，無異於人存。單穆公云『夏書有之，曰「關石龢鈞，王府則有。」』蓋三聖人之道寓於器而啓能守之，諸侯聽命於啓無異聽命於三聖人，而天子之相承不絕至此變爲一家。

太康仲康帝相無啓之賢，而襲禹之緒，天下之戴之猶無異於戴啓。迨后羿寒浞簒弒相尋，諸侯雖不誅之，亦不奉爲天子；其所據者特夏氏之王畿，而號令不行於天下，固與一國之君無異。當是時，曠四十年無天子，若非少康中興，則天下常有天子之局幾爲之變。啓之沒也太康仲康帝相僅亦守府，繼以羿浞之難，而三聖人之政敎日就陵遲，諸侯之欲治其國者無所取法；少康中興，不特撫有故國，且能修明三聖人之道以布於天下。傳曰，『復禹之績，祀夏配天，不失舊物，』禹之績卽堯舜之所以治民者也，天下以戴禹啓者戴少康，天子之統復相承不絕；諸侯亦樂得常有天子，相與服習三聖人之所留貽以各治其國。

歷二百餘年，至於孔甲，德雖衰而不自以爲治，故延三世以至於桀。桀治天下，帥民以暴，從之者十一國；苟無商湯，天下幾以桀之所治爲善而世道將滅矣。幸湯能修明堯舜之仁以制正夏，政敎所被既廣，夏民知湯仁而桀暴，因有『及女偕亡』之言。惟桀怙終不悛，若不放之遠方，其才力猶足以惑民：一夫被惑，卽一夫失所，十夫被惑，卽十夫失所。及南巢既放，天下乃有仁而無暴，堯舜禹之政敎復行，天下戴湯爲天子。

自唐虞以來，天子之相承不絕，異姓則君禪臣，一姓則父傳子，至湯變爲革命而周人因之。

太甲顛覆典刑，三年復其位，事易於少康之中興。 父子兄弟歷傳二十七王以至於紂，中經無道之武乙，亦如夏孔甲之不自以爲治，故未大亂。 紂治天下，帥民以暴，有甚於桀，從之者五十國，正之倍難。 合文武之二聖，十人之亂臣，而後堯舜禹之政致復行，天下戴武爲天子，而天子相承不絕之統於是大定。

易傳曰，『包犧氏沒，神農氏作；神農氏沒，黃帝堯舜氏作，』吾讀之而知上古神聖此沒而後彼作，常有曠無天子之時，而春秋元命苞所記十紀之君皆相承不絕者不足信也。 孔子曰，『唐虞禪，夏后殷周繼，』吾讀之而知堯舜已上無禪無繼，而司馬貞三皇本紀所謂某帝傳世若干者不足信也。

唐虞夏商之天子，其與上古異者在相承不絕；而與上古同者，皆起於一國之君，既治其一國，又治天下之國。 大學曰，『古之欲明明德於天下者先治其國，國治而後天下平，』此之謂也。 堯以天下授舜而其子君於丹，舜以天下授禹而其子君於商，桀放而其子孫君於杞紂誅而其子君於殷殷畔而微子君於宋則猶循上古聖人既爲天子而沒，其子仍君一國之風焉。

世道將治聖人乃興。有天子之德，居天子之位，秉天子之權，三者備而天下統於一，故曰一統。平桓以降，位在周室，權在諸侯，德在匹夫。定哀之際，待治孔殷，而鳳杳圖灒，麟且見獲。孔子知聖人之不作而風氣異於上古，天下不可以曠無天子，必當定一人以統之：定之以德而德可假也，定之以權而權可竊也，不如定之以堯舜禹啓湯武相承不絕之位，天下乃能無異志而統於一，於是作春秋，首書之曰『春王正月，』而萬世之天子始相承不絕。

春王正月解（欒山集卷上，雲南叢書本）

王崧

春夏秋冬爲四時，其名著於爾雅。時各有孟仲季三月，合之而一歲十二月以成。

建寅，建丑，建子，夏商周之三正也，其義通乎首艮首坤首乾之三易，而協乎安邑，景亳，豐鎬之土宜，非若秦氏惑於鄒衍五德之說而悍然以建亥之月爲歲首也。

尙書大傳曰，『夏以孟春月爲正，殷以季冬月爲正，周以仲冬月爲正。夏以平旦爲朔，殷以鷄鳴爲朔，周以夜半爲朔，不以二三月爲正者，萬物不齊，莫適所統，故必以三微之月爲歲之三正。』又曰，『周以至動，殷以萌，夏以牙。』又曰，『周人以日至爲正，殷以日至三十日爲正，夏以日至六十日爲正。』

春秋之書經曰『春王正月，』傳曰『春王周正月，』明乎正月爲周王之正月，而周王之正月則斗柄建子之月耳。漢唐經師皆無異議；至宋儒有『夏時冠周月』之解，鄭樵，家鉉翁遂謂春秋俱用夏正，而經傳之義始歧。

夫大傳所謂『正』，卽正月也；『周人以日至爲正，』卽夏氏之仲冬也。夫子告顏淵以『行夏之時，』特論爲邦所當行，而修本朝之史必遵本朝之正朔，固不待智者而後知矣。熊朋來，趙汸，林慸和，張以寧，高拱，及近人之好古窮經者嘗抉摘經傳所書災變，以爲改時改月之證。學者於其所論固無以難之，而終不能釋然於『春王正月』之文，徒以冠春於王，冠王於正，屬辭之體有所未安；而愈以爲欲證春秋之用周正，不待旁徵博引也。

左氏於昭公十七年記梓愼之言曰，『火出，於夏爲三月，於商爲四月，於周爲五月。』夫夏之三月建辰，由建子之月推至辰爲五月，而建子者豈非周之正月乎！二十一年『秋七月壬午朔，日有食之』，左氏記梓愼之言曰，『二至二分，日有食之，不爲災』。二至，謂夏至冬至也。夏至必在建午之月，周之正月建子，故七月建午爲夏至之候；若非改月，則夏至豈在建申之月乎！左氏，周人，豈猶不知周時之正哉！

古之時三正並行，其名見於尙書之甘誓。蓋國君分土而治，各因其所宜；其國之君起而王天下，迺頒其正朔於列國之君；列國之君雖奉天子之正朔，而亦承用其國土之所宜，猶諸侯上奉天子之元年，又自以其卽位之年紀元於其國也。公劉當夏后之世，而豳風述其紀月，已謂建子爲『一之日』，而以次有二三四之名；東周之晉，封承夏墟，襲用夏正其灼然者。僖公五年之傳，周十二月，卜偃謂之十月。襄公三十年之傳，周三月，絳縣老人謂之正月。隱公六年，宋人取長葛，經書冬而傳作秋。宋本殷之後，襲用商正，故建酉之月，周以爲冬，宋以爲秋。晉宋如是，而他國之用夏正商正者可知；而周正之爲建子，春王正月之爲夏十一月，益可知。春夏秋冬之序則循周正，分至啓閉之候則仍夏時：趙汸之說是已。周未爲天子，則雖建子，但曰『一之日』而不敢謂之正；已爲天子，則謂之正，而復加王以別於夏殷：近人顧炎武之說是已。

；人君之位以元年爲始，四時之序以春爲始，十二月之次以正爲始。建子之月爲正，正必在春。其時雖冬，其月雖仲，可勿謂之爲春！孔氏曰，『月改則春移，』何嫌於春子丑而秋午未也哉！且夫春夏秋冬者，一歲之四時也，正月以至十二月，分隸乎四時而以次順布者也：既以建子爲正，自不可以正月爲冬。假令建子之月而書曰冬十有一月，其次月必曰十有二月，而三月乃可曰春三月；迨建亥之月又必曰冬十月：一歲之中首末皆冬，順邪否邪？夫夏正建寅，所謂孟春也。是月也，夏以之爲孟春，商以之為仲春，周以之為季春。　天地之化始於子，故曆元必起於子。　熊朋來曰，『陽生於子即為春，陰生於午即為秋，』子之可以為春，斯言約而盡矣。　況乎建寅之月，三代皆以為春，固有合於尚書大傳之義哉！　是故經曰『王正月，』言王以別乎諸侯之用夏正商正者；猶詩之風，侯國冠以邶鄘衛鄭諸名而王風不曰『周風，』所為以天子制諸侯也。　傳曰『周正月，』言周以別乎夏商；猶詩有商頌，而文武成康之樂歌亦曰『周頌，』所為以周繼夏商之統也。

然則何以不曰『王春正月？』　曰，春夏秋冬天之四時，名各有義。　正月以至十二月，雖有子丑以至戌亥之名，人得取之以列為正二三四以至十一十二之次，而非正之必為子，必為丑，必為寅，亦非子丑寅之必為正而不可為他月也。　用子為正，非名正以子，固於子丑以至戌亥之名實次第無所更張，無所紊雜。　比事屬辭，春秋之教。　苟如所言，建子之為正月，建丑之為二月，周之所獨，謂之『王春正月，』『王春二月，』可也；若夫建寅之月，夏商皆以為春，浸假連類而及，亦謂之『王春三月，』何以別於夏商乎？

古史記事，書月而不書時；稽之尙書，若康誥『三月，』召誥『一月，』多士『三月，』顧命『四月，』多方『五月，』昭然可案已。惟汲冢所得竹書有紀年二卷自商辛以後時月並書，當是史氏編年義例如此。而魯史記之名爲春秋，早見於韓宣子聘魯之言，觀其名義，顯爲錯舉四時命名以時；安得不先時而後月，且略月而詳時。隱公二年『春，公會戎於潛，』三年『秋，武氏子來求賻，』若斯之類，皆無月而有時；而其有月者乃可以附乎時。汲冢紀年具時月而不稱王，春秋獨繫王於時月之間，劉敞以爲聖人新意所加。然考古鼎之銘往往冠王於月上，說者謂當時諸侯皆以尊王正爲法，而吾於此益以見夏正商正之並行於諸侯之國，人之制器期於流傳永久，紀用王月，使後世得有所考也。汲冢紀年，周末魏人之書；魏分於晉，紀用夏時。繫王於商周之年，既非建丑建子；繫王於魏，則魏未有天下；不繫以王，職此之故。春秋之繫以王，因器銘之舊制，述而不作；揭天子之大名，亂賊知懼；聖人筆如化工，一言之約而諸義悉備。春者，天之時非人所能爲。正月者，周人建子之月，非諸侯承用之夏正商正。時之義本乎天，月之數列於人，春先王而正後王，上承天而下統諸侯，此其繫王於時下月上之義乎？

紀數之始，必殊其稱：年之一曰元，月之一曰正，日之一曰朔，類也。殊王於列國之君，殊建子之正於建丑建寅，周已非豐鎬之舊而正猶是先王之遺，萬世天子之位豈不定於『春王正月』之一言哉！若王通之元經書曰『春帝正月，』則徒襲春秋之文而失其義矣。

崔述（國朝詩人徵略二編卷三十五）　張維屏

字武承，號東壁，直隸大名人。乾隆二十七年舉人。官福建羅源縣知縣。有考信錄。

乾隆壬午秋，先生與弟邁同榜中式。嘉慶元年，選福建羅源縣知縣。武弁多藉海寇邀功，兵役亦藉以漁利，遇漳泉商船則索賄；不與則誣爲盜，送縣羈候。先生審明卽釋放，於是奸徒控先生擅釋巨盜。巡撫汪公（志伊）知先生公正，得免吏議。四年，調署上杭縣。關稅向有贏餘數千金，先生悉解充洋面緝盜之費。人或以爲矯，先生自行其心所安而已。先生見縣令難行其志，遂求退。既歸，著述自娛。凡所箸共三十四種，而考信錄一書尤爲生平心力所專注。先生生於乾隆五年七月，卒於嘉慶二十一年二月，壽七十有七。（崔東壁先生行略，門人陳履和撰。）

陳履和，雲南石屏縣舉人。遇東壁先生於京邸，見考信錄，卽執弟子禮。先生歿，無子，凡先生所著書，履和一人刋行之。先生之書不朽，履和爲弟子其篤於師弟之誼若此，亦當附之以不朽矣。（松軒隨筆）

吾師汪文端公爲考信錄序云，『東壁先生考據詳明如漢儒，而未嘗墨守舊文而不求夫心之安也；辨析精微如宋儒，而未嘗空執虛理而不核夫事之實也。志大而學正，識高而心細，其書爲古今不可無之書，其功爲世儒不可及之功也。』吾師不輕許可，而於是書心折如此。（松心日錄）

上古考信錄二卷，崔述撰。

謂易傳僅溯至伏義，春秋傳僅溯至黃帝，不應後人所知反詳於古人。凡緯書所云『十紀』，史記所云天皇地皇，皆謬妄。

謂龍馬負圖出於緯書，乃方士之言。

謂楊墨欲高於儒者，故稱述上古以求加於唐虞三代之上。凡稱引上古，多異端假託之言，不可以爲實事。

謂上古各君其國，各子其民，有聖人出則天下尊之爲帝，既歿則已焉。自唐虞而後有禪，自夏商而後有繼，不可以後世之事例上古。

謂庖義非太皥，神農非炎帝；以五行配五帝乃陰陽家言。

唐虞考信錄四卷，崔述撰。

謂舜事統於堯古但有堯典；今本割『愼徽五典』以下分爲舜典，始於齊代姚方興，其謬有三。（詳見考信錄）

謂堯非帝嚳子；堯之德能協和萬邦，故天下歸之，非藉父兄之業。

謂『厤數在躬』非聖人之言；聖人豈有置人事不言而以厤數爲據，使後世闇干者得藉爲口實乎！

謂『人心道心』二語出於荀子，荀子凡引詩書皆稱『詩云，』『書云，』獨此稱『道經曰「人心之危，道心之微，」』則知荀子所見秦火以前之尚書無危微二語也。

謂舜以前未有州，舜始設之，故曰『肇十有二州。』其後水患既平，乃併其三而爲九。僞孔傳謂禹別九州之後，舜改爲十二州者，謬。

謂舜竄三苗於三危，何以復命禹征之？何以舜之德久不能格，舞干羽而七句逐格？此僞書采韓詩外傳而增飾之耳。

夏考信錄二卷，崔述撰。

謂彭蠡別一地，非鄱陽。鄱陽名湖漢，非彭蠡。彭蠡自在江北，爲漢水所匯。鄭樵以『東匯澤爲彭蠡，東爲北江，入于海』十三字爲衍文，固謬；朱子蔡傳不疑以鄱陽爲彭蠡之誤，而反疑經爲誤，亦非。

謂庭堅非皋陶，當是兩人。

謂胤征乃僞書。羲和廢職，黜之可也，何必興師動衆！羲和黨羿，羿必助之，仲康安能征之！且六卿分掌六師，甘誓所記甚明。自周官始言『司馬掌六師』，而僞書周官篇因之；夏時必無是語也。

謂『奡盪舟』非陸地行舟，乃力能搖撼尋之舟而覆之也。

商考信錄二卷，崔述撰。

謂『玄鳥生商』當從毛傳『春分玄鳥至，祈於郊禖而生契，』不當從史記

『吞鳥卵』

謂湯誓言『率割夏邑，』則知桀之政不行於諸侯；言『夏罪其如台，』則知桀不能囚湯。

謂湯未嘗立桀之朝，爲桀之臣。

謂外丙仲壬當從孟子，不當從僞孔傳削去外丙仲壬兩代；程子胡氏之說皆謬。

謂書言『時則有若伊尹，時則有若保衡，』明是兩人；僞孔傳從史記以爲一人者，謬。

謂巫咸，『巫』者氏也，或先世嘗爲巫祝之官；楚詞注以爲神巫，非也。

謂祖甲乃武丁子，非太甲，當從馬鄭。

豐鎬考信錄八卷，崔述撰。

謂『履帝武敏』當從毛氏，以爲從帝嚳之行，不當從史記踐巨人跡之說；不解朱子何以亦從史記之言。

屏案，天生稷爲萬世開粒食之先，有不可以常理論者。如有人道而生子，何爲棄之而寘之隘巷，寘之平林，寘之寒冰？詩又何以言『不拆不副，居然生子』？後人何以特立姜嫄廟？周官大司樂及斯干之文何以皆妣先於祖？此皆明著於經者，非史傳雜說可比也。天下固有理所無而事所有者；執目所未見遂以爲事所必無，則固且隘矣。余從經而已，非從史記也。（松心日錄）

謂夏商周未有號爲某公者：『公亶父』相連成文，猶所謂公劉，公非，公叔類也；『古公亶父』，猶言『昔公亶父』也。

謂太王流離播遷之不暇，何暇謀商；閟宮詩語夸誕。僖公乞師於楚以伐齊，而此詩反謂『荆舒是懲』，則『翦商』一語何得信以爲實。

謂齊魯韓三家皆以關雎爲康王時詩：關雎取興『河洲』，而岐陽距河絕遠；況序但言『后妃』，原未指爲何王之后，安得據一言而廢三家之說乎！

謂文王未嘗稱王，詩何以言『王在靈囿？』孟子但欲梁王與民同樂，故舉文王爲言。（如『憂心悄悄』，衛風也，而以爲孔子；『肆不殄厥慍』，太王也，而以爲文王。）

謂周自立國於岐，與商無涉。文王未嘗立於紂之朝，所謂『服事殷』者，不過玉帛皮馬卑詞厚幣以奉之耳，非委質而立於其朝也。

謂文王羑里之厄，詩不言，書不言，論語孟子亦不言，至易傳始言之；易傳本非孔子所作，是以汲冢周易有陰陽篇而無十翼，即所云『大難』亦未言爲何難。

謂武王牧野以前，其事殷之心與文王不異。孔子言『周之德』，周者文武之統稱；況上文所記者武王之言，以爲論武而兼文則可，若以爲專論文而不及武，則上下之文不相屬矣。

謂僞泰誓云『惟十有三年春』，不書月而反書時，尚書有是文體乎！又云『惟戊午，王次于河朔，』蒙日於時而反無月，不但尚書無此文體，即春秋亦無此文體也。

謂周介戎狄之間，乃商政所不及；至寖昌寖大，又商所不能臣。紂與文武原無君臣之分，但爲名號正朔所存；故論文武者但問其實爲紂臣與否，而不必問其伐商不伐商。果君臣也，則曹操雖不篡漢而罪與丕無殊。非君臣也，則武王雖伐商而至德與文王不異。

謂「周親」二句承「周有」二句，言周雖有親戚，不敵善人，故大賚之。上句「周」指武王，下句「周」豈可指紂！

謂唐叔乃成王母弟，周公之東也，唐叔實往歸禾，則成王非幼明矣。蓋成王居喪不言，周公以冢宰聽政，後人但聞周公攝政，遂誤以成王爲幼耳。

謂管蔡二叔以殷畔，漢以前皆不言霍叔；至晉皇甫謐始稱監殷有管蔡霍三叔，而僞尚書采之。

謂微子之命難於措辭，而語但通套，是僞書也。

謂儀禮非周公之制。古禮，臣拜君於堂下，雖君有命，仍拜畢乃升；今儀禮，君辭之，遂升成拜，是拜上非拜下矣。一　古者公之下不得復有公；今儀禮，諸侯之臣有所謂『諸公』者，是春秋之末大夫僭也。二　覲禮，大禮也，聘禮，小禮也；今儀禮，聘禮之詳反十倍於覲禮，蓋周衰，覲禮缺失而聘禮通行故也。三　王穆后崩，太子壽卒，晉叔向曰，『王一歲而有三年之喪二焉』；今儀禮喪服篇爲妻期年，果周公所制之禮，叔向豈不知，何以所言喪服與儀禮異？四　且十七篇多係士禮，而文繁物奢已如此，然則此書之作當在周末文盛之時，周公所制必不如是。

謂周禮條理詳備，然以爲周公所作則非也。書曰，『弼成五服，至于五千，』孟子曰，『海內之地方千里者九』；今周禮封國，諸公方五百里，侯方四百里，伯三百里，子二百里，男百里；天子邦畿之外分九畿，畿每面五百里：海內安得如許之地而封之，畿之！一　古者建國必本大而末小；今周禮，天子之地僅四諸公，而諸公之地乃二十五倍於男邦，正賈誼所謂『脛大如腰，指大如股』者，是豈先王之法制乎！二　孟子曰，『其實皆什一也，』公羊曰，『什一者天下之中正也；』今周禮乃云『遠郊二十而三，甸稍縣都皆無過十二，』其非周公之法明矣。三　孟子曰，『廛無夫里之布，』是正賦之外無課於民者；今周禮使不毛者無職事者出夫里之布，其非周公之法又明矣。四　古者止有一郊，祭天乃於郊，祭地則於社；今周禮云，『祭天南郊祭地北郊，』果爾，則周公於洛何以一郊卽兼祭天地？　亦不當同日而郊。　春秋書郊凡九，皆但書『郊；』果有南北兩郊，不應混而同之。五

謂『共和』者，因周公召公二相和衷共攝而稱之也；以爲共伯和者，謬。

謂今小雅篇次非當日之舊第；出車爲宣王時詩，非文王時詩；南仲爲宣王時人，非文王時人。

謂據詩則宣王爲英主，據國語則失德實多，判然若兩人，何也？　蓋詩主頌揚，不無溢美；國語所載多取諫辭，諫必由於失道。　宣王在位四十六年，其初政實召穆公主之，故能致中興之盛；至國語所載伐魯及千畝之戰，皆晚年事，則宣王始終

本異也。

謂龍漦事荒誕不足信。

謂伯夷叔齊無扣馬諫伐紂事，辟紂故餓，餓故思養而歸於周。論語但云『餓於首陽』不言『餓死於首陽』。蓋戰國時楊墨橫議，常非堯舜，薄湯武以快其私：毀堯則託諸許由，毀禹則託諸子高，毀孔子則託諸老聃，毀武王則託諸伯夷。太史公尊黃老，故好采異端雜說，學者但當信論語孟子，不當信史記。伯夷求仁得仁，辟紂歸周，是即聖之清者也。

洙泗考信錄四卷，餘錄三卷，崔述撰。

謂今論語非孔門論語之原本，亦非漢初魯論之舊本。齊論語章句多於魯論，是齊論與魯論互異也。張禹本授魯論，晚講齊論，後刪而合之，號張侯論：然則今之論語乃張禹所更定也。嗟乎，張禹但知媚王氏以保富貴耳，何足以知論語；其不當刪而刪，不當采而采，蓋不少矣。如公山佛肸兩章，蓋戰國之士欲自便其私，恐人譏己，故誣聖人以自解，而張禹誤采之。夫本未嘗往而誣之曰『欲往，』此誣聖之大者，不可以不辨。（佛肸畔乃趙襄子時事，孔子已卒。公山事之誣，詳見考信錄。）

謂孔子家語原書已佚；今之家語乃魏晉間人雜取子史中孔子之事增益而成者。

謂孔子事見於異端雜說者人猶不信，至孔子世家，孔子家語載之而名儒亦信之矣。至孔子年譜則又采之世家家語及諸雜說者，尤多謬妄

謂左傳言『孔子相』者，相禮也，非相國也；史記誤以爲相國之相。

謂匡爲宋邑，似『畏匡』，『過宋』本一事。『匡人其如予何！』『桓魋其如予何！』似一時一事之言，記者小異耳。

謂孔子在衞，蓋孔文子留之，言於衞君，致饔餼於孔子，故謂『公養之仕；』非立其朝而食其祿也。

謂孔子無删詩書之事。

謂先儒以春秋爲託南面之權，行黜陟之事，此說非也。蓋孔子修春秋，所關者天下之治亂，所正者天下之名分，不可仍以諸侯之史目之，故曰『天子之事』耳。春秋得孔子修之，則善不待褒而自見，惡不待貶而自明，大義凜然，功罪昭著，故曰『孔子成春秋而亂臣賊子懼』。

謂孔子所謂『一貫』，曾子以爲忠恕，是卽忠恕也。先儒釋之曰『一理渾然』，此渾然者果何物乎？從曾子之言，則學者皆有所持循；從宋儒之言，則聖道反入於虛杳。吾甯從曾子之言，不敢從宋儒之說也。

謂南容非南宮敬叔，以爲一人，其誤有六。（詳見考信錄）

謂論語之左丘明非作左傳之左丘明；左傳之左丘明未嘗親炙孔子。劉歆謂『親見夫子』，無所據。

論語餘說一卷，崔述撰。

謂天下之理皆寓於事，事非聞見閱歷不能知，故聖人教人『多聞，擇其善者而從之，多見而識之』，曰『我非生而知之者，好古敏以求之者也』，又曰，『以思無益，不如學也。』至宋始好以窮理爲說，以靜坐爲功，以明心見性爲道。然則聖人何爲教人多聞多見乎？

謂聖人教人惟務平實；老莊佛氏別爲高論，乃欲高出於聖人。

孟子事實錄二卷，崔述撰。

謂孟子至梁不在惠王三十五年，當在後元十二年襄陵既敗之後。蓋惠王三十七年始僭稱王，惟既稱王，故孟子稱之曰『王』；惟既敗，故有『喪地』之語。（惠王改稱元年，史記誤以爲襄王元年。）

謂後人疑孟子當尊周室，不當勸齊梁行王政，不知周顯王時周已失國，至東周君西周君判爲兩國，周已降同諸侯。是時民困已極，孟子急欲救民，故以王政歆動其心，使勉爲保民之事。此時而責以尊周，是不知時勢而妄議也。

謂孟子七篇距楊墨者甚多；如告子，許行，白圭皆楊墨之流也。

三代正朔通考一卷，崔述撰。

謂孔子修春秋以尊王室，斷無改本朝正朔之理。『王正月，』即周正月也。

謂三正並行於侯國，列國自用其厤，聖王不強使從己。故周十二月，卜偃謂之十月；周三月絳老人謂之正月。可見周用周正，晉自用夏正也。

三代經界通考一卷，崔述撰。

謂聖王治天下，惟期安民，必不紛更以擾民。夏貢，殷助，周徹，各因其宜。至諸侯之國，各仍其舊。公劉當夏殷之際而『徹田為糧，』可知夏殷貢助不盡行於天下也。

謂方田法田不盡方而算自方；井田之制亦若是耳。

禘祀通考一卷，崔述撰。

謂禘見於春秋者二：『吉禘於莊公，』（閔公二年）『禘於太廟』（僖公八年）

觀此，則太廟羣廟皆有禘祭，非祭始祖所自出之帝也。禘見於左傳者三（昭公十五年，『將禘於武公』。昭公二十五年，『將禘於襄公』。定公八年，『禘於僖公。』）此三事皆禘羣廟，非祭始祖所自出也。禘見於論語者二，所以不欲觀，所以不答或問之故皆無明文。禘見於王制，禮運，郊特牲，明堂位，祭統，祭義，皆無祭始祖所自出之說。惟喪服小記及大傳云，『王者禘其祖之所自出以其祖配之』，亦無祭始祖所自出之說。加『始』字於『祖』之上，其誤實始於趙匡。

謂國語多自相矛盾，不足據；卽據國語『禘嚳』之文，亦以其有功而祭，非以為始祖所自出而祭也。祭法一篇出於漢儒，蓋襲國語之文（有三謬，詳見禘祀考。）

讀風偶識四卷，崔述撰。

謂齊魯韓毛均出於漢；三家之詩雖亡，然見於漢人引述者有之，與今詩序互異；豈毛詩獨可信而齊魯韓皆不可信耶！

謂前人以詩序爲子夏毛公所作，非有實據，而衛宏作詩序則後漢書實有明文。

謂申公說詩，疑者不傳；衛宏在後，何以能篇篇悉其爲某人之事？

謂風，雅，南皆詩之體。（江沱汝漢在岐周之東，不當言『化自北而南』。）

古文尚書辨僞二卷，崔述撰。

謂東漢以後，杜林，賈逵，馬融，鄭康成傳古文尚書，皆止二十九篇。

謂史記所引尚書皆二十九篇之文，並無今書二十五篇一語。

謂後人尊僞書不敢廢者，以『人心道心』數語爲宋以來理學諸儒所宗仰也；不知『危微』二語出荀子，荀子又引道經，實非尚書語也。

易卦圖說一卷，崔述撰。

謂井勿幕而泉上行，爲政務使下情上達。

謂『已日乃革』之不輕於革也：蓋弊雖當革，然人已習而安之，一旦革之或反以，擾民害有甚於未革者。（按，先生自言為吏數年，無大失，得於井革二卦。）

二百年來，考據之學盛矣，然大都就制度名物辨論之，未有合唐虞三代聖君賢臣之事蹟而考究之者。東壁先生積三十年之心力，成考信錄諸書。每事必究其原，每書必核其實。歷代史傳無不覽，而義必以經為宗；諸家論說靡不觀，而理必以聖為準。斥異端之謬妄，不欲使聖賢受誣於後人；抉偽書之欺蒙，不欲使名教致淆於雜說。孔子謂「多聞慎言」，孟子謂「博學反約」，先生當之無愧矣。（松心日錄）

摘句　向山野藏其迂拙；把功名付與英豪。（未得見先生之詩，僅見此楹聯，因錄之。他日見詩，當再補錄。）

知非集（雲橋詩話續集卷五）

楊鍾羲

大名崔東壁與弟邁德皋壬午同榜舉人，官羅源六年，有惠政。歸，肆力著書，以經爲主，辨傳注關異說。精神所注，尤在考信錄一書。詩曰知非集。句如「病多成性懶，交寡得身閒」，「清溪隨路曲，官柳到橋分」，皆近晚唐。德皋著有魏壚雜志；又欲爲大名文存，未成，卒。

頡剛案，此則所引詩一在早春篇，一在華州曉行篇，皆見畿輔詩傳；疑即從詩傳中錄出者。

上古茫昧無稽考引言（孔子改制考卷一）

康有爲

人生六七齡以前，事跡茫昧，不可得記也。開國之始，方略缺如，不可得詳也。况太古開闢，爲萌爲芽，漫漫長夜，舟車不通，書契難削，疇能稽哉！大地人道皆蘁蘡於洪水後，然印度婆羅門前歐西希臘前亦已茫然。豈特祕魯之舊劫，墨洲之古事，黯芴渺昧，不可識耶！

吾中國號稱古名國，文明最先矣。然六經以前無復書記：夏殷無徵，周籍已去，共和以前不可年識。秦漢以後乃得詳記。而譙周，蘇轍，胡宏，羅泌之流乃敢於考古實，其荒誕，崔東壁乃爲考信錄以傳信之，豈不謬哉！

夫三代文敎之盛，實由孔子推託之故，故得一孔子而日月光華，山川焜耀。然夷考舊文實猶茫昧；雖有美盛，不盡可考焉。

思與學（河海崑崙錄卷三）

裴景福

列子曰，『一體之盈虛消息皆通於天地，應於物類。』孟子曰，『萬物皆備於我矣。』余西來始悟萬事萬物之理宛然在耳目前。經云，『近取諸身；遠取諸物，』身固近，物雖遠亦近也。至遠，至大，至微奧，莫過於天地日月星辰。然戴高履厚，仰觀俯察，見瓶水之冰而知天下之寒，魚鼈之藏；審堂下之陰而知日月之行，陰陽之變。星辰之遠，千歲之日至可坐而致，從切近處體會，自然易知易能。然測算格致家卻有定法，有儀器，不能專憑理想；非口傳手授，終不了然。崔東壁曰『天下事有可以思而得者，有必待學而知者。理可以思而得，事物名數必待學而後知。』至言也！然窮理亦必思與學兼至而後精熟。聖人謂學思不可偏廢，猶之克治私欲，檢察身心，須將聖賢語言文字沈思靜驗，方有入手處也。

史學兩蔽與考信錄（史學芻論，光緒戊申東方雜誌第六期）

蛤笑

……居今日而言史學，……所最急者在以新學之眼光觀察已往之事實耳。天下學問之途，皆始以懷疑而繼以徵實。惟能懷疑也，故能獨開異境而不爲前人成說之所牢籠。惟能徵實也，故能獨探眞詮而不爲世俗浮說之所蒙蔽。因懷疑而徵實，因徵實而又懷疑，愈轉愈深，引人入勝，新理之所以日出不窮也。

吾國之談史學者，有兩蔽焉。一則不知進化之例而以爲古勝於今也。言治道則擧堯舜爲中天；談美術則推商周爲極致。既以古人爲不可幾及矣，則萬事惟求退守而不復更存孟晉之思。二千餘年以來，神州之羣治所以每下而愈況者，生心害政之愆，豈非儒者執其咎乎！一則不知宗敎學術之別而以中古以來之儒術橫加皇古也。孔子以前爲宗敎治世之時代；孔子以後爲學術治世之時代。故自成周而上，經綸草昧，開闢文明之前哲與孔孟無相涉也。儒者惟昧此義，故凡堯，舜，禹，湯，文，武之爲君，皋，益，伊，傅，周，召之爲臣，莫不以正心誠意主敬窮理之說加之，重其名曰『道統。』異其經天緯地之宏功而被之以性命文章之虛謚，古人之眞既不可見，而後世之學術宗敎亦復併爲一談。主奴附汚，牢不可破，日馳騁於虛辭而不留心於實用，以致兵疲，農惰工𥿄，商媮滔滔乎有江河莫返之勢，非有宋諸儒之谷而孰谷也！世運變遷，窮則必返，固不待西儒天演進化之說輸入中土，而深識之士已漸悟舊說之不可通矣。不過明而未融，非一夫之力遂能祛故蔽而暢新機耳。

大名崔東壁先生，嘉道以來懷疑學派之巨子也。當宋學方昌之日，獨惜其論古之失眞。所著考信錄，自上古以迄戰國，記事纂言，祛非存是，其大旨所存，謂不當持後世之情狀以例古人。斯眞唐宋至今所不敢發之議論矣！所未至者，則以上所言兩蔽之未除，故有見之已到而不敢盡言者。篳路藍縷之初，未有不如是者。補苴罅漏，張皇幽渺，固不能無待於後賢矣。

上古史之研究

（清代學者整理舊學之總成績第六章史學之乙，東方雜誌第二十一卷第十七號）

梁啓超

史記起唐虞三代，而實蹟可詳記者實斷自春秋而取材于左氏。通鑑則託始戰國，而左傳下距戰國策既百三十三年，中間一無史籍。戰國策又皆斷片紀載不著事實發生年代。於是治史學者當然發生兩問題：一，春秋以前或秦漢以前史蹟問題；一，春秋戰國間缺漏的史蹟及戰國史蹟年代問題。

第一問題之研究，前此則有蜀漢譙周古史考，晉皇甫謐帝王世紀（皆佚），宋胡宏皇王大紀，呂祖謙大事記，羅泌路史，金履祥通鑑前編等；清初治此者則有馬宛斯（驌）李鷗青（鍇）。宛斯之書曰繹史，百十六卷，仿袁樞紀事本末體，蓋畢生精力所萃，搜羅資料最宏博，顧亭林亟稱之，時人號曰『馬三代』。鷗青之書曰尙史，七十卷，仿正史紀傳體，博贍稍遜馬書。此兩書固不愧著作之林，但太史公固云『百家言黃帝，其言不雅馴，搢紳先生難言之。』宛斯輩欲知孔子所不敢知，雜引漢代讖緯神話，泛濫及魏晉以後附會之說，益博則愈益其蕪穢耳。……

嘉慶間，則有從別的方嚮——和馬宛斯正相反的方法以研究古史者，曰崔東壁，（述）其書曰考信錄（考信錄提要二卷，補上古考信錄二卷，唐虞考信錄四卷，夏，商考信錄各二卷，豐鎬考信錄八卷，洙泗考信錄四卷，豐鎬別錄，洙泗餘錄各三卷，孟子事實錄，考信附錄，考信續說各二卷。）太史公謂『載籍極博，猶考信於六藝』東壁墨守斯義因取以名其書。經書以外，隻字不信。論語左傳尙擇而後從史記以下更不必論彼用此種極嚴正態度以治古史，於是自漢以來古史之雲霧撥開什之八九。其書爲好博的漢學家所不喜然考證方法之嚴密犀利實不讓戴，錢，段，王可謂豪傑之士也。

研究第二問題者，嘉道間有林鑑塘（春溥）著戰國紀年六卷，同光間有黃薇香（式三）著周季編略九卷。兩書性質體裁略同黃書晚出較優。

第二問題在現存資料範圍內所能做的工作不過如此，不復論。第一問題中春秋前史蹟之部分，崔東壁所用方法自優勝于馬宛斯。雖然，猶有進。蓋『考信六藝』固視輕信『不雅馴之百家』爲較有根據，然六藝亦强半春秋前後作品，爲仲尼之徒所論法，仲尼固自言『夏殷無徵，』則自周以前之史蹟依然在茫昧中，六藝果能予吾儕以確實保障否耶？要之，中國何時代有史，有史以前文化狀況如何，非待採掘金石之學大興，不能得正當之解答。此則不能責備清儒，在我輩今後之努力耳。

辨僞書

（清代學者整理舊學之總成績第四章，東方雜誌第二十一卷第十六號）

梁啓超

無論做那門學問，總須以別僞求眞爲基本工作。因爲所憑藉的資料若屬虛僞，則研究出來的結果當然也隨而虛僞，研究的工作便算白費了。中國舊學，什有九是書本上學問，而中國僞書又極多，所以辨僞書爲整理舊學裏頭很重要的一件事……

好古爲中國人特性之一，什麼事都覺得今人不及古人，因此出口動筆都喜歡借古人以自重。此實爲僞書發達之總原因。歷代以來，零碎間作之僞書不少，而大批製造者則有六個時期。其一，戰國之末，百家各自立說而託之於古以爲重。孟子所謂『有爲神農之言者許行，』何獨許行，諸家皆然。 其始不過稱引古人之說，其後變本加厲，則或專造一書而題爲古人所著以張其學。 漢書藝文志所列古書，多有注『六國時人依託』者，此類是也。 其二，西漢之初，經秦火後書頗散亡。 漢廷『廣開獻書之路，』懸賞格以從事收集，希望得賞的人有時便作僞以獻。 漢書所注『後人依託』者，此類是也。（隋唐以後，此種事實亦常有。） 其三，西漢之末，其時經師勢力極大，朝政國故皆引經義爲程式。 王莽謀篡，劉歆助之。 他們做這種壞事，然而腦筋裏頭又常常印上『事必師古』這句話，所以利用劉歆校中秘書的地位，贋造或竄亂許多古書以爲後援。 所謂經學今古文之爭，便從此起。 其四，魏晉之交，王肅注經，務與鄭康成立異爭名。 爭之不勝，則僞造若干部古書爲後盾。 其五，兩晉至六朝，佛教輸入，道士輩起而與之角，把古來許多名人都拉入道家，更造些怪誕不經的書，嫁名古人，編入道藏和佛藏對抗。 其六，明中葉以後，學子漸厭空疏之習，有志復古而未得正路，徒以雜博相尚。 於是楊愼豐坊之流利用社會心理，造許多遠古之書以譁世取名，……

辨僞的工作由來已久，漢書藝文志明注『依託』者七，『似依託』者三，『增加』者一。隋僧法經著衆經目錄，別立『疑僞』一門。此皆有感于僞書之不可不辨；可惜怎樣辨法未得他們說明。宋人疑古最勇，如司馬光之疑孟子，歐陽修之疑易十翼，疑周禮儀禮，朱熹之疑周禮，疑古文尚書，鄭樵之疑詩序，疑左傳……皆爲後世辨僞學先河。其他如郡齋讀書志，直齋書錄解題等，指斥僞書亦不少。晚明胡應麟著四部正譌，始專以辨僞爲業。入清而此學益盛。

清儒辨僞工作之可貴者，不在其所辨出之成績，而在其能發明辨僞方法而善於運用。對於古書發生問題，淸儒不如宋儒之多而勇；然而解決問題，宋儒不如淸儒之愼而密。宋儒多輕蔑古書，其辨僞動機往往由主觀的一時衝動；淸儒多尊重古書，其辨僞程序常用客觀的細密檢查……他們的態度比宋儒穩健多了，所以結果也較良好。

有一事應該特別注意：辨僞書的風氣，清初很盛，淸末也很盛，獨乾嘉全盛時代做這種工作的人較少。乾嘉諸老好古甚篤，不肯輕易懷疑。他們專用綿密工夫在一部書之中，不甚提起眼光超覽一部書之外。他們長處在此，短處也在此。

清初最勇於疑古的人應推姚立方（際恒）他著有尚書通論辨僞古文，有禮經通論辨周禮和禮記的一部分，有詩經通論辨毛序，其專爲辨僞而作的則有古今僞書考。這書從孔子的易繫辭傳閙起刀來把許多僞書殺得落花流水……

此後專爲辨證一部或幾部僞書著爲專篇者則有閻百詩的古文尚書疏證，惠定宇的古文尚書考，萬充宗（斯大）的周官辨非，孫頤谷（志祖）的家語疏證，劉中受（逢祿）的左氏春秋疏證，康長素先生的新學僞經考，王靜安（國維）的今本竹書紀年疏證，崔觶甫（適）的史記探原。閻惠兩家書專辨東晉僞古文尚書及僞孔安國傳。後來像這類書還很多，有點近於『打死老虎』，不多舉了。萬書辨周禮非周公作，多從制度與古書不合方面立論。孫書辨家語爲王肅所僞撰。他還有一部孔叢子疏證，和這書是姊妹書，但未著成。劉書守西漢博士『左氏不傳春秋』之說，謂左傳解經部分皆劉歆僞增。康先生總結兩漢今古文公案，對於劉歆所提倡的周官，左傳，毛詩，逸禮，古文尚書，（非東晉晚出者）爾雅等書皆認爲僞。王書專辨明人補撰之竹書紀年用閻惠孫之法，一一指出其剽竊湊附之贜證。崔書則宗康先生說，謂史記有一部分爲劉歆所竄亂，一一指明疑點。淸儒專爲辨僞而作的書，我所記憶者只此數部；徐容續訪。

其非專辨僞而著書而書中多辨僞之辭者，則有魏默深詩古微之辨毛序，邵位西（懿辰）禮經通論之辨逸禮，方鴻濛（玉潤）詩經原始之辨詩序等。而其尤嚴正簡潔者，則崔東壁（述）的考信錄。此書雖非爲辨僞而作，但他對於先秦的書除詩，書，易，論語外幾乎都懷疑；連論語也有一部分不相信。他的勇氣眞可佩服。此外諸家筆記文集中辨僞的著作，不少不能盡錄。……

求眞爲學者的責任；把古書眞僞及年代辨析淸楚，尤爲歷史學之第一級根據。我盼望我們還繼續淸儒未完的工作。

楊朱的學派（現代評論第一年週年紀念增刊楊朱考再補）

唐鉞

……北京大學研究所國學門週刊第五期鄭賓于先生楊朱傳略……取崔述之說，以爲道德名法，都是楊朱學說的流派，不免近於輕信。如我們根據淮南子氾論訓的話（『全眞葆性，不以物累形，楊子之所立也而孟子非之，』）至多也不過認楊朱可以歸入道家不能說道德名，法都是出于楊氏。

崔述這樣主張的理由是：

『楊氏之說盛行于戰國，甚于墨氏；何以其書不傳于後，而班馬皆不知有此一家學乎？』（孟子事實錄卷下）

但（1）先秦書中屢提墨者，而不見『楊者』。楊學盛於墨學之說完全無據。（2）

楊朱儘可以不曾著書。 崔氏『何以其書不傳』一句話乃是先臆斷他有書;此在論理爲繁詰之謬。 (3)楊氏屬於道家馬班當然無把他另立一家之必要。 崔氏因楊尙無傳而武斷『漢人之所謂道德名法卽楊氏也』此與近人因楊書無傳而遽認他爲莊周同是以完全消極的論證爲根據。 這種方法,我們已經證明他是靠不住的。

崔氏所以如此武斷,乃由於懷着排斥『異端』的偏見。 他私淑孟軻,痛惡楊墨,所以要把儒家以外的一切『邪說』都歸諸楊墨二氏。 但墨子有書,不好隨便周納,乃把一切都委罪於楊朱。 他因此把所有被孟子排斥之說:『性之猶杞柳,猶湍水,生之謂性,食色之謂性,……舜之臣堯,禹之德衰,湯武之放伐爲弑君』等都認爲楊子之說。 但前四條,孟子書中明明說是告子之說;後四條沒有主名——安得毫無證據,信口斷定其出于楊氏? 抱這種門戶之見來治史,要求得眞事實恐怕不容易。 有趣的事:是楊朱死了幾百年而受誣於僞撰列子的人,再過了一千多年又受誣於『考信』的崔述。 爲我『何預人事,』而死後還遭一再的蹧蹋! 甚矣古人之難做也!

考信錄（書目答問）

張之洞

經部

列朝經注經說經本考證第二

諸經總義之屬

考信錄三十六卷　崔述　東壁遺書本

考信錄提要　上古　唐虞　夏　商　豐鎬　洙泗　豐鎬別錄　洙泗餘錄

孟子事實錄　續說　附錄

崔東壁遺書（一個最低限度的國學書目）

胡適

（二）思想史之部

崔東壁遺書（崔述）

道光四年陳履和刻本；畿輔叢書本只有考信錄，亦可夠用了。

頡剛案，適之先生評崔氏語，除見于科學的古史家崔述外，古史辨中亦多論列，茲不更錄。

考信錄（國學入門書目）

梁啓超

（乙）政治史及其他文獻學書類

考信錄　崔述著。

此書考證三代史事實最謹嚴，宜一瀏覽，以爲治古史之標準。

評論終

評論續輯目

漢以前之經　錢穆

先秦經籍考序　江俠庵

按，數年以來，涉獵所及，評論東壁先生之文字又得如干篇，錄爲續輯，陳履和云：『老未登第，官又不達，且其持論實不利於場屋科舉，以故人鮮信之；甚有摘其考證最確，辨論最明之事而反用爲詆諆者。』（行略） 足徵當時識先生著書之心事者蓋寡，或則望望然去之，或則聞而詬病之，固到處受奚落者也。陳氏所云詆諆之事，其人與骨俱朽，已不可知。 幸藉謝庭蘭，劉鴻翺，張澍數君之文得以窺其涯略。 是數君者，東壁同時人也：謝與劉爲理學家，張爲樸學家，與東壁皆不相識，而讀其文字，義憤塡膺，乃如此盛氣呼斥，若主之責奴，然則東壁所受於周遭之怨毒固可推見之矣。 原理學家所以作劇烈之反對者，蓋東壁著書目的雖在維護道統，而考據結果實足以毀壞道統，道統毀則理學失所憑依，故衞道者不得不起而示威。謝劉之文，與唐鑑所作學案（錄入傳狀）可以比觀，皆欲以恫喝空言壓倒實據，其怒也正其怯也。至於樸學家標榜求是，注重實證，對於東壁之說宜可承受，而張氏猶如此，是不可解。謂此爲張氏一人之意，不當代表樸學家乎，試觀阮元王先謙兩刊清代經解，所收不爲不多，零星筆記尚且入錄，而東壁之著述曾未收入一種，則其受樸學家之排斥非極顯明事耶！冷酷之遇，不但飽享於生前，且施及於身後，道之窮也一至此乎！最堪詫怪者，張氏闢唐虞考信錄之文，乃稱其名曰崔應榴。崔應榴者，浙江海鹽人，阮元之門下士，著有吾亦廬槁摘，刊入皇清經解者也。張氏手持崔述之書，而喚崔應榴之名以斥之，李代桃僵，何粗疏乃爾！然卽此可以想見東壁聲名黯淡，其名姓初不在人記憶之中。若無張維屏之作提要於詩人徵略，又無那珂氏之點刊其書，有不隨草木而同腐者哉？是可悲已！

又案，十載而還，學人多稱道東壁；然已大都收入拙編古史辨，不更集錄。

此卷承王重民趙貞信兩先生代錄數文，盛意可感。一人所見至有限，願讀者隨時留意，苟有所得，使來告我，俾將來得續爲三輯四輯也。

民國二十二年八月二十日，顧頡剛記。

目次

評論續輯

書崔東壁考信錄後（湘谷初稿卷三）

謝庭蘭

嗟乎，學者至今日蓋難言哉！孟子曰『聖人人倫之至』。夫伏羲，堯舜，禹湯文，武立人之極垂爲世教，易，書，詩，禮，其統宗也。孔子訂之爲經，百世不易之道也。乃今日說經務以誣聖，是蔑孔子之教也，是廢人倫也！

崔氏述曰，『湯誓「率割夏邑，」則知夏政不行於諸侯。「夏罪其如台，」則知桀不能囚湯，湯未嘗立桀之朝，爲桀之臣』。又曰，『周自立國於岐，與商無涉，文王未嘗立於紂之朝。所謂「服事殷」者，不過玉帛皮馬卑禮以奉之。周介戎狄之間，乃商政所不及；至寖昌寖大，又商所不能臣。紂與文武原無君臣之分，但爲名號正朔所存。』如述此言湯與文武去逆亂何遠乎！湯誓孔門所傳；『以服事殷，』孔子定論：述爲此言，豈非蔑聖經乎！湯與文王鬪而知之：述爲此言，豈非廢人倫乎！成湯放桀於南巢，說者曰，『所謂「口實」者，不過以臣放君，不可爲訓。』武王觀政於商，說者曰，『「觀政」卽觀兵。』夫以臣放君可云『不過』耶！兵脅其君，可以謂武王耶！今之學者非出乎此，卽曰湯與文武不立於桀紂之朝，不臣桀紂：愚不知說經之弊伊於胡底也！

述又曰，『孔子所謂「一貫，」曾子以爲「忠恕，」是卽忠恕也。先儒釋之曰「一理渾然，」此渾然者果何物乎？從曾子之言，則學者有所持循。從宋儒之言，則聖道反入於虛杳。吾寧從曾子，不敢從宋儒也！宋儒好以窮理爲說，以靜坐爲功，以明心見性爲道。』述惡宋儒至誤會『一貫，』紕莫甚也！如述言『一貫』卽是『忠恕。』子貢多學而識，夫子詔以『一貫，』子貢豈不忠恕者乎？可對鏡而知其紕也！近時深擯宋學，然務別創異解，則不可爲訓也。故謂『「鳶飛魚躍，」喻惡人遠去，曷嘗有化機』『一逝者如斯』亦不過放乎西海』『一有本者如是』曷嘗有悟境。『一以貫之』一言，有謂是即忠恕，從宋儒反入於虛杳有謂猶言壹是皆以行事爲教，若一旦豁然貫通，似禪家頓宗。聖神大訓惟恣以己意，何怪紛紛異說日出不窮耶！述謂『宋儒好以窮理爲說』近時深惡夫理，蓋不止於述也。又謂『以靜坐爲功，以明心見性爲道，』則援陸王之說以詆程朱，而統謂之『宋儒』又不足深辨也。

近時經學諸儒怪誕百出，不可無此文一廓清之。（錢心弟）

帝王考信錄辨（綠野齋前後合集卷一）

劉鴻翺

孔子曰『蓋有不知而作者，我無是也。』信其所不當信，疑其所不當疑，均謂之『不知』而已。

吾閱大名崔東壁帝王考信錄，竊異焉。孔子删書，斷自唐虞。易稱『庖羲，神農，黃帝氏作。』至春秋緯乃分十紀，九頭，五龍，攝提以至疏訖，說本荒唐不經。考信錄依易書駁之當矣，又以邵子皇極經世天地一終始爲一元，元十二會，會各萬八百年，羲農去開闢當不遠，堯舜斷非中天，余嘗疑自堯舜迄今四千年，世變已不可勝紀，何至堯舜以前三萬年文教尚未興乎！此雖聖人有所不知，要其所辨之理近是。

獨其謂湯武之於夏商，各君其國，不得以君臣論，則謬甚。夫湯武之放伐，易之革象『湯武革命順乎天而應乎人』，孟子所謂『天吏』，宋儒所謂『天命一日未絕則爲君臣，既絕則爲獨夫』是也。考信錄曰，『以一日斷其已絕未絕，此一日果何日？』余則曰武王觀政於商而受悛，爲未絕之日；不悛，爲已絕之日。故曰，君非桀紂，臣非湯武，總不免於篡弒。如謂封建不同於郡縣，彼舜之五人，周之十亂，皆列爵分土者，何以云『臣』？春秋時，封建猶未改也，孔子不必作以誅亂賊矣！漢世論湯武，比之食馬肝。『食肉不食馬肝，未爲不知味，』如考信錄，尚得謂之『知味』乎哉！

且所考帝王世紀皆以尚書今文附於下，襲閻百詩等之曲說，目古文爲僞。夫道一而已矣；『精一危微，允執厥中，』尊之爲帝王心法之傳，駁之乃爲禪學之祖乎！嗚呼，古文尚書如日月之經天，人雖欲自絕，其何傷於日月！是殆孔子所謂『不知而作』者與！

千古一定之論，必創爲異說與聖賢爭衡，適見爲無知妄作而已！（自記）

堂堂之陣，正正之旗，折服處要言不煩。餘以不辨辨之，愈見高卓。（王霞九）

『覲政』二句論確而義精，可以識聖人之用心。後世小儒破道，正孟子所謂『横議』者也，宜乎攫珠見嗤於異流也。文簡嚴，最得體。（周敬修）

周評極確，無以易之。（莊年）

洙泗考信錄辨（綠野齋前後合集卷一）

劉鴻翺

大名崔東壁洙泗考信錄，其辨家語，説苑，韓詩外傳，大小戴記詳矣，聖人歿，學者各以所傳聞立說，其得於聖人者固多，失於聖人者亦不少。

若論語，學，庸，漢唐宋元明儒者之所尊奉，朱子終身誦之，定爲集註，益以或問，以爲聖人之道在是也。考信錄獨曰，『大學非曾子所作。如果曾子所作，不應誠意章加「曾子曰」；且聖經亦不類孔子言。』考信錄獨曰，『中庸非子思所作。孔孟之言皆平實切日用，中庸探賾索隱，極高深廣遠，與孔孟不類。』考信錄獨曰，『今之論語非孔門論語之原本，亦非漢初魯論之舊本。漢書藝文志：「論語古二十一篇，出孔子壁中，齊二十二篇，多問王，知道；魯二十篇。」張禹初授魯論，晚講齊論，合而考訂，去問王，知道，從魯論二十篇爲定，號張侯論。不當刪而刪，不當采而采，是以其義或戾於聖人，其事或悖於經傳，則張禹之過也。孟子之十一篇，劉歆已合之；幸而趙氏去古未遠，知其本異，而其識又足以辨其眞僞，決然刪後四篇，以故孟子一書純潔如一。論語不幸遇張禹，致使後之人無從辨其異同。因不辭譾陋，作考信錄數十條，別後儒之所竄增，間有出於戰國楊朱氏者。』甚矣考信錄之誕且妄也！

孟子曰，『楊墨之道不息，孔子之道不著。』楊墨與聖人爲敵，豈肯以其言附於孔子乎！佛者曰，『孔子，吾師之弟子也。』老者曰，『孔子，吾師之弟子也。』佛老自尊而卑孔子，故老氏道德經，佛氏金剛經，皆筆之於書傳之其人，分別門戶，孤行於世。楊墨何異佛老，乃以其言附於孔子，則何楊墨之小也！

尤可怪者，先進章侍坐章楚狂接輿三章，不知何所見，謂語意類莊周。莊周亦老氏之徒，由是言之，則老氏不敢以仁義爲小，直入於聖人之域矣！『子見南子，』朱子解『大夫有見小君之禮。』『公山弗擾以費畔，召子欲往。佛肸叛，召子欲往，』朱子解『聖人道大，無不可化之人。』考信錄以爲『瀆亂不經，斷非孔氏遺書。』然子路在當時已不悅夫子之見，阻夫子之往，況不及子路萬萬者乎！孔子之行事固非崔東壁之所能窺見也，則其以爲非孔氏之遺書也固宜！

毛西河駁朱已屬誕妄，崔東壁竟敢駁論語，學，庸，罪浮於西河矣！（自記）

東壁所論，時涉瑣屑，一意孤行，有心立異。若以濶大門面語呵之，東壁不心折且齒冷

矣。文直搗中堅，透闢無比。結以聖行事非東壁所窺見，直令無可置喙。（王霞九）

言譬如嚶嚶草蟲，時鳴時止。六經自程朱以後，如日月經天，江河行地；已雖不信，不能禁天下之信也。可惜百世之下猶有爲少正卯復仇者，毛氏崔氏之徒多矣。（周敬修）

東壁敢爲狂悖之言，筆之於書，昌黎所謂『樂其誕而自小』也。列其供狀，其罪自明。行文如兔起鶻落，綽有餘態。（莊年）

闢崔氏說（養素堂文集卷二十九）

張澍

近人崔應榴考信錄云『舜既見舉受百官，則愼徽五典，納百揆，賓四門，將惟日不足，何暇閒居家中而完廩浚井而鳴琴也！使瞽瞍掣舜肘至此，舜亦安能爲堯盡職乎！』按此眞孩語，蓋沿襲程灝、蘇轍、司馬光、羅泌之說，以孟子之言非實也。

後世之賢，尙有分其才藝足了千人者，況以舜之玄德，宏才敏給，豈有寅亮百工，終日不遑，一無暇晷，不爲父母役使哉！且以舜之神奇入大麓而烈風雷雨弗迷，是何鎮定，則家庭逆境自然順受，鴝納，從容不迫，豈如小夫淺薄，庶事叢集則手忙足亂，一有拂鬱則神思惶惑；此非所以測聖人也！陋儒無識，敢于詆譏孟子，孟子豈鄉壁虛造哉！審爾，則高宗之放孝己，尹吉甫之放伯奇，晉獻公之殺申生，皆屬烏有之事矣！惟孝己，伯奇，申生無大舜之德，不能格親，以至於被放而死，此舜所以爲古今之大孝也與？

論孟別解（千窗隨筆卷一）

郭夢星

崔東壁述，大名人，乾隆壬午孝廉，爲上杭令。邃於學。生平讀書得間，即獨抒己見，不附會前人。於九經各有心得，

其解『以服事殷周之德也』，謂武王牧野以前，其事殷之心與文王無異；『周』者文武之統稱。況上文所記者武王之言，以爲論武而兼文則可，若以爲專論文而不

及武，則上下文不相屬矣。

解『雖有周親』謂承『周有大賚』而言，雖有親戚，不敵善人，故大賚之也。上句『周』指武王，下句『周』豈可指紂！

解『孟子見梁惠王，』謂孟子至梁不在惠王三十五年，當在後元十二年，襄陵既敗之後。蓋惠王三十七年始僭稱王，惟稱王故孟子稱之曰『王，』惟既敗故有『喪地』之語。

解『夏后氏五十而貢』三句，謂夏貢，殷助，周徹，各因其宜，至諸侯之國各仍其舊。公劉當夏殷之際，而『徹田爲糧，』可知夏殷貢助不盡行於天下也。

以上諸說雖與先儒相悖，細繹之亦非絕無義理者。錄之，以備參考。

尚書中之治法（東塾讀書記卷五）

陳澧

崔氏述豐鎬考信錄云，『吾讀洪範而知武王之所以繼唐虞夏商而成一代之盛治也。吾讀立政無逸而知成王周公之所以紹文武而開八百年之大業也。六經中道政事者莫過於尙書。尙書自堯典，禹貢，臯陶謨以外言治法者，無如此三篇。虞夏書文簡意深，此則明切曉暢，學者於此三篇熟玩而有得焉，於以輔聖天子致太平之治，綽有餘裕矣』

澧謂崔氏讀經而有心於治法，非復迂儒之業，良足尙也。所舉三篇皆盛治之文，尙書二十八篇盛治之文多，衰敝之文少，惟西伯戡黎，微子二篇而已。微子篇云，『殷罔不小大好草竊姦宄，卿士師師非度，凡有辜罪乃罔恒獲。』又云，『今殷民乃攘竊神祇之犧牷牲，用以容將食無災。』此殷世衰敝之狀，三千年後猶如目覩矣。聖人删定尙書，存盛治之文以爲法，存衰敝之文以爲鑒，學者皆當熟玩也。凡讀經皆當如是也。

『古公亶父』（蘿藦亭札記卷五）

喬松年

『古公亶父』，『古公』非其稱也。『公亶父』三字當連文如『公劉』耳。『古』者昔也，猶言『昔公亶父』。不可以『古公』相連。此崔東壁說極允。

崔氏詩人『埜紀便覽拾遺第二』

劉□□

全家風雅南人侈言之，而北方則寥寥，故袁子才作詩話，每別北方爲考據之學，蓋亦以其不長於詩也。然正有未可概論者，如邑人崔孝廉昆仲是也。長名述，字武承，號東壁，壬午科舉人（乾隆二十七年），仕至羅源縣令。所著有考信諸錄，水道諸記，數十卷傳於世，可謂考據之至矣。乃其詩直追唐人，多警句；次名邁，字德臯，與兄同榜。著有魏墟雜志二卷亦可謂考據矣。而其夢窗囈語諸詩詞，刻畫清新，亦有唐音。

其妹幼蘭字綠芬，著有針餘吟稿詩集，

東壁夫人成氏，名靜蘭，字紉秋，文穆公六世孫拔貢生懷祖女，舉人伯顧之姊也。著有繡餘詩槖餘詩兩集，其門人陳履和爲之鏤板與東壁諸著作並傳於後

德皋夫人劉氏亦頗能詩。 然較諸人稍劣，故未傳。

一家之中男女風雅，卽以南方論之，恐亦不多覯也。 誰謂北方無風雅哉！

頡剛案，野紀便覽無刻本，此則借鈔自大名范廉泉先生。

那珂通世校訂東壁遺書（日本文學博士那珂通世傳之一節，北平師範大學史學叢刊第二期）

三宅米吉述 黄子獻譯

明治三十六年（清光緒二十九年西一九〇三），通世校訂崔東壁先生遺書，加以句讀，

收爲史學會叢書而出版。此書初爲狩野直喜所贈通世讀之，深悅著者議論之高明精確，更求此書之完備遂熟讀而校訂之。又就此書發表意見史學雜誌第十三編第七號所載考信錄解題卽是也。

此書之著者崔述沒於嘉慶二十一年（文化十三年）時七十七歲。其門人陳履和於嘉慶二年（寬政九年）至道光二年（文政五年）之間將崔述著作漸次刊行。此書雖屬百年前後之舊刊，但未曾傳於日本至通世始介紹之。

崔述專據經典以斷定支那古代之事實，殆與日本闡明古典之本居宣長相似。宣長之古事記傳排中古儒佛之僻見闡明古典之眞義；崔述之考信錄亦斥古來百家之異說曲解發揮古傳之眞面目。其議論精確，超絕支那古今之儒家者流。但當時不廣傳於學者間，僅得少數人之景仰，以之比較日本國學之隆興，可知淸代學界之頹弊已久矣！

通世會說明翻刻此書之旨趣云「讀支那之經傳子史百家，須鑑定其新舊，甄別其眞僞；然難以望諸日本國人。今幸賴此書，可省其勞，故此爲日本東洋史學家不可缺之良書也』。明治三十六年，通世刊行此書之第一册至第三册，翌年刊行第四册；又作重刊崔東壁先生遺書目錄，加於第一册之卷首。

崔述對於禪讓之見解（一九二七年支那學第四卷第三號）

岡崎文夫著 周一良譯

苟分學者治學傾向爲求博識與求知識之統一兩派，則崔述蓋屬後者。此崔述學風所以比較上在日本特受歡迎也。今欲知崔述學風之大概，故先考其對於禪讓之意見，而附以簡單之批評焉。

堯舜禪讓之傳說，戰國諸子時已極普偏。其解釋禪讓，俱以爲不傳位子孫之繼承方法。至於禪讓之內容究屬如何，則雖同一儒家，其說猶不一致。吾儕固可以同時承認此類紛歧之學說，以見學派之不同；然究明禪讓之內容，當亦學者所應有事也。

然則崔述對於禪讓之解釋爲何如乎？

若從普通解釋『禪』爲『授』爲『讓，』則必有授讓帝位之人。假使男系繼承法已確定，則在因此習慣而養成之私有觀念下，帝王自應傳位於其子若孫。惟其能克此私念，以天下爲公器，傳之賢者，斯堯舜之所以爲聖人。尚書大傳及史記俱以爲堯子丹朱，舜子商均不肖，恐害天下，故授位賢者；蓋尚書家之古說也。然崔述否認之，以爲古之聖人皆不以天下與子，不獨堯舜爲然。蓋上古之時，諸侯各君其國，各子其民，偶有聖人出，乃相率歸之，聖人歿則服從之關係卽斷絕。堯舜時之情況與後世創業之主以兵力征伐攻取得天下、子孫世守其業者逈然不同。孟子之弟子有以湯放桀，武王伐紂爲德衰者，孟子答之以爲當時王位傳於子孫乃適然而非必然，夏之於殷，殷之於周，其間不必有如後世之君臣關係也。

尚書大傳及史記以傳位賢者爲堯舜盛德，崔述則假定中國古代爲部族獨立狀態；王位世襲制度猶未定。然帝王與酋長孰操授讓其位之權乎？書堯典：『帝曰，「格汝舜詢事考言乃言底可績三載汝陟帝位！」舜讓于德弗嗣。正月上日受終於文祖』如解『受終』爲攝帝位則『汝陟帝位』一語明示堯欲使舜就帝位也。崔述又解堯舜之心理云：『蓋堯欲舜卽居天子位而舜不肯舜欲己終不行天子政而堯又不肯於是乎堯不得已降心以從舜而使之攝政，舜亦不得已降心以從堯而爲堯攝政。兩聖人各欲行其心之所安，而時勢所迫，遂創千古之奇而適得乎天理人情之正』所謂創千古之奇得天理人情之正者何意乎？『蓋當洪荒之世，天下未平生民多患人猶蠢蠢焉去禽獸不甚遠此之爲治猶闢荒田而馭生馬，不但非一聖人所能獨理，亦幷非數十年所能奏功。使非堯與舜兩大聖人耘鉏馴擾，相繼於百五十載之久則治功不成。……是以堯之治至於「於變時雍」而猶以爲未足，自惟年老不能終其事乃咨於衆而得舜於畎畝之中，授之天下而使治之。雖舜不肯陟帝位而受終攝政，固已代堯敷其治』舜之攝政乃行於非常情形之下，堯欲濟當時迫切之情勢故背於習慣而采攝政權宜之計，二人者皆以救民爲心，而民意所歸卽王位所在也。

崔氏之說蓋出於孟子。孟子爲澈底之民意論者，以爲天命卽由民意表現之；崔氏承孟子流風，更依古代制度而加說明，此其價值所在。其推論上古部族獨立狀態，在當時中國學者中，確可稱卓識矣！然爲說明堯之攝政，因而假定非常之時，而欲自其中發見堯之聖心，無乃不近乎理！

崔氏爲貫澈其說，似有意抹殺論語堯曰篇所記禪讓之文。論語堯曰篇：『堯曰，「咨爾舜天之歷數在爾躬！允執其中。四海困窮，天祿永終。」舜亦以命禹。』史記曆書亦引此文，以爲堯年老禪舜，申戒於文祖之詞。如此則授受帝位時帝王之意固與有力，而帝王之意卽代表天意也。墨子湯說篇亦有與堯曰篇近似之文句，說者或以其文爲湯誓，或以爲桑林禱雨之詞，雖無定論，要是禱告上天，欲代表帝心以行罰；蓋古帝王實具有代表天意之宗教威嚴也。崔述乃據甘誓『天用勦絕其命，』湯誓『天命殛之』之文，以爲誓師稱天始於三王，『天之曆數』一語內容杳茫，非堯舜時代所能有；夫旣拯古帝王於宗教之迷霧中，而顧加堯舜以不可思議之『聖心』，豈非更陷於杳茫乎！又解尙書『受終於文祖』之文，以爲旣有受則必有授之者，遂與權宜之說。其言雖巧，然去古帝王之眞意愈遠；諸如此類之似合理而非合理之解釋，殊難使吾儕首肯也

廿二年六月十日譯

論語之注釋書及關係書（要籍解題及其讀法）

梁啟超

論語注釋，有漢鄭康成注，已佚，近人有輯本。有魏何晏集解，宋邢昺義疏，現行十三經注疏所載者卽是。但其中要語，多爲後人新疏所已采，不讀亦得。爲便於學者

計，列舉以下之注釋書及關係書各種：

一，宋朱熹論語集注，論語或問

集注簡而明，最便讀者。但其中有稍涉理障處。或問時於集注外有所發明。

二，清戴望論語注

此書亦簡明，訓詁視朱注爲精審，但多以公羊家言爲解，穿鑿附會，間亦不免。

三，清劉寶楠論語正義

最精博，但太繁，非專家研究者不必讀。

四，清顏元四書正誤論語之部

此專正朱注之誤也。可見習齋一家學說。

五，清焦循論語通釋

此書將論語教義要點分類研究，其方法最可學。

六，清阮元揅經堂集中論語論仁解

此一短篇文專取論語言『仁』之一部鈔下通貫研究，其方法可學。

七，清崔述洙泗考信錄附餘錄

此書爲最謹嚴之孔子傳，其資料什九取自論語。辨論語竄亂之部分，當略以此書所疑者爲標準。

孟子之注釋書及關係書（要籍解題及其讀法）

梁啟超

最古之孟子注釋書爲東漢趙岐之孟子章句，且每章綴以章指 其書現存，全文見焦循孟子正義中，今不另舉。

一，宋朱熹孟子集注

性質及價值皆同論語集注。

二，清焦循孟子正義

考證最精審，且能發明大義，現行各注疏未有其比。

三，清戴震孟子字義疏證

此書乃戴氏發表自己哲學意見之作，並非專爲解釋孟子。但研究孟子哲學，自應以此爲極要之參考品。

四，清陳澧東塾讀書記內孟子之卷

此卷將孟子全書拆散而比觀之，所發明不少。其治學方法最可學。

五，清崔述孟子事實錄

此書爲極謹嚴之孟子小傳。

詩序之僞妄（要籍解題及其讀法）

梁啟超

……詩序今附毛傳以行，每篇之首，序說所以作此詩之意，或並及作詩之人。……
夫讀詩者恒欲知作詩之人與作詩之旨，此人情也。而詩三百篇一一求其人與其旨以實之，殆不可能。故孟子貴『以意逆志』，左傳稱『斷章取義』。……西漢以前之說詩者，類皆如此。今所謂詩序者，乃逐篇一一取其人與其旨鑿鑿言之，若有所受焉，此所以爲學者所共樂習，二千年奉爲鴻寶以迄於茲也。

詩序誰所作耶？後漢書儒林傳述其來歷甚明。傳云：『謝曼卿善毛詩，乃爲其訓，衞宏從曼卿受學，因作毛詩序，善得風雅之旨，於今傳於世』。則序爲宏作，鐵案如山，寧復有疑辯之餘地？乃隋唐以後之傳說則大可異！或云序之首句爲大毛公作，次句以下爲小毛公作。或云大序是子夏作，小序是子夏毛公合作（隋書經籍志稱序爲子夏所創，毛公及衞敬仲更加潤益。）尤可駭者，宋程頤以大序爲孔子所作，小序爲當時國史所作。以史記漢書從未齒及之詩序，范蔚宗時『傳於世』，共知出衞宏手者，乃展轉攀引，嫁名及於孔子子夏，而千餘年共認爲神聖不可侵犯之寶典，眞不可思議之怪象矣。

詩非必皆無作者主名，然斷不能謂篇篇皆可得作者主名。詩非必皆無本事，然斷不能謂篇篇皆有本事。以三百篇論，則無主名無本事者其數必遠過於有主名有本事者，又至易見也。魯，齊，韓三家書雖亡，其佚時時見於他籍；間有述各篇之主名或年代或本事，則其義率較所謂毛詩序者爲長。如以關雎爲康王時詩，以采薇爲懿王時詩，以騶虞爲主鳥獸之官，以賓之初筵爲衞武公飲酒悔過作之類，蓋有所受之也。毛詩家所謂大毛公小毛公者是否有其人本已屬問題；藉曰有之，然質諸劉歆班固，亦未言二毛有作序之事。而衞宏生東漢之初，果何所受而能知申公，轅固，韓嬰所不知，或另樹一說以與爲抗者？故但考明詩序之來歷，則其書之無價值本已不待辯。若細按其內容，則捧腹噴飯之資料更不可一二數。例如鄭風見有『仲』字則曰祭仲，見有『叔』字則曰共叔段，餘則連篇累牘皆曰『刺忽』『刺忽』。鄭立國數百年，豈其於仲段忽外遂無他人？而詩人謳歌，豈其於美刺仲段忽外遂無他情感？鑿空武斷，可笑一至此極！其餘諸篇大率此類也。故欲治詩經者非先將毛序拉雜摧燒之，其蔀障不知所極矣。——看崔述讀風偶識卷一通論詩序卷二通論十三國風。

頡剛案，此篇於說詩注詩之書一章中又云，『通論詩旨之書，清魏源詩古微，崔述讀風偶識極有理解，可讀。』

史記讀法（要籍解題及其讀法）

梁啟超

吾輩之重視史記，實在其所紀先秦古事。因秦漢以後事有完備之漢書可讀；唐虞三代春秋戰國之事有組織的著述未或能過史記也。而不幸史記關於此點，殊不足以饜吾輩所期。後人竄亂之部分無論矣，即其確出史公手者，其所述古史可信之程度亦遠在所述漢事下。此事原不能專怪太史公，因遠古之史皆含有半神話的性質，極難辨別。此各國所同，不獨我國爲然矣。近古—如春秋，戰國—資料本尚不少，而秦焚一役，『諸侯史記』蕩盡，憑藉缺如，此亦無可如何者。顧吾輩所致憾於史公，不在其搜采之不備，而在其別擇之不精。善夫班叔皮之言也：『遷之著作，採獲古今，貫穿經傳，至廣博也。一人之精，文重思煩，故其書刊落不盡，尙有盈辭，多不齊一。』（後漢書班彪傳）試將史記古史之部分與現存先秦古籍相較，其中蕪累誣誕之辭蓋實不少。即本書各篇互相矛盾者，亦所在而有。此非『文重思煩，刊落不盡』之明效耶？

然居今日而治古史，則終不能不以史記爲考證之聚光點。學者如誠忠於史公，謂宜將漢以前之本紀，世家，年表全部磨勘一度，從本書及他書搜集旁證反證，是正其訛謬而汰存其精粹，略用裴注三國志之義例，分注於各書各段之下，庶幾乎其有信史矣。學者欲從事此種研究，則梁玉繩史記志疑，崔述考信錄實最重要之參考書；錢大昕廿二史考異，王鳴盛十七史商榷，趙翼廿二史劄記三書中史記之部次之。其餘清儒札記文集中，亦所在多有。然茲事既極繁重，且平決聚訟殊大非易，成功與否，要視其人之學力及判斷何如耳。然有志之青年固不妨取書中一二篇爲研究之嘗試，縱令不得滿意之結果，其於治學之方法及德性所裨已多矣。

辨僞學的發達（古書眞僞及其年代總論第三章）

梁啟超講
姚名達等記

……清朝學術極發達，因爲一般學者大都能用科學方法去整理古書。這種科學精神的發動，很可以說是從辨僞引導出來的。其中辨僞最有名的是閻若璩，胡渭。閻若璩的最大功勞是著了一部尚書古文疏證，把僞古文尚書的案件，從朱熹，梅鷟，胡應麟等所懷疑而未能決定的，用種種鐵證證明了，正式宣告僞古文的死刑。同時惠棟也著了一部古文尚書考，和閻若璩的結論一樣，從此沒有人相信僞古文尚書了。

胡渭著易圖明辨，專辨宋朝所傳的太極圖，河圖，洛書，用種種方法證明那是宋初時和尚道士東拉西扯，胡亂湊成的，和周公，孔子，漢人唐人全無關係，把宋朝以後的所謂易學的烏煙瘴氣都掃清了。 這書和尚書古文疏證，在現在看來，雖是粗疏的地方很多，而其實事求是的精神實開後來一般學者用科學方法治學的先聲，是不可磨滅的。……

到了乾隆時代，這種辨僞聲氣仍舊很盛。 其中孫志祖著了一部家語疏證，范家相著了一部家語證譌，把孔子家語是王肅僞造的公案宣布了。 家語疏證的體例和尚書古文疏證一樣，都是取漢書儒林傳『疏通證明之』之義。 這種工作，因辨古文尚書之僞而牽連到尚書孔安國注，論語孔安國注，孝經鄭玄注，漸漸的都證明是假的了。

同時出了一位名聲很小的辨僞大家，就是著考信錄的崔述。 他把春秋以後諸子百家傳說的古事，一件一件的審查辨別那是眞的，那是假的，使得古史的眞相不致給傳說遮蔽。 他雖然專辨僞事，卻也不能不順帶辨僞書。 他雖然迷信五經，論語，孟子，卻也不能不疑其一小部分。 他辨僞的方法，除了『考信於六藝』以外，還有許多高妙的法門。他解釋作僞的原因，能彀求得必要的條件。尤其是他那種處處懷疑，事事求眞的精神，發人神智實在不少。他的遺書，百年來看見的人很少；最近才有人表揚刊布，使史學界發生很大的影響。

嘉慶以後，辨僞的方向稍稍變了。西漢今古文之爭，經過了東漢末諸儒的調和，已消沈了千餘年，到了此時忽又翻案了。翻案最有力的人是劉逢祿、魏源。劉逢祿治公羊之學，認春秋公羊傳是可靠，疑左氏傳是僞書，著了一部左氏春秋考證，對於春秋古文家起了一種反動。魏源著了一部詩古微，不相信毛詩而宗齊魯韓三家。又著了一部書古微，不特認僞古文尚書是假的，而且根本疑漢書藝文志『古文尚書十六篇』全是假的。他們所發的問題都和清初不同。王肅造僞古文尚書，清初已破案，王肅造的許多僞書也跟着辨清了。劉歆造僞，顚倒五經的罪案，到了劉逢祿魏源才發生問題，比清初更進一步了……

由事實影響於道德及政治（古書眞僞及其年代總論第一章）

梁啟超講　姚名達等記

有許多史蹟本無其事，因爲僞託的人物偉大，遂留下很多不良的影響。譬如孔子誅少正卯，何嘗有這回事！但是孔子家語言之綦詳……家語是僞書，且不用說。論語算是最可靠了，但依崔東壁的考證，眞的佔十之八九，最後幾篇還是有假。陽貨第十七說，『公山弗擾以費畔，召子欲往。子路不說，曰，「末之也已，何必公山氏之之也！」子曰，「夫召我者而豈徒哉！如有用我者，吾其爲東周乎？」』下面一段又說：『佛肸召子，欲往。子路曰，「昔者由也聞諸夫子曰，『親於其身爲不善者，君子不入也。』佛肸以中牟畔，子之往也如之何？」子曰，「然，有是言也。不曰堅乎，磨而不磷。不曰白乎，涅而不緇。」』公山弗擾，佛肸這兩人先後造反，都請孔子去幫忙，孔子都欣然欲往，卒以門人之諫而止。恭維孔子的人以爲通權達變，愛國憂民；罵孔子的人就說他官迷，出處不愼。其實公山弗擾乃季氏手下家臣，費又是季氏采邑；孔子當時作魯司寇。公山弗擾好像北京的大興縣知事一樣，孔子好比司法總長：豈有大興縣知事造反，司法總長跑去幫忙的道理！這個話，無論如何說不通。關於公山弗擾以費畔的事蹟，左傳中言之極詳，可以不辯。至於佛肸以中牟畔時，孔子已經死了十餘年，佛肸雖愚，萬不會請死人幫忙；孔子縱想作官，亦不會從墳墓中跳起來親於其身爲不善。這件事說苑中考證得很淸楚，亦用不着辯。

上面兩段話，因爲在論語中，大家不敢懷疑；一般腐儒故意曲爲辯護，尤爲可笑。事情的眞相紊亂了，使研究歷史的人頭痛眼花，無從索解，還是小事；乃至大家尊重孔子，就從而模倣他的行爲，或作了壞事用他作護符，於世道人心關繫極大，

論語（古書眞僞及其年代分論第六章）

梁啟超講
姚名達等記

論語比較的最可信；現在要研究孔子和儒家的學術，除了他沒有第二書更好了。不過他的各篇各章也須分別看待。爲什麼呢？因爲他不是短時期內一個人做的……論語固然有一部分是孔子生前孔子的弟子所記，但還有一部分是孔子死後數十年乃至百年孔子的再傳弟子所記。試看有子曾子獨稱『子，』而其他自顏回子夏以下都不稱『子，』可知有許多是有子曾子的弟子記的。又看許多稱了諡法的人死在孔子死後數十年，那當然是時代很晚的人記的。論語本來不是有統系的書，……大約是孔子再傳弟子編輯的，沒有經過一人的裁定，所以後來古論齊論魯論的參差多寡，卻和禮記相似……

說起論語只有一部分是孔子弟子記的，這並不稀奇。古時寫字不便，所以有許多相傳很久，前數十年聽的，後數十年才記寫成文。論語所以有大部分是孔子再傳三傳弟子記的，就是這個道理。他既然不是一人記的，當然各有不同；譬如我講話，你們幾十個人各有所記，不經我看過，自有異同，而且難得眞相。所以論語的性質並不純粹是孔子的，並不從一個人手裏出來；當口說相傳，逐漸成文，以至最後輯爲一書，不知參加了多少人的主觀見解，荒謬傳說。 我們明白了這點，才可以讀論語。 所以這部書裏，極得孔子眞意的也有，不得孔子眞意的也有，乃至原書所本無，後人在別處偶有所聞，隨手記在這書空白上的也有。…… 古代寫字在竹簡上，多麼麻煩？ 現在小小一本論語，古代的竹簡至少有一大箱。 所以古人讀了別的書，聽了別的事，懶得另外動用新的竹簡，隨手就記在現成的書上，那是情理中的事。…… 論語各篇末尾幾乎都有一二章不相關的話，那自然是讀者在這種情形之下添上去的。 不幸無識的編者一味貪多，所以不但把後人記得不對，荒謬不然的都收進去，就是這種毫無關係，隨手寫在空白上的也都收進去了。

論語雖說是這樣一部雜湊的書，但自漢至隋，歷代尊重他的力量，在學術界比任何書都大，所以大家始終不敢懷疑，幾乎議及一字，就是大逆不道。 不過這樣尊重太過了，反而減損他的眞價值。 後人爲非作惡，常常假託論語上那些荒謬事，說聖人尚且如此，別的人看着他這樣也沒有辦法，眞是可笑。其實若不太過尊重，讓學者去考定眞僞，把他們的虎皮揭去，他們就不敢假詞作惡了。清代乾隆嘉慶之間，有位崔東壁，就抱這種思想。他是竭力尊重論語的人，但和別人不一樣。他對於論語的精粹眞確處盡情發揮，對論語的駁雜僞訛處細心辨別。他這種態度和他的結論，我都贊成。

今天所講，就把他的意見轉述一番。

崔東壁的結論：論語前十篇自學而到鄉黨最純粹，幾乎個個字都是精金美玉。後十篇稍差，尤其是最後五篇最多問題——子張篇全記孔門弟子，非孔子言行，可不論；季氏，陽貨，微子，堯曰卻有許多不是眞書了。他的看法有幾方面：

一，從文體看。論語的詞句是最簡單不過的，『有教無類』一章才四個字，多的不能過一百字，大部分總是二三十字。所以那些長篇大論洋洋數百言的，我們不免懷疑。如『子路，曾晳，冉有，公西華侍坐』一章有四百一十五字，『季氏將伐顓臾』一章有二百七十四字，這種文體到戰國初年才有，孔子當年是不會有的。還有，論語的筆法是很直捷了當的，正文前面沒有總帽子，前十篇乃至前十五篇都如是。後五篇可不然。如陽貨篇『子張問仁於孔子，孔子曰「能行五者於天下爲仁矣。」請問之曰「恭，寬，信，敏，惠……」』假使子張不再請問，豈非一個悶葫蘆？這種筆法，到逸周書才很多。逸周書是戰國產品，論語後五篇不見得是春秋產品吧，

二，從稱呼看 論語前十篇弟子問孔子只記做『子夏問孝，』『樊遲問知，』不會記做『子夏問孝於孔子，』『樊遲問知於孔子。』因爲『問』是弟子跑去問，『問於孔子』是叫孔子來問弟子，當然不能叫孔子來問。後十篇可不然，憲問篇有『南宮适問於孔子，』堯曰篇有『子張問於孔子，』季氏篇更有不通的『冉有季路見於孔子』。這類不合文法的稱呼，恐怕不見得是當時的眞相罷。這是一點 前十篇稱孔子說爲『子曰，』後十篇稱孔子說爲『孔子曰，』又不同。固然稱呼可以自由，但可知必非一時所記，也許後來稱『子』的人太多了，所以後十篇的記者加上一個『孔』字以示分別。這是二點。春秋時代，當時談話不稱『夫子，』單稱『子，』如

英語的You。先生稱學生學生稱先生，都可稱『子，』如述而篇孔子稱弟子爲『二三子，』公冶長篇子路向孔子說『願聞子之志』那時雖然也稱先生爲『夫子，』但只能在背面時作第三人稱，如公冶長篇子貢說『夫子之文章，』八佾篇儀封人說『天將以夫子爲木鐸，』都等於英語的He。論語前十篇關於這點和原則相合，後十篇—尤其是最後五篇—可不然。左傳裏的『夫子』也和原則相合，戰國諸書可不然。由此可知論語後十篇—尤其是最後五篇—大概在戰國時代才寫成文章。這是三點 綜合三點來看，結論都是相同。

三，從事實看。論語的記事很有可笑的地方，最離奇的是『佛肸召子欲往』一章和『公山弗擾以費畔召子欲往』一章。前面總論第四章已講過左傳定公十二年公山弗擾以費畔時，孔子正做司寇，和現在的司法總長一樣很用力打平那反畔的縣長。以情理論，那有現任閣員跟縣長造反藉口想實行政策？佛肸造反在趙襄子時，趙襄子當國在孔子死後五年。佛肸有何神通能從墳墓裏掘出孔子來，孔子有何妙術，能死了還會說話？ 這二章不是後人誣衊孔子是什麼？ 還有『季氏將伐顓臾』一章說什麼『冉有子路見於孔子，』前段既已指出文法上的不通，就是事實也不對。冉有子路固然都做過魯國的官，但後先並不同時。子路年長，和孔子同時做官；冉有年幼，到孔子晚年將返魯之前才做官。左傳在哀公時有一段說季氏欲加田賦，因爲孔子是個元老，所以找他的弟子冉有去請教；冉有三問，孔子都不答復。那時孔子周遊回國，聲譽日高，已佔有元老的地位。論語那段話恐怕就因此影射出來，也說季氏找孔子弟子去請教孔子。不料這二位弟子不接頭，冉有做官時，子路已往衞國去了。就是丟開不管那季氏伐顓臾的事根本就不必是眞。左傳兩國相伐必書，季氏既伐了顓臾，左傳爲什麼不書呢？ 孔子在論語這章說顓臾的話也和左傳說的不對。綜合這幾種疑點，這章未必可靠吧。

四，從學說思想看。論語也有些部分不大對的。如『子路，曾皙，冉有，公西華侍坐』一章，說孔子稱贊曾皙的志趣，後來宋學最重這章，周敦頤，程顥，陳獻章最稱道曾皙。這章固然很好，但和孔子思想卻不十分對。孔子最重經濟實用，這章卻裁抑憂國救時的子路，冉有，公西華，獎勵厭世清談的曾皙，在孔門思想系統上顯然衝突，這章自然靠不住。又如『長沮桀溺耦而耕』一章，那種避世的思想帶了極濃厚的老莊色彩，不應在春秋時有，有亦不應這麼濃厚，尤其不應在孔門產生。這章的年代自然不很早，快到莊子寓言的境界。

五，從突兀的事語看。論語有許多不是孔子或孔門的話和記事雜在裏面，很沒有道理。如堯曰篇共三章，三百六十九字，那堯訓舜，舜訓禹……一章佔了一百五十二字，既不是孔子或孔門的話，又非和孔子或孔門有關係的事，記上去幹嗎？這類在後數篇的最末，差不多篇篇都有，如微子篇的『逸民』『太師摯』『周公』『周有八士』四章，季氏篇『邦君之妻』一章，都沒有一點意思。有一章近於誣衊孔子，挖苦孔子的，是雍也篇『子見南子，子路不悅，夫子矢之曰「予所否者，天厭之，天厭之！」』這更突兀。孔子就是見了南子，南子雖是個很壞的君夫人，子路何必不喜歡，孔子又何必發誓呢?

綜合上述五方面,論語的十八九雖是精粹之作,其餘的有些不相干,有些很荒謬,都不必爲眞書。那些僞的來歷如何?誰增竄的?當然是孔子死後乃至戰國中葉末葉的儒者增竄的。因爲孔子剛死時,那些弟子還沒有想到把聽來的話記出來,只是口說相傳,當然不免失了眞相。後來漸漸寫成文章,又不是一人的工作,大家不免各有主觀參和。又剛好道家思潮洶湧,孔門弟子自然受了多少的影響,所以不知不覺的寫成『長沮桀溺耦而耕』一類的文章。這些帶了道家色彩的比較的晚出,快到孟子莊子的時代了。還有那些極荒謬的話,如『佛肸召子欲往』一類的,只能推爲戰國中葉那般無聊的政客朝秦暮楚,有乳便是娘,人格掃地,卻又對不起良心,捱不起惡罵,只好造孔子的假事竄進論語來做擋箭牌,說孔子也跟我一樣。還有那些篇末的怪事和無干的話,或者是一二讀者心血來潮,忽然想到別的事,隨手塡刻在空白裏。後人不知,就裏看做寶貝,去研究微言大義。若說穿了,那眞一錢不値哩。還有

『子見南子』一類，也是後來的話，或者有好事的人聽了一種傳說，不辨眞僞，就添上去，並不是原來編書的人有心要這章的。這是崔東壁推求出來的原因大概都很對，論語是駁雜的書，從傳授方面也可看出。漢志：『論語古二十一篇，齊二十二篇，魯二十篇。』從前講過先秦至漢，儒家有齊派，魯派，各經皆大同小異，而魯皆是今文，與古文不同。漢人所傳的三種論語都已亡佚，只存篇目，論語集解序說『齊論語二十二篇，其二十篇章句頗多於魯論。……齊論語有問王，知道，多於魯論二篇。古論亦無此二篇，分堯曰下章子張問以爲一篇，有兩子張，凡二十一篇，篇不與齊魯論同。』因爲他們都各有祖傳，所以各不相淆。魯派思想較正，齊派多談玄學，古論又不相同。假使三部論語至今尙在，則可知何者所採能得孔子的眞相。不料西漢有個張禹，把三部併成一部，現在不能見到原本如何了。張禹是個最有福氣，做了大官，鄉愿氣質十足的人。他傳論語，因爲三部不同，不方便，很冒昧的用己意合編。他删削了沒有，不知道。古論，齊論比魯論更多的都給他併入魯論二十篇裏了，他怎麼樣改動，也不知道。許是前十篇沒有動，把古論齊論多的分別撥在魯論後十篇裏頭了。魯論原來的篇次如何，也不知道。我們看子張篇全記孔門弟子的言事，從前大概魯論最末，因爲前十九篇記孔子直接的，最末一篇記孔子間接的，很合理法。現在的論語卻排子張篇在第十九，很奇。也許堯曰篇就是齊論的問王，知道。此外也許有古論，齊論此有彼無，此無彼有的，也都補上魯論裏了，所以免不了有重出。魯論固不能無假，而切實較得孔子眞相，或可推定，因爲孔子是魯人。前十篇大概全是魯論原有的，而添上的極少，有也在篇末。第十九篇應認爲魯論的最後一篇。第十六，十七，十八，二十，也許多半是參雜了齊論古論，所以和前十五篇時有衝突矛盾。

論語的眞僞和年代問題，上文大略已解決了。除了『子張篇是魯論末篇』和『篇末突兀記事是讀者隨手從別處塡入論語空白』兩種主張以外，大都是崔東壁的話。我們要想精察求眞，與其輕信，不如多疑。諸君欲知其詳，可看洙泗考信錄。

頡剛案，梁先生要籍解題及其讀法中之論語編輯者及其年代及論語之眞僞兩章，說與此同，而其闡發不若此詳，故今捨彼而取此。　性此云『又看許多稱了謚法的人死在孔子死後數十年，那當然是時代很晚的人記的』，未舉其例。　彼則云，『書中所記如魯哀公，季康子，子服景伯諸人，皆舉其謚，諸人之死皆在孔子卒後』，可以補闕。

中庸（古書眞僞及其年代總論第四章）

梁啟超講
姚名達等記

凡造僞的不能不鈔襲舊文。　我們觀察他的文法便知其從何處鈔來　例如中庸說是子思做的，子思是孟子的先生，中庸似在孟子之前。　但據崔述的考證，中庸卻在孟子之後。　證據很多，文法上的也有一個。　崔述把中庸孟子相同的『在下位不獲乎上……』一章，比較字句的異同，文法的好歹，說孟子『措語較有分寸，……首尾分明，章法甚明，』中庸所用虛字『亦不若孟子之妥適，』可見『是中庸襲孟子，非孟子襲中庸』

頡剛案，梁先生於分論中禮記章下又云，『中庸，沈約說是子思子所有。 而以思想系統論當置孟子後。 文義由崔述考證，也是抄襲孟子的。 到底子思子是否孔子思所作，也是問題。』 又要籍解題及其讀法中附論大學中庸章亦云，『中庸篇，朱晦庵謂「子思作之以授孟子」，其言亦無據。 篇中有一章襲孟子語而畧有改竄，據崔東壁所考證，則其書決出孟子後也。』

漢以前之經（國學概論第一章）

錢穆

崔述古文尚書辨譌，『漢以前從未嘗稱易詩書春秋爲「經」；論語孟子所引亦無「經」字。 經解出於戴記，未必爲孔子之言；然通篇無「經」字，其經目則漢儒所署耳。 孝經亦漢人鈔撮爲之；不然，不應漢以前無一人語及也』

今按：自荀子已『經』『禮』分言，惟亦不以詩書與『經』相連而稱詩經書經耳。……

荀子勸學篇『學惡乎始，惡乎終？曰其數則始乎誦「經，」終乎讀「禮。」書者，政事之紀也。詩者，中聲之所止也。禮者，法之大分，類之綱紀也。故學至乎「禮」而止矣。』楊倞注，『經謂詩書，禮謂典禮之屬』則荀子僅以詩書爲『經，』與『禮』並舉，非有『六經』也。……

『經』者，對『傳』與『說』而言之；無傳與說則不謂經也。說文，『經，織也。』左氏昭十五年傳，『王之大經也，』疏，『經者綱紀之言也。』古者於書有記傳故訓，多離書獨立，不若後世章句即以比厠本書之下，故其次第前後若不相連貫，而爲其經紀者則本書也，故謂其所傳之本書曰『經，』言其爲『傳』之綱紀也。讀墨子經說者必比附於經而讀之，則若網在綱，有條不紊矣。此古書稱『經』之義。書有傳，詩有故訓，故亦得稱『經』。章實齋謂因『傳』而有『經』之名，猶因子而立父之號。故『經』名之立，必在『傳』『記』盛行之後。墨家既稱之，諸家沿用之，而詩書亦得是稱也。墨家之辨有『說，』故墨辨稱『經。』韓非著書，其外儲說諸篇，自稱左爲『經，』右爲『傳。』撰輯管子者，題其牧民形勢諸篇曰『經言，』言統要也。呂氏春秋肇立十二紀，紀卽經也，所以紀綜羣篇。曰八覽，覽攬也，所以總攬。曰六論，論，綸也，所以經綸。其稱『紀』『覽』『論，』猶稱『經』也。先秦著書，揭署『經』名，輙如此。謂『經』專儒家書，非也。謂先古已有『經，』尤非也。謂『經』爲千古之常道，則尤非之尤非也。

先秦經籍考序（本書）

江俠庵

宋學勇於疑古，以自由心證移易經文，其弊也濫。清學反之，歸於實事求是，是其得也；而經文歷有長期之變化，不敢過問，其失也拘。用考證的疑古，取宋清兩代之長而遺其短，其今日國學所當趨之大勢乎？

嘉慶以後，考證之學漸衰。同時有崔東壁崛起，用考證的疑古撰成考信錄諸書，爲斯學派之開祖，所謂豪傑之士者非耶！（其所未至者，以孔孟之書爲尺度而較量他書，未能澈底，此則時代爲之也。）近十餘年來其學大昌，風靡中東學界，漸知考正經籍爲治學之先決問題，由是整理國故之聲高唱入雲矣。然而此學中堅雖有王國維，羅振玉二氏震盪於前，章炳麟，梁啟超，胡適之，顧頡剛諸人推挽於後，而其空氣曾不逮雍乾考證派遠甚。然還顧東邦，其研究所得似駸駸然駕吾人而上之者何也？據吾所見約有數端：

第一，吾人未有測量術之正確底線。（測量術，擇若干里地方，嚴密測定一條底線，爲諸三角線之基本；此線正則皆正，誤則皆誤。）吾國殷虛發掘之龜甲文，其關係之重可舉數千年之學術觀念根本推翻，而此龜甲文經王羅二氏之整理印行，不能不推爲不朽盛業，而澈底收效尚有俟於日人。蓋東邦學者從研究龜甲文之結果判定殷人尚爲祭卜社會而未進至政治社會，爲自然生活之游獵時期，未進於人爲生活之耕牧時期。由是推定其時只有斷片文字而未有長篇文字；其有長篇文字不能不自周室始，（此問題詳載於丹羽正義之殷周革命論，而中國古史起源考略及之。）彼假定此為測量術之底線，則尚書之虞夏，商書，詩之商頌，易之羲卦，一概視為後世之假託品；即周室文字進程亦發生種種問題焉。此其一也。

第二吾人未用科學以考古。古代之書多由傳說或假託，因之不能不考正其著作時代之背影及其變化之原因。欲考正之，不能不利用科學。即如因天文學之進步而得校正春秋之置曆，利用地中發掘物以正書籍之舛訛，其尤著也。而馬克斯之唯物史觀，用科學以解剖各時代之社會狀況，於近世考古學尤有莫大之影響。而吾國學者以科學整理故學者，其風氣尚未展開。此其二也。

第三缺乏善良之傳本。吾國因歷代兵燹，古籍消毀無存。而東洋未受兵災，吾國之古鈔本流傳於彼者尚多無恙。（參觀七經孟子考文補遺考及日本國見在書目錄考可以知其梗概。）故吾關於善本方面，根本已不逮人。況彼因政治健全，經濟澎漲，圖書館環立，學者得以縱觀，隨意涉獵、 吾國較完之圖書館不啻鳳毛麟角，卽欲自購，勢亦良難：遂至窳殫學者之志氣。 此其三也。

爾來各地圖書館漸次增加，而僻處偏隅者幸商務印書館有四部叢刊之印行，吾人欲取閱善本之書較前良易，頗可以解決第三問題。 年來教育改良，科學人才寖出，此項出版物亦日盛，卽用科學以考古在學者之決心耳；由是可以解決第二問題。 至日本人假定測量術之底線是否正確，吾人當公開討論而決定之。 用是不揣固陋，介紹此四十一篇，提供於海內同志，俾作他山。 又幸蒙商務印書館王雲五所長贊助印行，他日於整理國故前途或有多少影響，是卽區區之所企望也。

民國十八年一月十五日，編譯者江俠庵。

評論續輯終

初刻本校勘記目

知非集校勘表一種，本擬印於顧先生所編之校勘記後；今因重編此帙，故亦附入，於行格殊未整也。趙貞信記。

初刻本校勘記

總叙

這編校勘記已是第三次重作了。最早顧頡剛先生看見胡適之先生得到的那部初刻本就做成了兩卷校勘記，交給亞東去付印。後來他自己在杭州買到了一部初刻本，和適之先生本有很多地方不同，因把印成的校勘記抽出，重做了一遍。去年見了燕京大學圖書館所藏的一部初刻本，又和前見的兩本相異，遂命我重做這一帙校勘記。

三部初刻本，顧先生那部完全是陳履和於嘉慶二年丁巳在南昌初次刊刻的本子；胡先生一部除了掉換過的正朔考，燕大圖書館一部除了後來加上去的三代經界考，也都是丁巳的原板，但內容有些改動的地方。由我的猜測，以爲把丁巳刻本爲主的本子，除開這三種形式以外，大概不至再有旁的變相了。這三種大同小異的本子，竟會陸續聚到我們這裏來，使我們有完成這帙初刻本校勘記的機會，實在不可不說是一件奇巧的事情。

這三種本子，原名都叫東壁先生書鈔。顧先生所有的是丁巳四種合刻本。胡先生的雖也是四種，但其中的三正考已改爲丙寅年刻的彰德本正朔考。燕大圖書館本則就丁巳刻本之外又加進了一種乙丑（嘉慶十年）刻的三代經界通考，成爲五種本。所以這三部書的名稱很有些複雜。顧先生本可以叫『丁巳本』，也可以叫『四種書鈔本』。胡先生的也可以叫『四種書鈔本』，但可以稱爲『丁巳本』的只佔三種，正朔考是應叫『彰德本』的。燕大圖書館本可以叫『五種書鈔本』，而有四種也可以叫『丁巳本』，其三代經界通考則應叫『乙丑本』的。爲要提清三部之中的那一部，只得就現在藏書的人來分別牠，叫牠做『顧本』，『胡本』，『館本』。我以前替胡先生續補科學的古史家崔述和現在做這編校勘記所用的名稱大概屬於這幾個。恐怕把讀者弄糊塗了，所以在這裏說一說清。

顧先生這一部書鈔，一共是六册，用連史紙印，每頁八行，每行二十三字，板心高營造尺六寸三四分，寬四寸三分。每册的封面上都粘有洒金箋的書簽，上書『東壁先生書鈔』六字。第一册的第一頁是總目，式樣如下：

總目

補上古考信錄三卷

洙泗考信錄六卷

經傳禘祀通考一卷

三正異同通考一卷

贈陳履和序一首附刻

跋一首

板心是『總目』兩字。 總目後面的一頁，前半頁是空白，後半頁的當中是『補上古考信錄』六個大字，右邊的上方是『崔東壁先生著』，左邊的上方是『嘉慶二年四月刻』，下方是『映薇堂藏板』。兩邊共爲十八個較小的字。 後一頁便是補上古考信錄目錄，更後便是本書的正文。 本書三卷，第一卷是二十四頁，第二卷也是二十四頁，第三卷是十三頁。 補上古考信錄的第一卷第一頁首三行，其式樣如下：

補上古考信錄

大名崔述東壁著

石屏受業門人陳履和校刋

第二卷，第三卷也是一樣，不過在第一行『錄』字之下加上了『卷二』『卷三』兩字。第一卷之末有『補上古考信錄卷一終』一行，第二卷第三卷相同所不同的，第一卷正文末行之下另有『卷一終』三個小字，而其牠二卷則沒有。這一册和其牠五册有一不同之點，其牠五册（除了末册附刻的贈陳履和序及陳履和跋）刻的是宋體字，而這册獨完全爲楷書。我認爲這種字是陳履和自己寫了刻的。

六卷洙泗考信錄，每兩卷合一册，分佔了二三四册。第二册的書端和補上古錄的書首一式。下面是目錄，更後便是本書正文。第一卷第一頁的首二行如下：

洙泗考信錄卷一

大名崔述東壁著　　滇南受業門人陳履和校刊

其餘五卷式樣都同。卷末也都有『洙泗考信錄卷口終』的一行。第一卷是二十五頁；第二卷是二十六頁；第三卷是三十一頁；第四卷是三十頁；第五卷是二十九頁；第六卷是三十二頁。

第五冊爲經傳禘祀通考，第六冊爲三正異同通考，每冊書端式樣都和前兩書相同。第一頁首三行，和補上古錄相同。卷末一行也是於本書書名之下加一個『終』字。禘祀通考凡四十一頁，三正通考凡二十一頁。三正考後即是贈陳履和序占三頁；更後即是陳履和之跋占二頁；跋末行的下方有小方印二，上爲『履龢欣賞』四字之陰篆，下爲『海樓瓣香』四字之廻文陽篆。

這一部書更有一特點：第一冊補上古錄卷一第一頁，第五冊禘祀考第一頁，第六冊三正考第一頁，其第一第二行之上端和格中都挖有巨約方寸之孔；第二冊洙泗錄卷一之首頁，第三冊，第四冊洙泗錄卷三卷五之首頁，其第一第二行之上端亦同，惟在格中者則因保留原有之『受業門人』四字，故挖成之孔較狹，在『受業門人』之字上顯出殘餘之硃色陽文篆章作『亻壹蘭捐』兩全兩不全的四字。

胡先生的一部，除正朔考是彰德刻本外，其餘三種都是丁巳刻的原板，和顧本一樣。這兩本的不同之點如下：

（1）胡本全帙雖也是六冊，但是經過重新裝訂，書簽已一律沒有。

（2）第一冊補上古考信錄目錄上半頁第一行之上端有一朱色方印，爲『一介書生』四字之陽篆格內下方有一朱色小方印，篆陽文『檠武』二字。

（3）補上古考信錄卷一第一頁第三四行之上端有墨筆書『此係未成之書，今已更定，另有抄本』之十四字。

（4）第八頁下半頁之末行起，至第九頁上半頁第六行止之七行，上面貼有用宋體字刻印而不加圈之文的長紙。其被貼之文爲：

無涉也。戰國策曰，神農伐補遂。黃帝伐涿鹿而擒蚩尤。亦列神農於黃帝之前。而不云炎帝。晉語曰，黃帝以姬水成。炎帝以姜水成。亦列炎帝於黃帝之後。而不云神農。惟史記封禪書曰。神農封泰山禪云云。炎帝封泰山禪云云。黃帝封泰山禪亭亭、嘗列炎帝於黃帝前。蓋史記謂二帝同時。故偶先及之耳。然上文自有神農。則炎帝亦不得復爲神農也、春秋傳云。炎

貼上之文則爲:

無涉也封禪書云古者封泰山禪梁父者七十二家而夷吾所記者十有二焉神農封泰山禪云云炎帝封泰山禪云云夫十有二家而有神農復有炎帝其爲二人明甚烏得以炎帝爲神農氏也哉戰國策曰神農伐補遂黃帝伐涿鹿而擒蚩尤亦列神農於黃

帝前而不云炎帝晉語曰黃帝以姬水成炎帝以姜水成亦列炎帝於黃帝後而不云神農春秋傳云炎

(5)第十，第十一頁抽去，換入兩頁亦爲寫刻，無圈。第十一頁之下半頁僅有一行零十三字，餘均爲空格其文緊接第十二頁。

(6)卷二第八頁上半頁第三行『覽』字點去，旁書一『紀』字。

(7)第十，十一，十二頁抽去，換入兩頁，但將其下一頁之板心數目字作『十一；十二』，其字體和第一卷換入者相同，亦不加圈。

(8)第十五頁下半頁第三行『姬』字點去旁墨書一『巳』字。（原書凡已己巳字皆刻作已，墨筆校者從之。）

(9)卷三抽去第一，二，三，四頁，換入另刻者六頁，故該卷第六頁之後轉又爲第五頁，字體都與前二卷換入者同，亦不加圈。

(10)第二冊洙泗考信錄目錄下半頁第五行之『餘澤』及『附雜錄』五字用

紅筆圈去，而用墨筆書『遺型』二字於『餘澤』之下。

(11)第三册洙泗考信錄卷四第十六頁下半頁第七行『專』字用墨點去，書一『尊』字於旁。 此條與顧本相同，當係印出時即改正者。

(12)卷四中抽去第二十，二十一頁，換入另刻之兩頁，字亦爲宋體，亦有圈，惟板心高僅六寸零半分，寬則和他頁相同。 第二十一頁上半頁第二行僅十三字，第三行至第七行均爲空格。

(13)第四册洙泗考信錄卷五抽去第二十五頁，換爲另刻之一頁，其前三行如下：

洙泗考信錄

大名崔述東壁著　滇南受業門人陳履和校刊

遺型

此三行之上下均加有紅筆乙號，以示删削。 第一二行之上端有硃書之文兩段，云『此下經先生重改補板，頁數多與原第不同，文中亦有紊亂處，再三分析，乃歸原次。』又云『重改本五六卷合看，補板時五六字何未挖去耶?』第四行之上端有硃書『連上』二字。板心之數目原刻作『卷六』，硃筆改爲『五』；又頁數『一』改爲『二十五』，以示與上頁相聯接。板心高營造尺六寸二分，寬四寸二分。

(14)卷五第二十六，二十七，二十八頁仍爲原板，但第二十六頁板心頁數之旁有硃書『二十六』三字；二十七頁頁數之旁既硃書一『三』字，二十八頁頁數之旁既硃書一『四』字，皆復圈去。

(15)二十八頁之後一頁，亦爲換入之另刻之一頁，板心數目作『卷六』『五』；硃筆將『六』改爲『五』，頁『五』之旁初書一『五』字，圈去，重書『二十九』三字。

(16)上頁之後三頁，爲丁巳本卷六第十，十一，十二頁之原板；但硃筆將其『卷六』之『六』字均改爲『五』，『十』至『十』『十一』『十二』則改爲『三十』

『三十一』『三十二』『三十』之旁初有硃筆書『又一接上五』五字，後圈去。

(17)上三頁之後二頁亦爲換入之另刻之頁，板心數目作『卷六』『九』『十』；硃筆將『六』改爲『五』，頁『九』『十』則改爲『三十三』『三十四』。

(18)上二頁之後八頁，卽爲丁巳原書卷六第二十五至三十二頁，硃筆將板心『卷六』之『六』改爲『五』，自二十五至二十九上面之『二』字均改爲『三』，自三十至三十二則改爲『四十』『四十一』『四十二』。丁巳原書之卷六第三十二頁，本爲洙泗考信錄最末後之一頁，其下半頁第三行至第七行原屬空格，第八行則有『洙泗考信錄卷六終』八字。此本此頁則在第七行之空格中寫入『附雜錄』三字，第八行全行挖去，用同樣之紙襯入補好，寫上『子絕四毋意毋必毋固毋我論語子罕篇』十六字。此兩行原在顧本卷六第十四頁下半頁第七八行內；今其字蓋卽就該頁所影摹，故亦作宋體，但原有之五個句圈則都沒有加。

(19)上八頁後之六頁，即爲顧本洙泗考信錄卷六第十五至二十頁；硃筆將板心之頁數改爲自一至六。

(20)上六頁後之五頁，均爲另刻換入者，板心卷數均作卷五，頁數自二十八至三十二；硃筆改爲七至十一。最後一頁下半頁之末行爲空格。

(21)上五頁後之一頁，係取同樣之紙用墨筆就書影摹而成，故字亦均作宋體；上半頁之首二行爲空格；其第三行至第七行，即爲顧本洙泗考信錄卷六第一頁上半頁之第三行至第七行，第八行至下半頁之第八行，即爲顧本洙泗考信錄卷六第三頁上半頁之第八行至下半頁之第八行；板心無墨書數目字，惟有硃書『十二』二字。

(22)上頁後之六頁，即爲顧本洙泗考信錄卷六第四至第九頁，硃筆將其頁數次序改爲十三至十八。顧本洙泗考信錄卷六第九頁下半頁本無空格，此本則將其第五至第八行挖去用同樣之紙補好，故此四行遂爲空格。

(23)上六頁後之一頁亦爲另刻換入者板心數目作『卷五』『二十五』；硃筆將『二十五』改爲『十九。』此頁即爲胡本第四册最後之一頁，亦即洙泗考信錄最後之一頁。總計此本之第四册較顧本少去洙泗考信錄卷五第二十五二十九頁卷六第一，二，三，十三，十四，二十一，二十二，二十三，二十四頁，共少十一頁。加入卷五之二十八，二十九，三十，三十一，三十二，三十五頁；卷六之一五，九十頁，及抄寫之一頁，共亦十一頁。

(24)經傳禘祀通考完全和顧本一樣，惟其中有若干用墨筆校改之處，校文概同道光刻本，不知何人所爲。

(25)正朔考後所附之贈陳履和序及陳履和跋，雖與顧本相同，但亦有數處用墨筆鈎改。最後一頁爲嘉慶五年履和後跋，即今本考信附錄卷二第八頁之一段，此頁爲顧本所無。

胡本的正朔考也是寫刻本，我很疑這些字就是崔先生所自寫。書首爲『三代正朔通考』六大字，左方上角有『嘉慶　年　月』四字。正文共十九頁，每半頁八行，每行二十三字。板心高營造尺六寸四分半，寬四寸三分。第一頁首三行作：

三代正朔通考

大名崔述東壁著

丙寅九月彰德城中改刋

全書雖和今本不同處甚少，但現在恐已很難找到第二部。

燕大圖書館本是五種書鈔，卽是就丁巳刻的四種書鈔之外加上一種乙丑（嘉慶十年）二月刻的三代經界通考。（日本內閣文庫圖書部也藏有同樣一部。）全帙訂爲四册，裝式猶是原物。封面書簽惟第二册尚存，已改印於連史紙上。第一册和顧本全同，祇有總目爲重刻者，其式如下：

東壁先生書鈔總目

補上古考信錄三卷

洙泗考信錄六卷

經傳禘祀通考一卷

三正異同通考一卷

贈陳履和序一首附刻

跋一首

三代經界通考續刻

板心也改爲『東壁先生書鈔總目。』第二册是洙泗考信錄一，二，三卷的合訂；本目錄也是另刻換入。這一部書中的洙泗考信錄和三正異同通考因有許多就原板挖改，所以行內有的留有空白，有的字數加多，擠得特別緊。 第三冊是洙泗考信錄四五六卷的合裝。顧本的卷五是二十九頁，此本則增出三頁，作三十二頁；顧本的卷六是三十二頁，此本則祇有十八頁。 卷五第二十五頁是另刻換入的，高有六寸五分，寬和他頁相同，文和胡本洙泗考信錄的末頁一樣。 第二十六，二十七頁，即爲顧本卷六第十九，第二十頁之板，但將其板心中『卷六』之『六』字挖改爲『五』，頁『十九』『二十』則挖改爲『二十六』『二十七』。 二十八至三十二頁，皆爲另刻換入的，其文也和胡本內硃筆改爲七至十一頁的相同；惟第三十二頁下半頁末行，胡本是空格，而此本則有『洙泗考信錄卷五終』八字。 卷六第一頁亦爲另刻換入的，和胡本中被硃筆改做卷五第二十五頁的相同；惟上半頁第一行『洙泗考信錄』下有『卷六』二字。 二，三，四頁即爲顧本之卷五第二十六，二十七，二十八頁，但將板心『卷五』之『五』挖改爲『六』，板心之『二十六』『二十七』『二十八』則挖改爲『二』，『三』，『四』。 第五頁亦係另刻換入的，和胡本中被硃筆改爲『卷五』第『二十九』頁者相同；惟胡本此頁上半頁八行，下半頁則九行，其下半頁之第四行係雙行並排之小字，此本此頁則上下兩半頁均作八行，惟上半頁第二三四行比胡本多一字，第五行多二字。第六七八頁即爲顧本卷六第十，十一，十二頁板心頁數係挖改。第九，十頁亦係另刻換入，和胡本中被硃筆改做『三十三』『三十四』頁者相同；惟胡本第九頁之上半頁每行均作二十一字，故下半頁第二行爲空格，此本此頁之上半頁均作二十字，故下半頁第二行不空。第十一至十八頁，即爲顧本卷六第二十五至三十二頁，板心亦經挖改。第四册是將經傳禘祀通考，三正異同通考，三代經界通考三書合訂。禘祀考完全是丁巳原板；三正考也都是丁巳原板，但有若干挖改之處；第十五頁因爲添進十八個字，所以另刻了一頁換入，也是宋體字，也加圈，但原來是每行二十三字，此頁却作每行二十四字。三代經界通考的書端，當中爲『三代經界通考』六大字，右上爲『崔東壁先生著，』左下爲『映薇堂藏板，』共十一字，這書端和書鈔內他種不同，他種皆楷書寫刻，惟此作宋體字。正文共二十四頁，行數字數與其牠四種同。板框尺度高營造尺六寸二分，寬四寸二分。第一頁首三行作：

三代經界通考

大名崔述東壁著　辛酉六月羅源署中補刻

乙丑二月受業門人陳履和南昌寓中重刻

末頁末行爲『三代經界考終』六字。經界考後所有之贈陳履和序及陳履和跋，和在顧本胡本之後者相同，即最後一頁之後跋也和胡本一樣；惟陳履和跋末行『寓館』之下，胡顧本均有陳氏之二小方印而此本則沒有。

由我推測，顧先生本和胡先生的丁巳本都是嘉慶丁巳陳履和初刻成時所印的四百部內之一部。我以爲顧先生一本是陳氏方印好時就被人乞去的一百數十部內之一部。胡先生的丁巳本，是陳氏先印了數十部寄到羅源的，也許是餘下來的二百部後來又寄了若干部到羅源去的一部。館本中之經界考是乙丑刻的，洙泗錄也是乙丑修的，在嘉慶十三年自南昌寄彰德書（考信附錄卷二）中都有說明；三正考是不是同時所修，雖未提起，但在沒有其牠的確證之前，暫可假定為同年所修，而全部亦可假定為此一書刻好二書修好後所印，因為拿起這部去比顧本胡本就顯見板有新舊之別，但不知這次他又印了若干部。當時的修改不但是誤字，就是圈句有錯的也得改動，如三正考第一頁第四行『其詳具於春秋』一句，顧本的圈誤刻在『春』字之旁，館本就移到『秋』字之旁了。也有挖改不到的，如洙泗錄目錄內已作『初仕』，但書中之題仍為『始仕』，和顧本相同，這是忘記將『始』字挖去改入『初』字的。又重刻的目錄上雖列經界考於『跋一首』之後，但裝訂時則將經界考置於三正考後；又未刻後跋一題于目錄內：這都是疏忽不相照應的地方。顧本是丁巳原刻初印本，館本是乙丑修刻重印本，這二部都由南昌流出可以無疑。顧本因爲書中有「亻壺蘭捐」這一個篆文殘印，一天顧先生突然想起了捐建紹興古越藏書樓的主人會稽徐樹蘭（字仲凡，候選知府，卒於光緒二十八年，一九〇二）來命我把古越藏書樓的書目一查，果然在卷二內尋到了東壁書鈔本的禘祀考，卷十一內尋到了書鈔本的補上古錄，卷十三內尋到了書鈔本的洙泗錄；只有三正考尋不到，想來是漏載了。這部書也不知是那一個從古越藏書樓偷了出來售賣，恐怕人家知道，所以把圖章挖去，又恐怕損壞了書上的字不好賣，所以留下了些殘印，但竟靠了這一點使我們認識了此書的舊主。我所以認顧本是陳履和方印好時就被人乞去的一百數十部內之一部的緣故，因爲此書純潔如新，（三部書中，胡本館本之紙已頗黃脆，翻檢易於碎裂，惟顧本不然，此亦可知二書之久在北而一書之久在南也。）毫無批注。看了丁巳本的後跋，和在考信附錄中履和給崔先生的信，就可明白丁巳本的刊刻是崔先生所不滿意的，當時他就把更定的洙泗錄寄給履和，跋上也說出先生答他

『近日胸中別有一部上古考信錄矣，』所以我疑心如果胡本的補上古錄第一頁上寫的『此係未成之書今已更定另有抄本』這十四字是崔先生所寫，則此部便是第一次寄去的數十部內之一部；萬一是履和所寫，則此部必屬餘下來二百部後又寄閩若干部中之一部。但無論如何，總居二百數十部內之一部，因爲板成後共印四百部，當時被人乞去之一百數十部上不及批寫此語，在板末修改前，履和亦必不敢再印；看此語之口氣又絕不像其他的人所書。所以以爲此書必爲寄閩中之一帙者，因履和所改可以就板挖補，而此書除另刻抽換外，毫無就板挖補處，則當然因爲手頭沒有書板之故，又專爲抽換數頁而特行刻板，則其抽換之帙必非少數，既非履和，自除崔先生外更無他人。我頗疑洙泗錄中數板之刻換係在羅源，刻換後曾有一帙給履和；這但須比看館本抽換的卷六第五頁，第九頁，和胡本抽換的卷六第五頁，第九頁，就可見出館本是鑒於胡本之失而改良的。補上古考信錄內粘貼上去的七行，和換入的十頁刻於何時何處，很難索解：

如刻於閩，何以竟不給履和？如曾給履和，何以他乙丑年修刻洙泗錄，三正考時竟不修刻此書？ 貼上去的七行和換進去的十頁，字體刻工均不相同，當然是兩次所爲，我暫假設貼上去的刻於羅源，換進去的刻於大名或彰德。 嘉慶十三年，崔先生寄給履和的書中有彰德本的正朔考，但同時又有抽換兩頁的禘祀考；現在胡本的正朔考已是彰德本，而禘祀考內並無抽換之頁，所以我又很疑心如果這部四種書鈔的拼成是由崔先生手中出來的原樣，（對于這部書的變遷，我有這樣一個大略的推想：先從南昌寄到羅源，由崔先生加上了第一册的批語，刻換了補上古錄中的七行和洙泗錄中的十頁，加訂了一頁後跋，然後帶到大名，帶到彰德，刻換補上古錄中的十頁，掉入彰德本的正朔考；此後或即留在彰德，或已流出彰德，落入硃筆改排的人之手，然後在北平歸于胡先生。）則此書之離開崔先生必在嘉慶十一年九月之後十三年六月之前；而補上古錄裏面七行十頁的刻換也不能更遲於十三年六月了。 此書的後跋無疑是履和在嘉慶五年印好了之後寄到羅源去的；但不知是同此書一齊寄去的呢

（假如此書是餘下來二百部，後來又寄到羅源去的若干部中之一部的話），還是書早已寄去而此時單寄了此跋去的？這部書的最糾纏不清不容易猜懂的地方，自然要算洙泗錄卷五第二十四頁之後的三十七頁了。顧本洙泗錄卷五第二十四頁之後到末了也是三十七頁，但這本的三十七頁中和顧本一樣的只有二十六頁（卷五尚存二十六，二十七，二十八頁；卷六存四，五，六，七，八，九，十，十一，十二，十五，十六，十七，十八，十九，二十，二十五，二十六，二十七，二十八，二十九，三十，三十一，三十二頁），另刻換入的文字和館本相同的有十頁（板心刻作卷五二十五，二十八，二十九，三十，三十一，三十二，卷六一，五，九，十）；影寫顧本卷六第一頁上半頁的第三，四，五，六，七行和第三頁上半頁第八行與下半頁而寫成的有一頁；顧本中有而這本中抽去的共十一頁（卷五二十五，二十九，卷六一，二，三，十三，十四，二十一，二十二，二十三，二十四）。館本洙泗錄卷五二十四頁之後另刻換入的頁數完全和這本相同，抽去的頁數則比這本增加了十頁（卷六四，五，六，七，八，九，十五，十六，十七，十八）又沒有影寫的一頁，所以共只有二十六頁，我不知是那一位冬烘先生沒緣沒故的把崔先生重排次序的書來顛倒一下，弄得人家對這個本子迷惑不清，還多承他注上了兩句『再三分析乃歸原次』的說話，我想了好久，想不出有更適當的方法可以解決這問題，只好將這册書拆開來施展了一次恢復的手段。 僥倖並不十分麻煩，居然被我還復了牠當年的原樣，使我可以列出了一張頁數對照表，總算弄清楚了這部書的最糾纏的一部分。

書鈔本洙泗考信錄第五卷第二十四頁以後各本

頁數對照表

顧本	館本	胡本之崔氏原改本	胡本之硃筆改本	附注
無	卷五第二十五	同	卷六第十九	
卷六第十九	卷五第二十六	同	卷六第五	

卷六第二十	卷五第二十七	同	卷六第六	
無	卷五第二十八	同	卷六第七	
無	卷五第二十九	同	卷六第八	
無	卷五第三十	同	卷六第九	
無	卷五第三十一	同	卷六第十	
無	卷五第三十二	同	卷六第十一	
無	卷六第一	同	卷五第二十五	此頁上半頁第三行爲『遺型』一題
卷五第二十六	卷六第二	同	卷五第二十六	
卷五第二十七	卷六第三	同	卷五第二十七	
卷五第二十八	卷六第四	同	卷五第二十八	
無	卷六第五	同	卷五第二十九	
卷六第十	卷六第六	同	卷五第三十	

卷六第十一	卷六第七	同	卷五第三十一	
卷六第十二	卷六第八	同	卷五第三十二	
無	卷六第九	同	卷五第三十三	
無	卷六第十	同	卷五第三十四	此頁下半頁第七行爲『附總論』一題
卷六第二十五	卷六第十一	同	卷五第三十五	
卷六第二十六	卷六第十二	同	卷五第三十六	
卷六第二十七	卷六第十三	同	卷五第三十七	
卷六第二十八	卷六第十四	同	卷五第三十八	
卷六第二十九	卷六第十五	同	卷五第三十九	
卷六第三十	卷六第十六	同	卷五第四十	
卷六第三十一	卷六第十七	同	卷五第四十一	此頁下半頁第七行胡本有『附雜錄』一題
卷六第三十二	卷六第十八	同	卷五第四十二	

卷六第十五	無	卷六第十九	卷六第一
卷六第十六	無	卷六第二十	卷六第二
卷六第十七	無	卷六第二十一	卷六第三
卷六第十八	無	卷六第二十二	卷六第四
卷六第一上 三下半	無	卷六第二十三	卷六第十二　此頁胡本係影抄上半頁第三行有『餘澤』一題
卷六第四	無	卷六第二十四	卷六第十三
卷六第五	無	卷六第二十五	卷六第十四
卷六第六	無	卷六第二十六	卷六第十五
卷六第七	無	卷六第二十七	卷六第十六
卷六第八	無	卷六第二十八	卷六第十七
卷六第九	無	卷六第二十九	卷六第十八

我們看了這張表，便可明白崔先生這部書的改動完全是改得同館本一樣的不

過比館本多出的十一頁在此本裏還沒有删去，而這十一頁在顧本裏都是排在卷六前面，現在則移到後面來了。照崔先生改動的本子，洙泗錄卷六的目錄應當如下：

遺型　附總論　附雜錄　餘澤

我看了這個本子很淸楚的明白了由洙泗考信錄而產出洙泗考信餘錄來的經過。我更相信這本洙泗錄的改定，是在改成館本洙泗錄之前；到這本洙泗錄改好，他已想到有更做洙泗餘錄的必要，到館本洙泗錄改成，洙泗餘錄已大略成形了。因爲他把『附總論』移前，『餘澤』和『附雜錄』移後，顯然的將直接關于孔子和間接關于孔子的事分析成兩部分，上下已不能再合作一帙了。我大胆的猜測用硃筆更改頁數的這位先生，他所說的『乃歸原次』便是想將這幾頁書的次序還復到丁巳原刻本的次序，所以他斷然的將原來的二十五到三十二頁移至後面，而升卷六的第一頁來接卷五的二十四頁，鈎去了首三行，在第四行上端書了一個『連上』這一處的文字總算接對了，但已經改好了的本子，不移易頁內的文字單去搬動搬動頁數的次序，便想改歸原次，這是多麼蠢笨的舉動！ 所以自此以後，反而弄成既不像原本又不像改本的一個特異的本子。 初時我頗疑心頁內挖補過的兩處，影寫編入的二行和一頁，許是這位先生所爲，現在已明白這都是原樣如此，他除了搬動幾頁寫上了一些硃筆字之外，便沒有幹什麼。 他說，『重改本五六卷合看，補板時五六字何未挖去耶，』看他上面說『此下經先生重改補板，』則重改本當便是指此本而言。 他所說『五六卷合看』也是對的，因爲崔先生將原來卷六的十九，二十頁改在卷五內代二十六，二十七頁，將原來卷五的二十六，二十七，二十八頁改在卷六內代二，三，四頁。 獨有『補板時五六字何未挖去耶』這一句，我眞猜想不出一個解釋得圓通的意思，只好暫且記在這裏，等候賢達的指教和我的徐悟。（猜測是有幾種，都不很圓滿，所以我不願寫出，我總疑他原意就有誤。） 我補續科學的古史家崔述時，對于這一節不暇改動胡先生的原文，現在將我所想到的意思就算寫在這裏吧。胡本禘祀考的校者不知是誰，惟校文既都和東陽刻定本相同，則必在道光四年定本出來以後。

這一次校勘記的做法，和顧先生上兩次的做法不同；上兩次的做法，都是以書鈔本的格式爲主，而寫明牠校出之處係在今本某卷某頁某行。我因爲書鈔本是他人所難見之本，不見原本單看文中敘述的原本格式，不容易看得分明，所以改用今本的卷册頁行爲主；而說明牠在書鈔本中是怎樣的，或許可以使看者比較容易明白些。因爲要用今本的卷册頁行爲主，所以只得就今本的某書作某書的校勘記：如書鈔中並無洙泗考信餘錄和考信附錄，但因爲有些本在洙泗考信錄的現已移到洙泗考信餘錄了，贈陳履和序，陳氏跋文及後跋等本附書鈔之後的，現已錄在考信附錄了，因此只得編列洙泗考信餘錄和考信附錄這兩種的校勘記。補上古考信錄，顧本和館本是相同的，胡本不同。洙泗考信錄，顧館胡三本都不同。禘祀考，顧館本相同，胡本不同。正朔考，顧館胡三本都不同。經界考，館本有顧本胡本無。贈陳履和序及陳履和跋，三本相同。後跋，館本胡本有，顧本無。校勘的通例，是幾本相同而和今本不同的，則寫『某作某』；幾本都不同而和今本也不同的，則寫『某本作某』；幾本中有某本和今本不相同而某本和今本相同的，則但寫和今本不同的這本，如寫『顧本作某，』即可知館本胡本是和今本相同的了。洙泗考信錄及其餘錄的校勘記中所以沒有提及胡本的緣故，因爲我先校對了一下，知道凡是這書中所有的，若不是在顧本中，便是在館本中，不過頁數次序的移置；只須將牠的頁數次序如何移易說明白了，便可無庸校勘，所以我就將這點工作省略了。丁巳原本，全書都有句圈，間亦有讀點，不知是履和根据了崔先生的稿本而加的呢，還是履和代崔先生加上去的？崔先生在論語餘說中曾說：『近世讀書句讀多有誤者。余幼時見人讀論語，或當斷而連，或當連而斷，以爲余鄉僻陋無名師爲正其誤耳。漸長，讀明人時藝，乃知自明中葉以來卽如是，不始於今，亦不獨余鄕爲然也。』他舉出的例，如：一，『夫子循循然善誘人，』這八個字應當在『子』字下一讀，『人』字下一句，不應當分上五字和下三字作兩句。我查看他在丁巳本洙泗考信錄卷六（見今本洙泗餘錄卷一第六頁）中引用這句時雖沒有在『子』字下加一讀，但確是將這八字作一句的。二，『何必讀書然後爲學，』這八字他也說不當中分爲兩句，但我查看他在丁巳本洙泗考信錄卷三（見今本洙泗錄卷二第二十一頁）內引用這句時，却依然是在『書』字下用一圈。假如是他自己圈的，豈不是自說自犯了嗎？他在論語餘說中又說：『大抵近世讀書之士惟事講章墨卷，多不留心句讀。』在豐鎬考信錄卷四中也說：『嗟夫，章句之學通儒所鄙，然章句之士亦何可多得！……爲文而能識字，說經而能知句讀，此固非易易事也。』我看丁巳本的句讀，有很多是不妥當的。隨便舉幾個例吧。『子曰，書云，『孝乎惟孝，友于兄弟』』（論語爲政篇），這幾句他引用在丁巳本洙泗考信錄卷二（見今本洙泗考信錄卷一第三十六頁）裏的圈法是『子曰書云孝乎惟孝友于兄弟』『小慚，亦蒙謂之小好；大慚，亦蒙謂之大好』（韓退之爲馮宿論文書，文略異），這幾句他引用在丁巳本洙泗考信錄卷四（見今本洙泗考信餘錄卷一第四頁）裏的圈法是『小慚亦蒙。謂之小好。大慚亦蒙。謂之大好。』這種句法總不能算通吧！ 丁巳本的句法和今本的點法自然不能相比的；不過今本洙泗考信錄卷四內點的『而好事者假借離合以推之於時事。即間有一二斥言者』（見第十八頁），在丁巳本洙泗考信錄卷五內則圈作『而好事者假借離合以推之於時事即間有一二斥言者。』 像這樣的不同也還很少。 把丁巳本和今本（今本是根據道光刻本而印）比較，凡改過的地方固然改對的多；但也偶有改錯之處。 如『唯青陽與夷鼓皆爲己姓』（見今本補上古錄卷上第二十八頁），丁巳本誤『己』爲『姬』，今本改作『己』是對的；但如『太宰問於孔子曰』（見今本洙泗錄卷四第十七頁），丁巳本『孔子』作『子貢』，今本把『子貢』改爲『孔子，』却改錯了。 這本校勘記所校的，凡字同而俾筆畫略有出入者，大概不校的多；也有校了幾處，餘者多不校，如『耶』作『邪』等，總之不重要的就隨便些了。東壁遺書的本子很多，這帙校勘記雖爲今本而作，但我很想使牠有獨立的性質，所以如禘祀考，三正考，洙泗錄內顧先生雖已附注校文，但校勘記內皆不省略。有些說話，顧先生在先前做的兩編校勘記序內已說明了，所以我也就不再說；但將他的舊文鈔在下面，一來可見此事的經過，二來亦可補我所未說的。

民國二十一年一月十八日，趙貞信寫於北平正陽門外寓所。

初編校勘記原序

初刻本校勘記卷一

補上古考信錄校勘記

本書點印旣竣，始在適之先生處見嘉慶二年四月陳氏映薇堂刻本。取勘今本，別異甚多。其中有改刻抽換者十頁，又有改刻數行而粘於原頁之上者若干條，雖不詳其時日，要在嘉慶二年之後，道光元年重刋定本之前。書分三卷，篇第亦多移改。因備錄其目，爲之校勘。明知定本已行初稿可廢，但存此草樣以勘成書，庶幾可見前哲黽勉之功與其進益之歷程。畫家寶重粉本，猶此意也。

民國十四年八月十五日，顧頡剛記。

初刻本校勘記卷一

洙泗考信錄校勘記

此亦嘉慶二年四月映薇堂刻本而經抽換重次者。書凡六卷，較今本溢出二卷。當時洙泗考信餘錄尙未著成，故顏閔以降諸賢之事亦有入錄者。今之原始篇曩析爲先世，初服兩篇。今之考終篇則附於歸魯下。而曩之餘澤，雜錄，今又附於考終總論，又附於遺型。刪改之多，視上古一錄爲甚。原書改刻重排，頗有失次之處。今勉爲之校記，未知能無誤否也。民國十四年十月十二日，顧頡剛記。

二編校勘記原序

東壁遺書校勘記序

予之初讀東壁書也，但見適之先生所購畿輔叢書本耳。其後在北京書肆中買得道光本，亦僅正錄二十卷。逾年，輾轉在滬上假得日本那珂氏點本，乃得雇工寫補以成完書。又逾年，亞東圖書館囑標點此書，即以是半刊半寫者爲底稿。那珂氏之校點，雖据道光時定本，亦曾搜得嘉慶刻本，故往往有校語。然疏略殊甚，非特別顯著者悉不錄焉。既移錄其校文，聞適之先生又得嘉慶本，因往借取。其書凡四種：曰補上古考信錄，曰洙泗考信錄，皆嘉慶二年南昌刻本而經改訂者，其中重刻抽換之葉凡十，改刻數行而粘于原葉之上者又若干，疑卽陳履和自南昌寄彰德書中所謂『洙泗錄亦照改訂處修好』（考信附錄卷二頁一七）者也。曰經傳禘祀通考，亦嘉慶二年刻本而未改訂者。曰三代正朔通考，則嘉慶十一年改刋于彰德者。時予適點讀王政三大典考，以兩書舊刻校之，正朔考修改處甚少，禘祀考則較多，並爲校記附于篇後。越四月，復校上古洙泗兩錄，以書已排成，爲寫校勘記兩卷，附于全書之後。

去夏遊杭州，忽在坊間覯一書，顏曰東壁先生書鈔；驚而檢之，蓋嘉慶二年本而未經重刻抽換者，於諸本中爲最早。其書蠟箋標籤，青綾護角，册未重裝，紙未脆折，猶是當年式樣。最奇突者，則三代正朔通考題爲『三正異同通考，』與『書鈔』一名並爲創見，而其中視定本差異者在四種中爲最夥。大喜欲狂，持之以歸，幾疑崔氏神靈默護，以報我搜集之勤也。遂乞於館中重爲校勘記而乘去前所刊之兩卷。到粵以來，人事倥傯，直至寒假中始爲陳書讎對。以不願分歧，凡校語之已見于各篇中者仍錄出之。其改訂本與原本，定本與改訂本之不同者，並爲注出。至原本之誤字脫字亦記之，私意將以書鈔全帙付之影印，即豫爲此影印本作勘誤表也。校書未竟，課業已開，無法畢工，乃以各本寄余昌之先生，請爲終其事焉。

或曰：書之所貴者定本也，作者之意如此矣。定本既行，初稿自廢。子復在故紙堆中覓出初刊本爲之逐字校勘，得無不憚勞乎? 應之曰：吾人之於前人之學也，不但願知其結果而已；所以有此結果之由來，其求知之心實更切摯也。學問無窮，賴于積累。個人之學之進，亦賴于積累。其老而止也，非學已成也，非積累至於不可加也，受生命之制限而莫可奈何耳。既自少至老皆在積累之程途之中，故吾人之於前人之學，求其終止之點與求其所歷之程途，此兩事蓋不可以軒輊。能如是，庶幾不薄古人，亦庶幾不崇奉一大師之說以爲絕對之眞理。何也？知古今一長程也，知昔人之一生一短程也，知吾生之程乃當繼昔人之迹而邁進者也。崔氏於古史之學沈潛四十餘年，其積稿當不勝計，惜弗可見。其可見者，則一改再改之書三數種耳。讀者誠能即此三數種書中尋其垂暮之二十年中之進益，則於繼迹邁進之道亦可以善自處矣。

中華民國十七年三月六日，顧頡剛記于廣州東山寓所。

補上古考信錄校勘記

自序（此篇原爲本書首段，列在『開闢之初』之前。）

頁　行

一　四　『孔子覩』作『孔子觀』。

一　六　『孔子得之』下有『當何如而愛護之』一句。

一　一　『天叙有典』之『有』作『五』。

自二頁六行『自易』起至三頁二行『司馬氏曰』止一段，原作『惟易春秋傳頗稱羲農黃炎時事，竊意其皆出於傳聞，或後人所追記，而非有當時之書。然古今儒者皆好言五帝，往往雜以百家之言，鄙陋不經。故余雜取易春秋傳文以補上古之事，雖不見於尚書，未敢必其悉實（易傳非孔子所作，詳見洙泗考信錄），要其理不悖於聖人，以此證百家之謬，或亦有不可廢者。司馬遷曰』

目錄

丁巳本之目錄與今本全異，其式如下：

卷三　炎帝氏　共工氏　太皞氏

少皞氏　顓頊氏　帝嚳氏

卷上

頁	行	
一	二	『前論一則』四字原無。
自一頁三行至三頁十二行段，原列於卷二黃帝至堯舜總題後。		
二	九	『亦無』作『亦未有。』
二	一〇	『呂氏』作『呂覽。』
三	一	『不與焉』作『不得與焉。』
三	五	『呂紀』作『呂覽。』
三	九	『以曲合其數』之『以』字下有『求』字。
三	一〇	『互相詆譏下』有『紛紛而不能一』一句。

三　一二　『之謬』下作『說見後章三皇說見開闢篇中。炎帝太皞女媧說並見前羲農篇中。』

四　三　『堯舜當巳午會之間』作『堯舜當午會之正中。』

四　七　『宮室』作『宮居』。

五　一〇　兩『則其平旦也』之『其』字均無。

六　一　『易序卦傳』下有夾注云『按傳皆後人追述，故下經一字以別之。以上古之不見於經也，故取傳文補之而從經例；仍冠之以「補」以別於經，志愼也。若已特書提綱，但詳志其事者，仍從傳例。』

六　二　『存參』二字無。

七　二　『往往采之』下有『以爲實矣』一句。

七　四　『羲農』上有『不知』二字。

七　六　『生者』上有『而』字。

七　八　『以後諸家』下有『言古史者』四字。

八　二　『疆理』之『理』作『里』。

八　六　『犧』作『羲』。

八　八　『包犧氏』作『羲農』，下接列在今本卷下第一頁第三行至第五頁第四行之一段。

八　九　自『包犧』起至『當從之』止，原列在今本卷上第九頁第四行小注『學者不可以辭害意也』句下。

八　自第九行『包犧』起至第十行『太皞篇中』止一段，原無。

九　自第一行以次，原係列在今本卷下第五頁第四行篇後。

九　四　『學者不可以辭害意也』之下原有在今本卷上第八頁第九行自『包犧』起至『當從之』之一段。

一〇　九　『寬宏』之『宏』作『洪』。

一三頁第六行之後，原接列在今本本卷第十四頁第五行之首兩句。

一三　七　『神農氏』三字，原無。

一三頁第八行起至十四頁第三行『故今並不載』止一段，原列在今本本卷一九頁第三行後。

一四　第三行『神農』起至第四行『條下』止十二字，原無。

一四　五　首兩句原列在今本本卷第十三頁第六行後。

一四　第八行後，原係接列在今本本卷第十九頁第九行至第二十頁第二行之一段。

一四　自第九行以下，原係列在今本本卷第十九頁第八行段之後。

一五　一　『嗌嗑』下有『謚』字。

一五　六　『補本紀』作『本紀』。

一五　一一　『存參』作『附錄』

一八　二至三　『說並詳後通考及堯舜禹啟篇中』作『說並詳後黃帝禹，啓諸章中。』下夾注『卷一終』三字，原書第一卷至此爲止。

一八　自第七行至第十九頁第三行之一段，原列在今本本卷第十四頁第五行首兩句之後。

一九　一　『視之』二字，原無。

一九　第四行至第八行之一段，原列在今本本卷第二十頁第二行之後。

一九　六　『盡創也』作『盡創之也。』

一九　第九行至第二十頁第二行之一段，原列在今本本卷第十四頁第八行條之後。

二〇　三　『黃帝氏』三字，原係列在今本下卷後論一則篇之後。

二〇　自第四行至第二十一頁第一行之一段，原係列在今本本卷第二十二頁第四行條之前。

二〇　四　『黃帝爲有熊氏』下原有『漢書律歷志云：「黃帝始有軒冕之服，故號曰軒轅氏」』三句。

二〇　八至九　『漢書』至『爲號』作『漢志以軒轅爲號』。

二〇　一〇至二十一頁一行　『又大戴記』至『條下，』顧本作『且大戴記本不足據，故今並闕之。』胡本同今本。

二一　第二行條，原係列在今本下卷第十七頁第五行條之前，『詞』作『辭』。

二一　三至五行條顧本係列在今本本卷第二十五頁第七行段之後，胡本則係列在今本本卷第二十二頁第四行條之後。

二一　六行至二十二頁三行之一段，原係列在今本本卷第二十六頁第二行條之後。

二一　七　『詢』作『狥』。

二一　八　『戰』作『占』。

二二　九　『虫』作『蚩』。

二三　二　『邪』作『耶』。

二三　四行條，顧本係列在今本本卷第二十四頁第十行段之前，胡本則係列在今本本卷第二十一頁第三行條之前。

二三　五至十二行之一段，原係列在今本本卷第二十七頁第十一行段之後。

二三　五至六　『叙兵書有「風后十三篇，力牧十五篇」』作『云「風后兵法十三篇，力牧兵法十五篇」』

二三　一行至第二十四頁第六行之一段，原無。

二四　七行條，顧本係列在今本本卷第二十五頁第九行條之後，冠有『補』字，頂格寫；句作『黃帝戰於阪泉。』胡本則係列在今本本卷第二十一頁

二四　第五行條之後，惟『阪』作『版，』餘皆同今本。

二四　八至九行條，顧本係列在今本本卷第二十五頁第十行條之前，胡本同今本。

二四　十行至第二十五頁第七行之一段，顧本係列在今本本卷第二十二頁第四行條之後，胡本同今本。

二四　一一　顧本『異德之故也』下有『其後大戴五帝德篇，史記五帝本紀，皆謂黃帝爲少典之子，蓋本之於此而』一段，以下即接列在今本下卷第五頁第七行『韋昭』起至第六頁第七行『會』字止一段，『春秋傳云』句上之『余按』二字無。

二五　六　『堯北面而朝舜者，』胡本作『堯與瞽瞍北面而朝舜者。』

二五　七　『邪』作『耶。』

二五　七　『後條』至『篇中』作『後條下及前羲農篇中。』

二五　八行條，顧本係列在今本本卷第二十一頁第五行條之後。

二五　十行條，顧本係列在今本本卷第二十四頁第九行條之後，不作『備覽』冠『補』字頂格起。

二五　十一行至第二十六頁第二行條，原係列在今本本卷第二十一頁第六行段之前。

二六　三行至第二十七頁第五行之十五行，原無。

二七　六至十一行之一段，原係列在今本下卷第二十八頁第七行段之後。

二七　一〇　『陰陽家言是也』之下，原有『故封禪書云「黃帝得寶鼎神策」，而莊子云「廣成子學道崆峒山」，「黃帝問道於廣成子」』之三十三字。

二七　十二行至第二十八頁第五行之一段，原無。

二八　六行至第三十頁第四行之一段，原係列在今本本卷第二十二頁第十二行段之後。

二八　七　『己姓』作『姬姓』；胡本將『姬』字用墨點去書『己』字於旁。

二八　七　『彤漁氏』作『彤魚氏』。

二九　六　『唯虞』至『所賜』作『唯陳嘗賜姓爲嬀』。

二九　七　『嬀猶姚耳』之下，原有『改姚爲嬀，非姚分爲數姓而一爲嬀也』句。

二九　七　『遂可以』作『遂可』。

三〇　四　『見前條下』作『見前雲紀條下』。

卷下

一　二　『炎帝氏』三字之題，載原書卷三之首，顧本於此題後接列二行，云，『炎帝在黃帝後，非神農氏，說已詳前羲農篇中；與黃帝非同生，說已詳前黃帝篇中。』胡本祇一行，無末十四字。

一　三行至第五頁第四行之一段原係列在今本上卷第九頁第一行條之前。

一　三　『以炎帝』至『包羲氏』作『以包羲氏爲太皞，神農氏爲炎帝。』

一　九　『軒轅氏』作『軒轅。』

二　五至八　『封禪書』至『也哉』一節，顧本無。

二　七　『中既有神農』胡本作『而有神農。』

二　八至九　『黃帝前』顧本作『黃帝之前。』

二　九至十　『黃帝後』顧本作『黃帝之後。』

二　一〇　『神農』下顧本有『惟史記封禪書曰，「神農封泰山，禪云云；炎帝封泰山，禪云云；黃帝封泰山，禪亭亭，」嘗列炎帝於黃帝前。蓋史記謂二帝同時，故偶先及之耳。然上文自有神農，則炎帝亦不得復爲神農也』七十一字。

三五　『不謂』至『黃帝也』顧本作『不謂太皞果先於炎帝，炎帝果先於黃帝也』。

三七　『然考之易傳』顧本作『然易傳』。

三七至八　『前乎黃帝者爲庖羲神農，』胡本作『前乎黃帝者爲神農，前乎神農者爲包羲。』

三八至九　『考之』至『逆數謂』顧本作『於是以彼二代當此二代，而太皞遂爲庖羲氏，炎帝遂爲神農氏矣。然春秋傳炎帝太皞之文在黃帝後，其說尤不合，於是又曲爲之解，以爲。』

三八　『考之』至『不合』之二十一字，胡本亦無。

三九　『庖羲氏』胡本作『包羲氏。』

三九　『神農氏，而春秋傳文』胡本作『神農氏矣。然考之春秋傳，炎帝太皞之文在黃帝後，其世次又不合，於是又不得已以左傳。』

三　一〇　『上及太皞也』下顧本有『果如所言，當自少皞黃帝逆推以至太皞，不則當自太皞順數以至黃帝少皞，今乃但自黃帝逆推至太皞，而忽以最後之少皞承之，文理尙可通乎！且太皞與少皞不同姓，而皆以皞名，其紀官爲龍爲鳳，亦似相比者，然則少皞氏固當繼太皞而帝，非逆數也』九十九字。

三　一〇至一一　『嗚呼，有是文理也哉』八字，顧本無。

四　二　『不察』至『誤矣』顧本作『不覺其誤，既用其說以釋左傳。』

四　二　『固已誤矣，』胡本作『其亦異矣。』

四　二至三　『而小司馬』至『歆說謂』作『而小司馬索隱於封禪書亦從而附會之，云』

四　四　『果即炎帝』顧本作『果嘗稱炎帝。』

四　五　『而別之曰炎帝，可乎！』顧本作『而別稱炎帝，有是文理乎。』

四　六至七　『或云』至『書也』二十八字，原無。

四　六　『非十二家矣』之下顧本有『蓋本紀於神農之後皆稱爲神農氏，明非神農身也，炎帝獨不稱氏，則爲炎帝之身了然，司馬氏何以不之悟耶』四十三字。

四　八　『呂紀』作『呂覽』。

五　一　『五帝之說』作『五德之說』。

五　五行條，顧本係列在今本本卷第六頁第八行條之前。

五　六至七　『晉語』至『濟也』之四十八字，顧本無。

五　七行至六頁六七行　『韋昭』至『出於附會』一大段，顧本係接載在今本上卷第二十四頁第十一行『異德之故也』之下，上有『其後大戴五帝德篇史記五帝本紀皆謂黃帝爲少典之子，蓋本之於此；

而』二十九字。

五　八　『黃帝前』顧本作『炎帝前。』

六　七　『故今』至『篇中』之十三字，顧本無。

六　八　行條，顧本係列在今本本卷第五頁第五行條之後。

六　一二　『四嶽』作『四岳。』

七　二　『猶近古』作『猶爲近古。』

七　四　『於神農』作『於庖羲神農。』

七　五　『呂紀』作『呂覽。』

七　五　『因致』顧本作『以致。』

七　六　『今旣』至『於此』顧本作『今旣正其失，故次之於此。』

七　六　『詳前炎帝，』顧本作『詳前羲農黃帝，』胡本作『詳前羲農炎帝。』

七　九　『湮庳』作『堙庳』。

七　一〇　『周語』作『國語』

八　一至二　『乃頭觸不周山崩』七字，原無。

八　六　『固不可爲據也，』顧本無『爲』字。

八　六至九　『所稱』至『於此』之五十八字，顧本無。

八　一二　『信以爲實，』顧本作『信以爲奇』。

九　一　『稗官小說』作『西遊封神』。

九　五　『太皞』至『從之，』顧本作『太皞在炎帝共工後，非庖羲氏，說已詳前義農篇中；』胡本同今本，惟於『從之』之下多『後少皞氏同』五字。

九　八　『陳』字上原有一『〇』

九　九至十頁三行　『漢書』至『又』之一百四十九字，顧本無。

一〇　六至七　『故今』至『篇中』之二十三字，顧本無。

一〇　一〇　『玄冥』作『元冥』。

一一　一　『玄冥』作『元冥』。

一一　二　『顓頊氏』作『顓頊』。『玄冥』作『元冥』。

一一　四　『皞』至『前篇』之十四字，原無。

一一　八　『因』字上原有一『〇』。

一一　一〇　『玄鳥氏』作『元鳥氏』。

一三　六至第十四頁第一行段內之『玄囂』原均作『元囂』。

一四　五　『顓頊氏』作『顓頊』。

一四　八　行條後，原接列在今本本卷第二十九頁第四行至第六行之條。

一四　九　『衞』字上原有『〇』。

一五　三　『二語』作『之語』。

一五　三至四　『順天地之紀』作『順天之紀。』

一五　六　『篇中』作『章下。』

一五　一　『篇中』作『章下』

一六　二　『維顓頊』作『顓頊。』

一七　二　『篇中』作『章下。』

一七　第三第四兩行原無。

一七　五行條原列在今本上卷第二十一頁第二行條之後，『（易繫辭下傳）』作『（同上。）』

一七　六行至十行五條，及十一行至十八頁五行三條，原均不冠『補』字，低一字聯寫各成一段，『以威天下』下與『萬民以察』下皆注有『（同上）』二字，係列在今本本卷第三十頁第十行篇之前。

一八　第六行至第二十三頁第十二行之一大段，原係列在今本上卷第三十頁第四行段之後，作原書卷二之終篇。

一八　六　『玄囂』均作『元囂』。

一八　八　『勾芒』均作『句芒』。

一八　一〇　『及後序』三字原無。

一八　一二　『歐陽永叔帝王世次圖序』作『永叔帝王世次圖序云。』

二〇　四　『謬哉』作『繆哉。』

二〇　七　『永叔後序』作『永叔後序又云。』

二〇　七　『世紀』作『本紀』

二〇　八至九　『其謬』作『其繆。』

二〇　一〇　『年八十六』作『年八十八。』

二二　二　『孟子云』作『孟子。』

二二　六　『瀆禮』作『瀆禮。』

二三　七　『姻婚』作『婚姻』

二三　一二　『後唐虞錄中』作『後篇中』

二四　第一行至第二十五頁第十二行之一段，原係列在今本本卷第十七頁第二行段之後，作原書卷三終篇。

二五　八　『廣搜博采』作『廣采博搜』

二五　九　『東方朔』上原有『國策云「鬼易畫，」以人不見雖謬無從糾也』十六字。

二五　一一　『神農及』作『神農黃帝及』

二六　第一行至第二十八頁第二行之二段，原無。

二八　第三行至第七行之一段，原係列在今本上卷第二十二頁第三行段之後。

二八　第八行至第二十九頁第三行之四條，原無。

二九　第四行至第六行之一條，原係列在今本本卷第十四頁第八行條之後。

二九　四　『雜揉』作『雜糅。』

二九　六　『侵瀆』作『侵濆。』

二九　第七行條原無，

二九　第八行至第二十頁第八行之一段，原無。

三〇　九　『後論一則』四字原無。

三〇　第十行至第三十五頁第二行之一大段，原係列在今本本卷第十八頁第四行條之後。

三一　七　『抑末矣』作「亦末矣。」

三三　五　『其學』作『其說。』

三三　一二　『呂紀』作『呂覽』；胡本用墨將『覽』字點去，書『紀』字於旁。

三四　九　『且借』作『且僣。』

三五　一　『不敢異』作『不敢議。』

三五　一至二　『背此二人之言』作『背此二人。』

三五　二　『詳前篇中』作『詳前羲農篇中。』

洙泗考信錄校勘記

目錄

此錄原作六卷，其目錄顧本與胡本完全相同，惟胡本末行之『餘澤』及『附雜錄』五字被硃筆圈去，而用墨筆書『遺型』二字於『餘澤』之下，故致異於顧本；館本則係另板刻印，將原頁抽換，既不同於顧本胡本，亦小異於今本也。

茲將三本目錄之式列下：

顧本

卷一

先世　初服　始仕

卷二

在齊　自齊反魯　爲魯司寇上

卷三

爲魯司寇下　適衞

卷四

過宋　厄於陳蔡之間　反衞

卷五

胡本

卷一

先世　初服　始仕

卷二

在齊　自齊反魯　爲魯司寇上

卷三

爲魯司寇下　適衞

卷四

過宋　厄於陳蔡之間　反衞

卷五

館本

卷一

原始　初仕

卷二

在齊　自齊反魯　爲魯司寇上

卷三

爲魯司寇下　適衞

卷四

過宋　厄於陳蔡之間　反衞

卷五

歸魯上　歸魯下 卷六 餘澤　附雜錄　附總論	歸魯上　歸魯下 卷六 遺型　附總論	歸魯上　歸魯下 卷六 遺型　附總論

卷一

頁	行	
一	一	『卷之一』作『卷一。』
一		二行至五行之弁言原無，
一	六	『原始』顧本作『先世』館本挖去『先世，』改嵌『原始。』
二	一	『孔父生而存』顧本作『以爲孔父生而存；』館本挖去『以爲』二字。
三	六	『原夫孔父所以先死之故』作『原夫所以先死之故。』
三	七	『恐不足爲據也』作『不足爲據也。』

五　一　『後人所僞撰』下原有『所載四世名字既無可徵，其事又與春秋經傳不合』二十字。

五　自一行『其文』起至十一行『概不敢錄』止一段，原係載在今本本卷第十一頁第八行『并缺之』之下。

五　一　『其文皆采之於他書』作『家語之文皆采之於他書。』

五　二　『如相魯篇采之於春秋傳』作『如相魯篇則采之於春秋傳詩傳。』

五　六至七　『孔子家語二十七卷』作『家語二十七卷。』

五　七至八　『而此書』至『列於七略』作『而近世所傳者乃後人所僞撰，不待言矣。家語在漢已顯於世，列於七略，如果此書卽古家語。』

五　九　『據之以駁己耶』作『據以駁己耶。』

五　一〇　『果出於肅』下原有『孔傳尚書之序豈果孔安國之所爲也哉』十六字。

五　一〇　『亦不足爲』作『亦不足以爲。』

五　一一　『故今』至『概不敢錄』作『後之學者奈何以其出於家語而遽信之也哉！』

五　一一至一二　『後並倣此』作『故今不錄。』

六　二　『于防』及『至于』之二『于』字均作『於』

六　八　『二女莫對』作『莫對。』

七　一　『缺之』之『缺』作『闕。』

七　第一行之後一行，顧本爲『初服』二字，館本挖去。

七　二　『穀梁傳』作『穀梁春秋。』

七　三　『公羊穀梁兩傳』作『公羊穀梁春秋。』

七　三　『而公羊傳云』作『而公羊春秋云。』

七　五　『春秋傳』作「春秋。』

七　五　『郈費之墮』作『費郈之墮。』

七　七　『皆在定公十二年』作『在定公十二年。』

七　八　『春秋傳』作『春秋。』

七　一〇　『故今從穀梁』作『故今從穀梁春秋。』

八　一　『穀梁傳』作『穀梁春秋。』

八　五　『穀梁之月日』顧本作『穀梁之月』；館本增嵌『日』字。

九　二行至十頁五行段，顧本載在卷六第十六頁上至第十七頁上，列於今本卷四第十五頁第十行段之前；館本此二頁抽去，故無此一段。

一〇　七　二『丘』字並作『丠。』

一〇　一〇　『家語云』作『家語。』

一〇 一〇 『丘生』作『孔子生』。

一一 二至八行段，原載在今本本卷第十九頁第六行段之後。

一二 三至七 『余按』至『乎』字作『年五十，先孔子卒。余按，論語先進篇云：「顏淵死，顏路請子之車以爲之槨。子曰：『鯉也死，有棺而無槨。吾不徒行以爲之槨。』」是伯魚卒時顏淵猶未卒也。今家語謂孔子年二十而生伯魚，伯魚年五十而卒，則伯魚卒時孔子當年六十有九。而其後弟子解又云：「顏回少孔子三十歲，三十二而死，」則顏淵卒時孔子當年六十有二。然則是顏淵反先伯魚而卒，而豈不謬也哉！王肅云：「此久遠之書，年數錯誤，未可詳也。」朱子或問亦云：「有以鯉死之言爲夫子之設言；以人情考之，不應如是。」王肅最信家語，朱子亦多采家語文，然於此條皆不能代爲解，則其說固不足信也。蓋「伯魚年五十，先孔子卒」之文本出世家，家語見其然，故撰爲「孔子年二十而生伯魚」之語以合之。不知史記之年本不足信，強取而附會之，是以勞而卒至於牴牾也。至於幵官之氏，賜鯉之說，亦不見於他書。其年旣不足信，則此亦無由而見其必然也。』

一一　七至八　『而賜之鯉』作『而賜之鯉乎。』

一一　八　『幷缺之』作『幷闕之』下有『曰，「家語孔猛所傳先世之遺書也，王肅序之，深推重焉。子之不信，何也？」曰，以其文及他書考之可知也。』三十九字，下即接載在今本本卷第五頁第一行『其文』至第十一行『概不敢錄』一節。

一一　八　『伯魚』至『顏淵條下』之十六字，原無。

一一　八　『婦人以姓係』之『係』作『繫』。

一二　九至十　「乃謂之「顏氏夫人」」作「乃謂之爲「顏氏夫人。」」

一二　一〇　「今幷」作「今並。」

一三　一　「今丘也」之「丘」作「邱。」

一三　五　「不得已之爲耳，」顧本作「不得已爲之耳；」館本挖去「爲之，」嵌入「之爲。」

一三　五　「禮法之宗主」作「禮法之宗。」

一三　九　「二十四歲之時」作「二十四歲時。」

一三　九　「至二十四歲」作「學至二十四。」

一五　一　「初仕」作「始仕。」

一五　四　「嘗爲司職吏」作「爲司職吏。」

一五　六　「畜牧不可以云「司職」」作「畜牧不可云「司職。」」

一七　九　「其辭」之「辭」作「詞。」

一七　一〇至一一　『公至』至『將死也』作『孟僖子將死。』

一七　一二　『孔丘』作『孔邱』

一七　一二　『自此』至『不複舉』十六字之小注原無。

一八　一至二　『臧孫紇』至『孔丘乎』之二十九字原無。

一八　三至四　『學禮事在昭公二十四年以後』作『事在昭公二十四年。』

一八　第八行至第十九頁第六行之一段原載在今本本卷第十一頁第一行之後。

一八　八　『即「僖」字古通用』之小注原無。

一八　九至十　『余按』至『二十四年』作『余按，春秋傳學禮事雖記於昭公七年，而孟僖子實卒於昭公二十四年。』

一八　一一至一二　『世家』至『似雙生』三十字，原無。

一八　一二　『非惟』作『非但』

一九　一　「孔子」至「之事乎」顧本作「孔子之年未爲可師而懿子敬叔固猶未生也世家以爲本年之事疎矣」館本同，惟將「爲可」挖改爲「可爲」。

一九　一至三　「近世」至「笑者」六十二字，原無。

一九　三　「闕里志云」作「而闕里志」。

一九　四至六　「然則」至「甚也」作「蓋沿世家而誤；然則年譜之非孔氏遺書也，明矣今移置之於後。」

一九　七行段，原係載在今本本卷第十八頁第七行段之後。

一九　八　「豎子」之「豎」作「竪」。

二一　六　「豎子」之「豎」作「竪」。

二二　三　「揚子雲」作「楊子雲」。

二二　八　「老聃」顧本作「老呥」；館本將「呥」改爲「聏」。

二三　八　『嗚呼』作『嗚乎。』

二四　三　『子史中孔子』作『子史孔子。』

二五　一一　『嗚呼』作『嗚乎。』

二六　三　『蕢弘』作『蕢宏。』

二六　五　『取證』作『取証。』

二六　六　『萇弘』作『蕢宏。』

二六　八　『則采史記』作『則載史記。』

二七　三　『春秋之時』作『春秋時。』

二七　一〇　『然幸此章』作『幸此章。』

二七　第十二行卽爲原書卷一之末行。

二八　第一行卽列於原書卷二之首。

二八　八　『一何謬與』作『抑何謬與。』

二八　八　『與晏嬰』作『與晏子。』

二八　九　『孔子』作『則孔子。』

二八　一〇　『剌謬』作『剌謬。』

三一　二　『張子厚』至『命耶，』顧本作『其後宋張子厚釋孟子書「智之於賢者」句，亦云「晏嬰智矣而不知仲尼，是非命耶！」其言蓋出於此；』館本挖去二十字，故與今本相同。

三一　五　『黎鉏梁丘據』作『犂鉏梁邱據。』

三二　五　『左傳孟子』作『孟子左傳。』

三二　一二　『而撰晏子者』作『撰晏子者。』

三三　一　『何耶』下顧本有『且吾不知子厚所謂命者孔子之命耶？晏子之命耶？孔子之命耶，是性自一人之性命自一人之命矣；聖人之於天道，又當爲誰之命乎？晏子之命耶，則凡天下不知人者皆可謂之命，何獨晏子乃爲命乎」七十八字；館本將此七十八字挖去。

三三　三　『然則孔子』作『然則當孔子。』

三三　七　『致麇丘』作『致麇邱。』

三三　八　『賜麇丘其不知丘』作『賜麇邱其不知邱。』

三三　一二　『其論』作『其謚。』

三四　六　『若季氏』作『以季氏。』

三四　七　『爭伯』作『爭霸。』

三五　三　『是孔子』顧本作『是時孔子』；館本將『時』字挖去。

三六　二　『孔丘』作『孔邱。』

三七　六　『嗚呼』作『嗚乎。』

三八　五　二『丘』字均作『邱。』

三八　七　『果有此事』作『果有此。』

三八　八　『剌謬』作『剌謬』

四〇　八　『反不若』作『反若不如。』

四〇　一二　『貨自一人，虎自一人』作『虎自一人，貨自一人。』

四〇　一二　『左傳』作『左氏。』

四一　七　『明證』作『明証』

四一　一一　『爲定公』作『謂定公。』

四二　五　『而幷附會之以其年』作『而並附會之以年。』

四二　六　『故今皆不取』下有『說並見後爲魯司寇篇中』十字。

卷二

一　三　『檀弓云』作『戴記檀弓篇云。』

一　三　『定公』作『定公九年。』

一　八　『墓道南』作『墓道之南。』

一　九　『孟子』至『昭公世』作『孟子云，「孔子嘗爲委吏矣，嘗爲乘田矣，」考其時皆在昭公之世。』

一　一〇　『定八年冬』作『定公八年之冬。』

二　二　『春秋傳云，「周禮盡在魯矣」』作『春秋傳曰，「魯秉周禮，」又云「周禮盡在魯矣。」』

三　二　『不宜泯泯無聞如此』作『不宜泯泯無聞若此。』

三　三　『尤不近於理』作『尤爲不近於理。』

四　四　『請止』作『請正。』

四　一二　『嗚乎』作『嗚呼。』

五　一　『家語云』作『家語。』

五　五　『同上』作『孟子。』

五一〇　『孔丘相』作『孔邱相』。

五一一　『孔丘』作『孔邱』。

六　自第一行『若孔子』起，至第七頁第七行『史記之文』止一段作『余按，春秋定公七年，齊鄭盟於鹹；齊衛盟於沙；齊國夏伐魯。八年公兩侵齊；齊國夏又伐魯；公會晉師於瓦。至十年，始及齊平，會於夾谷。十一年，又及鄭平。左傳云，「始叛晉也。」蓋前此諸侯皆叛晉而魯獨事之，不與諸侯之會，故齊伐魯；至是魯始叛晉而與齊平，非齊懼魯用孔子而爲會也。孔子得百里之地而君之，可以有天下，後世推之則然；其門人或有知之者，他人不能知也。若人盡知孔子之能，與其國固當有用之者，何至終身不遇耶！公羊傳云，「孔子行乎季孫，三月不違，於是帥師墮郈，帥師墮費。」是孔子至定公十二年乃聽國政，前此但爲大夫，相君於會，非有勢權，安能危齊乎！且春秋之時與戰國異；商鞅用於秦而魏削，信陵用於魏而秦紬忌鄰國之有能臣，此戰國之敝俗耳。春秋時，齊用管仲而天下受其賜，晉趙孟死而魯以爲憂：皆以鄰國之有賢臣爲福，初未嘗以爲禍也。此蓋史記因左傳犂彌有「兵刼魯侯」之言，未詳其意，而誤以會時之言爲在國之語，遂妄增「危齊」之文，而不知其與經傳不合也。故今不取。』

八　三　『孔丘』作『孔邱。』

八　四　『孔丘』作『孔邱。』

八　四　『兩君合好』作『㠯兩君合好。』

八　一一　『旍旄』至『而至』作『旍旄羽袚矛戟劍撥鼓譟而至。』

九　一〇　『孔丘謂梁丘據曰』作『孔邱謂梁邱據曰。』

九　一二　『若其不具』顧本作『若其不享；』館本挖去『享』字，改嵌『具』字。

一〇 四 『首足』作『手足』。

一〇 七 『穀梁傳』作『穀梁氏』。

一一 二 『遂致一事』之『致』作『至』。

一一 二 『樂事魯君』作『樂享魯君』。

一一 六 『孔丘』作『孔邱』。

一二 一二 『景公之賢』作『恐景公之賢』。

一二 二 『鼓噪』作『鼓譟』。

一二 二 『於文意』作『於文義』。

一二 五至六 『亦不必』作『不必』。

一三 第三行即爲原書卷二之末行。

一三 第四行即列於原書卷三之首。

一四 六 『公山弗擾』作『公山不狃』。

一五　一一　『可同』作『可比』。

一六　一一　『又採』作『又采』。

一七　二　『誤乎』作『誤與』

一七　二行『今之論語』起至第十九頁第三行『失倫矣』止一段作『論語者，非孔子門人所作，亦非一人之所作也。曾子於門人中年最少，而論語記其疾革之言，且稱孟敬子之謚，則是敬子已沒之後乃記此篇，雖回賜之門人亦恐無復有在者矣。論語之文往往重出，亦間有異同者。季氏一篇俱稱「孔子」，與他篇體不同。蓋其初各記所聞，篇皆別行，其後齊魯諸儒始輯而合之，其識不無高下之殊，則其所採亦不能無純駁之異者，勢也。今按季氏以下五篇其文多與前十五篇不類，其中或似曲禮，或似莊子，或記古今雜事，而武城佛肸兩章於孔子前稱「夫子」，乃戰國時語，前十篇及春秋傳皆無之；然則其采之也雜矣，其作之也晚矣。是以其義或戾於聖人，其事或悖於經傳。而此章與佛肹章尤害道誣聖人之大者。蓋戰國之士欲自便其私而恐人之譏己，故誣聖人嘗有其事以自解；采書者不知其僞而誤載之也。夫春秋，史記，莊子，列女傳諸書，皆有後人續之補之以亂其眞，吾惡知非周秦閒之儒者得此數篇而因續之於論語之後邪！孟子曰，「盡信書則不如無書。」書者，當世史臣所記，猶不能以無失，況於傳聞追記者乎！後之人寧使聖人受誣於百世而斷不敢議記者一言之誤，亦可謂輕重之失倫矣。』

一九　四　『非可』至『律之也』作『非可以常理律也。』

一九　一〇　『而自以爲』作『而以爲』。

二〇　一〇　『僞托』之『托』作『託』。

二一　八　『之後也』作『之後』。

二一　一〇　『孔子將去魯』作『孔子去魯』。

二三　八　『循牆而走』下有『亦莫余敢侮』五字。

二三　八　『不樂』作『皆不樂。』

二三　一二　『不及』作『不如。』

二五　七　『論語爲政篇』五字原無。

二五　八　『此亦無』作『此條亦無。』

二六　五　『亦幷』作『亦並。』

二七　七　『說幷』作『說並。』

二七　九　『幷孟子』作『並孟子。』

三一　一　『公孫余假』作『公孫賈。』

三一　九　『四十歲』作『四十餘歲。』

三二　六　『孔子年少』顧本作『孔子少年；』館本挖去『少年，』換嵌『年少。』

三三　三至四　『自晉以來』作『唐宋以來』；胡本將『唐宋』二字點去，
書『自晉』二字於旁。

三三　四至七　『肇欒』至『自屈也』一節，原在第九行『恐不足據也』
句之下。

三三　一二至三十四頁一行　『季氏篇』至『八士章』二十字，原無。

三四　七　『于是』作『於是』。

三四　一一　『此事』作『是事』；

三五　四　『弟子公良儒』顧本作『公良儒』，館本增嵌『弟子』二字。

三五　六　『靈公閒』作『衞靈公閒』。

三六　二　『此乃』至『僞撰』作『此蓋戰國時人之所僞撰』。

三六　一一行『若孔子』起至三十七頁一行『「無義無命」乎』止，一節原無。

三七　一　『則可』下有『爲見南子解或猶可』八字。

三七　四　『遂并』作『遂並。』

三七　七至十　『又按』至『孔子事乎』作『又按，左傳晉語及史記趙世家皆無佛肸畔事；惟韓詩外傳及列女傳有之然皆以爲趙襄子時，非簡子也。之二書者固不足以取信，然其所記判然兩事非互相勦襲者，而皆以爲襄子，然則此事固疑在襄子時也。左傳於定哀之際記簡子事詳矣，自獲麟以後乃稍略焉，襄子之及見於傳者僅兩事耳，而晉語記簡子亦不減十餘事，皆不應獨遺此一事，然則此事固應在襄子時也。』

三七　一二　『然則』至『皆』字作『若然，則四邑者乃。』

三八　二　『畔趙氏乎』作『畔趙氏；』下有『由是言之，佛肸之叛在襄子時，確然無可疑者。襄子立於魯哀公之二十年，孔子卒已五年，佛肸安得有召孔子之事乎』四十六字。

三八　六至八　『惟漢』至『更甚焉』節，原無。

三八　一〇　『之詞』作『之辭』。

三九　一　『子如不言』顧本作『子欲不言』；館本挖去『欲』字，換嵌『如』字。

三九　三至四　『吾不知』至『不之察也』作『此亦可爲不足據之一徵也。』

四〇　一　『大師』作『太師』。

四〇　三　『魯大師』作『魯太師』。

四〇　六　『恐不足爲』顧本作『恐不足以爲』；館本挖去『以』字。

四〇　一〇　『某之不濟此』作『邱之不濟此』。

四一　一　『萇宏』作『萇弘』。

四一　七　『往見其讎』作『往見其仇讎』。

四一　一一　『僞托』作『僞託。』

四二　四　『證其』作『証其。』

四二　四　『孔文子條下』作『孔文條下。』

四二　五　『見蜚鳫』作『見蜚鴻。』

四三　七　『孟子云』作『孟子曰。』

四四　九　『并無』作『並無。』

四五　四　『以泯』作『以泯。』

四五　第五行即爲原書卷三之末行。

四六　二　『之論』作『之謚。』

四六　四　『與他篇不同』作『與他篇體不同；』那珂本無『體』字。

四六　五　『純駮』作『純駁。』

四七　一　『史臣之所記』作『史臣所記；』那珂本有『之』字。

卷三

一　一　『卷之三』作『卷四。』

一　一〇　『不知其爲』作『不知爲。』

三　一　『自韓魏趙』作『自韓趙魏。』

三　一〇　『陽虎嘗暴匡人』作『陽虎嘗暴匡。』

五　一二　『侵鄭』作『伐鄭。』

七　一一　『丘』作『邱。』

八　一〇　『或謂條下』顧本作『何謂條下』；館本挖去『何』字，擠嵌『或』字。

九　三至四　『二十篇中』作『二十篇。』

一〇　八　『冉求將行』作『求將行。』

一一　五　『猜度之辭』之『辭』作『詞。』

一一　一二　『自蔡入楚』作『自蔡如楚。』

一三　一〇　『而芸』之『芸』作『耘。』

一四　七至八　『於聖人』至『所僞託』作『觀通章之意皆主避世，與莊子犧牛之喻抱甕之譏略相似，疑皆習楊朱之術者之所託，未必果孔子之事但於義若無大害。』

一五　六　『其事適在』作『其事即在。』

一五　八　『刺譏』作『刺識。』

一五　一〇　『弦歌』作『絃歌。』

一七　一〇　『非能尊賢』胡顧二本並作『非能專賢』而並將『專』字用墨點去，書『尊』字於旁；館本挖去『專』字，換嵌『尊』字。

一八　七　『猶見有』作『猶聞有。』

二〇　三　『智足以』作『知足以。』

二一　七　『釆之耳』下顧本有『琵琶記，元人演漢事也，其中稱「小秦王」。牡丹亭，明人演宋事也，其中述大明律古今同然，固不足怪。若遂以爲其事固然，則大愚矣；』五十字，館本挖去。

二一　八　『亂雜無章』下有『遷既非遷，嬰向復非嬰向』十字。

二一　九至十　『正與』至『信爲實也』顧本作『是明明以其書之僞告後人矣。而後之人方且信之以爲眞，引之以爲據，抑何其不思之至於如是也。嗚呼，謂家語之所載果皆孔子之言，然則「秦王」，「明律」亦果眞漢人宋人之語乎！滇人有不慧者，觀優而謂人曰；「古之奚奴必以粉墨塗面，良苦」。其黠者紿之曰，「古豈惟奴苦，作人亦大苦，凡言語皆必以曲度之。」聞者皆爲撫掌。世之信家語者何以異是！而不自笑，且笑人之信演義也，豈不厚顏也哉！』館本同，惟將『嗚呼』

至『之語乎』三十字及『而不』至『也哉』十八字挖去。

二一　自七行至十行，胡本此處在改板頁內文並同館本不同顧本。

二一　一一行段後，一二行段前原列在今本洙泗餘錄卷一第三頁第六行至第四頁第六行之一段。

二一　一二行段原排在今本洙泗餘錄卷一第四頁第六行段後。

二三　四　『今孔丘』作『今孔某』

二三　五　『今孔丘』作『今孔邱』。

二三　六　『余按』下顧本有『地至於七百里，大於宋魯多矣：楚即欲封孔子，不應如此之大索隱以其不倫又從而爲之辭，以爲里乃二十五家之里。即如所云，亦當爲萬七千餘戶，陳鄭之亞矣。況經傳所云百里千里者皆道里之里，非鄰里之里，何得此文獨別爲之解

二二 六至七 乎』九十三字；館本同，惟將『亦當爲』之『爲』字挖去。

『孔子得百里』至十二行『不肖也』一節，原載在下頁第一行『時也』之下。

二二 一〇 『子西之人』作『子西爲人』。

二二 一二 『而是時』至二十三頁一行『時也』一節原載在上頁第六行『余按』之下，『孔』字之上。

二三 一至二 『且書傳』至『無疑也』一節，原載在上頁末行『不肖也』之下。

二三 二至五 『至所稱』至『文下耳』一節，原無。

二五 二 『亦與世家頗異』作『與世家頗異』。

二六 六 『古之賢人也』顧本作『古人賢人也』；館本挖去上『人』字，改嵌『之』字。

二八　二　『予鄉者』作『予向者。』

二八　三　『原思之爲宰』顧本作『原思爲之宰;』館本挖去『爲之,』改入『之爲』

二八　一二　『問陳章』作『問政章。』

二九　四　『以俟夫有識者』作『以俟有識者。』

二九　七　『十六年正月』作『十五年冬。』

二九　七　『傳在十五年冬』六字之小注原無。

二九　八　『至四月』作『明年四月。』

二九　一二　『大子』作『太子。』

三〇　至第八行爲原書卷四終。

三〇　第九行爲原書卷五之首。

三一　二　『僞托』作『僞託。』

三一　四　『家語云』作『家語。』

三一　七　『不能游也』之『游』作『遊。』

三二　三　『嗚乎』作『嗚呼。』

三二　五　『此何爲耶』之『耶』作『邪。』

三二　五至七　『又按』至『尤不可信』作『然則撰家語者，其識出莊周下遠矣。此事雖無關於得失，然即此亦足見家語爲後人無知者之所僞託。若果孔氏遺書，何至以莊周之寓言遂記以爲孔子之實事乎？故凡家語所言概不可信。』

三二　八　『訪于』之『于』作『於。』

三二　八　『丘』作『邱。』

三二　一一　『丘』作『邱。』

三三　七　『冉求』作『求也。』

三二　七至八　『求非我徒也』作『非我徒也。』

三三　十行後原列。

附錄○季氏旅於泰山子謂冉有曰，「女弗能救與?」對曰，「不能。」子曰，「嗚呼，曾謂泰山不如林放乎!」（論語八佾篇）○冉子退朝，子曰，「何晏也?」對曰，「有政。」子曰，「其事也!如有政，雖不吾以吾其與聞之。」（論語子路篇）

此二事無年可考以其皆在冉有爲季氏宰之時，故並附次於此。後更接列在今本洙泗考信餘錄卷二第二頁第十行至第三頁第九行，段後始接列本頁第十一行條。

三三　第十一行條，原列在今本洙泗考信餘錄卷二第三頁第九行段之後。

三四　一○　『取可施於禮義』作『取其可施於禮義。』

三六　一　『而刪之哉』作『而刪之也哉。』

三六　四　『周大師』作『周太師』。

三六　六　『故世愈近』作『是故世愈近』。

三六　九　『易竹以紙』之『紙』作『帋』。

三八　一　『五典歟』作『五典與』；下有『且堯典舜典古本一篇，孟子之時猶然，靈王何得分之以爲二乎』二十五字。

三八　三至四　『漢志』至『僞撰』作『漢志別有周書七十一篇，然正僞不可知，安知非孔子以後之人之所僞撰。』

三八　五　『所删也』下有『皆不得取爲証』六字。

三九　一　『耶』作『邪』。

三九　五　『而亦未必』作『亦未必。』

三九　八　『繫詞』作『繫辭』。

四〇　五　『然則是作傳者』作『然則作傳者。』

四〇　五　『非孔子所爲也』作『果孔子之所爲，不當采古人之言而沒其名，亦不當並失其本來之義也。』

四〇　八　『旁采』之『采』作『採。』

四一　一　『丘』作『邱。』

四一　第二行後卽接列在今本卷四第一頁第三行條。

卷四

一　第一行無，第二行原列在今本本卷第四頁第十二行條前，第三行原列在今本卷三第四十一頁第二行之後。

一　七　『邪說暴行又作』作『邪說暴行有作。』

二　三　『世家「至『弗乎弗乎！』作『世家獲麟之後有云，「子曰，『弗乎弗乎！』」』

二　四　『云云』下有『其意似爲感麟而作。然其間復雜引他詞以亂之，則亦未識其意果何在也且』三十字。

二　四至五　『殊失聖人之意』作『非聖人之心。』

二　第六行條，原無。

二　九　『丘』作『邱。』

三　四　『罪孔子者以爲』作『非孔子者，以謂。』

四　三行後，原接列在今本本卷第二十頁第十一行至第二十一頁第八行之；一段後更接列在今本本卷首頁第二行之題。

四　第四行至第十一行一段，原無。

四　一二行條，原係列在今本本卷首頁第二行之題之後。

五　四　『于舒州』之『于』作『於。』

五　四　『孔丘』作『孔邱。』

六　一一　『失伯』作『失霸。』

七　一　『倚仗』作『倚杖。』

七　三　『之辭』作『之詞。』

八　一　『丘』作『邱。』

一〇　八　『幷食』作『並食。』

一〇　九　『簡質』作『簡直。』

一〇　一一　『嗚呼』作『嗚乎。』

一一　一二兩行條，原無。

一一　五　『按孺悲』作『孺悲。』

一二　一一　『考終』二字原無。

一三　一　『曳杖』之『曳』作『曳。』

一三　三　『而殁』之『殁』作『沒。』

一三　七　『孔丘』作『孔邱。』

一三　七　『而周魯諸閏』作『而周魯置閏』。

一四　一二　『素王事紀』作『素王世紀』。

一五　四　『而索隱』作『索隱』。

一五　六　『孔丘』之『丘』作『邱』。

一五　八至九行條顧本列在今本本卷第十六頁七至八行條後，兩段分兩行，皆頂格起，無『附錄』二字及『論語述而篇』『同上』等之小注；館本同今本。

一五　自第十行至第十六頁第六行一段，顧本係列在今本卷一第十頁第五行段之後，今本洙泗餘錄卷二第二十六頁第一行至第九行段之前；館本同今本。

一五　一一　『丘少居魯』之『丘』，顧本作『邱』，館本作『某』。

一五　一一　『丘聞之也』，顧本作『邛聞之』，館本作『某聞之也』。

一五 一二 『丘』顧本作『邱』，館本作『某』。

一六 五 『托』作『託』。

一六 七至八行條顧本係列在今本本卷第十九頁第三行『子絕四』至『子罕篇』一條之後兩段分兩行，皆頂格起無『附錄』二字，『論語子罕篇』作『同上』；館本同今本。

一六 第九行至第十九頁第二行之兩段，顧本係列在今本洙泗考信餘錄卷二第二十六頁一至九行段之後，今本本卷十九頁六行段之前；館本同今本。

一七 四 『孔子曰，』作『子貢曰』。

一七 七 『後之人』作『後人』。

一七 八 『則直以誦』顧本作『則直以以誦』而將下『以』字點去；館本作『則直以一誦』。

一八　一　『子曰』作『孔子曰。』

一八　五　『春秋傳國語』作『春秋內外傳。』

一九　二　『是以其言益陋』作『故其言益陋。』

一九　三至四行條，顧本無『附錄』二字，上半條列在今本本卷第十六頁七行『子罕』條之前，前一行爲『附雜錄』三字之題；下半條列在本卷本頁五行條之後，『論語述而篇』作『並同上；』館本同今本。

一九　第三行至第四行『子之所愼』條後，顧本接列

『祭如在，祭神如神在。子曰，「吾不與祭，如不祭。」』（論語八佾篇）

『子食於有喪者之側，未嘗飽也。子於是日哭，則不歌。』（論語述而篇）

『子與人歌而善，必使反之，而後和之。』（同上）

『子見齊衰者，冕衣裳者與瞽者，見之雖少必作，過之必趨。』（論語子罕篇）

按，孔子德行言貌之常然者備載於鄉黨篇。然文繁不可勝錄；且已類

輯於一篇中，兼非出處取舍大義所關，亦不必複敘也。或又以爲『執圭』『使擯』等章乃雜記曲禮文，非盡孔子之事；理亦或然。故於常然之事，但集合他篇而類次之，附於書末以見其凡。至於鄉黨篇文，概不復錄：從省，且懼濫也。

後接列在今本卷一第九頁第二行至第十頁第五行之一段。

一九　五行條，顧本係列在今本本卷第十五頁第九行條之後，本頁第三行『子之』條之前，無『附錄』二字及『論語述而篇』之小注；館本同今本。

一九　第六行至第二十頁第五行之一段，顧本係列在本頁第二行段之後，今洙泗考信餘錄卷二第十五頁第三行條之前；館本同今本。

一九　九　『有鄙夫』顧本作『有匹夫。』

一九　一二　『以責之衆人』作『以之責衆人。』

二〇

二　『二三子者』顧本作『二三子。』

二〇　第五行之後顧本接列在今本洙泗餘錄卷二第十五頁第三至第五行條，

第四頁第三行至第五行條後接列

『陳司敗問「昭公知禮乎？」孔子曰，「知禮。」孔子退，揖巫馬期而進之，曰「吾聞君子不黨，君子亦黨乎！君取於吳，爲同姓，謂之『吳孟子，』君而知禮，孰不知禮！」巫馬期以告。子曰，「丘也幸，苟有過，人必知之。」』（同上）

『原壤夷俟。子曰，「幼而不孫弟，長而無述焉，老而不死，是爲賊！」以杖叩其脛。』（論語憲問篇）

『師冕見，及階，子曰，「階也。」及席，子曰，「席也。」皆坐，子告之曰，「某在斯，某在斯。」』（論語衛靈公篇）

按，論語之文有關於時事者，不可不考其先後而次之；若其與時事無涉者，則其先後亦不可考。且其意在記言，卽記事亦不過一二語以爲言之張本耳，其事固不必載，亦多不勝載也。唯此數事略具首尾，姑附書末以見其凡。

後接列在今本洙泗餘錄卷二第二十頁第三行至第六行段，及今本本卷第二十頁第六行至第十行段。

二〇　第六行至第十行之一段，顧本係列在今本洙泗餘錄卷二第二十頁第三行至第六行一段之後；館本同今本。

二〇　七　『程本子』館本作『程子本』。

二〇　第六行至第十行段之後，顧本接列

說苑云，『孔子見子桑伯子，子桑伯子不衣冠而處。弟子曰，「夫子何爲見此人乎？」子曰，「其質美而無文，吾將說而文之。」』余按，「禮聞來學，不聞往教，」孔子於諸侯猶不屈身而往說之，況伯子乎！今不錄。

『子釣而不綱，弋不射宿。』（論語述而篇）

『廐焚，子退朝，曰「傷人乎？」不問馬。』（論語鄉黨篇）

按，此二章皆待物之事，故並附次於此。又按，鄉黨篇中饋藥廐焚二章皆因事而見，與他章常然者不同，不得一概略之，故各以類附焉。

後行列『附總論』之題，更後行即爲今本本卷第三十二頁第十一行條。

二〇 第十一行至第二十一頁第八行之一段，原係列在今本本卷第四頁第三行段之後，本卷第一頁第二行『歸魯下』之題之前。

二〇 一一 『世多』至『所作』十字，原無。

二〇 一一 『公羊春秋』作『公羊傳』。

二〇 一二 『行在孝經』下原有『搜神記云，「孔子修春秋，製孝經，既成，有赤虹自天而下，化爲黄玉刻文。孔子受之」』之二十七字。

二〇　一二至二十一頁二行　『孝經』至『其陋一也』之五十七字，原無。

二一　二　『經也者』作『經者』。

二一　二　『孔子孟子之時』作『孔子之時』。

二一　三　『此語也』作『是稱也』。

二一　三　『自漢』至『明矣』之十七字，原無。

二一　三至四　『藉令』至『經也』作『藉令孔子之時即有是稱，亦止以經稱易詩書可矣，豈得自稱其書曰經乎。』

二一　四至八　『孔子』至『不取』作『孔子作孝經，不見於經傳。孝經之文，尚不逮論語，何敢望春秋。且其中稱曾子，果孔子所自作，豈得稱其門人曰曾子乎！由是觀之，不但孔子無此言，即其書亦後人所記，非孔子所自爲也。至於感赤虹，化黄玉，語尤不經。搜神記固不足道，世以孔子之故，亦有信其說者，良可異也。今俱不錄。』

二一 九 『孔子』至『先孔子死』之十一字，顧本係列在今本本卷第二十四頁第十二行『備覽』二字之下，『伯魚』之上，無『補』字及『孔子世家』之小注；館本則係列在今本本卷上頁第十行段之後。

二二 第十行至第十二行之一段，原無；館本此處有

存焉○伯魚之母死，期而猶哭。夫子聞之曰「誰與哭者？」門人曰，「鯉也。」夫子曰，「嘻，其甚也！」伯魚聞之，遂除之。（戴記檀弓篇）

下接列在今本本卷第二十二頁第一行至第二十四頁第一行之一段。

二三 一至二十四頁第一行之一段，顧本係列在今本本卷第二十四頁第四行條之後。

二二　一　『戴記檀弓篇云』館本作『戴記檀弓篇又云。』

二二　五至六　『又云』至『遂除之』之三十九字，原無。

二二　六　『解檀弓者』顧本作『解此章者』；館本同今本。

二二　七至八　『伯魚乃出妻之子』至『孔子甚之』之十八字，顧本無。

二二　八　三『於』字皆作『于』。

二三　一　『而不能教一妻』顧本作『而獨不能教一妻』；館本作『顧獨不能教一妻。』

二三　二　『若是薄也』下顧本有『此篇後章又有「伯魚母死期而猶哭」之文以「父在爲母期」之禮論之，亦不似其母之出者』之三十四字。

二三　二至三　『檀弓』至『何異』之四十三字，顧本無。

二三　三　『必委曲』顧本作『猶委曲。』

二三　五至七　『至於』至『且』字顧本作『大抵檀弓之文本不足信，或者子思偶有出妻之事，記禮者欲明不喪出母自子思始之義，遂爲此說以實之然。』

二三　七　『何人』下顧本有『而「道汙則從而汙」之語，尤大悖於聖賢之旨，其非子思之言甚明』之二十五字。

二四　一　『子思篇中』顧本作『子思條下。』

二四　第一行之後，顧本接列

存疑○『陳亢問於伯魚曰，「子亦有異聞乎？」對曰，「未也。嘗獨立，鯉趨而過庭，曰『學詩乎？』對曰，『未也。』『不學詩，無以言。』鯉退而學詩。他日，又獨立，鯉趨而過庭，曰，『學禮乎？』對曰，『未也。』『不學禮，無以立。』鯉退而學禮。聞斯二者。」』（論語季氏篇）

按，論語述而篇云，『子所雅言，詩書，執禮，皆雅言也。』則詩禮之當學，孔子固數數言之，鯉亦必數數聞之而學之矣；豈必待獨立時哉！季氏篇本非孔氏遺書，文體亦多俳偶，而後三章語尤不倫。蓋卽周南召南之教，而傳聞者異其詞耳。然無害於義，姑存之於此。

後接列在今本洙泗餘錄卷三第四頁第十行至第十一行條，第八頁第二行條，第八行至第十行條，第五行至第七行條，第六頁第九行至第十二行條及第七頁第一行至第八頁第一行段後始接列在今本本卷第二十一頁第九行條與第二十四頁第十一行條。

二四　二至三　『附錄』至『其子也』之二十六字，顧本無。

二四　三至四　『鯉也死』至『先進篇』之三十三字，顧本係列在今本本卷第二十二頁第一行段之前，『鯉也』上有『子曰』二；字在此條之前一條爲子謂伯魚曰，「汝爲周南召南矣乎？人而不爲周南召南，其

猶正牆面而立也與！」（論語陽貨篇）

更前一行爲『餘澤』之題。

二四　第五行至第十一行之一段原無。

二四　第十二行至第二十五頁第三行之一條，顧本係列在今本洙泗餘錄卷三第八頁第一行段之後『備覽』下有『孔子生鯉，字伯魚，先孔子死』十一字；館本則係列在本頁第四行條之後，『子思生白』作『子思生伋，』而將『伋』字用白紙貼掩，墨書『白』字於上。

二五　第四行至第六行之一段，顧本係列在今本洙泗餘錄卷二第三十九頁第四行條之前；館本以此段爲卷五終篇，後行卽爲『洙泗考信錄卷五終』之八字。

二五　五至六　『如前所辨矣』作『如前篇所辨矣。』

二五　六　『今幷刪之』之『幷，』館本作『並』。

二五　第六行之後，顧本接列在今本洙泗餘錄卷二第三十九頁第三行至第四行條，第四十頁第二行至第三行條，第四行條第三十九頁第五行至第九行段第四十頁第五行至第四十二頁第十一行段，後始接列在今本本卷第二十七頁第十二行條。

二五　七　『遺型』二字顧本無；館本列於卷六之首。

二五　第八行至第九行之一條，顧本係列在今本本卷第十五頁第七行條之後，今本洙泗餘錄卷二第十一頁第三行條之前；館本則係列在『遺型』一行之後，本卷第二十七頁第五行條之前。

二五　第十行至第二十六頁第三行之一條，原係列在今本本卷第二十七頁第十一行段之後，第二十六頁第四行段之前。

二六　第四行至第八行之一段，顧本係列爲卷五終篇；館本則列在今本本卷第二十七頁第十二行條之前。

二六　五　二『邱』字顧本均作『邛，』館本上作『邱，』下作『邛。』

二六　第八行爲顧本卷五終。

二六　第九行至第十一行之一條，原無。

二七　第一行至第四行之一段，原無。

二七　第五行至第六行之一條，顧本係列在今本洙泗餘錄卷二第十一頁第五行條之後，館本則係列在今本本卷第二十五頁第九行條之後，並在今本洙泗餘錄卷三第二十七頁第六行段之前。

二七　第七行至第十一行之一段，原係列在今本洙泗餘錄卷三第三十頁第七行段之後，今本本卷第二十五頁第十行條之前。

二七　七『七十有二人』作『七十二人。』

二七　一〇『聖人亦不輕以示人』作『亦不輕以示人。』

二七　第十二行之一條，顧本係列在今本洙泗餘錄卷二第四十二頁第十一行段之後，館本則係列在今本本卷上頁第八行段之後。

二七　一二　『備考』作『附錄』。

二八　自第一行起至第三十二頁第十行止之三段，顧本係列在『附雜錄』之題之前，此題之後一行卽爲今本本卷第十九頁第三行『子絕四』至『子罕篇』之一條；館本列在『附總論』之題之前，自此題後行至卷末，即爲今本本卷第三十二頁第十一行至卷末。

二八　二　『論纂』之『纂』作『篹』。

二八　五　『而緝焉』之『緝』作『輯』。

二八　七　『他篇』顧本作『他書』；館本挖改爲『他篇』。

二八　八　『抵梧』顧本作『牴牾』；館本挖改爲『抵捂』。

二八　一二　『三疾等章』顧本作『三疾章』；館本挖改爲『三疾等章』。

二九　一〇　『末二章』作『末兩章』。

三〇　二　『托之』作『託之。』

三〇　七　『可勝歎哉』顧本作『可勝數哉』；館本挖去『數』字，換爲『歎』字。

三〇　七　『楚狂諸條下』作『楚狂泰山諸條下。』

三一　二　『纂輯』作『纂輯，』

三一　五　『季康子問』下顧本有『里仁篇參乎章，衞靈篇作與子貢言』之十四字。

三一　六　『不敢復議』作『不敢復異。』

三一　六　『相沿旣久』館本作『相沿已久。』

三一　七　『聖人之區別恐未必然也』顧本作『聖人之區別，弟子之高下：恐皆未必然也。』

三一　一一　『僞古文尙書』作『晉時古文尙書。』

三一　一　『僞古文尚書』作『晉時古文尚書。』

三一　二　『論語之條暢』作『論語之文義條暢。』

三一　二至三　『爲得實』作『爲得其實。』

三一　三　『晉宋間』作『魏晉間。』

三一　六　『述古語以告之可也』作『即古有是語而孔子述之以告弟子，亦無不可。』

三一　七　『又何必雷同而勦說乎』作『孔子何必又雷同而勦說乎。』

三一　八　『劉焯之書』顧本作『梅賾之書。』

三一　八　『劉書之僞』顧本作『梅書之僞。』

三一　第十一行至第三十三頁第八行之一條，原係將此八章分爲八段。每段皆頂格起，列在『附總論』之題之行之後。

三一　二　『附通論』三字原無。

三二　一一　『知之者』作『知之者也』

三二　一二　二『丘』字並作『邱』。

三三　八　『以上並論語』五字之注，原無。

三三　第十一行至第三十五頁第七行之一條，原係將此七章分爲七段，每段皆頂格起。

三三　一一　『附通論』三字，原無。

三六　六　『門弟子』作『弟子』

三七　四　『湯文王』作『湯文』

三七　六　『學知之』作『學之』

三七　第八行至第三十九頁第四行之一條，原係將此三章分爲三段，每段皆頂格起。

三七　八　『附通論』三字，原無。

三八　五　『邱垤』之『邱』作『耶』。

三八　一〇至一一　『由射』之『由』作『猶』。

四〇　四　『殘缺』之『缺』作『闕』。

四〇　一二　『而人不復知』作『而人不知』。

四〇　一二　『頌其詩』顧本作『誦其詩』；館本挖去『誦』字，換嵌『頌』字。

洙泗考信餘錄校勘記

卷一

頁　行

三　六行至第四頁六行段，原載在今本洙泗考信錄卷三第二十一頁第十一行段之後第十二行段之前。

四　二至四　「此事」至「謬矣」一節，原無。

四　四　『家語』至『尤陋』作『大抵家語之文較之世家尤鄙陋不足辨。』

四　六　『果有是理乎』作『豈果有是理乎。』

卷二

二　自第十行至第三頁第九行之一段，原載在今本洙泗考信錄卷三第三十三頁第十行之後，第十一行之前。

四　第三行至第五行之一條，顧本係列在今本本卷第十五頁第三行至第五行條之後。

一一　三至五行條，顧本列在今本洙泗考信錄卷四第二十五頁第九行條之後，同卷第二十七頁第五行條之前，低一字寫。

一一　三　『他日』上有『附錄○』。

一一　五　『孟子』作『同上』。

一五　第三行至第五行之一條，顧本係列在今本洙泗考信錄卷四第二十頁第五行段之後，今本本卷第四頁第三行至第五行條之前。

二〇　第三行至第六行之一段，顧本係列在今本洙泗考信錄卷四第二十頁第六行至第十行段之前。

二六　第一行至第九行之一段，顧本係列在今本洙泗考信錄卷四第十五頁第十行至第十六頁第六行一段之後，第九行段之前。

二六　五　『是天下之不知』作『是天下不知』。

二六　八　『欲尊聖人』作『欲知聖人』。

二六　九　『姑舉其』作『姑舉此』。

三九　第三行至第四行之一條，顧本係列在今本洙泗考信錄卷四第二十五頁第六行段之後，『縲絏』之『絏』作『紲』。

三九　第五行至第九行之一段，顧本係列在下頁第四行條之後第五行段之前。

三九　五至六　『世傳』至『云云』作『韓詩外傳載有公冶長陷縲紲事，謂長通於鳥言，取虎所負羊而食之。喪羊者跡得之，訟而縶之云云』

四〇　第二行至第三行之一條及第四行之一條，顧本係列在上頁第三行至第四行條之後，第五行至第九行段之前。

四〇　第五行至第四十二頁第十一行之一段，顧本係列在上頁第五行至第九行段之後，今本洙泗考信錄卷四第二十七頁第十二行條之前。

四二　五　『微獨』至『所撰』作『微獨肅與昭而已，家語乃魏晉間人所撰。』

卷三

四　第十行至第十一行條，顧本列在今本本卷第八頁第二行條之前。

六　第九行至第十二行之一條，顧本係列在今本本卷第八頁第五行至第七行條之後，今本洙泗考信錄卷四第二十一頁第九行條及第二十四頁第十二行條之前，與下頁第一行至第八頁第一行之一段併合爲一篇，低二字寫。

六　九　『存參』二字原無。

六　九　『子思之母』上有『戴記檀弓篇云』六字。

六　一〇　『吾何愼哉吾聞之』之七字原無。

六　一一　『弗行也』下之『有其禮』三字，原無。

六　一二　『戴記檀弓篇』五字之小注，原無。

七　一　『戴記檀弓篇又云』作『後章又云。』

七　九　『固未嘗嫁也』作『固未嫁也。』

七　二　『抵捂』作『牴牾』、

八　一　『故今』至『考終篇中』作『余不敢以厚誣古人，故俱不取說並見前伯魚條下。』

八　第二行之一條，顧本係列在今本本卷第四頁第十行至第十一行條之後。

八　第五行至第七行之一條，顧本係列在本頁第八行至第十行條之後，本卷第六頁第九行至第八頁第一行段之前，無『備覽』二字，頂格寫。

八　第八行至第十行之一條，顧本係列在本頁第二行條之後，第五行至第七行條之前，無『備覽』二字，頂格寫。

二七　六至三〇頁七行段，原列在今本洙泗考信錄卷四第二十七頁第六行條之後，第七行段之前。

二七　七　『事蹟』作『事跡。』

二七　八至九　『仲弓』至『司馬牛』作『仲弓，子貢，曾子，子路，有若，公西華，原憲，子游，子夏，子張，樊遲，曾皙，漆雕開，宰我，冉有，子羔，司馬牛。』

二七　一〇　『妻之一見』作『妻之而一見。』

二七　一一　『然僅「羿奡」一問』作『然僅有「羿奡」一問。』

二七　一二至二十八頁一行　『考之』至『其餘』之十八字，原無。

二八　四　『剌謬』作『剌謬。』

二八　六　『故謂』至『弟子』作『故謂顏路等四人爲弟子。』

二九　二　『誠然與否也』作『誠然焉與否也。』

二九　三　『左傳中事』作『左傳事中』

二九　八　『而絕未曾』作『而絕未嘗。』

二九　一〇　『按』作『余按。』

三〇　三至四　『去取之者』作『棄取之者』

三〇　四　『故今據史記文』作『今當取史記。』

三〇　五　『顏淵』至『二人』作『顏淵至秦丕茲二十有一人。』

三〇　六　『竝顏路等』至『二人』作『爲二十有四人，附以顏路等四人，商瞿等四人。』

三代正朔通考校勘記

頁　行

一　一　『三代正朔通考』作『三正異同通考。』

一　二　『見於』至『春秋』作『見於夏書，其詳具於春秋。』

一　二　『兩漢諸儒』作『漢之諸儒。』

一　三　『魏明，唐肅』作『魏之明帝唐之肅宗。』

一　五　『幷周』作『並周。』

一　五　『於是春秋』作『而春秋。』

一　六　『又幷』作『又並；』彰德本道光本同。

一　七　『於是春秋』作『而春秋。』

一　七　『自此二說出，世之學者』作『然而世之學者。』

一　自第十行至第二頁第十行之一段，原係載在今本第三頁第五行『如此也』句之下，第七頁第七行『且夫』句之上。

二　二　『十世』作『七世。』

二　四　『非祿山也，』顧本作『非祿山反也；』館本將『反』字挖去。

二　第十一行至第三頁第五行之一段，原係載在今本第一頁第九行段之後，

三　二　第十行『胡氏曰』句之上。

三　二　『不當也』句之下原有『若不當而輙改之，則二百四十年中豈可勝改，且使後世不知其實勢必至以暴爲仁，以邪爲正，亦何以異於魏收之穢史乎』之四十八字。

三　自第六行至第六頁第一行之三十二行原作一段，載在今本第七頁第十二行段之後。

三　六　『隱九年三月癸酉』顧本作『隱九年三月』；館本嵌入『癸酉』二字。

四　一　『未有不殺者』顧本作『未有不盡殺者』；館本挖去『盡』字。

四　一　『鍛煉』之『鍛』丁巳本作『煅』，彰德本道光本作『煅』。

四　七至八　『且二百餘年中』至『不在夏乎』原作『且果窮冬蟄出，則出者必不止於螽而二百餘年中書螽凡十，又何以皆在秋冬而不在夏乎』

五　二　『不已過半乎』之下原有『家氏士而不通於農商而不通於北，乃欲以今而通於古嗚呼其亦可謂不自量矣』之三十二字。

五　三　『書於十月』作『書於冬十月。』

五　四至五　『以何義例通之也』作『以何義而通之也。』

五　八　『遁詞』作『遁辭。』

五　八至九　『今以』至『可徵』作『今以其法推未來之交食不謬分杪。』

五　九　『何也』下顧本有『至於古歷閏餘之法尤不難辨家氏於此猶且不能知，乃欲釋聖人之經，豈非目不見輿薪而自謂察秋毫之末也哉』之四十五字。館本同，但於『乃欲』上加嵌一『然』字，『自謂』下加嵌一『能』字。

五　一〇　『皆在正月也』之『在』字，館本挖去。

五　一〇至一一　『家氏』至『歲首』作『家氏乃以正月爲夏正而商人建丑爲歲首，周人建子爲歲首，孔子革二代之歲首而從百王之正。』

五　一一　『信斯』至『十一月，』顧本無『信斯言也』四字；館本挖嵌作『信斯言也，是歲首舊在前年十一月。』

五　一二至六頁一行　『則何』至『位乎』作『則何以不於十一月卽位乎？』

六　一　『位乎』之下顧本有『況隱以十一月薨，僖以十二月薨，如家氏之言則是桓之元年實隱之十二年，文之元年實僖之三十四年，桓與文不當不踰年而卽位，孔子不當沒先君之末年爲後君之元年也』之六十九字；館本同，惟於『孔子』之下加嵌一『亦字。

六　三至五　『前乎』至『正月』一節，原係載在今本本頁第九行『未嘗改月也』句之下。

六　三　『而書』作『而今尙書』。

六　九　『春王正月』之下，原有『歲首正月未嘗不合爲一』之十字。

六　一〇　『改周正月』顧本作『改周月』；館本嵌入『正』字。

六　一二　『疑終不釋』顧本作『疑不釋』，館本嵌入『終』字。

七　自第一行『凡天地』起至第七行『其亦僨矣』止一段，原列在今本第九頁第七行段之前。

七　一　『故歷』作『故歷元』。

七　七至一二　『且夫』至『一月哉』之一段，原係載在今本第二頁第十行『一月也』句之下。

七 二一 『二月也』之下原有『設有人焉，取省試之第十一人爲狀元，而仍號之曰第十一人，曰吾以某爲狀元，未嘗以某爲第一人也，雖愚夫愚婦聞之，有不大笑失容者乎』之五十五字。

八 一 第一行至第九頁第六行之一段，原係列在今本第十四頁第十二行段之後。

八 一 『伊訓』之上原有『亦非惟周人之書然也，即商人，即秦漢之間亦未嘗不改月也何者』之二十六字。

八 一 『之所注者』館本作『所注者』。

八 二 『殘缺』至『其』，顧本作『亡晉人不考其詳遂誤以爲伏生之書，而別撰古文書二十二篇以補之。然其詞理淺陋，而篇之名數又與遷固鄭氏所紀皆不同，先儒固已有辨之者矣。至此篇』館本同，惟『先儒固已有』作『先儒固有』。

八三　『乃漢書』作『則實漢書。』

八四　『冠於』至『乙丑』作『冠於篇耳舊書所謂乙丑。』

八四　『以子月爲十有二月是』顧本作『且即今書文，亦未嘗言爲丑月也以爲丑月云者，胡氏以即位故億之之耳。即位當於朔而不書朔即位重於見祖而書見祖不書即位，故趙氏汸云：「言日不言朔，又不言即位，則事在即位後矣，」胡氏何由而知其爲即位也者?由是言之。』『億之之耳』句之下『之』字顧本用墨點去。館本此段係在改板抽換頁內，文皆同顧本，惟『億之之耳』句作『億度之耳，』就此句下增加『然彼但言於是日祇見厥祖，亦未嘗言即位也』之十八字。

八五　『改月也』作『固改月也。』

八一　『以申月爲十月，是』作『其後唐肅宗以建子爲歲首，而司馬光作通鑑仍首以寅，其追改年月正與史記相類，胡氏乃以爲舊史之本文，並欲以之例周，過矣由是言之。』

九　一　『猶長幼之次之』顧本作『猶長幼之次』；館本嵌入『之』字。

九　三　『丑亥』至『如故』之十二字原無。

九　四　『丑月爲正』作『丑爲正』。

九　四至五　『丑爲』至『一月』之九字原無。

九　六　『是何』至『文也』作『唐人有謂文選但有班孟堅文而無班固文者，當時皆笑之，使見宋儒之說，又不知其笑者復幾許也。』

九　第七行『古之時』起至第十頁第十二行『之時也』止一段，原係列在今本第七頁第七行『其亦愼矣』一段之後。

九　七　『至於』至『故焉』之十二字原無。

九　九　『乃舉』至『舊典』，顧本作『乃舉而滅之耳，苟其能守典』；館本嵌入『兵』字『舊』字。

九　一二　『說詳見三代經界通考中』之小注原無。

一〇　一　『以竹書紀年考之』之七字原無。

一〇　二　『乃周平王』作『周平王』。

一〇　三　『當爲八年』顧本作『謂之八年』館本將『謂之』二字挖去，嵌入『當爲』二字。

一〇　四　『非周亦用』作『非周用』。

一〇　四　『而未及改』下有『於晉事爲多而他國亦間有之』之十二字。

一〇　四至五　『卓子』至『前年冬』之二十一字，原在今本本頁第七行『亥』字之下。

一〇　六　『是也』至『夏正者如』之十六字原無。

一〇　七　『是也』至『可知』作『蓋本國之事亦有見諸他國之史者。』

一〇八　『遂致』至『秋也』作『故至參差不一。此所以四月言麥而秋言禾也。』

一〇九　『而杜氏』至『竹書』作『杜氏晚見竹書。』

一〇九　『因致後人』作『遂致後人。』

一〇一〇至一一　『如王子朝』至『一月』之十九字原無。

一〇一一　『乃知列國』作『乃知各國。』

一〇　第十二行『且自』起至第十一頁第三行『以上乎』止一節原係載在今本第十二頁第十行『祭歲乎』下，第十一頁第十一行『張氏以寧』句上。

一〇一三　『以及五代』作『以迄五代。』

一一二　『晦朔之日』顧本作『朔晦之日』；館本將『朔晦』挖去換嵌『晦朔』二字。

二一　第四行『古之時』起至第十一行『汴城也』止一段，原係載在今本第十頁第十二行『封建之時也』段之後。

二一　七　『以證』之『證，』丁巳本彰德本均作『証，』道光本同今本。

二一　七　『之誤乎』之下丁巳本有『猶周以歲爲年而詩稱「三歲爲婦，」「曰爲改歲」「曰歲亦莫止」也，亦可謂周之紀事仍稱歲而不稱年乎』之三十八字；彰德本同，惟『曰歲亦莫止』作『歲亦莫止』。

二一　八　『其餘』至『較多』作『小雅之六月，小旻之二月，則於周夏之正義皆可通。』

二一　九　『兼采周正』作『用周正。』

二一　九　『此蓋當時，』顧本作『此皆當時；』館本挖去『皆』字，換嵌『蓋』字。

二一　第十一行『張氏以寧』起至第十二頁第一行『釋也』止之一節，原係載在今本第十一頁第三行『以上乎』句之下。

二一　一三　『頗爲傳解』顧本作『頗爲詩解』；館本挖去『詩』字，換嵌『傳』字。

二一　一三　『原自兼行』顧本作『原自通行』；館本挖去『通』字，換嵌『兼』字。

二三　第二行起至第十行『祭歲乎』句止一段，原係載在今本第十一頁第十一行『汴城也』段之後。

二三　六　『若以夏正釋之』作『蔡氏不通歷法，乃以夏正釋書，果爾』

二三　七　『乃云然乎』之下原有『而是歲閏二月，建寅之月亦無有所謂壬辰癸巳也』之二十字。

二三　一〇　『祭歲乎』之下原有『家氏乃欲以詩例書，以晉例周，以一二例，千百無怪乎其困而不能通而強爲之說也』之三十三字。下接載在今本第十頁第十二行『且自』起至第十一頁第三行『以上乎』之一節。

一二　第十行『，曰然則』起至第十三頁第四行『異也哉』止之一段，原無。

一三　第五行至第十四頁第十二行一段，原係載在今本第十二頁第一行『釋也』一段之後。

一三　五　『亦非惟』作『非惟。』

一三　五　『然也』之下，原有『卽易繫辭，卽鄒魯士大夫之言，亦皆周正也』之十七字。

一三　八　『皆知之』之下原有『家氏欲誰欺乎』之六字。

一四　二　『律商周乎』之下，顧本有『今人有謂杜甫之詩爲不知平仄者，余問之，曰「以詩法入門（書名，近世所作）例之皆不合，」家氏之見亦如是矣。又謂「將以夏正十二月半爲春分，六月半爲秋分，」則語尤不可解。子月日至而丑月有春分，吾不知家氏自何推算而得之也』之九十字。館本同，惟『例之』之『例』字挖改爲『律』。

一四　三至四　『要之』至『解耳』作『然亦初不難知，但先儒誤分十二月之卦，故人不得其解耳。』

一四　五　『泰否』顧本作『否泰』；館本挖改爲『泰否』。

一四　五　『之中也』之下，顧本有『先儒但見冬至以後日晷漸長，又泥大象「日至之」文，遂以子月爲復。不知月之後半雖漸以長，月之前半亦漸以短。且所長者特分杪耳，較之亥月實更短也。今反以亥爲坤，以子爲復，則是陰已極盛，而日反不甚短，氣反不甚消；陽已來復，而日反更短，氣反更消，豈不謬哉！由是言之』之一百零八字。館本同，惟『日至』二字挖改爲『至日』。

一四　五至六　『然則』二字原無。

一四　六　『泰否』顧本作『否泰』；館本挖改爲『泰否』。

一四　六至七　『說詳』至『說中』十四字之小注原無。

一四　七　『不然』二字原無；但有『解者不知分卦之誤，乃各主一說，互相詆諆，不思』之十九字在『由遯』之上。

一四　八　『惟妬』顧本作『惟如』；館本挖去『如』字，嵌入『妬』字。

一四　一〇　『以爲觀耳，經何嘗謂』作『以爲夏正耳，經何嘗自言』。

一四　一一　『也哉』之下原有『至於周官月令皆後人之所撰，月令出於不韋，乃陰陽家之說，家氏以証周制，非也。周官雖差近古，然亦多與詩書春秋孟子不合。鄭氏過於信古，往往曲爲之說以兩全之。以爲博古之助可也，家氏乃反執此以議經傳之誤，則倒置矣。且此二書多以孟春仲夏爲文而罕舉月數者，則亦以三代之正並行通用之故，故變文而稱夏時，欲其對考而易辨耳』之一百三十六字。

一四　一一　『概不之信』顧本作『概之不信』，而用墨將『之』字點去；館本挖去『之不』，換嵌『不之』。

一四　一一至一二　『而偶』至『異矣』作『可驗於氣候者則多方遷就以求合於夏正，可驗於歷法者則諉爲不可知，不幸顯然無可置詞則指之以爲誤，而偶得一二夏正之文則沾沾焉據之以攻左氏：然則家氏非能平心考古者也，特好同而惡異耳。嗟乎，好同惡異，安石以之亡北宋矣，若之何至於南宋之末而風猶未息也！』

一五　第一行至第十六頁第六行之一段，原係載在今本第九頁第六行段之後，第十七頁第八行『二子雖皆』句之上。

一五　三　『考證』作『考正』。

一五　五　『王正月也』顧本作『王正月』；館本增嵌『也』字。

一五　一一　『王道之義』作『王道之意』。

一六　四　『胡氏之說』作『胡氏之言』。

一六　六　『而已矣』之下，原有『夫旣云王而又云周，吾謂左氏之言複矣，若之何宋儒猶不知其爲周正也。且程子所云夏時冠周月者，本謂周但改月而不改時，故其書皆有月而無時。正月乃史之舊文，周之本名，而孔子取夏時之春冠於其上，故謂之夏時冠周月耳，非謂月亦不改也』之九十八字，下即接載在今本第十七頁第八行『二子雖皆』之句。

一六　第七行至第十八頁第五行之二十三行原作一段，係載在今本第十七頁第十行段之後。

一六 一 『夏時冠周月』之五字,原無。

一六 八至九 『程子』至『然』字原作『程子之說較二子爲近理,然亦非也』。

一六 一〇 『魯史記』作『魯史』。

一六 一二 『大相悖矣』之下,原有『程子之說亦有因焉,蓋見召誥之二月,多士之三月,皆不書春,顧命之四月,多方之五月,皆不書夏,故以爲周但改月而未嘗改時也。春秋云「春王正月,」而不云王春正月,故以正月爲周之本名,而春爲孔子之所加也;然此亦程子之過求也』之九十二字。

一七 六 『蓋正月』作『夫正月』。

一七 六 『而移者也』之下顧本有『月以子爲正,則年以子爲始而已矣』之十四字；館本同，惟將『矣』字挖去。

一七　六　『而分者也』之下，顧本有『年以子爲始，則時以子丑寅爲春而已矣』之十六字；館本同，惟將『矣』字挖去。

一七　八　『然程子』至『之說』之二十字原無。

一七　八至十　『二子』至『意矣』一節，原係載在今本第十六頁第六行段之下。

一七　一〇　『亦竝未達』顧本作『並未達』；館本增嵌『亦』字。

一七　一一　『十二月次』顧本作『十二月』；館本增嵌『次』字。

一八　一至四　『然古之』至『乃曰』，丁巳本彰德本並作『然今之驚蟄穀雨，古嘗謂之雨水清明矣；今之雨水清明，古嘗謂之驚蟄穀雨矣。古者河以南謂之「河南」，今也河以北亦謂之「河南」；古者江以南謂之「江南」，今也江以北亦謂之「江南」。此其名誠不正，言誠不順，然亦既有其事矣。而曰。』

一八 八 『命曰三代正朔通考』作『命之曰三正異同通考。』

一八．九 『崔述自識』之下館本增嵌『今改爲三代正朔通考』九字之小注。

一九 第一行至第三行之一段，丁巳本並無；彰德本有，文相同。

經傳禘祀通考校勘記

頁 行

一 一〇 『先後』作『後先』；胡本用墨筆鉤轉。

二 七 『祭山之謂望，今謂其望』之二『望』字均作『旅』；胡本用墨筆將二『旅』字點去，書二『望』字於旁。

三　三　『非以于莊公』之『于』作『於』。

三　四　二『于太廟』一『于莊公』之『于』均作『於』。

三　五　『于太廟』作『於太廟』。

三　一〇　『則不可知』作『則不知』；胡本添『可』字於旁。

三　八　『始祖所自出也』作『始祖之所自出也』；胡本將『之』字點去。

四　九至十　『其可舍經』作『可舍經』；胡本添『其』字於旁。

五　九　『所載者哉』作『所載哉』；胡本添『者』字於旁。

六・七　二『于』字均作『於』

一一　四　『考春秋中』作『考春秋』；胡本添『中』字於旁。

一二　五　『恐序之誤』作『恐序者之誤』；胡本將『者』字點去。

一二　六　『乃以爲禘始祖』作『乃以禘爲祭始祖；』胡本將『禘爲』二字鉤轉，『祭』字點去。

一二　一〇　『皆如是』之『是』字旁，胡本書有一『此』字。

一四　七　『末以』作『未以；』顧本用墨筆將『未』改成『末。』

一五　一〇　『所自出矣』作『所自出明矣；』胡本將『明』字點去。

一七　九　『之父矣』作『之父明矣；』胡本將『明』字點去。

一九　六　『若社嘗』作『若社嘗禘；』胡本將『禘』字點去。

二〇　四　『有事于祖』之『于』作『於。』

二三　七　『何得獨言祫乎』之『得』字作『以；』胡本將『以』字點去，書『得』字於旁。

二三　一一　『平分禘祫』作『平分祫禘；』胡本用墨筆鉤轉。

二四　一一至一二　『若果以禘祫』作『若果以爲禘祫；』胡本將『爲』字

點去。

二五　一一　『此傳亦祠』作『此傳亦以祠』胡本將『以』字點去。

二六　三　兩『東』字皆作『束。』

二七　二　『實大不然』下原有『卽鄭注亦無此説』一句；胡本點去。

二七　九　『天子之祫禘』作『天子有祫禘無犆禘；』胡本將『有』字及『無犆禘』三字點去而書『之』字於旁。

三〇　五　『何其不倫』作『何以不倫；』胡本將『以』字點去而書『其』字於旁。

三〇　自第六行起至第三十五頁第十行止之一大段，原係列在今本第三十七頁第五行條之前。

三〇　八　『之語無涉』下原有『卽鄭註章解亦皆無此説』一句；胡本點去。

三四　二　『失其意者』原作『失其意者也』；胡本將『也』字點去。

三五　一　『顓頊繼之』之『繼』作『記』；胡本將『記』字點去，書『繼』字於旁。

三五　二　『七廟五祀』作『七廟五廟』；胡本點去『廟』字，書『祀』字於旁、

三五　七　『則價高』作『則價倍』；胡本點去『倍』字，書『高』字於旁。

三五　第十一行至第三十六頁第二行之一條，原無。

三六　第三行起至第三十七頁第四行止之十三行，原係列在今本第三十頁第六行條之前。

三六　五　『「自」由也』句原無；胡本添書於旁。

三六　六至七　『蒼則』至『汁光紀』五句，原無；胡本由頡剛先生爲添書於旁。

三六　第九行至第三十七頁第四行之一段原作『按太微五帝之說本出緯書，且以禘爲郊，其謬顯然。宋儒皆不之從，是也。然以記之「禘其祖之所自出」爲「禘其始祖之所自出，」則其誤實始於此。蓋鄭氏誤以此禘爲祭天，故不得已而以「其祖」爲「其始祖。」後人既知以爲祭天之謬，而猶沿其始祖之文而不之覺，何耶?且鄭氏以所自出者爲天，故此祖可以謂之始祖；若以所自出者爲人，則此祖豈得復謂之始祖乎!此理甚明，不待言者。爾雅云「禘，大祭也，」謂較四時之祭爲大耳，非謂凡郊社大祭皆可謂之禘也。鄭氏以凡大祭皆謂之禘，誤矣。然鄭氏雖誤，自誤解此二篇耳，至於經傳之禘則仍用舊說，雖誤以爲五年之祭，而所祭之人如故，未嘗牽連此文而皆以爲祭其始祖之所自出也。』

三七　第五行之一條原係列在今本第三十五頁第十行段之後，『圜丘』之『丘』一作『邱』；下行有『此上四者謂祭天以配食也。祭昊天於圜邱曰禘。（韋昭國語解）』二十四字。胡本於『此』字上角及『解』字下角畫有「」」號，殆爲表明鉤去之意。

四一　一　『殂落』之『殂』作『徂』；胡本將『徂』字點去書『殂』於旁，又仍將『徂』角轉圈去『殂』字。

四一　三　『稷固非』作『稷非』；胡本添『固』字於旁。

四三　六　『苟且而藏之他室』作『苟且而藏之』；胡本添『他室』二字於旁。

四四　七至八　『古之聖賢』作『古聖賢』；胡本添『之』字於旁。

三代經界通考校勘記

頁	行	
一	二	『論語，詩書』作『詩，書，論語。』
七	六	『公邑』作『采邑。』
一〇	四	『不可不行也』作『不可不行。』
一一	三	『井中』作『井田。』
一二	三至七	『孔子曰』至『不之問也』之一段原作『春秋，哀公十有一年「用田賦，」孟子曰，「求也爲季氏宰，無能改於其德而賦粟倍他日，」如謂稅畝仍行徹，而但多取之爲十二；將用田賦亦仍行徹與稅畝，而但益多取之爲十三十四哉？』下接載在今本第十三頁第三行『蓋無』起至第五行『也』字止之一段。
一三	三至五	自『蓋無』至『也』字之一段原係載在今本第十二頁第

七行『吾又嘗以他國之事推之』句之上；『是以三傳』句之上有「猶租庸調之改爲兩稅也」一句。

一三　七　『遂不相知』之下原有『君但務於自足而不恤民，人亦各務自足而莫肯盡力以奉公』二句。

一三　八　『利歸私室』之下原有『三桓得以乘其隙而竊之』一句。

一四　一　『君民之術』句之下，原作『非專欲損君益民而別藉節用以足；之亦非使民八分益一而遂足而君亦遂無不足也。』

考信附錄校勘記

卷一

頁	行	
三二	一	『贈陳履和序』之下偏右有『附刻』二字，下方又有『崔東壁先生作』六字。
三三	六	『唐宋迭興』作『唐宋之興』
三三	一二	『祇肆力』之『祇』作『祗』
三四	二	『嗜學』之『嗜』作『嗜』
三四	四	『夫師所以求益』作『夫師以求益』；胡本墨書『所』字於旁。
三四	五	『辭之』之『辭』作『辤』
三四	九	兩『必於』皆作『於必』；胡本均用墨筆鉤轉，但均誤鉤爲『於所必』
三四	一一	『芥蔕』之『蔕』作『蒂』。
三四	一二	『聚處數載』作『聚首數載』；胡本將『首』字點去，書『處』

字於旁。

三四　一二　『平生之願』作『生平之願』；胡本用墨筆鉤轉。

三五　第二行至第四行之一段，原有，道光四年東陽刻定本無。

卷二

七　第一行之目原無。

七　八　兩『於必』胡本皆用墨筆鉤轉。

七　一〇　『藉甚』作『籍甚』、

八　四　『石屛門人』作『石屛受業門人』。

八　四　『寓館』之下顧本胡本均有二小方印，上爲『履龢欣賞』之陰篆，下爲『海樓瓣香』之迴文陽篆；館本無。

八　五　『又跋』二字原無，胡本館本在此跋之板心有『後跋』二字。

八　第六行至第九頁第一行之一段，顧本無，胡本館本有，文全同。

今本知非集校勘表

東壁先生之詩，在今本知非集未發現前，適之先生曾於畿輔詩傳中輯得十五首，乾隆大名縣志中輯得一首，由剛編爲佚文下卷。自今本知非集出後，比對之下，其相同者有十四首，因祇留集中所無之二首，餘皆删除，改佚文爲一卷。惟此十四首中，頗有若干字兩本不同者；集後所附不全之闇齋先生墓誌銘，校之考信附錄中者亦多互異。故爲草成一表，附印於此。二十年三月十一日顧頡剛記。

今日向友人借得上湖文編補鈔二卷，翻閱其中之闇齋先生墓誌銘，與在今本知非集後及考信附錄內者均有異同。其關西橐草序，亦與在乾隆大名志者有出入，故皆爲記入此表。關西橐草序本與今本知非集無關，但爲便利起見，不復另列。十一日，頡剛又記。

篇名＼所在書	在今本知非集中者	在畿輔詩傳中者	在乾隆大名縣志中者	在考信附錄中者	在上湖文編補鈔中者
清化鎮晚眺書事	未暮憩客館	未暮憩孤館			
寄朱松田	寄此代書柬	寄此聊代柬			
磁澗	極目歡幽情 更欲淩絕頂	極目愜幽情 更欲淩絕頂			
擬古	白日草中沒	白日草中埋			
登易州西山	兩峯雙抱寺	兩峯回抱寺			
春暮即事	白雲千里暮回首	碧雲千里暮回首			
只當行	(序)『只當』魏之方言。……野之夫好以意度		(序)『只當』邑之方言。……野之夫好以意度		

人，怪怪奇奇，匪夷所思。所行事具在目前，了不一覩

只當西山來行竊

闇齋先生墓誌銘

(1)闇齋先生墓誌銘

(2)余自瘝癈

(3)而在廣年未久

(4)小興州人。明初遷興州民於保定，後遂爲新安籍

(5)大城縣學教

人，所行事具在目前，了不一睹

只當西山來行叔

---

(1)同上

(2)余自病廢

(3)同上

(4)大寧衛小興州軍籍。明永樂元年遷大寧都司於保定，遂分置新安

(5)同上

---

(1)歲貢崔闇齋墓誌銘

(2)同今本知非集

(3)而在廣平未久

(4)同上

(5)大城縣學教

諭；生三子

(6)補縣弟子員

(7)遂絕意進取，隱居教授

(8)薄世之無知妄作者，未嘗著書。乾隆戊辰丁本生父憂，服闋，猶素服不忍卽吉。辛巳居本生徐孺人喪，亦如之

(9)見覦者

---

(6)補邑弟子員

(7)嗣是絕意進取

(8)薄世之無知妄作者，未嘗著書

(9)族人覦家貲

諭。祖母趙孺人，生三子

(6)同上

(7)同上

(8)同今本知非集

(9)同上

(10)君訟之於官

(11)絕嬉

(12)時併魏縣入大名，君先後爲大名令所器重；然君能安貧，不干以私

(13)其他懿美，有不必書者

---

(10)君訟於官

(11)絕嬉戲

(12)然君能安貧，甚至田宅見侵，不較也●時併魏縣入大名，君先後爲大名邑令所器重，不干以私

(13)同上

---

(10)同上

(11)同上

(12)然君能安貧，又肯賙人急，甚至田宅見侵不較也。時析魏縣併入大名，元城君先後爲大名邑令所器重，不干以私

(13)知乎此而君之爲眞儒可以無疑矣。其他懿美，有不必書者

關西藁草序

(14)故所載止此；若其生却鬼魅，沒聞異香，古嘗有之，而君所以不朽者初不在是

(15)二月十五日卒

(16)葬魏城南禮賢臺之西

(17)配同縣李氏國學生九經女

(18)同縣劉觀成也

(1)關西藁草序

(14)故所載止此此

(15)同上

(16)同上

(17)配同邑李氏國學生九經女

(18)同邑劉孟集（後改名文樸）也

(1)成北樵關中

(14)同今本知非集

(15)月日卒

(16)葬某鄉某原

(17)同上

(18)同邑劉孟集也

	詩序
(2)關西槀草一編	(2)關中槀草一編
(3)此其堂構克舉者乎	(3)此其爲堂構克舉者乎
(4)大成氏兩世輔相	(4)大成氏相門出相
(5)至北樵而遠宦監州	(5)至北樵而遠宦監州，于幽斯館
(6)而獨擅其文以自怡悅	(6)而獨擅其冰雪之文以自怡悅
(7)益諷詠而欽慕	(7)益諷詠而欽羨
(9)索爲而才易盡	(8)索然而才易盡

崔東壁先生行畧校勘記

顧頡剛先生曩日託雲南李貫之先生搜求崔陳遺著，得蒙寄來寫刻之崔東壁先生行略一篇，計十二頁，每半頁九行，每行二十五字。板心高營造尺六寸二分，寬四寸二分。所寫之字與丁巳本中之補上古考信錄，丁巳本後之贈序跋文及館本中抽換改刻諸頁之字相同，當亦爲履和所書。印於有光紙上，則其印時似尚不遠；但此板之刻，我頗疑即爲履和文初撰成之後。至在東陽刻定本遺書附入此文時，略加訂改，故文中微有數處與在遺書中者相異。今乘使亦爲校勘於此，其字同而僅作草書俗書者姑略。二十一年一月十一日，貞信謹記。

頁	行	
一		題目之後有『石屏受業門人陳履和謹撰』一行。
一		第四行至第六行一節，無。

一　七　「字武承」作「字武成。」

一　一〇　「學行冠一時，詳載縣志」作「學行載縣志。」

三　六　「佐讀」作「捧讀，」但原字甚模糊，墨筆塡爲「捧，」未識誤否。

四　五　「是時履和」作「是時不肖履和。」

四　五　「不與人」作「不肯與人。」

五　一〇　「不極力爭辯」作「不認眞爭辯。」

五　一二　「先生」道光本誤作「先王。」

六　一一　「於是營弁遂上報」作「營弁已上報。」

六　一二　「一林孫」作「一林某。」

七　一二　「千總」道光本誤「干總。」

七　七　「某公去」三字寫刻篇有，道光本無。（凡道光本無，寫刻篇有，而顧先生標點本亦有者，即係根據寫刻篇所加或同寫刻篇而不同道光本者亦然。）

八　三　『有肉不會喫』作『有肉不善喫。』

九　六　『好官難得』寫刻篇同，道光本作『好官。』

九　七　『汝去自佳』寫刻篇同，道光本作『汝去。』

一二　七　『百家所記』寫刻篇同，道光本作『百家所言。』

一二　一〇　『題曰』作『題之曰。』

一三　二　『提要』作『題與，』但『與』字係墨筆塡成，未識原字誤否。

一三　一一　『謹稽首柩前受遺書』作『謹奉遺命受書柩前。』

一三　一一　『手澤淋漓不敢注視』八字無。

一六　二　『展遺書』三字無。

一六　三　『見於本集者』五字，寫刻篇有，道光本無。

一六　三至四　『表墓序書，』寫刻篇同，道光本作『賜之文章。』

一六　五　『二十三年』作『戊寅。』

初刻本校勘記終

中華民國二十五年六月出版

甲種精裝八　册　二十元
甲種平裝十六册　十七元
乙種平裝十六册　十二元

編訂者　顧頡剛

印刷兼發行者　亞東圖書館

上海四馬路中市

發行所　亞東圖書館

分售處　各省各大書店

崔東壁遺書

辨僞叢刊

朱熹辨僞書語	白壽彝輯點	四角
四部正譌	明胡應麟著 顧頡剛校點	三角
古今僞書考	清姚際恒著 顧頡剛校點	四角
書序辨	顧頡剛輯點	五角
詩辨妄	宋鄭樵著 顧頡剛輯點	四角
詩疑	宋王柏著 顧頡剛校點	二角五分
左氏春秋考證	清劉逢祿著 顧頡剛校點	五角
論語辨	趙貞信輯點	四角五分
子略	宋高似孫著 顧頡剛校點	三角五分
諸子辨	明宋濂著 顧頡剛校點	二角五分
古學考	清廖平著 張西堂校點	三角
唐人辨僞集語	張西堂輯點	四角五分

樸社出版　北平景山書社發行

上海亞東圖書館經售

THE ORIENTAL BOOK COMPANY

上海亞東圖書館

崔東壁遺書

（清）崔述 撰

顧頡剛 編訂

第五册

國家圖書館出版社

第五册目録

崔東壁遺書

顧頡剛編訂

錢玄同題

本書

孟子事實錄

考古續說

考信附錄

孟子事實錄自序

（顧頡剛按，原本無此序，今依三代考信錄例，由提要卷下錄出置此。）

孟子何以別爲錄也？傳道之功大也。

孔子之時，王道猶存，異說未起，故子貢曰，『文武之道未墜于地，在人，賢者識其大者，不賢者識其小者，莫不有文武之道焉。』戰國時則不然：處士橫議，楊墨之言盈天下，卽儒者所著述亦多傳而失眞。賴孟子縷陳而詳辨之，井田封建之制，仁義性善之旨，帝王聖賢之事，然後大明而得傳于後世。向無孟子，不但異端之說之惑世也，卽周官，戴記，國語，逸周書等書所述，亦無從辨其是非眞僞而識聖道之眞。故唐韓子稱『文武周公傳之孔子，孔子傳之孟某，』又云，『學聖人當自孟子始。』然則孟子之於孔子，猶周公之於文武：文武非周公則制作不詳，孔子非孟子則傳流多失。甚矣孟子之有功於道者大也！

孔子門人之事雖旁見於他書而首尾多難考；惟孟子七篇中，適梁，游齊，居滕，至魯，皆備載之，不難考其先後，故別爲錄以明之也。又此七篇皆弟子所纂述以傳於後世者，其功亦不可沒，故並附於孟子之後。

孟子事實錄目

卷上

卷下

附錄

孟子事實錄卷上

在鄒

辨孟母三遷之說

補「孟軻，騶人也。」（史記孟子荀卿列傳。）

列女傳云，『孟軻之母，其舍近墓。孟子之少也，嬉戲爲墓間之事，踊躍築埋。孟母曰，「此非所以居子也！」乃去舍市。其嬉戲爲賈衒。孟母曰，「此非所以居子也！」乃徙舍學宮之旁。其嬉戲乃設俎豆揖讓進退。孟母曰，「此眞可以居子矣！」遂居之。』余按孟母敎子之善當非無故而云然者，即三遷之事亦容或有之，然謂孟子云云者則必無之事也。孔子曰，『唯上智與下愚不移。』孟子曰，『豪傑之士雖無文王猶興。』人之相遠固由於習，然大聖賢之生必與衆異，必不盡隨流俗爲轉移。孟子雖幼，安得遂與市井墟墓之羣兒無以異乎！孟子曰，『舜之居深山之中，與木石居，與鹿豕遊；及其聞一善言，見一善行，若決江河，沛然莫之能禦也。』然則孟子亦當如是。使孟子幼時絕不知自異於羣兒，則孟子壯時亦安能自異於戰國縱橫之徒哉！且孟母旣知墓側之不可居，則何不卽擇學宮之旁而遷之，乃又卜居於市側乎？國語稱文王曰，『在母弗憂，在傅弗勤。』列女傳云，『文王生而明聖，太任敎之以一而識白。』後世儒者遂謂文王生有聖德，大王知其必能興周，故舍泰伯而傳國焉。夫同一聖人也，文王則生而卽爲聖人，孟子則幼時無少異於市井小兒，一何其相去之懸絕乎？蓋凡稱古人者欲極形容其人之美，遂不復顧其事之乖，其通病然也。故欲明太任之胎敎，遂謂文王之聖生而已然；欲明孟母之善敎，遂若孟子之初毫無異於庸愚。其實聖人之爲聖人亦必由漸而成，聖人幼時雖未卽爲聖人，而亦必不與流俗同也。善讀書者當察其意所在，不必盡以爲實然也。故今不載此事。

辨孟母裂織買豚之說

辨孟母不許去婦之說

韓詩外傳云，「孟子少時誦，其母方織。孟子輟然中止，乃復進。其母引刀裂其織，以此誡之。孟子問其母曰，「東家殺豚何爲？」母曰，「欲啖汝。」其母自悔，乃買東家豚肉以食之。』余按自裂其織以喻學之不可中輟理固當然；然且誦且思，豈無中止之時，乃責其聲之必無斷續乎！至於『啖汝』云者，不過一時之戲言耳，其失甚小，因悔此一戲而遂買豚肉以彌縫之，是教之以文過遂非也，孟母何反出於此乎？此皆說者欲極形容孟母之善教而附會之，反失其正者，皆不可爲信。故今並不錄。

韓詩外傳云，『孟子妻獨居踞。孟子入戶視之，白其母曰，「婦無禮，請去之。」母曰，「乃汝無禮也！禮不云乎，『將上堂，聲必揚；將入戶，視必下，』不掩人不備也。」於是孟子自責，不敢去婦。』余按獨居而踞，偶然事耳，教之可也，非有大過，豈得輒去！聲揚，視下，亦謂朋友賓客間耳，房幃之內安得事事責之！此蓋後人之所附會，必非孟子之事。故亦不載。

孟子無受業子思事

備覽　「受業子思之門人。」（同上。）

附論　「孟子曰，『予未得爲孔子徒也，予私淑諸人也。』」（孟子。）

趙岐謂孟子親師子思。王劭謂史記「人」字爲衍。余按，孔子之卒下至孟子游齊，燕人畔時，一百六十有六年矣。伯魚之卒在顏淵前，則孔子卒時子思當不下十歲。而孟子去齊後居鄒之宋之薛之滕，爲文公定井田復遊於魯而後歸老，則孟子在齊時亦不過六十歲耳。即令子思享年八十，距孟子之生，尚三十餘年，孟子何由受業於子思乎！孟子云『予未得爲孔子徒也，予私淑諸人也，』若孟子親受業於子思則當明言其人以見其傳之有所自，何得但云「人」而已乎！由是言之，孟子必無受業於子思事，史記之言是也。然孟子之學深遠，恐不僅得之於一人，殆如孔子之無常師者然，故但云「私淑諸人」耳。

適梁

「孟子見梁惠王王曰，「叟，不遠千里而來，亦將有以利吾國乎？」孟子對曰，「王何必曰利，亦有仁義而已矣！」」

宋人疑孟子見諸侯之說

葉大慶考古質疑云，『墨客王聖美少謁一達官，問聖美曰，「嘗讀孟子否？」曰，「都不曉其義。」問「不曉何義？」曰，「從頭不曉。」孟子不見諸侯，何以見梁惠王？」其人愕然無對。此雖若戲笑之談，匆遽中亦自難對。近見陳氏新話云，「孟子之書有一言可萬世行者，有言之今日而明日不可用者。孟子不見諸侯而見梁惠王，學者至今疑之。」大慶嘗思而得之。孟子論去就之義，曰「迎之致敬以有禮，言將行其言也，則就之。」按史記魏世家，「惠王卑禮厚幣以招賢者，鄒衍，淳于髡，孟某皆至，」然則孟子之見惠王非以其迎之致敬而有禮乎？』（原文甚繁，今删而采之如此。）余按孟子之見梁王無難解者，不知聖美何以不曉，達官何以無對，陳氏何以致疑，葉氏何以待思而後得也？孟子所謂不見諸侯者，謂草莽之士不屈身先容以求見諸侯耳，非謂終古不可與一見也。故曰，『庶人不傳質爲臣，不敢見於諸侯，』曰，『如不待其招而往，何哉？』曰，『段干木踰垣而辟之，泄柳閉門而不內，是皆已甚；迫，斯可以見矣，』語意甚明，豈容有不曉其義者！而乃紛紛疑之，譏之，眞吾所不曉也！若謂終古不可一見諸侯，則禹臯陶何以見堯舜，伊尹何以見湯，太公何以見文王乎？孟子居鄒，季任爲任處守，以幣交，受之而不報；他日由鄒之任，見季子；然則孟子之見時君皆當如是，不但於梁然也。即無史記之文而孟子之爲應聘而往亦無可疑者；但記書者止欲明先義後利之旨，不暇於未見之前一一鋪敘如今演義之文法耳。齊景公問政於孔子，衞靈公問陳於孔子，未問之前亦必有其相見之因，但無關於義理，故不必一一而書之策也。今論者乃以是爲疑，豈宋人沿唐舊習，喜奔競，怪孟子不見諸侯之言而欲以其矛刺其盾乎？不然，如是讀書，書無不可議者，無怪乎陶淵明之『不求甚解』也！

孟子救時之旨

按，孟子先義後利之旨深切戰國時人之病，要亦古今之通患也。三代以上，人皆尙義。逮春秋時，人漸重利；然尙有好義者，亦頗有假義者。至於戰國，非惟人不好義，卽假義者亦不可得。何者？人皆惟利是圖，無所用於假義者也。人心一專於利，則但知有利而不知有義，且但知有己而不知有人，甚至但知有目前之利而不知有日後之害。以故列國之君惟務戰爭以辟土地，聚斂以充府庫，其臣亦惟務逢君以取富貴，其閭巷之間亦惟事强凌弱，衆暴寡以自利。此無他，皆好利之心驅之使至是也。是以戰國之時生民塗炭，風俗頹敝，死於兵者動至一二十萬。然則孟子此言誠救時之上策，亦千古之炯鑑也。故以此章冠七篇之首，而太史公讀之亦深嘆美之也。

利非不可言

聖人何嘗不言利！易曰，『乾，元亨利貞，』曰，『坤，元亨利牝馬之貞，』曰

『利建侯，』曰『利見大人，』曰『利涉大川』者不一而足，聖人何嘗不教人以趨利而避害乎！但聖人所言義中之利非義外之利，共有之利非獨得之利，永遠之利非一時之利，此其所以異也。故曰『見利思義，』曰『因民之所利而利之，』曰『小人樂其樂而利其利，此以沒世不忘也。』無如世俗之人惟利是圖而不復顧義之是非，不但損人以利己也，為臣者且耗國以肥家甚至貪一時之利而致釀終身之害者亦往往有之，可不謂大愚哉！孟子此言可謂深切著明，惜乎世人不之察也！

按孟子與齊，梁，滕君問答之言，文繁不可悉載，而孟子乃人所共讀，亦無庸悉載也，故但掇其要旨及有關於時事者，次其先後不備錄也。

『梁惠王曰，「晉國天下莫強焉，叟之所知也。及寡人之身，東敗於齊，長子死焉，西喪地於秦七百里，南辱於楚。寡人恥之，願比死者一洒之！如之何則可？」孟子對曰，「地方百里而可以王。

王如施仁政於民，省刑罰，薄稅歛，深耕易耨，壯者以暇日修其孝悌忠信，入以事其父兄，出以事其長上，可使制梃以撻秦楚之堅甲利兵矣！」』（同上。）

孟子至梁在惠王後元之末

【備覽】『惠王數敗於軍旅，卑禮厚幣以招賢者，鄒衍，淳于髡，孟軻皆至梁。』（史記魏世家。）

史記此文載於魏世家惠王三十五年；以年表考之，乃周顯王之三十三年乙酉也。余按史記，惠王在位三十六年而卒；子襄王立，在位十六年卒。襄王元年，乃周顯王三十五年丁亥，『與諸侯會徐州，相王也，追尊父惠王爲王。』是丁亥以前梁未稱王也。而孟子之見梁王，乃云『王何必曰利，』『王好戰，請以戰喻，』『王往而征之，夫誰與王敵，』惠王果未稱王，孟子何由預稱之曰王乎？又按史記，梁予秦河西地在襄王五年，盡入上郡於秦在襄王七年，楚敗魏襄陵在襄王十二年，皆惠王身後事。而惠王之告孟子乃云『西喪地秦於七百里，南辱於楚，』未來之事，惠王何由預知之而預言之乎？按，杜預左傳後序云『古書紀年篇，惠王三十六年改元；從一年始，至十六年而稱「惠成王卒，」即惠王也。疑史記誤分惠成之世以爲後王年也。』然則史記所稱『會徐州相王』者，即惠王非襄王矣；所稱襄王之元年即惠王之後元年，而予河西入上郡，敗於襄陵，皆惠王時事，非襄王時事矣。蓋惠王本稱魏侯，既僭稱王，則是年乃稱王之始年，故不稱三十七年而稱元年。史記不知惠王改元之故，但見其於三十六年之後又書元年，遂誤以爲襄王之元年耳。然則孟子之至梁不在惠王三十五年而在後元十二年，襄陵既敗之後，則孟子與惠王之所云者無一語不符矣。孟子與齊宣問答甚多而與梁惠殊少，在梁亦無他事，則孟子居梁蓋不久也。然猶及見襄王而後去，則孟子之至梁當在惠王之卒前一二年，辛丑壬寅兩歲之中，於年表則周愼靚王之元年二年也。史記所云，非是。說竝見後襄王條下。

紀年今王即襄王

『孟子見梁襄王，出語人曰，「望之不似人君，就之而不見所畏焉。卒然問曰，『天下惡乎定？』吾對曰，『定于一。』『孰能一之？』對曰，『不嗜殺人者能一之。』」』（孟子。）

史記，梁惠王三十六年卒，子襄王立十六年卒，子哀王立。竹書紀年，梁惠王立三十六年改元，又十六年而卒，其後稱爲『今王』，至二十年而其書止。杜氏左傳後序謂『史記誤分惠成（即惠王）之世以爲後王之年。哀王二十三年乃卒，故特不稱謚，謂之「今王」。』 余按杜氏以史記襄王之年爲惠王後元之年，是已；至謂竹書之『今王』爲哀王而無襄王，則非也。孟子書稱『見梁襄王，』孟子門人記此書者皆當時目覩之人，不容誤哀爲襄，則是梁固有襄王也。 世本稱『惠王生襄王，襄王生昭王，』則是梁有襄王無哀王也。 襄哀二字其形相似，蓋有誤書襄王爲哀王者；史記因疑梁有襄哀兩王，又不知惠王之改元，故誤以惠王後元之十六年爲襄王之年，以襄王之二十三年爲哀王之年耳。然則紀年之所謂今王卽孟子所記之襄王，不得以爲哀王也。說竝見前惠王條下。

孟子在梁未仕

附錄　『周霄問曰，「古之君子仕乎？」』孟子曰，「仕。傳曰，『孔子三月無君則皇皇如也。出疆必載質。』公明儀曰『古之人三月無君則弔。』」……曰，「晉國亦仕國也，未嘗聞仕如此其急。仕如此其急也，君子之難仕，何也？」曰，「丈夫生而願爲之有室；女子生而願爲之有家。父母之心，人皆有之。不待父母之命，媒妁之言，鑽穴隙相窺，踰牆相從，則父母國人皆賤之。古之人未嘗不欲仕也，又惡不由其道。不由其道而往者，與鑽穴隙之類也。」」

按，孟子嘗見梁惠王，惠王自謂『晉國天下莫強，』則當戰國之初猶皆以韓，趙，魏爲晉國也。孟子未嘗至韓與趙，則霄此言任孟子居梁之時無疑；所謂『晉國，』卽指梁而言也。觀霄以『難仕』疑孟子，則孟子在梁但如賓客然，未嘗受其爵祿。觀孟子『鑽穴踰牆，』之喩，則當時求仕者率有所因緣而得之，孟子則必待人君之自知之而自任之，不肯效當時游士之所爲也。故史記於齊稱『游事齊宣王，』而於梁則但稱『適梁，』蓋幷客卿亦未嘗受之矣。學者不可不分別觀之也。

游齊上

「齊宣王問曰，「齊桓晉文之事可得聞乎？」孟子對曰，「仲尼之徒無道桓文之事者，是以後世無傳焉；臣未之聞也。無以，則王乎！」曰，「德何如則可以王矣？」曰，「保民而王，莫之能禦也。

……無恆產而有恆心者，惟士爲能。若民，則無恆產，因無恆心。苟無恆心，放辟邪侈無不爲已。及陷於罪，然後從而刑之，是罔民也。焉有仁人在位，罔民而可爲也！……五畝之宅樹之以桑，五十者可以衣帛矣。雞豚狗彘之畜無失其時，七十者可以食肉矣。百畝之田勿奪其時，八口之家可以無飢矣。謹庠序之教，申之以孝弟之義，頒白者不負戴於道路矣。老者衣帛食肉，黎民不飢不寒，然而不王者未之有也！」

孟子至齊在至梁之後

史記孟子荀卿列傳云，『道既通，游事齊宣王，宣王不能用；適梁，梁惠王不果所言，則見以爲迂遠而闊於事情，』是謂至齊在至梁之前也。余按孟子梁惠王篇皆以時之先後爲序，而至梁在篇首，見襄王後乃次之以齊宣，則是見梁惠在先，見齊宣在後也。卽以史記之文論之，周顯王三十三年乙酉，孟子至梁，

孟子不尊周室之故

後二十三年齊始取燕，當是時梁惠王卒已久矣，然則孟子去齊以後必無復有適梁之事。故今次至齊於至梁之後。

說者謂孔子修春秋，尊周室，而孟子勸齊梁行王政，爲有悖於孔子之旨。以余考之不然。史記趙世家『成侯七年與韓攻周，八年分周以爲兩』，以周本紀計之，則顯王二年也。蓋周之東遷晉鄭焉依，故令雖不行於天下而猶足以立國。烈王元年，韓滅鄭，六年趙成侯韓共侯遷晉桓公於屯留，（語本竹書紀年與史記文小異。）晉鄭既亡，周孤立無所依，故韓趙得分之，（自晉亡至此，凡四年。）然則顯王之世已失其國，無復尺土一民之爲己有矣。是以戰國策中所記周事但有西周君東周君，而無一語及王；且云『東周與西周爭』，『東周與西周戰』，然則東西二周亦判然爲兩國，而周王特寄食於其間，乃欲於此時責天下以尊周，亦不情之至矣！史記周本紀『顯王五年，賀秦獻公；二十六年，致伯於秦孝公；三十三年賀秦惠王』，如小國之事大國者然。蓋諸侯惟秦史尙存，故司馬氏得以據而記之。 其於三晉，齊，楚，當亦類是。 然則周於是時固已降同諸侯，但其名差異耳。 至三十五年，諸侯會徐州以相王，則幷其名亦無異於列國。 故傳曰，『成王定鼎於郟鄏，卜世三十，卜年七百；』孟子曰，『由周而來，七百有餘歲矣。』 然則自此以後已不在卜年之數之內，周禮亦無復有存者，是以孟子欲得王者以安天下，不得以孔子之所爲責孟子也。 孟子曰，『春秋無義戰，彼善於此則有之矣。 征者，上伐下也；敵國不相征也。』 又曰，『天子討而不伐；諸侯伐而不討。 五霸者，摟諸侯以伐諸侯者也。』 由斯以觀，使孟子生春秋之世，亦必尊周室無疑矣。 孟子曰『禹稷顏回同道，』又曰，『禹稷顏子易地則皆然，』其於曾子子思之去與留亦云。 是故孔子之德非孟子之所及，若尊周與不尊周，則聖人所處之時勢不同，非其道之異也。 學者考古不詳而妄議聖人，余甚不取。 故今考其前後而備論之。

孟子何爲以『王』說齊宣也？ 古之聖王皆非有心於王天下也，德盛化

孟子救世苦衷

行，人自歸之；非齊王所及也。顧戰國之時，民困已極，孟子急欲救之，故以王歆動齊王之心，使勉爲保民之事耳。何以有『恆產恆心』之論也？聖人之治天下，非但養之也，亦將以敎之。故舜命棄播百穀，卽命契敷五敎，所以『無飢』之後必繼之以『庠序之敎』也。申以孝弟之義，何以言頒白者之不負戴也？古之所謂『弟』者非惟事兄也，亦將以事老也。故契敎以人倫而曰『長幼有序』；孔子曰，『入則孝，出則弟。』若惟事兄而已，當云入則弟，不當云出則弟矣。

按，人君撫有一國，當先自正其身心，不溺於私欲；至於淫聲蕩人心志，尤所當痛絕者。乃齊王好貨好色，孟子不匡其失，而但以爲『與民同之』卽可以王；齊王好世俗之樂，而孟子以爲『今之樂由古之樂』：此何說乎？無他，戰國之時生民塗炭，孟子目擊其艱，急欲拯於水火之中，而是時大國之君惟齊宣猶足用爲善；齊宣所好又非旦夕所能改者，故不得已而爲此言，冀其或能行仁政耳。此孟子救世之苦衷，非正論也。讀孟子者當以意逆志，不可執詞以害其意，亦不得以是輕議孟子也。故今皆不載，并識其說於此。

『孟子見齊宣王曰，「所謂故國者，非謂有喬木之謂也，有世臣之謂也。王無親臣矣！昔者所進，今日不知其亡也。」王曰，「吾何以識其不才而舍之？」曰，「國君進賢，如不得已，將使卑踰尊，疏踰戚，可不愼與！左右皆曰賢，未可也。諸大夫皆曰賢，未可也。國人皆曰賢，然後察之；見賢焉，然後用之。左右皆曰不可，勿聽。諸大夫皆曰不可，勿聽。國人皆曰不可，然後察之；見不可焉，然後去之。」』

孟子用人之說與爲大

按，治國莫要於用人，不得其人則雖善政亦不能行，故周公有立政之篇，孔子有『人存政舉』之對。孟子此章實治國之要術，故今載於保民章之後；至是而王道全矣。雖然，孟子此言特爲齊王言之耳。左右之言不可信，固也；諸大夫多矣，何以其言猶皆不可信而必訪諸國人而又以身察之？人主之勢，何至於是？堯，舜，大聖人也，然其命官也不過咨於四岳，訪於廷臣而已，皆得其人，建大功於天下。亦非惟聖帝哲王然也，齊桓公聽鮑叔之薦而相管仲，晉文公聽趙衰之薦而用郤縠，欒枝先軫皆能治其國而霸諸侯。而孟子乃爲是言者何哉？蓋齊之廷臣不肖者多而賢者少，惟諸大夫之言是聽則必有夤緣權倖以求進身者。觀於王驩陳賈齊之大夫可知矣。觀於牽牛章中，肥甘輕煖采色，聲音，便嬖，王之諸臣皆足以供之，大夫之逢迎其君者不乏人矣。觀於王驩至公行氏有進而與言者，有就其位而與言者，庶僚之奔走於大夫之前者亦不乏人矣。如是而欲資大夫之薦引，安能得賢士而用之！其必至於蠹國害民者勢也。雖有即墨大夫而無如毀之者之多，雖有阿大夫而無如譽之者之衆，齊之往事概可見矣！故凡人主處休明之世，俊傑盈廷，政事修舉，則不必過爲

以邲之戰證孟子用人之說

其煩；若不幸値廢弛之後，朝多倖位，阿諛成風，非大振乾綱，廣開耳目，不足以起其衰而革其弊。孟子此言誠撥亂反治之良策也夫！

吾讀春秋傳至晉楚邲之戰，而知晉政之衰也。邲之役晉師何以敗也？曰，晉之軍帥不和，既不量力而輒濟河，又不設備，故敗。曰，固也，然猶非其本也。傳曰，『晉魏錡求公族未得；』又曰，『趙旃求卿未得。』卿大夫豈可求者乎！蓋有求而得者，與夫不求而遂不能得者，是以人競於求；若得者皆不因於求，則無復有求之者矣。文公之世，趙衰薦郤穀爲元帥，穀豈嘗求之乎！胥臣薦郤缺之賢，而文公以爲下軍大夫，缺亦未嘗求也。亦非但不求也，文公以趙衰爲卿而衰讓於欒枝先軫，且以己所得者讓之於人矣。無怪乎所用皆賢，一戰而遂霸也。且凡求進用者非逢迎則賄賂：逢迎賄賂而得爲卿大夫，其人必不肯以報國安民爲事；逢迎賄賂而後得爲卿大夫，則賢才必無由而進。雖文襄之澤未衰，晉卿大夫之中非無賢者，顧賢者少而不肖者多，則賢者亦不得展其用：

是以事權不一，在國則無以撫其民，在軍則無以勝厥敵也。若果能如孟子之言，見賢然後用之，豈復有求之者！吾故觀於城濮與邲之事而益信孟子之言之可為世鑑也。

附錄 『儲子曰：「王使人瞰夫子，果有以異於人乎？」孟子曰：「何以異於人哉！堯舜與人同耳。」』

齊王悅服孟子

觀此文，則齊王於孟子可謂心悅誠服矣。梁惠王公孫丑兩篇敘孟子事皆以時之先後次之。其見於他篇者無可考其先後，故皆因事而附錄之。

「孟子將朝王，王使人來曰：「寡人如就見者也；有寒疾，不可以風。朝將視朝，不識可使寡人得見乎？」對曰：「不幸而有疾，不能造朝。」明日，出弔於東郭氏。公孫丑曰：「昔者辭以病，今日弔，或者不可乎？」曰：「昔者疾，今日愈，如之何不弔！」王使人問疾，醫來，孟仲子對曰，「昔者有王命，有采薪之憂，不能造朝。今病小愈，趨造於朝。我不識能至否乎？」使數人要於路，曰，「請必無歸而造於朝！」不得已而之景丑氏宿焉。景子曰，「內則父子，外則君臣，人之大倫也。父子主恩，君臣主敬。丑見王之敬子也，未見所以敬王也。」曰，「惡，是何言也！齊人無以仁義與王言者，豈以仁義爲不美也，其心曰『是何足與言仁義也』云爾：則不敬莫大乎是。我非堯舜之道不敢以陳於王前，故齊人莫如我敬王也。」景子曰：「否，非此之謂也。禮曰，『父召，無諾；君命召，不俟駕。』固將朝也，聞王命而遂不果，宜與夫禮若不相似然。」

，「豈謂是與！曾子曰，『晉楚之富，不可及也。彼以其富，我以吾仁；彼以其爵，我以吾義，吾何慊乎哉！』夫豈不義而曾子言之，是或一道也。天下有達尊三：爵一，齒一，德一。朝廷莫如爵，鄉黨莫如齒，輔世長民莫如德。惡得有其一以慢其二哉！故將大有爲之君必有所不召之臣，欲有謀焉則就之；其尊德樂道不如是，不足與有爲也。」

客卿與居官（一）

天子諸侯之視朝也皆有定期，此何以稱孟子將朝，又何以齊王不知孟子之將朝而使人召之？蓋孟子之在齊乃客卿也，與居官任職者不同。戰國之世，凡客游於諸侯之國者朝皆未有定日，欲朝則往朝耳。故史記云『游事齊宣王，』言游事，以別於居官任職者也。是以孟子將朝而齊王猶不知而使人召之也。此蓋當時風氣如是，非但孟子然也。但在他人聞王之召則疾趨而赴之，惟孟子不欲因召而往耳。若果居官任職，豈容如是！觀此章之文，及後蚳鼃，不受祿兩章，孟子在齊所處之時勢可知矣。

「孟子之平陸，謂其大夫曰，「子之持戟之士一日而三失伍，則去

平陸罕見齊君臣之美

之否乎？」曰，「不待三。」「然則子之失伍也亦多矣！凶年饑歲，子之民老羸轉於溝壑，壯者散而之四方者，幾千人矣。」曰「此非距心之所得為也。」曰，「今有受人之牛羊而為之牧之者，則必為之求牧與芻矣。求牧與芻而不得，則反諸其人乎？抑亦立而視其死與？」曰，「此則距心之罪也！」他日見於王，曰，「王之為都者臣知五人焉，知其罪者惟孔距心。」為王誦之。王曰，「此則寡人之罪也！」

此章，孟子責孔距心之罪，宣王亦自引咎，人莫不謂齊大夫之曠職而齊王之失政矣；然吾讀之而猶覺齊君臣之殊不易得也。距心誠為曠職，然其心猶知恤民，其言猶知引咎，初未嘗剝民之膏脂以自奉，盜君之倉庫以自肥，亦未嘗自矜其能而歸咎於歲也。齊王誠為失政，然猶自知其過，未嘗怙終而拂諫也。

是其國事尚未大壞。是以宣王雖不能辟土地，朝秦楚，而猶能保其國；至於閔王，爲燕所滅，止守莒、即墨二邑，而其臣民猶知發憤距敵，卒盡復其舊土；直至王建之世，秦滅三晉、燕、楚之後，力不能敵而後國亡。孔子言「觀過知仁，」吾故讀平陸一章而知齊之猶能自固也。唐宋之季，世遠書缺，吾不知其詳矣；若明季之事，則吾鄉前輩之所記載尚可考而知之。崇禎十二三年，大名大荒，不惟轉且散也，甚至於人相食。然上之所免賦稅，道府皆匿不下行，仍使州縣催徵而與之均分之，民之飢寒朴責而死者累累。此其視孔距心何如也？民之困至是極矣，然莊烈帝皆不之知，惟知任用奸邪，俾得互相矇蔽，有直言時事者必致之罪，直至城破之時猶自謂非亡國之君。其視齊宣又何如也？所以自成、獻忠烏合之衆本不難於勦滅，乃至一府則一府歸之，至一縣則一縣歸之，求其如齊而不可得。無他，其人心風俗已壞故也。由是言之，齊之君臣尚有可取，是以孟子謂王「猶足爲善」而不忍去齊也。

『孟子謂蚳鼃曰，「子之辭靈丘而請士師，似也，為其可以言也。今既數月矣，未可以言與？」 蚳鼃諫於王而不用，致為臣而去。齊人曰，「所以為蚳鼃則善矣，所以自為則吾不知也，」 公都子以告。曰，「吾聞之也：有官守者不得其職則去；有言責者不得其言則去。我無官守，我無言責也，則吾進退，豈不綽綽然有餘裕哉！」』

觀此章，孟子自言無官守，無言責，則孟子在齊乃客卿，非居官受職者明矣。蓋戰國之士游於鄰國者多，雖不受職，苟為時君所禮，亦畀以爵，戰國策所謂『魏王使客將軍辛垣衍閒行入邯鄲』者是也。說並詳前將朝王章及後不受祿章。

客卿與居官一二

附錄

『孟子為卿於齊，出弔於滕。王使蓋大夫王驩為輔行。王驩朝暮見，反齊滕之路，未嘗與之言行事也。』

王驩敬孟子

附錄

『公行子有子之喪，右師往弔。入門，有進而與右師言者，有就右師之位而與右師言者。孟子不與右師言。』

按王驩，齊王之寵臣，恃寵而驕，常也；然乃朝暮見焉，雖不與言行事而不改，是何其敬孟子乃爾？以宣王之敬孟子故也。然則宣王亦戰國之英主，未嘗不知孟子之賢，但不能用孟子之言耳。故孟子曰『王猶足用爲善』也。公行氏之事不知在何時；因與弔滕之事略同，故因類而次之。

『孟子自齊葬於魯，反於齊，止於嬴，充虞請曰，「前日不知虞之不肖，使虞敦匠事；嚴，虞不敢請。今願竊有請也：木若以美然。」曰，「古者棺槨無度。中古棺七寸，槨稱之，自天子達於庶人。非直爲觀美也，然後盡於人心。不得不可以爲悅，無財不可以爲悅；得之爲有財，古之人皆用之，吾何爲獨不然！且比化者無使土親膚，於人心獨無恔乎！　吾聞之也，君子不以天下儉其親。」』（以上並孟子。）

存參 『或曰，孟子，魯公族孟孫之後，故孟子仕於齊，喪母而歸葬於魯也。』（趙岐孟子題詞。）

游齊下

『齊人伐燕。　或問曰，「勸齊伐燕，有諸？」　曰，「未也。　沈同問燕可伐與，吾應之曰可，彼然而伐之也。　彼如曰孰可以伐之，則將應之曰爲天吏則可以伐之。　今有殺人者，或問之曰人可殺與，則將應之曰可。　彼如曰孰可以殺之，則將應之曰爲士師則可以殺

國策記齊伐燕事失孟子意

之。今以燕伐燕，何爲勸之哉！」』

『齊人伐燕，勝之。宣王問曰，「或謂寡人勿取，或謂寡人取之。以萬乘之國伐萬乘之國，五旬而舉之，人力不至於此。不取，必有天殃。取之何如？」孟子對曰，「取之而燕民悅，則取之；古之人有行之者，武王是也。取之而燕民不悅，則勿取；古之人有行之者，文王是也。以萬乘之國伐萬乘之國，簞食壺漿以迎王師，豈有他哉，避水火也。如水益深，如火益熱，亦運而已矣。」』

戰國策云，『燕人恫怨，百姓離意。孟某謂齊宣王曰，「今伐燕，此文武之時，不可失也！」王因令章子將五都之兵以因北地之衆以伐燕。』史記燕世家采之。余按此卽孟子書中所載沈同之問而或以爲勸齊伐燕之事，孟子固已辨其非矣。至所稱『文武』云者卽勝燕章孟子引文王武王以告宣王之語而失其意者。孟子方以燕民之悅不悅決之，何嘗以爲時不可失乎！ 嗟乎，孟子一書幸而猶存，故今得以考而知之，此若信陵，平原，廉頗，樂毅，虞卿，魯仲連之屬其人未嘗著書，或其書已亡，無可據以證史記之是非者，學者必謂史記之得其實，然則古人之受誣於後世者豈可勝道哉！ 吾願世之文人學士毋據斷簡殘篇傳聞之詞而輕責古人也。

「齊人伐燕，取之。 諸侯將謀救燕。 宣王曰，「諸侯多謀伐寡人者，何以待之？」 孟子對曰，「臣聞七十里爲政於天下者，湯是也；未聞以千里畏人者也！ …… 今燕虐其民，王往而征之，民以爲將拯己於水火之中也，簞食壺漿以迎王師。 若殺其父兄，係累其子弟，毀其宗廟，遷其重器，如之何其可也！ 天下固畏齊之強也；又倍地而不行仁政，是動天下之兵也。 王速出令，反其旄倪，止其重

伐燕爲齊宣王事

器，謀於燕衆，置君而後去之，則猶可及止也！」』

『燕人畔。王曰，「吾甚慙於孟子！」』（以上并孟子。）

齊之取燕，史記六國年表在周赧王元年，於齊爲湣王之十年。燕世家亦以爲湣王，而齊世家無之。蘇子由古史據史記年表，文斷以爲齊湣王。陳氏新話從之，而謂孟子書爲其徒所記，以故致誤。惟葉氏大慶考古質疑據戰國策之文，謂齊宣用蘇代使於燕，代激燕王厚任子之，燕國大亂；儲子謂齊宣王『因而赴之，破燕必矣』；皆稱宣王，與孟子合，是矣。然吾猶惜其論未盡，而疑史記之不應有誤之猶未免於過也。按孟子書中與宣王問答有明文者凡一十四章，而絕無與湣王問答之事。記此書者不過萬章公孫丑之屬，皆嘗從孟子在齊，目覩此事者，必無以湣王之事無故移之宣王之理。由是言之，孟子之不誤無可疑者。史記魏世家稱惠王三十五年而孟子至梁，孟子列傳又謂孟子先至齊而後適梁。自梁惠王三十五年下至齊取燕之歲，凡二十有三年。

如是則孟子去齊已久矣，何由得見取燕之事！由是言之，史記之有誤亦無可疑者。蓋自陳恆得政以來，凡十二代而滅，故莊子云『田成子殺齊君十二代而有齊國，』鬼谷子亦云然。而史記止有成子恆，襄子盤，莊子白，太公和，桓公午，威王因齊，宣王辟疆，湣王地，襄王法章及王建十代；其悼子田侯剡二代皆遺之；又誤以桓公爲在位六年：是以威宣兩代移前二十二年，而取燕遂當湣王世耳。索隱云，『紀年，齊康公二十二年田侯剡立；』又云，『紀年梁惠王十三年，當齊桓公十八年，後威王始見，則桓公十九年而卒：』據此，則齊威立於周顯王之十二三年。以史記之年遞推而下之，取燕正在齊宣之六七年，非湣王時事矣。故以紀年爲據，孟子，莊子，戰國策，鬼谷子之言皆合；若以史記爲據，則此四書無一合者。而宋人乃欲據史記以駁孟子，其亦異矣！司馬溫公通鑑從孟子，以伐燕爲宣王時，是矣；然以『取燕』，『燕畔』爲一年事，在宣王十九年，數月而湣王立，亦於事理未合。講章家解孟子者又以取燕爲宣王事，燕畔爲湣王事，而云『燕人畔章但稱「王曰」者，湣王生而未有謚也。』其說尤謬。夫不聽孟子言而取燕者既爲宣王矣，燕人之畔，湣王何慚於孟子乎？此無他，皆由未嘗深考戰國時事，不知史記之移威宣兩代於前二十餘年，是以委曲求全其說而卒不能合也。故今取燕燕畔數章，並依孟子，國策紀年之文載之宣王之世。

附錄

『齊饑。陳臻曰，「國人皆以夫子將復爲發棠；殆不可復。」孟子曰，「是爲馮婦也！晉人有馮婦者，善搏虎，卒爲善士。則之野，有衆逐虎，虎負嵎，莫之敢攖，望見馮婦，趨而迎之。馮婦攘臂下車。衆皆悅之。其爲士者笑之。」』

此事未知何時，然揆其理勢，當在將去齊之前，故附錄於此。

『孟子致爲臣而歸。王就見孟子，曰，「前日願見而不可得，得侍同朝甚喜；今又棄寡人而歸，不識可以繼此而得見乎？」對曰，「不敢請耳，固所願也！」他日王謂時子曰，「我欲中國而授孟子室，養弟子以萬鍾，使諸大夫國人皆有所矜式，子盍爲我言之？」時子因陳子而以告孟子。陳子以時子之言告孟子。孟子曰「然，夫時子惡知其不可也！如使予欲富，辭十萬而受萬，是爲欲富乎！」』

『孟子去齊，宿於晝。有欲爲王留行者，坐而言；不應，隱几而臥。』

『孟子去齊。尹士語人曰「不識王之不可以爲湯武，則是不明也。識其不可，然且至，則是干澤也。千里而見王，不遇故去，三宿而後出晝，是何濡滯也？士則茲不悅。」高子以告。曰，「夫尹士惡知予哉！千里而見王，是予所欲也。不遇故去，豈予所欲哉，予不得已也！ 予三宿而出晝，於予心猶以爲速。王庶幾改之！王如改諸，則必反予。 夫出晝而王不予追也，予然後浩然有歸志。予雖然，豈舍王哉！王由足用爲善。 王如用予，則豈徒齊民安，天下之民舉安。 王庶幾改之，予日望之！」』

孟子去齊之故

按，孟子去齊之故，致爲臣章不言所以；宿晝章雖有『不及子思』一語，而亦未明其所以然；至此章始詳言其故。 蓋孟子之至齊，無他，不過欲救民於水火之中耳。而戰國之君多不足與有爲，幸而齊宣猶足用爲善，是以孟子戀戀而不忍遽去也。『庶幾改之，』必有一事孟子言之而宣王不從者。不從，則不能行仁政。不行仁政，則不能救民於水火之中，孟子雖在齊何益！ 且孟子之去齊，齊王何嘗不留孟子。 授室中國，養以萬鍾，齊王之意渥矣；然非孟子之所望於王者也。 王不能改，雖萬鍾何加焉！ 王自留之不可；代王留行，豈有益乎！ 欲及子思，惟有勸王改過而已。 觀此章，然後知孟子之所以去齊與其所以不遽去齊皆非苟然者，學者不可以不察也。然尹士亦當時賢人，其所譏刺皆近於理，非若淳于髡輩漫然而妄議者，但未識孟子救世之苦心耳。觀其聞孟子之言而卽自謂爲『小人』，則其人亦非易及者矣。

孟子心事

附論『孟子去齊，充虞路問曰，「夫子若有不豫色然。前日虞聞諸夫子，曰『君子不怨天，不尤人。』」曰，「彼一時，此一時也。五百年必有王者興，其間必有名世者。由周而來七百有餘歲矣，以其數則過矣，以其時考之則可矣。夫天未欲平治天下也，如欲平治天下，當今之世，舍我其誰也！吾何爲不豫哉！」』

此章乃孟子自明其心事。前章雖言去齊之故，然特爲齊王言之；此乃聖賢平治天下之素志也。蓋聖賢之生於世，非徒自淑其身而已，必將使天下皆登於衽席也。自周之衰，王者不作，百姓之塗炭極矣；必使唐虞三代復見於

孟子不受齊采邑

今日而後足遂聖賢之心。然秦楚韓趙之君未有可以行王政者,惟齊宣猶足用爲善而國勢亦足以有爲,然竟不能有所遇而卒去之,此孟子之所以不樂也。乃後世說者猶以孟子之勸齊梁行王政爲譏,嗟夫,使孟子不勸齊梁以行王政,終老於鄒可矣,胡爲乎日出入於風塵馬足之間而不憚其煩也!

附論 『孟子去齊,居休,公孫丑問曰,「仕而不受祿,古之道乎?」曰,「非也。於崇吾得見王,退而有去志,不欲變,故不受也。繼而有師命,不可以請。久於齊,非我志也。」』

按,前章云『孟子爲卿於齊,』而公孫丑云『仕而不受祿:』孟子旣爲卿,何以不受祿?旣不受祿,又何以自贍乎?蓋古者卿大夫之祿皆以邑,若他國之大夫居是邦者則致饋遺餼牽,春秋傳所謂「秦鍼與楚比齒」者是也;士之遊是邦者則饋以粟帛,孟子所謂『君饋之則受之』者是也。孟子旣見齊王,知其不能行道,故不受其采邑以爲久居之計,齊王雖授以卿之位而初無卿之職是以朝王無定期，而孟子亦自謂『無官守，無言責』也。合此三章觀之，則孟子所處之時勢了然可見。然則孟子在齊正與孔子『際可之仕』相類，故曰『所就三，所去三』也。

附論　『孟子曰，「無惑乎王之不智也！雖有天下易生之物也，一日暴之，十日寒之，未有能生者也。吾見亦罕矣，吾退而寒之者至矣，吾如有萌焉何哉！」』

齊宣王勝人三事

按，孟子稱齊王猶足用爲善，宣王之勝人者何在乎？蓋有三焉。孟子言『無已則王，』宣王卽問『德何如則可以王。』孟子言『保民而王，』宣王卽問『寡人可以保民乎哉。』是其有志向善，不囿於世俗之說，勝於人者一也。孟子論交隣國，王曰，『寡人有疾，寡人好勇。』孟子論行王政，王曰，『寡人有疾，寡人好貨，寡人好色。』燕人畔，則王慙於孟子。告以孔距心之事，則王以爲己罪。是其有過而能自知，又不自諱，勝於人者二也。儲子曰，『王使人瞰夫子，果有以異於人乎，』是其心中深服孟子之賢，以爲伊呂之儔。王驩，王之寵臣也弔滕之役朝暮見焉非惟不敢恃寵而驕孟子，且欲承奉孟子以冀得其歡心無他，知王之敬孟子故也。使宣王如魯平公者，驩何難爲臧倉之所爲。勝於人者三也。戰國之君，如宣王者蓋不可多得矣，是以孟子以爲足用爲善，已宿於晝而猶不忍去也。然而卒無成者何也？在廷之臣罕有賢者，故聞孟子之言則好之，與他人燕處而不見孟子則忘之而不復有遠志，惟徇己之嗜欲而已。故孟子曰，『吾見亦罕矣，吾退而寒之者至矣，』孟子蓋深惜之也。

孟子事實錄卷上終

孟子事實錄卷下

由宋歸鄒，之滕，至魯

『滕文公爲世子，將之楚，過宋而見孟子。孟子道性善，言必稱堯舜。世子自楚反，復見孟子。孟子曰：「世子疑吾言乎？夫道，一而已矣！……今滕絕長補短，將五十里也，猶可以爲善國。書曰：「若藥不瞑眩，厥疾不瘳。」」』（孟子。）

此孟子去齊以後居宋時事，故次之於此。

附錄 『孟子謂戴不勝曰：「子欲子之王之善與？我明告子！……子謂薛居州善士也，使之居於王所。在於王所者，長幼卑尊皆薛居州也，王誰與爲不善！在王所者，長幼卑尊皆非薛居州也，王誰與爲善！一薛居州，獨如宋王何！」」

孟子在宋不載有他事。不勝宋大夫也，故附錄此章於此。萬章盈之之問亦當在此時，可類推也。

「鄒與魯鬨。穆公問曰，「吾有司死者三十三人，而民莫之死也。誅之，則不可勝誅。不誅，則疾視其長上之死而不救。如之何則可也？」孟子對曰，「凶年饑歲，君之民老弱轉乎溝壑，壯者散而之四方者，幾千人矣。而君之倉廩實，府庫充，有司莫以告，是上慢而殘下也。曾子曰，『戒之戒之！出乎爾者，反乎爾者也。』夫民，今而後得反之也，君無尤焉。君行仁政，斯民親其上，死其長矣。」」

此孟子居鄒事，當在去宋之後，至滕之前。但未知與然友之問孰爲先後，

鄒有司
猶爲賢

姑次之於此。

此章發明上下之間出爾反爾之義最爲深切　民之死與散也，有司不之恤也，曰非我也，歲也。　有司之死於魯也，民亦不之恤也，曰非我也，魯也。　曾子之言眞千古之炯鑑；甚矣仁政之不可不行也！　雖然，吾讀此章而嘆鄒有司之猶爲賢也。　何者？　君之倉廩實，有司不之盜也；君之府庫充，有司不之竊也：賢何如之！　有司之過，惟不告民隱耳；然較世之以民隱告於君，請君賑以錢粟，不以與民而但以飽己之貪橐者，其賢奚啻數倍！　故曰鄒有司之猶爲賢也。　是以孟子但勸穆公以行仁政，卽可以致親上死長之美。　若有司如後世之貪吏，雖君行仁政，惠斷不能及民，甚至仁政反爲弊政者有之；勢必盡罷諸有司，別易以賢人，然後能施仁政於民。　以是知鄒有司之猶爲賢也。　是以有司雖死於戰而國不危，及齊失國而鄒猶能自保也。

附錄　「滕定公薨，世子謂然友曰，『昔者孟子嘗與我言於宋，於心終不忘。今也不幸至於大故；吾欲使子問於孟子，然後行事。」然友之鄒，問於孟子。孟子曰，「不亦善乎！親喪固所自盡也。曾子曰，『生事之以禮，死葬之以禮，祭之以禮，可謂孝矣。』諸侯之禮，吾未之學也。雖然，吾嘗聞之矣：三年之喪，齊疏之服，飦粥之食，自天子達於庶人，三代共之。」然友反命，定爲三年之喪。父兄百官皆不欲，曰，「吾宗國魯先君莫之行，吾先君亦莫之行也，至於子之身而反之，不可！且志曰，『喪祭從先祖。』」曰，「吾有所受之也。」謂然友曰，「吾他日未嘗學問，好馳馬試劍，今也父兄百官不我足也，恐其不能盡於大事。子爲我問孟子。」然友復之鄒問孟子。孟子曰，「然，不可以他求者也。孔子曰，『君薨，聽於冢宰，歠粥，面深墨，卽位而哭，百官有司莫敢不哀先之也。上有好者，下必有甚焉者矣。君子之德，風也；小人之德，草也：草上之風必偃。』是在世子！」然友反命，世子曰，「然，是誠在我！」五月居廬，未有命戒，百官族人可謂曰知。及至葬，四方來觀之。顏色之戚，哭泣之哀，弔者大悅。」

此與鄒魯之閧未知孰爲先後，姑附錄於此。

滕文公問在卽位後

「滕文公問爲國，

朱子謂『文公以禮聘孟子，故孟子至滕而文公問之，』然則此事當在文公卽位以後。孟子由鄒至滕，故梁惠王下篇文公三問皆在鄒與魯閧章之後也。

孟子曰，「民事不可緩也。詩曰，『晝爾于茅；宵爾索綯，亟其乘

先養後教

屋，其始播百穀！』民之爲道也，有恆產者有恆心，無恆產者無恆心。苟無恆心，放僻邪侈無不爲已。及陷乎罪，然後從而刑之，是罔民也。焉有仁人在位，罔民而可爲也！

治國之事多端，要莫重於教養；然必先養然後能教，是以虞書命稷之文先於命契，故以農事爲最急也。『民事，』卽農事也；民莫衆於農，故以農事爲民事。引七月詩者，所以證其不可緩。『無恆產』云云者，所以明其不可緩之故。衣食不足，且將肆意妄行，陷於刑辟，況望其人倫明而小民親乎！故孟子之告齊梁，亦於樹桑授田之後始繼之以庠序之教也。故『民事不可緩』一句神氣已直注於『人倫明於上』二句，養之卽所以爲教之地，非分教養爲二事也。

是故賢君必恭儉——禮下，取於民有制。陽貨曰，『爲富不仁矣，爲仁不富矣。』

取民有制

『禮下』者，所以待臣；『取民有制』者，所以恤民；兼言之者，賢君於此二端不可偏廢者也。下文但言有制不復言禮下者，『恭』者文公已能之，故孟子不必更告之也。 有制必先之以『儉』者，取民之多由於用度之奢，奢則不足於用，雖欲寡取之而不能也。 『取民有制』一句乃一章之綱領。 自『夏后氏』以下至『雖周亦助』，詳言取民之制。 取民有制，然後能以庠序學校敎民而使之明且親也。 引陽貨之言者，所以明取民之不可過也。 取民無制則富而不仁，取民有制則仁而不富；二者不可兼，故寧舍富而不可失仁也。

鄉遂取民之制

夏后氏五十而貢，殷人七十而助，周人百畝而徹；其實皆什一也。徹者，徹也。 助者，藉也。

此承上『取民有制』句遂言鄉遂取民之制也。 鄉遂者，君所自取於民者也，上下之情易通，故不患其法之弊也，惟患其取之多。 什一，則取之得其正矣；無論貢，助，徹，皆可行也。

龍子曰『治地莫善於助，莫不善於貢。 貢者，校數歲之中以爲常：樂歲，粒米狼戾，多取之而不爲虐，則寡取之；凶年，糞其田而不足，則必取盈焉。 爲民父母，使民盻盻然，將終歲勤動，不得以養其父母，又稱貸而益之，使老稚轉乎溝壑，惡在其爲民父母也！』 夫世祿，滕固行之矣。 詩云，『雨我公田，遂及我私。』 惟助爲有公田；由此觀之，雖周亦助也。

都鄙取民之制

此因上言鄉遂取民之制，遂言都鄙取民之制也。 都鄙者，卿大夫之有世祿采邑者所取於民者也，非惟患所取之多也，尤患其法之弊，故必用助然後得其平也。 使滕不行世祿，則助不助無大損益也。 世祿，滕固行之，安可以不用助，豈謂周人百畝而徹不用助乎？ 試觀大田之詩，周人世祿詩也，而云『雨我公田，遂及我私，』徹則通力合作，計畝均分，安得有所謂公田者，惟助爲有公田

鄉遂用徹都鄙用助

敎在人倫

耳，然則雖周之世祿亦未嘗不用助也。　大抵龍子之言卽爲世祿而發，故引之以見都鄙之當用助也。

朱子集註云，『周時，一夫授田百畝鄉遂用貢法，十夫有溝；都鄙用助法，八家同井，耕則通力而作，收則計畝而分。』　余按謂鄉遂十夫有溝，是也，謂用貢法則不合；謂都鄙用助法，是也，謂通力而作，計畝而分則混助於徹。　余欲易其文云『鄉遂用徹法，耕則通力而作，收則計畝而分；都鄙用助法，中百畝爲公田，外八區爲私田，』庶爲分明易曉。　說已詳見經界通考中，茲不悉贅也。

設爲庠序學校以敎之。　庠者，養也。　校者，敎也。　序者，射也。　夏曰校，殷曰序，周曰庠，學則三代共之，皆所以明人倫也。　人倫明於上，小民親於下。

取民有制則民有恆心矣，夫然後可以敎，故繼之以庠序學校之制也。　然則何以敎之？　人倫而已。　父父，子子，兄兄，弟弟，夫夫，婦婦而家道正，豈惟不至放辟邪侈以陷於罪，將見孝友睦婣任恤皆相習而成俗，雖唐虞之敎亦如是而已矣。此與上恆產恆心之文正相呼應。至於此，然後知民事果不可以緩也。唐宋以後，世俗惟尚詞章，雖立學舍，不以人倫敎之，故小民不相親；三代以上不如是也。

全章要領

『民事』以下數十言以『取民有制』句爲要領。『夏后』以下數言以『其實皆什一』句爲要領。『龍子』以下數十言以『雖周亦助』句爲要領。『設爲庠序』以下十餘言以『人倫』二句爲要領。學者不可以不細玩其文義也。

有王者起，必來取法，是爲王者師也。詩云，『周雖舊邦，其命維新，』文王之謂也。子力行之，亦以新子之國！」

此勉滕文公語，通結上文數段之意。

使畢戰問井地。孟子曰，「子之君將行仁政，選擇而使子，子必勉

井地即助法

之。夫仁政必自經界始。經界不正，井地不均，穀祿不平。是故暴君汙吏必慢其經界。經界既正，分田制祿可坐而定也。

井地，即助法也。孟子之告文公凡三事，曰什一，曰助法，曰敎民。此獨問井地者，什一敎民皆易行者，舉而措之耳，惟助法須經畫得宜，故使畢戰專主其事而問其詳於孟子也。井地采邑之法，所以養卿大夫士者，故言井地必及穀祿。『分田』即井地事也，『制祿』即穀祿事也，二事相爲表裏，井地均即穀祿平矣，故合而言之。

君子與野人

夫滕，壤地褊小，將爲君子焉，將爲野人焉：無君子莫治野人，無野人莫養君子。請野九一而助，國中什一使自賦。卿以下必有圭田，圭田五十畝，餘夫二十五畝。

『君子』，承上制祿而言之也；『野人』，承上分田而言之也。君子野人不可偏廢，故助法不可以不行也。『九一而助』，治野之政也；『國中什一使自賦』，因治野而連及之也。不言行何法者，但取之以什一，民即得其所矣，不拘拘於貢助徹也。『圭田五十畝』，制祿之餘政也；『餘夫二十五畝』，分田之餘政也；至是而君子與野人皆無憾矣。

鄉遂之政

死徙無出鄉，鄉田同井，出入相友，守望相助，疾病相扶持，則百姓親睦。

此因上『國中什一』之文遂言鄉遂之政也。鄉即齊語所稱『士鄉十五』之鄉。『鄉田同井』者，每夫授田百畝，與井地之田同也。『相友』，『相助』，『相扶持』者，即所謂『小民親於下』也。

都鄙之政

方里而井，井九百畝，其中爲公田；八家皆私百畝，同養公田。公事畢，然後敢治私事，所以別野人也。

此承上『九一而助』之文詳言都鄙之法也。古者百步爲一畝，三百步爲一里，方里則每面皆三百步，以開方法分爲九區，則每區皆百畝，形如井字，故謂之『方里而井』也。『同養公田』所謂助也。『公事畢，然後敢治私事，』所以敎野人使知有上下之分也。

此答井地之問，乃治都鄙之政。然國中什一，鄉田同井者，鄉遂之制，百姓親睦，先公後私者，敎民之方，其事相因，其理相通，故其言亦連而及之也。

此其大略也。若夫潤澤之，則在君與子矣！」

此結上文之意。『略』者，其大綱；『潤澤』者，其細目也。操其大綱，隨時隨地而變通之，三代之政無不可行於後世者矣。

孟子七篇，其文多矣，故今錄中止擇要者載之。獨此章乃治國安民之大節，而向來說者多未分明，不能盡孟子之意；故今全錄其文，而於先儒之所未及言者補而解之，使與經界通考之言互相發明，或於讀孟子書者不無小補云。

附錄 「孟子之滕，館於上宮。」

，按梁惠王下篇孟子答滕文公之問凡三章，皆尋常問答之言，非若為國章言分田制祿者可比，故於此章文備載而詳釋之而其餘皆不載。

『魯平公將出，嬖人臧倉者請曰，「他日君出，則必命有司所之；今乘輿已駕矣，有司未知所之，敢請。」 公曰，「將見孟子。」 曰，「何哉！ 君所為輕身以先於匹夫者，以為賢乎？ 禮義由賢者出，而孟子之後喪踰前喪，君無見焉？」 公曰，「諾。」 樂正子入見，曰，「君奚為不見孟軻也？」 曰，「或告寡人曰，『孟子之後喪踰前喪，』是以不往見也。」 曰，「何哉？ 君所謂踰者，前以士，後以大夫，前以三鼎而後以五鼎與？」 曰，「否，謂棺槨衣衾之美也。」 曰，「非所謂踰也，貧富不同也。」 樂正子見孟子曰，「克告於君，

梁惠篇以時之先後序

魯平章總結通篇之文

君爲來見也。嬖人有臧倉者沮君，君是以不果來也。」曰：「行或使之，止或尼之，行止，非人所能也。吾之不遇魯侯，天也；臧氏之子焉能使予不遇哉！」」（並同上。）

按梁惠王一篇，凡與時君問答之言，皆以時之先後次之，則是至滕至魯皆孟子晚年事也。兼金章以在齊爲『前日』，在宋薛爲『今日』，則是至宋至薛亦在孟子去齊後也。滕文章孟子在宋，滕定章孟子在鄒，皆滕文未即位時事，則是孟子去齊之後先至宋而後歸鄒，而後至滕也。故今以宋，鄒，滕，曾爲次而並次之於去齊之後。

孟子曰，『吾之不遇魯侯，天也，』此一語雖結此章之事，而實總結通篇之文，言歷說時君而無所遇者皆天而已矣，正與公孫丑篇答充虞語，謂『天未欲平治天下』之意略同，故以此章殿此篇也。

雜紀

『孟子居鄒，季任爲任處守，以幣交；受之而不報。處於平陸，儲子爲相，以幣交；受之而不報。他日由鄒之任，見季子。由平陸之齊，不見儲子。』

『陳臻問曰，「前日於齊，王餽兼金一百而不受。於宋，餽七十鎰而受。於薛，餽五十鎰而受。前日之不受是，則今日之受非也。今日之受是，則前日之不受非也。夫子必居一於此矣！」孟子曰，「皆是也。當在宋也，予將有遠行，行者必以贐，辭曰，『餽贐，』予何爲不受！當在薛也，予有戒心，辭曰，『聞戒，故爲兵餽之，』予何爲不受！若於齊，則未有處也。無處而餽之，是貨之也。焉有

孟子游歷之先後

君子而可以貨取乎！」』（孟子。）

按此二章取兩國或三國之事比而述之，固非可專係之於一時也，故幷附紀於後。又按季任之文在儲子前，則是至任在至齊前也；齊稱前日而宋薛稱今日，則是至宋薛在至齊後也。然則孟子去齊之後先至宋薛然後至滕矣，故滕文章稱『過宋而見孟子』也，去宋薛後盍嘗歸鄒，鄒魯之鬩當在此時，故滕定章稱『然友之鄒問於孟子』也。故今次兼金章於季任章之後。孟子雖無與任宋薛之君問答之文，然即此二章求之，孟子游歷之先後亦可概見矣。

附通論 『公孫丑問曰，「夫子加齊之卿相，得行道焉，雖由此霸王不異矣，如此則動心否乎？」孟子曰，「否，我四十不動心。」……「敢問夫子惡乎長？」曰，「我知言；我善養吾浩然之氣。」「敢問何謂浩然之氣？」曰，「難言也！其爲氣也，至大至剛，以直養而無害，則塞於天地之間。其爲氣也，配義與道，無是，餒也。是集義所生者，非義襲而取之也。行有不慊於心，則餒矣。我故曰『告子未嘗知義』，以其外之也。必有事焉而勿正，心勿忘，勿助長也。無若宋人然：宋人有閔其苗之不長而揠之者，芒芒然歸，謂其人曰，『今日病矣！予助苗長矣。』其子趨而往視之，苗則槁矣。天下之不助苗長者寡矣——以爲無益而舍之者，不耘苗者也；助之長者，揠苗者也——非徒無益，而又害之。」「何謂知言？」曰，「詖辭知其所蔽，淫辭知其所陷，邪辭知其所離，遁辭知其所窮——生於其心，害於其政；發於其政，害於其事。聖人復起，必從吾言矣！」』

附通論　『公都子曰，「外人皆稱夫子好辯，敢問何也？」　孟子曰「予豈好辯哉！予不得已也。……聖王不作，諸侯放恣，處士橫議，楊朱墨翟之言盈天下。天下之言不歸楊則歸墨。楊氏爲我，是無君也。墨氏兼愛，是無父也。無父無君，是禽獸也。公明儀曰，『庖有肥肉，廐有肥馬，民有饑色，野有餓莩，此率獸而食人也。』楊墨之道不息，孔子之道不著，是邪說誣民，充塞仁義也。仁義充塞則率獸食人，人將相食。吾爲此懼，閑先聖之道，距楊墨，放淫辭，邪說者不得作——作於其心，害於其事；作於其事，害於其政。聖人復起，不易吾言矣！昔者禹抑洪水而天下平，周公兼夷狄驅猛獸而百姓寧，孔子成春秋而亂臣賊子懼。詩云，『戎狄是膺，荊舒是懲，則莫我敢承，』無父無君是周公所膺也。我亦欲正人心，息邪說，距詖行，放淫辭，以承三聖者；豈好辯哉！予不得已也。能言距楊墨者，聖人之徒也。」」（以上並孟子。）

孟子所辯多楊墨之說

孟子自言距楊墨，公都子云，『外人皆稱夫子好辯，』揚子雲云，『古者楊墨塞路，孟子辭而闢之，廓如也，』孟子之闢楊墨何在乎？爲我章嘗斥楊墨矣，然是泛論其失耳；夷之章嘗抉墨氏之蔽矣，然是開導其來歸者耳，不得遂以此爲好辯。即以此爲好辯，亦僅兩章耳，至逃墨章爲辨楊墨者言，尤與距楊墨無涉也。孟子之闢楊墨，因以得好辯之名者果何在乎？曰，知楊墨則知孟子之闢楊墨矣。蓋世之所謂楊墨者名焉而已，不知夫不明稱爲楊墨者其爲楊墨正多也。漢人之所謂道德名法，即楊氏也；所謂農家，亦墨氏也。何者？楊氏之學主於自爲而無所事，故言清淨，言自然，而以堯舜禹湯文武之安民撥亂者爲多事，爲擾民；以儒者之崇堯舜也，則言黃帝以絀堯舜；以儒者之尊孔子也，則言老子以絀孔子：然則道家之所謂黃老者即楊氏也，故楊子書稱『楊子學於老子，老子謂楊子「而睢睢，而盱盱，而誰與居」』也。其後寬柔之弊流爲慘刻，於是乎有名家之學而申不害主之，有法家之學而韓非主之：然則所謂名法者亦楊氏也，故韓非書有喩老，釋老，而史記以老莊與申韓同傳也。然則道德，名，法，即楊氏之分支也。農家即墨氏之別派也：墨氏之學重農節用，故其後或別而爲農家耳。是以史記六術，道德，儒，墨，名，法，陰陽，而無楊氏；漢書九流，儒，道，名，法，陰陽，墨，農，雜家，小說，而亦無楊氏。不然，楊氏之學盛行於戰國，甚於墨氏，何以其書不傳於後，而班馬皆不知有此一家學乎？由是言之，孟子書中凡所辯者多楊墨之說，不必其明言楊墨也。是故，性之猶杞柳，猶湍水，生之謂性，食色之爲性，皆楊氏之說也；舜之臣堯，禹之德衰，湯武之放伐爲弑君，皆楊氏之說也；許行所謂並耕，白圭所謂二十取一，皆墨氏之說也。不寧惟是，即傳食之爲泰，不耕而食之爲素餐，亦皆爲墨氏之說之所誤者也。然則孟子之所辯者大半皆爲楊墨，故人謂孟子好辯而孟子自言爲距楊墨也。自漢以來，儒者皆

孟子之功

知楊墨之異端而不細考楊墨之說，往往反采其言以釋六經，以故其論多雜入於楊墨，而釋氏亦往往采楊墨之意以爲言，由是楊墨之言盛行於世而人莫知其爲楊墨也。故因論孟子之闢楊墨而備論之。

唐韓子原道篇敍道統之傳，云『文武周公傳之孔子，孔子傳之孟子，』而無一語及他人者。自宋以來儒者則以顏曾思孟竝稱，且於孟子時若有所不滿焉者。余按，孔子以後能發明二帝三王之道者，孟子一人而已；唯顏子或可與相埒，其餘未見有可抗行者也。何以言之？楊墨橫行，聖人之道微矣，幸有孟子辟而闢之，而後之學者咸知尊孔子而黜異端。然當兩漢魏晉之間，老莊刑名讖緯之術猶分馳於天下，幾奪聖人之道而據其上。其後雖漸衰微，而學者尙多浸淫出入於楊墨之說而不自知，其甚者至以佛氏之敎與堯舜孔子之道等量而齊觀。然則向無孟子，聖人之道必不能自伸於楊墨佛氏盛行之日，而堯之北面朝舜禹之德衰傳啓，湯武之放伐之爲篡弑，人必皆信以爲實然；其敝也，將以仁義爲强人之物，刑名爲治國之方，王政日湮，而封建井田之制悉泯。由是言之，孟子一書豈非三代以下之所斷不可無者哉！蓋嘗論之，孟子之於孔子，猶周公之於文武也。文武雖聖人，無周公以繼之，則太平之治不興；孔子雖聖人，無孟子以承之，則聖道之詳不著。故有文武，不可無周公；有孔子，不可無孟子。是以韓子謂『孟子之功不在禹下，』又謂『求孔子之道當自孟子始，』誠然，非虛語也。乃後人疑孟非孟者頗多，雖有二三大儒尊崇孟子，然好求聖道於精微杳冥之地，故見戴記『費隱，』『誠明，』『無聲無臭』之言，以爲道之極致，而於孟子推闡王政聖學之切於實用者，反視以爲尋常。是以余於洙泗餘錄之後，條記孟子事實以承孔子之後，夫亦韓子之志也夫！

附錄

樂正子

『魯欲使樂正子爲政，孟子曰，「吾聞之，喜而不寐。」公孫丑曰，「樂正子強乎？」曰，「否。」「有知慮乎？」曰，「否。」「多聞識乎？」曰「否。」「然則奚爲喜而不寐？」曰「其爲人也好善。」「好善足乎？」曰「好善，優於天下，而況魯國乎！」』

好善與爲政

按，孟子好善之論可謂盡爲政之要。何者？一國之事多端，一國之民不可計數，爲政者雖強，雖有智慮，雖多聞識，必不能一一而察之，而知之，而興革之，故惟好善爲要。好善，則一國之人莫非助予之致治者。所患者，自以爲強，自以爲有智慮，自以爲多聞識，善言無自而入於耳，一人之才必不能勝國事之繁賾，而政遂不得其宜耳。故易曰，『井收勿幕，有孚元吉。』夫惟好善，是以人得各盡其言，各效其能，無他道也。 余初涖羅源任三日，下學講書，命諸生黃文治講孟子此章，由是一縣之人皆知余意所在，多有以善言告余者，以故政事幸無大失。 歸里之時，文治以詩送余行，內有云『春風坐諸生，命講樂正克「好善天下優」，微言括治術。』 信乎孟子之言之可以終身行之而不盡也！

附錄 「樂正子從於子敖之齊。 樂正子見孟子，孟子曰，「子亦來見我乎！」 曰，「先生何爲出此言也？」 曰，「子來幾日矣？」 曰「昔者。」 曰，「昔者，則我出此言也不亦宜乎！」 曰，「舍館未定。」 曰，「子聞之也，舍館定，然後求見長者乎！」 曰，「克有罪。」 孟子謂樂正子曰，「子之從於子敖來，徒餔啜也。我不意子學古之道而以餔啜也！」」

樂正子從王驩

按，樂正子之從王驩，非求其繫援也。 驩本有慨慕清流之意，是以弔滕之役朝暮見焉；與樂正子偕行意亦如是。在樂正子亦不過爲省道路之費，遂失於不自重耳；故孟子以『徒餔啜』責之。何者？驩之所以重樂正子者，以其學古之道也；樂正子遂從驩之齊，是以古之道餔啜也。然此事當在樂正子少年貧困之時；若已仕於魯，必無由私行至齊，亦斷不肯爲此區區者而從驩行也。此賢人之小過，不足以掩大德，故附錄於此。

附論 『浩生不害問曰，「樂正子何人也？」孟子曰，「善人也，信人也。」「何謂善？何謂信？」曰，「可欲之謂善；有諸己之謂信；充實之謂美；充實而有光輝之謂大；大而化之之謂聖；聖而不可知之之謂神。樂正子，二之中，四之下也。」』

萬章

『萬章曰，「堯以天下與舜，有諸？」孟子曰，「否，天子不能以天下與人。」「然則舜有天下也，孰與之？」曰，「天與之。」……舜相堯二十有八載，非人之所能爲也，天也。堯崩，三年之喪畢，舜避堯之子於南河之南。天下諸侯朝覲者不之堯之子而之舜，訟獄者不之堯之子而之舜，謳歌者不謳歌堯之子而謳歌舜，故曰「天也。」」』

『萬章問曰，「人有言，至於禹而德衰，不傳於賢而傳於子，有諸？」孟子曰，「否，不然也。天與賢則與賢，天與子則與子。……丹朱之不肖，舜之子亦不肖。舜之相堯，禹之相舜也，歷年多，施澤於民久。啓賢，能敬承繼禹之道。益之相禹也，歷年少，施澤於民未久。舜禹益相去久遠，其子之賢不肖，皆天也，非人之所能爲也。莫之

堯舜禹之授受

爲而爲者天也。莫之致而至者命也。」』

按，堯舜禹之授受乃聖人之爲天下得人，天下之大事也，亦天下之大義也。戰國之時，邪說並作，遂致聖人之心不白於後世。幸有孟子辨之，後人猶得以知其眞。然非章有以啓之，孟子之論亦無由而發也。章之有功於世道人心者大矣！至章所問伊尹孔子之事，亦皆足正世俗之誣，然不可悉載，擇其最大者載之。

公孫丑

「公孫丑問曰，「高子曰，『小弁，小人之詩也。』」孟子曰，「何以言之？」曰，「怨。」曰，「固哉高叟之爲詩也！有人於此，越人關弓而射之，則己談笑而道之；無他，疏之也。其兄關弓而射之，則己垂涕泣而道之；無他，戚之也。小弁之怨，親親也。親親，仁也。

怨親與短喪

固矣夫高叟之爲詩也！」曰，「凱風何以不怨？」曰，「凱風，親之過小者也。小弁，親之過大者也。親之過大而不怨，是愈疏也。親之過小而怨，是不可磯也。愈疏，不孝也。不可磯，亦不孝也。』」

「齊宣王欲短喪，公孫丑曰，「爲期之喪猶愈於已乎！」孟子曰，「是猶或紾其兄之臂，子謂之『姑徐徐』云爾。亦教之孝弟而已矣！」王子有其母死者，其傅爲之請數月之喪，公孫丑曰，「若此者何如也？」曰，「是欲終之而不可得也。雖加一日，愈於已。謂夫莫之禁而弗爲者也。」」

按，小弁以怨爲仁，凱風又以不怨爲孝，欲短喪則雖朞不愈於已，欲終之而不得則雖加一日愈於已，何以如是也？此皆人子之至情而已。親之過小則人子不忍怨，親之過大則人子不忍不怨，能終喪則減一日卽爲忍，不得終喪則加一日亦足見其不忍，禮固本於人情者也。故有子曰『禮之用，和爲貴』，於此可見聖賢持論之無所偏，非析義至精者烏能如是！論語文多渾厚，得孟子七篇爲之暢其義而孔子之道益著；然非丑爲之啓其端，孟子之論亦無從而發也。然則丑之功亦不亞於萬章矣。

按，公孫丑與萬章七篇之中問答甚多，不可枚舉；姑錄其最要者各二則以見大凡。前二事乃帝王之大法，後二事則人子之至情；舉一二，可以例推也。

孟子書出於門人追述

史記孟子荀卿列傳云，『孟子乃述唐虞三代之德，是以所如者不合；退而與萬章之徒序詩書，述仲尼之意，作孟子七篇。』趙岐孟子題詞云，『退而論集所與高第弟子公孫丑萬章之徒難疑問答，又自撰其法度之言，著書七篇。』余按，謂孟子一書爲公孫丑萬章所纂述者近是；謂孟子與之同撰，或孟子所自撰，則非也。孟子七篇之文往往有可議者。如『禹決汝漢，排淮泗，而注之江，』『伊尹五就湯，五就桀』之屬，皆於事理未合。果孟子所自著，不應疏略如是，一也。七篇中稱時君皆舉其謚，如梁惠王，襄王，齊宣王，魯平公，鄒穆公皆然；乃至滕文公之年少亦如是。其人未必皆先孟子而卒，何以皆稱其謚，二也。七篇中於孟子門人多以子稱之，如樂正子，公都子，屋廬子，徐子，陳子皆然；不稱子者無幾。果孟子所自著，恐未必自稱其門人皆曰子，三也。細玩此書，蓋孟子之門人萬章公孫丑等所追述，故二子問答之言在七篇中爲最多，而二子在書中亦皆不以『子』稱也。今正之。

孟子門人之功

按：孟子門人尙多，然多無事蹟可紀。獨樂正子，孟子屢稱之，又嘗薦孟子於魯平公。至於問答之言則萬章公孫丑爲多，故說者以此書爲二子所撰述；史記雖但稱萬章，然既云『之徒』，則固已括之矣。蓋孟子之見尊信於當時，樂正子或不爲無功，而其言之傳於後世則二子實有微勞焉。是皆不可沒也，故附次於孟子之後。

附記孟子弟子

稱子者三人：樂正子。公都子。屋廬子。

按，樂正子之賢見於答公孫丑浩生不害之問，不待言矣。公都子『好辯』『性善』之問其所關者亦鉅，『飲湯飲水』之答其所得者亦深。即屋廬子之『得間』，亦留心學問者 皆高第弟子也。

稱名者三人：萬章。公孫丑。充虞。

萬章公孫丑問答之多，著述之功，前已備述之矣。充虞問答雖少，然『去齊』之問見孟子救世之苦心，『止嬴』之問見人子愛親之至情，亦卓卓不羣者，意其人亦高第弟子也。

或稱子或稱名者二人：陳臻亦稱陳子。徐辟亦稱徐子。

此二人在七篇中表見殊少。然『何如則仕』之問乃聖賢去就之大節，

「兼金」之問亦因以見辭受之不苟。蓋皆樂正萬章諸人之次也。

不知果爲弟子與否者四人：陳代。彭更。咸丘蒙。桃應。

此四人，集註皆以爲孟子弟子。然皆止有一問，他無所見，未敢決其必爲弟子也。故附次於諸弟子之後。

附孟子七篇源流考

「七篇，二百六十一章，三萬四千六百八十五字，包羅天地，揆叙萬類：仁義，道德，性命，禍福，粲然靡所不載。」（趙岐孟子題詞。）

「又有外書四篇：性善，辨文，說孝經，爲正（此似外四篇之名，文字似有訛誤）。其文不能宏深，不與內篇相似，似非孟子本眞，後世依倣而託之者也。』（同上。）

『漢興，除秦虐禁，開延道德。孝文皇帝欲廣遊學之路，論語，孝經，孟子，爾雅皆置博士。後罷傳記博士，獨立五經而已。』（同上。）

按漢書劉歆九種（頡剛按，『九種』即六藝略）孟子有十一卷，則四篇固已合於七篇矣。趙氏乃獨能分別其眞僞而去取之，以故孟子一書純潔如一，其功大矣。故今特表之。惟謂孟子『恥沒世而無聞，』自撰此書，尚未盡合。閱者不以噎廢食可也。

附韓文公稱述孟子三則

『堯以是傳之舜；舜以是傳之禹；禹以是傳之湯；湯以是傳之文武

周公；文武周公傳之孔子；孔子傳之孟某某之死不得其傳焉。荀與揚也，擇焉而不精，語焉而不詳。由周公而上，上而爲君，故其事行；由周公而下，下而爲臣，故其說長。」（原道。）

「孟子雖賢聖，不得位，空言無施，雖切何補；然賴其言而今學者尚知宗孔氏，崇仁義，貴王賤霸而已。其大經大法皆亡滅而不救，壞爛而不收，所謂存十一於千百，安在其能廓如也！然向無孟氏，則皆服左衽而言侏離矣。故愈嘗推尊孟氏，以爲功不在禹下者，爲此也。」（與孟尚書書。）

「自孔子沒，羣弟子莫不有書，獨孟某氏之傳得其宗，故吾少而樂觀焉。太原王塤示予所爲文，好舉孟子之所道者。與之言，信悅孟子而屢贊其文辭。夫沿河而下，苟不止，雖有遲疾，必至於海。

如不得其道也，雖疾不止，終莫幸而至焉。故學者必愼其所道。道於楊墨老莊佛之學而欲之聖人之道，猶航斷港絕潢以望至於海也。故求觀聖人之道必自孟子始。」（送王塤秀才序。）

按，孟子在戰國時，人視之與諸子等耳。漢興，始立於學官，然亦不久遂廢，人亦不過以傳記視之耳。自韓子出，極力推崇孟子，其書始大著於世。至宋諸儒，遂以此七篇與諸經論語並重，皆自韓子之發之也。非孟子則孔子之道不詳，非韓子則孟子之書不著，故今附錄此三則於孟子事實錄之後，以特表其所由。

附論孟子性善之旨

孔子曰，『性相近也，習相遠也；』又曰，『惟上知與下愚不移。』孟子曰，『人性

人性兼理義及氣質而成

之善也，猶水之就下也』又曰，『乃若其情則可以爲善矣。』孔孟之論性者如此。至荀子始有性惡之說，揚子始有善惡混之說。逮唐韓子，乃合而折其衷，謂人性有三品，善與惡皆有之；孟子之與荀揚皆得其一而失其二。及宋程朱，又分而異其名，謂有理義之性，有氣質之性：孔子所謂『相近，』兼氣質而言之；孟子則專以理義言性，故謂之『善』也。

余謂人之性一而已矣，皆本理義兼氣質而成，不容分以爲二。孟子之所謂性卽孔子之所謂性：但孟子之時異端並出，皆以性爲不善，故孟子以性善之說辟而闢之，非與孔子爲兩義也。孟子曰，『口之於味也，目之於色也，耳之於聲也，鼻之於臭也，四肢之於安佚也，性也。』又曰，『動心忍性，增益其所不能。』性果純乎理義，又何『忍』焉？孟子之於性，何嘗不兼氣質而言之乎！蓋孟子所謂性善，特統言之；若析言之，則善之中亦有深淺醇漓之分焉，非兼氣質而言遂不得爲善也。故傳曰，『純粹至善者也，』記曰，『在止於至善：』夫善則善耳，何以又云『至善，』是知但言善者猶未底乎純也。故性雖同一善而不能無異焉，豈惟三品，蓋十品有不能盡者。然謂之爲惡則不可。譬之人參性補，肉桂之性能煖下焦，然此二物佳者殊不多得，謂其力有厚薄則有之矣。若謂人參性瀉，肉桂性寒，則無是理也。由是言之，孟子謂性爲善，誠然無可疑者，韓子不必駁而程子亦不必曲爲解也。

越椒食我之性惡出於附會

至於越椒食我之生預知其當滅宗，此自好事者附會之詞耳。春秋傳中此類甚多：陳敬仲之生也預知其必有齊，叔孫豹之生也預知其爲豎牛所亂，亦將盡以爲實事乎！况食我初未嘗爲惡，但以國亂無政，大臣黷貨，而祁盈秉正嫉邪，不容於時，遂至食我爲所累耳。據此遂謂食我性惡，誤矣。據此以駁孟子性善之論，則尤誤之甚也。

評韓程之論

大抵韓子程子之論，其於性皆實有所見而措語皆不能無疵。謂有理義之性，有氣質之性，何若謂有性之理義，有性之氣質，不分性而二之之爲善也！謂上焉者善，下焉者惡，亦何若孔子以知愚分上下之爲得宜也！學者當取信於孔孟之言，不必以先儒之說爲疑也。至如荀揚之論，則不過務新尚怪，苟求自異，君子所不屑道，亦無庸深辨也。

附辨羊舌食我事

又按，傳所載羊舌食我之事甚屬可疑。夏徵舒以宣十年弑陳靈，夏姬之齒長矣。又十年（成公二年）而後嫁巫臣，又三十餘年（襄公十六年）而所生之女始嫁，亦異事也已。羊舌職以襄三年卒，其子伯華已爲祁奚所知，嗣父爲中軍尉，而叔向復有弟叔虎，叔羆，叔魚，則叔向之齒亦長矣，故晉語有叔向爲平公傅之文。又十三年（襄公十六年）而平公始立，叔向不應至是始娶而平公尚幼（以悼公年計之，平公卽長，亦不過十餘歲），恐亦不能強之使娶夏姬女也。考其前後，年之相隔頗遠，疑卽叔虎之事而傳之者異詞，或以爲叔魚，或以爲食我，作書者遂取而兼載之耳。如正鄢陵之戰，韓厥從鄭伯，郤至亦從鄭伯；子產欲毀游氏之廟而中止，一在葬簡公時，一在爲蒐除時也。傳記中如此者甚多，不可枚舉，恐未可盡以爲實也。而『母多庶鮮，懲舅氏』之語亦大不敬，恐叔向之賢亦未必肯以此施之於其母也。且祁盈有何罪，祁勝通室，寧當不問！不過晉侯信讒，荀躒納賄，遂至於賈禍耳。觀叔游所言『惡直醜正，實繁有徒，無道立矣，子懼不免，』是其意亦不以祁盈爲非也。況食我自祖父以來與祁氏三世同官，相親相近乃事之常，豈得謂之『助亂!』季札之戒叔向曰，『吾子好直，必思自免於難。』何者? 君侈而政在家，不必豺狼然後能賈禍也。以叔向之賢猶幾死於欒盈之難，況盈與食我之庸庸者乎! 若以此罪食我，將使人皆疎遠方正之士，夤緣權勢之人，始得免於豺狼之目乎? 吾每讀書至此，未嘗不嘆後人莫有肯爲食我辨其誣者，故今因論韓子原性而附辨之。左傳中如此者甚多，惜余老病，不暇一一而辨之也。

附讀孟子餘說一則

『孟子曰，「居（中庸作『在』）下位而（中庸無此字）不獲於（中庸作『乎』）上，民不可得而治也（中庸作『矣』）。獲於（中庸作『乎』）上有道；

不信於（中庸作『乎』）友（中庸『友』上有『朋』字）。弗（中庸作『不』）獲於（中庸作『乎』）上矣。信於（中庸作『乎』）友（中庸作『朋友』）有道，事親弗悅（中庸作『不順乎親』），弗信於友矣（中庸作『不信乎朋友矣』）。悅親（中庸作『順乎親』）有道；反（中庸『反』下有『諸』字）身不誠，不悅於（中庸作『順乎』）親矣。誠身有道；不明乎善，不誠其（中庸作『乎』）身矣。是故（中庸無此二字），誠者天之道也；思誠（中庸作『誠之』）者人之道也（中庸文至此止）。至誠而不動者，未之有也；不誠，未有能動者也。」

中庸襲孟子之證

此章文又見於中庸，與此大同小異。『居』之作『在，』蓋因一時語言之異，如論語之『斯，』大學之『此』者然；孟子先名實章亦作『居下位，』中庸素其位章亦作『在下位，』是也。『友』之加『朋，』文亦可省。然皆無足爲大得失也。惟『不順乎親』語未免大重：不順乎親，不可以爲子，豈但不信於友而已！『事親勿悅，』但不爲親所喜悅耳，措語較有分寸。　『誠』者，理也，德也，故云『思誠者；』『誠之者』則以誠爲用字，似欠醇古。　孟子此章原言誠能動人，故由『獲上，』『信友，』『悅親』遞近而歸本於『誠身，』然後以至誠未有不動總結之，又以不誠之不動反結之，首尾呼應，章法甚明。　中庸采此章文，但欲歸本於誠身以開下文『不思不勉擇善固執』之意，意不在於勸人，故删其後兩句。　然則是中庸襲孟子，非孟子襲中庸，明矣。　至於虛字互異，本不足爲輕重，然『獲上，』『信友，』『悅親』皆指人而言，故皆用『於』字，『明善，』『誠身』則不可用於字，故變文而曰『乎，』曰『其；』中庸概用『乎』字，亦不若孟子之妥適。　『獲上，』『信友，』『悅親，』『誠身，』皆已見於上文，故助語用『矣』字，『治民，』上文無之，用『也』字爲得之。　『不獲於上』係轉語，故用一『而』字；『反身』則不必多一『諸』字也。　『是故』二字緊承上文，醒出主意，似亦不當删去。　細玩此章文義，中庸之不及孟子顯然可見。若之何先儒猶以爲孟子述中庸之言也！

孟子事實錄卷下終

考古續說自序

（剛案，原無此序，今依三代考信錄例，由提要卷下錄出。）

考信錄成，其義有未盡者，有事在周室東遷以後者，亦有泛論古書，不可分係於一代者，故爲續說以補錄之。

考古續說目錄

卷一

卷二

考古續說卷之一

節錄昌黎韓子論道數則

『古之時，人之害多矣。 有聖人者立，然後敎之以相生養之道，爲之君，爲之師，驅其蟲蛇禽獸而處之中土，寒然後爲之衣，飢然後爲之食，木處而顚，土處而病也，然後爲之宮室，爲之工以贍其器用，爲之賈以通其有無，爲之醫藥以濟其夭死，爲之葬埋祭祀以長其恩愛，爲之禮以次其先後，爲之樂以宣其湮鬱，爲之政以率其怠勌，爲之刑以鋤其强梗，相欺也爲之符璽斗斛權衡以信之，相奪也爲之城郭甲兵以守之，害至而爲之備，患生而爲之防。 今其言曰，

二　節錄昌黎韓子論道數則

「聖人不死，大盜不止；剖斗折衡，而民不爭：」嗚呼，其亦不思而已矣！如古之無聖人，人之類滅久矣。何也？無羽毛鱗介以居寒熱也無爪牙以爭食也。…………堯以是傳之舜，舜以是傳之禹，禹以是傳之湯，湯以是傳之文武周公，文武周公傳之孔子，孔子傳之孟軻；軻之死不得其傳焉。荀與揚也擇焉而不精，語焉而不詳。由周公而上，上而爲君，故其事行。由周公而下，下而爲臣，故其說長。」（原道。）

「楊墨行，正道廢，且將數百年，以至於秦，卒滅先王之法，燒除其經，坑殺學士，天下遂大亂。及秦滅漢興，且百年，尚未知修明先王之道。其後始除挾書之律，稍求亡書，招學士，經雖少得，尚皆殘缺，十亡二三，故學士多老死，新者不見全經，不能盡知先王之事，各

韓說三

以所見爲守，分離乖隔，不合不公，二帝三王羣聖人之道於是大壞。後之學者無所尋逐，以至於今泯泯也。」（與孟尚書書。）

「民之初生，固若禽獸夷狄然。聖人者立，然後知宮居而粒食，親親而尊尊，生者養而死者藏。是故道莫大乎仁義，敎莫正乎禮樂刑政，施之於天下，萬物得其宜；措之於其躬，體安而氣平。堯以是傳之舜，舜以是傳之禹，禹以是傳之湯，湯以是傳之文武，文武以是傳之周公孔子，書之於冊，中國之人世守之。」（送浮屠文暢序。）

附論一 學者當知本

按道統，卽治法也，治法卽道統也。聖人之道非徒自治其身而已，必將上體天心而使天下民物皆得其所也。故言道統者必始於堯舜，而後繼以湯文，迨於孔子孟子末章言之明矣。但孔子不得位，不能紹堯舜之盛治，故不得已而傳詩書，修春秋，發明堯舜之道以敎授諸弟子而使不墜於地。故凡孔子所言之理，卽堯舜所行之事，非有二也。是以韓子論道，必自堯舜推而下之，而謂周公孔子之所書於冊者卽堯舜之道，後人不能盡知先王之事則二帝三王羣聖人之道大壞：誠深明乎聖道之本原也。乃近世儒者但知宗孔子而不知述堯舜，但知談理而多略於論事，以致唐虞三代之事多失其眞；甚至異端迭起，各尊其始爲敎之人而視堯舜若粃糠然。嗚乎，使自古無堯舜，人何以自異於禽獸，如之何其可以忘所本也！故今於考信錄成之後，以韓子之論冠續說之始。學者觀之，其尙知所本乎？

前人舊說八則

考信錄成之後，暇中觀前人書，往往有辨古事之是非，古書之眞僞，與錄中所言互相發明者；既未及采入錄中，且多泛論古書，亦難專係之於一代，故並編之於續說中，以爲學人考古之一助云。

「儒者稱聖人之生不因人氣，更稟精於天：禹母吞薏苡而生

聖人之生不因人氣之說

禹，故夏姓曰姒；卨母吞燕卵而生卨，故殷姓曰子；后稷母履大人跡而生后稷，故周姓曰姬。詩曰「不坼不副，是生后稷。」說者又曰，「禹卨逆生，闓母背而出；后稷順生，不坼不副——不感動母體，故曰『不坼不副。』」逆生者子孫逆死，順生者子孫順亡，故桀紂誅死，赧王奪邑。」言之有頭足，故人信其說；明事以驗證，故人然其文。讖書又言「堯母慶都野出，赤龍感己，遂生堯。」高祖本紀言「劉媼常息大澤之陂，夢與神遇。是時雷電晦冥，太公往視，見蛟龍於上。已而有身，遂生高祖。」其言神驗，文又明著，世儒學者莫謂不然。如實論之，虛妄言也。彼詩言「不坼不副，」言其不感動母體，可也；言其闓母背而出，妄也。夫蟬之生復育也，闓背而出。天之生聖子，與復育同道乎？兎吮毫而懷子，及其子生，從口而出。　案禹母呑薏苡，卨母嚥燕卵，與兎吮毫同實也，禹卨之母生宜皆從口，不當闓背。　夫如是，闓背之說竟虛妄也。　世間血刃死者多，未必其先祖初爲人者生時逆也。　秦失天下，閻樂斬胡亥，項羽誅子嬰，秦之先祖伯翳豈逆生乎？　如是爲順逆之說以驗三家之祖，誤矣。　且夫薏苡，草也，燕卵，鳥也，大人跡，土也，三者皆形，非氣也，安能生人！　說聖者以爲稟天精微之氣，故其爲有殊絕之知。今三家之生，以草，以鳥，以土，可謂精微乎？　天地之性，唯人爲貴，則物賤矣。　今貴人之氣更稟賤物之精，安能精微乎！』（王充論衡。）

劉知幾論劉向認戰國寓言爲實事之誤

『蘇秦答燕易王稱「有婦人將殺夫，令妾進其藥酒；妾佯僵而覆之。」　又甘茂謂蘇氏曰「貧人女與富人女會績曰『無以買燭而子之光有餘，子可分我餘光，無損子明。』」　此並戰國之

劉知幾論嵇康認戰國寓言爲實事之誤

時游說之士寓言設理以相比興。及向之著書也，乃用蘇氏之說爲二婦人立傳，定其邦國，加其姓氏，以彼烏有持爲指實，何其妄哉！（此處删數句。）立言如是，豈顧邱明之有傳，孟堅之有史哉！」（劉知幾史通。）

「自戰國以下詞人屬文，皆僞立客主，假相訓答；至於屈原離騷詞稱遇漁父於江渚，宋玉高唐賦云夢神女於陽臺。夫言竝文章，句結音韻，以茲叙事，足驗憑虛，而司馬遷，習鑿齒之徒皆採爲逸事，編諸史籍，疑誤後學，不其甚耶！必如是，則馬卿遊梁，枚乘贊其好色，曹植至洛，宓妃覩於岩畔，撰魏史者亦宜編爲實錄矣。嵇康撰高士傳，取莊子楚詞二漁父事合成一篇。夫以園吏之寓言，騷人之假說，而定爲實錄，斯已謬矣；况此二漁父者，較年則前後別時，論地則南北殊壤，而輙併之爲一，豈非惑哉！苟如是，則蘇代所言雙禽蚌鷸，此亦漁父之一事，何不同書於傳乎？必惟取揄袂緇帷之林，濯纓滄浪之水，彌見其未學也。莊周著書以寓言爲主；嵆康述高士傳多引其虛詞，至若神有混沌，編諸首錄。苟以此爲實，則其流甚多：至如蛙鱉競長，蚿蛇相憐，鷽鳩笑而後言，鮒魚忿以作色，向使康撰幽明錄，齊諧記〔怪〕並可引爲眞事矣。」（同上。）

黄長睿論世傳師春非汲冢原書

「案，晉太康二年，汲郡民不準盜發魏襄王冢，得古竹書凡七十五篇。晉征南將軍杜預云，「別有一卷純集左氏傳卜筮事，上下次第及其文義皆與左傳同，名曰師春。師春，似是鈔集人名也。」今觀中秘所藏師春乃與預說全異。預云「純集卜筮事」，而此乃記諸國世次及十二公歲星所在，并律呂謚灋等；末乃書易象變卦，又非專載左氏傳卜筮事。緜是知此非預所見師春之全也。然預記汲冢他書中，有易陰陽說而無彖繫，又有紀年三代幷晉魏事，疑今師春蓋後人雜鈔紀年篇耳。然預云「紀年起自夏商周，」而此自唐虞以降皆錄之；預云「紀年皆三代王事，無諸國別，」而此皆有諸國；預云「紀年特記晉國，起殤叔，次文侯昭侯，」而此記晉國世次自唐叔始：是三者又與紀年異矣。及觀其紀歲星事，有「杜征南洞曉陰陽」之語，緜是知此書亦西晉人集錄而未必盡出汲冢也。』（黃長睿校定師春書序。）

洪邁論周書多過實

『周書，今七十一篇，殊與尙書體不相類，所載事物亦多過實。其克商解云，「武王先入適紂所在，射之三發而後下車，擊之以輕呂（劍名），斬之以黃鉞，縣諸大白。商二女既縊，又射之三發，擊之以輕呂斬之以玄鉞，縣諸小白。越六日朝至於周，以三首先馘入燎於周廟，又用紂於南郊。」夫武王之伐紂，應天順人，不過殺之而已；紂既死，何至梟戮俘馘且用之以祭乎！其必不然者也。又言武王狩事，尤爲淫侈，至於「擒虎二十有二，貓二，麋五千二百三十五，犀十有二，氂七百二十有一，熊百五十一，羆百十八，豕三百五十有二，貉十有八，麂十有六，麝五十，鹿三千五百有二；遂征四方，凡憝國九十有九國，馘磨億有十萬七千七百七十有九，」其多如是。雖註家亦云，「武王以不殺爲仁，無緣所馘如此，蓋大言也。」」（洪景盧容齋題跋。）

洪邁論戰國策之錯亂

「劉向敍戰國策，言「其書錯亂相揉莒本字多脫誤爲半字，以『趙』爲『肖』，以『齊』爲『立』，如此類者多。」余按，今傳於世者大抵不可讀；其韓非子，新序，說苑，韓詩外傳，高士傳，史記索隱，太平御覽，北堂書鈔，藝文類聚諸書所引用者多今本所無。向博極羣書，但擇焉不精，不止於文字脫誤而已。惟太史公史記所采之事九十有三，則明白光豔，悉可稽考，視向爲有間矣。高氏子略曰：「班固稱太史公取戰國策，楚漢春秋，陸賈新語作史記。三書者，一經太史公采擇，後之人遂以爲天下奇書。予惑焉。每讀此書，見其叢脞少倫，同異錯出，事或著於秦齊，又復見於楚趙，言辭謀議如出一人之口。雖劉向校定，卒不可正其淆駁，會其統歸。故是書之汨有不可得而辯者。況於楚漢春秋，陸賈新語乎！二書紀載，殊無奇耳。然則太史公獨何有取於此？夫載戰國楚漢之事，舍三書，他無可考者，太史公所以加之采擇者在此乎？」柳子厚嘗謂「國語，其閎深傑異固世之所耽嗜而不已也，而其說多誣淫，不概於聖。余懼世之學者惑其文采而淪於是非，作非國語。」昔讀是書，殊以子厚言之或過；反覆戰國策而後三歎非國語之作其用意切且深也。予遂効此，盡取戰國策與史記同異，又與說苑新序雜見者，各彙正之，名曰戰國策戰。」（同上。）

顧炎武
論孔廟杏壇非眞蹟

「今夫子廟庭中有壇，石刻曰「杏壇。」闕里志「杏壇在殿前，夫子舊居」非也。杏壇之名出自莊子。莊子曰，「孔子遊乎緇帷之林，休坐乎杏壇之上，弟子讀書，孔子弦歌鼓琴。奏曲未半，有漁父者下船而來，須眉交白，被髮揄袂，行原以上，距陸而止，左手據膝，右手持頤，以聽曲終。」又曰，「孔子乃下求之，至於澤畔，方將杖拏而引其船，顧見孔子，還鄉而立。孔子反走再拜而進。」

又曰，「客乃刺船而去，延緣葦間。顏淵還車，子路授綏，孔子不顧；待水波定，不聞拏音，而後敢乘。」莊子書凡述孔子，皆是寓言，漁父不必有其人，杏壇不必有其地。即有之，亦在水上葦間依陂旁渚之地，不在魯國之中也明矣。今之杏壇，乃宋乾興間，四十五代孫道輔增修祖廟，移大殿於後，因以講堂舊基甃石爲壇，環植以杏，取杏壇之名名之耳。』（顧炎武日知錄。）

顏之推論古籍爲後人所羼

『或問山海經夏禹及益所記，而有長沙，零陵，桂陽，諸暨，如此郡縣不少，以爲何也？答曰，史之闕文，爲日久矣。加復秦人滅學，董卓焚書，典籍錯亂，非止於此。譬猶本草神農所述，而有豫章，朱崖，趙國，常山，奉高，眞定，臨淄，馮翊等郡縣名，出諸藥物。爾雅周公所作，而云「張仲孝友。」仲尼修春秋，而經書「孔丘卒。」世本，左丘明所書，而有燕王喜，漢高祖。汲冢瑣語乃載秦望碑。倉頡篇李斯所造，而云「漢兼天下，海內幷廁；豨黥韓覆，畔討滅殘。」列仙傳，劉向所造，而贊云「七十四人出佛經。」列女傳亦向所造，其子歆又作頌，終於趙悼后，而傳有更始韓夫人，明德馬后及梁夫人嫕。皆由後人所羼，非本文也。」（顏氏家訓．）

晏嬰不及見白公之亂

附宋葉大慶攷古質疑二則

『大慶觀孔叢子詰墨篇曰，「墨子稱『景公問晏子以孔子，而不對。』又問三皆不對。公曰，『以孔子語寡人者衆矣，俱以爲賢聖：而不對，何也？』」晏子曰，『嬰聞孔子之荆，知白公之謀而奉之以石乞勸下亂上，非聖賢之行也。』 詰之曰，楚昭王之世，夫子應聘如荊，不用而反周旋乎陳宋齊衞。 昭王卒，惠王立十年，令尹子西乃召王孫勝以爲白公，是時魯哀公十五年也。 一年然後作亂，在哀公十六年秋，夫子已卒十旬矣。 墨子雖欲謗毀聖人，虛造妄言，奈此年世不相值何！」（原註，「以上乃孔叢子所載孔鮒子魚詰墨之詞。」） 大慶謂戰國之世，諸子橫議，如墨子假托晏子之言以毀聖人，子魚以年世辨之，則墨子之妄固可見矣。 大慶又考之，魯定公十年，孔子相夾谷之會，史記于齊世家載夾谷之會云『是歲晏嬰卒，』然則白公之亂，嬰死已二十二年矣。 左傳齊景公薨于魯哀公之五年，是時景公亦死十年矣。 是知孔子非特無是事，而景公晏子亦無是問答，皆墨子鑿空造謗。 宜乎孟軻闢之以禽獸！』

附論一——孔子未嘗至楚

孔子不及見晉陽之圍

按白公之亂在孔子卒後，佛肸之畔亦在孔子卒後，既可以白公事誣聖人，亦即可以佛肸事誣聖人，其理一也。蔡畏楚偪遷於州來，楚取蔡故地使葉公鎮之，孔子嘗至其地，故論語載有與葉公問答之語，乃蔡故國，楚邊境，非楚國中也（事詳洙泗考信錄中），孔子何由得與白公石乞相見！皆緣戰國之世楊墨盛行，多誣聖人以自伸其說，後人不加細考，往往信以爲實。弗擾佛肸之召亦如是耳。惜乎昔人之辨之未及於是也！

『說苑曰，「趙襄子見圍于晉陽，罷圍，賞有功之臣五人，高赫無功而受上賞。張孟談曰，『晉陽之中，赫無大功，今與之上賞，何也？』襄子曰，『在拘厄之中，不失臣主之禮，惟赫也。子雖有功，皆驕寡人。與赫上賞，不亦可乎！』仲尼聞之曰，『趙襄子可謂善賞士乎！賞一人而天下之人臣莫敢失君臣之禮矣。』」（原註，「見第六復恩篇·一）按，晉陽罷圍乃貞定王十六年。孔子卒于魯哀公十六年，卽周敬王四十一年也。後一年而元王立，九年而貞定王立，至十六年時，孔子卒已二十六年。此謂趙襄子善賞士爲仲尼之言，考其年歲先後則知其誤也。』

按，晉陽之圍在孔子卒後二十六年，佛肸之畔在孔子卒後五年，既可以晉陽之圍爲孔子時事，復何怪於以佛肸之畔爲孔子時事乎！葉氏所辨說苑之誤凡十事。其一言晏子使吳，吳王曰『夫差請見，』葉氏駁之，以爲晏子卒於定之十年，夫差立於定之十四年，夫差立而晏子已卒四年矣。其一言晉人已勝智伯，明年闔廬入郢，葉氏駁之，以爲智伯之亡在春秋後二十七年，闔廬入郢在定公四年，智伯亡而吳滅已久矣。其餘六事，所駁年世不符，約皆類此。劉向生於西漢之季，距春秋時數百餘年，何由知之，其皆本於戰國時書明甚。然則戰國人之所述尙可信乎！大抵戰國之人惟欲快其口舌，亡而爲有，原不計其年世之符與否，漢儒誤信而誤載之者多耳。葉氏之論可謂大有功於古人。獨是弗擾佛肸之事，前人罕有言其誣者，殊不可解。豈以其在論語中耶？不知論語亦有後人之所增入，齊魯篇章多寡互異，其明驗也。不幸遇一張禹采而合之，後人奉爲著蔡，以致古本盡亡（詳見論語源流考中）。安得以其在論語中，遂不辨其是非，盡從而信之也！

觀書餘論七則

（前提要中統論考古得失，有未盡者，往往續有所論，補錄於此。）

吾曩日讀書不多，亦未嘗深思博考，每見人有據尙書僞孔傳及世所傳詩序以駁宋儒，謂其『師心自是』者，余心以爲魏晉以後人尙詞章，不重經學，先漢名儒之說失

經義以明經科而晦

傳者多，故後人不之見，以致此耳。近始知其不然。經學之荒，非不重經學之故，乃重經學之所致也。何者？隋唐之際，人未嘗重經學，然駱賓王討武氏檄文云『公等或居漢地，或協周親，』是其於『周親』二語仍用漢孔氏論語注，不用尙書僞孔傳之說也；李華弔古戰場文云『周逐玁狁，至於太原，旣城朔方，全師而還，』是其於出車一詩猶用漢班固馬融舊解，不用衞宏詩序之說也。蓋唐自中葉以前，士大夫尙知學古，雖不深通經義，然往往有沿用先漢名儒之說而未改者。又其時以進士爲重，庸劣者乃赴明經科，以故僞傳，衞序不甚行於當時。天寶以後，士習日卑，人惟知重富貴：重富貴則不得不取科第；取科第則不得不趨風氣。由是雖進士亦不復學古，況於明經，更不待言，惟遵功令，習孔穎達之五經疏（僞傳衞序皆穎達五經疏內之文），先漢名儒之說遂無復有寓目者矣。至於有宋，雖知崇重經學，然沿唐末五代之習已久，師弟子相授受皆視僞傳衞序若天柱地維之不可移易者。雖有一二名儒駁其舛謬，然沿其舊說者尙多，而世且有以駁之爲非者，欲求如駱賓王李華者不可多得矣。尤可異者，鄭樵之駁衞序亦尋常事，而陳振孫、馬端臨極力排之，若斷不可容於世者。豈非少而習之，其心安焉，遂以爲固然哉！甚矣科第之能變人心而晦聖道也！嗟夫，唐太宗以明經設科取士，誠欲士之通經學古也，而經義反以之而晦，古學反以之而衰，此豈當日之所料及者哉！其亦可嘆矣夫！

不相涉之事誤合爲一之二例

嶺表錄異云，『兩頭蛇，嶺外多此類，一頭有口眼，一頭似蛇而無口眼。云兩頭俱能進退，謬也。昔孫叔敖見之不祥，乃殺而埋之。南人見之爲常，其禍安在哉！』觀其所言，仍係一頭蛇耳。尾端並無口眼，豈得謂之兩頭！松江丁先生（諱夏陞）言館道署時，有一僮見兩頭蛇，不知爲不祥也，持之徧以示人。至書室，丁先生見之，令速將出。其蛇兩頭皆在一端，相並而生。其後月餘，僮死。豈見之果不祥邪？抑偶然邪？蓋此蛇乃戾氣所感，蛇中之妖，非別有此一種蛇生生不已者，故人以見之者爲不祥。嶺外所謂兩頭蛇者，乃蛇中之一種，亦何足怪而以爲不祥乎！蓋嶺外人聞有兩頭蛇之名，見此蛇尾形似頭，遂妄以呼之耳；猶鄉中之人呼臘梅爲梅花，晚粧爲茉莉，苦瓜爲荔枝也。使嘗見兩頭蛇，則知嶺外之蛇非孫叔所見矣。唐人諺云，『凌樹稼，達官怕』近世說者亦有以爲卽春秋所書之『雨木冰』者。然雨木冰余嘗見之雨着於樹，水皆凝而爲冰，如衣然，如甲然，與樹稼絕不類。樹稼乃霧所凝，河北常有之。使嘗見雨木冰，則知樹稼非春秋所書矣。由是言之，天下之本不相涉而誤以爲一者豈可勝道哉！此目前之物猶如是，況乎唐虞三代之事無由目覩者乎！故炎帝也而以爲神農，太皞也而以爲包羲，重也而以爲羲，黎也而以爲和，庭堅也而以爲皋陶，伯翳也而以爲益，阿衡也而以爲伊尹，南宮敬叔也而以爲南容，但據後人之訓詁，遂不復考前人之記載。復何怪夫以一頭蛇爲兩頭蛇而以樹稼爲木冰也！

徇名與究實

昔有以知文名者，或取徐渭文僞稱唐順之作以示之，卽書其尾云，『非荆川不能爲此文』——荆川，順之號也。小說載有馬生者，以其詩示人，人咸笑之；乃假扶乩稱康狀元海詩，座客無不贊者。嗟夫，世之不究其實而但徇其名者豈獨一二人哉！賈誼之鵩鳥賦又見於鶡冠子：夫誼感鵩鳥而作賦，自言己志，必非襲人之言明甚；而世乃以爲誼錄鶡冠子者，世稱鶡冠子爲戰國時人故也。『君子思不出其位，』論語所記曾子言也，而易大傳亦有之；易傳所以釋經，但取有合卦義，原不妨兼采前人之言，若曾子則必不冒前人之言爲己言明甚；然世乃以爲曾子之言本於易傳者，漢儒稱易傳爲孔子所作故也。魯語柳下惠之述祭法，其文又見於戴記之祭法篇，而以四代郊禘之制置諸篇首，以其全文置諸篇末；前文記祀有稷而無舜，後文叙功有舜而無稷，先後倒置，首尾衡决，其爲勦襲前人之言明甚；然世反以爲國語之文采之此篇者，漢儒稱祭法爲周公所制故也。中庸『在下位』一節明明采之孟子，而僞家語誤以爲孔子答哀公問政之言，至『擇善固執』止，載之於問政篇中；世遂以爲孟子采中庸，中庸采家語也。夫孟子述孔子言多矣，皆冠以『孔子曰，』何以此文獨冒之爲己言？且此文本開後文『誠明』之說，初與哀公無涉，豈得入孔子口中？而僞家語之淺弱亦非難辨；然世乃云云者，以中庸爲子思所作，而誤以僞家語爲即漢儒所傳之眞家語故也。至如僞尙書之『爲山九仞，』『不學牆面，』本之論語，而世亦以爲論語本之尙書；僞孔傳之說多本之王肅，而世亦以爲王肅私見孔傳諸如此類，不可悉數，豈非以其名哉！ 甚矣徇名者多而究實者少也！ 安得見世有眞能辨黑白之人而與之暢論古書也哉！

假託成文爲詞人常事

周庾信爲枯樹賦，稱殷仲文爲東陽太守，其篇末云「桓大司馬聞而嘆曰」云云。仲文爲東陽時，桓溫之死久矣。 然則是作賦者託古人以自暢其言，固不計其年世之符否也。 謝惠連之賦雪也託之相如，謝莊之賦月也託之曹植，是知假託成文乃詞人之常事。 然則卜居，漁父亦必非屈原之所自作，神女，登徒亦必非宋玉之所自作，明矣。但惠連，莊信其世近，其作者之名傳，則人皆知之；卜居，神女之賦其世遠，其作者之名不傳，則遂以爲屈原，宋玉之所爲耳。 推此而求，則戰國以前帝王聖賢之事爲後人所託言者蓋不可勝道矣。 然當其初，讀之者亦未必遂信爲實，但姑妄言之，姑妄聽之耳；既而其傳日久，矜奇愛博者多，或徵引以備典故，或組織以入詩賦，而淺學之士習於耳目之所見聞，遂以爲其事固然，而編古史者因采而輯之，論古人者遂據之以爲其人之是非優劣，而古人之冤遂終古不白矣。 近世有作鬼方記者，云「殷高宗伐鬼方三年克

附會妄造爲好事者之常事

之，使鬼谷先生守其地，』其寓言正與庾賦同。若不幸傳之後世，淺學者必以鬼谷先生爲殷時人，不則以爲有兩鬼谷先生矣。

世傳宋梁灝及第時，年八十二，且載其詩云，『天福二年來應試，雍熙三載始成名。』又云，『觀榜並無朋輩在，歸家惟有子孫迎。』又載其謝表云，『白首窮經，少伏生之八歲；靑雲得路，多太公之二年。』然據宋人諸書所載，灝及第之時年方壯盛，不知何以有此說也？蓋天下原有一種好事之人專爲新奇可喜之說，有因在疑似之間而附會之者，亦有毫無影響而憑空撰爲此事者；此乃常事，不足爲異。故萬章以孔子之主癰疽寺人爲問，而孟子曰，『好事者爲之也。』近代之事猶致失實如此，況三代以上世遠書軼，而戰國橫議之士誣聖賢以自便其私，其失實者寧可勝道哉！惜乎孟子生於戰國之初，所已辨者少，所未辨者多也！嗟乎，孔子之主癰疽寺人，孟子辨之，則人皆知其無；公山佛肸之召孔子，孟子未及辨之，則人以爲二人果嘗召孔子也！孔子曰，『舉一隅，不以三隅反，則不復也。』孟子曰，『古之人所以大過人者無他焉，善推其所為而已矣。』安得世有讀孟子之書，推孟子之意，能以三隅反者而與之上下古今也！

古書多有補續及竄入之文

古人之書往往有後人所補續及竄入者。史記武帝本紀等篇，漢書古今人表等篇及後漢書諸志皆後人之所補，列女傳東漢諸人皆後人之所續是也。史記文中往往敘及元成時事，此則後人所竄入者也。意所竄入尚不止此，但無別本可校；亦必不止史記如是，但不見於傳記，無從知耳。惟經亦然。孔子作春秋至『獲麟』而止，而左氏春秋乃終於哀公之十六年，而孟子七篇之外亦別有外篇四篇是也（孟子在十三經中）。所幸傳春秋者五家，尚存三家，公羊穀梁所傳經文皆無獲麟後三年之事，故得知其非孔門原本。孟子則本存外篇之名，而趙君去古未遠，識足辨其眞僞，斷然刪而去之，故後人得不爲其所惑。惟論語舊有三本，諸家篇章亦各不同，不幸過一張禹采其文而合之，又不幸而禹位至三公，當漢之末，人皆趨富貴而薄品誼，輕學問，遂爭效其所爲以取爵祿，於是諸家之本陸續皆亡，無可校其眞僞，公山佛肸兩事遂莫不信以爲實矣。康成去古未遠，諸本猶有存者，乃亦沿時陋習，不加校正，已堪嘆惜；朱子一代大儒，乃亦不爲詳考而明辨之，尤不可解也。近世以來，學者惟務舉業，看講章讀墨卷，自講章墨卷外諸書皆不寓目，春秋，孟子，史，漢原委亦都不復理會，但知此兩章在論語中耳。論語何人所傳，何人所更定，是否漢初諸家之本，茫然不知，無怪乎其見此說而大駭，而卻步而走也！

不見不聞之一例

余少時讀書，見傳記之文多有可疑者，經文中亦有不相類者，然前人言及之者甚少，心竊怪之。間以語人，人亦罕有覺其異者，心益怪之。夫古人之書，眞僞高下昭然於耳目間，曷爲讀之而皆若弗見也若弗聞也者？近數年來，年六十有餘矣，始恍然悟其故，然後知學問之無窮也。南方夏晝短於北方，冬晝長於北方，此余十餘歲時觀時憲書而知之者。壯年數客於外，與南方人酬酢往來，及北人之嘗遊於南者，往往述其風土人情，獨未嘗言及此，皆如不知者然。及余作吏閩南，親驗其實，則夏晝較北果短，冬晝較北果長，與時憲書之言脗合。然北人在閩及閩人之嘗遊於北者仍未嘗言及此，亦如不知者然。此何故哉？夫時憲一書家家所有，少識字者皆能觀之，而閩中冬夏晝之短長於北者四刻有餘，何以皆如不見而不聞也？嗟夫，此顯然者猶且如是，況古書之眞僞高下而猶望其能分別之，甚矣余之少年不更事也！莊子稱『藐姑射之山有神人居焉，大旱金石流土山焦而不熱，』將毋所稟者厚則外物當其前而不覺與？嗟夫，是何今日藐姑射神人之多也！

三代經制通考

「火出，於夏爲三月，於商爲四月，於周爲五月。夏數得天。」（左傳昭公十七年。）

附論 『顏淵問爲邦，子曰，「行夏之時。」』（論語衛靈篇。）按堯典仲春日中星鳥，仲秋宵中星虛。唐虞之世歷本建寅，且其考驗之事不改歷

湯武皆承本國舊歷

法最密，禹承堯舜之後自無所用於更變，故夏時亦建寅，非有他也。

世儒皆謂成湯代夏，改建寅爲建丑；武王克殷，改建丑爲建子。余按，堯舜之世歷本建寅，湯何爲必改之而建丑，武王又何爲必改之而建子哉？蓋虞夏以前，三正竝行於侯國，閏餘節候之法互有遲速，不能歸一。相土，上甲微以前，歷本建丑，公劉，太王以前，歷本建子，民既安於舊歷，是以湯與武王皆因之不改耳。然則是湯未嘗改建丑爲建寅，非改建寅爲建丑也；武王未嘗改建子爲建丑，非改建丑爲建子也。湯與武王皆承先世之業而崛起一方者，不得以禹爲比。惜乎儒者不之察也！

「夏后氏五十而貢，殷人七十而助，周人百畝而徹：其實皆什一也。」（孟子。）

附論　孟子曰，「欲輕之於堯舜之道者，大貉小貉也。欲重之

夏之貢法仍堯舜之舊

商周之助徹皆自順侯國之土宜

於堯舜之道者，大桀，小桀也。』（孟子。）

按『五十而貢』，卽禹貢之『咸則三壤成賦中邦』也。禹承堯舜之後，故法皆因其舊，與湯武承先世之業而崛起一方者不同。故凡經傳所稱夏禮，卽唐虞之禮，此外無所謂夏禮也。而說經者務別求一夏禮，以故多失其實。今正之。

世儒皆謂成湯代夏，改貢爲助；武王克商，改助爲徹。余按，詩大雅公劉篇云，『徹田爲糧，度其夕陽，豳居允荒，』則是周之徹法始於公劉，不始於武王也。公劉當夏商之世而已用徹，則是諸侯各自順其土宜，初未嘗取王畿之法强天下使皆從之也。民既相安於徹法矣，是以文武皆因之而不改。綱鑑乃於武王克商之初書『立徹法，』謬矣！然則商之用助亦當如是。相土上甲微以前本用助法，故湯因之不改，非取貢法而改之爲助也。但其詩書多逸，無可考耳。且取五十畝而改爲七十畝，取七十畝而改爲百畝，勢必使民遞遷遞易，閭閭之下皆騷然不得寧，聖人豈肯爲是！甚矣說經者之好自以爲知也！此幸而公劉之篇尙存，三代之制猶可考見，不然聖人之事一任後人誣之，不復能白於天下矣。

三綱五常文質三統皆漢儒之說

附論「子張問『十世可知也？』子曰『殷因於夏禮，所損益可知也。周因於殷禮，所損益可知也。其或繼周者，雖百世可知也』」（論語爲政篇。）

馬氏論語注云『所「因，」謂三綱五常；所「損益，」謂文質三統。』朱子集註全采其說；至今說論語者沿之。余按君臣，父子，夫婦，人道之大者也，自生民之初而已然。——故易傳曰，『有男女而後有夫婦，有夫婦而後有父子，有父子而後有君臣，』——不得以爲夏禮而殷周因之也。至於『五常』云者，考之經傳，三代以上從未有此名目，不過漢儒强而命之耳。孔子多專言『仁，』

間有兼言『知』者（若『安仁，利仁』，『樂山，樂水』之類），從未有與『義』『禮』竝列者也；而顏淵問仁章且以循禮爲仁之事。孟子始多兼言『仁義』，間有一二兼及於『禮』『智』者（不忍人，性無善兩章）；於四端之外復益以『樂』（仁之實章）與『聖人』者（口之於味章）有之矣，然從未有與『信』竝列爲五者也。至漢，好談術數，欲以之配五行，始有『五常』之說。禹湯之世豈知有此，而乃以爲殷因於夏，周因於殷也哉！夏商之尚忠質，周之尚文，不過風會漸開，人文漸盛，時勢之所趨耳；非湯不欲尚忠，改而尚質，武王不欲尚質，改而尚文也。至以『三正』分爲『三統』，義亦牽強。甘誓曰，『有扈氏威侮五行，怠棄三正，』是知虞夏以前三正已竝行於天下，非至湯然後建丑，至武王然後建子也。蓋曆之初興，必履端於始。歲之始於南至，猶月之始於朔也；但冰堅水涸，非發令布政之時，而四時之節候亦不均，故其後或改而建丑，而堯又改而建寅耳；初非以天地人分之而命爲三統也。且易忠而質而文，雖無所損，尙可以謂之益，若易寅而丑，而子，於前代之建寅建丑初無所損，亦無所益，而乃以此當損益乎！ 細玩語意，所因與所損益當指一事而言。 所謂禮者，亦當指設官，建國，制祿，分田，祭祀，朝聘諸大政言之。 蓋前代之善政本不當改，而時地之殊有不能悉仍其舊制者，則量爲之增減以適時宜。 不得以所因別爲一事，所損益又別爲一事也。 但夏殷之禮皆亡，而周制亦缺略不全，後之人無從而詳考耳。 孟子曰，『夏后氏五十而貢，殷人七十而助，周人百畝而徹，其實皆什一也。』 余竊謂此卽所因所損益之一端。 何者？ 分田以賦民而不使有畸多畸少之患，定制以取民而不肯重之輕之於堯舜之道，此其所因者也。 爲五十，爲七十，爲百畝，爲貢，爲助，爲徹，田與制亦不盡同，此其所損益者也。 他經制亦當類此；但不見經傳，無可考耳。 孔子曰，『夏禮，吾能言之，杞不足徵也；殷禮，吾能言之，宋不足徵也：文獻不足故也。』 若不過三綱五常，文質三統，不惟無待杞宋之徵，而亦人人所知，不必聖人始能言之矣。 漢儒說經，不肯缺所不知，類多如是。不知後世何以遵之而不改也？

三代學制僅見孟子

「夏曰校，殷曰序，周曰庠，學則三代共之：皆所以明人倫也。」（孟子）

此三代學校之制與授時分田並重者。然傳記罕及之；幸有孟子此文，故錄之以補其缺。

世變一端

「夏人作誓而民始叛；殷人作誥而民始疑。」（頡剛按，原刻此條未注出處。檀弓下篇有『殷人作誓而民始畔；周人作會而民始疑』一語，未知是否本此，抑另有出處，記此，待攷。）

此無關於經制，然亦世變之一端，故錄之。

附論

「子曰，『夏禮，吾能言之，杞不足徵也；殷禮，吾能言之，宋不足徵也文獻不足故也。足，則吾能徵之矣。」』（論語八佾篇。）

載歲祀年之的義

爾雅云，『載，歲也：夏曰歲，商曰祀，周曰年，唐虞曰載。』南氏綱目前編因之，於唐虞書『元載二載，』於夏則書『元歲二歲，』且於成湯卽位之後書曰『改歲曰祀。』以余考之，不然。歲也者，唐虞三代之通名。積日則謂之月；積月則謂之歲。故虞書曰，『朞三百有六旬有六日，以閏月定四時，成歲。』又曰『歲二月，東巡狩。』洪範曰，『一曰歲，二曰月，三曰日：歲月日時不易，百穀用成。』洛誥曰，『王在新邑烝祭歲。』雖唐虞，雖商周，未有不稱爲歲者也。載也祀也年也，史官記事之文云爾。更一歲則謂之一載，非謂歲爲載也。故虞書曰，『九載，績用弗成；』曰，『朕在位七十載。』若云『以閏月定四時成載』『載二月東巡狩，』則文理不通矣。其後商人建丑至子月冬至則當大享於先王，故史一歲則謂之一祀。周人建子而重農，至亥月則納稼滌場而農事咸畢故更一歲則謂之一年。禾收一度，是爲一年。豐則謂之有年，凶則謂之無年。是以史官記事則曰幾祀幾年。若統四時十二月言之則皆曰歲，不曰祀曰年也。故詩云，『何以卒歲，』『曰爲改歲，』『歲亦陽止，』『歲聿云暮，』傳云『歲云秋矣，』孟子云，『歲十一月，徒杠成，』商周之世亦無有不稱歲者也。然則夏世亦當如是。統言則皆曰歲，紀事則仍曰載。蓋夏承虞，虞承唐，堯舜之政原無所用於更變，非若夏殷末造，王章漸廢而湯武崛起一方者可比。觀於歲仍建寅則禹之率由舊章可知。但夏書罕存於世，撰爾雅者因臆度之，而遂以歲歸之夏耳。作前編者因爾雅有是言，遂公然於禹啓之世書曰元歲二歲，而謂湯改歲以爲祀，則益誤矣。大凡後人編次古事，但可采經傳之原文，有不知則缺之，不可輕信雜說，妄肆己見，擅書之於文字。一有不當，則聖人之制淆亂不明，而後人惑於先入之言，將幷其他文而誤之，雖小事而不可小視也。故今考而辨之。

社制

附錄 『哀公問社於宰我，宰我對曰，「夏后氏以松，殷人以柏，周人以栗。」』（論語八佾篇。）

按宰我之答哀公問社，孔子以『既往不咎』深責之，爲其『使民戰栗』之說之附會也。朱子所謂『啓時君殺伐之心』是也。至於『以松』『以柏』『以栗』之言，似有所本。朱子以爲『樹其土之所宜』者近是。故附錄之於此。

明堂位不可信

今世所傳禮記明堂位篇內稱虞夏商周四代車旂尊勺牲鼓俎豆之屬具詳且備，後人往往有信之者。余按此篇本不在戴記中，乃後人所妄入者。且周公聖人也，謹守臣節而篇中稱『周公踐天子之位』；魯隱公見弒於其弟，閔公見弒於其臣，而篇中稱『魯君臣未嘗相弒』；其於周於魯猶誣謬如是，況虞夏商之事，烏在其可信乎！其於大事猶致失實如此，況車旂俎豆之細者而反能詳之乎！故今概不之采。

附刑法同異考

「眚災肆赦；怙終賊刑。」（書舜典。）

「人有小罪，非眚，乃惟終，自作不典，式爾，有厥罪小，乃不可不殺。乃有大罪，非終，乃惟眚災，適爾，既道極厥辜，時乃不可殺。」（書康誥。）

論情重於論事

按刑所以弼教，非以示威，故論其事尤論其情。眚災而不赦，則人無所措其手足；怙終而不殺，則奸猾之人恃法之止於此而恣行無所忌：聖人所以分別而宥之懲之也。堯舜以此立法，而武王復以之誥康叔，信乎先聖後聖其揆一也。後世不復論心而但據其跡以定罪，於是刑網日密，眚災者不得赦而怙終者不必殺，強暴得以長其惡而賢哲或反罹於法。至於里巷之間，橫逆之人，歟

孥戮爲權宜之制

良懦陵孤寡，爲一方之大害，然按其罪皆不至於死，而他人之爲所困厄，飢寒憂病，以致隕其生者，不可以枚舉；而且一人行之，衆人效之，閭閻由此日窮，風俗由此日壞。況於官吏之弄權竊柄而上下其手者乎！甚矣聖人之制之寬猛各得其宜也！

「用命賞于祖；不用命戮于社；予則孥戮汝。」（書甘誓。）

「爾不從誓言，予則孥戮汝，罔有攸赦。」（書湯誓。）

『文王之治岐也，耕者九一，仕者世祿，關市譏而不征，澤梁無禁，罪人不孥。』（孟子。）

按，夏商之書皆有『孥戮』之文，而孟子述文王治岐之政則云『罪人不孥，』將夏商之法與周互異乎？蓋不孥者國之常法；孥戮者乃一時權宜之制。天下蓋有罪孽深重，妻子皆預其謀；亦有貪冒無厭，妻子皆享其樂者。此而但

寧失不經之故

誅其身，使其妻子安然無事，仍得享其餘澤，不足以服人心而懲將來，故有孥戮之法。至於戰陳，尤非尋常可比，一人退走，萬夫爲之奪氣，所關甚鉅，故以孥戮警之，使知進不必死，而退且有不止於死者，欲其致果毅以勝敵耳。且所謂孥戮者，非殺之也，但致之於罪耳。觀春秋傳稱夷之蒐賈季戮臾駢，申之會越大夫戮焉，其後臾駢越大夫皆仍見於傳，此可以知戮之非殺也。

附錄 「與其殺不辜，寧失不經。」（虞書。）

按，爲政之道，寬以濟猛，猛以濟寬。鄭太叔不忍猛而寬，致有萑苻之盜。今此文乃云爾者，蓋就一人言之。有陷於縲絏而罪在疑似之間，無可證其眞僞者，殺之則恐其含冤，赦之則恐其失出，以二者較之，則寧失不經而不可以殺不辜也。

附錄 「乃有不吉不迪，顚越不恭，暫遇姦宄，我乃劓殄滅之，無遺育，無俾易種于茲新邑。」（書盤庚。）

殄滅姦宄之故

觀書此文，其法可謂嚴矣。蓋姦宄之人乃閭閻之蠹，縱而不治則民不安其生，故必絕其根株；懲姦民正所以衞良民也。此與『怙終賊刑』之義同，故附錄之於此。

叔向譏鄭人鑄刑書之故

附錄『夏有亂政而作禹刑，商有亂政而作湯刑，周有亂政而作九刑：三辟之興，皆叔世也。』（左傳昭公六年。）

按此文謂三辟之興皆在叔世，然則禹湯文武之世皆無刑章乎？恐未必然也。竊意三代建國之初，立法皆疎，行法者臨事制宜，酌其情理而權衡之，故不至有過不及之弊，所謂『眚災』『怙終』者也。其後刑章日密，作爲一定之法，不能無輕重之失宜，是以叔向譏之。但古書缺軼，不可詳考；姑附識其說於此。

附錄「父不受誅，子復讎，可也。父受誅，子復讎，此推刃之

子復父讎

道。」（公羊傳。）

按，此文與眚災怙終之義無涉，然本情理而分別之，與舜武王之意正同。而唐余長安父叔皆爲方全所殺，年十七，乃復讎，然大理竟論死；衢州刺史元錫爭之，而裴垍，李鄘執不從。無怪乎唐治之日衰而四方之不靖也。

考古續說卷之一終

考古續說卷之二

東周大事摘考

初余爲考信錄，擬自羲農至秦皆考辨之。顧余學淺才鈍，身弱病多，常思得二三同志共成之；而因循十餘年竟無所遇。身既頻遭困境，暇豫無多，家復鮮有藏書，檢閱不易，中又作吏數載，勞心民事，以故二十餘年僅至豐鎬洙泗而止。至於春秋，戰國之間，撰述既繁，舛誤亦衆，而余年日以老，病日以增，自度力不能勝，乃摘取其大者三事辨之。其餘亦有附見於諸錄者。而未及辨者尚多；姑留以待後之君子可也。

齊晉魯之微

春秋魯襄公十一年，「作三軍，」傳云，『三分公室，季氏盡征之，叔孫氏臣其子弟，孟氏取其半焉。』昭公五年『舍中軍，』傳云，『四分公室，季氏擇二，二子各一，皆盡征之，而貢於公。』說者緣是遂謂魯國盡爲三桓所分，而魯君無復尺土一民之有。夫使魯國果盡屬於三桓，則當時三桓之外魯之大夫尚多，若叔氏，臧氏，施氏，郈氏，叔仲氏，東門氏之屬其祿皆於何取之？蓋三桓所分者鄉遂，至於都鄙之地固自若也。古者鄉遂之地君所自奉，謂之公室：故曰『三分公室，』曰『四分公室，』明鄉遂以外魯之國自若也。故臧氏之邑在防，武仲出奔，仍入據防而請後，是諸大夫之采邑未嘗歸三桓也。不但大夫之采邑然也，都鄙之中亦有公邑，仍爲公有。故季武子取卞，曰，『卞人將叛，既取之矣故告；』襄公曰，『欲之而言叛，祇見疏也：』是季氏未取卞以前，卞仍屬於魯君也。後人不達古人鄉遂都鄙之制，遂謂通國盡屬三桓，誤矣。

晉齊之微

若晉之韓，趙，魏，齊之陳氏，又與魯事不同。晉自六卿強盛，欒氏，祁氏，羊舌氏盡爲所吞併，其後智，趙，韓，魏又滅范，中行氏而分其地，趙，韓，魏又滅智氏而分其地，由是都鄙盡歸於三卿，而晉君止有鄉遂之地。其後趙又滅代，韓又滅鄭，而魏亦滅中山，益尾大不能掉晉君無如其大夫何，故得以遷桓公於屯留而分其地，晉事然也。齊之陳氏則由於耑齊政。高國既微，欒高又滅，逮鮑氏亡而政遂盡歸於陳氏。簡公力右闞止使與之抗，卒不能勝。於是陳氏得以盡置其宗族黨羽於內之百僚外之都邑，久而其勢益固，是以遷康公於海上而莫之禁，齊事然也。

三國比較

故齊之篡與魏晉之事同；晉之分與周室之弱同。晉之患在鄉遂如故而都鄙分屬與強宗；魯之患在都鄙如故而鄉遂盡征於世族。其君弱臣強雖同，而其形勢實各不同也。後世論者罕能詳考古制，遂若三國初無大異者，故今分析其同異之故而備論之。

韓趙魏之侯

三晉之僭侯不必待王命

按史記周本紀，『威烈王二十三年，九鼎震；命韓，魏，趙為諸侯。』晉世家，『周威烈王賜趙，韓，魏皆命為諸侯。』趙世家則云，『魏，韓，趙皆相立為諸侯，』說與周晉互異。

韓，魏，趙，鄭各世家皆但云『列爲諸侯，』不言所因何事。 年表，周威烈王二十三年，亦不載命韓魏趙爲諸侯之文，無從决其孰是。 然嘗以其時事考之楚世家，『悼王二年，三晉來伐楚至乘邱而還。 十一年，三晉伐楚敗我大梁楡關楚厚賂秦與之平，』事在九鼎震後十餘年內。 竹書紀年，『韓滅鄭，哀侯入于鄭。 明年晉桓公邑哀侯于鄭，』事在九鼎震後數十年內。 玩其文義，皆似晉國未分然者。 若三國皆受王命爲諸侯，則各君其國，不相統屬，何以同伐同和如一國然？ 三國既自受王命爲諸侯，則與晉侯同列，無復君臣之分，何以仍書桓公邑之於鄭？ 蓋自春秋以降，大夫日以上僭，齊大夫稱棠公，鄭伯有之家臣亦以公稱伯有，至戰國而益甚：故史記年表稱『三桓勝魯如小侯，』孟子書亦有費惠公之文。 然則三晉之僭稱侯乃事之常，不必待王命也。 況當是時周室微弱已極，王章蕩然無存，非若春秋之初天下猶知尊周，故晉武公必請王命然後爲晉侯也。 且五國相王，誰命之？ 周衰，諸侯可以相王，晉衰，大夫獨不可以相侯乎！ 趙世家紀趙事，於戰國中較他國爲最詳，蓋其世近國大，紀載者多；而周自貞

三晉之僭侯非一年之事

王（史記作元王今從世本）下逮愼靚自出公以後，文皆疏略首尾不具，難可徵信似以趙世家所載爲近是。觀於分周爲兩本紀無文而趙世家有之則二篇之孰得孰失明甚。故索隱云，『周室衰微略無紀錄。太史公雖考衆書以卒其事，然二國代系甚不分明。』大抵自秦以前，春秋經傳以後，數百年間史冊不存，傳聞互異，事多難考，且宜旁參互證而缺其疑，未可遽以斷簡殘編直斷其是非曲直也。

又按六國年表，周威烈王二十三年，在韓爲景侯虔，而世本，紀年皆作景子，似尚未爲諸侯也者；在趙爲烈侯籍，而烈侯父已稱獻侯，似先已爲諸侯也者。若果同時命爲諸侯，何以其稱互異？史記覺其不合乃以獻侯爲追尊。然梁惠王生而稱王，孟子，國策，紀年皆同，而史記亦以爲追尊，則獻侯之爲追尊未可信也。三晉之列爲侯，據周本紀，年表，三晉世家皆在威烈王之二十三年，而楚世家則在簡王八年，當周威烈王之二年，於韓爲武子，於趙爲桓子，則史記之年亦不能保其必無誤矣。竊疑三晉之僭侯非一年之事，趙最强故僭最先，魏次强故次僭，韓最弱故僭最後耳。蓋不但威烈之命爲莫須有之事，卽趙世家謂烈侯六年相立爲諸侯亦恐係後人揣度之詞，未盡當時之事理也。溫公通鑑，朱子綱目乃據周本紀文以爲王綱失守於焉托始，書曰『初命晉大夫魏斯，趙籍，韓虔爲諸侯。』其義雖正其論雖美，而其事恐未必然也。

三晉滅公室之實

又按晉世家，『靜公二年，魏武侯，韓哀侯，趙敬侯滅晉後而三分其地，靜公遷爲家人。』趙世家『敬侯十一年，魏，韓，趙共滅晉，分其地，』卽晉靜公二年事也。而成侯十六年又云『與韓魏分晉，封晉君以端氏。』夫旣於敬侯之世滅晉而分之矣，成侯之世又何分焉？此文必有一誤，乃顯然可見者。竹書紀年云，『趙成侯，韓共侯遷桓公于屯留。』考其時，乃成侯五年，魏武侯卒之歲。是時魏罃方與公子緩爭國，以故韓趙得以乘其間而分晉耳。蓋晉六卿之中，韓趙爲睦，——春秋傳載之詳矣，——而魏文侯尊賢重義，號爲令主，其子武侯亦尚能守家法，故秦嬴之亂，魏文侯以兵誅之而立烈公，止攻周之役，分周之舉，皆韓趙連兵而魏獨不與。竊疑晉室旣衰，魏獨忠於公室，是以文侯，武侯旣卒，韓趙無所顧忌，然後敢遷晉君而分周室。揆其時勢，似紀年所載爲近理。然則晉當爲桓公，不當爲靜公；分晉者當爲趙成侯，韓共侯，不當有魏武侯；其事當在周烈王之六年辛亥（即趙成侯五年，）不當在周安王之二十六年乙巳（即趙敬侯十一年）矣。史記旁采他書傳聞不一，是以前後往往自相矛盾，似未可以史記一篇之文遂據爲信史也。

周分爲兩

東西周之分

趙世家成侯『七年，……與韓攻周。』

『八年，與韓分周以爲兩。』

按，戰國策但有西周君，東周君，而絕無有所謂王者，則周之分無可疑矣。史記周本紀所謂『東西周分治』是也。成侯八年乃顯王之二年，而本紀此文載於赧王時。又未言所以分之故：蓋周自貞王以後，國史散軼，文獻無徵，故無可考，而但旁見於他國之簡策；史記但因下文叙東西周二君之事，故補此文以爲後文張本，非至此時始分東西周也。故今取趙世家之文補之。

按周既分爲二而王但寄食於兩君，則是非但政不在王，幷地與民亦胥失也。築臺避債之說雖傳者甚其詞，要已不成爲天子矣。故傳但稱『卜世三十卜年七百』蓋卽以此時爲斷也（自武王至烈王共三十世）。而說者乃欲以春秋之周例戰國之周，謂孟子不當勸齊梁以行王政，謬矣。

西周之亡

周本紀，赧王『五十九年，秦取韓陽城負黍。西周恐，倍秦，與諸侯約從，將天下銳師出伊闕攻秦，令秦無得通陽城。秦昭王怒，使將軍摎攻西周。西周君犇秦，頓首受罪，盡獻其邑三十六口三萬。秦受其獻，歸其君於周。周君王赧卒，周民遂東亡。秦取九鼎寶器而遷西周公於𢠸狐。』

西周君事移之

按此文，則倍秦者西周君，非赧王也；頓首獻地者亦西周君，非赧王也。周室既分，

赧十六之非

東周之亡

通鑑與綱目不

王無地矣，何獻之有？唯『周君王赧卒』一句殊欠分曉。索隱謂『西周武公與王赧皆卒，故連言之。』不知其果然邪？抑史記卽謂赧王爲周君邪？或『君』字爲衍文邪？然要之頓首獻地者必非赧王。通鑑乃云，『赧王恐，倍秦與諸侯約從，』又云，『赧王入秦頓首受罪，』綱目亦書云，『秦伐韓趙，王命諸侯討之，秦遂入寇；王入秦，盡獻其地歸而卒，』皆以西周君事移之赧王，誤矣。

秦本紀，莊襄王元年，『東周君與諸侯謀秦。秦使相國呂不韋誅之；盡入其國。秦不絕其祀，以陽人地賜周君，奉其祭祀。』

按，此文卽周本紀中『秦莊襄王滅東西（『西』字疑衍）周』事也。以此篇較詳，故采之以補其缺。前條西周之亡，此條東周之亡，至是而兩周皆盡矣。

按，兩周之分，戰國時一大關目也。不分則周爲有王，分則周爲無王；不分則周爲

載分周之誤

正統，分則天下爲無統此豈可以略者！而溫公通鑑，朱子綱目皆不載此事，竟如周未嘗分然者，所以西周君之事皆移之於赧王，蓋誤以赧王爲卽西周君也。大抵通鑑於戰國之世采摘頗雜，疎漏亦多，綱目但就通鑑原文錄之，未嘗一一考其首尾，是以如此。昔人嘗言綱目義例朱子所定，而綱目之文非朱子之筆，乃其徒共成之；以今觀之，理或然也。故今雜采史記之文補而正之。

漢爲堯後附考

劉向說漢祖

漢書高帝紀云，『范氏爲晉士師，魯文公世奔秦；後歸於晉，其處者爲劉氏。』劉向云，「戰國時，劉氏自秦獲於魏。秦滅魏，遷大梁，都於豐。故周市說雍齒曰『豐故梁徙也。』」是以頌高祖云「漢帝本系，出自唐帝。降及於周，在秦作劉。涉魏而東，遂爲豐公。」』由是王莽，班彪皆以漢爲帝堯之裔，從向說也。

漢當爲周裔

余按，劉氏之見於春秋傳者有二：其一姬姓，周定王之季子封於劉，以劉爲氏；其一祁姓，晉士會之族留於秦爲劉氏。周之劉，內諸侯也，世世見於傳，其支庶之繁衍可知，秦之劉，庶人也，無一人見於傳者，何所見豐之劉之必爲秦而非周也者？周距魏僅二三百里，而秦遠在千數百里之外，何所見魏之劉之必遷自遠而非近也者？豐自梁徙，固也，劉氏自秦獲於魏，何所徵乎？向自以意揣度之耳。漢書注，文穎云，『六國時，秦伐魏，劉氏隨軍，爲魏所獲，故得復居魏也。』秦之伐魏，何年之事？秦強魏弱，何以其臣見獲於魏？且此事誰傳之？高帝不言，司馬子長掌國史者亦無一語及之，向何從而知之？史記周本紀云，『西周君奔秦，盡獻其邑，周民遂東亡。』言『周民，』則劉氏在其中矣。周之東，則梁也。然則由梁而遷豐者，乃周之劉，非秦之劉矣。向但見春秋傳『士會自秦歸晉，其處者爲劉氏』之文，而忘周之劉氏族更繁而地更近，遂以徙於豐者爲秦之劉，因撰爲自秦獲於魏之說以曲全之耳。

大凡劉向及其子歆之所稱引，多係猜度，故其失實者較史記尤多。而後之人沿訛踵謬，皆習以爲固然，且多有不知其出於向與歆者，亦可歎也夫！

齊桓霸業附考

孔子稱『晉文公譎而不正，齊桓公正而不譎；』又稱『管仲相桓公，霸諸侯，一匡天下，民到于今受其賜。』孟子亦稱『五霸，桓公爲盛；葵邱之會諸侯束牲載書而不歃血。』是五霸莫盛於桓公，亦莫正於桓公也。顧春秋傳載桓公事甚略，不及晉文十之二三，且其事亦多失實者。蓋左傳皆采列國之書以成書，——卜筮之事采於師春其一斑也，——故得其當時紀事之書則載之詳；或偶未得其當時紀事之書，則無從而詳載，但取其旁見於他書者而記之，是以不能不略。且既旁見於他國之書，則不能無毀譽之私，傳聞之異，以故其事間亦有失實者，不可以不察也。今姑取其二三事言之：

左傳紀載甚略且失實

召陵之師，齊以『昭王南征不復』責楚，楚以『問諸水濱』拒齊，齊無以復也。屈完如師，齊侯陳諸侯之師以夸之，屈完以方城漢水自矜，齊又無以答也。是何其失

召陵之役之文采於楚

史

侵蔡不因蔡姬之嫁

許男降楚非實事

詞乃爾？且齊既爲楚所輕，而楚猶受盟於齊，亦於事理有未合者。竊謂此事蓋采之楚史者，乃楚人自張大之詞，非實事也。何以言之？春秋時，諸侯皆自稱『寡人，』天子降名，始稱『不穀，』諸侯未有敢稱不穀者也。惟楚僭王號，不敢稱『余一人，』乃自稱爲『不穀。』成王云，『公子若反晉國，則何以報不穀，』共王云『不穀不德，生十年而喪先君，』是也。今齊侯乃自稱爲不穀，此必楚人所記：以楚君之自稱不穀也，故遂以加之齊，而忘齊君之不如是稱也。至謂因蔡姬之嫁而侵蔡伐楚，亦不可信。北杏之會，蔡實與焉；既而叛附於楚，遂不復與齊桓之會。以人情時勢論之，齊侯固當侵蔡伐楚，不必因蔡姬之嫁也。踐土之盟，溫之會，許再不至，則晉以諸侯伐之，豈亦別有所因者乎！蓋當時適有蔡姬嫁事，好事者因附會爲之說耳。此其失實者一也。

救許之役，傳稱『蔡穆侯將許僖公以見楚子於武城，許男面縛銜璧，大夫衰經，士輿櫬』云云。余按楚之圍許，非爭許也；特以齊帥諸侯伐鄭，楚欲救鄭而畏其强，故不得已圍許以致齊師，使齊桓移伐鄭之師以救許耳。兵法所謂『攻其所必救』也。

是以齊師一來，楚師卽退，楚之不爭許明矣。藉使許欲叛齊卽楚，亦當於楚圍許之時；乃楚師在城下，反不行成，直待楚師歸國，然後帥其羣臣遠赴楚境而因蔡以求降，此豈復近於人情哉！晉楚之爭鄭也，楚師至則鄭叛晉而受盟於楚，晉聞之而來討則又叛楚而受盟於晉；楚師來討則又從之。若許果降於楚，則以後必叛齊而從楚，齊亦必聞而討之。乃齊既不伐許，而許亦仍受盟於齊，八年于洮，九年于葵邱，十年從齊而伐北戎，楚亦若不聞也者而不之討；乃至鹹淮之會，牡邱之盟，許始終皆與焉，舉齊，楚，許三國皆如未嘗有此事者然。然則是本無此事而楚人自張大之詞；否則他國之事而訛傳爲許者，左氏蒐羅太廣而誤采之耳。此其失實者二也。

桓公卒後越六十七日而殯之謬說之由來

春秋僖公十有七年，『冬十有二月乙亥，齊侯小白卒。』而傳乃稱『十月乙亥，齊桓公卒。』蓋左傳之事皆采諸列國之史，春秋時諸侯往往有用夏正者，故傳文中兼有周正，夏正，參差不一。韓之戰，經在十一月壬戌，傳在九月壬戌是也。辛巳而殯，僅七日耳；而傳乃以十月爲周正，則卒與殯遂隔六十七日，誤矣。好事者附會之，因有

桓公霸業應由經文證之

桓文皆未可蔑視

尸蟲出戶之說則其誤更甚焉。且齊旣不以實赴矣，何爲改其月而仍用其日？此其失實者三也。

故以春秋所書考之，則齊桓之霸業還勝於晉文數倍；若但以傳言之，則非惟不逮晉文，幷晉悼楚莊亦有遜焉。學者當熟玩經文以證論語孟子之實，不得但據傳文遂以爲足也。

世俗多輕桓文：有謂齊桓尙不及兩漢之君者；有謂春秋之世功莫大於五霸，罪亦莫大於五霸者。余獨以爲桓文未可輕也。齊桓首止之會，王室大定，召陵之師，荊楚受盟，邢衞重封，諸侯共享太平之福，其功大矣。故孔子曰，『正而不譎；』曰，『一匡天下，民到於今受其賜。』聖人已有定評，不待言矣。卽晉文亦未可輕視也。其治國也民易資者不求豐焉，明徵其詞：後世有如是之美俗乎？固因春秋之世風氣近古，亦由晉文之有以道之也。其用人也，不惟不私其親，不私其從亡之臣，而且不執己見，務盡人言，三軍之帥與諸大夫共謀之，猶有唐虞咨岳之遺風焉。而趙衰之薦郤縠，曰

『說禮樂而敦詩書』曰『詩書義之府也；禮樂德之則也，』則是當日行軍猶皆本之詩書禮樂而當日之所謂詩書禮樂者亦皆切於時務，非若後世之止供記誦，爲舉業之資也。　三代以下能用人者莫如漢高帝之於韓信，宋太祖之於曹彬，然較此猶遠不逮焉。　然則晉文亦令主也！　惜乎『譎而不正，』專以權術制人，故不能與齊桓度長絜大耳。　大抵霸之所以不逮王者，惟在假仁義以服人。　王者以仁義之心行仁義之事，無意於服人而人自歸之；其征伐也，以救民也，非富天下也。　霸者則意在於服人，以徒力之不足恃也，故不得不勉而爲仁義。　此王霸之所以異也。　然較之徒以力而不以義者，固已遠出其上矣。　曰，然則孟子何以薄桓文也？　曰，孟子以三王之道較之，故云然耳；然云『五霸者，三王之罪人也；今之諸侯，五霸之罪人也，』則五霸雖遠不逮三王，而戰國諸侯猶遠不逮五霸，聖賢之論未嘗不平，特後儒忽焉而不之察耳。　故凡論古者，必先知桓文之事已高出於尋常者百倍，而二帝三王又高出於桓文者百倍，然後可以見帝王之道之尊，之治之隆。　若於桓文而蔑視之，則二帝三王之夐絕古今者亦無由進窺其涯涘矣。

附齊爲田氏考

陳無改姓田之事

史記田敬仲完世家云，『敬仲之如齊，以陳字爲田氏。』 應劭云，『始食采地，由是改姓田氏。』 正義曰，『敬仲既奔齊，不欲稱故國號，故改陳字爲田氏。』 余按，左傳稱陳文子，陳桓子，陳乞，陳恆，陳逆，陳豹，論語亦稱陳文子，陳成子，皆未嘗改爲田。 非但春秋之世而已，孟子書亦稱陳賈，陳仲子，是戰國之時猶未嘗改也。 安在有改陳爲田之事哉！

陳訛爲田之故

蓋陳之與田，古本同音：顚，天，田，年等字古皆入眞文韻，而端，透，定，泥母下之字與知，徹，澄，孃母下之字古音亦未嘗分；皆自隋唐以後音轉始分爲二。 故詩曰，『倬彼甫田，歲取十千，我取其陳，食我農人，自古有年。』 曰，『母也天只，不諒人只。』 曰，『采苓，采苓，首陽之顚，人之爲言，苟亦無信』（讀若申）。 後人不知，乃以爲先仙可與眞文通用，故唐人古詩中往往雜用二韻，而不知其誤也。田字在定母下，陳字在澄母下，然則三代以上讀田音正與陳同，故陳之文或訛而爲田爾，非敬仲改之也。正如左氏春秋傳中杞姓作娰，而詩與公羊傳皆作弋；傳於楚薳子馮亦作蔿子馮耳。以爲敬仲所改，誤矣。蓋由戰國之世競以力爭，繼以秦焚詩書，文學遂多失傳，秦漢之際，人皆習稱爲田，遂誤以爲其先之所改耳。朱子集註亦稱宣王姓田氏，乃緣史記之誤，今正之。大抵前人敍述古事，多好揣度言之，以致失眞。後人不加細考，輒信爲實。此雖小事，然觀小可以知其大，舉一可以推其百也。

竹書紀年辨僞

世傳秘書二十一種內有竹書紀年二卷。按此乃近代人僞作，非晉唐人所見之書，故考信錄中不采其一事。猶恐世爲所惑，故復要其始終而辨之。

今本紀年出于宋元之後

竹書紀年凡十三篇本戰國人所著而出於西晉者。（晉杜預春秋經傳集解後序云，『汲郡汲縣有發其界內舊冢者，大得古書，皆簡編科斗文字。發冢者不以爲意，往往散亂。科斗書久廢，推尋不能盡通。始藏在祕府，余晚得見之。所記大凡七十五卷，多雜碎怪妄，不可訓知，周易及紀年最爲分了。』序又云，『紀年篇起自夏殷周，皆三代王事，無諸國別也。唯特記晉國，起自殤叔，次文侯昭侯，以至曲沃莊伯。莊伯之十一年十一月，魯隱公之元年正月也。皆用夏正建寅之月爲歲首，編年相次。晉國滅，獨記魏事，下至魏哀王〔「哀王」當作「襄王」，序誤〕之二十年。蓋魏國之史記也。』）自魏逮唐，文學之士多引用之。（北魏酈道元水經注多引竹書紀年之文。唐司馬貞史記索隱采紀年文尤多。劉知幾史通，張守節史記正義亦嘗述之。）大抵記東周事多與春秋經傳相應，而自獲麟以後，載籍多缺，觀之尤足以證史記之舛誤而補其缺漏。惟其紀述三代事多荒謬，余於考信錄中固已辨之。（春秋時事，如會河陽，戰洞澤之類，並見杜序。獲麟後事如晉桓公，田悼子之類，並詳史記索隱。三代，若益，伊尹季歷共伯和事，竝詳考信錄中。）然自宋元以來學士皆不之見，疑其經唐末五代之亂而失之，僅於前人所徵引存千百之一二。（宋陳直齋書錄解題編年類五十二種，無此書。元馬端臨文獻通考經籍考編年類五十一種，亦無此書。）不知何人淺陋詐妄，不自量度，采摘水經索隱所引之文，而取戰國邪說漢人謬解晉代僞書以附益之，作紀年書二卷以行於世。（禹受命于神宗及征有苗本僞尚書。帝乙命南仲西拒昆夷，城朔方，本毛詩傳。周公復政成王本尚書僞孔傳。禹殺防風氏，紂伐有蘇氏，獲妲己，俱本國語。紂命九侯周侯邘侯本戰國策。桀囚湯於夏臺紂囚文王於羑里，俱本史記。）余自少年固已見之，以其疎略舛謬，不足欺人，稍有識者自能辨之，不暇爲之糾摘。前歲余自閩還過蘇州，買書於書肆，見甘泉張君宗泰校補竹書紀年，因買歸而閱之，見其徵引之詳，考核之精，糾其舛誤，摘其缺略，其用力之勤亦已極矣。吾所見聞文學之士，未有如張君之盡心者也。顧吾猶惜其不肯直黜其書以絕後人之惑，而但取其漏者補之，誤者改之，豈遂謂其他文皆可信乎？夫他文之所以未經抉摘者，特因水經，索隱諸書未嘗引之，無可考證其得失耳；使此書果眞，何以與水經，索隱所引互異？既與水經，索隱互異，則非眞古之紀年矣。舉一反三，則其餘皆其人之所僞撰無疑也。且此書之僞所以顯然易知者，正以其與水經，索隱不同耳。補之改之使與水經索隱文同，世之學者復何由知其僞？雖其補改之由悉注於文之下，然安知後人覆刻此書，不有存其文而遺其注，如僞尙書武成篇淳于長夏承碑者；勢且淆亂經文而失三代聖人之實。（僞尙書武成篇宋蔡氏考定之，錄於篇後。今坊本但載考定武成而删其原篇；淺學者遂以爲梅賾所傳之尙書本如是。廣平府學有漢淳于長夏承碑，經亂失之。後人復取舊搨摹刻，而識其本末於後。其後搨者但搨碑文，不搨其後所識之語；四方見之者遂以爲眞漢人所刻也）余深懼焉，乃於三代錄成之後，詳考杜序，索隱諸書之文，竝采張君之說而補辨之如左：

證一　今書起自黃帝之謬

一，據杜氏春秋經傳後序，『紀年篇起自夏殷周，皆三代王事，無諸國別也。』今此書乃起於黃帝，與序不同。或以荀勖和嶠言有『紀年起於黃帝』之語，爲今書

證二—啓益事紀載之異

證三—商代都邑與年

解。然使果起黃帝，杜氏親見其書，何得謂之起自夏乎！杜氏之序與春秋經傳竝傳，不容有誤。和嶠之言特出於荀勖之口，荀勖之言又僅見於魏世家注所引，遞相傳述，安知其不失眞？不得據此而疑杜序也。且又安知其非紀夏之事而追述黃帝以來，若左傳之於魯惠公晉穆侯然者，而遂以爲起於黃帝乎？晉書亦云，『紀年十三篇，記夏以來。』今書之起黃帝，其非原書之文顯然可見，一也。

一，據史通引汲冢書云『益爲啓所誅；』晉書亦云『紀年，益干啓位，啓殺之。』今書竝無此文，而夏啓二年云，『費侯伯益出就國，』六年云，『伯益薨：』然則唐人所見之紀年篇非今書矣。且經傳稱益未有冠以『伯』者；自班固誤以益爲伯翳，後人乃有稱爲伯益者。今云伯益，則是撰書者習於近世所稱而不知秦漢以前之語之不如是也。其非原書之文顯然可見，二也。

一，據史記正義殷本紀注引竹書紀年云，『自盤庚徙殷至紂之滅，二百七十三年，更不徙都。』今書『武乙三年，自殷遷於河北，』『十五年，自河北遷於沬，』『文丁

數之異

證四—今書以周年紀本國事之謬

元年王即位居殷，』是都已三徙矣，張氏何以謂之更不徙都？且今書盤庚於十四年遷殷，歷十五年至二十八年而王陟，又歷十一君二百三十七年，至紂五十二年而殷亡，共三百五十二年，其年數亦不合。其非原書之文顯然可見，三也。

一，據杜氏序云『特記晉國起自殤叔，次文侯昭侯以至曲沃莊伯。曲沃莊伯之十一年十一月，魯隱公之元年正月也。』又云『晉國滅，獨紀魏事，下至魏哀（當作「襄」）王之二十年，蓋魏國之史記也。』然則此書紀晉事必以晉紀年，紀魏事必以魏紀年明矣。故史記索隱引紀年文云『魏武侯二十一年，韓滅鄭，哀侯入于鄭，』『二十三年晉桓公邑哀侯于鄭，』正與春秋以魯紀年者同。於他國事尚以魏年紀之，況魏事乎！今書概以周年紀之，而晉自殤叔以後，魏自武侯以後，但旁註其元年於周王之年下，與杜序所言者迥異。其尤不通者，水經注引紀年文云『惠成王如衞，命子南爲侯，』今采其文而係之於周顯王十九年之下，書云『王如衞，命子南爲侯。』不知所謂王者，周王乎？魏王乎？其非原書之文顯然可見，四也。

證五—今書以周正紀本國事之謬

一，據杜氏序云，『曲沃莊伯之十一年十一月，魯隱公之元年正月也。皆用夏正建寅之月爲歲首編年相次。』則是莊伯卽位之年先於史記二年，所紀之事皆當先於春秋二月也。故晉以十二月朔滅虢，而卜偃謂在『九月十月之交』；絳縣老人以周三月生，而自言爲『正月甲子。』而左氏作傳亦多采晉史之文而未及改故申生之殺，卓子之弒，經皆在春，傳皆在前年冬；韓之戰，經在九月壬戌，傳在七月壬戌。然則紀年之文亦當如是。今書魯隱公之元年乃莊伯之九年，與史記同，然則是作書者采史記之文，而不知其與本書之年不合也。莊伯之世仍以平王紀年，五十一年二月日食，三月王陟，與春秋同，然則是作書者采春秋之文，而不知其與本書之月不合也。其非原書之文顯然可見，五也。

證六—索隱所引原文爲今書漏去者

一，據史記索隱之文今書漏者甚多。宋微子世家注云，『紀年云「宋剔成肝廢其君璧而自立。」』趙世家注云，『紀年云「召公子職於韓，立以爲燕王。」』田敬仲完世家注云，『紀年齊宣公十五年，田莊子卒，明年立田悼子；悼子卒，乃次立田識七——依索隱敘述推今書所漏一列國年世——

識八——依索隱引文之義例推今書所

和』又云，『紀年，齊康公五年田侯午生；二十二年，田侯剡立；後十年，齊田午弑其君及孺子喜而爲公』又云，『紀年，齊桓公十一年，弑其君母；宣王八年，殺其王后』今書皆無此文。其非原書之文顯然可見六也。

一，據史記索隱之文推之，今書漏者尤多。燕召公世家注云，『王劭按，紀年，簡公後次孝公，無獻公』又云，『紀年，智伯滅在成公二年』魏世家注云，『紀年，魏武侯元年當趙烈侯之十四年』田敬仲世家注云，『紀年，梁惠王十三年——當齊桓公十八年——後威王始見』然則列國諸侯之年與世，及智伯之滅，皆當載於此書，然後可以考而知爲何君何年。而梁惠王之十三年必有齊威王事，易見也。今書一概無之，彼司馬貞者何所據而推之歷歷如是哉。其非原書之文顯然可見七也。

一，據史記索隱之文之義例推之，今書所漏者蓋不可勝數。燕世家注云，『紀年，成侯名載』宋世家注云，『紀年作桓侯璧兵』田侯剡之立，田侯午之生，皆見於田完世家注所引。度此書必不獨私此數人而詳之也：然則諸侯之名與謚皆當有之。

漏一諸侯名謚生卒廢立一

證九一今書采輯索隱之舛誤

生卒，廢立，皆當載之。晉世家注云，『紀年云，「魏武侯以桓公十九年卒；韓哀侯，趙敬侯竝以桓公十五年卒」』。度此書必不於韓趙獨載此二人之年也：然則韓趙前後諸君之卒之年亦必皆備列之。由是推之，紀年之文蓋多且詳，其紀戰國之事當與春秋相埒。而今書乃寥寥數語，年或一事，或無事，諸侯之名謚卒年率略而不見。其非原書之文顯然可見，八也。

一，今書雖亦頗采索隱所引竹書之文，然亦多與原文不符。有采其文而缺焉者，如田完世家注云，『紀年，宣公五十一年，公孫會以廩邱叛于趙；十二月，宣公薨』。今書止有公孫之叛而宣公薨無文，是也。有采其文而誤焉者：如晉世家注云，『紀年，夫人秦嬴賊公于高寢之上』，今書作大夫秦嬴是也。有采其文而年與之異者：如韓世家注引紀年文，韓滅鄭在魏武侯二十一年，晉桓公邑哀侯于鄭在魏武侯二十三年，今書滅鄭八年之後始邑哀侯于鄭，是也。不知采輯之時何以舛漏如此。然要之必非原書則較然無疑，九也。

識十一災異惟記習熟數條

一，凡災異記則當盡記之，否則概不之記。自夏商逮西周，日食多矣，何以獨記仲康五年日食？然則是作書者見偽尚書之有此事，故采而錄之；其餘不見經傳，故無從知之而錄之也。春秋時，日食書於經者亦不乏矣，何以獨記平王五十一年日食？然則是作書者因日食在春秋之初，故憶而錄之；其他不復記憶，故無暇考之而錄之也。其非原書之文顯然可見，十也。

右共十則。書中舛誤缺漏如此類者尚多，逐事辨之則不勝其辨，而其淺陋亦殊不足辨，略舉數端，以見大凡。其於戰國時事，諸書所徵引咸昭然耳目間，猶且乖謬如是，況三代以上尚有一二之可信者乎！然則此書之偽更無疑義，所以三代考信錄中概不之齒及也。

附論伏生傳經之功

唐宋大儒之功

唐儒之功孰爲大？ 曰，昌黎韓子。 宋儒之功孰爲大？ 曰，新安朱子。 何者？ 皆魏以降，佛氏之說盛行，君大夫騖之若狂，聖人之道浸微；自韓子大聲疾呼以正之，然後聖學賴以復昌，韓之功也。 漢儒說經，得失參半，永嘉以後，先漢名儒之說多亡，學者沿訛踵謬，莫之辨也；自朱子與其門人作爲傳注以發明之，然後六經之義始著，朱之功也。漢儒之功孰爲大乎？ 世未嘗有言之者也。

尚書之重要

雖然，吾嘗思之，萬古之所由開，道統之所由始，曰堯舜而已。 有堯舜，於是乎有禹湯，有文武，有周公孔子。 故孟子敘道統始於堯舜，韓子之原道亦然。 堯舜之道果何在乎？ 孔子之言具於論語，文武之事著於雅頌，然亦尚多未詳；國風，小雅，衰世詩耳；春秋，則齊桓晉文事也：皆未有及唐虞之事者。 欲求堯舜之道，非尚書無由知之也。 尚書誰傳之？ 伏生傳之也。 自秦焚書以後，世不復有見尚書者矣。 獨伏生壁藏之，以敎於齊魯之間，由是尚書得行於世。 使無伏生，則二十八篇之書不傳；二十八篇之書不傳，則地平天成之業不著於世，而禹湯文武之事亦莫得其詳；雖有論語孟子稱

古文由今文而辨

伏韓之功不爲學者所知

述之，而見知聞知之實皆無由考而知之，聖道幾何而不晦也！　由是言之，伏生之功大矣。

曰，伏生所傳者今文耳，永嘉之亂，今文已亡，今所行者古文也：傳經之功，孔安國、杜林爲最，何爲歸之於伏生也？（說見古文尙書眞僞考中。）　曰，安國與林誠大有功於尙書，然科斗之書漢世不行已久，安國何由辨之？正以先有伏生所傳今文之書，就其文字推之，而後知某爲某字，某爲某篇耳。　故史記云，『安國以今文讀之，因以起其家，逸書得十餘篇。』　使無伏生今文，又安能有安國古文！　不然，尙書凡百篇，何以其餘皆不傳於世？卽所得多十六篇者又何以缺略不全，絕無師說？（並見尙書考中。）　由是言之，傳尙書之功以伏生爲最，其次乃安國，次乃杜林，又次乃賈逵耳。

嗟夫，文帝之召伏生，生已年九十餘矣，幸而壽考，晁錯得以受之，尙書遂大行於世；使不幸而生早亡，不但不能上之於朝，卽張生、歐陽生且恐無由得見此書，此似有鬼神陰相之，使堯舜之道之得傳於後世者，豈偶然哉！　世之學者惟務舉業，罕有能稽古者；

問有以道學自命者，亦惟知尊朱子，稱宋儒而已。至有以宋五子等量齊觀，以配顏曾，思孟，而絕口不及唐之韓子者，無他，心無實得，而但勦竊前人之唾餘者也。夫韓子之原道深究聖道之原，與孟子相表裏，豈後儒專談心性者之所能望！至於「孟子之功不在禹下，學聖人者當自孟子始」亦自韓子始發之。韓子之有功於聖道不淺矣；通書，正蒙恐皆未之逮也。此猶未之能知，況於漢儒之得失乎！夫傳詩者四家，傳春秋者五家，論語有齊魯之別，易於田何之外復有費高二氏；書獨有伏生耳。無伏生則無尚書；無尚書則堯舜之道不傳於後世，雖韓朱之大儒且無由深悉之。吾故表而出之。不知數千百年之後亦有與余同心者否也？

按自孔子以後，能發明堯舜之道者莫如孟子，能傳堯舜之書者莫如伏生。世之務舉業，談道學者，惟知尊宋儒，不復知有漢儒矣。聰敏好奇之士則多據漢儒以駁宋儒；然所尊信者不過衞宏之詩序，晉宋以後之僞尚書傳，強名之曰漢儒，而遂自以為奇貨可居耳，烏知漢儒之高下淺深哉！故今於考信錄成之後，特表伏生之功以附之。

考古續說卷之二終

考信附錄自序

（剛案，原無此序，今依三代考信錄例，由總目內錄出補此。）

考信錄之後何以復有附錄也？此錄之作，非余一人之力所能；必有爲之前者而後有所受，必有爲之後者而後有所授。故歷歷溯其由來，以附于後也。

考信附錄目錄

附刻書始末

考信附錄卷之一

家學淵源

人之登顯位，享厚奉也，有崛起於寒微者，有蒙先世之業而得之者。其於學問也亦然。漢王充，鄭康成，崛起者也。漢司馬遷，班固，晉王隱，唐姚思廉，李延壽，則皆蒙業者也。崛起者，必特出之英才。蒙業者，英才固有之，不必英才而但因有所憑藉而底於成者亦有之。故孟子曰，『待文王而後興者，凡民也。若夫豪傑之士，雖無文王猶興。』余幼而愚魯，長而鈍拙，於人事一無所長。所幸先君邃於學而勤於敎，雖寢食出入時，耳提面命，曾不少懈，以此得少有所窺。不然，爲農爲圃且不若人，況知經史爲何物哉！先君既未及有所著述，而述安敢不溯其所由來乎！然先君之學又皆自段垣公來也。故於考信錄成之日，備載家學淵源於後。

曾祖段垣公

魏縣舊志先段垣公傳

崔緝麟，字子敬，號振侯。天資聰敏。十五六歲，即於經書無所不讀。至二十一歲，補弟子員；文宗蔣公甚器之。隨伯父方伯公遊宦兩河江浙湖粵間，大小事務悉與參酌，每嘆其識量之過人。戊午，中副魁。庚午，舉於鄉。方伯公每欲爲援例，可速顯達，而不屑焉。及方伯既捐館，而以嫡姪任事，二十餘年毫無染指，眞可謂孝廉者與！癸巳，任大城縣學教諭。與諸生講學論文，僅二年餘，多所成就。時子牙河分司黃公甚敬重之，不時就談，稱爲先生，而且多所贈遺。乙未，解組歸。大城之攀轅泣留者絡繹不絕。非公之盛德感人，何以至是！

歸來十餘年，杜門不出預外事，手不釋卷；魏之名士多出於其門。其書法得鍾王之秘，遠近求書者甚多。今八旬有二矣，作詩作文，書行書楷，毫無倦容。平生德行文藝，咸推第一。闔郡人士爲之匾額曰『善人君子』云。

先段垣公行狀（通世按，無聞集卷四作上本縣先曾祖段垣公行狀。）

曾孫述敬撰

先曾祖段垣公，諱緝麟，字振侯，初字子敬；先布政公之從子也。生於保定府之新安；從先布政遷於魏，爲魏人。幼爲先布政所器，攜之宦遊四方。及長，河防民瘼罔不與公謀議，所在奏績事詳先布政行略中。先布政舉子晚，家務無鉅細悉委之公。公任事二十年，無尺布斗粟之私，以廉名於鄉。康熙戊午，中式順天副榜。先布政素才公，以公長，屢欲爲公援例進用，公固辭，不願也。庚午，中式舉人。數試禮部，皆不第，作銀鬣馬賦以見志。築室一間，讀書其中，名之曰備廬，作備廬說。文俱載集中。

漳水之氾濫於廣平也，安溪李相國光地方撫畿內，往視漳，知公練習河事，致書訪焉。公覆書數千言，大指言宜開渠疏水以洩其勢，且藉以興水利，不當專恃堤防。相國深韙之，以羣議不同而止。常於荒歲買田數頃，明年熟，悉召賣田者使自贖，贖者且過半。鄉人德之。

將注選，例當治縣，辭請教職，遂選爲大城儒學教諭。當是時，督河副都御史黃公某分司子牙河，駐節大城，聞公名，折節與訂交，晨夕相過從。時人兩賢之。未二年，乞休歸（通世按，文集『乞休』作『引疾』），諸生攀轅泣留者趾相屬。

既歸，爲園於城南，構亭水上，題之曰逸老，杜門不預外事，以文史書弈自娛。求書者踵至。年雖高，作楷無倦容。爲文必本於道，雖應酬雜文，率爾弄翰，皆足以羽翼聖學。與里中老人旬月一聚，倣古耆英眞率故事，自肉饅頭外，約無得置他品。常乘驢駕小車，從一童出，杖履蹁躚，見者以爲神仙中人也。里居十餘載，卒年八十二。

里巷相傳，以公園爲段干木故居，故自號曰段垣。著有段垣詩集、段垣文集、書法輯說十餘卷，藏於家。

吾宗爲魏望族，自先布政遷魏以來，甲第相接，僕馬喧闐里閭。而公獨以文學行誼風流儒雅照映一時。前後令長皆敬禮公；後學多出公門。縣人士共遺公門額曰『善人君子』。舊志稱公德行文藝咸推第一，蓋當時已有定論云。

附段垣公文一篇

備廬說

先段垣公文集未果刻而沒於水。此篇乃述兄弟幼時所抄讀者，故得僅存。附錄於此，以志一斑。

戊寅冬，築室一間，土爲壁，蘆爲蓋，僅容一几，坐可三人。客有訪者，俯首屈腰而入，見其床無席，寒無火，一茶盞主客遞飲，笑曰『過蕭條矣！曷稍爲備乎？』

予曰『子謂我弗備耶？而我之弗備者，豈止於廬中之用耶！蔬不充，衣不完，出不能車，役不能僕，此非不備者乎？然而其小者也！何以無媿於心？何以無虧於身？何以答廊廟？何以慰蒼生？何以名聞當時而聲施後世？由此言之，我之不備可勝道哉！

『然吾有此室，爲之置經，而帝王聖賢備在焉。爲之置史，而治亂興廢備在焉。爲之置筆墨，而天地之大，日月星辰之遠，風雨之變，山川之奇，鬼神之異，物類之繁，兵農水火禮樂之事，忠佞賢奸之人，歌舞嘯咏之況，無不可由我記載考核抒寫論斷焉。不可謂之不備！

『若夫彩梁畫棟，碧瓦丹檐，錦屏翠帳，朱箔檀床，金猊吐焰，獸爐熨火，一切陳設之器，應用之物，精緻希罕，光怪陸離，莫不壓陶朱而欺金谷，則世俗之所謂備，仍不自以爲備，而日求備於無已者也！吾輩貧士，何能備此，亦何必備此！

『孟子曰，「萬物皆備於我。」此室也，亦有皆備之我在，烏可謂之不備！子啓我乎，吾得名吾之室曰備廬。』

又爲之銘曰，『不備者吾之廬；皆備者廬之吾。 吾有廬，廬有吾，乃可謂之備廬。』

附段垣詩訂後序

右詩二卷，先曾祖段垣公之所著而述之所訂也。 初，公所著段垣詩稿，段垣文稿各若干冊，先君篋而藏之，將求文學士選而刻焉，已買梨板數十方矣。 適遭家難，達人復不時遇，事未及就而縣沒於漳水。 是時先君方他出，而述兄弟亦在外，其稿遂失。 歸而尋之，竟不可得。

後十有五年，先君捐館。 又逾年，述於縣人李氏案上見書一冊，面角破爛，塗抹盈焉。 取視之，則詩稿第一冊也。 乃出於水中，幸未甚壞者。 喜極，攜歸。 又數年，弟邁於仕望集舅氏家復得四冊，而首冊與前所得同，則縣未經水時他人所抄本也。 其文闕漏舛誤頗多。 乃假以歸，較而錄之；不可知者，則仍其故。 未畢而邁尋卒，述復踵而訖之。 其詩自庚午以前起，至乙未歲歸自大城而止，凡三冊。 復自戊戌起至庚子止，凡一冊。中缺丙丁兩年及辛丑以後七年之詩。然則其間當復有一冊，其後倘當有一兩冊，而皆亡之矣。乃并爲三卷，題曰段垣詩存，言乎所存者之止於是也。

嗚呼，公之學術識議多見於文，述幼時猶及見其一二，而不能記憶。詩，特一時興之所寄而已，公固不以詩重也。乃文盡沒於水，而所存者惟詩，詩又僅存其半，且多缺誤，噫，其可傷也已！然魏自經水以來，先達之遺書手蹟與夫故家所藏書冊畫卷鼎彝之屬，蕩然略盡矣，而此數冊之詩，失而再得，亡而猶存，流離患難之際，一似有鬼神憐之而不忍盡沒之，獨留此不食之碩果以貽我後人者，其亦不可謂非幸也！

顧其前後次第猶多錯亂，疑詩或繫補錄，未及更定。復於暇日詳加考證，次其先後，並刪其不經意之作，而重錄之，共詩一百九十二首，分爲二卷，題曰段垣詩訂，以遺後人而世守之。又擇其尤者，別錄爲一卷，題曰段垣詩粹，以待問世。

嗚呼，述不克親侍段垣公，而訂此詩也，如見段垣公焉。吾先君不及訂之刻之，而述之訂之也，如吾先君之自訂之焉。吾先君之心慰，而弟邁之事亦終矣。惜乎吾先君之不及親見之也！後之人倘亦猶是心也，則此詩也者，猶闕里之檜已枯而復生者，其何忍不寶之惜之而愛護之也！其然與否，是在後之人矣。

乾隆戊申五月望後，曾孫述謹識。

父闇齋先生

闇齋先生墓誌銘

保定蓮池書院院長舊史氏錢塘汪師韓撰

河朔之地有眞儒焉，曰闇齋崔君，諱元森，字燦若。余自病廢，衣食奔走，因以求友四方，所見士以理學名者，類依倚達官貴人，盜襲前人之說以欺世，而行不見信於宗族鄉黨，或際困厄，遇小利害，輒變易所守，義不勝利，往往而然。己卯庚辰間，假館滏上，耳君之名。而在廣平未久，癸未復北之保州。歷十年，有孝廉素衣冠而過蓮西，則君之子述也，手行略乞銘，而君之沒且踰期矣。序而銘之，表余膺之夙服也。

君先世大寧衛小興州軍籍。明永樂元年，遷大寧都司於保定，遂分置新安。其再遷魏縣，則順治間君之高祖贈通議大夫江蘇按察使諱向化也。曾祖諱惟彥，早卒。祖諱緝麟，康熙庚午舉人大城縣學敎諭生三子，長諱瀚，次諱濂，次諱沂，俱縣學生。君乃濂之長子，出爲瀚後。

少好學，於書博覽强記。入夜，猶擁衾坐誦；或無燈，則映月然香而誦之。年十七，補邑弟子員；旋食廩餼。自丙午迄丙辰，凡五試順天，皆報罷。嗣是絕意進取。後貢成均，亦不赴。

君爲學嚴儒釋之辨。北方自蘇門孫徵君宗姚江王氏之學，遠近信從；君獨恪遵紫陽，而尤愛玩當湖陸清獻公之書，躬行以求心得。薄世之無知妄作者，未嘗著書。

先是叔沂無子，諱言立嗣。庚午沂病篤，乃議以從弟之子秉純爲後。族人覬家貲，故撓其事。君訟於官，始得直。秉純拜於匶前，而悉以田產契劵歸焉。性甘淡泊，絕嬉戲；與人交必忠告，然務隱人過，獨樂道人善以爲常。丁丑後，漳水數入魏城，城中民居盡毀，君亦罔有定極而家益困。然君能安貧，甚至田宅見侵，不較也。時併魏縣入大名，君先後爲大名邑令所器重，不干以私。故君雖不得位，而樸學傳於生徒，卓行稱於里黨，庶幾乎孔子言『行己有恥，孝弟信果之謂士』與！其他懿美，有不必書者，亦有君之意所不欲言者，故所載止此。

君以乾隆三十六年二月十五日卒，享年六十有三。葬魏城南禮賢臺之西。配同邑李氏，國子生九經女。子二人，述其長也，次邁。述以庚辰副貢，壬午與邁同舉於鄉，揀選知縣。女四人，壻則成安諸生陳郾，磁州張珖，成安國學生逯經，同邑劉孟集（後改名文樸）也。孫男女各一人。

銘曰，『漳號衡漳，其發滂湃。決舊溢新，爲趙魏害。丁年淫霖，魏廢其縣。河伯不仁，菑及積善。半歲七徙，崩榱斷垣。露冷采蕭，霜重衣襌。天以艱阻，顯其令名。先生道大，後彥學成。蒔花種蔬，高吟衡泌。羲皇上人，濠濮間意。體受全歸，卜吉朔陲。何以示後？鑽石埋辭。』

先君教述讀書法（先孺人教法附）

一，自述解語後，卽教之識字。遇門聯扁額之屬，必指示之。或攜至藥肆，卽令識藥題。務使分別四聲。字義淺顯者，卽略爲詮釋。識字稍多，則令讀三字訓若神童詩，隨讀隨爲講說。以故述授書時，已識之字多，未識之字少；亦頗略解其義，不以誦讀爲苦。卽先君有事，或不暇授書，述亦能擇取其淺顯者自讀之。

一，述五歲始授論語，每一字旁必硃書平上去入字，不使誤於方音。每授若干，必限令讀百徧，以百錢置書左而遞傳之右。無論若干徧能成誦，非足百徧不得止也。既足，則令少憩，然後再授如前。論語既畢，繼以孟子小學。每日不過一生書，一溫書，不令多讀，恐心不專故也。惟大學中庸乃先孺人於黃昏時口授述而成誦者，大約亦在五六歲時也。

一，論孟既畢，卽令述讀朱子小學，以小學乃日用躬行之要，而文義亦易解，宜於初學。以故述自居家以至作吏皆不敢有蹉跌，以有先入之言爲主故也。

一，南方人初讀論孟，卽合朱子集註讀之；大學中庸章句亦然。北方人則俟四書本文皆成誦後，再讀經一二種，然後讀四書註；而讀註時亦連本文合而讀之。先君敎述讀註皆不然。經文雖已久熟，仍令先讀五十徧，然後經註合讀亦五十徧。於溫註時亦然。謂讀註當連經文，固也，讀經則不可以連註。讀經文而連註讀之，則經文之義爲註所間隔，而章法不明，脈絡次第多忽而不之覺，故必令別讀也。

一，世俗讀朱註者多所刪削，有兩說者必刪其一，甚至『某氏曰』『愚謂』等字亦刪之，文氣往往不貫。先君敎述讀註，惟圈外註有與經旨未洽者不讀，其餘皆讀，不肯失其本來之面目也。

一，易自朱子始復古本之舊。至明復用今本，刻朱子本義，坊間遂無復鬻古本者。先君乃遵古本，手自抄錄，俾述讀之。

一，先君課述兄弟讀書，務令極熟，每舉前人『讀書千徧，其義自見』之語以勗之。

十餘歲時，每夕侍寢，必令背誦舊所讀書若文。旦醒後亦如是。從行道中亦然。非止欲玩其理，亦兼以閑其心。述兄弟舉於鄉，暇中猶時命之背誦；有不記憶，則呵叱之令補讀焉。

一，今人讀書惟重舉業，自四書講章時文外，他書悉所不問。先君敎述，自解語後卽敎以日數官名之屬，授書後卽敎以歷代傳國之次，郡縣山川之名，凡事之有益於學問者無不耳提而面命之。開講後則敎以儒禪之所以分，朱陸之所以異，凡諸衞道之書必詳爲之講說，神異巫覡不經之事皆爲指析其謬。以故述自成童以來，閱諸經史百家之書不至『河漢而無極』者，先有以導其源故也。

一，先君敎述兄弟，從不令閱時下講章，惟卽本文朱註細爲剖析。有疑義，則取諸名家論辨之書，別其是非得失而折衷之。若陸稼書先生之大全困勉錄，松陽講義，尤所愛玩，不時爲述講授者。

一，先君敎述爲舉業，必令先自化治名家入手，以泰安趙相國所著制義綱目及所選文統類編爲金針，使之文從字順，章法井然，合於聖人語氣，然後使讀嘉隆以後之文。每曰『作文只是發揮聖賢道理，此外別無巧法。』於天崇諸家內有議論精卓，切於世事者，尤所深賞，使述熟讀而效法之；不令其揣摩風氣，敷衍墨調也。

一，先君敎述兄弟雖嚴，然不禁其遊覽。幼時不過旬月，即攜之登城（城在宅後故爾）。觀城外水渺茫無際，不覺心爲之曠。外城上禮賢迓旭兩臺，亦往往攜之登眺。蓋恐其心滯而不靈故也。其後述每遇佳山水，輒覺神識開朗，詩文加進，知幼時得力於景物者多也。

一，述自能行後，先君多以自隨，不使與羣兒戲。先孺人亦然。姻族兄弟有好戲弄鬬嘗者，必嚴禁述等不使與之接；雖至，必疏遠之。先君嘗館於鄉，以事他出，先孺人召述等讀書於內室，不使與館中諸童狎。由是述等不在父側，則在母側，市井之言罕接於耳，游蕩之行不經於目。故今年雖已老，而自讀書外，聲色戲玩之事猶茫然無所解也。

述上有一兄，年十一而殤，先君痛之甚。故述之生也，鍾愛莫與比，行坐多自提抱之，飲食居處無刻不縈於心，有疾則顧復撫摩，殊不自惜也。然雖愛之而未嘗縱之；惟愛之愈不肯縱之。幼時兩餐皆爲之限，非食時，雖饑不敢擅食；市中所鬻餅餌從不爲買食之。衣取足以禦寒，不令華美。有過，輒督責之不少貸。每語述，『異日若居官，當以稼書陸先生爲法。』而述學行既無所成，僅治一縣，亦未克有所展布，所爲承先志者止有考信錄一書。所以命名爲述者如斯而已乎？故備錄先君之所以敎述之方，以見述之不才，有負於先君之善敎。嘉慶己巳，男述謹識，時年七十，七月初七日也。

戊寅除夕，先君作詩示述。詩云，『壯强都浪擲；衰病此侵尋。奮勵難追昔，修持不懈今。閑家情嗃嗃，啓後意深深。率致違嚴訓，賢愚爾自斟！』時述年十九，魏城第一次水後事也。此稿偶存，故附錄云。

先孺人最慈愛子女。述幼時在家中讀書，常令之服手足之勞；或讀於外塾，歸家後亦必令之少事奔走：恐其坐多而血氣滯，身弱易病也。北方晝長盛夏未有不假寐者。述每自塾午歸，母卽按之床上令睡，飯熟乃喚之起，恐其飯後眠睡致停飲食也。父母之愛子至矣哉！述幼而羸弱，見者皆以余爲不壽。使非吾父吾母調護周備，斷不能至三十以後。猶記十四五歲時嘗得腹疾，先孺人百方爲之營救，竟以漸愈。而述自念生平毫無報答之處，竭力服勞以養口體，遂足盡人子之責乎！嗟乎，今生已矣！清夜自思，徒增悲感。偶因今歲病中飲食起居多不自適，不覺憶念及此，遂附記於家學之後。時余七十四歲也。

先府君行述摘錄

讀書訓士大略已見自序及墓誌中，今不再錄。惟行述中軼事尙有一二當存者，附錄於此。

丁丑五月，城沒於漳，屋盡頹，資用悉沈於水。　先君徙家城外，數月未有寧居，日惟以扁豆充饑。　霜降後猶單衣；冬不能具爐火。　明年春水退。　二月，復移入城，稍稍葺茅屋以庇風雨。　三月，知府事朱公熯命知縣事王公沛生延入書院訓士，饘粥始給。

辛巳七月，水復沒城，居村中月餘。　復入時，水尙深數尺，出入皆自操舟。　十一月，甓凌水復至，復居村中。　俟水盡退，然後入。時壬午秋七月也。　先君既屢被水患，數遷徙，家益落，至無隔宿糧。　而述方以文受知於知大名縣事秦公學溥（時魏縣廢，併入大名），破格優待之。　是秋，述與弟邁復同舉於鄉。　然人間以訟事浼先君居間，許以金，必正色斥之。　人見先君厄而介如故，後遂無復言者。　秦公以是尤重先君，數恤其急。　而乙酉丙戌間水三入城，卒徙於禮賢臺之上者，亦秦公力也。

先君平居含忍退讓。　人數負先君，或侵取田宅，皆不與較。　鄉人以盛德目之。然臨大事必力爭是非，未嘗稍退縮徇人意。　屢以此致危困，終不爲少改。　自奉甚儉，雖疏糲無不飽；力即有餘，褻衣未嘗用帛。　平生不食烟，不佩荷包囊帨，止用布素。　子婦有獻，少逾常式卽不免譴責。然義所當費，雖貧未嘗吝。遇人有急，輒傾囊助之。少年時，嘗謀刻段垣公遺集，節衣食，買梨板數百方。未果刻而沒於水，每以爲惜云。先君以名字皆取顯暴義，惡其文之著，故以『闇』名其齋。

先孺人行述摘錄

先府君少多疾；孺人侍湯藥按摩，常竟夜不寐。家常苦貧，先君以授館爲生，子女漸成行，所入不能敷。而孺人支持計算於米鹽瑣碎間，得以不凍餒。母性勤愼，好整潔，作苦常無暇時。雖高年有子婦服勞，猶躬理家務，拄杖行視，日十餘次，恐他人不如己之盡心也。飲食務儉約；常有旨蓄以豫不虞。客至，則竭力營辦無所惜。人訝其備，不敢謂其貧也。述兄弟舉於鄉，親族多期其仕者，母獨不願，曰：『官不易爲，吾望汝等讀書作正人，而勤儉以治生，不望汝等以祿養也。』

附記弟邁事

邁幼而穎慧，十歲能文。十二歲與述同補諸生，名噪一郡中。性喜博覽：一書未見如負芒刺於背。聞有異書，必求之；常歷十餘人轉相囑托。得觀之，然後已。讀書目力甚捷，頃刻數葉過，日覽十餘册以爲常。嘗與述同讀海賦，述成誦未及半，弟已熟之矣。少年頗好詞賦，擬上林七發等體，繽紛陸離，讀者幾不能句。尤愛爲小詞，倣宋柳耆卿，名其稿曰步柳集。三十以後，文格漸老，多直抒所見，潮湧瀾翻，浩浩汩汩，不自知其所終極。常好究考名人事蹟，次其終始，辨其同異。暇則玩弄書翰，流連花樹，以自娛樂。庭中種花無隙地，不復容步武。素耽山水，常以不得遠遊爲恨。

附記弟所著書

弟所撰，有魏墟雜志四卷，魏郡瑣談三卷，已成二卷，訥菴筆談二卷，已成一卷，其末卷皆未成。自訂其詩曰寸心知集，凡二卷；詞曰夢窗囈語，凡一卷。其所訂集鄉先輩之文曰大名文存，凡三册。卒後，余檢其遺稿，復選訂其自所著文爲集一卷，又爲續訂大名文存一册，大名詩存三册，——一册每人皆有序，二册無序，蓋皆未成書者也。此外復有尙友堂說詩一卷；魏郡叢譚，金石遺文記略，雜記三種，俱未成卷。以上各書皆藏於家未刻。其但有草稿而未抄錄者尙多，皆散亂無門類，字亦難辨。而余病目不能多覽，尙未暇訂正也。

少年遇合記略

余何以能著考信錄也？祖宗父母之所𤔡養，亦師長先達之所扶持而長育之者也。余幼而家貧，少長即被水患，田廬悉沒，性又拙於逢世，然往往有先達諸公重其才而憐其遇，導其前而恤其艱者，以故衣食粗給，聞見漸廣，以至於今。三十以後，所遇漸多齟齬。四十以來，抑又甚焉。鄉曲之豪排之厄之者常不乏人，而有權勢者惟重財，不復問及士，幾於不能自存矣。藉使少年時即如中年所遇，當不免於窮餓以死，何有於書！即幸而不死，而奔走困厄之餘，能餬其口足矣，何暇讀書，又何暇於著此書也！余不才，不能有所建白於世，使天下後世指而目之曰，某人知人，某人知人，而僅於有此書，其何忍不溯其所由來乎！

書既成，乃追記其少年遇合之略，以附於考信錄之後云。

朱熂

朱龍坡先生，諱熂，字臨川，雲南石屏人也。以雍正甲辰進士選授直隸赤城縣知縣。丁外艱；服闋，補懷安，調任邱，擢趙州直隸州知州。所至皆有惠政。旋改廣平府同知；復擢大名府知府。公廉介寬厚，薪米皆用價自市之，從不以聲色加屬吏。然屬吏皆畏公，不敢有大蹉跌，以公無所染也。顧獨不能逢迎上官，以是久不遷。

乾隆甲戌，余年十五，與弟邁同應童子試至府，公見而奇之，命坐於大堂煖閣之側。文既成，召入內署晚香堂後池上侍坐。良久，復命入內室見呂恭人，各賜以荷包銀錠一；且命設食，使子士琬具賓主之禮。食畢已夜，以府堂燭籠送歸寓。一時同試者皆以爲榮焉。榜發，以余爲冠。逮秋，遂與弟同入學。明年春，公召余讀書於晚香堂，與諸子同筆硯。初延安慶張先生前讚訓之，繼復延歸德李先生桓。李先生去，朱公遂自敎之。由是余文日進，得捷庚辰順天副榜。明年，復延松江丁先生夏陛。又明年，朱公移永州，士民攀轅祖道者亘十餘里不絕。余與弟送公至臨清，遂入京師鄉試，皆得舉於順天。而公至永歲餘，以與巡撫議事不合，竟以原官罷歸。

公所至以成就人材爲己任：才俊者招之入署，自敎之；貧者恤其家，使不至徙業。在任邱時得人爲最多：前提督山東學政侍講學士李公中簡，前兩淮鹽運使邊公廷掄，皆公門下士也。公善政已詳於余所作公墓誌中，茲不悉贅。

公三子。長士瑯，次士琪——乾隆庚寅舉人，官儒學敎諭，——皆能守家風，無紈袴繁華之習。次士琬，與余尤相得云。

余家故貧，薄產無幾。自漳水入城後，資用悉沈於水，益貧困不可度。公囑魏縣知縣王公沛生延先君入義學訓士，饘粥始給。而余自入署後，非但從公學舉業，且得縱觀海內之書，交遊天下之士，以擴其耳目而開其知識。向使余不遇公，即不窮餓以死，亦不過爲鄉人以終其身，何由能著此書！然則考信錄之作由於公之玉成者不少也。

附祭朱公文（通世按，文集作祭石屏朱公文。）

維乾隆四十年歲次乙未四月初一日，受業門人崔述啣泣遠致文於滇南，以昭告於老師大人之靈前曰，（通世按，篇首四十字，原本省之；今據文集補。）

嗚呼，公德在民，公名在世，存順沒寧，公復何計！而述所以泣涕沾巾，悲公碩德，懷公舊恩。

公於家庭，事兄如父；從子相依，分甘共苦。公於居官，曰方以直；廿載不遷，一言辭職。自公之仕四十餘年，身無厚奉，家無餘錢。尤務作人，啓迪後學；郁郁門牆，高科顯擢。

方述成童，公爲太守，一試奇之，弁名於首。不階尺書，羅之署內，扶持吹噓，飲食敎誨。八年終始，雨夕風晨，經傳馬帳，雪立程門。

衡漳爲災，汨我田里，廬舍蕩然，半年七徙。嗷嗷中澤，孰恤余貧！賴公之德，八口以存。

公之南行，送公汶水；從此夢魂，湘江滇海。猶冀微官，驅馳王事，或能見公於滇之涘。十有三載，屢躓文場，私心未遂，公已云亡！沒不知日，葬不知處，萬里南天，攀號無路。緘辭六詔，以寫哀思，公靈在天，尙其鑑之！

朱士琬

士琬，字松田。朱公之召余讀書於晚香堂也，與松田共筆硯。松田天資聰慧，與余甚相知愛。余歸省，或旬月未返，松田輒憶余不置；而余亦以不見松田常悒悒也。松田之隨侍至永也以道中題詠寫寄余；余亦以入關道中所作報之。乙酉，余客京師，復作憶舊遊詩寄之。其後余久不會試，遂與松田音信間闊。

朱公居官素廉，解組後宦囊殊薄，而諸公子生長官署中，乍歸田里，不能御貧，以此業日凋。松田嘗於元旦題一聯云『爲清白吏子孫最難，守分安貧，還要鼓光前志氣。思童稚時繁華已歇，由奢入儉，全憑用克己工夫。』

余之在維源也，松田遠來視余，留署中者數月。因余宦況清苦，急思歸里。留之不可。臨別以詩二首贈余。其一云，『紫芝眉宇隔雲天，夢裏相尋數十年。萍聚海濱添我老，楊縣官閣倚君憐。鴻詞重叩邊韶笥；驥足聊舒祖逖鞭。回首壯懷同一笑，羈情宦況冷於泉！』其二云，『別經三十七年餘，忽漫相逢歎老夫。竹徑快談當日事，荷亭恰繪晚香圖。桑榆景暮身同健；風雨情深夢亦娛。最恨離絲終未斷，翻嗟此會不如無！』手跡如新，履聲已遠，不知今生復能相見與否。每一臨詠，益增愴感。

秦公，諱學溥，號耐圃，山西鳳臺人。以擧人爲大名知縣。自乾隆二十三年併魏縣入大名，疆宇遼闊，鞭長莫及，吏胥恣於鄉，豪强鬬於野，而內黃盜藪與縣接境，西南諸村尤苦之，縣官莫之能制也。公至，始極力整頓，重懲悍民，四境肅然。其馭吏胥尤嚴，咸循循守法，莫敢妄爲；亦未有敢美衣鮮食者。間有衣帛者，上堂時必易布衣着之，恐公嗔怒也。遇有刼掠之案，必爲詳辦移提，多方掩捕，不自顧其處分（凡盜案，州縣多抑勒事主以竊報上官，恐不得賊，致罹處分，礙陞遷也）。余所知者，有陳二來二兩案，前後凡獲十有四人；而公亦以處分故久不遷。然盜風亦自此熄矣。

時余年甫弱冠，公封翁諱嶠聞人稱余才，延余往見，且囑公優恤之。公待余厚甚，時延之署內。公長子朴與余締布衣交（俗謂之換帖）。余屢被水患，數年無寧居；公買室於禮賢臺畔，俾余居之。公之遷保定同知也，余以詩送公行。內有云，『我時弱冠喜文翰，閉戶恥作陽橋魚。伯樂一顧傾冀北，羅之門下眞吾徒。』又云，『文

桑朴

侯昔館段干木遺趾今在東南隅（禮賢臺在魏城東南隅，俗傳魏文侯館段干木遺趾）。誅茅作室俾我宅，伯夷所築聊可娛。』皆紀實也。後公擢易州知州，眞定府知府，補順德府知府，余皆嘗至署內。旋擢蘇松糧道，以事罷官。

自公去大名，大名風氣日變。暨公南行以後，益不可問吏胥豪强之横尤過於公未至之前；內黃盜風愈熾；大名境內竟夜不斷火光。馴至張標刼至近京之縣，兩省會剿始能擒之。民事且悉置之度外，欲求有憐才好士如公者，眞有天上人間之隔矣。

朴字苞文。與余交，數恤余急，且規余過，古人忠告通財之義，蓋兼有之，余深感焉。

苞文慷慨自許，期爲良吏。初以舉人分發直隸，署滿城縣事，嚴馭吏胥，有風厲名。苞文猶以未展其志爲歉，嘗寄余書，內有云，『竭力辦理，苦無實效。古人云，「坐而言者，起而行，」一不能不深自愧也。』既而以父在直隸爲知府，改補山東平原知縣。內外嚴肅，亦有政聲。未幾，以事忤巡撫意，被劾罷官。旋捐復，爲湖北漢川知縣。復以事革職，發遣伊犂。

壬子冬，余候銓京師，得遇苞文之從弟某，知苞文謫限將滿，可望赦還，因寄書問訊苞文。後二年，始得苞文覆書。余方擬得缺後遲苞文至署，剪燭話舊，而苞文遽卒於伊犂，余亦遠宦閩中。每憶良朋，不勝傷感也！

史貽謨

史公，諱貽謨，江南溧陽人，大學士貽直之弟也。以進士入翰林，歷遷至司經局洗馬；都中人稱爲史十太爺云。

壬午順天鄉試，公分校闈中，得易一房；而余卷適入公房。公見余文清真，甚愛好之。適新滌硯易筆，因工爲之圈點。閱至論（時第一場試四書文及論），亦大賞識之。欲擬以元，閱卷面知爲北皿，始大失望。蓋故事十八房官以一人科目最久者爲領房，領房中無可爲元者，始於他房選取。而余以庚辰副榜入闈，故與河南山東山西陝西四省貢監同居北皿號中；恐其非直隸人，故不以擬元，——擬元必在貝號中也。榜發之次日，余至午門謝恩，知卷出公房，卽於其地見公。公問知爲余，連曰『可惜！可惜！此本擬元卷也！』

公性耿直，不喜附和流俗，故宦不達。癸未會試之前，中翰長垣李君謂余弟曰，『此科房考絕無一關節者，惟史公及李公宗文耳。其餘諸公但能分半以薦佳文，卽爲賢矣。』公之見信於人如是。

其後余五入會闈，未嘗得邀一薦，無他，房考中無公在也。向使壬午一科公不得與房考之數，或余卷分入他房，中式與否固未可知也。余年四十以後始爲考信錄，而家計艱難，碌碌苦無暇日。幸有脫稿者，亦無人爲抄錄之。自挨選得作吏閩中，歸里後尙可謀數年之食，始得陸續成稿，傭人抄錄，今且謀梓行矣。然則余書之所由成，公之功固不可沒也！

附錄

上汪韓門先生書

汪師韓

去冬辱賜手書，言於初歲南旋，神沮志失者累日。即欲遠達鄙忱，館居鄉塾無爲郵者。今夏復聞改期秋末，幸際鄉試之辰，敢泐寸函以聞左右。

述幼癡鈍，長益迂拙，人事悉所不解，獨好參伍古今事跡，辨其是非眞僞。日積月聚，似少有所見。嘗欲著之於文，顧自以爲年少識淺，又方勞心於科舉衣食，未暇爲也。

自戰國以來，邪說並作，皆托聖人之言以取信於世，亦有聖人之徒傳而失其眞者。漢晉諸儒罔能辨識。至唐宋時，尊信日久，益莫敢以爲非。六經之文有與傳記異者，必穿鑿遷就其說以附會之；又好徵引他書以釋經義，支離紆曲，强使相通。雖有一二有識之士論其舛謬，顧其考證抉摘猶多未盡，而世亦不盡然其說。二帝三王之事，周公孔子之意，其晦於後世者豈可勝道哉！述之所見雖未知其是否然，存之以待有識者之去取，或亦君子之所不罪也。

自先君見背後，功名之念頓灰，家貧多病，益疏嬾，自度難以進取，欲遂一抒所見。愧不能文，乃於去歲取昌黎柳州廬陵三家文熟玩其理。然執筆之時故態輒見，百不一似。豈天之降才果殊耶？將必久於其中然後可少得耶？抑自有所由入而述未之知耶？述爲文，非欲貌爲古人色澤，誠欲自抒所見，如孔子所謂『辭達』者可矣。然言固有能達有不能達，有雖少而達，有必多而後達，有雖多而愈不達者。蘇子瞻云，『能使是物了然於心者，蓋千萬人而不一遇也，而況能使了然於口手者乎！』若之何其能使文不煩而意畢達也？

述所居壤僻，雖嘗出遊，亦罕所交接，未嘗見有言及古文詞者，倀倀然靡所就正，故敢略陳愚昧。惟先生鑑其誠而敎之，幸甚！

贈陳履和序

聖人之道，在六經而已矣。自周之衰，楊墨並起，繼以秦火，六經幾亡。漢初始求遺書，然以其求之切也，傳而失實，駁而不純者，皆得託爲聖賢所作以與世市，而莫能辨。武宣以後，經學益重，學者藉此以取富貴，又多增其師說，旁采楊墨之言以亂聖人之旨。猶幸其時諸家並立，異同得失之故有可考證。及至後漢，馬鄭起而諸家之傳漸微。永嘉之亂，其書遂盡失，存於世者不一二家。而學者方崇王肅，復僞造古書以攻康成，以惑當世。後生末學習熟耳目，以爲聖人之旨固然，六經於是大壞。唐宋迭興，諸儒林立，始頗發明聖人之道。然其言大抵以闢佛老爲事；至於前人訛誤叅雜，相承而未及正者尚多。此固未嘗不有待於後人之補苴者也。

余自束髮受書，奉先人之敎，卽專求信於經。及長，覺百家言益多可疑。以是每覯先儒箋註，必求其語所本而細核之，欲以探聖經之原，不惑於衆說。顧家貧質鈍，碌碌無讀書之暇；卽讀，亦都不復記憶。且多病，遇勞則亟不能自竟其業。嘗冀有一二同志相與講明而切究之，而居僻寡交游，所見學者多專攻舉業，間有好古之士，祇肆力於詩賦博覽，竟不能有所遇，而余亦漸老矣！

乾隆壬子，余游京師，始得遇滇中陳介存履和於逆旅。介存嗜學好古，所爲文往往能抉前人舛誤。余方幸其得友，而介存顧不自是，乃介朱笏山奕簪而請師余者至於再四。夫師所以求益，余之與介存，伯仲間耳，何能益！況師道不易行，自唐韓柳且難言之。乃辭之者屢。而介存意堅不可移。豈以世無行古人之道者而欲以身勵俗耶？抑好學之心篤而遂不暇深擇其人邪？（通世按，無聞集卷三，「好學」作「好古」。）

雖然，余嘗聞之，學以專而精，知以少而當。不使百家之言雜於經，而後經之旨可得。不强求其所不能知者而必欲知之，而後所知者無所淆。故說經欲其自然，觀理欲其無成見，於古人之言無所必於從，無所必於違（通世按，兩「必於」字文集皆作「於必」），唯其適如乎經而已。苟如是，異日必將大有得焉。於以正羣言之淆亂而明六經之旨，余將於介存乎是望，而如余者復何足爲芥蔕哉！倘異日天假之緣，使余得與介存聚處數載，以余之所窺及其所未窺，相與講明而切究之，以償其平生之願，以求萬一之有幾於道，則余雖貧且病以老，其亦可以無憾也夫！

壬子冬，先生還大名。履和援昌黎師說之例，以文爲請。明年，乃貽此序，皆先生自得之言，履和對病之藥也。年加長而學不進，深負父兄師友之明敎。三復斯篇，能勿愧懼！丁巳夏四月辛未朔，履和謹識。（通世按，嘉慶二年陳氏刻上古洙泗二錄，正朔禘祀二考時，附刻本序，末加此跋語。今因補列於此。）

余自三十以後，頗有所窺測，先達中賞鑑余者惟汪上湖先生。五十以後，頗有所論著，後進中推轂余者惟陳介存履和。不意今世乃有此二人也！其亦異事也已！故附錄二篇於此。崔述識。

考信附錄卷之一終

考信附錄卷之二

題詞（剛案，原無此題，今依目錄補入。）

洙泗考信錄題詞

攷据詳明，推勘週至，眞必傳之書也。

曹衡姬評。（字阿周，大名人。）

聖人，人知尊之。經傳，人知讀之。讀之而不知考之，尊之而不敢議之，遂致聖人之眞，聖人之正，混於附會僞托之辭者，幾二千年矣。夫聖如日月，豈陰霾浮雲之所可得而損之者哉！但世人之目爲陰霾浮雲之所蔽而不得瞻其皜皜之象，究於日月何虧焉！今吾崔子，具卓識，出雄辨，博覽羣書，互參考證，發爲議論，其意諄諄，其言侃侃，撥盡附會僞托之辭，能使數千百年之蔽於陰霾浮雲之日月若忽浴咸池而初出也，其洗濯聖德爲何如哉！其維持聖道爲何如哉！如余之鄙陋，安能識此書，又安敢評此書。但旣讀此書，胸中自有此一段愚意，不禁而爲之言耳，非敢爲譽也。

劉雲評。（字從龍，魏人。）

讀補上古考信錄

成詢

辯論古史眞僞是非，卽格物窮理之大端也。昔孔子論觀人之法曰，『衆惡之，必察焉。衆好之，必察焉。』蓋人之善惡自有實際；苟隨衆附會而不察，何異投之以食而以耳受之，知其味者鮮矣。雖衆好惡之不差，亦必察之，實見其可好，實見其可惡，方爲自己眞實學問。觀史之法何獨不然。

孟子將堯舜禹湯文武所行之事及門人所稱齊東野人之語，無不一一剖析眞僞，辨別是非，所以求義理之所安，以解後世妄信之惑。程子稱『其心通乎道，然後能辨是非，如人在堂上，方能辨堂下人』此又得孟子所以爲辯論之原矣。 如孔子以後編古史者，人既非聖賢，其眞僞是非豈能無待于辨者。 然學不博心不細識不超理不明，不能辨也。 此書之辯論剖析，無堅不破，無疑不搜，固可徵其學博心細識超理明矣。至於筆力之淸醒，則又天才之過人者也。 吾舅學問有餘而功名不足，或者天將命以辨論古史乎？

陸稼書先生論孔子作春秋，雖與變風詩人同是庶人之議，而力量大不同。 此書之前，宋歐陽永叔帝王世次圖序不信傳聞而信理，既以卓識標立於前矣，然人皆作古文讀過，不甚留心其識見，故未能已後世編古史者之惑。 此書專重辨論，逐一細剖，是尚不足以絕後儒之惑乎！ 甥以爲此書力量直大於歐陽永叔數等。

甥成詢謹質。

讀夏考信錄

夏考信錄今已讀畢，㘈獲益良多；但愧無所發明耳。今將原書送還。至錄中啓篇，太康篇，少康篇，桀篇四大議論悉爲確當。其餘十六七條皆妥實，而洚水彭蠡兩條尤爲快心。此皆有目所共賞，無庸㘈之贅贊也。

㘈成詢。

黃文治

贈詩（剛案，原無此題，今依目錄補入。）

送東壁先生歸大名

皇帝元年秋，七月十三日，先生初下車，韜晦無人識。好問察邇言，能貧凜冰檗。民曰是矯情，胥謂不知律。豈知磊落懷，稷契伊周匹。斆學本父師，心行判南北。弱冠登賢書，二崔名藉藉（先生與弟邁同舉於鄉，並爲大名守朱龍坡先生器重）。蕭條三十年，屢迴公車轍。垂老宰方隅，小鮮聊一割。從容摘發奸，神明杳莫測。穠桃紫陌春，皓月清秋節，豈不佳日多，所安在無逸。勞形案牘餘，不改耽書癖。齋廚淡泊供，甘之若椰蜜。日坐廣益堂，如聞民啾唧。閽人繭足行，不輕假辭色。（先生勤於政事，折獄日數次，無倦容。燕閒亦時在公堂，諮諏小民疾苦。與民相見，如家人父子然；閽人未有敢阻抑者。誰謂『侯門深似海』哉！）讜言忤上官，同列爲撟舌。崎嶇犯世嫌，徇人意終不（先生不避權貴，遇事侃侃直談）。小民父母之，猾吏始股慄。羅源十六里，從此聲洋溢。夫何借寇來，攀留問道出。棠陰花再繁，覩物心如結（先生於四年春奉檄署上杭篆。供張祖道，自縣治達郊外，梗塞不可行 先生乃從小西門出）。去冬心方夷，忽奉新綸綍，主政入內廷，爲霖非補闕（先生以候選主事內陞去任）。

媿余椎魯質，曾立程門雪。春風坐諸生，命講樂正克。『好善天下優』，微言括治術（故事，初下車即謁聖行香講書。先生命治講魯欲使樂正子爲政章以見志）。經史踵訛謬，眞贋久莫別。正學雜異端，聖賢事荒忽。卓哉考信錄，千古鴻濛闢！五行三大典，創論超前哲（先生著有補上古考信錄，及唐虞夏商豐鎬洙泗諸考信錄，五行論，王政三大典等篇，皆閎深簡括，數十年來愜心滿志之書）。生平所著書，足配孟篇七。歌詩本緒餘，優入杜韓室。裒集署知非，久不勞心血（先生行年五十即輟吟，顏其集曰知非集）。方今玉燭調，樽俎不可越，六載竭焦勞，寒泉遍蒼赤，猶云『下負民，上何補於國！功名付英豪，山野藏迂拙』（先生卸篆後，自題聯句云，『向山野藏其迂拙；把功名付與英豪』。）竊意廟堂上，未許歸衡泌；歷覽古循良，相繼登台弼。茲當飄然去，士庶同悲咽。別淚空盈盈，歸心已勃勃。臨歧敢請言，莛叩難爲力。先生自不朽，徒勞繪日月。

受業門人黃文治具稿。

陳跋三則（剛案，原無此題，今依目錄補入。）

嘉慶二年刻本跋

初刻上古洙泗二錄正朔禘祀二考跋

吾師東壁先生，直隸大名縣人，壬午舉於鄉，今爲福建羅源令。乾隆五十七年，履和拜先生於京邸，固請得爲弟子。先生授所著書數種。既歸，復賜之序，所以開示化誨甚至。於今六年矣，南北奔走未嘗不與是書偕也。履和竊惟先生之書考古必確，析理必精，或獨申己見或更暢前說，要天下之公言非一人之私論。因以所鈔補上古考信錄三卷，洙泗考信錄六卷，經傳禘祀通考一卷，三正通考一卷，付諸剞劂。他著作未及鈔者，俟異日重刻焉。先生敎履和曰：『說經欲其自然，觀理欲其無成見，於古人之言無所於必從，無所於必違，唯其適如乎經而已。』嗚呼，至矣！讀先生書者，亦即是以求之而已矣！故此刻以序文殿。

履和少時聞鄉先輩大名守朱公試童子，奇先生兄弟才，館諸署，一時二崔名藉甚，又嘗見先生所爲太守公墓志，憾不從先生遊。越二十年而事先生，事先生數月而別，別六年而未能合并。回首在京師時，轍車蹇驢宛轉風雪中，從問經義，何其樂也！

『及瓜載酒』，竟未由復斯言邪！（履和送先生還大名詩，有「及瓜應載酒，親造子雲居」之句。）先生方宰閩，而履和侍家君於豫章，相距不二千里，求先生之書並以觀先生之政，或者會有期乎？手是編，益心向往之矣。

嘉慶二年丁巳夏四月甲申石屏門人陳履和謹跋於南昌寓館。

又跋

是書刻既成，使人呈於先生，先生不許也。答以『三正，禘祀兩考差可自信。餘二種尚多應更定者。近日胸中別有一部上古考信錄矣。』先生在羅源三年，引疾乞歸。大吏方重先生，調署上杭；而先生歸興益濃，惟欲以著書老。戊午秋，示履和以唐虞考信錄六卷，三代經界通考一卷，皆二十餘年不輕示人者。且言『三代考信錄當復貽吾介存。唯與介存約毋復以吾未定書輕付梓人，乃敢相寄耳。』先生之心視世之易足而求炫者爲何如？甚矣履和之淺也！

嘉慶五年春正月丙辰，履和謹識於廣豐署中。

嘉慶十三年刻本跋

刻唐虞考信錄跋

嘉慶十三年夏五月，履和侍家大人由贛州至南昌，將還滇，念從此去先生日遠，而舊藏唐虞考信錄未刻，乃以七月付梓，並使人詣大名以行告，且求書。 八月哉生明，得讀夏考信錄二卷，商考信錄二卷，洙泗考信餘錄四卷，考信錄釋例二卷，易卦圖說一卷，重訂前刻正朔經界禘祀三考各一本。 其已成而未錄寄者，豐鎬錄，別錄，雜著，伏櫪窟言，尚三十餘卷。

先生自閩歸後，三遷而居彰德府，老年善病，又未有子，亟欲全刻所著書，印贈文學交游之士，蓋寓書京師與履和商此者屢矣。 而履和久不與禮部試，未得見。 年來侍家大人於豐谿章貢之間，簿書束縛，重以肺病是傷，閉戶不出，乃如婦人女子。 每病中夜坐，北風起，慨然遠念，則取所刻諸錄讀之以當侍側。 計與先生別且十有六年矣，先生日以北，履和日以南。設使今不求書，則此十餘卷者又不知何日登堂而與其所未見之三十餘卷親受之也。書至家大人行有日，不及刻；乃取考信錄自序一首繫之唐虞錄後，俾讀者知先生生平著書原委如此。

於戲，先生視履和猶子也，履和事先生不敢不猶父也！凡書之成而未見，見而未刻者，其敢不盡心焉！署中碌碌少暇，故三錄先生書皆在南昌閒居之日。自今以往，則又不患無暇而患無力矣。『有志者事竟成，』況諸書顯晦關經史大綱，天下之公言也，天下之公事也，非師弟子一二人之私也，終勉之而已！謹識諸唐虞錄後以自策焉。

中秋節，受業門人陳履和書於南昌豫章樓西館中。

附陳履和刻書始末

余爲考信錄，罕有人過而問焉者。獨滇南陳履和見之卽執弟子禮，旣爲刻上古唐虞洙泗錄於江西矣，復謀盡取而刻之，亦賢矣哉！故附載其始末於此。

客京師時致書

乾隆五十七年書札

滇後學陳履和頓首頓首東壁先生函丈。旬月以來，捧讀大著，辨古書之眞僞，折羣言之是非，期於尊經明道，無所淆亂而後已，比於武事，可謂敵愾禦侮之師。雖以和之下愚，亦使之昭然發蒙，略辨黑白，生平謁見所及，一人而已。和少承庭訓，稍知向學。然至今行年三十有二矣，於經傳文義曾無牖隙之明，無論不知道也。私心抱憾，約有數端：質下，不能強記；家貧奔走，伏案無時；而滇居僻遠，求書頗不容易，見聞寡少，知識譾陋；——誠二十年來所抱恨於心者也。然猶有甚於此者。

獨學無友，古人所戒。而師者於朋友一倫爲最尊，故不能自得師則不可以爲學。口耳佔畢之敎，習其讀不足以明理，施諸行事不足以修身，非所謂師與學也。家居無所交接，間取古人文讀之，於本朝諸家最推服李榕村方望溪兩先生，蓋觀其文知其爲篤行君子；而不得與之同時。同時者，聞山左竇東皐先生，鄉前輩錢南園先生文章行誼，心向往之而又不得與之一面。嗟乎，有疑而莫與析也，有惑而莫與解也，若冥行而無燭焉耳矣！天鑑其衷，俾識先生於今日，是望溪榕村同時而東皐南園面對也，豈不幸哉！

昨浼朱君笏山爲和先容，以致甘心北面之意，而先生見辭過堅，益深惶懼。豈先生棄下愚而以爲不可敎耶？抑和之誠有未至而姑欲使之少安勿躁而深自省也？和聞君子之敎人也，以是心至斯受之而已矣。先生棄和不敎，是此生終已不得與於學問之事也。此則生平所抱憾而茲復繼之以悲者也！三日齊宿，謹以書獻，唯先生察其意而受之。和將卜日進謁，以釋二十年不自得師之恨。履和頓首。

送別詩四首

送別客中貫，先生去始悲。那能終北學；竟得挽前綏。離合關吾道；風霜滿大逵。
自憐相見晚，廿載失攀追。

滇雲歸未得，留此竟天心。要使風塵客，得聞金玉音。黃鐘開大夢；白日散窮陰。
不奉先生敎，安知迷誤深！

一旦爲師弟，平生積恨消。任人驚雪日；從此樂簞瓢。往事懷三古；斯文掃六朝。
侯芭方問字，愁聽馬蕭蕭。

太息金臺路，頻回長者車。何人能顧馬，使我慶連茹？貧賤信知己；窮愁合著書。
及瓜應載酒，親造子雲居。

滇屏受業陳履和未定稿。

嘉慶初年書札

自南昌寄羅源書摘略

茲先生書四種俱已刻竣，謹先印數十部寄呈。先生之書不待序而傳，而非其人亦不可序，故不敢妄求人序。履和謹附數語於後，以識得師之幸及刻書年月而已。所呈本有已改正而後印者，有未及改正而先印者，書中恐尙有誤，並祈示知。履和質劣心亂，不能讀先生之書，竊欲使天下能讀之士皆得受而讀之。伏祈將全集寄賜，俾得次第付梓，不勝大幸！

又

去歲差旋，得讀老夫子大人先後來書，諄諄以刻書爲過舉，仰見虛懷謙德非末學後生所能窺見，惘然自失者久之。旣又念先生之書卽果有一二條未定處，而使海內承學之士相與考訂而商論之，未始非先生之所願也。版成，印四百部，計寄閩及爲人乞去者幾二百部矣。洙泗考信錄，今所更定者義例更爲精嚴。他日復將定本重刻，自無不可。 唐虞三代考信之篇，經界考，及各種文集，恨不能負笈入閩，手錄以歸。 尚望先生憐而示之！

自廣豐寄上杭書摘略

先生所著諸書不欲遽出問世，是以唐虞考信錄，經界通考未敢續刻。 第思先生之書，先生亦不宜終以自私；而校字之責實受業者所不得辭。 今先生既有歸志，履和亦擬於一二年中奉親南還，不於此時盡求先生之書，從此南北闊絕，受業愈不易矣。 伏祈吾師出全書，令人別錄副本，俟到豐時盡以見賜，將使同志之士共得受而讀之，非獨履和一人之幸也！

自廣豐寄羅源書摘略

伏念吾師窮年著作，非徒一人一時之私論，而庭前尚未有讀其書者。 古人師弟視猶父子，卒業校字責有攸歸。敢求全集而藏之，爲吾師存此書，爲天下後世人存此書，此履和區區之私，而不敢不再請於吾師者也！

嘉慶十三年書札

自南昌寄彰德書

受業門人陳履和頓首謹稟先生大人閣下。履和得侍先生十七年矣。履和不得侍先生亦十七年矣。十七年中，無日不思踵謁師門以償夙願，而今恐不可遽得矣！伏想先生北歸以後，所著諸錄及古今體詩文當已次第定有全書，卽師母大人詩文，似亦宜附先生卷帙以傳，自憾不得朝夕左右服校對之役爲可惜也！

履和自七年三月隨家大人采銅赴滇，十年二月家大人復任廣豐，私計一年後喘息稍定，卽當稟之大人負笈北行，受經魏臺，以歸然後侍奉嚴君，退休家園。成算在胸，謂操左券。乃是年五月，履和下堂傷足，不下床者踰月，不出戶者數月，扶杖行者又數月，一年之久，蹣跚學步。今雖愈十之六七，而右股終不得力。已矣，負親負師，長爲無用之身矣！去年二月，大人奉調贛縣。事繁費大，乃於五月告病，而大吏不許。十二月，再具文求退，始於今年二月朔卸事。五月交代畢，晉省。大人之復來江也，家眷俱未從，故今日治裝尚易。履和歸後，卽將家務付弟輩經理，田租百石，僅足食米，須就邑中假館以助薪蔬，從此侍奉老親，甘爲鄉人以不材終矣！回首見先生時年壯氣銳，豈料今日病廢至此！

夫不可知者數耳，功名事業誠有非人所能自爲者；至於讀書行己，豈得復歸之時命！齒長而學不加進，且日損焉，履和所以惄焉自疚，而又傷心於離索廓落，不得長侍先生者也！雖然，履和不得長侍先生，以親故也，每讀先生書，又未嘗不如在左右。先生經界考，十年二月照羅源板重刻於南昌；洙泗錄亦照改訂處修好。今以六月刻唐虞考信錄，七月可以蕆事。誠能得先生生平著作之全刻而傳之天下後世，俾承學之士有所取信，而先生四十五年窮經論古之苦心亦永垂諸無窮，是則先生之志，而履和雖病亦不敢不以自任者。謹遣人詣先生求書，祈將唐虞以後三代考信諸錄及古今體詩文全集寄賜。或有副本，則賜副本。或無副本，則請賜原本，俟抄錄後仍將原本寄呈。師母大人詩文亦乞付與。可否附刻，不敢自定。履和受書之日，即當束裝侍親行矣。

竊念先生視履和猶子也，履和事先生不敢不猶父也。自今以往，倘二親精神日强一日，履和足傷肺病日愈一日，二三年中，積累修脯之餘，刻先生書竣，親賫一帙以見先生，先生鬚髯如昔，矍鑠有加，且聞弟子至而欣然也。此願償否，唯有日焚一瓣香祈天而已！臨稟悵結，不盡欲陳。

六月十一日，南昌豫章樓內路南寓齋受業門人陳履和頓首拜書。

附帶去書目

段垣詩粹二本。　新刊正朔考二本（係彰德所改刻。）

經界考二本。　禘祀考一本（內抽換兩頁。）

考信錄釋例一本。 夏考信錄稿二本。
商考信錄稿二本。 洙泗考信餘錄稿四本。
易卦圖說一本。 二餘集一本。

此書不記何時寄去。以前後往來書札核計之，似當在此時。故附之於此。

自南昌寄彰德書略

退休以來，所著書從容訂定，不朽之業又別有在。受書時，履和方將爲贛州之行，未暇付梓。幸唐虞錄已刻成，謹取自序一首附其後，復謹識數語於卷末，印請先生閱之。至於履和未見諸書，尤望早寫副本全寄。傳薪無藎，履和有志；望吾師鑑而許之，及早爲之！明年春闈後，石屏南還之友必過彰德，已致書都中，託將來行者謁吾師而求書。乞封固授之，內用油紙，外加油布密縫，庶可無虞也。

家大人因會審鄰邑之案，忽須逗遛；此時案已定局，開印後可以請咨。經年閒住，貧斧日空，到家何以自食！履和現託京友改就教職，非甘自閒散，良以州縣之局知難而退，親老家貧，兼多疾病，計不得不出於此。功名富貴百念灰冷；唯有登先生之堂刻先生之書，此志畢生以之！一旦獲遂，則履和此生可以無憾。遲速要自有時耳。

嘉慶十五年書札

自貴州道寄彰德兩書略

戊辰秋，獲讀吾師寄示各書。己巳春，曾具稟請安，並呈唐虞錄刻本，不審得達左右否？

兩年以來，家大人因會詳鄰案，及買銅核減，稽留江省。去冬始得請咨。今以三月三日行抵黔省；計四月初可抵石屏。家大人精神加健，途次平安，足慰師懷。履和肺病足傷亦似漸減。從此舌耕養親，功名之念都已淡然；惟有省師一事，義不可緩，勢不宜遲。然早遲殊難預定，躊躇四顧，未嘗不終夜起坐，彷徨太息也！

此履和由江西歸滇過貴州時所寄書也。貴筑途中寄一信；坡貢又寄一信。兩書略同，故不復載。

自雲南寄彰德書略（庚午十一月）

履和三月中於貴州途次曾具兩函請安。四月抵家，得盧孝廉寄來書並洙泗餘錄刻本，又於松田朱三叔處得五行辨救荒策各一本，雜文稿二本，捧讀如侍几席。履和二十年來簿書累之，疾病苦之，於吾師之學絲毫不能盡心；計惟收藏諸書，傳之其人，或可稍盡弟子之職。然夏商二錄雖得稿本，不識後來有無改定？至於豐鎬二錄，尚未見也。詩古文集在先生固屬餘事，而生平蹤跡往來，師友淵源，卽此可以考見，似亦未可令其散失。此事和不敢不任，而又恐不能勝任，則私心抱恨無窮。自惟肺病久成，足傷亦甚，自四月抵家，至今未嘗獨步出城，遇尊長勉强跪拜，扶而後起，昔年壯志如死灰矣！尚思遠赴禮闈者，欲借此爲省師受書計耳。今亦不克如願。念此後遠遊之事愈難而受書之期愈遠，不覺當食而起，廢寢而坐也！緣家父歸裝，衣物圖書外别無長物，不得不更謀祿養。和選期已近，前曾託京中友人代爲改敎，未果；今復欲托人爲之。乞將師門一切近況詳悉示知。今歲石屏孝廉北上者，丁君連泰，許君應藻，胡君霖蒼，均可託之寄書。凡鄴中已刻各書及周考信錄詩古文稿，均乞交諸君寄賜。嗚呼，履和書唐虞錄後云『先生視履和猶子也，履和事先生不敢不猶父也』。和抱此心，和何日盡此職哉？臨事惘惘，不罄欲言。

嘉慶十八年書札

癸酉十二月自雲南寄彰德書

辛未冬，石屏公車諸君回，蒙老夫子賜書並寄示三代考信錄各書，均得捧讀。壬申春，履和因告敎未果，奉文截取；家貧親老，不能不出。至今年五月，遂請咨赴選，一則爲升斗計，一則欲借此省師。乃行至蜀中，風聞故鄉疫作，心動奔歸。到家兩日，家大人卒中風痰，頃刻長逝。 嗚呼，鮮民之生，無父何怙，而今而後，履和長爲無父之人矣！
　　履和肺病廿年，足傷九載，憂虞疾疢，未老先衰，今復慘遭大故，殆無復生理。 然亦不敢不偷生苟活者，事親之事未終，事師之事亦未終也。 雖然，吾師老矣，履和亦復衰病，吾師未竟之業，付與何人？履和未了之志，酬於何日？ 言念及此，能不倍增傷痛乎！
　　今乘同鄉孝廉公車之便，謹將先考平生大略錄呈老夫子大人。 倘蒙賜之文字，或志銘，或墓表，俾不孝子得刻一片石於墓門，則先考不啻復生，履和亦庶幾可以不死。吾師著作，履和未得見者十五種，乞全賜之。 或抄寫一時難終，則請將考信附錄，五服考國風蠡測，古文尙書辨僞，讀經餘論先發。 凡吾夫子之書，履和能刻則刻之，不能則守之，有賢子弟良友朋則共傳之。 言不盡意，臨風嗚咽！

附帶去書目

考信錄總目一本。　　考信附錄二本（未全。）

豐鎬別錄周政盛衰通考一篇。　五服異同彙考三本。

尚書辨僞上卷。　讀風偶識摘帶二本（即國風蠡測。）

讀經餘論一本。

附邊印金書

邊印金

受業邊印金謹再拜上書老師大人函席。敬稟者，印將叩別北歸，特此荒具寸函，略陳微悃。竊謂自世趨科目一途，遂致古學日湮，古道日泯，古風日息，而古詩古文日就廢。士生斯世，必欲求一講古學行古道存古風，獨爲古詩古文而岸然自成爲古君子者而師之，行見尋之天下而終不一遇也。雖然，人特患好古之心不至耳，安得謂相需殷而相遇終疏也哉！

印生二十有五年矣，雖好窺覽古籍，每病善忘，絕無所得，二十餘年盡成虛度。常欲得一如古大儒者北面事之久之無所遇。到彰後，見小市有鬻故書者，或理學格言，或才人著作，輒謀買以歸，如得拱璧，熟閱之不忍釋手。天下賞心快事孰有加於此者乎！顧當時之所習聞者，不曰玩講章則曰讀墨卷。彼蓋功名富貴之念熱於中，謂不如是不能取之易而得之捷也。人生世上，不過藉此爲科第之階梯已耳，何自苦爲哉！於是將一切經世致用之書束之高閣，相戒勿窺。其有偶犯者，徒且見責於師，子弟復見責於父兄矣。其一生之事業尙可問哉！

印自謁吾師於鄴城，拜於門下，見其同乎古，不宜乎今，合乎道而違乎俗，不禁始而訝，繼而疑，終而恍然於天之愛道，不令大儒絕跡宇內，致聖道之失傳，殆生是人焉而陰寄之乎！是以吾師本所學而達於政，未盡所長，退欲就刪述之業，於帝王大經大法，聖賢軼事名言，考證詳明，辨別精當，令僞者不得以亂眞，而非者不誤以爲是，其功在後世者又近世諸儒之所未逮也！平湖陸子安得不幸繼起有人爲虛左以待之哉！

印之不肖，亦竟得附於門下，然則昔日之把卷沈吟者，今竟得覿面相質於几席間也！昔日之望古遙集，恨不同時者，今竟得瞻其丰采而親其謦欬也！惜乎印癡鈍無知，不能領畧；以舉業之牽不獲晨夕侍側，常承雅訓，得以稍窺萬一。今又不久叩別，天各一方。嗟乎，豈吾師弟之緣遽止於此乎？抑人生之離合亦有定數而不可强耶？與言及此，惟有仰天長歎，令人輒喚奈何耳！

謹將所受數卷藏於篋笥，俟他年邀天之幸，叨列科名，得以進步，定赴大名取先生所未刻出者付之剞劂，并附印名於下，藉以俱傳，其榮多矣。豈讓陳子介存專美於前耶！印於吾師所著書，既不能有所發明而能令後世知苦心孤詣之所在，即稍釋前此之恨，亦聊盡弟子之心，亦可無憾。

要之，印愛慕之誠結於中已非一日，祇因俗學牽絆，致從學之夙志未伸。前歲曾抑鬱成疾，不食而飽。今將別矣，夫復何言！惟自勉爲讀書正人，不至有負師訓，印之微志也。此時尚未定行期，乞吾師將生平得力要言訓示數行，俾印明持身涉世之道與讀書用功之法，佩之終身不敢有違。此尤印所切禱者也。

臨別之際，百感茫茫。暢所欲言，尙多未盡。語無倫次，大略特陳。惟吾師曲諒其心，鑑其誠，終惠教之則幸甚！

受業門人邊印金謹稟。（未定稿。）

考信附錄卷之二終

書考信錄後

初，余幼學爲時文應童子試，時縣人爭譽之。　其後與弟同入學，歲試常在前列，同郡人亦爭譽之。　旣而與弟同舉於鄉，數百里之內，人莫不交口豔稱之。　近三十歲，漸學爲古詩文，三十以後益留心於經史，而會試數不第，自是稱之者漸少，惟學問之士始推重焉。　四十以後，爲考信錄及王政考，自二三君子外，非惟不復稱之，抑且莫肯觀之。惟滇南陳履和於京師見余書，卽執弟子禮，旋於江西刻上古洙泗兩錄，正朔禘祀兩考。是時余宦閩中，閩之士大夫見此書，頗亦有貴重之者。　而自余歸後，全錄陸續皆成，相魏數百里之間，少年才俊之士，惟篤志時文，當務之爲急，其肯寓之目而掛之齒頰者不過一二人，其餘罕有肯過而問焉者。　是何學愈淺則稱之者愈多，學益進則願觀之者益少哉！

昔宋玉稱『其曲彌高，其和彌寡。』　余之所言，不過耳目之前，六經三傳三史之文，人人所可與知者，非有高遠深微之論，如引商刻羽之調者可比，何以亦至於是，殊不可解也！　此當余生前已如是，況於身後，又安望其美斯愛而愛斯傳！

然則余之爲此，不亦徒勞矣乎？　雖然，君子當盡其在己，天地生我，父母教我，使天地間有我，而我又幸有此牖隙之明，如之何其可以自安於怠惰而不一言以負天地而負父母乎！　傳與不傳，聽之時命，非我所能預計者矣！

崔述自識。

〔剛按，此篇當時以刊書之便，置于豐鎬考信錄之後；今改置于此。〕

THE ORIENTAL BOOK COMPANY
上海亞東圖書館

崔東壁遺書

顧頡剛編訂

錢玄同題

本書

王政三大典考

讀風偶識

古文尚書辨偽

王政三大典考目錄

（通世案，舊本三考各自成書，無目錄。按東壁自訂全集目錄作「王政三大典考三卷」，今據補。）

三代正朔通考（王政三大典考卷之一）

本考作意

三正之文見於夏書甘誓，而其制詳具於春秋；孔子言之，左氏釋之，兩漢諸儒闡而明之，魏明唐肅倣而行之，千有六百餘年未有疑而非之者也。至宋程子始謂『春秋假天時以立義，以夏時冠周月』；然亦但謂周不改時耳，非謂月亦不改也。胡氏安國作春秋傳，乃幷周之月亦以爲不改，而但改歲首於子；於是春秋之正月遂以爲孔子之所改矣。家氏鉉翁作原夏正，又幷春秋之月亦以爲未嘗改而但改舊史之歲首於寅；於是春秋之正月遂以爲建寅之正月矣。自此二說出，世之學者往往疑焉而不能決，雖有一二好古之士駁其謬戾，顧其爲說猶多未盡，徵引或失之繁而抉摘未扼其要。余之究此久矣，乃考經傳之文，綜異同之故，溯流窮源，分條別貫，而詳辨之如左。

辨胡安國孔子

胡氏曰，『「非天子，不議禮。」仲尼無其位而改正朔，可乎？曰，有是言也，不曰

改正朔之說

辨胡安國孔子實行夏

「春秋，天子之事」乎！』 余按，孔子以東周之世禮樂征伐自諸侯出，故修春秋以尊王室，故曰，『自諸侯出，十世希不失矣；自大夫出，五世希不失矣；陪臣執國命，三世希不失矣。』 蓋位愈卑則愈不可僭，況以布衣而改本朝之正朔乎！ 唐哥舒翰討安祿山，或勸之還兵以誅楊國忠，曰，『如此，乃翰反，非祿山也。』 若孔子先已僭天子之權，彼亂臣賊子復何懼焉！ 孟子曰，『王者之迹熄而詩亡；詩亡，然後春秋作。 晉之乘，楚之檮杌，魯之春秋，一也。』 蓋詩書皆王者之迹，乘，檮杌，春秋皆諸侯之史；孔子修春秋以尊周室，明王法，以繼詩書，則不可更以諸侯之史目之，故曰，『春秋，天子之事也，』 豈謂其改正朔，專黜陟哉！ 若改正朔，專黜陟而可以爲天子之事，則吳楚之僭王皆可以爲天子之事乎？ 爲是說者非止誣聖人，亦敎天下以悖上作亂也。 由是言之，周果名爲十有一月，孔子必不書曰正月；孔子既書曰正月，周必不名之爲十有一月也。

胡氏曰，『聖人語顏回以爲邦，則曰「行夏之時，」作春秋以經世，則曰「春王正月，」此見諸行事之驗也。』 余按，爲邦之答，持論也；春秋之作，紀事也。 持論者欲其

時之說

家鉉翁以春秋爲夏正之非

當；紀事者欲其實。周曰某月，孔子書曰某月，使後人皆得見其是非之實，可矣；不必問其當與不當也。且使周果不改月而但以子爲歲首，則是正月固與夏同但歲首異耳，周之正月固是但歲首非耳。孔子果欲行夏之時，將改其同且是者乎？將改其異且非者乎？必將改其異且非者也。今也歲首之異且非者不改而反改正月之同且是者，以此爲『行夏時，』聖人不應顚倒錯亂如此也！

隱九年『三月癸酉，大雨震電；庚辰，大雨雪。』夏正之三月震電，非災也。家氏欲以夏正通之，乃云『震電非異，震電而雪所以爲異。』夫雪距震電八日，其與震電無涉也明矣。震電苟當其時，豈得以後日有雪之故而追異之乎！僖十年『冬，大雨雪。』夏正之冬大雨雪，非災也。家氏欲以夏正通之，乃以爲『連三月之雨雪。』然則『秋，大雨雹』亦連三月雨雹，而『六月雨』亦連三十日雨乎！僖三十三年『十二月，隕霜不殺草；李梅實。』霜之殺草，果之再實，皆在亥月，非夏正也。家氏乃云，『若以此爲亥月，草不盡殺，猶或有之，何以遽書爲災？』此或江南如是；中原之草，亥月未有不殺者。且經但云『不殺草』而家氏以爲『不盡殺草』，亦鍛煉之甚矣。桓十四年『春正月，無冰。』成元年『春二月，無冰。』襄二十八年『春，無冰。』夏正之春，非冰時也。家氏乃云，『正月藏冰，二月開冰：爲冰政不舉，故書以譏之。』夫先王之政，魯之不舉者多矣，何獨於冰！且『無冰』爲無藏冰，則『無麥』亦爲無積麥乎？哀十二年『冬十二月，螽。』十三年『冬十二月，螽。』夏正之十二月，非螽時也。家氏乃云，『螽在夏秋，爲其賊苗而書；在冬，則以陽氣不斂，窮冬蟄出而記異也。』此亦或江南有之；若中土則固無是事也。且二百餘年中書螽凡十，何以皆在秋冬而不在夏乎？莊七年『秋，大水；無麥苗。』麥之與苗，夏正五月事也。家氏乃謂『麥苗』爲麥之苗，以求合於夏正之秋。夫中原無麥之歲十而二三，故無麥不書，無禾亦不書，兩無然後書之。若但無麥之苗即書，春秋何以止於兩見？且北方秋遇大水，則播麥必多且美，何以反無麥之苗乎？莊二十八年『冬，大無麥禾；臧孫辰告糴於齊。』禾之有無，夏正八月事也。家氏乃謂歲終計所儲蓄而言，以求合於夏正之冬。 夫饑饉之年民之望救，朝不及夕，若待丑月歲終而後計之，而後告糴，待其糴至而民之死者不已過半乎！ 其餘寒暑災變尙不下數十事。 若三『饑』兩『有年』之書於冬，『雨雪』『隕霜殺菽』之書於十月，其斷斷不可謂之夏正者蓋不可以枚數。家氏乃云，『外此亦有一二之疑，皆可以義例而通。』 嗚呼，吾不知家氏又將以何義例通之也？

家鉉翁斥杜預長曆之非

自漢以來，修明曆法之人無代不有，所推春秋時交食閏餘皆與周正合。 此非杜氏一人之私言也。 家氏乃謂元凱撰爲長曆以從左傳之謬，又謂其借曆法之不可知者以爲遁詞。 嗚乎，凡人之言課虛則可欺，徵實則難僞；今以曆法推未來之交食曆曆可徵，家氏謂之爲僞，何也？ 且春秋書『公卽位』者八，惟定公以在外故至六月乃卽位，其餘皆在正月也。 正月爲周之歲首明矣。 家氏乃以正月爲寅月，而歲首別在子月；孔子革周歲首，故曰『元年春王正月。』 信斯言也，是歲首舊在前年之十一月而孔子改之於此年正月矣。 歲首旣在十一月，則何以不於十一月卽位而反於正月卽位乎？

胡家二說之病因

雖然二子之爲此說亦有因焉。 太初以來千數百年，夏之月名相沿已久，久而習，習而安，遂誤以爲月之本名，——故疑月數之不可改也。 前乎周者以丑爲歲首，而書伊訓篇云『惟元祀十有二月』；後乎周者以亥爲歲首，而史記高帝本紀云『漢元年十月』——故疑古人之但改歲首而不改正月也。 晉以十二月朔滅虢，而卜偃以爲在『九月十月之交，』絳老人以三月朔生而云『臣生之歲正月甲子朔，』鄭祭足之『取麥』傳書於四月，『取禾』傳書於秋，謂傳之不用夏正不可也；豳風云，『七月流火，九月授衣，』小雅云『四月維夏，六月徂暑，』謂詩之不用夏正不可也——故疑周人之未嘗改月也。 然而春秋之始，孔子書曰『元年春王正月，』故不得已而爲孔子改周正月之說，又爲春秋正月卽夏正月之說以曲全之。 然則此二說者乃其病之證，而非其病之因也。 孟子曰，『詖辭知其所蔽。』 其詖也，其蔽也。 今但攻其詖而未通其蔽，則學者之疑終不釋，而聖人之制猶未能明也。

歲首必名正月

凡天地之化皆始於子，故歷必起於子。夜半者，日之子也。合朔者，月之子也。日南至者，歲之子也。古之聖人因日之行地一周也，故制以爲日；因月之與日一會也，故制以爲月；因日之行天一周也，故制以爲歲。月最近日曰朔，最遠日曰望。日最近地曰南至，最遠地曰北至。故朔望者，月之兩端也；二至者，歲之兩端也。故歲之必始於南至，猶月之必始於朔也。是則子月之爲正月，自初有歲月日之名而已然；而後世聖人易而建丑，又易而建寅，乃名之爲十有一月耳。習於其後之所改而反不信其前之有是名，其亦傎矣！且夫歲之必首以正月，猶之乎每君之必首以元年，每月之必首以初一日也。今有人焉，即位之年謂之十有一年，閱一年乃謂之元年，可乎？今有人焉，每月之首命曰二十九日，閱一日乃謂之初一日，可乎？不待智者而知其不可也。唐人省試第一人謂之省元；殿試第一人謂之狀元。『元』者，首也。所謂省元，狀元，猶所謂歲首也；所謂第一人，第二人，猶所謂一月，二月也。然則謂周不以子爲歲首則已耳；旣以子爲歲首，安得不以子爲正月，一月哉！

辨胡蔡二氏不改月之說

伊訓一篇，出於孔壁。孔壁之書，則漢鄭康成之所注者是也。當鄭氏時，此篇已殘缺不全，馬融所謂『逸十六篇絕無師說』者也（說詳見古文尚書眞僞考中）。其所云『惟元祀十有二月乙丑』者，乃漢書律歷志所引舊書伊訓篇之原文，而晉人采之以冠於篇首耳。漢志所謂乙丑則子月冬至朔旦，非丑月也。以子月爲十有二月，是前乎周者改月也。史記紀歷代之事，以其時月參差，民聽易惑，故每改用太初月數以歸畫一。顏師古漢書註云，『凡月皆太初正歷後追改；當時以十月爲歲首，卽謂十月爲正月，』是也。然亦不能盡改，往往自相牴牾。如『漢元年十月，五星聚於東井，』以歷推之，金水附日當於前年七月在東井；而誤載於此年之十月者，前年之七月，舊史名之曰十月也。是遷之追改，其迹甚明，正如左傳以周正紀晉事，而猶參用一二夏正而未及盡改也。以申月爲十月，是後乎周者亦改月也。『正』者，正月也。『正月』者，一月也。正月而但謂之『正』，猶朔日而但謂之『朔』也。改正月而但謂之『改正』，猶改元年而但謂之『改元』也。數之始者必異其名，是故以『元』異年，以

三正竝行於侯國之證

『正』異月，以『朔』異日；猶卦爻之以一爲『初』也，猶長幼之次之以一爲『大』也。今胡氏既云『前乎周者以丑爲正，後乎周者以亥爲正』矣，而又云『月不易』，丑亥爲正而寅之爲正月如故，是分『正』與『正月』爲二也。蔡氏書傳沿此，遂謂『三代改正朔而不改月數；商以丑月爲正，故於建寅之月不曰正月而曰一月』，丑爲正月而寅爲一月，是又分『正月』與『一月』爲二也。然則元年可謂之非一年，改元可謂之非改元年乎？是何異於唐人之謂文選但有班孟堅文而無班固文也！

至於經傳之用夏正，亦有故焉。古之時，三正雖迭建於帝廷，亦竝行於侯國；猶諸侯上奉天子之元年而又自以其卽位之年紀元於其國也。蓋諸侯之歷，其先皆有所授，行之既久，其民安焉；有王者作，惟暴其民者乃舉兵而滅之耳，苟其能守舊典而無大過，聖人亦不强改其歷使從己也。故啓討有扈氏，不責其不奉夏正之罪而曰『怠棄三正』；猶商用助而公劉自用徹也。故商之建丑，周之建子，非改歷也，湯以前本建丑而文武以前本建子也；猶徹之不始於武王而始於公劉也（說詳見三代經界通考中）。晉封於夏故墟，氏習於夏正者久，故其歷仍用夏正。以竹書紀年考之，曲沃莊伯之元年正月乃周平王之三十八年三月也。是以周十二月，卜偃謂之十月；周三月，絳老人謂之正月；晉趙武以襄二十五年秋爲政，至昭元年正月當爲八年，而祁午謂之七年。此乃晉用夏正，非周亦用夏正也。而左氏作傳，亦多采舊史夏正之文而未及改：如卓子之弒，申生丕鄭之殺，經在明年春，傳皆在前年冬；韓之戰，經在十一月壬戌，傳在九月壬戌，是也。其紀他國之事亦間有用夏正者：如齊桓之卒，經在十二月乙亥，傳在十月乙亥，是也。此或其國亦用夏正，或此國之事旁見於彼國之史，均未可知。以其采摘太雜，遂致參差不一。是以『取麥』書於四月，『取禾』書於秋也。左氏既未及盡考而正之，而杜氏經傳集解既成，始見竹書，又未及追改原註，因致後人茫然莫得其解。逮顧寧人始揭此義。而余以推之傳文，不但正月不同，即置閏亦互異。如王子朝之亂，衞侯輒之奔，經傳之文亦差一月。乃知列國皆自用其歷，固不得以唐宋郡縣之法而概商周封建之時也。且自唐末以及五代，皆用崇元歷，南唐用齊政歷，蜀用永昌正象二歷，國各異政，猶不足以爲怪，而民間亦別有小歷，唐末用符天，五代用萬分；近代未嘗有是事也。此雖皆以建寅爲正，然分至晦朔之日閏餘之法皆不能無異。相距未及千年，其制之不同已如是，況三代以上乎！

三正通用於篇章之證

古之時，三正旣竝行於侯國，亦通用於文人學士之篇章——猶封建廢爲郡縣而刺史太守節度觀察使猶謂之諸侯，猶知府知縣猶謂之守令也。蓋詩之爲體與紀事不同，歌謠之興，始於虞夏，其時方用寅正，其後遂以相沿——猶唐詩之多沿漢魏六朝語也，亦可據唐詩以證唐書之誤乎！【注一】且純用夏正者惟『四月維夏，六月徂暑』一詩耳，其餘則周夏之正義皆可通者較多。若豳風，則自巳月至亥月用夏正，子月至卯月兼采周正，而辰月謂之蠶月，此蓋當時里巷之語云然，後世去古遠而不可考耳——猶天津泰安之爲府已數十年而民猶呼之爲天津衞泰安州，猶汴之爲開封已數百年而民猶呼之爲汴城也。張氏以寧雖極爲詩辨，然不知詩人之於古名本自通用；陳氏廷敬雖頗爲傳解，然未知侯國之於夏正原自兼行，則其說猶未備而其疑猶未

周書皆用周正

釋也。　若夫王朝紀事之書則無不用周正者。　武成云，『惟一月壬辰旁死霸，若翌日癸巳，王乃朝步自周，于征伐紂』（本漢書與今書文小異）　國語云，『武王伐殷，歲在鶉火，月在天駟，日在析木之津，辰在斗柄，星在天黿。』　漢書律歷志云，『師初發，以殷十一月戊子，日在析木箕五度，月在房五度後三日得周正月辛卯朔，合辰在斗前一度癸巳，武王始發。』　由是言之，其爲周正明矣。　若以夏正釋之則日當在元枵娵訾之間，辰且近營室矣，國語何得乃云然乎！　畢命云，『惟十有二年六月庚午朏。』　漢志以曆推之亦爲周正。　至召誥之『二月，』多士之『三月，』顧命之『四月，』多方之『五月，』雖無明文可考然以二篇例之皆爲周正無疑。　其尤顯然較著者，則洛誥之『十有二月戊辰烝祭歲。』　若果歲首在十一月，則十有二月何得祭歲乎！　曰，然則周官月令何以不用周正也？　曰，此二書皆戰國時所撰。　月令出於不韋，乃陰陽家之說，所推中星皆在春秋以後，其非周制明甚。　周官封建之制，田賦之法，皆與詩書春秋孟子

孟子戴記易彖辭用周正

不合，安在正朔之獨能得其實（說並詳見豐鎬考信錄周公篇中） 惟尚書春秋乃聖人一經，當時紀事之史。 學者不此之信，而反取周官月令滋其疑，亦可謂傎矣！ 且此二書多以「孟春仲夏」爲文，而罕舉月數者，則亦以三代之正竝行通用之故，故變文而稱夏時，欲其對考而易辨耳，豈足爲異也哉！

亦非惟紀事之書然也。 孟子曰，『七八月之間旱，』『七八月之間雨集，』『十一月，徒杠成；十二月，輿梁成，』此非夏正明矣。 家氏乃云，『十一月，水涸；十二月，河水涸，至是乃可施工。』 夫今之水涸皆在秋分以後，今之成梁亦皆在小雪以前，此雖田夫牧豎婦人孺子皆知之， 且民之病涉莫如亥子丑之三月，若至丑月施工，則梁成且無所用，而何爲勞民而傷財也哉！ 記曰，『正月日至，可以有事于上帝；七月日至，可以有事于祖，』此非夏正明矣。 家氏乃云，『未聞有春日至，秋日至者，此漢儒記禮傳聞者之誤。』 夫戴記誠不能以無誤，然古人但言日至，原無春夏秋冬之名。 孟子曰『千歲之日至，』又曰『至於日至之時；』易傳謂之『至日；』春秋傳謂之『南至，北至；』月令謂之『長至短至。』自漢以後概用寅正，乃呼之爲『冬至夏至。』家氏乃欲以此律商周乎！惟易臨卦彖詞所謂『八月有凶』云者，或主周正而以爲遯，或主夏正而以爲觀，或主商正而以爲否，說皆可通，理難相勝；要之皆不甚合。蓋由先儒誤分十二月之卦，以子月爲復，午月爲姤，故人不得其解耳。何以明之？二至者，氣消長之極也；二分者，氣消長之中也。乾坤者，卦消長之極也；泰否者，卦消長之中也。然則乾坤當配二至，泰否當配二分，丑月乃爲復，未月乃爲姤耳（說詳見易十二卦應十二月圖說中）。未月者，周正之八月也。然則此文『八月』乃姤卦也。不然，由遯而否而觀，以至於剝，無一非陽消陰長之卦，何所見而當專屬之某卦？惟姤，一陰初生，乃凶之始，前此未嘗有凶也，故曰『至於八月有凶』——豈不理明而詞順邪！家氏乃云，『文王之彖惟從夏正，此月次不易之明證。』夫此彖，家氏自解以爲觀耳，經何嘗謂爲觀也哉！嗟夫，周正之文見於經傳者多矣，家氏概不之信，而偶得一二夏正之文則沾沾焉據之以攻左氏，其亦異矣！

書王正月見春秋用周正

且夫春秋正月之爲周正，孔子固自言之矣，『王正月』是也。孔子何以冠『王』於『正月』也？古之時三正竝行於侯國，亦通用於篇章，孔子懼民聽之惑亂，後之學者無所考證，故屬正月於王，以別嫌而傳信。『王』也者，周也。『王正月』也者，周正月也。不曰『周』而曰『王』者，以別於夏商之丑正寅正則曰『周正月』，以別於諸侯之丑正寅正則曰『王正月』也。猶之乎詩之別於商頌則曰周頌，別於十五國風則曰王風也。春秋於諸侯之大夫書曰『齊人，晉人』，其師書曰『齊師，晉師』；獨其於周也，人曰『王人』，師曰『王師』，女曰『王姬』，正曰『王正』，皆不云『周』。何者？普天之下皆周也。猶之乎四量不曰『齊量』而曰『公量』，二稱不曰『魯臣』而曰『公臣』也。——季氏亦魯而陳氏亦齊也。後儒不知三代正朔之制，因而不知孔子書王之意，但見召誥之『二月』，多士之『三月』皆不書王，求其解而不得，遂疑聖人別有深意，而以欲行王道之義訓之，謬矣。夫文相屬之謂詞，詞相屬之謂章，若以『王』間於『春』與『正月』之間而別爲一義，不與上下相屬，聖人之言安得如是之亂雜而無章乎！ 蓋召誥多士皆周書也，周書則周正矣，故不必自冠以「王」；春秋諸侯之史也，諸侯固有用二代之正者，不冠以王則不可必其爲子正，故書曰「王正月」。 由是言之，王正卽周正也。 孔子謂之周正，故左氏亦謂之周正。 非左氏之言，孔子之言也。 如胡氏之說，周不改月而孔子改之，則孔子不當誣之爲王正月。 如家氏之說，周之正月卽夏之正月，則孔子不得殊之爲王正月。 然則非叛左氏也，叛孔子而已矣。

辨程頤夏時冠周月之說

曰，月之可改，固也，冬不可以爲春，夏不可以爲秋；然則程子「夏時冠周月」之說或可信乎？ 曰，程子蓋見召誥之二月，多士之三月，皆不書春，顧命之四月，多方之五月皆不書夏，故疑「正月」乃魯史之舊文，周之本名，而「春」爲孔子之所加耳。 然春秋者，魯史記之本名，若果有月無時，何得加此不情之名？ 且周果改月而不改時，是周之改夏時猶有未盡。 孔子不敢改周之月，則亦已矣，乃反取周所未改之冬而名之春，是助周以改夏時也，其與「愛禮存羊」之意亦大相悖矣。 洪範曰，「四，五紀：一曰歲，

周四時之名未正

二曰月，三曰日，』又曰，『王省惟歲，卿士惟月，師尹惟日，』皆不言時。何者？日也者，一晝夜之終始也；月也者，一朔望之終始也；歲也者，一寒暑之終始也：史之所書，三者而已。時也者，分一歲而四之也；旬也者，分一月而三之也：月之不必係以時也，猶日之不必係以旬也。堯未嘗建子也，而『正月』亦不書春，『五月』亦不書夏。以是知有月無時乃史體之大凡。獨魯史有『春秋，』故以春秋名之，不得以春秋之例例周書也。蓋正月者王之所建也，故係之於王；年也者隨月而移者也，時也者自年而分者也，——孔氏所謂『月改則春移』者是也，——故年與春不係之於王。烏有所謂『以夏時冠周月』者哉！然程子之言雖未合於事理，要未嘗有不改月之說。二子雖皆引此語以爲據，然如胡氏之言則此正月非周之正月，如家氏之言則此正月卽夏之正月，皆不可謂之夏時冠周月。是非但失孔子之旨也，亦竝未達程子之意矣。

曰，然則四時十二月次皆可以移易乎？曰，一二三四者，自歲首遞數之，非寅卯辰巳之名也；子之年可以爲元年，子之月獨不可以爲正月乎！惟其春子丑而秋午未，誠者未善。然古之驚蟄穀雨後世謂之雨水清明矣；古之雨水清明，後世謂之驚蟄穀雨矣。古者河以南謂之『河南』，明則河以北三府亦概稱爲『河南』；元幷廣南兩路於湖南，謂之『湖廣』，明無廣南，以湖北益之，而仍稱爲『湖廣』。此何以說焉？【注二】乃曰『子丑之爲冬，午未之爲夏，千載而上必無有名之爲春與秋者也，』抑何其少見而多怪乎！且使四時之名果正，則孔子『憲章文武』足矣，於『夏時』又何取焉！

乾隆己酉跋

此文創於癸巳元旦，凡五篇，題曰春王正月論。及秋，復增損爲三篇，曰三正辨。今十有六年矣。去秋偶自披覽，猶惜其說未備，乃復增而次之，間有前人之所已言而未暢其旨者，悉仍其意而更著之，不分篇帙，但以文義相次，命曰三代正朔通考，以待好學之士而貽之。乾隆己酉仲春，崔述自識。

嘉慶乙丑跋

此書於嘉慶丁巳已刻於江西南昌。今秋，考信錄既成，復取而閱之，仍有未愜心處，因復有所删改，其先後亦頗有所更定，乃復錄而存之。計距己酉又十六年矣。嘉慶乙丑季秋，述又識。

【注一】頡剛按，嘉慶十一年九月彰德城中改刊本，此下有「猶周以歲爲年，而詩稱『三歲爲婦』，『曰爲改歲』，『歲亦莫止』也，亦可謂周之紀事仍稱歲而不稱年乎！」三十七字。今本删。

【注二】頡剛按，自『古者河以南』至此，彰德改刊本作『古者河以南謂之河南，今也河以北亦謂之河南；古者江以南謂之江南，今也江以北亦謂之江南。此其名誠不正，言誠不順，然亦既有其事矣。』又下文『乃曰』作『而曰』。

三代正朔通考終

經傳禘祀通考（王政三大典考卷之二）

本考作意

禘之爲禮，先儒說者紛然，愈變而其說愈巧，愈巧而其眞愈失。大抵近世以來，人所通行而共守者有三。其一，以爲不王不禘，魯之禘爲僭禮，說本喪服小記。其一，以爲禘乃殷祭之名，三年一祫，五年一禘，說本春秋說文，自何鄭以來皆用之（唯杜氏以爲三年一禘，其說小異）。其一，以爲專祭始祖所自出之帝，周禘嚳而配以稷，魯禘文王而配以周公；此則本於王肅之聖證論，趙匡衍之，而朱子采之以入集註者也。然考之於經，參之於傳記，說皆不合；而學者咸從之，良可異也。述自幼讀春秋，即嘗疑之；及今三十餘年，益曉然知其誤。每嘆三代之禮不明，六經之義日晦。但余人微言輕，徒取狂妄之譏，安能奪人之所共是！然既少有所窺，不忍緘默以誤學者，乃輯經傳記注之言禘者，別其同異，次其先後，而附之以辨，欲使學者溯流窮源，是非得失之故可以了然於一望之間。惟是寡陋善忘，不能該備；姑取所記憶者列之，足以略見梗概而已。謹條六文如左。

吉禘于莊公非祭文王

一，禘祭見於春秋經文者二，一太廟，一羣廟，皆非以祭始祖之父，如集注所云者。

『夏五月乙酉，吉禘于莊公。』（春秋閔公二年。）

按，禘既於莊公，則非以祭文王可知也。或曰，『禘，本以祭文王；祭於莊公，非也；故書之以示譏。』曰，禘果以祭文王，則祭於莊公不得謂之禘矣。魯自時祭莊公，春秋何得強名爲禘而譏之！祭天之謂郊，祭山之謂望：今謂其望於天而郊於山，而從而譏之，可乎！【注一】趙氏亦自知其說之不合，故又曲爲之解曰，『禘於莊公，蓋用禘祭禮物耳。』誠如是也，僭則有之矣，遂謂之禘則非也。設使用郊之牲，奏郊之樂，亦遂可謂之『郊於莊公』乎！然則禘果專以

禘于太廟非祭文王

祭文王，春秋必不書曰『禘于莊公』；春秋書曰『禘于莊公，』則禘非以祭始祖之所自出明矣。 蓋春秋之所譏乃以未三年而吉祭，故不但曰『禘于莊公』而必曰『吉禘于莊公，』書法甚明非以于莊公爲譏也。 正如僖之『禘于太廟，』乃譏其『致夫人，』非譏其『于太廟』也。 謂書『于莊公』爲譏，則書『于太廟』何說焉？

『秋七月禘于太廟，用致夫人。』（春秋僖公八年。）

按春秋之辭別嫌明微。 禘但係以『太廟』而不異其文，則亦但禘於周公而非禘於文王可知也。 春秋書『禘』者二，書『烝』者二，書『嘗』者一。烝嘗皆不書其廟而禘獨書者，蓋烝嘗同日而祭，不僅一廟，而禘或犆或祫，不係以廟則不可知其爲誰何。 由是言之，太廟羣廟皆有禘祭，而非特制此以祭始祖所自出之帝也明矣。 若禘專以祭始祖所自出，則但書禘足矣，何必云『禘于太廟』乎！

禘于武襄僖三公皆羣廟

一，禘祭未書於經而但見於左傳者三，皆羣廟之祭，亦無祭始祖之父之事。

『春，將禘于武公，戒百官。……二月癸酉，禘。叔弓涖事，籥入而卒；去樂卒事。』（左傳昭公十五年。按，此經文云『有事於武宮』，則凡經言『有事』者皆禘也。但於經無明文，故俱不載。）

『將禘于襄公，萬者二人；其衆萬于季氏。』（左傳昭公二十五年。）

『辛卯，禘于僖公。』（左傳定公八年。）

按此三事皆禘羣廟，非禘始祖所自出也。然則禘乃太廟羣廟之通祭無疑矣。或曰，『左傳文多附會，而禮記者經也；禘始祖所自出，其說出于禮記：其可舍經而從傳乎？』曰，左傳容有可疑與經異者，疑之可也；事荒唐而文牴牾者，疑之可也。今此三事既無荒唐牴牾之失，而證之於經『禘于莊公，』『禘于太廟』之文如合符然，其不當疑明矣，且記者經也邪！孔子以前聖人所定，謂之經。春秋戰國之間賢人所傳，謂之傳，秦漢之際儒者所記，謂之記。自漢以後解經與傳記者，謂之註。自唐以後並經傳記註而釋之者，謂之疏。故傳或采於經，記或采於傳，其作之先後然也。傳或彼此互異則衷之經，記或彼此互異則衷之傳，此一定之理也。曲臺記成於西漢之世，自劉向七略，班固六藝皆未嘗以爲經；至鄭康成註之，始躋之於經傳。唐人分經取士，遂與禮經並行；然其時三傳亦雜之經中，未嘗崇禮記而黜左傳也。宋人好言經學而不能辨眞僞，反棄禮經而以戴記取士，然後世之習舉業者遂以爲眞經耳，豈得以漢人之所述而反疑周人之所載者哉！且卽漢人亦未嘗有是說，王制郊特牲祭義祭統諸篇之文具在而可按也。可疑者，獨小記大傳祭法三篇耳。然此三篇之意亦初不如趙氏之所云，特王肅一人如是解耳。就令戴記果有是說，尙不當以之疑左傳，況王肅耶！左氏生於戰國之初，禘禮時猶未廢，王肅，魏人耳，去春秋時八九百年。姑無論二子之學相去天淵，而傳聞猜度者亦當不如目見者之足徵也。

一，『禘于莊公』一事，三傳皆以吉祭爲譏，未有以禘爲當祭始祖之父者。

『吉禘于莊公，速也。』（左傳閔公二年。）

『其言「吉」何？言吉者，未可以吉也。曷爲未可以吉？未三年也。其言「于莊公」何？未可以稱宮廟也。吉禘于莊公，何以書？譏。何譏爾？譏始不三年也。』（公羊傳閔公二年。）

『喪事未畢而舉吉祭，故非之也。』（穀梁傳閔公二年。）

按，三傳之文如合符然，皆以吉祭爲譏，未有以『于莊公』爲譏者。假使

三傳皆譏吉禘

禘果以祭始祖之所自出而今以祭莊公，可謂大失禮矣，則三人者皆生秦火以前，何得絕無一人知之而絕無一言及之乎？ 李氏廉乃曰，『三傳皆知喪禘之失禮而不知魯本不當禘。』 嗚呼，三子皆生於周之世，所見者周之書，所聞者周之禮，皆未嘗讀小記與聖證論也；『不王不禘』之法，『禘其始祖所自出』之說，三子固無由而知之也，唯趙匡乃知之耳！ 吾鄉有學詩者，據詩法入門（近世書名）而笑杜甫之不知平側，世之據趙匡而駁三傳者，亦若是而已矣！

一，禘之文見於論語者二，皆未明言其爲何禮，不得以爲祭始祖之父與五年一禘，不王不禘之證。

『子曰，「禘自既灌而往者，吾不欲觀之矣。」』（論語八佾篇。）

辨朱熹失禮之中又失禮之說

按，聖人不欲觀之故無明文，不可以懸度而定案。 果以魯禘非禮之故，亦當如祭統明堂位所言，其僭天子禮樂皆在既灌以往，然後此言可通。 若如趙氏之說，以祭始祖之所自出爲僭，則當禘之初，孔子卽已不欲觀，何待既灌以往乎！ 朱子乃云，『失禮之中又失禮焉，故發此嘆，』亦可謂委曲而費詞矣。

「或問禘之說。 子曰，「不知也。 知其說者之於天下也，其如示諸斯乎？」 指其掌。』（同上。）

辨朱熹報本之中又報本之說

按，聖人不答或人之故亦無明文，不可臆斷。 然以經傳之文推之，宗廟之祀見於春秋者凡三，曰禘，曰嘗，曰烝，故左傳云『烝嘗禘於廟。』 禴雖見於易而以爲薄祭則廟中唯此三祀爲正也。 此三祀者，嘗以薦新穀，烝以祭改歲，其取義皆易知， 獨禘行於春夏之間，又有犆禘祫禘之分，先王立制之意有難以窺測者。 然則或人之所以問，孔子之所以不答，或皆因於此，未可知也。 朱子乃以禘爲祭始祖所自出而謂『報本之中又報本，追遠之中又追遠，非仁孝誠

云凡見羣廟皆然

敬之至不足以語此非或人之所及，故以不知答之。』若然，則是祭及其二十世之祖者其理易知，而祭及其二十一世之祖者其理卽難知。此諺所謂『二十四拜皆已拜，何爭此一抖』者也。余不敢信爲然。

一，禘之文見於左傳者三，其詞甚明，亦皆與戴記合，初無祭始祖之父及五年一禘，不王不禘之說。

『凡君薨，祔而作主，特祀於主，烝嘗禘於廟。』（左傳僖公三十三年。）

按，『凡』之云者，羣廟皆然，禘非以祭始祖之所自出明矣。且與烝嘗同舉，正與王制祭義諸篇說同，亦不當爲王者五年之大祭也。

『宋公享晉侯於楚丘，請以桑林。荀罃辭。荀偃士匄曰，「諸

一〇

魯之失禮在禘樂

免喪然後禘

侯，宋魯於是觀禮。魯有禘樂，賓祭用之。宋以桑林享君，不亦可乎！』」（左傳襄公十年。）

按襄公十六年傳，晉亦有禘，則禘乃諸侯通用之禮也。此文以魯之禘樂比宋之桑林，則魯禘所用之樂非諸侯通用之樂矣。然則魯之失禮固不在禘而在樂也。蓋魯之禘但以用天子之祭器樂章爲僭；其實禘乃諸侯祭羣廟之通禮，不必禘爲天子獨有之祭，爲始祖所自出之祭，而後魯爲僭也。且云『賓祭用之，』則此樂亦以之娛賓矣，不但禘僭而已。

『冬，穆叔如晉聘，且言齊故。晉人曰，「以寡君之未禘祀，與民之未息，不然，不敢忘。」』（左傳襄公十六年。）

按，是年春葬晉悼公，平公即位，已烝於曲沃矣；而此文復云『未禘祀，』則是烝既葬即可行，禘必免喪然後舉也。禘何以必待於免喪？禘禮，吉也；『吉禘于莊公，』經書之矣，傳言之矣；彼此互證，其理顯然。蓋祖宗之血食不可因喪而廢，故烝嘗仍其常；三年之重服不可純用吉禮，故免喪然後禘，此先王制禮所以使喪祭不相妨，吉凶無所碍，其義爲至精也。然則是以喪故，所以踰三年而後禘，非無喪而禘概以數年爲常也。至禘之所以爲吉，傳無明文。而祭義郊特牲皆謂禘有樂而嘗無樂。考春秋中之用樂用萬，皆禘也，而烝嘗皆無文，其說似爲得之。然魯頌『秋而載嘗』章有『萬舞洋洋』，祭統亦云『大嘗禘，升歌清廟，下而管象』，則又不知其何故也？豈嘗本無樂而亦可以用樂耶？抑後世相沿之失耶？古書既缺，不能詳考。要之，禘所以異於烝嘗者，但以其吉耳，非以其爲五年殷祭與祭始祖所自出之帝也。

一，禘之文見於詩序者二，說與春秋經傳、戴記合，亦與祭始祖之父無涉。

『雝，禘太祖也。』（毛詩序。）

雖禘太祖指文王

長發大禘卽祫禘

按此卽王制所謂『犆禘，』春秋所謂『禘于莊公，』『禘于太廟』者也。王制以爲天子無犆禘，而此云爾者，蓋傳聞之小異；疑此爲得之。 此詩詞意似指文王而言，故序以爲『禘太祖：』蓋以文王爲太祖，猶祭法之云『祖文王』也。 此於說詩雖出揣度，然言禘則固與春秋經傳合，不以爲禘始祖所自出也。朱子乃云，『禘嚳於后稷之廟而詞無及嚳稷者，恐序之誤。』 不知禘原不於嚳，亦不皆於稷，故詞不及嚳稷而序以爲禘：非序誤，乃以爲禘始祖所自出者誤也。【注二】

『長發，大禘也。』（同上。）

按此卽王制所謂『祫禘』也。 此詩徧述契相土湯，故序以爲『大禘，』於此可見漢初儒者師弟相傳，其說皆如是，初無有禘其始祖所自出之說，不但王制祭義等篇爲然也。 朱子詩傳乃云，『大禘不及羣廟之主；此宜爲祫祭之詩。』 蓋由誤信趙氏之說，不知大禘卽祫，是以反疑序說爲誤。 今但屏去趙說，則古傳記之言禘者皆不誤矣。然則是王趙誤而非古傳記之誤也。

一，禮記中泛記禘祭之時者六，皆列禘於時祭之內，兼有諸侯宗廟通用之文，絕無五年一禘及不王不禘，祭始祖之父之說。

『饗禘有樂而食嘗無樂，陰陽之義也。凡飲，養陽氣也；凡食，養陰氣也。故春禘而秋嘗。』（郊特牲。）

『祭不欲數，數則煩，煩則不敬；祭不欲疏，疏則怠，怠則忘。是故君子合諸天道，春禘秋嘗。……樂以迎來，哀以送往，故禘有樂而嘗無樂。』（祭義。）

『春秋修其祖廟，陳其宗器，設其裳衣，薦其時食。……明乎郊

郊特牲等篇以禘爲春祭

朱熹釋中庸禘嘗之非

社之禮，禘嘗之義，治國其如示諸掌乎！』（中庸。）

按此三篇皆謂春禘秋嘗，則禘乃每年之祭，而非五年之祭也明矣。且祭義郊特牲皆通論祭禮，而其言如是，則禘乃諸侯羣廟之常祭，而非天子所獨有之祭，始祖自出之帝所獨擅之祭，又明矣。

朱子中庸章句云，『禘，天子宗廟之大祭，追祭太祖之所自出於太廟，而以太祖配之也。嘗，秋祭也。四時皆祭，舉其一耳。』余按此章自『修其祖廟』以下，皆論祭祀之禮，而首以『春秋』冠之，末以『禘嘗』明之，其爲春禘秋嘗，文義甚明。況祭義郊特牲皆有『春禘秋嘗』之文可互證乎！今殊禘於春秋祭之外，而前則以春秋包四時，後則以一嘗該四祭，亦可謂迂曲深晦而費詞矣。蓋朱子亦以先入之言爲主，而强取而合之，故不復顧本章之文義耳。

「天子諸侯宗廟之祭，春曰礿，夏曰禘，秋曰嘗，冬曰烝。」（王制。）

「春祭曰礿，夏祭曰禘，秋祭曰嘗，冬祭曰烝。礿，禘，陽義也；嘗，烝，

王制等篇以禘爲夏祭

鄭玄分別夏殷周祭名之非

陰義也。禘者，陽之盛也；嘗者，陰之盛也；故曰莫重於禘嘗。』（祭統。）

按此二篇之文與前三篇小異。彼以禘爲春祭，此則以禘爲夏祭；彼以爲每年兩祭，此則以爲每年四祭：此其不同者也。蓋古人之祭原不分四時，其後說經之儒各據其師所傳爲說而分係之，是以或舉其重，或兼其輕，或以爲春，或以爲夏耳。要之，皆以爲每年之祭而非以爲五年之祭也。夫記之言雖不足盡信，然秦漢間去古未遠，其時學者各有授受源流，不歸於一，非若後世爲舉業者同宗一註疏而無異說也。藉令果有五年一禘之事，四十餘篇之中豈得竟無一人言者，而不約而同皆以爲每年之祭乎！且其文云『天子諸侯宗廟之祭（云云）』而無異詞，則亦未嘗以爲不王不禘與祭始祖之所自出矣。

鄭氏王制祭統註云『此蓋夏殷之祭名。周則改之，春曰祠，夏曰礿，以禘爲殷祭』。余按，祭統言成王康王賜魯以嘗禘重祭，則爲周制無疑矣；中庸以春秋禘嘗爲武王周公之達孝，則亦以春禘秋嘗爲周制也；烏得概謂之夏殷哉！夏殷之制，記嘗言之矣：王制之『饗，食』『收，冔』，祭義之『祭闇祭陽』，郊特牲之『尙氣尙聲』，皆以夏殷之文別之，未有不舉其代號者。　不舉代號，皆周制也。　如概以爲夏殷，則王制之『辟雍』郊特牲之『稷牛』，其又何解焉？且鄭氏以夏商爲有殷祭乎？無殷祭乎？　如有殷祭，周襲其名，可也；卽別命一名，亦可也：何爲易之而又冒其時祭之名？　若無殷祭而周創之，則亦何難並創一殷祭之名，而必冒夏商時祭之舊名，復別制一時祭之名以代之？　亦可謂委曲而繁擾矣！　記之言禘凡十一篇：祭法記四代之禘，無論已；其餘十篇無明文者五，而以爲時祭者五，未有一篇言爲殷祭者。　記之所采多周末之言，卽漢亦去周爲近，何故竟無一人肯述周制而皆遠徵之夏商乎？

『天子犆礿，祫禘，祫嘗，祫烝。　諸侯礿則不禘，禘則不嘗，嘗則不烝，烝則不礿。　諸侯礿犆，禘一犆一祫，嘗祫，烝祫。』（王制。）

禘祫非祭名

按此文，則是礿禘烝嘗乃祭之名，而禘與祫乃分合之謂，非祭之名也。分祭則謂之禘；合祭則謂之祫。禘，即直也，專之義也。祫，即合也，後人加示於合旁耳，猶右之加示而爲祐也。禘烝嘗皆有祫，則禘烝嘗之外不得復有祫祭矣。猶詩之言『黍稷穜稑植穉菽麥』不得謂黍稷菽麥之外別有穜稑植穉之四穀也。至其禘祫之制，實本春秋經傳而來。所謂禘之禘者，卽春秋之『禘于莊公，』『禘于太廟』也。所謂禘之祫者，卽春秋之『大事于太廟』也。所謂嘗祫烝祫者，卽春秋之但書『己卯烝，』『乙亥嘗，』而不書所祭之廟也。所言雖不必盡合古制，要其大概不悖於經。由是言之，禘之與祫不得平列爲二祭而以三年五年分屬之也明矣。且禘既有禘有祫，則非以祭始祖之父矣。云『諸侯禘一禘一祫，』則亦以禘爲諸侯通用之祭而不用『不王不禘』之說矣。

一，禮記中專記魯禘之制者三，但以爲用天子器樂，亦但有祭周公之文，絕無不王不禘及祭始祖之父之說。

「昔者周公旦有勳勞于天下。周公既沒，成王康王追念周公之所以勳勞者，而欲尊魯，故賜之以重祭。外祭則郊社是也；內祭則大嘗禘是也。夫大嘗禘，升歌清廟，下而管象，朱干玉戚以舞大武，八佾以舞大夏，此天子之樂也。康周公，故以賜魯也。」（祭統。）

「季夏六月，以禘禮祀周公于太廟。牲用白牡；尊用犧象山罍；鬱尊用黃目；灌用玉瓚大圭；薦用玉豆雕篹；爵用玉琖仍雕，加以璧散璧角；俎用梡嶡。升歌清廟；下管象；朱干玉戚，冕而舞大武；

祭統明堂位見魯禘之僭

皮弁素積，裼而舞大夏。』（明堂位。）

按此二篇之文，則是魯禘之所以爲僭者，專於祭器樂章見之，非以禘爲僭也，非以禘其太祖之所自出爲僭也。黄目玉瓚皆灌時所用，與論語『旣灌』之言合；大夏大武皆天子之樂，與春秋傳『魯有禘樂』之言合。魯禘之僭可以互證而無疑矣。且祭統所稱重祭凡四，而郊社嘗禘皆與焉。郊固天子之禮，若社嘗【注三】乃諸侯所通用，又何獨疑於禘而遂以爲非天子不得行乎？唯所云『成王康王賜魯重祭』者，恐未必然。成康皆周令主，不應有是過舉。管仲之『三歸反坫』，季氏之『八佾雍徹』，亦豈有人賜之！蓋魯之君自僭天子禮樂，相沿旣久，莫知所始，其國人遂爲是想當然之說，正如楚伯州犂所云『辟而假之寡君』者。不然，賜祭一事耳，成則成，康則康，何以概云『成王康王』乎？又按，明堂位一篇皆以侈魯國之盛，若禘果祭太祖之所自出而祀文王，此之鉅典尤爲煌煌者，何得通篇竟無一言及之，而但云『祀周公於太廟』

雜記概舉五廟

禮運非

乎？然則禘之非以祭文王可知矣。

『孟獻子曰，「正月日至，可以有事于上帝；七月日至，可以有事于祖。」七月而禘，獻子爲之也。』（雜記下。）

按，此文云『有事于祖，』則亦概舉五廟言之，而未見其爲專祭太祖之所自出也。唯謂七月始於獻子，恐未必然。范氏穀梁傳註已辨之矣。

一自喪服小記始有『不王不禘』之說，乃因禮運之文而誤；其實禮運未嘗以禘爲天子之禮。

『魯之郊禘非禮也。周公其衰矣！』（禮運。）

「禮不王不禘。」（喪服小記。大傳同。）

按，小記之文乃本禮運之意以爲言者。然王制等三篇泛言禘禮，未嘗有

禮之誤解

大傳誤采小記

一篇以爲天子之禮者；而禮運祭統明堂位三篇專言魯禘，則皆以爲天子之禮。然則是魯禘爲天子之禮，非禘即爲天子之禮明矣。 蓋禮運所謂『非禮』即祭統明堂位所云『黃目，玉瓚，大夏，大武』之屬，其『郊禘』並舉亦即祭統『郊社嘗禘』並舉之意；非以禘爲天子始得行也。 禮運以此文爲孔子之言，雖未必果然，大都此語相傳已久。 小記，漢儒所纂，但聞魯禘非禮而未詳其所以非禮，但聞魯之郊禘皆非禮而郊非王者不得行，故臆度之而遂以郊例之，而以爲不王不禘耳。 小記本雜綴古人之語以成篇者，而此文亦與上『禘其祖』之文不相屬。 蓋上文本謂王者始得『禘其祖之所自出，』後人遂誤以爲王者始得禘而加此文，纂輯者未之考而概列之於篇中也。 至於大傳之文，又皆采之他篇：『服術』以下見於服問，『別子』以下見於小記；則此文亦即采之小記可知。 蓋因其與上文皆論禘，故取而合之。 然則大傳之作又後於小記矣。 後儒但見大傳此文，遂不復考其所由來而概以爲不王不禘，其亦疏矣。 由是，言之不王不禘之說乃一人誤解之，一人又誤采之耳。此其悖於經傳者一也。

一，自春秋說文始有五年一禘之說，乃因公羊傳及爾雅之文而誤；其實公羊傳未嘗以禘爲五年之殷祭。

「春曰祠；夏曰礿；秋曰嘗；冬曰烝。」（公羊傳桓公八年。）

「大祫者何？合祭也。其合祭奈何？毀廟之主，陳于太祖；未毀廟之主，皆升合食于太祖。五年而再殷祭。」（公羊傳文公二年。）

「春祭曰祠；夏祭曰礿；秋祭曰嘗；冬祭曰烝。……禘，大祭也。」（爾雅釋天。）

「三年一祫；五年一禘。」（春秋說文。禮緯同。）

公羊殷祭與爾雅大祭之誤解

按，春秋說文之言本之公羊文二年傳『五年再殷祭』之文；而其所以以禘爲殷祭者則因於桓八年傳時祭不言禘之故。然觀傳之本文但五年再祫耳，非謂一禘而一祫也。傳曰『大祫者何？合祭也』，是合祭即大祫也。曰，『其合祭奈何？毀廟之主陳於太祖，未毀廟之主皆升合食於太祖；五年而再殷祭，』是殷祭即合祭也。然則『五年而再殷祭』云者，即五年而再大祫也；何嘗謂別有一禘與祫相間以祭於五年之中而爲再殷祭哉！假使殷祭果兼禘祫，則上文亦當有一言及禘，何得獨言祫乎！假使禘祫果皆殷祭，則閔二年『禘于莊公』之傳亦當有一言及之，何得獨言之於祫乎！蓋此傳之文正與王制相表裏：所謂『大祫』即王制之『祫禘』也；所謂『五年而再殷祭』即王制之『禘一犆一祫』也。但一犆一祫則四年而再祫，與此五年之文少別。蓋亦約略言之，要其大旨未嘗不同，不得平分禘祫爲二祭以當五年再舉之數也。至於四時之祭獨不言禘，此亦不足爲異。何者？古人之祭原不平分四時，故殷以「歲」爲「一祀，」禮以祀事爲「歲事，」但每歲有此數祭，非每時必有此一祭也。若果每時一祭，則當以一時爲一祀，何得反以一歲爲一祀乎！古禮既缺，說經之儒各自以意取古祭名而分繫之四時，是以互有同異，或有此而無彼，或有彼而無此耳；非謂此外不得復有祭也。祭義郊特牲皆但言禘嘗而不言烝，亦可以烝爲五年之殷祭乎！左傳云「烝嘗禘於廟，」至紀祭時則云「始殺而嘗，閉蟄而烝，」獨不言禘，是禘無定時也。故禘，於經有「五月」「七月」之異，於傳有「二月」「十月」之殊，於記則又「春祭」「夏祭，」「六月」「七月，」不一其說。或者公羊氏以禘無定時，故不分係於四時耶？安得因此文之未言禘而遂强入之於五年殷祭之數也！爾雅四時祭名全錄公羊傳文；以傳之未言禘也，故別出「禘大祭」之文以補之。然揆其意，亦但謂禘祭較祠礿烝嘗爲大耳，非以此當傳文「五年再殷祭」之數也。若果以禘祫相間爲五年之殷祭，則文當云「禘，祫，皆大祭也，」何得獨言禘而偏遺祫乎！

禘祠疑一祭

春秋說文見禘不列時祭之內，遂誤以爾雅之「大祭」爲卽公羊之「殷祭，」因分禘祫爲二而以「三年」「五年」別之，以求合於傳文。嗚呼，謬矣！「祫」也者，卽「合」也。「示」特傳寫者所加耳。三年之祫，卽合祭之禘也。是以經傳無祫祭之名而但有「祫嘗」「祫禘」之文。若五年之禘不合祭，則非殷祭矣。若亦合祭，則仍是大祫耳。豈得分彼爲祫而此爲禘也哉！何氏求其說而不得，乃謂「禘所以異於祫者，功臣皆祭也。」此特想當然耳，經傳未嘗有也。縱使果然，而禘之合食反多於祫，豈得反不謂之祫也哉！至於所推春秋禘祫之年，尤爲穿鑿。禘之見於經者二，而相距八年，烏在其能合也！且如其說，禘自繼禘數之，祫自繼祫數之，則三十年中凡十祫六禘，有四年而三殷祭者矣，傳豈得謂之「五年再殷祭」乎！又按，春秋有禘無祠，詩有祠無禘，經未有祠禘竝舉者；祭義、郊特牲禘爲春祭，此傳亦祠爲春祭；王制、祭統以禘與礿嘗烝爲四，此傳亦以祠與礿嘗烝爲四：安知禘與祠非一祭而異其名者乎！杞之姓，公羊左氏作「姒」，詩與穀梁作「弋」。楚之蘧氏，左氏一傳之中或作「蘧」或作「薳」。「礿」之文不見於經，而詩易皆有「禴祭」，鄭氏以爲「礿卽禴也」。今「禘」與「祠」音亦相近；而禘從「束」，束與祠音尤近。又安知公羊此年之祠非卽他經傳之禘而異其文者乎！姑闕所疑，可矣。如之何其可以一字之異而遽曲爲之說也！蓋西漢之世，公羊之學最盛，自董仲舒屈瑕邱江公，穀梁左氏皆不得立於學官，而戴記亦未出，學者說經大都皆本公羊，而又多借此以取富貴，故每增其師說，傳以己意而授弟子，以自爲功，其風氣然也。是以春秋說文演爲此說，而禮緯則又見春秋說文之語而襲之者，猶大傳之采諸小記也。此雖通上下而言之，不用不王不禘之說，然混禘於祫，其失更大於小記矣。由是言之，五年一禘之說亦漢儒之誤解而誤采焉耳。此其悖於經傳者二也。

小記主旨在明適庶所祀祖禰遠近之分

一，爲禘始祖所自出之說者皆引喪服小記，大傳爲據，然觀二篇之文實大不然。【注四】

『王者禘其祖之所自出，以其祖配之，而立四廟，庶子王亦如之。』（喪服小記。）

按此文義甚明，且與王制相表裏。所謂『其祖，』卽高曾祖考也。所謂『其祖之所自出，』卽始祖也。所謂『禘其祖之所自出，以其祖配之，』卽王制之祫禘也。高曾祖考，天子之所獨祖，故曰『其祖。』始祖，同姓諸侯之所同祖，而高曾祖考亦由此人而後有，故不謂之『其祖』而謂之『其祖所自出。』天子之祫禘，【注五】高曾祖考之主皆與始祖之主同陳於太廟，故曰『禘其祖之所自出以其祖配之。』何嘗有『禘其始祖之所自出』而『以其始祖配之』之說哉！且其下文云『立四廟，庶子王亦如之，』則其意尤顯然。

何者？九廟之說始於劉歆。自歆以前，儒者多謂『天子諸侯皆止立高曾祖考四廟，諸侯則與太廟而爲五，周則加文武世室而爲七。』此篇蓋漢儒所記，故不言立六廟而言『立四廟。』曰『以其祖配之，而立四廟，』則『其祖』之爲高曾祖考而非始祖也不待言矣。若『其祖』卽謂始祖，則當云『以其祖配之，而立太廟，』不得云立四廟矣。此篇本記喪服，所以言此者，欲以明適庶之分，言王者世適相傳，然後得祭及其始祖而以其祖配之，其他支庶小宗則不得祭其祖，或但祭其祖而不得及始祖。如周昭王之時，以后稷爲其祖之所自出而禘之，以文武成康爲其祖而立四廟配之。至魯與衞，則皆周之支庶，但祭其祖周公魯公康叔康伯，而皆不得上推其祖之所自出而禘后稷也。若無適子，或適子有他故而庶子立爲王，則當奉大宗之統而祭與適子同，其子孫皆得溯其祖之所自出而禘后稷，而不僅祭及於其祖之爲庶子者而止，故曰『庶子王亦如之。』庶子云者，兼庶子之子孫而命之也；猶下文之云『庶子不祭祖』也，猶春秋傳之於王孫牟燮父禽父而皆謂爲『王母弟』也。鄭氏所謂『正體在上，下正猶爲庶』者是也。然則此章之意止以『但祭其祖』與『兼祭其祖之所自出』爲適庶之別。若其祖即爲后稷而所自出者爲嚳，則祭稷者即祭嚳，適庶原無分別，何故複其文曰『庶子王亦如之』乎？此章文義本極易解，特後之說者互相沿襲而遂失其眞。學者不取信於春秋經傳而泥漢儒之記，已爲舛謬；況並不求其前後文義所在而割裂其句，增易其文以自爲說乎！無怪乎六經之日晦也！

『王者禘其祖之所自出，以其祖配之。諸侯及其太祖。大夫士有大事，省於其君，干祫及其高祖。』（大傳。）

大傳文義與小記無異

按，大傳文即采之於小記，前於『不王不禘』之文已言之矣。『諸侯』以下雖小記所無，然其意亦與小記無異。何者？『高祖』者，四世之祖，故大夫士皆得祭之。『太祖』者，始封之君，比於高祖爲遠，故諸侯乃得祭之。『祖之所自出』則始祖也，最遠，故唯天子乃得祭之。文義顯然，無可疑者。然則大傳之意亦謂『其祖之所自出』爲始祖耳，非謂『其祖』爲始祖而別有『所自出』之人而禘之也。若以其祖爲卽始祖，則諸侯始封之君——若魯衞之周公康叔——尙尊而別之曰『太祖，』而天子之始祖——若商周之稷契——反概稱之爲『祖』而不以太祖尊之別之，何其不倫之至也哉！

一，以禘爲祭嚳，以嚳爲稷所自出之帝者，皆本魯語祭法爲言，然此二篇之文本不足據，且與小記大傳『禘其祖所自出』之語無涉。【注六】

『黃帝能成命百物以明民共財。顓頊能修之。帝嚳能序三辰以固民。堯能單均刑法以儀民。舜勤民事而野死。鯀障

魯語之禘主于祀有功

洪水而殛死。禹能以德修鯀之功。契爲司徒而民輯。冥勤其官而水死。湯以寬治民而除其邪。稷勤百穀而山死。文王以文昭。武王去民之穢。故有虞氏禘黃帝而祖顓頊，郊堯而宗舜。夏后氏禘黃帝而祖顓頊，郊鯀而宗禹。商人禘舜而祖契，郊冥而宗湯。周人禘嚳而郊稷，祖文王而宗武王。』（魯語。）

按國語一書語多荒唐，文亦冗蔓，乃戰國之人取春秋之事而擬其語言者。是以所稱三代制度，列國世系，率與經傳不合；而自相矛盾者亦復不少。如周語以齊爲四岳之後，鄭語又以齊爲伯夷之後；晉語以炎帝爲姜姓，周語又以四岳爲共工之孫而賜姜姓：如此之類不可枚舉。此固不足道也。自司馬遷誤以爲左氏所著，漢末學者因之題曰春秋外傳，而人遂無敢議其非者；即明知其悖於經傳，亦必委曲而爲之說：良可笑也。然此雖有『禘嚳』之文，亦非以嚳爲始祖所自出之帝而禘之也。何者？此章之意皆主於祀有功，以明爰居無功而不當祀。故曰，『法施於民則祀之，以死勤事則祀之，以勞定國則祀之，能禦大災則祀之，能捍大患則祀之；非是族也，不在祀典。』又曰，『仁者講功；無功而祀之，非仁也。』然則嚳之禘但以其有功故禘之耳，非以爲始祖所自出之帝也。自社稷以下凡十有九祀，皆先舉其功而後記其祀。故曰『黃帝能成命百物以明民共財，顓頊能修之，帝嚳能序三辰以固民，堯能單均刑法以儀民，舜勤民事而野死（云云），』然後繼之曰『故有虞氏禘黃帝而祖顓頊（云云）。』然則嚳之禘但以其『能序三辰以固民』故禘之耳；使嚳不能序三辰以固民，則周固不禘之矣。嚳之禘，非以爲始祖所自出之帝而禘之也。且虞郊堯而商禘舜，皆非其祖所自出也。若必其祖所自出之帝而後禘之，則不幸而所自出之帝無功而反有過，若宋之祖帝乙，鄭之祖厲王者，則將禘之乎？將不禘之乎？若亦禘之，則與前後所稱『聖王制祀』『仁者講功』之語自相剌謬，而豈有是文理也哉！ 由是言之，國語「禘嚳」之文雖不經，然亦初未有禘其始祖所自出之帝之說也。 蓋此章之禘與經傳所稱之禘皆不同，此章「禘嚳」之文與小記大傳「禘其祖之所自出」之意亦不相涉，固不得强傅會之爲一而以爲禘其始祖所自出之帝也。

「有虞氏禘黃帝而郊嚳，祖顓頊而宗堯。 夏后氏亦禘黃帝而郊鯀，祖顓頊而宗禹。 殷人禘嚳而郊冥，祖契而宗湯。 周人禘嚳而郊稷，祖文王而宗武王。…… 帝嚳能序星辰以著衆。 堯能賞均刑法以義終。 舜勤衆事而野死。 鯀障洪水而殛死。 禹能修鯀之功。 黃帝正名百物以明民共財。 顓頊能修之。 契爲司徒而民成。 冥勤其官而水死。 湯以寬治民而除其虐。 文王以文治。 武王以武功去民之菑。 此皆有功烈於民者

祭法竄易國語之三謬

也。』（祭法。）

，按祭法此文乃竄易國語之文而失其意者。無論祀典未確，卽文理亦不通。然漢以後諸儒咸信從之而無異言，殊可笑也！何者？國語此章之意在制祀之以功，故先言聖王制祀之法而後舉十九祀以實之；由社稷而禘郊祖宗，報皆先敍其功而後記其祀：章法井然，不可紊也。祭法獨摘此文冠之篇首，而置其全文於篇末，遂致前文突然，後文缺然；中又間以天地廟社羣神之祀六七，百言，遂使前後文義了不相貫。一謬也。國語禘郊祖宗之祀凡十三人，故此十三人皆先敍其功。祭法改『宗舜』爲『宗堯』，『禘舜』爲『禘嚳』，删舜之祀而仍序舜之功，不删『郊稷』之文而反删稷敍功之語，遂致記祀則十二人中有稷而無舜，敍功則十二人中有舜而無稷，前後不符，自相矛盾。二謬也。國語敍十三人之功，記十三人之祀，皆以世代先後次之。祭法於記祀則概以禘郊祖宗爲次，嚳鯀在顓頊前而契居冥後，於敍功則又先言嚳堯舜鯀禹而後以黃帝顓頊繼之世代淆亂，祖孫顚倒。三謬也。其爲錄人之舊，不問可知。且其所記七廟五祀【注七】之制皆與經傳他篇互異，則此篇出於漢儒之手明甚。若國語此章，則首尾完密，文義明順，乃其人之所自作無疑也。嗟乎國語，戰國之文本不足道，而祭法采之，又竄易之而失其本意，則作祭法者其識又出國語下遠甚；然而後之儒者見其在戴記中，遂眞以爲周公之制而不敢議，反以爲國語采祭法之文，則後儒之識又出祭法下遠甚矣！磁州鬻煙草者，楊氏最著名。以他人之貨置楊氏肆中，則價高而人爭貿之。嗚呼，世之不辨眞僞而但以其名焉者，皆若是而已矣！雖然，祭法固不足信，然亦初未有禘其始祖所自出之帝之說也；但其所采國語全文倒在篇後，人但見其首而未暇細審其尾耳。此又不可以誣祭法矣。

一，自鄭康成始以小記『禘其祖之所自出』爲『禘

鄭玄以天神爲其祖之所自出

其始祖之所自出』，然所自出者乃謂天神，非人鬼，與祭法『殷周禘嚳』之文無涉。【注八】

『禘大祭也。始祖感天神靈而生，祭天則以祖【注九】配之。』（鄭康成小記注。）

『凡大祭曰禘。「自」，由也。【注十】大祭其先祖所由生，謂郊祀天也。王者之先祖皆感太微五帝之精以生，蒼則靈威仰，赤則赤熛怒，黃則含樞紐，白則白招拒，黑則汁光紀。【注十一】皆用正歲之正月郊祭之。』（鄭康成大傳註。）

按太微五帝之說本出春秋緯，謂黑帝爲契所自出，蒼帝爲稷所自出。後漢最重讖緯，是以鄭氏信之而以禘爲祭天，以所自出爲天之五帝，由是不得不以『其祖』爲始祖耳。此說至爲荒唐，而以禘爲郊尤屬乖謬。王肅趙匡非

鄭玄解禘之三說

之是已。然以『其祖所自出』爲『其始祖所自出，』則其誤實始於此。夫鄭以『所自出』者爲天神，故以『其祖』爲始祖，今王趙旣以『所自出』者爲人，則是此祖之前尙有一代，豈得稱此祖爲始祖乎！此理甚明，不待言者。不知朱子何以從其說也？【注十二】

『禘郊祖宗謂祭祀以配食也。此禘，謂祭昊天於圜丘也。』（鄭康成祭法注。）【注十三】

按，『圜丘』之文本於周官，卽郊也。鄭氏於小記大傳旣以禘爲郊矣，而此文又郊禘竝舉，故不得已而分郊與圜丘爲二以曲全其說耳。此說之誤顯然易見，不待辨者。韋昭之解國語，與鄭正同，疑卽采之鄭註。或東漢時舊有此說，亦未可知也。鄭氏於禘，爲說凡三，而以王制祭統等篇爲夏殷之禮者不與焉。祭法之禘，圜丘也。小記大傳之禘，郊也。春秋經傳論語之禘，宗廟之禘也。大抵鄭氏說經，其失在分。戴記諸篇本非一人所撰，所聞異辭，所傳聞又異辭，是以彼此互異。　鄭氏不辨其是非，務曲爲之說，使之竝行不悖。　此其失也。　然於宗廟之禘仍以爲祭后稷羣廟，不以爲祭嚳也。　然則鄭氏之失在分，其得亦在分。　分之而誤者自誤，不因一誤而並經傳他記之文而盡誤也。此猶鄭氏失中之得也。

一，自王肅始合大傳祭法及諸經傳之禘爲一，以爲周人禘嚳卽禘其祖之所自出；趙匡從而演之；其後朱子集註及宋元明諸儒之說皆本於此。

『禘黃帝是宗廟五年祭之名。　故小記云「王者禘其祖之所自出，以其祖配之」。　謂虞氏之祖出自黃帝，以祖顓頊配黃帝而祭，故云「以其祖配之」』。（孔穎達禮記疏節錄王肅聖證論。）

王肅以五帝世系併合祭法小記之謬

『禮大傳及喪服小記云，「禮，不王不禘；王者禘其祖之所自出，以其祖配之，」則諸侯不得行禘禮明矣。 蓋帝王立始祖之廟，百世不遷；猶謂未盡其追遠尊先之意，故又推尊始祖所自出之帝而追祀之於始祖之廟，就以始祖爲配。 此祭不兼羣廟之主，爲不敢褻狎故也。 其年數，或每年，或數年，未可知也。 祭法曰，「周人禘嚳而郊稷，祖文王而宗武王。」 稷爲始祖，嚳爲始祖所自出之帝，故郊則以稷配天而禘則以稷配嚳，無可疑也。』（李廉述趙匡語。）

按祭法之文采之國語，本後人所僞託，不足爲據，且亦與小記大傳之禘毫不相涉。 祭法之意但謂黃帝與嚳有功於世故當祀耳，非謂其爲祖之所自出也。 小記大傳則欲以明嫡庶所祀祖禰遠近之分，但問其爲所自出與否，不問其有功與否也。王氏不達其意，乃附會之使合爲一，適見大戴禮史記所稱五帝世系有可假借者，遂以爲黃帝與嚳因顓頊稷之所自出而得禘。其說誠巧，然於本篇之意則大相悖矣。且大戴與史記烏在其可據耶？傳曰，『黃帝氏以雲紀，炎帝氏以火紀，共工氏以水紀，太皞氏以龍紀，少皞氏以鳥紀；自顓頊以來乃紀於近，』然則顓頊氏之去黃帝也遠矣。而大戴以爲黃帝生昌意，昌意生顓頊，謬矣。傳曰，『高辛氏有才子八人，高陽氏有才子八人，此十六族者，世濟其美，不隕其名，以至於堯，』夫曰『族，』曰『世濟，』則由高辛氏以至於堯不一世矣。而大戴乃以高陽爲黃帝孫，高辛爲黃帝曾孫，而堯爲高辛之子，又謬矣。堯之二女，舜之妻也。而大戴與史記乃以爲堯舜同出於黃帝，堯與舜之高祖敬康爲同高祖兄弟，無論亂倫瀆禮，誣聖人而得罪於名教，而其年亦不合。此乃齊東野人之語，而肅據之以駁鄭氏，一何傎乎！至以稷契爲嚳之子，堯之兄弟，則其謬尤顯然可見。書曰，『棄，黎氏阻饑，汝后稷，播時百穀，』舜命

趙匡加始於祖而續帝於所自出之謬

稷也。若果堯之兄弟，則堯享國百年而殂落，又三年而后舜卽位命官，稷於此時少亦不下百數十歲，然后舉爲舜臣，有是理乎！故張融曰，『堯有賢弟七十不用，須舜舉之，此不然明矣。』由是言之，稷固非嚳之子，周人安得以嚳爲稷所自出而禘之哉！肅既誤合二篇之說爲一，又以爲卽宗廟五年之禘，而漢儒所論禘之舊說遂盡變而大失其眞矣。歐陽子序帝王世次圖曰，『孔子沒，異端之說興，往往反自託於孔子之徒以取信於世。學者習傳盛行之異說而不知取舍眞僞，如司馬遷之史記是矣。』奈之何據史記之世次而遂欲以折經之衷，盡黜三傳先儒之舊說乎！記云，『禘其祖之所自出，以其祖配之，』未嘗言禘其始祖所自出而以始祖配之，亦未嘗言所自出之爲帝也。「始」也者，最初之名也。『始祖』也者，卽所謂祖之所自出者也。始祖以前豈遂無人，而莫知其爲誰，故卽以此祖爲始祖而奉之於太廟；若復別有所自出之人，則此祖不得謂之始祖矣。趙氏乃加『始』於『祖』之上而續『帝』於『所自出』之下，以誣小記大傳。 既謂之始祖矣，復安得別有所自出之帝乎哉！ 王者繼天立極報本追遠，雖天地猶將父母之，乃於己之眞始祖則祧之而不使入廟，而但取第二代之祖强名之曰始祖而納之於太廟，百世不祧，而眞始祖僅於數年之內一借享於第二代祖之廟而止，是豈仁人孝子之所忍乎！ 然則稷之前果更有 嚳，則周之始祖乃嚳非稷矣。 曰，『諸侯不敢祖天子也。』 曰，諸侯不敢祖天子者，謂始祖之世適見爲天子而己見爲諸侯，故不敢以卑褻尊，以旁支亂正統也。 若世適已失天下數千餘年，其後嗣或滅或絕，不能自振，而己身爲天子，豈得止祭及其分封之祖，而分封之祖之父曾有大功於世以啓佑後人者遂甘絕其血食而不問乎！ 且是乃天子不敢祖天子，非諸侯不敢祖天子也。 是故，商之世適，紂也，武庚也；微仲以下當祖微子。 然至武庚亡而宋封，則必祖契而不僅祖微子矣。 晉之世適，文侯也，昭侯也；武公以下當祖桓叔。 然至翼滅而曲沃命，則必祖唐叔而不僅祖桓叔矣。 由是言之，嚳果爲稷之父，則周必以嚳爲始祖；周但以稷爲始祖，則嚳必非稷之父矣。若之何其以嚳爲稷之所自出也！蓋上古之時人情樸魯，典册不多，自稷以前皆已無考，是以即以稷爲始祖，豈容於始祖之前而復別求所自出哉！且禮以卑就尊，未聞有以尊就卑者。羣廟之主皆太祖子孫也，故得以升而合食焉。毁廟之主則不合食於未毁之羣廟矣，太祖之父豈得反就其子而合食耶！凡祭必有主。太祖之父之主平日藏於何所？苟且而藏之他室，【註十四】則不可。若亦爲之立廟，則何不就其廟而祭之？廟於彼而祭於此，不亦遠於禮乎！王氏之學去鄭本遠，而專與鄭爲難。但以魏晉俗重門閥，而肅父爲魏三公，女爲晉太后，由此與鄭齊名。然晉以降，若杜預之左傳解，范甯之穀梁註，孔穎達之禮記疏，皆仍用舊說，不從王義也。自趙氏欲借之以攻左傳，始據王說以爲難端。逮朱子采其言以入集註，遂爲不刊之典，而傳記先儒之說始無復有過而問焉者矣。相沿既久，人且不知其出於肅，況復能溯流窮源而知其誤，並知其所由以誤乎！

此其悖於經傳者三也。

嗚呼，禘之爲禮，書於經，詳於傳，而雜見於戴記，衆矣；其文歷歷具在，人人所共見也。以爲不王不禘者，獨小記大傳耳。以爲五年一禘者，乃說文禮緯文耳。以爲祭始祖所自出之人者，至王肅趙匡始有此說耳。書曰，『三人占，則從二人之言。』歐陽子曰，『君子之說如彼，聖人之說如此，則舍君子而從聖人。』然則學者於禘，從經傳而置後儒之說焉，可也。卽不然，從其多而置其少焉，可也。乃於經則曰『禘本不如是，書之以其失禮也』，於傳則曰『傳誣不足據也』，於記則曰『此夏殷之禮也。』古之聖賢千言而猶不信，後之陋儒一言而遽從之，抑何其顚倒也！無亦貴耳賤目，驟聞其說之新奇可喜，而遂不自求之經傳乎？朱子一代儒宗，不及察其誤，余竊惜之。是非余之好求異於前人，乃前人之自異於經傳，故余不得不一言也。

頡剛按，此考嘉慶二年刻本與道光四年刻本多異，今略其無關重要者（如『先後』作『後先』，『何以』作『何得』之類），又去其原本訛誤者（如『顓頊繼之』，繼誤作『記』之類），錄其修改處于下，俾見崔氏先後寫定之眞。

【注一】此句兩『望』字，嘉慶本皆作『旅』。

【注二】此十二字，嘉慶本作『乃以禘爲祭始祖所自出者誤也』。

【注三】『祉嘗』下，嘉慶本有『禘』字。

【注四】此下，嘉慶本有『卽鄭註亦無此說』七字，而以鄭氏小記大傳注文錄于小記大傳文之後。今以鄭注另列一章，故將此七字删去。

【注五】此五字，嘉慶本作『天子有祫禘，無犆禘』。

【注六】此下，嘉慶本有『卽鄭註韋解亦皆無此說』十字，而以鄭氏祭法注，韋昭國語解錄于魯語祭法文後。今以鄭注另列一章，故將此十字删去，而韋解亦遂不錄。

【注七】『五祀』，嘉慶本作『五廟』。

【注八】此章爲道光本所增，故嘉慶本無此題。

【注九】『以祖』，道光本作『以始祖』，今依嘉慶本及禮記鄭注訂正。

【注十】嘉慶本無此句。

【注十一】嘉慶本引此句，無『蒼則』至『光紀』二十五字。

【注十二】嘉慶本此段文如下：

按，太微五帝之說本出緯書，且以禘爲郊，其謬顯然。宋儒皆不之從，是也。然以記之『禘其祖之所自出』爲『禘其始祖之所自出』，則其誤實始于此。蓋鄭氏誤以此禘爲祭天，故不得已而以『其祖』爲『其始祖』。後人既知以爲祭天之誤，而猶沿其始祖之文而不之覺，何耶？且鄭氏以所自出者爲天，故此祖可以謂之始祖；若以所自出者爲人，則此祖豈得復謂之始祖乎！此理甚明，不待言者。爾雅云，『禘，大祭也』，謂較四時之祭爲大耳，非謂凡郊社大祭皆可謂之禘也。鄭氏以凡大祭皆謂之禘，誤矣。然鄭氏雖誤，自誤解此二篇耳，至于經傳之禘則仍用舊說，雖誤以爲五年之祭，而所祭之人如故，未嘗牽連此文而皆以爲祭其始祖之所自出也。

【注十三】嘉慶本此文下行有『此上四者，謂祭天以配食也。　祭昊天于圜丘曰禘（章昭國語解）』一則。

【注十四】嘉慶本無『他室』二字。

經傳禘祀通考終

三代經界通考（王政三大典考卷之三）

本考作意

辨商周變易井

三代經界之制，具於孟子而雜見於論語，詩，書，春秋經傳之文。漢晉以來，儒者相承而發明之不可謂無功矣。然自周之衰王制缺，徵舊典散失，學士之所稱述或不免有傳聞附會之言。及至後世，去古益遠，益不悉其時勢之詳；或以近代郡縣之規裁中古封建之世，或以春秋既變之法爲先王初立之章。至於先儒之說與經傳相齟齬者，咸莫敢議其失；往往反取經傳之文曲爲之解，以斡旋而兩全之。是以其說愈巧，其眞愈失，遂致三王體國經野之政淆而不明，學者疑焉而莫能通也。余幼讀孟子時，卽好其說，數十年來，積漸究考，參之經傳所稱，乃覺稍稍得其梗概。不敢匿其鄙陋妄爲附和，因條其說如左以待好學深思者正之。

孟子曰，『夏后氏五十而貢，殷人七十而助，周人百畝而徹，其實皆什一也。』說者云，「湯有天下，改夏之貢爲助，增五十畝爲七十畝。武王有天下，改商之助爲徹，增七十畝爲百畝。」夫取十夫有溝百夫有洫之地而畫之爲九夫之井，取方里而井之地而易之以十夫之溝，百夫之洫，勢必盡壞以前之封疆塗畛而別造之，民之擾不可勝言矣。又取他夫之田以益此夫，而復別取他夫之鄰田以益他夫，遞移遞益，舉天下之衆皆囂然而不得寧，尙得爲王政乎！則又爲之解曰，「先王將以新天下之耳目也。」夫王者興利除弊，制禮作樂，進賢而退不肖，繼絕世，舉廢國，謹權量，審法度，豈尙不足新天下之耳目，而必取民之井疆變易之，使之不安其居，乃可謂之新乎！且聖人之治天下，以安民也，不恤民之安與否而姑欲新天下之耳目，中主猶不肯爲，況聖人邪！或又爲之解曰，「三代之畝，大小不同。夏之一畝，當周之二畝；二畝，當商之三畝强。商之七十畝，實卽夏之五十畝。周之百畝，實卽商之七十畝。其名雖改，其實則同。」若然，則商周之授田與夏無異，仍其名焉可矣，何必改之使若多者？是欺天下之人而敎之以僞也。聖人創一代之法，因革損益，僅如是之兒戲乎！

徹與助不能相兼

詩云，『雨我公田，遂及我私。』孟子曰，『惟助爲有公田：由此觀之，雖周亦助也。』集注云，『周時一夫授田百畝，鄉遂用貢法，十夫有溝，都鄙用助法，八家同井，耕則通力而作，收則計畝而分，故謂之徹。』又云，『公田百畝中，以二十畝爲廬舍；一夫所耕公田實計十畝，通私田百畝，爲十一分而取其一。』按徹也者，民共耕此溝間之田，待粟旣熟而後以一奉君而分其九者也。是故無公田，無私田。助也者，民各自耕所受之田而食其粟，而別爲上耕其田以代稅者也。是故有公田，有私田。徹自徹，助自助，判然不能相兼：助則不能爲徹，徹亦不能復爲助也。果用徹而通力作之，計畝分之與？則八家共耕此九百畝之田而君與民共分其粟，中外一也，安能指某田爲公而某田爲私？果用助而中爲公田，外爲私田與？則八家各自耕其百畝而代耕上之十畝，十畝之粟以奉上，百畝之粟以自食，判然不相通也，又安得謂之通力而作，計畝而分乎？稅其田之謂貢；不稅其田而藉其力以耕之謂助；通其田而耕之，通其粟而析之之謂徹：此貢助徹之法也。十夫有溝，八家同井，其經畫之形勢然耳。使溝間之田不稅而但耤之以耕，亦不得謂之貢。使井中之田有稅而不耤之以耕，亦不得謂之助。貢助徹之名分於法，不分於形勢。旣謂之徹矣，安得復有所謂行貢法行助法者哉！近世講章又云，『「雖周亦助，」猶言「雖徹亦助。」周之徹法卽是殷之助法，但改名爲徹耳。」按孟子云，『徹者，徹也；助者，耤也，』則是助徹之法迥然不同。若徹果卽助，則孟子當云『徹，猶助也，』不當分而異其說也。孟子云，『惟助爲有公田，』則是徹無公田甚明。若徹果卽助，則孟子當云『雖徹亦有公田，』不當以公田專屬之助也。此說最爲無理，而世亦多信之。甚矣，講章之爲六經之蠹也！

宣公稅畝與有若盍徹之對

春秋宣公十五年，『初稅畝。』註云，『公田之法十取其一。今又履其餘畝，復十收其一。』論語哀公問於有若曰，『年饑，用不足，如之何？』有若對曰，『盍徹乎？』註云，『周制一夫受田百畝，而與同溝共井之人通力合作，計畝均分，大率民得其九，公取其一，故謂之徹。魯自宣公稅畝，又逐畝十取其一，則爲十而取二矣。故有若請但專行徹法，欲公節用以厚民也。』按，公田私田之名惟助有之，徹未嘗有也。

如以爲本助而今稅畝，則有若不當對以『盍徹，』孟子不當云『周人百畝而徹』也。如以爲本徹而今稅畝安得復有所謂『公田』所謂『餘畝』者乎？ 朱子以爲魯本用徹，是矣。 然同溝之田，十夫共耕之，民固未嘗自私其百畝也。 所謂以一奉君而以其九分於民者，粟之數耳，非畝也。 若於九中復取其一，乃倍賦其粟耳，非稅畝也。 猶是粟也，猶是君民共有之田之粟也，此一斛粟謂之徹法所取，彼一斛粟謂之逐畝而取，粟何别焉？名何異焉？ 至於『共井』云者，亦沿杜註之誤。 此自助法，非徹法也。 非田之制，八家皆私百畝，各耕其田，各取其粟，不得亦謂之通力合作，計畝均分也。 且玩有若之對，似徹法已廢而欲復之者。 若魯但於助徹之外多取其一，則是助徹未嘗廢也，請罷稅畝可矣，何以云『盍徹』乎？ 增一以爲二，君之所取誠倍矣；益八以爲九，民之所加無幾也。 豐歉之殊，有相倍蓰相什佰者，勤惰之異，有自九人至五人者，八分益一，渺乎小矣。 遂謂之『百姓足，』恐足民不若是之易也。 哀公之問，患用不足也。 爲不足計者，當損乎？當益乎？ 有若果欲哀公節用，何不竟以『盍節用』對而但以『盍徹』對？ 不勸其儉於出，惟勸以儉於入，一何問答之相悖邪！ 晉士鞅之來聘也，公臣之能射者不備三耦，取於家臣以足之，公室不可謂不貧矣；猶以爲奢而欲節之，然則必使一耦不備乃可以爲國乎！

曰，『然則三代何以異制？周何以亦助？魯之稅畝果何如法也？』 曰，此不難知，顧人不細考耳。 古者非但分田有助法也，即制祿亦莫不以九一爲程：一以奉上，所以訓恭儉；八以逮下，所以示慈惠。

一井一國之助與天下之助

是故有一井之助，有一國之助，有天下之助。 中之一爲公田，外之八爲私田；公田以養君子，私田以食野人，——此助之行于井者也。 中之一爲鄉遂，外之八爲都鄙；鄉遂以奉君（齊語所謂『參其國，』孟子所謂『君十卿祿』者是也）都鄙以爲卿大夫之采邑（齊語所謂『伍其鄙，』孟子所謂『卿祿四大夫，大夫倍上士』者是也。 其在天子之畿，則書所謂『大都小伯，』傳所謂『王官之邑，』孟子所謂『天子之卿受地視侯，大夫視伯』者是也，）——此助之行于國者也。 九州之地約方三千餘里，爲方千里者九，而要荒之服不與焉，中之一爲王畿，外之八爲

貢助徹法爲三代圻內之制

侯國：王畿以奉天子（書所謂『五百里甸服，』孟子所謂『天子之制地方千里』者是也，）侯國以封親賢神明之裔（書所謂『五百里侯服五百里綏服，』孟子所謂『公侯皆方百里伯七十里子男五十里』者是也，）——此助之行于天下者也。是故齊，晉宋魯外諸侯也；秦，溫，鄭，虢內諸侯也。自平王東遷郟鄏而秦鄭乃漸列於會盟，其初實畿內也。魯公室之卑以鄉遂分於三桓而都鄙如故也。晉公室之弱以都鄙并於四卿而鄉遂如故也。自桓公東遷屯留而韓趙乃盡分其鄉遂，其初實公邑也。邦畿之外亦有王田書之『三亳阪尹』是也。都鄙之中亦有公邑若季孫之取卞，取公邑爲私邑者也；楚子重之請申呂，請公邑爲私邑者也。此其分田之制，由王畿而侯國而采邑自先王之世已不必悉同，而逮春秋以降，天下務於富強，變法改制者所在有之，尤不得執一格以相繩也。

是故，夏之『五十而貢，』夏之圻內夫授田五十畝而行貢法也；諸侯之國不必皆五十而貢也。殷之『七十而助，』殷之圻內夫授田七十畝而行助法也；諸侯之國不必皆七十而助也。周之『百畝而徹，』周之圻內，夫授田百畝，而行徹法也；諸侯之國不必皆百畝而徹也。故詩云，『徹田爲糧，豳居允荒，』公劉當夏商之際，乃不行貢助而行徹，是夏殷之貢助不必盡行於天下之明驗也。周之先世旣用徹法，是以大王遷岐，文王居豐，武王居鎬，皆因之而不改；非殷時天下諸侯皆用助，至武王而盡變易天下之井疆以爲徹也。然則殷之先世亦必本行助法，故湯因之；非夏時天下諸侯皆用貢，至湯而盡變易天下之溝塗以爲助也。故詩云；『王命召伯，徹申伯土田，』然則申伯未封以前，謝固未嘗用徹，封申以後乃行徹耳。故詩云『江漢之滸，王命召虎，式闢四方，徹我疆土，』然則江漢之間諸侯固多不用徹也。蓋徹之行於諸侯者，皆已滅之國，新造之邦，乃以徹整齊之；至於慕義來歸之國，則悉仍其故制，不拘拘也。然亦必所滅之國法度廢弛，疆界紊亂，勢不可不更定，然後以徹行之；若法度未盡廢，疆界未盡紊，亦必不夷其故址而更造之。故春秋傳稱『魯衞疆以周索，晉疆以戎索，』然則初封之國亦有行徹不行徹者，非概天下而必束之以一塗也。其授田有多寡之殊者，蓋夏居安邑，地隘人衆；殷在大河南北，稍平廣；周起西陲，近戎狄，多曠土：此因乎地者也。古者風氣初開，制作未備，力不能以多及，故授田少；後世器日利，人日巧，故授田亦漸多：此因乎時者也。然則聖人於此皆因勢以制宜，期於便民革弊，非苟然徒以新天下之耳目已也。

周之鄉遂用徹都鄙用助

「周人百畝而徹，」周之鄉遂用徹也。「雖周亦助，」周之都鄙用助也。何以言之？「雨我公田，」大田詩也，自楚茨篇至此，皆公卿有采邑世祿者祭祀稼穡之詩，——故曰，「君婦莫莫，爲豆孔庶，」侯國大夫之妻稱「主婦，」故天子大夫之妻稱「君婦」也；曰，「諸宰君婦廢徹不遲，」大夫之臣，故稱「宰」也，——此以知用助者之爲都鄙也。至於周頌之文則曰「千耦其耘，徂隰徂畛：侯主侯伯，侯亞侯旅，侯彊侯以，」非通力合作者不能此，以知鄉遂之用徹也。然則周人徹自徹，助自助，助徹兼行，非徹而亦用助法矣。故曰「惟助爲有公田，」明貢徹之皆無公田也。故曰「雖周亦助，」言雖周亦兼用助，非謂雖周之徹亦即是助也。蓋此章以「取民有制」句爲綱領，而其下分釋之。『夏后』以下六句，言鄉遂之制，君所自取於民者也；引陽虎之言以發之者，見當以什一爲準也。『世祿』以下六句，言都鄙之制，世祿之家所取於民者也；引龍子之言以發之者，見當以用助爲善也。　故曰『夫世祿，滕固行之矣，』言世祿當用助法，世祿既行則助法斷不可不行也。　周雖用徹，而其於世祿未嘗不兼用助，然則龍子之言或卽爲世祿而發，未可知也。　若以世祿與助爲二事，謂二者均王政之要，不可偏廢，則『世祿』一語上與龍子之言不相承，下與大田之詩不相貫，橫插此句於中，安得有是文理乎！　其後答畢戰之問，亦曰『請野，九一而助；國中，什一使自賦。』『九一而助，』卽『世祿』六句都鄙之說也。『什一自賦，』卽『夏后』六句鄉遂之說也。　曰『死徙無出鄉，鄉田同井（云云）』者，申言鄉遂之政也。　曰『方里而井，井九百畝（云云）』者，申言都鄙之制也。『鄉』卽鄉遂之鄉。『徙』者，鄉之屬有州有黨，由此州而徙彼州，由此黨而徙彼黨，皆不得出其鄉。　『鄉田同井』者，井之授田，每夫百畝，鄉之授田亦每夫百畝，與井同也。『八家皆私百畝』文在下，而於此先言『同井』者，猶班爵祿章『祿足以代其耕，耕者之所獲，一夫百畝』文在下，而先言『大夫倍上士，上士倍中士，中士倍下士，下士與庶人在官者同祿』也。 自集注以『同井』爲『八家』，近世說者遂以此爲治野之政，則井中安得有鄉；由此井而徙彼井又何以謂之不出其鄉乎！ 由是言之，孟子此章始終皆分鄉遂都鄙言之，兩兩相承，其文最爲明顯。 後人不加熟讀，概以爲一事，故於『雖周亦助』之文困而不能解，乃云，『周鄉遂用貢法，都鄙用助法。』 夫既爲貢爲助矣，又何得復爲徹！ 不但先王之制淆亂不明，卽孟子之言亦扞格而不通矣。

魯之稅畝與徹法之不同

魯之稅畝，變徹法而別爲一法也。 諸侯所自食者鄉遂；三桓所共分者鄉遂，所謂『公室』者也。 周人鄉遂用徹；魯秉周禮，故其鄉遂亦徹。 都鄙者，卿大夫之祿邑耳，無關於哀公之足與不足也。 由是言之，魯由徹而變稅畝，故有若請仍用徹，非由助之同養公田而加之稅畝也。 稅畝之法雖不可考，然吾嘗以其名思之，徹者，通也，通衆夫共耕之，不以畝別而但通計其粟多寡而取之也。 今曰『稅畝，』則是不復以粟多寡爲程，而但計畝之多寡爲粟之程也。旣各計其畝之多寡爲程，則是亦無待於通衆夫而共耕之也。然則非但加一爲二與徹之數不符，而履畝定稅亦必與徹之制不同矣。吾又嘗以魯事考之，孔子曰，「祿之去公室五世矣，」宋樂祁犂曰，「魯君喪政四公矣：無民而能逞其志者，未之有也，」皆以宣公爲失民之始。考三軍之作在襄公世中軍之舍在昭公世，曷爲皆自宣公數之？然則失民之故當與稅畝相表裏。蓋助徹之法民隸於君而計民以授田；稅畝則田隸於君，而計田以征賦是以三桓得乘其隙而私其民爲己有，但計應納之賦以貢於公，而公遂不之問也。吾又嘗以他國之事推之，齊詩云，「無田甫田，維莠驕驕，」子產之治鄭也，使田有封洫。夫先王之制，計夫授田，不得自爲多寡，爲之封洫，以防水旱而制兼幷，安得有所謂「田甫田」者，而亦何待於子產之使？是知春秋之時，王制已廢，井疆已紊，但計田以取粟而不復計夫以授田矣。今論者皆以阡陌之開咎商鞅；然鞅所開者秦之阡陌耳；關東諸侯何以亦無復有存焉者也？然則自周東遷以來，固已陸續廢壞，豪强兼幷，多寡不均。稅畝之法，恐亦類是。

尙未必計夫以授田，何況通力合作，計畝均分而能悉仍徹之故制也哉！ 由是言之，稅畝自別一法，故有若欲革今法以復古制；非助徹如故而但於助徹之外別稅其畝爲十而取二也。 蓋無故而加賦，其名不順而其勢亦難行，故必變其舊制，別設新法以巧取之。 是以三傳皆以加賦爲譏。 因加賦而變法，故所譏在加賦；非法不變而但加其賦也。 大抵徹之取民，名爲少，而君與民一體，貧富同之，是以人咸盡力田疇，闢家室，盈而財亦無中飽旁漏，故國用常寬然有餘；稅畝之取民，名爲多，而君與民不一體，始則取必於田而不問民，繼且取必於粟而亦不深問田，久之而君與民遂不相知，是以君民交困，利歸私室，甚至兼并之豪，居奇之賈，皆得藉以自潤，而公室常苦貧，無以待凶荒也。 正如明代中鹽之法，其初納粟甚少而邊實餉贏；其後改爲折色，利加五倍，未數十年而田疇荒蕪，粟價湧貴，竭天下之力以給邊而國用遂大絀。 事固有見爲少而反足，見爲多而反致不足者。 故漢宣帝云：『良吏之治，日計不足，月計有餘；月計不足，歲計有餘。』有若之請用徹，意蓋如是，因哀公專爲己慮其不足，故復言君民一體以悟之。 其實，徹乃兼足君民之術，非專欲損君以益民也。

區畫之各異

蓋先王之整齊天下也，自王畿而侯國，而邑，而田，莫不以九一之法區畫之。當其盛也，地各異宜，本不能以一致；及其衰也，國各異政，尤不可以強同。以此區別而推求之，則不但授田之制可知，而凡治賦居民之政之見於經傳者，皆可以徐核其實矣。

兵車不盡計民以賦

經傳多稱「千乘之國。」或云，「八十家出車一乘：大國地方百里，爲成者百，爲井者萬，故云千乘。」或云，「成方十里，凡八百家而出車一乘：千乘之地則三百十六里有奇也。」余按古者行軍皆徵發於鄉遂。故費誓云，「魯人三郊三遂，峙乃芻茭，無敢不多。」周官天子六鄉，鄉爲一軍：萬二千五百家爲鄉，萬二千五百人爲軍。齊語，參其國而伍其鄙，士鄉十五，鄉二千家，而爲萬人之軍者三。是所謂「三軍」者，皆鄉遂也。則所稱「千乘」者，亦鄉遂也。魯頌云，「公車千乘，朱英綠縢，二矛重弓。公徒三萬，貝冑朱綅，烝徒增增。」然則古之徒兵率多十其甲士之數，——正如周官，胥一人則其徒十人，——是以車稱千乘，徒號三萬。成八百戶，戶出一卒，則三萬之卒不過四十成之地。而自東遷以來，諸侯併吞，其國漸大，故其鄉遂之地自足以賦千乘之車徒，原不必通國而計之也。若夫都鄙之地則私邑以供卿大夫之役使，而公邑以守境兼以待倉卒之調發。故論語云，『陳文子有馬十乘；』孟子云，『孟獻子，百乘之家也；』此隸於卿大夫者也。春秋傳，齊侯伐晉，趙勝帥東陽之師以追之；晉欒書伐楚，敗申息之師於桑隧；此守境以待倉卒之調發者也。蓋古者以民爲兵，興師動衆非旦夕可具，——故齊邴意茲曰，『銳師伐河內，傳必數日而後及絳；絳不三月不能出河，則我旣濟水矣，』——是以常藉邊鄙之邑扞倉卒之患，而不以參於國之正賦，不容通一國而統計之爲千乘也。先儒惑於司馬法之文，以爲『一乘之卒七十有二人，』遂致魯頌之言先後自相抵捂，乃謂『車計通國之賦，徒指出軍之數』以曲解之。不知司馬法乃戰國時人所撰，原不足爲依據，而魯頌此章敍伐楚一事，其文連屬而下，安得於徒則但言行者，於車則兼言居者，爲此一口兩舌之言乎！且傳又有之，『衞文公元年，革車三十乘；季年乃三百乘。』衞之地與民非能十倍其初，車何以遂十倍？又不稱其開疆拓土之勳而悉以爲『布衣帛冠務材訓農，通商惠工』之效。然則是貧故車少，富故車多，而亦不盡稱徒以造車也。晉城濮之戰，全軍皆出僅七百乘。鞌之戰，軍帥半行，乃八百乘。平丘之會，有甲車四千乘。晉地雖闢於前，然豈能數倍於文公之世！然則是晉楚爭霸以來，諸侯競以兵力相勝，是以其車益增而亦不盡計民以賦車也。蓋地廣則國富，國富則車多，故大國曰『千乘，』乃大略言之耳。晉之伐鄭也，敗其徒兵於洧上。車與徒分道以禦敵，而初不必相參，則車之多寡固不必盡準乎其徒之數；徒之數亦不必盡準乎其民之數矣。夫安得拘拘焉以八百家或八十家出車一乘爲一成之例也！

大邑與小邑

經傳或稱『百室之邑，』或稱『千室，十室之邑。』周官小司徒云，『四井爲邑；四邑爲丘；四丘爲甸；四甸爲縣；四縣爲都。』杜氏春秋傳『鄭賜子展八邑』註云，『八邑三十二井。』至『衞與免餘邑六十，』則註云，『此一乘之邑，非四井之邑。』余按，均是邑也，既以四井爲一邑矣，有時而又以一乘爲一邑，名實瞀亂，聞者何所適從，徒以供粲黥者之上下其手耳先王詎宜如是！且積四邑爲丘，積數丘而又名之曰邑，從來寧有如是之制度乎！蓋邑之始本以號夫建國之地。故詩云，『商邑翼翼，四方之極，』書云，『天其永我命於茲新邑，』皆以稱天子之所居。其後相沿，而諸侯之國卿大夫之采，凡民所聚居之地通謂之邑。邑既爲通稱矣，於是天子稱『京師，』諸侯稱『國中，』以別之，而其餘則但謂之『邑。』然則邑也者，但以民所聚居得名，非以人數多寡定之爲經制也。故傳云，『謀於野則獲，謀於邑則否，』對野而言則皆謂之邑也。故易云，『不克訟，歸而逋其邑人三百戶，』言三百戶，有不三百戶者也。故聚人多則爲大邑，聚人少則爲小邑；『千室，』『百室，』『十室，』皆自其邑之大小而言之也。若衞免餘所稱『唯卿備百邑』者，則通大小，截長補短而計之者也。然小邑又統屬於大邑，故大邑亦謂之『都，』小邑或謂之『鄙。』故傳云，『齊與晏子邶殿，其鄙六十，』邶殿其大邑，而六十其所屬之小邑也。故楚薳啓疆曰，『韓氏七邑皆成縣也，』卿大夫七人，而皆各一邑，則是但舉大邑言之，小邑固不計其數也。蓋自周室東遷以來諸侯之國漸大，故其卿之采邑亦復別有屬邑。 故晉郤至與周爭鄇田，而曰『溫吾故也』；士匄趙武韓起欲得州田，而趙武曰，『溫吾縣也，』二子曰，『自郤稱以別三傳矣。』 然則溫其大邑而鄇與州其屬邑也。 先儒未嘗詳考古制，乃以意揣度之而云『四井爲邑』，又因其大小不合，從而爲之說，謂『有四井之邑有一乘之邑』以曲全之，誤矣！

私田與公田

孟子云，『五畝之宅，樹之以桑。』 註云，『二畝半在田，二畝半在邑。』 經界章註又云，『周制，公田百畝中以二十畝爲廬舍，一夫所耕公田實計十畝。』 余按孟子稱文王之治岐『耕者九一』，於滕『請野九一而助』，若私田各百畝而公田僅十畝，是十一而取一，統謂之什一亦足矣，不得反減其數，別之爲九一也。 邑之大者千室，小者僅十室，舉其中而計之，則田之遠者去邑尚不及二里，其於耕穫近矣，無須別授一宅。卽欲爲多桑計而樹之兩地，何如授五畝於邑而樹之一地之爲便乎！ 詩云，『中田有廬，疆場有瓜，』蓋耕耘之日恐風雨之不時，穎栗之秋慮寇盜之不禁，故於田中廬焉，爲憩息守望計耳。故不稱室而稱『廬』，明不成乎室也。爲時不久，需地無多，不必分邑宅之半也。由是言之，中田之廬不必減公田百畝之數，猶之種瓜之疆埸亦初不以減私田百畝之數也。大抵古人之制皆期於大體之不失，原未嘗瑣瑣焉尺寸而計之也。

班祿之制

若夫班祿之制，亦與分田相爲表裏。分田之法，合其下而計之也：合則數多，故田上少而下多。班祿之法，析其下而別之也：析則分殊，故祿上多而下少。大抵君臣之降殺以十之一爲率；大小臣之降殺，以遞損其半爲率。三等之國皆君十卿祿，固也。天子地方千里，取九一爲鄉遂，則爲十同，若十一同，而卿受地視侯，爲地一同，亦君十卿祿也。天子鄉遂十同，公侯封國一同，亦君十卿祿之意也。然則大國之卿當受一成，而君之鄉遂當爲十成，明矣。故魯爲『千乘之國』而孟獻子稱爲『百乘之家』，故曰『君臣之降殺以十一爲率』也。伯七十里，是伯當公侯之半也。子男五十里，是子男當伯之半也。大夫受地視伯，大夫亦當卿之半矣。元士受地視子男，元士又當大夫之半矣。 惟大國之卿四大夫，次國三大夫，其降殺獨多。 然竊嘗思之，大國之大於次國，次國之大於小國者僅倍耳，天子之畿且百大國，不應天子之卿僅二大夫而大國反四大夫。 春秋於諸侯之卿皆書曰『大夫』，是卿亦大夫也，大夫與士則名分禮秩迥然相懸，又不應大夫士之降殺反少而卿與大夫反多。 蓋孟子所言特王制之略：大國地廣政繁，小臣數多，故其祿之降殺亦多；小國地狹政簡，小臣數少，故其祿之降殺亦少。 然則三等之國，自大夫以下，其祿之降殺均當有異。 以卿與大夫爲降殺之始，故於此言之，以見位遞尊則祿遞異，位遞卑則祿遞同耳。 不然，大國之地四小國，何以君祿僅倍之？次國倍小國，何以君祿僅踰其半？ 此可知大夫以下，其祿亦必少浮於倍。 以此推之，天子之卿大夫士，其降殺亦必更甚於大國；但大略皆以倍爲率，故孟子亦多以倍言之。 故曰『嘗聞其略，其詳不可得聞也。』 其在正祿之外者，則諸侯有『湯沐之邑』而卿大夫士有『圭田』。 魯之許田，衞之有閻之土，此朝覲時湯沐之邑也。 鄭之祊，衞之相土之東都，此天子巡狩時諸侯湯沐之邑也。 此又孟子之所未

辨周官諸公方五百里之說

及者也。若夫卿大夫家臣之祿，則孟子亦未嘗及之。然舉一反三，其降殺差等皆當與公臣略同。但有祿以邑者春秋傳『施氏之宰有百室之邑』是也；有祿以粟者，論語『原思爲之宰，與之粟九百』是也。竊疑其初本皆受粟，其後諸侯之國漸大，卿大夫之祿亦漸厚，其居位久而受邑多者然後往往分邑以祿其貴臣，未必先王之制卽然也。

曰，『君取國之九一，臣分君之十一，以孟子與王制推之誠然矣。周官九畿爲方萬里，天子之地僅居百一，而諸公方五百里乃當天子四之一，故先儒疑孟子嘗籍去之後，不得其實，而王制爲漢儒所撰，不足徵信，未可概謂以九一十一爲率也。』曰，學者患不好古，尤患不辨眞僞而好非古之古。孟子距周公僅六百餘歲，周公之書果存，孟子豈容不知；卽不知度亦必不至妄爲之說。孟子於本朝之大經大法猶逕庭若是，況堯舜禹湯之道，其何足以知之！春秋傳云，『天子之地一圻，列國一同，自是以衰。』論語云，『可以託六尺之孤，可以寄百里之命。』易云，『震驚百里，不喪匕鬯』；傳云，

『可以守宗廟社稷，以爲祭主也。』 是則傳記皆以百里爲封國之制，孟子之言非臆說矣。 且以今地里考之：魯爲今曲阜，若方四百里，則邾滕在封內矣；宋在今歸德界，若方五百里，則曹杞在封內矣。 宋魯當春秋時兼幷之餘，猶僅二三百里，故孟子曰，『今魯方百里者五』（方百里者五，爲方二百二十里有奇）。 況當成王之世安所得四百里五百里者而封之！ 而得洛以東至海僅二千里，以西至積石亦不踰三千里，又安所得萬里者而區畫爲九畿乎！ 此宜少有目者皆不可欺，而儒者或反據之以疑孟子，其亦異矣！ 況天子併其都鄙計之僅四諸公之祿，而諸公乃二十五於諸男之祿，君臣之降殺何太近，同爲諸侯者其降殺何反太遠？ 其斷非先王之制亦明矣。 吾願世之學者本孟子之言而參考之經傳，以求先王分田制祿之大凡，而毋爲注疏異說之所惑也。

畫井不必盡方

然此九一之法非拘拘然必方必齊而不可變通也。 堯都冀州，而甸侯綏三服每面皆謂之『五百里』。 孟子曰，『今滕絕長補短將五十里也。』 其於天下於國如是則田邑可知矣。 今說者每謂井田之制必平坦廣大之地乃能區畫，而山國澤國不可行。 不知平坦廣大之地始可行者，溝洫之法然耳。 溝洫行於國中，建國之地平廣者多，故爲千夫萬夫之制。 若井田，乃治野之法，方三里卽可爲九井，二里卽可爲四井，一里卽可爲一井，不擇於地之廣狹也。 至於山澤林麓，則古人但以蕃草木鳥獸，原不以賦於民。 卽負山臨河之地，亦但置之以爲閒田，或授之於餘夫，而不在畫井之數。然此亦論其常耳；若果其國山谿深阻，地勢逼隘，則廣二百步者可修四百五十步，廣百五十步者可修六百步，廣百步者可修九百步，皆當方里之數，卽皆井也。 卽溝洫之地亦不必其四面如一：縮於廣則贏其修，嗇於左則豐其右，期不失乎大體而已。 譬如今世算田者，東長於西則損東以益西，南闊於北則減南以加北，皆併兩長兩闊而折半算之：田不盡方而算自方，是以謂之『方田』。 夫井田溝洫之法亦若是而已矣！ 蓋先王之制務正其大綱，而細目或有所不拘；後儒之論務詳於細目，而大綱或反有所未明。均天下之田而不使有畸多畸少之患，經界則九一而區之，賦稅則十一而征之，此王制之大綱也。 其餘節目之詳，自可以因時而制宜，非拘拘焉如世所云云也。 嗟夫，戰白國以來，既無復以經界爲事者，任其嬴縮兼幷而以爲固然，而稱先則古者又或拘泥於注疏，不能詳考先王之制，深求先王之意，無惑乎三代之經界之不再覯也！

三代經界通考終

讀風偶識目錄

卷四

讀風偶識卷之一

詩書爲諸儒所亂

六經自秦火後，漢初諸儒傳而習之，遂大著於當世。然自後漢之末下逮六朝初唐而經義之晦者亦復不少。何以言之？尚書，伏生傳今文，歐陽大小夏侯說之；孔安國傳古文，馬鄭注之。自永嘉之亂，今文亡而古文孤行，晉宋之際遂有妄人僞作古文尚書及孔氏傳。至唐用以取士，而孔鄭之古本亡，尚書之旨遂晦。詩在漢初有魯申公，齊轅固生各以詩傳其弟子，其先蓋皆本之於七十子；雖不能無傳流之誤，要大概爲近古。其後燕韓嬰亦傳詩，然其源流未必能逮齊魯之醇。最後毛詩始出，衞宏爲之作序，多傅會於春秋傳文以欺當世，否亦强爲之說而實以人與事。學者不加細考，以爲眞有所傳，遂謂其書優於三家，從而註之箋之。由是毛詩盛行，三家漸微。逮於晉魏，齊魯之詩遂亡，韓詩亦不復行於世，學者所見惟有毛詩，童而習之，不復知有他說，雖

朱傳與讀者

淹博好古之士皆以爲經之本旨固然，而詩之旨亦晦矣。

蓋嘗思之，易道高深，聖人猶欲假年以學之，固非學者所能輕窺。而春秋，游夏莫贊一詞，雖有左公羊穀梁三賢者爲之作傳，而聖人之意究難窺測。惟詩書與禮乃學者所可幾，是以聖人以爲『雅言』。然禮多係儀文之末，且其殘缺太多，不足盡先王之大經大法；故惟詩書爲最要。而皆爲漢末晉隋諸儒之所雜亂，良可惜也！良可歎也！幸而論語一書明白易曉，復有孟子一書以羽翼之，何晏集解雖無所大發明而未嘗偏執一人之見，趙岐之解尤爲醇正，及宋朱子爲作集註，聖人之旨益顯，學者賴之得以稍窺聖賢之蘊。然終不能不爲詩書惜也！

朱子雖作詩傳，又命其門人蔡氏作書傳，然皆未能盡駁詩序及僞孔傳之誤。而世猶以朱子爲非，非傳而從序者不可指數。自余所見，惟鄉野孤陋之士，但知爲時藝者不與傳異同耳；稍有學識，則據序以議朱傳者十人而九。余獨以爲朱傳誠有可議，然其可議不在於駁序說者之多，而在於從序說者之尚不少。何則？世所以信序者，

本書作意

以其近古耳。齊，魯，韓毛均出於漢，且三家俱在前，何以此獨可信而彼皆可疑？三家之書雖亡，然見於漢人之所引述，何往往有之其說率與今之詩序互異。如謂近古者皆可信，則四家之說不應相悖。相悖，則必有不足信者矣。豈非後世學者但見毛詩之序而遂不知其可疑耶！朱子既以序爲揣度附會矣，自當盡本經文以正其失，何以尙多依違於其舊說？此余之所爲朱子惜者也。

余之爲考信錄，凡詩書之文有關於帝王之事者既已逐時逐事而辨之矣，顧二南既不詳其時世，而邶以下十二國風其事多在東遷以後，是以罕有及者。然亦往往於暇日就其所見，筆而記之。考信錄既成，乃復綴輯而增廣之，以拾其遺而補其缺。竊謂經傳既遠，時事難考，寧可缺所不知，無害於義。故余於論詩，但主於體會經文，不敢以前人附會之說爲必然。雖不盡合朱子之言，然實本於朱子之意。朱子復起，未必遂以余言爲妄也。

嘉慶乙丑六月，崔述識。

余見世人讀詩，當初學時，卽取『詩柄』連經文合讀之（朱子集傳略說本篇大意者，俗謂之『詩柄』），及長，遂不復玩經文而但横一詩柄於其胸中，以爲足矣。其聰明者則多厭舊喜新，偶見衞宏詩序，輒據以爲奇貨祕笈，自謂曾見漢人之說，宋人書不足復觀也。於是序所言者必以爲是，而朱子所言者必以爲非。大抵今世之說詩者，此兩端盡之矣。

余家舊藏有讀風臆評一册，刻本甚楷而精，但有經文，不載傳註，其圈與批則別有硃印套板。余年八九歲時，見而悅之，會先大人有事，不暇授余書（余幼，不記憶爲何事），乃取此册攜向空屋中讀之，雖不甚解其義，而頗愛其抑揚宛轉，若深有趣味者。久之，遂皆成誦。至十歲後，始閱朱子詩傳，亦不知何爲詩柄。又數年後，始見詩序，亦不知其可寶貴者何在。以故余於國風，惟知體會經文，卽詞以求其意，如讀唐宋人詩然者，了然絕無新舊漢宋之念存於胸中，惟合於詩意者

序為後漢衛宏作

則從之，不合者則違之。但朱傳之合者多，衛序之合者少耳。嗟夫，嗟夫，安得世有篤信經文之人而與之暢論斯旨乎！

嘉慶丙寅十二月，述又識。

通論詩序

一，詩序乃後漢衛宏作。唐人舊說以為子夏毛公所作。沈重云，『案鄭詩譜意，大序是子夏作，小序是子夏毛公合作（陸氏云，『舊說，起「關雎」至「用之邦國焉」名關雎序，自「風風也」訖末，名為大序』）；卜商意有不盡，毛更足成之。』此說非也。何者？史記作時，毛詩未出。漢書始稱毛詩，然無作序之文。惟後漢書儒林傳稱『謝曼卿善毛詩，乃為其訓。宏從曼卿受學因作毛詩序，善得風雅之旨於今傳於世，』則

序非子夏作

序爲宏所作顯然無疑。其稱子夏毛公作者，特後人猜度言之，非果有所據也。記曰，『無徵不信，不信民弗從。』今衞宏作詩序現有後漢書明文可據。如謂爲子夏毛公所作，則史漢傳記從無一言及之。不知說者何以不從其有徵者而惟無徵之言之是從也？

一，孔子，魯人也。孔子既沒，七十子之徒相與敎授於齊魯之間，故漢初傳經者多齊魯之儒。子夏雖嘗敎授西河，然究在魯爲多。觀戴記所言多在魯之事，而論語稱子游譏子夏之門人，子夏之門人問交於子張，則子夏之門人在魯者不乏矣。齊魯既傳其詩，亦必並傳其序。何以齊魯兩家之詩均不知有此序而獨趙人乃得之乎？蓋自毛公以後傳其說者遞相增益遞相附會，宏聞之於師，遂取而著之序耳。而後之人乃奉序爲不刊之典，其亦可嘆也夫！

序非孔子與國史作

一，以序爲子夏毛公所作，固已不可信矣。尤可怪者，宋程子以大序爲孔子所作，小序爲當時國史所作。夫論語所載孔子論詩之言多矣，若關雎章，思無邪章，誦詩三百，以及興觀羣怨，周南召南等章，莫不言簡意該，義深詞潔。而詩序獨平衍淺弱，雖有精粹之言，亦多支蔓之語，絕與論語之言不類，豈得强屬之於孔子！至於各篇之序失詩意者甚多，其文亦殊不類三代之文。況變風多在春秋之世，當時王室微弱，太史何嘗有至列國而採風者，春秋經傳概可見也。以爲太史所題，誣矣！嗟夫，本草內經，世以爲神農黃帝之所作矣。六韜，世以爲太公之所作矣。山海經，明明載西漢之郡縣，而公然以爲出於禹益。月令明明載戰國之躔度，而公然以爲作自周公。彼術數之徒，淺學之士，苟欲尊其所傳以欺當世，亦不足多怪；不料儒者而亦蹈是習也！

序無大小之分

一，舊說以詩序『風，風也』以下至『關雎之義也』止，多通論全詩，因目之爲大序，爲子夏所作。及朱子作傳，從程子，以爲孔子所作；而以『樂得淑女』以下數言析『哀樂淫傷』爲四事，且以『傷』爲『傷善』，大失論語之旨，遂割屬之小序而斷自『詩者志之所之』至『詩之至也』爲大序。余按詩序自『關雎，后妃之德也』以下，句相承，字相接，豈得於中割取數百言而以爲別出一手！蓋關雎乃風詩之首，故論

序出於一人之手

關雎而因及全詩而章末復由全詩歸於二南，而仍結以關雎，章法井然，首尾完密，此固不容別分爲一篇也。至『關雎麟趾之化繫之周公，』『鵲巢騶虞之德繫之召公，』明明承上文『一國之事繫一人之本』而言，故用『然則』字爲轉語。若於『詩之至也』畫斷，則此文上無所承，而『然則（云云）』者於文義不可通矣。由是言之，序不但非孔子子夏所作，而亦原無大小之分，皆後人自以意推度之耳。

一，舊說以逐篇序其義者爲小序（鄭氏樵以首句爲大序，下文所言爲小序。程氏范氏則又以首句爲小序，下文所言爲大序。說皆與舊說異）。隋經籍志稱『序爲子夏所創，毛公及衛敬仲更加潤益。』說者因是遂以序之首句爲毛公所作，或以爲太史所題，而其下乃衛宏所續。余按，序之首句與下所言相爲首尾，斷無止作一句之理。至所云『刺時』『刺亂』者，語意未畢，猶不可無下文，則其出於一人之手無疑也。況宏果續前人之序，蔚宗豈得歸功於宏而謂今所傳者爲宏作乎！然乃爲是說者，無他，皆由尊崇序說太過，惟恐言爲宏作則人輕之而不深信，而無如後漢書明明有宏作序之文，故不得已而分屬之，以發端首句爲太史毛公所作，而其下文乃歸之宏，以兩全之。嗟夫，古人已往，不能起九京以自明，一任後人欲屬之誰卽屬之誰耳。此可爲長太息者也！

毛詩易創新說

一，齊詩魯詩皆自漢初卽著於世。魯固孔子所居，齊亦魯之毘鄰，蓋皆傳自七十子者。書出既早則人見之者多而傳會較難。且當漢初朝廷尙未敦崇經術，則其說本於師傳者爲多。其後經學益重，諸家林立，務期相勝，傳其學者亦不能無傳會以逢時者，然大要爲近古。韓詩後起，已非齊魯之比。毛詩之顯，又在其後。書出既晚，則師弟子私相授受，雖多增其舊說傳以己意，世亦無從辨之。況嬰，燕人，萇，趙人，亦不能逮齊魯間聞見之眞也。

毛詩不及三家

一，三家之詩雖不傳，然見於漢人所引者尙多。如以關雎爲康王時詩，以釆薇爲懿王時詩，以騶虞爲主鳥獸之官，班氏以南仲爲宣王時人，馬氏以出車爲宣王時事，玩其詞意，考其時勢，皆得之。則知齊魯之詩決有所傳，非憑空妄撰者。卽賓之初筵

强不知以爲知

以爲衛武公飲酒悔過之詩（韓詩云，『賓之初筵，衛武公飲酒悔過也』），亦未見其不如刺幽王之說也（毛詩序云，『賓之初筵，衛武公刺時也：幽王荒廢（云云），武公既入而作是詩也』）。毛詩之初亦必有所傳，故柏舟淇澳皆深得詩人之旨。但以其書晚出，其徒之附會者過多，雖無所傳者亦必揣度而爲之說，或强取傳記以實之，而有所傳者亦必增飾其說，別出新意，以蘄勝於三家，是以其說乖謬特甚。不知漢晉諸儒何以盡棄三家而獨取毛詩也？

一，詩序好强不知以爲知。孔子之修春秋也，特二百年前事耳，史册尚在，然已不能盡知，往往闕其所疑。三百篇之詩，經秦火以後，豈能一一悉其本末！故史記稱『申公敎無傳疑，疑者則缺不傳』。是當楚漢之際，居於魯而得孔子之眞傳者，已不能盡知也。今毛公乃趙人，作序者在後漢之初，乃能篇篇皆悉其爲某公之時，某人之事，其將誰欺！然其失經意在此，其能使諸儒信之不疑者亦在此。何者？彼以爲敎無傳疑者必有所不知，此言之歷歷者必其無所不知者也。余有族人子，聰穎而無學術。一日，有鄉人來，以古事相質問，不知也，遂妄言之。鄉人旣去，乃謂余曰，『與鄉中愚人語，不可言不知。言不知，則彼將輕我。雖妄言之，彼庸知其非乎！彼見我言之鑿鑿，惟有心悅誠服耳。』嗟夫，申公詩不傳，疑而先亡於西晉，毛詩遂篇皆序其由，垂二千年而莫敢議其失，乃知族人子之所見良是，無怪乎元明諸儒之多以朱子詩序辨說爲非也！

刺詩之鍛鍊

一，詩序好以詩爲刺時刺其君者：無論其詞何如，務委曲而歸其故於所刺者。夫詩生於情，情生於境，境有安危亨困之殊，情有喜怒哀樂之異，豈刺時刺君之外遂無可言之情乎！且卽衰世亦何嘗無賢君賢士大夫在。堯舜之世，亦有四凶；殷商之末，尙有三仁。乃見有稱述頌美之語，必以爲『陳古刺今。』然則文武成康以後更無一人可免於刺者矣！況邶風之雄雉，王風之君子于役，皆其夫行役於外而其妻念之之詩，初未嘗有怨君之意，而以爲刺平王宣公，抑何其鍛鍊也！尤無理者，鄭昭公忽雖非英主，亦無失道，而連篇累牘皆指以爲刺忽之詩，其所關於名敎者豈淺哉！至宋朱子，

附會左傳

始駁其失。然自朱子以後，說者猶多曲爲序解以議朱子之非，吾不知其爲何故也！

一，詩序好取左傳之事附會之。蓋三家之詩其出也早，左傳尙未甚行，但本其師所傳爲說。毛詩之出也晚，左傳已行於世，故得以取而牽合之。然考傳所記及詩所言往往有毫不相涉者。伐鄭之役五日而還，而强屬之『居，處，喪馬』之章。宋襄之立，衞在楚邱而猶欲以『刀葦杭河』而渡。言『仲』則必爲『祭仲』；言『叔』則必爲『共叔』。亦有采而失其意者。以『寘周行』爲『官人』斷章取義也，而誤以爲『閔使臣之勞』。以碩人篇證莊姜，證其『美』也，而誤以爲『閔無子』之意。蓋緣漢時風氣最好附會，重黎也而以爲羲和，太皡也而以爲包羲，炎帝也而以爲神農，以彼爲此，比比皆然，不之怪也。漢書藝文志云，『漢興，魯申公爲詩訓故；而齊轅固，燕韓生皆爲之傳，或取春秋，采雜說，咸非其本義。與不得已，魯最爲近之。』則是齊韓諸家已采左傳之事以附會之。況於毛詩晚出，作序者在後漢之初，其取傳事以附會之更不待言。漢末魏晉諸儒不加細核，輒以爲其說有據，遂篤信而不疑。是詩序之失在附會，而其所以能使人信者亦在於附會也。

毛公時左傳已出

一，鄭氏樵云，『毛公之時，左氏傳未出，孟子，國語，儀禮未甚行，而毛氏之說先與之合，不謂之源流子夏可乎？』 余按左氏春秋在西漢時但未立學官耳，張蒼，賈誼皆傳左氏春秋，不得謂之未出。 況毛公之詩傳之貫長卿，長卿又從父貫公受左氏春秋，長卿父子既可以受左氏春秋，安見毛公遂不見左氏春秋也？ 且又安知非長卿取左傳之事以附會於詩篇，而傳之日久，遂以爲出於毛公乎？ 至於孟子，儀禮，亦非隱僻之書，人所不能見者。 而序以昊天有成命爲郊祀天地，與國語之言正相左（國語謂稱成王之德），乃鄭氏反以爲先與之合，抑又誣矣！ 又按鄭氏作詩辨妄，痛斥序說，乃不信毛詩者，不知何以其言如此？ 豈所傳異詞邪？ 抑其說有初年晚年之別邪？ 惜乎余之學淺居僻，見書不多，未能一一細考之也！

以篇次論詩

一，詩序好拘泥於篇次之先後：篇在前者，不問其詞何如，必以爲盛世之音；篇在後者，亦不問其詞何如，必以爲衰世之音。 不知詩篇傳流日久，豈能一一悉仍其原次。

即如國風定之方中在載馳之前，我送舅氏在黃鳥之後，其顯然可見者。安得篇次在前者皆以爲美在後者皆以爲刺詩乎！如此說詩古人之受誣者多矣。至若周頌，二南尤非一世之詩，乃定以二南爲文王世，周頌爲周公詩，雖其文之明言爲平王成王者，亦必委曲而歸之於文武，則是吾意所欲與者卽與之，所欲奪者卽奪之，在我而已，古人夫何能爲！謂白馬爲非馬，豈但戰國橫議之士能之乎哉！

勢利之見

一，以篇次論詩而不惟其詞，是特世俗勢利之見耳。京師鬻貨諸肆皆以字號爲高下。其有改業及歸里者，則鬻其字號於人，多者至數百金。買貨者惟其字號不易則買之，其貨之良楛不問也。磁州產煙草，楊氏之肆最著名，余魏人皆往販其貨。偶貨不能給，則取他肆之貨印以楊氏之字號而與之，販者不惜價，食者無異言也。夫以篇次論詩者，亦若是而已矣！余生平無他長，惟以文論文，就事論事，未嘗人之見存焉。奈何說詩而但以篇次爲高下乎！吾不知世何爲而信之也！

二南非文王時詩

通論二南

周南，召南二十五篇，自鄭孔以來說詩者皆以爲在文王之世。朱子集傳因之。旣皆以爲文王時詩，勢不得不以爲有正而無邪。於是漢廣之游女，行露之速訟，摽梅之迨吉，野有死麕之懷春，皆訓以爲文王德化所被風俗之美。余反覆熟玩之，殊不其然。關雎鵲巢等篇詞旣醇粹，音復和平，謂爲文王時詩可也。然聖人德盛化深，沒而民服其敎或至百年（本大戴禮稱黃帝語），況歷武王以及成康，重熙累洽，久道化成，安在文王之世淳風美俗被絃歌者累累，至武成康之世而遂絕響哉！至漢廣行露以降，則顯然不類盛世之事者甚多。雖說者曲爲稱美，終不免於瑕瑜互見。謂其猶有先王之遺澤，可也，遂以此爲文王之德之化，亦淺之乎論文王矣！且二十五篇中，文王太姒與凡文王同時之人未嘗一見；所見者獨甘棠之召伯，何彼穠矣之平王，而此二人

二南不以內外

皆在武王以後。孔子曰，『舉一隅，不以三隅反，則不復也。』然則其餘特不見其名，一可考耳；其必皆在成康以後無疑矣。大抵開國之初，俗多渾樸，人尚躬行，故作者少，而歷時浸久，則散軼者亦多。太平既久，風會日開，文章漸盛，故作者衆，而爲時尚近，則湮沒者亦少。此乃時勢之常，百代所同，固不獨周爲然也。乃後之說者，於此二篇必委曲遷就，矯揉經文以求合於傳說。即有一二有識之士斷然以此二篇爲武王以後詩，而其餘仍以爲文王時詩。甚矣，先入之言之中於人心者深也！又按，齊魯韓詩說關雎者皆謂在康王之世。書曰，『三人占，則從二人之言。』况魯者，孔子所居，其所傳爲近正；而史稱『申公敎無傳疑，疑者則闕不傳，』必非無據而云然者。惟謂爲『陳古刺今，』則篇中初無此意，當是漢時其徒附會爲之。朱子非之，是也。成康正當周道之隆，必世後仁，豈無『君子，』豈無『淑女，』而必以爲文王之世乃有之乎！關雎苟在康王之世，則葛覃以下亦必皆在康王以後矣。餘各見本篇中。

舊說『文王徙都于豐，分岐故地爲周公旦召公奭之采邑，使周公爲政於國中而

分

召公宣布於諸侯，於是德化大成於內，而南方之國，江沱汝漢之間，莫不從化（鄭，孔，朱傳略同）。至武王成王之世，乃采其詩被之管絃（鄭箋以爲武王世，朱傳以爲成王世），卽今周南召南是也。』余按詩書之文，周公召公皆至武王之世始顯，至成王之世始分陝而治，於文王時初未嘗有所表見也。周公，文王子也。召公之年當更少於周公。當文王時，懿親則有虢仲虢叔，異姓大臣則有太顛，散宜生，閎夭，南宮括，雖太公之耆德元勳，且不列於五人之數，必無獨任周召分治內外而反不任舊臣之理。況分故國之地，不以與諸弟諸大臣而獨賜二公乎！詩序云，『關雎，麟趾之化，王者之風，故繫之周公。鵲巢，騶虞之德，諸侯之風，故繫之召公。』今按江漢汝墳皆非周地，何以獨爲王者之風？殷其靁稱『南山之下，』何彼襛矣詠『王姬之車，』明明周人所作，不應反目爲諸侯之風也。鄭氏蓋已覺其不合，故改其說云『得聖人之化者謂之周南；得賢人之化者謂之召南。』然漢廣汝墳之詩初不在鵲巢騶虞之上，何所見此爲聖人之化而彼爲賢人之化乎？朱子蓋又覺其不合，故又改其說云『得之國中者雜以南國

風雅不以王侯分

之詩而謂之周南；得之南國者則直謂之召南。』 然均之南國詩也，何所見漢廣汝墳二篇之常雜之國中；而殷其靁，何彼襛矣周人之詩，又何以反得之南國乎？ 此無他，皆由誤以二南爲文王時詩，苦於其說難通，故不得不展轉以曲爲之解耳。 不知周南召南原不以內外分，而亦不在文王之世。 蓋成王之世，周公與召公分治，各采風謠以入樂章，周公所采則謂之周南，召公所采則謂之召南耳。 其後周公之子世爲周公，召公之子世爲召公，蓋亦各率舊職而采其風，是以昭穆以後下逮東遷之初詩皆有之。 由是言之，二南不但非文王時詩，而亦不盡係成康時詩矣。

向來諸儒之所以務訓二南爲文王時詩者，皆由不解風雅之分，但見東遷以後雅音斷絕，降爲王風，因誤以雅爲天子之詩，風爲侯國之詠，遂謂克商以前詩爲二南，克商以後詩爲二雅，東遷以後詩爲王風，故以二南爲必在文王之世耳。 不知風雅之分分於詩體，不以天子與諸侯也。 天子之畿未嘗無風，諸侯之國亦間有雅。 故豳亦王國詩也，乃不爲雅而爲風；賓筵，抑戒，衞武公之詩，而列於二雅。 蓋由西周盛時方尙大雅，故風與小雅皆不甚流傳，惟周南關雎之三，召南鵲巢之三，與麟趾，騶虞及鹿鳴，魚麗等篇乃燕射時所歌，是以人皆習之而流傳於世。此外或有一二傳者，然亦僅矣。其後大雅漸衰，小雅始盛，小雅又衰而風始著，是以盛世之音少，衰世之作多，非天子之畿其詩皆當爲雅而不得爲風與南也。且南者乃詩之一體，序以爲『化自北而南』亦非是。江沱汝漢皆在岐周之東，當云自西而東，豈得云自北而南乎！蓋其體本起於南方，北人效之，故名以南，若漢人效楚詞之體亦名之爲楚詞者然。故小雅云『以雅以南。』自武王之世下逮東周，其詩而雅也則列之於雅，風也則列之於風，南也則列之於南，如是而已，不以天子諸侯分也。由是言之，二南固不必在文王世也。

二南時代不能以儀禮證

朱子亦以二南爲文王時詩也，又有故。蓋儀禮鄉飲，燕射等篇有歌關雎，葛覃，卷耳及鵲巢，采蘩，采蘋之文，而世儒相傳以儀禮爲周公所作，朱子信以爲然，故謂此詩當在周公前耳。孔子曰，『先進於禮樂，野人也。後進於禮樂，君子也。如用之，則吾從先進。』又曰，『禮與其奢也寧儉。』今儀禮之文繁甚，而聘食之禮，籩豆牢米之數

徇名定論之非

又奢甚則其爲後進之禮而非周公之制明矣。襄王賜齊侯胙，命無下拜，齊侯下拜登受，是春秋以前，君雖辭，臣未有升而成拜者也。至孔子時始有升而成拜者，故孔子曰，『拜下，禮也。今拜乎上，泰也。』今儀禮君辭之後遂升成拜，然則其書固在春秋後矣。春秋之末，家臣始有稱大夫爲公者。至戰國初，晉韓趙魏氏遂僭稱爲諸侯而仍朝於晉君；魯之三家亦皆稱公。今燕射之禮，諸侯之臣有諸公。若非作於戰國之世，安有是稱！由是言之，儀禮必非周公所作明甚。且邶鄘十二國皆非一時詩，二南豈必皆一時詩哉！儀禮所歌者，惟關雎，鵲巢數篇耳。謂此數篇爲文王時詩，尙無大失也。因此數篇之故，而并漢廣，行露，摽梅，野有死麕等篇皆訓以爲文王之化，說有不可通，則委曲以爲之解，而詩人之意盡失矣。

甚矣特識之難也！世之論者惟其名而已矣。今夫風雨之『云胡不喜』何異於菁莪隰桑之文，卽木瓜之『永以爲好』，未必非『溯游』『縶維』之意，而傳以爲淫奔無他，爲其在鄭衞也。摽梅之感時，野有死麕之懷春，明明非端人貞女之所爲，而自毛鄭以來皆訓以爲文王之化，風俗之美，無他，爲其在二南也。四牡之行役，出車，采薇之伐戎，何異於六月采芑之詩，乃在菁莪以後，則以爲其人所自作，在魚麗以前，則以爲君上代叙其勞苦憂傷之情以勞之者。詞同說異，何以稱焉？今試取六月，采芑而以勞詩釋之，何處見其不可者？然則是論詩者不惟其詩而惟其正變也。嗟夫，天下事之不求其實而但徇其名者，豈可勝道哉！有生員以試五等降青衣，每歲試，提學者以其青也，輒置之四等。一日入試，自改試卷上青爲增，遂得二等。則是試之優劣在增與青，不在文也。然此猶在場屋也。茅坤以知文名於舉業，最重唐荊川順之，或取徐渭作僞稱順之以示坤，坤卽書其尾云，『非荊川不能爲此文。』既而知爲渭作，乃取覆觀而更書云，『固是傑搆，惜後半稍弱耳。』然則以人論文，雖名士亦爲之矣。然此猶論舉業也。漢董仲舒疏論災異，武帝下羣臣議，仲舒弟子呂步舒不知其師書，以爲大愚，由是下仲舒吏。然則漢儒之所尊信與所詆譏，但視其爲師所爲與非師所爲，初亦未嘗有眞是眞非矣。然此猶論當時之書也。不意名儒之釋六經，亦復如是。

然後知徇名定論乃世之通情，無古今，無智愚賢不肖，皆若是而已矣！士之處貧賤而文不見重於世，復何怪焉！今世之士每稱人之諛富貴而毀貧賤者爲勢利。然勢利之情豈獨在富貴貧賤間哉，苟不察其實而但以名輕重之，與世俗雖有淸濁之分，而其爲勢利則一也！余嘗與諸同學論及場屋，皆以場屋爲無憑也。廣平栗太初元曰，『場屋雖無憑，然尚微有憑：若我與君之文猶可望萬一。若居平出以示人，誰其稱之？』然則糊名易書亦有不可廢者矣。今欲讀詩，必取三百篇之次紊亂之，了無成見，然後可以得詩人之旨。故余之論詩惟其詩，不惟其正與變。嗟夫，嗟夫，此固未易爲人道也！

周南十有一篇

周南之時代與

周南十有一篇，關雎三篇立夫婦之準，樛木兩篇通上下之情，所謂『家齊而後國

地域

治，』『上下交而其志同』者也。非盛治之世烏能若是！是以取之以冠全詩。舊說以此五篇皆爲太姒之德。然玩其詞意，未見其必爲太姒者。毛傳鄭箋亦但言爲后妃，幷未指爲何王之后。在文王太姒之德固應如是，卽文王太姒之化亦當如是，正不必定屬之太姒也。所謂『君子』云者，乃諸侯大夫之通稱；而葛覃之刈，卷耳之采，皆不似諸侯夫人事。且關雎取興於河洲，荇菜亦似臨河近水之國，岐陽少水多山，距河絕遠，風土殊不相類，恐未可直以爲太姒也。朱子蓋亦覺其不合，故訓『河』云，『北方流水之通名。』然此乃近時之俚俗然耳，三代以上不如是也。故今人稱河必加『黃』以別之，經傳之文則但稱河，於他水亦皆稱爲某水，恐不容藉此爲說詩者解也。桃夭以下五篇，舊說亦以爲文王太姒之化。然玩其詞意，桃夭祝婦宜家，淳風未改，爲盛世之詩無疑。兎罝，賢才在野，已由盛之衰矣。至『南有喬木』見游女而思求，『遵彼汝墳』憂王室之如燬，顯然衰世之音。然發乎情而能止乎義，嗟其勞而復幸其邇，先王之遺澤尚存也，是以聖人猶有取焉。由是言之，周南固非一世之詩，概訓以爲文王之化，矢之遠矣。　惟麟趾篇詠公族之美，與關雎諸篇皆當爲盛世之詩，乃反列於汝墳後者，蓋因其詩別爲一體，且取其與關雎相爲首尾之意也。　說並見各篇中。

本篇爲君子自求良訖

關雎

此篇毛鄭以爲后妃之德，欲求『淑女』與共職事。　然首章明言淑女爲君子之『好逑』若以妾媵當之則稱名不正，不可以爲訓。　朱子以爲欲求淑女以配君子而成內治，其說當矣。　但以『寤寐求之』，『琴瑟友之』者爲宮人則語意尚未合。　細玩此篇，乃君子自求良配而他人代寫其哀樂之情耳。　蓋先儒誤以夫婦之情爲私，是以曲爲之解。　不知情之所發五倫爲最，五倫始於夫婦，故十五國風中男女夫婦之言尤多其好德者則爲貞，好色者則爲淫耳，非夫婦之情卽爲淫也。　魏文侯曰，『家貧則思良妻，國亂則思良相。』　上承宗廟，下啓子孫，如之何其可以苟，如之何其可不愼重以求之也！　知好色之非義，遂以夫婦之情爲諱，幷德亦不敢好，過矣。　關雎三百篇之首，故先取一好德思賢，篤於伉儷者冠之，以爲天下後世夫婦用情者之準，不可謂夫之

貴德求賢

於婦不當爲之憂，爲之樂也。若夫婦不當爲之憂樂，則五倫中亦不當有夫婦矣。『窈窕淑女』：淑，賢也，善也。窈窕，洞穴之深曲者，故字從穴（後世誤以爲美麗之稱），喻其深居幽邃而不輕得見也。不好色而好德，故無一言及於容色服飾之美。婦當從人，女貴自重，故以深居幽邃貞靜自守爲賢。夫婦之道不可苟焉而已，故曰『寤寐求之』。常女易得，賢女難求，深居幽邃之女尤不易知，故有『求之不得，輾轉反側』之思。惟其求之也難，則其得之也喜，故有『琴瑟』之友，『鐘鼓』之樂，所謂『陰陽和則萬物生，夫婦和則家道成』者也。其取興於『雎鳩』者，傳謂『摯而有別』是已。其取興於『荇菜』者，菜在水中，潔而難取，潔以喻女之貞，難取以喻女之難求。蓋夫婦之道，男先乎女，此下兩篇皆言婦德，故冠之以此篇，明女子之所以能盡婦職者由於其夫之貴德求賢故也。毛鄭但以爲后妃之德，失其旨矣。

移之用人

關雎一篇，言夫婦也。即移之於用人，亦無不可。何者？夫之欲得賢女爲婦，君之欲得賢士爲臣，一也。果賢女與，必深居簡出而不自炫耀。果賢士與，必安貧守分而不事干謁。非『寤寐求之』不能得也。是以古之聖帝明王咨於岳，稽於衆，或三聘於莘野，或三顧於草廬，與關雎之『輾轉反側』何以異焉！然及其既得，則志同道合，恭己無爲而庶績咸熙，所謂『琴瑟友之』『鐘鼓樂之』者也。故曰『勞於求賢，逸於得人，』豈不信與！三百篇皆可作是觀，故采蘩一詩言祭祀也而傳引之以美秦穆舉人之周。惜乎後人之多爲序說所拘也！

葛覃

本篇非言后妃在父母家事。

此篇據毛鄭說，以爲后妃在父母家女功之事；『言告言歸』謂將嫁；『汚私』『澣衣』謂師氏告以適人之道。既於文義牽强，而與下『歸寧父母』之文亦相悖。且謂『葛施』喻形體之長大，『葉萋』喻容色之美盛，其義尤爲不倫。朱傳以爲絺綌既成，告師氏使告於君子以將歸寧之意，獨爲深得詩人之旨。至所稱『貴而能勤，富而能儉，已長而敬不弛於師傅，已嫁而孝不衰於父母，』語尤精切，可謂善於說詩者矣。然尚似有未盡焉者。何者？詩之爲體多重末章，而前特爲原起。此篇本爲歸寧而作，然不遽言歸寧，先言葛葉之生，時鳥之變，感物思親，此其時矣。然而絺綌未就，婦功未成，不敢歸也。待葛既盛，製爲衣服，婦功成矣，夫家之事畢矣，可以歸矣，而仍不遽歸也。乃藉師氏以請於夫，而云『害澣害否，』猶爲不敢必之詞焉。其敬事而不敢顧其私，尊夫而不敢擅自主，爲何如哉！歸寧父母，孝也，人子之至情也，猶不敢專如此，況其他乎！若夫朱子所言，固爲美德，然富貴而勤儉，尚未足爲大節，而歸寧父母，亦女子之常。惟是女子以夫爲天，義不當顧其私，而後世婦人以恩勝義者多，以義裁恩者少。至於等夷視夫，尤近時之敝俗。是以關雎既得淑女，卽次之以此篇，此乃婦德之第一義也。

三代婦人罕自專

三代以上，婦人罕有自專者，罕有敢自顧其私者；雖至其子之世，猶然。文嬴，君母也，其請三帥也，詞甚婉，先軫斥之而不怒也。成風，僖公所生母也，其請恤須句也，詞甚正，不敢以其私親煩國人也。其不然者，惟晉悼夫人一人耳。然司馬侯歸田不盡，亦無如之何。城杞之役，諸侯譏之，不謂平公之善承親志也。蓋緣先王以此等詩爲敎，耳濡目染，是以其時婦人習爲當然；即有一二欲易之者，而男子亦共以爲非，勢不能行。敎之入人深矣！後世婦人愛其母家率甚於其夫家，當其夫時且多專行而不顧者，况其子之世乎！豈非敎廢於上，則俗變於下哉！此二南所以爲王化之基，惜乎先儒之論皆未及乎此也！故余略其小者弗論，而取其大有關於名敎者論之。

本篇非求賢審官

卷耳

此篇據毛鄭說，以爲求賢審官：『寘周行』爲寘賢人於列位；『馬虺隤』爲閔使臣之勤勞。然以夫人而『我』其臣，言太親狎，非別男女遠嫌疑之道。况『牝雞之晨，維家之索，』人君之職而夫人侵之如是，豈可爲訓哉！官人之說雖本之春秋傳，然古人引詩多斷章取義，不可執也。傳美秦穆之用孟明而云『于以采蘩，于沼于沚，』豈采蘩一詩即爲舉人之周者言之乎！朱子以爲婦人念其君子者得之。但以『我』爲自我其身，則登高飲酒，殊非婦德幽貞之道。即以爲託言而語亦不雅。竊謂此六『我』字仍當指行人而言，但非我其臣，乃我其夫耳。我其臣則不可，我其夫則可；尊之也，親之也。春秋經傳於本國皆我之，『齊師伐我』『我張吾三軍而被吾甲兵』是也。『寘彼周行』卽指所懷之人，猶大東之言『佻佻公子，行彼周行』也。『陟彼崔嵬，我馬虺隤』念道途之險阻，行役之艱難也。『我姑酌彼金罍，惟以不永懷』愛之至，故欲其自寬而不忍以燕好之情損其身也。如是，則於文爲順，而於義亦爲長。無錦衾角枕之思，而但有夙夜風霜之慮，是其情發乎正而不流於昵，可以爲訓於後世矣。是故，二南之首以關雎者，男先乎女，子之義也；次以葛覃，婦敬夫也；又次以卷耳，婦愛夫也。愛易而敬難，故先敬而後愛。能如是之敬愛其夫，夫之所以寤寐求而琴瑟友也。易傳所謂『夫夫婦婦而家道正，正家而天下定』者，此也。故古人以此爲燕射房中之樂，而不爲二南，如正牆面也。然要之均不似后妃事也。

二篇均不必屬太姒

樛木　螽斯

序及朱傳皆以樛木爲后妃能逮下而無嫉妬之心，螽斯爲后妃不妬忌而子孫衆多。余按，螽斯之旨當如序傳所云；若樛木則未有以見其必爲女子而非男子也。玩其詞意，頗與南有嘉魚，南山有臺之詩相類；或爲羣臣頌禱其君，亦未可知。 要之，此二詩者，皆上惠恤其下而下愛敬其上之詩。 文王太姒之德固當如是，卽被文王太姒之化及沐其遺澤者亦當有之。 聞伯夷之風者，頑夫廉，懦夫有立志，聞柳下惠之風者，鄙夫寬，薄夫敦，況周三分有二，文王太姒之化如風行草偃者哉！ 故讀此詩者，觀其上下一體，誠意相孚，恍然猶見盛世之風，熙皡之象，於以知文王太姒之化之神且遠，正不必定屬之文王太姒而後見其美也。 朱子辨柏舟篇序云，『文意事類可以思而得，時世名氏不可以强而推，』至哉斯言，可謂善於讀詩者矣！ 獨於關雎以下五篇而必屬之文王太姒者何哉？ 余從朱子之意，是以不敢盡從朱子之言。 說並見前篇首周南條下。

桃夭

風俗之美

此篇語意平平無奇；然細思之，殊覺古初風俗之美。 何者？ 婚娶之事，流俗之所豔稱。 爲壻黨者多以婦之族姓顏色爲貴而誇示之，碩人之詩是也。 爲婦黨者多以壻之富盛安樂爲美而矜言之，韓奕之詩是也。俗情類然，蓋雖賢者有不免焉。今此詩都無所道，祇欲其『宜家室』，『宜家人』，其意以爲『婦能順於夫，孝於舅姑，和於妯娌，卽爲至貴至美，此外都可不論，是以無一言及於紛華靡麗者。非風俗之美，安能如是！第謂其婚姻以時，猶恐未盡此詩之旨也。

郤至及序傳說均非

兔罝

此篇據春秋傳郤至之言，以『公侯干城』爲盛世事，『公侯腹心』爲衰世事。序及朱傳則皆以爲化行俗美，賢才衆多，故詩人美之。余玩其詞，似有惋惜之意，殊不類盛世之音。何者？世之盛也，公侯皆汲汲以求賢，卿大夫咸搜剔巖穴以充百職事，朝既不聞倖位，野安得有遺才！太平日久，上下恬熙，始不復以進賢爲事，是以世胄常躡高位而寒畯苦無進身之階，文士或間一遇時，而武夫尤難以逢世。以故詩人惜之曰，『此林中之施兔罝者，其才皆公侯之干城，公侯之腹心也。』惋惜之情，顯然言外。不然，既足爲干城，爲腹心矣，何以爲公侯者猶聽其託跡於『中林』，寄情於『兔罝』

哉?

以一篇兩屬之固非是，即以爲俗美賢多亦恐未合詩人之語氣也。

由盛之衰

兎罝一篇乃由盛而之衰之詩。蓋盛則賢才聚於廊廟，干城腹心之材不棄於『中逵』『中林』之地。衰則風俗日偷，人材漸少，中逵中林之地亦罕有干城腹心之材。惟盛之後，衰之初，卿大夫世祿者多不必皆有才能，而在下之美俗淳風尚未大變，是以畎畝之間往往有奇才可寄爪牙者。於斯時而無人爲振作之，久之而風俗遂日敝；關雎桃夭之化遂變而爲喬木游女之風。君子於此可以觀世變焉。故孔子曰，『詩可以觀，』又曰『誦詩三百授之以政不達亦奚以爲，』豈不信哉豈不信哉!

芣苢

本篇詞意不可知

此篇序云，『后妃之美也。和平，則婦人樂有子矣。』傳云，『芣苢，馬舃;馬舃，車前也:宜懷妊焉。』余按藥之治難產者甚多不必其車前也;自漢以來，婦人無不樂有子者，亦不必其文王時也。朱子以爲『化行俗美家室和平，婦人無事，相與采此芣苢，』於理爲近。然婦人挑菜乃田間常事，豈必化行俗美而後然哉! 余謂此詩詞意必有所謂，後世失其旨耳。 昔唐武氏生四子，已殺其長子宏，復欲殺其次子賢。賢作黃臺瓜詞曰『種瓜黃臺下，瓜熟子離離。一摘使瓜好，再摘使瓜稀；三摘猶自可；四摘抱蔓歸。』 其後肅宗信讒殺其子倓，代宗時爲太子，憂危之甚，李泌乃爲帝誦此詞，由是代宗得以不廢。 豈非其詩之足以感人哉！ 然若不知其旨則亦淡而無味，瓜好瓜稀何殊里巷之俗談耶！ 芣苢之詩與此正同，既莫知其事跡，故不得其解耳。 然反復諷誦之，觸於事勢亦有足與感者，斷章取義亦足以資語言，正不必曲爲之說也。

漢廣

游女非美俗

此篇序云『文王之道被於南國，美化行乎江漢之域，無思犯禮，求而不可得也。』朱傳亦云，『文王之化自近而遠，先及於江漢之間，而有以變其淫亂之俗。 故其出游之女，人望見之而知其端莊靜一，非復前日之可求矣。』 余按，女子處於閨中，正也。不得已而出，『饁彼南畝』可也，『遵彼微行，爰求柔桑』可也。 女而游，其俗固已敝矣。 男子見之賤之可也，置不爲意可也。 從而愛之慕之則俗之敝爲尤甚。 以是爲

『端莊靜一，』彼不游者又何以名之？以是爲聖人之化，豈聖人之化但能使之不可求而不能使之不游不能使之不愛慕乎？蓋此詩乃周衰時作，雖不能閑於禮，而尚未敢大潰其防，猶有先王之遺澤焉。以爲文王之世失之遠矣。江去周都千數百里，漢亦將及千里，謂『由近而遠，先及於江漢之間，』亦誤。

本篇非婦人勉夫

汝墳

此篇序云，『文王之化行乎汝墳之國，婦人能閔其君子，猶勉之以正也。』朱傳云，『汝墳之人以文王之命供紂之役，其家人見其勤苦而勞之。「王室，」指紂所都也。「父母，」指文王也。』余按，『伐枚，』『伐肄，』皆非婦人之事，而『惄如調飢，』『不我遐棄』之語亦不類妻之施於夫者。車鄰之『見君子』傳以爲君矣，菁莪之見『君子』傳以爲賓客矣，何所見此『見君子』之必爲其夫而非他人者？況久別重逢，方深忻慰，易妻薄俗，寧至關懷，亦不應以不遐棄爲幸也。湯誓曰，『夏罪其如台，夏王率遏衆力率割夏邑，』牧誓曰，『俾暴虐於百姓，以姦宄於商邑，』則是桀紂之

此東遷後詩

暴原不行於畿外，詩人何必代爲之憂？而汝之距豐千有餘里，亦無緣謂之『孔邇』也。且前兩章方言其夫，末章忽置其夫不言而言文王，與紂前後語意毫不相貫，古人寧有此文法乎！細玩此詩詞意，與序傳所言了不相似。竊意此乃東遷後詩，『王室如燬』即指驪山亂亡之事，『父母孔邇』即承上章『君子』而言。汝水之源在周東都畿內，蓋畿內之大夫有惠於其民者，其民愛而慕之；以其仕於王朝，故未得見周室既東，大夫避亂而歸其邑，而後民得見之，故傷王室之如燬而轉幸父母之孔邇也。如此，似於文義較順，而章法亦相貫。姑識其說如右。

麟趾

本篇非衰世詩

麟趾一篇，序說略得大意，而以『公子』屬之衰世則非是。此篇極言仁厚之德浹於子姓，非極盛之世不能，安得反謂之衰！其所云『無犯非禮』者，語亦殊淺。惟朱傳稱『麟性仁厚，故其趾亦仁厚』，其言深得詩人之旨；但未必在文王時耳。

麟趾騶虞附子

此詩措語不多，而贊美之意溢於言表，略與召南騶虞相類；而章末皆以『于嗟』

二南後之故

結之有一唱三嘆之音，在詩中別爲一體，故皆附於二南之後，亦取其與關雎，鵲巢相爲首尾之意。　彼王化之基，此王道之成，所謂『金聲而玉振之』也。

讀風偶識卷之一終

讀風偶識卷之二

召南十有四篇

召南之時代與地域

召南十有四篇，舊說皆以爲文王之世南國之詩。今以經傳考之，鵲巢三篇皆燕射時所歌，當爲成周盛時所作。甘棠乃周人之思召公者，召公沒於康王之世，則此詩作於康昭之際明甚。何彼襛矣篇中稱『平王之孫』，則東遷以後之詩無疑也。以詞意觀之，鵲巢三篇乃治內齊家之事，頗類周南關雎之三。行露獄訟失宜，朝政初衰，亦似在周南兎罝之日。摽梅之迨吉，野有死麕之懷春，與『南有喬木』之游女事相類也。何彼襛矣之稱平王與汝墳之憂『如燬』時相近也。然則其詩先後固不一時，不得皆以爲在文王世也。至謂爲南國之詩，惟江有汜一篇有明文耳。若殷其靁，何彼襛矣，乃王畿人所作。其餘諸篇皆無明文，亦難懸定。然則非但不皆在文王世，而亦非盡南國詩矣。惟騶虞乃射時所歌，與鵲巢等篇同，而反列於後者，猶周南之後而殿以麟趾也。說並見各篇中。

鵲巢　采蘩　采蘋

鵲巢敎女子不自私

鵲巢何以居召南之首也？所以敎女子使不自私也。巢，鵲之巢，而鳩居之，言此國此家皆夫之所有，非己所得私也。大凡女子之情多私夫所有爲己物，不體其夫之心而惟己情是狥，故有視其前子庶子遠不如己子者，有疏其夫之兄弟而親己之兄弟者。不知此家乃夫之家，此國乃夫之國，當視夫之親疏以爲厚薄，鳩但居鵲之巢而已，不得遂以爲鳩巢也。必如是，然後可以配其夫。是以于歸之日百兩御之，待之隆者，責之重也。『方』之者何？量度之也。『盈』之者何？生聚之也。鵲有巢而鳩居之，非但享其成業而已，亦必將有內助之功，然後可以無愧於婦職耳。大抵召南前三篇與周南前三篇略相類：其首二篇皆言初婚，次四篇皆言女子之事。惟其所居乃鵲之巢，是以采蘋蘩奉宗廟而不敢少怠也。故以此六篇冠於二南之首，以明國之當

采蘩采蘋敎女子重宗廟

采蘋應在草蟲前

蘋蘩之應用

本於家；而以關雎、鵲巢兩篇冠於葛覃、采蘩諸篇之首，以明婦之當統於夫。古人於此蓋有深意存焉。序第以爲后妃夫人之德，失之遠矣。

采蘩、采蘋何以次於鵲巢後也？所以敎女子使重宗廟也。人所以娶妻者，非徒共其安樂也，必將有所重責之也。婦所以事夫者，非徒飾其儀容也，必將有以重報之也。重蓋莫重於宗廟矣，故舉祭祀而言之也。且夫人君媵妾多矣，卽士大夫亦不乏人，何以獨於妻殊之而與爲敵體？誠以同奉宗廟之故，故重之也。然則爲女子者必與夫爲一體，體夫之心以事夫之宗廟，而保之無或失，乃足以答夫之重禮，故以祭祀之事諄諄言之，其所以警戒女子者深矣！又按采蘋一篇，齊詩在草蟲前，今毛詩則在草蟲後。據禮燕射篇文，『笙入，立於縣中北面，乃合樂周南關雎、葛覃、卷耳；召南鵲巢、采蘩、采蘋，』則是采蘋當與鵲巢、采蘩相屬，不當反在草蟲之後。齊詩之次是也。毛詩誤矣。

祭祀之事多矣，『爲俎孔碩，』『爲豆孔庶，』何爲斤斤於蘋蘩之微物也？曰，此古人貴誠之意也。 春秋傳云，『風有采蘩采蘋，雅有行葦泂酌，昭忠信也。』 蓋有誠敬之心，凡事致其精潔，則雖沼澗之中蘋蘩之菜皆可以奉宗廟，不在於備物也。 抑傳又有之，秦穆公用孟明而修國政，以霸西戎，則引采蘩之首章以美其舉人之周，與人之壹，然則是義也亦可通於用人。 何者？ 沼與沚非難至之地也，蘋與蘩非難得之物也，采之用之卽可以共公侯之事。 是知天下未嘗無才，人主苟能求之，則隨地皆可以得人，所謂『舉人之周』者此也。 苟能任之，則隨事皆可以奏效，所謂『與人之壹』者此也。 信乎，古人之善於說詩，觸類可以旁通，而非後世爲章句訓詁者之所能及也！

二南先言婦人事

周南召南何爲皆先言婦人之事也？ 曰，此先王慮天下之遠也。 蓋天下之平必由於國治，國之治必由於家齊。 故太任思齊，太姒嗣音，而周以興；牝雞司晨而商以亡；褒姒寵，申后廢，而周亦以東遷。 毋以婦人爲輕，婦人之所關於興亡者正不小也！ 故二南之始卽敎之以此，所以正其本而柔其心，使不至於敗國而亡家也。 後世不達此意，惟務徇婦人之情，而婦人亦惟欲徇己之志。 是以西漢有呂氏之禍，王氏之簒，東漢尤以母后專政爲常，其所親則貴寵之，非其所親則疏遠之，若天下爲己之故物者，而不復顧宗廟之隕，豈非此義之不明哉！　馴至唐之武韋，而禍益烈蔑以加矣。　孔子曰，『人而不爲周南召南，其猶正牆面而立也與？』信乎其如正牆面也！

草蟲

本篇未必爲夫婦詩

草蟲序云，『大夫妻能以禮自防也。』箋云，『「未見君子，」謂在塗時也。「既見，」謂同牢而食也。』　余按女待人而行者也，女子之嫁亦有不得已焉，故曰『女心傷悲，殆及公子同歸，』又曰，『女子有行，遠父母兄弟。』　今以未得同牢爲憂，已得同牢爲喜，無恥甚矣，安在其能以禮自防乎！　且既問名納采聘之爲妻矣，寧有不與同牢之理，而煩女子之過慮乎！　朱傳以爲『大夫行役在外，其妻獨居，感時物之變而思其君子，』說爲近是。　但玩其詞意，未見其當爲大夫之妻，亦未見其必爲妻之思夫也。小雅與諸國風稱『見君子』者多矣，皆不訓爲思其夫（車鄰，風雨，菁莪，隰桑，蓼蕭），何獨汝墳，草蟲在二南中卽爲思夫詩乎！　既不可知其人，無寧缺之，不必強以命之，致失詩人之本意也。

甘棠

甘棠，序以爲美召伯，朱傳以爲後人思其德，愛其樹而不忍傷。按春秋傳云，『武子之德在民，如周人之思召公焉，愛其甘棠，况其子乎！』則是此詩乃召公旣沒之後百姓思慕而作焉者。朱傳之說是也。至箋稱『召伯聽男女之訟，不重煩勞百姓，止舍小棠之下而聽斷焉，』亦非是甘棠之陰能庇幾人而於此聽斷乎！朱傳以爲『或舍甘棠之下，』得之。箋又稱『召公爲二伯，故言伯，』亦誤。宣王時，穆公亦稱召伯，詩有家伯，春秋有單伯，豈必爲二伯然後稱伯乎！又按召公沒於康王之世，則此詩作於康昭之際明甚。自此以下八篇蓋皆昭王以後之詩，是以其事則瑕瑜互見，其詞意亦與前五篇不類。然則獨前四篇爲康王以前詩也。

本篇作於召公沒後

行露　羔羊

行露序云，『召伯聽訟也，强暴之男不能侵陵貞女也。』劉向列女傳謂『申女

行露不必爲女

子詩

羔羊非美節儉正直

許嫁於酆，夫家禮不備而欲迎之，女不可，而夫家訟之，故女作此詩。』朱子集傳全用序說，而釋『室家不足』之文則又兼采劉義。　余按召公從武王定天下，相成康致太平，其精明果斷必有大過人者：強暴之男將畏罪之不暇，安敢反來訟人。卽訟矣，召公亦必痛懲之而不爲之理，安有反將貞女致之獄中者哉！　且所謂『禮未備』者，儀乎？財乎？　儀邪，男子何惜此區區之勞而必興訟？　訟之勞不更甚於儀乎？　財邪，女子何爭此區區之賄而甘入獄？　婚娶而論財，又何取焉？　揆之情理皆不宜有。　細詳詩意，但爲以勢迫之不從，而因致造謗興訟耳，不必定爲女子之詩，如序傳云云也。　且此篇在甘棠之後，召伯既沒，甘棠乃作，則此必非文王時詩明矣。

羔羊序云：『召南之國化文王之政，在位皆節儉正直，德如羔羊也。』　余按，『羔裘』，大夫常服，『退食』，大夫常事，初不見有所謂節儉正直者。　鄭箋訓『退食』爲『減膳』，訓『自公』謂『從公』，以爲節儉正直之證。　然獻可替否乃爲正直，從君豈得謂之正直！　『退公』之下係以『自公』，狀以『委蛇』，明謂退自公朝，豈得以退爲減！朱傳以爲『退朝而食於家從公門而出』其訓當矣。然旣不用鄭氏之解，何以仍襲節儉正直之說？節儉正直究於何見之乎？惟朱傳所謂『從容自得』者於理爲近。然則此篇特言國家無事，大臣得以優游暇豫，無王事靡盬，政事遺我之憂耳，初無美其節儉正直之意，不得遂以爲文王之化也。

二篇係諸事廢弛之象

蓋此二篇皆周道漸衰，穆王以後所作，故皆次於甘棠之後。無故而速訟獄，百姓固已不得其平矣。爲大夫者夙興夜寐，扶弱抑强，猶恐有覆盆之未照，乃皆退食委蛇，優游自適，若無所事事者，百姓將何望焉。文王之民可謂安矣，然猶『視民如傷』，『自朝至於日中昃不遑暇食』，大夫安得自暇逸乎！合觀二詩，明係太平日久，諸事廢弛之象，正如金史所云『宰相皆緩語低聲，以爲養相度，以致萬事不理』，然者，豈得以爲文王至治之時詩乎。且余嘗見今之爲州縣者矣，或早起晏眠，勤於職業，則百姓皆得自安於畎畝；若從容暇豫而不事事，則吏胥作奸，强凌弱，衆暴寡，四境之內莫不嗟怨。故孔子曰，『誦詩三百，授之以政不達，使於四方不能專對，雖多亦奚以爲！』正此謂也。自以此爲文王之化，於是百姓之獄訟日繁，大臣之優游養望皆視以爲固然，政與詩判然而不相入矣。

殷其靁

本篇無勸以義之意

此篇，序以爲大夫遠行，其室家勸以義。今玩其詞意，但有思夫之情，絕不見所謂勸義者何在。箋謂『「歸哉歸哉，」勸以爲臣之義未得歸也。』詩明明望其歸，而箋反謂勸以不歸，與經正相悖戾。朱子但謂思念其夫，無勸以義之意，是也。然雖思念而無感傷之情，怨尤之語，則是婦人猶知大義，不至以私害公。卽此見先王之遺澤未遠，正與周南桃夭之詩相類，雖平平無奇而非後世所能及也。然則作詩之時上距成康之世猶未甚遠也。

摽梅　野有死麕

二篇均非文王之化

摽梅，序以爲『被文王之化，男女得以及時。』朱傳從之，謂『女子貞信自守，懼其嫁不及時而有强暴相辱也。』野有死麕，序以爲『天下大亂，强暴相陵；被文王之化，雖當亂世，猶惡無禮。』朱傳從之，謂『女子貞潔自守，詩人因所見而美之也。』余按，男先乎女，正也；以女求男，無恥甚矣。況不俟備禮而欲以一言定約，貞者固如是乎！女子之職，女紅而已，『懷春』則心固已蕩矣。以男誘女，不良莫甚焉，何以尚稱爲『吉士』乎？文王治化旁敷，計必先被於男子而後及於女子，今如序傳所言，行露，摽梅，野有死麕三詩，男無不强暴者，女無不貞潔者；何聖人之化感女易而感男難乎？蓋此二詩原不作於文王之世，其詩意亦必不如序傳之所云者。

借物言情

大抵古人觸目而會心，借物以言情，所言者此，而其意不必果在此，要在讀者善會之耳。孔子曰，『譬如爲山，未成一簣，止，吾止也。譬如平地，雖覆一簣，進，吾往也。』此豈爲爲山者言之乎！然猶云譬也。孔子曰，『歲寒，然後知松柏之後彫也，』則但言松柏矣，聖人豈果爲松柏賦乎！況詩之爲體，尤多假事以喻其意，但取其理之足以相明，情之足以相感，而不得盡執所言者以爲實。是以春秋傳晉執衛侯，鄭伯爲衛侯故如晉，子展賦將仲子兮，晉侯乃許歸衛侯。晉韓起聘于鄭，鄭六卿餞之於郊，子大叔賦褰裳，韓起曰，『起在此，敢勤子至於他人乎！』鄭伯享晉趙孟，子皮賦野有死麕之卒章，趙孟賦常棣，且曰，『吾兄弟比以安，尨也可使無吠。』若如序傳所釋，則三子之取義爲不倫矣。然則此二篇者當時必有所指，但世遠書軼，不可考其爲何事耳。讀者且宜從容涵詠以玩其文理意趣，不必定以强暴公行爲文王之化也。

小星　江有汜

二篇均上惠不逮下

小星序云，『惠及下也。夫人無妬忌之行，惠及賤妾，進御於君，知其命有貴賤，能盡其心矣。』江有汜序云，『美媵也。勤而無怨，嫡能悔過也。文王之時，江沱之間，有嫡不以其媵備數，媵遇勞而無怨，嫡亦自悔也。』朱子集傳亦用其說。余按，世之盛也，上惠恤其下，下敬事其上，讓於德而循於禮，服於善而感於恩，何至諉於命之不同！至於以命自解，則在上者惠固無以逮下，而在下者亦未嘗心悅誠服矣。卽江有汜之『後也悔』，亦似望其悔者，未必其眞悔也。細玩二詩詞意，皆在上者不能惠恤其下而在下者能以義命自安之詩。或果媵妾之所自作，或士不遇時者託之媵妾以喩其意，均不可知。要之皆足以見先王之化入人之深，上雖不能厚施於下，而下猶不敢致怨於上，安於命而望其改，依然忠厚之遺也。故此二篇當與周南之樛木螽斯參看。讀樛木螽斯者，當知爲上者無論男子女子皆當惠愛其下，而後能得其下之愛戴歡悅。讀小星江有汜者，當知爲下者亦無論男子女子，雖上之惠不逮於下，而皆當恪共其事，不可有怨尤其上之心。其庶乎不愧於讀詩矣！然則此二詩固瑕瑜不相掩者，謂爲文王之化，盛世之音，失其旨矣。

何彼襛矣

本篇決爲東遷後詩

何彼襛矣一篇，明言『平王之孫』，其爲東遷後詩無疑。鄭漁仲固已言之矣。蓋此詩雖晚作，然以王姬下嫁而不侈言其貴寵，盛稱其車服，但以『肅雝』美之，則是猶有先代淳樸之遺，是以聖人猶有取焉。乃毛傳云，『平，正也。武王女，文王孫，適齊侯之子。』夫經明明言爲平王而傳猶以爲文王，然則經之未嘗言爲某王而傳强屬之文王者，豈可以勝數哉！且稱爲『平王』者謂非平王宜臼，則其稱爲莊公穆公者

齊侯之子非齊襄公

亦可謂之非魯侯同秦伯任好乎？王氏安石乃以書之『寧王』爲比，劉氏瑾又以大雅之稱『辟王』，商頌之稱『玄王』，『武王』，曲爲之解，強詞奪理，抑又甚焉。何者？夫所謂『寧王』者猶其稱哲王也，所謂『辟王』者猶其稱君王也，可以稱此王，亦可以稱彼王。故寧王或以爲文，或以爲武，泛稱之則可耳。若云『寧王之孫』『辟王之孫』，則不知其果出於何王也。古人寧有如是不通之文理乎！至商以玄王稱契，未聞相土上甲微之亦爲玄王也，以武王稱湯，未聞太甲武丁之亦爲武王也，豈得援以爲比！嗟夫，後之人寧叛聖人之經而不肯少異於漢儒之傳，寧使文理不通而必欲曲全夫相沿之說，眞可爲長太息者矣！且大雅尚書稱文王者無慮百餘，何以不一稱爲『平王』？由是言之，『平王』斷斷非文王明矣。然以『齊侯之子』爲齊襄公，亦恐未然。襄公卽位始取王姬，不得稱爲齊侯之子。春秋書之，不過以魯爲之主故耳，其王姬之不見於春秋者固不知幾何也。說詩者不誣經以從傳，不強不知以爲知，庶乎其可與言詩矣！

騶虞應從魯韓說

騶虞

『騶虞』毛詩以爲仁獸之名，魯詩韓詩則以爲掌鳥獸之官。歐陽永叔以魯韓爲是，而朱傳則用毛說。余按，騶虞之爲獸，稽之經傳皆無文；而傳有『騶人』『虞人』之官，魯韓之說爲有徵矣。且麟趾首句言麟，故下言『吁嗟麟兮』。此篇前二句但言草木禽獸之繁，而末忽嘆美於仁獸，於文義毫不相蒙。自當以魯韓歐陽之說爲正。其詩意則序與朱傳皆得之，但未必在文王時耳。至傳以此詩在召南中，遂以爲南國之詩，亦恐未然。殷其靁，何彼穠矣皆周人之詩，何必此詩定屬之南國乎！此與麟趾皆盛世之音，然乃列於二南後者，蓋序詩者以關雎，鵲巢以下六篇皆王化之基，是以冠於二南之首，此二篇則皆詠歎成周之盛，是以取之以殿二南，以見其化之被於子姓而極於昆蟲草木。猶十五國風之以二南始，以豳風終，不可謂邶鄘十二國之詩在前而豳風在後也。

風無正變

通論十三國風

說毛詩者以二南爲正風，十三國爲變風。余按，七月一篇乃周王業之所自基，東山，破斧敵王所愾，勞而不怨，非盛治之世安能有此，此固不得謂之變也。淇澳以睿聖得民，緇衣以好賢開國，雞鳴之勤昧爽，蟋蟀之戒逸游，皆足以見君德民風之美，何所見其當爲變風也者？蓋春秋之世距成康盛時漸遠，故其詩軼者較多，且當周初方尚大雅，故風與小雅皆不甚流傳，雅音漸衰而風始著，是以衰世詩多，盛世詩少，初未嘗以正變分也。惟二南中關雎，鵲巢之三與麟趾，騶虞以燕射時所歌，故不至於逸耳。安得因此數篇，遂斷以二南爲正風，十三國爲變風也哉！且卽衰世亦未嘗無頌美之詩。若定之方中紀衞文之新政，鳲鳩美淑人之正國，以及干旄之下賢，羔裘之直節，無衣之勤王，較之行露死麕之詩果孰優而孰劣？卽君子于役之『苟無飢渴』亦何異於卷耳之『寘彼周行？』出其東門之『匪我思存』豈不勝於漢廣之『言秣其馬？』何所見而彼當爲正此當爲變乎？鄭漁仲云，『風有正變，仲尼未嘗言而他經不載焉；獨出於詩序。緇衣之美武公，駟驖小戎之美襄公，亦可謂之變風乎？』其說是矣。然又爲『變之正』之說以斡旋之，則是猶未免依違於兩可也。朱子亦言『正變之說經無明文可考，』然亦姑從序說，吾不知其爲何故也。

太史采風之說不可信

舊說『周太史掌采列國之風，今自邶鄘以下十二國風，皆周太史巡行之所采也。』余按克商以後下逮陳靈近五百年，何以前三百年所采殊少，後二百年所采甚多？周之諸侯千八百國，何以獨此九國有風可采，而其餘皆無之？曰，孔子之所删也。曰，成康之世治化大行，刑措不用，諸侯賢者必多，其民豈無稱功頌德之詞，何爲盡删其盛而獨存其衰？伯禽之治，郇伯之功，亦卓卓者，豈尚不如鄭衞，而反删此存彼，意何居焉？且十二國風中，東遷以後之詩居其大半，而春秋之策王人至魯雖微賤無不書者，何以絕不見有采風之使？乃至左傳之廣搜博采而亦無之，則此言出於後人臆度無

詩序所舉人名不可信

疑也。蓋凡文章一道，美斯愛，愛斯傳，乃天下之常理，故有作者卽有傳者。但世近則人多誦習；世遠則漸就湮沒。其國崇尙文學而鮮忌諱則傳者多；反是則傳者少。小邦弱國，偶遇文學之士錄而傳之，亦有行於世者；否則遂失傳耳。不然，兩漢六朝唐宋以來幷無采風太史，何以其詩亦傳於後世也？大抵漢以降之言詩者多揣度而爲之說，其初本無的據，而遞相沿襲，遞相祖述，遂成牢不可破之解，無復有人肯考其首尾而正其失者。迨於有宋諸儒，甚且以後漢人所作之序命爲周太史之所題。古人已往，一任後人之加之於伊誰，良可慨也！

世儒皆謂『詩序近古，其說必有所傳。十二國風之中稱爲美某公，刺某公者，必某公之事無疑也。』雖然，余嘗細核之矣。邶，鄘，衞風三十九篇，直指爲某君者十有七。王風十篇，直指爲某王者五。鄭則二十一篇而直指者十有一。齊則十一篇而直指者六。唐則十二篇而直指者九。陳則十篇而直指者七。乃至秦止十篇而得九，曹止四篇而得三。惟其事與君無涉則已耳，苟事涉於其君，不舉其謚則稱其名與字（如秦仲衛州吁之類）。徒稱君者百不得三四焉。可謂言之鑿鑿也已！而獨魏風七篇，檜風四篇則無一篇直指為某君者。言及其君，但云『其君儉嗇褊急，』『其君儉以能勤，』『君不用道，』『憂其君，』『刺其君，』『疾其君』而已，未嘗一舉其謚若字。此何以說焉？既果眞有所傳，何以此二國獨不知其為某公？況檜亡於魯惠之世，魏亡於魯閔之世，且在齊哀陳幽之後二百餘年，何以遠者知之歷歷而近者反皆不之知乎？蓋周齊秦晉鄭衛陳曹之君之謚，皆載於春秋傳及史記世家年表，故得以採而附會之；此二國者，春秋史記之所不載，故無從憑空而撰為某君耳。然則彼八國者亦非果有所傳，而但就詩詞揣度言之，因取春秋傳之事附會之也彰彰明矣！諺曰，『寧在人前全不會（俗呼「能」為「會」），莫在人前會不全。』蓋會不全則智窮於所域，其為勦襲與否人一望而知之，不能欺也。然自有序以來，斥其妄者自朱子及鄭漁仲，王伯厚以外不多覯焉，其亦可怪也夫！

綠衣日月非莊姜傷己失位而不見答之詩

邶鄘衛風

綠衣以下四篇序皆以爲莊姜之詩。綠衣序云，『衞莊姜傷己也。妾上僭，夫八失位而作是詩也。』日月序云，『莊姜遭州吁之難，傷己不見答於先君以至困窮也。』余按春秋傳文，絕無莊姜失位而不見答之事。桓公，戴嬀子也，而莊姜以爲己子，立以爲太子，非夫婦一體安能得之於莊公！且使莊公而好德也，必無縱妾上僭之事；如好色也，莊姜之美誰能踰之，而反使之失位乎！至幸嬖人而生子，亦人君之常事，春秋傳中多矣，不得以此爲不答莊姜證也。原序所以爲是說者，無他，皆由誤解春秋傳文，謂莊姜無子由於莊公之不答。是以碩人序云，『莊姜賢而不答，終以無子。』然有子無子豈盡在答與不答哉！漢薄氏，宋李妃皆以一夕之幸而有子；趙飛燕合德專寵嫉妬而卒無子；今世夫婦相愛，不忍畜妾而無子者何限。乃以莊姜無子遂懸坐莊公以不答之罪，可謂漢庭鍛鍊之獄矣。莊公之失惟寵州吁一事耳，然此特由溺愛而無遠慮，與齊僖公之寵無知正同，初不料其後日有弒奪之禍也。果縱妾使上僭，果不答莊姜而使之失位，則亦何難廢桓公而立州吁。然則莊公初未嘗有大昏惑之事也，不過說詩者强以加之，以斳其說之相符耳。且使莊姜果賢，莊公即不見答，猶當委婉措詞，怨而不怒，庶不失詩人忠厚之旨。乃日月之詩云，『乃如之人兮，德音無良，』何至於是！彼谷風之棄婦又當作何語乎？使莊姜果如是，則亦無怪莊公之不答矣！爲是說者，非止誣莊公，抑且誣莊姜，而敎天下婦人以懟其夫，其所關於名敎風化者非小事也。由是言之，此二詩者或係婦人不得志於夫者所作，其所處之地必有甚難堪者；斷斷非莊姜詩也。蓋漢之取士多以經術，而每經有數家之傳，故師弟子相授受務巧於說經，以期求勝於人，而不肯缺所不知，猶今人之致力於講章，求工於舉業以期得雋也。說經者能傅會以他經傳，則人驚其淹博，服其論議，以爲其說有據，猶今人於場屋中能勦襲左傳，塗抹三禮，則考官咸以爲博而拔擢之，不復問其經旨之合與否也。是以其說如是，本無足怪。而後之人遂奉以爲不刊之論，致古人之受誣幾二千年而不能白，則大誤矣。乃朱子於此數篇皆從序說，且併柏舟一篇亦疑以爲莊姜之詩，吾不知其爲何故也。說並見後燕燕終風碩人諸條下。

燕燕非莊姜送戴嬀詩

燕燕序云，『衞莊姜送歸妾也。』箋云，『完立而州吁殺之，戴嬀於是大歸，莊姜遠送於野作詩以見志。』余按此篇之文但有惜別之意，絕無感時悲遇之情。而詩稱『之子于歸』者，皆指女子之嫁者言之，未聞有稱大歸爲于歸者。恐係衞女嫁於南國而其兄送之之詩，絕不類莊姜戴嬀事也。自莊公之立至是已三十有九年，莊姜戴嬀恐不復存。史記以爲戴嬀先死而後莊姜以桓公爲己子，雖未敢必其然，然獻公之出也定姜見於傳，其入也敬姒見於傳，而記桓公之弒，州吁之殺，絕無一語及於莊姜戴嬀，若無二人然者，則二人固未必存也。且莊姜旣以桓公爲己子矣，莊姜當大歸，何以大歸者反在戴嬀？而古者婦人送迎不出門，莊姜亦不應遠送於野也。又按，魯詩韓詩及列女傳皆以此爲定姜所作：或以爲獻公無禮於定姜，故定姜作此；或以爲定姜歸其娣，送之而作；或以爲定姜送婦作。然以詞意觀之，時勢考之，皆未有以見其必然。蓋皆各以其意揣度言之，是以參差不一，皆未可執以爲實也。說並見前條下。

終風非莊姜傷己遭州吁侮慢詩

終風序云，『莊姜遭州吁之暴，見侮慢不能正也。』 余按，州吁，弒君之賊也；莊姜，婦人，不能討則已耳，豈當愛之而復望其愛己。 乃曰，『顧我則笑，謔浪笑傲，』此何言也而可以出之口！ 曰，『寤言不寐，願言則懷，』此何人也而可以存此心！ 莊姜果賦此詩，一何其無恥乎！ 朱子集傳固已覺其不合，乃以『終風』爲指莊公。 然比之以『終風且暴，』斥之以『謔浪笑傲，』皆非莊姜所當施之於莊公者。 且既謂莊姜不見答於莊公矣，又何以有『顧我則笑』之語？ 詳其詞意，絕與莊姜之事不類，是以施之於州吁不合，施之於莊公亦不合也。 竊謂年遠事湮，詩說失傳者多，寧可謂我不知，不可使古人受誣於千載之上。 說並詳前兩條下。

擊鼓非州吁伐鄭事

天下之事有我所知，有我所不知。 不可謂有所知者已盡天下之事，而天下之言斷無有在我所知之外者也。 擊鼓一詩序以爲『衞州吁用兵暴亂，使公孫文仲將而平陳與宋，』則是卽春秋魯隱公四年四國伐鄭事也。 然今考之經文則大不然。 凡兩國不相和而爲和之曰『平，』春秋『平莒及郯，』『卒平鄭衞』是也。 今也衞自

式微旄丘非黎

伐鄭以媚宋耳，而詩乃云『平陳與宋，』宋與陳初無隙也，何平之有！東門之役，五日而還，不爲久也；秋而再伐，州吁旋死，則亦旬月而還師矣。而詩乃曰『爰居爰處，爰喪其馬，』苟非師老歲淹，暴露已久，何至爲是言乎？細玩此詩，其非州吁伐鄭之事明甚。蓋春秋之始上去平王東遷已四十有九年，其間諸侯交兵之事蓋多有之，但不見於經傳，無可考耳。我所未知，遂謂必無是事，凡所言者皆我所知，苟取其近似者而附會之，嗚乎，何其謬也！且衞有孫氏，衞之世卿也，故曰『從孫子仲。』序乃以爲公孫文仲，亦誤。朱子詩傳不駁其失，以爲或然，固已異矣。乃後人之復爲委曲彌縫其說，則尤大謬。或云『先和陳宋而後進兵，』然則何以不言其後而但言其先？或云『自夏而秋，僅隔一時，必帥師在途，又聞後命，未得班師故也，』然則春秋何以兩書伐鄭？且衞與鄭數百里耳，五日而還，不匝旬而至國矣，何至歷三月而猶未歸乎？嗟夫，但欲曲護前人之失，遂不顧其說之不通，古人之詩其晦於後人之說詩者，豈可勝道哉！

式微序云，『黎侯寓於衞，其臣勸以歸也。』旄邱序云，『責衞伯也：狄人迫逐黎

侯寓衛事

侯，黎侯寓於衛衛不能修方伯連帥之職，黎之臣子以責於衛也。』余按春秋宣公十五年傳文，酆舒殺晉伯姬，晉侯將伐之，伯宗斥酆舒有五罪而奪黎氏地居其一焉。其年晉侯滅赤狄潞氏，立黎侯而還。則是黎之失國在魯文宣之世，酆舒爲政之時，上距衛之渡河已數十年，黎侯何由得寄於衛，衛亦安能復黎之國乎？其時不符，一也。黎在山西，衛在山東。而詩乃云，『狐裘蒙茸，匪車不東。』方欲西歸而反以『不東』爲解，豈非所謂『北轅將適楚』乎！其地不合，二也。且黎既失國，則其故土爲狄所據，黎侯安能歸國，而其臣乃勸之？衛自宣公以後日就微弱，而狄日以强大，晉文襄之盛且不暇於制狄，而奈何以之責衛乎？細玩詩詞，或果有鄰國之君寓於衛，或別有所指而傳者失之，均未可知。說毛詩者但見春秋傳有奪黎氏地及立黎侯之事，未暇細考，遂附會而爲之說耳。後人乃强爲之解，謂黎侯凡再失國，黎侯寓在衛東，故云『匪車不東，』欲以曲全序說，謬矣！

新臺二子乘舟

新臺序云，『刺衛宣公也：納伋之妻，作新臺于河上而要之，國人惡之而作是詩

非衛宣公及伋壽事

左傳記宣公烝夷姜生急子事不可信

也』。二子乘舟序云，『思伋壽也：衛宣公之二子爭相爲死，國人傷而思之，作是詩也』。其事蓋本之春秋傳。然詩所言殊與傳所載者不類。何者？伋，宣公之子也。以父而奪子妻，禽獸行也，此眞所謂『言之醜者』。乃但笑其『籧除』，『戚施』，若憎宣公之老且醜者，少知名義者肯爲是言乎！旣至而知其美，故奪取之。未至而先築臺，又不於國而於河上，欲何爲者？壽死於盜，伋始至莘，詩何以稱『二子乘舟』？自衞至齊皆遵陸而行，特濟水時偶一乘舟耳。旣非於河上遇盜，何不言其乘車，而獨於其乘舟詠之思之？細玩二詩之詞，與傳所載伋壽之事了不相涉，其非此事明矣。

然卽傳文亦有未可以全信者。宣公之立在魯隱公四年，石碏旣殺州吁，迎於邢而立之。而傳稱宣公烝於夷姜，生急子（卽序之伋）。謂烝於夷姜在爲公子時乎，則當莊桓之世必不敢，而在邢又不能。且石碏討賊立君，亦必擇其賢者，左公子洩，右公子職，何人不可以立，而必立此淫亂之人乎？謂烝於夷姜在已爲君後乎，則宣公在位僅十有九年，急子之娶少亦當十四五歲，早亦當在宣公十六七年之時，則宣公卒時壽朔皆

詩序惟鄘風多得實

尙在襁褓，壽安能盜旌而先？卽朔亦不能搆急子也。此乃必無之事，昔人固有辨之者矣（偶忘爲何書何人之說。〔通世按，此說見明沈起元左燈，而左傳孔疏亦既疑之矣〕）。蓋緣左傳一書采摭太廣，但有所得，卽綴於篇而不暇辨其是非虛實。況此事乃後日所追述，非若朝聘侵伐史臣按月而書者比，固未可盡執爲實也。嗟夫，左傳猶不能以無誤，況於詩序，烏在其可以盡信乎！

詩序惟鄘風多得實。定之方中，經有明文，載馳，傳有明文，不待言矣。柏舟以爲共姜自誓之詩。今玩其詞，『我儀』『我特』之稱，『之死靡他』之語，其爲婦人守貞不貳之作無疑；而『髧彼兩髦』屬之於世子，語亦符合。此必有所傳而云然，非揣度而爲之說也。牆茨，偕老，鶉奔三篇以宣姜昭伯之事當之，雖無確據，然玩其詞意與其事正相合，序說近是。惟傳以鶉奔爲假惠公之言以刺之，尙恐未然。觀其稱『君』而不稱母，或衞之羣公子所作，未可知也。蝃蝀以下三篇亦得詩意，但時世則未可知耳。唯采唐說者多疑之；說見後條。

衛俗非鄭所能及

鄭風二十一篇，男女相悅者不下十篇，其守正不淫者一篇而已。鄘風凡十篇，貞者一篇，淫者一篇，而刺淫者乃至四篇之多。衛俗非鄭能所及也！且東門不過自明其志而已，未嘗敢斥淫者之失。而鄘乃云『不可道，』『言之醜，』『子之不淑，』『人之無良，』『大無信，不知命，』深斥痛絕，至於如是何哉？蓋風俗所在，雖賢人亦無如之何。彼既習於淫矣，而有一守正者出焉，方且嫉之笑之，求得免焉足矣，何敢反以責人。若公然深斥之，痛絕之，不一而足，則是先王之禮敎猶存，民間之風俗未壞，賢者多而不肖者少，見無禮者羣然怪之，是以絕之斥之而無所忌，人亦以爲是而傳而誦之也。吳季札云，『衛康叔武公之德如是，』豈不信與！吾故讀牆茨，君子偕老，鶉奔三篇而知衛之必亡，而又知衛之必將復興也。至其立言之妙，則牆茨，君子偕老二篇爲最。牆茨一篇初不明斥其惡，而但云『不可道，』『言之醜，』不言之刺甚於言矣。君子偕老先從對面著筆，而以『象服是宜』一句跌醒，然後用二語點出主意，筆法之巧，最耐咀嚼玩味。孔子曰，『不學詩，無以言，』良不誣也。相鼠刺無禮儀，亦足以見桑中等篇作詩者無刺意。

風俗之美。

詩序云，『桑中，刺奔也。衞之公室淫亂，男女相奔，至於世族在位，相竊妻妾，期於幽遠，政散民流而不可止。』呂氏祖謙云，『詩之爲體不同，有鋪陳其事不加一詞而意自見者，此類是也。』嚴氏粲云，『或以桑中爲淫奔者所自作，則非所謂止乎禮義矣。當從國史所題以爲刺也。』朱子詩序辨說云，『此詩乃淫奔者所自作。序之首句以爲刺奔，誤矣。』又云，『詩之爲刺固有不加一詞而意自見者，淸人猗嗟之屬是已。然嘗試玩之，則其賦之之人猶在所賦之外。豈有將欲刺人之惡，乃反自爲彼人之言，以陷身於所刺之中而不自知也哉！』又云，『以是爲刺，不惟無益，殆恐不免於鼓之舞之而反以勸其惡也。』余按，桑中一篇但有歎美之意，絕無規戒之言。若如是而可以爲刺，則曹植之洛神賦，李商隱之無題詩，韓偓之香奩集，莫非刺淫者矣。夫子虛上林，勸百諷一，古人猶以爲譏，況有勸而無諷，乃反可謂之刺詩乎！余嘗細核序文，比其前後而參觀之，同一題爲刺而其文互異。新臺以爲刺宣公，則其文云『國人惡之而作是詩。』南山以爲刺宣公，則其文云『大夫遇是惡，作詩而去之。』諸如此類，序以爲作詩者之刺其君，文甚明也。若桑中序首言『刺奔』而下但言『衞之公室淫亂，男女相奔，』還序首言『刺荒』而下但言『哀公好田獵，國人化之，習於田獵謂之賢，閑於馳逐謂之好，』丰序首言『刺亂』而下但言『婚姻道缺，』著序首言『刺時』而下但言『時不親迎，』皆無一言及於詩人之刺之者，與新臺南山諸篇之文絕不類。疑作序者以錄此詩於國風中以垂戒於後世故謂之刺，未必果謂作此詩者之刺之也。凱風序云，『美孝子也，』而詩稱『有子七人，莫慰母心，』此爲美之乎？抑爲責之乎？疑序亦以錄此詩爲美之，非以作此詩爲美之也。靜女有狐之『刺時，』溱洧綢繆之『刺亂，』恐亦皆當如是，正不必曲爲說以附會之也。

干旄訪賢才

衞之重封，由於齊桓。齊桓所封者，邢與衞也。然邢僅二十餘年而遂亡，而衞歷春秋及戰國秦又數百年而始亡，何哉？吾讀干旄之篇而知衞之所以久存良有由也。蓋國家之治惟賴賢才，而賢才不易得，故人君於賢才不惟當舉之用之，而且當鼓之舞之。

旌旄之賁於浚，所以下賢也，卽所以勸賢也。下賢，則有以咨諏治道。勸賢，則人皆爭自濯磨而賢才將不勝其用。故季札至衞而曰，『衞多君子，未有患也。』君子之所以多正由其君好賢，因而其卿大夫咸知下士，躬訪賢才於畎畝中，以故人皆競於賢耳。是知立國之規模未有不在於好賢者。讀詩者能以此篇例之，則授之以政而無不達者矣。

碩人非閔莊姜詩

碩人，序以爲閔莊姜之詩，謂『莊公惑於嬖妾，使驕上僭，莊姜賢而不答，終以無子；國人閔而憂之。』朱子集傳從之，更無異說。余按此篇凡四章，首章言其貴，次章言其美，三章言其婚成，四章言其媵衆，毫不見有刺莊公之意，不知序與傳何從而知之？且玩詩詞，乃其初至時作。當其初至，何由預知異日莊公之不見答以至無子而閔之？其三章云『大夫夙退，無使君勞，』方且代體莊公『晏爾新婚』之情而惟恐其過勞，烏有所謂憂其不答者哉！按序與傳之意，皆由誤解春秋傳文，遂幷以誤解詩。春秋傳云，『衞莊公娶於齊東宮得臣之妹，曰莊姜，美而無子，衞人所爲賦碩人也。』此詩次章正言莊姜之美，則是以此詩證其美，非以此詩證其無子也。若云『美，衞人所爲賦碩人也，而無子，』則語不成文矣。故待其文既畢，然後證之，非謂因其無子而後賦此詩也。且春秋傳所記並無莊公不答之事；有子無子亦不在答與不答也。卽嬖人生子，亦當在晚節，非莊姜歸時已然，何故初歸而卽不答以致無子乎？二嬀之娶後此矣，然厲嬀生子孝伯，戴嬀生子桓公，莊姜娶於二嬀之前，何以獨不見答而無子乎？詳序所言與傳了不相合。乃朱子云，『此序據春秋傳得之。』嚴氏粲云，『題以「閔」莊姜，有左傳可證。若不用序，以此爲「美」莊姜，可乎？』此大不可解也。且詩果以莊姜賢而不答而閔之，則當極言其賢，微諷其不答。乃但侈稱其族之貴，色之美，車服之盛，媵妾之多，賢何在焉？稱人之賢者固如此乎？至於不答，則絕無一語微露之。朱子但欲曲全序說，乃云，『稱其族類之貴，見其爲正嫡小君，所宜親厚，而重歎莊公之昏惑也。』於三章則云，『歎今之不然也。』詩自言彼，傳自言此，舛矣！夫詩之體雖婉，要必其言微露此意，乃可從而暢之。若詩絕不言，而吾必謂其有此意，天下倘有不可附會者乎！近世有不喜李白詩者，取杜甫春日懷李白詩釋之，謂甫素輕白，云『白也之詩號爲無敵，然不過飄然思不羣而已。其清新不過如庾開府，其俊逸不過如鮑參軍，何嘗果無敵乎！何時重與白聚，細論詩律以發其蒙也？』集傳之釋此詩，毋乃類是？嗟乎，不欲改先儒之說，無寧聽古人之誣，孰輕孰重，必有能辨之者。說並見前綠衣諸詩下。

河廣非宋襄公出母詩

河廣序云，『宋襄公母歸於衛，思而不止，故作是詩也。』朱子集傳因之，云『衛在河北，宋在河南。宋桓公夫人生襄公而出歸於衛。襄公卽位，夫人思之而義不可往，故作此詩。』余按春秋閔公二年，狄滅衛，衛人渡河而廬於曹。僖公九年，宋桓公乃卒。則襄公之世衛已在河南，不待杭河而後度也，詩安得作如是言乎！孔氏穎達，嚴氏粲固已覺其不合，顧不肯變易舊說，乃復曲爲之解。孔氏以爲假有渡者之詞，非喻夫人之嚮宋渡河也。然則三百篇中何語不可謂之假設，亦何所取義於河而假之乎？嚴氏以爲作於衛未遷之前，桓公猶在。然則夫人非義不可往，乃勢不能往，其作此詩，一何無恥也！蓋序與傳之爲此說，不過一時失於檢點，而忘襄公之立在衞渡河以後。學者不肯直抉先儒之誤，已非直道而行之正，况欲委曲迴護以誣古人而惑後世乎！是所謂『豈徒順之，又從而爲之辭』也。且宋桓賢君也，其夫人思子而能止乎禮，則亦賢夫人也，以賢夫人而遇賢君，何以得出？夫婦之義重矣，苟非得罪宗廟，不至於出。夫人而賢也，必無可出之罪；無罪而出之，又豈賢君之所爲乎！余玩此篇詞意，似宋女嫁于衞，思歸宗國，而以義自閑之詩。學者以是爲說亦可矣，何必誣古人而後足以垂世立敎哉！朱子最不取序，然其本序意以說詩者一何多也？

伯兮非衞人從王伐鄭事

伯兮一篇，鄭氏以爲卽春秋桓五年蔡人衞人陳人從王伐鄭之事。朱子云，『詩言「自伯之東，」鄭在衞西，不得爲此行矣』（衞未渡河以前，鄭在衞南，『西』字疑誤）。其說是也。乃孔氏正義復曲爲之解，言『兵至京師乃東行伐鄭。』京師在衞之西數百餘里，豈得置西不言而反言東，天下有如是不通之文理乎！况諸侯之師從王伐鄭，必有約會之地，斷無至周而後東行之理。觀春秋傳，諸侯會晉伐鄭，從未有至晉而

膏沐爲夫容

說有狐木瓜者之鍛鍊

後南行者。其說之誣，亦已明矣。蓋自平王之東四十有九年而後入春秋，其時王室尚未甚微，安知其無征伐之事。而外征伐之不書於魯史之策者亦多，豈得見有桓王伐鄭一事，遂紆曲牽合以附會之哉！抑吾於此詩有感焉。古之婦女，「膏沐」而已。膏沐，以爲夫容而已。秦漢以來，始有脂粉；唐人尤以爲重。宋元之際，加以纏足，而天眞幾不復存矣。余幼時見婦女妝束尙近渾樸；近則惟務趨時，妖淫怪妄愈出愈奇，見之令人作惡，而其人以爲非是不足以逢時，至有其夫禁之而不聽者，吾不知其「誰適爲容」也。故誦此詩有三益焉：一則爲人上者知夫婦離別之苦，而兵非不得已而不用；一則爲丈夫者念閨中有甘心首疾之人，而路柳牆花不以介意；一則爲婦人者知膏沐本爲夫容而不可學時世梳妝以悅觀者之目。則庶乎其爲不徒誦此詩也已！正不必取春秋中事以附會之也。

天下有詞明意顯，無待於解，而說者患其易知，必欲紆曲牽合，以爲別有意在。此釋經者之通病也，而於說詩尤甚。有狐，木瓜二詩豈非顯明易解者乎！狐在淇梁，寒將至矣：衣裳未具，何以禦冬？其爲丈夫行役，婦人憂念之詩顯然。而箋云，『婦人喪其妃耦，欲與人爲室家。』夫他人無裳與己何涉，婦人如此之無恥乎？且何所見『之子』之必爲他人而非其夫也？木瓜之施輕，瓊琚之報重，猶以爲不足報而但以爲永好，其爲尋常贈答之詩無疑。而序云，『美齊桓也。衞處于漕，齊桓救而封之，遺之車馬器服。衞人欲厚報之而作是詩。』夫齊桓存衞，其德厚矣，何以通篇無一語及之而但言木瓜之投？感人之德者固如是乎？且衞於齊有何報而乃自以爲瓊琚也？漢周亞夫之子爲父治葬，具買甲楯五百被。廷尉責曰，『君侯欲反邪？』亞夫曰，『臣所買器乃葬器也，何謂反！』吏曰，『君侯縱不反地上，卽欲反地下耳。』世之說詩者何以異此！蓋漢時風氣最尚鍛錬，無論治經治獄皆然，故曰『漢庭鍛錬之獄。』獄之鍛錬，含寃於當日者已不可勝數矣，經之鍛錬，後人何爲而皆信之？朱子最不信序，然於有狐亦謂『寡婦見鰥夫而欲嫁之』，是朱子亦不以鍛錬爲非矣。古人之寃其遂將終古不白邪？唯於木瓜不用序說，但疑以爲男女贈答之詞，尙未敢必

邶衛二風無渡河以後詩

其然。『投桃，』『報李，』詩有之矣。『木瓜，』『瓊琚』施於朋友饋遺之事未嘗不可非若『子嗟，』『子國，』『狡童』『狂且』之屬，必蕩子與游女而後有此語也。卽以尋常贈答視之可也。

邶鄘衛風三十九篇，玩其詞意，考其時勢，惟鄘風自柏舟外皆春秋時事，而邶衛二國風多似春秋以前所作。淇澳，碩人不待言矣。其餘諸篇，皆與春秋經傳所載衛國之事無所關涉。且邶風十九篇，而『毖彼泉水，亦流于淇』在第十四篇中，衛風僅十篇而言淇者四，至第九篇猶云『在彼淇梁，』其爲渡河以前之詩明甚。考衛渡河之日在魯閔公二年，上距春秋之初僅六十年，然則其詩在春秋以前者多矣。故序雖以春秋中事附會之，而委曲牽强，卒不能合也。惟鄘風春秋時詩爲多，故序說多得之。其風所以分爲三者，蓋必有說，但世遠書軼，無從考耳。春秋傳，季札請觀周樂，爲之歌邶鄘衛，曰，『吾聞衛康叔武公之德如是，是其衛風乎？』則當時固已合之矣。然皆各爲次序，故不能併爲一。讀者但當卽詞以求其意，此非大義所關，正不必强爲說以曲解之也。

又按，舊說以邶鄘衞皆殷畿內地名：北曰邶，南曰鄘，東曰衞。今觀邶衞二風皆無渡河以後之詩，獨鄘風有之，似鄘在東者然，疑舊說之誤也。

讀風偶識卷之二終

讀風偶識卷之三

王風

黍離非追傷詩

黍離一篇，韓詩以爲『尹吉甫信讒而殺伯奇，其弟伯封求而不得，憂懣不識於物，視黍離離，反以爲稷之苗。』今玩其詞，乃似感傷時事，殊不見其爲遭家庭之變者也。毛詩序則以爲『周大夫行役至於宗周，過故宗廟宮室，盡爲禾黍，閔周室之顛覆而作是詩』，較韓說爲近理。然玩『心憂』『何求』之語，乃憂未來之患，亦不似傷已往之事者也。且二家之說不過以章首言『黍離』『稷苗』故耳，然作詩者多就其所見以起興，『蒹葭』『杕杜』意原不在於物，豈得以章首言『黍稷』遂斷以爲詩人之旨在是乎哉！細玩此詩詞意，頗與魏風園桃相類。『黍離』『稷苗』猶所謂『園桃』『園棘』也。『行邁靡靡』猶所謂『聊以行國』也。『不知我者謂我何求，』猶所謂『謂我士也罔極，』『心之憂矣，其誰知之』也。然則此詩乃未亂而預憂之，非已亂而追傷之者也。蓋凡常人之情狃於安樂，雖値國家將危之會，賢者知之，愚者不之覺也，是以『不知者』謂之『何求。』黍離憂周室之將隕，亦猶園桃憂魏國之將亡耳。若待故宮已爲禾黍而後憂之，不亦無及於事矣乎？且平王之東也，非由西而東也，當其未立之時，畿甸已盡沒於戎矣。是以平王以岐豐地與秦而使自爲取之。然秦亦不能有，至其子孫始陸續攻得之。當東遷之初，故國皆戎也，大夫何爲而至其地？宋之南渡也，稱臣於金，故其臣有銜命至金者。平王未嘗乞憐於戎也，大夫安能行役於故國哉！蓋緣說毛詩者謂王風皆周東遷以後之詩，此篇居王風之首，當爲初遷時所作，有此成見在心，故見章首言『黍稷』遂以爲故宮之禾黍耳。其實王風不必皆在遷後，讀者當玩其詞以求其意，不得因此遂定以爲行役於故國也。曰，然則季札何以謂爲『周之東』也？曰，此不過大概言之耳，非爲其必無一二篇在東遷之前也。正如稱大雅爲『文王之德，』而大雅豈盡文王之德；稱鄭風爲『其細已甚，』而有緇衣，羔裘；稱唐風爲『思深憂遠，』而有綢繆，葛生；豈得以是爲疑也哉！朱子集傳雖亦用序說，然終未有以見其必然也。

揚之水非刺平王私舅

揚之水序云，『刺平王也。不撫其民而遠屯戍于母家，周人怨思焉。』余按，申與甫許皆楚北出之衝；而申倚山據險，尤爲要地。楚不得申，則不能以憑陵中原，侵擾畿甸。是以城濮還師，楚子入居于申；鄢陵救鄭，子反帥師過申。申之於楚，猶函谷之於秦也。宣王之世，荆楚漸强，故封申伯於申以塞其衝。平王之世，楚益强而申漸弱，不能自固，故發王師以戍之耳；非以申爲舅故而私之也。不然，戍申足矣，又戍甫，戍許何爲者？曰，爲申同姓故也。曰，申同姓之國若是親乎？申與齊，許，紀，甫皆姜姓也，然齊滅紀，又滅許以與鄭，而晉亦滅虞，虢，焦，滑，霍，揚，韓，魏。同姓之國且自相滅矣，況於母家之同姓而平王乃有是推烏之愛乎？蓋甫，卽呂也，書呂刑或作甫刑是也。楚子重請取申呂以爲賞田，巫臣曰，『此申呂所以邑也，是以爲賦以禦北方。若取之，是無申呂也，晉鄭必至於漢。』然則申呂二國皆楚北衝，惟許地稍近內；然楚師度申呂而北則必經許。是以齊桓得許，則能伐楚而至召陵；晉文踐土之盟不得許，則於盟後汲汲率諸侯以伐之；晉霸旣衰，許折而入于楚，始以爭鄭爲事耳。由是言之，平王之戍三國，非私之也。謂平王之戍申爲私其舅，則宣王之封申亦爲私其舅乎？謂平王之戍甫許以申同姓故，則宣王之城齊亦以申同姓故乎？惜乎說經者不考其時勢而但以己意度之者多也！

申侯無與弑幽王事

朱子詩集傳云，『申侯與弑幽王，法所必誅。平王知有母而不知有父，知其立己爲有德而不知其弑父爲可怨，至使復讎討賊之師反爲報施酬恩之舉，則其得罪於天甚矣。』余按申侯與弑幽王，其事本之史記，而史記采之國語史蘇史伯之言；然經傳固無此事也。詩書或多缺略；左傳往往及東遷時事而不言此；乃至周語專記周事而亦無之。此非常之大變，周轍之所由東，何以經傳皆無一言及之而但旁見於晉鄭之語史伯逆料之言史蘇追述之事？烏在其可信爲實也！且所載二人之言荒謬者亦多矣。伊尹，聖人也，而以爲與妹喜比而亡夏；膠鬲，賢人也，而以爲與妲己比而亡殷，誣

中谷有蓷兎爰葛藟皆自鎬遷洛者所

矣！褒君也而化龍，龍漦也而化黿，童妾也而生女，而孕至數十年，又妄矣！如謂申侯之事必實，二子之言可信，將伊尹膠鬲亦果與妹喜妲己比者乎？以此爲平王罪，吾恐古人之受誣也！細玩詩詞，但爲傷王室之微弱，初無刺王之意，故以『揚水』喻王室，以『束薪之不流』喻諸侯之不肯敵王所愾。蓋因荊楚日强，漸有蠶食中原，窺伺畿甸之勢，故戍三國以遏其鋒。以爲私其母家，固已失之；因序此言，遂謂之爲忘讎報施，則更冤矣。觀其後數十年，楚人卒縣申呂，通道中原，陳許宋鄭咸被其害，賴有齊桓一匡，始得少安，及齊桓亡，許遂改而事楚，由是楚人遂觀兵於周郊而問鼎焉，然則此三國者，正如漢之虎牢，唐之維州，如之何其可不戍！安得不詳考其時勢與其地勢而遽以爲平王罪也！說並詳豐鎬考信錄中。

中谷有蓷序云，『夫婦日以衰薄，凶年饑歲，室家相棄爾。』兔爰序云，『桓王失信，諸侯背叛，構怨連禍，王師傷敗，君子不樂其生焉。』葛藟序云，『王族刺平王也。周室道衰，棄其九族焉。』朱子集傳於中谷一篇全用序說，於兔爰篇雖亦采序說而不訓以爲桓王伐鄭之事，於葛藟篇則絕不用序說而但以爲世衰民散流離失所者所作。余按兎爰詩云，『我生之初尙無爲，我生之後逢此百罹，』然則其人當生於宣王之末年，王室未騷，是以謂之『無爲；』旣而幽王昏暴，戎狄侵凌，平王播遷，室家飄蕩，是以謂之『逢此百罹。』故朱子云，『爲此詩者蓋猶及見西周之盛，』可謂得其旨矣。若以爲在桓王之時，則其人當生於平王之世，仳離遷徙之餘，豈得反謂之爲『無爲？』而諸侯之不朝亦不始於桓王，惟鄭於桓王世始不朝耳，其於王室初無所大加損，豈得遂謂之爲『百罹，』『百凶』也哉？竊謂此三篇者皆自鎬遷洛者所作。蓋遷徙之際，棄舊營新，最易失所，非上大有以安輯之不可。是以盤庚將遷，率籲衆慼，旣遷之後，奠厥攸居；太王仁主，則邠民從之如歸市；而傳亦稱齊桓遷邢，邢遷如歸。平王不能撫卹其民，以致父子兄弟夫婦不能相保，是以其詩云然。吾故讀此三詩而知周之不復振也！『仳離，』猶云『流離。』『終遠兄弟，』非遷徙之故何以至是？王族卽使衰微，亦必不至於『謂他人父，』『謂他人母』也。細玩其詞，其爲東遷之人所作明甚，非

王風非東遷所降

但與王族無涉，亦不必定在凶年饑歲時也。 至以桓王伐鄭之事附會之，尤失之遠矣。

舊說，周室東遷，王室遂卑，與諸侯無異，故詩不爲雅而爲風；然其王號未替也，故不曰『周』而曰『王』。 余按風與雅者，詩之兩體，非以天子諸侯分也；猶後世之詩有樂府，有古體，有齊梁體，有唐人近體；詩之外復有詞，有北曲南曲也。 小雅中間有類大雅者，亦有類風者，豳風亦有類雅者；猶唐人詩之邊草河漢類詞，宋人詞之天淨沙西江月類曲也。 所以賓筵，抑戒衞而列雅；閟宮泮水，魯而稱頌。 諸侯之國既有雅頌，寧天子之畿而獨無風乎！ 但東遷以前士大夫多尙雅音，故風之傳者少耳，非以東遷故降而爲風也。 曰，然則何以不曰周風而曰王風也？ 曰，王也者，別於齊，秦，鄭，衞而言之也；若別於商頌，則曰周頌，不曰王頌矣。 春秋於諸侯之大夫書曰『齊人』，『晉人』，其師書曰『齊師』，『晉師』，獨其於周也人曰『王人』，師曰『王師』，女曰『王姬』，正曰『王正』。 何者？ 普天之下皆周也。 猶之乎四量不曰齊量而曰『公量』，二耦不曰魯臣而曰『公臣』也。 是故風也者，詩之體也，非以其遷故而風之也；王也者，名之正也，非以其風故而王之也。說並見前黍離條下。

鄭風

緇衣非國人美鄭武公父子爲周司徒

緇衣，言好賢也。治國之要惟在得人：雖有英主，非賢莫助；雖有善政，非賢莫行。然世未嘗乏賢，但患人主之不好耳。『適子之館，』屈身以見賢也——孟子所謂『欲有謀焉則就之』是也。『授子之粲，』大烹以養賢也，——孟子所謂『廩人繼粟，庖人繼肉』是也。故曰，『好賢如緇衣，惡惡如巷伯。』夫如是安有不得賢者！鄭開國之規模其在此矣！大抵國家初造莫不以好賢爲務。雖以鄭之不振而其立國之初猶且如是，況齊晉之強，魯衛之久，當必有更甚於此者；但開國於周初，世遠詩軼，無從見耳。惟鄭建國於平王之世，是以此詩尙存；學者所當以三隅反也。序乃以爲『鄭武公父子爲周司徒，善於其職，國人美之而作此詩。』說者因曲爲解，謂『諸侯入爲卿士，皆授館於王室，故云「適子之館。」』夫鄭，本以王之支庶而爲卿士，非由諸侯而入仕王朝者，其居此宮久矣，何待別授以館？况『適館』『授粲』皆上施於下之詞，而人君爵尊祿厚，亦非民之所當爲之改衣授粲者也。朱子集傳亦用序說，殊不可解。嗟夫，自衞序鄭箋出而毛詩大行於世，三百篇遂變而爲章句之學，與政毫不相涉矣！

將仲子非指莊公祭仲亦非淫奔

將仲子序云，『刺莊公也。弟叔失道而公弗制；祭仲諫而公弗聽。』鄭箋云『「無踰我里，」喩言無干我親戚也。「無折我樹杞，」喩言無傷害我兄弟也。』余按，以『仲子』爲『祭仲，』則此乃莊公諭祭仲之詞，不得反以爲刺莊公。至以『里』爲親戚，以『杞』爲兄弟，其取喩亦不倫。且下既明言『父母，』『諸兄』矣，此又何爲託之里與杞乎？共叔，莊公之母弟也。莊公方假仁義以欺人，將使人謂我不負弟而弟負我，今乃自謂不敢愛弟，少自顧惜者不肯出是語，而謂莊公肯言之乎！此爲勉强牽合，無待問者。朱子駁之，是已。然以此爲淫奔之詩，則猶未得詩人之本意也。果奔女與，其肯拒其所歡而不使來，其肯以『父母，』『諸兄，』『人言』自防閑乎？且既以拒之矣而猶謂之淫奔，彼奔焉者又謂之何？細玩此詩，其言婉而不迫，其志確而不渝，此必有恃勢以相强者，故託爲此言以拒絕之，既不干彼之怒，亦不失我之正，與唐張籍卻李師古聘而賦節婦吟之意相類。所謂『仲可懷』者，猶所謂『感君纏緜意』也。所謂『豈敢愛之畏我父母諸兄』云者，猶所謂『君知妾有夫』『還君明珠雙淚垂』也。此豈果愛其人哉！特不得不如是立言耳。又按春秋傳，齊侯鄭伯爲衛侯故如晉，晉侯言衛侯之罪，使叔向告二君；子展賦將仲子兮，晉侯乃許歸衛侯。其取義正與此詩語意相合，無怪其能感平公而使之許也。然則此詩固善於詞令者。故孔子曰，『不學詩，無以言。』反覆讀之其意自見。若以爲淫奔，以爲刺莊公而言語之妙遂泯然不復可識矣。

叔于田非指共叔

有友人謂余曰，『朱子大儒，誠有功於聖道，獨於詩傳余有憾焉。凡序所稱爲刺某人美某人者，概不謂然；必經有明文若叔于田者，方敢指爲共叔，否則必以序說爲非矣。』余曰，『余於朱子詩傳亦有憾焉，顧所憾與君異：非憾朱子之不從序，正憾朱子

名字之附會

之猶未免於信序也。 即如叔于田二篇，「叔」者男子之字，周人尙叔，鄭之以叔稱者當不下十之五使余爲詩傳，必不敢謂此叔之爲共叔也』（答友人語止此）。 共叔國君之介弟也，詩人果稱美之，當舉卿士大夫以爲擬；乃僅曰『巷無居人，』『巷無服馬，』彼共叔者豈但與里巷之人較優劣者乎！ 共叔之在鄭也，如二君矣；收二鄙爲己邑，其目中豈復有莊公者；而詩曰，『襢裼暴虎，獻於公所，』彼共叔者豈尙肯獲禽而獻於莊公者乎！ 子封之伐京也，京叛共叔，祭仲子封之諫也，莊公若不爲意者，蓋莊公已早策共叔之庸愚不能撫卹其衆，而下皆有叛心；而序乃云『國人說而歸之，』朱傳亦云『鄭人愛之，』段不能結京人之心，而況能得鄭國之人之愛且說乎！ 且共叔之在京也，撫大都，收二鄙，繕甲兵具卒乘，愛共叔者何不述其都邑之雄富車甲之强盛，而惟田獵之是言乎？ 取二篇之詩逐文而求其義，未見有一言之合於共叔者，然則其非共叔明矣。

大抵毛詩專事附會。 仲與叔皆男子之字，鄭國之人不啻數萬，其字仲與叔者不知幾何也，乃稱叔即以爲共叔，稱仲即以爲祭仲，情勢之合與否皆不復問。然則鄭有共叔，他人即不得復字叔，鄭有祭仲，他人即不得復字仲乎？宋陳振孫云，『本朝諸家蓄古器物款式，其考訂詳洽如劉原父，呂與叔，黃長睿，多矣，大抵好附會古人名字，如「丁」字即以爲祖丁，「舉」字即以爲伍舉，「方鼎」即以爲子產，「仲吉匜」即以爲偪姞之類。邃古以來，人之生世夥矣，而僅見於簡冊者幾何？器物之用於人亦夥矣，而僅存於今世者幾何？迺以其姓字名物之偶同而實焉！余嘗竊笑之。惟其附會之過，併與其詳洽者皆不足取信矣。』陳氏之言可謂特識。然豈惟古器物爲然哉！古今之如是者蓋不可枚舉矣。故陳恆所殺者闞我也，而司馬氏以爲宰予，以予亦字子我故也。餌金石藥者衞退之也，而孔氏以爲韓昌黎，以昌黎亦字退之故也。世傳有嚴洞賓者嘗挑女子牡丹，而傳奇家遂以爲呂岩事，以岩亦字洞賓故也。彼說詩者亦如是而已矣！洺滏間有李氏者，素封也，其季弟行五者俗呼爲李老五。同城別有一李老五，年相若也，偶以事至鄰郡，聞者遂以爲素封之李老五也，延之於家，厚其供帳飲食，出金帛以恣其狹邪遊，猶恐其不得當也。其人知其誤而利其奉，亦不自言。去旬月，而後知其非此李老五也，乃嗒焉若喪。聞者莫不笑之。然此二人者，不惟其行同，其姓亦同，其誤猶有說者。若詩之將仲子叔于田，但舉其字而姓氏皆無之，何所見其當爲祭與共者？乃說詩者動謂詩序近古，其言必有所據。豈知生同斯世者，相距僅百里，其舛誤已如是，況作序者（謂衛宏）上距作詩之時已八百餘年乎！嗟夫，嗟夫，此眞非言語所能爭也！

女曰雞鳴非賢夫婦相警戒

女曰雞鳴一篇，序以爲『陳古義以刺今不說德而好色。』鄭箋以爲『夫婦相警戒，以夙興，言不留色也。』朱子詩傳不取陳古刺今之意，而但以爲賢夫婦相警戒之詞。余按：夫婦果賢，則當男務耕耘，女勤紡織，如葛覃之『刈，濩』，七月之『于耜，』『舉趾』矣；果相警戒，則當如蟋蟀之『無已大康，』小宛之『無忝所生』矣。今也，鷄鳴而起，所爲者弋鳧雁耳，飲酒耳，好交遊耳：所謂賢者固如是乎？所謂警戒者如是而已乎？孟子曰，『雞鳴而起，孳孳爲善者，舜之徒也。鷄鳴而起，孳孳爲利者，蹠之徒也。』然則鷄鳴而起不必賢者而後能也。若但以不留色爲賢，則天下之男子豈必皆日日御婦人者哉！蓋鄭俗浮薄，不知勤於職業，男女相悅者不必論矣，卽夫婦居室，不爲冶蕩，而亦不過弋遊醉飽之是好，初無唐魏勤儉之風，秦人雄勇之俗也。君子是以知其國勢之不振。以此爲賢而相警戒，誤矣。以爲陳古刺今，則尤大誤。豈古之人亦惟弋獵飲酒之是好哉！

女曰雞鳴之可取處

女曰鷄鳴一詩雖不足以當賢夫婦，然亦尙有可取者在。婦人之性多私所親而執所見。故女叔齊曰『先君若有知也，毋寧夫人而焉用老臣！』漢高帝大封諸子，約非劉氏不王，及呂氏稱制，而王諸呂，殺諸劉矣。若近世士大夫之家，更難以屈指數。苟於己有瓜葛者，雖常有怨於夫而常思厚之，夫之貧困因何致，不問也。夫欲薄之，則以積德從厚之說進之。苟於己無瓜葛者，雖嘗有德於夫而常思薄之，夫之富貴自何來，不問也。夫欲厚之，則以節用留餘之說進之。夫夫之富貴，己必與焉，夫之貧困，己亦必與焉，此宜無事不與夫一體，而倒行逆施乃如此，不幾以怨報德而以德報怨乎！

有女同車非刺忽

至於執所見者尤非言所能盡（若漢竇太后奉黃老，黜儒術之類）。雖丈夫有言，若弁髦然。今詩乃云『知子之來之，雜佩以贈之。知子之順之，雜佩以問之。知子之好之，雜佩以報之』婦人能體其夫之心乃至是乎！是雖不足爲賢然恐後世以賢名者或未逮焉。亦足以愧夫世之私所親而執所見者矣。

有女同車序云，『刺忽也。太子忽嘗有功于齊，齊侯請妻之，齊女賢而不取，卒以無大國之助至於見逐，故國人刺之。』朱子詩序辨說云，『忽之辭昏未爲不正；至其失國則又特以勢孤援寡不能自定，亦未有可刺之罪也。序乃以爲國人作詩以刺之，其亦誤矣。後之讀者又襲其誤，必欲鍛鍊羅織，文致其罪而不肯赦，徒欲以徇說詩者之謬而不知其失是非之正，以亂聖經之本指，壞學者之心術也。』朱子之辨可謂明盡。然近世說詩者仍多從序說而以朱子爲非是。余按詩詞，一則曰『有女同車，』再則曰『有女同行，』齊侯之女深處閨中，何由得與鄭人同車同行？鄭氏不得已，乃曲爲之解，以同車爲親迎。未聘之女而遽詠其親迎，稱爲同車，其汚衊孰甚焉！一則曰『顏如舜華，』再則曰『顏如舜英，』明明稱其色美，賢何在焉？ 豈稱人之賢者固當稱其色乎？ 抑有色者卽爲賢女乎？ 且齊侯初欲妻忽者文姜也，文姜婬於兄而弑其夫，何賢之有！ 忽果娶之，亦不過爲魯桓之續耳。 說者不得已，乃屬之再請妻時。再請妻者，尙未知爲何人，安知其不亦如文姜，而鄭之人遂能決其爲賢女乎？ 然則此詩卽非淫奔之詩，亦斷斷非刺昭公詩矣。 細玩此詩，皆贊女子之美，或男子所作，或女子所作，均不可知；要不過稱其容顏之麗，服飾之華，初未嘗有一語稱其賢也。 蓋鄭俗浮薄，所鄭重而樂稱者惟色，是以季札謂之『其細已甚；』細也者，無關於大體之謂也。不必於詩詞之外强尋一意以誣古人也。 原序所以爲是說者，無他，當漢之時，四家並立，務期相勝，而又其時方尙鍛鍊，故因詩有『孟姜』之文，遂取春秋傳昭公辭婚一事以附會之。 此乃漢時風氣，本不足怪；而後之人遂信以爲實，然雖經朱子詳加指駁，而猶不信，眞大不可解也！ 且其所以從序說者，不過曰孔子删詩不當存此淫詩耳，然不當存者豈獨淫詩哉！ 昭公辭婚一節乃賢哲之高行，若不知稱美，反用刺譏，此乃勢利

扶蘇蘀兮狡童亦非刺忽

之小人扳援之鄙夫，無見識之尤者，何以反存之而不刪乎？晉董叔欲爲繫援，求婚於范氏，他日范氏紡諸庭槐，爲叔向所譏笑。若刪淫詩而獨與其刺忽，是聖人敎人皆學董叔也，尚可以爲訓乎！吾不知世何爲而信之也？

扶蘇以下三篇序皆以爲刺鄭昭公。扶蘇序云，『刺忽也。所美非美然。』蘀兮序云『刺忽也。君弱臣强，不倡而和也。』狡童序云，『刺忽也。不能與賢人圖事，權臣擅命也。』朱子集傳則皆謂爲淫奔之詩，而深闢言刺忽之謬。然近世說者皆以爲孔子刪詩不當存此淫詩，反以朱子之說爲非是。余按，謂淫詩不當存，似也，然所當刪者豈獨淫詩哉！昭公爲君未聞有大失道之事，君弱臣强，權臣擅命，雖誠有之，然皆用自莊公之世，權重難移，非己之過。厲公欲去祭仲，遂爲所逐；文公欲去高克而不能，乃使將兵於河上而不召，爲昭公者豈能一旦而易置之！此固不得以爲昭公罪也。如果鄭人妄加毀刺，至目君爲狡童，悖禮傷敎，莫斯爲甚。孔子曰，『惡居下流而訕上者，』何以於此等詩反存之而不刪哉？且所美非美者，謂色乎？謂德乎？子都有色而已，何得以比賢臣？ 考之春秋經傳，昭公以前爲莊公射土，四母，納宋魯之賂而與其弒君，皆王法所不容；然而鄭人不之刺。 昭公之後爲厲公，逐太子而奪其位，倚祭仲以立而謀殺祭仲，賴傅瑕以入而卒殺傅瑕，貪忍譎詐，背盟食言，是以謚之爲厲；然而鄭人亦不之刺。 獨昭公較爲醇謹，雖無駕馭之才，亦無暴戾之事，謂宜鄭人愛之惜之；然而連篇累牘莫非刺昭公者。 豈鄭之人皆拂人之性，好人之所惡而惡人之所好者乎？ 然則三詩之爲淫奔與否雖未可知，然決非刺忽則斷然無可疑者。 孔子未嘗删詩，說詳見後條。

鄭風多淫詩

詩序之謬，鄭風爲甚。 遵路以後十有餘篇，序多以爲刺時事者；即有以男女之事爲言者亦必紆曲宛轉以爲刺亂。 至朱子集傳始駁其失，自雞鳴東門外概以爲淫奔之詩，詩序辨說言之詳矣。 顧自朱子以後說者猶多從序而非朱子，無他，以爲詩皆孔子所删，不容存此淫靡之作耳。 余按風雨之『見君子，』擬諸草蟲隰桑之詩初無大異；即揚之水，東門之墠，施諸朋友之間亦無不可：不以淫詞目之可也。 至於同車，扶蘇，狡童，褰裳，蔓草，溱洧之屬，明明男女媟洽之詞，豈得復別爲說以曲解之！ 若不問其詞，不問其意而但橫一必無淫詩之念於其胸中，其於說詩豈有當哉！ 且孔子刪詩孰言之？ 孔子未嘗自言之也，史記言之耳。 孔子曰，『鄭聲淫，』是鄭多淫詩也。 孔子曰，『誦詩三百，』是詩止有三百，孔子未嘗刪也。 學者不信孔子所自言而信他人之言，甚矣其可怪也！ 張采序陳際泰文云，『知爲大士文者，雖不佳亦佳。 不知爲大士文者，雖佳亦不佳。』 小說載有馬生者，以其詩示人，人咸笑之。 乃假扶乩，稱康狀元海詩，座客無不贊者。 後知其出於馬，始結舌不復語。 世儒聞爲孔子所刪而遂謂其無淫詩者，何以異是！ 由是言之，朱子目爲淫奔之詩未可謂之過也。 然其詩亦未必皆淫者所自作。 蓋其中實有男女相悅而以詩贈遺者，亦有故爲男女相悅之詞，如楚人之高唐神女，唐人之無題香奩者。 又或君臣朋友之間有所感觸，而託之於男女之際，如後世之『冉冉孤生竹，』『上山采蘼蕪，』『君嫌鄰女醜』之類，蓋亦有之。 子太叔賦褰裳，子柳賦蘀兮，子齹賦野有蔓草，賦之者既可以斷章而取義，作之者獨不可以假事而寓情乎！不然，何以女贈男者甚多，男贈女者殊少？豈鄭之能詩者皆淫女乎？雖據詞以說詩，而不拘以成見，但取其詞之有資於言，而不强知其意之所指爲何事，庶乎其得之矣。

季札論鄭風

鄭風二十一篇，惟緇衣好賢，有開國之規，羔裘直節，有扶危之操，其餘皆卑鄙猥瑣之言耳。兩叔于田及女曰鷄鳴，其言之津津者止弋獵一事。至遵路，同車之屬，淫靡冶蕩，尤不知人間有羞恥事矣。故季札曰『其細已甚，民弗堪也，是其先亡乎？』細也者，卽卑鄙猥瑣之謂也。習俗如此，久必不勝其弊，安得而不先亡！是故讀鄭風者當知立國有久遠之圖，敎民以淳朴爲貴，懲淫蕩之風，變弋獵之俗，而使之勤耕桑，敦孝弟，則宗社固於苞桑，——所謂授之以政而達焉者，此也。夫然後不愧於學詩耳。若如詩序所言，諸儒所釋，篇篇皆刺時事，莫非愛君憂國之心，則與衞，齊，唐，魏之風幾無所別，季札何緣目之爲『其細已甚』？又何由知其當『先亡』乎？吾嘗取傳所載季札之言證之十五國風，無不合者。然據毛鄭所注，則與季札之言無一不相刺謬。不知向來諸儒何以深信篤好其說而不容人少持一異議也？可歎也夫！

雞鳴非刺詩

齊風

雞鳴，美勤政也。太上以德化民，其次則莫若勤。雖古之大聖人猶以勤爲要務。故書曰『無敎逸欲有邦，兢兢業業，一日二日萬幾。』傳曰，『民生在勤，勤則不匱。』蓋人君以一身撫有一國，爲地廣矣，爲人衆矣，所患常在耳目之不周，下情之不上達，故惟勤爲要務。何者？人主日與其大臣接，則宦官宮妾不能欺矣；日與其羣臣接，則大臣不能欺矣。不能欺，然後能知人之賢否而用舍之。不能欺，然後能知人之欲惡而興革之。不然，逸樂自恣，深居簡出，大臣有權則爲大臣所壅蔽，大臣無權則爲便嬖宦寺所壅蔽，民情何由而達，國政何由而治。而人主之晏安酖毒尤多因於好內：故開元治非不盛，得太眞而遂亡；同光親翦朱梁，寵劉氏而遂亂。是以賢君惟恐視朝之晏，不得與大夫士熟議國政；而賢夫人亦惟恐其夫之耽於逸樂而不勤政，是以儆之勸之。

知其事者作此詩以美之也。序乃以爲哀公荒淫怠慢，故陳賢妃相成之道，謬矣！朱子不取哀公之説，而但以爲言古賢妃，亦恐未然。豈自丁公下至僖公十二世之中斷不得有一賢夫人，而必古者乃有之乎！大抵序説之誤，皆由以十三國爲變風，務謂其有刺而無美，有邪而無正，委曲以爲之解；必不可通，則以爲陳古以刺今耳。學者信爲實然，亦可歎矣！

春秋時齊晉最强之故

齊風何以首鷄鳴也？政勤於上也。唐風何以首蟋蟀也？俗美於下也。春秋之時，齊晉最强，齊伯至數十年，晉伯至百數十年。此其立國之基必有遠勝於他邦者，而後英主得以乘其勢而有爲。鷄鳴，蟋蟀所謂先立其基者也。蓋自丁公唐叔立國於成周盛時，其設施措置政事紀綱，必有能撫綏黎庶而垂裕後昆者。但世遠詩缺，無從詳考；賴此二詩猶足見其遺澤。何者？此二詩者皆其數世以後之詩，國安民樂，朝野無事，正人心逸豫之時，而在上者不敢自逸，在下者惟恐太康，是其初服之善政猶存，立國之紀綱未壞。是以雖有一二昏庸怠荒之主，而一得賢君卽可以經理整飭而得

還著東方之日皆非刺詩

志於諸侯也。故此二詩者皆當在春秋以前。編詩者首載之以見夫南山，盧令，肅羽，采苓之所以不至於亡而且以大啓其國者，賴有此也。

還序云，『刺荒也。哀公好田獵，從禽獸而無厭（云云。）』著序云，『刺時也。時不親迎也。』東方之日云，『刺衰也。君臣失道，男女淫奔，不能以禮化也。』後之說詩者因此，遂謂作此詩者其意主於刺也。余按還云，『揖我謂我儇兮，』著云，『俟我於著乎而，』東方之日云『在我室兮，履我卽兮，』皆以其事歸之於己。夫天下之刺人者，必以其人爲不肖也；乃反以其事加於己身曰我如是，我如是，天下有如是之自汚者乎！南山刺襄公也，則其序云，『大夫遇是惡，作詩而去之。』而此三詩但云『哀公好田獵，』云『時不親迎，』云『男女淫奔，』並無一言及於刺者，與南山之序迥不類。疑作序者之意但以錄此詩爲刺之，非以作此詩爲刺之，不必附會而爲之說也。又按，『俟著』『俟庭』施之朋友亦可，施之男女私會亦可，未見其必爲婚娶者。而『彼姝者子，』以干旄例之，亦可施之男子，亦未見其必爲淫奔者。竊謂遇此

葛屨汾沮洳皆非刺儉

等詩但當缺其所疑，不必强命之以事也。說已詳見前邶鄘衛風中。

魏風

葛屨、汾沮洳二詩序皆以爲刺其君之儉嗇。朱傳采序刺儉之說，而疑其非刺君。然玩其詞亦並不似刺儉者。「象揥」、「左辟」、「如玉」、「如英」皆就容儀修飾之美言之，似譏其華而不實者。寧有刺人之儉而但歎其美好者哉！褊，狹也，狹則不能尊賢容衆，非儉之謂。而「采莫」、「采桑」亦詩人託興之常，如「采荼」、「采蕨」、「采杞」之屬，非謂公族自樵采於野也。孔子曰，「與其奢也寧儉。」子貢曰，「夫子溫良恭儉讓以得之。」儉者，人之美德，出之於君大夫則尤難。祈以幣更賓以特牲，器用不作，車服從給，晉悼以霸諸侯。豚肩不掩豆，一狐裘三十年，平仲以顯其君。黜官，薄祭，印段以保其室。儉亦何負於人，而乃以爲刺，且瑣瑣焉不一而足乎！太古之時汙尊抔飲，楚之先世若敖蚡冒篳路藍縷以啓山林，未聞有以其儉爲病者。而後

園桃陟岵十畝皆非刺國削

世之君以奢亡國者殆不可以枚舉。胡爲乎魏之人獨以儉爲詬病？無怪乎宋蔡京之據周官『不會』之文啓徽宗之奢以覆其國也！蓋此二篇章法與鄘風之君子偕老略同：其前文但言容飾之美，而末以一二語醒出詩意，直而不迫，婉而多風，善於立言者也。『履霜』『采莫』不過借以起興，執此爲儉之證誤矣。

園桃乃憂時，非刺時。陟岵以爲行役思親者得之。然謂『國小而迫，數見侵削，』則二篇中皆未見此意。園桃所憂在國無政。若果已見侵削，則人皆能知之何待於思！而行役亦臣民之常，唐之鴇羽，召南之殷其靁，豈必皆見侵削而後然乎！至以十畝爲國削小民無所居，語尤附會。『十畝』但就樹桑之地言之，非以十畝授田，何遂至於無居！朱子以爲『政亂國危而不樂仕，』是也。大抵詩序揣度爲多：以唐魏之俗多勤儉，故謂之刺儉；以魏國小而鄰於晉，故以爲國小而見侵削耳。甚至唐風之蟋蟀明言『無已太康』而猶以爲刺儉，其誣古人亦已甚矣！

陟岵篇『父曰嗟予子行役夙夜無已』，當以上五字爲句，下六字爲句，於文既順，於韻亦諧。蓋『子』與『已』諧，『季』與『寐』諧，『弟』與『偕』（舉里反），諧也。　近世乃於『行役』處讀斷，失之矣。

伐檀兼刺貪與美不素餐之二義

伐檀，序以爲『刺貪』，朱子以爲『美不素餐』。　然細玩其詞，二意實兼之。蓋惟賢人不得行其志而相率遯於十畝之間，故在位者皆貪鄙之夫，不以無功受祿爲恥。其反覆歎美於辭榮之君子者，正以愧夫尸位之小人也。　碩鼠，序以爲『刺其君之重斂』，朱子以爲『刺其有司』。　然細玩其詞，『莫我肯顧』，『莫我肯德』，與小雅黃鳥篇筆意相類，非惟不類刺君，亦不似專指有司者。　蓋由有司不肖，惟務朘剝小民以自逸樂，而不復理民事，以致豪强與隸皆得肆行吞噬而無所忌，故民不堪其擾而思去也。　大抵生民困於有司之誅求者其害猶小，困於衆人之魚肉者其害最鉅。　惟有司不以素餐爲恥，訟焉而不爲逮，逮焉而不爲理，則姦民益肆，里巷之間皆不能安其生。此即有司廉靜寡欲，民猶不勝其困，況加之以貪乎！　無怪乎其以碩鼠爲憂也！

魏風中興亡之

魏風僅七篇，然讀之，興亡之故如指諸掌。　休休有容，一个臣之所以保子孫黎民

故

葛屨汾沮洳見植基不固

也。執政者褊心，則在下之賢才無由進。況人之心思不能兩用，務實政者必簡於虛文，理大事者必略於小節。若卿大夫惟以修飾容儀爲美，而貴遊子弟倣而效之，則不復以量德程才爲事，而政事之乖忤者必多，西晉之所以陸沈也。是以園桃詩人憂其將危。然卿大夫狃於舊習，莫之知也，故曰，『其誰知之，蓋亦勿思。』卽有一二賢者，亦困於下位，勞於行役，家人父子無生聚之樂。由是稍有識者皆不戀富貴而戀田園矣。賢人去，則在位者盡不肖。美不素餐者，正以見卿大夫之皆素餐也。豈惟素餐而已，方且剝民以奉己，縱奸以殃民，民不聊生而皆有去志。所以晉師一至，不復有禦侮之人，而魏遂亡也。故孔子曰，『詩可以觀。』又曰，『誦詩三百，授之以政，不達，雖多亦奚以爲！』豈不信哉！豈不信哉！

大抵國家盛時，皆以勤政愛民，黜華崇實爲務。故衞風首以淇澳，齊風首以鷄鳴，唐風首以蟋蟀，雖以鄭之其細已甚，而猶以緇衣冠之。一則其時在春秋前，君德民風尚美，二則編詩者亦寓懲勸之意。觀其先世詩篇，知其植基深固，是以其後政事雖衰，

碩鼠見早亡

風俗雖敝，而未至遽亡也。今魏風首二篇，獨以『左辟』『象揥』『如玉』『如英』爲刺，則是魏當春秋以前，其君大夫已無遠慮，而但以修飾儀容爲事，植基本不深固，故其亡也忽焉。是以二篇之後，即以園桃一詩繼之。編詩者於此蓋有深意焉。惜乎說詩者皆爲刺儉之說所誤而見不及此也！漢初諸家解經，雖不盡合經意，尚多推之政事。自毛詩以附會爲事，鄭氏箋之，遂變而爲章句之學，學者讀之，不過以爲詩賦之資，舉業之用而已。故今初學之童子莫不誦詩者，及其爲政，雖舉人進士毫無所展布；吏胥作奸，百姓失所，皆視以爲固然。無他，詩自詩，政自政，彼其讀詩之時固不知其爲政也。嗟夫，嗟夫，政與詩之分，其來固已久矣！

季札之觀樂也，於鄭風曰，『其細已甚，民弗堪也，是其先亡乎？』於陳風曰，『國無主，其能久乎？』然陳爲楚靈所滅，楚平復封之，至春秋之末而後陳卒亡，而鄭下至戰國之初而後亡，乃魏風之『大而婉，險而易行』者，反於春秋之初而先亡，何哉？蓋凡風俗之浮靡而無遠慮者，勢必浸衰浸弱以至於亡；若掊克持權，强陵弱，衆暴寡，有不

魏詩樸茂深厚

可終日之勢則其亡也忽焉。吾故讀黃鳥我行其野之詩而知周之必衰；讀碩鼠詩而知魏之必亡也。何者？賢人去則風俗日頽故白駒之後次以黃鳥我行其野兩篇，十畝伐檀之後次以碩鼠一篇，理勢之自然也。然我行其野不過昏姻不相顧恤而已，薄則薄矣初未有相陵藉事也。黃鳥啄我粟矣，然所損不多，且猶有邦族之可復也。碩鼠則呑噬無厭矣，而又作於土著之人，非適樂土其勢無以自全。是以西周雖隕，猶有邶鄘之遷，而魏遂爲晉所滅也。大抵人情之不相顧恤者，患在陵夷不振，故其害緩；互相呑噬者，患任臲卼不安，故其害速。學者比而觀之，則興亡得失之故了然可覩矣。

二南以外，豳風尚矣；其次則莫若魏風。鄭衞之風舒緩，君子是以知其國勢之弱。齊秦之風雄武，君子是以知其國勢之强。魏風則皆不然，其詩樸茂深厚，元氣未漓，蓋其俗猶爲近古焉。葛屨之刺褊心，止篇終一語，彼汾之譏貴遊，僅微露其意，皆不失溫柔敦厚之旨。陟岵有思親之念，無怨上之心。有如北山之歎不均者乎？無有也。有如肅羽之呼蒼天者乎？無有也。且不言己思親而但言親思己，慈孝之情尤爲篤摯。十畝但言退居之樂，不及服官之難，意在言表，殊耐人思。伐檀命意尤高，託興尤遠，爲美爲刺，一毫不露圭角，而一唱三歎，誦之使人麤鄙之心都消。惟園桃與碩鼠憂時感事，語頗沈痛；然猶不肯斥言，不肯直指。想其人材之美，風俗之厚，蓋迥非他國所可及，惜乎其君之不足有爲耳。然晉自併魏以後，國勢益强，遂霸天下；及三家分晉，而魏氏爲多賢，文侯修德勤民，爲戰國諸君第一。善乎吳季札之言曰：『大而婉，險而易行，以德輔此，則明主也，』諒哉其知音也！千載而下讀其詞，猶令人神往。信乎，詞之與聲，果不容分而爲二也！

唐風

蟋蟀非刺儉

唐風何爲首以蟋蟀也？猶齊風之首以鷄鳴也，所以著晉盛之所由來也。而蟋蟀之用意較之鷄鳴尤美。序乃以爲『刺晉僖公儉不中禮。』今觀其詞，但云『今我不樂，日月其除，』儉何在焉？且云『無已太康，職思其居，』刺何在焉？朱子以爲

『歲晚務閒，相與燕飲，而憂深思遠』者得之。然尙有未盡者。何者？此詩前四句特係開筆，後四句乃其主意，與東山之四章相類，彼借客以形主，此先反而後正耳；非謂人之當樂正謂人之不當過於樂也。『職思其居』，居謂現在所居之地：四民各有本業，先盡力於其所當務而後以其餘暇行樂，雖行樂而仍不忘其本業也。『職思其外』，外謂意外：所遭本業雖已克盡，而事變之來無常，不可以爲未必然而置諸度外，——朱子所謂『出於平常思慮之所不及，當過而備之』者是也。『職思其憂』，樂者憂之所伏，太樂則憂必至，——故計然曰『旱則資舟；水則資車，』孟子曰『生於憂患，死於安樂，』——所以樂之時常作一憂之想也。『瞿瞿，』悚惕瞻顧也。『蹶蹶』黽勉奔赴也。『休休，』安吉嘉美也。樂不忘憂則不至於有憂，傳所謂『亡者保其存者也。』然則此三章者，卽高宗『不敢荒寧，』文王『小心翼翼』之意，非陶唐之遺民安能如是！第以勤儉美之，猶失其旨。況反以爲刺儉，不但與詩意相枘鑿，而與季札所言『思深憂遠』者亦大相逕庭矣！而世猶以序爲可信，無怪乎授之以政而不達

蟋蟀見風俗之美

也。

大抵人情處貧困則思慮多周，處安樂則奢佚易起。唐自叔虞至此，蓋不下數世百有餘年，太平日久，年豐人樂，上下恬熙，正縱恣怠惰之時，而其言乃如是，則其居安思危，循分守義，不待言矣。後世人情頹薄，不耐處約，亦復不耐處樂，衣食饒足則侈蕩頓生。乾隆四十三年，余鄉大饑，人不自存。甫豐收三年，而民即恣意暴殄，貧者亦美衣食，憚勤苦。近西山處俗尤尚侈，婚葬之費常至鉅萬。城中演劇，幾無虛日。尤好爆竹之戲，聲常盈耳。每歲放烟火於城南，男女駢肩累跡，蜂屯蟻聚。有娶妻者，則姻友助以礮，沿途聲常不絕。其以繁華相尚若是，其居且不之思，况於思外，又况於思憂乎！然强者皆取人財以自奉，黠者百計謀人之財，而愚弱者一遇荒歲，即逃外郡，困踣道路間。嗚乎，吾不知其何心而必如是然後快也！使能如唐風之『好樂無荒』，則皆有以自給，可以不必害人，亦不至於窮餓。然勇威怯，智欺愚，横暴鄉里，人皆習以爲常而不之怪；數十年不葬者十家而九，而少節浮費則衆共非之。故諺曰，『笑貧不笑娼』

山有樞之喜樂

吾願爲政者善所以導民，使風俗漸臻於淳厚，庶幾無愧於學詩也。

古人之言，有其意本在此而讀之可以悟於彼者。出其東門，言好德也，然讀之而知鄭俗之淫。蒹葭，言好賢也，然讀之而知秦之不重士。吾故讀山有樞之詩而益知唐俗之美也。蓋惟其民勤於職業，所憂者遠，而不肯苟目前之安，是故詩人以此勸之。使如陳鄭之風，淫靡是尚，則此詩不必作矣。且其所謂『喜樂』『永日』者，不過曳婁衣裳，馳驅車馬，掃庭內而考鐘鼓，使在今日，卽爲循分自守之人，初無放縱荒淫之事而已滿其願，亦何其易足也！後世恣爲淫巧，狎妓呼盧，鬧燈演劇，烟火雜戲闐城塞巷，皆古人所未見未聞。卽以衣裳言之，而亦有貂銀呢羽之奇，以酒食言之，而亦有燕窩海參之目，其餘雕鏤挑繡之屬，奪目爭妍，亦莫非古人夢想所不到，視所爲曳婁馳驅者且淡漠而無味。然則古所云逸樂者，卽後世之不自逸樂者也；況於不自逸樂者乎！吾故讀山有樞而益歎唐俗之美，而知晉之必霸諸侯也。序乃以爲刺晉昭公『政荒民散，將以危亡，』與詩意全不類。豈有不勸之以勤政愛民而反勸以及時行樂，不憂

杕杜與滅翼前事正相反

國亡而反憂死！宜乎朱子之不取其說也。呂氏祖謙乃以呂頌之棄珠玉爲比，曲爲之解。頌但責呂祿之棄軍，未嘗勸以棄珠玉也，特自憤而棄珠玉耳，豈得用以爲比！甚矣後儒之好附會以護序之失也！

杕杜序以爲『君不能親其宗族，骨肉離散，獨居而無兄弟，將爲沃所幷爾。』朱子詩序辨說云，『此乃人無兄弟而自歎之詞，未必如序之說也。』況曲沃實晉之同姓，其服屬又未遠乎！余按曲沃正晉之宗族，方患其強大有滅翼之勢，而今反謂他人不如同姓，與其事正相反。朱子非之，是也。然吾反覆讀之，何其與晉事如合符也！蓋自昭侯以後患在兄弟之相爭奪，而自獻公以後則患在兄弟之相疑忌。桓莊之族譖富子而去之，獻公盡滅桓莊之族。驪姬之亂，詛無畜羣公子，自是晉無公族。文公諸子皆適他國，其見於傳者，雍在秦，樂在陳，成公在周。襄靈以後，遂以爲常。卒至公室衰微，六卿相併，而韓趙魏共分晉國，詩言若蓍蔡。然則是此詩與滅翼以前之事正相反，與獻公以後之事酷相類。而序乃以曲沃爲言者，無他，序以無衣爲美武公，而此

唐風與晉之强

在無衣前，故臆度之而以曲沃之事當之。 不知無衣未必果美武公，而篇第亦不無失次。 或者此詩卽指獻公以後晉事而言亦未可知，但不如序所說耳。 卽果詩人自道其家事而其理自可通於國。 使晉君能服膺此詩，則無復有三家分晉事矣。 然則無論此詩所言爲家爲國，而其禍福皆如燭照數計，無怪乎季札以爲思深而憂之遠也。

五霸桓公爲盛。 齊桓在位數十年，晉文在位不及十年；而管仲天下才，先軫狐偃趙衰等亦非其比。 然齊桓既沒，齊遂失霸，而晉文子孫繼霸百數十年，此何故哉？ 吾讀春秋經傳時嘗疑之。 近年細玩風詩，始知其故。 蓋晉本承陶唐之舊，民情淳厚，流風遺俗尚未盡改，非但蟋蟀一詩『好樂無荒』爲思深而憂遠也。 觀椒聊之『盈升，』亦似預知有汾隰之獲者。 閱杕杜之『葉湑，』亦似預知有屯留之遷者。 乃至采苓之刺聽讒，爲之代謀深慮，亦似事外之人出於忠君愛國之忱而作焉者，與巷伯青蠅遭讒憂憤之詩皆不類。 卽鴇羽之思親，杕杜之好賢，亦皆足見風俗之美。 是其植根深固，迥非他國所及。 不惟鄭衛之靡弱不可同語，卽泱泱大風亦安能望之！ 是以易世之後，猶師武臣力，綿延數世；下至戰國之初，而猶謂「晉國天下莫強」也。故讀豳風知周之所以王；讀唐風知晉之所以強。信乎詩之可以觀也！

讀風偶識卷之三終

讀風偶識卷之四

秦風

車鄰見趙高之禍

吾讀詩至秦風車鄰之篇而不禁喟然三歎也，曰，嗟乎，趙高之禍其萌於此矣！ 春秋之世齊晉爲强，而戰國則秦爲盛。 然齊風首以雞鳴，唐風首以蟋蟀，而秦風之第一篇第一章獨斤斤以『寺人』爲言。 且寺人亦有見於詩者矣『寺人孟子，』巷伯有之矣，然特憂讒詩耳。 『時維婦寺，』瞻卬戒之矣，然特因『哲婦傾城』而波及之耳。 未有鄭重言之若此篇者。 寺人之權安得而不重乎！ 曰，『未見君子，寺人之令，』不過往來將命，初無預政事也。 曰，寺人所以能干政者，正以其將命耳。 寺人亦有何權，寺人之權卽君子之權也。 故人既見君子則權在君子，未見君子則權在寺人。 秦之權，在始皇者也；然人不得見始皇，則始皇之權卽在趙高。 始皇崩，權在二世者也；

然人不得見二世，則二世之權亦即在趙高。彼夫扶蘇，蒙恬，蒙毅，李斯之屬駢首而就戮者，豈有他哉，不過未見君子而已。藉使扶蘇，蒙恬得見始皇，始皇必不殺之；即毅與斯得見二世而言其情，亦未見二世之必致之死也。是以鄭之緇衣，孜孜焉適賢人之館，齊之雞鳴，汲汲焉聽羣臣之朝，無他，皆恐人之不得見君子耳。陳蕃，竇武，楊漣，熊廷弼之屬，位居台輔，功在國家，而一旦不獲其死，無他，亦不過不得見君子耳。故孔子曰，『詩可以觀，』豈不信哉，豈不信哉！此治亂興亡之大要，不知說詩者何以皆無一言及於此，而但以爲美其君之初有寺人車馬也？無怪乎誦詩者多，而授之以政而不達者亦正不少也。

秦之寺人

詩之言『未見君子』者多矣。汝墳曰，『惄如調飢，』草蟲曰，『憂心忡忡，』皆據未見時之思慕言之。惟未見時有相慕之忱，故既見時有相逢之樂。而此篇獨先以『寺人之令，』若未見時有寺人之令，然後既見時有瑟簧之鼓者。嗟夫，既見君子則『並坐鼓瑟』『並坐鼓簧，』其情親矣，其分尊矣，而未見君子則不能不借助於寺人，豈不可懼也哉！是以及時行樂，猶恐耋不能待而其亡也忽焉。亦非但此詩然也。權輿之詩曰，『於我乎夏屋渠渠；今也每食無餘。』何以始重之而終替之也？毋亦惑於近侍嬖倖之言以至此乎？晨風之詩曰，『未見君子，憂心欽欽。如何，如何，忘我實多。』亦似初嘗有功於國而後爲人所間，不得見於君者，故序以爲棄其賢臣。朱子雖疑晨風爲婦人念夫之詞，然玩其詞意未見其必然。而百里奚非秦人，扊扅之歌不見於經傳，恐未可以是概秦俗也（語詳朱子詩傳）。大凡人主任用近侍賢人未有不爲其所譖者。編詩者以車鄰始，以權輿終，或亦有深意存焉乎？觀於商鞅富强之才必由景監以見，呂不韋懼禍則薦嫪毒以爲內援，似秦立國以來多寄耳目於寺人者。而秦本周之舊，先王遺澤猶存，固當有遠慮之君子，或者詩人見微知著，故作此詩以風之，未可知也。縱作詩者不必果有此意，而讀此詩自可以悟此理，正不待於讀秦本紀，李斯列傳而後知其儆也。

嬖倖壅蔽之患

壅蔽之患不但寺人然也，但凡近習嬖倖，苟得將出納之命，皆能變是非而快恩讎。

唐長孫無忌以元舅秉政，受托孤之任，而一日不得見高宗，則生死之命懸於許敬宗之手。　五代歐陽彬求見楚王馬殷，知客樊某索賄不遂，竟不得見殷，卒奔蜀爲節度使。故彬詩云，『無錢將乞樊知客，名紙生毛不爲通。』　亦不但人主然也，即府縣長吏苟使人將出納之命，皆能隔聽明而作威福。　昔者府縣官皆坐堂上理事，吏胥環立案前以聽命，訟者投文者咸執牌由門而進，面爲批答，置印架上，有文移則取而印之，以故權不下移，含冤者少。　寅賓館在大堂之側，士大夫來則見之，踰日則往答之，非徒示謙而已，亦欲諮諏小民之疾苦也。　以故上下之情常通。　不知何時改辦事於宅門以內，文呈批稿悉由宅門出入，而爲守令者又多耽於逸樂，妄自尊重，往往懶於升堂，訟者待至數月，或至經年而不得見。　至士大夫來者尤不樂與酬對，即其人爵位匹敵可與並坐鼓瑟鼓簧之人，而亦艱於一見。　由是權盡歸於門丁吏胥，喜則福之，怒則禍之，一縣中莫敢誰何者。　役之煩也，獄之冤也，百姓皆以咎官，而不知主之者自有人也。　豈必寺人然後能爲威福也哉！　嗟夫，十五國風人讀之皆詩也，余讀之皆政也。　雖然，此難爲

小戎無衣見風俗之悍

世之專事舉業者言之也！

吾讀秦風而知秦之必并天下也。吾讀秦風而知秦并天下之後之必不復見三代之盛也。何者？三代盛時皆以德服民，以禮治民。東周以後，王者不作，諸侯地醜德齊，莫能相勝，則惟以力爭之；而兵凶戰危，人情多憚而不肯前。獨秦俗樂於戰鬬，視若日用尋常之事。小戎，婦人詩也，而矜言其兵甲之盛若津津有味者，則男子可知矣。無衣，平日詩也，而志切於戈矛，意在於同仇，行陣也而袵席視之，鋒鏑也而寤寐依之，則臨敵可知矣。其風俗之勁悍如是，天下誰復能當其鋒者！湯武既不可作，而自田氏三家擅政以來，卽桓文亦不能再覯，天下之必折而入於秦者勢也。雖然，既以力爭之，則亦必以力守之，漢高帝所以威加海內必思得猛士以守四方也。是以所務者惟治其甲兵，扼其險要，峻其法令，以弱天下之民；而先王之道以德齊以禮者至此都無所用，雖欲復爲三代，烏可得哉！無怪乎蒹葭之『伊人』之隱而不出也！朱傳之論無衣，深得其旨。惟謂小戎爲『以義興師』，尚有未盡。篇中但稱車甲之盛，固未嘗有一言之及於義也。至序反以無衣爲刺用兵，失之遠矣。又按春秋傳，季札觀周樂，以齊，豳，秦，魏，唐，陳爲次，而今乃列於唐風後者，意編詩者之所更定。蓋自周衰，鄭弱，齊晉迭興；晉霸既衰，而秦遂有雄天下之勢。此古今升降之原，或編詩者預知之而列之於此，未可定也。

蒹葭見不惜人

白駒，好賢詩也，曰『縶之維之，以永今朝』，曰『所謂伊人，於焉逍遙』，曰『毋金玉爾音，而有遐心』。蒹葭，亦好賢詩也，然但曰『所謂伊人，在水一方』而已，不望其縶維也，不望其逍遙也，亦不恤其有遐心焉否也。何者？白駒之時，周道既衰，周禮尙在，特其君不能用賢，其臣不能舉賢，故詩人猶冀其人之出仕，其國之中興焉。迨至平王東徙，地沒於戎，秦雖得而有之，而所聽信者寺人，所經營者甲兵征戰，而不復以崇禮樂，敦敎化爲務，人材風俗於是大變。然以地爲周之舊也，故猶有守道之君子，能服習先王之敎者，見其政變於上，俗移於下，是以深自韜晦，入山惟恐不深。詩人雖知其賢而亦知其不適於當世之用，是以反覆歎美而不勝其惋惜之情。吾故讀蒹葭而知三代之將變爲秦漢也。序以此詩爲刺襄公之不能用周禮，說者因以『伊人』爲喩周禮。朱子以其說爲鑿。夫强指伊人以爲周禮，其說誠鑿，然以伊人之不出爲因周禮之不用，則朱傳與序說未嘗不互相發明也；特說序者失其指耳。嗟夫，此詩在小戎之後，黃鳥之前，知秦人惟務强兵而不復以愛惜人材爲事，使伊人不在水一方，且將有繼子車氏之三良而不保其身者，信乎其有見幾之哲，宜詩人之反覆而歎美之也！

陳風

宛丘東門之枌見陳之不能久

齊風首以鷄鳴，唐風首以蟋蟀，陳風何爲首以宛邱，東門之枌也？君子是以知陳之不能久也。大凡人情宜勞而不宜逸，宜檢而不宜縱。奢蕩之心勝則本務必荒，於是乎孝弟勤儉之風微。奢蕩之俗成則財用必匱，於是乎爭奪欺詐之事衆。故敬姜曰，『民勞則思，思則善心生；逸則淫，淫則忘善，忘善則惡心生。』是以賢君大夫修其政事，務防閑其民使不得縱恣。今陳風首二篇，卽以奢蕩爲事，則其政事可知已矣。

且三百篇之中亦有言佚樂者矣——還之言夸矣，然不過好田獵耳；山有樞言及時行樂矣，然不過酒食衣服以自適耳——未有若陳俗之專以遊蕩爲事者也。人無遠慮，必有近憂，國何恃而能久！是以春秋之世，陳最不振。幸而齊桓一霸，得以少安。齊桓既亡，遂折而服役於楚。未久，遂爲楚莊所滅。幸而復封，而楚靈復滅之。又幸而再封，而楚惠卒滅之。豈非風俗之敝故哉！詩人蓋預知其如是，故賦其事而深譏之；而衡門之高士亦遂樂飢而不出也。

衡門非無心仕進

衡門，序以爲「誘僖公」，朱子以爲「隱居自樂而無求者之詞。」今按，「衡門」，貧士之居，「樂飢」，貧士之事，「食魚」、「取妻」，亦與人君毫不相涉，朱子之說是也。細玩其詞，似此人亦非無心仕進者，但陳之士大夫方以逢迎侈泰相尙，不以國事民艱爲意，自度不能隨時俯仰，以故幡然改圖，甘於岑寂。謂廊廟可居，固也，卽衡門亦未嘗不可居。魴鯉可食，固也，卽蔬菜亦未嘗不可食。子姜可取，固也，卽荆布亦未嘗不可取。語雖淺近，味實深長，意在言表，最耐人思。蓋賢人之仕原欲報國安民，有所建白，

東門之池非刺詩或淫詩

墓門非刺陳佗

若但碌碌素餐，已無樂於富貴，況使之媚權要以干進，彼賢人者肯爲宮室飲食妻妾之奉而爲之乎！ 恬吟密詠，可以息躁寧神。 朱傳得其旨矣。

東門之池，序以爲『疾其君之淫昏，思得賢女配之。』 今按『漚麻，』『漚苧，』絕不見有淫昏之意。 卽使君果淫昏，亦當思得賢臣以匡正之，何至望之女子？ 而人君禮不再娶，恐亦不容別求良配也。 朱子以爲男女會遇之詞，較爲近理；然亦無由見其必然。 細玩此詩，絕無狎褻之語而有隨遇而安之意，恐亦賢人安貧自得者所作。 既息交而絕游，則惟有悅親戚（親戚猶言骨肉至親）之情話耳。 老萊子攜妻負薪，梁伯鸞夫婦偕隱，何嘗非賢人之事。 正不必因『彼美淑姬』一語遂定以爲淫詩也。

東門之楊以下六篇，序以爲刺詩者五篇。 今玩其詞，惟墓門，株林爲刺詩耳。 株林一篇，絕無一語直斥之者，但云，『「胡爲乎至株林？」「以從夏南故也。」「然則非適株林也，特從夏南耳。」』 一問一答，痛疾之意溢於言表。 二章又言『說于株野，朝食於株，』則其惟務荒淫，不恤人民，不理政事，顯然可見。其言語之妙，與鄘風牆茨篇略同，但用筆各異耳。至以墓門為『刺陳佗，』則絕不類。陳佗不聞他惡，但爭國耳。而篇中絕無一語針對陳佗者。此必別有所刺之人；既失其傳，而序遂强以佗當之耳。若此果為刺佗，則語皆索然無味，夫人能之矣。吾故讀株林而知墓門之必非刺佗也。蓋陳靈之事見於春秋傳，故得知其事之首尾，因并知其立言之妙；墓門所刺之人不見於傳，故無從知其妙。然則三百篇中言語之妙者不知凡幾，特其事不見於傳，無可考耳。吾願說詩者皆缺其所疑，勿强不知以為知也。

陳風凡十篇，首二篇卽言歌舞。其餘八篇言男女約會思慕者四篇，刺淫亂及無良者二篇，獨衡門，東門二篇為佳詩耳，然皆賢者高蹈不仕之作，則其風俗政事從可知矣。吳季札曰，『國無主，其能久乎！』可謂知樂也已。吾故讀陳風而知陳之必亡也。

株林見陳未遽亡

然吾讀株林而又知陳之未遽亡也。何者？靈公雖無人理，然大夫諫之，詩人刺之，是其直道猶存，公論未泯，知其民心尚有一線之未盡。不然，荒淫者聽之而已，人亦不復醜之；即醜之，亦不爲詩以刺之；即刺之，亦無人爲傳之矣。是以楚莊滅陳而復封之；楚靈滅陳而楚平又封之；至春秋之末而後陳卒亡。信乎詩之可以觀也！近世說者動謂詩不當存淫詩，不知政事得失，風俗盛衰，皆於詩中驗之，豈容删而不存。若如所言，詩何由得通於政，季札亦何由辨其得失及國祚之短長乎？其亦迂腐之至也已！

豳風補說

七月非周公作，鴟鴞非東征時作，東山破斧非大夫美周公，亦非周公勞歸士而歸士答勞之詩，皆已詳於豐鎬考信錄中矣。然七月一詩義蘊精深，尙未及詳申其說，故復補而解之如左。

七月篇解

余少年時最愛七月一詩。近因眼疾，艱於翻閱，往往背誦風詩以自遣。吟諷既久，始覺少年所得尙淺，卽先儒之說亦尙有未備未安者。暇日乃爲之解，於所未備者補之，所未安者易之，兩說互異者折衷之，疑則缺之，已詳者則不復贅。時嘉慶庚午夏六月也。

本篇前後章法

七月一詩，舊說謂『首章前六句言衣，後五句言食；二章至五章終衣之意；六章至八章終食之意。』余按，『采繁，』『獻豜，』與衣無涉也；『于茅，』『鑿冰，』與食無涉也。且衣莫多於布而布必藉於麻，何爲前四章反無一言稱麻而後三章乃不一而足乎？細玩此篇文義，首章與第七章相爲首尾：首章言農事之始，七章著農事之終。而資生之計以衣食居三者爲要，無以『卒歲』豈復有『于耜』之人，不先『乘屋』必致誤『播穀』之事：是以首章農事未舉先言『授衣，』七章農功甫畢卽言『乘屋』。此一篇前後之章法也。其中五章，則皆叙田家雜事。先之以蠶桑者，豳地多寒，承上章『授衣』之文而先言養老之事也。因帛而遂及裘，故『于貉，』『取狸』次之。因衣而遂及居，故『寒向墐戶』次之。

而第六章則又雜事中之尤瑣細者。初未嘗以衣食分也。是故同一衣也，麻爲農夫所藝則次之於黍稷之後，蠶爲女工所成則列之於雜事之中。至第八章，則又於衣食居三者之外補其未備者。以此求之，章法次第井然可辨；正不必取此七章而分屬之衣食也。說並詳各章中。

一章

七月流火，九月授衣。一之日觱發二之日栗烈。無衣無褐，何以卒歲？三之日于耜；四之日舉趾。同我婦子，饁彼南畝田畯至喜。

此章述稼穡之始。『于耜，』『舉趾，』稼穡之始事也。先之以『授衣』者，關中南北皆山，豳在北山之北，地最苦寒：無以卒歲，來年誰爲之于耜舉趾者。楊忠愍公繼盛之詩所謂『巖底餓夫寒欲死，來年縱稔濟誰飢』者也。故以『授衣』先之。冠之以『流火』者，衣非旦夕可成，故於兩月前預圖之。大凡人情狃於目前，罕爲後慮：豐則不爲荒備，健則不爲疾備，熱則不爲寒備。七月火雖西流，殘暑猶存，距寒尙遠，乃見星流卽知寒之將至，先事而籌，則無倉卒之患。諺所謂『天河掉角（方音讀平聲），防備蓋窩』者也。故以『流火』冠之。七月九月，夏正也。一之日至四之日，周正也。傳云『「觱發」風寒也。「栗烈」氣寒也。』余幼讀此詩，亦尋常視之。其後身至豳土（即今陝西邠州，唐時改豳爲邠），仲冬之月，朔風勁甚；逮季冬時，小立庭中，微風不起而肌膚若裂，其寒眞有如觱之發，栗之烈（裂同）者，然後知詩人體物之精，立言之妙也。前但言衣，後兼言褐者，褐亦豳所產也。

『耜』，耕器，卽今之鋤也。古未有犂，故用耜以耕也。言『同我婦子』者，帛肉專以奉老，勞苦則卑幼皆當任之也。『田畯至喜』者，上下一體，愛民深，故課耕勤也。

二章

七月流火，九月授衣。春日載陽，有鳴倉庚。女執懿筐，遵彼微行，爰求柔桑。春日遲遲，采蘩祁祁。女心傷悲，殆及公子同歸。

此下五章，皆敘田家雜事。復以『流火』『授衣』冠之者，因下文言蠶桑之事故也。雜事首以蠶桑者，一則王政以養老爲要，故孟子述王政，亦以牆下樹桑五十衣帛爲始；一則承上章「四之日舉趾」之文，遂言夏正二月事也。「微行」，由宅至桑徑也。「陽」，晴暖也。「有鳴倉庚」，月令所謂「仲春之月倉庚鳴」是也。孟子所謂「樹牆下以桑」者，非環牆皆桑也；民居必相比，左右皆鄰也，蓋於牆外田內樹之，是以必遵微行以求之也。「求柔桑」者，二月間蠶尚稚，鄭箋所謂「蠶始生，宜稚桑」是也。

「蘩」，毛傳以爲「白蒿，所以生蠶。」按召南詩以采蘩爲「公侯之事」，春秋傳稱「蘋蘩蘊藻之菜可羞於王公」，則蘩乃蔬屬可爲饌者，非白蒿，亦非以生蠶者。古今名物不同，缺之可也。朱傳以爲「蠶生未齊，未可食桑，故以此啖之。」果如是，則詩先言「求柔桑」而後言「采蘩」，於文爲倒置。況用蘩爲時不久，爲數無多，何以於采桑不言祁祁而反於采蘩言「祁祁」乎？然則詩特因言二月間事，故連類而及之，不必果以飼蠶故也。

『女心傷悲，殆及公子同歸，』毛傳以爲與豳公子同出同歸。女遵微行，何由得與公子同歸？鄭氏不從是也。然謂『感陽氣而思男，欲嫁公子，』其失尤甚。惟朱傳以爲『許嫁之女以將遠其父母爲悲』者得之。蓋男女居室，人之大倫，然男多樂婚，而女多不樂嫁。何者？男之娶妻，與之共事父母；女子適人，則不得事己之父母，小有人心者自應爾爾。故曰『女子有行，遠父母兄弟。』『傷悲』固人情也。如鄭氏之言，傷春思嫁乃後世不肖女子之所爲，寧先周美俗而有是哉！女而嫁公子，則爲卿大夫之女可知，然且貴而能勤如是，宜乎朱子以爲風俗之美也！

三章

七月流火；八月萑葦。蠶月條桑，取彼斧斨，以伐遠揚，猗彼女桑。七月鳴鵙，八月載績。載玄載黃，我朱孔陽，爲公子裳。

此承上章，言仲春蠶桑之事，遂言季春蠶桑之事，因終言之 以至於成衣也。『蠶月，』即夏正之三月。不稱三月者，豳俗重蠶，故呼此月爲蠶月，猶今人之呼十二月爲臘月也。

『條桑』芟桑條也。　凡樹，至春則芟其條，使續生者得遂其長，故擇其桑條之遠揚者芟而落之，以取其葉，而枝小附幹者則但采其葉。　蓋蠶至三月壯而食多，是以廣取桑葉以飼之也。

『載績』績絲以爲帛也。　舊說以爲績麻。　按，上方言治絲之事，何得不言績絲而言績麻，使絲事有首而無尾乎？　蓋承上文言績絲，而麻之績亦包括其中耳。　觀下文言『爲公子裳』亦指帛而言，則此績之爲績絲明甚。

周人尚赤，故曰『我朱孔陽』。　遷岐以前，周已尚赤，然則騶衍稱周以火德王，劉歆稱周以木德王，克商之後始尚赤者，其妄不待言矣。　『裳』猶衣也，變文以協韻耳。　庶人五十以上者皆衣帛，而云『爲公子裳』，尊君親上之義，舉其重者而言之也。

四章

四月秀葽；五月鳴蜩。　八月其穫；十月隕擇。　一之日于貉，取彼狐狸，爲公子裘。　二之日其同，載纘武功言私其豵，獻豜于公。

此因上兩章言蠶桑之事由帛而及於裘，遂推言之以及於大獵也。

『秀葽』草蕃也。『鳴蜩』蟲壯也。草蕃蟲壯皆非田獵之時。至八月而禾稼熟，十月而木葉脫，然後田獵。取物之中亦有愛物之仁存焉。

上言『于貉，』下言『取狐狸，』互文以見意也。『爲公子裘，』猶言『爲公子裳；』舉其重者言之，卿大夫士庶人之老者皆在其中矣。

『于貉，』私獵也。『其同，』大獵也。安不可以忘危，故有文事必有武備。然兵凶戰危非可嘗試者，故借田獵以習之。『私豵，』『獻豜，』亦尊君親上之義也。

五章

五月斯螽動股；六月莎雞振羽；七月在野；八月在宇；九月在戶；十月蟋蟀入我牀下。穹窒熏鼠，塞向墐戶。嗟我婦子，曰爲改歲，入此室處！

此因上章言製裘以禦寒，遂言入室以禦寒之事也。

『斯螽，』『莎雞，』『蟋蟀，』朱傳以爲一物隨時變化而異其名，是也（舊說以爲三物）。　後世謂之促織或謂之絡緯，亦謂之蛩，皆是物也。

啓『向』本以淸暑，故寒則『塞』之。『戶』歷三時，不無剝落，故『墐』之。云『嗟我婦子』者，前三章言裘帛皆以奉老，此入室則卑幼皆同之，故特著此文也。

前章首以『四月，』此章首以『五月，』亦章法也。

六章

六月食鬱及薁；七月亨葵及菽。　八月剝棗，十月穫稻，爲此春酒，以介眉壽。　七月食瓜；八月斷壺；九月叔苴。　采茶，薪樗，食我農夫。

此章雜叙農桑餘事，蔬酒器物之屬，皆田家瑣細之務也。

『鬱，』『薁，』未詳何物。　『菽，』今謂之豆。　後文十月納稼有菽，而此文七月已言『亨菽，』者，蓋豆種類最多，豇豆有入飯入蔬二種，扁豆亦以入蔬，皆陸續摘食之，白豆將熟者亦可食，故七月即亨菽也。

邠土宜『棗，』肥大甘美，他方莫能比者。『稻，』北方罕種之，今邠州惟一川產稻。竊意古者亦當如是。蓋緣所產無多，以故不以充食，但以釀酒。是以後文『納禾稼』不言稻，而此文『爲春酒』獨言稻也。

稻有黏不黏二種：不黏者可食，黏者可爲酒，所謂糯米者也。故箋傳皆謂稻以釀酒。竊疑棗亦用以釀酒者。今山東有棗酒；關中多用柿醋。或者以棗入稻而釀之，『春酒』二句雙承上兩句，未可知也。

『壺，』瓠也。『苴，』麻屬。『叔』義未詳，蓋治麻也。傳謂苴爲麻子，與壺皆以充食。按昔人稱『中流失船，一壺千金，』又稱『魏王貽我五石之瓠』論語亦稱『匏瓜繫而不食，』則似古人於壺但以備器用，不以充食也。而麻子亦非可食者。蓋亦治麻以爲布耳。所以『瓜』獨言『食』而『壺』但言『斷，』『苴』但言『叔』也。

『荼，』未詳何物，或云卽今茶也。按，荼茶文相似，古讀荼音與茶正同，說爲近之。但茶非可常食。古今不同，缺之可也。『樗，』今俗謂之臭椿，易生而非美材，故以爲薪。後世近山多薪煤，既洩地氣亦勞人力；平地多薪枯藁爨則煙濃，遇歲歉則不給於用。古人豈無枯藁，且邠山亦產煤，然皆不用而惟用樗。惜乎後人但苟目前之安，莫肯預樹樗於數年前也！云『食我農夫』者，別於上文『春酒介壽』之養老者而爲言也。

上章首『五月；』此章首『六月，』正與上章意同。

七章

九月築場圃，十月納禾稼：黍稷重穋，禾麻菽麥。嗟我農夫，我稼既同，上入執宮功。晝爾于茅；宵爾索綯。亟其乘屋，其始播百穀。

此終首章稼穡之事也。首章『于耜』『舉趾』開農事之始，此章『築場』『納稼』表農事之成，首尾呼應，詩人之章法也。前言『八月其穫，』此何以言『十月納禾稼』也？禾熟先後不齊，此舉其終而統言之故也。何以繼之以『乘屋』也？猶首章之先之以『授衣』也。

「黍，」類稷而穗散，有二種：黏者可爲酒，詩所謂「豐年多黍多稌，爲酒爲醴」者也；不黏者可爲飯，河以北呼爲穄，今邠人謂之穈，詩所謂「其饟伊黍，」論語所謂「殺雞，爲黍」者也。朱子黍離傳云，「黍，苗似蘆，高丈餘，穗黑色，實圓重。」按，此乃今蜀黍，種自蜀來，而黏者可爲酒，故名蜀黍，俗呼爲高糧，非黍也。黍，中原徧地有之。朱子生長閩中，閩浙多稻麥，無黍，僅有蜀黍，故誤以爲黍耳。「稷，」漢以後謂之粟，今北方農夫皆呼爲穀。粟，本黍稷未去皮之通稱，對米而言，則皆曰粟。故曰「四百里粟；五百里米。」粟之中，稷最蕃，故概呼之爲粟，而黍則必稱黍以別之，久之而稷之名遂掩。朱子黍離傳云，「稷，一名穄，似黍而小，或曰粟也。」按說文云，「穄，穈也，」又云，「穈，穄也。」穄乃黍之別種，故穈從黍。今邠人亦呼黍爲黏穈。何者？其類同也。說文云，「莠草似稷而無實。」今俗所謂穀正與莠相似，非農夫往往不能辨，而穄與莠毫不相類，則穄之非稷明矣。但山東河南之人多讀入爲去，因有誤以稷爲穄者。閩浙舊無此種，故無從辨其是非耳。云穄非也，云粟是也（詳見陸稼書先生黍稷辨及余稷穄辨中）。

『重』與『穋』，黍稷皆有之。言『黍稷』復言『重穋』者，雨暘無定度，宜早宜晚不可預卜，故多其種，以冀其有一當也。『禾，』黍稷之通稱，凡穀之穗側垂者皆爲禾，故禾從木而側其首（篆文作𥝌）。『麻』所以績爲布而成衣也。詳於桑而略於麻者，帛貴者老者之衣，布卑幼之衣也。前已言『亨菽，』此復言『菽』者，前舉其一二種，此則兼諸種而統言之也。『麥』以五月熟，乃言於此者，農事既畢，通計一年之所入也。

『宮功，』朱傳云，『邑居之宅也；或曰，公室官府之役也。』余按，二義皆當有之。觀於『爲公子裳，』『爲公子裘，』則上下一體，義固無所別也。日入而息，乃『宵而索綯』者，冬晝短而夜長，故以夜補晝也。『其始播百穀，』朱傳得之。鄭箋以爲祈穀，非也。蓋謂明春又將『于耜，』『舉趾，』其文正與首章相呼應也。

首章農事未起，先言『授衣；』此章農功甫畢，卽言『乘屋。』首章由子丑月逮寅卯月，此章叙戌亥月而仍及子丑月，復遙注寅卯月，亦章法也。

八章

二之日鑿冰沖沖；三之日納于凌陰。四之日其蚤，獻羔祭韭。九月肅霜，十月滌場，朋酒斯饗，曰殺羔羊，躋彼公堂，稱彼兕觥，『萬壽無疆！』

農桑事畢之後何以復終之以此章也？此古聖人所以燮理陰陽而使無水旱之災者也。何者？務農養蠶，人力盡矣，田疇可闢，百穀可成矣。然使雨暘不時，五穀不登，農夫將奈之何？故復繼之以此章也。蓋雨暘之不時有二，一由於天地之氣不通，一由於上下之情不達。『鑿冰』四語，所以通天地之氣也。『肅霜』七語，所以達上下之情也。

雨也者，雲所化也。雲也者，地氣之升焉者也。深山幽壑，人所不居，耕鑿之所不及，此雲所由升也。隆冬冰堅，寒氣凝結，則春分以後地氣不得上升而為雲。邠，山多而地寒，層巒疊嶂之中必有積冰之處，故必『鑿冰』以疏其氣也。

『鑿冰』於『二之日』者何？ 此冰堅之候也。 『納凌陰』於『三之日』者何？ 恐過此而冰泮也。 『獻羔祭韭』以啓冰室於『四之日』者何？ 春分以後陽氣日盛恐陽氣之爍陰，故漸啓其冰以宣陰氣。 此所以陰不伏陽不愆而地氣常升也。

然亦有密雲布空而雨不降者，何也？ 熯氣之爍之也。 熯氣何以爍也？ 里巷之間强陵弱，衆暴寡而上不之知，知之而不之禁，則怨且憤。 怨憤之氣盛，則雲雖升而不能成雨。 是以東海孝婦寃死三年不雨；神宗用鄭俠言罷新法而天即雨。 故欲和陰陽之氣者，必務通上下之情。 『朋酒』『羔羊』而『躋公堂』所以通上下之情也。

曰，雨暘不時由於訟獄不平，以平訟獄可矣羊酒而躋堂何取焉？ 曰，訟獄之平，旣事之後則然耳，治民之道固有立於未事之先者，不待於訟獄也。 古者諸侯之國，大者不過百里，如今一縣然者，而其下有卿，有大夫，有上中下士，承流宣化者

未然之慮

多矣，使其君如今縣令長高自位置，不屑輕與士民相見，民誰敢以朋酒羔羊躋其堂者！ 羊酒之躋公堂，民之親其君也，實由君之親其民也。 此其上下之間無異家人父子，民有所欲，皆可自言於上而與聚之；民有所惡，皆可自言於上而勿施之。不但暴寡陵弱上必知而禁之也，而衆自不敢暴寡，强自不敢陵弱，無他，知其耳目周而痌瘝切也。 兵法所謂上兵伐謀者，此也。

上下交而陰陽和，雨暘時而禾麥登，休矣盛哉！ 此七月一詩所以必終之以此章也！

七月一詩，凡事皆爲未然之慮，不待於臨事也。 『九月授衣』而先言『七月流火』者，見火已流，知衣之將授也。 『四之日舉趾』而先言『三之日于耜』者，計田將耕，知耜之當治也。 『于貉』『其同』在子月後也，見『其穫』『隕擇』而已預戒之。 『塞向墐戶』爲改歲計也，當『動股』『振羽』而已

資用不待外求

遞數之。至第七章末始明指其故曰，『亟其乘屋，其始播百穀，』然後知前文之『流火』『于耜』等語皆非泛言，誠爲先事之慮故也。蓋天下之事，未事而圖之則有功，臨時而計之則無及。計然所謂『旱則資舟，水則資車』者也。是以樂則慮憂，常則慮變，豐則慮荒，故有終歲之憂而無一朝之患。後世之民情則不然：田穀豐登則佚樂頓起，衣食恣爲好美，風俗務尙繁華，若豐登可以常恃者。一遇凶荒，非流離於道路，即刼掠於閭閻，亦復何濟於事！甚矣古人風俗之美也！

七月一詩，資用盡取之於國中，不待於外求也。五穀取之於田，不待言矣。其次莫如衣，而帛取之於桑，布取之於麻，裘取之於貉。又其次莫如室，而亦不過茅索以供其用。乃至酒取於稻，薪取於樗，無非國中之所自有。此外，惟厲鍛之屬須涉渭取之耳。是以其民各自安於耕鑿之天，無求於人，無慕於外：不待捐金於山而固無所用於金也，不待沈珠於淵而固無所用於珠也。夫惟不貪，是以無爭。夫惟無爭，是以宗族和諧，鄉里婣睦。美哉俗乎！余幼時至鄉中，見其俗尙有一二近古者，薪米取之於田，衣則市綿而紡績以爲布，罕有靡麗之飾，魚肉之奉，而應酬亦殊少，即有之亦多以餅餌爲饋遺，以故人不蓄錢，亦不貪錢。壯年以後，鄉民漸尚紛奢，需用日增，非錢奚能買也，由是人多貪錢，智者欺愚，强者陵弱，而風俗遂日敝。吾故讀豳風而不能無今昔之感也。

趨事之勤

七月一篇，自正月至十二月，趨事赴功，初無安逸暇豫之一時。男子耕耘於外，女子蠶績於內，未『舉趾』而已先『于耜』，甫『納稼』而即『執宮功』，雖農隙之時而亦有『剝棗』『斷壺』『采茶』『薪樗』『取狐狸』『纘武功』之事，乃至冰堅水涸，一切之事皆畢，而猶使之冒寒『鑿冰』，毋乃過於勞乎？曰，此先王之所以爲憂深而慮遠也。大凡人心不能無所用，不用於此則用於彼，不用於正則用於邪。日有所用而無休息，則心專於所營之事而不暇他有所及，以故無分外之思。一日無所事事，則其心遂放而慆淫之念得以乘之而入。於是乎博奕樗蒲，燕歌楚舞，烟火燈船，雜戲之屬盛行於時，而民之心遂蕩；蕩則不復思

衛序之誤

義。於是乎子不思孝，弟不思友，而鄰里亦不思任卹。且其用財旣奢則必不敷所出，不敷所出則必取之於人，於是乎智欺愚，強陵弱，相爭奪而不止，訟獄自是繁而風俗自是壞矣。是以楚莊王曰，『民生在勤，勤則不匱；』魯敬姜曰，『民勞則思，思則善心生。』吾故讀七月而知周之所以王，讀蟋蟀而知晉之所以伯也。惜乎後世之學優而仕者之罕知此義也！

東山詩解

東山一詩敘室家離合之情，沈摯真切，最足感人，而絕無怨尤之意，尤足以見盛世風俗之美。余曩在京師時，滇南陳履和以其所作東山詩解貽余，余曾書其文後數十餘言，載於余文集中。暇中吟諷此詩，猶覺所論未盡，不能自已，復著此解，附載之於七月諸章之後。

衛宏毛詩序云，『一章言其完也。二章言其思也。三章言其室家之望女也。四章樂男女之得及時也。』余按，首章自叙途中情形，次章代寫家中景象，皆未歸時事，謂之爲『完』與『思』尚屬近之。至第三章明言久別乍逢之喜，故曰『婦嘆于室，我征聿至，』而云『室家望女，』已爲誤解。若第四章乃言夫婦聚首之樂，而借新婚以形容之，然後以『其新孔嘉，其舊如之何』兩句醒出主意，詞意甚明；今乃以爲『樂男女之及時，』是反以襯筆爲正筆，失詩人之指矣。

一章

我徂東山，慆慆不歸（二句無韻）。我來自東（韻）零雨其濛（叶東）。我東曰歸，（韻）我心西悲（叶歸）。製彼裳衣（叶歸），勿士行枚（叶歸）。蜎蜎者蠋，（韻）烝在桑野（韻）。敦彼獨宿，（叶蠋）亦在車下（叶野）。

首章先寫未歸之時途中情形，以爲下文作勢。『西』字直照下『婦嘆于室』句。『獨宿』『車下』所以反跌三章『我征聿至，』四章『其舊如之何』句。不寫未歸時之苦，不見既歸後之樂也。

二章

我徂東山，慆慆不歸。我來自東，零雨其濛。果臝之實，（韻）亦施於宇（韻），伊威在室，（叶實）蠨蛸在戶（叶宇）。町畽鹿場，（韻）熠燿宵行（叶場）。不可畏（韻，讀平聲）也伊可懷（叶畏）也。

次章極寫家中蕭條景象，暗含『三年』二字在內，首章所謂『我心西悲』者也。家中蕭條如此，何以爲情？不如是不見歸後之樂也。前兩章純用反跌，文勢極佳。以『伊可懷』結之，神氣直注末章『其舊如之何』句。

三章

我徂東山，慆慆不歸。我來自東，零雨其濛。鸛鳴於垤，（韻）婦嘆于室（叶垤）。灑掃穹窒，（韻）我征聿至（叶窒）。有敦瓜苦，（不入韻）烝在栗薪（韻）。自我不見，（不入韻；除首二句外，篇中單句惟此二字不入韻）於今三年！（叶薪。）

三章乃寫夫婦相逢之樂。『婦嘆于室』『我征聿至』兩兩相對。然使乍別卽歸，亦屬常事，無足異者，故復借『瓜』點出『三年』二字，以見久別重逢之樂也。

四章

譬語之妙

我徂東山，慆慆不歸。我來自東，零雨其濛。倉庚于飛，(韻)熠燿其羽(韻)。之子于歸，(叶飛)皇駁其馬，(叶羽)親結其縭(韻；讀若羅)，九十其儀(叶縭，讀若俄)。其新孔嘉(叶縭，讀若歌)，其舊如之何？(叶縭。)

此當寫夫婦重逢之樂矣，然此樂最難寫，故借新婚以形容之。「縭」也而「親結」之，「儀」也而「九十」之，凡其極力寫新婚之美者，皆非為新婚言之也，正以極力形容舊人重逢之可樂耳。新者猶且如此，況於其舊者乎！一句點破，使前三章之意至此醒出，眞善於行文者。大抵此篇多用旁敲側擊之詞，最耐學者思索玩味，工於為文者也。孔子謂「不學詩，無以言，」讀此篇，益信詩之有資於言者大也。

「我征聿至，」「于今三年，」兩句乃一篇之關目。篇首「慆慆不歸」一語，次章「果臝」「伊威」六句，皆暗含「三年」字在內。「制彼裳衣，勿士行枚，」是撤筆，即補筆也。至第三章，始借見瓜點出「三年」二字，非瓜也，其人也。

言語之妙可想。

，按此詩詞意明甚，不知向來何以解爲大夫美周公，與周公勞歸士也？ 姑存此注，俟有深於詩者決之。

通論讀詩

詩之旨趣，前卷之言詳矣。 近覺其義有未盡者，復附論之於此。

孔子曰，『誦詩三百，授之以政不達，使於四方不能專對，雖多亦奚以爲！』 夫詩以寫性情，書以道政事，詩之有資於言，可以專對，固也，若政事則莫如書，而聖人反責之誦詩者何哉？ 余自近年始悟其理，蓋其故有三焉。 一則春秋之世卿大夫誦詩者多，觀傳所記賦詩引詩之事不可枚舉，故聖人就所素習者言之。 二則尙書所載皆帝王經世之大法，非尋常人所能，春秋之世賢士大夫尚未足以及此，故聖人亦不以過望於當時也。三則政以治民正俗爲要，尙書所言，乃朝廷興革之大端，至於民情之憂喜，風俗之美惡，則詩實備之。故讀七月而知周之所以興；讀大東而知周之所以衰；讀齊唐之風而知其立國之强；讀陳鄭之風而知其亨國之促。車攻，夜如何其，非不朝會，仍其舊也，然誦白駒黃鳥而知周之必微。載馳，定之方中，非不國家，失其故也，然誦淇澳，干旄而知衞之必久。詩之有益於政大矣，無怪乎季札觀於周樂而興亡得失，遂如指諸掌也。余嘗觀前代諸史書，亦自以爲識其治亂之由；其後泛觀前人詩集文集與野史之所載，士大夫之風氣，民間之好尙，官府閭閻之利弊，所以興亡盛衰之故，皆了然如見，然後知始之所得尙淺，而史之未足以盡政也。聖人於誦詩者而望其達於政，其亦猶此意乎？惜乎世之誦詩者皆爲詩序所誤，强以事附會之，失詩人之本意，遂至與政不相涉也！

人心風

大抵國家之所以久，惟在人心風俗之固；而人心風俗之固，惟賴都邑大夫之賢。

觀大田之詩，『遺秉』『滯穗』以濟人；誦無衣之篇，『同袍』『同仇』以結友，不惟無爭而且相恤，不惟衣裘可共而且患難可同。俗何以如是美也？無他，大夫廉勤自勵，修明政事，扶弱抑强，姦豪有所畏憚，故民得以相安。相安則不爭，不爭則相恤，是以如此。若貪惰自恣，則政皆失宜，徇私而鬻獄者有之，告於上而不爲理者有之，豪强由是肆行，而平民皆無以自保，非附會同黨以求其庇，則別倚豪强而與相抗，風俗安得而不壞乎！吾故讀黃鳥而知周道之衰，讀碩鼠而知魏俗之敝也。何者？篤實守分之人決不肯爲濟惡之事，他鄉寄居之客斷不能敵土著之民，勢必至於『食黍』『啄粟』，惟所欲爲而無如何。『莫我肯顧』『不可與明』，言人皆視爲當然，不以爲異也。非適樂土而復邦族，更有何策？良民去而旅人歸，則所存者皆敗俗之人耳，豈復能有固志！一旦疆場頻驚，勢必土崩瓦解，無怪乎其避而遷於洛，折而入於晉也。此治亂興亡之大要。學者熟此二篇，則授之以政而無不達者矣。碩鼠，詩序以爲刺君，朱傳以爲刺有司。今以黃鳥觀之，『食黍』『食麥』何異『啄粟』『啄粱』之喻？

說經之輕信人言

蓋亦困於豪强之陵藉者。 但因有司失政，是以至是不必定以『碩鼠』屬之有司也。說已見魏風中。

古之人主有輕信人言而誤用姦人，誤殺賢臣者。 讀史者輒譏其不明，固也。 然此亦人之通病，非獨人主然也。 雖說經亦如是而已矣。 孟子曰，『左右皆曰賢，未可也。 諸大夫皆曰賢，未可也。 國人皆曰賢，然後察之。 見賢焉，然後用之。』 至於曰『不可，』曰『可殺，』亦然。 必待國人之言僉同，然後察之；必待察之見其果然，然後去之殺之若是乎其不肯輕於信人也！ 今說經者則不然。 衞序鄭箋之說詩也，不過一家如是言耳，齊詩不如是也，魯詩不如是也，即韓詩亦不如是也：是何異一二人如是言，而諸大夫國人皆不以爲賢，不以爲不可，不以爲可殺乎？ 且考之史略漢書，不合也，考之春秋經傳國語，不合也，即細玩本詩之詞意而亦不合也：是何異一二人如是言，及察之而實未嘗賢，未嘗不可，未嘗可殺乎？ 然而說者皆不之問，有如不見不聞然者，此何故哉？ 夫諸大夫國人之言皆同，尙猶不敢盡信而必察之，况僅一家言之，而遂曰

『詩序近古，必非妄言者，』然則古人之受誣者可勝道哉！此可爲長太息者也！

讀風偶識卷之四終

恭錄欽定四庫全書總目提要論尙書

三則

尙書正義二十卷

舊本題漢孔安國傳。其書至晉豫章內史梅賾始奏於朝。唐貞觀十六年，孔穎達等爲之疏。永徽四年長孫無忌等又加刋定。

孔傳之依託，自朱子以來遞有論辨；至國朝閻若璩作尙書古文疏證，其事愈明。其灼然可據者，梅鷟尙書考異攻其注禹貢『瀍水出河南北山』一條，『積石山在金城西南羌中』一條，地名皆在安國後。朱彝尊經義考攻其注書序『東海駒驪扶餘馯貊之屬』一條，謂駒驪王朱蒙至漢元帝建昭二年始建國，安國，武帝時人，亦不及見。若璩則攻其注泰誓『雖有周親，不如仁人』，與所注論語相反。又安國傳有湯誓，而注論語『予小子履』一節，乃以爲墨子所引湯誓之文（案安國論語注今佚，此條乃何晏集解所引）。皆證佐分明，更無疑義。

至若璩謂定從孔傳以孔穎達之故，則不盡然。考漢書藝文志叙古文尙書，但稱『安國獻之，遭巫蠱事未立於學官』，不云作傳。而經典釋文敍錄乃稱藝文志云『安國獻尙書傳，遭巫蠱事，未立於學官』，始增入一『傳』字以證實其事。又稱『今以孔氏爲正』，則定從孔傳者乃陸德明，非自穎達。惟德明於舜典下注云，『孔氏傳亡舜典一篇，時以王肅注頗類孔氏，故取王注從「愼徽五典」以下爲舜典以續孔傳』。又云，『「曰若稽古帝舜，曰重華協于帝」十二字是姚方興所上，孔氏傳本無。阮孝緒七錄亦云。方興本或此下更有「濬哲文明，溫恭允塞，元德升聞，乃命以位」。凡二十八字異。聊出之，於王注無施也』。則開皇中雖增入此文，尙未增入孔傳中，故德明云爾。今本二十八字當爲穎達增入耳。梅賾之時，去古未遠，其『傳』實據王肅之『注』而附益以舊訓，故釋文稱『王肅亦注今文，所解大與古文相類，或肅私見孔傳而祕之乎？』此雖以末爲本，未免倒置，亦足見其根據古義，非盡無稽矣。穎達之疏，晁公武讀書志謂因梁費甝疏廣之。然穎達原序稱爲『正義』者，蔡大寶巢猗費甝顧彪劉焯劉炫六家，而以劉焯劉炫最爲詳雅，其書實因二劉，非因費氏。公武或以經典釋文所列『義疏』僅甝一家，故云然與？朱子語錄謂『五經疏周禮最好，詩禮記次之，易書爲下，』其言良允。然名物訓故究賴之以有考，亦何可輕也！

古文尚書疏證八卷

國朝閻若璩撰。若璩字百詩，太原人，徙居山陽；康熙己未薦舉博學鴻詞。

古文尚書較今文多十六篇，晉魏以來絕無師說，故左氏所引，杜預皆注曰『逸書。』東晉之初，其書始出，乃增多二十五篇。初猶與今文並立，自陸德明據以作釋文，孔穎達據以作正義，遂與伏生二十九篇混合爲一。唐以來，雖疑經惑古如劉知幾之流，亦以尚書一家列之史通，未言古文之僞。自吳棫始有異議；朱子亦稍稍疑之。

吳澄諸人本朱子之說，相繼抉摘，其僞益彰；然亦未能條分縷析以抉其罅漏。明梅鷟始參考諸書，證其剽竊；而見聞較狹，蒐采未周。至若璩乃引經據古，一一陳其矛盾之故，古文之僞乃大明。所列一百二十八條，毛奇齡作古文尚書寃詞，百計相軋，終不能以强辭奪正理，則有據之言先立於不可敗也。

其書初成四卷，餘姚黃宗羲序之；其後四卷，又所次第續成。若璩沒後，傳寫佚其第三卷。其二卷第二十八條，二十九條，三十條，七卷第一百二條，一百八條，一百九條，一百十條，八卷第一百二十二條至一百二十七條，皆有錄無書；編次先後亦未歸條理；蓋猶草創之本。

其中偶爾未核者，如據正義所載鄭元書序注，謂馬鄭所傳與孔傳篇目不符，其說最確，至謂馬鄭注本亡於永嘉之亂，則殊不然。考二家之本，隋志尚皆著錄，稱所注凡二十九篇；經典釋文備引之，亦止二十九篇。蓋去其無師說者十六篇，止得二十九篇，與伏生數合，非別有一本注孔氏書也。若璩誤以鄭逸者卽爲所注之逸篇，不免千慮之一失。又史記漢書但有安國上古文尚書之說，並無受詔作傳之事，此僞本鑿空之顯證，亦辨僞本者至要之肎綮；乃置而未言，亦稍疎略。其他諸條之後，往往衍及旁文，動盈卷帙；蓋慮所著潛邱劄記或不傳，故附見於此；究爲支蔓。又前卷所論，後卷往往自駁，而不肎删其前說；雖仿鄭元注禮，先用魯詩，後不追改之意，於體例亦究屬未安。然反復釐剔，以祛千古之大疑，考證之學則固未之或先矣。

古文尚書寃詞八卷

國朝毛奇齡撰。奇齡有仲氏易，已著錄。

其學淹貫羣書。而好爲駁辨以求勝，凡他人所已言者，必力反其辭。故儀禮十七篇古無異議，惟章如愚山堂考索載樂史有五可疑之言，後儒亦無信之者，奇齡獨拾其緒論，詆爲戰國之僞書。古文尚書自吳棫朱子以來皆疑其僞，及閻若璩作古文尚書疏證，奇齡又力辨以爲眞。知孔安國傳中有安國以後地名，必不可掩，於是別遁其辭，撫隋書經籍志之文以爲梅賾所上者乃孔傳而非古文尚書；其古文尚書本傳習人間而賈馬諸儒未一見。其目一曰『總論』二曰『今文尚書』三曰『古文尚書』四曰『古文之冤始於朱氏』五曰『古文之冤成於吳氏』（案吳棫書裨傳在朱子稍前，故朱子語錄述棫說。當云始於吳氏，成於朱氏。此二門殊爲顚倒，附識於此。）六曰『書篇題之冤』七曰『書序之冤』八曰『書小序之冤』九曰『書詞之冤』十曰『書字之冤』。

考隋書經籍志云，『晉世祕府存有古文尚書經文，今無有傳者。及永嘉之亂，歐陽大小夏侯尚書並亡。至東晉，豫章內史梅賾始得安國之傳奏之。』其叙述偶未分明，故爲奇齡所假借。然隋志作於尚書正義之後，其時古文方盛行，而云『無有傳者』，知東晉古文非指今本。且先云『古文不傳』而後云『始得安國之傳』，知今本古文與安國傳俱出，非卽東晉之古文。奇齡安得離析其文以就己說乎！至若據所引馬融書序云，『逸十六篇絕無師說，』又引鄭元所注十六篇之名，爲『舜典，汨作，九共，大禹謨，益稷，五子之歌，允征，湯誥，咸有一德，典寶，伊訓，肆命，原命，武成，旅獒，冏命』，明與古文二十五篇截然不同。奇齡不以今本不合馬鄭爲僞作古文之徵，反以馬鄭不合今本爲未見古文之徵，亦頗巧於顛倒。然考僞孔傳序，未及獻者乃其傳，若其經則史云『安國獻之，』故藝文志著錄。賈逵嘗校理祕書，不應不見。又司馬遷爲安國弟子，劉歆嘗校七略，班固亦爲蘭臺令史典校藝文，而遷史記儒林傳云『孔氏有古文尚書，安國以今文讀之，逸者得多十餘篇，』歆移太常博士書稱『魯恭王壞孔子宅，得古文於壞壁之中，逸書十六篇，』班固漢書藝文志亦稱『以考二十九篇，得多十六篇，』則孔壁古文有十六篇無二十五篇，鑿鑿顯證，安得以晉人所上之古文合之孔壁與！且奇齡所藉口者，不過以隋志稱馬鄭所注二十九篇乃杜林西州古文，非孔壁古文，不知杜林所傳實孔氏之本，故馬鄭等去其無師說者十六篇，正得二十九篇，經典釋文所引尚可覆驗。徒以修隋志時梅賾之書已行，故志據後出僞本，謂其不盡孔氏之書。奇齡舍史記漢書不據，而據唐人之誤說，豈長孫無忌等所見反確於司馬遷班固劉歆乎！至杜預韋昭所引逸書，今見於古文者，萬萬無可置辨，則附會史記漢書之文，謂不立學官者卽謂逸書。不知預注左傳皆云文見尚書某篇，而逸書則皆無篇名，使預果見古文，何不云『逸書某某篇』耶？且趙岐注孟子，郭璞注爾雅，亦多稱『尚書逸篇』，其中見於古文者不得以不立學官假借矣。至孟子『欲常常而見之，故源源而來，不及貢，以政接於有庳，』岐注曰，『此「常常」以下，皆尚書逸篇之詞，』爾雅『釗，明也，』璞注曰，『逸書「釗我周王，」』核之古文，絕無此語，亦將以爲不立學官故謂之『逸』耶？又岐注『九男二女，』稱『逸書有舜典之書，亡失其文；孟子諸所言舜事，皆堯典及逸書所載，』使逸書果指古文，則古文有舜典，何以岐稱亡失其文耶？此尤舞文愈工而罅漏彌甚者矣！

梅賾之書行世已久，其文本采掇佚經，排比聯貫，故其旨不悖於聖人，斷無可廢之理；而確非孔氏之原本，則證驗多端，非一手所能終掩。近惠棟王懋竑等續加考證，其說益明，本不必再煩較論。惟奇齡才辨足以移人，又以衞經爲辭，托名甚正，使置而不錄，恐人反疑其說之有憑；故並存之而撮論其大旨，俾知其說不過如此，庶將來可以互考焉。

古文尚書辨僞目錄

僞古文尚書之成立

古文尚書辨僞卷之一

古文尚書眞僞源流通考

唐宋以來，世所傳尚書凡五十八篇：其自堯典以下至於秦誓三十三篇，世以爲今文尚書；自大禹謨以下至於冏命二十五篇，世以爲古文尚書。余年十三，初讀尚書，亦但沿舊說，不覺其有異也。讀之數年，始覺禹謨湯誥等篇文義平淺，殊與三十三篇不類；然猶未敢遽疑之也。又數年，漸覺其義理亦多刺謬；又數年，復漸覺其事實亦多與他經傳不符，於是始大駭怪：均爲帝王遺書，何獨懸殊若此？乃取史漢諸書覆考而細核之，然後恍然大悟，知舊說之非是：所謂古文尚書者，非孔壁之古文尚書，乃齊梁以來江左之僞尚書；所謂今文尚書者，乃孔壁之古文尚書也。今文尚書者，伏生壁中所藏，凡二十八篇（後或分爲三十一篇），皆隸書，故謂之「今文」；與今堯典以下三十三篇，篇目雖同而字句多異。古文尙書者，孔氏壁中所藏，皆科斗字，故謂之『古文。』孔安國以今文讀之得多十六篇。其二十八篇，卽今堯典以下三十三篇，原止分爲三十一篇，馬融鄭康成之所註者是也。其十六篇殘缺不全，絕無師說，謂之古文尙書逸篇。西漢之時，今文先立於學官。迨東漢時，古文乃立。自是學者皆誦古文，而今文漸微。永嘉之亂，今文遂亡，古文孤行於世。僞尙書者出於齊梁之間而盛於隋世，凡增二十五篇；又於二十一篇中別出舜典益稷兩篇共五十八篇，有傳及序僞稱漢孔安國所作。唐孔穎達作正義，遂黜馬鄭相傳之眞古文尙書，而用僞書僞傳取士。由是學者童而習之，不復考其源流首尾，遂悞以此爲卽古文尙書，而孔壁古文之二十一篇反指爲伏生之今文，遂致帝王之事跡爲邪說所淆誣而不能白者千有餘年。余深悼之，故於考信錄中逐事詳爲之辨，以期不沒聖人之眞。然恐學者狃於舊說，不能考其源流，察其眞僞，循其名而不知核其實也，故復溯流窮源，爲『六證』『六駁，』因究作僞之由，幷述異眞之故，歷歷列之如左，庶僞者無所匿其情云爾。

六證之一——孔安國古文篇數

一，孔安國於壁中得古文尙書，史記漢書之文甚明；但於二十九篇之外復得多十六篇，並無得此二十五篇之事。

『孔氏有古文尙書而安國以今文讀之，因以起其家逸書得十餘篇。蓋尙書滋多於是矣。』（史記儒林列傳。漢書文同，不複擧。）

『古文尙書者出孔子壁中。武帝末，魯共王壞孔子宅，欲以廣其宮而得古文尙書及禮記論語孝經，凡數十篇，皆古字也。共王往入其宅，聞鼓琴瑟鐘磬之音，於是懼，乃止不壞。孔安國者，孔子後也，悉得其書，以考二十九篇，得多十六篇。安國獻之。遭巫蠱事，未列於學官。』（漢書藝文志。）

按二十九篇者，堯典（今舜典『愼徽五典』以下在內），皐陶謨（今益稷篇在內），禹貢，甘誓，湯誓，盤庚（三篇合爲一篇），高宗肜日，西伯戡黎，微子，牧誓，洪範，金縢，大誥，康誥，酒誥，梓材，召誥，洛誥，多士，無逸，君奭，多方，立政，顧命（康王之誥在內），呂刑，文侯之命，費誓，秦誓，凡二十八篇，幷序爲二十九篇，與今文篇數同，史記所謂『以今文讀之』者是也。其十六篇，舜典，汨作，九共（後或分爲九篇，故正義謂之二十四篇），大禹謨，益稷，五子之歌，允征，湯誥，咸有一德，典寶，伊訓，肆命，原命，武成，旅獒，冏命，史記所謂『起其家逸書得十餘篇』者是也。而今所傳二十五篇則有仲虺之誥，太甲三篇，說命三篇，泰誓三篇，微子之命，蔡仲之命，周官，君陳，畢命，君牙，十有六篇而無汨作，九共，典寶，肆命，原命，五篇；惟舜典等十有一篇與漢儒所傳篇目同，而舜典，益稷又皆自堯典，臯陶謨分出，非別有一篇。篇目既殊，篇數亦異，其非孔壁之書明甚。使孔壁果得多此二十五篇，班固何以稱爲十六篇，司馬遷何以亦云十餘篇乎？蓋撰僞書者聞有五十八篇之目（劉向別錄云五十八篇，蓋分盤庚爲三篇，九共爲九篇，出康王之誥，而增河內女子之僞泰誓三篇也），不知其詳，故撰此二十五篇，而別出舜典，益稷二篇，以當其數。惜乎，學者之不察也！

六證之二—東漢文篇數

一，自東漢以後傳古文尚書者，杜林賈逵馬融鄭康成諸儒，歷歷可指，皆止二十九篇，並無今書二十五篇。

「杜林，茂陵人，嘗得漆書古文尚書一卷，寶愛之；每遭困阨，握抱歎息曰，「古文之學將絕於此邪！」建武初，東歸，徵拜侍御史。至京師，河南鄭興，東海衞宏皆推服焉。濟南徐兆始事衞宏，後皆更從林學。林以所得尚書示宏曰，「林危阨西州時，常以爲此道將絕也；何意東海衞宏，濟南徐生，復得之邪！是道不墜於地矣！」」（後漢紀光武帝第八卷。）

『扶風杜林傳古文尚書。林同郡賈逵爲之作訓，馬融作傳，鄭玄注解，由是古文尚書遂顯於世。』（後漢書儒林傳。）

『尚書十一卷（馬融注），尚書九卷（鄭元注），尚書十一卷（王肅注）。』

『後漢扶風杜林傳古文尚書。同郡賈逵爲之作訓，馬融作傳，鄭玄亦爲之注。然其所傳唯二十九篇。』（隋書經籍志。）

按王莽之末，赤眉焚掠，典籍淪亡略盡，是以杜林死守此書以傳於後。其二十九篇者，卽史記所謂『以今文讀之，』本紀世家之所引者是也。馬鄭皆傳杜林之書而止二十九篇，然則非但仲虺之誥等十有六篇爲古文所無，卽大禹謨等九篇亦非杜林賈逵所傳之古文矣。如果二十五篇出於孔壁，經傳歷歷俱全，何以杜林漆書無之，賈馬鄭諸儒皆不爲之傳注乎？然則二十五篇決非安國壁中之書明矣。

六證之三－僞書文體

一，僞書所增二十五篇，較之馬鄭舊傳三十一篇文體迥異，顯爲後人所撰。

大禹謨與皐陶謨不類；篇末誓詞亦與甘誓不類。

五子之歌，胤征摭拾經傳爲多；其所自撰則皆淺陋不成文理。

泰誓三篇，誓也，與湯誓牧誓費誓皆不類。仲虺之誥湯誥武成周官，皆誥也，與盤庚大誥多士多方皆不類。伊訓，太甲三篇，咸有一德，旅獒，皆訓也，與高宗肜日，西伯戡黎，無逸，立政皆不類。說命微子之命蔡仲之命，君陳，畢命，君牙，冏命九篇，皆命也，與顧命文侯之命皆不類。

按皋陶謨高古謹嚴；大禹謨則平衍淺弱。湯牧二誓和平簡切；泰誓三篇則繁冗憤激，而章法亦雜亂。盤庚諸誥詰曲聱牙之中具有委婉懇摯之意；仲虺三誥則皆淺易平直。惟武成多摘取傳記之文，較為近古，然亦雜亂無章。訓在商者簡勁切實，在周者則周詳篤摯，迥然兩體也，而各極其妙。伊訓太甲諸篇，在肜日戡黎前數百餘年，乃反冗泛平弱，固已異矣；而周書之旅獒乃與伊訓等篇如出一手，何也？至於命詞九篇，淺陋尤甚，較之文侯之命，猶且遠出其下，況顧命乎！且三十一篇中命止二篇，而二十五篇命乃居其九，豈非因命詞中無多事跡可敍，易於完局，故爾多爲之乎？ 試取此二十五篇與三十一篇分而讀之，合而較之，則黑白判然，無待辨者。 無如世之學者自童子時即連屬而讀之，長遂不復分別，且多不知其孰爲馬鄭所傳，孰爲晉以後始出者，況欲其較量高下，分別眞僞，此必不可得之數也。 其亦可歎也夫！

六證之四——史記引尙書

一，二十九篇之文，史記所引甚多，並無今書二十五篇一語。

五帝本紀，堯典之文（舜典「愼徽五典」以下在內。）全載。

夏本紀，禹貢，皐陶謨（益稷在內）甘誓之文全載。 僞書之大禹謨，五子之歌，胤征三篇，無載其一語者。

殷本紀，宋世家，湯誓，洪範（今在周書中）高宗肜日，西伯戡黎之文全載。 微子載其半。 盤庚略載大意。 僞商書凡十篇，無載其一語者。 湯誥頗載有數十言，乃今僞書所無。

周本紀魯世家，牧誓金縢之文全載。無逸呂刑費誓皆載其半。多士顧命（康王之誥在內）略載大意。燕世家之君奭，衞世家之康誥酒誥梓材，秦本紀之秦誓皆略載大意。僞周書十二篇無載其一語者。

按眞古文尚書二十八篇，史記全載其文者十篇，載其半者四篇，略載其大意者八篇；其未載者周書六篇而已。蓋此十四篇者誥體爲多，文詞繁冗而罕涉於時事，故或摘其略而載之，或竟不載，從省文也。然所載者亦不可謂少矣。僞書二十五篇乃無一篇載者，何也？皋陶謨載矣，大禹謨何以反不載？甘誓湯誓牧誓皆載矣，秦誓何以獨不載？呂刑衰世之法，猶載之；周官開國之制，而反不載。至於武成乃紀武王伐商之事，尤不容以不載。然則司馬氏之未嘗見此書也明矣！夫遷既知有古文而從安國問故矣，何以不盡取而觀之？安國既出二十八篇以示遷矣，卽何吝此二十五篇而祕不以示也？然則此二十五篇之書不出於安國，顯然易見。惜乎後儒之不思也！

六證之五——漢書律歷志引逸書

一，十六篇之文，漢書律歷志嘗引之，與今書二十五篇不同。

伊訓篇曰，『惟太甲元年十有二月乙丑朔，伊尹祀于先王，誕資有牧方明。』（漢書律歷志。）

武成篇，『惟一月壬辰旁死霸，若翌日癸巳武王乃朝步自周，于征伐紂。』『粵若來三月既死霸粵五日甲子咸劉商王紂。』『惟四月既旁生霸粵六日甲戌，武王燎于周廟。翌日辛亥，祀于天位。粵五日乙卯，乃以庶國祀馘于周廟。』（並同上。）

『尚書逸篇二卷。』『尚書逸篇出於齊梁之間。考其篇目，似孔壁中書之殘缺者，故附尚書之末。』（隋書經籍志。）

按漢志所引伊訓武成之文皆與今書伊訓武成不同，則今之伊訓武成非孔安國壁中之書明矣。伊訓武成既非孔壁古文則大禹謨等七篇亦必非孔壁古文矣。況仲虺之誥等十有六篇乃孔壁之所本無者乎！蓋所得多之十六篇，文多殘缺難解，故漢志雖間有徵引，而學者皆罕所誦習，馬融所謂『逸十六篇，絕無師說』者也。 旣無師說則日益以湮沒，是以道隋僅存二卷；至唐以僞書取士，人益不復觀覽，遂幷此二卷而亡之耳。 由是言之，尙書逸篇卽馬融之『逸十六篇』，劉歆班固所引伊訓武成之文，此乃孔壁之眞古文，而二十五篇爲後人所僞撰，不待言矣。

六證之六—東漢吳晉諸儒道逸書

一，自東漢逮於吳晉數百餘年，注書之儒未有一人見此二十五篇者。

『書曰，「天降下民，作之君，作之師。 惟曰其助上帝，寵之四方。 有罪無罪，惟我在；天下曷敢有越厥志！」』 註，『書，尙書逸篇也。』（趙岐孟子註。）『書曰，「湯一征，自葛始。」』 『書曰，「徯我后，后來其蘇！」』 註，『此二篇皆尙書逸篇之文也。』（同上。）

『書曰，「洚水警余。」』註，『尚書逸篇。』（同上。）

『兌命曰，「念終始典于學。」』註，『兌當爲說字之誤也。高宗夢傅說，求而得之作說命三篇在尚書。今亡。』（鄭康成學記註。）

『君陳曰，「爾有嘉謀嘉猷入告爾君於內女乃順之於外曰，『此謀此猷，惟我君之德。』於乎，是惟良顯哉！」』註，『君陳蓋周公之子伯禽弟也，名篇在尚書。今亡。』（鄭康成坊記註。）

『尹吉曰，「惟尹躬及湯咸有一德。」』註，『吉，當爲告。告，古文誥字之悞也。尹告，伊尹之誥也。書序以爲咸有一德。今亡。』（鄭康成緇衣註。）

『夏書有之曰，「衆非元后何戴！后非衆無與守邦。」』註，『夏書，逸書也。』（韋昭國語註。）

『夏書曰，「戒之用休，董之用威，勸之以九歌，勿使壞！」』註，『逸書。』（杜預春秋左傳集解。）

『夏書曰,「遒人以木鐸徇于路,官師相規,工執藝事以諫。」』註,『逸書。』(同上。)

『周書曰,「皇天無親,惟德是輔。」』註,『周書,逸書。』(同上。)

右十則,皆見於今僞書,而趙鄭韋杜諸儒皆註以爲「逸書,」或云『今亡。』然則自漢逮晉無一人之見此書也。無一人見此書,則此書不出於安國明矣。此四書中所引尙書之文尙多,不可悉載;姑舉數則,以見其凡。

孔氏正義云,『劉向作別錄,班固作藝文志,竝不見孔傳。劉歆作三統歷,引泰誓武成,竝不與孔同。賈逵奏尙書疏,與孔亦異。馬融書序云,「經傳所引泰誓,泰誓竝無此文,」又云,「逸十六篇絕無師說,」是融亦不見也。服虔杜預註左傳「亂其紀綱,」竝云「夏桀時作,」服虔杜預皆不見也。鄭玄亦不見之,故仲虺之誥,太甲,說命等篇見在而云亡,其汨作,典寶等十三篇見亡而云已逸,是不見古文也。』余按自孔安國以後,學之博者,西漢無過向歆,東漢無過趙班賈馬服鄭,吳晉無過韋杜 之數人者皆不見,天下豈復有見此書者!

藉令安國果有此書，一人偶未之見遺之可也，必無四百年中博學多聞之士竟無一人見之之理。然則當時原無此書，而此書爲後人所僞撰，不待言矣。

據此六端觀之，此二十五篇者乃後人所僞撰，非孔壁中之書，不待明者而知之矣。

傳僞書者之自解五說

然自隋唐以來，學者皆信之而不疑，何也？蓋緣傳僞書者恐人之不之信，巧爲之詞，曲爲之解，學者不復考其源委，遽信以爲實然故也。其說大抵有五。其一謂馬鄭所傳乃今文，非古文，故與伏生之篇數同，而無二十五篇，——由是學者遂眞以三十一篇爲今文，而不復疑此書晚出之非眞矣。其二謂今文乃伏生之女所口授，因齊音難曉，而晁錯以意屬讀之者，故多艱澀難解，不若二十五篇平易，——由是學者遂眞以三十一篇爲口授，而不復疑此書文體之不類矣。其三因漢書有張霸僞作百兩篇一事，遂誣漢志所載安國多得篇目乃霸僞書之目，所引伊訓武成篇文乃霸僞書之文，——由是學者遂不復疑東晉以後出者非眞，而反謂西漢之時得者爲僞矣。其四因漢書有

『武帝末未列學官』一語，遂誣終漢之世不列學官，以故不行於世，儒者皆不之見，由是學者遂不復疑此書爲晉以後之書而反謂司馬趙鄭韋杜諸儒爲未嘗學問矣。至其尤誣妄者正義引晉書云，『皇甫謐於姑子梁柳邊得古文尙書，故作帝王世紀，往往載孔傳五十八篇之書，』又引晉書云，『晉太保公鄭冲以古文授扶風蘇愉字休預，預授天水梁柳字宏季，即謐之外弟也，季授城陽臧曹字彥始，始授郡守子汝南梅賾字仲眞，又爲豫章內史，遂於前晉奏上其書而施行焉，』由是學者遂以此二十五篇爲眞有所傳，而不復疑其爲後人之僞撰矣。而豈知其莫非子虛烏有之事也哉！嗟夫，兩漢晉隋之書昭然在耳目間，非天下之祕書世所不經見也，何爲皆若不見不聞然者，而惟僞說之是信乎？故今復采漢晉諸書之文足證其僞妄者列之左方，學者一一核之可矣。

六駁之

一，古文今文分於文字之同異，不分於篇第之多寡：馬鄭所傳

一——古文今文篇第不異

雖止二十九篇與今文同，而文字則與今文異，兩漢之書所載甚明。

『濟南伏生傳尙書，授濟南張生及千乘歐陽生。歐陽生授同郡兒寬；寬授歐陽生之子；世世相傳，至曾孫歐陽高，爲「尙書歐陽氏學」。張生授夏侯都尉；都尉授族子始昌；始昌傳族子勝，爲「大夏侯氏學」。勝傳從兄子建；建別爲「小夏侯氏學」。三家皆立博士。』（　）

『劉向以中古文校歐陽，大，小夏侯三家經文，酒誥脫簡一，召誥脫簡二。率簡二十五字者，脫亦二十五字；簡二十二字者，脫亦二十二字。文字異者七百有餘，脫字數十。』（漢書藝文志。）

『中興，北海牟融習大夏侯尙書，東海王良習小夏侯尙書，沛國桓榮習歐陽尙書。榮世習相傳授，東京最盛。』（後漢書儒林傳。）

『逵數爲帝言古文尙書於經傳爾雅詁訓相應；詔令撰歐陽，大，小夏侯尙書，古文同異。逵集爲三卷。帝善之，復命撰齊魯韓詩與毛氏異同。』（後漢書賈逵傳。）

『永嘉之亂，歐陽，大小夏侯尙書竝亡。濟南伏生之傳，惟劉向父子所著五行傳是其本法，而又多乖戾。』（隋書經籍志。）

按歐陽，大小夏侯尙書皆今文也。劉向以古文校之而有異文脫簡，賈逵又撰三家與古文尙書同異，則劉賈所見者眞古文也。若仍是今文，則與三家有同而無異，何有異文脫簡，又何撰同異之有哉！是以尹敏傳云，『初習歐陽尙書（卽今文），後受古文。』東漢所謂古文之非今文明矣。況永嘉之亂，今文已亡，安得復有存者！後世學者不知古文今文之分，乃以篇數多者爲古文，少者爲今文，遂以今書三十三篇爲今文，謬矣！

孔氏正義稱劉向作別錄不見孔傳，後世耳食者遂以爲劉向未見古文。夫劉向以古文尙書校今文，若不見古文，以何校之？然則劉向但見眞古文，未見僞古文耳。且云『中古文』，則安國之古文尙書已上於朝矣，安有藏於家

六駁之二——今文亦壁藏

之事！然則馬鄭相傳之尚書決爲古文而非今文明矣。

一，無論馬劉所傳之爲古文而非今文也，卽伏生之今文亦其壁中所藏之書，并無其女口授之事，不得與二十五篇文體互異。

『伏生者，濟南人也，故爲秦博士。孝文帝時，欲求能治尚書者，天下無有；乃聞伏生能治，欲召之。是時伏生年九十餘，老不能行，於是乃詔太常，使掌故朝錯往受之。秦時焚書，伏生壁藏之。其後兵大起，流亡。漢定，伏生求其書，亡數十篇，獨得十九篇，卽以敎於齊魯之間。學者由是頗能言尚書，諸山東大師無不涉尚書以敎矣。伏生敎濟南張生及歐陽生；歐陽生敎千乘兒寬，（漢書無此八字而有『張生爲博士』五字。）而伏生孫以治尚書徵，不能明也。自此之後，魯周霸、孔安國、雒陽賈嘉頗能言尚書事。

（史記儒林列傳。漢書略同，但文異者十餘，增者一，删者十餘耳。故不重錄。）

按此文，則伏生之今文乃壁中所藏書。故劉歆移博士書亦云，『尙書初出於屋壁，朽折散絕；今其書見在。』則是二十九篇之策現存，錯何難自以目覽之而必待夫女子之口授乎？且云伏生能『治』尙書而不云能『誦』尙書，則是所以欲召之者，謂伏生能通達其義，非徒誦其文也。錯所受者尙書之義，烏用以意屬讀！若徒誦其文，則伏生之門人若張生歐陽生等衆矣，何人不可以授，又不必其女而後能授也。由是言之，伏生竝無口授之事；此二十五篇之所以淺近易知而與馬鄭相傳之尙書大不類者，正以其作於魏晉之後，原非二帝三王之言故爾，無他故也。蓋作僞書者自知其文不類，而恐人之譏己，故僞造此說以彌縫之。乃後之學者沿訛踵謬，皆信之而不疑，豈史記漢書唐以後之人皆不復觀乎？眞天下之怪事也已！

『衞宏，字敬仲，東海人也，少與河南鄭興俱好古學。初，九江謝曼卿善毛詩，乃爲其訓；宏從曼卿受學，因作毛詩序，善得風雅之旨，于今傳於世。後從大司空杜林更受古文尚書，作訓旨。時濟南徐巡師事宏，後更從林學，亦以儒顯。由是古學大興。」（後漢書儒林傳。）

按此文言作訓旨而不言作序，言作毛詩序而不言作尚書序，則世所傳宏序非宏所自作也。孔安國之作書傳與序，班固不知，則巧爲之說曰，書未行於世也。今蔚宗乃宋元嘉時人，梅賾果於東晉奏上其書，宏序行於世矣，蔚宗何以亦不之知？且云『宏受古文尚書，由是古文大興』，然則宏果有序，班固見之熟矣，何以爲儒林傳乃絕不載伏生口授之事，而仍錄史記之文乎？蓋由作僞書者自知其文不類而恐人之譏己，是以造爲此說，托之孔衞以彌縫之。乃後之學者沿訛踵謬，皆信之而不疑，豈史記前後漢書唐以後之人皆不復觀乎？眞天下之怪事也已！

一，張霸之僞書乃百二篇，幷非二十四篇，班固漢書業已斥之，

固斥張霸僞書

必無反以僞書爲古文之理。

『世所傳百兩篇者出東萊張霸分析合二十九篇以爲數十，又采左氏傳書敍爲作首尾，凡百二篇，篇或數簡文意淺陋。成帝時求其古文者，霸以能爲「百兩」徵。以中書校之非是。霸辭受父，父有弟子尉氏樊竝。時大中大夫平當侍御史周敞勸上存之。後樊竝謀反，迺黜其書。』（漢書儒林列傳。）

按，漢書此文稱霸書『文義淺陋，』又云『以中書校之非是，』是班氏明明以張霸之書爲僞矣；烏有作儒林傳則痛詆其僞，作藝文志又深信其眞，作律歷志反引其書爲證者哉！班氏所引伊訓武成之文，非霸僞書而爲孔壁之眞古文明矣。漢書所引者爲眞，則梁陳所出者爲僞可知也。況霸所撰乃百二篇，非二十四篇；乃分析二十九篇爲之，亦非別有二十四篇也。今穎達但欲表章僞書，遂公然以安國以來相傳之逸十六篇（即二十四篇）爲僞，復公然以百二篇爲二十四篇，亦妄之至矣！且十六篇之語不始於固，史記儒林傳言之矣。

司馬遷，漢武帝時人，張霸，成帝時人，遷作史記，何由預知後世之有張霸僞書，幷其篇第之多寡乎！ 蓋凡穎達之說，顚倒矛盾，類皆如此，學者少留意焉，則其謬不攻自破矣。

六駁之四——古文尚書立學官

一，孔安國古文，當時已傳於世，王莽及章帝時又已立於學官，兩漢之書所載甚明，並未散軼，不容諸儒皆不之見。

『安國爲諫大夫，授都尉朝；而司馬遷亦從安國問故。 遷書載堯典禹貢洪範微子金縢諸篇，多古文說。 都尉朝授膠東庸生。 庸生授淸河胡常少子，以明穀梁春秋爲博士部刺史，又傳左氏。 常授虢徐敖；敖爲右扶風掾，又傳毛詩，授王璜平陵塗惲子眞。 子眞授河南桑欽君長。 王莽時，諸學皆立，劉歆爲國師，璜惲等皆貴顯。』（漢書儒林列傳。）

『八年，乃詔諸儒，各選高才生受左氏穀梁春秋，古文尚書，毛詩。 由是四經遂行

六駁之五—晉

於世。皆拜逵所選弟子及門生爲千乘王國郎，朝夕受業黃門署。學者皆欣欣羨慕焉。』（後漢書賈逵傳。）

按此文，則古文尚書當孔安國時已傳於人而行於世，至王莽時而立於學官，至東漢章帝時而再立於學官，且爲帝所崇重，習古文者皆授官，而爲世所欣慕矣，安得諸儒皆不之見，至梁陳時而突出乎！ 蓋漢志所謂『未列於學官』者，謂未置博士及弟子耳，非謂其書不行於世，但藏於家也；謂武帝時未列於學官耳，亦非終已不列於學官也。 且毛詩，左氏，穀梁春秋當武帝時皆未列於學官，皆至王莽時而始立，至章帝時而再立，何以皆行於世，馬鄭服杜皆得見之而箋註之，獨古文尚書遂以不列學官之故，致無一人之見之乎？ 甚矣不學而耳食者多也！

一，正義稱鄭冲傳古文尚書，皇甫謐採之作世紀，至梅賾奏上其書於朝，考之晉書，並無此事。

本紀無文。儒林傳中不載此事。蘇愉梁柳臧曹梅賾亦皆無傳。鄭冲傳中但有高貴鄉公講尚書，冲執經親授之語，幷無所講乃孔氏五十八篇之文。皇甫謐傳中但有梁柳爲太守，謐不爲加禮一事，竝無柳傳古文尚書及謐得之之文。

書無古文授受事

按，梅賾果嘗奏上此書，本紀卽不之載，儒林傳中豈得竝無一言及之；乃非惟無其事，亦幷無蘇愉等三人之名，然則三人亦皆子虛烏有者也。且凡紀事之體，必書年月，而尚書正義隋書記此事，皆不言爲某帝之時，某年之事，蓋緣當時本無此事，係之以時，則人覆檢而知其誣，故傳僞書者爲此含混之詞，使人無從辨其眞僞；孔氏道聽塗說，遂從而錄之耳。且夫五十八篇之書，魏以前未行於世也。當魏主講尚書之時，冲所執者果係孔氏之五十八篇，傳豈得不大書

六駁之六——鄭孔解詁與僞書之牴牾

特書，而乃但云尚書。 既但云尚書，則卽馬鄭之二十九篇可知矣。 柳爲太守，謐不加禮，瑣事耳，然猶載之傳中，若謐果從柳得古文尚書而作帝王世紀，此乃經術之顯晦，著作之本原，何得反略之而不記乎? 嗟夫，史記兩漢之書，人所共讀者也，乃明明與今文相校之古文而謂之今文，明明別有百二篇而謂之卽二十四篇；明明壁藏其書者，而謂之口授；明明立學官，置弟子，而謂之私藏於家。 彼其於共讀之史漢尚不難以黑爲白，況人不多讀之晉書，亦何難以無爲有乎!

一，非但梅賾未嘗奏上此書也，卽鄭沖亦未嘗見此書，孔安國亦不知有此書，考之論語集解可見。

『子曰，「書云『孝乎惟孝，友於兄弟施於有政，』是亦爲政，奚其爲爲政!」』註，『包曰，「孝乎惟孝，美大孝之詞。 友於兄弟，善於兄弟。 施，行也。 所行有政道，與爲政同。」』（論語集解。）

按，集解乃鄭冲與何晏同纂輯者。所引包說，以『孝乎惟孝』爲句，以『施於有政』爲一家之政。今僞書此文無『孝乎』二字，而『施於有政』作『克施有政』，乃指治民之政而言，與包所說迥異。若冲果見此書，豈容復采包說！今何鄭既以包訓爲是，則其未嘗見此書明矣。

『曰「予小子履，敢用玄牡，敢昭告于皇皇后帝。」』註，『孔曰，「履，殷湯名。此伐桀告天之文。……墨子引湯誓，其辭若此。」』（論語集解。）

按，今僞書此文乃湯滅夏之後告諸侯百姓者。安國果見此文，不當謂之『伐桀告天。』且今僞書湯誥現有此文，安國何不注云『今尙書湯誥有之，』乃反引墨子以爲證乎？安國既引墨子爲證，則是安國所見之古文尙書竝無此文也明矣。

『雖有周親，不如仁人。』註，『孔曰，「親而不賢不忠則誅之，管蔡是也。仁人謂微子箕子，來則用之。」』（論語集解。）

按此註，是以此言爲泛論周之事，以『周親』指周之公族，以『仁人』指商之賢臣也。今僞書此文乃武王誓師之詞，不惟管蔡未叛，微箕亦尚未來。安國果見此篇，何容復作此解！且僞傳云，『周，至也。言紂至親雖多，不如周家之少仁人，』反以周親屬商，以仁人屬周，與安國論語之注正相悖。然則僞書僞傳之不出於安國明矣。

孔氏正義云，『此文與彼正同，而孔註與此異者，蓋孔意以彼爲伐紂誓衆之詞，此泛言周家政治之法，欲兩通其義，故不同也。』夫聖人之言一也，豈得忽以爲彼，忽以爲此。安國寧有此一口兩舌之事乎！此理顯然易見，而穎達猶欲曲全僞傳之說，抑亦異矣！嗟夫，安國，西漢名儒，乃爲妄人所誣如是，爲穎達者不能爲乃祖辨其誣，顧反附會焯炫而表章之，以致後儒摘斯傳之紕繆，動輒歸咎安國，使安國蒙不白之冤於千載之上，誰之過與！此余之所爲長太息者也！

僞書之著者及其推行之年代

曰，五十八篇經傳非孔安國所傳，梅賾所奏上，果何人所撰，至何時始行於世邪？

曰，江左士大夫於經學皆不留意，罕有言及此者，此不可詳考矣。但據其時所著之書觀之，王坦之東晉人也，范蔚宗宋元嘉時人也，藉令東晉之初此書果已奏上行世，坦之蔚宗必無不見之者；而坦之著廢莊論引『人心道心』二語，不言其爲虞書（詳見唐虞考信錄中），是坦之未見此書也；蔚宗著後漢書儒林傳但云『賈逵作訓，馬融作傳，鄭玄注解，由是古文尚書遂顯於世，』若不知別有二十五篇者，是蔚宗亦未見此書也。直至梁劉勰作文心雕龍，始引此二十五篇之文。然則是元嘉以前此書初未嘗行於世，至齊梁之際始出於江左也。然但行於江左已耳，中原猶未有此書。故隋書經籍志云，『梁陳所講有孔鄭二家，齊代惟傳鄭義；至隋，孔鄭並行而鄭氏甚微。』然則是隋滅陳以後，此書乃漸傳於北方，劉焯劉炫之輩以爲奇貨而註釋之，然後此書大行而鄭註漸廢也。至其撰書之人，則梅鷟李巨來皆以爲皇甫謐所作。以余觀之，不然。西晉之時，今文古文並存於世，安能指古文爲今文而別撰一古文尚書以欺當世。況謐果著此書，必已行世，何以蔚宗猶不之知，又何以江左盛行而中原反無之？ 然則此書乃南渡以後，晉宋之間，宗王肅者之所僞撰，以駁鄭義而伸肅說者耳。 何以言之？ 左傳『亂其紀綱』舊說以爲夏桀之時而肅以爲太康之世；無逸『其在祖甲』馬鄭以爲武丁之子而肅以爲太甲之事。 今僞經以『亂其紀綱』入五子之歌，僞傳以祖甲爲太甲，明明祖述肅說，暗攻先儒；其爲宗肅學者之所僞撰，毫無疑義。 蓋漢末說經者皆宗康成，逮王肅起，恃其門閥，始好與鄭爲難。 其說不無一二之勝於鄭而荒唐悖謬者實多。 但肅父爲魏三公，女爲晉太后，以故其徒遂盛，其說大行，天下之說經者分爲二派，一宗鄭學，一宗王學。 宗鄭者黜王；宗王者駁鄭。 適值永嘉之亂，今文失傳，江左學者目不之見，耳不之聞；又其時俊桀之材，非務清談，卽殫心於詩賦筆札，經術之士絕少；但見馬鄭所傳與今文篇數同，遂誤以爲今文。 由是宗肅學者得以僞撰此書以攻鄭氏。 書既撰於晉宋之間，故至齊梁之際始行於當世也。 孔氏但見僞書僞傳之說多與肅同，不知其由，遂疑肅私見孔氏而祕之。 夫肅專攻鄭氏，如果此書在前，肅嘗見之，其攻鄭氏之失，必引此書爲證，云尚書某篇云云，某傳云云，世人誰敢謂其說之不然，何爲但若出之於已然者？ 然則是僞書之采於肅說，非肅說之本於僞書明矣。 卽正義所稱『皇甫謐從梁柳得此書，故作帝王世紀，多載其語』者，亦作僞書者之采於世紀，正如鶡冠子采賈誼之鵩鳥賦，而人反謂誼賦之采於鶡冠子耳。 但南北朝中無窮經博古之人察知其僞，遂使其書得行。 然馬鄭之本書尚在，後之人猶可考而知之。至唐太宗時，孔穎達奉詔作五經正義，旣不能辨其眞僞，又誤以其傳眞爲其祖安國所著，遂廢鄭註而用之，自是鄭氏古本遂亡，士人之應明經試者，莫不遵功令，讀僞傳，二十五篇之文遂與三十三篇之經竝重，習而不察，以爲固然，竟不知史漢以來漢晉諸儒所述竝無此文，而出於後人之僞撰者矣。

家語之撰者僞

然不但今尚書二十五篇爲宗王肅者之所僞撰也，卽今所傳家語亦肅之徒之所僞撰。 漢書藝文志云，『孔子家語二十七卷，』師古註云，『非今所有家語，』是今家語乃後人所僞撰，非漢所傳孔氏之家語也。 今家語序云，『鄭氏學行五十載矣，自肅

孝經之僞孔氏經傳

成童始志於學，而學鄭氏學矣，然尋文責實，考其上下，義理不安，違錯者多，是以奪而易之。然世未明其款情，而謂其苟駁前師，以見異於人。』又云，『有孔猛者，家有其先人之書。昔相從學，頃還家，方取以來。與予所論，有若重規疊矩。』然則今之家語乃肅之徒所撰，以助肅而攻康成者，是以其文多與肅同而與鄭說互異。此序雖稱肅撰，亦未必果肅所自爲，疑亦其徒所作而託名於肅者。由是言之，僞撰古書乃肅黨之長技，今僞古文尙書亦多與肅說同而與鄭氏異者，非肅黨爲之而誰爲之乎！

亦不但尙書有僞孔氏古文經傳也，卽孝經亦有僞孔氏古文經傳。孝經正義云，『隋開皇十四年，祕書學生王逸於京市陳人處買得一本，送與著作王邵，以示河間劉炫。』則是後世所謂古文孝經者，出於隋世，非漢儒所傳孔壁之古文孝經也。又云，『開元七年，國子博士司馬貞議曰，「今文孝經是漢河間王所得顏芝本。至劉向，以此參校古文，省除繁惑，定此一十八章。其古文二十二章中朝遂亡其本。近儒欲崇古學，妄作傳學，假稱孔氏，輒穿鑿更改，又僞作閨門一章，以應二十二之數，非但經文不眞，抑亦傳文淺僞。」由是明皇自注孝經，頒於天下，以十八章爲定。』則是南北分王之時，經術荒廢，好事者造爲僞書以惑當世，乃其常事也。但彼二十二章者，幸而有司馬貞駁其謬戾，以故不行於世，而此二十五篇者，不幸而遇孔穎達謬相推奉，黜眞書而用僞者以取士，遂致唐人奉爲不刊之書耳。惜乎後世之儒之不能以三隅反也！

僞書破綻三端

曰：二十五篇之文果出後人所撰，何其似聖人之言也？曰，烏得似！後世學者不之察耳。三十三篇中，無一道學陳腐之語，然其所載行政用人之略及訓誥中所與其君及羣臣百姓言者，無一非修身經國之要務，不言道而道莫大焉，不言學而學莫純焉。其二十五篇則不然：自其所采經傳舊文而外，大率皆道學語。然按之乃陳腐膚淺，亦有雜入於異端者。其義不逮，一也。三十三篇之中，事多於言，事亦皆與經傳相應，無可議者。二十五篇則言多而事少，其事皆雜采於諸子及漢儒之注疏，考之於經既不合，揆之以理亦多謬。其事不經，二也。三十三篇，四代之書，迴然四代之文，古今升降，一望了然，典謨誓誥各有其體，不相混也。二十五篇則自大禹謨至冏命，其文如出一手，謨訓命誥約略相似，更無分別。其文不類，三也。昔宋阮逸僞造元經，稱隋王通所撰，而河汾王氏書目無之，唐藝文志亦無之；且避唐景帝（神堯之祖）諱稱石虎爲季龍，又避唐神堯諱稱戴淵爲若思。以故直齋陳氏得知其僞，謂『逸心勞日拙，自不能掩』。今此二十五篇史記無之，班范兩漢之書無之，賈逵馬融鄭康成之所傳亦無之，趙岐杜預韋昭諸儒皆不之見，而其中雜以異端之言小說之事，魏晉排偶組練之文，與三十三篇之書高下懸絕，較之阮逸僞書尤爲易辨。惜乎後世學者震於其名而皆不之察也！

曰，經傳所引尚書之文二十五篇之中皆有之，何以言其僞也？曰，此作僞書者剽竊經傳之文入其中耳。子不見夫鐵器乎，鑄者無痕而補者有痕。凡經傳所引之語在三十三篇中者，與上下文義皆自然相屬；在二十五篇中者，其上下承接皆有補綴之迹：其有痕無痕至易辨也。且其中有傳記所引逸書之文而剽竊之者，亦有傳記之所自言，並非引書而亦剽竊之者。『六府三事』，卻缺自解經文，『同德度義』，萇宏自抒己見，豈得牽帥之以入經！至於『除惡務本』，乃權謀之士所言，尤不得入聖人口中也。有采經傳之意而改其詞者。『有攸不爲臣，東征，』删其首句而移之伐紂，可乎！『天下曷敢有越厥志，』改以爲『予』而屬之武王，謬矣！有采經傳之詞而失其意者。周親之不如仁人，謂己不私其親可也；以周親屬之紂則不倫。嘉謀之歸于我后，臣下自相勉勵，可也；成王以之命官則失言。此剽竊之不能掩者也。且尚書凡百篇，而凡經傳所引略已盡於二十五篇之中，然則其餘四十二篇（五十八篇外，尚當有逸書四十二篇）經傳遂無引其一語者乎？是以傳記所引在三十三篇中者少，在二十五篇中者多。何者？彼固專以裒集傳記之語成文者也。即以其引傳記觀之，而其僞已不能掩矣！

識別僞書之不易

曰，三代有三代之文，兩漢有兩漢之文，魏晉以還，文體益變：二十五篇之文豈後世文人之所能贋爲。此固不得疑爲僞也。曰，能贋爲者多矣！魏晉之世，文士多好摹擬古人之文，其習尚然也。若夏侯湛之昆弟誥，其聲音笑貌儼然尚書矣，試隱其名而加以古人之名，使無識之人觀之，豈復有疑其僞者乎！宋文彥博帥永興，得褚遂良聖敘序墨蹟，因令子弟臨摹一本；會宴僚屬，乃竝出二本，令坐客別之，客皆以摹者爲眞蹟也。夫書法其淺者也，猶且如是，況文之難知乎！嗟夫，管晏鶡冠諸子大率皆後人所僞撰，至於昭明所選高唐風賦，黃鵠怨歌之屬，爲後人所擬作者尤多，乃傳之日久，而人遂莫不信以爲眞。故凡世之以僞亂眞者，惟實有學術而能文章者然後乃能辨之；悠悠世俗之目，其視莠莫非稷也，視魚目莫非珠也，烏乎其能知之！昔隋牛宏奏請購求天下遺逸之書，劉炫遂僞造書百餘卷，題爲連山易魯史記等，錄上送官，取賞而去。後有人訟之，坐除名。然則僞造古書乃昔人之常事，使不遇訟之者，則至今必奉爲聖人之言矣。古今之如此者，豈可勝道，特難爲不學而耳食者言耳。縱使梅賾果嘗奏上此書，尙不可據爲實，況竝無此事乎！此所關於聖人之政事言行者非小，故余不辭尤謗而考辨之。

古文尙書辨僞卷之一終

古文尚書辨僞卷之二

集前人論尚書眞僞

二十五篇之僞，非述一人之私言也，古人固已有之。蓋唐儒疑而未言，宋儒言而未決，至南宋之末趙氏始決言其僞。自是以後，言者益多。但世之學者咸篤志於舉業，不深考耳。今略載其一二於左。

韓愈疑僞書

韓子進平淮西碑表云，『其載於書，則堯舜二典，夏之禹貢，殷之盤庚，周之五誥。』進學解云，『周誥殷盤，詰曲聱牙。』

按於夏不稱禹謨而稱禹貢，於殷周不稱湯誥武成而反稱盤庚五誥，則是其文淺陋平弱，韓子固已疑之，但未形於文耳。

朱熹疑僞書

朱子語錄云，『孔安國解經最亂道，看來只是孔叢子等做出來。因說書云，「某嘗疑孔安國書是假書。」』又云，『孔書是東晉方出，前此諸儒皆不曾見，可疑之甚。』按朱子此語，則是明以二十五篇爲僞撰矣。惜其但與門人言之，未嘗自爲書傳，盡廢其僞而獨存其眞也。

吳棫疑僞書

吳氏曰，『伏生傳於旣耄之時，而安國爲隸古定，特定其所可知者，而一篇之中，一簡之內，其不可知者蓋不無矣。乃欲以是盡求作書之本意與夫本末先後之義，其亦可謂難矣。而安國所增多之書，今篇目具在，皆文從字順，非若伏生之書詰曲聱牙，至有不可讀者。夫四代之書，作者不一，乃至二人之手而遂定爲二體乎？其亦難言矣！』

又論泰誓云，『湯武皆以兵受命。然湯之辭裕，武王之辭迫；湯之數桀也恭，武王之數紂也傲學者不能無憾。疑其書之晚出，或非盡當時之本文也。』

蔡沈疑僞書

九峯蔡氏曰，『按漢儒以伏生之書爲「今文，」而謂安國之書爲「古文，」以今考之，則今文多艱澀，而古文反平易。或者以爲今文自伏生女子口授晁錯時失之，則先秦古書所引之文皆已如此，恐其未必然也。或者以爲記錄之實語難工而潤色之雅詞易好，故訓誥誓命有難易之不同，此爲近之。然伏生倍文暗誦乃偏得其所難，而安國考定於科斗古書錯亂摩滅之餘反專得其所易，則又有不可曉者。』又跋牧誓篇後云，『此篇嚴肅而溫厚，與湯誓相表裏，眞聖人之言也。泰誓，武成，一篇之中似非盡出於一人之口。豈獨此爲全書乎？』

按，吳蔡兩先生所辨明矣：既以文體不同別之，復以義理有乖駁之，後學復何疑焉！惟口授之說原無其事，說已詳前卷眞僞源流通考中。

趙汝談疑僞書

陳直齋書錄解題云，『南塘書說三卷，趙汝談撰。疑古文非眞者五條。朱文公嘗疑之，而未若此之決也。』

按吳蔡於此皆不能以無疑，然終未敢決言其僞。豈非久假難歸，極重難返，雖賢者亦不免游移其間乎？乃趙氏獨直斥爲僞撰，非有大過人之識安能如是！惜余未得見其書也。

近世以來，斥其僞者尤多。若梅顧朱李諸先生，咸有論著。惜余學淺居僻，未見梅朱二君之書，僅於李巨來古文尚書考中見其一斑也。今載顧李兩家之說於左：

顧炎武疑僞書

顧寧人論泰誓云，『商之德澤深矣，尺地莫非其有也，一民莫非其臣也。武王伐紂，乃曰「獨夫受，洪惟作威，乃汝世讎，」曰「肆予小子，誕以爾衆士，殄殲乃讎，」何至於此？紂之不善，亦止其身，乃至并其先世而讎之，豈非泰誓之文出於魏晉間人之僞撰者邪？吳氏蔡氏蓋已見及乎此，特以註家之體，未敢直言其僞耳。』

李紱疑僞書

李巨來古文尚書考云，『古文尚書，凡今文所無者，如出一手，蓋漢魏人贗作。朱子亦嘗疑之而卒尊之而不敢廢者，以「人心道心」數語爲帝王傳授心法，而宋以來理學諸儒所宗仰之者也。余友萬編修云「即此數言可證其贗。危微二語出於荀子，而荀子又得之於道經，非尚書語也。梅鷟嘗言之矣」。余覆考之，蓋荀子解蔽篇言「舜之治天下也不以事詔而萬物成。處一之危，其榮滿側；養一之微，榮矣而未知。故道經曰：『人心之危，道心之微。』危微之幾，惟明君子而後能知之。」荀子之論危微者如此，而引道經以爲證，則尚書必無「人心惟危，道心惟微」之語。何也？荀子爲李斯之師，其所著書在詩書未燔之前。荀子凡引詩書，竝稱「詩云」「書云」，而此獨稱「道經曰」，則秦火之前荀子所見之尚書無危微語也。楊倞勉强遷就，註云「今虞書有此語，而云道經者，蓋有道之經」。不知漢以前從未嘗稱易詩書春秋爲經，論語孟子所引亦無經字。且孔孟爲儒家而黃老爲道家，自戰國至漢無異辭。道家之書則曰經，如老子道德經，莊子南華經，列子冲虛經，關尹子文始經，皆是。道經之非尙書也明矣。經解出於戴記，未必爲孔子之言，然通篇無經字，其經目則漢儒所署耳。孝經亦漢人鈔撮聖賢緒言爲之，不然，不應漢以前無一人語及之也。至漢武帝，始設五經博士。蓋漢初尙黃老，儒者慕焉，因亦效道家者流，各尊其所治之書爲經，自稱曰經師。此如龐蘊語錄，惟僧人稱之，而宋儒弟子之無識者亦錄其師之言，名以語錄焉耳。其在秦以前，未聞稱易詩書春秋爲經也。知危微之語出於道經而非出於尙書，然後知古文尙書之贋較然明白。或謂孔壁之書，司馬遷亦從安國問故，故班固謂「遷書載堯典，禹貢，洪範，微子，金縢諸篇多古文說，」班固，漢人，其言不可據乎？曰，班說是也。然司馬遷所引者，安國所得於壁中之眞古文尙書，非今所有之古文尙書也。秀水朱氏彝尊嘗考之矣。史記中五帝本紀引二典，夏本紀引禹貢，皐陶謨，益稷，甘誓，殷本紀引湯誓，高宗肜日，西伯戡黎，周本紀引牧誓，甫刑，魯世家引金縢，無逸，費誓，燕世家引君奭，宋世家引微子，洪範，皆今文尙書所有，不足爲據。其所引爲古文所有而今文所無者，惟殷本紀所引湯誥，周本紀所引泰誓二篇而已；然其辭皆與今所傳古文尚書絕不相類。蓋安國所得壁中古文信有其書，而特非今世所行之古文尚書也。司馬遷親問故於安國，而所引之辭絕不類，則今之古文尚書復何所恃以取信於天下也哉？然則尚書之所謂可信者，皆其可疑者也。』

按百餘年以來，讀書有卓識者無過於顧寧人先生，所推爲博學者無過於李巨來先生，而皆以孔氏經傳爲僞，則此二十五篇之非安國古文明矣。惟巨來稱『安國所得壁中古文信有其書，而特非今世所行之古文尚書』者，考之尚有未詳。蓋安國壁中之古文卽今三十三篇之書，與今文篇數同而文字互異，前卷固已詳言之矣。司馬氏所引，班氏所稱，皆此也。此外十六篇，則所謂尚書逸篇者是也。但今文亡於永嘉，而人遂誤以三十三篇爲今文耳；非別有古文而今亡之也。故今補而正之。

李巨來書『古文尚書寃詞』後補說

毛西河有古文尚書寃詞，以二十五篇爲非僞（此書未見）。巨來作此辨之，深足以糾世人之惑。今摘錄之於此。然其中亦尚有未盡未周者，故復補其未備，附錄於後。

晉書無古文授受事

『余少時讀尚書正義，考古文授受引晉書云，「晉太保鄭冲授扶風蘇愉，愉授天水梁柳，柳授城陽臧曹，曹授汝南梅賾。」考之晉書，絕無其語，不知正義何所據也。按晉書鄭冲本傳止云「高貴鄉公講尚書，冲執經親授」而已，並未有古文之說。又稱冲與孫邕曹羲荀顗何晏共集論語諸家訓註之書名曰論語集解，奏之魏朝，未聞有經學授之何人。又冲仕魏至司空司徒，常道鄉公卽位，拜太保，位三司上，封壽光侯，而阿附司馬昭，比炎簒位，冲實奉禪策，拜太傅，進爵爲公，視孔光張禹之罪又有甚焉。此輩經術又安用哉！況蘇愉，臧曹，梅賾，晉書並無其人；惟梁柳附見皇甫謐傳，亦止言其作郡，竝無得古文尚書之事。毛西河氏作古文尚書寃詞，亦據正義引晉書皇甫謐傳，云「謐從姑子外弟梁柳得古文尚書，故作帝王世紀，中多載其語，」一則謐傳竝無之。毛氏乃引晁公武十八家晉書爲辭。按唐書藝文志，唐初晉書雖有七家，御製書出，餘必稱名。正義所引未稱某人晉書，必御製晉書矣。且御製晉書成於貞觀，而唐書儒學傳謂尚書正義，永徽中于志寧等校正始布天下，則正義自當引御製晉書，不當他引也。毛氏爲古文尚書稱寃，大聲疾呼，著書立說，而所引疎闊，與孔氏正義無異，安足以傳信後世而鉗天下之口也哉！』

按，毛氏以十八家晉書爲解，不過强詞奪理而已。假使他晉書果有之，貞觀晉書必無刪之之理。聖經顯晦，天下之大事也，數百年亡軼之書一旦忽出，豈容略而不言！修晉書者與孔氏之書無仇也，何爲處處皆削其文？況當時方崇奉此書以爲眞，乃無故削其文，尤不近於情理。然則是他晉書原無此語，故貞觀晉書亦不能鑿空而增此文也。此蓋傳僞書者假設此言以欺當世，孔氏道聽塗說而未及覆核耳；不必曲爲之說也。毛氏乃欲以想當然之說定古書之眞僞謬矣！巨來此辨深足以正世人之惑，故今補而論之。

僞書與皇甫謐之關係

『考晉時著書之富無若皇甫謐者：嘗因正義所引牽連梁柳，卽疑古文爲謐所作。後得梅鷟尙書考異觀之所見多相合者。其序文則直指古文尙書爲謐作以授梁柳。其別有所據耶？抑亦因謐傳及梁柳而臆揣之耶？「他人有心予忖度之，」古文之作自謐，可信十之六七矣。』

按巨來以二十五篇爲僞，是也。惟從梅氏以爲皇甫謐作，尙恐未然。謐所著書雖多荒謬，然或采摘太雜及附會以己意則有之矣；若公然撰僞經以欺世，則謐尙未至是。且謐所著帝王世紀，湯之後有外丙仲壬兩代，與孟子史記合，而僞傳釋伊訓篇云『湯崩，踰月太甲卽位，』與謐說正相反，其非謐所著明甚。梅氏但因僞書僞傳多采世紀之文，遂猜度之以爲謐作，誤矣。故今正之。

古書可贋造

『吾友方靈皐謂漢以來文章具在，孰能贋爲之者。不知後人特未嘗摹經而自作文字，故不相似耳。劉原父嘗補作禮經三義，雜之戴記，有過之無不及；況搜集羣書，徵引尚書原文，特以己意聯屬其間，因稍加補綴，何不似之有！黎邱鬼雖父不能辨其子；優孟爲叔敖衣冠，楚王不得不愛也。』

辨晉書荀崧傳『古文尚書孔氏』語

按，謂摹經所以似經，固也，然特其貌似，貌之一二分似耳，究之不脫當時風氣，試取其書讀之，文勢則多雜排偶，句法則率經煆煉，名言淺語間出錯陳，與三十三篇毫不相類，一望而知爲晉以後人之筆。以之欺世俗之人則有餘；以之入知文者之目，則固不能掩也。猶之乎蘇子瞻市豬於金華，中道而逸，買豬代之，而客猶贊其美，使其遇陸鴻漸，必不至以江水爲潭水也。

又按，自漢下逮魏晉，言古文尚書者衆口如一，無可以假借者。故毛方兩家雖極力崇奉僞書，而皆毫無證據，其失不待言矣。惟唐貞觀中所纂晉書內二語，頗足惑世；然其誤亦顯然易見。毛方雖皆未之及，然世人讀書粗心浮氣者多，恐數百年後復有以此獻疑者，故附辨之如左：

晉書荀崧傳中記簡省博士事，內云『尚書鄭氏，古文尚書孔氏，』似當晉時已有此僞書者。　然按傳中所載春秋左傳二家，易，詩，周官，禮記，論語，孝經各一家，加以尚書二家，當爲博士十八人，何以但云九人？　前後不符，其爲誤衍孔氏一家無疑。　且考職官志稱晉承魏制，置博士十九人，江左減爲九人。　魏既未嘗以孔傳列學官矣，晉安得而有之？　而隋書亦稱齊建武中，孔傳始列國學。合觀諸書，孔氏之文之爲誤衍，不待問者。　蓋今之晉書乃唐人采七家晉書而纂錄之者：鄭氏本傳古文尚書，是以舊晉書有古文尚書之文；而當唐初，人皆指僞孔氏經傳爲古文，纂晉書者因悞以所稱古文尚書者爲孔氏僞書，遂於鄭氏之外別出孔氏之文，以致其數不相合耳。　且尚書非古文則今文，非今文則古文，今乃云『尚書鄭氏，古文尚書孔氏，』然則鄭氏者今文邪？古文邪？　蓋隋唐間學者專尚詞賦，不甚通於經術，而唐初承大亂之後，廷臣之有學問者少，故不敢定馬鄭之爲古文今文，——謂爲今文，則永嘉之亂今文已亡；謂爲古文，則又別有五十八篇僞孔氏之經傳與鄭互異，——故不得已而爲是兩可騎牆之語耳。大抵古來自修之史多佳，詞臣共修者多不佳。自修者，必有其所見其平日亦必詳考之，否則恐有舛誤貽譏後世，故佳者多，史記，兩漢，南北史等書是也。詞臣共修之書，則多以官使之，未必皆有學術，其平日亦未嘗留心於此，而又不專其事，卽有牴牾，莫適任咎，故佳者少。是以伏生之書本屬壁中所藏，而隋書稱『伏生口授二十八篇』；杜林本傳孔氏古文尙書，而隋書稱『雜以今文，非孔舊本』：皆習於世俗流傳之語而未嘗取史漢諸書核正其是非耳。蓋凡古來詞臣共修之書多不可據如此，劉知幾史通言之詳矣。隋書晉書皆唐初人所纂，復何怪乎荀崧傳中之誤衍此文也！

堯典分出舜典考辨

今世所傳尙書首有堯典舜典兩篇；堯典自『曰若稽古』起，至『帝曰欽哉』止；舜典自『曰若稽古』起至『陟方乃死』止。習舉業者幼而讀之以爲古文尙書果如是矣。不知此乃唐孔穎達所改之本，自隋以前，尙書原文本係一篇而無『曰若稽古帝舜』以下二十八字。但學者皆爲舉業計，不考之古，非惟不知孰爲古文，孰爲今文，甚至竝不知有古文今文之名者，況能知舜典之爲後人所分乎! 余於唐虞考信錄固已辨之。今因詳考古文尙書眞僞，復縷陳其本末是非如左：

伏生堯典

一，伏生所傳今文尙書通爲堯典，竝不別分舜典：——今文尙書凡二十八篇（篇目詳見古文尙書源流眞僞考中），首爲堯典，自『曰若稽古帝堯』起，至『帝曰欽哉』，即繼以『愼徽五典』（云云），至『陟方乃死』止，不惟不分兩篇，亦無『曰若稽古帝舜』以下二十八字。則是戰國西漢以來通爲堯典矣。

孔氏舜典篇

一，孔安國所傳古文尚書，亦通爲堯典；別有舜典篇，而非自堯典分出者：——古文尚書於二十八篇外得多十六篇（篇目已見古文眞僞考中），內有舜典一篇。而堯典篇『帝曰欽哉』之下，仍繼以『愼徽五典』（云云）至『陟方乃死』止。其十六篇學者罕所誦習，馬融所謂『逸十六篇絕無師說』者也。其後鄭康成注尚書，分盤庚爲三篇，分顧命後章爲康王之誥，而堯典未嘗分。則是東漢魏晉以來，亦通爲堯典矣。

分堯典爲舜典之說

一，東晉以後，僞古文尚書出，於二十八篇外多大禹謨等二十五篇（篇目已見古文眞僞考中）分出益稷，盤庚，康王之誥四篇，而無舜典。或云舜典缺也；或云『愼徽五典』以下當爲舜典。自是始有分堯典爲舜典之說。然尚未有『曰若稽古帝舜』以下二十八字也。

十二字及十六字之出現

一，據正義稱齊建武中姚方興於大航頭得孔氏古文尚書，有『曰若稽古帝舜，曰重華協于帝』十二字在『愼徽五典』之前。方興尋以他罪誅死，以故其書不行於世。或云『協于帝』下復有『濬哲文明，溫恭允塞；玄德升聞，乃命以位』十六字。正義兩載其說，不能詳也。

二十八字之定爲舜典之首

一，隋開皇時購求遺書，有人稱得方興之二十八字者，因而漸行於世。及唐初，孔穎達作尚書正義，遂定以爲舜典之首，冠於『愼徽五典』之前。由是堯典一篇分以爲二。唐宋學者不究其始，靡然從之。然以經文考之，乖謬累累，顯然可見。故歷辨之如左：

割去堯典下文之不通

『師錫帝曰，「有鰥在下，曰虞舜。」帝曰，「俞，予聞，如何？」岳曰，「瞽子。父頑，母嚚，象傲。克諧以孝，烝烝乂，不格姦。」帝曰，「我其試哉！女于時，觀厥刑于二女。」釐降二女于嬀汭，嬪于虞。帝曰，「欽哉！」』

按，堯舜之事既分二典，則堯之事皆當載之於堯典中。況自『師錫帝』以後，至『受終于文祖，』皆記堯舉舜之事，事相承，文相貫也。若至『帝曰欽

堯讓位時稱帝

堯殂落時稱帝

哉』而止，非惟其事未畢，而其文亦未完。何得遽割其下文而屬之舜典，致文有首而無尾，而堯亦有始而無終。天下寧有如是不通之史官乎！然則『愼徽五典』以後，仍當爲堯典，不得爲舜典，明矣。

『帝曰，「格，汝舜！詢事考言，乃言底可績三載。汝陟帝位。」舜讓于德，弗嗣。』

按，堯典首有『曰若稽古帝堯，』故其後皆以『帝』稱堯，而不斥言『堯』。今舜典首亦有『曰若稽古帝舜，』則其後文亦當以『帝』稱舜，而不斥言『舜』。今反稱堯爲帝而稱舜以名，經傳中有如是之文理邪？春秋於諸侯之事，皆書某國，書其君爲某侯，獨於魯則書曰『我，』於魯君則書曰『公。』何者？春秋，魯史也。若晉之乘，楚之檮杌，則必書晉楚爲我，晉楚之君爲公，爲王，而書魯爲魯，魯君爲魯侯，明矣。豈有舜典中而以『帝』稱堯，而以『舜』稱舜者哉！然則此爲堯典中語，而非舜典之文，明矣。

『二十有八載，帝乃殂落。百姓如喪考妣；三載，四海遏密八音。月正元日，舜格

舜命九官時之稱謂

于文祖。』

按，堯至是始殂落，則以前之事皆當屬之堯典。且旣名爲舜典，篇首又有『曰若稽古帝舜』之文，所謂『帝乃殂落』者，堯乎？舜乎？史冊如此，將何以傳信於後世乎！此乃君臣大義所關，非小小者可比，不知向來諸儒何以相沿而不覺也？

前章稱舜以名，猶曰堯尙在也，今則堯已崩矣，何以猶稱舜而不稱爲帝？然則此篇之爲堯典而非舜典，明矣。

『舜曰，「咨，四岳！有能奮庸熙帝之載，使宅百揆，亮采惠疇？」僉曰，「伯禹作司空。』帝曰，「兪，咨禹！汝平水土，惟時懋哉！」』

按，此後舜命九官之文，皆稱舜爲帝。何者？堯已殂落，稱帝無所嫌也。然命官之首仍稱舜以冠之者，何居？蓋此篇，堯典也，故於舜必別白言之，然後其文始明。故此文之先冠以『舜曰，』猶堯典首之先冠以『曰若稽古帝堯』，也。有『曰若』一語，則後文之稱帝皆堯矣；有『舜曰』之文，則後文之稱帝皆舜矣。古人之文謹嚴如此，而後人猶亂之，可傷也夫！

前章稱舜，猶曰堯崩初也，此則堯崩久矣，何以仍冠以舜？然則此篇之爲堯典而非舜典明矣。

堯典篇終又稱舜名

『舜生三十徵庸，三十在位，五十載陟方乃死。』

按，前章命官之文既稱舜爲帝矣，此何以又別白而稱爲舜？堯之殂落稱爲帝，何以舜之陟獨稱爲舜也？且堯殂落之後，備言百姓四海哀慕之誠，舜之功德不亞於堯，何以絕無一言及之，而但追述其徵庸在位之年，意何居焉。蓋此篇，堯典也，舜卽位後固當以帝稱之，若敘舜之始終，則必別白以舜稱之，始與文體相稱。且堯功德之隆惟在舉舜，故於篇終備記舜徵庸在位之年，以著舜之終始，而後堯之功始全。若百姓四海之哀慕舜，固當於舜典中言之，不必載於堯典也。然則此篇之爲堯典而非舜典，明矣。

孟子引堯典文

梁武帝辨二十八字

隋唐時人妄信僞書之故

然此兩篇之當爲一篇，不待細考經文而後知也，孟子固言之矣。萬章篇云，『堯典曰，「二十有八載，放勳乃殂落。百姓如喪考妣，三載，四海遏密八音。」』今此文乃在舜典中。然則自戰國以前，孔門所傳之尚書固通爲堯典一篇，不分舜典矣。即二十八字之僞，亦不必細考經文而後知也，梁武帝固已斥之矣。武帝云，『伏生誤合五篇，皆文相承接。舜典首有「曰若稽古，」伏生雖昏耄，何容合之！』然則『曰若稽古帝舜』以下二十八字必非舜典之文，明矣。

曰，然則何以至隋唐而分爲兩篇，而增此二十八字也？曰，魏晉以後，南北分王，國尚戰爭，士競詩賦，罕有以經學爲事者，以故僞者得以亂眞。至隋，天下歸於一，始欲振興文敎，於是牛宏奏請購求天下遺逸之書。然經學之荒已久，朝廷諸臣無復有學識能辨眞僞者。是以劉炫僞造古書連山易魯史記等百有餘卷，朝廷莫敢以爲僞也，遂信之而賞之；其後爲人所訟，始知其僞，然後免死除名而黜其書。而僞古文孝經亦開皇十四年王劭等所傳播，當時亦皆以爲眞也；逮唐始有覺其僞者（事並見前卷尙書眞僞考中）。是知隋世士大夫妄信僞書乃其常事。況此文僅二十八字，尤不足爲異矣。穎達原無學術，故妄取而載之。而唐時最重詩賦進士之科，輕視明經；應明經舉者，不過遵功令取科第而已，誰復知考其本末者。至宋，沿習日久，益視以爲固然，雖大儒亦不復異議，遂使聖人之經爲後人所雜亂。良可惜也！良可歎也！

讀僞古文尙書黏簽標記

大名崔邁德皐隨筆

余弟邁著有古文尙書考及訥庵筆談。其駁孔氏經傳之僞，較顧李兩先生之說尤詳。但筆談已摘載於考信錄中，而尙書考中所徵之書，所持之論，則余源流眞僞通考中已悉備之，不必複述。此外復有於僞尙書各篇中簽出字句所本，及勦襲而失其意，與措語之不當者；雖若細碎，然皆足資考證。不忍盡棄，因復附錄於此。

大禹謨

『舍己從人，』語自孟子來。

『帝德廣運，』語本呂覽。

左傳文七年，郤缺引夏書曰，『戒之用休，董之用威，勸之以九歌，勿使壞！』僖二十四年傳文引夏書曰，『地平天成。』莊八年，莊公引夏書曰，『臯陶邁種德，德乃降。』襄二十一年，臧武仲引夏書曰，『念茲在茲，釋茲在茲，名言茲在茲，允出茲在茲。』哀六年，孔子引夏書曰，『允出茲在茲。』襄二十三年，孔子引夏書曰，『念茲在茲。』襄二十六年，聲子引夏書曰，『與其殺不辜，寧失不經！』

『帝曰來禹』章：——論語載堯命舜之語而此乃抄襲之，卻又分作三處，用他語增飾之，謂人盡可欺也。論語此數句本係韻語，今離而爲三，使有韻者無韻。

『洚水警予，』語本孟子。

左傳襄五年，引夏書曰，『成允成功。』

周語內史過引夏書曰，『衆非元后何戴！后非衆無與守邦。』

左傳哀十八年引夏書曰，『官占惟能蔽志，昆命於元龜。』

『正月朔旦』一節——按舜典云，『受終於文祖，』又云，『舜格於文祖，』未有言受命者。命者生人之事也。神宗旣爲堯，則禹是時安得受命於堯乎！

『帝初于歷山』以下，語本孟子，而故改易之。

五子之歌

周語，單襄公引書曰，『民可近也而不可上也。』

晉語，知伯國引夏書曰，『一人三失，怨豈在明，不見是圖。』左傳成十六年，單子引夏書曰，『怨豈在明，不見是圖。』

左傳哀六年，孔子引夏書曰，『惟彼陶唐，帥彼天常，有此冀方。今失其行，亂其紀綱，乃滅而亡。』

周語單穆公引夏書曰，『關石和鈞，王府則有。』

胤征

左傳襄二十一年，祁奚引書曰，『聖有謨勳，明徵定保。』

襄十四年，師曠引夏書曰，『遒人以木鐸徇於路，官師相規，工執藝事以諫。　正月孟春，於是乎有之。』

『其或不恭，邦有常刑，』本周禮天官小宰。

左傳昭十七年大史引夏書曰，『辰不集於房，瞽奏鼓，嗇夫馳，庶人走。』

昭二十三年，吳公子光曰，『吾聞之曰「作事，威克其愛，雖小必濟。」』

昭十四年，叔向引『夏書曰，「昏墨賊殺，」皋陶之刑也。』

仲虺之誥

『惟有慚德，』語本左傳季札語。

左傳昭二十八年，晉叔游云，『鄭書有之，「惡直醜正，實蕃有徒。」』晉人尙排偶，故二十五篇中多偶語，如『苗之有莠』及『不遹聲色』『德懋懋官』等語皆是。三十三篇中亦間有偶語，要有多少自然氣象，卽此體亦不若『苗之有莠』語氣稚弱也。

『葛伯仇餉』一節，語本孟子，而增減改易之。

左傳襄十四年，中行獻子引『仲虺有言曰，「亡者侮之，亂者取之；推亡固存，國之道也。」』宣十二年，士會引『仲虺有言曰，「取亂侮亡。」』襄三十年，子皮引仲虺之志亦四句；『亡者』句在下；『道』作『利』。

湯誥

周語，單襄公引『先王之令有之曰，「天道賞善而罰淫。故凡我造邦，無從非彝，無卽慆淫，各守爾典，以承天休。」』未嘗言書也。此分作二處用。

論語載湯誥一節，此則離合增減而用之。『簡在帝心』承上『帝臣不蔽』而云；『有罪不敢赦，』言人之有罪，湯不敢赦也，此作『罪當朕躬，弗敢自赦，』失其義矣。周語，內史過引湯誓曰『余一人有辠，無以萬夫。萬夫有罪，在余一人。』

伊訓

『百官總己以聽冢宰，』語本論語。

『造攻自鳴條，朕哉自亳，』語本孟子『天誅造攻自牧宮，朕載自亳。』

『立愛惟親，立敬惟長，』學禮記語。

『爾惟德罔小，』數語，卽昭烈『勿以善小而不爲』二句語意。此貪作參差對待語，而其實一意。乃曰『罔小，』曰『罔大，』遂令下句不可解。

太甲上

『顧諟天之明命，』本大學。

『昧爽丕顯，』本左傳讒鼎之銘。

『坐以待旦，』用孟子語。

『予弗狎于弗順，』本孟子。

太甲中

左傳昭十年鄭子皮引書曰，『欲敗度，縱敗禮。』

『天作孽，猶可違；自作孽，不可逭，』語本孟子。

『徯我后，后來無罰，』語本孟子。孟子所言本一語而兩地異耳；此遂作兩處，而不知孟子所引上段固同也。

太甲下

『惟天無親，克敬惟親，』語自左傳來。

『若升高，必自下；若陟遐，必自邇，』語學中庸。

禮記文王世子引語曰，『樂正司業，父師司成，一有元良，萬國以貞。』

咸有一德

『天難諶，命靡常，』上句詩大明篇語，下句詩文王篇語。『天難諶，』書君奭篇語。

說命上

楚語，白公子張謂楚王曰『昔殷武丁能聳其德，至於神明，以入於河，自河徂亳，於是乎三年默以思道。卿士患之，曰「王言以出命也。若不言，是無所稟令也。」武丁於是作書曰「以余正四方，余恐德之不類，茲故不言。」如是而又使以象夢求四方之賢聖。得傅說以來，升以爲公，而使朝夕規諫，曰「若金，用汝作礪。若津水，用汝作舟。若大旱，用汝作霖雨。啓乃心，沃朕心。若藥不瞑眩，厥疾不瘳。若跣不視地，厥足用傷。」』稟令皆自上而下之詞。國語言『若不言，是無所稟令也，』言不出命令也。此改作『臣下罔攸稟令，』便不通矣。『若藥不瞑眩』二句，又見孟子。無逸言『其惟不言，言乃雍，』猶言不言則已，言必和也；此截去下句而止用『其惟不言，』不知其不成文理也。禮檀弓子張引書云，『高宗三年不言，言乃讙。』論語，禮記喪服篇皆云『高宗諒闇，三年不言，』而此則變其語。

左傳昭六年，叔向引書曰，『聖作則。』『俾以形旁求於天下，』語亦本白公。

說命中

左傳襄十一年，魏絳引『書曰，「居安思危，」思則有備，有備無患。』杜註止上一句爲逸書。定元年士伯曰，『啓寵納侮，其此之謂矣。』

說命下

『入宅於河，自河徂亳，』語本國語白公。『爾交修予，罔予棄，』語本國語白公。學記引兌命曰，『敬孫務時敏，厥修乃來。』又引兌命曰，『學，學半。』禮記文王世子引兌命曰，『念終始典於學。』學記引兌命，同。

泰誓上

晉人詩文發端多從遠處說起。　如此篇『惟天地，萬物父母』等語，及仲虺之誥『惟天生民有欲，無主乃亂，』湯誥『惟皇上帝降衷於下民，若有恆性』之類，皆迂遠，正是晉人氣習。　試讀甘誓湯誓牧誓，有此等語否？

數紂之罪，皆以後世之事想像彙集而成。　無論紂之罪不若是之甚，而武王亦必不肯作此毫無含蓄之語。　至『以殘害於爾萬姓』句尤疎謬。　凡誓者，皆誓己之衆也；首呼『友邦冢君，御事庶士』而誓之，則所謂『爾萬姓』者何人也耶？

族人者，秦之法，三代未有也。　『罪人以族』之語謬矣。

『弗事上帝神祇，遺厥先宗廟弗祀，』語本牧誓『昏棄厥肆祀弗答。』　『犧牲粢盛，既於凶盜，』語本微子『今殷民乃攘竊神祇之犧牷牲，用以容將食無災。』

『天佑下民』至『越厥志，』語本孟子而有改易。

『同德度義，』語本左傳昭二十四年萇宏語。

『貫盈』二字，本左傳『使疾其民，以盈其貫』語。　此後世四六剪綴字句之學也。

『類于上帝，宜于冢土，』本王制『天子出征，類乎上帝；宜乎社』之語。鄭語引太誓曰『民之所欲，天必從之。』周語亦引之。左傳襄三十一年，穆叔引太誓二句，同。昭元年，子羽亦引之。

泰誓中

『播棄黎老』擧國語子晉語。

『謂己有天命，』本西伯戡黎『我生不有命在天。』

『厥鑒惟不遠』二句本詩『殷鑒不遠，在夏后之世。』

周語引太誓曰，『朕夢協於朕卜，襲於休祥，戎商必克。』左傳昭二十四年，萇宏曰，『同德度義。太誓曰，「紂有億兆夷人，亦有離德。予有亂臣十人，同心同德。」』成二年傳文，引『太誓所謂「商兆民離，周十人同」者，衆也。』

「予有亂臣」句，又本論語。

「雖有周親」二句，本論語。

「天視」二句，本孟子。

「百姓有過」二句，本孟子。

「我武惟揚」五句，本孟子。

「罔或無畏」數句本孟子而改易之。「王曰，「無畏！寧爾也，非敵百姓也。」若崩厥角稽首。」此武王伐商告諭商民之語，言汝無畏懼，乃來安集汝，非與汝爲敵也。而百姓由是咸悅歡呼，稽顙雷動，故曰「若崩厥角稽首。」此改「無畏」曰「罔或無畏，」「非敵」曰「寧執非敵，」語旣晦澀難解，又以爲誓師之語，全失武王伐罪弔民之意。而「百姓」字又與「非敵」截斷；「若崩厥角」又以爲武王口中語。「百姓懍懍，若崩厥角，」語更不可解。註以爲商民畏紂之虐，懍懍若崩其頭角，此與上下何所干涉？孟子所記本明白正大，作書者必欲掩其抄取之迹，改易不通，眞令人欲笑欲駡。

『乃一德一心，立定厥功，惟克永世，』語意本漢書引泰誓（漢書引泰誓云，『立功立事，惟以永年。』）

泰誓下

『剖賢人之心，』語自史記來。

『恭行天罰，』語自牧誓來。

『獨夫紂，』本孟子『聞誅一夫紂矣。』

『犬馬寇讎，』孟子爲齊宣王言之也，後世猶以爲譏。　泰誓乃曰，『獨夫受，洪惟作威，乃汝世讎。』　無論文王怙冒西土，不至苦紂之虐；即使苦紂之虐，而武王亦必不忍爲此言。　姦雄簒竊之輩雖殘忍刻薄，而良心未能盡喪，亦不能不慚恧於其際。　況武王以聖人處人倫之變，而乃公然告諭其下，與之殄殲乃讎，此乃天下之亂首而病狂喪心者之言也，豈可以汙武王哉！

左傳哀元年，伍員言『樹德莫如滋。』

『迪果毅，』語本左傳。

武成

『歸馬』二句，本樂記。樂記，『馬散之華山之陽而弗復乘；牛散之桃林之野而弗復服。』此去『弗復乘』，句不知服牛乘馬非通用也。

左傳襄三十一年，北宮文子引周書數文王之德，曰，『大國畏其力，小國懷其德。』

左傳昭七年，芋尹無宇曰，『昔武王數紂之罪以告諸侯，曰，「紂為天下逋逃主，萃淵藪。」』

『肆予東征』數句，本孟子而改易之。

『惟爾有神，』『無作神羞，』語俱自左傳來。

『受率其旅若林，』語自詩經來。

『血流漂杵，』語本孟子。

『一戎衣』句，語自中庸來。

『大賚』句，自論語來。

『重民五敎惟食喪祭，』自論語『所重民食喪祭』來。

旅獒

『惟克商，遂通道於九夷八蠻，』語本魯語仲尼在陳篇。

『王乃昭德之致於異姓之邦，』四句，語本魯語『先王欲昭其令德之致遠也，』及『古者分同姓以珍玉，展親也；分異姓以遠方之職貢，使無忘服也。』

『人不易物，惟德其物，』語本左傳。

『爲山九仞，功虧一簣，』語意本論語。

以下諸篇並缺。

古文尙書辨僞卷之二終

跋

右尚書辨僞二卷，先生晚年作；而卓識早定，故前著考信錄絕不稱引一語，且力駁之。

自宋元以來，論辨尚書者何啻數十家。前明梅氏，國朝閻氏，洋洋大篇，先生皆未之見。由今觀之，正不啻數百年間人同堂講斷。先生識力所至，闇與古合，更有發前人所未發者。

履和藏先生全書久，昔年在都，質之尚書山陽汪公，公說之，序之。既出都，又聞有宜興任君泰，悅其書，作詩嘆賞，以爲『大謹乃如狂，至允反不平』，令人一讀一起舞。嗟乎，是何可多得！而履和既不能長侍汪公，執弟子之儀，又不獲一見任君，悉其生平何如，爲可惜也。

僞書二十五篇，人人童而習之，昔賢辨論，尚未必首肯，何況晚出之作，衆難羣疑，固然不足怪。伏思我朝四庫全書總目提要一書，皆奉高宗純皇帝欽定，刊布海內，古文二十五篇之僞，朝廷早有定論，非草茅下士一人一家之私言也，故今刻辨僞一書，恭錄提要中論尙書三則，別爲一册，以冠篇首，俾閱辨僞者先敬觀此三則，庶胸中目下如離照當中，羣陰開霽，從此縱覽諸家，大有破竹之樂矣。

道光四年九月二十三日，履和謹跋。

THE ORIENTAL BOOK COMPANY
上海亞東圖書館

崔東壁遺書

第七册

（清）崔述 撰
顧頡剛 編訂

國家圖書館出版社

第七册目録

崔東壁遺書

顧頡剛編訂

錢玄同題

後編

佚文　知非集　二餘集　針餘吟稿　荍田賸筆　殘稿

崔東壁先生佚文目錄

附錄

大名縣方言

按，以上文字皆適之先生於九年前所輯集者。 先生原輯本，從乾隆大名縣志中錄出水道考兩篇及詩只當行一首，從陶樑畿輔詩傳中錄出感遇三首（即知非集中之第一，第三，第七首。）及淸化鎭晚眺磁澗擬古西安雜緒卜居早春華州曉行，嵴關，登易州西山宿竇店春暮即事十二首已於五年前排印成書矣。 不意去年洪煨蓮先生忽於燕京大學圖書館中發現寫本知非集，比對之下，除西安卜居二首外皆本集所已備。 蓋知非集之未定本不止吾儕所見之一册，陶氏根據者別一本耳。 今既重刊知非集，故悉去之，但存陶氏所未錄之二首。 大名縣方言一篇所以列爲本帙附錄者，蓋東壁先生於只當行之序曰，『只當，魏之方言，已知其誤而自恕之詞，』與此所云『誤而自解曰只當』者甚相類，且乾隆大名縣志，東壁先生職任編纂，固有出於其手筆之可能也。

水道考兩篇本在無聞集第五卷末，審陳氏何以不刻？又自訂全集目錄云，『無聞集附錄之水道考曾用活板印出，』則此文尚有活字板本。去年游大名聞崔之桂言在廣平韓氏得大名水陸考，獻之張縣長者疑即此本；言『水陸』者其誤記耳。五年前標點此文，以村集之名不易分截，乞裘子元先生代借乾隆大名縣志校讀一過，縣志中有漳衞河圖及說明，取其可與兩考相參證，故附錄於文後

東壁著述之佚失者以五行辨為最可惜。成孺人詩云，『五行三正細剖分，創論驚天思入雲。』蓋此兩問題為東壁所同樣致力者；然三正考發表最早，刻本甚多，而五行之篇乃終闕焉，可謂大不幸。觀洪範補說云『世所傳五行之術，非尚書意；說詳五行辨中，』是東壁固有意以此書與考信錄並行也。無聞集第二卷已著五行辨之題矣，而注曰『闕。』自訂目中存篋書三種，其一曰『大怪

談一卷，』注曰『五行辨，天問。』　是則當此篇之成，固已編入文集；暮年自訂其書，不知有何不愜意處，或自嫌有與世人信仰大衝突處，遂自無聞集抽出而置於存篋書爾。　然陳履和遺書序曰，『五行辨，天問二篇，題爲大怪，實「大好」也，亦宜刻；餘且從存篋之命，』可知東壁雖有是命而陳氏固不欲遵之，又有行世之望。不審以何牽掣，此一卷之書終於未刻，而陳氏亦旋逝世，向之期於存篋者且作雲煙之消散矣。　是則過於矜愼之過也！　倘天壤間尚有副本，復現於他日，得繼續輯入佚文乎，此固不敢存之奢望而又不忍不妄作萬一之希冀者耳。

民國二十一年二月二十五日，顧頡剛記。

崔東壁先生佚文

文

大名縣水道考（見乾隆大名縣志卷八圖說八頁四至二十）

漳水

漳水，即禹貢之『衡漳』，周官職方氏所稱『冀州，其川漳』者是也。其源有二。清漳出山西平定州樂平縣南少山，南過和順縣遼州界，又東南入河南涉縣界，至交漳口而會於濁漳。濁漳出山西潞安府長子縣西發鳩山，東過長治縣界，又北過屯留，潞城，襄垣縣界，又東過黎城，平順縣界，又東入河南涉縣界，至交漳口而會於清漳。於是潞安，平定，遼沁諸府州縣之水皆由小谿會於大谿，由大谿會於小川，以達於漳。其自清漳右來者，有和順石猴嶺之水及八賦嶺之小漳源；自左來者，有和順之清河。自濁漳右來者，有高平縣丹朱嶺之水，長治之淘清河，壺關之石子河；自左來者，有長子之瀧泗河，雍水，屯留之蘭水，洚水，而沁州漳源鎭之水爲最大。夏秋霖雨相繼，土堅崖峻，勢不能留則二十餘州縣之雨畢會於漳；所過崖崩岸刷，其土亦隨水而下，爲淤爲沙，以出於交漳口。自交漳口又東，入直隸磁州界，東過講武城南，山盡地平，水始奔放漲漫。又東過河南臨漳，直隸成安縣界，而土始疏，沙始漲，岸始數決。又東入本縣界，則地勢愈下，水患浸多矣。

初，古河自大伾北流，距西山僅百里；漳踰山衡流東出，——故書謂之『衡漳』，——然後右旋，縱流而北，循西山趾，穿南北泊而注於河，是故患常在河而不在漳，而魏史起且鑿渠以興水利。周漢以降，河日南徙，而漳遂獨歸於海，其道亦日徙而南。故水經云，『漳水東過列人縣南，又東北過斥漳縣南，又東北過曲周縣東，又東北過鉅鹿縣東』；又云，『東北過平舒縣東入海。』自是始獨爲患。然其道乃在今順德廣平二府之東南境，雖時遷決入縣境，縣之受漳患固淺也。

明初，漳自臨漳成安東北流，經肥鄉曲周而下，直達天津入海；其支者，自成安東流至館陶入御河。永樂中，嘗決入魏縣（知縣楊文亨築隄當在此時。）未幾，流漸湮。正統末，御史林廷舉疏請自廣平縣大留村鑿之，使入故渠，分其水以濟漕。久之，北流遂塞，漳稍南徙，由成安呂彪而東（陳所志疏漳議云，『成安間，漳即流今呂彪』，蓋由呂彪而東以達廣平也）；魏縣往往受水。成化十八年，水至魏縣，漂田廬無算。弘治二年，溢羊羔口，魏縣大水，宇屋皆傾，知縣鮑琦築護城隄，建長橋以禦之。正德初，漳北流合於滏。嘉靖初，南徙魏縣城下。九年，徙回隆鎮，由大名縣城北東北流，而漳益南，兩縣境皆當漳衝矣。二十七年，漳自蝦蟆口愈徙而南，入內黃縣境，過大名縣，至府城北，始入故道。三十年，漳決，平地數尺，溺死者無算。三十二年，漳御合流，自回隆南至上村，漫衍二十餘里；知府王太平於雙井上循新河隄之，開渠於雙井之東，導之使復故道。三十四年，決磁州東界北下；磁州知州力挽之，遂復南。三十六年，漳決魏縣，縣境匯為巨浸。隆慶三年，霖雨四旬，漳水溢平地丈餘，合御河入大名縣城，溺死者甚衆。萬曆十六年，漳復徙於魏縣南門外。二十一年，漳分為三；魏縣知縣田大年築長隄，西起臨漳縣界，東迄王兒莊（魏縣境，今割屬元城縣）以捍禦之由是遂北徙，復由成安肥鄉曲周東北達於天津，而大名魏縣始得息肩矣。既而廣平諸縣漸患苦漳，謀復移之大名。二十八年，給事中王德完疏請塞北流，導使仍由回隆至小灘（元城境），入御河以濟運。下所司議，魏縣舉人陳所志作疏漳議駁之，上之當道，德完疏不果行。由是終明世不復南。

本朝順治初由臨漳北流過邯鄲河沙堡，又東北由永年曲周合於滏。十年，復還故道。康熙初，稍徙而南，由成安入廣平縣界，數決田廬悉沒，民不能稼者數載。三十八年，巡撫都御史李光地議開支河以殺水勢，由廣平入魏北境，過義井村西寺堡（堡之北半，亦名後屯；或稱後屯河，即此），寺莊復由廣平及元城館陶境入御河。魏之再患漳，自此始。三十九年，魏縣知縣王廷棟重修長隄，以護城東南西諸村。四十三年，魏縣知縣蔣芾築支河隄，復築斜隄障西來浸水，以護城北諸村。廣平民爭之，持械器與魏民相鬬傷。芾躬率民役邏守，身當其鋒。未幾，芾去，斜隄亦廢，而漳且南徙入支河矣。雍正五年，漳決成安，由抹疃村東下，至趙三家村，分爲二，入魏縣境：一由院家堡白仕望過縣城北，東抵羅兒莊王兒莊，一由馬峯頭申家店過縣城南禮賢臺下，東抵馬頭東莊，而皆會於元城之西店集。魏縣知縣來謙鳴築隄於北河南岸及南河兩岸以防之，於是漳自臨漳成安以下改而東流，過魏元城縣界，又東至山東館陶縣之南館陶，會於御河，又北至臨淸州，會於會通河，又北過直隸淸河縣界，又東北過山東夏津武城恩縣界，又東北過直隸故城縣界，又東北過山東德州城西，又東北過直隸景州吳橋東光，交河南皮縣界，又東北過滄州靑縣靜海縣界，又東北至天津縣之三岔口而後會於白河，以東爲海河，至大沽口而入於海，爲今日漳水經流之道，而漳自明至是凡再南矣。

漳之遷徙雖無定行，故道縱橫雖紛不可數，然其大約有三：由臨漳邯鄲歷永年曲周北合滏者爲北道；由大名若魏東合御河者爲南道；由肥鄉廣平東北歷冀州河間諸屬，直達天津入海者爲中道。北道地高，南道地卑，故漳益北則患益輕，益南則患益重。禹貢所志，北道也。水經所序，中道也。明初以來，出入永年，肥鄉，廣平，魏，大名五縣之間，而今日之所流，則南道也。

初，明知縣鮑琦所築魏縣護城隄，正德中已增築爲外城濠；外別築小隄，卑薄不足恃。

至是，謙鳴塡外城濠，附城包小隄築之，亦名護城隄；又築橫隄於城西南隅，北迄外城，南迄於南河隄，橫截水勢，使不得至南門。 謙鳴練習水性，能得人死力。 方冬寒，民憚不肯入水，謙鳴解履襪自入，民從之。 有運鍤傷手指者，謙鳴遽自取袖中巾裂裹之。由是人咸盡力。 諸隄旣成，魏以無患。

魏故有丞，康熙中省之。 十三年，復設魏縣丞，專治漳事。

乾隆初，水盡趨於城南，北流涸而臨漳以下數決，城南諸村常受水；久之，遂成支河。其自縣境行善村南出者，東流過得政杜兒莊北，又北入元城境，又東北至徐家倉，入於御河。 其自臨漳境南出者，東流入縣西境，至仕望集而分，東至李家口而復合，又東至中橋而復分。 其北出者，過韓道西，又北入元城境，會於行善村南出之支河。 其東出者，過韓道南，東入府城濠，又東北入元城境，至善樂營而入於御河。 每水盛則分流入支河，狹不能容，則汎溢入田，沒禾稼，爲民患；而故道在義井者，亦時分流旁出爲災，與城南略同。然漳水濁，挾泥而下，每有決溢，嘗噴淤沙十有餘里，不糞而肥，利在穫麥；淤沙日久，田亦漸高，水常過而不留；以故近漳者反多不患水。而十餘里以下水清無泥，甚者地卑而水不洩，蘆茅相望，斥鹵頻生，有害而無利；以故遠漳反多患水。而李家口以東尤甚，常數十里茫無津岸，或歷冬春始涸。民甚苦之。

先是知縣來謙鳴所築隄日久頗有衝刷，或時決溢，近城諸村亦患水；而漳自城南流，十餘年復移城北，地勢北高南下，兩河之決多在南岸，城外受水益頻。水流既久，沙淤益高；城內地益下。多積水，水居十之八。漳決溢，則環流自垣下浸入城如泉源然；城內居民庭內自出水，或方爨自竈內流出：人不保朝夕。二十一年，總督方觀承用魏縣丞楊騏言，於縣上游北岸廣平境內開支河十餘里，東北注義井故道以分其勢；以騏署廣平知縣，董其役。二十二年春夏旱，漳淺流幾絕，人少懈；而縣丞騏既去，即有害度不至，代其任，咎遂不復爲水備。五月，突決河下村，遂決橫隄入魏縣城。城中民出者半；未出者登樓巔坊脊樹杪以待救，室廬財賄悉沒。是歲御河亦決入大名縣城。兩縣境內皆水。　二十三年，總督方觀承奏請移大名縣治於府城，遂併魏縣入焉。　二十四年，漳決臨漳之麗家莊，循仕望支河而下，故道盡沙，東南徙三十里，環府城十餘里皆水。　二十五年，知府朱瑛築壩於麗家莊，使歸故道。　是年，復決臨漳之沙家莊，北徙，由成安廣平故道東北流；二縣共塞之，水復南。　二十六年，漳溢，縣境大水。　是時南河上流已沙，諸支河上流亦多沙者。　然水決溢，皆歸於相近之支河，循兩岸而下，自舊魏縣城而西至臨漳，——北岸決，上則歸河沙堡，北流入滏，下則歸義井故道，東入御河；南岸決，上則歸仕望支河，下則歸得政支河，以東入御，——常無寧歲。　三十五年，溢南岸，循仕望支河環府城而北。　四十年，決臨漳小栢鶴村，突至大名府城下，西境皆水；知府永寧塞之。　四十四年，復決小栢鶴村，縣西境大水，數晝夜不減。　未幾，沙莊亦決，漳北徙，分為二：一由成安廣平故道而下，一復南；自院家堡入舊河上游，決者數處，南岸水始漸退。其冬，開新河，挽漳使復故道。　四十五年春，北流遂絕；自是秋無積雨，水常安瀾。　四十八年，決趙三家村，縣西境大水；大名元城成安三縣共塞之。　而是歲旱，受水者居十二三，禾雖沒而麥可播，得失略相準，民不以爲患。然雨暘無定度，衝刷無定形，治於已然則難，而治於未然則易，未雨綢繆，正不可以一息緩也。

蓋漳之所以數決，以流衆而挾沙。然自交漳口以上，兩峽束之，地峻流駛，勢不可停。及至平地，水稍闊，流稍怠，水盛則沙隨水而漲，水落則沙傍水而停。停則水滯，滯則溜（土人謂之洪），徙溜徙則沙愈停：三者相尋無已，其溜必曲。曲則嚙岸，嚙岸則決；決不甚則災，決甚則徙。故自明以來，常不踰數年而決，不踰數十年而徙，其水勢然也。而決口之上下，則視水之盛衰。雨甚水盛，急不能洩，怒不能待，則決多在上游。水少殺，則勢舒怒淺而上游不能決，待少下土疏而後決。又殺則又下而後決。決彌下則彌輕；決彌上則彌重。故漳之徙多自於臨漳境內，而成安次之，其地勢然也。自南館陶以下，去山益遠，水益平，流益緩，水盛則先洩於上游，勢分力薄而漕隄亦多堅固，故其爲患亦少；而惟臨漳以下五縣患爲甚。然臨漳成安水較急，患在決，而地少高，其留不久；元城館陶地較卑，患在留，而水少緩，其決不數；惟縣境居其中，兼決與留二患，西爲臨漳成安受其委東爲元城館陶，當其鋒，故其苦漳尤甚。易曰，『思患而預防之。』計然曰『旱則資舟，水則資車。』苟得其故，及其未有事而思所以轉之，雖千載安瀾可也。

又按大名舊志云，『明初，漳西注魏縣，北歷元城西店，東注山東館陶縣入衞；』下次以『正德初』云云。接明史河渠志『洪永間漳由正定（卽今冀州諸屬，舊隸正定）河間趨天津入海，其分流至山東館陶西南與衞河合，』是至館陶者乃分流，非經流也。故自洪武至於正統，漳多決於順德廣平之境。若果在魏縣元城，何得乃決於彼二府境內乎？河渠志又言『元時分支流入衞河，永樂間堙塞，』是幷分流亦不久堙塞也。故魏縣志有永樂間知縣楊文亭築隄之事，自是至於天順無聞焉。若漳果久流於魏縣元城，何得魏縣三志及明代諸前輩文集皆無一言及之乎？故今皆不從。

又按河渠志不言分流所過州縣；而御史林廷舉疏中云『舊跡去廣平大留村十八里，』觀其語意，似在廣平東境。然漳之果由魏縣與否，蓋不可考。且漳東流而云『西注，』云『北歷，』亦非是。故今亦缺之。

又府舊志云，『弘治二年，漳水溢魏縣羊羔口；十四年，漳水溢魏縣，』似成宏間卽自魏縣流者。按李岳鮑公隄橋記云，『往年雖或浸漲入境，歲但一至；成化壬寅水洊至；弘治戊申水大至，』則是漳不在魏縣，浸漲乃入魏也。陳所志疏漳議云，『成弘間，漳卽流今呂彪，以故廣平郡名卽云漳川，』則是成弘間漳由呂彪東入廣平境也。蓋其初但開支流於廣平，其後漳遂盡趨支流而北道塞焉。府志但因魏受漳患，遂疑此時漳在魏縣；誤矣。且羊羔口乃臨漳境，非魏境。故今不從。

又舊府志大名縣舊志皆云，『正德初，漳徙府南閻家渡入衞。又十餘年，自雙井入衞。嘉靖初，自回隆鎮入衞。』按明史河渠志，『英宗時，漳已通衞；弘治初，益徙入御河；正德元年，濬滏陽河，自是漳滏匯流而入衞之道漸堙，』是正德中漳入滏，不入御河也。而陳所志疏漳議中亦言『肥曲之人指嘉隆年在回隆小屯萬歷年在魏縣西郭者爲故道』。若果正德初漳已自府南入御河，肥曲之人何以獨指嘉隆以後爲故道耶？且府志年紀卷中載成化弘治時，魏縣屢被漳患，而正德中兩縣皆無；嘉靖中葉以後乃復有之。若果正德初漳已徙府南，又何得歷四十餘年而絕不被漳患乎！歷考縣中前輩文集，皆無正德初徙府南之事，亦無一語及正德時之水患者。然則明史入滏之說確乎不誤，而府縣舊志之誤無疑也。又按回隆在雙井上游，雙井在府南上游；漳至回隆必至雙井，至雙井必至府南，今之故道猶歷歷可指。然則回隆，雙井，府南，乃一道，非三道也。回隆去御河二十餘里，雙井去御河十五里，兩地皆不濱御河，漳安得由此處入衞耶！蓋修府志者皆他縣之人，又修於漳已北徙之後，不知其詳，但相傳爲回隆雙井府南皆有漳故道，未暇細考，而遂誤以爲三，臆度而爲之說；而縣志則又沿府志而誤者也。今皆不從。

御河

御河，卽衞風之淇水，漢書之白溝，或亦謂之衞水，非也。源出河南彰德府林縣西山，東南流過淇縣界，又東南至濬縣淇門鎭，衞水入焉。又東北至內黃縣界，湯水，洹水入焉。又東北至張兒莊，入本縣界，經舊縣城南，東抵龍王廟，北至曹家道口，出縣境。又東北過元城縣界，至山東館陶縣之南館陶，會於漳。又東北至臨淸州，會於會通河，（以下詳漳水下，不再舉。）又東北至直隸天津，入於海。

初，漢建安中，曹操於淇水口下大枋木遏使入於白溝，以便糧運，由是淇口以上謂之淇水，而淇口以下謂之白溝。故水經云『淇水東過內黃縣，爲白溝。』至隋大業中，引白溝爲永濟渠，名曰御河，由是淇口以下人但謂之御河，間有知其爲白溝者，而絕不復知其爲淇水矣。故通鑑云『田悅遣其將康愔出城西，與馬燧戰於御河上』；註云，『御河在魏州魏縣，煬帝引白溝水爲永濟渠，卽此。』然則御河卽白溝之改號，而白溝實淇水之別名，此水之爲淇而非衞，確矣，不待言也。

衞水者，泉水之俗稱，本小水也；源出河南衞輝府輝縣蘇門山，而東注於淇。衞風曰，『淇水在右，泉源在左』，邶風曰，『毖彼泉水，亦流於淇』，是也。洹水經安陽縣城下，而人遂呼之爲安陽河；滏水經故滏陽縣城下（卽今磁州）而人遂呼之爲滏陽河；泉水經故衛州（即今衛輝府）衛縣（今廢，在衛輝府東北）城下，而人遂呼之爲衛河。其初蓋緣行道之人不知其名，故以其地名之；其後里巷相沿，遂習爲常，本無足怪。而文學之士亦遂從而衛之，則誤矣。然衛自衛，御自御，自淇門以上以衛呼之，自淇門以下固未嘗以衛呼之也。至元明間，建都燕薊，會通河未開，言漕運者多謂自黃河陸運至衛，可以達天津。蓋衛距河近，淇距河遠，故必由衛乃入御河；而言者但舉其始，未詳其終，由是遂有并濬以下千餘里之御河亦概稱之爲衛水者。然自嘉隆以前，猶以衛與御河互舉。其後吏斯土客斯地者，不知水名改易之由，遂誤以御河爲俚俗之號，而衛爲文雅之稱；甚有誤以此水爲即禹貢『恆衛既從』之衛者。於是四方之士莫不從而衛之。然大名土著之民則固仍以御河呼之，不知其爲衛也。

明初，漳水北流，御河源近流弱，不甚爲害。成化中，漳稍南徙，知府李瓚附御河築隄，自新鎮達館陶三百餘里，日久漸圮。嘉靖中，漳益南徙，過大名縣城北，遂往往挾御以決。三十年，漳御決，水平地數尺。三十二年，復大水，與漳相接，漫衍二十餘里。三十六年，又決縣境匯爲巨浸。隆慶三年，與漳共決護城隄，遂入大名縣城，溺死者甚衆。
四年，知縣李本意增築護城隄。五年，增築附河隄之在縣境者。萬歷十六年，漳北徙，
御河勢始衰。二十年，知府塗時相開支河十餘里於縣城西，由艾家口入漳故道。是
年，支河決而東圍縣三月。自後支河頻決，爲縣境患。三十九年，知縣趙一鶴乃塞支
河口，增築附河隄。而是時漳益北徙，御河自是不復大爲患矣。

本朝雍正初，漳復南徙，由魏縣城下至館陶入御河；而漳水勢盛，御河弱不敵。夏
秋漳漲則橫截河口，御河水不能下；及漳落，則沙塞河口以南，御河不能衝刷，水常倒瀉：
由是上流數決。乾隆二十二年五月，漳決沒魏縣城。六月，御河亦決，與漳接，復壞護
城隄，入大名縣城；居民皆出。其明年，總督方觀承乃奏移縣治於府城中，復併魏縣入
焉。二十四年，漳決旬日後，御河亦決，復與漳接，環府十餘里皆水，往來者皆以舟。二
十六年，漳溢未幾，御河亦溢縣東境，復大水。初，瀕御河地多卑，夏秋雨甚，潦水由內黃
而下，往往害稼，乃開溝引水，使入御河，——有劉固、長興、樓底等溝。然或潦水不至而

御河驟漲，反由溝倒瀉入諸村，沒禾稼，乃甚於滏水。有諸生嘗議設閘於溝口而啓閉之，不果行。自三十年以後，御河多決於元城館陶之境，決縣境中者不二三，大名稍稍寧息。然南館陶距府治僅九十里，河口數漲數沙，不預有以防之，大名未可以安枕臥也。

初，會通河既開，江淮漕運皆自山東達京師，至臨清始入御河，不由縣境；惟河南漕舟於小灘鎮兌運，或在館陶，然其地皆居大名下流，漕舟亦不由縣境也。及我朝，移兌運於彰德衞輝水次。乾隆五十三年，移兌於內黃之楚汪，於是河南諸府漕舟必由縣境乃達小灘。臨清故御河自臨清以上亦名西運粮河，而商舟鹽楫貿易往來，上自衞輝新鎮，下達臨清天津，亦咸鱗次鶩逐於縣境中，而龍王廟實爲泊所焉。

縣境又有宋洹水縣故墟，即元之魏縣治，今爲舊魏縣村。蓋自唐宋以前，洹水皆東北流，經縣西境而下，故以名縣。至明徙而東南，由內黃湯水入於御河，縣境不復有洹矣。

附乾隆大名縣志衛漳河圖及說明

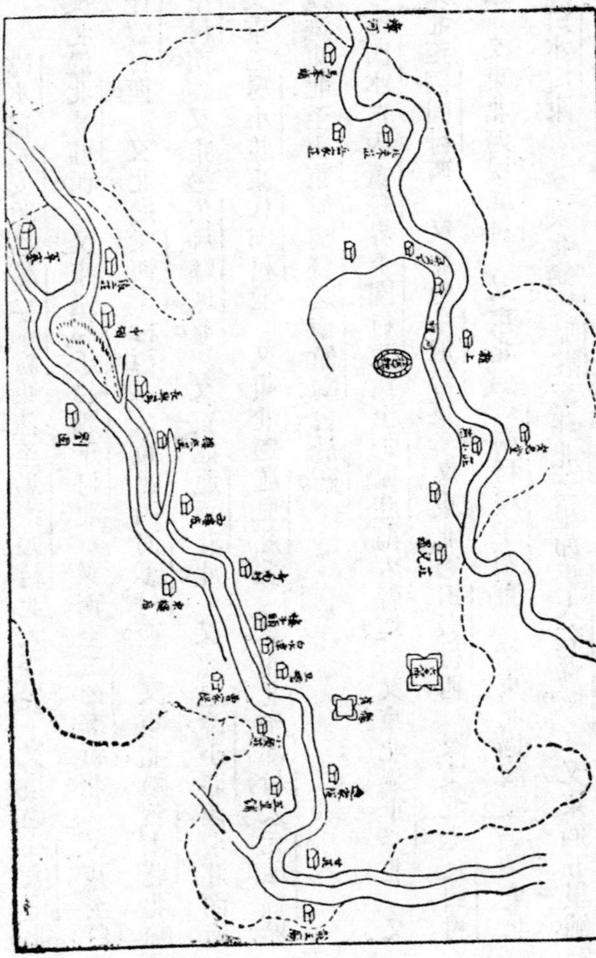

右圖漳衛河。

漳水自成安縣界趙三家村東流，至馬峯頭村北，入縣界。又東過院家堡北。又北過北來莊西。又東過馬于村魏于村北。又南至二郎廟村北。又東至白仕望村西。又北過梁河下村西。又東北過河裏村西。又東北過黃小莊北，疃上村南。又東過舊魏縣城北。又東過連小莊北。又北過滌小莊西，環莊而南。又東過房小莊東，代固村北。又東北過羅兒莊北。又東北至邵村，入元城縣界。迤邐東北，至山東館陶縣之南館陶，會於衛。

衛水自內黃縣界棗園村東流，至張兒莊南，入縣境。又東北過軍寨北。又東北至劉固村西。又北過中烟村東。又東北過田敎村西。又東北過長興村東。又東北過樓底村。又東北過寺南村，樓子頭東。又東北過淡疃。又東北過白水潭東。又東北過樊兒莊南莊北三里，即舊大名縣城。又東過五里舖。又東過逯家隄南。又東南過范勝隄高村北。又北過龍王廟鎮西。又北過曹家道口村西。又北至小王家莊，入元城縣界。迤邐北流，至山東館陶縣之南館陶，會於漳。

詩

西安

馬蹄行不息，迢遞度西都。雲氣乍離合；山光時有無。雪消秦嶺出；日落灞陵孤。惆悵春風裏，經年怨客途。

卜居

卜居烟火外，掃徑薜蘿間。地僻柴爲壁；庭幽雪作山。白雲心自靜；落日晝常閒。薄

西安　卜居

暮無他事，焚香待鶴還。

頡剛案：上列二詩見陶樑畿輔詩傳卷四十四。詩傳小序附錄於下：

述，字武承，號東壁，大名人。乾隆二十七年舉人；官福建羅源縣知縣。有知非集。

陳履和崔公行狀：『公生平孝友廉介，讀書涉世，卓然有所樹立。仕閩，多惠政。告歸，著作自娛，成考信錄三十六卷，翼錄十二卷，文集十六卷。遺書共三十四種，八十八卷；而考信錄一書尤爲五十年精神所專注。』

劉大紳序：『先生仕閩六年，歸。以十餘年家居暇日，肆力成書。自敍著書之旨，「不以傳註雜於經，不以諸子百家雜於傳註。以經爲主，傳注之與經合者著之，不合者辨之；異說不經之言則闢其謬而削之。」』

崔東壁先生佚文終

崔東壁先生佚文附錄

大名縣方言（見乾隆大名縣志卷二十，頁五至七）

大名縣志風土志有方音方言二門，疑皆出於崔述之手，且其言亦可供參證，故鈔錄之。

方音一門較不重要，其所舉例可以二語括之曰，『本邑無入聲，鄉學平聲間讀入聲』。前者例如物讀如務，六讀如溜。後者僅舉六例：之讀作直，如讀作入，卑讀作畢，無讀作屋，費（地名）讀作密，宓讀作覔。

以下所錄，皆為方言。（胡適。）

謂日光曰『爺爺』；日照處曰『爺爺地』。

呼後輩為『相公』，又生員之通稱。

月曰『月亮。』 雹曰『冷子。』 黎明曰『冷明，』亦曰『一撲明。』 向晦曰『擦黑。』 夜曰『黑家。』 昨日曰『夜个。』 去年曰『年時个。』 將及曰『到好。』 突如其來曰『猛不防，』亦曰『不徐顧。』 兩不相涉曰『犯不着。』 無礙曰『不相干。』 曉事曰『在行。』（行音杭） 是人言曰『可不。』 手拂物曰『摸拉。』

爽快曰『鎌利。』 遲緩曰『摸索。』 料理曰『經（讀如斤）張。』 修理曰『整治。』 性緩曰『粘。』 不和平曰『圪賴，』或曰『圪料。』 遲疑不決曰『揉肚。』 性情不常曰『潮道。』

事壞曰『喪。』（讀上聲） 爭攘曰『賴。』 角口曰『吵。』 搶白人曰『齟。』 逃走曰『跑。』 怨言瑣細曰『聒（讀如骨）瀆。』 背有憎言曰『嘍咕。』 罵曰『捲。』 褻語曰『撒村。』

美曰『齊整。』 富曰『方便。』 吝嗇人曰『夾檢頭。』 無賴人曰『無二鬼。』 市井之豪曰『行家。』

三曰『薩』 醜曰『磣。』 縫曰『縠。』(音聊) 壓酒曰『笮。』(音乍)

除草曰『薅。』(音蒿) 足踐曰『跐』 飲水曰『欱。』(音喝) 釀錢飲酒曰『打平火。』

女織室曰『塡房。』 婦再醮曰『擡身。』 雇工人本邑曰『做活的,』新併(魏縣)曰『覓頭。』

牡牛曰『牪子,』去勢曰『犍子;』牝者曰『牸牛。』 牡驢曰『叫驢;』牝驢曰『草驢。』 母雞曰『草雞。』

棒曰『棓』(音剛去聲) 几下函曰『替。』 貯水器曰『坻。』

彼處曰『那裏,』新併曰『那(音近呆上聲)圪塔。』 此處曰『這裏,』新併曰『這(音近者)圪搭。』

『嘔吼,』隔遠相呼之聲。 『撲拉,』被困拂離之狀。 『撒拉,』鞋半著足之謂。

大名縣方言　四

『苗，』窺而相戲之聲。不知而問曰『廈，』猶云甚麽。『做廈，』猶云作何事。『怎，』讀近咱上聲。『著，』詢問之意。『不怎着，』言無妨也。『這克怎着，』無可如何之辭。誤而自解曰『只當。』

崔東壁先生佚文附錄終

知非集目錄

頁數

目錄　二

七言詩

五言唐體詩

八韻詩六首

四韻詩二十五首（頡剛案，後多六韻詩一首）

七言唐體詩

原編四韻詩十九首

續入四韻詩七首

再續四韻詩三首

附錄四韻詩八首（韻剛案：實十首）

五七言絕句

五言絕句十首

七言絕句三十二首（頡剛案，實三十四首）

桂窗樂府選

案四年前得二餘集，已詫爲意外之獲，孰料去年洪煨蓮先生又從燕京大學圖書館破書堆中檢得是集，爲東壁之稿本，且容有一部分爲東壁所手書者，其可矜寶爲何如！展卷之初，幾不信爲實事，亦幾疑東壁先生于冥冥之中呵護百年而特以授我輩者。世間之事乃有巧遇如此者乎？是知人苦不求耳，否則精誠所至，鬼神來告，固非異事也。

東壁自訂全集目，列知非集三卷於文集正編中，固志在刊行者。其後陳履和刻無聞集而未及此，或絀於貲，或困於病，皆未可知，而定本三卷則即以陳君之沒而散失。此本爲未定之稿，觀其有原編，有續入，有再續可知。日霧樹詩爲東壁所欣欣自喜者，乃不見於此，亦可證也。

吾儕於考信錄見其理知之銳，於此集見其情感之強。如負薪行，秋夜獨坐，寄酬韓邠州諸篇，牢騷抑鬱，殆不可堪。至心緒一篇，其聲更哀厲，欲絕，末云『若非黃卷能寬解，此日多應到夜臺，』則彼之受生活壓迫，不至自殺者幾希。其坎坷之實事雖不可知，然觀水調歌頭云，『一日風塵失足，幾處交遊下石，惟恐死灰燃。袖手看成敗，相較尙爲賢，』於世途險巇之情言之深切如此，知固飽受人侮矣。

東壁伉儷能詩，故多倡和之作。霧樹詩之相和，序中已道之。白燕兩詩，題同韻同，成孺人錄入繡餘吟，則是邠州結褵後作，不知誰倡與誰和也。孺人九日贈良人云，『今朝且醉菊花叢，』而此集將至館舍得句亦有『猶堪下酒菊叢花』之語，是亦互酬之作也。此集水調歌頭云，『多少不平事，撫劍髮衝冠』又云，『時勢一朝變，霜翮起秋天，』而孺人贈君子詩云，『一朝飛騰遂厥志，平盡人間不平事』則用其言以慰之也。此集答細君寄衣詩云，『明年準擬攀喬木，款語妝臺莫愴神，』然竟不第，孺人贈之詩云，『豈必上林無樹借，知君性本愛山巒』則反其言以慰之也。當其任縣令於閩，夫婦年六十矣，東壁以事離邑，孺人爲詩以寄之云『老去更添恩愛重，』又云，『暫時小別還成憶，』其敦篤猶如此。嗟乎，彼之所以窮厄顛連而不死者，豈僅得黃卷之寬解耶！

集中如牛女行之關神仙故事，只當行之關渾沌思想，金縷曲之關荒渺古蹟者與考信錄諸文異曲同工，可作考信錄之補充材料者也。

關於本書之考證，洪煨蓮趙肖甫二先生之文詳之，茲不更及。

民國二十一年二月十七日顧頡剛記。

弱弄集舊序

士人有眞性情而後有眞學問；有眞學問而後有眞文章。詩與文胥此道而求之：近今則尤難。

自三百亡而離騷歎，七言濫觴於柏梁，五古權輿於蘇李，要皆慷慨悲歌，各言其志，非不歡而笑，不痛而哭，徒爲風容色澤已也。

唐以帖括取士而李杜擅場千古；然其上薄風騷，下該沈宋，壯浪恣肆，擺脫拘束者，往往見於樂府歌行長篇大作之內。說者謂『李杜文章在，光燄萬丈長，』豈區區在近體繩尺中哉！

昌黎韓子，東坡髯公，學博力厚，識超氣雄，爲能高挹羣言，俯瞰一切，遠紹衣鉢，不墜宗風。究其所以駘宕排奡，光怪陸離者，必有眞氣以行乎其間。

後世士不嗜古，往往以一生精力沉埋於四橛八股之中；即間有安章妥韻，自號風雅者，率耑攻近禮學邯鄲之步而效西施之顰，所謂不歡而笑，不痛而哭，徒爲風雲月露之辭章而已，惡覩所謂眞性情眞學問萬丈光燄者耶？

東壁先生，天雄名士也；妙齡馳譽，二陸齊名。余私心竊慕之，而恨未卽覯。丙戌春仲，乃識荊州於都下，見其伯仲翩翩，眞是神仙中人；蓋自是彌殷飢渴矣。歲戊子、余與東壁俱館於武，相得甚歡，時或杯酒相往來，索其所爲古文者，首出封建論二，治漳策一，纚纚數千言，如海如潮，具徵實濟，深服其爲古文聖手。最後出詩稿一册，五七言長短句，古體居多。余讀之，如望衡山之雲，如觀滄海之水，緲冥變幻，不可名狀。既乃喟然曰：『雕蟲小技，壯夫不爲，吾乃知東壁之不薄今而愛古者有故矣！』

以東壁之才情豪邁，豈六韻八韻所能拘；天馬行空，知不可以羈靮縶也。以東壁之識議卓越，豈平平仄仄之所能縛；神龍變化，知不可以尺澤困也。其體高龍門之桐，其氣雄黃河之水也；其神潔玉壺之冰，其色古太廟之鼎也；其聲宏黃鐘之音，其氣健太阿之鋒也。故其爲詩也，渾浩流轉，疎落磅礴，沉鬱痛快，蘊藉風流，無體不備，無美不具；

雖不曰『得屈宋作衙官』已駸駸乎登李杜韓蘇之堂而咀其胾矣，而要東壁自陶寫其性情、發抒其學問，非斤斤焉蘄合於古而留摹古之迹也。以視夫不歡而笑，不痛而哭者之學步效顰也，豈特雅鄭之分，抑有人鬼之辨矣。

來春大魁天下，射策金門與翔步玉堂，以所爲文者施之政事，以所爲詩者播之謳歌，的稱國朝一大著作才；振衰起靡，於是乎在矣。

雖然，文章有神光，燄難掩，亟當公之同人，不宜久秘篋中。不爾，或恐爲神龍攫去！

乾隆三十三年歲次戊子，秋仲朔六日，黄池弟紀閭歌頓首拜撰。

翦弄集蕊序

四

自序

詩自唐虞至今，凡幾變矣；要其升降之故，大略有三：雅頌以紀盛德告成功，而風以觀政治風俗之得失，故可以經世，可以感人，詩之用也。周衰，楚人始縱其荒唐悠謬之詞；漢興，揚馬班張競陳繁麗；建安以降，益沉溺於風雲月露之中：於是詩爲浮靡綺麗之詞，無適於用，而詩一變。然其言雖無物，猶各自成其爲言也。

自沈約始調四聲；陳隋之際，競尚徘偶；永徽神龍以後，穩順聲勢，謂之律詩，遂驅意以就詞：於是詩爲矯揉造作之物，不暢其情，而詩又一變。其中雖有豪傑之士間出於時，然希古常不勝其從衆，其專爲古而不爲律者，自三唐已不數人；至欲求適於用如風雅者，則每名人集中僅十之一二耳。甚矣，風俗移人，雖賢者有所不免也！

然自宋元以前，雖有高下巧拙之殊，要皆自寫其意，自琢其詞。自明前後七子出，始揣摩唐人之音響以爲詩；鍾譚錢吳王朱之倫相繼而起，其體迭相改易，論亦迭相訾毀要其大旨皆不出於勦竊依倣以求工於語言；於是詩爲假設僞造，言無涉於我，而詩又一變，而詩幾於亡矣。

余幼奉先人之教，卽以達意爲詩，不求佳於聲音笑貌之間；顧時方尙律，猶未知肆志於古，間一爲之，亦不得其蹊徑。年二十五，始致力於古詩。館武安時，嘗自選其古唐體詩若干首題曰弱弄集，內黃紀東川爲序之。三十以後，漸知究心經學，兼以人事紛賾，疾病循生，不能沉思苦索，頗悔少年所爲；然於無聊賴中輒復借詩道之。館北臯時，復自訂其四十以前詩，題曰樂飢集。由是輟吟數年。其後間爲時勢所激，景物所觸，見獵心喜，不能自堅，然僅僅矣。

每自念生平德不進，學不成，徒勞心於區區無用之詩，一何可鄙，而余年已五十，乃合其前後所爲詩賦，重删而再錄之，凡爲賦三首，爲詩二百首，題之曰知非集。綜計少時所作，存者不及十三。時館於西山之乞伏村也。

嗟夫！世之談詩者衆矣，其高者爭於體格之升降，其下者爭於面貌之彷彿；貴唐貴宋，貴初盛，貴中晚，貴建安正始，貴元嘉永明，其言不可車載而斗量，然皆非余所知。余獨愛顧寧人之言，謂詩當求有用於世，爲最得風雅之指歸。

昔嘗有以文壽人者，受者以之糊壁。作者見之，訴於其鄉先達。先達笑曰：「君之文不以糊壁，竟復何用？」嗚乎！信斯言也，自漢以來，其詩之不必作，不必存者，蓋不可悉數，而況於余乎！以故屢欲焚其稿。顧又自念生平之所閲歷憂樂之情，離合之變，居遊之所往往見之於詩，時一覽觀，如逢故物，因復躊躇，不忍遽棄。乃於暇日又删其三十首而區別爲三等。擇其言情感事，義近於諷諭者，一十有八首，首列之，曰近古編。其次抒懷贈答遊覽之作，無足爲重輕者，三十有八首，曰遣興編。又其次則聲病徘偶之言，大雅所不屑道，其中雖亦間有取義，然以其體既卑，不足復爲區別，統列之於一等，凡九十有二首，曰諧俗編。而又附以詠物等詩十二首，曰諧俗附編。

嗟夫！余之詩既不足爲詩，而又無子，異日誰愛惜之者，必將供人之糊壁耳。然以無用之詩，以之糊壁固當。此乃吾曩者誤用其心之非，而不得以咎夫棄擲之者也！

乾隆癸丑仲冬，魏人崔述自序。

知非集　賦

惜賦

原夫慮多偶失，事罕萬全；探隋珠以彈雀，客一簣於山巔。天與不取，前功盡捐，悔之無及，比比而然。於是僕本多情，怛焉惋惜，拍案欷歔，掩卷不懌！若深痛乎予懷，神不寧者累夕。

有如樂生提旅，深入齊都，彈丸兩邑，指日成誅；讒人交搆，懼罪逃逋，降城盡叛，遂失海隅。至若張良發憤，欲雪韓恥，東遊滄海，陰求力士，博浪潛蹤，狙擊天子；誤中副車，大索不止。若乃武侯出師，祁山乘勝，三郡來歸，關中響應；任違律之參軍，失街亭之要徑，隴西之地盡亡，偏安之勢遂定。又如鄂王北征，朱仙大捷，太子胥奔，幽燕震慴，義士爭迎，臨河欲涉；忽奉詔以班師，降金牌之重疊。此皆義關宗社，事係生民，大功垂就，一跌不振；哀九京之不作，能勿痛惜夫古人！

若夫賢爲人望，善乃國紀，或應運而後生，或培百年而後起。況夫賈誼學期王佐，士元才非百里，道濟乃萬里長城，賓王亦一時才子，張元三輔之奇材，鄧弼關中之壯士，均宜寶此善人，勿令失所者矣。而乃鵩鳥空賦，驥足難舒；人主生其疑貳，宰相客其吹噓；石上題詩，反逃身於異國，市中舞劍，終槁死於蓬廬。數奇不遇，可勝惜歟！

別有寵姬易帶，愛妾換馬，老侯氏於宮中；棄昭君於塞下；鴉逐打鳳，恨大中之粗豪；糞解開花，憐國香之艷冶。此其人皆麗質芳姿，窈窕淡雅，遇人不淑，負茲嫣姹，悵佳人兮難再得，墮淚珠兮如灑。所以令千古蛾眉短氣者也，

至於池荷並蒂，清姿如雪；夜半萍開，一枝忽折。大宛竹杖，天下所稀；削而圓之，以漆爲衣，使絕世之奇種，竟埋沒其芳菲。更有蘭香馥郁，桂影婆娑；淒涼空谷，寂寞山阿；草木有知，傷如之何？而況酷覆左思之詞賦；火焚李賀之詩歌。又何怪乎幽人逸士，憑弔山阿，悵世界之缺陷，不禁涕泗而滂沱。

吁嗟乎！天意久渺茫，人事多錯誤；豈成功之取忌，亦全美之招妒。惡草能長茂；好花不久開。世人皆欲殺，吾意獨憐才。歎已往之不可追兮，又何貴乎悲歌慷慨而惜之也哉！

懷舊賦

倚欄檻以凝睇兮，感秋華之搖落。悲日月之易邁兮，嗟余生其焉託？身蓬轉而萍飄兮，情紆軫而不樂。慨勳名之未立兮，徒追歎於曩昨。

憶余之方總角兮，渺人事之未知；進絃誦於庭幃兮，退嬉於階墀。豈幼穉之易憐兮，曾膝下之未暫離。兄弟合業而同方兮，情愉悅而奚疑？嗟衡漳之肆虐兮，故里忽湮爲澤國。家室頹而無復存兮，依昏姻而苟食。霜雪紛以交集兮，涉寒流而未息慨流離之備嘗兮，淚縱橫而沾臆。

遂衣食於奔走兮，桑與梓而睽違。　初翱翔於州郡兮，漸留滯而罕歸。　攬征轡而西來兮，登邠山而歔欷。　故鄉遠而難見兮，魂依依而欲飛。

夢少年之往事兮，覩喬木其猶未朽。　入西園以遊目兮，偕幼弟而握手。　步逍遙於三徑兮，攀依依之楊柳。　若姊妹其皆幼兮，嬰兒戲而相友。　親左顧而顏霽兮，進霞觴之春酒。　忽目眩而心悸兮，恍驚起而何有。

窗黯黯而未明兮，鼠剝啄而羣走。　風細細而無聲兮，月沉沉而當酉。　悟此身之猶客兮，悵歸期之未定。　心惆悵而不寧兮，身輾轉而如病。　迨薄曙而不寐兮，思綿綿而靡竟。　恨韶華之不再兮，聊優游以待命。

亂曰：陟屺岵兮東望，思舊遊兮神傷。　何日兮微祿，買薄田兮歸故鄉，葺茅屋兮藝稻粱，偕昆弟兮奉兕觴，承色笑兮無央？

玫瑰露賦

原夫玫瑰之爲物也：其色則深紅淺紫，穠花艷美；其態則嬌媚柔和，宛轉婆娑；而其臭也，馤馜馞馞，侵人入骨，尤能麗清虛而常存，隨風而汩沒。此其所以異於衆香之銷歇者也。

爾乃攀條折榮，棄莖取英；金盤貯之，玉杵擣成。又恐雜於濁者失其清，滯於形者遺其精；欲襲花氣之香，無如朝露之零。蓋惟質清故不染其艷麗，而惟性虛乃克受其芳馨。

爾乃貯之清壺，取其冽也；置之書案，資其潔也；淡泊無塵，水澄徹也；馣馤馧馞香縈結也；馠馚驟至，遇風而初泄也；馟馞漸甚，往來而不絕也。斯誠勝於木蘭之所墜，與五明之所擷矣。

蓋在露也，不爲如飴之甘，而爲有飶之香；而在玫瑰也，不爲拂地之紅，而爲著水之素。是香固附露而長生，而露亦緣香而愈著；雖各異其本來，實變化而合于度。豈若興歌軟障，徒致賞於名花；濯立金莖，惟營情於仙露。

若夫屏間無事，密室馚馧，清香徐來，郁郁紛紛，馥如蘭佩，馤若檀焚，染指而三日不滅，啟蓋而一室皆聞；注之硯則馨香滿紙，點之茶則齒頰生芬：能不心曠而神怡，氣清而意欣也哉！

且夫露降乎天，於五行也屬水；玫瑰產乎地，於五才也屬木：固聚天地之精華，而合水木之芳馥，故其爲氣也若隱若見，而其入人也不疾而速。然非有荀令之香，則玫瑰且羞其臭；苟無叔寶之清，則露亦厭其濁。吾賞其臭之如蘭，吾愛其人之如玉！

知非集　五言詩

感遇

髫年愛詩書，發憤觀四庫。讀史恥記誦，窮經薄章句。弱冠遊四方，慨然識時務。雖未登雲霄，經綸及時具。豈爲夸浮名，兼濟本吾素。一朝功業成，高尋赤松去。

南山有元豹，七日無所食。豈不嘗飢餓，澤身可華國。文成出深林，萬物皆避匿。人生富與貴，忽如空中色。所患少不學，老大興嘆息。挑燈絕韋編，此意竟誰識？

鯤鵬生北溟，一飛可萬里。如何待培風，雙翼不能起？豈不困泥沙，雁鴻非我擬。欲奮垂天雲，六月暫相俟。蜩鳩雖同笑，何足病君子！

黃鶯出幽谷，悲鳴求其儔。喬木豈無鳥，振翮自遠遊。人情久淡薄，誰可結綢繆？一飯且望報，況復同車裘。雷陳旣已矣，歸來息交遊。

秦王求趙璧，厥價十五城。相如上大夫，乃以生死爭。寧知在楚時，再獻未知名。空山懷至寶，雨淚落縱橫。歲寒識松柏，區區何足榮。

右軍書之聖，血拂村嫗意。大瓠置市井，不如斗筲器。哀哉英雄人，用武苦無地！太宗書御碑，金錢易一字。從來異代寶，多爲世所棄。

洪鐘所以貴，不叩則不鳴。不叩而自鳴，叩之將無聲。夜光無因至，按劍或相輕。奈何炫己長，以取當世名！尙口易招妬，多言乃搖精。不如守吾素，消遙待連城。

桃李下成蹊，富貴人所欲。何爲冥寂士，入山自抱櫝。所寶良不同，豈必皆榮祿。曾皙嗜羊棗；公都美粱肉。誰爲知味人，千古難相服。人生貴適意，安知世所逐！

田疇應州辟，間道行萬里。歸來致君命，義不戴仇恥。豈嘗食其祿，所感在知己。五月被羊裘，見疑延陵子。悠悠何足論，賢者尙如此！安得齊鮑叔，甘心爲一死？

琵琶發豔曲，滿座皆歡醉。琴瑟揚清操，聽者倦欲寐。淫聲易悅人，雅音久斷墜。律呂有眞傳，安能取世媚！留待知音人，臨絃共一試。

都中送舍弟南歸

與汝同北來，送汝獨南去。可憐滹沱水，不得同時渡。雙影自此分，孤舟泊何處？臨歧草草別，此情對誰訴？

汝歸侍親側，吾留依帝城。遙知後夜月，不似此時情。向晚宿野店，征隊蕭蕭鳴。惟有思鄉夢，與汝同南行。

相親復何人？同胞惟予汝。忽見燈前影，南北忽分處。欲泣已無淚；欲立竟何語。不知此時腸，斷作幾萬縷！

清化鎮晚眺書事寄朱松田

隨山西南行，未暮憩客館。乘暇眺晚色，叢篁亙疆畎。大行翠屏列；淇水玉帶展。綠柳夾清渠，春城倚翠巘。擁泉溉隴畝，下田變沃衍。雪浪激飛輪，石碓如雷轉。河曲野徑迷，雲起暮山斷，細雨催人歸，翛然忘近遠。惜君未同游，寄此代書柬。

磁澗

際曉發洛陽，亭午出磁澗。水流砂石間，青山夾兩岸。突兀摩雲霓，一徑自中斷。詰曲隨山行，十步不相見。入谷天忽小，上坂山復亂。迤邐循水涯，倏忽登天半。山台疑無路，將近勢復變。忽聞重霄中，人聲若相喚。仰見穴處民，午煙起炊爨。羣羊如蚤虱，蠕蠕略可辨。極目歡幽情，登臨遂忘倦。更欲凌絕頂，乘風捫河漢。

邠州步月

秋晚碧天淨，日暮步高闕。川原曠遠目，層雲吐皎月。烟消寒潭清，千里鏡中澈。水氣浮蒼霧，山光爛白雪。下望平沙處，草樹疏行列。旅雁空中鳴，素影淡欲滅。西風吹夜涼，洽洽浸心骨。高談忘久立，微霜忽已結。佳期未能還，惆悵不可說。覓徑赴歸路，蒼茫月亦沒。

雪後登邠州城

北風敲海冰，萬里紛積玉。曉色破餘寒，高城一登矚。羣峰亂遠近；兩儀混清濁。川原平若水，依微辨寒木。石梁拖虬龍；蒼崖衣綃縠。雪岸嚮冰澌；野水暗通谷。一樽對寒雲，清洽盪遠目。落筆成短韻，蒼茫失五嶽。

擬古

仗劍出交河，北風寒墮指。白日草中沒；黃沙天際起，丈夫生有爲，豈得顧妻子！節旄麾三軍；便宜制萬里。感君不相疑，甘心爲君死！

讀杜詩

自從仰太華，天下無奇山。自從俯黃河，九州無洪川。山川無慮萬，眼大不足觀。大哉少陵詩，上下三千年；建安何足道；王孟寧比肩。韓歐難爲後；屈宋難爲前。自從有詩來，無公之詩篇。圖疇垂萬古；河漢懸中天。我少未知學，讀公詩最先。初不識其妙，但謂言當然。厥後覽諸家，瑣細不足宣。呢呢兒女語；啾啾蟲鳥喧。披之不終卷，兀兀輙欲眠。乃知大歷後，其詩盡可刪。惜後無眞賞，徒耳盛名傳，掇拾崑崙石，球琳反棄捐。低昂效嚬笑；分裂竊語言。譬如持尋丈，妄量天地寬。黃鐘與鄭衛，所辨寧一絃？悠悠千載來，知音何其難！

晚春自都門抵易州，秦苞文邀同仰瞻行殿

乍別囂塵地，息肩山水州。主人重夙好，勝境相偕遊。楊花密雪布；槐影疎雲流。蛙峨仰行殿清秀謝雕鏤。大行列作屏；易水環爲溝。泉聲引風雨，石勢盤螭虬。奇峰斷忽起；密徑尋轉幽。陰洞雲霧細，凄凄如深秋。小憩朱欄外，清茗盡數甌。擬作上林賦，愧非相如儔。

村僧

村僧居村中，所見惟農牧。朝出刈靑麥；暮歸飯黃犢。芸田烈日下，胼手胝其足。盡日無休閒，法華從不讀。問以因與緣，茫然舌如木。自云『有弟子，授書入鄉塾。大學與中庸，經年猶未熟。每愁食指衆，田少倉無粟。那堪度牒錢，縣隸復來促』。我聞僧此語，不覺笑捧腹。佛教入出家，出家果何欲？方期離六塵，況乃計盈朒。儒者闢異端，謂佛害最酷。今且讀儒書，力耕藝禾菽。觀其所行爲，何以異凡俗？然猶名爲僧，但以其頭禿。若令髮勿薙，娶妻入禪屋；即此同齊民，何煩汰且逐。

雜詩

孔子愼釣弋；孟子遠庖廚：聖賢用禽獸，有節不可踰。太古餐毛血，未有犂與鋤。禮樂既已興，此事當躊躇。佛氏戒殺生，其說雖近愚；要之過於厚，仁者之心與？佛之爲異端，不在此區區；所以害名教，乃因虛與無。後儒學識淺，自謂聖人徒：唐虞道漸微，不能一補苴。六經踵訛謬，誰敢異註疏？甚乃言心性，掇拾佛之餘！獨此稍近理，胡爲苦揶揄？乃知耳食者徒得古人粗。麵牲誠可戒；犧帷亦有須。此言世不信，留以待眞儒。

清明晚眺

到山僅十日，憑眺已三度。初觀崖下泉，汩汩清流注。繼登白羊城，俯瞰漳東騖。羣嶺各杈枒，數行迭交互。値茲清明辰，桃林復信步。朱英雖未繁，艷蕊已先吐。夾岸盡蒼崖，西山遠盤踞。隔山見遙岑，蒼茫若烟霧；云是大行脊，懸巖最高處。却憶少年時，勝遊昔曾屢。壯歲反懸車，經年縈俗務。常恨無佳境，爲我誦讀助。常恨無幽人，同領詩書趣。今年來山隈，悠然感吾素。賞心或不遠，隱者倘可遇。夙願庶幾償，使欲湖流去。

九日登爛石山

積雨當新晴，山川可眺玩。況值重九晨，秋深物已換。攝衣升崔巍，從游備童冠。丹柿耀林間，白草明谿畔。北顧衡漳流，蜿蜒繞匹練。遠樹漸蒼茫，洪波半隱見。西山生白雲，青翠忽中判；截然橫兩重，遙天亙一線。登臨暢幽懷，留連遂忘倦。黃花雖未開，此樂亦足羨。歸來自傾倒，景物猶在眄。還勝杜少陵，霜鬢徒悲歎。

自東水度嚮石嶺

適從山上來，回首不相識。山勢須臾變，行人迷物色。嶺峻石嵯峨；崖峭徑逼仄。控轡不敢瞬，況乃暇喘息。登高羣巒來；下坡衆峯匿。升降無了時，亂山何所極。前山隙忽開，平原藹在即。莫嗟行路難，白日幸未昃。

觀華山圖

昔聞太華山，高出諸山外。頭戴天爲笠；腰繞虹作帶。常思淩絕頂，一與白帝會。濯足天河流引手星晨隊，匏瓜一繫身此意久茫昧，豈知丹青手力與造化配。竟將西岳尊移來與我對。仙掌何崚嶒，桃林連楚塞。崎嶇陡盤路砰滴飛急瀨。峯插霄漢心壁立雲霞背。十年曠觀志此日始覺快，出門視城府藐如芥與帶。何必問眞源，方知天地大？

京邸歲暮

霜雪催歲暮，北風吹衣巾。遊子何所思？鶴髮堂上親。兩兒各出外，衾枕曠爲溫？況復憂家事，晨夕自苦辛。我聞古人言，有時仕爲貧。但得抱關祿，敢辭擊柝勤。不然棄詩書，俯首事耕耘。莫笑江上賈，洗腆亦足珍。甘旨聊可供，榮辱誰復論！

九日與紀東川登儒山，兼以誌別

久識儒山勝，無因共躋攀。秋風肅原野，攜手何辭艱。繫馬古槐下，覓徑亂石間。不惜謝公屐，寧論孟嘉冠。漸升雲木上，頓覺天地寬。四山豁如退，蜿蜒遙相環。危橋跨洛水，水落平無瀾。日晶長空迥，沙白孤村寒。山風高轉急，凛冽難久觀。歸心浩莫遏欲去仍盤桓。佳節古所重，別離況無端。遙知同樂處，他日夢中山！

夢中送別李翰林琪園，因成短韻寄之

別意已如夢，夢中仍送別。琪園從此去，淚盡不忍訣。世事尚周旋，而我性獨拙。感君重故舊，不肯遺蹇劣。貴賤交乃見；升沉情愈熱。忽云歸海上，使我肝腸裂。我時新墜車，扶杖痛欲折。握手問後期，相覷未敢說。放聲盡一哭，幻影瞥然滅。乃知身在牀，獨臥秋窗月。願君長自愛，相期追前哲。尤宜惜此軀，歡樂不可竭。富貴君自有，無爲羞一蹶。安知非黃金，百鍊始奇絕！耿耿懷此心，無由自陳列。因風寄遠情，以詩代喉舌。

庚寅仲夏書事

去年龍晝眠，三秋乾不雨。禾稼既瘠收，種麥百無五。春日復愆陽，四月始播黍。農夫憂如焚，秋禾遠難許。且幸麥將登，飢腹暫可鼓。平明入野田，腰鐮呼亞旅。來來何處人？千百不可數：弱者乘時竊，強者公然取。大言通姓名，其猛如狼虎。頃刻壟穗盡，一粒不得煮。始信爲盜樂，不似爲農苦。方今太平時，豈宜縱狐鼠。況乃近城市，非有山澤阻。縣令不行法，我爲嗟何補！

宿青石滾

暮投青石村，村小乏逆旅。有屋陋且狹，再三請乃許。入屋惟灰塵，其深寸四五。掃除一席地，稅駕暫茲處。出門問居民，餅肆設何所？皆云『舊有之，門閉因天暑』。溫言白主人：『爲我暫炊煮，但求得粗糲，不敢論鷄黍』。主人搖手言：『妻病室無女』。躊躇良久時，乃爲倩鄰父。坐久杳無聲，徬徨見河鼓。飢腸枵欲鳴，渴舌焦難語。食至更已深，草草充肺腑。解衣就枕欹，無牀代以戶。飽蚤躍被中，飢馬喧簷下。竟夜眠未成，遲明天復雨。雷電勢交加，滂沱澤應普。屋漏墜泥多，紛紜汚藍縷。推枕起披衣，中庭浩無滸。前途逕水深，何以能達府？我聞昔晉重，乞食五鹿野。在外十九年，歷歷嘗險阻。丈夫多艱難，安知非玉汝？自念生平來，如此衆難數。避水登空臺；操舟出荒渚。半年七徙家，至今爲酸楚！此後數浪遊，往往亦齟齬。歲月忽已非，辛勤復奚補。腰痛勞即伸，眼昏字難覩。百病相糾纏，壯心漸已腐。初困後必亨，茲念久黃土。此身非少年，誰堪復此苦！有兒甫彌月，何時可繼武？天命當憂勞，人力豈能去。且將枕上懷，細向詩中譜。寫寄殷廣文，牢騷恐不取。

黃鸝

余嘗讀少陵詩，其杜鵑篇首云：「西川有杜鵑，東川無杜鵑；涪萬無杜鵑，雲安有杜鵑。」蓋敘地氣之殊，以開下文意耳。後人不識文體，求其字句之工而不可得，遂謂此本詩序而誤合之；或又從而爲辭，以爲其古在此：皆謬論也。古人論詩，但觀通篇命意所在，及其頓挫結搆之奇，原不以三四語判工拙也。淺學之士求新奇於字句，其於論詩下矣，況欲以此繩少陵乎！余居河之北，未嘗見黃鸝；遊關中始遇之。及來鄰西，此鳥頗多，乃知河北固自有之。喜之，爲吟一篇，而不覺其句勢之與少陵同也。高下殊科，由才之異；而詞旨相犯，則境之同。古今事原有極相類者，此何足怪，且其工拙亦不在是。然論少陵詩者，使見余作，又必以爲襲少陵矣。

關中有黃鸝；河北無黃鸝。鄜東無黃鸝；瀕山有黃鸝。我昔遊秦川，豳原初結褵：青山繞官舍，好音發幽枝。乍洗風塵耳，頓忘身爲羈。歸來多株守，遂與淸景辭。結廬近市井，混跡事委蛇。盈耳者何聲？羣鴉噪階墀，不然風雨夜，屋後號梟鴟（舍後有鴟巢）。知可憐廿五載，煩囂少寧時。豈知今年春，西來山之陲。重聞睍睆聲，使我心再怡。知與故人別，江海復相攜。乃知地氣殊，遂使物情移。出谷能求友；止隅不履危。爾聲良足愛，爾智尤可思。微物多與懷，從古皆如斯。不見杜陵集，中有杜鵑詩？

知非集　七言詩

憶舊遊詩寄朱松田

憶我與君惜年少，把酒晚香（堂名，在郡署東偏）乘夜涼。池中洗手弄明月，珍珠灑落盈蓮塘。曉來却看草亭雨，玉團迸碎聲玎璫。自謂與君有仙骨，世人未許同翺翔。秋深老菊尤奇絶，三峯（堂東北隅有假山，上有三峯）俱戴黄金妝。『十八學士』爭索句，（是時有菊一本而十八花，花皆美盛；觀察公題之以『十八學士』云）筆墨浸漬東籬香。年年此時共歡樂，豈知一旦成參商。惆悵淸原分手去，湘水茫茫蒼梧暮。湖南已恨信音稀，何況雁飛不到處。我亦漂泊風塵間，數年未得開心顔。回首舊遊如天上，惟有夢中時往還。靑槐依舊當窗倚，攜手同行百花裏。共憐久別乍相逢，命僕開樽顔色喜。秋風吹寒夢易覺，覺後始知人萬里。古寺惟聞落葉聲，靑燈終夜涼如水。問君南歸何日來？流光冉冉春花開，應須共醉三百杯。胸中無限魂礧語，留待松田來時吐。

送董公常南歸

董公不樂居長安，飄然乘風歸故山。一杯兩杯清夜醉；千里萬里明月寒。雪埋馬兮北風起，滹沱氷堅兮不聞流水。甯不知氷堅雪重行路難，爲念老親思稚子。與君同鄉更同客，欲共君歸歸未得。爲君今夜發清歌，明日君歸奈我何？

雪後寄戚自堂

玉龍昨日戰曠野，紛紛鱗甲自空下。階前數寸掃還積，須臾埋盡庭中石。是時崔生方閉門，虛窗硯凍爐火溫。來朝風定披闥視，氷壺浴出乾與坤。青陂紫陌香何有，粉勾幾點林中村。四圍漸遠益浩蕩，上混天色無線痕。廓然引望意未足，緩控霜蹄踏瓊玉。道凹隴突了不分，岸合川平水潛伏。厚者爲風所摺皺，勢若江湖浪相逐。薄者經日面破穿，皺紋細碎如綺縠。侵晨霧重林更妍，條條玉帶垂馬前。花織葉密削不就，空明洞徹琉璃寒。亭午霧消氷漸墜，窠間曲處留三四。渾是江南溪上梅，冷蕊疎枝寫幽思。貪奇嗜怪輕寒威，鬚結爲氷不自知。直疑身在瑤臺住，肌骨清靈欲仙去。忽憐城市人幾許，樓臺重遮竟誰覩。惟有街頭三尺泥，朝踩暮蹴深埋股。羊羔美酒飲者樂，錦帳佳人笑相謔。終身不願知外事，況茲清景更索莫。郡城中人成自堂，曾共逍遙山水傍。紫薇踏雪冰澌滑，至今此意忘未忘？吟成寄去廿餘韻，和否由君都不問。丁寧莫向外人語，笑落唇中齒四五。

酬同年殷蘭亭見贈

我家舊住漳河曲，家傳數卷殘書簏。有時攜書河上讀，不識書中有金屋。十八衡漳沒吾縣，單衣禦冬豆充飯。始知祿仕因家貧，素衣奔走長安塵。買得新來好花樣，午夜寒燈到雞唱。磨礱豪氣逐時趨，有親不敢言高尙。可憐點額終無已，自負鑱鋤給甘旨。椿堂白日沉西山，從此功名淡如水。無聊且讀簏中書，偶然有得還躊躇。漫向晴窗污故紙，豈有文章追左史！君不見圍棋客，呼盧人，夜忘倦，晝忘飧，亦不過破除歲月而何足爲賢者陳！近來愁多病日積，已都却去不復惜。感君貽我金玉言，讀之再四心豁然。不辭結束學年少，但恐顏色非從前。會當攘臂作馮婦，安得春風馬上隨君鞭！

贈東明沈銘亭

少年意氣凌青雲，秋風走馬長安塵。結交天下豪傑士，酒杯詩卷同逡巡，龍門點額十五載，故交升沈復誰在？石渠天祿位已高，綰符分郡情應改，敝衣黧面歸故鄉，鄉人見之走相藏。經年不識隣與里，況復天涯書一紙。已甘落魄爲人棄，不待人嫌先自避，短衣操作混傭奴，新詩題向空山寺。豈知負笈郡城遊，猶有沈郎同應求。傾蓋如故不足異，百遍相過無厭意。淸才逸思自無敵，迂拙何由得君惜？乃知自有嗜痂人，不須和嶠方爲癖，沈郎沈郎且自愛，恐被旁人笑君怪！長風波浪須臾間，而我寧堪値一錢！

迂歌贈別王懋勤

十六游府宅同學笑迂僻。至今二十有四載，鬚長髮短迂猶在。少年雖迂迂可說，中年因迂與世絕。高軒飛蓋各逡巡，白月寒山自怡悅。鳳臺王子何翩翩！正定相逢正少年，別來六七載，風度仍清鮮。聰明溢眉宇，心細如絲縷。察言觀色世無二，不語已能知人意。自言『智慧無須書，白頭黃卷多迂儒。平生不解有疑事，周爰咨諏胡爲乎？』每與我言常微笑，笑迂疎彈古調；『古來俊傑無不識時，君今持此將奚爲？』然猶胡爲乎不相棄，般然與我締交誼？圍爐長恨不三更，洗盞從來祇半醉。不迂重迂世所稀，迂已爲君分半歸。不然豈有宿緣在，與君前世同雙飛（古詩：『何況雙飛龍，羽翼臨當乖。』）月窮歲暮吾將轉，此別未知相逢之近遠！煩君記取迂何如，他日還看加損無。

牛女行

文人好奇口如簧，牛女之說何荒唐。天高星遠聽不到，一任凡庸談短長。古人制名但以象，豈有夫婦如鸞凰。小雅偶然曾並舉，睆牛跂女喻履霜。衆星羅列非有意，不見天畢西長庚。後世因之遂附會，謂『女爲婦牛爲郎』。天孫下嫁惰於織，帝命隔之以河梁。盈盈一水不得語，札札無由成報章』。何人妄撰博物志，浮槎乃至天河傍！

丈夫飲牛婦與石，客星犯斗尤渺茫。自此相傳爲佳話，誰復沿流窮濫觴？姑妄言之姑妄聽，聊資談塵添詩囊。閨中女兒競慧巧，禱之於神亦尋常。春宵織女尚在地，初昏未睡空傍徨。五月六月星漸高，炎風煩熱如沸湯。初秋庭院氣稍爽，此星正在天中央。近朔數日苦夜暗，陳瓜設酒昏無光。近望數日嫌月明，碧天萬里星掩藏。不明不暗煩斟酌，曰維七夕辰最良。日數月數兩符合，後則重九前端陽。沿之日久習不察，遂謂此夕同蘭房。烏鵲塡河乘夜度，五更分手難爲腸。方朔上天竟誰問？張儀舌在憑低昂。自緣世人喜爲媒，彭郎小姑亦拜堂。人亦有言鬼易畫，爲其不見人難詳。離騷天問皆如是，寓言豈但推蒙莊。近世儒生讀書少，乃至以博相誇揚。雜家小說齊東語，遂與經傳同縹緗。羲和驅車猶可說，常儀（讀作娥）無端紅粉妝。繆公囊橐豈足辨，仰天一笑詩成行。

只當行

「只當」魏之方言，已知其誤而自恕之詞，猶云「只以爲」也。野之夫好以意度人，怪怪奇奇匪夷所思。所行事具在目前，了不一覩；聒而與之語，亦終不信。幸而情狀終露，詰之則曰『我只當云云耳。』若其料本屬意中，而其事反出意外者然。作只當行。

『只當只當』，水炎火漲日自西升魚遊樹上，英雄氣短冤難伸，泣盡鮫珠人不聞，夷齊讓國采薇蕨，『只當』西山來行竊。盜跖日日生食人，『只當』閉戶安清貧。黔婁萬鍾『只當』取，楊朱一毫『只當』與。『只當』婁公慣罵座；『只當』灌夫不拭唾。不視所以觀所行，『只當』二字胸中橫。儀秦辨口如懸河，技窮其如『只當』何？前者『只當』已知誤，後者『只當』仍不悟。世間萬病皆可醫，惟有『只當』無法施。『只當只當』何所極！忠臣孝子無顏色。天生『只當』困聖賢，莫怪世人昧不識。

春花行

君不見春花渥如少年容，風雨搖落似老翁。花落有開時，少年一別無還期。花開花落人已老，愁時常多樂時少。如何此身非金石，百憂交攻頭不白！勸君酒，君莫辭。智者樂愚者悲。生前不肯花下醉，死後榮名竟誰知？

病起題庭中桃花

累朝寒疾不窺戶，桃花爛熳庭中吐。隔窗惟識花蕊香，豔色爭春無由覩。病起小立軒檻間，已見此花墜紅雨，三分春色二分歸，一分枝頭能幾許！自恨芳辰等閑過，不爲此花葬塵土。年年有花似今日，雙鬢漸凋無計阻。今年與已葬往年，明年知復如今否？且浮大白花枝前，對此不飲愁何補！

爲成陟庭題浮雲圖

浮雲先生知足早，弱冠已看萬事小：蟲肝鼠臂隨所爲，蝸角蠅頭破除了。至今逍遙四十年，更無些事縈心田。欲傳此意誰能傳？龍眠畫家夏樽子，貌得先生青山裏。回頭看雲雲在空，乍舒乍卷隨天風。寧知上下西與東，取此爲號非偶同。嗟余少年競文戰，名流傾倒相欽羡。但看騏驥上青雲；漫想駑駘追紫電。白鳧黃鵠須臾變，又不能遨趙謁州縣，盛衰之理原逐時爲轉移，復何怪乎里人之相賤，豪氣消磨壯志灰，移家欲住西山隈；淸溪繞舍無塵埃。前山雲暗人踪杳，門外落花深不掃。孤稚相依去未能，手把此圖自顚倒！

望京樓

有明百戰得海內，要使龍孫同富貴。神宗愛弟穆宗兒，封以潞王國于衞。親王歲祿自有常，莊田日請不可量。金珠幣帛溢府庫，常苦錢財無用處。危臺上起望京樓，臺盡嵌崟巨石修。數去方知高百尺；曳時應是斃千牛。看花樓在此樓東，其高相亞制略同。樓外假山盡怪石，八卦危亭倚削壁。山南水遶橋相連，梳妝之樓當橋前。處處崔嵬擬帝闕；朝朝歡笑傲神仙。仙尊屬近無人問，惆悵繁華如轉瞬。鼗鼓無情匝地起，一朝宮殿生荆杞。我來弔古春城隈，望京樓盡惟荒臺。美人歌舞安在哉？西山蒼翠依然來！廢沼耕爲圃，剩土築爲坏。軍人火藥洞中貯；營將教場宮內開。盛衰常事不足異，可惜潞王僅一世。當時空自矜豪奢，豈知身後已無家。武王昔日封康叔，遺誥猶存但相勗；不聞起樓臺，不聞作山谷。 其後享國一千載，百姓思慕永不改。 君不見武公祠菉竹如簣淇之涯，南距衞城且百里，衞人每歲正月往拜之。 望京樓，在城內，無人思。 胡爲乎越近而貴遠？ 非盛德感人，烏能若斯！

負薪行

歲不能有春而無秋，人不能有少年而無白頭。 古來多少智勇士，到此無所用其力與謀。 中年日月常苦疾，一月不敵少年之一日。 功名未立髮已華，二十餘年轉頭失。 世人重新還輕舊，當時後進稱先生，此日時髦欺老叟。 綽約識時務，妖冶衣冠媚當路。 酬歌恒舞兼樗蒱，到處逢迎侈豪富。 而我塊坐漳之涯，杜門不與通往來。 文侯故館空徘徊，魏成翟璜安在哉？ 惟有踰垣之人留此臺。 人生盛衰各有盡，何不攜妻負薪學老萊？

寄酬韓邠州

丈夫意氣凌雲霧，千金萬金擲弗顧。 獨有平生知己人，常在心頭不能去！ 昔余少年

猶未婚，婦翁監州永興路，　看山懷古西入關，執雁迎親邠之署。　當此之時公守邠吐
握曾蒙國士譽。　逢人說項不啻口，華筵爲我開者屢。　豳風九月寒授衣，塞雲關月爭
入句　千言立就飛相酌，輿臺傳送走若騖。　州中較試多士集，委余甲乙持衡度。　黄
堂開宴窮珍鮮，舞袖歌喉侑舉箸。　病辭不允云『無傷健卽來覯倦卽住。』　時來時
往隨所之，不責苛禮公之恕，　偶然腹疾却葷肉，別造嘉蔬十二具。　好士如公古所希，
毛遂侯嬴見應妬。　春風催別楊柳新，扁舟東渡咸陽渡。　荊山再獻名未聞，從此歸來
事農圃。　短衣持畚自築垣，胼手操作每至暮。　不然奔走村墟間，夜犯霜雪曉犯露。
故交一紙抵萬金，況乃車馬江干駐。　少年新進意氣豪，一揖不屑恐相汚。　更兼市井
游俠多，探丸斫人吁可怖。　竄名卒隸倚官勢，杜門猶恐觸其怒。　荒田二畝半已侵，茅
屋數椽知難據。　窮鄉隸尊寒士卑，視爲固然向誰訴。　當日空驚刺史筵，此時却出淮
陰胯　豈知物產近卽輕，或者時有遇不遇。　今年二月赴禮闈，再到南柳巷南寓。　盟
公官龍歸大都，九陌相尋幾迴誤，　歡然一見羅酒漿，別久不覺語言絮。　『且喜有子

繼家學宦橐蕭然本吾素」　新詩示我情何深，旅邸煩囂韻未步。　春官放牓桃李開，江上芙蓉不在數。　清宵一醉天明行，見何爾難別爾遽！　燕山遼遠易水濶，雁下寒沙日已除。　曾云『五月改卜宅』，有夢未知向何處。　聊將長句寄北風，月落空城暗秋樹！

題婦翁成北樵先生愛蓮圖

丈人文穆公之後，早傳一經發二酉。　看花獨愛周濂溪；作吏不薄陶五柳。　昔年監州古公城，再陳邠風獻羔韭（公著有邠志續筆二卷）。　邊村文譽動幕府，檄向平沙戰場走，黑水寒日草際沒，天山怒風雪中吼。　戎衣吟缺關山月；詩脾澆盡窮廬酒（公從制府西征，著有塞上草一卷）。　倚劍躍馬竟何意？一笑非貪印繫肘。　偶登原巘看歸鴻，忽憶烟霞別釣叟。　一聲長嘯歸去來，世人妄說時不偶。　牡丹之愛宜乎衆，富貴浮雲吾何有？別有會心命畫圖，圖者凝神幾搔首。　靈臺一點筆難狀，却寫江南蓮半畝。　秋水瀲灩濯錦繡，初日晶瑩照瓊玖，　而公危坐漣漪中，別有精神蛻泥垢。　元方季方亦可憐，風味如公侍左右。　憶我親迎西入關，君子之光始窺牖。　論詩從此得津梁；飲酒寧須計石斗。當時自負青雲望，豈謂歸來倚株守。東還馬首再拜時，碧衣未改愧顏厚。季方持卷邀我題，豈有文章燕許手。不辭才薄由恩重，世上知公復誰某。感此遂題蓮葉間，就問元方汙花否？

秋夜獨坐

天河斜挂南斗欹，秋軒獨坐有所思。二十五年廢食寢，讀書誰料今如斯！自從捉筆弄文字，文壇曾奪萬人氣。七八（頡剛案，『八』字疑衍）入京華戰未休，鐵硯磨穿黑裘敝。歸來生理何涼薄！萬言書賤一錢貴。高堂父母多隱憂，白首食貧誰之非？此時有淚空沾臆，此懷無語竟誰識？富貴功名非我亟，八口嗷嗷兮無以爲食！毛義之檄何時來？白日西馳兮待不得。蘇秦若有負郭二頃田，何必腰佩黃金相六國。

登黃華至王母殿

太行之山何崔嵬？魯班之豁天半開。豁南黃華號勝地，傳有王母挂鏡之妝臺。流泉汩汩聲盈耳，引惹遊人興未已。攀崖躡磴淩虛空，百盤始到王母宮。絕壁四圍何所見？惟見蒼蒼天一片。黃華雖著殊未奇，石粗地褊無丰姿。從此以上路更險，一失足為石上泥！既非天下奇絕境，何必拚命升其頂。黃華黃華名何噪，萬事從來以名好。回首忽覺歸思濃，掛鏡雖高不欲到。

知非集　五言唐體詩

八韻詩六首

西師奏捷恭賦

西域遶聲教，張皇整六師。捷傳金殿日；凱奏玉關時。平滅千城戍；橫飛萬里旗。地開唐節度；人仰漢威儀。吐谷功猶淺；高昌歲尚遲。賞勳頒鐵券；紀績勒銅碑。馬散蓮峰下；軍田弱水湄。從茲青海外，正朔奉靡遺。

順天試賦得『平秩西成』（得『成』字）

聖主勒（顥剛案，疑是『勤』字）民事，治西畀上卿。甲兵銷作耜；師旅散爲氓。疏密分禾黍；高低長稻秔。發榮曾藉雨；穎栗轉宜晴，秩序因天道；均平省歲成。四封遺秉穗；千畝奉粢盛。已著三登瑞，還徵百室盈。年豐人盡樂，萬壽共稱觥。

順天試賦得『月中桂樹』（得『香』字）

丹桂何年植？扶疎碧漢旁。月中微露影，雲外遠飄香。根借金波潤；枝横玉宇長。婆娑依兎魄，旖旎澹蟾光。輪滿全舒蕋；秋深不隕霜。九霄柯獨秀；萬古葉還蒼。柳宿同高潔；榆星異苦良。聖朝羣物茂，天上亦含芳。

禮部試賦得『河海不擇流』（得『虛』字）

滄海三山外，洪河曲九初。源從星宿發，槎接斗牛居。洋溢波雖闊；包涵量有餘。江淮遙灌注；渭洛各紆徐。巨細流無擇；縈廻勢正舒。千峰奔澗谷；萬里引溝渠。受益功何限；鳴謙意自如。始知深不測，容納但緣虛。

禮部試賦得『燈右觀書』（得『風』字）

開卷能收益，焚膏最有功。騁懷秦漢上，娛目典墳中。藜杖何須授；螢囊可使空。書題千帙碧，燈射一窗紅。久坐花頻結；高吟漏未終。三冬文足用；四庫學宜充。月向疎簾瞰；心從靜夜通。右文逢聖世，披閱仰皇風。

禮部試賦得『春服既成』（得『鮮』字）

沂水春光晚，臨風意洒然。垂楊迎暖日；細草弄晴烟，遶砌縈新帶；緣堤脫舊綿。衣輕堪覓勝；裼解欲登仙，漫惜裘將敝；偏宜服正鮮。襟披芳樹下；袖染落花前。修禊邀嘉客；流觴傍野泉。歡遊逢盛世，歌詠樂堯天。

四韻詩二十五首（頡剛案，後多六韻詩一首）

離緒

離緒向誰收？萍蹤暫此留。夜寒徐稚榻，秋老仲宣樓，引鏡方知瘦；啣杯不解愁。爲貧兼爲養，此意兩悠悠，

將赴邢州次韻留別舍弟

同歸才數月，此日復東西。分袂暮雲暗；回頭春草迷。花臨河水發；鳥傍華山啼。明

夜知何處？臨歧手暫攜。

北邙山曉行

萬古北邙坂，蒼茫雙嶺平　嵐深迷曙日；霧重失春城。　殘夢隨風斷；新愁逐曉生。　鄉
園重回首，千里大河橫。

新安道中

古戍馬嘶風，雄關接大東。　雲生青嶂合；嶺斷碧流通。　岸柳侵衣綠；山花照水紅。　醉
吟欹客帽，人在畫圖中。

崤關

崤坂高無極，崎嶇欲到天。　雲中低嶺樹；水際俯村烟。　古戍餘秦壘；殘碑記漢年。　二
陵風雨地，驅馬意茫然。

永壽縣

縣僻戍樓稀，春寒鳥不飛，　山風侵瘦骨；嵐氣溼征衣。　雨細石磴滑；雲深村徑微，　異

鄉風景別，惆悵舊漁磯！

早春

綠意催新柳，芳時獨閉關。　病多成性懶；交寡得身閒。　明月驚春夢；清風破醉顏。　自
能消好夜，何事買深山！

夢歸漳上，尋故居不見，成首二句，因續成之

天下無家客，關山任轉蓬。　孤城千嶂黑；殘夜一爐紅。　燕廈棲何處；魚書遠未通。　數
行離別淚，空洒夢魂中。

冬夜對月

千峯明霽雪，百里見纖毫。　水落平沙白；天空紫塞高。　虛窗穿竹影；涼砌走松濤。　空
有南樓興，何時遂大刀？

華州曉行

曉色開林表，雞聲隔水聞。　清溪隨路曲；官柳到橋分。　霧氣朝含雨；山痕遠入雲。　卻

憐劉夢得此地惜離羣，

靑山斜不斷，迢遞亙秦川。宿霧初消日；高峯欲隱天。車聲破殘夢；草色入新年。千古關中道，臨風獨黯然！

武安雨夜

齋閣和愁臥，山城入夜淸。驟雷驚客夢；寒雨暗歸程。多病思家室；長貧望友生。憐才無復古，高枕獨傷情。

賈氏廢園

何年歌舞地，亭榭未全隤？遊客不到處，野花春自開。泉聲流復咽；山勢拱如來。回首思鄉縣，蒼茫感刼灰！

登易州西山

平生愛山癖，況乃久風沙。石潤苔痕滑；溪迴柳勢斜，兩峯雙抱寺；一水暗隨車，應去桃源近，臨流見落花。

出都道中

落盡嗣宗淚，誰憐原憲貧？　飢寒低七尺，文學誤雙親。　命蹇都成拙，交深轉似新。　他
年封楚後，莫忘有恩人。

雨行

細雨斜風裏，書生匹馬行。　飢寒離骨肉，貧病誤功名。　遠樹籠煙暗，遙天透日明。　窮
途羞一哭，總付與詩情。

送人秋試

柳岸看鳴棹，槐花正拂衣。　關心千里別，極目五雲飛。　月落水勢濶，日高帆影微。　秋
風方破浪，壯志莫懷歸。

待月

待月梧桐院，新秋露氣清。　輕雲數行白，高樹一枝明。　暗入疏簾冷，頻移曲檻橫。　遙
憐青海塞，千里夜沙平。

中秋

鄉居爲世棄農圃作生涯。階植忘憂草；庭栽獨怂花，病多詩懶做；貧久酒難賒。空負中秋月，來穿竹影斜。

夜坐

病多人不寐，秋夜坐何長！犬吠荒村靜；蛩吟短砌涼，月光窺戶白；花氣入簾香。賴此風光好，愁懷一半忘。

黃濱雜咏

愁見新來事，擕家作舌耕。依棲唐夾寨；悵望宋羅城，堤斷河無跡；碑磨字欲平。淒然感身世不獨爲覊情！

何處居堪卜？萍踪暫此淹。莊孤猶近郭；地僻獨饒鹽。架板爲長几；編蘆作小簾。還愁窗太暗，難見字纖纖。

風景雖殊地，依然綠遶村。葦生新雨節；槿發舊年根。遣悶惟鋤草；嫌囂且閉門。地偏心未遠，惆悵共誰論！

院狹牆遮屋，虛窗月到難。　事煩書任廢，花少鳥還殘。　夏韭昂難買；秋茄老始餐。　晚
涼何處好？時步斷橋看。

送門人李莊入都

此去程千里，扶搖望汝摶。　選言須雅潔；制勝在波瀾。　易水秋多漲；燕山氣早寒。　此
身還愛惜，莫但記彈冠。

夜明柴（頡剛案，此上當標『六韻詩一首』）

毓秀由深谷，浮沉路已長。　泥中惟養晦；澤畔且含章。　日晚輝初發；時昏德更光。　映
川珠減色；結佩玉同良。　疑月穿虛壁；如螢滿素囊。　欲知身顯處，衆影正潛藏。

知非集　七言唐體詩

原編四韻詩十九首

舊宅新築

漸剪荆榛闢草萊，茅齋新葺少塵埃。墻低不礙觀天眼；院小猶容看月臺，簾幙迎風晨自卷；軒窗臨水夜常開。莫言地僻無人到，昨日催租縣吏來！

焚香掃地無餘事，茅舍春幽似蜀江，因愛鳥聲勤插柳；爲貪月色懶糊窗。籬疏好過蜂兒隊；簾破宜穿燕子雙。向夜忽疑身待漏，臥聞屋隙雨淙淙。

溪水流回舊歲春，人情物態兩同新。知時鴻雁尋芳草：樂水鳧鷖戲綠蘋。尚可吟詩非甚病；猶能釀酒不爲貧，偷閒自酌酬佳景，共此心情有幾人！

朱公子兄弟枉駕見過

巨卿剋日到蓬廬，文舉忘年拜紀初，有甚留賓三白飯；無他下酒一牀書。隨風庭戶香應徧，映月丰姿玉不如。從此夷門添氣色，夜來新駐信陵車。

宿寶店

征馬長嘶出鳳城，少年作客爲浮名。已無東閣留人住，惟見西山送我行。經濟有懷還入夢；鄉園多難獨關情。月斜門外頻催起，愁聽晨鷄四五聲

元夕感舊

長記兒時經此夜，春城徧處踏華燈。笙歌雷沸成千隊；煙火星飛近萬層。市上綵龍當月舞；街頭竹馬看人乘。十年回首成興廢，殘雪連天滿地氷。

孟津

兩岸青山相對起，大河中斷暮天開。驚濤浸日如追電；怒浪乘風自吼雷。壘沙平埋折戟；荒林烟斷有沉灰。黍離麥秀都何處，惆悵東流水不回！

函谷關

絕壁連霄一徑通，黃河春漲接山紅。仰矚征馬登天上；遙見行人入洞中。惆悵一九封；陝右倉皇六國困關東。於今四海無爭戰，草綠沙場古戍空。

登慶善寺豳風閣

接天石磴千尋起，跌地金身百丈開。山骨破殘成棟宇；雲根吞吐入樓臺。平蕪不盡連青塞；翠嶂無端落玉杯。援筆欲題流火句，恐隨風雨蝕蒼苔。

秋思

低垣短砌臥苔痕，秋老山城似野村。萬里星霜催白日；一窗風雨逼黃昏。慣嘗滋味惟離別；常傍鄉關有夢魂。無那更逢重九近，登高客思共誰論？

歲暮即事

寒林隱日冬將盡，宿霧籠城曉未分。皇澗野烟青欲雨；紫薇晴雪白如雲。草枯秦卒燒山數；穴暖豳民塞向勤。獨有客遊驚歲晚，不堪惆悵更離羣！

留別韓邠州

畫熊幾省授衣秋，鎖鑰秦中鎮上游。自許騎驢逢吏部；不煩仗劍謁荊州。驛臨渭水冰初綻，馬出函關夢尚留。回首青山迷遠望，梅花片片促離愁。

趙北口

煙迷洲渚水迷天，萬頃平湖一徑懸。隔岸燕山露頭角；緣堤趙戍列星纏。三關曉日開金鑰，兩淀秋波浸畫船。欲問宋遼征戰事，魚帆幾片草芊芊！

送同年李旭亭令石城

新膺黃綬壯心生，南下征帆一葉輕。錦似士元寧待製；琴緣毛義且須鳴。疆分梅嶺成花縣，山接金精號石城。獨有故人心重別，夢隨寒月渡江明。

客館書懷

生拋骨肉緣蝸角，獨立關山逐馬蹄。肯構自憐黃卷在；倚門應恨白雲低。雪埋驛路書難至，月暗空城夢易迷。歲晚遊人歸未得，憑軒極目羨烏棲。

臨壇崗

立馬臨壇思渺然，亂峰無路碧迷天。春深滏水漲新雨；日落鼓山生暮煙。離別自憐長似夢；文章雖好不逢年，馬蹄明夜未知處，滿地野花心共然！

春暮即事

惆悵鹽車困大行，破除無策是思鄉。白雲千里暮回首；明月滿樓春斷腸。山氣襲人衣袂溼；泉聲入夢枕函涼。經年漂泊渾將慣，且覓神農卻病方。

山行

牛象嵯峨足下生，一家謀重一身輕。亂峯深谷日將落；瘦馬遠天人獨行。山勢斷時荒廟在；泉聲落處野橋橫。極知行路非佳事，八口無田待筆耕。

重五

五月五日沙河店，敝衣黧面歸鄉時。亂雲韜日不成雨；高柳鬪風空織絲。車中驅馬無此命；日下五色誰復知？佳晨未至心煩悗，腸斷千門艾葉旗，

續入四韻詩七首

楚王鎭懷古

將軍事業軒天地，百戰無如救趙時。鉅鹿不緣燒甬道，嶢關豈得竪降旗。霸圖已盡烏江畔；故壘空傳衞水涯。惟有遺民思舊德，至今猶拜項王祠。

禮部試歸夜坐

罷試歸來晝漸長，雨餘庭院散微涼。淺深雲影移平野；上下蟬聲噪夕陽。坐待露風侵袂溼；臥聞花氣入簾香。此身已分林泉老，有夢無因到玉堂。

自詠

家貧身病兩相牽，不望寒儒到木天。窮巷車來將十載，故人書斷已三年。花憐寂寞秋猶放，月伴淒涼夜不眠。獨有文章緣未絕，愁時開卷即欣然。

綠添

次第春風染舊枝，千條爭傍大堤垂。惜遮天外離人眼；早動樓頭少婦思。向日漸添張緒影；臨流初展太眞眉。嚬鶯漫喜藏身密，怕見飛綿滿路歧。

紅減

一番風雨度前溪，粉墜脂消滿大堤。幾處綺窗飛錦片；半庭芳草溼香泥。攀時已惜枝頭少；折得休辭帽影低。未便盡隨流水去，留教詞客彩毫題。

和廣平孫學師寄贈原韻

十年蹤跡隱牛耕，征邁空勞賦脊令。抛紵已輸新進貴；贈綈休倚故人情。春來陋巷看花笑；午趁濃陰聽鳥鳴。何處好風吹好句，有人猶解惜狂生！

邯鄲七夕（是歲閏六月）

天上乍逢歎好夜，人間初別悵新秋。閏遲烏鵲三句會；貪折鴛鴦兩地愁。酒酹叢臺空對月；雲迷漳水漫登樓。呂翁仙枕如容借，願入黃粱夢裏遊，

再續四韻詩三首

心緒

少歲流離志未摧，中年心緒轉多哀。千番廻避閒仍到；百計驅除醒卽來。舊恨已成胸膈痞，新愁惟恐笑顏開。若非黃卷能寬解，此日多應到夜臺！

登西山白雲寺（在礦窟村東，俗名礦窟山）

一上高峯見萬山，屏圍帶繞白雲間。嶂痕差互層層翠；嶺勢紆廻處處彎。古刹無人花自艷；幽崖多洞石常斑，直西更有奇巖在，應待秋風試一攀。

戊申除夕，明晨五十

兒時曾記戲庭闈，轉眼風光鬢已稀。才薄敢言將服政；過多猶悉未知非。擬獃久慣；何須賣家室漂搖不羨歸。但使有男綿祖德，此身甘老釣魚磯！

附錄四韻詩八首（韻剛案，實十首）

鄉試後賦秋雁

引吭北去同依日；振翼南來獨冒寒。
滿地秋霜孤影落；半天夜月一聲殘，
江迷衰草啣蘆遠；水落平沙集澤難。
最恨年年空往復，忍教蹤跡似綱官。

中副榜後戲作

應是天憐失意頻，秋來暫許住成均。
藍衫已覺開箱舊；黃頂都驚入眼新。
半喜半憂今日意；欲歌欲泣此時身。
鄉鄰未識長安事，問是生員是舉人？

白燕

拂水啣泥淡月中，霜毛玉羽素心同。
弄春不覺穿雲幙；聽語方知到雪宮。
樓鎖梨花香帶雨；簾開柳絮夢隨風，
回頭却笑烏衣客，野草斜陽滓太空。

紗窗

半遮半露得人憐，薄霧輕雲繞帳前。滿徑花香春暗透；一庭月影夜偷穿。黃梅欲過聞疎雨；綠草長留染細烟，祇有幽人偏隔斷，朱欞咫尺恨長天。

雪彌陀

一塵不染坐禪陰，翠竹寒風響梵音。身化三千渾似玉；庭飛丈六漫疑金。團成衣鉢空中色；鍊就冰霜世外心。莫怪日高尋不見本來無我又誰尋。

秋燕疊和韓邠州韻

惆悵烏衣草半凋疎簾無復污書瓢。豐城月冷迷雙劍；鄴水風高失二喬。籠竹草堂憐往事；石榴華屋憶芳朝、誰吟隨客空梁句，落盡殘泥故國遙。

細君寄衣並詩至，賦此答之

讀罷迴文淚滿巾，鴛幃剛是一年新。不嫌德曜如卿醜；却惜梁鴻似我貧。客館病遲歸去夢；征衣瘦稱別來身　明年準擬攀喬木，款語妝臺莫愴神。

贈內

潦倒牛衣病後嗁，攜家暫寓紫山西。安貧大愛梁鴻婦；好德何妨許允妻。曉爨疎煙經雨溼；夜吟斜月入簾低。但教相敬如賓友，宋玉登徒理亦齊。

晚秋清流道中

年來多病怯登程，強著征衫起曉行。紅葉一林秋欲老；蒼山滿眼雨初晴。繞村雲暗煙浮色；隔岸雷喧水弄聲。風景猶堪資眺望，敢將辛苦悵離情。

將至館舍得句

鞍離髀盡幾年華，書劍飄零歲已賒。回首半生惟有淚；傷心四海更無家。秋風滿樹鳴黃葉；落日長河帶白沙。多恨且拚今夕醉，猶堪下酒菊叢花！

知非集　五七言絕句

五言絕句十首

古意

午夢人初覺，遲遲出繡幃，
梁間雙燕在，不忍更驚飛。

自警

纔睡便有夢，纔醒便有思。
不知一日中，何時是靜時？

一片

一片玉無瑕，愛護惜磨礪。
非無溫潤姿，何時始成器？

春日

晝長垂柳處，門掩落花時。
但覺腸都斷，焉知斷爲誰？

乙酉除夕

一身辭故園千里度新歲，不如田舍翁骨肉同一醉，

論詩

常恨謝靈運，不見李太白：妄謂『古今才，於人止一石。』

對酒

萬事不如意一身祇自憐，對酒莫斫地攜詩聊問天。

獨坐

煙氣如雲氣簾紋似水紋。晝長人獨坐，花徑雨紛紛。

春日（迴文）

細雨春濡柳，輕風晚落花。砌幽生草碧，城古帶煙斜。

擬遊西山，至新店不果行

未遂看山志，空懷訪友心。惟堪臨綠水，獨自洗塵襟。

七言絕句三十二首（韻剛案，實三十四首）

公子詞

銀燈盡後玉漏促，獨入芙蓉帳中宿。春意惱人眠不成，悶呼童子唱新曲。

秋燕詞

甲第連雲未許依，蕭條獨趁晚秋歸。人間何處無門戶，莫向烏衣巷口飛。

春暮

眼見林花大半開，壺中有酒莫停杯。等閒放得春歸去，滿地楡錢買不回。

出都

堤柳靑靑繞旆旌，歸途何事不傷情？春風未信長楊賦，吹落人間尙有聲。

新豐市

滿目青山巷陌斜，垂楊深處暫停車。新豐門戶於今改，雞犬多應不識家。

咸陽渡

漢殿秦宮盡綠苔，咸陽渡口鳥聲哀。古今無限興亡恨，渭水東流自不回。

京邸有懷

冷雨疎窗欲夜時，秋深古寺獨牽思。人生好事誰兼得，小宋文章道韞詩。

暗雪打窗燈燼落，明河垂地月華涼。可能久夢入千里，惟有歸家字數行。

無題

垂楊何處不停車，十里紅樓隔檻呼。惆悵郢中無宋玉，風流從此屬登徒！

玉腕殷勤捧玉卮，主人如夢客如癡。麻衣瘦馬不自覺，正是心中無妓時。

惆悵

惆悵明珠幾暗投，世無知己便應休。龍泉寶劍埋塵土，自有寒光射斗牛。

偶至故巷，見瓦礫爲沙埋盡，漫興

樓臺瓦礫莽然平，極目寒沙際古城。惟有石坊依舊在，半埋塵土半縱橫。

春夜

山城夜靜鎖千峰，小院無人花影重。歸夢欲迴天未曉，半窗斜月五更鐘。

和張絜卿花間雜詠之二

蓼花

禮賢臺下記殘紅，十里斜陽兩岸風。自入山城尋白石，故園秋老水烟中。

老少年

角齒盈虛不兩全，莫羞闇淡度芳年。樽前留取驚人色，次第秋風倚暮天。

訪李琪園同年，適値午睡，因眠客榻

不慣緇塵陌上行，閒尋供奉譜清平。主人未覺客亦睡，滿地綠陰春鳥鳴。

酬呂東山

荆山三獻未知名，六載雖羣自課耕。已分此生田畔老，夢魂飛不到春明。

柳色催人重北來，老僧心死已如灰。同鄉諸子多英傑，珠玉相形愧不才。

野人性喜無拘束，乍入都門衆眼驚。不履不衫何處客？漳南衞北一狂生。

漸增馬齒人同棄，久伴鷗羣我自哀。感爾故人猶念舊，新詩吟寫向金臺。

過河南村，題隆天都土地祠（祠中有碑，云即唐昌黎韓退之）

深沉寢殿碧簷垂，金像莊嚴畫壁奇。多少梵宮過景福，此鄉獨重社公祠。

韓公學行冠三唐，一表廻瀾萬古香。猶向埜村爲土地，此身敢惜釣滄浪。

送高贊府玉符北旋

作吏漳干二十年，歸時兩袖尚依然。長安相識休相問，種種淒涼盡可憐！

盛名題柱監同僚，屈指鵬程路不遙。漫想河陽花滿縣，微官幷付與春潮（公以卓異記名，未選而病，因病罷官。）

典盡冬衣又夏衣，罷官長是斷晨炊。破窗漏屋陰寒夜，廉吏方知未可爲！

翻書獨坐鎮經秋，一病龍鍾不自由。偶爾天晴風色好，倩人扶掖看街頭（公罷官後，留滯一載有餘，貧不能歸里，病不能出戶）。

攬轡南來共幾人，妻孥亡盡剩單身。 止餘堤畔纍纍塚，贏得行人淚滿巾。

添得文姬慰暮年，中郎情緒一欣然。 豈知官罷妻亡後，四顧無依倍可憐！（公來時眷屬六七口，悉沒於任所，葬之城東堤畔。 惟存一女，係在任時所生，欲託之人，無可依者。）

雁行情重不辭貧，嫂姪相依度幾春。 身病囊空渾小事，至今官罷爲何人？

記得華堂宴客時，衣冠滿座品燕絲。 只今試數橋頭柳，折向離筵共幾枝！

率筆

魏晉文章尙屏除（韓文公云：『非三代兩漢之書不敢觀』），宋元詩見欲何如？（王貽上詩云：『幾人曾見宋元詩。』） 可憐看得臨淸志，便笑韓門不讀書！（韓門，汪侍講師韓號也。侍講與余言次，偶及明季始有煙草，其姻家某在坐爭曰：『烟草始於生公說法，非明季也。』侍講不答。其人不平，遽曰：『此出臨淸州志，人未見耳。』侍講一笑而已。）

大名秋曉

輕寒漠漠透窗紗，客夢驚殘未到家。細雨釀秋人不覺，滿庭飛盡石榴花。（此詩在訪李琪園詩後。）

遊羊城山

兩岸青山夾水長，半山一徑入蒼茫。偏憐眩目驚心處，滿岸黃花十里香。
層巒曲曲失西東，駭浪驚濤雪捲空。立馬羊城山半望，一川紅樹水聲中。

桂窗樂府選

水龍吟（登華陰岳廟後閣望華山）

憑欄目極秦川桃花零落春將暮，雲横煙斷三峯如削，亭亭可數。玉筍懸空青萍插漢，翠微深處。算登臨勝境，無如此閣，將秀色平分取。回首故鄉不見，最傷心少年羈旅。客遊倦矣，不堪更是斜風細雨！流水光陰，惱人天氣，愁腸萬縷。到何時許向青天，仰首問驚人句？

又（菊影）

夢回月透窗紗，隱囊寒枕添秋意。迷離院落，晚風吹墮冷香流砌。偷過疎籬，倦眠蒼蘚，夜闌人醉，問婆娑日下，横斜水畔，誰堪共芳魂倚？暗上珠簾不疊，立西風幾多憔悴。故園何處？惟同淚眼模糊相對。仔細新詩，參差認是，飄零滿地。憶秋容老圃重遊，甚日踏幽香碎？

木蘭花慢（京邸送客）

記燕山同客風雨夜，幾經秋。正茅店孤燈，霜林落木，無限離愁。那堪故人還別，送飛鴻天際去悠悠。落日馬嘶衰草，殘星人渡寒流。　烟波遙隔晚雲稠，望遠怯凝眸，縱淚透征衫，把殘征袖，也則難留。今宵一杯清酒，且高歌暢飲共綢繆。後夜相思何處？淒風涼月空樓。

百字令

征鴻歸盡，問如何不喚燕山遊子？夜雨蕭蕭茅店冷，人似黃花憔悴。夢裏鄉關，心頭驛路，動是千餘里。西風不定，扁舟欲倩誰繫？　惟有燈下離騷，窗前周易，常伴劉伶醉。痛飲狂歌人不識，都道少年情味。逐柳隨花，求田問舍，肯損平生氣！鯤鵬畢竟，一朝飛入雲際。

滿江紅

春惜誰來？人只管惜春不住。思量起，從前事事都教春誤。弱柳幾曾知雨困；嬌花自不嫌風妬、枉多情，寫盡斷腸詩，傷心句。餐不得桐花乳；穿不得楊花絮、縱爲春病也，春還無語。有恨幾杯田舍酒；無聊一首閒居賦。是莊周蝴蝶夢，初回遽然悟、

又（初秋寄秦茝文）

臨水登山，送不盡蕭條秋氣。雲樹外故人何在？暮天無際。貧久望穿毛義檄；病多拭盡王章淚、最傷心一館似官難，窮如此。

飽不得千年史；賣不得千金字。甚經綸滿腹，文章滿笥？城下不逢韓信飯；人前莫乞周瑜米！到而今青眼望何人？唯吾子。

蝶戀花

雨氣蒼茫吞遠樹。小院輕寒，暗向疏簾度。夢斷故鄉無覓處，青山遮卻來時路。

滴盡珍珠山欲暮、斜倚闌干，誰會閑情緒？明日準將花細數，歸期還恐花難據。

憶秦娥

秋何處？梧桐院落冥濛雨。冥濛雨，一川衰草，四山紅樹。
珠簾不卷西風暮，悲秋況是吟秋賦。吟秋賦，重陽過也，塞鴻無數？

花非花

花非花，是風絮。逐暖來，隨春去。舞逢繡幕，吏吹開，飛著遊絲還絆住。

又

花非花，是輕雪。素自憐，寒偏發。滿庭玉蕋蝶無踪，幾樹梅英人不折。

又

花非花，是燈蕊。結艷紅，凝輕紫。落時常使夢魂驚，開處先傳明日喜。

又

花非花，是花影。折去無，看來冷。亂鋪階砌不關殘，暗上簾櫳誰復省？

水調歌頭

多少不平事！撫劍髮衝冠。少年慷慨徇世，援手不辭艱。一日風塵失足，幾處交遊下石，惟恐死灰燃。袖手看成敗，相較尙爲賢。

飛騰志，今老矣復奚言！讓他英俊當路，拂袖入青山！辛苦蓬茅任我；打疊精神看汝，

得意到何年？時勢一朝變，霜翮起秋天。

金縷曲（自彰德遊蘇門，道經古蹟頗多，漫題）

妓女年庚小。更無憑牙行斗秤媒人道好。野老村中談國政；巫覡許教神保。尤可

恨春闈試草。嘔出心肝成底事？便孩兒綳去何妨倒。圈與抹，任房考。

齊東野語從來巧。漫譏評，雖騷屈子，南華莊老。太史文章千古重，舛謬依然不少。

還未算全無分曉。最是而今談古蹟，試推求入地皆荒渺。堪一笑，問囊橐！

知非集終

自序

詩自唐虞至今凡幾變矣要其升降之故大畧有三雅頌以紀盛德告成功而風以觀政治得失風俗之得失故可以經世可以感人詩之用也周衰楚人始縱其荒唐悠謬之詞漢興揚馬班張競陳繁麗建安以降益沉溺於風雲月露之中於是詩爲浮靡綺麗之詞無適於用而詩一變然其言雖無物猶各自成其爲言也自沈約始調四聲陳隋之際競尚徘偶永徽神龍以後穩順聲勢謂之律詩遂驅意以就詞於是詩爲矯揉造作之

惜賦

原夫慮多偶失。事罕萬全。探隋珠以彈雀。吝一簣於山巔。天與不取。前功盡捐。悔之無及。比比而然。於是僕本多情。怛爲惜。拍案欷歔。掩卷不懌。若。深。痛。乎。予。懷。神。不。寧。者。累。夕。有如樂生提旅。深入齊都。彈丸兩邑。指日成誅。讒人交搆。懼罪逃逋。降城盡叛。遂失海隅。至若張良發憤。欲雪韓恥。東遊滄海。陰求力士。博浪潛踪。狙擊天子。誤中副車。大索不止。若乃武侯出師。祁山秉勝。三郡來歸。關中響應。任違律之謖。軍。失街亭之要往。隴西之

知非集五言詩

感遇

髫年愛詩書發憤觀四庫讀史恥記誦窮經薄章句弱冠遊四方慨然識時務雖未登雲霄經綸及時具豈為夸浮名兼濟本吾素一朝功業成高尋赤松去

南山有元豹。七日無所食。豈不甞飢餓。澤身可華國文。成。（語。超。邁）出深林。萬。物。皆。避。匿。人生富與貴。忽如空中色。所患少不學。老大興嘆息。挑燈絕韋編。此意竟誰識。

鯤鵬生北溟。一飛可萬里。如何待培風。雙翼不能起。豈

晚秋清流道中

年來多病怯登程張强着征衫趂曉行紅葉一林秋欲老江蒼山滿眼雨初晴繞村雲暗煙浮色隔岸雷喧水弄聲風景猶堪資眺望敢將辛苦悵離情

將至館舍得句

鞍離觧盡幾年華書劍飄零歲已賒回首半生惟有淚傷心四海更無家秋風滿樹鳴黃葉落日長河帶白沙拚醉猶堪下酒菊叢花

將至館舍成句歸

多恨且圖今夕聚豈知歸後恨還加

後易來一聯

闇齋先生墓誌銘河朔之地

保定蓮池書院院長舊史氏錢塘汪師韓撰

河朔之地有真儒焉曰闇齋崔君諱元森字燦若余自痕癈衣食奔走因以求友四方所見士以理學名者類依倚達官貴人盜襲前人之說以欺世而行不見信於宗族鄉黨或際困厄遇小利害輒變易所守義不勝利往往而然已卯庚辰間假館滏上耳君之名而在廣年未久癸未復北之保州歷十年有孝廉

跋崔東壁知非集

洪業

月前偶於燕京大學圖書館破書堆中得寫本詩詞集一册。外有硬紙書皮，上題『崔東壁知非集一卷。』下另一人書『袁維垣記。』集中『寧』字未改避清宣宗諱。全本紙殭硬觸手輒更碎裂。是百餘年前遺物也。初未細考，草一跋，謂即陳履和所擬刻而未果刻之知非集抄本。旋趙肖甫先生（貞信），胡適之先生（適）皆別有論列，所說各不同。余遂技癢，重檢原本，竭一日之力，而後定其爲東壁詩集過渡稿本也。

請先言此本之索解疑題四：

（一）序與書内容之不符也。據自序，集中應有賦三首，詩一百七十首，以類區分爲『近古，』『遺興，』『諧俗』三等。是即東壁遺書自訂目錄全表所謂知非集三卷矣。然據書，則前有紀聞歌撰弱弄集序，自序各一篇，賦三首；

後有桂窗樂府選詞十四首，汪師韓撰闇齋先生墓誌銘文一篇；介賦與詞之間者，詩一百六十四首，僅以聲韻體裁分五言七言，八韻四韻等各若干篇耳。

（二）書中數目自相矛盾也。五言唐體詩，標數爲八韻六首，四韻二十五首，應共三十一首。然實更有六韻一首，殿其後，共爲三十二首。七言唐體詩，標數爲原編十九首，續入七首，再續三首，附錄八首。然附錄實有十首，溢二首也。五七言絕句標數爲五絕十首，七絕三十二首。然七絕實三十四首，亦溢二首焉。

（三）集中詩與選本詩頗有出入也。陶樑國朝畿輔詩傳（道光己亥刻）卷四十四，選知非集詩十五首。其中西安卜居五律二首不見今本中，陶所選之嶠關五律一首，居華州曉行五律一首後。此本嶠關一首，華州曉行二首，次序適相反。又取陶所選詩及大名縣志（乾隆五十五年）卷二十所選之只當行以校今本，字句偶有不同。然則今本與二書所本者孰爲先後耶？

（四）集中抄改批點之筆蹟，極零亂雜殊，不知何故也。綜其前後計之：紀序及詩一百四十五首之筆蹟爲甲；自序爲乙；賦三首爲丙；詩十九首詞十四首爲丁；七律末一首後注二行爲戊（筆氣介甲乙之間，而字體結構獨異。『成』字一點，落筆之處，『後』字一捺，用筆之法，『歸』字左旁，簡筆之形，皆甚特別，取顯微鏡遍卷尋之，不再見）；墓誌銘爲己。書外皮題『崔東壁知非集一卷』八字爲庚；又『袁維垣記』四字，袁維垣所書也。書中增補塗改之筆蹟不一，要皆不出甲乙丙丁之外，而以丁爲多。以硃筆爲圈點，且抄成伯顧俞伯源諸氏評語者，筆法極似丙。墨筆圈點僅數首，頗潦草，疑其與行書活潑之庚，同出一手，至於墨筆注語如惜賦上『樂毅可惜』，玫瑰賦上『音梅規花也』，墓誌銘題下，『河朔之地』（此四字初疑爲抄墓誌銘者所衍。繼審其筆蹟，不與文中『河朔之地』四字相似；而『河』中之『可』，『地』中之『也』乃與『樂毅可惜』之『可』，『音梅規花也』之『也』相似），等殆袁維垣所爲耳。除去題寫書皮者之外，尚有甲乙丙丁戊己六種筆蹟，其爲一人抑若干人所書者耶？又何其上下前後次序之參錯若是耶？

次言書中之足令人注意而可以藉解疑難者六：

（一）論圈點。墨圈後人所爲，不足計。凡硃筆圈點者，賦一，詞二，詩三十七首。間加評語，皆讚賞之辭，爲評語之人不一，而筆蹟則同出一手，是此本乃抄本也。疑原本之曾經批點者，或不僅賦一，詞二，詩三十七之數。且批點人之詩文者，往往亦間擬刪改之說，何此本獨無之？是凡無硃點者，不爲新加之作，即又經修改之品也。五古滋澗一首批點幾滿，推讚入雲，唯『極目歡幽情』句中之『歡』字旁有一朱點。初不知其意云何。取陶樑所選之詩以校之則『歡』字已易爲『愜』。是批點原詩者謂通首都好，唯一字宜易。此本照抄而未改。而陶樑所見之本乃又在此本後也。

（二）論批評者姓氏。俞伯源即俞光鎣。光鎣，大名人，乾隆庚辰副榜第一（東壁第二），有柏園詩草三卷（上據畿輔詩傳卷四十四；咸豐大名府續志卷二）。成伯顧卽成諟。諟大名人，懷祖子；懷祖東壁妻父也（詩傳卷三十五，懷祖號北樵。今本知非集有題婦翁成北樵先生愛蓮圖七古一首。）乾隆四十九年五十五年間，大名縣修志時分纂者四人，諟第一，東壁第二。然則此本所從抄之原本乃傳觀請正於親友之本也。

（三）論編次。七言唐體詩，何以分原編續入再續附錄各部？考之自序：乾隆戊子，東壁二十九歲時，館武安，嘗自選其古唐體詩若干首，題曰弱弄集，紀閒歌爲之序。己亥，東壁四十歲時，館北皐，復自訂其四十以前詩，題曰樂飢集己酉，東壁五十歲，時館西山乞伏村，乃取前後所爲詩賦，十删七八，而再錄之，凡爲賦三首，詩二百首，題之曰知非集。迨後又删去其三十首而爲之序，時乾隆癸丑，東壁五十四歲也。再考續入四韻詩，有邯鄲七夕一首，題下注『是歲閏六月。』閏六月者，乾隆戊戌，東壁時三十九歲也。再續四韻詩，有戊申除夕明晨五十一首，是作時四十九歲也。附錄四韻詩，有中副榜後戲作一首。中副榜時東壁纔二十一歲。然則所謂原編者，即弱弄集也。續入者，選樂飢集中若干首以增益之也。再續者，又選入四十歲五十歲之間所爲詩若干首也。附錄者，重選舊詩，以繼其後也

（四）論數目牴牾。五律溢一首，七律附錄溢二首，七絕溢二首，共溢五首。然此五首者，皆居於編之末，皆無硃筆批點也。居五首前者，抄詩筆蹟一律爲甲，七律附錄之第五首且有硃筆圈點。因疑凡甲筆之詩，抄自傳觀批點選本也；凡丁筆之詩抄自傳觀選本以外之本也。更執此例以檢五古七古二部，丁筆之詩各七首，亦皆居編末，皆無批點，是亦出諸傳觀選本以外之本矣。

（五）論集之名稱。集前有弱弄集舊序，謂之舊，是集之名已改也。所改之名，即知非集。今本除賦與詞之外，每編皆冠以『知非集五言詩』『知非集七言詩』等等是已。然按自序，初定知非集應有詩二百首，今僅一百六

十四首是知非集之名已定，而知非集之集尚未成也。 其爲知非集未成稿本歟？ 編纂之法，殆取傳觀選本之詩而益之以選本以外之詩也。 傳觀選本已有戊申除夕明晨五十一首，而初定本知非集適成於己酉，是甲筆之詩一百四十五首丁筆詩十九首皆抄於己酉一年之中也。

（六）論塗改痕迹。 丁筆詩中塗改之筆皆爲丁。 甲筆詩中塗改筆蹟，或爲甲，或爲丁，不等。 是抄丁筆詩者，曾校改甲筆詩也。 更細考全本丁筆塗改之法而疑爲丁筆蹟者即東壁也。 請舉例六。 『回首』改『回頭』；『傾倒』改『顚倒』（七古爲成陵庭題浮雲圖）；『黄華谷名何噪』改『黄華黄華名何噪』（七古登黄華至王母殿）；『一川紅葉水聲中』改『一川紅樹水聲中』（七絶游羊城山）。 此詩人推敲字句而自改原文也。 七律登千佛山白雲寺題下注曰『在礦窟村東，俗名礦窟山。』 後塗去『千佛』二字而易以『西』字。 此詩人擬原題時，已疑地名不確，後乃改之也。 五古觀華山圖，題中衍『太』字於『華』字下；旋塗去。『太』字之衍，必因詩中首句『昔聞太華山。』此詩人自抄其詩，抄題未畢，而心已涉到詩句也。五古題『九日登絕紀東川登儒山兼以誌別，』改『登絕』二字爲『與』。原題應爲『九日登儒山兼別紀東川』；抄時偶憶儒山絕頂，故訛『儒』爲『絕』；遂塗改而更易原題字句。此詩人自抄其詩抄題時，心已涉到詩中景致也。七古秋夜獨坐有『七八入京華戰未休』句。『七』字斜橫右端有一小點，墨蹟濃淡與全句同，初不知其故。然詩中有『二十五年廢寢食讀書誰料今如斯』句，東壁以十五歲入學，是詩作於四十歲或四十一歲時也。逆而計其入京赴試之次數，戊戌，乙未，己丑丙戌癸未共會試五次（庚子三月葬姊；辛卯，壬辰，居喪，未去），又其上鄉試三次，考共八次。壬午已中舉人，遂留京以待癸未會試，故離家赴京共七次。但留京時或曾到畿輔近地（如易州）訪友而復返，是亦可謂入京八次。入有七八之遲疑，而戰則八次，故輕點『七』字而未堅定去取。此詩人自抄其詩而於詩中叙事尚欲再爲斟酌也。 七律附錄之末晚秋清流道中二首，第二首末聯云『多恨且圖今夕聚，豈知歸後恨還加，』下有注曰『將至館舍成句，歸後易末一聯。』 然又塗去注改末聯爲『多恨且拚今夕醉，猶堪下酒菊叢花，』而以『將至館舍成句』爲題以冠此詩（詩及塗改筆蹟皆爲丁，獨注不類，上以戊稱之。） 夫題爲『晚秋清流道中，』詩自不應叙到歸後情感。 有人問焉遂使執筆爲注，以解其惑。 然終嫌未妥，故又自以原句易焉。 原句『猶堪下酒菊叢花』對照成夫人九日贈良人（二餘集）『莫使繁霜侵客鬢，今朝且醉菊花叢』之句而發，蓋實寫當時將至館舍之情緒；此唯東璧，然後『因復躊躇，不忍遽棄』（自序中語）語也。

綜以上所考，更補苴罅漏，假設知非集造成之歷史，凡十六步驟，如下：

（天）按東璧自幼即爲詩，應有底稿本。 茲謂之天本。

（地）二十九歲時，自天本選若干首抄成弱弄集傳觀請正本。 茲謂之地

洪跋　一〇

本。

(玄)四十歲時，自訂(自序謂訂不謂選)天本，題之曰樂飢集。　其詩總數必在數百以上。　由是天本一變而爲玄本。

(黃)旋於玄本中選若干首如續入四韻詩七首之類，以增益地本。　地本遂變爲黃本。　黃本內容爲紀序一篇賦，詩詞各若干首。　末殿以汪師韓撰之闇齋先生墓誌銘，殆『揚名聲顯父母』之意也。

(宇)四十歲五十歲之間，當有新作，加入玄本。　五十歲時又從新詩中選若干首入黃本，如再續四韻詩三首之類。　黃本遂變爲宇本。

(宙)同歲又從玄稿本選若干首，如附錄四韻詩八首之類，增入宇本。　宇本遂成宙本。　宙本成時，尙有親友爲之批點。

(洪)數月後取宙本重加修改，易弱弄集之名爲知非集，而重抄之。　甲抄序及詩，丙抄賦，自抄樂府。　墓誌銘棄而不抄；蓋集號知非，又屢欲焚其稿，不足以爲父母榮，不如留放考信附錄中也、 抄成之本茲謂洪本，即今所得知非集最初形狀之本。

（荒）丙抄賦乃兼抄賦後評語、 東壁遂以己及甲所抄者與之，令照宙本，以硃筆抄評點，且自就記憶所及，加『成伯顧評』『俞伯源評』各字樣，令亦抄之。 但曾經修改之詩，則囑毋抄其評點焉。 洪本加評點，遂成荒本。

（日）荒本字蹟既不一，甲之抄工又甚劣。 『萬鍾』訛『萬鐘』（只當行）；『炫』『絃』（感遇）等字不缺筆避諱。 大明秋曉一首，東壁既於宙本注『此詩在訪李琪園詩後，』抄時乃竟未移置而照抄其注。 因此東壁又不愜於此本，遂舍宙本而用此本爲稿本。 自就其上續抄入詩若干首，隨抄隨自改，令某乙重抄之。 但未令抄詞，蓋十餘首之詞，稍得人鑑賞者僅二首，不如暫存篋中，勿出問世也。 荒本再經續補塗改，遂成日本。

（月）東壁於乙所抄者復欲有所修改。 先使畢其抄；更舍日本而就乙抄本爲增删塗改之工。共得賦三首，詩二百首，此月本也。

（盈）月本之抄本即陶樑所見之知非集。陶本必非日本，蓋西安卜居二首日本所無。又字句出入如前所舉『極目愜幽情』之類具見其不能在月本之先。陶本亦非知非集定本，定本分三卷。陶引用書目集有卷數者爲一類，不分卷者又爲一類，知非集乃在後類中焉。

（昃）東壁五十四歲時，又删改月本。留詩一百七十首，移易次序而區分之爲三卷；令乙抄之。此昃本也。又加自序，亦令抄之。

（辰）乙抄序既畢，東壁復改『區别以爲三等』爲『而區别爲三等』，令重抄焉。

（宿）既經塗改之自序，加廢而不用之日本，再加姑置不用之墓誌銘，遂爲宿本。誰實合而裝訂之成册不可知也。

（列）宿本再經後人某庚及袁維垣圈點評註，即成今得自破書堆中之本

也，

（張）昃本抄訖，加重抄自序，即成定本知非集三卷。大名縣志所載之只當行即出自定本，蓋定本訂於癸丑而縣志成於甲寅也。定本既成存篋中二十餘年。陳履和雖屢函請刊，東壁終不之與（考信附錄），殆爲詩既絕筆不作（見考信附錄黃文治送東壁先生歸大名詩），序又自譏誤用心力於詩之非，不便及身而刻之也，東壁死，履和乃得之於東壁家，既擬刻東壁遺書中矣（見考信錄序），履和又死，竟未刻。

昔嘗游博物院，見古生物學者取斷脊零趾爲標本，更以意模成古獸。首尾皮毛，宛然具在。余上所擬知非集歷史，殆亦類此。以虛補實，以假證眞，但求其眞者實者前後左右位置不亂，於其虛者假者毋固執焉可耳。

右跋原文脫稿於二月十七日。其後趙肖甫先生，胡適之先生，齊思和先生又各繼續討論。論說未能一致之點，則本中居各編末之詩十九首及詞十四首是否可斷爲東壁手抄者也。齊先生取余說，趙先生疑之，胡先生另有假設，而余又未能從也。夏日偶與容希白先生（庚）游西山朝陽庵李瑞德先生別墅，行篋中藏原本及往返討論文稿。容先生檢閱原本，謂詩十九首及詞十四首可斷爲東壁手筆，且勸以原書付影印公諸學界，而以余跋文稍修改附之，俾他人亦得討論焉。此固余所甚願者也。且東壁歿去今纔百有餘年，未定已定之知非集各本及凡陳履和所未果刻各書之稿本抄本，豈除此本外已皆爲神龍攫去？倘其有隨此本之出而亦出者，又豈僅余儕討論此書者數人之幸哉？往返辯論之文已積數萬字，不能備錄於此，抄附原本後，藏諸燕京大學圖書館可耳。民國二十年七月二十五日，洪業既修改原跋後附識。

頡剛案：此集付刊時，曾乞洪煨蓮先生更作一序，以事冗，未許也；囑即以影印本跋文刊之。然是文所舉諸點，不見影印本即不易明了，有志於東壁之學者幸更求彼本參覽之。

二餘集目録

頁數

附繡餘吟

案，予讀東壁先生行略，知成孺人著有爨餘詩文二卷，然自訂目則作細君詩文稿一卷：書名與卷數皆不同，而其兼有詩文則同。民國十七年居粵得識李仲九先生(一非)，大名人也，叩其有無東壁箸述不見於遺書者，仲九允爲訪之；越一月而以二餘集見示，則卽爨餘詩也，爲之大喜。書凡二卷，爨餘吟爲嫁後作，繡餘吟爲在室時作。然觀曉發一詩云『遙憶天涯雙白髮，歸寧何日淚千重，』蓋適東壁後同出陝西之詩，則繡餘吟中固不盡在室之作。又白燕之題，知非集中亦有之，又與此同韻，疑東壁就婚邠州時夫婦倡和之作也。其書有詩無文，當非完帙。然卽此殘存者觀之，什六七爲傷離別，致慰藉之辭，其伉儷之敦篤，蓋有大過人者。東壁處境雖至坎坷，猶得矻矻一編，終成其學，是必閨房敬愛之情足以調和其生活，而消釋其牢愁，乃有以致此。至其贈君子詩云『近來學古益成癖，獨坐搔首常寂寂，喚之不應如木石。忽然絕叫起狂喜，數千餘言齊落紙，』寫形寫聲，使吾儕得於百載之下想見東壁先生治學時精力專注之容態，詎非一快事乎？行略謂孺人既卒，『先生爲之傳，系於詩後，』今此本亦無之，蓋彼乃定本而此爲孺人生存時所傳鈔者。安得他日發見其文，並得其傳而重刊之！此本仲九得自王守眞先生，王先生又得自姚晉槃先生；二十年秋，姚先生又從范廉泉先生處假一與針餘吟合鈔之本見示，遂得一校。敬對於四君致無盡之感意！

民國二十一年二月十二日，顧頡剛記。

又案，此書既以大名兩鈔本合校，擇其善者從之，將發印矣，忽得袁洪銘先生自廣東東莞來書，謂有家藏二餘集鈔本，可寫寄。聞之狂喜，乞其手寫以貽。念此本不知如何流傳嶺外，或與大名本有多少同異，可資考核，頗涉懸猜。二十一年五月中，郵至，折視之，乃與大名單鈔本一律。如九日贈良人『寂寥』亦誤作『寂寂』；送三兄歸里，『故國』亦誤作『故歸』：實不及合鈔本之善。故今仍依合鈔本寫定。然非袁先生之見示，亦無由知此單鈔本曾傳鈔而至于粵東也。

二十二年一月二十三日，頡剛再記。

爨餘吟序

◎余從先大人宦關中，時年十有一矣：先孺人始教之識字，讀唐人詩數十首；先君公事之暇，時命與兄姊爲偶語。曁年十四五，侍先君側，見人有以詩呈裁者則喜動顏色。輒不自揣，遂學弄韻，欲承一日之歡。然先孺人課女紅嚴，無暇讀書，亦未知講求聲律，是故所作多小兒語，亦有不成章者。

于歸後，家綦貧，無人代操井臼，諸勞苦瑣事無不身親，是〔以〕更無暇學詩。然舅姑喜讀書，因未盡棄舊業。舅多病，每呈詩至，則爲一破顏失所苦。而小娘亦略知聲律，常唱和於鍼線刀尺間。顧所作多率意，過卽棄之，所存無幾也。

其後數年，隨良人設帳於外，頗有暇時，而客中亦多感觸，故詩多異鄉之作。

近歲從良人宦於閩之羅源，署中少暇，因集舊稿爲一帙，題曰爨餘吟。又閤中所作，未忍盡棄，另爲一帙，題曰繡餘吟，附於其後，未忍忘初也。

夫女子以德爲貴，詩非所宜；況余詩無所長，又何足爲輕重。但心有所感，景有所觸，不能自已，聊以記事言情，非敢言詩也。

大名崔氏婦成靜蘭自序。

爨餘吟

大名成靜蘭著

懷遠

深閨兮寂寂，獨坐兮徬徨。登崇臺兮遠眺，見下來之牛羊。春鳥兮雙飛，和鳴兮翺翔。懷遠人兮何及，步踟躕兮入房。意蕭條兮就枕，夢君子之儀光：故衣兮誰補？見之兮心傷！悤悤兮未言，復遠去兮他鄉。風颯颯兮透戶，月皎皎兮照梁。夜漫漫兮不寐，淚淒淒兮沾裳！

送君子入都

悲兮生別離，況是新相知。從此似春蠶，日日添愁絲。青簟夜不眠，殘燈心俱然。離情可與共，此別恨經年。別離非不苦，所苦甚別離。螢窗須努力，春色莫教遲。八口溝隍裏，雙親望眼穿。敢將兒女淚，沾灑向君前！

懷遠

惆悵連宵風雨頻，征衣製就寄無因。遙憐臥病長安客，誰解綈袍贈故人？

水後九日呈姑

野水猶環屋，荒城三兩家。又看歸白雁；不復對黃花。纍罷吟新句；鍼餘奉晚茶。曾聞敬姜語，勞亦不須嗟。

魏臺晚眺

野水繞孤臺，月明曠遠目。緣隄綠樹斜，參差見茅屋。雙櫂何處來？漁歌斷復續。雨過暑全消；雲盡天新沐。星月落水中，微風碎珠玉。祇此可忘機，何須覓林麓！

春日新居卽事奉贈君子

數家寥落不成煙，惆悵從君幾度遷。小院花多妨踏月；閑門客少好參禪。夭桃墜露紅沾袖；弱柳牽風翠拂肩。祇此堪爲偕隱處，柴桑應不羨平泉！

武安卽事

蓬門晝迥野花香，自捲重簾對夕陽。山色入庭青似黛；泉聲過雨沸於湯。塵中蹤迹憑誰識?廡下蕭條已共嘗。從此不須施絳帳，與君歸去伴滄浪。

夜坐贈君子

小院微涼夜，疏簾不上鈎。山風欺袖薄；溪月下庭幽。廢學憐君病；常貧詎妾愁。鄉關何處是?醉後莫登樓。

聞雁

萬里來秋塞，關山夜度難。月中孤影落；天外數聲殘。思婦停砧聽；征人和淚看。年年愁見汝，鄉思正無端。

再送君子入都

又向長安去，臨歧淚暗傾。斂衣羞把袂；瘦馬怯登程。捧檄應須喜；懷書豈爲名。杏林春正好，早慰依閭情。

贈君子

崔郎卓犖志不羣，胸藏經濟人莫聞。有時慷慨論時務，沛如黃河向東注。近來學古盦成癖，獨坐搔首常寂寂，喚之不應如木石。忽然絕叫起狂喜，數千餘言齊落紙，『五行』『三正』細剖分，創論驚天思入雲。直欲掃除千載惑，豈效小兒弄筆墨。半生辛苦文幾篇，才高可惜無人識。長安雖去每空還，十年憔悴長途間；且同煮酒開心顏。一朝飛騰遂厥志，平盡人間不平事。

霧樹

雙扉破曉開，滿目飛霧雪。庭樹玉雕鏤；砌草珠攢結。望遠不分明，迷離光皎潔。天地造化頃刻成，瑤草琪花不可名。蓬萊瀛洲竟何處？恍疑身在玉京住。須臾霧盡白日見，滿庭無路花零亂。

寄張夫人

知己眞難得，深閨何處求？別來將十載；離思欲千秋。落落空回首；星星已上頭。何年重握手，灑淚話新愁？

哭天祐

四十始有子，嬌弱不離懷。三年不能行，一旦歸草萊。獨坐空庭雨，使我心如摧。柔腸千百折，點滴欲成灰。安能學佛老，淸靜寂無爲！

自爾歸山邱，使我常悲辛。舉筯思爾食，聞聲思爾呻；拂枕思爾睡；覩器思爾陳。推之不能去，輾轉淚沾巾。此身豈我有，上有垂老親。揮淚強出戶，安可不自珍！

遙題陟庭叔浮雲圖

誰爲叔寫浮雲圖？伯仲題詠如聯珠。又見君子浮雲詩，移家欲住西山陲。豈爲女子不解事，幾番開圖不我示？浮雲之圖雖未矚，浮雲之意亦已熟。但圖富貴等雲浮，未寫芝蘭如水流。嗟予四十苦無子，終日淒淒不能已！雖無富貴縈心曲，猶有憂愁來夢裏。安能如叔萬事不關懷，流水浮雲任去來？

雨後

川原雨過客情酣，滌盡塵氛見遠嵐。落岸水聲喧似瀑；隔溪山色碧於藍。濁醪藏得恰一斗；野菜挑來剛半籃。且喜晨餐猶可供，不須惆悵樂高談。

夏日山村卽事

小院獨踟躕，下窺見幽壑。山鳥任去來；野花自開落。
睡覺北窗下，日高簾影疏。鬘餘容我懶；閑課侍兒書。
碁聲出洞口；茗色浮碗面。長夏漫消除，小鬟問針綫。
虛窗少人迹，心靜夢亦閒。鳥聲深樹裏，細碎落庭間。
頭白未有子，寄居山之隅。辛苦教嬌妾；慇勤侍病夫。
洞裏人初起，窗前日尙低。黃鶯未全懶，猶趁曉涼啼。
妝罷對明鏡，白髮已盈頭。猶有少年心，問郎花開不?
貌醜羞臨鏡，才疏怕見人。只宜山谷裏，嵐峯自爲鄰。

溪上

雨晴天氣爽，約伴采青芹。細草香侵襪；微波綠漾裙。泉聲如漱玉；峯勢似奇雲。共憩桐陰下，羅衣染汗芬。

九日贈良八

寂寥孤館逢重九，坐對黃花伴客寒。短髮蕭騷羞落帽；壯懷磨滅懶彈冠。文經百鍊終須達；家已三遷尙未安。豈必上林無樹借，知君性本愛山巒。

頻年南北復西東，悶裏登臨眼暫空。兩岸蒼苔微雨後；半林紅葉夕陽中。新來有恨惟澆酒；老去無家尙轉蓬。莫使繁霜侵客鬢，今朝且醉菊花叢。

雨中有感（時久客於外，夢熊新亡，歸家爲應龍完親。）

春陰漠漠雨絲絲，獨坐深閨愁鎖眉。客久歸家翻似客；悲多逢喜轉添悲。夭桃隄外紅將綻；弱柳門前綠欲垂。對此不堪思往事，小窗強讀少陵詩。

山村苦寂，門人杜讜言送菊至，喜成二律

寂寥蓬戶秋將盡，悶裏欣聞送菊來。乍見黃英開笑口；急呼小婢破莓苔。香侵冷袖身親灌；影拂幽裙手自栽。從此東籬添逸韻，恰逢家釀熟新醅。

暫停刀尺飲疎籬，時覺寒香落酒卮。冷豔乍添新體態；幽芳不減舊丰姿。能經歲月

緣開晚要耐風霜故放遲。怪得此花無俗骨，仙根原自少陵移。

山行誤入小道（行次謂從者曰：『此山有虎。』險峻絕少人迹，意必有虎；今覓不然。及出山，聞土人言，旬日前虎食數人，方知幸免，亦信余言非過也。）

崢嶸插霄漢，誤入可如何？銜草緣山轉；懸車跨水過。壑深雲氣重；林密虎蹤多。出險驚魂定，堪憐鬢欲皤。

寄從子應龍

艱難絕不數仙霞，別汝南來到海涯。覺後涕痕雙袖溼，夢魂畏險不歸家。

寄姪作肅

艱辛歷盡暫時安，萬里相從侍伯鸞。官舍環山朝霧重；女牆臨海夜潮寒。才疏事簡親操易；德薄民蠻佐化難。若問羅源近消息，新詩寄與阿咸看。

苦雨

一自入春來，十日九陰雨。幸有一日晴，朝霧直至午。陰氣襲衣裾，溼潮浸肺腑。我本河北人，何能堪此苦！ 君子久欲歸，宦囊乏資斧。 悽悽何時已，廉吏可爲否？

寄良人

憐君客裏重爲客，使我愁侵復病侵。 老去更添恩愛重；悶來不覺酒杯深。 暫時小別還成憶，如許離情已不禁。 何日方歸冰署內，齊眉舉案兩相斟？

戲成口號

祇緣欲積且休錢，裙布釵荆似昔年。 爲問且休何處是？洋洋滿紙派勻捐。

黃鶯兒四首

一自到羅源：地當衝，百姓蠻，才疎最怕差難辦。 酒席怎添？公館怎安？長隨烏合難驅遣！ 苦無邊，制差纔過又接道傳單。

一自到羅源：送降人，備站尖，百般需索心無厭。 魚肉不鮮，使費要添，解官輭弱誰能勸？ 苦無邊，這番剛過，那起又來全。（頡剛案，疑是『纏』字。）

一自到羅源：吏胥疲，册籍繁，差提飭鎖眞無偏。 誰說你寃，那管你賢，文來總是言參辦。

苦無邊，早知如此，後悔殺從前。

一自到羅源：僕思歸，友欲還，清貧難過頻興歎。　債主催錢，典衣過年，萬民爭頌中何幹。

苦無邊，急來拍案，『誰教做清官！』

繡餘吟（附）

大名成靜蘭著

春寒

翠袖臨風怯，虛窗晚乍晴。山深常積雪；春老尙無鶯。映日蘿陰薄；穿籬蝶粉輕。鋤花課小婢，書帶逐階生。

中秋對月憶故園女伴

佳節更新晴，開筵月倍明。碧梧流有影；玉露墜無聲。砧杵一時急；枌榆千里情。故園諸女伴，何日遂歡迎！

春雨

梁燕囘殘夢，深閨倦繡時。開窗香滿屋，花徑雨絲絲。

送三兄歸里

又送三兄去，迢遞故國（頡剛案，一本作『歸』，誤）情。十年經幾別；千里復孤征。班馬嘶；殘月村鷄下五更。 家園春正好，花柳遍清明。

霽望

雨聲盡夜曉風輕，柳翠花妍倍有情。 一抹嵐光山似畫，白雲斷處野人耕。

白燕

又向雕梁覓舊蹤，銜泥輕掠曲闌紅。 差池別院梨花影；下上疏簾柳絮風。 玉翦碎愁香夢斷；霓裳罷舞畫樓空。 倦懷藉爾渾消脫，白壁光搖繡幕中。

曉發

雲埋古戍驛樓空，回首秦川失舊蹤。 雙眼望迷千里月；寸心敲斷五更鐘。 車迎曉露征衣溼；馬踏春溪野草茸。 遙憶天涯雙白髮，歸寧何日淚千重！

繡餘集終

針餘吟稿目錄

頁數

附文一篇

案，去歲予等遊大名，得識姚晉槃先生（謙）。秋間晉槃來平，出此書見示，蓋假自范廉泉先生者。東壁有妹適劉觀成，昔在考信附錄中知之。劉家藏有成孺人畫菊一幀，直至五年前始被焚，亦聞崔衍隨先生言之。獨至其妹之名字及其才調，則絕無所聞見。今忽覩此，爲之拊掌。成孺人爨餘吟序云，『舅多病，每呈詩至則爲一破顏失所苦。而小娘亦略知聲律，常唱和於針線刀尺間。』所謂小娘即指幼蘭。崔氏一門能詩，習而俱化，故幼蘭亦喜吟咏，且以『針餘』題其稿，示取法於其嫂之『繡餘』焉。晉檠所得於范先生者有二本：其與二餘集合鈔者凡四十八首，迄『丁丑年六月亢旱京都大雪因而有感』止；其單鈔者又有『七旬自嘆』以下十篇。然溢出者多不類。如『忠肝義膽在閨門』猶可解也；至於『志氣衝霄漢，常懷報國心』『空懷治國志，不得定乾坤』似非昔之婦人所應出。東壁常謂古書篇末多後人附羼之語，此例得毋亦適用於此書乎？詩以嫁前所作爲多，風格雖嫌平弱，而婉孌清揚，適合少女身分。及其旣嫁，則質直乾枯，歎才盡矣。環境移人，一至於此。是知成孺人垂老作黃鶯兒，尙以滑稽之語自相嘲謔，蓋由於夫婦之交相撫慰，故處境雖艱難，猶得不改其樂，而幼蘭則未有是也。卷末附婦女奇談論，述其長婦楊氏事，惜下半缺失。此題殊不顯豁，或指夭亡之次女附於婦之身而作之談話乎？予輯東壁親友文字及其故實爲一編，幼蘭之作原當入之。惟以其獨成一書，非出鈔輯，且夙與二餘集合訂，不欲變其舊，故仍置之二餘集後。諺有之，『愛其人者及其屋上之烏，』今錄此書毋乃類是。民國二十一年二月十三日，顧頡剛記。

目錄　八

針餘吟稿

魏縣崔幼蘭著

雨霽

雨後天初霽停針倚畫櫳，萋萋芳草碧；淡淡野花紅。入坐茶香薄；穿簾日氣融。閨中同阿妹，攜手笑東風。

病起偶作

年來多病懶裁縫，翠幕輕開野草茸。新柳拂樓煙漠漠；碧波映日水溶溶。風前宛囀鶯聲；滑雨後朦朧蝶睡濃。彩筆慵拈書未就，半窗明月夜聞鐘，

新秋雨夜

風飄桐葉入雕欄，冷雨瀟瀟陣陣寒、停針女伴誰相問，獨自吟詩到夜間！（頡剛案，疑是『闌』字。）

九日

對酒看花悵雨濛，荒城那復惹秋風！每逢佳節思諸姊，不把茱萸插坐中！

和次兄赴館高兒寨原韻送大兄入關

同歸方半載，雁侶又東西。轔轔征車遠；蕭蕭班馬迷。孤村風俗異；長路燕鶯啼。去難爲別，一樽淸酒攜。

上巳懷張氏堂姊

寒食思君處，春歸滿院芳。何時重會面，攜手看春光？

書懷

芊芊綠草又春天，日暖風和倍可憐。花下鳴琴常自樂，年年惟願笑尊前。

即事

雲濃窗自黑；院靜雨初霏。花落一枝瘦；苔生三徑微。

其二

紗窗聽雨時，滴滴細如絲。只爲吟詩苦，翻忘刺繡遲。

寄張氏三姊（隨任貴州，八年始歸寧一面。別又六年，有懷奉寄磁州。）

八年離別乍相親，西望雲山又六春。何日歸寧同繡閣，窗前攜手笑聲頻？

雨夜書懷和大嫂韻

颯颯西風吹薄裳，更煩苦雨送秋涼。寂寥旅館愁孤客，迢遞關山思故鄉。蟋蟀聲中催夜漏，鶺鴒飛處憶行裝。塤篪孺慕誰同我（大兄在都；時二兄就館院家塾。）問視晨昏慰北堂？

憶遂氏四姊成安

新柳依依觸我愁，登樓閒看水中鷗。可憐獨立窗前影，轉瞬韶光憶舊遊。

秋雨步家大人原韻時大兄在北都

風雨瀟瀟溼碧苔，繡餘閒自繞樓臺。已憐滿目秋將暮，無限離愁雁送來。

和二兄歸城中故居原韻

蟋蟀燈前促補衣，杏粱又見燕南歸。水餘破屋猶容膝，風過閒庭忽掩扉。三姊于歸魚信杳；長兄出外雁書稀。雙親獨累吹篪客，幼妹痴愚未識機。

重九

何處登高賞？閉門王謝家。幾人同白酒；獨我插黃花。罷繡方裁句；呼鬟爲煮茶。龍山已往事；今古不須嗟。

家大人賞菊代作

落帽誰家興？閒來就菊花。東籬人未醉，隣酒可能賒？

紡車同長嫂賦

絃正輪圓運不窮，絲抽萬丈疾如風。誰知無限經緯意，却出閨人纖手中。

寄陳氏大姊

砧杵遙聞怯倚樓，黃昏望裏暮雲收。蕭條小院桐陰瘦；惆悵寒庭玉露秋。遠水連天明月冷；荒城匝地野煙浮。塤篪對處心如醉，欲向征鴻寄別愁。

送二兄會試時，大兄先已在都

草綠瀛洲暖；鶯啼上苑春，聯飛雙鳳客，同作看花人。

除夕以病不得與家宴

年年椒柏酒，歲歲我先嘗。可憐今夜酒，不得侍高堂。但爲身多病，非關孝思涼。早晨承色笑，闔室樂無央。

八春詩

春還春色美，春日倚春臺。春鳥啼春樹，春去復春來。春草春方動，春花春月開。春暖尋春伴，春酒飲春杯

戲贈二婢

著柳東風景正妍，雙鬟爭笑倚鞦韆，綵繩低拂裙拖地，月入斜窗未肯眠。

夜坐懷三姊西及長嫂東

獨擁薰爐火正紅，繡針初罷夜方中。光穿朱戶一輪滿；影度重樓幾點鴻。弱體清癯人寂寞；寸心牽擾夢西東。憑誰說與無窮意，寫向新詩訴北風！

夏日偶興

繡罷看窗午吟餘覺晝長。簾開來燕語；人困厭鶯簧。柳色侵衣碧；花風過枕香。重樓幽靜地，隨意到羲皇。

長嫂偕兄館武安

一行雁字幾何曾地豈衡陽到不能。應是左芬新有賦，武安紙價一時增。

其二

殘燈獨對小窗幽，寂寂蟲聲欲替愁。多少襟懷無計寫，一行雁字正橫秋。

春晴

東風著意到簾帷，細雨纔收添綠肥。烟柳枝頭鶯乍囀；露桃花底蝶初飛。閒烹雀舌偕兄語；醉染貂毫倩嫂揮。放眼春田芳草外，青莎短笛牧童歸。

聞笛

落梅何處起？宛轉出重城，可惜今宵夢，何能寄別情！

夢中作寄大嫂大名成氏

颯颯凄風晝閣幽，清宵夜雨淚雙流。遙憐蔕繡誰同伴，兩地相思一樣愁！

月夜登重臺

極目漳川上，荒城似畫圖。月明人語寂；烟靜夜村孤。嘯聽蛙聲聒；唫看魚淚呼。微涼多病怯，風露冷羅襦。

其二

寂寞空齋裏，登臨晚乍晴。柳陰依浪轉；波影澹沙明。雨過蟬聲亂；風來蝶粉輕。遙看新月上，綺閣夜彈箏。

擬仙子洞中懷晨

嵐重迷仙徑，胡麻可共漿。水清花自艷；風暝草含香。乍會乾坤別；離思日月長。百年空有夢，無路訪劉郎。

一兒在都，夢中寄一兒

千里馳驅祇一身，離家數月傍風塵。遙憐秦市單衣客，有幾綈袍贈故人！

賦得『好雨知時節』

雨暗芸窗黑；風高石燕輕。王孫歸怨溼；父老悅春耕。捲簾看細線；隔幔聽微聲。明朝甘雨足，嵐帶繞孤城，

感懷

獨坐殘燈夜，淒然心俱灰。自嗟新舊事，何若在天台。

不寐有感

開卷窗前夜已深，空階點滴冷難禁。自憐薄命愁如許，寫向新詩淚滿襟。

送女伴歸里

憶汝初來時，宛若髮如髫。愛爾衞夫人，素與成蘭契。相聚五六年，倏爾忽分袂。今行雖不遠，後會茫無際。明年雁歸來，莫使空相憶。

題畫菊

醉後楊妃別樣妝，裁成婀娜玉肌香。 生前不與羣花比，留取芳魂獨傲霜

夫子就學一日即歸，因感樂羊子而作

君乃樂羊子，愧妾未斷機。所以學不成，相對空噓唏。

慈母命咏金雀、丁香、桃花三事

小院花如錦，春深二月時。 雨潤黃金嫩，風翻白玉脂。 左右芬芳茂；上下影參差，遙知洛陽處，更有一株奇，

秋雨懷夫子在外

雨溼苔初嫩，秋聲老碧梧。 可知窗下客，楊玠繡餘書？

其二

金風飄敗葉，四處起寒砧。 欲寄回文錦，勞君動別心。

自悼

拜佛常求壽，吟詩慰北堂。 課兒思曹母；舉案愧孟光。 昔時比翼鳥，倏忽參與商。 衆

人同炊食取婦各分漿，泉水兒女飲藜藿權成糧。新婦爲餓鬼，次女葬路傍。夜寐缺毡被，日出無完裳。險釁成疲病，顚沛方寸狂。追思父母言，何可愬衷腸。仰天惟歎息，嗟乎空自傷！

感懷二首

薄命從來缺五倫，廣寒宮内謫仙眞。閨中弱質如男子，黧黑羸膝（頡剛案：『膝』字疑誤）何處陳？

生男育女已成空，五十餘年一夢中。少米無柴隨夫主，夫榮子貴付東風。

成氏長嫂寄姪原韻

曾聞閩地有仙霞，不許閨人赴海涯。貧苦只因兒女累，飢寒凍餒向誰家！

秋日哭王氏姑母靈座前

日月光輝性格慈，柔腸欲斷永離思。階下蘋蘩勤教女，几前閱史（頡剛按：『閱』疑當作『經』）自傳兒。錦帳乍空人寂寞；妝臺仍設魄遷移。西歸鶴駕誠遐逝，無限傷懷寄萬枝。

丁丑年六月亢旱，京都大雪，因而有感

六月飛霜雪爲雨，怒惱穹蒼旱乾土。只因世人多鴟類，不重爺娘重兒女。

七旬自嘆

忠肝義膽在閨門，一生碌碌似浮雲。舊時女伴多爲鬼，只有饑寒丐乞存。

偶興

志氣沖霄漢，常懷報國心。悶來尋知己，南窗一曲琴。

言性

剛烈丈夫性，忠義心自存。空懷治國志，不得定乾坤。

悲痛三首

力盡馬牛婢子身，蓬頭赤足敝衣人。三餐炊爨猶嫌嬾，不念劬勞多苦辛。

一生辛苦無人曉，屢逢謗突（一作『被凌辱』）何時了。愧我貧（一作『君子固』）窮天地間，

不如走獸與飛鳥。

遍體疼痛少人知，井臼親操淚暗垂。滿腹愁恨思往世，眞心耿耿獨（一作『迂拙悠悠空』）自悲。

翁姑棄逝

三十餘年幾變更，汙耳終朝不可聽，但得樹窠安寐室，滄浪之水濯吾纓。

望雪

四野茫無際，梨花風亂舞。飛來衣袂溼，穿窗更穿戶。

風雨夜坐，忽憶舊日此時長婦楊氏夜送綿衣

暮雨紛紛涕淚潸，朔風折骨敝衣寒。室中只有痴兒女，膝下空存伴夜闌。

貧婦

生成辛苦命，智拙更痴庸。伏臘常炊爨，春秋衣敝同。擧鍋兼洗鏤，曷辭並補（一作『揣鸞與裁』）縫，吾乃儒家子，不能爭雌雄。

附文一篇

婦女奇談論

孝婦者，乃魏邑楊氏諱源之長女也。生於乾隆壬辰九月二十一日子時。婦週歲，其母段氏即卒；父鞠育成人。繼母王氏亦賢。旣長，約媒氏聘與長子永寧爲妻。婦性純孝，善侍其父。父患嘔血之疾，期年不愈。婦寢食俱廢，衣不解帶，藥必親嘗，不離左右。

因其祖葬，余適其家，見婦舉止端莊，可謂窈窕淑女焉。余顧謂人曰：「子寧不肖，然有此婦可承吾家宗嗣矣，余志亦足矣！」時年乾隆辛亥冬十一月二十一日即成婚禮。

婦旣于歸，果能侍舅姑無異父母，小姑小叔如同胞姊妹也。取婦廿餘日，忽各分爨；婦即親操井臼，昏定而晨省，進膳奉姑。寧好頑狎邪，逆婦晝夜苦勸讀書，而寧終不聽，反被穢言汚衊；婦怏怏不樂，常痛其父，夜則淚透其枕，日則不能下咽，嗟乎，劉氏祚戶將衰，有此貞靜賢孝之婦，安能存乎！

余之次女聰慧俊異出衆，余素愛之。授之以詩，過目不忘。女四五歲時，余有採薪之憂，女便撮土爲香而祝。祝曰：『勿使我母病，我長孝母！』臘月廿七日忽發痘，卽死于元旦矣。余悲傷不食，婦亦不食，相對而泣。余每出，婦必尾其後，歸必問與何人言，言之何事，惟恐在僻野處涕哭。又作斑衣頻戲以開姑之顏。

余適有疾，婦扶持坐以待旦。寧有私畜，必藏以待姑至而發。婦勤紡績，寧惡之，遂不諧伉儷之歡，婦鬱鬱成疾。

是年夏月，婦食藜藿，未嘗見於齒。

秋九月初十日，生一女。十一月廿三日，婦卽臥床褥矣。夜作亡女言：『吾乃母之次女七歲鬼魂也，臘月十九被次兄所害，在嫂之身日久矣。』人皆（下缺）

針餘吟稿終

知非集二餘集針餘吟稿跋

趙貞信

這三種詩集在近幾年間陸續地發現，確能使人增長了搜求湮沒著述的勇氣；即此可見只要有人肯對于一件事實作有目的的努力，總不至終究空虛而毫無收獲。崔東壁先生共計著書三十四種，八十八卷；他的門人陳履和替他刻成了十九種，五十四卷，亡失了十五種，三十四卷。這三種中的知非二餘二集，即爲亡失的十五種中之二種。此二集並列在自訂目文集十六卷下，乃履和三代錄序中所認爲不可不刻者。現在所得的本子，雖和履和欲刻之本未必一樣，但除了這個本子以外，將來能不能再發見別的本子，已成絕大疑問，故此二本在今日實屬很可寶貴！針餘吟稿是東壁的幼妹的作品，其可貴自也不在二書之下。

這三種詩集，比較起來自然以知非集爲最重要；但牠的本子問題也最複雜。所以自去年(二十年)一月間由洪煨蓮先生在燕京大學圖書館破書堆中發見之後，曾和適之先生及我討論了不少的文章，最後齊思和先生也加進來發表了一大篇意見。雖因各人的觀點不同，定下的假設不能趨於一致；但你辯我駁的結果，無論在本題上或本題外，總得到一些頗有見地的成績。這五六萬言的討論文字，因我們都覺得沒有發表的必要，所以不發表。但這一回討論的經過，和諸討論文字中的比較重要的幾點，好像很可供給將來人的參考，不應當埋沒煞。因此，我就借着了這個跋的名目，把這一件事來敍述在這裏。

原鈔本的形狀，因燕京大學圖書館已有影印本發售，而本帙內也印上了洪煨蓮先生的跋文，他說得很詳細，不用我重說了。（影印本書首後半頁所說之原本尺寸似略有錯誤。按原本係高營造尺八寸四分，寬五寸一分。每半頁九行，寬四寸三分（惟閤齋先生墓誌銘作八行，寬相仿），每行二十一字，高六寸五分（惟弱弄集舊序及閤齋先生墓誌銘作二十字，高六寸二至六寸四分）。）

我們討論知非集的本子，自洪煨蓮先生的發端，到齊思和先生的收場，時間約有三個月，文章共爲十八篇。最初的一篇，便是一月二十三日洪先生的跋崔東壁知非集。

我讀洪先生的跋文，注意了他兩點，第一點，洪先生說：

陳履和……爲其師……所刊者，僅考信錄十二種三十六卷，雜著七種十六卷，文集一種五卷，……最足以見東壁感遇情趣之知非、小草二詩集尚闕如……

這一點，我覺得洪先生忘了雜著中的讀經餘論和無聞集的第五卷履和沒有刻，而小草集是閩中宦牘偶存稿，不是詩集。這一點本來和知非集無關，但我因覺察了這一點的緣故，遂用心到第二點，洪先生說：

崔東壁知非集三卷，……湮沒百餘年，幸而復見。……倘作年譜，……知非集既出，……海內外收藏舊籍者，尚有小草集而肯爲刊發，然後……可得而問也。

……

陳履和校刊考信錄例言說：

先生五十歲以前事見於知非集附錄，五十歲以後事見於小草集諸書。

我推測洪先生的說話是根據這一段的，我明白洪先生的意思是誤以這本卽爲東巖和欲刻之定本；但就我從知非集中所見到的却很不對。過了幾天，我就把我的見地也寫成了一跋。我說：

貞信反覆覽觀，竊謂其係鈔自東壁先生之初成本，非先生定本也。試陳其故：按東壁先生自序言題此書爲知非集時，刪存凡賦三首，詩二百首。『暇日又刪其三十首，而區別爲三等：擇其言情感事義近於諷諭者二十有八首，首列之曰近古編。其次抒懷，贈答，遊覽之作，無足爲重輕者，三十有八首，曰遺興編。又其次則聲病徘偶之言，大雅所不屑道，其中雖亦間有取義，然以其體旣卑不足復爲區別，統列之於一等，凡九十有二首，曰諧俗編。而又附以詠物等詩十二首，曰諧俗附編。』今此書之分類別，係按體裁而異，與序所言以性質區別者不合，故一。如自序之言，全詩當爲一百七十首，今計此書乃五古三十二首，七古十七首，五律三十二首，七律三十九首，五絕十首，七絕三十四首，共僅一百六十四首，與序所言之數不合，故二。自序未嘗言有詞，今此書有詞十四首，故三。五律明標四十五首而實則爲四十六首；七律明標附錄八首而實則爲十二首；七絕明標三十二首而實則爲三十四首；不知何以有此舛誤，故四。七律下所寫之原編、續編、再編、附錄等字樣，定本似可不必有，故五。五古中有送舍弟南歸一題，五律中有將赴邠州次韻留別舍弟一題，五古中之京邸歲暮一首，內中『親』字係脫格書稱弟曰『舍』，書『親』字脫格，頗似稿本就人求正款式，故六。七律末將至館舍得句一首之末二句，將其原詩及下注之『將至館舍成句，歸後易末一聯』十二小字點去；七絕內大名秋曉一首，下注有『此詩在訪李琪園詩後』一語，亦屬稿本未定時之狀，故七。畿輔詩傳所引先生之詩，有西安卜居二首，而此書無之，故八。此書後附之闇齋先生墓誌銘，體例不類，當非原書所有，特鈔者偶然鈔附；但取此文以較遺書附錄內者，亦頗多不同，以純駁論，則彼純於此，可知在附錄內者已經東壁先生改删，而此則猶甚原文也。此雖與知非集無甚關係，然亦足見鈔此書之時先生之書尙多未訂定。

在這一段裏，我第一個重要的意思是認此本爲他人鈔於崔先生的本子，而所鈔的爲知非集的初成本。我所謂初成本的意思，便是崔先生在五十歲時開始着手抉擇各種稿本中的詩來編知非集，初次編就的草本。因爲是一個初次編就的草本，他正在根據了這個草本時時改動，所以詩的數目會和自己標明的不同，有塗改的地方（如將至館舍得句）有加注的地方（如大名秋曉，）又有寫出原編，續編，再編，附錄的地方。——我說這個是他初次編就的草本，也可以說初次編就後正在改定中的草本。我所舉的諸證，以第六證爲最不當（適之先生說：『「舍弟」是詩文集中通用字樣，』）其餘的則後來蒙大家多認爲是一種可以研究的理由。下一段是說出我定的一種假設：

信意先生初定此書爲知非集時（自序言年五十），即被鈔此書者所鈔，後四年先生重行删編，幷作序（序題乾隆癸丑，計是年先生年五十四），鈔此書者僅鈔先生之序補入，其他則未之改，故致此書與序言多有不合。觀自序之字迹與全書不同而與朱評者相似，則其評與序均爲後加可無疑也。（此書鈔紀序與詩詞者字同，鈔自序與朱評者亦頗類，鈔賦者似爲另一人，鈔墓銘者又別爲一人；而紀序與詩詞之鈔必在崔先生五十歲後，自序與朱評之鈔必在崔先生五十四歲後，似可斷言。）……又觀此書所逸畿輔詩傳所有之二首，似不應在被删之列者，疑先生定本與此本不同之處甚多。而此書既無目錄，又不分卷帙，亦可爲鈔自初成本之一證。殆先生區此集爲三卷，亦在重行删編時乎？

我因爲要解釋集子內容和自序不相應的原因由於兩次鈔成，所以注意到字跡上，想不到這一點却成爲後來爭執的中心點，因這點產生了許多發明，也惹起了許多糾紛。我當時草萊初闢，且不預備後來的辯論，不十分凝心注意，所以有些地方說得很大意；現在看起來，像這段裏關於字跡的一點，確應當改過了。（鈔紀序與詩一百四十五首者同，鈔賦者與鈔朱評者頗似，鈔自序者一人，鈔詩十九首詞十四首者一人，鈔墓銘者亦甚似卽鈔詩十九首詞十四首者。）

這個時候，顧頡剛先生已經叫人把燕大本照樣鈔出了一帙，連洪先生和我的跋也多鈔附在後面送去給胡適之先生看。第二天，適之先生就來了一封給顧先生的信，他說：

趙先生謂『此本非先生定本，』其第一證已足證明此意。但他謂此本係『鈔自初成本，』其所列八證皆不足以證成此說。……

我很注意趙先生所舉第七證。此詩之改稿（『將至館舍得句』）是誰改的呢？若是東壁親自改的，則此本是東壁自家藏的本子。大名秋曉詩的一注也有同樣的問題。如是東壁手改本，那就更可貴了。

我的論斷是（一）道光間所傳之知非集是更早的本子，故多二詩（小草集是閩中所作，不會有西安的詩。）（二）燕大本是删存本，删於癸丑作序之後，故詩數更少于序中所言。（三）癸丑自序的分類法，在此本並不曾實行，當另有依此分類的定本。東壁自定書目中有知非集三卷，當是分三類爲三卷的定本了。定本中的詩數大概也少于序中所舉之一百七十首之數。大概序成之後，他又删去二首；此本已鈔成不能更分類重編了，就與分卷的本子並存。

適之先生是一個腦經敏銳目光犀利，而又心直口快的人，他在一讀重鈔本知非集之後，便把所見到的意思寫出在這短信上；他的存心既沒有成見，論斷雖不中肯，是不害事的。我猜他見到了原鈔本便會改正他的論斷，所以當時顧先生將這信給我看後，我仍舊安心做我的後跋，不起辯論的意思。這段裏胡先生也沿洪先生的誤，以小草集爲詩集，想也是偶忘了考信附錄中黃文治贈東壁先生歸大名詩裏的『裒集署知非，久不勞心血（先生行年五十郎轢吟，顏其集曰知非集）』的話了。

知非集後跋，是我一篇四五千言的長文，但內中說得很瑣雜，現在看來竟沒有什麼話可引，大概只有這幾句還可寫在這裏：

此本（指知非集鈔本）收得於散亡之後，對於先生學術思想演進之程，獲得一重要參證，固屬吾人之厚幸！自不得以非定本而少之。然信讀考信附錄，見先生有送秦耐圃詩讀無聞集有霧樹詩序此二詩均不見於此集意定本必有之；而推計亡失之數殆甚多，則不見定本終不得於懷無憾！……

此時 適之先生 已做成了一篇 跋崔述知非集及崔夫人成靜蘭二餘集 的文章。他此文專爲考定崔先生入關迎娶成孺人的年歲而作的，他說：

崔述入關在乾隆二十八年癸未（一七六三）明年（一七六四）春天與夫人同回大名。……

他根據考信附錄少年遇合記略中乾隆壬午『朱公移永州，……余與弟送公至臨清，遂入京師鄉試皆得舉於順天而公至永歲餘，以與巡撫議事不合，竟以原官罷歸，』及『松田之隨侍至永也以道中題詠寫寄余余亦以入關道中所作報之』的兩段來斷『此可見崔述入關在壬午中舉人之後，又在朱煐罷官之前。』 他又因在少年遇合記略中史貽謨條下看出崔述兄弟曾應癸未（一七六三）春天的會試，所以說『崔述赴邠州迎娶，當在癸未年會試之後。』 他又從知非集留別韓邠州及寄酬韓邠州的詩中『驛臨渭水冰初綻，……梅花片片促離愁』『春風催別楊柳新，扁舟東渡咸陽渡』等句，和成孺人繡餘吟最後一首曉發內『雲埋古戍驛樓空，回首秦川失舊蹤。……遙憶天涯雙白髮，歸寧何日淚千重』之語，來證明崔述在甲申（一七六四）的春天帶了他新婚的夫人出關了。這一篇考證文字，因爲適之先生粗心了一點，誤用少年遇合記略的記載作根據，所以把崔述入關之年考得不能正確，後來由洪煨蓮先生重爲之考正。

現在收入在這帙裏的洪先生的跋崔東壁知非集，原來的題目是作擬跋選印崔東壁手書詩詞，其名稱所以如此的緣故，洪先生在原文的末後有這樣的幾句話：

今所得之知非集，既非東壁定本，余前者付印之謀，可作罷議也。……然此本中詩十九首，詞十四首，皆東壁手書。東壁筆迹之在人間者，此猶吉光片羽矣。選數首影印之，亦凡敬愛東壁之性情學問者所欲瞻覽歟？

現在這篇雖已經洪先生修改，但大體和原文無大出入，爲省篇幅計，我不引了。洪先生這篇文字條理既清晰，包括亦周到，是很可贊美的。故我讀了後說『思索入微，用心周密，……眞足驚服！』適之先生也說『洪先生工夫細密，……使我十分佩服』但我和適之先生于敬服洪先生之外，仍願道出自己的意見。我遂寫了一篇知非集本子的我見，適之先生也寫了一篇跋知非集鈔本。我對于本子，仍申述以前的原意。對于知非集鈔成的步驟，則謂：

貞信疑先生最初編知非集而尙未完成的稿本，是紀序一篇，賦三首，詩一百四十五首，詞十四首。初鈔此本的人，就照此稿本所鈔。紅筆評語圈點也鈔在這時。……他請人評點的本子，或者就是樂飢集。從樂飢集採進到知非集初稿裏面的評點，多仍照樂飢集的原樣；這本再從知非集的初稿本裏鈔出。……以後崔先生加編了十九首在稿本裏，鈔這書的人又借來補鈔。……自序的鈔，當在此時之後。信疑他鈔自序的時候，只看見了這一篇序，故就補了這一篇序。……墓誌銘在崔先生的稿本上怕未必有，信終疑牠是不知何時，鈔者在他處見了偶然鈔附，和詩集無關，……

看有硃筆評點的一篇賦，三十七首詩，二首詞，除了詞中的金縷曲不像是三十以前的作品，其餘的好像都是原在弱弄集中的。所以我總很疑心他的傳觀請正本或許是弱弄集。　對于知非集中注改之字，我說：

將至館舍得句一首的塗改和大名秋曉、下的一注，貞信以爲多是崔先生的稿本上原來如此，而鈔此書的人依樣直鈔的。將至館舍得句下的注字同爲丁所書，大名秋曉下的注字也同是甲所書。至於洪先生所舉的『叵首』改『叵頭』，『傾倒』改『顚倒』，『紅葉』改『紅樹』等，像都有偶然鈔錯的可能；與七言中酬同年殷蘭亭見贈一首的『住』誤『在』，『唱』誤『鳴』一例。惟……『九日登絕紀東川登儒山兼以誌別』之『登絕』改『與』，不像鈔錯。但……也還有幾分可能。只有『黃華谷』改『黃華黃華』同七律中有一首『登千佛山』，『千佛』二字改『西』，頗可注意。故信又疑鈔者曾用崔先生的後本校改。……

我說塗改之迹是稿本上原來如此而鈔者照樣直鈔的這句話；後來頗受齊思和先生的駁難，以爲無此笨伯。 但我也自有我的原因。 我以爲大名秋曉下的一注明明是鈔者照原稿本所直鈔，則其牠的何嘗不可直鈔呢？ 至說鈔者何以不徑鈔其改文而幷鈔其塗去者，這實在是就我自己的癖氣來說的。 我鈔人的文字，就最愛連塗改的一起鈔下，因爲一來可以留下些原來的面目，二來在塗改的地方很可以見出作者的用心及其過程，能使人開悟領會不少。 我又說我疑心崔先生的詞，後來或係是收在荍田賸筆之中。 陶樑畿輔詩傳于崔述小傳下引劉大紳考信錄序而不引知非集自序，或也是未見自序之故。 但詩傳所引數首，和此本不同諸字多像彼勝于此，則陶見本雖非定本，恐總在這本之後。 我又說：

洪先生定丁所書之詩十九首詞十四首，爲東壁先生手蹟，則決不是。 就不論牠字的稚劣像初學後生所書，但看牠破體別字之纍纍觸目，也斷不是崔先生所有。這書無論甲乙丙丁所鈔，都是破體別字很多，或爲帖體，或爲俗寫，或爲寫訛，但又有很多字體人人相同。信很疑鈔者多是一家人，或者是一村塾師教他的學徒所鈔的，也未可知。洪先生因牠不是定本的緣故，遽罷付印之議，……我意總覺不對。……

這個鈔本上的字迹，雖有種種不同，但確實是學一個體的（顧頡剛先生説牠是顏體）。我嘗見人家有祖孫父子多學一本帖，又每見村塾教師因他自家愛學某一種字，遂叫他的學徒也多學某一種字，所以我疑心到此。破體別字之多不足定爲非東壁所書，後來胡先生，顧先生，洪先生多舉有例證，我自己也因爲看到了嘉慶丁巳南昌寫刻的補上古錄，和丙寅彰德寫刻的三正考，也知道我說的理由欠充足。但到今日我翻看詩和詞，未敢認爲有一部分是東壁手書的心，總覺還是同從前一樣。胡先生說：

胡先生的這篇跋文很長，我現在只能節引牠幾段重要的。

我以爲此本必是塾中學徒所鈔，……我以爲此本是東壁塾中的兩個學生鈔的。鈔賦的是一個人，鈔詩詞與兩序的又是一個人。洪先生假定的甲乙丁戊只是一個人。此人似跟着東壁稍久，故字體逐年有進步……

胡先生定鈔詩詞與兩序這人的鈔寫次序爲先鈔紀序及洪先生所指出的詩一百四十五首，續鈔洪先生所指出的詩十九首和詞同自序。胡先生說：

洪先生指出百四十五首與十九首的字跡不同，是很精確的。但這兩種字之中有許多字是一樣的…… 時代有先後，故先鈔的字都很拘謹而幼稚，後鈔的字稍自由而較老鍊。詞的鈔寫在稍後，而自序在最後……

墓誌銘或另是一個更幼稚的學生鈔的，或卽是鈔詩詞者最初學鈔書時鈔的。

至於七律末首的注文與改字，皆出于此一人之手，尤爲明顯…… 這一首詩，最足以使我們推想這本子造成的步驟。鈔詩的學生，鈔了原編續編的律詩之後，又偶然見着兩首未收的詩，他便把夜明柴一首試帖詩鈔在五律之後，把晚秋清流道中一首鈔在七律之後。但他後來又見着一首七律，大概是寫在單頁紙上的草稿，不曾寫明詩題，僅在紙尾注着『將至館舍成句，歸後易末一聯』十二個字。此詩初鈔時的末一聯已是『歸後』所改的：

多恨且圖今夕聚，豈知歸後恨還加。

但這位鈔詩學生不久又看見東壁未改的原稿，也是另紙寫的，却有詩題『將至館舍得句，』末一聯爲

多恨且圖今夕醉，猶堪下酒菊叢花。

……他誤認這是定稿，故又照鈔上去，把原鈔的異文和注文都點塗去了，又加上了詩題。

我這個假設最可以解釋這首塗改詩的啞謎。讀者試想，『將至館舍成句』在前，『歸後易末一聯』在後，有何可疑？……

此外一些塗改，更不成問題。這個鈔詩學生雖不大懂詩，却已通文理。凡通文理的人鈔書最多『有理的錯誤』……

我們現在可以確知東壁先生的詩集有三個本子：

(一)無名氏鈔的雜湊本，卽此本有詩百六十四首，詞十四首，賦三首。此本雖題爲知非集，又有癸丑自序，其實是一部雜湊很不完全的本子……

(二)陶樑所見的知非集不分卷本，大概有賦三首，詩二百首，詞若干首，無自序。

(三)陳履和帶去的知非集三卷本，大概有賦三首，詩百七十首，附詞若干首，有自序。

我這裏引胡先生的文字，不過原文四分之一。但胡先生的意思已大略可見。他是在洪先生和我的說法之外，另立一種說法的。

洪先生看了胡先生和我的文章之後，他一起做出了四篇來：(1)又跋，(2)擬討論趙先生知非集本子的我見。(3)擬討論胡先生跋知非集鈔本，(4)崔東壁入關娶妻是在那一年。這四篇文章，第一篇是因爲初時洪先生疑墓誌銘或是東壁早年所書，而胡先生駁他如是東壁所書，豈有把『病廢』寫作『痕癈』之理，洪先生解釋『痕癈』不誤。第二篇前半是逐條討論我文中的說話，後半是洪先生的餘論。第三篇是逐條討論胡先生文中的說話。這兩篇有一些已收在洪先生修改的跋內，以外也只是維持洪先生的原說，而指出我們說話中的不可通處。只有第四篇倒是洪先生考得很精細的一篇文章。洪先生懷疑胡先生考定的東壁入關結婚之年在癸未爲不可靠，他就自家起來重考一考。他以爲是在甲申東壁二十五歲時，他說他的根據有三：

(一)據陳履和東壁行略，成夫人的歲數與東壁一般大，她事東壁五十年，她死時七十五歲。從數目上加減，我們就可知道二人完婚之時都是二十五歲

(二)據知非集中七古黃鸝說：

昔我遊秦川，豳原初結褵，青山繞官舍，好音發幽枝。……歸來多株守，遂與清景辭。……可憐廿五載，煩囂少寧時。……豈知今年春，西來山之

唾，重聞睍睆聲使我心再怡，

這是他在西山乞伏村時所作之詩，其時他五十歲（知非集自序）。五十減去二十五，也可見他在豳原結褵時正二十五歲。

（三）二餘集中有水後九日呈姑詩，胡先生定這詩是乙酉年作的，很確。但這首詩之前有懷遠中說：

惆悵連宵風雨頻，　征衣製就寄無因。
遙憐臥病長安客，　誰解綈袍贈故人！

而知非集中七律細君寄衣並詩至賦此答之說：

讀罷迴文淚滿巾，鴛幃剛是一年新……　客館病遲歸去夢；征衣瘦稱別來身。　明年準擬攀喬木，款語粧臺莫愴神。

詩中所謂明年，是丙戌會試之年。可見作詩是乙酉，而鴛幃最新時是甲申，他年二十五歲時了。

洪先生這種考證法是很對的，洪先生在文末又附加了一個有力的證據，他說：

……故宮圖書館裏有乾隆四十九年的邠州志，……我……檢邠州志的卷十五，發見韓邠州就是韓成基。他於乾隆二十九年起始任邠州知州，更可見東壁結婚不在癸未而在甲申。

從此東壁結婚之年總算考定了。洪先生又從將赴邠州次韻留別舍弟詩內的『分袂暮雲暗，囘頭春草迷；花臨河水發，鳥傍華山啼』等句中看出東壁啓程入關時似在春天。他又說：

……入關走的路程在知非集中略可檢考。過了河南清化鎮，有晚眺書事寄朱松田的詩。發洛陽，出磁澗（磁澗），過新安（新安道中），越崤關（崤關），經函谷（函谷關），登華陰。過華陰時，有詞一首寄調水龍吟。他東望興歎，故云『囘首故鄉不見。』但『憑欄極目秦川，桃花零落春將暮，』是其時已屆晚春。經新豐（新豐市），渡咸陽（咸陽渡），過永壽（永壽縣），到邠州。過永壽時，還是『春寒鳥不飛，山風侵瘦骨，嵐氣濕征衣，』這是他初嘗豳原氣候，所以又說『異鄉風景別，惆悵舊漁磯。』……他何時帶了成夫人離邠回老家，胡先生……斷是過了年的春天，這是很準確。不過這是乙酉的春天，不是甲申的春天了。

在遺書附錄內闇齋先生墓誌銘中的『余自病廢』一句，粗看上去是絕不生問題的一句話。不意附鈔在知非集後的墓誌銘內却作『痕癈，』及我翻開上湖文編補鈔內的墓誌銘來一對，也是作『痕癈，』這眞是出乎意料之事！我很佩服洪先生斷定『痕癈』的不誤，但不贊同洪先生對于『痕癈』的解釋和句讀。所以做了一篇讀洪先生的四篇大作後，引上湖紀歲詩編中上湖小傳內的『因事左遷』一語來解釋『痕癈』二字（痕卽罪的意思）後來洪先生在上湖紀歲詩編中也找到了幾處施用『痕癈』的句子，由此遂斷定了遺書附錄中墓誌銘內的『病廢』是錯誤的（『病廢』之下接『衣食奔走』之句，本屬不通，旣病廢矣，又何能衣食奔走。）胡先生疑心墓誌銘曾經東壁晚年改竄過，我以爲很對。不過把『痕癈』改爲

『病廢，』我疑東壁是深悉韓門身世的，或不至于這樣鹵莽，恐怕是陳履和所改。考信附錄裏的墓誌銘不和知非集後的一樣，知非集後的同上湖文編補鈔裏的也不同。比較優劣像附錄裏的最好，補鈔裏的爲次，知非集後的又次。不知是否知非集後的是原作，補鈔裏的爲韓門所自改，而附錄裏的乃東壁所改？

齊思和先生的讀崔東壁知非集，做在最後，文也最長。他是集合我們三人的文字作一總討論的。他的結論却頗簡單，他說：

在尙未有更爲確切之說以前，吾人惟有採取洪先生之說。於是吾人對此書之認識，爲：

(一)本子　東壁詩集過渡稿本。

(二)鈔者　紀序自序及詩百四十五首爲一人所鈔，後鈔詩十九首，詞十四首爲東壁手蹟，賦及評爲另一人所鈔，墓誌銘或亦係東壁所鈔。

他在文末說：

是集既出研究東壁生平又多一史料……如：行略稱『先生少有志於功名，』此則讀感遇擬古諸詩，可以知先生少時之抱負也。先生賦性方隅，所至多落落寡合，讀迂歌贈別王懋勤諸詩而後知其詳也。行略又謂『先生至性肫篤，』讀都中送舍弟南歸諸詩，可見其情緒也。考信錄自序述其著書之難，有云『焦勞於禦侮，』……讀寄酬韓邠州詩，……知其鄉居見侮之苦況也。先生少年聲名藉甚，其後窮於場屋，『老未登第，』遂爲後輩所輕，中心不能無感，此則讀爲成陟庭題浮雲圖負薪行，題婦翁愛蓮圖，秋夜獨坐諸詩可知也。……自是集及鬖餘集出，成孺人之才學性情，以及夫婦間之敬愛熙洽（讀細君寄衣並詩至賦此答之及贈內兩詩，知成孺人雖姿色不佳，而能安貧服勞，才德皆足稱……）皆可知其梗概……。他如其生平蹤跡，朋友酬酢，皆可由是編知……之。……

這一段說得很好。讀知非集於見到崔先生的文學造詣和情感見解之外，實可知道他不少事蹟。陳履和說『先生五十歲以前事見于知非集附錄，』確非虛言。

這次的討論，最後的爭執似乎注重在東壁的手蹟問題上了。我的不敢相信，我在討論文中有這樣的兩段話：

寧可疑而過，不可信而過。厚誣古人，是東壁所大惡。要尊重東壁的遺墨，同時亦必要尊重東壁的遺教！

在大家懸揣之時，自皆不當有『固必』之心，信亦決不敢謂此終竟非東壁之字。目下之所以斷斷迄不能信從者，實緣吾輩之所以敬東壁，東壁之所以有大價値，全在其『考信』之精神。疑而後信，考而後信，得有充分證據而後信。未疑，不考，無充分證據，大家儘可作有理的假設，但決不可居然肯定。

適之先生說：

我們此次的辯論，都是不容易證實的假設。凡不容易證實(Verify)的辯論，只可以作爲消遣而已。……

但是否東壁手蹟，一點幾乎有可證實的可能。可惜大名某家所藏的東壁寫的對聯，已在三年前被婦女翦作鞋樣（見崔東壁先生故里訪問記），不然這點便可解決了。

適之先生說：

我們此本的印行，可以引出定本的發見。

凡作者自己删定詩文集，以嚴爲貴。但後世史家搜集傳記材料，却以多爲貴。故未删的原料，比删賸的作品更可寶貴。此本保存的詩詞，必有許多不見于後來定本的。…… 將來定本出現之後，此本仍是有傳記原料的大價值的。

我也說：

此書之定本，世未必竟已無傳。他日幸而得之，取以校此，於先生編删去取之微意，又可窺見。是今日此書之發見，固不僅足慰急欲讀先生之詩者一時之飢渴已也。

在五六萬言的文中，我本想只抽出牠十分之一在這裏便夠了。結果還是多愛少棄，也像是省無可省。但望海內有心之士，能注意於搜求東壁未刻諸書，或竟得由此而發見定本知非集，則實爲我們加入討論者的厚幸了！

二餘集和針餘吟稿，都是大名姚晉槩先生所尋得。二餘集發見於民國十七年，針餘吟稿發見於去年。這兩種書，在大名都有兩個鈔寫本子：一個是一種單鈔本，一個是兩種合鈔本。校對起來，針餘吟稿前面的四十八首，兩本相同；後面的十首，則爲合鈔本所無。二餘集，單鈔本和合鈔本大體雖一樣，但內中却有許多處的出入。固然多數是合鈔本的鈔者寫錯的，或妄改的，但也有幾處像勝於單鈔本。如：序中『以詩呈者』作『以詩呈裁者』，懷遠賦的『故衣』作『破衣』，『寄張夫人』一題的作『寄張夫人田』，九日贈良人的『寂寂』作『寂寥』，山行誤入小道的『警魂』作『驚魂』，黃鶯兒詞的『索需』作『需索』，『春日』一題的作『春雨』，送三兄歸里的『故歸』作『故國』等。他如：九日贈良人的『紅樹』作『紅葉』，『繁霜』作『寒霜』等，則像兩多可用，無大差異。我嘗覺得東壁先生的詩才頗不佳，適之先生也說『今本知非集中有許多詩實在不高明，東壁删定之本必與此本不同。』成孺人著的書，在遺書中共見到三次：考信附錄嘉慶十三年帶給陳履和的書目中，有二餘集一本。自訂目中文集十六卷下，有細君詩文稿一卷，陳履和在行略中注說：『細君詩文稿，成孺人作也。』行略末有爨餘詩文二卷，又說『先生爲之傳，系於詩後。』我初時疑心他名爲細君詩文稿，詩之外當尙有文。去年洪顧諸先生見到崔先生的墓碑，題曰：『孺人諱靜蘭，字紉秋，著繡餘詩一卷，爨餘詩一卷，』不提起文，這當然沒有文的了。但我總還疑心這一帙二餘集不但和帶有傳文的細君詩文稿不同，恐怕連帶給履和的二餘集也不一樣。因爲我覺得這帙裏不高明的詩也頗多，而針餘吟稿裏有和詩的詩，這帙裏又沒有，這本恐怕也是不完全而又沒有經過東壁先生改定的本子。針餘吟稿最後的一首貧婦爲另一人所補鈔上去的，而前面偶與言性二詩，也殊不像女子之作，不知有沒有他人的詩攙雜在內。

知非二餘二集內的傳記材料，有一些我已於補續東壁年譜時收進去了。針餘吟稿裏的，我也曾寫了一篇補敍附在年譜之後。但當時因爲時間迫促，凡關於略裝考索的，都且擱置，所以留下得頗不少而考覈不正確的，恐也有之。希望將來有人肯重做年譜，在這三本集子之內，更抽出我所未用完的材料，並嚴格地改正我考覈得錯誤的地方，非常感幸！

敬謝頡剛先生命我做這篇跋，而又容我因事務忙迫的緣故延遲了許多日子！

二十一年四月一日。

荍田賸筆殘稿目錄

知非集拾遺

附摘句

古體

律句

尺牘

駢語間存

崔東壁菽田賸筆之殘稿……洪業

頡剛案：此殘稿一册，前年范廉泉先生發見於大名，去歲姚晉槃先生持以來，洪煨蓮先生爲之考，考定爲菽田賸筆之初稿及菽田綴語之一部，其說縝密而可信。東壁先生之私人生活，尤爲宦閩六年中之生活，觀此益可明白。其與人書札於作令時所屢屢慨歎者不外數端：吏玩民蠻，事多掣肘，一也；地係衝途，差使絡繹，二也；前任虧空，時慮賠累，三也。此即成孺人黃鶯兒之所咏者也。至其與朱松田陳海樓之書，一往情深，足爲師友矜式。與海樓書更可與考信附錄中海樓來書合看，於以知考信錄與王政三大典考之刊改次第。惜胡適之趙肖甫兩先生所草年譜早經刊成，有待于異日之補纂矣。知非集拾遺缺失雖多，而可知今存之本先生由舊本删去者之題目爲何，其今本雖存而終被删于定本者又爲何，斯固一快事。雜說推闡人情，以明率意論古者之非，疑爲考信錄釋例之前身。噫，先生定稿未刊者皆焚於滇南矣，何意叢殘棄擲之稿轉得保存於河北，而吾儕亦得賴之以識先生之墨蹟，豈非藝林之大幸耶！民國二十四年四月二十八日，記於蘇州。

蔽田賸筆殘稿目錄

丙

荍田賸筆殘稿

大名崔東壁（述）以四十年之力，著書三十四種，共八十八卷。其弟子滇南陳介存（履和）以刻師書爲畢生事業，鞠躬盡瘁，死而後已。然書之未曾刻者，尚十五種，共三十三卷，未刻之定稿尚存霄壤中否，不可得知。民國十八年，大名王守眞（謐）先生得二餘集抄本以寄顧頡剛先生，此東壁妻成孺人之詩集也，聊可以當東壁自訂目錄中之細君詩文稿一卷。二十年一月，業於燕京大學圖書館破書堆中發見東壁知非集一册，旋斷其爲知非集定本三卷未成前之過渡稿本。四月，頡剛先生與業親至大名及舊魏縣訪東壁故里（參頡剛先生與業合撰之崔東壁先生故里訪問記），冀於東壁舊稿或有新發見也。當時雖無所得，然曾敦請大名士人隨時留意查訪。今年四月，頡剛先生從大名姚野浣（論）先生得東壁殘稿一册，據野滄先生云，得自大名范廉泉（鑑古）先生，而廉泉先生則得之於崔氏某也。

殘稿書竹紙上，共三十三葉。其中葉一闕後半葉，葉五闕前半葉之前半葉，二十九闕後半葉，葉三十一闕前半葉；然葉二十九葉三十一之兩半葉文相接續，蓋誤訂而然耳。本高營造尺八寸四分半，寬五寸七分半。眉端左角紙多殘缺，似爲鼠所嚙者。本中每半葉九行，寬共四寸三分半；行二十一字，高共六寸二分半。文字內容，大約可分三類：詩文拾遺爲一類，多殘闕；函稿爲一類，共二十一通；駢語爲一類，共二十五聯，附題額七語。茲以原文披露於左。其標點，皆業所加；唯單引號（「」）本原文所有，標鉤銷也。方括弧（【】）亦業所加，用以詳原文中塗改，鉤撤，簽貼，刪易之痕迹而已。（洪業）

知非集拾遺

題登歌（刪）乃余未學為古詩時戲作

題畫上有以歲久不省憶而遺之 題畫三首則偶未存稿而後遂忘之 贈栗上林三

首因其則以體涉應酬故皆不以原未入稿而遺之其四首者

則其餘三首皆訂集時所刪因有所感不欲盡棄而後復拾之者並取而附於此

夢中送別李琪園因成短韻寄之

琪園與余鄉試同年交相善也以癸未進士入

翰林時方以檢討授知縣尚未謁選

已如夢夢中仍送別琪園從此去淚盡不〻〻上

旋而我性獨拙感君重故舊不肯遺吾

艱難恐其懇待甚切而愚路費之外亦尚幸有餘財可
推不得已岀役送赴省會面爲汲明親㕥松老毋致参（二百金祈）
差是望至朱笏山業已挑發鄰省想亦無待於遠水之救（道遠人单財物未便多帯且）
也
而
迺遠人单亦未便於多帶專此達知并問近履餘不
一

頭行不寫

共故鄉親友札

與廣平王親家 以下五首並嘉慶二年五月內寄

夏景舒遲綠陰繞舍想老親家先生課耕樹下攤書窗前清閒快樂何羨如之弟於六月抵福省七月到任民蠻吏玩缺苦地衝繁之前任虧缺頗多交代難辨卯起亥眠常無暇刻每自笑多此一來也舍姪年少諸事全無主意去家五千里無由管束教誨所望老親家時加訓戒并喻令愛不憚煩瑣勸諫於閨閫中庶可不至流蕩子之與壻分雖異而理同總宜愛之以德不當姑息

消磨歲月藥爐中

傳僻書癡家中舊聯也至乙伏頗閒適地亦清雅

漫改其對句書之

傳僻書痴甘把逢迎輸俊傑 乙伏地頗清雅因取

碁聲詩韻猶堪谿壑作神仙 前傳僻聯改而書之

附額 風景不殊 小字旁註俊傑神仙两行下

嘉慶改元京邸候選

欣逢初載 一年經始日

恭祝萬年 千里欲歸人

知非集拾遺

捫蝨歌，乃余未學爲古詩時戲作。贈粟上林三首，因其體涉應酬，故皆不以入稿。題畫三首，則偶未存稿而後遂忘之者。其餘三首，皆訂集時所刪，因有所感，不欲盡棄，並取而附於此。【此段原文爲「題畫三首，以歲久不省憶，而遺之。贈粟上林三首，則以體涉應酬，原未入稿，而遺之。其四首者，則訂集時所删，而後復拾之者。並取而附於此。」經塗改，乃如上。】

夢中送別李琪園，因成短韻寄之

琪園與余鄉試同年，交相善也。以癸未進士入翰林，時方以檢討授知縣，尙未謁選。

口口已如夢，夢中仍送別。琪園從此去，淚盡不忍口。口口口口旋，而我性獨拙。感君重故舊，不肯遺【下闕。以上葉一上。】

附摘句【原爲「弱弄集摘句」，後於「弱」字上貼「附」字，塗去「弄集」二字。此行書眉有硃筆「二」字。】

余少喜爲詩。三十歲後曾自訂弱弄集，刪去者近半。及訂知非集時，刪去者十之六七矣。暇中偶憶及之，間有一二語足解頤者，未忍悉棄，聊摘錄之如左。想不足當大方一笑也。【「曾自訂」下原有「之曰」二字，後塗去。「刪去者近半」，原無，後所加。「偶憶及之」，原作「偶取閲之」，塗去「取閲」二字，改「憶及」。】

古體【原爲「五言古體」，塗去上三字，復於「五」字旁作「古」字。】

四歲讀門聯，解辨平與仄。五齡授經書，便知質疑惑。觀叔讀周易，從旁畫奇扐。聽父講春秋，背面說故實。○「縣侯賞駿才，金盤賜果食」。從此更發憤，旦夕務學殖。夜寢常五更，朝餐每日昃。攜書拾薪芻，帶經摘蘿菔。○時會終難料，天心未可測。泰山參天高，半日巔可陟。北辰萬里遠，舉頭見紫極。不然事耕耘，壯懷寄稼穡。不然學著述，爲世開茅塞。「文章苟表見，名山永不蝕」。述懷【「昃」字原作「晨」，

塗改。】

乍別囂塵地，息肩山水州。「主人重夙好，勝境相攜遊。」楊花密雪布，槐影疎雲流。

○「大行列作屏，易【原作「昜」，塗改。】水環爲溝。」泉聲引風雨，石勢盤螭虯。

奇峯斷忽起，密徑【原作「經」，塗改。】尋轉幽。【此下原有雙行夾注云：「晚春自都門抵易州，綦苞文邀同仰瞻行殿」。「晚春自都」四字，適居一行之末，以硃筆鉤去，餘文上貼紙條蔽之，紙條上所書，見下。】

律句

【此書紙條上，原爲「五言律句」，塗去上三字，而於「五」字旁書「律」字。】

末夜【原作「但」，塗改。】先愁暗，當冬轉愛涼。看書嗔字小，寫賦恨篇長。 眼疾 【以上葉二。 凡鉤去符號，「乚」，皆以硃筆爲之。 「乍別」上，書眉有硃筆「三」字。 「律句」上，書眉有「五」字。】

與花同歲月，以筆作生涯。識藥緣多病，甘貧爲少才。 春日做進退格

月明新雨後，山斷暮雲中。

霧含關月小，雪壓塞雲低。

寒柝隨風斷，邊城入夜寒。

清夜月千里，平沙天四垂。

雲氣乍離合，山光時有無。　雪消秦嶺出，日落霸陵孤。　西安府途中

今夜長安月，如何只獨看？　天清聞笛遠，夢冷到家難。　京邸對月

「七言律句」【鉤號以硃筆爲之。】

村從隱隱林中出，人在青青陌上行。　清明日郊行

回首暮雲將萬疊，傷心秋雁正雙飛。　秋夜懷舍弟

高文直與斗星齊，應笑嬴秦烈焰低。　潤筆幸能親雨露，畫灰今已隔雲泥。　習字【「嬴」原作「贏」，塗改。】

飛，如飛白雲中寫，行似行書月下排。　一字常思補　袞職，人文會見賁　天階。　同上

【「下」原脫去：先誤加於「排」一字下；後塗去，復加於「月」字下。】

字耀金光春日暖筆穿紙背暮雲開。 同上 【以上葉三。】

兄弟相依聊若一，主賓有分亦同人。 同上 【葉四只此一行，餘空白。】

惜賦 【此賦書眉有「口吊古今口心人別口」等字。】

原夫慮多偶失事罕萬全探隋珠以彈雀，客一簣於山巔。 天與不取，前功盡捐，【原作「損」，塗改。】悔之無及，比比而然。 于是僕【原作「樸」，塗改。】本多情怛焉惋惜，拍案欷歔，掩卷不懌。 若深痛乎予懷，神不寧者累夕。 有如樂生提旅，深入齊都，彈丸兩邑，指日【以上葉五之後五行，其前四行，並紙闕。】成誅，讒人交搆，懼罪逃逋，降城盡叛，遂失海隅。 至若張良發憤，欲雪韓恥，東遊滄海，陰求力士，博浪潛蹤，狙擊天子；【「子」字原脫，後加。】誤中副車，大索不止。 若乃武侯出師，祁山乘勝，三郡來歸，關中響應，任違律之參軍，失街亭之要徑，隴西之地盡亡，偏安之勢遂定。 又如鄂王北征，朱仙大捷，太子胥【原作胥，塗改。】奔，幽燕震慴，義士爭迎，臨河欲涉，忽奉詔以班師，降金牌之重疊。 此皆義關宗社，【原作杜，塗改。】事係生民，【原作「民生」，塗改。】大功垂就，一跌不振，哀九京之不作，能勿痛惜夫古人。 若夫賢爲民望，善乃國紀，或應運會而後生，或培百年而後起。 況夫賈【以上葉五。】誼學期王佐，士元才非百里，道濟乃萬里長城，賓王亦一時才子，張元三輔之奇材，鄧弼關中之壯士，均宜寶此善人，勿令失所者矣。 而乃鵬鳥空賦，驥足難舒，人主生其疑貳，宰相吝其吹噓，石上題詩，反逃身於異國，市中舞劍，終槁死於蓬廬；數奇不遇，可勝惜歟！ 「別有寵姬易帶，愛妾換馬，老侯氏於宮中，棄昭君於塞下，鵾還打鳳，恨大中之粗豪，糞鮮開花，憐國香之艷冶，此其人皆麗質芳姿，窈窕淡雅，遇人不淑，負茲嬌姹，悵佳人兮難再得，墮淚珠兮如灑，所以令千古蛾眉短氣者也。」 至於池荷並蒂，淸姿如雪，夜半萍開，一枝忽折，大宛竹杖，天下所稀，削而圓之，以漆爲衣，使絕世之奇種，竟埋沒其芳菲。 更有闌香馥【原作馥，塗改。】郁，桂影婆娑，淒涼空谷，寂寞山阿，草木有知，傷如之何。 「而況酷覆左思之詞賦，火焚李賀之詩歌。」 又何怪乎幽人逸士，憑弔【原作弔，塗改。】山河，悵世界之缺陷，不禁涕泗而滂沱。 嗟乎，天意久渺茫，人事多錯誤；豈成功之取忌，亦全美之招妬。 惡草能長茂，好花不久開；世人皆欲殺，吾

意獨憐才。歎已往之不可追兮，又何貴乎悲歌慷慨而惜之也哉！【以上葉六。】

雜說五則【原爲「爲難」，後塗改。】

孔子曰：「其言之不怍，則爲之也難。」子貢問：一言而可以終身行之者：曰「其恕乎？」蓋【原爲「今夫」，後改「蓋」字。】人之爲言，苟欲自顧其行，則必訥然有所不敢盡。其于古人也，詳其時勢，人情，位之所値，才之所堪，與【此處有「夫」字，塗去。】年月之先後，道里之遠近，毫釐不失，然後敢爲論說。一有未悉，則惟恐吾一旦處古人之地，而亦不能自行其所言也。今之【此處有「爲」字，後塗去。】論者，則不然。不考時勢，不察人情，不問其位與才，年月道里之先後遠近，斤斤焉求古人之瑕，惟恐其弗得，此其意但欲成我之言而已，豈眞有顧行之心【此處有「也」字，後塗去。】哉？慕容紹宗之討侯景也，兵久不決，高澄使諸將往助之。諸將皆尤紹宗，紹宗曰，「來日，君等自與戰，當知之。」來日果戰，皆大敗，幾死；賴紹宗救，乃免。故責人則易，自盡則難。諺曰，「鮑老當筵笑郭郎，笑他舞袖太郎當。若教鮑老當筵舞，想更郎當舞袖長。」多大言而少成事，豈非古今之通患乎？凡此之類，不可悉數，姑舉其著者一事明之。蘇氏【此處原有「之」字，後塗去。】論漢昭烈，【原作「劉備」，後塗改爲「漢昭烈」。】罪其不當棄荆州而入蜀。豈不謂荆州者，據漢沔，連吳會【此處原有「通巴蜀」三字，後塗去。】進窺許洛而有餘乎？「果如是，雖吾亦將罪備，豈但蘇氏已哉」不知此乃劉表之荆州，非劉備之荆州也。漢【下闕。以上葉七。鉤號用墨筆。】

與朱松田

【此札書眉有紅圈一。又硃筆「一」字。】丁巳年羅源寄【「丁巳」二字旁有「二年」二字。】

接讀手札，得悉近況，並荷睠睠舊雨之情。但不知係何年所寄，目下又在何處；道遠鴻稀，消息茫茫，亦可傷矣。弟於丙春【「丙春」二字旁有「元年」二字。】選調閩之羅源，於七月間到任。閩中風氣，全異他省，吏玩民蠻，事煩缺苦。傳訊則不到案，催糧常親下鄉。兼以權不自由，動多掣肘。「無罪不能救，有罪不能」【此處原有「懲」字，塗去。】地方事一毫不能整頓，固已尸位素餐矣。兼以文書旁午，而吏胥常不在衙，地係衝途，差使絡繹；又承前任廢弛之後，積弊累累，稽察不易，事事皆須親督。每日卯起，亥眠，無一刻之暇，又足悲矣。且當清査之後，縣小而貧，捐賠種種，入不敷出。粗衣素食，猶不能給。欲歸，則無路費，欲留，則懼入於清査案中。未知將來作何結果。亦不復望吾兄之辱臨也。回思舌耕之日，竟是神仙境界，何況晚香堂畔耶。因便肅泐數行，奉候起居，亦不知何日寄至滇南也【鈎號用墨筆】

與朱松田【原作「第二札」。此四字乃書紙條上，貼蓋之。又此札書眉有硃圈一，其下有硃筆「八」字。】戊午松田行後十一月羅源寄【「戊午」二字旁有「三年」二字。】

數月談心，得慰三十餘年飢渴之懷，幸何如之！乃翩然遽返，無計挽留，轉多一番消魂別況。不知三哥亦同【以上葉八。】此情否也。昨因制差初過，囊橐拮据，又聞不日旋省，然後往浙，內顧多憂，不能厚贈【原作「增」字，後塗改。】一壯行色，心殊慊仄。別後每一念及，輒爲悵惘。玆聞制憲擬由福寧赴浙。因念三哥歸後，滇雲萬里，繼見難期，欲盡此心，遙遙莫必。 竊料廣豐署內亦當有旬日之盤桓，用特耑差再具銀一封【此處有「八」字，塗去。】「十兩庫平」賫趕前途投送，望爲察收見覆是荷。 抵家之後，倘以所餘少加經理，使可長爲娛老之資，則善矣。 舟車勞頓，諸惟珍重。 專此佈悃，並候旅安，統希心照不盡願言。【鈎號用墨筆。】

第三札

辛酉十二月省城寄【「辛酉」二字旁有「六年」二字。】

辛酉十二月初六日，在福建會城值前遣赴廣豐役回，接奉吾兄三月內手書，備悉近況艱辛，且慰且愴。 來札言弟宦況太清，是以不能久留。 此殊不然。 凡人遇合皆有數在，而財尤甚，惟耐心者能待時耳。 吾兄曩到羅時，適逢弟調簾歸後，又値大差往返，所費已多。 且弟方謀告病，計算請咨之費，歸途之用，惟恐不給，是以不能多贈。 致於吾兄無救於困，而弟亦常留餘憾也。 若稍寧耐，豈無從容之時。 弟在上杭時，蓋無日不爲兄惜之。 今【以上葉九。】弟已於十月十二日卸事，將及兩月，現在省中守候咨文，歸途舟車之費，雖可約略計算，而請咨之需索，守候之歲月，實不能以預決。 且現亦無妥人能送至廣豐者。若邀天之幸，使弟得早領咨文，明春至浦城時，定當專送廣豐署中，尚不知吾兩人之際會何如耳。恐厪尊懷，先此奉覆，并候近祉不宣。

第四札　壬戌二月初八日歸至清湖寄【「壬戌」二字旁有「七年」二字。】

歲前曾具一函，由廣豐寄上，未知已寄滇否。今弟已於新正十二日得咨，十七日啟行。擬即迂道廣豐面交陳介存轉寄徵貲。不意二月初二日至浦城，而介存已於正月念五日赴省。不得已，耑人趕送省會二百金，屬其到滇面交，以爲修建之用。因已卸事，並無妥役可信，是以遲延至今，非敢爲出納之吝也。此佈，並候近祺。餘詳前字，不贅。【以上葉十。】

與陳介存履和　【書眉有紅圈一，又硃筆「二」字。】丁巳五月十一日羅源寄

【「丁巳」二字旁有「二年」二字。】

丙辰七【此三字旁有「嘉慶元年」四字。】月抵羅源任，民蠻吏玩，事雜途衝，「絕無能事官」「親代理，一切俱係親辦」，兼之前任交代不敷，款目糾纏，經三任監盤而未結，歉

精勞力，卯起亥眠，無一刻之閒。以故前兩接手書，並讀尊大人函諭，俱未暇裁覆。何況文墨一道，高閣尤不待言。古人云：『一行作吏，此事遂廢』，每一念及，悔不可言。至於缺之寒苦，差之賠累，僅免虧空，而自奉無異舌耕之日，猶不在愚意中者也。且此地風氣，迥異北方，非惟號令不行，并傳人亦不能到案。政府掣肘，舊俗難更，平生志願，至此毫無所施，【原作「旋」，後塗改。】尸位素餐，歸興濃於山色矣。茲於五月初十日復接手札，乃以循吏儒林相期，豈知其已爲簿書俗吏耶！愚【「愚」字原脫，後加。】雖素好考核，然常不敢自信。今歲所爲，明歲輒復竄易。補上古及洙泗兩考信錄，近已多所更定；乃吾介存竟以舊本梓，令人駭絶。是彰吾過於天下耳，豈愛我乎！朱子將易簀時，猶改誠意章注，何況吾輩庸人。王右軍一點一畫失所，輒若眇目折肱。愚亦同有此癖，介存何不相諒也！【此處有「既」字，塗去。】「如是則堯舜以下諸錄安敢復令介存見。」望介存於已【以上葉十一。】刊者，勿【原作「而」字，後塗改。】；印未刊者，停刊。「已印送人者，索還；未送人者，棄」【此處原有「之」字，塗去。】俟有定本，再行奉寄，亦不爲遲也。「不然俟吾終身以後，盡以托吾介存刋之，又何患焉。」家眷係同來，熊羆尚未兆，亦不敢望也。事忙，不暇縷述，惟略陳大概。容俟政暇，細寄一切。此覆，並問近祺，臨池惘【此處有「之」字，塗去。】惘。

洙泗錄備覽一句移之甚是。【此處有「但此書」三字，塗去。】前因吾介存言，不當立雜錄一門，又周南二則不當列入餘澤篇，暇中因復改定。別出考終遺型二篇，而刪餘澤雜錄總論三篇名。「其三篇中所引辨，或分入考終遺型二篇，或竟刪去。」其詳俱寫書中，閱之自知。「但未記其次第」【此處有「耳」字，塗去。】補上古錄初本凡特書提綱者加補字；詳志其事者，從傳例。故刳木二節，鳳鳥一節，皆無補字。然其義例，近已大加改正。雖未成書，而胸中【此二字原脫，加於旁。】別有一部補上古錄在，亦不較此區區也。重刻，少刻，依愚見皆不必增減。重刻，即削爲空白；少刻，則添註一字無礙也。其餘目下皆不暇覽，俟覽過再寄聞可也。又及。【此札鈎號皆硃筆。】

第二札　丁巳八月羅源寄

月前接手書，及書樣數紙，即裁覆，並力阻刻書之事；從【以上葉十二。】令親棠村先生處轉寄西江矣。　不料魚雁相左，前字未達，而書已【二字原顛倒，塗改。】送至。　接閱手書，深爲駭嘆。　以未成之書遽爾問世，貽人笑柄，奈何奈何！　禘祀三正二考，尙略可自信；至考信錄二種，則猶大須改正。　乃今既亦如此，更無方計。　惟望介存於未送人者中止；已送人者，取回，悉行焚去。　如必不肯焚，或於總分標題處悉加「未定稿」三字，其中大可議者易一葉，即愛【「愛」字原脫，後加。】我之至矣。　頃問來役，知尊大人先生到省二載，並未一捐縣篆。　雖西江與閩貧富不同，然省邸終屬清苦，何用此不急之費，亦非所望於介存【此處有「聞廣」二字，塗去。】者也。　聞廣豐缺頗平善，前任亦無虧缺，可喜之至。　尊大人古貌古心，德厚福長，固當有此際遇耳。　若夫閩省情形，迥異他省。簿書煩碎，吏玩民蠻，而羅源又係衝途苦缺。　兼承前任虧空廢弛之後，徵輸日擾，整頓無方。　不但尸位素餐，一毫不能興革；仍復晨起夜眠，刻無寧晷，覔將詩書一道付之高閣，亦殊貽笑於大方矣。到任已及一載，結猶未出。自念敝衣蔬食，【此處有「不」字，塗去。】一錢不敢浪用，然猶僅免虧缺。縣貧如此，即在任十年，亦不能代彌前任之缺。清查以後，法令甚嚴，身家詎宜輕擲。以故常有【以上葉十三。】去志。少待積數百金，敷歸途之費，即當苦求上憲容其旋里。異時或紓道廣豐，盤桓旬日，亦未可知。要之亦莫非定數也。介存既有宿恙，宜自愛惜。好學固是佳事，然較之身，則身爲本而學爲末。當爲父母重此身，爲天下重此身，不可徇一日之好，致嬰疾病。如晉皇甫謐，可爲殷鑑。倘因【「因」原脫後加。】苦學致疾，與好色貪口腹者亦不甚相遠也。餘書雖都攜來，然殊不敢自信。前在都府作有經界考，俟稍暇當抄寄。然恐又付之梓，則不如其已耳。此覆，並問近好，不一。

與陳介存履和

【此寫紙條上。原作「第三札」。書眉有紅圈一，又硃筆「七」字。】戊午【「戊午」二字旁，有「三年」二字。】九【原作「十」字，塗改。】月羅源寄松翁在署日訂行期，催促作札。固是簿書碌碌，然每一提筆，千頭萬緒，竟不知當從何處說起。羅源小縣，事本不多，無如當衝沿海，〔原作「河」字，後塗改。〕刻無寧晷。抑且事多掣肘，經理爲難。非惟書吏遂廢而因勞致疾，與吾介存略同。是以今秋調簾入省闈，竣後卽以乞歸之意面白上憲。未蒙允許。竊念閩中作吏賠累多端，今幸倉庫無虧，可以脫身，豈宜久戀。意欲遲兩月後再【原有「赴」字，塗去。】行赴省苦求，未知能遂願否。若更因循，則明歲當大計，例不得病免，歸期尙遙【以上葉十四。】遙也。聞廣豐缺尙平善，蓋天留此以待賢人君子者，殊爲忻慰。寄去唐虞考信錄稿四卷，三代經界通考稿一册，此考與前三代正朔通考〔原名三正異同通考〕經傳禘祀通考共爲一書【原爲「二卷題」三字，塗改爲「一書」二字。】曰王政三大典考。此俱已成稿者。其三代考信錄，尙多缺漏及應改之處，未便寄覽。當俟身輕日，從容訂正，再寄可也。倘能克遂鄙願，歸途當紆道廣豐，作旬日之聚，暢談一切，此不能盡言也。外寄佛手茶葉二種，希査收。此問近好，餘不一。

第四札　己未【二字旁有「四年」二字。】七月二十四日上杭稿，八月十二日寄

去歲役囘時，聞吾介【「在」字塗去。】存倘臥床間，不知近日已全愈，行動如常否也。道塗睽遠，音信難通，令人快悶。松翁別時，適值調簾初歸，大差過境，贈遺殊薄。後雖遣役補送，然終未滿此心，至今歉然。愚自去【「去」字原脫，後加。】臘赴省，面稟各憲，以病乞歸。未蒙允許，而撫台語尤決。竟不得已，復歸羅源。今春調署上杭，愚又赴省，再四面辭。不允。又不得已，於三月八日卸事，四月二十五日接上杭印矣。簿書訟獄，碌碌終朝，何時復得闔戶攤書，享神仙福也。言之長歎。上杭密邇江西，以爲可常通消息；乃到任來，詢之士人，【以上葉十五。】俱莫知廣豐何所。大抵上杭偏南，頗近會昌瑞金。聞直北八站，有白水，有水路可至建昌。不知建昌至廣豐有無水路，可幾許里也。今特專差往候，並令探查路徑。若可通舟，將來告病得允時，即可從此過常玉【原作「至」字，塗改。】山，未嘗【原作「常」字，塗改。】非相聚之一機會也。暑氣熏蒸，

統維自愛。書不盡言。松翁何時離江西，何時可至滇，並寄知之。餘不一。

「外附寄圖章一副，畫一幅。」【鈎用硃筆。】

與陳介存履和

【寫紙條上。原作「第五札」。書眉有紅圈一，又硃筆「九」字。】庚申【此二字旁有「五年」二字。】七月初上杭寄

客歲接吾介存手書，以尊翁大慶囑余一言。顧簿書碌碌，非惟無一刻之暇，而意煩心碎，亦無由強牽入文字一途也。庚申元旦辰巳間，新正事畢，得半日暇。即屏人坐小閣構思，甫漫草一稿，未及點竄，而僕人已告席具。即着衣冠，延幕客方遜坐飲酒間，忽外稟本府有手書至。折視，則係欽案制台已委粮台星夜來矣。自此拘人下鄉，辦差點解，復有命盜各案陸續紛沓。上府者兩度，過道台差者又兩度。直至五月，夏公始至上杭，於二十二日接印。以為可以少閒，而二十三日即【有「春」字，塗去。】奉藩台札調，連夜趕赴行轅。旋隨還上杭，辦查抄事。至初六【以上葉十六。】日往送藩台回，又因交代限迫，宵晝趕辦，逮十三日始送各項册於新任。越次日，乃能尋得前

稿而改竄之。言之可嘆，亦可笑【有「矣」字，塗去。】也。交代幸無欠缺，但盐盤未委，倉穀未盤，回任尚需時日，又不知能免譏議與否。俟赴省時，當苦口懇于上憲，俾得歸里。然未知命竟何如也。倘如所願，當於啟行後迂道廣豐，作旬日之聚。不知介存於何日赴公車。望先寄一信，以便臨期酌定，不至相左則善矣。此問近好，不一。

第六札 庚申十一月初十日回羅源寄【「庚申」二字旁，有「五年」二字。】

使來，得接手書，知於近日赴京。此亦大佳事，況出之父命乎。但宦途艱【原作「難」字，塗改。】阻，作吏不易，而以弱體跋涉長途，亦宜善自愛也。愚於八月十五日自上杭起程，沿途擔擱，至九月二十三日始進省垣。本期早賦歸來，而時會未至。竟不得已於十月二十五日回羅源任。前所云迂道過豐者，亦不知爲何年事矣。久事簿書，經史悉置高閣。雖有舊作一二，都不暇釐正。上杭卸事後，頗將上古洙泗兩錄更定。上古錄已抄有另本，檢出送閱。洙泗錄尚未抄畢，俟異日再寄可也。唐虞錄前已寄閱，今雖小有更【以上葉十七。】定，無大異也。其餘都未敢自信。頃自中秋後，碌碌道途，悉緘箱篋，今雖履任，尚未移入署內，行李都未開視；匆匆遣人，亦不及細檢也。 此候近好，並望高標，餘不一。

又【寫紙條上，原作「第七札」。 書眉紅圈一，又硃筆「十」字。】 辛酉十一月初十日羅源卸事後寄【「辛酉」二字旁，有「六年」二字。】

客冬接來書，已具函裁答。 今春遣价赴都，復寄一札，至今未接回音。 春闈失意，自屬時命未至，但不知赴挑何如，現在已回豐署，當復留京，或赴他省也。 海嶠地僻，音信茫然，令人鬱悶。 愚歸心久迫，解組無由。 九月間離任，部文始到閩省，業已委員接署，於十月十二日交篆矣。 交冊雖經早送，但盤倉請咨，皆需時日。 未知年前能起身否。遲則在正二月間矣。 介存明春北上，當于何日，望寄知一信，俟臨期酌量。 如尚及一晤，當由浦城迂道廣 快聚旬月，否則自衢州北去矣。 洙泗考信錄今已抄有另本。前所寄已刻數十部，因未慊意，尚不敢輕示人。 然既已刷印，又未便棄置。 因於暇時，抽去二十餘頁，另易十餘頁補刻之。 雖較定本尚未盡符，然或無大疵累矣。 今特耑人送去二部，並將抄出稿本統寄去。此本亦尚有未愜意處，因籌書歷祿，未及細酌；俟歸里後覆行磨勘，再另付梓可也。明春倘至廣豐，當將【以上葉十八。】十餘頁之版留之豐署，以便補刷也。三正禘祀二考本係三種，因壬冬相晤時，經界考尚未脫稿；今已補行刻出，當共爲一部，統名王政三大典考。茲寄去二部，並將新刻者另寄十部，以便合訂，祈爲檢收。尊大人福履想應康健，宦況想應遂意，祈爲請安。朱松老來羅時，適值大差往來，又方圖告病，預籌歸途之費，以致未能厚贈，至今爲之不樂。惜乎其命駕太早，不於署上杭時來也。不知近日亦有信到否。率筆詢問近好。紙短情長，餘言不盡。

第八札

辛酉十二月省城寄【「辛酉」二字旁，有「六年」二字。】

役回，接閱手書，得悉近況，並知尊大人委辦銅斤，殊爲縈掛。宦途不易，得失無常，愚所以決志辭歸也。然尊大人既精神甚健，處之泰然，即亦無可慮者。至於賠累【「有」字塗去。】一節，據愚聞關中王棠【原作「堂」，塗改。】所言，其乃翁運京銅時，俱係親自經理，不委他人，儉於自奉，所領路費亦足敷用，並未賠累一毫。又前在京師時，有新例斤兩責之廠員，塊數責之解員。此雖爲京銅而言，然外省恐亦當依倣此也。惟願尊大人善於頤養，不爲道途勤勞所累，吉【原作「及」字塗改。】人天相，【以上葉十九。】早回原任，是所禱祝耳。所索文稿，現留羅署。他種亦俱未及改定。且介存行色匆匆，已送者尚不暇披覽，又何以多爲？舊板既不能攜，新板十餘頁亦似不必賫去。如有機緣，可以早領咨文，統俟至浦城時面行商酌可也。朱松老叔姪，理應幫助，但閩省請咨最難，所費不貲，卸事以後，有出無入，咨文一日未發，則有餘不足一日不敢定。曾有同寅告病，因請咨，致資斧俱罄，流落閩省者。自度或不至此。然現在亦無妥人可送。曩上杭卸事後，曾差衙役進京，銀錢俱被拐【「拐」字原脫，後加。】逃。莫若亦於至浦城時，送至豐署，較爲穩妥。然未知天意如何也。茲因使回，率筆致覆，餘不一。

與陳介存履和

【寫紙條上。原作「第九札」。書眉紅圈一，又硃筆「十二」二字。】壬戌二月初八日歸至清湖寄【「壬戌」二字旁有「七年」二字。】

前接手書，當即具札付來役賫回，想已入覽矣。愚于正月十七【原作「二十六」，塗去

「二」字，改「六」爲「七」。】日自福省起程，因雨過多，脚夫遲延，至二十六日始抵建寧。卽遣役星夜前赴廣豐，約于月初相聚，並面致朱松老之項，不料去役于初二日至豐，尊大人已于二十五日起程赴省。數年離思，止因旬日之遲，不得暢談一切，以慰別懷，時也，數也，夫復何言！朱【「朱」字原脫，後加。】松老遭此【以上葉二十。】艱難，恐其懸待甚切，而患路費之外，亦尚幸有餘財可推，不得已，耑役送赴省會二百金，祈【此四字原無，後加。】面爲收明，親交松老，毋致參差是望。【此處有「至」字，塗去。】道遠人單，財物未便多帶，且【以上十一字原無，後加。】朱紡山業已挑發鄰省，想亦【「亦」字原無，後加。】無待於遠水之救也【原作「而」，塗改。】「道遠人單，亦未便於多帶」。專此達知，並問近履，餘不一。【鉤號用墨筆。以上葉二十一。】

與廣平王親家

以下五首並嘉慶二年五月內寄【「五首」之「五」字旁有硃筆「三」字。此行書眉有紅圈一，又硃筆「三」字。此行前另有一行曰「閩中與故鄉親友札」，而書眉貼紙條曰，「頭行不寫」。】

夏景舒遲，綠陰繞舍，想老親家先生課耕樹下，攤卷【原作「書」字，塗改。】窗前，淸閒快樂，何羨如之！弟於六月抵福省，七月到任。民蠻吏玩，缺苦地衝，兼之前任虧缺頗多，交代難辦，卯起亥眠，常無暇刻，每自笑多此一來也。舍姪年少，諸事全無主意；去家五千里，無由管束教誨。所望老親家時加訓戒，並喻令愛不憚煩瑣勸諫於閨閫中，庶可不致流蕩。子之與壻，分雖異而理同。總宜愛之以德，不當姑息。若縱其所爲，將來流蕩，必至凍餓，反所以害之耳。丈人乃有服尊長，女壻謂之半子，督責戒飭，不得謂之過也。婦人愛夫，不在日用小節，惟能勸之以正，使能自立，乃爲善愛其夫；非徒愛夫，即是自愛。舍姪果能守分讀書，令愛必不至於失所。設其吃酒賭錢，親近匪類，將來令愛豈能平安度日？但觀杜令壻，便是前車之鑒。紙短思長，筆難盡意。惟望老親家憐此苦衷，代爲舍姪令愛謀永遠之計，是所禱切。

與逯懋如【以上葉二十二。此行書眉有紅圈一，又硃筆「四」字。】

久不相見，想興居定康吉【原作「去」，塗改。】也。弟本命窮之人，處館常不過數十金，僅給朝夕。出任又得苦缺，復遇苦年。去歲免糧兼連辦大差，菲食惡衣，尙【原作「常」字，逕改。】賠累千餘金，今春始能完補。乃知命有一定，卽爲官亦無益也。先姊沒已十年，窀穸未卜。前者猶恃有甥在，歲歲催葬。今甥又亡矣，此非三哥之責而誰責。春秋責備賢者，況三哥分則家長，情則至親，豈容坐視。若待重甥長而後葬，則亡人之得安遙遙無期矣。伏望三哥慨然自任，使令兄與先姊均得早歸泉壤。不但幽冥啣感，卽姻友亦必共稱義擧。人之愛其同胞，誰不如我。弟不能忍於先姊，想三哥亦必不能忍於姊夫也。聞棺槨俱已漆成，此外不過酒席雜費，儘可從省。度西院之力，不難以辦，但少人爲董理之耳。萬里寄書，情殷詞苦。萬望三哥憐而勉之，幸甚。

與劉從龍【書眉殘破，然尙留殘筆「五」字之半。】

別後，東至台庄登舟，南歷淮揚蘇杭，泛錢塘江，踰仙霞嶺，於七月十三日抵羅源任。羅源民蠻吏玩，缺苦地衝，文移煩多，兼前任有虧空，屢次核算交代，卯起亥眠，常不暇食。雖有山水松竹之勝，竟無暇時得以觀覽，甚悔【以上葉二十三。】有此一來也。且去歲免粮，又值連過大差，賠累甚多，一錢不敢浪用，今春始免虧空之慮，然亦苦矣。

與徐融川

憶昔都門需次，朝夕談心，並承戚誼關情，照料一切。飛光如駛，別來一載於茲。梁月簾風，諒同茲繾綣也。愚於七月到羅源任。山城蕞爾，吏玩民蠻。且地當浙閩南北之衝，送往迎來，幾無虛日。一行作吏，卯起亥眠。以視村居教讀，閉戶著書，此境渺不可追，深悔多此一來也。倘積有盤費，即當速圖歸去，則晤言聚首，爲期正不遠耳。附上土宜二色，聊展芹私，希哂存是幸。

與杜承考

不見數年矣。京師千里之隔，閩中兩月之程。每憶山房握手，黃華偕遊，不勝今昔之感。巽五入學，聞之甚喜。更當從此勉力，勿隤初心。弟自正月選授羅源，三月歸家，即擬赴府面別，而事煩限迫，不克如願。旋於六月抵閩，七月十三日到羅源任矣。福建民蠻吏玩，全與中原不同，平生志願，一毫莫展；而缺又貧苦，即以利言亦無可貪者。

雖有山溪泉石松竹之勝，而簿書鞅掌，竟無觀玩【以上葉二十四。】之暇。回思在西山時，閉門著書，眞神仙之樂也。官興索然，歸期在邇。久欲卜居西山，不知究以何村爲善。便中望爲留神是禱。署中苦無辦事，官親諸事皆須親理。如此遠道，能者不來，願來者又不能求，如自新訒言輩，竟不可得，奈何！

與王端植

三年二月寄　【書眉墨筆四行曰，「端植名楷，魏邑柏莊人，乾隆中歲貢，法書極爲人重。」】

前者倉卒遣使，未克札候，乃蒙手翰下頒，愧感奚似！閩省風氣，適異北方，非惟寒煖不同，而民蠻吏玩，權【「權」字原脫，後加。】不自由，竟使平素讀書之願，一毫莫展，亦可歎矣！本擬即以病辭，因前任虧缺太多，上憲難於措置，廹弟代墊千金。縣小缺貧，一【「一」字原脫，後加。】時難楚，以故未得如願。少【「少」字原脫，後加。】待事有端緒，即當歸休耳。古人【「古人」二字旁，有「之」字，塗去。】云【「云」字原脫，後加。】『一行作吏，此事遂廢。』碌碌簿書，原非豪傑之所自命。念吾端植先生閒居弦誦，書翰消懷，眞何啻神仙也。【「也」字原脫，後加。】因便佈候近安。附致土物數種，希爲哂留。臨池神溯。

與族弟煐　五年正月寄　【書眉墨筆二行曰：「崔煐，乾隆五十一年丙午副榜。」】

戊午歲於羅源接吾弟手書，得悉近況平安，爲慰。閩中事瑣，羅源地衝，苦無暇時；兼之家鄉遠隔，以致音信多疎，良可歎也。愚素性迂拘，不耐世務，屢欲退休，未蒙【有「允」字，塗去。以上葉二十五。】允許。去夏復調署上杭，事益繁而民益難理。不知何時得返家園，賦歸去來也。乃吾弟反以爲苦盡甘來，亦未知閩中之情形耳。但願吾弟揀發，勿至閩中，即是萬幸。

道中與門人張自新　七年四月寄　【書眉墨筆二行曰：「張鄉學八，乾隆五十四年欽賜副榜。」】

辛酉臘盡，讓言至閩中，得接汝字，並悉近況平安，慰甚。所言嶺南諸處田房，具見留心，又喜甚也。我於十月十二日卸事，十一月半交代已清。因到省領咨時，需索過多，是以延至正月十七日始得起身。又因路途耽閣，至三月初九日始自杭州北行，過黃河後尙須進京，大約五月半方能到家也。花園庄盧村二處皆好。我作宦不愛錢，所以宦囊甚薄，止可如此打算。若大產業則力所不能矣。所說府城之房，尤爲良策，然總須到家一看，當面酌定也。但我又有慮者，人情風土非一過所能知，住之數月，然後可見。且即使鄉俗淳良，而旣無宗族，又無親戚，若非有二三東家學生相與維持，亦未免於孤而難立。所以我意仍欲往西處館，但可有館有房，不必計其束修。富者隨其自便，願送柴米者，聽之，不拘數；送銀錢者，一概不收；貧者【有「欲」字，塗去。】銀米俱免送。若汝與讜言來【以上葉二十六。】者，並不須自備火食，與我同食可也。惟幼學則斷斷不收，雖千金亦不【有「敢」字，塗去。】肯教也。我雖曾出仕，然自奉無異在家時。切不可謂如今局面大，與前不同。我若愛大局面，又何必辭官歸家乎！便中汝可先爲留意，待我歸後面商可也。【以上葉二十七。】

駢語間存【原作「摘錄」，塗改「間存」。】

余自經水以後，移居禮賢臺前，護城堤上，堤傍外城之址，而宅背城外向。門前狹不容車，其臺則魏人相傳以爲段干木之遺蹟也。余弟邁得首句，余代對之。

負郭陳平巷。

誅茅庾信居。

附額山不在高。可以棲遲。

不望如人富貴。

但求與我淸閒。

無求於世方爲貴。　惟有文章堪慰我。

有得於心未是貧。　不因貧賤妄求人。

「惟有文章堪慰我。

不因貧賤妄求人。」

惟大英雄能蠖曲。豈有文章驚海內。杜少陵句

有眞學問定鵬飛。要留淸白在人間。于忠肅句

「豈有文章驚海內。

要留淸白在人間。」集前人句【以上葉二十八。鉤號皆用硃筆。】

映雪囊螢稽古羞爲干祿地。

縕袍脫粟傳家幸有療貧方。

家務雖勞，未費嘯歌猶足樂。

吾廬誠小，尙容卷軸不爲貧。

蔬食味偏馨，豈爲家貧乏芻豢。

閒居情最適，非因命薄謝簪纓。

新晴山，微雨樹，侵曉烟，薄暮雲，深春花，高秋月，吟嘯其間，微軀復何求哉。

紫陽經，涑水史，昌黎文，少陵詩，南陽表，彭澤詞，典型猶【以上葉二十九之前半葉，其後半葉誤訂於葉三十之後。】在，丈夫當如此矣。

附額：何陋之有。　自有樂地。　別有天。　尚志。

先慈及弟服除後題

北堂日暖思萱草。

南浦春回憶棣華。

新納侍妾兼有遷居之謀，

日暖香【原作「深」字，塗改。】閨雙夢燕。

春深喬木早遷鶯。

余年五旬以外多病，無子，書以自勉【以上葉三十一，僅存後半葉。實爲第二十九之後半葉。】

欲綿世澤須修德。

要享遐齡在養生。

連歲苦旱餓者載道,漫題

傳僻書癡,甘把逢迎輸俊傑。
敝衣粗食,得無凍餒即神仙。

乞伏館中

山添新歲壽。 收拾江山詩卷上。
春似故鄉多。 消磨歲月藥爐中。

「收拾江山詩卷上。
消磨歲月藥爐中。」

「傳僻書癡,家中舊聯也。至乞伏,頗閒適,地亦清雅,漫改其對句書之。」

傳僻書癡,甘把逢迎輸俊傑。 乞伏地頗清雅,因取
碁聲詩韻,猶堪谿壑作神仙。 前傳僻聯改而書之。【此二行小字寫紙條上。 又條上第三行以碧

筆書曰：「小字旁註後傑神仙內行下。」】

附額風景不殊，

嘉慶改元，京邸候選

欣逢初載。　一年經始日。

恭祝萬年。　千里欲歸人。【以上葉三十。鉤號用硃筆。末三行另紙，糊續於前十五行之後。】

「一年經始日。

千里欲歸人。」

纔見早春鶯出谷。

更逢晴日柳含煙。集前人句。【此下貼紙條一，失去。】

羅源卸事後志喜

向山野藏其迂拙。

把功名付與英豪。

福建，危地也，仕宦者視爲畏途。仙霞嶺浙福交界之地之半有關帝廟，廟柱題一聯云，『進來福地非爲福，出得仙霞即是仙。』余解組北歸，至廟前，具酒殽自慶，因爲續其下云：

進來福地非爲福，當自種福，以脫危機。

出得仙霞即是仙，莫更求仙，致生妄想。

自羅源歸里後，苦無居宅，次年春，蹴居西山孟村，漫題

山林地僻堪藏拙。何處卜居非逆旅。

名利心灰只愛閒。有時攤卷即康莊。

「何處卜居非逆旅。【以上葉三十二。鉤號用硃筆。】

有時攤卷卽康莊。」

鄰湯廟而居，慨八遷之自古。

卜孟村而[illegible]，知三從之非多，【以上葉三十三。鉤號用硃筆。】

案按東壁自訂目錄中有文集共十六卷分之爲正編，別編，附編，而附編中有莜田賸筆二卷。陳介存之崔東壁先生行略曰：「莜田賸筆，詩文拾遺，及偶存尺牘也。」今殘稿中適有詩文拾遺及尺牘二類，故可斷其爲編莜田賸筆時稿本之殘餘者。所謂拾遺者，拾知非集及無聞集之遺也。其拾諸定本知非集所遺者，詩十首，今僅存夢中送李琪園一首中之數句摘句十六首，惜賦一首。然送李琪園，晚春自都門抵易州二詩，及惜賦，具在知非集過渡稿本中；今所得者僅遺詩十五首之摘句而已。其拾諸無聞集所遺者，今本僅存雜說五則中之爲難一則，且闕其後段。雜說五則外，尙有其他文字否，不可知矣。今本尺牘二十一通，似又區分爲三部。與朱松田者爲一部，共四通。與陳介存者爲一部，共九通。閩中與故鄉各親友者又爲一部，共八通。從其辛酉十一月與陳介存函中觀之，可見辛酉春尙有一函不見錄。從其壬戌二月與陳函中觀之，可知正月尙有一函，亦不見錄。則丁巳五月與壬戌二月間崔寄陳函札，不僅九件而巳。又每兩三札之間雖相距經年，而筆蹟墨色，往往不殊，故可疑其乃從偶存底稿選錄者也。然當東壁編訂䓫田賸筆定本時，此二十一通者又似僅選其十二。今本眉端之紅圈，疑即爲定本選取之記號，而紅圈旁之數目，則定本中抄錄之次第也。

一　與朱松田　丁巳年羅源寄

二　與陳介存履和　丁巳年五月十一日羅源寄

三　與廣平王親家　〔丁巳〕五月內寄

四　與逯懋如　〔丁巳五月內寄〕

五　與劉從龍　〔丁巳五月內寄〕

七　與陳介存履和　戊午九月羅源寄

八　與朱松田　　戊午松田行後十一月羅源寄

九　與陳介存履和　　庚申七月初上杭寄

十　又　　辛酉十一月初十日羅源卸事後寄

十二　與陳介存履和　　壬戌二月初八日歸至淸湖寄

右表各札皆以年月先後爲次，而所闕之第六第十一兩札如尚在其餘十一札中，亦可以法檢尋矣。　夫第七第十二兩札既簽曰「與陳介存履和，」則所闕兩札非與陳者也；十一札中去其四，餘七。　與廣平王親家以下五首既選其三，復以硃筆易「五」爲「三，」則與徐融川，與杜承考二札不入選也；七又去其二，餘五。此五札中，僅戊午二月與王端植一函居於丁巳五月與戊午九月之間，而札首眉端紙適有缺，可疑其卽爲第六札也。　更所餘四札中，唯與朱松田之第三第四兩札可居於闕札第十一之位置，而此二札中，唯第四札札首眉端缺紙之狀況，可以疑其不僅闕去硃筆紅圈，且並其「與朱松田」四字之紙簽亦脫失也。（殘本中紙簽長短不一，僅於上端着糊，倘着糊處適缺，則簽亦脫落而失矣。）

荍田賸筆之卷數爲二而其內容爲詩文拾遺及尺牘偶存二種，疑其以一種爲一卷也。然則駢語間存似不在賸筆定本之中。按東壁自訂目錄中又有荍田綴語二卷，其內容爲三有三無論，論世人讀書，求雨雜記，青山歸去續說，芥子園漫筆附駢語，七十歲自述，薄皮繭總目，共七種。然則駢語間存乃改編入荍田綴語中歟？

殘本中筆蹟甚零亂。除書眉墨筆書，據姚野浣先生言乃范廉泉先生所爲者外，細分之，可得八種。自葉一至葉四，葉八至葉二十一之首行，葉二十五自「與王端植」至末，筆蹟雖不一，然大體爲甲。葉一之改文，葉一至四紙簽上之字，駢語間存中之改文及紙簽上字，及移上就下各聯筆蹟爲乙。葉五及六又駢語間存自首至「附額風景不殊」，除乙種各字外筆蹟爲丙。葉七除「雜說五則」四字外筆蹟爲丁。葉七之「雜說五則」四字，葉八之「丁巳羅源寄」六字，

「戊午松田行後十一月羅源寄」十二字葉九自「專此佈悃」至「不盡願言」；十六字葉十「歲前曾具一函」中之「函」字葉十七「庚申十一月初十日回羅源寄」十二字又第六札中自「置高閣」至葉十八「並望高標餘不一」葉二十一上第二三四行，並改文筆蹟爲戊。　葉二十二至葉二十五「竟不可得奈何；」及葉二十六，葉二十七：筆蹟爲己。　各函札署題之紙條筆蹟爲庚。　騈語間存自「嘉慶改元京邸候選」至末筆蹟爲辛。　此八種筆蹟，未必的是八人所書：蓋年月隔越，則一手筆蹟往往不同。　今八種中，甲與辛疑爲一人前後所書；戊與己亦疑爲一人前後所書。　甲辛之與戊己，字體之結構頗相類，顧筆勢之軟弱與蒼勁有別耳。　甲辛之筆蹟僅抄錄而已，戊己之筆蹟則抄錄而兼改定者也。　改定之筆尙有乙與庚，乙則疎散頹老，庚則雄勁活潑，迥不相同。　按東壁知非集過渡稿本抄錄於乾隆己酉，定本成於癸丑（詳業撰跋崔東壁知非集，附於燕京大學圖書館叢書內崔東壁先生知非集後。）　東壁無聞集編訂之時，疑在乾隆壬子之末，蓋已收入壬子年所作之書陳履和東山詩解後及贈陳履和序矣。其後續入之作，如侍妾麗娥傳則於目錄中署明續作。迨嘉慶壬申復取「二十餘年」前所已删去之楊村捕盜記補錄入焉。然則文集定本之成，最早亦不在壬申以前，（按今本無聞集中尚有嘉慶甲戌所作之江西贛縣知縣鯤池陳君墓碑，然此碑入集是否爲陳介存刻集時所加，尚爲疑問，詳業撰崔東壁書版本表。）而詩文拾遺之最後訂定殆又在其後也。自詩集定本之成，至文集定本之成，共二十餘年。其中嘉慶丙辰以前爲居西山乞伏村之一段。其後至壬戌，爲宦遊閩中之一段。（壬戌歸後，居大名數月。）癸亥至乙丑，爲居西山孟村之一段。丙寅至丙子東壁卒之年則居彰德之一段也。（按癸亥居西山孟村，見今殘稿本末葉。丙寅已在彰德，見彰德刻本三代正朔通考首葉。至於丙寅前二年東壁是否仍居孟村，苦無確證。唯據三代正朔通考後識，則考信錄成於乙丑，而考信錄提要釋例中，有「歸里之後……蹴居隘巷，移家山村」之言，故疑其時尚未移居彰德城中也。）今殘稿中嘉慶改元以前之駢語，疑並抄錄於乞伏村時期中。其餘駢語，並知非集拾遺，摘句，並尺牘，則疑抄錄於孟村時期內。　至於改訂之筆蹟，則疑其於孟村及彰德二時期中前後所爲也。　改訂之乙筆戊筆，疑並東壁所爲。　戊筆在先，故其姿勢尙健秀。　乙筆在後，其時東壁已七十三歲以上，年老且病，眼花手顫，故所寫頗頹散。　至於庚筆之字，僅限於簽改函札題目，疑爲抄錄莜田賸筆定本者所爲也。　知非集過渡稿本中，業昔疑東壁自抄其詩十九首，詞十四首。　今取以較乙戊二筆，雖彷彿有相同之處，而姿態迥異，則其間相距之歲月，短者十四五年，長者二十四五年所致歟？　又知非集過渡稿本中，有抄舊序及詩一百四十五首之某種筆蹟，業昔曾暗疑其爲乞伏村塾中童子，或東壁家中成孺人或妾周氏所爲，而未有以斷。　今取以較殘稿中之甲辛二種筆蹟，見其相似之處甚多，乃疑其爲成孺人前後所書。　蓋甲戊抄寫塡補接續參錯之密切，似家中所爲，不似塾中所爲；而周氏已卒於閩中也。

今莜田賸筆殘稿之發見，不僅有資東壁及成孺人筆蹟之討論而已。　業於二十年春，曾爲崔東壁書版本表，已付印於史學年報第三期內矣。後又自跋原文如下：

右表既脫稿後數月，承胡適之先生示余以所藏東壁先生書鈔一部；即余前所聞粘貼紙條本也。無書箋，無板首，指明其爲東壁先生書鈔而有總目一葉，與丁巳書鈔所有者無異。爲書共四種，茲分述如下：

（一）補上古考信錄三卷，蓋取丁巳本而改刻其十葉，又重刻修改文一段共七行，粘貼於丁巳本原文上。刻工各不同，疑其曾經兩度改刻也。墨筆塗改數處，第一葉眉端有字云：「此係未成之書，今已更定，另有抄本。」丁巳書鈔刻就，陳以數十部寄崔，崔答以「三正禘祀兩考差可自信，餘二種尚多應更定者，近日胸中別有一部上古考信錄矣。」（見陳後跋中。）版既不在崔處，故崔只能另刻改文。然終不愜於意，故另爲更定抄本，而於刻本眉端加識語，誌其廢也。今本眉端字甚幼稚，疑崔使人抄識語於所藏各刻本上。崔既廢此本而又未以更定抄本與陳，此陳乙丑修刻丁巳本時，不曾更易上古錄之故歟？

(二)洙泗考信錄六卷改刻者十二葉，寫補者一葉又二行。卷五葉二十四以後，版心卷數葉數顛倒淆亂，或以硃筆改之，自卷五葉二十五至四十一，卷六葉一至十九。卷五葉二十五眉端批云：「此下經先生重改補版，頁數多與原第不同，文中亦有紊亂處，再三分析，乃歸原次。」又云：「重改本五六卷合看補版時，五六字何未挖去耶？」又以硃筆鉤去版首標題三行，於第四行眉端書「連上」二字。書眉及版心之硃筆，同出一手。蓋誤會東壁删改次序者所爲也。丁巳原本卷五葉二十四以後，共得三十七葉。東壁留其十六，改刻其十，而删去其十一。爲硃筆書者未悟十一葉已曾删去，乃取丁巳原本以爲再三分析之標準。故凡原本卷五卷六除顯然在改版中删去者，無不在。甚至於原版改版數條重見，亦並存不棄。有原版中一大段，已見改版中，乃取其前後，另寫一葉以補焉，寫補字，刻字匠所爲，似備刊印者也。然則爲再三分析者何人？豈即陳履和耶？然陳之乙丑修刻本則已盡依東壁改法。豈丁巳乙丑之間，彼師生往返函件之不見於考信附錄中者，有足以解此謎者耶？

（三）經傳禘祀通考與丁巳本乙丑本完全相同。墨筆校改數十條，皆後人以道光四年定本反校所爲。葉三十七下，「則堯享國百年而徂落」既改「徂」爲「殂」矣，旋復圈去「殂」從「徂」，蓋定本亦用「徂」字也。

（四）三代正朔通考版首書「丙寅九月彰德城中改刻」，與丁巳本乙丑本皆不同。以校道光四年定本，則除二段外完全相同，蓋定本又從此本而删改者也。

綜而論之，此本書鈔可補余前表者有二端：

（一）表中余謂嘉慶丙寅至戊辰兩三年中，不知何時，崔在彰德改刻三代正朔通考，茲乃確定改刻事在丙寅九月。

（二）補上古考信錄及洙泗考信錄，崔皆曾取丁巳本抽改重刻若干葉。 重刻在何時不可考，然似在丁巳之後乙丑之前也。 在此七年中，崔所居之地，爲羅源，爲上杭；爲大名而刻工亦三手各不相同，其重刻不在一時，亦不在一處歟？

二十年八月十一日。

今所發見東壁與介存諸札中，頗有足以補正業所爲跋文者。 東壁之修刻洙泗考信錄，業前僅擬其在丁巳之後乙丑之前，今乃知其辛酉年在羅源所爲者。 修刻竣，東壁曾以二部並抄出稿本寄介存。 然則介存自不至誤會東壁刪改之次序；而胡適之先生所藏再三分析之本自非介存所爲者也。 至於補上古考信錄，則東壁於上杭卸事後頗事更定，旋於庚申十一月檢抄本以寄介存。 其自復修刻，疑更在其後。 既修刻矣，復有所更定。 介存未嘗得後次更定之本，此其乙丑修刻丁巳本時不及上古錄之故歟？

近年來學人之讀東壁書者漸多。既讀其書，則欲詳其人之事蹟，於是乎有編纂東壁年譜者矣。年譜之成書而已出版者，業得見二種。劉汝霖先生之崔東壁年譜，民國十七年由北平文化學社出版。姚紹華先生之崔東壁年譜，二十年由上海商務印書館出版。劉姚二先生作譜時，惜皆未得見知非集及二餘集。此二集者，於東壁中年以前之事蹟甚有所補益。今荍田賸筆殘稿之發見，更於東壁遊閩一段之年月地理爲甚重要之史料；而卽就其二十一通信札觀之，東壁待朋友之眞摯，作官之淸苦，及爲學之切實，皆躍躍於紙上。此則後之更爲東壁年譜者所自能注意者也。

洪業。

民國二十三年五月二十二日。

崔東壁遺書

顧頡剛編訂

錢玄同題

後編

崔德皋先生遺書四種

崔德皋先生遺書目錄

頡剛案：十餘年來，予以輯錄東壁遺書，遂得與大名人士相交遊。賴其熱心搜訪，幾於每年必有新材料發見；然皆詩文書牘之類，固得藉此以深悉崔氏一門之生活，而與學術思想猶無直接關係也。前年輾轉傳聞，知尚有東壁之弟德皋先生所作尚書辨僞藏於廣平縣某家。喜其爲學術著作，諄囑大名友人探詢，卒未覓得。予遍檢東壁遺書及其他傳狀，先生所作僅有訥庵筆談等數種，其讀僞古文尚書黏簽標記亦已錄入東壁書中，他無所謂尚書辨僞者；意傳者之非眞也，亦置之矣。去冬在北平，接張文炳先生自成安漳河店貽書，書曰，『數年前曾聞先生不辭勞苦，訪東壁先生遺事於大名，輒恨不能爲先生助。今乃於廣平別有發現，德皋先生全集之原鈔本已尋得，不但訥庵筆談一種而已。如願爲表章，乞示知。某誠不忍使德皋先生之心血精力湮沒無聞，必許付印始肯寄也。』讀之樂不自勝，亟覆書請寄；謂東壁遺書尚未出版，當可附刊。今年二月在杭，得平寓轉寄張先生函發之，分量之重遠出我想像，凡書四種，綜七萬言：是誠一大創獲也！筆談之上卷爲書經辨說，皆駁辨書序，僞古文與宋人經說者，既列冊首，覽者易見，其有尙書辨僞之傳訛，宜矣。 此一卷與文集中之大半，考辨古史，其持論之廉悍與乃兄同，其歷史見解之透澈亦至相似，於以知考信錄一書雖寫成於東壁晚年，而早已定型於昆季同學之時代：然則此書自必爲讀東壁書者所不敢廢。 又兩書互勘之下，考信錄中固多明引弟說以證成己說，然襲用其言而未揭之者亦不在少。 推此而論，必有先生於坐談之頃直抒其疑古之見，而未著於書，遂爲東壁所採擷者，惜其事不可詳耳。東壁年七十七而先生僅三十九，學之成與不成豈非天哉！ 民國二十四年三月十六日，記於杭州。

又案：德皋先生著作，據考信附錄中『附記弟所著書』，其詩文爲寸心知集二卷，文集一卷，詞爲夢窗囈語一卷，筆記爲訥庵筆談二卷，論詩者爲尙友堂說詩一卷。 其搜集鄉士文獻者，於文有大名文存三冊，於詩有大名詩存三冊，於故實有魏墟雜志四卷，魏郡瑣談三卷，魏郡叢談，金石遺文記略，雜記三種。在楊靜庵先生所作傳中有梓鄉文獻二卷疑即上數書中某種之異名。今所見者，其自身著作，舍詞一卷外皆已備。大名文存等書，未爲陳海樓携以南行，他日容有發見之望也。張先生寄來四種，云係借自靜庵先生者，先生，清舉人，廣平耆宿；十餘年前初見是書，即欲付諸剞劂，詳見其所作序文中。今取與東壁書同刋，有若符節之重合，當必聞而拊掌。書凡二冊，紙已脆絕幾觸手而碎。其中『寧』字尚不避諱，足證爲道光以前鈔本。然觀詩集字體勁挺，墨非一色，文又頗有改竄，意者其獨爲稿本耶？苟其信然，則尤可珍已。前年洪煨蓮先生發見知非集，對於寫生筆蹟有至密之討論。今予獨處南方，匆匆付印，不得呈師友一鑒定之，其悵恨爲何如也！四月廿五日，記於蘇州。

序

古者異端在儒之外；後世異端在儒之中。異說橫於門牆之外，而能拒之排之者，則有孟子。異說混於經傳之中，而能疏之剔之者，則有崔氏兩先生。先生者，洹水人，闇齋公之子：長曰述，字東壁；次曰邁，字德皋。乾隆壬午，同舉孝廉。俱不得志於禮闈，以著述闡道爲己任。時去吾生僅百年地距吾鄉僅一舍，湆自爲童子時耳先生之名甚熟；及稍長，求讀其書，不可得也。三十年來，留心搜訪，得東壁所著考信錄，王政三大典考數種。其於唐虞三代之傳文，下迄秦漢唐宋以來之著作，凡說之有戾聖經者，靡不辨闢而删削之，不使相混以誤來兹。山陽汪文端公稱『其書爲古今不可無之書，其功爲世儒不可及之功，』誠非虛譽，顧東壁之書，得石屏陳氏爲之表章，一刻於江西，再刻於山右，續刻於京師，至今猶有傳者；若德皋之書，則仍未之見焉。其訥菴筆談數條，僅見於考信錄之所引；詩集一卷，畿輔藝文志亦但載其目。訪之魏人，無知之者；求諸崔氏之族，亦無存矣。久而不獲，深以爲憾。戊午夏，與同邑王芳齋先生錦堂話及，言渠爲先生之外曾孫，家藏鈔本，有其全集六卷，尚不甚殘缺，計訥菴筆談二卷，文集一卷，尚友堂說詩一卷，寸心知詩集二卷。余聞言之下，不禁狂喜，亟借觀之。其文閎肆如昌黎；其詩醇正似子美；其說詩主乎性情，力挽當時聲調委靡之習；其筆談則精於考據，足證歷代諸儒相沿之謬，有功經傳，與乃兄考信錄一書並堪不朽。若不亟付剞劂以廣其傳，恐數十年後並此殘編斷簡亦不可得。使先生疏剔異端之功自我而墮，則余滋懼矣！

民國七年，廣平後學楊蔭逵謹序。

崔德皋先生傳

楊蔭涯

先生諱邁，字德皋，姓崔氏，大名魏人，東壁先生之弟也。幼聰敏，年十七知學問。郡守朱公龍坡奇其才，俾入署同諸子誦讀。公固多藏書，因得肆其博覽；潛心經籍，四寒暑如一日，所學益進。會漳水決入魏城，家貲蕩沒，流離遷徙者九年，未嘗廢學。乾隆壬午，與兄同舉於鄉。家貧，每授徒自給，雖饔飧不繼，晏如也。以文章經濟自負；往來燕趙間十餘載，少所許可。然數奇，屢不得志於禮闈。遂舍去帖括，留心著述，慨然以一邦文獻爲己任，集梓鄉文獻一書，上自周秦，下迄昭代，徵引詳博，爲從來著述家所未有。終以勤學致疾，年未四十而卒，不克竟其志；人多惜之。

先生天性孝友，經術湛深，長於考據，與兄東壁齊名，人稱『二鳳』。所著有訥菴筆談二卷，尚友堂文集二卷，尚友堂說詩一卷，寸心知詩集二卷，梓鄉文獻二卷，存於家。

[illegible] 二

崔德皋先生年譜

楊隂溎

一歲，癸亥，乾隆八年，八月初九日生。（見無聞集先孺人行述。）

二歲，甲子，乾隆九年。

三歲，乙丑，乾隆十年。

四歲，丙寅，乾隆十一年。

五歲，丁卯，乾隆十二年。

六歲，戊辰，乾隆十三年，始受書。（見文集矗人說。）

七歲，己巳，乾隆十四年。

八歲，庚午，乾隆十五年。

九歲，辛未，乾隆十六年。

十歲，壬申，乾隆十七年。

十一歲，癸酉，乾隆十八年。

十二歲，甲戌，乾隆十九年，應童子試，爲大名守朱公龍坡所賞，入府庠，識朱松田於郡署；入署讀書。（見乾隆大名縣志鄉賢傳及詩集遙送朱松田自永州歸雲南。） 與廣平栗太初同學。（見文集太初遺稿序。）

十三歲，乙亥，乾隆二十年，食餼。（見大名縣志鄉賢傳。）

十四歲，丙子，乾隆二十一年。

十五歲，丁丑，乾隆二十二年，五月，城沒於漳，屋盡頹，徙家城外，數月未有寧居。（見無聞集先府君行述。）

十六歲，戊寅，乾隆二十三年，春，水退，復移入城。 十月，魏縣廢，併入大名。（同上。）

十七歲，己卯，乾隆二十四年，始發憤讀書。（見詩集卷二可歎。） 兄東壁先生以仇氏從母貞節聞於郡守朱公，載入府志。（見文集二從母傳。）

十八歲，庚辰，乾隆二十五年，始存詩稿（見寸心知詩集自序）。

十九歲，辛巳，乾隆二十六年，秋，乘舟落水沒頂，扳舟得免。（見詩集卷二憶詠。）

二十歲，壬午，乾隆二十七年，朱公龍坡移永州，兄弟附公舟至臨清入都鄉試，皆得舉於順天。（見考信附錄少年遇合記略，無聞集先孺人行述，詩集哭朱公。）

二十一歲，癸未，乾隆二十八年，會試，不第。

二十二歲，甲申，乾隆二十九年，設館某村。　兄赴邠州就婚。（見詩集雨中赴館作。）

二十三歲，乙酉，乾隆三十年，授徒于院家堡。（見詩集重過院家堡觀音堂。）　朱公罷官歸雲南，松田貽書以告，作詩遙送之。（見詩集遙送朱松田自永州歸雲南。）　兄嫂歸自邠，示所作詩，和之。（見詩集家兄秋興原韻等篇。）

二十四歲，丙戌，乾隆三十一年，移居禮賢臺下。（見詩集秋興注。）　會試，不售。

二十五歲，丁亥，乾隆三十二年，爲淡然陳先生作墓誌銘。（見文集。）　以見惡於世，自號枝人。（見文集枝人說。）

二十六歲，戊子，乾隆三十三年，作多愁賦。（見文集。）　冬，編九年來所作詩爲寸心知詩集卷一，自序之。（見詩集自序。）

二十七歲，己丑乾隆三十四年，會試，不售。　寓李振文同年處，爲作海山集序；並作徐歷山像贊及戲酬李振文諸詩。（均見詩文集。）　粟太初謁選于吏部，得四川納谿知縣；將赴任，附其車而歸。（見無聞集送粟太初赴納谿任序，詩集附粟太初車旋里。）　是年苦旱，至十月朔乃雨，喜而成詠。（見詩集卷二。）　冬，買鄰地築書室。（見詩集卷二。）

二十八歲，庚寅乾隆三十五年，徵鄉先生事蹟遺文，修梓鄉文獻。

二十九歲，辛卯乾隆三十六年，正月，吟遣興詩。（見詩集。）　二月，父闇齋先生卒，年六十三。（見無聞集先府君行述。）

三十歲，壬辰乾隆三十七年。

三十一歲，癸巳乾隆三十八年，十一月，兄作霧樹詩，和之。（見無聞集霧樹詩序，詩集霧樹。）

三十二歲，甲午乾隆三十九年，夏，鈔錄大名文存。（見文集與友人書。）

三十三歲，乙未乾隆四十年，朱公以先一年卒於雲南，本年訃至，作詩哭之。（見考信附錄卷一，詩集哭朱公五十韻。）　酬呂恆直東山京師遲友之作。（見詩集卷二。）

三十四歲丙申，乾隆四十一年，栗太初前卒，其弟寄其遺稿，爲之選錄若干首，序之。（見文集太初遺稿序。）

三十五歲丁酉，乾隆四十二年，攝守謝清問舉節孝，復陳仇氏從母事實，清問爲書貞節二字；慮其表見無所，作二從母傳。（見文集。）

三十六歲戊戌，乾隆四十三年，以神志凋落，昏眊遺忘，讀書專且久而無所得，有類蠹魚，自號蠹人，作蠹人說。（見文集。）　又作可歎詩。（見詩集卷二。）　自去年至此連歲荒歉，四月，官於舊城平糶，作推鹿車借門牌諸詩。（見詩集卷二。）

三十七歲己亥，乾隆四十四年。

三十八歲庚子，乾隆四十五年，十月，母李孺人卒。（見無聞集先孺人行述。）

三十九歲辛丑，乾隆四十六年，六月二十八日卒。（見無聞集先孺人行述。）　同年周啟運，同邑成誠作詩哭之。（見詩集附錄輓詩。）

頡剛案：靜庵先生此譜，鉤索先生詩文中之有年可稽者已略備。惟原稿定其生年爲乾隆六年辛酉；予據東壁先生先孺人行述則實爲八年癸亥。始不曉其何以相異，繼讀遙送朱松田詩云『我昔年一紀，甲子與君同；而我應府試，識君官署中。八歲家兄交，還往余偶爾。歲在壬之春，始克同硯几，』諒靜庵先生知先生年十二入泮，遂以『壬之春』爲乾隆十七年壬申，以之上推十一年則爲六年辛酉爾。然先生與松田相識，未必即爲其同硯之日也。觀『八載家兄交，往還余偶爾』一語則於其間，則知相識之後，初未甚往還，歷八年而始同硯几，是爲『壬之春』，卽乾隆二十七年壬午也，是時先生年二十矣。由此推之，其相識之年乃十九年甲戌也。東壁先生先孺人行述一文爲發喪時哀啟，所記弟之生卒年月必不誤，故擅爲改正。先生詩文中所敘行事，有以年歲記者，有以甲子記者，經此一改，不得不重爲整理，故亦頗有移易；並爲箋注其出處，以便檢覈。然亦有不審其何出者，如修梓鄉文獻之年，實詩文中所未見，而靜庵先生定之於乾隆庚寅，恐其曾見是書，或別有所據，則不敢删焉，懸以待他日之補綴。民國二十四年四月廿七日記。

年譜

八

訥菴筆談目

卷一　書經辨說

卷二 雜說

附

讀書疑一則

『南有喬木，不可休息，』息當爲思……三七

頡剛案筆談之名聞之舊矣。若『禹伐三苗，』『義和湎淫』『敷虐萬方』諸條，並爲考信錄所轉載。卽辨『六府三事』之文，亦擷取數語入錄。

彼時推其全文，當是解經筆記。　自得此帙，方知其半論書經，半載雜說，而尙有擬作之讀書疑焉。　以考證與文辭合爲一編，頗訝其體例之不類。　東壁先生於考信附錄曰，『訥菴筆談二卷已成一卷，其末卷未成，』於以知此爲先生隨筆所記，原非定本，苟天假以年，積成鉅囊，則經說必與雜記相離可知也。　先生治學，集其精力於尙書，此旣有書經辨說，文集中又有古文尙書考及朱子彭蠡辨疑諸篇，東壁古文尙書辨僞中復錄其讀僞古文尙書黏簽標記，其見解證論，宛然百詩定宇，後之作尙書學史者所必不當遺也。　且其中尙有極勇敢之創說，雖同志如其兄亦不敢信，而至今日乃審知爲事實者。　彼斥僞書大禹謨『龜筮協從』之語，以爲筮後於卜，不但非虞夏之際所有，且於殷亦未聞。　東壁於商考信錄云，『呂覽曰，「巫咸作筮」，　余按易傳，卦畫於伏羲氏，不容歷二千年至巫咸而後有筮。　恐係後人之所附會，』則固信虞夏之前已有之矣。其洪範補說於『謀及卜筮』『龜從筮逆』之文無所考辨，則亦信卜與筮並行於商世矣。然邇來出土甲骨以萬計，當時卜禮皆可鉤索而知，固未嘗有筮儀也，亦未嘗有既卜且筮之文也。是知筮實周人之法；所謂伏羲氏畫卦者但後出之易傳如是云耳。又彼辨說命擯鄭玄『亮陰』凶廬之解，且曰『居喪之說出於論語，人不敢疑耳』是直以孔子之『君薨百官總己以聽於冢宰三年』之釋爲非是。商考信錄於武丁一篇但辨『象夢』『賚弼』之言，不錄筆談此條一字。自廖平康有爲以來，『託古改制』之義大顯，而三年之喪即爲儒家改制中最要之一事，論語解釋迥非無逸文義乃不復可以辨護。而孰意德皋先生於百五十年以前已發其端乎！嗚呼，使考信錄而成於先生之手，吾知其必有進於是者矣！既爲補目，更略論之如此。民國二十四年四月二十五日記。

訥菴筆談卷之一

魏人崔邁著

書經辨說

書序不知出於何時。史記三代世表云，『孔子序尙書，略無年月；或頗有，然多闕，』則是司馬遷之時已有之矣。故史記多採書序入本紀世家。然伏生書二十八篇無之。後世因孔安國尙書序言之，遂謂得之壁中，實不知果否。孔壁所出十六篇，人皆不見而獨傳此序耶？今史記注所引馬融鄭康成之說，蓋皆解序者也。

今虞書夏書商書之分，不知本之伏生所藏耶？抑本之孔壁耶？抑自東晉梅賾上古文尙書始若是耶？與古書所引不同。或謂孔子所定。然說文所引亦以周書爲商書，則是後漢時尙非如今書所定也。

堯典舜典本係一篇。合舜於堯者，堯舉舜而授以天下，舜受堯之天下，二帝一體也。史臣叙事，正如史記范雎蔡澤列傳，其事相因，不假強合，自成一篇首尾也。首叙堯治天下之事；『帝曰欽哉』以下接『愼徽五典』乃舉舜而用之之事；『格汝舜』以下記舜攝位之事；『二十有八載，放勳乃殂落』則堯崩而舜攝位之事終矣。『月正元日』以下至篇末，則記舜治天下之事，以迄於崩。段落分明，血脈聯貫，如人之形體，不可增減移動。姚方興分而爲二，以二十八字強增入之，如支蔓贅瘤；梁武帝駁之，最爲有理。而後世終用之，使堯典無尾，豈復成文體乎！史記五帝本紀全載今堯典舜典二篇，而亦以『愼徽五典』直接釐降二女之事。太史公曾見古文而所載如此，則古文堯典舜典之不分，而『曰若稽古』二十八字之無所本可知也。況孟子所引，尤其明證。

書序之可疑者，無若堯典舜典二序。本係一篇，何以二序？其辭語亦淺率遺漏。吾寧信經，不敢信序也。

『异哉，』孔傳孔疏俱解异爲退，謂异從『巳』也。不知此字乃從『㠯』；㠯，用也故蔡傳謂爲強舉之意。不考古字而止以後世之字爲憑，其失多矣。然此亦可見孔傳之僞，必漢以後人所作也。

舜典自『正月上日』以至『達四聰，』俱係叙事；而『象以典刑』一節與前後文不類，明係告諭之詞，當屬錯簡。（明楊守陳有是說。）

左傳郤缺引夏書，但『戒之用休，董之用威，勸之以九歌，勿使壞』四句。『九功』以下皆解書之辭。而今大禹謨乃云『水，火，金，木，土，穀惟修；正德，利用，厚生，惟和；九功惟叙；九叙惟歌，』明係掇拾郤缺語。後世盡爲所欺。不知書經若果說明，郤缺又何必費解？郤缺何不全引書文，而乃隱其詞而詳解之乎？

論語堯曰篇堯命舜數言係韻語。今大禹謨抄襲之，却又離而爲三，用他語增飾之，使有韻者無韻，適以形其陋也。

蓍卦雖始於伏羲，而筮之名始見於洪範。虞夏之際未有言筮者。世本謂巫咸始作筮，雖未必然然『大龜』見於禹貢，『卜稽』見於盤庚，『元龜』見於西伯戡黎，而筮無聞焉。『龜筮協從』乃後世語也。『枚卜』二字亦不雅馴。（左傳哀十八年引夏書曰，『官占惟先蔽志，昆命於元龜。』）

舜典云『受終于文祖，』又云『舜格于文祖，』未有言受命者。命者，生人之事也。神宗旣爲堯，是時已歿，則禹安得受命於堯乎！

戰國策云，『舜伐三苗，』又云，『禹伐三苗，』而作大禹謨者遂撰一禹承舜命往伐三苗之事。其數三苗之罪，如『君子在野，小人在位，民棄不保，天降之咎』等語皆想像郛廓通套語，與『苗頑弗即工』及呂刑所言皆不類。至於敷文德舞干羽而有苗格，蓋倣文王伐崇因壘而降之事，而此獨覺迂濶可笑。堯典云，『竄三苗于三危』呂刑云，『遏絕苗民無世在下，』則三苗非干羽可感格，而刑竄有不能已者也。

益稷與皐陶謨本一篇，而強分爲二。蔡氏從而爲之辭，謂『古者簡册以竹爲之，而所編之簡不可以多，故釐而二之。』按洪範禹貢字數皆多於皐陶謨，而康誥呂刑字數與臯陶謨相埒，皆未嘗以簡多而分也。 獨分臯陶謨，何歟？

三山林氏謂『三代取民皆什一，而禹貢有九等之差者，蓋州有廣狹，民有多寡，其賦稅所入之總數有不同，不可以田之高下而準之。』 此說大謬；而馬端臨文獻通考采之，蓋以爲然矣。 余謂果以九州所入之總數而分爲九等，則其數有定矣，又安得有所謂『上上錯，』『下上上錯，』『錯上中，』『下中三錯』者乎？ 田有肥瘠，定賦者必視其田以爲賦；若不論其田之肥瘠而一概取之，此乃後世苟且之法耳。 三代什一之制，蓋孟子大概言之。 然或五十而貢，或七十而助，或百畝而徹；而田又有一易再易之分，法又有鄉遂都鄙之異：是三代不同，而一代又自不同也。 況禹貢乃堯舜之時之制，豈得以三代爲比哉！ 且『厥賦』皆蒙『厥田』之文而言，田旣分爲九等，而賦豈不分爲九等乎！ 如林氏之言，田不當言上中下而當言多寡也。 且『厥賦貞作十有三載乃同，』又何以解乎？ 林氏泥於三代皆什一之法，而遂爲此支離之說也。

禹貢曰，『三江旣入；』又曰，『東爲北江，入於海，』『東爲中江，入於海。』 夫曰北江，曰中江，則有南江明矣。三江自指此三者而言，文義甚明，但偶未指言南江耳。鄭康成謂『左合漢爲北江，右合彭蠡爲南江，岷江居其中則爲中江，』故書稱『東爲中江』者，明岷江至彭蠡幷與南合始得稱中也。孔□□蘇子瞻實遵其說。然以經文『東爲北江，』『東爲中江，』與『東流爲漢，又東爲滄浪之水，』『東別爲沱』文勢證之，則自『滙澤爲彭蠡，』『會于滙』以東始有北江中江之名，必截然爲三水非果如所云合漢爲北江，合彭蠡爲南江也。朱子云，『問諸吳人震澤下流實有三江以入於海。彼既以目驗之，恐其說之必可信而於今尙可考也。』蔡注遵之，引庾仲初吳都賦注，「松江下七十里，分流東北入海者爲婁江，東南流者爲東江，併松江爲三江，其地今亦名三江口。」夫謂震澤自有三江，則潯陽不有九江乎？何潯陽之九江非禹貢之九江，而震澤之三江獨即禹貢之三江乎？說者曰二句文相蒙，三江入海而後『震澤底定』也。夫禹貢九州用『既』字者甚多，下文未嘗必相蒙也。『震澤底定』豈必承『三江既入』之文，而乃必以三江屬之震澤耶！且震澤下流之三江，當明歸有光議開松江時，已言『東江婁江之跡滅沒不見，而松江亦與支流無別。』自宋至明二三百年間，三江已幾於皆不可見；而況禹貢之三江，數千年來安知其不滅沒而改易也？ 蔡氏之說皆本之朱子，其病在於執鄱陽爲彭蠡。 至參校不合，遂謂『鄭漁仲謂「東匯澤爲彭蠡，東爲北江，入于海」十三字爲衍文者得之。』 又云，『南方地偏水急，禹或遣官屬往視，而是時三苗方負固，往視者亦未必敢深入也。』 朱子此說甚爲可笑。 不可解則以衍文置之，亦何不可以爲衍文乎！ 止見今日一江入海，遂謂禹貢時必非三江入海，導河條云『播爲九河，』而今亦已無九河，則又何不可謂河自大伾以下止爲一河入海，而『播爲九河』亦係衍文乎！ 且卽以十三字爲衍文，於導江亦不可通。 若不云『東匯澤爲彭蠡，』則『會于匯』何說？ 不云『東爲北江，』則亦不當云『東爲中江。』 且彭蠡在南，亦不當云『東迤北會于匯』也。 是又必以『會于匯，東爲中江』七字爲衍文，而直以『東迤北入于海』爲一句，方合今之形勢。 夫己不能解，而遂疑聖人之不親見，官屬之以不知爲知，經文之錯誤；淺視聖賢，余不敢以爲然也。

彭蠡即鄱陽無確據，而與經文不合，則彭蠡或非鄱陽也。　漢書地里志彭澤縣下注云，『禹貢彭蠡澤在西，』而蔡注云，『彭蠡地志在豫章郡彭澤縣東。』　謂在彭澤縣東，則鄱陽可以爲彭蠡；旣曰『在西，』則鄱陽未必爲彭蠡矣。　漢志又言水入湖漢者八，入大江者一，而湖漢一水自雩都東至彭澤入江，行千九百八十里，則湖漢似即今鄱陽湖，與彭蠡澤各爲一地。　故以地里志考之，而知彭蠡非鄱陽也。　朱子謂漢志不知湖漢之卽爲彭蠡而兩言之；余則謂班固去古爲近，而水道改易亦多，不當深疵其說也。

有中江則必有南有北，有中江北江則必有南，書法自明，文義前後相蒙，但南江未之及耳。　歸震川乃謂『自孔安國以下，以中江北江爲據，失之泥。』　夫謂『三江』非中江，北江，是『九州攸同，』亦非荊，梁，雍，豫，徐，揚，青，兗，冀也。　震川又言，『三江，惟郭景純以爲岷江，浙江，松江，爲近。』　又言『先儒謂「三江自入，震澤自定，」文不相蒙，』一而吳淞一江之入，「震澤底定」實係於此，經文簡略不詳耳。』此說尤自相矛盾。既謂震澤之定由於三江之入，則不當以浙江，岷江，松江爲三江。既謂三者爲三江，則於『三江既入震澤底定』之文不合；不得已而遂謂經文簡略不詳。夫上句言『三江』而下句止承一江而言，經書有此文法乎！夫言中江北江而不及南江，乃眞簡略不詳者也。不彼之求而此之穿鑿，其亦異矣！

論三江者，惟大猷陳氏之言爲能闕疑。其說曰，『古有九河，後合爲一。古有滎澤，後堙爲地，安知彭蠡之下禹平水時不有三江，而後或合爲一乎！酈道元謂「東南地卑，萬水所湊，觸地成川；故川舊瀆難以爲憑。」禹迹之不可考者多矣，凡捨經文而指後世流派之分合，水道之通塞，地名之同異以爲說者，以論後世之地理則可，以論禹迹之舊則難也。』然彭蠡終可疑。

朱子云『有欲以揚州之「三江」卽爲荊州之「中江」「北江，」而猶病其闕一，乃顧彭蠡之餘波適未有號，則姑使之僭冒「南江」之名以足之。』余按南史王僭辨傳，『陳霸先率衆五萬出自南江，』即贛水也。鄭氏所謂『右合彭蠡爲南江，』蘇氏所謂『豫章江爲南江，』皆指此也。可見南江之名，其來已久；不得以彭蠡之餘波未有名號，而使之僭冒南江也。又『東爲北江入于海，』『東爲中江入于海，』入海者即中江北江也。今以中江北江屬之荆州，則豈入海亦在荆州之境乎！朱子必欲言中江北江非三江，故遂爲此異說也。

弱水當以在删丹者爲是，通鑑所言當另爲一水。柳子厚所言『不能負芥』者，原未嘗言爲禹貢之弱水。其云『西海有水，』固謂在西域也。若指删丹弱水，則他所言『閩有水，』『秦有水，』『雍之西有水，』皆明言其地，不當弱水獨作浮廓語也。吐蕃造藤橋，年餘而後成，其不能載物有明徵矣。蔡傳因『弱』字相同，遂誤引之。吾郡成北樵先生于役甘州，有弱水詩云『黑水既西流，弱水亦同派，一則可行舟，一則不負芥。胡爲共此流，強弱不相貸？折枝投淸流，載浮了無礙，理豈今昔殊，書每辭意害。驅車過橋頭，惟頌禹功大。』此爲蔡註所誤也。又按蔡注引柳文作『西海之山有水焉，』與今本不同。

『東漸于海，西被于流沙，朔南暨聲教，訖于四海，』四海者，類言之也。 古之疆域惟東至于海，無論西北二方去海遼遠，即南境亦不過衡山，未嘗至於海也。 閩中南越之地，在堯舜之時不通中國；聖人不務遠略，非如秦皇，漢武，唐之太祖，明之成祖，以長駕遠馭爲快也。 侯，綏，要，荒之服，禹當時蓋已盡其封略而治之矣，益稷篇所謂『弼成五服，至于五千』也。 暨者，及也；東至于海，西至于流沙，南北二方所及者，皆聲教之所被也。 四海云者，極言之也，猶中庸所謂『天之所覆，地之所載，日月所照，霜露所墜』也，猶後世所謂『天涯地角』也；蓋古有其語，相承以爲言耳。 益稷云，『予決九川距四海，』孟子云『盈科而後進，放乎四海，』是皆豈眞至于四海哉！ 春秋傳云，『寡人處南海，』楚豈眞在南海哉！ 禮記王制云，『西不盡流沙，南不盡衡山，東不盡東海，北不盡恒山，』大約堯舜二代方域所及不過此耳。 宋林之奇謂『揚州曰「淮海惟揚州」，是揚州之界抵於南海。 冀州「夾右碣石入于河，」河之入海在碣石之右，則冀州之界抵於北海。故曰「朔南暨聲教，訖于四海。」朔南不言其所至者，連下文而互見也。』此說大誤。北海僅青州之北，冀州之東一隅之水耳，亦謂之渤海：渤海者，海之別支也。以其在青州之北，自齊人言之則謂之北海。以其入於青兗冀三州之間，則謂之渤海。漢之二郡，因相近以爲名。冀州東西二千里，北海不在其北，僅處於東北一隅，未可云『冀州之境抵於北海』也。且所謂『朔』者，自兼雍冀二州而言。東西數千里，而以區區之北海爲境，不知置雍州於何地也？至揚州之界，抵於南海，亦未必然。禹貢所叙山水，衡山以南無一語及之；今江西浙江之地，自敷淺原而外亦不他及也。其地蠻荒險阻，不通於上國，禹未之至也。故『荆及衡陽惟荆州』者，北至荆山，南至衡陽也。『淮海惟揚州』者，西北至淮，東南至海也。或疑揚州之境，其南遼遠，不當不言其所至。不知聖人於蠻荒之國，視同鳥獸，未嘗必收之疆域之中；然亦羈縻勿絕，不肯明棄之於聲教之外：故不言其所至。猶之衡山以南，皆爲衡陽，而不明言其所至，惟概以『衡陽，』則語有蘊藉，使近者奉天子之威靈，遠者亦不疑聖人之棄擲。

此正帝王撫馭之方，亦禹貢書法之妙。若必以後世疆域所及爲當時之境，則粤西之地屬荊州（欽定書經地里今釋，荊州揚州之境無今廣東廣西，）且將跨交趾而南。若必不以言其所至者爲州境廣濶，則北方窮荒沙漠不毛之地，烏桓匈奴之國，皆雍冀二州之境矣。然乎，不然乎？又熊氏禾謂『閩越雖上古未通，亦當在要荒之服；禹會諸侯於塗山，會稽又禹迹之所至矣。』既云『上古未通，』又云『亦當在要荒之服，』猜度可笑。至禹會塗山，不在會稽，昔人有言之者矣。

書序云『羲和湎淫，廢時亂日，胤往征之，作胤征。』古文本此而作，其事深爲可疑。蓋古文不足信，而書序亦未敢以爲然也。堯典有羲仲，和仲，羲叔，和叔之文，「羲和』非一人也。今云『羲和湎淫，』又云『羲和廢厥職，』一人乎，非一人乎？可疑一也。堯典『乃命羲和欽若昊天，』蓋羲伯和伯也。羲伯和伯在國都，而仲叔宅於四方，此湎淫之羲和必在國都者，在國都何用以六師征之乎？胤征巧爲之辭曰，『酒荒於厥邑，』即在其采邑而未嘗據地拒命，則亦無事於張皇六師也，可疑二也。湎淫之罪，昏迷之愆，廢之可矣，刑之可矣，何用興師動衆乎？　可疑三也。　不曰胤侯往征之，而曰『胤往征之，』胤似人名，非國名也。　不曰王命胤往征之，而曰『胤往征之，』胤征未必出於王命也，　可疑四也。　書序無仲康字，不著其時。　史記謂『當帝中康時。』　唐志以爲日食在仲康之五年。　經世書以爲征羲和在仲康之元年。　然夏代未必止仲康時日食，而篇中仲康不足以爲據也。　可疑五也。　蘇氏以爲『羲和貳於羿，忠於夏，羿假仲康命命胤侯征之』者，固未必然。　蔡氏謂『以經考之，羲和蓋黨羿惡仲康，畏羿之強，不敢正其罪而誅之，止責其廢厥職，荒厥邑，』今經中亦全不見此意，則亦工於猜度者耳。　說仲康者，有河北河南之異。　此時仲康不知實在何地：在安邑，則號令未必能自己出，在太康，則羲和黨羿自在安邑，恐非仲康之力所能及也。　可疑六也。　陳氏大猷曲說羲和所以當征之故，至云『葛伯不祀，不過其身自得罪於祖宗，而湯以爲始征；學者不疑湯之征葛，而疑胤侯之征羲和者，過也。』　此說亦殊憒憒。卽果如所言，羲和之罪過於葛伯，而湯於葛爲敵國，仲康於羲和爲天子，其理勢同乎否乎？

且謂『葛伯不祀，湯始征之』者，書序之陋也。觀孟子所言，湯非以不祀征葛也，爲其殺童子而征之也。陳氏未讀孟子，不足與辨也。

胤征之僞，卽一首一尾可見。『肇位四海，』殊不成句。且是時夏方微弱，太康失國在外，仲康繼之，譬如主人居宅爲奴僕所據，主人寄居別業，此『公在乾侯，』『帝在房州』之時也，可曰『肇位四海』乎！史之書法如此，是欲張大之而適以彰其恥也。『胤侯命掌六師，』如此句法，不知命胤侯乎，胤侯命人乎？此與『惟說命總百官』俱不成文理。彼但見說命，畢命，微子之命，文侯之命等篇名，『命』字皆在人下，而傚之，不知以爲篇名則可，以之爲文則不通矣。至書序『呂命』二字原不可解，故昔人疑其闕文，不可以爲比也。『火炎崑岡，玉石俱焚，天吏逸德，烈於猛火，』用字鍊句，正晉以後文章，兩漢尙無之，而謂夏之時有之耶！甘誓有『不用命，孥戮汝』之言；湯誓有『不從誓言，孥戮汝』之語；牧誓告之以坐作擊刺之法，勗之以虎貔熊羆之勇；費誓戒之以越逐寇攘之刑，訓之以糗糧芻茭之備：皆誓體也。『火炎崑岡』八句，乃告敵人語，後世檄文之體，非所以誓軍士也。 即『威克厥愛，愛克厥威』之語，或臨事告誡服官之大夫，或行師訓諭統軍之將帥，亦非所以誓軍士也。 但見左傳有『作事威克其愛，雖小必濟』之語，遂勦襲之而不自知所以用之者非也。 或曰胤征，非胤誓也。 若然，則胤征一篇當叙征羲和事之首尾，而不僅以空言了事矣。

晉人尙排偶，故古文書經多偶語，如『苗之有莠』及『不邇聲色』『德懋懋官』等語皆是。 今文尙書亦間有偶語，要有多少自然之氣象；即比喩，亦不若『苗之有莠』等語氣稚弱，望而知爲漢以後人語也。

桀紂暴虐，止行於畿內耳，四方諸侯之國，彼不能暴虐也。 故湯誓數桀之罪曰，『夏王率遏衆力，率割夏邑，有衆率怠弗協』，而湯之民亦曰『夏罪其如台』； 牧誓數紂之罪曰，『乃惟四方之多罪逋逃，是崇是長，是信是使，是以爲大夫卿士，俾暴虐於百姓，以姦宄於商邑』。 而僞湯誥則曰『夏王滅德作威，以敷虐於爾萬方百姓；爾萬方百姓罹其凶害』僞泰誓則曰『毒痛四海』，此皆作者疎妄而不顧其理之所安也。

『爾惟德罔小』數語卽昭烈『勿以善小而不爲』二句語意。此貪作參差對待語，而其實一意乃曰『罔小』『罔大』，遂令下句不可通。蔡氏曲爲之解可謂善爲說辭矣。

盤庚首一段自『曰我王來』至『底綏四方，』先儒謂皆盤庚之言。按下文云，『王若曰格汝衆予告汝訓，』次篇云『盤庚乃登進厥民，曰，明聽朕言，』三篇云『曰，無戲怠，懋建大命今予其敷心腹腎腸歷告爾百姓於朕志，』是於百姓必呼而告之而記者文法亦明白無疑也。首段若果係盤庚告民者，不當獨作鶻突語；況在篇首而記者反不詳明耶！今玩其文勢語意，曰『民不適有居，率籲衆慼出矢言，』則『率籲衆慼出矢言』者，當就『不適有居』之民說言民領率呼籲衆憂慼之人而出矢言也。『曰』字以下，卽述民言也。民言『我先王旣居於此，固所以重愛我民，不忍盡致之死地也。王如能相匡以生，則民得所矣。今王不能匡以生，乃欲遷都，惟卜是稽，而云「民其如我何！」』又言『先王行事恪謹天命，然猶不能安寧，天猶降以災禍，因之不常厥邑，于今五邦。　今王之所以恪謹天命者，不能繼先王；方未知天意何如，而乃欲以遷都從先王之烈乎！』　意謂存亡安危不在遷都；今若不能恪謹天命，雖遷新都，亦未必能救於危亡也。　又言『天將斷絕我命，而乃欲恃遷都爲安，若大木已顚而欲恃由蘖以生乎？　天遂永我命于茲新邑而復先王之業以綏四方乎？』　不敢必之辭也。下文所謂『聒聒起信險膚，』『動以浮言，』皆指此而言。　蓋必如此解，而後於事情語勢文法皆無遺憾也。

史記，祖乙遷於耿，九世而盤庚始遷；而自耿以上止四遷，不合於『不常厥邑，于今五邦』之文。　故蔡傳謂『盤庚之前當自有五遷』也。　今按盤庚三篇反復論說，未見其爲自耿而遷或盤庚以上一二世曾有一遷，未可知也，『天將永我命于茲新邑』；此新邑指現在所居而言，亦不可知。　蓋民以遷此未久，意不欲遷，故尙謂之『茲新邑』而盤庚已擇居於殷，故自以殷爲『茲新邑』也。　民之意謂『先王旣遷於茲，若顚木之有由蘖，有死而復生之勢；若能恪謹天命，安知天不永我命於茲新邑，使紹先王之烈以綏四方乎？』蓋能保天命則現在之地亦可長治而久安，不必以遷都爲事也。上言不能事天雖遷無益；此言若能事天雖不遷亦可，反覆兩端以明其不必遷也。

國語白公子張謂楚靈王曰『昔殷武丁能聳其德至于神明，以入于河，自河徂亳，於是乎三年默以思道。卿士患之，曰「王言以出令也。若不言，是無所稟令也。」武丁於是乎作書曰「以余正四方，余恐德之不類，茲故不言。」如是而又使以象夢求四方之賢，得傅說，升以爲公，而使朝夕規諫，曰「若金，用汝作礪。若津水，用汝作舟。若天旱，用汝作霖雨。啟乃心，沃朕心。若藥不瞑眩，厥疾不瘳。若跣不視地，厥足用傷。」若武丁之神明也，其聖之睿廣也，其知之不疚也，猶自謂未乂，故三年默以思道；既得道，猶不敢專制，使以象旁求聖人；既得以爲輔，又恐其荒失遺亡，故使朝夕規誨箴諫，曰「必交修予，無予棄也！」』今書經說命全本之此。然孟子證之，則國語或即本之書經而今不可得見。今之說命掇拾羣書，人爲所欺，而首一節已有不能掩其僞者三焉。『高宗亮陰，三年不言』之事，一見於周書無逸，一見於國語，而禮記引書者三，論語引書者一，皆未言其爲居喪不言；惟孔子及作禮記者乃釋爲居喪不言也。『亮陰』亦作『諒闇』，古之說者皆云『信默』；惟鄭氏以爲凶廬。若果如今說命及鄭氏之說，則既云『宅憂』，而亮陰又即居廬，子張豈不解其故而尙以爲問乎？國語無『亮陰』之語，禮記論語所引蓋皆無逸篇語，無論與今說命不同，亦未必爲古說命語。而僞作者採拾成文，又妄加『宅憂』二字，不適見其陋乎！一也。無逸篇云『乃或亮陰，三年不言，其惟不言，言乃雍』；今說命亦云『其惟弗言』，但作『惟不言』解耳。不知無逸所云，若作此解，則既云『三年不言』，而又云『其惟不言』，文義豈不重複，而周公之語豈不贅乎！夫所謂『其惟不言言乃雍』者，猶云『不言則已，言必和』也。諒闇不言三年之久，豈遂一言不發哉！偶發一言必當於理，卽所謂『夫人不言，言必有中』也。僞作者不解其義，截去下句而止用『其惟不言』，不知其不成文理也。二也。『稟令』皆自上而下之辭，稟本從禾，今俗從示，音凜，與也，給也。國語云『王言以出令也，若不言，是無所稟令也』，言不發命令也。僞作者不解稟字之義，妄改云，『不言臣下罔攸禀令。』僞孔傳遂解稟爲『受，』而唐韻集韻遂有『筆錦切』一音，『受命曰稟』一解矣。而不知實誤改國語也。三也。至鄭氏亮陰之說，實亦不確。無逸云，『作其即位，乃或亮陰，』『乃或』云者，他人不必出於亮陰，而高宗乃或出於亮陰也。蓋卽位之後而亮陰不言，與國語可互證。且不言者止亮陰之三年，而今說命乃云，『王宅憂亮陰三祀，既免喪，其惟弗言，』亦背異之一端也。但居喪之說，出於論語，人不敢疑耳。

訥菴筆談卷之二

雜說

唐宋士大夫往往於將沒時捨宅爲寺：已沒之後猶求福利耶！天下貧士無居者甚多，或奔走道路，或賃居廡下；若以宅與之，豈不強於佞佛哉！凡捨爲寺之宅，其宅必大，一宅可以爲數十人之宅，其功德非小小也。且佛以濟人爲心，佛有宅將以與人矣；是與人乃善於事佛者也。不知求慰其心，而但以奉土木偶人及無所不爲之禿子，如是而獲福利，吾不信也。昔王摩詰輞川爲最佳勝，而捨爲淸源寺；同時之杜少陵寄居蜀寺，方有『古寺僧牢落，空房客寓居』之句。摩詰少年抱琵琶遊貴人之門，不知寒士之苦。若少陵則日無寧晷，奔走不遑，深知其況味，故其詩云『安得廣厦千萬間，大庇天下寒士俱歡顏，風雨不動安如山！嗚呼，何時眼前突兀見此屋，吾廬獨破受凍死亦足！』如此胸懷，宜其詩之獨步千古也。

陶淵明爲孟嘉作傳，祇叙其度量風韻，閑情逸致，而於政事無一言及之。當時不以政事爲重，而諸所謂名士者俱不長於政事也。篇終述劉耽之言云，『此本是三司人。』嗟乎，三司人但取風度哉！此與『深源不出，如蒼生何』之語無異。晉人好尚識見如此，安得不亡！五胡亂華，天之以濁溷其淸也久矣。東晉相業，惟謝安差強人意，然亦有天幸焉。宋人文章理學政事俱優於晉，然亦好論度量，終是一病。呂夷簡觀諸子孰可爲相，獨許公著；雖觀人必於其微，然豈不責婢碎茶甌一事遂可爲宰相哉！君子不能爲相，而後小人得以乘其隙，此王安石之所以得君也。

晏子御者之妻有言，『晏子長不滿六尺，而身相齊國，顯名諸侯。今者妾觀其出，志念深矣，長有以自下者。今子長八尺，乃爲人僕御；然子之意自以爲足，妾是以求去也。』齟齬子曰：此御者之妻少所見而多所怪也！天下惟僕御皂隸負販牧豎之類乃常自足耳！苟有知識者，皆知其有所不足而有以自下；惟庸愚小人少得所欲，遂自以爲足，皆然也。　非特足而已，且視人皆不己若，愚乃益詐，詐乃益愚，而彼方意氣揚揚，自以爲得計也。　御者之妻止見其夫若是耳；然他人婦皆隨其夫而自足者，非但不薄其夫，且將曰吾何幸而爲若人妻也！　此御者之妻之所以不可及也。

陳公弼知鳳翔日，蘇子瞻爲判官，不相得，爲公弼作陵虛臺記，因發其骯髒鬱滯之氣。　其後爲公弼作傳，言公弼『面目嚴冷，語言確訒，好面折人。』　又言『官鳳翔，從公二年，時少年氣盛，愚不更事，屢與公爭議，至形於言色，已而悔之。』　大抵子瞻之性與謹厚嚴毅者皆不能合，其於公弼，亦與於伊川略同。　然自言平生不爲行狀墓誌，而獨爲此文者，蓋子瞻之悔出於眞情，而公弼之行事有以深服之也。　新城王大司寇作秦淮絕句以紀阿男入詩，其兄映鍾以爲言，後司寇竟聞其節於朝，曰『以懺悔少年綺語之過』。　子瞻之爲公弼作傳，亦以救其作記之輕薄也。

朱淑眞遇人不淑，其本傳云『時牽情於才子』，而所作生查子詞云，『去年元夜時，花市燈如晝；月上柳梢頭，人約黃昏後。　今年元夜時，月與燈依舊；不見去年人，淚濕春衫袖，』則固有外交矣。劉孝綽之妹徐悱之妻劉令嫻者，其門望遭遇非淑眞比也；然玉臺新咏載其數詩若有可疑。光宅寺詩云，『長廊欣目送廣殿悅逢迎何嘗曲房裏，幽隱無人聲？』則有所覩而情蕩矣。題甘蕉葉示人詩云，『夕泣似非疏夢啼太眞數；惟當夜枕知過此無人覺，』則寄怨之詩也。有期不至詩云，『黃昏使信斷銜怨心悽悽；廻燈向下榻轉面暗中啼，』則明有所約矣。夢見故人詩云，『覺罷方知恨人心定不同；誰能對角枕長夜一邊空？』則亦怨詩也。三娘中年而寡，遂至此乎！悱有贈內詩云，『日暮想靑陽躡履出椒房。網蟲生錦薦遊塵掩玉床。不見可憐影空餘黼帳香。彼美情多樂，挾瑟坐高堂。豈忘離憂者向隅心獨傷？聊因一書札以代九廻腸。』三娘負此拳拳之情矣。然觀『彼美情多樂』之句，則知令嫻固薄情人也。越禮之端實兆於此。

袁中郞刻唐伯虎集，有題畫詩數十首。而吾邑徐聘三先生所藏伯虎山水軸，有自題詩云『石徑荒涼一寸苔，騷人獨步煉詩才。相逢若有忙人問，遠向山僧乞火來，』

集中無之。又堅瓠集引其詩云，『五陵鞍馬少時年，三策經綸聖主前。零落而今轉蕭索，月明胥口一簑烟。』亦集中所無也。桐下听然載伯虎與華學士鴻山飲酒，華有少姬，隔簾窺之；伯虎作嬌女篇貽鴻山，鴻山作中酒歌答之。今集中無嬌女篇，有嬌女賦，而賦非爲此作也。然桐下听然所載似爲近實，而配秋香事，袁中郎附之集中，人遂信爲實事矣。

楊君謙題書橱詩云，『吾家本市人，南濠居有年。自我始爲士，家無一簡編。辛勤一十載，購求心頗專。小者雖未備，大者亦略全。經史及子集，無非前古傳。一一堅紙裝，辛苦手自穿。當怒讀則喜，當病讀則痊。特此用爲命，縱橫堆滿前。當時作書者，非聖必大賢。豈待開卷看，撫弄亦欣然。奈何家人愚，心惟貨財先。墜地不肯拾；壞爛無與憐！盡吾一生已，死不留一篇。朋友有讀者，悉當相奉捐。勝遇不肖子，持去將鬻錢！』余家自先曾王父始自新安居於魏，未暇多置書。先君子雖甚好，而家貧多事，所收亦未富。乾隆丁丑，漳水入城，則書盡歸波濤中矣。自是以後，貧益甚，流離遷徙，日無寧晷，愈不能買。惟郡守朱公去任時遺書數十卷，而又苦鮮佳者。余旣有書癖，每借之戚友之家；然地僻人俗，苦無藏書。舊時仕宦之家，其書旣皆散落，而現在之士君子則無以買書爲事者，故借亦難言也。而余又頑鈍不能記誦，欲手自抄錄，則又苦病不能爲，是以十三經家中止有其半，而廿一史猶未能偏觀也，他可知矣！余雖有君謙之好而無其力，讀其詩每用自愧；而至『朋友有讀者，悉當相奉捐』之句，則又未嘗不流連慨歎，而冀生平一遇如君謙其人者也。

陸務觀初娶唐氏，於母夫人爲姑姪，伉儷相得而弗獲於其姑，因出之；改適同郡宗子。嘗春日出遊，相遇於沈氏園亭；唐以語趙，遣致酒餚。放翁悵然，爲賦釵頭鳳詞，題園壁云『紅酥手，黃藤酒；滿城春色宮牆柳，東風惡，歡情薄；一懷愁緒，幾年離索；錯錯錯！春如舊，人空瘦；淚痕紅浥鮫綃透。桃花落，閒池閣；山盟雖在，錦書難託；莫莫莫！』唐氏見而和之，有『世情薄，人情惡』之句。未幾，唐怏怏而卒。此堅瓠集所載也。而文獻通考載放翁沈園二詩云『城上危樓畫角哀，沈園非復舊池臺。傷心池下春波綠，曾逐孤鴻照影來！ 夢斷香消四十年，沈園老柳不吹綿。此身行作稽山土，猶弔遺蹤一悵然！』 引劉後村詩話釋之曰『放翁幼婚某氏，頗倦於學。 嚴君督過之，竟至仳離；某氏別適某官。 一日通（字必誤）家於沈園，目成而已。 晚年遊園，感而賦之。』 二書所載不同，而嚴君督過竟至仳離之事，揆之情理亦似不然。 但劉後村馬貴與俱宋人，似宜得其實，而堅瓠集又不載所引何書。 以情理而論，似迫於母命爲近之，且事較後村所言爲詳。 又他書有言『放翁前妻賢，於母爲親，而竟被逐；後妻不賢，而母喜之，』與此說相合。 恨余家書少，不能爲之細考也。

讀書疑一則

『南有喬木，不可休息，』『息』字當作『思』字。『休』字與下『求』字協韻，若作息字，既非如『只』『且』『之』『兮』爲語助字，又與下韻不協。若以休字爲韻，則詩經又無此體。息字近思字，當爲傳寫之誤。

訥庵筆談終

尙友堂文集目

卷上

卷下

頡剛案：右文凡二十九篇，原不分卷，亦不分類。初意其分年，細檢之亦非是（加枝人蠹人兩文相去十二年而騈列），蓋隨手裒集者。今次爲二卷，以論學議古者爲卷上，記事抒情者爲卷下。慮原次之或有意義存焉，故注之於目以俟考。其書本無名題，但稱文集；楊靜庵先生以說詩之名轉名之，故今遂從而題曰尙友堂文集，諒亦九原所默許也。先生思想旣銳，文筆尤肆，使其克享中壽，稍廣交遊，必將樹赤幟於文壇。至其論古諸作，不啻一考信錄之縮影。觀其書歐陽文忠公廖氏文集序後曰，『人不必皆明理而好以耳食，六經出於聖人，不幸而爲異說所亂，後人不能辨其僞，而相傳爲聖人之言，信而不疑。』又曰，『歐陽公自謂「哀學者守經以篤信而不知僞說之亂經，」爲說以輟之，而以爲後世必有同其說者，信可謂豪傑之士矣！余之爲說多與之同，蓋所見有不可昧者。』嗚呼，何其似考信錄釋例之甚也！若其書蘇子瞻樂毅論後云，『蘇子瞻……言多不衷於理，……然不過見之偏而已；未有如樂毅論考據之不詳也！

……樂毅豈以百萬之衆，五年之久，專攻此二城而不下哉！蓋五年之中積漸而下七十餘城，而二城者力尙未及下也。當是時，閔王在莒，田單在即墨，君之所在，人心必固，而單又能將二城之不遽下，其理宜也。烏在其以仁義自誤而不急攻哉！』此豈非釋例中近視者讀扁上字之喩所由取證者乎！其他若朱子，彭蠡辨疑，生民詩集傳辨，三代考信錄中並承其說而不著其名。是知東壁著書，所接受於其弟者實不少，而惜夫零縑碎璧，未覩其全，弗獲一證成之耳。惟古文尙書考一篇，東壁於尙書辨僞中云，『余弟邁……駁孔氏經傳之僞，較顧李兩先生之說尤詳。……尙書考中所徵之書，所持之論，則余源流眞僞通考中已悉備之，』未沒其美。又卦變辨中，直斥卦變爲穿鑿支離之說，非易之本義，而東壁於讀易瑣說（易卦圖說附）曰，『卦變之說，世多疑之。余謂朱子卦變之圖所推或不盡合則有之矣，若謂無卦變之說則誤也，』是爲其兄弟二人立說之相違者。又封建論之目，無聞集中亦有之而闕其文，不審二人之言有異同否。至其蒐輯大名詩文，記錄魏郡故實，則修梓鄉文獻引及與友人書皆詳哉言之，讀者得以識其著作之苦心。而其抑鬱侘傺之情以文字代痛哭者，悉置於後方讀者與詩集比而觀之，可知其悲之深矣。夫以先生之篤學，又沈潛於甲部，顧據訥庵筆談所載，十三經家中僅有其半。東壁記弟事，謂其『性喜博覽，一書未見如負芒刺於背。聞有異書，必求之常歷十餘人轉相囑託。得觀之，然後已。』以先生足跡不出鄉里，魏縣又遭漂沒，其讀書之難可見，而尙有此成就，雖不稱其志，要已大足愧今之人享受十分之便利，迄不獲一分之成績者，先生亦可以瞑目矣夫！民國二十四年四月二十五日記。

尙友堂文集卷上

卦變辨

朱子易本義有卦變之說，蓋因彖傳『剛來而得中』『柔進而上行』之類爲之解。予以爲不然。夫所謂卦變者，言本卦自某卦而來。然卦有六畫，較他卦皆變也，而獨以一二畫爲說，雖與彖傳相合，乃因彖傳而求他卦之合者以爲證，其理非確然也。且六十四卦自乾坤而外無不可謂之變者，而孔子乃獨於此十餘卦著其變，而又有自一卦變而來者，自兩卦三卦變而來者，參錯不倫，必非孔子意也。夫卦變苟有其例，孔子繫辭說卦之論易義例詳矣，而獨無一語及之，乃忽於彖傳中爲其說，文義不明，茫無根據，孔子之言必不若是也。

然則所謂『剛來而得中』『柔進而上行』者，其義何也？曰，此仍以卦體言而不可以謂之變也。蓋孔子之意謂三陰三陽各自爲體，陰與陰爲類，陽與陽爲類，其有一畫不此之比而錯入於陰陽之中或本卦所以成者，則往往爲之說，理本易曉。朱子不求之於本卦六畫而求之於他卦，其亦過矣！

予請爲悉數而條辨之。

訟彖傳曰，『剛來而得中也，』謂二爻一陽不與上三陽相比，而獨陷於二陰，爲下卦中也。本義謂『剛來居二而當下卦之中』者是也；謂『自遯而來』者，非也。

隨彖傳曰，『剛來而下柔，』謂初爻之陽不與四五兩陽爻相比，而居二陰之下，所謂『隨』也。本義謂『卦變自困九來居初，自噬嗑九來居五，自未濟來者兼之』者，非也。

蠱彖傳曰，『剛上而柔下，』謂上爻一陽不與下二陽爻相比而居上，初爻一陰不與上二陰爻相比而居下也。本義引或謂『卦變自賁初上二下，自井五上上下，而自既濟來者兼之』者，非也。

噬嗑彖傳曰，『柔得中而上行』謂五爻之陰不與下二陰相比而居五。本義謂

『柔上行以至於五』者，是也；謂『自益卦來』者，非也。

賁彖傳曰，『柔來而文剛，』謂二爻之陰不與四五二陰相比，而錯居二陽爻之中也。又曰『分剛上而文柔，』謂上爻之陽不居下卦二陽之中，而錯居上二陰爻之上，如三陽，自中分其一以居於上，故謂之分也。本義謂『卦自損來者，柔自三來而文二，剛自二上而文三；自既濟而來者，柔自上來而文五，剛自五上而文上，』是分字無說也。

无妄彖傳曰，『剛自外來而爲主於內，』謂初爻一陽不與上三陽相比，而居於初，故曰『自外來』也。本義謂『自訟而變，九自二來而居於初』者，非也。

大畜彖傳曰，『剛上而尚賢，』謂上爻一陽不與下三陽相比，而居於上也。本義謂『自需而變，九自五而上』者，非也。

咸彖傳曰，『柔上而剛下，』謂上爻一陰不與下二陰相比，而居上，三爻之陽不居上而居三，去上卦而來爲下卦之上也。本義引或謂『咸自旅來，柔上居六，剛下居五』者，非也。

恒彖傳曰，『剛上而柔下』謂四爻一陽不居初而居四，去下卦而爲上卦，初爻一陰不與上二陰相比而來居初也。 本義引或謂『恒自豐來，剛上居二，柔下居初』者，非也。

晉彖傳曰，『柔進而上行，』謂五爻一陰不與下三陰相比，而錯居二陽之間也。本義謂『柔進而上行以至於五』者是也；謂『自觀而來』者，非也。

睽彖傳曰『柔進而上行，得中而應乎剛，』謂五爻一陰不與三爻之陰相比而居於五也。 本義謂『自離來者柔進居上，自中孚來者柔進居五，自家人來者兼之』者，非也。

蹇彖傳曰，『往得中也，』謂五爻一陽不與三爻之陽相比而居於五也。 本義謂『陽進居五而得中』者是也；謂『自小過來』者，非也。

解彖傳曰，『利西南，往得衆也，』謂四爻一陽不與二爻之陽相比而往居於四也。又曰，『其來復吉，乃得中也，』謂二爻一陽不與四爻之陽相比而來居於二也。 本義謂『卦自升來，三往居四，而入於坤體，二居其所而又得中』者，非也。鼎彖傳曰『柔進而上行，』謂五爻一陰不與初爻之陰相比，而上居於五也。本義謂『卦自巽來，陰進居五』者，非也。

漸彖傳曰『進得位，往有功也，』謂四爻之陰不與下二陰相比而上居於四，以下卦之一陰而上入於乾體，所謂『漸』也，所以爲女歸之象也，猶之歸妹以陰而居於三而爲『歸妹，』彖傳所謂『征凶位不當也。』本義不得所以名漸之故，而謂『自渙來者，九進居三；自旅而來，九進居五』者，非也。

至渙與升與此似覺小異，然亦非卦變也。

升彖傳曰，『柔以時升，』本義謂『卦自解來，柔上居四，』說似可信矣，然而非也。升與萃反對：萃者聚三陰於內也，升者升三陰於上也。易之道常欲陰在上而陽在下，故坤體在上，若泰，謙，臨，復之類多吉卦，而巽下坤上者遂謂之升，餘一陰於下而升三陰於上。升者，積於上而其下升而不已之象，故曰『柔以時升，』大象曰，『君子以愼德積小以高大，』謂其日升日積而不已也。　初六爻辭曰，『允升，大吉，』小象曰，『上合志也，』謂升者已多而在下者終亦必升也。　皆本卦畫之象以爲言。　而本義不解所以名升之故，於『柔以時升』註云，『以卦變釋卦名，是謂卦自解來，柔上居四。』　一爻之升而卽可以名卦，若是則卦之名升者亦多矣！

渙彖傳曰，『剛來而不窮，柔得位乎外而上同，』本義謂『自漸而變，九來居二而得中，六往居三得九之位而上同於四，』說似可信矣；然而亦非也。　渙之所以爲渙者，非止風行水上而已也，亦有其卦畫焉。　以乾體之一陽而下入於坤體，以坤體之一陰而上入於乾體，陰陽解散，所謂『渙』也；而尤以六四爲主，排陽之一爻而使之下，故爻詞曰，『渙其羣也。』　然則所謂『剛來而不窮，柔得位乎外而上同』者，謂二爻之陽不與上二陽相比而居二，四爻之陰入於外卦，得位而上同於五也。（『上同』猶之『不窮』，字無深意，猶曰『上入於乾體』云爾。）　本義不求之卦畫得其所以名渙之故，而牽引卦變，於渙毫無所發明，乃謂『彖傳以卦變釋卦詞，』何其誤也！　且謂『柔得位乎外而上同』爲『六往居三得九之位而上同於四』則誤之尤者也。（近代有吳世尙者，更定朱子本義，於此節下云，『以卦變卦體釋卦辭，謂「剛來而不窮」爲卦變，「柔得位乎外而上同」爲卦體，而曰以六居四，得位乎外而上同於五』，蓋又本之朱子語類也。）

他若泰否彖辭『大往小來』『小往大來』，尤不可以卦變言。 陽大陰小，此卽彖傳內陽外陰內陰外陽之旨；不曰陰陽健順而曰大小者，爲占者言也。 而本義乃謂『泰自歸妹來，六往居四，九來居三；否自漸來，九往居四，六來居三，』不亦贅乎！

要之彖傳之詞，凡朱子所謂卦變者，實與剝之『柔變剛，』謙之『天道下濟，地道上行，』損之『其道上行，』益之『自上下下，』節之『剛柔分而剛得中，』同類。 自上而下者曰『來，』曰『下』；自下而上者曰『進，』曰『往，』曰『上』：皆卽本卦六畫之體言之，而非所謂卦變也。

夫卦變者，穿鑿支離之說也。 予所謂本卦者，明白易直之說也。 朱子解書衆矣，不喜爲穿鑿支離之說，而於卦變獨不免焉，蓋本先儒之說而未覺其失也。 朱子又有卦變圖，謂『彖傳或以卦變爲說，今作此圖以明之。蓋易中之一義，非畫卦作易之本指也。』　夫卦變之說由於後人誤解彖傳，何嘗有一言及卦變乎！　而曰『彖傳以卦變爲說，』是近於誣聖矣！　且納甲飛伏之類，易之說夥矣；推而廣之，皆可謂易中之一義，而皆聖人所不道。　朱子於納甲飛伏之類不取以註易，而獨取卦變者，何也？　蓋未知彖傳之自有所謂也。　嗚呼，惜其不於本卦六畫求之也！

附雜說二條

蘇子瞻曰，『凡易之所謂剛柔往來相易者，皆本諸乾坤也。　乾施一陽於坤，以化其一陰，而生三子；凡三子之卦有言「剛來」者，明此本坤也，而乾來化之。　坤施一陰於乾，以化其一陽，而生三女；凡三女之卦有言「柔來」者，明此本乾也，而坤來化之。　非是卦也，則無是言也。』　愚按，此言甚巧，近似有理，頗得其彷彿，而實不然也。　彖傳之詞皆謂自本卦升降，但非自他卦而變耳。　子瞻知卦變之不足信，遂以爲如此，不知孔子所謂『來往，上下，』皆實有所以然果如其說，則三子皆自乾來，三女皆自坤來，止一來字足矣，何必又用進往上下也！且謂最著者賁之彖傳則止言『剛來而文柔』足矣，何以言『分剛上』也？孔子用字不已贅乎？又如『剛自外來而爲主於內，』『外』者坤耶乾耶？何以他卦皆不言外而此獨言外耶？惜不得起子瞻而問之也。

伊川亦不取卦變之說，其言曰，『如「剛上柔下，」「損上益下，」謂剛居上，柔居下，損於上，益於下，據成卦而言；非謂自卦中升降也。如訟无妄云「剛來，」豈自上體而來也！凡以柔居五者，皆云「柔進而上行，」柔居下者也，乃居尊位，是進而上也非謂自下體而上也。』愚按剛上柔下，以成卦言之，不知所言與孔穎達同否。穎達謂『剛卦在上，柔卦在下，爲剛上柔下；柔卦在上，剛卦在下，爲柔上剛下，』雖與咸恒數卦相合，而其理不可通之於『柔進上行』『剛自外來』之語。揆程子之意，則又似以『剛爻居上，柔爻居下』爲言；然於咸恒則不可通矣。　損益二卦則又因卦名爲言，非他卦比也。　訟與无妄皆自上而來，无妄固明言『剛自外來』也。　故朱子謂『程子牽強解了，』固不足以服言卦變者之心也。　至謂柔居尊位卽爲『進而上行，』則柔居尊位者三十二卦，何以他皆不言，而獨噬嗑，晉，睽，鼎四卦，皆離在上者言之耶？　又大有亦離在上，何以又不言耶？　此其中具有所以然，而程子未之知也。

古文尙書考

書經蔡註每篇序所云『今文古文，』解者曰，『今文，伏生所授，馬鄭等註；古文，孔壁所藏，安國所傳。』　是說相沿久矣。　以予考之，有可疑者。

後漢書儒林傳云，『中興，牟融習大夏侯尙書，東海王良習小夏侯尙書，沛國桓榮習歐陽尙書。　扶風杜林傳古文尙書，林同郡賈逵爲之作訓，馬融作傳，鄭康成注解，由是古文尙書遂顯於世。』　據此，是馬鄭所注非伏生之尙書，而古文尙書也。　考古文尚書，當前漢時孔安國授都尉朝，朝授膠東庸譚，譚授清河胡常，常授虢徐敖，敖授瑯琊王璜及平陵塗惲，惲授河南桑欽平帝時立於學官。後漢習古文尚書，見於儒林傳者，南陽尹敏初受歐陽尚書後受古文汝南周防師事徐州刺史蓋豫，受古文尚書撰尚書雜記三十二篇；魯國孔僖世傳古文尚書；東昏楊倫師事丁鴻，習古文尚書；東海衞宏從杜林受古文尚書，作訓旨；濟陰孫期習古文尚書。又賈逵傳云『父徽，受古文尚書於塗惲。逵傳父業。肅宗立，特好古文尚書，詔逵入講北宮白虎觀南宮雲臺。逵數爲帝言古文尚書與經傳爾雅訓詁相應，詔令撰歐陽大小夏侯尚書古文同異。逵集爲二卷，帝善之。八年，乃詔諸儒各選高才生受左氏，穀梁春秋，古文尚書，毛詩；由是四經遂行於世。』安帝延光二年，詔選三署郎及吏人能通古文尚書，毛詩，穀梁春秋各一人。又劉陶學古文尚書，張楷通古文尚書，劉祐學古文尚書。此古文尚書之傳習於兩漢者班班可考也。其後不知何以不傳於世。

至東晉時，梅賾之古文尚書出，人遂以僞爲眞。自是衆說紛紜，若僞孔安國尚書序，孔穎達之類，其說皆不足信。而世人貴耳賤目，信近說而滅舊聞，兩漢之古文尙書遂無復考其源流者矣。僞古文尙書序云，『秦始皇滅先代典籍，學士解散，我先人藏其家書於屋壁。漢室隆興，旁求儒雅；濟南伏生年過九十，失其本經，口以傳授』而前漢書則曰，『秦時禁書，伏生壁藏之。其後大兵起，流亡。漢定，伏生求其書，亡數十篇，獨得二十九篇。孝文時，使鼂錯往受之』序又云，『魯共王於壁中得先人所藏古文虞夏商周之書，皆科斗文字；以所聞伏生之書考論文義，定其可知者，增多伏生二十五篇。其餘錯亂磨滅，弗可復知。悉上送官，藏之書府。承詔爲五十九篇作傳。既畢，會國有巫蠱事，不復以聞』而前漢書則曰，『書十六篇，孔安國獻之』曰『悉得其書，以考二十九篇，得多十六篇』曰『孔氏有古文尙書，孔安國以今文字讀之，逸書得多十餘篇，蓋尙書茲多於是矣，』曰『魯共王得古文壞壁之中書十六篇，』篇數不同，亦絕無『錯亂磨滅，不復可知』之說。又漢書祇言『遭巫蠱之事，未立於學官，』亦無『爲五十九篇作傳』之文。史記藏書之說及篇數，並同漢書、而劉歆移太常博士書亦云，『孝文皇帝使掌故鼂錯從伏生受尚書。尚書初出於屋壁，朽折散絕。及魯共王壞孔子宅，得古文於壞壁之中，逸禮有三十九，書十六篇。天漢之後，孔安國獻之。遭巫蠱倉卒之難，未及施行』說亦與史記漢書同。是僞尚書序不足信也（口授之說本之衞宏，宏，東漢時人，不若太史公劉歆去伏生差近，爲得其眞；而漢書以備一代之史，說必不誣。）

孔穎達云，『孔君作傳，值巫蠱不行，遂有張霸之徒僞作舜典以下二十四篇，幷伏生二十八篇，復出舜典益稷盤庚二篇康王之誥及秦誓共三十四篇，以求合孔氏五十八篇之數。劉向，班固，劉歆，賈逵，馬融，鄭康成之徒，皆不見眞古文，而誤以此爲古文之書。』按前漢書儒林傳云，『百兩篇者出東萊張霸，分析合二十九篇以爲數十，又采左傳書序，爲作首尾，凡百二篇，篇或數簡，文意淺陋。成帝時，劉向校之，非是，後遂黜其書，』是張霸之書凡百二篇，非五十八篇也。儒林傳既明言『劉向校之非是，後遂黜其書，』何得云劉向班固諸人誤以爲古文尚書乎？此說他無所見，不知穎達何所據而云然？且旣云『僞作舜典益稷，』而又云『復出舜典益稷，』豈有二舜典二益稷乎？穎達又云，『鄭康成師祖孔學，而賤夏侯歐陽等，何意鄭注並與孔異，篇數並與三家同！』夫旣云『鄭康成誤以張霸五十八篇爲眞古文，』而又云『鄭注並與三家同，』自相矛盾，此孔穎達之說不足信也。

餘若隋經籍志陸德明之類，其說亦大概不出乎此。此皆後人之所遵信傳說而不疑其非者也。

以余觀之，馬鄭所注爲古文尙書，後漢書旣有明文，而篇數乃與伏生同者，蓋漢時世所誦說者止伏生二十八篇，而孔安國雖得古文，亦多以二十八篇爲學者傳說。其所上十六篇與二十八篇別行，當時人罕見者，故劉歆云『藏於秘府，伏而未發。』成帝時校理舊文，乃得之，而未大傳於民間。王莽之亂，遂復不存。及杜林於西州得古文尙書亦止二十八篇。自是賈逵爲作訓，馬融作傳，鄭康成作註，篇數雖與伏生同，而文字多異，故杜林謂『古文雖不合時務，願諸生無悔所學；』賈逵謂『古文尙書與經傳爾雅訓詁相應，』撰集三家尚書及古文同異三卷而劉陶推三家尚書及古文，是正文字三百餘事名曰中文尚書皆所爭在文字同異而未嘗言篇數之多寡也。 是以漢書藝文志逸書十六篇與二十八篇別出而晉秘府所有古文尚書，當時若束晳杜預諸人，豈無一人見之若果有出於二十八篇之外者，其所著書豈無一言及之而盡以書傳所引爲逸書耶？（隋經籍志，『晉世秘府有古文尚書經文，今無有傳者。』） 又按隋經籍志云，『賈逵馬融鄭氏所傳惟二十九篇，又雜以今文，』則是雜以今文耳，非即今文可知也。夫使馬鄭所注果爲今文，則范蔚宗不當誤也。 微獨蔚宗不當誤而已，蔚宗作後漢書本之東觀餘論及袁山崧謝承諸人，豈盡不知馬鄭所注爲今文耶？ 所載諸習古文尚書者，豈盡妄說耶？ 故吾謂馬鄭所注即孔壁古文，無可疑也。

然而以爲今文者何也？ 蓋永嘉之亂，歐陽夏侯三家尚書並亡，惟存伏生大傳，而馬鄭所注古文尚行於世。 及梅賾上僞古文，自是孔鄭並行。 此後南北分爭，天下日亂，而士大夫又務於詩賦，經學遂無師承。 至隋唐之際，李延壽孔穎達輩止見馬鄭所注與伏生篇數同，遂誤謂古文爲今文。然穎達言『鄭氏師祖孔學而賤夏侯歐陽；何意鄭注並與孔異篇數並與三家同，』蓋亦疑之矣。今文止有伏生大傳，崇文總目謂『伏勝撰鄭康成註。』康成旣注古文，復注此耶？晁公武謂『勝終之後，諸從學者所作。』陳振孫謂『當是其徒雜記所聞，亦未必是當時本書。』故葉夢得謂『其言不雅馴；而隋經籍志謂爲四十一篇，書錄解題謂爲八十三篇，篇數亦不同，』則其書之眞僞不可得而知也。安知非見鄭康成所注古文而僞作者乎？

至於梅賾所上古文尙書，其僞妄不能逃有識者之鑒別，故儒者多疑之。而晉書載其傳受淵源云『鄭冲以古文授蘇愉；愉授梁柳；柳授臧曹；曹授梅賾。』不知僞作欺人者未有不假託所自以售其欺者也。故未幾而姚方興采馬王之注，造孔傳舜典云『於大航頭買得上之，』以師其故智矣。陸德明又言『王肅亦注今文，而解大與古文相類，或肅私見孔傳而祕之乎。』不知此乃僞作孔傳者竊王肅之注也。姚方興亦采馬王之注以作孔傳舜典矣。梅賾所上古文尙書本無舜典，但取王肅注堯典，從

『愼徽五典』以下分爲舜典，方興僞作二十八字冠於其首。梁武帝時爲博士，議謂『孔序稱伏生誤合五篇，皆文相承接。舜典首有「曰若稽古，」伏生雖昏耄，何容合之！』黜而不用。故陸德明釋文仍用王肅注，自『愼徽五典』以下爲舜典。而隋經籍志謂『姚方興得舜典奏上，多二十八字，列於國學，』宋林之奇陳振孫又謂『隋開皇中始得舜典，』皆與德明說異。德明，唐人，若隋時已行方興舜典，又何以云『仍用王肅注，自「愼徽五典」以下爲舜典』乎？可見諸說亦不足信也。

要之自有孔安國尚書序之後，人局於所見，以先入之言爲主，遞相傳說；未有能虛心博考，探其源流，辨其同異者。故相傳爲今文，則謂之今文；相傳爲古文，則謂之古文而已。不知古人之說亦未必盡可信，其學亦未必皆過於後人。卽如孔傳尚書之僞，至宋始多疑之者，而隋唐無聞焉。豈非章句訓詁之功多，而辨別之識，考據之學，有所不足與？嗚呼，昔之人去古未遠，遺書猶有存者，考其是非常易，而人不爲或不能；今之人雖欲考之，而去古已遠，傳書益少，其考之益難；此古說之所以難明，而有志者用爲太息也！

朱子彭蠡辨疑

彭蠡之名，始見禹貢，而禹貢所記彭蠡似在江之北也。吳起言『三苗氏左洞庭，右彭蠡，』固未詳其所在。漢書地里志彭澤縣下注云『禹貢彭蠡澤在其西，』語亦不詳；然未嘗言在江之南，即今鄱陽湖也。至鄭康成始有『左合漢爲北江，右合彭蠡爲南江』之言，似謂彭蠡在江之南矣；猶未明言即鄱陽湖也。以鄱陽爲彭蠡者，不知始自何人。後世相沿爲說，而朱子彭蠡辨遂據以駁禹貢，謂『彭蠡在大江之南，以方言之，宜曰「南會」而不應曰「北會」，』獨鄭漁仲謂「東匯澤爲彭蠡」十三字爲衍文者得之。』 愚按以後世地形與禹貢較，誠有可疑，然秖當疑後世地有改易，而不當疑經爲衍文也。 鄱陽之爲彭蠡，書無確據。 地志言『彭蠡在彭澤縣西，』又言水入湖漢者八。 後漢書地里志云，『鄱陽縣有鄱水。』 以此觀之，湖漢似即鄱陽湖，而彭蠡與鄱陽非一地也。大概彭蠡在江北而少西，鄱陽在江南，其勢遙相聯接；後彭蠡淤塞無跡，而鄱陽遂冒彭蠡之名也。蔡氏以鄱陽不合，欲以巢湖當之，又謂「不應舍此錄彼，記其小而遺其大。」巢湖固不可代彭蠡，而謂舍此錄彼記小遺大，亦有不必然者。蓋禹貢所記山水，皆以其致力者言之；視今之地形，則爲詳於西北而略於東南。荊州之境，衡山以南無一語及之。揚州之境，如今江西浙江之地，自敷淺原而外亦不他及。是故，北條之北山入海而止；而南條之南山止於敷淺原。導河則洚水大陸，九河逆河，所敍甚詳；導江漢則止於中江北江，東南以往，記者略矣。意當時衡山以南，及今江西浙江之地，山高水緩，患害不深，兼以蠻荒負固，地險且遠，禹不至其地，未嘗致功，故止言彭蠡而不言鄱陽，止言中江北江而不及南江也。且荊，揚，徐，兗之境，爲湖者衆矣，不之及者甚多，原不能徧及也。即以山論，廬山高且大於敷淺原，而不之及，蔡氏亦知之矣。然則鄱陽不及，亦無疑於「舍此錄彼，記其小而遺其大」也。

夫「鄱」古作「番」，鄱陽縣以番水而名。番者，播也，猶「播爲九河」之播，言一水播爲數水，故名之曰番水。今之洞庭，在當時爲九江，而在今爲湖，獨深廣盛大，非鄱陽太湖所能敵，則安知鄱陽湖在禹時不亦爲數江安流而至後世始盛乎！又地形北高而南下，而水道日趨於南，北乃益高。黃河遷於宿遷，南過淮水，而淮揚之間遂成巨浸，羣湖連蔓，則又安知非江漢之匯本在北，其後江遷而南，合於豫章江，而彭蠡遂爲平地，南江遂過而爲湖乎！朱子言「今彭蠡至冬天水涸，亦止數條江水在其中」，則是鄱陽與洞庭正同。洞庭在當時謂爲九江，而不謂之澤，則鄱陽亦必不謂之澤也。此漢志所以鄱陽縣有鄱水，而無彭蠡，而禹貢所謂「匯澤爲彭蠡」者，知必非鄱陽矣，

蓋嘗以漢志所言思之，不曰「有彭蠡澤」，亦不曰「彭蠡澤在其西」，而曰「禹貢彭蠡澤在其西」，必舉「禹貢」者，見時當已無彭蠡，而古地名相傳可識也。余按地形，必當在今武昌以東，蘄州廣濟以南，潯陽宿松以西。考之地圖，證之記載，其地亦多豬水，而九江爲尤近之，別於鄂陵，會於江口，上下三百餘里。大約自潯陽江以西，即

古彭蠡澤，其地望既合於禹貢，亦合於漢志。　夫古之九江爲今之洞庭，安知古之彭蠡非今之九江乎！　彭澤爲縣，去鄱陽湖遠而潯陽江近，是古之名縣以此不以彼，故漢志不曰『彭蠡澤在其南』而曰『在其西』也。　潯陽江中有彭郎磯，『彭郎』未必非『彭蠡』之誤。　又九江有湓水，湓江，湓城，湓浦諸名，記者謂『九江有井如盆，故名。』夫一井豈可謂之水，而以之爲地名江名乎！（今地志及圖，九江有淸湓山，湓水所出，與古九江記異。）湓者彭之音訛也。　眞文庚青數韻之字相傳而訛者多矣。

或謂彭蠡既江漢所匯，不應塞爲平地，則亦不然。　澤者水草交厝之所；大約其地窪下，水盛則聚，水殺則涸，易於瀦水，亦易於湮塞。　禹貢所言諸澤，若大陸，雲夢，則當時已可耕治矣；雷夏，大野，滎波，菏澤，孟豬，豬野，則皆塞爲平地；後世指其地者亦多出於億度，人自爲說。　彭蠡亦澤也，獨不可塞爲平地乎！　今現有鄱陽湖與江相連，而地頗相近，遂必指爲彭蠡；若無鄱陽，吾知其必求之江北而謂塞爲平地矣。

且地之改易有可證者。　潯陽九江，昔所謂『江分九派』者今止一江，無九江之迹。九江可變爲一江，彭蠡澤獨不可變爲九江乎！名之改易亦有可證者。洞庭本太湖之名，湖中山有石穴深洞，無知其極者，因洞以名山，因山以名湖；吳起所謂『三苗氏左洞庭』者是也。後世謂洞庭者乃禹貢九江，是九江冒洞庭之名也。九江之（頡剛案，疑當作與）洞庭相遠；而洞庭自若，猶且冒其名，況鄱陽在江南，彭蠡在江北，勢既遙相聯接，而彭蠡又無形迹，其以鄱陽冒彭蠡之名亦何足怪乎！

朱子確信鄱陽爲彭蠡，既謂經爲衍文，又謂禹遺官屬致誤，又謂漢志不知湖漢之即爲彭蠡而兩言之。豈禹與班固皆誤，而朱子獨不誤乎！疑經畔古，非余之所敢安也。昔酈道元有言，『東南地卑，萬水所湊，觸地成川；故川舊瀆，難以爲憑。』故禹貢所言，其不合於今者，闕疑可矣。若必欲以後世之地形證古人之是非，幾何其不疑黃河未至於洚水大陸；而岳陽，荊州之境，其與太原相遠耶！

生民詩集傳辨

朱子註生民詩，載張子之言謂『天地之始固未嘗先有人也，則人固有化而生者矣；蓋天地之氣生之也』又載蘇氏說，謂『凡物之異於常者，其取天地之氣常多，故其生也或異、麒麟之生異於犬羊，蛟龍之生異於魚鼈，物固有然者矣。神人之生而有以異於人，何足怪哉！』朱子謂斯言得之，而余則以爲非也。夫化而生者，天地之始也。高辛之世，豈天地之始乎！溯高辛而上之，其見於經可信者，有顓頊，少昊，黃帝，神農，伏羲氏矣，其前雖荒遠不可詳，然未必遂爲天地始也。夫自化而生之時，至於高辛，不知幾百年或千年或萬年或數萬年，而仍化而生乎！高辛氏以前，羲農黃帝之世，胡不聞化而生？高辛氏而後，堯舜禹湯之世，胡不聞化而生？而獨高辛氏之子有稷復有契，一家得兩化生乎？蓋天地之始，以理揆之誠有化而生者。草昧既開，萬物既定，則胎卵化濕，其生有常；若有異於常者，是妖也，而以誣聖人乎！如曰聖人之生與常人不同，取天地之氣常多，則古之聖人不少矣，堯舜，禹湯文武，周公孔子何以不化而生，豈其得於天地之氣者又少歟？書傳所載，若褒姒，夜郎王亦有化生者矣，其取天地之氣既多，則宜亦爲聖人，何以或爲淫后，或爲蠻夷君長，而不得與稷契並稱也？ 至於麒麟蛟龍之生，多人所不能見。 卽曰麒麟無定種而蛟龍皆出於變化，彼無定種與變化，是卽其有定者也。 故不聞麒麟皆麟生，而此一麟獨牛生也。 又不聞蛟龍皆卵生，而此一蛟一龍獨化生也。 是烏可爲比乎！ 天地間化生之物，若蜃蛤蟬蚋之類，皆古今有常而不變，不以爲異，猶之人必始於人道之感而不可改也。 苟無人道之感，而履巨跡可生，吞鳦卵可生，則生子綦易而婦人亦危矣。

然則稷契何以生，而生民元鳥之詩何說也？ 曰，履巨跡吞鳦卵，此事之未有者也。 卽有其事，亦姜嫄履巨跡而適生稷，簡狄吞鳦卵而適生契，其人道之感自在也。 使不履巨跡，不吞鳦卵而亦生稷，亦生契也。 且予觀生民之詩，未嘗見其確爲履巨人之跡，無人道之感也。 所謂『履帝武敏』者，謂高辛親往郊禖而姜嫄踵其迹耳。 所謂『不康禋祀，居然生子』者，謂上帝寧我康我而安然生子耳，卽『無菑無害』之謂，『居然』猶安然也。 蓋近世說詩有如此者，此亦理明辭順，何必遵漢人無識怪誕之說以曲爲之解乎！至於元鳥之詩則尤未明言其何若闕疑可矣。大抵人情子孫於其先世往往表其奇異以爲夸詡震耀之端而後世誕妄者則又好因近似之語造事以惑人。若夔一人已足而曰『夔一足』牽牛織女二星而曰『天帝嫁爲夫婦』之類皆誕妄不足道。而張子蘇氏乃巧爲說以實其事朱子亦誤載之集註其誣聖惑人儒者不得辭其過也！

僞泰誓之言曰『白魚入於王舟有火復於王屋流爲烏』司馬遷載之史記而董仲舒亦引其語以爲王者受命之符。幸而已黜其書使其書至今存而無今書泰誓則亦將旁引曲說同於巨跡鳦卵之事矣。

春秋論

聖人之作事也固有冒天下之大惡犯天下之大忌而公爲之者矣。聖人非不知大惡不可冒大忌不可犯而敢爲無忌憚之行也；彼見天下靡靡焉日入於亂也不有人起而救之，則其禍將不可勝窮。天之所以生聖人者，固非令其安衣坐食，同於庸衆無能之人已也。彼庸衆無能者不能爲善，亦不能爲不善，其避大惡，畏大忌，固宜。而聖人承天之意，以爲非我莫能定天下之亂，較量於經權輕重之間，卒然振發，甘心得罪於人而獨求合於天，雖冒大惡，犯大忌而不自疑。故堯舜不惜以天下與人，而湯武至以臣弑君。何者？其心之安也。

昔者孔子，大夫也，而作春秋。春秋，天子之事也，其賞罰進退，皆非一人所得私；而孔子行之不顧者，亦其心之所安也。當是時，綱紐廢弛，民人塗炭，諸侯互相攻滅，而弑君弑父之禍，復公行而無所忌，使當禹湯文武之時，皆所誅討夷滅而不赦者；而周天子闇弱無權，擁天王之虛器而一不敢問，其勢將無所底止。故天生德於孔子，而孔子亦知非己不能定天下之亂，是以周流於七十二國，而應佛肸公山畔臣之召，汲汲以求一日之用，意謂苟能反天下於正，其權不必自周出也。故曰，『如有用我者，吾其爲東周乎？』不幸卒無所遇，無所發其救時之心，不得已而作春秋，借天子之權以賞罰二百四十二年之事。蓋得位則見諸行事，不得位則託諸空言，其事雖異，其道則同；要使天理有一綫之存，而亂臣賊子得以稍斂其迹，則雖被僭之名而不辭也。故曰，『知我者惟春秋，罪我者惟春秋。』推孔子之心，雖湯武之事亦可爲之，而況於春秋。而論者不識聖人之心，謂以天子之權與魯，嗚乎，何其謬也！

子貢言桓公殺公子糾，管仲不能死，且又相之，以爲未仁，而孔子曰，『管仲相桓公，霸諸侯，一匡天下，民至今受其賜。微管仲，吾其被髮左衽！非若匹夫匹婦之諒，自經於溝瀆之中而人不知。』則是匹夫匹婦之諒，孔子所鄙不爲，而深有取於管仲者，豈非以有志於天下，則小節不足以奪之與！孟子生於戰國，其語齊梁之君，皆以行王政安天下爲急；彼其時周天子固在也，而不以爲嫌者，蓋其心卽孔子作春秋之心，故曰『乃所願則學孔子也。』夫春秋作而後亂臣賊子懼，則春秋不可不作也。使孔子不安於心，亦避大惡，畏大忌，而不敢作，則亂臣賊子必無所懼，是孔子亦庸衆無能之人而無益於天下者也，豈天之生聖人之心也哉！

正統論上

因讀蘇明允春秋論而作。

論正統者衆矣，自宋歐陽修以至國朝魏禧，予所未見者不論，所已見者予皆有以識其說之非也。夫統有分合而無正僞，而正不正不關於其統。論者泥於其名，每曲爲之說，又或以愛憎爲褒貶，故其是非不當而予奪不公。

今夫『正統』之名何昉乎？非古聖人懸此格以待後之君也；其說起於後世之學士大夫。彼見歷代之事勢各殊也，於是正統之名興焉。有正統而後有『偏統』，由是而又有『僭統』『竊統』：此皆強立名字以古人就己之私說，皆予之所不取。

且彼所謂『統』者果何謂耶？謂合於一者爲統乎，則凡合於一者皆是而不合者皆非也，一言而決矣。謂歷代相傳之緒爲統乎？則合古今皆不離乎統，何得有正偏僭竊之名？

蓋天下有勢有義正者義也，統者勢也。言正不可言統，言統不可言正，然後其理明而其說定。試言統之說。統之爲言猶曰有天下云爾。天下，公器也非一人一姓之所得私。當其時歸於一，則統有專屬；及其分也則統亦隨而分矣。今夫一物而數十百人分之，雖出於刼奪焉，不可謂非共此物也。統之說何以異是！自古以來，雖世變紛然，而統無一日之絕也，不過時有分合而已。蓋自唐虞夏商周皆合也，至戰國始分；至秦漢而又合，三國又分；晉又合，又分於東晉；歷南北朝而後合於隋唐，而又分於五代；至宋又合，而又分於南宋；然後合於元，以迄於今。四千餘年以來，忽分忽合，譬如一縷之絲，寸寸而分合之，其緒固相屬也。然則歷代雖多，安見其統爲正爲偏爲僭竊也哉？

如曰得國之迹不同，故其名亦異，是論正不正也，非論統也。如以正而已矣，則吾又有說。

正統論下

予於商周，猶竊有疑焉。何疑爾？桀紂雖暴，湯武之君也。湯武雖仁，桀紂之臣也。臣弑其君，可乎？且夫湯武之德盛矣，其功大矣，然考其得天下之跡而律以後世之名，則終不免於篡。張横渠之論紂曰，『天命一日未去則爲天子，一日既去則爲獨夫，』予蓋迂其說而不信也。夫武王之興師也，以十三年一月壬辰。假令武王興師於前一年前一日，將武王不得爲聖乎？抑興師何日，卽天命於何日去乎？使觀兵之日卽伐紂之日，天命去乎未去乎？使武王亦如文王之事紂，將天命終於不去乎？天命不可見也，人何自而知之？世之論湯武者，不過曰心非利天下也，應天順人，伐暴救民而已。夫心藏於深微不測之地，其亦至難知矣。卽心果無他，而終不可以掩其迹；心非篡則當恕其心，迹實篡則當嚴其迹。然詩曰，『至於大王，實始翦商，』書曰，『惟九年，大統未集，予小子其承厥志，』亦安見其無利天下之心也哉？且幸而湯武有此事也，故唐宋之君雖以臣位得天下而皆以恕辭予之；假使古無湯武而三代以後諸侯有暴行此事者，人以爲篡乎非篡乎？　吾知必以爲篡也。　然則湯武幸而生於三代之前，而後世不幸而生於三代之後也。

昔者孔子，商人也，而生於周，爲尊親者諱，故不肯斥言其非；然亦嘗微見其意於論樂論德矣。　而人專以孟子之言爲定；不知孟子生於戰國之際，以周室衰微，百姓塗炭，急於救民勸世，主以爲言耳，烏足以爲定論乎！

或曰，如子之言，則湯武非矣，而子以爲正，何與？　予曰，湯武之事，行於三代以後則不可，行於當時則可。　古者人情質樸，其君臣之義非如後世之明也。　當其時各自爲國，勢不能相屬也。　有有功德與力者，則天下羣起而奉之，非必制其予奪之權而設爲貴賤之等也，不過勢之所歸而已。　其人死而子孫猶足以繫天下之心者，則天下亦不別求君也。　不幸而恣爲暴虐，則必又有有功德與力者而攻之滅之。　所奉之國既滅，則天下又以昔者之奉奉其滅所奉者。　蓋其君臣之勢既無大異，而服事之文又必簡且易也。其所奉者既無翹然自異之心，而奉之者亦不過以意嚮之。譬如一邑之中必有豪傑，一鄉之中必有望人，善則歸之，不善則去之，大惡則除之，理所當然，亦勢之所必至。伊尹之放太甲，孟子論貴戚之卿，皆是類也。雖夏商而後君臣之分漸嚴，而去古未遠，則其事猶有相近者。故曰湯武之事行於當時則可，其所以不見黜於正者此也。然湯武之事行於三代以後則終不可，蓋古今時異勢殊，後之君臣非若古之君臣矣。處女之奔也，魯男子拒而不納，曰『以吾之不可，學柳下惠之可。』後之聖人不幸而遇桀紂之君者，必以吾之不可學湯武之可，而後不爲湯武之罪人也。

正統辨

正統之名，其來久矣，然未有釋其義者。自宋歐陽修始曰『正者，所以正天下之不正也；統者，所以合天下之不一也』，作論七篇以等歷代，自後論者皆沿其說。予蓋考於古而知其說之不合也。

古所謂正者，『三正』之正而非偏正之正也；所謂統者，『三統』之統而非統會之統也。其說載於漢書律歷志。律歷志曰，『三統者，天施，地化，人事之紀也。十一月，乾之初九，陽氣伏於地下，始著爲一，萬物萌動，鍾於太陰，故黃鐘爲天統。六月，坤之初六，陰氣受任於太陽，繼養化柔，萬物生長，楙之於未，令種剛彊大，故林鐘爲地統。正月，乾之九三，萬物棣通，族出於寅，人奉而成之，故太族爲人統。是爲三統。其於三正也，黃鐘子爲天正，林鐘未之衝丑爲地正，太族寅爲人正。三正正始，』此律歷志之文也。由是觀之，是正自正，統自統，各爲一事；後人合二字以成文耳，非如論者所謂均此一統而有正不正之別也。『三正』之名見於夏書；『三統』云者，言以三者爲總紀也。蓋三統本以律呂言，故黃鐘九寸爲天統，林鐘六寸爲地統，太族八寸爲人統，三者皆全寸而無餘分，所以總諸律之不齊者，使有紀綱也，故謂之『統』。通其義於十二辰，則黃鐘子爲天統，林鐘未衝丑爲地統，太族寅爲人統。天統之正始施於子半；地統受之於丑；人統受之於寅。周建子，用天統也；商建丑，用地統也；夏建寅，用人統也。其說猶之三正也，不過以十二律言之則爲三統，以十二辰言之則爲三正耳。　統不離乎正，正不離乎統，故連類而及之曰『正統。』

昔者三代之盛，歷法修明，王者之政令被於天下，歲頒朔於諸侯，諸侯奉若而不敢違，故其時無不遵天子之正統者。　至春秋戰國之際，史官失紀，疇人子弟分散，兼以王室衰微，天下分爭，或不能盡遵天子之正統，故其時有黃帝歷，顓頊歷，夏歷，殷歷，周歷，魯歷。　而孔子作春秋，亦謹書曰『春王正月，』明其正爲王之正，意若曰此方爲天子之正而天下之所當遵者，故公羊氏釋之曰『大一統』也。　秦之改正朔也，以亥爲正月，漢初因之，已不在三正三統之中。　然以天下奉其正朔，故漢書異姓諸侯王表序云，『天下一統，』言天下歸於一統也。　其後改用夏時，歷代因之，雖天下有分合，而正朔不改，則其正即夏之正，其統即夏之統，不可曰各有一統而有正不正之別也。　至於或以秦爲閏者，則以亥非正統，故曰『閏；』閏者對正而爲言也。　後人誤加統字，謂爲『閏統，』已失統字之義。　自宋以來，又有『偏統，』『僭統，』『竊統，』『王統，』『霸統，』

之名，則並正字之義而失之者也。 故予謂其說皆不合於古。

又按歐陽修之論曰，『世人溺於非聖之學，以爲五行有休王，一以此衰，一以彼勝，故其統有正有不正；此歷官術家之事，非儒者所宜言。』 予謂休王之說誠爲誕妄，然與三正三統之義固自有別，不可以是幷廢其正說。 況乎『正統』二字實本於漢書律歷志，其所言甚詳；若非其說則不當借其名，若用其名則不當異其義。 如必曰後世之正統不用律歷志之說而自立義例，則吾不得而知矣！

予初作正統論三篇，亦本宋人之說以立論。 既而思『正統』二字所由起，因憶漢書律歷志有三正三統之說；細繹其解，始知正統二字實緣於此。 蓋漢書分而解之，而後人連而及之耳。 遂復作此辨。

封建論

法久則必弊，弊則變。 法之始皆因其勢之所趨：雖聖人不能立法，雖非聖人可以立法。

古何以封建？　秦何以郡縣？　偶也。　偶之云者，言因其勢所固然，無成心焉耳。方古之封建也，不知後世之復爲郡縣也，亦不知封建之外之更有郡縣也。　當其時大有所統，小有所屬，各私其土而子其民。　有聖人者立，因其勢之所宜，俾世其國，而封建成焉。　由堯舜而更禹湯文武，非善之也，封建之法未弊也。　然其勢則日趨於弊矣。蓋建國之初以萬計，未幾而以千計，又未幾而以百計，以遞至於十二，復合而爲七，亂亡相繼，篡奪相仍，蓋至戰國之時而弊已極矣，雖有聖人，不能復其故也。　而適以暴秦當其際，故指摘生焉。　秦之爲郡縣也，非必欲改古先聖王之法也，彼其時古先聖王之法蓋蕩然無存者矣。　湯武之滅夏商也，誅其君，夷其都而已，天下諸侯自在也。　秦之攻六國也，今日取一縣，明日取一郡，取之不已，六國遂亡，天下固已無諸侯矣。　故秦之郡縣，秦不自爲也，皆因六國之舊而第易以秦之名。　六國之外，無非郡縣。　天下既安於郡縣矣，勢不可以再封建。　廣六以爲萬，雖封建之初不若是之多事也。　蓋勢之所趨，人不能變。古之封建，勢之趨於封建也。秦之郡縣，勢之趨於郡縣也。反而行之，天下必亂。漢之七國，晉之八王，封建之驗也。使堯舜之時而遂郡縣天下，天下之平亦必不可得矣。故丁其時者，聖與暴皆無容心，因其勢之所趨而立法已耳。

然則封建與郡縣孰優劣？曰，無優劣，得明主則治而延，得暴主則亂而促，其理同也。且封建之時有黜陟之典，有巡狩述職之禮，有車服之賞，有貶削夷之罰，有方伯連帥之統率舉察，有造選進士之用人，安在其不如郡縣也？郡縣而後，漢光嘗中興矣，不必晉鄭之翊戴也。唐之郭李，宋之韓岳，亦再造矣，不必擅土地，位侯伯也。召信臣，文翁，龔黃之倫，歷代有循吏矣，不必其私之子孫也。安在其不如封建也？蓋二者皆偶也；古豈必不郡縣，秦豈必不封建，其勢異，故其法亦異。德雖不同，易地則皆然，故曰偶也。而論者不察，常偏舉其利害，或即末世陵遲之獘以議其得失，故二說相持而不下。夫論事者必合二端而互觀之，其情乃見。而一代之中，其初必治，其末必亂，豈一法之先後優劣固殊耶？蓋治亂在人事，不可盡諉之於法也。

然則郡縣之制何以歷唐宋元明而不變？曰，封建之設不知所起，其可考者自黃帝迄周二千四百餘年而後廢。始非不可廢也，弊未極也。自秦以來二千年，郡縣之法日弊矣，安知後世不復爲封建也？然天下世變多端矣；封建，一變也；郡縣，一變也；羣雄割據，南北分治，藩鎮拒命，皆變也。變故之來，前者不必有，而後起者無窮。封建之時，不知有郡縣。後世或更有出於封建之外者，未可知也。吾又烏知郡縣極弊之日，其勢何所趨也？

明論

魏忠賢用事，士大夫爭附之；稱『兒』，稱『孫』，稱『走狗』者，自宰相以下，恬不爲恥。至稱忠賢爲『九千歲』，建生祠滿天下；頌諛之詞比之於堯舜孔子；誥命皆擬九錫文；宗室勳戚下至武夫賈豎，無不稱功頌德者。崔子曰：自古以來，宦官衆矣，未有如忠賢之盛也。漢之宦官盛矣，然不過招權納賄，干預政事，多用子弟私人，戮辱士大夫已耳。唐之宦官又盛於漢矣，然亦不過握兵權，廢立自己，敢於弒逆已耳。皆未如忠賢舉天下士大夫之心之翊戴甚於天子也！

自古以人臣而爲天下所翊戴者，無過於王莽。當時上書頌莽功德者至四十八萬人，而忠賢又爲過之。使忠賢當日不以宦官自嫌，敢於盜神器，豈復有能枝拄牴牾者哉！不惟朝廷之上而已，翟義徐敬業之師吾懼其不見於天下也。忠賢之不篡者幸也，是宦官之效也。

余嘗以爲士氣日以衰，漢唐之宦官雖橫，而士大夫皆與水火，以清流自居，其不敢爲異者無幾人。王莽之時，人爭附之矣，然莽初以折節爲恭儉，力行要譽而致之。至於宋姦相既多，士大夫附之者亦益衆，然猶非宦官也。夫以宦官而士大夫附之者滿天下，且甘心爲狗爲子孫而不辭，自古以來士氣未有若是之萎靡而卑屈也！

世之君子謂明太監之盛，成祖實啟其端。余以爲太祖亦與有過焉。宰相者，天子以下一人而已，其體尊，其權重，於事無所不統，而於人無所不當問，即內臣竊柄，其體統自如，猶可以勢均力敵也。即不然而忤之，不過逐使去；要結之，不過使爲援而已。自太祖廢宰相，而成祖以翰林入閣預機務，是時内臣已用事，而入閣者不越編檢講讀之官，位卑資淺，其視内臣蓋已重。其後入閣者，雖權位漸隆，而内臣亦益尊，而且内閣之票擬必決於太監之批紅，是内閣且寄權於太監矣。蓋天下雖以宰相待閣臣，而宰相之上又有司禮秉筆太監以承上而臨下，閣臣視以爲固然而不怪；沿之既久，而閣臣遂爲太監之私人。宰相者百僚之望也，宰相且諂附之，而天下有不隨風而靡者哉！而其端實由於太祖之廢眞宰相。譬如勢家巨族，以宗族戚友代理其家事，而病其不能爲下也，召市井小兒而任之。方其始至也，視主人之奴僕蓋已幾幾乎主人之尊嚴，不可狎而近也；受頤指氣使而不羞，何足怪耶！太祖因噎廢食，而不知流弊之一至於此也。嗚乎，天下之事變亦何所不至哉！

書歐陽文忠公廖氏文集序後

；甚矣世之好怪也！人不必皆明理而好以耳食；六經出於聖人，不幸而爲異說所亂，後人不能辨其僞，而相傳爲聖人之言，信而不疑，猶之可也。釋老之說，十洲神異之書，以及後世術數占驗之法，鬼神果報之記載，其書既不出於聖人，而於理又倍謬膠礙，其不足信至明，而舉天下信之不疑，何說也？自宋以來，儒者輩出，往往能辨古書之眞僞，剖理之是非，道少明於世。然儒者多，而敢爲異說以亂眞僞淆是非者其人亦益衆。若宋張九成，陸九淵，明陳獻章，王守仁，皆以高才絕學，甘爲異教，別立宗門，簧鼓世人；而士大夫造誕幻，記怪異，推行邪說，日甚一日。豈理在天下原無是非歟？抑宇宙之大，邪正雜居，果出於天道歟？將厭常醜正，而索隱行怪以爲高歟？抑識見卑陋，囿於世俗，輕信而無辨別歟？何淆亂若是也？

歐陽公自謂『哀學者守經以篤信，而不知僞說之亂經，』爲說以輟之，而以爲後世必有同其說者，信可謂豪傑之士矣！余之爲說多與之同，蓋所見有不可昧者。然公在當時，說與人異者無如濮議。若司馬溫公，程正公，皆一時大儒，而皆背異不能合；

則是父子倫理之間已有不可強同者。而況怪妄之說，尤舉世所信服；公雖謂不待千世而有同者，而一人明之，百人亂之，其亦何所補於世耶！雖然，君子之心不能強其所不合，而待於世者無窮。天下之大，無一人不與吾同者，不爲多；既如彼矣，有一人獨存其是，不爲少。嗚乎，此余之所以茫然長思而不知自愧也！

書蘇子瞻樂毅論後

蘇子瞻以縱横權術之學，發爲文章，言多不衷於理，故所作諸論皆以強詞私意議古人得失。然不過見之偏而已，未有如樂毅論考據之不詳也！

按史記列傳：燕昭王使樂毅并護趙楚韓魏燕之兵以伐齊，破之濟西，而諸侯兵罷歸。樂毅將燕兵獨追至臨菑；齊閔王亡走莒，齊皆城守。樂毅攻入臨菑，於是燕昭王收齊鹵獲以歸，而使樂毅留齊，復以兵平齊城之不下者。狥齊五歲，而下七十餘城，惟莒即墨尙未服，而燕昭王死，惠王立。於是田單縱反間於燕，而惠王使騎刼代樂毅，遂終以失齊。固未嘗言樂毅欲以仁義服齊民也，仁義之說，本於夏侯泰初；泰初以己意妄推尊耳，子瞻遂據以爲樂毅罪，而曰『以百萬之衆攻兩城之殘寇而數歲不決，此欲以仁義服齊民，故不忍急攻而至於此。』噫，謬矣！樂毅豈以百萬之衆，五年之久，專攻此二城而不下哉！蓋五年之中積漸而下七十餘城，而二城者力尙未及下也。當是時，閔王在莒，田單在即墨，君之所在，人心必固，而單又能將，二城之不遽下，其理宜也。烏在其以仁義自誤而不急攻哉！嚮使昭王遲數年之命，而田單之間不行，困之以長圍，二城食盡援絕，安在其終不下也！

嗟夫，古人僇力以立功名，不幸不成，後人讀書論世，當設身處地諒其難爲而剖白其心迹；而乃以無根之言妄議其是非，此在世俗無知之人固宜；子瞻學問蓋世，博極羣書，乃亦不考其詳而猥以成敗論天下士，致讀者愛其文而遂信其說以爲誠然，亂古人之事跡，誤後學之聞見，子瞻不得辭其過也！自宋至今六七百年矣，讀史記與讀蘇文者迹接於天下也而無一人覺其謬世之人如是其惑也！不爲之辨，吾懼誤人無已也，故筆之如此。

予嘗怪世之君子讀書之法日以壞，自六經以下皆有選本，子史尤甚，割裂乖謬。使後人忘其陋而樂其簡，故問學日趨於淺薄。然此自眞西山文章正宗而後始爭爲之，豈北宋之時已有如近世摘本史記而子瞻未覩其全歟？不然何考之不詳也！

書方正學龐統論後

嗚呼，觀先生之言，徵諸行事，其迂疎寡效可謂儒者，而愈以知司馬徽之言爲名言也！何則？三代聖賢本天德爲王道，故以學術爲治功，而不患於迂。洎三代以降，氣運漸薄而教化學力又不及於古，於是天德王道不能不分爲二：儒者多迂疎寡效；而濟大業，弭世變者，大約出於豪傑高明磊落之人。蓋二者皆艱鉅難能，而非聖人則不能兼之。故人常各得其一偏，而終以豪傑爲有用於世。夫所謂儒者，大無不該，細無所遺，迩不以爲易而不舉，遠不以爲迂而不爲者，其道則然。宏斯道者，惟孔子一人，而顏孟庶幾焉。三代而下之儒者有能此者乎？章句訓詁謂之儒；醇謹和雅謂之儒；高談性命謂之儒。

今其言曰，『未有不達乎世務而可爲儒者也。其不達世務者，謂之非儒可也。』夫果必達乎世務而後謂之儒，則孔孟而外無儒者矣；而猶不絕之於儒，則吾未見其達乎世務也。且他人不具論，先生當建文帝時，建議者屢矣，干戈擾攘之際，方以改官吏制爲事；至於措置兵事者，欲與燕王報書，懈將士心，既又欲間其父子，又欲以割地稽時日待援兵：蓋其計無一效者。先生之自以爲儒也素矣，而其達於世務者如此，亦將何以自解乎？

語曰，『人各有能有不能。』儒者之長，在於蹈規矩，立名行，著書以發明古聖賢之道。國家當太平無事時，畀之以位，假之以權，優之以歲月，使以其所學施之政事，固可以正君德而培國脈；而臨事變際艱難，則其迂緩拘執，必不若豪傑之恢拓有爲。蓋其應事也必不執，而臨變也必不迂；高明之識，磊落之概，立談之頃可以弭大變，旬日之間可以立大綱。當此之時，所謂儒生者直將束之高閣耳，而奚必誠意正心之斤斤乎哉！

今夫儒者之盛莫過於宋，而人才之不振亦莫過於宋。周，程，張，朱諸儒皆於天德爲近，而王道不足焉。試使與寇準，張詠，李綱，宗澤諸人易地而爲之，其濟否成敗不待明者而知。而況徽以前原無眞儒，其所云不過如匡，張，孔，馬而止乎！故吾謂其爲名言而未可非也。

先生又譏龐統，『其言皆矯詐功利之習，不足爲豪傑，不當與孔明並稱。』予謂統才誠不若孔明，徽亦未嘗言其才如孔明也，但其地有才者無逾二人，故並稱之。而先生當靖難時，欲使燕王父子內自相圖，其矯詐功利亦何以異於統也？

書屠隆鴻苞集後

昔朱子不喜蘇子瞻，而曰『吾寧取王介甫。』 予初疑其說，以爲子瞻文章氣節皆見重一時，而介甫性情學術偏僻執拗，其設施至於蠹國殃民，子瞻何劣焉？ 及見子瞻全集，而後知其說之不謬。 何也？ 士以識爲貴。 今夫世之貴智而賤愚者，謂智有知而愚無知也。 然而愚者皆不自知其愚，肆然妄說而不以爲非，醉而生，夢而死，不以爲愧。 智者則不然，言必依乎理而烱然知其所以生死，愚者之所昧皆其所明，而所言皆其所不屑出諸口。 此無他，識爲之也。 是故學而無識雖工文章負氣節如子瞻者，猶君子所不取也。

天下之理，譬如味然。 有才者能造爲飲食者也，有學者能食者也，此皆不必爲知味；惟有識者乃能別之。 是故人不知味，雖能造爲飲食而不必爲正味，雖能食且多而不必皆食所當食；語以至味，亦未必信。 而自知味者觀之，彼昧昧然無所辨別，極其弊雖與以糞穢而不辭，而乃沾沾焉自以爲得天下之正味，不亦哀乎！

明鄞人屠隆，予始於明史文苑傳見之，以爲多讀書工著作，一博雅士也。 及見鴻苞集，所言鄙倍荒誕，皆二氏唾餘而君子所不道，乃掩卷而嘆，以爲人之無識有如此者；其記誦才致適足以爲鄙倍荒誕之資耳。鴻苞者，謂無所不有也，其所造所食蓋廣收博取而無所擇者；嗚乎，可知也已！蘇子瞻兄弟常曉曉然自以爲知道，而隆亦自稱曰『道民』。昌黎韓氏所謂『道其所道，非吾所謂道』者乎？

尙友堂文集卷下

徵鄉先生事跡遺文修梓鄉文獻引

邁嘗怪魏邑自漢至今歷千有九百餘年而後廢，必多有名臣偉士負才能工文章者出於其中而考之史傳自蓋寬饒杜正倫父子諸人而外，了不可多得。豈果無其人哉！孔子曰，『十室之邑必有忠信。』魏地雖平壤，無山川之奇，然縣屬大名久，大名於唐爲雄鎭，於宋爲陪京，魏與接壤，相距數十里，度其時奇才異能卓然可表見者，必不當如此少也。意其人泯沒而不傳者多耶？明之王永壽，申燧，劉瑭，當時頗負重名，號爲『三傑，』竊料其氣節行誼，邑之人無不知之；而今稱道者絕鮮，卽文亦不必盡傳。由三人推之，其不幸而無聞者豈少也哉！豈非以後起者莫有深識遠志，無所紀載而然與？

夫人偶聞一善，偶知一才，雖數千里外，尙必訪其行事，購其文辭，以遂其仰慕傾倒之懷。而況鄉先生爲一邑模楷，幸得生同地沐其餘光，尤當考究其生平文行以明著之簡編；既藉手以自附於鄉先君子之後，而後生小子聞其風，誦其文者，亦得以感慕興起，有所據依以自拔於習俗。乃竟事蹟湮沒，遺文散亡，使有志者無所考證；而久遠之餘，子孫或不自知其宗祖：此亦前人之遺憾也。然則今之仕宦陵夷，人才墮壞，亦何怪其然哉！

邁生也晚，不獲親炙於鄉先生；閒嘗欲考其文行，而稽之縣誌，簡略不詳，其餘紀載闕如，無以徵一邑文獻之全。因妄不自揣，欲蒐羅紀次，勒爲梓鄉文獻一書，以補前人之憾；分其卷爲二，一以載事，一以載文。用告同邑諸君子：凡家有藏書者，或先世家傳，或先達文集，及他書所載有關於邑之人物文章者，並求借覽，俾得薈萃考訂，以成此書，庶較縣誌稍爲廣備；則前代之可傳者更有所藉以傳之永世，而後進之士覽此書，亦得有所觀感焉。不然，邑今廢矣，數世之後，將復不知有魏，又何有於千百年以上之人，是千有九百餘年而魏曾無數人傳也，豈非一邑之恥哉！

明考功郎申旞傳

申旞，字儀卿，雙井鎮人。少警敏；爲諸生時，與同邑王永壽劉禮（頡剛案，禮與上篇璘字異，俟考正）以文章氣節相砥礪，鄉人稱爲『三傑』。登嘉靖二十三年進士，授固始縣知縣，以治聞；遷刑部主事。

二十九年，俺答犯京師，兵部尚書丁汝夔得罪，吏部左侍郎王襄毅公邦瑞攝兵部尚書事，兼督京營兵，以營制久弛，極陳其弊，遂罷十二團營，復爲三大營，以咸寧侯仇鸞總督之。邦瑞亦改兵部協理京營戎政，因薦旞知兵，改兵部職方司主事，分理京營事。旞上明職守疏，大略言『陛下允吏部擬臣專管營務之請，自刑部改臣今職。臣當殫心竭力，凡有裨於營務者，必告於總督協理。總督協理宜同寅協恭，忘己爲國，苟有補於營務，則採而用之；若事關利害，告而不聽者，許臣得以疏聞。如此，則陛下用臣於營務，非惟可以備帷幄之咨，且隱然有耳目之寄。』又言『軍務久廢，不乘此更新之初，先從見在者而整齊之，乃遠待於淸勾逃亡，補足原額，然後行事，則動經年月，逃亡者未至而見在之銳氣銷矣。整齊之法，大要不過三事，先點驗，次揀選，次操練。宜急布號令，嚴行立法，必躬必親，痛革積弊，鼓舞以賞罰，而嚴懲其玩愒。』時鸞方專橫，見疏深忌之，陰中以事，被杖四十，謫萊州推官，督收泰山香錢，聲名大著。鸞敗，復官車駕司，改職方，署員外事。

旝無他兄弟，父乾素有風疾，年已七十六，旝疏請歸養；奏下，而繼母周氏凶問至，時三十二年也。歸七年不出。四十年七月，以原官起，旝仍不出；廹於父命，至京供職，時當防秋，職方司事也。既畢，即上疏請終養，不報；自是屢請不能得。

初，旝之補官也，當事者皆重其才望，吏部尙書歐陽必進欲用之吏部，兵部尙書楊博欲用之兵部。竟由兵部起本官，遷吏部驗封司郎中，轉考功司。時尙書爲嚴文靖公訥，承嚴嵩當國之後，吏道汙雜，訥雅意振刷，愼擇曹郎，遂與陸莊簡公光祖俱自他部改吏部。故事，官吏部者鎖其私門，避嫌謝客。旝大開其門，語人曰：『他人鎖門不鎖心；予鎖心不鎖門，』交際若常而風采赫然，人不敢干以私。京師因爲語曰：『異哉申銓君鎖心不鎖門！』武官誥命，吏得賄而後與，多貧不能給，誥命積司中甚多。旝出示令武職官躬詣部以取，不費一錢。武官大感悅，稱爲吏部官第一。竟以父憂歸，未幾，亦卒。

旝以清直自許，性剛負氣。在考功日，與文選郎南軒爭坐位，至以拳相毆。憐才，愛士。濬縣盧仲木柟初未知名，嘗自太學歸過旝大哭，問其故，曰：『太學賢士淵藪，虛無人焉。』衆訝其狂；旝命賦紫騮馬，柟操筆立就。旝待以上客，爲之延譽。

旝先世山西潞城縣石流里人，因號潞石以示不忘云。

淡然陳君墓誌銘

君諱廷章，字煥文，號淡然，姓陳氏。其上世當明初以軍功世襲千戶，代有顯仕；入國朝，家始微。君生十歲而孤；母沈守節以教子，君亦勵志於學。既壯，北遊京師，圖功名；數年無所遇。已而以奔喪南歸。君篤於至性，學以行誼爲先，不屑屑究心舉業。於數學最精研，究周易河洛之旨，踹根探窟，洞徹理奥，旁通奇門、遁甲、星歷、卜筮、陰陽、堪輿諸家，上窮天事，下鑑人物，推斷無不應驗；然以不切於干時，故人不能用，而君復不急於求用，遂終不克用以卒。君先世居於閩，後以軍事分屯浙江之餘姚，因家焉。君之居北方也，安其風土；既歸葬母，遂遷居於保定，今爲保定清苑人。

君既號淡然，貌亦冲淡，居平默然，不見其喜慍之色，意趣渾渾，若萬事無足置念者，與人交，不能作翕翕熱，然其中甚熛，急於濟人，遇有急難或貧困者，無不極力賙給之；雖路人無休戚，必使得所濟乃已。嘗客遊藁城，民有逋糧者，吏追之急，將鬻妻以償，君在旅舍聞墻外痛哭聲，詢知其故，即傾囊金保全其夫婦。友人妻孀居，撫一男二女，而貧不能自存，君給以衣食婚嫁之資，俾遂其志節。蕭山某於君爲中表，君既北遷，聞其歿後子復失明，窮無所依賴，即自保定歲寄金以養贍之，無闕者。有周某自通判官歸，窘於事，需金甚急，無所措，因自立券貸於君；君焚券而與，如其數。其周濟人類如此。

嗚呼！人惟淡於交人而後能濟人之急。今世所稱善交者，遇素不相知人，一識面間即抵掌接膝，傾肝膽，誓死生，視其辭語氣色慷爽激揚，若慨然眞如古豪俠人有緩急足恃者。然果使有困瀕於死者，求其一舉手之援，則搖首而不應；雖平日情浹意洽，較親兄弟不若者，亦不能得其一錢之贈。蓋存於中者旣薄，故不得不以忠厚欺人；迨世故日深，則眞情日漓，於是乎貌愈厚，言愈甘，而情愈薄。而世之淺丈夫方且即貌信心，謂眞可宗託者在此不在彼；至求之不應，然後知其人不足信，遂以爲天下人皆不古若，而不知冷於面者乃獨熱於中，有如君者也！

君自負甚高，不能與時俯仰，以求升斗之祿，取苟且之名，故於名利益淡。初亦欲得一命以爲母榮；旣喪母，遂不復求仕進。有故霸州知州以堪輿出入布政使門下，然其人實無所知識，一皆取決於君。旣其人以君名告布政使，因勸君往一見。君不可，曰『吾有其實，君成其名，足矣，何必使知出自吾耶！吾豈借是以博當道之知者哉！』終不往。此豈僕僕奔走，熏心於富貴者所敢望哉！

君年七十五，以乾隆三十二年三月一日卒；以某年某月某日葬於淸苑縣某鄉之新塋。祖諱某，父諱某，皆不仕。配周氏，男四人：長恕，次忠，皆先君卒；次惠，壬午科擧人；次立綱。女一人，適諸生馮紹元。孫六人：鏞，銓，皆恕出；銓新補縣諸生；錦，鑛，皆惠出；銑，鎭，皆立綱出。曾孫二人：某，某，皆鏞出，俱幼。

君旣卒之八月，其孤子惠乞銘於同年生大名崔邁。邁爲作銘曰：『君之德淡而彌章；君之室旣藏，君之後必昌，吾於其子孫是望！』

二從母傳

二從母者，吾外王父之長女次女也。長適崔氏，爲余遠房伯母；次適仇氏，二從母皆以節著云。

伯母年十七而歸於從伯，有三君；二十五歲而寡，生子再週矣。先是繼姑韓氏亦少寡，不能理家政，貲糧不食用而盡，未幾卒。旣而有三君亦卒。伯母守遺產，撫弱孤，外和親姻，內束婢僕，條理井然，而仇氏從母，適人十載而寡，時年甫二十九。夫名國祚，亦世家。從母之歸，家已落。既寡，與一婢紡績以給衣食。歲餘，婢亦亡，貧益甚。伯母家故饒裕，性復儉嗇，善經理，田增於舊，乃改建室宅爲樓以居，富甲崔氏；俾孤子禮亨從伯叔行以讀。而仇氏從母無所出，獨居五年，夫兄天祚舉次子元龍則乞爲嗣。又九年卒。

是時伯母子禮亨已補縣諸生，與長吏交遊，以母節聞於當道，得旌於朝。母生日，親族賓客舉觴上壽，爲文書之屏，稱『崔母李太孺人』。而仇氏從母獨以守節未及三十年，例不得與旌典。自卒後，元龍廢學游蕩，春秋伏臘無爲祭神掃墓者，伯母晚年亦喪子，然孫成立，爲選拔貢生，復善治生，益富於前，曾孫女曾孫亦長矣，始卒。卒之日，不及八十歲者兩月耳。

嗟乎，人各有幸有不幸，何二從母守節同，而遭遇苦樂之殊耶？富者有子且壽，又表揚其節，以榮於鄉族；而貧者無子，且早死，雖苦節，然不得旌異，至於一坏之土亦無所託天之報施善人何其異哉? 伯母承因循之後，以一孀婦經紀收拾，使家日隆不替，提攜孤子，樹立門戶，卒之身榮名著，其才亦有不易及者；獨是有子且富，無所苦於守。 而仇氏從母無子女，無衣食，至一婢亦不存，忍死以待嗣子，慼慼然無一日之樂。 守雖同，其難易豈可同日語哉! 此尤扶持世教者所宜留意也。

乾隆己卯，余兄以仇氏從母事聞於郡守朱公，載名府志，而始末不詳。 丁酉，攝守謝淸問使州縣舉節孝，余復臚其事實，淸問爲書『貞節』二字。 然伯母以被旨旌表，得入祠建坊；而魏自漳水入城後，仇氏無家，元龍無跡，雖得『貞節』字，亦表見無所也。 余姑類次其事，以貽後之人云爾。

故太倉州知州徐歷山像贊 有引

己丑夏，余在京師，寓同年友李君振文處。 時餘姚徐雲帆亦客於此；既久而慬，以問詢其家世。 雲帆因請曰『先君子歷山公滯京師十餘年，始得一官以出，職繁而危，雖小蹶幸無有大顚越，其後獲以才擢，既勤且仁，尙克有能名惠聲於上下。終以辨民寃被吏議。事白待任，一夕卒。潢時以幼弱，善政不能多記憶；惟聞淸銅弊防水災諸事，誠盡厥心力者，不幸所施不究。潢恐後之不光也，子爲我贊於像，以垂永久！』維余少且賤，何足以爲君重。然古文辭余固樂爲之不辭。君諱良模，字爾交，自號歷山，康熙辛卯舉人，通判蘇州松江二府，轉知太倉州。雲帆和樸士，潢其名也。贊曰：

維歷山徐公，余識其嗣君，交人以和，質溫而氣醇。何以育之？必有其先。不愆不替，遺像之珍。余不克見其面貌而想見其精神。蓋凜然以嚴毅者，明於義方，必期於有子；而端然若憂慮者，勞於官事，不自愛其身。惜所施之不竟，遘謬語以投閒，事大白以待用，倏其躬之不存。名不於滅，永永斯文！

海山集序

韓退之言，『懽愉之辭難工，窮苦之言易好。』而歐陽永叔亦謂『詩必窮而後工。』余嘗驗之於今，蓋窮者易工，而工者不必皆窮。然不窮者之工，亦必以一時之窮激之，故其工也無不在於感觸慨歎羈旅行役之際。今夫水，發之平原，瀉之曠土，窪而流，坎而止，紆徐委蛇之狀非不可愛也；然而動心駭目，則不若長江大河高湧而深注，激之以石，蕩之以風，洶涌澎湃之勢，可以使文人學士探奇愛險之儔流連觀翫而不能置。人之爲詩也，猶水也，出之者平，則觀之者厭，故必有感觸慨歎羈旅行役以激蕩之，然後其詞始工。

壽光李振文，富甲其邑，生二十一年而入翰林，此宜若不必有詩者。乾隆己丑，余在京師，振文出其海山集以示；讀之，語壯而景眞，絕不類志得意滿者鋪陳軟媚之作。蓋是時振文已改外職，不肯就，居京邸無聊，因歸家省墳墓；既而出古北口，有事於熱河，沿山並海，往返數千里，故其詩見於感觸慨歎羈旅行役之際而工若是也。

夫士幸而富貴，則必逐於聲色之好，役於世務之煩，故鮮不廢學；學矣而無以激之，亦不足以見長。 振文既好學不倦，而又以一時之窮激之，宜乎其工。 外職之改，振文所不樂；然使振文今爲翰林自若，吾烏知其詩不亦出於鋪陳軟媚也？ 然則不幸之幸，振文又何以戚戚爲！

余爲振文同年友，而窮獨以久，竊自幸其詩可以工。 今觀振文之詩之所以工，余因以一時之窮爲振文幸，而愈以窮自幸。 顧予之詩所以得力於窮者，今尚未知何如；而振文以一時之窮，工已若此，則由海山集而進之，豈可量其所至耶！ 雖然，詩猶水也，必激之而後工，則感觸慨歎，羈旅行役之況，爲詩者不可一日無，而振文福澤未艾，其感觸慨歎羈旅行役必不若余之久也。 窮達工拙之間，振文將何所取哉？

太初遺稿序

昔雲南龍坡朱公仕畿輔，所至遇異才，輒獎拔成就之，或俾入署，同諸子誦讀。 其登甲乙第者，在任邱則李學士中簡，邊運使廷掄，麗知縣淑懋；在大名則余兄弟；而在廣平則得栗太初。太初十五歲應童子試時，公以廣平同知攝府事，得太初，拔置榜首，遂讀書署中。明年，公擢知大名府，而太初實從；成乾隆辛巳進士。公量移永州致仕，而太初選四川納谿縣知縣以卒。

太初與余居隔一舍，既同出朱公門，遂相與爲文字交。其爲人聰穎能記誦，廣搜博覽，於書無所不窺；下至小說傳奇以及子平堪輿雜占驗之書，皆評抄而究心焉。工爲駢體雜文。其爲詩警敏流暢，無艱難晦澁之態；至或限字限韻，集古句用故事，人所視爲險絕不可爲者，太初操筆立成，皆有巧思，而歸於妥貼。其後復學爲古文辭，亦有可觀者焉。

太初之卒，年僅三十三。既卒，其詩文已有散失。歲丙申，太初弟魁上林寄其遺稿於余，而屬爲選訂。余少時喜爲詞曲駢儷之學，而吾邑無可以文字往來者；每有所作，用質之太初，輒嘆賞不置，是太初知余也。然則太初之文，固宜選訂於余歟？

嗚乎，朱公所拔士類皆仕進，或至高位，惟太初甫入仕即卒，太初卒而朱公亦卒；而余猶潦倒於鄉科，其頑鈍自廢無以副公一日之知顧以窮愁之故得日從事於筆硯間，以删定亡友遺文亦足悲矣！然以年視太初，則亦有可自慰者。故余每覽其書，未嘗不有感於懷也。既選錄其詩文若干首，因題於簡端。

與友人書

去歲兩次到館，不獲一見。今移館益遠，見面當愈難。僕與足下同邑人耳，輒一二年不得相見，可歎也！

前曾與足下言，欲修梓鄉文獻一書，因作一引以徵鄉先生事跡文章。既恐蒐輯艱難，卷帙少不足以自成一書，而大名一州六縣，其人文皆無後進者爲之裒集，散逸之患實與魏同，乃復欲修大名文存。甲午之夏，頗事抄錄，已而中輟。近復以此爲事，檢閱頗勤，而無人代爲抄寫。以久病之身，躬此煩勞，甚以爲苦。然不敢辭也。僕身以前，無肯爲此事者；身以後，當亦可知。事雖於天下無補，然表章先達以興起後生，濡慕效法之意，則於一郡一縣未盡無益也。故愚意不成是書不止。

然蒐輯則誠有不易者。北方藏書家至少；藏書者多不樂借人；而魏之遺書故籍則大半沒於漳水。北人不好名，詩文多不存稿；存稿者又未必發刻；子孫不能世其業，則用以飽蠹魚糊窗裹物，無所不至。大都存者少，不存者多。而僕方名位卑下，言語不足取重於人；數年來告人者屢矣，皆掉頭不爲意。僕又苦家貧，無車馬資用，身多疾病，兼以家務爲累，不能躬至各鄉縣購訪。是以有此志已七八年，而蒐輯未及十之一二。又深慮此書之難成也。

吾鄉先達著作，知之而未見者，隋杜正元白鸚鵡賦及諸雜文，杜正藏詩賦百餘篇；唐公乘億朱林集；宋郭申錫邊鄙守禦策，李淸臣韓魏公行狀，劉安世盡言集；明朱師恕糾選法疏，劉禧聖音小稿，張應福論十事疏，鄭國仕游藝堂集，李養正中州疏稿，漕撫奏議，徐楠岫蕃集，消長疏略，鄭師元明天正論，兵論四以草，劉永錫洹水遺詩；國朝李愼行菉竹堂詩草，先方伯公護撫疏稿。而鄭仰元，劉紹璇，張愿，路遵制，牛耀台，劉體仁諸人，縣志稱其有文名或能詩者，今一字一句亦未之見。

僕嘗念昔人著書類皆有同志之友佐助之，故其書易成，今書中凡例往往列其人之姓名，如朱彝尊詞綜至二十餘人。以僕之寡陋，尤不能無需乎此。足下好讀書，志識超乎流俗。前與足下言此事，似不以爲無用爲者。故敢望足下於知交間代爲搜訪，如前所列，或此外有關於大名一府人物文章者，並爲寄示，以便抄錄，使僕得成此書，則佐助之功豈直僕不敢忘而已，實鄉先生之所賴以不朽者！惟留意焉，不宣。

與李振文書

振文大兄足下：前歲留滯京師，辱吾兄眷顧，依止飲食者兩月有餘，復蒙假以行資；友誼所及，感愧交至。別來忽忽及歲，居僻鮮人便，不得時一通書問，心中甚悵悵也。比聞有事天津，得非所意，代爲太息者累日。然傳聞不得其詳，未知目下定局何似？窮達貴賤皆有一定，似當聽其自然。古人有言，『但恐富貴逼臣來，臣無心求富貴也。』以足下材能，自不當如今所得而止。然不可強求，求之過急則往往有意外之虞，如所聞今日之事是也。倘能鎭之以靜，藏器待時，既不愧古人難進易退之節，亦猶緣木求魚，必無後慮。以此願無急急！

孔子曰：『君子疾沒世而名不稱焉。』大丈夫生於世，必不肯以利祿自安也，必別有所樹立以爲百世之計。夫太上立德，其次立功，其次立言。立德誠不易，至於功也，言也，皆吾黨分內之事，非若利祿僅爲身外物而已。得其位則立功，不得其位則立言，柳子所謂『賢者不得志於今，必取貴於後』者也。今仕宦既不得意，非言之求立而何求焉！去年與足下周旋甚熟，觀足下天資超悟，甚留意於學問之事；第年少氣銳，於仕途未免熱中耳。然身外物似不宜戀戀，恐非丈夫所以自期待之意。自古文人學士賦性恬澹者，大都慕簡靜，外榮利，故閑居自得，謂之『清福』；而宋元以來則又多以文史書畫鼎彝爲樂，此雖未足爲知道，然其賢於奔走乾沒輩必也。足下好讀書，工吟詩，多蓄古名迹器物，家又素封，不迫於祿養，夫豈有所不足於己而尙爲此戀戀也！

傳曰，『君子居易以俟命。』今何不暫爲閑人，享世間淸福，著書立言，以追踪古丈夫之事？至他日學積而名流，其樂孰與爲官輕重？此卽不爲世用，已足自得而無所恨，又況時有兼得者耶！爲彼爲此，孰得孰失，願足下留意幸察！

然足下之事，以告者不詳，實不知果如所聞否。目下想已有定局，亦不知進退之機，復能自足下決之否。邁與足下以文章氣誼相交，胸有所見，不敢自外，竊效古人忠告之義，言過切直，皆世俗朋友所諱者。足下不以世俗自處，知必不怪斯言矣。

邁自歸家後，窮窘益甚，米鹽瑣屑之務擾擾方寸中，學業日就荒棄，惟待一官作生計，所言於足下者皆不得身試之以爲大戚。然區區之志雖貧困幸終無衰墮；家事之暇，偶親書卷，便自覺浩浩落落，不知終能有所得否也。所作海山集序，匆匆未及點竄，中多未安者。今另寫一本寄去，前稿幸無示人也！草草不宣。

答秦太瞻書

五月辱手翰，慰誨殷至，深感故人情意重厚，憫其困窮而不棄其愚陋。然所言『無以命途蹇澀，遂思自棄，』若專以科第得失爲愚慮，此不知愚之心也。愚今家方貧困，無仰事俯蓄之資，不得不以一官爲急。然生平志願，豈以一官終哉！屈子曰，『民生各有所樂兮，予獨好修以爲常。』賈子曰，『貪夫狥財，烈士狥名。』夫士之志之殊也，若寒暑之異宜，若舟車之不可相假，必不能出於一途也。故最上爲道德，其次經濟，次文章，遞降其等而後及於利祿。世人各行其志，然賢否則必有分矣。愚雖不肖，誠不敢以庸衆自待，科第之得失，尙不以分榮辱於胸中也。

昔韓退之苦家貧，急於求仕，三以書自通於宰相，後人譏其躁進。然當是時，退之家累三十口，衣食無所資，故不得不出於此。夫飢之求食，寒之求衣，雖聖賢與庸衆同；其高自位置則必別有寄焉。故曰：其小得，蓋欲以具裘葛養窮孤；其大得，蓋欲以同吾之所樂於人耳。其他可否，自計已熟，誠不待人而後知。退之上書雖多，皆非其眞面目；其眞面目在答崔立之一書。足下試求取觀之，必有以知愚矣。

今世士大夫不識文章，以舉業爲文章；不識經濟，以簿書期會爲經濟：愚皆心非之，故竊有以自處。既與世殊趨，世之見者往往不喜，其窮且困未必不以此。然本志不可改。今家貧，上有父母，下有妻子，亦不敢矯情言吾能安貧樂道，遂絕意富貴。然所謂文章經濟者，則固講求之矣。遇不遇，命也，終吾身焉已耳。不有得於世，必有得於己；不有得於今，必有得於後。又安能舍吾之所樂而從世俗之好以爲工也！然則命途雖蹇，豈自棄哉！豈自棄哉！迂闊之見蓄之已久，聊向足下一吐之。以爲然乎，否乎？其亦有合於屈賈韓三子之所云乎？復之教之，幸甚，且藉以觀足下之志。古人書問往還，類不作今世餖飣浮泛語，私竊慕之，故敢以所學爲覆，亦將以古人期足下也。言雖狂，毋以爲怪。書到，便思一答；以無便人，故遲至數月，罪甚，不宣。

枝人說

凡手皆五指，而枝者獨六。五者不必其廢於事也，六者不必其便於事也，則將留指而無知也；指而有知，爲之乎，則將去之乎？留之無所用，去之則傷於手而痛於心。無用之物，附於人身而見惡焉，不將以爲大戚乎！

天之生予也若有意，若無意，若漠然不知有是人而任其遭遇也者，若故生之使窮極人世之苦也者。歷二十五年，卒卒然無一刻之歡，既無所用於世，又不能安其身，年愈長而身愈困。愛者無以全其愛，而惡者亦無道以去之；欲存不可，欲亡不可。嗚呼，是亦『枝人』而已矣！

五指而去一焉，則非手也，如人之不可缺者也。指而枝，必手所不樂有，亦如人之見惡於世也，其有也無爲，其無也罔缺，人與指同其情，則亦惟指知人之苦，指與人同其遇，則人亦可以冒指之名，故曰『枝人』。

然枝指不言動，不衣食，無求於人，人亦不我用，始雖惡之，久則相忘於無事矣；人則不能也。是又枝人之所慕於枝指者也！

蠹人說

余少時心志廣侈，嘗獨居自念，謂丈夫生而以弧矢射天地四方，長而業詩書，則必功業昭於時，言語垂於後，學爲世師而仕宦至於建牙開府。春時風景麗和，人意駘蕩，則攜二三朋好，乘扁舟，著芒屩，遊大江之南，登涉山水，訪奇弔古，嘯傲於烟雲杳靄花柳明媚之間。及秋高風厲，人亦氣勁志壯，則率幽燕健兒，瑚弓大羽，馳馬出塞外，校獵於古雲中五原之地，如曹景宗生啖黃麞，猶賦競病詩故事，斯雄心之一逞也。及長而屢躓棘闈，不能得一第，家日益貧，因貧日益病，年已三十六，往來不得一文字交，登鄉科十餘年，未致身於一官一邑，日顚倒於米鹽瑣屑中，不能作跬步遊：蓋昔時之志無一得者。惟貧病之暇，從事於典籍文章者爲專且久。然質本鈍弱，又以病之故，心慮煩不可用，神志凋落，昏眊遺忘，雖專且久亦無得焉。

夫天下之專且久於書而不他及者，無蠹魚若也；其日在書之中而無所得者，亦無蠹魚若也。余生六歲受書三十年於其間而鮮所得，與蠹魚何異！宋儒謂人生而無補於世，徒衣服飲食耗天下物力者，爲世之蠹。余居家而無所裨，日衣服飲食而不能干謁耕殖，博資財以仰事俯蓄，處世而無所用，耗天下之物力而不能利益於人，嗚乎，豈非一『蠹人』也哉！

魚而蠹，物也，世不之責也。人而蠹，人也，世豈能以恕物者恕人哉！故蠹魚無知而不自愧也；人有知者也，雖爲蠹，其情必不甘。不甘爲蠹而不能免於蠹，奈之何哉！奈之何哉！

因爲歌曰：『與蠹異形而有同情。既有其實，不辭其名。其行熒熒，其知芒芒。傷乎傷乎，其竟以蠹而畢其生乎！』

多愁賦

事皆不得意；人無可與言。處愁城而困頓；向苦海以盤桓。遭逢百千萬端，未盡畢生之苦；閲歷二十六載，曾無一日之歡。

若夫春景方和，氣華競媚；對鳥語與花容，値山巔而水澨。居客襟怡；遊人心醉。原同視聽，偏傷一寸之心；豈異登臨，獨灑千行之淚。

又如紅燭爭輝，華筵競樂，詞客有懷；才人善謔。諠譁抵掌之聲；激昂賞心之作。談非無柄，懸河之口如緘；賦亦有才，生花之筆獨閣。

又或攤書求古，覓句吟情。開卷而心偏惘惘；伸紙而淚已盈盈。前人之苦樂殊形，無事而不成可歎；當景之慘舒異致，有鳴則不得其平。古有同心，惜唐衢之不見；今無具眼，知東野之猶生。

所以醉不成鄉，樂何能國。徒聞思婦之萱；無益將軍之食。腸廻萬結，借劍割而無鋩；眉壓千鈞，倩風吹而無力。塞默低頭之狀，竟似生成；頻繁開口之聲，無非歎息。

嗟乎人同此心，心同此理。我豈異人，愁多不已。秪枯菀之分途，遂戚欣之異軌。天實爲之，誰能遣此。但恐憂不永年；敢云痛則思死。

觀優賦

若夫時當正月節値元宵。徵歌北里選地東郊。閃酒旗之縹緲；疊戲鼓之喧囂。奏歌舞於梨園，彷彿太平之點綴；假衣冠於優孟，招邀世俗之遊遨。於是舉國若狂，遊人如鶩。家家村婦，提男負女而來；處處鄉愚，聳袂軒眉而赴。濃脂厚粉，光照燿於大堤；嘯侶呼儔，跡縱橫於長路。或兀兀而坐觀；亦遙遙而立顧。場開三面，人集四周。優伶競其百伎；士女注其雙眸。鼓競鑼喧，纔登場之伊始；波翻岳震，已喝采之無休。態以醜而爲姸；曲以哇而爲雅。巴人是奏，固知聽者之多；白雪無聞，豈爲和人之寡。因端傅會，則三兄弟之盟；徹底虛空，則兩親家之打。語盡出於齊東；事難考於杜下。爾乃愛情形之謔浪，嘉事蹟之新奇。送枕捎書，羣誇正旦小旦；喊橋打棍，爭說唐時宋時。千百年往行前言，無非是時遷盜甲廿一史提綱舉要，不過如李淵祭盃。頓覺胸襟之擴，豈知筋力之疲。

獨有人焉，於斯時也，想元虛於老莊，咀英華於屈賈。身未墳夫溝壑，杜甫之歌自豪；意有感於文章，唐衢之淚又灑。掩雅耳於鳴蛙，制放心於奔馬。任門外之紛紜，曾何足以累其靈臺者！

淡巴菰戒辭

西南海中國曰淡巴。有草生焉，厥名爲菰。素花綽約，綠葉扶疎。土人採葉，暴如乾蔬。層疊縷切，如絲如麻。以銅爲筒，端如仰盂。實以是物，彈丸之多。微火灼之，口吸氣呵。噴烟氤氳，雲霧蒙遮。其氣酷烈，香臭相和。毒瘴外辟，煖燠內舒。食之而甘，人不能祛。

有明季世，初入中華。始於閩越，蔓延北區。人爭嗜之，甘如醍醐。日計百筩，不離口牙。貴賤一致，男婦不殊。有不能者，謂爲怪迂。揆之物理，見聞不誣。匪曰無益，害如之何！

人之臟腑，平和乃嘉。不寒不燥，用健無虞。火日焚灼，氣耗血枯。丹田內乏，動而喘吁。胃管槁濇，舌根不濡。面生蓓蕾，眼如觀花。壯者生疾，弱者增痾。始不覺害，以漸而加。筒刺咽喉，火焚衣裾。傷財失物，其小者歟！

余自弱冠，始與俗俱。雖學食之，好不敢過。如是十年，病而棄諸。今年之夏，忽若相須。因復爲之，彌月不除。痼疾驟動，憂悔無涯。乃嘆乃奮，自審自誅。天地有意，覆吾載吾。守先待後，謂之曰儒。而乃爲此，以禍其軀！與俗同好，何爲者乎？損以窒欲，豈其不圖。決棄此物，永矢不他！何以爲警？是用作歌。

尙友堂文集終

尙友堂說詩

魏人崔邁

論文詳而文壞；說詩多而詩亡。天資旣卑，學識又淺。前人謬立宗門，後生誤爲附和，無不是其所是，非其所非，優其所優，劣其所劣。詩學至今，如荆棘滿野，不復知何者爲塗徑矣。余不能隨人俯仰，聊復以其所見著之簡編；非敢果於自信，亦不過是非其所是非，優劣其所優劣而已。然不可不傳諸其人。茫茫九州悠悠千載，豈無楊子雲乎！

讀書好古，窮理養氣，志識高廣，胸眼濶大者，詩之源泉根柢也。性情，境地，時事，景物者，詩之質也。意者，詩之骨也。詞者，詩之肉也。章法者，詩之形體也。頓挫者，詩之動作也。承接，轉折，呼應，開闔者，詩之血脉也。安雅，婉約，豪放，淩厲者，詩之神氣態度也。才情者，所以鼓鑄也。筆力者，所以錘鍊也。故實者，詩之器具也。學問者，詩之府藏也。溫柔敦厚者，詩之品也。高古雅正者，詩之格也。闊大纖細，典雅朴質，閑澹濃麗，敷腴寒瘦者，詩之面貌膚革也。

本之以性情，出之以本色，鎔之以學力，運之以眞氣，四者不備，不可言詩。王貽上之詩無性情；朱錫鬯之詩無本色。

漁洋詩話三卷，無一語及性情者；祇如賞名花，評美人，矜誇其聲容丰度而已。然名花美人，猶天然去雕飾者，其所賞，乃繒花，矜剪枝綴葉之巧；所評，乃時妓，誇梳頭纏足之工；於眞詩毫無涉也。

仇滄柱註杜，記明季蕭雲從作杜律細，平仄用轉音，改拗從順，於『北城擊柝復欲罷』一詩全載其說，乃知人之無識有如此者。讀書雖多，祇以供其卑陋耳。滄柱謂『雖考證詳洽，但恐多此轉折，』其說是矣。然滄柱亦有近此者。『與子避地西康州』一詩，謂『與遠久一』皆作平聲讀；『此生任春草，』謂『任』字平聲，『春』字上聲；『細草偏稱坐，』『稱』字義從去聲，讀作平聲之類，皆屬可笑。然此皆自吳才老叶韻始，作俑之罪烏可逭也！

俗人無詩；僞人無詩；不讀書人無詩。

杜之排律往往重韻，韓白用韻亦多出入。雖係大家，不可學也。

凡事皆有化工，有畫工；惟詩亦然。當爲化工，不當爲畫工。化工可以兼畫工，畫工不能兼化工也。

謝茂秦詩說得失相半。『想頭』一語，茂秦自言其得力所在。然是語有病，近於釋氏靈明作用及姚江良知之旨。人未有不多讀書，廣識見，浸淫於古，而作詩想頭可以超拔者也。若概以是語之，必墮汗漫支離之病，非徒無益而又害之。

才士之詩，不患無本色眞氣，而患於無學力，故其詩多不入格。然較之摹倣者，與其不逮也寧固。

今人之詩，下者無論已，高者總不離乎摹倣二字。其一摹杜，所主在格，而無杜之才氣，故常失於平庸，而甚者不知所云。其一摹王孟，所主在丰韻，而無王孟之才氣，故常失於短弱，而甚者至於幽僻。摹格者如鄉原學聖人，不知其有經天緯地神明變化之才，而但以規行矩步爲聖人。摹丰韻者如淸客學名士，不知其有通今博古經濟文章之學，而但以淸談痛飮爲名士。均爲識者笑而已。

史家三長，曰才，曰識，曰學。非止作史爲然也，詩文無不然。三者識爲最難。不知作詩者不知論格，無識者也。論格而止求其貌，不求其所以然，猶之乎無識也。王漁洋才學皆萬人敵，於古人之格亦能學之，而止得其貌，不求其所以然，正坐識不足也。

謝茂秦詩說有云：『當取初唐盛唐十四家，選其集中最佳者錄成一帙，熟讀之以會神氣，歌詠之以求聲調，玩味之以裒精華。得此三要，則造乎渾淪，不必塑謫仙而畫少陵也。』此語自妙。至其所載『天燈』諸句，亦不過廣於搜索情景，鎚鍊字句耳；何得自詫神奇，至謂想頭落於不可測處，支離其說以惑人耶！

煉想頭固不可少，然想頭出自心，則鍊心更爲第一層工夫。心爲詩心，則想頭自不遠於詩。心爲浸淫稔熟十四家之詩之心，則想頭自近於十四家。心爲籠蓋古今包含宇宙之心，則想頭自落於不可測處。茂秦又云，『作詩別有想頭，能暗合古人妙處，法在其中矣。如爲將者當熟讀兵書，又不可執泥，神奇自從裏許來。』此語自較親切，然亦不明備。

余嘗觀黃山谷大雅堂記，石刻杜詩記，此老爲善言杜詩者。及見元好問杜詩學引云，『近世惟山谷最知子美，而山谷未嘗註杜詩。試取大雅堂記，則知此翁註杜已竟，』乃知豪傑所見大略相同。

黃山谷善言杜詩，而自作詩殊不見其佳。余數年前曾見其集，謂此老爲不能詩文者。及觀大雅堂記，又恐余枉此老，因欲復求其集，而一時不可得。家中止仇註杜詩，載其題杜子美浣花溪圖一詩。急取觀之，格調卑弱，倘不及陸，何逮於蘇！人以蘇黃並稱，殊不可解。

山谷大雅堂記云，『子美詩妙處，乃在無意爲文，』語略而意晦，恐開後世師心自用之端，使淺率者得以藉口；不如元好問所言，語詳而意明也。今載於此。『竊嘗謂子美之妙，釋氏所謂「學至於無學」者耳。今觀其詩，如元氣淋漓，隨物賦形；如三江五湖，合而爲海，浩浩瀚瀚，無有涯涘；如祥光慶雲，千變萬化，不可名狀；固學者之所以動心而駭目。及讀之熟，求之深，含咀之久，則九經百氏，古今精華，所以膏潤其筆端者，猶可彷彿其餘韻也。夫金屑丹砂芝朮參桂，識者例能指名之；至於合而爲劑，其君臣佐使之互用，甘苦酸鹹之相入，有不可復以金屑丹砂芝朮參桂名之者矣。故謂杜詩爲無一字無來處亦可，謂其不從古人中來亦可也。前人論子美用故事，有「著鹽水中」之喩，固善；但未知九方臯之相馬，得天機於滅沒存亡之間，物色牝牡，人所共知者爲可略耳。』可謂古今論杜詩者第一耳。然猶若有未盡者在。

韓文公題杜子美墳詩，詞意淺俗，氣格卑靡，係元明以來人僞作，斷非韓之眞筆。仇滄柱謂『似非後人僞託，』亦可謂無目力者。此詩與韓詩如黑白之異，一望而知；中惟『天光晴射』二語較佳耳。滄柱又引容齋隨筆所載昌黎竇牟韋河南尋劉師不過分韻得尋字詩甚佳，的係中唐人手筆也。

談龍錄言『嘗舉「沉舟側畔千帆過，病樹前頭萬木春」二句於王阮亭，阮亭曰，「余所不解。」』 余謂阮亭非但不解二句也，並不知詩爲何物。 阮亭之於詩，猶釋氏之於心也。 心之虛靈，具衆理而應萬事，至廣大也；而釋氏小用之，所謂『止作一番光景玩弄過』者也。 詩之爲道，咏歌舞蹈以發之，溫柔敦厚以本之，其爲物大可以籠天地，小可以入毫芒，而其要歸於吟詠性情，長於諷諭，其極也至於美教化，移風俗，動天地感鬼神；非徒以文彩風流相誇尚而已也。 阮亭之於詩，止用出雕鏤修飾以爲玩好之物而已，所謂『情動於中而形於言，發乎情，止乎禮義』者，阮亭固不知也。 賦且不解，而況於比興乎！

文有議論敘事，詩亦有議論敘事，視一時所當用耳。 王阮亭作詩，如小學生學作對偶，止求其精工可聽，於議論敘事固茫然不解也。 余因憶劉夢得上牛僧孺詩云，『昔年曾忝漢朝臣，晚歲空餘老病身。 早見相如成賦日，後爲丞相掃門人。 因思往事杳嗟久；幸喜清光笑語頻。猶有當時舊冠劍，待公三日拂埃塵。』若使阮亭當此，必無所措手矣。何也？譬若富貴人子弟，終日安坐惟事修容飾貌，講求威儀學習言語，爲一便利美俊之人；而忽欲使之理煩治劇，折衝禦侮，必不能也。

『詩以道性情』一語，今人視爲老生常談矣。余謂作詩必本於性情，猶爲國必以仁義也。雖是極平常道理，然當邪說誤人之際此即爲對症要藥。孟子當戰國時，以仁義勸齊梁之君，爲其君皆騖於功利也。詩道自王阮亭之後，人不復知有性情矣。故今日必以『詩以道性情』一語爲標的。

杜詩存沒口號二首，每首二人對起，亦以二人對收；非章法當然，乃文義必如此方清晰也。註杜者引黃山谷詩云，『閉門覓句陳無己；對客揮毫秦少游。正字不知溫飽味，西風吹淚古藤州，』爲學杜此體。然山谷詩後二句竟似一人之事，則以不解文義故也。

余最愛杜少陵『吾宗老孫子』一首，乃近體中之漢魏也。字字常，句句眞，而風韻氣骨無美不備；極意雕琢，而元氣渾涵：此五言律中第一首也。 餘詩視此，非劍拔弩張則塗朱抹粉矣。

少陵贊太白云，『清新庾開府；俊逸鮑參軍，』偶舉所長，非謂太白之詩盡於此，亦非謂詩必當如是也；後人以出自少陵太白二大家，遂以清新俊逸爲詩之標準。 不知刻意清新，必失纖弱；刻意俊逸，必失輕滑：美未必臻而累隨之矣。 趙飴山有言，『清新俊逸，老杜所重。 要是氣味神采，非可塗飾。』 愚謂清新俊逸必當於沉雄穩老中見之。

韓文公識高一代，於唐人詩獨推李杜，他人則不置論。 調張籍詩一首，推之至矣。至薦士則云，『國朝盛文章，子昂始高蹈。 勃興得李杜，萬類困陵暴。 後來相繼生，亦各臻閫奧。』 雖語屬兼及，而分寸自在。 後人井蛙之見，何不以韓文公之言爲折衷耶?

少陵於當時人，多推許其詩。 於孔巢父則云，『詩卷長留天地間。』 於李白則云，『李侯有佳句往往似陰鏗』『淸新庾開府俊逸鮑參軍。』於畢曜則云，『才大今詩伯。』於薛華則云，『座中薛華善醉歌，歌辭自作風格老。近來海內爲長句，汝與山東李白好。』於許十一則云，『誦詩渾遊衍，四座皆辟易。應手看捶鈎，淸心聽鳴鏑。精微穿溟涬，飛動摧霹靂。陶謝不枝梧，風騷共推激。』於鄭諫議則云，『思飄雲物外，律中鬼神驚。毫髮無遺憾，波瀾獨老成。』於阮隱居則云，『淸詩近道要。』於孟浩然則云，『賦詩何必多，往往凌謝鮑。』於嚴武則云，『新詩句句好。』於高適岑參則云，『高岑殊緩步，沈鮑得同行。意愜關飛動，篇終接混茫。』於張彪則云，『詩興不無神。』於鄭審李之芳則云，『律比崑崙竹，音知燥濕絃。風流俱善價；愜當久忘筌。』於劉伯華則云，『神融躡飛動，戰勝洗侵陵。妙取筌蹄棄，高宜百萬層。』於薛璩則云，『曹劉不待薛郎中。』於孟雲卿則云，『數篇今見古人詩。』於王維則云，『最傳秀句寰區滿。』如斯之類，未可悉數，幾於家探驪珠，人懷和璧矣。然他日詩又云，『才力應難跨數公，凡今誰是出羣雄？却看翡翠蘭苕上，未掣鯨

乃知此老許可之餘，另有皮裏陽秋

魚碧海中」則舉當時能詩之士又一洗而空之。

耳。

尚友堂說詩終

寸心知詩集目

卷二

附輓詩

頡剛案：右詩兩卷，古近體凡二百五十首。錄出其目，以便觀覽。陶樑畿輔詩傳卷四十四載先生雜詩一首，薄命辭一首，皆此册所未有，則知陶氏未見此書，而先生之詩實不止於是也。東壁先生於考信附錄中謂其『少年頗好詞賦，擬上林七發等體，繽紛陸離，讀書幾不能句。尤愛小詞，倣宋柳耆卿，名其稿曰步柳集。』又記其所著書曰『自訂其詩曰寸心知集，凡二卷；詞曰夢窗囈語，凡一卷。』步柳集與夢窗囈語，當爲一書之異名。今其賦之存於文集者僅二篇，而詞乃不存一首。然卽此遺詩，已足見先生一生之經歷與心情，其顛連憔悴於貧病之間，欲讀書而不得，欲仕宦而不能，困之以頑童，厄之以猾吏，百感交侵，呻吟待盡，較之乃兄之遭遇，痛苦奚止十倍。　然後知一文人或一學者之成就，雖云窮而益工，淡可養志，要必具有維持生活之最低限度，方可言之；苟並此而不存，則惟有以哀傷折其天年，又安所望於著述乎！　先生秉卓犖之才華，副之以銳敏之觀察，爲文爲學，兩可成功。　不幸賦性絕俗，遂寡交游，名場失志，橫逆頻來，年未三十，已嬰痼疾，自後以底於亡，長爲病廢之人。　然已病，而家中大小十六口，畜養之責萃于一身，何有養息之望；身既陷於絕境，是以雖諳醫理，曾不得自療也。　此中悲憤，豈豐衣足食者所可識知乎！　後之讀此書者，苟其境尚不如先生之厄僿，必當有以自釋其牢愁，而努力于其所蘄向之業矣！

民國二十四年四月二十五日記。

又案：以此集與知非二餘、針餘諸稿合讀，得稍稍識其消息。　卷一有和家兄秋與原韻，檢知非集（頁四七）知是秋思之誤。　又有和嫂氏書懷原韻，今原作不見於二餘集，知已亡失。　成孺人自序云『所作多率意，過即棄之，所存無幾也，』可證其不虛。　卷二霧樹詩二首，爲和東壁者；惜原作不存，不克一較高下。其小庭中丁香桃花金雀三種盛開，漫成一題，適與針餘吟稿中（頁九）慈母命咏金雀丁香桃花三事，合意者亦出於母命乎？　步韻酬廣平學博孫子明一詩，與知非集（頁五一）和廣平孫學師寄贈原韻爲一事。　又紅瘦綠肥二首，與知非集中（頁五一）綠添紅減遙相應和，雖非同韻而爲同體，意者亦壎篪之酬倡乎？獨是東壁夫婦詩篇贈答彼此列於集中，而德皐夫人劉氏據野紀便覽，亦頗能詩，今寸心知集二卷中乃不覩其一字，何也？　同日記。

自序

吾之詩何作。作吾詩也。吾有詩乎。吾有性情。則安得無詩。古之作詩者衆矣。其品格高下將何學。吾無學也。世之論詩者衆矣。其優劣去取將何從。吾無從也。吾自作吾詩云爾。馬祖曰。即心是佛。吾於吾詩亦云。吾之詩與古今同乎。吾不得而知之也。吾之詩與古今異乎。吾不得而知之也。吾之詩為漢魏乎。六朝乎。李杜韓白乎。歐黄蘇陸乎。吾皆不得而知之也。非特不知也。吾亦不問。是與非。悉聽之人。吾自作吾詩云爾。

寸心知詩集卷一

魏人崔邁

春日曉起

我生懶成性。況復春宵短。曉夢覺苦遲。日高不知晚。起來出庭院。兩目春光滿。語燕穿天低。微風弄樹軟。萬物何欣欣。會心不在遠。大哉造化機。胸中暗流轉。

古意 三首

君居山之巔。我居水之曲。茅屋各數間。幽清隔塵俗。願同君來往。此外休置足。

到處陽光烈。深居火氣炎。如焚心不定。似洗汗常霑。揮扇難辭倦。移床未覺恢。時時窺早晚。翹首祝冰蟾。

吹面風還熱。澆胸水未凉。從嗔須袒跣。欲食惡腥香。床几身愁卧。琴書事任妨。時時轉方枕。席地覓羲皇。

僧服心應羨。山居志未銷。地高深積雪。寺古得凉飈。时耐喧卑甚。仍兼疾病饒。新居來十載。歲歲苦炎歊。

吾鄉閑門

吾鄉稱善俗。近歲不堪論。商富青衿賤。官庸皂隸尊。人情輕義氣。風俗媚淫昏。自顧真迂拙。甘心獨閑門。

一襟風月續花評。文章竟負當年志。農圃何論異代名。從此烟霞真有癖。已同鷗鷺結新盟。

分將邱壑老荷衣。幽事關心愧息機。種樹不生疑土惡。栽花未穩祝風微。地僻偏喜見黃鸝囀。晝永閒看粉蝶花飛。幾見清貧來俗客。已經三日掩柴扉。

小圃如何得地寬。家貧真覺買花難。憂思秖合栽萱草。富貴誰能植牡丹。水面新荷四五葉。雨餘弱竹兩三竿。幾時俗累全拋却。扶病猶能盡日看。

抱病始知生有涯。閒居忽覺幽意賒。無朋可開蔣詡徑。

自序

吾之詩何作？作吾詩也。吾有詩乎？吾有性情，則安得無詩。古之作詩者衆矣，其品格高下將何學？吾無學也。世之論詩者衆矣，其優劣去取將何從？吾無從也。吾自作吾詩云爾。馬祖曰，『卽心是佛，』吾於吾詩亦云。

吾之詩與古今同乎？吾不得而知之也。吾之詩與古今異乎？吾不得而知之也。吾之詩爲漢魏乎？六朝乎？李杜韓白乎？歐黃蘇陸乎？吾皆不得而知之也。非特不知也，吾亦不問。是與非，悉聽之人。吾自作吾詩云爾。莊子曰，『呼我爲馬者，應之以爲馬；呼我爲牛者，應之以爲牛，』吾於吾詩亦云。

吾初作詩，皆不存。自庚辰始存詩，其間忽作忽輟，以至於戊子之冬，凡九年矣；合之得若干首，錄爲一卷。有吾索者，吾與之觀。有吾愛者，吾與之觀。否則吾秘之。索與否，吾亦不強也；愛與否，吾亦不求也。吾自作之，則吾自存之云爾。揚子曰，『後世復有子雲，則知子雲矣，』吾於吾詩亦云。

乾隆戊子十二月初三日，枝人書。

寸心知詩集卷一

魏人崔邁

春日曉起

我生懶成性，況復春宵短。曉夢覺苦遲，日高不知晚。起來出庭院，兩目春光滿。語燕穿天低，微風弄樹軟。萬物何欣欣，會心不在遠，大哉造化機，胸中暗流轉！

古意三首

君居山之巔；我居水之曲。茅屋各數間，幽清隔塵俗。願同君來往，此外休置足！

君有琴一張；我有劍雙股。君應爲我彈，我應爲君舞。試問風塵中，更有知己否？

君有一斗酒；我有雙尾魚。有魚復有酒，不樂將何如？去去共沉醉，携手返太初！

旅舍偶成

夢中故鄉近；夢覺故鄉遠。故鄉本不遠，銅壺漏自短。

苦寒吟

雲慘日月冷；風悲天地鳴。 愁人亦切切，浩歌心不平。 入骨皆寒氣；出口成寒聲。 悲鳥半空立，和歌韻亦淸。 與君不相知，何爲如友生？ 回看華簷雀，一粟羣相爭。

不寐二首

九月二十七日夜，崔子讀書既倦，乃滅燭而寢，擁布被，倚角枕，敧罔徙倚，營營至曙，目終不可得合。 斯時於耳，則爲水增波，爲樹葉落，爲大風仆物，爲人語，爲犬吠，爲人呼犬，爲棲雞振翼，爲歸鴻叫羣，爲蛩鳴，爲鼠鬥，爲鼠入橐中，啃啃不得出，衆聲繁會，胥人所不願聞者。 於身，則爲乍寒乍熱，爲右股麻木，爲腹脹，爲胃脘痛，爲腸鳴嘓嘓，爲蚤齧痒不可支，爲搔多膚破，血滿指甲。 於口，則爲消渴，爲噯噫，爲喘，爲歎。 苦狀叢遝，胥人所不能受者。 變態雜出，不可究詰，然皆總彙於心。 心故多愁，酒不得而驅；多思，禪不得而伏。 今乃愁益甚，思益深，欲以夢辟除之，夢居無何有之鄉，聞予有煩於彼，去而益遠；使者冠蓋相望而卒不可招致。不得已，勉強收心定志，遺棄一切，遊思騁神，賦詩二章。

吟甫畢，而日光融融射目矣。

秋風入我骨，秋月照我顏。對景不能寐，枕衾如水寒。一身集百憂，夢短心不閑。貧病交相侵，親知誰相關？蟲鳥而情物，中宵伴長歎。

當晝日偏疾，入夜日獨遲。知我不慊夜，相虐故爾爲。古人欲夜長，打殺長鳴鷄。我今反其意，長晝無夜時。無夜天何曉，鷄亦不須啼！

夜聞風雪

入夜牕不黑，疎簾動有聲。猶覆昨日衾，微覺輕寒生。夢回聞簌簌，方知風雪并。

館中書懷

結根不得地，松柏同椿樗。抱才無人識，騏驥爲蹇驢。平生負奇氣，鬱鬱無時舒。今春別家室，授徒來村墟。荆棘滿地生，鹿豕盈村居。村童十餘人，頑然皆狂且。祇可事耕鑿，而乃來讀書。顏面積灰塵，衣裳無襟裾。惟知愛嬉戲，不知惜居諸。提撕復鞭朴，童心難暫除。善誘雖有方，蒙昧吾莫如。有如石田耕，手足空拮据。茅屋兩三間，庭院五尺餘。柴扉日長閉，十朝頭一梳。無人共往來，形影自相於。花開映堵城，月光照庭閭。對此時獨酌，頹然臥籧篨。孤鶴立鷄羣，清荷生汚渠。祇因貧所累，遂負心之初。澤中非可獵，山頭非可漁。微利向此覓，貧室求璠璵。胡不一審詳，而遽登征車？既來難即去，譬彼涸轍魚。一身集百憂，臨風向誰攄？時於深夜中，面壁長欷歔。高堂有椿萱，深閨有茹藘。骨肉輕別離，終爲計之疎。『歸與』賦應早，去去莫徐徐！

天久不雨，一夕喜見陰雲

彌月不得雨，我憂心如焚。微風東南來，翹首見氤氳。長官畏荒歉，所禱將浹旬。誠意果感格，自由天公仁。不忍久赫炎，坐令饑饉臻。所以泰山中，觸石生密雲。旱魃已就僇，神龍來效勤。佇望頃刻間，滂沱徧坤垠。

館中對月

稱坐不覺暮，矯首見明月。斜光入低廊，照耀愁人髮。小樓初微平，高天漸能抹。今昔此一規，悲歡共圓缺。往當童稚時，知識未開豁，良夜長徘徊，光輝愛清絕。嬉戲父兄前；往來子弟列。吟玩不知疲，每欲高飛掇。幼小倏成長，世事漸改轍。陽侯肆猖狂，狼狽逃水厄。甲第委波濤，圖書就沉沒。闔家五六口，性命僅能活。四處寄蹤跡，一身獨蕭瑟。露宿大堤頭，兩耳波聲聒。四顧何茫茫，月夜自嗚咽。轉輾六七年，閱歷多曲折。浮跡幾飄流，清暉數明滅。奔走足生胝；曠望眼流血。貧賤身何底，功名志難奪。讀書恨無成，從師自憤發。朋友四五人，時時共歡悅。樂飲醉無歸；清談夜不歇。靚粧妬霓裳；高居羨瑤闕。晨夕送迎間，朔南分手別。零陵迫行舟，秋風五兩疾。南望楚天長；北征衞水闊。往者射策初，霜蹄曾一蹶。璞玉終須剖，忍便老蓬蓽!再作長安遊，丹桂問月窟。戰藝棘闈中，跼蹐斗大室。搴簾腸乍迴，伏枕心如結。月色何蒼涼，旅情共淒切。高堂在故鄉，客子獨天末。舉目無親知，慘澹向誰說。歸來爲飢驅，村塾帳偶設。頑童勤嬉遊，終日費嗔喝。茅屋兩三間，未能避風雪。六月炎蒸時，晚照爍肌熱。況此村居人，性情盡恍惚。酬酢懶踆踆；朝夕甘兀兀。每於深夜中，皓月沁肌骨。對此心不怡，浩歌聲激烈。浮生事無常，嘉會歡易竭。日月隙中駒；繁華水中沫。勝地彈指變；佳筵轉頭失。昔日周旅人，或化爲異物。卽今在鄉曲，偃蹇未超越。後遇知何如，回思已騷屑。二紀年未至，百境値將畢。萬事夢中過，夢醒知何日？却羡天邊輪，千秋長皎潔。

雜詩二首

貧爲士之常，樂天心不憂。高堂有老親，祿仕終必求。懷奇赴京闕，再獻乃一收。仕路限資格，家食歸故邱。小得竟何益，不足粱稻謀。鬱鬱奇士心，戚戚貧子羞。會將筆硯焚，努力服田疇。養親貴養志，豈必在宦遊！

著作歸傳世，操觚念身後。德艱功在時，立言亦不朽。早年慕古人，高懷欲尙友。紙筆隨地置，苦吟贈輟口。冥心狂搜索，嗒然如木偶。吐詞神鬼驚；落筆蛟龍吼。閉門造古車，新轍不可走。問世亦有心，持贈更縮手。名山且珍藏，無令覆醬瓿。

客夜秋雨

擾擾愁千斛；盈盈淚萬縷。今夕最淒涼，淒涼在何許？遠道久客夜，孤眠聽秋雨。

不寐二首

塵世多苦心，睡鄉頗適性。秉燭遊何爲，高眠夜必竟。邇來事多忤，不寐爲我病。夜長夢不長；身定魂未定。倚枕憂萬族，紛來不可罄。渺哉陳希夷，千古睡之聖！

震雷破我夢；暴雨清我神；驚電照我眼；疾風吹我身。衆蚊肆長喙；鳴蛙聲紛紜。遐哉北窗下，高臥羲皇人！

遙送朱松田自永州歸雲南二十韻

相識已十年，相處纔五月。相別衛水長；相思楚天闊。我昔年一紀，甲子君與同，而我應府試，識君官署中。八載家兄交，還往余偶爾。歲在壬之春，始克同硯几。我生鮮青眼，對君不自知。君意不可見，穎脫余未期。憐才今古殊，肝膽誰相聞？零陵去舟迫，雙袂無言分。別來三年強，詩筒識精進。我亦投俗好，鵬翮偶一奮。去年我書往，

意氣慨以慷。　今年君書來，規勸理亦長。　性命期深交，媿謝還自許。　相知同席時，異
地復何取？　君今歸雲南，此去何日返？　所嗟會面難，不惜去益遠。　聞君啟行日，臨風
遙送君。　憑將河北淚，灑向荊南雲！

以上少作焚餘。

館中雜詩 四首

四顧寂無人，蟋蟀鳴虛堂。　秋風漸蕭瑟，衣帶生微涼。　撫時懷往事，俯首心徬徨。　逢
秋自生悲，非關在他鄉。　三春全盛時，桃李爭芬芳。　時序一朝易，草木成萎黃。　人物
理不殊，曷云身無傷！　況乃有知識，所遇多鋒鋩。　愁腸爲之斷，弱體爲之創。　貧病何
日已，悲憤盈空囊。　輾轉不能寐，淚與秋夜長。

閉門獨悲秋，俗塵不能侵。　寒蟬響欲歇，時感幽人心。　清露凝百草，悲風鳴樹林。　秋
光逼人來，勉強爲開襟。　有酒自斟酌，抗首抒清吟。　歌罷再三嘆，傷哉無知音！

渥洼有神駿，往來同衆馬。　隻眼識不凡，以術致廄下。　斯馬遇何奇，斯人今已寡。　鹽

車困騏驥，有淚向誰灑？松栢廊廟材結根貴得處，挺節深山中工人過誰顧？樗櫟有先容，散材棟梁具。淪落自甘心羞爭凡木遇。

狂風

狂風有餘怒，鼓蕩力不竭。飛塵塞天地，日月光欲滅。萬物生有時，當春盡萌櫱。大塊噫不止，恐令氣太泄。彼蒼仁愛心，胡不稍斂節？而乃縱飛廉，作茲狂暴孽！吾欲代萬物，問天計何拙？天路無階梯；天門有扃鐍。惜哉不得往，矯首意空切！

晚歸

夕陽勢漸低，新月生微光。耕人各歸去，野色爭蒼茫。我時乘蹇驢，攬轡悲途長。高歌激雲漢，肅肅零秋霜。勞役非所辭，遭遇何蒼黃？憶昔少年日，浩氣不可量。忽忽逾二紀，悲憤盈肝腸。投足無一枝；撫心抱千創。樊籠困鷙鳥，有翼安能翔！驊騮服鹽車，假蹇登大行。何當脫韁繫，奮然遊八方？

途中

長貧歎家食，伏劍事遠遊。豈無兒女情，慷慨不可留。攬襟起行日，時序當深秋。霜林若丹紅，落葉隨風浮。浩然即長路，四顧心悠悠。疇昔少知舊，東西安所投？雙親筋力衰，念遠添新愁。家事日陵替，一兄誰分憂？北望燕山高，南望滏水流。故鄉不得見，淚下誰能收？

道中苦寒

亥年節候早，立春冬之季。其前寒尚微；其後寒乃肆。我時客異國，油然起歸思。皚皚霜雪滿；慘慘北風利。陰雲蔽羲和；寒光塞天地。慷慨戒歸裝，傲骨聊一試。嗟余本貧士，未能狐貉備。重寒即長路，透骨猛於刺。面目凍成瘡；肌膚裂欲碎。指直結襪難；唾出成冰易。挾纊竟何術，村醪取一醉。歸囊苦羞澁，此志竟不遂。因思漢袁安，大雪獨僵睡。又聞宋陳三，却衣致不諱。前賢何爲者，遇寒節乃厲？余獨負何德，而能不顛頓？風霜寒固宜；冰玉淸不媿。豈爲阮嗣宗，漫洒窮途淚！

頡剛案：此下原有詠懷三章，以其複見卷二之首，故刪之。考詩集自序作于戊子冬十二月，云『錄爲一卷』；此詩在卷一五古之末（下擬妾薄命五首係另葉書），疑作於己丑者，故旋又改列卷二也。

擬妾薄命五首

桃李無返花；江河無回波。此理自今古，薄命感慨多。

與君初結婚，同心誓偕老。春華猶未歇，中途不自保。

恩愛寧不念，何期忽暌乖！欲去更躑躅，留待郎心回。

妾如戀林鳥，郎如不轉石。如石豈不佳，所嗟在今日！

男兒恩情薄，娶妻易見棄。寄言後來人，努力事夫壻！

苦晝短

飛光飛光爾何爲靈？苦行一何疾，終日不暫寧？去如隙中之奔馬；來如天上之流星。君不見風流文士淸狂客，覓句聯吟共閑適；擊鉢逡巡聲未停，晚陰黯黯遙相迫！又不見五陵公子楚王孫，華堂高宴酬金樽；琵琶斜抱揚州伎，一曲霓裳紅日昏！百年三萬六千日，滿眼風光轉頭失。自古生年滿百難；即今七十誰能必！嗚呼，安得手持虞公之劍向中天，指住紅輪不得前；終古長釋羲和轡，一日直如千萬年！

大雪歌

陰雲靉靆色如漆，曜靈藏形不敢出。朔風颯颯搖天闕；海氷吹碎飛人間。乍疑天妃掩面泣，粉淚凝成珠粒粒。又如丹山白鳳凰，霜毛鬭落紛飄揚。百千園林春一色，缺盡蟾規夜不黑。敲氷作糜煮不開；鳥獸半死雪爲埋。此時有客方高臥，柴門徑滅無人過。起來峯頂赤脚行，大聲一呼天地驚。

寶劍行

直如矢，曲如月，精芒照耀光越越；手持殺人不見血。朝零落黃泉中，塵漬霜鋒匣欲裂。張華不生雷煥死，萬古千年埋獄底。

浩歌

騎折丹山鳳凰翼，謫居塵世無人識。天上言語人不知，向天自吟天上詞。題成鬼神泣啾唧，金聲敲响玻瓈日。狂歌目短盧玉川，奇句心輕李長吉。嫦娥厭聽羽衣曲，纖阿爲住轔轔轂，偸遣仙人向空讀。老兔彷徨玉杵停，寒蟾側耳聽不足。不辭上達蕊珠宮，莫教零落人寰中！

醉歌

有客悲秋吟不徹，傲骨稜稜仙骨潔。早年俯首業詩書，樂事關心醉花月。可憐貧賤身無暇，況値風塵足屢刖。米鹽瑣屑方累人，文字縱横誰擊節？半生窒閡無坦途，方枘圓鑿殊相疎。出門獨作高世態，兒童拍手爭揶揄。人生稱意不必在，低首安能勉强俯仰隨庸奴！功名富貴從有無，且可銜杯作酒徒。醉鄉安穩無避忌，愁城不敵酒兵銳。高歌大笑豪士歡，求田問舍奇男累。當年阮籍亦愛酒，白眼對人終日醉。堪笑世人常苦辛，碌碌名利徒紛紜！　石崇死後自金谷；李斯老去傷東門。　到頭萬事不得力，身沒惟有枯骨存。　酒不到劉伶墳上土，生前愼勿抛樽俎！

可歎

文物風流更無主，滿城只解耽歌舞。　仕宦凋零近百年，繁華輸與青樓女。　青樓家在苧蘿東，宋玉墻頭人不同。　自有登徒偏好色，纏頭裙贈石榴紅。　早暮相依不相棄，鴛鴦比目朝朝誓。　買笑黃金一旦空，綠楊馬有他人繫。

晚歸

空林日暮鴉欲棲，我行自鄉徒步歸。　秋風悽愴透人骨；落葉蕭索拂我衣。　此身長病久無力，數里已覺雙足胝。　裘馬翩翩行如鶩，少年富豪知是誰？　世俗榮貴非所慕，筋柔骨脆何能支！　大塊勞我固有意，胡不竟與行路貧？　人生苦樂每偏得，富者健壯貧者衰。　俯首感激不自適，崎嶇歸路忘所爲。　天光漠漠就昏黑，暗行適與柴門期。　入室上牀脫雙履，茫然身在雲霧馳。　夜半神魂就安定，高眠一枕來朝曦。

自成安返雞澤

我自成安返雞澤，百二十里一日間。六月大熱鑠金石，弱體奔馳如等閑。君不見貴人安坐高堂下，揮扇餐氷恨炎夏？人生賦命有窮達，得失苦樂誰知者？

春城晚眺

春城閒騁目，獨立對斜曛。雨過垂楊重；風來瘦竹分。綺霞明遠樹；飛燕點晴雲。幽與何曾倦，鐘聲野寺聞。

秋月

秋月小於鏡，一輪天地明。關山隨處影；鴻雁過來聲。雲薄不知度；風微相與淸。應憐同坐客，願共一杯傾。

冬日懷周新齋

同郡不相識，異鄉攜手初。訂交千里外；握別二年餘。氷勁魚游少；風高雁過疎。一行書不寄，何以慰離居？

客邸秋雨

客邸聞寒雨，悲秋意轉深。迷茫千里目；慘淡一時心。夢破梧桐葉；魂傷楓樹林。可
能沽酒去？泥濘欲沾襟。

氷

四圍方蕩漾，一夜結於風。冷色連雲白；寒光奪日紅。路通深淺處；月照有無中。皎
潔塵何染，居心正與同！

下第後作

趨世原無術，歸來臥草堂。地偏忻客少；性懶笑人忙。病是閑身訣；愁爲避穀方。參
芪并麯櫱，應得兩相忘。

漫賦

永日身耽臥，經年眼倦開。病從旡妄得；愁逐有生來。傲骨終難屈；芳心不可灰。何

當家釀熟，一吸盡千杯？

雨中赴館作（時家兄西行有期）

祇緣貧作累，兄弟各東西。　徑滑征車慢，雲深客路迷。　春風因別慘，細雨替人啼。　多
少農家子，田間手正犛。

館中對雨

孤館坐寂寞，數聲風雨來。　耳惟聞鳥語，眼似待花開。　泥徑難沽酒，村翁不愛才。　閑
愁不可極，搔首意遲迴。

村童

村童慵誦讀，書室等閑來。　得隙還偷出，嫌拘願早回。　罷嬉泥在手，學爨面留灰。　費
盡提撕力，童心不肯開！

夜立

抱膝孤吟客，更深獨倚門。　百愁消永晝，一醉度黃昏。　地俗心方僻，人輕道自尊。　新

詩吟賞處，犬吠滿荒村。

柳

嫩已爭春色，濃還作晚陰。枝隨風上下；花任水浮沉。帶雨添妖態；經霜改素心。道傍騎馬客，攀折意何深？

蟬

底事鳴如故，年年恨不平？低枝棲已足；清露飲誰爭？薄翼終何用；微軀空爾成。秋風重起處，頃刻笑浮生。

翼薄誰知惜；聲清祇自憐。高枝長避俗；曉露且隨緣。生死從天地；歌吟自歲年。蛻皮應有日，未必限鳴蟬。

登尊經閣

不辭今古恨，高閣又登臨。比屋人民少；環城草木深。天窮孤鳥沒；沙遠夕陽沉。幾樹無知柳，當時舊晚陰。

『何處難忘酒』四首

何處難忘酒？飄零水後家。波濤爭第宅書籍葬泥沙。粗糲雙親祿；逢茅八口衙。
此時無一盞，魂夢足咨嗟！

何處難忘酒？功名志未酬。玉堂猶曠望銀榜竟遲留。瘦骨虛宛馬；寒光厭斗牛。
此時無一盞，浩氣激清秋！

何處難忘酒？金蘭絕素交。尋常避珠玉；富貴薄蓬茅。古調琴從奏；清吟句自敲。
此時無一盞，慚愧『盍簪』爻！

何處難忘酒？胸中磈壘多。側身天地小；入夢古今過。見樹嗟『如此』；聞歌喚『奈何』。
此時無一盞，清淚溢江波！

春望

春望雙眸逈晴光一徑遙。花明人面艷；泥硬馬蹄驕。草送天迢遞；塵浮野動搖。興多奚背重，歸路晚煙招。

送竈 二首

媚竈依心法，朝天値舊時。有求斟酒滿；多訴送神遲。奠爲長貧薄；心緣久困癡。盡情傳近況，好使玉皇知！

酒果鋪陳夜，冠裳拜跪時。影低燒燭短；煙細散香遲。幽思終身恨；高情半世癡。生成孤僻性，不要玉皇知！

長安春暮 二首

盡日心如噎，春歸客未歸。待看鵬北徙；先送雁南飛。（家兄以病不終場，先歸。）地俗園林少；交疎讌會稀。無聊惟殢酒；有淚足沾衣。

聞說前賢訓，家貧不仕非。捧求毛義檄；舞曠老萊衣。望到白雲住；夢隨鴻雁歸。門閭長倚望，何以報春暉？

下第歸途中作

春明不得意，歸去更何言！又灑英雄淚；空思國士恩。征軺輸夢疾；落絮伴愁繁。千里誰相送?風塵到故園。

三家店早發

旅況悲千里;傷心計五更。曉鷄銜夢起;殘月逆人明。衣重征塵滿;車安古道平。前途諳久客,笑語識新城。

不寐

永夜千憂集;危魂一睡難。家貧空願醉;人瘦獨知寒。隱霧文猶澤;巢林枝未安。劍光應似舊,頻向斗牛看。

九日自邯鄲曉發

客裏逢佳節,飄然馬上身。菊開孤店淚;酒醉異鄉春。曉日明歧路;秋風送渡人。家園已百里,回首濁漳濱。

旅舍二首

旅店孤眠夜,心旌不自由。異鄉身寂寞;故國夢遲留。月暗重綿薄;風悲兩鬢秋。滿懷遊子恨，無語獨搔頭。
揮手眞無策，回頭尚有思。客囊孤劍笑；心事短檠知。夢穩三更後；愁空一醉時。雁
行聲起處，悲切恨分離。

偶成，時在雞澤

地僻難佳景；人貧少勝遊。從來春易誤，況是客爲愁。絲竹喧花徑；秋千出畫樓。芳
情空悵望，祇向卷中求！

『聞說』三首

聞說金陵好，繁華六代遺。庭常開玉樹；井亦帶胭脂。女學宮妃步；人傳狎客詞。何
當弔陳迹，興廢問黃鸝？
聞說姑蘇好，口口景不羣。歌縈吳苑水；人布虎邱雲。石髮西施跡；山頭范相墳。何
當一弔古，杯酒酹江濆？
聞說餘杭好，風光滿一湖。岸晴花簇錦；波朗月拋珠。地勢連吳越；隄名記白蘇。何

當學靈鷲飛去訪林逋？

春暮感遇

愁思連天發，凄涼晝夜同。　夢歸芳草外；春盡落花中。　日暖歡飛絮；風高速去鴻。　獨憐踪跡誤，孤館泣秋蓬！

館中

交疎無過客，孤館獨支頤。　臥病春歸後；懷人月上時。　一貧求世拙，百里到家遲。　生計眞雞肋，燈前淚暗垂。

覽鏡戲成

青鏡閑來偶一窺，昔年容貌是耶非？　騷人澤畔三年放；說客秦中十上歸。　沈約半因多病瘦；陳平不爲食糠肥，　羊車莫更遊街市，衆果從今擲者稀！

樓望

壞堞當樓列翠屏，晚煙樓勢接青冥。憑欄直盡南湖水；倚壁遙瞻北斗星。醉眼幾回窺月窟；壯懷何日揆天庭？幾年奔走艱衣食，羞見青衿困一經。

閲西湖志餘賦

餘杭佳麗久馳神，勝地尋遊未有因。麯院風荷㕘艷色；畫橋煙柳自青春。利名韁鎖何由釋，圖籍流傳總不眞。逸興幾回歸想像，風流悵望白蘇塵。

題陳氏園林

園林幽靜徑無塵，萬種名花次第春。重蔭覆堦擎翠蓋；落英鋪地藉紅裀。臨池嫩萼粧窺鏡；帶雨斜柯醉泥人。惆悵桃源容易別，重來難覓武陵津。

荒城二首

滿城佳麗百年雄，水逝煙銷一夜中。麥種當衢遊野雉；蘆生廢沼落春鴻。荒祠有壁留孤月；枯木無枝任朔風。開盡甃城磚百萬，夕陽衹映土坡紅。

滿目蕭條春可憐，晴光黯淡水潺湲。園荒雨後閑生草；宅廢人來學種田。梁燕迷巢

棲不定；野花無主艷徒然。兒時記得疎狂甚，踏徧春城萬井煙，

余兄歸自邠，囊中有詩一紙，乃與嫂氏及成四兄自堂唱和之作，爲題者三，爲詩者九人各一唱，和者倍之。余暇中戲爲拈筆，一韻三押，共得九章，適與原數相合。然自寫其懷，非敢云和；珠玉在前，當不謂後來居上也。存三首

家兄秋興原韻

幾幅春衫積淚痕，那堪踪跡寄孤村！（是年余授館鄉間。） 花如中酒飛春暮；鳥似懷人叫月昏。 怨極心灰千里夢；癡多情繫隔年魂。 等閑鶯燕誰相識，題作新詩紙上論。

成自堂九日原韻

寂寞生涯半似幽，每憑黃卷一青眸。 心原抱恨非關別；性自多悲不爲秋。 鬧處消除閑裏思；醉中醞釀醒時愁。 傷春慣作年年病，滿院花枝懶掉頭。

嫂氏書懷原韻

濟勝奇資付臥遊，等閑樽酒一澆愁。眼收瀲灩三春景；身住崚嶒百尺樓。車馬稀疎眞僻宅；陂池園繞竟深秋。自從謫後留仙骨，想像蓬山最上頭。

歸城中故居

料峭秋風欲授衣，空城人又逐寒歸。一庭泥嫩猶緣木；滿院墻頹不掩扉。病體樵蘇生計薄；雅懷歌嘯識人稀。固窮尙抱風塵恨，幾度低頭愧息機！

偶成

釀花天氣半陰晴，新暖餘寒遞重輕。宿麥籠煙千畝碧；綠陽迎日一堤明。身纔中酒憐詩瘦；人到傷春望夢成。多少閑情渾未減，羞將心事託儒生！

喜春雪

一夜濃陰飛五出，三更曉色耀雙眸。紙窗風定聲猶續；翠被寒生煖欲收。天意有時回盛怒；麥苗垂死荷洪庥。共知仁愛關豐歉，想見春農盡解愁。

自歎

上林空望一枝棲，佳士憑誰得品題？ 敢謂玉成天意邈；可憐金盡士顏低。 十年燈火勞雞骨；千里風塵足馬蹄。 今日窮愁仍故我，淒涼踪跡魏城堤！

漫興

窮愁自古恨難平；疎懶從來世共輕。 貧借清吟酬歲月；傲羞閑夢到公卿。 心緣覓句全無力；眼爲看書漸不明。 莫怪新來偏愛靜；南華讀後悟無生。

雪夜過趙州

朔風吹雪滿平疇，一夜衝寒過趙州。 冷透衣綿仍傲骨；煖舒村酒暫輕裘。 馬嫌蹄滑嘶鄉夢；雁趁行低叫客愁。 輾轉車輪停不得，寸心知共幾千週？

館中夜雨

夜寒輕減睡初宜，雨過西窗客枕知。 隔歲敝裘新典後；故園芳草又生時。 離愁碎滴心千點；春病長懸氣一絲， 零落杏花人不覺，暗移春到綠楊枝。

春柳

一夜陽和入柳枝，乍含春意欲舒眉。嫩經曉雨眞無力，倦倚東風似有思。歧路影分愁折後，畫樓煙繞憶眠時。風流張緒還如此，誰向靈和殿內移？

感懷

百年心事誤儒冠，塵裏青萍氣自寒。騏驥足虛千里逸，鷦鷯身愧一枝安。頭風誰信陳琳愈，眼白原非阮籍看。一自杜陵人寂寞，憐才長恨較才難。

館中雜興（六首）

鹿閉深巖鶴閉巢，更無踪跡到青郊。招邀吟興周窗草；點綴春光宋宅茅。借去書皆歸蠹腹；覓來琴盡待鸞膠。（雞澤士大夫家舊頗有藏書，今則無矣。間有蓄琴者，皆絃斷不可彈。）何堪寂寞空齋裏，芳意穠華只暗拋！

俗子生涯詩與少；愁城踪跡病魔侵。才非用世眞堪棄；語不驚人亦枉吟。藥物因循緣地僻；夢魂飄漾又春深。客中無鏡窺潘鬢，但覺休文瘦不任。

深春孤館晝懨懨，困倚書床百不忺。塵慣飛來慵洗硯；香思颺去待鈎簾。謾抽錦軸心如醉；閑撥氷弦手自謙。坐對杏梁慚睡燕，芳魂何處夢初甜？

貧裏生涯不自由，慣從孤館任萍浮。殘杯冷炙穆生醴，敗屋頹垣王粲樓。地僻喜無花惹恨，春深怕見柳牽愁。客中佳節又寒食，歸計不成雙淚流。

清明又向異鄉抛，孤館牢愁歎繫匏。鶯喚詩魂歸柳陌，蝶招春夢到花梢。閑挑窗紙看蜂出，虛掩柴扉待客敲。勉強塵中作幽事，暫將回首笑浮泡。

病中高臥生涯懶，客裏酣歌醉興狂。長把酒杯遣世法，暫抛書卷養心方。日永神遊廣莫野，月明人到黑甜鄉。交疎新結忘形友，安處憑虛共一堂。

漫興

幾年辛苦學書淫，逐日雖勤力未任。早遇江淹還錦夢，長辜董子下帷心。貧中歲月勞生計，病裏情懷怯苦吟。便可從茲焚筆硯，不關琴碎爲知音。

諸生 二首

久遊黌序不知名，慣撚髭鬚剩幾莖。冠服常存舊時樣，功名猶有少年情。十分志氣終三等八股文章過一生。何事門墻多受業，猶將衣鉢誤聽明？

自辭鄉塾入黌宮，戚族同聲喚『相公』。（魏邑鄉俗，有補諸生者，宗族戚友皆以相公呼之。）滿架圖書堆制義；一門桃李列村童。胥徒恨不尊頭上，經史甘無到眼中。莫怪犁鋤常在手，由來耕讀是家風。

有懷

醉搖青轡逐秋鴻；臥擁紅雲咽草蟲。送卻一生孤館裏；收將萬恨寸心中。紗窗不掩中天月、羅幌長開盡夜風、滿眼雲山愁不極，夢魂何處問西東。

題扇上菊花

幾年陶令植籬東，移入齊紈翠一叢。爲愛韓公標『晚節』；莫隨班女怨『秋風』。眼看秀色餐何極；手發幽香送不窮。須信秋英原未落，怪他介甫笑文忠。

入都道中

古道崎嶇逐曉行，征車漸近范陽城。雲爭捧日趨東海；山爲朝天拱北京。驛路塵高迷柳色；寒垣寒近咽鴻聲。鄉關回首眞千里，愴盡天涯客子情。

病中作

二豎苦相依，秋風又中肌。神清緣體瘦；夢短自更遲。耳目嬌雛鬧；呻吟病婦隨。參芪聞聖藥；和緩憶良醫。烏几塵盈久；青緗蠹飽時。頭風孔璋檄；秋瘧杜陵詩。古語應難信，今人不可欺。但知頤養術，樂命更何疑！

題曲周尉湯美涉園圖三十六韻

豹隱頻回首；鸞棲暫折腰。功名歸仕宦；心事在漁樵。往者幽人癖，蕭然野鶴僚。誅茅追庾信；巢樹樂唐堯。地僻園何小；林深境不囂。未須輕紱冕；且用傲松喬。筠滿千竿竹；心舒一寸蕉。鳴蛙喧鼓吹；啼鳥奏笙簫。春草浮新翠；寒松挺後凋。溪聲茶鼎和；雲影石牀飄。衣製荷長足；籬編杜自繞。書香看子讀；花渴課童澆。蕩漾琴歌興；留連風月朝。一邱身灑落；三徑客遊遨。樂志閑居賦；開襟獨酌謠。賞心終日醉；

清福幾年消。捧檄萱堂養；輪貲漢代招。自然能製錦；無乃笑題橋？高足乘時奮；術聲到處昭。從茲徵利器；無事賦歸橈。霄漢將游騁；煙霞暫寂寥。網蛛縈道帙；泥燕涴詩瓢。吏隱紆黃綬；山居託素綃。臥遊仍遠志；圖畫見清標。徧滿羣賢咏；般勤倦客邀。撫胸慚錦繡；何句答瓊瑤？我素深情抱，年來壯志銷。文章眞有用；踪跡竟無聊。設帳常如馬；棲林尚愧鷦。半生官曠望；五畝宅蕭條。進退悲籓觸；綢繆悵室搖。迂疎求世拙；貧賤向人驕。飛動馳情遠；清閑入夢遙。披圖心艷艷；作吏意蕭蕭。隱見神俱靜；行藏迹總超。不時應漸木；有地待懸軺。支遁寧須買；王維且自描。豈知操翰客，對此恨萍漂！

春日偶賦長律十四韻

春光澹沲可人時，深巷幽棲樂遁肥。室有琴書堪破寂；門無車馬且忘機。花經細雨紅方潤；柳洗輕塵綠正菲。小麥葱蘢初有浪；雛鶯婀娜漸于飛。應酬景物惟憑酒吟賞風光不掩扉。廡下蕭條棲巽宅；道旁慷慨憶前徽。陽侯肆虐生涯薄；蒼帝施仁樂事歸，會見雙馳東野馬；且看頻戲老萊衣。椿萱鬱鬱堂前茂；子婦嘻嘻膝下圍。幾縷祥煙盈院落；一團和氣溢庭闈。淸貧不礙休風播；富貴常隨曉露晞。寄跡醉鄉甘落拓；埋頭塵世慢歔欷。桓榮久笑矜稽古；羅隱何勞羨賜緋。偶爾聯珠似泉湧，不緣韞玉豈山輝！

古別離

君去不可挽，問君何日歸？明年春信早，莫待燕雙飛！

孤村不寐

簾透霜華白，牕搖燭焰青。誰憐羈客夢，一夜百回醒？

歸城中故居漫成

河伯驅人似轉蓬，歸來林下起秋風。庭前半畝蒔花處，不見新栽月月紅。

疊字口號

悠悠忽忽三杯酒，寂寂寥寥一卷書。碌碌庸庸終此世，生生死死總成虛。

漫作二首

學書學劍總無成，杯酒猶圖後世名。二十年來成底事？多愁多病一儒生。

豪氣縱橫二十春，磨成霜刃欲生塵。只今燕趙依然在，慷慨悲歌得幾人？

空城春望

雪蓋草抽前月燒，凍銷泥潤隔年淤。春情不比世情薄，猶有餘光到廢墟。

魏城竹枝詞七首

連雲甲第幾多年，賣盡殘磚竟是田。春種高粱秋種麥，時時耕出舊釵鈿。

仡仡崇墉已盡隤，滄桑更變實堪哀。甃城百萬磚開盡，剩土如今又作坏。

敗屋低垣漸次頹，殘磚幾許土中堆。春風暖透泥初軟，日日人人荷鍤來。

野蔬春到盡抽尖，挑菜村姑各帶籃。也自踏青人不少，只應佳麗讓江南！

學宮房舍寂寥寥，賣得錢來各下腰。留却文昌高閣在，偷兒猶殼幾冬燒。

鬥鷄走狗競奢華，擊鼓撞鐘鬧晚衙。四百年來繁盛地，城頭人住兩三家。

家貧水逝書生困，第宅波流宦裔貧。聞說偷將磚木賣，年來新富幾家人。

秋夜，和秦大瞻韻

一枕秋清夢未成，綿衣添盡覺寒輕。離愁幾許無人識，自數窗前落葉聲。

和店壁韻

征鞍日日厭風塵，小憩荒園意暫新。旅況離情詩滿壁，可憐俱是倦遊人！

店中不寐，集句題壁時他客多狎妓者

挑盡寒燈夢不成，西峯半夜鶴來聲。輸他雙枕鴛鴦睡，遮莫鄰鷄下五更？

題小青傳後

揚州不合瓊花死，幻取花魂作小青。花貌花心花態度，早隨風雨又飄零。

寸心知詩集卷一 壯懷偶寄 貧病愁吟

魏人崔邁

詠懷 三首

忽忽不能寐，寸腸百憂并。豈徒爲衣食，終日心營營！丈夫生世間，抗首懷高情。所希有用才，尤貴沒世稱。雖爲饑寒迫，豈傍庸衆行！慙彼悠悠人，徒爲草木榮！

世人善奔競，我性懶更疎。所嗟走衣食，勉希世人趨。奔競各有媒，我獨無所倶。言詞旣蹇澁，容貌復凋枯。所恃文與學，文學今誰譽？勞勞竟年歲，撫心慚所圖。貧窮日益甚，不如還讀書。丈夫別有志，豈必爲區區！

抗心希古人，古人渺難作。俯首隨今人，今人復我薄。獨立一世間，影形何寥廓？寒風振天地，萬象倶蕭索。塊然守吾廬，寸心浩無着。勿爲阮生悲，且尋莊子樂。遙遙身後名，百年別有託。

春雨 二首

和風轉長空，細雨不成雪。萌芽半出土，新青洗逾潔。萬物各自私，生機喜潛洩。宿麥蒙沾濡，苗葉覺暗別。三冬涓滴無，或疑陰氣結。佳哉太平雨，潤物得其節！羣情期穎栗，望望寬腸熱。餓瘠尤欣然，再生頗自決。感彼造化功，勢窮一改轍。

薪米春更艱，貧家晴亦憂。況當春雨急，泥濘不可求。借問里巷間，悲歎胡啁啾？富人盡閉糴，歲饑爲身謀。爨烟何茫茫，薪濕焰不浮。三冬亦已寒，飢餓何時休？居人皆如此，我亦抱窮愁。無聊發此曲，此曲聲悠悠。

哭平兒 二首

我歸自鷄澤，汝生已彌旬。啼聲似英物，骨相亦可觀。吾兄喜有姪，吾父喜有孫。吾亦頗慰意，借奉高堂歡。孰知壽不長，命祇八月存！汝疾初起時，謂當數日安。吾忝諳醫理，療治竟因循。汝生倘無知，亡亦無悲欣。所恨吾負汝，早使魂魄捐。哀情結肺腑，痛覺雙眼昏。爲詩當一哭，汝豈泉下聞！

我身故多疾，生汝質頗壯。謂當少呻吟，成長殊可望。豈期強易折，一病竟云喪！文葆未周晬，神魂遽飄蕩。我方鑒前車，祇憂夏令王。秋氣已高爽，脾疾起无妄。調和枉藥力，祈禳艱神呪。自愧作父人，不良爲汝妨。蒙莊壽殤子，達觀語終誑。有命雖自天，誰能不悽愴！穿坎及三尺，淺土封小壙。送汝入黃泉，吾歸剩惆悵。耳邊聲雜遝，啼笑宛無恙。生時未有知，死後理難量。何嘗來夢中，一現平生狀？

永年劉母節孝詩

世運相遷流，氣化日以薄。節義幾人能，況復在閨閣！卓哉劉氏母，秉志何磊落！觀閔毒若荼；誓貞皓如鶴。早年施苫席，孤影甘寂寞。上奉高堂歡；下任遺孤託。肅然潔滫瀡，白髮有餘樂。教子一何勤！家聲恐蕭索。淑範耀鄉族，高風振寥廓。生長本儒家，大義幸無怍。魂入夜臺遠，恩綸照冥漠。千載有聰山，芳聲共磅礴。

寄同年李振文

振文負俊才，脫然與我友。三年窮達別，相見意彌厚。然燈深夜談，滾滾懸河口。說詩有根柢，論古得八九。遂出囊中編，覓途問矇瞍。初讀玉堂集，醉人若卯酒，璀璨三春花，鮮新少年婦。近作名海山，立言漸不苟，雕琢入深穩，擺騰出泥垢。由來長爪郎，不惜心肝嘔。想見慘淡時，苦志羞覆瓿。憶昔初相識，棘闈大如斗，片語得素交，邱山倚培塿。幸同鹿鳴宴，分作南宮偶，並翼升天衢，聯翩逐左右。明春乃獨奮，瞠然余在後。鸞鳳翔雲霄；鶯鳩困林藪。金門遂闊步；茅屋或低首。從此判升沉，不敢窺籬牖。邂逅自嫌身，愀然一忸怩。金良須再鍊；木貴乃遭揉。忽聞仙客謫，我時在田畝。逾年至京師，尋君速趨走。故人苦契闊，失翅忽相負。蕭蕭門羅雀；忽忽柳生肘。英雄一洒淚，慰藉兩握手。因下豫章榻，旋折青門柳。歸戍千里遙；別遽一年久。近聞赴津門，非意遭擊掊。屈伸尋常事，進退復何取？古人重三立，富貴心無有。所爭身後名，永世不能朽。況君珪璋器，判不同瓦缶。登用自有時，而今亦何醜。且當崇令德，豈必戀組綬！文章共砥礪，身世一抖擻。寄此迂疎言，莫如枘鑿否？

偶成

僻性無深談，幽情耽獨坐。盡日掩松關，喜無俗客過。花放祇自看；詩成不須和。興來何所爲？對月斟芳糯。

夜坐

良夜寂無儔，閒庭坐孤暝。殘月有寒色；秋雲無定影。落葉時一聞，微風過逾靜。夜深人不知，所覺衣袖冷。

貧病交迫，曉起獨坐自傷，强吟排悶

朔風起新寒，終夜苦舊病。俗務早相迫，曉眠何能定。披衣坐虛堂，欲動力不競。幽幽流水聲，腸鳴自相應。買薪已數日，婦云今無剩。入市豈憚勞，囊中錢久罄。晨炊即不舉，生死終有命！黃菊已放花，相看一歌咏。

以事出門，借車馬不得，漫成

十年多病身，三里不能步，以茲慵出門，慶弔鮮所預。外侮無端至，憂心迫行路。寸函屢遷移；一僕幾來去。向人借車馬，如乞千金賂。掩耳如不聞，搖首誰復顧。人情厭貧賤，富貴親戚懼。致位實無才，炎涼何足怒！市儈原多朋；書生獨寡助。踪跡由來殊，誰能託情愫！

秋雨四首

久旱得雨艱，既雨亦難住。濃雲疑潑墨，三日散還聚。秋霖勢舒緩，初起細如霧。風裏遊蛛絲，空中墮玉筯。濛濛連昏曉，萬里勢誰布？簷溜聲淙淙，庭渠竇爭赴。花垂半開菊，葉墜將凋樹；漏痕滿書床，寒威入袍絮。堦前苦泥淖，有足不能步。獨坐思無聊，窮愁賦新句。

三伏苦驕陽，逮秋雨未足。種麥半生死，十無一畝綠。季秋已下旬，始覺天地肅。一夜雲初同，三朝雨如沐。農夫惜物力，晚種恐難熟。收穫終在天，豐凶誰能卜！

九月未授衣，寸心已怲怲。朔風送秋雨，愈覺寒威勁。大兒年七齡，怯冷自天性。小兒始孩抱，觸寒嗽方盛。以茲多憂思，未及老夫病。

病體怯樵蘇，買薪十年強。九月薪已貴，雨中價愈翔。遣僕走墟市，歸來色不揚。濕薪不能然，有婦淚盈眶。我亦何所為，翹首覲彼蒼！

憂旱

陰氣藏何所，孤陽亢為厲。名山無靈雲；厚地失天意。焦枯物不蘇；煩熱人生癘。深井涸難汲，長川淺可揭。宿麥如晨星，薄收不償費。秋禾半未種，種者生死際。吾鄉舊風俗，禱雨歲有事。豐登逾十年，久逸勞自廢。上天雖示警，陳粟衆所恃。徒增老夫憂，蒼皇夜少睡！

橙枕

買此自長安，棘闈出入共。千里遠攜歸，微物必有用。炎天苦煩促，長日倦諷誦。高枕得清涼，逍遙蝴蝶夢。吾聞王介甫，方枕獨珍重。有此亦可憐，錄功為之頌。

苦雨祈晴

秋雲苦沉沉；秋雨常蕭蕭。彼蒼何為爾，貧士慘不驕！終歲桂為薪，泥中何所要？豈無數升穀，尚待脫粟勞，況兼秋禾熟，黃穗垂四郊。所憂委泥淖，棄擲同蓬蒿。我願蒼者天，颯然起涼飈，吹雲歸空際，送日來青霄。有穀得春治，無薪或可樵。農夫各穫刈，錢鎛及時操。庶慰老夫憂，誰云天聽高！

可歎

我生苦不學，十六尚游戲。有悔實明年，皤然愛文藝。讀書如啖蔗，早暮自淬礪。博覽無精粗，惟求飽腹笥。當時作駢體，辭賦頗流麗。後知爲文章，且復學經濟。考古賤章句，觀書覽大義。讀史推興衰，窮經索精粹。勤苦四寒暑，胸中浩然異。爲文汨汨來，議論有根柢。抵掌談千載，奮髯闢二氏。頗先天下憂，欲任儒者事。掉臂遊文苑，韓歐亦吾輩。無何一病纏，遂使二豎恣。精銷氣力乏，痰動胸膈滯。思亂舊業荒，神昏宿根昧。時時覩書卷，茫不知所謂。有口不能讀，有心不能記。回憶十年前，恍然如夢寐。況兼家事繁，俗務苦相累。慶弔走遠近，米鹽計瑣碎。囊空惜錙銖，食少愛秉穗。俯首入田畝，汗顏過市肆。書室坐無時，往來但屠儈。文字當長別，身名分永廢。今秋心微清，稍稍萌舊志。殷勤理前業，覬倖償夙嗜。抄書忘煩勞，閉戶任譏詐。

百端委婢僕，不問省與費。病久力不任，數句輒廢棄。人生七十稀，君子疾沒世。我今三十六，未足傳後代。四十轉瞬間，無聞不足畏。十年逃水厄；十年營家計。歲華病裏過；精力忙中退。壯志終無成，豈其有天意？三復叔孫言，撫心長嘆喟！

感秋

酷暑有餘力，太陽驕不休。一夜風蕭蕭，颯然天地秋。淸商遂用事；祝融已回轉。玉繩直兩偶；大火星西流。四序自廻斡，我生何所求？如何氣高爽，翻覺生百憂？乃知悲秋人，感慨不自由。

乾隆己丑夏，余在都門，寓同年李振文處，時餘姚徐瀇雲帆亦客焉；霖雨彌旬，並興歸思，李君遂以詩戲；君有如夫人，寵愛之極，珍藏彌甚，因用戲酬，勿嫌過虐。

長安霖雨聲蔌蔌，歷亂簷前響修竹。濺玉跳珠無日無，惱亂客情眠不熟。歸期未卜已惆悵，有夢不成漳水曲。千里故鄉淚兩眸；五月孤客愁萬斛。是時江左徐雲帆，五年京邸著征衫，客囊羞澁歸不得，羇愁旅思紛莫芟。有時與我同靜坐，共商歸計相諵諵。少年作客自古有如此，況復殘杯冷炙愁酸鹹！幸有主人日開宴，佳客留連情不倦。無錢便欲典春衣，有美由來閉深院。幾回笑我苦思鄉，復言徐生遊未慣。愛客頻叨玳瑁筵；佐歡何惜芙蓉面。雷聲隱隱西南來，急雨傾灑爭喧豗。吾輩壯懷若風雨，感慨況在黃金臺，兒女之淚何爲哉！解衣脫帽且爲樂，高歌大笑休徘徊，便可一傾三百杯！

永年劉母節孝詩

永年劉氏之賢母，淑範貞心兩不朽。育德原自儒家生，秉義能將姆訓守。早鳴珩珮相夫子，鬱有賢名曰佳婦。慶雲光復苦不常，稱『未亡人』甫十九。秋風慘淡摧蘭蕙；寒月蒼茫暗窗牖。存留身命幾躊躇，下有遺孤上姑舅。夜臺偕逝尋常事，勉爲其難死不苟。養親以敬葬以禮，婦德子職兩無咎。藐孤怙恃在一人，不爲姑息廢教誘。

辛勤俯仰四十年，在耳成言幾回首。死者不悔生不愧，地下庶幾告無負。畢生茹苦松柏心，五夜醫貧澼絖手。復聞治家和且肅，秩然而親可以久。至今婺女歸九天，遺烈猶在鄉族口。世間大義明者誰，節概乃於巾幗有。聖朝政教重彝，則樹之風聲以勵後。千載而下欽芳型，讀歌應知作者某。

戲吟遣興

三十六年辛卯春，正月四日爲良辰。賈人早起開肆門，千聲萬聲爆竹喧。我在睡鄉方昏昏，驚回曉夢如波奔。開眼已見紅朝暾，牽衣欲起還逡巡。年來自歎清且貧，饔飧不繼著破褌。輸彼市井盈倉囷，美酒大肉飽且醺。養成意氣何軒軒，古人有言『生在勤』。慵懶自廢何所怨，市門逐爭多苦辛。高眠晏起躬不煩，人生苦樂原相均。且當暫作羲皇人，得此失彼亦足珍，何必碌碌勞吾身！

霧樹

霧樹，即古所謂『樹稼』也，每冬月雪後逢霧多有之；萬樹爭輝，百里一色，洵奇觀也。雪壓樹梢，了無生致；霜益不足道矣。余兄首作是題，兼有序以道其詳。戚好中和者數人，余亦補作。

長空霏微墮元霧，三日冥冥失朝暮。萬木凌晨忽一色，垂垂皎潔皆珠樹。柴門乍出何晃耀，倦眼初擡更驚顧。寸條尺蔓共形質，倒綴斜粘各丰度。想見鬼工併力時，搏酥搓粉爭相傳。凌空皓色遞明暗，如洗清標絕塵汙。姑射仙人馭氣遊，洛水神女凌波步。高枝嬌困扶不起，靜影亭亭立清曙。美人欲睡體力慵，釋子無言性靈悟。密蕋未愁鳥雀啄，冷香應被蝶蜂妬。微風斜過落無聲，輕於梨花重於絮。三冬景物苦蕭索，奇卉誰煩化工鑄。江南老梅江北希，得此眞堪傲穠素。琪花瑤草徒聞名，誕語無徵此足據。助幽最宜月競爽，惜美應希日迴馭。枯腸搜盡筆屢呵，爲爾沈吟霧花句。

既作霧樹詩，閒一二日，其景益奇，因復題數句

連朝曉林鬭妍潔，霧花此日尤奇絕。細瓣紛披密蕋攢，大枝小枝無分別。碎剪冰綃

綴異葩；瓊株有種玉生芽。梅李桃杏不復數，天公亦厭尋常花。

小庭中丁香桃花金雀三種盛開漫成

空城蕭索人意俗，但有桑麻少花竹。先生小院何芳菲，爛熳春光照庭屋。丁香妍潔桃花麗，紅頰玉顏爭嫵媚。金雀疎野亦可憐，依稀萊婦盧仝婢。去年却憶遊京華，日日滿面飛塵沙。三春何曾見桃李，歸來惟悵綠陰賒。今年愛花益成癖，日事栽花靡朝夕。花神似識主人心，故逞嬌容倩人惜。先生善病已六年，廢書止酒百無緣。但願此身共花在，年年歲歲相周旋。

自遣

生不能負心與屈膝，入世謀生苦無術。男兒事業在詩書，飢來萬卷囊空溢。迂踈無能世俗笑，鈍拙難得友朋恤。面目可憎常閉門；心事誰論懶入室。長安往來十五年，好惡有司自心出。豹隱元霧文雖澤，驥服鹽車足空逸。抗慨欲請終軍纓；柔弱難投班超筆。漳濱抱病只自憐，生計驅人臥無日。履畝刈麥炎威酷；入市買薪曉寒栗。

舌耕猶復覬斗升，拂耳騷心苦啾唧。愁思如雲何靉靆；憂端與山共崒嵂。忽念古人曠達胸，萬事空虛一無實。駒隙光陰貴適意，回首已恨東隅失。我生原自太虛來，身世糾纏亦何必。爲銅且當隨造化，失馬誰能判凶吉。抱琴榮啓何逍遙；乞食陶潛自超軼。君不見富貴多少爭奪人，九原白草同蕭瑟？

重九感舊

二十年前遇重九，登高每登禮賢臺：外瞰原野內瀦水，堂室上峙老柏栽。濁漳東流形如帶；大行西矗山崔嵬。萬家鱗次一目盡，遊人如織紛往來。我時亦從父兄後，來拾柏子坐莓苔。瞻仰筆峯共歎息；撫摩石碣相徘徊。雖無酒肴與絲竹，憑弔今古亦快哉。其東有臺曰迓旭，童冠往往三五偕。沽酒席地作俚語，我亦和韻同詼俳。秋光怡人暮始返，是謂佳節情亦佳。一朝洪波事蕩滌，無端內外生蒿萊。漳水遷移積水涸；屋宇毀廢高城隤。十年蓬轉絕遊蹤，踪跡久與勝地乖。其後定居魏臺下，徒存舊址餘刦灰。回憶往事如隔世，少年豪健今颱頹。每過佳節如嚼蠟，愔愔獨坐希心齋。雖有小門面臺闕，索然無興何曾開。今年重九更不懌，百憂如麻相攻摧。秋禾枯槁未收穫，囷無米豆廚無柴。天氣凉冷授衣迫，囊中不有錢一枚。況兼外侮苦見逼，積羽折軸難差排。登臨豈復有佳意，鳴呼一任寒鴉哀！醉鄉何處欲投止，六載痼疾拋樽罍。庭中黃菊旱幾死，花開憔悴如病娃。閉門抱膝覺日永，無聊拈筆句勉裁。長歌大叫天感動，西風颯颯生黃埃。

丁酉戊戌間，吾鄉大荒，諸所見聞，足可慨歎，偶成數首，以待採風者

推鹿車

推鹿車，婦人前挽夫後趨。車聲軋軋載何物？寢食朝暮器用俱。復有數月兒在上常呱呱。老嫗力薄不足用，拄杖勉強隨征途。征途遙遙適何所？行人欲言淚如雨。『終歲枯旱無甘霖，數十年來此年苦。五月小麥半枯萎，八月收穀畝升許。種麥已待至深冬，四境蕭條猶赤土。俗薄民愚競酒肉，從來此地無積蓄。一年荒歉遂難支，

十家絕糧九家哭。田產鬻賣誰復買，牛馬強半入人腹。居人到此更無聊，幾多束手轉溝瀆。聞道東南禾黍豐，人家充裕無哀鴻。斗米百錢食易覓，鄰里爭往爲人傭。亦攜母妻適樂土，不惜十月當寒風。沿途乞食不足恥，且免渾家俱餓死。一犂春雨待明年，復可推車歸田里。』我聞人生重故鄉，胡爲掉臂無徬徨？餬口四方非得已，無奈飢餓煎中腸。牧民有人享天祿，誰繪流民圖上告？年年安食民脂膏，忍見境內逃亡屋？

珠團團

珠團團，玉皎皎，婦女佩戴顏色好。豐登已久人心奢，家家解事愛珍寶。前年阿翁嫁女時，購買不惜增高貲。入門便得舅姑喜，左右俯仰生光儀。陡逢大旱苦無食，鵠形鳩面無顏色。眼看珠玉雖可憐，欲療飢腸療不得。街頭商販何處人？買珠買玉呼聲頻。晨炊無米火不舉，珠玉無用何足珍！手持向客不知價，約略索値値已下。搖首故說物低微，欲去還留不厭詐。十減五六方成交，得錢換米米價高。閨中少婦亦自惜，無奈飢火相煎熬。 鄉人鄉人聽我語，『飢餓今年亦自取。 習俗僭侈不自知，豐年買玉凶年苦。 天意警爾重儉德，爲問將來知足否？』

春槐豆

春槐豆，春槐豆南隣北里幾人忙，隱隱杵聲聲輻湊。 我問槐豆春何爲，鄉人欲言先嗟咨。『連年田畝收豐沃，但知食肉不積穀。 何期遇旱田不收，八口嗷嗷食無粥。 今年種豆豆不成，却喜槐豆滿樹生。 天意不教人餓死，多生此物救飢氓。 此物不澁但味苦，清水頻浸火熟煮。 盛來略用微鹽調，亦可下咽充飢腑。 雖然不如五穀良，猶勝枵腹徒徬徨。 有人更食棉花子，可憐苦澁尤難當。』 吁嗟乎，『我業詩書作貧士，一年食肉日無幾；汝爲田舍輕我貧，今年汝亦貧如此！ 勸汝以後無相輕，人生貧富偶然耳！』

借門牌

借門牌，去復廻。 欲何往？ 舊城隈。（戊戌四月，官於舊城平糶。） 平糶米，官倉開。 每升制錢十有八賤於市價胡不來？　廣借門牌向戚友，論丁給米添丁口。　多多益善人，豈知一牌五升十五斗。（時令人持門牌糴米，無門牌者不准糴；論丁給米，十口者五升，以下遞減，至二口者一升，人皆私改丁數。）接牌者誰曾相識；遞牌者誰強有力？　遞牌容易得米多，市頭貴糴利可得。　此時老弱眞可憐，遠者近者來紛然。　竟日守候不得米，買飯還須多費錢。　登屋踰墻千百狀，吏縛送官官與棒。　滿街詈罵如不聞，怯弱書生更何望！　從來古語相傳聞，不貴治法貴治人。　假手胥吏不過問，良法美政徒紛紜。　君不見平糶原因濟貧弱，或登龍斷塡谿壑：平民沾丐無幾家，獨有酒肉得大爵？　人生苦樂原不同，誰令若此官瞶聾。　我今扶抑苦無力，爲作新詩待採風。

秋霖歎

隔年大旱地如赭，禾黍今秋始盈野。　萬人鼓舞歌豐年，八月擬將新穀打。　秋雲無端布滿空，黯黯三日不生風。　醞釀愁霖勢不止，連朝竟夜聲丁東。　藁秸登場尙無幾，露積強半生黃耳。田中未刈刈未收，半委泥塗半入水。我聞天意無偏頗，昔雨何少今何多？秋禾大熟不得食，天乎天乎將奈何！

郭氏雙節歌代徐淶作

魏城之北漳水曲，綽楔烏頭高於屋。太原舊系今清門，世節崢嶸耀鄉族。當年淑媛被蘭芳，鳴玉來登君子堂。結髮誓擬同終始，豈期比翼成分張！是時忍淚權生死，勉爲其難抱有子。教兒似續大君門，不愧九原人再起。素帷孤影自徘徊，佳兒長成佳婦來。丸熊截髮情何極；埋玉摧蘭事可哀。白髮再爲文伯哭，少婦茹荼淚相續。霜寒對績烏夜啼，一燈熒熒照雙柚。阿姑秉義留芳規，阿婦遵志禮無違。堂上歡顏兒秀起，一門雙節閨中師。卽今竇婺歸天上，肅肅清風猶競爽。兎穎翻飛文士歌；龍章炳煥天書獎。蒼松孤高翠柏寒，蟠根下有靑琅玕。梓里菲才苦好事，吟成自愧詞媥爛。

聽雨戲呈李振文二首

最怪堦前雨，偏驚客裏心。有聲皆傍枕；與淚共霑襟。歸夢疲征馬；浮蹤愧倦禽，九
旬千里外，離恨一時深。

滯雨通宵急，閒庭五月秋。人悲孤帳冷；草憶故鄉稠。感慨眞燕客；幽沈竟楚囚。清
狂君最愛，斗酒爲沽不？

己丑歲苦旱，麥禾並歉，是秋種麥者十無二三，苗亦枯黃欲
死；十月朔乃雨，雖未霑足，亦可晚種，枯者尚有生意也，喜而
成詠

天怒初消日，人心暫慰時。荒田返疆畎；病麥起瘡痍。（頡剛按，此間爲五律，不容此首獨爲
四句，以適當騎縫處，疑原文脫去一葉。）

禮賢臺暮望

落日廻餘影，遙村出晚烟。雲橫失山岫；風起亂沙田。城廢留臺古；家貧得地偏。禮

賢思往事，搔首意茫然！

雨夜時在棗林村收穫秋禾，將以明日重九歸家

竟夜聽秋雨，空齋獨臥時。有聲驚夢早，何意阻歸遲？瘦體新寒怯，高情俗務悲。年年貧病客，此地一淒其！

重過院家堡觀音堂，乙酉歲余授徒於此

野寺談經地，郊行又一過。閉門梁燕少，尋徑野花多。斜日澹籬落，晚風吹薜蘿。從遊人不見，淒絕牧童歌！

晚歸

落日歸途晚，遙天暝色來。暮雲千嶂合，新月一弓開。傍岸漁人宿，投林倦鳥廻。自憐猶躑躅，急爲渡舟催。

正月初三日新月

斜陽始天末，新月已雲端。此夕初三是今年第一看。輪殘形未穩，春早色猶寒。幾

日擡明鏡，山河見影團？

禮賢臺懷古

禮賢式干木，曾說魏文侯。士氣今猶壯，古風誰與修？一臺存舊迹，孤影照寒流。卜宅吾來此，喜同仁里求。

傷魏縣

萬家歌哭地，此縣舊知名。一夜成陳跡；千秋有恨聲。晚風吹積水；落日澹孤城。剩有寒鴉在，哀哀向客鳴。

讀王阮亭詩集

藝苑惟吾輩；騷壇盡爾曹。一時爭附尾；沒世已吹毛。故實眞無忝；丰神只自高。如教遇何李，猶未數詩豪。

讀朱竹垞詩集

詩豈雕蟲技，古人眞氣垂。如何求貌合，不復惜神離？學富性情隱；才多渟蓄奇。（頗删案，下原闕，疑係未成之詩。）

辛巳秋，余乘舟落水沒頂一躍扳舟，幸得不死，憶而成詠

；墮水驚非意登舟幸有身。死生天地力頃刻古今人。病體仍當世；餘年又十春。即今無恙在，何以答蒼旻？

題畫馬

紙上看神駿，高堂奔驪來。向人心慘澹；顧影意徘徊。想像渥洼種；生成騏驥材。何當奮絕足，千里一塵開？

雪

向晚風逾急，凌空雪尙飛。龍蛇應慘澹；天地共光輝。愁思翻嗔酒；寒威不避衣。明朝如偃臥，誰與闢柴扉？

閉門

生世逾三十，依然貧賤身。一官長曠望；百畝自艱辛。久困親知厭；爲儒里巷嗔。閉

門聊守拙寂寞對松筠

雨望

雨勢混青冥，憑軒接遠垧。過林俱潤葉；入水乍開萍。地氣通無碍；山雲出有靈。爲農扶杖望，處處醉苗醒。

苦熱三首

到處陽光烈，深居火氣炎。如焚心不定；似洗汗常霑。揮扇難辭倦；移床未覺㥦。時時窺早晚，翹首祝冰蟾。

吹面風還熱，澆胸水未涼。從嗔須袒跣；欲食惡腥香。床几身愁卽；琴書事任妨。時時轉方枕，席地覓羲皇。

僧服心應羨，山居志未銷。地高深積雪；寺古得涼飆。尀耐喧卑甚；仍兼疾病饒。新居來十載，歲歲苦炎敲。

吾鄉

吾鄉稱善俗，近歲不堪論。商富青衿賤；官庸皂隸尊。人情輕義氣；風俗媚淫昏。白顛眞迂拙，甘心獨閉門。

雨中同徐融川涑坐談

雲濃書室暗；雨濕布簾明。草洗千株色；蕉傳一葉聲。（時植芭蕉，始放一葉。）深談留客久；高興得詩淸。幽悶憑誰豁？如君慰我情。

自去年六月不雨，至是年四月，暵燥殊甚，初夏已熱不可當，入夜不涼；雷轟電激時灑雨數點，輒暴風起，吹雲而去；終日大風揚塵，黯如黃霧；覩斯旱象，殊益憂煎，漫成斯咏

首夏陽光烈，通宵陰氣微。雷轟帶雨落；風急妬雲歸。白日蒼茫度；黃塵澒洞飛。何時誅旱魃，明決奮天威？

五月杪得雨，至六月遂霪雨彌旬，始不憂旱，遂復憂水，又成

風伯威纔斂，雲師勢已張。遂疑天遽漏；不忿日頻藏。幾處愁瀦水？何人有宿糧？死

生關萬戶，造物意茫茫！

秋月三首

秋月明如此，閒庭獨望時。乍穿花影亂；久坐樹陰移。人健金風爽；思清玉露垂，灑然吟興發，欲忘二毛衰。

十年嬰痼疾，此月任遷移。吟望當今夕；襟懷似舊時。氣清天皓皓；人靜夜遲遲。有婦慚蘇子，曾無酒一巵！

清光爾不閟；良夜我能拋。厚睨疑知己；遙襟託素交。明能照衰朽；高不棄蓬茅。何日乘雲往，塵寰付水泡？

雜詩十首

齟齬子負非常之才，懷非常之志，而遭非常之貧，遘非常之病，謀生居業，靡所適從，顧影撫躬，惟餘悲憤；乃更事愈多，故吾可惜，識日以定，氣日以平，前後吟咏，得詩十首，雖不免憤激之辭，而動心忍性之功亦彷彿見一斑焉。詩不一，時，意多近複，總命之雜詩云爾。

搔首嗟今爾；囘頭惜故吾。心勞營桂玉；舌敝較錙銖。銳志銷磨矣；高才困頓乎，百
憂無定適，培覆任洪爐。
地僻文章賤；家貧學業疏。何人來問字；連月廢觀書。心事迷巢鳥；生涯涸轍魚。可
憐今日士，不敢避懷居！
慘澹高情改；蒼茫舊業沈。一貧成俗士；百計廢文心。衣食懷農圃；琴書罷古今。昌
黎傷變化，中夜淚如霖！
寡交人共嗤；多病百難爲。乞米成何往；樵薪困不支。壯懷空負氣；薄命已低眉。中
饋人摧我，家貧有所思。
入室有交謫；出門無素心。長貧疏卷帙；抱病廢謳吟。深獄猶埋劍；高山莫奏琴。平
生飛動意，未老已銷沉。
療飢竟何益；世不重儒林。問字曾無酒；求文孰有金。徒勞身似僕；未飽腹如蟫。一

藝能鬬口，文章枉用心！

貧極命相爭，愁多志不平。無聊歌夢夢，何益悔營營。積德回天意，收心遠俗情。好存眞面目，迂僻是平生。（詩經『視天夢夢』讀平聲，然與夢寐之夢祇係一義，不可作二義，仍讀去聲。）

郊居雖有宅，負郭竟無田。賣術兒心喜，舂炊女手胼。瘦妻嗔補綴，老僕厭廻旋。書味惟吾得，何能向若傳！

如夢終烏有，爲銅任太虛。暫閒惟養病，偶健一觀書。釀酒巾能漉，栽花手自鋤。新來厭勞攘，幽事亦消疎。

安貧緣有得，耐辱爲無能。自顧看翔鳥，入欺被凍蠅。蕭條同旅客，懶病似山僧。況味眞堪笑，長吟對一燈。

聞鵲漫成，時將度歲

野鵲何爲者，嗚呼不厭頻？僻居稀好客，當路棄閒人。遺褥應慚杜，聽車不到陳。惟餘舊春色，隔歲一相親。

將附栗太初車旋里，留別楊鶴然，曹秋皐，王有孫

遙天雲影望滴漳，燕市羈棲惹夢長。秋色雁回歸有伴；上林花盡折無方。滿梁月冷陳蕃榻；千里塵盈季子囊。傲語長安同客輩：較君應是早還鄉！

遙送李振文之官江西

忽驚仙客謫炎方，綰綬初登單父堂。天近斗牛瞻氣色；地多山水得文章。風帆飽送江船遠；雲樹悲看驛路長。此後相思一回首，簷花夜落雨燈涼。（己丑夏，予在都，寓振文處，雨夜往往坐至四更。）

守拙

守拙原甘臥敝廬，十年多病友朋疏。頻遊市肆緣貽樂；偶到人家爲借書。生計蕭條慚負販；壯懷慷慨付樵漁。身名已分同樗櫟，白酒黃花且自如。

登禮賢臺

無事不見柴門開，今辰偶過登高臺。白日蒼茫雲起後，西風蕭颯雨飛來。驚沙捲地行人絕，積水連天去雁哀。酒醉不辭雙眼倦，詩成斗覺寸心灰。

聞李振文調官南昌二首（振文實調新建，非南昌也，始聞誤。）

故人東觀舊仙郎，墨綬銅符作吏忙。花縣移栽仍百里，琴堂再鼓已三霜。詩當有句題滕閣；榻爲何人下豫章？憶否長安文賦客，卽今貧病臥清漳？

故人作吏近如何？記得廉公五袴歌。大邑難爲勤出入；小民易虐省催科。清風好聽庭羅雀；美政須傳虎渡河。學術迂疏官苟且，待君一爲挽頹波！

連歲苦病，已成廢人，因事栽花，以樂餘年，自傷壯志之無成也，漫吟四首

連年抱病減心情，擬學園翁過此生。滿架圖書尋竹譜，一襟風月讀花評。文章竟負當年志；農圃何論異代名。從此烟霞眞有癖，已同鷗鷺結新盟。

分將邱壑老荷衣，幽事關心愧息機。 種樹不生疑土惡；栽花未穩祝風微。 地偏喜見黃鸝囀；晝永閒看粉蝶飛。 幾見淸貧來俗客，已經三日掩柴扉。

小圃如何得地寬！家貧眞覺買花難。 憂思秖合栽萱草；富貴還嫌植牡丹。 水面新荷四五葉；雨餘弱竹兩三竿。 幾時俗累全拋却，扶病猶能盡日看？

抱病始知生有涯，閒居忽覺幽意賒； 無朋可開蔣詡徑；有地不種東陵瓜。 門垂楊柳幽人宅；庭植蒲葵野老家。 自分此身成棄擲，爲親魚鳥送年華！

雪曉卽事

蒼茫平野接天垠，徧染空林淨遠村。 行客全迷開鳥道；居人半起闢柴門。 街頭奇貨薪增貴；室裏寒威火退溫。 自笑書生無別況，淸吟惟慶麥宜根。

步韻酬廣平學博孫子明

閑居無計代躬耕，樂志何曾足使令？ 作苦已成司馬病；長貧自滅伯輿情。 迂疎到處輕三拜；鈍拙逢時愧一鳴。 珍重郵筒傳錦句，不禁飛動憶平生。

附原詩

寄跡微員只代耕，折腰久已愧陶令。　馳驅升斗終非計；散遣生徒尚有情。　舊友音書稽雁足；新知寥落少嚶鳴。　欣聞有道標芳躅，安得聯床話此生？

紅瘦

忽驚春事已闌珊，數點疎花掩映間。　畫檻風多無計避；錦屏人遠更誰攀。　愁來幾日銷紅頰；老去何方駐絳顏？　吟賞莫嫌憔悴甚，醉眠猶趁地斑斑。

綠肥

雨橫風狂花亂飛，一庭春盡綠添肥。　映人已恨紅顏去；拂戶初疑翠幃圍。　吟傍池塘波影暗；步當軒砌月光稀。　從茲蜂蝶無情思，密葉深枝任鳥歸。

自笑

余以貧故，勉學；授徒二三年間，來者復去，若以余爲無知者。　夫聖人且自居於無知，而鄙夫來問，必竭兩端以告之；余之無知，亦何足怪。　況耳提面命，非不盡心，但邑多英傑，鮮空空之鄙夫耳。此余所以不知自愧也。余性好古學而學者專學舉業，余卽以舉業教之。蓋常憶呂東萊語『若不以舉業教人，門前草深一丈矣。』然猶不足以招徠後學，豈非以所授舉業亦先輩冷淡生涯，未能以時世所愛尙導以先路歟？此又余不能不愧也。閒中自嘲，兼以自解，漫成七言詩一首。

病軀無力怯樵漁，生計蕭條學授書。化雨沾濡青草長，春風飄蕩絳帷虛。心傳一任遷喬木，耳食何嫌入異閭。自笑不才眞棄物，殘編獨擁閉門居。

狂言 二首（僻居陋邑，交無友，讀無書，鬱積之懷，形諸悲歎，祇以自慨，非敢示人。）

藝林搔首滯闌干，何事孤懷久鬱盤？文獻凋零同志少，邑居偏僻借書難。抱殘豈獨譏馮道；乘輿何能訪戴安。我欲棄儒甘習靜，終朝趺坐向蒲團。

一瓻無分此相於，抑志關門賦索居。名士惟甘親小吏，故家誰許借遺書？襟期方欲譏鵬鳥；典籍還留飽蠹魚。果是方圓殊枘鑿，幾令豪俊笑迂疎！

自傷

抑鬱胸懷寂寞身，半生無事不邅迍。名場家難長卿病；水厄年荒原憲貧，未必他才皆似我；深知吾命不如人！幾回憤欲依僧去，滿眼親人總不親。

九日登高

朔風凌厲送寒威，響振平林落葉飛。秋日煖多新麥盛；曉霜零早晚禾稀。（是年霜早。）十年身病慵賒酒；九月囊空苦授衣。佳節虛逢聊騁目；啼鴉繞樹雁南歸。

秋興十二首

我生多病，感於秋爲甚，情緒紛來，不能自已。每欲見之吟咏，披寫胸懷，而邇年多病，心煩思鈍，有作輒止。今年秋偶成詩十二首，因以秋興爲目。昔少陵秋興八首，雄視古今，其才力固有餘，亦爾時之情與景有以助之。吾旣家貧，未獲承乏一官，亦未嘗久居京邸，遊覽他邦；而魏邑旣無山川之奇，自漳水入城，吏裁縣廢，愈不過平壤荒村，衰林白草而已。情拘則思滯，景常則語平，豈其有詩！然余多感人也，生於魏而心不止於魏；惟其心能不止於魏也，故於魏之廢興，今昔山水景物，人民風俗，先賢古蹟，無日不低徊於心而不能已；而況遭遇之艱難，胸懷之抑鬱，有迫之使出者哉！所以詩雖不及古人，而數乃多於古人也。倘博雅君子不鄙我而知我，是所願也！

西風凄緊雁飛聲，漠漠黃雲繞廢城。大地霜凝秋野淨；寥天氣肅濁流平。空林葉墮愁人淚；幽菊花含病客情。時序又逢雙杵急，頭顱眞見二毛生。

少年豪氣逐秋生，頭戴儒冠喜俠名。風急霜郊閒縱馬；夜長楸局寓談兵。百年寄興惟詩酒；九日登高有弟兄。故我蹉跎今老大，窮愁吟望不勝情！

蘆荻花明楓樹紅，登臨何處哭秋風？側身天地龍蛇蟄；矯首雲山虎豹空。清夢變遷書劍外；壯懷零落米鹽中。年華無計迴流水，皮骨誰憐逐轉蓬？

荒臺小築得鵲棲，（自丁丑歲漳水入城，余流離遷徙者九年，丙戌始定居於禮賢臺下；臺爲邑令陸東所築，以魏文侯式段干木而名，在外城上，城下即護城堤；水後人居堤上，東城與堤等。）蹤跡伶傳到大堤。故宅蕭條種禾黍；（舊居在城中，今廢爲田。）新居偪側遠塗泥。（狹陋不堪居，僅取避水。）陳平負郭車誰駐，庾信誅茅賦自題。悵望風期千載隔，逡巡顏色十年低。

郊居回首舊蓬廬，深巷幽齋世澤餘。鳥語花香千日酒，風朝月夕一床書。尋朋宅近乘無馬，薦客盤充食有魚。（城中多水，產魚甚夥。）午夜驚濤翻渤澥，廢興彈指一華胥。

重城百雉帶漳流，（魏邑有內外二城；漳水在城南，倚城而流；今在城北，去城亦不過二三里。）積水潺湲匝四周。（內城之外皆水，蓮花甚盛，城內亦多瀦水。）蓮艇翩翩紅夾棹，魚杆嫋嫋碧沉鉤。（人多以釣魚爲業。）禮賢倚郭重開館；（相傳禮賢臺原在漳濱，圯於水；明縣令某築館於縣治內；後陸東乃移建外城上。）覽勝臨波別建樓。（康熙間，邑令金協廣建奎樓內城上，內外皆臨水，高峻爲一城巨觀。）滿眼風華圖畫地，黃沙白草可憐秋。

地交齊晉魏偏都；（魏邑當春秋時在齊晉之交，當戰國時爲鄴縣地，魏文侯之別都也。）小邑分封自漢圖。（漢時始分鄴縣置魏縣。）西倚大行山岪崺，南臨清衞水縈紆。（衛水舊在縣境，今始出境。）膏腴萬畝田如綺；烟火千村米似珠。爲問琴堂誰撫字，年來里巷賦『無襦』！龍潭曾此駐鑾輿；（梁太祖乾化元年九月，幸魏縣，遂幸邑西白龍潭。）天保遺碑字有無。（沙口鎮石佛寺有齊天保元年碑。）葛築城迷餘鳥雀；（在縣西南二十里，戰國趙成王與魏惠王相遇於葛築，即此；今無迹。）寬饒墓圮宿鼪鼯。（蓋公墓，志云，在德政村，今無跡。李家口有蓋公墓，志云，係僞塚。）長橋幾里橫波臥，（唐馬燧討田悅，屯軍漳濱，悅築月城以守長橋。胡三省註通鑑，長橋在漳水上。又明邑令鮑琦於城東南築長橋，逶迤幾十里。）西井何時與塔俱？我欲驅車問陳跡，寒煙衰草滿平蕪。（舊魏縣北有井，自口至底，一片琉璃，中鑲方石，刻『東塔西井』四字。）

平沙廣遠氣蒼茫，落月寒雲古戰場。隋賊北趨曾僭帝；唐兵東討不來王。（隋宇文化及自東都北趨魏縣，即帝位，國號許；淮安王神通擊走之。魏博節度使田悅反，德宗命馬燧率諸軍討之，屢戰於洹水魏縣之地。）驕兒肆虐身爲僇，（魏博節度使樂彥禎驕泰，子從訓聚亡命爲暴，軍士憤怨，殺彥禎；從訓時在相州，引兵來薄城，戰敗，壁於洹水，羅宏信擊斬之。）亞子尋讎國再昌。（李克用與梁爲仇，攻魏州，敗梁兵於洹水。子存勗，與梁將劉鄩戰於魏縣洹水之間，遂取魏州；自是踰河滅梁稱帝。）今日太平生聚久，萬家歌舞樂耕桑。

司隸淸剛志不移；（蓋寬饒爲司隸校尉，以淸剛取怨；王生諫，不聽。）一門三秀重當時。（杜正元，正藏，正倫皆舉秀才，隋世重舉秀才，終始舉秀才不十人，而杜氏一門三秀才，皆高第。）雄文淇水千秋業；（李淸臣有淇水集八十卷；歐陽公愛其文，以比蘇子瞻。）間氣元城百世師。（劉忠定公世稱元城先生；然考諸書，或云魏縣人，或云魏郡人，無作元城人者。）高士易傳康節數；（王豫獨受邵子易學之傳，雖伯溫亦不及也。）孝廉春興少陵詩。（陳所志，明時邑之名孝廉也，嘗在京作春興八首，膾炙一時；人以比少陵秋興八首。）仰懷前哲生何晚，慷慨長吟託後知。

城郭坵墟但有村，昔年文獻更無存。地稀閥閱鄉人貴俗賤詩書縣吏尊。狐袖翩躚新上客；牛衣冷落舊淸門。自知迂拙難逢世，閉戶傳經遺子孫。

年投四十尚田間，貧賤逢人一慘顏。幾度風塵雖有肋，半生書卷豹無斑。愁緊才盡

思焚筆，命薄心微想抱關。搔首蒼天萬餘里，不知何地置疎頑？

涿州謁張桓侯廟

屠販遭英主，風雲起布衣。艱難圖霸業，沉勇合兵機。夷險心如一，君臣志不違。人功雖漸拓，天命竟難歸。蠹尾樽前忽，魚腸帳下揮。崎嶇雙駿蹶，慘澹五雲飛。故里留祠廟，行人仰武威。鼎分遺恨在，瞻對一欷歔！

余自遷居禮賢臺下，苦無書室，己丑冬，買鄰地數弓，有敝屋兩間，暫爲書室，坐吟之暇，喜成十二韻

幾年居偪仄，買地得東鄰。茅屋因人舊，書齋到眼新。戶除關後網，梁掃纍餘塵。泥壁煙痕滅，糊窗日色勻。蓋穿新補葺，椽蠹舊因循。欹案枝撐設，殘書次第陳。簾疎常透月，室煖早知春。久苦煩囂地，初爲灑落人。坐深常至夜，來早不逾晨。有興開

書帙；無爲養病身。沉酣儒氏學；愛惜道家神。暫比陶元亮，羲皇以上民。

秋雨連綿，艱於薪米，即事戲爲俳禮

凶荒不餓死，秋稔轉無聊。（前半年荒旱異常，秋則大熟。）有粟胡能食；多柴未許燒。（先收稷子數石，不能磨礪；柴苦濕，不可燒。）雲濃日澹薄；天漏雨漂搖。（是秋多雨，少晴霽。）泥淖艱舂簸；淫霖罷採樵。（雨多，無賣薪者。）曬薪嗟抱病；（天晴則晒薪，余以病體躬爲之。）挼穗惜垂髫。（家人止食稷米，多病熱，乃令兒女挼高粱穀穗以給食。）穀賤錢難得；（一石值制錢三百文；糶兩石止換布一疋。）丁繁米易銷。（時家中大小十六口。）鬱蒸勤布席；（雨多稷濕，皆霉壞，晴則晒之席。）狼戾獨持箒。（挼晒皆拋棄滿院，予自掃之。）寒早衣何授；（雨多寒早，花缺布貴。）煙遲腹半枵。（家人皆常苦飢。）偏摧聲聒聒；請問羽譙譙？籬菊甘蕪沒；庭花共寂寥。（雨多事緊，不暇修治，菊既荒蕪，餘花亦皆寥落。）營求心計拙，假士風澆。入富馬牛貴；（邇年魏邑人富，馬牛貴甚；今年因荒，乃賤。既有秋，益復貴；買既不能，借又不得。）歲豐僮僕驕。（雇工人，至秋麥豐稔之際，則思颺去，驕不爲用；歷年如此，不止今年爲然也。）一貧身骯髒；百慮髮飄蕭。道味何由飫，書林已任凋。徒然思負販；悔不事芻蕘。且幸家醪熟，開眉醉一瓢。

哭致仕永州府知府石屏龍坡朱公五十韻

靈氣分南紀；循聲茂北疆。歸田赴箕尾；懷舊哭門墻。家世遊文圃；平生樂性場。鄉書年齒少；（公年二十二魁鄉榜。）春榜姓名香。（登雍正甲辰進士。）未幾分符去，從茲作吏忙。赤城當僻小；（公初任赤城縣。）花縣始芬芳。簾掩山陰署；琴鳴單父堂。應煩民不擾，行簡事無妨。（值大師西征，軍需旁午，公辦草數萬束，及騎駝鞍屜七百副，事敏而民不擾。）計日將高足；看雲倏鉅創。給期雖十月，守禮必三霜。（公父在赤城署風土不相宜，因歸；既而沒，制府李公知公不可强留，題定給假十月歸塟。公葬畢，遂終制不出。）再綰邊城綬，（服闋補懷安縣。）頻邀制府章。莫亭初展布，（公受知制府孫公懿齋，題公調繁任邱縣。）先事籌災敏；（在任邱，値歲旱，已奉旨蠲賑，而部文未至；公先以便宜發庫金，赴天津採買；及文至而穀已在縣，賑得以早。）求情決獄良。刺史遂翺翔（制府高公疏題，陞趙州直隸州知州。）

（趙州屬多疑獄，公提訊無不得其情。）豐碑人愛戴；（公去任邱，去趙，民皆立去思碑。）麗綵帝褒揚。（公以卓異入覲，賜蟒服等物。）偶佐洺州理，（陞廣平府同知。）旋操魏郡綱。（遷大名府知府。）單車先奏績，五馬遂生光。（公在廣平，值大名有水患，制府方公調公協辦災務；既奏績，遂題授大名府。）飲水期留犢，行春課種桑。孟嘗來合浦，汲黯臥淮陽。流冗收鴻雁；追呼懾虎狼。多方救決水；（漳水決入魏縣城，公聞報即往視，檄元城縣速調各渡口舟至魏，移府城中餅肆之半於魏城外；民未能出者，得舟以出，出者得餅肆，以不飢。未幾，衛水亦決入大名縣城，環府而北，公自履閭閻，覈實災戶請賑。）盡力撲飛蝗。（蝗大作，公冒暑督捕者數月。）僚屬俱清節，閭閻得小康。御河春瀲灩，宋相樂徜徉。（舊大名府臨御河，宋韓魏公呂申公皆嘗爲留守，雅好園林遊覽之樂，故有『此日傾城樂御河』，『三月三來御水涯，古亭春色偶相遮』之句。）舊治雖蕪沒，前徽足仰望。池亭疏藥好；賓客讌遊長。（新治在明時王叔杲爲守，以韓公『黃花晚節』之句，築晚香堂，外復有挹芬亭，亭前後有池；公公餘無事，以花草自娛，稍葺治舊池亭，植菊種蓮，與賓客讌遊。）滌暑千荷綠；怡秋萬菊黃。倦懷思故國；歸計就炎方。移換深心合，登臨夙願償。扁舟過吳越，紆道赴瀟湘。遽罷陳蕃榻；輕移陸績裝。（公量移永州府，買舟紆道，自淮揚而南，歷蘇杭彭蠡，搜奇攬勝者半載；至永二年，遂休致去。）波濤離宦海；圖史列山房。清俸周三族；高風動一鄉。弄孫娛晚暮；杖國幸康強。尙係蒼生念，俄驚一老亡！龍湖雲慘淡；秀嶺色蒼涼。（異龍湖，鎭秀山，俱石屛山水。）何日飛丹旐；千秋饗白楊。作人爲嗜好；愛士異尋常。員氏風施古；文翁教化詳。掄材收杞梓；辨玉愛琳瑯。根壅孤生竹；鋒磨百鍊鋼。品題歌郢曲；指點入時妝。令子同燈火；夫人賜藥湯。（公所至以成就人才爲事，其俊異而貧寒無力讀書者，多召入署，令與諸子同筆硯。夫人亦體恤甚至，有疾至親視服藥。）單寒懷煦嫗；蒙昧識津梁。經笥邊韶腹；（謂今鹽運使邊君廷掄。）仙才李白腸。（謂原任翰林侍講學士李君中簡。二人皆公所造就。）登龍魚變化；附驥馬騰驤。愧邁微材耳，承公一顧嘗。以愚蒙教誨，如瞽得扶將。衞水隨征棹；清源送去航。（公移任永州，買舟南下，余附公舟至臨清入都。）絳帷嗟隔別；繐帳颯飄颺。報德身貧賤；憑棺路渺茫。爲詩當一奠，南望淚霑裳！

以事早過李振文，時尙在夢中，戲題

隴西公子醉温柔，夢入陽臺曉未休。贏得長安孤客妬，故將閑事惱風流。

早秋感懷

連朝急雨收殘暑，一夜微風送早涼。看徧傍人休苦熱，獨餘之子賦『無裳』。

酬呂恒直東山京師遲友四首

三十頭顱貧病身，誰將青眼照風塵？年來已絕憐才望，忽向天涯得故人。

少時豪氣欲飛揚；中歲灰心罷激昂。早是二毛年已過，莫從擲果認潘郎！（時余年三十三。）

落拓行踪常自笑，清狂意態喜君同。由來慼慨悲歌士，不在高車駟馬中。

滿眼琳瑯席上珍，會將騰奮出埃塵。願同努力光桑梓，甘作看鴻送驥人。（時同郡會試在都者十四人。）

附原詩

高冠長珮門新粧，春滿皇州日正長。縱有淸歌誰解誤？一聲檀板憶周郎。（謂周啓運新齋也。）

雙鳳齊鳴古所聞，博陵昆季更超羣。中原才子屬英妙，赤幟高標振北軍。

金臺雪色映驊騮，青眼高歌念舊遊。魏郡由來多國士，就中小陸最風流。

巍峩醉態侶張顚，燕市悲歌對酒眠。非是客窗多感興，故人相別已三年。

無題詩四首

郡城閨秀某某氏女也，能吟咏，善丹青，玉貌蘭心，蓋系出王謝，固崔盧之匹也。適鄉間一富人武生，而年且四十矣。聞其抑鬱不樂，終日樓居不肯下。嗟乎，天下之寶當爲天下惜之，連城之玉自有卞和，何至與無目人揩牀砌厠哉！吾郡如此女蓋不數數覯，而乃遭逢不偶如此，豈果犯造物之忌耶！漫成數首，以誌恨事云爾。

珠玉都從咳唾成，淸如天上步虛聲。前身應是瑤池伴，試向飛瓊認小名。

脉脉深情欲泥誰，靈犀一點箇人知。東風不識名花品，狼藉無端任富兒。

五雲樓閣擬三山，東望仙蹤縹緲間。聞說玉容顰蹙後，高居不易到塵寰。

青天搔首問空頻，花葉遭逢夢幻身。莫怪吟詩近哀怨，此生原是斷腸人！

北方春寒花晚，常苦多風，而魏自廢縣後無城郭宮室，予居於堤上，地高而燥，低垣漏屋，風尤甚，蓋無日不在塵沙簸蕩中也，戲成一絕遣悶

彈指光陰二月中，郊原不見一花紅。由來景色人知否，終日南風與北風。

自歎

少年多病壯年衰，萬事無緣志盡隳。驗取邇來心力短，髭鬚撚斷不成詩。

戲示姪

亭亭玉樹植堦除，破浪長風志有無？卿叔雖癡還不死，竹林他日好相俱。

雜言

黃孝子詩

湘之水，駛以清。 衡山高，神必靈。 氣磅礴，奇人生。 維黃君，以孝名。 黃君孝，孝何如？常與變，至性俱。 賊兵起，何披猖！ 肆刦殺，如豺狼。 楚粵間，沸如湯。 維黃君，有父母；棄妻子，扶以走。 賊獲之，欲與手。 君大慟，淚如縻。 冒白刃，前致辭：「人老瘦，殺何爲！ 釋二親，身代之！」 盜驚顧，「此孝子！ 縱之去，無一死！」 逃山中，食無米。 孰遺金，天所使。 君得之，奉甘旨。 君失恃，在早齡；事繼母，如所生。 善居喪，無飾情。 終身悲，風不寧。 山徑闢，溪橋成；強爲善，貽令名。 君之孝，信於鄉。 大吏聞，闡幽芳。 告之帝，帝褒揚。 樹風聲，維綱常。 百年來，名益光。 我作歌，誌不忘。 人師之，勿徬徨！

五雜組 二首

五雜組，錦繡文。往復還，千里身。不得已，且安貧！五雜組，百結襦。往復還，長安車。不得已，還讀書！

逐雀

雀，汝其歸！汝，鳥之微！汝何爲然，入室而飛？吾書滿几，汝遺以矢。吾酒盈樽，汝播以塵。汝穴吾壁，吾不汝責。汝巢吾簷，吾不汝嫌。不安其分，不量其身，以區區者而虐大人！汝去無阻，有牖有戶。吾心不甘人禽雜處！

何爲歌

天高高，赤土厚，吾生其間獨無偶。秋風蕭蕭壁夜吼，百感蒼茫寸心有。晝不食，宵不眠，自問何爲不知其然。惘然如病酒；起來霜滿天。夜悄悄；人不多，吾不少。低簷斜月鷄鳴早，千古愁人鬢空老

附輓詩

輓崔德皐同年　周啓運

昨夜秋風起，吹折瓊樹枝。方期吐榮華，遽同弱草萎。凶信突然來，拊心涕漣洏。白日淡無光；飛鳥鳴聲悲。靈帷風蕭蕭，英魂諒在茲。君家有世德，昆仲孝且慈。懋修敦古道，樂善中不疑。淪落二十載，僉曰命數奇。君胡不永年，天意竟如斯！憶昔登賢書，翩翩未冠委，公車同北上，金臺攜遊嬉。而今人已亡，永無會面期。哭君非一端；思君非一時。盡我存者心，詎謂亡者知。萬事歸虛無，傷神空爾爲！

哭崔德皐　成誠

與我憐同病；驚君赴玉樓。行年未四十，遺恨已千秋。令子尚黃口；乃兄應白頭。平生落拓意，分付濁漳流。

歸里交君子，回頭十六年。傷心當此日；舊夢憶從前。煮茗棋爭刦；論詩月上簾。山陽終古怨雲影淚涓涓。

寸心知詩集終

THE ORIENTAL BOOK COMPANY

上海亞東圖書館

崔東壁遺書

（清）崔述 撰

顧頡剛 編訂

第四册

國家圖書館出版社

第四册目録

崔東壁遺書

顧頡剛編訂

錢玄同題

本書 洙泗考信錄

重刻洙泗考信錄序

孔子爲萬世師，其道載於六經，而其行事則史記世家外家語孔叢諸書皆有所記述。然世家之言已不能無謬妄，何有於餘子！孟子曰，『誦其詩，讀其書，不知其人可乎！是以論其世也：是「尚友」也。』夫尚友者且當如是，而況乎萬世之師！當孔子時，列國之君雖不能顯其身，而賢人君子莫不知其爲聖。及乎戰國，異端競起，陽尊之而陰詆之，依托附會，思欲凌駕其上以自伸己說。二千年來，展轉相傳，眞僞雜出，有識之士雖或隨事糾正，而沿襲既久，未能粲然曠然也。堯舜禹湯文武周公之道備於孔子之身，一言一動莫非道之見端，事苟滋疑，道因而晦，考信之功曷可少乎！

大名崔東壁熟讀三代聖賢之書，盡祛後世紕謬之說，因疑而徵信，於上古唐虞夏商周之事皆錄而辨之，題曰『考信』。而孔子之事別爲洙泗考信錄四卷，正譌闢妄之功與諸錄等。其門人陳介存刻於南昌。越十餘年，東壁覆加審定，欲重刻之，未就而卒。介存之官太谷，就東壁家求得之；甫刻其三代考信錄，而以憂去官，洙泗一錄未及付梓。孔生廣沅，介存之門人也，行誼最篤，受書於介存而出貲刻之；請序於予，爲予嘗序其三代考信錄也。

自孔子設敎洙泗之間，七十子之徒傳其所學，遭秦歷漢，師承不絕。晉氏永嘉喪亂，古學遂湮。唐宋以來，詞章義理帖括之學此盛則彼衰，其弊也記誦繁蕪而寡要，議論馳騁而無根，洙泗一源不啻流爲潢汙行潦矣。崔東壁曰：『學者日讀孔子之書而不知其爲人，不能考其先後，辨其眞僞，僞學亂經而不知，邪說誣聖而不覺，是亦聖道之一憾也。』此其著錄之大指也。

孔生師介存，介存師東壁，皆能不負所傳，庶幾古人師承不絕之義乎？介存歸里，孔生復從予遊，爲予與介存少同學長同遊也。然則是書之傳，豈不由於師友之相得哉！

嘉慶戊寅歲，九月望日，浪穹王崧（舊名藩）樂山撰。

洙泗考信錄自序

（剛案，原本無此序。今依三代考信錄例，由提要下卷錄出置此。）

唐虞三代諸錄之後，何爲繼之以洙泗也？曰，二帝，三王，孔子之事，一也；但聖人所處之時勢不同，則聖人所以治天下亦異。是故，二帝以德治天下，三王以禮治天下，孔子以學治天下。

堯舜以聖人履帝位，故得布其德於當世，命官熙績以安百姓而奠萬邦，天下莫不遂其生而正其命。故曰二帝以德治天下也。

禹湯文武雖亦皆有聖德，然有天下至數百年，其後王不必皆有德，其所恃以維持天下者有三王所制之禮在。故啓賢能承繼禹之道，則天下之朝覲訟獄者歸之；太甲顚覆湯之典型，則伊尹放之於桐。傳曰，『周禮未改：今之王，古之帝也。』故三王之家天下也，非以天下私其子孫也；其子孫能守先王之禮，則德衰而天下有所賴以不亂，故曰三王以禮治天下也。

夏之禮將敝也，湯起而維之。商之禮將敝也，文王起而維之。至周之衰，禮亦敝矣，非聖人爲天子不能維也。而孔子以布衣當其會，以德則無所施，以禮則無所著，不得已而訂正六經，教授諸弟子以傳於後。是以孔子既沒，楊墨並起，非堯舜薄湯武，天下盡迷於邪說，及至于秦，焚詩書，坑儒士，盡滅先王之法，然而齊魯之間獨重學，尚能述二帝三王之事。漢興，訪求遺經，表章聖學，天下咸知誦法孔子，以故帝王之道得以不墜，至于今二千餘年，而賢人君子不絕跡於世，人心風俗尚不至於大壞。假使無孔子以承帝王之後，則當楊墨肆行之後，秦火之餘，帝王之道能有復存者乎！故曰孔子以學治天下也。

是以孟子幾希諸章，述舜禹湯文武周公之事，而繼之以孔子，好辯章叙禹周公救世之功，而亦繼之以孔子。韓子曰，『堯以是傳之舜，舜以是傳之禹，禹以是傳之湯，湯以是傳之文武周公，文武周公傳之孔子。』二帝三王之與孔子，無二道也。是以三代以上經史不分，經卽其史，史卽今所謂經者也。後世學者不知聖人之道體用同原，窮達一致，由是經史始分。其敍唐虞三代事者，務廣爲紀載，博采旁搜，而不折衷於聖人之經。其窮經者則竭才於章句之末，務殫心於心性之空談，而不復考古帝王之行事。其尤剌謬者，敍道統以孔子爲始，若孔子自爲一道者。豈知孔子固別無道，孔子之道卽二帝三王之道也！故曰，『仲尼祖述堯舜，憲章文武；』又曰，『文武未墜於地，夫子焉不學。』假使孔子別有一道，則亦何異於楊墨佛氏，而獨當尊信之乎！故今採摭經傳孔子之事，考而辨之，以繼二帝三王之後云。

洙泗考信錄目錄

洙泗考信錄卷之一

定本自識

初，余爲洙泗考信錄既成，尚未敢以自信。壬子秋，偶攜至京師，遇石屏陳履和，見而鈔之。既而履和隨任江西，余亦選得閩之羅源，履和遂於南昌授梓，寄至羅源。然是時余已多所增易，與初本不同。既歸河北，山居無事，乃復益加删改，錄爲定本。以貧，未及梓也。恐閱者以兩本互異致疑，故特誌其首尾，弁於簡端。庚午二月，述自識。

原始

『弗父何以有宋而授厲公。』（事在春秋前，文在左傳昭公七年。）

『正考父佐戴武宣，三命茲益共，故其鼎銘云，「一命而僂；再命而傴；三命而俯，循牆而走。亦莫余敢侮。饘於是，鬻於是，以餬余口。」』(同上。)

備覽　『正考父校商之名頌十二篇於周大師，以那爲首。』(魯語。)

按國語皆後人所撰，往往失實；此雖無害於理，然難竟信，故別之以備覽。後凡稱『備覽』者並倣此。

『宋穆公疾，召大司馬孔父而屬殤公焉。』(左傳隱公三年。)

『春王正月戊申，宋督弒其君與夷及其大夫孔父。』(春秋桓公二年。)

存疑　『宋殤公立，十年十一戰，民不堪命。孔父嘉爲司馬，督爲大宰，故因民之不堪命，先宣言曰，「司馬則然」。已殺孔父而弒殤公，召莊公於鄭而立之。』(左傳桓公二年。)

存疑　『督將弒殤公，孔父生而存，則殤公不可得而弒也，故於是先攻孔父之家。殤公知孔父死，已必死，趨而救之，皆死焉。』

（公羊傳桓公二年。）

孔父先死之臆度

按孔父之死，經但書『及，』與仇牧荀息同，而三傳皆以為在弒殤公之前。穀梁氏曰『何以知其先殺孔父也？臣既死，君不忍稱其名。』夫春秋之策，宋大夫之不稱名者多矣，曰『華孫，』曰『司馬』『司城』者比比也，僅一不稱名遂足以信其為先死乎哉！而公羊左氏因為原夫孔父所以先死之故，正色立朝，其論甚美；即督之宣言，亦近人情。然竊意其皆出於臆度，恐不足為據也。故附次於經以俟考焉。至於左氏『目逆』之說，荒謬已甚，故今不錄，仍別為辨於左：

辨目逆之說

左氏『目逆』之說，二傳無之。余按古者婦人車必有帷；士庶人之家出，猶必擁蔽其面，況卿之內子乎！督安得見之而目逆之也哉！齊慶克詐為婦人，蒙衣乘輦而入於閎，晉士匄欒王鮒二婦人輦以如公，衞世子蒯聵與渾良夫褰衣而乘以如孔氏，稱娴妾以告，皆恐人之見之也。是古者婦人之出，人不能見明甚；督安得見之而目逆之也哉！此誣古人之大者，且不近情理之尤者，余不敢信。

備覽『防叔生伯夏，伯夏生叔梁紇。』（史記孔子世家。）

按此文或有所本，未敢決其必不然。然史記之誣者十七八，而此文又不見他經傳，亦未敢決其必然。故附次於備覽。

家語世次不可信

家語本姓解云『弗父何生宋父周；周生世子勝；勝生正考父；考父生孔父嘉；孔父生木金父；金父生睪夷；睪夷生防叔，避華氏之禍而奔魯；防叔生伯夏；伯夏生叔梁紇。』余按：鄹叔以前，見於春秋傳者，僅弗父何，正考父，孔父嘉三世，見於史記世家者僅防叔，伯夏二世；此外皆不見於傳記。史記之言，余猶不敢盡信，況史記之所不言者乎！且孔父爲華督所殺，其子避禍奔魯，可也；防叔，其曾孫也，其世當在宋襄成間，於時華氏稍衰，初無搆亂之事，防叔安得避華氏之禍而奔魯乎！家語一書本後人所僞撰，其文皆采之於他書而增損改易以飾之：如相魯篇采之於春秋傳史記，辨物篇采之於春秋傳國語；哀公問政儒行兩篇采之於戴記曲禮，子貢子夏公西赤問等篇采之於戴記春秋傳以至莊列說苑讖緯之書無不采，未有一篇無所本者。然取所采之書與家語比而觀之，則其所增損改易者文必冗弱，辭必淺陋，遠不如其本書，甚或失其本來之旨，其爲勦襲顯而可按。而世不察，以爲孔氏遺書，亦已惑矣！漢書藝文志云，『孔子家語二十七卷，』師古曰，『非今所有家語，』則是孔氏先世之書已亡，而此書出於後人所撰，顯然可見。且家語在漢已顯於世，列於七略，以康成之博學，豈容不見，而待肅之據之以駁己耶！此必毀鄭氏之學者僞撰此書以爲己證。其序文淺語夸，亦未必果出於肅，就令果出於肅，肅之學識亦不足爲定論也。故今不見於經傳而但見於家語者概不敢錄，寧過而闕，不敢過而誣也。後並倣此。

『偪陽人啓門，諸侯之士門焉。縣門發，郰人紇抉之以出門者。』（左傳襄公十年。）

『高厚圍臧紇于防。師自陽關逆臧孫，至于旅松。郰叔紇臧疇臧賈帥甲三百宵犯齊師送之而復。』（左傳襄公十七年。）

按，郰叔紇，史記作叔梁紇，左傳近古而文義亦順適。郰，魯邑，叔，其字，紇，其名，猶云衛叔封申叔時也。史記之文未知所本，當從左傳稱郰叔紇為正。

辨顏父商壻之說

家語本姓解云『叔梁紇娶於魯之施氏，生女九人，無男。其妾生孟皮，病足。乃求婚於顏氏。顏父問三女（云云）二女莫對；徵在進曰，「從父所制，將何問焉！」遂以妻之』余按孔子之母名見於戴記檀弓篇，其稱為顏氏女則本之於史記孔子世家；然他經傳初未有言者也。檀弓世家之謬不可累舉，此文其可信乎！至於所載顏父之言，淺陋鄙俗，不復成語。徧覽春秋傳中，亦從未有因長疑婚，與女商壻者。其事其言皆非當日之所宜有，其為臆撰無

孔子生年月日之考定

孔庭纂要配孔

疑。故今不錄，雖名氏亦缺之，以昭愼重。檀弓世家之謬詳見後各條下。

『冬十月，庚子，孔子生。』（穀梁傳襄公二十有一年。）

公羊穀梁兩傳記孔子生皆在襄公二十有一年；而公羊傳云，『冬十有一月，庚子，孔子生，』與穀梁年同而月異。史記孔子世家則云魯襄公二十二年，而孔子生後於春秋傳者一年。余按春秋郈費之墮在定公十二年，而孔子世家在十三年，是史記之年證之孔子所書而不合也。魯世家及年表，孔子去魯皆在定公十二年，而孔子世家在十四年，是史記之年卽證之其所自爲之書而亦不合也。故今從春秋傳。魯襄公之二十有一年，則周靈王之二十年己酉也。又按春秋是年『冬十月，庚辰朔，日有食之，』則庚子乃十月之二十一日。既無閏月則十一月中不得復有庚子，故今從穀梁。周正之冬十月，則今夏正之秋八月也。

孔庭纂要云，『魯襄公二十二年冬十月，庚子日，先聖生；卽今之八月二十

子生日之非

七日。』余按，『十月庚子』之文本之穀梁傳，在襄二十一年，非二十二年也。二十一年十月庚子，則今八月之二十一日也。以爲二十二年生者，史記世家文耳；世家未嘗言爲十月庚子生也。以穀梁氏爲不可信乎，則『十月庚子』之文不必采矣。以穀梁氏爲可信乎，則固二十一年生也，何得又從世家改爲二十二年！以世家之年冠穀梁之月日，方底圓蓋，進退皆無所據。然而世咸信之，余未知其爲何說也！

辨麟吐玉書之說

伏侯古今注云，『孔子生之夜，有二蒼龍自天而下；有五老列於庭；有麟吐玉書於闕里云，「水精之子，繼商周而素王出，故蒼龍繞室，五星降庭」（云云）。』余按，麟所以爲瑞者，以其至仁，非能通神而作怪也；麟口中安得有書也哉！麟雖瑞物，亦胎生也；書者人之所爲，非天地所能生，麟亦不能自爲書也麟口中安得有書也哉！西狩獲麟，春秋志之矣；孔子生時果有麟至，乃眞祥也，春秋何以反不志乎！至於蒼龍五星之降，事尤荒唐；『水精之子』云者，語亦

辨孔子形相之異

謬戾。 此說至爲無稽，而世亦或信之，噫，其眞可異也已！

史記載鄭人之言云，『孔子顙似堯，項似皐陶，肩類子產，自要以下不及禹三寸。』 韓詩外傳載姑布子卿之言云，『孔子得堯之顙，舜之目，禹之頸，皐陶之喙，』 孔叢子載萇宏之言云，『孔子河目而隆顙，黃帝之形貌也；脩肱而龜背，長九尺有六寸，成湯之容體也。』 而孝經鉤命訣又云，『孔子牛脣，虎掌，龜脊，海口。』 後世言孔子者多深信而樂道之。 余按，唐虞之時未有土木之像，亦無有所謂影堂者，下至春秋之世千有七八百年，其頭目項喙之詳，後人何由歷歷知之？ 且同一顙與目也，彼以爲似黃帝，此以爲似堯舜；同一似禹也，彼以爲身，此以爲頸；同一似皐陶也，彼以爲項而此又以爲喙：藉令果是，亦必有一非矣。 世家之文本多淺陋，至姑布子卿與萇宏之語尤不雅馴，明係秦漢人之所爲，有一言之類論語春秋傳者乎！ 其言尚非當日之言，而欲信其形之爲當日之形，噫，亦愚矣！ 夫擬聖人之形於堯舜禹湯，妄加之，猶不免於誣；況擬之於牛虎，其侮聖人也孰甚焉！其爲說尤不經，薦紳之所難言，而後之人乃本之以爲影，據之以作像，甚矣其樂受人欺也！孟子曰，『何以異於人哉！堯舜與人同耳。』曹交問曰，『交聞文王十尺，湯九尺，』孟子曰，『奚有於是，亦爲之而已矣。』聖人之所以爲聖人者，固不在於形也。執形以求聖人，淺矣，況其僞焉者乎！故幷削之，以存聖人之眞。

辨史記孔子名字說

備覽「『孔子生魯昌平鄉陬邑。』（孔子世家。）

「孔子世家云，『禱於尼丘，得孔子，生而首上圩頂，故因名曰丘，字仲尼。』余按：此說似因孔子之名字而附會之者，不足信。且既謂之因於禱，又謂之因於首，司馬氏已自無定見矣。今不錄。

孔子父卒之年不可考

「家語云，『孔子三歲而叔梁紇卒。』按孔子世家但云『丘生而叔梁紇死，』不言何年。孔子之生所傳聞猶異詞，況父卒之年乎！且不見於經傳，無可考，今闕之。

辨魯君賜鯉之說

年譜記委吏乘田之年不可信

備覽『孔子爲兒嬉戲，常陳俎豆，設禮容。』（孔子世家。）

家語云：『孔子年十九娶於宋幵官氏，一歲而生伯魚。伯魚之生也，魯昭公以鯉賜孔子：榮君之貺，故名曰鯉而字伯魚。』余按：家語稱伯魚卒年五十，顏淵卒年三十有二，又稱顏淵少孔子三十歲。若孔子年二十而生伯魚，則伯魚之卒當在顏淵卒後；而據論語顏淵死章，伯魚之卒乃在顏淵卒前：是家語之年不足信矣。其年既不足信，則幵官之氏，賜鯉之說，亦安知其不出於附會乎！且孔子曰，『吾少也賤，』則年二十之時蓋尚未仕，安能遂動國君而賜之鯉！故今幷缺之。伯魚卒年之誤，詳見後考終篇顏淵條下。

闕里志年譜云，『二十歲爲委吏；二十一歲爲乘田吏。』觀其文若確有所傳而云然者。然自二十二歲以後凡二十五年，皆不言孔子爲何官。謂孔子爲乘田至二十六年之久，既無此理；謂孔子二十五年皆隱不仕，直待陽虎作亂之時方仕，尤無此事也。然而年譜竟不言者，論語孟子春秋傳孔子世家之

年譜記孔母卒年不可信

辨顏衛

所不載年譜亦不得而知之也！ 然則年譜之初無所傳，而此文但本之孟子也明矣。 孟子既不言爲何年，年譜何由知之而載之乎？ 蓋撰年譜者因見家語賜鯉之事，故臆度其已仕，而不知家語之亦出於臆度也。 孔子曰，『吾少也賤，』若年二十而仕，不得謂之少賤。 且天下之生而大夫者有幾人哉；官雖卑，祿足以自奉，豈容遽謂之賤乎！ 今移置之於後。

闕里志年譜云，『二十四歲，聖母顏氏夫人卒。』 余按，孔子母卒之年不見於經傳；世家載之十七歲前而無年月；年譜以爲二十四歲亦臆斷也。 觀孟懿子之事可知矣。 古者男子以氏別，婦人以姓係：世家家語皆稱爲顏氏女，雖不足據，然謂爲顏氏之女，非謂女爲顏氏也。 顏非姓也，何以稱焉？ 年譜乃謂之『顏氏夫人』；『夫人』之稱或仍當代封號，謂之『顏氏』則不合。 今幷闕之。

戴記檀弓篇云，『孔子少孤，不知其墓。 殯於五父之衢，問於鄹曼父之母，

封墓之說

然後得合葬於防。曰，「古者墓而不墳；今丘也東西南北之人也，不可以弗識也！」於是封之，崇四尺。孔子先反。門人後，雨甚；至，曰，「防墓崩。」孔子流涕曰，「吾聞之，古不修墓！」』陳氏澔駁之曰，『顏氏之死，孔子成立久矣；聖人，人倫之至，豈有終母之世不尋求父葬之地，至母殯而猶不知父墓乎！且母死而殯於衢路，必無室廬而死於道路者不得已之爲耳：聖人，禮法之宗主，而忍爲之乎！此經雜出諸子所記，其間不可據以爲實者多矣。』余按世家載此事無年月，而在十七歲前，是以孔子爲尚幼也。果幼耶，孔子何以預自命爲『東西南北之人』乎？而又何以有『門人』乎？年譜蓋亦疑之，故以合葬之事載之二十四歲之時。孔子曰，『吾十有五而志於學，』至二十四歲而尚不知其父之墓，然則十年之所學者何事乎？孔子爲魯司寇，不用，去而適衞宋陳蔡諸國，不得已焉耳，當二十四歲時何以預知其至是？孔子僅二十四，則門人長者不過十餘歲，恐亦不能爲孔子修墓。陳氏之辨是也。然封墓之故與墓

辨衰絰與享之說

崩之說亦謬。易云，『上古不封不樹，』是三代以來皆封矣，文武周召如皆不封，後人何由知其葬處？封之不自孔子始也明矣。孔子之孝，封墓必堅；一日之間遇雨而遽崩，尙可謂之墓乎！故今皆不錄。

世家云，『孔子母死要絰。季氏享士，孔子與往，陽虎絀之曰，「季氏享士，非敢享子也！」孔子由是退。』余按禮居喪者三年不飲酒食肉；小功緦麻，飲酒食肉，不與人樂之。酒肉尙不可飲食，況敢受大夫之享乎！輕喪尙不與人樂之，況重喪乎！孔子如是，不幾貽笑於陽虎耶！家語亦覺其謬，又改其文以曲解之，謂陽虎弔孔子，告以享士之事，而孔子曰，『某雖衰絰，亦欲與往，』以示不非陽虎之意，則其謬更甚焉。何則？虎弔而言享士，卽失禮，其小焉者耳；衰絰而往，失禮大矣，以此答之，不亦僨乎！且虎果失禮，不非之足矣，曷爲而更甚之，是諂也；不往而僞告以欲往，是欺也：聖人必不如是。故今皆不錄。

初仕

史記言初仕之誤

初仕之年

『孔子嘗爲委吏矣，曰「會計當而已矣！」嘗爲乘田矣，曰「牛羊茁壯長而已矣」』（孟子。）

世家云，『嘗爲季氏史，料量平。嘗爲司職吏，而畜蕃息。』余按，『委』『季』，『吏』『史』四字相似，故誤；後人又妄加氏字耳。孔子豈爲季氏家臣者哉！畜牧不可以云『司職』，二字亦誤。

「郯子來朝，公與之宴。昭子問焉，曰「少皞氏鳥名官，何故也？」郯子曰，「吾祖也，我知之。」仲尼聞之，見於郯子而學之。既而告人曰，「吾聞之，『天子失官，學在四夷，』猶信！」」（左傳昭公十七年。）

按孔子初仕之年雖無明據，然郯子之朝，孔子年二十八，爲貧而仕，亦其時也。且能自通於國君，則非庶人可知。孔子之受職蓋前此矣。故次之於

助祭之年

辨魯廟欹器之說

『委吏乘田』之後。

『子入太廟，每事問。或曰，「孰謂鄹人之子知禮乎！入太廟，每事問。」子聞之，曰「是禮也！」』（論語八佾篇。）

世家不載此事。今按入廟助祭，其位尊於委吏乘田矣；以『鄹人之子』呼聖人，則非年之高，位之崇，可知也。故次之於此。

荀子云『孔子觀於魯桓公之廟（韓詩外傳作「周廟」），有欹器焉。顧謂弟子，挹水而注之。中而正；滿而覆；虛而欹。子路曰，「敢問持滿有道乎？」子曰「聰明睿知，守之以愚（云云）」』余按此喻取意良新，警世亦切；然玩其詞意正與周廟金人之銘相類，皆似黃老家言，以語於聖人之道則淺矣。且其事不類春秋時事，其語亦不類論語中語，必後人所託。故今不錄。

附錄 『齊景公田，招虞人以旌，不至，將殺之。孔子曰「志士不忘在溝壑；勇士不忘喪其元。」』（孟子。）『子產卒，仲尼聞

辨齊景公適魯之說

之，出涕曰，「古之遺愛也！」』（左傳昭公二十年。）

按，此二事皆在昭公二十年，但入廟助祭之年未有明據，則此未知在其前與，抑在其後與？姑附次於此。

孔子世家記昭公二十年，齊景公與晏嬰適魯，景公問秦穆公於孔子，孔子盛稱之以為可以王云云。（齊世家云，『獵魯郊，因入魯，與晏嬰俱問魯禮。』年表略同。）余按，齊君如魯，史未有不書者，而春秋經傳皆無之。且使果有此事，孔子當述周公明王道以告之，豈得盛推秦穆乎！又按左傳，是年齊侯疥，遂痁，期年而不瘳，至十二月始小愈，而田於沛，未幾，返於遄臺，此何暇遠涉於魯境耶！且其辭甚淺陋，必戰國策士之所偽託。今不錄。

『公至自楚，孟僖子病不能相禮，乃講學之；苟能禮者從之。及其將死也，召其大夫曰，「禮，人之幹也。無禮，無以立。吾聞將有達者曰孔丘，聖人之後也，而滅於宋。（自此以下六十餘言，已見前原始篇，今不復舉。）

孟僖子卒在孔子助祭後

史記言懿子敬叔學禮於孔子年十七時之謬

口臧孫紇有言曰，『聖人有明德者若不當世，其後必有達人。』今其將在孔丘乎？我若獲沒，必屬說與何忌於夫子，使事之而學禮焉，以定其位。』故孟懿子與南宮敬叔師事仲尼。』（學禮事在昭公二十四年以後，文在左傳昭公七年。）

口按春秋昭公二十有四年，『仲孫貜卒。』其明年，昭公孫齊，世家所謂『魯亂而孔子適齊』者也。孔子之助祭蓋前此矣。故次之於『入廟』之後。

口孔子世家云，『孔子年十七，孟釐（即「僖」字，古通用）子卒；懿子及南宮敬叔往學禮焉。』余按春秋傳此文在昭公七年；由襄公二十二年遞推之，則孔子至是當年十七，是以史記云然。然孟僖子之卒實在昭公二十四年，傳但因七年孟僖子至自楚病不能相禮而終言其事耳。世家不察，以爲本年之事，誤矣。懿子敬叔生於昭公之十二年（杜註云，『似雙生』）；當七年時，非惟孔子之年未可為師，而二子固猶未生，安得有學禮之事乎！ 近世學者動謂漢儒近古，其言必有所本；後人駁之非是。今史記此言豈無所本者，而何以誤也？特學者道聽塗說，不肯詳考，故遂以漢儒為皆可信耳。 尤可笑者，闕里志云（剛案，「云」字疑衍） 孔子年譜亦載此事於十七歲：然則作年譜者但採史記諸子之文綴輯成書，而初非有所傳也明矣。 學者乃以年譜為據，抑何其不思之甚也！

辨問禮老子之說

史記孔子世家云，南宮敬叔言於魯君，請與孔子適周。 魯君與之一車，兩馬，一豎子。 適周問禮，見老子。 老子送之曰，「聰明深察而近於死者，好議人者也。 博辨廣大危其身者，發人之惡者也。」 老莊申韓列傳又云，『孔子適周，將問禮於老子，老子曰，「子所言者，其人與骨皆已朽矣，獨其言在耳。吾聞之，『良賈深藏若虛，君子盛德容貌若愚。』 去子之驕氣與多欲，態色與淫志，若是而已！」 孔子謂弟子曰，「鳥，吾知其能飛；魚，吾知其能游；獸，吾知其能走；至於龍，吾不能知其乘風雲而上天！老子其猶龍耶？」』余按，老聃之學，經傳未有言者，獨戴記曾子問篇孔子論禮頻及之；然亦非有詭言異論如世俗所傳云云也。戰國之時，楊墨並起，皆託古人以自尊其說。儒者方崇孔子，爲楊氏說者因託諸老聃以詘孔子；儒者方崇堯舜，爲楊氏說者因託諸黃帝以詘堯舜。以黃帝之時禮樂未興，而老聃隱於下位，其迹有近似乎楊氏者也。今史記之所載老聃之言，皆楊朱之說耳；其文亦似戰國諸子，與論語春秋傳之文絕不類也。且孔子驕乎？多欲乎？有態色與淫志乎？深察以近死而博辯以危身乎？老聃告孔子以此言，欲何爲者？由是言之，謂老聃告孔子以如是云云者，妄也。孔子稱述古之賢人及當時卿大夫，論語所載詳矣：藉令孔子果嘗稱美老聃至於如是，度其與門弟子必當再四言之，何以論語反不載其一言？『以德報怨』，論語辨之矣；此世俗所傳老聃之說也。其說雖過，然猶未至如『骨朽言在』之語之尤爲不經也。孔子聞之，當如何而闢之，當如何而與門弟子共正之，其肯反稱美之以為『猶龍』，以惑世之人乎！ 由是言之，謂孔子稱老聃以如是云云者，妄也。 昭公二十四年孟僖子始卒，敬叔在衰絰中，不應適周。敬叔以昭公十二年生，至是年僅十三，亦不能從孔子適周。 至明年而孔子已不在魯，魯亦無君之可請矣。 諸侯之相朝會，容有在喪及幼穉者，彼為國之大事，不獲已也；抑恃有相者在。 敬叔不能則已，不必使人相之而往。 適周以學禮也，而獨不念適周之非禮乎！ 且敬叔豈無車馬豎子者，而必待魯君之與之！由是言之，謂敬叔從孔子適周而魯君與之車馬者，亦妄也。 此蓋莊列之徒因相傳有孔子與聃論禮之事，遂從而增益附會之，以詘孔子而自張大其說。 世家不察而誤采之，惑矣。 道德五千言者，不知何人所作，要必楊朱之徒之所僞託，猶之乎言兵者之以陰符託之黃帝，六韜託之太公也；猶之乎言醫者之以素問靈樞託之於黃帝岐伯也。 是以孟子但距楊墨，不距黃老，為黃老之說者非黃老，皆楊氏也，猶之乎不闢神農而闢許行也。 如使其說果出老聃，老聃在楊墨前，孟子何以反無一言闢之，而獨歸罪於楊朱乎？　秦漢以降，其說益盛，人但知爲黃老而不復知其出於楊氏，遂有以楊墨爲已衰者，亦有尊黃老之說而仍闢楊墨者。　揚子雲云，『古者楊墨塞路，孟子辭而闢之，廓如也。』　蓋皆不知世所傳爲黃老之言者卽『爲我』之說也。　自是儒者遂舍楊朱而以老聃爲異端之魁，嗚乎，寃矣！　故凡言老聃者，惟戴記爲近；是然其有無亦不可知。　故今概不錄其事與言，以絕後人之疑。

家語載問禮事尤謬

　家語觀周篇亦載問禮事，大略本之世家而頗增益其語，尤爲紕繆。　所載孔子言云，『吾聞老聃博古知今，通禮樂之原，明道德之歸，則吾師也；今將往矣。』　余按言老聃者，惟戴記曾子問篇爲近古，然所稱述亦皆禮之繁文末節，——子貢所謂『識其小』者是也，——烏覩所謂『通禮樂之原』者哉！　至於世俗所傳以爲老聃言者，道德經耳，其言云，『失道而後德，失德而後仁，』又云，『上德不德，下德不失德，』其論道德謬矣，——韓子云，『道其所道，非吾之所謂道也；德其所德，非吾之所謂德也，』——烏覩所謂『明道德之歸』者哉！孔子學官於郯子；入太廟每事問；曰，『吾自衞反魯，然後樂正；』孔子之學亦頗得諸四方考訂之功。詩曰，『先民有言，詢於芻蕘，』太廟駿奔之人豈必皆嘗聞道者乎！　然則孔子卽果適周，因問禮於老聃以證魯禮有無流傳之誤，此亦尋常事耳，謂足供聖人之采擇則可矣，烏有以爲己師而往從之者哉！　韓子云，『老者曰，「孔子，吾師之弟子也。」佛者曰，「孔子，吾師之弟子也。」爲孔子者，習聞其說，樂其誕而自小也，亦曰「吾師亦嘗師之」云爾。不惟舉之於其口，而又筆之於其書。』此言正爲家語而發。嗚呼，以異端攻吾道，勝不勝猶未可知也；以吾儒自攻吾道，而其勢遂必無不勝，無怪乎異端之日熾而聖學之日微也！　且世家但云『敬叔言於魯君，請與孔子適周』而已，家語則載敬叔之言，全錄左傳孟僖子將死之語。夫此語僖子屬其大夫則可，敬叔以適周請於君，何必詳敘孔子之祖德乎！　世家但云『自周反魯，弟子益進』而已，家語則云『自周返魯，道彌尊矣，弟子之進蓋三千焉。』 夫孔子之道大矣，豈一見老聃之所能尊；而是時孔子年僅三十有五，弟子安得遂至於三千乎！ 家語一書本魏晉間人雜取子史中孔子之事綴輯增益以成書者，其時方崇老莊，故其爲言如此，若借老聃以爲孔子重者，其識又遠出司馬遷下，而文亦淺陋鄙弱，本不足較。 然自宋以來，儒者多信之不疑，以致沒聖人之實，良非小失。 故余不敢不爲之辨。

辨周廟金人之說

觀周篇又云，『孔子入后稷之廟，有金人焉，三緘其口而銘其背曰，「古之愼言人也，戒之哉，勿多言（云云。）」』 余按，君子之道時然後言，聖人之德恂恂便便，聖賢之戒言也，曰『訥，』曰『無易，』曰『玷不可爲，』如是焉而已。三緘其口，則過於愼矣。 孔子曰，『愼而無禮則葸；』推斯說也，必有緘默以取容，浮沉以處世者，不可以爲訓也。 且周之太廟誰得而漫置之而漫銘之耶？其由來也必遠，最近亦當在周初時；今其文乃似周末戰國時人之語，何耶？ 而

家語被莊子託言之非

其所言『執雌守下』云云者，又皆與道德經之旨若合符焉，其爲習黃老之術者所託甚明，故不錄。

觀周篇又云，『孔子見老聃而問焉，曰「甚矣，道之於今難行也！吾比執道而今委質以求當世之君而弗受也（云云。）」』余按此文本之莊子之天運篇，采其意而改其文者。不知莊子一書特欲張大其荒誕之說，以言清淨者之宗老聃也，故多託爲老聃之言；以儒者之尊孔子也，故又借孔子以尊老聃之言：皆非以爲實然也。家語乃列之於孔子事中，謬矣！孔子年三十餘而適周，尚未及強仕之年，何得云『道之難行』耶！尚未歷經列國，何得云『委質以求當世之君而弗受』耶！家語乃載之於觀周篇中，疏矣！莊子一書乃異端之最無忌憚者；撰家語者自謂孔氏遺書，乃信莊周以卑孔子而尊老聃，豈非孔子之罪人乎！嗚呼，莊列之書世亦有信之者，要其不信者固多也；家語采之，斯無不信之矣！是誤後人者家語也，非莊列也。故余於莊列異端之書不辨，亦

年譜記訪樂問禮之年不可信

不勝其辨;采於家語,然後辨之:以人之所重者在家語也。

年譜云,『三十四歲,訪樂於萇宏;三十五歲,與南宮敬叔適周,見老聃而問禮焉。』 余按,戴記曾子問篇四言『聞諸老聃,』樂記篇言『聞諸萇弘,』孔子少時或嘗適周亦未可定。 要之自爲司寇以後,其年乃略可考;自是以前,位尙卑,望尙輕,弟子時亦尙寡,其事多出於後日所追記,其有無尙無可取證,況其年耶! 魯之去周千有餘里,是時孔子尙貧,治行亦大不易,既訪樂於萇弘,何不即問禮於老聃,而必待於明年之再往乎! 且年譜於訪樂則載孔叢子『河目隆顙』之語,於問禮則采史記『骨朽言在』之文,乃楊朱氏所撰以詆孔子者,尤君子所必闢也。 然年譜皆載之,則年譜非孔氏遺書而爲後人之所妄撰也明矣;況於年月安可信耶! 故今皆不采。

附錄 『將禘於襄公,萬者二人;其衆萬於季氏。』(左傳昭公二十五年。)『孔子謂季氏,「八佾舞於庭,是可忍也,孰不可忍也!」』

八佾之言即爲禘襄公事而發

（論語八佾篇。）

朱子論語集註云，『季氏以大夫而僭用天子之禮樂，孔子言其此事尚忍爲之，則何事不可忍爲。』 余按春秋之時，三桓之僭多矣，聖人何獨於此一事疾之如此？ 然則此事卽傳所稱『禘於襄公』之事無可疑者；但論語文簡質，而此事乃當時之所共知，故不必更詳也。 此事傳不詳其年月，特因季氏之逐昭公而追記之。 然傳所追記者四事，而此事獨在後，則此事疑卽在於此年；所謂『孰不可忍』云者，正謂逐君之事亦所忍爲。 然則孔子已逆知季氏之將逐君，非徒惡其僭而已也。 孔子之至齊，據世家正在此年，但謂魯亂而後適齊；而玩此章語意，已有『亂邦不居』之心，則孔子之去魯當卽在此時，不待於昭公之已出也。 此乃聖人見幾之哲，傳記雖無明文，然幸此章猶存，而其詳又備載於左傳，可以深思詳考而自得之。 余故表而出之，列之『在齊』之前，使人知孟子之所稱『可仕則仕，可止則止』者，謂此類也。

辨爲高張家臣之說

在齊

世家云，『孔子適齊，爲高昭子家臣，欲以通乎景公。』余按春秋傳高昭子名張，唁魯昭公，稱爲主君；阿景公意，輔孺子荼，卒爲陳氏所逐：其不肖如是。孟子曰，『觀遠臣，以其所主，』況於爲之臣乎！百里奚，賢人耳，或謂其食牛以要秦穆公，孟子猶辭而闢之，況聖人而爲小人之家臣以干時君乎！子禽問於子貢曰，『夫子至於是邦也，必聞其政，求之與？抑與之與？』子貢曰，『夫子溫良恭儉讓以得之。』若孔子果爲家臣以通乎時君，則是非但求之，且卑身以求之矣，子貢之言一何謬與！且此篇前云『景公與晏嬰來適魯，問孔子（云云）景公說，』果如所言，孔子已早通乎景公晏子矣，亦何待於爲高氏之家臣乎！其自相刺謬也如此。此必無之事，故今不錄。

『子在齊聞韶，三月不知肉味，曰，「不圖爲樂之至於斯也！」』

聞韶不必在初至齊之日

（論語述而篇。）

世家云，『與齊太師語樂，聞韶音，』蓋因論語『子語魯太師樂』之文而誤。不可從。

說苑云『孔子至齊郭門外，遇嬰兒其視精，其心正，其行端。孔子曰，「趣驅之，趣驅之，韶樂將作！」』余按樂之感人誠有如說苑所云者，然孔子在齊數年矣何時不可聞韶，不必初來之日適會韶樂之作而後得聞之也。韶之作也，不在於廟朝，則在於樂官之所，孔子初至人國之日亦無由即入其廟朝官府而觀其樂之理，而何趣驅之之有哉！此特想像意度之詞，雖無害於理，實未必然。故不錄。

『齊景公問政於孔子，孔子對曰，「君君，臣臣，父父，子子。」公曰，「善哉！信如君不君，臣不臣，父不父，子不子，雖有粟，吾得而食諸！」』

（論語顏淵篇。）

辨齊景公問廟災之說

說苑云，『周廟焚，齊景公問孔子曰，「何廟也？」孔子對曰，「必釐王（左傳作僖王；僖，古通作釐）廟也。釐王變文王之制，輿馬奢侈，故天殃其廟。」左右入報曰，「是釐王之廟也。」景公驚曰，「聖人之智不亦大乎！」』余按，春秋所書並無釐王廟災之文，左傳所記釐王亦無變法奢侈之事，蓋即左傳哀公三年料魯桓僖廟災一事而傳之者誤耳。家語以爲兩事而兼載之，則益誤矣。世俗所重於聖人者皆此類事，而不知聖人之初無借於此也。況由魯而之周，由陳而之齊，又以輿馬之侈附會之，傳聞之詞尚足較乎！且此幸而猶有左傳之文在耳，若其所由以誤之書既亡，待誰得而辨其眞僞也者；烏知其不皆類此也！故凡不見於經傳者概不錄。

辨晏嬰譖沮孔子之說

世家云，『景公將以尼谿之田封孔子，晏嬰進曰，「夫儒者滑稽而不可軌法；倨傲自順，不可以爲下；崇喪遂哀，破產厚葬，不可以爲俗；游說乞貸，不可以爲國。自大賢之息，周室既衰，禮樂缺有間。今孔子盛容飾，繁登降之禮，趨詳之節，累世不能殫其學，當年不能究其禮，君欲用之以移齊俗，非所以先細民也！』」張子厚云，『晏嬰智矣，而不知仲尼，是非命耶！』 余按晏嬰，齊之賢大夫也，孔子之爲聖人，晏子未必能知，若其有益於人國，則晏子必無有不知者：藉使景公不用孔子，晏子猶當薦之，況景公自欲用孔子而晏子乃反沮之乎！ 且晏子以爲孔子不足賢耶，則齊大夫如黎鉏梁邱據輩貪諛譎詐而竊祿者何限，嬰何以悉不言而反靳之於孔子耶？ 以爲孔子將奪己之權耶；則嬰之在齊固無權，嬰即不肖亦斷不至是，嬰何爲而沮孔子哉？ 孔子曰，『先進於禮樂，野人也；後進於禮樂，君子也；如用之，則吾從先進，』曰，『禮云，禮云，玉帛云乎哉！』林放問禮之本，曰『禮，與其奢也寧儉；喪，與其易也寧戚，』孔子豈『盛容飾，繁登降之禮，趨詳之節』者哉！ 伯魚顏淵之葬，雖皆後日之事，要必生平類然，『破產厚葬』之譏爲不倫矣！ 至於『滑稽，倨傲，游說乞貸』云云，尤與儒者不類，況孔子耶！凡譖人者，雖非其實，要必取其近似之迹而附會之，以取信於世主；今晏子之所，言事事皆與孔子相反，天下有如是之譖人者乎！　春秋傳中記晏子言多矣，曰『禮之可以爲國也久矣，與天地並，』曰『先王之濟五味和五聲也，以平其心，成其政也，』大抵皆述禮樂稱先王以規當世之失，——孟子所記亦然，——非儒者而能爲是言乎！　今此世家之文獨以儒爲詬病，是今而非古，蔑禮而棄樂，不但所言皆與孔子平生之事相反，卽與晏子平生之言見於左傳孟子者亦無一不相反，而豈不怪也哉！　且春秋之世固無有所謂『滑稽倨傲游說乞貸』者也，亦無有以是譏人者。　自戰國時淳于髡，愼到，莊周，顏斶，張儀，蘇秦之徒並起，然後有以滑稽倨傲游說乞貸著者；其人雖非儒，然以其處士也，或有『儒』之者。　而『破產厚葬』之譏亦自墨氏敎行之後始有之。　然則此言出於戰國時人之口明甚。　而其文之淺陋，亦似戰國秦漢，絕不類左傳孟子所述者。索隱曰『此說出晏子及墨子，其文微異。』　然則此文乃戰國以後墨氏之徒之所僞撰以攻吾儒者，以晏子之儉，故託之，而撰晏子者又從而妄採之耳。　彼司馬遷固不足怪，子厚號爲道學而亦信之，何耶？又按晏子之立，至昭公二十五年孫齊之時，四十年矣。次年以論彗星見於傳，自是以後無聞焉；而彗星不書於經，其文又附於十二月之後，尚不敢必爲本年之事：然則孔子至齊之時晏子或猶存，若去齊之日則晏子必已卒，不待言也。『接淅而行，』不知所因者何事，要之必不因於平仲也。

『孔子之去齊，接淅而行。』（孟子。）

辨齊致廩丘之說

說苑云，『齊景公致廩丘於孔子，孔子不受，曰，「君子以功受祿：今說景公，景公未行而賜廩丘，其不知丘甚矣！」遂辭而行。』余按，敬事後食，固君子之心，制祿養廉亦人君之正：景公與孔子邑，孔子辭之，可也，然在景公固未有失也。孔子何譏而何行焉？孔子於季桓子曰『見行可之仕，』言僅有行之機也，於衛靈公曰『際可之仕，』則全未嘗行矣，然孔子皆受其祿，於景公何辭焉？且其語殊淺陋，孔子既非說客，景公未卒，亦不得稱其謚。其爲後人所託，明甚。故不

在齊錄。

齊景公待孔子語可疑

【存疑】『齊景公待孔子曰，「若季氏則吾不能；以季孟之間待之。」曰，「吾老矣不能用也！」孔子行。』（論語微子篇。）

按，孟子但言『去齊接淅而行，』未嘗言其何故；獨論語微子篇載齊景公之言云云，然考其時勢若有不符者。孔子在昭公世未爲大夫，班尙卑，望尙輕，景公非能深知聖人者，何故卽思以上卿待之，而云『若季氏則吾不能』也？景公是時年僅四五十歲，其後復在位二十餘年，歲會諸侯，賞戰士，與晉爭伯，亦不當云『老不能用』也。微子一篇本非孔氏遺書，其中篇殘簡斷，語多不倫，吾未敢决其必然。姑存之於『接淅而行』之後，以俟夫好古之士考焉。

去齊之年

【附論】『孟子曰，「去齊接淅而行，去他國之道也。」』（孟子。）

孔子之至齊，世家載之昭公之世，在爲魯司寇之前，而春秋傳無之，其年無可考者。然按孟子云『孔子不悅於魯衞，遭宋桓司馬，將要而殺之，微服而過宋；是時孔子當厄主司城貞子，爲陳侯周臣，」是孔子自爲司寇以後，去魯，適衞，過宋，以至乎陳，無由北行以至齊也。春秋齊景公卒在魯哀公五年，孔子方在陳蔡之間，是孔子自以司寇去魯之後不復能有見齊景公之時，則孔子至齊之必在於爲魯司寇之前可知也。且自昭公孫齊，國中無君，權臣擅命，正伯玉出近關，須無棄十乘之時，度孔子此時亦必不肯在魯與季氏周旋。世家之說是也。其至齊之歲，前將禘條下已詳言之。惟其去齊之歲未有明據；以理度之，孔子歸魯當在定公旣立之後，或至彼時去齊，或先去齊而復暫棲他國，迨定公立然後歸魯，均未可知。大抵自爲司寇以前傳記多闕，事難臆斷。姑存其可知者如此；其不可知者，則在乎好學深思者之善悟也。

年譜記三至齊之謬

世家，孔子止一至齊，在魯昭公二十五年。年譜則三至齊：三十一歲景公遣使來聘，孔子適齊，居齊者凡三歲；及三十六歲又在齊聞韶而反乎魯；明年復自齊歸於魯：說與世家大異。余按，年譜從世家，以孔子爲襄公二十二年生，則其所云三十一歲者，謂昭公之二十一年也。昭公二十四年孟僖子始知孔子，其言曰，『將有達者』『將在孔丘，』將之爲言有待也：是孔子此時名猶未甚著，望猶未甚隆也。僖子本國之大夫，景公則異國之君也，僖子『苟能禮者從之，』景公則未嘗有好禮名也：景公安能先僖子而知孔子而聘之哉！二十五年昭公孫齊，二十一年魯無事也：孔子不應無故而去，又不應將亂而忽歸。以時考之，固不符矣，孔子既在齊三年矣而不聞韶，又三年之後乃以聞韶之故特往，以理度之亦不似也。且去齊已三年矣，而又往，而又遽來，逾年而又遽往，又遽來，孔子何求於齊而僕僕若是乎？然則孔子至齊，世家之說近是。今從之。

自齊反魯

『或謂孔子曰「子奚不爲政？」子曰，「書云，『孝乎惟孝，友于

諫用玉
斂爲仲
梁懷事

兄弟，施於有政，』是亦爲政，奚其爲爲政！」』（論語爲政篇。）

此語年月無可考。 集註以爲在定公初年，是時季氏專政。 集註近是，今從之。

家語云，『季平子卒，將以君之璠璵斂，贈以珠玉。 孔子初爲中都宰，聞之，歷級而救焉，曰，「送死而以寶玉，是猶曝尸於中原也，安用之！」乃止。』 余按左傳，此乃季氏家臣仲梁懷事，而家語移之於孔子。 嗚呼，人卽欲爲日增其明，亦何至以如螢之火附之！人卽欲爲岱增其高，亦何至以一撮之土累之！人卽欲媚聖人而掠他人之美以增其德，亦何至取季氏家臣小小可喜之事以加於我生民未有之孔子乎！ 叔孫武叔毀孔子，子貢曰，『人雖欲自絕，其何傷於日月乎！多見其不知量也。』 余謂聖人非但不可毀，亦幷不可譽：人雖欲自媚，其何加於日月乎！亦徒爲不知量而已矣。 且平子之斂自有其家臣在，孔子非其家臣，汲汲何爲焉？ 又按昭定之間，季氏擅政，孔子不仕，故或謂孔子曰，『子奚不爲政；』孔子又曰，『不義而富且貴，於我如浮雲』撰家語者徒知止季氏璠璵之斂之爲美，而不知無道則隱，不與鄙夫共事君者之尤爲不可及也。　蓋凡孔叢子家語之見類如此，其稱聖人也小而誣聖人也大。　故皆不錄。

辨穿井獲羊之說

國語云，『季桓子穿井，獲如土缶，其中有羊焉。　使問之仲尼曰，「吾穿井而獲狗，何也？」　對曰，「以丘之所聞，羊也。　丘聞之，木石之怪曰夔蝄蛃，水之怪曰龍罔象，土之怪曰羵羊。」』　世家采之，以爲在定公五年。　余按論語曰，『子不語怪，力，亂，神，』果有此事，答以不知可也，乃獲一土怪而并木石水之怪而詳告之，是孔子好語怪也，不與論語之言相刺謬乎！　桓子，魯之上卿，獲羊而詭語狗以試聖人，何異小兒之戲，此亦非桓子之所宜爲也。　且土果有羊怪，則當不止一見，如水之有龍然。　苟以前未有此事，則古人何由識之？　既數有之，又何以此後二千餘年更不復有穿井而得羊者？　豈怪至春秋之時而遂絕乎？是可笑也！　故今不取。　國語又有與吳使論骨事，世家亦載之於此年；而吳墮

退教弟子之年

會稽，據左傳乃在哀元年，謂其在此年，亦非是。說見後主司城條下。

備覽 「孔子不仕，退而修詩，書，禮，樂。弟子彌衆，至自遠方，莫不受業焉。」（孔子世家。）

世家此文在定公五年陽虎作亂之後。其作亂年月與左傳合；惟所云『桓子嬖臣仲梁懷』者，按左傳懷乃平子舊臣，秉正以拒陽虎者，世家所云非是。獨此數語爲得聖人之實：蓋亂人在朝，乃君子獨善之時。故附次於此。

『陽貨欲見孔子，孔子不見。歸孔子豚。孔子時其亡也而往拜之。遇諸塗。謂孔子曰，「來！予與爾言。」曰，「懷其寶而迷其邦，可謂仁乎？」曰，「不可。」「好從事而亟失時，可謂知乎？」曰，「不可。」「日月逝矣，歲不我與！」孔子曰，「諾，吾將仕矣！」』（論語陽貨篇。）

陽貨陽虎似非一人

存疑　『陽貨欲見孔子而惡無禮。大夫有賜於士，不得受於其家，則往拜其門。陽貨瞰孔子之亡也而饋孔子蒸豚。孔子亦瞰其亡也而往拜之。』（孟子・）

朱子論語集註云，『陽貨，季氏家臣，名虎，嘗囚季桓子而專國政，』是陽貨卽陽虎也。夫虎乃季氏家臣，雖專政，未嘗爲大夫，正如季氏雖專魯，亦未嘗僭稱魯侯也，孟子豈得稱虎曰大夫哉！春秋於虎之叛，書曰，『盜竊寶玉大弓』；其奔齊也，書曰『得寶玉大弓』；而皆不書其名，其叛與奔亦略而不記，虎之身反不若弓玉之重者，所以深黜之也。縱使虎妄自居於大夫，孔子豈得遂以大夫之禮尊虎也哉！孟子一書蓋亦成於其門人之手，淮泗入江之誤，先儒言之矣，安知此文之不亦類是乎！又按，論語有陽貨而無陽虎；左氏傳有陽虎而無陽貨。傳記陽虎凡數十事，獨無饋豚一事；傳稱陽虎凡百數十見，皆稱爲陽虎，未嘗一稱爲陽貨。則似乎貨自一人，虎自一人也。左傳稱人好錯舉其名字

年譜記爲宰及司空之年之謬

諡號，如隨會又稱士會，范會又稱隨季，士季又稱隨武子，范武子；巫臣又稱屈巫，又稱子靈；胥臣又稱臼季，又稱司空季子之類：獨陽虎未嘗一稱陽貨，則似乎『貨』自貨，非虎，『虎』自虎，非貨也。　孟子書稱陽貨者一，陽虎者一：其於『歸豚』則稱爲陽貨，與論語合，不稱爲陽虎也；其於『爲富不仁』則稱爲陽虎，與春秋傳鮑文子之言合，亦不稱爲陽貨也。　後之人何以知虎之卽貨而貨之卽虎也哉？　今若以貨與虎爲二人，則孟子之言了然分明，無可疑者。　但經傳皆無明證，未敢驟變舊說；而論語但云饋豚，亦不言其爲大夫與否。　故今列孟子之言於論語後，以俟考焉。

世家有爲中都宰及司空事，皆在定公九年後。　家語有事無年。　年譜則云，『四十七歲，定公以爲中都宰；四十八歲，遷司空。』　余按年譜所云四十七歲者，爲定公之五年也。　是年自六月以前，權在平子；六月以後，權在陽虎：定公安能自用孔子，孔子安能自行其意乎哉！　魯之亂莫甚於陽虎時，是『天地閉，賢人隱』之日也，孔子於此時猶爲宰與司空，亦何時不可以仕，而論語乃有或人『不爲政』之問何耶？陽虎威制魯君，三卿多行不義，孔子身爲卿貳，不能少改其德，可謂『立乎人之本朝而道不行』矣，然終不肯去魯；及桓子受女樂，小於陽虎之惡多矣，乃不稅冕而行：不幾輕重顛倒矣乎？ 蓋撰家語者爲世家所誤而附會之以事，撰年譜者又爲家語所誤而幷附會之以其年，而不知其益增而益謬也。 故今皆不取。

洙泗考信錄卷之一終

爲宰爲司空事有無不可知

洙泗考信錄卷之二

爲魯司寇上

檀弓云，『夫子制於中都，爲四寸之棺，五寸之槨。』世家云，『定公以孔子爲中都宰；一年，四方皆則之。由中都宰爲司空；由司空爲大司寇。』家語云，『孔子初仕爲中都宰，制爲養生送死之節，爲四寸之棺，五寸之槨，因邱陵爲墳，不封不樹。定公謂孔子曰，「學子此法以治魯，何如？」孔子對曰，「雖天下可也，何但魯國而已哉！」於是二年，定公以爲司空。乃別五土之性，而物各得其所生之宜。先時季氏葬昭公於墓道南，孔子溝而合諸墓焉。由司空爲司寇（云云。）』余按孟子稱孔子嘗爲委吏，乘田，考其時皆在昭公世，若至此又爲宰，則是再仕，非『初仕』也。陽虎作亂，孔子不仕，定八年冬，陽虎始敗；九年，始矜。十年，孔子已相君於會。中間爲時無幾，安得爲宰二年始爲司空，由司空乃爲司寇乎！春秋傳云，『周禮盡在魯矣，』魯之制非不善，患其不能行耳。孔子爲宰，奉周公之法足矣；自制何居焉？且檀弓所謂『四寸，』『五寸，』云者，謂民本薄而敎之以厚，故曰『以斯知不欲速朽也。』今增以『因邱陵爲墳，不封不樹，』之語，又似本厚而敎之以薄，亦與檀弓之文不類，而治天下之語尤夸大，非聖人之言，皆不足信也。至於合葬之事，據左傳在爲司寇時，非爲司空時事；而『別五土之性，』云者，語亦膚廓，無實事可指。然則家語所載皆出於後人之所附會無疑也。又按左傳，魯之孟孫世爲司空，未嘗失職；而都邑之宰其職甚卑，乃委吏乘田之流。孔子在定公世名益崇，望益重，是以或人有『奚不爲政，』之問，陽貨有『懷寶迷邦，』之譏。魯人固欲得孔子爲大夫，但孔子以魯亂，故不仕耳。陽虎既去，召而用之，乃事之常，不當僅以爲宰也。然則孔子固不能爲司空，即有爲中都宰之事，亦當在昭公之世，不得如世家之說也。又按春秋經傳，魯有「中城」而皆不言有所謂「中都」者：既謂之都，不宜泯泯無聞如此。且檀弓篇所記舛謬殊多，而此章所載曾子「速貧」「速朽」之語尤不近於理，必後人所妄撰。然則事之有無蓋不可知，而爲宰爲司空又俱不見於他傳記，故今皆不錄。

爲司寇之年

「葬昭公於墓道南。孔子之爲司寇也，溝而合諸墓。」（事在定公八年後。文在左傳定公元年。）

孔子爲魯司寇不知何年。按春秋，陽虎以八年戰敗，孔子以十年相定公會於夾谷。爲司寇，當在虎敗之後，夾谷之前。故次之於此。

辨新序爲司寇時事

劉向新序云，「魯沈猶氏旦飲其羊，飽之，以欺市人。公愼氏有妻而淫。愼潰氏奢侈驕佚。魯市鬻牛馬者善豫價。孔子爲魯司寇，沈猶氏不敢飲其羊，公愼氏出其妻，愼潰氏踰境而走，鬻牛馬者不豫價（云云）。」家語亦采此事而詞小異。余按此數事皆理之所有，然聖人盛德感人，綏之斯來，動之斯和，其化當不止此。 此皆狐假子產輩之所能爲；縱有之，亦不足以爲聖人重。且其事不見於經傳，其有無不可知。故今不錄。」

辨父子同狴之說

家語云，『孔子爲魯大司寇，有父子訟者，孔子同狴執之，三月不別。其父請止，孔子赦之。季孫不悅。孔子曰，「上失其道而殺其下，非理也（云云。）」』 余按，五刑之屬三千而罪莫大於不孝，不孝胡可赦也！ 曾子曰，『上失其道，民散久矣；如得其情，則哀矜而勿喜。』 故失其道，哀矜之斯可矣，若欲因是而遂廢刑，則大亂之道也。 況於元惡大憝，乃欲待教而後刑乎！ 家語此文本之荀子，而韓詩外傳亦有之，所載又與此異，云季孫欲殺而孔子止之云云。 且以季孫爲康子，而不言孔子爲司寇，則是其事固在自衞反魯後也。詳玩其語，蓋卽論語「如殺無道」之問而傳之者過當；若荀子則又所聞異詞者也。 原其意皆不過欲明聖人之以德化民耳，然言之不審，遂流入於異端而不自知。 嗚乎，說經引古又烏可以不愼乎哉！

辨進衆議之說

夾谷之會不囚

家語云，『孔子爲魯司寇斷獄訟，皆進衆議者而問之曰，「子以爲奚若？」』

余按此乃常人少有識者之所能，卽有之，不足爲聖人重。且其語殊鄙陋，顯爲後人所撰，故今不取。

【附錄】『孔子之仕於魯也，魯人獵較，孔子亦獵較。』（孟子。）

『孔子先簿正祭器，不以四方之食供簿正。』（同上。）

【附錄】『原思爲之宰，與之粟九百，辭。子曰，「毋以與爾鄰里鄉黨乎！」』（論語雍也篇。）

此事無年可考。包氏云，『孔子爲魯司寇，以原憲爲宰，』說近是。故附次於此。

『春，及齊平。夏，公會齊侯於祝其，實夾谷，孔丘相。』（左傳定公十年。）

世家云，『齊大夫黎鉏言於景公曰，「魯用孔丘，其勢危齊，」乃使使告魯

孔子得政

爲好會，會於夾谷』，若孔子已得政於魯者。余按，孔子曰，『苟有用我者，期月而已可也；三年有成，』是孔子見用未嘗至於期月之久也。公羊傳曰，『孔子行乎季孫，三月不違；於是帥師墮郈，帥師墮費，』是定公至十二年始用孔子，未久而遂去也。當會夾谷之時，孔子不過爲司寇耳，非有專權，安能危齊！若孔子於此年已聽國政，至十二年，踰『三年』矣，何不聞其『有成』者何在乎？孔子得百里之地而君之，可以有天下，後世推之則然；其門人或有知之者，他人不能也。若人盡知孔子之能與其國，何至終其身而不見用？況犂鉏狙詐之人，尤不足知聖人，安有遽以『危齊』爲憂者乎！且傳所謂『相』者，謂相禮也，非相國也。相國者，治一國之政；相禮者，但襄一時之禮，與國政無涉也。故魯季孫世秉國政，而襄公如晉，孟獻子相；昭公如楚，孟僖子相。晉韓宣子爲政，而晉侯之享齊侯，中行穆子相。鄭子皮當國，子產爲政，而鄭伯之朝晉侯，公孫段相。此蓋史記誤以相爲相國之相，又因傳有犂彌欲以兵劫魯侯之事，而遂

辨具左右司馬之說

誤以會時之策爲在國之謀，而不知其謬也。曰，然則齊何故而與魯爲會也？曰，經傳之文甚明學者自不察耳。蓋自昭公以前諸侯莫不事晉，自召陵會後而晉漸以失諸侯，故定公之七年『齊侯鄭伯盟于鹹』『齊侯衞侯盟于沙』獨魯事晉如故，不與諸侯之會，而又爲晉討鄭討衞，故齊使國夏再伐魯，而魯亦兩侵齊。直至陽虎奔後，而魯始與齊平，會于夾谷。明年，又與鄭平。故左傳云，『始叛晉也。』然則魯自因叛晉而與齊會，豈齊懼魯之用孔子而與魯會哉！故今不載史記之文。

世家又云，『魯定公且以乘車好往，孔子攝相事，曰「臣聞有文事者必有武備（云云）」定公曰，「諾，」具左右司馬。』余按春秋諸侯之會皆以兵車，唯齊桓、有衣裳之會；故孔子曰，『桓公九合諸侯，不以兵車，』蓋難之也。況此時齊魯新和，猜嫌未釋，定公必無以乘車往之理。以傳考之，魯亦未嘗有左右司馬之官。蓋史記因見穀梁傳中「雖有文事，必有武備」之語而誤以傳者論孔子之言爲孔子之所自言；又因其有『命司馬止之』之文，遂附會而增具左右司馬之事而不知其非也。故今亦不取。

『犂彌言於齊侯曰，「孔丘知禮而無勇；若使萊人以兵劫魯侯，必得志焉。」齊侯從之。孔丘以公退，曰，「士兵之！兩君合好而裔夷之俘以兵亂之，非齊君所以命諸侯也！裔不謀夏；夷不亂華；俘不干盟；兵不逼好。於神爲不祥，於德爲愆義，於人爲失禮，君必不然！」齊侯聞之，遽辟之。』（同上。）

辨奏四方樂之說

穀梁傳云，『兩君就壇，兩相相揖，齊人鼓譟而起，欲以執魯君。孔子歷階而上，不盡一等，而視歸乎齊侯，曰，「兩君合好，夷狄之民何爲來爲！」命司馬止之。齊侯逡巡而謝曰，「寡人之過也！」』世家云，『獻酬之禮畢，齊有司請奏四方之樂，旍旄羽袚矛戟劍撥鼓噪而至。孔子趨而進，曰，「吾兩君爲好會，夷狄之樂何爲於此！請命有司。」有司卻之，不去，則左右視晏子與景公。景公心怍，麾而去之。』余按，穀梁傳文與左傳詞小異，頗不雅馴，疑左氏采之魯史，穀梁氏則得之傳聞而撰爲文者，要其意不相遠；世家則又采穀梁傳之文而附會之以致失其本來之意者也。何者？傳所謂『鼓譟而起』者，乃戰鼓之鼓，非樂鼓之鼓；諸侯相會原無奏樂之事，矛戟劍撥亦不可以云樂，況魯君將爲所執，孔子尚得命之爲樂乎！所謂『視歸乎齊侯』者，乃孔子言時目視齊侯耳，非謂萊人視也；萊人受命劫魯，此何暇左右視耶！且晏子自昭末年至此，已十八年不見經傳，安得復存；如其果存，又奚容不諫乎！故今從左傳而不從世家。

『齊侯將享公，孔丘謂梁丘據曰，「齊魯之故，吾子何不聞焉？事既成矣，而又享之，是勤執事也。且犧象不出門，嘉樂不野合。饗而既具，是棄禮也；若其不具，用秕稗也。用秕稗，君辱；棄禮，名惡：子

為魯司寇上

盍圖之！夫享，所以昭德也；不昭，不如其已也。」乃不果享。』

一〇

（同上。）

辨奏宮中樂之說

穀梁傳云，『罷會，齊人使優施舞於魯君之幕下。孔子曰，「笑君者罪當死！」使司馬行法焉。首足異門而出。』世家云，『有頃，齊有司請奏宮中之樂，優倡侏儒爲戲而前。孔子趨而進曰，「匹夫而熒惑諸侯者罪當誅，請命有司！」有司加法焉，手足異處。』余按此卽左傳齊侯將享公因孔子之言而不果享之事。蓋傳聞者異詞，穀梁氏誤采之；而世家則又采穀梁傳之文，不達其意而滋誤焉者也。何者？萊人之劫，意將以懼魯也，會畢之享言欲以合歡也；若使優施舞於魯之幕下，欲何爲者？幕下之舞，罪之小者耳，何至使之手足異處？鼓譟以劫魯君，乃反麾而去之而遂已，何其刑罰輕重之顚倒耶？詩曰，『柔亦不茹，剛亦不吐。』茹柔而吐剛，聖人必不如是。且穀梁氏之意以爲會畢而舞於魯之館，故魯司馬得以行法；若如世家所云奏樂於會所，則齊右在前

齊歸汶陽之田不因謝過

魯有司安得加法於齊人乎！至家語則又采世家之文於盟前，而復載左傳之語於盟後，遂致一事而兩述之。齊之樂人既斬於魯有司而復欲以樂事魯君，不亦遠於人情矣乎！故今皆不取。

附錄

『齊人來歸鄆，讙，龜陰田。』（春秋定公十年。）

左傳云『將盟，齊人加於載書曰「齊師出竟而不以甲車三百乘從我者，有如此盟！」孔丘使茲無還揖對曰「而不返我汶陽之田，吾以共命者，亦如之！」』穀梁傳云『齊侯退而屬其二三大夫曰「夫人率其君與之行古人之道（云云），」罷會，』此下復有優施舞事，乃云『齊人來歸鄆，讙，龜陰之田者，蓋為此也。』世家云『景公懼而動，知義不若歸而大恐，告其羣臣曰，「魯以君子之道輔其君（云云），」乃歸所侵魯之鄆，汶陽，龜陰之田以謝過。』余按，世家之文本之穀梁而頗增益其詞，殊不近理。一切不成，何遂至於大恐，遽歸田以謝過！即云為義所屈，景公之賢亦不能至是。且穀梁傳所載景公責其羣臣之言，乃在夾谷退會之時，非謂其歸國而悔過也。　然穀梁之文本不分明，所謂『蓋爲此』者，爲會故乎，爲鼓噪故乎，爲司馬行法故乎，於文意皆可通，何由決知其所指耶？　惟左傳之文甚爲分明，亦近於理。　然盟不書於經，恐亦出於附會，未敢必其然也。　又按哀十五年，成叛適齊；其冬，及齊平，齊人歸成：蓋此皆非齊人之所自取，乃叛人以之適齊者，齊魯既和，則復歸之，本不足異，亦不必爲之說也。　鄆讙龜陰乃九年陽虎以之奔齊者，皆在汶水之陽，故傳前云『反我汶陽之田』，後云『來歸鄆讙龜陰之田』。　世家云，『所侵魯之鄆汶陽龜陰之田』，亦誤。　家語云，『歸所侵魯之四邑及汶陽之田』，分以爲二，又分『龜』與『陰』爲二邑，則尤謬矣。　至正義所云『魯築城於此以旌孔子之功，因名謝城』者，說尤淺陋，不足辨。

年譜分司寇大司寇爲

年譜云，『五十歲，遷司寇。　五十一歲，以司寇攝朝政。　五十三歲，爲大司寇。』　余按，年譜此文，蓋見家語始誅篇首有『爲司寇攝行相事』之語，其後

二官之誤

又有『爲大司寇』之文，遂誤分爲二官，且幷屬之於兩時耳。不知司寇即大司寇，若少司寇必加少以別之。家語但襲古人成語用之，非殊之也。以爲二官，誤矣。且少司寇下大夫耳，安能攝朝政哉！今不取。

爲魯司寇下（通世案，舊本脫此標題，今據嘉慶二年刻本補之。）

『孔子行乎季孫，三月不違，曰：「家不藏甲，邑無百雉之城，」於是帥師墮郈，帥師墮費。』（公羊傳定公十二年。）

『仲由爲季氏宰，將墮三都。於是叔孫氏墮郈。季氏將墮費，公山不狃、叔孫輒帥費人以襲魯。公與三子入於季氏之宮，登武子之臺。費人攻之，弗克；入及公側。仲尼命申句須、樂頎下伐之。費人北。國人追之，敗諸姑蔑。二子奔齊。遂墮費。』（左傳定公十

司寇爲政之故

辨公山弗擾召孔子之說

二年•）

世家，此事在定公十三年。　今按春秋經傳皆定十二年事，世家文誤。

按司寇下卿耳；然至襄昭之世，非上卿亦有爲政者，宋樂喜以司城，鄭子產以次卿，是也。　桓子知孔子，故使以司寇爲政。　故曰，『行乎季孫，三月不違，』曰『於季桓子，見行可之仕也，』明皆桓子之任之也。

論語云，『公山弗擾以費畔，召子欲往。　子路不說，曰「末之也已，何必公山氏之之也！」　子曰「夫召我者而豈徒哉！　如有用我者，吾其爲東周乎！」』余按春秋傳云，『季氏將墮費，公山不狃叔孫輒帥費人以襲魯，入及公側，仲尼命申句須樂頎下伐之，費人北，』然則是弗擾叛而孔子伐而敗之耳，初無所爲召孔子及孔子欲往之事也。　孟子曰，『孔子成春秋而亂臣賊子懼，』弗擾既以費叛，是亂臣賊子也，孔子肯輔之乎！　春秋於晉趙鞅書曰，『入於晉陽以叛，』於荀寅士吉射書曰，『入於朝歌以叛，』於魯陽虎書曰，『盜竊寶玉大弓』孔子之惡叛臣如此，肯輔之乎！ 陽貨欲見孔子，孔子不見；歸孔子豚，孔子時其亡也而往拜之。 孔子居衞，彌子謂子路曰，『孔子主我，衞卿可得也；』子路以告，孔子曰，『有命！』 孔子不肯見陽貨，主彌子，況肯輔弗擾乎！ 孟子曰，『枉己者未有能直人者也。』 孔子欲爲東周，必將討天下之亂臣賊子也；弗擾既身爲亂賊矣，安肯討人！ 縱使肯討人，亦不服，不見楚靈王之戮慶封乎！且夫弗擾，庸鄙狡詐之小人也：勞仲梁懷而不見敬也，則勸陽虎爲亂；不得志於季氏也，則與陽虎謀殺季孫；不欲墮費也，則帥費人以攻公。 其心甚狡而其謀甚拙，安能爲東周邪！ 夫費，彈丸地耳，其民素服屬於季氏，必不久從弗擾叛也。觀郈與成之叛，皆請降於齊，費之不能自立也明甚。 魯以大師攻之，不數月破矣，欲爲東周，胡可得耶！ 子曰，『苟有用我者，期月而已可也，三年有成。』曰『可，』曰『成，』聖人之謙也如是。 且方是時，周禮未改，非戰國時可同，而謂孔子公然欲自爲東周乎！ 又按，左傳費之叛在定公十二年夏，是時孔子方爲魯司寇，聽國政：弗擾，季氏之家臣耳，何敢來召孔子！孔子方輔定公以行周公之道，乃棄國君而佐叛夫，舍方興之業而圖未成之事，豈近於人情耶！費可以爲東周，魯之大反不可以爲東周乎！公羊傳曰，『孔子行乎季孫，三月不違，曰，「家不藏甲，邑無百雉之城，」於是帥師墮郈，帥師墮費，』然則是主墮費之議者孔子也。弗擾不肯墮費，至帥費人以襲魯，其讎孔子也深矣，必不反召之。弗擾方沮孔子之新政，而孔子乃欲輔弗擾以爲東周，一何舛耶！史記亦知其不合，故移費之叛於定公九年。然使費果以九年叛，魯何得不以兵討之。郈之叛也數月而兩圍之，成之叛也伐不踰時焉，費之叛何以獨歷四年而無事耶？定十二年傳云，『仲由爲季氏宰，將墮三都，』使費果以九年叛，則費已非季氏之邑，季氏安能墮之；子路當先謀討費，不當先謀墮都也。史記既移費叛於九年，又採此文於十三年，不亦先後矛盾矣乎！且夫『末之』云者，歷聘諸侯而不遇之詞也：今孔子但嘗至齊耳，尚未適衛，適宋，適陳蔡也，子路何得遽云『末

論語之誤

之』也耶！ 由是言之，謂弗擾之召孔子在十二年亦不合，謂在九年亦不合；總之，此乃必無之事也。 曰，然則論語亦有誤乎？ 曰，有。 今之論語非孔門論語之原本，亦非漢初魯論之舊本也。 漢書藝文志云，『論語古二十一篇，出孔子壁中；齊二十二篇，多問王知道；魯二十篇，』何晏集解序云，『齊論語二十二篇，其二十篇中章句頗多於魯論，』是齊論與魯論互異也。 漢書張禹傳云，『始魯扶卿及夏侯勝王陽蕭望之韋元成皆說論語，篇第或異，』（惟王陽傳齊論，餘四人皆傳魯論者。）是魯論中亦自互異也。 果孔門之原本，何以彼此互異？ 然則其有後人之所增入明甚。 蓋諸本所同者，必當日之本；其此有彼無者，乃傳經者續得之於他書而增入之者也。 是以季氏以下諸篇，文體與前十五篇不類；其中或稱孔子，或稱仲尼，名稱亦別；而每篇之末亦間有一二章與篇中語不倫者：正如春秋之有續經，孟子之有外篇，司馬遷之史記之有元成時事，劉向之列女傳之有東漢時人者然，又如近世杜詩韓文之有外集者然，非後人有所續入而何以如是。然使諸本幷存，後人猶可考其是非得失。不幸遇一張禹，彙合齊魯諸本而去取之，定爲一書，當時學者以其官尊宦達，遂靡然而從之，以致諸本陸續皆亡。故漢書張禹傳云，『禹先事王陽，後從庸生，（二人皆傳齊論者。）采獲所安』；又云，『「欲爲論，念張文」由是學者多從張氏，餘家寖微。』隋書經籍志云，『張禹本授魯論，晚講齊論，後遂合而考之，刪其煩惑，除去問王知道二篇，從魯論二十篇爲定，號張侯論。』然則今之論語乃張禹所更定，非龔奮韋賢之舊本，篇目雖用魯論，而其實兼采齊論之章句者也。嗟夫，張禹何知，知媚王氏以保富貴耳，漢宗社之存亡不問也，況於聖人之言烏能測其萬一；乃竟公然輯而合之，其不當刪而刪，不當采而采者，蓋亦不少矣。是以其義或戾於聖人，其事或悖於經傳，而此章與佛肸章尤害道誣聖人之大者。蓋戰國之士欲自便其私而恐人之議己，故誣聖人嘗有其事以自解，傳經者不知其僞而誤增之，而禹又誤采之者也。由是言之，孟子之外篇，幸而有趙岐刪之；春秋之續經，幸而公羊穀梁兩家俱在，故人得知其非聖人之筆；惟論語一書不遇知趙岐者而反遇一張禹，以致純雜不均，無從考其同異。乃後之人寧使聖人受誣於百世，而斷不敢議采輯者千慮之一失，亦可謂輕重之失倫矣！【注一】曰，聖人道大德宏，無可無不可，非可以尋常去就之義律之也；衞輒之不道，孔子嘗立於其朝矣，於費奚擇焉？曰，聖人者義之歸也。聖人所爲，天下將以爲法。己則比於叛人，而作春秋以治人之叛，叛人其心服乎！夫所謂『無可，無不可』者，猶之乎『無適，無莫』也。惠三黜而不去，而孔子去魯；夷居北海以待天下之淸，而孔子爲之兆不行而後去。可不可必比於義，而無成見，是之謂無可無不可耳。孔子曰，『不義而富且貴，於我如浮雲，』孟子曰，『孔子進以禮，退以義，得之不得曰有命，』烏有悖禮義而自以爲無害者哉！至於衞輒之事尤與弗擾不類。輒雖無道，然衞之君也，春秋固已『衞侯』之矣，不得以叛臣比。孔子居衞，乃公養之仕，不爲衞君，子貢言之矣。若欲以費爲東周，爲耶，不爲耶？

孟子曰，『規矩，方圓之至也；聖人，人倫之至也。』大經大法，聖人之所尤重者也，是以雖甚盛德亦必有所不爲。故舜必不臣堯，周公必不代成王踐阼，孔子必不從弗擾佛肸以叛。戰國之初，異端並起，始好爲聖人不凝滯之說以自便，而子之臣故主蘇代以滅燕矣。再盛於西漢之季，說經者牽合附會以誣聖人，而王莽踐帝位，劉歆以亡漢矣。三盛於東漢魏晉之交，名士風流皆云『禮豈爲我輩設，』而華歆殷仲文之屬爭附叛臣，七賢八達之流遂從而亂天下矣。若之何後人猶藉口於無可無不可之言而不悟也！曰，孔子雖欲往，卒不往也，夫何害於義？曰，苟可以爲東周，則何爲卒不往？苟往有害於義，則又何爲欲往？蓋卒不往者，經傳無其事也；欲往者，縱橫之徒相傳有是說也。即此亦足以見其爲僞托矣。此乃聖人行事大節之所關，非小小者比，故余不揣固陋，不顧非笑，而爲之辨。

『子路使子羔爲費宰。子曰，「賊夫人之子！」子路曰，「有民

子路爲季氏宰時事

辨行攝相事之說

人焉，有社稷焉，何必讀書，然後爲學！」」子曰，「是故惡夫佞者」』（論語先進篇。）

「公伯寮愬子路於季孫。子服景伯以告曰，「夫子固有惑志於公伯寮，吾力猶能肆諸市朝。」子曰，「道之將行也與，命也。道之將廢也與，命也。公伯寮其如命何！」』（論語憲問篇。）

此二事雖無年可考，然必皆在子路爲季氏宰之時。按魯定公五年，公山不狃以費宰見於傳，至十二年奔齊而費始無宰，然則子羔之舉當在季氏初墮費之後也。景伯之告孔子以道之行廢言之，似不僅爲子路發者，蓋孔子爲魯司寇，子路爲季氏宰，實相表裏，子路見疑，即孔子不用之由，然則伯寮之愬當在孔子將去魯之前也。故並次之於此。

世家云，『定公十四年，孔子年五十六，由大司寇行攝相事，有喜色。門人曰，「聞君子禍至不懼，福至不喜。」孔子曰，「有是言也！不曰『樂以其貴

爲魯司寇下

下人』乎？」』　余按孟子及春秋傳，孔子但爲司寇，未嘗爲相。　公羊傳云，「孔子行乎季孫，三月不違，」孟子云，『於季桓子，見行可之仕也，』然則是季孫爲魯相而能行孔子之言耳，非孔子爲魯相也。　春秋之時無以相名官者；秉政之卿謂之相某君，非官之名，不可云攝。　蓋夾谷之會當使上卿相禮，以孔子之知禮也，越次而使之，如狐偃之讓趙衰者然，故或謂之攝相；傳聞者不知，遂誤以爲相國之相耳。　至於攝相而有喜色，亦非聖人之度。　孔子曰，『巍巍乎舜禹之有天下也而不與焉！』正考父之鼎銘曰，『一命而僂，再命而傴，三命而俯，循牆而走，』豈舜禹正考父不樂以其貴下人者乎！　又按，定十二年，孔子已去魯，所云『十四年行攝相事』者亦非是。　故今皆不錄。　說並見後季桓條下。

辨誅少正卯之說

世家云，『孔子行攝相事，誅魯大夫亂政者少正卯。』　家語云，『朝政七日而誅亂政大夫少正卯，戮之於兩觀之下，尸於朝三日。　子貢進曰，「夫少正卯，魯之聞人也，今夫子爲政而始誅之，或者爲失乎？」　孔子曰，「天下有大惡者五而竊盜不與焉：一曰心逆而險；二曰行僻而堅；三曰言僞而辨；四曰記醜而博；五曰順非而飾（或作「澤」，又作「飾」）。此五者有一於人，則不免君子之誅。而少正卯兼有之：其居處足以撮徒成黨，其談說足以飾褒熒衆，其彊禦足以反是獨立。此乃人之奸雄者也，不可以不除！」』余按論語季康子問政於孔子，曰：『如殺無道以就有道，何如？』孔子曰：『子爲政，焉用殺！』哀公問社於宰我，宰我對曰：『周人以栗，曰使民戰栗。』孔子曰：『成事不說，遂事不諫，既往不咎。』聖人之不貴殺也如是，烏有秉政七日而遂殺一大夫者哉！三桓之橫，臧文仲之不仁不知，論語春秋傳言之詳矣；賤至於陽虎不狃，細至於微生高，猶不遺焉，而未嘗一言及於卯。使卯果嘗亂政，聖人何得無一言及之？史官何得不載其一事？非但不載其事而已，亦並未有其名。然則其人之有無蓋不可知。縱使果有其人，亦必碌碌無聞者耳，豈足以當聖人之斧鉞乎！春秋之時，誅一大夫非易事也，況以大夫而誅大夫乎！孔子得君不及子產遠甚，子產猶不能誅公孫黑，况孔子耶！家語又載孔子言云，『殷湯誅尹諧，文王誅潘正，周公誅管蔡，太公誅華士，管仲誅傅乙，子產誅史何。』按尹諧等五人之誅不見經傳，皆不足信；管蔡欲危王室，亦非卯之比也。此蓋申韓之徒言刑名者誣聖人以自飾，必非孔子之事。且其所謂『言辨行堅，熒衆成黨』云者，正與莊韓書中訾儒者之語酷相類，其爲異端所託無疑。而世人皆信之，是助異端以自攻也。故余不得不辨。

附錄 『定公問，「君使臣，臣事君，如之何？」孔子對曰，「君使臣以禮，臣事君以忠。」』（論語八佾篇。）『定公問，「一言而可以興邦，有諸？」孔子對曰，「言不可以若是其幾也！人之言曰，『爲君難，爲臣不易。』如知爲君之難也，不幾乎一言而興邦乎！」曰，「一言而喪邦，有諸？」孔子對曰，「言不可以

定公問

孟懿子問

若是其幾也！人之言曰，『予無樂乎爲君，唯其言而莫予違也。』如其善而莫之違也，不亦善乎！如不善而莫之違也，不幾乎一言而喪邦乎！」』（論語子路篇。）

此二條無年可考，然皆當在爲魯司寇之時，故附次於此。

附錄『孟懿子問孝，子曰，「無違。」樊遲御，子告之曰，「孟孫問孝於我，我對曰無違。」樊遲曰，「何謂也？」子曰，「生事之以禮，死葬之以禮，祭之以禮。」』（論語爲政篇。）

此亦無年可考。然昭公之世，僖子卒未幾而孔子去，哀公之世，孔子歸未久而懿子卒，惟爲司寇之時同朝相見爲日最多，故附次於此。

『孔子爲魯司寇，不用；從而祭，燔肉不至，不稅冕而行。』（孟子。）

存疑『齊人歸女樂，季桓子受之，三日不朝。孔子行。』（論語

齊歸女樂事可疑

犂鉏謀遺女樂之說

微子篇。）

按孟子但言『不用從而祭不稅冕而行，』未嘗言『歸女樂』一事。而論語所云『三日不朝』而『孔子行』者亦與孟子所稱『欲以微罪行，不欲爲苟去』及『遲遲吾行』之語若相悖者。且春秋於歸俘歸賵歸禭之事無一不書而女樂之歸獨不書於經，亦并不見於傳；惟論語微子篇有之而是篇篇殘簡斷語多不倫；吾未敢決其必然。姑存之於『不稅冕而行』之後，以俟夫好古之士考焉。

世家云『與聞國政三月，齊人聞而懼曰，「孔子爲政必霸；霸則吾地近焉，我之爲先幷矣！盍致地焉？」犂鉏曰，「請先嘗沮之。沮之而不可，則致地，庸遲乎！」於是選齊國中女子好者八十人皆衣文衣而舞康樂，文馬三十駟，遺魯君。陳女樂文馬於魯城南高門外。季桓子微服往觀，乃語魯君爲周道游，往觀終日怠於政事。』此蓋因論語之言而附會爲之者。其謀與秦穆公閒由余之智略同，皆似秦漢以後詐僞人之所爲，不類春秋時事。三傳所紀，春秋時絕無此等事；獨史記數數言之，不足信也。且考世家所載定公十年，犂鉏已有『魯用孔子，其勢危齊』之語，既有沮之之方，彼時何不用之，乃爲會於夾谷？是年齊歸汶陽之田，已致地矣，僅三四年，何以又謀致地？是年會畢之時，景公方責犂鉏謂不以君子之道敎己，以獲罪於魯君，今日何以又聽犂鉏之謀乎？詳世家之文，先後矛盾，首尾背馳，乃必無之事；蓋皆戰國策士之所僞撰。故今皆不取。說幷見前夾谷條下。

去魯之年

附論　『孟子曰，「於季桓子，見行可之仕也。」』『孟子曰，「去魯曰，『遲遲吾行也，去父母國之道也！』」』（幷孟子。）

史記魯世家，孔子去魯在定公十二年；孔子世家在十四年。余按，春秋定公十二年夏『墮郈』，『墮費』，公羊傳云，『孔子行乎季孫，三月不違，於是帥師墮郈，帥師墮費，』是孟子所謂『見行可之仕』者，即此夏墮郈墮費之時。

圍成在孔子去後

年譜記攝政五年之謬

既云『三月不違，』則三月以後魯固不用孔子矣。不用而祭，祭而行，月餘日事耳。然則孔子之去魯當在定十二年秋冬之間，孔子世家誤也。又十二諸侯年表，去魯亦在定十二年與魯世家合，當從之。

附錄『將墮成，公斂處父謂孟孫，「墮成，齊人必至於北門。且成，孟氏之保障也，無成，是無孟氏也。子僞不知，我將不墮。」冬十二月，公圍成，弗克。』（左傳定公十二年。）

史記孔子世家，圍成之事在去魯前，緣其以去魯爲十四年故也。今去魯既在定十二年秋冬之間，而春秋書圍成乃在是年之十二月，則其在去魯之後無疑也。且不知其弗克而輒圍之，圍之弗克而遂置之，輕舉妄動，有始無終，皆非聖人所爲，不待辨而明者。故附錄於去魯之後。

史記孔子世家，攝相去魯皆在定公之十四年，孔子年五十六。其年雖未合，要其時不甚久也。年譜則云『五十一歲，以司寇攝朝政；五十五歲，魯國大治，齊人致女樂（云云，）遂適衛，」是謂孔子攝政已歷五年矣。余按論語，孔子曰，『苟有用我者，期月而已可也，』公羊傳曰，『孔子行乎季孫，三月不違，』明孔子見用未嘗至於一年也。若果攝政五年，不可謂不久矣，孔子何以言無用己者乎？其說更疎於世家，且與孟子所稱『見行可』者相悖。故不取。

適衛

按孟子謂『孔子不悅於魯衛，』是去魯後即適衛也。史記世家年表皆言自魯適衛與孟子合。故次『適衛』於『去魯』之後。

『於衛主顏讎由。』（孟子。）

世家云，『主於子路妻兄顏濁鄒家。』按孟子作『顏讎由，』世家疑誤。其謂『子路妻兄』云者，蓋因彌子爲子路僚壻而誤也。今不從。

附錄　『子適衛，冉有僕。子曰，「庶矣哉！」冉有曰，「既庶矣，又何加焉？」曰，「富之。」曰，「既富矣，又何加焉？」曰，「教之。」』（論語子路篇。）

此似初至衛時之言，故附次於此。

『彌子之妻與子路之妻兄弟也。彌子謂子路曰，「孔子主我，衛卿可得也。」子路以告。孔子曰，「有命！」』（孟子。）

辨致粟六萬之說

世家云，『衞靈公問孔子，「居魯得祿幾何？」對曰，「奉粟六萬。」衛人亦致粟六萬。』按春秋傳，秦鍼楚比之屬皆以班爵各受應得之祿；世家所云頗似戰國養士之風，殊欠雅馴。今不取。

附錄

『王孫賈問曰，「『與其媚於奧，寧媚於竈，』何謂也？」子曰，「不然！獲罪於天，無所禱也！」』（論語八佾篇。）

按王孫賈見於論語，春秋傳者皆在靈公之世，故附次於此。

辨主蘧伯玉之說

世家云『或譖孔子於衛靈公，靈公使公孫余假一出一入。孔子恐獲罪焉，居十月，去衛；將適陳，過匡，過蒲，月餘反乎衛，主蘧伯玉家。』此後乃有見南子之事。余按論語孔子曰，『賢者辟世，其次辟地，其次辟色，其次辟言。』孟子曰，『雖未行其言也，迎之致敬以有禮，則就之；禮貌衰，則去之。』又曰，『於衛靈公，際可之仕也。』所謂際可，蓋卽禮貌盛衰之義。孔子去衛，必不待於靈公之疑，烏有恐獲罪而後去者哉！且孔子欲適陳則適陳耳，匡在衛南，過匡可也，蒲在衛西，過蒲何爲？卒不適陳，月餘而反乎衛，又何爲乎？孫林父將作亂，先謁之蘧伯玉，伯玉從近關出，時魯襄公十四年也。伯玉居下位而名已爲其卿所重如此，當不下四十歲。下至魯定公之末，六十有五年，伯玉至是當百餘歲矣。莊子曰，『蘧伯玉行年五十而知四十九年之非，行年六十而六十化。』莊子之言固不足取信，然使伯玉果有期頤之壽，莊子必不僅以五十六十言之。而自魯襄公二十九年以後，伯玉卽不復見於傳，又不容晚節竟無一事可述而可述者俱少年事。然則孔子適衛之時，伯玉之亡固已久矣，孔子安得有主伯玉事乎！且衛之大夫莫有賢於伯玉者，果存耶，孔子何以不主伯玉而主讎由？既主讎由矣，在外月餘而返，忽易所主，何也？將謂與讎由有隙邪，孔子必不如是，孔子所主之人亦必不至是。蓋論語有『伯玉使人於孔子』之語，故史記妄意孔子嘗主伯玉；又因其與孟子不合，故爲去衛復返之說以兩全之，而不知其誤也。余謂伯玉使人必在昭公之初，孔子年少之時；其平日或嘗一見，或兩相慕，俱未可知，不必強爲之說。故今皆不取。說並見後畏匡條下。

子見南子事可疑

【存疑】『子見南子，子路不說。夫子矢之曰，「予所否者，天厭之！天厭之！」』（論語雍也篇。）

此章，漢孔安國固已疑之。孔氏曰，『舊以「南子者，衛靈公夫人，淫亂而靈公惑之。孔子見之者，欲因以說靈公，使行治道。矢，誓也。子路不說，故夫子誓之。」行道既非婦人之事，而弟子不說，與之咒誓，義可疑焉。』蓋男女之別，本不應見，加以淫亂，益非所宜，而指天為誓，亦與論語所記聖人平日之言不倫。孔氏疑之，是也。何晏集解全采此說，不復別陳所見，則晏亦疑之矣。自晉以來，乃或曲為之說，欒肇訓『否』為『屈』，蔡謨訓『矢』為『陳』，謂『孔子為子路陳天命否屈乃天命所厭，見南子者時不獲已也。』其說巧矣；然文義則牽强難通，事理則無所發明，且孔子在衞乃際可之仕，禮貌衰則去之，亦不至於時不獲已而自屈也。朱子謂『仕於其國有見其小君之禮』，且據世家之文，以為『南子請見，孔子辭謝，不得已而見之』，其說似矣；然古禮不可考，春秋傳中亦殊不見，則朱子亦僅出於臆度，恐不足據也。或又以南子為南蒯，南蒯固不優於南子，而其時亦不合，所謂知其不可而强為之辭者，其說益陋，不足辨矣。按此章在雍也篇末，其後僅兩章，篇中所記雖多醇粹，然諸篇之末往往有一二章不相類者，——鄉黨篇末，色舉章；先進篇末有侍坐章；季氏篇末有景公邦君章，微子篇末有周公八士章，意旨文體皆與篇中不倫，而語亦或殘缺，皆似斷簡後人之所續入，——蓋當其初篇皆別行，傳之者各附其所續得於篇末。且論語記孔子事皆稱『子，』惟此章及侍坐羿奡武城三章稱『夫子，』亦其可疑者。然則此下三章蓋後人采他書之文附之篇末而未暇別其醇疵者：其事固未必有，不必曲爲之解也。說並見前墮費及後佛肸論語條下。

辨爲夫人次乘之說

世家見南子後，『居衞月餘，靈公與夫人同車，宦者雍渠參乘，出，使孔子爲次乘，招搖市過之。孔子曰，「吾未見好德如好色者也！」于是醜之，去衞，過曹，適宋。桓魋欲殺孔子，孔子適鄭。遂至陳，主于司城貞子家。居陳三歲，去陳，過蒲，遂適衞。』余按：孔子之聖，必不爲夫人次乘；靈公雖無道，尙知致敬孔子，必不以夫人之次乘辱之。君子見幾而作，禮貌衰則去之，爲夫人次乘不僅衰而已，孔子豈待如此然後去乎！此事之必無者。且孔子既去衞而適陳矣，居陳三歲，無故而復適衞，何邪？豈困於陳而遂忘前此之辱邪？與其復來，則何

辨與蒲人盟之說

如前日之不去之爲愈邪！使靈公又辱孔子，孔子當何以處之？推其前後，尤不近於情理。故今皆不錄而桓魋之難，貞子之主悉載之『問陳』之後。詳見後際可條下。

世家云，『孔子過蒲，會公叔氏以蒲畔，蒲人止孔子。弟子公良儒鬬甚疾；蒲人懼，謂孔子曰，「苟毋適衛，吾出子。」與之盟，出孔子東門。孔子遂適衛。靈公聞孔子來，郊迎，問曰，「蒲可伐乎？」對曰，「可！其男子（云云。）」靈公曰，「善！」然不伐蒲。』余按春秋經傳無公叔氏以蒲畔之事。定十四年經云，『衛公叔戍來奔。』傳云，『衛侯逐公叔戍與其黨，故趙陽奔宋，戍來奔。』而世家以去衛爲定公卒之歲，又居陳三歲而後過蒲，則公叔氏之亡也久矣。蒲既畔衛，孔子何難紓道避之，乃輕入險地以自取禍。況蒲在衛西，陳在衛南，自陳來不由蒲也，孔子過蒲何爲焉？要盟，神固不聽，然既許之，甫出而即背之，亦豈聖人之所爲邪！蒲，衛之屬邑耳，靈公好戰，屢伐晉，而獨不敢伐一

辨佛肸召孔子之說

蒲；孔子不對靈公之問陳，而於靈公之不伐蒲，獨力勸其伐；不亦先後矛盾矣乎！此乃戰國人之所僞撰，必非孔子之事。今不取。

論語陽貨篇云『佛肸召，子欲往。子路曰，「昔者由也聞諸夫子曰，『親於其身爲不善者君子不入也。』佛肸以中牟畔，子之往也如之何？」子曰，「然，有是言也。不曰堅乎，磨而不磷。不曰白乎，涅而不緇。吾豈匏瓜也哉，焉能繫而不食！」』此事世家載之自蒲適衞之後。余按，佛肸以中牟畔，是亂臣賊子也；孔子方將作春秋以治之，肯往而助之乎！肸與公山不狃皆家臣也，孔子魯大夫也，孔子往，將臣二人乎？抑臣於二人乎？臣二人則其勢不能，臣於二人則其義不可，孔子將何居焉？夫堅者誠不患於磨，然未有恃其堅而故磨之者也；白者誠不患於涅，然未有恃其白而故涅之者也；聖人誠非小人之所能汚，然未有恃其不能汚而故入於小人之中者也。若孔子之堅白非佛肸之所能磨涅，則彌子瘠環癰疽亦豈獨能磨涅孔子者，而孔子乃不肯主其家、孟子乃以爲「無義無命」乎！故不磷不緇之說爲見陽貨解則可，爲往赴不狃佛肸之召解則斷不可。昔有人蓄玉環古劍各一，有崑崙奴能沒水取物，皆愛之，謂之三寶。每涉江湖，必投環劍水中，使奴取之，以爲笑樂。嘗過洞庭，投之；奴沒而出，泣曰「環劍已墮驪龍項下，不可取矣」。固强之，遂幷奴溺焉。故凡恃其所能而欲嘗試之者，未有不爲驪龍之所攫者也。且孔子往將何爲耶：不助之耶，固無所用於往，往亦將不相容；助之耶，則已磷且緇矣，尙得自謂堅白乎哉！

又按，佛肸之畔乃趙襄子時事。韓詩外傳云「趙簡子薨，未葬而中牟畔之；葬五日，襄子興師而次之。」新序云，「趙之中牟畔，趙襄子率師伐之；遂滅知氏，幷代，爲天下彊。」列女傳亦以爲襄子。【注二】襄子立於魯哀公之二十年，孔子卒已五年，佛肸安得有召孔子事乎！左傳定十三年，晉荀寅士吉射奔朝歌。哀三年，趙鞅圍朝歌，荀寅奔邯鄲。四年，圍邯鄲，邯鄲降，齊國夏納荀寅於柏人。五年春，圍柏人，荀寅士吉射奔齊。夏，趙鞅圍中牟。然則此四邑者，皆荀寅趙稷等之邑，故趙鞅以漸圍而取之。當魯定公十四五年孔子在衞之時，中牟方為范中行氏之地，佛肸又安得據之以畔趙氏乎！此蓋戰國橫議之士欲誣聖人以便其私，但聞不狃嘗畔魯，則附會之以為孔子欲往，而不知其年之不符也；但聞佛肸嘗畔晉，則又附會之以為孔子欲往，而不知其世之尤不符也。彼橫議者固不足怪，獨怪後世之儒肩相望，踵相接，而但高談性命，細摘章句，竟無一人降心究考，肯為我先師孔子辨其誣者，良可嘆也！惟漢王充論衡獨以往應佛肸公山之召為非是；然知其非而不辨其誣，反議聖人之有遺行，則其謬更甚焉。且使二人之召，子果欲往，何以皆卒不往？既不往矣，猶委曲而誣之曰欲往，聖賢處世將何以自免於人言耶？既明知其不往矣，猶不敢公然代白其無欲往之心，儒者之於聖人抑何薄耶！又凡『夫子』云者，稱甲於乙之詞也，春秋傳皆然；未有稱甲於甲而曰夫子者。至孟子時，始稱甲於甲而亦曰夫子；孔子時無是稱也。故子禽子貢相與稱孔子曰夫子，顏淵子貢自稱孔子亦

擊磬於衞似在靈公時

曰夫子，蓋亦與他人言之也。稱於孔子之前，則曰『子如不言，』曰『願聞子之志，』曰『子將奚先，』不曰夫子也。稱於孔子之前而亦曰夫子者惟侍坐武城兩章及此章而已。蓋皆戰國時人之所僞撰，非門弟子所記。吾不知後世讀論語者何以皆不之察也？故今與不狃之召皆削之不書，且爲之辨，餘見前墮費條下。

附錄『子擊磬於衞。有荷蕢而過孔氏之門者，曰「有心哉，擊磬乎！」既而曰，「鄙哉，硜硜乎！莫己知也，斯已而已矣！『深則厲，淺則揭。』」子曰，「果哉，末之難矣！」』（論語憲問篇。）

世家載此事於靈公之世，佛肸既召之後。今按經無明文可考，則未知其爲靈公之世與，孝公之世與。但孝公非用孔子之人，孔子亦未必有佐孝公之心，似於靈公之世爲宜。姑從世家，附之於此。

辨學琴師襄之說

世家於擊磬之後載學琴於師襄一事。今按，論語大師摯章有『擊磬襄』先儒皆以爲魯人。孔子曰『吾自衞反魯，然後樂正』，又曰『師摯之始關雎之亂洋洋乎盈耳哉！』子語魯大師樂曰『樂其可知也』，則以摯等八人爲魯人者近是。孔子不當學之於衞也。聖人固無常師，然學琴當在少年時，在齊聞韶，聖人之於樂已深矣；及是又二十年，而襄乃摯之屬，孔子反魯之後摯方在官，則襄於孔子似爲後起，襄之琴恐不足爲孔子師也。此其事之有無蓋不可知。且其所云『眼如望羊，心如王四國』之語皆不雅馴，與論語所記孔子之言大不類。蓋皆後人所託。今不敢載。

辨欲見趙鞅之說

世家於學琴之後又云『孔子既不得用於衞，將西見趙簡子。至於河，而聞竇鳴犢舜華之死也，臨河而嘆曰，「美哉水洋洋乎！某之不濟此，命也夫！」子貢趨而進曰，「敢問何謂也？」孔子曰，「竇鳴犢舜華，晉國之賢大夫也（云云。）」乃還而反乎衞。』此後乃有問陳之事。余按春秋經傳，定八年，趙鞅使涉佗盟衞侯，捘其手及腕；十三年，入於晉陽以叛；哀三年，殺周萇弘：王室，侮諸侯，而叛其君，春秋之大夫罪未有大於鞅者也。其他黨奸釀亂之事史不絕書，不知孔子何取於鞅而欲見之？至竇鳴犢舜華之死，抑末矣。鞅之善惡亦不在於此二人之死生也，何爲臨河而遽返邪？晉大夫之見於傳者多矣，微但大夫也，即趙氏之家臣董安于尹鐸郵無恤之倫皆得以其才見于傳。兩人果賢大夫，傳記何爲悉遺之乎？且鞅，衞之仇讎也：孔子雖未受職于衞，然曰際可之仕，則亦有賓主之義焉，無故去之而往見其讎，于義似亦有未安者。往而不遂，復返乎衞，不知何以對靈公？靈公亦安能待之如舊邪？佛肸，趙氏之叛臣也，趙氏，衞之仇國也：或召而欲往，或不召而自往，忽而衞，忽而中牟，忽而晉，忽而復反乎衞，其仇與叛皆不計焉，亦何異於朝秦暮楚者乎！此必戰國時人之所僞托，非孔子之事。故今亦不錄。

「衞靈公問陳於孔子，孔子對曰，「俎豆之事則嘗聞之矣，軍旅之

答靈公語與答孔文子相類

事未之學也。」明日遂行。」（論語衛靈篇。）

此事與春秋傳答孔文子語大相類，而彼尤詳備，蓋本一事而傳聞異辭，或以爲靈公，或以爲文子耳。但此乃論語之文，而彼僅見于左傳，又無他書可以證其孰誤，未敢據彼而廢此，故兩存之。說並見後孔文子條下。

去衛之故

【備覽】「明日與孔子語，見蜚鴈，仰視之，色不在孔子。孔子遂行。」（孔子世家。）

此文與孟子『際可』之義合。疑衛靈禮貌漸衰，故孔子見幾而作，亦不專因於問陳也。孟子曰，『孔子欲以微罪行，不欲爲苟去。』聖人去衛之故固有人不能盡知者。故附次于此。

世家四去衛之謬

【附論】『孟子曰，「於衛靈公，際可之仕也。」』（孟子。）

世家，孔子於靈公時凡四去衛而再適陳，其二皆未出境而反。其初適陳也，以定公卒之歲，乃定公十五年；適宋，遭桓司馬之難，至陳，主於司城貞子，蓋本之於孟子。其再適陳也，以靈公卒之春，乃魯哀公二年，而誤以爲三年；因靈公問陳而遂行，蓋本之於論語。余按：論語孟子所記乃一時事，論語記其去衞之故，而孟子叙其道路所經與在陳所主，非再去也。世家誤分爲二，遂謂孔子至陳三歲而反乎衞，由衞而再適陳以實之。不思定公卒之歲距靈公之卒僅二年，而孔子居陳三歲，幷曹宋鄭蒲之滯及在衞臨河之日計之，當不下四五年，如此，則靈公之卒固已久矣，尙安得有問陳事乎！其謬一也。論語云，『子在陳，曰，「歸與！歸與！吾黨之小子狂簡，斐然成章，不知所以裁之。」』孟子云，『孔子在陳曰，「盍歸乎來！吾黨之士狂簡，進取，不忘其初。」』此兩章亦一時之語而所傳異詞。世家亦分以爲二，遂謂孔子凡兩發嘆，一屬之初至陳，一屬之再至陳。夫既思狂簡而反衞矣，而又至陳奚爲者？至陳而又思歸以裁狂簡，何其行止之無常乎？其謬二也。過匡之役以恐獲罪而去，未出境也，無故而反；臨河之役無故而去，亦未出境也，聞竇鳴犢舜華之死，不得已而復反：孔子之去就若是之苟然而已乎？ 孟子曰，『古之君子言將行其言也則就之，言弗行也則去之；其次，迎之致敬以有禮則就之，禮貌衰則去之。』 去果是也，則不當不召而自反，如可反也，則毋寧始之不去之為愈乎，而何為乎僕僕於道途而不憚其煩也？ 其謬三也。 且世家以定十四年適衛，而年表已於是年至陳；世家以定十五年遭宋桓魋之難，而年表乃在哀之三年；世家以哀六年再反衛，而年表乃在十年；世家自陳反衛自衛復至陳之事，年表皆無之；即其所自為說已自改之，而學者反皆遵之，謂孔子三至衛而三至陳，甚不可解也！ 今取孟子過宋之文，論語問陳之事，合而為一，在陳之嘆，論語孟子所記亦取而合之，則事理曉然明白，孔子並無由衛而再適陳，由陳而再返衛之事矣。 至其去衛之年雖無可考，然衛靈以哀二年夏卒，則孔子之去非定之末，即哀之初，世家所謂魯定公卒之歲去衛者近是。 由此過宋至陳而主貞子，正與孟子合；但無自陳反衛而再適陳之事耳。 餘已詳前數條。

年譜竄易世家

年譜誤以孔子自衛適陳之後復有反衛而再至陳之事與世家同；而其文尤煩碎，曹宋皆再至焉。其至衛去衛之年亦與世家逈異：有先於世家一年者，有後於世家二三年者。觀其所以改易之故，殊不可曉。既無所本，考之時勢亦俱不合。蓋年譜之作實本於世家，而故稍竄易之以泯其迹，使若別有所據者然。較之世家尤不足信。

【注一】頡剛案，本條自『今之論語非孔門論語之原本』以下，至『以致純雜不均無從考其同異』止，與嘉慶二年初刻本不同，今附錄原文于下。那珂通世案語云：『嘉慶二年刻本，此段專論論語采輯不免駁雜，而未歸罪於張禹。今轉載於此，聊以見東壁考證之進化。』

論語者，非孔子門人所作，亦非一人之所作也。曾子於門人中年最少，而論語記其疾革之言，且稱孟敬子之諡，則是敬子已沒之後乃記此篇，雖回賜之門人亦恐無復有在者矣。論語之文往往重出，亦間有異同者。季氏一篇俱稱『孔子，』與他篇不同。蓋其初各記所聞，篇皆別行，其後齊魯諸儒始輯而合之，其識不無高下之殊，則其所採亦不能無純駁之異者，勢也。今按季氏以下五篇，其文多與前十五篇不類，其中或似曲禮，或似莊子，或記古今雜事，而武城佛肸兩章於孔子前稱『夫子，』乃戰國時語，前十篇及春秋傳皆無之；然則其采之也雜矣，其作之也晚矣。是以其義或戾于聖人，其事或悖于經傳。而此章與佛肸章尤害道誣聖人之大者。蓋戰國之士欲自便其私而恐人之譏己，故誣聖人嘗有其事以自解，采書者不知其僞而誤載之也。夫春秋，史記，莊子，列女傳諸書，皆有後人續之補之以亂其眞，吾惡知非周秦間之儒者得此數篇而因續之於論語之後邪！孟子曰，『盡信書則不如無書。』書者，當世史臣之所記，猶不能以無失，况于傳聞追記者乎！後之人寧使聖人受誣於百世而不敢議記者一言之誤，亦可謂輕重之失倫矣！

【注二】頡剛案，本條自『又按佛肸之叛乃趙襄子時事』以下，至『列女傳亦以爲襄子』止，與嘉慶二年初刻本不同，今附錄原文於下。

左傳晉語及史記趙世家皆無佛肸畔事，惟韓詩外傳及列女傳有之；然皆以爲趙襄子時，非簡子也。之二書者固不足以取信，然其所記判然兩事，非互相勸襄者，而皆以爲襄子，然則此事固疑在襄子時也。左傳於定哀之際記簡子事詳矣，自獲麟以後乃稍略焉，襄子之及見于傳者僅兩事耳，而晉語記簡子亦不減十餘事，皆不應獨遺此一事，然則此事固應在襄子時也。

洙泗考信錄卷之二終

過宋未必入宋都

洙泗考信錄卷之三

過宋

按孟子於衞章，是孔子去魯去衞之後，過宋而後至陳也。世家亦記過宋於去衞之後，如陳之前，蓋本之此。今從之。

『孔子不悅於魯衞，遭宋桓司馬，將要而殺之，微服而過宋。』（孟子）

按孟子云『過宋，』則是孔子未嘗立於宋之朝也。其上文云『不悅於魯衞，』其下文云『主司城貞子，』則是孔子由衞至陳，經宋之境，亦未必至於宋之國也。曰『將要而殺之，』曰『微服而過宋，』則是雖知孔子將過宋境，使人要之於路，微服而行則人不知其爲孔子，故獲免也。『其如予何』之言

天生德語之詞氣失眞

辨見宋君之說

當在此時，事理甚明，無可疑者。 世家乃云『與弟子習禮大樹下；魋欲殺孔子，拔其樹。 孔子去，弟子曰，「可以速矣！」 孔子曰，「天生德（云云）。」』若果孔子尚在樹下，魋拔其樹，孔子何以能免？ 至此乃去，不亦晚乎？ 兵刃交集，猶曰『其如予何，』不亦迂乎？ 故今不載。

存疑 「子曰，「天生德於予，桓魋其如予何！」」（論語述而篇。）

按，子罕篇畏匡章其詞婉，此章之詞誇。 蓋聖人言之，聖人原未嘗自書之，弟子以口相傳，其意不失而詞氣之間不能不小有增減移易以失其眞者。學者不可以詞害志也。 故列之於存疑。

「家語賢君篇有孔子見宋君相問答之事，稱宋公爲『主君。』」 余按，此文本出說苑，「爲梁君；」春秋時未有梁也，故家語改之爲宋，而不知其所言皆戰國策士之餘，申商名法之論，孔子固無此等言也。 不能辨其誣而反改其文以惑世，撰家語者其罪大矣！ 孟子云，『孔子微服而過宋，』則是孔子未嘗立於宋之朝也，烏得與其君相問答也哉！『主君』之稱，自韓魏趙分晉之後始有之，以其故大夫也，故主之；孔子時尚無是稱，亦不得以之稱宋公也。且其文本韻語，家語少竄易之中遂有不叶者；所增數語又獨淺陋，與前後文不類。然則是家語錄說苑，而非說苑之錄家語也，彰彰明矣。然而世儒猶信家語，何耶？

辨狀類陽虎及彈琴解甲之說

附錄『子畏於匡，曰，「文王既沒，文不在茲乎？天之將喪斯文也，後死者不得與於斯文也！天之未喪斯文也，匡人其如予何！」』（論語子罕篇。）『子畏於匡，顏淵後，子曰，「吾以女爲死矣！」曰，「子在，回何敢死！」』（論語先進篇。）

世家云，『或譖孔子於衞靈公，孔子去衞，將適陳，過匡，顏刻爲僕，以其策指之曰，「昔吾入此，由彼缺也。」匡人聞之，以爲陽虎。陽虎嘗暴匡人，匡人遂止孔子。孔子狀類陽虎，拘焉。五日，使從者爲甯武子臣於衞，然後得去。遂過蒲，月餘而反乎衞。又月餘，然後去衞，過宋而至於陳。』余按，孔子在魯爲司寇，居衞見禮於其君，其去也道路之人當悉知之，不得因刻一言而遂誤以爲虎；況拘之五日，亦當出一言以相詰，乃至竟不知其非陽虎，豈人情耶！ 匡人欲殺孔子，斯殺之矣，如不欲殺，斯釋之矣，拘之五日欲奚爲者？ 而甯武子之卒至是已百餘年，甯氏之亡亦數十年，從者將欲爲誰臣乎？ 此其爲說至陋，皆必無之事，而世咸信之，雖朱子亦采之，其亦異矣！ 家語云，『孔子之宋，匡人簡子以甲士圍之。 子路奮戟將與戰，孔子止之曰，「歌！予和汝。」 子路彈琴而歌，孔子和之。 曲三終，匡人解甲而罷。』 余按，此言本之莊子外篇；莊子本不足信，而家語之采之也又并失莊子之意。 莊子云，『孔子遊於匡，宋人圍之數匝，而絃歌不輟，』是歌自歌，圍自圍也，歌不因於圍也。 如家語之言，則是孔子欲以歌退敵矣。 莊子云，『無幾何，將甲者進詞曰，「以爲陽虎也，故圍之；今非也，請辭而退，」』是歌自歌，解自解也，解又不因於歌也。 如家語之言，則是匡人真以歌退師矣。 而豈有是理哉！ 後世之臣有欲臨河讀孝經以退敵者，未必非此言之誤也。外篇不知何人所撰，要其中皆寓言，不過欲明安命無為之意，姑借孔子畏匡一事而附會之，以自伸其說耳。家語以為實然，誤矣。且匡人果拘孔子五日而免之，則顏淵當同拘而同免矣；匡人果圍孔子曲三終而解去，則顏淵當同圍而同解矣：何以論語云『顏淵後』乎？此必孔子聞匡人之將殺己而有戒心，或改道而行，或易服而去，倉卒避難，故與顏淵相失，故不曰『拘於匡』『圍於匡』而曰『畏於匡』。不然，已為所拘所圍矣，生死係於其手，而猶曰『其如予何』，聖人之言不近迂乎！然則此事當與微服過宋之事相類，不得如世家家語之說也。孔子既欲適陳，則適陳耳，必不中道而返，又居衞月餘而後始適陳也。靈公既不召孔子，孔子無故去而復返，不但為其所輕，吾恐其疑將加甚焉。然則孔子果以適陳之故過匡，當在後日去衞過宋之時，不得云自匡返衞而後去也。故附次於過宋之後，而凡世家家語之文概不載焉。

又按定公六年傳云，『侵鄭取匡，往不假道於衞』，是匡在鄭東也。『及還，陽虎使季孟自南門入』是匡在衞南也。魯雖取匡，勢不能有：杜氏疑爲歸之於晉；莊子荀子皆以匡爲宋邑。鄭東衞南，則去宋爲近，去晉爲遠。晉之滅偪陽也以予宋公。取匡之時，宋方事晉，匡歸於宋，理或然也。此事既與過宋之事相類，又與其時相同，若匡又宋地，則似畏匡過宋實本一事者。吾惡知非魋聞孔子適陳，將出於匡，故使匡人要之，而後人誤分之爲二事也？子罕篇云，『天之未喪斯文也，匡人其如予何！』述而篇亦云，『天生德於予，桓魋其如予何！』二章語意正同，亦似一時一事之言，而記者各記所聞，是以其詞小異；未必孔子生平每遇患難即爲是言也。然則畏匡之與過宋絕似一事，恐不得分以爲二也。然於經傳皆無明文，故今不敢遽合爲一。姑兩存之，以俟夫博古之士正之。說幷見前不悅條下。

世家記適陳由鄭之謬

世家於孔子過宋之後云，『適鄭，與弟子相失，獨立郭東門。鄭人或謂子貢，「東門有人，其顙似堯，其項似皋陶，其肩類子產，自要以下不及禹三寸，纍纍若喪家之狗」（云云。）』 余按，鄭在宋西，陳在宋南，自宋適陳必不由鄭。且子產鄭相，其卒不久，鄭人或猶有及見者；堯禹皋陶千七百餘年矣，鄭人何由知其形體之詳，而分寸乃歷歷不爽矣乎？ 至比聖人於狗，造此言者，信此說者，皆聖門之罪人也！ 此乃齊東野人之語，故今皆削之而并為之辨。

厄於陳蔡之間

『主司城貞子，為陳侯周臣。』（孟子）

世家，孔子至陳之時，陳侯為湣公越；而孟子作「陳侯周。」 史記多誤，當從孟子名周為是。

辨吳子問大骨之說

國語云，『吳伐越，墮會稽，獲骨焉，節專車。 吳子使來好聘，且問之仲尼，曰，「無以吾命。」 賓發幣於大夫，及仲尼，仲尼爵之。 既徹俎而宴，客出骨而問曰，「敢問骨何為大？」 仲尼曰，「丘聞之，昔禹致羣神於會稽之山，防風氏後

辨陳侯問楛矢之說

至禹殺而戮之，其骨節專車，此爲大矣」（云云。）』　余按，定公十二年，孔子已去魯適衞，而吳棲越於會稽，乃在哀之元年，孔子時方在陳，吳使安能發幣於孔子，孔子又安能爵吳使於魯廷哉！　孔子不語神怪，論語言之矣，或問禘之說，子曰『不知也』；況吳使原未明問此事，但泛言及骨，而孔子遽遠徵神怪以誇之，豈聖人之所爲乎！　堯典曰，『流共工於幽州，放驩兜於崇山，竄三苗於三危，殛鯀於羽山。』　四凶之罪大矣，然不過流放；今防風氏但後至耳，遽殺而戮之，禹亦殘忍矣哉！　且防風氏人耶神耶：人也，則與『致羣神』之言不相蒙；神也，又安得有骨乎！　世家此事載之定公五年，而哀元年孔子在陳，又云『吳敗越王勾踐會稽。』　夫會稽之役既在哀元年，則定五年又何得預載之？　然此本無之事，其年月亦不足深辨。　說並見前或謂條下。

國語又云，『仲尼在陳，有隼集於陳侯之庭而死，楛矢貫之，石砮，其長尺有咫。陳惠公使人以隼如仲尼之館問之，仲尼曰，「隼之來也遠矣，此肅愼氏之

辨觀淩陽臺之說

矢也（云云。）』余按，肅愼氏之去陳也遠矣，隼爲石砮所貫，安能飛數千里至於陳廷而後死哉！且怪者孔子之所不語，而國語所載孔子之事凡四而三語怪焉，一似孔子生平專以語怪爲事而他特其餘者。則何以論語二十篇中從未載其一事；左傳之豔而誣，亦從未有一事之似此者？此蓋稱聖人者欲見其博，而不知其適以誣聖人，小聖人也。故今皆不取。又按，春秋定公四年『葬陳惠公，』孔子至陳之時，據史記當爲陳湣公；而云惠公，亦謬。

孔叢子云『陳惠公大城，因起凌陽之臺；未終，而坐法死者數十人，又執三監吏。夫子見陳侯，與俱登臺而觀焉，曰「美哉斯臺！自古聖王之爲城臺，未有不戮一人而能致功若此者也！」陳侯默而退，遽赦所執吏。』余按，談言微中固足解紛，然特滑稽之雄淳于髡東方朔輩之所爲，不但孔子不屑爲此，春秋時尚未有此等語也。蓋滑稽者所託。故不錄。陳惠公之誤，說已見前條下。

一〇

存疑　『夏五月辛卯，司鐸火；火踰公宮，桓僖災。孔子在陳，聞火，曰，「其桓僖乎？」』（左傳哀公三年。）

聞火億中事可疑

按，論語孔子之言皆平實切於日用，而無億中之事。左傳所載列國大夫多億中能預決人之成敗生死；竊疑其皆出於事後附會之言而不足爲據。夫聖人固有先見之明，然觀入廟而每事問，謙愼小心，蓋知而常自處於不知者，未必如是之輕而易也。故余不敢盡信，姑存之於此。

辨冉求自陳歸魯之說

世家云，『季桓子病，謂康子曰，「必召仲尼！」康子立，將召之，公之魚沮之，（云云）曰，「必召冉求！」冉求將行，孔子曰，「魯人召求，非小用之，將大用之也。」是日，孔子曰，「歸乎（云云）。」子貢知孔子思歸，送冉求，因誡曰，「卽用，以孔子爲招」云。』此後乃有適蔡之事。余按，論語爲衞君章冉有子貢問答之詞皆似在衞之時有所諱而不敢深言者。若冉有果從孔子反衞，則必無自陳歸魯之事矣。子曰，『從我於陳蔡者皆不及門也，』記者因記弟子姓名凡十八，而冉有與焉。記云，『將之荊，蓋先之以子夏，又申之以冉有。』歷觀所云皆似冉有始終相從於陳蔡間者。然則冉有歸魯當在反衞之後，不當在桓子甫卒之時也。冉有爲季氏臣，不可謂之『大用。』冉有，子貢，均弟子也；冉有果用，必請歸孔子，不必待子貢之誡；子貢之穎悟，亦不必待孔子示之以意而後知也。此皆後人猜度之辭，不足信。而孔子思歸之嘆，亦當在將反衞之際，不當在未適蔡之前。故今皆不取。說並見後歸與條下。

孔子無至州來及葉之事

『葉公問政，子曰，「近者說；遠者來。」』（論語子路篇。）

『葉公問孔子於子路，子路不對。子曰，「女奚不曰其爲人也發憤忘食，樂以忘憂，不知老之將至云爾！」』（論語述而篇。）

世家云，『冉求既去，明年，孔子自陳遷於蔡。明年，孔子自蔡如葉，葉公問政（云云）。』余按左傳哀公二年，蔡遷於州來。四年，葉公諸梁致蔡於負函。十六年，楚白公作亂，葉公自蔡入楚攻白公；白公死，葉公兼攝令尹司馬；國寧，乃老於葉。　則是孔子在陳之時，葉公在蔡不在葉也。　蔡旣遷於州來，去陳益遠，來往當由楚境，孔子未必遠涉其地，而論語孟子春秋傳中亦俱無孔子與蔡之君大夫相與周旋問答之事。　則是孔子所謂『從我於陳蔡』者，乃負函之蔡，非州來之蔡也。　葉公本楚卿貳，與聞國政，不當居外；以新得蔡地，故使鎮之，而孔子適在陳蔡之間，因得相與周旋；及其請老，乃歸於葉。　史記但見論語孟子中有孔子在蔡之文，遂誤以爲州來之蔡；又因葉公有『問政』『問孔子於子路』之事，遂別出『自蔡如葉』之文以合之，而不知其誤分一事爲兩事也。　故今考而正之，列葉公之問於在蔡之時，而無孔子如州來及葉之事。

存疑　『楚狂接輿歌而過孔子曰，「鳳兮鳳兮！何德之衰？　往者不可諫；來者猶可追。　已而已而！今之從政者殆而！」　孔子下，欲與之言。　趨而辟之，不得與之言。』（論語微子篇。）

存疑　『長沮桀溺耦而耕；孔子過之，使子路問津焉。　長沮曰，

「夫執輿者爲誰？」子路曰，「爲孔丘。」曰，「是魯孔丘與？」曰，「是也。」曰，「是知津矣！」問於桀溺，桀溺曰，「子爲誰？」曰，「爲仲由。」曰，「是魯孔丘之徒與？」對曰，「然。」曰，「滔滔者天下皆是也，而誰以易之！且而與其從辟人之士也，豈若從辟世之士哉！」耰而不輟。子路行，以告。夫子憮然曰，「鳥獸不可與同羣，吾非斯人之徒與而誰與！天下有道，丘不與易也！」」（同上。）

存疑 『子路從而後，遇丈人以杖荷蓧。子路問曰，「子見夫子乎？」丈人曰，「四體不勤，五穀不分，孰爲夫子？」植其杖而芸。子路拱而立。止子路宿，殺雞爲黍而食之，見其二子焉。明日，子路行，以告。子曰，「隱者也！」使子路反見之。至，則行矣。子路曰「不仕，無義。長幼之節不可廢也，君臣之義如之何其廢之！欲潔其身而亂大倫。君子之仕也，行其義也。道之不行，已知之矣！」』（同上。）

接輿沮溺荷蓧三章可疑

口 世家載沮溺丈人之事於自葉反蔡之時，而載接輿事於在楚。余按，此三章其文皆似莊子，與論語他篇之言不倫；以晨門荷蕢兩章較之可見，而此篇雜記古人言行，亦不似出於孔氏門人之手者。後兩章末雖載孔子子路之言，然於聖人憂世之深心無所發明，而分『行義』與『行道』為二，於理亦似未安。莘野南陽豈得概謂之亂倫乎！恐係後人之所僞託，姑存之，以俟有識者決之。又按，微子以下四章皆以時代先後為序，則此三章之次亦恐不如世家所列。故今仍以論語之文次之。然其事之有無蓋不可知，亦無庸深考也。

『在陳絕糧，從者病，莫能興。子路慍見曰，「君子亦有窮乎？」子曰，「君子固窮；小人窮，斯濫矣！」』（論語衛靈公篇。）

厄於陳蔡非一日事

辨陳蔡大夫圍孔子之說

此事無年可考。世家置之遷蔡之後。朱子據論語文，以爲當在去衞如陳之時。按孔子言『從我於陳蔡』，孟子亦言『君子厄於陳蔡之間』，則是孔子往來於陳蔡間原無定居，而其厄亦非一日之事也。蔡在陳南，自蔡反衞亦必由陳始達，則是孔子至蔡之後蓋嘗復歸於陳而後反衞也。且孟子以孔子之厄爲『無上下之交』，而過宋之役主司城貞子，不得謂之無交。然則論語或統言之，未必其事適在於問陳之後也。故次之於葉公問答之後。

世家云，「孔子遷於蔡三歲，吳伐陳，楚救陳，軍於城父，聞孔子在陳蔡之間，使人聘孔子。孔子將往拜禮，陳蔡大夫謀曰，「孔子賢者，所刺譏皆中諸侯之疾。孔子用於楚，則陳蔡用事大夫危矣！」乃相與發徒役，圍孔子於野。不得行，絕糧。孔子講誦弦歌不衰。於是使子貢至楚。楚昭王興師迎孔子，然後得免。」此說世多信之，余竊疑焉。論語曰，「在陳絕糧；從者病，莫能興。」孟子曰，『君子之厄於陳蔡之間，無上下之交也，』但言其君大夫不見禮以至於貧乏耳，初未嘗云有兵以圍之也。匡人之難兩見於論語，宋桓司馬之難一見於論語而詳載於孟子，而皆不言陳蔡之圍。若如世家所記，兩國合兵圍之，其事大於桓魋匡人之難多矣，而論語孟子反皆不言，但謂之『絕糧，』但謂之『無交，』豈理也哉！楚大國也，陳蔡之畏楚久矣。況是時吳師在陳城下，陳旦夕不自保，何暇出師以圍布衣之士？陳方引領以待楚救，而乃圍其所聘之人以攖楚怒，欲何為者？哀之元年，楚子圍蔡，蔡人男女以辨，蔡於是乎請遷於吳；二年，遷於州來：其畏楚也如此，幸其不伐足矣，安敢自生兵端？由是言之，謂陳蔡之大夫圍孔子者，妄也。蔡方事吳，陳方事楚，楚圍蔡而陳從之，陳圍蔡而吳伐之：陳之與蔡，仇讎也。且蔡遷於州來，去陳遠矣：孔子時既在蔡，蔡人欲圍孔子，斯圍之耳，不必遠謀之陳；比陳知孔子之往，則孔子已至楚矣。由是言之，謂陳蔡之大夫相與謀圍孔子者，妄也。陳蔡合兵而來，當不下萬餘人，孔子之從者不過數十人，圍而殺之，如反掌耳。圍之七日，至於絕糧，而不肯殺，又不肯縶之以歸國，老師費財，意欲何爲？設使楚竟不救，將坐俟其餓死而後去乎？其爲謀亦拙矣！由是言之，謂陳蔡之大夫相與謀圍孔子，使之絕糧，待楚救至而後免者，妄也。此皆時勢之所必無，人情之所斷不然者，而世儒多信之，其亦異矣！孟子曰，『孔子於季桓子，見行可之仕也；於衞靈公，際可之仕也；於衞孝公，公養之仕也』；獨其於陳蔡也，則曰『無上下之交。』蓋古之適他國者，其君大夫必饋之餼，而陳蔡皆無之，以此致厄，如晉重耳之不禮於鄭衞，乞食於五鹿者然；烏有所謂『發徒役以圍孔子於野』者哉！春秋傳云，『陳不救火，君子是以知其先亡。』國語亦言陳之道路不修，賓旅無所依，故單子知其必亡。蓋陳之國事日非，其君大夫皆不恤賓旅，孔子亦不樂立於其朝，而蔡乃楚境，楚人亦務富國强兵，非能尊賢養士之國，雖有貞子葉公之輩，度亦暫與相依而未必遂久與相處，是以往來兩地，未有定居，其窘餓窮乏，蓋亦非一日之事矣：故曰『厄於陳蔡之間，』言其非一時，非一地也。其反衞也，曰『公養之

陳蔡之圍爲莊子寓言

史記絶糧說不信者多

仕，』言其僅能免於昔日之絶糧也。後之人但聞有絶糧之事而不知其故，遂疑二國大夫之相厄者因附會而爲之說，而不知其舛也。故今皆不載。蔡乃楚境之說，詳見前葉公條下。

又按陳蔡之圍，經傳未有言者，獨莊子書數數言之。後人相傳之言蓋本於此。不知莊子特譏孔子之好言禮義以自困其身，因有厄於陳蔡一事，遂附會之以自暢其毀禮滅義之宗旨耳。其言既皆寓言，則其事亦安得遂以爲實事也！世家家語之文采之莊列者半；當其在莊列也，猶見有一二人以爲異端而不信者；及其在世家家語也，則雖名儒亦信之矣。嗚乎，陽闢其名而陰襲其說而不之覺者蓋不乏人矣；豈獨姚江之徒乃爲陽儒而陰釋哉！故凡不見於經傳者，余概不敢妄錄。

又按孔氏註論語絶糧章云，『吳伐陳，陳亂，故乏食，』說與世家不同。趙氏註孟子厄於陳蔡章亦不用世家說。是司馬遷雖載之史記，而漢人固不以

論語慍見一事之敷衍失眞

爲然也。 朱子論語序說云，『是時陳蔡臣服於楚，若昭王來聘孔子，陳蔡大夫安敢圍之！』是朱子固亦嘗闢之矣。 自明季講家矜言博覽，且爲科場逢世之計，乃不辨黑白而采之，遂相沿至今，以爲固然。 余故表而出之，以見其非先儒之說。

世家，『孔子以固窮告子路，子貢色作。 孔子曰，「賜，爾以予爲多學而識之者與？」 曰，「然，非與？」 曰，「非也，予一以貫之。」 孔子知弟子有慍心，乃召子路而問曰，「詩云，『匪兕匪虎，率彼曠野：』吾道非耶，吾何爲於此？」 子路曰，「意者吾未仁耶，未知耶？」 告子貢，子貢曰，「夫子之道至大，故天下莫能容，盍少貶焉？」 告顏回，顏回曰，「不容何病！不容，然後見君子！」 孔子欣然而笑曰，「使爾多財，吾爲爾宰！」』 余按子路慍見而曰『君子亦有窮乎，』雖不能無怨天尤人之意，而未嘗有信道不篤之心。 子曰，『衣敝縕袍與衣狐貉者立，而不恥者，其由也與？』 又曰，『道不行，乘桴浮於海，從我者其由與？』子路聞之喜其自信果決如是，烏有以未仁未知疑孔子者哉！子貢曰，『夫子之得邦家者所謂立之斯立，道之斯行，綏之斯來，動之斯和，』又曰，『夫子溫良恭儉讓以得之，』孟子曰，『子貢智足以知聖人；』若欲孔子自貶其道，識趣之卑陋甚矣，何以爲子貢！南宮适問於孔子曰，『羿善射，奡盪舟，俱不得其死然；禹稷躬稼而有天下，』夫子不答；顏淵之言固當然，遽欣然而笑，欲爲之宰，毋乃近於好諛矣乎！余觀論語所載諸弟子未有不尊信聖人者，而孔子常有謙遜不敢自是之心。如世家之言，則是諸弟子自顏淵外皆不足以知孔子，而孔子不得不瑣瑣然自明其過之不在己也，何其與論語相反乃爾耶？此必無之事，不待詳辨者。至於論語『多識』『一貫』之文，與『絕糧』『固窮』之義毫不相蒙，自當別爲一章；今朱子集註分之是也；世家連而反之，亦非是。此事又見於韓詩外傳及說苑，而文復與世家互異，但有與子路問答語，而不及於顏淵子貢。然其文尤繁碎，決係秦漢文字，不足縷辨。其謬最顯而易見者，孔子以魯哀公六年自陳反衞，至十三年，吳夫差始賜伍員屬鏤以死，而外傳說苑述孔子之言並有『子胥抉目於吳東門』之語；孔子以魯哀公十六年卒，至二十二年越始滅吳，已後越始通於諸夏，而說苑述孔子之言復有『句踐霸心生於會稽』之語。 未來之事，孔子何由預知之而預告之乎？ 蓋此三書之文皆本論語『愠見』一事，而好事者敷衍其詞，遂致失眞，正如今世閭巷所傳之三國殘唐東西漢晉演義，取史事而易之以俗語，加之以枝葉，以悅世人之耳目，彼固不問其義理時勢之合與否也；三子者不察而誤采之耳。 至家語在厄篇則又兼採三書而合之者，是以其文亂雜無章；且於『句踐』『子胥』二語亦存之而不刪，正與阮逸所作僞文中子元經以隋人而避唐廟諱者同。 其爲僞撰，不待辨而明者。 不知後之儒者何以不之覺而信爲實也？ 故今一概不載。

辨子西沮封之說

世家云，『楚昭王興師迎孔子，將以書社地七百里封孔子。 楚令尹子西曰，「王之使使諸侯，有如子貢者乎？」曰，「無有。」「王之輔相有如顏回者乎？」曰，「無有。」「王之將率有如子路者乎？」曰，「無有。」「王之官尹有如宰予者乎？」曰，「無有。」「且楚之祖封於周，號爲子男五十里；今孔丘述三王之法，明周召之業，王若用之，則楚安得世世堂堂方數千里乎！夫文王在豐，武王在鎬，百里之君卒王天下；今孔丘得據土壤，賢弟子爲佐，非楚之福也！」昭王乃止。其秋，昭王卒於城父。孔子自楚反乎衞。』余按，孔子得百里之地而君之，可以有天下，孟子推之則然，其門人或有知之者，外人不能也，彼子西者烏足以知之！季康子問『由求賜可使從政也與，』當是時，三子已有所建白矣，猶不敢信如此；況於陳蔡之時，子貢尚未出使於諸侯，顏淵宰予皆無所表見，子路亦未嘗爲將帥，彼子西者烏足以知之！子西之人本不足稱，然未嘗有嫉賢妬能之事，白公之復言子西用之矣；若知之而忌之，雖子西亦不至如是之不肖也。而是時昭王方在城父，以拒吳師，竟卒於軍，亦非議封孔子時也。且書傳皆無見楚昭王之事，楚世家及年表亦皆無之，則此必後人之所附會無疑也。至所稱『書社地七百里』者，語亦誤。楚即欲封孔子，安能如是之大！蓋古之祿邑多以社計，故春秋傳云，『自莒疆以西，請致千社』；荀子云，『與之書社三百。』舊說蓋言楚欲以書社七百爲孔子祿邑，史記誤以書社爲地名，因加里於七百之文下耳。曰，然則戴記有『之荊』之文，何也？曰，蔡，楚境也；之蔡，卽之楚也。吾惡知其謂之荊者非之蔡乎？既相傳有至楚之事，故疑以爲昭王之聘之也；既聘矣而卒於不用，故又疑以爲子西之沮之也：吾惡知其非因臆度之故，遂附會而爲之說乎？故今皆不載。

『子在陳，曰，「歸與！歸與！吾黨之小子狂簡，斐然成章，不知所以裁之。」』（論語公冶長篇。）

世家載此語於哀公三年；明年孔子如蔡；又明年如葉，反乎蔡；居蔡三歲，如楚；楚昭王卒，然後孔子反乎衞。夫孔子既思歸矣，乃反南轅而適蔡適楚，又四五年而始反衛，何為耶？ 然則此嘆當在反衛之前一二年中。 故次之於絕糧之後。

【附錄】『子曰「從我於陳蔡者，皆不及門也。」 德行：顏淵，閔子騫，冉伯牛，仲弓。 言語：宰我，子貢。 政事：冉有，季路。 文學：子游，子夏。」（論語先進篇。）

【附論】『孟子曰，「君子之厄於陳蔡之間，無上下之交也。」』（孟子。）

反衛之年

史記孔子世家以定十五年過宋至陳，哀四年遷於蔡，六年反衛，而遷蔡之前復有反衛而再至陳之事。 年表則以定十四年至陳，哀三年過宋，十年自陳反衛，其年皆與孔子世家不合，而亦無再往來之文。 陳衛宋世家略與年表同，而多闕漏。 惟蔡世家以昭二十六年至蔡，當魯哀之二年，則年表所無也。 余按，孔子以定十二年去魯，衛靈公以哀二年卒，則以為定十五年去衛至陳者近

年譜置世家五年事於

是。既於是年或十四年至陳，則不應復於哀之三年過宋。論語述而篇云，『冉有曰「夫子爲衞君乎，」子貢曰，「諾，吾將問之，」』是二子皆嘗從孔子反衞也。哀七年傳云，『吳人召季康子，康子使子貢辭，』是子貢於反衞後先歸魯也。若孔子於十年始反衞，則子貢不得於七年已在魯，故以爲哀六年反衞者近是。此皆當從孔子世家，年表不足據也。孔子曰，『從我於陳蔡者，』孟子曰，『君子之厄於陳蔡之間，』皆連舉之而無所分。孟子謂孔子有『見行可之仕，』有『際可之仕，』有『公養之仕，』亦不言陳蔡。大抵陳蔡不能尊賢禮士，不可依以久處，是以孔子往來其間，初無定居，其年月固有不能縷分者也。唯孔子世家所謂反衞而再至陳者似無其事，當從年表。說已見前適衞篇中。

年譜誤以孔子自陳反衞之後復有如陳而再反衞之事，與世家同。其至陳去陳之年，亦與世家頗異。最可異者，六十三歲『自衞如陳自陳如蔡自蔡如葉，既而反蔡；楚昭王使人來聘，陳蔡圍之；楚昭王興師迎孔子，然後得免；孔子自楚反乎衞，』取世家五年之事悉置之一年之中是年凡七至八國行萬有餘里，往來如傳舍然。較之世家，尤爲疎脫。

一年中之謬

反衞

『冉有曰，「夫子爲衞君乎？」子貢曰，「諾，吾將問之。」入曰，「伯夷叔齊何人也？」曰，「古之賢人也。」曰，「怨乎？」曰，「求仁而得仁，又何怨！」出曰，「夫子不爲也！」』（論語述而篇。）

此章所稱『衞君，』先儒皆以爲出公輒。玩其詞意，良然。按春秋傳哀公七年公會吳於鄫，太宰嚭召季康子，康子使子貢辭；十一年，冉求爲季氏宰，及齊師戰於郊：則是孔子至衞之後，二子自衞先歸魯也。或者二子知夫子之不爲而遂去耶？然則此章問答當在孔子反衞之初，哀公六七年間。故次之於

衞君謂出公輒

此。

附錄　『子路曰，「衛君待子而爲政，子將奚先？」子曰，「必也正名乎！」子路曰，「有是哉，子之迂也！奚其正！」子曰，「野哉由也！君子於其所不知，蓋闕如也。名不正則言不順；言不順則事不成；事不成則禮樂不興；禮樂不興則刑罰不中；刑罰不中則民無所措手足。故君子名之必可言也；言之必可行也。君子於其言，無所苟而已矣。」』（論語子路篇。）

世家以此章及魯衛之政章皆爲衛君輒之時。余按衛自靈公失道，政衰已久，『兄弟』之歎不可必其爲輒；而魯衛連及，又似初從魯來焉者，其說未可據。唯此章正名之論似爲輒發，世家之說近是，先儒亦多從之。然無明文可考。故附次於此。

正名之論似爲輒發

辨脫驂賻喪之說

戴記檀弓篇云，『孔子之衛，遇舊館人之喪，入而哭之哀。出，使子貢脫驂而賻之，曰，「予鄉者入而哭之，遇於一哀而出涕；予惡夫涕之無從也！」』余按孔子之用財，如子華之使齊，原思之為宰，顏路之請車，或與或不與，皆因乎人與己之本量所當然，天理人情之不可移易者，未有但狥一時之意偶然行之者也。若本不應如是，但因『遇於一哀，惡涕之無從』之故而脫驂賻之，則是可以偶然與之，亦可以偶然不與，聖人之用財恐不如是之苟也。戴記之文本多附會；此或別有其故而傳者失其真，或本無此事，均未可知。故今不錄。

相孔文子問較

『孔文子之將攻太叔也，訪於仲尼。仲尼曰，「胡簋之事則嘗學之矣；甲兵之事未之聞也。」退，命駕而行，曰，「鳥則擇木，木豈能擇鳥！」文子遽止之，曰，「圉豈敢度其私，訪衛國之難也！」將止；魯人以幣召之，乃歸。』（左傳哀公十一年。）

按此文『胡簋』四句與論語問陳章『俎豆』數語相類，其事亦相類，未

答衛靈爲得實

衛孝公即出公

在衛爲孔文子所留

必兩事適相符如此而又皆適在衛，蓋本一事而傳聞者異也。以理度之，問陳之失小，問攻太叔之失大；彼可勿行，而此則當去；彼可因所問而導之以禮，如以『臨事好謀』戒子路者然，此則但當以不對拒之。竊疑此文爲得其實。故兩存之以俟夫有識者删其一焉。說並見前衛靈公條下。

附論 『孟子曰，「於衛孝公，公養之仕也。」』（孟子。）

史記衛無孝公，而孔子反衛在出公輒之時，故朱子以孝公爲輒。余按春秋經傳哀二年衛靈公卒，衛人立輒；十六年正月，衛侯輒來奔（傳在十九年冬）；至四月，孔子卒；公養之爲輒無可疑者。輒亡在外，故稱出公。出，非謚也，輒之謚蓋史逸之矣，衛人既以蒯聵得罪於靈公而輒之拒之爲是，則謚之爲孝亦無足怪者。故從朱子之說。

孔子之於衛孝公，其詳不可考。余按春秋昭七年傳，『孔成子夢康叔謂己，「立元，余使羈之孫圉與史苟相之；」』哀十五年傳，『大子與五人介，迫孔悝於廁，彊盟之，孔悝立莊公；』則是靈孝之世孔氏實執國政。 孔子之在衞，文子實留之，故有『擇木』之喩；若文子非執衞柄，不過衞諸大夫，孔子不答所問足矣，不必因此而遂去也。 文子敏而好學，不恥下問，則其爲人必好賢禮士者，是以孔子爲之留連而不遽去，非苟然而已也。 又按傳記所載，從無孔子與衞孝公問答之語，則是孝公年少，尙未知與孔子相周旋，但文子言於君而致饔餼於孔子耳；是以孟子謂之『公養之仕，』明非立其朝而食其祿也。 余恐世之儒者疑孔子之欲輔孝公以行道，不然則疑孔子之苟利其養而不肯去，故推其前後而爲之解。

歸魯上

辨冉有薦孔子之說

世家云，『冉有爲季氏將師，與齊戰於郎，克之。 季康子曰，「子之於軍旅，學之乎？性之乎？」 冉有曰，「學之於孔子。」 季康子曰，「孔子何如人哉？」

辨息駕河梁之說

對曰（云云。）康子逐公華公賓公林，以幣迎孔子。孔子歸魯。』余按，所載冉有之言淺陋不足以稱聖人，必後人所僞托無疑，故今不取。而春秋傳言『師及齊師戰於郊，』世家云『郎，』亦誤。

家語云，『孔子自衞反魯，息駕於河梁而觀焉。有懸水三十仞，圜流九十里，魚鼈不能道，黿鼉不能居，有一丈夫方將厲之。孔子使人並涯止之；丈夫不以措意，遂度而出。孔子問焉（云云。）』余按，此言本之莊子外篇，其原文云，『孔子觀於呂梁，縣水三十仞，流沫四十里，黿鼉魚鼈之所不能游也，見一丈夫游之，數百步而出，被髮行歌而游於塘下。孔子從而問焉；曰，「吾始乎故，長乎性，成乎命，從水之道而不爲私焉，此吾之所以蹈之也。」』然則外篇之意但欲明夫自然之道，無爲之旨，故設爲丈夫孔子問答之言以暢其說耳，非實事也。家語以爲實然，愚矣。莊周書中，蚿蛇，河海，光景，無有皆有問答之語，亦將謂光景無有皆能爲人言乎！且其所改外篇之文尤無倫理。呂梁之水，縣三十仞可也；自衞以下，河流平地，安得三十仞而縣之！ 孔子觀於呂梁，可也；自衞反魯，去河絕遠，安得河梁而息駕焉！ 丈夫游之而復出，孔子問焉，可也；若丈夫既度河，則與孔子各在河之一涯，又安能隔大河而與之語乎！ 嗚乎，莊子之言之必無者，家語皆以爲誠有也；莊子之言之容或有之者，家語則又改之使之必無此，何爲耶？ 又按，列子黃帝說符兩篇亦載此事，一與莊子文同，一與家語文同。 蓋列子亦後人之所僞撰，——故柳子厚謂其書多增竄，高氏亦謂後人會粹而成之者，——是以一事而兩采之；較之家語尤不可信。

『季孫欲以田賦，使冉有訪于仲尼。 仲尼曰，「丘不識也。」 三發，卒曰，「子爲國老，待子而行，若之何子之不言也？」 仲尼不對，而私於冉有曰，「君子之行也，度於禮：施取其厚，事舉其中，斂從其薄。 如是，則以丘亦足矣。 若不度於禮而貪冒無厭，則雖以田賦，將又不足。且子季孫若欲行而法，則周公之典在；若欲苟而行，又何訪焉！」弗聽。十二年春王正月，用田賦。』（左傳哀公十二年。）

國語亦載此事而文頗與此異。蓋國語皆後人所推衍，非當日之言，是以其文常繁於內傳而多與諸經不合，不如內傳爲近其實，故棄彼而存此。

聚斂即用田賦

「季氏富於周公，而求也爲之聚斂而附益之。子曰，「非吾徒也！小子鳴鼓而攻之可也！」」（論語先進篇。）

「冉求爲季氏宰，無能改於其德，而賦粟倍他日。孔子曰，「求非我徒也！小子鳴鼓而攻之可也！」」（孟子。）

按論語孟子所稱乃一事而其文小異者。既云『賦粟倍他日』，則所謂『聚斂』者即左傳『用田賦』之事可知也。以其互有詳略，故並次之於此。

△

「子曰，「吾自衞反魯，然後樂正，雅頌各得其所。」」（論語子罕篇。）

歸魯之年

□正樂與用田賦未知孰爲先後。然孔子之歸在孔文子訪攻太叔之後，太叔之出在十一月葬滕隱公之後，則是孔子歲暮始歸魯也。田賦之用在明年正月，其間當無幾時。故次此文於用田賦之後。

正樂

□『子語魯太師樂，曰「樂其可知也：始作，翕如也；從之，純如也，皦如也，繹如也，以成。」』（論語八佾篇。）

□『子曰「師摯之始，關雎之亂，洋洋乎盈耳哉！」』（論語泰伯篇。）

□按『語樂』即『正樂』之事，『盈耳』即『得所』之驗，故並次之於此。

雅言

附錄

□『子所雅言，詩，書，執禮，皆雅言也。』（論語述而篇。）

□此孔子平日事，不僅歸魯以後爲然，以其與正樂之事同類，故附次於此。

辨刪詩之說

□世家云，『古者詩三千餘篇；及至孔子，去其重，取可施於禮義，上采契后稷，中述殷周之盛，至幽厲之缺，三百五篇。』康成之徒多非其說。孔氏穎達云，『書傳所引之詩見在者多，亡逸者少，則孔子所錄不容十分去九；遷言未可信也。』而宋歐陽氏修云『以詩譜推之，有更十君而取一篇者，有二十餘君而取一篇者；由是言之，何啻三千！』邵氏雍亦云『諸侯千有餘國，風取十五；西周十有二王，雅取其六。』則又皆以遷言爲然。余按國風自二南豳以外多衰世之音，小雅大半作於宣幽之世，夷王以前寥寥無幾，如果每君皆有詩，孔子不應盡删其盛而獨存其衰。且武丁以前之頌豈遽不如周，而六百年之風雅豈無一二可取，孔子何爲而盡删之乎？子曰『誦詩三百，授之以政不達，使於四方不能專對，雖多亦奚以爲！』子曰，『詩三百，一言以蔽之曰「思無邪。」』玩其詞意，乃當孔子之時已止此數，非自孔子删之而後爲三百也。春秋傳云，『吳公子札來聘，請觀於周樂，』所歌之風無在今十五國外者。是十五國之外本無風可采，不則有之而魯逸之，非孔子删之也。且孔子所删者何詩也哉？鄭衞之風，淫靡之作，孔子未嘗删也。『絲麻菅蒯』之句不遜於『縞衣茹藘』之章；卽『棣華室遠』之言亦何異於『東門不卽』之意：此何爲而存之，彼何爲而刪之哉？ 況以論孟左傳戴記諸書考之，所引之詩逸者不及十一，則是穎達之言左劵甚明，而宋儒顧非之，甚可怪也。 由此論之，孔子原無刪詩之事。 古者風尙簡質，作者本不多，而又以竹寫之，其傳不廣，是以存者少而逸者多。 國語云，『正考父校商之名頌十二篇於周大師，以那爲首』； 鄭司農云，『自考父至孔子又亡其七篇』： 是正考父以前頌之逸者已多，至孔子又二百餘年而又逸其七。 故世愈近則詩愈多，世愈遠則詩愈少。 孔子所得止有此數，或此外雖有而缺略不全，則遂取是而釐正次第之以敎門人，非刪之也。 尙書百篇，伏生僅傳二十八篇，逸者七十餘篇；孔安國得多十餘篇，逸者尙數十篇。 禮之逸者尤多。 自漢以來易竹以紙，傳布最易，其勢可以不逸，然其所爲書亦代有逸者。 逸者事勢之常，不必孔子刪之而後逸也。 故今於刪詩之說悉不敢載。

□ 僞孔傳書序云，『伏羲神農黃帝之書，謂之三墳，言大道也。 少昊顓頊高辛唐虞之書謂之五典言常道也。 孔子覩史籍之煩文，懼覽者之不一，討論墳典，斷自唐虞而下。』 書緯云，『孔子得黃帝玄孫帝魁之書，迄於秦穆公凡三千二百四十篇，爲尙書。 斷遠取近定其可爲世法者百二十篇，爲簡書。』 後世多以其說爲然。 余按傳云，『郯子來朝，昭子問焉，曰，「少皞氏鳥名官，何故也？」郯子曰，「吾祖也，我知之。」仲尼聞之，見於郯子而學之，』聖人之好古也如是，果有羲農黃帝之書傳於後世，孔子得之，當如何而愛護之，當如何而表章之，其肯無故而删之乎！ 論語屢稱堯舜，孟子言必稱堯舜，其道唐虞之事尤詳，而皆無一言及於黃炎者，則高辛氏以前之無書也明矣。 唯春秋傳頗言上古時事，然其文多平而弱，其事多奇而詭，與堯典禹貢大不類，蓋皆出於傳聞，必非當時之書之所載也。 三墳五典之名雖見於傳，然不言爲何人所作，故杜氏註但云「皆古書名。」 若書序果出於安國，杜氏豈容不見而不註耶！ 虞書曰，『愼徽五典，』又曰，『天叙有典，』『自我五典，』是知堯舜之世已有五典，蓋卽五倫之義書之策以敎民者。安知傳之所云非此五典歟？古者以竹木爲書，其作之也難，其傳之也亦不易，孔子所得者止於是，則遂取是而考訂整齊之以傳於門人耳，非刪之也。世家但云『序書』，亦無刪書之文。漢志雖有周書七十餘篇，然皆後人之所僞撰。劉向但云『孔子所論百篇之餘』，亦未嘗言孔子之所刪也。故今於刪書之說悉不敢載。」

附錄 『子曰「加（古本作『假』）我數年，五十（二字古本作『卒』）以學易，可以無大過矣！」』（論語述而篇。）

此語無年可考。觀其詞意，蓋在歸魯以後。故附次於『正樂』之後。

辨作易傳之說

世家云，『孔子晚而喜易，序彖，繫，象，說卦，文言。』由是班固以來諸儒之說易者皆謂傳爲孔子所作。至於唐宋，咸承其說。余按春秋，孔子之所自作，其文謹嚴簡質，與堯典禹貢相上下；論語，後人所記，則其文稍降矣；若易傳果孔子所作，則當在春秋論語之間，而今反繁而文，大類左傳戴記，出論語下遠甚，何耶？

繫詞文言之文，或冠以『子曰』或不冠以『子曰』；若易傳果皆孔子所作，不應自冠以『子曰』字；即云後人所加，亦不應或加或不加也。孟子之於春秋也，嘗屢言之，而無一言及於孔子傳易之事；孔孟相去甚近，孟子之表章孔子也不遺餘力，不應不知，亦不應知之而不言也。由此觀之，易傳必非孔子所作，而亦未必一人所爲：蓋皆孔子之後通於易者爲之，故其言繁而文；其冠以『子曰』字者，蓋相傳以爲孔子之說而不必皆當日之言；其不冠以『子曰』字者，則其所自爲說也。杜氏春秋傳後序云：『汲縣冢中，周易上下篇與今正同；別有陰陽說，而無彖象文言繫辭。疑于時仲尼造之於魯，尚未播之於遠國也。』余按汲冢紀年篇乃魏國之史，冢中書，魏人所藏也。魏文侯師子夏，子夏教授於魏久矣，孔子弟子能傳其書者莫如子夏；子夏不傳，魏人不知，則易傳不出於孔子而出於七十子以後之儒者無疑也。又按春秋襄九年傳，穆姜答史之言與今文言篇首略同而詞小異。以文勢論，則於彼處爲宜。以文義論則「元」即「首」也，故謂爲「體之長」不得遂以爲「善之長」。「會」者「合」也，故前云「嘉之會也」，後云「嘉德足以合禮」；若云「嘉會足以合禮」，則於文爲複，而「嘉會」二字亦不可解。「足以長人合禮，和義，而幹事，是以雖隨無咎」今刪其下二句而冠「君子」字於四語之上，則與上下文義了不相蒙。然則是作傳者采之魯史而失其義耳，非孔子所爲也。論語云，「曾子曰「君子思不出其位」」，今象傳亦載此文。果傳文在前，與記者固嘗見之，曾子雖嘗述之，不得遂以爲曾子所自言而傳之名言甚多，曾子亦未必獨節此語而述之。然則是作傳者往往旁采古人之言以足成之，但取有合卦義，不必皆自己出。既采曾子之語，必曾子以後之人之所爲，非孔子所作也。且世家之文本不分明，或以「序」爲序卦，而以前「序書傳」之文例之，又似序述之義，初無孔子作傳之文。蓋其說之晦有以啓後人之誤，故今皆不載。

附錄　「夏五月，昭夫人孟子卒，孔子與弔。」（左傳哀公十二年。）

附錄「冬十二月，螽。季孫問諸仲尼，仲尼曰，「丘聞之，火伏而後蟄者畢。今火猶西流，司歷過也。」」（同上。）

洙泗考信錄卷之三終

洙泗考信錄卷之四

歸魯下

『春，西狩於大野，叔孫氏之車子鉏商獲麟；以爲不祥，以賜虞人。仲尼觀之曰，「麟也！」然後取之。』（左傳哀公十四年。）

『有以告者曰，「有麏而角者。」孔子曰，「孰爲來哉！孰爲來哉！」反袂拭面，涕沾袍曰，「吾道窮矣！」』（公羊傳哀公十四年。）

『世衰道微，邪說暴行又作：臣弒其君者有之，子弒其父者有之。孔子懼，作春秋。』（孟子。）

按春秋終於獲麟，則成於獲麟之後可知，故次之於此。先儒或謂文成致

之先後不可知

辨作春秋以自見之說

麟；然麟至見獲，非瑞乃災，其說非是。杜氏以爲感麟而作，作起獲麟，則文止於所起，似矣；然二傳皆未嘗言，故今亦闕之。

「世家載孔子之言云，『弗乎弗乎！君子疾沒世而名不稱焉。吾道不行矣，吾何以自見於後世哉？』乃因史記作春秋云云。其言似急於求名者，殊失聖人之意。今不取。

備考　「『春秋古經十二篇』」（漢書藝文志。）

附論　「『孟子曰「王者之迹熄而詩亡；詩亡，然後春秋作。晉之乘，楚之檮杌，魯之春秋，一也：其事則齊桓晉文，其文則史。孔子曰「其義則丘竊取之矣！」」』『孟子曰，「春秋，天子之事也。是故孔子曰，『知我者其惟春秋乎？罪我者其惟春秋乎？』」』『孟子曰，「春秋無義戰；彼善於此則有之矣。征

作春秋非專黜陟之權

者，上伐下也；敵國不相征也。」』（並孟子）

胡氏安國云：『仲尼作春秋以寓王法，惇典庸禮，命德討罪，其大要皆天子之事也。知孔子者，謂此書之作，遏人欲於橫流，存天理於旣滅，爲後世慮至深遠也。罪孔子者，以爲無其位而託二百四十二年南面之權，使亂臣賊子禁其欲而不得肆，則戚矣。』余按：孔子以東周之世禮樂征伐自諸侯出，故修春秋以尊王室。故曰：『自諸侯出，十世希不失矣；自大夫出，五世希不失矣；陪臣執國命，三世希不失矣。』蓋位愈卑則愈不可僭，況以布衣而專黜陟之大權乎！唐哥舒翰討安祿山，或勸之還兵以誅楊國忠，曰：『如此，乃翰反，非祿山也。』若孔子先已僭天子之權，彼亂臣賊子復何懼焉！孟子曰：『王者之迹熄而詩亡；詩亡，然後春秋作。』『天子之事』云者，猶所謂『王者之迹』也。書，天子之事也；詩，天子之事也；乘，檮杌，春秋，則諸侯之史而非天子之事也。孔子據周禮以書列國之事，所關者天下之治亂，所正者天下之名分，則不可更以諸侯

修春秋循舊書法

之史目之，故曰天子之事耳：言其與詩書同而非乘檮杌之比也，豈謂其專黜陟之大權哉！若僭其黜陟，卽可以爲天子之事，則吳楚之僭王，皆可以謂爲天子之事乎！爲是說者，非止誣聖人，亦教天下以悖上作亂也。故余不得不辨。

又按春秋傳，晉韓起聘于魯，見易象與魯春秋，曰『周禮盡在魯矣！』然則魯之春秋本據周禮以書時事。但自東遷以後，時異勢殊，盟會擅於諸侯，政事專於大夫，一切戰爭弑奪之事，皆成周盛時所未嘗有者，秉筆者苦於無例可循，而其識亦未必足以及之，則其書法不合於周禮者當亦不少。是以孔子取而修之，正君臣之分，嚴內外之防，尊卑有經，公私而別，然後二百四十年中善不待褒而自見，惡不待貶而自明，大義凜然，功罪莫能逃者，故曰『孔子成春秋而亂臣賊子懼』耳，非以其專黜陟爲足懼也。惜乎後之儒者過於求深，而往往反失其本來之意也！

『陳成子弑簡公，孔子沐浴而朝，告於哀公曰，「陳恆弑其君，請討之！」 公曰，「告夫三子。」 孔子曰，「以吾從大夫之後，不敢不告也君曰『告夫三子』者！」 之三子告，不可。 孔子曰，「以吾從大夫之後，不敢不告也！」』（論語憲問篇。）

「齊陳恆弒其君壬于舒州。 孔丘三日齊而請伐齊，三。 公曰，「魯爲齊弱久矣，子之伐之，將若之何？」 對曰，「陳恆弒其君，民之不與者半；以魯之衆加齊之半，可克也。」 公曰，「子告季孫。」 孔子辭，退而告人曰，「吾以從大夫之後也，故不敢不言！」』（左傳哀公十四年。）

辨程子論請討陳恆之謬

程子云，『左氏記孔子之言曰，「陳恆弒其君，民之不與者半；以魯之衆，加齊之半，可克也，」此非孔子之言。 誠若此言，是以力，不以義也。 若孔子之志，必將正名其罪，上告天子，下告方伯，而率與國以討之。 至其所以勝齊者，孔子之餘事也，豈計魯人之衆寡哉！』余按傳文前云『三日齋而請伐齊三，』則已告哀公以義之當討矣而公以『魯爲齊弱』致疑，故復言此以釋其疑，非以力不以義也。哀公之所懼者不克，若不告以可克之故，尙何望哀公之肯討耶！程子未嘗詳釋傳文，但節其後數語，遽謂之以力不以義，不亦寃乎！孔子曰，『暴虎馮河，死而無悔者，吾不與也！必也臨事而懼，好謀而成者也。』『子之所愼：齊，戰，疾。』聖人舉事固主於義，然亦必有知己知彼之明，謀定而後戰，爲有舉數萬人之命冒然一擲而不慮其事之所終乎哉！諸葛武侯之表懷帝也，曰『今南方已定，甲兵已足，當奬帥三軍，北定中原。』若以程子論之，是武侯亦以力不以義矣。孟子曰，『率其子弟，攻其父母，未有能勝者也。』又曰，『彼陷溺其民，王往而征之，夫誰與王敵！』蓋義以民心爲主，故孔子以『民之不與』言之，非論力，正論義也。況當是時，天子已微，自晉失伯以來，天下亦無方伯，與國如宋如衞皆不足與有爲，乃欲舍不共戴天之齊民而求助於不可倚仗之鄰國，謂因齊民爲以力而率與國則爲以義，非獨迂於論事，抑亦疏於論義矣。此乃宋儒之失，非左傳之謬。但傳文不若論語醇古，疑記言者才有高下之故。然與論語互有詳略，足相發明。而孔子之辭亦與論語不同，未知孰是。故並存之。

附錄『哀公問曰，「何爲則民服？」孔子對曰，「舉直錯諸枉，則民服；舉枉錯諸直，則民不服。」』（論語爲政篇。）『哀公問弟子孰爲好學，孔子對曰，「有顏回者好學，不遷怒，不貳過。不幸短命死矣！今也則亡，未聞好學者也。」』（論語雍也篇。）

附錄『季康子問，「使民敬忠以勸，如之何？」子曰，「臨之以莊則敬；孝慈則忠；舉善而敎不能則勸。」』（論語爲政篇。）

『季康子問，「仲由可使從政也與？」子曰，「由也果，於從政乎何有!」曰,「賜也可使從政也與?」曰,「賜也達,於從政乎何有!」曰,「求也可使從政也與?」曰,「求也藝,於從政乎何有!」』(論語雍也篇。)『季康子問政於孔子,孔子對曰,「政者正也。子帥以正,孰敢不正!」』(論語顏淵篇。)『季康子患盜,問於孔子,孔子對曰,「苟子之不欲,雖賞之不竊!」』(同上。)『季康子問政於孔子,曰,「如殺無道以就有道,何如?」孔子對曰,「子爲政,焉用殺! 子欲善而民善矣。君子之德風,小人之德草,草上之風必偃。」』(同上。)『子言衞靈公之無道也,康子曰,「夫如是,奚而不喪?」孔子曰,「仲叔圉治賓客,祝鮀治宗廟,王孫賈治軍旅,夫如是,奚其喪!」』(論語憲問篇。)『康子饋藥,拜而受之,曰,「丘未達,不敢嘗!」』(論語鄉黨篇。)

哀公季康子孟武伯諸問皆在歸魯後

篇。）

附錄

『孟武伯問孝，子曰，「父母惟其疾之憂。」』（論語爲政篇。）

『孟武伯問，「子路仁乎？」子曰，「不知也。」又問，子曰，「由也千乘之國可使治其賦也，不知其仁也。」「求也何如？」子曰，「求也千室之邑百乘之家可使爲之宰也，不知其仁也。」「赤也何如？」子曰，「赤也束帶立於朝，可使與賓客言也，不知其仁也。」』（論語公冶長篇。）

以上十一條雖無年可考，然必皆在歸魯之後無疑。故並附次於請討陳恆之後。

世家云，『季康子問政，曰，「舉直錯諸枉，則枉者直。」』蓋采爲政篇文而誤以哀公爲康子也。又因此文與答樊遲之語相類而誤易之，則益舛矣。今

兩答顏淵好學疑本一事

不從。

論語先進篇亦載答顏淵好學語，而以哀公爲季康子，且遺『不遷怒』等三句。孫覺曰，『夫子之對季康子與哀公同，而有略有詳：於臣略，於君詳者也。』余按，此二章其文極相類，疑亦本一事而所記有詳略異同，正如史記誤以『舉直錯枉』爲答康子語耳，不必曲爲之解也。傳曰，『所見異辭，所聞異辭，所傳聞異辭。』論語諸篇非一人之所記，故其中往往有重出異同之語；必盡以爲二事，則泥古之過也。故今止載雍也篇文。

辨以黍雪桃之說

家語載有『哀公賜桃，以黍雪之』之事，孔子幷食之而辨之云云。余按春秋之時風尚近古，以黍雪桃必無此事。且此亦小事耳，聖人之詞簡質而氣渾厚，況侍食於君前，何至喋喋辨此不休邪？此文本之韓非，非所引事初無實錄，姑妄言以爲說資者；此說尤陋，不足深辨。然家語亦采之。嗚呼，蓋亦無有不采者矣！

辭見孺悲事可疑

備覽「恤由之喪，哀公使孺悲之孔子，學士喪禮。士喪禮於是乎書。」（雜記。）

存疑「孺悲欲見孔子，孔子辭以疾。將命者出戶，取瑟而歌，使之聞之。」（論語陽貨篇。）

按，孺悲果有過，孔子責之可也；若有大過而不可教，絕之可也：胡為乎陽絕之而陰告之，有如兒戲然者？恐聖人不如是之輕易也。使悲果能聞歌而悔，則責之而亦必悔可知也；使責之而竟不知悔，即聞歌奚益焉？孔子於冉有之聚斂，弟子也，責之而已；於原壤之夷俟，故人也，亦責之而已：未有故絕之而故告之如此一事者。獨陽貨篇有之。陽貨篇之文固未可以盡信也。或當日曾有辭孺悲見之事，而傳之者增益之以失其眞。故列之於存疑。

考終

辨夢奠兩楹之說

戴記檀弓篇云，『孔子蚤作，負手曳杖，消搖於門，歌曰，「泰山其頹乎？梁木其壞乎？哲人其萎乎？」子貢聞之，趨而入。子曰，「予疇昔之夜，夢坐奠於兩楹之間，予殆將死也！」蓋寢疾七日而歿。』余按，論語所記孔子之言多矣，大抵皆謙遜之辭而無自聖之意，皆明民義所當爲而不言禍福之將至。獨此歌以「泰山」「梁木」「哲人」自謂，而預決其死於夢兆，殊與孔子平日之言不類；恐出於後人傳聞附會之言。故不敢載。

孔子卒年月日之考定

「夏四月己丑，孔丘卒。」（左氏春秋哀公十有六年。）

杜氏註云，『四月十八日乙丑，無己丑。己丑，五月十二日。日月必有誤。』余按杜氏所以如是註者，蓋因哀十五年傳文中有閏月，遞推而下，則四月不當有己丑耳；不知傳雖有此閏月，魯實無此閏月，己丑正當在四月也。何以明之？春秋之時，列國置閏互異。昭二十二年王室之亂，經傳之文皆差一月：蓋經本之魯史，傳采之周史；魯於六月置閏，周於十二月始置閏故也。何以明之？　景王之葬，經傳皆在六月，是六月以前周與魯皆不置閏也；傳於十二月後始書閏月，是周於十二月置閏也。　王猛之居皇也，經書於夏而傳在秋七月戊寅，其入於王城也，經書於秋而傳在冬十月丁巳，其卒也，經書於冬十月而傳在十一月乙酉，自六月以後閏月以前，經之紀事無不先傳一月，是魯於六月已置閏也。　且以傳文考之，十二月有庚戌，閏月有辛丑，明年正月壬寅朔，則十二月當爲癸卯朔，而經何以書『十有二月癸酉朔日有食之？』然則是傳之閏月卽經之十有二月，而周魯諸閏之不同，衆證明白，曉然而無疑矣。　哀十二年傳云『冬十二月，螽，』孔子曰，『火猶西流，司歷過也，』是哀公之世，魯歷後天而失一閏之明證也。　哀十六年續經書云，『正月己卯，衞世子蒯聵自戚入於衞，衞侯輒來奔，』而傳乃在十五年之閏月：蓋緣魯失一閏，故衞閏月之事在魯明年正月，傳採之衞史，而續經所書則魯史也；是哀十五年十二月以後，魯不置閏之明證也。　由是言之，續經所書之四月，卽杜氏所推之三月，此月正當有己

考終

丑，月日皆不誤矣。　春秋中如此者甚多，不可枚舉。　杜氏偶未深考，但以傳之日月爲據：經有與傳異者，於他國事則以爲從告，於魯事則以爲誤；所謂『智者千慮，必有一失，』學者不可據註而疑經也。　故今仍從續經：周正之夏四月己丑，蓋夏正之春二月十一日也。

年譜云，『魯哀公十六年四月乙丑，即今之二月十八日，孔子卒。』　余按，此說實本之杜氏左傳注。　然杜氏之意但以所推長歷未符，故疑乙己二字相似而日或誤，不則月或誤耳，故曰『日月必有誤，』猶有闕疑之意焉，未嘗決以爲乙丑也。　年譜公然僭改經文，以己爲乙，斷以爲二月十八日者，其意以爲言之不確則人疑己之無所傳而不深信，是以居之不疑以欺後世，而不知四月之固無乙丑也，而不知己丑之反在四月也。　然則作年譜者本無所據，而但掇拾註疏諸子之唾餘以成書也，昭昭然矣。　年譜不知何人所撰，今見於闕里志云出素王事紀。　然觀其中亦似嘗有所删節者；其所去取又出家語之下。　然而

年七十四

近世之士莫不信而采之，其亦可歎矣夫！

史記孔子世家及杜氏春秋註皆謂孔子年七十三，蓋皆以孔子爲襄公二十二年生也。今既從二傳以爲襄公二十一年生，則孔子至是當年七十有四，而索隱乃云『若孔子以二十一年生至哀十六年爲七十三；若二十二年生，則七十二，』殊不可解。

『孔丘卒，公誄之曰，「旻天不弔，不憖遺一老，俾屏余一人以在位！煢煢余在疚，嗚呼，哀哉尼父，無自律！」』（左傳哀公十六年。）

附錄 『子溫而厲，威而不猛，恭而安。』（論語述而篇。）『子之燕居，申申如也，夭夭如也。』（同上。）

辨哀公問儒服之說

戴記儒行篇云，『魯哀公問於孔子曰，「夫子之服其儒服與？」孔子對曰，「丘少居魯，衣逢掖之衣，長居宋，冠章甫之冠。丘聞之也，君子之學也博，其服也鄉。丘不知儒服！」』余按此篇語夸而複，文淺而放，乃戰國之風氣，非

考　終

春秋之語言，李氏固已辨之矣。孔子見君，自有大夫朝服，乃一定之制，哀公亦不得疑而問之也。且玩其語意，乃謂宋人冠章甫，魯人衣逢掖，孔子隨所在國俗而服之，不斤斤於禮耳；非謂一時兼用之也。後人合以爲一，反以爲孔子之禮服，誤矣。莊子外篇亦有與哀公論儒服之事，與此如出一口。蓋皆放蕩之士疾世儒之拘謹，服儒衣冠，自命儒者，故爲是言以詆之耳；豈得以其托諸孔子，載諸戴記，而遂以爲實然也哉！今不錄。

附錄「子罕言利與命與仁。」（論語子罕篇。）「子不語怪，力，亂，神。」（論語述而篇。）

辨齊侯問商羊之說

家語云，「齊有一足之鳥飛集於公朝，下止於殿前，舒翅而跳。齊侯大怪之，使使聘魯問孔子。孔子曰，『此鳥名商羊，水祥也。童謠曰，『天將大雨，商羊鼓舞。』今齊有之，將有大水爲災。』頃之，大霖雨，水泛溢。景公曰，『聖人之言信而有徵矣！』」余按，五石之隕，六鷁之退，春秋爲宋志之；左氏傳中神怪之事尤多商羊之舞，春秋何以不書？左傳何以不載？自春秋來，大雨水者無慮千計何以未有一人見商羊乎？孔子之所以聖，以其祖述堯舜，憲章文武，而傳道於萬世，不以小才小藝故也。卽以才藝言之，達巷黨人曰『大哉孔子，博學而無所成名！』子曰，『吾何執：執御乎？執射乎？』太宰問於子貢曰，『夫子聖者與？何其多能也？』子聞之曰，『吾少也賤，故多能鄙事，』然則所謂『博學』『多能』云者，亦謂兵農禮樂射御書計之屬，非若山海經淮南子之所爲也。後之人但聞孔子博學多能，遂誤以爲搜神志怪之流。然國語猶頗徵引往昔以附會之，而此則直以誦童謠之故聖之，嘻，亦陋矣！童子言之，孔子誦之，童子之智勝孔子矣，何不聖童子而聖孔子也？卜偃師己皆能誦童謠以推未來之事，將皆得爲聖人乎？此乃無識之士妄撰以見聖人之博，而不知其適以小聖人也。故今不錄。說並見後條下。

辨楚王問萍實

家語云，『楚王渡江，江中有物大如斗，圓而赤，直觸王舟。舟人取之。王大怪之;遍問羣臣,莫之能識。 王使使聘於魯,問於孔子,子曰,「此所謂萍實者也,唯霸者爲能獲焉。 吾昔之鄭,過陳,聞童謠曰,『楚王渡江,得萍實,大如斗,赤如日,剖而食之甜如蜜』」—(云云。)』 余按萍實之事荒誕不經,童謠之言鄙陋可笑;春秋之世不但無此等事,亦並無此等語;而世信之,何耶? 童謠之占,自春秋傳國語始有之,皆附會耳,非實事也。 然鸜鵒謠於文武之時,弧服應以褒姒之獄,人固莫之測也。 漢唐以降,此類尤多。 然『千里草,』『桃李子,』『東君,』『雨帝』之屬,其文似皆別有所指,而好事者假借離合以推之於時事。 即間有一二斥言者,亦終不甚了了(如『天下皆炯』之類),謠者亦莫知其爲何應也。 從未有明白切直,委曲詳盡,如『商羊』『萍實』之謠者。 以童子爲無知而妄言乎,何以歷歷分明如是? 以童子爲知之而故言乎,已見之物羣臣莫之識也,未來之事童子何由知之? 且孔子適陳,偶耳,適陳而聞此謠,亦偶耳;假使孔子偶不過陳,或過陳而偶不聞此謠,不幾無以答楚王乎? 他人適不聞耳聞之復誰不能解者，亦不必爲孔子貴也，此與商羊之事皆本說苑；家語復增益之，是以其言益陋。今並不錄。說並見前條下。

附錄 『子絕四：毋意，毋必，毋固，毋我。』（論語子罕篇。）『子之所愼：齊，戰，疾。』（論語述而篇。）

附錄 『子以四教：文，行，忠，信。』（論語述而篇。）

辨延射揚觶之說

戴記射義篇云，『孔子射於矍相之圃，蓋觀者如堵牆。射至於司馬，使子路執弓矢出延射（云云），蓋去者半，入者半。又使公罔之裘序點揚觶而語（云云）蓋僅有存者。』余按，論語云，『互鄉難與言，童子見，門人惑。子曰，「與其進也，不與其退也，唯何甚！」』又曰，『有鄙夫問於我，空空如也，我叩其兩端而竭焉，』聖人之教人之不輕絕之也如是，——故孟子曰，『仲尼不爲已甚者。』——烏有一射而拒人至於如是者哉！且如序點之言，『好學不倦，好禮不變，耄期稱道不亂，』此七十子之所難，而乃以責之衆人；信如是也，其可以受敎於聖人者有幾人乎？此必傳而失其眞者，非孔子之事也。家語亦采此文，而又增以數語云，『射既闋子路進曰，「由與二三子者之爲司馬何如？」孔子曰，「能用命矣。」』觀其語乃如今世演劇者之打諢然，鄙哉！有如是之輕躁而自矜之子路乎哉！家語但增一語即未有不陋者，大率如此。故今並不錄。

辨束帛贈程本子之說

韓詩外傳云，『孔子遭齊程本子於郯，傾蓋而語，終日。顧子路曰，「由束帛十匹以贈先生」（云云。）』余按程本子不見於經傳：孔子重之如此，而論語戴記中顧無一言稱之，何耶？子夏問孝，子曰，『有酒食先生饌，曾是以爲孝乎！』『先生，』謂父兄也；春秋時亦未聞有以先生稱人者。且其所載子路孔子問答之言皆淺陋不足道，亦必後人所撰。故今不錄。

孝經非孔子作

世多以孝經爲孔子所作。何休公羊春秋序云，『孔子曰，「吾志在春秋，行在孝經。」』余按孝經十八篇中多孔子與曾子問答之語，然則是曾子之門人筆之於書耳，非孔子所自爲書也。果孔子所自爲，豈得稱其門人曰『曾子』乎？其陋一也。『經』也者，後世尊古聖人之書之稱，孔子孟子之時無此語也。自漢以後，始有經名；孔子之不題以經，明矣。藉令孔子之時即有此語，亦止以經名詩，以經名書與易可矣，不應自名其言以爲經也。孔子曰『述而不作，信而好古，竊比於我老彭』，聖人之謙也如是，而謂以經自名其言乎哉！其陋二也。中庸曰『君子之道四，丘未能一焉：所求乎子，以事父，未能也。』孝雖莫大於聖人，然聖人之心必不自以爲孝；而乃曰『吾行在孝經！』其陋三也。然則其非孔子之言明甚；故今不取。

補

『孔子生鯉，字伯魚，先孔子死。』（孔子世家。）

按伯魚先孔子卒，見於論語先進篇，與史記世家文合。惟世家所稱『年五十』者與顏淵之卒年互相抵捂。故今采世家文列之而删伯魚之年，傳信也。說見後顏淵條下。

辨孔氏再世出妻之說

考終　二三

戴記檀弓篇云，『子上之母死而不喪。門人問諸子思曰，「昔者子之先君子喪出母乎？」曰，「然。」「子之不使白也喪之，何也？」子思曰，「昔者吾先君子無所失道：道隆則從而隆，道汚則從而汚。伋則安能！爲伋也妻者，是爲白也母；不爲伋也妻者，是不爲白也母。」故孔氏之不喪出母，自子思始也。』又云，『伯魚之母死，期而猶哭。夫子聞之曰，「誰與哭者？」門人曰，「鯉也。」夫子曰，「嘻，其甚也！」伯魚聞之，遂除之。』解檀弓者皆以先君子爲伯魚，由是遂謂孔子嘗有出妻之事；伯魚乃出妻之子，爲母當期而除，故孔子甚之。余按書云，『觀厥刑於二女，』詩云，『刑於寡妻，至於兄弟，以御于家邦，』古之聖人未有不能先化其妻而能治國與天下者也。孔子之聖不異於舜文王，何獨不能刑其妻，使有大過以至於出乎？孔子能敎七十子皆爲賢人，而不能敎一妻，使陷於大過；七十子之服孔子也皆中心悅而誠服，獨其妻不能率孔子之敎以自陷於大過：天下有是理乎！孟子曰，『中也養不中，才也養不才，故人樂有賢父兄也。』　夫婦之道亦然：若無大過而輒出之，孔子之於夫婦必不若是薄也！　檀弓之文本不足信，而期而除喪亦不必其母之出始然。父在為母期：孔子既在，伯魚為母期而除之，亦有何異；而解者必委曲遷就之以靳合乎喪出母之說，然則伯魚必何如服而後可謂其母之非出耶？　史記孔子世家亦無出妻之事：史記之誣且猶無之，後儒何得妄以加聖人乎！　至於『道汙則從而汙』之語，尤大悖於聖賢之旨；『出母』之稱，古亦無之：其非子思之言明甚。　且其所稱『先君子』者，亦未明言其為何人；後儒過於泥古，又從而附會之，遂致孔氏頓有再世出妻，三世無母之事。　伯魚之母出，子思之母嫁，子上之母又出：豈為聖賢妻者必皆不賢，而為聖賢者必皆不能敎其婦；抑為聖賢妻者本不至於出且嫁，而為聖賢者必使之出且嫁而後美也？　又按，左傳士大夫之妻出者寥寥無幾，而賢人之妻無聞焉，然則不但孔子必無出妻之事，即子思之出妻亦恐未必然也。　余寧過而不信，不敢過而信之以誣聖賢。　故今一概不錄。說並見後子思篇中。

世家伯魚之年不足信

附錄　「顏淵死，顏路請子之車以爲之椁。子曰，「才，不才，亦各言其子也。鯉也死，有棺而無椁。吾不徒行以爲之椁，以吾從大夫之後不可徒行也。」」（論語先進篇。）

按此文，則伯魚之卒在顏子前甚明。家語乃稱孔子年二十而生伯魚，伯魚年五十而卒，則是伯魚卒時孔子已年六十有九矣。又稱顏回少孔子三十歲，三十二而死，則是顏子卒時孔子始年六十有二也。然則顏子反先伯魚而卒，而豈不謬也哉！朱子或問云，『有以「鯉死」之言爲夫子之設言；以人情考之，不應如此』，其說是矣。蓋『伯魚年五十，先孔子卒』之文本出世家；家語見其然，故撰爲『孔子年二十而生伯魚』之語以合之。不知史記之年本不足信，强取以附會之，是以勞而卒至於抵牾也。

備覽　「伯魚生伋，字子思。子思生白，字子上。子上生求，字

世家孔氏世次尚可信

子家。子家生箕，字子京。子京生穿，字子高。子高生子愼，（世紀作「謙，字子順」。）嘗爲魏相。子愼生鮒，（世紀「字子魚，一字甲」。）爲陳王涉博士，死於陳下。」（孔子世家。）

按自子上以後，下去漢世益近，世家所載世次名字或無大誤，故今附次於後。至於所記年幾何云者，必不能詳密如是。孔子伯魚之年已恐不合，如前所辨矣，則自子思以下其可信乎！今幷刪之。

遺型

「孔子沒，三年之外，門人治任將歸，入揖於子貢，相嚮而哭，皆失聲，然後歸。子貢反，築室於場，獨居三年，然後歸。」（孟子。）

備覽 「孔子葬魯城北泗上，弟子及魯人往從冢而家者百有餘室，因命曰孔里。魯世世相傳以歲時奉祠孔子冢，而諸儒亦講禮鄉飲大射於孔子冢。孔子冢大一頃。故所居堂內，後世因廟藏孔子衣冠琴車書，至於漢二百餘年不絕。」（孔子世家。）

辨將死遺秘書之說

論衡云，『孔子將死，遺秘書曰，「不知何男子，自稱秦始皇，上我堂，踞我床，顛倒我衣裳，行至沙邱而亡。」後始皇至魯，觀孔子宅，至沙邱而亡。』余按，前知之術聖人能之，而非所以爲聖人也。然所謂前知者不過剝復倚伏之理，治亂循環之運，非若後世射覆鳥占之術然也。況爲秘書以遺後世欲何爲乎？漢人好信讖緯，故其爲言如此；其褻聖人殊甚，良可笑也。

存參　「孔子之喪，門人疑所服。子貢曰，『昔者夫子之喪顏淵，若喪子而無服；喪子路亦然。請喪夫子，若喪父而無服。』」（檀弓。）

檀弓記弟子喪服疑有誤

孔子弟子無三千

此篇後文又云，『孔子之喪，二三子皆絰而出。羣居則絰，出則否。』按旣云『絰而出，』又云『出則否，』語殊難解。註以爲『朋友相爲服，』然與上文意不相貫疑有缺誤。故不錄。大抵檀弓之文紕繆者多，間有當采錄者，亦僅列之存參志愼也。

附論『孟子曰，「以德服人者，中心悅而誠服也，若七十子之服孔子也。」』（孟子。）

世家云，『孔子以詩書禮樂敎弟子蓋三千焉；身通六藝者七十有二人。』余按，孟子但云『七十子，』則是孔子之門人止七十子也。孔子弟子安能三千之多！必後人之奢言之也。且漢人所稱『六藝』卽今六經，非周官『禮，樂，射，御，書，數』之六藝也；孔子晚年始作春秋，而易道深遠，聖人亦不輕以示人，其言未足信。今不取。

備考『論語古二十一篇；齊二十二篇；魯二十篇。』（漢書藝文志。）

論語成於後儒纂輯

論語後五篇之可疑

漢志云，「論語者，孔子應答弟子時人及弟子相與言而接聞於夫子之語也。當時弟子各有所記。夫子既卒，門人相與輯而論纂，故謂之論語。」余按，魯論語中所記之君大夫如哀公康子敬子景伯之屬皆以謚舉，曾子有子皆以子稱，且記曾子疾革之言，則是孔子既沒數十年後七十子之門人追記其師所述以成篇，而後儒輯，以成書者，非孔子之門人弟子之所記而輯焉者也。然其義理精純，文體簡質，較之戴記獨為得真，蓋皆篤實之儒謹識師言，而不敢大有所增益於其間也。唯其後之五篇多可疑者。季氏篇文多俳偶，全與他篇不倫，而顓臾一章至與經傳抵牾；微子篇雜記古今軼事，有與聖門絕無涉者，而楚狂三章語意乃類莊周：皆不似孔氏遺書。且「孔子」者，對君大夫之稱，自言與門人言則但稱「子」，此論語體例也：而季氏篇章首皆稱「孔子」，微子篇亦往往稱「孔子」，尤其顯然而可見者。陽貨篇純駁互見，文亦錯出不均；問仁，六言，三疾等章文體略與季氏篇同，而武城，佛肸二章於孔子前稱「夫子，』乃戰國之言，非春秋時語；蓋雜輯成之者，非一人之筆也。子張篇記門弟子之言，較前後篇文體獨爲少粹，惟稱孔子爲『仲尼，』亦與他篇小異。至堯曰篇古論語本兩篇，篇或一章或二章，其文尤不類，蓋皆斷簡無所屬附之於書末者，魯論語以其少故合之；而不學者遂附會之，以爲終篇歷敍堯舜禹湯武王之事而以孔子繼之，謬矣！ 竊意此五篇者皆後人之所續入，如春秋之有續經者然，如孟子之有外篇者然，如以考工記補周官者然，其中義理事實之可疑者蓋亦有之，今不能以偏舉，學者所當精擇而詳考也。 其前十五篇中，唯雍也篇南子章事理可疑，先進篇侍坐章文體少異，語意亦類莊周，而皆稱『夫子，』不稱子，亦與陽貨篇同；至鄉黨篇之色舉章則殘缺無首尾而語意亦不倫，皆與季氏篇之末三章，微子篇之末二章相似，似後人所續入者。 蓋當其初篇皆別行，傳其書者續有所得輒附之於篇末，以故醇疵不等，文體互異。 惜乎後世未有好學深思之士爲之分別而釐正之也！ 嗚呼，孟子之十一篇劉歆已合之矣，幸而趙氏去古未遠，知其本異而其識又足以辨其眞僞，遂斷然以後四篇爲後世之所依倣而托之者，决然删而去之，以故孟子一書純潔如一，趙氏力也。彼張禹馬融何晏之輩固不足以及此！以康成之名儒，乃亦混混無所分別，何也？及至於宋，傳益久，尊益至，則雖以朱子之賢亦且委曲爲之解說而不敢議。然則如趙氏者，可不謂孟子之功臣也與！尤可異者，宋復有孔子集語，明復有論語外篇，若猶以論語爲未足而益之者。取莊列異端小說之言而欲躋諸經傳之列，嗚呼，人之識見相越可勝歎哉！說並見前墮費南子楚狂諸條下。

論語之文之重複

論語之始，篇皆別行，各記所聞，初不相謀，而後儒彙合之。故其文有自相複者：巧言章，學而陽貨兩篇皆有之；博學章，雍也顏淵兩篇皆有之；在位章，泰伯憲問兩篇皆有之，是也。有複而有詳略者：學而篇不重章，子罕篇止有『主忠信』以下十四字；父在章，里仁篇止有『三年』以下十二字，是也。有複而有異同者：憲問篇不患章，衞靈篇作『君子病無能焉（云云）』是也。此或孔

論語之文與他書複

子嘗兩與弟子言之而各述其所聞以詔門人，或但一言之而所傳聞不同，皆未可知；後儒纂輯之時未及删耳。至八佾篇太廟章，鄉黨篇止有『入太廟，每事問』六字；子罕篇齊衰章，鄉黨篇作『雖狎必變，雖褻必以貌』：此則後人記孔子之事，其文之有詳略異同，不足異也。又有語相似而人地異者：雍也篇哀公章，先進篇作季康子問；子罕篇畏匡章，述而篇作爲桓魋發，是也。此未必果爲兩事，或所傳聞小異。後儒尊之不敢復議；相沿既久，乃復強爲之說，以其詞之小異爲聖人之區別：恐未必然也。

論語之文有與他書複者：『克己復禮爲仁，』告顏淵也；春秋傳作『克己復禮，仁也，』乃引古志之言以論楚靈王者。『出門如見大賓，使民如承大祭，』答仲弓問仁也；春秋傳作『出門如賓，承事如祭，仁之則也，』乃晉胥臣告文公者。『譬如爲山，未成一簣，止，吾止也，』孔子自言也；僞古文尚書作『爲山九仞，功虧一簣，』乃召康公訓武王者。『人而不爲周南召南，其猶正牆面而立也與？』謂伯魚也；偽古文尚書作『不學牆面，』乃成王訓迪百官者。余按，春秋傳之文於義皆通但不如論語之條暢自然蓋傳聞者異詞，疑論語為得實。書之二語則雕琢裁整，酷類晉宋間人手筆矣。夫此語本之論語則可，若在論語前則深屬難解：『九仞』豈足言山，所虧寧僅『一簣』；而『牆面』之上下無『猶正』『而立』之文豈復成文義耶！且克己出門二章皆答門人之問，述古語以告之可也；若周南章，伯魚初未嘗問，而孔子衍周官之言以告之，已為無謂；至為山章乃孔子所自言，書既有之，又何必雷同而勦說乎！由是言之，劉焯之書其為偽作無疑。余甚怪夫宋之儒者不覺劉書之偽而反謂孔子之言之出於旅獒，本於周官，是所謂信鶡冠子而反訾賈誼之鵩鳥賦為錄人之舊也。

附通論

『子曰，「我非生而知之者，好古，敏以求之者也。」』

『子曰「十室之邑必有忠信如丘者焉，不如丘之好學也。」』

孔子自言

『子曰「吾十有五而志於學；三十而立；四十而不惑；五十而知天命；六十而耳順；七十而從心所欲，不踰矩。」』『子謂顏淵曰，「用之則行，舍之則藏，惟我與爾有是夫！」』『子貢曰，「有美玉於斯，韞匵而藏諸？求善賈而沽諸？」子曰，「沽之哉！沽之哉！我待賈者也。」』『子曰，「苟有用我者，期月而已，可也；三年有成。」』『子曰，「飯疏食，飲水，曲肱而枕之，樂亦在其中矣。不義而富且貴，於我如浮雲。」』『子曰，「述而不作，信而好古，竊比於我老彭。」』（以上並論語。）

按，人之知聖人不如聖人之自知；其詞雖謙，而其實自有不容掩者。學者即是而求之，則聖人之眞可見。故列孔子之自言於後人論贊之前。

附通論

『顏淵喟然歎曰，「仰之彌高，鑽之彌堅；瞻之在前，忽焉在後。 夫子循循然善誘人！ 博我以文，約我以禮。 欲罷不能；旣竭吾才，如有所立卓爾。 雖欲從之，末由也已！」』 『子貢曰，「夫子之文章可得而聞也；夫子之言性與天道不可得而聞也。」』 『太宰問於子貢曰，「夫子聖者與？何其多能也？」 子貢曰，「固天縱之將聖，又多能也。」』 『衞公孫朝問於子貢曰，「仲尼焉學？」 子貢曰，「文武之道未墜於地，在人：賢者識其大者，不賢者識其小者，莫不有文武之道焉。 夫子焉不學，而亦何常師之有！」』 『叔孫武叔語大夫於朝曰，「子貢賢於仲尼。」 子服景伯以告子貢。子貢曰，「譬之宮牆：賜之牆也及肩，窺見室家之好；夫子之牆數仞，不得其門而入，不見宗廟之美，百官之富。」』 『陳子禽謂子貢曰，「子爲恭也，仲尼豈賢

顏淵子貢論孔子

孔子非生知

於子乎？」子貢曰，「君子一言以爲知，一言以爲不知；言不可不愼也。夫子之不可及也，猶天之不可階而升也。夫子之得邦家者，所謂立之斯立，道之斯行，綏之斯來，動之斯和，其生也榮，其死也哀，如之何其可及也！」』『儀封人請見，曰，「君子之至於斯也，吾未嘗不得見也。」從者見之。出，曰，「二三子何患於喪乎！天下之無道也久矣，天將以夫子爲木鐸。」』（以上並論語。）

按：聖門中知聖人者莫如顏淵子貢；聖道之尊於世，子貢之功爲多。至儀封人未列門牆，能知聖人於一見之間，亦奇矣。故附其言於二子之後。

孔子曰，『我非生而知之者，好古，敏以求之者也。』子貢曰，『文武之道未墜於地，在人；賢者識其大者，不賢者識其小者；夫子焉不學！』是孔子非生知，乃學知也。 而程子云，『孔子，生而知者也；言亦由學而至，所以勉進後人也。』 自此以後，遂皆以孔子爲生知矣。 余按，論語他章或可指爲謙己誨人之語，至志學章其年自十五至七十，其進德之序自『志』，『立』，『不惑』以至於『不踰矩』歷歷可指；若孔子果不由學而至安能憑空撰此次第功程以欺後人耶！ 宰我曰，『以予觀於夫子，賢於堯舜遠矣！』子貢曰『自生民以來未有夫子也！』有若曰，『自生民以來未有盛於孔子也！』門弟子之推尊孔子也不遺餘力矣，而未有一語及其生知者。 孔子或存謙遜之意，門弟子必不代孔子謙遜也。 孔子自言非生知，門弟子皆不言孔子爲生知，後人去孔子二千年，何由而知孔子之爲生知乎？ 記曰，『或生而知之，或學而知之，或困而知之；及其知之，一也。』是故生知與學知勞逸殊，高下不殊也。 譬之於位，聖人，天子也；生知者，生而爲天子者也；學知者，由布衣，由大夫，諸侯，升而爲天子者也，舜禹湯武王是也；不得謂生而爲天子者尊於升而爲天子者也。 然則孔子雖學知，於至聖無所損;雖生知,於至聖無所加。 況孔子惟恐人之以己爲生知,而汲汲焉自明其爲學知,後儒卻姑從孔子而信其爲學知,亦似無所害,何故必以孔子爲生知乎? 孟子曰,『堯舜,性者也;湯武,反之也。』性之,生知安行也;反之,學知利行也;而無一言及於孔子者。 其末章乃以孔子與湯文王並處於『聞知』之數,而堯舜不與焉:然則孟子之意蓋亦以孔子爲學知矣。 余篤信聖人之言而不敢小有異者,且恐人之皆以聖人爲生知而不知學知之爲功大也,故附辨於門人論贊之後。

附通論 『孟子曰,「非其君不事,非其民不使,治則進,亂則退,伯夷也。 何事非君,何使非民,治亦進,亂亦進,伊尹也。 可以仕則仕,可以止則止,可以久則久,可以速則速,孔子也。」 公孫丑曰,「伯夷伊尹於孔子,若是班乎?」 曰,「否,自有生民以來未有孔子也!」 曰,「敢問其所以異?」 曰,「宰我子貢有若智

足以知聖人，汙不至阿其所好。 宰我曰，『以予觀於夫子，賢於堯舜遠矣！』 子貢曰，『見其禮而知其政，聞其樂而知其德，由百世之後，等百世之王，莫之能違也。 自生民以來，未有夫子也！』 有若曰，『豈惟民哉！麒麟之於走獸，鳳凰之於飛鳥，泰山之於邱垤，河海之於行潦，類也；聖人之於民，亦類也。 出於其類，拔乎其萃，自生民以來，未有盛於孔子也！』」 『孟子曰，「伯夷，聖之淸者也。 伊尹，聖之任者也。 柳下惠，聖之和者也。 孔子，聖之時者也。 孔子之謂集大成！ 集大成也者，金聲而玉振之也。 金聲也者，始條理也；玉振之也者，終條理也。 始條理者，智之事也；終條理者，聖之事也。 智譬則巧也；聖譬則力也。 由射於百步之外也：其至，爾力也；其中，非爾力也。」』 『孟子曰，

孟子論孔子，孔子無見知聞知之人

「由文王至於孔子，五百有餘歲：若太公望，散宜生，則見而知之；若孔子，則聞而知之。由孔子而來至於今，百有餘歲：去聖人之世若此其未遠也，近聖人之居若此其甚也，然而無有乎爾，則亦無有乎爾！」（以上並孟子。）

按，七十子以後，知聖人者莫如孟子，故以孟子之言終焉。

孟子歷敘道統之傳，自堯舜至湯文王皆有『見知』『聞知』之人；獨至孔子，則曰『無有乎爾，』然則孔子之道將無傳耶？曰，有之，然非孟子之所謂知也。夫禹皋陶之知堯舜也，伊尹萊朱之知湯也，太公望散宜生之知文王也，其德之相去也不遠，非若七十子之去孔子遠也。顏淵死，孔子曰，『噫，天喪予！』孟子曰，『予未得爲孔子徒也！』顏子能見且知而不能傳，孟子能知而不能見，是孔子無見知者也。兩漢以來，諸儒遞相授受聖人之道藉以不墜；至於唐而有韓子見聖學之大，至於宋而有朱子究聖言之詳。然賴其言而世之學

本書宗旨

者得以知所嚮往，不迷入於異端而已；求其能知孔子亦如孔子之知文王，則二千餘年間固未有也。且夫道非可以徒傳也，孔子曰，『文王既沒，文不在茲乎？』文也者道之所寄以傳焉者也。聖人在上，則文播之禮樂；聖人在下，則文托諸簡編。孔子之文，六經備之矣。自秦火以來，殘缺失次，儒者穿鑿附會，其義之晦而不明者蓋亦不可勝道矣。孔子曰，『知我者其惟春秋乎？』孟子歷述帝王救世之事，至於孔子，獨舉春秋一書，故曰，『王者之迹熄而詩亡，詩亡然後春秋作，』是春秋者，尤孔子之文之大焉者也。然自絕筆以後，游夏皆未有所發明；雖有公羊穀梁左氏三子者為之作傳，而亦不盡合於聖人之旨，至於今竟未有明之者。由是言之，孟子謂為『無有，』誠然，非虛語也。子貢曰，『文武之道未墜於地，在人，賢者識其大者，不賢者識其小者。』聞知雖不易得，然識大識小之人皆不可廢。余每怪先儒高談性命，竟未有考辨孔子之事蹟者，以致沿訛踵謬，而人不復知有聖人之眞。孟子曰，『頌其詩，讀其書，不知其人，可乎！』學者日讀孔子之書而不知其爲人，不能考其先後，辨其眞僞，僞學亂經而不知，邪說誣聖而不覺，是亦聖道之一憾也！孟子曰，『孔子，聖之時者也。』又曰，『可以仕則仕，可以止則止，可以久則久，可以速則速，孔子也。』夫仕，止，久，速，皆於其行事見之，然則孔子之事蹟未嘗非孔子之道之所在，胡可以不考也！余故本孟子之意，歷考孔子終身之事而次第釐正之，附之以辨，以自附於『不賢識小』之義。後世有知孔子者出，庶幾有所采擇云爾。

洙泗考信錄卷之四終

崔東壁遺書

顧頡剛編訂

錢玄同題

本書

豐鎬考信別錄

洙泗考信餘錄

豐鎬考信別錄序

（頡剛按，原本無此序；今依三代考信錄例，由提要下卷錄出置此。）

周一代之政事經制，有相爲首尾不可以年世分係之者；有經傳本無正文，後人猜度而爲之說，以致失其實者；亦有前人所未詳，而今補釋之者：皆未便以參于正錄，故爲別錄以考辨之。

豐鎬考信別錄目錄

豐鎬考信別錄卷之一

周政盛衰通考

文武所以創業，成康所以守成，幽厲所以失政，其治亂興衰之故有非紀事之文所能盡者。故統其前後而考之，庶學者可以一目了然。

用人與知人

『亦越文王武王，克知三有宅心，灼見三有俊心，以敬事上帝，立民長伯。立政：任人，準夫，牧，作三事；虎賁，綴衣，趣馬，小尹，左右攜僕，百司，庶府，大都小伯，藝人，表臣百司，太史，尹伯，庶常吉士，司徒，司馬，司空，亞旅，夷，微，盧烝，三亳阪尹。』（書立政。）

篇名立政，何以所言皆用人之事也？政待人而後立者也。雖有善政，非賢莫行。不得其人則政徒爲具文而甚者反足以擾民。是以堯惟務舉舜，舜惟務舉禹稷契皐陶，自能庶績咸熙，地平天成；紂以多罪逋逃爲大夫卿士，則暴虐於百姓而姦宄於商邑。唐之府兵，明之衞所皆古寓兵於農之意，法非不善也；未百年而已不可用。是以其後變爲彍騎，增之召募。其尤甚者，隋蘇威作五敎以敎民，亦何嘗非唐虞『敬敷五敎』之意；然其後民相率殺其令長曰『猶能令我誦五敎不？』欲行善政而反失民心，故政非人不能行也。然人非用之難，知之爲難。非有克知灼見而惟資諸薦引推轂之人則鑽營大臣以求顯擢者有之，賄賂近習以爲內援者有之，廣交遊通聲氣以獵虛名者亦有之。故孟子曰『左右皆曰賢未可也；諸大夫皆曰賢未可也；國人皆曰賢，然後察之：見賢焉，然後用之。』信乎克知灼見爲最要也！如此然後『帝臣不蔽』而上契於天心，使之爲民牧長而百姓被其澤。故曰，『敬事上帝，立民長伯。』此文武之所以德化流行而開八百年之業也。曰，何以言善政非人莫行也？

曰，天下無必善之法，惟在乎其人耳。自漢以來，豈無良法；惟不得其人則民受其害。大抵三代以上之治皆恃人而不恃法；三代以下之治則恃法而不恃人。由是不務擇人惟期變法，是以其弊終不能革。何以言之？宋時，州縣皆以民供役，大戶往往有破家者。執政者不知其由於任人之失也，而以爲法之過，遂改爲免役之法，民出錢而官自召役。歷代因之，以爲善矣。然吏胥遂橫行於州縣，魚肉小民，而官又信任之，遂致事權旁出，獄訟顚倒，民有資產者咸與交懽以圖自保，無賴者結以爲援，而風俗遂大壞。明初，州縣之賦皆使大戶輸之京師，其後大戶亦多破家。執政者不知其由於任人之失也，而以爲法之過，遂改而令官自督賦，以爲善矣。然追呼煩擾，官吏藉以侵漁，閭閻因之凋敝。此無他，得其人則法皆可行，不得其人則用此亦弊，用彼亦弊，雖歲改而月易之，無益也。故曰，善政非其人莫行也。昔宋王安石行新法，守令賢者多棄官去；邵堯夫以爲不然，曰，『寬一分則百姓受一分之賜。』是則政雖不善，得其人，民猶不至大受其害；況行利民之政而得賢守令以布之百姓，有不共享其福者乎！是以文武惟以得人爲最要也。

『文王惟克厥宅心，乃克立茲常事司牧人，以克俊有德。』（書立政。）

『文王罔攸兼于庶言庶獄庶慎，惟有司之牧夫是訓用違。庶獄庶慎，文王罔敢知于茲。』（同上。）

庶獄與大獄

按：王之不兼于庶獄，非輕於視獄也，乃重於用人也；謂庶人之輕獄也，非士大夫之大獄也。何則？治獄猶用兵也：情僞百出，非可懸揣而遙制也，必親察之而後知之。庶獄之繁，人君所不能徧察也，則擇其人而使治之。然既委之人矣，又何由知其違而訓之？蓋古者上下之情常通，民有冤情，皆得自訴於君，君召其人而親鞫之，是以莫得施其朦蔽。而文王之耳目尤廣，故違與不違皆知之。不然，文王『自朝至於日中昃不遑暇食，』果何爲乎！一事違而訓之，則百事皆不敢偏徇；一人違而訓之，則百人皆有所畏儆，此文王所以不必兼也。若士大夫之獄則不然。孟子曰，『訟獄者不之堯之子而之舜，』『訟獄者不之益而之啓』是古者諸侯之獄皆天子自治之也。王叔陳生與伯輿爭政，王叔之宰與伯輿之大夫瑕禽坐獄於王庭；叔孫昭子朝而命吏曰，『婼將與季氏訟，書詞無頗！』是古者卿大夫之獄皆其君自治之也。邢侯與雍子爭鄐田，叔魚蔽罪邢侯，邢侯殺叔魚與雍子於朝；梗陽人有獄，魏戊不能斷以獄上：是古者位相埒則不能治其獄，必尊者而後能治卑者之獄也，明矣。自秦始重獄吏之權，無論丞相大臣皆使治之而李斯以謀反誣服矣。唐高宗時，人告長孫無忌謀反，許敬宗文致而上之；高宗猶以元舅之故不忍殺，而敬宗不可。夫元舅誠不可以謀反貸死，顧無忌實未嘗謀反，高宗何不親鞫之乎！至明置錦衣獄，其禍尤烈，楊漣左光斗諸人皆忠直大臣，一入獄中，覆盆莫告，榜掠至無完膚，卒以獄斃。若此者，豈非人主不自理之過與！故曰庶獄者，庶人之輕獄也，非士大夫之大獄也。此文王之所以不必兼也。

周多賢才之故

『思皇多士，生此王國。王國克生，維周之楨；濟濟多士，文王以寧。』（詩大雅。）

賢才之出，非偶然也。天地之氣清明醇粹，然後所生之人達於事理，閑於道義，而不惑於利欲之私：此非涵育數十年不能也。上重德行，則俗皆尚德行，上重才略，則俗皆尚才略，而父師以此爲教，子弟以此爲學：此非培植數十年不能也。周自大王遷岐以後，脩德行仁不下數十餘年，是以賢才輩出，卿大夫士莫非宅俊。雖由文王之克知灼見而立民長伯，要亦其先世涵濡而培植之者有素也。故特推本言之。

文王用賢才之法

『文王蹶厥生，予曰有疏附；予曰有先後；予曰有奔奏；予曰有禦侮。』（詩大雅。）

周之賢才固多，要亦文王用之各當其才，故詩人以『疏附，』『先後，』『奔奏，』『禦侮』分別言之。蓋才全德備者其人良少；惟能各當其才，斯能

武王求懿德

悉舉其職。故周公曰，『無求備於一人；』孔子曰，『及其使人也器之。』唐宋以後多循資格而不問其才具，往往一人之身洊更十有餘職。此果能悉舉其職乎？抑未必然也？讀此詩可以悟此理。

『亦越武王，率惟敉功，不敢替厥義德；率惟謀從容德，以竝受此丕丕基。』（書立政。）

『武王克商，作頌曰，「載戢干戈；載櫜弓矢。我求懿德，肆于時夏：允王保之。」』（左傳宣公十二年。）

武王克商之後，『干戈戢』而『弓矢櫜』，固已；何以言『求懿德』而『肆時夏』也？生民所以困而不安，由於賢人棄而不用。官不得其人，則强陵弱，衆暴寡者聽之；子不孝，弟不共者聽之；淫荒無度，侈靡自恣者聽之。豈惟聽之而已，重賦歛而民膏爲之竭，濁訟獄而民寃不得伸。非懿德之人不能撫安而整飭之也。然使其人而果有懿德也，必不肯希榮而干進，隱於畎畝者有之，遁於山林者有之。非咨於衆，訪於人，夙夜求之，不能得也。『思皇多士，生此王國，』周非無懿德也；然而天下之地廣矣，天下之賢多矣，是以廣求之而徧用之也。『肆，』陳也，布也。用賢者，非以博好士之名也；布之天下，然後民得被其澤也。以此觀之，武王之伐，尙非富天下也，正以賢才不用而生民不得安，故不得已而伐商也。賢才用而百姓安，風俗厚而人心固，則親賢樂利，垂裕後昆，是以永言保之至八百年之久也。

孔子答哀公問政之旨

附論 『哀公問政。子曰，「文武之政，布在方策。其人存則其政舉；其人亡，則其政息。人道敏政，地道敏樹。夫政也者，蒲蘆也。」』（中庸。）

哀公問政，孔子何爲以『人存』『人亡』告之也？政必待人而後行，前固已備言之矣。況魯，周公之舊，周公所行者，卽文武之政，無事於別立章程也。但相沿日久，視爲具文，實惠不逮於民，亦有苦其不便而改之者。舉而行之，本

家語誤錄爲政在人以下

非難事，但患無其人耳。無其人，則非惟具文之無益也，而復古亦足以滋弊。故曰『其人存則其政舉』也。『人道敏政，地道敏樹，』極言非政之難而人之難，猶樹必待地而生，但有地未有不生樹者也。『蒲蘆』者，樹之尤易生者也，所以申明政之易舉而惟患不得其人也。孔子所言，證以周公立政所言文武之事若合符節。故孔子曰，『文王既沒，文不在茲乎？』孟子曰，『由文王至於孔子，五百有餘歲：若太公望，散宜生，則見而知之；若孔子，則聞而知之。』信乎先聖後聖其揆一也！

按，孔子答哀公之問當至此而止；下文乃作中庸者因爲政在人之意推而言之。是以『好學』三句復冠以『子曰』之文。則此數十言者，非孔子之言明甚。僞撰家語者不能辨文義之首尾，乃誤以爲至『擇善固執』句止。『朝聘以時，厚往薄來』既非諸侯之事，孔子以告哀公何爲？而『在下位』以下明明采錄孟子之言，尤其顯然而可見者。況論語所記孔子之言皆簡而潔，從未有繁而曲如此章者；而『達道』『達德』『九經』之屬亦與『人存政舉』之意了不相涉。家語之誤顯然可見。朱子章句亦未及正其失。故今補而論之。

蒲盧爲草名

『蒲盧』，或以爲蜾蠃，或以爲蒲葦。朱子章句從沈括，以爲蒲葦，正與上文『地道敏樹』文義相貫。近世學者偶見蜾蠃之說，以爲新奇，遂極力駁朱子之誤。非惟上下文義不相呼應，即令果是，而於義理亦何足爲得失乎！聖人此數言者實爲經世要務，得文武之眞傳，乃皆碌碌無所發明，但斤斤於蒲葦蜾蠃之同異，徒勞筆墨，良可嘆也！

又按『蒲盧』文皆從草，本草名也。故詩云，『彼澤之陂，有蒲與荷』；又云『魚在在藻，依於其蒲』。而今人呼葦亦多云蘆葦；又有蘆草，生於田中。以蒲盧爲草，其說爲得之。爾雅一書本不足據：九州之名與書不合；謂夏改載爲歲，亦與經傳乖剌：其說豈盡可信！就令蒲盧果爲蟲名，亦安見其必非草名

行潦之喻

也？且非但蒲蘆也即果蠃爲蟲名，亦未嘗非草名也。豳風云『果蠃之實亦施于宇，』毛傳云，『果蠃，栝樓也。』蓋蟲不能施宇，施宇必草木也。故孔疏云『栝樓葉如瓜葉形，蔓延青黑色。』是果蠃不但名蟲，亦兼以名草矣。況於蒲蘆文皆從草，而反專以名蟲，斷不可以之名草乎！奈何據爾雅之一語，遽欲駁朱子之誤也！

『洞酌彼行潦，挹彼注茲，可以餴饎。豈弟君子，民之父母！』（詩大雅。）

細玩詩意，似以『行潦』喻人材，以『挹注』喻擢用。言水在泥中若不足用，然挹彼注茲以澄之，即可餴饎；猶賢人困於泥塗，擢而用之，即可以爲君宣猷布化而百姓享其福：此君子所以爲民之父母也。以行潦爲喻者，謂隨地有才，不必其大也；雖片長亦足錄，止須一挹注之勞耳。傳以『行潦』爲喻『豈弟君子，』似尚未盡詩意。

吉人之媚

『有馮有翼，有孝有德，以引以翼；豈弟君子，四方爲則。藹藹王多吉士，維君子使，媚于天子。藹藹王多吉人，維君子命，媚于庶人。』（同上。）

此詩三四兩章皆頌禱之詞，曰『土宇厚』，曰『受命長』，曰『百神爾主』，曰『茀祿爾康』，何以忽繼之以『馮翼孝德』，『吉士』『吉人』也？蓋國祚之修短在政事，而政事之得失在人材。人主雖甚賢聖，然以一人而御四方，其耳目必有所不周，其心思必有所不及，故常藉於人材。苟左右非其人，則下情不上聞，都邑之宰非其人，則君恩不下達，雖日下恤民之詔，日行利民之政，而民不受益也。故必有馮翼孝德吉士吉人相與輔君之德，宣君之治，而後厚者常厚，長者益長。『媚』者，愛而能遂其心之謂。人臣之所大患在迎合大臣以求援引，剝削百姓以肥身家，而國計民生遂置之於不問。『媚於天子』，其不附於權門可知。『媚於庶人』，其不黷於貨賄可知。國固民安，所

洞酌與卷阿之作意

以百神主而茀祿康也。

此二篇序皆以爲召康公戒成王之詩。然玩其語意，似皆咏當日之實事：或成或康均未可知。蓋守成之世，太平無事，上下恬熙，人主最易安於逸樂，不以人材爲事，而成康乃能法文武之所以立政者而繼述之，故詩人詠歌而嘆美之也。

貪人敗類

「周芮良夫之詩曰，『大風有隧，貪人敗類。聽言則對，誦言如醉。匪用其良，覆俾我悖！』」（左傳文公元年。）

此何以言『貪人敗類』也？大凡國家用人，才不能皆全，德不能悉備，所貴取其所長，恕其所短；惟貪人則斷不可用。何者？人一動於貪，心則不復顧名義，論是非，較曲直，止知利吾身耳。昔有磁州知州，以其子掌簿籍；解官之日，會計倉庫，書吏有虧缺至千金者，以二百金納其子，則以此千金入於其父之虧缺中。貪之所致，雖父子亦不顧，復何有於君臣，更何有於士民！故使貪人主選舉，則賄賂至者卽爲賢才，不至者卽爲庸劣，而庶僚皆不得其人；使貪人主訟獄，則關說至者訟卽勝，不至者寃卽不得伸，而百姓皆不得其平。以至萬事，莫不皆然。由是，爲都邑之宰者咸務剝取其民，以求爲政者之拔擢，而士大夫咸趨於貪；爲民者亦咸務侵陵懦弱之人而吞其財，而不畏上之加以罪，而民咸趨於貪。故曰『貪人敗類』，言化國之庶官百姓使盡爲貪人也。人心一動於貪，則法語不改，巽言亦不復繹，故曰『聽言則對，誦言如醉』也。人心一動於貪，則賢奸易位，曲直莫不倒置，故曰『匪用其良，覆俾我悖』也。甚至拒敵討賊，勝敗呼吸之際，而亦貪其賄者，嶢關守將之受沛公賄而不設備，陳良瑜之左右之受李自成賄而縱使出險是也。何者？人惟不貪，貪卽無所不至也。故唐劉晏理財，悉用士人，而不假手吏胥，知其貪也；宋太祖立法尚寬，垂訓不得殺士大夫，而犯贓者法無少貸，深知貪之爲患大也。歷觀前古，未有不以廉吏致治，以貪吏僨事者。無怪乎良夫預知王室之將卑也！按國語稱『榮公專利，』而此詩言『貪人敗類，』故朱子詩傳疑貪人爲卽指榮公。然則厲王之世，皆由委任榮公，以致用人行政皆失其宜；周之所以由盛之衰，此詩正與周語所載互相發明也。

鶴鳴篇之喻

附錄『鶴鳴于九皋，聲聞于野。魚潛在淵，或在于渚。樂彼之園，爰有樹檀，其下維蘀。他山之石，可以爲錯。鶴鳴于九皋，聲聞于天。魚在于渚，或潛在淵。樂彼之園，爰有樹檀；其下維穀。他山之石，可以攻玉。』（詩小雅。）

鶴鳴一篇純用比喻，在風雅中別爲一格。毛傳以爲教宣王求賢人之未仕者。朱傳則以首二句爲『言誠不可掩，』次二句爲『言理無定在，』樹檀三句『言愛當知其惡，』他山二句『言憎當知其善；』語殊雋妙。然以揆之詩詞考之時事，殊未見確切不易處。余初未閱毛鄭舊說，但於吟誦之餘玩其詞意，似爲用人而發。因取毛鄭之說觀之，乃知前人之見已有如是者。雖其說尚有未盡合者，要之謂爲「求賢」於文義爲得之。蓋此詩首二句言賢人不難知：「鶴鳴九皋」，「聲聞于野」，以喻才德出衆，人皆知之。毛傳所謂「身隱而名著」者是也。次二句言賢人不難得：「魚潛在淵，或在于渚」，以喻賢人隨地有之，固有遯於空谷者，亦有隱於下位者。「樹檀」以喻舊臣有功德者；「蘀」「穀」以喻舊臣之子若孫。檀雖佳樹，而其下不保無蘀與穀，以喻夫世族之家，不必皆賢能繼其祖父之遺德也。「他山之石，可以爲錯」，以喻庶族或草莽之中皆有賢材，不當輕棄之也。箋以「他山」爲「喻異國」，亦通。蓋周自中葉以後，卿大夫多世爲之，其見於經傳者，若尹氏，皇父，家伯，榮夷公，虢石父之屬，皆世族也。王畿之人多矣，世族不過百之一二耳；必世族然後登高位，則人材之遺棄者多矣。且世族豈能皆賢？大抵人情涉歷艱難則其識日開，坐享富貴則其心易蕩。是以周公曰，「先知稼穡之艱難，乃逸，則知小人之依』又曰，『厥子乃不知稼穡之艱難，乃逸，乃諺。』世族中之賢者能幾人哉！　故曰，『樂彼之園，爰有樹檀，其下維蘀，』深知夫世祿子孫之多不達於民情也。　居高位者旣多持祿養交，甚至有以貪著名者，由是庶僚化之，相習成風，以承順爲適時，以逢迎爲得計。　雖有方正之士，然以其戇直也，莫肯舉之，而亦莫能容之。　豈知聖君賢相亦未嘗不賴有戇直之人以拾其遺而補其缺。　石雖粗也而玉之溫潤者轉得藉之以成其美，故曰，『他山之石，可以攻玉。』　深明夫世族之外樸直之材，其可用者尙多也。　如此，似與詩之詞意相合，而於時事亦切。　言婉意深，最耐學人咀嚼。　且與此後數篇正相表裏。　祈父，檀下蘀也。　白駒之『伊人，』石在山，魚在淵者也。　『縶之維之，』聲已聞于野矣。　卽『轉于恤』之『爪牙，』亦未必非魚之在渚者。　但能舉而用之，則『晨門』『荷蕢』皆得效王官之職，庶政畢舉，閭閻富而風俗醇，之異邦者自不復詠『黃鳥，』依昏姻者亦不復歎『采遂』矣。

祈父篇與將士之困

「祈父！予王之爪牙。胡轉予于恤，靡所止居？祈父，亶不聰？胡轉予于恤，有母之尸饔？」（詩小雅。）

「爪牙，」傳以為軍士。「轉于恤，」傳以為久役。呂氏引勾踐信陵事，以為獨子當免征役，故以之責司馬。余按詩人既自以為王之爪牙又以獨子為詞以求免役，於理殊屬難通。鄭氏以為宿衞之士，不當從軍者，較為近理。然王事多難，義不當自顧其私；而敵王所愾，亦不得謂「轉于恤」也。細玩其詞，似所謂「爪牙」者卽曲長屯將之屬，所謂「轉于恤」者乃朘削貧困之意。蓋周道既衰，大臣養尊處優多失之於貪惰；貪則惟事朘削，惰則不知顧恤，以致將士貧困不能自給，故以此責司馬之不聰耳。嗟夫，自貪人敗類以來，大臣之賢者漸少而持祿養交者多，非但良人弗求弗迪也，卽爪牙之士可以禦侮者亦使之轉于恤，無怪乎王室之不復振也！舊說以此為宣王時詩。當宣王之初，召公輔政，周室中興，不當有此。意者其宣王末年之事乎？說已詳前宣王篇中。

「皎皎白駒，食我場苗。縶之維之，以永今朝，所謂伊人，於焉逍遙。皎皎白駒，在彼空谷。生芻一束，其人如玉。毋金玉爾音，而有遐心！」（同上。）

白駒篇興賢人之去

此篇惜賢人之去而欲留之之詩也。賢人何以去也？蓋自周道漸衰，卿大夫皆世及，草野之賢才罕有登顯位者，然即下僚亦稀進用。何者？人之貪爵祿者多工於鑽營，人之有學守者多拙於進取；而大臣皆世祿子弟，席豐履厚，自二三賢臣外罕有以報國安民爲事者，不過貪賄賂喜容悅而已。貪賄賂則饋遺者升，喜容悅則柔媚者進；雖王之爪牙猶使之轉于恤，何有於草澤之逸賢，而尙肯訪而求之，舉而用之乎！卽幸而用矣，而時方尙逢迎，賢人亦不能爲是；以翩然而去，雖欲縶維以永朝夕，而白駒已入於空谷也。此篇次於祈父之後，疑亦宣王晚年詩也。

附錄「黃鳥，黃鳥，無集于穀，無啄我粟！此邦之人，不我肯穀。言旋言歸，復我邦族！」（同上。）

附錄「我行其野，蔽芾其樗。昏姻之故，言就爾居。爾不我畜，復我邦家！」（同上。）

幽王亡國與當時風俗

吾少讀書傳，至周宣幽之際而不能無疑也。宣王中興之主，西攘諸戎，南卻淮夷荆楚諸侯復宗周；宣王崩，幽王立僅十一年而遂亡，何哉？近年以來，熟玩小雅諸篇而後知其故也。蓋國家之所以久不在聲靈之赫耀而在人心風俗之美，而其所以美者，惟賴大都小伯之得其人；撫字而整飭之。周衰以來，賢才罕得進用，白駒人於空谷，故庶官多不得其人；不得其人則閭閻失所，風俗日敝。是以白駒之後，繼之以此二篇：『啄粟』，『啄粱』，以喻爲土人所陵藉，與碩鼠之『食黍』意同；『采蓫』，『采蓄』，言貧無所得食，但采野菜以自給也。毛鄭以爲夫棄其妻者，非是。朱傳之說得之。蓋惟閭閻失所則民不安其居，是以或轉徙於他邦，或依托於昏姻；風俗日敝則民不相顧恤，是以雖他邦亦莫我穀，雖昏姻亦不我畜也。故雖車攻之會，諸侯庭燎之勤，政事尚未改盛世之規模，而里巷之間民貧俗漓，已無蒂固根深之勢。所幸朝無失政，故人得以苟安；一有蹉跌，即不復振。無怪乎十有餘年而遂有驪山之變也！

幽王亡國與其用人

『蟊賊內訌，昏椓靡共，潰潰回遹，實靖夷我邦』（詩大雅。）

『彼疏斯粺，胡不自替？職兄斯引』（同上。）

幽王何以有驪山之變也？曰，寵褒姒也。固也；衞靈之無道不亞於周幽，南子之淫亂亦未必減於褒姒，何以能保其國而無患也？孔子嘗言之矣曰，『仲叔圉治賓客，祝鮀治宗廟，王孫賈治軍旅；夫如是，奚其喪！』然則幽王之失皆由於用人之不當耳。幽王所用之人，若皇父家伯仲允之屬，十月一詩言之詳矣，正錄中亦已載之矣。要其蠹國害民之實，則莫如召旻篇中『蟊賊昏椓』等語爲最得其情。何者？『昏』，暗昧也。『椓，』讒譖也。『潰潰，』

昬之狀也。『回遹，』椓之由也。『潰潰，』則萬事不理，惟其左右親近之所欲爲而莫之禁。『回遹，』則嫉賢惡異有直道而行，不與爲黨者，必文致其罪而去之。昬椓如是是蟊賊而已矣。蟊賊者害苗之蟲也。『靖』安也。『夷，』平也。國之有民也，猶田之有禾也田之蟊賊去而後禾得遂其長；民之蟊賊去而後人得安其生。而今乃以安民平政之任付之蟊賊，民亦何辜而罹此慘酷乎！『疏粺，』舊說以疏爲糲，以粺爲精：粟米之法糲十粺九，故疏以喻小人粺以喻君子。夫糲固粗矣十而減一，豈得遂謂之精；且上文兼稱疏粺下文『胡不自替』專承疏而言，於文義亦不合。『職兄斯引，』舊說以爲『使我心爲此故愴怳引長』亦似與上文意未甚融洽。蓋疏粺皆粗米，皆所以喻小人。小人既無才德，不能治民，何以不自引退？皆由大臣昬椓，喜逢迎，貪賄賂，引之使布於庶位耳。大抵民之安危憂樂惟在親民之官，立政所謂『大都，小伯』者也。然大都小伯何以能得其人？由大臣廉明之察而用之也大臣昬椓，則所用之人皆庸祿貪鄙者，所以大都小伯非疏則粺，而民困日甚也。周自厲王始用貪人。宣王委任召伯，南仲，仲山甫等，然後王室復安；及末年而祈父，白駒之詩作，周道固已衰矣。迨幽王之世而遂惟昏椓之人是任，以致都邑之宰莫非憸邪，無怪乎其『饑饉流亡』而『日蹙國百里』也！

大東篇之私人

『東人之子，職勞不來；西人之子，粲粲衣服。舟人之子，熊羆是裘。私人之子，百僚是試。或以其酒，不以其漿。鞙鞙佩璲，不以其長。』（詩小雅。）

『東有啓明，西有長庚。有捄天畢，載施之行。維南有箕，不可以簸揚。維北有斗，不可以挹酒漿。維南有箕，載翕其舌。維北有斗，西柄之揭。』（同上。）

此篇前言東人之困，後言百僚之非其人。二章『杼柚其空』，貧也。三

之子

章『哀我憚人』勞也。東人之子貧且勞如此，而西人之子乃美好其衣服，至舟人之子亦以熊羆爲裘，其情固難堪矣。乃至私人之子亦得百僚是試，此何故哉？蓋私人者，工於媚惑，巧於夤緣，是以執政大臣愛之，拔擢其子，皆得濫膺名器。然私人之子何知？知納取財賄耳；知誇耀鄉里耳。何以忠君報國，彼不知也；何以安民和衆，彼不知也。酒不以爲漿，璲不以爲長言其侈也。『載施之行』『不可以簸揚，挹酒漿，』喻其不事事也。抑非但不事事而已，且貪莫甚焉。『載翕其舌，』『西柄之揭，』喻其吞噬之無厭也。蓋惟其得財也易，故其用財也侈，竭東人終歲之入不足以奉私人一夕之歡；惟其貪侈而不事事，是以東人至於貧且勞而莫之恤也。大抵盛世之俗多儉，衰世之俗多奢。邠風，周之所以王也，則首之以七月。唐風，晉之所以霸也，則冠之以蟋蟀。今大東一詩貪且侈如是，周道安得而不衰乎！姦人富則良民必貧，豐年耽於逸樂則荒歲必無以自贍，是以召旻之詩瘨以饑饉而民遂流亡也。嗟夫，民猶是

本考作意

文武之民也，法猶是文武之法也何以昔日之『崇如墉，比如櫛』者，至此日而『杼柚其空』也？ 昔日之『經始勿亟，庶民子來』者，至此日而『哀我憚人』也？ 昔日之狐狸爲公子裘者至此日而熊羆止足爲舟人裘也？ 無他，得人與不得人之異耳。 昔日之『立民長伯』者無非『三宅三俊克知灼見』之人，此日之『百僚是試』者則多『私人之子，』是以如此。 讀詩者比而觀之，周室盛衰之故昭然可見矣。

三代考信錄共十有二卷，惟辨其虛實眞僞，使聖王之事不至爲傳記所誣，未及詳其政事之得失也。 夏商之政不可詳考，固已；若周則典籍存於世者尚多，可以考而知之；故復作周政通考以究其盛衰之由。 但尚書多武成之世所作，昭穆以後缺然；惟二雅中衰周之詩較多，故今采之以補尚書之缺。 傳記之文有互相發明者，亦取而載之。 綜而觀之，庶足以見其初終得失之梗概也。

續考序意

周政盛衰續考

政之得失在於用人前篇言之詳矣。然未盡也。治國之務，莫要於開言路。人主以一人而撫有四方雖天亶之聰明，其勢不能盡知，故以明目達聰爲先務也。然非但人主然也；雖大臣，雖羣臣，雖一縣一邑之長，其才豈能靡不長，其事豈能靡不知，惟能受善言則政皆無失。所以孟子不以『有智慮，多聞識』爲貴而惟欲『四海之內皆將輕千里而來告之以善』也。所患者，自以爲智而不能受人言，則奸人得以迎合其心而轉其意甚至聽讒而妄害賢人者有之；況於其政，尚可問乎！故今於周政通考之後復附列之。

無逸篇末章義

『古之人猶胥訓告胥保惠胥敎誨民無或胥譸張爲幻。』（書無逸。）

『胥』，相也。上可以之敎下，下可以之諫上，卽官同爵同者，彼此皆可施之：夫是之謂『胥訓告，胥保惠，胥敎誨』也。此篇前章述商中宗高宗祖甲及周文王之事而此獨言『古之人』者，古人風俗淳厚，以此爲常事，不必賢君而後能之，亦不必人君而後如是也。　善言日進，耳目日廣，下情無不上達，不但政事之無缺也，雖奸人巧於陷人者，亦苦於無隙可乘，不復敢譸張爲幻：非謂爲之而必破也，而其人自不生心矣。

按，無逸一篇乃戒人主逸樂之意，篇末何故繼之以此？　蓋君道以用人爲要，其次即聽言，故曰『舜好問而好察邇言』也。　然人主一耽於逸樂，則羣臣相競於逢君，而忠言多苦於逆耳，故復繼之以此，亦無逸之餘意也。

補

『周辛甲之爲太史也，命百官，官箴王闕。　於虞人之箴曰，「芒芒禹迹，畫爲九州，經啓九道。　民有寢廟，獸有茂草，各有攸處，德用不擾。　在帝夷羿，冒於原獸，忘其國恤，而思其麀牡。　武不可重，用不恢于夏家。　獸臣司原，敢告僕夫！」』（左傳襄公四年。）

按，傳稱『命百官，官箴王闕，』則非但虞人有箴也。　虞人之箴，因晉侯好田而魏絳述之，故遂傳於後耳。舉一隅以三隅反，則羣臣之箴皆當類是。周公所謂『胥訓告，胥敎誨』者，此其一事也。然王安得多闕？所謂『箴王闕』者，乃不待王有闕而預箴之，所謂防患於未萌也。如是，王安得復有闕！王猶如此，則羣臣之皆能受諫納誨可知。周之所以治化隆而受命長也。

辛甲時代

杜註以辛甲爲武王臣。卽武王臣，亦未必不逮事成康。此箴或作於成康之世，未可知也。

『我有嘉賓，鼓瑟吹笙，吹笙鼓簧，承筐是將。人之好我，示我周行！』（詩小雅。）

『駪駪征夫，每懷靡及。我馬維駒，六轡如濡，載馳載驅，周爰咨諏。』（同上。）

鹿鳴皇華與胥訓告

此所謂『胥訓告』云云也。嘉賓在坐，鼓吹以娛之，承筐以進之，惟欲其『示我周行』耳：好聞善言之心可謂切矣。皇華之征夫，馳驅道上，困頓之不暇而猶爭『周爰咨諏，』抑何其虛衷若谷也！ 即此二詩觀之，可知當時風氣猶以聽納忠言爲事；蓋距成康之世尙不甚遠也。

此公卿大夫也，然皆勤於詢訪若此，然則周公所謂『古之人胥訓告，胥保惠，胥敎誨，』者，非專指天子而言可知矣。 公卿大夫皆不敢自謂賢而孜孜焉惟欲訪之人以助其不逮，其政事安得有缺者！ 盛世景象，於此可見一斑。

板篇之笑

『我雖異事，及爾同僚。 我卽爾謀，聽我囂囂。 我言維服，勿以爲笑！ 先民有言：「詢于芻蕘。」』（詩大雅。）

周道漸衰，風氣日變，卿士大夫莫不自以爲智，自以爲賢，雖有一二人尙知訓告者而其人且付之一笑。 『同僚』之言猶不肯聽，況於『芻蕘！』 政事安得不失正乎！

『營營青蠅，止于樊。 豈弟君子，無信讒言！ 營營青蠅，止于棘。讒人罔極，交亂四國！』（詩小雅。）

此所謂『譸張爲幻』也。聞訓告而厭之，則聞怨詈而必怒之，故小人有以投其隙而讒言日盛也。『四國交亂』周室之所以不振也。

青蠅篇之讒言

正月篇之訛言

『謂山蓋卑，爲岡爲陵。民之訛言，寧莫之懲？召彼故老，訊之占夢：具曰予聖；誰知烏之雌雄！』（詩小雅。）

舊說以『訛言』爲讒言。然讒言不當屬之民，上文『謂山』兩句亦無著落：當指民間謗讟而言。『懲』，戒也。蓋政事失則百姓困，百姓困則謗讟興，雖不必其悉實（是以謂之「訛言」），然不可以不戒。譬若謂之爲山，容有卑而過稱之者，然必高於平地；爲岡爲陵，然後人始以山目之。若之何其不之懲也？無他，卿士大夫皆自以爲賢智故爾。自謂賢智，則雖『召故老，訊占夢』而人知我之自矜也，必不肯直言以買禍，不過『具曰予聖』而已；求其若古之人胥訓告云云者，不可得矣。『烏之雌雄，』何由辨之！周道之所以日衰也。

『亂之初生，僭始既涵。亂之又生，君子信讒。君子如怒，亂庶遄沮。君子如祉，亂庶遄已。』（同上。）

讒言何以能使人信也？蓋有巧術存焉：其始託爲無心，微示其意，使聽之者涵之於心，漸而增之，累之，聽之者遂信以爲實。故孔子曰，『浸潤之譖不行焉，可謂明也已矣。』向使其譖之初而卽平心核其眞僞，其實邪，則致之罪，——孟子所謂『見不可焉，然後去之；見可殺焉，然後殺之』者也——其誣邪，則治言者之罪，此後誰復敢譸張爲幻者！故曰『君子如怒，亂庶遄沮』也。如非大過，則寧置之不問。雖有賢人，不保無一二事之小失，況於形迹疑似之間者乎！孔子所以言『赦小過』也。如是則守正之士皆盡心於國而不畏僉壬之忌。故曰『君子如祉，亂庶遄已』也。

正月之五章與板之三章義同。巧言此章與青蠅詩義同。但一在厲王時，一在幽王時耳。詩中此類言語甚多，不可悉載。姑載四章，以見大凡。

附錄　「鄭人游于鄉校以論執政。然明謂子產曰，「毀鄉校，如何？」子產曰，「何爲！夫人朝夕退而游焉，以議執政之善否。其所善者吾則行之；其所惡者，吾則改之：是吾師也。若之何毀之！」」（左傳襄公三十一年。）

子產與周公

欲人之議執政，即「胥訓告」之意。子產此事，誠爲政之要圖。是以韓子爲之作頌曰，「鄉校不毀，鄭國以理」也。此雖春秋時事，然足以發明周公之意，故附錄之於此。

兩考與正錄

立政無逸兩篇，乃周致治之要。正錄中雖已論之，然其蘊未盡，故復有周政通考以暢立政之旨。而無逸篇末三章猶未之論及，故今復爲續考以補之。但祭公祈招之詩，衞巫監謗之事，已詳於正錄中，故今但取詩詞著之。

豐鎬考信別錄卷之一終

豐鎬考信別錄卷之二

周室封建彙考

周之制度，儀禮周官所載，正錄已辨之矣。封建職官之制，前篇亦詳之矣。然尚有無所附麗而未及之者，故復綴以此篇。

補「天子一位，公一位，侯一位，伯一位，子男同一位，凡五等也。天子之制，地方千里，公侯皆方百里，伯七十里，子男五十里，凡四等。不能五十里，不達於天子，附於諸侯，曰附庸。」（孟子。）

周官大司徒說之非

周官大司徒云，「諸公之地方五百里；諸侯方四百里；諸伯方三百里；諸子方二百里；諸男方百里。」說者遂謂孟子當籍去之後，不得其實，未足爲據。

二

余按論語云『可以寄百里之命』，春秋傳云『天子之地一圻，列國一同，自是以衰』；易曰『震驚百里，不喪匕鬯』；傳曰『出可以守宗廟社稷，以為祭主也』：是經傳皆以百里為侯服之常，非孟子一人之私言也。周官乃戰國以後人所撰，故不知而妄為之說耳。說並見前周公相成王篇中。

『武王克商，光有天下，其兄弟之國者十有五人，姬姓之國者四十人』（左傳昭公二十八年。）

『周公弔二叔之不咸，故封建親戚以藩屏周。管，蔡，郕，霍，魯，衞，毛，聃，郜，雍，曹，滕，畢，原，酆，郇，文之昭也。邘，晉，應，韓，武之穆也。凡，蔣，邢，茅，胙，祭，周公之胤也。』（左傳僖公二十四年。）

姬姓之封非一時事

按周之封同姓，成鱄以為武王，富辰以為周公。以經傳考之，衞封於武王世，魯與晉封於成王世，二子之言皆不盡合。而姬姓之國至於四十，晉韓邢茅

周封同姓非蕃衛子孫計

必在其內，武王必不自封其子，周公尤不得自封其子也。蓋古人之文多舉其大略：以克商自武王，故多推本武王言之；富辰以與召公對舉，則稱周公焉：其實乃陸續所封，不可概謂之武王，尤不得專屬之周公也。故今考其封之先後，次第列之，以見其非一時之事云。

「武王克商，成王定之，選建明德以藩屏周。」（左傳定公四年。）

『武王克殷，成王靖四方，康王息民，並建母弟以蕃屏周。亦曰「吾無專享文武之功，且爲後人之迷敗傾覆而溺入於難，則振救之。」』（左傳昭公二十六年。）

自富辰稱周公『封建親戚以蕃屏周，』其後秦廢封建，二世而亡，及漢興，大封同姓，刑白馬而盟，約非劉氏不王，由是後之論者咸謂周之封建皆爲蕃衛子孫之計：其久享天下，皆封建之功，貽謀之善也。以余考之，不然。禹之王，皆因唐虞舊臣。湯雖崛起一方，而其賢臣多在異姓，故孟子曰，「湯立賢無方。」

周則賢多出於懿親：其於傳記可考者，同姓則召公，近屬則二虢，諸弟則周公，康叔，畢公，毛公。賢在親則封在親，故曰『選建明德』。其『親親』也，即『賢賢』也。禹自躬稼而有天下。湯雖起自諸侯，然其先世亦微弱。周自大王開基，而大伯虞仲以長讓幼矣。文王始受命，而未得及身爲天子。武王始克商，而未得及身見四方之靖。至成王，然後安享之，以爲祖父之德而吾獨享之，於心不自安，故分其祿而與諸父昆弟共之，故曰『吾無專享文武之功』。蓋不以祖父之祿私一身，非以天祿而獨私其兄弟也。周之封建親戚，豈但爲藩衛子孫計哉！且周亦非獨封其親戚也。記曰，「武王克商，未及下車而封黃帝之後於薊，封帝堯之後於祝，封帝舜之後於陳；下車而封夏后氏之後於杞。」然則同姓之封，初不先於異姓，蓋亦未必遂多於異姓也，特其後嗣有盛衰耳。周之封建，但不遺於親戚，非專擇於親戚而封之也，明矣。論者但見富辰此言，遂以後人自私之念度古聖人之心；不知富辰特欲襄王之睦鄭以安王室，故不言其他而但言蕃屏，不言其封他國而但言其封親戚：言固各有所重，非先王封建之本意卽如是也。正如王子朝云『竝建母弟以蕃屏周，』不過以晉爲王母弟，故專言之；豈武王成王但封母弟而不封曹滕應韓之庶弟乎！嗟夫聖人之心其湮沒於不善讀書之人者豈可勝道哉！故今錄周之封建，先先代之裔，次功臣，次武王之封文昭，次周公之別封，次成王之封武穆，次蔡仲之紹封，而取成鱄富辰祝鮀王子朝之言彙列於首；庶學者參伍求之而有以識聖人封建之盛心也。

右通論周之封建。

補『昔虞閼父爲周陶正，以服事我先王。我先王賴其利器用也，與其神明之後也，庸以元女大姬配胡公而封諸陳，以備三恪。』（左傳襄公二十五年。）

辨未下車而封國之說

備覽　「武王追思先聖王，乃褒封神農之後於焦，黃帝之後於祝，帝堯之後於薊，帝舜之後於陳，大禹之後於杞。」（史記周本紀。）

樂記云，「武王克商，未下車而封黃帝之後於薊，帝堯之後於祝，帝舜之後於陳，下車而封夏后氏之後於杞，投殷之後於宋。」　呂氏春秋云，「武王勝殷，未下車，命封黃帝之後於鑄，帝堯之後於黎，帝舜之後於陳；下車，命封夏后氏之後於杞，立成湯之後於宋，以奉桑林。」　余按此二書所載，與史記國名互異；古書散軼，不可考矣。　惟所云「未下車而封」者，於事理殊未允。　古者王畿之外莫非侯國，滅一國始封一國。今武王始克殷王城，安所取地而封之！　封國，大典也，當先尋求其後，然後備禮而命之於廟中，又豈車中所能爲者！　而宋之封在成王世，尤不得屬之克殷日也。　蓋此文特作者形容之詞，正如春秋傳所云「楚子伐宋，屨及於窒皇，劍及於寢門之外，車及於蒲胥之市」者，但極言其速耳非眞有此事也。故今但列史記之文於備覽。

右先代後裔之封

補「周克商，使諸侯撫封。蘇忿生以温爲司寇，與檀伯達封於河。」（左傳成公十一年。）

補『太公之封於齊也，亦爲方百里也。』（孟子。）

備覽『武王已平商而王天下，封師尙父於齊營丘。』（史記齊太公世家。）

辨太公爭營丘之說

史記此文下云『太公東就國，道宿行遲。逆旅之人曰，「吾聞時難得而易失，客寢甚安，殆非就國者也。」太公聞之，夜衣而行，黎明至國。萊侯來伐，與之爭營丘。』余按，武王之封太公於齊，必先克其地也；克其地，必有人守之，萊人安能與爭！太公至成王時猶在王室，是太公未嘗親就國也；安有夜衣而行之事乎！ 此文絕類戰國策士之言，蓋其所假托。 故不錄。

右功臣之封。

「王若曰，「孟侯，朕其弟，小子封！ 惟乃丕顯考文王克明德慎罰，不敢侮鰥寡，庸庸，祗祗，威威，顯民，用肇造我區夏，越我一二邦以修。我西土惟時怙冒。 聞于上帝，帝休。 天乃大命文王，殪戎殷，誕受厥命。 越厥邦厥民惟時敍。 乃寡兄勗。 肆汝小子封在茲東土。」」（書康誥。）

「分康叔以大路，少帛，綪茷，旃旌，大呂，殷民七族，——陶氏，施氏，繁氏，錡氏，樊氏，饑氏，終葵氏；——封畛土略，自武父以南及圃田之北境，取於有閻之土以共王職，取於相土之東都以會王之東

引蔡沈傳辨周公稱成王命封衛之說

蒐：聃季授土，陶叔授民，命以康誥而封於殷墟。』（左傳定公四年。）

書序云，『成王既伐管叔蔡叔，以殷餘民封康叔，作康誥，酒誥，梓材。』僞孔傳因之，釋『孟侯』三句云，『周公稱成王命，言王使我命其弟封。』蔡氏書傳駁之。今錄於左。

【蔡九峯康誥篇序傳】『書序以康誥爲成王之書。今詳本篇，康叔於成王爲叔父，成王不應以「弟」稱之。說者謂「周公以成王命誥，故曰弟」。然既謂之「王若曰」，則爲成王之言，周公何遽自以弟稱之也？且康誥酒誥梓材三篇言「文王」者非一，而略無一語以及武王，何邪？說者又謂「寡兄朂」爲稱武王，尤爲非義。「寡兄」云者，自謙之詞，寡德之稱。苟語他人，猶之可也；武王，康叔之兄，家人相語，周公安得以武王爲寡兄而告其弟乎！特序書者不知康誥篇首四十八字爲洛誥脫簡，遂因誤爲成王之書。是知書序果非孔子所作也。康誥，酒誥，梓材篇次當在金縢之前。』

余按，經文明稱『王若曰，朕其弟，』其爲武王誥之無疑。蔡傳之說是也。分器錫邑容或有在成王世者，若受封則斷斷在武王之世矣。故今從蔡傳，列之武王之世，封魯之前。惟所云『篇首四十八字爲洛誥脫簡，』尙恐未然。蓋不知何篇之簡，而其篇已逸耳。說並見前武王克商周公弔二叔附條下。

附錄　『曹叔振鐸文之昭也。』『滕侯曰「我周之卜正也。」』（並左傳。）

按，『文昭』惟封衞見於經傳；曹滕郕霍諸國皆無可考。以此推之，可矣。

右『文昭』之封。以上並武王世。

『王曰「叔父，建爾元子，俾侯于魯。大啓爾宇，爲周室輔。」乃命魯公，俾侯于東；錫之山川，土田附庸。』（詩魯頌。）

魯燕之封在成王世

補『周公之封於魯，爲方百里也。』（孟子。）

『分魯，以大路大旂，夏后氏之璜，封父之繁弱，殷民六族，——條氏，徐氏，蕭氏，索氏，長勺氏，尾勺氏，——使帥其宗氏，輯其分族，將其類醜，以法則周公，用卽命于周，是使之職事于魯，以昭周公之明德；分之土田陪敦，祝宗卜史，備物典策，官司彝器，因商奄之民，命以伯禽，而封於少皡之虛。』（左傳定公四年。）

史記周本紀云，『封功臣謀士，而師尙父爲首封。封尙父於營丘，曰齊。封弟周公旦於曲阜，曰魯。封召公奭於燕。封弟叔鮮於管，弟叔度於蔡。餘各以次受封。』是謂燕魯之封皆在武王世也。余按周公於武王爲弟，於成王爲叔父，而詩稱『王曰叔父，建爾元子，俾侯于魯，』則是封魯者成王也。周公東征三年而奄始滅，而傳稱『因商奄之民，命以伯禽，』則是封魯者成王時事也。　蓋周初之制，親戚功臣之受祿，內外皆有之。　周召畢郇在畿內者也；齊，衞，曹，滕在畿外者也：不以內外分重輕也。　周公旣受祿於周，奚何事又封於魯！至成王之世，周公內輔政事，外定商奄，制禮樂，靖四方，成王以爲周公功大，無以爲報，故別封伯禽於魯，而使其次子襲畿內之封。　其後於召公，遂亦援以爲例，而別封於燕耳。　周衰，王室東遷，內諸侯漸微而外諸侯之勢盛，由是後人不復知周公之先已受采於周，而但疑周召之受封不當在蔡衞曹滕之後，遂以爲武王之世，齊魯同時而封，誤矣。　故今載伯禽之封於成王之世，而燕之封缺之。

右別封。

補「成王滅唐而封太叔焉。」（左傳昭公元年。）

「唐叔，成王之母弟也。」（左傳昭公十五年。）

「分唐叔以大路，密須之鼓，闕鞏，沽洗，懷姓九宗，職官五正，命以

引柳宗元文辨桐葉封唐之說

唐誥而封於夏虛。』（左傳定公四年。）

呂氏春秋，說苑並云『成王與唐叔虞燕居，翦桐葉以爲珪，曰，「以此封汝！」虞喜，以告周公。周公以請。成王曰，「與虞戲也。」周公曰，「天子無戲言！言則史書之，工誦之，士稱之。」於是遂封叔虞於晉。』史記所載略同，惟以爲史佚事。唐柳子厚嘗辨之。今錄其文於左。

【柳子厚桐葉封弟辨】『古之傳者有言，「成王以桐葉與小弱弟戲，曰『以封汝！』周公入賀。王曰，『戲也。』周公曰，『天子不可戲！』乃封小弱弟於唐。」吾意不然。王之弟當封耶，周公宜以時言於王，不待其戲而賀以成之也。不當封耶，周公乃成其不中之戲，以地以人與小弱者爲之主，其得爲聖乎！且周公以王之言不可苟焉而已，必從而成之耶，設有不幸，王以桐葉戲婦寺，亦將舉而從之乎？凡王者之德，在行之何若。設未得其當，雖十易之不爲病；要於其當，不可使易也，而況以其戲乎！若戲而必行之，是周公教王遂過也。」

余按，邑姜，武王之元妃；成王，邑姜之長子，而唐叔，其母弟也。武王之崩，成王、唐叔之年固已長矣，（說見周公相成王篇武王既喪條下，）不得以唐叔爲小弱，成王亦必不至以封國大典爲兒戲也。柳子之辨詳矣。獨其篇末云，『或曰，封唐叔，史佚成之，』則是猶以此事爲或有，但非周公之所爲耳。史佚亦賢臣，詎宜有此事！卽有此事，周公豈容不諫而聽之乎！此必無之事，故今不載；而取柳子末數語刪之。

右『武穆』之封。

(補)『蔡仲改行帥德。周公舉之，以爲己卿士，見諸王而命之以蔡。其命書云，「王曰，『胡，無若爾考之違王命也！』」』（左傳定公四年。）

僞尚書有蔡仲之命篇，乃本左傳文而衍之者。其序之謬，前於周公篇中已辨之矣。其命詞亦綴輯前人語言以成篇者。故今但載左傳原文。

右紹封。以上並成王世。

補「天子適諸侯曰巡狩。巡狩者巡所守也。諸侯朝於天子曰述職。述職者，述所職也。無非事者。」（孟子。）

周官稱「十有二年，王巡狩殷國。」僞尚書采其說，遂云「六年，五服一朝，又六年，王乃時巡，考制度于四岳。」余按周時巡狩年數，經傳未有言及之者。惟春秋傳云，「先王卜征五年，而歲習其祥，祥習則行，不習則增修德而改卜；」杜氏註云「征謂巡守征行，」則是周亦以五年一巡狩也。且唐虞五載一巡狩，周乃改爲十有二年，亦未免失之於疎闊。大抵三代以上文多缺略，事難詳考，傳記各記所聞，互有同異，皆不足以爲據。故今但采孟子之文記巡狩

周之弱不因封建

朝覲之大略；至於年數多寡，缺之不失爲愼。

『入其疆，土地辟，田野治，養老尊賢，俊傑在位，則有慶。 慶以地。入其疆，土地荒蕪，遺老失賢，掊克在位，則有讓。 一不朝，則貶其爵。 再不朝，則削其地。 三不朝，則六師移之。』（同上。）

自漢以來，說者多謂周人弱於封建，徒建空名於公侯之上耳。 余按孟子此文，王於諸侯，慶之讓之，貶之削之，莫敢違王命者；是其予奪之權操之天子，何有於弱，亦豈但空名而已哉！ 但自平王東遷，王室微弱，號令始不行於天下耳。故孔子曰，『天下有道，則禮樂征伐自天子出；天下無道，則禮樂征伐自諸侯出。』 西周以前，自天子出者也；東遷以後，自諸侯出者也。 豈得見其後之微，遂以概其前之盛乎！ 晉文襄之世，進退臣僚，百惟君命是聽；頃定以後，六卿專政，公室始卑。 魯僖文之世，權亦在上；襄昭以後，政始出于三桓。 豈得謂文襄僖文之世已失政哉！ 且自幽厲婬暴，犬戎內侵，驪山之變，畿甸盡沒於戎，使其時無諸侯，則天下皆騷動，非勝廣起於閭左，則劉石興自塞外，雖欲建空名於公侯之上且不可得，奈之何以封建咎周也！且周之封國見於經傳者不過薊，祝，陳，杞，蘇，檀，齊，宋諸國，及兄弟之國十有五，同姓之國四十而已；其餘皆夏商之舊國也。武王卽不封建，此千數百餘國，豈不能據地自雄者！若盡取而滅之，使先世帝王卿相之有功德於世者盡殄絕其祀而後已，是豈聖人之心也哉！大抵漢唐文士多好議論古人得失而不考其時勢，其所關者非小。故今考而辨之。

右朝覲巡狩之制，

周之封建先後不一時，其經制亦不能專繫於一代，故不以載於正錄而別述此篇，統紀其制而分類以記其事，庶易於考核也。

周職官附考

周之官制，詩書皆未詳言。 周官一書亦多附會。 唯孟子文尚可得其梗概。 今附載之。

『君一位，卿一位，大夫一位，上士一位，中士一位，下士一位：凡六等。』（孟子。）

卿與大夫

按，春秋於列國之卿皆書為『大夫，』則是卿乃上大夫，大夫則下大夫也。故曰，『王臣公；公臣大夫；大夫臣士。』 東遷以後，卿日以尊，故但稱為卿以別於他大夫，而此文與王制遂沿而稱之耳。 又按春秋傳，卿之下有上大夫，嬖大夫；周官亦有中大夫下大夫之別：疑皆後世所增，如魯三卿之外復有臧，叔，子服，叔仲等氏，晉六卿之外復有郤缺，趙穿等未有軍行之卿者然。 恐當以孟子此

鄉官之不可廢

文爲近是。

三代之所以異於兩漢者何在乎？ 兩漢之所以異於唐宋者何在乎？ 其事蓋非一端，而設官其尤著者也。 周官王制雖皆出於後人之手，不無揣度附會之失，當日官制不可詳考，然以孟子此文推之，諸侯之國大者僅及百里，而有卿，有大夫，有上士，中士，下士，佐治者要不下百數十人，故其耳目易周，精力亦無不逮；一人有善，得以賞之，一人有惡，得以罰之：是以豪猾無所用其武斷，吏胥無所施其朦蔽也。 孟子曰，『無君子莫治野人，無野人莫養君子。』 野人少而君子多則不足於養，野人多而君子少則不足於治：是以先王量民數以設官，而不肯惜小費以致廢大事也。 兩漢則不然。 自令丞尉以外，止有鄉三老，嗇夫，游徼，亭長之屬耳；較之三代，邈乎不相及矣。 然猶有秩有祿，選其賢者充之，是以其人尚知自重，其耳目精力尚可勉强從事。 以故其治尚爲近古，風俗尚多渾厚。 至隋，盡廢鄉官，一縣之中止有一令，一丞，一簿，一尉。 然其時承南北朝之後久亂之餘戶口稀少，猶之可也。至唐開元天寶之際生聚蕃矣，民事多矣，遠宋熙寧元豐以後，戶口之盛尤遠過於前代豈此數人者之所能徧埋！無怪乎百姓之爭日多而吏胥之權日重也！

官盛任使

附論 『官盛任使，所以勸大臣也。』（中庸。）

官何以當盛也？所以優大臣也，亦卽所以熙庶績也。何者？一國之政多矣，非數十人所能徧理；設官少則勢不能兼顧，非惟政事之多廢也，而吏胥皆得操其厚薄之權，僕從皆得肆其上下之手，其倒行逆施者亦不少矣。故官必盛而後可任使也。有一事卽設一官，則人有餘力而事有專責。有一官卽擇一人，則人知自愛而事無不舉。爲大臣者但能課其勤惰而總其成，而庶績自咸熙矣。

『大國地方百里；君十卿祿，卿祿四大夫，大夫倍上士，上士倍中士，中士倍下士，下士與庶人在官者同祿：祿足以代其耕也。』次

孟子班爵祿章不必拘

國地方七十里；君十卿祿，卿祿三大夫，大夫倍上士，上士倍中士，中士倍下士，下士與庶人在官者同祿：祿足以代其耕也。小國地方五十里；君十卿祿，卿祿二大夫，大夫倍上士，上士倍中士，中士倍下士，下士與庶人在官者同祿：祿足以代其耕也。』（孟子。）

按大國地方百里，倍次國也。次國地方七十里，倍小國也。而小國之君十卿祿，以田計之，當食一萬六千畝（以下食田畝數並見集註中所引徐氏說）。次國食二萬四千畝，多於小國者僅三之一。大國食三萬二千畝，多於次國者僅四之一。大國之閒田將何所置之乎？卿亦大夫也，故春秋於諸侯之卿皆書曰大夫，猶士之有上中下耳。大夫與士，則名分判然隔絕。而卿祿有四大夫三大夫者，大夫祿乃止倍於上士何邪？竊謂讀此章者但當求其大意，不必拘其細數：孟子固曰「其詳不可得聞也。』然則孟子之所言特其略耳。嘗考春秋以前諸侯之國，大約分爲九區：內一區爲鄉遂，以爲君祿；外八區爲都鄙，以

重祿之教

爲大夫士之祿。猶海內之地，方千里者九，而王畿方千里也；猶井田之制，八家皆私百畝，而中爲公田也。然則大國之君祿當倍次國，次國當倍小國；孟子特大略言之耳。大國小臣數多，則其祿之降殺亦多；小國小臣數少，則其祿之降殺亦少。然則大國次國自大夫以下，其祿亦必不止於倍；而卿祿亦不得有三大夫四大夫之多。但籍已去，故其詳不可考耳。天子之卿受地僅倍大夫，況諸侯之卿何至遂三之四之乎！蓋春秋之世卿權益重，卿祿益厚，故有三大夫，四大夫之說。其實皆當以漸而殺，非獨卿與大夫然也。大抵君臣之降殺以十一爲率，大小臣之降殺以倍爲率；雖有增減，要不甚多。於此見先王之不以天祿自私，而亦有以辨上下，定民志也。周衰，典籍散軼，後人雖有纂述而揣度附會者居多。幸孟子此章猶存，尚可得其大概。餘已詳經界考中，茲不悉贅。

附論　『忠信重祿，所以勸士也』（中庸。）

祿何以富重也？所以恤羣臣也，亦即所以責羣臣也。何者？士既受官於朝，必將資以養其父母妻子也。位益尊則所費益廣。祿不足以贍之，惟賢而有守者乃能潔己而安貧耳。若其守少不堅，則必有聚斂於百姓以自奉，侵蝕於國帑以自肥者；無怪乎民日困而國日貧也！故善治國者必與士以重祿，使無內顧之憂，交謫之患，則少知自愛者皆恥爲聚斂之臣，恥爲盜臣矣。而又擇其賢者用之，有不百室盈而婦子寧者乎！有不倉廩實而府庫充者乎！故驟觀之若費而細察之實省。如之何其可以不重也！

附錄 「管子於是制國以爲二十一鄉：工商之鄉六，士鄉十五。……五家爲軌，軌爲之長。十軌爲里，里有司。四里爲連，連爲之長。十連爲鄉，鄉有良人焉。……是故匹夫有善，可得而舉也；匹夫有不善，可得而誅也。」（齊語。）

附錄 「制鄙：三十家爲邑，邑有司。十邑爲卒，卒有卒帥。

管子鄉官之制

十卒爲鄉，鄉有鄉帥，三鄉爲縣，縣有縣帥。十縣爲屬，屬有大夫。……是故匹夫有善，可得而舉也；匹夫有不善，可得而誅也』（同上。）

口此所謂鄉官也，與前所載孟子『六等』之文互相發明。何者？治民必藉於人。數十家而即爲之『長』，數百家而即爲之『帥』，則在下者不能欺，在上者不難治，吏胥無所投其隙，奸豪無所肆其暴，誠良法善政也。桓公去古未遠，先王之制猶多存者，是以管仲本之立法以治齊國，所以能霸諸侯而匡天下也。後世惟務省費，省費則必省官，日減日少，遂至於數萬戶而止付之一人。即有賢令長，亦不能以徧理；況賢者不可多得，非假手於吏胥，則置民事於不問耳。假手吏胥，故吏胥橫行，賦歛獄訟，何一非吏胥操其權，倡賭盜賊，何一非吏胥爲之主！吏胥富，而閭閻日以彫瘁矣！置民事於不問，則强陵弱，衆暴寡，良民日困，非兇悍無以自全，於是里巷之間相率習爲豪强，爭鬬以自保其身家。

無怪乎民日貧而俗日敝也！ 後世儒者往往輕視桓文，羞言管仲；吾獨以爲不然。 姑無論其他，唐宋以來名臣賢相史不絕書，有復古鄉官之制者乎？有一言之及於此者乎？ 然則管仲未可輕也。 惟漢諸葛武侯嘗自比於管樂，其後相業果爲秦漢以來第一人。 亦何必爲大言哉！ 大抵霸之所以異於王者，雖在假仁義以服人。 其實桓文之世上去文武不遠，王政尙多存於世者；漢唐以後，王政存者寧有幾乎！ 若之何輕視桓文也！ 國語之文雖難盡信，然此文於理與時勢皆得之，必非妄者。 觀此，猶足見三代之遺制，故幷錄之。

千室爲最大邑

存參 「子曰，『求也，千室之邑，百乘之家，可使爲之宰也。』」

（論語公冶長篇。）

『千室』，大邑也。 『百乘』，大家也。 晉文公在齊有馬二十乘，齊陳文子有馬十乘，則百乘家之最大者矣。 聖人以千室百乘相對爲言，然則千室亦邑之最大者。 尋常之邑不過三百室，二百室，百室已耳，是以其宰尙多能盡其

百室之邑

儒者罕言鄉官

職。惟冉求足民之材，政事之彥，聖人始以千室許之；非他人所及也。後世乃以庸碌之人畀以數萬戶而使之治之，欲令民之不困，俗之不偷，烏可得乎！

存參　『施氏之宰有百室之邑』。（左傳成公十七年。）

按，此文不以『百室之邑』爲小，則邑之大者當亦不多也。此雖家宰兼治之邑，然百室而即有人治之，則下情之不通者亦少矣。觀此言，猶可想見當時之美政也。

鄉官之制，乃三代聖人之大經大法，必不可廢者。亦非但鄉官也，百里之內亦必有分治之庶僚，始可以無廢事。而後世皆舉而付之於一二人，民安得而治！然名儒文士皆罕有言及此者，但有言及於井田封建者耳。井田封建雖屬王政，然後世行之大不易。若庶僚鄉官，直舉而措之耳？不知何以無人計及此也？此治亂興亡之大要，故因述周封建之制而附及之。

周遺蹟補考

石鼓

引汪師韓文辨石鼓

岐陽石鼓十枚，上皆刻四言詩。唐韓退之以爲周宣王時所作。宋歐陽永叔云，『自漢以來，博古好奇之士皆略而不道。隋氏藏書最多，其志所錄，秦始皇刻石，婆羅門外國書皆有，而獨無石鼓文，遺近錄遠，不宜如此。況傳記不載，不知二君何據而知爲文宣之鼓也』（『二君』謂韋與韓；韋詩詳後汪上湖石鼓說中。）其論當矣。而張湨雲谷雜紀則云，『石鼓經秦涉漢，其亦久矣。其間豈無好事者稱道之，歷時之久，書傳不存，後人不知耳。』蘇勗載記云，「石鼓，謂周宣王獵碣，共十鼓，其文則史籀大篆。」唐章懷太子注後漢書云，「今岐州石鼓銘，凡重言者皆爲二字。」以二書言之，則安知秦漢間無稱道之者』則又以韓公之說爲是，歐公之疑爲非。汪上湖先生石鼓說辨之頗詳。今載其文於左。

【汪上湖先生石鼓說】『石鼓在陳倉野中，隋以前無所見聞。唐貞觀中，蘇勖始紀其事。鄭餘慶徙置鳳翔之夫子廟，而亡其一。宋仁宗皇祐四年，向傳師得之民間，十數乃全。至徽宗大觀二年，徙於汴京之辟雍，宣和元年，又移之保和新殿，以金塡其字。欽宗靖康末，金人輦致於燕，剔其金而留石於王宣撫家。其家後改大興府學。至元成宗大德十一年，虞伯生爲大都教授，求得於草土中，洗刷而扶植之。仁宗皇慶二年伯生助教成均，言於時宰，以大車十乘載於國子學大成門內左右各五鼓。按韋蘇州詩謂是文王時鼓（今本亦作宣王，無文王字），宣王時刻；韓文公直稱宣王時作。逮宋程泰之，以左傳昭公四年，椒舉云『成有岐陽之蒐』，指是成王。歐陽公集古錄乃有三疑。而鄭夾漈以秦權秦斤證之，指爲秦刻。沿及金源，元遺山中州集云「在平馮子卿以字畫考之，云是宇文周時所造；作辨萬餘言，出入傳記，引據甚明。」金史採其事入本傳。鄭馬二說，後人譏之者多，信之者少。以余考之，竊嘆馬氏有卓識矣。所惜其文未見，曾不知其定爲後周何時耳。（此下節删一段。）西魏之末，官法周禮，誥法周書，則詩襲雅頌之文，誠無足異。但史稱「周武帝崇尚儉樸，校兵閱武，步行山谷，履涉勤苦，人所不堪，」其於田獵豈肯夸耀其車徒。惟武帝建德二年二月，詔皇太子贇撫巡西土，皇太子於岐州獲二白鹿以獻；詔曰，「在德不在瑞。」今考九鼓中（其一無字），其稱及鹿者有四，且有即一章而兩言鹿者，合之則鹿字凡六見焉。有曰「我鹿允異，」豈非瑞應意乎！文內「鱮鯉，」「楊柳，」「靈雨，」「舫舟，」皆春巡之景，非冬狩也。若其稱「天子」又稱「嗣王」者，宣帝窮奢極麗，車旗章服俱倍數前王，此詞當是大象元二年間，天臺侍從之臣追紀其瑞而刻之，似以「天子」稱武帝，以「嗣王」稱宣帝——而宣帝每自稱爲「天，」則當時又未必稱以「嗣王」也。文蓋以「天子」稱宣帝，以「嗣王」稱靜帝。雖宣帝於卽位之始卽傳位皇太子衍，顧不稱太上皇而自稱天元皇帝，是以文內「天子」「嗣王」連言之，猶之周書宣帝紀內「帝」與「皇帝」連及也。靜帝卽位僅七歲，其三年爲周大定元年二月卽禪位於隋。其時石鼓甫成，應卽委棄。而篆文人識者少。唐賢徒見「車攻」「馬同」之文同於小雅，藉以潤色文章耳。其詞其文，後人自有明於鑑察者，正不必依傍韓蘇篤信而不敢議也。馬氏之辨，安得世尚有傳，與余言一證其同異哉！』

余按石鼓所刻詩詞，不載宣王一事，亦無宣王時一人名：不知唐人何由決知其爲宣王？自東周以後，下迄於隋，書之存於世者多矣，石鼓果周宣王時物，必爲世所寶貴，稱道者當不知幾許，何以稱者皆不存，存者皆不稱乎？漢都長安，距岐爲近。班固，扶風人，郡中有此古物，尤不應不知，及知之而不言也。且蘇勗與章懷太子皆唐人耳：以唐證唐，何足爲據！自蘇勗至韓退之，相距不二百年，而書傳所載稱之者凡四人。自周宣王逮隋千有餘年，而反無一言之見於書傳。然則此鼓之在漢魏以後而不在周秦以前明甚；歐陽子之疑是而淏之言非矣。是故韓韋謂爲宣王蘇子瞻『想當然』之說也；張淏言安知秦漢無稱道之者，秦檜『莫須有』之獄也。以『想當然』『莫須有』折天下之獄，則獄靡不寃。以『想當然』『莫須有』斷古書古物之眞僞，則書與物靡不失實。然則卽謂此鼓爲堯舜時所作，謂夏商之時書傳不存，安知無稱道者，亦誰能窮其誣哉！汪公之辨詳矣。此鼓果爲宇文氏之物，余雖未嘗詳考，然斷非周物則較然也。

又按，雲谷雜紀以爲成王時物者乃韓元吉，而上湖以爲程泰之；以爲秦時刻者乃任汝弼，而上湖以爲鄭夾漈：所引互異。蓋韓程皆嘗謂爲成王，任鄭皆嘗指爲秦刻，論者各據所見之書言之，是以不符：不足以爲異也。

美里城：

引封演記辨美里城

湯陰城北有文王演易臺，其地高於旁者丈餘，卽唐人所稱美里城也。城中地故高，日久城頹，惟高原存焉，故人以臺呼之。唐封氏聞見記嘗辨其妄。今錄於左：

【封氏聞見記一則】『相州湯陰縣北有美里城，周迴可三百餘步；其中平實，高於城外丈餘，相傳文王演易之所。按此東頓邱臨黃諸縣多有古小城，或周一里，或三百步；其中皆實。然則小城而實，皆古人因依立冢，以爲保固耳。』

余按湯陰之西爲林縣，其北爲安陽，又北爲磁州。距余鄉近者百里，遠者二百餘里。其在山中者，山上多壘石爲城寨。在平地者，其村外往往有高廣如封氏所言者。其城或尚存，或已頹，或半頹。余數往來於諸縣間，問之土人，皆云前代避亂之所。然則湯陰此臺亦如是而已矣。封氏之言是也。蓋築

古蹟相因而生

城自保，勢須據險，以高臨下：有山則據山，無山則築平地使高，築城其上，方足以制仰攻，本理之常，無足異者。但臨大道者少：人或不之見，見亦不爲意。而湯陰之臺東逼驛道，人皆知之。既莫考其所始，而其地近殷墟，故好事者遂以羑里之事附會之耳。余又嘗居開州，即唐頓邱之南境也。城以南如湯陰此臺者不下數十，蓋即封氏所謂『古小城』者。其城率已頹，土人呼爲『骨堆』。最大者有霸王骨堆（蓋以大得此名），韓信骨堆（蓋『韓姓』之訛）。其村農相傳云『項羽與韓信相拒於此地，以築骨堆大者爲勝』。夫羽與信固未嘗戰於此，即至此亦豈有餘暇築臺較其勝負乎！羑里之城，當亦類是。里巷流傳之語固不可據以爲實也。嗚呼，湯陰有演易之臺，則陳州亦當有修春秋之閣矣；涿州有張飛井，趙州有魯班橋，甚矣邪說之入人深而不學無術者多喜事也！

按，羑里之事本戰國人所述。既相傳爲有此事矣，秦、漢以後因以演易附會之。既復相傳有演易之事矣，魏晉以後因又以古小城附會之。證據既多，遂成牢不可破之說。市有虎而曾參殺人，三人言之，未有不信者矣，而孰知其說皆相因而生者乎！邠州山上有水自洞口下，名水簾洞；山下果樹甚繁。好事者遂以爲西遊記孫悟空發祥之所，而建猴王廟焉。嗚呼，世所言古跡者，大率皆如此矣！故今竝附辨之。

文武周公陵墓：

備考　「畢在鎬東南杜中。」（史記周本紀。）

備考　「文王武王周公冢皆在京兆長安鎬聚東杜中。」（皇覽。）

備考　「文王武王墓在雍州萬年縣西南二十八里畢原

周陵之誤指

上。』（史記正義引括地志。）

按此諸說，則周文武王陵在渭水南，長安之西南也。自唐以前，無異說者。至宋乾德四年，詔給守陵五戶，春秋奉祀，始以咸陽縣之西北秦惠文悼武二王冢為周文武王陵而祭之；沿誤八百餘年。前人辨之詳矣。今不復贅，但取史記諸家之言載之，以備後人考證云爾。

古物古蹟，其於事理末矣。然或以僞亂真，或附會舛誤，而人遂信以為實，其所關亦不細。故亦補而辨之。

豐鎬考信別錄卷之二終

子爲未成諸侯之稱

豐鎬考信別錄卷之三

周制度雜考

春秋所書列國之君，多有稱某子者。滕侯杞伯，亦多稱爲『滕子』『杞子』（春秋中，無「侯」「伯」兼稱者；惟杞薛嘗一稱爲「侯」。然桓三年『公會杞侯于郕』，據公羊乃『會紀侯』，二家文誤。則隱十一年『薛侯來朝』，恐亦是文誤耳）。說者謂周之列爵凡五，子爵在伯之下，男之上：其本侯伯而稱子者，或以爲時王所黜，或以爲聖人所貶也。余按列國之爵受之先王，傳之先君，周道既衰，而孔子乃布衣之士，安能黜之貶之！若可以貶其爵，則亦可以進其爵：何以不聞有子而進稱爲公，進稱爲侯伯者？侯伯可貶，公亦可貶，既可貶爲子，亦可貶爲男：又何以不聞有公而貶爲侯伯，侯伯而貶爲男者乎？由是言之，謂爲時王所黜，聖人所貶，恐皆未必然也。余嘗細考經傳之文，『子』之爲稱乃未成乎諸侯之名，與伯及男不同義也。 故有天子之卿而稱子者，尚書之微子箕子，春秋之單子劉子，是也。 有諸侯在喪，未即位而稱子者，葵丘之稱宋子，溫之稱陳子，是也。有撫有一國未成爲君而稱子者，叔武之稱衞子，子儀之稱鄭子，是也。 皆不成之爲諸侯也。 若其國而夷也則亦稱之爲子，吳楚邾莒徐沈郯潞之屬是也。 此蓋古制如此。即本侯伯之爵而既雜於夷，則亦概以子稱之。 故國語云，『命圭有命，固曰吳伯，不曰吳王，』然則吳本伯爵也。 滕杞之稱爲子，當亦如是。 故傳曰，『杞桓公來朝，用夷禮，故曰子，』又曰，『杞夏餘也而即東夷，』非貶之黜之，蓋略之而等之諸夷也。 猶後世之於僭國，皆稱之爲『魏主』『吳主』也。 孟子曰，『天子一位，公一位，侯一位，伯一位，子男同一位，凡五等。』 夫爵既有五矣，何以其等止分爲四？公侯伯既各爲一等矣，何以子男獨同爲一等乎？ 蓋子也者，未成乎諸侯之稱也；既未成爲諸侯，則其班當隨乎其最卑者，是以與男同一位也。 說者不加細考，誤以子與公侯伯爲一例，遂謂貶黜其爵爲子，則宋，衞，陳，鄭之稱子又何說焉？ 且非但國君有子之稱也，其後大夫士亦稱之，蓋春秋之初卿尚罕有稱子者，間一有之（如衛石子齊高子之類），亦但以爲稱，不以爲謚也（若魯共仲，成季，齊管敬仲，衛石駘仲之屬，謚皆稱以字；惟晉欒共叔，國語作欒共子，蓋後人所追稱）。衛自甯莊子石祁子始連謚稱爲子；晉自趙成子欒貞子以後，魯自季文子孟獻子以後，而卿莫不以子繫於謚矣。大夫雖尚未謚以子（如子服景伯，子家懿伯之類），然相稱亦以子，若叔仲子子服子子家子之類是也。至春秋戰國間而子遂爲通稱，凡有名於時者，雖布衣之士率稱爲子，若莊子惠子鬼谷子之類是也。故論語，顏淵之賢，子路之長，皆不稱子（至孟子時，顏淵始稱爲子）；閔子騫冉有間一稱子；而曾子有子則皆稱以子。雖其門人所記，亦其時之先後然也。至孟子時，則高夷徐陳，公都之屬莫不稱子矣。然則子也者，本未成乎諸侯者之稱，漸而卿稱之，漸而大夫稱之，又漸而布衣之士亦稱之者也。猶之乎『君』本國君之稱，漸而卿大夫亦稱君（儀禮，公士大夫皆稱爲君），至後世而朋友亦相稱爲君也。說者不考稱子之由，故其釋『君子』也，以爲有位者謂，君有德者謂之子。豈知君子云者，本皆有位者之稱

〔詩之『君子至止』，『君子來朝』皆稱諸侯之詞〕，而後世以稱有德者耳。猶稱大德者爲『大人』，不肖者爲『小人』也〔孟子云，『說大人則藐之』，蘧罷云，『吾儕小人』，冉有云，『小人何知』，皆以位言〕。不詳究其始末，而但揣度附會以爲說以君與子分屬之位與德，失之遠矣！

謚法由漸而起

逸周書中有謚法篇，傳史記者取而冠之簡端。其文云，『惟周公旦，太公望開嗣王業，建功於牧野，終將葬，乃制謚，遂叙謚法（云云）。』後世儒者咸信之而不疑。余按謚法之所爲制，意必將以勸善而懲惡也。善者謚以善，惡者謚以惡，大行受大名，細行受細名，然後人知所以勸懲。今此篇中經緯天地曰『文』，錫民爵位亦曰『文』；聖聞周達曰『昭』，容儀恭美亦曰『昭』：使睿聖之君與小才小善者同科，固已不足爲勸。至於克定禍亂曰『武』，夸志多窮亦謂之『武』；亂而不損曰『靈』，死而志成亦謂之『靈』：美惡同詞，聖狂一例，褒貶之義無存，勸懲之道安在！周之制此謚法，欲何爲乎？『帝』也，『王』也，『公』『侯』之與『君』也，長民者之稱，非謚也，且亦不始於周，何故先之以此？『欽』『明』者，史臣贊堯之詞；『克明克類，克長克君，克順克比，』成鱄引而釋之以見文王（詩本言王季，鱄以爲文王）之德然耳，豈得皆謂之謚！齊太公子丁公，丁公子乙公，乙公子癸公，蓋沿商制以干名爲號者；今乃以『丁』爲謚。然則『乙』『癸』亦當爲謚，何以又不之言？他如『正』『直』『忠』『愛』『夸』『惑』之類，春秋時從未有以之爲謚者。則此篇爲後人之所妄撰，明矣。且周既制此謚法，必先分別夫應謚之人，或通行於諸侯，或兼行於卿大夫。乃今以史考之，衞康叔之後五世無謚；齊太公，宋微子，蔡叔度，曹叔振鐸皆四世無謚。太公以佐命之臣始封之君，而竟無謚。周公子伯禽亦無謚。晉唐叔子燮，父子皆無謚。周果制爲謚法，何以諸國之君皆無謚乎？蓋謚法非周之所制，乃由漸而起者。上古人情質樸，有名而已；其後漸尙文而有號焉。至湯撥亂反治，子孫追稱之爲『武王』，而謚於是乎始。然而子孫卿士未有敢擬之者。周之二王謚爲文武，蓋亦彷諸商制。以成王之靖四方也，故亦謚之曰成。而康王以後遂倣而行之。猶之乎商有三宗，西漢亦有三宗，至後漢而宗始多，及唐宋而遂無帝不宗也。　周公有大功於天下，故其沒也，成王特賜之謚。　召公歷相三朝，康王遂倣周公之例而亦謚之。　然皆以爲特典，非以爲常制也。　是以成康昭穆之代，諸侯謚者寥寥。　數世之後，俗彌尚文，遂無有不謚者。　然卿大夫尚未敢擬也。　至周東遷以後，而卿大夫始漸有謚。　嘗以春秋傳考之，晉自文公以前，惟欒共叔有謚，（國語有韓定伯）；狐偃先軫有佐霸之功，而謚皆無聞。　至襄公世，趙衰欒枝始有謚，而先且居胥臣之屬仍以字稱，則是亦以爲特典也。　成景以後，卿始以謚爲常；先縠三郤以罪誅，乃無謚。　降於平頃，則雖欒盈之以作亂死，荀寅士吉射之失位出奔，而靡不謚矣。　魯大夫有謚者，較他國爲獨多。　然桓莊以前，卿尚多無謚者。　昭定之間，則榮駕鵝南宮說子服，公父之倫，下大夫靡不謚者。　鄭大夫初皆無謚；至春秋之末，子思子賸亦有謚。　惟宋大夫始終無謚。　果周所定一代之制，何以先後不齊，彼此互異若是？　然則謚之由漸而起，彰彰明矣。　卽『靈』『厲』之屬，其初亦非惡謚，而子孫臣庶公然加之也。　蓋賢者旣奉以嘉名，而不賢者無可推崇，則亦依傍其性情行事而謚之。書云，『靈承於旅，』詩云，『濯濯厥靈，』論語云，『子溫而厲，』又云『君子，聽其言也厲，』靈與厲何嘗卽爲不美之名；但相率以之謚暴主，而其後遂以爲辱耳。猶之乎周有恭王，魯有恭公，漢有順帝，未嘗不爲美名；而自南北朝來，宋有順帝，周與隋有恭帝，後世遂以恭順爲忌諱也。周書之作蓋在戰國秦漢之間，彼固取前世王侯卿大夫之行事而揣度言之，復雜取傳記之文以附益之者。若之何後儒之不之察也！

戎狄與蠻夷之不同

戴記曲禮篇稱『東夷，北狄，西戎，南蠻。』王制篇云，『東方曰夷，南方曰蠻，西方曰戎，北方曰狄。』明堂位篇亦云，『九夷之國，東門之外，西面北上；八蠻之國，南門之外，北面東上；六戎之國，西門之外，東面南上；五狄之國，北門之外，南面東上。』皆以蠻夷戎狄分屬四方。後世說者沿而不察，皆以爲然。余按禹貢梁州章云，『和夷底績，』綿之詩云，『昆夷駾矣，』孟子云，『文王事昆夷，』是西亦有夷也。詩韓奕云，『以先祖受命，因時百蠻，』是北亦有蠻也。春秋經傳，『公及戎盟於唐，』『公追戎於濟西』『齊侯伐山戎，』『無終子使孟樂如晉，請和諸戎，』『楚大饑，戎伐其西南，又伐其東南，』是東與南北亦皆有戎也。安在可以四方分哉！蓋蠻夷乃四方之總稱，而戎狄則蠻夷種類部落之號，非以四者分四方也。故禹貢云，『五百里要服：三百里夷，二百里蔡。五百里荒服：三百里蠻，二百里流。』堯典亦云，『蠻夷猾夏。』則是九州之外皆為蠻夷，初未嘗分戎與狄也。蓋夷猶裔也，裔猶邊也以在九州邊上，故附見於九州，在冀揚為島夷，青為嵎夷，萊夷，徐為淮夷，梁為和夷。謂之要服，則是猶有禮教存焉。故春秋傳稱『用夷禮』是夷未嘗無禮，但不及中原文物之盛耳。蠻則蠢然無知，故但謂之荒服。然則蠻夷以內外分，不以東南分；四方皆有夷，亦皆有蠻，不得專屬之東南也。蓋唐虞都冀北，近南遠，每服雖約以五百里，然北常狹，南常廣，故蠻在南方為多。而記禮之家多齊魯之士，地近東夷，遂誤以夷專屬之東，而以蠻專屬之南耳。戎者，西方蠻夷之一，猶其有氐與羌也。狄者，北方蠻夷之一，猶其有追與貊也。其見於經傳者，數者之外復有庸，蜀，髳，彭，微，盧，百濮，百越之屬。然惟戎與狄為最盛，往往分居四方。故狄或居冀，或居雍，而戎或隣於秦，或鄰於楚，或鄰於晉，於齊，於魯，於燕，猶氐羌之盛於漢晉間也。及戰國之世而戎狄漸微，是以其後無聞。不得以戎屬之西狄屬之北而與蠻夷分列而爲四也。故春秋書『公會戎于潛』，『齊人狄人盟于邢』，『公伐戎』，『衞人侵狄』，『戎侵曹』，『狄伐鄭』，『狄侵我西鄙』，『晉人敗狄于箕』；如此者不啻數十事，而從未有直書『夷伐某國蠻伐某國』，及『會夷盟蠻伐夷侵蠻』者（傳稱『晉武公伐夷』，此夷乃王畿采邑，非蠻夷之夷）。而春秋傳，吳楚，邾莒往往稱爲『蠻夷』，亦從未有稱爲戎狄者。然則是『戎狄』爲國名而『蠻夷』乃其通稱，彰彰明矣。大抵戴記諸篇，漢儒所撰，其說多本之傳；然沿而誤者常十之六七，故考三代之事雖一名一物之微皆當取信於經，其次則參考於傳；不得但據戴記之言，遂信以爲實也。

古人尚右

隋唐以來，世皆以左爲上。或謂古人亦上左者。或又因檀弓文『孔子有姉之喪，拱而尚右，二三子皆尚左，』遂謂古人吉事以左爲上，凶事以右爲上者。余考之春秋傳，皆上右者，惟楚人上左耳。 桓王之伐鄭也，虢公林父將右軍，周公黑肩將左軍；鄭曼伯爲右拒，祭仲足爲左拒，皆先書右而後書左。 其叙宋之六官，亦皆先右師，後左師。則是皆以右爲上也。 卽晉之三軍，亦上軍在右而下軍在左。 何以知之？ 城濮之戰，胥臣以下軍之佐犯陳蔡，而楚右師潰；狐毛狐偃以上軍夾攻子西，而楚左師潰。 邲之戰，工尹齊將右拒卒以逐下軍；潘黨率游闕四十乘從唐侯，以爲左拒，以從上軍。 夫晉楚之師相向而戰，則楚之右，晉之左；楚之左，晉之右。而晉常以上軍當楚左，下軍當楚右，是上軍在右而下軍在左也。 惟叙楚之軍帥皆先左而後右。 故季梁曰：『楚人上左，君必左。』 必言『楚人上左』者，明諸侯之國皆上右也。 然『右廣，左廣』，『右盂，左盂』，『右司馬，左司馬』，皆先右而後左，則是楚人且不盡上左矣。 由是言之，三代以上固以上右爲常。 故禮，『賓由西階，主人由阼階』，西在右，東在左也。 『王叔陳生與伯輿爭政，王右伯輿，王叔陳生怒而出奔』，是上之則曰右之，下之則曰左之也。豈但顧命之陳，實先『西序』，後『東序』，先『西房』，後『東房』，必凶事乃上右乎？

經無天子之尸

哉！

戴記之文本難取信，而檀弓中尤多乖謬。況所謂『尚右，尚左』者，乃手之所向，非身之所處，初非以此別上下者；烏得據此而以上下分吉凶乎！下至漢世，王陵爲右丞相，陳平爲左丞相；王陵既免，乃徙陳平爲右丞相。諸呂誅後，平以周勃功大，復以右丞相讓勃而自爲左。則是此時猶以右爲上也。況三代以上乎！曰，然則樂記之『分周公左，召公右，』史記信陵君傳之『從車騎，虛左往迎侯生，』何也？曰，傳曰，『自陝而東者周公主之；自陝而西者召公主之，』東在左，西在右，故謂『分周公左，召公右』耳，非以左右分上下也。書曰，『太保帥西方諸侯入應門左；畢公帥東方諸侯入應門右，』是亦畢公分右，召公分左；然乃先言『太保』後言『畢公』者，則是但以東西分左右，初未嘗以左右分上下也。至於車中之位，尤與堂上不同。御者執轡，必居車中；持矛者必在右，乃便於事；惟左爲閒散之地，故尊者常居之。今公子自御車，故虛其左以待侯生。此自車中事宜，與朝廷之班位，賓主之揖讓，無涉也。

大雅既醉篇云，『公尸嘉告。』鳧鷖篇云，『公尸來燕來寧。』舊說皆以尸爲天子之尸。毛傳云，『「公尸，」天子以卿，言諸侯也。』鄭箋云，『諸侯有功德者，入爲天子卿大夫，故云「公尸。」』然則大夫之爲諸侯尸者即稱曰「大夫尸，」士爲大夫尸者即稱曰「士尸」乎？朱傳蓋已覺其不合，故改其說云，『周稱「王」而尸但曰「公尸，」蓋因其舊；如秦已稱「皇帝」而其男女猶稱「公子」「公主」也。』然秦事不師古，故名多不正而言多不順，豈得以之例周！且周固稱「王子」「王孫，」何獨於尸必稱爲「公尸」乎？此無他，以大雅中皆爲天子祭祀之詩，故不得不委曲以爲解耳。然余細玩兩詩，惟多頌禱之詞，初無一語及天子，若嘉樂之詩者：何所見其必爲天子之尸而非公卿之尸？經言「公尸，」吾知爲公之尸而已。以楚茨信南山例之，可矣；不必別爲說以通之也。又按虞夏商周之書皆未有言祭之用尸者；商頌亦無之。周頌所稱祭品，樂器，牛羊，鐘鼓之屬詳且備矣，然獨無一言及於尸。其見於二雅者，鳧鷖既醉二篇皆云『公尸，』不云『王尸』；楚茨信南山二篇則卿大夫祭祀之詩也。且玩其詞意皆不似成康以前作。或以天子至尊，臣下不敢爲之尸邪？抑尸本非聖人所制之禮，周末文勝相習而成風邪？ 儀禮本非周公之書，亦無天子祭禮。戴記，後人所撰，尤不足據。 學者缺所疑焉可矣。

國家室之稱謂

天子，有天下者也。 諸侯則以『國』稱，卿大夫則以『家』稱，士庶人則以『室』稱。 故曰『十室之邑』，『百室之邑』，『千室之邑』皆稱士庶人者也。 曰『三家者以雍徹』，『三家未睦』，『因其十家九縣』皆稱卿大夫者也。 曰『七國同役而不同心』，曰『三國入函谷』，曰『六國連衡』，皆稱諸侯者也。 然下不得兼上，上得以兼下。 故天子亦稱『國』，詩所謂『思皇多士，生此王國』，『王于出征，以匡王國』是也；亦稱『家』，書所謂『惟公勤勞王家』，『永不忘在王家』是也；亦稱『室』，詩所謂『王室如燬』，書所謂『乃心罔不在王室』，春秋傳所謂『王室實蠢蠢焉』是也。 諸侯亦稱『家』，傳所謂『公家之利，知無不爲』是也；亦稱『室』，傳所謂『三分公室』，『四分公室』是也。 卿大夫亦稱『室』，傳所謂『三室如一』，『殺高厚於灑藍而兼其室』是也。 卿之庶子亦稱『側室』，故傳云『卿置側室』，又曰『趙有側室曰穿，晉君之壻也。』其後相沿，凡庶子皆稱爲『側室；』漢文帝賜南越書曰『朕高皇帝側室之子』是也。文帝，高帝之庶子也。後人不求其故，但見此文遂以側室爲指薄后而稱妾爲側室，失之遠矣！

洪範補說

『天錫禹九疇』之文見於禹上篇，又見於武王下篇，皆未及詳疏其義。故今補之。

『惟十有三祀，王訪于箕子。』

按武王『亂臣十人』莫非賢聖，乃復訪於勝國遺賢者何？蓋聖人之心常自以爲不足，好問好察，舜武王無以異也。此所以繼唐虞而成成周之盛治也。

『王乃言曰，「嗚呼箕子！惟天陰騭下民，相協厥居，我不知其彝倫

不知攸敘之故

九疇不見唐虞書

攸敘」

聖人者，本天以出治者也，故武王一啓口即曰『惟天陰騭下民。』周自太王以及文王，治極盛矣，武王纘三王之緒，豈容有所不知，而此乃云『不知彝倫攸敘，』何哉？聖人之心常自處於不知，聖人之志必欲追蹤唐虞而後已：蓋聞箕子得九疇之傳，故殷勤而訪之也。

『箕子乃言曰，「我聞在昔，鯀陻洪水，汩陳其五行；帝乃震怒，不畀洪範九疇，彝倫攸斁。鯀則殛死，禹乃嗣興；天乃錫禹洪範九疇，彝倫攸敘。

此原洪範之由。

九疇錫於唐虞之世，唐虞之書豈容無一言及之；而竟缺焉者，禹謨九功等篇書之缺者多也。此可知唐虞之善政，後人不得見者蓋亦不少。幸而武王有此一訪否則九疇之學將至箕子而絕，後人不復得見之矣。

『「初一，曰五行。次二，曰敬用五事。次三，曰農用八政。次四，曰協用五紀。次五，曰建用皇極。次六，曰乂用三德。次七，曰明用稽疑。次八，曰念用庶徵。次九，曰嚮用五福，威用六極。

此舉九疇之目。

『五行』者，九疇之一耳。水者，『五行』之一耳。然治水失宜，卽五行皆失其正；五行失正，卽九疇皆失其傳。故九疇必先以五行；五行必先以水也。『五事』以下皆言『用』者：五行者天地自然之氣所生，故不言用；五事以下則皆人事之所當盡，故言用也。『五福』『六極』統於一疇者，禍福賞罰相濟而行之，不可分爲二也。

釋九疇之目

『「一，五行：一曰水；二曰火；三曰木；四曰金；五曰土。

此列五行之名。

九疇先五行

何以首五行也？天地之大用也。孟子曰，『民非水火不生活。』宋子罕曰，『天生五材，民並用之。』故九疇先以五行也。

土爰稼穡

『「水曰潤下；火曰炎上；木曰曲直；金曰從革；土爰稼穡。潤下作鹹；炎上作苦；曲直作酸；從革作辛；稼穡作甘。

此推五行之義。

『潤下』，『炎上』，『曲直』，『從革』，皆所以表五行之性；而土獨係以『稼穡』者何？稼穡者，養生之要務也，人非是不能生。故以此表土之用而云『稼穡作甘』也。

世所傳五行之術，非尚書意。說詳見五行辨中。

五事與八政

『「二，五事：一曰貌；二曰言；三曰視；四曰聽；五曰思。

此列五事之名。

何以次五事也？所以自淑其身者也。施於民者謂之『政，』故著於身者

言從與思睿

八政章有缺

八政先食

謂之『事』，身之未正，何以治民！故以五事先八政也。

『「貌曰恭；言曰從；視曰明；聽曰聰；思曰睿。恭作肅；從作乂；明作哲；聰作謀；睿作聖。

此推五事之義。

『言』何以曰『從』也？順理而成章之謂也。後世忝尚新奇，多求工於詞藻，而或不必盡合於理；三代以上不如是也。『思』何以曰『睿』也？人心之靈無所不通，苟能用之於正，則天地萬物之理皆可以思而得之，故曰睿也。

『「三，八政：一曰食；二曰貨；三曰祀；四曰司空；五曰司徒；六曰司寇；七曰賓；八曰師。

此列八政之名，當爲八政章之上。此下當有缺文，推八政之義。

次之以八政，何也？聖人之生非徒自淑其身而已，必將使民各得其所者也。

五紀協天道
錯簡之疑一

故以『政』繼『事』也。民莫衆於農；治國莫重於農事。農者，所以爲食也。無食則不能生。故稱『農用八政』而先之以『食』也。此先王治民之要務。下文必有良法精意可爲萬世法者，惜乎其皆缺也！

『「四，五紀：一曰歲；二曰月；三曰日；四曰星辰；五曰歷數。

此列五紀之名，當爲五紀章之上。

次之以五紀，何也？聖人所以輔相天地之宜而以人事協於天道，堯典所謂『欽若昊天，歷象日月星辰』者也。故以五紀繼八政也。

庶徵章後自『王省惟歲』至『則以風雨』，乃推『歲，月，日，星』之得失，與此文正相表裏。疑卽五紀章之下而錯簡於彼者。

『「五，皇極。皇建其有極，斂時五福用敷錫厥庶民。惟時厥庶民于汝極，錫汝保極。

此立皇極之綱，

「凡厥庶民無有淫朋，人無有比德，惟皇作極。凡厥庶民，有猷，有爲有守汝則念之。不協于極，不罹于咎，皇則受之。而康而色，曰予攸好德，汝則錫之福。時人斯其惟皇之極。無虐煢獨而畏高明。人之有能有爲，使羞其行，而邦其昌。凡厥正人，既富方穀。汝弗能使有好于而家，時人斯其辜。于其無好德，汝雖錫之福，其作汝用咎。

此推皇極之義。

「無偏無陂，遵王之義。無有作好，遵王之道。無有作惡，遵王之路。無偏無黨，王道蕩蕩。無黨無偏，王道平平。無反無側王道正直。會其有極；歸其有極。

此詠皇極之盛。

錯簡之疑二

三德章後自『惟辟作福』至『民用僭忒』所言乃『會極』『歸極』之義，與三德不相涉。且以韻讀之，亦與『會極』『歸極』相叶。疑在『歸其有極』之下，亦詠皇極之盛而錯簡於彼者。

九疇尤重皇極

『「曰皇極之敷言，是彝是訓，于帝其訓。凡厥庶民，極之敷言，是訓是行，以近天子之光。曰，「天子作民父母，以爲天下王。」』

此結皇極之旨。

疇雖有九，然尤重者皇極一章。何者？聖人之治天下，非徒使之安享太平之福而已，誠欲正其心使無邪慝也。故孔子曰，『如有王者，必世而後仁。』皇極一章，所以一道德，同風俗，而使民皆歸於仁也。蓋聖人履中蹈和，固已立四方之標準；然天下之民智愚不齊，賢不肖互異，或任其情性之偏，或染於習俗之惡，『淫朋』『比德』所在有之，勢不能歸於一。是以聖人『斂時五福』以『敷錫厥庶民』，一人有善我得而賞之，一人有惡我得而罰之；於其『有猷，有爲，有守』

斂福錫民之義

者則錫之福，而『無好德』者不得與焉。然後天下咸望聖人之『極』而會歸之，淫朋比德無所施其巧。即有一二敗類者，而爲衆所不容，亦漸化而之善。久之而遂習爲固然，『蕩蕩』『平平』，莫不『遵王之道』。所謂道德一而風俗同者，此也。是以成周之治幾於唐虞，成康之世刑措不用，豈不因於此哉！自周之衰，聖王不作，國異政家殊俗，由是楊墨之言得以大行於世。秦漢以後，益不復以化民成俗爲事，郡縣鄉亭莫不自爲風氣，鄉曲之豪皆得而簧鼓煽惑之，而唐虞三代之盛遂不復可覩矣。然則此篇者，誠聖人經世之要務，學者所當盡心者也。故今表而出之。

〔按此篇所謂王道也，斂五福以敷錫庶民，而使天下『會其有極』，『不罹於咎』，即孟子所謂『民日遷善而不知爲之』者也。必如是始足爲王道。儒者多談王道而罕有論及此者，何歟？其後晉文定王以示民義，伐原以示民信，大蒐以示民禮，其意亦本於此。然氣量之大小，心術之純雜，迥不相侔。學者比而觀之，則王霸之分皎然可見矣。世儒多薄桓文，至有謂漢在桓武之間者。無論「無偏無黨，遵道遵路」非漢所敢望，即「示信示禮」漢事寧有類此者乎！非惟藐桓文，亦淺之乎視武王矣！學者熟玩此篇，則知三代之治遠非後世之所及矣。

『「六，三德：一曰正直；二曰剛克；三曰柔克。

此列三德之名。

三德助建極

次之以三德，何也？所以助「建極」之事也。歛五福以錫民，可以會極而歸極矣。然人之性情各有所偏，與其使畏威而寡罪，不若使就學而益明。故以此三者正之。

三德歸中正

『「平康正直。彊弗友剛克；燮友柔克。沈潛剛克；高明柔克。

此推三德之義。

「正直，」順而導之也。「剛克，」「柔克，」矯其偏而變化之也。勝其偏之謂『克』，孔子所謂『克己復禮』者也。『平康』則無所用於克，導其先路可矣。『彊弗友剛克，燮友柔克』，所以制其太過。『沈潛剛克，高明柔克』所以補其不足。此先王之所以育人材正風俗而使咸歸於中正也。

『「惟辟作福，惟辟作威，惟辟玉食。臣無有作福，作威，玉食。臣之有作福作威玉食其害于而家，凶于而國，人用側頗僻，民用僭忒。』

權不可下移

聖人之治天下必合衆人之智以爲明，非但謀及卿士也，抑且謀及庶人。然其權則不可以下移，所以辨上下而定民志也。顧明作威福者猶易制，而暗作威福者最難防。魯季氏，齊陳氏，明作威福者也。晉荀寅求貨不得則不使晉救蔡；范鞅以楊楯之不獻於己，則言於晉君使執樂祁；荀躒納祁勝之貨，則使晉君滅祁氏羊舌氏，而晉遂以不振，此皆暗作威福者也。是以聖賢之君必勤政擇人以杜其源，明目達聰以遏其流，皆恐其權之下移也。權一下移，則非但害於家而凶於國也，而居高位者惟財賄之是貪，在下位者惟鑽營之是尚，風俗自是大壞，人安得

不『側頗僻』民安得不『僭忒』也！是則此數言者乃聖人御世之大綱。然

與三德之義無涉，蓋皇極章中文而錯簡於此者。說已見前皇極章中。

『「七稽疑，擇建立卜筮人乃命卜筮。曰雨，曰霽，曰蒙，曰驛，曰克；曰貞，曰悔凡七。卜五，占用二，衍忒。」

此列稽疑之名。

聖人重決疑

次之以稽疑何也？所謂『與鬼神同其吉凶』者也。庸人皆自以爲能知，故常無疑。賢人間有疑者。惟聖人常自以爲不知，故決疑爲要務；非但訪於人也又復質諸鬼神。此聖人之所以爲明也。

『「立時人作卜筮，三人占則從二人之言。汝則有大疑，謀及乃心，謀及卿士，謀及庶人，謀及卜筮。汝則從，龜從，筮從，卿士從，庶民從，是之謂大同；身其康彊，子孫其逢吉。汝則從，龜從，筮從，卿士逆，

聖人廣搜博采

庶民逆，吉。卿士從，龜從，筮從，汝則逆，庶民逆，吉。庶民從，龜從，筮從，汝則逆，卿士逆，吉。汝則從，龜從，筮逆，卿士逆，庶民逆，作內，吉；作外，凶。龜筮共違于人，用靜，吉；用作，凶。

此推稽疑之義，君從而龜筮從，吉；卿士從而龜筮從，亦吉；庶民從而龜筮從，亦吉；在上者之謀不必定勝於在下者也。是以聖人廣搜博采，不以己所見遂以爲然，人所見遂以爲非。不然，謀及卿士，固已罕矣；乃復謀及庶人，誰肯爲之！無怪乎聖人之能通於鬼神也！「三人占則從二人之言，」舊說以爲占用三人，非也。此但言於占者之言當從其多者，不當從其少者耳；非限以三人也。

『「八，庶徵。曰雨，曰暘，曰燠，曰寒，曰風：曰時。五者來備，各以其敘，庶草蕃廡，

修身之效

此列庶徵之名。

次之以庶徵，何也？ 此聖人燮理陰陽之事，所謂『與四時同其序』者也。肅，乂，哲，謀，聖，修身事耳；貌，言，視，聽，思之得其正耳：而其效乃至此。 甚矣，五事之所關者大也！

休徵與咎徵

『一極備，凶；一極無，凶。 曰休徵：曰肅，時雨若；曰乂，時暘若；曰哲，時燠若；曰謀，時寒若；曰聖，時風若。 曰咎徵：曰狂，恆雨若；曰僭，恆暘若；曰豫，恆燠若；曰急，恆寒若；曰蒙，恆風若。

此推庶徵之義。

吾閱休徵而不知其故也，觀咎徵始知之。 豫則恆燠，急則恆寒，理固當然。然則肅之時雨，乂之時暘，哲謀聖之時燠時寒時風，亦皆理勢之自然矣。

『曰王省惟歲；卿士惟月；師尹惟日。 歲月日時無易，百穀用成，乂用明，俊民用章，家用平康。日月歲時旣易，百穀用不成，乂用昏不明，俊民用微，家用不寧。庶民惟星。星有好風，星有好雨。日月之行，則有冬有夏；月之從星，則以風雨。

此文疑係錯簡。說已見前五紀章中。

「九，五福：一曰壽；二曰富；三曰康寧；四曰攸好德；五曰考終命。六極：一曰凶短折；二曰疾；三曰憂；四曰貧；五曰惡；六曰弱。」

此列五福六極之名，當爲五福章之上。此下當有缺文，推五福六極之義。次之以五福六極何也？所以終「建極」之事也。賞罰之權操之自上，然後能使人協于極，故曰「嚮用五福，威用六極」。此文之下，蓋敘所以斂之敷之之事，惜乎其文皆缺，不得而見之也！

僞孔傳云「天與禹，洛出書：神龜負文而出，列于背，有數至于九。禹遂因而

五福章有缺

建極之終

洛書非九疇

第之，以成九類』。自後說尙書者皆沿之。余按，洛之出書惟見於易大傳，而亦不言其時，不詳其事。其他經傳絕無言及此者。至西漢時，讖緯之學日熾，始以河圖洛書爲說，春秋緯云，『河以通乾出天苞，洛以流坤吐地符；河龍圖發，洛龜書感。』禮緯含文嘉云，『伏羲德合上下，天應以鳥獸文章，地應以河圖洛書，則而象之，乃作八卦。』自是學者始傳河圖洛書之數，以推禍福。然如所言，則洛書與河圖皆伏羲畫卦時事，與禹之九疇無涉也。其以洛書爲即九疇者，劉歆耳。讖緯本異端之學，而歆尤穿鑿附會，往往悖經戾傳而不自知。觀其作符命，媚莽，其說寧有依據！然大儒皆遵之，不敢有異詞。噫，其亦異矣！且世傳洛書之數，戴九履一，左三右七，二四爲肩，六八爲足，而五居其中；今九疇之數爲五者四，爲三爲七爲八爲十一者各一，無數者一，與所傳洛書之數皆不合。何所見九疇之爲洛書者？潛室陳氏以爲『洪範「一二三四五」之文即洛書「一二三四五」之數；「五行」即所履之「一」，「五福六極」即所戴之「九」。』然則何所見「一」之當爲「五行,」「三」之當爲「八政」「八」之當爲「庶徵」?又何所見「三」之必非「三德,」「八」之必非「八政,」「一」之必非「皇極」而「五」之必非「五行」乎? 以全不相涉之數而强取而合之,毫無義理,而後儒皆信之。 間有一二疑之者,則斥之曰,「彼不精洪範之學耳!」 然則孟子之闢楊墨韓子之闢佛老,亦可謂之不精楊墨佛老之學乎? 且吾未見精此學者之果能言其所以然也。 大抵唐虞之世,年歲久遠,文獻無徵,不可以强通之。孔子曰,「知之爲知之,不知爲不知,是知也。」 書言「九疇,」吾知九疇而已。書言「天錫禹九疇,」吾知天錫禹九疇而已。 九疇之爲洛書,天錫之爲神龜所負,吾不得而知也。 世之學者不務求「五行」「五事」之實以闡禹箕子之蘊,而苦思勞慮以九疇牽合於世所傳洛書之數,吾不知其爲何必也! 惟林氏以爲「洛書之說不可深信,洪範發明彝倫之叙本非由數而起,」其識獨爲卓然;惜未得見其全文也。 故今不載洛書之事。 大抵宋儒之說沿於漢晉諸儒者十之九;

然沿於他人者猶少而沿於劉歆王肅者頗多，是誠不可解也。今世之士，醇謹者多恪遵宋儒，高明者多推漢儒以與宋儒角，此不過因幼時讀宋儒注日久，故厭常喜新耳。其實宋儒之說多不始於宋儒；宋儒果非，漢儒安得盡是。理但論是非耳，不必胸中存漢宋之見也。蓋凡學人性情多好博覽强記，不肯專取一事平心殫力以求其首尾，故及其久也，遂忘其說之出於何人，衍於何書，而但習熟耳目，以爲固然。是以每沿前人之誤而不之覺；至有斥其人，鄙其學，而恆襲其說而不自知者。宋儒亦然，今人亦然，未可以此而笑彼也。

本說作意

周書中義最精深而文復明暢易解者，無如洪範，立政，無逸三篇。前正錄中已言之矣。盛衰通考，闡立政之蘊也。續考，發無逸末章之旨也。獨洪範一篇未及詳疏其義，故復爲此以闡發之。篇中缺文錯簡頗多，前人罕有言者。姑據鄙見，摘出數則，以待精於尚書者決之。

豐鎬考信別錄卷之三終

洙泗考信餘錄序

（頡剛按，原本無此序，今依三代考信錄例，由提要下卷錄出置此。）

唐虞三代皆以聖人爲天子，故能布其德澤於四方萬國，而後王有所遵守以安其民。孔子則不然：位不過大夫，然亦僅數年耳；權不過聽一國之政，然亦僅數月耳；其德澤初未布於天下；雖聖與堯舜齊，後世何由知之而遵守之！然乃能繼堯舜禹湯文武之統而垂教萬世者，皆門弟子與子思相與羽翼而流傳之也。是以戰國之時，人皆騖於功利，縱橫之徒方盛，楊墨之說肆行，而孔子之道卒以不墜。及秦焚詩書，而齊魯之間猶皆誦法六經論語。至漢，訪求遺經，其道遂大布於天下。藉非有羽翼而流傳之者，則當橫議之時，焚書之後，孔子之所傳述能有復存者乎！非惟孔子也，即堯舜禹湯文武之事業亦且泯然俱盡。然則諸弟子與子思之爲功於後世也大矣！

又按，論語前十五篇言簡義宏，深得聖人之旨；大小兩戴所記則多膚淺，不類聖人之言他書所述尤多舛謬。意此十五篇者，雖後人所彙輯，然皆及門諸賢取聖言而書之於策以傳于後者，故能久而不失其意。向無論語一書，後之學者但據兩記百家之言，何由得識聖人之眞！至於春秋一書，尤聖人之大經大法。左傳雖不盡合經意，而紀事詳備，學者賴之得以考其事之首尾而究春秋之義。此其功皆不可沒也。

顧戰國秦漢之間，稱其事者往往失實，而後世說經者亦不能無揣度附會之失。故余於洙泗考信錄成之後，類輯顏閔以降諸賢之事，別爲餘錄以訂正之。但自周秦以上，典冊罕存，今惟取見於經傳者少加編次，而於其失實者考而辨之：一以表衞道之功，一以正流傳之誤，或亦稽古者所不容缺者乎？

洙泗考信餘錄目錄

卷一

卷二

洙泗考信餘錄卷之一

顏子

顏路受業無明文

史記之年不足據

補「顏無繇字路。路者，顏回父。父子嘗各異時事孔子。」（史記仲尼弟子列傳。）

史記以顏路曾晳皆孔子弟子；考之論語，曾晳有侍坐章可據，顏路則無明文。然即使果孔子弟子，亦不可列於其子之後，又未便列於七十子之前。故今倣正錄之體，冠於顏子篇首，以誌毓德之由。曾晳倣此。

補「顏回者，魯人也，字子淵。」（同上。）

按顏氏著於魯者多，史記以爲魯人，近是。至言少孔子三十歲，則與世家所載伯魚之年不合，必有一誤。大概史記之年皆不足據，故今諸弟子皆不載

御馬之對爲顏闔事

其年。說詳後弟子通考中。

『顏子當亂世，居於陋巷，一簞食，一瓢飲，人不堪其憂，顏子不改其樂。』（孟子。）

附論 『子曰，「賢哉回也！一簞食，一瓢飲，在陋巷，人不堪其憂，回也不改其樂。賢哉回也！」』（論語雍也篇。）

附論 『子曰「回也其庶乎屢空。」』（論語先進篇。）

韓詩外傳云，『顏淵侍魯定公於臺，東野畢御馬於臺下。定公曰，「善哉東野畢之御也！」顏淵曰，「善則善矣，其馬將佚。」俄而廐人以東野畢馬佚聞』云云。余按此事本出呂覽，乃顏闔對莊公語，非顏淵與定公也。定公之時，顏子尚少，安能自達於君。馬之佚不佚，小事耳；顏子亦非以此見長者。因其氏之同也，遂移之於顏淵，誤矣。新序亦載此事，蓋又緣外傳而誤者。然觀呂覽之文，亦非實事，乃爲黃老言者假設此事，借治馬以喻其意，欲爲政者之安靜無爲耳，故曰『禮煩則不莊，令苛則不聽』也。傳乃以爲實事，且欲借此以增顏子之美，而不知其視賢聖太小也。故不載。

『子畏於匡，顏淵後。子曰，「吾以女爲死矣！」曰，「子在，回何敢死！」』（同上。）

辨食埃墨之誣

家語云，『孔子厄於陳蔡，七日不食。子貢竊告糴於野人，顏回炊之。有埃墨墮飯中，取而食之。子貢望見之，以爲竊食也，入告孔子。子曰，「吾將問之。」召顏回，曰，「疇昔予夢見先人，子炊而進飯，吾將進焉。」對曰，「有埃墨墮飯中，回食之，不可祭也。」』云云。余按：聖人以誠待人，況於顏淵，用舍行藏之所同也，乃詐稱夢以鉤距之，賢者猶不出此，況聖人乎！顏淵具體而微，而不能不以竊食見疑於子貢，子貢智足以知聖人，曰『賜也何敢望回，』而不能不以竊食疑顏淵，有是理與！此其師友之間相猜相試，初無異於今日屠沽駔儈之徒之所爲屠沽駔儈之徒或猶有恥爲之者，而以加於聖賢，嗚呼，此豈復有人心者哉！ 此事本之呂覽，而詞與此小異。 然呂覽之意不過明知人之難，目見者猶不足爲信（詳見呂覽任數篇，）託於孔子顏子以爲言耳。 家語遂以爲眞，謬矣。 吾故曰，家語非孔氏遺書也，僞也。 家語較之世家，其文尤陋，然世儒之信家語尤甚於世家。 韓昌黎云，『小慚，亦蒙謂之小好；大慚，亦蒙謂之大好，』嗚呼，果有是理乎！

『顏淵問仁，子曰，「克己復禮爲仁。 一日克己復禮，天下歸仁焉。 爲仁由己，而由人乎哉！」 顏淵曰，「請問其目。」 子曰，「非禮勿視，非禮勿聽，非禮勿言，非禮勿動。」 顏淵曰，「回雖不敏，請事斯語矣！」』（論語顏淵篇。）

後儒求心性于

按，聖門之學莫要於求仁，聖門之人莫賢於顏子，乃孔子告顏子之問仁以

虛空之非

此，則是天下之理更無有高於此遠於此者也。 後儒不求之此，乃好言心性，尤好求心性於虛空微渺之間，是以其論益精而其於行事益無所當，馴致良知頓悟之說因緣以起，而吾道之不流爲禪學者幾希矣。 豈知理無精粗而功有深淺，淺之可以寡過，而深之卽足以極深研幾，顏子之『如有所立卓爾』固皆自『約我以禮』來也。 吾願世之學者篤信孔子之言而勿務爲高遠難徵之說以自誤也。

附論 『子曰，「吾與回言終日，不違，如愚。 退而省其私，亦足以發。 回也不愚！」』（論語爲政篇。）

附論 『子曰，「回也非助我者也，於吾言無所不說。」』（論語先進篇。）

附論 『子曰，「語之而不惰者其回也與？」』（論語子罕篇。）

『顏淵問爲邦，子曰，「行夏之時，乘殷之輅，服周之冕，樂則韶舞。

三正不以天地人分

放鄭聲，遠佞人——鄭聲淫，佞人殆。」』（論語衛靈篇。）

朱子論語集註云『夏以寅爲人正，商以丑爲地正，周以子爲天正。然時以作事，則歲月自當以人爲紀，故孔子嘗曰「吾得夏時焉」』余按，上古之歷本始於子，故歷法必以冬至爲歷元，猶月之必始於朔，日之必始於半夜也。其後聖人修明歷法，區畫四時，考驗中星晷影，而冬至乃在三冬之中，不可中分爲二，且當閉藏之候，亦非發號施令所宜，故易而建丑，又易而建寅。但三代之世三正並行，殷周之歷其先皆有所授，相沿已久，故湯武革命皆因之不改，猶徹之不始於武王而始於公劉耳，初非以天地人分三正也。且孔子取夏時，固因其建寅亦以其歷之密。觀春秋經傳所載，失閏者不一而足，日食不於朔者亦多，可知周歷之疎不及夏也。第以爲取其建寅，猶於聖人之意未盡也。

「顏淵喟然歎曰「仰之彌高，鑽之彌堅；瞻之在前，忽焉在後。夫子循循然善誘人！博我以文，約我以禮。欲罷不能；既竭吾才，如有所立卓爾雖欲從之末由也已！」—（論語子罕篇。）

顏子非後儒可擬

漢人稱黃叔度爲顏子，宋人亦以程伯淳擬顏子。余按，顏子所以幾於聖人者，其德之崇不待言，其於堯舜禹湯文武之道亦必深有所見，故孔子以夏時，殷輅，周冕，韶舞語之，非徒以蘊藉和平，氣象雍容爲勝人也。但其不幸早世，未及有所建白。使見用於世，必能移風易俗，創制顯庸，措天下於唐虞三代之隆。即不見用於世，而著書立說，發明孔子之道，亦必不在孟子之下，非他人所可望也。彼叔度者，吾不知其勝人者何在。即程子資穎學純，啓迪後學，非不有功於聖道，然所建白皆尋常賢臣循吏之所能，此或因其位卑不得盡其所長，而其持論教人亦未見其可方孟子之二三也。然則二子者不過以其蘊藉和平，氣象雍容，故有此品題耳。寧顏子而僅如是已乎！蓋漢末之流風漸尚氣度，至於魏晉，遂專以風采度量權衡人物，以至萬事不理而有劉石之禍；宋亦頗有此風，是以亦有靖康之亂也。而宋以後儒者遂以周程張朱媲之顏曾思孟，其視顏孟亦太淺矣。夫顏孟下孔子一等耳：三代以下吾未見有如孟子者也，則亦必無能有如顏子者也。而乃紛紛擬之，致聖賢之眞不白於天下，故附論之如此。

『顏淵死，子曰，「噫，天喪予！天喪予！」』（論語先進篇。）

『顏淵死，子哭之慟。從者曰，「子慟矣。」曰，「有慟乎？非夫人之爲慟而誰爲！」』（同上。）

『顏淵死，門人欲厚葬之，子曰，「不可！」門人厚葬之。子曰，「回也視予猶父也，予不得視猶子也！非我也，夫二三子也！」』（同上。）

附論 『哀公問「弟子孰爲好學，」孔子對曰，「有顏回者好學，不遷怒，不貳過；不幸短命死矣！今也則亡，未聞好學者也。」』

王充闢孔顏望閶門白馬之說

（論語雍也篇。）

附論「子謂顏淵曰，『惜乎，吾見其進也，未見其止也！』」（論語子罕篇。）

王充論衡書虛篇，『傳書或言顏淵與孔子俱上魯泰山，孔子東南望吳閶門外有繫白馬，引顏淵指以示之，曰「若見吳閶門乎？」顏淵曰，「見之。」孔子曰，「門外何有？」曰「有如繫練之狀。」孔子撫其目而止之，因與俱下。下而顏淵髮白齒落，遂以病死。蓋以精神不能若孔子，强力自極，精華竭盡，故早夭死。世俗聞之，皆以爲然。如實論之，殆虛言也。人目之視也，物大者易察，小者難審。使顏淵處閶門之外，望泰山之形，終不能見；況從泰山之上察白馬之色，不能見明矣。非惟顏淵不能見，孔子亦不能見也。陸賈曰，「離婁之明，不能察帷薄之內；師曠之聰，不能聞百里之外。」閶門之與泰山，非直帷薄之內，百里之外也。秦武王與孟說舉鼎不任，絕脈而死。舉鼎用力，力由筋脈，筋脈不堪，絕傷而死，道理宜也。今顏淵用目望遠，目睛不任，宜盲眇；髮白齒落，非其致也。』

附通論『子曰，「回也其心三月不違仁；其餘則日月至焉而已矣。」』（論語雍也篇。）『子謂顏淵曰，「用之則行，舍之則藏，惟我與爾有是夫！」』（論語述而篇。）『子曰，「顏氏之子其殆庶幾乎！有不善未嘗不知，知之未嘗復行也。」』（易繫辭下傳。）『子曰，「回之爲人也，擇乎中庸，得一善則拳拳服膺而弗失之矣。」』（中庸。）

附通論『子謂子貢曰，「女與回也孰愈？」對曰，「賜也何敢望回！回也聞一以知十，賜也聞一以知二。」子曰，「弗如也，吾與女弗如也！」』（論語公冶長篇。）『曾子曰，「以能問於不能，

顏子非諸弟子可及

以多問於寡，有若無，實若虛，犯而不校，昔者吾友嘗從事於斯矣。」』（論語泰伯篇。）

孟子書中，公孫丑稱『冉牛閔子顏淵具體而微。』 自宋以來，多以顏曾並稱，皆若是班焉者。 余按論語『哀公問弟子孰爲好學，孔子對曰「有顏回者好學，不遷怒，不貳過；不幸短命死矣！ 今也則亡，未聞好學者也。」』 哀公之問在孔子歸魯之後，後此四五年而孔子卽卒，果有可與顏子抗行者，孔子必舉以告哀公明矣。孔子之言如是，則是孔子早有論定，顏子非他人所可及矣。顏子問仁，孔子曰，『克己復禮爲仁；一日克己復禮，天下歸仁焉。』 問爲邦，孔子曰，『行夏之時，乘殷之輅，服周之冕，樂則韶舞。』 論語中有孔子以此等語言告他人者乎？ 然則非顏子不能及此矣。 孔子稱閔子曰，『夫人不言，言必有中，』稱冉牛曰，『斯人也而有斯疾也，』如是而已。 至於顏子則曰『用之則行，舍之則藏，惟我與爾有是夫，』曰，『回也其心三月不違仁，』曰『回也其庶乎！』曰『於吾言無所不說，』曰『惜乎，吾見其進也，未見其止也，』其稱顏子至於如是，其與閔冉必有間矣。曾子稱孔子曰『江漢以濯之，秋陽以暴之，』誠哉知聖人矣。然顏子稱聖人曰『仰之彌高，鑽之彌堅，』曰『循循然善誘人，』曰『旣竭吾才，如有所立卓爾，雖欲從之，末由也已，』較之曾子，其於聖道之淺深亦必有辨矣。顏子卒，孔子曰，『天喪予！天喪予！』孟子曰『然而無有乎爾。』蓋顏子之造詣已深，假之以年，聖道不患其不昌明於世；不幸早沒，故孔子以爲『喪予，』孟子以爲『無有』也。由是言之，顏子所至固非諸弟子所可班。故今於顏子獨表而出之，非敢於古聖賢妄有所低昂於其間，誠篤信孔子之言而不敢以己見參之耳。

顏子之事與其問答之言，先後皆不可考；姑以事類約略次之如右。

曾子

史記，『曾參，字子輿。』

辨曾晳風詠之答

辨曾晳倚門之歌

補「曾蒧（論語作『點』，）字晳。」（史記仲尼弟子列傳。）

說已詳前顏子篇中。

論語先進篇有曾晳與子路冉有公西華侍坐言志之事。余按此章，孔子問以何事答知己，故子路等三人所言皆從政之事；『風浴詠歸，』於知我不知我何涉焉？且先生問更端則起而對，禮也；孔子方與諸弟子言而晳鼓瑟自如，不亦遠於禮乎？至在孔子之前而稱夫子，乃春秋時所無；論語中惟陽貨篇有之，乃戰國時人所撰，不足據。然則此章乃學老莊者之所僞托而後儒誤采之者。朱子謂『曾點所言有萬物得所之意，故孔子與之，』論雖巧而恐其未必實也。故今不載此文。

檀弓云，『季武子死，曾晳倚其門而歌。』余按，孟子曰，『若琴張，曾晳，牧皮者，孔子之所謂狂矣；』又曰，『其志嘐嘐然，曰「古之人！古之人！」夷考其行而不掩焉者也。』孔子亦曰，『狂者進取；』又曰，『吾黨之小子狂簡，斐然成章。』若大夫喪而倚其門而歌，無禮甚矣，孔子何取焉？且季武子卒於昭公七年，孔子僅十八歲，度曾晳是時當不過數歲，而安能倚其門而歌乎！此乃放誕之士莊周之徒之所僞托，故今不錄。

『子曰，「參乎！吾道一以貫之。」曾子曰，「唯！」子出，門人問曰，「何謂也？」曾子曰，「夫子之道忠恕而已矣。」』（論語里仁篇。）

一貫之詔非傳道

先儒釋此章者皆以『一貫』之詔爲孔子傳道於曾子：所謂一者，萬理渾然，非忠恕也；曾子但借學者進修之目，欲人之易曉耳。余按顏淵問仁，孔子曰，『非禮勿視，非禮勿聽，非禮勿言，非禮勿動。』仲弓問仁，孔子曰，『出門如見大賓，使民如承大祭；己所不欲，勿施於人。』子貢問博施濟衆可謂仁乎，孔子曰，『仁者己欲立而立人，己欲達而達人。』所言皆日用尋常平易切實之事。凡學者皆可以致力，雖大賢由之而未能盡，從未有高遠深微難以名狀使人無從致其力者。顏淵曰，『夫子循循然善誘人博我以文，約我以禮，』果有秘密之傳，一言可以悟道，孔子何不以告顏子，而使之勞勞於博文約禮之中乎？蓋曾子子貢其資皆不逮顏子，而用力之勤則諸弟子莫有及之者；但勤而未得其要，故以一貫詔之。此乃因所不及而敎之，非以一貫爲傳道，亦非人人皆當聞一貫之旨而後爲聞道也。孔子言一，不言一爲何物，旣曾子以爲忠恕，則是一卽忠恕也。謂一非忠恕，則是曾子欺門人也。且一旣非忠恕，果何物乎？名之而不能名也，則曰『萬理渾然』而已。萬理渾然又何物乎？旣終莫能名之，則又曲爲之解，謂『聖人之一，不待盡不待推者也；學者則盡而爲忠，推而爲恕者也。』夫不待盡而自忠，謂之非忠可乎？不待推而自恕，謂之非恕可乎？由是言之，孔子之所謂一，卽忠恕也，曾子不予欺也。大抵儒者之論皆患在於過高，欲求加於忠恕之上而不知其反陷入於空虛無用之地。吾儕遵曾子之言使學者皆有所持循，不敢從宋儒之說使學道漸入於杳冥。且一之爲何物，門人不知一之非忠恕，曾子不言門人不知，曾子不言，而朱子生二千餘年之後，獨能默默與聖人之心相契而有以知之，吾恐朱子之賢或尚未至於此。嗟夫，自以孔子之一貫爲傳道，而世之學者莫不喜捷得而憚勤求矣；自以一貫爲非忠恕，而世之學者莫不談虛理而遺實事矣！象山開其源，陽明揚其波，舉天下聰明豪傑之才咸以禪理爲宗門，頓悟爲心法，至於明季而遂不可收拾。乃世之混同朱陸與軒陸輕朱者輒謂象山高明而朱子平實。彼象山者，吾不知其高明何在，第恐朱子平實之中尚未免有一二之過於高深者存也。

辨辭魯致邑之說

附論　『曾子曰，「吾日三省吾身：爲人謀而不忠乎？與朋友交而不信乎？傳不習乎？」』（論語學而篇。）

說苑云，『曾子衣敝衣以耕，魯君使人往致邑焉。曾子不受，曰，「臣聞之，受人者畏人，予人者驕人。縱子有賜，不我驕也，我能勿畏乎！」孔子聞之，曰，「參之言足以全其節也！」』余按，君子之辭受準乎義而已，若以畏人驕人為詞，淺矣。　況國君所賜尤不可以苟辭苟受而乃以俗情之施於平人者施之於君乎！　且曾子於及門年最少若能為君所重如此，必其中年後事孔子安得復存。　此乃戰國以後楊氏之徒之所僞托，故不錄。

辨辭齊聘之說

說苑稱曾子從孔子於齊，齊景公以下卿禮聘曾子，曾子固辭。　余按史記稱曾子少孔子四十六歲，雖未必悉實要觀論語之文則曾子於門人中年最少也。　齊景公以哀之初年卒，曾子甫十餘歲，孔子以昭之末年至齊曾子時猶未生，而何得以下卿禮聘之乎！　大抵韓詩外傳說苑等書多本於戰國時人之託言而不知考其年世者，故今多不採。

「曾子養曾皙，必有酒肉。　將徹，必請所與。　問有餘，必曰有。」（孟子。）

附論　「若曾子則可謂養志也！」（同上。）

辨受父大杖之

說苑云，『曾子耘瓜，誤斬其根。　曾晳怒，援大杖擊之；曾子仆地。　有頃，蘇；

進曰，「大人用力敎參，得無疾乎？」退屏，鼓琴而歌。孔子聞之，告門人曰，「參來勿內也」』云云。此說世多信之。余按孟子曰，『中也養不中，才也養不才，故人樂有賢父兄也；如中也棄不中，才也棄不才，則賢不肖之相去其間不能以寸。』記曰，『爲人子，止於孝；爲人父，止於慈，』傳曰，『父慈子孝，』然則其子卽不中不才，爲之父者且不忍遽棄以傷其天性之親；況曾子中且才者也，耘瓜而斷其根，其細已甚，而曾皙聖門高弟，其曠達之懷必不至以小物介意，寧有因區區之事遑一朝之怒，遂不復顧其子之生死乎！孟子曰，『曾子養曾皙，必有酒肉；將徹，必請所與；問有餘，必曰有，』其善體親心如是，況於身，父母之遺體乃毫不自貴重，甘委此身以殉親一時之怒，萬一遂死，事過而親怒平，而悔之無及，爲子者何以能自安？傳曰，『小人老而無子，知擠於溝壑矣，』曾子果死，異日酒肉之養誰奉之，況請所與而進所餘乎！然則卽養口體者亦不敢輕於一死，況曾子之養志者哉！余謂曾皙之曠達，曾子之孝謹，其家庭之間必雍睦異常；但曾子既以孝名，後人言孝者因以事附會之，故有「里名勝母，曾子不入」之語而孝經一篇亦爲孔子曾子問答之言，猶之乎孔子稱閔子之孝而後人遂以蘆花之事附會之也，猶之乎今世言耿介者必附會以爲包拯海瑞，言推測者必附會以爲諸葛孔明劉伯溫也。爲此說者不過欲明『大杖則逃』之義，因借曾子以垂訓於後世，而不知其誣古人也。故今但采孟子之文載之，而他附會之說概不列焉。

辨心動歸省之說

傳記有云，『曾子薪於野，有客至，母以手搤其臂；曾子心動，棄薪馳歸問「母無恙乎？」』或又云，『曾子在楚心動，歸問其母，母曰，「思之齧指」』余按此二說亦一事而傳聞異其詞者。在楚道遠，齧指事小，似不如前說之近理。然皆似因曾子之孝而附會之者，故今不錄。

辨曾母投杼之說

新序云，『曾參處鄭，有與同姓名者殺人。人告其母曰，「曾參殺人，」其母織自若也。頃一人又告之，其母曰，「吾子不殺人。」一人又來告，其母投杼下機，踰牆而走。』按此乃戰國策士假設之言，以見讒言之易入，以曾子之賢，故托之耳。寧有賢如曾子，其母知之有素，而尚惑於人言者乎！說苑又有『邑名勝母，曾子不入』之語，亦係假設之言，因曾子之孝而托之者。故今俱不錄。

『曾晳嗜羊棗，而曾子不忍食羊棗。』（孟子。）

附論　『公孫丑問曰，「膾炙與羊棗孰美？」孟子曰，「膾炙哉！」公孫丑曰，「然則曾子何為食膾炙而不食羊棗？」曰，「膾炙，所同也；羊棗，所獨也。諱名不諱姓；姓，所同也；名，所獨也。」』（同上。）

辨執喪過禮之說

戴記檀弓篇記『曾子謂子思曰，「伋，吾執親之喪也，水漿不入於口者七日。」子思曰，「先王之制禮……」』云云。余按此亦因曾子之孝而附會之者。

曾子能體親心而徹必請問必曰有其，獨不能體親心而自重其身乎！　且即曾子果有此事，亦不必呼子思而告之也。　故不錄。

辨重祿輕祿之說

韓詩外傳云，『曾子仕於莒，得粟三秉，方是之時，曾子重其祿而輕其身。親沒之後，齊迎以相，楚迎以令尹，晉迎以上卿，方是之時，曾子重其身而輕其祿。』　又引曾子言云，『吾嘗仕齊為吏，祿不過鍾釜，尙猶欣欣而喜者，非以為多也，樂其逮親也。　既沒之後，吾嘗南遊於楚，得尊官焉，堂高九仞，榱題三圍，轉轂百乘，猶北鄉而泣涕者，非為賤也，悲不逮吾親也。』　余按此特因曾子以孝著，故言孝者必歸之耳。　親存則不擇官而仕，親沒則富貴如浮雲，此君子之常，況於曾子，其理固應如是；然其事則必無之事也。　曾子，孔門高弟，如欲辭尊居卑，固自易易，不必於齊於莒而齊迎以相，楚迎以令尹，晉迎以上卿，乃戰國之風氣，春秋時固未有如是者。　且楚僭王，猾夏，曾子必不仕楚；而堂高九仞，榱題三圍，轉轂百乘，亦非曾子之所為也。　故今俱不錄。

『曾子居武城，有越寇，或曰，「寇至盍去諸？」曰，「無寓人於我室，毀傷其薪木。」寇退，則曰，「修我牆屋，我將反。」寇退，曾子反。左右曰，「待先生如此其忠且敬也，寇至則先去以爲民望，寇退則反，殆於不可？」沈猶行曰，「是非汝所知也！昔沈猶有負芻之禍，從先生者七十人未有與焉。」』（孟子。）

附論　『孟子曰，「曾子，師也，父兄也。」』（同上。）

戴記檀弓篇云，『有子問於曾子曰，「問喪於夫子乎？」曰，「聞之矣：喪欲速貧，死欲速朽。」有子曰，「是非君子之言也！」曾子曰，「參也與子游聞之。」有子曰，「然則夫子有爲言之也。」曾子以告子游，子游曰，「桓司馬自爲石槨，三年而不成，夫子曰，『若是其靡也，死不如速朽之愈也。』死之欲速朽，爲桓司馬言之也。南宮敬叔反，必載寶而朝，夫子曰，『若是其貨也，喪

辨速貧速朽之說

不如速貧之愈也』」 喪之欲速貧，爲敬叔言之也。」」 余按，『喪欲速貧，死欲速朽』之語曾子果與子游同聞之則桓司馬南宮敬叔之事曾子必與子游同見之何容曾子不知而子游獨知之？ 公明儀曰，『三月無君則弔，』孟子曰，『惟士無田則亦不祭，』又曰，『且比化者無使土親膚，於人心獨無恔乎，』喪之不欲速貧死之不欲速朽，此自天理人情之自然，以曾子之大賢必不爲是不情之語明矣。 蓋自孔子沒後，諸弟子之門人各私其師，故多自尊其師之說而譏他人，因而撰爲此等語耳。 今不錄。

辨蒸梨出妻之說

世傳曾子以妻蒸梨不熟而出之，終身不娶曰，『高宗以後妻殺孝己，吉甫以後妻放伯奇吾上不及高宗，中不比吉甫，容知其得免於非乎！』 或疑蒸梨過小，不至於出，爲之解曰，『出妻令其可嫁；蓋有大過而出，以蒸梨爲名爾。』 余按，妻也者，上奉父母，下理內政，所關甚重。 若少年時出妻而不復娶，中饋託之何人？ 『有母尸饔，』胡不恤焉，而家政亦必至於廢。 若既老而出之，豈歡十年皆無大過，獨一日而忽有大過乎？且既奉吾親以終天年矣，老而棄之，亦非君子之所以居心也。道之傳也，孔子授曾子，曾子授子思，子思傳之孟子，而三人皆以出妻聞，孟子之妻亦幾於出，豈爲聖賢妻者必皆有大過，抑爲聖賢者必求全責備，一不當意卽出之乎？周公曰『無求備於一人』，孔子謂『君子之使人也器之，』孟子曰『中也養不中，才也養不才，』然則於妻亦當如是。若爲聖賢妻而必至於出，天下誰復敢爲聖賢妻者！此皆必無之事，故今不載。說並見正錄考終篇中。

辨疾革易簀之說

『曾子有疾，召門弟子曰，「啓予足，啓予手！詩云，「戰戰兢兢，如臨深淵，如履薄冰，」而今而後，吾知免夫，小子。」』（論語泰伯篇。）

附錄

『曾子有疾，孟敬子問之。』（同上。）

戴記檀弓篇云『曾子寢疾病，童子曰，「華而睆，大夫之簀與？」曾子曰，「斯季孫之賜也，我未之能易也。元，起易簀。」曾元曰，「夫子之病革矣，不

後學多宗曾子

可以變。幸而至於旦，請敬易之。」曾子曰，「吾何求哉吾得正而斃焉斯已矣！」舉扶而易之，反席未安而沒。』余按論語，『曾子有疾，召門弟子曰，「啓予足啓予手！詩云『戰戰兢兢，如臨深淵，如履薄冰，』而今而後，吾知免夫！」』曾子守身愼行，動必以正，自其平日之事，不應臨沒而尚有不得其正者。藉令童子不言，曾子不將不得正而斃乎？大夫之簀如非曾子之所當御，則當賜之時固必辭之；卽辭之不獲，平日亦必屏之而不用；如可御於生時，烏在病革之時遂必當易之乎！爲是說者不過欲明曾子之心安於正，雖病革而不肯苟焉，而豈知稱其臨沒之賢而反無說以解於平日邪！故今不載。

按，論語於曾子不字之而子之，所記曾子言行亦多，疑皆曾子門人所記。蓋曾子於孔門年最少而學最純，故孔子旣沒，後學多宗曾子者。聖道之顯多由子貢，聖道之傳多由曾子；子貢之功在當時，曾子之功在後世。故次曾子於顏子，次子貢於閔冉仲弓，或以德貴，或以功著也。

大學非曾子作

世多以大學爲曾子所作。朱子分『大學之道』至『未之有也』爲經，爲孔子之言，其餘爲傳，爲曾子之意而門人所記。余按，誠意章云『曾子曰』云云，果曾子所自作，不應自稱曾子，又不應獨冠此文以『曾子曰』。朱子之說近是。然即『大學之道』以下亦殊不類孔子之言。且玩通篇之文，首尾聯屬，先後呼應，文體亦無參差，其出一人之手明甚，恐不得分而二之也。凡文之體，因乎其時，故論語之文謹嚴，孟子之文舒暢，左傳采之羣書，則文錯出不均。大學之文繁而盡，又多排語，計其時當在戰國，非孔子曾子之言也。然其傳則必出於曾子。何以知之？論語孔子曰，『吾道一以貫之，』曾子曰，『夫子之道忠恕而已矣。』今大學所言皆忠恕之事。『欲修其身者先正其心，欲正其心者先誠其意，』忠也。『欲治其國者先齊其家，欲齊其家者先修其身，』恕也。『如惡惡臭，如好好色，』忠也。『心不在焉，視而不見，聽而不聞，』以其不忠也。『有諸己而後求諸人，無諸己而後非諸人，』恕也。『所惡於上

本書稱名依論語

毋以使下，所惡於下毋以事上，』戒其不恕也。忠恕二言，大學之道盡矣。蓋曾子得之於孔子，而後人又衍之爲大學者也。故今於曾子篇不載作大學之事而仍推其意如此。

曾子之事先後亦難詳考；姑取論語孟子之文，約略次之如右。閔子以下並同，不復再舉。

閔子騫 史記，『閔損，字子騫。』

按論語於諸賢皆以字稱，或冠以氏（如『閔子騫』，『冉伯牛』，『宰我』，『冉有』之類），或不冠以氏（如『子貢』，『子夏』之類）。惟曾子有子皆稱子而不以字。亦有稱以名者（如『有若』，『宰予』，『憲問恥』，『求聚斂』之類），要係偶然，非通例也。今列諸賢，自顏子外，皆用論語原稱，不敢擅更，亦從古之義也。

『魯人爲長府。閔子騫曰,「仍舊貫,如之何?何必改作!」子曰,「夫人不言,言必有中。」』(論語先進篇。)

『季子使閔子騫爲費宰。閔子騫曰,「善爲我辭焉。如有復我者,則吾必在汶上矣。」』(論語雍也篇。)

辨菜色之說

韓詩外傳云,『閔子騫始見於夫子,有菜色;後有芻豢之色。子貢問之,閔子(云云。)』余按,此亦形容之詞,非眞有是事。閔子天性恬靜,雖事孔子不久,亦必不至於見羽蓋龍旂而歆慕也。故不錄。

附論 『子曰,「孝哉閔子騫!人不間於其父母昆弟之言。」』(論語先進篇。)

辨蘆花袍之說

世傳閔子之母早亡,父娶後妻,更生二子。後妻愛其子而虐閔子,以蘆花著其袍。閔子爲父推車,寒不能前。父怒鞭之,衣破而蘆花見。父怒,將出後妻。閔子泣止之曰,『母在一子寒;母去三子單。』由是其母感而改之,均愛三子如一。余按，孔子曰，『人不間於其父母昆弟之言，』玩其語意，乃以父母昆弟之稱其孝爲易而人之稱其孝爲難，父母昆弟之言或不免囟溺愛而溢美，故必人言僉同乃可爲據，絕不類身處逆境者。若如世俗所傳，則閔子之得稱爲孝，易反在人而難反在於母與弟，聖人不應作是顚倒語也。大抵三代以上書缺實多，事難詳考，後之好事者各自以其意附會之。然使其母果有是事，稱之可也；倘原無是事，則是欲稱閔子之孝反至大傷閔子之心，其失不亦大乎！孔子稱閔子之孝，吾知閔子之孝而已；閔子之所以爲孝，吾不得而知也。吾不知閔子之所以爲孝，無害於閔子之爲孝也。故今不錄是事。

冉伯牛

史記，『冉耕，字伯牛。』

「伯牛有疾，子問之，自牖執其手，曰，『亡之，命矣夫！斯人也而有斯疾也！斯人也而有斯疾也！』」（論語雍也篇。）

按，閔子與伯牛皆居德行之科。孔子之稱閔子不一而足，而出處之節尤人所難能。惟伯牛無所表見此或因其早亡，未及有所樹立故耳。孟子書中亦稱二子以爲『具體而微』，故首列之。

仲弓　史記，『冉雍，字仲弓。』

『仲弓問仁，子曰，「出門如見大賓，使民如承大祭；己所不欲，勿施於人；在邦無怨，在家無怨。」仲弓曰，「雍雖不敏，請事斯語矣！」』（論語顏淵篇。）

附論　「或曰，「雍也仁而不佞。」子曰，「焉用佞！禦人以口給，屢憎於人。不知其仁，焉用佞！」」（論語公冶長篇。）

『仲弓爲季氏宰，問政，子曰，「先有司，赦小過，舉賢才。」曰，「焉知賢才而舉之？」曰，「舉爾所知；爾所不知，人其舍諸！」」（論語

（子路篇。）

附論 『子曰，「雍也可使南面。」仲弓問子桑伯子，子曰「可也簡。」仲弓曰，「居敬而行簡以臨其民，不亦可乎？居簡而行簡，無乃太簡乎？」子曰「雍之言然。」』（論語雍也篇。）

論語云，『子謂仲弓曰：「犂牛之子騂且角，雖欲勿用，山川其舍諸！」』註云『仲弓父賤而行惡，故夫子以此譬之。』余按稱其子之賢而彰其父之惡，揆諸人情似屬非宜。且本文云『子謂仲弓曰』云云，安知非孔子與仲弓泛論用人之道，而遽因此一譬懸坐其父以行惡之名乎？竊謂讀書凡遇此等語未有確據者寧可缺其所疑，不可斷以爲是。萬一不然，使古人受誣，其失豈不大乎！故今闕之。

按，孔子以南面許仲弓，固非治賦爲宰者所可比，而問仁問政，孔子所答亦似非諸弟子所能及，故居德行之科而列顏閔之次。惟嘗仕於季氏，似未逮顏

唯然之應不能定參賜之優劣

閔者。然此或爲祿而仕，不得已而爲之，未可遽以是爲疑也。故今仍從論語，列之伯牛之後。

子貢

史記，『端木賜，衞人，字子貢。』

「子曰，『賜也，女以予爲多學而識之者與？』對曰，『然；非與？』曰，『非也，予一以貫之。』」（論語衞靈篇。）

先儒謂曾子之聞一貫，直應曰『唯，』而子貢曰『然，非與，』不能直應，無疑，是其不逮曾子者也。余按孔子之詔門人，皆當應之，必不默然無言而獨記曾子之『唯』者，爲下文門人不解而問曾子張本耳。若子貢乃因孔子先以云云問之，故有『然，非與』之答；曾子則未嘗有此一問而直告之，故不容多此一答也。今試取參乎章刪『曾子曰唯』四字，則下文門人之問無根；取多學章增『子貢曰唯』四字，則贅而無味矣。讀古人書當細玩其前後文義，不得強取一二字句爲其人優劣也。

『子貢問政，子曰，「足食，足兵，民信之矣。」子貢曰，「必不得已而去，於斯三者何先？」曰，「去兵。」子貢曰，「必不得已而去，於斯二者何先？」曰，「去食。自古皆有死，民無信不立！」』（論語顏淵篇。）

『子貢方人，子曰，「賜也賢乎哉！夫我則不暇。」』（論語憲問篇。）

『子貢欲去告朔之餼羊，子曰，「賜也，爾愛其羊，我愛其禮！」』（論語八佾篇。）

按，子貢與孔子問答之言甚多，不勝其載。『多學』『問政』及此二條皆有關於學識之高下，故擇而載之。

附論　『子貢問曰，「賜也何如？」子曰，「女，器也。」曰，

「何器也?」曰,「瑚璉也。」』（論語公冶長篇。）

『子曰,「賜不受命而貨殖焉,億則屢中。」』（論語先進篇。）

辨鬻財之說

附論 漢司馬遷作貨殖傳稱子貢『鬻財於曹魯之間,』且曰,『使孔子名布揚於天下者子貢先後之也所謂「得勢而益彰」者乎!』 余按,古者金粟皆謂之『貨,』『殖』猶生也所謂『貨殖』云者不過留心於家人生產酌盈劑虛,使不至困乏耳非羅賤販貴若商賈所爲也。 樊遲請學稼圃,孔子以『小人』斥之,若子貢學道而躬行商賈之事,孔子不知當如何斥之何以其辭僅如是而已乎? 且謂孔子之道之顯爲子貢先後之可也;謂子貢以富故能顯之豈聖人之道亦必藉有財而後能行於世乎! 此乃司馬氏憤激之言;後人不察,遂以子貢爲若商賈者然,謬矣。 故不可以不辨。

『大宰嚭召季康子,康子使子貢辭。 大宰嚭曰,「國君道長而大夫不出門,此何禮也?」 對曰,「豈以爲禮畏大國也。 大國不以禮命於諸侯，苟不以禮，豈可量也！ 寡君既共命焉，其老豈敢棄其國！ 大伯端委以治周禮，仲雍嗣之，斷髮文身，臝之爲飾，豈禮也哉！有由然也。」』（左傳哀公七年。）

『吳子呼叔孫曰，「而事何也？」 對曰，「從司馬。」 王賜之甲劍鈹曰，「奉爾君事，敬無廢命！」 叔孫未能對。 衛賜進曰，「州仇奉從甲君而拜！」』（左傳哀公十一年。）

『公會吳於橐皐，吳子使大宰嚭請尋盟。 公不欲，使子貢對曰，「盟所以周信也，故心以制之，玉帛以奉之，言以結之，明神以要之。寡君以爲苟有盟焉，弗可改也已；若猶可改，日盟何益！ 今吾子曰必尋盟，若可尋也，亦可寒也！」 乃不尋盟。』（左傳哀公十二年。）

『吳人藩衛侯之舍。 子服景伯謂子貢曰，「夫諸侯之會，事既畢矣，侯伯致禮，地主歸餼，以相辭也。今吳不行禮於衞而藩其君舍以難之，子盍見大宰？」乃請束錦以行。語及衞故，大宰嚭曰，「寡君願事衞君；衞君之來也緩，寡君懼，故將止之。」子貢曰「衞君之來必謀於其衆，其衆或欲或否，是以緩來。其欲來者，子之黨也。其不欲來者，子之讎也。若執衞君，是墮黨而崇讎也，夫墮子者得其志矣！且合諸侯而執衞君，誰敢不懼！墮黨崇讎而懼諸侯，或者難以霸乎？」大宰嚭說，乃舍衞侯。』（同上。）

『冬，及齊平。子服景伯如齊，子贛爲介，見公孫成，曰，「人皆臣人而有背人之心，況齊人雖爲子役，其有不貳乎！子，周公之孫也，多饗大利，猶思不義，利不可得而喪宗國，將焉用之！」成曰，「善哉，吾不早聞命！」陳成子館客，曰，「寡君使恆告曰，『寡人願事君如事衞君。』」景伯揖子贛而進之，對曰：「寡君之願也！昔晉人伐衞，齊爲衞故伐晉冠氏，喪車五百；因與衞地自濟以西，禚媚杏以南，書社五百。吳人加敝邑以亂，齊因其病，取讙與闡，寡君是以寒心。若得視衞君之事君也，則固所願也！」成子病之，乃歸成。公孫宿以其兵甲入於嬴。』（左傳哀公十五年。）

辨存魯亂齊亡吳强晉霸越之說

史記仲尼弟子列傳載有子貢存魯，亂齊，亡吳，强晉而霸越之事。余按：論語列子貢於言語之科，孟子書中亦稱子貢善爲說辭，不過其才長於專對，若春秋傳中辭盟於吳之類耳，非若戰國縱橫之流，巧言亂德以傾覆人國家者比也，烏有佐陳恆以簒齊，欺夫差使亡國者哉！此蓋游說之士因子貢之善於辭令而托之，非聖賢所爲，故今不載。

存參 『魯國之法，魯人有贖臣妾於諸侯者取金於府。子貢贖人於諸侯而還其金。』（說苑。）

按此事未必有然，於義無所害，且其事亦類子貢所爲，姑列之存參。

『昔者孔子沒，三年之外，門人治任將歸，入揖於子貢，相嚮而哭，皆失聲，然後歸。 子貢反，築室於場，獨居三年，然後歸。』（孟子。）

附錄 『子禽問於子貢曰，「夫子至於是邦也，必聞其政，求之與？抑與之與？」 子貢曰，「夫子溫良恭儉讓以得之。 夫子之求之也，其諸異乎人之求之與！」』（論語學而篇。）

附錄 『叔孫武叔毀仲尼，子貢曰，「無以爲也，仲尼不可毀也！他人之賢者，邱陵也，猶可踰也；仲尼，日月也，無得而踰焉。 人雖欲自絕，其何傷於日月乎！ 多見其不知量也。」』（論語子張篇。）

子貢推尊孔子之言已載正錄；惟此二條未載，今補於此。

附論　『春，邾隱公來朝，子貢觀焉。邾子執玉高，其容仰；公受玉卑，其容俯。子貢曰：「以禮觀之，二君者皆有死亡焉。高仰，驕也；卑俯，替也。驕近亂；替近疾。君爲主，其先亡乎？」』『夏五月壬申，公薨。仲尼曰：「賜不幸言而中，是使賜多言者也！」』（左傳定公十五年。）

附論　『春，越子使后庸來聘，且言邾田，封於駘上。二月，盟于平陽，三子皆從。康子病之，言及子贛，曰：「若在此，吾不及此夫！」武伯曰：「然何不召？」曰：「固將召之。」文子曰：「他日請念。」』（左傳哀公二十七年。）

按：春秋傳所述子貢料事之明不一而足，然不關大得失，無庸盡載。惟受玉一事因孔子之戒子貢故載之；而並季孫之思子貢亦列於後。

子貢時勢功業與曾子不同

按論語子張篇子貢之推尊孔子至矣，則孔子之道所以昌明於世者大率由於子貢，其功不可沒也，而『與回孰愈』之問亦似伯仲可見者，故次之於閔冉仲弓之後。

朱子云『曾子本是魯拙，後既有所得，故守得夫子規矩定，其敎人有法，所以有傳。若子貢則甚敏，見得易，往往敎人，亦不似曾子守定規矩，故其後無傳。』余按史記所載弟子年歲雖不足盡信，然大要不甚遠。今以論語春秋傳戴記之文考之：康子之問先由而賜而求，武伯之問先由而求而赤；春秋傳多載子路冉有子貢之事，而子貢尤多，曾子游夏皆無聞焉；戴記則多記孔子沒後曾子游夏子張之言，而冉有子貢罕所論著。蓋聖門中子路最長，閔子仲弓冉有子貢則其年若相班者，孔子在時既爲日月之明所掩，孔子沒後爲時亦未必甚久；而子貢當孔子世已顯名於諸侯，仕宦之日既多，講學之日必少，是以不爲後學所宗耳。若游夏子張曾子則視諸子爲後起，事孔子之日短，敎學者之日長，是以孔子在時無所表見，而名言緒論多見於孔子沒後也。不然，閔子『具體而微』，仲弓『可使南面』，何以門人皆無聞焉，反不如『得一體』者獨能傳經於後世乎！由是言之，羽翼聖道於當時者顏閔子貢由求之力，而子貢爲尤著；流傳聖道於後世者游夏曾子子張之功，而曾子爲尤純。時勢不同，功業亦異，未可謂子貢之不如曾子也。故今因敘子貢之事而備論之。

洙泗考信餘錄卷之一終

洙泗考信餘錄卷之二

子路

史記，「仲由字子路。」

「子路有聞未之能行，唯恐有聞。」（論語公冶長篇。）

「子路，人告之以有過則喜。」（孟子。）

「子路無宿諾。」（論語顏淵篇。）

附論 「子曰，「片言可以折獄者其由也與？」」（同上。）

辨盛服持劍之說

說苑稱子路持劍，孔子非之；子路請攝齊以事孔子。又稱子路盛服而見，孔子非之；子路改服而入。余按說苑（剛按，此二字補入）所載孔子之言皆類楊氏之旨，蓋戰國人所爲以子路之行行而勇於改過也，故託之耳。其實古人盛服佩劍皆尋常之事，不足爲病。故不錄。

『仲由爲季氏宰，將墮三都。於是叔孫氏墮郈。季氏將墮費。公山不狃叔孫輒帥費人以襲魯。公與三子入於季氏之宮，登武子之臺。費人攻之，弗克，入及公側。仲尼命申句須樂頎下伐之，費人北。國人追之，敗諸姑蔑。二子奔齊。遂墮費。』（左傳定公十二年。）

備覽『子路爲季氏宰。季氏祭，逮闇而祭，日不足，繼之以燭，雖有強力之容，肅敬之心，皆倦怠矣。有司跛倚以臨祭，其爲不敬大矣。他日祭，子路與，室事交乎戶，堂事交乎階；質明而始行事，晏朝而退。』（戴記禮器。）

顓臾章可疑五事

論語季氏篇云，『季氏將伐顓臾。冉有季路見於孔子曰，「季氏將有事於顓臾。」孔子曰，「求無乃爾是過與？夫顓臾，昔者先王以爲東蒙主，且在邦域之中矣，是社稷之臣也，何以伐為！」』云云。余按此章可疑者五。論語所記孔子之言皆簡而直，此章獨繁而曲，其文不類，一也。子路為季氏宰在定公世，冉有為季氏宰在哀公世，其時不合，二也。子路主墮都之謀，其剛直有素，歸魯之後不肯承季氏意以盟叛人，必不一旦隳其晚節以阿季氏，其理不似，三也。顓臾之伐不見於經傳，洪氏意其因孔子之言而中止，然則田賦之用何以不因孔子之言而止？其事無徵，四也。僖二十一年傳云『任宿須句顓臾風姓也，實司大皞與有濟之祀，』不言為東蒙主，亦不言為魯臣，其說不同，五也。且此篇文皆稱孔子，與前十五篇異，其非孔氏之徒所記甚明。雖於義無大害，然其事未必有，且不欲子路受誣於百世，故不載。

『公伯寮愬子路於季孫。子服景伯以告曰，「夫子固有惑志於公伯寮，吾力猶能肆諸市朝。」子曰，「道之將行也與，命也。道之將廢也與，命也。公伯寮其如命何！」』（論語憲問篇。）

按伯寮之愬，孔子以道之行廢言之，則是孔子之去魯，子路之去季氏，皆因此一愬也。故次之於此。說已見正錄爲魯司寇篇中。

附錄『子疾病，子路請禱。子曰，「有諸？」子路對曰，「有之。誄曰『禱爾于上下神祇。』」子曰，「丘之禱久矣！」』（論語述而篇。）

附錄『子疾病，子路使門人爲臣。病間，曰，「久矣哉由之行詐也！無臣而爲有臣，吾誰欺，欺天乎！且予與其死於臣之手也，無寧死於二三子之手乎！且予縱不得大葬，予死於道路乎！」』（論語子罕篇。）

此二章皆不知的在何時；然觀孔子之言『無臣而爲有臣，』當在爲大夫而去位之後。姑附錄於此。

『在陳絕糧，從者病，莫能興。子路慍見曰，「君子亦有窮乎？」

子曰，「君子固窮；小人窮，斯濫矣！」』（論語衞靈篇。）

附錄 『子路宿於石門。晨門曰，「奚自？」子路曰，「自孔氏。」曰，「是知其不可而爲之者與？」』（論語憲問篇。）

附論 『子曰，「道不行，乘桴浮於海，從我者其由與？」子路聞之喜。子曰，「由也好勇過我，無所取材。」』（論語公冶長篇。）

按石門之宿，浮海之歎，不知何時；以理度之，當在去魯之後，仕衞之前。故次之於在陳之後。

『小邾射以句繹來奔，曰，「使季路要我，吾無盟矣。」使子路；子路辭。季康子使冉有謂之曰，「千乘之國不信其盟而信子之言，子何辱焉！」對曰，「魯有事於小邾，不敢問故，死其城下，可也。彼不臣而濟其言，是義之也；由弗能！」』（左傳哀公十四年。）

「秋，齊陳瓘如楚，過衞，仲由見之曰，「天或者以陳氏爲斧斤，既斲喪公室而他人有之，不可知也。其使終饗之，亦不可知也。若善魯以待時，不亦可乎，何必惡焉！」子玉曰，「然，吾受命矣。」子使告我弟。」冬，及齊平。」（左傳哀公十五年。）

「衞孔圉取大子蒯聵之姊，生悝。孔氏之豎渾良夫長而美，孔文子卒，通於內。大子在戚，孔姬使之焉。大子與之言曰，「苟使我入獲國，服冕乘軒，三死無與。」與之盟。爲請於伯姬。閏月，良夫與大子入，舍於孔氏之外圃。昏，二人蒙衣而乘，寺人羅御，如孔氏。孔氏之老欒寧問之，稱姻妾以告。遂入，適伯姬氏。既食，孔伯姬杖戈而先，大子與五人介，輿豭從之。迫孔悝於廁，强盟之，遂刼以登臺。欒寧將飲酒，炙未熟，聞亂，使告季子。召獲駕乘車，行爵食炙奉衛侯輒來奔。季子將入，遇子羔將出，曰，「門已閉矣！」季子曰，「吾姑至焉。」子羔曰，「弗及，不踐其難。」季子曰，「食焉不辟其難！」子羔遂出。子路入，及門，公孫敢門焉，曰，「無入爲也！」季子曰，「是公孫也。求利焉而逃其難，由不然！利其祿必救其患。」有使者出，乃入，曰，「大子焉用孔悝！雖殺之，必或繼之！」且曰，「大子無勇，若燔臺半，必舍孔叔。」大子聞之懼，下石乞孟黶敵子路，以戈擊之，斷纓。子路曰，「君子死，冠不免！」結纓而死。孔子聞衛亂，曰，「柴也其來，由也死矣！」孔悝立莊公。（左傳哀公十五年。）

存參「子路有姊之喪，可以除矣而勿除也。孔子曰，「何弗除也？」子路曰，「吾寡兄弟而弗忍也。」孔子曰，「先王制

禮，行道之人皆弗忍也。」子路聞之，遂除之。』（檀弓•）

此事無害於理而與子路素行相似，姑存之。

存參『子路治蒲三年，孔子過之。入境而善之，曰「由恭敬以信矣！」入邑，曰「善哉，由忠信以寬矣！」至庭，曰「善哉，由明察以斷矣！」子貢執轡而問曰，「夫子未見由而三稱善，可得聞乎？」孔子曰，「入其境，田疇草萊甚辟，此恭敬以信，故民盡力。入其邑，墉屋甚尊，樹木甚茂，此忠信以寬，其民不偷。其庭甚閒，此明察以斷，故民不擾也。」』（韓詩外傳•）

此文文詞冗弱，必非孔子之言。然其事則容或有之，未便刪削，姑列之於存參。又此與上除姊喪事者不知在何時，故統列之於後。

附論『子曰，「衣敝縕袍與衣狐貉者立而不恥者，其由也與？

辨親沒遊楚之說

「不忮不求，何用不臧！」』子路終身誦之。子曰：「是道也何足以臧！」』（論語子罕篇。）

世傳子路事親，嘗食藜藿，負米百里之外；親沒之後，南遊於楚，從車百乘，積粟萬鍾，累茵而坐，列鼎而食。余按：論語稱子路衣敝縕袍，與衣狐貉者立而不恥，則子路少年之貧固當有之；若南遊於楚，從車百乘，積粟萬鍾，則無是事也。子路從孔子去魯，厄於陳蔡，由衛反魯，復仕於衛而死於難，傳記歷歷可考，何嘗有遊楚之時而百乘萬鍾以自奉！亦非子路之所爲也。此皆後人附會之詞，故不載。

辨瑟有北鄙之說

附論　『子曰，「由之瑟奚爲於丘之門！」門人不敬子路。子曰，「由也升堂矣，未入於室也。」』（論語先進篇。）

說苑稱子路鼓瑟，有北鄙殺伐之聲，孔子聞之云云，蓋本於此。然樂以宣八風，原不可以偏廢，故傳云『驟歌北風，又歌南風，』而何得崇南而棄北乎！

其詞意亦淺蔓，必非孔子之言明甚。且樂以象德，瑟之不和由於氣質之未化，當從容而涵養之，亦非七日不食之所能變也。此附會之言，故不載。

附論　『或問乎曾西曰，「吾子與子路孰賢？」曾西蹙然曰，「吾先子之所畏也！」』（孟子。）

按子路於及門中年最長而孔子亦屢稱之；雖時有所督責而貶之，固不如褒之者之多也。『升堂入室，』孔子有定論矣。故先之。

有子

『微虎欲宵攻王舍，私屬徒七百人，三踊於幕庭。卒三百人，有若與焉。及稷門之內，或謂季孫曰，「不足以害吳，而多殺國士，不如已也。」乃止之。吳子聞之，一夕三遷。』（左傳哀公八年。）

『哀公問於有若曰，「年饑，用不足，如之何？」有若對曰，「盍徹乎？」 曰，「二吾猶不足，如之何其徹也？」 對曰，「百姓足，君孰與不足！ 百姓不足，君孰與足！」』（論語顏淵篇。）

『他日，子夏子張子游以有若似聖人，欲以所事孔子事之，彊曾子。 曾子曰，「不可，江漢以濯之，秋陽以暴之，皜皜乎不可尙已！」』（孟子。）

辨爲師被黜之說

史記云，『孔子既沒，弟子思慕，有若狀似孔子，弟子相與共立爲師。 他日問曰，「昔夫子當行，使弟子持雨具，已而果雨。 弟子問曰，『夫子何以知之？』 夫子曰，『詩不云乎，「月離于畢，俾滂沱矣。」 昨暮月不宿畢乎？』 他日月宿畢，竟不雨。 敢問夫子何以知此。」 有若默然無以應。 弟子起曰，「有子避之！此非子之座也。」』 余按諸弟子所以尊孔子者，以其道大德崇，非以其能知雨不雨也；所以事有若者，以其言行學問幾於聖人，非以其能知雨不雨，爲似聖人也；烏有因其不知雨不雨遂黜有若者哉！ 論語記孔子言行多矣，皆平實切於日用，無多言億中之事。 果以能知晴雨之故舉孔子，則論語中亦當載其一言一事，何以竟杳然也？ 或問禘之說子曰，『不知也』苟以有所不知而薄之，則孔子當先薄於諸弟子矣。 師之道非苟然而已，其尊與君父等，故曰，『民生於三事之如一，』從師者不可不慎之於始也。 必審知其可師而後師之，旣已師之則當終身勿替，安有因一事之未知，一言之未合而遂黜之者！ 此在世俗之士少知義理者猶不肯爲，而謂孔子弟子反爲之乎！ 孟子曰，『他日子夏子張子游以有若似聖人，欲以所事孔子事之，』但言其似聖人，未嘗言其似孔子也；但言游夏之徒欲師有若，未嘗言有若公然自居於師也。 孟子曰，『有若智足以知聖人，』又述有子言云，『自生民以來未有盛於孔子也，』有子旣知孔子爲生民所未有，則其斷斷不敢使游夏以事孔子者事己明矣。 游夏此舉固不得爲無過，然其心尙可原；若有子公然不自量，竟自擬於孔子，豈尙足以爲有若哉！ 然則當日之事，蓋三子欲師有若而有若不肯居，是以中輟；好事者

有子子路非諸弟子所及

因之，遂附會爲此言耳。大抵七十子之門人各好自尊其師而詆諆他人，故此等語多不可信。故不載。

按游夏以有子似聖人，則其言行必有過人者。而論語稱爲有子，朱子以爲多曾子有子門人所記，理或然也。然踐履篤實，成就後學，或尚非曾子之比。故次之於子路之後。

經傳之文多以冉有季路並稱，世遂視之若班焉者。然子路用於季氏而爲之墮費，冉有用於季氏而爲之聚斂，其行事之相去甚遠也。所以多並稱者，但以其政事之才相埒耳；猶言語之稱宰我子貢，非謂二子等量而齊觀也。況『浮海』之許，『不忮不求』之贊，皆他人所不易得者。至有子『務本』之旨，『貴和』之說，咸能發聖人未發之蘊：意其所得有深焉者，是以游夏有『似聖人』之品目也。而『盍徹』之請，欲復先王之制，其識亦殊卓。則二子雖未逮夫顏閔，而固非諸弟子所敢望也。故冠之於諸賢之先。

原思

史記，『原憲字子思。』

『原思爲之宰。與之粟九百，辭。子曰，「毋，以與爾鄰里鄉黨乎！」』（論語雍也篇。）

附論　『「克伐怨欲不行焉，可以爲仁矣？」子曰，「可以爲難矣；仁則吾不知也。」』（論語憲問篇。）

辨敝衣冠見子貢之說

史記云，『子貢相衞，結駟連騎，排藜藿入窮閻，過謝原憲。憲攝敝衣冠見子貢。子貢恥之，曰，「夫子豈病乎？」原憲曰，「吾聞之，無財者謂之貧，學道而不能行者謂之病。若憲，貧也，非病也。」子貢慚，不懌而去。』余按子貢曰，『貧而無諂，富而無驕，何如？』子曰，『可也，未若貧而樂，富而好禮者也，』子貢長於理財，先貧後富則有之，若以貧爲恥，以富爲榮，則子貢斷不至是。此乃戰國貧賤驕人之士設爲此說以自高者：以原思之貧子貢之富也，故託之耳。

新序亦載此事，而文更繁，蓋後人所衍，皆非實事。故今並不錄。

公西華

史記，『公西赤字子華。』

『子華使於齊。冉子為其母請粟，子曰，「與之釜。」請益，曰，「與之庾。」冉子與之粟五秉。子曰，「赤之適齊也，乘肥馬，衣輕裘。吾聞之也，君子周急不繼富。」』（論語雍也篇。）

存參 『孔子之喪，公西赤為志焉：飾棺牆，置翣，設披，周也；設崇，殷也；綢練，設旐，夏也。』（檀弓。）

按，孔子為司寇，以原思為宰，必有可取者在；而狷介之操亦人所難能。至子華以應對長才承命出使，亦卓卓者。且孔子於二子皆無貶詞。故並次於有子之後。

子賤

史記「密（當作虙）不齊，字子賤。」

【備覽】「子賤治單父，彈鳴琴，身不下堂而單父治。巫馬期以星出，以星入，日夜不處，以身親之，而單父亦治。巫馬期問於子賤，子賤曰，「我任人，子任力。任人者佚，任力者勞。」」（呂覽・韓詩外傳同。）

【備覽】「子賤爲單父宰，反命於孔子，曰，「此國有賢不齊者五人，敎不齊所以治者。」」（史記仲尼弟子列傳。）

【附論】「子謂子賤，「君子哉若人！魯無君子者，斯焉取斯！」」（論語公治長篇。）

說苑記宰單父事四則

說苑記子賤宰單父事，凡四則。一『任人任力』之對，與呂覽詩傳同。一則辭於孔子，而孔子告之以『毋迎而距，毋望而許』也。一則陽晝告以

『陽橋魴魚』之說而子賤請其耆老尊賢者而與之共治也。一則孔子問以治單父之政，所對與史記意略同，而其中有『父事三人，兄事五人，所友者十一人』之語，則史記所未及也。余按子賤之宰單父見於呂覽，詩傳，史記，新序，而說苑又屢見之，然則此事固當有之。惟其言之繁冗淺弱，多不類春秋時語。且單父小邑耳，武城大邑子游僅得一人，單父何遽多賢如此？蓋孔子嘗稱子賤爲君子，而云『魯無君子者斯焉取斯，』則子賤蓋能親賢友仁集思廣益以自治而治人者，故說者因以其言而附會之；其意則是而其言則非當日之言也。惟呂覽，韓詩，史記所載，事尙近理，文亦較爲簡潔。故今但採三書之文列之備覽，以爲論語『焉取』之證，其餘概不載也。

辨掣肘之說

新序云，『子賤爲單父宰，請善書者二人使書憲書教品。至單父使書，子賤從旁掣其肘，書醜則怒之。書者歸以告魯君；魯君乃命有司，「無得擅徵發單父。」單父之化大治。』（原文甚繁，今刪而采之如此。）余按，請人於君而掣其肘，無禮甚矣：大夫且不可施之於君，况宰乎！此乃戰國策士因世主之任人不專而寓言者，以子賤之治單父有能名也，故託之，非實事也。故今不錄。

按，孔子以『君子』稱子賤，而傳記亦多載其賢者，蓋聖門高弟也。故次之於原思公西華之後。

子游

史記，「言偃，字子游。」

「子游為武城宰。子曰，「女得人焉爾乎？」曰，「有澹臺滅明者，行不由徑，非公事未嘗至於偃之室也。」」（論語雍也篇。）

辨為惠子重服之說

戴記檀弓篇云，『司寇惠子之喪，子游為之麻衰牡麻絰。文子辭；子游曰，「禮也。」文子退反哭；子游趨而就諸臣之位。文子又辭；子游曰，「固以請。」文子退，扶適子南面而立；子游趨而就客位。』釋之者曰，『惠子廢適立庶，故子游為之重服以譏之。』余按廢適立庶，其過在人，諫之可也；自處於非禮，不反失己乎！使文子終不悟，是徒失己而無救於人也；非子游之事。故不錄。

弦歌章可疑處

存疑「子之武城，聞弦歌之聲。夫子莞爾而笑曰，「割雞焉用牛刀！」子游對曰，「昔者偃也聞諸夫子曰，『君子學道則愛人，小人學道則易使也。』」子曰，「二三子，偃之言是也；前言戲之耳。」」（論語陽貨篇。）

按魯為禮樂之邦，故孔子曰『魯一變至於道，』弦歌之聲不必武城而後有之。孔子既喜之，何以不獎之而乃戲之，獨不慮聞者之疑之乎？以子游之聰敏，亦不當聞戲言而誤以為實也。且於孔子之前而稱夫子，亦非春秋時語。此蓋傳而失其眞者，撰此篇者誤采之耳。故今列之存疑。

子夏

史記，「卜商，字子夏。」

「子夏爲莒父宰，問政。子曰，「無欲速；無見小利。欲速則不達；見小利則大事不成」」（論語子路篇。）

辨短於財之說

說苑云，『孔子將行，無蓋。弟子曰，「子夏有之。」孔子曰，「商之爲人短於財。吾聞與人交者，推其長，違其短，故能久長矣。」』余按子夏之在聖門亦卓卓者，必不至吝一蓋於師。子夏不以富稱，未必孔子與諸弟子皆無蓋而子夏獨有之。且其語甚淺陋，必後人所附會。故今不錄。

備覽 「魏成子以食祿千鍾，什九在外，什一在內，是以東得卜子夏，田子方，段干木。此三人者，君皆師之。」（史記魏世家。）

備覽 「子夏居西河教授。」（史記仲尼弟子列傳。）

詩序非子夏作

先儒多謂毛詩傳自子夏，今詩序乃子夏所作。余按，西漢以前書未有言及毛詩之序者；惟後漢書衞宏傳言爲毛詩作序，則是詩序乃宏所作。且序之

喪服大傳非子夏作

不合於經義者甚多，參之傳記亦多舛誤，而文詞亦不逮論語遠甚，其非子夏所作顯然；不過漢末魏晉之人傳毛詩者借子夏名以爲重耳。後人震於其名，遂相視莫敢議，雖以朱子詳陳縷辨而人猶不信也。甚矣識古書之眞僞非易事也！故今不載作序之事。其序之誤已散見諸錄中，茲不複舉也。

禮喪服篇大傳，先儒相傳亦以爲子夏作。余按：傳之名言精義甚多，然亦往往有與經抵捂者，子夏不應如是；或子夏之徒之所爲，後世傳而失其眞耳。故今不錄。

附論 『子游曰，「子夏之門人小子當洒掃應對進退，則可矣；抑末也。本之則無，如之何？」子夏聞之，曰，「噫，言游過矣！君子之道，孰先傳焉，孰後倦焉，譬諸草木，區以別矣。君子之道焉可誣也！有始有卒者，其惟聖人乎！」』（論語子張篇。）

附論 「子夏之門人問交於子張，子張曰，「子夏云何？」對

辨曾子數罪之說

曰，「子夏曰，『可者與之；其不可者拒之。』」子張曰，「異乎吾所聞。君子尊賢而容衆，嘉善而矜不能。我之大賢與，於人何所不容！我之不賢與，人將拒我，如之何其拒人也！」」（同上。）

戴記檀弓篇云，『子夏喪其子而喪其明，曾子弔之。子夏哭曰，「天乎，予之無罪也！」曾子怒曰，「商，女何無罪也！使西河之民疑女於夫子，爾罪一也。喪爾親，使民未有聞焉，爾罪二也。喪爾子，喪爾明，爾罪三也。」』余按，聞喪而弔朋友之情也，方當慰藉而忽數其罪而責之，豈人情乎！且以喪親喪子相較而以喪明為罪，語亦非是。人苟少有知識，未有愛其子反勝於親者，況子夏尤聖門之高弟乎！但人少年血氣盛，力能勝哀，及老血氣衰，力不能勝哀，故禮居親喪，五十以上飲酒食肉，七十惟衰麻在身。縱使子夏果因喪子喪明，亦以老不勝哀之故，過則有之，然必不至喪子之哀反過於喪親，不得取喪親時相較而遽以為罪也。此與『喪欲速貧』一事皆門人各尊其師而譏他人者之所爲說，不足信。故不錄。

子張

史記，「顓孫師，字子張。」

「子張學干祿。」（論語爲政篇。）

附論 「子游曰，『吾友張也爲難能也，然而未仁。』」（論語子張篇。）

附論 「曾子曰，『堂堂乎張也！難與並爲仁矣。』」（同上。）

辨千里見魯哀公之說

新序稱子張見魯哀公，七日而哀公不禮，託僕夫而去曰，『臣聞君好士，故不遠千里之外，犯霜露，冒塵垢，百舍重趼，不見休息以見君』云云。余按，子張，聖門高弟，雖有干祿之心，必不至屈身以求見，而哀公亦初無好士之事。且子張從孔子在魯久矣，孔子沒後子張猶與游夏時問難焉，則是居於魯也，有何塵垢霜露而不遠千里乎！觀其語乃戰國策士之習，蓋縱橫家之所托，故不錄。

存參 『子張病，召申祥而語之曰，「君子曰終，小人曰死；吾今日其庶幾乎？」』（檀弓。）

按子游子夏說禮教詩以詔後學，可謂有功於聖門矣。子張好高務外，而與游夏均稱得聖人之一體，蓋亦賢也。但欲以事孔子者事有若，則生平之大疵。故竝次之子賤之後。

宰我

史記，『宰予，字子我。』

『宰予晝寢。子曰，「朽木不可雕也，糞土之牆不可圬也；於予與何誅！」』（論語公冶長篇。）

『哀公問社於宰我，宰我對曰，「夏后氏以松，殷人以柏，周人以栗，曰『使民戰栗。』」子聞之，曰，「成事不說，遂事不諫，既往不咎。」』（論語八佾篇。）

附錄 『宰我問曰，「仁者雖告之曰井有仁焉，其從之也？」子曰，「何爲其然也！君子可逝也，不可陷也；可欺也，不可罔也。」』（論語雍也篇。）

附錄 『宰我問「三年之喪期已久矣。君子三年不爲禮，禮必壞；三年不爲樂，樂必崩。舊穀既沒，新穀既升，鑽燧改火，期可已矣。」子曰，「食夫稻，衣夫錦，於女安乎？」曰，「安。」「女安則爲之！夫君子之居喪食旨不甘，聞樂不樂，居處不安，故不爲也。今女安，則爲之！」宰我出。子曰，「予之不仁也！子生三年然後免於父母之懷。夫三年之喪，天下之通喪也。予也有三年之愛於其父母乎！」』（論語陽貨篇。）

辨卻楚車飾之說

孔叢子云，『孔子使宰予使於楚，楚昭王以安車象飾遺孔子，宰予曰，「夫子無以此爲也。夫子言不離道，動不違仁，貴義尚德，清素好儉，仕而有祿，不以爲積，不合則去，退無吝心，妻不服綵，妾不衣帛，車器不雕，馬不食粟，故臣知夫子之無用此車也」』云云。余按孟子嘗稱宰我智足以知聖人，而其言止於如是，是天下之不知聖人者莫宰予若也；宰予以言語著而此言乃淺陋鄙俗如是，是天下之不能言者亦莫宰予若也，而豈不謬哉！孔叢子一書大抵皆欲歸美聖人，或附會以所有，或撰造以所無。惜乎其人無識，其所亟稱而大書者皆里巷之士少知自好者之所能爲，欲尊聖人而適以淺視夫聖人而不知也！故凡孔叢子之所載一概不採。不能盡辨，姑舉其一二事言之。

附論　『子曰，「始吾於人也聽其言而信其行，今吾於人也聽其言而觀其行，於予與改是」』（論語公冶長篇。）

按此文以『子曰』冠之，自當別爲一章，乃論宰我平日之事，非專爲晝寢而發也；記者以其皆論宰我事，因連類而及之耳。故今別錄於後。

辨與田常作亂之說

史記云，『宰我爲臨菑大夫，與田常作亂，以夷其族；孔子恥之。』說苑云，『田成子常與宰我爭；宰我夜伏卒，將以攻田成子；田成子因爲旌節以起宰我之卒以攻之，遂殘之也。』索隱云，『按左氏無宰我與田常作亂之文，然有闞止，字子我，而因爭寵，遂爲陳恆所殺；恐字與宰我相涉，因誤云然。』余按左傳所紀簡公之世止有陳闞二人共政，以致相爭，不容復有宰予參於其間。宰予果有此事，亦不容左傳終無一語及之。是史記說苑所稱宰予卽傳之闞止甚明，索隱之說是也。闞我自名止，宰我自名予；闞我自在齊，宰我自在魯；闞我自事簡公，宰我自事孔子，烏得遂以爲一人哉！魯哀公之五年，齊景公卒，公子陽生來奔。六年，陳僖子召陽生，闞止先待諸外；公子曰，『事未可知，反與壬也處。』是時宰我方從孔子於陳蔡之間，由陳反衞，安得分身在魯而與簡公共處也哉！乃後之人猶欲曲全其說，謂予實闞氏，以嘗爲宰故稱宰我，亦勞而拙

史記之誤本于李斯

矣！故今不載此事。

宋蘇氏志林云，『李斯上書諫二世，其略曰，「田常爲簡公臣，布惠施德，下得百姓，上得羣臣，陰取齊國，殺宰予於庭。」是宰予不從田常，爲常所殺也。弟子傳乃云「宰予與田常作亂，」使吾先師之門乃有叛臣焉，豈非千載不蠲之惑也！近令兒子邁考閱舊書，究其所因，則宰我之不叛其驗甚明。』且註云『李斯事荀卿，去孔子不遠，宜知其實。』余按史記之說卽本之李斯之言，誤以闞止之事爲宰予耳；所謂『與田常作亂』者，卽謂與田常相爭，而措詞不審，遂若黨於陳恆然者，非與李斯爲二說也。果黨陳恆，則陳氏實專齊政，君之生死懸於其手，又誰能夷宰我之族者？且如李斯之言，則君過不能匡，君危不能救，貪榮希進，卒殺其君而喪其身，亦豈賢者之所爲乎！乃蘇氏誤會史記之意，斤斤焉據李斯之言以駁之，不斥李斯之誣而反謂李斯之得其實，嗚呼不信經傳而信李斯，與其博也毋寧寡，學問之爲愈乎！蓋宰予爲聖門高弟，人莫不知有子我者，陳恆所殺者子我，則遂以爲宰予耳，猶之乎白居易詩云『退之服琉黃，一病訖不痊，』而宋人雜說遂以衞退之事而譏韓昌黎也。張淏雲谷雜記亦據左傳以駁蘇子之誤，是矣；但謂史記此傳實以家語弟子解篇爲之，則猶考之未詳。史記之誤正沿李斯之說，志林誤分以爲二耳。

按宰我言語之才不亞子貢，而朽木之喻，從井之問，戰栗之對，短喪之請，懲尤未免太多。故次之於子張之後。

冉有

史記，『冉求，字子有。』

『齊爲鄎故，國書高無丕帥師伐我，及清，季孫謂其宰冉求曰，「齊師在清，必魯故也，若之何？」求曰，「一子守，二子從公禦諸竟。」季孫曰，「不能。」求曰，「居封疆之間。」季孫告二子，二子不可。求曰，「若不可，則君無出，一子帥師背城而戰，不屬者非魯人也！魯之羣室衆於齊之兵車，一室敵車優矣，子何患焉！二子之不欲戰也宜，政在季氏。當子之身，齊人伐魯而不能戰，子之恥也，大不列於諸侯矣！」季孫使從於朝，俟於黨氏之溝。武叔呼而問戰焉，對曰，「君子有遠慮，小人何知！」懿子强問之，對曰，「小人慮材而言，量力而共者也。」武叔曰，「是謂我不成丈夫也！」退而蒐乘。孟孺子洩帥右師，顔羽御，邴洩爲右。冉求帥左師，管周父御，樊遲爲右。季孫曰，「須也弱。」有子曰，「就用命焉。」季氏之甲七千，冉有以武城人三百爲己徒卒，老幼守宮，次于雩門之外。五日，右師從之。』（左傳哀公十一年。）

「師及齊師戰於郊，齊師自稷曲。師不踰溝。樊遲曰，「非不能也，不信子也；請三刻而踰之。」如之，衆從之，師入齊軍。」（同上。）

「師獲甲首八十。齊人不能師。宵諜曰，「齊人遁。」冉有請從之三，季孫弗許。」（同上。）

附論 『冉有用矛於齊師，故能入其軍。孔子曰，「義也。」』（同上。）

『季孫欲以田賦，使冉有訪於仲尼。仲尼曰，「某不識也。」三發，卒曰，「子爲國老，待子而行，若之何子之不言也！」仲尼不對，而私於冉有曰，「君子之行也度於禮：施取其厚，事舉其中，斂從其薄，如是則以丘亦足矣。若不度於禮而貪冒無厭，則雖以田賦將又不足。且子季孫若欲行而法，則周公之典在；若欲苟而行，又何訪焉！」弗聽。十二年春王正月，用田賦。』（左傳哀公十一，十二年。）

附論 『季氏富於周公，而求也爲之聚斂而附益之。子曰，

「非吾徒也！小子鳴鼓而攻之可也！」』（論語先進篇。）

附錄　『冉子退朝，子曰，「何晏也？」對曰，「有政。」子曰，「其事也！如有政，雖不吾以，吾其與聞之。」』（論語子路篇。）

附錄　『季氏旅於泰山。子謂冉有曰，「女弗能救與？」對曰「不能。」子曰，「嗚呼，曾謂泰山不如林放乎！」』（論語八佾篇。）

存參　『伯高之喪，孔子之使者未至，冉子攝束帛乘馬而將之。孔子曰，「異哉，徒使我不誠於伯高！」』（檀弓。）

此事頗類冉有所爲，故存之；然終未有以見其必然也。

附錄　『春，宋景曹卒。季康子使冉有弔，且送葬，曰，「敝邑有社稷之事，使肥與有職競焉，是以不得助執紼；使求從輿人。」

曰「以肥之得備彌甥也，有不腆先人之產馬，使求薦諸夫人之宰，其可以稱旌繁乎？」』（左傳哀公二十三年。）

附論『冉求曰「非不說子之道，力不足也。」子曰「力不足者中道而廢；今女畫。」』（論語雍也篇。）

按，冉有政事之略亦聖門卓卓者；然畫退屢見責於師，鳴鼓之攻尤非尋常小過可比。故次之於宰我之後。

子羔　史記『高柴，字子羔。（或作「皐」。）』

補『高子皐執親之喪也，泣血三年，未嘗見齒。』（戴記檀弓。）

附錄『子路使子羔爲費宰。子曰「賊夫人之子！」』（論語先進篇。）

『季子將入，遇子羔將出，曰「門已閉矣！」季子曰「吾姑至

辨刖者脫諸郭門之說

焉。」子羔曰，「弗及，不踐其難。」季子曰，「食焉不辟其難！」子羔遂出。子路入。』（左傳哀公十五年。）

說苑云，『子羔爲衞政，刖人之足。衞之君臣亂，子羔走郭門。郭門閉，刖者守門曰，「於彼有缺。」子羔曰，「君子不踰。」曰，「於彼有竇。」子羔曰，「君子不遂。」曰，「於此有室。」子羔入；追者罷。子羔將去，謂刖者曰，「吾親刖子之足，此子報怨時也，何故逃我？」刖者曰，「斷足固我罪也，無可奈何。獄決罪定，臨當論刑，君愀然不樂，見於顏色，此臣之所以脫君也。」』余按，此說殊足風世，然其事則未必有之。子羔在衞位卑，非與聞政事者，良夫之亂，欒寧猶行爵而後出，何暇獨追子羔。且衞之郭門而有缺有竇，亦豈可爲國乎！此或後人設爲此言以爲從政者勸，或有所本而傳之失其眞，均未可知。故今不錄。」

『公會齊侯盟於蒙，孟武伯相。武伯問於高柴曰，「諸侯盟，誰執牛耳?」季羔曰，「鄖衍之役，吳公子姑曹。發陽之役，衞石魋。」武伯曰，「然則彘也。」』（左傳哀公十七年。）

按此文則是子羔去衞之後適魯而遂仕於魯也。故以在魯之事次於此後。

存參 『成人有其兄死而不爲衰者聞子皐將爲成宰，遂爲衰。成人曰，「蠶則績而蟹有匡；范則冠而蟬有緌；兄則死而子皐爲之衰!」』（檀弓。）

存參 『子羔葬其妻，犯人之禾。申祥以告，曰，「請庚之。」子皐曰，「孟氏不以是罪予，朋友不以是棄予，以吾爲邑長於斯也。買道而葬，後難繼也。」』（同上。）

樊遲

史記，『樊須，字子遲。』

『孟孺子洩帥右師，顏羽御，邴洩爲右。冉求帥左師，管周父御，樊遲爲右。季孫曰「須也弱。」有子曰，「就用命焉。」』（左傳哀公十一年。）

『師及齊師戰於郊，齊師自稷曲。師不踰溝。樊遲曰，「非不能也，不信子也；請三刻而踰之。」如之，衆從之師入齊軍。』（同上。）

附錄　『樊遲從遊於舞雩之下，曰，「敢問崇德，修慝，辨惑。」子曰，「善哉問！」』（論語顏淵篇。）

附錄　『樊遲請學稼，子曰，「吾不如老農。」請學爲圃，曰，「吾不如老圃。」樊遲出，子曰，「小人哉樊須也！上好禮則民莫敢不敬，上好義則民莫敢不服，上好信則民莫敢不用情。夫如是，則四方之民襁負其子而至矣，焉用稼！」』（論語子路篇。）

附錄 『樊遲問仁，子曰「愛人。」問知，子曰「知人。」樊遲未達，子曰，「舉直錯諸枉，能使枉者直。」樊遲退，見子夏曰，「鄉也吾見於夫子而問知，子曰『舉直錯諸枉，能使枉者直，』何謂也？」子夏曰，「富哉言乎！舜有天下，選於衆，舉皋陶，不仁者遠矣。湯有天下，選於衆，舉伊尹，不仁者遠矣。」』（論語顏淵篇。）

按論語子羔僅兩見而皆非美辭；然其事旁見於傳記者不一，其言亦有足多者：蓋子羔年少，其仕魯在孔子卒後，是以不著於論語耳。樊遲問答之多略類子張，而稼圃之請，舉錯之疑，亦似於道甚淺者，麤鄙近利之譏不爲無 故又次二人於宰我冉有之後。

司馬牛　史記，『司馬耕，字子牛。』

『向魋奔衞，向巢來奔。……司馬牛致其邑與珪焉，而適齊。向魋出於衞地，公文氏攻之，求夏后氏之璜焉；與之他玉而奔齊。陳成子使爲次卿。　司馬牛又致其邑焉而適吳。吳人惡之而反。趙簡子召之，陳成子亦召之。　卒於魯郭門之外；阬氏葬諸丘輿。』（左傳哀公十四年。）

附論　『司馬牛憂曰，人皆有兄弟，我獨亡！』』（論語顏淵篇。）

漆雕開　史記，『字子開。』

『子使漆雕開仕，對曰，「吾斯之未能信。」　子說。』（論語公冶長篇。）

按，二子在聖門皆無所表見，故竝次之於諸賢之後。

公冶長　史記，『字子長。』

『子謂「公冶長，可妻也，雖在縲絏之中，非其罪也，」以其子妻之。』（論語公冶長篇。）

辨通鳥言之說

世傳公冶長通於鳥言，有虎負羊於山，鳥告長使取之；喪羊者跡得之，以爲竊也，訟之於吏，以此陷於縲絏云云。其說荒誕鄙陋，本不足辨，而好奇之士亦有援以釋論語者，貽誤後學非小也。且使長果如此，是長以口腹故取非其有，以陷於刑，雖非盜竊，亦不得爲無罪，孔子何得謂之『非其罪』乎！學者等諸『齊東之語』可矣。

南容　史記，『南宮括，字子容。』

論語集解，『南容，弟子南宮縚，魯人也。』『子謂「南容，邦有道不廢，邦無道免於刑戮，」以其兄之子妻之。』（論語公冶長篇。）『南容三復白圭，孔子以其兄之子妻之。』（論語先進篇。）

論語集註云，『南容，名縚，又名适，謚敬叔，孟懿子之兄也，』是謂論語之南容卽春秋傳之南宮敬叔矣。　余按此說本之鄭氏康成禮記註中，而史記索隱亦相承用之；然以經傳諸家考之，皆兩人也。　春秋傳云，『孟僖子將死，召其大夫曰，「我若獲沒，必屬說與何忌於夫子，使事之而學禮焉，」』然則南宮敬叔自名說，不名縚與适也。　其誤一也。　論語稱君大夫必舉其謚，若定公，哀公，桓子，康子，武叔，景伯皆然；孟懿子與武伯皆遊聖門，亦舉其謚。　南容果魯大夫，何以獨不舉其謚乎？　其誤二也。　敬叔爲魯大夫，自救火一事外無所表見，度亦懿子一流人耳。　懿子敬叔雖嘗學禮聖門，然皆世祿子弟，貿不知尊聖人。　公

南容卽南宮适非南宮敬叔

伯寮之愬，景伯欲殺之，武叔之毀景伯告之子貢，而敬叔皆若弗聞也者。羿奡之問必非敬叔所能且玩其意似皆隱刺三家尤不似敬叔語也。其誤三也。孔子稱南容曰『邦有道不廢，』似謂布衣之士者然；敬叔孟氏餘子固當不廢，無待孔子言之。南容三復白圭，故孔子曰『邦無道免於刑戮；』而戴記檀弓篇敬叔乃有載寶而朝之事其言雖不必盡實要其人不似三復白圭者，其誤四也。論語中南容凡三見或謂之南容或謂之南宮适未嘗一稱為敬叔與說也亦未嘗有春秋傳中南宮敬叔之一事也；然則孔子以兄子妻之者自南容與敬叔無涉也。春秋傳中南宮敬叔亦凡三見或謂之說或謂之敬叔，未嘗一稱為南容與适也，亦未嘗有論語中南容之一事也；然則為魯大夫者自南宮敬叔，與南容亦無涉也。其為判然兩人甚明，奈何合之！其誤五也。史記孔子世家記學禮事，是卽春秋傳中南宮敬叔事也，亦稱為敬叔不稱為論語之南容；於適周事亦然；至於弟子列傳，則云『南宮括字子容，』不復言為敬叔，並不言為孟氏之餘子矣。所記三事皆采之論語中，亦無春秋傳敬叔之一事。然則史記亦以爲容自容敬叔自敬叔矣。康成何由而知南容之卽爲南宮敬叔也哉？其誤六也。王肅論語註云，『南容弟子南宮縚魯人也，』不言爲魯大夫，是魏人未嘗以爲一人矣。韋昭國語註云『敬叔魯大夫南宮說，』不言爲南宮适，是吳人亦未嘗以爲一人矣。微獨肅之與昭而已家語乃晉宋間人之所撰，而於弟子解篇亦不言爲敬叔，不載敬叔一事，至觀周篇記學禮事則云敬叔正論篇記除信子喪事則云南宮說，皆不言爲南容，是家語亦以爲兩人矣。蓋當是時康成之說尙未盛行，故學者猶承古經傳及漢初訓詁而用之。惟晉杜預註春秋傳頗似用康成說而未明言。自司馬氏采之以註史記，而朱子復據之以註論語，世遂無復有知其爲兩人者，致使後人疑尙德之人有載寶之事，其失似小而正非小也。今不欲使賢者代人受過，故爲之辨，而凡敬叔之事概不附焉。

附錄　『南宮适問於孔子曰，「羿善射，奡盪舟，俱不得其死然；

括與縚

妻長妻容非一時事

禹稷躬稼，而有天下。」 夫子不答。 南宮适出，子曰，「君子哉若人！尙德哉若人！」』（論語憲問篇。）

【存參】「南宮縚之妻之姑之喪，夫子誨之髽曰，『爾毋從從爾！爾毋扈扈爾！ 蓋榛以爲笄，長尺而總八寸。』」（檀弓。）

按論語孔子妻之以南容也，而史記謂卽南宮括（論語作适），集解謂卽南宮縚。 玩檀弓文，縚妻似是孔子兄子，而括亦與容義相近。 豈本有兩名，如圍與虔，鞅與志父耶？抑傳寫異文，如蔿與薳，姒與弋耶？ 故竝存之，以備參考。

說者或謂公冶長之賢不及南容，故孔子以子妻長，而以兄子妻容。 程子曰，『此以私心窺聖人也，二子之妻或因其年之相當耳。』 余按此二事不過記者類而記之，其相隔未知數年或十數年，原非一時之事，而烏得有所較量區別於其間哉！ 蓋公冶長在縲絏中而南容免於刑戮，其事若相反，而孔子皆妻之。 若世俗之情，知取其免刑戮者，則在縲絏者爲所棄；若不以縲絏爲病，則亦未必求其免刑戮者而妻之。於此見聖人之觀人擇壻得其中正，但取其實之不至於取禍，而遇之幸不幸不計焉。不求之此而妄意區別於其間，可謂不善讀書者矣。程子之論是矣，然於事理尚未盡，故今附論之。

長與容未必爲孔子弟子

按南容之謹言賢矣；即公冶長之可妻亦必有所以取之。然史記雖載之於弟子傳中，而以論語之文考之，長絕無問答之語，適僅有羿奡一問而亦非質疑問難之比，未見其必爲弟子也。故附次之於諸弟子之後。

洙泗考信餘錄卷之二終

洙泗考信餘錄卷之三

左子

補 「左氏傳三十卷。」（漢書藝文志。）

存參 「魯君子左邱明懼弟子人人異端，各安其意，失其眞，故因孔子史記具論其語，成左氏春秋。」（史記十二諸侯年表序。）

左氏非左丘明

劉歆云，『左邱明好惡與聖人同，親見夫子，』是謂作春秋傳者卽論語之左邱明也。由是班固漢書謂孔子與左邱明觀史記，杜氏集解謂左邱明受經於孔子，蓋皆本之於此。自唐啖趙，宋程朱以來，始謂此作傳者與孔子不同時，非論語之左邱明；而甚者至謂爲秦時人。余按，左傳終於智伯之亡，係以悼公之謚，上距孔子之卒已數十年，而所稱書法不合經意者亦往往有之，必非親炙於孔子者明甚，不得以論語之左邱明當之也。　戰國之文恣橫，而左傳文平易簡直，頗近論語及戴記之曲禮檀弓諸篇，絕不類戰國時文，何況於秦。　襄昭之際，文詞繁蕪，遠過文宣以前；而定哀間反略，率多有事無詞；哀公之末，事亦不備：此必定哀之時紀載之書行於世者尚少故爾。　然則作書之時上距定哀未遠，亦不得以爲戰國後人也。　且史記但以傳爲左邱明所作，不言爲何時人，而亦未有親見孔子之文：不知二人姓名之偶同邪？抑相傳爲左氏春秋，而司馬氏遂億料之以爲論語之左邱明邪？　說論語者以左邱爲複姓，與公羊穀梁正同。乃傳經者云公羊氏春秋，穀梁氏春秋，而此獨云左氏春秋，不云左邱氏，又似作傳者左氏而非左邱氏也者。　然則傳春秋者其姓名果爲左邱明與否固未可定。　然無此傳則三代之遺制，東周之時事，與聖賢之事跡年月先後皆無可考，則此書實孔子以後一大功臣也，不可不標其人。　既相傳爲左氏春秋，故即題以左子而缺其名與字，但載史記之語以存參，并識後人軒輊之言以折衷焉。

國語非左氏作

史記自序云，『左丘失明，厥有國語，』由是世儒皆謂國語與春秋傳爲一人所撰，東漢之儒遂題之曰春秋外傳。余按左傳之文，年月井井，事多實錄，而國語荒唐誣妄，自相矛盾者甚多；左傳紀事簡潔，措詞亦多體要，而國語文詞支蔓，冗弱無骨，斷不出於一人之手明甚。且國語，周魯多平衍，晉楚多尖穎，吳越多恣放，卽國語亦非一人之所爲也。蓋左傳一書采之各國之史，師春一篇其明驗也。國語則後人取古人之事而擬之爲文者，是以事少而詞多，左傳一言可畢者，國語累章而未足也。故名之曰國語，語也者，別於紀事而爲言者也。黑白迥殊，雲泥遠隔，而世以爲一人所作，亦已異矣。又按史記自叙，自文王孔子以下凡七事，文王羑里之誣，余固已辨之矣，孔子之作春秋亦不在於陳蔡，離騷，兵法，呂覽，說難之作皆與本傳之說互異，然則此言亦未可盡信也。且列左丘於屈原後，言失明而不言名明，尙未知其意果以爲卽作傳者之左丘明否，不得强指爲一人也。故今不採此文。

左傳遠勝公穀二家

朱子以左氏爲史學，公穀爲經學，『左氏紀事詳贍而是非多謬，公穀紀事雖疎而多得聖人之意。』 余按左氏之不盡合於經意，誠有然矣，謂公穀之能得經意則未見也。 公穀之說大抵多取月日名字穿鑿附會，以爲聖人書法所在。 且事實者義理之根柢，苟事實多疎，安望義理之反當乎！ 左傳雖多不合於經，然二百餘年之事備載簡冊，細心求之，聖人之意自可窺測，左傳之遠勝於二家者正不在義理而在事實也。 夫經史者，自漢以後分別而言之耳，三代以上所謂經者即當日之史也。 尙書，史也，春秋，史也，經與史恐未可分也。 故今獨以左子繼諸賢之後，誠見此一書有斷不可廢者耳。

子思

史記，『伯魚生伋，字子思。』

『子思居於衞，有齊寇。或曰，「寇至，盍去諸？」子思曰，「如伋去，君誰與守！」』（孟子。）

附論　『孟子曰，「子思，臣也，微也。」』（同上。）

辨辭狐白裘之說

說苑云『子思居於衞，縕袍無表，二旬而九食。田子方聞之，使人遺狐白之裘；子思辭而不受。』余按子思，魯人；其居衞者，仕於衞也，不至如是之貧；而田子方，高士，亦非有狐白之裘者。此與曾子辭邑之事相屬，皆楊氏之徒所僞托，故不錄。說並見前曾子篇中。

辨薦苟變之說

孔叢子云『子思居衞，言苟變於衞君，曰「其材可將五百乘，君任軍旅，帥得此人則無敵於天下矣。」衞君曰「吾知其材可將，然變也嘗爲吏，賦於民而食人二雞子，以故弗用也。」子思曰「夫聖人之官人，猶大匠之用木也，取其所長，棄其所短。今君處戰國之世，選爪牙之士，而以二卵棄干城之將，此不可使聞於鄰國者也。」』余按衞靈公問陳於孔子，孔子對曰，『軍旅之事，未之學也。』孟子之於齊梁，亦勸以施仁政而以興兵構怨爲有災；今子思用於衞，不聞進治國安民之臣，而惟勸衞君羅爪牙之士以期無敵於天下，其意何居焉？

晉文公將救宋，謀元帥，趙衰曰：『郤縠可，說禮樂而敦詩書』，子思之此爲毋乃爲霸者之所笑乎？且子思之世上去春秋之末未遠，何得即自名爲『戰國』邪？蓋戰國之時，跅弛之士多蒙物議，而患無棄瑕錄用之主，故假托之子思以風世耳。魏無知之對漢王曰：『臣所言者能也，陛下所問者行也；楚漢相距，臣進奇謀之士，顧其計誠足以利國家不耳，盜嫂受金又何足疑乎！』其意與此正相類。然則其爲戰國以後之人所撰，非子思之事，明甚，撰書者誤采之耳。孔叢子一書記子思言行甚多，皆不足見子思之賢，而文詞亦淺陋，蓋皆後人之所附會，不能悉辨。此事頗熟於人口，姑取而辨之；舉一隅，以三隅反可也。

存參　『子思之母死於衛。柳若謂子思曰，「子，聖人之後也，四方於子乎觀禮，子盍慎諸！」子思曰，「吾何慎哉！吾聞之，有其禮，無其財，君子弗行也；有其禮，有其財，無其時，君子弗行也。吾何慎哉！」』（戴記檀弓篇）

辨子思母嫁于衞之說

戴記檀弓篇又云：『子思之母死於衞，赴於子思；子思哭於廟。門人曰，「庶氏之母死，何爲哭於孔氏之廟乎？」』康成鄭氏遂本此以解前章，謂『柳若見子思欲爲嫁母服，恐其失禮，戒之。』余按女子所重者節，中人之家少自愛者猶知勉焉，況聖人之婦賢者之妻乎。且子思之母如果嫁於他氏，則凡棺椁衣衾之備自有其夫若子主之，子思所謂『有其財，』『無其財』者欲何爲乎？鄭氏無以自解，乃以贈襚之屬當之。贈襚之事微矣，四方何至遂於此觀禮哉？孟子葬母於魯，充虞曰『木若以美然，』孟子曰，『不得不可以爲悅，無財不可以爲悅，』正與子思之言相類。然則子思所指亦謂棺椁衣衾之屬明矣。若子思治其棺椁衣衾，則伯魚之妻固未嘗嫁也。子思嘗仕於衞，或者其母從宦而遂卒焉，是未可知。惡知非後之人聞母之卒於衞，而遂誤以爲嫁於衞，因附會而爲此說乎？大抵檀弓一書采摭頗雜，是以兩章自相矛盾，如，是本不足信；而註之者不知而强爲之說以合之，是以費辭傷理而卒於抵牾也。

子思老始歸魯

孟子書未可盡信

故今不載後章之文。說並見前考終篇中。

「魯繆公無人乎子思之側，則不能安子思。」（孟子。）

按論語，伯魚卒於顏淵之前；史記年表，孔子卒後七十有二年，繆公始立；然則子思壯仕於衛，老始歸於魯也。故今載之於居衛之後。

備覽「繆公之於子思也，亟問，亟餽鼎肉。子思不悅，於卒也，摽使者出諸大門之外，北面稽首再拜而不受，曰，「今而後知君之犬馬畜伋！」蓋自是臺無餽也。」（同上。）

備覽「繆公亟見於子思曰，「古千乘之國以友士，何如？」子思不悅曰，「古之人有言曰事之云乎，豈曰友之云乎！」」（同上。）

按，繆公子思上去春秋未遠，而此二事頗類戰國風氣，其事固當有之，然不能保無傳聞之過，當或門人記言者措詞之少過其實。故列之備覽。

淳于髡言不足信

孟子書中載淳于髡言云，『魯繆公之時子柳子思爲臣。』余按，子思老始歸魯未嘗仕魯；髡戰國之辯士，不過借古人以自暢其說，不必皆實事也。莒之役，杞梁死而華周生，而髡乃曰『華周杞梁之妻善哭其夫，』可類推矣。故今不載。

附錄『費惠公曰，「吾於子思則師之矣；吾於顏般則友之矣；王順長息則事我者也。」』（孟子・）

按，孔子沒後，諸弟子之賢者多矣；諸弟子之後，鄒魯齊魏之門，羣賢聞風蜚起，然世多推子思，惜乎所著之書不傳，而世所傳中庸者特出於後人所撰，無由而徵其造詣之淺深耳。然孟子屢稱子思，荀卿雖毀之，然以子思孟子同稱，則其賢固非他人所可及也。故今錄於諸賢之後。

中庸非子思作

世傳戴記中庸篇爲子思所作。余按，孔子孟子之言皆平實切於日用，無高深廣遠之言。中庸獨探賾索隱，欲極微妙之致，與孔孟之言皆不類。其可疑一也。論語之文簡而明；孟子之文曲而盡。論語者，有子，曾子門人所記，正與子思同時；何以中庸之文獨繁而晦，上去論語絕遠，下猶不逮孟子？其可疑二也。『在下位』以下十六句見於孟子，其文小異，說者謂子思傳之孟子者。然孔子子思之名言多矣，孟子何以獨述此語？孟子述孔子之言皆稱『孔子曰』，又不當掠之爲己語也。其可疑三也。由是言之，中庸必非子思所作。蓋子思以後，宗子思者之所爲書，故托之於子思，或傳之久而誤以爲子思也。其中名言偉論蓋皆孔子子思相傳之言；其或過於高深及語有可議（若『追王大王王季』之類）者，則其所旁采而私益之者也。又『哀公問政』以下，家語亦有之，至『擇善而固執之者也』止，其中每隔數語卽有『公曰』云云以發之。朱子以『博學』以下爲子思所補，而『公曰』云云乃子思所删。余按，論語所記孔子之言未有繁至數百言者，而繼絕舉廢，朝聘以時，皆天子之事，孔子之告哀公何取焉？蓋孔子之答哀公本不過十餘言，其後則撰書者推衍其說，是以『好學』之句又以『子曰』發之。 近世所傳家語，本後人所僞撰，彼蓋不知孔子之言之於何止，故采其文逮於『擇善固執』耳。 其『公曰』云云者，詞理淺陋，且增此數問，前後文義亦間隔不通，乃其所妄增無疑也。 嗟夫，中庸之文采之孟子，家語之文采之中庸，少究心於文義，顯然而易見也，乃世之學者反以爲孟子襲中庸，中庸襲家語，顚之倒之，豈不以其名哉！ 韓子云，『然後識古書之正僞，』嗟夫，嗟夫，此固未可以輕言也！

中庸非一篇

世傳中庸四十九篇，而今戴記止有中庸一篇；說者謂其四十八篇已亡。以余觀之，今世所傳中庸非一篇也。 何以明之？ 自『天命之謂性』至『惟聖者能之』僅數百言，而『中庸』之文凡九見，『中』之文凡六見，其餘他文亦皆與中庸之義相關。 自『君子之道』以後數千言皆與中庸之義不相涉；『中庸』之文僅一見，而又與『廣大』，『精微』，『高明』之文平列，非意之所耑注。 其可疑者一也。 『君子之道』以下皆言日用庸行之常，『鬼神之爲德也』以下皆言禮樂祭祀之事，迥不相類；『哀公問政』以後詞意更殊。朱子曲爲牽合，以『道不遠人』三章爲『費之小者』，『舜其大孝』三章爲『費之大者』，『哀公』以後爲『兼小大，』其說固已矯强；而鬼神章明言祭祀之事，乃以鬼神爲道爲一氣之屈伸，而以『齊明盛服』數語爲借祭祀之鬼神以明之，一章之中，鬼神凡爲兩說，委曲宛轉以蘄合於『費隱』之義。其可疑者二也。自『天下至誠爲能盡其性』以下皆分『天道，』『人道；』而『愚而好自用』二章其文不類，『聰明睿知』二章其序不符，則又以『小德』『大德』，『不倍，』『不驕』分釋之。愚而好自用章以爲不倍，固已；王天下有三重章其爲不驕者何在？其可疑者三也。按漢書藝文志稱樂記二十三篇，今戴記亦止一篇；然以史記及前人之說考之，則今樂記實十三篇，戴氏删其十篇而合此十三篇爲一耳。然則中庸亦當類此：蓋戴氏删其三十餘篇而取其未删者合爲一篇也。以其首篇言『中庸』故通稱爲中庸，猶首章言『檀

中庸非出一手

弓，遂通稱爲檀弓，首章言『文王世子』，遂通稱爲文王世子也。古者以竹爲簡，其勢不能多；後世易之以紙，故合而錄之，因不復存其舊目耳。以今中庸通爲一篇而謂四十八篇盡亡，誤矣。

中庸不但非一篇也，亦不似出於一手者：其義有極精粹者，有平平無奇者，間亦有可疑者，卽所引孔子之言亦不倫。何以參差若是？其非一人所作明甚，細玩則知之矣。

附錄十有二人

孔門諸賢，不甚著名而頗有依據，與私淑諸儒之有事實若傳經者，并附載之於此。

琴張　牧皮

「萬章問曰，『敢問何如斯可謂狂矣？』曰，『如琴張曾晳牧皮

辨桑戶死而琴張歌之說

琴張 牧皮

一四

者，孔子之所謂狂矣。」「何以謂之狂也？」曰，「其志嘐嘐然，曰『古之人古之人，』夷考其行而不掩焉者也。」』（孟子。）

莊子書稱『琴張與子桑戶孟子反三人相與友子桑戶死，未葬，或編曲，或鼓琴，相和而歌曰，「嗟來桑戶乎，而已反其眞而我猶爲人猗！」』 余按琴張曾皙之狂，不過志期古人而行不掩其言，如孟子所言者是已，非有悖禮傷敎事也。如悖禮傷敎，孔子奚取焉？ 此乃放蕩之士撰此言以自恣，以琴張之有狂名也，故托之。而後人或遂以爲實然，誤矣。

『琴張聞宗魯死，將往弔之，仲尼曰，「齊豹之盜而孟縶之賊，女何弔焉！」』（左傳昭公二十年。）

按史記弟子傳及文翁圖，惟有曾皙而琴張牧皮皆無之。家語有琴牢字子張，亦無牧皮。今補而附於後。至以琴張爲牢，本之左傳集解，未知所採何書，當考。

商瞿　季次

存參「商瞿，字子木。孔子傳易於瞿，瞿傳楚人馯臂子弘。」（史記仲尼弟子列傳。）

存參「公晳哀，字季次。孔子曰，『天下無行，多爲家臣，仕於都；惟季次未嘗仕。』」（同上。）

按二子皆不見於論語，獨史記有之。然弟子傳中凡不見於論語者皆無事跡可紀，獨二子尙有之，而其名字亦間見於他篇，當有所本，或非誤載。今並附列於後。

秦不茲

『孟獻子以秦堇父爲右；生秦丕茲，事仲尼。』（左傳襄公十年。）

按，史記仲尼弟子列傳作『秦商，字子丕』，與此文小異。史記多誤，不若春秋傳之近古，今從傳文。

申棖

『子曰，「吾未見剛者。」或對曰，「申棖。」子曰，「棖也慾，焉得剛！」』（論語公冶長篇。）

按，史記弟子列傳無申棖，而文翁圖有之，未知其果然否。但玩此文，孔子名之無異於諸弟子，而前後章亦皆諸弟子事，則謂爲弟子者近是。故今附列於後。

段干木　田子方

田段等不皆子夏門人

辨魏禮段干而不受秦攻之說

『段干木踰垣而避之。』（孟子。）

存參 『田子方，段干木，吳起，禽滑釐之屬皆受業於子夏之倫，爲王者師。』（史記儒林列傳。）

按此云『受業於子夏之倫，』則諸子非皆子夏之門人也；蓋傳記本無明文，司馬氏特以意度之耳。故列之於存參。

存參 『魏文侯過段干木之閭而軾。』（新序。）

新序載此事云，『秦興兵欲攻魏，司馬唐且諫曰，「段干木，賢[illegible]也，而魏禮之，天下莫不聞，無乃不可加兵乎？」秦君以爲然，乃案兵而輟[illegible]攻魏。文侯可謂善用兵矣！』余按秦尚力棄德之國，豈能知段干木之賢而當敬，而遂輟不攻。文侯之好賢，不過貴其行誼，資其啓沃，可以風羣臣，可以通明於政事，以安民而治國則有之矣，若藉此爲名高以震耀鄰國，則無此事也。此特戰國處士設爲此論以見士之有益於人國耳。惟過閭而式則理之所有，故刪其繁文而列之於存參。

備覽 『魏成子以食祿千鍾，什九在外，什一在內，是以東得卜子夏，田子方，段干木。此三人者，君皆師之。』（史記魏世家。）

辨魏文侯倦不敢息之說

說苑云，『魏文侯見段干木，立倦而不敢息。及見翟璜，踞堂而與之言。翟璜不說文侯（云云。）』余按此事或以爲晉亥唐叔向事，蓋皆後人揣度附會之語，皆未必其實然，故不載。

辨貧賤驕人之說

說苑云，『魏文侯從中山奔命安邑，田子方從。太子擊過之，下車而趨；子方坐乘如故。太子不說，因謂子方曰，「不識貧賤者驕人，富貴者驕人乎？」子方曰，「貧窮者驕人，富貴者安敢驕人」』云云。余按人無富貴貧賤皆不可以驕人；聖賢處世惟準乎禮而已。田子方既賢人，爲魏文侯所敬，必無驕人之事。此蓋戰國之士設爲此語託之子方以自高者。故今不錄。

泄柳 申詳

『泄柳閉門而不內。』（孟子。）

按淳于髡稱『魯繆公之時子柳爲臣，』然以『閉門不內』推之，仕魯與否未可懸定。說已見前子思篇中。

『泄柳申詳無人乎繆公之側，則不能安其身。』（同上。）

按七十子卒後詩書禮、春秋皆傳於後，而論語一書亦七十子以後之人之所記，以是知鄒魯齊魏之間賢者蓋不乏人也。但其姓名皆無可考。姑就傳記所載名著於當世者附錄數人，以見其凡。

公羊氏

補『公羊傳十一卷。』（漢書藝文志。）

辨公羊之學出于子夏之說

存參 『「公羊子，齊人。」師古曰，「名高。」』（本註。）二○

戴宏序云，『子夏傳之公羊高；高傳其子平；平傳其子地；地傳其子敢；敢傳其子壽。至漢景帝時，壽乃與弟子胡母子都著以竹帛』。余按，子夏生於春秋之末，下去漢景帝時四百有餘歲矣，安得五傳而至胡母子都！此乃傳公羊者自侈其說，以爲其師親受業於子夏，以炫耀當世而不足信。故但載漢志之註以存參，餘不敢妄錄也。

穀梁之學不詳其初

穀梁氏

補 『穀梁傳十一卷。』（漢書藝文志。）

存參 『「穀梁子，魯人。」師古曰，「名喜。」』（本註。）

晁氏云，『應劭風俗通稱穀梁名赤，子夏弟子；糜信則以爲秦孝公同時人，阮孝緒則以爲名俶，字元始，皆未詳也。』余按，說穀梁者名既不同，世亦互異，

三傳與春秋

學者將何以爲據乎？蓋自戰國以後簡殘文絕，傳穀梁者莫詳其初，各以意附會之爲說，是以參差而不一耳。不但風俗通諸書不可信，卽漢志之註亦未有以見其必然也。故本註但列之於存參，而餘一概不錄。

漢書藝文志云，『春秋所貶損大人當世君臣有威權勢力，其事實皆形於傳，是以隱其書而不宣，所以免時難也。及末世口說流行，故有公羊、穀梁、鄒、夾之傳。』是其意以爲孔子之意皆在左傳，而公羊穀梁皆妄說也。余按，孔子意果在傳，果宜經而隱傳，倘傳失其傳，經不爲無用之書乎？且孔子何不幷經亦隱之也？蓋孔子之經，其意本已分明，傳之漸久而失其旨，傳經者各自以其意訓釋之；惟左傳去聖人之世近，記載最廣，考核較詳，爲大有功於春秋，非他家所可及耳。故謂左傳遠勝於二家則可，謂孔子之意盡在左傳則不可。如但據公羊、穀梁以爲得聖人之意則大謬，若取此二書以與左傳參互考訂則亦有未可廢者。且左氏經終於孔子之卒，若無二家，何由知其止於獲麟？故今公羊穀梁幷附錄於餘錄之後。

孔門弟子通考

凡稱聖門諸賢有不可分係者，通錄於此。

『德行：顏淵，閔子騫，冉伯牛，仲弓。』（論語先進篇。）

『冉牛，閔子，顏淵善言德行。』（孟子。）

『冉牛，閔子，顏淵則具體而微。』（同上。）

『言語：宰我，子貢。』（論語先進篇。）

『宰我，子貢善爲說辭。』（孟子。）

『宰我，子貢，有若智足以知聖人。』（同上。）

辨荀子居是邦不非其大夫之說

荀子子道篇云，『子路問曰，「魯大夫練而牀，禮邪？」孔子曰，「吾不知也。」子路出，子貢問曰，「練而牀，禮邪？」孔子曰，「非禮也。」子貢出，謂子路曰，「夫子無所不知，子問非也，禮居是邦，不非其大夫。」』余按論語，孔子謂季氏，『八佾舞於庭，是可忍也，孰不可忍也！』三家者以雍徹，子曰，『「相維辟公，天子穆穆」，奚取於三家之堂！』子曰，『臧文仲其竊位者與？知柳下惠之賢而不與立也！』子曰，『臧武仲以防求爲後於魯，雖曰不要君，吾不信也。』季氏旅於泰山，子曰，『曾謂泰山不如林放乎！』孔子於季孫臧孫之失皆直指之而無所諱，所謂不非其大夫者安在乎？居是邦，不非其君，可也，卽非父母之邦亦有臣之義焉，若不非其大夫則諂耳。孔子曰，『邦無道，危行言孫，』或不公言之於大廷廣衆以避禍則有之矣，非以是爲禮也；況與門人私論於几席間，是是非非而遽爲失禮乎！且練祥禫喪之大節也，牀不牀，喪之常禮也，子路子貢於此其講之熟矣，是之未知而待臨事之問，所謂『身通六藝』者安在乎？此必後人所妄託，非孔子子貢之事，故今不錄。

『政事：冉有，季路。』（論語先進篇。）

『子路問「聞斯行諸？」子曰，「有父兄在，如之何其聞斯行之！」冉有問「聞斯行諸？」子曰，「聞斯行之。」公西華曰，「由也問聞斯行諸，子曰有父兄在。求也問聞斯行諸，子曰聞斯行之。赤也惑，敢問。」子曰，「求也退，故進之。由也兼人，故退之。」』（同上。）

『季子然問「仲由冉求可謂大臣與？」子曰，「吾以子為異之問，曾由與求之問！所謂大臣者，以道事君，不可則止。今由與求也，可謂具臣矣。」曰，「然則從之者與？」子曰，「弒父與君，亦不從也！」』（同上。）

『孟武伯問「子路仁乎？」子曰「不知也。」又問，子曰「由也，千乘之國可使治其賦也，不知其仁也。」「求也何如？」子曰「求也千室之邑，百乘之家可使爲之宰也，不知其仁也。」「赤也何如？」子曰「赤也束帶立於朝可使與賓客言也，不知其仁也。」』（論語公治長篇。）

『文學：子游，子夏。』（論語先進篇。）

『子夏，子游，子張皆有聖人之一體。』（孟子。）

『子貢問「師與商也孰賢？」子曰「師也過，商也不及。」曰，「然則師愈與？」子曰「過猶不及。」』（論語先進篇。）

檀弓與說苑記除喪彈琴之異

戴記檀弓篇云，『子夏既除喪而見，予之琴，和之而不和，彈之而不成聲，作而曰，「哀未忘也！先王制禮而弗敢過也。」子張既除喪而見，予之琴，和之而和彈之而成聲，作而曰，「先王制禮，不敢不至焉！」』說苑亦載此事，而以不敢過者爲閔子騫，不敢不及者爲子夏，與檀弓正相反。蓋皆得之傳聞，是以彼此異辭。似檀弓爲近古；然檀弓之誣者亦多，皆難取信。故今缺之。

『子謂子貢曰，「女與回也孰愈？」對曰，「賜也何敢望回！回也聞一以知十，賜也聞一以知二。」子曰，「弗如也，吾與女弗如也！」』（論語公冶長篇。）

『閔子侍側，誾誾如也。子路，行行如也。冉有，子貢，侃侃如也。子樂，「若由也不得其死然！」』（論語先進篇。）

『季康子問，「仲由可使從政也與？」子曰，「由也果，於從政乎何有！」曰，「賜也可使從政也與？」曰，「賜也達，於從政乎何有！」曰，「求也可使從政也與？」曰，「求也藝，於從政乎何有！」』（論語雍也篇。）

『柴也愚，參也魯，師也辟，由也喭。』（論語先進篇。）

柴也章未可斷爲孔子之言

此章或以爲孔子之言，蓋以諸賢皆稱名之故。然觀論語中稱弟子亦有以名者，年饑之稱有若，晝寢之稱宰予，問恥之稱憲，聚斂之稱求是也，未可據是遂斷以爲聖人之言。章首旣無『子曰』字，姑從陳蔡章之例可也。

史記著弟子名籍之誤

史記仲尼弟子列傳凡七十有七人，據司馬氏謂弟子籍出於孔氏古文，其有事蹟或年歲者三十有五人，而見於論語者二十有七人。然確有明徵，決知其非誤者，顏淵，閔子騫，冉伯牛，仲弓，子路，曾晳，子貢，原思，有子，曾子，宰我，冉有，公西華，子游，子夏，子張，樊遲，子羔，漆雕開，司馬牛，僅二十人而已。其七人者，顏路以請車一見，公冶長以孔子妻之一見，子賤，澹臺滅明以孔子與子游稱之而各一見，巫馬期則以陳司敗之故而附見，皆無他事，亦無問答之語；惟南容凡三見，然僅『羿奡』一問，而亦非質疑問難之比。考之他傳記，惟子賤多言爲孔子弟子者，其餘皆無由而決知其爲弟子與否。且巫馬期在昭公世已與孔子同朝，司敗揖之以譏孔子，頗不似嘗受業也者。而子游爲武城宰，孔子始知滅明，是時孔子年已老矣，滅明又將何時受業於孔子乎？列傳乃稱其既已受業退而修行，始有『不由徑，非公事不見』之事，既與論語剌謬；又稱其南游至江，從弟子三百人，孔子曰『吾以貌取人，失之子羽』，則其說益舛而其年亦益不符矣。故謂子賤爲弟子，近是；謂顏路等三人爲弟子，或然；謂期與滅明爲弟子，則恐不然也。至於公伯寮者，更無餘事，但以愬子路見，是時孔子爲魯司寇，子路爲季氏宰，方相倚以行道，愬子路即所以撼孔子，烏有七十子而肯爲是者哉！其無事跡年歲者四十有二人，皆不見於論語，而有見於左傳者二人：然確有明徵者，秦不茲一人而已（史記作「秦商，字子丕」）；顏高雖見於左傳，然觀其事殊不類孔子之弟子也。其餘共四十有八人，皆不見於經傳；然商瞿、季次，其事跡猶粗具於本傳，其名字復間見於他篇，或當不誤；而自梁鱣以下六人（有年歲者），自冉季以下，秦商顏高以外四十人（無年歲者），幷無事跡可考，則固無從而知其誠然與否也。由是觀之，孔氏古文或非當時之書；不則孔氏古文不誤而司馬氏誤焉，亦未可知。觀於史記所引尚書左傳中事亦往往有舛者，則是篇豈可以盡信乎哉！家語弟子解篇其數與史記同，而名字或與史記異，且删史記三人，別有琴張，陳亢，縣亶以合其數。余按琴張見於孟子左傳，補之良是；但謂琴張卽牢，未知所本。縣亶亦無所考。若陳亢，乃尊子貢而輕視孔子者，孟子所謂『中心悅而誠服』者必不如是。且論語中，亢凡兩問子貢，一問伯魚，而絕未嘗一問孔子；論語中門人未有相稱以子者，而亢稱伯魚子貢皆以子：則亢乃子貢伯魚之後輩，非孔子弟子也明矣。又有文翁圖者所載弟子止七十有二人，而中有申棖，林放，申堂，蘧伯玉，則又史記家語之所無者。按，申棖見於論語，其前後章皆論弟子爲人，而孔子名之，亦如諸弟子，補之近是。申堂不見於經傳，林放雖見於論語而無明文，皆難懸定。至蘧伯玉，其出近闕在魯襄公之十四年，是時已爲大夫，齒長矣，後八年而孔子始生，比孔子之冠也，則伯玉已老矣，夫安得列之於弟子內乎！又有見於孟子而三家皆不之載者一人，曰牧皮。大抵諸家皆各據其所傳，而史記爲近古；家語文翁圖又似參以己意而去取之者，尤不足以爲據：概刪之，則不可盡信之亦未安。故今據史記文，定其所可知者顏淵至司馬牛及子賤秦丕茲二十有二人，而參以孟子家語文翁圖增牧皮琴張申棖三人，竝顏路等三人，商瞿等二人，共三十人。其餘甚可疑者刪之，無可考者存而不論可也。

史記著弟子國邑之誤

史記仲尼弟子列傳著其國邑者凡七人：顏子，魯人；子貢，衞人；子游，吳人；子張，陳人；公冶長，齊人；皆以國著；曾子，南武城人；子路，卞人，皆以邑著。以余考之，惟顏子子貢爲不誤耳。何者？顏氏之著名於魯者多矣，春秋傳有顏高，顏羽，顏息，呂覽亦有顏闔，則顏子爲魯人可信也。春秋傳，艾陵之役，吳子賜叔孫甲，衞賜進曰，『州仇奉甲從君而拜，』則子貢爲衞人亦無疑也。若子張，乃顓孫之後也，顓孫於莊二十二年自齊奔魯，歷閔，僖，文，宣，成，襄，昭，定至哀公凡十世，子張之非陳人明矣。蓋因其先世出自陳，而傳之者遂誤以爲陳人耳。若子張爲陳人，則孔子亦將爲宋人乎？孔子弟子魯人爲多；其次則衞齊宋皆鄰國也；吳之去魯遠矣，若涉數千里而北學於中國，此不可多得之事。傳記所記子游言行多矣，何以皆無一言及之？且孔子沒後，有子曾子子夏子張與子游相問答之言甚多，悼公之弔有若也子游擯，武叔之母之死也子游在魯而魯之縣子公叔戌亦皆與子游游，子游之非吳人明矣。而子張之子申詳，子游之子言思亦仍居魯，是二子固世爲魯人矣，安得以爲陳人吳人也哉！公父歜，公父之後也，則公冶長亦當爲公冶之後。襄公之自楚歸也，季孫使公冶問，則公冶魯大夫也，然則長亦非齊人矣。南武城者，魯南境之邑，吳越至魯之衝，即子游爲宰之地也。孟子書載曾子居武城，有越寇而曾子去，孟子曰，『曾子，師也，父兄也，』則曾子非武城人明甚；司馬氏蓋見孟子書中有居武城之文而遂誤以爲武城人耳。 惟子路之爲卞人未有以見其不然；然六人之中，得者二而失者四焉，則亦未有以見其必然。 故今惟於顏子子貢采史記文註之，餘皆缺焉。

史記著弟子年歲之誤

弟子列傳有年歲者凡二十有三人，其文蓋有所本，然亦不能無誤。 何者？孔子稱子賤，『君子哉若人！ 魯無君子者，斯焉取斯！』 則是子賤已成德矣，其親師取友已歷有年矣；而列傳謂其少孔子四十九歲，則當孔子卒時年僅二十有五，成德安能如是速乎？ 吳之伐魯也，微虎欲宵攻王舍，有若踊於幕庭，當是少壯時事；而列傳謂其少孔子十三歲，則當伐魯之時年已五十有四，力已衰矣；又不應孔子存時無所表見，至孔子沒後而與諸弟子問答甚多也。 論語多以子路冉有並稱，季康子之問從政也以由賜求，孟武伯之問仁也以由求，赤其年皆似不甚遠者，而列傳謂子路少孔子九歲，冉有少孔子二十九歲，子貢少孔子三十一歲，公西華少孔子四十二歲，年之相隔太遠，恐未必盡然也。 由是言之，史記弟子之年不過得其彷彿而已，不可盡指爲實。 故今悉不錄。

論語源流附考

『論語古二十一篇。（出孔子壁中，兩子張。【如淳曰，「分堯曰篇後『子張問何如可以從政』已下爲篇，名曰從政。」】）齊二十二篇。（多問王，知道。【如淳曰，「問王，知道，皆篇名也。」】）魯二十篇，傳十九篇。（【師古曰，「解釋論語意者。」】）孔子家語二十七卷。（【師古曰，「非今所有家語。」】）』

『傳齊論者，昌邑中尉王吉，少府宋畸，御史大夫貢禹，尚書令五鹿充宗，膠東庸生；唯王陽名家。（【師古曰，「王吉，字子陽，故謂之王陽。」】）傳魯論語者，常山都尉龔奮，長信少府夏侯勝，丞相韋賢，魯扶卿，前將軍蕭望之，安昌侯張禹，皆名家；張氏最後而行於世。』（以上並漢書藝文

齊論多後人附會

志。〕

〔漢中壘校尉劉向言「魯論語二十篇皆孔子弟子記諸善言也；太子太傅夏侯勝，前將軍蕭望之，丞相韋賢及子玄成等傳之。齊論語二十二篇其二十篇中章句頗多於魯論；琅邪王卿及膠東庸生，昌邑中尉王吉皆以教授。故有魯論，有齊論。魯共王時，嘗欲以孔子宅爲宮，壞，得古文論語。齊論有問王知道，多於魯論二篇；古論亦無此二篇，分堯曰下章「子張問」以爲一篇，有兩子張，凡二十一篇，篇次不與齊魯論同。」〔新論云，『文異者四百餘字。』〕 論語集解序。〕

按同一論語也而有齊魯之異，有多寡之殊，則論語一書固有後人之所續入，非盡聖門之原本也。齊論既多問王知道二篇，而二十篇中章句復多於魯論，則齊論之中後人所附會者尤多，又非魯論之可比矣。

『初，禹爲師，以上難數對己問經，爲論語章句獻之。始，魯扶卿及夏侯勝，王陽，蕭望之，韋玄成皆說論語，篇第或異。禹先事王陽，後從庸生，采獲所安，最後出而尊貴。諸儒爲之語曰，「欲爲論，念張文。」由是學者多從張氏，餘家寖微。』（漢書張禹傳。）

『安昌侯張禹本受魯論，兼講齊說，善者從之，號曰張侯論，爲世所貴；包氏周氏章句出焉。古論，唯博士孔安國爲之訓解，而世不傳。』（論語集解序。）

『張禹本授魯論，晚講齊論；後遂合而考之，刪其煩惑，除去齊論問王知道二篇，從魯論二十篇爲定，號張侯論。當世重之，周氏包氏爲之章句。』（隋書經籍志。）

東漢所行爲張禹更定之論語

按漢書稱『篇第或異，』又稱張禹『采獲所安，』則禹固嘗更定論語篇章：其篇目雖定從魯論，其文實兼采於齊論，非漢初龔奮所傳魯論之舊本也。言『學者多從張氏，餘家寖微，』集解隋書亦謂『張侯論包周爲之章句，』則是東漢之所行者乃禹所更定之論語，非古之論語矣。

張禹更定論語之謬

按禹學識淺陋，豈足以知聖人，但當謹守師傳，不敢增減，或不至大謬耳。乃擅更定論語，必有不當存而存，不當采而采者。況禹附會王氏以保富貴，卒成王莽篡弑之禍，公山佛肸兩章安知非其有意采之以入魯論爲己解嘲地乎？

『漢末大司農鄭玄就魯論篇章考之齊古，爲之註。近故司空陳羣，太常王肅，博士周生烈皆爲義說。前世傳授師說雖有異同，不爲訓解，中間爲之訓解至于今多矣，所見不同，互有得失。今集諸家之善，記其姓名，有不安者頗爲改易，名曰論語集解。』（論語集解序。）

鄭玄所注論語卽張禹更定本

王充悟玄之謬

『漢末，鄭玄以張侯論爲本，參考齊論古論而爲之注。魏司空陳羣，太常王肅，博士周生烈皆爲義說。吏部尚書何晏又爲集解。是後諸儒多爲之注，齊論遂亡，古論先無師說。梁陳之時，唯鄭玄何晏立於國學，而鄭氏甚微。周齊，鄭學獨立。至隋，何鄭並行，鄭氏盛於人間。』（隋書經籍志。）

按此文，則康成所注之魯論卽張禹所定之魯論，其中固雜有齊論，非漢初之魯論矣。故今論語稱爲魯論，而或以季氏一篇爲齊論。然則論語一書中未必無一二篇之可疑，一篇中未必無一二章之可疑者也。學者當統全書而熟玩之，以求聖人之意，其有一二章之不類者，不得以此疑聖人，或曲爲聖人解也。

按，當東漢之世，去古未遠，齊古尚存，猶可考證。王充既知公山佛肸之往之爲非義，卽當別其同異，考其年世，辨其眞僞而去取之，若趙岐之删孟子外篇者然；豈非聖門功臣乃反據此以議聖人之失，何其謬也！至於康成，負一代之重望，乃於論語但參考齊古爲之注，而於篇章無所區別，致使後人無可考證，亦何其疎闊也！

聖言不可謬遵

按，聖人之言，天下後世所當共遵也：然必眞爲聖人之言則可，非託爲聖人之言而亦當遵也。述少年時，嘗在府應歲試，忽有人持先君書至，寄物二事，且命述與其人換卷。述念先君平日一言一動無不合乎義者，不應忽有此舉，意甚疑之，遂不從命。試畢，歸而請之，果他人所僞爲也。故能言於平日，則不至見欺於一時。竊謂學者之於聖人亦當如是。故今備考論語源流載之，使人知世所傳之魯論在漢時不無異同更改，是以聖謨洋洋之中間有一二章之可疑者，學者不可不別而觀之也。

自述研究論語

余五六歲時，始授論語，知誦之耳，不求其義也。近二十，始究心書理，於公山佛肸兩章頗疑其事不經，然未敢自信也。　踰四十後，考孔子事蹟先後，始知其年世不符，必後人所僞撰，然猶未識其所以入論語之由也。　六十餘歲，因酌定洙泗餘錄，始取論語源流而細考之，乃知在秦漢時傳齊魯論者不無有所增入，而爲張禹采而合之，始決然有以自信而無疑。　故錄其詳，附載於此。　然世之學者惟知玩講章作舉業，未嘗有人究其義理，考其首尾，辨其源流者，無怪乎其見而大駭，終不以余言爲然也！

洙泗考信餘錄卷之三終

附孔檢討大戴記補註序錄

家語者，先儒馬昭之徒以爲王肅增加。肅橫詆鄭君，自爲聖證論，其說不見經據，皆借證於家語。大抵抄撮二記，採集諸子，而古文與解悉潤色之，使易通俗讀；唯問郊五帝之等傳記所無者，斯與肅說若合符券。其爲依託，不言已明。公冠篇述孝昭冠辭云「陛下」者，謂昭帝也，「文武」者，謂漢文帝武帝也：而肅竊其文，遂幷列爲成王冠頌。是尙不能尋章摘句。舉此一隅，謬陋彌顯。況以禮是鄭學，無取妄滋異端，故於家語殊文別讀獨置而弗論也。

余昔會試時，曾與檢討相識，年甚少也。數十年不相見，不意其學刻苦如是。考信錄既成後，始見此書，因其論家語與余所見同，附錄其文於此。

附孔檢討大戴記補註序錄　二

（頡剛案：此篇原綴書首，今始改置于此。）